方志出版社

图书在版编目(CIP)数据

山西年鉴.2015 /《山西年鉴》编辑部编.—北京：方志出版社，2015.11
ISBN 978—7—5144—1770—8

Ⅰ.①山… Ⅱ.①山… Ⅲ.①山西省—2015—年鉴 Ⅳ.①Z522.5

中国版本图书馆 CIP 数据核字(2015)第 262821 号

山西年鉴(2015)

编　　者：《山西年鉴》编辑部
责任编辑：冯　松

出 版 人：冀祥德
出 版 者：方志出版社
地址　北京市朝阳区潘家园东里 9 号(国家方志馆 4 层)
邮编　100021
网址　http://www.fzph.org
发　　行：方志出版社发行部
电话　(010)67110500
经　　销：各地新华书店
印　　刷：山西省史志印刷厂

开　　本：889×1194　1/16
印　　张：45.5
字　　数：1600 千字
版　　次：2015 年 11 月第 1 版　2015 年 11 月第 1 次印刷
印　　数：0001～3000 册

ISBN 978—7—5144—1770—8　　定价：380.00 元

《山西年鉴》编纂委员会

《山西年鉴》编纂人员

办公电话　0351-5681320/326/327

山西省政区图

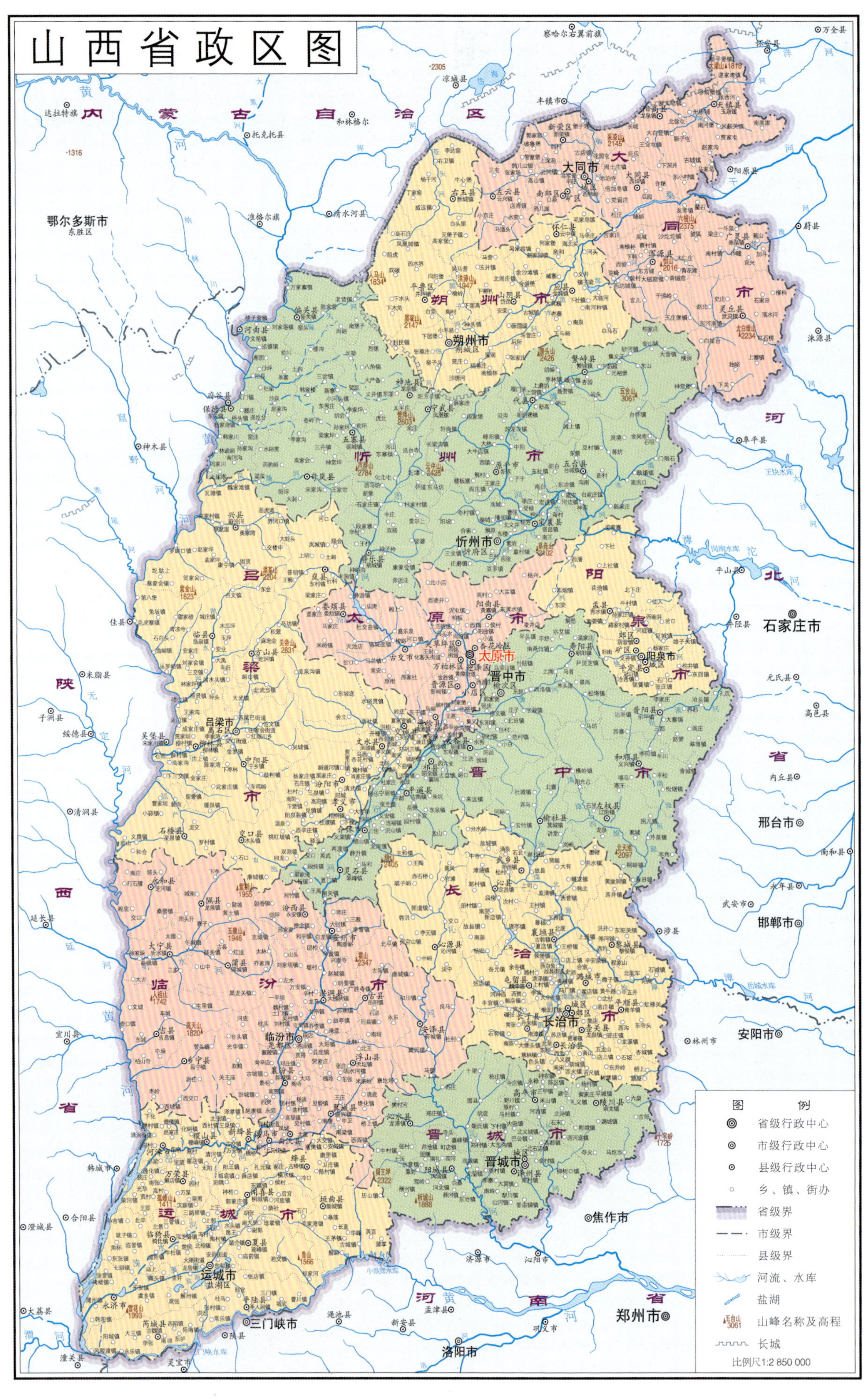

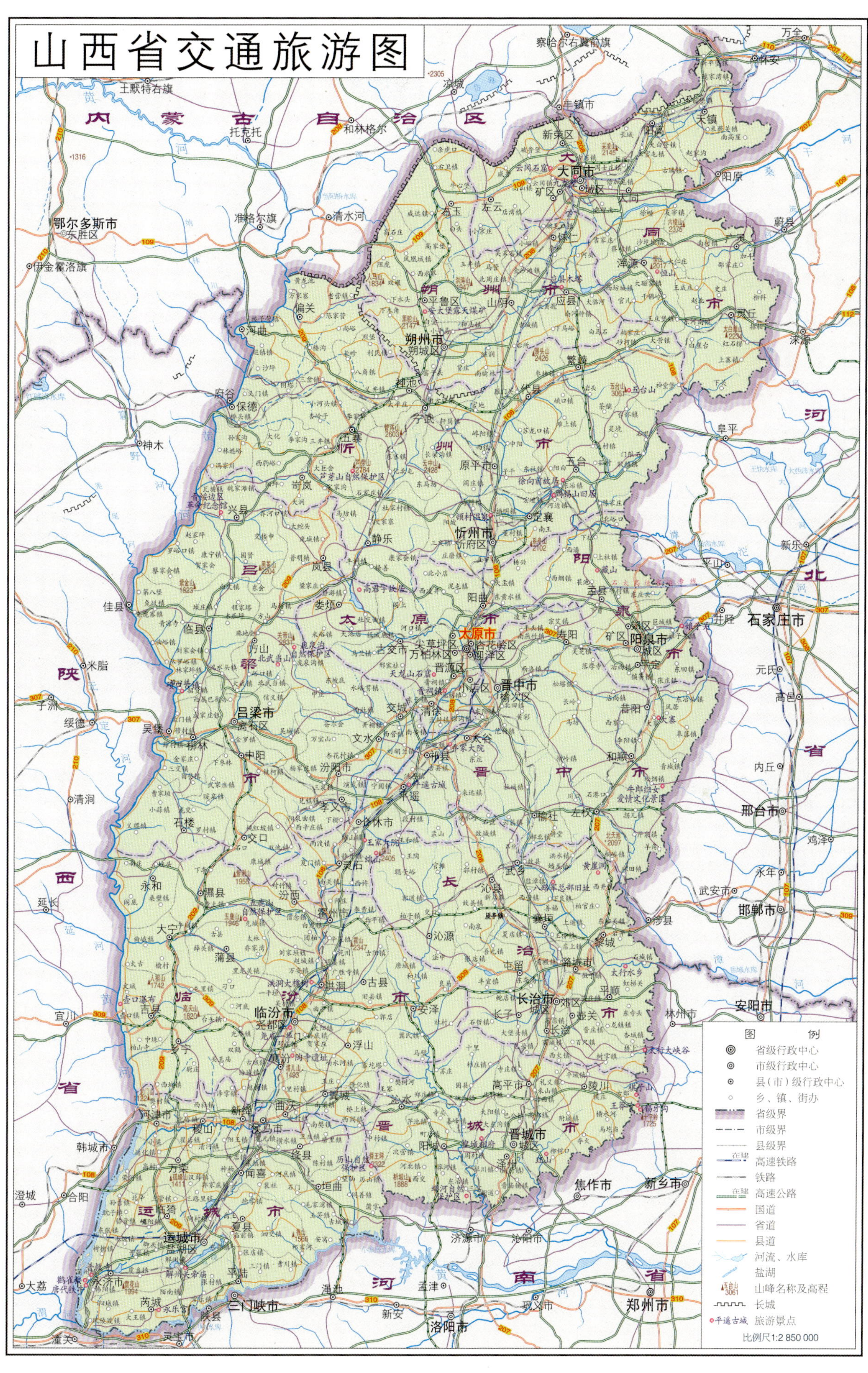

山西省交通旅游图
内蒙古自治区
陕西省
河北省
河南省
大同市
朔州市
忻州市
太原市
阳泉市
吕梁市
晋中市
长治市
临汾市
晋城市
运城市
石家庄市
邢台市
邯郸市
安阳市
焦作市
新乡市
郑州市
洛阳市
三门峡市
济源市
图例
省级行政中心
市级行政中心
县（市）级行政中心
乡、镇、街办
省级界
市级界
县级界
高速铁路
铁路
高速公路
国道
省道
县道
河流、水库
盐湖
山峰名称及高程
长城
旅游景点
比例尺1:2 850 000

数字山西

综合

地区生产总值	12761.5亿元
第一产业	788.9亿元
第二产业	6293.9亿元
第三产业	5678.7亿元
人均地区生产总值	35070元
法人单位数	258920个
产业活动单位数	345722个

社会从业人员和劳动报酬

社会从业人员	1862.29万人
第一产业	662.1万人
第二产业	505.3万人
第三产业	694.9万人

人口

总户数	1313.35万户
常住人口	3647.96万人
男性	1872.97万人
女性	1774.99万人
出生人口	39.74万人
死亡人口	21.58万人

固定资产投资

全社会固定资产投资	112354.5亿元
第一产业	946.2亿元
第二产业	5004.0元
第三产业	6404.3亿元
农村农户投资额	319 1亿元
全社会竣工房屋面积	2182 5万平方米
#住宅	1701.6万平方米

对外经济贸易

海关进出口总额	162.5亿美元
出口总额	89.4亿美元
进口总额	73.1亿美元
实际利用外资额	23.6亿美元

能源

一次能源产量	6.5亿吨标准煤
能源消费总量	19862.8万吨标准煤
煤炭消费量	32056万吨
社会用电量	1822.6亿千瓦小时
焦炭外调量	7281.18万吨

人民生活

城镇居民家庭人均可支配收入	24069元
城镇居民家庭人均消费性支出	14637元
城镇居民人均住房建筑面积	29.4平方米
农民人均纯收入	8809元
农村住户人均生活消费支出	6992元
农村居民人均住房面积	32.9平方米

物价

居民消费价格总指数	101.7
城镇	101.8
农村	101.4
商品零售价格总指数	100.6
工业生产者购进价格指数	96.2
工业生产者出厂价格指数	91.4

农村经济

农作物播种面积	3783.43千公顷
其中粮食	3286.38千公顷
粮食产量	1330.8万吨
油料产量	17.3万吨
肉类产量	76.7万吨

工 业

工业企业单位	3906个
工业增加值	5068.7亿元
原煤产量	92794万吨
发电量	2647.04千瓦小时
生铁产量	4059.29万吨
粗钢产量	4325.4万吨
水泥产量	4801.96万吨

建筑业

建筑业企业单位	2358个
建筑业企业竣工产值	1357亿元
建筑业企业总产值	3103.5亿元
建筑业企业房屋建筑竣工面积	3940万平方米

住宿 餐饮业和旅游

限上住宿、餐饮业营业额	95.9亿元
国内旅游人数	3亿人次
国外旅游人数	56.5万人次
旅游总收入	2846.5亿元
旅游外汇收入	2.8亿美元

财政 金融和保险

公共财政收入	1820.6亿元
公共财政支出	3085.3亿元
城乡居民人民币储蓄存款余额	14145.82亿元
原保险保费收入	465.4亿元

交通运输 邮电通信业

铁路营业里程	4980千米
公路线路里程	14.0万千米
货物周转量	3710.8亿吨/千米
旅客周转量	384.4亿人/千米
市话年末数	433.6万户
农话年末数	105.9万户
移动电话户数	3323万户

批发和零售业

社会消费品零售总额	5717.9亿元
城镇社会消费品零售总额	4661.8元
乡村社会消费品零售总额	1056.1亿元

教育 科技

高等学校数	71所
高等学校在校学生数	71.3万人
高等学校专任教师数	4.0万人
中等职业教育学校数	543所
中等职业学校在校学生数	39.9万人
中等职业学校专任教师数	3.1万
科学研究机构	159个

文化 体育 卫生 环保

文化馆数	119个
公共图书馆数	127个
体育场地数	26450个
医院数	1234个
废水排放总量	49250万吨

（山西省统计局）

中共山西省委召开全省领导干部大会

2014年9月1日，山西省委召开全省领导干部大会，宣布中共中央关于山西省委主要负责人职务调整的决定。中共中央政治局常委、中央书记处书记刘云山出席会议并作重要讲话。中共中央政治局委员、中央书记处书记、中央组织部部长赵乐际在会上宣布中央决定：王儒林任山西省委委员、常委、书记；袁纯清不再担任山西省委书记、常委、委员职务，另有任用。袁纯清主持会议并讲话，省委书记王儒林讲话，省委副书记、省长李小鹏发言，省委副书记楼阳生，省政协主席薛延忠等省领导，中央组织部副部长王秦丰、部务委员兼干部二局局长周祖翼出席会议。

刘云山在讲话中强调，这次山西省委主要负责人职务的调整，是中央从大局出发，根据工作需要和干部交流精神，以及山西省领导班子建设实际，通盘考虑、慎重研究决定的。

省委书记王儒林致辞

省长李小鹏作省情介绍

第二届山西晋商大会
在太原隆重开幕

聚焦山西·城市篇

太原·迎泽大桥

太原・迎泽公园

太原・柳南夜景

大同 · 古城

大同 · 南三环桥

太原 · 南中环桥夜景

中国煤间接液化自主技术产业化第一个项目——潞安集团煤基合成油示范项目

聚焦山西·工业篇

世界最大的瓦斯电厂——晋城寺河120兆瓦瓦斯发电厂

山西天柱山化工有限公司

同煤集团60万吨甲醇项目

阳城电厂

晋煤集团高硫无烟煤洁净化利用合成油示范工程

百度云计算（阳泉）中心

太钢南区全景

聚焦山西·农业篇

实行土地流转后的规模种植

设施连栋温室外景

现代化农药喷施

现代化喷灌

现代化小麦收割

2014山西省
首届国际花灯艺术节

要目

THE MAIN CONTENTS

Translator: Mr.Tory

编纂说明

一、《山西年鉴》创始于1985年，是由山西省人民政府组织、山西省地方志办公室主管主办、年鉴期刊处《山西年鉴》编辑部编纂出版的大型资料文献，属于每年一册的省级综合年鉴。其功能定位于全面真实地记载山西省自然、政治、经济、文化、社会等各个领域的基本情况，反映年度重要事项与发展变化，为读者认识山西、研究山西、投资山西、建设山西提供帮助。

二、《山西年鉴(2015)》记述时限为2014年1月1日至12月31日，特载内容除外。

三、《山西年鉴(2015)》遵从年鉴通例分类编排设条记述，全书分四个层次，即类目、分目、次分目、条目。共设立35个类目，203个分目，176个次分目和1994个条目，收录统计图表92张，总字数160万字。

四、《山西年鉴(2015)》框架在保持历年相对稳定的基础上作了适当增加和调整。如调整"法治"类目，把山西省人大的立法工作、政法委工作、社会治安综合治理工作均移入此类目中。以体现"科学立法，严格执法，公正司法，全民守法"的新形势新要求。调整后个别类目所记内容略有交叉，但角度不同，互为参见。比如：山西省发展和改革委员会的相关工作会出现于"山西省人民政府""经济管理与监督"两类目。遇此则在分目之后设"相关链接"，给读者以提示。

五、《山西年鉴(2015)》涉及数据由于行业和地区统计口径等方面的原因，个别条目略有差异，凡此当以山西省统计局发布的统计数字为准。除"农业经济""市县概览"类目外，所涉计量均使用法定计量单位。

六、《山西年鉴(2015)》为方便读者使用，附有主题词索引与缩略语注释，索引主题词按首字汉语拼音音序排列，缩略语为年鉴记述时限内使用并出现于年鉴中者，排法同主题词索引。

七、《山西年鉴(2015)》稿件由山西省各级党、政、军机关和企事业单位供稿。统计资料由山西省统计局供稿。照片除署名外由山西画报社供图。

八、读者可以在山西地方志网(www.sxdfz.com)、山西年鉴网(www.sxnj.com.cn)在线阅读和订阅。

《山西年鉴》创办以来,得到社会各界的大力支持,我们对关心、支持山西年鉴事业发展的各级各部门领导和各位撰稿人表示衷心的感谢!

《山西年鉴》编辑部

二〇一五年十月二十八日

省直单位撰稿人名单

王　伟	省委办公厅
荆　沛	省委组织部
王　正	省委宣传部
王　峰	省委统战部
李　磊	省委政法委
王小琴	省委机构编制办公室
单福光　阎鹏飞	省直属机关工委
党史办	省委党史办公室
张耀东	省委党校
杨卫兵　王　瑗	省委信访局
马召钰	省委老干部局
何　涛　秦　钟	省人大常委会办公厅
王　磊　郭　强	省人大常委会办公厅
柏亚华	省政府办公厅
张　琼	省人力资源和社会保障厅
王文广	省民政厅
王瑞成	省公安厅
张利荣	省公安厅交管局
张　霏	省司法厅
卫忠梅　魏笑甜	省财政厅
董其文	省国税局
徐　鸿	省地税局
宁红伟	省审计厅
刘　翔	省卫生和计生委
郭文强	省政府法制办公室
岳耀传	省外事办公室
王立品	省统计局
王合龙	省政府参事室(文史馆)
吕继常	省台湾事务办公室
刘玉岗	省政府发展研究中心
高文宏	省地方志办公室
卫敬飞	省档案局
石　峥	省发改委
郎卫平	省国资委
张　峰	省国土资源厅
靳国琦	省工商行政管理局
马　骥　安　静	省物价局
李　昆	省质量技术监督局
刘英池	省安全生产监督管理局
杨晓锋	省食品药品监督局
周志清	省政协
白俊生	省纪委监察厅
马云跃	省高级法院
尹桂珍	省检察院
张志新	省军区
武月兴	省武警总队
史永健	省人防办公室
王明德	民革山西省委
梁俊娜	民盟山西省委
赵柱家	民进山西省委
张云鹏	民建山西省委
胡小龙	农工民主党山西省委
张双全	九三学社山西省委
冯学亮	省工商联
宋海兵　冯　千	省总工会
陈志刚　师慧蓉	团省委
邰三亲	省妇联
吕轶芳	省作协
王继龙	省科协
杜伟琴	省社科联
庞　乐	省侨联
王　岳	三晋文化研究会
侯晓俊	省红十字会
武学亮	省慈善总会
董晨阳	省经信委
王德善	省煤炭工业厅
龙　云	省电力公司
王亚静	国家能源局山西监管办公室
姚文举	省机械电子行业办公室
康建基	省冶金行业办公室
张　平	省化工行业办公室
王　洋	省建筑材料工业行业办公室
孙宝明	省纺织业行业管理办公室
何运燕	省轻工业行业办公室
赵登斌	省国防科工委
王　彬	省食品协会

武少东	省农业厅
许云麒	省农垦局
郑晓静　侯晋兰	省畜牧兽医局
秦永红	省农机局
杨光宗	省农科院
冀瑞平	省林业厅
王秀芳	省水利厅
边　疆	省中小企业局
冯晓东	省城联社
李国红　米玉婷	省住房城乡建设厅
张运宁	省重点工程办公室
闫淑铮	万家寨引黄工程管理局
王　颖	省环保厅
师国梁	省交通运输厅
孙淑环	太原铁路局
贾卓英	省民航机场集团公司
张　伟	省邮政管理局
孙久臣　康燕珍	省邮政公司
张　博	省物资产业集团
周军礼	省无线电管理委员会
魏程明	省通信管理局
赵　苇	电信山西分公司
黄云霞	联通山西分公司
贾晋峰	移动山西分公司
原文浩	省展览馆
张红霞	中国煤炭博物馆
田若微	省博物院
宋晓徽	省口岸办公室
张新年	太原海关
郑　罡	省出入境检验检疫局
周建东	省商务厅
祝志光	省粮食局
司昌平	省供销社
赵　钰	省烟草专卖局
刘丽婷	中石化山西分公司
赵未陆	省银监局
张　杰	人行太原中心支行
牛晓辉	农业发展银行山西省分行
闫洁琼	工商银行山西省分行
张鹏鹤	农业银行山西省分行
李　鹏	中行山西省分行
韩　雪	华夏银行太原分行
赵建伟	建行山西省分行
韩晓俊	晋商银行
雷鹏锋	省农村信用社联合社
杜晶莹	邮储银行山西省分行
刘　蓉	省保监局
周苗为	太平洋财险山西分公司
刘建贞	中国人寿山西分公司
刘志平	太平洋人寿山西分公司
郭秋芳	平安人寿山西分公司
张　军	省证监局
白云飞	省教育厅
陈红科	省科技厅
任玉荣	省测绘地理信息局
张素贞	省煤炭地质局
刘耀峰	省水文水资源勘测局
李国英	省气象局
车海兵	省地震局
霍春英	省社科院
陈燕萍	省文化厅
李德胜	省图书馆
王振华	省文物局
冯海涛　张　原　李陈华	省文联
丁耿彪	省新闻出版局广电局
孔　峰　丁　婕	山西日报报业集团
张　茂	省出版传媒集团
王海叶	省旅游局
刘利民　康燕翔　霍丽琴	省医药行业办公室
王宏德	省体育局
王　静	省民族宗教事务局
闫　鹏	省老龄委
邹淑芳	省残联
刘世锋	省扶贫开发办公室
郎少萍	审计署驻太原特派办事处
郭　帅	财政部驻山西专员办事处
赵　媛	太原高新技术产业开发区
郭　微	太原不锈钢产业园区
栗　群　李冬梅	太原经济技术开发区
赵新政　李　茂　张　峰	晋中经济技术开发区
梁　青	临汾经济技术开发区
林广源	侯马经济开发区
杨建国	运城空港经济开发区
侯伟宏	绛县经济开发区
姚洪涛	风陵渡经济开发区

市县(区)单位撰稿人名单

邢春连		太原市地方志办公室
吕少华		小店区史志办公室
张国文		迎泽区地方志办公室
刘彩秀		杏花岭区地方志办公室
王雪琴		尖草坪区地方志办公室
武超龙		万柏林区地方志办公室
方慧敏		晋源区地方志办公室
杨晓霆		清徐县地方志办公室
崔振刚		阳曲县地方志办公室
张宪平		娄烦县地方志办公室
赵志英		古交市地方志办公室
冯晋慧		大同市地方志办公室
徐雅丽		城区地方志办公室
武新田		矿区史志办公室
石有团	周立娟	南郊区史志馆
贺雨顺		新荣区史志办公室
张守武		阳高县史志研究室
高志英		天镇县史志办公室
张治国		广灵县地方志办公室
高晓彬	刘甫花	灵丘县地方志办公室
范颖莲		浑源县史志办公室
邵明仁		左云县史志办公室
吉广庆		大同县史志办公室
任佟苏	杨　文	阳泉市地方志办公室
王世钧		城区地方志办公室
孙燕平	张　嘉	矿区地方志办公室
侯晋元	高志宏	郊区地方志办公室
洪晓琴	费徐阳	平定县史志办公室
郭　玲		盂县史志编纂委员会办公室
尚竹英		长治市地方志办公室
张少蓉		城区史志办公室
李俊叶		郊区地方志办公室
付小波	武俊英	长治县地方志办公室
万瑞星		襄垣县地方志办公室
段蓓蓓	秦　博	屯留县地方志办公室
王建斌		平顺县地方志办公室
王利芳		黎城县地方志办公室
秦慧艳		壶关县史志办公室
王卫星		长子县史志办公室
魏春洲	曹小莉	武乡县史志办公室
王淑红	苗　壮	沁县史志办公室
宋江华	雷　婧	沁源县史志办公室
申俊良	吴少波	潞城市志办公室
牛晋军		晋城市地方志办公室
赵同善	杨　盼	城区地方志办公室
张丽霞		沁水县地方志办公室
王家胜		阳城县地方志办公室
焦国锋		陵川县县志编纂委员会
张　静		泽州县史志办公室
秦皓宇		高平市地方志办公室
元雷花		朔州市地方志办公室
常凤霞		朔城区政府办公室
郭文亮		平鲁区政府办公室
李　霞		山阴县政府办公室
安培兴		应县政府办公室
李志国	杨健慧	右玉县政府办公室
杨志雁	晁立宇	怀仁县史志办公室
刘改英	赵保平	晋中市史志研究院
薛丽瑾		榆次区史志办公室
常彩萍		榆社县史志办公室
宋　丽	高　敏	左权县党史县志办公室
王　燕		和顺县史志办公室
刘利国		昔阳县史志办公室
张　琪		寿阳县志办公室
杨　扬	王少静	太谷县党史县志办公室
岳丽霞		祁县地方志办公室
温小琴		平遥县史志办公室
景志勇		灵石县史志办公室
王亚丽		介休市史志办公室
张　涛		运城市地方志办公室
何桂兰		盐湖区地方志办公室
程明清		临猗县地方志办公室
薛勇勤	张东宏	万荣县地方志办公室
樊香叶	孟令燕	闻喜县志办公室
段美云		稷山县地方志办公室
许　隽		新绛县地方志办公室
刘　超		绛县地方志办公室
王建民		垣曲县地方志办公室
任巧杰	古艳梅	夏县地方志办公室
杨卯翠		平陆县地方志办公室

董莹芳		芮城县地方志办公室
牛玉芳		永济市地方志办公室
高创奇	柴　欣	河津市地方志办公室
赵　芳		忻州市委史志办公室
张新华		忻府区地方志办公室
薄振宇		定襄县史志办公室
闫　丽		五台县史志办公室
高继东		代县史志办公室
冯占军		繁峙县地方志办公室
白瑞萍		宁武县委史志办公室
李青春		静乐县志办公室
杨向东		神池县史志办公室
朱和森		五寨县志办公室
贾润高		岢岚县史志办公室
王巧英		河曲县史志办公室
武延飞		保德县史志办公室
卢银柱		偏关县政协文史委
武会文		原平市史志办公室
李艳洁		临汾市地方志办公室
尉晨光	许小梅	尧都区志办公室
张淑霞		曲沃县志办公室
翟铭泰		翼城县史志办公室
王建刚		襄汾县志办公室
王俊平	张甜甜	洪洞县地方志办公室
毛华丽		古县地方志办公室
尚晓玲		安泽县地方志办公室
陈聪聪	李彤新	浮山县地方志办公室
强培家		吉县地方志办公室
闫　涛	陈　娟	乡宁县地方志办公室
李宏伟		大宁县地方志办公室
张克强		隰县地方志办公室
樊永兴		永和县史志办公室
曹立华		蒲县地方志办公室
牛记明	赵鸿虎	汾西县史志办公室
耿文静		侯马市史志办公室
郭秀东		霍州市史志办公室
刘翠翠		吕梁市地方志办公室
孙银爱		离石区史志办公室
郭　强		文水县史志办公室
李大斌	燕保平	交城县地方志办公室
张俊峰		交城县地方志办公室
牛小兵		兴县档案史志馆
张海红		临县地方志办公室
张景尧		柳林县地方志办公室
郑凤斌		石楼县地方志办公室
赵　丽		岚县地方志办公室
陈　胜		方山县地方志办公室
李晓中		中阳县地方志办公室
武允明		交口县地方志办公室
张彩琴		孝义市地方志办公室
郭宇霞		汾阳市史志办公室

特　载

年度要闻

大事记

2014年山西省大事记

省情概览

地理资源

人口　语言

民族 宗教

行政区划

经济建设

法治建设

社会建设

文化建设

生态建设

机构设置和领导名录

中国共产党山西省委员会

综　述

重要会议

组　织

宣　传

统　战

政法委

机构编制

机关党建

党校教育

老干部

信　访

党 史

山西省人民代表大会

综 述

重要会议

国家机关工作人员任免

立 法

监 督

山西省人民政府

综 述

重要会议

发展和改革委员会

经济和信息化委员会

教育厅

科学技术厅

公安厅

监察厅

民政厅

司法厅

财政厅

人力资源和社会保障厅

国土资源厅

环境保护厅

住房和城乡建设厅

交通运输厅

水利厅

农业厅

林业厅

商务厅

文化厅

卫生和计划生育委员会

审计厅

煤炭工业厅

国有资产监督管理委员会

中国人民政治协商会议山西省委员会

综　述

重要会议

委员活动

中国共产党山西省纪律检查委员会

综述

重要会议

民主党派和工商联

民革山西省委员会

民盟山西省委员会

民建山西省委员会

民进山西省委员会

农工党山西省委员会

九三学社山西省委员会

山西省工商业联合会(总商会)

群众团体

山西省总工会

共青团山西省委员会

山西省妇女联合会

山西省作家协会

山西省科学技术协会

山西省文学艺术界联合会

山西省残疾人联合会

山西省社会科学界联合会

山西省归国华侨联合会

山西省红十字会

武 装

山西省军区

武警山西省总队

人民防空

法 治

人大立法

法治政府建设

社会治安综合治理

公 安

检 察

法 院

司法行政

案 例

外事侨务　台湾事务

外事侨务

台湾事务

经济管理与监督

发展和改革

国土资源管理

国有资产管理

口岸管理

出入境检验检疫

太原海关

工商行政管理

物价管理

审 计

统 计

国家财政监督

国家审计监督

质量技术监督

安全生产监督管理

食品药品监督管理

能源监督管理

工业经济

经济和信息化

煤炭工业

电力工业

机械电子工业

冶金工业

化学工业

医药工业

建材工业

国防科技工业

轻工业

食品工业

林 业

水 利

中小(乡镇)企业

住房和城乡建设　环境保护

住房和城乡建设

重点工程

万家寨引黄入晋工程

环境保护

交通运输

公路

内河航运

铁路

民用航空

邮政 电信

邮政

·邮政管理·

·邮政业务·

电信

·无线电管理·

财政 税务

财 政

税 务

金 融

金融监管

保 险

商业 贸易

商 务

粮 食

供销合作

烟草专卖

石油供销

物 流

旅游　会展

旅　游

会　展

科学技术

科　技

测绘地理信息

方志　档案

文物　博物馆　图书馆

社会保障

减灾救助

优抚　养老

基层政权和社区建设

社会组织管理

慈　善

扶贫开发

残疾人

人　物

劳模人物

新闻人物

革命烈士

市县概览

太原市

·小店区·

吕梁市

附　录

经济和社会发展统计资料

法规选登

CONTENTS

政府工作报告

——在山西省第十二届人民代表大会第四次会议上

山西省人民政府省长　李小鹏

（2015年1月28日）

各位代表：

现在，我代表省人民政府向大会报告工作，请予审议，并请省政协委员和其他列席人员提出意见。

一、2014年工作回顾

过去的一年，面对严峻复杂的形势，我们深入学习贯彻党的十八大、十八届三中、四中全会精神和习近平总书记系列重要讲话精神，坚决落实中央各项决策部署特别是对山西工作的重要指示要求，迎难而上，奋力拼搏，各项工作稳中有为、稳中有进，经济结构不断优化，改革创新亮点纷呈，人民生活水平稳步提高，社会保持和谐稳定，在全面建成小康社会的道路上迈出了坚实的步伐。

一年来，我们千方百计稳增长。认真贯彻落实国家稳增长政策措施，在继续实施煤炭、煤层气和低热值煤发电3个20条、保障工业运行12条等措施的基础上，新出台煤炭17条和缓解企业资金困难的财政、金融等措施。加强经济运行监测分析，定向督查指导，有力促进了各项政策措施的落实。

把投资作为稳增长的关键，围绕转方式、调结构、惠民生，加强重点领域投资。首次推出40个鼓励社会资本参与建设营运的基础设施项目，修订完善省政府核准的投资项目目录，落实企业投资自主权。深入开展“项目见效年”活动，坚持“六位一体”统筹推进重点工程建设，及时实施“百日百项”工程开工计划，全社会固定资产投资连续两年超万亿元。大西高铁太原至西安段正式通车，山西中南部铁路出海通道如期建成。大水网四大骨干工程进展顺利，病险水库除险加固任务基本完成。新增高速公路通车里程732公里，新建改建国省干线722公里、农村公路2891公里。吕梁机场正式通航，五台山、临汾机场加快建设。新增发电装机容量538万千瓦。燃气使用人口新增306万人，达到1500万人。

把消费作为稳增长的基础，加快发展电子商务，推动传统流通企业与电商开展合作；积极拓展信息消费，重点公共场所实现无线局域网免费覆盖；加快农产品流通体系、社区便民商圈建设，实施“快递下乡”惠民工程，引深“山西品牌中华行”等促消费活动；出台加快发展养老、健康服务业的政策措施，鼓励发展服务消费。外贸结构进一步优化，机电产品、高新技术产品出口分别增长9%、15.6%。

大力扶持实体经济，实施“一企一策”精准帮扶，各级领导干部带头联系帮扶重点企业，协调解决重大问题；扩大大用户直供电试点，降低企业用电成本7.5亿元；引导金融机构加大对重点企业、重点工程、中小微企业和“三农”支持力度，着力解决企业融资难、融资贵问题，稳妥处置金融风险；为小微企业减免增值税、营业税、所得税9.7亿元，新创办小微企业5.4万户，新增个体工商户13.7万户。

初步核算，2014年全省生产总值完成1.27万亿元，同比增长4.9%；固定资产投资完成1.19万亿元，增长11.5%；社会消费品零售总额完成5549.9亿元，增长11.3%；公共财政收入完成1820.1亿元，增长7%；城镇居民人均可支配收入24069元、增长8.1%，农村居民人均可支配收入8809元、增长10.8%；居民消费价格上涨1.7%；城镇新增就业51.4万人，转移农村劳动力37.7万人，城镇登记失业率为3.4%。

去年，地区生产总值增速等部分预期性指标未能达到预期。主要是由于宏观经济增速放缓，我省以煤炭、冶金、电力、焦炭、化工为主的能源原材料工业总体疲软，特别是我省最大的支柱产业煤炭供过于求、价格下跌、效益锐减，不仅影响到地区生产总值等总量指标，而且影响到财政收入等效益指标。加上长期存在的经济结构不合理等问题，矛盾更显突出。从主观上看，我们对经济发展新常态的特点和规律认识不深，对形势分析判断的预见性还不够强，有些政策措施落实还不到位，有的改革举措尚未明显见效。尽管如此，经过全省上下的艰苦努力，城乡就业、农民收入、物价涨幅等重要民生指标实现预期目标，9项节能环保约束性指标全面完成。这也更加坚定了我们战胜困难的信心和决心。

一年来，我们蹄疾步稳推改革。不断丰富转型综改的实质性内容，积极开展"转型综改攻坚年"活动，"3675"年度重点任务全面完成。全面清理省级审批事项，承接国务院取消行政审批项目29项、下放行政审批项目59项，省级取消、下放、调整行政审批项目60项。省、市政府机构改革全部完成，县级政府机构改革基本完成。率先推行省属国有企业财务等重大信息公开，着力打造阳光国企。推进低热值煤发电项目审批改革，累计批准24个项目开展前期工作，装机容量2104万千瓦。工商登记制度、财税体制、户籍制度、食品药品监管体制等重大改革取得新突破。

特别是我们上下同心、抓住机遇、果断出手、冲破藩篱，积极推进煤炭管理体制改革，在全国率先清理规范涉煤收费项目，专门面向煤炭的省定行政事业性收费全部取消，违规收费项目全部取缔，保留收费项目全部规范；推进煤炭资源税从价计征改革，从低确定税率；暂缓"两金"提取，3项合计减轻企业负担320多亿元，吨煤可降低成本40元。大力实施煤焦公路销售体制改革，全部取消对相关企业的21项行政授权，全部取消煤焦公路运销9种票据，全部撤销遍布全省的1487个各类煤焦公路检查站点，煤炭管理体制改革迈出了坚实的步伐！

一年来，我们坚定不移调结构。积极化解过剩产能，淘汰落后钢铁产能425万吨、焦炭产能1058万吨、电力产能57.4万千瓦、水泥产能110.5万吨。改造提升传统产业，现代化矿井改造步伐加快，煤电一体化运营积极推进，运城、吕梁两个百万吨铝循环产业基地加快建设。

制定新兴产业和服务业发展扶持政策，设立战略新兴产业、文化产业及旅游文化体育产业三支投资基金，推动煤层气装备、新能源汽车等7个新兴产业优化布局，加快发展节能环保产业和现代服务业，服务业占地区生产总值的比重超过44%，同比提高2个百分点以上；民间投资占固定资产投资的比重超过58%，同比提高4个百分点以上；非煤产业投资占工业投资的比重超过78%，同比提高3个百分点以上；非传统产业投资占工业投资的比重超过54%，同比提高约1.5个百分点；装备制造业连续3年成为继煤炭、冶金之后的第三大产业；旅游总收入增长23.5%。

狠抓节能减排，实施650项节能改造项目，探索开展节能量交易试点，全省万元地区生产总值能耗超额完成下降3.5%的年度任务。大气污染防治成效明显，细颗粒物（PM2.5）平均浓度同比下降16.9%，圆满完成亚太经济合作组织（APEC）峰会期间空气质量保障工作。加快推进燃煤电厂超低排放，瑞光电厂1号机组率先完成改造任务，实际排放明显低于燃气发电机组。淘汰黄标车和老旧车21.6万辆。省城环境综合治理成效明显，太原市空气质量达标天数197天，同比增加35天。吕梁山生态脆弱区治理步伐加快，晋祠泉复流工程全面启动。完成水土流失治理面积346.8万亩，营造林462万亩。

制定实施国家创新驱动发展战略山西行动计划、低碳创新行动计划，高起点推进山西科技创新城建设，编制完成总体规划、核心区详细规划及专项规划，完成首期征转地工作，中科院、清华大学等27家研发机构确定入驻；编制7个煤基低碳产业科技创新链，67个煤基重大科技专项面向社会公开招标成功。动车轮对组成关键零部件、水煤浆水冷壁气化炉等技术实现产业化。潞安集团建成我省首家国家级工程技术研究中心。新设院士工作站16个，选拔新兴产业领军人才64名、学术技术带头人193名，"千人百县"服务基层活动扎实推进。

一年来，我们统筹城乡促发展。在继续执行中央及我省各项惠农政策的基础上，又出台10项补贴政策，资金总规模达到67亿元。

不断增强农业综合生产能力，农田实灌面积达到2125万亩，粮食产量再创新高，达到133.1亿公斤。加快发展现代农业，扎实推进"一村一品""一县一业"和七大产业振兴翻番工程，启动实施新一轮雁门关生态畜牧经济区建设规划，农产品加工业销售收入增长18%。农村土地承包经营权确权登记颁证试点、农村集体产权制度改革试点工作扎实开展。

深入实施百企千村产业扶贫开发工程，建设产业扶贫项目233个、完成投资200亿元；实施精准扶贫，5万名农村贫困劳动力接受就业培训，2万名贫困学生受到教育资助，4万多名干部驻村帮扶，覆盖所有贫困村，在21个扶贫攻坚县启动实施金融富民扶贫工程，47万贫困人口实现脱贫。

制定实施改善农村人居环境规划纲要和2014年行动计划，重点推进完善提质、农民安居、环境整治、宜居示范四大工程，完成投资超过145亿元，改造县乡公路544公里，新建和改建农村饮水工程1598处，建成老年人日间照料中心1000个，完成采煤沉陷治理搬迁4.6万人。全力办好农村"五件实事"，改造农村困难家庭危房15.5万户，新建改建农村幼儿园312所，易地搬迁农村贫困人口10万人，配备保洁员7.3万名、垃圾收运车3.5万辆，培训新型职业农民10万名。

统筹推进城镇化建设,太原晋中同城化步伐加快,上党城镇群、百里汾河经济带等城镇组群发展提速,晋中108廊带区域一体化发展示范区启动建设。加强城市道路交通、管网、生态园林及污水垃圾处理等基础设施建设,完成投资435亿元。新开工城镇保障性住房23万套,建成21万套。积极推进农业转移人口享有城镇基本公共服务,进城务工人员子女实现在就读地参加中考和高考。城镇化率预计提高1.5个百分点,达到54%。

一年来,我们真情实意惠民生。财政支出的八成以上和全部增量均用于民生改善。大力发展教育事业,新改扩建206所公办标准化幼儿园,农村小学、初中学生人均公用经费补助标准分别提高到695元、895元,21个县初步通过国家义务教育均衡发展评估验收;实施薄弱学校改造计划,招聘1407名农村义务教育特岗教师。城乡特殊教育生均公用经费补助标准由310元、750元统一提高到4000元;中职教育免收学费全覆盖惠及45万名学生;高校新校区全面建成,11万师生入住,新增山西工程技术学院、山西应用科技学院两所本科院校。

深化医药卫生体制改革,在83个县推进县级公立医院综合改革,在269个非政府办基层医疗卫生机构开展基本药物制度试点;人均基本公共卫生服务经费财政补助标准提高到35元;城镇职工医保、城镇居民医保和新农合三项基本医保实现应保尽保,城乡居民大病保险在全省推广,在18个县开展参合农民住院按病种分级诊疗试点;新增社区卫生服务机构71所,新增社会办医机构397所、增加床位4976张,省儿童医院新院区建设加快推进。5500户家庭享受到"单独两孩"政策。

加快发展文化事业,省级重点文化设施进一步完善,国家公共文化服务体系示范区和示范项目创建工作正式启动,"文化惠民在三晋"系列活动扎实开展,政府购买公共演出服务全面推行,哲学社会科学、新闻出版、广播影视繁荣发展。成功举办第14届省运会,我省体育健儿在第17届亚运会上取得好成绩。

千方百计扩大就业,制定实施促进就业创业的46条措施,实行提供财政补助、实训补贴和小额担保贷款等"七补一贷"政策,扶持高校毕业生创业;购买6992个基层公共服务岗位,吸纳高校毕业生就业;实行财政贴息支持、一次性就业补助等"六补一缓"优惠政策,缓缴困难企业社保费60亿元,发放失业金稳岗补贴6.25亿元,鼓励中小微企业吸纳更多城乡劳动者就业。加强职业培训,为就业困难人员提供就业服务。

着力增加居民收入,提高最低工资标准和企业工资增长指导线;连续10年提高企业退休人员基本养老金,月人均达到2389元;为领取失业保险金人员发放冬季取暖补贴,为全省农户免费发放898万吨取暖用煤;提高省直机关、事业单位津补贴和绩效工资标准,并向低职务职级人员倾斜。

全面加强社会保障,建立了统一的城乡居民基本养老保险制度;城镇居民医保和新农合年人均财政补助标准由280元提高到320元,工伤保险待遇标准平均提高10%;城乡低保标准每人每月分别提高28元、25元,达到379元、206元,农村五保对象集中供养、分散供养省级补助标准每人每年分别提高200元、130元,达到2200元、1430元;对7.8万名重度残疾人和贫困残疾人进行补贴,对7.55万名贫困残疾人进行康复救助,为14万名经济困难家庭学前幼儿提供生活补助;完善落实社会救助和保障标准与物价上涨挂钩联动新机制,困难群众基本生活得到保障。

面对经济下行压力,我们更加注重保障和改善民生,坚持政策力度只增不减、投入力度只增不减、工作力度只增不减,人民群众得到了实实在在的好处!

一年来,我们毫不放松抓安全。认真贯彻落实中央及我省关于加强安全生产的一系列决策部署,把安全生产作为一条不可逾越的红线,全面开展安全生产知责履责活动,深入开展各行业各领域安全生产专项整治和大检查,突出煤矿、非煤矿山、危险化学品、油气管道、交通运输和隧道交通、粉尘防爆等重点行业领域,全面排查治理各类安全隐患。严格责任追究,严肃处理晋济高速"3·1"特别重大道路交通危化品燃爆等事故相关责任人。各类安全生产事故起数和死亡人数实现"双下降",煤矿百万吨死亡率0.036,下降53.25%。

加大招商引资、招才引智力度,成功举办第五届能博会暨2014低碳发展高峰论坛、第二届晋商大会。晋城海关、长治海关获得国家批准。全年签约招商引资项目2064个,到位资金6903亿元。

推进民主法制建设,认真执行人大及其常委会的决议、决定,积极支持人民政协履行职能,全年共办理人大代表建议913件、政协提案814件,向省人大常委会提请审议地方性法规草案6件、废止6件、修正9件,制定政府规章5件。支持各民主党派、工商联、无党派人士参政议政,支持工会、共青团、妇联等人民团体发挥作用。深入开展"六五"普法,公民法治意识进一步增强。

扎实开展第二批党的群众路线教育实践活动,严格执行中央"八项规定"和国务院"约法三章",坚决反对"四风",着力解决人民群众反映强烈的突出问题。大力压减"三公"经费,年初压减部门一般性支出10%,年中又压缩会议、培训等行政经费10%,节省下的经费全部用于改善民生。深入开展廉政建设和反腐败斗争,严肃查处了一批领导干部违纪违法问题和重点领域腐败案件。加快转变政府职能,行政效能和服务水平有了新的提升。

各位代表,一年来,我们风雨同舟、攻坚克难,经济社会实现新的发展,成绩来之不易。我们之所以能够取得这些成绩,靠的是党中央、国务院的亲切关怀、坚强领导和方针政策的指引,靠的是省委的正确领导,靠的是省人大、省政协的大力支持和有效监督,靠的是全省上下齐心协力、奋力前行。在此,我代表省人民政府,向全省人民,向驻晋解放军、武警官兵、公安民警和中央驻晋单位,向各民主党派和人民团体,向所有关心、支持、参与山西改革发展的海内外各界朋友,表示崇高的敬意和衷心的感谢!

在肯定成绩的同时,我们也清醒地认识到,我省经济社会发展还存在不少困难和问题。当前经济运行困难,煤炭需求下降,价格深度下跌;企业经营困难,效益明显下滑;金融运行偏紧,融资难、融资贵问题较为突出,全省经济下行压力持续加大。经济社会发展中长期积累的矛盾仍然突出,发展规模不大,经济结构不优,质量效益不高,特别是"一煤独大"没有改变,传统产业产能过剩问题突出;城乡居民收入与全国差距较大,民生社会事业欠账较多,扶贫攻坚还需加大力度;国有企业缺乏活力,民营经济发展不足;对外开放程度不够,科技创新能力不强,制约我省转型发展的体制机制弊端依然存在;安全生产压力依然较大,维护社会和谐稳定任务繁重。政府建设和干部作风与人民群众期盼还有差距,依法行政理念尚未完全确立,行政审批环节多、效率低,政务环境不优,职能转变还需加强;"四风"问题尚未根绝,不作为乱作为、懒政怠政、失职渎职依然存在;出现系统性、塌方式腐败,严重损害了人民利益和山西形象,党风廉政建设和反腐败斗争任务十分艰巨。对此,我们要始终保持清醒头脑,不畏艰难、勇于担当,不断克服困难,认真解决问题,推动改革发展,决不辜负全省人民的厚望!

二、2015年工作安排

2015年,是全面深化改革的关键之年,是全面推进依法治国的启动之年,是全面完成"十二五"规划的收官之年,也是我省全面推进"六大发展"的开局之年。

今年国内外经济形势依然十分严峻复杂。我国经济仍处于增长速度换挡期、结构调整阵痛期、前期刺激政策消化期"三期叠加"阶段,深化改革、调整结构、化解过剩产能、保护生态环境等压力依然较大;煤炭供大于求、价格低位徘徊的状况难有改观,传统工业产能过剩、效益不佳,资源型经济跌得快跌得深、回升慢回升难,都将给我省财政收支、社会就业、居民收入、金融运行带来较大压力。同时,我们更要看到面临的有利条件和机遇。我国发展仍然处于可以大有作为的重要战略机遇期没有变,经济发展总体向好的基本面没有变,中央继续实施积极的财政政策和稳健的货币政策,将形成持续利好的宏观政策环境;我省转型发展效果正在显现,综改区建设步伐加快,创新驱动提挡加速,煤炭革命激发强大活力,铁路、公路、水利、电力、人居环境改善、科技创新城等一大批重点工程,将有效拉动经济增长。我省加强党风廉政建设和反腐败斗争、推进法治山西建设,将为经济社会发展提供风清气正的环境,特别是省委提出"六大发展"的新思路,必将团结激励全省人民为加快全面建成小康社会、实现富民强省而努力奋斗。面对经济发展新常态,我们要认识新常态、适应新常态、引领新常态,强化底线思维,把握宝贵机遇,扬长避短,积极作为,努力做好经济社会发展各项工作。

做好今年政府工作,要深入贯彻党的十八大和十八届三中、四中全会精神,认真落实中央经济工作会议及省委十届六次全会部署,以邓小平理论、"三个代表"重要思想、科学发展观为指导,以习近平总书记系列重要讲话精神为根本指针,主动适应经济发展新常态,坚持稳中求进工作总基调,以提高经济发展质量和效益为中心,把转方式调结构放到更加重要位置,全力推进"六大发展",全面深化改革,扩大开放,突出创新驱动,强化风险防控,保障改善民生,加快推进法治山西建设,促进全省经济平稳健康发展,社会和谐稳定。

综合考虑各方面的因素,2015年我省经济社会发展的主要预期指标是:地区生产总值增长6%左右,全社会固定资产投资增长16%左右,社会消费品零售总额增长10%,公共财政预算收入增长6%左右,城乡居民人均可支配收入分别增长7%、7%以上,城镇新增就业岗位51万个,城镇登记失业率控制在4.2%以内,居民消费价格涨幅控制在3%左右。

约束性指标是:万元地区生产总值能耗下降3%,万元地区生产总值二氧化碳排放量下降3%,二氧化硫、化学需氧量、氨氮、氮氧化物减排完成国家下达任务,烟尘、粉尘排放量均下降0.5%,万元工业增加值用水量下降4.6%。

2015年,要重点做好以下几个方面的工作:

(一)加快改革开放和创新驱动,引深转型综改区建设。全面深化改革。实施转型综改"2285"年度行动计划,确保3年任务全面完成。继续抓好三项改革试点,抢抓先机加快低热值煤发电项目建设,加大力度争取煤层气矿业权审批、商品衍生品交易试点早日落地。深化国有企业改革,做好国有企业重大信息公开工作,推进省属国企负责人薪酬和履职待遇管理制度改革,建立完善国有资本收益共享机制,稳步推进股权多元化,探索国企分类监管、分类考核和组建改组国有资本投资运营公司,深化集体企业改革、省直机关直属企业脱钩改革,稳妥推进厂办大集体企业改革。推动民营经济健康快速发展,放宽市场准入,清理不合理规定,消除各种隐性壁垒,帮助民营企业解决创办、创新、税费、融资、审批等方面的实际问题,让民营经济依法平等使用生产要素、公平参与市场竞争、同等受到法律保护,努力形成大众创业、万众创新的生动局面。推进财税体制改革,完善政府预算体系,将政府收支全部纳入预算管理,加强财政资金绩效管理,继续推进"营改增",完善煤炭资源税省市县三级共享格局,规范政府债务管理。大力压缩财政一般性支出,确保重点领域和民生支出。深化投资体制改革,修订完善政府核准投资项目目录,推出第二批向社会资本开放的建设项目名单,积极推广政府与社会资本合作建设模式。加快金融改革发展,做大做强晋商银行、山西国投等地方金融机构,推进农村信用社改革,促进融资性担保企业、小额贷款公司健康发展,积极筹建山西金融资产管理公司、消费金融公司、人身保险公司。构建多层次资本市场体系,推动企业上市,鼓励发展创业投资和私募股权基金。优化金融生态,有效防范化解金融风险。推进高速公路建设和运营管理体制改革,加快交通企业及高速公路资产债务重组,逐步提高经营性高速公路比例,进一步规范交通建设项目招投标管理。同时,积极推进工商登记制度便利化改革、土地管理制度改革、价格改革等重点领域改革,全面启动不动产登记。

实施创新驱动。深入实施创新驱动和低碳创新行动计划,以安全、清洁、高效、低碳发展为方向,实施好煤基科技重大专项,力争在煤炭绿色开采、煤炭清洁利用、煤层气、现代煤化工、低碳技术等领域突破一批核心关键技术。深化科技体制改革,构建以企业为主体、市场为导向、产学研用相结合的自主创新体系。实施省级科技计划改革,加强科研项目管理,促进科技资源共享和开放。加大创新成果产权保护和政策支持,建立完善科研人员股权和分红激励政策。抓好科技创新城核心区基础设施建设,启动科技服务三大平台建设,推进首批27个项目入驻,再引进一批高端研发机构,积极争取科技创新城享受国家自主创新示范区试点政策。

加快对外开放。积极对接国家"一带一路"、京津冀协同发展、长江经济带战略,扩大与相关地区的交流合作,加大承接长三角、珠三角等地区产业转移力度,主动融入环渤海经济圈和中原经济区,加快晋陕豫黄河金三角承接产业转移示范区建设。加强与港澳台地区及德国北威州、美国西弗州等友好省州的经济合作和文化交流。创新招商方式,实施精准招商、产业链招商、集群化招商。积极引进我省紧缺的高层次人才。充分发挥太原武宿综合保税区作用,启动太原铁路口岸建设,促进大同航空口岸正式开放,推动设立运城航空临时口岸,探索在太原、大同、临汾建设"无水港"。办好能博会低碳发展高峰论坛、农博会、文博会、书博会,积极参加国家级重大展会。

我们就是要向改革要活力,向创新要动力,向开放要空间,加快走出资源型地区和内陆省份可持续发展的新路子!

(二)坚持稳中求进,全力促进经济平稳健康发展。进一步加大投资力度。准确把握国家产业政策和投资方向,加强重大基础设施建设、产业转型、城镇化和生态环保、民生和社会事业等重点领域投资,狠抓重点工程建设,扎实开展"项目提质增效年"和"百日百项"活动。今年全社会固定资产投资计划安排1.3万亿元,重点推进十大领域投资和十大标志性工程建设。铁路投资393亿元,加快推进大张铁路、太焦城际铁路等15个国家铁路项目,阳泉北—大寨等4个地方铁路项目,晋中—太原轻轨等轨道交通项目以及24个运煤装车点建设;公路投资245亿元,新建续建高速公路680公里,新建改建国省干线公路300公里、农村公路1000公里;水利投资431亿元,抓好大水网四大骨干工程、汾河流域生态修复及晋祠泉复流工程、引黄配套工程和百座小型水库建设,全力推进古贤水利枢纽前期工作;外送电通道和电网建设投资125亿元,抓好蒙西—晋北—天津南、榆横—晋中—潍坊、晋北—江苏、盂县—河北4条外送电通道建设;低热值煤发电项目投资205亿元;煤层气项目投资187亿元;节能环保项目投资390亿元;科技创新城投资150亿元;新兴产业项目投资4790亿元;城乡人居环境改善投资2901亿元。

努力扩大消费需求。深化收入分配制度改革,千方百计增加城乡居民收入,增强居民消费能力。健全社会保障体系,稳步提高保障水平,改善居民消费预期。深入推进"山西品牌中华行"等促消费活动,促进养老家政、文体娱乐等服务消费,鼓励信息消费,稳定住房消费,倡导节能环保等绿色消费。深化流通体制改革,加强城乡流通基础设施和市场体系建设,积极发展物流配送、网络购物等现代流通方式,规范市场秩序,让群众安全消费、放心消费、满意消费。

推动进出口稳定发展。提升外贸转型升级示范基地建设水平,加快培育外贸综合服务企业,推进跨境贸易电子商务。借鉴上海自贸区经验,推进通关便利化改革。加快出口退税进度,提高出口信用保险覆盖面。优化进出口结构,扩大机械装备、电子信息产品、新材料和特色农产品出口,扩大重要原材料、先进技术设备、关键零部件进口。

加大帮扶企业力度。落实好减免行政事业性收费、缓缴社会保险费用等相关政策措施,帮助困难企业渡过难关。促进银企沟通对接,争取金融机构扩大对我省信贷投放和资金配置,支持商业银行做好贷款重组和接续工作,有效缓解企业融资难、融资贵问题。大力实施中小微企业成长工程,加强帮扶、指导和服务。

(三)大力推动煤炭革命,做好煤炭这篇大文章。推动煤炭消费革命。坚持总量控制、节约优先,形成集约高效的能源消费方式,提高省内清洁煤炭消费比例。大力发展清洁燃煤发电、煤基能源深度转化、热电联产集中供热,推广燃煤锅炉和窑炉污染控制技术。全力推进燃煤发电机组超低排放,落实优惠政策,确保2017年年底全面完成总体目标。

推动煤炭供给革命。加快建设国家新型综合能源基地,重点推动建设晋北、晋中、晋东三大煤炭基地,晋北、晋中、晋东三大煤电基地,沁水、河东两大煤层气基地,晋北等煤化工基地。大幅提高清洁能源和可再生能源比例。

推动煤炭管理革命。落实好深化煤炭管理体制改革的意见,促进煤炭工业可持续发展。巩固涉煤清费成果,做好煤炭资源税从价计征改革工作。做好煤焦公路销售体制改革涉及的企业职工转岗安置工作。建立现代化信息监管平台，强化安全生产、矿产资源等日常监管。推进煤炭行政审批制度改革，再取消、调整、下放一批涉煤行政审批事项。推进煤炭资源市场化配置，对新设矿业权依法实行招拍挂，完善矿业权二级交易市场，探索建立矿业权转让超额收益调节机制。深化煤炭交易方式改革，完善现货交易，探索发展以煤炭为主的能源期货交易。同时，大力推动煤炭科技革命，扩大煤炭领域的开放合作。

煤炭经济事关我省发展全局。我们要下决心走“革命兴煤”之路，着力推动煤炭产业向市场主导型、清洁低碳型、集约高效型、延伸循环型、生态环保型、安全保障型转变，使煤炭产业焕发出新的生机和活力！

（四）推动产业结构优化升级，做好非煤这篇大文章。要大力培育发展文化旅游、装备制造、新材料、新能源、节能环保、食品医药、现代服务业等七大产业，加快资源型经济转型步伐。

加快传统产业转型升级。通过消化、转移、整合、淘汰等途径，有效化解钢铁、焦化、水泥、电解铝以及煤炭等行业过剩产能。鼓励煤电联营和签订长协合同，发展煤焦化、煤电材等循环产业链，促进传统产业一体化、循环化发展。

促进新兴产业发展壮大。装备制造业要推动中央企业与地方企业优势互补、军工与民品融合发展，做强轨道交通装备、煤层气装备、煤机装备、电力装备、煤化工装备等优势产品。特别是加快发展新能源汽车产业，推进燃气汽车、电动汽车、甲醇汽车关键核心技术研发，加强充换电设施、加气站等配套建设，加大公共服务领域推广应用力度。节能环保产业要着力发展煤层气发电、高效节能电机、燃煤发电机组超低排放等装备制造，积极发展节能环保服务产业。新能源产业要积极发展水电、风能、太阳能、生物质能、地热能。新材料产业要加快发展特钢、铝镁合金、钕铁硼、半导体照明等产业，提高深加工能力和附加值。食品医药产业要大力发展酒类、食醋、乳品、小杂粮、干鲜果蔬等特色产业；开发现代中药新药及天然药物，发展生物制药、新型药物制剂。

提升服务业规模和水平。落实好促进现代服务业发展等各项政策措施，统筹推进金融服务、信息服务、电子商务、检验检测等生产性服务业和旅游休闲、文化体育、健康养老等生活性服务业发展。促进旅游与文化深度融合，塑造山西旅游品牌，推进区域合作，打造精品线路，培育骨干企业，完善配套设施，推动旅游业由观光为主向观光、休闲、度假并重转变。依托重大交通轴线布局现代物流产业，充分发挥区位优势，加快发展第三方物流和多方物流，着力提升物流业对相关产业的综合服务能力。

积极培育新兴业态。适应新一代信息技术引领的科技革命，继续推进“宽带山西”和“三网”融合建设，促进云计算、大数据、物联网等与传统产业、现代制造业和现代农业相结合，不断催生新兴业态。

（五）切实做好“三农”工作，促进农业稳定发展农民持续增收。构建特色现代农业体系。创新农业补贴制度，再研究出台一批新的强农惠农政策。稳定发展粮食生产，加强农田水利建设，启动耕地质量保护和提升行动，建设高标准基本农田200万亩，新增实灌面积180万亩。加快农业结构调整，深入实施七大产业振兴翻番工程和“一村一品”“一县一业”建设，推进新一轮雁门关生态畜牧经济区建设。推广农业实用技术，积极发展现代种业，提升农业机械化水平。加快发展生态循环农业，推行标准化清洁生产，提高农产品质量和安全水平。大力发展农产品加工、储藏、保鲜、运销，打造农业全产业链。健全粮食收储体系。支持培育种养大户、家庭农场、农民合作社、农业企业等新型经营主体，积极发展多种形式的适度规模经营。

深化农村改革。全面开展农村土地承包经营权确权登记颁证工作，有序推进农村土地流转。启动水权制度、小型水利工程产权和农业水价综合改革。扩大农村集体产权制度改革试点范围，开展林权抵押贷款。积极争取开展国有林场改革试点工作。加强金融支农服务，引导农业保险向特色农业和各类新型农业经营主体倾斜。深化扩权强县改革，赋予县域更大发展自主权，促进县域经济加快发展。

加快扶贫开发。按照精准扶贫要求，抓好干部驻村帮扶工作，加大行业扶贫力度，大力实施百企千村产业扶贫开发、劳动力就业培训、易地扶贫搬迁、教育扶贫、金融富民扶贫等重点工程，加快推进特困地区扶贫攻坚，确保500个贫困村整体脱贫，再实现50万贫困人口脱贫。

（六）着力改善城乡人居环境，提高城镇化质量和水平。加快推进农村人居环境改善工程实施好农村人居环境改善四大工程，改善50万农村人口和10万农村学校师生饮水条件，新改造农村道路500公里，绿化村庄500个，新建老年人日间照料中心1000个，实施30万户广播电视卫星户户通提质工程；加快采煤沉陷区居民搬迁安置，新建改建各类农村房屋21万户，解决64万困难群众的安居问题；完成300个村的污水处理任务，全面开展农村生活垃圾专项治理；抓好200个省级美丽宜居示范村创建。扎实办好“五件实事”，再改造农村困难家庭危房8.5万户，新建改建农村幼儿园300所，易地搬迁农村贫困人口10万人，深入推进乡村清洁工程，培训新型职业农民10万人。

启动实施城市人居环境改善工程。实施设施提升、城市安居、城中村改造、环境提质四大工程，力争早日实现全省城市建成区水电气热、通信、污水和垃圾处理全覆盖，公共综合交通体系基本形成，棚户区基本消除，城中村改造取得阶段性成果，环境质量明显改善。今年要加快推进棚户区和城中村改造，加大公租房建设力度，稳步推进共有产权住房建设，新开工城镇保障性住房25万套、建成18万套。大力推进城市供水、燃气、供热管网和道路建设，完成39座城市污水处理厂的提标改造，新增城市绿化面积2000万平方米。

积极稳妥推进新型城镇化。加快太原都市圈建设,聚合太原晋中同城化、山西科技创新城、山西高校新校区、晋中108廊带区域一体化发展示范区等优势,推进道路、公交、通信、金融互联互通和产业一体化。积极推进晋北、晋南、晋东南城镇群发展,抓好大同都市区、上党城镇群、临汾百里汾河经济带建设,支持阳泉等资源枯竭型城市转型发展。健全空间规划体系,推进市县"多规合一"。探索破解资金、土地等难题,创新发展和管理机制,提高城镇产业、人口集聚功能和综合承载能力。选择一批建制镇开展新型城镇化建设试点。稳妥推进区划调整工作。深化户籍制度改革,全面放开建制镇和中小城市落户条件,有序放开大城市落户限制,统一城乡户口登记制度。全面实施居住证制度,对在城镇就业居住但未落户的外来人口,以居住证为载体提供相应的基本公共服务。

改善城乡人居环境,既是人民的期盼,也是政府的责任。我们要加大力度、加快进度,治理沉陷区、改造棚户区,让人民群众早日告别危旧房、摆脱"脏乱差",建设美丽家园,共享美好生活!

(七)加强文化建设,促进文化繁荣发展。增强公共文化服务能力。巩固经营性文化单位转企改制成果,支持转企改制国有文艺院团改革发展。深化公益性文化事业单位内部改革,完善绩效考核机制。推进山西晋剧艺术中心、少儿图书馆和古籍保护中心建设,抓好市县文化场馆和基层综合性文化服务中心建设。深入开展"文化惠民在三晋"系列活动,抓好政府购买公共文化服务,推进文艺院团下乡和农村公益电影放映。抓好《山西文华》丛书编纂工作,推进乡村文化记忆工程,加强文物和非物质文化遗产保护。开展"强健体魄·阳光生活"全民健身活动,提高竞技体育水平。

发展壮大文化产业。加快推进重点文化产业园和文化保税区建设,发展壮大骨干文化企业,支持特色文化产业发展。推进文化创意和设计服务与科技、农业、体育等相关产业融合发展。加快发展数字出版、动漫游戏、移动多媒体等新兴文化产业。促进金融资本投向文化产业。

凝聚传播正能量。培育和践行社会主义核心价值观,大力弘扬山西精神,充分发挥法治文化、红色文化、廉政文化的资政育人作用,深入开展社会公德、职业道德、家庭美德和个人品德教育。发展新闻出版、广播影视、文学艺术事业,推进媒体融合发展。实施哲学社会科学创新工程,推进新型智库建设。倡导全民阅读。做好扫黄打非和净化网络工作。加强对外宣传和文化交流,讲好山西故事,提高三晋文化传播力和影响力,塑造山西改革发展新形象!

(八)全面发展社会事业,切实保障和改善民生。推动各类教育协调发展。新改扩建200所公办标准化幼儿园,完成"十二五"全省建设1000所幼儿园的目标。推进义务教育办学模式改革,全面改善义务教育薄弱学校和寄宿制学校基本办学条件,加大城乡教师交流、校长轮岗力度,力争再有30个左右的县通过国家义务教育均衡发展评估验收。启动普通高中办学标准化建设工作。认真落实特殊教育提升计划。加快构建现代职业教育体系,深入实施"百校千企"工程。建设一批优势特色学科专业,进一步提升高等教育质量和水平。深化教育领域综合改革,稳步推进教育考试招生制度改革。

提升医疗卫生服务水平。深化医药卫生体制改革,推进太原市城市公立医院改革试点工作,实现全省县级公立医院综合改革全覆盖。人均基本公共卫生服务经费财政补助标准由35元提高到40元。完善城乡居民大病保险制度,加快发展商业健康保险。为农村60岁以上老年人实行免费体检。进一步完善基本药物制度,做好常用低价药品供应保障工作。积极推进分级诊疗制度。加强村医队伍建设。采取建立医疗联合体、实施城乡对口支援、开展远程诊疗等举措,切实提升基层医疗卫生机构服务能力。做好人口计生工作。

着力稳定和扩大就业。重点做好高校毕业生、农村转移劳动力、城镇困难人员、化解过剩产能失业人员和退役军人等群体就业工作。加快发展服务业等劳动密集型产业,扶持发展中小微企业,开发更多的就业岗位。鼓励和支持困难企业采取在岗培训、协商薪酬等办法,稳定就业岗位。完善落实创业扶持政策,鼓励支持劳动者自主创业,以创业带动就业。强化政府公共就业服务,提高职业培训质量,做好就业援助工作。

努力促进城乡居民增收。依法推进企业工资集体协商,形成职工工资劳资共决机制。进一步调整最低工资标准,发布年度企业工资指导线,提高职工工资收入水平。完善工资制度,提高机关事业单位基本工资标准并建立正常调整和增长机制,实行乡镇工作补贴,向条件艰苦的偏远乡镇和长期在乡镇工作的人员倾斜。落实县以下机关公务员职务职级并行制度。低收入农户每户一吨冬季取暖用煤改为现金方式发放。健全农民工工资支付保障机制,做到不欠农民工辛苦钱!

提高社会保障水平。落实机关事业单位养老保险改革措施,抓好失业、工伤、生育保险工作,进一步完善覆盖城乡的社会保障体系。城镇居民基本医保和新农合年人均财政补助标准由320元提高到380元。继续提高企业退休人员基本养老金、城乡居民基础养老金、城乡低保、农村五保对象补助水平。建立健全以经济困难高龄、失能老人为重点的老年福利制度。发展社会福利和慈善事业。落实社会救助暂行办法,做好残疾人就业援助、康复救助,全面实施临时救助制度,确保困难群众求助有门、受助及时。

加强和创新社会治理。推动政府治理和社会自我调节、居民自治良性互动,加强社区工作,推进网格化管理和基层综合服务管理平台建设,建立完善调处化解矛盾纠纷综合机制。健全农村留守儿童、妇女和老年人关爱服务体系。健全普法教育机制，加强法律服务和援助工作。强化食品药品安全监管，确保人民群众饮食安全、用药安全。扎实推进“平安山西”建设，创新立体化防控体系。加强社会治安综合治理，深入开展“打黑除恶”斗争，防范和处置突发性群体事件，防止发生暴力恐怖事件。强化网络安全管理。加强应急管理和防灾减灾能力建设，做好消防工作，切实保障人民群众生命财产安全。

支持国防和军队建设，做好双拥、优抚安置和人防工作。发展妇女儿童、老龄和红十字会等事业。做好民族宗教、外事、侨务、港澳、对台等工作。加强气象、地震、科普、档案、参事、史志等工作。扎实推进援疆工作。

民生是人民幸福之基、社会和谐之本。惠民实事我们要一件接着一件办，民生工作我们要一年接着一年干，让广大人民群众过上更加富足、舒心的好日子！

（九）加强生态文明建设，持续改善生态环境。促进能源资源节约集约利用。推进重点领域和重点行业节能降耗工作，实施工业能效提升计划，在重点耗能行业全面推行能效对标。实施电机系统节能、余热余压利用等重点节能工程和项目，推进千家企业节能低碳行动。严格执行节能评估和审查制度，积极推广合同能源管理，推行节能量交易和碳交易，确保完成“十二五”节能降耗目标任务。推动粉煤灰、煤矸石等工业大宗固废资源化利用，扶持重大资源综合利用示范项目，支持朔州市开展工业绿色转型发展试点。积极推进大同、运城、长治国家新能源示范城市建设，支持晋城市低碳城市试点和循环经济示范城市创建工作。

加强环境保护。严格执行环境保护法，进一步加强大气、水污染防治，抓好主要污染物减排。全面推进燃煤锅炉综合整治，深入开展重点行业脱硫、脱硝、除尘改造，加快淘汰黄标车、老旧车，推进市区重污染企业搬迁改造，强化扬尘治理，加强细颗粒物监测预警和区域联防联控，有效预防重污染天气。加强重点流域水污染防治，抓好饮用水源地环境监管，推进城镇污水处理设施建设和改造。强化农业面源污染治理。支持太原开展省城环境整治提标工程。

加大生态建设力度。继续实施林业“六大工程”，加快吕梁山生态脆弱区林业建设，造林400万亩以上。统筹推进水土保持、水生态保护和湿地保护等工作，突出抓好汾河流域生态修复，推进晋祠泉复流工程。完善生态补偿机制，大力推进采空区、沉陷区、煤矸石山的土地复垦和生态修复。

绿水青山就是金山银山，良好的生态环境是最普惠的民生福祉。我们要共同致力于保护和改善生态环境，使三晋大地天蓝气爽、山青水净，为子孙后代留下更多的绿色财富！

（十）持之以恒抓好安全生产，促进安全生产形势持续明显好转。牢固树立安全发展理念，坚持任何时候都决不能过高估计安全生产形势、决不能过高估计干部群众对安全生产重要性的认识、决不能过高估计我们保证安全生产的能力和水平，坚持安全生产是最大的民生、是比泰山还重的责任、是任何人任何时候任何地方都不可逾越的红线，敬畏生命、敬畏责任、敬畏制度。严格落实安全生产法，坚持和完善我省近年来一系列行之有效的安全生产规章制度，强化安全生产法律和制度保障。坚持“党政同责、一岗双责、齐抓共管”，落实政府安全监管责任，强化企业安全生产主体责任。深入开展隐患排查治理，采用“四不两直”以及明察暗访等方式，全面加强煤矿、道路交通、非煤矿山和尾矿库、危化品、水库、人员密集场所以及建筑施工、油气管道、城市燃气、特种设备等各行业各领域的安全生产工作，始终保持高压态势，严厉打击非法违法建设生产经营行为，严肃查处违规违章现象。推进科技兴安，加强安全培训，夯实基层基础。强化考核问责，严格落实安全生产目标责任考核“一票否决制”，严肃查处事故，严格追究责任，坚决遏制重特大事故、减少一般性事故。

安全生产是做好一切工作的前提和基础。越是经济形势严峻复杂、越是改革发展任务艰巨、越是安全生产形势明显好转，我们越要高度重视、警钟长鸣、常抓不懈，确保全省安全生产形势持续明显好转，并向稳定好转坚实迈进！

三、切实加强政府建设

我们要持续不断、加大力度建设法治政府、服务政府、责任政府、廉洁政府和学习型政府，特别是要加快建设职能科学、权责法定、执法严明、公开公正、廉洁高效、守法诚信的法治政府。

（一）依法履行职能。运用法治思维和法治方式全面正确履行职能，推进机构、职能、权限、程序、责任法定化。坚持法定职责必须为、法无授权不可为，全面梳理政府权力事项，省级政府部门要完成权力清单、责任清单公布工作，探索制定市场准入负面清单，市县政府部门也要加快推进。深化行政审批制度改革，继续简政放权，再取消、调整和下放一批行政审批事项，全面清理非行政许可审批，大幅减少前置审批，整治“红顶中介”，最大限度减少政府对微观事务的管理，加强事中、事后监管。探索建立政府绩效第三方评估机制。制定实施政府建设三年规划（2015—2017），推动政府建设系统化、规范化、法治化。认真总结“十二五”规划完成情况，深入分析面临的形势，科学编制好“十三五”规划。

（二）严格依法行政。完善政府规章制定程序，围绕“六大发展”做好政府立法工作。建立重大决策合法性审查机制、终身责任追究制及责任倒查机制，积极推行政府法律顾问制度。深化行政执法体制改革，加强执法队伍建设，推进重点领域综合执法。坚持严格规范公正文明执法，完善执法程序，建立健全行政裁量权基准制度，全面落实行政执法责任制。做好行政复议工作。

关于山西省 2014 年国民经济和社会发展计划执行情况与 2015 年国民经济和社会发展计划草案的报告（摘要）

——在山西省第十二届人民代表大会第四次会议上

山西省发展和改革委员会主任 王 赋

（2015 年 1 月 28 日）

一、2014 年全省国民经济和社会发展计划执行情况

2014 年，面对复杂严峻的经济形势，全省上下在省委、省政府的坚强领导下，主动适应经济发展新常态，认真做好稳增长、促改革、调结构、惠民生、防风险各项工作，全省经济社会发展总体平稳，人民生活水平稳步提高。初步统计，2014 年全省地区生产总值 12759.4 亿元，增长 4.9%；固定资产投资 11977 亿元，增长 11.5%；社会消费品零售总额 5549.9 亿元，增长 11.3%；公共财政预算收入 1820.1 亿元，增长 7%；城镇居民人均可支配收入 24069 元，增长 8.1%；农村居民人均可支配收入 8809 元，增长 10.8%；城镇新增就业岗位 51.4 万个，超额完成年度任务；城镇登记失业率 3.4%，低于 4.2%的控制目标；居民消费价格上涨 1.7%，低于 3.5%左右的控制目标。万元地区生产总值能耗下降 3.7%左右，超额完成年度任务；万元地区生产总值二氧化碳排放量下降 3.7%；万元工业增加值用水量下降 5.8%；二氧化硫排放量下降 2%；化学需氧量排放量下降 2%；氨氮排放量下降 3%；氮氧化物排放量下降 6%；烟尘、粉尘排放量均下降 0.5%。

（一）持续出台有效措施，努力做好稳增长工作。充分发挥投资的关键作用。着力扩大投资。在年初确定四大领域 1.17 万亿元投资盘子的基础上，4 月份在交通、水利、新能源及民生领域增加投资计划 365 亿元，全年全社会固定资产投资超过 1.2 万亿元。积极扩大重大基础设施投资，铁路建设预计完成投资 194.28 亿元，大西客专太原至西安段正式通车、山西中南部铁路出海通道如期建成；公路建设预计完成投资 257 亿元，新增高速公路通车里程 732 公里；机场建设预计完成投资 8.6 亿元，吕梁机场正式通航，五台山、临汾机场建设加快推进；水利建设预计完成投资 332.5 亿元，农田水利基础设施进一步改善；电力建设预计完成投资 455 亿元，新增电力装机容量 538 万千瓦，全省电力装机超过 6300 万千瓦。保障性住房建设、农村人居环境改善、农村“五件实事”“百企千村”均超额完成年度投资目标任务。战略性新兴产业投资、民间投资占固定资产投资比重分别为 48.6%和 58.3%。深化投资审批改革。出台 2014 版固定资产投资项目管理流程图，前置条件和中间环节减少 50%以上；出台 2014 版政府核准投资项目目录，省级核准类项目减少 45%以上。

积极促进消费。出台刺激信息、养老、健康等新兴消

（三）强化权力监督。实施“六权治本”，规范权力运行。自觉接受人大及其常委会的监督，主动接受政协的民主监督，加强行政监察和审计监督，重视社会和舆论监督，形成常态化监督制度。加快推进省级公共资源交易平台和政务服务平台建设，规范公共资源交易行为。完善国有资产资源监管制度，加强对国企领导班子的监督，强化对权力集中、资金密集、资源富集的部门和岗位的监督，堵塞管理漏洞，防止国有资产流失。全面推进政务公开。

（四）坚决惩治腐败。认真贯彻落实习近平总书记在十八届中央纪委五次全会上的重要讲话精神和全会的各项部署，严格落实反腐倡廉各项规定，深刻汲取我省发生严重腐败问题的惨痛教训，从严落实政府系统党风廉政建设责任制和党委（党组）主体责任。围绕煤焦、土地、交通、房地产等重点领域，围绕教育、医疗、环保、社保、涉农等社会民生领域，围绕资源配置、工程招标、政府采购、资金分配等关键环节，围绕行政审批违规问题和滥用审批权问题，扎实开展专项整治，进一步形成并保持惩治腐败的高压态势，做到有案必查、有腐必反、有贪必肃，坚决遏制住腐败现象蔓延势头，决不允许任何腐败分子逍遥法外。

（五）加强作风建设。扎实开展学习讨论落实活动，巩固党的群众路线教育实践活动成果，认真执行“八项规定”，持续狠刹“四风”，抓好整改落实，建立长效机制。从严管理公务员队伍，坚决惩处失职渎职，坚决纠正懒政怠政行为。加强学习，深入调研，提升能力，破解难题。改进服务，提高效能，切实解决吃拿卡要和门难进、脸难看、事难办等问题。厉行节约、反对浪费，严控“三公”经费，治理“吃空饷”，推进公务用车改革。加大督查，强化考核，确保各项工作部署落到实处。我们要始终保持奋发有为的精神状态，履职尽责、夙夜在公，不辱历史使命，不负人民重托！

各位代表，让我们更加紧密地团结在以习近平同志为总书记的党中央周围，在省委的坚强领导下，同心同德，开拓奋进，为开创弊革风清、富民强省新局面，实现全面建成小康社会的宏伟目标而努力奋斗！

费政策。大力发展电子商务,引深"山西品牌中华行"等专题促消费活动。全年旅游总收入2846.5亿元,增长23.5%。努力稳定外贸和扩大经济合作。全年进出口总额162.5亿美元。开展晋京、晋津产业对接,积极融入中原经济区。全年实际利用外资29.5亿美元。大力扶持实体经济。省政府逐月召开经济形势分析会,狠抓政策措施的出台和落实。出台煤炭"17条",扩大大用户直供电试点,推进煤电协调发展。实施保工业运行方案,对规模以上工业重点困难企业实行"一企一策"精准帮扶。出台金融"10条",全面落实小微企业税费减免政策。

(二)全面推进重点突破,综改区建设成效明显。着力抓全面改革推进。2014年综改"3675"《行动计划》部署的30项重大改革、60项重大事项、70项重大项目和5项重大课题进展顺利,均完成年度任务。其中,19项重大改革形成制度性成果58个,60项重大事项出台推进举措86个,百度云计算中心等25个项目已建成或部分建成投产。全面深化改革经济生态专项小组60项重点改革年度任务全部完成,形成了80多项制度性成果。着力抓重点领域突破。国家赋权的三项重大改革深入落实,低热值煤发电24个项目"路条"发放完毕,同煤塔山2×66万千瓦项目已获核准。

(三)加快推进产业结构调整,转型发展取得新进展。夯实农业基础地位。全年粮食总产量达133.1亿公斤,实现"五连增"。加快推进现代农业示范区、"一县一业"基地县、农产品加工"513"工程建设,农产品加工业销售收入比上年增长18%。

加快国家综合能源基地建设。晋北、晋中、晋东三大煤炭基地和三大千万千瓦级外送电基地建设明显提速。2014年,全省建成现代化矿井89座,争取4条外送电通道获"路条",其中,蒙西—晋北—天津南特高压交流输变电工程获国家核准。加快现代煤化工基地建设。积极推进在建的潞安180万吨煤制油及精细化工产品项目和焦煤集团60万吨烯烃项目建设,加快大同40亿立方米煤制天然气项目前期工作。全面启动晋北现代煤化工基地前期工作。加快新能源项目实施进度。2014年底,全省新能源装机1013.3万千瓦,核准在建装机661万千瓦。加快发展煤层气产业。全年地面煤层气抽采量、利用量分别达到35亿立方米、29.8亿立方米,新增燃气管网里程1011公里,燃气使用人口累计达到1500万人。

加快推进新兴产业重大项目布局。集中布局现代煤化工、轨道交通装备、煤机装备、煤层气装备、电力装备、煤化工装备、新能源汽车、铝工业等八大领域重大项目。全面完成淘汰落后产能任务。分别淘汰钢铁425万吨、水泥110.5万吨、焦炭1058万吨、电力57.4万千瓦、电石23.6万吨、铁合金8.13万吨。加快发展服务业。全省服务业增加值比上年增长7%,占GDP比重达到44.1%,比上年提高2.2个百分点。

(四)加大节能减排和生态环境治理,生态文明建设成效显著。加大节能工作力度,出台加快推进工业节能环保产业发展行动方案和《山西省2014—2015年节能减排低碳发展行动计划》,推进实施650项节能改造项目。强力推进减排治污,实施全省燃煤发电机组超低排放改造提速工程,全省淘汰黄标车及老旧车21.6万辆,全省PM2.5平均浓度下降16.9%。加大造林绿化和生态环境治理,全年完成营造林462万亩、水土流失治理面积346.8万亩。强化省城环境综合治理,2014年太原市空气质量达标天数197天,比上年增加35天。深入开展低碳试点,推动重点行业温室气体减排示范,重点支持太原市公共自行车低碳交通系统建设等碳减排项目。大力发展循环经济,争取国家批复我省粉煤灰综合利用规划,加快太原不锈钢产业园区循环化改造试点和晋城、孝义国家循环经济示范城市创建。

(五)保障和改善民生提速,社会事业全面进步。全省安全生产形势持续明显好转。集中出台一批促进就业创业政策措施,城镇新增就业、农村转移劳动力就业超额完成全年任务。努力稳定物价,拓宽增收渠道,加强社会救助,大力发展科教文卫等社会事业。扎实推进农村人居环境改善工程、"五件实事"和扶贫攻坚。加快保障性住房建设,全年新开工城镇保障性住房23万套,基本建成21万套。同时,援疆项目年度任务全面完成。

(六)积极争取国家支持,政策项目资金各领域取得新成效。争取"晋陕豫黄河金三角区域合作规划"获国务院批复;《百里汾河新型经济带发展战略规划》纳入国家区域发展战略;我省被列入全国光伏扶贫首批六个试点省份之一;芮城县、娄烦县被确定为首批国家生态文明先行示范区;临汾市、运城市被确定为信息惠民国家试点城市;太原市被确定为创建国家电子商务示范城市;太原市万柏林和平老工业区被纳入全国城区老工业区搬迁改造试点范围;太原高新技术产业开发区被列为国家首批低碳工业园区试点;朔州市、临汾浮山县被列为国家第二批资源综合利用"双百工程"示范基地。争取太钢袁家村铁矿、大唐安峪热电厂"上大压小"2×30万千瓦、华电忻州广宇热电厂二期2×35万千瓦等一批重大项目获国家核准或同意开展前期工作。全年争取中央投资84.3亿元、发行企业债券44亿元,国外贷款3.1亿美元。

二、2015年全省经济社会发展总体安排和主要任务

2015年,全省上下要贯彻落实好全省经济工作会议提出的工作总要求:深入贯彻党的十八大和十八届三中、四中全会精神,认真落实中央经济工作会议及省委十届六次全会部署,以邓小平理论、"三个代表"重要思想、科学发展观为指导,以习近平总书记系列重要讲话精神为根本指针,主动适应经济发展新常态,坚持稳中求进工作总基调,以提高经济发展质量和效益为中心,把转方式调结构放到更加重要位置,全力推进"六大发展",全面深化改革,扩大开放,突出创新驱动,强化风险防控,保障改善

民生，加快推进法治山西建设，促进全省经济平稳健康发展、社会和谐稳定。

2015 年全省国民经济和社会发展主要目标是：

预期性指标：地区生产总值增长 6%左右，全社会固定资产投资增长 16%左右，社会消费品零售总额增长 10%，公共财政预算收入增长 6%左右，城镇居民人均可支配收入增长 7%，农村居民人均可支配收入增长 7%以上，城镇新增就业岗位 51 万个，城镇登记失业率控制在 4.2%以内，居民消费价格涨幅控制在 3%左右。约束性指标：万元地区生产总值能耗下降 3%，万元地区生产总值二氧化碳排放量下降 3%，二氧化硫、化学需氧量、氨氮、氮氧化物减排完成国家下达任务，烟尘、粉尘排放量均下降 0.5%，万元工业增加值用水量下降 4.6%。

（一）高举综改旗帜，全面深化改革释放活力。集中力量推进“2285”行动计划，抓好 20 项重大改革、20 项重大事项、80 个重大项目和 5 个重大课题。突出抓好煤炭管理体制改革等重点领域改革突破和国家赋权重大改革。

（二）多措并举稳增长，全力保持经济平稳运行。着力保持投资稳定增长，全力推进十大重点领域投资，重点抓好十大标志性工程。落实好各项消费促进政策，激活消费需求。积极促进外贸稳定发展，加快培育和完善外贸综合服务体系。着力支持实体经济发展，继续支持煤炭行业脱困，继续加大对重点工业企业精准帮扶力度，全力支持中小微企业加快发展。加大金融对实体经济支持力度，有效缓解企业融资难融资贵问题。

（三）深入做好煤与非煤两篇大文章，加快转型发展步伐。大力推进煤炭“六型”转变，加快综合能源基地建设步伐。推进 3 大煤炭基地提质，加快建成一批现代化矿井。加快建设 3 个国家级煤电外送基地，集中推进低热值煤发电项目开工建设和 4 条外送电通道建设。争取晋北现代煤化工基地规划早日获批，加快推进重大示范项目建设。加快推进沁水、河东煤层气基地及 6 大勘探开发基地、5 大瓦斯抽采利用园区建设。重点建设晋北百万千瓦级风电基地，加快推进水利枢纽和抽水蓄能电站建设。

加快文化旅游、装备制造、新能源、新材料、节能环保、食品医药、现代服务业等七大产业发展，制定七大产业“十三五”发展专项规划，明确发展目标和重点，逐产业、逐行业研究确定扶持政策，科学布局七大产业重大项目，夯实基础，提升优势，做大做强。抓紧组建产业基金，加大对相关领域重大项目的支持力度。进一步促进服务业发展，统筹推进生产性服务业和生活性服务业发展。加快推进创新发展，深化科技体制改革，加快推进山西科技创新城建设。

（四）切实做好“三农”工作，加快转变农业发展方式。加快构建特色现代农业体系。深入实施七大产业振兴工程，继续推进三大现代农业基地基础设施建设，推进新一轮雁门关生态畜牧区建设规划。加快发展现代种业和生态循环农业，大力发展农产品加工。加强农田水利基本建设，扎实推进新增粮食产能等耕地综合生产能力建设。继续推进扶贫攻坚。

（五）加快新型城镇化建设，进一步推进城乡统筹发展。出台我省新型城镇化规划，加快太原都市圈建设，积极推进晋北、晋南、晋东南城镇群发展，抓好大同都市区、上党城镇群、临汾百里汾河经济带建设，支持阳泉等资源枯竭型城市转型发展。因地制宜制定各类城镇农业转移人口落户制度，稳步推进城镇基本公共服务常住人口全覆盖。启动实施城市人居环境改善四大工程，加快建设设施配套、功能完善、环境优美、管理先进、宜居宜业的城市人居环境。加速推进农村人居环境改善工程，扎实办好“五件实事”。

（六）全方位扩大对外开放，努力提升开放型经济发展水平。抓住京津冀协同发展契机，主动融入环渤海经济圈。积极对接国家“一带一路”、长江经济带战略，加大承接长三角、珠三角、港台地区产业转移力度，加快推进晋陕豫黄河金三角承接产业转移示范区建设。继续深化我省与签订协议省份的交流与合作，深化与德国北威州、美国西弗吉尼亚州等友好省州合作。大力开展招商引资，积极实施“走出去”战略。

（七）扎实做好节能减排和生态治理工作，促进生态环境持续改善。推进重点领域和重点行业节能降耗工作，清理整顿钢铁、水泥、电解铝等重点行业，加快淘汰落后产能。全面推进燃煤锅炉综合整治，全面推行燃煤电厂超低排放提速工程，深入开展重点行业脱硫、脱硝、除尘改造。加强细颗粒物监测预警和区域联防联控，加强重点流域水污染防治。支持太原开展省城环境整治提标工程。继续实施林业“六大工程”。统筹推进水土保持、水生态保护和湿地保护等工作。全面推进园区循环化改造，大力促进煤炭、冶金、电力、化工等行业循环发展，落实好全省粉煤灰综合利用规划。实施好低碳创新行动计划，加快构建多元化低碳产业发展格局。

（八）加强保障和改善民生工作，推动社会民生事业全面进步。持之以恒抓好安全生产，全力促进就业，努力促进城乡居民增收，保持物价稳定，积极促进教育卫生事业发展，健全社会保障体系。继续抓好对口援疆工作。

（九）做好“十三五”规划编制，描绘富民强省发展蓝图。把统筹发展作为编制“十三五”规划的根本方法，深入谋划“十三五”时期的重大工程、重大项目、重大政策，科学设置目标指标，加强规划衔接协调，强化规划工作创新。

（十）积极适应经济发展新常态，提高经济运行调控能力。深刻认识“三期叠加”阶段性特征，全面把握新常态趋势性变化，着力发现新问题新特点，探寻把握经济变量间的新规律。密切跟踪国内外经济形势，提高对经济运行的调控能力。加大抓落实工作力度，确保各项政策措施执行到位、取得实效。

关于山西省2014年全省和省本级预算执行情况与2015年全省和省本级预算草案的报告（摘要）

——在山西省第十二届人民代表大会第四次会议上

山西省财政厅厅长　武　涛

（2015年1月28日）

一、2014年全省和省本级预算执行情况

（一）全省和省本级预算变动情况。

2014年全省预算经省十二届人大二次会议审查批准后，各市县人民代表大会相继批准了本级预算，省政府于2014年8月汇总各市县财政预算报送省人大常委一会备案。2014年全省公共财政收入预算为1843.31亿元，与备案预算一致；支出预算由3153.37亿元变动为3578.38亿元，是由于中央转移支付补助增加346.09亿元、地方政府债券安排支出93.96亿元、各级超短收净减少支出15.04亿元等因素所致。

（二）全省和省本级预算执行情况。

2014年全省公共财政收入完成1820.13亿元，为预算的98.7%，增长7%；公共财政支出执行3096.27亿元，为预算的86.5%，增长2.2%。全省预计可实现当年收支基本平衡。

2014年省本级公共财政收入完成588.35亿元，为预算的120.6%，增长28.5%；公共财政支出执行714.19亿元，为预算的83.9%，增长15.4%。省本级预计当年可实现收支平衡、略有结余。

2014年全省政府性基金收入完成945.94亿元，为预算的105.5%，下降4.3%；政府性基金支出执行887.45亿元，为预算的58.6%，下降6.5%。收支下降主要是国有土地使用权出让收入减少，相应减少支出。省本级政府性基金收入完成321.78亿元，为预算的100.2%，增长2.5%；政府性基金支出执行216.15亿元，为预算的43.8%，增长10.6%。

2014年全省国有资本经营收入完成4.93亿元，为预算的53.9%，下降58.4%；国有资本经营支出执行2.25亿元，为预算的65.6%，下降78%。省本级国有资本经营收入完成2.06亿元，为预算的103%，下降55.7%；国有资本经营支出执行1.37亿元，为预算的68.5%，下降77.7%。

上述预算执行数字为财政月报数，决算过程中还会有些变化，具体结果待决算编制完成后向省人大常委会报告。

2014年，全省各级财税部门认真贯彻省十二届人大二次会议的有关决议，积极落实财政经济委员会审查报告要求，深化财税改革，创新体制机制，完善管理措施，在稳增长、促改革、调结构、惠民生、防风险等方面勇于担当、奋力作为，为全省经济社会发展提供了有力保障。

1. 狠抓增收节支保平衡。面对日益趋紧的财政经济形势，省政府高度重视、加强领导，每月研究部署收入组织工作；财税部门协调联动、狠抓落实，强化收入形势分析，严格收入征缴监管，取缔违规设立的收入过渡户，清缴各类欠税漏税，严禁虚收探收行为，努力做到主体税种紧抓不放、地方小税不遗不漏、非税收入严格征缴、各项收入应收尽收。牢固树立过紧日子的思想，年初预算对省级一般性支出压缩10%，年度执行中又对省直部门会议费、培训费等行政经费压缩了10%。落实《党政机关厉行节约反对浪费条例》，出台了全省“三公”经费管理规定和省直机关差旅费、会议费、培训费等管理办法，为从根本上控制一般性支出，建立厉行节约、反对浪费长效机制奠定了基础。

2. 加强财政调控稳增长。积极应对经济下行压力挑战，充分发挥财政“逆周期”调节作用，大力开展涉煤收费清理工作，认真落实结构性减税政策，全力确保省委省政府确定的重点投资资金到位。

推进煤炭革命，在全国率先清理规范涉煤收费项目，煤炭行业清费立税成效显著。取消了省级设立的专门面向煤炭的所有行政事业性收费，规范了保留的收费和基金项目（全部为中央批准设立）征收行为，取缔了各种违规收费项目，有力遏制了乱收费势头，共减轻企业负担108亿元；继续停止提取矿山环境恢复治理保证金和煤矿转产发展资金，为煤炭企业减负145亿元；实施了煤炭资源税从价计征改革，税率按8%执行，再减轻企业负担70亿元。上述三项措施共减轻企业负担323亿元，吨煤可降低成本40元。

减轻企业税负，扩大“营改增”试点行业，减轻企业税负50多亿元；扩大小型微利企业减半征收企业所得税政策实施范围，暂免征收部分小微企业增值税和营业税，近40万户小微企业得到实惠，减轻企业税负9亿多元。

紧扣省委省政府战略部署，下达资金170多亿元，重点支持保障性安居工程、山西科技创新城、高校新校区、重点铁路和采煤沉陷区治理等项目建设，充分发挥政府投资对经济增长的拉动作用。

3. 转变支持方式促转型。正确把握政府与市场的关系，厘清财政职能边界，创新财政支持经济发展的体制机制。

应对主导产业持续走低的发展困境，压减对一般竞争性领域的直接补助，运用市场化运作模式，撬动社会资本支持实体经济发展。设立了战略新兴产业、文化产业和旅游文化体育产业三支投资基金。首期投入政府引导资金12亿元，资金募集工作正在进行，三支基金总规模将达60亿元以上，重点用于我省优化产业结构，培育和壮大新的经济增长点。

缓解企业融资难融资贵问题，按照国库现金管理规定，从国库存款中拿出200亿元，支持各商业银行扩大贷款规模、促进我省经济发展；筹措资金2亿元，采取以奖代补方式，支持47个市县搭建宽领域、广覆盖的“政银企”融资合作平台，撬动银行贷款10亿元。实施金融富民扶贫工程，为58个贫困县注入风险补偿金2.33亿元，推动贫困地区特色产业发展。

实施创新驱动战略，设立低碳创新重点科技攻关专项资金，2014年至2016年每年投入5亿元，支持煤炭产业清洁、安全、低碳、高效发展的重点科技项目攻关。

4. 加大财政投入保民生。2014年，全省民生支出总量和增支额分别占全省公共财政支出总量和增支总额的83.4%和119%，比2013年分别提高1.6和34.3个百分点。大力促进农业增效、农村发展、农民增收。投入农业114亿多元，支持新出台10项强农惠农富农政策，提升农业综合生产能力，改造中低产田、建设高标准农田53.8万亩，建设大水网骨干工程，实施精准扶贫、集中连片贫困地区扶贫攻坚、国有农场办社会职能改革和新型农业社会化服务体系试点；开展村级公益事业建设一事一议财政奖补，涉及全省1.1万个行政村，惠及1245万农业人口。

进一步提高民生政策标准。继续提高企业退休人员基本养老金，月人均达到2389元；城乡低保标准每人每月分别提高28元和25元，达到379元和206元；城镇居民医保和新农合年人均财政补助标准提高40元，达到320元；基本公共卫生服务经费年人均财政补助标准提高5元，达到35元；农村五保对象集中供养、分散供养省级补助标准每人每年分别提高200元、130元，达到2200元、1430元；再次提高部分优抚对象等人员抚恤和生活补助标准；工伤保险待遇标准平均提高10%；提高了农村小学、初中学生人均公用经费补助标准，分别达到每生每年695元、895元；特殊教育生均公用经费标准提高到4000元。

努力解决人民群众急困难题。为5万名参保失业人员每人每月发放冬季取暖补贴480元，为9.6万名贫困重度残疾人每人每月发放40元生活补贴或护理补贴，为万余名年满60岁村医每人每月发放不低于100元生活补贴。扎实做好自然灾害、流浪乞讨人员、孤儿基本生活等救助保障工作。完善城乡居民大病保险制度，推进疾病应急救助制度建设。

大力促进就业创业。省本级统筹压减出的行政经费1.36亿元等各类资金共3.5亿元，落实小微企业吸纳劳动力就业“六补一缓”、高校毕业生自主创业“七补一贷”、政府购买基层公共服务岗位吸纳高校毕业生就业等一揽子政策措施。

积极支持教育均衡协调发展。支持完成312所农村幼儿园新建改建任务，全省365万名义务教育阶段学生享受免学杂费和教科书免费政策，20万名农村义务教育阶段家庭经济困难寄宿生享受生活费补助，农村义务教育营养改善计划惠及28万余名贫困地区学生，贫困地区义务教育薄弱学校基本办学条件进一步改善。全面免除45万名中职学生学费，支持职业教育示范校、重点专业和实训基地建设。支持实施中西部高校提升综合实力计划、高校重点学科建设，出台研究生奖助学金制度，推动研究生教育综合改革。

切实提高公共文化服务能力。推动公共文化资源整合和统筹利用，推进博物馆、纪念馆以及图书馆、文化馆等公益性文化设施免费向社会开放，建立政府购买公共演出服务机制。支持实施农村文化建设工程，按每个行政村1万元标准支持开展农村文化信息共享、农村文艺演出等基层群众文化活动。

5.深化财税改革建机制。积极推进全口径预算管理，公共财政预算编制进一步细化，政府性基金预算实行绩效管理，国有资本经营预算逐步规范，社会保险基金预算上报省人代会审查，政府预算体系不断完善。深入推进预决算公开，省本级全部公开了政府预决算和“三公”经费预决算，部门预算、决算公开率达到93.8%和89.1%，部门“三公”经费预决算公开率达到94.1%；11个市、119个县(市、区)全部公开了本级政府预算。建立跨年度预算平衡机制，出台了《山西省省级预算稳定调节基金管理办法》，切实增强年度间财政预算的平衡性和稳定性。完善转移支付制度，清理、规范、整合专项转移支付，属于市县事权的项目划入一般性转移支付，省对市县一般性转移支付力度进一步加大；规范省以下财政配套政策，取消31个财力困难的贫困县、生态县乡村教师生活补助、农村金融机构定向费用补贴等项目的县级配套，改由省级财政负担。试编权责发生制政府综合财务报告，全省11个市本级和27个试点县的试编工作进展顺利。推进政府购买服务改革，出台了《山西省政府购买服务暂行办法》，拟定了省级政府购买服务项目目录，开展了试点，促进了政府职能转变。

6.严格财政管理促规范。规范预算编制管理。严格预算执行管理。出台了《加强财政支出管理硬化预算约束的意见》。盘活财政存量资金。加强预算绩效管理。出台了《山西省预算绩效评价管理办法》。加强地方政府性债务管理。开展了政府性债务清理甄别工作，摸清了全省政府性债务底数；建立了债务风险预警机制，对高风险市县进行了预警，切实防范化解债务风险。

二、2015年全省和省本级预算草案

(一)2015年预算安排原则。

贯彻党的十八大、十八届三中、四中全会和中央经济工作会议精神，落实省委十届六次全会和全省经济工作会议部署，综合考虑我省财政经济发展的各种因素，2015年全省财政预算编制原则为：

收入预算编制要实事求是、积极稳妥、留有余地。

支出预算编制要统筹兼顾、突出重点、厉行节约。

提高预算编制完整性。加大政府预算统筹力度。

推进财政预决算公开。

（二）2015年收支预算。

2015年全省一般公共预算收入1929亿元，比上年完成数（下同）增长6%，比2014年实际增速低1个百分点。

一般公共预算支出安排2962.91亿元，比2014年向省人大常委会备案预算同口径增长5.7%（系剔除中央专项转移支付提前下达数后的同口径比较，下同）。主要项目安排情况是：一般公共服务支出254.74亿元，增长6.8%；公共安全支出150.05亿元，增长4.7%；教育支出578.58亿元，增长6%；科学技术支出39.26亿元，增长6.8%；文化体育与传媒支出64.17亿元，增长6.2%；社会保障和就业支出386.37亿元，增长5.9%；医疗卫生与计划生育支出210.8亿元，增长6.5%；节能环保支出57.33亿元，增长5.8%；城乡社区支出175亿元，增长5.1%；农林水支出307.76亿元，增长6.2%；交通运输支出150.53亿元，增长2.9%；国土海洋气象等支出263亿元，增长12.1%；住房保障支出38.7亿元，增长6.9%；预备费36.5亿元，增长6.3%；其他支出169.46亿元，下降6.3%。上述全省预算草案为省代编预算，待各市县人民代表大会批准后，省财政将汇总各级预算，加上上年结转支出，一并报省人大常委会备案。

省本级一般公共预算收入650.38亿元，增长10.5%。其中：税收收入420.2亿元，增长43.9%，主要是煤炭资源税从价计征改革增加税收收入；非税收入230.18亿元，下降22.3%，主要是探矿权采矿权价款等一次性因素减少非税收入。省本级一般公共预算支出安排874.85亿元，比2014年向省人大常委会备案预算同口径增长3.2%。资金来源为：省本级一般公共预算收入650.38亿元，加上中央补助和市县上解收入1073.76亿元、调入资金52.9亿元（其中调入预算稳定调节基金50亿元），减去上解中央和补助市县等支出902.19亿元。

省本级主要支出项目安排情况是：一般公共服务支出33.06亿元，同口径下降1.6%；公共安全支出29.11亿元，同口径下降2.3%；教育支出88.75亿元，同口径增长5.5%；科学技术支出9.88亿元，同口径增长26%；文化体育与传媒支出15.06亿元，同口径增长7.6%；社会保障和就业支出135.88亿元，同口径增长23.9%；医疗卫生与计划生育支出22.28亿元，同口径增长8%；节能环保支出23.36亿元，同口径下降23.5%；农林水支出151.99亿元，同口径增长31.3%；国土海洋气象等支出137.39亿元，同口径下降3.7%；住房保障支出5.19亿元，同口径下降18.8%；预备费8亿元，增长33.3%。

经汇总，2015年省本级行政事业单位和其他单位使用财政拨款安排的“三公”经费预算4.15亿元，比上年预算减少1.56亿元，同口径（下同）下降7.2%。其中：因公出国（境）经费0.29亿元，与上年基本持平；公务接待费0.98亿元，下降8.3%；公务用车购置及运行维护费2.88亿元，下降7.3%（含公务用车运行维护费2.64亿元，下降1.9%）。2015年全省政府性基金预算收入673.05亿元，比上年同口径下降0.6%（剔除转列一般公共预算的9项基金、煤炭可持续发展基金）；政府性基金预算支出安排673.05亿元，下降0.5%。省本级政府性基金预算收入263.5亿元，下降18.1%；政府性基金预算支出安排263.5亿元，下降20%。全省国有资本经营预算收入4.59亿元，下降6.9%；国有资本经营预算支出安排4.59亿元，下降49.8%。其中，调入一般公共预算用于保障和改善民生资金1.12亿元。省本级国有资本经营预算收入2亿元，预算支出安排2亿元，收支预算与上年一致。其中，调入一般公共预算用于保障和改善民生资金0.6亿元。全省社会保险基金预算收入994.42亿元，其中，财政补贴收入257.8亿元；社会保险基金支出921.37亿元，预算收支结余73.05亿元。

三、完成2015年预算任务的主要措施

（一）全面深化财税改革，创新完善体制机制。认真贯彻落实深化财税体制改革总体方案、新《预算法》及国务院《关于深化预算管理制度改革的决定》要求，加快推进各项财税改革。一要完善政府预算体系，建立将政府性基金预算中应统筹使用资金列入一般公共预算的机制，加大国有资本经营预算资金调入一般公共预算的力度；进一步完善基本支出定额标准体系，加快推进项目支出定额标准体系建设，充分发挥支出标准在预算编制和管理中的基础支撑作用。二要改进年度预算控制方式，一般公共预算执行中如出现超收收入，用于冲减赤字、补充预算稳定调节基金。三要加大预决算公开力度。规范预决算公开工作流程，主动向群众、社会公开财政家底。除涉密信息外，所有使用财政资金的部门均应公开本部门预决算和“三公”经费预决算。四要进一步盘活财政存量资金。建立结转结余资金定期清理机制。对政府性基金项目结转资金规模较大的，调入一般公共预算统筹使用。继续清理盘活预算单位实有资金账户结余，采取分年编入部门预算方式予以消化。五要加快推进税制改革。继续做好“营改增”试点扩围工作，做好我省煤炭资源税从价计征改革后续工作，改革后的煤炭资源税收入由各级财政统筹用于采煤引起的跨区域地质灾害治理、生态环境恢复及相关民生支出等方面。清理规范税收等优惠政策，违反国家法律法规的优惠政策一律停止执行，依法保留的优惠政策要执行到位。六要优化转移支付结构。压减竞争性领域专项转移支付项目，降低专项转移支付比重，扩大一般性

转移支付规模,提高县级财政基本保障能力。七要规范政府债务管理。从 2015 年起,政府债务实行规模控制和预算管理,主要采取发行政府债券方式。同时,要积极化解存量债务,抓紧剥离融资平台公司承担的政府融资职能,强化风险预警防控,建立应急处置和考核问责机制,有效防范化解财政金融风险。

(二)落实积极的财政政策,深入做好煤与非煤两篇大文章,积极投身"六大发展"。严格落实结构性减税和普遍性降费政策,坚决防止各项乱收费乱摊派现象反弹,进一步为企业减负增力。加大资金统筹力度,加快运作产业投资基金,支持做好煤炭和非煤产业发展两篇大文章,促进煤炭产业"六型"转变,推动我省装备制造业、新能源、新材料等战略新兴产业及文化、旅游、体育产业加快发展。落实创新驱动发展战略,统筹科技投入,支持低碳创新重点科技攻关和山西科技创新城建设,推进国家创新驱动发展战略山西行动计划加快实施。加快推广使用政府和社会资本合作(PPP)模式,充分发挥政府投资引导带动作用,激活民间投资活力。支持国有大企业兼并重组、分离办社会、改革脱困。鼓励创新中小微企业融资模式,努力缓解企业融资难融资贵问题,促进中小微企业大力发展。发挥财政奖补、税费调节、政府采购等财税政策功能,推动能源清洁利用和资源综合利用,支持以兴水增绿治沉为重点的生态环境治理保护,促进全省节能减排和生态环境修复改善。

(三)把群众的利益放在第一位,着力保障和改善民生。坚持财政取之于民、用之于民,强化财政在民生保障中的"兜底"作用,统筹支持各类民生事业发展。重点关注经济持续下行对低收入群众和困难家庭基本生活的影响,有针对性的完善民生政策,不单纯以平均数定政策、看效果,对人民群众的急困难处做到及时掌握、舍得花钱、大力帮扶,多做雪中送炭的事,让老百姓过上好日子。一要统筹城乡发展。完善财政精准化扶贫机制和财政转移支付同农业转移人口市民化挂钩机制,积极推动优质教育、医疗、卫生、文化资源向农村流动,切实保障新的强农惠农富农政策、发展现代农业、农村人居环境改善工程等惠农政策落到实处。二要促进就业创业。把就业工作放在突出位置,统筹中央和我省现有各类支持就业创业资金,落实好支持就业创业的一揽子扶持政策,充分发挥财政对就业创业的促进作用。三要推进教育协调发展。促进义务教育教学资源合理配置。支持改善高中教育办学条件。促进职业教育资源优化整合。推动高等教育内涵式发展。落实国家资助政策体系,从制度上保障家庭经济困难学生顺利就学。四要完善社会保障制度。在推进机关事业单位养老保险制度改革的同时,继续提高企业退休人员基本养老金、城乡居民基础养老金及城乡低保、农村五保对象补助水平,低收入农户每户一吨冬季取暖用煤改由省财政以现金方式发放,全面实施临时救助制度,确保困难群众求助有门、受助及时。五要支持深化医药卫生体制改革。进一步提高城镇居民基本医保和新农合财政补助标准,提高基本公共卫生服务经费财政补助标准。完善城镇职工和城乡居民异地就医即时结算办法,落实好大病医疗保险和疾病应急救助政策,让人民群众看得了病、看得起病。六要增强公共文化服务能力。支持文化产业发展,完善公共文化服务体系,加大政府购买公共服务力度,促进文化惠民。七要支持保障性安居工程建设。创新机制,利用 PPP 模式或政府购买服务方式盘活存量房,引导社会资本参与保障性住房的建设和运营管理。

(四)坚持依法理财,全面提升理财水平。以贯彻新修订的《预算法》为契机,大力度开展预算法律法规宣传培训,努力营造学法、懂法、用法、守法的浓厚氛围。全面梳理、修订、完善财政管理制度,不断健全依法理财的制度体系,将全部理财行为纳入制度化轨道。依法组织收入,实现应收尽收。遵循收入预期性原则,坚持依法治税、依法征缴,坚决杜绝有税不收、收过头税、虚收空转等人为调节收入的现象。严格预算约束,提高执行效率。认真落实省人大决议,加强预算执行管理,强化预算执行动态监控,严格预算执行主体责任,维护经省人大批准的财政预算的严肃性。推进中期财政规划管理,编制 2016–2018 年财政规划。对目标比较明确的项目,编制三年滚动预算。加强预算绩效管理,提高财政资金使用效益。坚持用钱讲绩效、花钱要负责,将绩效评价结果与年度预算安排紧密挂钩,保证财政资金用的到位、用的有效。加强财政监督,严肃财经纪律。构建嵌入业务流程的财政支出监督机制,落实"六权治本"要求,实行财政权力清单、责任清单制度,规范权力运行,强化责任追究。全面厉行节约,坚持过紧日子。深入贯彻《党政机关厉行节约反对浪费条例》,从严控制会议、接待、出国、培训等经费支出,勤俭办一切事业。

山西省 230 万名党员干部参加第二批教育实践活动

2014 年 1 月 24 日，山西省委召开全省党的群众路线教育实践活动第一批总结暨第二批部署会议。10 月 14 日，山西省委召开全省党的群众路线教育实践活动总结大会。会议指出，从上年 7 月开始，全省 10 万多个党组织、230 多万名党员自上而下分两批深入开展党的群众路线教育实践活动。全省上下在改进作风、反对"四风"上取得初步成果，整治一批"四风"突出问题，查处一批侵害群众利益的突出问题，解决一批关系群众切身利益的实际问题，基层党组织的战斗力、凝聚力和创造力进一步增强，形成一批确保作风建设常态化、长效化的制度机制。

山西省内发生系统性塌方式严重腐败一批领导干部被查处

2014 年，山西省内发生系统性、塌方式严重腐败，成为全国腐败重灾区。7 名省级领导干部先后被调查，多名官员接连落马。2 月至 12 月，先后被查处的干部有：省人大常委会副主任金道铭，省委常委、副省长杜善学，省政协副主席令政策，省委常委、太原市委书记陈川平，省委常委、秘书长聂春玉，省委常委、统战部部长白云；副省长任润厚，太原市民营经济开发区管委会主任、党工委副书记张波，忻州市委常委、组织部部长吉久昌；吕梁市副市长张中生，省地质勘查局局长安俊生，朔州市经济开发区管委会主任高世宝，省监察厅副厅长谢克敏，运城市委书记王茂设，省纪委常务副书记杨森林，大同市副市长靳瑞林，省机关事务管理局局长任云峰，省直属机关工委副书记郭忠实，长治市市长张保，省交通运输厅厅长段建国，省路桥建设集团有限公司常务副董事长贾建明，省交通运输管理局局长李华中，大同市委书记丰立祥，省国土资源厅厅长李建功，晋中市委副书记张秀萍，阳泉市委常委、纪委书记王民，吕梁市政协副主席刘广龙，晋城市委常委、常务副市长王树新，省煤炭工业厅党组书记、厅长吴永平，吕梁市委常委、政法委书记李良森，太原市人大常委会副主任田玉宝，吕梁市委常委、离石区委书记阎刚平，忻州市委书记董洪运等。

晋济高速发生特别重大事故 40 亡 12 伤 42 辆车被烧毁

2014 年 3 月 1 日，晋济高速公路晋城段岩后隧道发生特别重大道路交通危化品燃爆事故，造成 40 人死亡、12 人受伤，42 辆车被烧毁，直接经济损失达 8197 万元。国务院成立事故调查组介入调查。6 月 10 日，事故调查报告经国务院批复并公布，认定这是一起生产安全责任事故。事故发生后，33 人被司法机关控制，33 人被给予党纪政纪处分。

山西省内首座大型遗址类博物馆晋国博物馆开馆

2014 年 6 月 14 日，山西省首座大型遗址类博物馆——晋国博物馆试开馆揭牌仪式举行。晋国博物馆位于曲沃县曲村镇，依托全国重点文物保护单位曲村——天马遗址，建立在已经发掘的晋侯墓地遗址核心区，揭开尘封 3000 年的晋国神秘面纱。其中，车马坑东西长 21 米，南北宽 15 米，是目前中国发现的商周时期最大的车马坑。

清理规范涉煤收费启动煤焦公路销售体制改革

2014 年 6 月 23 日下午，山西省政府召开涉煤收费清理规范电视电话通报会，从 2014 年 1 月 1 日起，取缔除中央和省定项目以外的一切违规收费，取缔行业协会、省直部门及有关单位的超标准、超范围收费，对煤炭可持续发展基金各煤种征收标准降低 3 元/吨；从 2014 年 7 月 1 日起，取消煤炭稽查管理费，降低煤炭产品质量监督检验费征收标准；从 2015 年 1 月 1 日起，取消省直有关部门向省属煤炭企业集团收取的服务费；改革公路煤炭运销体制，禁止向煤炭企业收取差价、服务费。通过清理规范，截至 2014 年 11 月，全省共减轻煤炭企业负担 108.5 亿元。

2014 年 11 月 27 日，山西省政府召开全省煤炭焦炭公路销售体制改革动员部署电视电话会议，提出“三个全部”要求：以12月1日和12月31日为时间节点，坚持谁授权谁清理、谁批准谁取消、谁建设谁拆除的原则，全部撤销政府机构对企业的21项行政授权，全部取消9种运输票据，全部撤销1487个各类站点。现行的煤焦公路运销体制形成于20世纪80年代，改革意味着存在30年的煤检站将退出历史。

大西高铁开通运营
太原到西安十小时变三小时

2014年7月1日，大西高铁(太原南至西安北)暨太原南站正式开通运营，太原至临汾、运城、西安方向的旅行时间总体压缩60%以上，太原至西安旅客列车的运行时间由原先的10小时左右压缩至3小时左右。大西高铁于2010年3月开工建设，是我国中长期铁路规划网的重要组成部分，也是2014年全国率先完成的跨省铁路重点工程项目。开通运营的太原南至西安北总长567千米，全线双线电气化铁路，设计时速250千米。

第四届山西省节能
减排低碳发展博览会举行

山西省发展和改革委员会等十委厅于2014年7月25至27日在山西省展览馆举办“第四届山西省节能减排低碳发展博览会”。

博览会以“加快发展节能环保产业、推动山西转型跨越发展”为主题。展会设置节能减排与低碳发展成果展、工业节能减排技术及产品展、建筑节能(公共机构、民用)展、清洁能源、新能源与新能源汽车展、交通运输节能减排展、节能服务展、绿色照明展及民用节能展共八大展区，旨在促进山西省节能减排工作的健康发展，加快低碳社会建设进程，推进节能减排全民参与，为节能减排新产品、新技术的推广应用和节能减排经验交流提供一个良好的平台。

中共中央对中共山西省委领导
班子做出重大调整
王儒林任省委书记

中共中央对省委领导班子进行重大调整。2014年9月1日，宣布王儒林任山西省委委员、常委、书记；袁纯清不再担任山西省委书记、常委、委员职务。6月19日，宣布楼阳生任山西省委委员、常委、副书记。9月4日，宣布盛茂林任省委常委、组织部部长；汤涛不再担任省委常委、组织部部长职务。9月30日，五位新任省委常委履新，黄晓薇任省委委员、常委、省纪委书记，吴政隆、孙绍骋、王伟中、付建华任省委委员、常委。吴政隆任太原市委委员、常委、书记，孙绍骋任省委统战部部长，王伟中任省委秘书长，付建华任省政府党组成员。免去李兆前的山西省委常委、委员和省纪委书记职务。10月17日，山西省十二届人大常委会第十五次会议决定任命付建华为山西省副省长。

全省开展净化政治生态
学习讨论落实活动

2014年11月30日，山西省委召开全省学习讨论落实活动动员大会。在全省各级党组织和广大党员干部中开展以“深入学习习近平总书记系列重要讲话精神，净化政治生态、实现弊革风清，重塑山西形象、促进富民强省”为主题的学习讨论落实活动。活动的主体是全省各级党组织和广大党员干部，重点是乡镇(街道)以上领导机关、领导班子和领导干部。省委书记王儒林指出，要突出工作重点，确保活动取得实实在在的新成效。(1)从严落实“两个责任”，在依规管党治党上取得新成效。(2)保持“三个高压态势”，在建设廉洁政治上取得新成效。(3)开展专项整治，在优化发展环境、利民惠民便民上取得新成效。(4)坚持从严治吏，在匡正选人用人风气、刷新吏治上取得新成效。(5)推进“六权治本”，在形成不能腐的长效机制上取得新成效。(6)加快“六大发展”，在富民强省上取得新成效。

山西煤炭经济遭遇“滑铁卢”
全行业连续亏损

受煤炭市场整体下行、价格持续下跌的影响，山西省煤炭企业经营效益持续下滑、全行业经济运行困难态势不断加剧。2014年1至11月，全省原煤产量8.9亿吨，同比增长2.53%，但受煤价下跌影响利润减少。全省煤炭价格呈阶梯式下滑态势，吨煤综合售价自2014年4月跌破400元后一路走低，10月跌至346.06元，同比下跌89.25元、下跌20.50%。2014年前8个月，全省煤炭企业累计实现利润17.9亿元，同比减少121.7亿元，同比下降87.2%，高出全国平均降幅41个百分点。10月，全省煤炭行业累计实现利润13亿元，同比减少170.78亿元，下降92.92%。7月开始，煤炭全行业连续4个月亏损。

粮食总产量实现“五连增”
小麦单产刷新纪录

2014年，山西省粮食总产量超过130亿公斤，实现“五连增”。全省粮食面积基本稳定。小麦面积1010万亩左右，秋粮面积约3900万亩，总面积比上年稳中略增。小麦单产刷新纪录，总产量为26.03亿公斤，比上年增产12.3%。秋粮中，玉米产量表现较好。 (欣　然)

2014年山西省大事记

1月

1日

《山西省常住户口登记管理规定(试行)》实施。

1日起太原市城镇居民医疗保险年度最高报销限额由20万元提高到40万元。

全省恢复征收焦炭生产排污费。

2日

省政府召开安委会第一次全体(扩大)会议。

省政府召开会议，研究2014年省级政府投资机会、全省及省本级财政收支计划。

2012—2013年度“赵树理文学奖”评选揭晓，共评出优秀作品、文学新人等13个奖项。

7日

省政府第34次常务会议召开，研究审议并原则通过《山西省国家资源型经济转型综合配套改革试验2014年行动计划(送审稿)》，推进转型综配套改革任务实施。

全省“四风”突出问题专项整治工作协调会召开。

2013“感动山西十大人物”揭晓。阳军、解绍亮、郭文斌、曹玥、李继林和刘平贵夫妇、赵迎路、张子玉、侯明华、李润生、段爱平当选。

8日

全省商务工作会议在太原召开。

全省造林绿化会议在太原召开。

9日

省军区党委十届三次全体(扩大)会议在太原召开。

全省消防工作会议召开。

10日

山西省委常委会召开会议，讨论《政府工作报告》，传达学习中央政法工作会议、全国宣传部长会议、培育和践行社会主义核心价值观座谈会、全国统战部长会议精神。

11日

2013年度国家科学技术奖励大会在北京举行，山西省5项科研成果获得国家科技奖。

13日

全省宣传部长会议在太原召开。

山西品牌创新峰会在太原举行。

15日

“责任中国——人民网2013年度评选”颁奖典礼举行，山西临汾郭小平荣膺“十大责任公民”称号。

山西省启动千村万人就业培训计划。

16日

全省统战部长会议在太原召开。

中共山西省委印发《关于深入贯彻党的十八届三中全会精神　加快推进转型综改试验区建设的若干意见》。

山西省中小企业局与山西证监局签订战略合作协议。

17日

山西省人民政府办公厅印发《关于转发省经信委加快推进工业节能环保产业发展行动方案及2014年三个行动计划的通知》。

17日至21日

省政协十一届二次会议在太原召开。

18日至23日

省十二届人大二次会议在太原召开。

1月中旬

省转型综改办邀请有关专家组成考评组，对各市、省直有关部门、11个省级试点县(市、区)、12户省级试点企业2013年度转型综改工作进行综合考核。

23日

省委常委会召开会议，传达学习党的群众路线教育实践活动第一批总结暨第二批部署会议精神和全国组织部长会议精神，提出山西省贯彻落实意见。

省政府办公厅印发《山西省国家资源型经济转型综合配套改革试验2014年行动计划》。

24日

省委召开全省党的群众路线教育实践活动第一批总结暨第二批部署会议。

省委召开稳定和信访工作点评会议。

25 日

全省党风廉政建设干部大会暨省纪委十届四次全会第二次会议在太原召开。

省委政法工作会议在太原召开。

26 日

省政协主席会议召开，讨论国务院《政府工作报告》(征求意见稿)。

吕梁机场正式通航。

“文化惠民在三晋”系列活动在太谷县开幕。

28 日

省政府召开第 36 次常务会议，研究部署创新驱动、低碳发展和林业生态建设等工作。

山西省“百人计划”专家联谊会举行。

30 日

省委常委会召开会议，围绕严明党的纪律集中学习讨论。

1 月份

山西省 5 年投入 400 亿元，全面完成农村困难家庭危房改造、特困群众易地搬迁、行政村街道亮化、村级幼儿园改扩建和乡村清洁工程。

2 月

8 日

省委、省政府召开全省综改攻坚、创新驱动、项目见效工作大会。

10 日

“感动中国”2013 年度人物颁奖典礼在北京举行，长治市襄垣县的段爱平入选“感动中国”年度人物。

11 日

省委常委会决定，省委全面深化改革领导小组下设 6 个专项小组：经济体制与生态文明体制改革小组、民主法制领域改革小组、文化体制改革小组、社会体制改革小组、党的建设制度改革小组和纪律检查体制改革小组，同时成立省委全面深化改革领导小组办公室。

全省农村工作暨扶贫开发工作会议在太原召开。

省委召开议军会议，推动山西特色军民深度融合。

省政府召开全省政府系统廉政工作电视电话会议。

12 日

山西预备役步兵第 83 师召开党委全体(扩大)会议。

山西高校科技创新专家学者咨询座谈会举行。

12 日起

全省检察机关开展“阳光检察”工作。

13 日

省政协举行民主党派、工商联负责人座谈会。

省政协召开十一届十四次主席会议，研究确定 2014 年省政协常委会主要工作责任制。

13 日起

《山西省专职消防队伍建设管理办法》施行。

14 日

省委党的群众路线教育实践活动领导小组第八次会议召开。

省政府召开中央驻晋和省内主要新闻单位负责人座谈会。

15 日

2014 年全省卫生计生工作暨党风廉政建设会议召开。

17 日

全国电子商务工作会议在太原召开。

全省中医药会议召开。

17 日至 18 日

全国政协副主席、民进中央常务副主席罗富和到山西出席民进民主监督工作研讨会。

18 日

全国政协常委、社会和法制委员会副主任季允石率安全生产与《安全生产法》修订专题调研组到山西调研。

山西省 2014 年转型综改 5 大重大课题向全国公开招标。

19 日

全省文物局长会议在太原召开。

全省行政监察工作会议在太原召开。

20 日

省委全面深化改革领导小组经济体制和生态文明体制改革专项小组召开第一次全体会议。

省委、省政府召开信访工作电视电话会议。

21 日

省政协召集在晋全国政协委员座谈，研究讨论全国政协十二届二次会议期间委员的重点提案、集体提案，并视察太原市城市建设和行政审批制度改革情况。

全省食品药品监督管理工作会议召开。

全省民主党派、无党派厅级领导干部履职交流会在太原召开。

全省公安机关反腐倡廉建设会议召开。

山西中南部铁路通道沿线装车点项目推进会召开。

23 日

省委召开传达省部级领导干部专题研讨班精神会议。

24 日

中央第六巡视组向山西省反馈巡视情况会议举行。

省委常委会召开会议，研究部署中央巡视组反馈整改落实情况。

25 日

省政府第 37 次常务会议召开，研究通过《山西省主体功能区规划》。

省委全面深化改革领导小组党的建设制度改革专项小组召开第一次全体会议，研究部署全省党的建设制度改革工作。

省委全面深化改革领导小组办公室召开第一次全体会议。

全省医疗管理工作会议召开。

《山西省 2013 年国民经济和社会发展统计公报》公布。

26 日

省委全面深化改革领导小组社会体制改革专项小组召开第一次全体会议。

省委全面深化改革领导小组纪律检查体制改革专项小组召开第一次全体会议。

全省高校党的建设工作会议在太原召开。

全省对台工作会议在太原召开。

27日

中央第八巡回督导组到山西督导第二批教育实践活动并举办座谈。

全省计划生育电视电话会议在太原召开。

全省工商系统注册资本登记制度改革工作会议召开。

《国家创新驱动发展战略山西行动计划》《山西省低碳创新行动计划》印发，标志着山西创新驱动战略开始步入实施阶段。

省政府召开全省审计工作电视电话会议。

28日

省委全面深化改革领导小组第一次会议召开。

全国政协原副主席、民建中央原副主席张榕明到山西出席山西省中华职业教育社成立大会。

省委中心组（扩大）学习报告会举行。

省委、省政府召开2013年度目标责任考核总结表彰大会。

省城各界妇女召开纪念“三八”妇女节大会。

省委、省政府举行山西省第二批援疆干部人才欢送会。

2月至12月

山西省内发生系统性、塌方式严重腐败，成为全国腐败重灾区。7名省级领导干部先后被调查，多名官员接连落马。先后被查处的干部有：省人大常委会副主任金道铭，省委常委、副省长杜善学，省政协副主席令政策，省委常委、太原市委书记陈川平，省委常委、秘书长聂春玉，省委常委、统战部部长白云，副省长任润厚，太原市民营经济开发区管委会主任、党工委副书记张波，忻州市委常委、组织部部长吉久昌，吕梁市副市长张中生，省地质勘查局局长安俊生，朔州市经济开发区管委会主任高世宝，省监察厅副厅长谢克敏，运城市委书记王茂设，省纪委常务副书记杨森林，大同市副市长靳瑞林，省机关事务管理局局长任云峰，省直属机关工委副书记郭忠实，长治市市长张保，省交通运输厅厅长段建国，省路桥建设集团有限公司常务副董事长贾建明，省交通运输管理局局长李华中，大同市委书记丰立祥，省国土资源厅厅长李建功，晋中市委副书记张秀萍，阳泉市委常委、纪委书记王民，吕梁市政协副主席刘广龙，晋城市委常委、常务副市长王树新，省煤炭工业厅党组书记、厅长吴永平，吕梁市委常委、政法委书记李良森，太原市人大常委会副主任田玉宝，吕梁市委常委、离石区委书记阎刚平，忻州市委书记董洪运等。

3月

1日

晋济高速公路晋城段岩后隧道发生特别重大道路交通危化品燃爆事故，造成40人死亡、12人受伤，42辆车被烧毁，直接经济损失达8197万元。

全省全面实施注册资本登记制度改革。

《山西省志愿服务条例》施行。

4日

山西兴瑞女篮蝉联中国女子篮球联赛总冠军。

6日

省总工会举行“三八”妇女节表彰大会。

11日

山西文物保护标准化专业技术委员会在太原成立。

省作家协会召开“双百”出版工程专家论证会。

12日

全省特种设备安全电视电话工作会议召开。

14日

第六批中国历史文化名镇（村）名单公布，山西省1镇9村上榜。分别是：泽州县周村镇、襄汾县新城镇丁村、沁水县嘉峰镇郭壁村、高平市马村镇大周村、泽州县晋庙铺镇栏车村、泽州县南村镇冶底村、平顺县阳高乡奥治村、祁县贾令镇谷恋村、高平市寺庄镇伯方村、阳城县润城镇屯城村。

16日

省委召开传达贯彻全国“两会”精神会议。

17日

《山西省贯彻落实〈建立健全惩治和预防腐败体系2013—2017年工作规划〉的实施办法》印发。

17日至4月11日

由山西省文物局、意大利文物保护与修复高等研究院联合主办的古建筑保护修复高级培训班在太原举行。

18日

省政府第38次常务会议召开。

18日至19日

山西旅游会议联盟第三届年会暨全国供应商签约大会在临汾召开。

19日

省委党的群众路线教育实践活动领导小组第九次会议召开。

2014年（第四届）国际炼焦煤资源与市场高峰论坛在太原举行。

20日

全省组织部门人才工作座谈会召开。

全省启动第四批创新型企业试点工作。

省委政法委召开电视电话会议，在全省市县政法机关部署开展“一村（社区）一警”联系走访活动。

21日

省委全面深化改革领导小组民主法制领域改革专项小组第二次会议召开。

省委中央巡视组反馈意见整改落实工作领导小组会议召开。

全省政府职能转变和机构改革电视电话会议在太原召开。

中共中央宣传部常务副部长雒树刚到山西省部分市县调研宣传文化工作。

23日

由山西科谷生物农药有限公司和山西巴盾环境保护技术研究所合作完成的“植物源速效杀虫组合物及其制备方法与应用”技术，通过科学技术成果鉴定，国家知识产权局受理专利申请。

25日

省政府第39次常务会议召开，原则通过改善农村人居环境(2014—2020年)规划纲要和2014年行动计划。

省十二届人大常委会召开主任会议。

27日

省政协召开会议，对开展“服务转型综改攻坚调研年”活动作出安排，并确定36个调研选题。

山西省首次全国地理国情普查全面启动。

省作家协会六届二次全委会在太原召开。

28日

省委召开常委会议。

省委举行中心组(扩大)学习报告会。

省政府召开春季森林防火工作电视电话会议。

由山西博物院与上海博物馆共同举办的《娄东画派书画精品展》在山西博物院开展。

31日

省经信委公布山西省首批焦化行业兼并重组主体企业名单，潞安矿业、美锦能源、山西焦煤、山西阳光焦化、山西潞宝等67家企业担纲兼并重组主体。

3月份

山西省实施十大强农惠农政策：杂粮良种补贴、耕地综合生产能力补助、牛羊产业发展及牧草基地建设补助、新型农业社会化服务体系试点建设补助、农田水利灌溉工程和农村饮水工程维修养护建设补助、移民搬迁产业扶持奖补、开展森林保险保费补助试点、果经济林管理、林下经济示范基地和林木良种补助、农机深松整地作业补贴。

4月

4日

省委、省政府、省政协办公厅联合下发《关于印发〈政协山西省委员会2014年度协商工作计划〉的通知》(厅字〔2014〕34号)，要求各市党委、政府、政协和省各有关方面认真贯彻实施省政协2014年度协商工作计划。

全省推进县级公立医院综合改革电视电话会召开。

8日至18日

山西省第八届职业院校技能大赛在平遥县举行。

9日

省政府第40次常务会议召开，研究落实衔接国务院取消和下放行政审批项目的决定等事宜。

10日至11日

省转型综改办召开转型综改一季度工作会议。

11日

省政府发布《山西省主体功能区规划》，将全省国土空间细分为：重点开发区域、限制开发区域(农产品主产区)、限制开发区域(重点生态功能区)和禁止开发区域四类区域，并赋予其不同的发展功能定位。

13日

中共山西省委、山西省人民政府《关于全面深化农村改革加快推进农业现代化的实施意见》印发。

14日

国务院批准《晋陕豫黄河金三角区域合作规划》，以探索省际交界地区合作发展新路径，推动晋陕豫黄河金三角地区合作发展。

17日

山西品牌中华行(南京站)启动仪式在南京举行。

零时起，太原市区空气质量监测开始执行以小时浓度计算的“实时空气质量指数”新标准。

21日

省发改委批复《太原市城市轨道交通2号线一期工程(人民南路—西涧河)初步设计》，标志着太原市轨道交通工程进入全面建设实施阶段。

22日

《山西省人民政府关于落实和衔接国务院取消和下放一批行政审批项目的通知》，取消行政审批项目11项，承接行政审批项目23项。

山西煤矿安全监察局党风廉政建设工作会召开。

省旅游局在杭州市举行“晋善晋美·美丽山西休闲游”推介会。

省委召开信访工作专题会议。

由省妇联、省妇女儿童发展基金会主办的“幸福起航·大脑康复”“幸福起航·三晋光明行”公益慈善活动在太原举行。

23日

省委常委会召开会议，听取省政府关于第一季度全省经济工作情况汇报，分析当前经济形势，安排部署下阶段经济工作。

省委常委会召开会议，研究中央巡视组反馈意见整改落实工作和山西省第二批党的群众路线教育实践活动有关工作，讨论山西省劳动模范和模范单位评选情况。

中国残联党组书记、理事长鲁勇到山西省调研指导残疾人就业工作。

第十五届中国国际摄影艺术展在大同市开展。

24日

民政部副部长窦玉沛一行到太原调研。

省委全面深化改革领导小组纪律检查体制改革专项小组召开会议。

全国工商联副主席安七一到山西省调研工商联信息化建设工作。

25日

省政府召开第五次全体(扩大)会议，总结一季度工作，落实省委常委会决策部署，安排二季度各项工作。

国家开发银行对接支持山西棚户区改造工作座谈会在太原召开。

太原理工大学TUT超算团队荣获世界大学生超级计算机竞赛ASC14一等奖。

25日至26日

全国扶贫宣传座谈会在太原召开。25日，省委副书记、省长李小鹏在太原会见国务院扶贫办主任刘永富一行。

26日

中国十大古城镇联盟在山东省淄博市周村区成立，山西平遥古城位列其中。

山西日报报业集团与人民网股份有限公司、腾讯科技(深圳)有限公司签署战略合作协议。

26日至29日

全国政协文史和学习委员会驻会副主任卞晋平率全国政协“推进城镇化进程中加强古村落保护”专题调研组一行到晋调研。

第二十三届(2013年度)“山西新闻奖”评选会在运城市举行,共评出“山西新闻奖”获奖作品450件。

28日

省委中心组围绕“学习贯彻党的十八届三中全会和习近平总书记重要讲话精神,做好新形势下的民生工作”举行(扩大)学习报告会。

全省教育实践活动督导工作座谈会召开。

《晋祠泉复流工程实施方案》通过专家审查。

太原市万柏林区和平老工业区被国家发改委列为山西省唯一一个全国城区老工业区搬迁改造试点区。

中国国内最高的、用于火力发电厂间接空冷的“600兆瓦等级间冷轻型钢架结构塔”在山西科工龙盛科技有限公司研发成功,并通过山西省科技厅成果鉴定。

28日至29日

中共中央政治局委员、国务院副总理马凯到山西、陕西实地调研铁路建设施工情况,并主持召开部分地区铁路建设工作会议。

29日

山西省劳动模范表彰大会举行。

国内首个专项帮助救治尘肺病农民工的“大爱清尘”公益基金走进山西。

由太原重型机械集团有限公司(简称太重集团)自主研发制造的中国首台360吨核电环行起重机试车成功。

繁峙县政府与太重集团签署协议,由太重集团投资1亿元在繁峙县建设产业扶贫肉羊养殖示范项目。

29日至30日

省委举行“访民生、知民情、解民事”集中走访活动交流座谈会。

30日

山西省2014年“平安医院”创建工作推进电视电话会议召开。

山西·太原《中华人民共和国道路交通安全法》颁布实施十周年暨危化品运输道路交通事故应急预案演练在太原举行。

以“弘扬母爱爱母美德,传承家风家教文化”为主题的中华母亲节推动大会暨第三届太谷孟母文化节开幕式在太谷县孟母文化园举行。

4月份

山西省改善农村人居环境:以农村基础设施和公共服务为重点的完善提质工程,以采煤沉陷治理、易地搬迁、危房改造为重点的农民安居工程,以垃圾污水治理为重点的环境整治工程,以美丽乡村建设为重点的宜居示范工程。

《山西省粉煤灰综合利用规划》上报国家发改委。

5月

1日

太行山大峡谷自然风光旅游区资源整合完成。

2日

太钢集团公司牛国栋被授予“中国青年五四奖章”。

4日

省政协举行中心组(扩大)学习报告会暨“政协学堂”开讲仪式,围绕习近平总书记系列重要讲话精神的学习贯彻进行交流。

5日

2014年度“安全生产科普三晋行”活动启动。

5日至11日

根据全国政协安排,在晋全国政协委员赴广西,就北部湾经济区综合配套改革情况进行考察。

6日

省政府第43次常务会议召开,就加快发展养老服务业、改善农村人居环境工程投资匡算及资金筹措、晋祠泉复流暨汾河流域水生态环境综合治理试点工程以及筹办第五届能博会等事项展开研讨。

全省公安机关启动武装巡逻警务机制。

7日

省政府召开省级以下工商质监行政管理体制调整工作会议,全面部署山西省市县工商质监体制改革工作。

省改善农村人居环境工作领导小组召开第一次会议,讨论《山西省改善农村人居环境规划编制指导意见》和《山西省美丽宜居示范村建设指导意见》,通报省政府关于改善农村人居环境工程之一安居工程“一启动三加快”的安排部署。

8日

“2014美丽中国行——晋善·晋美”大型媒体采风活动从太原起程。

8日至9日

全省红枣管理现场培训会在永和县召开。

8日至12日

全国政协副主席卢展工率全国政协“推进养老保险制度并轨,建立更加公平可持续的社会保障体系”专题调研组到山西调研。

9日

省委常委会召开会议,传达学习中央关于党的群众路线教育实践活动视频会议精神,提出山西省贯彻落实意见,审议《山西省评比达标表彰活动管理办法(试行)》,研究讨论关于防止权力寻租等违法违规行为发生的具体意见。

省政府召开安全生产专题会议,安排部署对全省安全生产大检查开展专项督查工作。

山西省对口援疆工作领导小组第六次会议召开。

晋津产业协同发展对接会在天津举行。

山西省文化创意产业研究会在太原成立。

纪念王瑶先生诞辰100年暨学术研讨会在太原举行。

山西品牌中华行(天津站)启动仪式在天津举行。

全国文物艺术品山西交流会在太原举行。

第五届中国·运城舜帝德孝文化

节启动。

10日

纪念“5·12”国际护士节暨2014年全省护理工作会议召开。

王家岭铁路运煤专线开通。

10日至16日

省国土资源厅围绕“城镇化与减灾”主题，开展防灾减灾宣传周活动。

11日

第六届全国大学生机械创新设计大赛（山西赛区）竞赛在太原理工大学举行。

孝义市首个光伏发电站项目——西辛庄镇100兆瓦太阳能光伏发电项目首期30兆瓦奠基开工。

12日

2014年全省转型综改专题培训班开班。

“山西最美乡镇干部”评选活动启动。

山西省食品安全抽检监测工作启动。

13日

省政府第44次常务会议召开，研究促进就业、推进新型城镇化、政府购买服务和县域经济考核评价等工作。

省政协召开十一届十五次主席会议，研究召开省政协十一届八次常委会议有关事项。

太重集团与芬兰Skinest公司签订为期5年的战略协议，并签订合同金额超过4000万元的订单，产品包括车轮、车轴及轮对。

14日

省委常委会召开会议，对推进新型城镇化、开展“抓落实、促发展”专项督查调研活动等进行研究部署，提出贯彻落实措施。

全国政协副主席、民盟中央常务副主席陈晓光，全国人大常委、民盟中央副主席、民盟山西省委主委张平率民盟基层组织建设工作调研组到山西调研。

省政府召开四月份经济形势分析联席会议。

15日

省转型综改办到省监察厅就扩权强县移交工作进行座谈，交接相关手续和资料。

全省首家社会稳定风险评估所在临猗挂牌成立。

16日

省政府和中国铝业公司在太原举行《建设中铝山西铝循环产业基地战略合作框架协议》签约仪式。

全省地方志工作会议召开。

大同市华严寺、阳泉市桃林沟、晋城市阳城天官王府、朔州市崇福寺、忻州市定襄凤凰山、朔州市怀仁金沙滩、临汾市汾河公园和东岳庙及侯马彭真故居被评为国家4A级景区。

民革山西省委十一届三次全体（扩大）会议举行。

16日至18日

山西省第11次妇女代表大会在太原举行。

17日

太钢集团获得“中国工业大奖”。6月23日，山西省人民政府发出《关于表彰太原钢铁（集团）有限公司的通报》。

“晋台海峡两岸炎帝文化交流暨炎帝陵修复保护工程”在山西省高平市启动。

2014年山西科技活动周在太原启幕。

18日

“新晋商新金融新机遇”产融高峰论坛在太原举行。

山西地质博物馆开馆。

19日

省委常委会议举行，传达中央文件。

以全国政协常委、港澳台侨委员会副主任郑立中为组长的全国政协推动建立两岸文化交流合作机制专题调研组一行到山西调研。

20日

省政府召开第45次常务会议，研究当前经济形势、启动“十三五”规划编制和申办2019年全国青年运动会等工作。

山西省首届高校大学生“创业梦·大学梦·中国梦”微电影大赛获奖作品总结暨展映启动仪式在山西传媒学院举行。

山西省中小企业公共服务平台上线试运行。

第十二届粤港名企参访项目推介暨山西渠道建设会议在太原举行。

全省涉法涉诉信访工作改革推进会电视电话会议召开。

2013年度山西省科学技术奖评审会召开。

20日至22日

省政协第二期委员培训班在省委党校举办。

21日

省政府公布《关于扶持高校毕业生创业的意见》《关于鼓励小微企业吸纳劳动者就业的意见》《关于政府购买基层公共服务岗位吸纳高校毕业生就业的意见》《关于帮扶困难企业稳定就业岗位的通知》4个文件。

省政府召开5月份全省重点工程调度会。

阳煤集团寿阳明泰2×350兆瓦低热值煤发电项目启动。

按照《关于开展区域工业绿色转型发展试点工作的通知》，朔州市成为首批开展区域工业绿色转型试点，也是山西省唯一入选的地级市。

22日

省委、省政府召开全省城镇化工作会议，贯彻落实党的十八届三中全会和中央城镇化工作会议精神，总结部署全省城镇化工作。

省文明委举行第13次全体会议，学习贯彻中央文明委第二次全体会议精神，安排部署全省2014年精神文明建设工作。

山西省举行纪念毛泽东同志《在延安文艺座谈会上的讲话》发表72周年座谈会。

23日

省委中心组（扩大）举行学习报告会，邀请《求是》杂志社研究员黄苇町作题为“记取苏共历史教训，开创中国特色社会主义新境界”的报告。

山西省旅游局公布，未来三年内，全省每年从煤炭可持续发展基金中切出1500万元专项资金，重点扶持乡村旅游的停车场、厕所、咨询中心、垃圾污水处理、步道、绿化等配套设施建设。

山西品牌中华行（西安站）活动在陕西西安举行。

省委组织部“青年拔尖人才支持计划”入选名单公布。

全省防汛工作电视电话会召开。

24日

省考古研究所举办晋阳古城遗址考古发掘现场公众开放日活动。

农工党山西省六届三次全委（扩大）会议在太原召开。

山西省社科院“蒲剧发展研究中心”成立。

24日至25日

在广东举办的2014国际水中机器人大赛上，太原理工大学机器人团队“TYUT巨林队”夺得自主视觉水中机器人救援项目一等奖及创新创意项目金奖。

25日

民进山西省委七届三次全委（扩大）会议召开。

九三学社山西省九届三次全委（扩大）会议召开。

26日

省委常委会召开会议，传达学习中央政治局常委联系点经验座谈会、中央纪委“转职能、转方式、转作风”专题研讨班精神，研究部署山西省贯彻落实意见。

省十二届人大常委会第十次会议在太原开幕。

纪念民进山西省委成立30周年座谈会举行。

山西省投资基金业协会第一次会员大会暨成立大会举行。

27日

太原理工大学阳泉学院通过教育部批准，成立山西工程技术学院。

27日至29日

山西省第九届“三晋之春”合唱比赛在山西大剧院举办。

28日

山西省纪念卫恒同志诞辰100周年座谈会在太原召开。

省政府召开5月份省城环境质量改善指导协调组会议。

省法院网上申诉信访平台开通。网址为http://shanxify.chinacourt.org/index.shtml。

太钢建成世界最先进不锈钢冷连轧生产线。

由晋煤集团金鼎煤机公司研制生产的ZY12000/28/62D型和ZY4000/09/19D型两个高端液压支架交付美国久益公司。

28日至29日

省政协十一届八次常委会议在太原举行。会议就加快全省职业教育改革与发展协商议政、建言献策。

28日至30日

全国总工会副主席、书记处书记焦开河一行到山西调研山西省国防邮电系统工会工作。

29日

山西省第十二届人民代表大会常务委员会第十次会议通过关于修改《山西省人口和计划生育条例》的决定，通过关于批准《大同市气象设施和探测环境保护条例》的决定，通过《山西省土地整治条例》从10月1日起施行。

“红领巾相约中国梦”山西省少年儿童庆六一暨“我的蓝色科技梦”主题队日活动举行。

全省改善农村人居环境农民安居工程“一启动三加快”电视电话会议召开。

全省打击侵犯知识产权和制售假冒伪劣商品工作领导小组会议在太原举行。

山西省举行“保护我们的孩子·绿丝带行动”小手拉大手“六一”慰问活动。

山西省新一轮采煤沉陷区治理启动，8个乡镇被列为试点。

国家林业局在全国确定65个县（市、区、旗、场、局）为“国家珍贵树种培育示范县”，乡宁县为山西省唯一入选县。

30日

全省“基层组织提升年”工作推进会在大同召开。

“山西省出生缺陷基因芯片数据库”在山西省通过鉴定。

31日

太佳高速公路黄河大桥正式通车运营。

全省无烟校园创建活动启动。

全国第六届冰心散文奖颁奖大会在济南市举行。山西葛水平的《河水带走两岸》获散文集奖；解贞玲的《高情大义，风华雅韵》获散文理论作品奖。

5月底

太原智慧城市一体化综合管理与服务应用平台建成。

太钢万邦年产30万吨铬铁项目建成。

5月至8月

山西省举办以“发展循环经济、推进生态文明”为主题的2014年循环经济摄影大赛年循环经济摄影大赛。

6月

1日

第十七届全国社会科学院院长联席会议在运城召开。

首届河东盐文化历史与开发研讨会在运城召开。

3日

省委召开传达学习第二次中央新疆工作座谈会精神会议。

省政府第47次常务会议召开，研究深化国资国企改革和统一城乡居民养老保险制度工作。

5日

中共山西省委按照党务公开原则和巡视工作有关要求，将巡视整改情况予以公布。根据中央统一部署，2013年10月30日至12月29日，中央第六巡视组对山西省进行巡视。2014年2月24日，中央巡视组向山西省委反馈巡视意见。

山西省召开全省第二次全国地名普查暨加强和改善地名管理电视电话会议。

2014年“并州环保行”在汾河公

园启动。活动的主题为"持续推进五大工程,改善大气环境质量"。

5日和9日

省委常委会先后召开两次会议,审核11个市市委常委班子和党政主要领导开展党的群众路线教育实践活动的对照检查材料。

6日

山西品牌中华行(昆明站)活动启动仪式在昆明举行。

山西省首个大学生红十字应急救护培训基地在山西大学落成。

7日

全国人大新闻宣传干部培训班在太原开班。

省安全生产科学研究院与繁峙县政府在太原举行签约仪式,双方合作"创建省级重点安全生产示范县"。

7日至8日

山西省共有341642名考生参加全国高考。

9日

省委召开常委会议,传达学习李克强总理在部分省市经济工作座谈会上重要讲话精神,研究全省教育实践活动工作;研究全省贯彻落实中央部分省市经济工作座谈会精神意见。

2014年全国百城千村健身气功交流展示活动山西启动仪式在大同市举行。

晋国遗址保护暨晋文化传承研讨会在曲沃县举行。

10日

山西省转型综改办组织召开全省扩权强县工作座谈会,听取27个试点县的工作汇报,详细了解试点县第一批85项扩权事项的落实情况、存在的主要问题,商讨如何进一步深入推进扩权强县工作。

省十二届人大常委会召开第23次主任会议。

全省妇女儿童健康行动计划暨"妇幼健康服务年"活动启动电视电话会议召开。

2014年山西省政银企项目对接月总结大会暨太原市洽谈会在太原落下帷幕,364家企业现场签署融资协议。

以"携手节能低碳,共建碧水蓝天"为主题的全国节能宣传周和全国低碳日宣传活动启动。

10日至16日

"2014晋善·晋美——首届著名作家山西行"活动在太原启动。

12日

省政协举行水源地保护对口协商会议。

省人大常委会《大气污染防治法》和《大气污染防治条例》执法检查正式启动。

省人大常委会召开重点办理建议督办座谈会。

2014·中国区域文化创意产业发展论坛暨民间资本与普惠金融(临汾)研讨会在临汾市举行。

全省艺术创作工作会议召开。

山西省人民政府发出《关于2013年度县域经济发展考核评价结果的通报》,22个A类县(市)评价结果依次为:孝义市、灵石县、柳林县、怀仁县、沁水县、襄垣县、山阴县、沁源县、高平市、长治县、长子县、泽州县、原平市、屯留县、盂县、介休市、阳城县、霍州市、寿阳县、洪洞县、乡宁县、昔阳县。38个B类县(市)评价结果依次为:太谷县、临猗县、曲沃县、襄汾县、汾阳市、古县、潞城市、永济市、左云县、蒲县、祁县、侯马市、清徐县、河津市、安泽县、应县、翼城县、交城县、阳曲县、闻喜县、平遥县、稷山县、平定县、定襄县、新绛县、交口县、垣曲县、古交市、浮山县、芮城县、绛县、夏县、万荣县、榆社县、陵川县、黎城县、文水县、沁县。

12日至14日

省政府组织9个督查组,对全省11个市、16个省直牵头部门贯彻落实"稳增长促改革调结构惠民生"政策措施落实情况进行全面督查。

13日

省委举行中心组(扩大)学习报告会。

2014年第二季度"山西好人"名单正式出炉,其中"助人为乐好人"7名,"见义勇为好人"1名,"诚实守信好人"1名,"敬业奉献好人"7名,"孝老爱亲好人"4名。

14日

全省"德润三晋、共筑梦想"主题实践活动电视电话会议召开。

山西省首座大型遗址类博物馆——晋国博物馆试开馆揭牌仪式举行。

"多彩中华·我们共同的家——中国少数民族文化特展"在山西博物院开展。

山西省女作家协会第二次代表大会在永和县召开,并启动"女作家看山西"活动。

15日

"6·15"儿童保护日——2014绿丝带行动"启动。

第二届"大美山西"系列文化活动启幕。

国家图书馆(国家古籍保护中心)、中国图书馆学会和省文化厅等部门和单位共同举办的中华古籍保护计划成果宣传推广活动在省图书馆及全省11市的市图书馆同时开展。

第20届国际氢能大会在韩国举行。山西省国新能源发展集团有限公司获鲁道夫·A·艾荏奖。

16日

省政府召开安委会第二次(扩大)会议。

全省县级人大常委会信息化建设工作会议在太原召开。

太原市《城市公共自行车运营管理规范》和《城市公共自行车运营服务规范》获省质监局批准发布,6月25日开始实施。

17日

省政府第49次常务会议召开,研究当前经济运行、清理规范涉煤收费、发展健康服务业、完善社会救助和保障标准与物价上涨挂钩联动机制等工作。

省政府与国家电网公司在太原举行工作会商,共同商讨深入贯彻落实习近平总书记在中央财经领导小组第六次会议上的重要讲话精神、推进晋电外送工程建设等工作。

山西省对口援疆工作领导小组

第七次会议召开。

山西金融事项准入委员会第四次会议上召开。从7月1日起，省金融办下放小额贷款公司、融资性担保公司部分审批事权。

18日

省人大常委会启动《中华人民共和国农产品质量安全法》和《山西省农产品质量安全条例》实施情况的执法检查。

中国（太原）煤炭交易中心豫北交收仓库启动。

山西省2014新技术新成果推广应用暨项目产业化融资大会在网上举行。

19日

省委常委会召开会议，学习贯彻李克强总理给李寨中学回信精神，研究部署落实意见，研究讨论关于实行安全生产党政同责的意见。

省委常委会召开（扩大）会议，宣布中共中央关于楼阳生任山西省委委员、常委、副书记的决定。

全省网信系统弘扬社会主义核心价值观，培育和践行“网信精神”座谈会在太原举行。

山西省首所应用技术型本科高校——山西应用科技学院成立。

20日

省委召开常委（扩大）会议，坚决拥护中央对杜善学、令政策涉嫌严重违纪违法进行组织调查。

省政府召开党组（扩大）会议，学习贯彻省委常委会（扩大）会议精神，安排部署政府系统党风廉政建设和反腐倡廉工作。

全省第二次畜牧业大会暨新一轮雁门关生态畜牧经济区建设启动会在大同召开。

省食品药品监督管理局开展“食品安全进企业进校园”活动。

全国工商系统先进事迹巡回报告团在太原举行报告会。

21日

为纪念毛泽东“发展体育运动，增强人民体质”题词发表62周年和第28届奥林匹克日长跑活动在山西体育中心举行。

22日

李喜爱、白卫平、马健、王存玲、刘会平、吴生权、申飞飞、成拉旺、李培斌、张波10人荣获“山西最美乡镇干部”称号。

第八届APEC中小企业技术交流暨展览会在浙江省义乌市闭幕。展会期间，山西代表团共签约23个项目，投资总额12.76亿元。

23日

根据山西省机构编制委员会办公室下发的《关于整合不动产登记职责的通知》，山西省不动产统一登记工作职责划归省国土资源厅，标志着山西省不动产统一登记工作全面启动。

省政府召开涉煤收费清理规范电视电话通报会，从2014年1月1日起，取缔除中央和省定项目以外的一切违规收费，取缔行业协会、省直部门及有关单位的超标准、超范围收费，对煤炭可持续发展基金各煤种征收标准降低3元/吨；从2014年7月1日起，取消煤炭稽查管理费，降低煤炭产品质量监督检验费征收标准；从2015年1月1日起，取消省直有关部门向省属煤炭企业集团收取的服务费；改革公路煤炭运销体制，禁止向煤炭企业收取差价、服务费。

“2014年山西省百姓最放心食品品牌大型公益调查活动”在太原启动。

山西代表团深化采煤沉陷区治理建议获全国人大重点督办，国家6部委联合到山西调研。

24日

《山西省人民政府关于建立统一的城乡居民基本养老保险制度的实施意见》印发并施行。标志着山西省开始正式实施城镇居民社会养老保险和新型农村社会养老保险并轨，在全省建立统一的城乡居民基本养老保险制度。

省政府第50次常务会议召开，研究政府核准投资项目目录、棚户区改造、城市基础设施建设和随军家属就业安置等工作。

太原市公安局举行反恐怖袭击演习。

省政协委员“岗位奉献转型跨越”座谈交流会在太原举行。

由王贵明等10人组成的全国残疾人自强模范和助残先进代表报告团到太原举行首场报告会。

平遥文涛坊古兵器博物馆被省政府命名为“山西省国防教育基地”单位。

25日

省委召开人才工作领导组第九次会议和省海外高层次人才引进工作领导小组第八次会议。

“合唱中国梦，同心赞祖国”——“金立手机杯”全国首届微合唱展演赛在太原启动。

太重煤机有限公司研制成功我国第一套井下智能综采成套装备的核心设备——智能型电牵引采煤机。

26日

山西省政府出台《关于深化国资国企改革的实施意见》，标志着山西省开启新一轮国资国企改革。

山西省“部校共建”卓越新闻传播人才培养基地合作协议签约仪式在山西大学举行。

以“启迪智慧、佛博天下、祈福中华、平安你我”为主题的2014年中国·五台山国际佛文化博览会在五台山开幕。

27日

省委社会体制改革专项小组召开第二次全体会议。会议传达学习中央关于深化司法体制和社会体制改革的精神，交流主要牵头单位所承担改革任务推进情况，对下一阶段的工作进行部署。

全省征兵工作电视电话会议在省军区召开。

6月份

山西省普通高校招生录取工作首次启用普通高校招生网上录取廉政风险防控软件，实现对重点领域和关键岗位风险的有效防控。

7月

1日

省委民主法制领域改革专项小

组召开第三次全体会议。

全省金融支持中小微企业座谈会召开。

山西省召开煤矿瓦斯事故警示教育视频会。

大西高铁（太原南至西安北）暨太原南站开通运营。

山西省高校大学生暑期寻访山西地区红军时期、抗战时期、解放战争时期参加革命的老战士、老党员、老干部和老劳模活动启动。

《山西省政府信息公开规定》施行。

山西省第一部电梯安全管理地方法规——《太原市电梯安全监督管理办法》施行。

省金融办下放小额贷款公司、融资性担保公司部分审批事权。

山西省开展第二次地名普查。

1日至4日

全国政协副主席、全国工商联主席王钦敏率“落实企业投资自主权和示范项目第三方评估工作”调研组到晋调研。

1日至9月30日

山西省开展安全生产大检查。

2日

山西省委全面深化改革领导小组经济体制和生态文明体制改革专项小组召开第二次全体会议。

山西省晋中市被列入国家第四批餐厨废弃物资源化利用和无害化处理试点。

全省人口与计划生育工作领导小组(扩大)会议召开。

全省消费市场形势分析座谈会召开。

“第十六届山西省美术作品展”在太原美术馆开展。

2日至6日

全国政协常委、教科文卫体委员会副主任黄洁夫率全国政协教科委“医学教育与卫生人才培养的问题与对策”专题调研组到晋调研。

3日

省政协召开“维护职工合法权益”界别协商会议。

山西省召开学习《习近平总书记系列重要讲话读本》座谈会。

省政府与中国海洋石油总公司在太原举行工作会商。

省政府召开全省电视电话会议，研究部署全省打击私挖滥采工作。

3日至4日

在天津举办的全国大中城市郊区推进主食加工业现场交流活动会上，太原市金大豆食品有限公司、山西佰和园食品有限公司、山西定襄山田园食品加工有限公司和山西田森农副产品加工配送有限公司4家企业被农业部认定为主食加工示范企业。

4日

山西省出台“七补一免一优惠”政策，鼓励扶持高校毕业生自主创业、合伙经营或者组织起来创业，促进以创业带动就业。

山西煤矿安全监察局向中石油煤层气公司忻州分公司、中石油煤层气公司临汾分公司、奥瑞安能源国际有限公司、山西中海沃邦能源有限公司、山西兰花煤层气有限公司5家煤层气企业颁发安全许可证。对煤层气企业实行安全许可制度。

6日

法国驻华大使白林到山西参观考察。

由中国“三农”产业工作委员会主办的农业科技创新成果转化项目对接会在灵石县举行。

由中华文化联谊会、山西省人民政府联合主办的“情系三晋——两岸文化联谊行”大型文化交流活动在太原启幕。

山西、陕西、河南三省检验检疫部门在运城签署《晋陕豫黄河金三角检验检疫合作机制备忘录》。

武乡八路军太行纪念馆开展“勿忘国耻、圆梦中华”万人纪念活动。

7日

山西欧美同学会山西留学人员联谊会第二届理事会第一次会议举行。

省十二届人大常委会第十一次会议在太原举行。

美国《财富》杂志公布2014年世界500强企业名单。山西焦煤、晋能集团、同煤集团、潞安集团、晋煤集团、阳煤集团6户煤炭企业上榜。

太原高新区成为全国首批55个国家低碳工业园区之一。

8日

省委常委会召开会议，研究讨论《山西省贯彻落实第二次中央新疆工作座谈会精神进一步做好援疆工作计划方案》，传达学习中央党的群众路线教育实践活动领导小组办公室《关于省区市第一批教育实践活动单位清理整改情况的通报》。

省委全面深化改革领导小组第二次会议召开。

新西兰驻华大使伍开文到山西参观考察。

中国民主同盟山西省第十届三次全委(扩大)会议在太原召开。

省人大常委会召开座谈会，对《山西省信访条例》执法检查第一阶段工作进行总结。

8日至9日

民革中央副主席郑建邦一行到晋调研。

国家安监总局副局长杨元元带领检查组到阳泉市调研并对安全生产和职业卫生工作进行检查。

9日

省政协十一届九次常委会议在太原举行。

省委中心组（扩大）举行学习会，专题学习习近平总书记在中央财经领导小组第六次会议上的重要讲话。

山西省营养协会在太原成立。

10日

山西省召开信访工作电视电话会议暨省联席会议扩大会议。

晋台两岸中小学校长在太原举办办学思想交流会。

山西省首个焦炉煤气制天然气项目——山西国新正泰新能源有限公司生产的天然气从古县分输站进入山西天然气管网。

11日

太原理工大学学生刘磊作为我国第六次北极科学考察队队员，乘“雪龙”号科学考察船从上海启程，出征北极执行科考任务,成为山西省首位参加北极科考的在校学子。

12日

山西省中医院医疗集团成立。

晋台两岸书法家在大同举行交流笔会。

12日至13日

2014年中国龙舟公开赛(山西·太原站)在汾河景区举行。

14日

山西省政府出台《关于加强城市基础设施建设的实施意见》。

山西省旅游局决定投入1000万元,开工建设6条重点高速公路旅游交通标识牌。

《财富》中文网发布2014年中国500强排行榜,太钢不锈、山煤国际、大秦铁路、西山煤电、阳泉煤业、阳煤化工、潞安环能、大同煤业、永泰能源、太原重工、漳泽电力11家山西上市公司上榜。

第九届中国青少年艺术节山西省开幕盛典暨第十届“德艺双馨”中国文艺展示活动在太原举行。

省政府召开上半年经济形势分析联席会议。

15日

省委民主法制领域改革专项小组第四次全体会议召开。

省政府第52次常务会议召开,研究分析上半年经济形势,安排部署下半年重点工作。

全省宣传文化系统领导干部专题培训班开班。

15日至16日

省委宣传部举办全省宣传文化系统领导干部专题培训班,集中学习习近平系列讲话。

16日

省委常委会召开会议,听取省政府关于全省上半年经济工作汇报,分析当前经济形势,研究部署下半年经济工作。

全省深化医药卫生体制改革领导小组2014年第一次全体会议召开。

省科技厅编制完成由煤层气、煤电、煤焦化、煤化工、煤机装备等5个煤基产业,新材料产业,富碳农业以及交通装备、电子信息、新能源、新能源汽车、节能环保、食品、医药产业组成的“5117”重点产业创新链。

17日至18日

中共中央政治局委员、国务院副总理汪洋考察山西工作。

18日

省公安厅向全省发布《关于严禁携带易燃易爆、腐蚀性危险品和管制刀具乘坐公共交通工具的通告》。

省委宣传部、省新闻出版广电局在太原召开重点报刊主管主办单位负责人座谈会。

全国高校社会科学科研管理研究会2014年度工作会议在山西大学召开,会议的主题是“深化科研领域综合改革,促进中西部高校哲学社会科学发展”。

20日

全国首家“计生家庭创业基地”落户广灵县。

中华社会文化发展基金会关公文化基金成立。

21日

省委常委会召开会议,传达全国优秀年轻干部培养选拔工作座谈会、全国干部监督工作会议、部分省(区)村“两委”换届工作座谈会、中央司法体制改革试点工作座谈会精神,研究部署全省贯彻落实工作。

2014年全国青少年“未来之星”阳光体育大会在长春市闭幕,太原市62中组队参赛的定向越野项目获得冠军,太原市虹桥小学选送的绘画作品“自行车赛”荣获一等奖。

22日

省十二届人大常委会第十二次会议在太原开幕。

中华文化促进会剪纸艺术委员会与右玉县人民政府举办的“第五届中国戏曲剪纸大赛”在右玉举行颁奖仪式。

22日至23日

国家卫生计生系统先进典型事迹全国巡回报告团到山西巡讲。

23日

以全国政协经济委员会副主任、天津市政协原主席邢元敏为组长,中国气象局党组书记、局长郑国光等参加的中央第十二巡回督导组一行到晋调研。

省十二届人大常委会第十二次会议举办专题讲座,邀请著名军旅女作家、中国作家协会会员顾保孜主讲。

山西异地商会投资合作座谈会在太原举行。

首届中国工业版画新秀作品展在阳泉开展。

第五届中国·右玉西口风情生态旅游文化节开幕。

24日

不丹王国外交大臣仁增·多吉一行在五台山参观考察。

省委政法委员会召开2014年第二次全体会议。

依法治省领导组办公室召开2014年第二次主任会议。

全省资源型企业转型发展旅游业座谈会在阳城县召开。

25日

省委中心组举行(扩大)学习报告会,邀请国防大学战略教研部副主任金一南教授作题为“国家安全筹划中的战略思维”的报告。

省政府召开全体(扩大)会议,进一步学习贯彻全省上半年经济形势分析会议精神,听取省政府专项督查情况和下半年重点目标任务分解安排情况汇报,推动下半年工作落实。

2014全国青少年跆拳道锦标赛在河北省廊坊市结束,山西省跆拳道队队员徐凯鹏获得男子73公斤级第一名。

中国妇幼保健协会主办的“加强孕妇学校管理项目华北地区培训班”在太原开班。

25日至27日

山西省展览馆举办以“加快发展节能环保产业、推动山西转型跨越发展”为主题的第四届山西省节能减排、低碳发展博览会。

27日

全国第二届金融大数据战略与应用研讨会在太原召开。

28日

省总工会常委(扩大)会议召开。

阳(泉)左(权)高速公路正式通车运营。

山西省新型职业农民培育工程启动。

省旅游局、省农业厅、山西日报社、山西广播电视台4家主办单位举办新闻发布会，昔阳县大寨村等65家获得“山西最美旅游村”称号。

在第三届中国能源经济论坛上，太重煤机有限公司总经理张克斌被授予“2014中国能源装备十大优秀管理者”称号，“太矿牌”商标成为我国采煤机行业唯一驰名商标。

山西省各级公安交管部门集中开展为期一个月的“打四非、查四违”专项行动，严厉整治道路旅客运输和危化品运输违法犯罪行为，坚决预防重特大事故。“打四非”是指打击非法改装危化品运输车、为非法运输车辆灌装危化品、未取得运输许可的车辆非法运输危化品以及不具备从业资格的人员非法驾驶和押运危化品运输车等行为。“查四违”是指查处客运车辆违反夜间停运规定、违反接驳运输规定、严重交通违法和违反动态监控制度的行为。

28日至29日

全省非公有制企业产业扶贫推进会召开。

28日至8月2日

第十二届全国学生运动会在上海举行，山西省代表团共夺得两枚金牌、一枚银牌、一枚铜牌，总分134.5分，奖牌榜排名第11，总成绩排名第12，取得历史最好成绩，同时被授予“体育道德风尚奖”。

28日至30日

全国人大常委会副委员长沈跃跃率队到山西省进行大气污染防治法执法检查。

29日

省政府召开7月份省城环境质量改善指导协调组会议。

省政府召开第54次常务会议，研究全省燃煤发电机组超低排放和煤基科技创新等工作。

省直工委举办省直机关专职党务干部和各市直工委书记培训班，专题学习习近平总书记关于机关党建的重要论述。

30日

省委常委会召开(扩大)会议，认真学习中共中央对周永康立案审查的决定。

全省促外贸增长座谈会在太原召开。

山西省新晋商联合会第三届会员大会暨新晋商互联网金融论坛在太原召开。

山西省首届百名好军嫂和优秀兵妈妈表彰大会在山西省军区召开。

31日

省政府“梅山课堂”邀请文化部党组成员、部长助理刘玉珠进行《我国文化产业的发展趋势与政策走向》专题讲座。

“情系两岸·共圆中国梦”征文大赛暨晋台青少年交流活动启动仪式在太原举行。

中国摄影家协会与晋中市、平遥县共同发起成立的第一只国家级摄影专项基金——“中国摄影艺术发展专项基金”成立。

7月至11月

省版权局、省互联网信息办公室、省通信管理局、省公安厅联合开展打击网络侵权盗版“剑网2014”专项行动。

8月

1日

省委常委会召开会议，听取对中央巡视组反馈意见整改落实工作和第一批教育实践活动整改落实工作进行“回头看”的情况汇报，安排部署下一步工作。

省委党的群众路线教育实践活动领导小组会议召开。

省委党管武装会议召开。

2014年全省卫生计生重点工作推进电视电话会议召开。

2013年度“中国十大医改新闻人物”颁奖仪式在辽宁省沈阳市召开，山西郝宝清荣膺“中国十大医改新闻人物”。

全国小轮车冠军赛第四、五站比赛在太原拉开帷幕。

太原启动90岁以上老人发放50元高龄津贴工作。

1日至6日

第五届中国国际打击乐大赛在山西大学举行。

3日

“2014山西首届农民合作组织发展论坛”在太原举行。

4日

省政府召开第55次常务会议，研究部署深化与周边省份合作、鼓励社会资本投资基础设施、加快发展文化产业等工作。

中北大学熊继军教授获得2014年国家杰出青年科学基金项目资助，资助额度由上年200万元上升到400万元，资助年限也扩展到5年。

4日至5日

首届“全国煤田地质电法勘探学术交流会”在大同召开。

5日

全省政协社情民意工作培训会议在太原举行。

繁峙县人民政府、山东省淄博市原山林场、五台山国有林管理局三方合作造林项目启动。

5日至9日

由省医疗纠纷人民调解委员会承办的太原国际医疗纠纷调处研讨会在太原举行。

6日

省委召开党的群众路线教育实践活动督导工作座谈会。

省政府召开安全生产委员会第三次会议。

省政府召开全省转型综改试点县工作座谈会。

全省矛盾纠纷大调解工作推进会议在左权县召开。

7日

省党外人士经济形势通报会召开。

省委全面深化改革领导小组文化体制改革专项小组召开第三次全

体会议。

省政府妇儿工委召开全体成员会议。

省政府8月份全省重点工程调度会召开。

省道路交通安全领导小组和省消防安全领导小组联合召开全省电视电话会议。

8日

全省第五次自强模范暨助残先进集体和个人表彰大会在太原召开。

省企业在线交流协会在太原成立。

8日至18日

山西省第十四届运动会在太原举行。

9日

太原市长风街高架桥主线全线通车。

山西省体育工作先进集体和先进个人表彰大会在太原召开。

9日至11日

2014全国物流园区工作年会在大同召开。

10日

由山西振东集团发起,晋冀陕豫四省共同倡导的环太行山连翘产业协同创新联盟在太原成立。

11日

省委常委会召开会议,听取省纪委关于2014年上半年党风廉政建设和反腐败斗争形势分析报告,研究部署下一步工作。

省委、省政府召开年度目标责任考核上半年督查汇报会。

第六届鲁迅文学奖评选揭晓,吕新《白杨木的春天》获中篇小说奖。

《山西省政府投资项目竣工验收管理办法》以政府规章形式公布,自2014年10月1日起实施。

11日至14日

全国人大常委会委员、华侨委副主任委员黄华华带领全国人大归侨侨眷权益保护法调研组到山西进行为期4天的调研。

12日

山西省第八次社会科学研究优秀成果揭晓,评出一等奖20项,二等奖75项,三等奖99项。

省政府召开"六打六治"打非治违专项行动视频会议。

14日

山西品牌中华行(香港站)启动仪式在香港会议展览中心举行。

科技部党组书记、常务副部长王志刚一行到山西考察调研。

山西省耐火材料产业技术创新战略联盟成立大会暨第一次会员代表大会在阳泉召开。

省政府召开7月份经济形势分析联席会议。

15日

省委中心组举行(扩大)学习报告会,邀请科技部党组书记、常务副部长王志刚作题为"创新驱动战略与区域创新体系建设"专题报告。

山西省确定何秀院等64人为山西省第二批新兴产业领军人才人选。

16日

民革华北五省(市、区)机关建设工作研讨会在长治市召开。

第五届中国国际易道论坛暨易经哲学学术专题研讨会在太原举行。

17日

大同火山群国家地质公园开园。

17日至18日

省委常委会举办《习近平总书记系列重要讲话读本》学习会。

18日

省政府举办加快发展现代保险服务业座谈会。

全国工商联发布"2014中国民企500强"名单,山西潞宝集团、山西安泰控股集团有限公司、山西通达(集团)有限公司、永泰能源股份有限公司4家民营企业入围。

朔城区入选2014国家知识产权强县工程试点区(县)。

19日

省政府召开第56次常务会议,分析7月份经济形势,研究部署缓解企业资金困难促进经济稳定增长的两项财政措施和加强禁毒力度等工作。

省委召开党外人士情况通报会,由省纪检委向山西省各民主党派、工商联、无党派人士代表通报全省党风廉政建设和反腐败工作情况。

省政协召开"青少年健康成长"界别协商会议。

山西省社会科学界联合会2013年度"百部(篇)工程"获奖成果揭晓。共评出获奖成果110项。其中,荣誉奖1项,一等奖21项,二等奖39项,三等奖49项。

"高分二号"遥感卫星在太原卫星发射中心成功发射。

省政府发展研究中心和决策咨询委员会办公室举办的"地方政府智库能力建设培训班"正式开班。

2014年内陆盐碱地改良国际学术研讨会在太原举办。

20日

省政府领导在太原会见中国建设银行董事长王洪章一行。

八路军358旅714团抗日英烈纪念碑在朔城区张蔡庄乡揭碑。

20日至21日

省政协十一届十次常委会议在太原举行。会议就加快推进山西省国企改革协商议政、建言献策。

20日至29日

山西组团参加由国家旅游局组织的"美丽中国、古老长城"英国、北欧宣传推广活动。

21日

紫林醋工业园在清徐县开园。

全省食品药品监管培训班暨工作座谈会召开。

全省煤矿安全生产暨推进现代化、质量标准化和基本建设电视电话会议召开。

"筑梦三晋 放歌雁门"大型扶贫文化惠民文艺晚会在代县举办。

21日至22日

省委召开2014年第一轮巡视工作情况汇报会。

22日

省委常委会召开会议,学习习近平总书记在纪念邓小平同志诞辰110周年座谈会上的重要讲话精神。

全省治理非法超限超载工作电视电话会议召开。

山西省2014年军转安置工作会议召开。

中南部铁路通道石楼集运站项

目推进工作协调会召开。

三晋环保行组委会全体会议在太原召开。

汾河水库风景名胜区举行开业仪式暨旅游推介会。

山西品牌中华行(澳门站)启动仪式举行。

中国煤炭工业协会发布2014中国煤炭企业100强分析报告,山西焦煤集团等17家企业入围。

23日

省委常委会召开会议,拥护中央对陈川平、聂春玉涉嫌严重违纪违法进行的组织调查。

省政府党组召开会议,集中学习《习近平总书记系列重要讲话读本》、习近平总书记在纪念邓小平同志诞辰110周年座谈会上的重要讲话和党中央、国务院关于做好当前经济工作的精神,传达省委常委会精神,研究部署当前工作。

山西省第十五届大众科技论坛暨人通天下创新金融合作峰会与山西省第二批安全绿色农畜产品签字仪式在太原举行。

山西医科大学第一医院等单位承办的中国脑血管病公众健康教育太原站活动启动。

25日

山西省第十届残疾人运动会开幕。

2014年全省夏秋季农产品网上购销对接启动。

26日

省政府召开第57次常务会议,讨论研究全省新型城镇化规划等事项。会议原则通过《山西省新型城镇化规划(2014–2020年)》。

中央文明办重点工作督查调研反馈会在太原召开。

山西省创新驱动发展战略学习座谈会召开。

27日

省委常委会召开会议,研究部署培育和践行社会主义核心价值观工作,听取第二届晋商大会筹备工作情况汇报。

以商务部副部长房爱卿为组长的国务院质量工作考核组第六组到晋,考核检查山西省2013—2014年度质量工作。

国内首对钢筋混凝土球形粮仓在太原新城国家粮食储备库建成。

"三晋食品安全媒体采风报道行动"启动。

全省专精特新中小企业发展工作会暨培训会在太原召开。

27日至28日

全省造林绿化现场推进会在吕梁市召开。

28日

省政府召开疾控工作会议。

28日至29日

工信部在晋中市榆次区召开甲醇汽车试点工作座谈会。

29日

金融支持山西经济转型升级座谈会在太原召开。

《山西省电力设施保护条例》宣传贯彻暨新闻发布会召开。

省人大常委会煤炭领域立法调研组召开省直有关部门专题研讨会。

山西省人民政府提交申办第二届全国青年运动会报告。12月15日,国家体育总局公布山西省人民政府为第二届全国青年运动会承办候选单位。

中国健康促进基金会与北京尚康阳光医院管理有限公司在全国范围开展的肿瘤筛查防治专项活动在山西大医院正式启动。

30日

省政府召开党组(扩大)会议。坚决拥护中央决定,尽职尽责做好经济社会发展各项工作。

山西国信投资集团有限公司成立。

9月

1日

中共中央对山西省委领导班子进行重大调整,宣布王儒林任山西省委委员、常委、书记;袁纯清不再担任山西省委书记、常委、委员职务。4日,宣布盛茂林任省委常委、组织部部长;汤涛同志不再担任省委常委、组织部部长职务。9月30日,五位新任省委常委履新,黄晓薇任省委委员、常委、省纪委书记,吴政隆、孙绍骋、王伟中、付建华任省委委员、常委。吴政隆任太原市委委员、常委、书记,孙绍骋任省委统战部部长,王伟中任省委秘书长,付建华任省政府党组成员。免去李兆前的山西省委常委、委员和省纪委书记职务。10月17日,省十二届人大常委会第十五次会议决定任命付建华为山西省副省长。

为纪念中国人民抗日战争暨世界反法西斯战争胜利69周年,国务院公布第一批80处国家级抗战纪念设施、遗址名录,山西平型关大捷遗址、百团大战纪念馆(碑)、八路军总部王家峪旧址和纪念馆、忻口战役遗址、左权将军殉难处5处入列。

山西省第一部规范电力设施保护管理的地方性法规《山西省电力设施保护条例》施行。

2日

省委书记王儒林,省委副书记、省长李小鹏在太原会见柬埔寨国王西哈莫尼。

省市人大常委会秘书长联席会议在太原召开。

省总工会党组(扩大)会议召开。

山西"对接丝绸之路经济带招商引资项目推介会"在乌鲁木齐举行。

太原市为公交车配备3313名安全管理员。

3日

省委常委(扩大)会议召开,学习贯彻刘云山在全省领导干部大会上的重要讲话精神,研究部署当前重点工作。

第二届晋商大会在太原召开。

山西省国防教育宣传月系列活动启动仪式暨省城国防教育广场宣传活动在太原举行。

4日

省农信社与省教育厅签署战略合作协议。

5日

华北(寿阳)泛家居产业城在寿

阳县开工建设。

5日至6日

恒山老电影节暨全国老电影收藏家研讨会在浑源县举行。

5日至10月10日

太原市开展商品(服务)价格检查工作。

6日至8日

山西省组团参加2014年中国农产品加工业投资贸易洽谈会。

7日

2014年蹦床世界杯在葡萄牙洛莱举行，董栋和涂潇获得男子双人同步冠军。

8日

山西省组团参加第18届中国国际投资贸易洽谈会。

第51届射击世锦赛在西班牙格拉纳达揭幕，山西省选手王智伟以1677环的成绩获男子50米手枪慢射团体冠军。12日以1750环的成绩获男子气手枪团体冠军。

太重煤机有限公司与中冶东方工程技术有限公司在包头市签订战略合作协议。

9日

省委常委会召开传达学习庆祝全国人民代表大会成立60周年大会精神特别是习近平总书记重要讲话精神会议。

220名优秀教师获“晋绥儿女支持老区教育奖”。

9日至10日

全国政协人口资源环境委员会建立生态补偿机制专题调研组到山西省调研。

10日

山西省举办庆祝第30个教师节暨表彰大会。

全省卫生计生综合监督工作推进会召开。

全省首家“智能银行”在晋中银行上线。

2013年度中国建筑业“双百强”企业发布会在贵阳市召开。山西建筑工程(集团)总公司和山西四建集团公司进入“双百强”。

省政府残疾人工作委员会全体会议在太原召开。

“美丽山西休闲游”协调领导组专题会议召开。

11日

省政府召开第58次常务会议，听取改善农村人居环境进展情况汇报，原则通过山西省实施中华人民共和国水土保持法办法(修订草案)，讨论通过山西省保障性安居工程投资有限公司组建方案。

山西省处置非法集资专题会议召开。

省文联主办、省书协等单位承办的“追梦兰亭——中国书法兰亭奖历届山西作者精品展”在山西美术馆开幕。

山西艺术精品新疆行在新疆昌吉回族自治州启动。

11日至12日

十届全国人大常委会副委员长顾秀莲到山西省调研。

12日

王儒林与中央第八巡回督导组组长邢元敏、副组长崔曰臣一行举行工作会谈。

山西省人民政府办公厅转发省发展改革委等部门《关于下放深化采煤沉陷区治理项目审批权限的通知》。

2014山西第八届老年健康产业博览会和省城第五届老年文体艺术节在太原中国煤炭博物馆开幕。

全国首批8支消防应急工作队在太原市成立，并投入执勤。

12日至14日

省医师协会等单位承办的中国医师协会急诊医师分会全国年会在太原举行，会议的主题是“服务、规范、维权”。

12日至15日

山西·太谷第四届“中远威”杯国际形意拳交流大会在太谷县举行。

12日至18日

省卫生计生委和省残联联合在全省范围内开展出生缺陷预防宣传周活动，活动主题为“预防出生缺陷从孕前开始”。

13日

“美丽太原梦、激情马拉松”——2014太原国际马拉松赛在太原举行，并再获金牌赛事称号。

第十三届精神文明建设“五个一工程”优秀作品评选结果揭晓，舞剧《粉墨春秋》、电视剧《幸福生活万年长》、动画片《终极大冒险》、广播剧《种树人》、图书《少年的荣耀》等5部原创作品获奖。

13日至14日

“欧洲文化史研讨会暨纪念阎宗临先生诞辰110周年座谈会”在太原召开。

14日

第二届中国晋中国际柔力球交流大会在晋中举行。

15日

省政府召开第59次常务会议，分析8月份经济形势，部署当前经济社会发展重点工作。

15日至16日

2014中美洁净能源合作会议在太原召开。

16日

省政府召开低碳发展专家咨询委员会成立大会暨第一次会议。

山西品牌中华行(南宁站)启动仪式在广西展览馆举行。

山西省开展“保护臭氧层日”主题活动。

第五届中国(太原)国际能源产业博览会暨2014低碳发展高峰论坛在太原举办。煤基清洁低碳转化技术发展论坛在中国科学院山西煤炭化学研究所举行。以“推进固废综合利用，加快发展循环经济，促进绿色低碳发展”为主题的低碳技术发展论坛在山西大学召开。围绕“清洁煤化工，高效煤利用”低碳技术发展分论坛在太原理工大学举行。

首届全国十佳文物维修工程初评揭晓，长子县崇庆寺文物保护工程与高平市二郎庙保护修缮工程两项工程入围参加终评。

中阿(阿尔及利亚)合作盐渍土治理示范项目培训班举行开班典礼。

17日

国内外科研机构与山西省11家单位在太原签订技术成果转移合作协议。项目包括，太阳能光伏电站建设、固体废弃物综合利用、清洁能源生产、超级活性炭制作二氧化碳捕获剂、污水膜法一体化处理、煤化工废水深度处理、农村建筑节能等。

山西演艺集团、天津歌舞剧院共同举办的“中国梦”国乐盛典民族音乐会在山西大剧院音乐厅举行，拉开晋津文化艺术交流的序幕。

18日至20日

省十二届人大常委会第十四次会议在太原召开。

省人大常委会召开省、市人大常委会主任座谈会。

“关公文化全国巡展” 山西展在太原举行开展式。

19日

以“影像生活·梦想世界”为主题的2014平遥国际摄影展在平遥开幕。

《又见五台山》首演。

山西省首家旅游网站“四季风旅游网”上线运行。

20日

山西省“全国科普日”暨第十一届“科普三晋”系列活动开幕式举行。

以“新使命、新作为、新跨越”为主题的2014世界浙商华北峰会（山西）暨山西省浙江企业联合会十周年庆典在太原举行。

22日

第五届全国杰出专业技术人才表彰大会在北京举行，太原科技大学重型机械教育部工程研究中心、中北大学微纳光机电惯性传感器件及集成测量系统创新团队荣获“第五届全国杰出专业技术人才先进集体”称号。

22日至23日

全省文化市场综合行政执法岗位练兵技能比武活动在太原举行。

23日

国家发改委组织召开《山西省粉煤灰综合利用规划》专家论证会。

由省委组织部和省安监局联合举办的安全生产专题培训班在省委党校开班。

全省荣获“五个一工程”奖作品座谈会在太原举行。

山西省首个银企合作电商项目——道易行电动车网络商城山西省启动仪式暨新商业模式发布会在晋城举行。

24日

省委举行中心组（扩大）学习报告会。

省政协以主席会议形式召开重点提案办理协商会议，就食品安全重点提案办理进行专题协商。

24日至27日

省文联、省名人联合会主办的“我们的中国梦——山西省美术作品展”在山西美术馆举办。

25日

省委常委会召开会议，传达中宣部培育和践行社会主义核心价值观工作经验交流会、第十三届精神文明建设“五个一工程”表彰座谈会、全国外宣工作会议精神和中央党的群众路线教育实践活动理论研讨会精神，研究山西省贯彻落实意见；研究讨论省委关于落实党风廉政建设党委主体责任和纪委监督责任的意见。

“2014山西百佳休闲旅游产品”新闻发布会在太原举办。

2014年中国技能大赛——山西省第五届女职工职业技能大赛开幕式举行。

省政府与中国保监会举行工作会谈，并签署关于加快山西保险业改革创新服务资源型经济转型的合作备忘录。

2014年第二轮省委巡视工作动员部署会召开。

山西省LED产业联盟成立。

神池至河曲高速公路通车运营。

省地方性法规清理工作领导组会议在太原召开。

全国股转系统（新三板）业务知识培训会在太原举行。

第十二届全国美术作品展雕塑作品展览在太原美术馆开展。

25日至27日

由亚洲粉煤灰协会、朔州市人民政府、山西省经信委共同主办的“亚洲粉煤灰及副产石膏处理与利用技术国际交流大会”在朔州举办。

26日

山西省庆祝中国人民政治协商会议成立65周年大会在太原举行。

省政府召开项目见效年督查点评会，通报全省项目见效年督查情况、1–8月各市主要经济指标和排名情况，部署下一步重点工作。

“榜样山西——第五届山西道德模范”授奖仪式在太原举行。

2014山西省“敬老月”活动在太原启动。

《山西省土地整治条例》新闻发布会在太原举行。

27日

山西省组团参加第三届中国国际循环经济成果交易博览会。参展代表团荣获优秀展示奖和优秀组织奖。

山西省粉煤灰行业协会成立。

省军区非现役人员警卫执勤规范化建设观摩会在朔州市召开。

全省第五届残疾人职业技能竞赛在太原开赛。

第13届人类学高级论坛暨纪念乔健先生从事人类学60周年座谈会在山西大学举办。

28日

山西省中小企业产业信息大数据应用服务平台在太原开通。

山西省医疗联合体建设工作推进会召开。

山西省举行纪念孔子诞辰2565周年活动。

29日

省十二届人大三次会议在太原召开。省委书记王儒林当选为山西省第十二届人民代表大会常务委员会主任。

9月

山西省启动实施金融扶贫富民工程。

9月至11月

山西省开展金属非金属地下矿山矿长谈心对话活动，督促非煤地下矿山的矿长更加全面正确地履行好安全生产第一责任人职责，更好地保护矿工的生命安全。

10月

1日

“人说山西好风光”全国手机摄影大赛启动。

第二届大美山西系列文化活动启幕。

《山西省土地整治条例》施行。

《山西省政府投资项目竣工验收管理办法》施行。

山西老陈醋开始执行新的国家标准。

山西省开展企业、个体工商户和农民专业合作社年度报告公示工作。

4日

山西省运动员在第17届亚运会中获得金牌5枚、银牌4枚、铜牌3枚，创造历史最好成绩。

4日至6日

2014侯马全国越野摩托车邀请赛举行。

8日

党的群众路线教育实践活动总结大会在北京召开。省领导在山西分会场参加会议。

8日至12日

王儒林到太原市就贯彻落实以习近平同志为总书记的党中央对山西指示要求的情况、经济社会发展、群众生产生活和党风廉政建设情况进行调研。

9日

省委召开常委(扩大)会议，传达学习中央党的群众路线教育实践活动总结大会精神，研究山西省贯彻落实意见。

省政府党组召开(扩大)会议，专题学习习近平总书记在党的群众路线教育实践活动总结大会上的重要讲话和省委常委(扩大)会精神，研究部署当前工作。

省人大常委会召开主任（扩大）会议，传达学习习近平总书记在党的群众路线教育实践活动总结大会上的重要讲话精神，就贯彻落实王儒林书记在庆祝全国人民代表大会成立60周年暨地方人大设立常委会35周年大会上的讲话做出部署。

省政协党组召开扩大会议，传达学习习近平总书记在党的群众路线教育实践活动总结大会上的重要讲话和省委常委（扩大）会议精神，根据中央和省委部署、按照王儒林书记要求，就贯彻落实习总书记重要讲话精神做出安排。

朔州市、浮山县入选国家资源综合利用“双百工程”示范基地。

9日至11日

“山西建工杯” 全省建筑业职工第二届技能大赛在太原举行。

10日

省政府召开第60次常务会议，讨论通过关于贯彻落实社会救助暂行办法的实施意见、关于加快推进新能源汽车产业发展和推广应用的若干政策措施，研究通过晋中108廊带区域一体化发展示范区总体规划和相关支持政策。

“中华五岳六届四次年会五岳联盟第十二次会议暨旅游推介会”在大同举行。

10日至12月10日

省森林公安局在全省范围内组织打击破坏森林和野生动物资源违法犯罪专项行动，代号“2014利剑行动”。

11日

省政府召开企业座谈会，分析当前企业生产经营中遇到的困难和问题，听取有关方面意见建议，研究部署帮扶企业、稳定增长工作。

省政府召开“扶贫日”山西活动协调会。

2014全国广告学术年会在平遥召开。

以“创新驱动为引领，加快推进产学研用相结合，搭建高校、科研机构和企业沟通桥梁”为主题的第十三届全国敏感元件与传感器学术会议在太原召开。

11日至13日

国际著名刑事鉴定专家李昌钰博士，就刑事侦查及刑事科技教育培训合作事宜在山西省进行交流。

“放歌中国梦” 全省首届职工合唱大赛在太原市拉开帷幕。

农工党中央“中国梦·农工情”全国巡回宣讲第一路首站报告会在太原举行。

13日

省委常委会召开会议，学习贯彻习近平总书记重要讲话精神，研究部署全省教育实践活动总结工作，传达全国党委秘书长会议和全国禁毒工作会议精神，研究山西省贯彻落实意见。

14日

省委召开全省党的群众路线教育实践活动总结大会。

山西省10月份省城环境质量改善指导协调会议召开，专题研究省城环境质量改善有关工作。

15日

省政协围绕山西省改善农村人居环境举行专题议政会。

李小鹏在太原会见平安银行董事长孙建一一行。

省政府召开安委会第四次会议，听取前三季度安全生产工作汇报。

全省推进善行义举榜现场会在昔阳县召开。

山西省林业部门启动为期40天的专项行动，严厉打击非法盗挖大树、古树等违法犯罪行为，加大国家重点保护植物资源保护力度。

16日

省公安厅召开全省 “打黑除恶”工作再动员、再发动、再推进会议。

省委宣传部组织召开中央驻晋新闻单位座谈会。

省委办公厅召开秘书长办公(扩大)会。

马怀兰入选央视2014年全国十大“最美村官”。

岢(岚)临(县)高速公路通车。

山西省召开村“两委”换届工作动员会，安排部署全省村党组织和第十届村民委员会换届选举工作。

全省贫困地区妇女就业推进会在阳曲县召开。

2014年度山西银行业文明规范服务百佳示范单位公布。

全省开展“世界粮食日”和“全国

爱粮节粮宣传周”活动。

中交兴路(山西)全国货运平台对接,车旺物流平台落地启动仪式在太原举行。

16日至18日

中国(太原)国际煤炭工业博览会在山西省展览馆举办。

17日

省政府召开第61次常务会议,分析前三季度经济形势,研究部署深化行政审批制度改革和推动国有企业信息公开等工作。

省政府召开全省扶贫工作电视电话会议,贯彻落实全国社会扶贫工作会议精神,启动全国扶贫日山西活动,安排部署全省扶贫攻坚工作。

省政府召开专题会,发布《山西省人民政府办公厅关于集中整顿居民住宅楼内餐饮等经营行为的通知》。

省十二届人大常委会第十五次会议在太原举行。决定任命付建华为副省长,同意罢免丰立祥省人大代表职务。

山西省旅游局牵头,联合青海、四川、甘肃、宁夏、内蒙古、陕西、河南及山东八个省(区)成立“中国黄河旅游推广联盟”。

省财政下达大型体育场馆资金1850万元,对山西体育中心体育场、体育馆、游泳馆等20个大型体育场馆进行免费或低收费开放补助。

山西省社会科学院、山西省卫生和计划生育委员会联合成立山西医药卫生体制改革研究中心。

2014年最具投资潜力百强县名单公布。山西省阳高县、沁源县、柳林县、高平市等4县市被评为2014年中国最具投资潜力中小城市百强县市。

18日

省发改委以晋发改资环字〔2014〕262号文件将《山西省高铝粉煤灰资源开发利用规划》报送国家发改委请求批复。

中国酒业协会文化委员会成立大会在太原举行。

20日

省政府召开全省质量工作电视电话会议。

全国独立学院协作会2014年年会、独立学院第九次峰会暨中国民办教育专业委员会高等教育协会独立学院工作部第一次代表大会在太原召开。

省医疗纠纷人民调解委员会对所有调解人员进行医疗纠纷人民调解员等级评审考核。

民政部第十八次千年古县专家评定会上,山西省晋城市沁水县被确认为“千年古县”。

21日

由山西省高校工委、山西省教育厅和人民网山西频道联合开展的“社会主义核心价值观进校园活动”启动仪式在山西大学启动。

山西省首家环保产业园区在定襄县启动运营。

太行山片区五个贫困县特色优势产业发展座谈会在五台县召开。

山西省晋绥文化教育发展基金会在兴县挂牌成立。

2014年度国家软科学研究计划立项项目评选结果揭晓,山西省推荐的由山西大学申报的“山西科技创新城政策体系与实施路径研究”获得立项。由山西大学商务学院申报的“新形势下的创新政策发展”、山西大医院(山西医学科学院)申报的“医疗器械全生命周期及其安全体系的研究”、太原理工大学申报的“能源富集区煤炭资源开发生态补偿机制与政策——以山西省为例”和“全球化进程中我国外语教育评价与改革研究”4项课题获得面上项目立项。

中国文化艺术政府奖第二届动漫奖揭晓,山西传媒学院再次入围最佳动漫教育机构奖。

21日至22日

全省人大财经工作座谈会暨财经监督培训会在阳泉召开。

22日

山西股权交易中心宣布,大同开发区阳光小额贷款股份有限公司,已率先完成股份制改造并正式启动向新三板(全国中小企业股权转让系统)转板准备工作。

22日至23日

全省百企千村产业扶贫开发工程现场推进会在繁峙召开。

23日

山西省部分高校负责人座谈会召开。

省综治委召开保险行业参与平安建设座谈会。

全省工商系统干部大会在太原召开。

全省统一战线有关单位负责人座谈会召开。

山西高速公路ETC全国联网工作会召开。

全省检察机关职务犯罪追逃追赃专项行动电视电话会议召开。

全省市级统战部长座谈会召开。

省政府召开专题会议,听取中小微企业帮扶政策落实情况汇报,研究进一步完善和落实中小微企业帮扶政策的具体措施。

24日

省委召开传达贯彻党的十八届四中全会精神会议。

民革省委“博爱·牵手”活动先进基层组织表彰会举行。

24日至26日

由国家外国专家局国外人才信息研究中心、中国疾病预防控制中心妇幼保健中心、山西省儿童医院、山西省妇幼保健院联合主办的,以主题为“品质生活源于健康”的第二届世界健康大会在太原举行。

25日至2015年1月31日

在全省开展环境保护大检查。

26日

省政府党组召开(扩大)会议,学习贯彻党的十八届四中全会精神、国务院党组会和省委常委(扩大)会议精神,研究部署推进依法行政建设法治政府工作。

省经济转型与企业发展研究会举行第二届第一次会员代表大会。

2014年射击世界杯总决赛上,山西省射击队选手王智伟以195.8环的成绩为中国队摘得一枚金牌。

中国民营企业联合会、中国统计协会、中国管理科学研究院企业研究中心联合发布2014中国民营500强企业名单，美锦能源集团有限公司、山西大昌汽车集团有限公司、山西建邦集团有限公司、山西安泰控股集团有限公司、山西通达(集团)有限公司、山西沁新能源集团股份有限公司、山西通洲煤焦集团股份有限公司、永泰能源股份有限公司8家民企上榜。

27日

全省宣传部长会议在太原召开。

省人大常委会邀请部分组成人员和省人大代表参加食品安全工作情况汇报会。

全省网信系统召开推进网络空间法治化座谈会。

省纪委召开常委(扩大)会议，传达学习党的十八届四中全会和中央纪委四次全会精神。

2014年三晋环保行在太原启程。

“情系中国梦——庆祝新中国成立65周年全国产(行)业文联美术精品展览”在山西美术馆开展。

28日

省政府召开第62次常务会议，部署当前环境保护工作，并对发展现代保险业、山西科技创新城规划、厂办大集体改革和城市公共客运等问题进行研究。

王儒林、李小鹏在太原会见中国联通集团公司总经理陆益民一行。

全国公安机关爱民模范先进事迹报告会在北京人民大会堂召开，山西省荣获全国公安机关爱民模范集体称号的3个集体是：太原市公安局交通警察支队万柏林一大队、定襄县公安局季庄派出所、吕梁市公安消防支队孝义市大队。荣获全国公安机关爱民模范称号的3名优秀民警是：梁康、袁子捷、申飞飞。

山西省首届微电影大赛评选揭晓。《重生》《中国式警察》《约定在那个时候》获一等奖。

27日至31日

“智库能力建设：新型城镇化专题培训”在太原举办。

28日

首届“青春践行核心价值观——校园演讲大赛”决赛在山西大学举行。

29日

山西省扩大对外开放工作座谈会召开。

“向污染宣战”全国环保媒体总动员山西授旗仪式暨中国环保新闻网山西频道上线仪式在太原举行。

30日

第二届国医大师表彰大会举办。山西吕景山获表彰。

省政府召开全省APEC会议空气质量保障暨环境保护重点工作推进电视电话会议。

省政协举行“扩大对外开放、促进转型发展”调研报告征求意见会。

山西省军民融合成果展示暨推进会在太原召开。

31日

省政府召开督查工作回头看总结汇报会。

年初省城“五大工程”确定的30家污染企业关停任务彻底完成。

在韩国仁川中韩民歌(民谣)合唱音乐会上，潞安集团羿神合唱团获得金奖。

31日至11月2日

全省第八届市级党报社长总编业务研讨会在吕梁召开。

10月至2015年3月

全省检察机关开展职务犯罪追逃追赃专项行动，集中追捕潜逃境内外的职务犯罪嫌疑人。

11月

1日

山西省发布14项节能地方标准，其中8项为推荐性标准，6项为强制性单位产品能耗限额标准。于2014年12月1日起实施，分别为：《煅烧煤系高岭土单位产品综合能耗限额》《日用陶瓷单位产品综合能耗限额》《高炉炼铁煤气放散率和炉顶余压发电量定额》《转炉炼钢煤气和蒸汽回收量定额》《白酒单位产品综合能耗限额》《食用植物油单位产品综合能耗限额》《公共机构办公用房节能改造规范》《国家机关人均综合能耗定额》《发电企业能源管理体系实施指南》《水泥企业能源管理体系实施指南》《焦炭产品能耗监测方法》《水泥产品能耗监测方法》《节能技术改造项目节能量审核指南》和《公路隧道节能照明设施验收与养护规范》。

晋城市泽州铁器文化研究会成立大会暨第一次全体会员大会在太原召开。

省卫生计生委主办的“促全民健康、圆中国梦想”慢性病防治健康教育大型活动在太原启动。

山西省孝文化研究会成立。

1日至30日

太原市开展2014年送温暖、献爱心“慈善一日捐”活动。

2日

由山西振东集团联合国家中医科学院在美国卫生研究院癌症研究中心成立的科研办公室挂牌运行。

2日至3日

由环保部华北督察中心巡视员王赣江带队的督察组督导检查太原市2014年亚太经合组织会议期间空气质量保障工作，并对部分企业进行突击检查。

3日

2014年第三季度“山西好人”名单揭晓，其中“助人为乐好人”5名，“见义勇为好人”3名，“诚实守信好人”1名，“敬业奉献好人”5名，“孝老爱亲好人”6名。

山西省功能最全的政务服务中心——太原市万柏林区政务服务中心启用。

《国务院关于公布第四批国家级非物质文化遗产代表性项目名录的通知》发布，山西21项非遗项目入选。

3日至6日

全省宣传文化系统举办文艺人才培育班。

4日

省委中心组(扩大)举行专题学习会，邀请国务院法制办公室副主任袁曙宏作《全面推进依法治国，为建设法治中国而奋斗》的辅导报告。

省政府召开全省安全生产工作

视频会议。

4日至5日

省转型综改工作领导组办公室组织有关专家对2014年转型综改五个重大课题进行中期评估。

全省干部监督工作会议在太原召开。

山西省召开重点煤炭企业、金融机构与相关部门参加的银企恳谈会。

国家发改委、科学技术部、工业和信息化部、财政部、环境保护部、商务部、国家统计局公布，山西省、太原钢铁(集团)有限公司、山西焦化集团有限公司、山西焦煤集团西山煤矿总公司、山西潞安矿业(集团)有限公司、山西丰喜肥业(集团)股份有限公司通过国家循环经济试点示范单位验收，山西安泰集团股份有限公司原则通过。

6日

2014山西企业100强发布会在太原召开，“山西企业100强排行榜”同时发布。

太钢矿业分公司东山石灰石矿等25家企业被省政府安委办命名为“省级安全文化建设示范企业”。

由中国北车集团大同电力机车有限责任公司(同车公司)研制的中国轴重最大电力机车牵引重载列车试验成功。

山西品牌中华行(福州站)启动仪式在福州举行。

华电忻州广宇二期2×35万千瓦热电机组项目开工建设。

7日

全国流域环境变迁学术研讨会召开。

第七届全国中小学生劳动技术教育创新作品展评活动在太原举行。

山西省2014年119消防宣传月启动仪式暨“城中村”消防安全整治工作动员会在太原市启动。

8日

第二届山西省科技传播奖颁奖大会在太原市举行。表彰2013年度在科技传播事业中做出突出贡献的10个先进集体和50名先进个人。

北京天润新能源投资建设的平鲁石堂山20万千瓦风电项目开工。

9日

“送戏百场进老区”活动在左权县麻田镇八路军总部纪念馆启动。

晋能清洁能源投资建设的阳高70兆瓦光伏发电项目开工。

10日

山西省深化医药卫生体制改革领导小组全体会议召开。

祁县人民政府与国新能源股份山西天然气有限公司在太原举行液化天然气(LNG)产业链项目合作协议签约仪式。

中电投国际矿业投资有限公司投资建设的山阴合盛堡50兆瓦光伏发电项目开工建设。

平遥县峰岩集团新型建材公司的“环保节能型新型建材产业化”项目入选国家科技部2014年度国家火炬计划项目。

11日

省政府召开第63次常务会议，部署生产性服务业和煤层气产业发展相关工作，研究交通企业及高速公路资产债务重组、科技创新城建设用地和政府立法工作。

全省重点工程调度会召开。

山西省大型民营企业融资问题专题协调会召开。

山西省评选193名第三批学术技术带头人。

12日

中国铁塔股份有限公司山西省分公司在太原举行揭牌仪式。

由省委依法治省领导组主办的专题法治报告会在太原举行。中国社科院法学研究所所长李林应邀以《全面推进依法治国 加快建设法治中国》为题作专题辅导报告。

12日至19日

王儒林在大同、朔州、忻州三市调研。

13日

省人力资源和社会保障厅公示33所职业培训示范基地，其中省直2所，各市31所。

省重点工程侯马2×300兆瓦热电联产工程1号机组完成机组168小时满负荷试运行。山西电建承担该项工程的两台机组全部高标准投产移交。

14日

省政府召开全省燃煤发电机组超低排放改造推进会。

山西省开展主题为“健康饮食与糖尿病”的“世界糖尿病日”活动。

省文化厅在太原组织召开“创新发展、转型发展”文化产业发展的新担当座谈会。

15日

晋煤集团的“小滚筒大采高采煤工艺研究及装备研制”项目、阳煤集团的“智能矿山建设关键技术与示范工程”项目，获2014年度中国煤炭工业协会科学技术奖最高奖项——特等奖。山西还获得5项一等奖、30项二等奖、32项三等奖。

16日

山西省旅游局利用在上海举办的“2014中国国际旅游交易会”良机，举办“中国山西首届国际旅行商采购大会”。

山西代表团携124个项目参加第十六届中国国际高新技术成果交易会。

17日

全国人大环资委调研组一行到晋，了解《循环经济促进法》的贯彻实施情况，山西省循环经济配套法规等制度建设情况，以及在循环经济发展中存在的主要困难、问题及对法律修改的意见建议等。

全省集中开展为期一个月的黄标车及老旧车专项整治行动。

17日至20日

美国、英国、法国、德国、韩国、日本等32个国家和我国台湾地区的241名旅行商到晋考察。

18日

省政府召开第64次常务会议，研究部署煤炭焦炭公路销售体制改革等工作。会议原则通过煤炭焦炭公路销售体制改革方案。

山西省金融支持中小微企业发展专题会召开。

以“网聚魅力山西”为主题的第

九届全国网络媒体山西行启动仪式在太原举行。

山西民营企业社会责任报告新闻发布会在太原举行，50家民企向社会公布2013年度社会责任报告。

19日

繁峙至原平大营高速公路通车运营。

19日至20日

李小鹏到忻州、朔州、大同3市专题调研水利改革发展工作。

20日

国务院医改办县级公立医院综合改革督察评估组一行督察山西省县级公立医院综合改革工作。

省政府召开全省煤矿隐患排查治理行动动员部署电视电话会议。

“学习介子精神，弘扬忠孝文化”研讨会在灵石县举行。

我国北方汉民族地区第一家“活体博物馆”、山西省首座生态博物馆——太行三村生态博物馆在平顺县建成开放。

国家能源充填采煤技术重点实验室山西工作站成立。

21日

国家旅游局公布以乔家大院文化园区为首的9家国家AAAAA级旅游景区名单。至此，山西省共有A级以上景区129家，其中AAAAA级景区5家，AAAA级景区73家。

国新能源借壳进入资本市场。

第九届全国网络媒体山西行长治座谈会举行。

全省企业稳岗增收和解决拖欠农民工工资问题电视电话会议在太原召开。

全省社区矫正工作会议在太原召开。

省村“两委”换届工作领导小组召开第一次会议。

省改善农村人居环境工作领导组召开第三次会议，专题研究近期采煤沉陷区治理有关工作。

胡正文学纪念馆开馆暨《胡正图传》首发式在灵石县举行。

22日

山西省标志性名牌产品丁桂儿脐贴获2014年度中华中医药学会科学技术奖一等奖。

22日至23日

山西省县（市）报协会第十八次年会、黄河金三角县（市）报研究会第四届年会暨传统媒体与新媒体融合发展研讨会在河津市举行。

23日

山西省“强健体魄·阳光生活”全民健身系列活动启动仪式在太原市举行。

23日至27日

国家教育督导检查组对山西省申报的21个义务教育发展基本均衡县进行督导检查。山西省21个县（市、区）评估均达到国家规定的义务教育发展基本均衡县（市、区）评估认定标准。

省公安厅交管局官方网站——山西公安交警网推出“高速通”服务平台。

纪念岳维藩同志诞辰100周年座谈会在太原举办。

国务院安委办召开全国油气输送管道隐患整治攻坚战部署视频会。会后，省政府召集安监、住建、质监、发改、财政、公安等省直部门负责同志，就全省油气输送管道隐患整治和安全运行工作进行安排部署。

由百度百科主办、山西农业大学信息学院百度百科俱乐部承办的“码上知晋商”公益活动在常家庄园举办。

220千伏荣原Ⅱ线顺利投运，这标志着2014年度山西省投资最大的电网技改工程全部竣工。

24日起

全省集中“安检”1077座煤矿。

25日

省政府召开固定资产投资专题会议。

省政府重点项目融资协调专题会召开，研究协调政府重点项目融资问题。

25日至26日

全省应急预案管理培训班在阳泉市举办。

26日

省委常委会召开会议，研究讨论《中共山西省委关于贯彻落实党的十八届四中全会精神，加快推进法治山西建设的实施意见》《中共山西省委关于在全省深入开展学习讨论落实活动的实施意见》《山西省煤炭焦炭公路销售体制改革方案》《山西省省属国有企业财务等重大信息公开办法（试行）》。

王儒林、李小鹏在太原会见匈牙利索尔诺克州桑德尔·科瓦奇州长一行。

省妇联、省妇女儿童发展基金会主办的“幸福启航·为三晋妇女送健康——紫气东来·康之源·海扶公益慈善捐赠”活动在山西博物院举行。

山西省少儿图书馆和山西省古籍保护中心改建改造工程启动。

27日

全省煤炭焦炭公路销售体制改革动员部署电视电话会议召开。

全省深化司法体制改革座谈会在临汾市召开。

省黄标车及老旧车淘汰工作领导组办公室依托山西公安交警网建立的黄标车及老旧车淘汰工作专线互动服务平台正式上线服务。

国家安监总局召开煤矿安全生产紧急专题视频会议。会后，省政府召开会议对全省煤矿安全生产工作进行部署。

28日

山西省第十二届人民代表大会常务委员会第十六次会议召开，通过《山西省建设工程抗震设防条例》《山西省专利实施和保护条例》，自2015年1月1日起实施。通过决定，废止八部地方性法规。具体为：《山西省市县区人民代表大会组织通则》《山西省工业劳动卫生管理条例》《山西省个体经营户和私营企业管理条例》《山西省实施〈中华人民共和国母婴保健法〉办法》《山西省行政性事业性收费管理条例》《山西省预算外资金管理条例》和《山西省焦化产业管理条例》。通过决定，对十一部现有地方性法规进行修改。具体为：《山西省职工劳动权益保障条例》《山西省农民工权益保护条例》《山西省废旧金属收购业治安监督管理暂行条例》《山西省安全技术防范条例》《山西省涉及国家安全事项建设项目管理条例》《山西省水路交通管理条例》《山西省爱国卫生管理条例》《山西省公民献血条例》《山西省农业投资条例》《山西省基本农田保护条例》和《山西省燃气管理条例》。通过关于批准五部地方性法规的决定。具体为:《太原市人民代表大会常务委员会关于废止部分地方性法规的决定》《太原市森林防火条例》《太原市献血条例》《大同市人民代表大会常务委员会关于废止〈大同市献血条例〉的决定》《大同市人民代表大会常务委员会关于修改〈大同市人民代表大会议事规则〉等十三件地方性法规的决定》。

全省党委秘书长会议召开。

全省改革办主任座谈会在太原召开。

2014年度山西省防治艾滋病工作委员会会议在临汾市召开。

太钢福利总厂获得“中国百强福利企业”荣誉称号。

28日至2015年2月18日

山西省开展农民工工资支付专项检查。

29日

全国高校校园好声音网络歌手大赛山西赛区总决赛举行。

“天下大同·魏碑故里”全国书法作品展在大同举办。

山西省境内首趟旅游专列“晋善晋美·东湖号”从太原开行。

在中国四大古城文化旅游融合发展研讨会上,山西平遥古城、安居古城、四川阆中古城和安徽徽州古城缔结为“中国四大古城战略联盟”,并发表《安居宣言》。

30日

省委召开全省学习讨论落实活动动员大会。

山西首个大学生防艾同伴教育基地成立仪式暨2014年省城世界艾滋病日宣传活动在山西大学举行。

12月

1日

全省第二批教育实践活动省委督导组总结会暨全省学习讨论落实活动省委督导组工作会在太原召开。

省委依法治省领导组主办的学习宣传宪法专题报告会在太原举行。

省司法体制改革领导小组召开第二次全体会议。

于荣改、赵泉祥、张文燕3人被评为全国“最美清洁工”。

山西省全部取消对相关企业的煤炭、焦炭公路运销管理行政授权,全部取消煤炭、焦炭公路运销票据,全部撤销省内煤炭、焦炭公路检查站和稽查点。12月31日前,全部拆除省内各类公路煤炭、焦炭检查站和稽查点的相关设施。

山西煤炭可持续发展基金停止征收。

全省煤矿水害事故警示教育视频会议召开。

2日

省政府召开第65次常务会议,贯彻落实全省学习讨论落实活动动员大会精神,研究2015年全省经济社会发展主要指标计划安排,部署《山西文华》丛书编纂出版工作。

主题为“2014,谁为山西赢得尊敬”的品牌山西高峰论坛暨2014年度品牌山西年度人物颁奖盛典在太原举办,现场揭晓“2014品牌山西年度人物功勋奖”“2014品牌山西十大年度人物”以及“2014品牌山西年度人物·元素大奖”三类奖项。

3日

省政府印发《山西省省属国有企业财务等重大信息公开办法(试行)》。

山西省召开统一战线调研成果专题汇报会。

3日至4日

省政协到五寨县开展“送法下基层”活动。

3日至5日

全国人大常委会副委员长、农工党中央主席陈竺就乡村医生队伍建设问题到山西省调研。3日,王儒林、李小鹏拜会陈竺。

4日

省政协举行“扩大对外开放、促进转型发展”专题议政会。

王儒林、李小鹏会见国家烟草专卖局局长凌成兴一行。

省政府召开油气输送管道安全隐患整改工作领导小组第一次全体会议。

中央文明办在甘肃金昌举办“中国好人榜”11月入选名单发布仪式暨全国道德模范与身边好人现场交流活动。在11月份“中国好人榜”上,山西省武来贵、王青凡、李红英、蔡全红4人入选。

5日

省委常委会召开会议,研究讨论王儒林在省委十届六次全会第一次全体会议上的讲话,研究讨论省委常委会工作报告,听取省委十届六次全会筹备情况汇报。

省委召开会议,传达学习中央对周永康严重违纪案审查情况和处理决定。

由山西省文明办、省民政厅、团省委主办,太原市文明办承办的省城“山西省注册志愿者标识”应用推广及移风易俗倡议活动在太原市举行。

6日

第二届感动百姓山西乡村十大爱心大使颁奖典礼在太原举行。经评审,傅小苏、郭改然、景瑞霞、申志高等十人被评为“感动百姓山西乡村爱心大使”。任红生被组委会评为“感动百姓寻找乡村爱心故事活动爱心文化传播使者”。山西永和县南庄乡成家村支教教师、2012星光大道年度亚军云飞被组委会评为“感动百姓寻找乡村爱心故事活动爱心形象大使”。

7日

中共山西省委十届六次全会召开。会议听取省委常委会工作报告,审议并通过《中共山西省委关于贯彻落实党的十八届四中全会精神加快推进法治山西建设的实施意见》,研究部署当前和今后一个时期各方面工作。

中国和巴西联合研制的地球资源卫星04星在太原卫星发射中心用长征四号乙运载火箭发射成功。

8日

省政府党组召开(扩大)会议,传达贯彻省委十届六次全会精神,研究部署当前工作。

省政府印发《关于开展厂办大集体改革工作的实施意见》。

山西省上海商会成立。

8日至10日

省管主要领导干部学习讨论落实活动专题研讨班举行。

9日

省法院向社会发布《2013年度全省法院行政案件司法审查情况报告》(白皮书)。

晋陕两省煤炭管理体制改革交流座谈会在太原举行。

大同展览馆平移1402米。

全国工商联社会扶贫工作座谈会在北京召开。山西省以《发布社会责任报告·树立责任晋商形象》为题进行大会发言。

10日

全省重点工程调度会召开。

省政府召开瓦斯抽采全覆盖工程研讨会,邀请来自全国各地的7位煤矿瓦斯治理技术权威介绍行业技术前沿和最新动态,指导帮助山西省研究制定瓦斯抽采全覆盖工程实施方案。

11日

省政府召开专题会议,安排部署加快推进新能源汽车产业发展和推广应用工作。

全省纪检监察工作会议召开。

全省劳动密集型企业消防安全专项治理和道路交通安全电视电话会议召开。

全省加强社会宣传工作会议在太原召开。

山西组团参加第九届中国北京国际文化创意产业博览会。

山西省"乡村好青年"发布暨首场分享会在古交市举行,丁龙等28名优秀青年获得"乡村创富好青年"称号,徐键等22名优秀青年获得"乡村道德好青年"称号。

12日

省委常委会召开会议,传达中央有关会议精神,研究山西省贯彻落实意见 研究讨论《关于贯彻落实〈深化党的建设制度改革实施方案〉的意见(讨论稿)》。

全省老干部局(处)长专题研讨班在太原举办。

"北美原住民艺术展"在山西博物院举行。

由澳门民政总署与山西省文物局主办、山西省考古研究所承办的《正经补史——西周霸国文物特展》在澳门民政总署画廊开幕。

13日

云冈热电公司3号机组超低排放改造通过省环境监测中心性能测试。

13日至18日

中共中央委员、国家宗教事务局局长王作安带领中央宗教工作调研组到山西省调研宗教工作。13日,王儒林、李小鹏会见王作安。

15日

省政府党组召开(扩大)会议,学习贯彻中央经济工作会议精神,学习习近平总书记、李克强总理的重要讲话精神和省委常委(扩大)会议精神,安排部署政府系统贯彻落实工作。

李小鹏在太原会见葡萄牙驻华大使若热·托雷斯·佩雷拉。

全省公务用车制度改革工作电视电话会议召开。

全省民主党派中青年干部专题培训班在中央社会主义学院开班。

省青联十届四次常委(扩大)会议在太原召开。

由全国妇联主办,中国儿童少年基金会、恒源祥集团有限公司、省妇联承办的2014年度"恒爱行动"山西启动仪式在太原举行。

由省文化厅、省总工会联合主办,省群众艺术馆承办,以"歌唱生活·筑梦家园"为主题山西省第三届农民工歌手大赛开赛。

16日

省政府召开第66次常务会议,贯彻落实中央经济工作会议精神,研究部署改革发展工作。

17日

省委常委会召开会议,听取省委党内法规和规范性文件第二阶段清理工作情况汇报;传达中央巡视工作会议精神,研究山西省贯彻落实意见;传达学习中央领导和中央督导组对开好2014年省部级单位领导干部民主生活会的要求,研究省委常委班子2014年度民主生活会方案。

18日

省委社会体制改革专项小组召开第三次全体会议。

李小鹏在太原会见国务院农民工工作领导小组督察组组长、人力资源和社会保障部党组副书记、副部长杨志明一行。

新华网、新华社山西分社和省卫生计生委联合主办的中国·山西首届医卫行业社会责任峰会在太原举行。

山西省贯彻落实国家"一带一路"战略规划专题会召开。

18日至22日

王儒林到阳泉、晋中、长治、晋城四市调研。

19日

山西省2014年度全省"安康杯"竞赛表彰暨经验交流会举行。

19日至21日

省委宣传部举办全省新闻战线马克思主义新闻观集中培训。

20日

展望2015互联网金融企业社会责任年度峰会在京举办。山西企业"信通中国"获"2014年度互联网金融企业社会责任优秀企业"奖。

22日

省转型综改领导组会议召开,总结2014年综改工作,研究讨论2015年综改《行动计划》。

以"经济转型、科技创新、众筹创业"为主题的山西省首届创业众筹峰会在太原举行。

"中国（太原）煤炭交易中心2015年度煤炭交易大会暨煤炭高峰论坛"在中国(太原)煤炭交易中心举行开幕式。

李小鹏在太原会见中兴通讯股份有限公司董事长侯为贵一行。

省科协主办、省专家学者协会承办的山西省首届"科技·人才·创新论坛"在太原举行。

山西科技传媒集团召开山西农科110、健康365专家工作座谈会。

山西省首座城市中心商业区220千伏智能变电站——太原220千伏铜厂变电站启动投运。

23日

省政府召开第67次常务会议，研究部署能源改革发展、工商登记制度改革等工作。会议原则通过《山西省市场主体住所(经营场所)登记管理办法(送审稿)》。

商务部组织的"全国外商投资企业投诉处理机制研讨会"在太原召开。

省村"两委"换届工作领导小组召开第二次会议,全省村党组织换届任务基本完成。

省委组织部在省委党校举办全省大学生村官示范培训班。

24日

全省学习讨论落实活动重要任务推进会召开。

八路军研究会成立大会在太原举行。王儒林、李小鹏会见八路军研究会成立大会与会代表。

"深入生活、扎根人民"主题实践活动座谈会在太原召开。

全省推进县级统战部门合署办公现场会在寿阳县召开。

最高法院到山西征求全国人大代表、政协委员意见。

25日

省城环境质量改善指导协调组会议召开,专题研究《2015年全面改善省城环境质量工作实施意见》。

小微企业发展和研究基金暨"百企公益培训工程"在太原启动。

26日

省委常委会召开会议,传达全国组织部长会议和中央农村工作会议精神,安排部署山西省相关工作。

全省机关事业单位"吃空饷"问题治理工作电视电话会议召开。

省政府召开推行省政府部门权力清单制度动员会。

省政府召开专题会议,听取全省煤矿隐患排查治理进展情况汇报,分析存在的问题,进一步贯彻落实省委十届六中全会精神和反腐倡廉各项规定,对下一步工作进行安排部署。

山西超额完成整治清理黄标车及老旧车工作。

姚奠中艺术馆在稷山县揭幕。

27日

第九届中国话剧金狮奖暨第六届戏剧奥林匹克奖在太原揭晓,省话剧院创作的话剧《立春》斩获本届金狮奖四项大奖,话剧《美丽女孩》荣获第六届戏剧奥林匹克分会场展演代表剧目奖。

28日

省纪委召开村"两委"换届选举监督执纪问责工作推进会。

中共山西省委召开党外人士协商通报会。

29日

全省经济工作会议召开。

省红十字会、省教育厅联合在全省中小学幼儿园开展"应急救护进校园"活动。

省教育厅、团省委、省文联共同主办,山西文艺网在线承办的"第三届山西省校园艺术大赛"在山西美术馆启动。这次大赛以"中国梦"为主题,围绕"信义、坚韧、创新、图强"的山西精神,倡导健康的校园文化生活。

30日

省委全面深化改革领导小组召开第三次会议,深入贯彻落实习近平总书记系列重要讲话精神,贯彻落实中央全面深化改革领导小组会议精神,贯彻落实省委十届六次全会和全省经济工作会议精神,听取各专项小组和改革办2014年工作情况汇报,研究部署2015年全省改革工作。

省委召开市委书记、工(党)委书记抓基层党建工作专项述职会议。

省政府召开第68次常务会议,研究部署进一步推进户籍制度改革等工作。

省十二届人大常委会第十七次会议在太原开幕。

省政协召开十一届二十次主席会议。

全省发展和改革工作会议在太原召开。

霍州至永和高速公路通车。

31日

省政协召开会议,专题研究2015年省政协协商计划。

全省好电影公益展映季活动在太原启动。

山西博物院理事会成立大会在太原召开。

大同市博物馆新馆正式对外开放并举行开馆首日活动。

12月底

山西重点公路工程建设中12个尾工高速公路项目天大、朔州环城西南段、山平、繁大、阳左、神河、霍永西一期工程、太佳黄河大桥、阳泉西环、忻州环城、霍永东、岢临实现通车。

全省有22个休闲农业和乡村旅游示范县,80个休闲农业和乡村旅游示范点,104个农业旅游示范点,6596个农家乐、乡村旅游客栈、农家旅馆、农家宾馆和休闲农业园。

全省有215家资源型企业投资开发旅游景区、星级饭店、休闲度假区和娱乐设施等,总投资高达320亿元。

全省1196个乡镇实现全民健身广场全覆盖。

全省粮食总产量超过130亿公斤,实现"五连增"。小麦单产刷新纪录,总产量为26.03亿公斤,比上年增产12.3%。 (师维孝)

省情概览

A General Introduction of Shanxi Province

地理资源

【位置 面积】 **位置** 山西省位于北纬34°34′~40°43′，东经110°14′~114°33′，属于内陆省份，在太行山与黄河北干流域峡谷之间，地处华北西部的黄土高原东翼，是首都北京的西部屏障。省境山环水绕，构成与邻省的天然分界。东隔太行山，与河北省毗邻；西、南跨黄河，与陕西、河南两省相望；北越长城，与内蒙古自治区接壤。在国家经济发展布局中，山西紧靠以北京、天津为中心的“环渤海经济圈”，位于由山西、河南、湖北、安徽、湖南、江西组成的“中部六省”的最北端。

面积 山西省域轮廓呈由东北斜向西南的平行四边形，南北长682千米，东西宽385千米，总面积15.68万平方千米，约占全国土地总面积的1.634%，在全国各省（市、自治区）中列第19位。 （张 峰）

【地质 地貌】 **地质** 山西省位于中朝准地台近中央部位，称山西断隆。北抵内蒙古地轴中部，南连秦岭褶皱系，西接鄂尔多斯台坳，东以太行山大断裂为界同华北地坳分开。山西断隆的中轴上，叠加有“S”形汾渭地堑系。山西境内地层发育较全，除上奥陶系上统、志留系、泥盆系、石炭系下统和中统缺失外，其余时代地层均有分布；尤其前寒武系和上古生界地层，在中国北方具有一定的代表性。山西境内岩浆岩类型多，分布较广泛，以侵入岩为主，特别是中生代侵入岩反映出多期次的特点，与许多内生矿产的形成有关，并有全国罕见的碱性岩类。

地貌 山西省地貌景观大体分为基岩山区、黄土高原山区、断陷盆地3大类型。主干山脉有：太行山、吕梁山、中条山、五台山、恒山、太岳山（即霍山），多呈北东—南西向或近南北向展布。主要盆地由北向南依次为：阳高盆地、大同盆地、忻州盆地、太原盆地、临汾盆地、运城盆地、长治盆地。山地占全省总面积40%，丘陵占40.3%，平川和河谷面积仅占19.7%。全省北高南低，由东北向西南倾斜。省内最高点为五台山北台顶叶斗峰，海拔3058米；最低点在垣曲县西阳河与黄河汇流处，海拔180米；最大相对高差2878米。 （张 峰）

【气候】 **降水** 2014年，山西省年平均降水量532.3毫米，较常年值偏多64.0毫米（偏多14%），较2013年偏少33.2毫米。从历年降水量变化来看，全年降水量在近10年中为第三多，介于277.4毫米至779.9毫米之间。大同大部、朔州大部和忻州部分地区降水在400毫米以下；运城、临汾、晋城大部和长治部分地区降水在600毫米以上；其余大部分地区年降水量介于400毫米至600毫米之间。与常年相比，大部分地区年降水量正常，临汾大部和运城大部较常年偏多。降水主要集中在夏、秋两季，但全省夏季平均降水较常年偏少4.9%，春、秋两季降水较常年分别偏多36.7%和42.7%，冬季偏多13.1%。进入12月，降水明显偏少。冬季（2013年12月至2014年2月），全省平均降水量为14.7毫米，比常年同期偏多1.7毫米，较2013年同期偏多1.0毫米；春季，全省平均降水量为108.3毫米，较常年同期偏多29.1毫米，较2013年同期偏多42.4毫米，降水为近15年最多；夏季，全省平均降水量为255.1毫米，较常年值偏少13.1毫米，较2013年同期偏少135.9毫米，介于91毫米至445毫米之间；秋季，全省平均降水量为154.0毫米，较常年均值偏多46.1毫米，较上年同期偏多56.0毫米，为近10年以来同期第二多降水。

气温 2014年（1月至12月），山西省年平均气温10.5℃，较常年偏高0.7℃，较2013年偏低0.3℃，居1961年以来第六位。年平均气温空间分布为由北向南逐渐升高，且中部盆地高于同纬度东西两侧山区。大同市、朔州市和忻州市的部分地区平均气温在8℃以下；运城市以及临汾中南部气温较高，在12℃以上；其余大部分地区平均气温在8℃至12℃之间。与常年相比，全省大部平均气温偏高0.5℃以上，其中，大同局部、朔州东部、忻州局部、临汾局部和运城局部地区偏高1.0℃以上，太原、晋中部分和临汾部分地区平均气温偏高0℃~0.5℃。2014年山西省各季节平均气温的主要特点：夏季气温偏低，冬、春、秋季气温偏高。

日照　2014年，山西省平均日照时数2270.5小时，较常年偏少178.8小时。大同市大部、朔州市大部、忻州西部、吕梁北部和晋中局部全年日照时数多于2400小时；临汾、运城、长治大部和晋城大部全年日照时数少于2200小时，其余大部分地区年日照时数介于2200小时至2400小时之间。在统计的108个县（市）中，93县（市）的日照时数偏少，其中，48县（市）日照时数偏少200小时以上，10县（市）日照时数较常年偏少400小时以上；15县（市）日照时数偏多，最大偏多239小时。年内日照分布状况：春季日照大部正常，其余季节日照均偏少，其中秋季偏少最为明显。（李国英）

【土地资源】 截至2014年底，山西省现有土地总面积15669779.15公顷（15.67万平方千米），按利用形式分：农业用地面积10028379.28公顷（15042.6万亩），农业用地中耕地面积4056835.68公顷（6085.25万亩）；建设用地1018493.29公顷（1527.6万亩）；未利用地4622906.57公顷（6934.35万亩），分别占全省土地总面积的63.99%、6.51%、29.5%。

（张　峰）

【矿产资源】 山西省矿产资源丰富，是资源开发利用大省，在全国矿业经济中占有重要的地位。截至2014年底，山西省已发现矿种120种，其中查明资源储量的矿产有62种，保有资源储量居全国前10位的矿产有28种。具有资源优势并在经济社会发展中占有重要地位的矿产有煤、煤层气、铝土矿、铁矿、铜矿、金红石、冶金用白云岩、耐火黏土、熔剂用灰岩等9种。与全国同类矿产相比，资源储量居全国第一位的矿产有煤层气、铝土矿、耐火黏土。煤层气资源极为丰富，沁水、西山、河东煤田为煤层气高产富集区，煤层气剩余经济可采储量为2315.2亿立方米，占全国剩余经济可采储量的91.75%；铝土矿保有资源储量14.32亿吨，占全国保有资源储量的34.49%。耐火黏土保有储量6.82亿吨，占全国保有储量的27.04%。煤炭资源居全国前三位，分布广泛，煤质优良，累计保有地质储量2689.67亿吨，占全国保有资源储量的17.56%。此外，锰、银、金、石墨、膨润土、高岭岩、石英岩（优质硅石）、含钾岩石、花岗岩、沸石等10种矿产也有着良好的勘查、开发前景。煤、铝土矿等沉积矿产分布广泛，铁矿、铜矿等重要矿产分布相对集中，但是重要金属矿产贫矿多、富矿少，共伴生矿多、单一矿少。

（张　峰）

【水资源】 2014年，山西省汛前（1~5月）降水量106.3毫米、汛期（6~9月）降水量363.6毫米、汛后（10~12月）降水量17.8毫米，分别占年降水总量的21.8%、74.6%和3.6%。

2014年山西省各水文站年均流量与多年均值相比，除永定河水系桑干河东榆林水库（坝下）、南洋河天镇、壶流河广灵，沿黄支流南川河万年饱、洮水河冷口，汾河水系汾河干流宁化堡、静乐、河岔、汾河二坝（二）、义棠、赵城，汾河支流涧河娄烦和洪安涧河东庄13个站偏多以外，其余站点均偏少。

据全省59座大中型水库汛初蓄水量统计，汛初蓄水总量为10.47亿立方米，比年初（2014年1月1日）少1.13亿立方米，比2013年同期多1.04亿立方米，比多年同期平均多5.75亿立方米。据全省59座大中型水库年末蓄水量统计，年末蓄水总量为11.91亿立方米，比汛末多0.42亿立方米，比2013年同期多0.31亿立方米，比多年同期平均多5.24亿立方米。

按降水量距平计算，全年春夏季普遍出现旱情。3月，大同、朔州、忻州、阳泉、长治和晋城市大部，以及晋中市东部、运城市北部发生旱情。4月，忻府区发生中度干旱，左云、定襄和岢岚县发生轻度干旱。其余地区均属正常。6月，晋城市大部，朔州、吕梁、长治市局部，忻州中东部、临汾东部，以及大同矿区、晋源区、盂县发生旱情。7月，运城、晋城市大部，大同市中北部，吕梁、临汾市南部，长治市东南部出现旱情。8月，忻州、吕梁市大部，长治市局部，阳泉市北中部，以及古交市发生旱情。

据2014年1月1日至9月30日全省洪涝灾害基本情况统计，全省共有7个地市（太原、长治、晋城、运城、忻州、临汾和吕梁）、42个县、185个乡镇发生洪涝灾害，受灾人口总计27.267万人，因灾转移人口1.092万人，倒塌房屋3685间、直接经济总损失5.1686亿元，其中水利设施直接经济损失0.2167亿元。（刘耀峰）

人口　语言

【常住人口】 根据2014年人口抽样调查，2014年山西省人口出生率为10.92‰，比上年上升0.11‰，人口死亡率为5.93‰，比上年上升0.36‰，人口自然增长率为4.99‰，比上年下降0.25‰。山西省2014年底常住人口为3647.96万人，比上年增加18.16万人，增长率为0.50%。（省统计局）

【人口分布】 根据2014年人口抽样调查推算，山西省各市2014年底常住人口分布如下：太原市4298900人，大同市3391947人，阳泉市1392674人，长治市3404434人，晋城市2308946人，朔州市1753943人，晋中市3320308人，运城市5252258人，忻州市3128460人，临汾市4414596人，吕梁市3813133人。（省统计局）

【人口年龄构成】 根据2014年人口抽样调查推算，2014年山西省人口中0–14岁人口为571.50万人，占常住人口的15.67%；15–64岁人口为2759.95万人，占常住人口的75.65%，其中：15–59岁人口为2573.11万人，占常住人口的70.53%；60岁及以上人口为503.35万人，占常住人口的13.80%，其中：65岁

及65岁以上人口为316.51万人，占常住人口的8.68%。（省统计局）

【人口性别构成】 根据2014年人口抽样调查推算，2014年山西省常住人口中，男性为1872.97万人，占常住人口的51.34%；女性为1774.99万人，占常住人口的48.66%，性别比为105.52。（省统计局）

【家庭户人口】 根据2014年人口抽样调查推算，2014年山西省共有家庭户1166.40万户，家庭户人口数量推算约为3580.84万人，占常住人口的98.16%，平均每个家庭户人口为3.07人。（省统计局）

【城乡人口】 根据2014年人口抽样调查推算，2014年山西省常住人口中，居住在城镇的人口为1962.32万人，占常住人口的53.79%；居住在乡村的人口为1685.64万人，占常住人口的46.21%。（省统计局）

2014年山西省人口数及其构成表

指　标	年末数（万人）	比重(%)
全省常住人口	3648	100.00
其中:城镇	1962	53.79
乡村	1686	46.21
其中:男性	1873	51.34
女性	1775	48.66
其中:0~15岁(含不满16岁)	615	16.86
16~59岁(含不满60周岁)	2530	69.43
60周岁及以上	503	13.80
其中:65周岁及以上	317	8.68

【语言】 山西省是汉语方言比较复杂的省份之一。由于地理和历史等诸多原因，山西方言较多地保留古代汉语成分，在语音、词汇和语法方面都有重要特点。与其他北方方言相比，山西方言除晋南多数县市和北部广灵没有入声外，其余各区均有入声。山西方言的入声读音短促，韵母以喉塞音收尾。山西境内与毗邻省份有入声的方言被称为晋语。在词汇语法方面，有以下特点：一是有分音词、合音词和逆序词，二是有丰富的四字格俗语，三是有大量以"圪"为前缀构成的词语，四是保留许多古语词，五是名词、动词、形容词、量词的重叠形式非常丰富。按照《山西方言调查研究报告》的研究，根据入声有无及其他语音特点，山西方言可以分为六个区：

中区：以太原方言为代表，属晋语。语音特点是有入声，平声不分阴阳。分布在晋中一带，包括太原、清徐、晋中、太谷、文水、交城、祁县、平遥、孝义、古交、介休、寿阳、榆社、娄烦、灵石、盂县、阳曲、阳泉、平定、昔阳、和顺与左权等县市区。

西区：以吕梁市离石区方言为代表，属晋语。语音特点是有入声，多数点阴平和上声调型相同，调值接近。分布在晋西一带，包括吕梁、汾阳、中阳、柳林、石楼、临县、方山、兴县、岚县、静乐、隰县、交口、永和、大宁、汾西与蒲县等县市区。

东南区：以长治方言为代表，属晋语。语音特点是有入声，部分点去声分阴阳。分布在晋东南一带，包括长治、长治县、潞城、黎城、平顺、壶关、屯留、长子、沁源、沁县、武乡、襄垣、晋城、阳城、陵川与高平等县市。

北区：以忻州、大同方言为代表，属晋语。语音特点是有入声，入声不分阴阳。分布在太原以北地区，包括大同、大同县、阳高、天镇、怀仁、左云、右玉、应县、山阴、繁峙、忻州、定襄、原平、五台、代县、浑源、灵丘、朔州、平鲁、神池、宁武、五寨、岢岚、保德、偏关与河曲等县市。

东北区：仅有广灵县一个点，属冀鲁官话。语音特点是无入声，古入声次浊声母字今读去声。

南区：以临汾、运城方言为代表，属中原官话。语音特点是无入声，古入声次浊声母字今读阴平。分布在山西南部，包括运城、芮城、永济、平陆、临猗、万荣、河津、乡宁、吉县、夏县、闻喜、垣曲、稷山、新绛、绛县、临汾、霍州、古县、安泽、洪洞、浮山、翼城、侯马、曲沃、襄汾与沁水等县市。（安志伟）

民族　宗教

【民族】 山西省是少数民族杂居散居的省份。民族构成以汉族为主，汉族人口占全省总人口99.7%，有53个少数民族，包括：回族、满族、蒙古族、彝族、苗族、土家族等，人口为9.35万人，占全省总人口0.27%，其中回族最多，约占少数民族总人口的80%。

山西省的少数民族总体呈大分散、小聚居特点。具体有4个特点：一是人口总数不多，但民族成分多。全省共有53个少数民族成分。少数民族人口在万人以上的有回族、满族、蒙古族。二是大分散、小聚居。全省11市119个县（市、区）有少数民族。有42个少数民族聚居村。三是回族人数居绝大多数且相对聚居，有较强的民族意识和宗教感情。四是少数民族聚居村有相当一部分处于山区或贫困县区，经济社会发展水平相对落后。（王　静）

【宗教】 截至2014年底，山西省境内有佛教、道教、伊斯兰教、天主教、基督教5个宗教团体，信教群众约185万人。全省经认定备案宗教教职人员6386人，全省宗教活动场所2844处，各级宗教团体共221个。（王　静）

行政区划

【区划地名和界线管理】 2014年，山西省民政厅完成省政府批转的行政区划调整事项的调研、审理、上报工作。《山西省行政区划调整规划》编制工作取得进展。省界晋豫线、4条市界、41条县界联检任务和平安边界示范市、县创建工作全部完成。开展地名清理整顿，地名普查前期准备工作，得到民政部充分肯定。长治市试行界线管理信息员制度，吕梁市界桩管理改革成效显著，在全国行政区划界线管理工作会议上山西省作典型发言。（王文广）

2014年山西省行政区划表

市　名	城　　市			市辖区	县	镇	乡	街道	统　计
	合计	地级市	县级市						
	22	11	11	23	85	564	632	200	
太原市	小店区 娄烦县	迎泽区 古交市	杏花岭区	尖草坪区	万柏林区	晋源区	清徐县	阳曲县	1市6区3县21镇31乡52街道
大同市	城　区 浑源县	矿　区 左云县	南郊区 大同县	新荣区	阳高县	天镇县	广灵县	灵丘县	4区7县33镇66乡40街道
阳泉市	城　区	矿　区	郊　区	平定县	盂　县				3区2县20镇12乡12街道
长治市	城　区 长子县	郊　区 武乡县	长治县 沁　县	襄垣县 沁源县	屯留县 潞城市	平顺县	黎城县	壶关县	1市2区10县68镇64乡14街道
晋城市	城　区	沁水县	阳城县	陵川县	泽州县	高平市			1市1区4县48镇26乡10街道
朔州市	朔城区	平鲁区	山阴县	应　县	右玉县	怀仁县			2区4县19镇50乡4街道
晋中市	榆次区 平遥县	榆社县 灵石县	左权县 介休市	和顺县	昔阳县	寿阳县	太谷县	祁　县	1市1区9县59镇59乡17街道
运城市	盐湖区 夏　县	临猗县 平陆县	万荣县 芮城县	闻喜县 永济市	稷山县 河津市	新绛县	绛　县	垣曲县	2市1区10县81镇55乡13街道
忻州市	忻府区 五寨县	定襄县 岢岚县	五台县 河曲县	代　县 保德县	繁峙县 偏关县	宁武县 原平市	静乐县	神池县	1市1区12县59镇126乡6街道
临汾市	尧都区 吉　县 霍州市	曲沃县 乡宁县	翼城县 大宁县	襄汾县 隰　县	洪洞县 永和县	古　县 蒲　县	安泽县 汾西县	浮山县 侯马市	2市1区14县75镇76乡20街道
吕梁市	离石区 方山县	文水县 中阳县	交城县 交口县	兴　县 孝义市	临　县 汾阳市	柳林县	石楼县	岚　县	2市1区10县81镇67乡12街道

经济建设

【概述】 2014年，山西省经济发展总体平稳，初步核算，全年全省生产总值12759.4亿元，按可比价格计算，比上年增长4.9%。其中，第一产业增加值788.1亿元，增长3.8%，占生产总值的比重6.2%；第二产业增加值6343.3亿元，增长3.7%，占生产总值的比重49.7%；第三产业增加值5628.0亿元，增长7.0%，占生产总值的比重44.1%。

人均地区生产总值35064元，按2014年平均汇率计算为5708美元。

全年全省公共财政收入1820.1亿元，增长7.0%。税收收入1133.8亿元，下降0.3%，其中国内增值税、营业税、企业所得税、个人所得税、资源税和城建税共计完成税收924.4亿元，下降4.3%。公共财政支出3096.3亿元，增长2.2%。其中，教育、医疗卫生、社会保障和就业、住房保障、公共交通运输、节能环保、城乡社区事务等民生支出2583.1亿元，增长3.1%，民生支出占全省公共财政支出的比重83.4%。

居民消费价格比上年上涨1.7%，其中，食品价格上涨2.8%。商品零售价格上涨0.6%。固定资产投资价格下降0.4%。工业生产者出厂价格下降8.6%，其中，生产资料价格下降9.0%，生活资料价格上涨1.3%。工业生产者购进价格下降3.8%。农业生产资料价格下降0.8%。

2014年山西省居民消费价格比上年涨幅表

指　标	涨幅(%)
居民消费价格	1.7
食　品	2.8
烟酒及用品	0.1
衣　着	2.4
家庭设备用品及维修服务	1.4
医疗保健和个人用品	0.9
交通和通信	−0.2
娱乐教育文化用品及服务	1.8
居　住	0.8

全年全省城镇新增就业51.4万人。转移农村劳动力37.7万人。年末城镇登记失业率3.4%。（省统计局）

【农业】 2014年，山西省农作物种植面积384.05万公顷，比上年减少5.78万公顷。其中，粮食种植面积328.64万公顷，增加1.21万公顷；油料种植面积12.97万公顷，减少1.06万公顷；棉花种植面积1.87万公顷，减少4700公顷。在粮食种植面积中，玉米种植面积167.65万公顷，增加6500公顷；小麦种植面积67.39万公顷，减少3600公顷。

全年粮食产量1330.8万吨，增加18.0万吨，增产1.4%。其中，夏粮260.3万吨，增产12.3%；秋粮1070.5万吨，减产1.0%。

全年完成造林30.79万公顷，增长1.7%。其中，荒山荒地造林面积30.35万公顷，增长1.6%。全年木材产量15.6万立方米，增长31.2%。

全年全省猪牛羊肉总产量76.7万吨，增长5.6%。其中，猪肉产量64.2万吨，增长4.9%；牛肉产量5.8万吨，增长11.5%；羊肉产量6.7万吨，增长8.1%。年末生猪存栏514.7万头，生猪出栏837.3万头。牛奶产量96.2万吨，增长11.6%。禽蛋产量83.7万吨，增长4.8%。水产品产量5.1万吨，增长12.3%。

年末全省农业机械总动力3286.2万千瓦，增长3.2%。机械耕地面积268.31万公顷，增长2.8%；机械播种面积262.23万公顷，机械收获面积181.07万公顷，分别增长4.2%和6.3%。全省农机化经营总收入131.1亿元，增长7.6%。（省统计局）

2014年山西省主要农林产品产量及其增长速度表

产品名称	产量（万吨）	比上年增长(%)
粮　食	1330.8	1.4
其中：玉米	938.1	−1.8
小麦	259.1	12.3
谷子	38.9	5.9
豆类	31.4	1.9
薯类	39.1	8.6
油　料	17.3	−11.0
棉　花	2.4	−23.1
甜　菜	8.0	−64.2
蔬菜及食用菌	1271.4	6.1
水　果	770.8	8.3
其中：瓜果类	88.3	9.1
园林水果	682.5	8.2
食用坚果	12.5	46.9
其中：核　桃	12.1	90.7

【工业和建筑业】 2014年，山西省规模以上工业企业3720家，减少226家。全年规模以上工业增加值增长3.0%。

全社会发电量2642.8亿千瓦时，增长0.7%。规模以上工业企业焦炭产量8722.3万吨，下降3.5%；钢材产量

2014年山西省规模以上工业增加值增长速度表

指　标	比上年增长(%)
规模以上工业	3.0
其中：轻工业	−3.8
重工业	3.4
其中：国有及国有控股企业	3.6
其中：集体企业	−8.1
股份制企业	2.2
外商及港澳台商投资企业	15.9
其中：煤炭工业	3.4
焦炭工业	−0.6
电力工业	−1.1
冶金工业	1.3
化学工业	1.9
建材工业	2.0
装备制造业	13.6
医药工业	16.2
食品工业	−9.8

2014年山西省规模以上工业主要工业产品产量及其增长速度表

产品名称	单位	产量	比上年增长(%)
白酒	千升	93597.1	−10.1
液体乳	万吨	45.2	−8.1
纱	万吨	5.5	−4.6
布	万米	5267.6	16.1
机制纸及纸板	万吨	25.9	−25.1
焦炭	万吨	8722.3	−3.5
其中：机焦	万吨	8709.0	−3.3
硫酸(折100%)	万吨	41.8	202.8
化肥(折100%)	万吨	461.3	1.0
合成洗涤剂	万吨	9.2	−14.7
水泥	万吨	4537.9	−7.7
平板玻璃	万重量箱	1758.9	−14.8
生铁	万吨	4052.0	−5.0
粗钢	万吨	4325.4	−7.4
钢材	万吨	4701.0	4.8
原铝	万吨	82.7	−20.6
氧化铝	万吨	903.0	15.1
卷烟	亿支	163.5	3.2
发电量(全社会)	亿千瓦小时	2642.8	0.7

4701.0万吨，增长4.8%。

规模以上工业企业实现主营业务收入17119.9亿元，下降6.1%。其中，装备制造和医药工业分别实现主营业务收入1582.1亿元和158.9亿元，分别增长9.4%和14.8%；煤炭、焦炭、冶金、电力、化学、建材和食品工业分别实现主营业务收入6781.0亿元、1026.4亿元、3768.2亿元、1597.2亿元、844.9亿元、358.6亿元和701.4亿元，分别下降8.0%、21.9%、8.3%、0.6%、2.8%、3.0%和1.0%。

规模以上工业实现利税973.4亿元，下降32.6%；实现利润210.6亿元，下降61.4%。

2014年山西省规模以上工业企业利润总额及其增长速度表

指　标	利润总额（亿元）	比上年增长（%）
规模以上工业	210.6	−61.4
其中：国有控股企业	94.8	−72.2
其中：集体企业	2.6	−38.0
股份制企业	94.9	−76.5
外商及港澳台商投资企业	75.3	3.0

全年全省建筑业实现增加值825.7亿元，增长7.1%。具有建筑业资质等级的总承包和专业承包建筑业企业实现利润90.2亿元，增长0.6%。（省统计局）

【能源】2014年，山西省一次能源生产折标准煤7.2亿吨，增长2.4%；二次能源生产折标准煤4.9亿吨，增长1.0%。

全年全省向省外运输煤炭6.6亿吨，增长7.6%。在外运煤炭中，铁路运输5.0亿吨，增长4.7%；公路运输1.6亿吨，增长17.8%。向省外输送电力820.2亿千瓦小时，增长3.4%。

全年全省全社会用电总量1822.6亿千瓦小时。其中，第一产业用电37.9亿千瓦小时，占全社会用电量2.1%；第二产业用电1471.5亿千瓦小时，占80.7%，其中工业用电1452.1亿千瓦小时；第三产业用电160.1亿千瓦小时，占8.8%；城乡居民生活用电153.3亿千瓦小时，占8.4%。（省统计局）

【固定资产投资】2014年，全社会固定资产投资12354.5亿元。其中，固定资产投资（不含跨省、农户）11977.0亿元，增长11.5%。

在固定资产投资（不含跨省、农户）中，国有及国有控股投资4858.7亿元，下降0.2%；民间投资6977.5亿元，增长20.5%。

分登记注册类型看，内资企业和个体经营投资11800.0亿元，增长11.2%；外商及港澳台商企业投资177.0亿元，增长33.2%。

分产业看，第一产业投资887.7亿元，增长34.5%；第二产业投资5009.5亿元，增长7.6%；第三产业投资6079.8亿元，增长12.0%。

山西省工业投资5054.0亿元，增长7.5%。其中，煤炭工业投资1088.1亿元，下降6.0%，非煤产业投资3965.8亿元，增长12.0%；传统产业（煤炭、焦炭、冶金、电力）投资合计2303.9亿元，增长4.0%，非传统产业投资合计2750.1亿元，增长10.6%。

2014年山西省分行业固定资产投资（不含跨省、农户）及其增长速度表

行　业	投资额（亿元）	比上年增长(%)
总计	11977.0	11.5
农林牧渔业	943.6	32.5
采矿业	1423.1	−3.5
制造业	2671.8	5.3
电力、热力、燃气及水生产和供应业	959.1	39.6
建筑业	11.5	6.6
批发和零售业	248.3	1.6
交通运输、仓储和邮政业	783.6	−15.6
住宿和餐饮业	58.0	−27.7
信息传输、软件和信息技术服务业	58.6	−7.4
金融业	3.2	−18.8
房地产业	2815.9	23.0
租赁和商务服务业	108.9	93.5
科学研究和技术服务业	45.1	14.9
水利、环境和公共设施管理业	1364.4	9.5
居民服务、修理和其他服务业	47.8	132.7
教育	138.9	−8.7
卫生、社会工作	69.0	24.9
文化、教育和娱乐业	172.3	99.4
公共管理、社会保障和社会组织	53.7	−2.2

全年全省在建固定资产投资项目12815个。其中，亿元以上项目3541个，计划总投资23149.6亿元，完成投资7631.2亿元。

全年房地产开发投资1403.6亿元，增长7.3%。其中，住宅投资1010.7亿元，增长5.4%；商业营业用房投资191.3亿元，增长4.8%。（省统计局）

【国内贸易】2014年，山西省社会消费品零售总额5549.9亿元，增长11.3%。按经营地统计，城镇消费品零

2014年山西省房地产开发和销售情况表

指　标	单　位	绝对数	比上年增长(%)
投资完成额	亿元	1403.6	7.3
其中：住宅	亿元	1010.7	5.4
房屋施工面积	万平方米	15476.9	10.2
其中：住宅	万平方米	11471.8	6.7
房屋新开工面积	万平方米	3887.5	5.8
其中：住宅	万平方米	2740.0	0.6
房屋竣工面积	万平方米	2182.5	−4.5
其中：住宅	万平方米	1701.6	−7.9
商品房销售面积	万平方米	1576.3	−4.1
其中：住宅	万平方米	1433.9	−3.4

2014年山西省社会消费品零售总额及其增长速度表

指　标	绝对数（亿元）	比上年增长(%)
社会消费品零售总额	5549.9	11.3
分地域：城镇	4600.8	11.2
其中：城区	3067.2	11.8
乡村	949.1	11.7
分行业：批发业	318.0	12.0
零售业	4713.9	11.5
住宿业	73.1	7.4
餐饮业	444.9	8.9

2014年山西省限额以上批发零售业零售额及其增长速度表

指　标	绝对数（亿元）	比上年增长(%)
汽车类	721.2	0.6
石油及制品类	597.9	−2.8
金银珠宝类	49.2	−11.1
家用电器和音像器材类	107.4	−13.4
通信器材类	9.0	−12.2
粮油、食品、饮料、烟酒类	274.9	21.9
服装、鞋帽、针纺织品类	245.1	10.8
化妆品类	24.9	21.6
体育、娱乐用品类	5.3	6.4

售额 4600.8 亿元，增长 11.2%；乡村消费品零售额 949.1 亿元，增长 11.7%。按消费形态统计，商品零售额 5036.7 亿元，增长 11.5%；餐饮收入额 513.2 亿元，增长 9.2%。（省统计局）

【对外经济】 2014 年，山西省海关进出口总额 162.5 亿美元，增长 2.9%。其中，进口额 73.1 亿美元，下降 6.3%；出口额 89.4 亿美元，增长 11.8%。

全年出口煤炭 45.0 万吨，下降 57.2%；出口焦炭 98.9 万吨，增长 81.3%；出口镁及其制品 8.8 万吨，增长 57.4%；出口钢材 144.2 万吨，增长 87.2%，其中不锈钢 61.5 万吨，增长 67.1%。出口机电产品 51.1 亿美元，增长 10.0%；出口高新技术产品 37.6 亿美元，增长 16.6%。

2014 年山西省海关进出口总额及其增长速度表

指　标	绝对数（亿美元）	比上年增长(%)
进出口总额	162.5	2.9
出口额	89.4	11.8
其中：一般贸易	35.1	−9.3
加工贸易	53.4	32.9
其中：机电产品	51.1	10.0
高新技术产品	37.6	16.6
其中：国有企业	25.2	46.4
外商投资企业	42.0	16.4
进口额	73.1	−6.3
其中：一般贸易	43.0	−16.7
加工贸易	28.2	67.0
其中：机电产品	28.6	34.2
高新技术产品	18.7	98.6
其中：国有企业	22.6	−23.9
外商投资企业	27.2	49.8

2014 年与山西有贸易往来的主要国家和地区进出口情况表

	出口额（万美元）	比上年增长(%)	进口额（万美元）	比上年增长(%)
中国香港	70057	95.9	1	−99.2
中国台湾	28471	21.7	43265	255.9
印度	43808	2.7	2322	−74.7
澳大利亚	14096	−7.5	125828	−34.9
美国	202898	34.9	20392	0.7
巴西	25343	44.1	64188	−36.9
日本	44806	87.3	49767	29.3
韩国	51908	−11.4	47751	70.2
德国	18462	−6.8	32293	−22.8
荷兰	46975	−49.2	283	−85.0

全年进口铁矿砂 1616 万吨，下降 31.1%，进口金额 15.5 亿美元，下降 47.7%；进口机电产品 28.6 亿美元，增长 34.2%。

全年全省新设立外商直接投资企业 50 家；按全口径统计实际使用外商直接投资金额 29.5 亿美元，增长 5.2%。

全年全省对外经济合作新签合同额 3.5 亿美元，增长 47.0%，完成营业额 7.4 亿美元，下降 4.0%。

（省统计局）

【交通　邮电和旅游】 2014 年，山西省公路线路里程达 14.0 万千米，其中高速公路 5011.1 千米，与上年末持平。

2014 年山西省客货运输量及其增长速度表

指　标	单　位	绝对数	比上年增长(%)
旅客运输量	万人	35040.2	−2.0
其中：铁路	万人	6949.3	10.4
公路	万人	27091.0	−4.9
民航	万人	999.9	2.6
旅客运输周转量	亿人千米	384.4	−0.5
其中：铁路	亿人千米	202.4	6.6
公路	亿人千米	182.0	−7.4
货物运输量	万吨	164909.7	5.7
其中：铁路	万吨	76412.6	4.4
公路	万吨	88492.0	6.8
民航	万吨	5.1	1.4
货物运输周转量	亿吨千米	3711.0	3.3
其中：铁路	亿吨千米	2347.8	1.5
公路	亿吨千米	1363.2	6.6

年末全省民用汽车保有量 429.8 万辆(包括三轮汽车和低速货车 5.5 万辆)，比上年末增长 3.4%，其中私人汽车 372.3 万辆，增长 14.0%。本年新注册汽车 58.8 万辆，下降 1.7%。年末轿车保有量 255.0 万辆，增长 15.8%，其中私人轿车 234.8 万辆，增长 17.9%。

全年全省完成邮电业务总量 431.2 亿元，增长 11.4%。其中，邮政业务总量 36.6 亿元，增长 7.2%；电信业务总量 394.6 亿元，增长 11.8%。年末移动电话用户 3332.3 万户，其中，3G 移动电话用户 1139.6 万户。全省宽带接入用户 571.1 万户，增长 9.6%。

全年全省商业住宿设施接待入境过夜游客 56.5 万人次，接待国内游客 3.0 亿人次，分别增长 4.9%和 21.7%；旅游外汇收入 2.8 亿美元，国内旅游收入 2829.3 亿元，旅游总收入 2846.5 亿元，分别增长 5.1%、25.5%和 23.5%。（省统计局）

【金融】 2014 年末，山西省金融机构本外币各项存款余额 26942.9 亿元，比年初增加 675.5 亿元，比年初增长 2.6%。各项贷款余额 16559.4 亿元，比年初增加 1488.0 亿元，增长 9.9%。

年末全省农村金融合作机构（农村信用社、农村合作银行、农村商业银行）人民币贷款余额 3367.6 亿元，比年初增加 232.6 亿元，增长 7.4%；人民币存款余额 5268.2 亿元，比年初增加 254.9 亿元，比年初增长 5.1%。

2014 年年末山西省金融机构本外币存贷款及其增长速度表

指　标	年末数（亿元）	比年初增长(%)
各项存款余额	26942.9	2.6
其中：单位存款	10979.2	−2.8
城乡居民储蓄存款	14193.9	6.0
其中：人民币	14145.2	6.0
各项贷款余额	16559.4	9.9
其中：短期贷款	6479.1	5.6
中长期贷款	8774.6	9.1
其中：个人消费性贷款(人民币)	1038.3	29.3

截至年末，全省共有上市公司 35 家。全省辖区证券市场各类证券成交额 20465.5 亿元，增长 67.7%。其中股票成交额 14037.0 亿元，增长 77.4%；基金成交额 730.0 亿元，增长 228.6%；债券成交额 5698.5 亿元，增长 39.9%。年末投资者资金账户累计开户数 179.5 万户，增长 9.0%。

全年全省保费收入 465.4 亿元，增长 12.9%。其中，寿险业务保费收入 271.9 亿元，增长 13.4%；健康险业务保费收入 28.7 亿元，增长 42.4%；意外险业务保费收入 8.7 亿元，增长 9.4%；财产险业务保费收入 156.0 亿元，增长 7.9%。全年支付各类赔款及给付 182.5 亿元，增长 7.8%。

（省统计局）

法治建设

【司法体制改革】 2014年，中央将山西省列为第二批司法体制改革试点省份，山西省政法委成立由省委常委、政法委书记王建明任组长的省司法体制改革领导小组，并抽调精干人员组成专门的办事机构，明确工作责任，确定推进节点。组织有关人员深入调研、全面摸底，组织起草《司法体制改革试点工作方案》，经省委常委会审议通过后上报中央司改办。同时，推进部署改革举措的落实。(1)深化执法司法公开。组织制定《全省政法系统"阳光司法"工程五年规划》，强化时限要求，明确公开范围，促司法公开的推进。(2)推进涉法涉诉信访改革。围绕入口不顺、程序空转、出口不畅等突出问题，组织制定《关于依法处理涉法涉诉信访问题的实施意见》，并建立政法机关涉法涉诉信访工作流程、责任查究、宣传引导、违法信访行为处置四项机制，完善涉法涉诉信访导入、推进诉访分离、做好案件终结后续工作、落实司法救助四项配套制度，形成涉法涉诉信访改革"1+8"制度体系。(3)推进轻微刑事案件快速办理机制。在太原、晋中2个市开展试点的基础上，推动省法院牵头出台《山西省关于实行轻微刑事案件快速办理机制的规定（试行）》，并在全省推开。(4)防范冤假错案。针对侦查取证环节工作不扎实的问题，推动检察、公安机关全面规范取证行为，推行检察机关介入命案现场勘验检查机制，强化落实现场取证和办案区全程录音录像制度，从源头上遏制非法证据的产生。 （李　磊）

【领导干部依法行政专题研讨班】 2014年6月9日至14日，山西省委组织部、省政府法制办、省委党校联合举办两期领导干部依法行政专题研讨班。部分县(市、区)分管法制工作的副县(市、区)长，省直单位、市、县(市、区)政府法制机构和行政执法部门负责人共160余人参加学习研讨。山西大学教授汪渊智和省委党校副教授呼旭光、副教授张宏华分别就物权法、行政法基本知识和理想信念作专题讲座，太原市政府法制办主任阴海锁作推进依法行政实践与探索的报告。参加研讨班的全体学员结合党的十八大、十八届三中全会精神和推进依法行政、加快推进法治政府建设实践进行交流研讨。 （郭文强）

【依法行政宣传月活动】 2014年7月29日，山西省政府法制办印发《山西省人民政府法制办公室关于开展2014年度"依法行政宣传月"活动的通知》，就全省范围内开展"依法行政宣传月"活动做出安排部署。2014年度"依法行政宣传月"活动以"强化法治思维，注重法治方式，坚持依法行政，保障服务转型跨越"为主题，本着因地制宜、形式多样、生动活泼、注重效果的原则开展。活动的宣传重点主要集中在六个方面:(1) 宣传党的十八大、十八届三中全会关于推进依法治国、依法行政的精神。(2)宣传国务院《全面推进依法行政实施纲要》《国务院关于加强市县政府依法行政的决定》《国务院关于加强法治政府建设的意见》以及《行政许可法》《政府信息公开条例》等法律、法规、规章。(3)宣传省委、省政府关于推进依法治省、依法行政的工作部署。(4)宣传本地区本部门推进依法行政、建设法治政府和运用法治思维、法治方式深化改革、推动发展、化解矛盾、维护稳定的好做法、好经验和取得的突出成效。(5)宣传本地区、本部门在推进依法行政进程中涌现出来的先进单位、先进个人的事迹。(6)宣传推进依法行政、建设法治政府对促进转型跨越发展、综改试验区建设、加强和创新社会管理以及构建和谐社会的重要作用。 （郭文强）

【法治政府建设】 2014年11月25日，山西省人民政府依法行政领导组办公室印发《关于开展"深入推进依法行政加快建设法治政府"督促检查和报送2014年依法行政工作情况总结材料的通知》（晋政依法行政办字〔2014〕2号）。12月1日至20日，山西省人民政府依法行政领导组办公室组织开展"深入推进依法行政，加快建设法治政府"督促检查工作，成立4个检查组，对太原、晋中、长治、忻州4个设区市，迎泽区、榆次区、武乡县、原平市4个县(区、市)和8个省政府工作部门进行抽查检查。在梳理汇总各市、省政府各工作部门报送的年度依法行政工作总结的基础上，结合督促检查情况，起草《2014年全省推进依法行政工作的情况报告》，报送省政府。 （郭文强）

社会建设

【教育和科学技术】 截至2014年底，山西省共有幼儿园6183所，增加301所；小学6885所，减少2061所；普通初中1919所，减少72所；普通高中499所，减少5所；中等职业学校526所，增加19所；普通高等学校71所，增加1所；成人高等学校12所，与上年持平。全省学前三年毛入园率86.0%，小学学龄儿童净入学率99.9%，高中阶段毛入学率93.0%，全省高等教育毛入学率37.0%。

2014年山西省各类教育发展情况表

指　标	招生（万人）	在校生（万人）	毕业生（万人）
研究生	0.9	2.8	0.9
普通本专科	21.4	71.3	17.4
成人本专科	4.8	17.3	6.4
中等职业教育	17.1	51.0	19.3
普通高中	25.6	82.8	27.4
初中	37.9	121.9	44.9
小学	34.7	224.5	38.8
特殊教育	0.1	0.8	0.1
学前教育	41.2	96.8	34.1

全年全省专利申请量与授权量分别为15684件和8372件，分别下降16.8%和2.3%；其中发明专利申请量与授权量分别为6107件和1559件，分别增长1.4%和17.0%。全年新登记科技成果383项；获得国家科学技术奖6项；国家认定企业技术中心26

家;省级企业技术中心208家。按照国家高新技术企业认定办法,年末累计认定高新技术企业520家。

全省25个经济开发区(包括高新区)入区企业17218家,其中500强投资企业107家。区内税收收入191.5亿元,增长18.9%;企业主营业务收入5895.3亿元,增长8.6%。

全省共有省、市、县产品质量监督检验和计量检定技术机构220个,国家检测中心5个。监督抽查1882家企业59类249种11484批次的产品和商品。全年完成强制检定计量器具182万台件。

全省有气象台站121个,全省开展电话天气自动答询的台站121个。全省气象系统开展人工影响天气业务的单位116个,防雹、增雨累计受益面积224.9万平方千米,增雨量30.4亿立方米。全省有天气预报服务Intel网站4个,卫星云图接收站15个。

全省有专业综合地震台站10个,省级地震台网中心1个,省级数字测震地震台网1个。全年M3.0—M3.9级地震7次,M4.0—M4.9级地震0次,最大震级M3.7级。

(省统计局)

【文化 卫生和体育】 截至2014年底,山西省共有群众艺术馆12个,文化馆119个,文化站1407个(其中:乡镇综合文化站1196个),农村文化活动场所2.8万个;专业艺术表演团体163个;公共图书馆118个;出版报纸60种(不含高校校报),20.5亿份,各类杂志198种,3215.8万册,各类图书5306种,11908.5万册。广播电视台114座,电视台2座,中短波转播发射台15座,调频转播发射台119座,一百瓦以上电视转播发射台145座。广播人口覆盖率98.04%,电视人口覆盖率98.95%,有线电视用户514.8万户。山西影视集团拍摄的电影《黄河喜事》荣获第14届韩国光州国际电影节"最受观众喜欢影片奖";电视剧《幸福生活万年长》荣获中宣部第十三届精神文明建设"五个一工程"优秀作品奖。

全省共有卫生机构(含诊所、村卫生室)40744个,床位18.1万张。卫生防疫、防治机构134个,妇幼保健院(所、站)133个。全省卫生机构共有卫生技术人员21.0万人;卫生院卫生技术员2.3万人,社区卫生服务中心(站)卫生技术人员1.1万人,其中农村乡镇卫生院2.0万人;防疫、防治卫生技术员0.4万人,妇幼保健(所、站)卫生技术人员0.6万人。全省115个县(市、区)开展新型农村合作医疗工作,有2191.2万农民参加合作医疗。

全省有体育场99个,体育馆87个。全年我省运动员在国内外重大比赛中获金、银、铜牌分别为75枚、62枚和46枚(包括非奥运项目比赛)。全省销售中国体育彩票19.0亿元,增长21.5%。

(省统计局)

【人民生活和社会保障】 2014年,山西省居民人均可支配收入16538元,增长9.4%。按常住地分,城镇居民人均可支配收入24069元,增长8.1%,城镇居民人均消费支出14637元,增长6.4%;农村居民人均可支配收入8809元,增长10.8%,农村居民人均消费支出6992元,增长8.3%。城镇占调查总户数20%的低收入家庭人均可支配收入9487元,增长9.1%;农村占人口20%的低收入者收入2719元,增长13.4%。城镇居民家庭恩格尔系数(即居民家庭食品消费支出占家庭消费支出的比重)26.0%,农村居民家庭恩格尔系数29.4%。

年末参加城镇职工基本养老保险692.0万人,增加19.5万人;参加城乡居民社会养老保险1537.4万人,增加3.7万人;参加城镇基本医疗保险1100.7万人,增加14.4万人;参加失业保险407.7万人,增加7.0万人;参加工伤保险563.1万人,增加14.2万人;参加生育保险454.2万人,增加8.6万人。

全年得到城市最低生活保障救济人数72.6万人,全年共发放城市最低保障资金26.3亿元。16万人纳入农村五保供养。

年末全省城镇有各种社区服务设施3227个,其中综合性社区服务中心529个,各类收养性单位床位数72110张,收养人数4.1万人,国家抚恤、补助各类优抚对象18.2万人。全年销售福利彩票40.9亿元,筹集社会福利资金11.9亿元,接受社会捐赠款0.1亿元。

(省统计局)

【资源 环境和安全生产】 2014年末山西省10座大型水库蓄水总量为10.4亿立方米。

年末全省森林面积282.4万公顷,森林覆盖率18.0%。

按《环境空气质量指数(AQI)技术规定(试行)(HJ633-2012)》评价,太原市环境空气质量达标天数197天;其余10个地级城市环境空气质量达标天数范围在96天至300天之间。

黄河、海河流域山西段共监测96个断面,达到Ⅲ类以上水质标准的断面占47.9%,达到Ⅳ类水质标准的断面占24.0%,达到Ⅴ类水质标准的断面占3.1%,有25.0%的断面超过Ⅴ类水质标准。

全年各类自然灾害造成直接经济损失51.1亿元,减少66.5%;农作物受灾面积72.0万公顷,减少60.4%,其中,绝收面积11.4万公顷,减少55.4%。

全年全省共发生各类生产经营性事故1947起,下降9.1%;死亡1127人,下降4.7%。全年全省煤炭百万吨死亡率0.036。

(省统计局)

文化建设

【公共文化服务体系建设】 2014年,山西省文化厅以保障群众基本文化权益为目标,不断提高公共文化服务质量和水平。经山西省政府常务会议审定,出台《山西省省级购买公共演出服务实施方案(试行)》和实施细则,举办"送戏百场进老区"活动,促进文艺院团下乡,转变政府职能和财政支出方式,带动各地出台政府购买演出或补贴政策,实现群众多看戏、看好戏目的。推进朔州市第二批国家公共文化服务体系示范区和大同市、晋中市示范项目创建工作。印发《关于公布省级公共文化服务标准化试点地区等名单的通知》,编制《2014—2018 年县级文化设施改善规划》和《2014—2018 年中央补助地方文化体育与传媒事业发展专项资金支持县级文化设施改善项目规划》,推动基层综合性文化服务中心建设,开展公共文化单位法人治理结构试点,促进公共文化服务标准化、均等化。继续推进山西晋剧艺术中心建设,启动山西省少儿图书馆和山西省古籍保护中心改建改造项目。省图书馆日均接待读者 6000 余人次,成为名副其实的"城市书房"和省城文化景观。山西大剧院全年演出 267 场,在保利院线和全国省级剧院处于领先水平。

(陈燕萍)

【文化惠民活动】 2014 年,山西省文化厅以"文化惠民在三晋"系列活动为龙头,开展欢乐下基层、爱心接力、润物无声、快乐生活、美丽三晋、幸福使者等 10 项活动,为人民群众提供阵地服务、流动服务、数字服务、优惠服务、共建服务 5 项服务,开展各类公益活动 5 万余次。山西省文化厅、省演艺集团组织省直院团赴企业、农村、部队、学校特别是贫困地区、革命老区进行演出。与总政歌舞团开展"军民共筑中国梦·总政歌舞团山西老区行"演出周活动。与武警山西总队开展"先进文化警地联建联谊联创"活动。山西大剧院"长风之夜"和"周二戏曲鉴赏"成为文化惠民品牌。省图书馆、省群艺馆开展公益讲座、志愿者服务、展示展览等活动,参与人数达 200 余万人次。各级图书馆、文化馆(站)开展为盲人上门送书活动,举办无障碍优秀电影播放活动,对残疾人、老年人、低收入群体进行免费培训,满足人民群众文化需求。 (陈燕萍)

【文化产业发展】 2014 年,山西省以加强顶层设计和完善政策措施为重点,优化发展环境,激发文化产业发展活力。山西省政府出台《关于支持文化产业加快发展的若干措施》《关于推进文化创意和设计服务与相关产业融合发展行动计划》,首次设立山西省文化产业发展投资基金。省文化厅与省财政厅、中国人民银行太原中心支行出台《关于深入推进文化金融合作的实施意见》,与山西投资集团有限公司和山西省文化旅游产业投资促进会启动战略合作,与省旅游局签订《促进文化与旅游融合发展合作意向书》。推进山西文化保税区和山西文化产业园项目建设,山西文化产业园中的孟母文化园动工建设。组织开展第五批国家级文化产业示范(试验)园区、第六批国家文化产业示范基地申报工作,完成第三批省级文化产业示范基地审定,围绕资源型企业转型投资文化产业、文化创意和对外文化贸易进行调研。推进山西省民营文化企业协会创建筹备工作。对文化产业政策进行解读,举办文化产业发展培训班。山西工美集团搭建产、学、研、销、展、训网络平台体系,引领全省工美产业化、规模化发展。

(陈燕萍)

【文化市场管理】 2014 年,山西省深化行政审批制度改革,承接国务院下放项目,整合审批项目和备案项目,文化市场领域行政审批项目从 20 项缩减为省级 9 项、县区 6 项并向社会公布项目清单。2014 年,山西省文化厅制定行政审批首问负责制、一次性告知制、服务规范等制度,健全全省各级文化市场准入、运行、竞争、退出机制。发挥行业协会作用,举办第四届演出经纪人培训班,完成网吧监管平台更新升级。把专项行动与日常监管相结合,检查经营单位 12 万余家次,规范文化市场经营秩序。强化网络文化产品巡查审核,杜绝宣扬低俗、赌博、暴力等内容。与江苏省共同举办文化市场管理执法培训班,开展执法案卷评查,加强综合执法规范化建设。 (陈燕萍)

生态建设

【大气治理】 2014 年,山西省环保厅突出"控煤、治污、管车、降尘"四项重点工作,国家确定的年度"1+26"项指标全面完成。特别是淘汰燃煤锅炉、茶浴炉等 1.34 万台,淘汰黄标车及老旧车 23.34 万辆,超额完成国家下达的年度任务。完成北京 APEC 会议空气质量保障工作,受到中央领导的肯定和环保部的表扬。全省全年 PM2.5 平均浓度同比下降 16.9%,超额完成下降 4% 的年度工作目标;平均达标天数 222 天,同比增加 39 天,达标率 63.3%;平均重污染天数 15 天,同比减少 17 天。

(王 颖)

【生态改善与恢复建设】 2014 年,山西省环保厅推动完成 441 个农村环境连片整治示范项目建设。制订农村人居环境改善生活污水处理规划和实施方案,完成中央、省级投资 1.03 亿元,推动 279 个村庄生活污水设施开工建设。建成省级矿山生态环境监测评价系统。 (王 颖)

【生态建设示范】 2014 年,山西省环保厅制订出台《关于深入开展生态建设示范工作的通知》,调动各地创建积极性。截至 2014 年底,全省已创建 8 个国家级生态乡镇、3 个国家级生态村,2 个省级生态县、239 个省级生态乡镇、1300 个省级生态村。2014 年向环保部申报 7 个国家级生态乡镇和 14 个国家级生态村。 (王 颖)

【应对重污染天气预报预警机制】 2014 年,山西省环保厅与省气象局联合制订《山西省重污染天气监测预报预警方案》和《山西省省级重污染天气监测预报预警会商制度(暂行)》,成立山西省重污染天气监测预警组及监测预警专家委员会,实行环境空气质量预报会商和重污染天气预警会商,建立和完善重污染天气监测预报预警工作机制。 (王 颖)

机构设置和领导名录

中国共产党山西省第十届委员会

书　记　袁纯清*　王儒林

副书记　李小鹏　楼阳生

常　委　袁纯清*　王儒林　李小鹏　楼阳生　胡苏平(女)
高建民　黄晓薇(女)　吴政隆　汤　涛*
李兆前*　陈川平*　张少华　王建明　孙绍骋
王伟中　付建华　盛茂林　聂春玉*　杜善学*
白　云*(女)

委　员（按姓氏笔画为序）
马天荣　丰立祥　王　亚　王　赋　王伟中
王安庞　王茂设　王建武　王建明　王清宪
王儒林　牛仁亮　左世忠　石扬令　卢晓中
申联彬　田喜荣　付建华　白　云*(女)
冯改朵(女)　吕伟红*(女)　朱晓明　仲　轩
任润厚*　刘传旺　刘向东　汤　涛*　孙绍骋
孙跃进　杜善学*　李　洪　李小鹏　李仁和
李平社　李东福　李永林　李兆前*　李建功
李栋梁　李晓波　李高山　李悦娥(女)　李海渊
李福明　杨　司　杨森林*　杨增武　吴永平
吴政隆　张　健　张　璞　张九萍(女)　张义平
张少华　张建欣(女)　张高宏　张瑞鹏　陈川平*
陈永奇　罗清宇　金道铭*(满族)　周明定
胡苏平(女)　段建国*　姜新文　洪发科　袁纯清*
耿彦波　聂春玉*　高卫东　高建民　郭迎光
郭新民　黄晓薇(女)　盛茂林　董洪运
楼阳生　廉毅敏　潘军峰　薛延忠

候补委员（按得票多少为序，得票相等的按姓氏笔画为序）
张文栋　张旭光　张志川　张建坤*　岳普煜
赵雁峰　贺天才　席小军

秘书长　聂春玉*　王伟中

常务副秘书长　姜新文

副秘书长　张克强　李福明　杨增武　邹天敬　李体柱
冯　征　王进喜*　孙　毅　王利波

山西省十二届人大常委会

主　任　袁纯清*　王儒林

副主任　金道铭*　李政文　牛仁亮　周　然
安焕晓(女)　张茂才　田喜荣

秘书长　李仁和

委　员（按姓氏笔画为序）
于亚军(女)　王尚义　王娟玲(女)　王继伟
王满春　牛三平　亢官文　邓永明　石金鸣
邢德川　任福耀　刘　巩　刘　美　远勤山
杜永成　李东福　李永宏　李宝卿　李思进
李高山　李福明　杨　波　杨俊和　杨竞赛
杨森林*　何　涛　宋新柱　张明亮　张建国
张铁锁　张高宏　郑建国　赵建平　赵建平
赵雁峰　侯晋川　施联秀　姜新文　姚芝楼
秦良玉　袁升德　袁　进　高国顺　高新文
郭　明　郭贵仁　郭勇义　郭振中　郭新民
曹建军　梁丽萍(女)　韩和平　韩怡卓
谢　海　薛维梁　魏　武(女，回族)

常委会副秘书长　何　涛　亢官文*　邬敬文*
汤俊权　李　渊　宋　伟　刘　钢

山西省人民政府

省　长　李小鹏

常务副省长　高建民

副省长　杜善学*　付建华　张建欣(女)　任润厚*
郭迎光　王一新　张复明　刘　杰

秘书长　廉毅敏

省长助理　刘　杰*

副秘书长　巨宪华*　白秀平　闫晨曦　盛佃清
余瑞卿*　马彦平　王志民　张广勇
郭　立　刘德政

政协第十一届山西省委员会

主　席　薛延忠

副主席　李雁红　令政策*　卫小春　刘滇生　王　宁
朱先奇　李悦娥(女)　张友君

秘书长　阎根生

常务委员（按姓氏笔画为序）
卫忠平　王云亭　王水成　王兴旺　王丽峰(女)
王虎胜　王建国　王贵平　王艳梅(女)
王晓立　王爱萍(女)　王爱琴(女)　代全民
冯亚琴(女，蒙古族)　冯改朵(女)　冯建新
宁立新　边晋南　邢国明　成锡锋　师　帅
庄金洲　刘　正　刘本旺　刘占中　刘佰平
刘致远　安　华　安俊生*　许并社　孙连珠
孙祥林　苏亚君　杜建荣　李　理*　李中元
李书吉　李安平　李志强　李建民　李桂平(女)
李海瑕(女)　李福龙　李德志　杨左卿(女)
杨社堂　杨忠华　杨临生　吴晓年　宋兴航
张　政　张　锦(女)　张广慧　张子玉　张亚平
张并生　张李锁　张建豪　张俊生　张根虎
张培富　张湘君(女)　张富刚　武　强　武金贵

武爱国　郑　红(女)　法　海　孟原生　赵　明
赵恒寿　赵笑长　郝　旭　郝建华(女)　郝瑞珍(女)
侯秀娟(女)　姜利辉　姚宪华　姚锦城
秦作栋　倪生唐　高　凡(女)　高　键*
高凤平　高文变(女)　高英武　郭海刚
海　信(满族)　菅二拴　梅志强　曹改莲(女)
曹惠斌　闫润德　梁文海　梁志祥　梁俊明
程银锁　谢新宁　薛国利　薛靛民　霍转业*
副秘书长　马　伟　张建豪　程银锁　刘文秀

中国共产党山西省第十届纪律检查委员会

书　记　李兆前*　黄晓薇(女)
副书记　迟耀云　杨森林*　冯改朵(女)　贾毓杰
辛旭光
常　委　荀志坚*　康建成*　孟　萧
李吉山　孙兴武　郝　权
委　员　(按姓氏笔画为序)
于若洁　弓　跃　卫建友　卫洪平　马联社
王　民*　王　琦　王玉成　王帅红　石常明
田国仁　冯改朵(女)　边晋南　邢文奇　成振林
因新中　任建平　刘予强　刘国庆　刘冀民
孙兴武　李书凯　李正印　李吉山　李兆前*
杨森林*　辛旭光　迟耀云　张华龙
张秀萍*(女)　张效彪　陈国荣　陈跃钢
林玉平　孟　萧　赵庆华　赵建平　郝　权
郝耀平　荀志坚　秦文峰　贾毓杰　高建国
郭玉福　黄晓薇(女)　常高才　崔国红
康建成
秘书长　孟　萧

山西省高级人民法院

院　长　左世忠
副院长　朱　明　刘冀民　吴秋霞(女)　张　炜
王志刚*　王文娅(女)

山西省人民检察院

检察长　杨　司
副检察长　荣　彰　曹改莲(女)　严奴国　胡克勤
王国宏

省委工作部门和派出机构

省委组织部
部　长　汤　涛*　盛茂林
常务副部长　张高宏
副部长　张　健　陈跃钢　张　葆(女)　陈学东

省委宣传部
部　长　胡苏平(女)
常务副部长　李高山
副部长　王　蕾　杜学文　尹天五　董晓林

省委统战部
部　长　白　云*(女)　孙绍骋
常务副部长　郭海刚
副部长　杨临生　王建新　高　键　夏振贵　张云泽

省委政法委员会
书　记　王建明
常务副书记　边晋南
副书记　李苏平*　薛永辉　闫喜春

省委政策研究室
主　任　邹天敬*　李福明
副主任　马文革　梁若皓

省机构编制委员会办公室
主　任　刘传旺
副主任　郭晋明　韩　红　王树奇*　张立煌

省直机关工委
书　记　王铁选*　杨增武
副书记　郭忠实*　冯进成　王建成
省直纪工委书记　卫建友*　王　宏

省委巡视组
组　长　黄晓薇(女)　曹燎原　陈　森　林玉平
张晓亚　刘向东　邢顺喜
副组长　盛茂林　李努生*　梁丽山　因新中
牛社威　刘香兰　王　琦

省委巡视组办公室
主　任　赵建平
副主任　闫志强　刘精瑛

省委部委管理机构

省委老干部局
局　长　陈跃钢
副局长　郭世卿　郑兰珍　岳卫东

省委、省政府信访局
局　长　李体柱
副局长　梁雨润　张福祥*　王进军　张建平
白秀平(兼)　赵培明

防范和处理邪教问题领导小组(610)办公室
主　任　冯　征
副主任　高国俊　关龙江*　武俊平

省委台湾工作(省政府台湾事务)办公室
主　任　黄进明

副主任　梁淑娟(女)　刘可宏　徐爽志

省委机要局(省国家密码管理局)

局　长　任兔平

省接待办公室

主　任　巩　成

副主任　安献华*

省委保密委员会办公室(省国家保密局)

主　任(局　长)　张　华

副主任(副局长)　王鹤平*　李全顺

省人大及其常委会工作机构

省人大法制委员会

主任委员　邓永明

副主任委员　高国顺　王满春　王联英　王晓明

省人大内务司法委员会

主任委员　李永宏

副主任委员　韩和平　郭贵仁　郭忠烈　邬敬文

省人大财政经济委员会

主任委员　赵建平

副主任委员　李宝卿　郑建国(兼)　吴临芳(女)　张立新

省人大常委会教育科学文化卫生工作委员会

主　任　杨　波

副主任　姚芝楼　郭贵春　袁升德　宋新柱
　　　　张明亮　梁　权　安志辉　冯　睿

省人大常委会农村工作委员会

主　任　谢　海

副主任　董常生　杨文章　曹晋芳　祁玉林

省人大常委会城乡建设环境保护工作委员会

主　任　施联秀

副主任　常宝童　李远程　汤俊权*　乔锦瑞　高建平

省人大常委会人事代表工作委员会

主　任　刘　巩

副主任　杨竞赛　梁丽山　霍晓琴(女)　王铁选

省人大常委会民族宗教侨务外事工作委员会

主　任　李东福

副主任　秦良玉　赵建平　李　洪

省人大常委会法制工作委员会

主　任　高国顺

副主任　张铁锁　蔡汾湘　张世文

省人大常委会预算工作委员会

主　任　郑建国

副主任　王晓勇　王玉明

省人大常委会研究室

主　任　何　涛(兼)

副主任　张拯瑜　秦　钟　张晋仁

省人大常委会信访局

局　长　叶增强

省人大常委会代表资格审查委员会

主　任　李政文

副主任　李仁和　刘　巩　张高宏

省政府组成部门

省发展和改革委员会

主　任　王　赋

副主任　李永平　王　成　赵友亭　程泽业
　　　　王晓胜　刘　锋　徐安崇*　胡景善

省经济和信息化委员会

主　任　张华龙

副主任　张兵生　申瑞涛(女)　朱　鹏　冀明德
　　　　陈官虎　胡荣华*　高　云*

省教育厅(省高校工委)

厅　长(书　记)　张文栋

副书记　张培良　李忠人

副厅长　王　云　张卓玉*　李青山　孙世新　任月忠

省高校纪工委书记　赵庆华*

省科学技术厅

厅　长　贺天才*　张金旺

副厅长　秦作栋　张新伟　郭春林

省公安厅

厅　长　刘　杰

副厅长　成振林(常务)　李玉生　汪　凡　边智慧
　　　　张立刚(挂职)　李喜春　段绪忠　雷党辰*

省监察厅

厅　长　冯改朵(女)

副厅长　刘蓉华(女)　李吉山(兼)　何　青　谢克敏*

省民政厅

厅　长　薛维栋

副厅长　王卫东(女)　何子义*　许富昌　李太平

省司法厅

厅　长　崔国红

副厅长　李满胜*　王化清　苏　浩*　刘占中　张玉良
　　　　句轶旺

省财政厅

厅　长　武　涛

副厅长　石常明*　胡双明　常国华　黄　庙

省人力资源和社会保障厅

厅　长　张　健

副厅长　杨培岳　李建刚　王云龙*　王建文　姚　逊
　　　　安尼瓦尔·买买提*

省国土资源厅

厅　长　李建功*

副厅长　高　博　王晓立　彭东晓　周际鹏

省环境保护厅
厅　长　郭长青
副厅长　刘　军　王学东　刘大山
省住房和城乡建设厅
厅　长　李栋梁
副厅长　闫晨曦*　郭燕平　李锦生　郝耀平　姚少峰
省交通运输厅
厅　长　李正印
副厅长　张　润　戴　飞　唐　晋　秦红保(兼)
省水利厅
厅　长　潘军峰
副厅长　张　健*　解放庆　常书铭　李　力
省农业厅(省委农村工作领导组办公室)
厅　长(主任)　李平社
副厅长(副主任)　刘志杰　陈明昌　董希德　王进仁
赵志杰　王高勇*　雷郭堂
省林业厅
厅　长　李永林
副厅长　霍转业*　常光明　任建中
省商务厅
厅　长　孙跃进
副厅长　张　文　李晋峰　刘　进　王来平　李志胜
省文化厅
厅　长　张瑞鹏
副厅长　张　健　李　歆　赵银邦　窦明生*
省卫生和计划生育委员会
主　任　卫小春
副主任　李书凯　梁明虎　杨建勇　谢　红(女)　梅志强
省审计厅
厅　长　王　亚
副厅长　郝素珍*(女)　高爱平　姚宪华*
省外事侨务办公室
主　任　张志川
副主任　武绍忠　田亦军　鞠　振　冉丽萍
省煤炭工业厅
厅　长　吴永平*
副厅长　杨茂林　牛建明　武建森　胡万升　王宇魁

省政府直属特设机构

省政府国有资产监督管理委员会(国资委党委)
主　任(书记)　朱晓明
副书记　渠性轩(常务)　李天太
田国仁(兼纪委书记)
副主任　狄重阳*　曹慧昌　马　进
张宏永　宋世华　刘　峰

省政府直属机构

省地方税务局
局　长　卢晓中
副局长　李晋峰　刘建光　张澎湧
省工商行政管理局
局　长　周明定
副局长　马联社　王亦兵
省质量技术监督局
局　长　常高才
副局长　张岐云　王国强　高　航　李志强
省新闻出版广电局(版权局)
局　长　齐　峰
副局长　吴体刚*　田奇越　董晓林*　薛　荣
李和林　安　洋　吕芮宏
省体育局
局　长　苏亚君
副局长　杨凤楼　李振生　郝晓峰　李世杰
省统计局
局　长　翟振新
副局长　卢建明*　赵占明*　荆红社　卢永良　张晓东
省安全生产监督管理局
局　长　霍红义
副局长　刘德政*　牛建华　王天庆
省旅游局
局　长　冯建平
副局长　王炳武*　王文保　李　贵　王　琳
省宗教事务局(省民族宗教事务委员会)
局　长(主　任)　高　键
副局长(副主任)　卫望军　侯文禄
省文物局
局　长　王建武
副局长　刘正辉　宁立新
省粮食局
局　长　杨随亭
副局长　马　珩　吕苛青(女)　薛愿兵
省人民防空办公室
主　任　韩裕峰
副主任　孙　群　刘　涛　张　铭
省政府法制办公室
主　任　王卫星
副主任　刘钢柱　李云涛
省政府机关事务管理局
局　长　任云峰*　王克信
副局长　王东春*　孙富忠　牛柱珍　任建华　白世禄

省政府部门管理机构

省物价局
局　长　李永平
副局长　王克信*　庞金龙　祁晓虎　王春庆
省国防科技工业办公室(省国防科技工业党委)
主　任(书　记)　朱　鹏
副书记　安雅文*　李章贺　史国兵
副主任　温国贵　王树峰　齐建伟
省中小企业局
局　长　胡荣华*
副局长　王怀荣　闫龙江　武晨阳
省食品药品监督管理局
局　长　赵光国
副局长　任晋斌　贠亚明　刘建国
省监狱管理局
局　长　句轶旺
副局长　王华艳　李扁屯　高　奇　崔恩平
省扶贫开发办公室
主　任　王立伟
副主任　郎作仕*　张晓红　张伟勤　张建成
省公安厅交管局(省交警总队)
局　长(总队长)　尹喜平*
副局长(副总队长)　张顺喜　李新生*张亚云　郭丙福
省机械电子工业行业管理办公室
主　任　刘小平
省冶金工业行业管理办公室
主　任　许世军
省化学工业行业管理办公室
主　任　张莉萍
省建筑材料工业行业管理办公室
主　任(缺)　张玲俐(主持工作)
省纺织工业行业管理办公室
主　任　李锦旺
省轻工业行业管理办公室
主　任　王元山
省医药行业管理办公室
主　任　尚阿浪

省政协工作机构

省政协调研室
主　任　马　伟
副主任　蒋福新　刘卓良
省政协提案委员会
主　任　孟原生
副主任　阎贵林　李卫东
省政协经济委员会
主　任　刘致远
副主任　刘致远*　毛金明　李　岩　刘新平
省政协人口资源环境委员会
主　任　菅二拴
副主任　郭玉玺　张玉平
省政协农村委员会
主　任　孙连珠
副主任　吴潭龙*　张建忠　高　璋　杜顺义　赵志理
省政协教科文卫体委员会
主　任　杨左卿(女)
副主任　田润华(女)　王建国*　张建全　贾坚毅
穆晓彤
省政协社会法制委员会
主　任　王水成
副主任　傅银瑜(女)　张晓宪
省政协民族和宗教委员会
主　任　李福龙
副主任　高凤平　白晓军*(女)　李全贵　王建国
省政协文史和学习委员会
主　任　闫润德
副主任　杨　菲(女)　郝本廉
省政协港澳台侨和外事委员会
主　任　梁志祥
副主任　郝瑞珍(女)　王阳华(女)

省直属事业单位

省委党校(山西行政学院)
校　长　金道铭*　楼阳生(兼)
院　长　高建民
常务副校长(副院长)　李福明*王联辉
副校长(副院长)　高健生*　王联辉*　郭成文*
潘　峰　刘明星
山西广播电视台
台长、总编　郭　健
副台长　王树勋　张晋斌
副总编　张敬民　邢书良　李占鳌
山西日报社
社　长　郭玉福
总编辑　兰炎平
副社长　兰炎平(常务)　李蜀昌　张　宁　冯爱民
副总编　胡　果　丁伟跃　任灵杰　焦玉强
省委党史办公室
主　任　于若洁

副主任　张越轶　钟启元　巨文辉

省政府发展研究中心

主　任　李劲民

副主任　董宇明　高志明　王凤鸿　焦斌龙

省地方志办公室

主　任　李茂盛

副主任　赵群虎　刘益龄　张晓光

省供销合作社联合社

理事会主任　狄重阳

理事会副主任　李俊德　袁清茂　王彤宇

省煤炭地质局

局　长　王学军

副局长　黄芩丽(女)　张晓峰

省地质勘查局

局　长　翁金明

副局长　韩晋生　潘海燕　马斅民

省万家寨引黄工程管理局(总公司)

局　长(经　理)　王　纯

副局长(副经理)　樊安顺　贾伟智　苏连元

省农业科学院

院　长　刘惠民

副院长　关建勋　聂安全　乔雄梧　王娟玲

省社会科学院

院　长　李中元

副院长　贾桂梓(女)　潘　云　孟艾芳　杨茂林

中国(太原)煤炭交易中心

主　任　曲剑午

副主任　高　伐　阎世春

省档案局(档案馆)

局(馆)长　阎默彧

副局(馆)长　王保国　邢利民　孔凡春

省机械设备成套局

局　长　杨晋生*

副局长　王拥军　王　诏

山西省省级政府采购中心

主　任　赵建新

副主任　王跃进　穆恩科

山西社会主义学院

院　长　刘滇生(兼)

副院长　王建新(常务)　李祥熙　陈忠辉

煤炭工业太原设计研究院

院　长　徐忠和

副院长　耿建平　李树庭　刘晓勇

省城镇集体工业联合社

主　任　李荣钢

副主任　杨晋才　杨润梅

省招生考试管理中心

主　任　王　云*　马　骏

副主任　任应红　张金文　王双虎

省公路局

局　长　惠高峰

副局长　张兴顺　赵玉生　许秀銮

省煤炭基本建设局

局　长　武建森

副局长　王振海　温运峰

省测绘地理信息局

局　长　张宝玉*

副局长　孔令礼

省农机局(省农业机械发展中心)

局　长(主　任)　左义河

副局长(副主任)　姚建忠　张培增*

中国煤炭博物馆

馆　长　李希海

副馆长　胡高伟　马召源

省民航机场集团公司(管理局)

总经理(局长)　郝孝义

副总经理(副局长)　赵庆斌　梁洪逵　张希亮

省投资咨询和发展规划院

院　长　曾宪琪*　赵新利

山西博物院

院　长　石金鸣

禹门口水利工程管理局

局　长　武福玉

山西老年大学

专职副校长　覃建平

省交通运输执法局

局　长

省高速公路管理局

局　长　董新品

省交通运输管理局

局　长　李华中*

山西省国有企业监事会

主　席　赵子传　马　平　弋小燕　杨雨公　胡创业

省煤炭基金稽查总队(山西省财政厅煤炭基金稽查局)

总队长(局长)　黄　庙*　裴克存

省委前进期刊总社

社　长　边新文

省属地方金融类企业监事会

主　席　高向新

山西省人民医院

院　长　杜永成

山西医科大学第一医院

院　长　肖传实

山西医科大学第二医院

院　长　武　晋

山西大医院

院　长　刘　强

省就业服务局

局　长　师跃进

省社会保险局

局　长　贺德孝

省交通厅重点公路工程建设办公室(领导组办公室)

专职副主任　刘玉柱

局　长(总经理)　李泽华*　宋政峰

太原铁路局

局　长　杨绍清

太原海关

关　长　吕伟红*(女)　吴海平

国家能源局山西监管办

专　员　张建平

中国石油化工股份有限公司山西分公司

总经理　徐建春

中央部属单位

财政部驻山西财政监督专员办事处

监察专员　李元成

审计署驻太原特派员办事处

特派员　朱登云

中国人民银行太原中心支行

行　长　赵志华

中国银行业监督管理委员会山西监管局

局　长　王占峰

中国保险业监督管理委员会山西监管局

局　长　王　毅

中国证券监督管理委员会山西监管局

局　长　孙才仁

中国工商银行股份有限公司山西分行

行　长　周　玮

中国农业银行山西省分行

行　长　杨继荣

中国银行山西分行

行　长　郑国雨

中国建设银行股份有限公司山西省分行

行　长　高　强

中国邮政储蓄银行山西省分行

行　长　张　军

山西省通信管理局

局　长　谢远生

山西省邮政公司

总经理　李玉杰

省气象局

局　长　杜顺义*　柯怡明

省地震局

局　长　樊　琦(女)

省国家税务局

局　长　王学东

省出入境检验检疫局

局　长　李旭辉

山西省烟草专卖局(公司)

群众团体

省总工会

主　席　田喜荣

副主席　郭新民(常务)　王兴旺　梁若洁*
　　　　梁克昌　王　荣(女)

共青团山西省委员会

书　记　赵雁峰

副书记　安　华　任　忠　马皖东　刘　娟

省妇女联合会

主　席　王维卿(女)

副主席　李　菲(女)　韩　红*(女)　张敬平(女)
　　　　韩丽珍(女)　刘一平(女)

中国作家协会山西省分会

主　席　杜学文

副主席　王祥夫　吕　新　李　杜　李骏虎　杨占平
　　　　张明旺(常务)　张锐锋　赵　瑜　秦　溱
　　　　哲　夫　晋原平　葛水平　蒋　韵　潞　潞

省科学技术协会

主　席　侯晋川

副主席　杨伟民(常务)　王德贵　崔　忠　郝建新

省文学艺术界联合会

主　席　张根虎

副主席　李太阳(常务)　石跃峰

中国国际贸易促进会山西省分会(中国国际商会山西商会)

会　长　贾雪峰

副会长　靳成福　焦惠生

省残疾人联合会

理事长　李亚明

副理事长　郭新志(女)　温万一　刘　晔

省社会科学界联合会

主　席　李高山

常务副主席　侯秀娟

副主席　李中元　李劲民　高建生　张卓玉　王李金
　　　　吴俊清　郭泽光　王尚义　王志超

省归国华侨联合会

主　席　许并社

专职副主席　范安龙
兼职副主席　刘越泽　王　帆　方敬爱　李　慧　张三货
　　　　　　郭晋普　黄成胜　庄金洲　刘新民

省台湾同胞联谊会
会　长
驻会副会长　周志文

省红十字会
专职副会长　冯晋生

驻外办事处

省政府驻北京办事处
主　任　陈晓东

省政府驻上海办事处
主　任　曹美玲*(女)

省政府驻广州办事处
主　任　刘亚林

省政府驻沈阳办事处
主　任　田　凯*

大专院校

山西大学
校　长　贾锁堂
副校长　刘维奇　行　龙　杨　军　高　策　李思殿*

太原理工大学
校　长　吕　明
副校长　侯晋川*　郭敏泰　许并社　李晋平　梁丽萍
　　　　吕永康　戴晋明

山西财经大学
校　长　郭泽光
副校长　赵国浩　张兔元　张如山　卢庆山
　　　　马培生　杨有振

山西医科大学
校　长　段志光
副校长　闫肖卿　孙安乐　王宏伟　贺培凤
　　　　郑建中　李思进

山西农业大学
校　长　赵春明
副校长　弓永华　张虎芳　李宏全　邢国明

山西师范大学
校　长　武海顺
副校长　卫建国　原战勇　闫桂琴(女)　薛耀文　郝勇东

太原科技大学
校　长　郭勇义
副校长　黄庆学　李永堂　曾建潮　徐格宁　柴跃生
　　　　李　忱　李俊林

中北大学
校　长　刘有智
副校长　肖忠良　韩　焱　沈兴全　薛　智　白培康
　　　　熊继军

山西中医学院(筹建山西中医药大学)
院　长　周　然
副院长　马存根　冯前进　周晓明　张永德　冀来喜
　　　　王晞星

长治医学院
院　长　王庸晋*
副院长　赵中夫　陈忠义　宋晓亮　张芳萍

太原师范学院
院　长　梁吉业
副院长　张瑞君*　王川龙　张喜明　王卫平(女)
　　　　齐利平

忻州师范学院
院　长　王志连
副院长　冯天仓　郭丕斌　张美富　董元兴　罗小兰

山西大同大学
校　长　常乃军
副校长　郭　永　石云龙　赵富玺　张　策　张晓永*
　　　　寇福明

运城学院
院　长　姚纪欢
副院长　梁晋才　王卓民　张凤琴(女)　梁永平　李慎明

长治学院
院　长　李忠康
副院长　茹文明　武有祯　皇甫志芳　李长江

晋中学院
院　长　孙建中*　张惠选
副院长　邓　明　杨高才*　郭贤成*　柴　达
　　　　李长萍

太原工业学院
院　长　霍世平
副院长　仇志余　李国臣　靳金贵　刘志明　张长青

吕梁学院
院　长　杨述平
副院长　卫英慧　马向东　闫　明　高顺有

太原学院
校　长　吴建设*　张瑞君

山西传媒学院(原广播电影电视管理干部学院)
院　长　郝本廉*　王建国
副院长　王建国*　王新塘　武升平

山西工程技术学院(原太原理工大学阳泉学院)
院　长　韩保清*

山西工商学院
院　长　牛三平

山西应用科技学院
院　长　宋兴航
副院长　梁福有
山西广播电视大学
校　长　刘发威*　张耀斌
副校长　张耀斌*　牛白琳　姜　海
山西经济管理干部学院
院　长　丁怀民
副院长　王克勤　张改娥(女)　秦长江
山西煤炭管理干部学院(筹建山西能源学院)
院　长　郝建功
副院长　李宏达　李　进　武东升　王凤岗　李桂平
山西省财政税务专科学校
校　长　申长平
山西警官高等专科学校(筹建山西警察学院)
校　长　张子荣
山西职工医学院
院　长　于明江
山西青年职业学院
院　长　李　伟
山西省政法管理干部学院
院　长　郝晓琴*　李亚尼
山西建筑职业技术学院
院　长　成　宏
山西药科职业学院
院　长　李华荣*
山西交通职业技术学院
院　长　张文才
山西艺术职业学院
院　长　李　力
山西林业职业技术学院
院　长　马宗兆*　罗云龙
山西水利职业技术学院
院　长　孙西欢
山西旅游职业学院
院　长　何乔锁
山西管理职业学院
院　长　岳　澎
山西体育职业学院
院　长　朱天燕
山西警官职业学院
院　长　许文海
山西国际商务职业学院
院　长　郝永新
山西戏剧职业学院
院　长　李培勇
山西煤炭职业技术学院
院　长　曹允伟
山西医科大学汾阳学院
院　长　王　军
阳泉煤炭专科学校
校　长　韩保清
太原电力高等专科学校*(年内合并于山西大学工程学院)
校　长　鲍善冰*
山西工程职业技术学院
院　长　刘　勇
山西职业技术学院
院　长　昝和平
山西金融职业学院
院　长　崔满红
山西财贸职业技术学院
院　长　李晋平
山西机电职业技术学院
院　长　李和平*
山西轻工职业技术学院
院　长　王枝茂
山西同文职业技术学院
院　长　武有伽
长治职业技术学院
院　长　郭建华
晋城职业技术学院
院　长　成广海
临汾职业技术学院
院　长　王　超
山西师范大学临汾学院
院　长　孔康民
忻州职业技术学院
院　长　刘祁杰
晋中职业技术学院
院　长　刘月红
山西运城农业职业技术学院
院　长　闫顺茂
运城幼儿师范高等专科学校
校　长　梁周全*
阳泉师范高等专科学校
校　长　陈永昶
太原旅游职业学院
院　长　王春玲(女)
太原城市职业技术学院
院　长　杨志家
晋中师范高等专科学校
院　长　张润喜
运城师范高等专科学校

校　长　张汉语

山西省军区

司　令　员　冷杰松　少将
政治委员　张少华　少将
副司令员　负自博　少将
副政治委员　喻　军　少将
司令部参谋长　吴国志　少校
政治部主任*　李　竞*　少将
　徐建勇*　大校
后勤部部长　谢新宁　大校

武警山西总队

司　令　员　仲　轩　少将
第一政治委员　刘　杰(兼)　一级警监
政治委员　刘振所　少将
副司令员　杨建国　大校
　夏家亮　大校
　王树海　大校
副政治委员　侯德琪　大校
司令部参谋长　李善勇　大校
政治部主任　张喜文　大校
后勤部部长　穆瑞国　大校

民主党派和工商联

中国国民党革命委员会山西省委员会

主任委员　张友君
副主任委员　刘占中　杨俊和　郭原林*　孙建民
　谢碧玲　刘　美　辛　琰　张湘君

中国民主同盟山西省委员会

主任委员　张　平
副主任委员　亢官文　傅建荣　史海涌　梅志强
　赵恒寿　王维平　梁丽萍　李书吉

中国民主建国会山西省委员会

主任委员　王　宁
副主任委员　姚宪华　刘蓉华(女)　薛维梁
　王庆荣　张秋利　代全民

中国民主促进会山西省委员会

主任委员　卫小春
副主任委员　张　政　张建豪　成锡锋
　高新文　陈维毅　任建国

中国农工民主党山西省委员会

主任委员　周　然
副主任委员　郭新志(女)　王爱萍(女)　李思进
　张李锁　牛三平　武金贵

九三学社山西省委员会

主任委员　刘滇生
副主任委员　杨社堂　张并生　李青山　张文旺
　闫义勇　张培富　张红健

山西省工商业联合会(山西省总商会)

主　席　张复明*　李武章
副主席　樊秀清　王建华　郎宝山(满)　赵淑芋

注:2014年12月31日前部门撤并、调离岗位人员在单位名称、人员姓名后右上角标注*。

(省委组织部、省军区政治部、武警山西总队政治部)

中国共产党山西省委员会

Shanxi Provincial Committee of the Communist Party of China

综　述

【概述】 2014年，是山西历史上极不寻常的一年。党中央对山西发生的系统性、塌方式严重腐败问题进行严肃查处，对省委班子进行重大调整，决定王儒林任省委书记，这表明以习近平为总书记的党中央坚持党要管党、从严治党，严肃党的纪律、严格党风廉政建设责任追究的鲜明态度，体现党中央对山西工作的特殊高度重视和对山西人民的亲切关怀。在党中央的坚强领导下，以王儒林为班长的山西省委学习贯彻习近平总书记系列重要讲话精神和中央对山西工作的重要指示要求，开展“双学”，以上率下，团结带领广大干部群众，全面推进经济、政治、文化、社会和生态文明建设，开展党风廉政建设和反腐败斗争，全面加强党的建设，动员和组织全省干部群众，开创“深入学习贯彻习近平总书记系列重要讲话精神，净化政治生态，实现弊革风清，重塑山西形象，促进富民强省”(此被称为“五句话”)的新局面。

学习贯彻习近平总书记系列重要讲话精神。省委常委会坚持把学习贯彻习近平总书记系列重要讲话精神作为重要政治任务，采取省委常委会议、中心组学习会、全省性大会等多种方式，及时学习传达习近平总书记的重要讲话精神。强调要端正学风、深读原文、把握要旨、学以致用，做到真学真懂、真信真用。结合山西实际，就习近平总书记提出的一系列新观点新要求，特别是把抓党建作为最大的政绩、全面推进依法治国、依规治党、主动适应经济发展“新常态”、坚持和完善人民代表大会制度、坚持和发展人民政协制度、加强民族工作等提出贯彻落实意见，指导全省工作。通过学习贯彻，全省党员干部自觉运用习近平总书记系列重要讲话精神武装头脑、指导实践，运用战略思维、辩证思维、法治思维、底线思维和创新思维分析解决问题、谋划推动工作，提高工作的科学性、创造性和预见性。

学习党中央对山西工作的重要指示要求。全省领导干部大会后，实现省委常委班子平稳过渡。省委常委班子通过约谈、走访、书面和实地调研等多种方式，广泛听取各方面的意见建议。经请示中央同意，由省委常委会集体主持，分四个步骤传达学习贯彻中央对山西工作的重要指示精神，传达范围覆盖全省县处级以上干部，把党员干部的思想统一到党中央的重要指示要求上来。坚决拥护中央对周永康、徐才厚、苏荣、令计划等违纪违法案件查处的决定，及时传达贯彻中央精神，坚决与以习近平为总书记的党中央保持高度一致。执行民主集中制，坚持重大问题、重大事项集体讨论决策，分工负责落实，党政一把手以身作则，带头贯彻民主集中制，按规则议事、办事和决策，无论是老班子成员还是新班子成员，大家相互尊重、相互支持、相互信任、相互补台，做到思想认识统一、工作步调一致，支持省人大、省政府、省政协、省军区积极开展工作，形成团结进取、干事创业的合力，保证各项决策的有效实施，以实际行动维护省委常委班子的团结统一。全年共召开55次常委会，特别是9月以来，召开18次常委会和1次省委全会，决定和部署全省重点工作。坚持把抓落实作为铁的纪律，对中央重大决策部署、重要会议精神都召开省委常委会研究落实，确保中央政令畅通，决策落地生根。

推进党风廉政建设和反腐败斗争。省委常委会把深入开展党风廉政建设和反腐败斗争作为净化政治生态的重大举措，旗帜鲜明反对腐败，以零容忍态度惩治腐败，坚决把反腐败斗争进行到底。配合中央纪委调查组查办案件，同时加大自办案件的力度，形成反腐败的高压态势。坚决落实党风廉政建设党委(党组)主体责任，强调各级党委(党组)主要负责人要履行好第一责任人的职责，对党风廉政建设要亲自部署、亲自过问、亲自协调、亲自督办；班子成员要履行“一岗双责”，抓好分管领域的党风廉政建设和反腐败斗争。加强省委巡视工作，在对市、县开展常规巡视的同时，研究部署对各部门的专项巡视工作，实现对各地各部门巡视全覆盖。

坚决支持纪委落实监督责任，推动“三转”工作，精简省纪委(监察厅)参与的议事协调机构，充实加强办案力量。强调标本兼治，提出实施“六权治本”，把权力关进制度的笼子里，坚决铲除滋生腐败的土壤和条件。

从严教育管理干部，加强领导班子建设，坚决“刷新吏治”。提出打好“三个一批”组合拳，甄别处理一批不廉洁、乱作为的干部，调整退出一批不胜任、不作为的干部，掌握使用一批敢担当、善作为的好干部，整治“为官不廉、为官不为”问题。分级分批对全省领导干部特别是各级“一把手”、掌握资源审批权的副职、与煤炭等资源紧密相关的部门领导，进行廉洁考核、建立廉政档案，遏制干部“带病提拔”、撤换“带病在岗”干部。开展“三项清理规范”，严厉整治档案造假、违规破格提拔、“吃空饷”、超职数配备干部、空转手续进人等不正之风。

加强基层组织建设，开展“基层组织提升年”活动，集中整治软弱涣散村级组织，全省1718个村、143个社区完成整顿。出台《关于加强农村和社区基层服务型党组织建设的若干意见》，32.6万名在职党员到社区开展志愿服务。开展农村党支部换届选举，增强基层党组织的创造力、凝聚力和战斗力。

推动党的群众路线教育实践活动。省委常委会按照中央部署，在中央巡回督导组指导下，坚持“照镜子、正衣冠、洗洗澡、治治病”总要求，建立省领导联系点制度，派出12个省委督导组对省直收口单位和各市教育实践活动开展督导，推进第二批教育实践活动取得预期成效。狠抓专项整治，抓好整改落实，持之以恒推进作风建设，成立政法、信访、教育、卫生4个行业指导小组，开展正风肃纪专项行动，查处违反中央八项规定精神和有关制度规定的问题2023起，给予党纪政纪处分1940人。召开全省党的群众路线教育实践活动总结大会，对教育实践活动进行全面总结，不断巩固和发展教育实践活动成果，强调把从严治党八项要求贯彻落实到山西党的建设和全部工作中，确保作风建设永远在路上，永远没有休止符。 (王　伟)

【开展学习讨论落实“五句话”】 2014年，针对山西发生的系统性、塌方式严重腐败问题，山西省委决定从12月开始，用4个月时间，在全省集中深入开展以“五句话”为主题的学习讨论落实活动。召开动员大会，要求全省各级党组织始终把习近平总书记系列重要讲话精神作为根本遵循，以各级领导机关、领导班子和领导干部为重点，围绕统一思想、反思剖析、集中整治、刷新吏治、六权治本、改革发展六个方面内容，23项任务、57项具体成果，深化思想教育、深入查找问题、深挖思想根源、提出整改措施。成立领导组和办公室，下设综合、纪检、组织、综改、法治和宣传6个工作组，组建11个督导组，各级党委(党组)普遍成立领导工作机构，制定活动方案，营造边学习、边讨论、边落实的浓厚氛围。组织举办省管主要领导干部专题研讨班，省直各单位、本科高等院校、省属重要骨干企业的党组(党委)书记和各市、县的党政主要负责同志共380人进行集中培训。全省各级党组织有序开展针对性、实效性强的学习教育。省直各部门、各市组织开展领导干部专题学习班，采取专题辅导、观看专题片和廉政警示教育片、分组讨论和交流发言等形式，确保中央精神、省委部署入脑入心，为活动的开展奠定思想基础。

省委明确提出要坚持“双学”，既要深入学习习近平总书记系列重要讲话精神，又要深入学习以习近平为总书记的中央领导集体“崇尚实干、勇于担当、廉洁自律”的优良作风。省委常委班子带头转变作风，改进工作方式，突出问题导向，广泛征求各市、省直各部门、重点企业和部分县(市、区)主要负责同志的意见建议；通过“明察”“暗访”等方式，深入了解革命老区、城中村、棚户区、采煤沉陷区群众的实际困难，关心群众冷暖疾苦，推进民生工程和社会事业发展。组织专门力量对吕梁蔡家崖村、太原市“城中村”等重点问题进行调查，分析解决问题，指导全省面上工作。加大联系和帮扶企业、项目工作力度，深入市县企业开展调研，协调解决发展中的重大问题。 (王　伟)

【各项工作转型发展】 2014年，面对经济下行压力较大，特别是煤炭价格持续下跌的困难局面，山西省委常委会贯彻落实中央决策部署，统筹推动稳增长、促改革、调结构、惠民生、防风险各项工作。加强对经济形势分析研判和工作调度，及时研究部署扩大投资、化解企业困难、保障工业运行、促进中小微企业发展、发展新兴消费产业、金融支持经济发展等方面政策措施。发挥固定资产投资对稳增长作用，“六位一体”推进重点工程、重大项目建设，加大固定资产投资力度。研究制定八大产业重大项目布局推进意见，推动经济结构调整。加快山西科技创新城基础设施建设，实施一批重点领域重大科技攻关项目。推进综合能源基地建设。积极稳妥处置金融风险事件，有效缓解企业融资难、融资贵问题。2014年，全省生产总值完成1.27万亿元，同比增长4.9%；固定资产投资完成1.19万亿元，增长11.5%；城镇居民人均可支配收入24069元、增长8.1%，农村居民人均可支配收入8809元、增长10.8%。

主动适应经济发展“新常态”，推动“六大发展”，开创山西经济社会发展的新局面。针对煤炭领域存在的各种问题，学习领会习近平总书记关于能源生产和消费“四个革命”的要求，广泛听取意见、深入调查研究，提出要着力推动煤炭产业“六型转变”，走出一条山西“革命兴煤”之路。

加强对全面深化改革的组织领导，完善省委改革领导小组和六个专项小组及办公室，统筹推动各项改革。开展转型综改区建设攻坚，有序推进重大改革项目和重大事项。国家赋权的三项重大改革深入落实。从多个层面、多个角度深入研究煤炭管理体制改革问题，推进清费立税、煤炭资源配置管理、煤炭运销体制等改革。建立国有企业信息公开制度，进一步加大行政审批制度改革力度，国企、土地、财税、收入分配等改革稳步推进。

做好"三农"工作,新出台10项强农惠农政策,累计出台70项政策,省级补贴资金达70亿元。全年粮食总产量133.1亿公斤,增长1.4%,再创历史新高。推进"一村一品""一县一业"和农产品加工"513"工程,加快农业现代化建设。实施大中型灌区建设和节水改造项目,加快百座小水库更新建设。推进改善农村人居环境"四大工程"。实施10万新型职业农民培训。完善精准扶贫保障体系,有序推进连片特困地区扶贫攻坚、百企千村产业扶贫开发等工程。开展农村土地承包经营权确权登记颁证试点工作。

贯彻落实国家《大气污染防治行动计划》和京津冀及周边地区大气污染防治协作机制工作要求,坚持"控煤、治污、管车、降尘"四管齐下,积极应对重污染天气。加强水污染治理,改善重点流域水环境质量。推进生态环境建设,实施林业"六大工程",全省完成水土流失治理面积23.12万公顷,营造林30.8万公顷。狠抓重点行业、企业节能降耗和主要污染物减排,全省万元地区生产总值能耗超额完成下降3.5%的年度任务;全省化学需氧量、二氧化硫、氨氮、氮氧化物、烟尘、工业粉尘排放量减排幅度均达序时进度。加大省城环境污染整治力度,环境质量进一步好转。北京APEC会议期间,主动加压,扎实工作,受到中央领导的肯定和国家有关部门的表扬。 (王 伟)

【民主政治制度建设】 2014年,山西省坚持和完善人民代表大会制度,加强和改进对人大工作的领导,召开庆祝全国人民代表大会成立60周年暨地方人大设立常委会35周年大会,明确做好新形势下人大工作的要求。成功召开省十二届人大三次会议,完成省人大常委会主任补选工作。支持省人大及其常委会围绕全省中心工作依法行使职责,加强和改进立法工作,制定地方性法规4件、修订1件、修正1件,完成全省地方性法规清理工作,集中废止8件、修正11件。加强监督工作,听取和审议专项工作报告,开展执法检查、专项工作报告满意度测评,探索完善人大及其常委会选举、任命国家机关工作人员任后监督机制。完善代表监督激励机制,健全代表履职档案,探索代表履职情况通报制度和人大代表参与信访工作制度。

坚持和完善中国共产党领导的多党合作和政治协商制度,召开庆祝人民政协成立65周年大会。加强和改进对省政协的领导,支持省政协在推进协商民主上发挥重要作用,围绕经济社会发展的重点领域、重大问题深入调查研究、开展协商议政、积极建言献策。巩固和发展最广泛的爱国统一战线,搞好同民主党派和无党派人士团结合作。加强宗教工作。加强对民族工作的组织领导,落实中央各项决策部署,援疆工作扎实推进。积极做好对台工作、侨务工作。

学习贯彻党的十八届四中全会精神,研究制定山西省的《实施意见》,对全面加强法治山西建设作出规划布局。深化司法体制改革,制定并实施"阳光司法"工程五年规划;开展涉法涉诉信访"积案清理"和涉法涉诉进京非访集中清理专项行动,取得初步成果。推进执法司法规范化建设,开展"三个专项治理"解决执法司法突出问题。支持推动法治政府建设。全面加强政法队伍建设。

健全基层党组织领导的基层群众自治机制,推进第十届村委会换届选举工作。全面开展村干部任期和离任经济责任审计工作。加强社区治理机制探索。完善以职工代表大会为基本形式的企事业单位民主管理制度。推进政务、司法、厂务、村(居)务公开和公共企事业单位办事公开。发挥工会、共青团、妇联等人民团体作用。

坚持完善军地齐抓共管国防后备力量建设机制,加强部团"一线指挥部"建设,规范强化应急力量。推动武警部队现代化建设。加强人民防空工作。举行烈士纪念日活动。深化军民融合式发展,加强双拥共建工作。 (王 伟)

【宣传思想文化工作】 2014年,山西省加强宣传思想文化工作,营造良好社会氛围,把全省干部群众的注意力、积极性和创造力引导到实现弊革风清、促进富民强省上来。加强思想道德建设,制定《关于培育和践行社会主义核心价值观的实施意见》,弘扬革命老区精神,开展第五届山西道德模范、身边好人等评选表彰工作,广泛开展讲文明、除陋习、树新风活动,推广善行义举榜,褒扬身边好人、凡人善举,推进文化惠民。宣传反腐倡廉、作风建设和改革发展的新进展、新成效,唱响主旋律,集聚正能量。加强思想引导,做好意识形态工作。加强社会舆情特别是网络舆情分析研判,健全互联网管理制度,及时正面引导苗头性、倾向性问题,精心组织全国网络媒体山西行活动。加强对外宣传,重塑山西改革发展稳定新形象。加强优秀历史廉政文化教育,开展廉政文化作品的创作生产、展演展映,弘扬以于成龙为代表的古代优秀廉政文化,引导教育党员领导干部自觉以革命老区精神为标杆,以重德重廉的历史文化为借鉴,筑牢拒腐防变的思想防线。 (王 伟)

【保障和改善民生】 2014年,山西省坚持加大民生投入力度,继续压减省直部门公共预算安排费用用于就业等民生支出,财政支出的八成以上和全部增量均用于民生改善。紧紧扭住就业、物价、居民收入等重点工作,集中出台扶持高校毕业生创业、鼓励小微企业吸纳就业、政府购买公共服务岗位吸纳高校毕业生就业、帮扶困难企业稳定就业岗位等政策措施,实施"10万人创业行动计划"。居民消费价格仅增长1.7%。进一步健全社会保障体系,提高社会基本公共服务水平。施行"单独两孩"政策。推进以人为核心的城镇化,加大基础设施建设力度,健全城市功能体系,加快棚户区改造,推进保障性住房建设。高度重视采煤沉陷区治理,加快综合治理步伐。

坚决贯彻习近平总书记"发展决不能以牺牲人的生命为代价"这是"一条不可逾越的红线"的指示精神,

严格安全生产责任制和目标责任考核，实行安全生产和重大安全生产事故“一票否决”，开展打非治违专项行动和重点行业领域安全专项整治，推动全省安全生产形势持续明显好转。全省各类安全生产事故起数和死亡人数实现“双下降”，煤矿百万吨死亡率0.036、下降53.25%。

坚持以群众工作统揽信访工作，完善信访工作机制，推动信访积案和矛盾纠纷化解。推进平安山西建设，实施“六六创安”工程，健全立体化治安防控体系。特别是加大社会治理力度，整治“城中村”乱象，严厉打击黑恶势力犯罪及其保护伞，形成打黑除恶高压态势。（王　伟）

【党务政务处理】 2014年，山西省委办公厅完成省委重要文件、讲话的起草任务，起草、修改、整理各类文稿550余篇、340余万字。加强信息选编和指导，扩大信息网络覆盖面，编发《山西信息》《每日要情》2800余期，向中办报送信息2000余篇，被采用120篇，中央领导批示8件。加强新兴媒体舆情监测搜集力度，收集整理网络舆情1892条。

2014年，建立四大班子秘书长定期会晤机制。加强值班网络建设，强化在应急处置突出事件中的综合协调作用。抓好省委会议和活动组织，组织全省性会议170余次、省委常委活动350余次。完成领导到晋、外宾到访接待及省委领导调研等任务。

2014年，山西省委办公厅加强督查，围绕贯彻落实中央八项规定、省委十届六次全会任务落实、办公用房清退等开展决策督查11次，完成领导批示交办事项143件，办复政协提案52件。加强网民留言办理，受理7000余件，回应6300余件，核转2288件，反馈2154件。规范省部级干部生活待遇，实施公务用车改革。

2014年，省委办公厅实行办文“统进统出”，接收文电1529件，传递、分发资料50余万份。加强保密检查，确保公文安全。加强发文审核，印发文件367件。做好党内法规和规范性文件制定、备案、清理工作，报备31件，清理425件；参与人大立法论证和初审工作。机要交通连续22年无差错，信息化建设试点取得重大进展。（王　伟）

【省委机关作风建设】 2014年，山西省委办公厅履行主体和监督责任。一是强化党性党风党纪教育。采取廉政党课、警示教育、党日活动等形式，筑牢思想防线。定期谈心谈话，开展主题实践和志愿服务活动。二是落实党风廉政建设责任。签订目标责任状、廉洁承诺书，实行领导干部廉政档案、诫勉谈话和约谈制度。三是加强组织建设。指导支部改选，严格发展党员。四是抓好专项整治。做好干部档案审定等工作。开展整治奢侈浪费、公款吃喝不正之风等九项专项治理工作。五是加强执纪督查。坚持党务政务公开，对重点工程和重要事项全程监督，坚持个人重大事项报告制度，受理处置群众来信来访。（王　伟）

重要会议

【省委政法工作会议】 2014年1月25日，山西省委政法工作会议在太原举行。省委书记、省人大常委会主任袁纯清出席会议并作重要讲话。省委常委、政法委书记王建明作工作报告，副省长张建欣主持会议，省领导张茂才、朱先奇、左世忠、杨司，省军区、省武警总队负责人喻军、刘振所出席会议。

会议对全省杰出政法干警、优秀政法干警和执法为民先进集体、优秀集体进行记功表彰。省委政法委员会委员、省综治委成员单位主要负责人、省政法各部门领导班子成员，各市政法委书记、综治办主任、政法各部门主要负责人、受表彰的先进个人代表参加会议。（王　伟）

【全省党风廉政建设干部大会】 2014年1月25日，山西省党风廉政建设干部大会在太原举行。省纪委十届四次全会第二次全体会议同时召开。山西省委书记、省人大常委会主任袁纯清出席会议并作重要讲话，省委副书记、省长李小鹏主持会议。省政协主席薛延忠等出席会议。省委常委、省纪委书记李兆前传达十八届中央纪委第三次全会精神。会议组织观看警示教育片。（王　伟）

【省委议军会议】 2014年2月11日，山西省委召开议军会议，学习领会党的十八大、十八届三中全会以及全国国防动员和后备力量领导干部集训精神，落实军委总部、北京军区党委年度工作部署，加强和改进新形势下国防动员和后备力量建设。山西省委书记、省人大常委会主任袁纯清主持会议并讲话。省委副书记、省长李小鹏讲话。省党政军领导冷杰松、张少华、高建民、负自博、喻军、吴国志、李竞、谢新宁等及省直有关部门负责人出席会议。

会上，省军区司令员冷杰松传达中央军委、北京军区党委扩大会议精神，总结山西省国防后备力量建设情况，提出新年度任务部署意见。省委常委、省军区政委张少华就贯彻军民融合深度发展战略，开创国防后备力量服务转型发展新局面，以及上年省委议军会议落实情况、年内提请会议审议的议题提出意见建议。省军区参谋长吴国志就《关于贯彻军民融合深度发展战略组织国防后备力量参加转型综改试验区建设的措施（讨论稿）》作说明。（王　伟）

【2013年度目标责任考核总结表彰大会】 2014年2月28日，山西省委、省政府召开2013年度目标责任考核总结表彰大会。省委书记袁纯清出席会议并讲话，省委副书记、省长李小鹏主持会议，省委常委、常务副省长高建民宣读省委、省政府关于表彰2013年度目标责任考核优秀市、优秀单位的决定，省委常委、组织部部长汤涛通报2013年度目标责任考核工作。省政协主席薛延忠，省领导胡苏平、李兆前、张少华、王建明、张建欣、王一新、张复明等出席会议。太原市、省发改委代表优秀市、优秀单

位作发言。（王　伟）

【全省城镇化工作会议】 2014年5月22日，山西省委、省政府召开全省城镇化工作会议，贯彻落实党的十八届三中全会和中央城镇化工作会议精神，总结部署全省城镇化工作。省委书记、省人大常委会主任袁纯清，省委副书记、省长李小鹏分别作重要讲话，省政协主席薛延忠出席会议。省委常委，省人大、省政府、省政协负责同志，省法院院长列席会议。会议讨论《关于科学推进新型城镇化的实施意见（征求意见稿）》，太原市、长治市分别作交流发言。

会议以电视电话会议形式召开，主会场设在省委会议厅，各市、县（市、区）设分会场。（王　伟）

【宣布中央决定的全省领导干部大会】 2014年9月1日，山西省委召开全省领导干部大会，宣布中共中央关于山西省委主要负责人职务调整的决定。中共中央政治局常委、中央书记处书记刘云山出席会议并作重要讲话。中共中央政治局委员、中央书记处书记、中央组织部部长赵乐际在会上宣布中央决定：王儒林任山西省委委员、常委、书记；袁纯清不再担任山西省委书记、常委、委员职务，另有任用。袁纯清主持会议并讲话，省委书记王儒林讲话，省委副书记、省长李小鹏作表态发言，省委副书记楼阳生，省政协主席薛延忠等省领导，中央组织部副部长王秦丰、部务委员兼干部二局局长周祖翼出席会议。

刘云山在讲话中强调，这次山西省委主要负责人职务的调整，是中央从大局出发，根据工作需要和干部交流精神，以及山西省领导班子建设实际，通盘考虑、慎重研究决定的。

（王　伟）

【全省党的群众路线教育实践活动总结大会】 2014年10月14日，山西省委召开全省党的群众路线教育实践活动总结大会。省委书记王儒林作重要讲话。中央第八巡回督导组组长邢元敏作重要讲话。省委副书记、省长李小鹏主持会议。省委副书记楼阳生，省政协主席薛延忠，中央第八巡回督导组副组长崔曰臣和其他成员出席会议。

王儒林指出，围绕保持党的先进性和纯洁性，在全党深入开展以为民务实清廉为主要内容的党的群众路线教育实践活动，是党的十八大做出的一项重大战略部署，是中国共产党为进行具有许多新的历史特点的伟大斗争所作的一次重要思想、组织和作风准备。习近平总书记在中央党的群众路线教育实践活动总结大会上的重要讲话，站在党和国家全局的高度，立意深远，内涵丰富，具有很强的思想性、针对性、指导性，充分表明了党中央坚持党要管党、从严治党的鲜明态度，体现了党适应时代发展要求、保持党的先进性和纯洁性的高度自觉，对于全面推进党的建设新的伟大工程，全面实现“两个一百年”的奋斗目标，实现中华民族伟大复兴的中国梦具有重要的现实意义和深远的历史意义。

会议以电视电话会议形式召开，开到县一级。（王　伟）

【全省学习讨论落实活动动员大会】 2014年11月30日，山西省委召开全省学习讨论落实活动动员大会。省委书记王儒林作重要讲话。省委副书记、省长李小鹏主持会议。省委副书记楼阳生作工作安排。省政协主席薛延忠，省委常委，省人大、省政府、省政协负责同志，省法院院长出席会议。

省委决定，从现在开始到明年3月底，在全省各级党组织和广大党员干部中开展以“深入学习习近平总书记系列重要讲话精神，净化政治生态、实现弊革风清，重塑山西形象、促进富民强省”为主题的学习讨论落实活动。活动的主体是全省各级党组织和广大党员干部，重点是乡镇（街道）以上领导机关、领导班子和领导干部。活动采取边学习、边讨论、边落实的方式，活动过程中不分段、不转段，有计划、有重点、有目的地统筹协同推进。

会议以电视电话会议形式召开，省委设主会场，各市、县设分会场。

（王　伟）

【省委十届六次全体会议】 2014年12月7日，中共山西省委十届六次全会在太原召开。这次会议的主要任务是，全面贯彻落实党的十八届四中全会精神，审议《中共山西省委关于贯彻落实党的十八届四中全会精神加快推进法治山西建设的实施意见》，部署山西省当前和今后一个时期的工作，动员全省各级党组织团结带领广大党员干部和人民群众奋力开创弊革风清、富民强省的新局面。

省委常委会主持会议。省委书记王儒林受省委常委会委托作工作报告并作重要讲话。省委副书记、省长李小鹏，省委副书记楼阳生，省政协主席薛延忠，省委常委胡苏平、高建民、黄晓薇、吴政隆、王建明、孙绍骋、王伟中、付建华、盛茂林出席会议。省委副书记楼阳生就《实施意见（讨论稿）》向全会作说明。

会议指出，要加快推进法治山西建设，为山西省改革发展稳定提供坚强法治保障。要实施“六权治本”，深入推进反腐败斗争。要坚定不移全面深化改革扩大对外开放，加快资源型经济转型综改试验区建设。要适应经济发展新常态，着力推进“廉洁发展、转型发展、创新发展、绿色发展、安全发展、统筹发展”等“六大发展”。要认真落实新时期从严治党要求，切实加强党的建设。

会议要求，各级各部门各单位要把传达学习、贯彻落实省委十届六次全会精神作为当前的一项重大政治任务，在省委的坚强领导下，正视困难和挑战，把握机遇和优势，坚定信心、振奋精神，革弊立新、激浊扬清，迎难而上、攻坚克难，肩负起党和人民赋予我们的重大职责和神圣使命。要狠抓落实，把抓落实作为讲党性的标志，作为一项铁的纪律，作为改进作风的关键，作为破解难题的根本方法，作为督导考核的重要指标，确保省委各项决策部署落到实处。要统筹谋划，扎实做好岁末年初各项工作，精心做好各项民生工作，全力维护社会和谐稳定。（王　伟）

【全省经济工作会议】 2014年12月29日，山西省经济工作会议在太原举行。省委书记王儒林，省委副书记、省长李小鹏出席会议并作重要讲话。会议深入学习贯彻落实习近平总书记系列重要讲话精神，贯彻落实中央经济工作会议和省委十届六次全会精神，分析新常态下山西省面临的经济形势，总结今年经济工作，安排部署2015年全省经济工作任务。省委副书记楼阳生主持会议，省政协主席薛延忠等出席会议。

会议要求，各级各部门和广大党员干部群众要紧密团结在以习近平同志为总书记的党中央周围，坚定信心、振奋精神，更好地肩负起领导我省改革开放和现代化建设的历史重任，扎实做好明年的经济工作，奋力开创新常态下富民强省的新局面。 （王　伟）

【基层党建工作专项述职会议】 2014年12月30日，山西省委召开市委书记、工(党)委书记抓基层党建工作专项述职会议。省委书记王儒林主持会议并讲话。他对各市市委书记和工(党)委书记抓基层党建工作逐一进行点评，并强调要认真贯彻党的十八大，十八届三中、四中全会和习近平总书记系列重要讲话精神以及省委十届六次全会精神，全面落实中央关于基层党建工作的各项部署要求，进一步强化各级党组织书记管党治党意识和责任，大力提升基层党建工作水平，为推进"六大发展"提供坚强组织保证。省委副书记、省长李小鹏，省委副书记楼阳生，省委常委、省委党建工作领导小组成员单位主要负责人，中央组织部组织二局有关负责人出席会议。

会上，各市市委和省直工委、高校工委、国资委、国防工办、非公工委等进行会议或书面述职，参会人员对各市市委书记和工(党)委书记抓基层党建工作情况进行民主评议。中央组织部组织二局有关负责人对山西省基层党建工作取得的成绩给予充分肯定，指出存在的突出问题，并提出重要指导意见。 （王　伟）

组　织

【领导干部思想教育】 2014年，山西省委组织部狠抓领导干部思想教育。

1. 完成学习贯彻习近平总书记系列重要讲话精神集中轮训工作。在省委党校连续举办10期集中轮训班，培训省管领导干部2121人；狠抓各类专题培训，联合28个省直厅局实施35个专题43期专题培训，举办2期省管领导干部学习习近平总书记关于深化改革论述专题进修班。11个市共举办培训班82期，培训县处级干部12255人；省直工委在省直党校连续举办30期集中培训班，培训省直机关处级干部10000余人；省高校工委、省国资委共培训高校处级干部3491人、省管企业中层经营管理人员11000多人。

2. 统筹各类教学资源提高干部教育培训质量和水平。完成中央"一校五院"、中央和国家机关有关部委举办的133个培训班次调训任务。协调省内外培训机构，推出303个专题的干部选学课程菜单。组织11所省内干部教育培训基地，深入市县开展"送学下乡"活动。协调有关单位录制省情课件，丰富在线学习内容，坚持办好"山西干部在线学院"。推进领导干部上讲台，150多名市级以上领导干部登台讲课。

3. 以高度的政治自觉履职担责。9月1日全省领导干部大会之后，及时召开部机关干部大会，用党中央精神和省委要求统一机关干部思想。中央通报山西系统性、塌方式严重腐败问题之后，及时在部机关处级干部中传达，召开各市委组织部长座谈会，进一步统一思想、提高认识。中央十八届四中全会闭幕后，迅速召开部务扩大会和中心组理论学习扩大会，传达学习贯彻四中全会精神。省委十届六次全会闭幕后，部机关召开干部大会，要求全省组织部门按照省委决策部署，把法治理念、法治思维、法治方式贯彻到组织干部工作全过程，把"六权治本"要求具体化，为"六大发展"提供坚强保证。 （荆　沛）

【选人用人不正之风的整治】 2014年，山西省委组织部整治选人用人不正之风。

1. 查找选人用人突出问题，剖析问题原因。查找说情请托打招呼，跑官要官、买官卖官、拉票贿选，任人唯亲、拉拉扯扯、团团伙伙、"小圈子""小集团"现象，干部带病提拔，"三龄两历一身份"弄虚作假，违规用人和官商勾结、商人干预干部任免等七个方面问题。深刻剖析党委(党组)用人主体责任不落实；用人标准把握不严、用人导向不正；民主集中制执行不力；违背干部工作规律用干部；干部政策不落实、制度空挂、程序空转；对用人上不正之风打击处理不力、追责不严；干部教育管理监督不到位，失之于宽、失之于软；组织部门职能作用发挥不够，没有为党委选人用人把好关、守好门；"官本位"思想严重，干部自我要求不严，理想信念不坚定，党性观念不强，宗旨意识淡薄；资源型经济为用人腐败提供土壤和温床等十个方面原因。

2. 制订出台干部工作"四个文件"，推进干部工作。省委印发《关于全面贯彻好干部标准树立正确用人导向从严管理干部的决定》《关于做好甄别处理一批、调整退出一批和掌握使用一批干部工作的意见》《关于加强县委书记选拔任用和管理监督工作的意见(试行)》和《省管干部动议酝酿任免议事规则》，提出从严坚持新时期好干部标准，树立"德才兼备、以德为先、以廉为基"用人导向，规范干部动议酝酿任免工作，从源头上预防和整治选人用人不正之风，坚决防止干部"带病提拔"，坚决调整干部"带病在岗"，坚决遏制干部"提拔后生病"。

3. 集中开展省管领导班子和领导干部综合分析研判。部领导与11个市党政主要领导和部分县委书记，

79个省直厅局主要领导、部分纪检组长、中央驻晋单位主要领导，21个重点省直企事业单位的500多名干部进行谈心谈话。集中力量对各市委、市政府班子，特别是对2015年上半年涉及人大、政府、政协换届的朔州、晋中、吕梁3个市、9个班子进行逐个分析研判，了解掌握领导班子运行情况等情况。在对高平市等地方严重腐败问题剖析的基础上，研究制订《关于选好用好管好县委书记工作办法》，以选好用好管好县委书记为突破口和切入点，统筹抓好全省干部的选拔任用工作。

4. 做好“一倒查六整治”工作。完成以“三龄二历一身份”为重点的2116名省管干部档案的清理认定工作，形成干部档案涂改等问题干部名单。对2010年以来信访举报进行梳理，形成了涉及40个省管领导班子、45名省管干部的问题清单。完成2314名省管干部的个人有关事项报告汇总综合工作，加大报告事项抽查核实比例，查核个人有关事项报告25批1958人，了解掌握干部真实情况。对23名“裸官”做出处理，对6名干部“带病提拔”问题进行倒查。对违反干部任用规定的40名责任人进行处理，纠正违规用人251起，对违规兼职的999名干部做出处理。

5. 加大诫勉、函询等组织处理力度。加大日常管理监督力度，对23名干部进行党政纪处分，对17名干部进行诫勉，对10名干部进行函询。对5家单位党委（党组）书记落实省委要求不认真、不负责、不用心、应付了事问题，派出工作组对领导班子和干部队伍建设情况进行调查了解，分别约谈5家单位党委（党组）主要负责人，严肃指出存在问题，进行严厉批评，提出整改要求。针对吕梁市和交通厅严重腐败问题，派工作组对其选人用人问题深入调研剖析，指导党委（党组）狠抓刷新吏治工作。

6. 加强和改进干部考核工作。贯彻党的十八届四中全会和省委十届六次全会精神，围绕“六大发展”，开展改进干部考核评价专题调研，把领导班子和领导干部抓党建、落实“两个责任”和“六权治本”以及推进法治建设情况作为重点内容，科学设置考核指标体系。在对部分事业单位及高等院校2014年度考核中，主动收集领导班子存在问题及意见建议，收集对省管干部个人的有关反映；个别谈话新增有关省管干部调整退出或掌握使用建议、推荐优秀中层正职干部等内容。（荆　沛）

【教育实践活动整改和学习讨论落实活动】 2014年，山西省委组织部严格落实中央八项规定精神，抓好“四风”问题专项整治，确保教育实践活动整改和学习讨论落实活动取得实效。

1. 落实中央八项规定精神。坚决贯彻落实中央八项规定精神，与2013年相比，文件数量由233份减少到204份，减少12.4%；简报数量由72期减到51期，减少29.2%；会议费用由190万元减少到180万元，减少5.3%；印刷经费由135万减少到132万，减少2.2%。

2. 深化“四风”问题专项整治。推进第二批教育实践活动各项工作，各级领导班子和党员领导干部共查找确定突出问题37.4万条，其中“四风”问题22.2万条，群众反映强烈的突出问题15.2万条。紧抓中央21项专项整治任务落实，建立整改台账，整改一个、公示一个、销号一个，督促各级各部门真整真改。把“四风”问题整改落实情况作为年底民主生活会的重要内容，对领导干部参加社会化培训、在建会所、奢华浪费建设项目等“四风”隐形变种问题进行集中整治。督促有关方面对洪洞县9名乡镇干部酗酒滋事顶风违纪案件从严从快处理，坚决整治不作为、乱作为行为，始终保持对“四风”问题的高压态势。

3. 做好学习讨论落实活动相关工作。做好全省学习讨论落实活动面上工作的组织实施，抽调得力人员组建11个督导组从严从实开展督导工作，落实联络、周报、信访和舆情监测等工作制度。举办省管领导干部学习讨论落实活动专题研讨班，深入学习领会习近平总书记系列重要讲话精神，教育引导省管领导干部认清形势大局，深刻汲取教训。做好学习讨论落实活动组织工作，对活动任务落实情况进行督促指导，对各级党委（党组）深刻反思剖析提出具体要求。抓好省委交办的4个方面、8项内容、20项具体成果工作，明确牵头领导、责任处室、完成时限，严格督促落实。

（荆　沛）

【基层党组织和党员队伍建设】 2014年，山西省委组织部落实基层党建主体责任，抓好农村（社区）“两委”换届，做好抓基层打基础工作。

1. 推进基层党组织晋位升级。制定《关于指导开展2014年度基层党建“联述联评联考”工作方案》，督促指导市县乡三级党委和五个省直工（党）委深入开展“联述联评联考”工作，压实党委（党组）党建工作主体责任。12月30日，省委书记王儒林参加各市党建述职会议，推动党建主体责任落实。集中开展软弱涣散村级组织专项整顿，排查确定软弱涣散农村党组织1720个，社区党组织148个，调整不合格党组织书记257人，处置不合格党员75人，为群众解决突出问题4062件。全面推进党代表工作室建设，119个县（市、区）建立党代表工作室2467个，安排入驻党代表125038人，接待群众194297人次。

2. 加强和改进党员队伍建设。坚持严把入口、畅通出口，合理确定党员发展数量，重视从青年、工人、农民、知识分子中发展党员；探索处置不合格党员机制，保持党员队伍的纯洁性。广泛宣传“好支书彭云、最美村官段爱萍”等基层党员先进典型，发挥“三晋红e”网站和远程教育网络作用，抓好党员教育。开展困难党员帮扶工作，做好“12371”党员服务电话受理工作，维护党员权益。开展在职党员到社区报到活动，在职党员报到人数达34万人。加大大学生村官创业扶持力度，争取到省财政专项资金2000万元、省扶贫项目资金2000万元，营造大学生村官干事创业氛围。

截至 2014 年底，有 3446 人开展创业，占在岗村官数的 28.6%，为农民群众提供 3.2 万个就业岗位。

3. 突出抓好农村“两委”换届工作。严密组织实施村“两委”换届工作，明确“十类不宜”人选条件，组织召开各市、县(市、区)委书记参加的村(社区)“两委”换届工作动员会，建立选举违法违纪问题专办制度，派出巡回督导组抓好重点任务、关键环节的督促指导。截至 2014 年底，全省 28074 个应换届村委会中，有 27992 个完成换届工作，占 99.71%;27060 个应换届村党组织中，有 27039 个完成换届工作，占 99.92%。省市县三级共对 204 起违反换届纪律行为进行查处，对 255 人作出处理。

4. 创新人才工作。坚持高端引领、以用为本，深入实施十项重大人才工程，选拔出 14 名院士后备人选，202 名学术技术带头人，命名首批“三晋学者”16 人，引进两院院士 18 名，引进海外留学人才及“985”院校毕业生 1600 余人。开展“千人百县”高层次人才服务基层活动，652 名高层次人才下基层开展服务活动 1776 次。

（荆　沛）

【组织部门自身建设】 2014 年，山西省委组织部突出抓好“从严治部”，保证中央和省委决策部署落实到位。

1. 从严抓学习，补足干部精神之“钙”。建立和完善部中心组和支部学习制度。先后组织召开 16 次部中心组学习会议。发挥典型示范作用，组织观看专题片，召开最美乡镇干部先进事迹报告会，用身边事教育身边人。强化干部能力素质教育，先后组织部机关全体干部分 6 批参加“全省干部选拔任用条例培训班”，选调 16 名处级以下干部参加中央调训，5 名干部参加自主选学，3 名干部跟班学习。

2. 从严抓党建，夯实机关党组织建设。组织完成机关党委、工会的换届工作。加强党建工作责任考核，将各支部书记抓党建情况纳入年度考核的重要内容。组织开展“联述联评联考”工作，自觉接受评议。组织召开部领导班子民主生活会和各支部组织生活会，深刻反思剖析山西发生“系统性、塌方式”严重腐败问题的原因，开展严肃认真的批评与自我批评。开展学习讨论落实活动，对部机关各项活动任务逐一进行分解落实。

3. 从严抓队伍，扎实推进干部人事工作。起草下发《关于在学习讨论落实活动中突出抓好“从严治部”的通知》。部领导和厅级干部带队分赴各市委组织部参加“从严治部”专题民主生活会，深入查找问题，深刻剖析原因，抓好整改。对组工干部队伍中违规进人、档案造假、说情请托打招呼等十种问题进行深入排查，解决组织系统队伍建设“灯下黑”的问题。在全省组织系统严格开展“三个一批”工作，深入做好“六查”工作，确保组织纯洁、队伍纯洁，为坚决刷新吏治、实现弊革风清奠定组织基础。

（荆　沛）

宣　传

【宣传思想工作思路调整】 2014 年，山西省宣传思想文化战线围绕“两个巩固”的根本任务，实施“六大工程”，各项工作保持健康向上的良好势头。中央对省委领导班子做出重大调整后，山西省委宣传部面对反腐败斗争的严峻形势，调整工作思路和工作重点，贯彻中央对山西工作的重要指示，贯彻省委的重大决策部署和省委书记王儒林重要讲话精神，采取措施，加强统一思想、引导舆论、核心价值观培育和廉政文化建设等方面的工作，为“净化政治生态、实现弊革风清、重塑山西形象、促进富民强省”做出贡献。

面对系统性、塌方式腐败带给山西的灾难性影响，省委宣传部按照中央和省委要求，组织全省党员干部学习习近平总书记关于党要管党、从严治党的重要论述，学习全省领导干部大会、省委十届六次全会和王儒林重要讲话精神，引导教育广大党员干部认识山西省反腐败斗争形势的严峻性、复杂性、尖锐性、特殊性，认识中央对省委领导班子进行重大调整的极端重要性，统一思想，凝聚共识。加强意识形态领域形势的分析研判，研究解决相关问题，对一些错误言论和观点，进行辨析和批驳。

组织编写《习近平总书记系列重要讲话选编》《有关重要文献和领导讲话选编》《省委文件和领导讲话选编》《廉政文化读本》等学习资料，推动理论学习深化。组织社科理论界的专家学者，重点对山西省政治生态、党风廉政建设、反腐败斗争、“六权治本”“六大发展”等重点课题进行研究，集中攻关，形成初步研究成果。

（王　正）

【舆论引导】 2014 年，山西省委宣传部加强舆论引导。统筹传统媒体和网络媒体、主流媒体和都市类媒体、中央媒体和省内媒体等新闻宣传资源，宣传以省委书记王儒林为班长的省委常委班子推进工作的新思路、新举措、新作为，宣传山西省反腐倡廉、作风建设和改革发展的新进展、新成效，宣传各地各部门贯彻落实中央和省委要求的实际行动、具体举措，引导人们看主流、看本质、看前景，提振信心、鼓舞士气。把握舆论导向，组织各级各类媒体直指突出问题，痛陈弊端痼疾，为山西省的高压反腐提供舆论支持。《山西日报》围绕贯彻落实全省领导干部大会精神和深入推进学习讨论落实活动，连续刊发 6 篇社论、20 篇系列评论，其他媒体及时转发、摘发，在省内外引起强烈反响。

加强社会舆情特别是网络舆情的分析研判，对一些苗头性、倾向性问题进行引导。按照“管得住、正能量”的总要求，加强互联网管理，建立 24 小时在岗在线值班制度，组织开展打击新闻敲诈和假新闻等专项行动。

做好对外宣传工作，重塑山西改革发展稳定的新形象。邀请中央和省外有影响的媒体，集中对第二届晋商大会、第五届中国太原国际能源博览会、2014 平遥国际摄影大展等重大活动进行报道，组织全国网媒山西行活动。

（王　正）

【核心价值观建设】 2014年,山西省委宣传部制订出台《山西省培育和践行社会主义核心价值观实施意见》,为做好工作提供政策保障。开展社会宣传活动,运用道旗广告、公益广告、公共场所、交通运输工具等,宣传社会主义核心价值观和革命老区精神,取得初步成效。组织开展第五届"山西道德模范"评选活动,评选树立梁香草等一批道德楷模。召开全省推进善行义举榜现场会,推广昔阳县、同煤集团等工作单位的好经验好做法。宣传申纪兰、段爱平、赵迎路等先进典型的高尚品格和感人事迹,营造向上向善向廉的社会氛围。开展"德润三晋·共筑梦想"主题实践活动、学雷锋志愿服务活动、群众性精神文明创建活动和"我们的节日"系列活动等,形成践行社会主义核心价值观的局面。开展"图说我们的价值观""讲文明弃陋俗树新风"等主题宣传活动,运用道旗广告、公共场所、交通要道、建筑围栏、电子显示屏、交通运输工具等多种载体,提高核心价值观的知晓率和认同度。 (王　正)

【文艺创作】 2014年,山西省委宣传部扶持、奖励、资助省市县三级各类重点创作项目180余项,投入资金3500万元。保持文艺繁荣发展好势头,全年共创作舞台剧、影视作品、文学作品近百部,54部作品获39项全国大奖。其中,5部作品获全国第十三届精神文明建设"五个一工程"奖,省委宣传部获"组织工作奖"。弘扬山西省优秀历史廉政文化,展演展播电视连续剧《一代廉吏于成龙》等优秀作品,新创作《最美村官》《党的女儿》《东方有大海》等15部廉政文化作品,策划制作《净化政治生态、实现弊革风清、重塑山西形象、促进富民强省》《榜样的力量》《弊革风清树正气》等9档公益宣传片。 (王　正)

【文化惠民】 2014年,围绕"中国梦"主题和庆祝新中国成立65周年,开展"文化惠民在三晋"、庆祝新中国成立65周年优秀新创剧目展演等活动。全年共组织文化惠民活动73项、各种文艺展演200余场、文化惠民演出2000余场。 (王　正)

【文化体制改革】 2014年,山西省委宣传部成立山西省文化体制改革专项小组,出台《文化体制改革工作实施方案》及任务分解表,完成《2014年工作计划》确定的13项改革任务。省级新闻出版和广电部门完成整合。规范文化行政审批,省直文化行政部门共核减审批事项82项。理顺省属文化企业集团出资人管理体制,制定出台一批扶持文化产业、扶持转企改制国有文艺院团等发展的具体政策。加大对特色文化产品的扶持力度,扶持项目49项,扶持资金1360万元。加快省直文化企业集团组建步伐,体育、旅游、文博、工美四大文化企业集团完成工商注册,开始运营。出台省级购买公共演出服务方案等文件,促进基本公共文化服务标准化均等化。 (王　正)

统　战

【思想政治引领工程】 2014年,山西省委统战部以深入学习习近平总书记系列重要讲话精神为统领,大力实施"思想政治引领工程",在全省统一战线开展民主党派、无党派人士"坚持和发展中国特色社会主义学习实践活动"、非公经济人士理想信念教育实践活动、民族团结进步创建活动。全年共举办民主党派学习讲堂、晋商大讲堂、民族宗教知识系列讲座15期,组织党外人士赴八路军太行纪念馆开展"重温历史,坚定信念"主题教育活动。通过"思想政治引领工程",政治共识进一步增强,统一战线共同思想基础进一步巩固。(王　峰)

【多党合作水平提升】 2014年,中共山西省统战部支持民主党派发挥作用,在山西政治生活中多党合作水平进一步提升。(1)开展政治协商。研究起草中共山西省委与党外人士座谈会、省政府有关部门同各民主党派省委对口联系等制度,进一步拓宽协商交流渠道,为坚持和发展多党合作事业提供有力保障。协助省委组织召开通报会、协商会、座谈会11次,就全省经济形势、重大决策部署、重要人事安排等,向党外人士通报情况、征求意见。(2)组织专题座谈和调研活动。围绕省委新的战略部署,专门召开省统战系统单位负责人座谈会,统一思想认识,征求意见建议,研究落实举措。围绕"六大发展",组织各民主党派、工商联和无党派人士选择8个重点课题开展专题调研,赴忻州、朔州就转型发展进行实地考察。省委、省政府专门召开全省统一战线调研成果汇报会,听取和采纳有关意见建议。(3)推进民主监督。组织党外人士中的人大代表、政协委员参加视察、考察、执法检查等活动,协调有关部门开展特约监督员、特约检察员、行风评议员等聘任工作,有效发挥党外人士的民主监督作用。(4)推动山西社会主义学院新校区建设。完成征地拆迁任务,落实省政府关于"百日百项工程"年底前开工的要求。

(王　峰)

【民族宗教工作加强】 2014年,山西省委统战部重视民族宗教工作,维护和谐稳定优势进一步发挥。(1)加大政策宣传力度。学习贯彻中央民族工作会议精神,组织专人赴朔州、临汾和山西中医药大学、太原师范学院等地宣讲,推动民族宗教政策的贯彻落实。(2)团结引导代表人士。举办民族宗教知识系列讲座和宗教团体负责人双月学习活动,推荐民族宗教界代表人士参加中央统战部举办的爱国人士研修班,指导帮助宗教团体举办教职人员培训班、讲经交流会,构建民族宗教界学习交流长效机制,强化民族宗教界代表人士的政治意识和爱国意识。(3)提高法治化管理水平。指导民族、宗教工作部门加强城市少数民族流动人口管理,召开研讨会,探讨交流做好工作的方法、途径,协调处理矛盾纠纷。对宗教活动场所进行大检查,集中解决财务管理不规范和滥建场所、滥造塑像等问题。(4)加强对天主教工作领导。指导帮助天主教长治教区完成助理主教选举工作，妥善处置天主教晋中教区主教去世有关工作，制止处理“天主教华商联盟”等群体性突发事件，维护民族宗教领域的和谐稳定。(5)做好对口援疆工作。修订完善《山西省委统战部对口援助农六师党委统战部合作意向书》，明确对口联系5项制度，提出对口援助的7条建议，初步建立起对口援助的日常联系机制。（王　峰）

【非公经济发展支持】 2014年，山西省委统战部进一步支持非公经济发展，服务中心的成效进一步显现。(1)牵头承办第二届晋商大会。17个国家和地区的270多名晋商代表参加。创新办会方式，采取现场活动和网络宣传相结合的办法，打造“永不落幕的晋商大会”，全方位、持久性宣传我省改革发展新政策、新机遇，调动广大晋商参与建设山西的积极性。促成签约转型项目156个，总投资1903.8亿元。(2)开展“加速转型升级活动”。举办全省优秀中国特色社会主义事业建设者培训班、全省中青年民营企业家培训班，组织民营企业家参观娃哈哈集团、阿里巴巴等国内知名企业，举办山西·珠三角民营企业对接恳谈会，为广大民营企业家对外学习交流搭建平台。(3)开展“产业扶贫、携手发展”活动。制定出台行动计划，组织推动村企对接，召开全省非公企业产业扶贫观摩推进会，总结经验，推广典型，加强引导。全省工商联会员企业投资产业扶贫开发项目达到307个，总投资达738.4亿元。(4)开展民营中小微企业发展专题调研活动。组织6个调研组赴各市就民营中小微企业发展情况进行调研，并召开政银企三方座谈会，掌握全省民营经济，特别是中小微企业发展中存在的突出问题和深层次原因，为推动民营经济突破性发展提供思路。（王　峰）

【党外知识分子工作强化】 2014年，山西省委统战部党外知识分子工作不断强化，统战工作影响力进一步扩大。(1)组织开展民企与高校、科研院所对接恳谈会。联合省工商联召开民营企业与高校、科研院所项目对接恳谈会，84家民营企业和10个商会的154名代表、14所高校和3个科研院所的66名代表，就91个项目进行对接洽谈，签订合作协议22个，达成合作意向36个。(2)组织开展“报国创业”活动。组建归国留学人员“创业导师团”，召开“创业之路”专题报告会、归国留学人员座谈会和“报国创业”座谈会，为广大归国留学人员和社会有关群体创新创业起到引领作用。(3)开展“同心·律师服务团”活动。开展“同心·律师服务团”第二批志愿服务活动，组织优秀律师结对帮扶古交、永和等7个律师资源缺乏的县，在法制宣传、人才培训、决策咨询、社会公益等方面积极开展活动。(4)加强党外知识分子人才队伍建设。完成山西欧美同学会·山西留学人员联谊会换届工作，选举产生新的领导班子。聘任60名各领域党外知识分子担任建言献策联络员，共收集意见建议稿件50余篇。实施“高端人才”计划，建立134人的党外知识分子高端人才资料库。（王　峰）

【海外联谊渠道拓展】 2014年，山西省委统战部广泛凝聚人心，海外联谊渠道进一步拓展。(1)深化对外交流。省委统战部与香港专业及资深人员协会等19个海(境)外社团进行交流，邀请9个团组、143人到晋参访，组团赴美国、加拿大和港澳地区访问、邀商，召开以“促进专业交流·晋港合作共赢”为主题的晋港专业交流座谈会和港澳政协委员、省海联会理事参加的“情系三晋”座谈会，与港澳台海外人士加强联系，融洽感情，增进互信。(2)服务社会民生。省委统战部引进使用香港李兆基基金会和霍英东基金会捐赠资金400万元，资助五台、吉县、平陆、汾西、临县5个县完成50所海联新农村卫生室建设任务，有效缓解受资助地区农村群众看病难问题。(3)拓展联谊平台。着眼扩大联谊范围、延伸工作手臂，推动支持省海联会海外理事先后在英国、俄罗斯注册山西商会、同乡联谊会等组织，完成山西省黄埔军校同学会筹备工作，增补部分香港和海外理事。（王　峰）

【党外代表人士教育管理深入】 2014年，山西省委统战部加强党外代表人士教育管理，统一战线可持续发展能力进一步增强。(1)加强制度建设。制定政协委员协商产生办法、省管党外领导干部任免工作程序等规章制度，促进党外代表人士队伍建设的制度化、规范化、程序化。出台各领域代表人士综合评价指标和办法，完成2600多名代表人士的综合数据库信息录入工作，省委统战部被中央统战部选定为《党外代表人士综合数据库》试用单位。(2)加强教育培训。制定下发2014年度教育培训计划，举办全省党外中青年干部、民主党派省委会委员、民主党派中青年后备干部等8个培训班，推荐党外人士参加中央统战部组织的各类培训班、研修班。(3)加强日常管理。落实党外干部教育管理“五个一”工作机制，召开市厅级党外干部述职述廉大会，组织观看廉政教育警示片，邀请省纪委、省委组织部通报有关情况，有效加强对党外干部的教育管理。完善宗教团体述职评议考核制度，形成定期对宗教团体领导班子成员进行述职测评的长效管理机制。(4)加强民主党派后备干部队伍建设。制定出台做好民主党派领导班子后备干部队伍建设工作的实施意见和民主党派市级组织后备干部队伍建设及届中调整工作的意见，协助各民主党派省委会对有关人选进行民主推荐、调研考察，确定69名民主党派省级组织领导班子后备干部。督促指导各市统战部加强民主党派后备干部队伍建设，对部分市级组织进行届中调整。（王　峰）

【统战工作重要会议】 2014年1月16日，山西省统战部长会议在省委会议厅召开。会议回顾总结2013年工作，安排部署2014年主要任务，对

2013年度全省统战理论研究优秀成果和统战理论研究优秀组织单位、统战宣传工作先进单位以及统战信息工作先进单位和优秀信息员进行通报表彰。来自太原、大同、朔州、忻州、晋中、长治的市委统战部部长结合各自工作实际，做典型发言和经验交流。共计180余人参加会议。

2014年，中共山西省委统战部组织各民主党派、工商联和无党派人士围绕全省发展大局和工作重点，深入基层开展8个方面的专题调研，形成一批高质量的调研报告，既有效弥补省直部门调研的不足，也体现党外人士对政府工作的拥护和支持。12月3日，省委、省政府召开山西统一战线调研成果专题汇报会，要求省直有关部门对这8份调研报告进行认真研究、梳理、采纳、运用，切实将调研成果转化为促进工作的具体措施。省委常委、常务副省长高建民出席会议并讲话，省委常委、统战部部长孙绍骋主持会议。

2014年12月24日，中共山西省委统战部在寿阳县召开全省推进县级统战部门合署办公现场会，学习推广寿阳县统战部、工商联、侨联合署办公的经验做法，对全省推进县级统战部门合署办公进行安排部署。会议要求，推进合署办公要坚持自愿整合、统战牵头、合署合力、职责不变的原则，注重做好政策解读和思想发动，在党委、政府的统一领导下，稳妥有序地推进。会议要求，2015年上半年全省县级统战部门完成合署办公任务。省直有关部门负责同志，各市统战部长和政协、工商联、民族宗教局、侨联等有关部门负责同志参加会议。省委常委、统战部部长孙绍骋出席会议并讲话。（王　峰）

【孙绍骋走访统战系统有关单位】 2014年10月11日，山西省委常委、统战部部长孙绍骋赴各民主党派省委、省宗教局、省侨联、省台联机关和山西社会主义学院进行走访，并看望机关干部职工。周然、刘滇生、王宁、张友君等分别介绍各民主党派省委会自身建设情况。（王　峰）

【山西省党外市厅级领导干部履职交流会】 2014年2月20日至21日，山西省委统战部召开全省民主党派和无党派市厅级领导干部2013年度履职交流大会。会议深入学习贯彻习近平总书记系列重要讲话精神和中共十八大、十八届三中全会及省委十届五次全会精神，就过去一年民主党派和无党派市厅级领导干部履职情况进行述职交流，达到总结经验、学习交流、共同提高的良好成效。全省民主党派和无党派市厅级领导干部共计90余人参加会议。（王　峰）

政法委

【法治山西建设】 2014年，党的十八届四中全会之后，山西省委政法委牵头，完成省委《关于贯彻落实党的十八届四中全会精神加快推进法治山西建设的实施意见》的起草工作，并围绕《实施意见》的贯彻落实，组织起草《重大举措分工方案》，对省委法治建设领导机构和办事机构调整充实提出意见。省委依法治省领导组更名为省委法治建设领导小组，原省委依法治省办由省司法厅整体划转到省委政法委，为加快推进法治山西建设奠定良好基础。（李　磊）

【平安建设】 1. 维护社会政治稳定。2014年，山西省政法委围绕敏感节点、重大政治活动和重大事件，扎实做好高校领域、涉疆涉藏维稳工作，依法打击非法宗教活动，确保全国“两会”、党的十八届四中全会和APEC会议期间全省社会政治稳定。

2. 山西开展反恐怖专项斗争。省政法委针对暴力恐怖犯罪向内地蔓延的趋势，召开专题会议研究部署，出台《关于进一步深化反恐斗争的意见》，建立武装巡逻、动中备勤工作体系，并联合铁路、机场和武警建立“统一接警、统一指挥、就近调警、快速处置”反恐指挥工作机制。组织开展依法打击宗教极端违法犯罪专项行动和严厉打击暴力恐怖活动专项行动。加强对恐怖袭击事件规律特点和战术战法的研究，制定应对处置持刀砍杀、汽油纵火、驾车冲撞、爆炸袭击以及公交纵火爆炸等案件的应急预案，组织全省各市开展应对处置暴恐袭击综合实战演习，提升处置暴恐案件的能力。（李　磊）

【司法公正专项整治】 2014年，针对执法司法中存在的突出问题，山西省政法委组织开展四个方面的专项整治。（1）推进清理久押不决专项行动。

中共山西省委常委、省委政法委书记王建明（左二）接见英模代表（李　磊供图）

“一村一警”入村入户 （李 磊供图）

2014年，共清理久押不决案件103案156人。截至2014年9月底，全省2010年5月1日前羁押未审结的久押不决案件全部清理纠正，首次实现久押不决案件为“零”的目标。(2)推进“减刑假释暂予监外执行”清理整治。对暂予监外执行的300余名罪犯进行重新体检和审核，依法收监118人，纠正减刑、假释、暂予监外执行提请不当846人，查办背后的职务犯罪12件13人。同时，组织省法、检、公、司和省监狱局联合出台《关于办理减刑、假释案件实施细则》。(3)组织开展打击环境污染违法犯罪“百日会战”。组织政法机关和环保部门对1498起涉嫌违法犯罪案件进行依法处理，其中采取行政处罚措施的1457件，41件涉嫌犯罪的案件中刑事立案25件、治安处罚14件、由检察机关立案侦办的涉嫌职务犯罪2件，多年来失之于宽、失之于软的问题得到扭转。(4)推进涉法涉诉信访积案清理和“百案评查”活动。对全省4581件涉法涉诉信访积案组织开展全面清理，并选取100余起典型案件进行联合评查，发现和纠正一批普遍性倾向性问题。 （李 磊）

【“一村一警”联系走访活动】 2014年，以第二批党的群众路线教育实践活动为契机，山西省政法委组织市、县政法机关到农村（社区）开展以“一村一警”为主要模式的联系走访活动，通过结对联系、联合编队、定期走访、强化考评等措施，推动形成村村见警、月月走访、职责明确的联系群众长效机制，为政法干警提升群众工作能力、及时解决基层存在的突出问题发挥重要作用。据统计，全省共有3.7万名政法干警深入1650个乡镇（街道）、3万多个村庄（社区）以及1万多个企业，走访群众121万户275万人，收集各类社情民意35.7万条，征求意见建议17万条，排查矛盾隐患4万个，化解矛盾纠纷6.7万起，整治治安乱点1.3万个，排查案件线索6933条，提供法律服务25万余次，健全人民调解、治保会等基层组织639个，帮助群众解决困难和问题5.5万个。“一村一警”活动先后被《人民日报》《法制日报》等媒体宣传报道，受到基层群众的肯定和欢迎。（李 磊）

○相关链接：参见“法治”类目

机构编制

【政府机构改革】 2014年，山西省编办把机构改革作为工作的重中之重。

1.强化顶层设计，完善实施方案和意见。根据党中央、国务院关于政府职能转变和机构改革改革精神，拟定《山西省人民政府职能转变和机构改革的方案》，经党中央、国务院批准印发；拟定《关于市县政府职能转变和机构改革的意见》，经省编委会议、省委常委会议审议通过，并报中央编办备案后印发；3月21日，省政府召开全省政府职能转变和机构改革工作电视电话会议，对全省改革工作进行动员部署。以省政府办公厅文件正式印发《关于实施〈山西省人民政府职能转变和机构改革的方案〉任务分工的通知》，对政府职能转变和机构改革工作进行任务分工，明确相关责任。

2.省级政府机构改革如期完成。(1)与国务院机构改革相衔接，整合卫生、计生、广电、新闻出版，优化政府组织结构；整合食品药品监管机构和职责，解决分段监管、多头监管、职责交叉等问题。(2)结合山西省实际，以省政府办公厅文件印发省金融办的“三定”规定。省级政府机构改革结束后，及时组织评估，印发《关于开展“三定”规定落实情况总结评估的通知》，省卫计委、省食药监局、省新闻广电局、省金融办“三定”规定总结评估工作基本结束。调整理顺政府各部门职能，汇总出省直部门57项需要调整理顺的职能，结合政府机构改革和行政审批制度改革，制定调整理顺职能的方案，逐步予以解决。

3.市县政府机构改革基本完成。各市在省编办指导下，围绕政府职能转变、深化政府机构改革和严格控制机构编制的改革要求，结合实际研究制定改革方案，截至2014年7月底，各市改革方案制定工作完成，经省编委会议审定后，9月5日以省委、省政府文件印发各市。 （王小琴）

【行政审批制度改革】 2014年，山西省编办把行政审批制度改革作为转变政府职能的重要抓手和突破口，简政放权，发挥市场在资源配置中的决定性作用。(1)完成国务院3批取消和下放行政审批事项的落实和承接工作，共取消29项，承接59项，取消执业资格许可和认定事项6项，改为后置审批的工商登记前置事项23项。(2)集中全办力量,通过"三下三上三核",对省政府各部门实施的行政审批事项进行摸底清理,确定保留并公布省政府各部门依法实施的行政审批事项475项,实施目录化管理并接受社会监督。简政放权,取消、下放和调整行政审批项目等事项60项。(3)开展编制行政审批事项办事指南、业务手册试点。省食药监局完成初稿的编制,其余6个部门对办事指南业务手册进行完善和规范。(4)对新设行政许可事项工作进行清理规范,形成《山西省人民政府关于报送规章和规范性文件设定行政许可清理情况的报告》。(5)督促各部门加强事中事后监管,把"探索行政审批事后监管模式"列为2014年的重大课题,重点探索取消行政审批事项的事后监督工作新思路,创新事后监督管理模式。(6)"两个清单"制定工作全面启动。落实省委"六权治本"要求,落实推进省级政府部门权力清单和责任清单任务,成立工作机构,召开全省推进政府部门权力清单制度工作动员部署会,开展集中培训,编印《推行权力清单制度工作指南》《推行权力清单制度工作手册》;工作中重点把握"清权""减权""制权""晒权"四个环节,注重与简政放权协同推进。推行权力清单制度各项工作展开。市县方面,各市县在党委、政府领导下,建立健全审改工作机制,对本级政府实施的行政审批事项进行梳理,大幅精简和下放。做好省政府部门取消和下放事项的承接工作,各级政府基本衔接到位。 (王小琴)

【相关领域体制机制调整】 2014年,山西省编办全面深化改革。(1)协同做好纪律检查体制改革工作,调整优化机构设置;配合做好煤炭管理体制重大改革,提出11个涉煤事业单位的改革思路。(2)围绕全面依法治国,配合推进司法体制改革,拟订《关于山西省省以下法院、检察院机构编制统一管理试点实施方案》。(3)围绕转型综改试验区建设,提出科技创新城管理体制和机构编制的意见;在山西省委、省政府《关于加快我省开发区转型升级的若干意见》(讨论稿)中提出体制创新的具体意见。推进省直管县和经济发达镇体制改革试点,在扩大县乡经济社会管理权限、提升基层政府统筹发展能力等方面取得进展。(4)围绕重点民生领域,提出加强改善农村人居环境工作机构编制意见;对采煤沉陷区治理试点乡镇扩权强镇相关工作进行调研和探索,向省领导报送相关方案和意见。 (王小琴)

2014年5月22日,山西省机构编制办公室举办全省行政审批制度改革工作培训班 (王小琴供图)

【事业单位分类改革】 2014年,山西省编办根据中央关于财政供养人员只减不增精神和省长李小鹏提出的"两个不突破"的要求,推进事业单位分类改革。(1)主动协调省财政厅、省人社厅研究分类工作,多次对分类方案评估测算,结合实际提出建设性意见。(2)向中央编办请示汇报,争取中央编办对山西省工作的支持和指导,关注全国各兄弟省市事业单位分类工作的开展情况和分类情况。(3)多次向省编委领导汇报省直事业单位分类工作情况,根据省领导指示完善省直事业单位分类方案和意见。2014年,省长李小鹏、常务副省长高建民先后三次专题听取省编办关于分类推进事业单位改革的情况汇报。(4)按照中央编办要求报送山西省省直事业单位分类的初步数据。(5)省事业单位改革领导组和省编委分别于2014年12月审议省直事业单位分类意见。 (王小琴)

【机构编制管理】 2014年,山西省编办控编减编工作取得阶段性进展。(1)研究制定《关于加强机构编制管理实现全省编制总量只减不增的意见》《山西省控编减编工作方案》,对严控机构编制工作进行顶层设计。按照中央编委的部署和要求,开展机构编制核查。全省机构编制核查工作基本结束,全省核查数据完整导入中央编办核查信息系统,核查工作进入全面总结、归档建档和验收阶段,为推行实名制管理奠定基础。配合有关部门做超职数配备干部专项整治工作,各地各部门按照中央组织部下发的政策口径进行消化整改。做好全省机构编制统计年报工作。(2)推进事业单位法人治理结构建设试点工作。加强对试点的指导和督促,省文物局所属山西博物院召开第一届理事会,山西省图书馆组建理事会前期工作基本完成。(3)加强事业单位法人登记管理。继续做好年度年检和日常登记管理工作。截至2014年底,共办理设立登记28件,变更登记351件,注销

2014年1月11日，国务院办公厅、中央编办调研山西省行政审批制度改革工作

（王小琴供图）

登记9件，证书遗失补领3件，超过法定限期自动废止证书39个，废止后重新申领证书18个，登记管辖移入2个，登记管辖移出65个。2014年度应参加年检事业单位1648个，年检合格1609个，年检合格率97.6%。所有登记事项全部实现网上办理。(4)机构编制综合管理系统建设取得新进展。贯彻落实《山西省机构编制部门电子政务发展规划（2011－2015）》和《山西省市县两级机构编制部门接入全省党委系统业务网的实施方案》，会同省委办公厅、省委机要局信息化管理中心组织专业技术人员推进省、市、县三级联网工作。截至2014年11月30日，全省11个市119个县编办实现党委系统业务网的连通，完成年初制定的全省机构编制系统联网任务。继续做好全省政务和公益机构专用中文域名注册管理工作，截至2014年12月7日，全省域名注册总量达28939个。开展党政机关网站开办审核、资格复核工作，截至2014年底，全省共提交网站申请2437个，领取标识2033个，其中，省直提交申请的单位91个，领取标识的83个。（王小琴）

【机构编制法制化建设】 2014年，山西省编办推进机构编制法制化建设。(1)研究拟定山西省《机构编制事项备案实施办法》，经征求意见、法制办前置审查、省编委领导审阅同意印发。(2)开展省委党内法规和规范性文件集中清理第二阶段工作，共承担25个规范性文件的清理工作，经省编办主任办公会审议报经省委同意，宣布废止14件，宣布失效11件。(3)参与完成《机构编制工作用语释义（试用2012年）》的修订工作。(4)做好机构编制政策法规服务和保障工作。牵头答复省直有关单位立法和制订规范性文件征求意见42件，参与论证会、协调会5次。（王小琴）

机关党建

【思想政治教育学习】 2014年，中共山西省直属机关工作委员会以深入学习贯彻习近平总书记系列重要讲话为主线，围绕服务全省“六大发展”“六权治本”推进机关党的建设。(1)开展习近平总书记系列重要讲话和十八届三中、四中全会精神学习。全年中共山西省直工委组织宣讲团深入110多个省直单位、为5万余名党员干部作宣讲辅导。(2)依托省直党校举办30期学习贯彻习近平总书记系列重要讲话、十八届三中、四中全会精神培训班和理论宣讲骨干培训班，共计培训党员干部7419人、理论骨干130人。(3)以中心组和机关处级以上干部为重点，印发《2014年省直机关党组（党委）中心组和干部理论学习安排意见》；加强中心组学习日常管理，建立中心组学习月报制度，对各单位填报的《中心组理论学习情况报告表》进行审查归档；改版《中心组理论学习动态》，2014年编辑6期《中心组理论学习动态》和2册《中心组理论学习成果汇编》。(4)组织推进“六权治本”、建设法治山西等专题辅导报告6场，省直机关1900余名党员领导干部听取讲座。(5)按照全国党建研究会机关专委会2014年课题安排，重点完成《从严格党内政治生活入手，加强对机关权力运行的监督制约》的调研论文，在9月召开的全国机关党建理论研讨会上作交流。(6)邀请省委宣传部副部长杜学文、省司法厅厅长崔国红分别作“谈社会主义核心价值观与山西精神”和“认真学习贯彻党的十八届四中全会精神，着力推进‘六权治本’深化山西法治建设”2场厅局长报告会；会同省委组织部、宣传部、省文化厅共同举办3期“文源讲坛—山西省领导干部讲座”。(7)在4月组织开展省直机关第三届“读书月”活动，收回读书体会文章近200篇，经专家评选出92篇优秀文章，汇编成《读与悟》一书，由山西人民出版社出版。（单福光　阎鹏飞）

【“基层组织提升年”活动】 2014年，中共山西省直工委在省直机关组织“基层组织提升年”活动。(1)8月13日，以晋直组字〔2014〕46号文件印发《关于省直机关党建工作调研督查的通知》和《调研督查提纲》，9月份省直工委班子成员和6名厅局机关党委书记组成14个组对11个市、22个县（市、区）和省直101个单位落实《条例》情况进行全覆盖调研督查，形成向省委汇报的调研报告。(2)10月8日，以晋直字〔2014〕18号文件印发《关于做好2014年度省直机关基层党建“联述联评联考”工作的通知》。11月起省直工委组织4个组，由工委领导带队深入145个省直单位指导“联述联评联考”工作；11月27日，召开省直机关“联述联评联考”大会，12

个厅局机关党委书记在大会上述职，参会人员对145个省直单位党建工作进行测评。(3)7月29日举办学习习近平总书记关于机关党建重要论述培训班，培训机关党委专职副书记、各市直工委书记132人。8月4日，举办机关党务干部换届选举知识专题培训，并集中听取70多个未按期换届厅局的情况汇报，省直工委与部门党组书记主动沟通，协调解决换届工作中的实际问题。截至2014年底，有52个机关党委和1个企业党委完成换届选举工作，省直工委机关党委也同期进行换届。(4)对3100名入党积极分子进行《党章》和《细则》培训，建立发展党员工作六项制度。(5)完成年底参与对各厅局党员领导干部民主生活会的指导和情况汇总上报工作。(6)11月28日召开全省机关党建工作经验交流会暨理论研讨会，6个单位在大会发言交流，93篇论文编印成册发到省直各单位。(7)以“知党情、听民声、谋发展、促和谐”为主题，在省直机关范围内推行党代表工作室建设工作。(8)建立机关党建联系点制度。工委领导班子成员分别联系1个市直工委、4个不同类型省直单位，定期深入联系点了解情况、指导工作、解决问题。

（单福光　阎鹏飞）

【机关作风和反腐倡廉建设】 2014年，中共山西省直工委在山西省直机关开展“工作秩序涣散、纪律松弛”专项整治，省直纪工委组成5个检查组，对省直55个单位的考勤制度和请销假制度执行情况进行抽查和明察暗访，对工作时间在非办公场所停放以及八小时以外在饭店、娱乐等场所停放的7辆公车进行核查处理。举办学习贯彻中纪委书记王岐山和省委领导重要讲话精神培训班；采取实地走访监狱、观看警示片等形式，开展警示教育。8月12日至9月15日纪工委组成调研组，分赴长治市、晋城市、吕梁市、襄垣县、平顺县、阳城县、汾阳市、离石区等三市五县（市、区）以及省检察院、省司法厅、省编办、省妇联、省贸促会、省旅游局、省食药监局、省文化厅、省法制办等30个省直单位，就贯彻落实中央八项规定精神和纠正“四风”情况、机关纪委的设置、换届选举、履行职责、党风廉政建设责任制落实等情况进行调研督导，并完成2个党风廉政建设方面的课题调研报告。纪工委全年受理群众举报260件（次），受理省纪委交办案件20件，自办案件25件，立案7件，查结5件，处分违纪处级党员干部23人。（单福光　阎鹏飞）

【省直机关干部“五项全能”比赛】 2014年7月14日，中共山西省直工委印发举办第二届省直机关“五项全能”比赛的通知和实施方案。8月20日至22日，省直86个单位选拔推荐的229名机关干部在山西大学商务学院，参加“公文写作、综合知识、法律知识、电脑应用、主题演讲”五项全能决赛。根据参赛选手各单项成绩和综合成绩的排名，评出五项全能一等奖5名，二等奖10名，三等奖15名，优秀奖30名；各单项比赛前10名；主题演讲比赛优秀选手31名；组织奖单位25个。9月29日，在山西省科技馆多功能报告厅举行第二届省直机关干部五项全能比赛颁奖会。省直工委、省直机关劳动竞赛委员会向获得五项全能一、二、三等奖，优秀奖，各单项前10名选手和获得组织奖单位记功颁奖。10月省直工委从210篇参赛演讲稿中筛选出90篇优秀演讲稿，编印省直机关干部“五项全能”比赛《优秀演讲稿选编》，并发放到各参赛单位和获奖选手。

（单福光　阎鹏飞）

【“十大学习品牌”展评】 2014年5月5日，中共山西省直工委以晋直发〔2014〕9号印发《关于开展“省直机关十大学习品牌”展评活动的通知》和《实施方案》，通过品牌申报、网上展示投票、实地考察、集中评审、网上公示、授牌表彰等环节，收到各单位报送的学习讲座品牌75个，经初步评审，确定55个学习品牌作为候选品牌，从8月15日起山西机关党建网进行展示并接受公众投票。经网上投票，得票数前30名再由专家评审投票，最终评选出“山西干部在线学院”等10个“省直机关十大学习品牌”和“艺术学习沙龙”等10个“省直机关优秀学习品牌”。11月3日，以晋直字〔2014〕21号印发《关于表彰省直机关十大学习品牌及优秀学习品牌的决定》，11月27日在省图书馆举行“十大学习品牌”颁奖仪式，对评选出的省直机关“十大学习品牌”和10个“优秀学习品牌”进行表彰。

（单福光　阎鹏飞）

2014年7月30日，中共山西省委省直工委召开省市直工委书记联席会议

（阎鹏飞供图）

【“践行社会主义核心价值观”主题活动】 2014年，中共山西省直工委开

2014年8月12日，中共山西省直工委邀请省委宣传部领导作《谈社会主义核心价值观与山西精神》报告（阎鹏飞供图）

展核心价值观践行活动与精神文明创建工作。(1)印发《关于在省直机关开展"践行社会主义核心价值观"主题活动的通知》《2014年度省直机关精神文明建设工作要点》，组织开展主题演讲、征文、省直机关公民道德建设"五个一"品牌、先进典型评选学习宣传等活动，编印《读与悟》《优秀演讲稿选编》两本书作为省直机关践行社会主义核心价值观学习资料。(2)组织对2013年度省直文明单位创建情况考核验收，3月下旬召开2014年度省直文明委全委会，审议通过对文明创建先进集体和先进个人表彰的名单，并向省考核办报送省直被考核单位的创建结果。4月下发表彰文件和处理决定，表彰383个文明单位标兵、287个文明单位，处分10个标兵单位、3个文明单位。(3)6月6日，合并召开2013年文明创建先进典型表彰会议和省直机关道德讲堂总堂启动仪式、传达贯彻省文明委第十三次全体会议精神、省直机关"讲文明树新风"公益广告工作部署会；4月下发文件组织开展省直机关第七批十佳文明窗口、十佳文明公民的评选活动；依托《山西省直文明网》及时对省直机关精神文明建设情况进行宣传报道，按月对各文明单位创建信息的报送实施考核；《山西画报·省直文明创建专刊》全年编辑印发12期。

（单福光　阎鹏飞）

【统战群团工作】 2014年，中共山西省直工委推进统战群团工作。(1)完善山西省直机关党外知识分子代表人士数据库建设，推荐19名党外知识分子代表人士列入统一战线"高端人才计划"。举办省直机关第四届职工运动会，97个省直厅局3000多人参加台球、象棋、桥牌、乒乓球、拔河和健身秧歌6个项目的比赛。选拔出省直代表队参加省第十四届运动会职工组比赛，获得拔河赛一等奖和健身秧歌规定套路比赛一等奖。开展2014年省直机关劳动模范评选工作。表彰省直机关五一劳动奖状52个，五一劳动奖章107名；推荐受到省委、省政府表彰的模范单位2个，模范集体2个，特级劳动模范2名，劳动模范15名；推荐受到全国总工会表彰的全国五一劳动奖状1个，全国五一劳动奖章2名，全国工人先锋号1名。筹集资金60余万元对382名困难职工、79名大病职工进行慰问和救助。制定《山西省直青年文明号管理暂行规定》，规范青年文明号活动的管理；在省直系统开展"新青春故事"推荐活动，选拔出40个基层青年励志先进事迹，其中有2个入选山西省前20新青春故事选。6月初举办"天翼飞扬"校园好声音歌手比赛；创建省直共青团飞信平台和QQ群，2014年飞信平台与36所团委书记、省直厅局65名团委书记及工作人员建立联系；山西省直共青团QQ群吸纳121名省直共青团干部，提高工作效率，方便工作开展。

（单福光　阎鹏飞）

党校教育

【领导干部重点培训】 2014年3月4日至5月16日，中共山西省委党校、山西行政学院连续举办10期省管领导干部学习贯彻习近平总书记系列重要讲话精神集中轮训班，共轮训学员2111人。12月7日至10日，校院承办1期省管主要领导干部学习讨论落实活动专题研讨班，省委书记王儒林主持开班式首场报告会，中央纪委副书记杨晓渡作专题辅导报告，省委副书记、省委党校校长楼阳生出席结业式并作总结讲话。其间，省委常委、常务副省长、山西行政学院院长高建民，省委常委、纪委书记黄晓薇，省委常委、组织部部长盛茂林分别作专题报告。配合专题研讨班的举办，校院承办省委组织部交办的6期学习贯彻《干部任用条例》集中轮训班，培训学员974人。（张耀东）

【领导干部常规培训】 2014年，中共山西省委党校、山西行政学院举办各类培训班次（不含基层送学）101期，累计培训1.2万余人次。常规班次举办省管领导干部进修班2期以及中青年领导干部培训班、省直机关正处级公务员任职培训班、新疆兵团六师党校中青班、全省党校系统师资培训班各1期。对外培训为省人大、省政协、省直各部委厅局、省内企业高校、市县以及新疆兵团、内蒙古阿荣旗等举办各类委托和专题培训班次73个。举办干部选学班次11个，开展以习近平总书记系列重要讲话精神为专题的基层送学培训276场次、近5万人次，较上年增长1.4倍，占全省任务的66%，实现对全省119个市县区的全覆盖。在职本科生、研究生等干部继续教育控制规模、加强管理、确保质量,启动全省党校系统在职本科教育收尾工作,国民教育本科生升学和就业考试录取率再创新高,34人被录用为公务员,56人考取研究生,其中985院校11人,211院校18人。

(张耀东)

【教学改革】 2014年,中共山西省委党校、山西行政学院调整优化教学内容和专题,加大马克思主义原著、中国特色社会主义理论体系特别是习近平总书记系列重要讲话精神以及理想信念、党性党风、反腐倡廉教育和省委最新决策部署、右玉精神等教学比重,常规班教学新增专题比例达20%。制订出台教学调研常态化、加强学术道德和学风建设、规范外出讲学和严肃课堂纪律、简化常规班毕业仪式等多项制度,开展首次教学调研课题公开招选评审,评选出10个课题中标教学团队。注重提高案例教学和"2+1"互动教学的质量和效果,继续组织学员论坛、硕博论坛,开展延伸培训、体验式教学、警示教育等活动,邀请知名学者、政府官员等来校院作报告十余场。编写出版《中国特色社会主义理论体系研究》《右玉精神党员干部读本》等教材。严格学员管理,抓好学员入学教育、到课率、毕业考核等工作,组织学员开展现场教学、课题调研等活动。 (张耀东)

【理论研究】 2014年,中共山西省委党校、山西行政学院有1项国家级课题、22项省部级课题和2项省发改委"十三五"规划前期研究重大课题、14项校院级课题立项。1项国家级课题结项获"良好",6项全国行政学院合作课题结项。校院理研中心在省级以上党报党刊发表文章24篇,全校教研人员发表各项科研成果共计200余部(篇),其中在国家一级期刊发表文章11篇。获全国行政学院优秀科研成果奖3项,其中一等奖2项;获省第八次社科优秀成果奖7项,其中一等奖2项。《理论探索》继续保持全国中文核心期刊和CSSCI来源期刊,全年有15篇文章被权威刊物转载或转摘;《中共山西省委党校学报》首次被评为中国人文社会科学核心期刊扩展版;《山西党校报》拓宽思路、创新栏目、改进文风,正在形成自己独特的办报特色。校院承担的中央党校"三大文库"之———"八路军总部在山西"数据库验收结项为"优秀"等级。

(张耀东)

【党校决策咨询服务】 2014年,中共山西省委党校、山西行政学院落实省委书记王儒林"组织力量,围绕全省中心工作、重大问题深入研究"的批示精神,研究提出推动教学、科研、咨询一体化建设的新思路和举措。全年组织教研人员围绕意识形态工作、行政审批制度改革、招商引资后劲、政府信息公开、红色文化资源保护与开发、反腐制度体系建设、法治山西建设等山西省改革发展各领域中的热点焦点问题深入调研论证,撰写上报12期《决策建议报告》,其中10期获王儒林、楼阳生、高建民等省领导和部门领导阅批。一些成果进入有关部门决策,有的课题组成员受聘参与省行政审批改革咨询等工作。《山西日报》等省内外媒体对校院决策咨询成果予以大量转载和报道,引起广泛的社会关注和影响。同时还组织教研人员多次参与省委交办的诸如"六权治本""三个一批"、县委书记选任、三个文化等课题的调查、研讨、咨询活动。

(张耀东)

老干部

【老干部工作更受重视】 2014年,山西省各级老干部工作提升工作水平,进一步服务老干部、凝聚老干部,完成各项工作任务。各级党政领导高度重视老干部工作。山西省委书记王儒林和其他新任省委常委到山西工作后,登门走访看望省级老同志,与老干部促膝交流,向老同志通报情况,虚心听取意见、建议。省委常委会、省委组织部部务会传达学习习近平总书记等中央领导同志在全国离退休干部"双先"表彰大会上的重要讲话精神,研究提出贯彻意见。省委召开省级老同志情况通报会、征求意见座谈会和省直副厅级以上离退休干部情况通报会12次。省委老干部工作领导组成员单位和其他相关部门在政策、资金等方面对老干部工作给予支持。在第二批群众路线教育实践活动中,市县党政领导主持召开老干部征求意见座谈会361次,1317名市县党政领导登门走访6524名老同志,征求意见建议,收到听民声、融感情、聚共识的良

2014年9月24日,山西省老干部局召开全省利用社区资源做好离退休干部服务管理工作推进会 (马召钰供图)

2014 年 3 月 7 日，山西省老干部局召开全省老干部工作会议 （马召钰供图）

好效果。

2014 年，中共山西省委老干部局组织老同志学习习近平总书记系列重要讲话精神和十八届三中、四中全会精神、省委十届六次全会精神和全国离退休干部“双先”表彰大会精神，深入开展中国梦宣传教育、社会主义核心价值观教育，共举办各类报告会、辅导讲座、座谈会等学习活动 2100 余场次，组织老干部理论骨干宣讲 1569 场次，组织老干部参观经济社会发展项目 279 次。开展全省离退休干部百科知识网上有奖竞答活动。加强离退休干部党建工作，为全省 5000 多个支部订阅《离退休干部党支部学习参考》，落实各级行政事业单位离退休干部党支部工作经费。举办全省离退休干部党支部书记示范培训班，市县两级举办离退休干部党支部书记培训班 300 期(次)。部分老同志还参与中组部“我看党的建设”调研活动，为抓党风促党建建言献策。12 名离退休干部和 3 个离退休干部党支部在全国离退休干部“双先”表彰大会上受到表彰。翻印下发学习贯彻习近平总书记等中央领导同志在“双先”表彰大会上重要讲话精神《宣传提纲》，《山西日报》、省市广播电视传媒和省委老干部局“三刊一网”集中宣传全国“双先”表彰大会精神和山西省受表彰先进典型的事迹。引深开展“同心共筑中国梦”等主题实践活动，举办全省离退休干部“增添正能量、共圆中国梦”书画摄影工艺品展览、省城第五届老干部文体艺术节和第二届“敬老月”系列活动，市县组织开展离退休干部文艺演出、书画展、体育健身活动等 1530 次。全省老干部活动中心“达标创优”和老年大学示范校创建活动取得新成效。

（马召钰）

【离退休干部服务工作深入】 2014 年，全省离休干部“三个机制”进一步规范运行，市县离休干部医药费统筹标准平均达到 16300 元/年。提高山西省红军时期、抗战时期参加革命工作的离休干部护理费标准和企事业单位离休干部病故一次性抚恤金标准。省财政拨出专项资金解决省属困难企事业单位离休干部和新中国成立前老工人“两费”、统筹外生活补贴 4839 万元。对易地安置外省市副厅局级待遇以上离休干部进行走访慰问。制定省直单位困难离退休干部帮扶救助办法，省、市、县三级共帮扶困难离退休干部及遗孀 4300 多人，发放救助资金 1000 余万元。在阳泉市召开全省利用社区资源做好离退休干部服务工作推进会，联合省委组织部、省民政厅等 10 部门制定下发《关于推进利用社区资源做好离退休干部服务工作的意见》(晋组通字〔2014〕69 号)。

2014 年，中共山西省委老干部局分别对各市、省直单位和省属 40 余户困难改制破产企业老干部政策落实情况进行督查，离退休干部信访督办进一步加强。配合中组部完成“利用社会资源、整合社会力量做好老干部工作”的课题调研和离退休干部“我看党的建设”课题调研活动。完成退休干部服务管理问题、老干部工

2014 年 9 月 12 日，山西省第八届老年健康产业博览会开幕式在太原举行

（马召钰供图）

作纳入社区统筹推进问题等6个重点课题调研工作,开展全省离退休干部思想状况问卷调查。市县和省直单位老干部工作部门深入开展调研工作,撰写上报162篇调研报告。部署开展老干部工作"创新案例"和"特色品牌"评选推介活动。 (马召钰)

【老干部工作部门建设】 2014年,山西省市县老干部工作部门上下联动,深入查找问题,以"钉钉子"精神抓好教育实践活动整改落实。市县老干部工作部门在第二批教育实践活动中解决事关老干部切身利益的问题1141个,新建制度547项,工作作风和精神面貌明显改进,受到老同志们称赞。实施干部能力素质提升工程,在复旦大学举办2期"深化改革、创新思维"干部培训班;以学习贯彻全国离退休干部"双先"表彰大会精神为重点,举办全省老干部局(处)长专题研讨班;对全省离退休干部年报统计工作人员进行集中培训;举办局系统年轻干部"践行'三严三实'、坚定理想信念"培训班。省委老干部局"坚持训研问,联学见实效"学习活动荣获"省直机关优秀学习品牌"称号。 (马召钰)

【研究性课题获中组部调研成果优秀奖】 在2013年度中组部确定的14个组织工作重点调研课题中,中共山西省委老干部局参与《有效发挥离退休干部在全面建成小康社会中积极作用问题研究》课题,组织力量进行深入调研,向中组部提交具有较强针对性和指导性的课题报告。2014年,根据中组部印发的组通字〔2014〕13号文件,该课题报告被表彰为2013年度组织工作获奖调研成果优秀奖。 (马召钰)

【全省老干部工作"创新案例"和"特色品牌"评选推介】 2014年5月上旬,中共山西省委老干部局下发《关于开展全省老干部工作"创新案例"和"特色品牌"评选推介活动的通知》(晋老发字〔2014〕8号),召开专题会议,部署开展老干部工作"创新案例"和"特色品牌"评选推介工作。2014年山西省老干部局评选推介16个老干部工作"特色品牌",33个"创新案例"。 (马召钰)

【利用社区资源做好离退休干部服务工作】 2014年11月21日,山西省委组织部、省委老干部局、省民政厅等10部门联合出台《关于推进利用社区资源做好离退休干部服务工作的意见》(晋组通字〔2014〕69号),提出山西省利用社区资源做好离退休干部服务工作的总体要求和主要任务,就加强组织领导提出具体要求。 (马召钰)

信 访

【信访工作服务全省大局】 2014年,山西省信访局围绕全省工作大局,推进信访工作制度改革,维护群众合法权益,完成省委、省政府提出的信访工作各项目标任务。(1)以党的群众路线教育实践活动为契机,推进信访积案攻坚化解。在第二批教育实践活动期间,把化解信访积案、解决信访突出问题作为检验教育实践活动成效的重要标准,集中开展"133信访积案攻坚""贯彻《信访条例》百日督查"和"信访积案百日清理"等专项活动,打出一套信访积案攻坚化解的"组合拳"。(2)以打造"阳光信访"为目标,构建信、访、视、电、网"五位一体"工作体系。完善绿色邮政、信访代理、民生热线、视频接访等做法,加强网上投诉受理工作,建立信访工作群众满意度评价体系,健全听证制度、评审制度、心理疏导等机制,提升"民生大接访工作"内涵,全省市、县(市、区)基本实现标准化接待服务中心全覆盖,提高信访工作的社会参与度,提升工作效能。(3)以"四项规范、四项追究"为重点,依法规范信访秩序。结合信访制度改革的推进,突出对信访人行为、信访工作者行为、解决信访问题责任者和信访事项制造者行为的"四项规范、四项追究"。(4)以体制机制创新为突破,推动信访工作职能回归本位。紧扣信访工作"了解社情民意、汇集意见建议,分析稳定风险、评估政策得失,排查矛盾隐患、解决合理诉求"的职能定位,创新体制机制,着力把信访纳入法治化轨道。(5)以巩固提升作风建设成果为抓手,加强党风廉政建设和干部队伍建设。信访局领导班子成员分期分批参加省管干部学习贯彻习近平总书记系列讲话精神集中培训,举办"信访系统学习贯彻党的十八届三中全会精神暨群众来访接待业务培训班",对全省市、县两级信访局长、信访业务骨干150多人进行集中培训。组织在编在职机关干部到浙江大学、武汉大学、哈尔滨

2014年2月20日,山西省信访局召开全省信访工作电视电话会议

(杨卫兵供图)

2014 年 3 月 24 至 25 日，国家信访局研究室副主任、综合指导司副司长金艳丽（前右二）到霍州市调研指导民生大接访工作　　（杨卫兵供图）

工业大学参加全省干部选学培训。制定党风廉政建设主体责任和监督责任清单，落实“一岗双责”，将党风廉政建设融入全局工作的各个环节。

（杨卫兵　王　瑗）

【稳定和信访工作点评会】 2014 年 1 月 24 日，山西省委召开稳定和信访工作点评会议，省委书记袁纯清出席会议并与各市市委书记面对面点评稳定和信访工作。他强调，要坚持从全局高度认识稳定和信访工作的重要性，严格落实责任，夯实基层基础，注重运用改革的办法和法治的思维，化解社会矛盾，维护社会大局稳定，保障和促进转型跨越发展。省政法委、省信访局的负责同志就 2013 年信访工作情况对 11 个市进行点评，各市负责同志作表态发言。

（杨卫兵　王　瑗）

【杨晶对民生大接访做出批示】 2014 年 3 月 11 日，中央书记处书记、国务委员兼国务院秘书长杨晶在国家信访局《情况交流》第 1 期《山西创办〈民生大接访〉节目效果好》上做出重要批示，认为《民生大接访》开辟信访工作新渠道，是开门办信访的有益尝试。请国家信访局会同山西方面对做法和效果进行总结评估，条件成熟时适当推广。4 月 23 日，杨晶在国家信访局关于《山西创办〈民生大接访〉节目的调研报告》上再次做出重要批示，认为山西省创办《民生大接访》节目的做法和经验值得推广。建议中央联席办将此件印发各地各部门参考借鉴，请中宣部支持，有关新闻媒体以适当方式给予指导推介。

（杨卫兵　王　瑗）

【金艳丽到山西调研】 2014 年 3 月 24 日至 25 日，国家信访局研究室副主任兼综合指导司副司长金艳丽带队的调研组一行，到山西省就创办《民生大接访》节目的经验做法进行调研。山西省委副秘书长、省信访局局长李体柱，山西广播电视台台长郭健分别作专题汇报，省信访局副局长张建平和节目组负责人一同调研。调研组到省广播电视台节目组、霍州市、武乡县实地走访查看，了解节目制作播出情况，分别与省信访局、省广播电视台、部分县（市）负责同志进行交流，与《民生大接访》节目中涉及的部分县（市）委书记、信访局长、乡镇负责人和信访当事人进行座谈。调研认为，《民生大接访》节目是新形势下推行“阳光信访”、开门办信访，加强信访宣传和正面舆论引导，提高信访工作社会参与度和公信力的有益探索和生动实践，切合中央关于推动信访工作制度改革大方向。要更好地发挥作用，应始终坚持不懈地围绕信访工作制度改革的任务和重点进行深化提高。节目在制作运行、机制制度、组织保障等方面积累一定经验，各方面较为成熟。

（杨卫兵　王　瑗）

【《民生大接访》研讨会】 2014 年 6 月 13 日，由中国社科院新闻与传播研究所、山西省信访局、山西广播电视台联合主办的《民生大接访》研讨会在京召开，国家信访局、国家广电总局相关司室领导出席会议并讲话。国内知名社会问题研究专家中央党校教授张希贤、国家行政学院教授龚维斌、中国社会科学院新闻与传播研究所所长唐绪军，传媒界知名学者清

新闻联播播出民生大接访架起信访干部连心桥　　（杨卫兵供图）

华大学新闻与传播学院常务副院长尹鸿、中国人民大学新闻学院副院长喻国明、中国传媒大学传媒艺术与文化研究中心主任胡智锋、中国社会科学院世界传媒研究中心秘书长冷淞、山西省社会科学院副院长杨茂林等13位专家学者围绕《民生大接访》对改革信访工作制度的意义、在新闻传播学方面的价值以及办好《民生大接访》的建议等方面进行交流研讨。

(杨卫兵　王　瑗)

【国务院《信访条例》执法检查组检查】 2014年6月26日至30日,国土资源部党组成员、国家土地副总督察张德霖带队的《信访条例》执法检查组第二组,对山西省贯彻实施《信访条例》情况进行督查,督查组到太原、大同两市的6个县(市、区)、7个乡镇(街道)、4个村(社区)了解有关工作情况、查阅相关资料、随机抽查案件。省委副秘书长、省联席会议办公室主任、省信访局局长李体柱,省联席会议各专项工作小组组长和有关成员,省直有关部门负责人,省信访局领导班子成员和处室负责同志参加汇报会和反馈会。(杨卫兵　王　瑗)

【楼阳生到朔州带案下访】 2014年8月19日,山西省委副书记楼阳生赴朔州带案下访,召开专题会议研究神头扬水工程管理站职工要求补发工资和补缴养老保险的信访事项。会议由朔州市委书记王安庞主持,省委副秘书长张克强,省委副秘书长、省信访局局长李体柱,省水利厅副厅长解放庆,朔州市相关领导出席会议。

(杨卫兵　王　瑗)

【中央信访专项督导组到晋督导检查】 2014年11月7日至9日,中央信访工作专项督导组对APEC会议期间山西省非正常上访处置工作进行督导检查。省委常委、省政法委书记王建明代表山西省向中央督导组进行汇报。督导组在听取山西省工作情况介绍的基础上,对朔州、大同两市及部分乡镇、街道办事处的相关工作情况进行实地调研与检查。督导组认为,山西省委、省政府坚持以十八大及十八届三中、四中全会精神为指导,高度重视信访工作,把做好APEC会议期间的信访工作摆在突出位置,采取有力措施,深入贯彻落实中央决策部署,探索实践,进京非正常上访得到遏制。2014年进京非正常上访总量大幅下降。督导组要求山西省要继续保持清醒认识,进京非正常上访形势依然严峻,工作稍有松懈,就有可能功亏一篑。要继续做好进京非正常上访处置工作,为APEC会议顺利召开营造良好环境。

(杨卫兵　王　瑗)

党　史

【党史课题研究】 2014年,山西省委党史办公室在推进完成中央党史研究室安排部署的课题任务方面,编撰出版《山西省革命遗址通览》丛书的长治市卷、朔州市卷,到2014年底已有10部省市卷编撰出版,该项工作已到扫尾阶段。完成《改革开放实录(山西部分)》4个专题的撰写和上报任务。编撰完成《中国红色旅游指南(山西部分)》并按时上报编撰成果,审定出版。撰写完成《中国共产党历史知识辞典·重要文献分卷(新民主主义革命时期)》词条,《中国共产党历史知识辞典·党史人物分卷》有关山西籍党史人物词条。(党史办)

【专题资料征编】 2014年,山西省委党史办公室在专题研究、专题史料征编方面,编撰完成《山西革命根据地的文化建设》,并审定出版。撰写《齐云在太行》一书,并审定出版。修改充实完善《李雪峰传》送审稿。牵头征编完成《吕梁山革命斗争史史料征编》(第一辑)初稿,参与征编完成《太行山革命斗争史史料征编》部分初稿。协助老同志整理撰写口述史,编撰出版回忆录《回顾与思考》一书。推进编纂《卫恒文集》。启动开展《老同志回忆改革开放新时期山西的发展》(口述史)、《山西社会主义革命和建设时期》(口述史)的资料征集工作。编写完成《2013年山西党史大事记》(资料辑)送审稿。(党史办)

【党史宣传教育】 2014年,山西省委党史办公室在中共山西地方组织成立90周年之际,编写出版《党旗映三晋——中共山西省委组织沿革》图文书;与有关单位联合制作,在山西卫视播出电视文献片《高瞻黄土地——毛泽东在山西》,扩大宣传党在山西的发展历程和伟大成就。

承办八路军研究会成立大会。2014年12月24日,八路军研究会成立大会在太原举行。老一辈革命家和开国将帅后代代表出席大会,八路军研究会负责人、山西省委领导同志出席大会并讲话,中央党史研究室向大会发贺信并委派代表专家在会上发言。八路军研究会成立并把研究会放在山西开展工作,对于深化研究八路军历史和抗日根据地历史,弘扬伟大的抗战精神和八路军优良传统,对于扩大宣传红色山西的历史贡献,有着重要意义。

办好党史期刊和年鉴。全年编辑出版《党史文汇》12期。《党史文汇》坚持走通俗生动、真实准确地宣传党史的路子,增强党史社会宣传的辐射力和影响力。编辑出版《中共山西年鉴》(2014版)。(党史办)

综 述

【人大法定职责履行】 2014年，山西省人民代表大会常务委员会(简称省人大常委会)围绕中共山西省委提出的“六权治本”“六大发展”重大决策部署，履行宪法法律赋予的职责，共召开常委会会议11次、审议议题106项，制定、修改地方性法规6件、初审2件、复审1件，通过集中清理，修改地方性法规11件、废止8件，审查批准太原、大同两市地方性法规18件，审查报备规范性文件23件，听取审议“一府两院”专项工作报告14项，开展执法检查4项、执法调研7项、专题调研16项，就重大事项做出决定1项，依法任免国家机关工作人员96人次，完成省十二届人大二次、三次会议确定的各项任务，为开创弊革风清、富民强省新局面做出贡献。

(何涛 秦钟 王磊 郭强)

【王儒林当选人大常委会主任】 在2014年9月29日的山西省十二届人大第三次会议上，王儒林被补选为山西省第十二届人大常委会主任。王儒林此前在中共中央对山西省委领导班子进行重大调整时出任中共山西省委书记。 (何涛 秦钟 王磊 郭强)

重要会议

【山西省十二届人大第二次会议】 2014年1月18日至23日在太原举行。应出席代表550人，实出席527人。会议主席团成员共计57人。

大会议程共7项:(1) 听取和审议山西省省长李小鹏关于政府工作的报告;(2) 审查和批准省人民政府关于山西省2013年国民经济和社会发展计划执行情况与2014年国民经济和社会发展计划(草案)的报告，批准山西省2014年国民经济和社会发展计划;(3) 审查和批准省人民政府关于山西省2013年全省和省本级预算执行情况与2014年全省和省本级预算(草案)的报告，批准山西省2014年省本级预算;(4) 听取和审议山西省人民代表大会常务委员会副主任李政文关于山西省人民代表大会常务委员会工作的报告;(5) 听取和审议山西省高级人民法院院长左世忠关于山西省高级人民法院工作的报告;(6) 听取和审议山西省人民检察院检察长杨司关于山西省人民检察院工作的报告;(7)补选及其他事项。

大会共收到代表提出的议事原案30件。经议案审查委员会审查后报大会主席团决定，将其中的18件立为17个议案，内容涉及地方性法规制定、修订和监督工作，交由省人大及其常委会有关工作机构办理;其余12件转作代表建议、批评和意见处理。

收到建议、批评和意见及议案转建议共960件，加上议事原案转为建议处理的12件，共972件。建议内容紧扣发展主题，关注民生改善，突出“三农”工作、社会和谐和法制建设。其中，21件交由省人大常委会办理，909件交由省政府系统办理，11件交由省高级人民法院办理，6件交由省人民检察院办理，25件交由党群部门办理。

大会补选金道铭为省人大常委会副主任。

(何涛 秦钟 王磊 郭强)

【山西省十二届人大第三次会议】 2014年9月29日在太原举行。会议应出席代表534人，实出席509人。会议主席团成员共计66人。

大会议程:补选山西省第十二届人民代表大会常务委员会主任。

大会补选王儒林为省人大常委会主任。

(何涛 秦钟 王磊 郭强)

【山西省十二届人大常委会会议】 2014年，十二届人大常委会共举行十次会议，即第七次至第十七次。

第七次会议。2014年1月13日在太原举行。会议应出席组成人员64人，实出席58人。

会议议程是:(1) 听取关于山西省第十二届人民代表大会第二次会议筹备工作情况的报告;(2) 审议山西省第十二届人民代表大会常务委员会向山西省第十二届人民代表大会第二次会议所作的工作报告稿;(3)审议山西省人民代表大会常务委员会代表资格审查委员会关于代表出缺情况和补选代表的代表资格审查的报告;(4)

审议山西省第十二届人民代表大会第二次会议议程(草案);(5)审议山西省第十二届人民代表大会第二次会议主席团和秘书长名单(草案);(6)审议山西省第十二届人民代表大会第二次会议议案审查委员会组成人员名单(草案);(7)审议山西省第十二届人民代表大会第二次会议列席人员名单(草案);(8)人事任免及其他事项。

会议经表决,原则通过省十二届人大常委会向省十二届人大二次会议所作的工作报告稿,表决通过关于代表出缺情况和补选代表的代表资格审查的报告、省十二届人大二次会议议程(草案)、主席团和秘书长名单(草案)、议案审查委员会组成人员名单(草案)、列席人员名单(草案)。会议表决通过人事任免名单,并向通过任命的人员颁发任命书。

第八次会议。2014年3月2日在太原举行。会议应出席组成人员65人,实出席54人。

会议议程是:(1)审议山西省人大常委会代表资格审查委员会关于代表出缺情况的报告;(2)审议山西省人大常委会关于罢免金道铭、丁雪峰第十二届全国人民代表大会代表职务的议案。

会议表决通过省人大常委会代表资格审查委员会关于代表出缺情况的报告;关于撤销金道铭省人大常委会副主任职务的公告;关于罢免金道铭、丁雪峰第十二届全国人民代表大会代表职务的决议。

第九次会议。2014年3月31日至4月1日在太原举行。会议应出席组成人员64人,实际出席61人。

会议议程是:(1)审议省人民政府关于提请审议《山西省电力设施保护条例(草案)》的议案;(2)审议和批准《太原市古树名木保护条例》;(3)审议和批准《太原市法律援助条例》;(4)听取和审议省人民政府关于全省服务业发展情况的报告;(5)人事任免及其他事项。

会议表决通过山西省人民代表大会常务委员会关于批准《太原市古树名木保护条例》的决定;山西省人民代表大会常务委员会关于批准《太原市法律援助条例》的决定。表决通过人事任免名单。

第十次会议。2014年5月26日至29日在太原举行。会议应出席组成人员64人,实出席58人。

会议议程是:(1)审议省人民政府关于提请审议《山西省抗震设防条例(草案)》的议案;(2)审议省人民政府关于提请审议《山西省人口和计划生育条例(修正案草案)》的议案,拟一次审议通过;(3)审议《山西省土地整治条例(草案)》;(4)审议和批准《大同市气象设施和探测环境保护条例》;(5)审议省人民政府关于2014年省本级预算调整方案(草案);(6)审议省人大财政经济委员会关于2014年省本级预算调整方案(草案)的审查报告;(7)审议省人大常委会关于批准2014年省本级预算调整方案的决议(草案);(8)审议省高级人民法院关于全省法院规范司法行为情况的报告;(9)审议省人民检察院关于反贪污贿赂工作情况的报告;(10)人事任免及其他事项。

会议表决通过关于修改《山西省人口和计划生育条例》的决定;《山西省土地整治条例》;关于批准《大同市气象设施和探测环境保护条例》的决定;关于批准2014年省本级预算调整方案的决议;人事任免名单。

27日下午,常委会举行专题讲座,全国人大常委会委员、全国人大法律委员会主任委员乔晓阳主讲《有关地方立法的若干问题》。

第十一次会议。2014年7月7日在太原举行。会议应出席组成人员64人,实出席60人。

会议议程是:(1)审议山西省人大常委会代表资格审查委员会关于代表出缺情况的报告;(2)审议人事免职议案。

会议表决通过省人大常委会代表资格审查委员会关于代表出缺情况的报告及人事免职名单。

第十二次会议。2014年7月22日至25日在太原举行。会议应出席组成人员64人,实出席59人。

会议议程是:(1)审议省人大常委会主任会议关于提请审议《山西省企业工资集体协商条例(草案)》的议案;(2)审议省人民政府关于提请审议《山西省专利实施和保护条例(修订草案)》的议案;(3)审议《山西省电力设施保护条例(草案)》;(4)审议省人大常委会执法检查组关于检查《中华人民共和国农产品质量安全法》和《山西省农产品质量安全条例》贯彻实施情况的报告;(5)审议省人大常委会执法检查组关于检查《山西省信访条例》贯彻实施情况的报告;(6)审议关于2014年上半年全省国民经济和社会发展计划执行情况的报告;(7)审议关于2013年省本级财政决算和2014年上半年全省预算执行情况的报告;(8)审议关于2013年省本级预算执行和其他财政收支的审计工作报告;(9)审议省人大财政经济委员会关于2013年省本级财政决算(草案)的审查报告;(10)审议省人大常委会关于批准2013年省本级财政决算的决议(草案);(11)审议省人大常委会代表资格审查委员会关于代表出缺情况和补选代表的代表资格审查的报告;(12)审议关于全省职业教育工作情况的报告;(13)审议关于全省体育工作情况的报告;(14)人事任免及其他事项。

会议表决通过《山西省电力设施保护条例》;关于批准2013年省本级财政决算的决议;关于代表出缺情况和补选代表的代表资格审查的报告。表决通过人事任免名单并向通过任命的人员颁发任命书。

23日下午,常委会举行专题讲座,中国作家协会会员、第二炮兵政治部电视艺术中心一级编剧顾保孜主讲《作家眼中的领袖岁月》。

第十三次会议。2014年8月26日在太原举行。会议应出席组成人员64人,实出席56人。

会议议程是:审议山西省人大常委会关于罢免袁玉珠第十二届全国人民代表大会代表职务的议案。

会议表决通过省人大常委会关于罢免袁玉珠第十二届全国人民代

表大会代表职务的决议。

第十四次会议。2014年9月18日至20日在太原举行。会议应出席组成人员64人,实出席57人。

会议议程是:(1)审议《山西省建设工程抗震设防条例(草案)》;(2)审议《山西省企业工资集体协商条例(草案)》;(3)审议省人大常委会执法检查组关于检查《中华人民共和国大气污染防治法》和《山西省大气污染防治条例》实施情况的报告;(4)审议关于全省资源型经济转型综合配套改革试验区建设进展情况的报告;(5)审议关于全省植树造林工作情况的报告并进行满意度测评;(6)审议关于全省新型农村合作医疗工作情况的报告;(7)审议关于接受袁纯清辞去山西省人大常委会主任职务的决定(草案);(8)审议关于召开山西省第十二届人民代表大会第三次会议时间的决定(草案);(9)听取关于山西省第十二届人民代表大会第三次会议筹备情况的报告;(10)审议山西省第十二届人民代表大会第三次会议议程(草案);(11)审议山西省第十二届人民代表大会第三次会议主席团和秘书长名单(草案);(12)审议关于山西省第十二届人民代表大会代表出缺情况和补选代表的代表资格审查的报告;(13)人事任免及其他事项。

会议表决通过《山西省企业工资集体协商条例》;关于接受袁纯清辞去山西省人大常委会主任职务的决定;关于召开山西省第十二届人民代表大会第三次会议时间的决定;山西省第十二届人民代表大会第三次会议议程(草案);山西省第十二届人民代表大会第三次会议主席团和秘书长名单(草案);关于山西省第十二届人民代表大会代表出缺情况和补选代表的代表资格审查的报告;表决人事任免名单;对关于全省植树造林工作情况的报告进行满意度测评,测评结果为总体满意。

会议审议主任会议提请的《关于罢免刘建中第十二届全国人民代表大会代表职务的议案》,根据《中华人民共和国全国人民代表大会和地方各级人民代表大会选举法》的有关规定,决定罢免刘建中的第十二届全国人民代表大会代表职务,并报送全国人民代表大会常务委员会备案。

19日下午,省人大常委会组成人员、列席人员及省人大机关全体干部观看纪录片《人大代表申纪兰》。

第十五次会议。2014年10月17日在太原举行。会议应出席组成人员63人,实出席57人。

会议议程是:(1)审议人事任命议案;(2)审议省人大常委会代表资格审查委员会关于罢免丰立祥省十二届人大代表职务的报告。

表决通过关于罢免丰立祥省十二届人大代表职务的审查报告。

第十六次会议。2014年11月24日至28日在太原举行。会议应出席组成人员63人,实出席58人。

会议议程是:(1)审议省人大常委会关于召开山西省第十二届人民代表大会第四次会议的决定(草案);(2)审议省人民政府关于提请审议《山西省城市公共客运条例(草案)》的议案;(3)审议省人民政府关于提请审议《山西省实施〈中华人民共和国水土保持法〉办法(修订草案)》的议案;(4)审议《山西省建设工程抗震设防条例(草案)》;(5)审议《山西省专利实施和保护条例(修订草案)》;(6)审议省人民政府关于提请审议《废止和修改部分地方性法规》的议案;(7)审议省人民代表大会常务委员会关于修改和废止部分地方性法规的决定(草案);(8)审议和批准《太原市献血条例》;(9)审议和批准《太原市森林防火条例》;(10)审议和批准太原市人大常委会关于废止部分地方性法规的决定;(11)审议和批准大同市人大常委会关于修改《大同市人民代表大会议事规则》等十三件地方性法规的决定;(12)审议和批准大同市人大常委会关于废止《大同市献血条例》的决定;(13)听取和审议省人民政府关于全省食品安全工作情况的报告并进行专题询问;(14)听取和审议省人民政府关于2013年省本级预算执行审计查出问题的整改报告;(15)听取和审议省人民政府关于全省旅游产业发展情况的报告;(16)审议省人大内务司法委员会关于省十二届人大二次会议主席团交付的代表议案审议结果的报告(书面);(17)审议省人大财政经济委员会关于省十二届人大二次会议主席团交付的代表议案审议结果的报告(书面);(18)审议省人大常委会人事代表工作委员会关于省十二届人大二次会议主席团交付的代表议案处理情况的报告(书面);(19)听取和审议省人民政府关于省十二届人大二次会议以来代表建议、批评和意见办理情况的报告;(20)听取和审议省高级人民法院关于省十二届人大二次会议以来代表建议、批评和意见办理情况的报告;(21)听取和审议省人民检察院关于省十二届人大二次会议以来代表建议、批评和意见办理情况的报告;(22)听取和审议省人大常委会代表资格审查委员会关于代表出缺情况和补选代表的代表资格审查情况的报告;(23)补选十二届全国人大代表。

27日上午,联组会议就全省食品安全工作情况进行专题询问。

会议表决通过关于召开山西省第十二届人民代表大会第四次会议的决定;通过《山西省建设工程抗震设防条例》《山西省专利实施和保护条例》《山西省人民代表大会常务委员会关于修改部分地方性法规的决定》《山西省人民代表大会常务委员会关于废止部分地方性法规的决定》;关于批准《太原市献血条例》的决定;关于批准《太原市森林防火条例》的决定;关于批准《太原市人大常委会关于废止部分地方性法规的决定》的决定;关于批准《大同市人大常委会关于修改〈大同市人民代表大会议事规则〉等十三件地方性法规的决定》的决定;关于批准《大同市人大常委会关于废止〈大同市献血条例〉的决定》的决定;关于代表出缺情况和补选代表的代表资格审查情况的报告;省人大内务司法委员会关于省十

二届人大二次会议主席团交付的代表议案审议结果的报告；省人大财政经济委员会关于省十二届人大二次会议主席团交付的代表议案审议结果的报告；省人大常委会人事代表工作委员会关于省十二届人大二次会议主席团交付的代表议案处理情况的报告；省人民政府关于省十二届人大二次会议以来代表建议、批评和意见办理情况的报告；省高级人民法院关于省十二届人大二次会议以来代表建议、批评和意见办理情况的报告；省人民检察院关于省十二届人大二次会议以来代表建议、批评和意见办理情况的报告；省十二届人大常委会第十六次会议选举办法；省十二届人大常委会第十六次会议监票人名单。

会议经过无记名投票，补选楼阳生为十二届全国人大代表。

25日下午，常委会举行专题讲座，省委党校博士生导师高建生主讲《学习把握党的十八届四中全会基本精神》。

第十七次会议。2014年12月30日至31日在太原举行。会议应出席组成人员63人，实出席58人。

会议议程是：(1)审议《山西省人民代表大会常务委员会关于贯彻省委十届六次全会精神、加强和改进人大监督工作、营造弊革风清法治环境的决定（草案）》；(2)《山西省各级人民代表大会常务委员会规范性文件备案审查条例（草案）》；(3)人事任免议案。

（何涛　秦钟　王磊　郭强）

国家机关工作人员任免

【省人大工作机构人员任免】 山西省十二届人大常委会第七次会议根据主任会议的提名，任命汤俊权、刘钢为省人大常委会副秘书长，邬敬文为省人大内务司法委员会副主任委员，李远程、高建平为省人大常委会城乡建设环境保护工作委员会副主任，秦钟为省人大常委会研究室副主任。免去邬敬文的省人大常委会副秘书长职务，汤俊权的省人大常委会城乡建设环境保护工作委员会副主任职务。

第十二次会议根据主任会议的提名，任命王铁选为省人大常委会人事代表工作委员会副主任，张晋仁为省人大常委会研究室副主任，吴明禄为省人大常委会信访局副局长。免去亢官文的省人大常委会副秘书长职务。（何涛　秦钟　王磊　郭强）

【省政府部门机构人员任免】 山西省十二届人大常委会第七次会议根据省长李小鹏的提名，决定任命张金旺为省科学技术厅厅长，卫小春为省卫生和计划生育委员会主任。决定免去贺天才的省科学技术厅厅长职务。随省人民政府机构改革，组建省卫生和计划生育委员会，不再保留省卫生厅、省人口和计划生育委员会，其原任厅长、主任即予免职。

第十一次会议根据省长李小鹏的提名，决定免去杜善学的山西省副省长职务。

第十四次会议根据省长李小鹏的提名，决定免去任润厚的副省长职务。

第十五次会议根据省长李小鹏提名，决定任命付建华为副省长。

第十七次会议根据省长李小鹏的提名，决定任命刘杰为副省长，决定免去李建功的省国土资源厅厅长职务，吴永平的省煤炭工业厅厅长职务。（何涛　秦钟　王磊　郭强）

【法院检察院人员任免】 山西省第十二届人大常委会第七次会议根据省高级人民法院院长左世忠的提名，任命王珍为省高级人民法院审判委员会委员、审判员。根据省人民检察院检察长杨司的提名，免去张迎宪、张百魁的省人民检察院检察员职务。

第九次会议根据省高级人民法院院长左世忠的提名，免去彭素云、张静、韩文禄、杨双的省高级人民法院审判员职务。

根据省人民检察院检察长杨司的提名，任命张鑫为省人民检察院检察员。免去赵振钰的省人民检察院检察员职务，王斌礼的省人民检察院太原铁路运输分院检察委员会委员、检察员职务。

第十次会议根据省高级人民法院院长左世忠的提名，任命华山、王权凤、张媇为太原铁路运输中级法院审判委员会委员，滑颖奇、刘悦、赵品容、支鹏、肖绍锋为太原铁路运输中级法院审判员，杨永生为太原铁路运输法院立案庭庭长，吴菲菲为临汾铁路运输法院审判监督庭副庭长、审判员。免去冯强的省高级人民法院审判委员会委员、审判员职务，罗锁堂的省高级人民法院审判员职务，武晋生的太原铁路运输中级法院审判员职务，杨永生的太原铁路运输法院立案庭副庭长职务，曹玉生的大同铁路运输法院审判委员会委员、审判员职务，支鹏的大同铁路运输法院民事审判庭副庭长、审判员职务。

第十二次会议根据省人民检察院检察长杨司的提名，任命段运生为省人民检察院检察员，免去李勃、张仲马、段俊卿、荣奋刚、李世平的省人民检察院检察员职务。

第十二次会议根据省人民检察院检察长杨司的提名，任命乔慧峰、郭斌、王俊鸽、祁亮为太原铁路运输检察分院检察员，刁柯、樊蕾、陈晨为太原铁路运输检察院检察员。免去李荣江、李建平的省人民检察院检察员职务。

第十四次会议根据省高级人民法院院长左世忠的提名，免去王志刚的省高级人民法院副院长、审判委员会委员职务，张学俊的省高级人民法院审判委员会委员、审判员职务，倪留栓、马良忠、申玉英、牛春林的省高级人民法院审判员职务，袁晋的太原铁路法院副院长、审判委员会委员职务，刘瑞平的大同铁路运输法院刑事审判庭庭长、审判员职务。

根据省人民检察院检察长杨司的提名，任命周东曙、张世荣、段运生为省人民检察院检察委员会委员，南世勤、刘钢为太原铁路运输检察分院副检察长、检察委员会委员，赵明春为太原铁路运输检察分院检察委员会委员、检察员。免去黄晋栋、武竞赛、赵明春、任建华的省人民检察院检察员职务，南世勤的大同铁路运输检察院检察长职务。

（何涛　秦钟　王磊　郭强）

立　法

【通过与废止法规】 2014年，山西省人大常委会共审议通过山西省地方性法规17部，废止山西省地方性法规8部。批准太原、大同两市人大常委会提请审议的地方性法规18部。

（何涛　秦钟　王磊　郭强）

○相关链接：参见“法治”类目

监　督

【“一府两院”工作报告审议】 2014年，山西省人大常委会共听取和审议山西省人民政府及其部门、省高级人民法院、省人民检察院的工作报告14项，分别是：省人民政府关于上半年全省国民经济和社会发展计划执行情况的报告；省人民政府关于2013年省本级财政决算和2014年上半年全省预算执行情况的报告；省人民政府关于2013年度省本级预算执行和其他财政收支的审计工作报告；省人民政府关于2013年省本级预算执行审计查出问题的整改报告；省人民政府关于全省职业教育工作情况的报告；省人民政府关于全省体育工作情况的报告；省人民政府关于全省服务业发展情况的报告；省人民政府关于全省资源型经济转型综合配套改革试验区建设进展情况的报告；省人民政府关于全省植树造林工作情况的报告；省人民政府关于全省新型农村合作医疗工作情况的报告；省人民政府关于全省食品安全工作情况的报告；省人民政府关于全省旅游产业发展情况的报告；省高级人民法院关于全省法院规范司法行为情况的报告；省人民检察院关于反贪污贿赂工作情况的报告。

（何涛　秦钟　王磊　郭强）

【省人大有关部门报告审议】 2014年，山西省人大常委会听取和审议省人大及其常委会有关工作部门的报告7项。分别是：关于山西省第十二届人民代表大会第二次会议筹备工作情况的报告；省人大财政经济委员会关于2014年省本级预算调整方案（草案）的审查报告；省人大财政经济委员会关于2013年省本级财政决算（草案）的审查报告；关于山西省第十二届人民代表大会第三次会议筹备情况的报告；省人大内务司法委员会关于省十二届人大二次会议主席团交付的代表议案审议结果的报告（书面）；审议省人大财政经济委员会关于省十二届人大二次会议主席团交付的代表议案审议结果的报告（书面）；审议省人大常委会人事代表工作委员会关于省十二届人大二次会议主席团交付的代表议案处理情况的报告（书面）。

（何涛　秦钟　王磊　郭强）

【规范性文件备案审查登记目录】 2014年，山西省人大常委会审查报备规范性文件23件。分别是：省政府办公厅《山西省人民政府办公厅关于印发山西省建设用地节约利用考核的通知》（晋政办发〔2013〕98号）；省政府办公厅《山西省人民政府办公厅关于印发山西省低收入家庭认定办法和山西省低收入家庭经济状况核对办法的通知》（晋政办发〔2013〕101号）；省政府《山西省专职消防队伍建设管理办法》（山西省人民政府令第235号）；省政府《山西省行政事业性收费票据管理规定（废止）》（山西省人民政府令第236号）；运城市人大《运城市人大常委会关于促进全市主攻产业“园区化发展、集群化招商”的决议》（运人备字〔2014〕1号）；太原市政府《太原市行政复议规定》（太原市人民政府令第84号）；太原市政府《太原市电梯安全监督管理办法》（太原市人民政府令第85号）；省政府办公厅《山西省人民政府办公厅关于印发山西省政府购买服务暂行办法的通知》（晋政办发〔2014〕39号）；省政府《山西省政府信息公开规定》（山西省人民政府令第237号）；省政府《山西省政府投资项目竣工验收管理办法》（山西省人民政府令第238号）；省政府办公厅《山西省人民政府办公厅关于印发山西省治理道路货物运输企业和货运驾驶人非法超限超载办法的通知》（晋政办发〔2014〕5号）；省政府办公厅《山西省人民政府关于2014年新实施强农惠农富农补贴政策的通知》（晋政发〔2014〕11号）；省政府办公厅《山西省人民政府关于印发进一步落实“煤炭20条”若干措施的通知》（晋政发〔2014〕15号）；省政府办公厅《山西省人民政府办公厅关于扶持高校毕业生创业的意见》（晋政办发〔2014〕40号）；省政府办公厅《山西省人民政府办公厅关于鼓励小微企业吸纳劳动者就业的意见》（晋政办发〔2014〕41号）；省政府办公厅《山西省人民政府办公厅关于政府购买基层服务岗位吸纳高校毕业生就业的意见》（晋政办发〔2014〕42号）；省政府办公厅《山西省人民政府办公厅关于帮扶困难企业稳定就业岗位的通知》（晋政办发〔2014〕43号）；省政府办公厅《山西省人民政府关于深化国资国企改革的实施意见》（晋政发〔2014〕17号）；省政府办公厅《山西省人民政府关于发布山西省政府核准的投资项目目录（2014年本）的通知》（晋政发〔2014〕24号）；省政府办公厅《山西省人民政府办公厅关于印发山西省煤基重点科技攻关项目管理办法的通知》（晋政办发〔2014〕54号）；省政府办公厅《山西省人民政府办公厅关于推进全省燃煤发电机组超低排放的实施意见》（晋政办发〔2014〕62号）；省政府办公厅《省政府关于印发〈省级财政科研项目和资金管理办法（试行）〉的通知》（晋政发〔2014〕32号）；省政府办公厅《省政府办公厅关于转省环保厅山西省矿山生态环境保护与恢复治理工程竣工验收管理办法的通知》（晋政办发〔2014〕71号）。

（何涛　秦钟　王磊　郭强）

【农产品质量法律法规执法检查】 2014年6月18日至20日，山西省人大常委会执法检查组分别赴太原市、大同市和长治市，到市、县、区、乡各级农产品质检机构和农、畜产品生产基地，采取听取汇报、座谈、实地考察、个别走访、随机抽查等方式，全面了解和掌握真实情况。同时委托晋中市等八个设区市的人大常委会，对本行政区域法规实施情况进行检查。7月22日，省第十二届人大常委会第十二次议听取省人大常委会副主任田喜荣所作的报告。

执法检查组认为，农产品质量安全"一法一条例"颁布实施以来，全省各级政府及农业有关部门推进农产品质量安全监管体系、综合执法体系、检测体系建设，开展农产品质量安全专项整治，强化执法监管，推进农业标准化生产，有效促进全省农产品质量安全水平稳步提升，山西省保持多年未发生农产品质量安全突发事件的良好局面。但仍存在农产品质量安全工作开展不平衡、隐患和不确定因素比较多、县级检测机构整合不一致、基层监管机构和人员队伍及经费保障不到位等问题。

针对存在的问题，报告建议：(1)深化农产品质量安全责任；(2)深化专项整治和执法监管；(3)着力提升执法监管能力；(4)着力科普宣传引导。（何涛　秦钟　王磊　郭强）

【《山西省信访条例》执法检查】
2014年5月至6月，山西省人大常委会副主任周然、张茂才、田喜荣带队，部分常委会委员及省人大代表组成3个执法检查组，赴省高院、省检察院、省公安厅及大同、朔州、晋中、太原、运城、忻州6市进行检查，并听取省委省政府信访局、省财政厅、省编办等12家单位的汇报。同时，委托其余5个市人大常委会对本行政区域内条例实施情况开展检查。7月22日，省十二届人大常委会第十二次会议听取省人大常委会副主任张茂才所作的报告。

执法检查组认为，《山西省信访条例》实施以来，全省各级各部门认真落实信访领导责任，建立配套制度体系，创新社会管理，优化信访环境，切实维护群众合法权益、促进社会大局稳定，全省信访工作总体保持"平稳可控、持续向好"局面。但从全省来看，存在工作开展不平衡、配套制度不健全、落实责任不到位等问题，信访形势依然严峻，信访发生率仍在高位运行，信访问题仍然复杂多元，涉访违法违规行为仍然高发。

针对存在的问题，报告建议：(1)切实加强信访部门建设；(2)依法规范信访行为；(3)从源头化解信访问题；(4)创新信访工作方式。

（何涛　秦钟　王磊　郭强）

【大气污染防治法律法规执法检查】
2014年6月至7月，山西省人大常委会副主任李政文、周然、安焕晓分别带队，省人大常委会委员、全国人大代表和省人大代表30余人参加，以省、市、县三级人大联动的形式，就《中华人民共和国大气污染防治法》和《山西省大气污染防治条例》（简称"一法一条例"）实施情况，实地检查晋中、朔州、阳泉3个市、14个县（市、区）的41个企业和项目。

执法检查组认为，山西省各级政府及有关部门重视大气污染防治"一法一条例"的贯彻落实，坚持把改善大气环境质量作为建设生态文明、保障改善民生的着力点，纳入经济社会发展全局，依法开展防治工作，促进全省环境空气质量持续改善。按照新《环境空气质量标准》评价，2013年，11个省辖城市环境空气达标天数平均为183天。2014年上半年，11个省辖城市环境空气达标天数平均为95天，同比增加15天；平均重污染天数6天，同比减少8天；细颗粒物(PM2.5)平均浓度同比下降16.7%。

存在的问题有法律规定的执行力度比较欠缺、局部地区和时段的污染问题比较严重、部分行业的防治进展比较滞后、企业违法排污问题比较突出、一些防治工作比较薄弱等。

针对存在问题，报告建议：(1)进一步强化领导，落实各级政府的防治责任；(2)进一步加强协作，凝聚部门区域的防治合力；(3)进一步完善制度，建立综合施治的防治体系；(4)进一步创新政策，调动企业的防治积极性；(5)进一步营造氛围，形成全民参与的防治局面。

（何涛　秦钟　王磊　郭强）

山西省人民政府

The People's Government of Shanxi Province

综　述

【落实政策稳增长】 2014年，山西省人民政府贯彻落实国家稳增长政策措施，在继续实施煤炭、煤层气和低热值煤发电3个20条等措施的基础上，新出台煤炭17条和缓解企业资金困难的财政、金融等措施。加强重点领域投资，开展“项目见效年”活动，坚持“六位一体”统筹推进重点工程建设，实施“百日百项”工程开工计划，全社会固定资产投资连续两年超万亿元。加快发展电子商务，拓展信息消费，鼓励发展服务消费。扶持实体经济，实施“一企一策”精准帮扶，扩大大用户直供电试点，引导金融机构加大对重点企业、重点工程、中小微企业和“三农”支持力度。山西省生产总值完成1.27万亿元，同比增长4.9%；固定资产投资完成1.19万亿元，增长11.5%；社会消费品零售总额完成5549.9亿元，增长11.3%；公共财政收入完成1820.1亿元，增长7%；城镇居民人均可支配收入24069元，增长8.1%，农村居民人均可支配收入8809元，增长10.8%；居民消费价格上涨1.7%；城镇新增就业51.4万人，转移农村劳动力37.7万人，城镇登记失业率为3.4%。9项节能环保约束性指标全面完成。 （柏亚华）

【机构体制改革】 2014年，山西省人民政府开展“转型综改攻坚年”活动，“3675”年度重点任务全面完成。承接国务院取消行政审批项目29项、下放行政审批项目59项，省级取消、下放、调整行政审批项目60项。省、市政府机构改革全部完成，县级政府机构改革基本完成。率先推行省属国有企业财务等重大信息公开方案。低热值煤发电项目审批改革累计批准24个项目开展前期工作。工商登记制度、财税体制、户籍制度、食品药品监管体制等改革取得新突破。推进煤炭管理体制改革，在全国率先清理规范涉煤收费项目，专门面向煤炭的省定行政事业性收费全部取消，违规收费项目全部取缔，保留收费项目全部规范；推进煤炭资源税从价计征改革，从低确定税率；暂缓“两金”提取，3项合计减轻企业负担320多亿元，吨煤可降低成本40元。实施煤焦公路销售体制改革，全部取消对相关企业的21项行政授权，全部取消煤焦公路运销9种票据，全部撤销遍布全省的1487个各类煤焦公路检查站点，煤炭管理体制改革取得重大进展。

（柏亚华）

【产业结构调整】 2014年，山西省人民政府化解过剩产能，改造提升传统产业，现代化矿井改造步伐加快，煤电一体化运营推进。设立战略新兴产业、文化产业及旅游文化体育产业三支投资基金，推动煤层气装备、新能源汽车等7个新兴产业优化布局，加快发展节能环保产业和现代服务业，服务业占地区生产总值的比重超过44%，民间投资占固定资产投资的比重超过58%，非煤产业投资占工业投资的比重超过78%，非传统产业投资占工业投资的比重超过54%，装备制造业连续三年成为继煤炭、冶金之后的第三大产业。狠抓节能减排和大气污染防治，全省万元地区生产总值能耗超额完成下降3.5%的年度任务，细颗粒物（PM2.5）平均浓度同比下降16.9%。加快推进燃煤电厂超低排放，试点机组实际排放明显低于燃气发电机组。淘汰黄标车和老旧车21.6万辆。制定实施国家创新驱动发展战略山西行动计划、低碳创新行动计划，高起点推进山西科技创新城建设，中科院、清华大学等27家研发机构确定入驻山西；编制7个煤基低碳产业科技创新链，67个煤基重大科技专项面向社会公开招标。 （柏亚华）

【城乡发展统筹】 2014年，山西省人民政府在继续执行中央及山西省各项惠农政策的基础上，出台10项补贴政策，资金总规模达67亿元。粮食产量再创新高，达133.1亿公斤。农产品加工业销售收入增长18%。农村土地承包经营权确权登记颁证试点、农村集体产权制度改革试点工作开展。实施百企千村产业扶贫开发工程，建设产业扶贫项目233个，完成投资200亿元，47万贫困人口实现脱贫。农村“五件实事”顺利推进。制定实施改善农村人居环境规划纲要和2014

年行动计划，重点推进完善提质、农民安居、环境整治、宜居示范四大工程，完成投资超过145亿元，改造县乡公路544千米，新建改建农村饮水工程1598处，建成老年人日间照料中心1000个，采煤沉陷治理搬迁4.6万人。新开工城镇保障性住房23万套，建成21万套。（柏亚华）

【民生改善】 2014年，山西省人民政府坚持政策力度只增不减、投入力度只增不减、工作力度只增不减，财政支出的八成以上和全部增量均用于民生改善。新改扩建206所公办标准化幼儿园，提高农村小学、初中和城乡特殊教育学生人均公用经费补助标准，中职教育免收学费全覆盖惠及45万名学生，高校新校区全面建成，11万师生入住。在83个县推进县级公立医院综合改革，在269个非政府办基层医疗卫生机构开展基本药物制度试点，城镇职工医保、城镇居民医保和新农合三项基本医保实现应保尽保。制定实施46条措施，促进高校毕业生等群体就业创业。建立统一的城乡居民基本养老保险制度，提高城镇居民医保和新农合年人均财政补助标准、工伤保险待遇标准、城乡低保标准以及农村五保对象集中供养、分散供养省级补助标准。（柏亚华）

【安全整治】 2014年，山西省人民政府开展安全生产知责履责活动，开展各行业各领域安全生产专项整治和大检查，突出煤矿、非煤矿山、危险化学品、油气管道、交通运输和隧道交通、粉尘防爆等重点行业领域，排查治理各类安全隐患。严肃处理晋济高速"3·1"特别重大道路交通危化品燃爆等事故相关责任人。各类安全生产事故起数和死亡人数实现"双下降"，煤矿百万吨死亡率0.036，下降53.25%。（柏亚华）

【政务处理】 2014年，山西省人民政府办公厅围绕省政府目标任务开展决策督查，对《政府工作报告》的327项任务实行目标管理，分解细化责任、网络实时监测、全程动态跟踪、及时反馈结果，对其中的82项重点任务逐季进行现场督办问效。围绕重点难点工作和领导批办事项开展实地督查，强化对省政府常务会议、省长专题会议和调研确定事项的督促落实，组织实施稳增长促改革调结构惠民生政策措施落实、支持中小企业政策措施落实、涉煤收费清理规范、煤炭20条+17条、林业生态建设、道路交通、安全生产、就业收入物价、铁路配套设施建设、"抓落实、促发展"等专项督查20余次。做好人大代表建议、政协委员提案督办，共组织交办、督促指导办理人大代表建议913件、政协提案814件。

2014年，山西省人民政府办公厅组织起草《山西省政府信息公开规定》并推动颁布施行，组织省、市两级信息公开业务培训，规范信息公开的内容、程序和方式，一大批影响面大、社会关注高的政府信息得到及时准确公开。人工监测网络舆情10047条，确保舆情态势的总体平稳。收集网民留言13828件，办理6606件，组织开展电子政务外网扩容、政府门户网站优化、信息资源共享安全保密、办公终端维护等工作。制定省政府系统电子政务内网建设方案，加快推动政府门户网站升级改造，省发改委进行评审；加强省政府门户网站信息内容保障和日常维护，共发布、更新各栏目信息22677条；全省政府系统电子政务网络覆盖所有市县和125个省直部门。

2014年，国务院办公厅共采用山西省政务信息67条，国务院领导对山西省上报的24条信息做出批示。山西省政府办公厅共采用各市、省直各部门、各驻外办事处信息2031条，其中，各市554条，各部门1156条，各驻外办事处321条。

2014年，办公厅完成好值守应急和信息报送工作，对基层值班情况不间断进行检查，严格落实领导带班、24小时值班和节假日双岗制度。科学有效处置突发事件，协助省政府应对处置晋城"3·1"道路危化品燃爆事故、临汾"4·26"永鑫公司煤气爆炸事故、长治机场"6·19"客机冲出跑道事件等239起突发事件和安全生产事故。

2014年，山西省政府参事室组织对运城、晋中五家农村信用社调研，完成《农村信用社在金融支农中应发挥领军作用》的调查报告。又组织了对农村土地整理项目的调研，完成《关于我省七县（市、区）土地整理项目存在的若干问题》的调研报告。（柏亚华）

重要会议

【省政府全体会议】 2014年4月25日，山西省政府召开第五次全体（扩大）会议，总结一季度工作，贯彻落实省委常委会决策部署，安排二季度各项工作。

2014年7月25日，山西省政府召开全体（扩大）会议，进一步学习贯彻全省上半年经济形势分析会议精神，听取省政府专项督查情况和下半年重点目标任务分解安排情况汇报，推动下半年工作落实。（柏亚华）

【省政府常务会议】 **省政府第33次常务会议** 2014年1月2日，山西省省长李小鹏主持召开省政府第33次常务会议，听取2013年度省级政府投资计划和全省及省本级财政收支计划执行情况汇报，研究2014年度相关计划安排。会议原则通过《山西省专职消防队伍建设管理办法（草案）》。

省政府第34次常务会议 1月7日，省长李小鹏主持召开省政府第34次常务会议，研究审议并原则通过《山西省国家资源型经济转型综合配套改革试验2014年行动计划（送审稿）》。会议还决定为七支骨干矿山救护队补充抢险救援装备和资金。

省政府第35次常务会议 1月23日，省长李小鹏主持召开省政府第35次常务会议，贯彻落实全省"两会"精神，讨论通过省政府2014

年重点工作目标责任分解意见，会议原则通过《山西省“三公”经费管理和公开规定》。

省政府第36次常务会议 1月28日，省长李小鹏主持召开省政府第36次常务会议，研究部署创新驱动、低碳发展和林业生态建设等工作。会议决定废止《山西省行政事业性收费票据管理规定》。

省政府第37次常务会议 2月25日，省长李小鹏主持召开省政府第37次常务会议，研究通过山西省主体功能区规划、山西省电力设施保护条例（草案）和调整企业退休人员基本养老金方案，研究启动实施单独两孩政策有关工作。

省政府第38次常务会议 3月18日，省长李小鹏主持召开省政府第38次常务会议，研究部署当前安全生产和经济运行工作。会议原则通过山西省2014年最低工资标准调整方案。

省政府第39次常务会议 3月25日，省长李小鹏主持召开省政府第39次常务会议，原则通过改善农村人居环境（2014—2020年）规划纲要和2014年行动计划，审议通过政府信息公开规定。

省政府第40次常务会议 4月9日，省长李小鹏主持召开省政府第40次常务会议，研究落实衔接国务院取消和下放行政审批项目的决定等事宜。

省政府第41次常务会议 4月15日，省长李小鹏主持召开省政府第41次常务会议，研究完善社会救助和保障标准与物价上涨挂钩的联动机制、举办第十四届省运会和第十届省残运会等事项。

省政府第42次常务会议 4月22日，省长李小鹏主持召开省政府第42次常务会议，分析一季度经济形势，研究部署进一步落实煤炭20条措施和重大产业布局等事项。会议原则通过《山西省人口和计划生育条例（修正案草案）》，决定以省政府提案形式提交省人大常委会审议。

省政府第43次常务会议 5月6日，省长李小鹏主持召开省政府第43次常务会议，研究加快发展养老服务业、改善农村人居环境工程投资匡算及资金筹措、晋祠泉复流暨汾河流域水生态环境综合治理试点工程和筹办第五届能博会等事项。

省政府第44次常务会议 5月13日，省长李小鹏主持召开省政府第44次常务会议，研究促进就业、推进新型城镇化、政府购买服务和县域经济考核评价等工作。

省政府第45次常务会议 5月20日，省长李小鹏主持召开省政府第45次常务会议，研究当前经济形势、启动“十三五”规划编制和申办2019年全国青年运动会等工作。

省政府第46次常务会议 5月26日，省长李小鹏主持召开省政府第46次常务会议，会议通过2014年第一批新增投资计划。

省政府第47次常务会议 6月3日，省长李小鹏主持召开省政府第47次常务会议，研究深化国资国企改革和统一城乡居民养老保险制度工作。

省政府第48次常务会议 6月10日，省长李小鹏主持召开省政府第48次常务会议，学习贯彻国务院部分省市经济工作座谈会精神，部署政策措施落实情况督查工作，研究重大产业项目布局等事项。会议原则通过铝工业、煤化工装备制造和新能源汽车产业重大项目布局推进意见。

省政府第49次常务会议 6月17日，省长李小鹏主持召开省政府第49次常务会议，研究当前经济运行、清理规范涉煤收费、发展健康服务业、完善社会救助和保障标准与物价上涨挂钩联动机制等工作。

省政府第50次常务会议 6月24日，省长李小鹏主持召开省政府第50次常务会议，研究政府核准投资项目目录、棚户区改造、城市基础设施建设和随军家属就业安置等工作。会议原则通过省级预算稳定调节基金管理办法。会议原则通过《山西省专利实施和保护条例（修订）》，决定修改完善后提请省人大常委会审议。

省政府第52次常务会议 7月15日，省长李小鹏主持召开省政府第52次常务会议，研究分析上半年经济形势，安排部署下半年重点工作。

省政府第53次常务会议 7月22日，省长李小鹏主持召开省政府第53次常务会议，进一步学习贯彻习近平总书记在中央财经领导小组第六次会议上的重要讲话精神，听取综合能源基地建设和清理规范涉煤收费项目督查工作汇报，研究部署山西省能源改革发展工作。

省政府第54次常务会议 7月29日，省长李小鹏主持召开省政府第54次常务会议，研究山西省燃煤发电机组超低排放和煤基科技创新等工作。

省政府第55次常务会议 8月4日，省长李小鹏主持召开省政府第55次常务会，研究部署深化与周边省份合作、鼓励社会资本投资基础设施、加快发展文化产业等工作。

省政府第56次常务会议 8月19日，省长李小鹏主持召开省政府第56次常务会，分析7月份经济形势，研究部署缓解企业资金困难促进经济稳定增长的两项财政措施和加强禁毒工作等事项。

省政府第57次常务会议 8月26日，省长李小鹏主持召开省政府第57次常务会议，讨论研究全省新型城镇化规划、设立产业投资基金和成立省低碳发展咨询委员会等事项。会议原则通过《山西省新型城镇化规划（2014–2020年）》。

省政府第58次常务会议 9月11日，省长李小鹏主持召开省政府第58次常务会议，听取改善农村人居环境进展情况汇报，原则通过山西省实施中华人民共和国水土保持法办法（修订草案），讨论通过山西省保障性安居工程投资有限公司组建方案。

省政府第59次常务会议 9月15日，省长李小鹏主持召开省政府第59次常务会议，分析8月份经济形势，部署当前经济社会发展重点工作。

省政府第60次常务会议 10

月10日，省长李小鹏主持召开省政府第60次常务会议，讨论通过关于贯彻落实社会救助暂行办法的实施意见、关于加快推进新能源汽车产业发展和推广应用的若干政策措施，研究通过晋中108廊带区域一体化发展示范区总体规划和相关支持政策。

省政府第61次常务会议 10月17日，省长李小鹏主持召开省政府第61次常务会议，分析前三季度经济形势，研究部署深化行政审批制度改革和推动国有企业信息公开等工作。

省政府第62次常务会议 10月28日，省长李小鹏主持召开省政府第62次常务会议，部署当前环境保护工作，研究发展现代保险业、山西科技创新城规划、厂办大集体改革和城市公共客运等事项。

省政府第63次常务会议 11月11日，省长李小鹏主持召开省政府第63次常务会议，部署生产性服务业和煤层气产业发展相关工作，研究交通企业及高速公路资产债务重组、科技创新城建设用地和政府立法工作。

省政府第64次常务会议 11月18日，省长李小鹏主持召开省政府第64次常务会议，分析10月份经济形势，安排煤炭焦炭公路销售体制改革工作，研究扩大就业、增加居民收入和农民工工资发放等工作，部署推进社会信用体系建设和加强与中科院的合作等工作。会议研究通过社会信用体系建设规划(2014—2020年)，要求修改完善后按程序下发实施。会议原则通过煤炭焦炭公路销售体制改革方案。

省政府第65次常务会议 12月2日，省长李小鹏主持召开省政府第65次常务会议，贯彻落实全省学习讨论落实活动动员大会精神，研究2015年全省经济社会发展主要指标计划安排，部署《山西文华》丛书编纂出版工作。

省政府第66次常务会议 12月16日，省长李小鹏主持召开省政府第66次常务会议，贯彻落实中央经济工作会议精神，研究部署改革发展工作。

省政府第67次常务会议 12月23日，省长李小鹏主持召开省政府第67次常务会议，研究部署2015年财政收支安排、能源改革发展、工商登记制度改革等工作。会议原则通过《山西省市场主体住所(经营场所)登记管理办法(送审稿)》。会议原则通过我省涉案财物价格鉴证办法(草案)，决定修改完善后以省政府令的形式公布施行。

省政府第68次常务会议 12月30日，省长李小鹏主持召开省政府第68次常务会议，研究部署进一步推进户籍制度改革等工作。

（欣　然）

发展和改革委员会

【转型综改攻坚前进】 2014年，山西省发展和改革委员会(简称山西省发改委)推进发展改革各项工作。全社会固定资产投资连续两年超过万亿元。转型综改攻坚战略任务统筹推进，完成2014年“3675”转型综改《行动计划》重点推进的165项年度改革任务。按月开展经济运行分析工作，在加强规划引领、促进转型发展、加强生态环保、优化发展环境方面牵头研究，起草上报省政府出台各类重大规划、重大政策30余项。推进综合能源基地建设，加大新兴产业重大项目布局力度，完成淘汰落后产能任务，巩固农业基础地位，推进农村“五件实事”工作落实完成。服务业占地区生产总值比重超过44%。争取国家支持做到“无缝对接”，在政策、项目、资金争取方面取得新进展。加快对外开放和区域合作。

（石　峥）

【重点领域改革转型】 2014年，山西省发改委推进重点领域改革转型。煤炭清费立税改革成效显著，煤炭销售体制改革启动，煤电一体化改革推进，大用户直供电试点范围扩大。国家赋权的低热值煤发电、煤炭煤层气矿业审批权下放、动力煤衍生品交易及煤炭期货交易三项重大改革落实。国资国企改革启动，“3311”重点任务启动实施，省属国有企业财务等重大信息公开办法(试行)、厂办大集体改革实施意见出台。行政审批制度改革深化。落实和承接117项国务院取消、调整、下放的行政审批事项，取消、下放和调整60项省本级行政审批事项。工商登记便利化改革展开。在“一区多园”建设、晋冀蒙长城金三角区域合作、创业型城市建设、政府购买公共服务、生态环境保护修复多元投入、金融支持土地流转等方面形成一批改革亮点。2014年综改《行动计划》部署的30项重大改革、60项重大事项、70项重大项目和5项重大课题完成年度任务。全面深化改革经济生态专项小组60项重点改革年度任务完成。

（石　峥）

【经济形势参谋研究】 2014年，山西省发改委配合省政府按月组织召开经济形势分析会议，形成全省经济形势分析报告，每月提交省政府常务会审议。省政府以内部情况通报的形式3次向全省印发分析报告，国家发改委月度点评中6次表扬山西省经济运行预测工作。

开展重大政策研究。2014年，山西省发改委牵头研究起草报省政府出台各类重大规划、重大政策30余项。在加强规划引领方面，出台《山西省主体功能区规划》，编制完成山西省《新型城镇化规划》报省政府常务会议原则通过。围绕影响山西省“十三五”发展的重大问题，开展31个前期重大课题研究，部署开展专项规划编制工作。在促进转型发展方面，牵头起草山西省《加快发展生产性服务业促进产业结构调整升级的实施意见》《贯彻落实国家能源发展战略行动计划(2014–2020年)的实施意见》等20多项重大产业政策和具体举措。在加强生态环保方面，出台《关于推进全省燃煤发电机组超低排放的实施意见》，从资金支持、成本分摊、置换优惠、电量奖励等方面出台支持政策。出台山西省《应对气候变化规划(2013–2020年)》。在优

化发展环境方面，牵头起草并报请省政府出台《社会信用体系建设规划(2014–2020年)》。 （石　峥）

○相关链接：参见“经济管理与监督”类目

经济和信息化委员会

【工业经济平稳运行保障】 2014年，山西省经济和信息化委员会(简称山西省经信委)主动适应经济发展新常态，应对经济下行压力，抓调控稳增长、抓产业调结构、抓载体优布局、抓节能促转型、抓信息促融合，各项工作取得进展。

1. 加强运行监测预警。2014年，山西省经济和信息化委员会健全监测调度体系，加强对重点企业、重要生产要素、重大增长点的监控；强化目标管理，按月通报进度，按季发布预警；制定稳增长保运行实施方案，适时召开稳增长会议，加强应急管理和行业安全监管，确保工业运行平稳和生产安全。

2. 强化要素协调保障。推进煤电一体化发展，省调20万千瓦及以上主力火电企业中，有30户实现煤电联营，装机容量2716万千瓦，占比达75%，未实现联营的企业全部与省内煤企签订长协合同；实施大用户直供电，全年交易电量180亿千瓦时；做好提升中国(太原)煤炭交易中心功能的牵头工作，扩大价格指数覆盖面和影响力，完善现货交易，开展场外试点。截至2014年底，交易中心注册交易商达9763户，煤炭现货日常交易量达13.13亿吨，交易额达6523.88亿元。

3. 开展企业帮扶。2014年，山西省经信委牵头开展省属重点工业企业帮扶，实施一企一策，精准帮扶；抓好重点项目投产达效，全省184个预增产值亿元以上的项目，有159个项目投产或部分投产，新增产值660.3亿元；采取“一直供两缓缴”的帮扶措施，缓解铝工业企业生产经营困难；实施涉企收费目录清单制度，推动煤焦公路销售体制改革和焦炭行政审批制度改革；加强铁路运输协调，保障重点企业、重要物资的运输需求。

4. 破解企业融资难题。分两批向金融机构推荐224户重点企业，引导金融机构优先向企业授信296亿元，投放贷款154亿元；向金融机构推荐中小微企业1500户，帮助715户中小微企业落实贷款101亿元。

2014年全省规模以上工业增加值增长3%，非煤产业增加值占工业比重达48.4%。 （董晨阳）

【产业结构调整】 1. 实施项目带动。2014年，山西省经济和信息化委员会贯彻“项目见效年”要求，推动2718个工业转型升级项目建设，1321个项目建成投产或部分投产，完成投资1500亿元。统筹安排省级专项资金7.65亿元，争取国家专项资金3亿元，对419个项目予以重点支持，带动社会投资235亿元。2014年，山西省工业固定资产投资完成5054亿元，增长7.5%，占全社会投资的42.2%。

2. 促进传统产业优化升级。健全支持企业技术改造长效机制，加快焦化、钢铁、有色金属、水泥等传统产业技改项目推进实施，2014年，全省技术改造投资同比增长21.5%。

3. 打造新支柱产业。坚持把扶持先进装备制造和煤化工产业作为转型升级的重要任务，制定并围绕轨道交通、煤矿机械、发电装备、煤层气装备、煤化工装备、煤化工布局抓项目落实。推动北车集团太原铁路装备造修基地、阳煤年产100万吨合成气制乙二醇等重点项目建设。2014年，全省装备制造和煤化工行业实现增加值分别占全省工业的9.3%、4.2%，成为山西省工业第三、第五大行业。

4. 培育战略性新兴产业。2014年，山西省经信委出台加快推进工业节能环保产业发展行动方案和新能源汽车产业发展若干政策措施；支持现代煤化工、节能环保、新材料等新兴产业项目建设；推进光伏、LED、软件服务业以及云计算、物联网等信息技术产业发展培育。

5. 提升企业创新能力。加快重点行业共性关键技术研发，推进406个技术创新项目，完成研发投入13.8亿元；加强企业技术中心建设，全省国家级、省级企业技术中心分别达到26户、208户；太重、太钢2企业在国家技术创新示范企业评价中分列第1位和第3位。

2014年，新兴产业全年完成投资2750.1亿元，增长10.6%，占工业投资比重的54.4%。 （董晨阳）

【工业经济发展水平提升】 1. 优化产业布局。2014年，山西省经信委完成新能源汽车、节能环保、电子信息等重大项目布局推进意见；推进中铝公司运城和吕梁两个百万吨铝循环

山西省信息化工作推进会 （董晨阳供图）

2014年9月26日至28日，2014年山西省LED企业产品推广展示会在太原举办（董晨阳供图）

产业基地、阳煤兆丰铝业等四大循环园区建设，为加快山西省铝工业转型发展进行有益探索。

2. 推进企业重组整合。2014年，山西省经信委出台《关于加快推进企业兼并重组指导意见》，提出山西省焦化、电力、钢铁、水泥、煤化工、电解铝等六大重点行业兼并重组目标，强化对企业兼并重组的政策支持和方向引领；巩固焦化兼并重组成果，全省焦化企业由重组前的223户减少到73户，户均产能由70万吨提高到200万吨以上。

3. 支持平台建设。山西省经信委实施工业园区公共服务能力提升工程，支持34个园区公共服务平台项目建设；2014年，全省有国家级新型产业示范基地4个，省级新型产业示范基地20个，工业园区逐步成为区域经济转型升级的平台。

4. 支持中小微企业集群发展。山西省经信委培育创新型、创业型、劳动密集型中小微企业成长。全年新创办小微企业6万户以上、新增加“小升规”企业200户以上、新培育“小巨人”企业100户以上，中小微企业集群发展、特色发展水平提高。

5. 加强口岸综合协调服务。山西省经信委推进口岸大通关建设，先后与沿海及中西部12省份签订促进口岸大通关合作协议。培育太原航空口岸国际市场，新增国际及地区航线5条，全年出入境人数达38.58万人次，增长20%。（董晨阳）

【工业节能降耗低碳绿色发展】 1. 抓好节能降耗攻坚。山西省经信委加强节能目标责任考核和预警调控，严格高耗能行业投资项目节能评估审查，开展能效对标活动，推广应用先进适用节能技术，推进合同能源管理，强化节能执法监察，推进甲醇汽车、节能量交易、企业能源管理体系建设试点。发布实施14项节能标准，起草13项节能地方标准；推动650个节能改造项目，有258个项目建成投产，实现节能量200万吨标准煤。2014年山西省万元GDP能耗下降4%左右。

2. 强化工业固废利用。将朔州市列入全国12个区域工业绿色转型试点城市，会同朔州市政府组织召开“2014亚洲粉煤灰及副产石膏处理与利用技术国际交流大会”；发展循环经济，推动工业清洁生产，推进217个资源综合利用重点项目，有99个项目建成投产，年可利用粉煤灰521万吨、煤矸石414万吨。全年工业固废综合利用率达62.9%。

3. 化解过剩产能。山西省经信委制定水泥、钢铁等行业清理整顿方案，全面清理、分类处置违规项目，严禁新增过剩产能项目，坚决淘汰落后产能。全年淘汰钢铁425万吨、水泥110.5万吨、焦炭1058万吨、电力57.4万千瓦、电石23.6万吨、铁合金8.13万吨，完成或超额完成国家下达山西省的淘汰落后目标任务。

4. 推进煤电企业超低排放改造。按照“先试点改造，后全面铺开”的思路，推进瑞光电厂等4户试点企业实施改造。瑞光电厂一号机组成为山西省首个实现超低排放的发电机组，全省燃煤发电机组超低排放提速工程迈出坚实的一步。（董晨阳）

【信息化融合提升】 1. 推进两化融合。2014年，山西省经信委研究制定全省信息产业重大项目布局规划，开展《山西省信息化促进条例》及两化融合管理体系、信息技术服务标准宣贯活动；推动太钢、经纬纺机等12户企业入选“2014年两化融合管理体系贯标试点企业”，工业领域信息化水平持续提升。

2. 促进信息消费。山西省经信委启动宽带山西2014专项行动，加快全省无线局域网建设，全省宽带用户普及率达15.6%，居全国第10位；出台《山西省促进信息消费实施方案》，推动太原信息消费试点和阳泉、长治、晋城等国家“智慧城市”试点建设，社会信息化水平提高。

3. 强化信息安全基础工作。2014年，山西省经信委加强信息安全制度和标准体系建设，《山西省信息技术外包服务管理规范》等列入山西省地方标准修订计划；组织协调有关部门开展网络安全检查，网络安全专业化服务能力得到提升；强化频率台站管理，查处各类无线电干扰，保障民航通信导航、铁路运行调度、公众移动通信等重要无线电业务的安全畅通。（董晨阳）

○相关链接：参见“工业经济”类目

教育厅

【教育数字】 2014年，山西省共有各

级各类学校1.62万所,在校生669.31万人。幼儿园6183所，在园幼儿96.82万人,专任教师44475人,学前三年毛入园率86%。小学6885所,专任教师17.68万人,在校生224.50万人,学龄儿童净入学率99.92%。初中阶段教育学校1919所，在校生数121.90万人,专任教师11.59万人。特殊教育学校62所，在校生8165人，专任教师1432人。高中阶段教育学校1042所,在校生133.82万人(普通高中499所,在校生82.78万人;中等职业教育学校543所，在校生51.03万人),高中阶段毛入学率93%。普通高等学校71所（本科院校23所,高职高专院校48所），另有独立学院8所(不计校数),民办普通高等学校7所,成人高等学校12所。本专科在校生88.63万人,在学研究生27962人，高等教育毛入学率37%。（白云飞）

【教育经费】 2014年,山西省教育经费收入703.56亿元,较上年的691.82亿元增长1.7%，具体来源渠道为:公共财政预算教育经费(不含教育费附加)535.93亿元，各级政府征收用于教育的税费收入68.98亿元，企业办学教育经费1.12亿元,民办学校中举办者投入经费2.65亿元,社会捐集资办学经费0.25亿元,事业收入118.21亿元,其他教育经费6.2亿元。全省地方教育和其他部门教育经费总支出624.96亿元,较上年增长1.46%。

（白云飞）

【教育扶贫济困】 2014年，山西省下达高校国家奖学金714.4万元,奖励学生893人；下达高校国家励志奖学金1.02亿元，奖励学生2.03万人;下达高校国家助学金4.45亿元，惠及学生15.27万人。完善生源地助学贷款程序,贷款总额13.6亿元,同比增加4.24亿元，发放量列全国第2名；惠及学生24万人，同比增加6.47万人;贷款回收率达98.39%。高校助学贷款累计发放总额5.9亿元，累计回收5.19亿元，贷款余额0.71亿元,本金回收率87.97%。向家庭经济困难新生发放路费和临时生活补助费516.5万元，受助学生7227人。为1959名服义务兵役的大学生补偿学费、代偿贷款2143.17万元,为100名退役士兵减免学费50.08万元。下达中职助学金0.82亿元，受助学生10.95万人；下达中职免学费补助金11.466亿元,惠及学生91.95万人。下达普通高中国家助学金25453.5万元,惠及学生33.6680万人。下达义务教育免费教科书预算2.94亿元。下达寄宿学生生活费补助资金2.67亿元,惠及学生24.74万人。下达学前教育资助金1.1061亿元,惠及幼儿24.68万人。（白云飞）

【高校国防军事教育】 2014年,山西省教育厅举办普通高等学校第十期军事教师培训暨第二届军事理论课教学竞赛，全省38所高校的95名军事教师参加培训,28名教师参加教学竞赛,其中12名教师分获一、二、三等奖。开展“百场国防教育宣讲进高校”活动。遴选6份军事教学视频和4篇军事课科研论文上报教育部国防教育办公室参加全国首届军事训练营军事课教师军事教学展示。（白云飞）

【高校艺术教育】 2014年4月,山西省教育厅召开全省高校艺术教育工作会议。5月起,组织开展高雅艺术进校园系列活动。组织全省第四届大学生艺术展演活动,共收到艺术表演节目275个,艺术作品620件,征文238篇,艺术教育科研论文214篇。参加全国第四届大学生艺术展演活动，省教育厅获优秀组织奖;选送的20个艺术表演节目和20个艺术作品全部获奖。举办以“中国梦”为主题的全省第三届“雏菊奖”青少年艺术大赛,共评选获奖节目1150个。5月举办“合唱指挥”音乐教师培训班,11个市和70余所高校的音乐教师共计270人参加培训。印发《山西省学生艺术比赛管理办法(试行)》。组织长治学院音乐教育专业学生参加全国普通高等学校音乐教育专业本科学生基本功展示活动。

（白云飞）

○相关链接:参见“教育”类目

科学技术厅

【省域创新驱动顶层设计】 2014年,山西省科学技术厅（简称科技厅)落实山西省政府各项重点工作目标责任任务，促进重点产业技术创新,提高科技创新服务能力,优化科技发展环境,提升驱动转型能力。实施“131”创新驱动战略体系，按照山西省委、省政府出台的《关于深化科技体制改革加快创新体系建设的实施意见》《国家创新驱动发展战略山西行动计划》《山西省低碳创新行动计划》《山西科技创新城建设总体方案》和《围绕煤炭产业清洁、安全、低碳、高效发展拟重点安排的科技攻关项目指南》等重要文件,在全国各省、市最先完成并实施省域创新驱动行动顶层设计,为全省创新驱动转型发展设计路线图、明确任务书、指出关键点。配合省长李小鹏任组长的创新驱动和低碳创新领导组工作,将“高新技术企业数量、高新技术企业销售额占规模以上企业销售额比重、有效发明专利拥有量”和“万元地区生产总值二氧化碳排放下降率”等指标首次纳入全省目标责任考核任务。（陈红科）

【重点产业科技创新链】 2014年,山西省科技厅在广泛调研、充分论证的基础上,为促进产业链与创新链互为促进、深度融合,打通产业链各环节关键技术的制约瓶颈,围绕产业链部署创新链,统筹开展重点产业创新行动。完成7条煤基产业创新链。围绕煤炭的清洁、安全、低碳、高效发展，选择煤层气、煤电、煤焦化、煤化工、煤机装备、新材料和富碳农业等7个重点煤基产业，历时7个月，经过8个阶段,动员省内外产学研各类专家300多人,实地调研20余次,征集技术需求1000余项，全面编制产业创新链。7月29日,山西省政府第54次常务会议研究通过。启动编制高新技术产业创新链。在已完成7条产业创新链的基础上,围绕山西省委、省政府重点布局的产业领域,又启动编制交通装备、电子信息、新能源、新能源汽车、节能环保、机械关键基础件、生物技术、中药产业等8条重点高新技术产业创新链。通过编制产业创新链,山西省第一次全面系统地制订煤基产业技术路线图,明确每个产业的发展现状和技术瓶颈,为积极寻找创新路径,谋求解决技术瓶颈,占领煤基技术高地奠定基础。 (陈红科)

【煤基科技重大专项招投标】 2014年,山西省科技厅在编制产业创新链基础上,坚持突出市场导向、问题导向和需求导向,对征集到的1000多个技术需求,按照重要性、紧迫性、创新性、成熟性及贡献度原则(四性一度),等"四性一度"原则,凝练出327个重大项目,经过三轮征求意见和专家论证,最终遴选出首批76个煤基科技重大专项项目。经省政府常务会议研究通过,8月1日,在山西日报、科技日报、中国煤炭报及网络公开发布,以国内领先、国际一流的指标面向社会公开招标,经形式审查、项目组评标(评审)、综合评标(评审)委员会审议、现场考察谈判、省政府审核等环节,初步确定中标(委托)支持项目68个,暂缓或不予实施项目8个。该项目是山西省科技管理理念和科研项目组织模式上的重大创新,得到科技部肯定,并派遣科技部党组书记王志刚率调研组来山西省专题调研。有四方面突破:(1)全国首次大规模、系统性、规范化地组织科技项目招标。评标和评审采取专家评审和针对性谈判相结合,体现公开、公平,有效发挥市场配置科技资源的决定性作用,营造科技系统弊绝风清的新局面。为深化科技体制改革打开突破口,找准切入点,探索出一条新路。(2)促进产学研联盟紧密结合。以省内企业牵头,组织科研院所、高等院校共同攻克关键技术瓶颈,促进产学研联盟各主体的实质性合作。(3)达到资源配置的最大化。实现以科技研发方向引导资源配置方向,发动清华大学、中科院、华能等一流煤基企业和研究机构,凝聚全国全省范围内的优势资源,为山西科技、经济和社会发展服务。(4)实现财政资金"四两拨千斤"的作用。调动企业加大科技投入强度。预计财政引导支持10多亿元,研发总投入达到80多亿元。 (陈红科)

○相关链接:参见"科学技术"类目

公安厅

【"平安山西"建设】 2014年,山西省公安厅开展"平安山西"建设。1.维护社会稳定。打击人民群众反映强烈的"伪基站"、网络"黄赌毒""假恶丑"等突出网络违法犯罪和网络乱象。制订《人民警察巡逻执勤工作规范》和《公安武警联勤武装巡逻工作方案》,建立武装巡逻、动中备勤工作体系。联合铁路、机场和武警,建立"统一接警、统一指挥、就近调警、快速处置"的反恐怖指挥工作机制。全省各市都组织开展应对处置暴恐袭击综合实战演习,提升处置暴恐案件的能力。

整治社会治安秩序。2014年共立各类刑事案件11万余起,同比下降5.2%,其中危害严重的八类案件7214起,同比下降16.6%;各类侵财案件9.1万余起,同比下降7.8%。落实省委书记王儒林重要指示精神,坚持"黑恶必除、除恶务尽,打早打小、露头就打",将打黑除恶斗争与反腐败斗争、整治政治生态环境紧密结合起来,与城中村、治安乱点、重点行业和领域整治工作结合起来,深挖"保护伞",共打掉黑恶势力犯罪集团137个,其中侦办黑社会性质组织2个(一审判决),打掉恶势力犯罪集团135个,抓获黑恶势力成员973人,破获各类刑事案件1159起。共立各类命案436起,破430起,破案率98.62%,创历史最好成绩。其中,阳泉、长治、吕梁、朔州、晋中、临汾、运城7市实现现行命案全破。共立各类经济犯罪案件4227起,破案3472起,抓获犯罪嫌疑人2205名,挽回和避免经济损失4.2亿元。开展"猎狐2014"专项行动,成功从境外缉捕回3名犯罪嫌疑人。共破获毒品案件1.7万余起,抓获涉毒人员1.8万余人。成功破获部督"4·26"特大集团贩毒案,缴获冰毒109.8千克,抓获犯罪嫌疑人22名,该案是新中国成立以来山西省破获的最大毒品犯罪案件。开展百城禁毒会战,共破获制毒案件及制毒原料犯罪案件9起,抓获犯罪嫌疑人31名,打掉制毒加工厂点8个,缴获各类毒品232千克、制毒原料8925千克。深入开展"打四黑除四害"活动,共查办食品药品犯罪案件320起,抓获犯罪嫌疑人123人,涉案金额500余万元。共抓获网上逃犯15543名,同比上升18.1%。开展对工矿区等"九小场所"的集中整治行动,共查处各类治安案件20.2万余起,查处治安违法人员21.2万余人。

加强公共安全管理。开展缉枪治爆专项行动,共排查爆炸物品从业单位1930家、枪支弹药从业单位373家、五区五场1209家,整改隐患837起;收缴枪支407支、子弹6.4万发、炸药246吨、雷管74.7万枚、管制刀具2538把;查处涉爆涉枪案件145起,抓获涉爆涉枪违法犯罪人员150名,其中抓获涉枪涉爆在逃人员34人,缉捕率达87.2%。加强道路交通安全管理工作,紧抓客车、货车、危化品运输车、校车、农村面包车"五类重点车"不放松,严查"三超一疲劳"、酒驾、货车野蛮驾驶等严重交通违法行为,加强危化品运输车和隧道交通安全管理工作,全省道路交通秩序好转,2014年共发生道路交通事故5118起,死亡2080人,同比分别下降3.49%和2.48%。细化消防安全"网格化"和"户籍化"管理,确保消防安全形势的持续平稳,共发生火灾事故7369起,死亡30人,受伤32人,造成经济损失7300余万元。 (王瑞成)

【"信访问题化解年"活动】 2014年,山西省公安厅从维护社会稳定出发,积极处理社会矛盾,预防、妥善处置群体性事件。集中开展"信访问题化解年"活动,围绕重点领域、重点群体、重点部位、重点时段,开展矛盾纠纷排查化解工作,解决一批重点信访案件和信访积案。出台《信访风险评估机制》

《信访责任追究制度》《信访活动中违法犯罪行为的打击处理意见》等一系列制度机制，推进涉法涉诉信访工作改革。依法打击信访活动中的违法犯罪行为，共打击处理1820人，其中行政拘留1771人，刑事拘留49人。

（王瑞成）

【民生警务、亲民公安建设】 1. 完善网上在线服务。“山西公安便民服务在线”成为集亲民热线、短信平台、互联网门户网站、3G手机版四位一体的现代化网络平台，实现“数据多跑路群众少跑腿服务群众零距离”，使山西警务快步跃入“在线时代”。截至2014年底，在线服务项目达到11类228项，访问量突破4190万人次，共回复群众咨询求助11.2万件，为群众办理各类公安业务8.3万件，收到群众好评19万余条。2014年11月，《山西公安便民服务在线网站建设技术规范》和《山西公安便民服务在线服务规范》两个地方标准正式发布，标志着“山西公安便民服务在线”网站群的标准化体系正式确立，填补山西政务网站“社会公共管理服务标准认证”空白，引领山西政务网站的整体升级。

2. 开展“三转变三服务三提升”民生警务实践活动。以“转变观念、转变作风、转变态度”“送服务到企业、送服务到社区、送服务到农村”“提升打防管控能力、提升服务质量和效率、提升公安机关形象”为主要内容，以“一村一警”联系走访活动为依托，深化转观念、强作风、送服务、树形象的民生警务、亲民公安建设，全省公安机关和广大公安民警思想作风明显转变，服务效能明显提高。

3. 出台山西公安便民利民服务措施18条。在户籍、出入境、边防、消防、监管、交管等方面集中推出18条便民利民措施，提升公安机关服务民生的质量和效率。

4. 推进户籍制度改革。起草《山西省人民政府办公厅关于深化我省户籍管理制度改革的意见（代拟稿）》，落实放宽中小城市和小城镇落户条件的政策，引导非农产业和农村人口向中小城市和小城镇转移。推行居住证制度，做好流动人口居住登记和居住证申领发放工作，保障居住证持有人享有规定的合法权益和基本公共服务。组织开展户口清理整顿专项工作，共纠正项目登记差错33万余条，清理违法违规办理的户口7.8万余个。

5. 提升出入境服务水平。启用电子往来港澳通行证和远程数字化审批系统，实现普通护照、往来港澳通行证、往来台湾通行证申请的“三表合一”，做到“审批更便捷、档案更安全、监管更到位”。启用山西公安出入境办证服务大厅，改善办证环境，提高服务质量。（王瑞成）

【警务基层基础建设】 2014年，山西省公安厅强化警务基层基础建设。1. 加强派出所和社区警务工作。各市贯彻落实省厅《关于进一步加强新形势下公安派出所和社区警务工作的意见》，推进山西省公安派出所和社区警务工作“1135”工程建设。全省232个城区派出所及县城派出所完成所长领导下的“三队一室”警务运行模式，524个集镇派出所完成“二队一室”警务运行模式，3299个社区警务室全部按照“三有三统一”标准完成建设任务，共建设网上派出所、网上警务室、民警工作微博、警民联系QQ群等互联网媒介1万余个。全省派出所警力达16505名，净增1026名，占县级公安机关总警力的47%，净增3个百分点，社区民警6190名，其中专职社区民警5048名，专职化率达31%。派出所日常三项经费人均水平、派出所和社区警务室民警单警装备、执法记录仪配发率稳步提升，警务室计算机配备、派出所10兆带宽接入公安网全部完成。

2. 夯实公安基础业务。完善流动人口综合信息服务管理系统，基本包含流动人口基本信息、配偶信息、随行子女信息、计生信息、就业信息、居住信息等，录入流动人口有效信息70余万条。省公安厅、安监局联合印发《关于规范散装汽油销售的通告》和《关于严禁携带易燃易爆、腐蚀性危险品和管制刀具乘坐公共交通工具的通告》，并通过电视、网络、报纸等媒体广泛宣传发动，消除因散装汽油销售漏洞给社会公共安全带来的严重危害。组织全省公安机关对易制爆危险化学品从业单位、废旧金属、二手手机、二手汽车等旧货流通市场以及寄递业、物流业等行业进行摸排，净化治安环境，消除安全隐患。

3. 加强公安信息化建设。优化事（案）件预警系统群体监测模型，研发“智搜”“查缉布控系统”等实战工具，优化“轨迹分析”“关联查询”等系统功能，为实战应用提供有力的技术支持。加快PGIS平台二期建设，建设全网查缉布控系统，实现对车辆信息、人员信息的查缉、布控、报警，提升对实有人口、实有房屋的管理能力，修改完善196个问题，新增8个功能模块，减轻基层民警的采集录入工作强度，接入资源门类22类、963万条数据，实现省厅刑侦、监管、科技等部门指纹信息和违法人员等数据信息的协调接入，全省共有1.4万余名民警授权使用，11个市共收集6408类资源，资源总数达26.9亿余条。完成全省公安图像管理平台建设工作，共接入道路监控等各类图像3.2万路，实现省、市、县三级视频图像资源联网，完成各地市卡口数据整合接入，共整合治安、交警各类卡口1000余个。

（王瑞成）

【执法规范化建设】 2014年，山西省公安机关开展执法规范化建设。1. 规范现场执法。2014年，山西省公安机关共检查145个分县局、804个所队，抽查案件1800余起，查看录音录像视频资料2100余份，纠正各类问题1万余个。

2. 完善网上执法办案系统。修正各类问题500余个，截至2014年底，执法台账模块、日常考评模块、执法统计模块、执法查询模块、执法档案模块均投入使用。

3. 加强执法监督。以山西公安便民服务在线网和网上执法办案系统为依托，建设案件进展信息查询系统，向案件相关当事人提供案件进展信息公开查询服务，增强案件办理的透明度。对各市近年来曾发生重大执法问题或执法质量较差的重点县级公安机关进行实地集中督察，重点检查、督促整改接处警、受立案、侦查取证、涉案财物管理、执法场所使用管理、窗口服务、社会治安突出问题整治7个方面17794个执法突出问题，制定完善各项制度规定及实施细则174项。省公安厅在全省127省直执法监督部门政风行风中名列第四。

4. 加强民警法律学习培训。选拔110名民警组建全省执法讲师团，将全体成员的课件汇总为300小时的视频资料和文字讲稿，为开展全省巡讲奠定坚实基础。组织1.7万余名民警参加各级别执法资格考试。制订出台《关于积极鼓励公安民警参加司法考试的通知》，建立完善民警通过司法考试的激励机制，激发民警的学法热情。（王瑞成）

○相关链接：参见“法治”类目

监察厅

【执纪监督突出主责主业】 2014年，党中央对山西省发生的系统性、塌方式严重腐败问题进行严肃查处，对中共山西省委班子做出重大调整。山西省监察厅及全省各级行政监察机关按照中央纪委对纪检监察工作提出的“转职能、转方式、转作风”新要求和省委十届六次全会、省政府廉政工作会议要求，主动进行“三转”，坚守职责定位，聚焦中心任务，突出主责主业，认真履行工作职责。(1)强化执纪监督，深入落实中央八项规定精神。(2)加大惩治腐败力度，坚决遏制腐败蔓延势头。(3)围绕深化改革、依法行政，开展监督检查。(4)深化“三转”，加强监察机关自身建设。监督执纪问责工作开展，政府系统党风廉政建设和反腐败工作取得新成效。（白俊生）

【全省行政监察工作会议】 2014年2月19日，山西全省行政监察工作会议在太原召开。山西省纪委副书记、监察厅厅长冯改朵作工作报告。山西省委常委、常务副省长高建民出席并讲话。高建民强调，全省各级监察机关要加大对落实中央八项规定、国务院“约法三章”和反对“四风”的监督检查力度，加大对转变政府职能落实情况的监督检查力度，加大制度建设和权力运行的监督检查力度，加大对腐败案件的查处和惩治力度，抓好廉政建设责任制的落实，以监察工作的新成效推动政府治理能力和水平的提升。李兆前主持会议。（白俊生）

【省纪委监察厅干部大会】 2014年9月30日下午，山西省纪委召开干部大会，山西省委副书记楼阳生宣读中央和省委决定：经中央批准，黄晓薇同志任省委委员、常委、省纪委书记。（白俊生）

○相关链接：参见“中国共产党山西省纪律检查委员会”类目

民政厅

【民政工作电视电话会议】 2014年1月22日，2014年山西省民政工作电视电话会议在太原召开。会议明确2014年全省民政工作总体思路，安排部署2014年全省民政工作重点任务：托好低保、养老“两个底”，突出基层民主和社会组织管理“两个重点”，妥善做好应急救灾、信访维稳“两个应对”，稳妥推进区划调整和殡葬改革“两个专项”。具体抓好八项重点工作：(1)以落实“一意见两办法”为重点，推进社会救助公平公正，在更加有效保障困难群众基本生活上取得新成效。(2)以发展养老服务业为重点，全面推进社会福利保障体系建设，在推动社会福利向适度普惠型转变上取得新成绩。(3)以抓好村委会换届选举为重点，全面深化城乡社区建设，在夯实社会治理基础上发挥新作用。(4)以创新社会组织管理体制为重点，进一步促进社会组织健康有序发展，在激发社会组织活力上实现新突破。(5)以灾民生活救助为重点，全面加强防灾减灾工作，在提升综合防范防御能力上实现新提高。(6)以全面落实优抚安置政策为重点，保障优抚安置对象基本权益，在服务国防和军队建设上做出新贡献。(7)以区划调整和殡葬改革为重点，全面加强专项社会事务管理服务，在提供公共服务水平上实现新提升。(8)以开展“五项行动”为重点，推进民政工作信息化、法治化、规范化、社会化，在夯实民政基层基础上实现新进步。（王文广）

【“数字民政”建设行动】 2014年，山

2014年1月22日，山西省民政工作电视电话会议在太原召开 （王文广供图）

西省民政厅"数字民政"建设行动，按照"总体设计、分步实施、先易后难、先急后缓，高起点筹划，高水准起步"的思路，在开展业务需求调研的基础上，初步形成"民政综合业务平台"建设思路和建设方案。"能力提升"行动，以提升"民政干部依法行政能力、窗口单位公共服务能力、基础保障能力"为目标，加强民政法制工作，省级出台民政规范性文件13件，建立起一支覆盖各级民政部门合计130余人的法治工作联络员队伍，开展多种形式的法制宣传教育，推进执法规范化建设。各级民政部门加大投入力度，加强救灾物资储备库、敬老院、福利服务中心、日间照料中心、烈士纪念设施、社区服务设施等民政服务设施建设。推进养老护理员和孤残儿童护理员等民政行业特有职业技能鉴定工作。制定修订各种内部管理制度，印发《民政基本业务规范》，强化行风建设示范单位动态管理。"严管"行动，围绕有效解决人民群众反映强烈的突出问题，印发《关于在全省民政系统开展"严管"行动的实施方案》。对11个市局和厅直单位进行抽查，对4个市13个县区民政资金的管理使用情况进行检查，针对发现的问题提出整改意见，限期整改。"重点工作督查"行动，围绕省委省政府和民政部安排的年度重点工作，制定督查工作计划，对社会救助、养老服务等17项工作开展督查，推动相关政策的落实。"公益进行时"行动，委托太原市社区服务中心成立太原市易源公益组织发展中心，搭建起山西省公益组织的孵化平台，更好地推进全省慈善事业向深度广度发展。实施贫困先心病手术项目。（王文广）

【"学联促"大调研活动】 2014年6月4日，山西省民政厅召开"学联促"大调研活动动员大会。根据省委"访民生、知民情、解民事"集中走访活动交流座谈会议精神和省委党的群众路线教育实践活动领导小组《关于开展省直机关干部下基层随机调研工作的通知》要求，山西省民政厅本着巩固和深化全厅教育实践活动整改工作，改进调查研究工作，推进机关作风转变，增进群众感情、了解基层、掌握实情、发现问题，决定在全厅公务员中开展"学、联、促"大调研活动。活动的主要内容是：学习焦裕禄精神，大兴"三严三实"之风，进一步提高群众工作能力；联系基层单位，联系困难群众，掌握整改落实情况，倾听基层意见，帮助查找"四风"问题，上下联动，密切配合，引深"四风"问题整改；强化督促检查，促进养老服务、社会救助、优抚安置、孤儿保障等政策和工作的落实，更好地服务人民群众。调研活动整体部署为:6月9日至7月20日，省民政厅派出28组人员分别赴全省11市的28个村，入村驻点，明察暗访，在规定的3天调研时间内(不含往返时间)，全面了解调研村的基本情况，重点要摸清各类民政对象的底数，了解农村日间照料中心的运营、群众评价等情况，对调研村所在乡镇的基本情况作面上调研，重点了解全乡(镇)各类民政对象的人数、乡镇民政工作机构设置和工作力量配备等情况。（王文广）

【窦玉沛到山西调研】 2014年4月24日，民政部副部长窦玉沛一行到山西调研，实地了解太原市社会福利院居家养育基地管理运行情况，看望慰问福利院的孤残儿童，并为福利院居家养育基地揭牌。调研结束后，窦玉沛副部长与省民政厅部分干部职工展开座谈，征求山西民政部门对民政部下一步工作的意见和建议。

（王文广）

【地名普查暨地名管理电视电话会议】 2014年6月5日，山西省第二次全国地名普查暨加强地名管理电视电话会议召开，省委常委、常务副省长、山西省第二次全国地名普查领导小组组长高建民出席会议并讲话，省政府副秘书长、山西省第二次全国地名普查领导小组副组长马彦平主持会议，省民政厅党组书记、厅长、山西省第二次全国地名普查领导小组副组长薛维栋对地名普查工作做部署。省军区和全省26家相关厅局负责人参加会议。（王文广）

【全国人大调研组专题调研】 2014年9月22日至25日，由民政部社会福利和慈善事业促进司司长詹成付带领的全国人大、卫计委、住建部、国土部、教育部、人社部、财政部、税务总局、保监会等10部委相关部门负责人以及4名全国人大代表组成的2014年全国人大重点建议办理调研组在山西就如何发展养老服务业进行专题调研。调研组实地走访太原市比家美托老院、太原红十字托老中

2014年4月24日，民政部副部长窦玉沛(左四)在山西调研　（王文广供图）

心、太原豪景老年公寓、大同市老人公寓、阳高县永康老年公寓等一批公办和民办的为老服务机构，到太原市漪汾苑社区老年日间照料中心、阳高县安家皂村老年日间照料中心了解运营情况，并分别在太原和大同召开由人大、民政、财政、教育、人社、卫生、国土等相关部门参加的座谈会。调研组认为，山西省委、省政府高度重视养老服务业发展，相继出台多项政策，形成政府主导、社会参与、全民关怀的格局，推动山西省养老服务业发展。太原红十字托老中心集“托老、诊疗、护理、康复、临终关怀”为一体的具有专业化特色服务的老年护理机构，创新医疗机构和养老机构融合发展新模式，为全国医养结合提供宝贵的经验。（王文广）

○相关链接：参见“省情概览”“社会生活”类目

司法厅

【司法服务经济民生】 2014年，山西省司法厅贯彻落实执行省委、省政府重大决策部署，推动各项司法行政工作取得成效。全系统28名省管干部全部参加习近平总书记系列讲话精神集中轮训班，228名处级干部参加全系统领导干部学习讨论落实活动专题研讨班。印发《习近平总书记系列重要讲话选编》《有关重要文献和领导讲话选编》。省司法厅带头将思想政治教育列为各类培训的重要内容，组织全系统124名厅处级干部参加复旦大学举办的领导干部公共管理和履职能力提升专题研修班，组织对40余名新任县区司法局长、100余名政工干部和70余名党群干部进行培训。

山西省司法厅召开全省法律服务工作保障综改攻坚创新驱动项目见效动员大会，出台《实施意见》和《工作方案》，统筹整合律师、公证、司法鉴定等法律服务资源，组建230多个法律服务团队，为省、市、县3165个重点项目提供各类法律服务4500余次，出具文书33200余份，审查各类合同文本84700余份。

注重发挥人民调解工作疏导化解社会矛盾、柔性维稳的作用，开展“转型综改攻坚年矛盾纠纷专项排查化解活动”，依法排查化解影响转型综改攻坚的矛盾纠纷，及时化解环境保护、医疗卫生、劳资关系、交通事故等矛盾纠纷，累计调解各类纠纷189142件，调解成功180137件，成功率达95.2%。

强化法律援助工作，推进山西省“12348”法律援助服务热线建设和便民服务大厅建设，开展“法律援助便民服务专项行动”。建成覆盖全省市县的“12348”法律援助热线，建成省级法律援助便民服务大厅，92%的市县（区）完成便民服务大厅建设。全省办理法律援助案超过2.3万件，受援人数达26万多人，帮助群众挽回经济损失3.1亿元，接听群众热线咨询30291人次，受援人满意率达90%以上。（张　霏）

【司法促进社会稳定】 公证管理工作。2014年，山西省司法厅出台《关于推进全省公证改革与发展的意见》，推动解决公证事业改革发展。全省共办理各类公证事项156780件，比上年同期增长8%。

司法鉴定管理工作。山西省司法厅推动解决山西省司法鉴定“册外册”“册中册”“鉴定费代收代付”等突出问题。开展以“诚信规范、执业为民”为主题的司法鉴定行风建设专项活动。开展2014年全省司法鉴定机构年度考核工作，对25家“规范化司法鉴定机构”进行验收通报授牌。加强行业自律，组织省司法鉴定协会换届工作。2014年，全省共办理司法鉴定案件31288件。

监狱工作。山西省司法厅提出“五个绝对不能发生和一个全力杜绝”的要求，强化罪犯监管工作，强化刑罚执行工作，推动监狱管理水平有效提升，全省监狱未发生一起监管事故，刑罚执行工作被司法部列为专项督查免检省份。全省监狱系统连续八年实现司法部确定的无押犯脱逃、无重大狱内案件、无重大疫情、无较大安全生产事故的“四无”工作目标。

戒毒工作。山西省司法厅应对劳教制度废止局面，实现由劳教向戒毒工作职能过渡。坚决守住“六大”安全底线，场所连续八年实现“六无”目标。探索建立“四位一体、两个尝试”戒毒工作模式，全年累计收治强制隔离戒毒人员达7621人，所内戒断率100%。戒毒人员数量、所内戒断率均居于全国前列。

安全生产。山西省司法厅履行安全生产“一岗双责”责任制，提出“确保全员高度重视安全生产工作，做到思想认识全覆盖；提升全员安全生产素质，做到安全生产教育培训全覆盖；坚持防治结合，做到隐患排查整治全覆盖；履行安全生产职责，安全生产责任落实做到全覆盖；加强考核和责任追究，安全生产奖惩做到全覆盖”的“五个全覆盖”工作要求，强化安全教育培训，完善安全生产制度，排查整治安全隐患，严格安全责任落实，确保全系统监狱、戒毒企业的安全生产万无一失，历史上首次实现全年安全生产无伤亡。

社区矫正工作。山西省司法厅同省高院、省检察院、省公安厅联合召开全省社区矫正工作会议，下发《关于全面推进社区矫正工作的实施意见》。召开全省社区矫正工作长治市沁源现场会，推广社区矫正“队建制”模式，推动全省建立集监管、教育、帮扶等功能为一体的社区矫正中心24个。强化社区服刑人员监管工作，将有较大社会影响的社区服刑人员列为重点监管对象，逐级建立管教台账，进行严格监管。全年共撤销缓刑、假释66人，重新收监执行72人，警告542人，予以治安处罚12人。全省累计接收社区服刑人员60942人，解矫41669人，在册社区服刑人员19273人，再犯罪率0.18%，未发生社区服刑人员脱管漏管案件、重大恶性案件和舆情事件。

安置帮教工作。山西省司法厅加强信息核查工作，坚持通报制度，使全省信息核查率达95.7%，核实成功率86%。推进刑释人员档案建设工作，为帮教期人员全部建立人员档案。推进刑满释放人员安置帮教基地建设，动员社会力量参与安置帮教工作，全年衔接人员近2万人，重点帮教对象衔接率接近100%，全省安置帮教基地数达160多家。以山西省帮教模范韩雅琴为原型的电影《韩妈妈和她的儿女们》完成拍摄并上映。（张　霏）

○相关链接：参见“法治”类目

财政厅

【财政数字】 2014年，山西省公共财政收入完成1820.6亿元，完成年度预算的98.8%，短收22.7亿元，较上年增长7.0%，增收119亿元。分级次看，省级公共财政收入完成588.9亿元，完成年度预算120.8%，超收101.2亿元，较上年增长28.6%，增收130.9亿元；市级公共财政收入完成443.4亿元，完成年度预算的94.9%，减收24亿元，较上年下降1.4%，减收6.1亿元；县级公共财政收入完成788.4亿元，完成年初预算的88.8%，减收99.7亿元，较上年下降0.7%，减收5.7亿元。11个市公共财政收入增幅最高的运城市为16.3%，最低的吕梁市为−20.4%。分科目看，税收收入完成1134.3亿元，占公共财政收入的比重为62.3%，较上年下降0.2%，减收2.6亿元，占全部增收额的−2.2%；非税收入完成686.3亿元，占公共财政收入的比重为37.7%，较上年增长21.5%，增收121.6亿元，占全部增收额的102.2%。

2014年，山西省公共财政支出执行3085.3亿元，为年度预算的88.7%，较上年增长1.8%，增支55.2亿元。分级次看，全省支出增速放缓，市县增幅明显回落；财政支出重心向下倾斜，县级支出比重提高。2014年，省、市、县公共财政支出分别执行689亿元、584.5亿元、1811.8亿元，各占全省总支出的比重分别为22.3%、18.9%、58.7%，市、县两级支出比重与上年相比分别下降0.3和1.7个百分点。分科目看，2014年全省民生支出占总支出的比重较上年提高1.6个百分点；一般公共服务支出比重比上年下降0.9个百分点。山西省2014年公共财政支出中占总支出比重达10%以上的有4个科目，依次为教育支出、社会保障和就业支出、农林水支出和国土海洋气象等支出；占总支出比重大于5%小于10%的有5个科目，依次为医疗卫生与计划生育支出、一般公共服务支出、城乡社区事务支出、交通运输和公共安全支出；节能环保支出3.1%、住房保障支出3.0%、文化体育与传媒支出2.1%；其余支出科目所占比重均不到2%。其中教育、医疗卫生、社会保障和就业、住房保障、文化体育与传媒、农林水事务、城乡社区事务、节能环保、粮油物资储备及交通运输等民生支出2583.1亿元，同比增长3.1%，增支78.7亿元，支出总量和增支额分别占全省公共财政支出总量和总增支额的83.4%和119%，比上年分别提高1.6和34.3个百分点。

（卫忠梅　魏笑甜）

【财税机制改革】 2014年，山西省财政厅推进全口径预算管理。细化公共财政预算编制，政府性基金预算实行绩效管理，国有资本经营预算逐步规范，社会保险基金预算首次上报省人民代表大会。

推进预决算公开。省本级全部公开政府预决算和“三公”经费预决算，部门预算、决算公开率达93.8%和89.1%，部门“三公”经费预决算公开率达94.1%；11个市、119个县（市、区）全部公开本级政府预算。

建立跨年度预算平衡机制。出台《山西省省级预算稳定调节基金管理办法》，增强年度间财政预算的平衡性和稳定性。

完善转移支付制度。清理、规范、整合专项转移支付，属于市县事权的项目划入一般性转移支付，省对市县一般性转移支付力度加大；规范省以下财政配套政策，取消31个财力困难的贫困县、生态县乡村教师生活补助、农村金融机构定向费用补贴等项目的县级配套，改由省级财政负担。

试编权责发生制政府综合财务报告。全省11个市本级和27个试点县的试编工作进展顺利。推进政府购买服务改革。出台《山西省政府购买服务暂行办法》，拟定省级政府购买服务项目目录，开展试点工作，促进政府职能转变。（卫忠梅　魏笑甜）

○相关链接：参见“财政　税务”类目

人力资源和社会保障厅

【人力资源和社会保障数字】 2014年，山西省城镇新增就业51.4万人，完成全年目标任务的100.8%；转移农村劳动力37.7万人，完成全年任务的101.9%；城镇登记失业率3.4%，低于4.2%的控制目标。城镇职工基本养老、城镇基本医疗、失业、工伤、生育、城乡居民养老保险参保人数达692万人、1100.7万人、407.6万人、563万人、454万人、1537.4万人，分别完成全年任务的101.3%、101.1%、101.7%、101.5%、101.8%、102.2%。社保基金总收入1127亿元，总支出957亿元，累计结余1744亿元。新发社保卡213万张，累计达2313万张，基本实现参保人员人人持卡的目标。新增高层次专技人才7100名，新增高技能人才8.1万名。（张　琼）

【帮企业、保就业、促创业】 2014年，在经济下行、企业困难、就业岗位同比减少的情况下，山西省人力资源社会保障系统共同努力，确保全年就业目标任务的完成。（1）实施“五缓三补两协商一报备”政策，帮扶困难企业稳定就业岗位。出台《关于帮扶困难企业稳定就业岗位的通知》，“五缓”，即经认定的困难企业可以缓缴2014年基本养老、基本医疗、工伤、失业、生育五项社会保险费，缓缴的社会保险费不计征滞纳金。“三补”，即使用失业保险基金对困难企业给予社会保险补贴、岗位补贴和培训补贴。“两协商”，即推动各类企业建立健全工资集体协商制度，国有和国有控股困难企业要重点围绕工资按时支付以及稳岗增效措施等内容开展集体协商，做到不裁员，不降低一线职工收入。鼓励其他困难企业通过开展集体协商，采取灵活用工、弹性工时、弹性工资、组织培训等措施稳定就业岗位。指导困难企业通过与职工个人协商一致，在继续保留劳动关系的情况下，鼓励职工在约定的时期内，到其他缺工领域劳动。约定期满，劳动者返回原企业工作，继续履行原劳动合同。“一报备”，即企业一次性裁员20人以上或者裁减不足20人但占企业职工总数10%以上的，要向人社行政部门报备。全年共为297户困难企业缓缴五项社会保险费近60亿元，为154户困难企业支付稳岗培训补贴6.25亿元，覆盖职工38万人。(2)实施“七补一贷”政策，扶持高校毕业生创业。出台《关于扶持高校毕业生创业的意见》，“七补”包括财政补助、社会保险补贴、创业实训补贴、场地租金补贴、创业就业补贴、星火项目资金扶持、创业园区建设补助。“一贷”，即自主创业的高校毕业生可申请最高10万元的小额担保贷款，合伙创业的可将贷款额度提高到每人15万元，成功创业并带动5人以上就业的可以申请到最高50万元的贷款再扶持。全年实施“10万人创业计划”和“大学生创业引领计划”，创立大学生创业实训基地、创业园区、创业孵化基地248个；创新小额贷款模式，发放贷款5.1亿元，落实财政贴息2700万元。5373名大学生实现成功创业，占应届毕业生的3%。全省新创办小微企业5.4万户，新增个体工商户13.7万户，同比增长123%，提供就业岗位超15万个。(3)实施“六补一缓”政策，鼓励小微企业吸纳劳动者就业。出台《关于鼓励小微企业吸纳劳动者就业的意见》，“六补”，即对吸纳就业的小微企业提供就业补助、就业岗位补贴、社会保险补贴、财政贴息支持、职业培训补贴、就业见习补贴。“一缓”，即吸纳劳动者就业的小微企业可以缓交基本养老、基本医疗、失业保险、工伤保险、生育保险五项社会保险费。全年共有2831户小微企业享受各项政府补贴。70%的新增就业岗位来自中小微企业，成为城镇新增就业的主渠道。(4)政府购买基层公共服务岗位，吸纳高校毕业生就业。出台《关于政府购买基层公共服务岗位吸纳高校毕业生就业的意见》，探索创新大学生就业新途径，为全省11个市的乡镇、社区公开招聘高校毕业生6982名，为基层提供人才支持。(5)推进职业技能培训全覆盖。对未就业高校毕业生、农村转移劳动力、城镇登记失业人员和农村“两后生”进行针对性的职业培训，实行实名制管理，累计培训69.3万人次。(6)做好公共就业服务。组织开展各类专项招聘活动953余场，提供岗位信息60余万个，通过网络招聘发布供求信息12.5万个，访问量达467万次。对3.5万名离校未就业高校毕业生实行实名制跟踪服务，全部纳入就业实践活动中。新开发就业见习岗位3万个，国有企业招聘应届高校毕业生实现信息公开。在省内77所高校实现公共就业服务和网络招聘全覆盖，应届高校毕业生就业率达91.5%，其中政府提供的各类岗位接近5万个，占毕业生总量的25%。(7)做好就业困难人员就业援助工作。通过开发公益性岗位等政府兜底安置措施，帮助4.4万名就业困难人员实现就业。（张　琼）

○相关链接：参见“社会生活”类目

国土资源厅

【保障发展、保护资源、维护权益、推进改革】 2014年，山西省国土资源系统围绕“保障发展、保护资源、维护权益、推进改革”的中心任务，强化年度目标责任考核，狠抓工作落实，各项工作都取得新成效。

落实耕地保护责任，推进土地整治、高标准基本农田建设和基本农田划定工作。全年安排新增用地计划1.398万公顷，报批建设用地7093.33公顷，供应土地1.204万公顷，保障全省重点工程的用地需求。

加大地质找矿力度，找矿突破战略行动“358”第一阶段目标“三年取得重大进展”任务基本完成。实施22个矿种399个固体矿产勘查项目，提交大中型矿产地48处、小型矿产地39处。验收往年立项的地质找矿项目94个，预计可新增煤炭资源量24.46亿吨、铁矿资源量8545.34万吨、铝土矿资源量983.06万吨；安排2014年勘查经费5.94亿元，新立找矿项目98个。

推进资源节约集约利用，首次对11个市节约集约用地情况进行考核评价，并以省政府名义通报全省，对排名前三位的晋城、大同、晋中三市分别奖励80公顷、53公顷、33公顷用地计划指标。严格执行建设项目用地标准，对18宗单独选址项目核减用地面积或要求补充使用土地的依据。

统筹推进国土资源改革，编制山西综改试验区国土资源专项改革方案，推进不动产统一登记改革，争取煤层气矿权业审批制度改革试点早日启动，起草推进市场配置煤炭资源改革的《山西省煤炭资源公开出让转让管理意见》和解决同一矿区上下层位煤铝资源不能兼采问题的《山西省煤铝共伴生资源综合勘查开采审批办法》。

围绕“减、简、监”，清理审批事项、下放审批权限，山西省国土资源厅113项行政权力事项中，拟取消4项、下放4项、整合1项、保留104项（其中行政处罚权57项）。

把地质灾害防治工作作为重要的民生工程、德政工程和生命工程，及时组织预测会商、加强气象预警预报、强化落实防治责任，实施综合治理，抓好应急处置，最大限度地减少地质灾害引起的人员伤亡和财产损失。2014年全省共发生地质灾害15起，死亡14人；与上年相比，因灾死亡减少13人，死亡率降低近50%。

打击涉及土地的违法行为，立案查处土地违法案件2507宗、矿产违法案件167宗，提出党政纪处分建议1892人，移送司法机关追究刑事责任86人。

全年实现国土收益619.59亿元，其中两权价款收益119.49亿元、矿产资源补偿费23.64亿元、新增建设用地有偿使用费为16.46亿元、土地出让成交价款460亿元。（张　峰）

2014年7月31日，全省国土资源规划工作座谈会在太原召开　（张　峰供图）

【耕地资源保护】 2014年，山西省国土资源厅推进耕地资源保护工作。(1)完成市级人民政府2014年耕地保护目标责任书签订，明确各市耕地保护责任与目标；组成考核组对全省11个地市进行考核，形成《2011–2013年山西省人民政府耕地保护责任目标履行情况自查报告》上报国务院。(2)推进土地整治项目。77个2012年立项的省级耕地开发专项资金项目已开工建设75个，验收通过2个，新增耕地386.67公顷;2014年各市地方占补平衡任务立项683个，拟新增耕地面积9453公顷，已验收项目274个，新增耕地3320公顷。开展高标准基本农田建设。2014年完成立项9.27万公顷；下达高标准农田建设项目资金14.65亿元，其中安排2013年续建土地整治项目投资1.44亿元，下达新建土地整治项目投资1.15亿元，市级新增费切块资金11.2亿元。(3)推进基本农田划定工作。2014年下达第一批新增建设用地有偿使用费1.48亿元用于基本农田划定，试点市县的划定工作基本完成，阳泉作为试点市进入验收阶段，其他地区基本农田划定工作量完成50%以上。

（张　峰）

【发展用地保障】 (1)用好用足年度计划指标。2014年，山西省共安排新增计划20.97万亩。其中，国家下达山西省年度用地计划17.5万亩，安排重点项目使用国家计划3.47万亩，通过年初预下达、省市切块分配、年末调剂使用等措施，保障全省重点工程的用地需求。2014年，全省报批建设用地319批(宗)、7092公顷；供应土地1.205万公顷，其中保障性安居工程用地840公顷。(2)拓展用地空间。推进城乡建设用地增减挂钩，给58个县(市、区)下达周转指标2404公顷，增减挂钩已覆盖全省108个县（市、区）。工矿废弃地复垦利用试点扩大到8个市，验收复垦区677公顷，给5个县(市)下达周转指标445.73公顷。批复6个县(区)矿业存量土地整合利用实施方案。(3)组织修改部分市、县土地利用总体规划，26个县的规划修改方案上报省政府批复，保障重点工程依法合规用地。(4)开展“百日百项工程”项目用地大调研，协调太榆科创城、大西铁路、中南铁路装车点、晋电外送通道等重点项目征地过程中的重大问题。争取国土部政策支持，解决历史遗留的18个重点工程用地难题，其中11个项目获国土部批复。

（张　峰）

○相关链接：参见“经济管理与监督”类目

环境保护厅

【生态建设和环境保护重点推进】 2014年，山西省环境保护厅(简称环保厅）贯彻省委省政府战略部署，狠抓各项工作落实，制订《山西省2014年主要污染物总量减排计划》，提出2014年主要污染物总量控制目标，将目标任务分解落实到11个市及3011个项目。全省生态建设和环境保护重点工作推进顺利，主要环保目标任务全部完成，环境质量进一步改善。2014年，11个市环境空气平均达标天数同比增加39天，细颗粒物(PM2.5)平均浓度同比下降16.7%，超过省政府年初确定下降4%的工作目标。全省地表水水质优良断面占47.9%，比上年同期上升1.9%，重度污染断面占25%，同比下降7%。

（王　颖）

【APEC空气质量保障任务】 2014年北京召开APEC会议期间，山西省环保厅组成六个督查组，以突击检查、夜查、晨查等方式，对各市污染企业停产限产等情况进行专项督查，坚决遏制环境违法行为，工作获得党中央、国务院的肯定。

（王　颖）

【PM2.5自动监测全覆盖】 2014年，山西省11个地级市PM2.5自动监测系统全部建成投运，在全国率先实现环境空气质量新标准实时监测“全指标、全覆盖、全发布”。山西省环保厅印发《关于加强我省空气监测自动站运行管理和监测数据质量管理的通知》。

（王　颖）

【黄标车及老旧车淘汰完成】 2014年，山西省环保厅与省公安厅交管局、财政厅、商务厅、国资委等有关部门密切配合，克服时间紧、任务重、难度大等问题，加大宣传力度，制定淘汰措施，强化检查督导，确保淘汰工作快速推进。截至2014年底，淘汰黄标车及老旧车工作完成233380辆，超额完成国务院下达的21.6万辆任务的108.04%。

（王　颖）

【省城环境质量改善】 2014年,山西省环保厅重点督促推进太原市环保工程落实,制订改善环境质量年度工作方案。截至2014年底,太原市拔掉黑烟囱共600余根,拆除小火炉12000多台,强制报废黄标车、老旧车16.3万多辆。太原市PM10浓度下降12.1%,PM2.5浓度下降11.1%。

(王　颖)

【新《环保法》宣传】 2014年,山西省环保厅联合省司法厅、省发改委、省经信委、省国资委、省中小企业局,开展“山西百县千企万民环保法制宣传活动”,推动社会化普法宣传。全省先后共组织新环保法培训班1000多场,参加培训人员达到10万人次,为新环保法实施奠定基础。 (王　颖)

【环保执法】 2014年,山西省环保厅落实环境保护执法工作。(1)在全省开展严厉打击环境污染违法犯罪“百日会战”专项行动,严厉打击环境违法犯罪行为,共发现涉嫌环境违法犯罪41件,其中立刑事案件25起、治安案件14起。(2)开展百户重点污染企业环境安全攻坚行动,对671个环境安全隐患进行整改。(3)组织开展为期一个月的全省环境保护专项检查,依法处理处罚企业726家,震慑环境违法行为。 (王　颖)

○相关链接:参见“住房和城乡建设　环境保护”类目

住房和城乡建设厅

【城乡建设目标完成】 2014年,山西省住房和城乡建设厅(简称山西省住建厅)坚持改革创新,推进各项工作,加强规划建设管理,全省城镇化率达54%,同比提高1.5个百分点,提升城镇综合承载能力;推进房地产业发展和保障性住房建设,房地产开发完成投资1403.6亿元,同比增长7.3%,新开工城镇保障性住房23.26万套,基本建成21.02万套,完成投资528.05亿元,推动建筑业发展和加强工程质量安全监管,共完成产值3103.5亿元,同比增长2.3%,实现增加值825.7亿元,同比增长6.6%,加快推进新型城镇化,提升城镇化的质量和水平;“六位一体”统筹推进重点工程,增强对经济增长的贡献度;推进乡村清洁工程和农村危房改造,改善农村环境面貌和困难家庭住房条件;全面落实“两个责任”,加强党风廉政建设。完成年初确定的目标任务,为全省经济社会发展做出贡献。

(李国红　米玉婷)

【规划编制与实施】 2014年,山西省住建厅坚持扩大覆盖面和提高编制水平同步推进,重点推进控制性详规的编制工作。市本级控规覆盖率达70%,同比提高20个百分点;县级市控规覆盖率达到30%,同比提高20个百分点。高质量编制完成山西科技创新城主体区总体规划和19项配套专项规划。在规划实施方面,严格实行市、县控制性详规和“一书两证”备案,重点对房地产开发违规变更规划和容积率进行监督检查,促进规划执行情况的逐步好转。

(李国红　米玉婷)

【城市建设管理】 2014年,山西省住建厅贯彻落实国务院《关于加强城市基础设施建设的意见》和国务院办公厅《关于加强城市地下管线建设管理的意见》,制定实施山西省《实施意见》,加大城市市政基础设施建设力度,新建和改造城市道路930千米、水气热等各类市政管网4406千米,新增集中供热面积6970万平方米,改造提标17座城镇污水处理厂,建成14座生活垃圾无害化处理设施,新增绿化面积2180万平方米,完成市政基础设施建设投资435亿元,同比增长4.9%。加强小城镇建设,479个建制镇共完成市政基础设施建设投资39.3亿元,小城镇基础设施水平进一步提升。

全省城市(含县城)人均道路面积达13.25平方米,同比提高0.07平方米;供水普及率达97.4%,同比提高0.03%;燃气普及率达86.2%,同比提高0.08%;集中供热普及率达84.5%,同比提高1.5%;生活污水处理率达86%,同比提高0.15%;生活垃圾处理率达74.5%,同比提高7.36%;建成区绿化覆盖率达39.3%,同比提高0.95%;绿地率达32.8%,同比提高0.53%;人均公园绿地面积达11.2平方米,同比提高0.5平方米。洪洞、阳城、左权、昔阳、沁源5个县申报国家园林县城,临汾、运城等13个市县被省政府命名为省级园林城市(县城),全省国家级园林城市(县城)达20个、省级达26个。汾阳市贾家庄镇被命名为国家园林城镇,乡宁县管头镇等8个镇被命名为山西省园林城镇。(李国红　米玉婷)

○相关链接:参见“住房和城乡建设　环境保护”类目

交通运输厅

【交通运输基础设施建设】 2014年,山西省交通运输系统坚持“六个并重”,抓好“九个着力”,完成省委、省政府下达的各项工作任务。省委、省政府多次召开会议研究交通运输有关工作。省政府先后安排专项资金40多亿元,支持集中连片特困地区国省干线公路建设、高速公路隧道安全设施改造、经营性公路撤站、交通企业重组改革等工作,为交通运输科学发展提供保证。

2014年,山西省交通运输厅开展“项目见效年”活动,优化投资结构,加强项目管理,全年完成投资257亿元,完成计划的122.4%。其中,普通干线公路和农村公路完成97.9亿元,占总投资的38%,比2013年提高15%;市县政府和社会投资63.86亿元,占24.8%,提高18.3%。全省新增公路通车里程1002千米,总里程突破14万千米,公路密度达到89.85千米/百平方千米。(1)高速公路建设。完成投资156.4亿元,新增山阴至平鲁、朔州环城西南段等12个通车运营项目732千米,全省高速公路运营总里程达到4821千米;吕梁环城、临县至离石2个项目111千米完成交工验收,即将通车运营;运城解州至陌南、五台山至盂县等8个续建项目614千米工程建设进展顺利,长治至邯郸拓宽改造工程等4个项目87.5千米开工建设。(2)国省干线公路建设。完成投资47.4亿元，实施路网改造工程66项1228千米，完工722千米。集中连片特困地区干线公路路面改造工程完成528千米，董榆线和顺至省界一级公路、长治至平顺二级公路等一批重要干线公路新改建工程竣工通车。(3)农村公路建设。完成投资50.5亿元，实施新改建工程4318千米，完工2894千米。集中连片特困地区县乡公路改造工程完成39个项目636千米，武乡县北社—王家峪—砖壁旅游公路等一批重点项目竣工；晋中、长治、运城3市村通公路完善提质试点工程开工540千米，完工450千米。大同市集中连片特困地区农村公路建设进展较快，晋中市在全省率先启动自然村通水泥(油)路工程，吕梁市提出并实施4年3000千米文明路创建计划。(4)运输站场等建设。完成投资2.61亿元，晋中客运总站、高平客运站等5个一级站建成投入使用，大同客运东站、阳泉客运南站等5个枢纽站开工建设，凤凰渡等30个渡口码头改造完成。山西交通职业技术学院新校区主体工程完工。（师国梁）

【李小鹏、高建民等慰问一线干部职工】 2014年1月28日上午，中共山西省委副书记、省长李小鹏，省委常委、常务副省长高建民等领导到太原汽车客运西站检查指导道路春运工作并慰问干部职工。省交通运输厅党组书记、厅长李正印陪同。李小鹏等领导在太原汽车客运西站听取客流变化、运力组织以及安全检查、站场服务等情况的介绍，察看太原汽车客运西站站前广场秩序、站容站貌、车容车貌、旅客购票和候车服务等内容，重点检查行包安全检查、车辆安全例检等环节。李小鹏向加班加点服务春运的一线干部职工表示感谢和慰问，希望同志们继续发扬舍小家、顾大家的精神，全心全意服务旅客，让旅客感受到家的温暖。他强调，全省交通战线的干部职工，要强化宗旨意识、奉献精神，增强责任感和使命感，做好春运各项工作，确保旅客安全便捷舒适回家、重要物资安全有序运输、人民群众欢乐祥和平安过节。李小鹏还请李正印转达省委、省政府对春运期间坚守在一线工作岗位上的全省交通运输系统广大干部职工的节日慰问。（师国梁）

【袁纯清视察宝马太原培训基地】 2014年4月9日上午，中共山西省委书记、省人大常委会主任袁纯清视察位于山西交通职业技术学院新校区的宝马中国培训学院太原培训基地。副省长张复明一同视察。袁纯清在听取学院关于新校区建设情况的简要汇报后，观摩两名学院教师的现场教学课，详细询问宝马项目的教学特点和学生就业签约情况，并与现场的老师和学生进行讨论与交流。在山西省高校新校区工作座谈会上，袁纯清对山西交通职业技术学院与名企联手合作办学、共建实训基地的做法与成果给予充分肯定。省交通运输厅党组书记、厅长李正印，厅党组成员、厅总工程师郜玉兰陪同调研。（师国梁）

【袁纯清到原神高速工地调研】 2014年5月20日，中共山西省委书记、省人大常委会主任袁纯清等省领导到原神高速公路建设工地调研，要求进一步加大基础设施特别是交通基础设施建设和管理力度，既为保增长、惠民生提供支撑，又为进一步调结构、促转型奠定良好基础。他希望交通系统广大干部职工要发扬能打硬仗的作风，积极进取，奋力拼搏，向全省人民交出满意答卷。省交通运输厅党组书记、厅长李正印，厅党组成员、厅总工程师郜玉兰陪同调研。（师国梁）

【李小鹏突查晋济高速岩后隧道抢险工程】 2014年8月6日下午，在晋城市调研期间，中共山西省委副书记、省长李小鹏突击检查晋济高速公路岩后隧道抢险工程施工情况，并听取事故发生和工程施工情况汇报，详细查看工程进展和安全生产情况，仔细询问新增加的消防和监控设施。要求牢记“3·1”特别重大事故血的教训，排查消除一切安全隐患，加强高速公路特别是隧道管理，加强危化品运输管理，坚决杜绝重特大事故发生，减少一般性事故，保证人民群众生命财产安全。他强调要在确保安全和质量前提下，抓好岩后隧道抢险工程施工，确保晋济高速公路尽早恢复通车。（师国梁）

【交通运输先进迭出】 2014年，省交通运输系统广大干部加班加点，不计报酬。厅直各单位服从大局、认真履责，基层一线职工风餐露宿、默默奉献。涌现出一批以全国交通青年科技英才省交通科研院张晓燕、申俊敏，中国好人榜先进人物太旧高速公路公司米小斌、感动交通年度人物太原公交集团公司安建香、十年如一日帮扶孤儿兄妹成长的长治公路分局王建新为代表的先进典型；涌现出一批以省交通设计院宿静、太原高速公路公司韩建巍、省公路局路桥一公司张智聪、忻州高速公路公司雁门关隧道管理站郭宏伟为代表的优秀共产党员。（师国梁）

○相关链接：参见“交通运输”类目

水利厅

【水利工作全面开展】 2014年，山西省水利厅围绕全省水利中心工作，狠抓水利系统基层建设，推进各项水利相关工作完成落实。年内，山西省水利厅及各级水利部门开展和完成水利法律法规修订工作，落实河湖专项执法检查活动，查处各类河湖违法案件；实行水资源管理制度，配合水利部完成水资源管理制度考核工作与试点评估工作；开展晋祠泉复流工程等水生态系统保护与修复工程，完善地下水管理和保护配套制度；开展建设项目水资源论证和泉域水资源影响评价，严格取水许可证发放工作，推进水权制度试点改革，国家级水资源监控体系及审计财政资金工程建设任务基本完成；编制水利规划并落实，开展水利工程建设前期工作；推进水利基本建设，开展水库安全和中小河流治理工作，开展农村灌溉、农业节水工程建设，推进"工程产权、农民水权"工作，完成水土流失治理工作，加强水土保持执法监督力度，管理维护大中小型淤地坝；进行绿色小水电评价试点与典型培育，开展农村水电增效扩容改造项目建设；组织开展水产品质量管理安全监督抽查工作，开展渔政执法检查行动；推进节水型社会建设，开展水利科技工作，较好地完成各项工作任务。2014年，山西省实际灌溉面积141.66万公顷；水土流失累计治理面积23.12万公顷；水产品总量5.01万吨，较上年增长9.4%。（王秀芳）

【水资源管理制度落实】 2014年，山西省水利厅按照《山西省加快实施最严格水资源管理制度试点方案》要求，报请省政府成立实施最严格水资源管理制度领导小组，以省政府名义印发《关于实行最严格水资源管理制度的实施意见》（晋政发〔2014〕13号）、《关于印发山西省实行最严格水资源管理制度工作方案和考核办法的通知》（晋政办发〔2014〕29号），明确从省到市的用水总量、用水效率、水功能区纳污"三条红线"指标。

配合完成水利部对山西省2013年度实行最严格水资源管理制度考核工作。5月，水利部组织对山西省2013年度实行最严格水资源管理制度自查报告进行审查，并报国务院有关部门。6月9日，水利部会同国家发改委、工业和信息化部、财政部等十部委组成实行最严格水资源管理制度考核工作组，对山西省2013年实行最严格水资源管理制度情况进行现场抽查与考核，考核结果为良好，在30个省区市中排第16位。

配合完成水利部对山西省2013年度实行最严格水资源管理制度试点中期评估工作。8月12日，水利部组织有关部门对山西省加快实施最严格水资源管理制度试点工作进行现场评估。评估组认为：山西省最严格水资源管理制度的框架体系基本确立，试点工作达到阶段性目标。《试点方案》确定的五方面71项试点工作全部启动，完成和阶段性完成63项、完成率88.7%。（王秀芳）

【节水型社会建设】 2014年，山西省水利厅推广开展节水型社会创建活动，阳泉市通过全国节水型社会建设试点验收，晋城、侯马被授予第三批全国节水型社会建设示范区，阳泉污水处理厂、太钢集团分别被确定为全国中小学节水教育社会实践基地和节水标杆企业，全推进省重点行业节水管理和市县关井压采、地表水源置换工作。截至2014年底，全省共关闭地下水井590眼，年压采地下水15830.3万立方米，超年度目标任务5.5%；地下水水位较年初平均上升0.26米，连续4年实现止降回升；万元工业增加值用水量较上年度下降5.5%，完成年度目标任务。（王秀芳）

【水利科技】 2014年，山西省水利厅直属单位水文局完成的《无资料地区水文计算方法与应用研究》获得山西省科技进步二等奖；山西省水资源研究所承担的《汾河下游及入黄口水环境模拟与污染物总量控制研究》项目获得山西省科技进步三等奖；评选出2012年度山西水利科技优秀成果奖7项，推荐4项成果申报2014年度山西省科技进步奖。省禹门口管理局承担的《预应力钢筒混凝土顶管技术研究》和山西省汾河水库管理承担的《面向大水网汾河水库综合自动化系统开发研究》项目通过山西省科技厅鉴定，均达到国际先进水平。（王秀芳）

○相关链接：参见"农业经济"类目

农业厅

【山西粮食生产五年连高】 2014年，山西省粮食种植面积达328.64万公顷，比上年增加0.37%；总产量133.08亿公斤，比上年增加1.37%；单产269.96公斤/亩，比上年增加1.0%，全省粮食总产和单产均创历史新高，实现连续五年增长。（武少东）

【设施蔬菜发展】 2014年，山西省蔬菜播种面积达44.73万公顷、总产量2227万吨、总产值392亿元，较上年增幅分别为1.6%、6%和3.1%。农民人均蔬菜收入达1067元，比上年新增加67元。新增设施蔬菜1.73万公顷，面积达12.98万公顷，产量875万吨。冬春蔬菜自给率由上年的50%提高5个百分点，达55%。2014年，山西省创建部级蔬菜标准园12个，省级蔬菜标准园50个。截至2014年底，山西省共创建部、省级蔬菜标准园220个，其中部级蔬菜标准园60个，省级蔬菜标准园160个，超额完成"设施蔬菜百万棚行动计划"中规划的"十二五"期间创建200个部、省级蔬菜标准园的目标任务。蔬菜集约化育苗技术推广应用取得较大成效，全省设施蔬菜集约化育苗供苗率由上年的35%提高到50%左右。（武少东）

【高产创建工程建设】 2014年，山西省共建设万亩和千亩粮食高产创建示范片305个。其中利用中央资金，在全省79个县建设245个粮棉油高产创建万亩示范片；省财政安排资金，建设5000亩片、万亩片60个。2014年，高产创建工程建设取得积极成效，粮食增产2亿公斤以上，农民增收超过4亿元。山西省推进整县、整乡整建制推进高产创建试点建设。在定襄县、闻喜县开展整县试点，在大同县等13个县区开展整乡（镇）试点，增产效果显著。（武少东）

【种业体制改革】 2014年4月，山西省政府办公厅印发《山西省现代农作物种业发展规划》，对全省现代种业发展工作做出全面部署。按照国务院种业科研体制改革要求，坚持市场化引领原则，与省农科院研究沟通，召开科研教学单位种业体制改革工作推进会，宣传贯彻有关政策，研究工作措施，推进科研教学单位种子企业"事企脱钩"工作。2014年，强盛种业、三联种业完成与农科院的"事企脱钩"。强化企业主体地位。推进种业人才、资源、技术向企业流动，加快构建商业化育种体系，增强企业种业创新能力,做大做强种子企业,全省种业的规模、档次和市场集中度进一步提高,市场竞争力增强。全省注册资本3000万元以上的种子企业达15家,其中,诚信种业、强盛种业、潞玉种业3家种子企业取得农业部"育繁推一体化"亿元种子经营许可证,全部入围中国种业信用骨干企业。全省建立科研机构的种子企业中有13家,其中5家为独立法人科研机构,企业自主选育品种在省级品种审定中所占比例提高到33%。 (武少东)

○相关链接:参见"农业经济"类目

林业厅

【森林资源保护】 2014年,山西省林业厅开展森林资源专项检查,重点查处新建山西中南部铁路和太钢集团非法占用林地案件。2014年共审核审批占地项目188起,其中,永久性占用林地144起,临时占用林地42起,收缴森林植被恢复费7529万元。提升林业灾害防控水平,开展农林交错区秸秆杂草清除工作,清除可燃物60.84万公顷。全省发生火情84起,同比下降60.75%;森林火灾受害率0.058‰,查处火灾肇事者8人,追究行政负责人47人,全年没有发生重特大森林火灾和重大人员伤亡事故。落实国办发26号文件精神,初步形成《关于进一步加强林业有害生物防治工作的意见》,山西省林业厅组织修订《山西省林业有害生物灾害应急预案》,实施防治面积10.8万公顷,成灾率控制在0.87‰,低于4.5‰的控制目标,无公害防治率达94.3%。保护野生动植物资源。组织开展陆生野生动物资源调查和第二次全国重点保护野生植物调查,完成原麝、斑羚、褐马鸡、林蛙四个陆生野生物种以及临汾、长治、晋中3市和太行、太岳、吕梁3局的重点保护野生植物调查。全年查处森林和野生动物案件3983起,其中刑事案件68起、行政案件3915起,查处违法犯罪人员6039人次,为国家挽回经济损失3500余万元。组织开展"严厉打击非法盗挖大树古树"专项行动。配合国家林业局侦破"9·28"非法收购、运输、出售国家重点保护野生动物制品案。 (冀瑞平)

【林业改革创新】 2014年,山西省深化集体林权制度改革,60个县被列入国家林业局"全国重点县级林权管理服务中心"建设规划,全省组建合作社2437个,21个合作社成为国家级示范社。山西省林业厅出台《关于促进农民林业专业合作社规范化建设意见》。启动森林保险工作,全省生态公益林投保面积达361.4万公顷,保险金额325.28亿元。推进国有林场改革,形成《国有林场改革方案》,并以省政府名义提请国家发改委、国家林业局将山西列入国有林场改革试点省,国有林场改革列入山西省转型综改项目。深化购买式、开发式、合作式造林新机制,出台《关于进一步规范和改进省直国有林局合作造林的意见》,初步形成《关于积极稳妥推进购买式造林促进造林绿化提质增效的实施意见》。太原市、阳泉市、晋城市和五台、黑茶、吕梁林局探索实践,形成购买式、开发式、合作式造林的新机制、新典型、新经验。 (冀瑞平)

【造林绿化】 2014年,山西省林业厅推进林业六大工程,2014年完成营造林30.8万公顷(人工造林完成23.6万公顷,封山育林完成7.2万公顷),占年度任务的102.7%。其中,"两山"造林工程完成18.06万公顷,"两网"绿化工程完成1.46万公顷,"两林"富民工程完成6.62万公顷,"两区"增绿工程完成2.31万公顷,"双百"精品工程完成2.32万公顷。 (冀瑞平)

○相关链接:参见"农业经济"类目

商务厅

【商务数字】 2014年,山西省实现社会消费品零售总额5549.9亿元,同比增长11.3%。其中,城镇实现社会消费品零售总额4600.8亿元,同比增长11.2%;乡村实现社会消费品零售总额949.1亿元,同比增长11.7%。

2014年,全省进出口完成162.49亿美元,同比增长2.9%。其中,出口89.42亿美元,同比增长11.8%;进口73.06亿美元,同比下降6.3%。机电产品进出口占比达49%,高新技术产品进出口占比达34.6%,分别比上年同期提高6.1和8.3个百分点。

2014年,全省共签约招商引资项目2064个,总投资额2.47万亿元,实际到位资金6903亿元,其中省外资金3648.1亿元。全省新批外商投资企业50家,同比增长4.17%,实际利用外资29.52亿美元,同比增长5.17%。

2014年,全省对外投资额约18776万美元,同比下降65%;对外承包工程新签合同额约34586万美元,同比增长46.6%;完成营业额约73542万美元,同比下降3.9%;截至12月底,在外各类劳务人员数量4232人。投资主要分布在美国、韩国、哈萨克斯坦、新加坡等国家和中国香港地区,涉及采矿、建筑、批发零售、制造、农业等领域。

2014年,全省25个开发区实现地区生产总值1655.84亿元,同比增长6.7%;工业增加值1195.65亿元,同比增长6.8%;实现财政收入210.5亿元,同比增长16.4%;税收收入192.07亿元,同比增长19.4%;开发区企业主营业务收入5924.69亿元,同比增长9.1%;企业利润总额353.97亿元,同比增长10.4%;固定资产投资(不含农户)1117.3亿元,同比增长16.4%。 (周建东)

【电子商务发展】 2014年,山西省商务厅联合十部门出台《山西省关于加快电子商务发展的指导意见》。平台建设取得突破,贡天下特产网成为全国最大的土特产商城,龙颠商城跻身全国最大的观赏鱼交易平台。推动实体经济与电子商务深度融合发展,唐久与京东合作的便利店O2O模式在全国起到示范作用,美特好与1号店的战略合作加快传统企业触网转型。突出电商集聚效应,太原高新区电商产业园入园企业达47个,侯马电子商务示范基地网络零售额突破亿元。健全电商支撑体系,推动太原市城市共同配送建设,“一网两平台”上线运行,实现六城区和近郊配送全覆盖,直接投资1.3亿元,撬动社会投资10亿元,新增社会配送网点10000余家,城区统一配送连锁店达1000家,乡镇协同配送农家店达13000家。

(周建东)

【现代流通网络建设】 2014年,山西省商务厅支持建设改造22个农村物流配送中心,培育一批乡镇商贸中心,推广网络虚拟店与实体店融合发展,推动电子商务与农家店结合,完善农家店信息服务功能。推进“15分钟便民商圈”建设,解决便民商圈建设纳入生活服务网络体系,支持全省36个“15分钟便民商圈”进行升级改造。认定大同、晋中和阳泉市3条省级特色商业街。推动大晋中农产品现代流通综合示范区建设,获得商务部跨区域农产品流通基础设施建设试点,打造60条农产品流通链条,带动社会投资40亿元。

(周建东)

【商贸服务业发展】 2014年,山西省商务厅推进家政服务标准化建设,正式推行《家庭餐饮制作服务规范》《家庭母婴护理服务规范》等4项地方性标准。引导和鼓励管理规范、运作良好、示范性强的龙头家政服务企业进入社区,带动社区综合生活服务中心建设。鼓励餐饮业向大众化转型,出台加快发展大众餐饮的实施意见,引导和促进餐饮行业健康发展。推进放心早餐工程建设,有效解决山西省主要中心城市居民的放心早餐问题。

(周建东)

○相关链接:参见“商业贸易”类目

文化厅

【艺术事业发展】 2014年,山西省文化厅以“中国梦”为主题组织文艺创作活动。新创作《晋善晋美中国梦》《村官段爱平》《托起太阳的人》《守护夕阳》等作品。与文化部艺术司、中国美术协会启动“中国梦·太行魂”——纪念抗日战争胜利70周年国画名家画太行活动,40余位画家来山西省写生采风。组织优秀艺术作品参加第三届中国豫剧节、第十一届全国声乐比赛、第十二届全国美术作品展、第七届中国京剧节等;开展“庆祝新中国成立65周年山西省优秀新创剧(节)目展演”,演出15个剧目、30余场次;完成第十四届“杏花奖”评选。深化国有文艺院团改革,会同省委宣传部等九部门出台《关于支持转企改制国有文艺院团改革发展的实施意见》。

(陈燕萍)

【文化交流活动】 2014年,山西省文化厅开展对外文化交流16批、486人次,提升山西文化影响力。承办由文化部、山西省政府主办的“情系三晋——两岸文化联谊行”活动,来自台湾地区各界98人,先后赴6市20多个文物文化单位参访,举办三晋文化发展研讨会、两岸文化联谊座谈会、两岸书法家交流笔会等深度交流活动,成为近年来山西省规模最大、规格最高的对台文化交流活动。配合省外办完成接待柬埔寨国王西哈莫尼以及泰国国家旅游局顾问、墨西哥普埃布拉州文化艺术厅厅长、匈牙利索尔诺克州代表团来访任务。华晋舞剧团参加中法文化年开闭幕式和哈萨克斯坦“中国文化日”演出,山西歌舞剧院赴斯里兰卡参加“欢乐春节”演出。加强与周边省份合作,与陕西省文化厅、河南省文化厅签署《晋陕豫黄河金三角区域文化发展战略联盟合作框架协议》。推进文化援疆,会同省工美集团举办“山西艺术精品新疆行”和“晋善晋美——山西非物质文化遗产精品展”活动,华夏之根艺术团说唱剧《解放》在昌吉州、五家渠市演出8场。舞剧《粉墨春秋》片段参加APEC欢迎晚会和首都新年戏曲晚会演出。

(陈燕萍)

【非物质文化遗产保护】 2014年,山西省发挥国家级保护区示范带动作用,弘扬优秀传统文化,提升非遗传承与保护水平。文化厅召开“晋中文化生态保护实验区”建设领导组会议。出台《关于深入推进“晋中文化生态保护实验区”建设的意见》《关于规范“晋中文化生态保护实验区”非物质文化遗产保护利用设施建设与管理的指导意见》《山西省非物质文化遗产项目保存工作规范和技术标准(试行本)》。制定“乡村文化记忆工程”实施方案,探索对乡村历史脉络、文化烙印、发展轨迹、传统街区和乡风民俗等文化文脉进行原生态保护。实施古戏本版权再造工程。参

晋剧《廉吏于成龙》在全省各地演出 (山西画报社供图)

山西省文化厅戏到古城 （山西画报社供图）

加中国非物质文化遗产年俗文化展示周、第十届中国（深圳）国际文化产业博览交易会非遗展和第三届中国非物质文化遗产博览会。完成第四批国家级非物质文化遗产代表性项目名录申报，山西省有国家非遗名录项目116项、保护单位168个，居全国第三。 （陈燕萍）

【文化人才队伍培养】 2014年，山西省加强文化人才培养和储备。山西艺术职业学院和山西戏剧职业学院通过省教育厅高职高专人才培养工作评估。年内山西省文化厅与文化部、中央文化管理干部学院联合举办县级文化局长专题研修班，在武汉大学举办文化体制改革与文化经济发展培训班，与北京舞蹈学院举办高级舞蹈编导研修班，与中国戏曲学院举办高级舞台灯光设计研修班，参加全国剧院经营管理人才培训，开展人力资源管理干部乡镇文化站长培训。开展“三区”人才支持计划，给贫困地区、革命老区和边疆地区选派848名优秀人才，为新疆维吾尔自治区五家渠市培养锻炼10名文化工作者。完成《创新文化改革发展体制机制研究报告》《山西省公共文化服务体系建设调研报告》和《“晋中文化生态保护实验区”支撑体系构建研究报告》。立项国家级艺术科学课题3项。山西戏剧职业学院与中国戏曲学院合办的首个晋剧本科班顺利毕业，在北京梅兰芳大剧院和山西大剧院进行汇报演出获得成功。举办第九届艺术院校教学剧目汇报演出。在全国第十八届少儿戏曲“小梅花”、第二届青少年戏曲比赛、艺术院校职业技能大赛和原生态民歌大赛中获得优异成绩。 （陈燕萍）

○相关链接：参见“文化”类目

卫生和计划生育委员会

【卫生计生融合发展】 2014年，山西省级卫生计生机构改革顺利完成，卫生计生事业融合发展迈出新步伐，“1+1>2”的整合效应初步显现，广大群众从改革中得到更多实惠。

2014年，山西省卫生计生系统完成各项工作任务，全省加强医疗责任保险、医疗卫生对口援疆、太原市建立村医进退流转机制、长治市计生特殊困难家庭扶助等8项工作在全国会议交流经验，县级公立医院改革、“平安医院”建设、医疗援外等10余项工作受到上级肯定，卫生计生综合监督十项指标位居全国第一。国务院副总理刘延东视察山西省援助的新疆兵团六师医院，对山西省卫生援疆工作给予肯定。探索建立乡村医生进退流转机制，全国人大常委会副委员长陈竺对山西省的工作进行专题调研。《健康报》《中国人口报》《山西日报》分别对山西省推进优质医疗资源下沉和卫生计生资源整合进行专题报道，《健康报》头版头条报道

2014年2月21日，中共山西省委常委、省委政法委书记王建明（左二）就“平安医院”建设到山西大医院调研 （刘 翔供图）

2014年12月10日,省政协副主席、省卫生计生委主任卫小春就冬季传染病防控工作在大同市进行实地调研 (刘 翔供图)

临猗县支付方式改革。全省卫生计生系统涌现出一大批先进典型,省心血管病医院、芮城县人口计生服务中心被评选为"全国优秀卫生计生机构",和顺县城区社区管委会计生办主任王瑞彦被评为"全国优秀卫生计生工作者",清徐县人民医院院长康文娟入选"全国卫生计生系统十大新闻人物";省针灸研究所原所长吕景山成为山西省首位"国医大师"并入选"山西十大新闻人物",省人民医院护士聂晶晶、长治市屯留县村医李栓州入选2014年"感动山西十大人物"。 (刘 翔)

【医风行风建设】 2014年,山西省卫生计生系统抓党风廉政和政风行风建设,净化卫生计生服务环境。按照"六权治本"要求,启动实施高值耗材、医疗设备、检验试剂阳光采购,建立医药购销领域商业贿赂不良记录制度;制定出台管理办法,规范医院基本建设项目和货款支付结算管理,加强内部审计;严格执行医疗卫生行风建设"九不准",组织开展专项督查和专项整治,查处一批收受红包、违规收取押金、私自推销药品案件,取消4所医院新农合定点资格;监督检查公共场所和医疗卫生机构6.88万户次,累计查办案件3.04万件。强化政府监管,纳入评价监测范围的42所三级医院中,20所出院患者平均医药费用较上年度下降或持平,35所出院患者平均住院日下降,医药费用过快上涨的势头得到初步遏制;加大简政放权力度,取消、下放、整合职能20项。深化"平安医院"创建活动,80%以上二级公立医疗机构参加医疗责任保险,医患纠纷人民调解成功率达90%以上,全省未发生社会影响较大的涉医、伤医事件。 (刘 翔)

○相关链接:参见"卫生、体育""社会生活"类目

审计厅

【全面审计】 2014年,山西省各级审计机关共审计和审计调查单位4584个,提交审计报告和信息7213篇,提出审计建议9282条,查出违规金额1295亿元,促进增收节支和挽回损失214亿元,促进建立健全制度措施402项,移送案件线索702件、937人,涉及金额24.2亿元。同时,配合和协助纪检监察和司法机关查处一批腐败案件。 (宁红伟)

【跟踪审计】 2014年,山西省审计厅按照国务院要求和审计署统一部署,对全省贯彻落实中央稳增长、促改革、调结构、惠民生、防风险政策措施情况进行跟踪审计,揭示政策落实中存在的不作为、乱作为以及权力寻租、贪污腐败等问题,推动政策落实,确保政令畅通。 (宁红伟)

【防控风险】 2014年,山西省审计厅把防风险、揭隐患作为审计服务发展的攻坚点,关注财政运行风险,加强财政存量资金审计,针对财政存量资金规模大、沉淀多,地方政府债券资金使用效益较低等问题,提出盘活建议,保障经济平稳健康运行。开展对政府性债务、商业银行信贷投放、国有企业资产负债损益情况的审计,揭示财政、金融、企业等方面存在的薄弱环节和风险隐患,为各级政府及有关部门加强管理、防控风险发挥作用。 (宁红伟)

【审计创新】 2014年,山西省审计厅推进审计组织方式、技术方法、资源整合机制创新。(1)创新组织方式。在全省统一组织的教育、卫生、公安、土地、扶贫等项目审计中,采取上审下、同级审、交叉审、统一编组等审计方式,工作效率大幅提升。(2)创新技术方法。推广"总体分析、系统研究、发现疑点、分析核实"的数字化审计方式,加大数据归集的强度和宽度,加强数据分析的深度和准度,精准审计,定向发力,审计能力明显提高。(3)深度整合资源。加强审计项目的统筹整合,强化不同专业的横向融合,打破分工界限,按照审计组人员专业能力和知识结构统一组织、上下联动、整体作战,增强全省"一盘棋"的管理理念。 (宁红伟)

○相关链接:参见"经济管理与监督"类目

煤炭工业厅

【煤炭行业改革推进】 2014年,面对严峻复杂形势和经济下行压力,山西省煤炭行业推进煤炭管理体制改革,强化煤矿安全生产,推进现代化矿井建设,多措并举稳定煤炭经济运

行，推进煤炭产业“六型”转变，各项工作稳中有为，转型升级稳中求进，全省煤炭经济发展、煤矿安全生产水平、现代化发展水平、煤炭转型发展方式、煤炭科技创新和人才培养、服务基层水平等方面都有新成效、新进展、新提升。（王德善）

【煤炭经济脱困运行】 2014年，山西省以深化煤炭管理体制改革为动力，应对煤炭市场运行态势，围绕“六个重点、三个重中之重、一个率先突破”改革路径，落实“煤炭20条”“煤炭17条”和“三个严格控制”措施，推进清费立税，全省取消、降低、规范涉煤收费项目24项；推进公路销售体制改革，全部取消煤焦运销9种票据，撤销各类煤焦管理站点1487个；推进煤炭管理革命，推进煤炭行业脱困工作。2014年全省煤炭产量97670.01万吨，同比增加1410.95万吨，增幅1.5%；出省销量66331.85万吨，同比增加4706.68万吨，增长7.64%；销售收入14394.67亿元，同比增加286.03亿元，增幅2.03%；实现税费923.46亿元（以上为省煤炭工业厅统计数据）。煤炭行业仍是全省经济发展和财政收入的主要力量和基础支撑。（王德善）

○相关链接：参见“工业经济”类目

山西省国有资产监督管理委员会

【国有企业经济指标】 2014年，山西省国有资产监督管理系统监管企业全年累计实现营业收入1.75万亿元，同比增长1.9%；实现利润54.7亿元，同比下降56.2%；上缴税金660.9亿元，同比下降15.3%。营业收入和利润总额分别列全国第2和23位。其中，省属企业实现营业收入1.72万亿元，同比增长2%；实现利润总额68.6亿元，同比下降41.3%；完成增加值2765.4亿元，同比增长5.7%；上缴费税金629.2亿元，同比下降14.8%；职工薪酬1053.1亿元，同比下降4.1%。营业收入、利润总额、增加值、职工薪酬四项指标分别列全国省级国资委监管企业第2、17、2、1位。2014年，省属企业有11户入围中国500强企业，其中有6户世界500强企业，6户中国百强企业；8户企业为千亿级企业，其中2户为两千亿级企业。（郎卫平）

山西省属企业大力推进“气化山西”建设（郎卫平供图）

【国有企业经济运行】 2014年，受需求疲软、成本和价格两头挤压影响，山西省属企业效益类指标继续下滑，利润总额同比下降41.2%，上缴税金同比下降14.8%。山西省国资委贯彻落实一系列稳增长政策措施，加大经济监测力度，全年召开四次省属企业经济运行分析会议，指导企业保持平稳运行。省属企业全年成本费用增幅同比收窄17个百分点，其中管理费用下降43亿元，焦煤、晋煤、阳煤、山煤等企业深挖潜力，科学组织生产运营，成本费用下降。各省属企业优化产品结构，精耕细作主业，完善营销网络，加强市场开拓，同煤、国新、水务集团利润增幅提高，国际能源、建工、中条山、经贸、山投、粮油、中小企业集团等企业利润保持正增长。能投、建工、经贸、山投、交投等企业调整业务结构，拓展高端市场，确保营业收入持续增长。（郎卫平）

○相关链接：参见“经济管理与监督”类目

中国人民政治协商会议山西省委员会

Shanxi Provincial Committee of Chinese People's Political Consultative Conference

综　述

【委员议政建言】 2014年，政协山西省委员会为促进经济转型、科学发展，选择30多个重点课题，组织专委会和30个界别的委员，深入基层、调查研究，形成一批切口小、落脚实的调研成果。委员们提出的扶持实体经济、强化科技创新和金融服务、加快民营经济发展、抓好技能培训拓宽农民增收渠道、推进采煤沉陷区治理、加强生态文明建设等建议，山西省委、省政府及职能部门高度重视、研究采纳，一些建议转化为推进改革发展、增进群众福祉的实际举措。

加强协商、咨政改革发展。政协山西省委员会发挥协商民主重要渠道作用，创新协商民主的途径和方式，组织实施政协年度协商计划，邀请省委省政府领导、职能部门负责人与界别委员、基层单位、群众代表就加快职业教育发展、深化国有企业改革、推进农村土地流转、改善农村人居环境、加强水源地保护、保障食品安全、维护职工合法权益、促进青少年健康成长、扩大对外开放等问题，进行专题协商、对口协商、界别协商和提案办理协商，取得良好成效。

抓好提案、聚智改革发展。政协山西省委员会引导委员聚焦全省经济、政治、文化、社会、生态文明建设的重大问题和界别群众关注的热点难点问题，深入调研、加强论证，提出情况翔实、内容具体、建议合理的提案；密切与承办单位的联系协作，完善省领导领办和分层督办、跟踪督办机制，提升提案办理的质量和效率。2014年，政协山西省委员会征集提案1022件，其中集体提案195件。提案中立案864件，占总数的84.54%，作为来信处理158件，占总数的15.46%。至2014年底，立案的864件全部办理回复。

民主监督、助力改革发展。政协山西省委员会围绕省委、省政府关于改进工作作风、深化行政审批制度改革、减轻企业负担等重大部署的实施情况进行民主监督，组织委员深入省直相关职能部门、市县政务审批服务中心和企业、农村开展调研视察，有针对性地提出意见建议，促进省委、省政府重要改革举措在职能部门和基层单位落实。 (周志清)

【民生服务】 2014年，政协山西省委员会强化民生服务。1.倾情汇民意。政协山西省委员会主席班子成员带头深入基层，就民生政策落实、民生事业发展听取群众意见，了解他们所思所想、所怨所盼，收集各方面的意见建议571条；引导委员走进乡村、社区、企业、学校，及时掌握和反映社情民意。2014年，收集社情民意信息7500余篇、编印《政协社情民意》61期，其中《应关注煤炭企业生产经营困难》等35篇信息引起中央和山西

山西省政协主席薛延忠作政协山西省委员会常委会工作报告　(周志清供图)

省领导重视，做出重要批示，促进相关工作的推进和问题的解决。全国政协办公厅选择山西35篇信息上报中共中央、国务院。政协机关蝉联全国政协系统信息工作先进单位。

2. 倾心解民忧。为促进农民增收，政协山西省委员会组织九三、科技、科协等界别委员，深入贫困山区传授种养加等实用技术，惠及群众5000余人；着眼丰富农村精神文化生活，组织教育、文艺界委员，深入边远山村送图书、送文艺演出，惠及群众6000余人；针对贫困地区医疗资源匮乏的实际，组织医药卫生界委员开展义诊和专业培训，惠及群众近3000人；立足促进社会和谐，组织委员中的法律工作者深入学校、厂矿、农村，开展普法宣传、提供法律咨询近1万人次，引导群众增强法治观念，自觉遵法、用法、守法。

3. 倾力促民和。政协山西省委员会广泛宣传党的民族宗教政策，主动走访民族宗教界代表人士，深入了解少数民族聚居村群众生产生活情况，及时反映并促进相关问题解决，维护民族团结、宗教和睦；加强与新经济组织、新社会组织等阶层代表人士的沟通联系，做好政策宣传、释疑解惑、理顺情绪等工作，促进社会各阶层关系和谐；征编出版山西抗日英烈史料，以伟大的抗战精神激扬正气、凝聚民心。（周志清）

重要会议

【省政协十一届二次全体委员会议】 2014年1月17至21日，山西省政协十一届二次全体委员会议在太原举行。副主席李雁红主持开幕会议。与会委员听取《省政协常委会工作报告》《省政协提案工作情况报告》；列席省十二届人大第二次会议，听取《政府工作报告》、省高级人民法院工作报告、省人民检察院工作报告以及其他报告，围绕贯彻落实中共十八届三中全会精神和省委省政府决策部署、推进全省各项事业发展建言献策，提交发言材料133篇、提案886件，反映社情民意信息148篇。14位委员作大会发言。袁纯清、李小鹏等省领导分别听取大会发言、参加联组会议和小组讨论，听取委员意见和建议。会议讨论并赞同省长李小鹏所作的政府工作报告，讨论并赞同省高级人民法院工作报告、省人民检察院工作报告以及其他报告。会议通过省政协十一届二次会议政治决议、关于常委会工作报告的决议、关于省政协十一届二次会议提案审查情况的报告。补选李理、高键、霍转业3人为常务委员。主席薛延忠主持闭幕会议并讲话。（周志清）

【省政协十一届常委会议】 2014年，山西省政协第十一届常务委员会会议共召开六次，即第五次至十二次。

第五次常委会议。1月15至16日，山西省政协十一届第五次常委会议在太原举行。薛延忠出席会议并讲话，山西省委、省政府领导及有关部门负责同志应邀出席。副主席李雁红主持会议，各位副主席及秘书长出席。与会常委围绕政府工作报告（征求意见稿）、省高级人民法院工作报告（征求意见稿）、省人民检察院工作报告（征求意见稿）等进行协商讨论；审议通过省政协常委会工作报告（讨论稿）、提案工作报告（讨论稿）和省政协十一届二次会议议程（草案），决定提交省政协十一届二次会议审议。秘书长阎根生通报小组讨论情况。会议通过省政协十一届二次会议日程和有关人事事项，通过关于接受马天荣、李俊明请辞政协第十一届山西省委员会委员、常委的决定；审议通过政协第十一届山西省委员会委员增补名单，增补李理、高键、柴树彬、崔联会、霍转业5人为十一届省政协委员；审议通过政协第十一届山西省委员会常务委员会关于刘致远等职务任免的决定，决定：刘致远任省政协经济委员会主任，贾坚毅任省政协教科文卫体委员会副主任，郝本廉任省政协文史和学习委员会副主任，李全贵、王建国任省政协民族和宗教委员会副主任；免去吴潭龙的省政协农村委员会副主任职务、王建国的省政协教科文卫体委员会副主任职务、白晓军的省政协民族和宗教委员会副主任职务。

第六次常委会议。2014年1月18日、21日，山西省政协十一届第六次常委会议分别举行。薛延忠主持会议，各副主席及秘书长出席。会议通过选举办法、监票人和总监票人名单，通过候选人名单，决定提请省政协十一届二次会议第三次全体会议

2014年1月17日至21日，山西省政协十一届二次会议在太原举行

（周志清供图）

2014 年 1 月 15 日，省政协十一届五次常委会议在太原举行　　（周志清供图）

进行选举；通过政协第十一届山西省委员会第二次会议关于常务委员会工作报告的决议（草案）、政协第十一届山西省委员会第二次会议政治决议（草案）、政协第十一届山西省委员会提案委员会关于省政协十一届二次会议提案审查情况的报告（草案），决定提请省政协十一届二次会议闭幕大会进行表决。

第七次常委会议。2014 年 1 月 21 日，山西省政协十一届第七次常委会议在太原举行。薛延忠主持会议并讲话，各副主席、秘书长及常委会组成人员出席。会议讨论通过省政协常委会 2014 年工作要点。

第八次常委会议。2014 年 5 月 28 至 29 日，山西省政协十一届第八次常委会议在太原举行，会议就加快山西省职业教育改革与发展协商议政、建言献策。薛延忠出席并讲话，副省长张复明通报山西省现代职业教育发展情况，各副主席及秘书长出席。程太生、李志强、王爱琴、张放陶、焦斌龙、李桂平等委员作大会发言。国家教育部职业教育与成人教育司副司长刘建同作《发展现代职业教育，服务经济转型升级》专题报告。会议审议通过《关于加快发展我省现代职业教育的建议》和有关人事事项，决定：高璋同志任省政协农村委员会副主任。鉴于安俊生涉嫌严重违纪，根据中共山西省委建议，依照《中国人民政治协商会议章程》第二十九条规定和《政协山西省委员会常务委员会关于授权主席会议对违纪违法政协委员及时做出处理的决定》，政协第十一届山西省委员会第十五次主席会议做出撤销安俊生政协第十一届山西省委员会常委、委员资格的决定。省政协十一届八次常委会议予以追认。

第九次常委会议。2014 年 7 月 9 日，山西省政协十一届第九次常委会议在太原举行。薛延忠主持会议并讲话，副主席李雁红、卫小春、刘滇生、王宁、朱先奇、李悦娥、张友君，秘书长阎根生等常委会组成人员出席会议。省委有关部门负责人作有关人事事项的说明。会议依照政协章程及有关规定，通过免去令政策政协第十一届山西省委员会副主席职务、撤销其山西省政协委员资格的决定；通过撤销王国瑞政协第十一届山西省委员会委员资格的决定。

第十次常委会议。2014 年 8 月 20 至 21 日，山西省政协十一届第十次常委会议在太原举行。会议就加快推进山西省国企改革协商议政、建言献策，薛延忠出席会议并讲话，副省长郭迎光，副主席李雁红、卫小春、刘滇生、王宁、朱先奇、李悦娥、张友君，秘书长阎根生及常委会组成人员出席会议。副省长郭迎光通报山西省上半年经济运行情况和国有企业改革情况；副主席李雁红作《关于加快推进我省国企改革的几点建议（讨论稿）》的说明；副主席朱先奇作有关人事事项的说明。贺天才、张贵元、杨临生、李志强、关志道、高剑生、樊三星 7 人作大会发言。会议审议通过《关于加快推进我省国企改革的几点建议》，决定任命：刘新平任省政协经济委员会副主任，杜顺义、赵志理任省政协农村委员会副主任，穆晓彤任省政协教科文卫体委员会副主任，张晓宪任省政协社会法制委员会副主任，刘卓良任省政协调研室副主任。

第十一次常委会议。2014 年 11 月 11 至 12 日，山西省政协十一届第十一次常委会议在太原举行。会议认真学习贯彻十八届四中全会精神，就科学推进农村土地流转建言献策。薛延忠出席会议并讲话，副省长郭迎光通报山西省农村土地流转情况，郑红、柴林山、赵安泽、任永清、黄卫东、张文泉 6 人作大会发言。会议审议通过《引导农村土地经营权有序流转，加快发展我省特色现代农业的建议》；表决通过关于撤销薛锦萍政协第十一届山西省委员会委员资格的决定。副主席李雁红、卫小春、刘滇生、王宁、朱先奇、李悦娥、张友君，秘书长阎根生及常委会组成人员出席会议。　　（周志清）

【省政协十一届主席会议】 2014 年，山西省政协十一届委员会主席会议共召开十一次，即第十次至第二十次。

第十次主席会议。1 月 7 日，山西省政协十一届第十次主席会议举行，研究召开省政协十一届五次常委会议和省政协十一届二次会议有关事项。薛延忠主持会议并讲话，副主席李雁红、卫小春、刘滇生、王宁、朱先奇、李悦娥、张友君，秘书长阎根生出席。会议审议通过省政协十一届五次常委会议议程（草案）、日程，决定省政协十一届五次常委会议于 1 月 15 至 16 日在太原召开；审议省政协十一届二次会议议程（草案）、日程（草案），省政协常委会工作报告（讨论稿），省政协十一届一次会议以来提案工作情况报告（讨论稿）；研究有关人事事项，决定提交省政协十一届五次常委会议审议。

第十一次主席会议。2014年1月8日，山西省政协十一届第十一次主席会议举行，研究并原则通过《关于省政协领导公务活动安排的规定》《关于加强与政协委员和各界群众联系的规定》《中国人民政治协商会议山西省委员会主席会议工作规则》《关于加强委员履职服务与管理工作的规定》等4项制度；听取省政协党的群众路线教育实践活动情况总结报告。薛延忠主持会议并讲话，副主席李雁红、卫小春、刘滇生、王宁、朱先奇、李悦娥、张友君，秘书长阎根生出席。

第十二次主席会议。2014年1月18日，山西省政协十一届第十二次主席会议举行，薛延忠主持，各副主席及秘书长出席。会议听取有关人事事项的说明，审议选举办法（草案），候选人建议名单和监票人、总监票人名单（草案），决定提交省政协十一届六次常委会议第一次全体会议审议。

第十三次主席会议。2014年1月21日，山西省政协十一届第十三次主席会议举行，研究省政协十一届二次会议有关事项。薛延忠主持会议，各位副主席及秘书长出席。会议审议选举办法（草案），候选人名单（草案），监票人、总监票人名单（草案）；审议政协第十一届山西省委员会第二次会议关于常务委员会工作报告的决议（草案），政协第十一届山西省委员会提案委员会关于省政协十一届二次会议提案审查情况的报告（草案），政协第十一届山西省委员会第二次会议政治决议（草案），决定提请省政协十一届六次常委会议第二次全体会议审议；审议2014年常委会工作要点（草案），决定提请省政协十一届七次常委会议审议。

第十四次主席会议。2014年2月13日，山西省政协十一届第十四次主席会议举行，研究确定2014年省政协常委会主要工作责任制。薛延忠主持会议并讲话，各副主席及秘书长出席。

第十五次主席会议。2014年5月13日，山西省政协十一届第十五次主席会议举行，研究召开省政协十一届八次常委会议有关事项。薛延忠主持并讲话，各位副主席及秘书长出席。会议审议通过省政协十一届八次常委会议议程（草案）和日程，决定省政协十一届八次常委会议于5月28日至29日在太原召开。会议讨论《关于加快我省现代职业教育体系建设的建议（讨论稿）》，决定提交常委会议审议。会议还审议通过2014年省领导领办督办的重点提案和有关人事事项。

第十六次主席会议。2014年7月9日，山西省政协十一届第十六次主席会议在太原举行。薛延忠主持会议，副主席李雁红、卫小春、刘滇生、王宁、朱先奇、李悦娥、张友君，秘书长阎根生出席。会议审议通过省政协十一届九次常委会议议程（草案）和日程，听取有关人事事项的说明，决定将有关人事事项提交省政协十一届九次常委会议审议。

第十七次主席会议。2014年8月12日，山西省政协十一届第十七次主席会议举行，研究召开省政协十一届十次常委会议有关事项。薛延忠主持会议并讲话，副主席李雁红、卫小春、刘滇生、王宁、朱先奇、李悦娥、张友君，秘书长阎根生出席。会议审议通过省政协十一届十次常委会议议程（草案）、日程，决定省政协十一届十次常委会议于8月20日至21日在太原召开；审议《关于加快推进我省国企改革的几点建议（讨论稿）》和有关人事事项，决定提交常委会议审议。

第十八次主席会议。2014年9月24日，山西省政协十一届第十八次主席会议举行，以主席会议形式举行重点提案办理协商会议，就食品安全重点提案办理进行专题协商。薛延忠主持会议并讲话。副省长张建欣，副主席李雁红、刘滇生、朱先奇、李悦娥、张友君，秘书长阎根生出席，提案承办单位、提案者和基层群众代表参加会议。省食品药品监督管理局、省农业厅负责人汇报食品安全重点提案办理情况。来自党派、界别的5位提案者代表以及学校、街道和食品加工企业的基层代表相继发言，与政府部门负责人互动交流。大家对政府及

2014年9月24日，省政协召开十一届十八次主席会议，以主席会议形式，就食品安全重点提案办理进行协商 （周志清供图）

职能部门办理提案的情况表示满意,对食品安全工作予以肯定,并围绕创新体制机制,完善种、养、加、销等环节的质量体系、监管体系和社会诚信体系等重点难点问题提出建议。副省长张建欣对政协重点提案办理民主协商的方式和成效表示肯定,认为是政协工作的创新,要求有关部门进一步做好政协提案办理和食品安全工作。

第十九次主席会议。2014年11月4日,山西省政协十一届第十九次主席会议举行,研究召开省政协十一届十一次常委会议有关事项。薛延忠主持会议并讲话,副主席李雁红、刘滇生、王宁、朱先奇、李悦娥,秘书长阎根生出席。会议审议通过省政协十一届十一次常委会议议程(草案)、日程,决定省政协十一届十一次常委会议于11月11日至12日在太原召开;建议会议的议题为:学习贯彻四中全会精神,围绕科学推进农村土地流转建言献策,通过有关人事事项。

第二十次主席会议。2014年12月30日,山西省政协十一届第二十次主席会议举行。薛延忠主持,副主席李雁红、卫小春、刘滇生、李悦娥、张友君,秘书长阎根生出席;各工作机构、机关有关处室负责人参加。会议决定2015年1月23日至24日举行政协第十一届山西省委员会常务委员会第十二次会议,为召开政协第十一届山西省委员会第三次会议作准备;建议政协第十一届山西省委员会第三次会议2015年1月27日在太原召开。会议审议通过关于召开政协第十一届山西省委员会第三次会议的决定(草案),政协第十一届山西省委员会常务委员会第十二次会议议程(草案)和日程,政协第十一届山西省委员会第三次会议议程(草案)和日程(草案),政协第十一届山西省委员会第三次会议各次全体会议执行主席和主持人名单,政协第十一届山西省委员会第三次会议秘书长、副秘书长名单(草案),政协第十一届山西省委员会第三次会议秘书处机构设置和职责分工以及有关人事事项。会议决定将上述有关草案提请政协第十一届山西省委员会常务委员会第十二次会议审议。 (周志清)

委员活动

【省各民主党派、工商联负责人座谈】2014年2月13日,山西省各民主党派、工商联负责人座谈会在省政协举行。薛延忠主持会议并讲话。副主席李雁红、刘滇生、王宁、朱先奇、李悦娥、张友君,秘书长阎根生出席。省民革、民盟、民建、民进、农工党、九三学社省委会和省工商联负责人围绕发展人民政协事业,更好地服务山西省全面深化改革和转型跨越、科学发展的主题,踊跃发言、各抒己见,并就加强协商民主、完善协作机制、丰富履职方式等提出意见建议。 (周志清)

【在晋全国政协委员座谈】 2014年2月21日,在晋全国政协委员座谈会在山西省政协举行。薛延忠主持座谈,副省长张复明出席。省人大常委会副主任周然,省政协副主席王宁、张友君等全国政协委员,秘书长阎根生和省直有关部门负责人参加座谈。委员们听取副省长张复明关于山西省经济社会发展情况的通报,围绕事关山西省改革发展全局的重点工作、重大事项,与省有关部门的同志深入交流,商定拟提交全国政协十二届二次会议的重点提案、集体提案选题。

(周志清)

【传达学习全国“两会”精神会议】2014年3月17日,传达学习全国“两会”精神会议在山西省政协举行。薛延忠主持并传达全国政协十二届二次会议精神,就贯彻落实“两会”精神、更好地服务全省改革发展大局作出部署。副主席李雁红传达中共中央政治局常委、国务院总理李克强所作的政府工作报告、在人大山西代表团的讲话和中共中央政治局委员、国务院副总理马凯在人大山西代表团的讲话精神,各副主席及秘书长出席。

(周志清)

【水源地保护对口协商】 2014年6月12日,水源地保护对口协商会议在山西省政协举行。薛延忠主持会议并讲话。省政协人口资源环境委员会主任管二拴等7名委员及引黄沿线部分市县代表发言。与会人员就推进黄河、汾河两大水源地保护坦诚交换意见,深入沟通协商。省发改委、财政厅、环保厅、水利厅、旅游局、省政府法制办、引黄工程管理局、万家寨水利枢纽有限公司负责人出席会议。

(周志清)

【“岗位奉献转型跨越”座谈】 2014

2014年8月5日,全省政协社情民意工作培训会议在太原举行 (周志清供图)

年6月24日，山西省政协组织部分委员举行“岗位奉献转型跨越座谈会”。副主席李雁红出席并讲话，秘书长阎根生出席。孙茂华、任衍刚、武志龙、赵伟聘、王开成、梁萍、刘正等7位委员代表结合自身实际，就投身主题活动、服务全省改革发展交流经验做法。（周志清）

2014年7月3日，山西省政协召开“维护职工合法权益”界别协商会议

（周志清供图）

【“维护职工合法权益”界别协商】2014年7月3日，“维护职工合法权益”界别协商会议在山西省政协举行。薛延忠主持会议并讲话，副省长郭迎光、副主席朱先奇、秘书长阎根生出席。副省长郭迎光介绍山西省在维护职工合法权益方面的情况，并就进一步加强和改进工作提出要求；副主席朱先奇对加强界别协商提出工作创新要求；来自省总工会、社会福利界的7名政协委员就维护农民工合法权益、加强女职工劳动保护立法、提高环卫职工待遇、加大职业病防治力度、推行工资集体协商、保障职工民主参与权等提出意见建议；省直有关部门负责人与委员围绕维护职工合法权益交换意见，沟通协商。省人大妇女儿童工作领导组、省财政厅、省人社厅、省住建厅、省卫计委、省国资委、省安监局、省中小企业局、省总工会、省妇联的负责同志参加会议。

（周志清）

【全省政协社情民意工作培训】2014年8月5日，山西省政协社情民意工作培训会议在太原举行。省政协副主席李雁红出席会议并讲话，全国政协办公厅研究室信息局副巡视员贾燕赓应邀作专题辅导报告，秘书长阎根生主持。会议通报2013年1月至2014年6月各民主党派省委会、省工商联、省政协各专委会和各市政协反映社情民意信息积分排名情况。

（周志清）

【“青少年健康成长”界别协商】2014年8月19日，“青少年健康成长”界别协商会议在山西省政协举行。薛延忠主持会议并讲话，副省长张复明，副主席李悦娥、张友君，秘书长阎根生及省教育厅、省卫计委、省文化厅、省体育局、省公安厅、省司法厅的有关负责人出席会议，与来自教育、体育、妇联、新闻出版、特邀界别的委员代表围绕“青少年健康成长”进行广泛深入的协商交流。（周志清）

【党风廉政建设和反腐败斗争专题报告会】2014年8月21日，党风廉政建设和反腐败斗争专题报告会在太原举行。薛延忠主持会议并讲话。山西省委常委、省纪委书记李兆前就“学习贯彻习近平总书记重要讲话精神、加强党风廉政建设和反腐败斗争”作专题报告，阐述党的十八大以来党中央和习近平总书记关于党风廉政建设和反腐败工作的新部署、新要求、新举措，通报2014年以来山西省党风廉政建设和反腐败斗争的有关情况及下半年重点部署。强调要坚决贯彻中央和省委的部署及要求，强化责任，扎实工作，进一步加强党风廉政建设和反腐败斗争，促进山西省转型跨越科学发展。薛延忠要求全体委员和机关干部要深入学习习近平总书记系列重要讲话精神，坚决贯彻中央和省委对反腐败工作的各项部署。党组要严格履行主体责任，进一步加强党风廉政建设和反腐败各项工作；党员干部要高标准严格要求自己，认真践行“三严三实”，坚决反对“四风”，在遵守党纪法规、改进作风、做好工作上做出表率；广大委员要增强政治意识、责任意识、法制意识，践行社会主义核心价值观，自尊自爱，自洁自律，为实现党和国家长治久安，人民幸福安康做出应有贡献。副主席李雁红、卫小春、刘滇生、朱先奇、李悦娥、张友君，秘书长阎根生和常委会组成人员、机关副处级以上干部听取报告。（周志清）

【重点提案办理协商】2014年9月24日，山西省政协以主席会议形式召开重点提案办理协商会议，会议就食品安全重点提案办理进行专题协商。薛延忠主持会议并讲话。副省长张建欣，副主席李雁红、刘滇生、朱先奇、李悦娥、张友君，秘书长阎根生出席，提案承办单位、提案者和基层群众代表参加会议。省食品药品监督管理局、省农业厅负责人汇报食品安全重点提案办理情况。来自党派、界别的5位提案者代表以及学校、街道和食品加工企业的基层代表相继发言，与政府部门负责人互动交流，并围绕创新体制机制，完善种、养、加、销等环节的质量体系、监管体系和社会诚信体系等重点难点问题提出建议。

（周志清）

【改善农村人居环境专题议政】 2014年10月15日，改善农村人居环境专题议政会在山西省政协举行。薛延忠主持会议并讲话，副省长郭迎光，副主席刘滇生、朱先奇，秘书长阎根生出席。省政协人资环委及委员代表张玉平、孙光堂、张广慧、路斗恒、贾桂梓等作大会发言。副主席朱先奇对专题调研情况作综述。副省长郭迎光回应政协组织和委员提出的建议，介绍山西省实施改善农村人居环境工作的相关情况，并就进一步科学推进工作向相关部门提出要求，做出安排。省发改委、省国土厅、省环保厅、省住建厅、省农业厅等有关部门负责人参加会议。会后形成《关于在实施改善农村人居环境工作中需进一步关注的几个问题的建议》，报山西省委、省政府。省委书记王儒林、副书记楼阳生予以批示。（周志清）

【"扩大对外开放、促进转型发展"专题议政】 2014年12月4日，"扩大对外开放、促进转型发展"专题议政会在山西省政协举行。薛延忠主持会议，副省长王一新，副主席李悦娥，秘书长阎根生，省直相关单位负责人出席。武绍忠、谢刚、张培富、李志强、王云等委员围绕发展对外文化贸易、推进招商引资、引进科技人才、深化开放体制机制等问题发表意见。副主席李悦娥综合委员调研情况，就进一步推进产业体系的培养、品牌实施、文化交流、人才战略、环境战略提出建议。（周志清）

【在晋全国政协委员赴广西考察】 2014年5月5日至11日，根据全国政协安排，全国政协委员、山西省政协主席薛延忠率同在晋全国政协委员赴广西，就北部湾经济区综合配套改革情况进行考察。广西壮族自治区党委书记、区人大常委会主任彭清华看望委员，区政协主席陈际瓦会见考察团一行并参加座谈。全国政协委员、山西省人大常委会副主任周然，全国政协委员、山西省政协副主席王宁、张友君，秘书长阎根生等参加考察。考察团一行深入南宁、崇左、防城港、北海、钦州5市19个产业园区、工商企业、港口口岸、保税区和政务服务中心等，实地考察北部湾经济区深化改革、开放开发、科学发展的成就、做法与经验，并召开座谈会，与广西有关方面负责人就深化晋桂两省区合作进行深入交流。（周志清）

【政协委员培训】 2014年5月20日至22日，山西省政协第二期委员培训班在山西省委党校举办。薛延忠出席开班式并讲话，副主席李雁红、秘书长阎根生出席。200余名省政协委员和各县、市(区)政协主席参加。培训班的主要任务是，深化习近平总书记系列讲话精神的学习贯彻，学习省委关于全面深化改革、推进山西省科学发展和现代化建设的决策部署，学习人民政协理论、方针政策，提升委员综合素质，以更好地把握工作大局，履职尽责，做好政协工作。（周志清）

【专门委员会调研与建议】 2014年，山西省政协各专门委员会组织委员分界别、分领域、分专题进行多种形的调研，形成多篇调研报告或决策建议，提供中共山西省委、省政府领导及职能厅局参考，有些已被相关部门采纳。调研建议中较有代表性的有：经济委员会《关于加快推进我省国企改革的几点建议》《关于推动山西混合所有制经济的调研报告》《关于推动我省实体经济持续健康发展的建议》《关于我省省属国有企业产权制度及法人治理结构的调研报告》《关于鼓励非公企业参与国企改革的调研报告》《关于我省金融生态环境建设的建议》《加速民营经济发展动力的建议》《关于建立中国山西民间金融中心的建议》；人口资源环境委员会《关于在实施改善农村人居环境中需进一步关注的几个问题的建议》；农村委员会《山西农民专业合作社现状与发展的调研报告》《山西省山老区采煤沉陷区农村饮水安全的调研报告》；教科文卫体委员会《关于加快发展我省现代职业教育的建议》《关于加强我省传统村落保护工作的建议》；社会法制委员会《关于推进我省社区矫正管理的几点建议》《当前青少年思想状况调查及对策建议》《山西省青年社会组织发展现状及共青团青年社会组织工作对策研究》《关于对男女同龄退休问题调研的情况汇报》《关于进一步维护职工会法权益的建议》；民族宗教委员会《关于加快推进我省少数民族聚居村经济社会发展的建议》《关于加强农村宗教事务管理的调研报告》；文史和学习委员会《关于我省抗战遗址保护利用情况的调研报告》《山西政府购买公共服务研究》《创新山西省生态红线区域保护机制研究》《传统媒体如何更好地为推进转型综改试验区建设提供舆论支持》；港澳台侨和外事委员会《关于加快发展我省对外文化贸易的调研报告》等。（周志清）

中国共产党山西省纪律检查委员会

Shanxi Provincial Committee for Discipline Inspection of Communist Party of China

综　述

【"净化政治生态"强力推进】 2014年，党中央对山西省发生的系统性、塌方式严重腐败问题进行严肃查处，对中共山西省委班子做出重大调整。山西省委深入学习贯彻习近平总书记系列重要讲话精神，坚决贯彻落实党的十八大、十八届三中、四中全会精神和十八届中央纪委第三次、四次全会精神，落实党中央关于山西工作的重要指示要求，提出"深入学习贯彻习近平总书记系列重要讲话精神，净化政治生态，实现弊革风清，重塑山西形象，促进富民强省"的目标任务，开展"学习讨论落实"活动，召开省委十届六次全会，动员组织全省广大干部群众奋发进取，开创各项工作新局面。

山西省委坚持把深入开展党风廉政建设和反腐败斗争，作为净化政治生态的关键举措，强力推进、狠抓落实。2014年9月以来，山西省委常委会11次研究党风廉政建设和反腐败工作。省委书记王儒林在全省性大会上22次提出要求，做出批示19次，就从严治党、严明纪律、改进作风、惩治腐败等方面，做出一系列部署要求。突出强调，腐败不除、正气不扬，山西就没有明天、没有未来、没有希望；落实新时期全面从严治党要求，必须认真落实管党治党主体责任和监督责任；实施"六权治本"，必须严惩滥用权力；整治吏治腐败，必须打好"三个一批"组合拳；推进"六大发展"，必须把廉洁发展放在首位；以零容忍的态度，努力形成并保持惩治腐败高压态势，把山西反腐败斗争进行到底。

中共山西省纪委常委会坚决贯彻落实党中央、中央纪委和山西省委的部署以及省委书记王儒林的具体要求，集中时间组织学习讨论，对省纪委自身存在的监督缺位等问题认真检讨，逐项认理认账认责，以实际行动认罚认改认干。强化责任担当，加快推进"转职能、转方式、转作风"，率先净化自身队伍，重塑纪检监察机关形象。召开全省纪检监察工作会议，学习贯彻十八届中央纪委第四次全会和省委十届六次全会精神。坚持以上率下，采取深入市县、约谈问责等方式，层层传导压力，强化责任，增强信心、提振精神。全省各级纪检监察机关作风和面貌为之一新，强化监督执纪问责，认真落实中央八项规定精神，坚决遏制腐败蔓延势头，推动全省党风廉政建设和反腐败斗争取得新进展。　（白俊生）

【中央八项规定落实】 2014年，山西省各级纪检监察机关在党的群众路线教育实践活动中，配合主责部门，开展26个涉及83个方面专项整治工作的监督检查。开展"纠正组织涣散纪律松弛"专项活动。查处并通报一批违反农村"两委"换届纪律的案件。紧盯重要时间节点，紧盯"四风"隐形、变异问题，对党员干部公款吃喝、公款旅游、公款送礼、公车私用、大操大办婚丧喜庆并借机敛财等问题开展监督检查。坚决查处用公款购买赠送年货节礼、用公款搞联谊宴请等8个方面突出问题。2014年，共处理违反中央八项规定精神方面的问题1635个，处理党员干部2073人，给予党纪政纪处分1551人。山西省纪委分5次对18起典型问题进行通报，上报中央纪委监察部网站90起93人，对顶风违纪的10名省管领导干部进行严肃处理，产生震慑作用。

（白俊生）

【腐败案件查处】 2014年，山西省各级纪检监察机关共受理群众信访举报91870件(次)，同比增长154.8%；初步核实处置反映问题线索13106件，同比增长32.1%；立案14328件，同比增长31.6%；结案14071件，同比增长29.3%；处分违纪党员干部15450人，同比增长30.1%，其中，处分市厅级干部45人，同比增长73.1%；处分县处级干部545人，同比增长62.2%。对中央巡视组移交的1555件信访件，办结1520件，办结率97.7%；处分党员干部928人，移送司法机关119人。

9月以后，山西省纪委转变办案理念、办案方式，提高办案质量和效率。截至2014年底，结案处理和正在立案调查的案件53起，涉及省管干部36人，其中厅级干部26人；处理党员干部28人，其中，撤职以上重处分 20 人，占比 71.4%，移送司法机关 17 人，占比 60.7%。特别是严肃查处运城市委原书记王茂设、大同市委原书记丰立祥、忻州市委原书记董洪运、省国土资源厅原厅长李建功、省煤炭厅原厅长吴永平等严重违纪违法案件。派出工作小组，对太原市“城中村”问题、吕梁市和省交通厅系列腐败问题处理开展督导，对严重违纪违法问题进行查处。省纪委负责人深入到 11 个市和有关县（市、区）实地督导，推动各地纪委加大办案力度。全省纪检监察机关立案 6725 件，占全年立案总数的 46.9%，比前 8 个月月均增长 76.9%；结案 6669 件，占全年结案总数的 47.4%，比前 8 个月月均增长 80.2%；处分 7376 人，占全年处分人数的 47.7%，比前 8 个月月均增长 82.7%，其中，受到撤职以上重处分的 1622 人，占全年受重处分人数的 57.2%，比前 8 个月月均增长 167.0%，查办案件能力明显提升。

规范办案程序，严明审查纪律。山西省纪委制定《省纪委监察厅履行立案检查及采取“两规”措施的工作程序》《市、县纪委使用“两规”措施报告及处置程序》和《省纪委机关纪律审查涉案款物管理规定》，要求各级纪检监察机关严明审查纪律，严格审查程序，确保审查安全。山西省纪委率先开展问题线索大起底，将集中于案件监督管理室的问题线索移交纪检监察室，并建立纪检监察室处置问题线索、案件监督管理室督办并监督管理的运行制约机制。规范受理举报、案件检查、案件审理等各个环节的工作流程，细化岗位责任，强化业务监督。省纪委负责人多次分头检查办案安全工作，落实办案安全责任制，严肃追究有关事故责任人的责任，保障办案安全。（白俊生）

【“两个责任”推动落实】 2014 年，新的山西省委班子在对山西省政治生态问题进行全方位、多视角反思剖析后，提出要把党风廉政建设主体责任牢牢扛在肩上，切实抓好“两个责任”的落实。山西省委出台《关于落实党风廉政建设党委主体责任的意见（试行）》和《关于落实党风廉政建设纪委监督责任的意见（试行）》，对省委和省纪委领导班子的责任、主要负责人的责任、领导班子其他成员的责任都做了具体规定，解决过去以向下提要求为主、不聚焦自身的问题。山西省委认真落实主体责任，深入研究全省反腐败斗争形势，专题研究党风廉政建设工作，及时研究处理重要复杂案件。“五人小组”会议专题听取巡视工作、干部工作等重要情况汇报，研究安排处置省管干部问题线索。省委书记王儒林带头落实“第一责任人”责任，坚持对党风廉政建设和反腐败工作的重要工作亲自部署、重大问题亲自过问、重点环节亲自协调、重要案件亲自督办；就落实主体责任、推进党风廉政建设和反腐败斗争在全省性大会多次提出要求和做出批示；逐一审阅十八大以来的四轮巡视报告，对巡视工作中存在的严重问题提出整改要求，做出批示 14 次；在深入 11 个市调研过程中，专门就落实“两个责任”亲自约谈市委书记和市长；在省委组织开展的抓基层党建工作专项述职活动中，就主体责任落实情况现场点评，为全省干部作表率。其他省委常委结合分管领域和工作，履行主体责任。山西省纪委聚焦主业，把主要工作力量汇集到监督执纪问责第一线，把精兵强将压到监督执纪问责最前沿，瞪大眼睛发现干部苗头性问题，咬咬耳朵、扯扯袖子，起到警醒、诫勉作用，使广大党员干部树立起“不越雷池半步”的戒惧之心。对 2008 年以来反映省管干部的问题线索进行大起底，集中排查、分类处置，做到情况明、数字准、家底清。山西省纪委主要负责人约谈部分市、县党政主要负责人和市纪委书记，层层传导责任和压力，推动主体责任和监督责任的落实。对履行“两个责任”不力的平定县委书记、石楼县纪委书记等 5 名领导干部严肃追究责任，产生较大的震慑作用。（白俊生）

【纪检监察机关“三转”改革】 2014 年，山西省纪委贯彻中共中央纪委对纪检工作“转职能、转方式、转作风”的改革要求，实施两轮内设机构改革，增设 5 个纪检监察室，组建组织部、宣传部、纪检监察干部监督室，执纪监督部门数量和人员数量分别占机关内设机构和编制总数的 68.4%和 65.1%。各市纪委全部完成内设机构改革，监督执纪力量大幅增加。清理议事协调机构，省纪委保留或继续参与的议事协调机构从 156 个精简到 10 个，精简幅度达 93.6%；11 个市纪委平均保留 10.7 个，精简幅度平均达 90.8%，各县（市、区）纪委平均保留 11.8 个，精简幅度平均达 85.5%。省市县三级派驻（派出）纪检组长（纪委书记）除纪检监察业务以外的分工和兼职得到清理规范，主责主业更加聚焦。

（白俊生）

【纪律检查体制改革】 2014 年，山西省纪委起草、省委印发《纪律检查体制改革工作实施方案》和《纪律检查体制改革专项小组 2014 年工作计划》。强化“两个为主”，探索查办腐败案件以上级纪委领导为主的做法，强化上级纪委对下级纪委的领导，制定《市纪委常委、监察局副局长任免职办理工作程序》等制度。（白俊生）

【纪律检查巡视】 2014 年，中共山西省委高度重视巡视工作。对照中央巡视工作要求，针对山西省巡视工作问题导向意识不强、监督重点盯得不紧、成果运用不好、震慑作用不够、方法创新不足等问题，山西省委巡视机构进行针对性地反思整改。突出问题导向，重点实施流程再造，起草《山西省委巡视工作流程（试行）》，对 49 个环节、100 多项工作进行顶层设计和规范。制定出台《省委巡视组组长库管理办法》，实现巡视组长“一次一授权”，打破“铁帽子”。制定《山西省巡视全覆盖工作方案》和《专项巡视工作流程》，明确工作任务和具体安排，力争 2016 年实现全覆盖目标。坚持常规巡视与专项巡视相结合，新组建 8 个专项巡视组，开展专项巡视，形成“双剑联动”新打法。围绕“四个着力”，突出巡视的重点对象、领域和问题。调整充实巡视工作领导小组成员，厘清巡视工作领导小组、巡视办、巡视组的各自职责，强化巡视机构和纪检监察机关、组织部门的配合。推进市委巡视联络机构建设。巡视干部直面问题差距，统一思想认识，强化责任担当，相互传导压力，2014年第二轮巡视发现问题线索1786条，比上一轮增长1.9倍；问题线索涉及省管干部、“一把手”、班子成员的人数，与十八大以来前4轮总数相比，分别增长3.3倍、3.7倍和3.7倍。（白俊生）

【纪检监察机关自身建设】2014年，山西省纪检监察机关面对自身存在问题，山西省纪委加强纪检监察干部队伍自身建设。落实“打铁还需自身硬”“信任不能代替监督”和“铁纪、铁军、铁腕”的要求，从严立规矩，从严管干部，从严带队伍。加强内部监督、业务监督和日常监督。严明“四不准”要求，强调监督执纪纪律就是政治纪律，实行干部外出报备、个人事项报告等制度。开展涉密载体大清理，组织“逐人、逐案、逐事”对照检查。对2011年换届以来干部选拔任用和选调录用情况，进行自查清理。严肃查处省监察厅原副厅长谢克敏，阳泉市纪委原书记王民，山西省文化厅纪检组原副组长、监察室原主任尹晋光，高平市纪委原书记张俊明等腐败案件。在全省通报6起典型案件。对涉案纪检监察干部进行清理和处理。约谈相关纪委书记、纪检组长，督促履行其自身建设主体责任和监督责任。开展纪检监察系统作风纪律明察暗访活动，对22名违规干部进行严肃处理，对相关责任领导进行追责。山西省共处分违纪违法纪检监察干部189人，有66人被清理出纪检监察干部队伍。其中，9月至12月底，处分106人，清理56人。推进作风建设，开展“学习讨论落实”活动，反思问题、剖析原因，变压力为动力、化被动为主动。（白俊生）

重要会议

【省纪委十届四次全体会议】2014年1月24日至25日，山西省纪委十届四次全体会议在太原召开。会议由山西省纪委常委会主持。山西省委常委、省纪委书记李兆前代表省纪委常委会作题为《创新体制机制，加大惩治力度，深入推进党风廉政建设和反腐败斗争》的工作报告。全会从5个方面研究部署2014年反腐倡廉工作任务。(1)认真学习贯彻党的十八届三中全会和中央纪委三次全会精神特别是习近平总书记重要讲话精神，以深化改革推进党风廉政建设和反腐败斗争。(2)加强纪律建设，持之以恒纠正“四风”。(3)推进查办案件工作，坚决遏制腐败蔓延。(4)强化对领导干部的监督、管理和教育，促进廉洁从政。(5)转职能、转方式、转作风，建设人民满意的纪检监察干部队伍。（白俊生）

【全省纪检监察系统电视电话会议】2014年10月10日，山西全省纪检监察系统电视电话会议在太原召开。会议传达学习习近平总书记在党的群众路线教育实践活动总结大会上的重要讲话精神、10月9日山西省委常委(扩大)会议精神和省委书记王儒林在听取省纪委工作情况汇报时的讲话要求。山西省委常委、省纪委书记黄晓薇出席会议并讲话，对山西省纪检监察系统学习贯彻落实中央和省委领导重要讲话精神，认真履行监督执纪问责责任，坚决查处腐败问题，切实加强办案安全，加强纪检监察机关自身建设、解决“灯下黑”问题、落实“三转”要求，深入推进党风廉政建设和反腐败斗争等工作作出部署。（白俊生）

【全省纪检监察工作会议】2014年12月11日，山西全省纪检监察工作会在太原召开。会议学习贯彻十八届中央纪委四次全会精神和省委十届六次全会精神，对山西省纪检监察系统抓好全会精神的贯彻落实、推进当前重点工作进行部署。山西省委常委、省纪委书记黄晓薇出席并讲话，省纪委常务副书记迟耀云主持会议。黄晓薇强调，各级纪检监察机关要认真学习贯彻省委十届六次全会精神，要与深入学习习近平总书记系列重要讲话精神结合起来，与学习贯彻十八届四中全会精神和王岐山在中央纪委四次全会上的重要讲话精神结合起来，与学习贯彻党中央对山西工作的重要指示要求结合起来，把思想统一到中央和省委重大决策部署上来。要坚持以法治思维和法治方式推动党风廉政建设和反腐败工作，加大查办案件工作力度，坚决遏制腐败蔓延势头。要抓好党风廉政建设党委主体责任和纪委监督责任的落实，严肃查处“四风”方面的突出问题，加大巡视工作力度。推进省委学习讨论落实活动安排部署的各项工作，坚守责任担当，从严管理干部，聚焦主责主业，狠抓工作落实，推动2014年各项工作任务完成。（白俊生）

○相关链接：参见“山西省人民政府”类目

民主党派和工商联

Democratic Parties and the Federation of Industry and Commerce

民革山西省委员会

【会员参政议政】 1. 参与政治协商。2014年，中国国民党革命委员会山西省委员会（以下简称民革山西省委会）参加中共山西省委、省政府、省政协和有关部门召开的党外人士协商会、座谈会、情况通报会、征求意见会共16次，就山西省深化国企转型改革、保障食品安全、休闲农业旅游、古村镇保护、净化政治生态等问题提出建议，受到有关部门高度重视，在中共山西省委、省政府的决策过程中得到采纳。主委张友君参加全国政协周协商座谈会，并就"城镇化进程中传统古村落保护"作发言。

2. 重点调研。民革山西省委会除参加民革中央、省政协和中共山西省委统战部组织的相关调研活动外，围绕中共山西省委、省政府事关全局的瓶颈问题和民生热点、难点问题进行调研，撰写提案。

2014年全省统一战线大调研活动中，民革山西省委会承接《关于加快我省旅游与文化融合发展》重点课题，调研组先后赴省旅游局、长治市壶关县等地调研，完成报告。在山西统一战线调研成果专题汇报会上作汇报，受到好评。省委会赴天津就城中村改造进行调研，形成的《关于我省城中村改造中存在的问题及对策建议》，作为集体提案向省政协十一届三次会议提交。

省委会参与省政协"服务转型综改攻坚调研年"活动，就"山西省对外文化贸易"进行专题调研，走访山西省文化厅、商务厅等单位，了解山西省在对外文化贸易方面的经验和存在的不足；赴广州、深圳学习先进经验，形成《关于发展我省对外文化贸易的调研报告》，在省政协组织的汇报会上汇报发言，部分建议被省政府《关于印发山西省推进文化创意和设计服务与相关产业融合发展的行动计划》晋政发〔2014〕29号采纳。

3. 提案社情民意。主委张友君向全国政协十二届三次会议提交《关于加快我国应急产业发展的建议》《关于我国非物质文化遗产保护与传承的建议》两件提案；副主委谢碧玲提交《关于加快电源点项目审批进度的建议》等3件提案。在全国人大十二届三次会议上，副主任辛琰提交《关于加快推动"万里茶道"经济带建设作为国家发展战略的建议》等8件建议；常委杨林花提交《关于认真落实大病医保政策，尽快实现三保合一的建议》等5件建议。

在省政协十一届三次会议上，民革山西省委会提交集体提案22件，立案21件；民革界别的省政协委员提交个人提案96件，立案87件；副主委张湘君作《建立阳光型政府必须把权力关进笼子》大会发言。在省十二届人大四次会议上，民革党员中的省人大代表提交建议25件。2014年，省委会向民革中央、省政协、省委统战部报送社情民意信息153篇。

（王明德）

【理论宣传】 2014年，民革山西省委会以"认真学习理论，凝聚思想共识"为主题，开展坚持和发展中国特色社会主义实践活动。邀请中共山西省委党校副教授王建军作《坚定中国特色社会主义"三个自信"》辅导讲座。省委会组织党员赴广东、广西、安徽等省开展"观故居，走多党合作之路"活动。省委会班子成员带头撰写心得体会和理论文章，其中，张友君撰写的《望山看水记乡愁》《保护传统村落 载住你我乡愁》《城镇化进程中的传统村落保护》分别在《中国经济社会论坛》《团结》《山西日报》发表。《山西民革》将理论研究作为常设专栏，每期推出一至两篇理论文章，向民革中央宣传部报送理论文章9篇。组织党员赴武乡八路军纪念馆参观学习，重温红色记忆，坚定政治信念。开展"坚持和发展中国特色社会主义·亲历者赞"诗歌、诗词、书画、摄影作品征集活动，报送民革中央86篇（幅）作品。各市委会、省直属总支、支部创新活动方式，丰富活动内容，通过组织学习培训、安排交流座谈、举办辅导讲座、开展演讲征文、表彰优秀党员等，把学习实践活动推向深入。

多渠道宣传民革工作及优秀党员的先进事迹。2014年，民革中央网站发表山西民革党员稿件203篇，《团结报》发表山西民革党员文章和图片120多篇（幅）。

民革山西省委会完成人物专访稿《清理血障的精诚大医——记全国人大代表、民革山西省委会常委、山西医科大学第二附属医院血液科主任杨林花》,上报民革中央。其中,《民革党员杨青荣获“山西省劳动模范”荣誉称号》《让爱心给社会传递正能量——记民革党员、晋城市心脑血管病医院骨科主任贾广明》等稿件在民革中央网站刊登。（王明德）

【民革组织建设】 2014年,民革山西省委会发展新党员149人,平均年龄37岁,其中,具有大学本科及以上学历143人,占97%,比上年增长13%;中级及以上职称52人,占35%,比上年增长5%;民革特色35人,占23%,各级人大代表、政协委员11人。截至2014年底,全省党员总数4033人。民革山西省委会制订下发2015年省直基层组织换届文件,成立省直属基层组织换届领导小组,召开换届工作会议,与中共各级统战部门沟通协商,推进换届工作。2014年底,以原省直直属六支部为基础成立省直属经济总支。

按照民革中央关于各级领导班子成员要参加支部活动的要求,主委张友君、驻会副主委杨俊和等先后带队赴长治、运城、大同、太原等市委会,以及部分省直支部和党员所在单位进行调研,参加基层支部活动20多次。

选拔后备干部。民革山西省委会高度重视后备干部推荐工作,及时将《山西省各民主党派关于做好2014—2016年市级组织领导班子后备干部队伍建设工作的会议纪要》印发11个市委会,指导各市委会规范、稳妥地开展领导班子后备干部推荐工作,并就市委会领导班子后备干部推荐人选与相关的中共市委统战部协商。

重视干部培养培训。民革山西省委会通过教育培训等途径,加强干部培养,提升干部综合水平。分别在中山大学珠海校区和中共江西省委党校干部教育学院井冈山基地举办第四期、第五期民革山西省中青年干部培训班,来自全省各级组织近130名中青年党员参加培训。推荐6名党员分别参加中共中央统战部第32期民主党派干部进修班、民革中央第12期中青年干部培训班、中共山西省委统战部举办的党外中青年干部培训班和省直机关正处级公务员培训班。

加强机关作风建设。贯彻中共中央“八项规定”和中共山西省委、省政府有关规定,坚决反对“四风”,改进文风、会风、学风,把智慧和力量汇聚到工作中来。进行机关工作人员述职考核,招录两名公务员。制定和完善各项规章制度,实现绿色办公。

（王明德）

【民革社会服务】 开展“博爱·牵手”活动。2014年,民革山西省委会到天镇县上吾其村慰问困难群众,为86位75岁以上单身老人捐助慰问金25800元。民革山西省委会对民革太原市法制支部等32个“博爱·牵手”活动基层组织进行表彰。民革长治市委会沁县支部被民革中央授予全国“博爱·牵手”活动先进基层组织称号。各级组织采取不同形式帮扶困难群众、关爱抗战老兵。

开展法律援助咨询服务。通过“法进社区、送法下乡”等形式,让普法教育、法律咨询、法律服务进乡村、进校园、进企业、进社区,为困难群众提供法律服务。省直七支部在“帮教基地”设立法律援助工作站,依托社区开设“法律务实沙龙”。各法律援助咨询中心工作站参与“一村一律师”活动,为村民和居委会提供法律服务。2014年,山西民革法律(咨询)服务中心接待法律咨询300多人次,法律援助代理29起。（王明德）

【台湾民众工作】 2014年,民革山西省委会邀请民革中央副主席郑建邦为山西各民主党派学习讲堂作台湾形势及如何做台湾民众的工作专题报告。

向省政协十一届三次会议提交的《关于促进海峡两岸交流加快炎帝故里文化园区建设的几点建议》,引起台湾炎帝参访团和台商的广泛热议。

做好组统联谊活动。民革山西省委会坚持将工作重点放在做好台湾民众的工作上,注重“向南移,向下沉”。副主委杨俊和参加民革中央组织的“中华中山文化交流协会赴台交流考察团”,在台期间,拜访“原住民”发展协会、文化教育机构、基层公务人员、基层人民代表,考察结束后,撰写调研报告。春节期间,民革山西省委会开展给台胞送春联活动,收到中国国民党高雄市党部副主席、台湾中华工商业联合会主席李玉文发来的短信,台湾高雄湾里里长蔡权民打来电话,中国国民党黄复兴党部执行长张大均、台湾台北同乡会会长原馥庭寄来信件,表达两岸一家亲的美好祝愿。接待台湾国民党原候补委员邓治平、台北市市立联合医院徐会棋等9名台湾医学专家,以及台湾商业研究所所长、台湾财团法人商业发展研究院博士杜震华一行的台湾观光。

（王明德）

民盟山西省委员会

【盟员参政议政】 提案工作。2014年,山西省各级民盟组织和专委会响应民盟山西省委《关于在“转变作风、加强自身建设年”活动中深入开展调研工作的通知》,按照“五个一”(即选好一个调研课题,组好一个调研团队,选好一定的调研点,定好一位执笔人,提交一份高质量的提案)的工作方法开展调研,取得丰硕成果:全省共征集提案122件,经筛选、整理、提炼,并经常委会审议,向山西省政协十一届二次会议提交43件集体提案,有38件被立案采纳,得到省政协提案委员会肯定。其中《关于积极应对“营改增”影响地方财力的几点建议》被选为大会发言。《关于发展我省旅游产业的建议》《解决施工弃渣造成河道障碍问题刻不容缓》等6个提案作为山西省有关部门的重点督办内容纳入工作议程。为总结和交流经验,盟省委将2013年度参政议政成

2014年7月8日,民盟山西省十届三次全委(扩大)会议在太原召开

(梁俊娜供图)

果汇编成册,于2014年5月出版。在2014年3月召开的民盟(中央)参政议政工作会议上,民盟山西省委荣获2013年度参政议政工作优秀成果奖。

专题调研。2014年,民盟山西省委承担民盟中央重点调研课题“关于文化生态保护区建设”和省委统战部重点调研课题“农村饮水安全问题”,组织调研组多次赴朔州、忻州、吕梁、晋中及福建等地进行专题调研,形成《山老区采煤区农村饮水安全存在的问题及对策》和《加大工作力度 切实保护好我国非物质文化遗产》2篇调研报告。

社情民意信息工作。2014年,民盟山西省委采纳和报送社情民意信息687篇,其中,民盟中央采用40篇,全国政协采用2篇、省政协采用19篇。《关于做好新能源汽车推广应用工作的建议》等10篇信息获省领导批示。

参与盟内各类论坛。2014年,民盟山西省委向民盟中央教育论坛提供《“引教入企”的旅游景区教学基地模式探究——以后沟古村景区为例》《关于推进职业教育健康发展的几点思考》《如何突破内陆欠发达地区高职教育课程开发的瓶颈》《职业技术教育与学生前程的多元对接》4篇论文;向民盟华北五省市区协同发展论坛天津会议提交《探索建立华北五省区高等教育协同合作的平台与机制》《关于华北五省市区旅游协同合作的思考与建议》《拓宽科技型中小企业融资渠道的建议》3篇论文。

(梁俊娜)

【民盟社会服务】 2014年,民盟山西省委推进“黄丝带帮教计划”,促成民盟山西省委帮教基地——山西省未成年犯管教所申办的“山西玉泉学校”批准成立,山西成为全国把未成年犯义务教育纳入国家教育序列的少数省份之一,维护未成年犯接受义务教育的正当权益,得到民盟中央和司法部门的高度重视和肯定,7月,民盟中央副主席、民盟山西省委主委张平为山西玉泉学校题写校名。11月在民盟中央召开的民盟社会服务工作研讨会上,民盟山西省委社会服务部获“社会服务先进集体”称号。(梁俊娜)

【民盟山西省十届三次全委会议】 2014年7月8日,中国民主同盟山西省第十届三次全委(扩大)会议在太原召开。全国人大常委、民盟中央副主席、民盟山西省委主委张平,副主委亢官文、傅建荣、史海涌、梅志强、赵恒寿、王维平、梁丽萍、李书吉,秘书长徐佩雄出席,省委委员70余人参加会议,中共山西省委统战部常务副部长郭海刚应邀出席会议并讲话。

(梁俊娜)

【专门工作委员会】 2014年,民盟山西省委对各专委会的组成人员进行适度调整,增补14名专委会成员,民盟山西省委专委会组成人员达到145人,调整后的专门委员会在人员组成上更加合理,既有各领域专家学者,又有一线工作人员;既配备经验丰富的资深盟员,又吸收富有能力的青年才俊,为发挥专委会作用提供最基本的组织保证,增添专委会的生机和活力。各专委会根据自身专业特点和优势,开展形式多样的活动。4月,科技工作委员会赴山西农业大学就农业科技研发及成果转化进行调研;8月农村工作委员会赴山西晋中,就农户和农村合作化服务效率等问题进行调研;9月妇女工作委员会赴阳泉市平定县东回镇,与民盟阳泉市委、市政府及教育系统等相关人到偏远山区马山中学、马山小学就改善学校硬件、更新教育理念和帮助学生全面发展等方面进行调研;11月医疗卫生工作委员会主任韩清华教授赴太谷县人民医院做医疗培训和指导工作;盟省委9月和12月在山西省未成年犯管教所举行“爱心大讲堂”系列讲座。这些活动不仅使盟省委的参政议政调研课题落到实处,而且提升盟内专家学者参与社会实践的能力,促进专委会履职水平的提高。 (梁俊娜)

【民盟思想宣传】 2014年,开展坚持和发展中国特色社会主义学习实践活动。民盟山西省委成立由主委张平任组长的活动领导小组,制订并下发《民盟山西省委关于开展坚持和发展中国特色社会主义学习实践活动的实施方案》,要求全省各级盟组织按照盟中央和民盟山西省委的要求,结合各地实际,开展好各项活动。全省各级盟组织召开动员会、学习会、报告会、座谈会、专题研讨会等各类会议共90余次;举办骨干成员培训班、新盟员培训班或全员培训班20余次,参加人数2000余人次;建立学习基地20余个;开通新媒体互动平台

2014年5月14日，民盟中央基层组织调研（山西）座谈会在太原召开

（梁俊娜供图）

30余个，覆盖盟员近千人。8月，民盟山西省委发出《关于号召全省广大盟员为建设中国特色社会主义事业献良策、做贡献的倡议书》，引导广大盟员将学习实践活动中凝聚的思想共识和政治热情投入到为中国特色社会主义伟大事业建功立业当中，转化到履行参政党职能的实践当中。

开展理论研究，推进理论建设。2014年，盟省委有两个课题入选民盟中央理论研究课题，分别是《社会主义协商民主的制度构建》和《构建中国特色社会主义民主政治制度体系》。2013年盟省委完成的盟中央理论研究课题《协商民主与多党合作制度的发展》获盟中央理论研究课题二等奖。

思想宣传工作获肯定。在10月召开的民盟思想宣传工作会议上，民盟山西省委获“民盟思想宣传工作先进集体”称号。在民盟中央群言杂志社编委会、理事会成立暨发行表彰大会上，民盟山西省委被评为《群言》杂志社发行工作优秀单位。（梁俊娜）

【民盟组织发展】 2014年，民盟山西省委共发展新盟员461人，截至2014年底，山西省民盟盟员总数8837人，省直属组织47个，其中地级市委会11个，盟省委直属基层组织36个。2014年，民盟山西省委开展“基层组织建设年”活动：7月，举办民盟山西省委直属基层组织新盟员培训班，对上年8月以来入盟的近百名新盟员集中培训；8月，向盟中央上报“基层组织建设年”活动开展情况的汇报材料；10月21日，举办盟史、盟务工作讲座，在并民盟基层组织的盟务骨干和民盟省委、民盟太原市委机关干部近150人参加盟；10月30日，举办民盟山西省委直属基层组织负责人培训班，盟省委直属高校委员会、总支、支部100多名基层组织负责人参加培训；11月7日至8日，举办地市级盟组织盟员信息系统管理员培训班。

在9月民盟中央召开的民盟基层组织工作会议上，民盟山西省委获“中国民主同盟基层组织建设活力建设奖”。（梁俊娜）

【陈晓光到山西调研】 2014年5月14日至15日，全国政协副主席、民盟中央常务副主席陈晓光率民盟中央调研组赴山西就民盟基层组织建设进行调研。调研组先后到民盟山西省委、民盟太原市委、民盟太原市晋源区支部和民盟太原理工大学委员会调研、座谈，听取基层组织建设方面的情况介绍和意见建议，了解各基层组织存在的困难和问题。（梁俊娜）

民建山西省委员会

【会员参政议政】 2014年，民建山西省委会围绕全面深化改革和依法治国大局，在促进中小企业发展、煤层气产业发展、生态绿化建设、节能减排及环境综合治理和推进电力产业布局调整、城镇化建设、现代农业建设、房地产调控等方面开展专题调研，形成调研报告和提案。坚持“广进严出”工作思路，从征集的近百件参政议政素材中，经专委会、主委会层层把关筛选，确保提案质量。在省政协十一届二次全会上，提交大会发言2篇、集体提案39件、个人提案33件，其中3件提案被列为省政协领导领办的重点提案。（张云鹏）

【民建组织发展】 2014年，山西省各级民建组织依据《会章》，坚持“三个为主”，坚持注重质量、注意数量、保持特色、优化结构的组织发展原则，按组织程序做好发展工作。2014年，省直医科大支部成立，省直工商联支部进行换届，省直高新支部筹备成立。截至2014年底，全省市级组织达11个，民建基层组织163个。会员总数4709人，平均年龄46.9岁；女性会员1719人，占35.7%；大学以上学历3841人，占81.5%；具有中、高级职称会员2308人，占49%；大中城市4232人，占89.8%；经济界会员3720人，占78.9%。2014年，发展新会员324人，发展率为6.73%，净增率5.9%，平均年龄36.5岁；女性会员128人，占40%；大学专科以上学历的占98%，大学本科学历的占64%，中级以上职称的占30%，大中城市占87%。经济界代表人士比例明显提高，会员结构明显改善。

2014年2月，民建山西省委根据民建中央关于召开民建全国市级组织工作研讨会的精神，上报民建九大以来山西省关于市级组织建设工作材料。7月，民建全国市级组织工作研讨会在北京召开，民建太原市委作经验介绍，民建中央主席陈昌智在大会总结讲话中，对山西省民建太原市委会、民建阳泉市委会的工作给予肯定。民建运城市委会、民建晋中市委会材料收入全国先进市委会材料汇编。（张云鹏）

【后备干部队伍发展】 根据《民建中央关于做好2014—2017年省级组织领导班子后备干部队伍建设工作的意见》精神，按照《山西各民主党派省委会关于做好2014—2017年省级组织领导班子后备干部队伍建设工作实施意见的会议纪要》有关规定，在中共山西省委统战部指导下，民建山西省委召开八届四次全委会，对民建山西省委领导班子后备干部进行民主推荐，完善山西省民建后备干部队伍，为下一步省市两届换届工作做好准备。（张云鹏）

【培训管理】 2014年，民建山西省委会先后举办以学习贯彻中共十八届四中全会和中共中央总书记习近平系列重要讲话精神以及中共山西省委书记王儒林讲话精神为主要内容的省人大代表、省政协委员、省市领导班子为对象的专题培训班；以民主党派如何履行参政党职能，提高会员素质，加强自身建设为主要内容的骨干会员培训班；以传承省委会优良传统，学习会章、会史，打牢会员思想基础为内容的新会员培训班；以省级组织管理为内容的各市委会机关工作人员业务培训班。2014年底，山西省组织管理系统被民建中央评为一等奖。选派会员参加中共山西省委统战部举办的省、市主副委培训班，中青年骨干培训班，后备干部培训班，组织会员参加山西省民主党派学习讲堂活动。据不完全统计，全年参训人员达500多人次。（张云鹏）

【新闻宣传】 2014年，民建山西省委会重视新闻宣传工作，利用“山西民建”网站和杂志等平台，及时报道省委会和各级基层组织活动和成果。全省各级组织在省级以上网站刊登新闻稿件317篇，其中，民建中央网站采用77篇、省委网站采用223篇，其他省级网站采用17篇。做好省委网站的维护和更新工作，全年更新网站信息560多条，搭建会内外交流的沟通平台。《山西民建》于2013年底复刊，2014年编辑出版四期，发送全国民建各省级组织和全省会员。年内，民建山西省委被民建中央评为宣传工作先进单位。民建各级组织和广大会员的社会形象和影响力得到提升。（张云鹏）

【理论研究】 2014年，民建山西省委会以理论研究委员会为依托，开展参政党理论研究，深入分析新形势下民建组织建设面临的新情况、新问题，在参政党理论研究上取得新成果。报送民建中央理论研究论文10多篇，在民建中央理论研究论文评比中，《山西民建发展的基本情况和经验》《不断加强自身建设 推进工作创新发展》获民建中央理论研究二等奖。《追寻共同理想下的参政党发展之路——浅议民建思想建设的历史担当和新使命》《民主党派在协商民主制度建设中的作用探析》《新时期民主党派加强思想建设一些问题的思考》《发挥好“只有让人民来监督政府”的平台作用》四篇理论文章分别刊载于民建中央2014理论成果汇编、《团结报》，《山西社会主义学院学报》和《山西统一战线》等报刊发表。《一举一动系民生助民为民解民忧》获民建中央新闻宣传工作优秀作品奖。报送纪念统一战线、人民政协成立65周年征文11篇。（张云鹏）

【专题调研】 2014年，民建山西省委会完善课题调研机制，争取民建中央和中共山西省委统战部的支持和指导，与政府对口部门、高等院校、科研院所等建立良好的合作互动关系，做好课题选题、跟踪服务和深入调研等工作，并将调研课题分解落实到省委会领导和专委会，要求按时完成并上报。省委会加快山西省转型发展，完成两个调研课题：《加快山西省低热值煤发电产业发展应着力协调好的三大关系和五点建议》《完善山西省国有企业产权制度及法人治理结构的建议》两篇调研报告分别报送中共山西省委和省政协，得到有关领导表扬，落实情况得到反馈。通过向基层征集春季、秋季课题以及民建中央重点调研专题和年度调研成果征选方向，向民建中央报送调研成果22篇，其中，山西省委会报送的《建立解决产能过剩长效机制》调研报告提供的基础材料被民建中央在2014年召开的全国政协十二届二次全会上提交的《关于充分发挥市场作用，化解我国产能过剩矛盾》所采用。民建省委会法制委员会组成人民法院执行工作情况调研组，先后到省高院、忻州市和阳泉市中院进行座谈和调研，形成调研报告，分别呈报中共山西省委统战部和民建山西省委会。（张云鹏）

【社情民意工作】 2014年，民建山西省委会及各级组织和广大会员反映社情民意信息的数量和质量取得新突破。省委会制定《民建山西省委反映社情民意信息考核评分标准和表彰奖励办法》，并举办社情民意骨干会员培训班，140余名会员参加培训学习，会员的提案、社情民意撰写水平得到提高。全年收到稿件738篇，省委会采纳228篇，报送民建中央、省政协、省委统战部社情民意信息243余篇，《应重拳出击开展打击邪教专项大行动》《山西煤炭企业生产经营困难应予关注》被全国政协采纳，部分社情民意被民建中央、省政协等采纳。（张云鹏）

民进山西省委员会

【会员参政议政】 2014年，民进山西省委围绕中共山西省委、省政府中心工作，践行民进中央提出的“四个相互促进”，为山西省经济社会发展献计出力。

1. 开展调查研究，调研成果获得肯定。2014年，民进山西省委就“以气代煤、气化山西”“千人百县服务基层”“山西政府购买公共服务”“我省生态庄园经济的发展状况”等课题赴晋城市、朔州市、晋中市及省人社厅、省财政厅等有关地市和企事业单位进行专题调研，形成高质量调研报告。在山西统一战线调研成果专题汇报会上就《构建长效机制，提升千人百县计划效益》作专题汇报；在省政协专题调研座谈会上，作《大力推进政府购买公共服务的建议》发言，得到会议领导同志肯定。

2. 参与政治协商、民主监督，建言献策取得新成果。在省政协十一届二次会议上，民进山西省委提交集体提案32件，个人提案100余件，大会发言材料5篇。《关于进一步加强我省河道治理和生态保护的建议》等五件提案被列为山西省领导领办重点提案。省商务厅就《关于打造晋菜品牌，发展晋菜产业的建议》提案专门召开座谈会办理落实。

2014年，民进山西省委收到社情民意信息449件，报送民进中央64件、山西省政协73件、中共山西省委统战部42件。在省政协考核中，民进山西省委信息工作年度分值和采用率在省各民主党派中均位列首位。在省政协社情民意工作培训会上，民进山西省委作《以制度建设为抓手，推动信息工作上新台阶》发言。

3.“集智聚力”的参政议政工作机制运转良好，成效显著。民进山西省委修订完善参政议政各项制度，使选题、调研、奖惩机制进一步规范化、制度化。对各级组织参政议政工作进行量化考核，并对2013年度参政议政工作先进集体和先进个人进行表彰奖励。坚持“走出去、请进来”，分别走访中共山西省委、省政协有关部门，主动学习，加强联系，建立参政议政工作沟通合作的良好机制。组建第七届专门工作委员会，对各专委会开展10次学习培训。加强与参政议政特邀研究员、会员中人大代表、政协委员沟通联系，凝聚智慧和力量，提高参政议政质量和水平。围绕加强作风建设、改进政风行风，民进山西省委会主委卫小春作为民进中央副主席、全国政协常委，在8月召开的全国政协十二届常委会第七次会议上作大会发言。

围绕适应经济发展“新常态”，民进山西省委邀请省内外、会内外有关专家学者调研论证，形成《关于将文化和旅游产业确立为我省产业结构调整突破口的建议》，报送中共山西省委、省政府，得到省委书记王儒林、副省长王一新批示和肯定。

（赵柱家）

【民进组织发展】 中国民主促进会山西省委员会（以下简称民进山西省委）于1984年2月14日在太原成立。截至2014年底，全省有民进会员4953人，平均年龄49.8岁，女会员2333人，离退休会员1123人，中上层人士3648人。从成员界别分布看，高教界占14.8%，普教界占28.8%，文艺界占11.4%，新闻出版界占7.6%，科技界占3.4%，医卫界占11.0%，其他为公有制经济、新的社会阶层、司法机关、政府机关、党派机关、团体等人员。

山西民进地方组织有17个，其中省级委员会1个、市级委员会11个、县级委员会5个；基层组织198个，其中基层委员会3个、总支委员会10个、支部180个、小组5个。

民进山西省第七届委员会于2012年4月选举产生，有省委委员61人，常务委员23人，副主任委员6人，主任委员1人。

全省民进会员中担任第十二届民进中央委员5人；各级人大代表70人，其中全国人大代表1人担任省、市、县级政协委员796人，其中全国政协常委1人在全省各级政府及司法机关担任副厅级以上实职5人。

（赵柱家）

【民进思想宣传】 2014年是民进山西省委成立30周年，民进中央发来贺信。民进山西省委会结合坚持和发展中国特色社会主义学习实践活动，开展纪念成立30周年活动。召开座谈会并对269名优秀会员和140名特别荣誉会员进行表彰。开展征文活动，征集稿件240篇，精选编辑成40余万字的《会情一脉》一书。举办书画展，全省民进组织和会员热情参与，展出书画作品140余幅。市级组织和省直基层组织也以不同形式开展纪念活动。同时，围绕学习实践活动，加强宣传思想和理论研究工作，各级组织和会员在山西民进网站刊发消息300多条，印发工作简报24期，出版会刊3期。

（赵柱家）

【“组织建设主题年”活动】 2014年是民进中央确定的组织建设工作主题年。民进山西省委会以此为契机，制订目标任务，巩固和发展自身建设。

1. 民进山西省委组成六个调研组，深入省直基层组织开展调研走访；安排各市级组织进行单向走访交流，围绕换届工作和届中调整、开展学习

2014年5月25日，民进山西省委会召开庆祝成立30周年座谈会（赵柱家供图）

2014年10月16日,民进山西省委召开关于山西文化旅游产业融合发展与战略整合专题座谈会 (赵柱家供图)

实践活动好经验好做法等进行调研交流,指导推动组织建设有序开展。

2. 加强后备干部队伍建设。按照《山西各民主党派省委会〈关于做好2014—2017年省级组织领导班子后备干部队伍建设工作实施意见的会议纪要〉》要求,在七届三次全委(扩大)会议上对领导班子后备干部进行民主推荐。10月,民进山西省委在中共山西省委党校举办为期5天的2014年市委委员和骨干会员培训班,186名会员参加培训;全年先后有50多名会员参加民进中央、中共中央统战部、中共山西省委统战部等举办的研讨班、培训班,提升后备干部队伍政治素质和业务能力。向山西欧美同学会、山西"高端人才计划"推荐多名优秀会员。

3. 成立民进山西省人民医院支部和民进山西省儿童医院支部。修订《民进山西省委组织发展工作规程》,强化和规范会员发展工作。(赵柱家)

【民进社会服务】 2014年,民进山西省委贯彻落实民进中央"找准角度,求真务实,力所能及,竭尽全力,务求实效"工作要求,深入基层,服务社会。

1. 突出特色优势,工作成效显著。2014年,民进山西省委联合民进太原市委、民进阳泉市委和省直教科院支部继续在阳泉市杨家庄中学开展支教助学活动,截至2014年已支教助学13年。帮助吕梁市中阳县冯家岭村,确立改良核桃林"一村一品"工程,引资40万元种植核桃,培训村民学习核桃病虫害防治和管护知识达200余人次。

2. 开展"同心·彩虹行动"。民进山西省委组织11名省内专家会员赴贵州省金沙县人民医院开展对口帮扶,为500多名当地群众进行义诊,山西民进企业家联谊会会长徐文龙出资购买价值3万余元药品,免费发放就诊群众。医疗专家还开展5场不同专业讲座,并与金沙县人民医院相关科室医生一同查房,研究病例,帮助提高业务水平,培训医护人员500多人。11月,民进山西省委再次将贵州教师请到山西,举办第三期教师培训班,15名教师在山西省实验小学进行为期一周学习培训。

3. 拓宽服务渠道,丰富服务内容。发挥山西民进企业家联谊会、山西民进艺术团、民进山西开明画院等团体作用,在山西省实验小学开展"送文化进校园"活动,讲授京剧、声乐、书法等课程,累计授课120课时。2014年,民进山西省委机关与所在社区联合开展慰问低保户、困难户和"送春联进社区进乡村"活动,书法家会员先后两次为社区和晋源区居民书写1000多幅"私人订制"春联,送去山西民进的祝福,社会服务工作接地气、有生气。此外,还举办"骏业之秋"——民进山西省委迎国庆书画展暨书画笔会。民进山西开明画院赴运城永济市与当地书画名家进行艺术交流,参加民进长治开明画院庆祝中共十八届四中全会胜利召开暨第二届书画笔会。国庆期间,省委会举办"花儿为什么这样红"——朱丽、刘洪树、白波老师从事文艺工作40年座谈会。2014年,民进山西省委会被民进中央授予"社会服务工作先进单位"称号。 (赵柱家)

农工党山西省委会

【调研及提案】 2014年,农工党山西省委会整合党内资源,首次承担省政协调研课题《山西养老服务机构发展面临问题和应对之策》,调研报告获农工党中央2014年度优秀调研报告二等奖。各专委会承担并完成12个调研课题,年底首次举办年度调研成果汇报会,所有调研报告结集成为《开展坚持和发展中国特色社会主义学习实践活动系列成果之三——2014年调研报告集》。建立与有关部门不定期联系、走访制度,加强与信息员经常性沟通机制。

2014年,农工党山西省委会在政协会议上提交大会发言4篇,集体提案26件,提案48件,其中11件被列为省政协重点督办提案。在省政协主席会议督办重点提案会上,山西省农业厅专门针对农工党山西省委会的集体提案《关于加强农产品质量与食品安全管理的建议》进行专题汇报;省食品药品监督管理局将涉及食品安全的重点督办提案分为9个方面作出答复,其中5个方面采纳农工党山西省委会集体提案,采纳政协委员提案12人次,其中8人次为农工党员身份的政协委员。《关于尽快制定我省养老产业规划,支持养老行业发展的建议》等7件提案被省政协评为2013—

2014年度优秀提案。（胡小龙）

【思想建设】 2014年，中国农工民主党山西省委员会（以下简称农工党山西省委员会）开展微信学习课堂，建立省直党员微信群、专职干部微信群、省直基层组织负责人微信群，以此为平台，在群内开展农工党党章、党刊、党网、党史和地方性党规知识竞答活动，实行积分制，截至2014年底，群内发布知识竞答题1300余条，调动全省广大党员学精神、学党章、学党史、学多党合作理论的积极性。

农工党山西省委会利用常委会、全委会和机关办公会组织观看党史教育专题片《铁血丹心邓演达》和《福建事变》。专职副主委张李锁为新党员培训班和全省“三学”知识竞赛赛前培训班学员讲授农工党史知识，并专门创作1120字的《中国农工民主党党史长歌》，以帮助党员学习党史知识，宣传农工党历史。

2014年4月以来，农工党山西省委会先后推荐机关处级干部参加中共山西省委统战部和浙江大学合办的干部综合素能提升高级研究班学习；推荐机关干部参加中共山西省委组织部和省人社厅联合举办的正处级干部任职培训班；推荐党员参加第二期农工党中西部骨干党员研讨班、农工党中青年干部培训班、山西省各民主党派省委会委员培训班、山西省党外中青年干部研讨班。

2014年4月29日，农工党山西省委会在山西工商学院国际交流中心举行“中国梦·农工情”演讲比赛。全省7个市委会和省委会机关、省直基层组织16名选手参赛，产生一等奖1名、二等奖2名、三等奖4名。其中前3名选手张燕、赵静、霍燕红由专职副主委张李锁带队组成山西代表队，赴北京参加农工党中央举办的全国总决赛，来自忻州的张燕以总决赛第一名的成绩获一等奖。赵静和霍燕红获三等奖。开展演讲比赛同时，农工党山西省委会还开展“中国梦·农工情”征文活动，收到稿件30篇，结集成《开展坚持和发展中国特色社会主义学习实践活动系列成果之一——农工党山西省委会“中国梦·农工情”演讲稿/征文集萃》。

2014年下半年，农工党山西省委会组织到全省比赛中获奖的选手分别在省直和长治举办巡回演讲。省直、太原、晋中116名新党员及长治市100多名党员聆听报告。

2014年10月12日，农工党中央“中国梦·农工情”巡回演讲团到山西举办报告会。这次报告会是农工党中央第一路巡回演讲的首站。山西省人大常委会副主任、农工党山西省委主委周然致辞。中共山西省委统战部常务副部长郭海刚、山西省各兄弟党派省委负责应邀出席。

2014年9月26日至28日，农工党山西省委会开展庆祝中华人民共和国成立65周年暨人民政协成立65周年书画摄影采风活动及美丽山西书画摄影展。采风活动作品结集成《开展坚持和发展中国特色社会主义学习实践活动系列成果之二——农工党山西省委会美丽山西书画作品展》。

2014年10月20日至21日，农工党山西省委联合山西省社会主义学院举办省城党员培训班，以“努力做一名称职的参政党成员”“中国农工民主党党史”和“党员的组织认同和责任认同”“坚持和完善中国共产党领导的多党合作和政治协商制度”为培训专题。省直、太原、晋中的116名党员参加学习。授予山西工商学院“农工党山西省委党员培训基地”称号。

2014年10月，农工党山西省委会组织省委会委员、学习实践活动和参政议政先进个人，赴河北保定军校、西柏坡学习考察；11月，赴福建古田会议会址、广东农工党创始人黄琪翔纪念馆和仪园遗址参观学习，期间在广州市社会主义学院举办省委会委员培训班。（胡小龙）

【农工党组织发展】 2014年5月，农工党山西省委会机关启动处级干部承诺上岗工作，分三步走：第一步，制定发布《机关部门通用工作标准》《部门基本工作标准》《部门职责和岗位职责》《机关公务员承诺上岗实施方案》；第二步，符合任职资格的人员公开申报拟任职岗位并对履职目标做出公开承诺；第三步，按照《党政领导干部选拔任用工作条例》进行民主推荐、考察、讨论决定和任职等程序。6名机关干部申报6个正处级岗位，5月30日全部到岗。

农工党山西省委会启动省直基层组织换届工作，制订《关于省直基层组织换届和设置调整的方案》，农工党运城市支部委员会和省直社区卫生服务支部委员会成立。

2014年12月4日，全国人大常委会副委员长、农工党中央主席陈竺到农工党山西省委调研（胡小龙供图）

2014 年 4 月 29 日,农工党山西省委举办"中国梦·农工情"演讲比赛

(胡小龙供图)

2014 年 5 月 25 日,农工党山西省六届三次全委(扩大)会议审议并通过《中国农工民主党山西省委员会党内监督条例(试行)》;选举产生中国农工民主党山西省第六届委员会监督委员会(山西省第一届监督委员会),农工党山西省委专职副主委张李锁兼任监委会主任,副主委李思进兼任监委会副主任,马洪亮等 11 人担任委员。 (胡小龙)

【农工党社会服务】 2014 年 8 月 3 日,云南鲁甸发生 6.5 级地震,农工党员、山西千汇药业地处地震灾区的 7 名销售人员组成"千汇药业灾区救援队"开展救援,成为进入灾区最早的民间救援队之一,并救出一名 13 岁男孩。同时救援的另一人遇难。

各市委会组织开展第二十六届国际科学与和平周、第七届中国环境与健康宣传周和扶贫义诊等活动,组织专家 300 人次,赴 13 个偏远乡村为群众送医送药,折合人民币 20 万元。 (胡小龙)

【陈竺到山西调研】 2014 年 12 月 4 日,全国人大常委会副委员长、农工党中央主席陈竺率农工党中央调研组到农工党山西省委会调研,并召开调研座谈会,对山西省委会各项工作给予肯定。 (胡小龙)

九三学社山西省委员会

【九三学社山西省九届三次全委(扩大)会议】 2014 年 5 月 25 日,九三学社山西省第九届委员会第三次全委(扩大)会议在太原召开。省政协副主席、九三学社山西省委主委刘滇生,中共山西省委统战部常务副部长郭海刚出席会议并讲话。社省委副主委杨社堂、李青山主持会议。社省委副主委杨社堂、张并生、李青山、张文旺、闫义勇、张培富、张红健,秘书长曾俊英,原社省委老领导,社省委委员,各市级组织专职副主委等参加此次会议。

会议学习中共中央总书记习近平系列重要讲话、中共十八届三中全会和九三学社中央十三届二次全委会议精神;审议并通过刘滇生代表常务委员会作的 2013 年工作报告;表彰参政议政、信息工作先进集体和先进个人;通报各级社组织工作考核情况。 (张全双)

【专题调研】 2014 年,九三学社山西省委组织社内专家赴山西中小企业局、太原市冶金机械厂等地开展实地调研,形成《促进山西省中小微企业创业创新发展调研报告》,在山西统一战线服务转型发展调研成果汇报会上,受到省常务副省长高建民肯定。在此调研报告基础上形成《国企转型投资中小微企业园区建设实施互补双赢发展战略的建议》,专报中共山西省委书记王儒林、省长李小鹏。社省委副主委张培富参加山西省科协"山西省首次科技工作者状况调查",主持形成的调研报告受到省委省政府重视,王儒林、李小鹏及副省长张复明分别做出批示。

由晋陕豫三省九三学社省委共同向社中央递交的《晋陕豫黄河金三角区域合作规划》,在九三学社中央主席韩启德的直接推动下,经国务院总理李克强和副总理张高丽批示,获国务院批准,成为国家深入实施西部大开发战略和促进中部地区崛起战略的重大举措。

2014 年,九三学社山西省委妇女工作委员会与太原市质监局完成化妆品现状调研,形成调研报告《建议国家尽快完善化妆品条例 改变标准低且二十年不变的状况》;组织社内专家与省政协人资环委赴汾阳、稷山、阳城等地调研,山西省传统民居现状,形成调研报告《城镇化建设中应加强传统民居保护的建议》,受到省政协好评;配合社中央完成太行山扶贫开发调研,形成调研报告《太行山扶贫开发的建议》;组织经济专门委员会赴清徐、榆次、太谷等地,完成农业庄园发展调研,形成调研报告《关于农业庄园发展问题的建议》;组织社内专家完成城市建筑垃圾资源化处理调研,形成调研报告《关于加快山西省建筑垃圾资源化处理进程的建议》。 (张全双)

【提案工作】 2014 年,九三学社山西省委就经济社会发展及群众普遍关心的热点难点问题建言献策,省政协十一届三次会议期间,共报送集体提案 24 件,其中立案 23 件,涉及科技、医卫、教育、经济、环卫、农业等方面。省政协集体提案中,8 件由社省委牵头完成，占集体提案总数的三分之一。借鉴社中央及地方省委会经验，在自身组织调研活动所形成的调研报告基础上，形成提案9件，其中两件社中央提案由社省委牵头完成。

（张全双）

【专委会工作】 2014年，九三学社山西省委完成专委会换届准备，形成《专委会工作通则》及专委会主任、副主任人选建议名单，提交社省委常委会，各专委会换届工作陆续完成。

（张全双）

【书画院工作】 2014年，九三学社山西省委书画院工作取得丰硕成果。在太原美术馆主办"行者"北方墨色作品展；在山西美术馆学术画廊主办"心象"北方墨色系列巡展；组织书画院画家10余人参加央视书画频道《画说山西》王莽岭采风；与太原美术馆共同主办学习习近平同志文艺座谈会上的讲话解读——《无愧时代 服务人民》，邀请省社会主义学院副院长陈忠辉主讲；主办"水墨情缘"张永乾、白莲夫妇国画展；作为主办方参加稷山县姚奠中艺术馆揭牌仪式并捐赠社省委、书画院五位画家共同创作的作品。

（张全双）

【"科技兴晋山西行"系列活动】 2014年，九三学社山西省委推出"科技兴晋山西行"新型社会服务活动，旨在将科技优势转化为生产力，推进山西省各地绿色转型发展。

第一站：阳泉行。7月29日，"科技兴晋山西行"活动在阳泉启动。省政协副主席、九三学社山西省委主委刘滇生参加启动仪式，并率团在阳泉市平定县岔口乡理家庄村就旱地果树集雨节水抗旱技术进行现场示范推广，对新型农业社会化服务体系试点工作进行指导。

第二站：长治行。8月10日至11日，九三学社山西省委专家团赴长治市襄垣县，就襄垣县绿道规划进行调研。专家团考察襄垣县的交通状况和旅游资源分布情况双方就襄垣县绿道规划问题展开讨论并达成共识。

第三站：晋中行。10月21日，九三学社山西省委在晋中市庄子乡杨壁村举行"国务院农业社会化服务体系创新示范园"揭牌仪式。全国政协常委、副秘书长、九三学社中央常务副主席邵鸿，省政协副主席、九三学社山西省委主委刘滇生共同揭牌。

第四站：运城行。12月6日，九三学社山西省委、山西医科大学药学院、运城市食品药品监督管理局在运城市石药银湖会议中心，联合主办药企管理暨药品研发合作创新会议。

（张全双）

【"九三学社襄垣专家工作站"成立】 2014年1月，九三学社山西省委与襄垣县政府共同成立"九三学社襄垣专家工作站"，签订协议书，在新型煤化工产业和现代特色农业等方面开展全方位合作，促进当地产业转型跨越发展。

（张全双）

【科技专家下基层】 2014年，九三学社山西省委组织社内外煤化工专家赴长治市襄垣县，参加王桥新型煤化工园区规划会议。省政协副主席、九三学社山西省委主委刘滇生肯定王桥园区的总体规划方案，强调要在稳步推进新型煤化工产业发展的基础上，推进煤化工产业的节能减排，并就王桥园区产业规划方面提出意见和建议。

2014年，九三学社山西省委组织社内专家赴襄垣、泽州、沁水、忻州、大同、朔州等地，参加由九三学社山西省委、山西大学和国综办山西省建立新型农业社会化服务体系试点项目组共同组织的农业科技讲座和示范系列活动，普及和推广"安全、优质、高效"为特色的粮食生产集成技术，引导农民使用生物配肥和开展机械化、集约化生产。

（张全双）

【对口帮扶系列调研】 2014年12月，响应九三学社中央号召，山西省政协副主席、九三学社山西省委主委刘滇生率专家团赴贵州省毕节市威宁自治县，就农业发展和生态保护等问题进行系列调研。专家团先后参观生态观光农业园、现代农业产业园、大马城"九三学社同心新村"，并与县政府办、县委统战部、毕节试验区威宁联络联系办等单位有关负责人，及部分农业专家企业、乡镇代表座谈，详细了解马铃薯、苦荞、党参、万寿菊等农特产品种植情况及产业发展情况。刘滇生代表专家团向威宁自治县提出合作帮扶抗病毒马铃薯种植试验、商品马铃薯种植试验、蔬菜生物肥应用试验、小型玉米机械应用试点及中药材与畜

2014年5月25日，九三学社山西省委九届三次全委（扩大）会议在太原召开

（张全双供图）

2014 年 12 月，九三学社山西省委组织专家团赴贵州调研　　（张全双供图）

牧业实用技术培训五个项目。

（张全双）

【社会服务人才和项目库建设】 2014 年，九三学社山西省委利用九三中央社会服务平台，向襄垣县科技局推荐煤化工等方面的社内人才 10 人次。九三学社山西省委分别于 2014 年 4 月和 12 月向社中央申报科技项目 12 项，2014 年底实施的《多党合作社会主义新农村建设试点项目》受到社中央社会服务部的重视。（张全双）

【九三学社思想宣传】 2014 年，九三学社山西省委学习贯彻中共中央总书记习近平重要讲话和中共十八大，十八届三中、四中全会精神，举办九三学社山西省委学习中共十八届四中全会精神专题报告会，邀请社法律和理论研究专家作《全面推进依法治国的顶层设计》和《依法治国背景下律师的积极功能作用的突破》报告。组织学习中共山西省委统战部部长孙绍骋《在全省统战部长、统一战线有关单位负责人座谈会上的讲话》，并将讲话精神与开展坚持和发展中国特色社会主义学习实践活动相结合，与社务工作相结合。组织开展“强素质、转作风、重实干、树形象”主题实践活动。协助省委统战部开展山西省民主党派学习讲堂活动，邀请九三学社中央副主席，全国人大常委、法律委员会副主任，中国工程院院士丛斌作《国家治理现代化与依法治国》专题讲座。

开展征文和申报课题活动，共收集各类征文 24 篇，申报理论研究课题 5 个。在社中央立项的全国 15 个课题中，九三学社山西省委有 1 个申报课题入选。

开展评选表彰“九三楷模”活动，全省各级组织共报送先进典型 14 人，社省委向九三中央和中共山西省委统战部推荐优秀社员、全国五一劳动奖章获得者张爱萍，山西省五一劳动奖章获得者刘萍先进事迹。组织举办“姚奠中先生逝世一周年追思会”，其高风亮节、爱祖国、爱九三的精神，引起很大反响。

2014 年，九三学社山西省委全面改版《山西社讯》，确定每期重点内容，划分栏目；对社省委网站进行规范化管理，升级网站界面，增加实用性板块，为更好地发挥“一刊一网”作用奠定基础。全年共编辑社讯 4 期近 13 万字，社省委网站发布消息、报道等 200 余篇。共组织机关学习 36 次，参加人数近 400 人次。

（张全双）

【九三学社组织建设】 2014 年，九三学社山西省委加强机关制度建设和作风建设，树立良好机关形象。做好后备干部队伍建设工作，通过各级组织摸底推荐，完成社省委领导班子后备干部队伍人选名册的推荐工作，为 2017 年社省委换届奠定基础，为社省委建立后备干部人才资料库。

按照“人才强社”战略和“组织上坚强”的目标要求，九三学社山西省委贯彻落实“发展社员要注重主体界别比例”和“组织发展应坚持五个一”的要求，抓好组织发展工作，严格控制发展速度，突出主体界别比例。2014 年，主体界别的发展比例达 69% 以上。（张全双）

山西省工商业联合会（总商会）

【总商会参政议政】 2014 年，山西省工商联在全省各市、县（区）就民营经济发展情况开展 36 次专题调研，建立 100 家企业长期跟踪观察点，驻会领导带队调研平均 62 天，上报调研报告 15 篇。其中《当前影响我省民营中小微企业发展的主要问题》报告提出的“六难两低”（融资难、用地难、盈利难、审批难、执行难、维权难，服务水平低、自身素质低）8 个方面，38 个问题清单，受到省领导好评，调研成果中的部分内容被省委十届六次全会和全省经济会议参考采用。编撰《非公经济情况专报》12 期，直接向省委省政府反映情况提出意见建议。（冯学亮）

【服务企业】 2014 年，山西省工商联与山西省政府、金融办等部门合作，共同推进相关政策的落实，改善金融服务环境。协助召开大型民营企业金融分析协调会议和小微企业金融服务座谈会议，提出“一企一策”原则。制订金融支持重点民营企业筛选认定管理办法，推荐 67 个民营企业为重点扶持对象。全年通过山西省小微企业金融服务促进会，为 10 万会员融资近 10 亿元。

山西省工商联协助全国工商联开展对落实企业投资自主权和示范项目第三方评估工作调研，组织 150 余家民营企业召开 18 场座谈会，实地走访企业50余家，汇总100份调查问卷上报全国工商联。

山西省工商联组建2个律师团队为企业提供普法宣传、咨询解答、解决经济纠纷、调研指导等服务；召开省级司法部门、执法部门、部分市县工商联、省直商会、民营企业和法律服务中介机构座谈会。

开展民营企业招聘周活动和就业再就业工作，太原、大同、忻州三地800多家民营企业提供岗位22561个，34家直属会员企业提供1091个高校毕业生就业见习岗位。 （冯学亮）

【招商引资引智活动】 2014年，山西省工商联牵头承办第二届晋商大会，26个省（区、市），及17个国家和中国港澳台地区的270人参加会议。第二届晋商大会以晋商大会、工商联网站为载体，采取现场活动与网络活动相结合、线上线下相结合模式开展招商引资活动。网上发布推介转型综改项目1340个；组织山西·珠三角对接恳谈、民营企业与高校科研院所对接等招商引资引智活动；组织文化旅游专场和太原、晋中两个分会场的项目对接会，共签约合同项目156个，总投资1903.8亿元；与北京新戎集团等22家投资企业签署科研项目成果合作协议。 （冯学亮）

【经贸交流合作】 2014年，山西省工商联推动民企外向型经济发展，组织5批次经贸交流团，分别赴港澳、美加拿大、澳大利亚新西兰及中国港澳地区开展经贸交流、项目洽谈等活动；为临汾等7个市在国内14个省市开展招商引资活动；为美国等8个国家和中国香港的晋商会和商协会到晋开展经贸洽谈、考察活动，提供支持和帮助。

指导江苏镇江和香港、澳门等6家晋商会挂牌，搭建宣传山西、展示晋商、促进区域经济协调发展的新平台。截至2014年底，国外及中国港澳台地区有晋商组织25家，国内省级异地晋商组织26家，市级异地晋商组织28家。 （冯学亮）

【中小微企业教育培训】 2014年，山西省工商联举办全省小微企业主创业能力提升培训班、优秀中青年民营企业负责人培训班、全省中小微企业政策解读培训班、“依法治国、依法治省、依法治企”专题培训班、及6期“晋商大讲堂”，全年全省工商联系统共培训非公人士近10万人次。2014年11月25日，第四届全国非公有制经济人士优秀中国特色社会主义事业建设者表彰大会在北京举行，山西通达（集团）有限公司董事长远勤山、长治市南烨实业集团有限公司董事长李建明、大同市华岳建设集团董事长昝宝石三名山西企业家被授予“优秀中国特色社会主义事业建设者”称号。 （冯学亮）

【商会组织建设】 2014年，山西省工商联提升企业会员和团体会员比重，注重发展成长型中小微企业、非公有制经济优秀代表人士和新的社会阶层代表人士为会员。会员数达21.38万个，其中企业会员14.13万个、团体会员2009个、个人会员7.05万个。

山西省工商联推动县级工商联加强乡镇商会、街道商会、园区商会、市场商会等基层商会建设与发展，做到有人员、有场所、有经费、有活动，使商会工作正常化、规范化。加强班子队伍建设，坚持正确政治方向，引导商会规范、有序、合理、健康发展。截至2014年底，省商会总数达1728个。

2014年1月23日，山西省工商联召开第十一届三次执委会议，选举李武章为省工商联主席、省总商会会长。制订《山西省工商联会员发展和组织建设规划（2014–2017）》和《2014年“五好”县级工商联建设工作实施方案》，推动基层组织和商会建设。组织全省加强县级工商联和商会组织建设观摩培训活动。截至2014年底，全省131个县级以上工商联组织，基本达到“一个设立、五个有”目标。授予12家县级工商联“五好县级工商联”称号。 （冯学亮）

【产业扶贫与光彩事业】 2014年，山西省工商联组织召开全省非公有制企业产业扶贫左权县观摩推进会，并在太原、大同、吕梁、忻州等市组织产业扶贫分片观摩活动。截至2014年底，全省民营企业参与产业扶贫开发工程投资项目计479个，总投资额871.1032亿元，完成投资额85.7377亿元。

2014年，山西省工商联帮助7家项目企业达成扶贫贷款协议，金额2.28亿元。向中国光彩会申报7个全国光彩事业重点项目和9个光彩事业扶贫贷款项目。山西省企业家韩长安、任武贤、李建明3人被授予“光彩事业20周年突出贡献奖”，张新跃被授予“光彩事业国土绿化贡献奖”。在12月9日召开的全国工商联社会扶贫工作座谈会上，山西省工商联作经验介绍。 （冯学亮）

2014年9月，山西省工商联牵头承办第二届晋商大会 （冯学亮供图）

山西省总工会

【各级工会责任担当强化】 2014年，山西省总工会及下属各级工会围绕党委政府中心工作和经济社会发展大局，以"依法维权年"活动为统领，强化责任担当，履行职责，各项工作取得新成绩。(1)开展"依法维权年"活动，推动出台《山西省企业工资集体协商条例》，全省签订工资专项集体合同35406份，覆盖企业94314户、职工482万人。强化"农民工有困难找工会，拿不到工资找工会"专项行动常态化、长效化建设。全省163411家企业建立职代会制度，162609家企业建立厂务公开制度。9个市、109个县工会建立法律援助维权服务机构。"安康杯"竞赛参赛职工达451.1万人。(2)弘扬劳模精神和工人阶级伟大品格，团结动员广大职工为加快转型跨越、促进转型综改区建设建功立业。457.94万职工参加劳动竞赛。(3)加快构建服务职工工作体系，发挥党密切联系群众的桥梁纽带作用。送温暖活动惠及24.9万名困难职工。(4)以改革创新精神加强自身建设，打造职工群众满意的"职工之家"。开展第五个"工会组建月"活动，严格建会入会"规定动作"，推行职工入会宣誓。3家乡镇(街道)工会被中华全国总工会评为全国百佳示范乡镇(街道)工会。推进会员评家、会务公开、会员代表大会代表常任制及联合职工之家建设，推行会员普惠制，全省工会签约惠民项目914项。工会经费坚持"三倾斜"原则，将更多的财力投入基层；修订完善财务管理制度，将财权关进制度的笼子；开展清产核资，解决工会资产状况不清、资产闲置浪费及流失等问题。截至2014年底，全省工会组织发展到59205个，覆盖法人单位173421个，工会会员7787554人。 (宋海兵 冯 千)

【"依法维权年"活动】 山西省总工会确定2014年为"依法维权年"，开展十大专项维权行动。山西省总工会根据年初全委会部署，制订"依法维权年"活动方案，明确具体任务、责任部门和实施步骤。十大专项维权行动包括依法维权宣传教育、工会劳动法律监督、源头维护、维权机制建设"回头看"、进一步落实"两个普遍"、提高职工素质促进全面发展、"农民工有困难找工会，拿不到工资找工会"、尘肺病防治、改制企业和压缩过剩产能企业"办大事实事"。配合专项维权行动的实施，建立工会领导干部维权联系点制度、法律顾问制度和工会主席维权保障金制度，做到依法维权、科学维权。山西省总工会责任部门出台专项维权行动实施细则12个，细化分解任务，加强进度管理和目标考核。山西省总工会班子成员带队，从2014年5月下旬到6月下旬，集中一个月时间，分别赴所联系的市，深入

2014年4月29日，山西省劳动模范表彰大会召开 (宋海兵供图)

基层开展督察调研，共调研市、县、企业50多家，帮助困难企业和困难职工排忧解难，落实职工权益，维护职工队伍稳定，促进企业发展。同时，山西省总工会派出4路督察组明察暗访，及时研究解决专项行动中遇到的困难，确保专项行动推进。以推动出台《山西省企业工资集体协商条例》为标志，“依法维权年”活动在制度建设、维护权益、开展活动等方面取得一批重要成果，依法维护职工合法权益理念更加深入人心。该项工作经审核，被列入省委省政府年度目标责任考核的创新性指标。

（宋海兵　冯　千）

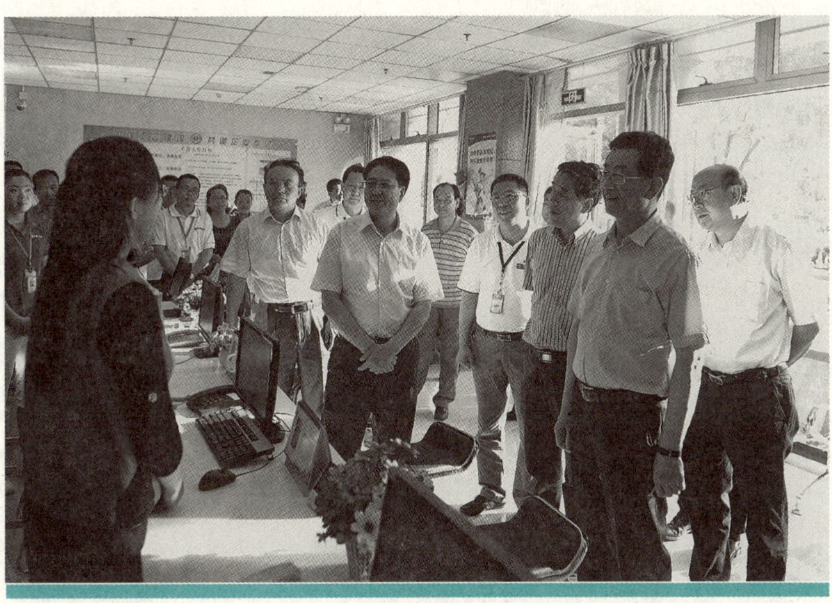

2014年5月28日至30日，全国总工会领导在山西调研　（宋海兵供图）

【为农民工维权服务常态化】 2014年，山西省总工会联合省财政厅下发《关于建立市县农民工讨薪应急救助金的通知》，出台《山西工会农民工讨薪应急救助周转金管理暂行办法》，用规范性文件和法治手段，从讨薪应急救助周转金管理及维权服务的常态化、长效化等方面做出要求，保障为农民工讨薪工作的开展。全省各级工会用压缩“三公”经费的结余资金9000万元建立农民工讨薪应急救助金，为符合条件的农民工先行垫付。召开全省工会保障农民工工资支付长治现场会，出台《关于推进为农民工维权服务工作常态化长效化的指导意见》，要求把维护农民工合法权益，开展为农民工服务，作为各级工会组织的一项重点工作内容，建立健全上下联动、区域协作、系统规范、长效管用的农民工维权服务工作体系。截至2014年底，全省各级工会共接报工资拖欠案件616起，帮助6958名农民工讨回工资7153.58万元，垫付工资38.8万元。（宋海兵　冯　千）

【建功立业活动】 2014年，山西省总工会开展多项服务职工活动。(1)推进山西转型综改试验区建设全国示范性劳动竞赛。山西省1678个重点工程全部开展劳动竞赛活动，41683家企事业单位参赛，参赛职工达457.94万人，创造经济效益近50亿元，有力推动转型发展。开展节能减排竞赛，8572家企业聘请职工节能减排义务监督员2.75万人。(2)开展职工经济技术创新活动。3.05万个企事业单位开展技能比赛，参赛职工达230.6万人次，23.84万职工通过岗位练兵、技术培训、技能比赛提升技术等级。举办山西省第五届女职工职业技能大赛，加强职工(劳模)创新工作室和传统工艺(手艺)大师创新工作室规范化建设，山西省总工会新建97个创新工作室，每个给予5万元资金支持。全省623个创新工作室培训职工9.1万人，取得专利1043项，创新成果转化1672个，取得经济效益10.8亿元。全省职工实施技术革新19207项。(3)实施职工素质工程。建立省级示范性职工职业技能实训基地20个，各级职工技能培训机构培训职工195.89万人次，5280个企业开展“首席员工”“金牌工人”选树活动，选树2.51万名技能带头人，促成6.29万对技能人才(劳模)师徒结对。(4)弘扬劳模精神。山西省总工会召开全省劳动模范表彰大会，表彰203个模范单位(集体)和687名个人，受表彰的省劳模中企业职工和科研人员占到6成。开展“劳模宣传月”系列活动，宣传劳模事迹，弘扬劳模精神。(5)深化“安康杯”竞赛活动。全省14975家企业参加“安康杯”竞赛，参赛职工451.1万人、班组14.9万个，对115万名职工进行安全健康知识普及教育。(6)维护职工队伍稳定。下发《关于做好工会维稳工作 切实维护职工队伍稳定的通知》，围绕影响全省职工队伍稳定的突出问题，省总工会提出6条意见。各级工会加强对职工队伍稳定隐患的研判分析和风险评估，深入到经营困难、淘汰落后产能和化解产能过剩、改制重组等企业中，排查化解劳动关系矛盾，维护职工队伍稳定。（宋海兵　冯　千）

【工会自身建设】 2014年，山西省总工会开展“中国梦·劳动美”主题教育实践活动，组织30多万名职工参加“我与改革创新”主题演讲比赛，获全国比赛铜奖。举办“中国梦·劳动美·幸福路”职工微电影大赛，20部作品入围全国决赛，获金奖1部、银奖4部。开展“中国梦·劳动美——女职工在行动”“三八”主题教育月活动。评选“榜样山西·最美劳动者”年度人物10名，50多万职工参与投票，网络点击率超200万人次。围绕庆祝新中国成立65周年，组织“中国梦·劳动美”全省职工系列文体活动，包括首届全国职工摄影大展和全省职工合唱大赛、乒乓球比赛、书法美术展、诗词创作大赛5项主题活动。开展“培育践行社会主义核心价值观，争当职工职业道德标兵”创建活动。开展争当学习型职工读书活动，创建全国工会职工书屋示范点30个。联合有关部门评出“五一文化奖”作品20个、职工艺术家9名、职工艺术明星20名、职工文艺骨干50名，各级工会培训基层工会文艺骨干1万多人，为活跃基层职工文化提供人才保障。

（宋海兵　冯　千）

【工会帮扶救助】　2014年，山西省总工会开展以“十送”为主要内容的送温暖活动，筹资1.23亿元，慰问1763家困难企业的24.9万名困难职工。“送清凉”活动筹资1416.18万元，慰问职工及农民工29万余人。金秋助学活动筹资3373.02万元，资助12371名贫困学生。女职工“关爱行动”筹资439.15万元，帮扶救助3.08万名困难女职工，推进女职工妇科疾病普查普治，对6398名困难女职工进行“两癌”检查，救助患病困难女职工2092人。全省工会就业援助月组织招聘会269场，提供免费就业服务10.7万人次，跨地区组织劳务输出1.02万人，帮助3.3万人实现就业。各级工会培训下岗失业人员、农民工、困难职工家庭高校毕业生3.9万人，对4064人进行创业培训。山西省总工会联合省直工委举办相亲鹊桥会，省直机关单身职工600多人参加；各市、产业工会举办职工鹊桥活动22场，参与职工9578人。对口援疆累计投资1094万元，实施援疆项目30多个，山西省总工会成为省对口援疆工作领导小组成员单位，经验和做法在全国工会系统作介绍交流。山西省总工会包村扶贫工作由两名主要领导扩大到班子全体成员，新增包扶村5个，新建铺上村示范养殖基地，扩建乡寄宿制学校，建成蔬菜大棚260多个、排洪渠800米以及青贮窖一个，促进农户增收。山西省总工会扶贫工作队被国务院扶贫开发领导小组评为全国社会扶贫先进集体。

（宋海兵　冯　千）

【专项整治】　2014年，山西省总工会机关做出反对“四风”10项承诺，健全完善20余项制度，设立廉政账户，大幅压缩“三公”经费，其中省总工会公务接待费用同比降低71.79%，公务用车费用降低38.79%，出国费用降低97.47%。转变会风文风，会议同比精简68.8%，文件数量同比精简36.9%，规范各类检查、培训、评比和表彰活动，受到基层欢迎。山西省总工会党组中心组集体学习12次，举办6期“省总领导干部大讲堂”，组织3263名基层工会干部参加33期培训，提升工会干部履职能力。制订《改进“五联系”工作意见》，省总领导干部到239个基层单位调研164次，累计344天。委托第三方（国家统计局山西调查总队）开展“全省工会工作整体情况”大调查，全面、客观地反映职工群众对工会工作的认知和期待。

（宋海兵　冯　千）

2014年9月19日，首届全国职工摄影大展在山西平遥开展　（宋海兵供图）

【工会法治建设】　2014年，山西省总工会机关提高工会工作科学化、法治化水平，让“六权治本”（即依法确定权力、科学配置权力、制度限制权力、阳光使用权力、合力监督权力、严惩滥用权力）在山西工会落地生根。(1)参与制订《山西省企业工资集体协商条例》，2014年9月20日经山西省人大常委会审议通过；推动《山西省女职工劳动保护条例》列入省人大立法计划；参与涉及职工利益的政策法规制定；参与全省最低工资标准调整和医疗卫生制度改革。(2)建立健全工会经费管理使用、专项资金分配、工会资产管理等配套制度，自觉接受上级和同级审计部门监督。(3)健全完善劳模评比等表彰项目的公示制度，避免“带病受表彰”。(4)加大纪检部门、经审会等机构对经费收支、使用等重点领域、关键环节的监督力度，推动职代会、厂务公开等职工民主管理工作规范开展。(5)开展职工法律援助维权服务，省、市、县三级工会建立法律顾问制度，成立职工法律援助维权服务机构，法律援助志愿者达1671人。太原、临汾两市工会法律援助中心被列入中央专项彩票公益金法律援助项目。山西省总工会以法治思维和法治方式开展工作的做法得到中华全国总工会的肯定，《工人日报》头版头条以长篇通讯予以报道。　（宋海兵　冯　千）

【党风廉政建设】　(1)落实“两个责任”。2014年，山西省总工会出台《中共山西省总工会党组关于印发落实党风廉政建设党组主体责任的实施办法（试行）》（晋工党组发2015〔1号〕）和《中共山西省总工会党组关于印发山西省总工会纪检组落实党风廉政建设监督责任的实施办法（试行）》（晋工党组发2015〔2号〕）文件。找准工会贯彻落实的切入点，聚焦组织人事、财务资产、评模树优、困难帮扶等重点领域、重点环节，做到有的放矢。落实工会党组主体责任，将党风廉政建设和业务工作同部署、同落实、同考核，一把手做好示范，班子成员切实履行"一岗双责"。山西省总工会纪检组勇于履行监督责任，加大对基本建设项目和工会救助资金、帮扶资金、劳模慰问款等专项资金的监督力度，对违规违纪行为采取"零容忍"态度。(2)加强制度建设。在山西省总工会机关实行系列廉政谈话制度，该做法得到中纪委宣教室和省纪委领导肯定。下发《关于进一步加强反腐倡廉建设的意见》，建立"一报三述"制度，在各市工会、产业工会、直属事业单位实行廉政承诺制度。抓住春节等重要节点开展廉洁文明过节活动和专项整治行动。山西省总工会机关党支部量化考核办法和加强党支部建设实施意见受到省直党建工作调研督察组肯定。(3)强化廉政教育。开展理想信念教育、党风党纪党性教育、红色传统和优秀历史廉政文化教育，运用典型案件加强警示教育，在日常工作中警钟长鸣，增强拒腐防变的思想定力和行动自觉。以学习讨论落实活动为契机，补足精神之钙。(4)做好廉洁从政表率。领导班子带头反思、带头专题辅导，查找存在的问题，进行整改。同时，在住房、用车等方面严格按照有关规定执行。

（宋海兵　冯　千）

2014年10月12日至14日，山西省总工会举办的"放歌中国梦"山西省首届职工合唱大赛在太原举行　（宋海兵供图）

【督察创新】 2014年，山西省总工会通过督察着力解决职工遇到的困难和问题，维护职工权益，在促进全会工作创新发展中发挥作用。(1)拓展督察领域。在2013年山西省总工会的"调查研究年"和2014年的"依法维权年"中，督察室及时跟进，全过程参与，保证工作的完成。深化目标责任考核，承办省委、省政府对省总工会的考核，对机关各部门、地市和产业工会的考核。明确考核指标、分管领导、承担部门、完成时限以及落实方案。按月督查，全过程跟踪监控。办理人大议案政协提案，做到督察有针对性、办理有指导性、过程有科学性。探索网络督察，通过省总工会网站"我有话向省总说"专栏收集职工意见、建议，每天汇报、每周汇总、每月通报。(2)创新督察方法。优化办理流程，对领导批示件归口办理，全程监督，定期通报结果，确保批必办、办必果。建立由办公室牵头组织、机关部门参与，协调联动的大督查机制，强化执行力建设。明察与暗访结合，确保各项工作落实。(3)形成激励奖惩机制。表扬与批评相结合，注重抓正、反典型，把督察情况作为表彰的依据之一。(4)创新制度体系。建立健全分解立项、考核台账、情况报告、再督察、督察通报制度，发挥督察职能作用。山西省总工会连续六年被评为全省督察工作先进单位。

（宋海兵　冯　千）

【产业工会工作】 2014年，山西省各产业工会突出特色，发挥优势，开展财贸轻纺烟草、信息、金融等系统优质服务竞赛，农林水系统基层工会组织建设"十大品牌"竞赛，"晋电杯"系列劳动竞赛，保障性安居工程建设竞赛等群众性立功竞赛活动，组织建筑、机械冶金建材、高校、妇幼保健、烟草专卖、收银员、工艺美术、城镇排水、银行等系统职工职业技能大赛，指导企业加强民主管理和工资集体协商，帮扶慰问困难职工，开展职工文体活动。

（宋海兵　冯　千）

【创先争优】 2014年，山西省总工会被国务院扶贫开发领导小组评为全国社会扶贫先进集体，中华全国总工会和山西省委省政府领导五次对山西工会工作做出批示。在省委省政府的年度目标责任考核中，山西省总工会连续四年被评为优秀单位。在山西省委信息工作考核中，山西省总工会名列省委部门和群团第1名。一些做法和经验在全国总工会议进行交流，山西省总工会在基层组织建设、宣教工作、经济技术工作、保障工作、群众性隐患排查、工资集体协商、对口援疆、督查工作等10个全国工会系统大会上作经验介绍和典型发言。山西省总工会以法治思维和法治方式开展工作的做法得到中华全国总工会的肯定，《工人日报》头版头条以长篇通讯予以报道。多项工作在中华全国总工会考核中排名居前，其中组建工作获优秀奖，工资集体协商工作获一等奖，财务工作、经审工作规范化建设获特等奖，基层组建工作获创新成果奖。山西省总工会被评为落实建会三年规划省级先进单位、落实工资集体协商三年规划先进集体、全国经审工作先进集体、全国职工公共安全健康知识普及竞赛最佳组织单位、全国

"安康杯"竞赛优秀组织单位等，共获得省部级以上荣誉12项。

（宋海兵　冯　千）

【长治市保障农民工工资支付长效机制经验推广】 2014年，山西省总工会召开山西省工会保障农民工工资支付长治现场会，推广长治经验。长治市工会总坚持把握五个环节，健全十项机制，维护农民工合法权益。(1)加强组织领导。率先开展"农民工工资支付维权服务"活动，设立农民工维权接待站，调动全会力量开展为农民工追要工资工作。(2)密切联系群众。打出为农民工讨薪标语，亮出工会维权牌子，在新闻媒体进行宣传，公布维权热线电话，敞开大门接待农民工来访。(3)共同推进工作。同政府主管部门、劳动监察部门、信访局、市政府热线电话办理中心等有关部门沟通协调，共同做好农民工工资维权工作。(4)多措并举集中讨薪。督促欠薪企业，调解案件，按照劳动法律监督程序现场督促解决，对拒不支付农民工工资的企业公开曝光。(5)建立长效机制。建立健全十项农民工工资维权工作机制，包括源头维护机制、集中讨薪机制、日常讨薪机制、首接负责机制、信息通报机制、欠薪报告机制、应急救助机制、依法维权机制、工作督查机制、考核奖惩机制。截至2014年春节前，长治市总工会累计为1157名农民工追回工资1396.81万元。（宋海兵　冯　千）

【临汾市职工法律维权服务体系建设】 2014年，山西省总工会召开全省工会职工法律援助维权服务临汾现场推进会，总结推广临汾经验。临汾市总工会加强维权体系建设，着力劳动争议调处，推动职工法律援助维权服务工作实现新发展。(1)创建"四专"机构，夯实维权基础。配置专用场所，建起高标准的维权中心接待大厅、劳动争议调解室和劳动争议仲裁庭。配强专业队伍，为市总工会和19个县（市区）总工会配备专业维权专职人员，并成立市总工会劳动法律监督检查大队。配备专项设施，包括专用车辆，方便深入基层企业和职工开展工作。保障专项经费，做到经费列入预算、开支实报实销、满足维权需要。(2)加强"双向"联动，整合维权力量。加强各级工会的纵向联结，打造"市、县、乡、企"四级维权网络。加强与党政有关部门的横向联系，搭建维权信息化共享平台。(3)健全"三个规范"，完善维权机制。规范建立"四位一体"一站式服务流程，规范建立维权"五项工作制度"，规范维权"八心文明服务准则"（接待来访要热心、说明情况要诚心、听取反映要耐心、处理问题要公心、了解情况要细心、排忧解难要真心、启发疏导要贴心、维护权益要恒心），使维权中心真正成为职工的"娘家"。(4)坚持"四个到位"，增强维权实效。法律监督检查到位，舆论监督跟踪到位，特聘律师服务到位，行政监察配合到位。截至2014年底，受理投诉196起，成功调解劳资纠纷113起，其中群体性事件22起，帮助农民工追回欠薪620万元。（宋海兵　冯　千）

共青团山西省委员会

【青少年教育】 2014年，山西省共青团推进"我的中国梦"主题教育实践活动。各级各条战线共开展活动2597场，组建300余人的中华优秀传统文化青年讲师团，到机关企事业单位、大中小学校、社区农村，宣讲中华优秀传统文化和社会主义核心价值观533场。开展网络宣传引导工作。建立省市县三级团委网站，开通官方微博微信平台。官方微信平台"山西青年"影响力全团排名第三，全省政务微博排名第九。招募省市县三级网络文明志愿者41322人，网络V团干162人。联合省青联、省学联及省内主流新媒体、社团组织和网络大V筹建全省新媒体联盟，形成以团属网站为宣传阵地，以微博、微信为互动窗口，以QQ群、微信群为扩散载体的共青团新媒体阵地。组织发动青年网络文明志愿者参与勿忘七七事变、"扶一把"等相关话题活动4.42万人次，自主开发网络团课——"黑魔法防御"。推进"青年马克思主义者培养工程"。省、市、高校三级联动，坚定25494名大学生骨干、青年志愿者、大学生村官的马克思主义信仰。组织51517名大中专学生参加主题为"转型跨越新发展，践行核心价值观"三下乡暑期社会实践活动。黄河影视社与省委宣传部、中央电视台等单位联合摄制25集电视剧《婚姻变奏曲》。与山西省委宣传部、中央电视台、太原市委宣传

2014年6月25日，共青团中央书记处领导到山西省实验中学参观

（陈志刚供图）

部联合拍摄电视剧《晋阳风云》，与山西电视台协调、策划共同创办电视栏目《活力青年》。（陈志刚　师慧蓉）

【基层团组织建设】 2014年，山西省共青团加强农村基层团组织建设，推动村团支部书记通过依法选举进村"两委"班子，夯实农村基层团组织建设，村团支部书记进支委14204人，进村委8785人，进"两委"比例从43%提高到97.3%。建立县域合作组织团工委81个，新建直属团组织2701个，新建合作组织团组织2603个。坚持"抓大带小""集中推动"原则，推进城市街道区域化团建，新建非公企业团组织1933家。强化驻外团工委工作，建立省级驻外团工委2个，市级4个，县级31个。强化团队干部教育培训工作。按照"分级分类、下跨一级"培训原则，推进全省团干部培训实现全覆盖。省市县三级和高校企业团干部260人参加全省团干部学习讨论落实活动培训班；高校、企业和市县两级团委组织培训班262期，培训团干部1.5万人次；省市县三级137名团干部分9批参加全国团干部轮训班。省市县三级少工委培训少先队工作者和大中队辅导员7068人次。选派省市两级副处以上团干部77名，对全省119个县级团委进行基层蹲点联系。召开座谈会252场，走访基层团组织576个，访谈团员青年8000余人，县级团委的工作和蹲点团干部能力实现"双提升"。以建设青少年综合服务平台为抓手，加强基层服务型团组织建设。重点依托有形阵地青少年综合服务平台，巩固和丰富"青年汇""市民学校""亲青家园"等综合服务平台，拓展和完善12355青少年服务台等专业化平台的服务功能，为青少年提供持久、有效、广泛的服务，推动团的组织网络、形象标识、工作力量、服务项目在青少年身边实现有形化、日常化。扶持建立的8家青少年综合服务平台，巩固和扩大党执政的青年群众基础。（陈志刚　师慧蓉）

2014年4月26日，由共青团山西省委、山西省青年联合会、山西省学生联合会、山西广播电视台共同主办的纪念五四运动95周年"我的中国梦——奋斗的青春最美丽"分享会在山西大剧院举行（陈志刚供图）

【青少年社会服务】 2014年，山西省共青团成立全国首家"人大代表、政协委员青少年事务联络室"，创新开展"共青团与人大代表、政协委员网络面对面"活动。开展第四届大学生模拟法庭大赛、"法律援助进校园"等系列活动，为未成年人提供心理评估8次，提供法律援助37次。下发《关于做好山西省重点青少年群体服务管理和预防犯罪基础性工作的通知》《关于有序推进第一、二轮全省1/3县级地区重点青少年群体服务管理和预防犯罪工作的通知》，对山西省重点青少年群体服务管理和预防犯罪试点推广工作进行安排。清查整理全省五类重点青少年群体底数和信息，通过自查自评、中期督导、评估考核等措施，推动40个试点推广县区完成任务。向中央"预青"专项组推荐"为了明天——预防青少年犯罪论坛"征文16篇。12355服务平台举办公益大讲堂1216场，为青少年提供各类服务17959人次。开展"青春红丝带"三讲三进防艾宣传教育系列讲座活动400余场，发放宣传资料3000册、防艾健康包5000个。开展"暑期自救自护"安全专题讲座、紧急避险情景预设演练活动400余次，发放《中小学生安全预防与自救手册》2000余册。指导和推动在阳泉矿区段南沟社区成立山西省首家有专业社工进驻指导的"亲@青family青少年社会工作站"。组建山西12355社工师团队QQ群，吸纳全省70余名取得社工师资质的基层社会工作者。（陈志刚　师慧蓉）

【青年文明号20周年系列活动】 2014年，山西省共青团以提质扩面为目标，开展"美丽山西 秒秒一流"青年文明号20周年系列活动。"希望工程"创新筹资模式，全年共筹资1477万元，资助贫困学生2515名，援建希望小学3所，救助重大疾病青少年85名。"希望工程一元捐"活动共筹集善款131.58万元，超额完成100万元的目标任务。成立山西省青少年生态环保社团联盟，组织动员黄河、汾河沿线7.03万名青少年开展植树护绿活动，共植树27.86万株，护绿面积1366公顷。开展青少年增绿减霾共同行动，发放宣传资料2.26万份，新建青年林22个、绿化带6100亩。实施"小渊基金"保护母亲河——青年生态绿化示范林项目，共植树35万株，绿化面积175公顷。关爱农民工子女志愿服务行动，共结对农民工子女较集中学校1391所，结对农民工子女28.47万

2014年8月13日，共青团山西省委、太原市交警支队在太原市五一广场举办以“号角聚力创一流 文明点亮中国梦”为主题暨迎泽大街创建“青年文明号一条街”启动仪式 （陈志刚供图）

对，提供服务13.46万人次，新增志愿服务组织490个。以青年的安全生产推动全省安全发展，团省委被省政府评为全省安全生产先进单位。推动企业共青团技术创新小组建设。落实全省经济工作会议“强化创新驱动，加快先行先试”的要求，开展“五小”（小发明、小革新、小改造、小设计、小建议）活动，组建创新小组645个，引导鼓励广大青年工人参加技术创新项目的研发。 （陈志刚 师慧蓉）

【青年创业励志】 2014年，山西省共青团开展“奋斗的青春最美丽”系列活动，以“创新、创业、创优”为主题，通过发现新青春故事、推选新青年典型、分享新青年精神、引领新青年行动四个阶段，让社会主义核心价值观内化于青年心中，外化于青年行动，发现青年典型、青春故事563个。通过媒体展示、网络访谈、微博话题、主题团日等青年喜闻乐见、线上线下相结合的方式，开展“新·青春”故事分享活动1268场。开展首届“山西青年创业奖”评选活动。全省申报76份，选出25名获奖者。其中杰出青年创业奖10名、优秀青年创业奖15名，第一产业4人、第二产业7人、第三产业14人。省劳动竞赛委员会给予10名杰出青年创业奖获得者记省一等功，给予15名优秀青年创业奖获得者记省二等功。开展“万名农村青年致富带头人”选培带计划。全省共推出11922名农村青年致富带头人，联合省农业厅进行全员、分类、定向培训。 （陈志刚 师慧蓉）

【青年爱心奉献】 2014年，山西青年联合会发动青年对民族地区、贫困地区进行支援。4月份组织新疆建设兵团六师五家渠市学校少先队辅导员、团场连队少先队辅导员30余人参加“山西省三期少先队工作者和辅导员培训班”。与昌吉回族自治州阜康市团委举行希望工程圆梦行动捐赠仪式，现场捐赠现金及物资20万元。与新建生产建设兵团农六师五家渠市团委举行结对签约仪式，现场捐赠现金30万元、物资40万元。

2014年，山西青年联合会开展为留守儿童献爱心活动。开展与进城务工人员子女结对帮扶活动。开展青联委员“走进青年”活动。累计向困难青年捐款35.5万元。开展京津冀晋蒙青联委员“增绿减霾”环保公益行动，为“增绿减霾”专项基金捐款386720.08元，获得团中央专项活动经费50万元。 （陈志刚 师慧蓉）

【青年马克思主义者培养工程】 2014年，山西省学生联合会开展青年马克思主义者培养工程。培养工程是列为省委和团中央的考核工作，工作目标是：（1）坚持用马克思主义中国化的最新成果武装教育青年。创新理论武装工作的方式和载体，坚持用邓小平理论、“三个代表”重要思想、科学发展观教育青年。（2）加强对重点青年群体的培训。通过构建校、系、班三级培训的工作格局，加大对大学生骨干的集中培训力度。（3）开展各类社会实践活动。组织引导大学生骨干、团干部、青年知识分子等优秀青年参加考察交流、挂职锻炼、志愿服务等实践活动。2014年该工程完成培养15687人。 （陈志刚 师慧蓉）

【少年先进意识培养活动】 2014年，山西省少先队工作委员会及各级少先队组织举办多项社会活动，加强少年儿童爱国意识、环境意识、梦想意识、健康成长意识的培养和建设。

1. 基本知识学习实践活动3800余次，参与活动少先队员170万余人次，居全国第五。举办“红领巾相约中国梦”系列主题教育实践活动。抓住春季植树期、“六一”儿童节、“七一”建党纪念日、“10·13”建队节等关键节点，教育引导少年儿童从畅行节能环保、立志科技创新、树立报国志向、践行社会主义核心价值观做起，敢于有梦、勇于追梦、勤于圆梦。全省共有280万人次少先队员参加活动。

2. 各中小学少先队组织以中队为单位，开展“核心价值观记心中”主题队日活动。学习榜样和选树可亲、可敬、可学的身边榜样活动中，各级少先队组织踊跃推荐、自荐“最美少年”或“最美少年集体”516个，居全国第七。8月27日至9月25日，全省各级少工委组织少先队工作者开展“习近平总书记‘六一’重要讲话精神”宣讲活动，少先队员和少先队辅导员累计参与人数96万余人次。

3. 邀请全国及全省相关专家学

者、骨干辅导员老师组建讲师团，开展中国传统经典文化普及推广活动。（陈志刚 师慧蓉）

【少先队活动课达标建设】 2014年，山西省少先队工作委员会推进少先队活动课示范区标准，山西省长治、阳泉两市达到全国少先队活动课示范区标准，其余9市有14个县（市、区）达标。按照全国少工委《关于区域化推进少先队工作的通知》要求：至少有1个地市所有区县达到全国少先队活动课示范区标准；其他有5个区县以上的地市，至少有1个区县达到全国少先队活动课示范区标准。

2014年，山西省各中小学以中、小队为单位，开展以“说优点、讲不足，手拉手、同进步”为主题开展主题队会，让少先队员学会“接受帮助”，培养健康成长意识。（陈志刚 师慧蓉）

○相关链接：参见“社会生活”类目

山西省妇女联合会

【三晋巾帼建功行动】 2014年，山西省妇联出台加强全省农村妇女工作意见，扶持各级巾帼现代农业科技示范基地548个。开展“巾帼励志行动”，各市、县建立巾帼创业就业培训中心和基地129个，组织各类技能培训138923人次，辐射带动178342名农村妇女就地就近就业。组织“春风送岗位”女性专场招聘会115场。组织首届“三晋巧姐”手工艺品评选活动，带动十余万妇女居家灵活就业。开展“美在山西”巾帼主题实践活动，组织妇女参加“共建美丽家园”行动。开展各具特色的巾帼志愿服务活动，全年新增留守妇女互助组3815个，新增注册巾帼志愿者29779人。评选表彰三八红旗手4541名、三八红旗集体1785个、巾帼文明岗1115个、巾帼建功标兵1997名。（郃三亲）

【三晋巾帼维权行动】 2014年，山西省妇联将实现男女平等基本国策教育首次列入山西省委党校主体班次课程，推动山西省政府出台《山西省妇女儿童健康行动计划（2014－2015）》。参与第十届村两委换届工作，落实女性进村两委比例达到100%的工作目标。成立山西省法规政策性别平等咨询评估委员会，与省农业厅联合制定在农村土地承包经营权确权登记工作中从源头保障妇女合法权益的“三个确保”政策。参与省女职工保护条例修改。发起“6·15”儿童保护日——绿丝带行动，推进“六五”普法宣传教育，建立婚姻家庭纠纷调解中心，开展反邪教知识进村（社区）、“无邪教村（社区）”创建活动。建立省妇联领导信访接待日制度，推广妇女信访代理和协理制度。全年接待办理群众信访、电话、网络投诉4155件，完成交办督办重要信访事项363件，完成法律援助案件17件。（郃三亲）

【三晋巾帼关爱行动】 2014年，山西省妇联落实妇女小额担保贷款财政贴息政策，累计发放贷款47489.58万元，落实财政贴息资金5170.85万元。继续承接实施国家级公益项目，荣获春蕾芬芳——中国儿童慈善奖。配合卫计委为182739名和30921名妇女分别进行宫颈癌和乳腺癌检查，救助贫困患病妇女352人。新发放“母亲邮包”2000个，争取“春蕾计划”助学金23.32万元，母亲健康快车项目为全省47.93万人次妇女儿童提供急救、义诊、培训服务，新增贫困地区儿童营养改善项目县8个。省妇女儿童发展基金会募集社会公益资源2365万元，实施“幸福启航”系列公益慈善项目。开展职业农民培训调研课题，举办贫困地区妇女创业就业推进会，参与千村万人就业培训行动计划，通过培训14237名妇女实现就业。在扶贫点五台县高洪口乡实施籽粒苋种植带动畜牧养殖等产业发展扶贫项目，荣获全国社会扶贫先进集体。（郃三亲）

【妇联强基固本行动】 2014年，山西省妇联在省市县乡四级妇联换届基础上，抓住全省第十届村“两委”换届契机，组织开展村妇代会换届工作。完善“妇女之家”管理制度，真正成为基层妇女群众的“温暖之家”。制定《山西省妇联关于改进工作作风、密切联系群众的实施办法》，常态化开展“下基层、访妇情、办实事”和干部下乡驻村活动。探索建立省妇女代表大会任期制度、代表建议案直报制度和省妇联常委、执委工作制度，有效创新工作机制、延伸工作手臂。拓展和深化妇女交流机制，与陕西省妇联签订友好合作框架协议。开通半边天网站，《山西妇女报》实现数字化，省妇联新闻宣传工作和信息化建设迈上新台阶。（郃三亲）

○相关链接：参见“社会生活”类目

2014年5月16日，山西省第十一次妇女代表大会在太原召开（郃三亲供图）

山西省作家协会

【"中国梦"主题的重点作品扶持】 2014年，山西省作家协会把组织以"中国梦"为主题的文学创作活动作为工作重点，成立领导小组，制定详细工作计划和实施方案，加强组织领导，建立健全相关制度。

3月31日，山西省作家协会向各市文联、各企业文联(作协)下发《关于征集以"中国梦"为主题的2014年度山西省作家协会重点作品扶持选题的通知》，有14部作品给予重点扶持。并推荐其中5部作品参加中国作家协会重点作品扶持工程评选，《我们是姐妹》入选。

6月20日，山西省作家协会组织全省30余位编辑、作家召开座谈会，就如何做好"中国梦"主题创作活动进行研讨。《山西文学》《黄河》《山西作家》等作协所属刊物联合《山西日报》和各市、县文联作协的刊物，设立"中国梦"专栏，举办征文活动，推出《一百八十年的耕读梦》《文笔塔与"作家碑"》《爱心传递一路芳香》等数十篇优秀作品。山西作家影视公司以"中国梦"为主题开展影视剧本创作，研讨论证《黄河在咆哮》和《一诺千金》等作品。 (吕轶芳)

【廉政文学创作】 2014年，山西省作家协会制定《省作协关于促进廉政文化创作总体方案》，号召广大会员参与廉政文化建设创作活动。

11月27日，山西省作家协会召开廉政题材文学创作座谈会，就廉政文学创作进行深入讨论，明确工作方向和措施。山西省作家协会利用"山西省百位历史文化名人传记出版工程"项目，推出山西历史上的清官廉吏系列丛书。《于成龙传》《狄仁杰传》《祁隽藻传》《薛喧传》《徐继畬传》等正式出版。山西省作家协会为长篇历史小说《末代翰林李用清》举行研讨会，邀请专家对《大清河帅栗毓美》进行指导修改，推荐到人民文学出版社出版。确定申报的2015年重点作品扶持项目以廉政文学创作为主题，确定10部至20部作品予以扶持。 (吕轶芳)

【签约作家评选】 2014年，山西文学院完善《青年作家签约制度》，评选出第4届签约作家14名。并通过召开座谈会、组织培训班等形式，对签约作家的创作进行指导，确保完成签约任务。 (吕轶芳)

【山西网络文学院成立】 2014年，山西省作家协会经过调查摸底，建立山西网络作家档案，邀请孟超等较有影响的网络作家加入山西省作家协会。成立山西网络文学院，18名网络作家成为首批"在线作家"。 (吕轶芳)

【作家采访采风活动】 2014年，山西省作家协会组织作家到晋中市采访采风，深入了解晋中市经济、社会、文化等方面发展变化，创作10余篇作品，在《山西日报》《山西晚报》等发表；从全省各市各挑选1名实力派作家，撰写《三晋大美——走进各市》文化丛书，完成4部作品；与孝义市"三晋文化研究会"合作，组织作家撰写"孝义文化丛书"5部；与长治市郊区合作，组织10名青年作家深入采访，完成一套反映长治市郊区文化社会发展的丛书。组织山西省作家深入襄垣县法庭参观案件审理，到祁临高速公路了解高速公路的监控、运营方式，到灵石县参加胡正文学纪念馆，到阳高县、永和县采风，并建立"阳高大泉山文学创作基地"和"永和乾坤湾创作基地"，从多个方面为作家深入生活提供条件。推荐山西省作家申报中国作家协会的定点深入生活项目，李金山通过申报，并完成创作选题。 (吕轶芳)

【创作成果获奖】 2014年，山西省作家创作成果突出。吕新的《白杨木的春天》获第六届"鲁迅文学奖"中篇小说奖，是继2010年李骏虎获第五届鲁迅文学奖之后山西省作家又获此殊荣。葛水平的《河水带走两岸》及解贞玲的《高情大义，风华雅韵》获第六届冰心散文奖。蒋韵的《朗霞的西街》获2014年老舍文学奖。李骏虎获《芳草》文学杂志主办的第四届汉语文学女评委奖"最佳叙事奖"。聂还贵的《中国，有一座古都叫大同》获第五届徐迟报告文学奖。孙频、吕魁获第二届"紫金·人民文学之星"奖。小说集《茱萸》入选《21世纪文学之星(2014年卷)》。《黄河岸边的歌王》《缅甸淘金历险记》《寻找巴金的黛莉》《送八十四位烈士回家》入选《中国新世纪写实文学经典》。 (吕轶芳)

○相关链接:参见"文化"类目

山西省科学技术协会

【学术交流】 2014年，山西省科协整合优质学术资源，打造高端前沿学术交流平台。9月，承办第五届中国(太原)国际能博会青少年低碳论坛，特邀中科院院士李洪钟、英国利兹大学靳忠民教授、台湾成功大学教授李旺龙等4位专家作报告并与省城中小学生互动交流。举办"新科技·新生活"低碳专题展、青少年低碳发明和创意设计展、低碳科普资源作品展等展览，引导人们绿色低碳生活。组织省级学会围绕学科发展的难点和经济发展的热点，开展高层次学术活动，主要有第13次全国岩石力学与工程学术大会、中国中西部地区土木建筑学年会、第十三届IEEE/ICIS计算机科学与信息科学国际会议、省气象学会学术年会等，2014年组织学术活动35项，涉及40多家学会。开展院士专家山西行，工程院院士方智远带领中国农科院专家赴晋中、长治等地，就蔬菜产业发展出谋划策。开展第十七届山西省优秀学术论文评选。组织第二届海峡两岸新农村建设研讨会、第五届海峡两岸青年学子科技交流和赴以色列培训等活动，推进海外引智工作。各市科协也以多种形式组织所属学会举办学术活动，引领学科发展，服务创新驱动。2014年，全省科协系统共举办各类学术会议280多场，参会科技人员3.6万人次。

(王继龙)

【科普惠农计划】 2014年，山西省科协开发建成山西省科普示范体系综合服务系统，具备申报、查询、项目储备等功能，实现全省科普示范体系的动态管理。开展全国和山西省科普惠农兴村计划先进单位和带头人推荐评选，共有67个农技协、21个农村科普示范基地、14名农村科普带头人受到国家和省级表彰。加强科普惠农中心服务站试点工作，累计建成12个试点，新建省级优秀农技协和农村科普示范基地各50个。推进科普惠农绿色通道工程，完成建设100个科普惠农服务站、扶持100个科普惠农骨干企业、建设100个优质农产品示范基地、主推100项科普惠农先进适用技术的“四个一百”任务；通过实施“放心农资下乡、优质农产品返城”模式，实现双向服务县县全覆盖，信息技术服务体系惠农站点全覆盖的目标。在方山县郝家庄村推进下乡住村和包村增收工作，马铃薯项目连续三年大丰收，平均亩产3500公斤，带动全县推广上万亩；建设牛棚2个，西门达尔牛存栏数达到100头，引导农民成立合作社，全村农民人均纯收入由2011年的1880元增长到6000元。建立山西首个农村科技服务微信平台——“农村微课堂”，开设专家讲堂、惠农服务等功能，访问量69万人次，实现农业科技进村入户。建立科技扶贫示范基地2个、合作基地78个，组建96人参加科技扶贫专家组，开展全程技术指导和跟踪服务。启动科普进庄园行动，为60多家庄园提供专家咨询、农资供应等服务。组织农村实用技术培训938场，受众6.3万人次；为全省1.3万名大学生村官编制并赠送科技手机报156期；中科云媒培训农民32万人；“96110”“96365”“96580”三条热线全年服务群众3.6万人次。 （王继龙）

【科普益民计划】 2014年，山西省科协开展国家和省级科普益民计划推荐评选工作，大同市城区柳园社区等9个社区受到中国科协和财政部的表彰及奖补，运城市新绛县东天池社区等10个社区被评为“山西省科普益民优秀科普示范社区”，太原市杏花岭区锦绣苑社区等5个社区受到省级科普益民重点建设专项资助；实施公交楼宇“科普每一天”工程，覆盖太原3000多辆公交车和1000多个公共场所，全年编播科普宣传片52期。 （王继龙）

【科普强企计划】 2014年，山西省科协组织企业科技工作者开展技术创新、技术革新和技术攻关活动，把创新要素引向企业。开展“讲理想、比贡献”活动，全省共470多家企业、13.9万人次参加活动，采纳合理化建议3.06万条。在太原、晋城建立培训基地，确定太重、汾机、晋机3个试点企业，组建创新小组30个，初步建成四级创新方法培训网络体系，培训企业技术骨干640人。实施专利信息应用项目，加强联合协作，培训专利技术人员430人。“金桥工程”重点倾向“综改区”建设和中小企业，完成42项，创利税2.03亿元。太原市建成院士工作站27个，引进院士33名。全省新增企业科协123个，其中新增非国有企业科协85个。在全国“讲理想、比贡献，奋力实现中国梦”活动评选中，山西有8个先进集体、5个创新团队、9名创新标兵、6名优秀组织者受到表彰。 （王继龙）

【科普助教计划】 2014年，山西省科协组织举办全省青少年科技创新大赛、青少年机器人竞赛、宋庆龄少年儿童发明奖等赛事，开展青少年高校科学营、农村青少年“科技彩虹桥”“助力科学梦”家庭科学教育、青少年科学影像节等活动，1000多所学校、43万人次中小学生参加。 （王继龙）

【群众性主题科普活动】 2014年，山西省科协围绕“创新发展、全民行动”主题，组织开展山西省2014年“全国科普日”暨第11届“科普三晋”系列活动，重点策划组织省城主场活动、第三届中国科普摄影大赛、科普教育基地联动等活动。副省长张复明、省政协副主席李悦娥出席主场活动。全省共举办科普报告、科普剧展演、科普培训、科普展览、科技咨询、网络活动等890多项，受众人数100余万人次。太原市现场机器人表演等5项特色活动受到中国科协表彰。“山西科学讲坛”特邀专家授课，面向学校、社区、企业、机关送“课”上门，共举办45场，受众2万余人次，获“省直机关十大学习品牌”称号。围绕公众关注的雾霾、低碳节能、食品安全、饮食与糖尿病等热点话题，通过媒体点题、专家解读、互动访谈，举办10场“专家与媒体面对面”活动。“晋城科普大讲

2014年12月22日，山西省科技人才创新论坛在太原举办 （王继龙供图）

2014年12月22日,山西省科协在太原召开农科110、健康365专家工作座谈会
(王继龙供图)

堂”、临汾市科普“五进校园”、阳泉市自然灾害和突发事件科普应急响应等一大批基层主题科普活动,为公众提供优质高效的科普服务。

(王继龙)

【现代科技馆体系建设】 2014年,山西省科技馆新馆建成并免费开放,累计接待观众100多万人次,被中国科协誉为精品样板工程,成为名副其实的科普工作主阵地。市级科技馆建设稳步推进。截至2014年底,忻州、朔州、晋中3个市级馆开工,运城、阳泉等4个市级馆审批立项。流动科技馆和科普大篷车坚持深入基层,全年巡展300余天,受众70余万人次。

(王继龙)

【科普资源建设】 山西科技传媒集团是中国科协确定的全国四大科普资源研发基地之一。2014年,山西科普资源库拥有原创挂图600余套,数据存储量突破1000G;编印配发农村、社区科普挂图1万套,编发手机报1231期,在太原50个社区安装“科普屏媒”,三农网络电视上线,与山西电视台合办“农科110”电视节目,与省电台合办“农科110”广播节目,在全省41个县市开播《科普大篷车》电视节目;为中国移动“农信通”累计提供涉农信息500多万条;埃博拉病毒爆发,开展应急科普,引导公众科学应对;中科云媒在全省农村建成试点303个,被财政部列为全国农村公共文化服务体系扶持项目。

(王继龙)

【首次全省科技工作者状况调查】 2014年,山西省科协历时两年开展全省首次科技工作者状况调查,全面了解科技工作者队伍总体状况,掌握科技工作者在就业方式、科研环境、流动趋势、思想观念等方面的情况,形成《山西省首次科技工作者状况调查报告》。调查报告得到山西省委、省政府肯定,省委书记王儒林、省长李小鹏作重要指示。按照省委书记王儒林的要求,副省长张复明召集9个有关厅局就报告中反映的科技工作者群体存在的问题进行专题研究。

(王继龙)

【优秀科技人才表彰】 2014年,山西省科协开展第六届山西省十佳中青年优秀科技工作者评选表彰,评选出中青年优秀科技工作者10名;开展第二届山西省科技传播奖评选表彰,评选出先进集体10个和先进个人50名,省劳动竞赛委员会给予记功表彰;向中国科协遴选举荐优秀人才,山西省18人获全国优秀科技工作者称号,1人获十佳全国优秀科技工作者提名奖。忻州、晋中、晋城等市和有关省级学会也开展优秀科技工作者、十佳优秀工程师等奖项的评选表彰活动。

(王继龙)

【“双化建设”实施】 2014年,山西省科协组织实施“优化自身素质、强化服务能力建设”(简称“双化建设”),重点加强科协干部应具备的八项基本素质、九项基本能力。每月至少举办一次全系统学习报告会;分批安排干部外出参加培训;组织干部每人每年至少两次深入基层调研,每人至少撰写1篇有深度的工作研究文章;组织全系统公文写作、计算机应用、主题演讲等比赛,并选派人员参加省直机关五项全能大赛,取得优异成绩,省科协荣获优秀组织奖等。 (王继龙)

山西省文学艺术界联合会

【文联重要会议】 2014年1月26日,山西省文联党的群众路线教育实践活动总结大会在太原召开。省文联党组书记、常务副主席李太阳代表文联党组在会上作总结发言。省文联是第一批参加党的群众路线教育实践活动的单位,自2013年7月正式开展活动以来,文联党组精心制定方案,部署活动开展,紧扣为民、务实、清廉主题,按照“照镜子、洗洗澡、正衣冠、治治病”的要求,组织学习教育,认真听取意见,积极查摆问题,严把批评与自我批评、整改措施、建章立制三个环节,取得实实在在的成果。

2014年1月24日,山西省文联八届二次全委会在太原召开。会议审议通过《省文联八届二次全委会会议议程》《更替和增补省文联第八届委员会委员事项》和《省文联八届二次全委会会议工作报告(审议稿)》。7月25日,省文联用八届三次主席团会议召开,进一步推进省八届二次全委会提出的工作任务。

(冯海涛 张 原 李陈华)

【文艺志愿者服务】 2014年12月5日国际志愿者日,由山西省文联党组书记、常务副主席李太阳,主席张根虎带队,组织100名书画、摄影艺术家赴和顺县阳煤集团新大地煤矿开展“深入生活、扎根人民”山西省文联文艺志愿者服务主题实践活动并举行启动仪式，拉开“深入生活、扎根人民”主题实践活动序幕。启动仪式上，省文联向新大地煤矿赠送第十二届全国美展入选作品；和顺县新大地煤矿授予李太阳、张根虎等“新大地煤矿荣誉矿工”。启动仪式后举行山西省文联“深入生活、扎根人民”暨阳煤安全文化、阳煤党建文化写生创作活动，艺术家们围绕矿区、聚焦矿工展开创作。

4月28日至29日，中国文联“送欢乐 下基层”文艺志愿服务团到山西平朔煤矿开展文艺志愿服务和慰问演出。中国文联党组书记、副主席赵实带队，省委常委、宣传部部长胡苏平，省文联党组书记、常务副主席李太阳，省文联主席张根虎等参加活动。

4月28日，中国文联文艺志愿服务团在平朔图书馆举办书法、美术、摄影交流及现场创作活动。书画家胡抗美、陈洪武、史国良、徐里、王雪岭和摄影家王瑶对平朔煤矿的书画摄影爱好者进行书画、摄影辅导。

4月29日，“我们的中国梦——送欢乐 下基层”文艺志愿服务活动慰问演出在平朔安家岭矿举行。尚长荣、姜昆、李丹阳等50多位艺术家参加演出。演出由中央电视台主持人刘芳菲、杨柳主持。歌曲《大地飞歌》《咱们工人有力量》《为祖国干杯》，相声《欢歌笑语》，诗朗诵《献给平朔矿工的颂歌》，京剧《自己的队伍来到面前》《红灯记》，杂技《妙舞炫竹》，魔术《魔幻时刻》等精彩节目相继上演，现场1200多名煤矿职工和家属观看慰问演出。（冯海涛 张 原 李陈华）

【中国剧协梅花奖艺术团到晋慰问演出】 2014年2月18日，由中国文联、中国戏剧家协会、山西省委宣传部、山西省文联、山西省文化厅等单位联合主办的“我们的中国梦——中国剧协梅花奖艺术团‘送欢乐下基层’慰问演出”到太原慰问演出，千余名环卫工人、交警、武警和驻晋部队的代表观看演出。

2月19日，中国剧协梅花奖艺术团“送欢乐下基层”山西行慰问团继续来到山西革命老区灵丘县慰问演出。中国剧协分党组书记、驻会副主席、梅花奖艺术团团长季国平，中国剧协分党组副书记、秘书长、梅花奖艺术团副团长刘卫红，山西省文联党组副书记、副主席石跃峰，大同、灵丘县有关领导观看演出。

（冯海涛 张 原 李陈华）

○相关链接：参见“文化”类目

2014年12月5日，“深入生活、扎根人民”——山西省文联文艺志愿者服务主题实践活动启动仪式在和顺县新大地煤矿举行 （李陈华供图）

山西省残疾人联合会

【残疾人事业宣传】 2014年，山西省残疾人联合会（简称“残联”）。开展山西省残疾人事业好新闻评选活动，推荐17件作品参加全国评选。与电视台、电台合作播出电视手语节目、《同在蓝天下》残疾人专题节目各30余期。组织山西省全国自强模范暨助残先进集体和个人先进事迹报告团在省内巡回宣讲5场，直接听众近2000人。 （邹淑芳）

【残疾人文体活动】 2014年，山西省残联在全省范围内组织开展第二十四次“全国助残日”、残疾人文化周、残疾人健身周、全国特奥日活动。在“助残日”期间举办山西省残疾人书画手工艺作品展。8月25日至30日，第十届省残运会举行，省委常委、常务副省长高建民，省人大常委会副主任张茂才，省政协副主席朱先奇出席开幕式，高建民宣布运动会开幕，400多名残疾运动员参加8个个人项目和3个集体项目的角逐，共决出189金牌、88枚银牌和59枚铜牌。

（邹淑芳）

【残联组织建设】 2014年，山西省8个市级残联在领导班子中配备残疾人理事长或副理事长；90个县级残联机关配备残疾人干部；建设乡镇（街道）残联1476个，建成率达99%，选聘残疾人专职委员1393名；建设社区（村）残协22799个，建成率达84%，选聘残疾人专职委员23812名。省、市、县、乡残联实有人员达4686人。各级残联共举办培训班265期，培训机关干部、协会干部及残疾人专职委员9140人次。全省共建立省级以下各类残疾人专门协会629个，市级专门协会建设比例为100%；县级专门协会建设比例为97%。全省共建立助残社会组织9个，其中在民政部门注册的8个，以残联为业务主管单位的5个。 （邹淑芳）

【残疾人服务设施建设】 截至2014

2014 年 8 月 25 日，山西省第十届残疾人运动会开幕式在山西体育中心举行

（邹淑芳供图）

年底，山西省竣工并投入使用的各级残疾人综合服务设施 51 个，总建设规模 107118.71 平方米，总投资 28589.83 万元；竣工并投入使用的各级残疾人康复设施 32 个，总建设规模 74856.07 平方米，总投资 18438.35 万元；竣工并投入使用的各级残疾人托养服务设施 1 个，总建设规模 2000 平方米，总投资 400 万元。（邹淑芳）

【残疾人事业理论与实践研究】 2014 年，山西省残联与山西大学合作完成研究课题《完善残疾人就业服务体系研究》。开展残疾人工作政策理论研究。在全省残联系统开展调研报告大赛并举办山西省残联 2014 年调研报告交流培训会议。组织参加中国特色残疾人事业研讨会暨第八届中国残疾人事业发展论坛，报送论文 12 篇，入选大会论文集 3 篇。开展 2014 年度残疾人状况监测工作，山西省残联被评为全国残疾人状况监测工作先进单位。（邹淑芳）

【基金募集与救助】 2014 年，山西省残疾人福利基金会共募集资金物资 1420.91 万元。组织实施山西省“集善工程·2014 长治国际微笑行动”，为 88 名唇腭裂患者实施修复手术。“集善三晋惠残空间·走进社区”垣曲站捐赠仪式，现场捐赠总价值 34 万元的物品及 2 万元助学金。在汾酒专卖店，万民、长城药店等场所安放 203 个捐款箱。“集善工程”系列项目共实施 700 例白内障复明手术，配发 1300 辆轮椅等辅助器具。“集善爱心书屋·文化助残行动”为山西省 7 个市的 13 个县（市、区）建立“集善爱心书屋”，丰富当地残疾人的精神文化生活。（邹淑芳）

○相关链接：参见“社会生活”类目

山西省社会科学界联合会

【社科类学会清理规范】 2014 年，根据山西省纪委、省委组织部、省监察厅、省民政厅联合下发的《山西省全省性社会团体清理规范工作方案》（晋纪发〔2014〕1 号）文件精神，山西省社科联集中开展全省社科类学会的清理规范。山西省社科联领导和学会联系人深入学会，调查研究，针对性地采取有力措施。经自查自纠、严格审核、限期整改，使学会达到人员、机构、职能、经费与党政机关“四分离”，解决领导干部在学会兼职过多的问题，134 个处级以上党政领导干部退出学会。截至 2014 年底，参加清理规范的省属 125 个学会保留的学会 99 个，限期整改的学会 6 个，同意注销的学会 20 个。清理规范工作基本结束后，在武乡县八路军文化园对经过清理规范的学会研究会主要负责人进行培训，省属学会、研究会、协会，各市社科联，省社科联学会联系人共 130 余人参加培训。（杜伟琴）

【社科研究优秀成果评奖和“百部（篇）工程”评审】 2014 年，山西省社科联组织 130 多名评审专家，开展山

2014 年 9 月 23 日，山西省社科联学会负责人培训班在武乡县举办（杜伟琴供图）

西省第八次社会科学研究优秀成果评奖活动与“百部(篇)工程”评审活动。其中,第八次社会科学研究优秀成果评出荣誉奖1项,一等奖20项,二等奖75项,三等奖99项,优秀奖87项,共计282项优秀成果;“百部(篇)工程”获奖成果评出荣誉奖1项,一等奖21项,二等奖39项,三等奖49项。同时对组织参评科研院所与机构进行嘉奖。(杜伟琴)

【“一网两刊”建设】 2014年,山西省社科联编辑出版《山西社科联》6期20多万字、《学术论丛》6期90多万字。在科普宣传方面,社科联编辑出版《纵横且说宋之问》《大同历史文化》两本历史文化方面的图书,使《山西社科研究与普及书系》的资助编辑出版达到7卷200余万字。在全国第十六次社科普及工作会议上,山西省有3名专家、3部作品和4位社科工作者受到表彰。(杜伟琴)

○相关链接:参见“社会科学”类目

山西省归国华侨联合会

【省侨联九届六次全委会议】 2014年1月9日,山西省侨联九届六次全委会议在太原召开。会议传达“九代会”精神,审议通过省侨联主席许并社作的题为《发挥侨联优势 建好侨胞之家 汇聚侨界力量 助力山西转型跨越发展》工作报告。山西省侨联党组书记王立业就做好侨联工作提出要求:要全面学习贯彻党的十八大、十八届三中全会和“九代会”精神,及早安排、部署好2014年工作,助力全省经济社会发展;围绕拓展海外和新侨工作,为侨界人士来晋项目考察、文化交流、科技合作、投资兴业穿针引线,彰显侨联组织作为;把握建设归侨侨眷和海外侨胞之家的内在要求,以改革创新精神推进侨联自身建设。(庞　乐)

【中国侨联、山西省侨联春节走访慰问】 从2014年1月10日起,中国侨联慰问组与山西省侨联各慰问组分赴太原、忻州、大同、运城、阳泉、吕梁等市开展走访慰问活动。

中国侨联办公厅副巡视员赵志敏一行三人,在太原市先后慰问97岁的南侨机工蔡明训、96岁的老红军马志选、省侨联退休老领导陈海荣和海外侨领的亲属、困难归侨等,询问他们的身体状况和生活情况,向他们转达中国侨联的问候和新春的祝福。

山西省侨联党组书记王立业、主席许并社、副主席范安龙、秘书长陈蕾分别带队赴忻州、大同、运城、阳泉市慰问部分侨联老领导、老归侨、困难归侨及侨领家属,向他们送上新春的问候。省侨联领导还分别带队慰问在太原的省侨联老领导、省直部分老归侨或遗属、特困归侨、海外侨领亲属、新侨家属代表以及省侨联部分社团负责人,向他们送去侨联组织的关怀。省侨联慰问组还深入下乡住村点中阳县三角庄村,慰问老党员、老村干和特困户。

在2014年春节走访慰问活动中,省侨联发放慰问金23万余元。(庞　乐)

【侨企亮相科博会】 2014年5月13日至18日,第十七届中国北京国际科技产业博览会暨首届新侨创新创业成果展在北京举办。科博会围绕“创新驱动,融合发展”主题,2000多家国内外高新技术企业、高校科研院所和全国高新技术产业园区、经济开发区参展。山西省侨联组织推荐的山西欧德宝电子工程有限公司、寿阳县田益农业科技有限公司参加科博会获得好评。两家企业共接待参观者数千人次,为企业发展带来新商机,被大会组委会评为“优秀参展企业”。山西省侨联获“组织工作奖”。(庞　乐)

【侨联系统干部培训班】 2014年5月19日至24日,山西省侨联系统干部培训班在北京举办,来自全省侨联系统的60名干部参加培训。

中国侨联党组副书记、副主席董中原先后出席开班式和结业式并作讲话,山西省侨联主席许并社出席开班式,副主席范安龙、刘越泽、方敬爱、李慧、黄成胜和秘书长陈蕾全程参加培训。中国侨联副主席乔卫、中国侨联顾问王永乐、中国侨联顾问李祖沛、中央党校哲学教研部主任李晓兵、中国华侨华人历史研究所所长张春旺、中国侨联办公厅处长何长松分别就“两个拓展”、《中国侨联章程》解读、涉外礼仪礼节、“怎样看待中国的发展”、《关于加强和改进新形势下侨

2014年5月19日至24日,山西省侨联系统干部培训班在北京举办

(庞　乐供图)

联工作的意见》解读、如何写好侨情信息等课题进行专题授课和辅导。培训班还组织学员赴北京市华侨服务中心和西城区展览路街道开展现场教学，并围绕做好"两个并重"及"两个拓展"进行研讨。（庞　乐）

【海外华文学校参访团到晋】 2014年7月21日至24日，中国侨联组织的2014海外华文学校校长教师参访团到山西省太原、晋中、忻州、大同开展考察访问活动。参访团成员均是海外从事一线华文教育的教师骨干，多年来为弘扬中华传统文化和发展华文教育事业做出贡献。海外华文教师代表实地体验三晋大地的雄浑壮丽，亲身领略三晋文化的独特魅力，增进与山西民间的友好交往，密切与山西人民的交流联系。山西省侨联党组书记王立业、副主席范安龙、秘书长陈蕾等陪同考察。（庞　乐）

【中国侨联法顾委调研组到晋调研】 2014年7月28日至8月1日，中国侨联法顾委调研组在中国侨联法顾委副主任、国家知识产权局原局长高卢麟和中国侨联权益保障部副部长黄晖带领下，到山西开展工作调研。在晋期间，调研组一行先后听取山西省侨联和太原、晋中、阳泉市侨联围绕贯彻落实中央意见、新侨回国投资创业权益维护、贯彻落实《归侨侨眷权益保护法》情况、开展"六五"普法宣传教育情况等方面的工作介绍；召开4场由各涉侨部门、当地司法机关、归侨侨眷和新侨、侨企代表以及侨联法顾委委员等参加的专题座谈会，就基层侨联组织对中央政策的意见建议进行广泛、深入的交流和探讨，对新侨回国投资、创业、就业过程中遇到的政策、法律方面的问题，国内企业在走出去的过程中遇到的困惑和如何快速、有效的解决涉侨案件等问题进行探讨交流。调研组实地考察山西众人科技有限公司、山西欧德宝电子工程有限公司等8家侨企，了解生产、经营状况，并对考察企业遇到的实际问题从产权保护、投融资等方面进行现场指导。山西省侨联党组书记王立业、秘书长陈蕾参加在省直召开的座谈会，省侨联副主席范安龙陪同调研。（庞　乐）

【晋商大会服务】 2014年9月2日至4日，以"聚力转型综改、再铸晋商辉煌"为主题的第二届晋商大会在太原召开，来自17个国家和中国港澳台地区、全国26个省区市的270名晋商代表参会，其中国外、中国港澳台地区及省外参会人员138人。作为第二届晋商大会组委会成员单位，山西省侨联承担海外晋商和知名侨领的联系邀请和来宾接待任务，并借大会召开之机，开展联谊、助推、宣传推介等工作。(1)邀商邀客。邀请来自美国、加拿大、澳大利亚等国家及中国香港和台湾地区，涉及金融服务、现代物流、装备制造、软件服务外包等行业和领域的30位海外侨领和侨商出席大会。其中，入选理事会主席团2人、常务理事6人、理事8人。(2)加强联谊。大会期间，举办海外侨领和侨商餐叙座谈会，与德国华人华侨联合会、加拿大晋商联谊会、新加坡晋商商会、日本山西省交流友好协会、美国山西华人华侨联谊会等海外侨团签订海外联系点友好合作协议。(3)助推合作。大会期间，陪同参会的部分海外嘉宾到临汾经济开发区、晋中市祁县物流园区、忻州市岢岚县进行项目考察和对接，推进项目合作进程。(4)宣传推介。向晋商大会网提供海内外侨界优秀晋商人物、晋商企业宣传资料57篇，海外山西同乡社团、晋商组织资料16篇，展现侨界晋商的形象和风采。（庞　乐）

2014年11月16日，山西在港人员联谊会第三届年会在深圳举办（庞　乐供图）

【新侨代表在京获表彰】 2014年9月12日，中国侨联第五届新侨创新成果交流表彰会在京西宾馆举行。山西省侨联党组书记王立业、办公室副主任李智及13位获奖代表出席表彰大会。

表彰会上，中国侨联副主席董中原宣布"中国侨界贡献奖"表彰决定。第五届新侨创新成果交流表彰会评出363个"中国侨界贡献奖"奖，其中创新人才奖187名，创新成果奖101项，创新团队奖75个。山西省有13位新侨代表获"中国侨界贡献奖"。（庞　乐）

【海外人才服务工作交流】 2014年11月3日，山西省侨联与山西省海外人才服务中心在省侨联机关会议室举办"海外人才服务工作交流座谈会"。山西省侨联党组书记王立业、副主席范安龙、秘书长陈蕾及全体机关工作人员，山西省海外人才服务中心主任朱志峰、副主任王文平及中心相关部门负责人参加座谈交流。在座谈交流中,王立业、朱志峰分别就本单位的工作性质、任务和近期工作开展情况进行介绍,重点围绕如何吸引海外高层人才、技术、设备、项目等服务和发展山西进行交流。（庞　乐）

【山西在港人员联谊会年会举办】 2014年11月16日,由山西省侨联主办、省海外人员亲属联谊会承办、深圳市山西商会协办的山西省在港人员联谊会第三届年会在广东省深圳市举办。山西省侨联副主席范安龙主持联谊会并讲话。

山西在港人员联谊会的举办旨在为在香港学习、工作的山西优秀青年搭建一个联谊交流的平台、一个与山西商会及侨界企业家沟通的平台,以凝聚山西在港杰出青年,涵养侨界人才资源,促进晋港侨界合作发展。

山西省侨联秘书长陈蕾、山西省海亲会副会长兼秘书长王群力、在港的省侨联青年委员会副主席庄华清、庄志刚和来自香港的山西青年才俊及家长代表、企业家近60人出席联谊会。

（庞　乐）

【全省侨联工作座谈会】 2014年11月25日,山西省侨联工作座谈会在太原召开。会议的主要内容是:传达学习党的十八届四中全会和山西省委书记王儒林重要讲话精神;听取各市侨联2014年度工作情况及2015年度工作计划的汇报;讨论省侨联2015年度工作要点。山西省侨联党组书记王立业主持座谈会并讲话。会上,各市侨联负责人围绕2014年工作情况和2015年的主要工作思路逐一进行汇报。会议围绕开展招商引资、招才引智,服务富民强省;拓展海内外联谊工作和新侨工作;依法维护侨益,参与社会建设;做好宣传工作;加强自身建设等方面进行讨论。山西省侨联副主席范安龙、李慧、刘新民和秘书长陈蕾出席会议。（庞　乐）

【侨商组团赴广东考察】 2014年12月9日至12日,由山西省侨联党组书记王立业带队,侨界企业家组成山西省侨商考察团,赴广东省开展考察、交流、邀商等活动。考察团先后拜会广东省侨联、广东国际华商会和广东省侨界仁爱基金会,并进行座谈交流。在交流中双方围绕开展经常性的互访交流和开展天籁列车行动慈善项目等事项达成一致意见。考察团在粤期间,先后参观广州市开发区、广东威创视讯科技股份有限公司、广东冠昊生物科技有限公司、佛山市三水三联塑胶原料制品有限公司、佛山金葵子植物营养有限公司、广东财经大学华商学院、广东丸美生物技术股份有限公司、华银控股集团等7家侨资高新技术企业。考察活动是山西省侨联为开辟新形势下侨联组织服务侨企、服务新侨方法和路径,与广东省侨联开展的一次深度对接。（庞　乐）

【走访归侨侨眷】 2014年,山西省侨联提出全年走访归侨侨眷500户的工作目标,年内全省各级侨联组织共完成走访归侨侨眷700余户。山西省侨联机关组成3个调研组,分赴全省11个地级市和39个县(市、区),深入基层侨联、侨界群众、侨资企业开展调研,听取意见和建议,撰写调研报告14篇、调研日志41篇,首次实现调研工作对县级侨联全覆盖。机关干部分成4个走访组,对省直老侨、新侨代表人士、重点人员进行走访,完成走访记录72条。全省各级侨联组织对历次全国侨代会表彰的各类先进人物进行采访,撰写采访材料39篇。（庞　乐）

【华侨史料收集整理】 2014年,山西省侨联对山西籍海外知名人士和在山西生活工作的早期归侨的主要业绩和贡献进行收集、汇编。《三晋侨英剪影》(老侨篇)编辑出版工作完成,收录老侨人物传记70余篇。编辑完成《海外晋人觅踪》文稿,收录40位早期山西籍海外成功人士的心路历程。

2014年,山西省侨联首次对山西省侨联机构沿革和组织建设情况进行梳理,完成《山西省侨联组织机构沿革》编辑工作。对省、市、县三级侨联组织的成立、机构沿革、历次归侨侨眷代表大会选举产生的侨联委员会及其领导班子成员(含届中调整情况)概况,主要工作成就及获得荣誉,党政领导对侨联工作的关心、支持等进行收集、汇编。（庞　乐）

山西省红十字会

【红十字应急体系建设】 2014年,山西省各级红十字会加强应急体系建设,完善应急机制,提升专业化、科学化救助水平,突出第一时间应对,建立应急快速反应机制,提高应急反应能力。在重大自然灾害和公共突发事件发生时,做到第一时间报告灾情、第一时间到达灾区、第一时间开展救助。省、市级红十字会均纳入政府总体应急预案体系,成为应急工作领导机构成员。

1. 加强救灾储备、备灾网络体系建设,加强救灾能力培训。2014年,大同市红十字会在政府资金支持下新建红十字备灾仓库1028平方米,提升山西省备灾物资储备能力。6月,省红十字会参加全省多部门参与的桌面推演地震应急演练。举办中国红十字会省级(山西)灾害管理培训班。

2.开展灾区救援工作。(1)救援云南鲁甸地震灾区。地震发生后,省红十字会启动自然灾害救助应急预案,紧急向云南灾区提供人道救助,第一时间向云南省红十字会电汇救灾款10万元;山西红十字蓝天救援队第一时间赶赴灾区参与现场营救工作。向全省各级红十字会发出通知,开展募捐工作。抗震救灾期间,全省各级红十字会累计为地震灾区募集善款129万余元,专项用于鲁甸地震灾区的救援及灾后恢复重建工作。(2)救援山西省受灾地区。投入救援资金50余万元,对发生在宁武、神池、吉县、平遥、黎城等五县的洪涝灾害给予及时救助,6400余户受灾家庭受益。

3.开展应急救护知识和技能“进机关、进企业、进社区、进学校、进农村”活动。与省教育厅联合开展全省中小学、幼儿园应急救护知识进校园活动；在山西大学建立首个“大学生红十字应急救护培训基地”，在山西大学等高校增设应急救护培训公共选修课；与山西广播电台联合举办“关爱生命·应急救护知识进社区”公益活动；与高校、企业联合开展应急救护知识普及公益讲座及应急逃生演练。在重点行业、重点领域开展应急救护技能培训，对公安、煤炭、铁路等易发生意外伤害的行业培训初级救护员3200多名，普及培训市民、学生、志愿者和企业职工45000人，累计培训60余万人。在火车站、社区、学校、医院推广“红十字急救掌上学堂”普及应急救护知识手机应用软件，山西省的应用率和下载量名列全国前茅，获中国红十字会2014年“世界急救日”系列活动三等奖。（侯晓俊）

【红十字人道救助】 2014年，山西省红十字会系统开展募捐、救助等各项人道救助工作。

1.推进“博爱一日捐”常态性募捐活动。2014年，山西省红十字会系统累计收到爱心款物2478万元，其中省本级收到150多万元，全部用于对困难群众的救助工作。

2. 推进各项救助项目开展工作。省红十字会开展“博爱助医项目”，投入医疗救助金553.4万元，救助贫困白血病患儿137名，贫困先心病患儿49名，贫困足内（外）翻患者50名，省直单位大病致困职工67名；援建“博爱卫生站”5所，总数达到62所。实施“博爱助学项目”，在贫穷落后的地方援建博爱小学3所；对家庭困难的大中学生进行学费资助，累计达到24730名。开展“红十字博爱送万家”活动，投入救助资金180余万元，对1万户因灾致贫、因病返贫的城乡特困家庭给予救助。在全省10个农村、城市社区推进“博爱家园”项目建设，建立符合社区现实需求的卫生站、日间照料中心、文化活动室等公益设施，红十字人道关爱工作延伸到最基层；隰县和祁县红十字会实施的“博爱家园”项目获得中国红十字会总会肯定，做法和经验在全国红十字“博爱家园”项目现场会上作经验介绍和推广。山西省“魔豆爱心工程”资助贫困母亲网上创业项目和“红十字春蕾助学”行动项目，成为社会影响力较大、政府认可的公益品牌。（侯晓俊）

【捐献促进及保障】 2014年，山西省各级红十字会保障医疗系统献血、遗体捐献、人体器官捐献等各项捐献活动顺利开展工作。

1.推动无偿献血工作。省红十字及各级红十字会开展无偿献血宣传、动员及表彰工作，全省临床用血100%来源于无偿献血。强化各地无偿献血屋献血车建设，加强献血宣传工作。

2.推动造血干细胞捐献者资料库建设。做好造血干细胞捐献志愿者招募、信息录入、血样采集、HLA组织配型实验室分型检测、数据上传及向中华骨髓库样品库血样交接工作，举办2014年采样任务安排暨业务培训班，完成中华骨髓库下达的2014年5000人份的入库任务，累计向中华骨髓库传输志愿者HLA（人类白细胞抗原）分型有效数据7.66万人份，在全国名列第三。2014年，山西省有16名捐献者向血液病患者捐献造血干细胞，累计捐献109例，其中有3例分别向新加坡和韩国患者进行捐献。以实现捐献造血干细胞100例为契机，举办主题为“与爱相髓 生命同歌”活动，制作《与爱相髓 生命同歌》暨捐献造血干细胞100例宣传片及宣传资料册，向全省的100名造血干细胞捐献者及全省11个市、119个县（区、市）红十字会、31个省（直辖市、自治区）分库等单位进行发放；对山西省“造血干细胞工作先进集体”“造血干细胞工作先进工作者”进行表彰。

3. 推进遗体及人体器官捐献工作。举办人体器官捐献协调员培训，山西省15名协调员通过总会资格认证考试。2014年，公民逝世后人体器官捐献实施16例，累计实现22例，使56位脏器衰竭患者获得新生。200余人报名登记成为人体器官捐献志愿者。70多例公民逝世后遗体捐献贡献于医学科研，30多人捐献眼角膜使受益的眼疾患者重见光明。

（侯晓俊）

【红十字青少年和志愿服务】 2014年，山西省红十字会新登记注册志愿者955人，成立“山西省红十字同伴教育志愿服务队”“山西省红十字运

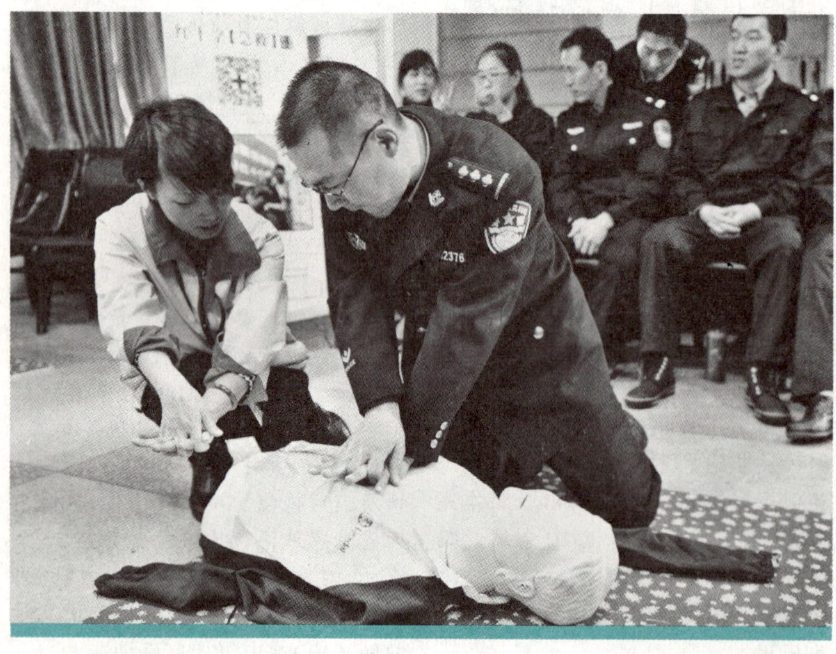

“省红十字会对交警”进行应急培训　（侯晓俊供图）

动知识宣讲志愿服务队”“大学生红十字应急救护培训”等志愿服务基地建立。

1.强化志愿服务队伍建设。建立分层次、分类别、多渠道、多形式的志愿者培训体系，提高省直红十字注册志愿者的综合素质和服务能力，培养红十字志愿者骨干。召开省直志愿服务工作座谈会和红十字应急救援志愿服务队座谈会，就服务队组织架构、地震逃生演练、创伤救护、拥挤踩踏等日常培训工作进行相互交流。到山西大学、山西财经大学等高校及部分社区，对红十字志愿者进行红十字运动、应急救护、逃生避险等知识讲座，宣传红十字相关知识；联合省应急办、省地震局、团省委在山西财经大学举行地震逃生避险自救互救应急疏散演练活动。晋中学院、山西大学等高校红十字会开展团队建设、红十字志愿服务项目设计、YABC同伴教育等骨干培训。山西红十字蓝天救援队开展应急救护、野外救援及特技驾驶、无线电操作等专业技能培训共15次，参与人员233人。

2.开展志愿服务宣传活动与服务活动。围绕“雷锋日”“5·8”世界红十字日和“5·12”防震减灾日等主题宣传日，开展形式多样的宣传纪念活动和红十字特色的志愿服务活动。2014年开展志愿服务活动参与人数2050人次，志愿服务时间4302小时。大学生红十字志愿服务队在红十字福润长寿院开展的心灵关怀、生活护理等常态化志愿服务活动。

2014年7月17日，山西省红十字会开展红十字青少年夏令营活动（侯晓俊供图）

3.开展红十字会培训活动。组织召开高校红十字工作交流会暨红十字青少年骨干培训班，省直9所高校红十字负责人及红十字青少年骨干共18人参加培训。在长治市举办主题为“传承博爱，汇聚力量”的2014年红十字青少年夏令营，来自20所高校、中学的43名师生参加活动。部署全省各级红十字会组织当地红十字青少年参加纪念中国红十字会建会110周年全国青少年红十字运动和防灾减灾知识竞赛，山西省红十字会向各省直高校红十字会发放知识竞赛试卷2000份，回收1846份，回收率达92%。选派山西大学、晋中学院青少年骨干师资参加“2014年探索人道法师资研讨班”和“YABC同伴教育培训”活动。（侯晓俊）

【红十字对外交流与合作】 2014年，山西省红十字会参与国际红十字运动事务，在长治、晋城实施红十字会红新月会国际联合会和红十字总会在中国开展的唯一耐药结核病防治项目。中华骨髓库山西分库人员随中华骨髓库代表团赴英国参加第十届国际骨髓库大会并访问西班牙骨髓库，就骨髓库的建设情况管理机制、运行模式等方面信息进行交流。

2014年7月15日至23日，山西省红十字会会选派来自山西中医学院、晋中学院的4名红十字青少年骨干赴台湾参加“2014年海峡两岸青少年红十字人道之旅”活动，选派晋中学院红十字会1名红十字青少年骨干参加在韩国举行的2014年东亚红十字青年峰会。（侯晓俊）

山西省军区

【军区党委十届三次全体(扩大)会议】 2014年1月9日至10日，山西省军区召开党委十届三次全体（扩大)会议。会议传达学习军委和北京军区党委扩大会议主要精神,回顾总结全区2013年工作情况,安排部署2014年主要任务。省军区党委委员,各师旅级单位部门领导,省军区机关处(院、办）领导，直属单位党委书记共130余人参加会议。省军区政委张少华代表省军区党委常委作工作报告。省军区司令员冷杰松就聚焦能打胜仗努力改革创新,推动省军区部队建设向更高层次更高水平发展提出明确要求。中共山西省委书记、省军区党委第一书记袁纯清围绕贯彻强军目标、加强国防后备力量建设作重要讲话。(张志新)

【党的群众路线教育实践活动】 2014年2月10日，山西省军区召开党的群众路线教育实践活动第一批总结暨第二批部署电视电话会议。省军区副政委喻军全面总结第一批教育实践活动取得的经验成果,深刻分析省军区部队作风建设形势,对巩固深化第一批活动成果提出明确要求,并就深入开展第二批教育实践活动进行周密部署,明确指导思想、目标任务和基本要求。省军区政委张少华重点围绕确保教育实践活动取得实效需要着力把握的问题作重要指示。10月21日,山西省军区召开党的群众路线教育实践活动总结大会,省军区部门副职以上领导，全体机关党员干部,直属队营连主官以及各师旅团级单位党委成员和有关人员参加会议。会议由省军区政治部主任李竞主持,省军区副政委喻军对省军区教育实践活动进行总结。省军区政委张少华就贯彻习近平主席从严治党“八项要求”，在新的起点上持续推进作风建设作重要讲话。(张志新)

【军民融合发展新格局】 2014年2月11日，中共山西省委召开议军会议。省委书记、省人大常委会主任、省军区党委第一书记袁纯清主持会议并讲话。省委副书记、省长李小鹏讲话。省军区司令员冷杰松传达中央军委、北京军区党委扩大会议精神,总结全省国防后备力量建设情况,提出新年度任务部署意见。省委常委、省军区政委张少华就贯彻军民融合深度发展战略,开创国防后备力量服务转型跨越新局面提出意见建议。省军区参谋长吴国志就《关于贯彻军民融合深度发展战略组织国防后备力量参加转型综改试验区建设的措施(讨论稿)》作说明。省党政军领导,省委、省政府有关部门负责人参加会议。会议审议并原则通过《关于贯彻军民融合深度发展战略,组织国防后备力量参加转型综改试验区建设的措施》,强调要贯彻习近平主席关于北京军区部队要积极参加和支援地方经济社会建设的重要指示,紧贴山西经济社会发展实际,围绕十个方面深入搞好服务转型综改试验区建设。会议要求军地各级把贯彻《措施》作为重大政治任务和长期工程，加强协调配合,搞好需求对接,切实把好事办好办出成效,努力开创军民融合深度发展新格局。会议还研究议定省军区作战指挥系统升级改造和推动解决军人随军家属就业安置问题有关事项。(张志新)

【强军主题教育】 2014年3月3日，山西省军区召开“牢记强军目标、献身强军实践”主题教育活动动员部署电视电话会议。忻州军分区、大同预备役工兵团介绍教育试点经验,省军区政委张少华、政治部主任李竞对教育活动做出安排部署。全区各级按照统分结合、分类指导、试点领路、压茬推进的思路,把主题教育区分为六个专题,做到每个环节有试点领路、有小结讲评、有提示要求、有简报宣传,环环相扣、步步深入、层层推进，确保教育的针对性和实效性。在全区部队广泛开展“战斗力标准大讨论”活动,先后找出并解决制约战斗力提升的具体问题40余个,有效强化全区官兵能打仗，打胜仗,谋打赢、练打赢的意识。(张志新)

【医疗保障社会化】 2014年4月10日,全军医疗保障社会化试点现场观摩会在临汾召开,四总部、各大军区和各军兵种有关领导对临汾军分区医疗保障社会化试点进行现场观摩指导，给予高度评价，并将试点成果总结为“临汾模式”，要求全军参照落实。山西省军区认真贯彻总部、军区关于成系统推进远离军队保障体系单位医疗保障社会化的部署要求，组织全区涉改的10个师级单位，在临汾军分区召开医疗保障社会化改革任务推进会，并与人保健康山西分公司签订山西省军区远离军队保障体系单位商业医疗保险协议，进一步明确标准、推广经验，细化流程，推动全区改革任务有效落实。 （张志新）

2014年9月10日，省城军民欢送新兵入伍大会在太原工人文化宫广场举行

（张志新供图）

【民兵预备役部队整组】 2014年4月中下旬，山西省军区组成2个联合工作组，对全区民兵预备役部队整组工作进行检查验收，共随机抽查26个人武部和预备役团，现地查看49个基层营（连），拉动点验41支分队，对存在的问题，工作组当即指出，责令限期整改，并专门下发通报，点到具体单位，强力推动基层整组工作落实。结合检查验收，工作组对常备应急分队、职工和非现役警卫执勤人员、现役士兵等“三类人员”建设情况特别是存在的矛盾问题进行调研，研究对策措施。 （张志新）

【枪支弹药清理清查】 2014年5月，山西省军区贯彻落实北京军区“民兵武器装备仓库清查整顿和个人存放枪弹清查收缴工作动员部署会”精神，召开个人存放枪弹清查收缴工作动员部署会。在各营区、办公区、家属区张贴《通告》和《法律规定》，设立举报电话、信箱，利用板报、橱窗设置警示栏加强宣传教育，做到人人皆知。对现役官兵、职工和离退休人员，按照管理归属和领导分工，搞好责任承包和上门服务工作，对个人存放的枪支弹药和爆炸物品依法组织收缴。全区共收缴个人存放枪支204支，子弹49551余发。 （张志新）

【省域战场勘察】 2014年6月9日至17日，山西省军区司令员冷杰松、副政委喻军、参谋长吴国志带领首长机关共20余人，采取军地联合、上下互动、全面兼顾、突出重点的方法，对全省军事地理、能源基地、军工企业、交通枢纽等9类21个目标进行实地战役勘察。此次勘察途径全省11个市53个县（市、区），行程近4000千米，沿途实施野炊保障，全程安全顺利圆满。 （张志新）

【全军巡回督导组检查督导】 2014年6月13日至17日，全军党的群众路线教育实践活动督导组到山西省军区进行督导检查。工作组采取听取汇报、个别谈话、问卷调查等方式，先后到省军区教导大队、太原警备区进行检查督导，并实地察看太原市万柏林区人武部和民兵应急分队建设情况。其间，工作组还在省军区组织召开座谈会，与省军区机关、太原警备区以及太原预备役高炮旅相关人员进行集体座谈。 （张志新）

【征兵工作电视电话会议】 2014年6月27日，山西省召开征兵工作电视电话会议，省政府常务副省长高建民、副秘书长马彦平，省军区司令员冷杰松、副司令员负自博、副政委喻军、参谋长吴国志、后勤部部长谢新宁，以及军地有关人员共计70余人参加会议。会议由吴国志主持，马彦平明确征兵有关政策规定；喻军就结合实际抓好征兵工作讲话；冷杰松总结2013年征兵情况，全面部署2014年征兵任务；高建民就高标准高质量做好征兵工作提出明确要求。

（张志新）

【后勤动员保障建设】 2014年5月至7月，山西省军区结合民兵预备役整组，规范医疗救护、道桥抢修、饮食供应、交通运输保障等7类后勤专业保障队伍建设。深化国民经济和交通战备动员建设，突出后勤动员指挥和保障能力建设。依托山西省国民经济动员物资储备基地，建设山西省军需物资仓储保障队伍，组织已建成的53个国民经济（装备）动员中心，进行阶段性建设成果展示，指导各市开展经济动员实案化演练。 （张志新）

【党管武装工作述职会议】 2014年8月1日，山西省军区召开全省党管武装工作述职电视电话会议。省四大班子有关领导，省军区部门以上领导、机关处长，省国动委成员单位负责同志，各市市委书记、各师（旅）级单位一名主官共130人在太原主会场出席会议。各市市长和市国动委成员单位主要领导、各师（旅）级单位部门以上领导和有关人员在分会场参

加会议。会议由省军区政委张少华主持。11个市委书记兼军分区党委第一书记进行大会述职，省军区司令员冷杰松对全省党管武装工作总结讲评、部署安排下步工作，省委书记、省军区党委第一书记袁纯清就坚持以党在新形势下的强军目标为统领，努力开创国防后备力量建设新局面作重要讲话。（张志新）

【非现役人员警卫执勤规范化建设】 2014年9月27日，山西省军区在朔州军分区组织召开非现役人员警卫执勤规范化建设观摩会议。省军区司令员冷杰松、政委张少华、副司令员负自博、参谋长吴国志和部门领导、机关有关处长，各师旅级单位军事主官、参谋长、分管人员共70人参加会议。总参动员部装备局局长白晓东、北京军区副参谋长齐长明带机关同志亲临会议指导并讲话。会议深入贯彻习近平主席关于依法治军、从严治军的一系列重要指示，深化近年来正规化建设与管理实践成果，结合省军区系统特点，研究探索非现役人员警卫执勤规范化建设的方法路子，制定出台非现役人员警卫执勤、日常基本工作和安全稳定工作责任制三个《规范》，为加强山西省军区部队正规化建设提供依据和遵循。（张志新）

【国防教育宣传月】 2014年9月至10月上旬，山西省军区为纪念甲午战争120周年、全民族抗战爆发77周年、中国人民抗日战争胜利纪念日（9月3日）和第14个全民国防教育日（9月20日），在全省举办国防教育宣传月系列活动。9月3日，以山西省国防教育委员会、山西省军区政治部名义，在太原举办系列活动启动仪式暨省城广场宣传活动。活动由山西省军区司令员冷杰松主持，山西省委副书记、省国教委主任楼阳生围绕“加强国防教育，建设巩固国防和强大军队，实现中国梦强军梦”讲话，省委常委、省军区政委张少华围绕“推进国防教育工作创新发展”讲话。省委常委、常务副省长高建民，省军区部门以上领导，省武警总队领导，省国教委各成员单位领导，太原市党政军领导以及驻省城部队官兵、国防生、学生和社会群众1000余人参加。同时，省国教办联合省教育厅、省征兵办，在全省开展“百场国防教育宣讲进高校”活动，覆盖全省79所高校，宣讲400余场，直接受众达15万余人，在全省掀起关心国防建设、踊跃报名参军的热潮。（张志新）

【涉军维权工作】 2014年12月8日，山西省军区协调省委政法委、省高院等12家单位联合修订出台《山西省维护国防利益和军人军属合法权益工作机制若干规定》，贯彻中央政法委、总政治部《关于加强维护国防利益和军人军属合法权益工作的意见》，进一步细化完善组织机构、工作职责、工作制度和工作程序，这是继2007年在华北五省（市、自治区）率先制定规定后，再次在修订完善工作方面走在前列。（张志新）

【冬季适应性训练】 2014年12月15日至25日，山西省军区所辖13个师（旅）级单位、119个人武部和9个预备役团，省军区司令部直属队及部分民兵预备役人员，采取摩托化行军和徒步行军相结合的方式，在部队驻地周边地区组织完成冬季适应性训练。训练以首都联合防空背景下综合防卫作战为课题，以提高严寒条件下首长机关组织指挥、分队遂行任务能力为核心，完成战备等级转换、集结与行军、指挥所勤务、组织指挥、宿营与野炊、综合保障等6项训练内容。全区首长机关参训率91.2%，平均行军距离382.9千米，其中徒步行军平均距离106.6千米。（张志新）

【扶贫帮困活动】 2014年，山西省军区机关投入80万元，为吕梁市兴县罗峪口镇3个贫困村援建河道过水桥、温室蔬菜大棚和人畜饮水工程，捐资11.98万元帮困助学，帮助老区发展农业经济，改善农村条件，增加农民收入。采取“单位出资、社会筹资、个人捐资”等办法援建和帮扶中小学校86所，按照军职1500元、师职1000元、团职800元、营以下500元的标准，结对资助特困学生2100余名。参加国家首个“扶贫日”活动，集中为困难群众送衣送粮、修缮危房、开展义务巡诊和健康咨询，慰问在乡复退伤残老军人、军烈属、“五保户”“空巢”老人1581户，发放慰问金和米面油等慰问品共计79.3万元。（张志新）

武警山西省总队

【思想政治建设】 2014年，武警山西省总队贯彻落实习近平主席系列重要讲话精神、全军和武警部队政治工作会议精神的学习，严密组织193名团以上干部集中轮训，开展“中国梦、强军梦、我的梦”系列活动，开展经常性基础性政治工作大调研，组织召开政治工作座谈会，按照“五得”“四教”要求狠抓主题教育，激发强军兴军的强大正能量。突出先进军事文化建设，投资千余万元、历时两年，建成覆盖基层所有中队、惠及基层官兵的政工一体化平台，开展“野战文化轻骑兵”基层行，启动“先进文化警地联建联谊联创”活动。注重打好意识形态领域主动仗，加强网络舆情监控，抓好任务中政治工作，推进心理疏导、法律服务、信访及群众工作，做好经常性思想工作，按照机制抓预防。确保官兵绝对忠诚、绝对纯洁、绝对可靠。（武月兴）

【任务执行】 2014年，武警山西省总队狠抓正规化执勤，坚持每周实地查勤、定期讲评通报，开展执勤隐患“六查”活动，推动AB门建设，上勤81处，成功处置目标险情39起，实现连续17年执勤无事故。武警吕梁市支队临县中队被武警部队表彰为“十大执勤标兵中队”。以日常战备为重点，以能力评估为牵引，规范战备值班和应急处置，优化指挥机构和兵力编成，常态化战备水平提高。坚持把直升机大队建设作为重点，围绕班子思想作风和部队配套设施建设加强指导，针对工作运行模式和官兵福利待遇专门研究，形成宏观和具体2个层面4个规范性意见，加强以飞行训练为中心的各项建设，实现安全飞行目标。精心指导“两规”勤务，强力督导“护城河”卡点执勤，执行城市武装巡逻、赴疆反恐轮战任务。2014年，累计出动兵力66000余人次，完成排爆、救援、解救人质以及山林灭火等临时任务650余起。（武月兴）

【部队正规化建设】 2014年，武警山西省总队贯彻依法从严治警集训精神，召开“规范日常工作生活秩序”现场会，组织3个波次学习观摩，开展太原片区部队正规化管理评比活动，加强警备纠察检查，规范官兵行为养成。突出防范重大安全问题，研究制定《安全防范工作责任体系规范》，创建“八安七问”工作运行模式，坚持每月讲评部署安全工作，9次组织案例警示教育和内部关系教育整顿，开展“百日安全无事故”竞赛活动，围绕“十个不发生”组织7次安全大检查，消除安全隐患289个，清退不合格兵员66名，确保部队内部集中统一和安全稳定。（武月兴）

【基层整体建设】 2014年，武警山西省总队结合新增编12个大队的实际，研究出台并贯彻《关于加强大队“前沿指挥所”建设的指导意见》，理顺四级抓建机制。坚持能级抓建、科学帮建、按纲自建，持续推行经常性工作“画圈”分解运行模式和“小滚动、大闭合、压茬式”考评帮建模式，促进经常性基础性工作末端落实，提升基层建设质量。安排团以上领导和机关干部154人次蹲连住班、下连当兵，分3期组织736名基层三级主官《纲要》培训，开展党支部班子岗位练兵活动，提高“一线指挥部”科学指导和“一线带兵人”按纲建队的能力。以筹备基层建设经验交流暨表彰大会为牵引，挖掘经验，培树典型，端正导向，激发基层官兵立足本职岗位建功立业的热情。（武月兴）

【综合保障】 2014年，武警山西省总队贯彻武警部队后勤工作“四个会议”精神，深化后勤“一组五队”战备体系建设，完善各类战备物资储备，应急保障能力在遂行任务中得到检验。研究制定《机关公务活动实施细则》《进一步加强经费资产管理实施意见》等措施办法，总队和各地市支队的保障经费全部纳入地方预算，军人保障卡全面应用，推进后勤法治化建设。开展财务管理专项检查、财务审计业务评审和银行账户资金清理整顿，取消各类福利性补贴补助，减行政消耗性经费、维持性经费和接待经费支出，提高军事经济保障效益。完成直升机大队的工程交接，“景怡花园”经济适用房搬迁入住，官兵工作生活条件改善。（武月兴）

【飞行训练正规化】 2014年5月16日至19日，武警部队在武警山西省总队直升机大队召开飞行训练正规化现场会。会议围绕“紧贴实战要求，依法正规施训，提高飞行训练正规化水平”这一主题，研究并回答飞行训练正规化建设抓什么、怎么抓、达到什么标准的问题。期间，与会代表观看飞行准备、飞行实施、飞行讲评三个阶段录像；观摩飞行准备会现场演示、下达飞行任务现场演示、飞行员地面演练、预先机务准备工作现场演示、飞行后勤保障工作演示、下达开飞前指示、飞行实施、直升机紧急情况处置演练、飞行讲评等9个现场演示科目；查阅飞行训练登记统计资料；组织分组讨论大会研讨交流发言，并利用会议间隙组织直升机力量建设军事规章理论测试。总队直升机大队主要承担9个现场科目演示、三个阶段录像和51个表册资料展示等任务，并作大会研讨交流。武警部队和司令部、政治部、后勤部有关领导，相关二级部领导，以及山西、山东、湖南、四川、宁夏、新疆总队，森林指挥部分管领导、航空处长，各直升机支(大)队有关人员参加。（武月兴）

【军警民反恐联合演练】 2014年6月18日至30日，武警山西省总队动用849名兵力、120台车辆，配合驻地政府和公安机关完成全省9个地市的反恐联合演练任务。演练任务以遭受恐怖袭击事件为背景，组织各地市公安机关和相关部门联合进行，旨在应对当前复杂严峻的反恐斗争形势，磨合应急机制、检验处置水平、提高反应能力，确保遇有情况各部门、各警种能快速到位、有效协

2014年5月16日至19日，武警部队在武警山西总队直升机大队召开飞行训练正规化现场会
（武月兴供图）

2014年9月26日，武警山西省总队与山西省文化厅“先进文化警地联建联创联谊”启动仪式在晋中市支队举行　（武月兴供图）

同、稳妥处置。　（武月兴）

【军事文化建设】　2014年，武警山西省总队“野战文化轻骑兵”文工团领旗出征，打起背包走进河东塞北的班哨排点，走进太行吕梁的营区操场，先后深入大同、晋城、忻州、太原支队等基层单位巡演55场次，慰问官兵6000余名。武警山西省总队与山西省文化厅启动先进文化警地联建联谊联创活动，标志着先进文化警地联建联谊联创活动在全省及总队各级全面展开。该活动主要内容有先进文化联建、文化活动联谊、文化品牌联创，主旨和要义在于通过发展共谋、资源共享、人才共育、活动共抓、责任共担，巩固和发展警政警民团结的政治优势，探索警民融合式发展先进文化的路子，促进警地文化建设水平提升。武警山西省总队精选编印《百首咏晋军旅诗词选编》《官兵常见心理问题案例选编》《山西民间故事典藏》《军旅组歌合集》等士兵修身励志系列丛书发行，为广大官兵了解掌握驻地传统文化深刻内涵，厚实警营战斗文化底蕴，活跃基层精神文化生活提供丰富教材。　（武月兴）

【领导干部经济责任审计】　2014年6月25日至7月2日，武警部队审计组对武警山西省总队2011年至2013年以来的财务管理情况和司、政、后部门领导任期内履行经济责任情况进行就地审计，并对招待所、干休所和总队医院进行延伸审计。工作组与总队党委交换意见，从经济决策、经济管理、法规执行、廉洁自律等方面给予充分肯定，并指出存在问题，提出明确要求。　（武月兴）

【外籍反恐怖指挥研修班学员考察】　2014年5月8日，特警学院组织反恐怖指挥研修班19名外国学员到武警山西省总队参观考察。期间，研修班学员先后到武警山西省总队直升机大队、直属支队以及太原钢铁（集团）有限公司参观考察，听取所到单位情况介绍，参观反恐专修室、反恐实验室、反恐训练室、抗震救援专修室、总队直升机大队等场地，观摩装备展示，了解武警山西省总队当前反恐力量及直升机力量建设发展情况，并与官兵交流反恐训练心得。　（武月兴）

【抢险救援】　2014年3月1日14时50分许，晋济高速公路晋城市泽州段岩后隧道内发生一起交通事故，一辆运煤大货车与一辆载有液态甲醇的大罐车追尾相撞，导致甲醇泄露起火，并引发连环爆炸，造成12人死亡、43台车辆报废。事故发生后，武警晋城市支队在武警山西省总队政治部领导指挥下，累计出动兵力370人次，克服救援周期长、室外温度低、危化品爆炸和煤炭不完全燃烧产生毒气多等不良因素，疏散群众2800余人，疏通车辆900多台，完成事故现场封控疏导和抢险救援任务。

9月21日18时30分许，山西省太原市小店区坞城村一处处于改建施工状态中的3层民房发生坍塌，造成5人死亡、12人受伤。事故发生后，太原支队支队长率一大队50名官兵迅速赶赴事发现场，总队派出前指一线指挥部队行动，参战官兵克服救援周期长、持续降雨、室外温度低、易发生二次坍塌等不良因素，配合公安机关和相关抢险救援部门，累计出动兵力200余人次，完成事故现场封控疏导和抢险救援任务。　（武月兴）

【劫持人质事件处置】　2014年7月17日21时00分，山西省芮城县风陵渡后北曲村村民许涛（男，33岁）因妻子与其闹离婚，在岳父家持菜刀劫持自己的两个女儿（1人9岁、1人5岁），在室内点燃被子等物（后被扑灭），后又转移至房顶，并扬言不达目的就和岳父全家同归于尽，现场情况十分危急。受领任务后，武警运城支队派出领导赴一线指挥，武警芮城县中队中队长带领应急班10人，采取“封控现场、正面牵制、前后夹击、谈判稳控、伺机捕歼”的战法，快速达成部署。7月18日4时05分，利用案犯与人质瞬间分离之机，战斗小组发起突击行动，将犯罪嫌疑人抓捕，协助公安机关成功解救2名人质。

9月22日10时50分，山西省运城市盐湖区怡景华庭小区内，犯罪嫌疑人周京革（男，35岁）因连续吸毒后多日不眠、精神异常，持匕首将其妻子劫持。14时10分，武警运城市支队根据市公安局部署要求，支队长李东增、参谋长杨兵衍带领盐湖中队应急班10人，迅速赶赴现场。按照联指“谈判攻心、诱其出楼、伺机抓捕”的决心，采取化装隐蔽、分组抵近、快速突击的办法，利用劫犯上车闲聊对话时分散注意力的有利战机，将嫌疑人制服，协助公安机关成功解救人质。

11月24日13时30分，山西省太原市小店区北格镇人李阳（男，31岁），因感情问题持刀(1把菜刀、1把匕首)将其情妇劫持至一民房内。事生前双方因发生口角均受轻伤，且犯罪嫌疑人有自残倾向，情绪较为激动，人质安全受到严重威胁。11月24日14时45分，武警太原支队参谋长赴一线指挥，武警古交中队出动应急班10人，采取攻心劝降、诱伏待机、隐蔽突袭等战法，与公安民警密切协同配合，创造和把握有利战机，果断发起攻击，成功抓获犯罪嫌疑人。

（武月兴）

【自焚未遂事件处置】 2014年1月26日10时46分，山西省政府驻地南门东侧11人上访。一名上访男子从身后拿出一个内装黄色液体(后证实为汽油)的塑料瓶，拧开瓶盖准备往身上倾灌。担负省政府警卫勤务的武警太原支队六中队1号哨兵、三人应急小组长立即扑向该男子，迅速将塑料瓶夺下，合力将其控制，中队干部及时将其移交公安机关处理。

6月26日10时55分，一名男子到中共山西省委驻地上访并企图自焚，正在执勤的大门哨2名哨兵及时发现情况、作出判断，共同上前将其控制，有效制止其自焚。中队长接报后，立即组织部队按照预案展开行动，将上访人员移交公安机关。

12月24日上午10时45分，一男一女结伴从中共山西省委驻地南门马路对面行至大门附近，男子突然拿出打火机将自己身上点燃，担负省委驻地警卫勤务的武警太原支队五中队1号哨兵、三人应急小组长等及时发现，合力迅速将火扑灭。中队长接报后带应急班迅速赶赴现场，将两名人员控制并移交驻地派出所，同时联系120急救中心对受伤人员进行抢救。

（武月兴）

【武警部队党委巡视组巡视】 2014年3月12日至4月14日，武警部队党委第一巡视组在组长林卿专员带领下，对武警山西省总队进行为期一个月的巡视。期间，巡视组听取武警山西省总队党委、纪委和各部门近年来的工作汇报，先后深入太原、大同、忻州、长治、晋城、临汾各武警支队和武警山西省总队医院、直升机大队等8个单位走访调研。通过民主测评、问卷调查、召开见面会、座谈会、个别谈话、调阅资料、受理群众来信来访等，对武警山西省总队党委班子及成员贯彻执行党的路线、方针、政策和遵守政治纪律、党风廉政建设和领导干部廉洁自律、执行民主集中制、选拔干部、大项经费开支等六项内容进行巡视。5月26日下午，巡视组就巡视情况向总队党委进行反馈，在肯定总队党委领导部队全面建设和加强班子自身建设成绩的同时，客观地指出党委班子和个别干部存在的问题，移交巡视期间受理的部分信访问题，对下一步整改提出意见。（武月兴）

【楼阳生到武警山西总队视察调研】 2014年7月15日下午，山西省委副书记楼阳生到武警山西总队视察调研。省长助理、省公安厅厅长、总队第一政治委员刘杰、省委副秘书长张克强等随同调研，总队仲轩司令员、刘振所政委陪同，总队部门副职以上领导参加汇报会。

7月30日下午，山西省委副书记楼阳生在省委常委、省军区政委张少华陪同下，率团到山西总队直属支队慰问看望官兵。总队仲轩司令员、刘振所政委陪同慰问。（武月兴）

【王建平检查指导】 2014年4月22日至24日，武警部队司令员王建平到武警山西总队对党的群众路线教育实践活动第一批巩固深化和第二批开展情况进行督导检查，对年度工作落实情况进行调研。期间，听取总队党委工作汇报，到总队机关、太原支队及十五中队组织理论测试、问卷调查和座谈了解，到直升机大队、直属支队，就教育实践活动开展情况进行实地检查，并慰问宁夏、湖南总队直升机大队驻训人员。王建平对总队教育实践活动开展情况给予充分肯定。他指出，总队对教育实践活动认识高、力度大、举措实，保持劲头不减、持续推进的良好态势。并对下一步推进教育实践活动提出明确要求。总部政治部编研部部长胡永刚、组织部副部长郝光、后勤部军械部副部长刘克丰、司令部训练部处长何峰、政治部宣传部干事郭宾、后勤部司令部参谋张津春和警卫干事曹学研参加督导调研。

（武月兴）

【警卫勤务】 2014年9月1日至2日，中共中央政治局常委、中央书记处书记刘云山赴晋视察工作，任务代号为“1417团”。根据省委省政府和公安厅统一部署，武警太原支队出动166名兵力，完成首长在晋视察期间的警卫任务。

9月2日至4日，柬埔寨国王西哈莫尼到太原、忻州市考察访问，任务代号“外1403团”。根据山西省委、省政府和省公安厅统一部署，武警山西总队前指和太原、忻州支队出动兵力256人，完成西哈莫尼考察期间的警卫勤务。（武月兴）

人民防空

【人民防空自身能力建设】 2014年，山西省人民防空办公室（简称省人防办)加强自身能力建设。

1.人防队伍建设。省人防办把县级人防办专职副主任配备和落实省委组织部《关于进一步加强人防部门领导干部管理有关问题的通知》作为重点，全省设专职人员的县级人防办数量从7个增加到83个，新到位县级人防办专职副主任3人。利用3个月的时间组织全省人防工程建设巡回示训，共2000余人参加培训，提高县级人防管理的规范化和专业化水平。加强人防专业队特别是重要经济目标防护专业队建设，能够兼顾应战应急的专业队从2支增加到30多支，专业队员总数达到14000余人。通过各类人防业务训练、跨区拉动演练、指挥信息系统参与实战化演练以及“9·18”防空警报试鸣等活动，提高全省人防系统干部职工队伍的整体素质和人防机关准军事化水平。2014年有25家监理单位、1家检测单位、6家防护设备企业取得人防专业资质或从业能力认定。

2.人防综合防护体系建设。2014年，完成全省人防光纤骨干网建设，4个单位完成北斗导航定位及时统系统建设，2个单位完成多媒体警报报知系统，短波电台、卫星、光纤、军线、集群、空情接收、预警报知等多网合一的全省人防指挥通信网初步建成。省市县三级人防设立疏散基地37个，可接纳约40万余万人。有3个市级人防基本指挥所立项，1个县级人防基本指挥所开工建设，8个县级人防移动指挥所投入使用，3个市级人防地面指挥中心升级改造并投入使用。

3.人防管理体系建设。2014年，省人防办向市级人防部门下放6项审批权，完善人防部门对建设项目审查的前置机制，人防结建审批率达100%。全年收缴易地建设费超4亿元，竣工工程验收率达100%。推行《人防工程平时使用证》制度，下发《山西省早期人防工程维护治理方案》，在全省推广太原市早期人防工程加固和报废的经验，全年未发生安全责任事故。2014年仅太原市维修早期人防工程面积3.224万平方米，投资近1000万元。晋中市建成基于地理信息系统的人防工程数据库及智能化管控系统。（史永健）

【人防特色和品牌工程打造】 2014年太原市结合城市道路改造同步建设亲贤北街地下人防工程、体育北街地下人防工程、东岗路地下人防工程等平战结合项目。大同市在同煤集团重点推进人防教育与企业国防教育、安全教育相结合，将6万多平方米的防空地下室列为地震应急避难场所。朔州市为民政部门承担应急救灾物资储备任务，还打造具有人防特色的“南泥湾精神实践园”。忻州市联合凤凰山生态植物园有限公司探索建设人防疏散基地新模式。吕梁市实现在城市总体规划中以专门章节规划人防工程建设的重大突破，还将12所学校确定为人防宣传教育示范学校。晋中市市级移动指挥所和12个县（市、区）移动指挥所全部建成，一次性配齐指挥车、通信车、信号采集车和后勤保障车。阳泉市指导重要经济目标单位开展信息系统和专业队伍建设，实现区级人防指挥所在全省的率先使用。长治市探索在武乡八路军纪念馆、壶关太行山大峡谷等旅游景点开设人防宣传教育基地新模式，2014年长治市所属各县收缴易地建设费超过4000万元，为全省县一级收费之冠。晋城市完成县级3G视频网建设。临汾市在全省率先制定《临汾市城市地下空间开发利用规划》。运城市在行政执法规范化建设方面走在全省前列。（史永健）

【人防融合式发展】 2014年，山西省人防工作尝试与政府应急管理，重要经济目标、城市建设、城乡发展实现配合发展。（1）融入政府应急管理。山西省和晋城市等人防基本指挥所及移动指挥所被确定为省市政府应急指挥平台，晋中市县级人防移动指挥所纳入政府应急管理指挥平台。山西省人防在晋济高速岩后隧道重大交通事故、临汾吉县山体滑坡、忻州代县山体滑坡等灾害发生后，根据省应急办的要求，承担现场信息采集传输任务，在实战中展示人防应急反应能力。（2）融入重要经济目标防护。阳泉市人防办在市石油公司等5个重要经济目标建立视频监控系统，实现市人防办和市应急办对重要经济目标的实时监控。（3）融入城市建设。省人防办制定下发《关于加强城市地下空间开发利用工作的通知》，各市人防办与规划部门共同开展地下空间开发利用规划编制工作，推进人防建设与城市建设的相互协调。晋中市规划馆广场地下人防工程、运城市河东东街地下人防工程、原平市前进街地下人防工程等大量地下空间开发项目开工建设，有的已投入使用，不仅增加防护工程面积，同时缓解地面交通压力，增加就业机会。自2011至2014年，各市县开发利用城市地下空间开展经济建设，带动社会资金近200亿元。全省利用人防工程建成停车场296个、商场超市14个、仓库209座，安排就业12000余人。（4）融入城乡统筹发展。各级人防部门组织防空袭预案编制，综合考虑城乡发展需要，确定疏散地域和疏散线路，开展疏散基地基础建设，通过送变电增容、给排水改造、疏散道路路面硬化等，改善所在乡村基础设施条件；开展人防疏散指挥室、医疗室、食堂、电站、水库等设施建设，服务农村发展和农民生活；开展疏散帐篷区建设，平时用于农业生产和活跃农村文化生活。（5）融入社会公共教育。省防空防灾体验馆布展方案已经通过专家评审，正在组织实施。与省科技传媒集团签订战略合作协议，通过纸质媒体、网络媒体、流动媒体、视听媒体、数字传媒等，广泛开展防空防灾教育。人防“五进”（进工厂、进社区、进机关、进学校、进网络）工作成绩明显。省人防办联合地方企业在太原市102个社区建立人防宣传LED显示屏。晋城市人防办与市教育局联合下发通知，在中小学中普遍开展人防教育。阳泉、吕梁、长治等市利用办公场所或与地方企业联合开辟新的宣传阵地。各市结合“5·12”防灾减灾日、“9·18”警报试鸣日、“12·4”法制宣传日，组织开展“让城市更安全、让社会更和谐”为主题的人防宣传活动，向社会发放人防宣传手册60万册，发送防灾减灾公益短信3000余万条。（史永健）

【国家人防办领导检查】 2014年5月8日，国家人防办副局长杨青山、参谋盛大志等领导和专家，对山西“十二五”以来人防重点工作建设完成情况进行检查。检查组查看山西防空防灾体验馆和基本指挥所的建设情况，视察与省人防开展战略合作的山西科技传媒集团，观看山西人防工作专题纪录片并分别听取省人防办工作汇报。（史永健）

2014年2月28日，全省人防工作暨党风廉政建设会议在太原召开（史永健供图）

【人防工作会议暨党风廉政建设会议】 2014年2月28日，山西省人防工作会议暨党风廉政建设会议在太原召开。会议总结2013年人防工作，部署2014的重点业务工作和党风廉政建设。会议对2013年全省人防先进单位、人防训练比武竞赛先进单位和人员进行表彰。省人防办与各市人防办签订“2014年安全监管责任书”。省市县人防办主任、省人防办机关处室负责人以及各市人防办综合部门负责人150余人参加会议。 （史永健）

【山西省军区领导调研人防工作】 2014年2月13日，山西省军区司令员冷杰松、参谋长吴国志，山西省国防动员委员会综合办主任陈丙骞调研省城人防工作。先后视察太原湖滨广场综合项目人防工程、太原市人防基本指挥所、太原市人防预备指挥所、省人防基本指挥所，观看山西人防工作专题片。 （史永健）

【“砺兵-2014”拉动演练】 2014年12月1日至6日，山西省人防办主任韩裕峰作为指挥长，组织省信息保障中心和部分市信息保障中心进行指挥车拉动训。整个训练共跨越晋北、晋中、晋东南和晋南四个防区，行程2500千米，完成在不同的地理和气候环境条件下高强度、高密度进行机动指挥的所有训练科目。 （史永健）

【人防应急指挥联合演习】 2014年11月20日至23日，山西省人防办带动全省11个市级人防办开展室内应急指挥联合演练。省人防办主任韩裕峰作为指挥长、省人防办机关、省信息指挥中心全体人员和各市人防办全体人员参加演练。演练分为行动筹划和指挥控制行动两个阶段，共8项内容，是一次基于人防信息系统通的高规格、大规模、贴近实战化的演习。 （史永健）

【战略合作协议签订】 2014年1月8日，山西省人防办与山西科技传媒集团就开展人防科普宣传工作在太原签订战略合作协议。山西科技传媒集团负责在全省地下商场、地下停车场等人防工程内安装LED显示屏，社区内建设科普宣传栏。 （史永健）

【《破坏性地震应急预案》修订】 2014年4月，山西省人防办组织力量对省人防办2005年制定的破坏性地震应急预案进行修订。修订后的预案有如下特点：方向更加清晰；职责更加明确；可操作性更强；资源利用可实现最大化。 （史永健）

人大立法

【地方性法规通过】 2014年,山西省人大常委会通过的山西省地方性法规有:《山西省人口和计划生育条例》《山西省土地整治条例》《山西省电力设施保护条例》《山西省企业工资集体协商条例》《山西省专利实施和保护条例》《山西省建设工程抗震设防条例》《山西省职工劳动权益保障条例》《山西省农民工权益保护条例》《山西省废旧金属收购业治安监督管理暂行条例》《山西省安全技术防范条例》《山西省涉及国家安全事项建设项目管理条例》《山西省水路交通管理条例》《山西省爱国卫生管理条例》《山西省公民献血条例》《山西省农业投资条例》《山西省基本农田保护条例》 《山西省燃气管理条例》。

(何涛 秦钟 王磊 郭强)

【地方性法规批准】 2014年山西省人大常委会批准太原、大同两市人大常委会提请批准的地方性法规有:《太原市古树名木保护条例》《太原市法律援助条例》《太原市森林防火条例》《太原市献血条例》《大同市气象设施和探测环境保护条例》《大同市人民代表大会议事规则》《大同市人民代表大会常务委员会议事规则》《大同市人民代表大会常务委员会人事任免办法》《大同市人民代表大会常务委员会监督工作条例》《大同市农村公路养护管理条例》《大同市城乡规划条例》《大同市建筑安全生产监督管理条例》《大同市建筑节能条例》《大同市城市绿化条例》《大同市城市房地产交易管理条例》《大同市煤炭资源保护办法》《大同市建设项目预防性卫生监督管理办法》《大同市城市供热条例》。

(何涛 秦钟 王磊 郭强)

【地方性法规废止】 2014年山西省人大常委会通过废止的山西省地方性法规有:《山西省市县区人民代表大会组织通则》《山西省工业劳动卫生管理条例》《山西省保护公民举报权利的规定》《山西省个体经营户和私营企业管理条例》《山西省实施〈中华人民共和国母婴保健法〉办法》《山西省行政性事业性收费管理条例》《山西省预算外资金管理条例》《山西省焦化产业管理条例》。

(何涛 秦钟 王磊 郭强)

○相关链接:参见“山西省人民代表大会”类目

法治政府建设

【地方立法】 2014年,山西地方立法工作主要突出以下几方面:(1)保障电力设施安全,促进经济社会发展;(2)规范建设工程抗震设防行为,提高抵御地震灾害的能力;(3) 加强知识产权保护,促进专利的实施和运用;(4)保护水土资源,防止水土流失;(5)促进公共客运发展,保障公共客运安全;(6) 加强专职消防队伍建设管理,提高火灾预防扑救能力;(7)推进政府信息公开,保障公民法人和其他组织的知情权;(8) 规范政府投资项目竣工验收,提高政府投资效益;(9) 规范涉案财物价格鉴证行为,维护司法、仲裁和行政执法活动的客观公正。全年制定并公布实施地方性法规3件,修订地方性方法1件,废止地方性法规8件,提请省人大常委会审议地方性法规2件。制定并公布实施省人民政府规章4件,废止省人民政府规章1件。

1. 省人民政府组织起草《山西省电力设施保护条例(草案)》。2014年2月25日,《条例(草案)》经山西省人民政府第37次常务会议讨论通过后,提请省人大常委会审议。7月25日,本条例经山西省第十二届人民代表大会常务委员会第十二次会议审议通过,自2014年9月1日起实施。

2. 省人民政府组织起草《山西省建设工程抗震设防条例 (草案)》。2014年5月6日,《办法(草案)》经山西省人民政府第43次常务会议讨论通过后,提请省人大常委会审议。11月28日,本条例经山西省第十二届人民代表大会常务委员会第十六次会议审议通过,自2015年1月1日起施行。

3. 省人民政府组织起草《山西省专利实施和保护条例 (修订草案)》。2014年6月24日,《条例 (修订草案)》经山西省人民政府第50次常务会议讨论通过后，提请省人大常委会审议。11 月 28 日，本条例经山西省第十二届人民代表大会常务委员会第十六次会议审议通过，自 2015 年 1 月 1 日起施行。

4. 省人民政府组织起草《山西省人口和计划生育条例（修正草案）》。2014 年 4 月 22 日，《条例（修正草案）》经山西省人民政府第 42 次常务会议审议通过后，提请省人大常委会审议。5 月 29 日，本条例经山西省第十二届人民代表大会常务委员会第十次会议审议通过，自公布之日起施行。

5. 省政府法制机构会同省政府有关部门，对山西省现行有效的 183 件地方性法规进行集中清理。清理结果：拟废止《山西省市县区人民代表大会组织通则》《山西省工业劳动卫生管理条例》《山西省保护公民举报权利的规定》《山西省个体经营户和私营企业管理条例》《山西省实施〈中华人民共和国母婴保健法〉办法》《山西省行政性事业性收费管理条例》《山西省预算外资金管理条例》《山西省焦化产业管理条例》等 8 件地方性法规，并对《山西省废旧金属收购业治安监督管理暂行条例》等 11 件地方性法规进行集中修改。2014 年 11 月 11 日，省人民政府第 63 次常务会议审议通过《山西省人民政府关于废止和修改部分地方性法规》的议案，提请省人大常委会审议。11 月 28 日，山西省第十二届人民代表大会常务委员会第十六次会议审议通过《山西省人民代表大会常务委员会关于废止部分地方性法规的决定》，自公布之日起施行。

6. 省人民政府组织起草《山西省实施〈中华人民共和国水土保持法〉办法（草案）》。2014 年 9 月 11 日，《条例（修订草案）》经山西省人民政府第 58 次常务会议讨论通过后，提请省人大常委会审议。

7.省人民政府组织起草《山西省城市公共客运条例（草案）》。2014 年 10 月 28 日，《条例（草案）》经山西省人民政府第 62 次常务会议讨论通过后，提请省人大常委会审议。

2014 年 6 月 9 日至 14 日，山西省领导干部依法行政专题研讨班在太原举办

（郭文强供图）

8. 省公安厅组织起草《山西省专职消防队伍建设管理办法（草案）》。《办法（草案）》经省政府法制机构依法审查后，提请省人民政府常务会议审议。2014 年 1 月 2 日，《办法（草案）》经省人民政府第 33 次常务会议审议通过；1 月 13 日，省长李小鹏签署山西省人民政府令第 235 号，公布《山西省专职消防队伍建设管理办法》。本办法自 2014 年 2 月 23 日起施行。

9. 2014 年 1 月 28 日，经省人民政府第 36 次常务会议讨论，决定废止《山西省行政事业性收费票据管理规定》；2 月 7 日，省长李小鹏签署山西省人民政府令第 236 号，公布废止《山西省行政事业性收费管理规定》。

10. 省政府办公厅组织起草《山西省政府信息公开规定（草案）》。《规定（草案）》经省政府法制机构依法审查后，提请省人民政府常务会议审议。2014 年 3 月 25 日，《规定（草案）》经省人民政府第 39 次常务会议审议通过；6 月 10日，省长李小鹏签署山西省人民政府令第 237 号，公布《山西省政府信息公开规定》。本规定自 2014 年 7 月 1 日起施行。

11.省发展和改革委员会组织起草《山西省政府投资项目竣工验收管理办法（草案）》。《办法（草案）》经省政府法制机构依法审查后，提请省人民政府常务会议审议。2014 年 8 月 4 日，《办法（草案）》经省人民政府第 55 次常务会议审议通过；8 月 11 日，省长李小鹏签署山西省人民政府令第 238 号，公布《山西省政府投资项目竣工验收管理办法》。本办法自 2014 年 10 月 1 日起施行。

12. 省物价局组织起草《山西省涉案财物价格鉴证办法（草案）》。《办法（草案）》经省政府法制机构依法审查后，提请省人民政府常务会议审议。2014 年 12 月 23 日，《办法（草案）》经省人民政府第 67 次常务会议审议通过；12 月 25 日，省长李小鹏签署山西省人民政府令第 239 号，公布《山西省涉案财物价格鉴证办法》。本办法自 2014 年 12 月 25 起施行。

（郭文强）

【规范性文件审查备案】 2014 年，根据《山西省规范性文件制定与备案规定》和《山西省行政机关规范性文件制定程序暂行办法》的规定，省政府法制机构共前置审查省政府及其办公厅规范性文件 20 件，省直部门规范性文件 60 件，其他涉法文件 96 件。依法公布省直机关规范性文件 43 件。备案审查太原市政府规章 4 件。备案审查各市报备的规范性文件 135 件，其中太原市 24 件、大同市 5 件、朔州市16件、忻州市22件、吕梁市5件、晋中市10件、阳泉市6件、长治市15件、晋城市13件、临汾市9件、运城市10件。根据省长李小鹏批示，在审查省国资委代省政府起草的《山西省省属国有企业财务等重大信息公开办法(试行)(草案)》过程中，9月中旬，《办法(草案)》在征求有关部门意见的同时，并在《山西日报》《山西省人民政府网》《山西政府法制网》等新闻媒体全文刊登，面向社会公开征求意见。在反复讨论并充分采纳吸收有关方面合理意见和建议后，12月9日，山西省人民政府办公厅以晋政发〔2014〕38号文正式印发。自2015年1月1日起实施。 （郭文强）

【省政府法律顾问服务】 2014年，山西省政府法律顾问共有65人次参加重大涉法事务及地方性法规和政府规章的研究论证工作，提出有益意见和建议。省政府法律顾问彭云业多次参与新增执法人员培训工作，为培训班授课。为推进法律顾问委员会换届工作，省政府法制办向山西大学、山西财经大学、太原理工大学和山西省律师协会印发《关于推荐省政府法律顾问委员会第三届法律顾问人选的函》(晋政法函〔2014〕67号)，请求推荐第三届法律顾问委员会人选，共征集候选人13名。向省政府报送《关于聘请省政府第三届法律顾问委员会法律顾问的请示》。在征求上届法律顾问委员会成员意见的基础上，完善《法律顾问委员会工作规则(修订稿)》。 （郭文强）

【省政府依法行政领导组调整】 2014年1月3日，经山西省政府批准，省政府办公厅印发《山西省人民政府办公厅关于调整和撤销有关议事协调机构的通知》(晋政办函〔2014〕9号)，决定调整成立山西省人民政府依法行政领导组及其办公室。领导组组长由省长李小鹏担任，副组长由常务副省长高建民、省政府秘书长廉毅敏担任，成员由省政府法制办、省发改委、省监察厅、省司法厅、省财政厅、省人社厅、省审计厅、省编办、省信访局、省行政学院主要负责人担任。领导组办公室设在省政府法制办，办公室主任由省政府法制办主任王卫星兼任。 （郭文强）

【依法行政联席会议】 2014年11月20日，山西省政府法制办组织召开省委依法治省领导组依法行政联席会议、联络员会议暨依法行政经验交流会。会议由省政府法制办副主任刘钢柱主持。省政府法制办主任、省委依法治省领导组办公室副主任、依法行政联席会议总召集人王卫星出席会议并讲话。省发改委、经信委、公安厅、财政厅等省委依法治省领导组依法行政联席会议机制15家成员单位的负责人、联络员和省政府法制办有关处室负责同志参加会议。省地税局、山西出入境检验检疫局法制机构和太原市政府法制办、武乡县政府法制办负责同志应邀参加会议。会议听取依法行政联席会议成员单位关于依法行政重点工作项目进展情况汇报；与会单位就本年度推进依法行政的经验做法和今后工作打算做交流发言。 （郭文强）

2014年11月20日，山西省法制办召开省委依法治省领导组依法行政联席会议、联络员会议暨依法行政经验交流会 （郭文强供图）

【法制讲坛】 2014年，山西省政府法制办机关共组织举办“法治讲坛”11讲，全办160余人次参加培训。法制办领导带头解读十八届四中全会精神和《关于全面推进依法治国若干重大问题的决定》，宣讲新一届省委提出的“六权治本”和“六大发展”。邀请专家学者作法律、经济专题报告，请有关处室负责人和老领导讲授业务知识、传授工作经验。 （郭文强）

【法制理论研究成果】 2014年5月12日，山西省政府法制办李保川、庞博撰写的《规范行政裁量权，服务转型跨越发展研究》一文，参加中共山西省依法治省领导组开展的“法治·发展”征文活动，被评为一等奖。同日，任刚军撰写的《严格依法行政，规范行政执法行为，推进法治政府建设》一文，参加省法学会举办的“法治山西建设高端论坛”征文活动，被评为一等奖，并编入山西省法学会法学研究成果文库和《服务转型跨越发展 推进法治山西建设》获奖论文集。2014年12月28日，省政府法制办编著的《政府法制实务》由中国法制出版社编辑出版。全书30.6万字，分为“政府法制、依法行政、地方立法、规范性文件的制定与审查、行政执法、行政执法监督、行政复议制度、政府法制相关工作”等八章内容。 （郭文强）

【新增行政执法人员培训】 2014年，山西省政府法制办共分期举办15期新增行政执法人员培训班，邀请山西大学法学院、山西财经大学法学院、省委党校有关专家学者及省政府法制办有关处室负责人就《行政处罚法》《行政许可法》《行政强制法》和推进依法行政建设法治政府及规范性文件制定与备案办法等进行专题讲座。来自省发改委、国土、地税、工商、质监、消防、监狱管理等系统，近3年来新增行政执法人员共2356名学员参加培训。2014年11月29日至12月19日，省政府法制办组织全省政府法制系统16人赴美国参加“行政机关对行政行为的层级监督机制”培训。 （郭文强）

2014年9月26日，山西省政府法制办在太原召开全省仲裁工作座谈会

（郭文强供图）

【行政执法人员资格管理】 2014年1月14日，山西省政府法制办印发《山西省人民政府法制办公室关于进一步加强行政执法证件管理工作的通知》（晋政法字〔2014〕9号），细化山西省申领行政执证件资格条件、审核程序、报送材料和信息录入等规定。并配套制定《山西省行政执法人员资格认证考试管理规定（试行）》《考务规范》《人机对话考试操作使用注意事项》《考试命题规则》和《考试须知》等配套制度，健全行政执法人员资格认证考试工作制度体系，进一步完善执法证件申领、审核、发放程序。全年共审核发放行政执法证件9378个。经审核，1993人不符合行政执法人员资格条件，未予发证。 （郭文强）

【规章和规范性文件清理】 2014年2月28日，山西省人民政府办公厅印发《关于严格控制新设行政许可的通知》（晋政办发〔2014〕19号），决定对全省政府规章、规范性文件进行全面清理。清理结果：列入此次清理范围的省政府现行有效规章共114件，其中，拟保留105件，拟废止《山西省实施〈电力设施保护条例〉办法》《山西省土地复垦实施办法》《山西省煤炭可持续发展基金征收管理办法》《山西省实施〈中华人民共和国车船税暂行条例〉和〈中华人民共和国车船税暂行条例实施细则〉办法》《山西省煤炭销售票使用管理办法》5件，拟修改《山西省消防安全责任制实施办法》《山西省散装水泥促进办法》《山西省企业负担监督办法》3件。太原市列入此次清理范围的政府规章47件，拟保留47件。大同市列入此次清理范围的政府规章23件，其中拟保留21件，修改2件。此次共清理全省各类规范性文件4002件，其中，拟保留3059件，废止778件，修改165件。 （郭文强）

【重点领域执法检查】 2014年8月25日，山西省政府法制办印发《关于对全省人社、地税系统行政执法案卷评查工作检查验收的通知》（晋政法字〔2014〕118号）。省政府法制办会同省人社厅、省地税局，重点对太原市、长治市、吕梁市人社部门和阳泉市、长治市、晋城市地税部门的行政执法案卷进行抽查检查，抽查检查人社系统案卷130宗、地税系统案卷230宗，共计360宗。检查结束后，向省政府报送《山西省人民政府法制办公室关于全省人社、地税系统开展行政执法案卷评查工作情况的报告》。

（郭文强）

【行政复议案件】 2014年，山西省人民政府收到行政复议申请138件，典型案例有：运城市盐湖区北相镇王桐村第二居民组不服运城市人民政府做出的运市政土行决字〔2013〕第7号“土地权属争议案件行政决定书”，向省政府提出行政复议申请；杨盛龙等10人认为临汾市人民政府未履行政府信息公开职责的行为违法，向省政府提出行政复议申请；太原欧亚科技发展有限公司不服山西省发展和改革委员会做出的《投诉案件处理决定书》，向省政府提出行政复议申请。其中受理126件，其他方式处理12件。受理案件中，结案106件，按程序办理20件。办结案件中维持44件，不予受理23件，驳回申请22件，终止11件，责令受理3件，责令履行职责1件，撤销1件，调解1件，办结的案件中，被申请人是省人民政府的28件，市级人民政府56件，省直部门22件。涉及征地批复类30件，政府信息公开类18件，房屋土地征收类11件，退休审批类9件，其他类38件。

（郭文强）

【行政诉讼案件】 2014年，山西省政府法制机构全年共参与应诉涉及省人民政府的行政诉讼案件34件。一审案件23件完成开庭审理，下达判决书21件，其中，判决驳回诉讼请求的14件，责令履行的2件，撤销4件，终止1件。未下达判决书2件。二审案件11件，其中已开庭审理并下达判决书的6件，均为驳回上诉，维持原判；等待开庭审理5件。 （郭文强）

【全省仲裁工作座谈会】 为纪念《中

华人民共和国仲裁法》颁布20周年,2014年9月26日,山西省政府法制办在太原组织召开全省仲裁工作座谈会。省政府法制办党组成员、副主任李云涛出席会议并讲话,全省8个仲裁委员会秘书长、省政府法制办负责联系仲裁工作处室的同志参加会议。会议传达国务院法制办有关联系仲裁工作、恢复仲裁委员会换届工作的会议精神;各仲裁委员会围绕仲裁机构和队伍建设基本情况、业务工作开展情况及成效、发展中的问题、对今后仲裁工作发展的思路、意见和建议作工作情况汇报。山西省现有8个设区的市成立仲裁委员会,仲裁委员会派出机构47个,仲裁员在册人数1189人,业务遍及全省,延伸至省外。

(郭文强)

【国家宪法日暨法制宣传日】 2014年12月4日上午,山西省人民政府法制办公室在太原市南宫广场参加2014年“国家宪法日暨法制宣传日”系列宣传活动。这次活动由中共山西省委宣传部、中共山西省委依法治省领导组办公室、省司法厅、省政府法制办等联合主办。山西省委常委、省政法委书记、省委依法治省领导组常务副组长王建明,山西省人大常委会副主任、省委依法治省领导组副组长安焕晓,在活动现场进行巡视指导。省直四十余家单位参加这次活动。这次宣传活动围绕“弘扬宪法精神,建设法治中国”主题,重点宣讲党的十八届四中全会精神和《中共中央关于全面推进依法治国若干重大问题的决定》。活动现场,省政府法制办主任王卫星向群众细心解读山西省“六个发展”和“六权治本”等社会关心和热议的话题。活动中,省政府法制办共发放宣传单1000余份,法制书刊500余本,解答群众咨询300余人次。

(郭文强)

社会治安综合治理

【“六六创安”工程】 2014年,山西省政法委落实《平安山西建设五年规划》,确定40个重点项目,取得成效。

1. 打好“六场硬仗”,健全经常性“严打”机制。全年共立各类刑事案件11万余起,同比下降5.2%;其中危害严重的八类案件7214起,同比下降16.6%;各类侵财案件9.1万余起,同比下降7.8%。将打黑除恶斗争与推进反腐败斗争、净化政治生态紧密结合起来,全年共打掉黑恶势力犯罪集团137个,其中侦办黑社会性质组织2个(一审判决);共立各类命案436起,破430起,破案率98.62%,创历史最好成绩;以传销和非法集资为重点,共立各类经济犯罪案件4227起,破案3472起,挽回和避免经济损失4.2亿元;破获毒品案件1.7万余起,抓获涉毒人员1.8万余人,打掉制毒加工厂点8个,缴获各类毒品232公斤、制毒原料8925公斤;抓获网上逃犯15543名,同比上升18.1%;开展“猎狐2014”行动,成功从境外缉捕回3名犯罪嫌疑人。

2. 开展“六项整治”,解决社会治安突出问题。围绕治安乱点、盲区和薄弱环节,山西省政法委共组织各类排查16435次,发现、整治治安重点地区或问题2145个,从中破获各类刑事案件11970起,查处各类治安案件5.61万件。制定出台《山西省社会治安重点地区及突出治安问题认定标准》,对22个治安突出问题或重点地区进行挂牌督办,有效整治一批群众反映强烈的突出问题,全省治安案件同比下降8.4%。

3. 实施“六网覆盖”,构建立体化治安防控体系。将视频监控系统建设作为“六网覆盖”的重中之重,2014年,山西省共投入资金40多亿元,新增视频监控探头34万个,累计达76.11万个,其中公共区域14.86万个,城市主要部位、重点目标、主要路口基本实现全覆盖。深入推进群防群治工作,制定出台《关于加强全省平安志愿者服务工作的意见》,协调人寿保险公司为平安志愿者赠送人身意外伤害保险,全省群防群治队伍达31万余人。完善环京七省区市对口警务合作机制,加强22个“环京公安检查站”通信链路建设,实现与省公安厅和公安部图控中心双向音视频通信功能。

4. 化解“六类矛盾”,促进矛盾纠纷及时就地化解。山西省政法委围绕征地拆迁、村矿(村企)、劳动关系、医患关系、交通事故、环境污染等矛盾高发领域,协调推动省直牵头部门出台相关矛盾纠纷排查化解的规范性文件,进一步健全工作机制,提高调解效率。2014年,全省共排查各类矛盾纠纷18.9万起,调解成功率达95.2%。

5. 管好“六类人群”,消除安全隐患。2014年,山西省政法委共接收刑满释放人员14303人,一般帮教对象衔接率超过80%,重点犯罪人员衔接率接近100%。制定出台《关于全面推进社区矫正工作的意见》《社区矫正和安置帮教工作突发事件应急预案》等文件,在矫人员重新违法犯罪率为0.178%,低于全国平均水平。推进吸毒人员服务管理信息系统建设,登记在册吸毒人员7.07万人,其中社区戒毒人员2439人、强制隔离戒毒人员5086人。加强严重精神障碍患者服务管理工作,建立由16个部门组成的省级精神卫生工作联席会议制度,对全省严重精神障碍患者进行全面摸底调查,累计登记严重精神障碍患者9.4万人。加强社会闲散青少年服务管理和预防犯罪试点工作,加强严重不良行为青少年教育矫正工作。

6. 开展“六安联创”,提升基层平安创建水平。2014年,山西省政法委对2013年度63个省级平安县(市、区)、88个省级平安单位、67个省级平安社区进行命名,推动基层平安创建活动的深入开展。深入推进“命案零发案县(市、区)”和“无刑事警情村(社区)”创建活动,对全省命案情况进行深入调研,提出防控措施,并召开专题会议进行安排部署。(李　磊)

【矛盾排查化解】 2014年,山西省政法委为把矛盾化解在基层、源头和萌芽状态,从四个方面采取措施:(1)强化顶层设计,系统安排部署。对构建矛盾纠纷多元调解体系进行整体设计,组织制定《关于加强全省矛盾纠纷调解工作的意见》和《推进方案》,

并在晋中市左权县召开推进会进行专题安排部署。截至2014年底,全省60%的县(市、区)、80%的乡镇(街道)和50%的农村(社区)按照规定标准完成矛盾纠纷调解中心建设。(2)加强组织领导,定期分析研判。9月份以后,在全省实行各级矛盾纠纷排查调处工作领导组每月一次的例会制度,形成综治办主任、综治委常务副主任、综治委主任定期听取情况汇报并对突出问题分析研判的长效机制。(3)突出重点领域,组织专项治理。围绕进京非访专项治理,分别就落实综治责任、加强衔接联动、依法打击处理出台具体规定,对问题突出的县(市、区)采取黄牌警告、挂牌督办等措施,推动信访形势的持续好转。2014年,全省进京非访量同比下降54.8%,完成中央要求的任务。(4)强化风险评估,推进科学决策。狠抓社会稳定风险评估制度的落实,督促各市制定相关实施细则,使风险评估成为重大决策的前置程序,推动全省826个重点项目实现应评尽评,从决策源头减少矛盾的产生。 (李 磊)

【社会服务管理体系建设】 2014年,山西省政法委按照网格化管理、社会化服务的要求,编制出台《关于进一步深化全省社会服务管理体系建设的意见》,在全省范围内组织开展交叉检查,对三级平台的运行情况实行逐月通报,对平台未正常运行的12个县(市、区)主要领导进行约谈,举办2期专题培训班,推动全省三级服务管理中心步入规范化运行轨道。2014年,全省三级中心共受理报送各类事件219万件,处置率达95.07%。同时,省政法委协调省委组织部、省编办出台相关文件,提出乡镇综治领导、专抓副职和综治专干的配备要求;推动基层平台运行经费和网格员补助纳入县级财政预算,加大社区矫正、矛盾调解、安置帮教工作的经费保障力度,为加强综治工作提供支撑保障。 (李 磊)

○相关链接:参见“中国共产党山西省委员会”类目

公 安

【公安交警视频会】 2014年3月14日,山西省公安厅交管局召开全省公安交警视频会议,汲取晋济高速岩后隧道“3.1”事故教训,贯彻落实3月4日省政府进一步加强道路交通安全工作电视电话会议精神,部署当前各项交通管理重点工作。刘杰出席会议并讲话。

会议通报“3·1”晋济高速岩后隧道事故情况,传达党中央、国务院和省委、省政府等各级领导重要批示、指示精神,指出事故暴露出的问题,要求全省公安交警清醒认识当前交通安全工作面临的严峻形势,汲取“3·1”事故教训,查找突出问题,转变作风,真抓实干,遏制重大交通事故多发态势。(1)对全省所有公路隧道、桥梁、涵洞进行一次安全大检查。(2)对全省危化品道路运输进行一次安全大检查。(3)严格执行危化品运输车辆高速公路禁行管制措施。(4)严格落实省政府关于全省所有公路隧道、涵洞、桥梁10公里范围内不允许设置煤检站、验票站、收费站的要求。(5)加强对危化品运输车、客车、校车及农村学生接送车等重点车辆的管理。(6)建立完善部门联动协作长效机制。要加强和相关部门的协作配合,共同完成好公路隧道桥涵、危化品道路运输两项安全大检查,并组成联合工作组验收。 (王瑞成)

【户口登记管理清理整顿督查】 2014年,针对原长治市公安局副局长、交警支队支队长樊红伟被查出曾经办理过多个虚假身份信息的问题,山西省公安厅部署在全省公安机关内部开展户口登记管理专项清理整顿督查工作。

山西省公安厅要求,各市、县公安机关的派出所现任所长、户籍内勤,调离工作岗位的原所长、户籍内勤和退休的原所长、户籍内勤和现任所领导,以及市、县级公安机关户政部门相关人员,要深入查找自己以及为他人有无违规办理户口、身份证问题;民警本人及父母、配偶、子女等是否拥有双重户口、假户口问题。按照公安部规定,凡在规定时间内主动报告违法违规办理户口问题并积极予以纠正的,可视情节轻重依法依规从宽处理。凡是发现利用职务之便办理虚假户口的,一律给予纪律处分;凡是被举报在办理户口业务过程中刁难群众经调查属实的,一律停止执行职务;凡是违反规定安排不具有执法资格的协管人员直接办理户口业务的,对协管人员一律予以清退,并追究派出所主要领导责任;涉嫌犯罪的,一律追究刑事责任。凡是隐瞒不报被清理或举报发现的,除追究当事民警责任外,还要追究当地公安机关和领导的责任。各市县公安机关要广泛发动群众举报违法违规办理户口问题线索。对接到的群众举报线索,公安机关将逐一登记建档,逐一组织核查,逐一向举报人做出反馈,严格为举报人保密。 (王瑞成)

【涉法涉诉信访导入暂行办法完善】 2014年,为贯彻落实中央《关于依法处理涉法涉诉信访问题的意见》精神,畅通涉法涉诉信访渠道,完善涉法涉诉信访事项审查办理机制,山西省法院、省检察院、省公安厅联合行文出台《关于进一步加强协作配合、完善涉法涉诉信访导入工作的暂行办法》。明确指出,各级政法机关对接受到的涉法涉诉信访事项应当依法、及时审查,对于符合法律规定,属于本部门管辖的,依法导入法律程序;不属于本部门管辖的,依法告知信访人前往有管辖权的部门反映诉求;对于信访人反映诉求涉及多个政法部门的,应当依法审查由本部门管辖的相关诉求。各级各部门对于导入法律程序的案件,应当依法按程序在法定时限内公正办结。有关办理程序和结果,应当严格按照法律规定的期限和方式,及时告知信访人明确符合二十种情形的分别由各级公安机关、检察院、法院系统办理。对涉法涉诉信访事项管理存在争议或认识分歧的,应

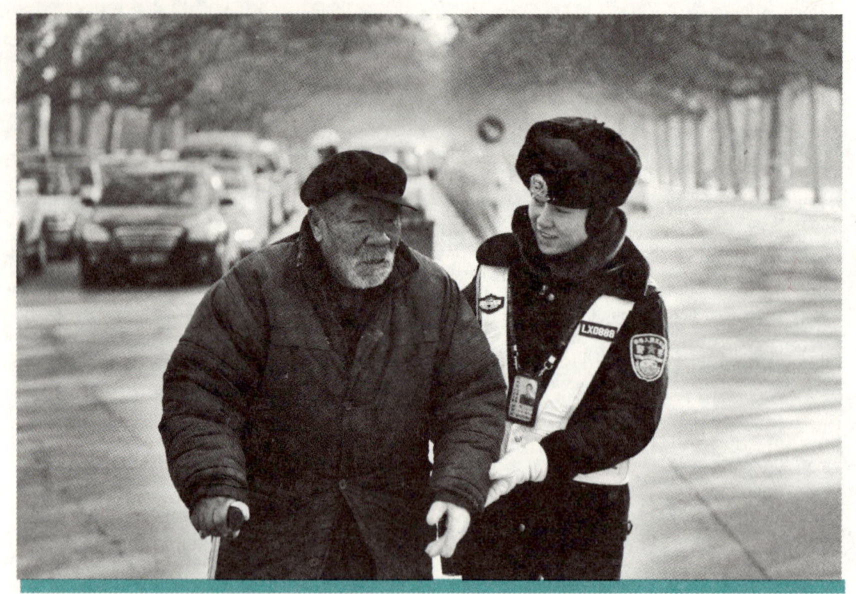

公安交警帮扶困难群众 (张利荣供图)

及时沟通协调,予以解决。经沟通无法形成共识的,可提交同级党委政法委涉法涉诉信访工作联席会议研究决定。各级各部门工作人员违反暂行办法,造成严重后果的,应当按照信访责任追究办法严肃追究相关责任人责任。 (王瑞成)

【国务院消防考核组考评山西】 2014年4月13日至15日,由山西省公安部消防局局长陈伟明带队的国务院第七考核组,对山西省政府2013年消防工作进行检查考核。省委副书记、省长李小鹏会见考核组一行,并就加强和改进山西省消防工作交换意见。副省长张建欣,省长助理、省公安厅厅长刘杰等陪同检查考核。考核组先后听取山西省政府、太原市政府工作情况汇报,查阅有关文件台账,实地检查省级消防指挥中心、消防训练基地,抽查太原市4个社会单位以及消防特勤队、建制镇、街道办事处、政府专职消防队和公安派出所,并对考核情况进行反馈,肯定工作成绩,指出存在的不足,提出加强消防工作和部队建设的意见和建议。(王瑞成)

【散装汽油销售实行凭证实名购买】 2014年,为加强散装汽油安全管理工作,有效防止不法人员利用散装汽油实施违法犯罪活动,山西省公安厅、省安监局联合下发《关于进一步加强加油站散装汽油销售安全管理工作的通知》。通知要求:各地公安、安监部门要全面加强加油站散装汽油销售的管控严查工作,严管严控严查散装汽油销售等行为。对正常生产、生活确实需要购买罐装或散装成品汽油的,购买人应出示购买散装汽油从事生产、生活活动所在地辖区派出所出具的购买证明。加油站要认真查验和登记购买人的姓名、居民身份证号码、住址、所在单位、购买数量、用途等情况,留存购买人身份证复印件和购买证明原件。散装汽油销售情况由加油站当天书面汇总后,报当地派出所备案。公安派出所要指定专人负责辖区加油站治安管理工作,了解掌握散装汽油销售去向等情况。执勤交警要为需要加注散装汽油的路面抛锚机动车及时提供便捷服务。加油站应如实登记,并及时报告散装汽油销售的情况,杜绝内部员工盗卖、私卖、违规销售散装汽油行为,坚决防止因盗卖、私卖、违规销售散装汽油而引发重大案(事)件。 (王瑞成)

【打击环境污染违法犯罪百日会战】 从2014年3月起,山西省委、省政府在全省范围内开展为期一百天的严厉打击环境污染违法犯罪"百日会战"专项行动。行动期间,省公安厅对全省11个市54个县(市)环境污染问题进行督导检查,检查问题企业355家。公安机关立刑事案件19起,涉案人员21人;查处治安案件14起,行政拘留18人;移交评估组待评估线索9起;督促当地环保部门进行行政处罚311起,做出行政处罚决定224起,其中关停取缔违法企业186家,罚款处理23家,责令限期整改的15家;督促当地环保部门整治6个环境污染区域性问题。 (王瑞成)

【安全警卫任务完成】 2014年7月17日至18日,山西省公安机关完成汪洋在山西期间安全警卫任务。9月1日至2日,省公安厅完成刘云山在山西期间的安全警卫任务。9月2日至4日,柬埔寨国王西哈莫尼、副首相兼王宫事务部大臣贡桑奥及驻华大使凯·西索达等一行43人到山西参观访问,省委书记王儒林,省委副书记、省长李小鹏会见西哈莫尼一行。西哈莫尼国王一行在山西期间观看大型舞剧《粉墨春秋》,先后到太原市美术馆、佛教圣地五台山参观。

(王瑞成)

【特大贩卖冰毒案新闻发布会】 2014年9月10日下午,山西省公安厅召开"4·26"特大贩卖冰毒案新闻发布会,中央和省级30余家新闻媒体记者参加新闻发布会。新闻发布会观看"4·26"特大贩卖冰毒案专题片,晋中市局负责人汇报案件侦破情况。部督"4·26"特大团伙贩毒案是山西省自新中国成立以来破获的最大冰毒案件,经过几个月的侦查经营,先后到5省10市,行程1万多千米,共打掉重大贩毒团伙2个,抓获犯罪嫌疑人22名,缴获冰毒109.8千克、麻古510克、钢珠枪1支、子弹101发,扣押毒资540余万元、银行卡113张、涉案车辆12辆、笔记本电脑7台、手机45部,切断由广东至山西、广东至辽宁的两条贩毒通道,并配合广东警方捣毁一个制毒窝点。 (王瑞成)

【视频监控系统建设】 (1)建设进度

明显加快。截至2014年9月30日，山西省累计建设视频监控摄像机598675台（其中公共区域121104台，社会点477571台）。第三季度新增摄像机102110台（其中公共区域高清摄像机5947台、标清摄像机715台，社会点95448台），完成全年总建设任务的30.1%。(2)综合应用成效显著。2014年前三季度，全省运用视频监控图像信息直接破获刑事案件710起，协助破获案件1662起，案件调用系统数据8898次，抓获犯罪嫌疑人980人（其中抓获现行205人），预防违法犯罪301起；直接查处治安案件1237起，协助查处治安案件4705起，处罚违法人员1518人，预防违法犯罪815起；预防、处置群体性事件453起；服务群众3715人次；为相关部门提供服务1092次。其中，在破获刑事案件、查处治安案件、为社会提供服务方面分别比上年提高15.8%、159.7%、77.4%。(3)资金投入进一步加大。截至2014年9月30日，全省各级政府共投入资金165125.86万元，其中建设资金115341.25万元，维护资金17102.6万元，线路租用资金5047.1万元，其他费用2529万元；社会单位及市场化运作资金投入40499.25万元。

（王瑞成）

【全国公安机关爱民模范受表彰】 2014年11月7日上午，山西省委书记、省人大常委会主任王儒林，省委副书记，省长李小鹏，省委常委、政法委书记王建明，省委常委、秘书长王维中，副省长张建欣等省领导，会见荣获全国公安机关爱民模范集体称号的太原市公安局交警支队万柏林一大队、定襄县公安局季庄派出所和吕梁市公安消防支队孝义市大队民警代表，荣获全国公安机关爱民模范的壶关县公安局鹅屋派出所指导员兼内勤申飞飞、平陆县公安局治安大队大队长梁康和柳林县公安局留誉派出所指导员袁子捷。（王瑞成）

【猎狐专项行动】 2014年，山西省公安机关共打掉恶势力犯罪集团96个，抓获涉案犯罪嫌疑人656名，破获各类刑事案件735起，收缴各类枪支17支，子弹180余发。

2014年11月12日上午，山西省公安厅召开新闻发布会，汇报山西省公安机关“猎狐2014”专项行动战果。山西省公安机关先后从柬埔寨和老挝等国成功缉捕在逃境外的经济犯罪嫌疑人3名，其中公安部B级通缉在逃要犯(10年以上逃犯)2名。

2014年，山西省39名涉枪涉爆案件在逃人员被抓捕32名，缉捕率82.1%，如期完成部专项办制定的全年缉捕率不低于80%的目标。其中朔州、忻州、晋中、晋城、临汾抓获全部在逃人员，缉捕率达100%。（王瑞成）

【警务工作“1135”工程】 2014年，山西省公安厅党委决定在全省公安机关推进公安派出所和社区警务工作“1135”工程。

1. 各市、县公安机关要采取警力整合、内部挖潜、岗位交流等多种方式，为派出所充实警力(含事业编制人员)1000名。

2. 全省各级公安机关落实1亿元资金用于加强派出所基础建设和改善派出所、社区民警装备。省、市、县公安机关要用足用好上级转移支付资金，争取党委、政府重视和财政部门支持，分级落实保障资金。其中，省公安厅统筹1000万元，各市公安局要落实500万元以上，各县(区)公安局要积极争取，落实基层保障资金。重点解决社区民警交通工具(市区、城区统一为警用电动车，农村可考虑警用摩托车和汽车)、基础信息采集仪、执法记录仪等必备装备。

3. 2015年6月底前，全省公安派出所要基本实现警力下沉、警务保障、机制建设“三到位”。(1)警力下沉到位。力争使县(市)、城市郊区和市区公安派出所警力分别达到县级公安机关总警力的45%、50%、55%以上。社区(驻村)民警配备以一名民警负责管理实有人口1000户—1500户(3000人—5000人)为基本标准；在农村，以一名民警负责管理实有人口5000人—10000人为基本标准，逐步配齐社区(驻村)民警。推行社区民警专职化。社区(驻村)民警专职化率要不低于40%，保持社区民警的相对稳定，在同一社区(农村)工作一般不少于3年。鉴于警力不足的实际情况，公安机关的事业人员可以协助开展社区警务工作。(2)警务保障到位。各市、县(市、区)公安机关主要领导是派出所警务保障的第一责任人，派出所和社区警务室日常公用经费和办案(业务)经费由县级公安机关直接保障。(3)机制建设到位。要进一步巩固、完善“三队一室”“两队一室”警务运行模式，健全派出所内部“三队一室”“两队一室”之间分工负责、协作配合的工作运行机制，建立倾斜基层的长效工作机制。(4)措施落实到位。2015年6月底前，落实五项具体措施；①确保派出所民警补助足额到位；②落实派出所和警务室经费保障；③建立倾斜派出所民警的表彰制度；④落实干部优先从基层选拔，晋职晋级倾斜基层的激励制度；⑤强化派出所和社区民警轮训和专题培训。

（王瑞成）

【公安便民在线技术服务规范确立】 2014年11月25日，山西省质量技术监督局以2014年第17号地方标准公告发布《山西公安便民服务在线网站建设技术规范》(DB14/T 1024-2014)、《山西公安便民服务在线服务规范》(DB14/T 1025-2014）两项山西省地方标准。作为指导网站建设和运行管理的规范性文件，两项标准对网站硬件设备、技术参数、办事流程、服务标准等方面做详细规定，填补山西省政务网站“社会公共管理服务标准认证”空白，标志着山西公安便民服务在线标准化体系的正式确立，凸显山西公安便民服务在线的行业地位，引领政务网站发展方向。（王瑞成）

【国家禁毒委员会督导组督导检查】 2014年12月22日，国家禁毒委员会委员、最高人民法院副院长李少平等一行6人代表国家禁毒委员会对山西省贯彻落实习近平总书记等中央领导同志关于加强禁毒工作的重要指示批示、中央6号文件和全国禁毒工作会议精神等有关情况进行督导检查。22日下午,山西省副省长、省禁毒委主任张建欣和省长助理、公安厅长、省禁毒委副主任刘杰代表省禁毒委向督导检查组汇报山西省禁毒工作情况。李少平肯定山西省禁毒工作所取得的成绩,认为山西省委、省政府重视禁毒工作,组织到位,措施得力,工作扎实,成效显著,破获前所未有的大案,工作力度上采取前所未有的措施,解决一系列问题。对下一步工作,要求山西省委、省政府提高认识,狠抓贯彻落实;坚持标本兼治,多管齐下,全面推进;严格落实责任,强化责任追究;夯实基础工作,解决难点问题;不断加大禁毒工作基础建设。（王瑞成）

○相关链接:参见“山西省人民政府”类目

·公安交通管理局·

【交通安全大检查】 从2014年3月至10月,山西省公安厅交通管理局(交通警察总队)部署全省公安交警开展为期8个月的道路交通安全大检查,深入排查和整治道路交通安全方面存在的隐患和问题,共检查各类重点车辆281万余辆次,查处各类交通违法572万余起,排查出违法未处理的重点车辆驾驶人、所有人5000余人,排查出符合“黑名单”条件的客运企业30个并全部抄告省交通运输厅,排查出事故多发(频发)点段165处,均抄告交通、安监等部门和政府整改或督办。

2014年,全省共发生涉及人员伤亡的道路交通事故5118起,死亡2080人,受伤5418人,同比分别下降3.49%、2.48%、1.92%。（张利荣）

【“四车一隧道”管控】 2014年,山西省交管局为有效预防重大交通事故,全省公安交警加强对客车、货车、危化品运输车、校车、面包车等重点车辆和隧道的安全管理,先后部署开展“打四非查四违”、学生接送车等专项整治行动21次,共纠正各类交通违法行为1360万人次,消除大量安全隐患。晋济高速岩后隧道“3·1”特别重大事故发生后,全省公安交警吸取教训,强化危险化学品运输车辆通行时间、路段等交通管制措施,组织开展隧道及危化品运输专项排查整治行动,修订《山西省公安机关处置危险化学品运输车辆道路交通事故应急预案》等多个应急预案,组织全省各地各部门开展危险化学品运输车辆重特大交通事故应急演练比武竞赛90余次,加强对液体危货罐车加装紧急切断装置的安全检验工作。（张利荣）

公安交警查处酒驾违法行为（张利荣供图）

【机动车和驾驶人源头管理】 2014年,山西交管局落实省政府部署,牵头成立全省黄标车及老旧车淘汰工作领导组办公室,组织推进报废淘汰工作,完成21.6万黄标车及老旧车淘汰任务。加强面包车安全监管,全省推进面包车核载人数和举报电话喷涂工作,共喷涂18.3万余辆。落实机动车驾驶人记分和降级制度,11个市公安交警支队全部安装使用驾驶人考试监管系统。（张利荣）

【农村交通安全管理】 2014年,山西交管局贯彻落实公安部交管局广西现场会精神,出台指导意见,量化任务目标,各地公安交警严格落实,晋中昔阳将道路交通安全工作纳入社会管理综合治理体系,朔州市政府下发加强农村道路交通安全管理工作的通知,平鲁建立农村道路交通安全的社会化管理网络,忻州偏关建立农村机动车和驾驶人管理模式。全省共建立乡镇交通管理办公室1066个,配备专职交通安全员2280人,设置农村劝导站1517个。（张利荣）

【公路交通安全防控体系建设】 2014年,山西省、市两级公安交警均成立主要领导挂帅的领导机构,建立推进机制,细化部门职责,明确工作任务、建设标准和考核办法。全省累计投入3.83亿元,完善装备、设施,重新摸排和调整全省所有执法站点、卡口,规范基础信息采集工作,同时,加快推进卡口建设和联网工作,加强应用培训和调度演练,启动高速卡口系统建设项目。全省强化系统应用,缉查布控系统存储数据达12.14亿条,通过系统检查登记重点车辆485万辆次,拦截查处重点违法车辆13.3万余辆。（张利荣）

【交警数字集群通信系统建成】 2014年,山西省累计投入2.2亿元,为各市和高速公安交警配备对讲机4910部、车载终端设备495台，建设省级交换中心1个、市级交换中心9个、基站292套，系统全部采用数字化通信技术，网络覆盖全省11个市主城区、96个县、全省高速公路和重点国、省道以及38处重点区域与重点旅游景区，提高全省公安交警的指挥调度水平和协同作战能力。（张利荣）

【交通安全主题宣传】 2014年，山西交管局发挥省文明交通行动计划领导组办公室作用，联合山西省文明办、省教育厅、团省委开展“大学生文明交通志愿者联盟”活动，编制《交通安全宣传教育工作三年规划(2014—2016)》，组织全省公安交警开展全国中小学生安全教育日、《道路交通安全法》实施十周年、“4·30”交通安全反思日、安全生产月、“122”全国交通安全日主题活动等，并在重要节点及时开展“两公布一提示”，在农村推行交通安全宣传教育“一村一墙一栏”和农村交通安全广播站建设。全省交警利用电视、广播、报刊等传统媒体以及微博、微信、手机等新媒体，高频次、高密度宣传交通安全法律法规、开展交通安全提示、展示交警队伍形象。全省推进交通安全主题宣传教育基地建设，孝义市建成山西省首个县级交通安全主题宣教基地，太原、临汾、吕梁、晋中、阳泉等市建成交通安全主题宣传教育综合基地。（张利荣）

【交通执法规范化】 2014年，山西省交管局修订《全省公安交警执法规范化建设考评标准》《山西省公安机关办理醉酒驾驶机动车刑事案件程序规定》，出台《山西省城市道路轻微违法行为处理实施办法（试行）》《山西省公安交警涉路施工交通组织管理工作规范（试行）》等，完善规范执法的工作机制。

2014年，山西省交管局下发《山西公安交警系统执法记录仪使用管理规范》和工作推进方案，要求交警执勤执法全部使用执法记录仪，规范执法。开展全省公安交警执勤执法安全防护“大培训、大检查、大落实”专项活动，防范执法不规范问题和民警伤亡事故。高速交警开展“学济南转作风树形象”活动，车管部门推进等级化建设，临汾交警支队车管所被评为全国一等车管所，4个县级车管所被评为全国优秀县级车管所。部署全省公安交警开展执法检查“回头看”“五个一律”专项检查活动，开展行政复议专项检查，对全省各交警支队行政复议工作以及2013年以来的行政复议案件进行专项检查。将执法音视频数据管理纳入案件审核、执法质量考评的范围，严格执法监督和管理。（张利荣）

【互联网交通安全综合服务】 2014年，山西省交管局加快推进互联网交通安全综合服务平台建设，为公众提供10项信息查询、14项便民公告提醒和多项交通管理便民业务。山西公安交警网不断拓展服务功能，推出的全民监督交通违法手机APP互动平台、高速出省口交通流量24小时动态预判等便民服务功能，在全国尚属首次，开通黄标车淘汰工作专线互动服务平台。山西公安交警网先后入选全国政务微信影响力排行榜50强、全国政务指数“双微”排行榜百强。全省超过90%的交警大队开通微信公众平台。（张利荣）

【车管便民服务拓展】 2014年，山西省公安交警系统推广车驾管业务五项免费便民短信服务功能，累计服务用户67万余人，发送短信131万余条。扩大机动车网上选号资源，全省共网上选号6.2万余副。开展网上预约检车服务，组织推动全省121家机动车检测站全部开通预约检车业务，并开通手机APP、微信两个预约检车网络平台，累计预约检车1.43万余笔。开通车驾管业务自助导办系统、驾驶人模拟考试系统多项网上便民服务，全省落实公安部、质检总局加强和改进机动车检验工作便民举措，核发免检合格标志10.86万个。（张利荣）

【社会矛盾化解】 2014年，山西省交管局与山西保监局编制《关于依托社会力量建立道路交通事故快速理赔服务中心的指导意见（试行）》，联合多部门建立道路交通事故快速理赔服务中心，在太原市建成两处快处中心，快速处理轻微财损交通事故3100余起。编制出台《道路交通肇事逃逸案件查缉工作规范》，加大交通肇事逃逸案件侦破力度，全省共侦破交通肇事逃逸案件371起，侦破率达98.67%。发挥人民调解委员会作用，全省164个道路交通事故纠纷人民调解委员会与公安交管部门联合办公，成功调解道路交通事故纠纷9200余起，调解成功率98.80%。协调道路交通事故社会救助基金发放，联合省民政厅开展特殊困难儿童专项救助活动。（张利荣）

【纪律作风整治】 2014年，山西省交管局组织开展群众路线教育实践活动整改落实回头活动、“三转变三服务三提升”民生警务实践活动、“五送一满意”联系走访活动，开展驻村扶贫工作，转变机关作风。在全省公安交警系统开展“四项整治”，集中整治领导班子“软懒散”、队伍纪律作风“稀拉松”、服务群众“冷硬横”和内务环境“脏乱差”问题。完善《改进工作作风、反对铺张浪费十项规定》，在全省公安交警系统部署开展纪律作风教育整顿、“作风改进年”活动、整治在涉法涉诉中损害群众利益行为等活动，贯彻落实中央八项规定，坚决反对“四风”。强化督导检查，先后5次派出10个组对全省142个公安交警大队、284个中队、52个高速交警大队队伍建设和业务工作进行明察暗访。

2014年，山西省交管局对吕梁、长治、临汾三市交警支队长进行异地交流调整；推进人事制度改革，对2013年竞争上岗、选拔聘用期满1年的高速交警大队长进行考核；启动四个高速支队民警副主任科员调整。制定《山西省公安交通管理年度工作目标责任综合考评办法》，强化对全省各市工作的绩效考核，并对高速交警各支队实行年度区位目标管理考核。（张利荣）

【从优待警措施】 2014年，山西省交管局制定从优待警十条措施，推动各地落实交通协管员工资及“五险一金”，为全省公安交警和协管员购买人身伤害意外保险，及时帮扶困难民警、实施团圆计划、开展心理辅导等，组织开展全省公安交警系统羽毛球、乒乓球、篮球、拔河比赛等文体活动，丰富民警业余文化生活，凝聚警心，鼓舞士气。（张利荣）

检　察

【打击犯罪保障平安】 2014年，山西省各级人民检察院突出打击黑恶势力犯罪、严重暴力犯罪以及“两抢一盗”等严重犯罪，全年批捕各类犯罪12428件16891人，批准逮捕准确率达99.9%；提起公诉20982件29666人，有罪判决率达99.9%。在农机、医疗、粮食等领域部署开展专项检察活动，立查发生在群众身边、损害群众利益的职务犯罪950件1209人。推进涉法涉诉信访机制改革，加大信访积案清理力度，74件积案全部办结。贯彻宽严相济刑事司法政策，规范重大案件公开听证制度，进一步完善和落实检调对接机制，办理各类和解案件1685件，化解社会矛盾，促进社会和谐。（尹桂珍）

【职务犯罪案件查办】 2014年，面对山西发生系统性、塌方式严重腐败问题的形势，山西省各级人民检察院贯彻山西省委关于反腐败斗争的重大决策部署，坚持有案必查、有贪必肃，2014年立查职务犯罪1419件1991人，其中大案945件，县处级以上要案155人（含厅级25人），追缴赃款赃物3.2亿元。全省检察机关贪污贿赂犯罪案件侦结率达90.5%，起诉率达98%；渎职侵权犯罪案件侦结率达61%，起诉率达94%。紧密结合办案，开展职务犯罪预防工作，组织预防职务犯罪“十百千”工程，推动相关部门建立制度1488件，组织警示教育和预防宣讲7265余次，受众达16万余人，促进国家工作人员依法廉洁从政。开展破坏环境资源和危害食品药品安全犯罪专项立案监督活动，纠正各类侦查活动违法3604件次，促进侦查活动的规范化。进一步加强刑事审判监督，对认为确有错误的刑事裁判提出抗诉478件。组织开展减刑、假释、暂予监外执行专项检察活动，纠正提请不当976人，查办相关职务犯罪39件43人。加大清理久押不决案件工作力度，完成对山西省2010年5月1日前羁押未审结案件的清理纠正任务。探索民行监督新领域，深化督促履职和支持起诉两个专项活动，为弱势群体提供支持起诉2923件，办理督促履行职责案件3646件，为国家挽回经济损失5亿多元。（尹桂珍）

【“规范执法强化年”活动】 2014年，在全面推行案件首办责任制的基础上，山西省人民检察院出台《全省检察机关规范执法强化年实施方案》，进一步分解和细化办案流程，将办案责任逐一落实到具体执法环节和办案人员。探索构建新的办案组织形式，试点开展捕诉合一的主任检察官办案负责制，在全省检察机关推行介入命案现场勘验检查机制，办案质量和诉讼效率明显提高。按照中央、省委和高检院部署，起草山西省检察机关司法体制改革试点实施方案，为开展检察人员分类改革、司法责任制、职业保障机制、省以下地方法院、检察院人财物统一管理等工作打好基础。（尹桂珍）

【反渎职侵权案件质量提升】 2014年，山西省检察机关各级反渎部门运用侦查一体化统筹部署，推动反渎职侵权工作开展，提升办案质量。

按照《山西省检察机关反渎部门开展查办和预防发生在群众身边、损害群众利益职务犯罪专项工作实施方案》，把开展专项工作作为推动整体工作的重要手段，从人民群众最关心、最直接、最现实的利益问题入手，从群众反映强烈的“三农”、社会保障、执法司法、安全生产、矿产资源、工程建设、生态环境、医疗卫生、食品安全等重点领域和关键环节查处渎职侵权犯罪。2014年，查办各类案件175件236人，其中，“三农”领域26件29人，社会保障领域5件8人，执法司法领域32件53人，安全生产领域26件32人，生态环境领域32件41人，国土资源领域16件17人，工程建设领域16件19人，医疗卫生和食品药品安全领域8件18人，其他14件18人。（尹桂珍）

山西省检察机关在扩大办案规模的前提下，把提高案件质量、提升办案效率作为重中之重来抓。2014年侦查终结案件362件508人，侦结率达93%，为历年最好。决定起诉犯罪嫌疑人486人，同比上升5.9%，所办案件无一件撤案。（尹桂珍）

【检察机关司法体制改革】 2014年，根据山西省委要求，山西省人民检察院成立全省检察机关司法体制改革领导小组，全面开展工作。

1. 按照省司改办的部署，将任务进行分解，组成人员分类管理、职业保障、人财物统一管理、司法责任制等4个工作组，对全省检察机关人员、编制、案件、经费、资产等基本情况进行全面摸底调研。

2. 结合山西省实际，起草《山西省检察机关司改试点实施方案》。

3. 就实施方案征求省司法体制改革领导小组成员单位和山西省人民检察院各内设机构的意见，并向高检院汇报推进工作情况。

4. 研究制定分类管理、检察官等级管理、检察官办案责任制等系列配套制度。

5. 选择长治市、长治市城区、武乡县、襄垣县、太谷县、岢岚县、太原市尖草坪区等1个市6个县、区检察院作为首批试点单位，开展先行试点工作。（尹桂珍）

【检务保障能力建设】 2014年，山西省人民检察院落实“四位一体”检务保障新格局，各项工作有新进展。

1. 贯彻落实司法体制改革政策精神，开展调研，确实摸清基层底数，为检察体制改革推进省级以下人、财、物统一管理改革部署推进奠定基础。

2. 坚持以经费保障为核心，加强部门预算，提升预算执行水平。2014年分两批下达政法转移支付资金共28093万元。

3. 为全省检察机关9287名检察干警发放春秋服、大衣、夏装；为全省951名法警换装进行量体工作，起草《山西省检察机关职务犯罪侦查科技装备建设与应用示范院建设标准(征求意见稿)》。

4. 中央预算内投资计划下达资金3186万元全部用于全省“两房”基础设施建设。

5. 修订《山西省人民检察院关于进一步加强“三公”经费管理的若干规定》及《省院经费管理办法》；出台《“三公”经费管理办法》。山西省人民检察院与财政厅联合会签印发《人民检察院财务管理暂行办法》。起草印发《关于在改革准备工作中进一步加强全省检察机关财务管理的十条意见》。（尹桂珍）

【案件集中管理科学化发展】 2014年，山西省人民检察院案件管理中心以部署和推行统一业务应用系统和案件信息公开系统为抓手，履行职责、开展工作，促进检察业务工作科学发展。

1. 履行统一业务应用系统使用主管部门职责，采取有效措施，加强系统的使用和管理，解决全省检察机关系统使用过程中遇到的困难和存在的问题，推动“全员、全面、全程、规范”使用系统的目标实现。

2. 山西省人民检察院率先在全国检察机关实现统一业务应用系统与统计软件的有效衔接。山西省人民检察院工作经验，先后被《检察日报》《人民检察》、高检院《案件管理工作情况》等报刊报道，并在全国检察机关第一次案件管理工作会议上作经验交流。

3. 山西省人民检察院依托统一业务应用系统，在全国检察机关首家成功研发并在全省检察机关部署、上线运行介入命案现场勘查信息系统。

4. 山西省人民检察院完成数据采集、资料分析、模型搭建和论证评估等工作，初步完成检察机关案件管理岗位素能基本标准的研制任务。

（尹桂珍）

【挽救涉罪未成年人、预防未成年人犯罪】 2014年，山西省检察机关各级未成年人刑事检察部门按照“执法办案专业化，教育矫正社会化”的工作思路，采取各种措施，实现最大限度地教育挽救涉罪未成年人、最大限度地预防未成年人犯罪的目标。

1. 山西省人民检察院减少对未成年人适用强制措施，严格限制使用羁押性强制措施。根据未成年犯罪嫌疑人涉嫌犯罪的事实、主观恶性、有无监护与社会帮教条件等，综合衡量其社会危害性、人身危险性，按照少捕、慎捕原则，对逮捕必要性进行评估。坚持不捕双向说理原则，将各类矛盾解决在萌芽状态。

2. 山西省人民检察院运用不起诉裁量权，探索新型分流模式。以落实附条件不起诉制度为重点，结合工作实际，明确附条件不起诉的适用标准、对象范围、考察期限、决定程序、救济途径等，并规范不起诉宣告程序和非刑罚处置措施适用，强化教育感化功能，降低未成年人起诉率。

3. 山西省人民检察院动员整合各方力量，开展社会化、专业化的帮教矫正活动。太原市人民检察院与市文明办共同招募具有法律、教育、心理咨询等专业背景的50名志愿者，组成25个帮教小组开展对被不起诉未成年人志愿帮教服务。在阳泉市检察院未成年人刑事检察处牵头组织下，由多个单位、企业共同组建“为了明天——阳泉市未成年人定向关护中心”。由心理咨询专家、法律援助专家、社会教育专家、志愿者组成“阳光关护员”团队，按照“专人定向的原则”与检察干警共同负责对不捕、不诉的涉罪未成年人进行考察、教育、矫治。

（尹桂珍）

【女检察干警爱心奉献】 2014年，山西省人民检察院女检协组织山西省人民检察院女干警参加全国“恒爱行动”献爱心活动。“恒爱行动”是中国儿童少年基金会与恒源祥集团共同发起的一项旨在关爱孤残儿童的全国性公益慈善活动。2014年的“恒爱行动”以“百万家庭亲情一线牵”为主题，编织的爱心毛衣将全部回收捐赠给新疆孤残儿童，活动旨在搭建内地家庭与新疆少数民族家庭之间爱心互动、情谊连接的平台，体现融融民族团结一家亲的内涵。省检察院6名心灵手巧的爱心妈妈报名参加活动。

（尹桂珍）

【公诉工作机制健全完善】 2014年，

山西省人民检察院女干警参加全国“恒爱行动”献爱心活动　（尹桂珍供图）

山西人民检察院公诉局求真务实，开拓进取，推动全省公诉工作不断迈上新台阶。

1. 履行公诉职能，狠抓办案，集中优势兵力办理一批重大刑事犯罪案件和职务犯罪大要案件，维护社会和谐稳定。

2. 坚持以公开促公正，推进“阳光公诉”。对推进“阳光公诉”专门部署，培养典型，总结经验。召开全省公诉部门“阳光公诉”现场推进会议，制定印发《全省公诉部门开展“阳光公诉”的实施意见（试行）》。

3. 推进命案介入现场工作。与侦监部门协同尝试开展介入命案现场勘验检查工作，共同对朔州、太原市院开展介入命案现场试点工作开展督导，培养典型，总结经验，推动此项工作在全省检察机关的开展。

4. 加强公诉调研和理论研究工作。组织全省公诉部门开展办理危害人民群众生命财产安全犯罪案件情况等 9 项专题调研活动。 （尹桂珍）

【检察宣传工作创新】 2014 年，山西省检察机关全面实施“阳光检察”工程，全省建成 131 个“一站式”服务大厅，实现全省三级检察院全覆盖，开通 127 个门户网站，开通官方微博、微信 147 个，组织 256 次检察开放日，全面公开检察机关职能、受案范围、司法依据、司法过程、司法结果，对检察机关做出的决定实施公开听证，推行巡回检察服务，确保检察权在阳光下运行，提升检察机关司法公信力。同时，通过拓宽宣传途径，创新宣传手段，不断提高检察宣传工作的影响力，在主流媒体发表稿件 242 篇，在省检察院门户网站发表稿件 303 篇；省院官方微博发稿 80 余篇，发布职务犯罪大案要案信息 20 条，加强涉检舆情监控处置工作，营造有利检察工作发展的良好舆论氛围。组织开展“增强党性、严守纪律、廉洁从政”专题教育活动和“争创职业道德模范”活动，提升检察人员的思想政治素质和职业道德素质。 （尹桂珍）

【检察队伍培训】 2014 年，国家检察官学院山西分院举办各类培训班 16 期，培训学员共 2005 人次。

（1）强化领导素能培训，年初举办全省基层院检察长培训班。年底举办市县两级院领导班子成员培训班和领导干部“学习讨论落实”活动专题研讨班。（2）加强任职资格培训，举办两期初任检察官资格培训班。（3）加强专项培训，举办为期三个月的第九期国家司法考试考前辅导班。（4）加强师资队伍建设，对 40 名检察教官以讲授和实训的方式进行培训。（5）紧贴业务工作实际，与山西省人民检察院有关部门联合举办统计培训班、信息培训班、民事诉讼监督规则培训班、涉法涉诉信访工作改革培训班、行贿犯罪档案查询工作管理（网络视频）培训班、检察理论研究骨干暨检委会专职工作人员培训班、介入命案现场培训班、未成年人刑事检察业务培训班、计财业务培训班等 9 期业务培训班，参训人员达 1265 人。 （尹桂珍）

法　院

【依法打击犯罪】 2014 年，山西省各级法院受理各类案件 260560 件，审执结 240640 件，分别比上年同期上升 7.79%和 4.47%；结案标的额 400.40 亿元，同比增长 36.91%。

各级法院贯彻宽严相济刑事政策，坚持打击与保护并重，惩治与防范并举，审结刑事一审案件 21666 件，判处罪犯 25995 人，同比分别下降 3.38%和 8.86%，依法保障人民群众生命健康和财产安全。依法严厉打击危害国家安全、公共安全犯罪以及故意杀人、绑架、抢劫等严重危害社会治安的犯罪，审结案件 4507 件，判处罪犯 6156 人；依法严厉打击贪污、贿赂、渎职等职务犯罪，推动反腐败斗争开展，审结案件 1147 件，判处罪犯 1247 人；开展打黑除恶专项斗争，判决黑恶势力犯罪 7 案 35 人。坚持罪刑法定、疑罪从无原则，保证无罪的人不受刑事追究，依法宣告 20 名被告人无罪。推行减刑、假释裁前公示和开庭制度，审结减刑、假释案件 12850 件；落实“教育、感化、挽救”方针，制订和施行未成年人轻罪犯罪记录封存制度，推行“圆桌审判”，判处未成年罪犯 789 人；协助做好刑满释放人员、非监禁刑人员等特殊人群跟踪帮教工作。 （马云跃）

【民商事纠纷处理】 2014 年，山西省各级法院妥善处理转型综改建设中常见多发、涉及面宽的融资借贷、合

2014 年 10 月 11 日至 13 日，山西省高级人民法院刑三庭与山西法官培训学院共同举办山西省法院量刑规范培训班 （马云跃供图）

2014 年 9 月 25 日，全省法院书记员第三届技能比武暨工作会议在山西省高级人民法院举行 （马云跃供图）

同违约、项目转让、知识产权、工程建设、土地流转等纠纷，强化各类市场主体依法经营、诚信交易的责任，严厉制裁恶意欺诈、扰乱市场、损害公共利益等民商纠纷。2014 年，各级法院审结各类民商事一审案件 140688 件，同比上升 4.43%；诉讼标的额 203.16 亿元，同比上升 38.13%。依法保障转型综改项目建设顺利进行，对涉及骨干企业生死、社会稳定的重大案件，各级法院慎用司法强制措施，帮助资金暂有困难的企业渡过难关。对因不适应市场竞争、不符合产业政策的企业破产案件，依法适用破产清算程序，审结重组兼并、破产改制等案件 46 件。按照山西省委省政府关于运城海鑫集团、吕梁联盛集团破产重整的指示，指导两地法院依法处理，海鑫集团破产重整工作依法有序进行。 （马云跃）

【行政争议化解】 2014 年，大同、阳泉、长治、吕梁、运城 5 个中院开展行政案件相对集中管辖试点，通过行政案件相对集中管辖，保护行政相对人合法权益。坚持维护行政相对人合法权益和支持依法行政并重，审结行政一审案件 1552 件，除驳回诉讼请求和原告主动撤诉外，判决维持行政机关具体行政行为 377 件，撤销、变更、确认行政行为违法或无效 220 件，依法妥善审理一大批涉及土地征收、城建拆迁、社会保障等领域的行政案件。山西省高院出台《关于 2013 年全省法院行政案件有关情况的通报》，中基层法院发布行政审判白皮书，三级法院落实与行政机关联席会议制度，梳理行政机关执法中存在的主要问题及败诉原因，并结合行政审判工作实际提出意见和建议。 （马云跃）

【结案执行力度加大】 2014 年，全省法院受理执行案件 45259 件，执结 40223 件，执行标的额 159.24 亿元。开展“转变执行作风、规范执行行为”专项活动和“涉民生案件”专项集中执行活动，建立和落实领导、执行部门、执行人员和责任追究“四个制度”，实行定督办领导、定承办人员、定执行措施、定结案时间、定目标责任、重点案件领导包案等“五定一包”执行工作机制，建设“点对点”网络查控系统，拓展执行联动成员单位，发挥失信被执行人名单的惩戒作用，严厉打击规避、抗拒执行行为，公布失信被执行人 2600 件，拘留被执行人 590 人，执结涉民生案件 2978 件，执行到位金额 18324.4 万元，案件执结率达 83.23%，最大程度确保胜诉当事人合法权益的及时兑现。 （马云跃）

【司法体制改革】 2014 年，山西省被中央确定为司法体制改革第二批试点省份，根据山西省委部署正式启动，省高院成立司法体制改革领导小组，对部分中基层法院进行调研，对全省法院进行摸底，摸清干警思想、人员员额、财务债务三个底数，研究制订《关于全省法院司法体制改革试点工作实施方案》，确定试点法院，对人员分类管理、司法权力运行机制、职业保障制度、省以下法院法官统一管理体制、省以下法院经费统一管理机制、待遇保障向基层倾斜政策等六项任务进行明确和细化。 （马云跃）

【法院重要会议】 2014 年 1 月 26 日，全省中级法院院长(视频)会议在山西省高级人民法院十楼会议室举行。会议传达全国高级法院院长会议精神，省高院院长左世忠与各中院院长签廉政责任书，并就有关事项进行布置。

2014 年 5 月 15 日，全省法院涉诉信访工作会议在山西省高级人民法院召开。各中级人民法院分管信访工作院领导、信访部门负责人、省院相关部门涉诉矛盾排查分管领导和联络员、信访局全体人员参加会议。会议通报全省涉诉信访形势，传达最高院会议精神，对开展涉诉信访积案清理与集中排查化解进京访案件专项活动进行部署。

2014 年 8 月 28 日上午，中央纪委常委、最高法院党组副书记、副院长江必新召开山西部分法院执行、行政审判工作座谈会，听取调研执行、行政审判工作情况汇报。山西省高级人民法院有关领导及部分中、县级法院负责人参加会议，分别汇报本法院执行、行政审判工作。

2014 年 9 月 19 日，全省久押不决案件协调会在山西省高级人民法院召开，省政法委副书记闫喜春、省高院副院长刘冀民以及公安和相关单位人员参加会议。

2014年7月4日，山西省高级人民法院、太原中院、迎泽法院在省城青年路小学举行"送法进校园"赠书活动 （马云跃供图）

2014年9月22日上午，山西省高级人民法院召开各中院执行局长会议，就当前执行工作存在的突出问题进行分析研究，传达最高法院有关指示精神，安排部署全省法院下一步执行工作。

2014年10月20日，山西省高级人民法院召开司法体制改革领导小组办公室会议，会议由党组副书记、副院长刘冀民主持，司改领导小组全体成员参加，讨论有关山西省司法改革调研中四项制度改革的研究重点。

2014年11月14日，山西省高级人民法院与省政府法制办及省直行政机关第四次联席会议在省高院召开。会议由省高院牵头举办。省政府法制办、省公安厅、省国土厅等十八个主要行政执法单位法制部门负责人参加。会议传达学习省长李小鹏、常务副省长高建民对省高院《2013年度全省行政案件司法审查情况报告》做出的批示，通报2013年山西省行政案件司法审查情况。

（马云跃）

【法院业务培训】 2014年3月27日至31日，山西省高级人民法院政治部、民二庭、法官学院在省高院联合举办"全省法院商事审判业务培训示范班"，来自山西省三级法院从事商事审判工作的领导和业务骨干600余人参加培训。

2014年5月20日，"全省法院纪检监察干部业务培训班"在山西省高级人民法院大法庭举行，邀请最高法院、省纪委、省委党校的领导和专家授课。

2014年6月16日至21日，山西法院系统商事审判（破产专题）培训班在中国政法大学封闭进行。全省三级法院128名商事审判骨干参训。

2014年6月23日至25日，山西省高级人民法院办公室与山西法官培训学院举办"全省法院文秘、保密、档案工作培训班"。来自全省各级法院150余名办公室主任及业务骨干参加培训。

2014年8月21日上午，山西省高级人民法院举行全省法院涉诉信访案件质量评查工作培训。各中级法院分管案件评查工作院领导、主管案件评查活动的负责人、省高院相关部门案件评查人员参加培训。培训中传达中政委相关文件精神，通报全省涉诉信访积案清理活动和集中排查化解进京访活动情况，并对即将开展的涉诉信访案件质量评查工作进行安排部署。

2014年9月26日上午，山西省高级人民法院案管局召开全省法院审判管理培训会，重点开展上网裁判文书质量评查工作安排，各中院有关领导同志参加会议。

2014年10月11日至13日，山西省高级人民法院刑三庭与山西法官培训学院共同举办山西省法院量刑规范化培训班，来自全省各级法院刑事审判庭、审判监督庭的600余名法官，在省高院大法庭参加为期3天培训。培训系山西省法院系统首次采用同步远程视频的方式进行授课，约1500名与刑事审判工作相关的法官在各地法院视频会议室同步参加培训。

2014年10月13日至16日，山西省高级人民法院民三庭组织举办全省法院知识产权审判业务培训班，来自全省知识产权审判庭的60位法官参加培训。

2014年10月30日至11月3日，山西省高级人民法院民一庭与山西法官培训学院在省高院大法庭共同举办全省人民法庭法官培训班。来自全省314个人民法庭的近500名法官参加为期5天的集中培训。

2014年11月25日至26日，山西省高级人民法院新闻中心与法官学院共同举办新闻宣传专题培训班。全省三级法院的280余名新闻宣传工作者、网络阅评员、新闻发言人、官方网站、微博管理员在省高院大法庭参加培训。 （马云跃）

【澳大利亚州法院大法官到访】 2014年6月25日至29日，应山西省高级人民法院院长、大法官左世忠邀请，澳大利亚新南威尔士州法院首席大法官雷金纳德·奥利弗·布朗奇先生第四次率澳洲法官代表团一行22人访问山西。座谈会上，中澳法官纷纷发言，就所关心问题展开司法交流。 （马云跃）

【法院书记员技能比武】 2014年9月25日，全省法院书记员第三届技能比武暨工作会议在山西省高级人民法院举行，从全省三级法院选拔出39名选手参加比武。省人大常委会副主任田喜荣、省政协副主席李悦娥以及省检察院、省工会、省妇联等领导在院长左世忠和省院领导及相关部门领导陪同下现场观看比武。（马云跃）

司法行政

【司法服务经济建设】 2014 年，山西省司法厅召开全省法律服务工作保障综改攻坚创新驱动项目见效动员大会，出台《实施意见》和《工作方案》，统筹整合律师、公证、司法鉴定等法律服务资源，组建 230 多个法律服务团队，为省、市、县 3165 个重点项目提供各类法律服务 4500 余次，出具文书 33200 余份，审查各类合同文本 84700 余份。

优化社会发展环境。注重发挥人民调解工作疏导化解社会矛盾、柔性维稳的作用，开展“转型综改攻坚年矛盾纠纷专项排查化解活动”，依法排查化解影响转型综改攻坚的矛盾纠纷，及时化解环境保护、医疗卫生、劳资关系、交通事故等矛盾纠纷，累计调解各类纠纷 189142 件，调解成功 180137 件，成功率达 95.2%。

保障和改善民生。强化法律援助工作，推进山西省“12348”法律援助服务热线建设和便民服务大厅建设，开展“法律援助便民服务专项行动”。建成覆盖全省市县的“12348”法律援助热线，建成省级法律援助便民服务大厅，92%的市县（区）完成便民服务大厅建设。全省办理法律援助案超过 2.3 万件，受援人数达 26 万多人，帮助群众挽回经济损失 3.1 亿元，接听群众热线咨询 30291 人次，受援人满意率达 90%以上。（张 霏）

【司法维护社会稳定】 公证管理工作。2014 年，山西省出台《关于推进全省公证改革与发展的意见》，推动解决公证事业改革发展。2014 年，全省共办理各类公证事项 156780 件，比上年同期增长 8%。

司法鉴定管理工作。山西省司法厅推动解决山西省司法鉴定“册外册”“册中册”“鉴定费代收代付”等突出问题。开展以“诚信规范、执业为民”为主题的司法鉴定行风建设专项活动。开展 2014 年全省司法鉴定机构年度考核工作，对 25 家“规范化司法鉴定机构”进行验收通报授牌。加强行业自律，组织省司法鉴定协会换届工作。2014 年，全省共办理司法鉴定案件 31288 件

监狱工作。山西省司法厅提出“五个绝对不能发生和一个全力杜绝”的要求，强化罪犯监管工作，强化刑罚执行工作，推动监狱管理水平有效提升，全省监狱未发生一起监管事故，刑罚执行工作被司法部列为专项督查免检省份。全省监狱系统连续八年实现司法部确定的无押犯脱逃、无重大狱内案件、无重大疫情、无较大安全生产事故的“四无”工作目标。

戒毒工作。山西省司法厅应对劳教制度废止局面，实现由劳教向戒毒工作职能过渡。坚决守住“六大”安全底线，场所连续八年实现“六无”目标。探索建立“四位一体、两个尝试”戒毒工作模式，全年累计收治强制隔离戒毒人员达 7621 人，所内戒断率 100%。戒毒人员数量、所内戒断率均居于全国前列。

社区矫正工作。山西省司法厅同省高院、省检察院、省公安厅联合召开全省社区矫正工作会议，下发《关于全面推进社区矫正工作的实施意见》。召开全省社区矫正工作长治市沁源现场会，推广社区矫正“队建制”模式，推动全省建立集监管、教育、帮扶等功能为一体的社区矫正中心 24 个。强化社区服刑人员监管工作，将有较大社会影响的社区服刑人员列为重点监管对象，逐级建立管教台账，进行严格监管。全年共撤销缓刑、假释 66 人，重新收监执行 72 人，警告 542 人，予以治安处罚 12 人。全省累计接收社区服刑人员 60942 人，解矫 41669 人，在册社区服刑人员 19273 人，再犯罪率 0.18%，未发生社区服刑人员脱管漏管案件、重大恶性案件和舆情事件。

安置帮教工作。山西省司法厅加强信息核查工作，坚持通报制度，使全省信息核查率达 95.7%，核实成功率 86%。推进刑释人员档案建设工作，为帮教期人员全部建立人员档案。推进刑满释放人员安置帮教基地建设，动员社会力量参与安置帮教工作，全年衔接人员近 2 万人，重点帮教对象衔接率接近 100%，全省安置帮教基地数达 160 多家。以山西省帮教模范韩雅琴为原型的电影《韩妈妈和她的儿女们》完成拍摄并上映。

（张 霏）

【法治社会推进】 2014 年，山西省司法厅推动依法治理。法治宣传教育。深化“法律六进”活动，开展“服务和保障全面深化改革”主题活动，组织

山西省司法厅开展“工作秩序涣散 纪律松弛”专项整治（张 霏供图）

山西省律师界掀起学习贯彻十八届四中全会精神高潮　　（张　霏供图）

首个国家宪法日系列宣传活动。与山西电视台合作策划“法治山西在行动”专题节目，制作“法治山西建设”公益宣传片。开办“文源讲坛”公民法律知识系列讲座。举办“律师与法治政府建设高峰论坛”“首届全省律师事务所合伙人论坛”。与省委组织部联合制订强化领导干部法治思维和法治方式培训计划，组建省级领导干部和公务员学法讲师团。

法治山西建设。山西省司法厅举办法治山西建设现状与分析专题研讨会。围绕四中全会主题，分层次、分批次组织开展调研座谈，深入研究讨论推进全省法治建设的形势、任务、对策及措施，向省委、省政府提交《关于推进山西法治建设的思考与建议》《推进山西法治建设的24条建议》等专题报告。宣讲省委“六权治本”要求，先后在省直工委、省委组织部、省高级法院、省检察院等单位做专题宣讲报告，并在《山西日报》《前进》杂志等媒体刊发解读文章。通过组织实施法治惠民项目工程，部署开展重点领域法治建设专项督查活动等方式，推进法治实践。

法治人才培养和选拔。山西省司法厅强化厅属院校领导班子建设，法学教育水平提高。在全省司法考试报名人数创历史新高的情况下，强化防作弊措施，组织实施国家司法考试，首次实现全省无雷同卷。

律师行业指导。山西省司法厅出台《关于加强律师队伍教育管理的意见》。在全省律师中部署开展“全面深化改革与律师业”学习教育活动，“服务三项重点工作创先争优活动”和律师“诚信执业坚守法治”主题教育实践活动，开展律师诚信执业突出问题专项整治。组建全省律师行业党委，指导长治、朔州、临汾、太原、晋城5市组建市律师行业党委，强化党对律师工作的领导。

科技信息工作。山西省司法厅在全省推广应用“12348”法律援助热线系统、司法鉴定业务管理系统，试点建立监狱减刑、假释、暂予监外执行信息化办案平台。

基层基础工作。山西省司法厅统筹经费，给全省22个新成立司法所下拨业务用房建设资金290多万元，解决全省司法所业务用房建设空白问题。争取省财政专项资金1000万元保障全省社区矫正和人民调解工作，缓解基层司法行政工作经费保障不足的困难。（张　霏）

【干警队伍建设】 2014年，全系统28名省管干部全部参加习近平总书记系列讲话精神集中轮训班，200名处级干部参加学习习近平总书记系列讲话和十八大精神轮训班，228名处级干部参加全系统领导干部学习讨论落实活动专题研讨班。组织全系统124名厅处级干部参加复旦大学举办的领导干部公共管理和履职能力提升专题研修班，组织对40余名新任县区司法局长、100余名政工干部和70余名党群干部进行培训。

2014年，山西省司法厅严格干警队伍管理。山西省司法厅执行新的《党政干部选拔任用条例》，修订《厅管干部选拔任用规则》，制订《加强和改进厅管干部考察考核工作的意见》。2014年，山西省司法厅共提任厅管处级领导干部17人、处级非领导职务18人、平行交流轮岗24人，试用期满降职使用1人。严格干部日常管理工作，制订《关于进一步加强干部管理监督工作的意见》，出台领导干部交流管理、任期管理、监督管理制度，制订干部日常考察、近距离观察识别、考核情况通报等制度，集中力量查处一批领导干部亲属“吃空饷”问题，对“吃空饷”所得56万多元全部予以追缴，查纠一批“三龄两历一身份”不真不实问题，对涉及人员档案全部予以纠正。

完善工作制度机制。山西省司法厅先后制订出台《关于严明党的组织纪律增强组织纪律性的意见》《“三重一大”事项决策办法》《落实党风廉政建设党委主体责任和纪委监督责任约谈制度》等。完善执行党的民主集中制配套制度，按照党的组织原则和党内政治生活准则办事，按照法定权限和程序行使权力，维护党纪国法的严肃性、权威性。

从严查处一批发生在全系统党员领导干部当中的违纪违法案件，对涉及的10余名处级干部给予行政处分和组织处理，查处一批处以下干部违纪违规案件。（张　霏）

○相关链接：参见“山西省人民政府”类目

案　例

【寇建军敲诈勒索罪案】 被告人寇建军，男，汉族，初中文化，无业，忻州市忻府区人。2009年以来，寇建军以非法占有为目的，利用新闻工作者的身份，通过以曝光其掌握的相关单位或个人的不实事实相要挟，实施敲诈勒索。为攫取更多钱财，寇建军于2011年11月份又出资承包“西部廉政监督网山西频道”。之后，寇建军多次以欲在其承包的信息网络上发布负面报道或以在其承包的信息网络上删除已发布的负面报道为由，要挟相关当事人或有关单位，索取公私财物。寇建军为掩盖其不法收入，又于2012年5月成立山西省忻州市晋绥文化传播中心有限公司，一方面利用网络平台大肆要挟他人，另一方面利用其成立的公司向当事人或有关单位勒索“广告费”“合作费”。为获取更大的经济利益，寇建军又于2013年12月开始着手筹建自己的“晋绥文化网”网站。

从2009年至2013年，寇建军利用其控制的网站，通过采取曝光相关单位或个人的不实事实以及在网络上删除负面报道相要挟，敲诈勒索相关单位或个人财物共计90750元。

忻州市忻府区人民法院于2014年10月21日以寇建军犯敲诈勒索罪，判处六年三个月有期徒刑。寇建军于2014年11月28日提起上诉，忻州市中级人民法院于2015年1月23日裁定驳回上诉，维持原判。

（尹桂珍）

【俞正良合同诈骗案】 被告人俞正良，男，汉族，大学文化，系杭州市桐庐洪风新技术新燃料开发有限公司法人代表。2010年3月，被告人俞正良利用合作方对乳化技术原理和概念的不明知而提供虚假宣传材料，在不具备200920119463.4专利的情况下，谎称以其知识产权出资，骗取长治市运东(集团)有限公司、长治市国有工业资产经营有限公司的信任，以其杭州桐庐洪风新技术新燃料开发有限公司与上述的长治两家公司签订合作协议，以此骗取“知识产权回报金”。

2010年4月27日，杭州桐庐洪风新技术新燃料开发有限公司与上述的长治两家公司共同出资在长治市工商局登记注册成立山西上泓新能源有限公司。签订合同后，根据合作协议，上泓公司在收到洪风公司的第一期出资后，于2010年5月和7月分三次付给洪风公司知识产权回报金4600万元。之后，俞正良再不履行出资义务，并在履行合同过程中，以利益诱惑、虚假承诺和蒙骗的方式，骗取试用企业出具使用效果好的相关材料，在明知存在问题已不能继续生产和使用的情况下，仍隐瞒事实，于2010年8月、2011年12月骗取上泓公司项目发展资金2150万元。

被告人俞正良先后骗取上泓公司共计6750万元，用于本人及本人经营的公司使用。

2014年12月25日，长治市中级人民法院一审判决俞正良犯合同诈骗罪，判处无期徒刑。（尹桂珍）

【张保受贿、滥用职权案】 被告人张保，男，汉族，中央党校在职研究生，山西省忻州市忻府区人，2008年2月至2013年2月曾担任山西省长治市委副书记、市长，系山西省第十二届人大代表，长治市第十三届人大代表。

一、滥用职权罪

(一)在举办2011年中国·长治太行山大峡谷国际攀岩节暨系列文化商旅活动（以下简称攀岩节）期间，被告人张保违反规定处理公务，致使11966157元公款脱离政府财政监管，并给国家造成5504409.28元损失。

(二)在建设长治市文化创意传媒产业园区（以下简称文化园区）期间，被告人张保滥用职权干预国有企业的经营决策，给国家造成经济损失76340899.98元。

二、受贿罪

在2012年长治市政府干部调整过程中，时任长治市人民政府副秘书长的宋建庭为在干部调整中得到被告人张保的关照，将一张存有30万元人民币的建设银行卡送给张保。

阳泉市中级人民法院经审理认为，被告人张保身为国家工作人员，利用担任中共长治市委副书记、长治市人民政府市长的职务便利，接受他人请托，为他人谋取利益，非法收受人民币30万元，其行为已构成受贿罪。其作为长治市人民政府的主要负责人，在2011年攀岩节活动和长治市文化园区建设过程中严重不负责任，违反规定处理公务，为特定关系人谋取利益，造成81845309.26元公共财产重大损失，情节特别严重，其行为已构成滥用职权罪。阳泉市人民检察院的指控成立。被告人张保一人犯数罪，应当数罪并罚。根据被告人张保犯罪的事实、犯罪的性质、情节和对于社会的危害程度，依照《中华人民共和国刑法》第三百八十三条第一款第(一)项、第三百八十五条第一款、三百八十六条、第三百九十七条第一款、第六十九条、第六十四条、第六十一条之规定，判决被告人张保犯受贿罪，判处有期徒刑十年，并处没收财产50000元；犯滥用职权罪，判处有期徒刑五年。数罪并罚，决定执行有期徒刑十三年，并处没收财产50000元。被告人张保受贿所得赃款300000元，予以追缴，上缴国库。

（尹桂珍）

【焦自成抢劫案】 2005年12月至2006年9月间，被告人焦自成分别潜入河曲县黄河大街一家手机店、长子县大堡头村一家手机店、交城县城永宁路一家手机店、隰县县城北大街一家手机店，先后持斧头将熟睡的营业员或店主及其家人共九人砍死。共劫取价值19.7819万元的手机180部。

长治市中级人民法院经审理认为，被告人焦自成以非法占有为目的，使用暴力手段劫取他人财物，其行为已构成抢劫罪。该被告人多次入户抢劫，抢劫财物数额巨大，并致九人死亡，犯罪性质极其恶劣，手段极其残忍，情节、后果特别严重，社会危害极大，应依法惩处。依法判处其死刑，剥夺政治权利终身，并处没收个人全部财产。

被告人不服提起上诉后，山西

省高级人民法院经审理认为，原判认定事实清楚，证据确实、充分，定罪准确，量刑适当，审判程序合法，依法裁定驳回上诉，维持原判。经最高人民法院复核，核准对被告人的死刑判决。（马云跃）

【任福润抢劫案】 2008年12月至2009年4月间，被告人任福润伙同王庆龙等5人，先后在文水县、汾阳市等13个市、区、县，骗租被害人段永久等人的出租车，后采取暴力、胁迫等手段抢劫作案30起（其中2起未遂），劫取段永久等人的现金、29部手机、1枚黄金戒指、1条项链等财物，共计价值1.5万余元（不含未作价的26部手机）。2009年1月23日，被告人任福润与村建光共谋抢劫后，一起伙同王庆龙在孝义市骗取被害人穆宁宁驾驶的雪佛兰乐驰车（价值43611元）去汾阳市，行至汾阳市建昌村附近时，任福润等人采取暴力手段，劫取穆400余元现金和1部诺基亚手机，后将穆拖下车，任福润在下车后还持一块石头击打穆头部，穆被打后滚到路边坡底，因寒冷被冻死。任福润等人驾车逃离现场。

吕梁市中级人民法院经审理认为，被告人任福润以非法占有为目的，伙同他人采取暴力、胁迫等手段劫取被害人穆宁宁等人的财物，其行为已构成抢劫罪。在抢劫穆宁宁的共同犯罪中，任福润积极实施抢劫行为，伙同他人脱光穆宁宁的衣服，在车内殴打后，又将其推出车外，继续用石头砸其头部，致其滚落路边坡底后因寒冷被冻死。其在该起犯罪中起主要作用，系主犯。在其他30起抢劫共同犯罪中，任福润亦起主要作用，系主犯，应当按照其所参与的全部犯罪处罚。任福润在近半年的时间内，伙同他人连续抢劫作案31起（其中2起未遂），抢劫数额巨大，并致一人死亡，犯罪手段残忍、情节恶劣，社会危害极大，罪行极其严重，应依法惩处。依法判处其死刑，剥夺政治权利终身，并处没收个人财产。

被告人不服提起上诉后，山西省高级人民法院经审理认为，原判认定事实清楚，证据确实、充分，定罪准确，量刑适当，审判程序合法，依法裁定驳回上诉，维持原判。经最高人民法院复核，核准对被告人的死刑判决。（马云跃）

【郭晨光、李彦彦抢劫、故意杀人案】 2011年5月下旬至2012年4月初，被告人郭晨光、李彦彦（女）在太原市选择从事卖淫的女性为劫财对象，由李彦彦以介绍卖淫为由将被害人骗至酒店房间或二被告人租住的出租房处，抢劫作案6起，杀死6人，后分尸、抛尸灭迹，共劫得现金127万余元及手机、项链、笔记本电脑、轿车等财物（部分财物经鉴定价值共计55908元）。

太原市中级人民法院经审理认为，被告人郭晨光、李彦彦以非法占有为目的，采取杀死被害人的暴力手段劫取财物，其行为均已构成抢劫罪。郭晨光积极参与抢劫预谋，准备作案工具，直接实施暴力控制被害人并杀死6人，劫取财物，分尸、抛尸；李彦彦积极参与抢劫预谋，提供抢劫对象，准备作案工具，打电话诱骗被害人，参与致死被害人并分尸、抛尸，劫取财物。二被告人在10个月内多次抢劫，数额巨大，并在抢劫中杀死6人，后分尸、抛尸灭迹，犯罪手段极其残忍，情节特别恶劣，人身危险性和社会危害性极大，后果和罪行极其严重，均应依法惩处，依法判处二被告人死刑，剥夺政治权利终身，并处没收个人全部财产。

二被告人不服提起上诉后，山西省高级人民法院经审理认为，原判认定事实清楚，证据确实、充分，定罪准确，量刑适当，审判程序合法，依法裁定驳回上诉，维持原判。经最高人民法院复核，核准对二被告人的死刑判决。（马云跃）

【孙国辉故意杀人、抢劫、强奸案】 2009年12月中旬至2010年6月，被告人孙国辉多次在晚上携带黑色长筒袜剪制的头套至灵石县翠峰山半山腰台阶旁的砖房侧面草丛中，选择独行的女性作为抢劫并强奸的对象，共强奸女性五人次，劫得现金约180余元及手机一部。在抢劫、强奸过程中，因恐其行为败露而故意杀死1人。

晋中市中级人民法院经审理认为，被告人孙国辉故意非法剥夺他人生命，其行为已构成故意杀人罪；孙国辉以非法占有为目的，采取暴力手段劫取他人财物，其行为已构成抢劫罪；孙国辉违背妇女意志，以暴力手段强行与妇女发生性关系，其行为又构成强奸罪。孙国辉以夜间独行的女性为作案对象，抢劫作案多次并强奸妇女多人；抢劫、强奸过程中为防止罪行败露又故意杀人，致死1人，犯罪手段残忍，情节恶劣，社会危害性极大，罪行极其严重，应依法惩处。对其所犯数罪，应依法并罚。依法认定其犯故意杀人罪，判处死刑，剥夺政治权利终身；犯抢劫罪判处有期徒刑十五年，并处罚金1000元；犯强奸罪，判处有期徒刑十五年，决定执行死刑，剥夺政治权利终身，并处罚金一千元。

被告人不服提起上诉后，山西省高级人民法院经审理认为，原判认定事实清楚，证据确实、充分，定罪准确，量刑适当，审判程序合法，依法裁定驳回上诉，维持原判。经最高人民法院复核，核准对被告人的死刑判决。（马云跃）

【郭志康非法吸收公众存款案】 2009年4月至2011年5月，被告人郭志康以做房地产开发需要钱或资金周转困难等为由，采取签订名为商品房购销合同，实为房屋抵押借款协议，并约定回购的手段，经人介绍联络，面向社会上公众借贷钱款，承诺一定期限内还本付息（所许月息低则二三分，高则七八分），数额巨大，共计2004.35万元。

运城市中级人民法院经审理认为，被告人郭志康未经有关部门依法批准，公开面向公众高息借贷，扰乱国家对金融活动的宏观监管和金融信贷秩序，损害借款人的利益，最终影响到国民经济发展和社会稳定，其行为已构成非法吸收公众存款罪。依法判处其有期徒刑八年，并处罚金人民币50万元。

被告人不服提起上诉后，山西省高级人民法院经二审审理认为，原判认定事实清楚，定罪准确，量刑适当，审判程序合法，依法裁定驳回上诉，维持原判。（马云跃）

【马建生诈骗案】 2007年6月至2011年10月，被告人马建生分别冒充山西省委组织部副部长、中央政策研究室副主任，以帮助他人办理新农村建设项目、煤矿手续、公司手续等为名，先后骗取赵秀英、梁原平、王君、郭圳江、董艳伟等人现金及其他财物，价值合计1137万元。

太原市中级人民法院经审理认为，被告人马建生以非法占有为目的，冒充国家机关工作人员，多次诈骗他人财物，数额特别巨大，其行为已构成诈骗罪。依法判处其无期徒刑，剥夺政治权利终身并处没收个人全部财产。

被告人不服提起上诉后，山西省高级人民法院经二审审理认为，原判认定事实清楚，定罪准确，量刑适当，审判程序合法，依法裁定驳回上诉，维持原判。（马云跃）

【闫翠花集资诈骗案】 从2005年开始，被告人闫翠花以其丈夫在南方有大型超市但资金不足为由，以2分利息为诱饵，开始在其单位永济职业中学进行集资。之后以其在运城有装潢公司、其本人系西安大唐装饰公司股东、表哥在四川做钢材生意、卖家电、房地产生意等为由，大肆进行集资活动，利息也逐渐增加至月息五分、一角，甚至更高。截至案发时，仍欠其亲戚闫可通等11人、永济职业中学其同事樊萍等10人、运城市盐湖区农村信用社禹西路分社周丽娜等9人、社会人员薛爱娜等10人共计2964万元不能归还。

运城市中级人民法院经审理认为，闫翠花以非法占有为目的，虚构资金用途，明知无法归还集资款，仍以高额利息为诱饵，采取用后笔集资款部分本金和利息的方法，大量集资并将所集资金随意挥霍，最终致使2900余万元资金不能归还，数额特别巨大，其行为已构成集资诈骗罪。依法判处其死刑，缓期二年执行，剥夺政治权利终身，并处没收个人全部财产。

被告人不服提起上诉后，山西省高级人民法院经二审审理认为，原判认定事实清楚，证据确实、充分，定罪准确，量刑适当，审判程序合法，依法裁定驳回上诉，维持原判。（马云跃）

【王谈明等集资诈骗案】 被告人王谈明从2007年起以运营宾馆为由，违反国家金融管理法规，以月息1.5分至3分的高额利息为诱饵，采取“口口相传、以人传人”的方式向社会不特定群众非法吸收资金，先后向李奇峰等35人非法吸收存款1518.8万元，还本付息435.13万元，未归还1083.67万元。被告人王谈明还以在临县胜利坪买地、离石开发房地产、晋南开发房地产等虚假理由，分别让妻子高谈连、弟弟王建明、王志明等人担保，或以虚假的房屋产权证抵押，未经本人同意的房产证，或以其经营的临县工会宾馆经营权等同一标的多次抵押，采取“口口相传、以人传人”的方式向社会公众进行非法集资，先后向郝育峰等27人非法集资4121万元，除归还本息1072.41万元外，共计骗取3048.59万元，用于购买彩票、楼房、轿车等挥霍和支付高额利息。从2005年起，被告人王天恩为赚取息差，利用其以前在本村信用站工作形成的影响，以其女婿经营工程需要资金为由，违反国家金融管理法规，以月息1分到2分的高额利息为诱饵，采取上门动员、打电话、“口口相传、以人传人”等方式，向临县大禹乡、安业乡、三交镇、临泉镇共20多个村庄的刘银梅、贾成河等91人非法吸收存款1237.7752万元，除少部分用于归还到期本息外，其余1078万元以月息2分至2.5分的高息转贷给被告人王谈明，用于赚取高息差额。共收回利息约665.85万元，归还本金226.905万元，会息114.85万元，赚取息差551万元，用于购买房产、车辆及生活花费、欠款896.0202万元。

吕梁市中级人民法院经审理认为，被告人王谈明以非法占有为目的，使用诈骗方法非法集资，其行为已构成集资诈骗罪，且属数额特别巨大。被告人王谈明、王天恩非法吸收公众存款，数额巨大，扰乱金融秩序，其行为均已构成非法吸收公众存款罪。以被告人王谈明犯集资诈骗罪判处其无期徒刑，剥夺政治权利终身，并处没收个人全部财产；以其犯非法吸收公众存款罪，判处有期徒刑五年并处罚金六万元，决定执行无期徒刑，剥夺政治权利终身，并处没收个人全部财产。以被告人王天恩犯非法吸收公众存款罪判处有期徒刑三年并处罚金四万元。

被告人不服提起上诉后，山西省高级人民法院经二审审理认为，原判认定事实清楚，证据确实、充分，定罪准确，量刑适当，审判程序合法，依法裁定驳回上诉，维持原判。（马云跃）

外事侨务

【国家总体外交服务任务】 2014年，山西省外事侨务办公室依托五台山、云冈石窟等佛教文化为代表的世界文化遗产，打造面向东南亚国家的交流合作平台，服务国家总体外交。完成柬埔寨国王西哈莫尼、泰国公主诗琳通等党宾国宾接待任务，承办中国—不丹王国第22次边界会谈。紧扣国家能源战略要求，承办2014中美洁净能源合作会议，参与举办低碳高峰论坛，打造山西、全国乃至全球低碳高地。组织参加第四届中法论坛和中法建交50周年等活动。抢抓"一带一路"战略机遇，配合有关部门研究制定"一带一路"实施规划，主动拜会中亚五国使馆，在丝绸之路经济带沿线国家拓展合作交流渠道。协调有关部门、企业推进晋非合作区建设。通过友协民间渠道，保持中日友好往来不断线。按照外交部统一部署，完成因公电子护照二期项目建设，成为全国率先竣工实施的省份之一。

（岳耀传）

【高层出访与接待】 2014年，山西省外事侨务办公室组织6位省领导出访美国、加拿大、瑞士、古巴、墨西哥等15个国家和地区，增进传统友谊，拓宽交流渠道，促进与往访国在能源产业、节能环保、医药卫生、水利工程、文物保护、畜牧业等方面的合作。省外侨办推进恒天然15亿元牧场群项目、引黄工程国际合作、意大利文保技术合作、瑞典医疗卫生合作及镍矿石稳定供应等一批重大对外经贸合作、人文交流项目，组织"2014中外使节山西行"，邀请美、英、葡、澳等7国驻华大使及我国驻32个国家大使来晋访问。策划匈牙利索尔诺克州州长、法国电力集团等25个国家地区党和政府、重要企业代表团58批1381人次访晋活动，安排省领导外事活动28批次561人次。

（岳耀传）

【对外开放信息支撑】 2014年，山西省外事侨务办公室围绕全省经济社会发展，与有关部门协同制订全省扩大对外开放指导意见。搜集整理12万余字对外交往资料和政策信息，服务领导决策和有关企业走出去、引进来。省外侨办与中央外办、中联部、外交部、国侨办、港澳办、全国友协等上级部委沟通，在省领导出访、实施太原落地签、部分市和重点企业设立外事自办权、开通港澳自由行、组织侨商团到晋考察等方面争取政策倾斜。协调外交部副部长刘振民为省委中心组（扩大）学习作国际形势报告，提升全省中高层干部战略思维和国际视野。坚持外事为政、为经、为民服务，加大对"一市两县""一市两园"的支持力度，出国指标和外事资源向产业转型、生态修复、城镇化等项目倾斜。

（岳耀传）

【对外交流合作】 2014年，山西省外事侨务办公室围绕山西省产业结构特点和经济转型需求，推动与美国西弗吉尼亚州、德国北威州、英国德比郡的友城结好工作。与意大利科莫省签署《文化旅游合作备忘录》，签署《山西省与德国北威州继续发展友好关系、建立友城关系的联合声明》《山西省与英国德比郡2014—2015友好合作备忘录》。在新兴经济体中寻找结好对象，与墨西哥普埃布拉州、南非开普敦关系日益密切。市一级友城结好工作稳步推进。长治市与韩国光州广域市正式结好，朔州市与阿根廷依图萨戈因市签署结好意向，临汾市与澳大利亚杰尔顿市正式结好报批中。2014年，山西省和运城市分别获全国友协、中国国际友城联合会颁发的"国际友好城市交流合作奖"，山西省友好省州匈牙利索尔诺克州和晋中市友好城市老挝琅勃拉邦市分别获"对华友好交流合作奖"。

山西省外侨办加强与发达国家、产业结构相似国家联络对接，学习转型升级经验，推动中德能源产业园建设，推动黑色煤炭绿色发展、高碳资源低碳发展。省外侨办与南美、非洲等新兴发展经济体联系，为山西省过剩产能转移寻求突破。推进形式多样的对外交流合作活动，指导有关部门签订《山西省与埼玉县互派奖学金留学生项目协议书》《山西省和北威州研修生合作计划》等合作文书；配合商务厅等部门开展非洲、中亚、港澳贸易交流活动；协助教育厅实施"千名中西部大学校长海外研修计划"。组织相关企业参加土库曼斯坦经贸推介会；加强太钢在缅甸、土耳其生产企业的领事保护；支持太重完成全球销售网点布局；协助东辉集团在澳大利亚并购大型矿田；支持德胜坤公司在肯尼亚收购煤矿，建设铁路；指导焦煤、潞安、格盟等企业走出去开展国际合作等。促成山西省煤炭交易中心和英国布伦特石油交易所开展合作，太原市焦炭有限责任公司与英国贸易投资总署合作成立“中国制造展销中心”。

省外侨办扩大港澳交流合作，主动拜会中央驻港澳机构、特区政府部门和晋商社团，疏通渠道，搭建平台。组织经济开发区公务员港澳培训班，协助有关部门开展晋港澳交流活动。（岳耀传）

【对外宣传推介】 2014年，山西省外事侨务办公室配合商务厅组织山西面食走进联合国，开展山西品牌港澳行活动。支持举办第14届平遥国际摄影节、首届山西国际旅行商采购大会。向外交部新闻司推荐31条参访项目及路线。举办“亚洲摄影家聚焦美丽山西”活动。组织中小学生参加美国夏令营，赴法国访问演出，与意大利、美国、日本开展家庭住访交流活动。设计制作中、英、日等6种语言对外宣传资料。加强与境外文化机构深度合作，邀请美国加州娱乐及旅游委员会、美中文化协会、加拿大国际经济文化交流协会等团体负责人来晋访问，与意大利意中青年会、奥地利环球旅行社、印尼三语学校协会、加拿大萨斯喀彻温省文化部、意大利科森扎省餐饮协会等文化机构开展合作，借力境外成熟资源渠道，彰显山西形象，弘扬三晋文化。（岳耀传）

【出国(境)管理规范】 2014年，山西省外事侨务办公室贯彻落实中央八项规定，按照中办发〔2013〕16号文件要求，加强因公出国(境)管理，严格执行各项政策规定，为山西省扩大开放和经济社会发展服务。禁止党政领导干部无实质性任务出访、禁止考察性出访、杜绝照顾性出访，严格控制双跨团组，从严控制各级财政经费支付的因公出访。优化工作流程，提高服务水平，鼓励企业、高校、科研院所等市场主体扩大对外交流，促进合作发展。

省外侨办严格出国(境)计划管理，对各市、各部门上报的1601批8500人次出访申请进行筛查核实，批准计划1326批6972人次，拒批出访计划275批1528人次。杜绝无计划出访，2014年全省因公出国(境)团组比上年减少726人次，下降26.77%。其中党政领导干部出访同比减少92人次，下降26.06%。全省各级财政出国(境)经费预算同比减少527.55万元，下降13.1%；人均出国(境)经费减少0.37万元，下降10.14%。

省外侨办加大民营企业APEC卡推广力度，推进国有企业办卡工作。分别出台山西省国有企业人员、民营企业人员申办管理办法。受理上报APEC卡申请48人。拓展公民领保业务，方便老百姓走出国门，代办领事认证1695件、因私签证449份。加快因公出国(境)信息化建设步伐，因公出国(境)综合管理网上服务平台项目立项获批。（岳耀传）

【侨务工作】 2014年，山西省外事侨务办公室加强侨务资源涵养，增进与海内外华侨华人感情与联系。组织召开世界关氏宗亲总会恳亲大会。接待来访华侨华人120余人次。弘扬中华文化，服务华文教育，选派17名教师赴泰国、菲律宾、印尼任教，组织举办“2014海外华裔青少年寻根之旅——山西营”、首届“传承·励志——归侨侨眷子女夏令营”活动。规范山西省华侨回国定居工作，牵头制定并实施《山西省华侨回国定居办理工作实施办法》。组织“关爱工程——送温暖慰问”活动。推进社区侨务建设，太原市迎泽区青年路二社区等3社区被国侨办评为全国社区侨务明星社区、全国社区侨务工作示范单位。

省外侨办开展侨务引资引智工作，借力省外侨务资源服务山西省经济社会发展，举办侨资企业山西行活动，组织辽宁、深圳、上海侨商投资考察团分赴太原、大同、忻州等地投资考察，与各考察城市在房地产、制造业、生态农业、农产品深加工等方面达成多个合作意向。组织有关部门、企业参加华创会，推荐优秀项目1273个。开展侨务捐赠工作，联合省慈善总会举办“天籁列车”活动，为2万名听障困难人员义诊并免费发放助听器，折合人民币约4600万元。争取慈善侨社侨胞在太原、忻州、晋中等地捐资修建校舍、卫生院，捐资助学，折合人民币200余万元。（岳耀传）

【全省外事侨务工作会议】 2014年2月18日，全省外事侨务工作会议在太原召开。山西省外事侨务办公室主任张志川作《扩大对外开放，服务转型综改，开创外事侨务工作新局面》的工作报告，举办各市外事侨务办主任座谈会、全省外事侨务纪检监察工作座谈会和外事侨务业务工作培训。各市外侨办主任、纪检组长，各县(市、区)外事侨务工作负责人，省外侨办机关、直属单位约150人参加会议、座谈、培训。（岳耀传）

【《山西省华侨回国定居办理工作实施办法》】 2014年4月24日，山西省外事侨务办公室、省公安厅联合印发《山西省华侨回国定居办理工作实施办法》。从是日起，山西省华侨回国定居，由拟定居地政府侨务部门办理，经省人民政府侨务部门审批核发“山西省华侨回国定居证”。（岳耀传）

【因公电子护照二期本颁发】 2014年7月3日，山西省外事侨务办公室举行“因公电子护照二期本颁发仪式”，办党组成员、副主任武绍忠，副主任冉丽萍出席仪式，并为首批电子护照二期本持证人颁发护照。山西省赴加拿大执行中加合作办学、赴美国执行教育交流、赴北极执行科考任务等代表团人员成为首批办理含指纹、电子签名信息的因公电子护照持证人。山西省因公电子护照二期本正式启动签发。（岳耀传）

【柬埔寨国王到访】 2014年9月2日，柬埔寨国王诺罗敦·西哈莫尼到山西省友好访问。省委书记王儒林、省长李小鹏在太原会见西哈莫尼一行，李小鹏陪同在太原访问，外交部副部长刘振民、副省长王一新陪同访问。柬埔寨副首相兼王宫事务部大臣贡桑奥，驻华大使西索达，国务大臣、国王秘书厅主任斯雷诺利等一同到访。 （岳耀传）

【上海侨资企业山西行】 2014年9月9日，由山西省外侨办、上海市侨办、上海市侨商国际联合会主办的“上海侨资企业山西行”招商引资活动在山西省举行。由上海市侨商会副会长、长宁区分会会长、上海瑞华集团有限公司董事长帅鸿元带队，分别来自美国、英国、加拿大、意大利、瑞典、日本等国涉及新能源汽车、金融投资、旅游、射频技术、电子信息、生物技术、文化及科技产业园等领域的15名侨商企业家对山西省太原、晋中、吕梁进行投资考察。 （岳耀传）

【日本埼玉县植树访问团来晋】 2014年10月8日，以日本埼玉县日中友好协会副会长、富士见市日中友协会长加藤孝一为团长的“日本埼玉县日中友好协会第八次友好植树访问团”一行10人专程到吕梁市方山县峪口镇峪口村进行植树活动。山西省林业厅、山西省人民对外友好协会、方山县、峪口镇等相关领导和峪口村学校师生及村民百余人参加植树活动。 （岳耀传）

台湾事务

【晋台经济交流合作推进】 2014年，晋台经济交流合作取得好成效。一方面，山西省台湾事务办公室组织指导山西省经贸团组赴台及沿海地区开展交流引资活动。在台举办“第三届晋台经贸交流合作恳谈会”；指导组织山西省发改委、太原市商务局、晋城市经济技术开发区及太原钢铁(集团)有限公司、山西和信摩尔商业有限公司等35个团组193人次赴台开展经贸交流考察；组织指导太原、大同、阳泉、临汾、忻州等市开发区和部分企业赴厦门、东莞、昆山等沿海台资企业集中地区开展引资考察活动，深化晋台经济合作。另一方面，山西省台湾事务办公室邀请接待台湾重要经贸团组到晋考察洽谈。先后邀请接待台湾财经立法促进院及台湾宏汇集团、蓝天集团、太平洋生活控股集团和高雄市中小企业协会、东莞台资企业协会等团组到山西进行经贸考察交流，参加“第二届世界晋商大会”“首届能源技术研讨会”“现代农业项目推介会”和“山西省茶文化博览会”等活动，牵线搭桥，协助洽谈，促成特色农业、食品生产等新的合作意向。全年合计吸引台资投资协议金额133.12亿元人民币，山西省对台贸易进出口总额44.0779亿元人民币，其中进口26.6014亿元人民币，出口17.4765亿元人民币。 （吕继常）

【晋台各界交流巩固深化】 2014年，晋台交流1587人次，其中台胞到晋交流349人次；山西省居民赴台交流1238人次。(1)开展晋台文化教育和青少年交流活动。举办“华夏文明看山西——台湾大学生三晋行”“大陆台商子弟山西行”“第三届海峡两岸中学生山西行”“第四届海峡两岸中小学校长教书育人研讨会”“情系三晋——两岸文化联谊行”等交流活动。(2)深化晋台民间信仰交流。在台举办“关公祖庙圣像赴台安座”交流活动，在山西举办“第二十五届关公文化旅游节”“世界关氏宗亲总会第11届恳亲代表大会”“甲午年海峡两岸祭祀后土大典”“两岸后土文化研讨交流会”和“晋台炎帝文化交流暨炎帝陵修复工程启动仪式”等活动。(3)完成台湾重要人士来山西参访交流接待工作。先后接待中国国民党副主席蒋孝严、台湾原“国防部长”“行政院长”郝伯村、台湾工商统一促进会吴义德、宏泰集团董事长曾琦及台湾退役将军参访团等重要团组和人士到晋参访交流。(4)推动晋台各界交流开展。“台湾基层民众山西行”“山西大平美国德民族乐团赴台演出”“太原海峡两岸美食文化节”“吉县黄河壶口风情艺术团台湾献艺”和“太原舞蹈团舞剧《千手观音》赴台巡演”等活动相继在晋台两地举办。 （吕继常）

【对台宣传工作成效显著】 2014年，针对台湾社情民意的新情况、新特点，山西省台湾事务办公室创新方式方法，加强平台建设，注重提升宣传入岛成效。(1)网络对台宣传工作成效显著。新建成市级涉台网站一个，

2014年9月15日，第三届晋台经贸交流合作论坛在台湾召开(吕继常供图)

累计建站数13个，实现全省市级涉台网站全覆盖；推出“台湾记者三晋行”“唐风晋韵——海峡情书画交流活动”等涉台专题报道，网站点击数和网页浏览量较上年增多，山西省网络对台宣传主要指标位居全国前列。(2)晋台新闻交流合作稳步发展。举办“台湾记者三晋行——山西佛教文化专题采访”和“《旅读中国》晋商文化专题采访”等采访交流活动，全年共接待台湾5个团组12家媒体25位记者到山西进行采访交流。(3)入岛宣传影响扩大。推动《三晋都市报》旺报专版成功入岛，每周一版，2014年完成52个版面岛内连续刊发工作；开展“山西魅力市县岛内专题刊播”活动，在台湾媒体完成7个专题的同步刊播；策划拍摄《两岸关庙一家亲》电视专题片并在台湾东森电视台播出；电视专题片《探秘佛光寺》入选山西省优秀外宣品资料库音像类一类作品名录。　(吕继常)

【涉台事务管理服务细致规范】 2014年，山西省台湾事务办公室增强服务意识，大局意识，在涉台事务的管理与服务工作方面努力细致、规范。(1)做好台资企业服务和台商投诉协调工作。开展台商座谈、联谊、慰问和台企调研等活动，协调解决台商投诉和求助事项。(2)做好涉台突发事件应急管理工作。完善山西省涉台突发事件应急工作机制，落实《山西省涉台突发事件应急预案》，做好预防工作，2014年无重大涉台突发事件。(3)做好台胞到山西和山西居民赴台管理服务工作。2014年，山西省公民赴台人数118738人次，其中赴台交流1223人次，赴台旅游、探亲等其他因私事项117515人次；共接待到山西台胞82649人次，其中各项交流349人次，旅游82300人次。(4)做好台胞捐赠管理和台胞台属服务工作。2014年共受理奖学金、捐资建桥等台胞捐赠共计607.35万元人民币。接受并妥善处理台胞台属来信来访、晋台双向寻亲、台胞考生身份认证及台属生产生活事项等相关事项300余件。　(吕继常)

【全省对台工作会议】 2014年2月26日，山西省对台工作会议在太原市召开。会议传达中央精神，部署全省工作。各市委、省直各部门、各人民团体党组和高校分管对台工作的负责同志100余人参加会议。　(吕继常)

【“华夏文明看山西——台湾大学生三晋行”】 2014年7月22日至29日，“华夏文明看山西—台湾大学生三晋行”在晋举办，台湾21所高校32位大学生到山西参访交流，分别与太原理工大学、山西师范大学师生进行联谊互动，先后到山西省高校新区、山西省博物院、太原市城市规划馆、高铁车站和抗日战争第二战区司令部旧址、祭祖圣地洪洞大槐树等单位进行参观走访。　(吕继常)

【全省涉台宣传干部培训班】 2014年7月26日至28日，山西省涉台宣传干部培训班在太原举办，省台湾事务办公室邀请中央台办领导及人民日报海外版和山西省保密局等单位专家学者专题授课，山西省各市及部分县市区台办和省直有关部门的涉台宣传干部100余人参加培训。　(吕继常)

【两岸文化联谊行】 2014年7月6日至15日，“情系三晋——两岸文化联谊行”在晋举办，该活动由中华文化联谊会与山西省人民政府共同主办，省文化厅与省台办承办，是文化部、国务院台办2014对台文化交流重点项目。其间，来自台湾文化界、教育界、新闻界人士及文化机构、文化团体负责人共98人，国内其他省份文化厅领导及新闻媒体约20人，山西省有关方面领导及工作人员30余人参加活动，开展三晋文化研讨会、两岸书画家交流会、两岸文化联谊座谈会等交流活动。台湾嘉宾先后对太原、运城、临汾、晋中、忻州、大同6市20多个文化古迹和文化单位进行参访。　(吕继常)

【第三届晋台经贸交流合作恳谈会】 2014年9月，“第三届晋台经贸交流合作恳谈会”在台举办，省内12个开发区、产业园区、商务部门及部分企业负责人等79人赴台参加，先后开展“山西—台湾高新技术产业合作交流对接会”“山西—台湾新兴技术合作研讨会”和“内湖科技园区同业公会座谈交流”等经济交流对接

2014年7月22日至29日，台湾大学生三晋行活动在晋举办　(吕继常供图)

活动；晋中市北部新城管委会与台湾太平洋建设集团、祁县开发区与台湾统一集团、山西乾通新能源集团与台湾龙盟环保纸集团、山西天脊煤化工集团股份有限责任公司与台湾太平洋租赁公司、运城市商务局和盐湖区与台湾有关企业等开展一对一、点对点的项目对接交流，拓宽交流渠道，建立合作平台，签订部分合作意向。（吕继常）

2014年8月19日，台湾基层民众山西行参访活动在晋举办（吕继常供图）

【台湾基层民众山西行】 2014年8月17日至23日，“台湾基层民众山西行”在山西举办，台湾原住民区乡镇长和基层民众40人到山西参加相关活动，先后参访平遥古城、王家大院、大槐树移民遗址、关帝庙和吉县有机苹果园、杏花村酒业产业集中发展区等文化古迹和山西省特色产业。（吕继常）

【台湾记者三晋行】 2014年9月21日至26日，“台湾记者三晋行”专题采访活动在晋举办，台湾《中国时报》《旺报》及中国台湾网、华夏经纬网等两岸媒体的18名记者，采访忻州五台山南禅寺、佛光寺等15个寺院以及朔州应县木塔、大同云冈石窟、太原崇善寺等著名寺院，对山西佛教文化有深入的了解。（吕继常）

【关帝祖庙圣像赴台安座交流】 2014年12月1日至8日，“2014山西运城关帝祖庙圣像赴台安座交流活动”在台举办，由运城关帝祖庙制作、开光的馆藏文物关帝圣像复制像赴台开展基层宫庙巡游、安座祈福、民众参拜等活动，在新北市土城顺圣宫和佛光山举行“关公圣像赴台安座”仪式，增进“两岸一家亲”的感情。（吕继常）

【大陆台商子弟山西行】 2014年12月14日至20日，“大陆台商子弟山西行”在晋举办，东莞台商子弟学校的50位师生到山西，与晋城市高平一中和郭台铭先生捐赠的爱物中学举行联谊互动、文艺表演和互赠礼物等交流活动；参观炎帝陵、太行山地质公园、平遥古城、晋祠和太原城市规划馆等文化景观古迹及城市建设，高平一中、爱物中学与东莞台商子弟学校之间达成交流合作的意愿。（吕继常）

经济管理与监督

Economic Administration and Supervision

发展和改革

【"项目见效年"活动】 2014年，山西省发改委扩大投资规模，推进项目建设年内见效活动。年初提出山西省四大领域重大项目1.17万亿元投资计划，4月提出365亿元新增投资计划，11月牵头提出前期基本成熟、总投资约1416亿元的100个项目，实施推进"百日百项工程"开工计划。推进重大项目前期工作。1920万千瓦低热值煤发电项目、4条外送电通道、大张铁路、太焦铁路、采煤沉陷区治理等重大项目前期工作进度加快。夯实省级项目储备，优化储备结构，省级共储备项目9000多个，总投资约15万亿元。其中新兴产业项目投资占比达70%以上。拓宽投融资渠道，2014年上半年下达省级政府投资计划比重达90%。为在京举办的山西省银企对接会提供基础设施、新兴产业等领域88个重大项目，畅通银企对接渠道。集中推出40个鼓励社会资本参与建设营运的基础设施类项目，支持民间资本进入医疗卫生、教育、养老等领域，保持民间投资较快增长态势。全年全省民间投资完成6977.5亿元，增长20.5%，占固定资产投资的58.3%。深化投资体制改革。出台2014版固定资产投资项目管理流程图，前置条件和中间环节减少50%以上。出台2014年版政府核准投资项目目录，省级核准类项目减少幅度达45%以上，提高项目审批效率。全委共审批(核准、备案)项目777项，涉及总投资6245.8亿元，未发生一起拖延、超时审批现象。深化投资项目事中事后监管深化。印发《关于加强投资项目监管的实施意见》，牵头研究并报省政府出台《山西省政府投资项目竣工验收管理办法》。建成并运行重大项目稽查监管信息系统，对中央预算内投资、省级政府投资、电力等重点领域项目进行专项稽查，调研起草《山西省重大项目稽查管理办法》报省政府。加大督导推进市县投资方面力度。对11市投资总量和投资增速进行双考核，多次开展专题调研督导，并提出措施建议，加大对项目实施的协调力度，和市县投资工作形成合力。 (石 峥)

【经济结构调整】 2014年，山西省发改委落实国家和山西省各项强农惠农富农政策，推进新增粮食产能、中低产田改造、重大水利基础设施等重大项目建设，农业综合生产能力增强，全年粮食产量达133.08亿公斤，实现"五连增"。加快推进现代农业示范区、"一县一业"基地县、农产品加工"513"工程建设。

综合能源基地建设步伐加快。山西省发改委提出山西国家综合能源基地建设的基本思路、建设布局、支撑体系。加快晋北、晋中、晋东三大煤炭基地和三大千万千瓦级外送电基地建设，蒙西—晋北—天津南、陕北榆横—晋中—潍坊、山西—江苏、山西盂县电厂—河北南网4条外送电通道获准启动建设；启动晋北现代煤化工基地前期工作，加快潞安180万吨煤制油、焦煤60万吨烯烃、晋煤100万吨甲醇制汽油等在建现代煤化工项目的实施进度。加快新能源项目实施进度，截至2014年底，全省新能源装机1013.3万千瓦，核准在建装机661万千瓦，同意开展前期工作的项目装机有603万千瓦。加快发展煤层气产业，全年地面煤层气抽采量、利用量分别达到35亿和29.8亿立方米，同比增长25%和35.5%；煤矿瓦斯抽采量、利用量分别达到55亿和20亿立方米，同比增长5.8%和11.1%。

推进新兴产业重大项目布局。山西省发改委牵头提出现代煤化工、轨道交通装备、煤机装备、煤层气装备、电力装备、煤化工装备、铝工业等七个领域重大项目布局的具体推进意见。装备制造业相关的9个专项布局规划、铝工业相关的8个专项布局规划全部批复，《晋北现代煤化工基地产业发展规划》上报国家。

淘汰落后产能任务完成。编制山西省钢铁、电解铝、水泥行业清理整顿方案，加大化解产能严重过剩矛盾专项督促检查，完成国家下达山西省的淘汰落后产能任务。

服务业加快发展。加快落实国家和山西省出台的各项扶持服务业发展的政策，挖掘服务业发展潜力，加快服务业重大项目建设，保持服务业较快增长的势头，全省服务业增加值

比重超过44%。（石　峰）

【民生改善】2014年,山西省发改委推进农村“五件实事”建设。易地扶贫搬迁、农村幼儿园改扩建工程年度任务超额完成,改造农村困难家庭危房15.5万户，培训10万名新型职业农民，乡村清洁工程建成垃圾处置点4821所、垃圾中转站213座。加快采煤沉陷区治理步伐。牵头编制《山西省采煤沉陷区治理综合规划（2014—2020年）》和2014年工作方案,在7个市县启动实施8个试点项目。加大教育、医疗等社会事业支持力度。重点支持农村学前教育推进工程、农村初中校舍改造工程、县级职业高中等项目建设。重点支持县级医院、乡镇卫生院、村卫生室等基层医疗单位和省、市、县三级医疗卫生机构建设。加快健康、养老、社区服务、儿童福利、计生服务、体育、文化等公共服务设施项目建设。推进生态环境治理。启动晋祠泉复流工程,推进汾河、滹沱河、涑水河等重要河流和中小河流河道治理工程。做好节能工作。完成700万支高效照明产品的推广,对各市既有居住建筑进行节能改造。开展低碳试点。推动重点行业温室气体减排示范,督促指导晋城市开展国家低碳城市试点，筛选公布第一批15个省级低碳市县试点，探索开展低碳园区、低碳社区试点。推进循环经济发展。加快太原不锈钢产业园区循环化改造试点和晋城、孝义国家循环经济示范城市创建，支持粉煤灰综合利用、秸秆综合利用,协调兴县煤电铝循环产业链建设项目完善前期工作。完成年度援疆任务。2.5亿元援建资金全部拨付到位,21个援疆项目建设全面铺开,启动编制山西省“十三五”援疆规划。（石　峰）

【国家政策项目获准增加】2014年,山西省发改委争取国家支持做到“无缝对接”，政策项目资金各领域取得新成效。政策方面:《晋陕豫黄河金三角区域合作规划》获国务院批复;《百里汾河新型经济带发展战略规划》纳入国家区域发展战略;山西省被列入全国光伏扶贫首批六个试点省份之一;临汾西山片区、忻州神池县被确定为国家主体功能区建设试点地区;芮城县、娄烦县被确定为首批国家生态文明先行示范区;临汾市、运城市被确定为信息惠民国家试点城市;太原市被确定为创建国家电子商务示范城市;太原市万柏林和平老工业区纳入全国城区老工业区搬迁改造试点范围;太原高新技术产业开发区列为国家首批低碳工业园区试点；朔州市、临汾浮山县列为国家第二批资源综合利用“双百工程”示范基地。（石　峰）

【重大项目获准实施】2014年,山西省发改委实施重大项目。煤炭项目。河保偏矿区、轩岗矿区总体规划获批,18个矿区中有13个矿区总体规划得到国家批复;争取国家核准项目4个、总产能1040万吨/年;根据国家授权,核准兼并重组矿井项目22项,总产能2115万吨/年,净增生产能力582万吨/年。煤炭地下气化示范项目,争取国家同意山西亿隆古州平定公司、山西宁宝公司等2个项目开展前期工作。电力项目。争取国家核准大唐安峪热电厂“上大压小”2×30万千瓦扩建项目、华电忻州广宇热电厂二期扩建2×35万千瓦项目，同意国际能源盂县电厂2×100万千瓦项目开展前期工作。争取《山西省低热值煤发电“十二五”专项规划环境影响报告书》获得国家环保部批复。争取国家将嘉节燃气热电联产项目3.6亿方生产用气量列入2014年天然气商品量计划。争取国家新下达山西省风电核准计划255.35万千瓦,太阳能发电建设指导规模45万千瓦。冶金项目,争取国家核准太钢袁家村铁矿项目。交通项目。争取大张铁路、太焦铁路列入铁路总公司2014年20项前期储备项目,大张铁路项目建议书获批。蒙西至华中煤运通道、和邢铁路列入铁路总公司2014年新开工项目。资金方面:争取中央投资84.3亿元,争取国家核准山西省发行企业债券41亿元，争取国外低息优惠贷款3.1亿美元。（石　峰）

【区域合作和对外开放】2014年,山西省发改委编制加快融入环渤海圈承接产业转移的指导目录,承接京津冀、长三角、珠三角等地区产业转移,融入环渤海、中原经济圈。深化山西省与德国北威州等发达国家和地区的多层次、宽领域合作,研究提出山西省与德国北威州合作工作建议并组织项目对接推进，筹办2014年中美洁净能源合作会议。扩大利用外资规模,优化外资利用结构,引导外资投向现代服务业、节能环保等新兴产业。探索实行准入前国民待遇加负面清单的外商投资管理模式,完善建立外商投资项目审批绿色通道。起草山西省境外投资工作实施方案,指导全省企业走出去。（石　峰）

【职能转变】2014年,山西省发改委下放审批权限。牵头制订《山西省政府核准的投资项目目录（2015年本)》,下放4项核准权限到市、县;对钢铁、水泥、电解铝等6项核准事项改为备案;取消境外投资核准权限。规范权力运行。制订《山西省整合建立统一规范的公共资源交易平台实施方案》,公共资源交易体系建设进度加快。配合省政府办公厅、省编办研究制订《山西省综合性政务服务平台建设工作方案》。审批、核准、备案事项实行实时监控，实现全过程网上审批。出台实施《山西省政府投资项目竣工验收管理办法》。开展项目后评价试点,提高项目决策的科学化水平。（石　峰）

○相关链接:参见“山西省人民政府”类目

国土资源管理

【节约集约用地】2014年,山西省国有建设用地供应水平总体较为平稳,供应总量18.07万亩，出让土地8.69万亩,成交价款460亿元。(1)指导土地供应工作。山西省国土资源厅组织各市县国土资源局按照编制规范和当地经济发展水平，编制2014年度国有建设用地供应计划和住房用地供应计划。2014年，全省国有建设用地供应计划21.27万亩，住房用地供应计划3.54万亩，和上年实际供应水平相近，基本满足山西省经济发展的用地需求。(2)推进开发区土地集约利用评价工作。山西省国土资源厅与省商务厅联合启动山西省2014年度开发区土地集约利用评价工作。根据国土部开展重点城市建设用地节约集约利用评价工作的要求，对11个地级市和11个县级市部署相关工作、开展城市建设用地节约集约利用评价的业务培训。(3)开展批而未供土地和闲置土地的自查清理。根据各市县上报数据，山西省2009年至2013年共计批准农用地转用和征收土地面积128.56万亩，已供应土地面积88.38万亩，未供应土地面积44.68万亩，全省平均供地率为65.24%，5年平均供地率小于60%的市(本级)、开发区、县(区)共51个。全省闲置土地171宗，面积1.03万亩。(4)将闲置土地处置情况纳入年度目标考核，每季度对全省土地供应及开发利用情况进行一次通报，促进全省批而未供、开发利用违约等低效和闲置土地的开发利用。(5)推进土地使用标准的应用，提高节约集约用地水平。2014年，会审单选项目报件205宗，提出核减面积或补充用地依据18宗，涉及电力、天然气、煤矿、公路、铁路等多个行业。
(张　峰)

【地籍管理与不动产登记】 2014年7月11日，山西省国土资源厅推进地籍管理工作。(1)编制全省第二次土地调查图册、文字报告等成果资料，经省政府批准以公报形式公布全省第二次土地调查主要数据成果。(2)宅基地和集体建设用地使用权确权发证推进工作，7月份对全省“两权”发证进行检查；9月份召开全省“两权”发证工作座谈会；10月底，全省“两权”发证完成地籍调查面积50%以上。(3)2013年度地籍变更调查工作全面完成。按照国土资源部要求，山西省国土资源厅对全省117个县(市、区)16739个监测图斑、416289亩的监测面积进行逐一核实，经过层层内业检查和外业抽查，成果已经国土部确认。(4)不动产统一登记工作稳步推进。1月，向省政府常务副省长高建民呈报关于山西省建立不动产统一登记制度的建议。5月，向省政府报告国家及其他省关于不动产统一登记工作的开展情况。6月，省编办下发《关于整合不动产登记职责的通知》(晋编办字〔2014〕72号)。8月，省政府批复同意成立不动产登记工作厅际联席会议制度。9月，起草《山西省不动产登记工作实施方案》并征求省不动产登记工作厅际联席会议成员单位意见。11月，召开全省第一次不动产登记工作厅际联席会议。 (张　峰)

【矿产资源开采管理】 2014年，山西省国土资源厅规范矿产资源开采审批，完成各类煤矿采矿审批登记工作341宗，其中兼并重组煤矿换发长证110宗，换发短证151宗；未参与兼并重组省属国有大矿延续采矿许可证4宗；顺延采矿许可证59宗；其他业务17宗(包括划定矿区范围、划定矿区范围批复延期、采矿权变更、补领采矿许可证等)。非煤资源采矿审批登记方面，完成采矿权延续63件、划定矿区延续120件、采矿权变更登记24件、采矿权转让1件、采矿权抵押备案7件、新立采矿权5件、划定矿区范围5件，共计225件。开展矿山企业年检工作。全省应检矿山数4410座(其中煤1030座)，实检矿山数4398座，年检率99.7%；实地检查矿山3614个，实地检查率82.2%；抽查矿山数1016个，抽检率23.1%。全省矿山设立采矿权标识牌3540个，开采回采率达标矿山3174个，缴纳矿产资源补偿费33268.43万元，追征矿产资源补偿费1771.6655万元。山西省国土资源厅联合省财政厅对2010年、2012年度获得中央财政奖励资金的矿山企业项目开展绩效评价，形成报告报国土部备案。落实省委省政府扶持煤炭企业发展的精神，印发《关于进一步明确采矿权抵押备案有关事项的通知》，为煤矿企业办理抵押备案申请117宗，解除抵押备案14宗，涉及矿权评估额1529.468亿元，涉及实际抵押额578.7305亿元。完成7个非国家规划矿区煤炭矿业权设置方案及12个煤炭国家规划矿区矿业权设置方案的修编和编制工作。完成《山西省铝土矿资源开发利用规划》(2014—2020年)修编工作。完成《山西省矿产资源(非煤)矿业权设置方案》的编制评审工作。 (张　峰)

【矿产资源储量管理】 2014年，山

2014年6月25日，国土资源部调研组就山西省国土资源综改试验方案相关情况进行调研 (张　峰供图)

2014年7月3日,山西省保护耕地现场会在广灵县举行 (张 峰供图)

西省国土资源厅完成建设用地压覆矿产资源审批192件,其中有压覆重要矿产资源的审批52个,无压覆重要矿产资源的140个。各类建设项目压覆煤炭保有资源储量总计22.59亿吨,铝土矿资源储量327万吨,铁矿62万吨。完成矿产资源储量备案120份,煤矿企业兼并重组资源储量核实工作全面完成,非煤矿山企业开发整合资源储量核实工作基本收尾。开展矿产资源储量登记统计,编制印刷《2013年山西省矿产资源储量简表》及《山西省2013年矿产资源储量手册》,为系统快捷查询山西省矿产资源储量家底提供可靠数据保障。开展全省煤矿企业采矿权有偿使用情况摸底调查,形成《山西省煤矿企业采矿权有偿使用情况表》,为省国土资源厅建厅以来首次对全省煤炭资源有偿使用情况的彻底统计、调查,为矿政管理积累可贵的基础资料。完成两权价款收益119.49亿元、完成矿产资源补偿费收益23.63亿元。

(张 峰)

【地质勘查管理】 2014年,山西省国土资源厅加大找矿力度,推进找矿突破。制订《山西省国家资源型经济转型综合配套改革试验加强矿产资源勘探工作实施方案》,组织申报2014年度价款项目240个,筛选出满足立项地质条件的项目98个,涉及勘查经费5.94亿元。开展老矿山接替资源找矿工作,完成老矿山项目“山西省灵丘县支家地铅锌银矿接替资源勘查”和“山西省灵丘县刁泉银铜矿接替资源勘查”2014年度续作立项论证和工作方案审查以及“山西省垣曲县胡家峪铜矿接替资源勘查”2014年度第一次现场监审。加强探矿权年度管理工作。按照矿业权管理相关规定,做好探矿权的新立、延续、保留、变更以及调查证的发放工作,共办理地质调查证79个,勘查许可证55个(保留37个,变更2个,延续6个,转让1个,注销9个)。2014年全省应检勘查项目127个(其中部发证29个),实际检查125个(其中部发证29个),年检率达到98.43%。加强地质勘查资质管理。对太原、大同、晋中片区共32个地勘单位开展地质勘查资质监督管理抽查工作。根据《地质勘查资质监督管理办法》(国土资发〔2010〕14号),对29个外省地勘单位的82个项目进行地质勘查资质备案。推进矿业权价款地质勘查项目实施,完成设计调整批复42个(次);组织专家对完成野外工作的项目进行室内验收,共验收项目94个。2014年已验收的项目预计可提交煤炭资源量114.68亿吨,其中新增24.46亿吨;铁矿资源量1.28亿吨,其中新增8545.34万吨;铝土矿资源量1453.54万吨,其中新增983.06万吨。

(张 峰)

【煤层气矿业权审批试点】 2014年,山西省国土资源厅争取煤层气矿权业审批制度改革试点早日启动。10月下旬,部、省领导会商具体推进步骤,拟召开第二次部省矿业权改革领导小组会议细化安排措施;11月,省长李小鹏与部长姜大明再次沟通交流;12月,国土资源部领导指示有关司局赴山西省再次调研,商讨下一步推进措施。做细做实启动改革试点的配套工作。组织省内专家初审《山西省煤层气资源勘查开发规划(2013—2020年)》,并与国土部有关司局确定该专项规划的审批流程。将《山西省煤层气和煤炭矿业权审批制度改革试点实施意见》提交国土资源部有关司局,重点明确创新矿业权审批运行机制、建立煤层气勘查约束机制、深化煤炭与煤层气企业合作、鼓励煤层气勘查开发等措施。起草《山西省煤层气矿业权管理办法(草案)》《山西省煤层气开发监督管理办法(草案)》和《山西省煤层气矿业权审批办事指南(草案)》等配套规章制度,对国土部在山西省已批准设立的42个油气矿业权建立系统的管理档案,为全面实施改革试点做好相应准备。(张 峰)

【地质灾害防治】 2014年,山西省共发生地质灾害15起,死亡14人;与上年相比,因灾死亡减少13人,死亡率降低近50%。(1)加大防治资金投入,省级年度资金投入首次超过5亿元。其中,投入1.81亿元对受地质灾害威胁严重的3000户农户进行治理搬迁,投入5381万元对高发易发区的50个重点县进行地质灾害详细调查,投入6236万元治理9个大型以上地质灾害隐患点工程,投入2.17亿元对1.8万户采煤沉陷区居民进行治理搬迁。(2)打牢防灾基础。按照县级申报、市级初验、省级验收的程序推进高标准“十有县”建设,52个县(市、区)通过验收并经国土部公示,建成比例近50%。开展“进千家入万户”公益宣传活动,倡议驻晋84个地灾防治资质单位1000余人和31名省级专家,深入受地质灾害威胁严重的35所学校、398个村庄、3万余户农民家庭宣传,受教育人数超过11万人次。开展地质灾害应急演练活动,累计组织248次应急演练,参加人数累计6.45万人次。(3)加强部门协同,提升群测群防能力。山西省国土资源厅会同省政府应急办和省交通运输、水利、气象、地震等部门召开全省2014年度地质灾害趋势预测会商会,对山洪灾害、气象气候、交通干线和地震预测分析,对雨情部署主汛期防治重点工作。在强降雨期间,确保灾害天气预警信息“短信到人、电话到村”,累计发布三级以上预警27次,发送预警短信9.4万余条,市县累计发送预警短信近20万条。9月19日,临汾市乡宁县成功避险一起黄土滑坡地质灾害,避免35人因灾伤亡事故发生。 (张 峰)

2014年7月17日,山西省国土资源厅召开山西省农村地质灾害治理搬迁工作座谈会 (张 峰供图)

【地质环境保护】 2014年,山西省国土资源厅开展全省地质灾害搬迁村庄大调查,形成调研报告与汇总数据,为山西省制定改善人居环境相关政策和向国家争取资金支持奠定坚实基础。完成采煤沉陷区搬迁治理的前期调研统计、搬迁规划建议、政策起草制定等相关工作。推进矿山地质环境治理工程项目的申报与实施。组织专家评审通过3个2013年度矿山地质环境治理项目的初步设计;组织各市申报并现场踏勘2014年全省矿山地质环境治理项目9个。申请中国地质调查局对太原城市群1:5万水文地质环境地质调查和山西省能源基地1:5万水文地质环境地质调查两个项目进行立项。开展全省露天采矿地质灾害隐患排查及矿山地质灾害治理、土地整治项目停工排查工作,并以《山西省国土资源厅关于全省露天采矿地质灾害隐患排查工作情况的报告》(晋国土资发〔2014〕108号)向省政府进行汇报。组织申报2014年度山西省地质遗迹保护项目6个,拨付项目资金2012万元,及时保护和抢救山西省重要的地质遗迹。报请省政府于2014年8月正式发布《山西省地面沉降防治规划(2010—2020年)》(晋政发〔2014〕28号)。规划实施后,山西省地面沉降监测、地下水控采、地面沉降综合防治能力提高,最大程度减少地面沉降对经济社会造成的损失。 (张 峰)

【国土资源执法监察】 2014年,山西省国土资源系统出动巡查检查人员3.5万余人次,车辆7000余台次,排查关闭矿山(井)3214座(其中煤矿2781座,非煤矿山433座),排查已查处过的有证矿山越层越界违法采矿行为240座(其中煤矿111座,非煤矿山129座),排查已取缔的以各种工程名义变相开采浅层煤浅层矿点52处(其中浅层煤51处,浅层矿1处),排查用地手续不完善的有证矿山662座(其中煤矿175座,非煤矿山487座),排查未取得采矿许可证基建煤矿16座,排查非煤资源整合矿山652座(其中单独保留矿山272座、整合保留矿山161座、整合关闭矿山229座)。打击非法勘查、采矿及盗采矿产资源案件359件(其中非法勘查1件,非法采矿342件,盗采矿产资源16件),收缴罚没款478.77万元,没收违法所得4.93万元、矿产品3.46万吨,查扣机械设备115台;行政拘留1人、刑事拘留9人,维护山西省矿业秩序和安全生产形势。(1)开展2014年度土地矿产卫片执法监督检查。土地卫片立案查处2507宗,收缴罚款31027.51万元,没收违法建筑物、构筑物1913.04万平方米;拆除违法建筑物84.39万平方米,没收违法所得342.11万元;对相关责任人提出党政纪处分建议1796人,移送司法机关追究刑事责任86人。矿产卫片立案查处167宗、收缴罚款170.84万元,没收违法所得591.64万元、矿产品11.45万吨,吊销许可证1个,提出党政纪处分建议96人。(2)开展专项行动,严厉打击非法违法采矿行为。开展两次“严厉打击非法盗采矿产资源违法行为百日行动”专项行动。制订《全省国土资源系统“六打六治”打非治违专项行动实施方案》(晋国土资办〔2014〕59号),将“百日行动”工作贯穿于“六打六治”打非治违专项行动,并与矿产卫片执法检查工作相结合,有效防范和打击矿山企业的违法行为。 (张 峰)

○相关链接:参见“山西省人民政府”类目

国有资产管理

【国有企业项目投资】 2014年,山西省省属企业完成投资2138亿元,创历史新高,其中省重点工程完成投资1033.8亿元,15个转型综改重大项目完成投资331.69亿元,均超额完成年度计划。省属企业煤炭产量完成5.9亿吨,占全省的66%;同煤产量超过1.7亿吨,高产高效矿井在应对危机中的支柱作用凸显;晋煤世界级煤矿装备机械制造基地和高端煤层气装备制造基地开工建设;潞安180万吨煤制油项目按计划推进;阳煤太原新材料园区开始试车;同煤10万吨煤基活性炭项目已经投产。同煤装机容量突破1400万千瓦;国际能源与晋煤、潞安开创煤电联营合作新模式。截至2014年底,省属企业投产、在建控股发电装机达3400万千瓦。

(郎卫平)

【国有企业产业转型】 2014年,山西省煤炭企业推进以煤为基循环发展,一批园区实现煤焦化肥电材多联产,山煤开建河曲低值煤循环利用工业园区,潞安高河乏风氧化利用项目全球规模最大;省属企业推进“气化山西”建设,各主体企业开采煤层气25亿立方米以上,建成输气管网总里程超过13000千米,建成及在建加气站228座,惠及全省93县1500万人,气化人口率41%。另外,能投加大低效无效资产处置力度,从10个项目中退出股权,建立铁路公路集运体系、城乡商贸配送体系,建成山西省唯一一家大宗商品电子商务服务平台;太重聚焦发展先进产能,向轨道交通等高端制造领域转型;国际能源推动节能减排,在全省率先实现火电机组超低排放;太钢钢渣实现零排放,高端碳纤维项目投产。

(郎卫平)

【国资国企改革】 截至2014年底,山西省国有资产监督管理委员会印发《山西省关于深化国资国企改革的实施意见》及《2014年省属国资国企改革工作计划》,拉开山西省新一轮国资国企改革大幕;对改革的重点难点问题逐项研究,起草混合所有制、国有资本投资运营公司、现代企业制度、国有资本收益共享、脱钩改革、对标管理、领导人员履职待遇和业务支出、领导班子综合考评、分类监管及分类考核等方面十余个方案。部分重大改革任务取得进展,出台《山西省省属国有企业财务等重大信息公开办法》,在全国率先迈出打造阳光国企的重要一步;实施煤焦公路运销体制改革,晋能、焦煤的煤检站点全部撤销,饱受诟病的“放杆收费”彻底废除;拟定《关于开展厂办大集体改革工作的实施意见》及工作方案,启动山西省厂办大集体改革;交通企业及高速公路资产债务重组工作推进。解决历史遗留问题,下达5户企业的破产计划,推动10户企业进入破产法律程序,协调财政向困难企业及职工拨付各类补助、补贴资金3.9亿元。

(郎卫平)

国有企业项目投资:高端碳纤维项目投产　　(郎卫平供图)

【国有企业科技创新】 2014年,山西省省属企业围绕内生发展、转型升级,把创新驱动放在更加突出的位置,加快转变发展方式,提升核心竞争力。10户企业研发中心和项目入驻山西科技创新城。省属企业研发总投入占主营收入的比重达1.52%,专利申请和授权量快速增长,科技成果涌现。加大高端人才引进和培养力度,专利申请和授权量快速增长,科技成果不断涌现。晋煤航天炉全烧晋城无烟末煤技术试验、“晋煤炉”研发、地面煤层气U形井、L形井抽采工艺等一批重大创新性关键技术持续突破,获中国煤炭工业科学技术奖唯一的特等奖。焦煤集团技术中心在国家级企业技术中心考核评价中居全国煤炭行业第一名。潞安煤基合成研究中心成为山西省首家国家级工程技术研究中心。

(郎卫平)

【国有企业履行社会责任】 2014年,山西省省属企业产业扶贫项目开工66个,竣工投产20个,完成投资91.6亿元;连续四年免费向低收入农户供应“暖心煤”3456万吨,减利146亿元;在利润持续下滑的情况下,支付职工薪酬1053亿元,居全国第一;煤炭百万吨死亡率降至0.022,比全省平均水平低0.014;援疆工程累计完成投资81亿元;淘汰黄标车和老旧车4508辆;晋能嘉节燃气电厂建成供热,对缓解省城热源紧张状况、改善空气质量作用重大;加大棚户区改造力度,做好水、电、气、热和公共交通的供应。

(郎卫平)

【国有资产监督管理】 2014年,山西省国有资产监督管理委员会清理、制订国有资产监管相关制度;调整经营业绩考核指标,引导企业更加注重发展质量效益;审核企业融资1574亿元,缓解企业资金紧张;加强产权基础工作,推进国有产权和实物资产进场交易;督促企业加强贸易业务财务风险防控;在省属企业中深入推进收入分配管理提升活动,引入对标机制,调控工资水平;督促省属企业在同级主要新闻媒体公开财务状况、经营成果、重大投资、薪酬水平、履职待遇、业务支出等重大事项；监事会对工程建设项目招投标和省属企业重大项目投资开展专项督查，加强与纪委和委机关处室的联系，形成监管合力。（郎卫平）

〇相关链接：参见“山西省人民政府”类目

口岸管理

【概述】 2014年，山西省口岸管理办公室强化口岸管理，保障人口货物出入境工作。截至2014年底，山西省有正式对外开放口岸1个——太原空运口岸（太原武宿国际机场），临时对外开放口岸1个——大同空运口岸（大同云冈机场）。海关监管场所2个——太原武宿综合保税区和山西方略保税物流中心。

2014年，山西省航空口岸进出境人员385843人次，飞机2950架次，同比分别增长19.8%和12.7%。其中，太原航空口岸出入境人员377377人次，出入境飞机2844架次，分别增长17.2%和8.7%；进出口货运量549吨，同比增长59.6%。大同航空口岸（临时开放）出入境人员8466人次，飞机106架次。（宋晓徽）

【武宿国际机场1号航站楼运营】 2014年1月1日，太原武宿国际机场1号航站楼正式投入运营。1号航站楼始建于1992年，1995年竣工并试运行。2008年，2号航站楼启用，原1号航站楼暂停使用。2009年3月启动1号航站楼升级改造工程，并于2011年3月完工。1号航站楼正式启用后，将承担太原机场年吞吐量30%左右的保障任务，标志着太原机场正式进入快速发展的“双核时代”。

（宋晓徽）

【太原空运口岸（太原武宿国际机场）】 2014年1月1日，太原武宿国际机场1号航站楼完成改造，面积达2.6万平方米，正式启用。截至2014年底，太原空运口岸有国内外15家航空公司（国外13家，国内2家）开通20条固定及临时国际和地区航线，可直达韩国、泰国、印尼、港澳台等8个国家和地区，通航城市19个。

国际航线方面，韩国及东南亚地区航线发展迅速。多家韩籍航空公司纷纷登陆太原航空市场，新增多个由太原直达韩国的新航点，韩国线成为太原机场国际航线的新亮点。分别有德威航执飞太原至仁川航班，易斯达航执飞太原至济州岛航班、新开太原至清州航班，釜山航执飞太原至釜山航班，真航空新开太原至江原道襄阳航班，大韩航执飞太原至清州航班，济州航执飞太原至清州、太原至仁川航班，东航恢复太原至仁川航班，使太原与韩国的交流达到前所未有的规模，每周往返航班最高可达8班。引进泰国SKYVIEW航空对曼谷—太原航线进行加密。保持太原—海口—新加坡航线全年稳定运行，促进太原同泰国、新加坡等东南亚之间的往来。

地区航线方面，国内港澳台地区航线发展较快。香港地区，由香港航和东航两家航空公司运营太原至香港的航线，每周航班量为4班。台湾地区，台湾长荣航的加盟以及东航太原—台北航线的加密，使太原—台北每周可达10班，太原—台中和太原—高雄航线全年保持稳定运营。实现太原至台湾东、中、南部航线全岛覆盖，由太原至台湾地区航线周航班量可达13班。澳门地区，太原—澳门航线航班由最初每周2班加大至每周7班，后因经济低位运行等因素影响，在12月初调减为每周3班。（宋晓徽）

【山西省农产品进出口服务与管理】 2014年5月6日，经长治检验检疫局检验合格，山西高平市国丹食品有限公司生产的18吨、货值6万美元的辣椒粉出口日本。这是该局首次检验出口到日本的食用农产品，也是山西辣椒粉首次出口日本。

6月18日，经山西出入境检验检疫局检验检疫合格，朔州市怀仁县金龙养殖园区专业合作社生产的764箱、货值6.1万美元的冻羊肉顺利出口以色列，这是山西省首次对以色列出口该产品，也是朔州市近年来冷冻羊肉出口“零”的突破。

12月26日，国家质检总局批复同意在山西省大同筹建1个进口肉类指定查验场，这对促进大同市外向型经济发展、产业结构调整等方面具有重要意义。（宋晓徽）

【晋津口岸通关服务宣讲座谈会】 2014年5月29日，山西省政府口岸办和

2014年12月25日，山西省政府口岸办组织开展太原航空口岸埃博拉出血热联防联控应急处置演练（郑　罡供图）

天津市政府口岸办联合在太原组织召开晋津口岸通关服务宣讲座谈会。天津市政府口岸办组织天津海关、天津检验检疫、天津港集团等单位组成天津口岸服务小组,服务山西省外贸企业,宣讲通关政策(措施),并与企业代表座谈交流解难答疑。(宋晓徽)

【口岸办赴福州、广州调研】 2014年6月18日,为推进山西省关检合作“三个一”(即一次申报、一次查验、一次放行)试点工作,山西省商务厅、山西省政府口岸办以及太原海关、山西出入境检验检疫局、太原市商务局等单位相关人员赴福州、广州就关检合作“三个一”试点建设情况进行调研。调研组先后赴福州、广州现场调研关检合作“三个一”试点建设情况,并同试点城市相关单位举行座谈会。与会单位就关检合作“三个一”运营情况、平台建设及运维管理、关检实现“三个一”举措和经验进行交流。(宋晓徽)

【区域海关口岸监管与合作】 2014年7月6日,山西、陕西、河南检验检疫局三方在山西运城签署《晋陕豫黄河金三角检验检疫合作机制备忘录》。三方以建立黄河金三角区域检验检疫工作“三协四互两动”联动机制为核心,在建立共同促进区域出口优势农产品生产加工基地建设机制、建立促进区域产业承接发展重点项目落地服务机制等11个方面加强合作,共创安全、宽松、便捷、高效的对外贸易环境。

8月20日,山西出入境检验检疫局与太原海关联合出台推进关检合作“三个一”实施方案。双方依据国家质检总局与海关总署的统一安排,深化协作,改进监管和服务,在双方各部门、所有通关现场、所有依法需要报关报检的货物和物品领域推行“三个一”,即一次申报、一次查验、一次放行,结合山西实际确定太原武宿国际机场、太原武宿综保区为“三个一”通关现场,共同成立关检合作“三个一”领导小组,建立联络机制与工作例会制度,完善固化关检合作联系配合机制,推进关检合作“三个一”工作的长效化和常态化建设,形成整体合力,让关检便利措施最大限度惠及企业,提高通关效能,降低企业成本,提升贸易便利化水平,促进山西经济贸易持续健康稳定发展。(宋晓徽)

【太原海关口岸制度建设】 2014年7月7日,太原海关印发《太原海关支持山西外贸稳定增长的若干措施》。措施共有19条内容,涵盖提高贸易便利化水平、降低企业经营成本、促进加工贸易转型升级、增强外贸企业竞争力等4个方面,将国务院和海关总署关于支持外贸稳定增长的政策举措细化为具体细则。

年内结合山西省的实际情况,太原海关复制推广上海自贸区3项监管创新制度,在武宿综保区正式启动“简化无纸通关随附单证”“简化统一进出境备案清单”和“内销选择性征税制度”3项制度的复制推广。截至2014年底,太原海关共审核进出境备案清单238票,商品主要为不锈钢板材、压克力板材、智能手机及手机生产用料件等,监管进出区货值11.5亿元。52票无纸通关作业报关单简化上传随附单证。26家区内外企业从这两项监管创新制度中受益。(宋晓徽)

【违禁物品查处与管理】 2014年3月3日,太原机场出入境检验检疫局从旅客携带物中截获7.5公斤燕窝。这是《中华人民共和国禁止携带、邮寄的动植物及其产品名录》发布以来,太原航空口岸首次截获燕窝。

9月,太原机场出入境检验检疫局从台北入境旅客携带物青芒果中截获芒果白轮盾蚧。芒果白轮盾蚧作为一种检疫性有害生物被列入中国-巴基斯坦、中国-以色列、中国-埃及等国家植物检疫双边议定书。该虫是南太平洋芒果种植区的毁灭性害虫,也是澳大利亚、非洲、美洲和加勒比地区芒果的重要害虫,目前许多国家和地区将该虫列为限定性有害生物。该种有害生物为太原航空口岸首次截获,检验检疫人员按规定对该批水果进行无害化处理。(宋晓徽)

【太原航空口岸保障澳洲羊驼通关】 2014年9月29日,经过9个小时的长途飞行,来自墨尔本满载525只种羊驼的波音747飞机顺利降落太原武宿国际机场。这是太原航空口岸承接活体动物规模最大的一次,也是中国乃至国际动物运输史上单次空运羊驼数量最多的一次。这次引进的羊驼主要用于国家级科研项目——羊驼毛用性状的基因资源课题(农业部“948”项目)。(宋晓徽)

【区域物流中心建设】 2014年9月,海关总署、财政部、国家税务总局、国家外汇管理局等部门联合发文,同意山西省设立山西兰花保税物流中心。该项目依托山西兰花国际物流园区进行建设,规划用地面积32.2公顷,与国道、晋城北铁路货运站和晋城市客运东站相毗邻,并有长晋、晋焦、晋济、晋侯四条高速公路交汇。拟规划建设口岸作业区、保税物流仓储区和保税堆场以及海关监管区域、隔离围网、卡口、视频监控报警系统和信息辅助管理系统等。项目建成后,依托晋城特有的资源和产业基础,建设国际物流产业和现代服务业基地,引领、带动、辐射和服务晋东南及周边区域的外向型经济发展,服务山西省东南部资源型经济转型。(宋晓徽)

【新增晋城海关、长治海关二海关口岸】 2014年10月,中央编办正式批复在山西省设立晋城海关、长治海关。这标志着山西省晋东南地区扩大对外开放实现又一重大突破。截至2014年底,国家已在山西省太原、太原机场、大同、侯马、运城设立海关。此次,批复在晋城、长治设立海关,完善山西省海关布局,为降低通关成本,实现进出口贸易便利化,促进产业结构优化升级,提升开放型经济水平提供支撑。(宋晓徽)

【太原航空口岸举办埃博拉疫情应急演练】 2014年12月25日，为提高太原航空口岸应对突发公共卫生事件的处置能力，山西省政府口岸办组织太原机场出入境检验检疫局、太原机场海关、山西省公安边防总队和山西省民航机场管理局等口岸单位在太原机场联合举行2014太原航空口岸埃博拉出血热联防联控应急处置演练，并邀请山西省卫计委、民航山西安全监督管理局等单位观摩指导。山西出入境检验检疫局副局长任传永、山西省政府口岸办主任韩仲平出席演练活动并分别讲话。（宋晓徽）

【参加上海与中部六省口岸大通关合作第九次联席会】 2014年12月4日，山西省政府口岸办组织太原海关、山西出入境检验检疫局、山西省民航机场管理局等部门参加上海与中部六省口岸大通关合作第九次联席会。海关总署党组成员、国家口岸办主任黄胜强到会讲话。山西省口岸办工作人员作交流发言。（宋晓徽）

【边检勤务模式创新】 2014年，山西公安边防总队创新边检勤务模式。2014年，山西省出入境旅客流量突破38万，较上年增长19.7%。针对口岸流量增长、执勤分散及维稳形势严峻的多重压力，山西公安边防总队一方面适应航班规律，采取“小单元”“错时”勤务模式，科学配置警力，提高勤务

2014年山西省口岸出入境主要数据表

单位:(人员)人次;(交通工具)辆、艘、架、列次

项目			2014年	2013年	同比(%)
出入境人员	出入境人员总数		385843	322122	19.80%
	入境人员		193115	161740	19.40%
	出境人员		192728	160382	20.17%
	出入境旅客		362831	301075	20.51%
	出入境员工		23012	21047	9.34%
	中国公民	小计	360638	305947	17.88%
		内地居民(因公)	4773	5598	−14.74%
		内地居民(因私)	317847	273745	16.11%
		港澳居民	12006	9953	20.63%
		台湾同胞	26011	16651	56.21%
	外籍人员		25205	16175	55.83%
	从海港出入境人数				
	从陆港出入境人数				
	从空港出入境人数		385843	322122	19.80%
交通运输工具	总计		2950	2617	12.70%
	船舶				
	飞机		2950	2617	12.70%
	火车				
	机动车辆				

（山西公安边防总队　乔溪提供）

效益；另一方面，加强口岸安全风险评估，严密勤务组织，利用 API 国际航班信息预报系统，预判旅客信息，把握口岸管控主动权。全年共查获在控对象 29 人、违法违规事件 24 起。制订完善《值班领导岗位职责》《勤务值班岗位职责》《勤务质量考评监督办法》等 12 类人员岗位职责，确立执法办案人员主办、法制员把关、法制参谋审查、主管领导审核的“四级会审制”。（宋晓徽）

【大同空运口岸（临时开放）】 2014 年 4 月和 10 月，国家口岸管理办公室两次批复同意大同机场继续临时对外开放，时间截至 2015 年 4 月 30 日。截至 2014 年底，大同空运口岸连续 4 次获批继续临时开放。年内开通大同至香港、仁川航线。2014 年，该机场占地面积 143.9 公顷，飞行区等级指标为 4C 级，可起降 B737-300 及以下机型，跑道长 3000 米，宽度 45 米，站坪 2.4 万平方米。2014 年完成 T1 航站楼进行全面改造，为联检单位配置必要的查验设备。大同机场获批继续临时对外开放，这对大同扩大对外开放、促进经济发展具有推动作用，也为大同航空口岸正式开放奠定基础。（宋晓徽）

【太原武宿综合保税区】 2014 年，太原武宿综合保税区监管进出区货运量 15.6 万吨，货值 49.9 亿元，征收税款 597.9 万元。全年减免税审批总货值 4.95 亿美元，同比增长 32.5%；减免税款 4.46 亿元，同比增长 7.1%。（宋晓徽）

【山西方略保税物流中心】 2014 年，山西方略保税物流中心办理报关报检手续 731 票，监管货物 121 万吨，货值近 2 亿美元。业务发展到我国香港、台湾地区以及欧、美、澳、南非、新加坡、哈萨克斯坦、外蒙古等 11 个国家和地区，货物涉及铁、铜、铬、镍等有色金属矿，石油钻探设备、各类机械电子设备、食品及添加剂、聚苯醚等化工产品、铸管铸件、镁铝合金、果汁、芦笋、菜椒等 27 个类别。

截至 2014 年底，方略保税物流中心累计为省内进出口企业办理报关报检手续 2340 票，监管进出口及“一日游”货物 1127 万吨（方），货值 16 亿美元；累计为周边企业融资 26.2 亿元，直接、间接汇聚和带动绿色税收 11.3 亿元以上。年内开通至连云港的“五定班列”和至二连浩特边境口岸的货运专列，开展山西省晋南、晋东南地区最大、最集中的陆路运输场站建设。（宋晓徽）

出入境检验检疫

【概述】 山西省出入境检验检疫局（简称山西检验检疫局）是国家质量监督检验检疫总局设在山西，依法管理山西地区出入境检验检疫工作的行政执法机关。2014 年，山西检验检疫局共检验检疫出入境货物 1.23 万批次、货值 17.33 亿美元，与上年同期相比，分别下降 37%、63%；签发各类原产地证书 1.27 万份，签证金额 6.93 亿美元，与上年同比份数增长 6.8%，金额减少 9.4%；检疫查验出入境人员 38 万人次，与上年同比增长 18.3%；健康检查 7362 人次，与上年同比增加 11.5%；从出入境货物中检验出不合格商品 230 批、不合格金额 3.51 亿美元；在出入境人员健康体检中，检出艾滋病 1 例、性病 9 例、肺结核 2 例、肝炎 61 例；截获入境旅客携带的禁止进境物 2508 批。（郑　罡）

【质量共治】 2014 年，山西检验检疫

2014 年山西省口岸流量统计表

口岸类型	口岸名称	货运量（万吨）		集装箱量（万标箱）				人员（万人次）				交通工具（辆、艘、架、列次）			
		合　计	同比（%）	出口	进口	合计	同比（%）	出境	入境	合计	同比（%）	出境	入境	合计	同比（%）
空运口岸	太原空运口岸	0.0549	59.60	0.1018	1.4303	1.5321	−10.74	18.8414	—	37.7377	17.20	1425	1419	2844	8.70
	大同空运口岸（临时开发放）	—	—	—	—	—	—	0.4314	0.4152	0.8466	222.29	51	55	106	341.67
	分计	—	—	0.1018	1.4303	1.5321	−10.74	19.2728	—	38.5843	19.80	1476	1474	2950	12.70
合　计		0.0549	59.60	0.1018	1.4303	1.5321	−10.74	19.2728	—	38.5843	19.80	1476	1474	2950	12.70

（山西省口岸工作办公室提供）

山西省委书记王儒林(左四)一行到太原武宿综合保税区视察检验检疫工作

(郑　罡供图)

局重视质量管理工作,实现质量共治。

1. 检政共治,用两个"首次"开启新进程。一方面,首次将进出口商品质量安全工作,纳入地方政府目标责任考核,从建立质量安全工作机制等6方面,对全省11个地市进行考核;另一方面,全局工作首次被山西省政府纳入目标责任考核,将检验检疫工作融进地方政务体系。双向考核,为开展检政质量共治,搭建更为有效的平台,形成推动质量提升的叠加效应和更大合力。

2. 部门合作,呈现出"多元立体"新格局。与系统内兄弟局的"纵向合作"扩大,先后与新疆、内蒙古签署直通合作协议。国务院批复《晋陕豫黄河金三角区域合作规划》后,山西检验检疫局又主动与河南、陕西两局在运城正式签署合作协议。与地方相关部门的开展"横向合作"。通过加入山西省"六外合一"部门联系会议,以及主动召开与地方政府、与省农业厅多方联席会议等形式,强化与商务、农业、海关等部门的联系与合作。

3. 检企共治,强化企业的质量主体责任。采取管、帮、建等措施,督促和扶持企业完善体系、改进管理,提高自检自控能力、提升产品质量,督促企业担负起质量安全责任;质量安全示范区建设,新增2个国家级出口食品农产品示范区,数量达9个、并保持全国前5的位次。

4. 社会共治,营造关注质量的良好氛围。在全省4个地市开展的检验检疫政策宣讲和"专家走基层"系列活动,为受众解读检验检疫政策法规;检验检疫协会完成换届并开展"中国质量诚信企业"推荐评选工作;质量月活动,围绕"建设质量强国,推动三个转变"主题,集中力量,举办国门生物安全进校园、食品安全口岸行、有机食品宣传周等160余项具体活动。

(郑　罡)

【检验检疫】 2014年,山西检验检疫局口岸办公室提升核心能力,监管力度加大。

1. 口岸核心能力的新提升开展口岸核心能力提升工作,加强对核生化、防恐反恐的应急应对,加大对出入境人员以及携带物的检疫查验,通过引进检疫犬,实现"人-机-犬"三位一体的查验新模式,丰富查验手段;在严格国际航空口岸查验规范基础上,支持大同、运城两市航空口岸临时对外开放。西非埃博拉出血热疫情发生后,山西检验检疫局与太原机场民航、边防、海关等部门就联防联控工作签协议、建机制,开展应急演练,防范疫情传入。

2. 面对法检改革的新形势,全系统探索监管新模式,针对表内商品制订实施"合格评定及放行改革方案";针对表外商品,探索抽查监管的新模式。在推进信用管理、分类管理和风险管理相结合的监管模式方面,梳理全省1400余家重点企业的基本信息,对137家企业的、139类产品开展风险评价,在对56家企业日常监管中推行差异化监管。

3. 将施检行为纳入绩效考核,使把关监管成效更加显现。以检验检疫查验率、检出率、截获率为抓手,强化

国家质检总局领导与山西省政府领导就促进黄河金三角区域发展进行座谈

(郑　罡供图)

2014年山西出入境检验检疫局业务统计表

单位：万美元

项 目	1月-12月概况			上年同期			较上年同比%		
	合计	出境	入境	合计	出境	入境	合计	出境	入境
检验检疫总批次	12263	9595	2668	19468	17424	2044	-37.0	-44.9	30.5
检验检疫总货值	173316	58319	114997	467810	391095	76715	-63.0	-85.1	49.9
检验检疫不合格批次	230	41	189	207	45	162	11.1	-8.9	16.7
检验检疫不合格货值	35116	245	34871	11529	242	11288	204.6	1.2	208.9
签发产地证书份数		12724			11917			6.8	
签发产地证书金额		69272			76463			-9.4	
出口货物包装鉴定批次		1592			2184			-27.1	
检验鉴定木质包装批次	1965	451	1514	5400	4376	1024	-63.6	-89.7	47.9
检验鉴定木质包装件数	82055	57712	24343	147898	132283	15615	-44.5	-56.4	55.9
检疫查验集装箱(标箱数)	4228	461	3767	4016	592	3424	5.3	-22.1	10.0
检疫查验交通工具(飞机架次)	2950	1476	1474	2617	1301	1316	12.7	13.5	12.0
出入境人员查验(人次)	385843	192728	193115	322122	160382	161740	19.8	20.2	19.4
检疫查验出入境行李	278129	101692	176437	767013	354576	412437	-63.7	-71.3	-57.2
健康检查(人次)	7362			6600			11.5		
艾滋病监测数	7420			6594			12.5		
发放国际旅行健康证份数	7252			6486			11.8		
预防接种(人次)	10708			6187			73.1		
发现病例(不包括非传染病人次)	211			160			31.9		

（山西出入境检验检疫局　牛煜提供）

职能，量化考核，全局变压力为动力，主动出击、主动作为，全年共检验检疫出入境货物1.23万批、货值17.33亿美元，检出不合格货物230批，不合格金额3.51亿美元，同比分别增长21.7%和205.7%；检疫查验出入境人员38万人次、健康检查7362人次，同比增长18.3%和11.5%，发现传染病73例（包括艾滋病毒感染者1例、梅毒9例、乙肝17例、丙肝44例、肺结核2例）；检疫截获进境植物疫情103批次，检出有害生物157种、369次，其中检疫性有害生物6种15次，截获批次、检出有害生物种类数、种次数同比分别增长46%、36%和43%；在入境羊驼中检出2例二类传染病，对13批国外退运工业产品开展调查，查获伪造证书案件2起。　（郑　罡）

【服务质量优化】 2014年，山西检验检疫局口岸办公室服务山西社会经济发展，优化通关、地方经济区、优势产品出口的服务质量。

1. 创优通关环境更加通畅。在落实便利化通关各项措施的同时，围绕落实中央“一路一带”和“京津冀一体化”的战略部署，开展调研和推进工作；推进晋津、晋鲁“虚拟口岸直通车”的扩容增量，全省有58家企业实施直通，初步实现检验检疫监管的“前推后移”；落实“三个一”，主动与政府、与海关协调联系，推进该项工作在太原综保区、太原机场率先运行。

2. 支持地方经济发展。主动融入山西综改区建设进程，出台18条措施服务全省“转型综改攻坚年”；帮助建立山西省首家出口工业品质量安全示范区；助推运城地区水果出口实现价量齐增；对大同进口肉类指定口岸建设项目，积极指导、提供帮助，主动跟进、协调联系，促成该项目获得国家质量监督检验检疫总局批准筹建；多方面服务山西农大引进澳大利亚羊驼的科研项目。与国家质量监督检验检疫总局主管司局沟通、与地方政府联系，促成国外官方专家代表团来晋开展水果产地检查，帮助山西苹果、玉露香梨、鲜枣等水果成功获准对智利、美国和南非出口。

3. 注重对农产品生产加工企业指导，帮助高平辣椒粉对日、怀仁羊肉对以（色列）、盂县蘑菇菌棒对美的首次出口；支持冻兔肉恢复对欧盟和美国出口、鲜鸡蛋恢复供港出口并在数量上创下历史新高；针对“山西品牌中华行”（香港站）和“山西面食走进联合国”大型涉外活动，一方面争取国家质量监督检验检疫总局支持，报请国家质量监督检验检疫总局与香港食环署、美国FDA和农业部协调，确保参展产品获准放行，另一方面协助地方政府，指导参展企业做好应对，同时，发挥检测优势，为企业提供方便、减轻负担。“山西品牌中华行”活动中对参展的25家企业的219种食品，完成1243个检测项目并为其减免费用达27.3万元。（郑　罡）

【基层检验检疫基础建设】 2014年，山西检验检疫局系统强化法制、科技、信息化等基础更加坚实。

1. 法制建设。营造法制氛围，组织“依宪治国”等专题讲座，宣贯党的十八届四中全会精神，大同、侯马局被评为质检系统首批依法行政示范单位；开展业务稽查，成立由40多名专业人员组成的稽查人员库并组织10次稽查；开通12365公共微信平台，组织“局长接线日”活动。

2. 科技建设。强化科研制标进度管理，加大科技资金投入，共投入1622.6万元；“35岁以下青年人才科研项目”占总申报项目数的一半；1项科研课题首次获2013年度质检总局“科技兴检”三等奖，有害生物远程鉴定系统开通运行。信息化管理中，以信息平台建设为基础，局内网正式上线运行，移动终端办公应用功能得到拓展，门户网站建设获得国家质量监督检验检疫总局网站评选进步奖。

3. 基层筹建。坚持人、财、物向基层倾斜。分支机构筹建，综保区办事处已入区办公并开展业务；朔州检验检疫综合实验楼建设装修完毕，办公设施、仪器设备准备就绪，具备挂牌办公条件；运城局实验楼进入最后验收阶段，晋城办实验楼取得阶段性突破，新建分支机构的业务划分工作基本完成，部门设置和人员配备推进。

4. 检测布局。出台《山西检验检疫局实验室建设规划（草案）》，“活性炭检测”“杂粮检测”和“温带果蔬检疫”等三个国家级重点实验室开展筹备和申报。山西检验检疫局本部新建业务技术用房基建工程，经过多次协调，取得建设工程规划许可证和施工许可证，桩基工程全部结束，省发改委支持的项目资金900万元到位。中检山西公司在经济下行、政策调整的复杂环境下，开拓计量校准市场，取得代理报关资质，拓展食药、工商委托业务；技术中心攻克煤炭有害元素检测技术，首次组织完成国际煤炭分析能力验证，利用技术优势有效应对社会热点事件，签订技术服务合同，开拓委托检测业务；保健中心在出入境传染病监测、预防接种及口岸快速检测中，参与构建口岸疫病疫情防控体系、为口岸检疫提供技术支撑，同时加大市场开拓力度，取得经济和社会效益；晋检科技部在人员少、条件有限的情况下，开展检疫处理工作。（郑　罡）

太原海关

【概述】 2014年，太原海关完成税收入库32.77亿元，完成调整后的税收目标；监管货运量1353万吨，货值33.8亿美元；监管进出境飞机3425架，同比增长18.7%；监管进出境人员39.4万人次，同比增长18.7%。（张新年）

【海关进出口增长】 2014年，太原海关把服务山西开放型经济发展作为自身的重要职责，出台《太原海关支持山西外贸稳定增长的若干措施》，年内全省进出口总值998.3亿元人民币，比上年增长1.8%。其中，出口549.4亿元，增长10.7%；进口448.9亿元，下降7.3%；贸易顺差100.5亿元，扩大7.5倍。按美元计价，2014年全省进出口总值162.5亿美元，增长2.9%。其中，出口89.4亿美元，增长11.8%；进口73.1亿美元，下降6.3%。2014年山西省进出口总值在全国排名第24位，增速排名第22位。（张新年）

【海关促开放型经济】 2014年，太原海关把握山西省情，结合海关工作，形成《太原海关关于大力发展山西开放型经济发展的三点建议》，提出“以开放倒逼改革、以开放引领转型、以开放促进发展”的开放型经济发展思路。关内各业务部门也结合实际组织进出口企业培训，深入企业送政策上门，帮助相关人员了解掌握海关规定。坚持定期和不定期向省、市政府和商务部门提供海关统计数据和进出口贸易重点商品进出口情况分析，为各级领导科学决策提供依据。畅通“12360”海关服务热线，统一受理社会各界向海关提出的服务需求，增进海关与服务对象间的沟通与联系，全年受理各类咨询电话4370个，满意率100%。与外贸企业建立紧密合作伙伴关系，落实大客户服务制度，指定专人具体服务重点企业，及时解决通关过程中遇到的问题。为平遥国际摄影展、山西博物院印度文物展做好海关监管服务。在武宿综合保税区内复制推广“简化无纸通关随附单证”“简化统一进出境备案清单”和“内销选择性征税制度”3项上海自贸试验区监管创新制度，综保区监管进出区货运量15.6万吨，货值49.9亿元，征收税款597.9万元。10月中编办批复设立长治和晋城海关，正在进行中的运城海关筹建工作进展顺利。（张新年）

【通关一体化无纸化】 2014年，太原

海关全年审核进出口报关单9788份，同比增长49.5%；推进区域通关一体化改革，累计审批适用“属地申报、口岸验放”通关资格企业148家。优化监管查验机制，细化布控查验指令，口岸现场进出口查验率6.21%，查获率10.98%。推进通关作业无纸化改革，与509家企业完成《海关通关作业无纸化协议》签约工作。启动关检合作“一次申报、一次查验、一次放行”的“三个一”改革，关区6个通关现场全部安装上线“一次申报”系统，并正式开展业务。创新稽查工作方法，风险管理由虚转实取得新成效，通过综合业务管理平台实体有效处置风险率38.18%，稽查补税344.25万元。 (张新年)

【打击走私】 2014年，太原海关落实全国海关缉私工作会议和全国各省(区、市)打私办主任会议精神，召开

2014年太原海关主要业务数据统计表

序 号	业务类别	2014年	同比增长(%)
1	监管货运量(万吨)	1353	−44.6
	出口	40	−41.9
	进口	1313	−44.7
2	进出口报关单(张)	7652	22.2
	出口	1546	110
	进口	6106	10.5
3	进出口报关单记录(条)	17365	11.0
4	集装箱标准数量(箱次)	15321	−10.7
	出口	1018	23.1
	进口	14303	−12.5
	集装箱载货量(吨)	278536	−8.1
	出口	19267	30.7
	进口	259269	−10.1
5	税收入库(万元)	327684	−31.8
	关税	37330	−13.6
	进口环节税	290354	−33.6
	出口税(万元)	3481	−44.6
6	实际减免税(万元)	41172	4.2
7	加工贸易合同备案(份)	57	−27.8
	其中:金额(万美元)	15131	−34.8
8	企业注册累计(家)	2386	−0.1
	其中:合资企业	114	16.7
	合作企业	7	−7.3
	独资企业	51	−8.1
	国有企业	193	1.5
	私营企业	2021	16.7
	实际进出口企业(家)	1211	1.9
9	监管进出境飞机(架次)	3425	18.7
10	监管进出人员(人次)	393890	18.7
11	采取强制措施(人次)	13	−60.6
12	罚没入库(万元)	479	−67.6

(太原海关 张新年提供)

关区缉私工作会议和山西省2014年打击走私综合治理工作会议。开展打击农产品走私“绿风”专项行动和打击毒品走私“紫光”专项行动，开展情报信息集中研判分析。巩固并深化打击走私专项斗争和联合行动取得的成果，推进打击毒品走私、“洋垃圾”走私、重点涉税商品走私、重点敏感物品走私、出口环节走私和加强私货交易专项整治行动。开展“缉私警察队伍建设年”活动，确保缉私队伍忠诚可靠、敬业奉献、敢于担当。2014年，立案调查行政违规案件40起，案值3.44亿元，涉嫌偷逃税款4718.6万元；办结34起，罚款369.31万元，补税295.64万元。立案侦办走私犯罪案件3起，案值7.59亿元，涉嫌偷逃税款845万元。参与侦办新中国成立以来首例外国驻华使馆人员涉嫌倒卖使馆免税车辆案，受到外交部和海关总署缉私局的表扬。海关法院对侦结的“4·10”走私固体废物案、“9·12”走私象牙案中5家涉案单位判处罚金，对22名被告人做出有罪判决。（张新年）

工商行政管理

【概述】 2014年，山西省工商行政管理局以商事制度改革统领全局，履行市场监管基本职责，营造宽松平等的准入环境、公平竞争的市场环境、安全放心的消费环境，各项工作取得新成绩。推进商事制度改革，激发经济发展活力，截至2014年底，全省新登记私营企业5.4万户，新登记个体工商户13.7万户，全省各类市场主体总数达149万户，较上年增长12%。全省有效注册商标总量达6万余件、地理标志商标40余件。加强市场监管，规范市场竞争秩序，强化信用在市场监管中的基础作用，国家工商总局公示山西省2012—2013年度全国“守合同重信用”企业227家。打击虚假违法广告，查处违法广告案件326件。打击传销，查办传销案件15起，捣毁传销窝点860个。打击侵犯商标知识产权行为。打击合同欺诈，加大反不正当竞争和反垄断执法力度，建立网络监管平台，认领网络经济主体3.8万户，保护消费者合法权益。（靳国琦）

【法治建设】 2014年，山西省工商行政管理局党组成立以局长为组长的法治工商建设领导组，一把手任组长，各分管局领导为副组长，领导组办公室设在法制处。局领导指挥，加强协调，督促指导，形成“统一领导、法制监督、部门实施、逐级落实、齐抓共管、共同参与”的法治工商建设工作格局。出台《三重一大集体决策程序规定》。代省政府起草《山西省市场主体住所（经营场所）登记管理办法》。（靳国琦）

【查处商业贿赂行为】 2014年，山西省工商系统以医药、工程建设、教育、食品、金融、房地产等行业和领域为重点，加大治理商业贿赂的工作力度，查处损害人民利益的商业贿赂案件。全年查处商业贿赂案件11起（太原市5起，运城市、临汾市各3起），案值26.24万元，收缴罚没款45.31万元，案件涉及医药购销（4起）、零售（3起）、工程建设（1起）等领域和行业。（靳国琦）

【传销活动取缔】 2014年4月30日始，山西大同市由市政法委牵头，公安、工商协同作战，开展大规模打击行动8次，出动执法人员17520人次，动用各类车辆2800余台次，清理重点小区258个，房屋4741间。立案查处传销案件6起，捣毁传销窝点692个，教育遣散传销人员5106人，刑事立案6起，抓捕涉嫌犯罪人员454人，其中刑事拘留266人，行政拘留188人。临汾市局在公安机关的配合下，捣毁取缔传销窝点15个，教育遣散传销人员332人，移送司法机关52人。运城市局联合公安机关立案查处传销案件3起，案值300多万元，捣毁传销窝点25个，教育遣散传销人员536人。忻州市局捣毁传销窝点3个，教育遣散传销人员38人，移送司法机关3人。（靳国琦）

【消费领域维权反欺诈专项执法检查】 2014年，山西省工商行政管理局在服务领域依法对经营者误导消费、虚假宣传、不公平的合同格式条款、设置不合法最低消费和服务、售后服务不到位、不履行承诺义务等违法行为进行检查规范，全系统出动执法人员783人次，检查经营户986户，整改规范61户，调解处理侵权行为799起，挽回损失304.8万元。在旅游景区，依法重点查处旅游市场存在的无照经营和超范围经营、收取不合法服务费、消费者不知情收费、销售假冒伪劣纪念品等欺诈误导消费的违法行为，全省系统出动执法人员534人次，检查经营户922户，整改规范28户，调解处理侵权行为19起，挽回损失1.1万元。针对热点问题，重点对商品售后服务、三包承诺不落实以及电信、通讯、金融、餐饮、装饰装修、美容美发等服务领域中群众反映集中的问题依法进行调解，全系统调解处理热点投诉47件，为消费者挽回经济损失8.3万元。（靳国琦）

【网络市场监管】 2014年，山西省工商行政管理局从信用建设经费中调整152万元用于网络监管系统平台的开发和电子证据取证设备的配备，完成招投标和合同的签订，实现与总局和市、县局的互联互通。7月，下发《山西省工商局关于成立网络商品交易及有关服务行为监管工作领导小组及监管职能分工的通知》，按照网上网下监管职能相一致原则，厘清牵头处室与各业务处室网络交易监管职能关系，形成监管合力。全省有经营性网站12434个。利用掌握到的经营主体数据，按照总局的统一部署在全省开展2个专项行动，即“网剑”行动和网上农资打假专项行动，全省办结网络案件41起，其中大同的5件案例被总局录入典型案例库，共罚没款37万余元。（靳国琦）

【“守重”企业表彰及合同监管】 2014年2月和11月，山西省工商行政管理局公示2012年度省级“守重”企业141家，2013年度省级“守重”企业167家，共308家。向国家工商总局推荐山西省2012—2013年度“守重”企业近300家。6月13日，国家工商总局向社会公示山西省2012-2013年度全国“守重”企业227家（工商市字〔2014〕117号）。全省系统推行合同示范文本20余种，共64700份；办理动产抵押登记1479件，其中，企业1448件、个体工商户17件、农业生产经营者14件，主债权金额389.65亿元。印发《山西省工商行政管理局关于建立动产抵押登记公示制度做好登记信息公示工作的通知》。10月1日至12月31日，全省系统办理动产抵押登记462件，其中企业449件、个体工商户9件、农业生产经营者4件，累计主债权金额182亿元。全省有拍卖企业153家，全省系统办理拍卖备案666件，拍卖成交额100.8亿元。制定涉农合同文本55种，检查涉农企业4780户，合同55800份；调解涉农合同纠纷49件，合同金额3181.1万元；查处涉农合同案件13件。9月，制定印发《关于推进合同纠纷行政调解工作的通知》。全省系统接受合同咨询4164人（次），受理调解合同争议152件，受理争议金额8373。83万元，解决合同争议94件，解决争议金额4786。83万元。 （新国琦）

【商事制度改革】 2014年，根据山西省政府第29次常务会议关于推进工商登记制度改革的相关决定和省工商局2013年下发的《山西省公司注册资本登记制度改革试点推进实施方案》，2014年1月至2月，山西省工商行政管理局开展32个试点县（市、区）开展公司注册资本认缴登记制度改革试点工作。

2014年2月27日，山西省工商行政管理局召开山西省注册资本登记制度改革电视电话会议，在全省系统传达学习国务院批准的《注册资本登记制度改革方案》和国家工商总局相关文件，部署做好注册资本登记制度改革的实施工作。3月1日起，山西省将注册资本登记制度改革由试点推向全省范围内正式实施。

根据国务院《注册资本登记制度改革方案》的有关要求，对市场主体住所（经营场所）的条件，由各省、自治区、直辖市人民政府根据法律法规的规定和本地区管理的实际需要，可以自行或者授权下级人民政府做出具体规定。开展对市场主体住所（经营场所）登记条件的立法准备工作，研究拟定《山西省市场主体住所（经营场所）登记管理办法（草案）》。

按照国务院和山西省政府的部署，配合相关部门，开展工商登记前置审批事项的清理摸底工作。推进“先照后证”登记，按照《国务院关于取消和调整一批行政审批项目等事项的决定》（国发〔2014〕27号）的要求，对31项工商登记前置审批事项，由“先证后照”改为“先照后证”登记。

（新国琦）

【私营企业、中小微企业发展支持】 2014年，山西省工商行政管理局组织全省工商系统落实省局上年下发的《山西省工商行政管理局个体工商户转变为企业组织形式登记实施意见》《支持中小微企业发展若干措施》《农民专业合作社联合社登记管理暂行办法》等一系列促进中小微企业发展的措施，支持全省中小微企业的健康快速发展。

根据《财政部、国家发展改革委关于取消部分涉企行政事业性收费的通知》（财综〔2011〕9号）、《关于公布取消和免征部分行政事业性收费的通知》（财综〔2012〕97号）的要求，取消营业执照副本费，暂免企业和个体工商户注册登记费，减轻中小微企业的负担。

解决中小微企业融资难的问题，全省工商系统办理股权出质1364件，出质股权数额548亿元，被担保债权数额1.7万亿元。 （新国琦）

【重点行业监管】 2014年，山西省工商行政管理局重点对新增登记较多的非融资性担保、投资担保、投资咨询、投资管理、财务管理等公司加强监管。根据《山西省人民政府金融工作办公室关于对全省融资性担保机构名称进行统一规范的通知》，省局开展对已获得融资性担保名称的企业，进行统一的名称和经营范围规范变更工作。并组织全省开展排查摸底和清理整顿，采取措施防范非法集资等破坏社会金融秩序的行为隐患，确保“宽进”后有关事项及时纳入监管。

（新国琦）

【广告业专项整治】 2014年，山西省工商行政管理局与相关八部门编制《开展整治互联网重点领域广告专项行动实施方案》，4月开始，进行为期5个月的山西省整治互联网重点领域广告专项行动，共监测网站38340家，监测广告34860条次，发现涉嫌违法广告36条，行政告诫10条，立案查处26件，罚没款23.28万元。编制《开展食品药品安全方面损害群众利益行为专项整治实施方案》，开展食品药品安全方面损害群众利益行为专项整治行动。下发《关于进一步加强电视购物广告监管工作的通知》，加大广告监测和监管力度，在全省开展电视购物广告专项整治工作，营造良好的广告市场环境。省局参加打击非法生产和使用“伪机站”违法犯罪活动专项行动，配合相关部门打击利用“伪机站”编发违法广告经营行为。 （新国琦）

【广告业发展平台搭建】 2014年，山西省工商行政管理局搭建广告行业发展对外交流的平台，采取“走出去、引进来”方式，鼓励广告龙头企业利用自身的资源优势为企业进行宣传，帮助广告业和山西企业达成合作协议，实现联合共赢。推进山西广告产业园区筹建工作，多次与清徐县政府等对接洽谈。7月30日，山西广告创意产业投资管理有限公司与清徐县政府签订广告产业园区建设协议，并组建山西广告文化创意产业园区管理委员会。 （新国琦）

【商标品牌注册指导】 2014年，山西省工商行政管理局开展“一企一商标”“一村一品一商标”活动，指导地方相关组织注册具有地域优势、特定品质的地理标志；指导现代装备制造业、高新技术产业、新型材料工业、煤化工等产业注册自主商标；指导文化旅游业、现代服务业等行业注册服务商标；鼓励出口型企业进行马德里商标国际注册。全省商标注册申请量达16852余件，有效注册商标总量达61269件，地理标志商标40件。依法认定324件商标为山西省著名商标，全省有效著名商标总数1105件。国家工商总局认定山西省6件商标为驰名商标，全省驰名商标总数达84件。（靳国琦）

【信用信息归集整合】 2014年，山西省工商行政管理局信用信息数据库归集全省230余万户市场主体的登记信息、监管信息共1600余万条。为“数据互通、信息共享、业务联动、综合执法”政府部门间协同监管奠定基础。（靳国琦）

物价管理

【概述】 2014年，山西省居民消费价格涨幅为1.7%，低于全国平均水平0.3个百分点，是五年来最低值。全省物价系统在物价稳定、物价改革、物价监管等方面取得新成绩。

（马骥 安静）

【物价调控】 2014年，山西省物价局完善机制，保持价格总水平基本稳定，发挥价格调控“主阵地”作用，完善调控机制、丰富调控手段，价格调控能力增强。完善联动机制的启动条件，并创新性地设置价格补贴兜底标准和浮动标准相结合的规定，增强联动机制的连续性和惠民性。

1. 加强价格监测分析。在元旦、春节、中秋、国庆期间，加大监测力度，扩大监测范围；密切关注与群众紧密相关的商品和服务价格的市场价格动态；加强对价格苗头性、倾向性问题的分析，及时发现和报告价格突发上涨情况，切实做好预警工作。

2. 落实生猪调控预案。针对山西省猪粮比价进入黄色预警区域（中度下跌）的情况，按照生猪市场价格调控预案的规定，及时召集有关部门会商调控措施，报告省政府启动调控预案，使生猪收购价格止跌回升，保障生猪养殖者的利益。

3. 推进平价商店建设。2014年，山西省在低收入群体相对集中的地区建立752家平价商店，以低于市场均价销售蔬菜、粮油等农副产品，发挥稳价惠民的积极作用。太原市继续加大“一元菜”组织力度，推进平价商店建设管理活动，太原市菜价在中部六省省会城市中为最低。

4. 降低生产流通成本。鼓励生产、销售等主体进行产销对接、农超对接，减少中间环节费用，降低流通成本。落实鲜活农产品运输“绿色通道”政策，全年减免通行费达5.42亿元。吕梁市充分运用电子商务平台搞好产销对接，保障“菜篮子”供应；晋中市在2014年春节前组织基地和平价商店产销对接，保证市场稳定，让利于群众。

5. 价格调节基金应收尽收。2014年，山西省累计征收价格调节基金14.42亿元，其中省本级入库2.88亿元，继续为政府运用经济手段进行价格调控提供了重要的资金保障。运城市在春节期间运用2000余万元价调基金，在13个县（市）和3个开发区同一时间、统一品种组织开展平抑春节副食品价格供应活动。

（马骥 安静）

【三领域价格改革】 2014年，山西省物价局推进行政、资源性产品、医药领域价格改革。

1.推进行政审批制度改革。大幅度削减政府定价项目、下放价格管理权限。按照“市场要发挥决定性作用”的原则，把具备市场竞争条件的价格进行放开，把更便于市县有效管理的定价权限进行下放。截至2014年底，山西省物价局会同财政部门取消行政事业性收费大小项目共计57项；放开、下放价格管理项目102项。

2.深化资源性产品价格改革。落实成品油定价机制，18次调整成品油价格。完善水价形成机制，会同省住建厅发出《关于加快建立完善城镇居民用水阶梯价格制度的指导意见》，为指导全省落实城镇居民阶梯水价奠定政策基础。出台完善居民阶梯电价制度相关配套政策，扩大居民阶梯电价实施范围。出台电解铝行业阶梯电价政策及水泥行业差别电价政策，按照区别对待、有保有压的要求，化解山西省电解铝行业产能过剩的问题。完善居民阶梯气价制度，以大同市为试点，率先在山西省实施居民生活用气阶梯价格政策。会同山西省住建厅完善推进按用热量计价收费工作的相关政策，促进节能降耗。

3. 推进医药价格改革。放开非公立性医疗机构医疗服务价格，推进县级公立医院医药价格改革，将县级公立医院医疗服务价格调整权限下放至县级人民政府。制订部分新增医疗服务项目价格，规范公民临床用血价格。改进低价药品价格管理形式。

（马骥 安静）

【转型服务】 2014年，山西省物价局推进转型服务。

1. 落实和完善环保价格政策。实施脱硫加价1.5分/千瓦时、脱硝加价1分/千瓦时、除尘加价0.2分/千瓦时的环保电价政策，配合国家发改委测算煤价下降空间，疏导环保电价。山西省调机组全年累计执行脱硫电价的装机容量达3820万千瓦，脱硝加价的装机容量达3109万千瓦，除尘加价的装机容量达2224万千瓦。落实燃气热电价格政策、电动汽车用电价格及充换电服务费政策。落实推进全省燃煤发电机组超低排放价格政策。

2. 配合煤炭管理体制改革开展相关工作。落实“煤炭二十条”，降低中国（太原）煤炭交易中心煤炭交易费，由向买卖双方各收取0.10元/吨降为向买卖双方各收取0.05元/吨，减轻企业和用户负担8265万元。开展涉煤收费清理规范，取消煤炭价格稽查管理费，降低煤炭产品质量监督检验费、煤炭矿产资源补偿费收费标准。仅取消煤炭价格稽查管理费一项，减轻煤炭企业负担约5200万元。研究“煤层气二十条”配套意见，牵头草拟《关于推进山西省煤层气价格形成机制改革的指导意见（试行）》，促进煤层气价格形成机制合理化。

3. 规范行政事业收费、经营服务性收费。规范、取消、免征部分行政事业收费和服务收费，取消计算机应用能力培训和考核收费等23项行政事业收费，为社会、为企业减轻负担5815万元。免征出口商品检验检疫费、货物原产地证书费，减轻企业负担1228万元。对小微企业以及从事个体经营的登记失业人员、残疾人、退役士兵和毕业2年以内的普通高校毕业生实行减免政策，涉及13个部门26项收费，年减轻企业和个人负担约4697万元。规范社团组织经营服务收费，取缔不合法收费，取消各种评比、评审费用，降低有形建筑市场交易服务费标准，降价幅度达25%，减轻企业负担约500万元，规范城建档案专业技术咨询服务收费，降低工业与民用建筑工程档案技术服务费标准，降低幅度达20%，放开各类电信业务资费，实行市场调节价管理，规范房屋交易手续费。

（马骥 安静）

【物价监管】 2014年，山西省物价局加强市场价格监督检查，打击价格欺诈等各种违法行为。重点对环保、交通、工商、住建、消防等系统开展涉企收费检查，对140个银行收费进行全面检查规范，对50多个电厂的脱硫电价进行专项检查，监督脱硫改善工作。部署医药卫生服务价格和教育收费检查。全年全省共查处价格违法案件1126件，实施经济制裁2.69亿元，上缴财政2.37亿元，是历年来查处力度最大的一年。其中单笔1.26亿元的处罚也是历年来最大个案。

价格举报信息系统建设对于维护消费者的合法权益、排除价格隐患、调解价格纠纷、促进社会和谐等有着重要作用。2014年，按照国家发改委统一部署，完成“12358”价格举报信息系统四级联网工作，举报工作基本实现电子化、信息化、网络化。2014年全省受理查处各种投诉举报案件32362件，办结32306件，办结率达99.83%。 （马骥 安静）

【物价基础管理】 2014年，山西省物价局开展物价基础，推进价格法制建设、成本调查监管等工作。

1. 推进价格法制建设。《山西省涉案财物价格鉴证办法》经省人民政府第67次常务会议审议通过，山西省人民政府令第239号予以颁布执行。该办法的出台是山西省价格法制建设、价格鉴证工作的一件大事，标志着山西省依法治价工作迈上新台阶，也为山西省物价局规范价格鉴证行为提供法律依据。

2. 推进成本调查和监审工作。高质量完成农产品成本调查任务，发挥农产品成本调查预测预警功能。加强对经济适用房、水利工程供水、民爆器材、管道燃气、教育、医药、旅游门票、供热、机动车环保检测等十多个行业的成本监审，维护群众价格权益。2014年，山西省各级物价管理部门开展成本监审项目244项，审核成本总额331亿元，核减不合理费用86亿元，核减幅度达25.98%。省局和8个县（市）的成本分局被国家发改委评为“2012—2014年度先进集体”，9人被评为先进个人。

3. 价格理论与政策研究。《山西省煤炭成本构成及成本水平分析》和《煤炭价格研究省外考察报告》两项成果完成，召开《煤炭价格政策研究》课题初报告、课题终稿和煤炭价格政策建议等3个研讨会。《山西省五种水源比价政策研究》《山西煤炭价格形成机制研究》《山西医疗服务价格问题研究》等三项课题获得国家价格理论研究最高奖——“薛暮桥”奖。

4. 价格认证工作。价格鉴证档案管理等基础建设强化，做好涉及纪检监察和刑事认定案件的价格鉴证，探索涉税财物价格鉴证工作，全年共鉴证1.5万件，总额达7.4亿元。

5. 价格宣传工作。制定价格宣传工作意见、网络舆情预案等制度，开展价格专题宣传，及时通过召开新闻发布会、参加行风热线访谈、门户网站公布等方式宣传价格政策，正确引导社会舆论。 （马骥 安静）

【“阳光物价”建设】 2014年，山西省物价局健全政务公开工作机制，规范工作流程，推进“阳光物价”建设，落实定价听证制度，召开天然气价格、供水价格等价格听证会，保障群众的知情权、参与权、监督权和表达权。网上公示行政事业收费目录和标准，提高收费政策的透明度；将“山西价格网”门户网站搭建成为政府和百姓沟通的政务平台，发挥网站的宣传和引导作用。 （马骥 安静）

审计

【财政管理和预算执行审计】 2014年，山西省审计厅加强对财政管理和预算执行情况的审计，关注政府预算体系和结构、财政管理绩效，查出未按规定纳入预算管理资金205亿元，隐瞒转移截留资金269亿元，滞留闲置资金148亿元。跟踪检查中央八项规定的落实情况，加强对“三公”经费、会议费使用情况和楼堂馆所建设等方面的审计，揭示查处无预算、超预算列支“三公”经费，超标准配备公务用车，虚报冒领会议费等问题，推进俭朴政府建设。

（宁红伟）

【经济责任审计】 2014年，山西省审计厅贯彻两办规定和实施细则，推动出台《党政主要领导干部和国有企业领导人员经济责任审计实施意见》，印发《省管领导干部经济责任审计操作规程》。全省审计领导干部737名，查出相关领导干部负有直接责任的问题金额5.4亿元。 （宁红伟）

【投资审计】 2014年，山西省审计厅开展对326个省级政府投资项目审批、计划执行情况的审计，揭示投资计划管理执行不到位、部分政府投资项目未实现投产达效目标等问题。开展对高校新校区、对口援疆等建设项目的跟踪审计，对灵丘至山阴等5条高速公路、山西省图书馆、山西大剧院等重点建设项目的竣工决算审计，查处部分项目投资超概算、损失浪费、违规招投标等工程建设领域的突出问题，核减投资额43亿元。开展对城镇保障性安居工程的跟踪审计，促进归还原渠道资金1.15亿元。

（宁红伟）

【民生审计】 2014年，山西省审计厅采取“交叉审计”方式，对58个贫困县2013年度扶贫专项资金使用情况进行审计，揭示部分扶贫项目建设不规范、部分扶贫资金管理不严格、未发挥应有效益等问题。对全省131个县级以上医疗卫生主管部门，200所公立医院和全省131个县级以上教育主管部门，722所大、中、小学2012、2013年度财务收支情况进行审计，严肃查处虚报冒领、骗取套取、截留侵占资金等行为。审计中，着力查处发生在群众身边的腐败问题，查出侵害群众利益金额2.02亿元。

（宁红伟）

【土地资源审计】 2014年，山西省审计厅贯彻“全覆盖”要求，在全国土地出让收支和耕地保护情况审计结束后，组织对5市93县（区）土地出让收支和耕地保护情况进行全面审计，查处违法违规批地、征地、供地和用地2万多公顷，移送有关部门处理事项80多件涉及20多人，促进土地资源依法有序、节约利用。（宁红伟）

【案件线索查处】 2014年，山西省审计厅坚持两手抓两手硬，一方面抓重大违法违纪问题和案件线索的查处，全省移送案件线索702件937人，涉及金额24.2亿元；另一方面抓深化改革、推进法治、提高绩效，提交审计报告和信息7213篇，提出审计建议9282条，促进建立健全制度措施402项。（宁红伟）

○相关链接：参见“山西省人民政府”类目

统 计

【山西省统计工作会议】 2014年1月26日，山西省统计工作会议在太原召开，山西省统计局局长翟振新作题为《深化统计改革 锐意创新突破 为山西转型跨越发展提供更加有力的统计保障》的讲话。会议总结2013年山西统计发展的经验，谋划新形势下全省统计改革发展的思路，对2014年工作进行部署，并签订行风建设责任承诺书。（王立品）

【山西统计大讲堂】 2014年3月28日，山西统计大讲堂开讲。大讲堂是继统计创新讲坛后打造山西服务型统计升级版、提升服务全省转型跨越发展的重大举措，是建立学习型机关、学习型党组织的创新之路。大讲堂邀请省内外专家、学者作有关政治、经济、文化、科技、生态、社会等方面的讲座。（王立品）

【李强到晋调研】 2014年4月17日，国家统计局副局长李强在山西省运城重点督查经济普查工作。要求各级统计部门要坚持实事求是原则，让统计数据更加科学全面地反映经济社会发展情况，为党委、政府对宏观经济做出准确判断提供数据支撑，引领经济社会发展。（王立品）

【统计改革深化】 2014年，山西省统计局按照国家统计局《全面深化统计改革方案》的要求，在5月上旬制订《全面深化统计改革总体方案》，启动深化统计改革工作。方案成立以局长翟振新任领导小组组长的深化统计改革领导小组，领导小组下设办公室，办公室主任由副局长荆红社兼任。

（王立品）

【经济形势情况汇报专题会议】 2014年5月26日，省委副书记、省长李小鹏主持召开经济形势情况汇报专题会议，山西省统计局局长翟振新就当前经济形势作汇报。李小鹏省长对统计工作给予肯定，指出在应对经济下行压力中，省统计局的工作能够为省委、省政府科学决策提供及时高效的信息咨询服务。李小鹏省长要求统计部门注意关注新出台的政策、举措的执行和效应情况，关注经济运行的动态情况。进一步围绕中心、服务大局，做好新形势下的统计监测分析工作，加强调查研究，科学预警预判，为稳增长、促改革、调结构、惠民生、防风险和推动发展提供更加有效统计服务。（王立品）

【统计协调工作会议】 2014年6月19日，山西省政府常务副省长高建民主持召开山西省有关部门统计协调工作会议。会议的主要内容是落实省长李小鹏在山西省统计局呈送的《关于上半年实现全省经济增长“止缓”有关情况的汇报》的批示精神。山西省经信委、农业厅、商务厅、财政厅、交通厅、统计局、人民银行太原分行等20多个部门参加会议。（王立品）

【三经普重点课题论证会】 2014年9月11日，省经普办组织召开第三次全国经济普查重点课题论证会。省经普领导小组副组长、省经普办主任、省统计局局长翟振新出席会议，并对课题研究工作提出明确要求；省政府发展研究中心主任李劲民、省委政研室副主任马文革、省社科院副院长潘云、省委党校教授郑延涛、山西大学教授刘建生、山西财经大学教授米子川等领导和经济专家出席会议，省政府研究室副主任高建军等领导和专家以书面形式，均对三经普课题研究方向提出系列富有建设性的意见和建议。

（王立品）

国家财政监督

【概述】 2014年，财政部驻山西省财政监察专员办公室（简称山西专员办）坚持以强化预算监管为重点，以深化内部控制为基础，加强队伍建设和后勤服务，统筹推进业务工作转型发展。全年建立完善11项财政监管工作模板和16项内部管理制度，查处滞留税收收入54.3亿元和截留中央非税收入119.2亿元，实行省市县三级财政对账并尝试支出绩效监督，推进“双向联动”会计监督机制和

"1+6"金融联合监管机制,查处问题470.5亿并责成追究责任142人。2014年,山西专员办政务公开工作再次在财政部考评中名列第一,财政监督报表、人事报表获得财政部表扬,"三优"评选荣获财政部组织奖,金融监管得到山西省政府通报表彰,精神文明建设再获省直机关标兵称号,机关党建9项考评指标均获优秀。

(郭　帅)

【收入监管】 1. 税收征管质量检查。2014年,山西专员办严肃查处税务部门滞留税款51亿元、违规退库3亿元和税收混库0.3亿元,督促撤销"过渡户"182个,责令通报批评10个单位和7名干部。

2. 一般增值税退税审核。2014年,山西专员办共受理5大行业63户企业一般增值税退税申请,批准退税6.8亿元。重新修订《山西专员办增值税退税审核审批办法》,将省会城市的增值税受理初审工作下放到太原市财政局,同时明确监狱戒毒企业主管部门的监督责任,形成合力,共同把关。

3. 中央非税收入征收和监缴。2014年,山西专员办征缴中央非税收入49.1亿元,严肃查处地方财政部门截留水资源费中央分成7.3亿元督促入库,发文追缴探矿权采矿权价款收入中央分成111.9亿元。

4. 开展地方政府债务清理甄别核查工作。2014年,山西专员办审核地方债务4582亿元,剔出381亿元,核定4202亿元。

5. 其他审核事项。2014年,山西专员办受理审核全省国税系统"三代"税款手续费142户次,共计1064万元;审核煤层气(瓦斯)开发利用中央财政补贴申请48户次,涉及资金5.9亿元;审核津补贴调节基金721万元。

(郭　帅)

【支出监管】 2014年,山西专员办共组织实施财政部统一组织的检查2项、专员办自行组织的检查1项、日常审核审批7项。共受理2375户单位(人)申报,是上年同期的5.45倍;受理申报金额67.3亿元,增长21.31%;核定67.5亿元,增长21.94%。下达18份处理决定和4份管理建议书,追缴违规使用资金0.8亿元。上报3篇专题调研报告、26篇情况反映及2篇典型案例。

1. 完成对内蒙古自治区财政厅及5个旗(县)县级基本财力保障机制和包头市重大专项资金检查。山西专员办检查发现存在截留均衡性转移支付资金68亿元、违规分配奖补资金0.97亿元、挪用县级基本财力保障机制奖补资金0.54亿元、财政收支不实11.71亿元、新建办公楼等问题。

2. 完成山西省企业职工基本养老保险和基本医疗保险政策执行及基金管理专项检查。山西专员办检查发现存在欠缴养老保险费67.1亿元;中断养老保险缴费34.6万人;企业缴费基数不实,少缴养老保险及医保18万元;自行扩大一次性补缴养老保险政策实施范围;做实个人账户地方财政补助资金不到位1021万元;挪用养老保险基金10万元;财政专户基金违规转出1亿元;少征缴职工医疗保险费238万元;职工医保财政欠费2.3亿元及开户不规范等问题。

3. 完成中央转移支付资金预算执行检查。在省市县三级对账和县级财政自查的基础上,山西专员办选取太原市所辖古交市、娄烦县,晋城市本级及所辖高平市、沁水县开展延伸检查。检查发现财政部门预算执行较慢、中央专项资金被挤占、超范围分配县级基本财力保障奖补资金、超进度拨款等问题。

4. 支出日常审核工作。2014年,山西专员办共受理审查审核类项目申报2375户(人),核定金额67.5亿元。

(郭　帅)

【会计监督】 1. 会计信息质量检查。2014年,山西专员办重点对中兴财光华会计师事务所有限责任公司山西分所实施行政监督检查和专项核查。对通信、航空、医药等行业驻晋中央企业开展查前调研。对瑞华会计师事务所(特殊普通合伙)山西分所2013年度及2014年1月至5月会计信息质量和2013年度年报审计执业质量进行检查,并延伸检查晋西车轴股份有限公司和阳泉煤业(集团)有限责任公司。对中国移动山西分支机构进行会计信息全面检查,重点检查2013年度会计核算和会计报表披露的真实、可靠、准确性,内部控制制度执行有效性,业务承接管理规范性,税收政策执行全面性,并对重要事项进行延伸和追溯并展开调研。

2. 加强证券资格会计师事务所日常监管。2014年,山西专员办继续加强与财政厅、山西省证监局、山西省注册会计师协会的沟通和交流,走访并通报山西专员办会计监督工作的开展近况。对在晋14家证券资格会计师事务所下发自查通知,专项清理注册会计师违规挂证乱象。

(郭　帅)

【金融监管】 1. 金融企业会计信息质量检查。2014年,山西专员办对中国农业银行股份有限公司山西省分行本部和下辖营业部以及5个分行2013年度会计信息质量等情况进行检查,发现有问题金额2.3亿元。督促晋商银行和太平洋财险山西公司严格落实山西专员办下达的处理决定和管理建议书提出的整改要求,促进对涉及问题金额104.9亿元基本整改到位,退还企业不合规收费4285万元,行政处分41人,经济处罚65人。

2. 推进金融日常监管工作。(1)对34户企业报送的会计信息资料建立和完善资料数据库,重点对山西省国开行、山西省农发行开展实地抽查调研,提出6条管理建议。(2)对近7年农险保费补贴资金管理使用情况进行核查和调查,发现6市共结余中央和省级补贴资金1993万元,市县级资金配套不到位1272万元,占比13%。(3)对新授权的民贸民品贷款贴息申报使用情况进行核查和调查,发现有4户企业民贸民品贴息贷款4.9亿元被违规使用,占比83%。

3. 对金融企业开展"四项业务"检查和调查。对邮储银行山西省分行2012年至2013年"三项业务"以及准备金计提情况进行检查,并对落实中央八项规定、“小金库”治理和执行财经纪律等情况进行检查调研。

4. 严格落实2014年以前年度的处理决定。对以前年度工行山西省分行开展“三项业务”检查处理决定要求其严格整改，切实追究相关人员责任，督促其给予党纪政纪处分19人。

5. 推进金融联合监管机制建设。组织协调召开金融联合监管机制联席会议。互通工作情况，互议工作安排，共享监管资源。组织召开全省财政金融监管工作会议，在晋中央管理银行、保险、资产管理、证券及部分地方金融企业领导和财务负责人共计130余人参加会议。

6. 严格五项审核审查。(1)审核“一行三局”2015年度预算，核减7847万元。(2)审核“一行三局”2013年财务决算，核减659万元。(3)审核农村金融机构定向费用补贴，共审核25户，核减108万元。在对25户金融机构申报材料进行书面审核的基础上，对朔州、晋中、吕梁、临汾、运城5个市的12户农村金融机构进行现场审核，实地审核面达48%，审核补贴量达69%。(4)审核农行山西省分行股改28户涉诉委托处置不良资产贷款本金余额8217万元。 （郭 帅）

【综合财政监管】 1. 完成2户驻晋中央基层预算单位的预算资产财务检查。2014年，山西专员办开展对山西省地震局、太原铁路公安局等5户中央基层预算单位资产管理和银行账户管理检查，查处各类问题金额2.23亿元。

2. 国库集中支付、银行账户审批。2014年，山西专员办共受理审核国库直接支付26户次，核定金额为1.1亿元；共受理780户单位的1950个银行账户年检、审核新开账户38个、办理账户备案207个。

3. 建立数据采集制度。建立综合财政监管数据台账和数据库，对数据进行汇总、统计，动态对比分析中央基层预算单位财政财务管理状况。

（郭 帅）

国家审计监督

【概述】 2014年，国家审计署太原特派员办事处完成国家审计监督任务。审计署下达太原特派员办事处审计项目17个，均按审计署规定时间完成并上报审计报告。全年编发重要审计情况55期、审计简报31期、工作动态33期，共计119期。被审计署审计要情采用17篇；重要信息要目采用22篇，审计长信函4篇，专题报告采用2篇，重要审计信息采用共计45篇。被署领导批转函采用9篇，信息转送函采用17篇，审计工作通讯采用5篇。审计(调查)查出的主要问题涉及金额2528.60亿元，其中违规金额32亿元，管理不规范金额2489.97亿元，损失浪费金额6.63亿元。审计查出非金额计量问题178个，损益不实24.64亿元，审计促进整改落实有关问题资金4826万元，直接促进国家财政增收节支3248万元，促进完善制度7项。移送司法、纪检监察机关处理案件10起；移送其他部门处理案件1起，涉及金额8793万元。 （郎少萍）

【财政审计】 2014年，太原特派员办事处组织实施山西省财政收支审计、存量资金审计等项目。审计发现的主要问题有：公职人员参股经营企业；民营企业弄虚作假骗取财政资金；个别部门长期设立收入过渡户未予以清理审计等。上报的审计信息被审计署审计要情采用3篇，重要信息要目2篇，信息转送函1篇，审计长批转函2篇，均被中办、国办采用，中央领导作重要批示。移送最高人民检察院案件1起，移送山西省监察厅案件3起。审计促使山西省财政部门追回被骗取、套取的财政资金近亿元。

（郎少萍）

【金融审计】 2014年，太原特派员办事处组织实施中国人民银行太原市中心支行财务收支情况审计、中国证券监督管理委员会山西监管局预算执行审计和国家开发银行总行本级资产负债损益情况审计等项目。审计查出违规建设楼堂馆所；违规列支职工薪酬；违规发放贷款；低价向贷款企业购置商品房；经营管理不规范及信息建设不完善等问题。上报的审计信息被审计署审计要情采用4篇，重要信息要目采用11篇，审计长批转函采用4篇，移送最高人民检察院1篇，信息转送函采用3篇。上报的重要审计信息均被中办或国办采用，并

太原特派员办事处审计人员在某药店了解药品价格，加强药品动态监控审计

（郎少萍供图）

得到中央领导的重要批示。

（郎少萍）

【农业与资源环保审计】 2014年，太原特派员办事处组织实施山西省的矿产资源审计、山西和内蒙古两省（区）土地出让收支和耕地保护情况审计等项目。审计发现的典型问题有：领导干部渎职违规批矿造成国有资产流失；违规返还土地出让收入；违规出让土地；骗取拆迁补偿款等。上报的审计信息被审计署审计要情采用2篇，审计长批转函采用6篇，署移送处理书采用1篇。在山西和内蒙古两省（区）土地出让收支和耕地保护情况审计中查出违规金额1368.73亿元，向审计署国土办公室报送审计信息30余篇。（郎少萍）

【经济责任审计】 2014年，太原特派员办事处组织实施原中国第二重型机械集团公司原法定代表人任期经济责任审计，审计发现因生产经营决策不当产品长期积压给企业造成潜在损失53亿元等50余项具体问题。在国家电网公司法定代表人任中经济责任审计项目中，负责对国家电网山东电力公司和山东电工电气集团公司实施审计，上报重要审计情况4篇。

（郎少萍）

质量技术监督

【概述】 2014年，山西省质量技术监督局按照《中共中央国务院关于地方政府职能转变和机构改革的意见》（中发〔2013〕9号）和《关于调整省级以下工商质监行政管理体制加强食品安全监管有关问题的通知》（国办发〔2011〕48号）文件要求，全省自2014年年初启动工商质监体制调整工作。4月23日，省政府印发《关于调整省级以下工商质监行政管理体制的通知》，5月7日，省政府组织召开省级以下工商质监行政管理体制调整工作会议，对体制调整工作做安排部署，明确会议之后，各市工商、质监部门由各市人民政府直接管理。期间，全系统认真贯彻部署要求，切实加强干部职工思想政治工作，确保以高度的思想统一、坚决的行动作为，适应改革，推进改革，落实改革。按照省政府确定的人员随机构走，债权债务随资产走，按现状一次性整体移交和接收的原则，省局精心准备，周密组织，全系统做到思想不乱、队伍不散、工作不断，监管不软，遗留问题和难点矛盾基本得到妥善解决，体制调整平稳有序。至2014年7月1日全部完成省、市间移交工作，结束质监系统15年来的省以下垂直管理体制。（李　昆）

【质量管理】 1. 推进质量强省。2014年，山西省政府印发《山西省贯彻实施质量发展纲要2014年行动计划》，召开全省质量工作会议，专题学习贯彻首届中国质量（北京）大会精神，部署推进全省质量工作。开展质量强市示范城市建设，晋城市制订实施方案，太原市论证答辩通过专家评审。完善市级政府质量奖励制度，全省共7个地市建立市长质量奖。推进质量统计分析工作，以装备制造业为重点，研究制订实施意见，开展产品质量合格率调查统计。牵头组织37个省直部门，开展“质量月”宣传活动，全省各地群发公益宣传短信近3000万条，制作、发放宣传画7000余张、宣传手册19万份，活动力度和规模均超往年。

2. 深化名牌战略。2014年，推进“全国知名品牌创建示范区”建设，太原市民营经济开发区通过国家质检总局文审论证，等待批筹；组织太原高新技术产业开发区和山西省武乡县文化产业园区开展申报；指导已经国家质检总局批准创建的汾阳市白酒集中产区、祁县玻璃器皿产业集中发展区、大同云冈旅游示范区、太原经济开发区4个全国知名品牌创建示范区制定创建工作方案。开展品牌评价工作，遴选山西汾酒等7家企业上报国家质检总局参加测评。加大名牌宣传力度，配合省商务厅在南京、天津、西安、香港、澳门、台湾等地广泛开展“山西品牌中华行”宣传活动，提高山西品牌的影响力和市场占有率。

3. 完成质量考核。2014年，发挥省质量强省领导组办公室牵头组织协调作用，将各项考核工作任务分解落实到各部门，提出工作进度，明确责任到人。接受国务院考核组对山西质量工作的实地核查。健全山西质量工作考核长效机制，省政府印发《山西省质量工作考核办法》和《考核细则》，将质量工作纳入政府绩效考核体系，建立起对各市质量工作考核机制。

4. 加快质量提升。2014年，开展儿童用品、家用电器等10类重点产品质量提升行动，集中开展液化石油气、儿童用品质量安全专项整治，规范支柱产业健康发展。推进工业产品和检验机构质量分类监管，在获证企业分类监管全覆盖基础上，把监管范围扩展到重点消费品企业等其他工业企业。截至2014年底，山西省工业产品获证企业926家，其他重要工业产品生产企业98家实施分类监管，474家企业落实差异化监督措施。围绕规范检验检测，推进全系统“规范建设年”活动，开展检验检测机构大检查、大整顿，提高检验检测工作的公信力和权威性。（李　昆）

【质量安全监管】 1.加强特种设备安全监察。2014年，山西省政府召开全省特种设备安全工作会议，向11个地市和18个省直有关部门颁发2014年特种设备安全工作目标任务书，政府统一领导、企业全面落实、质监专业监管、部门各负其责、社会共同参与的工作机制得到巩固。继续以“全覆盖、零容忍、严执法、重实效”为总要求，在全省范围内部署开展2次为期6个月的特种设备安全大检查，重点突出燃气安全、小型锅炉和快开门式压力容器、冶金工贸以及危化企业使用特种设备、液氨生产使用单位、电梯安全使用等方面。2014年，全系统出动安全监察、行政执法人员3万多人次，检查特种设备生产、使用单位2万余家，发现和消除各类隐患11万余条。从严开展专项整治；分别开展人员密集场所电梯、移动式压力容器、氨制冷企业压力容器、长输(油气)管道、燃气安全领域特种设备、工程建设领域预防施工起重机械、大型游乐设施和客运索道等专项整治。开展“六打六治”打非治违专项活动,全系统共检查单位12938家,责令整改各类问题5365个,下发安全监察指令书988份,立案210件。开展特种设备安全知识宣传活动,继续向行业管理部门和生产使用单位免费发放《特种设备安全法》单行本,实行“送法上门”,通过专题讲座、电视宣传片、制作展板、悬挂条幅等多种方式,广泛开展安全生产宣传教育活动,促进群防群治。2014年度,全省特种设备安全形势持续稳定。

2. 突出重点消费品质量安全监管。2014年,在全省范围内开展以农资、食品用纸制品、建材市场秩序、“伪基站”设备和窃听窃照专用器材、产品能效标识等为重点的“质监利剑”专项行动和“双打”专项行动,全系统出动执法人员9.7万人次,查处各类违法案件1600余起,查获涉案产品货值6000余万元,捣毁黑窝点30余个,保持打击制售假冒伪劣产品的高压态势。强化产品质量监督抽查,加大对日用消费品、农资、建材等产品质量的监督抽查力度,以儿童用品、家用电器、车用汽柴油等为重点,增强消费品抽查比重,全年抽查59类11484批次产品,合格率为88.9%,其中山西企业产品合格率超过95%。加强监督抽查后处理,发布监督抽查通报23期,发出不合格产品处理通知单576份,对不合格产品生产企业进行后处理。 (李 昆)

质检工作人员到大同市新荣区国家级马铃薯种植综合标准化示范区指导农业标准化建设工作 (李 昆供图)

【标准化管理】 2014年,山西省质量技术监督局组织召开25个厅局参加的标准化工作联席会议。完成省政府确定的全省第三次经济普查组织机构代码事项、发展低碳经济等重点工作,通过组织机构代码数据库提供19.5万条普查信息,支持汾酒集团、太钢集团开展标准化良好行业企业建设和企业标准体系建设,审查发布20余项节能减排方面地方标准,完成山西省标准化信息平台建设方案论证。加强标准制(修)定工作,190项地方标准予以立项,比2013年增加28项;审查发布96项地方标准,超额完成目标任务;全面清理1996年以来464项现行有效地方标准。推进标准化示范试点项目,第八批14个农业标准化示范试点项目年度任务顺利完成,长治市循环经济标准化试点城市建设通过国标委和国家发改委组织验收,历时4年由太原、长治、晋城、运城四个市承担的循环经济标准化试点任务全部完成,同时又向国标委新申报6个国家级循环经济标准化试点项目。 (李 昆)

【计量管理】 2014年,山西省质量技术监督局重点开展打击计量欺骗的违法行为工作,部署开展专项监督检查。加强能源计量工作,山西国家城市能源计量中心数据平台进行在线采集,能效标识实验室通过国家质检总局验收,联合省经信委开展中小型三相异步电动机生产企业能效标准和标识执行情况专项核查,联合省政府机关事务管理局加强公共机构能源资源计量工作。加强对2014年重点用能单位能源计量审查工作,配合完成国务院节能考核组对山西2013年度节能目标责任制评价考核工作。开展《计量发展规划》和《山西省计量发展规划》宣传活动,组织5·20世界计量日宣传。完成2014年度注册计量师报名考试工作。深化“计量惠生、诚信促和谐”双十工程,打击计量欺骗违法行为,加强医疗卫生单位、加油机、眼镜制品、民用四表等重点领域和开展计量器具制造企业的监督检查,形成对计量欺骗不法行为的高压打击态势。2014年,全省检查集贸市场、商场、超市667家,电子计价秤12650台件,合格率95%,公平秤393台件,合格率92%;检查餐饮店221家,电子计价秤292台件,合格率94%;检查眼镜店662家,计量器具2128台件,合格率99%;检查定量包装生产企业340家,商品2034件,净含量标注合格率99%,净含量检验合格率99%;查处计量违法案件37件;检查加油站1603家,做出诚信计量公开承诺的989家,在用加油机9909台件,检查7605台件,受检率99%,加油机维修企业1家,出动执法人员2814人次,查处计量违法案件70件。 (李 昆)

【分类监管模式】 2014年,山西省质量技术监督局完善区域监管责任制,继续推行“省局督查、市局巡查、县局普查、企业自查”的分类监管模式,督促3C企业签订质量安全承诺书,实现动态监管，重点开展对食品农产品认证有效性的监督检查活动。加强自愿性认证体系企业和产品监管，对全省获得质量管理体系认证的重点监管目录中的70余家企业实施监督检查。开展实验室资质认定，规范行政许可。加强低碳产品认证相关工作，加快进度，落实配套措施。（李　昆）

【科技基础建设】 2014年，山西省质量技术监督局加强技术机构建设。山西省质监检验检测中心一期工程主体顺利封顶。开展国家级质检中心筹建和申报工作，对已批准筹建7个国家质检中心进行专项督导，其中国家煤矿安全计量器具产品质量监督检验中心通过国家质检总局专家组考核验收，正式批准成立。加强省级质检中心建设工作，对全省19个已授权、5个已批准筹建和10个拟申报的省级质检中心（站）进行督导考察，拟申报的中心有5个列入省局规划。争取实验室仪器设备投入，向国家质检总局申报装备技术改造项目18项，立项14项。推动科技创新。2013年申报的质检公益项目获国家科技部立项。2014年向国家质检总局新申报公益性行业科研专项1项、科技计划自筹经费项目5项；省局推荐项目获国家质检总局“科技兴检奖”有2项，获省科技进步奖有3项。（李　昆）

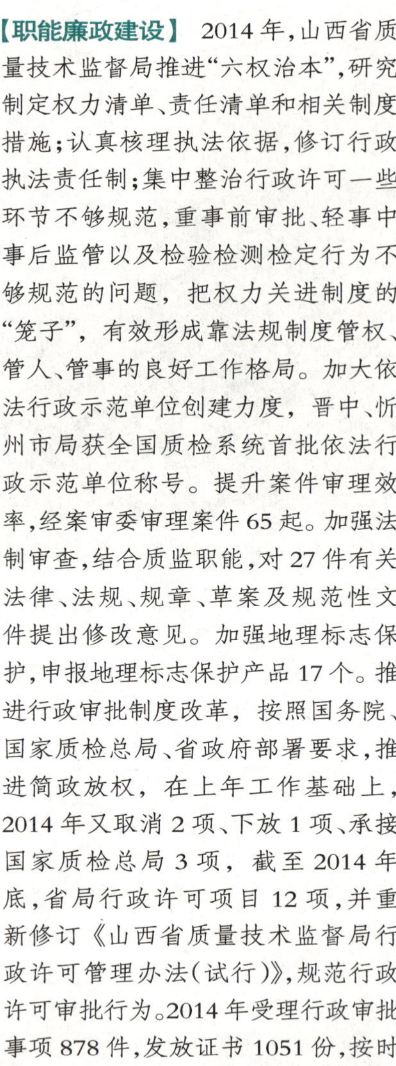

【职能廉政建设】 2014年，山西省质量技术监督局推进“六权治本”，研究制定权力清单、责任清单和相关制度措施；认真核理执法依据，修订行政执法责任制；集中整治行政许可一些环节不够规范，重事前审批、轻事中事后监管以及检验检测检定行为不够规范的问题，把权力关进制度的“笼子”，有效形成靠法规制度管权、管人、管事的良好工作格局。加大依法行政示范单位创建力度，晋中、忻州市局获全国质检系统首批依法行政示范单位称号。提升案件审理效率，经案审委审理案件65起。加强法制审查，结合质监职能，对27件有关法律、法规、规章、草案及规范性文件提出修改意见。加强地理标志保护，申报地理标志保护产品17个。推进行政审批制度改革，按照国务院、国家质检总局、省政府部署要求，推进简政放权，在上年工作基础上，2014年又取消2项、下放1项、承接国家质检总局3项，截至2014年底，省局行政许可项目12项，并重新修订《山西省质量技术监督局行政许可管理办法（试行）》，规范行政许可审批行为。2014年受理行政审批事项878件，发放证书1051份，按时办结率100%。（李　昆）

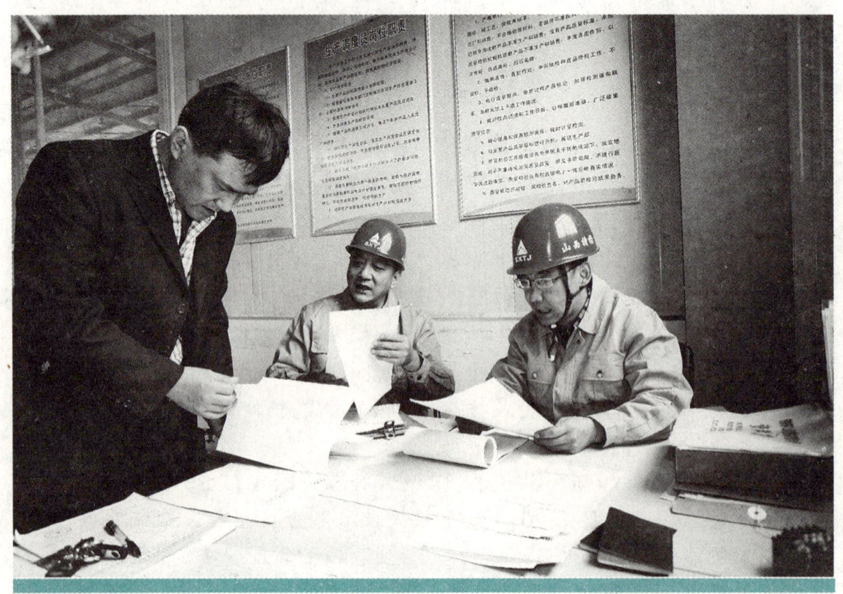

质检检验工作人员在现场对技术资料进行审查　（李　昆供图）

安全生产监督管理

【全省安全形势】 山西省安全生产监督管理局（简称山西省安监局）成立于2002年，是主管全省安全生产工作的省政府直属机构，既承担着指导协调全省安全生产工作的综合监督管理职能，又承担着非煤矿山、危险化学品和冶金等工贸行业安全生产工作的直接监督管理职能。同时，山西省安监局加挂省政府安全生产委员会办公室牌子，承担着省政府安全生产委员会的日常工作。全省安全生产实现“五个下降、一个良好”的态势。（1）各类事故起数和死亡人数同比双下降。2014年，山西省共发生各类安全生产事故12629起，死亡2318人，同比事故起数减少1070起，下降7.81%；死亡人数减少86人，下降3.58%。（2）各类生产经营性事故起数、死亡人数同比双下降。生产经营性事故1947起，死亡1127人，同比事故起数减少194起，下降9.06%；死亡人数减少55人，下降4.65%。（3）较大事故起数、死亡人数同比双下降。全省发生较大事故42起，死亡151人，同比事故起数减少4起，下降8.70%；死亡人数减少24人，下降13.71%。（4）煤矿、道路交通、建设施工等部分重点行业领域事故起数、死亡人数同比双下降。各类煤矿事故起数、死亡人数同比分别下降35.00%、53.33%；道路交通事故起数、死亡人数同比分别下降3.49%、2.48%，其中生产经营性道路交通事故起数、死亡人数同比分别下降7.67%、1.84%；建筑施工行业事故起数、死亡人数同比分别下降6.25%、8.00%；化工和危险化学品事故起数、死亡人数同比分别下降50.00%、37.50%；冶金等工贸行业事故起数、死亡人数同比分别下降13.33%、10.00%。（5）反映安全生产整体水平的四项相对指标同比下降。煤矿百万吨死亡率、道路交通万车死亡率、亿元国内生产总值生产安全事故死亡率、工矿商贸就业人员十万人生产安全事故死亡率等四项相对指标同比分别下降53.25%、8.99%、5.58%、3.33%。(6)全省安全生产控制指标实施情况良好。全年各类生产经营性事事故共死亡1127人，为国家下达年度控制指标的86.16%，比国家下达年度控制目标少181人。（刘英池）

【"红线意识"强化】 2014年，山西省委、省政府高度重视安全生产工作，坚持把安全作为发展的前提、保障和头号民生问题来抓，山西省委书记王儒林、省长李小鹏多次做出指示，要求各级各部门各单位认真贯彻落实习近平总书记关于"发展决不能以牺牲人的生命为代价"等安全生产重要指示批示精神，牢固树立"红线"意识，推进安全发展战略。省政府召开2次常务会、4次安委会和多次专题会研究部署安全生产工作，并以省政府1号文件明确工作任务和分工。各地、各部门和各单位主要领导亲自抓，分管领导具体抓，齐抓共管，促进生产制度措施的落实。（刘英池）

【安全生产责任落实】 2014年，山西省安监局提请省委、省政府印发《关于实行安全生产党政同责的意见》，督促山西省11个市、119个县（市、区）及18个开发区(园区)出台落实党政同责的文件，实现"三级五覆盖"。经省政府批准，分解下达2014年安全生产控制指标，修订各市和各有关厅局的年度安全目标责任书，并进行严格考核。协调明确油气输送管道的主管部门及相关部门的责任，扩大安全监管责任覆盖面。实行安全生产和重大事故风险"一票否决"，倡导各级各部门开展"知责、履责"活动，指导、督促各有关部门对分管的企业和生产经营单位普遍实行挂牌责任制，促进安全生产责任落实。同时，督促直接监管企业严格落实安全生产主体责任，做到安全投入、安全培训、基础管理、应急救援"四个到位"。

（刘英池）

【安全生产大检查】 2014年，山西省安监局汲取"3·1"特别重大事故教训，按照省政府决策部署，在全省组织开展为期6个月的安全生产大检查。按照大检查突查方案的要求，协调省政府领导和有关部门负责人采取"四不两直"等方式，带队进行突查。成立5个督导组先后两轮对大检查工作进行督查检查。从8月份至年底，在全省煤矿、金属与非金属矿山、危险化学品、油气管道、道路交通、建筑施工、消防等重点行业领域开展打非治违专项行动。在这两次行动中，全省共组成21460个督查检查组，检查企业39万余家，发现问题及隐患72万余条，打击和查处非法违法行为4455起。（刘英池）

【重点行业安全监管】 2014年，山西省安监局强化重点行业安全监管。煤矿方面。山西省安监局实施"三个严格控制"，开展"与矿长面对面谈心对话"活动，按照"一矿一组""一矿一案"要求排查治理隐患，指导大同市做好煤矿安全隐患排查治理行动试点工作，打击非法违法生产行为。道路交通运输方面。汲取事故教训，山西省安监局开展"打四非查四违"、隧道桥梁及危险化学品运输专项排查整治行动，查处交通违法行为784万人次。油气输送管道方面。山西省政府成立油气输送管道安全隐患整改工作领导小组，推进攻坚战，重点整治管道占压、安全距离不足、交叉穿越等安全隐患。责令临汾市蒲县、浮山县停止西气东输管道保护范围内的一切施工活动。消防和人员密集场所方面。开展重大火灾隐患集中整治、住宅小区内餐饮等经营场所和劳动密集型企业专项整治。非煤矿山方面。以20个重点县为抓手，整顿安全生产秩序，关闭金属非金属矿山384座，提前一年完成关闭任务，治理病库25座。危化品方面。以落实"十条规定"为重点，提升危险化学品领域本质安全水平专项行动，强化"两重点一重大"和特殊作业等重点环节安全监管，特别是强化罐区、泄漏、化工等重点环节安全监管。冶金工贸方面。强化有限空间、粉爆场所、涉氨制冷企业液氨使用等专项整治，责令24家不符合规定要求的企业停产整顿。建筑施工、民爆物品、特种设备等行业领域安全整治持续推进，安全监管力度加强。2014年，开展职业卫生执法监督年活动，深化重点行业职业病危害专项治理，强化建设项目职业卫生"三同时"源头管控。

（刘英池）

【安全宣传教育】 2014年，山西省安监局以安全生产月活动为契机，开展"平安山西"网络安全知识竞赛、"安全生产宣传咨询日""三晋安全行"等安全生产月系列活动；围绕新安全生产法的颁布实施，组织对省长进行专访，安监局局长在《山西日报》发表署名文章，开展学习宣传和教育培训，宣传新安法，提高全社会遵纪守法意识。同时，严肃事故查处与责任追究，全年对12起较大生产安全事故进行挂牌督办，对91起事故进行严肃查处，给予党纪政纪处分354人，追究刑事责任66人。对省内外发生的重特大事故和典型事故及时发布警示信息，下发事故通报23份，并组织拍摄多部事故警示教育片下发基层，起到较好的警示、教育和震慑作用，做到"一厂出事故、万厂受教育，一地有隐患、全省受警示"。（刘英池）

【2014年重大以上安全事故】 2014年3月1日14时50分，晋济高速公路岩后隧道发生特别重大道路交通危化品燃烧事故，造成40人死亡。

（刘英池）

食品药品监督管理

【重要会议和活动】 2014年2月21日，山西省食品药品监管工作暨党风廉政建设会议召开，对2014年食品药品监管重点工作做出安排部署。

2014年3月13日，省食品安全工作电视电话会议召开，安排2014年食品安全重点工作。

2014年7月10日，省食品安全委员会全体会议召开，专题研究贯彻落实国务院2014年食品安全重点工作安排的意见。

2014年10月28日至30日,省人大部分常委会组成人员、省人大代表及相关负责人对食品安全工作进行专题调研。

2014年11月24日,省长李小鹏主持召开省长办公会议,专题研究贯彻落实全国治理“餐桌污染”福建现场会精神。

2014年11月27日,省第十二届人大常委会第十六次会议,对食品安全工作进行专题询问。 (杨晓锋)

【监管体制改革】 2014年,山西省食品药品监督管理局按照国务院和省政府的改革要求,统筹谋划,顶层设计,推动食品药品监管体制改革,在完成省、市机构改革的基础上,抓住基层这个重点,推动县乡改革到位。2014年底,全省机构改革基本完成,全系统人员编制由原来的4063名,增加到12080名。全省设立乡镇食品药品监管站1016个,核定编制5604名,到位3712人。行政村和社区全部配置协管员,多数县都将协管员报酬纳入财政预算,统一解决,保障和发挥协管员队伍的作用,基本形成省、市、县、乡、村“五级”工作体系。

(杨晓锋)

【食品安全监管】 2014年,山西省食品药品监督管理局在食品安全监管方面:一是整治重点品种。采取全面排查、重点清查、规范流程、建立台账、从严查处等措施,集中整治吕梁的白酒、朔州的乳制品、太原的醋、忻州的月饼、晋中的肉制品等。抓住平遥县小作坊猪肉冒充牛肉等突出问题,立案查处46起,罚款73.58万元,移送公安刑拘1人。制订小作坊操作流程,指导业主按照生熟分开、冷库贮存、冷链运输等要求进行改造,改变“一口锅、一堆肉”的落后加工方式。二是整治重点单位。实施学校食堂16条和聚集性就餐15条监管举措,采取排队通报、约谈警示、上限处罚直至停业整顿等严厉措施,对全省6362所学校食堂进行排查,对全省2072家持证大型餐饮单位进行监督检查。全省持证餐饮单位量化分级率达94.1%。三是整治薄弱环节。在全省部署开展农村食品市场“四打击、四规范”专项整治,抓住农村地区、城乡接合部、城中村等重点区域,对小卖部、小超市、流动摊贩、批发市场销售假冒伪劣、“五无”和过期变质食品行为进行集中整治,共查扣假冒伪劣食品8295.5公斤,取缔无证无照446户,吊销证照14张,捣毁窝点13个,立案查处1202起,移送公安涉刑案件2起。四是整治突出问题。围绕小作坊、小摊贩、小餐饮无证无照和脏、乱、差等问题,以登记备案纳入管理,开展集中整治和规范提高,涌现出介休市、昔阳县、孝义市、原平市、太原市小店区等一批游商归市、坐商归店、集中管理的示范县区。抓住保健食品非法添加和非法宣传突出问题,采取检验筛查、强制下架、区域禁售、公开曝光等方式严厉整治,立案查处529起,对28种保健食品实施全省禁售。 (杨晓锋)

【药品、医疗器械监管】 2014年,山西省食品药品监督管理局在药品医疗器械方面:一是开展药品安全专项整治。在药品注册环节,重点整治申报资料不规范、标准执行不严格等问题。在药品生产环节,重点整治原辅料购进把关不严格、检验检测不真实、不按质量规范操作等问题。在药品流通环节,重点整治购进渠道不规范、存储条件不达标、票据管理不严格等问题。全省共检查药品企业48209家,责令整改6777家,立案查处2616起,罚没款1174万元,发布违法药品广告公告6期4638件次,对34个违法药品广告品种实施区域禁售。二是提升药品质量管理水平。实施新版GMP、GSP药品质量规范,加快推进企业改造升级,完善全过程质量管理制度,全省有57家企业296条生产线通过新版GMP认证,260家批发企业通过新版GSP认证,累计投入改造资金近50亿元。同时,以山西省道地药材为重点,推进中药材中药饮片地方标准研究编制,颁布恒山黄芪等50个品种的质量标准。三是强化医疗器械质量监管。抓住医疗器械企业质量管理基础薄弱的问题,在全省开展医疗器械“五整治”专项行动,采取暗访调查、集中排查、突击检查等方式,整治虚假注册申报、违规生产、非法经营、夸大宣传、使用无证产品等行为,责令整改1597家,停产停业36家,立案查处194起,罚没款96.975万元,捣毁黑窝点18个。 (杨晓锋)

2014年1月21日,山西省食品药品监督管理局召开2014年全省食品药品监督管理暨党风廉政建设工作会议 (杨晓锋供图)

【监督抽验】 2014年，山西省食品药品监督管理局调整工作方法，以问题为导向，实施“六个统一”工作措施（即：统一制定计划、统一组织实施、统一数据汇总、统一结果利用、统一核查处置、统一考核评价），把食品各环节抽检监测工作进行整合集中。2014年完成食品抽检监测任务4426批次，发现不合格产品532批次，发现问题率达12.02%；完成药品抽验7463批次，不合格产品193批次，问题发现率达2.59%，对抽检监测发现的不合格产品全部立案查处，及时消除一批安全隐患。把检验检测能力建设作为保障安全的重要基础性工作，争取国家资金支持4.76亿元，加快建立和完善全省检验检测体系，为古交市、孝义市分别争取国家资金投入1400万元、800万元，并列入全国县级检验检测资源整合试点。 （杨晓锋）

【案件查处】 2014年，山西省食品药品监督管理局以问题为导向，加强行、刑衔接，联合公、检、法制订出台《食品药品涉刑案件物证检验鉴定规定》。全年全省查处各类食品药品案件13957起，罚没款4363万元，查办案件数和罚没款在上年高基数的基础上，分别增长23.2%、39.4%，共吊销许可证42个，捣毁制售假劣窝点250个，移送司法机关案件85起。查处货值金额达1600万元的文水县制售假冒名牌白酒案等一批重大违法案件。

（杨晓锋）

【监管信息化建设】 2014年，山西省食品药品监督管理局在全系统实施“责任网格化、检查格式化、管理痕迹化、监管信息化”的“四化”监管模式，特别是把监管信息化建设作为能力提升的战略工程，取得重要进展。在省级层面，建立一个基础信息库和六大应用系统（网格监管、行政执法、动态监管、应急管理、政务公开、投诉举报），并率先实施全省保健食品化妆品监管信息化，将8457家保健食品和4515家化妆品生产经营企业纳入系统管理。在市级层面，吕梁市将1009家企业纳入信息化系统。忻州市级监管平台建成并开始应用，晋中市建成食品流通领域监管信息化平台，运城市“智慧食药监”平台架构基本形成，晋城市、长治市监管信息化试点工作取得成效。 （杨晓锋）

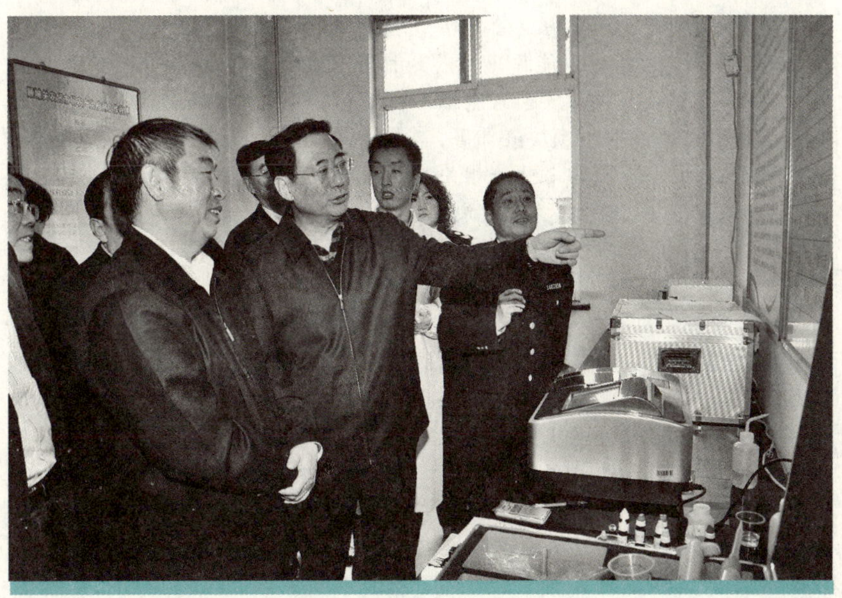

2014年10月28日至30日，山西省人大常委会部分组成人员、省人大代表及相关负责人对食品安全工作进行专题调研 （杨晓锋供图）

【食品可追溯体系建设】 2014年，山西省食品药品监督管理局抓住重点品种和关键环节，大胆探索建立食品可追溯体系。在晋中平遥县应用二维码和自赋码，建立肉制品质量安全可追溯系统，率先实现肉制品生产加工原料购进、生产过程、检验检测和产品流向的可追溯；介休市建立并应用行政执法电子系统，实现执法过程动态管理、执法结果公开透明、公众查询方便快捷；吕梁孝义市、柳林县基本实现食品流通环节电子一票通，做到产品流向可查询、可追溯；汾阳市、文水县酒类产品可追溯和肉制品可追溯系统建设取得实质性进展；朔州应县、山阴乳制品原产地可追溯体系在生产加工环节初步建立。（杨晓锋）

【安全信用与安全举报】 2014年，山西省食品药品监督管理局制订出台《信用档案工作制度》和《“黑名单”管理制度》，把主观故意、违法添加、无证生产经营、抗拒执法、屡治屡犯、影响恶劣等18种严重违法违规行为列入黑名单，向社会公示，实施重点监管。从7月1日起，在全省开展食品药品安全责任保险制度试点工作，截至2014年底有249家企业投保。组织修订《山西省食品安全举报奖励办法》，重点解决群众举报不方便、不信任、积极性不高的问题。与省委宣传部、省政府新闻办研究制订山西省食品安全信息发布和舆论引导工作机制，主动邀请媒体参与执法过程监督。 （杨晓锋）

能源监督管理

【能源监管机构变更】 根据《中央编办关于国家能源局派出机构设置的通知》（中央编办发〔2013〕130号）和国家能源局关于印发《国家能源局派出机构主要职责内设机构和人员编制规定》的通知（国能人事〔2013〕438号），原国家电力监管委员会山西省电力监管专员办公室于2013年12月更名为国家能源局山西监管办公室（简称山西能源监管办）。监管办内设综合处、市场监管处、行业监管处、电力安全监管处、资质管理处、稽查处六个职能处室。

2014年是我国能源事业发展极

为重要的一年，是山西能源监管办转职能的第一年。监管办以能源“两会”精神为指导，坚决贯彻落实国家能源局和山西省委省政府各项决策部署，在能源企业的配合下，与省政府相关部门合作，转职能、改作风、建机制，保持山西省直机关“文明标兵单位”称号。（王亚静）

【能源安全监管】 2014年，山西能源监管办按“全覆盖、零容忍、严执法、重实效”的总体部署，强化安全生产红线意识和底线思维，围绕防范电力人身伤亡事故专项行动、隐患排查治理、打非治违、迎峰度夏和电网安全风险等专项工作，完善安全组织体系，推动全省电力安全监管工作有序、有力、有效开展。

以电力安委会为平台，落实“三个必须”的总要求，按照国家能源局和山西省政府强化一把手安全生产履职到位精神，加大《关于进一步明确部分行业领域安全生产监管职责的通知》（晋政办发〔2013〕83号）落实力度。牵头调整充实山西电力安委会，由山西能源监管办、省市经信委、省级电力集团公司主要负责人为主要成员，健全安委会工作机制，建立电力安委会联络员会议制度。

以综合治理为抓手，隐患排查治理取得新成效。按照国家能源局的要求，严格执行省政府《关于做好2014年安全生产工作的通知》（晋政办发〔2014〕1号），周密部署，2014年先后开展两次安全生产大检查和一次督查工作，督查发现安全隐患326多条，下发50份整改通知书。把好设备管理关口，召开电力建设工程质量专项监管督查启动会，部署全省电力建设工程质量专项监管督查工作。分别对省电力建设工程质监站、4家电源项目、5家电网项目开展专项督查，共计发现工程质量隐患125条，工程安全隐患136条，下发整改通知书18份。

2014年，全省未发生较大以上电力人身伤亡事故，未发生电力安全事故，未发生较大以上电力设备事故，未发生电力系统水电站大坝垮坝、漫坝以及对社会造成重大影响的事件，全省电力系统安全稳定运行，为经济社会发展提供电力保障。电监办被评为2013年省政府安全生产责任制考核先进单位，通过2014年省安办考核。（王亚静）

【能源市场准入监管】 2014年，山西能源监管办推进资质管理工作的三个转变：实现工作程序的转变，达到许可申请网络化；实现工作重点转变，集中力量解决许可监管中的重点和难点问题；实现工作作风转变，规范许可行为，服务企业和群众。

再造和完善许可程序。6月资质管理信息系统正式上线运行后，监管办组织电工进网作业许可授权考试机构、承装（修、试）电力设施企业和发电企业进行网上申请培训，帮助企业扫描和上传资料，并对系统进行持续修改和完善。为全省13家授权考点27个教室安装实时远程监控系统，对62场次、2020名考生通过远程视频监控进行巡考，及时通报考点违反考试纪律行为，进行撤销考点的处理。

加强证后重点问题监管。按照豁免条件，将304兆瓦符合条件的原无证机组列入可豁免范围，另外304兆瓦无证机组列入建议有关部门认定为分布式发电机组的范围，形成解决山西省久而未决的无证机组并网问题的思路。12月底，有60个发电项目、14个220千伏电网项目、一批110千伏电网项目进行在建电力工程报备，27个承装（修、试）跨区作业项目进行跨区报备。按照国家能源局2014年下半年重点专项监管工作安排，山西能源监管办开展在建220千伏及以上电网工程项目许可制度执行情况专项检查，发现5个方面52项问题。

2014年省内新建持证并网装机容量持续增长，以风电为代表的新能源类增速明显，省内持证装机5685.4212万千瓦，新颁发发电类许可证37家，豁免证明1家，许可变更33家，注销1家发电许可证。承装（修、试）电力设施许可与注销秩序良好，市场基本平衡，低等级企业发展态势良好，升级要求明显。全年新颁发承装（修、试）电力设施许可证20家，许可变更44家，合并1家。进网作业电工续期注册率较上年提升，全年新颁发电工进网作业许可证7407张，有28448人完成电工进网作业许可证续期注册审批程序。（王亚静）

山西能源监管办2014年供电监管培训暨工作会议（王亚静供图）

【能源市场运行监管】 2014年，山西能源监管办联合物价局、经信委推进电力市场化交易，为山西经济社会发展注入活力。2014年直接交易电量达180亿千瓦时，居全国前列，占全省工业用电量12%。有31家发电企业和45家用户参与，协商交易方式成交电量166.59亿千瓦时，集中撮合交易成交电量13.41亿千瓦时。2014年度按照监管办制订的特高压外送电交易方案，有42个发电企业参与，交易电量105亿千瓦时，首次实现特高压外送电市场化交易。

2014年全省辅助服务补偿费用为3.88亿元，约占上网电费比例0.6%，居全国首位。山西能源监管办制订出台《山西省分布式发电监管实施细则（试行）》，对分布式发电并网接入、电量上网、电费结算及补贴发放等情况进行监管，推进分布式发电健康发展。

强化市场规则执行情况监管，开展调度交易及成本监管，2014年，山西能源监管办查出7大类21个问题。加强调度运行方式监管，开展抽水蓄能专项检查，协调解决大同市政府、霍州市政府提出的冬季供热民生问题，开展同煤同达等8家电厂供热机组运行方式核查工作，要求调度机构按照以热定电原则科学合理调度，保障机组供热安全和电网调峰能力。

（王亚静）

【能源行业政策监管】 2014年，山西能源监管办结合山西省情，研究讨论山西能源发展中的相关战略问题，以解决资源型经济转型发展面临的突出问题和人民群众反映最强烈的现实问题为抓手，参与推动能源生产和消费革命的相关工作。在落实山西省委省政府以煤为基、多元发展，推进煤电铝材产业链发展方面，监管办提出的建设性意见得到省领导的肯定和采纳。

牵头组织省发改委、省煤炭厅和煤监局开展煤矿建设秩序专项监管，对14座未核先建煤矿进行现场督查并下达停工（停产）通知书，涉及产能5650万吨；开展光伏备案工作及新建电源项目投资开发秩序专项监管，对9个项目进行现场核查；举全办之力做好核准权限下放后的监管，制订《山西省低热值煤发电监管和服务实施意见》得到能源局批准执行，在省政府制定低热值煤发电项目优选办法过程中提出监管部门的意见。主动协调主持潞安煤制油项目专家现场标定工作，测定出装置的能效、能耗、水耗等主要参数，给国家和能源局决策提供参考依据，向省政府提出慎重决策新上煤制油项目的政策建议。开展煤制油、煤制气建设秩序监管，摸清基本情况，为山西煤炭工业转型和更加清洁高效利用提出独立监管意见。

（王亚静）

【行政执法】 2014年，山西能源监管办加大电力工程市场行为监管力度。开展用户受电工程市场秩序和人民用电满意工程专项监管行动，对6家供电企业和8家电力施工企业进行现场检查，发现7个方面39项问题，并对3起违法违规行为予以行政处罚。四季度会同当地经信委组成3个检查组，对大同、晋中、吕梁、阳泉的12家市、县级供电企业以及18家设计施工企业开展供电服务及电力市场秩序专项监管检查，发现5个方面52项问题、违法违规线索13项，并开展立案调查。

加大案件查处力度。对5家供电企业、8家电力施工企业予以立案调查，对4家施工企业涉嫌违法违规行为移送有关部门，案件查处数量有新突破；对存在违法违规行为的电力企业，没收违法所得并处罚款达70余万元；同时加大投诉举报核查力度，直接现场核查21起，约谈供电企业有关负责人和听取电力企业落实转办督办函件汇报36起，下达投诉举报情况通报12份，整改意见书6份，责令供电企业撤职1人，调离岗位2人，停岗1人，记过6人，罚款1.65万元，追补电费7.3万元，退还违规收费20万元，免除不合理收费200万元。

加大行政争议调解力度。在处理某用户电费收取的举报案件过程中，针对各方当事人不同诉求，先后2次赴现场进行核查，20余次与当事人沟通情况，8次通过背靠背的形式与各方沟通，并针对供电企业的违规行为及时提出整改要求，责令退还和停止征收用户200余万元电费，同时提出对有关人员调离现任岗位的要求。

（王亚静）

【节能减排监管】 2014年，山西能源监管办制订并下发《山西能源行业开展整治违法排污企业保障群众健康环保专项行动方案》《山西省燃煤发电机组超低排放监督检查实施细则》，定期进行汇总分析，按季度公开发布燃煤发电企业的各项节能减排指标完成情况，促进各企业更加自觉地加强节能减排。除“春节”低谷期间少量弃风外，新能源实现全量上网。向京津冀、河北南网增供临时交易电量达92.08亿千瓦时，支持京津冀大气污染治理。推动火电机组间开展发电权交易，以大代小发电权交易50.56亿千瓦时，同比增长41%，可节约标煤15.1万吨，减少二氧化碳排放39.2万吨，减少二氧化硫排放2271吨。

（王亚静）

【民生服务】 2014年，山西能源监管办完成12398电力监管热线更改为能源监管热线工作，与山西省工商、环保、住建、物价等部门建立热线联动机制。

“一户一表”改造工作推进力度加大。协调有关部门，研究解决小区改造费用、建设标准和改造方式等核心问题，协调住建部门出台《住宅小区配套供电工程技术规程》，督促省电力公司、地电公司制订2014—2017年户表改造计划，将改造任务完成情况纳入监管范围。截至2014年底，全省合表用户397.5万户，完成改造任务69.2万户，同比增加56.2%。（王亚静）

工　业　经　济

Industrial Economy

经济和信息化

【概述】 2014年，山西省工业经济运行总体受市场需求不足、产能过剩严重及融资难融资贵等因素制约，煤、焦、冶、电等传统主导行业增长贡献进一步减弱，企业效益大幅下滑，全省工业经济持续承压艰难运行，总体呈现出低速、低效、低位的运行态势。

工业经济运行总体情况。1.生产情况。2014年，山西省规模以上工业同比增长3%，低于全国平均水平5.3个百分点，全国排名30位。

分轻重工业看，全年轻工业下降3.8%，同比回落12.4个百分点，低于全省水平6.8个百分点，占全省工业比重6.2%，同比提高0.1个百分点；重工业增长3.4%，同比回落7.2个百分点，占全省工业比重93.8%。

分隶属关系看，全年省属以下企业增长2.1%，拉动全省工业增长1.2个百分点，增速同比回落12.1个百分点，影响全省工业增长回落6.8个百分点；省属企业增长6.5%，拉动全省工业增长1.9个百分点；中央企业下降0.8%，负拉动全省工业增长0.1个百分点。

分经济类型看，全年国有企业下降1%，负拉动全省工业增长0.1个百分点；股份制企业增长2.2%，拉动全省工业增长1.6个百分点，增速同比回落8.8个百分点，影响全省工业增

2013至2014年山西省工业增长统计图

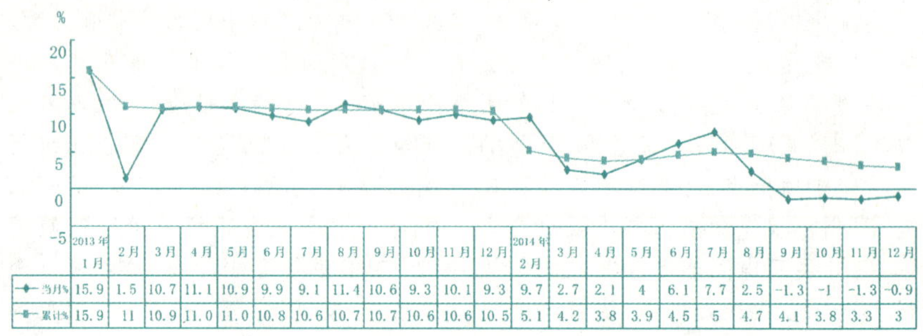

2013至2014年山西省各市工业增速统计图

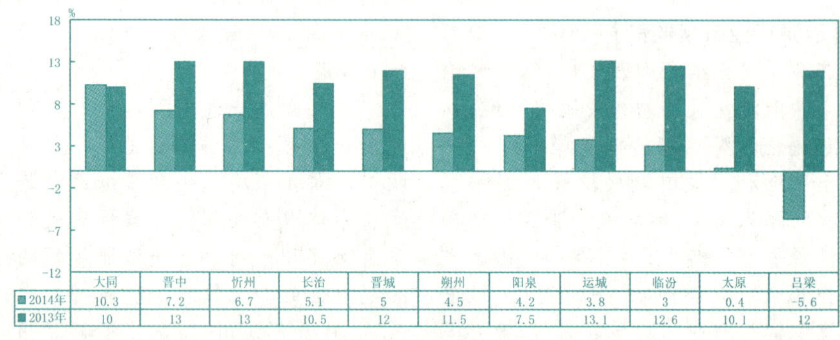

2013至2014年山西省月度发电量完成统计图

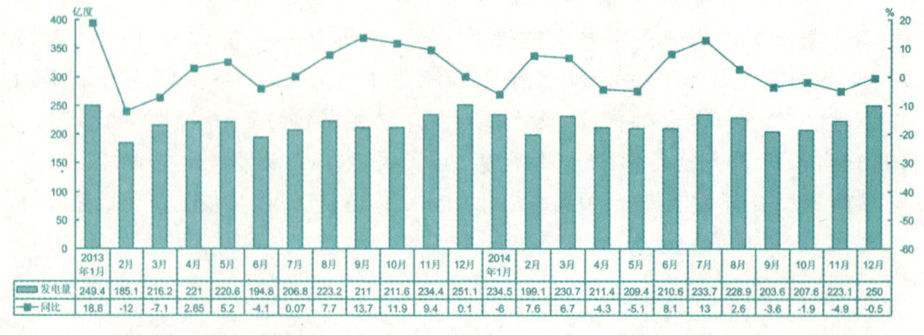

2013至2014年山西省月度工业用电情况统计图

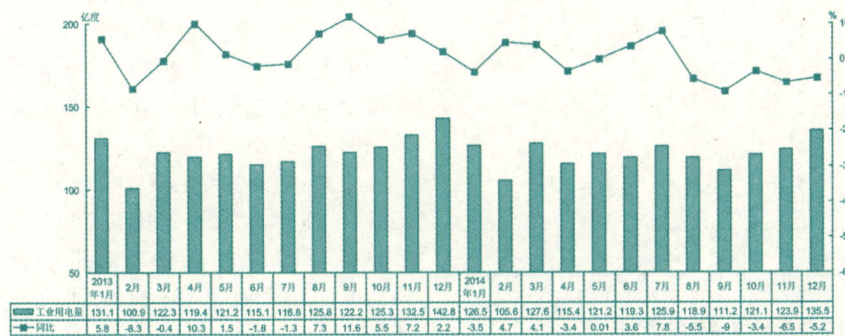

	2013年1月	2月	3月	4月	5月	6月	7月	8月	9月	10月	11月	12月	2014年1月	2月	3月	4月	5月	6月	7月	8月	9月	10月	11月	12月
工业用电量	131.1	100.9	122.3	119.4	121.2	115.1	116.8	125.8	122.2	125.3	132.5	142.8	126.5	105.6	127.6	115.4	121.2	119.3	125.9	118.9	111.2	121.1	123.9	135.5
同比	5.8	-8.3	-0.4	10.3	1.5	-1.8	-1.3	7.3	11.6	5.5	7.2	2.2	-3.5	4.7	4.1	-3.4	0.01	3.6	7.8	-5.5	-9	-3.4	-6.5	-5.2

2013至2014年山西省铁路货运量增速统计图

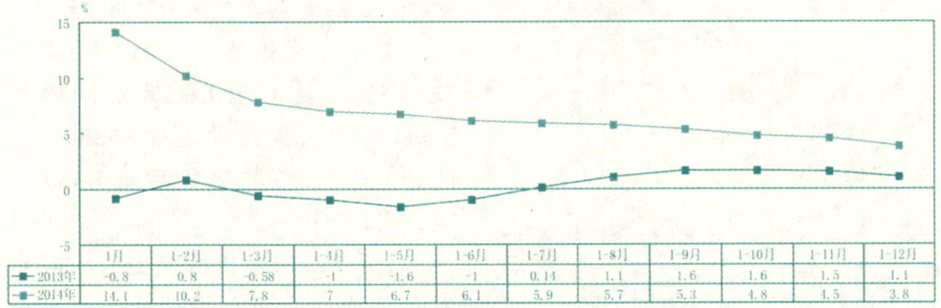

	1月	1-2月	1-3月	1-4月	1-5月	1-6月	1-7月	1-8月	1-9月	1-10月	1-11月	1-12月
2013年	-0.8	0.8	-0.58	-1	-1.6	-1	0.14	1.1	1.6	1.6	1.5	1.1
2014年	14.1	10.2	7.8	7	6.7	6.1	5.9	5.7	5.3	4.8	4.5	3.8

2013至2014年山西省月度煤炭产量统计图

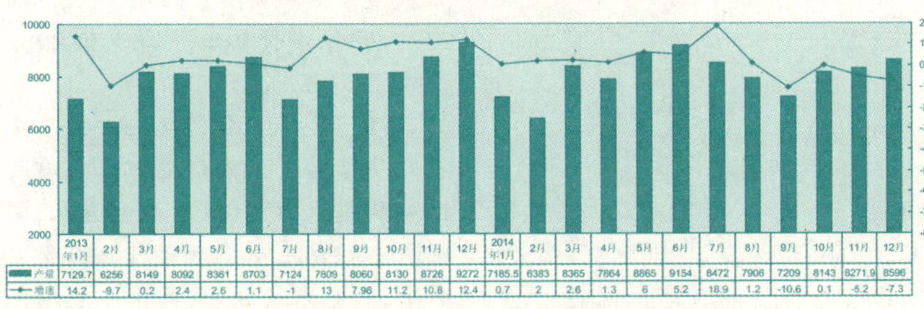

	2013年1月	2月	3月	4月	5月	6月	7月	8月	9月	10月	11月	12月	2014年1月	2月	3月	4月	5月	6月	7月	8月	9月	10月	11月	12月
产量	7129.7	6256	8149	8092	8361	8703	7124	7809	8060	8130	8726	9272	7185.5	6383	8365	7864	8865	9154	8472	7906	7209	8143	8271.9	8596
增速	14.2	-9.7	0.2	2.4	2.6	1.1	-1	13	7.96	11.2	10.8	12.4	0.7	2	2.6	1.3	6	5.2	18.9	1.2	-10.6	0.1	-5.2	-7.3

2013至2014年山西省5500大卡动力煤价格统计图

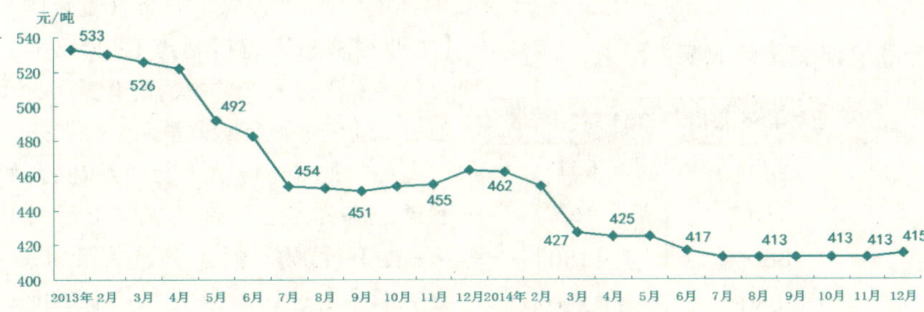

2013至2014年环渤海5500大卡动力煤价格统计图

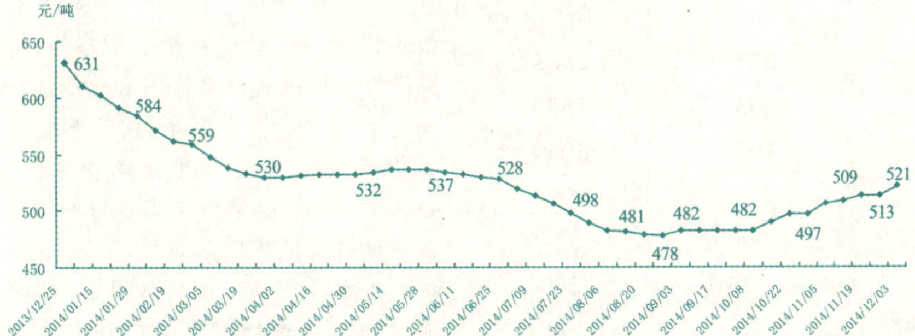

长回落6.4个百分点。

分企业规模看，全年大中型企业增长1.3%，拉动全省工业增长1个百分点，增速同比回落3.8个百分点，影响全省工业增长回落2.5个百分点。其中2014年12月，大中型企业下降0.5%，增速由正转负，同比回落5.7个百分点。

2. 各市运行情况。2014年，全省11个市中，大同、晋中、忻州、长治、晋城、朔州、阳泉和运城分别增长10.3%、7.2%、6.7%、5.1%、5%、4.5%、4.2%和3.8%，高于全省平均水平；临汾增长3%，与全省平均水平持平；太原增长0.4%，低于全省水平2.6个百分点；吕梁市下降5.6%。

3. 行业运行情况。2014年，煤炭、冶金、化工分别增长3.4%、1.3%和1.9%，合计拉动全省工业增长2.2个百分点；焦炭、电力两大传统行业同比分别下降0.6%和1.1%，负拉动全省工业增长0.1个百分点。新兴产业中，装备、医药行业分别增长13.6%和16.2%，拉动全省工业增长1.1个百分点。

4. 投资情况。2014年，全省固定资产投资11977.0亿元，增长11.5%，增速较上年回落11.2个百分点。其中，工业固定资产投资完成5054亿元，增长7.5%，较上年回落6.9个百分点，占全省固定资产投资比重42.2%。

5. 进出口情况。2014年，全省进出口总值162.5亿美元，增长2.9%。其中，出口89.4亿美元，增长11.8%；进口73.1亿美元，下降6.3%。

6. 产量情况。2014年，全省煤炭产量97670万吨，同比增长1.5%；焦炭8722.3万吨，下降3.5%；生铁4052万吨，下降5%；粗钢4325.4万吨，下降7.4%；钢材产量4701万吨，增长4.8%；氧化铝903万吨，增长15.1%；原铝82.7万吨，下降20.6%；化肥（折纯）461.3万吨，增长1%；水泥4537.9万吨，下降7.7%。

7. 销售情况。2014年，全省规模以上工业企业实现销售产值15071.3亿元，下降8.2%，增速较上年回落

2013 至 2014 年山西省钢材价格变化统计图

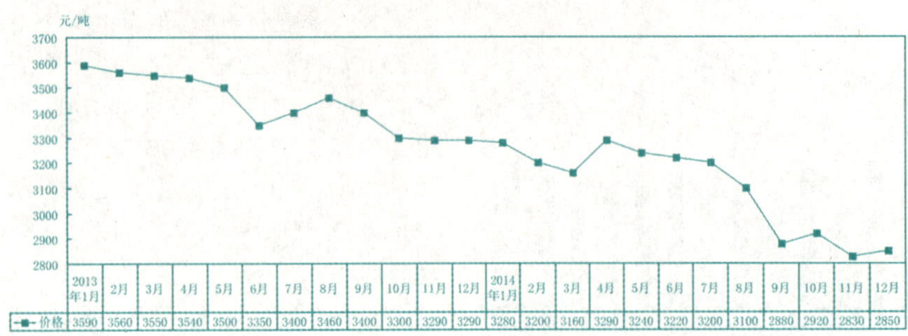

2013 至 2014 年山西省二级冶金焦炭价格变化统计图

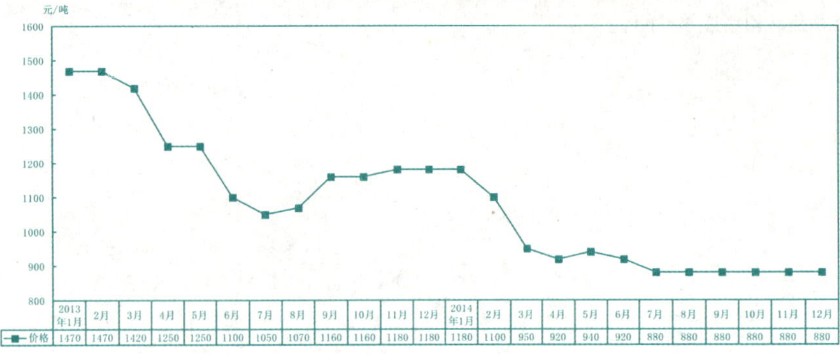

2013 至 2014 年山西省尿素(小颗粒)价格变化情况统计图

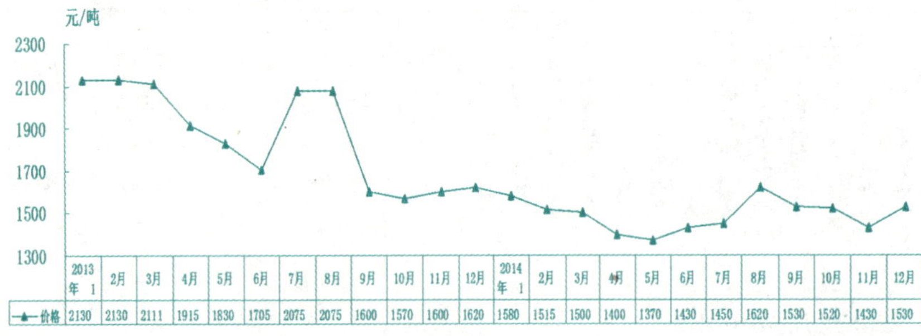

2014 年山西省重点工业产品价格变化情况表

产 品 名 称	单 位	2014 年底	2013 年年底
5500 动力煤(环渤海)	元/吨	525	631
5500 动力煤(太原)	元/吨	415	463
二级冶金焦炭	元/吨	880	1180
6.5 毫米线材	元/吨	2850	3290
304B 不锈钢	元/吨	16296	15100
电解铝	元/吨	13403	14150
氧化铝	元/吨	2515	2405
尿素(小颗粒)	元/吨	1530	1620
甲醇	元/吨	1900	3050
聚氯乙烯(PVC)	元/吨	5950	6270
氯丁橡胶	元/吨	30000	15790
水泥(425#)	元/吨	225	260
平板玻璃	元/重量箱	48	60

10.1 个百分点;实现出口交货值 684.8 亿元,增长 21.4%;工业产品产销率 94.88%,同比下降 0.88 个百分点。

8. 发用电情况。2014 年,全省发电量 2642.8 亿度,增长 0.7%,增速较同期回落 2.9 个百分点。

全年全社会用电量 1822.6 亿千瓦时,下降 0.5%,增速同比回落 4.3 个百分点。其中,全省工业用电量 1452.1 亿千瓦时,下降 1.6%,同比回落 4.5 个百分点。

全年累计外送电 820.2 亿千瓦时,增长 3.4%,同比加快 0.3 个百分点。

9. 铁路运输情况。2014 年,全省铁路货运量 62181.6 万吨,增长 3.8%。其中,煤炭货运量 53831.6 万吨,增长 5.3%;其他货运量 8350 万吨,下降 5%。

10. 成品油销售情况。2014 年,中石化山西分公司和中石油山西分公司合计销售成品油 666.3 万吨,下降 3.5%,连续两年负增长;其中销售汽油 237.7 万吨,增长 0.8%;销售柴油 428.6 万吨,下降 5.7%。

11. 天然气产销情况。2014 年,全省开采煤层气 31.6 亿立方米,增长 16%;购进天然气 26.96 亿立方米,同比增长 12.8%;销售天然气 25.9 亿立方米,同比增长 8.6%,其中工业用气 8.7 亿立方米,同比下降 15%。

(董晨阳)

【工业经济总体运行特点】 2014 年,在经济发展进入新常态的大背景下,山西省工业经济运行总体呈以下特点:

1.工业增速低位下行。从运行过程看,全省工业经济呈现"下行—回升—再下行"的运行走势,1 月至 4 月全省工业急速回落,4 月仅增长 2.1%;进入 5 月,受富士康集团拉动,5 月至 7 月出现短暂回升;8 月受煤炭减产限产影响,又呈现持续下滑态势,特别是 9 月以来连续 4 个月负增长。分季度看,一季度、上半年、前三季度全省规模以上工业增速分别为 4.2%、4.5%和 4.1%。全年全省工业增长 3%,工业增速呈逐步回落态势。

2. 主导产品产量回落明显。能源原材料产品市场需求受经济发展新

2014 年山西省主要工业产品产量完成表

单位:万吨

产　品	2014 年	
	总　量	同比增速(%)
煤　炭	97670	1.5
焦　炭	8722.3	-3.5
钢　材	4701	4.8
生　铁	4052	-5
粗　钢	4325.4	-7.4
原　铝	82.7	-20.6
氧化铝	903	15.1
化肥(折纯)	461.3	1

2014 年山西省各市工业增加值增速表

地　区	增速(%)	备注
全　省	3	-
太原市	0.4	-
大同市	10.3	-
阳泉市	4.2	-
长治市	5.1	-
晋城市	5	-
朔州市	4.5	-
忻州市	6.7	-
吕梁市	-5.6	-
晋中市	7.2	-
临汾市	3	-
运城市	3.8	-

常态的冲击尤为突出,煤炭、粗钢、钢材等产品产量增速明显减缓。2014年,全省粗钢、焦炭、水泥、电解铝产量均负增长,煤炭、钢材产量分别增长1.5%和4.8%,但增速较同期分别回落3.8和13.3个百分点。

3. 产品价格总体低位下行。受市场需求不足影响,能源原材料产品价格缺乏市场有效支撑,总体呈现下滑回落运行态势。重点监控的12种工业产品价格“9降3涨”,其中煤炭、钢材、焦炭等产品价格已跌至10年前水平;电解铝、尿素、甲醇价格跌至成本线以下;PVC、平板玻璃、氯丁橡胶微利经营。

4. 工业经济结构发生积极变化。在工业增速持续减缓的情况下,工业经济结构发生积极转换和变化。非煤产业比重进一步提升,2014年全省非煤产业占全省工业比重为48.4%,同比提高3.3个百分点。装备、医药成为支撑工业增长的新动力,全年装备、医药行业增加值分别增长13.6%和16.2%,高于全省平均水平10.6和13.2个百分点。投资结构进一步优化,全省工业投资中,非煤产业投资增长12%,快于工业投资增速4.5个百分点,占全省工业投资比重为78.5%,同比上升3.1个百分点;非传统产业(除煤炭、炼焦、冶金、电力工业外)投资增长10.6%,快于工业投资增速3.1个百分点,占全省工业投资比重为54.4%,上升1.5个百分点。

(董晨阳)

【工业经济形势分析】 2014年,在经济发展进入新常态的背景下,山西省工业经济既面临难得的历史机遇,也面临诸多风险和挑战。

工业经济运行中仍存在较多不确定、不稳定因素制约工业经济平稳较快增长。(1)世界经济仍处在国际金融危机后的深度调整期,总体延续缓慢复苏态势;美元开始进入升值期,石油、天然气、铁矿石、农产品等大宗商品价格持续波动下行,将对山西省“资源型经济”产生巨大而深远影响。(2)国内宏观经济仍处于“三期叠加”阶段,国家能源战略布局西移,能源供给结构变化、生态环境治理压力将严重挤占山西省煤炭生存空间,能源供需变化将逐步弱化山西省能源基地地位。(3)山西省长期形成的重工业为主、现代制造业和服务业相对落后的产业结构将面临巨大冲击。煤、焦、冶、电等传统能源原材料产业产能严重过剩,需求持续疲软,增量扩能空间受限,对工业增长拉动作用进一步减弱;装备、医药等新兴产业尽管增速较快,但由于比重小,基础脆弱,难以对全省工业形成有力支撑。(4)全省工业投资由20%以上的增速回落至11.1%,工业投资强度力度持续减弱,年度新投产项目数量、规模逐年减少,且主要集中在传统行业,工业增长动力明显不足。(5)企业困难增多。全省工业品出厂价格连续33个月下降,规模以上工业企业实现利润连续32个月下降,资产负债率连续20个月在70%以上运行,亏损企业亏损面超过40%,企业运行风险加大。

同时,山西省工业经济运行中也存在较多有利因素。(1)我国经济发展长期向好的基本面没有变,中央继续实施积极的财政政策和稳健的货币政策,将形成持续的有利宏观政策环境。清费立税工作力度不断加大,企业运行环境更为宽松。(2)国家和山西省一批工程项目批复和建设为重工业提供产能释放空间。(3)山西省转型发展效果显现,煤炭革命激发出强大的生机活力。省委、省政府推进“六大发展”和做好煤与非煤两大文章的部署，将有效破解“一煤独大”的资源型经济困局。

综合判断，山西省工业经济运行机遇与挑战并存，特别是国际、国内严峻复杂的经济形势与山西省超重型工业结构矛盾相互叠加，对山西省工业经济增长形成较大制约。（董晨阳）

○相关链接：参见“山西省人民政府”类目

煤炭工业

【煤炭工业运行情况】 2014年，山西省煤炭工业运行情况呈现以下特点：1. 产量总体增长。全年煤炭产量97670万吨，增长1.5%，增速同比回落3.8个百分点。全省煤炭出省销量67025万吨，增长7.6%，增速同比加快1.7个百分点。其中，铁路出省销量50700万吨，增长4.7%；公路出省销量16325万吨，增长17.8%。

2. 价格先跌后升。一季度煤炭价格急速大幅下跌，4月至7月跌幅略有收窄，8月开始低位持稳，进入四季度，受国家煤炭脱困政策影响，出现持续回升态势，但总体低于年初水平。截至2014年底，5500大卡动力煤、主焦煤、喷吹煤、化工煤价格分别为415元、857元、654元、848元，与同期相比，分别下降48元、248元、130元和218元。

3. 盈利能力大幅下降。2014年，全省煤炭工业实现销售收入6781亿元，同比下降8%；实现利润28.7亿元，同比下降91.4%；销售利润率0.4%，同比下降4.1个百分点；1155户规模以上煤炭企业中577户亏损，亏损面50%，同比提高7.4个百分点；亏损企业亏损额227.2亿元，同比增长37.4%。

（董晨阳）

【焦化行业运行情况】 2014年，山西省焦化行业运行情况呈现以下特点：1. 焦炭产量同比下降。全年焦炭产量8722.3万吨，下降3.5%，增速较上年回落11个百分点。

2. 价格呈现“L”形波动态势。2014年，受上游煤炭及下游钢铁市场弱势运行影响，焦炭价格持续下跌，4月焦炭价格跌至920元/吨。为遏止焦炭价格持续下跌态势，5月初焦炭联盟统一上调焦炭价格20—50元/吨。但由于市场需求缺乏支撑，6月焦炭价格再次下行。进入7月，受成本支撑及企业低库存等因素影响，焦炭市场止跌趋稳，总体保持弱势平稳运行态势，全省一级冶金焦炭价格950元/吨，二级冶金焦均价880元/吨，连续6个月持稳运行，但同比下降300元/吨。

3. 行业亏损加剧。全年焦化行业实现销售收入1026.4亿元，下降21.9%，实现利润盈亏相抵净亏损67.6亿元，同比增亏21.3亿元，全行业自2009年开始至2014年持续亏损；155户规模以上焦化企业中103户亏损，亏损面66.5%，同比提高4.4个百分点；亏损企业亏损额75.1亿元，增长13.1%。（董晨阳）

【煤炭管理体制改革】 2014年，山西煤炭工业运行滞缓。为解决煤炭企业实际困难，扭转全省煤炭经济下行局面，提高驾驭煤炭经济发展的全局能力，成立由山西省委副书记、省长李小鹏担任组长的山西省煤炭工业深化改革稳定运行领导小组，领导小组包括省政府办公厅、省发改委、省经信委、省财政厅、省煤炭厅等21个省直单位。深化山西省煤炭管理体制改革作为一项重点改革任务，纳入山西省综改试验区范畴，确定“煤炭资源配置、项目审批和投资体制改革、煤炭销售体制改革、清费立税改革、煤电一体化和企业改革六个重点方面，其中煤炭资源配置、项目审批和投资体制改革、煤炭销售体制改革三方面为重中之重，同时在清费立税方面率先突破”为内容的改革任务。2014年6月19日，山西省政府下发《涉煤收费清理规范工作方案》（晋政发〔2014〕20号）。11月26日，山西省政府印发《山西省煤炭公路销售体制改革方案》（晋政发〔2014〕37号）。截至2014年底，清费立税改革、公路销售体制改革等完成，其他改革任务顺利推进。（王德善）

【煤矿安全生产】 2014年，山西省煤矿发生事故26起，死亡35人，起数同比减少14起，下降35%；人数同比减少40人，下降53.33%；煤矿百万吨死亡率0.036，同比下降53.25%，是山西省煤炭安全发展史上最好水平。(1)强化安全理念。落实“三个决不能过高估计”“三个敬畏”和“三个越是”的要求，责任意识和底线意识增强。(2)强化安全检查。开展9次全省性煤矿安全大检查，坚持运用“四不两直”方法，抓好检查督查，排查整改一大批安全隐患，促进全省煤矿安全生产。(3)强化和落实政府、企业两个主体责任。省煤炭工业厅连续开展“百名干部与千名矿长”谈心对话活动、“下基层，话安全”活动。同时，发挥“五人小组”的作用，强化煤矿日常安全监管。(4)创新安全制度。山西在全国创新实施省级“不放心煤矿”挂牌制度，对29座煤矿采取挂牌监管措施。创新实施煤矿图纸交换管理制度，规范技术管理和生产活动。(5)突出安全重点。全省煤炭行业重点强化煤矿隐患排查治理，全年排查安全隐患412628条。(6)加大瓦斯抽采和安全质量标准化建设力度。全省煤矿瓦斯抽采量55.3亿立方米，利用量20.6亿立方米。全省建成387座安全质量标准化煤矿。（王德善）

【煤炭建设进度】 2014年，山西省健全煤炭发展标准体系，新出台煤矿技术装备、煤矿信息化2个标准；加快煤炭建设进度，全行业固定资产投资完成1441.8亿元，其中煤矿项目投资879.8亿元。重组整合矿井完成联合试运转98座，累计竣工验收249座，实现综合机械化开采。建成89座现代化矿井，为安全高效生产、现代化发展奠定基础；加大重点工程建设力度，58个煤矿建设省重点项目，计划投资238亿元，实际完成投资350亿元，支撑全省经济平稳发展；规范煤炭生产管理，实行生产能力登记公告制度，加强煤矿配采管理，加强煤矿井下生产布局管理，严格煤矿产能核定，加快生产运行监管信息系统建设。（王德善）

【煤炭行业转型发展】 2014年，山西省煤炭工业非煤固定资产投资完成562亿元，非煤收入完成1118457亿元，同比增加75036亿元，增幅7.19%。(1)推进煤炭转型综改试验。制订和完善“以矿建镇”实施方案，选择5家煤炭企业开展试点，并纳入全省转型综改攻坚总体布局，统筹推进。(2)推进全行业“项目成效年”建设。制订具体实施方案，省煤炭工业厅联系落实“六个标准”矿点和转型重点项目42个。其中，转型重点30个，全年投资281亿元，推动转型综改重点项目建设。(3)推进煤电联营、煤电一体化，形成“煤控电、煤参电、电参煤、组建新公司”等新模式。截至2014年底，省调20万千瓦及以上主力火电企业中，有30户实现煤电联营，装机容量2716万千瓦，占比达75%。未实现煤电联营的，也全部与省内煤炭企业签订长期协作合同。同时，加快绿色生态和谐矿区建设，全行业完成造林2100公顷，绿化403万平方米。

（王德善）

【煤炭科技创新】 2014年，山西省围绕“安全、清洁、高效、低碳”发展方针，加大煤炭科技投入，加强煤炭科技创新，深化煤炭科技体制改革。全省煤炭行业在煤炭绿色开采、煤炭清洁利用、煤层气、现代煤化工等领域突破一批关键技术，有65项科技成果获国家级煤炭科学技术奖。其中，同煤集团参与的“特厚煤层大采高综放开采关键技术及装备”获国家科技进步一等奖；潞安集团参与的“低渗透煤层高压水力割缝强化瓦斯抽采成套技术与装备”获国家技术发明二等奖；设立国家能源充填采煤技术重点实验室山西工作站，在晋煤王台铺、焦煤新阳、柳林大庄等煤矿进行试点。（王德善）

【煤矿从业者管理】 2014年，山西省煤炭工业规范劳动用工管理，全省煤矿新招从业人员4.83万人，变招工为招生比例达75.3%；培训煤矿主要负责人和安全生产管理人员20718人，培训煤矿特种作业人员82203人，培训煤矿班组长12062人，各类人员专项素质提升培训2042人，11.6万名从业人员取得《职业资格证书》。

（王德善）

○相关链接：参见“山西省人民政府”类目

电力工业

【电力工业运行情况】 2014年，山西省电力工业运行情况呈现以下特点：1. 用电需求不足。截至2014年底，山西省装机容量6305.9万千瓦，较上年底增加538.6万千瓦；发电设备平均利用小时4443小时，同比减少290小时，发电设备利用率仅50.7%。其中，火电4806小时，同比减少203小时；水电1385小时，同比减少244小时。从用电情况看，2014年，第一产业和第三产业用电量分别增长0.1%和3.8%，增速较同期分别减缓1.1和8.6个百分点，第二产业用电量同比下降1.7%，较同期回落4.5个百分点。

2. 效益持续增长。全年电力工业实现销售收入1597.2亿元，下降0.6%，实现利润130亿元，增长25%，销售利润率8.1%，同比提高1.6个百分点；124户规模以上电力企业中38户亏损，亏损面30.6%，同比下降6.2个百分点；亏损企业亏损额15.9亿元，下降29.9%。（董晨阳）

·国家电网山西省电力公司·

【电力数字】 2014年，国家电网山西省电力公司（以下简称山西省电力公司）共完成省内售电量1372.28亿千瓦时，同比下降0.2%；外送电量343.3亿千瓦时，同比增长13.05%。年底山西电网总装机达63640.26兆瓦。按调度单位划分，国调装机3300兆瓦，阳城电厂以点对网方式送江苏电网；华北网调直调机组容量5920兆瓦；省调装机容量50818.24兆瓦（其中进入商运容量为50236.74兆瓦）；地区小电厂合计容量3602.02兆瓦。省调机组按机组性质划分，光伏电站11座，容量435兆瓦；风电场53座，容量4823兆瓦；煤层气电厂3座，容量181.24兆瓦；燃气机组6台，容量986兆瓦；水电厂4座（含抽水蓄能），16

2014年8月26日，山西榆次北(福瑞)500千伏变电站工程接受鲁班奖现场复查

（龙　云供图）

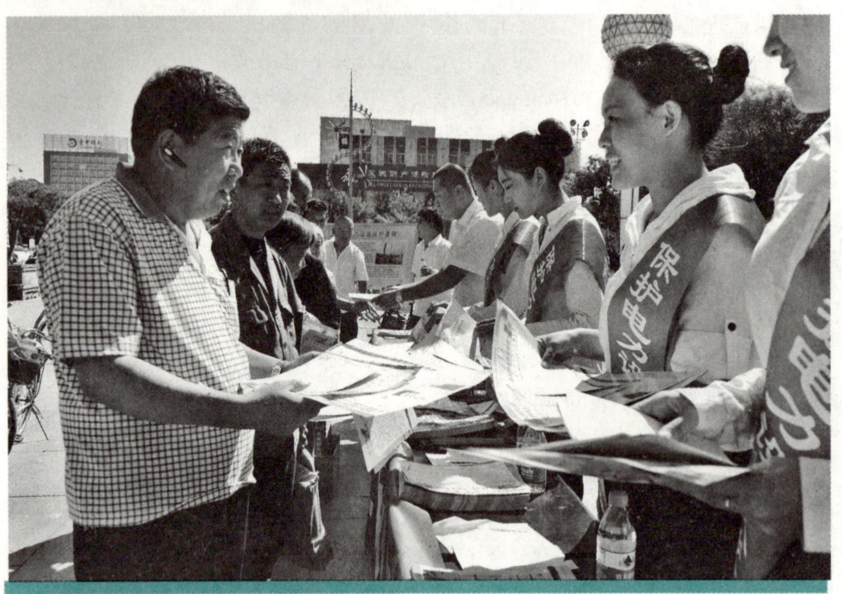

2014年9月1日，《山西省电力设施保护条例》正式实施，国网山西省电力公司开展形式多样的宣传活动　　（龙　云供图）

台，容量2288兆瓦；火电机组153台，容量42105兆瓦。

2014年，省电力公司共有220千伏及以上电压等级变电站221座，主变479台，变电容量96994兆伏安，其中特高压变电站1座，变压器2台，容量6000兆伏安；500千伏变电站19座（含榆社开闭站），主变36台，容量30500兆伏安；220千伏变电站201座，主变441台，容量60494兆伏安。

2014年，省电力公司共有220千伏及以上输电线路652条，线路长度18722.154千米（不含跨省输电线路）。其中500千伏线路78条，长度5039千米；220千伏线路574条，13683.154千米（其中省调线路490条，12364.154千米），跨省输电线路29条，长度3433.739千米。　（龙　云）

【电网建设与发展】 2014年，山西省电力公司共完成电网建设项目投资102.37亿元，同比增长46.87%。其中特高压项目完成投资1.15亿元，500千伏项目完成投资14.96亿元；220千伏项目完成投资30.04亿元；110千伏项目完成投资14.65亿元；35千伏及以下项目完成投资41.57亿元。新开工110千伏及以上新开工变电容量421.30万千伏安，线路1368.56千米，其中500千伏变电容量100.00万千伏安，线路88.60千米；220千伏变电容量144.00万千伏安，线路747.60千米；110千伏变电容量177.30万千伏安，线路532.36千米。全年投产110千伏及以上变电容量965.80万千伏安，线路2230.12千米。其中，500千伏变电容量400.00万千伏安，线路396.00千米；220千伏变电容量336.00万千伏安，线路1184.52千米；110千伏变电容量229.80万千伏安，线路649.60千米。

山西省电力公司以特高压工程为引领，承担"两交三直"5项取得路条项目的核准立项工作和"两交两直"4项后续规划项目的可研属地工作，涉及全省10个地市、60多个县区。国网公司与山西省委省政府主要领导举行战略会谈，成立特高压建设联合领导组，共同推进特高压发展。"两交一直"前期手续全部取齐，蒙西－天津南特高压交流工程获得核准，进入开工准备阶段。灵州—绍兴特高压直流工程（山西段）开工建设。

山西电网"十三五"规划编制完成。2015年电网项目全部取得省发改委核准。500千伏兴县、大同东，220千伏大西、中南铁路供电工程以及电源送出等省重点工程按期投运。220千伏崞阳、110千伏中杨新一代智能变电站开工建设。农网改造2013年工程整体通过验收，2014年工程完成率96%，11.7万户"低电压"问题得到治理。500千伏龙城线路工程全过程应用机械化施工技术，获得国网公司项目管理流动红旗。110千伏及以上项目优质工程率保持100%，500千伏榆次北变电站工程首获国内建筑业最高荣誉鲁班奖，与神头电力送出工程双夺中国电力行业优质工程。

（龙　云）

【经营管理】 2014年，山西省电力公司严格综合计划和预算执行，投运综合计划项目执行管理系统，省市两级项目预算审核机制基本形成。加强供电单位、施工企业经营诊断分析与整改提升。制定两年对标提升目标，初步形成通报评价、过程管理、考核激励的对标工作格局。应对用电需求低迷形势，灵活开展外送电交易。加强电费回收和风险预警，落实高耗能企业"一户一方案"，月均预付费超过60%，继续保持电费回收双结零。试点应用国家电网公司购售一体化电量与线损同期管理平台。实施查窃查违专项行动，追补电量2346万千瓦时、4910万元。安装200.9万只智能电能表，新增68.9万户合表用户，实现880万直供直管客户、1543座厂站用电信息采集全覆盖。建成高平、侯马充换电站，完成资产划转和集中运维，投运智能监控系统，拓展服务网络。

2014年，山西省电力公司开展技能专家工作室创建工作。国网山西电力创建的33个技能专家工作室中，除"卢洪宝变电检修技能大师工作室"被评为"国家级技能大师工作室"外，"方守盛技能输电线路工作室"和"陈文刚调度自动化工作室"等11个工作室评选为山西省技能大师工作室。

《山西省电力设施保护条例》经山西省第十二届人民代表大会常务委员会第十二次会议于2014年7月25日通过，自2014年9月1日起施行。

（龙　云）

【安全生产】 2014年，山西省电力公司落实国网公司安全管理规定，健全“党政同责、一岗双责、齐抓共管”安全责任体系，严格领导干部到岗到位和分片包保，夯实安全管理基础。开展安全万里行、打非治违等专项行动，组织“三排查一摸底”，实施“四不两直”现场安全督查，发布风险预警345次，整治隐患8301项。联合开展重大方式及调度在线安全分析校核，闭环联动防控电网风险，建成全国首个新能源安全与消纳一体化平台，增强大电网管控能力。建立综合检修工作机制，开展500千伏雁同等38座变电站综合检修，减少停电操作时间266小时、检修作业时间1709小时。配网不停电作业5525次，增长370%。农村配电网运行监测系统实现应用。投资1.38亿元治理低压配电台区，首次实现“两节”配变“零烧毁”。资产全寿命周期管理体系、状态检修工作质量、电能质量在线监测系统通过国家电网公司验收，22个县公司完成安全性评价。完善992项高危及重要客户“一户一案”规定与服务，开展全省黑启动及专项反恐演练，增设重点城市基干分队，应急体系更为完备。基建工程实现“零事故”。

2014年，山西省电力公司未发生电力生产人身伤亡事故，未发生恶性误操作事故，未发生五级以上电网事件和七级以上设备事件，未发生负同等及以上责任的火灾事故和重大交通事故，未发生负人员责任的信息安全事件和对公司和社会造成重大影响的安全事件。截至2014年底，实现无重大设备事故5581天。（龙 云）

【电力电能营销服务】 2014年，山西省电力公司从节能减排、改善城市空气质量、消除雾霾等角度，宣传电能替代理念，逐步淘汰高污染、低效率的用能方式。建立内、外有效电能替代推动机制。强化公司内部管理机制的协调，在业扩报装环节将电能替代潜在客户纳入重点客户跟踪服务，实现电能替代工程从业扩报装到送电全过程“一站式”服务。延伸对外服务，发挥公司节能小组作用，为用户提供电能替代相关的咨询、设计、施工、运行维护等全方位服务，引导用户主动实施电能替代；开展电能替代宣传活动，传播电能替代消费理念。通过发放宣传资料、微信平台，营业厅、网络、微信、广播电视等多种宣传方式，采用客户走访、上门服务等形式，全方位宣传“以电代煤、以电代油、电从远方来”的电能替代理念和技术；结合全国节能宣传周开展绿色电能进校园、进家庭、进企业等主题活动，发放宣传资料400余万份，走访潜在用户2000余户，引导客户用电理念，营造电能替代舆论环境，提高社会对电能替代的认知；创造条件实施一批“示范性强、经济效益好、推广效果佳”的电能替代示范工程，如运城芮城县宏光医药包装业有限公司药用玻璃电熔炉项目、临汾双山热力公司污水源热泵项目和洪洞职业技术学校电热膜采暖项目等。

2014年，山西省电力公司强化开拓售电市场建设，通过市场调研与预测分析，与政府、用户的进行信息技术交流，掌握政府重点投资项目和产业扶持信息，针对影响市场的各方面因素合理做出预判，采取相应措施，实施增供扩销；实施电能替代，倡导使用清洁能源；建立多部门协调机制，业扩提质提速、电网经济调度、创新检修模式、提升供电能力、规范供电营业管理、拓展外送电市场等开拓售电市场。

2014年，山西省电力公司强化售电市场预测分析，以公司“迎峰度夏”“迎峰度冬”电力供需形势分析预测为工作重点，保障公司电力供需平衡以及供电优质服务等重点工作；做深做细月度短期售电市场分析预测工作，关注政府发布的经济数据运行走势，把握存量市场中本地重点行业重点企业的生产、经营情况，助力公司经营决策、规避公司经营风险、提升公司经营指标；面对售电市场低迷的不利形势，开展售电市场调研工作，了解电力市场与客户用电需求，重点分析月售电量、日供电量的变化情况，各地政策执行、重点工程进展、市场下行、企业的经营走势等各种因素，丰富公司重点行业售电市场分析内容。（龙 云）

【科技与信息化】 2014年，山西省电力公司编制完成“十三五”通信网、电网智能化和配电通信网规划。创新联合研发组织模式，与中国电科院签订战略合作框架协议，首次发布科技项目指南和成果培育方案。5项总部重点项目通过验收，6项成果获得省部级科技进步奖，3项标准工艺研究通

2014年9月2日，承建川藏联网工程的山西送变电工程公司施工人员建成海拔4970米的最高塔N233055A （龙 云供图）

过国家电网公司评审。申请专利1217项，授权922项，同比分别增长26.77%和17.15%。完成信息系统适应性调整和信息通信资产清理。规范信息系统运行管控，累计下线自建系统173套。供电所网络设备、县公司机房改造和班组信息系统实用化等工作按期完成。（龙　云）

【供电服务提升工程】2014年，山西省电力公司适应95598热线平台全业务集中管控，开展供电服务提升工程，整体服务水平提升。

2014年，山西省电力公司编制《供电营业厅服务管理规定》与《窗口业务规范化服务手册》，通过统一标准、强化培训，实现窗口员工服务行为有据可依。推动业扩工程、客户检修与电网计划检修、建设改造停电协同联动，严控各种原因引发的频繁停电，减少终端客户停电时间和次数，严控停电问题。围绕“制度管理”“队伍专业能力提升”两个方面，提升员工素质，规范一线人员行为，组织全省1172名营业站（所）负责人全部签订廉洁规范服务责任状，14258名营业站（所）对外服务人员全部签订廉洁规范服务承诺书，做到营业站、所负责人与窗口一线人员全部熟悉掌握服务违规的“红线”。

发挥省客服中心服务管控作用，挖掘应用“95598”运营数据，提炼客户集中关注的热点、共性问题，通过工单预警、重点督办、现场核查等及时发现并解决问题。常态开展供电服务明察暗访，同步建立投诉属实性核查机制，对调查不彻底、反馈不属实的投诉，由省客服中心组织全面复核，避免同类问题反复出现。利用“95598”业务平台做好查缺补漏。对应客户反映欠费停电的问题，加快实施“银行批扣”为主的多种信息化缴费方式推进力度，依托省级集中短信平台，实行先短信后电话催费策略。对应客户反映低压报装工程收费的问题，在公司系统强化推行阳光业扩，简化报装资料种类，居民、低压小容量用电需求直接开放，明确居民新装表箱、电表由公司统一配送，零散居民业扩接入全部纳入公司低压电网维护成本或农电维护费项目，杜绝乱摊派、乱收费等违规行为。

推进实施“你用电，我用心”为民服务工程。开展客户满意县公司创建活动，2014年，3家县级公司推行“片警式”服务，开展供电服务进社区活动，结合“95598”转办客户诉求调查处理，关注客户抱怨并及时化解矛盾和误解，合理诉求确保客户满意。组织社会第三方开展客户满意度测评巡讲，形成服务短板跟踪整改闭环提升机制。制订《“95598”远程工作站业务职能与协同服务指导意见》，疏导规范计量故障抢修、停电信息发布、停限电通知等业务配合，推进抢修指挥调控专业化管理与地市“95598”业务同台值班，完善供电抢修协同服务机制。（龙　云）

机械电子工业

【机械电子行业运行情况】2014年，面对山西省装备制造业在年初大幅下滑的态势，山西省政府有关部门采取各种措施促进行业发展，机械电子行业从下半年开始逐渐回暖，年底发展态势恢复良好，部分领域取得一定进步。

2014年，山西省机械装备制造业共有规模以上企业549家，资产总额2153亿元，从业人员25.4万人。全年完成工业总产值1787.4亿元，同比增长6.3%；完成工业增加值498.2亿元，同比增长13.6%；实现主营业务收入1582.1亿元，同比增长9.4%；实现利税90.7亿元，同比增长31.5%；实现利润54.2亿元，同比增长43.4%。全年完成进出口总值79.7亿美元，其中出口总值51.1亿美元，占全省出口总值的57.2%，同比增长10.0%（全年手机出口1421万台、33.5亿美元）；进口机电产品28.6亿美元，增长34.2%（其中富士康公司进口占比达70.7%；加工中心进口2364台，增加72.9倍）。

2014年，山西省机械电子行业运行情况呈现以下特点：1.行业支撑地位提高。机电行业增加值同比增长13.6%，高于全省水平10.6个百分点，拉动全省工业增长1个百分点；占全省工业比重9.3个百分点，同比提高0.9个百分点，成为仅次于煤炭、冶金的第三大行业。47户重点监测的机电企业工业总产值增长11.4%，其中太原富士康、大运汽车、同车公司、太原锅炉分别增长21.4%、36%、29.7%和7.8%。

2. 收入增长稳定。年内主营业务收入实现1582.1亿元，同比增长9.4%。其中增长幅度较大的行业有计算机、通信和其他电子设备制造业，电气机械和器材制造业，铁路、船舶、航空和其他运输设备制造业，汽车制造业，分别为19.7%、17.5%、14.1%和10.7%。9个小行业中负增长行业有3个，分别是金属制品、机械和设备修理业，通用设备制造业，金属制品业，降幅分别为15.6%、7.2%和2.6%。

3.全行业规模以上企业经济效益大幅增长（实现利税同比增长31.5%，实现利润同比增长43.4%）。增长幅度较大的行业有计算机、通信和其他电子设备制造业，电气机械和器材制造业。其中计算机、通信和其他电子设备制造业实现利税同比增长144.4%，实现利润同比增长188.6%；电气机械和器材制造业实现利税同比增长61.2%，实现利润同比增长72.1%。

行业发展问题：(1)固定资产投资大幅下滑。2014年，全省机械工业固定资产投资完成512.7亿元，同比下降11.36%。(2)应收账款居高不下，煤机生产企业尤甚。全省机械工业规模以上企业应收账款达411.38亿元，同比增长7.82%。(3)产成品库存大幅增加。全省机械工业规模以上企业累计库存达105.98亿元，同比增长10.58%。(4)亏损企业增加。全省机械工业规模以上企业亏损面达30.5%。(5)主营业务收入利润率明显偏低。全年山西机械工业规模以上企业主营业务收入利润率为3.0%。

（姚文举　董晨阳）

【机电企业多家获奖】 2014年7月7日,太重集团入选工业和信息化部通过考核评价的第一批国家技术创新示范企业名单。考核从创新投入、人才激励、创新合作、创新队伍建设、创新条件建设、技术积累储备、技术创新产出、技术创新效益等方面,对企业进行全面系统的评价,共有55家认定企业通过考核,太重集团排名第一。

7月8日,中华人民共和国工业和信息化部2014年第44号公告《国家重点推广的电机节能先进技术目录(第一批)》,全国共有25家企业电机节能先进技术入选,其中山西北方机械制造公司名列第17位,是山西省唯一一家入选企业。

获奖情况有:山西天海泵业有限公司"高效井用潜水泵基础理论研究与系列产品开发",山西北方风雷工业集团有限公司"复杂螺旋曲面数控制造成套技术及装备"、太原重工股份有限公司"干熄焦提升机系列研制"与"新型双动短行程铝挤压机研制",山西蓝天环保设备有限公司"14-58兆瓦新型清洁高效煤粉工业锅炉成套技术及装备应用及产业化"和太重煤机有限公司"油页岩开采机关键技术的研究与应用"分别获得中国机械工业科学技术一等奖、二等奖和三等奖。 (姚文举)

【交通运输用机械新产品】 2014年4月8日,由我国自主研制的新一代和谐D2F型大功率电力机车,在中国北车集团大同电力机车有限责任公司下线。该型电力机车轴重达30吨,总功率达9600千瓦,牵引能力比现有同功率和谐型电力机车高出20%,各项指标达到国际领先水平,是世界重载铁路发展的标志性产品。

8月,晋西工业集团有限责任公司研制生产的100%有轨无线低地板车轴通过客户首检,标志着晋西集团成为国内首家掌握生产100%有轨无线低地板车轴技术的企业。产品可用于100%低地板现代有轨电车。电车的地板距轨面仅35厘米,无需站台,最大运量是公交车的6倍至8倍。在城市现有道路即可铺设线路,绿色环保、低噪音,是世界最先进的城市交通系统之一。 (姚文举)

【农业机械新成果】 2014年4月,国内首台玉米膜侧精播机在忻州问世。精播机能有效解决高温导致玉米早衰、地膜回收难等问题。能实现铺膜下种一体化,一天作业2.7公顷,速度快,铺膜平整,株距可调节,深度一致,具备大面积推广的基础。

年内高平市农民张安根经过反复试验,发明自走式谷子联合收获机,填补国内空白。 (姚文举)

【太重集团科技项目新成果】 2014年6月10日,由太重集团自主研发生产的6.25米分体捣固焦炉下线并通过验收,是中国首台套焦炉新产品。焦炉在设计上集中体现提高生产率、改善操作环境、降低劳动强度、减少环境污染四大优势,并采用先进的技术,实现整车的全自动、半自动及手动操作控制。设备设计有良好的除烟除尘降噪装置,与传统焦炉设备相比较,具有自动化程度高、粉尘少、能耗低、污染小等特点,在技术水平、产品性能、安全性、环保等方面,均达到国际领先水平。

8月,由太重集团公司自主研发生产的两套7米顶装焦炉成套设备下线并通过联检验收。产品采用世界最先进的集装煤、推焦、拦焦、除尘于一体化的技术,在技术水平、产品性能、安全、环保方面,均达到国际领先水平。

9月,由太重煤机有限公司和山西焦煤集团西山煤电公司牵头承担的"煤炭综采成套装备智能系统开发与示范应用"项目,通过验收。产品为国内首套智能型千万吨级综采成套装备,通过研制及示范应用,实现采煤工作面设备智能化控制及自动化生产,形成一批具有自主知识产权的专利技术52项(发明专利23项,实用新型专利29项),其中多项创新技术填补国内外空白,具有较高的经济效益和社会效益。9月29日,由阳煤集团旗下山西阳煤化工机械(集团)有限公司制造的6.4兆帕节能环保型高参数级水煤浆水冷壁气化炉正式组装下线。设备由阳煤化工机械公司与清华大学合作,在世界首台水煤浆水冷壁气化炉的基础上研发而成,日投煤量达1550吨,具有自主知识产权,稳定性好,煤种适应范围广,是世界上压力级别最高的造气设备,对现代煤化工中煤制天然气、煤制油、煤制乙二醇、煤制乙醚等产业的发展具有重要意义。

11月20日,高温气冷堆核电站示范工程乏燃料贮存系统地车及屏蔽罩成套设备在太原重工完成各项出厂试验和验收,标志着太重集团在核电新能源装备制造领域迈出关键步伐,为核电关键设备国产化发挥重要作用。该套设备是先进核能技术协同创新的重大成果,由太重集团和清华核研院历时近4年合作完成。11月22日,由太原重工研发制造的宝钢湛江钢铁项目炼钢工程主要设备520吨冶金铸造起重机下线并通过验收。该起重机单钩起吊重量可达520吨,再次刷新由太原重工保持的冶金铸造起重机世界纪录。该设备采用太重专利技术"四梁六轨、低速轴连接大减速器结构形式",集多种先进技术于一身。为保证安全,520吨铸造起重机采用4根钢丝绳悬挂系统,当其中任意一根发生断裂,能保证钢水包不发生坠落和倾斜,并对钢水包实时视频监控。全机配备最先进电气变频调速系统,设有制动回馈装置和故障自动诊断系统,能对起重机进行实时监测,及时发现运行异常,记录运行数据。与同类设备相比,具有结构布置受力合理、安全可靠、运行平稳、节约能源等优点,整体技术达到国际领先水平。

12月,由太重集团煤机有限公司技术中心采煤一所自主研发的低机面大功率MG450/1050-QAWD电牵引采煤机下线并通过验收。产品是太重集团煤机有限公司为适应大功率半煤岩中厚煤层开采技术研发的一款新产品，装机功率达1050千瓦，机面高度约1200毫米，适用于煤层厚度1.7米至3.2米、可切割夹矸最大硬度f<7的半煤岩中厚煤层高效综采工作面。该设备采用多电机布置，机载交流变频调速，结构先进，具备良好的工作面适应性，机面高度较低，装机功率更大，性能更加可靠，适用范围更广。（姚文举）

【对外合作】 2014年1月17日，太重集团公司出口越南的首台480吨大型冶金起重机通过验收。480吨起重机是亚洲最大系列起重机，用于特大型冶金行业吊运钢水之需。

5月13日，太重集团公司与芬兰Skinest公司签订为期5年的战略协议，并收获合同金额4000万元的“大订单”，为太重集团深度开拓北欧市场抢得先机。5月23日，在西安“第十八届中国东西部合作与投资贸易洽谈会暨丝绸之路国际博览会”上，太重煤机与乌克兰核心集团举行合资意向书签字仪式。双方约定，在太原经济技术开发区合资建厂，首期投资1000万美元，乌克兰核心集团占股51%，太重煤机占股49%。双方将在薄煤层成套装备领域展开全方位合作。5月28日，晋煤集团金鼎煤机公司研制生产的ZY12000/28/62D型和ZY4000/09/19D型两个高端液压支架交付美国久益公司。两台样机将接受国际化测试，标志着晋煤集团煤机制造产业迈出国际化步伐。

8月26日，中国北车永济电机公司为金风科技研制生产的33台YJ169A5直驱风力发电机定子全部通过质量检验，陆续交付用户，组装完成出口巴拿马，为进一步拓宽国际市场奠定基础。YJ169A5电机为2.5兆瓦直驱永磁风力发电机，具有发电效率高、结构简化、运行噪音低等优势，是风力发电领域的主流产品。

9月，由中国北车大同电力机车有限责任公司（以下简称同车公司）研制的中白货运2型电力机车通过独联体国家机车车辆认证，获得独联体铁路市场的“通行证”，标志着中国机车将能在所有独联体国家进行运输牵引，实现跨国跨境运输，进一步增强亚欧铁路运输能力，提升“中国机车”在国际市场的品牌和形象，为中国高端铁路技术装备走出国门夯实基础。

太重研发生产的55立方米大型矿用挖掘机，被全球资源开采巨头必和必拓（BHP）作为试验模式准采购。该挖掘机通过各项性能参数的考核和严格的服务保障核准，最终获得满意评价，正式通过必和必拓验收，获得采矿业“全球通”资格证。（姚文举）

【LED企业产品推广展示】 2014年9月26日至28日，“2014年度山西省LED企业产品推广展示会”在太原市山西省展览馆举办。展示会汇集山西省LED企业的各类优势产品，呈现出“定位准、范围广、种类多”等鲜明特点，为社会公众和潜在客户了解LED产品、使用LED产品提供重要平台，有利于加速山西省LED产品的推广应用，扩大LED产品消费需求，促进省内LED企业交流合作，推动全省LED产业发展。（姚文举）

【焊工职业技能竞赛】 2014年，山西省经信委、省人社厅、省总工会、共青团山西省委共同主办“2014年中国技能大赛——山西省机电行业焊工职业技能竞赛”。省机电行业办和省机电工业联合会承办，山西卓里集团有限公司和太原重型机械集团有限公司协办。竞赛自8月初开始，经过各企事业单位预选赛、市级选拔赛两个阶段的激烈角逐，全省各地市和企事业单位共选出15支代表队，19个单位，41名选手（年龄最小的只有19岁，年龄最大的48岁）进行决赛。决赛于2014年10月22日至24日在太重集团公司技工学校举行。经过理论考试和技能操作两个阶段的竞技，太原重型机械集团有限公司囊括个人前三名（韩志宏、冯鹏伟、薛利欣）；获得第四和第六名的是长治技师学院的常亮和田强；第五名是大同电力机车有限责任公司李世旺。获得团体一等奖的是太原重型机械集团有限公司，二等奖的是长治市经信委、大同电力机车有限责任公司，三等奖的是运城市经信委、阳泉市经信委和大同市经信委。（姚文举）

【装备制造业重点产品质量状况分析】 2014年8月，山西省技术质量监督局委托省机电行办和省机电工业联合会开展山西省装备制造业重点产品质量状况分析活动。通过发放调查表，深入企业调查，召开座谈会及走访有关部门，收集大量的基础资料，经加工整理。专家评审论证，形成两万余字的《山西省装备制造业质量状况分析报告》，为准确反映山西省装备制造业的产品质量状况，给政府提供可靠的参考依据。（姚文举）

冶金工业

【冶金行业运行情况】 2014年，山西省有规模以上冶金工业企业540户，其中黑色金属企业439户，有色金属企业101户。累计形成粗钢6283万吨、生铁6280万吨、钢材6018万吨、铁合金278万吨；电解铜20万吨、电解铝112万吨、金属镁70万吨、氧化铝1580万吨的生产能力。粗钢产能100万吨以上企业21户（其中200万吨以上企业13户），氧化铝产能100万吨以上企业7户。

2014年，山西省冶金工业粗钢完成4325万吨（全国排名第五位，占全国比例5.26%），同比下降7.4%，其中太钢不锈钢产量380.5万吨，同比增长18%；生铁完成4052万吨（全国排名第五位，占全国比例5.7%），同比下降5%；钢材完成4701万吨（全国排名第七位，占全国比例4.2%），同比增长4.8%；铁合金完成195.5万吨，同比增长8.2%。铜完成14.45万吨（全国排名第十三位，占全国比例1.8%），同比增长64.2%；铝完成82.7万吨（全国排名第九位，占全国比例3.39%），同比下降20.6%；镁完成25万吨，同比增长4.9%；氧化铝完成903万吨（全国排名第三位，占全国比例18.9%），同比增长15.1%。

全年山西省钢铁进出口总额(主要是不锈钢及碳钢出口)达28.26亿美元,同比增长56.1%,绝对额增加10.16亿美元,占全省进出口总额的17.39%,拉动山西省进出口增长6.43个百分点。2014年,太钢产品出口量增长明显,全年出口钢材增长88.2%,其中出口不锈材增长58.4%,出口情况呈现两个特点:(1)双相钢出口实现零的突破,高等级管线钢、铁路车厢用钢、超纯铁素体不锈钢等一批高端产品增量明显。(2)北美洲、欧洲、韩国等成熟市场增幅明显,太钢产品占据大陆出口不锈钢成熟市场的主导地位。镁及镁制品出口8.87万吨,出口额2.32亿美金,同比分别增长57.4%、43.8%。进口铜矿砂及其精矿15.64万吨,同比增长166.2%;进口铁矿砂及其精矿1616万吨,同比下降31.1%。全年规模以上冶金工业企业主营业务收入3768.2亿元,同比下降8.3%,占全省的22.01%;实现利税57.38亿元,同比下降54.94%,占全省的5.89%;实现利润冶金全行业净亏损4.2亿元,亏损面38.52%,其中钢铁行业实现利润7.6亿元,同比下降81.6%,有色行业净亏损11.9亿元。

2014年,山西省冶金行业运行情况呈现以下特点:1.产量增速回落明显。生铁、粗钢、电解铝出现负增长,钢材增速放缓。生铁产量4052万吨,下降5%;粗钢4325.4万吨,下降7.4%。钢材产量4701万吨,增长4.8%,增速同比回落13.3个百分点。原铝82.7万吨,下降20.6%。电解铜和氧化铝由于新增产能释放,增速加快,电解铜净增加5.65万吨;氧化铝净增加118万吨。氧化铝903万吨,增长15.1%,同比回落16.4个百分点。

2.原燃料价格走低,产品价格呈阶梯式下跌态势。钢材价格总体呈持续下跌态势。2014年底,6.5毫米线材价格2850元/吨,环比小幅回升20元/吨,同比下降430元/吨,跌至近10年来最低水平;电解铝价格13403元/吨,环比下降400元/吨,同比下降437元/吨。铁矿石价格连续11个月下降,废钢价格连续8个月下降,铁矿石及废钢价格回落,对钢价支撑作用下降,铁矿山企业处于停产或半停产状态。12月底,钢材综合指数为83.09,同比下降16.05点,降幅16.19%。原铝产能西移步伐加快,铝行业向电力成本低的地方转移。铝价因成本重心下移、新增产能释放过快,年内山西省电解铝企业无一盈利。

3.行业利润同比由盈转亏。年内冶金行业实现销售收入3768.2亿元,下降8.3%,实现利润盈亏相抵净亏损4.2亿元,同比由盈转亏。其中,钢铁行业实现利润7.6亿元,下降81.6%,有色行业盈亏相抵净亏损11.9亿元,同比由盈转亏。540户规模以上冶金企业中208户亏损,亏损面38.5%,同比提高7.1个百分点;亏损企业亏损额70.3亿元,同比增长56.5%。

全年冶金行业运行存在以下问题:(1)融资难、融资贵,资金短缺,造成企业停产或减产。由于原材料价格长期在低位运行,成本价格倒挂,海鑫钢铁、酒钢翼钢、永恒工贸、关铝股份、同煤新大钢铁、东方铝业等企业相继停产;文水海威、山西兆丰铝业等减产。受联盛、海鑫等企业影响,银行抽贷或减少贷款,企业获取资金更加困难,成本更高,企业处于亏损或微利边缘。(2)能源、资源组合优势未得到有效发展。煤电铝化材一体化格局尚未形成,能源资源优势没有转化为产业优势,大量电解铜、氧化铝、金属镁以基础原料形式流出,造成资源和能源的双重流失。(3)产品附加值少,企业经济效益差。由于冶金企业普遍装备水平低,技术水平差,导致产品技术含量低,产品附加值少,企业经济效益差。除太钢外,其他钢铁企业产品基本上以建筑用材为主(占到全省钢材总量的60%以上),同质化竞争激烈;铜、铝、镁加工及深加工产品很少,高附加值、高技术含量产品更少,铜、铝、镁产业谈不上竞争的优势。(康建基　董晨阳)

【企业转型发展】 2014年,山西省冶金企业提速转型跨越进程,用项目的建设速度加快企业的发展速度,用多元的投资结构优化企业的产业结构,把困难期转化为项目快速推进期、积蓄后劲机遇期。

太钢集团不锈钢冷连轧、硅钢冷连轧、炼钢二厂不锈钢和硅钢配套技术改造等重点工程按期投产;高速铁路用钢技术改造、峨口铁矿露天转地下开采工程等重点项目按计划节点有序推进。高端碳纤维技术工程化顺利,产品性能指标达标,公司成为国内生产T800的佼佼者。2014年,太钢自主开发生产的免酸洗汽车用钢获得成功,具备批量生产条件,与国内某知名汽车厂商合作试用,为抢滩国内高端汽车制造用钢市场占得先机。太钢不锈钢工业园有德国福伊特、香港天成、烟台东方、长城电气、江苏大明等40家海内外知名加工企业入驻,不锈钢加工转化能力50万吨/年。太钢中色镍业公司镍铁项目达产,为钢铁主业可持续发展提供资源保障。

立恒钢铁以工业经营农业的模式成立绿恒农业公司,建设占地500余公顷的集农业种植开发、特色水产养殖、高效畜牧、休闲观光旅游于一体的省级现代农业示范园。

山西华兴铝业100万吨氧化铝实现达产达效;山西复晟铝业一期年产80万吨砂状冶金级氧化铝建成投产。同德铝业100万吨氧化铝、东方希望晋中铝业100万吨氧化铝、中铝交口兴华科技70万吨铝基新材料、山西信发化工110万吨铝及铝加工项目进展顺利。

中条山50万吨多金属矿综合捕集回收技术改造项目仅用半年时间就实现达产目标,创下国内同行业冶炼新厂先进水平。

闻喜银光镁业铸造车间的建设和运营,标志着银光又一项工程建设的竣工。新铸造车间采用重力压差铸造新工艺,主要为军工、航空、航天领域提供复杂工艺产品。(康建基)

【淘汰落后与节能减排】 2014年,山西省面对装备水平低,技术水平差,

2014 年山西省钢铁行业座谈会　　（董晨阳供图）

产品价格低位运行，环境保护压力加大，山西省冶金企业加大淘汰落后步伐和节能减排力度。全年淘汰落后产能：炼铁 105 万吨，粗钢 320 万吨，铁合金 8.13 万吨。

2014 年，太钢在经过多年科研攻关后，突破低品位余热回收利用技术这个世界性难题，高炉冲渣水余热回收项目投入运行，为城市提供 1900 万平方米集中供热热源，成为太原市重要的热源厂之一。每年可减少二氧化硫排放 3500 多吨、烟尘排放 5000 多吨，节约燃煤 5 万多吨。太钢与美国哈斯科公司合资建设的钢渣综合利用项目投入生产。这是全球技术最先进的钢渣综合利用项目，也是我国首个钢渣肥料制造项目。钢渣肥料远销美国、马来西亚等国家和地区。太钢建设的城市生活污水处理中心，回收处理周围居民的生活污水，“每天能从污水中‘捞回’4 万立方干净水，每年为太原减少化学需氧量排放 5000 多吨”。

太钢生产过程产生的固体废弃物全部综合利用，工业废水基本实现无外排。各类污染物排放大幅降低，形成“低能耗、低污染、低排放、高效益”的“固、液、气”三大循环经济产业链，为都市型钢厂的绿色转型走出一条新路。

首钢长钢强化“成本就是竞争力”的理念，加大与先进企业的对标力度，推进工艺技术进步降成本。同时，实施高炉 TRT、余热余压发电等项目，提高资源能源综合利用水平，“三废”实现循环利用，仅自发电一项年节约电费过亿元。

立恒钢铁集团注重发展循环经济和节能减排工作，先后配套建设高炉余压、烧结余热、焦炉煤气发电，废渣处理和废水循环设施，实现资源能源高效利用。

中铝山西分公司通过过程管理和绩效考核，夯实生产基础管理，提高运营效率，实现产量持续攀升，消耗逐年降低。综合能耗与 2010 年相比下降 35.46 公斤标准煤/吨氧化铝。

山西华泽铝业推广铝电解槽高效节能技术，引进铁碳压降检测系统，推广“五低三窄一高”新工艺技术和配套使用的智能多环协同优化控制技术，推行更窄的浓度控制区间和更小更稳定的浓度波动范围，完善槽控机的硬件故障判定机制，优化工艺技术条件，修订技术标准。电解铝主要经济技术指标与上年相比，铝液综合交流电耗降低 189 千瓦时/吨，铝锭综合交流电耗降低 119 千瓦时/吨，氧化铝单耗降低 9.6 公斤/吨。

华泽铝业铸造厂对生产中产生的铝灰进行集中处理，使用铝灰处理后产生的细灰为原料加工阳极保护环，可将细铝灰中含量约 40%的氧化铝和电解质重新进入电解生产流程，实现铝灰的变废为宝和循环利用。

山西华圣铝业电解厂借力运营转型，加强电解槽全方位立体密封保温、实施氧化铝浓度区域控制，逐班逐区规范保温料添加等措施降低工艺电耗，开展能源对标管理、实施设备改造降低动力电耗。2014 年，公司五项关键业绩指标进入中铝前三名，其中铝锭综合交流电耗、碳素天然气单耗位居第一，阳极毛耗和氟化盐单耗位居第二，阳极炭块综合合格率位居第三。

中电投山西分公司通过“拜尔法-烧结法”串联工艺深度提取矿石中的氧化铝，将氧化铝回收率提高近十个百分点，降低碱耗，减少资源浪费和废弃物排放。

中条山有色金属公司开展尾矿库综合利用制备陶瓷项目的前期工作，年处理 5000 吨废旧轮胎制作橡胶粉项目建成投产。　　（康建基）

【科技成果】 2014 年，山西省冶金企业有以下获奖科技成果：1. 国家级科技成果奖（3 项）。太钢主持完成的“先进铁素体不锈钢关键制造技术与系列品种开发”项目获国家科技进步二等奖；参与完成的“600℃超超临界火电机组钢管创新研制与应用”项目获国家科技进步一等奖，“高等级中厚钢板连续辊式淬火关键技术、装备及应用”获国家科技进步二等奖。这是太钢历年来获得国家科技成果奖最丰硕的一年。

2. 冶金科学技术奖（6 项）。太钢“微细粒复杂难选红磁混合铁矿选矿技术开发及 2200 万吨/年装备集成”项目获特等奖，“跨海大桥用双相不锈钢钢筋及应用技术开发”获一等奖。“超高纯真空气密性纯铁系列产品和工艺技术开发”“高等级不锈钢焊带关键工艺技术及产品开发”及“不锈钢渣的无害化处置与资源化利用关键技术研究”分别获二、三等奖。

交城义望铁合金有限责任公司液态炉渣直接制取矿渣棉工艺技术获二等奖。

3. 中国有色金属工业科学技术奖(6项)。中铝山西分公司参与的创新串联法生产氧化铝工艺技术及装备研究获一等奖,内排土条件下的大区域临界边坡残留铝土矿体安全经济开采技术、焙烧炉双燃气燃烧技术开发应用、专用铁路翻车机远程联锁控制系统的研发获三等奖。山西华圣铝业申报的三项技术成果获中国有色金属工业科学技术奖,其中"铝电解槽立体保温综合节能降耗技术"获二等奖,"焙烧综合节能技术"及"电解质综合利用技术开发与应用"获三等奖。

4. 山西省科学技术奖(15项)。太钢304及弹簧用301不锈钢极薄带关键工艺技术开发、超大型7.63米焦炉核心技术优化研究与应用、微细粒复杂难选红磁混合铁矿选矿技术开发及2200万吨/年选矿装备集成、市政污水回用中MSBR-UF/RO工艺技术的开发与应用研究、国际热核聚变实验堆用不锈钢关键材料及制造技术开发、无痛下NBI胃镜对食管上段胃黏膜异位症的诊断价值、基于扫描电镜微观精细结构表征新技术的开发及其在不锈钢中的应用、400系不锈钢新型高效绿色环保酸洗关键技术开发及应用、高质量宽幅不锈钢光亮板全流程生产线自主集成与关键技术开发。交城义望铁合金有限责任公司一种装有冷凝炉衬的富锰渣电炉。长治钢铁(集团)锻压机械制造有限公司等CDW11XCNC-300/420×3200数控水平下调三辊卷板机研制。山西华圣铝业铝电解槽立体保温综合节能降耗技术、电解质综合利用技术开发与应用、焙烧综合节能技术。古交市银河镁业有限公司30万套/年镁合金轮椅系列产品产业化。

(康建基)

【技术创新】 2014年,山西省冶金企业主动适应新常态,转变经济发展方式,实施创新驱动战略。加大科技成果的转化和运用力度,走低成本、低消耗、高效益、高端化发展的路子。推进工业化和智能化的高度融合,培育新的经济增长点,促进冶金工业可持续发展。

太钢集团坚持客户导向,强化科技创新,加快品种质量优化和工艺技术攻关,培育壮大优势产品集群,成功开发我国具有自主知识产权的CAP1000、CAP1400核岛堆内构件等关键不锈钢材料,成为国内唯一具有该产品供货资质和批量生产能力的厂家。太钢加强技术创新,先后完成高质量不锈钢板材工艺技术开发、含氮不锈钢工艺技术开发、以铁水为主原料生产不锈钢新技术开发、400系不锈钢制造工艺技术及品种开发等重点课题,在不锈钢制造等关键技术上取得突破。截至2014年底,太钢掌握以铁水为主原料生产不锈钢的工艺技术,铁水转炉炉内直接脱磷技术,不锈钢冶炼自动控制系统和除尘回收利用工艺技术,不锈钢超薄、超宽、超厚热轧工艺技术,高附加值品种双相钢、高强韧细晶粒钢等热轧新技术,高等级热轧不锈钢工艺技术等。先进的工艺装备集成与自主科技知识创新成果,为太钢做强钢铁主业打下基础。截至2014年底,T4003实物质量达到国际先进水平,国内市场占有率95%以上;汽车排气系统用超纯铁素体不锈钢市场占有率70%以上;核电用不锈钢成为国内唯一可向二代半核电项目成套提供核级奥氏体不锈钢材的企业;高牌号、高磁感冷轧硅钢销售连续数年保持国内第一;低温压力容器用9%Ni钢完全替代进口;车轴钢、车轮钢、管线钢开发也取得新成就。

首钢长钢改变传统的"生产工厂"思维定式,致力于研发高兆帕超高强度钢筋和其他优质钢材,2013年以来,共成功开发6个系列13个品种的新产品。其中直径12毫米、14毫米螺纹钢四切分工艺达到国内领先水平,产品实现由中低端向中高端过渡。

中阳钢铁以"做专、做精"为指导,开发冷墩钢、弹簧钢为目标,向汽车、铁路、桥梁使用的标准件加工等领域推进,形成较强的差异化竞争优势。

闻喜银光镁业发挥国家级技术中心的优势,开发出镁合金压铸件、挤压型材、棒材、板材等产品,广泛应用于交通、电子信息、休闲运动器材、航空航天和军工武器装备等领域。

中阳钢铁信息化系统基本建成,为实现工业化和智能化高度融合打下基础。

(康建基)

【销售渠道创新】 2014年,太钢开展钢材电子商务,成立专业的营销团队,与沃纳斯、上海钢铁交易中心等国内有影响力的电商平台开展交流合作,拓展撮合竞价、挂牌交易等多种电商销售模式。年内太钢通过电商实现的钢材销量同比增长60%。

立恒钢铁集团依托山西黄河金三角电商平台,构建集电商销售和物流配送于一体的网络化销售体系,通过采用透明的定价机制和统一的销售政策,实现产品销售和终端客户的对接,降低公司的运营成本,提高企业的市场竞争力。

(康建基)

化学工业

【化工行业运行情况】 2014年,面对复杂多变的宏观经济形势,山西省化工行业稳步推进转型升级,化解产能过剩,生产稳步增长,行业经济运行总体保持平稳增长态势,但行业效益仍不乐观,投资动力不足。

2014年,山西省规模化工企业245户,资产总计1647.0亿元,同比增长7%;主营业收入936.0亿元,同比增长0.8%;利润总额13.9亿元;企业亏损额35.2亿元,同比减少9%。逐月来看,行业经济呈现震荡中逐步上行的发展态势,经济回暖步伐明显加快,行业亏损面逐步收窄,亏损额持续下降。2014年固定资产计划投资2001.5亿元,同比增长31.4%;实际投资683.7亿元,同比增长41.8亿元;施工项目311个,同比减少2.5%;新开工项目194个,同比减少7.2%;竣工项目187个,同比减少6%。与上年相比,固定资产投资增速放缓,比上年增速下降5.9个百分点。

2014年,山西省主要化工产品产量均实现不同程度的增长。如化肥产量461.3万吨,同比增长1%;磷肥产量8.0万吨,同比增长26.5%;甲醇产量259.0万吨,同比增长19.6%;聚氯乙烯树脂产量48.3万吨,同比增长1.8%;子午线轮胎外胎156.0万条,同比增长1.6%。

2014年,山西省焦化行业经济运行情况呈现以下特点:1.产量总体保持增长。全年化肥(折纯)产量461.3万吨,增长1%。其中,尿素产量410.9万吨,下降1.1%;精甲醇259万吨,增长19.6%;聚氯乙烯树脂48.3万吨,增长1.8%。

2.价格低位震荡波动。2014年上半年,化肥价格一路下行,基本跌至成本线以下水平。6月之后,受出口增加影响,价格出现明显回升态势。进入三季度,外贸出口明显减少,化肥价格又开始下滑。12月末,小颗粒尿素价格1530元/吨,同比下降50元/吨;大颗粒尿素1700元/吨,同比持平。PVC、氯丁橡胶等基础原材料化工产品总体呈弱势平稳运行态势,PVC价格基本维持在5900~6100元/吨区间;氯丁橡胶价格在28000~30000元/吨波动。甲醇、粗苯等煤化工产品受石油价格持续大幅下跌影响,自11月以来出现断崖式下跌,甲醇价格1550元/吨,较11月下降600元/吨;粗苯价格由6500元/吨降至1800元/吨。

3.企业亏损严重。全年化工行业实现销售收入767.5亿元,下降2.2%,实现利润盈亏相抵净亏损7.3亿元,同比减亏1.8亿元;254户规模以上化工企业中97户亏损,亏损面38.2%,同比下降2.4个百分点,亏损企业亏损额35.1亿元,增长2.7%。 (董晨阳)

【节能减排】 2014年6月,山西省化工行业办对省重点化工企业2013年和2014年1月至5月的能耗情况进行摸底调查。2014年7月,山西省化工行业办赴潞宝集团、天泽集团、晋煤天源公司、阳煤丰喜公司、同世达公司、榆社化工、山西焦化等企业进行调研,实地了解企业能耗情况和节能的先进经验。完成《山西省化工行业能效水平对标活动实施方案(送审稿)》的编制。《山西省化工行业能效水平对标活动对标指南(初稿)》的编制工作也基本完成。《指南》包括行业能效对标管理的实施、企业能效对标管理的实施、能效对标综合评价等基础性内容,并分合成氨、甲醇、烧碱三个专篇介绍企业开展能效对标活动的措施、办法、先进技术等。2014年12月,根据省节能监察总队要求,完成下一年度行业推广的节能技术推广目录的筛选工作,共推荐吹风气余热回收技术等5项行业节能技术。向省节能领导组办公室推荐行业节能专家20名。 (张 平)

2014年山西省化工行业座谈会 (董晨阳供图)

【技能大赛】 2014年11月4日至7日,山西省化工行业举办"阳煤化机杯"职业技能竞赛。比赛由山西省经信委、省人社厅、团省委和省总工会主办,山西省化工行办负责具体会务组织实施。大赛共有17支代表队,71名选手参加。参赛选手进行理论知识和实际操作两项内容考核。经竞赛裁判组裁定,山西阳煤化工机械有限公司等17支代表队荣获组织奖;分析工组前六名分别为辛玮娟、李森、邓艳芳、李小玲、郭阳阳、王晨艳,检修电工组前六名分别为张鹏、赵亚坤、卫国强、刘雷山、盛广伟、朱如林。获奖的12名选手均获得"山西省化工行业技术能手"和"山西省青年岗位能手"荣誉称号;辛玮娟、张鹏2人被授予"山西省五一劳动奖章",并获得"三晋技术能手"荣誉称号,颁发技师职业资格证书;李森、邓艳芳、赵亚坤、卫国强4名选手被省劳动竞赛委员会记一等功,颁发高级工职业资格证书(已经是高级工的颁发技师职业资格证书);李小玲、郭阳阳、王晨艳、刘雷山、盛广伟、朱如林6名选手被省劳动竞赛委员会记二等功,颁发高级工职业资格证书,并可破格申报技师资格考评。 (张 平)

【行业发展课题研究】 2014年,山西省化工行业办"山西煤化工发展路径探讨"课题,正式列入省经信委2014年重点研究课题重大战略研究类课题(A类),并签订《重点课题研究任务委托协议书》。

2014年6月,山西省化工行业办完成"煤化工与石油天然气化工性价比(竞争力分析)"课题研究,从煤化工产业发展宏观条件和重点产品竞争力两个层面,分析煤化工与石油天然气化工的竞争力。

11月，山西省化工行业办配合省经信委完成“山西省煤化工产业发展情况及思考”课题的研究。12月，课题组赴天泽集团调研，全面了解企业的先进管理、经营经验，完成《山西天泽煤化工集团股份公司调研情况报告》，为山西省化工企业提高管理水平，提升竞争力提供参考。

此外，山西省化工行业办对《山西省材料产业重大项目布局建议（征求意见稿）》《山西省节能环保产业重大项目布局建议（征求意见稿）》提出建议。（张　平）

【信息建设】 2014年，山西省化工行业开展信息建设。《山西化工》杂志围绕山西新型煤化工发展思路，坚持发挥导向作用，以科研与开发、综述与论坛、分析与测试、专题讨论等为主打栏目，展示新世纪煤化工行业的最新科研成果，促进山西煤化工技术进步和技术创新，形成具有自身特色的期刊风格。

山西化工网站为省内外化工行业提供全方位的市场动态、信息咨询服务，为客户提供数据库资料和权威检索，在推广知名品牌，提高企业形象，开拓企业市场，促进化工产业健康、有序、稳定发展等方面做出贡献。

随着“山西化工网”的不断发展，注册人数以及网站访问量逐年提高。截至2014年12月初，“山西化工网”累计更新各类资讯新闻14883余条。审核注册会员5420余名。审核供应信息198100余条、求购信息13568余条、产品信息31675余条。网站页面全年累计浏览量9160次、用户数5600人。网站运行步入良性发展的轨道，社会影响力提高。（张　平）

医药工业

【医药工业运行情况】 2014年，山西省医药工业克服企业成本增加和GMP认证的压力，保持相对较快的增长速度，实现产值和效益同步增长。全年省内医药工业主营业务收入完成156.88亿元，同比增长15.32%，占全国医药工业主营业务收入的0.64%，排名第25位。主营业务收入超10亿元的企业的有振东制药、亚宝药业、国药威奇达、威奇达中抗。主营业务收入超亿元的企业有30个，分别为康宝药业、普德药业、仟源医药、云鹏药业、同药集团、太原药业、石药银湖、华康药业等。其中振东药业、亚宝药业进入全国制药行业主营业务收入排名100强，占全省主营业务收入的31%。截至2014年底，山西省医药工业共有三家上市企业，分别是亚宝药业、振东制药和仟源医药。

根据医药行业统计数据，2014年，山西省有18种年销售额上亿元产品，年销售额达到56.89亿元，占全省35.81%。其中有6种产品年销售额达到5亿元以上，分别是国药威奇达的7-ACA和阿莫西林、威奇达中抗的6-APA和青霉素钾盐、亚宝的丁桂儿脐贴、振东的复方苦参注射液。康宝的注射用人免疫球蛋白和人血蛋白、石药银湖的舒血宁、华卫的红花注射液以及广生包装的空心胶囊等其他重点产品产销扩大，利润空间得到提升。

2014年，山西省医药工业运行情况呈现以下特点：1. 产业聚集效应逐步显现。全省范围内初步形成6个以医药工业园为主体、相对集中和规模化发展的医药产业集群。其中大同医药产业集群主要是国内最具优势的化学原料药制造基地，以大同医药园威奇达、普德、同达、仟源药业为依托；晋中医药产业集群为经典国药品牌生产基地，以广誉远、振东安特、中远威等企业为主体；运城医药产业集群打造华北最大的注射剂和现代中药生产基地，以亚宝、石药银湖、华康等企业为依托；晋东南医药产业集群逐步发展成为生物医药与创新药物生产基地，以振东、康宝、太行、海斯药业为龙头；太原医药产业集群重点打造新药研发和防创药生产基地，以太原制药园、经济区、高新区内太原药业、华元、千汇等为主；临汾医药产业集群是现代中药生产基地，以侯马医药园旺龙药业为龙头。年内6个医药工业园医药销售额占全省医药工业销售收入的90%以上，产业集中度提升。

2. 重点骨干企业以国际化项目引领行业发展。2014年，山西省医药骨干企业在新版GMP认证中，着手早，行动快，起点高，建立之初就瞄准国际化目标。亚宝北京固体制剂生产线、国药威奇达克拉维酸钾生产车间通过美国FDA认证；亚宝风陵渡固体制剂生产线通过欧盟CGMP认证；石药银湖的水针生产线通过加纳FDB认证。山西省医药正在迈出以科技创新为基础、正式进军国际医药高端市场的关键一步。

3. 新标准认证工作推进平稳。截至2014年底，山西省有亚宝、振东、康宝、威奇达等51家医药企业领取86张新版GMP证书。其中，无菌药23家，领取证书36张，企业通过率54.8%；非无菌药38家，领取60张，企业通过率33.9%。部分新标准生产线投产达效，增速较快，但较国内先进省市进展略显缓慢。

4. 科技创新实力提升。截至2014年底，山西省医药工业拥有亚宝药业1个国家级企业技术中心，振东制药、威奇达药业、山西康宝、石药银湖等18个省级企业技术中心；形成1个国家中医药管理局三级实验室和2个国家认可实验室；拥有覆盖药学及中医药学类主要专业的硕士授权点3个。

山西省医药行业发展存在以下问题：(1)行业规模偏小、产业集中度低；(2)产品结构不合理，结构性产能过剩；(3) 中药材资源开发利用进展缓慢，产品特色不明显；(4)新药研发资金投入不足，创新能力弱；(5)融资体系尚不完善，资金投入严重不足；(6)企业管理水平较低，停留于传统的经营、管理模式。（康雁翔）

【重点课题发展思路研究】 2014年，山西省医药行办牵头、组织完成“山西省医药行业发展思路研究”重点研究课题。成立课题研究小组，多次召开课题讨论会，对课题的研究范围、研究目标、研究方式进行讨论确认，根据课题需要同专家实地调研省内外医药企业，梳理山西省医药行业的基础数据及十余年的发展过程，总结取得的成绩，分析存在的问题，确定今后一个时期山西省医药行业的发展思路。

山西省医药行业发展思路及对策：以企业为主体，以市场要求为导向，以创新驱动为引领，立足资源优势和产业发展基础，依托现有技术联盟，扩大产学研结合和技术扩散；发挥龙头企业的带动作用，推进医药企业的兼并重组；推动产业集聚，提升医药园区的竞争力；增强自主创新能力，重点培育大品种、大项目，优化产品结构和产业布局。（康雁翔）

【医药行业转型发展】 2014年，山西省医药行业推进转型发展，壮大医药经济规模。

1. 加快创新生态体系建设。(1)政策一致，协同联动。为实现创新资源和要素有效汇聚，通过突破创新主体间的壁垒，释放彼此间“人才、资本、信息、技术”等创新要素活力而实现深度合作。在省委省政府层面确立加快医药发展战略，发改、经信、科技、食药、卫生、教育、人力资源等部门协同联动、共同发力，尽快使山西省医药工业发展实现后发赶超。(2)畅通融资渠道。拓宽直接融资管道，出台鼓励企业上市的政策，推动符合条件的企业上市和上市公司再融资。成立山西省医药产业发展基金，支持医药企业发行公司债、企业债、中票短融。加大对山西省医药企业股份制改造，鼓励在新三板挂牌融资，稳步推进私募股权基金和众筹基金发展。推动金融机构提供各种金融产品和金融服务，加大对符合条件的医药企业贷款支持力度。鼓励开展医药产业知识产权质押贷款业务；支持医药企业利用多层次资本市场进行融资。(3)整合创新资源。发挥大学、研究院所等科研资源优势，推动产学研合作，建设省级公共技术和中试平台，支持综合性创新药物和单元技术研发。发挥企业技术创新主体作用，新增一批医药科技创新中心、企业技术中心，开展原始创新、集成创新和引进消化吸收再创新。创新医药研发模式，鼓励开展协同研发，推动相关企业在药物设计、新药筛选、安全评价、临床试验及工艺研究等方面开展研发外包服务。建立和完善医药创新服务体系。

2. 提升企业创新能力。(1)设立医药创新专项扶持资金。建议设立医药创新专项扶持资金，发挥政府资金的引导作用，重点支持山西省医药企业开展重大创新项目。(2)加大人才培养引进力度。加大从海外引进人才的力度，打造国内一流的科研队伍。完善人才使用机制，在收入分配方面加大向关键岗位和优秀人才倾斜，完善技术入股、期权等产权激励机制。(3)落实税收优惠政策。落实国家对高新技术企业减按15%税率征收的优惠政策；落实新技术、新产品、新工艺的研发费用在税前加计扣除50%应纳税所得额的优惠政策；形成无形资产的，按照无形资产成本的150%摊销。(4)支持医药企业开拓市场。将山西省生产药品纳入国家基本医疗保险药品目录和国家基本药物目录；将拥有自主知识产权的创新药物、独家品种、大品种优先纳入省医保目录或基药增补目录等。

3. 壮大龙头企业，提升产业聚集。引导医药行业龙头企业、优势企业围绕产业链延伸拓展开展跨地区、跨行业、跨所有制的兼并重组，对省外医药生产企业整体或部分迁入山西省、省内医药生产企业跨市整体迁建的，优先办理“药品生产许可证”，加快并联审批，对被兼并企业的生产范围、注册批准文号和《药品生产质量管理规范》证书按有关法律法规的要求变更到兼并重组后的医药生产企业；兼并后企业关键人员、厂房设施、设备、质量保证体系未发生重大变化的，可依企业申请减免检查程序；对兼并重组过程中土地增值税、契税和印花税按国家有关规定给予免征。

4. 加强医药工业与信息化融合，发展电子商务模式。加强医药工业与信息化融合，建立基于信息技术的新药研发与试药系统，加快新药研发进程。加快医药企业资源计划管理系统的建设和实施，提高医药企业管理和控制水平，降低生产成本。利用互联网、大数据，发展医药行业电子商务。加大对医药电商的扶持力度，推动医药电子商务的发展。

5. 促进医药企业由生产型向服务型转变，加快健康产业的发展。推动医药企业根据特有品种、地方优势资源，基于现代服务扩展生产经营领域，发展保健、康复等健康产业，开展用药指导、用药服务等服务业，逐步形成差异化竞争优势。培育龙头特色项目，涵盖中药材GAP种植、生产基地、交易市场、中医药研发、生产、医疗养生及GSP标准的医药仓储物流、电子商务交易以及中药材期货交易平台等医药、健康产业基础建设。（康雁翔）

【医药生产企业地方节能标准制定】 2014年，为引导医药生产企业合理使用能源，提高行业管理水平和能源利用水平，为政府部门能源监管和考核提供依据，山西省医药行办根据省质检局和省经信委下达的制定地方节能标准的任务，制定注射剂和红花提取液两个地方节能标准。省医药行办组织相关人员会同有关专家，先后对亚宝、华卫等多家企业进行实地调研，就标准所涉及的技术和指标等问题咨询相关部门，确定统计范围、计算方法等。组织15家企业按照要求对能耗数据进行统计，并对数据反复核实、分析，根据生产企业实际情况，综合多方意见，初步确定各项能耗指项。为山西省医药企业合理使用能源提供法规层面依据，填补山西省医药行业节能标准的空白，标准的制定在全国医药行业尚属首次。（康雁翔）

建材工业

【建材工业运行情况】 2014年，山西

省建材工业规模以上工业企业共255户，完成主营业务收入209.6亿元，同比下降12.6%；实现利润总额为-9.6亿元，上年为1.7亿元，增亏11.3亿元；亏损企业亏损户122户，亏损面达47.84%，亏损额16.9亿元，比上年同期增亏6.3亿元。

2014年，山西省建材工业生产呈现全行业性亏损形势，企业亏损面一度超过60%，亏损企业亏损总额逐月递增。其中水泥工业经济运行下滑情况最严重，对全省建材行业的不利影响最大。2014年，全省水泥行业产品销售收入91.7亿元，占全省建材工业比重的44%，同比下降25.4%；实现利润总额为-11.7亿元，亏损企业亏损面高达67.4%，亏损总额13.37亿元，占全省建材行业亏损总额的79%，同比增亏4.74亿元，增长54.9%；建筑与技术玻璃制造业亏损面100%，亏损总额1.59亿元，同比增亏1.77亿元；混凝土与水泥制品业亏损企业亏损面达44.1%，亏损企业亏损总额0.81亿元，同比增长16%；建筑陶瓷制品制造业亏损企业亏损面40%，亏损总额0.4亿元，全行业实现利润为-0.23亿元。经济利益下滑严重的行业有砖瓦及建筑砌块制造、隔热和隔音材料制造、玻璃纤维增强塑料制品制造、石灰石、石膏开采、黏土及其他土砂石开采等。实现利润增长的有建筑用石开采与加工业、轻质建筑材料制造、石灰和石膏制造、玻璃纤维及制品制造等少数微小行业。

2014年，山西省统计的18种主要建材产品中，有8种同比保持增长，10种同比出现不同程度下降。水泥完成4538万吨，同比下降7.71%。水泥熟料完成2716万吨，同比下降2.59%。平板玻璃完成1759万重量箱，同比下降14.83%。建筑陶瓷砖完成1327万平方米，同比增长9.72%。商品混凝土完成876万立方米，同比下降7.01%。同比产量下降的产品有水泥混凝土排水管、预应力混凝土桩、砖、钢化玻璃、纤维增强塑料制品等。同比保持增长的产品有石膏板、瓦、水泥混凝土压力管、水泥混凝土电杆、天然花岗石建筑板材、夹层玻璃、玻璃纤维纱等。

2014年，山西省建材行业存在以下发展问题：1.产业结构失衡。山西省水泥、平板玻璃、陶瓷、墙体材料、耐火材料等传统建材产业在整个建材行业中所占比重较大，结构不优，质量不高，对资源和环境的浪费大，且多数企业科技研发普遍投入较低，整体技术进步驱动力不足，产品同质化严重，核心竞争力弱，行业利润率偏低。新兴建材产业在整个建材行业中所占比重偏低。

2.主要产品产能过剩。山西省水泥、建筑陶瓷、墙体材料、耐火材料、商品混凝土和其他水泥制品以及平板玻璃等行业产能增长过于迅猛，导致出现全省各区域产能过剩，市场竞争激烈。山西省水泥工业总产能达1.5亿吨，其中熟料折合水泥产能0.9亿吨，水泥粉磨站产能0.6亿吨，水泥熟料总产达6856万吨，水泥和水泥熟料的产能过剩率分别达200%和150%，有约1700万吨的新增水泥产能要投产释放。水泥熟料产能达8000万吨，水泥产能达1.65亿吨。水泥熟料和水泥产量需求基本稳定在2800万吨和4800万吨左右。全省水泥及水泥熟料产能利用率分别不足40%和50%，低于全国水泥产能利用率72%的平均水平。

3. 政策因素和经济发展环境影响巨大。受国家宏观调控，房地产业、铁路、高速公路建设减缓等政策影响，一些大型基础设施建设进度滞缓；处于固定资产投资和国民经济增速趋缓及出口受阻的运行环境，近年来山西省煤焦冶电等传统能源原材料产业产能严重过剩，需求持续疲软，增量扩能空间受限，致使全省经济增长呈现稳中放缓，工业经济下行压力持续加大的困局。2014年，主要建材产品市场形势低迷，产品市场需求乏力，使多数建材企业不能满负荷正常生产，产能利用率普遍较低，水泥、混凝土及水泥制品、建筑与技术玻璃、建筑用石、砖瓦及建筑砌块、建筑陶瓷等行业受较大影响。

4.建材产品市场需求萎缩、部分产品产能过剩，市场竞争激烈。2014年，水泥、平板玻璃、建筑陶瓷、墙体材料、耐火材料等主要建材产品销售价格普遍下降，并出现赊销竞争局面。多数地区水泥价格一直呈低价位，晋北、晋南、晋东南、吕梁等地的矿渣32.5袋装水泥售价普遍在170元/吨左右，最低售价仅140元/吨。太原及周边地区的42.5散装水泥出厂价格仅在220元/吨左右。水泥及熟料售价普遍均低于或接近成本线，水泥市场无序生产、恶性竞争，价格战呈现愈演愈烈趋势。墙体材料、建筑陶瓷、耐火材料、水泥制品等行业同样面临低价倾销，无序竞争情况。

5.节能减排压力加大。水泥等行业能耗限额标准及环保标准均修订出台，全行业节能减排压力加大。如水泥企业仅“脱硝”一项减排措施就使吨水泥生产成本至少增加5元以上。自2014年7月1日起，山西省对山西晋投立唐环保建材有限公司、大同市恒固建材有限公司、天脊煤化工集团股份有限公司、八一水泥厂、五台县宏泰水泥有限公司、石楼齐鲁水泥有限责任公司、临汾市交通水泥二厂7家企业的淘汰类熟料生产线，用电在现行目录销售电价基础上每千瓦时加价0.40元。（王　洋）

【固定资产投资】 2014年，山西省建材行业完成固定资产投资347.6亿元，比上年同期增长4.59%，低于全国建材行业13.95%的平均增速。其中，水泥制造业完成固定资产投资26.1亿元，同比减少35.8亿元，下降57.86%。山西省有9条新型干法水泥生产线在建，其中8条为日产5000吨熟料的规模(4条基本建成临近投产)。截至2014年底，省内建筑装饰用石开采、石灰石和石膏开采、其他非金属矿采选、石灰和石膏制造、水泥制品制造、砖瓦及建筑砌块制造、建筑用石加工、隔热和隔音材料制造、建筑陶瓷制品制造、轻质建材制造、建筑与技术玻璃制造等行业保持规模较大。利用省内非金属矿产、工业废渣资源优势的传统建材、非金属矿开采与初加工产业投资建设增速较快。绿色建材、新型建材及无机非金属新材料项目投资完成额仍较低。(王 洋)

【科技创新】 2014年,山西省耐火材料产业技术创新战略联盟在阳泉成立。该联盟由来自全省耐火材料产业的企业和山西大学、武汉科技大学、中钢集团洛阳耐火材料研究院等高校、科研院所组成。山西省依托丰富的资源和能源优势,引进福建、广东、浙江等地陶瓷企业在山西建厂,形成阳城、怀仁等建筑陶瓷产业基地,走出由"散"到"聚"的规模化、集群化发展之路。推广健康·环保·低碳绿色建材,在"健康·环保·低碳绿色建材"推广方面率先展开尝试性、引导性工作。山西山水水泥有限公司打造环保节能花园式工厂。(王 洋)

【节能减排】 2014年,山西省推行水泥行业原料替代和余热利用方案。制定政策,鼓励水泥行业采用电石渣、脱硫石膏、粉煤灰、矿渣、冶金渣等非碳酸盐原料替代传统石灰石原料。推广水泥窑纯低温余热发电技术、余热供暖和水泥窑协同处置废弃物技术。拟建217个"无废"项目,所建项目中,有109个是以利用大宗固废为主的新型建材项目。2014年10月底前,太原14个水泥生产企业完成除尘设施改造更新。其中,水泥窑氮氧化物排放较国家新标准要求从严40%,颗粒物排放全部控制在20毫克每立方米以下。山西省重点工程晋能集团朔州煤销粉煤灰综合利用工业园区年产800万平方米的粉煤灰增强硅酸钙板生产线,年产200万平方米的粉煤灰涂装板生产线投产。朔州市润臻新技术开发有限公司利用粉煤灰生产碳金板材,,突破粉煤灰在建材领域的粗放利用模式,变废为宝,共有33项技术获得国家专利,其中发明专利3项。(王 洋)

【水泥质量管理】 截至2014年底,山西省取得水泥企业化验室合格证(章)的企业达175户(包括持有中国建材联合会颁发合格证企业),其中148户企业提出年度考核申请,27户企业未申报。经省市建材主管部门的材料审查和现场考核,其中133户企业合格,占76%;14户企业基本合格,占8%;不合格企业7户,占4%。注销化验室合格证(章)的企业达20户。1户企业化验室合格证被省市建材主管部门暂扣。

3月17日,太原狮头中联水泥有限公司负责实施的2×4500吨/天水泥生产线并配套水泥窑纯低温余热发电的工程建设项目一期工程熟料生产线点火,具备投料生产条件。

经国家建筑材料工业墙体屋面材料质量监督检验测试中心对山西墙体材料行业机构考察评价,中心在山西建立委托工作站,在长治成立。(王 洋)

【烧结砖瓦综合能耗标准制订】 2014年,山西省建材行业办制订《烧结砖瓦单位产品综合能耗山西省强制地方标准》。标准要求推进墙体材料革新,节约能源资源,保护耕地和环境,节能减排,推动节能建筑,对烧结砖瓦生产能耗实行标准化、规范化管理,最大限度地降低烧结砖瓦生产的综合能耗。标准的实施,推动全省烧结砖瓦工业调整、优化产业结构,加快淘汰部分高能耗落后生产线,抑制高耗能,提高行业准入门槛,强化节能、环保等指标约束,促进烧结砖瓦企业采取措施降低生产能耗,促进全省烧结砖瓦工业可持续发展。(王 洋)

【亚洲粉煤灰国际交流大会】 2014年9月25日至27日,亚洲粉煤灰及副产石膏处理与利用技术国际交流大会在朔州举行。大会由亚洲粉煤灰协会、山西省经济和信息化委员会、朔州市政府、国家建筑材料工业技术情报研究所联合举办,来自国内外科研院所的专家学者、固废利用企业的工程技术人员及企业家500余人参会。山西省副省长郭迎光,工信部节能与综合利用司副巡视员黄建中,省经信委主任张华龙,朔州市委、市政府主要领导,亚洲粉煤灰协会主席大卫·哈里斯等出席会议并讲话。亚洲粉煤灰国际交流大会主要任务是交流粉煤灰、脱硫石膏综合利用技术,展示产学研成果,促进国际合作,推动产业发展。同时举办粉煤灰、脱硫石膏及干法脱硫灰技术、煤炭中有益元素提取、工业固废综合利用等主题论坛。会中,朔州市展示在粉煤灰和脱硫石膏综合利用方面取得的进展。(王 洋)

国防科技工业

【国防科技工业运行情况】 2014年,山西国防科技工业系统实现销售收入389.82亿元,增长8.09%;完成工业增加值81.08亿元,增长7.8%;实现利润14.53亿元,增长19.29%;实现利税25.84亿元,增长8.07%;职工年均收入47496元,增长9.2%。重点民品呈较快发展态势。高端装备制造、电子信息、汽车零部件、特种化工产品等保持较快增长。民品实现销售收入增长9.91%,民品增加值同比增长4.52%。

2014年,山西省国防科技工业承担的以"高分二号""中巴卫星4号"等国家重大发射配套任务为代表的高新技术武器装备科研生产任务全面完成,全行业未发生重大质量问题。推进科技进步,企业自主创新能力增强。全年获得国家国防科技奖19项,其中一等奖4项,二等奖4项,三等奖11项。27个项目获得山西国防科技工业科技创新奖。贯彻军民结合、寓军于民方针,支持、引导和鼓励符合条件的民口企事业单位、社会资本参与武器装备科研生产和建设,严格准入制度,规范武器装备科研认证许可,开展"民参军"调查,搭建军工企业和民口配套单位合作平台,及时发布信息,协调落实民口配套单位享受税收等方面的优惠政策,全省"民参军"规模扩大。

1. 注重顶层设计和政策引领。2014年,山西省国防科技工业办公室紧抓山西省转型综改试验机遇,落实《关于加快推进军民结合产业发展的意见》，研究制定军民融合产业发展三年专项规划，明确军民融合发展路线图；安排3000万元专项资金，重点对5个军民结合产业化、3个军民结合科技成果转化项目进行支持，引导企业和社会向军民结合产业聚集，使军民结合产业成为全省转型发展的重要组成部分。

2. 狠抓项目、园区推进和对接签约。2014年，山西省国防科技工业办公室推进40个重点军民结合产业项目，在高端装备制造、节能环保、电子信息、新材料等战略性新兴领域，打造出火车轴、高端液压支架、节能电机、碳纤维、液晶显示装备等一批军民结合拳头产品和龙头企业，民品增加值增长15%；出台《军民结合产业基地创建实施办法（试行）》，规范推进太原轨道交通及高端装备制造产业基地等9个军民结合产业园建设，形成产业聚集效应；举办山西省军民融合成果展示暨推进会。组织7大军工集团、11个市、103家企业进行"新技术、新产品、新项目"对接，集中展示山西省军民融合优秀成果，发布385项军民融合项目，达成合作意向51项，发布十大优秀品牌和十大创新技术，申请国家高分专项在山西落地，成立山西空间信息产业联盟，形成全社会共同推动军民融合发展的格局，为推动全省经济转型发展提供支撑。

3. 推进军民融合体制机制创新。2014年，山西省国防科技工业办公室加强横向协调和纵向沟通，在总结与太原市、大同市协作经验基础上，与临汾市、长治市、晋城市加强协同，建立军民融合发展协调推进机制。主动适应经济新常态，实施"走出去"战略，着力培育新的经济增长点。晋西集团与马钢的铁路产品项目合作、与上海环境发展公司投资垃圾焚烧发电BOT项目；山西新华化工有限责任公司、山西北方兴安化工有限责任公司与盘锦市的炭5、炭9和丁苯胺项目合作。按照现代企业制度要求，健全法人治理结构，中信机电制造公司建立董事会、监事会制度，汾西电子科技公司改制启动新三板上市，为军民融合发展注入新的生机与活力。

坚持军品质量第一，完善武器装备科研生产工艺管理，加强过程控制，加大责任事故追究，全系统形成质量问题"零容忍"文化氛围，企业质量管理进一步规范化、法制化，全行业未发生重大质量问题。

推动安全标准化建设，19家军工单位通过安全生产标准化评审，22家民爆企业全部通过安全生产标准化考评。开展安全生产大检查，强化民爆和军工隐患排查整改，严肃查处事故责任，强化事故处理，进一步拉紧安全生产高压线，全面完成省政府下达的安全生产任务。

狠抓安全保密责任落实，加强定密管理，强化保密体系建设，加强保密日常监督管理，重点对20家单位进行保密交叉检查，配合省保密认证办完成10家单位保密资质认证和复审，完成7家军工涉密业务咨询服务单位备案，全系统未发生失泄密案件。

（赵登斌）

【军民融合产业项目】 2014年，山西省国防科技工业办公室加强军民融合项目库建设。编制《山西省军民融合项目指南》，汇编项目385个。项目涉及装备制造、节能环保、新材料、新能源、新一代信息技术、特种化工等新兴产业领域，具有技术含量高、应用领域宽、市场潜力大、经济效益好等特点，对促进军工经济与地方经济之间相互对接、合作，推进全省军民融合深度发展起到积极作用。

重点推进40项军民融合项目，总投资额112亿元。2014年，计划完成总投资15亿元，实际完成总投资19.71亿元，同比增长14.6%。山西北斗智慧旅游服务系统等6个项目完成论证并开工建设；在建项目18个，总投资74.49亿元，累计完成投资23.79亿元，年内完成投资14.01亿元；竣工项目12项，总投资9.76亿元，累计完成投资8.28亿元，年内完成投资2.06亿元，其中煤层气天然气钻采工具管体生产线建设项目等8个项目建成投产。

编制《军民结合产业发展专项资金管理办法实施细则》。组织完成军民结合专项资金项目申报、评审和资金计划，支持军民融合产业项目8项，其中产业化项目5项，支持特别流转金2500万元，成果转化项目3项，专项补助500万元。

军民结合项目合作对接效果明显。山西省国防科技工业办公室进一步促进军工经济与地方经济之间相互对接、合作，推进全省军民融合深度发展，促成晋城市经济技术开发区管委会与山西江淮重工有限公司签署"中船重工晋城新能源装备制造基地建设项目协议"，中电科三十三研究所与太原钢铁（集团）有限公司签署"T-800级碳纤维战略合作协议"，太原理工大学与吕梁军民融合协同创新研究院签署"云计算合作协议"，太原市民营经济开发区管理委员会、晋西工业集团有限责任公司、上海市环境集团有限公司签署"太原生活垃圾焚烧发电BOT项目建设协议"。组织中央军工集团和军队院校的78个项目进行专场推介，其中航天科技集团计重货运车联网、航天科工集团商业智能（大数据）项目等高新技术产业项目等项目引起参会单位的重点关注，通过组织项目意向单位现场洽谈，共51个项目达成初步合作意向。经与省金融办及省内各金融机构对接、协调，促进银企对接，为山西北方机械制造有限责任公司稀土永磁高压节能电机生产线建设等5个项目落实银行贷款9.8亿元。（赵登斌）

【民爆行业平稳发展】 2014年，山西省民爆行业贯彻落实国务院、工信部和省政府关于安全生产工作的一系列重要决策和部署，贯彻新《安全生产法》，围绕结构调整、技术进步、两化融合、安全生产标准化建设和安全监管等重点工作，开展"百日安全生产专项整治""打非治违""危爆物品安全大检查大整治"活动，各项工作取得成效，全省民爆行业安全生产保持平稳态势。

全年实现工业总产值26.3亿元，同比下降4.3%；销售总值25.3亿元，同比下降8.1%；实现利税5.9亿元，同比增长 10.3%；实现利润 2.9 亿元，同比增长 23.5%；生产工业炸药 38.3 万吨，同比下降 8.5%；销售 38.1 万吨，同比下降 8.8%；生产工业雷管 1.12 亿发，同比下降 10.5%；销售 1.09 亿发，同比下降 14.7%。

山西省国防科技工业办公室结合民爆行业安全生产的新情况、新形势，完善各项管理制度，在对各项法规制度进行梳理的基础上，编制民爆行业安全生产《法规文件汇编》。与全省 20 家民爆企业签订安全生产责任书，明确安全责任，安全生产责任书签订比例为 100%。全省民爆行业继续推行安全生产承诺制，法定代表人变更的企业重新签订安全生产承诺书，并公开向政府承诺。各企业均建立安全生产责任体系，明确各级各类人员的安全责任，层层签订责任书，将安全生产责任落到实处。8 月，配合中爆协在晋中举办全省民爆行业安全监管人员培训班，在忻州举办两期全省民爆行业企业负责人和安全管理人员培训班。11 月，聘请国家级专家对全省 100 多名民爆专家进行专业培训。

2014 年，山西省国防科技工业办公室推动山西国煤民爆器材有限责任公司和山西焦煤集团化工有限责任公司完成实质性重组。各市民爆安全监管部门会同当地国资委等有关部门，进一步对辖区内所有民爆生产、销售企业依法依规进行梳理和整改，尽快理清股权关系，明确安全生产主体责任，理顺企业安全管理体制，严格按现代企业制度构建产权清晰、责任明确的法人治理结构。创新民爆物品管理，推进现场混装炸药车一体化爆破作业模式，形成富余产能的科学流转机制，国家提倡和鼓励的民爆物品生产、配送、爆破一体化的模式得到发展，产品结构调整取得新成效。工业炸药产品结构基本形成以环保型、安全性能高的含水炸药和现场混装炸药为主的格局，工业雷管形成以导爆管雷管和电子雷管为主的格局。

2014 年，山西省国防科技工业技术进步取得新成果，完成山西金恒化工集团有限公司射孔弹、工业电雷管、导爆管雷管生产线，山西同德化工股份有限公司膨化炸药生产线和山西壶关化工集团有限责任公司高强度塑料导爆管等 5 条生产线的技术升级改造。山西壶关化工集团有限责任公司数码电子雷管、高强度导爆管雷管及制备技术和专用设备获得第四届中国爆破器材行业协会科学技术三等奖。用信息化保障工业化，全省所有民爆物品地面生产线、危险作业场所实现视频监控全覆盖，关键危险设备实现自动安全联锁，现场混装炸药车实现视频监控和安全联锁控制。

2014 年，山西省国防科技工业办公室强化民爆行业各级安全监管部门安全属地管理职责，注重市县安全监管部门的参与联动和配合，形成上下联动，齐抓共管的局面。严格准入许可，坚持每季度召开一次全行业安全生产工作座谈会，对行业的安全监管和安全生产工作进行安排部署。开展安全生产专项整治和打非治违。按照“全覆盖、零容忍、严执法、重实效”的要求，开展安全生产大检查、“打非治违”专项行动、“六打六治”等活动。按照省政府、工信部的要求，先后在全省民爆行业开展 3 次安全生产大检查，印发工作方案，采取“四不两直”方式分别对 20 家民爆企业进行全面安全检查，省国防科工办领导亲自带队，成立督导组深入开展隐患排查，共排查隐患 643 项，全部按“五落实”要求进行整改。开展“安全生产月”活动。制订方案，参加全省安全生产咨询日活动，发放安全宣传材料和杂志 1000 余份，收到良好效果。加强产品质量管理和品牌建设，对全部产品进行质量检测，国家和省抽检合格率 100%，有两个山西省名牌产品，四个优质产品。贯彻工信部《民用爆炸物品企业安全生产标准化管理通则》，完善省安全生产标准化实施方案和考评办法，对全省 20 个民爆企业进行严格考评，全省 9 家生产企业和 11 家销售企业全部达标，标准化水平有所提升。（赵登斌）

轻工业

【轻工业运行情况】 2014 年，山西省轻工业呈现增速下行，大多数产品产量回落、效益下降等运行特点。山西省轻工业实现销售收入 880 亿元，增长 2.3%。轻工业行业规模以上企业主营业务收入完成 777.81 亿元，下降 1.6%；工业增加值完成 209.6 亿元，下降 9.8%；实现利润 39.45 亿元，下降 19.4%；实现利税 87.1 亿元，下降 14.8%。全省共有规模以上轻工企业 351 户，亏损企业 72 户，亏损额 6 亿元。规模以上企业主要产品产量：白酒 9.36 千升，下降 10%；食醋产量为 47.5 万吨，增长 23.5%；乳制品 45.2 万吨，下降 8.1%；软饮料 145.3 万吨，下降 1.6%；机制纸及纸板 25.9 万吨，下降 25.1%；合成洗涤剂产量为 9 万吨，下降 14.7%；日用玻璃制品产量为 58 万吨，增长 42%；日用陶瓷产量为 21.8 亿件，增长 9%。

2014 年，山西省轻工业行业各重点企业取得良好成绩。杏花村汾酒厂股份有限公司等单位承担的《基于风味导向的固态发酵白酒生产新技术及应用》项目获得国家技术发明奖二等奖。山西澳瑞特健康产业股份有限公司的《“天宫一号”航天员自行车功量计研制》项目、山西紫林醋业股份有限公司的《山西老陈醋“一液双固”酿造新工艺技术研究》项目获山西省科技厅科技进步奖。白酒、食醋、肉制品、乳制品、糕点、坚果、饮料、食用油、家具、瓷器、体育器材等多个轻工行业的 166 个商标被认定为山西省著名商标。太原市金大豆食品有限公司、山西佰和园食品有限公司、山西定襄山田园食品加工有限公司和山西田森农副产品加工配送有限公司等 4 家企业被农业部认定为主食加工示范企业。乡宁县戎子酒庄技术中心成为山西省全省首家中小企业葡萄酒技术研究中心。南风集团旗下品牌奇强入选“亚洲品牌 500 强”榜单。

2014 年，山西省共有 11 家企业获得诚信体系认证。2014 年，3 家食品

企业通过体系认证，并咨询诚信认证，接受体系评价，另有上年通过的7家企业进行跟踪评价。（何运燕）

【轻工业政策支撑】2014年1月至4月，山西省轻工业行业管理办公室对山西省白酒、葡萄酒、黄酒、食醋、乳制品、肉制品、食用油、淀粉、软饮料等行业企业调研，对各地市食品行业分布和行业产值进行汇总分析，形成食品行业调研报告。

2014年5月，轻工业行业管理办公室结合食品产业发展现状，根据区域产业基础和集聚特点，支持骨干支撑企业和知名品牌发挥引领带动作用，承接国内外食品产业大项目和企业集团；重点发展酒、醋、乳、饮料、畜禽和果蔬加工产业；依托15户重点企业，推进20个项目。立足山西省比较优势和产业基础，推进重点项目和9大食品产业集群（园区、基地）规划建设，提升食品产业制造服务化水平；搭建食品产业公共服务平台，促进食品产业信息资源共享；发挥并利用食品工业跨产业整合资源的特性，集聚产业链要素，促进食品工业产业化各环节优势互融。推进“两化三型”（功能化、绿色化；链式竞争型、集约协调型和文化底蕴型）建设。

2014年11月，《山西日用陶瓷单位产品综合能耗限额地方标准》发布。该标准适用于山西省区域内日用陶瓷生产企业的能耗计算、考核以及对新建项目的能耗控制。（何运燕）

【产业项目扶持】2014年，山西省食品工业研究所的《利用山西特色果品资源开发生产高档混合型果酒的研究》和太原双合成食品有限公司的《预烘焙冷冻面团技术开发项目》通过技术创新项目审核批准，共计申请扶持资金100万元。

祁县政府从资金、管理、技术等多个方面扶持玻璃器皿产业实现升级。每年安排500万元专项资金扶持玻璃器皿企业技改；国家玻璃检测中心落户祁县；“全国玻璃器皿知名品牌创建示范区”获批筹建；与美国波士顿玻璃学校合作，创办国际玻璃培训学校；工艺美术大师评审制度建立，首次评选出22位“祁县工艺美术大师”；聘请上海大学玻璃艺术系教授庄小蔚任祁县挂职副县长；破解企业融资难问题，实施“助保贷”、天津股交所上市融资等业务，帮助玻璃企业融资。（何运燕）

【跨地区、跨行业投资合作】2014年，以京津冀区域经济一体化发展为契机，借助“津洽会”平台，山西省与天津市举行晋津产业协同发展对接会。对接会上，山西省省直有关部门和太原、大同等七个市的有关负责人，与天津市各对口部门和80多家市属企业、行业协会、商协会及会员企业进行主动对接。山西发挥区位、政策、产业等方面优势，建立区域间产业合理分布和上下游联动机制，实现山西与天津共赢发展。

2014年，太重集团结合繁峙县倾力打造肉羊产业大县的战略目标和产业发展实际情况，投资1亿元，建设一个占地582亩的双千高繁母羊养殖场及万只肉羊育肥场，打造养殖龙头企业。该项目于2014年年底完工，正式投产后可年出栏羔羊4000只、商品羊3万只，带动当地产业转型和农民增收致富。（何运燕）

【行业出口】2014年3月，高平市国丹食品有限公司生产的18吨价值6万美元的辣椒粉出口日本，实现山西省辣椒粉出口日本的零突破。

7月，平遥漆器出口量增长，远销三十多个国家和地区。（何运燕）

【轻工园区建设】2014年8月，山西紫林醋工业园正式开园。该园区项目位于清徐县徐沟镇高花村，累计投资近6亿元，完成项目公用工程、总图工程、环保工程的建设，项目一期达产。年接待35万人次的醋文化园申报国家4A级旅游景区认定。

阳泉市平定县古窑陶艺有限公司“中国刻花瓷文化园”建设项目入选2014年度特色文化产业重点项目。公司投资6000多万元兴建的中国刻花瓷文化园项目，一期工程完成并投产，具备陶瓷研发生产和销售、文化旅游休闲等基地功能。（何运燕）

【企业信息化建设】2014年4月，山西省推进食品工业企业诚信建设，搭建电子公共服务平台，通过该平台发布最新、最权威的食品安全信息，查看诚信认证企业信息。7月平台改版，新增诚信查询、金融服务、检测检验、技术咨询服务功能，为食品工业企业、消费者提供信息查询服务；增加消费者留言、满意度调查、诚信企业评价版块，便于消费者对食品工业企业的评价和测评更为公平、公正，同时对评价合格的食品诚信企业起到鞭策和促进作用；新增扫描二维码功能，可进入手机网站和微信公共平台，便于政府、企业、消费者之间的信息互通和交流；新增食品诚信动态栏目，加强平台信息发布的专业性、功能性。

淘宝网“特色中国·晋中馆”筹备工作完成，开始上线试运营。产品线上销售，实现农民与消费者的直接对接。平台打破该市多数农产品传统的营销模式，通过带动晋中市传统中小企业加快电子商务应用，整合晋中更多特色产品资源，提升晋中企业竞争力和发展规模，促进更多特色产品走向国内外市场。（何运燕）

【行业诚信管理与调研】2014年6月，由省经信委主办，省轻工行办、省食品工业研究所协办的山西省食品工业企业诚信管理体系培训会在太原召开。山西省各地市食品工业重点企业饮料、肉制品、杂粮加工等40多家企业，60余人参加食品工业企业诚信体系培训会议。

11月，轻工业行业管理办公室到朔州梁威食品加工园区、祁县开发区食品加工园、沁县农副产品加工园的多家食品企业进行走访调研，了解六味斋、塞上绿洲、沁州绿、统一食品、双合成等食品企业的生产运行情况以及遇到的问题和困难，并就食品诚

信管理体系知识进行讲解和宣传。（何运燕）

【展会协会活动】 2014年4月，第115届广交会第二期山西省有参展企业65家，展位数160个。山西省企业参展产品类别主要为玻璃器皿、日用陶瓷、工艺陶瓷、家居用品等。玻璃制品成交2509万美元，占比63.3%，成为第二期主要成交商品；陶瓷制品成交583万美元，占比14.7%；家居装饰品成交145万美元，家具及配件成交122万美元，礼品及赠品成交90万美元。

8月15日至17日，2014第九届山西糖酒食品交易会在太原煤炭博物馆举行。大会分别设立清香型白酒核心展区、国际葡萄酒烈酒区、国内名酒展区、酒饮食品新品区、中秋月饼茗茶礼品区、绿色有机食品展区、特产杂粮粮油展区、包装设备原辅料区、定制团购展区等。展示内容包括品牌红酒、进口葡萄酒、进口白酒、地方土特产品、绿色有机食品、中秋月饼茗茶礼品、民族特色食品等。本届糖酒会实时提出促进山西杂粮产业和糖酒食品跨界全产业链服务的理念，引进食品加工机械，食品包装策划、设计、制作，防伪技术，互联网营销，食品、酒饮、特产购物平台。

10月23日至27日，2014年第五届中国陶瓷艺术高峰论坛暨首届中国陶瓷艺术名家名作展在晋中市榆次区举行。该论坛由中国陶瓷工业协会、山西省日用硅酸盐协会、山西翔龙黑陶工艺品有限公司共同举办。来自全国各地的40余位专家教授、陶瓷艺术大师、著名陶艺家、著名陶瓷艺术评论家出席论坛和名家名作展。多位陶瓷制作名家在翔龙陶艺艺术空间进行现场创作、讲解。陶瓷制作名家提供的43件作品有26件成功拍卖。山西省日用硅酸盐协会组织山西省陶瓷骨干企业领导和陶瓷艺术设计创作者30余人到会交流学习。

11月19日，2014年“居然杯”中国室内设计大奖颁奖大会及设计论坛在太原召开。大会由中国室内装饰协会主办、山西省室内装饰协会承办，1000余名室内装饰设计师和工程技术人员参会。（何运燕）

【白酒酿造技能大赛】 2014年9月，2014年中国技能大赛—山西省白酒酿造装甑工岗位职业技能大赛举行。大赛由省人社厅、省总工会、共青团省委、省经信委主办。全省30家白酒企业参加竞赛，前六名分别被省人社厅、省总工会、共青团省委、省经信委给予荣誉奖励。（何运燕）

食品工业

【食品工业运行情况】 2014年，山西省政府以“一条主线、三大建设、八项整治”为重点，推进体制改革，开展治理整顿，强化责任落实，打击违法犯罪，保持山西省食品安全形势持续稳定向好；贯彻落实《国务院办公厅关于印发2014年食品安全重点工作安排的通知》（国办发〔2014〕20号）文件内容，推进全省食品安全工作。

2014年，山西省规模以上食品工业企业共有273户，完成主营业务收入701.4亿元，实现利润总额37.1亿元，完成工业总产值662.0亿元，利税83.3亿元；工业增加值完成209.6亿元，增幅低于于全省3%的平均水平12.8个百分点。

从行业看酒、饮料和精制茶制造业下降明显。全省58户规模以上企业，实现主营业务收入193.7亿元，下降2.6个百分点，利润下降53个百分点，总产值下降17.8个百分点。从产品看，白酒制造业下降明显。在主营业务收入与上年基本持平的情况下，白酒行业利润下降68.6个百分点，工业总产值下降20.9个百分点，利税下降45.7个百分点。全省食品销售额10亿元以上的企业有10家，完成主营业务收入364.27亿元，实现利润总额20.76亿元，完成工业总产值294.7亿元，利税57.59亿元。

2014年，全省食品制造业规模以上企业完成主营业务收入123.8亿，同比增长1.8%。罐头食品制造增速最快，完成主营业务收入16.4亿元，占全省工业企业的17.6%，其中肉禽类罐头制造完成主营业务收入14亿元，利润增长130.3%，工业总产值增长33.9，利税总额增长91.1%。

（王 彬）

【中国·山西美食走进联合国活动】 2014年4月30日至5月9日，在商务部、山西省政府、中国常驻联合国

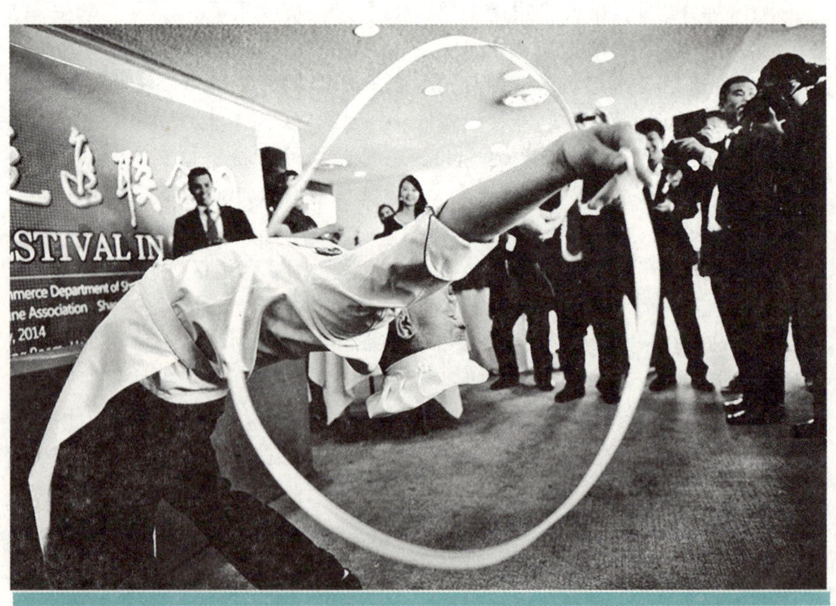

2014年4月30日至5月9日，山西省商务厅组织中国烹饪协会和山西烹饪餐饮饭店行业协会在美国纽约举办“中国·山西美食走进联合国”系列活动 （王 彬供图）

2014年山西省食品工业主要指标(分行业)

指标名称	企业单位数	主营业务收入	同比增减	利润总额	同比增减	利税总额	同比增减	工业总产值	同比增减
	个	亿元	%	亿元	%	亿元	%	亿元	%
农副食品加工业	134	340.1	−2.1	13.1	0.9	14.4	−1.3	355.3	−3.9
食品制造业	80	123.8	1.8	8.5	2.2	11.2	−0.7	136.0	7.5
酒、饮料和精制茶制造业	58	193.7	−2.6	8.0	−53.0	25.4	−39.8	126.1	−17.8
烟草制品业	1	43.7	8.2	7.5	7.0	32.2	9.5	44.5	7.1

注:本表统计口径为主营业务收入2000万及以上的工业企业

2014年山西省食品工业主要效益指标(分地区情况表)

指标代码	企业单位数	主营业务收入		利润总额		工业总产值		利税总额	
		1−12月(亿元)	增减%	1−12月(亿元)	增减%	1−12月(亿元)	增减%	1−12月(亿)	增减%
山西	273	701.4	−1.0	37.1	−18.2	662.0	−4.2	83.3	−14.7
太原	35	110.3	−1.7	10.6	2.2	108.2	−1.8	37.3	6.9
大同	9	10.8	−38.8	1.3	−2.9	10.3	−38.3	1.7	1.2
阳泉	4	4.2	38.0	0.1	−27.3	5.5	10.6	0.1	−30.8
长治	28	61.4	−30.4	3.1	−8.0	65.0	−28.3	4.2	−8.0
晋城	11	10.0	−19.6	0.2	−35.1	10.1	−20.6	0.4	−42.4
朔州	19	35.4	−13.3	1.0	−26.8	37.3	−14.9	2.0	−27.3
晋中	38	60.8	4.3	1.1	−28.1	68.0	10.7	3.3	−16.4
运城	65	148.8	20.7	11.1	3.2	169.4	12.1	12.4	3.7
忻州	16	8.3	−6.7	0.4	29.6	9.4	−7.6	0.5	22.7
临汾	12	13.6	−15.1	0.1	−91.3	21.1	12.1	0.2	−79.0
吕梁	36	237.9	4.5	8.1	−46.2	157.6	−7.6	21.1	−40.7

代表团的指导下,山西省商务厅组织中国烹饪协会和山西烹饪餐饮饭店行业协会在美国纽约举办“中国·山西美食走进联合国”系列活动。

(王　彬)

【百姓最放心食品品牌大型公益调查】 2014年6月23日,“2014年山西省百姓最放心食品(餐饮)品牌大型公益调查活动”启动。这次活动是以建立健全食品、餐饮企业道德诚信建设,保障百姓“餐桌安全”为目的的大型公益活动。(王　彬)

【食品药品安全“黑名单”制度】 2014年10月,根据山西省经信委制定的食品工业企业诚信体系建设工作实施方案,山西省实施守信激励和失信惩戒措施,建立违法违规企业“黑名单”制度。(王　彬)

【山西老陈醋新标准实施】 2014年10月1日,山西老陈醋产品质量新标准开始正式实施。据此,山西老陈醋不再标注保质期,且只有酸度为6度才能被称为正宗的老陈醋。新标准将老陈醋酸度由4.5度变为6度,这意味着山西老陈醋酸度较高,完全可以抑制腐败变质,靠自身品质可在常温、阴凉环境下久放不坏,无须标注保质日期。(王　彬)

【省食品工业协会完成换届】 2014年7月26日,山西省食品工业协会第五届会员代表大会在山西经贸宾馆召开,会上选举产生山西省食品工业协会新一届领导机构。会长为山西杏花村汾酒集团董事长李秋喜,郭东

担任常务副会长,黄永建担任协会秘书长的职务。 (王 彬)

纺织工业

【纺织工业运行情况】 2014年,山西纺织工业面临的外部形势较为复杂,市场需求增长动力偏弱、国内外棉花价差仍然存在、制造成本持续上升等一系列影响因素仍然存在,行业发展压力较大,山西省纺织工业经济运行情况呈现以下特点:

1. 后加工行业好于前加工行业。2014年全省规模以上纺织企业主要大类产品产量增速呈现趋缓势头。全年纱产量51947.68吨,比上年减少4.42%;布产量4390.63万米,比上年增长15.36%;印染布15524万米,比上年增长4.85%;服装产量1537.14万件,比上年增长8.26%。

2. 资金和用工"双紧"的问题日趋严重。一方面是融资难,资金紧张,特别是中小企业生产性流动资金更加紧张。银行对纺织企业采取"多还少贷、早还迟贷、只还不贷"的办法,造成纺织企业贷款难、融资难的问题更加突出。另一方面是招工难,用工紧张,尽管近年来劳动力成本一直上升,但仍然招不到人,企业用工短缺的问题日趋严重。2014年,全省纺织工业规模以上企业从业人员年平均人数仅2.17万人,比上年减少4.82%。

3. 国内棉花价格高于进口棉花价格。2014年国内棉花市场掀起一波降价风潮,但到10月以后,仍维持在1.3万元/吨~1.5万元/吨,远高于进口棉花的价格,一度高于进口棉纱的价格。原料价格下滑较快,引起产品价格同步下滑,但原料存货周转需要时间,导致成本下降滞后,这是山西纺织工业增速下降的重要原因。

4. 产销率提高,但出口下降。2014年,全省纺织工业面临的销售形势仍然严峻,特别是出口压力大。由于内需拉动,全年的产销率有所提高,但出口为负增长。全省纺织工业的产销率为94.54%,比上年提高1.62个百分点。其中,纺织行业的产销率为94.86%,提高1.76个百分点;服装行业的产销率为102.37%,提高2.77个百分点;纺织机械行业的产销率为88.79%,提高0.17个百分点。全年规模以上企业出口交货值总额为8.46亿元,比上年减少21.67%。其中,纺织品出口交货值5.65亿元,比上年减少23.55%;纺织机械出口交货值2.81亿元,比上年减少17.60%。

从流动资产来看,2014年全省应收账款14.72亿元,产成品7.94亿元,分别比上年增加9.20%和10.28%。其中,纺织行业的产成品增加14.40%;纺织机械行业的产成品增加23.93%。

5. 各项主要经济指标均呈现负增长态势。2014年全省规模以上纺织服装和纺织机械企业工业总产值、工业销售产值、主营业务收入、利润总额、利税总额等与比上年相比,均呈现负增长态势。2014年,全省纺织工业规模以上企业累计实现主营业务收入83.32亿元,比上年下降3.99%;实现利润总额1.76亿元,比上年下降21.08%;利税总额为3.89亿元,比上年下降16.88%。

2014年,全省纺织工业规模以

2014年山西省规模以上纺织工业企业主要指标完成情况表

单位:亿元

指标名称	纺织行业	服装行业	纺织机械	合计
单位数(个)	36	12	17	65
亏损企业(个)	13	1	7	21
工业总产值	44.19	18.17	27.21	89.57
工业销售产值	41.92	18.6	24.16	84.68
出口交货值	5.65	–	2.81	8.46
年末资产合计	64.78	20.96	36.16	121.9
流动资产合计	40.14	11.94	22.57	74.65
其中:应收账款	4.91	3.69	6.12	14.72
产成品	4.21	1.71	2.02	7.94
固定资产合计	16.82	5.38	6.82	29.02
负债合计	45.05	11.08	31.41	87.54
年末所有者权益	18.64	9.58	4.77	32.99
营业收入	41.72	18.74	24.24	84.7
其中:主营业务收入	41.64	18.49	23.19	83.32
营业成本	37.23	15.9	21.59	74.72
其中:主营业务成本	37.13	15.77	20.85	73.75
营业税金及附加	0.07	0.07	0.17	0.31
其中:主营业务税金及附加	0.07	0.06	0.08	0.21
营业费用	0.57	0.4	0.65	1.62
管理费用	1.19	1.08	2.56	4.83
财务费用	1.2	0.21	0.22	1.63
利息支出	1.1	0.18	0.29	1.57
利润总额	1.07	1.25	−0.56	1.76
亏损企业亏损额	0.81	–	0.84	1.65
利税总额	1.89	1.74	0.26	3.89
从业人员年平均人数(万人)	0.98	0.53	0.66	2.17

上企业的总资产贡献率为4.57%，流动资产周转率1.12%，成本费用利润率2.15%，均比上年下降。

从全年走势看，全省纺织工业经济仍在艰难境地中运行，企业生产经营困难较大。全省纺织工业规模以上企业中亏损企业有21户，亏损面达32.31%。全省亏损企业亏损额为1.65亿元，比上年增加21.32%。棉纺织业整体呈现市场价格弱势下行态势，行业整体运行质量和效益不佳，纱布价格均持续下跌。虽然棉价有一定幅度下跌，但下游纱、布价格下跌幅度更大，致使下游企业订单极为谨慎，企业产成品库存压力较大。同时，由于棉纺织行业困难，导致行业技术改造的投资严重不足，进而影响到纺织机械制造行业的生产经营，加之出口形势严峻，纺织机械制造行业的主营业务收入比上年下降19.92%，亏损面达40%以上，亏损企业亏损额达0.84亿元，比上年增加25.37%。（孙宝明）

【王儒林到吉利尔潞绸集团调研】 2014年12月20日，山西省委书记王儒林在晋城市委书记张九萍、市长刘润民及高平市委书记张玉宏、代市长邹树琦等领导陪同下，在山西吉利尔潞绸集团调研。吉利尔潞绸集团董事长王淑琴介绍公司的发展历程和现状。王儒林书记对吉利尔潞绸集团传承潞绸文明重塑潞绸辉煌的光荣使命表示肯定。潞绸成为高端丝绸的代表——新潞绸丝麻面料行业标准制定牵头企业、中国高档丝绸标志认证企业。生产的潞绸新品由真丝与大麻交织的潞绸缎、潞绸纺等成为全国首创，并多次入围中国流行面料，出口欧美，是知名品牌“例外”“玛丝菲尔”“雅戈尔”的专业供应商。公司连续两年为央视春晚主持人设计并制作高级定制的潞绸礼服，多次为国际电影节明星走红毯定制礼服。2014年7月，潞绸织造技艺入选第四批“国家级非物质文化遗产”。新娘潞绸被凭借潞绸厚重、精美的国家级文化遗产的面料织造优势，以及太行山蚕丝因特殊地理环境，180天生长期的优质蚕茧为原料，成为中国丝绸婚被第一品牌，成为吉利尔公司的认知产品。（孙宝明）

【装备升级】 2014年，山西省重点纺织企业推进技术装备升级。经纬纺织机械股份有限公司榆次分公司新建电镀钢领自动线，投资400多万元。8月开始设备安装、调试，10月上旬完成对普通钢领和精品钢领的工艺调试，10月底进行工装组装并投入批量生产，产品性能参数均达零件质量要求。该公司参与生产制造的“G4729型碳纤维多层角联织机”在天津工业大学通过国家课题验收。碳纤维多层角联织机是国家科技部委托天津工业大学、经纬股份有限公司和榆次分公司共同研制开发的重点科研项目。G4729型碳纤维多层角联织机主机由经纬股份有限公司设计，送经部分由天津工业大学设计，榆次分公司负责生产制造、装配。在技术部和相关单位的共同努力下，榆次分公司于上年4月完成样机试制工作，随后在天津工业大学顺利生产，并于2014年3月初通过生产鉴定。该机最厚可以织30层碳纤维，产品大多应用于军工领域。

2014年，山西绿洲纺织有限责任公司更新生产设备。投资100余万元新增的1台RF231C型并纱机、5台RF321F型短纤倍捻机投入正常运行。并纱机采用集中控制系统，可设置并纱长度、纱线路数、断纱延时、切丝使能、自动清零等工艺参数，可分整车(80锭)、单面(40锭)、单节(10锭)进行设置，也可手动进行单锭设置；运行过程中采用单锭控制，断纱自停，电子计长满筒自停，同时配备水捻捻结装置；转速调节为变频调节，使得调整更简便。整机品种适应性强，实现“无结头”，杜绝多股、少股疵点。倍捻机结构紧凑，运行平稳，断头率低，操作简单。采用变频控制，配备水捻捻结装置，实现无结头合股纱线的生产。（孙宝明）

【技术创新】 2014年11月25日，山西彩佳印染有限公司研发的棉织物连续快速冷堆练漂工艺技术在纺织之光2014年度中国纺织工业联合会科技教育奖励大会上获2014年度中国纺织工业联合会科学技术进步一等奖。该项目研发高效分散、乳化、渗透、稳定的快速低温练漂助剂，在现有常规连续氧漂生产线上研究采用高给液等工艺技术，实现棉织物的高效低温连续一浴一步法退煮漂工艺。这项新技术改变传统的“退浆、煮练、漂白”三段工艺、“退煮、漂白两段工艺”“常规冷堆(12~24小时)工艺”，形成高效低温连续一浴一步法新工艺。2012年，山西省科学技术厅和中国纺织工业联合会组织进行成果鉴定，认定该项工艺技术为国际领先水平，2013年9月被国家科学技术部列为“国家火炬计划产业化示范项目”，2014年9月被列为“纺织之光”重点科技成果推广项目。该工艺技术在该公司实现产业化大批量生产，并在广州等地推广使用。中国纺织工业联合会科技发展部、中国印染行业协会、纺织之光科技教育基金会，于9月25日在山西省永济市山西彩佳印染有限公司举办“棉织物连续快速冷堆练漂工艺技术”现场推广活动，组织相关企业的管理人员和技术人员参加参观生产现场，并答疑交流。

2014年，山西绿洲纺织有限责任公司被山西省科学技术厅、山西省国有资产监督管理委员会和山西省总工会命名为山西省第一批创新型企业。按照《山西省国际科技合作基地认定与管理办法》的规定，经专家评审、现场考察及网上公示等程序，该公司被山西省科学技术厅认定为“山西省国际科技合作产业化基地”。目前，全省共有6家单位获得认定。

根据《山西省企业技术中心管理办法》规定，由企业申报，主管部门推荐，由省经信委同省科技厅、省财政厅等有关六个单位组织专家答辩会，经综合考察审核，山西兵娟制衣有限公司成为此次认定的17家企业技术中心之一。（孙宝明）

【产品开发】 2014年2月，在北京举行的“2014中国国际面料设计大赛暨第31届（2015春夏）中国流行面料入围评审活动中，山西绿洲纺织有限责任公司参评的“春之恋”入围中国流行面料。这是公司连续31次入围“中国流行面料”。在2014中国国际面料设计大赛暨2015/16秋冬中国流行面料入围评审活动中，该公司参评的“大麻再生涤混纺面料”荣获优秀奖。截至2014年底，公司连续32次入围“中国流行面料”。

山西森鹅服装有限公司开发咖啡碳纤维系列产品主要功能是抑菌除臭、发散负离子和抗紫外线、蓄热保温、低碳环保的功能和特色。公司经过三个多月的紧张筹备，森鹅官方旗舰店入驻天猫商城。这是山西森鹅服装有限公司在近年来电子商务领域迅猛增长的趋势背景下做出的重要决策。（孙宝明）

【质量管理】 2014年2月，经山西省质量技术监督局评定，山西绿洲纺织有限责任公司获“2013年山西省质量信誉AAA级标准企业”，先后通过ISO9000:2000质量管理体系的认证、南京IMO公司GOTS、OE100和荷兰CU公司OE100和OE混纺有机认证，“LZ绿洲”商标已成为具有一定国际影响力的知名品牌。

6月11日至13日，中国质量认证中心山西评审中心专家对际华三五三四制衣有限公司质量环境安全管理体系进行监督审核，公司通过外部审核。际华三五三四制衣有限公司质量环境安全管理体系运行健康，注重技术改造和设备更新，在质量、环境、安全方面符合ISO9001:2008、ISO14001：2007、GB/T28001：2011标准的要求。

8月6日至7日，河北方圆认证集团三位专家对运城市空港新区华雄实业有限公司公司质量管理、环境保护、职业健康进行为期两天的重新认证。（孙宝明）

【技能大赛与操作比武】 2014年6月15日，由中国服装协会主办，深圳市纺织工业协会、中山市沙溪理工学校承办、天津宝盈电脑机械有限公司冠名赞助的富怡·第二届全国十佳服装制版师大赛决赛，在广东中山沙溪举办。晋城职业技术学院教师任波，经过与99名决赛选手的激烈角逐和评审委员会的严谨评审，最终夺得第30名并荣获优秀奖。同时，山西省服装协会获得优秀组织奖。这两项成绩的取得，是山西服装行业参加全国性行业大赛决赛又一新纪录。

12月21日，“富怡·山西省服装行业第二届金剪奖制板师大赛”暨“富怡·第三届全国十佳服装制板师大赛选拔赛”在晋城职业技术学院举办。经过为期两天、计17.5小时的赛程角逐，晋城职业技术学院任波蝉联冠军荣获一等奖，山西景柏服饰有限公司李婷霞和山西兵娟制衣有限公司熊宏伟荣获二等奖，晋城职业技术学院张彩萍、山西景柏服饰有限公司来明星、山西百圆裤业连锁经营股份有限公司陈海龙获得三等奖，山西景柏服饰有限公司李明超、山西省工业和信息技术学校郭瑞娟、山西兵娟制衣有限公司董霞、山西吉利尔潞绸集团织造股份有限公司邵路丹、山西兵娟制衣有限公司王华瑞、山西百圆裤业连锁经营股份有限公司梁成凤、山西兵娟制衣有限公司任晓阳、山西吉利尔潞绸集团织造股份有限公司韦明海、山西兵娟制衣有限公司王茂深等9名选手获得优秀奖。同时，熊宏伟获得最佳平面制板奖，张彩萍获得最佳工艺制作奖，陈海龙获得最佳立体造型奖。晋城职业技术学院获得竞赛组织一等奖，山西景柏服饰有限公司荣获竞赛组织二等奖，山西兵娟制衣有限公司获得竞赛组织三等奖，山西省工业和信息技术学校、山西百圆裤业连锁经营股份有限公司、山西吉利尔潞绸集团织造股份有限公司分别获得竞赛组织优秀奖。

年内山西绿洲纺织有限责任公司举办年度操作比武运动会。这是该公司第三十五届操作技术比武活动。参加此次运动会的有4个车间、1个分厂和1个分公司，参赛运动员380人，参赛项目61个，获奖运动员143人。（孙宝明）

【安全文明生产】 2014年，山西绿洲纺织有限责任公司要求各单位组织全体职工学习和完善安全生产规章制度，强化安全生产防范措施，做到“零违章、零隐患、零事故”。检查和清除生产过程中的粉尘，特别是重点区域，除班班清洁外，车间每周末都必须安排专人对可能引起火灾的电器和易燃易爆之处彻底清扫，不留死角。作业场所粉尘浓度较高的区域，要加强通风、加湿和洒水等工作，以防粉尘浓度聚集超标遇明火发生燃烧爆炸。对所有线路、动力柜、配电柜等电器设备要重新进行整修，堆放原料、成品、半成品的库房严禁使用交流电源照明，配电柜内的粉尘必须坚持每天进行清扫，每周进行一次彻底清扫。加强锅炉、分气缸、贮气罐、煮锅等压力容器、压力管道和行车的安全检查，发现问题及时整改。推行全公司范围内公共场所无烟化，生产区严禁携带和使用明火，任何人进入生产区严禁携带火柴、打火机、香烟和易燃易爆物品，进入生产区的车辆都要进行严格的防火检查。生产区内动火作业时，必须有专人监管防护。开展为期一个月的清理整顿活动，对所有物件分类整理，废弃台板集中转移，违章搭建一律拆除，私栽乱种统一清理。

山西森鹅服装有限公司在2014年夏季来临之前，投资9万余元在车间和餐厅安装冷风机，改善工人的工作环境和就餐环境。安装冷风机后，车间温度下降3℃~8℃，车间内的含氧量提高。（孙宝明）

【校企协作】 2014年5月，际华三五三四制衣有限公司与西安工程大学联合设立省级大学生实践基地暨工程实践教育中心。公司执行董事兼总经理王清才和西安工程大学副校长樊增禄、公司党委书记王光照、党委副书记岳秦建等公司领导和西安工程大学教授张洛红、刘静伟、吕钊等一行出席揭牌仪式。在仪式上，西安工程大学捐赠《现代服装材料学》《服装创意面料设计》《服装制作工艺教程》等服装设计专业书籍。

7月29日，山西森鹅服装有限公司与太原理工大学轻纺工程学院签订“大学生社会实践基地”合约并挂牌。（孙宝明）

【纺织期刊获嘉奖】 2014年4月，由中国纺织工业联合会会刊《纺织服装周刊》举办的首届中国纺织服装优秀企业报刊评选活动落下帷幕。在数百家参选的企业报刊中评选出24家优秀企业报刊分获最佳主编、优秀栏目、优秀标题、优秀创意、优秀图片、优秀设计、优秀记者、优秀主编等8个奖项。由山西省服装协会、山西新新纺织行业技术中心联合推荐的《山西纺织服装》和山西绿洲纺织有限责任公司《绿洲纺织》荣获“优秀设计奖”，际华三五三四制衣有限公司《三四人》荣获“优秀栏目奖”。（孙宝明）

【太原理工大学轻纺工程学院师生获奖】 2014年9月26日，由中国纺织服装教育学会和教育部高等学校纺织类专业教学指导委员会主办、绍兴市柯桥区人民政府和绍兴文理学院联合承办的“红绿蓝杯”第六届中国高校纺织品设计大赛在绍兴举行颁奖仪式。由太原理工大学轻纺工程学院教师郭红霞、闫承花指导，纺织工程11级学生司晓红、李文林设计的作品《守望》，荣获特别单项奖——“最佳材质组合奖”，两位教师也荣获“优秀指导教师”称号。这次大赛共收到来自24所院校的960件作品，最终评出一等奖5项、二等奖15项、三等奖25项、特别单项奖5项。轻纺工程学院继2011年在“越隆杯”第三届中国高校纺织品设计大赛中获得装饰类三等奖一组、优秀奖四组之后，再创佳绩。

11月21号，由中国服装设计师协会和东方宾利主办、太原理工大学轻纺工程学院承办的第二十届中国“模特之星”山西赛区选拔赛在明向校区轻纺楼表演训练室举行。太原理工大学轻纺工程学院服装表演专业36名学生参加此次选拔。经过不同环节的比赛，最终巩婷、冯婕、张誉耀、张绪尧四名同学成绩优异，取得代表山西赛区前往广西参加全国总决赛的资格。（孙宝明）

【纺织品课题研究】 2014年，山西省纺织工业行业管理办公室经省经信委批准，上报《我省产业用纺织品发展前景与潜力》课题。该课题通过分析山西省产业用纺织品的发展潜力、市场需求、产业基础和经济建设组成的必要性，论述山西省发展产业用纺织品的重要性和可能性，并提出发展思路、产品方向、发展目标和政策建议。（孙宝明）

城镇集体工业

【城镇集体工业运行情况】 2014年，山西省城镇集体工业联合社（简称城联社）系统拥有11个市级城联社，107个县级城联社，1021户成员集体企业，14万职工。城镇集体工业产值完成108亿元，增加值48亿元，销售95亿元，利税13.2亿元，集体资产总额220亿元。

城镇集体工业中，有山西省工艺美术协会会员单位1020户，其中规模以上企业47户，从业人员6324人，其余为规模以下企业。完成产值37亿元，销售收入34.09亿元，利税总额4071万元，出口交货值1.7亿元。

省城联社现有直属单位28户，职工6000余人，年销售产值8亿元，利税2000万元。其中长治市区域性大型再生资源回收利用基地废旧家电回收拆解量15.72万台，申请国家废旧家电拆解基金补贴1256万元。

2014年，山西省城联系统中心工作从10个方面实现全行业的转型发展：(1)由单一的集体企业向股份合作制企业转型；(2)由劳动密集型企业向小微技能劳动密集型企业转型；(3)由封闭单一的行业经济向县域经济转型；(4)由二轻行业管理向集体资产监管运营转型；(5)由传统手工业向低碳产业、为一村一品和“三农”服务上转型；(6)工艺美术向文化旅游产业转型；(7)传统二轻优势行业向山西省十大产业链的延伸上转型；(8)招商引资向东南沿海省份产业梯度转移的接续转型；(9)发挥各级联社机关和成员企业区位优势向现代服务业转型；(10)发挥联社合作经济优势向服务城镇化建设转型。

2014年，山西省城联社系统存在以下发展问题：(1)国家和省政府关于城镇集体经济改革和发展的具体政策、意见还未出台；1991年国务院颁布的《城镇集体所有制企业条例》亟待废止或修订；集体（合作）经济理论体系有待进一步探索、总结和完善。(2)作为公有制经济重要组成部分的城镇集体企业，既享受不到国有企业的优惠待遇，又因管理渠道和信息渠道不畅通等原因被中小微型企业的优惠政策边缘化，使得城镇集体企业发展步履越来越艰难。(3)城镇集体资产的产权界定、资产评估、清产核资工作的监管、认定、审批、备案的职能未有效建立和明确；城镇集体企业职工的基本权益保障体系尚未有效健全。(4)虽经过全省各级城联社的创新努力，各级党委和政府出台有关扶持城镇集体企业的具体政策，但在实施中仍存在着宣传不够、贯彻不力、落实不到位的问题。(5)各级城联社在新一轮经济体制改革过程中，既面临着机遇，更面临着挑战。作为对集体资产监管运营、对集体企业指导改革发展及维护集体企业和职工合法权益的城镇集体经济管理机构，山西省目前还有28个城联社处于自收自支经费窘迫的困难境地（省城联社和27个县级城联社），还有12个县（区、市）未建立城联社。(6)国务院在1997年就颁发《传统工艺美术保护条例》，江苏、浙江、上海、北京、四川、广东等地相继制定本省（市）传统工艺美术保护实施细则，山西省目前尚未出台《山西省传统工艺美术保护办法》。(7)传统工艺美术技师、大师创作条件较差，待遇不高，积极性受挫；生产传统美术品的企业纷纷关闭破产或者转产；“父艺子不学、师技徒不受”的情况较为严重；继承和传承的图书和音像资料缺乏，部分传统手工绝技和工艺美术品种面临“技消艺绝”的处境，许多传统手工业、工艺美术面临着断代失传危险。（冯晓东）

【职业技能比赛】 2014年，省城联社组织职业技能比赛。年内工艺美术“金沙滩杯”陶瓷职业技能大赛比赛成绩揭晓，大赛前12名选手被授予“三晋技术能手”荣誉称号。12名获奖选手分别是刘金海、胡晓明、梁晓明、王卯全、李增平、唐文琦、麻渊、谭鹰、王小燕、程兵、刘建强、王保和。山西省劳动竞赛委员会为12名获奖选手记功表彰，其中麻渊、程兵2人被授予山西省五一劳动奖章；谭鹰、刘建强、王小燕、王保和4人记个人一等功；刘金海、胡晓明、梁晓明、王卯全、李增平、唐文琦记个人二等功。山西省工艺美术职业技能大赛组委会为12名获奖选手颁发1000元至10000元的奖金。

2014年中国技能大赛——山西省工艺美术第二届“唐都杯”漆器职业技能大赛决赛在平遥唐都漆艺博物馆举行。参赛选手经全省各市城联社、工艺美术协会选拔推荐，有漆器企业员工、个体手工艺人以及山西大学美术学院、太原理工大学艺术学院等5所高校的师生共40名漆器技艺选手参加大赛。（冯晓东）

【山西省非物质文化遗产精品展】 2014年9月11日至22日，由山西工艺美术集团主办的“晋善晋美——山西省非物质文化遗产精品展”先后到新疆维吾尔自治区昌吉回族自治州、阜康市和兵团六师和五家渠市等地巡展。每天接待客流量接近饱和，累计突破6000人次，在地广人稀的边城形成难得一见的文化“盛事”，为“新疆行”活动增添亮点。

12月26日，山西省手工业管理局成立60周年，省城联社举办《山西手工业·二轻工业·城镇集体工业六十年历程图片展》。图片展用18块展板、400余幅老照片回顾山西手工业、二轻工业、城镇集体工业的历史和成就，重塑光荣与梦想。（冯晓东）

【台湾代表团走进山西工美】 2014年7月14日，“情系三晋·两岸文化联谊行”大型文化交流活动的98位台湾文化界、教育界、新闻界和艺术界嘉宾到山西省工艺美术馆参观考察。该活动由中华文化联谊会、山西省人民政府联合主办。（冯晓东）

【轻工企业项目入选国家级名录】 2014年山西宇达集团有限公司、广灵县多堂剪纸文化产业园区有限公司、太原特玛茹电子科技有限公司3家企业获得商务部、中宣部、财政部、文化部、新闻出版广电总局共同认定，入选2013—2014年度国家文化出口重点企业和重点项目名录。

12月3日，文化部第五批国家级文化产业示范（试验）园区和第六批国家文化产业示范基地推荐名单确定。山西本命年文化创意有限公司、平遥县唐都推光漆器有限公司被列入第六批国家文化产业示范基地推荐名单。

平定县古窑陶艺有限公司“中国刻花瓷文化园”建设项目入选国家文化部2014年度特色文化产业重点项目库。（冯晓东）

【山西工艺美术品获奖】 2014年3月24日，山西工美协会选送的作品在第49届全国工艺品交易会举办的“金凤凰”创新产品设计大奖赛获3项金奖、5项银奖、7项铜奖和7项优秀奖。

5月24日至27日，山西张彦云的“福娃娃之晋虎系列”在第六届中国国际旅游商品博览会上获银奖，蔺涛的“澄泥砚”获铜奖，山西剪纸系列获“最佳必购商品奖”。

10月，绛州澄泥砚在浙江东阳举办的世界工艺文化节上获得联合国教科文组织颁发的“世界杰出手工艺品徽章”。在十五届中国工艺美术大师暨国际手工艺品精品展评奖活动中，山西工美作品摘得“百花杯”中国工艺美术精品奖7项金奖，14项银奖，26项铜奖。刺绣、面塑、剪纸、漆器、皮影、金属、雕塑、花画、编织等。（冯晓东）

【传统工艺美术保护发展项目评审】 2014年6月28日至29日，2014年度山西省传统工艺美术保护发展项目进行评审。专家们对全省初选出的20个传统工艺美术保护发展项目进行严格评审，最终入选项目按照专家评分和《山西省传统工艺美术保护发展资金管理办法》选出后进行扶持。

从2007至2014年山西省财政累计拨款2860万元，共扶持传统工

“情系三晋·两岸文化联谊行”台湾代表团走进山西工美 （冯晓东供图）

艺美术保护项目 205 个。（冯晓东）

【广灵剪纸博物馆成 3A 级景区】 2014 年，广灵剪纸艺术博物馆入选国家 3A 级景区，是山西省惟一的国家级非物质文化遗产 3A 级特色景区。广灵剪纸艺术博物馆始建于 2007 年，由广灵剪纸创始家族传人、国家级非物质文化遗产代表传承人张多堂、张栋父子投资 4500 万元建设，占地 4 公顷，建筑面积 9600 平方米，设有十三个展厅和一个地下收藏厅，藏品达 16000 多件，是集展览、收藏、体验、旅游、教学、研究为一体的专题博物馆，对外累计接待游客 120 多万人次。（冯晓东）

工艺美术微刻作品《老翁金杆钓牙米》（冯晓东供图）

【一粒微刻“米”价值 200 万元】 2014 年 5 月 18 日，在第十届深圳文博会上，山西展团价值 200 万元的作品，被本届文博会评为四星级。作品是山西省著名微刻艺术家、山西省工艺美术协会理事王修筑，在 0.1 克重的牙米上刻着 18 首唐诗 372 个字的微刻作品《老翁金杆钓牙米》。作品以老渔翁独钓寒江雪的故事为背景，神形兼备，自然融合金、木、水、火、土五行元素，传承中华古典诗歌美。（冯晓东）

【入选“中国民间文化艺术之乡”】 2014 年，文化部正式公布 2014—2016 年度“中国民间文化艺术之乡”名单，并举行命名颁牌仪式。山西省入选 12 个，分别是太原市尖草坪区西墕乡（太原锣鼓）、长治市黎城县（黎侯虎）、长治市长治县（潞安大鼓）、长治市长子县（长子鼓书、长子八音会）、朔州市怀仁县（旺火习俗）、忻州市定襄县（定襄面塑）、忻州市原平市（炕围画）、吕梁市汾阳市（地秧歌）、吕梁市中阳县（中阳剪纸）、晋中市左权县（左权民歌、小花戏）、临汾市汾西县（威风锣鼓）、临汾市霍州市（威风锣鼓）。（冯晓东）

【梁中秀入选工艺美术行业典型】 2014 年，山西省梁中秀入选 2013 年度中国工艺美术行业典型人物。该荣誉由中国工艺美术协会评选，颁奖仪式于 2014 年 3 月 21 日在福州第 49 届全国工艺品交易会举行。梁中秀系中国工艺美术大师、高级工艺美术师、世界漆文化会员、山西省十大文化创新人物、山西省工艺美术协会副理事长、山西省劳动模范。其作品沉雄浪漫，丰韵华滋，极具观赏和收藏价值，曾多次获得国家和省级的金奖、银奖，并被国家博物馆和多家政府组织、博物馆收藏。（冯晓东）

【《中华双圣图》进吉尼斯纪录】 2014 年 1 月 13 日，山西省工艺美术协会会员、河津市剪纸艺术家高晓东、闫芳创作的巨幅剪纸作品《中华双圣图》通过吉尼斯世界纪录总部和世界纪录协会认证，成为世界最大剪纸。

该作品长 26.30 米、宽 17.36 米，面积达 456.568 平方米，以长城作背景，以中华“武圣”关公和“文圣”孔子的人物形象为主体，配以松、竹、梅、龙、和平鸽等图案，寓意华夏儿女智慧、坚忍的高尚品德和龙腾盛世、民族团结的和谐景象。（冯晓东）

【世界最长的剪纸长卷】 2014 年 3 月 31 日，广灵剪纸创始家族传人、国家级非物质文化遗产省级代表传承人、山西省工艺美术协会常务理事张多堂、张栋父子经过两年多时间共同完成广灵剪纸百米长卷《晋善晋美》，被英国扛旗世界纪录认证为“世界上最长的剪纸长卷”。（冯晓东）

转型综改试验区　开发区

Transformation of Experimental Development Zones　Development Zones

转型综改试验区

【概述】 2014年，山西省继续推进转型综改试验区建设。1月16日，《中共山西省委关于深入贯彻党的十八届三中全会精神 加快推进转型综改试验区建设的若干意见》(晋发〔2014〕3号)正式印发。1月23日，省政府印发《山西省国家资源型经济转型综合配套改革试验2014年行动计划》(晋政办发〔2014〕1号)。3月27日，省政协召开会议，对开展"服务转型综改攻坚调研年"活动做出安排。活动旨在围绕中心、服务大局，动员引导各界别、专委会和广大委员，以转型综改试验区建设为统领和切入点，聚焦全面深化改革，紧扣事关全省经济社会发展的重大课题开展调研、建言献策，为山西省破解转型难题、推进科学发展献智出力。会议确定36个调研选题。1月中旬，省转型综改办邀请有关专家组成考评组，对各市、省直有关部门、11个省级试点县(市、区)、12户省级试点企业2013年度转型综改工作进行综合考核。2月27日，山西省创新驱动战略相关行动计划出台，《国家创新驱动发展战略山西行动计划》《山西省低碳创新行动计划》印发，此举标志山西创新驱动战略开始步入实施阶段。4月11日，省政府发布《山西省主体功能区规划》，将山西省国土空间细分为：重点开发区域、限制开发区域(农产品主产区)、限制开发区域（重点生态功能区)和禁止开发区域四类区域，并赋予其不同的发展功能定位。6月26日，省政府出台《关于深化国资国企改革的实施意见》，标志着山西省开启新一轮国资国企改革。该《意见》共19条，从国企发展混合所有制、完善现代企业制度、健全国有资产管理体制等方面绘出清晰的发展路线图。

1. 山西综合能源基地建设。省发改委推进现代煤化工等相关产业重大项目布局。按照省政府部署，省发改委牵头编制晋北现代煤化工、铝工业和轨道交通、煤层气、煤机、电力、煤化工五大装备制造业重大项目布局推进意见，经省政府常务会议原则通过，并按照会议安排推进相关工作。编制完成《晋北现代煤化工基地产业发展规划(送审稿)》，经省政府审定同意，上报国家发改委。对规划内先期启动的项目，要求相关企业落实项目选址、资源、用水、用电、环境容量、交通运输等条件，完成预可研编制。向相关地市下发装备制造业重大项目布局通知，各市组织人员编制完成相关规划并按期上报省发改委。经专家论证，批复大同市、晋城市、太原市、运城市上报的9项规划。

2. 金融创新发展。山西省"七招"化解融资难融资贵。一是召开"金融支持山西经济转型升级座谈会"，省内17家金融机构与213个项目对接，达成授信意向2834.03亿元。二是研究出台《关于缓解企业融资成本高问题的措施》，提出10条具体措施，推动金融与实体经济良性互动。三是编制出台《关于缓解企业资金困难、促进经济稳定增长的两项财政措施》，研究拟定《山西省省级国库现金管理操作办法》，促进财银合作，引导金融机构加大信贷投放力度。四是设立山西省创业风险投资引导基金，累计投入6.74亿元；编制出台《山西省金融支持特色产业发展富民扶贫工程2014—2018年实施方案》。五是继续落实《关于进一步支持中小微企业发展的措施》和《关于金融支持山西经济结构调整和转型升级的指导意见》；加快山西股权交易中心等要素市场建设，成功发行金虎便利等4支中小企业私募债。六是加强与中国银行间市场交易商协会、上海和深圳证券交易所合作。七是落实促进私募股权基金、创业投资基金和融资租赁发展的各项政策。

3. 创新完善产业扶贫机制。省财政厅创新专项扶贫资金管理机制。一是改革财政扶贫资金分配方式。除保障中央和省确定必须完成的重大任务、重点工作涉及资金外，综合考虑农村贫困人口、农民人均纯收入、人均地方财力等因素，采取项目、资金、任务、责任下放到县的办法，调动县级扶贫开发的积极性。二是突出保障重点工程。2014年安排易地扶贫搬迁工程5亿元，新增易地扶贫搬迁移民后续奖补资金8400万元；安排百企千村产业扶贫开发项目贷款贴息资金1.66亿元，千村万人就业计划和职业农民培训5000万元；安排连片特困地区扶贫攻坚试点资金2亿元。三是推动精准扶贫工作。省级财政预算安排资金1500万元，专项用于完成建档立卡和信息化管理系统工作。四是协助金融扶贫试点。对兴县、临县、岚县、岢岚、静乐、五寨和神池七个县每县注入一定规模的省级资金作为风险保证金，引导金融机构向贫困地区农业产业发展发放贷款。9月15日，山西省金融支持特色产业发展富民扶贫工程签约仪及培训会召开。签约仪式上，省扶贫办、财政厅、金融办发布《山西省金融支持特色产业发展富民扶贫工程2014—2018年实施方案》。根据方案要求，财政扶贫专项资金将向每个贫困县注入500万元风险补偿金，资金存入选定的合作金融机构后，金融机构要按照存入额的八倍以上放大扶贫贷款。金融扶贫工程今年先在包括静乐、神池、五寨、岢岚、兴县、临县、岚县7个省级试点县在内的21个集中连片国家扶贫工作重点县进行，从2015年起到2018年，在全省58个贫困县全面开展。

4. 建立生态环境保护与恢复治理补偿机制。山西省试行主要污染物总量指标预算管理制度。省环境保护厅向各市印发《关于加强建设项目主要污染物新增排放总量预算管理优化环境资源配置工作的通知》，在全省范围内开始试行主要污染物总量指标预算管理制度。《通知》从建设项目新增主要污染物排放总量指标和置换量的核定、各市工业主要污染物排放总量控制目标的确定、区域排污企业初始排污权的核定、区域主要污染物排放总量控制计划和环境执法，以及年度总量控制数据上报等5个方面，对各市的环境保护管理工作做出明确要求。 （一 溪）

【国土资源转型综改工作】 2014年，1月28日，山西省国土资源厅成立厅综合改革办公室（非常设机构），负责综合协调和统筹监督涉及国土资源厅改革和创新的工作任务。省国土资源厅创新改革事项推进方式，从“省级层面直接推进、争取部同意开展试点、按部统一部署规范推进”三个方面，对改革任务进行分类，提出从省级层面可直接推进的、争取国土部同意开展的和按部统一部署规范推进的各项改革任务。2014年，省国土资源厅重点开展农村土地制度改革、不动产统一登记改革、煤层气审批制度改革、矿产资源审批改革、地质勘查投入机制改革和行政审批等“六项改革”；突出做好抓好造地保红线、拓展用地空间保障经济社会发展、推行节约利用资源、提高矿政管理水平、切实保障民生、加强国土资源执法监察、夯实基础基层工作、深化落实为民务实清廉要求等“八项重点工作”。6月24日至25日，国土资源部调研组到山西省对《山西省转型综改国土资源管理制度改革专项方案》进行审查论证和调研。调研组对《专项方案》的起草工作和取得的成绩给予充分肯定，并要求山西省要在土地制度改革创新上加大力度，加强与国土资源部相关司局的沟通联系，共同持续推进部省合作协议的落实。 （一 溪）

【综改攻坚创新驱动项目见效大会】 2014年2月8日，山西省委、省政府召开综改攻坚、创新驱动、项目见效工作大会。山西省委书记、省人大常委会主任袁纯清强调，要加大转型综改试验区建设力度，全面实施创新驱动发展战略，加快项目建设见效进程，奋力夺取全面深化改革、加快转型跨越发展新胜利。李小鹏强调要抓住重点推进综改攻坚，既要按照省委“若干意见”和“3675”方案统一行动、积极推进；又要结合具体实际，细化方案，突出特点。要以煤为基推进创新驱动，围绕煤的清洁、安全、低碳、高效利用，高起点推进山西科技创新城建设，组织实施好低碳创新行动计划，落实和推进科技攻关项目。要紧扣成效推进项目建设，认真把好项目准入关，优化项目布局，完善推进机制，抓好重点领域项目建设，充分发挥大项目的战略支撑作用。要加强组织领导、监督考核和宣传报道，确保重点工作顺利推进。省综改办下发通知部署各市县、部门、企业转型综改工作，要求各市县编报本级《行动计划》，各省直有关部门抓紧编报2014年《行动计划》部门牵头任务细化工作方案，落实各省级试点企业编制省级转型综改重大项目推进方案。

（一 溪）

【转型综改专题培训班】 2014年5月12日至16日，山西省委组织部、省发改委和省转型综改办联合举办2014年全省转型综改专题培训班。9名专家学者围绕解读省委《关于深入贯彻党的十八届三中全会精神加快推进转型综改试验区建设的若干意见》和《2014年转型综改行动计划》，推广2013年省级转型综改试点县的成功经验等专题作系统培训辅导。 （一 溪）

【扩权强县工作座谈会】 2014年6月10日，山西省转型综改办组织召开全省扩权强县工作座谈会，听取27个试点县的工作汇报，了解试点县第一批85项扩权事项的落实情况、存在的主要问题，商讨如何进一步深入推进扩权强县工作。会议要求，扩权强县是转型综改试验区建设的一项重要改革内容，各试点县要进一步深化认识，加强统筹协调，坚持问题导向，坚持试点先行，强化调查研究，推进扩权强县试点工作。 （一 溪）

【转型综改试点县工作典型】 2014年8月6日，山西省政府召开全省转型综改试点县工作座谈会，总结27个省级试点县（市、区）改革工作和负责对试点县（市、区）改革试点进行业务指导的4个省直部门上半年工作，安排部署下一阶段改革试点工作。各省级综改试点县（市、区）涌现出一批典型亮点。

1. 创新民营经济发展机制。侯马市创新园区化集中服务机制，利用闲置厂房建立小微企业创业园，出台招商引资、政务代理、税费减免等政策。上半年全市固定资产投资完成29.6

亿元,民营投资占到88%。平鲁区编制出台《关于扶持中小企业发展的实施意见》,投资建设农业综合开发园区和农产品物流园区,撬动民间投资近1亿元。原平市推动政银企平台的有效对接,全年市政府风险抵押金再新增500万元,受益企业由上年19户上升到29户。

2. 创新人才培养引进机制。潞城市建立政校企对接机制,对民营企业专业技术人员进行职称评定,有115人获得专业技师职称。高平市设立1000万元高层次人才培养基金吸收人才投资兴业,将高平籍未就业大学毕业生纳入人才储备,期限三年,每人每月1550元,解决高校毕业生就业难和人才短缺的双重问题。盐湖区采取招商引资与招才引智相结合的方式,实施"优秀人才引进工程",聘请北京大学、华中科技大学等高校专家教授为"盐湖区经济社会发展特别顾问",与高层次拔尖人才对接,提高全区重大决策的科学化水平。

3. 创新城乡一体化发展机制。孝义市启动下河堡流域一镇两乡一体化发展综改试验区建设,编制《下河堡流域"一镇两乡"一体化发展综改试验实施方案》,出台财税、金融、招商引资等配套政策。洪洞县以"百里汾河新型经济带"为平台,依托"洪洞天泽现代农业示范园",加快农村产业化和新型城镇化建设,探索农村社区、产业园区"两区同建"发展模式。侯马市创新城乡规划一体化,进行统一布局;实行城乡管理一体化,制定侯马市城中村改造土地管理、户籍、农村集体资产处置等配套政策;推行城乡建设一体化,实施数字电视、公交车、自来水、排水管网、天然气村村通工程。灵丘县以有机农业园区建设带动社区建设,探索城乡一体化发展新路径。

4. 创新公共服务供给机制。孝义市出台《孝义市公共服务供给实施意见》,依托全省首家县级评标专家库终端,免费为200多个项目提供服务,建成市公共资源交易中心,累计完成交易387项。潞城市出台《2014年政府向社会组织购买公共服务项目目录》,明确购买的服务种类、购买主体和承接主体,从基本公共服务、养老服务等10方面引入社会竞争机制,推进公共服务供给提供主体多元化。柳林县制定《柳林县财政投资建设项目前期工作管理办法》,对政府确定并纳入计划建设的项目,从规划、用地、拆迁、立项、环评、节能评估等招标前工作环节,通过政府统一招标的形式购买中介服务,既规范服务行为,又减少服务费用。

5. 深化土地制度改革。山阴县制定盐碱地直接转化为建设用地和光伏发电项目建设用地管理试行办法,开展重度盐碱地直接转化为建设用地试点。潞城市鼓励引导民间资本有序参与土地开发整理,探索建立土地开发整治多元投入机制,完成试点地块选定工作,编制《社会资金参与土地开发整理办法》。阳泉郊区多模式、多途径促进农村土地承包经营权的合理流转,形成领包、领租、领养三种主要模式。编制出台土地储备、用地供应、土地交易、地价管理、推介招商、出让管理、征地拆迁、集中安置等八统一管理办法。

6. 完善金融服务体系。灵石县按照"政府引导推动、民间资本参与、专业团队管理、市场化运行"的思路,县财政出资10%作为引导资金,成立全国首支城镇化建设私募基金,5户涉煤企业参与认购,到位6亿元,为14个项目融资5.4亿元。灵丘县探索"银行+保险"商品融资新模式,以工商银行为试点,贷款企业以商品为质押品在保险公司投保后向工行贷款,累计发放贷款8500万元。潞城市探索开展专利质押贷款,在全省率先成立专利成果转化促进会,制定专利权质押贷款试行办法》和《专利质抵押贷款贴息办法》,初步确定圣堂醋业、泓钰节能建材公司为试点企业,试点银行为潞城农商行。清徐县加快金融创新,设立中小企业发展专项资金,出台政策调动银行对民营企业贷款的积极性。

7. 县级重大改革。平鲁区编制完成《平鲁区关于推进扩权强乡强镇改革工作的指导办法(试行)》,有29家单位梳理出104项下放权限。介休市在城市管理领域开展相对集中行政处罚权试点,在整合执法主体、理顺执法机制上作有益尝试。尖草坪区在推进城郊森林公园建设中,引导企业参与生态修复项目建设,探索建立生态修复多元投入机制。襄垣县将采煤沉陷区治理与新农村建设一体化推进,创新机制推进压煤村庄整体搬迁。阳城县以理顺园区建设管理和投资机制为切入点,由本县两大煤炭企业集团承接园区基础设施和项目引进工作,推进"一廊四园"建设。平定县探索推进"飞地经济"发展模式,和阳泉城区对接洽谈5个飞地经济项目,总投资3.7亿元,总占地66.67公顷。阳泉郊区改革投资项目审批机制,成立项目储备中心、项目招商中心、项目服务中心,对投资建设项目实行联合预审和并联审批。原平市规范农村集体资金、资产和资源管理,创新农村集体"三资"管理长效机制。

8. 业务指导。省中小企业局围绕"民营经济发展"改革任务,重点在构建多元化小微企业金融服务体系、推进小微企业技术管理创新、完善中小企业公共服务体系、助推中小微企业快速成长等方面深化改革,指导试点县(市、区)推进民营经济持续、健康发展。省人力资源社会保障厅围绕"人才培养引进"改革任务,重点推进人才引进和"千人百县"服务工程,编制发布《2014年省级试点县(市、区)创新人才培养引进机制业务指导方案》《山西省急需紧缺人才需求目录》《山西省"千人百县"高层次人才服务基层计划高层次人才选派管理办法(试行)》,加大政策支持力度,加强业务培训,深入基层帮扶,促进人才的引进和培养工作。省住房城乡建设厅围绕"城乡一体化发展"改革任务,统筹规划、基础设施、产业发展、生态环境、公共服务、社会管理"六个一体化",突出城乡规划、基础设施和公共服务一体化,强化对27个试点县(市、区)的业务指导。省发展改革委围绕"公共服务供给"改革任务，紧扣《山西省基本公共服务"十二五"规划》，结合县域公共服务特点，着力从扩大基本公共服务面向社会资本开放领域、建立多元化基本公共服务供给模式、加强基层公共服务机构设施和能力建设、分类推进事业单位改革、培育和扶持社会组织等10个方面加强对试点县(市、区)开展公共服务供给机制创新指导，引导各试点县(市、区)因地制宜开展改革创新。

(一　溪)

开发区

·太原高新技术产业开发区·

【概述】 太原高新技术产业开发区(简称太原高新区)为全国54个国家级高新产业开发区之一。园区由政策区和新建区两部分组成，总面积2400公顷，其中新建区规划面积800公顷。新建园区位于太原市小店区学府街以南，火炬街以北，体育路以西，滨河东路以东区域，为太原市高新技术产业企业集中区。

2014年，太原高新技术产业开发区实现科工贸收入1700.3亿元，同比增长6.0%；实现工业总产值1440.5亿元，同比增长4.4%；实现地区生产总值401亿元，同比增长3.1%；实现利税79.7亿元，同比增长1.6%；实现区级财政收入27.94亿元，同比增长65.6%；实现出口创汇2.61亿美元。

太原高新区科工贸总收入上千万元企业351家，较上年增加2家。其中，总收入上亿元企业80家，较上年增加4家，实现科工贸总收入1592.84亿元，占全区总收入的93.7%。2014年，太原高新区入区企业地区生产总值占太原市国内生产总值总量的比重为15.8%。　(赵　媛)

【科技创新平台建设】 2014年，太原高新区狠抓园区软硬件建设，营造最优创新创业环境，园区聚集一批创新创业服务机构，形成从技术研发、技术转移、企业孵化到产业化基地、产业集聚的一整套技术创新和产业孵育体系。建成ORACLE(甲骨文)WDP山西中心、语义Web研发中心、太原高新区信息技术资质认证中心、动漫影视作品展播平台、耐特斯达实验室、全息幻影成像实验室、数字焊接机国际标准研究室、空气超净实验室、微纳米光电器件超净车间9个研发检测、产品创新类公共服务平台。2014年，太原高新区新增加一个国家级服务平台——国家级技术转移示范机构(太原科技创业中心)。截至2014年底，太原高新区成立技术转移机构3家，律师事务所13家，会计师事务所9家，金融机构8家，人才服务机构3家，生产力促进中心1家。

2014年，太原高新区与山西大学、太原理工大学、太原科技大学等科研院所开展产学研合作；与清华大学化工学院、清华科创、中科院理化所、中科院半导体所等院所开展项目合作。截至2014年底，全区共有高新技术企业148家；国家企业技术中心4家、国家工程技术研究中心2家、公共服务平台4家；山西省企业技术中心20家、山西省工程技术研究中心4家。

2014年，全区落实省、市科技计划项目30项；办理技术合同登记85份，合同成交总金额达1.7亿元，其中技术交易额1.6亿元。　(赵　媛)

【投融资平台构建】 2014年，太原高新区构建多层次金融服务平台。(1)自太原高新区科技基金投资有限公司成立三年以来，完成区内29个项目的调研评审，对企业进行股权投资11900万元。(2)太原高科创业投资有限公司、太原高新区专项研发基金、太原高新区信息安全产业投资有限公司重点扶持区内该类科技型企业，使科技产业化进程获得加速度。(3)高新区与国内著名PE——深圳创新投资集团等单位共同出资成立山西红土创新创业投资有限公司，重点支持高新区拟上市科技型企业，帮助科技企业获得规模化发展。(4)高新区设立太原高新区科融小额贷款有限公司、太原高新区中小企业融资担保有限公司，加快科技资产的资本化进程。

2014年，高新区"梯形融资模式"的融资平台将地方政府信用、区域科技资源、多元化筹集资金、独立市场运作、专业化管理结合起来，发挥财政资金放大和引导作用。全年为高新区中小科技型企业进行各类融资总额为12.21亿元，累计融资达35亿元；高新区吸引各类风险投资、创业投资类企业达93家。首批"助保金贷款"发放七家企业合计5150万元。与民生银行共同推出"小微企业贷款专项计划"，为高新区20余家企业解决约2亿元流动资金贷款。

太原高新区利用山西省转型综改试验区"先行先试"的政策机遇，通过与山西证监局、省科技厅，省、市金融办，各金融机构以及相关部门建立合作机制，搭建金融角，构建金融服务平台，成效凸显。截至2014年底，重点培育15家企业作为太原高新区资本市场持续发展的后备军，11家企业与证券公司签订辅导协议，首批29家高新区企业在山西股权交易中心挂牌展示。2014年12月25日，太原高新区企业山西和信基业科技股份有限公司、山西山大合盛新材料股份有限公司、山西三合盛节能环保技术股份有限公司成功挂牌新三板上市。

(赵　媛)

【园区开发建设】 2014年，太原高新区推进规划建设，物联网园区规划总面积达109万平方米，开工面积102万平方米，完成投资近19.3亿元。罗克佳华物联网数据中心基本竣工，设备展开调试工作，强、弱电等物联网数据中心应用的配套设施准备就绪。2014年，太原高新区的发展空间取得突破性进展，汾东新区、清徐县、阳曲县作为扩区发展方向区的空间布局初步成形。太原高新区与阳曲县、迎泽区和清徐县签署战略合作协议，启动规划建设"太原高新区阳曲新能源新材料产业园""太原高新区迎泽电子商务仓储物流园”“太原高新区清徐工业产业园”。

截至2014年底，太原高新区各类孵化器及科技园总孵化面积约200万平方米。2014年，全区固定资产投资累计完成72.47亿元，同比增长33.66%，其中工业及其他项目投资完成54.8亿元，同比增长35.5%；房地产项目投资完成17.67亿元，同比增长28.24%。 (赵 媛)

【特色产业集群】 2014年，太原高新区电子信息产业在物联网、信息安全、大数据三大领域形成企业群体。聚集以罗克佳华、通威消防、亚泰电子、泰森科技、理工天成、万立科技、博华科技、同昌科技等物联网骨干企业为代表的物联网产业集群；以众人科技、中网信息为龙头的信息安全产业集群；以浪潮集团、太原吉贝克为龙头的大数据产业集群。光电产业，以激光投影仪、全固态激光器、红外成像系统项目为核心起步发展。生命科学产业，以基因芯片、干细胞基因工程项目为核心兴起。新材料与环保节能产业，以钕铁硼、太阳能为核心的产业发展壮大。煤化工产业，集聚国内知名的煤化工技术研发企业20余家，在煤基合成油、焦炉煤气制甲醇等技术领域取得重要突破，开发的产品及技术达国际、国内先进水平。文化创意产业，以清华同方知网、天脉聚源、创影动画为龙头的文化创意产业初具规模。2014年，太原高新区获批“国家火炬计划太原信息安全特色产业基地”，启动科技部“国家创新型特色园区”创建工作。 (赵 媛)

【人才资源培育】 2014年，太原高新区实施新兴产业领军人才培养工程，共有30名企业入选“山西省新兴产业领军人才”；太原留学人员创业园被科技部批准授予“国家国际科技合作基地”和“国家级科技企业孵化器”，吸引来自美国、英国、德国等国家和地区的留学人员266人，创办企业158家。

太原高新区选拔培育新兴产业领军人才，14人入选“山西省学术技术带头人”，30名企业家入选2014年度“山西省新兴产业领军人才”，分属于物联网、移动互联网、大数据、新材料、新能源、生命科学等战略性新兴产业。

太原高新区企业家队伍中，45岁以下的中青年企业家比例为52.1%，太原高新区企业家队伍呈现出知识化、年轻化的明显特征。全区企业科技活动人员18933人，比上年增加42人，科技活动人员占全区从业人员比重为16.1%。 (赵 媛)

【高新区招商引资】 2014年，太原高新区共引进入区企业703家，注册资金总额72.53亿元。

2014年，太原高新区信息安全产业被授予“国家火炬太原信息安全特色产业基地”，山西众人科技有限公司、山西宇轩伟业科技有限公司、山西同昌科技有限公司、山西中网信息产业有限公司入驻。围绕大数据产业链开展招商，太原吉贝克金融大数据有限公司、山西浪潮信息科技有限公司等大数据相关企业约22家入驻。

物联网园区与太原高新区感知集团有限公司的无锡物联网产业研究院太原分院项目、山西科达自控股份有限公司的煤矿智能控制技术生产基地项目、北京同仁堂山西连锁药店有限责任公司的互联网医药电子商务平台项目等项目达成入园合作意向。

2014年，太原高新区电子商务产业园区引进山西贡天下商贸有限公司、山西百事帮科技股份有限公司、山西易通天下网络科技有限公司、山西同城商务有限公司等47家B2B、B2C电子商务应用示范企业，构建包括电子商务应用、第三方电子商务交易平台、电子商务支撑项目在内的产业集群。 (赵 媛)

·太原经济技术开发区·

【概述】 太原经济技术开发区，为国家级经济技术开发区。园区规划总面积960公顷，位于太原市小店区东南部，以西温庄乡为核心区。年内园区按照“三并重、二致力、一促进”的建区方针，围绕完成一个目标(加快转型升级，实现创新驱动发展)、夯实两个基础(高效的管理服务、廉洁务实的干部队伍)、打造三大核心产业(高端装备业、高新技术产业、现代服务业)、促进四个协调发展(二产与三产、规模与效益、改革与稳定、经济与民生)的发展思路和奋斗目标，各方面工作取得新突破。

2014年，太原经济技术开发区工业总产值达612.92亿元，同比增长18.75%；财政总收入完成33.24亿元，同比增长32.5%；公共财政收入完成12.36亿元，同比增长43%；固定资产投资完成102.76亿元，同比增长35%。截至2014年底，初步形成国际级新材料加工基地、特色鲜明的国家级装备制造业基地、省级信息产业基地、省级食品及农产品加工基地和省内最具规模的生物制药产业园区的产业发展格局。 (栗 群 李冬梅)

【投资环境基础建设】 2014年，太原经济技术开发区按照总体规划和“有收益项目市场化引资，无收益项目财政投资”“谁投资、谁受益”的原则，基本完成35.68平方千米(其中国务院批准9.6平方千米，其他为市政府委托授权管理面积)内的道路、雨污水管网、供水、供电、供暖、供汽、煤气设施及管网、通讯网络、绿化、土地平整、污水处理、固体废弃物处理等基础及配套设施建设。截至2014年底，区内骨干道路网建设，主干路网基本形成，给排水、热力、煤气管网全部贯通，通讯设施、宽带网络、有线电视线路随道路管网一并铺设，基本实现“九通一平”。建成220千伏变电站、110千伏变电站、35千伏变电站各一座，10千伏开闭所两座；区内全部采用引黄水，日供水能力达60万吨；区内建成145吨供热供汽热源厂一座，70兆瓦采暖、170吨蒸汽热源厂各一座，实现冬天供热、夏天供冷气、全天候供应热水和蒸汽的服务；完成绿化面积44.25公顷，完成投资约3125.1万元,绿化覆盖率达到46%。

在软环境建设方面,推进“两集中、两到位”改革,减少审批环节、简化审批程序、压缩审批时限。行政审批事项由原62项保留为50项,减少幅度19%；政务服务事项由49项合并为24项,减少幅度为51%,确保所有事项在大厅办理，不搞体外循环。开展审批流程再造工作,搭建企业入区注册平台和项目落地建设运行平台,开展联合审批服务,编制并公示新的审判流程图,明确各单位审批负责人和办理时限。实现从项目入区联合许可开始到项目报建、施工许可完成,全流程审批时限45天。建立行政审批职能整合机制,将所有审批权归并到一个科室，确定13家单位入驻政务服务中心。建立行政审批授权委托机制,各职能部门对行政审批服务科和行政审批首席审批员充分授权,使其进驻中心后,独立完成行政审批工作,确保窗口审批、盖章、证书制作三到位。 （栗 群 李冬梅）

【招商项目储备建设】 2014年,太原经济技术开发区签约项目总数为22个,总投资281.1亿元,其中总投资10亿元以上项目7个,5至10亿元以上项目5个,项目涉及装备制造、新材料研发、移动通信、商贸物流、房地产等行业。2014年度利用外资43133.77万美元。年度储备项目总数为79个,总投资1458亿元,涉及装备制造、电子信息、生物医药、仓储物流、商业地产等行业。项目储备定位于新型工业化及现代服务业项目,严格杜绝煤焦、冶金、化工等传统耗能污染项目；注重储备项目的落地可能，充分考虑储备项目的立项、规划、土地、环保等相关问题,以促成储备项目的高落地率和高开工率；储备项目力争投资大带动性强的项目,10亿元以上项目达32个。

（栗 群 李冬梅）

【社会事业】 2014年,太原经济技术开发区坚持构建和谐社会,统筹城乡发展。引导农民规模化从事养殖业以及商业、饮食等第三产业,解决失地农民问题。构建就业培训体系,对农村转移劳动力进行专业培训。成立工程协调中心,区属农村组建工程服务队。组建成立巾帼锣鼓队，解决200个农村家庭妇女的收入问题。引导农民将征地补偿款投入到有收益保障的物业项目,增加收入。启动“城中村”改造工作,建设社会主义新农村。全区九个农村居委会六十岁以上的老年人参加养老保险,每人每月可领取200元。全区有2851户,9228名农村居民参加新型农村合作医疗保险,参保率达到100%。

（栗 群 李冬梅）

【高新技术产业和重点企业】 2014年,入驻太原经济技术开发区的高新技术产业和重点企业均取得良好业绩。其中,富士康(太原)科技工业园产值达4825640万元,实现主营业务收入4713831万元,出口值3674923万元,从业人数达59579人。太重煤机工业园公司产值达31.8亿元,实现主营业务收入38.4亿元，实现税收1.1亿元,从业人数3500人。煤炭科学研究总院山西煤机装备有限公司产值达91991万元,实现主营业务收入108655万元,从业人数1672人。江铃福特太原重汽生产基地公司产值达2045.4万元,实现主营业务收入2121万元,税收407.1万元,从业人数达662人。太原重工轨道交通设备有限公司主营业务收入产值达181213万元。太原通泽重工有限公司主营业务收入完成5500万元,税收392万元，出口额达215万元,从业人员170人。台湾宏全食品包装(太原)有限公司产值达25093.9万元,实现主营业务收入20345.5万元,税收509.3万元,从业人员329人。亚宝药业太原有限公司总产值达4980万元,实现主营业务收入5371万元。增值税已交308万元，截至2014年底,公司从业人数达180人。山西中天信科技股份有限公司服务山西省乃至全国的“天网工程”和“智慧城市”建设,在太原经济技术开发区推进安防监控科技产业园建设。

（栗 群 李冬梅）

·太原不锈钢产业园区·

【概述】 太原不锈钢产业园区为山西省省级开发区。园区规划控制总面积约1486公顷，位于太原市尖草坪区108国道(恒山路、钢园路)东西两侧,阳兴大道南北两侧,新兰路东段以东区域,紧邻太原钢铁公司。

2014年,太原不锈钢产业园区完成市考核三项指标。规模以上企业工业增加值完成4.74亿元，同比增长19.58%,完成年计划105%。固定资产投资完成36.77亿元，同比增长39.81%,完成年计划104%。公共财政预算收入完成1.5亿元，同比增长24%,完成市下达考核任务。

2014年，太原不锈钢产业园区新、续建项目26个，总投资143亿元,累计完成投资71亿元,当年完成投资36.77亿元（其中省市重点项目9个,目标任务17.27亿元,实际完成投资26.63亿元)，其中投产项目3个:太钢大明7条生产线正式运营,实现产值12亿元。太锅集团全年生产循环流化床锅炉1.2万蒸吨，实现产值12亿元。海源泵业(市重点)投入试生产。新建项目8个:润恒(省重点)完成基础工程13万平方米。国药、华润(市重点)开展土方工程建设。

在建项目10个:鼎泰(省重点)2.4万平方米的仓储办公区主体建设完成。威迩思(省重点)生产装备车间钢结构主体完成50%。华尊(省重点)场地平整完成。华鑫进行钢结构主体工程建设。 （郭 微）

【项目建设】 2014年,太原不锈钢产业园区贯彻落实太原市委书记吴政隆关于经济发展“五个坚持”的要求,坚持把工业发展作为园区的主业,把项目建设作为园区的重中之重。(1)责任倒逼促建设。制订下发“百日攻坚”和“六个表率”责任分解表,成立35个工作小组，将主要经济指标、重点工程等细化为8类、325项,明确工作目标、完成时限、具体措施、进度要求、责任部门和责任人等,确保各项工作落到实处。(2)工作日志抓落实。通过建立工作日志监督机制,按照季季有重点、月月有安排、周周有目标、日日有落实的要求,确保事事有回音、件件有着落。(3)优化环境保进度。将项目进展情况和手续办理进度作为衡量领导干部履职能力的硬指标,全面加快项目建设进度。制定精简企业入园流程、规范办事程序和项目投资奖励等政策,建立快捷高效的企业登记和审批绿色通道,优化园区投资发展环境。(4)突出重点抓储备。突出产业链招商,增强核心竞争力,加大优质项目引进力度。全年引进项目31个,协议引资158亿元。 (郭 微)

【基础设施建设】 2014年,太原不锈钢产业园区加大投入力度,统筹布局,整体推进,充实"里子",靓化"面子",园区承载能力得到提升。

1.充实"里子",提升配套水平。(1)自来水实现主网贯通。完成供水主干线建设2.7千米。(2)天然气实现全网覆盖。全年完成燃气管网建设6.6千米,实现"双气源"燃气供应。(3)区域集中供热改建一次到位。建成覆盖全区的区域集中供热体系,供热面积39万平方米。同时,全面取缔区内燃煤锅炉,拆除燃煤锅炉14台,成为全市"煤改气"的示范区。

2. 靓化"面子",塑造崭新面貌。(1)市政道路建设全面提速。完成阳兴南街等3路1桥建设,新增通车里程2.1千米,雨污水管网3.9千米。(2)电力管沟建设与改迁同步推进。完成4.8千米5条线路迁改工程,新建电力管沟5.7千米,改造旧线入地6.9千米。(3)园林绿化水平大幅提升。完成绿化工程6.3万平方米,创建3个省级园林绿化企业和5个市级绿化企业。(4)城乡清洁工程稳居前列。在全市季度考核中四次排名第一,特别是在9月、10月的市人大代表、市政协委员抽查考评中,连续四次蝉联开发区第一名。 (郭 微)

【产业集群】 2014年,随着一批项目的开工、建设、投产,太原不锈钢产业园区三大产业集群逐步壮大:(1)不锈钢加工产业集群,以太钢大明、无缝钢管为龙头的42家企业,总投资40亿元,完成35亿元。全年完成产值29.1亿元。(2)新型制造产业集群,以太锅、威迩思为示范的38家企业,总投资73亿元,完成38亿元。全年完成产值30.4亿元。(3)现代商贸物流产业集群,以太钢工业园、鼎泰交易中心为代表的10个项目,总投资93亿元,完成26亿元,建成后可实现交易额近千亿元。建成的4个项目全年完成营业收入4.9亿元,其余加紧建设。现代商贸物流集群初步形成四大板块,即:润恒农产品物流,鼎泰、太钢工业园钢铁物流,华润、国药医药物流和海尔3C电子物流。 (郭 微)

【循环化建设】 2014年,太原不锈钢产业园区坚持绿色循环低碳发展,园区三大产业之间、上下游企业之间、产业(企业)与公共平台之间的关联度、耦合度增强。以太钢为依托,不锈钢初加工—深加工—装备制造—回收利用的产业链条初步形成闭环。推进生产制造过程生态化、无害化进程,污水处理厂、区域集中供热站等8个获中央财政补助资金的关键补链项目稳步推进。在招商引资上,除要求项目创新研发能力以外,特别实施"环保一票否决制",环保指标不达标的项目坚决不允许入园。 (郭 微)

【科技创新】 2014年,太原不锈钢产业园区作为全市唯一的国家级创新型产业试点园区,坚持以科技创新和成果应用转化为抓手,构建以企业为主体、市场为导向、产学研相结合的技术创新体系。截至2014年底,建成院士、博士后工作站2个,国家级企业技术中心4个,获国家级专利159项,打造骨干企业15家,培塑重点高新技术企业3家。 (郭 微)

【园区基础服务建设】 2014年,太原不锈钢产业园区按照"两集中、两到位"原则,组建综合服务大厅,总面积1500平方米,12个部门全部入驻并开展工作,另有服务、中介机构3个,为企业提供全方位、一站式服务。太原不锈钢产业园区与驻地街办、乡镇通力合作,完成土地征收130公顷,支付征地补偿款5.76亿元。太原不锈钢产业园区数字化信息平台全年受理案卷2300余起,均全部办结。全年受理劳动用工违法行为举报13起,涉及人数45人,涉及拖欠工资金额150万元,均得到妥善处理。(郭 微)

【安全生产】 2014年,太原不锈钢产业园区组织开展各类安全生产检查300余次,累计排查各类安全隐患730余条,全部整改完毕。全年各类安全事故发生起数、死亡人数均为零。

(郭 微)

【社会事业】 2014年,太原不锈钢产业园区获市级"双拥先进单位""精神文明先进单位""扶贫先进单位"等称号。投资20万元扶持西凌井韩庄村、西堰乡中堰村两个扶贫点发展养殖业,并累计发放慰问金、慰问品4万余元。另外,在各类媒体累计发表报道60余篇(次),及时宣传园区建设成果,提高知名度和影响力。实施"天网工程",在重点部位安装视频监控探头50余个,做到全覆盖。

(郭 微)

【反腐倡廉建设】 2014年,太原不锈钢产业园区开展反腐倡廉建设。1.保持高压态势,形成"不敢腐"的强大威慑。(1)反面案例警示人。通过观看腐败警示案例、阅读忏悔录等形式,特别是以发生在山西省、市的系统性、塌方式腐败问题为反面教材,教育全体党员干部受警醒、知底线、明红线,引以为戒,时刻保持敬畏之心。(2)抓早抓小警醒人。对一些苗头性和"习以为常、不以为然"的问题,及时发现、及时"咬耳朵""拉袖子",给予正面引导,确保党员干部方向不偏、立场不变,不入歧途、不走歪路。(3)多头算账明白人。教育引导全体党员干部算政治账、经济账、亲情账、友情账，算遵章守纪所得，算违法违纪成本，做到不逾底线、不越红线，堂堂正正做人、明明白白做事。(4)畅通渠道监督人。通过鼓励实名举报，建立专人管理的24小时手机举报热线，在园区政务大厅及大型企业增设举报信箱，完善微博、微信举报功能等形式，畅通和拓展监督渠道，将党员干部的一言一行置于群众监督之下。

2. 落实六权治本，扎牢"不能腐"的制度笼子。2014年，太原不锈钢产业园区深化和完善制度体系建设，推进"六权治本"：在依法确定权力上，对行政许可、行政处罚、行政强制、行政征收、行政收费、行政检查等执法行为进行摸底排查，区内审批事项由78项核减为55项。在科学配置权力上，综合服务大厅的正式运行，为深化以"两集中、两到位"为核心的审批制度改革奠定基础，国地一体化办税、工商登记制度等改革正按计划向纵深推进。在制度约束权力上，各部门、各单位的"权力清单"编制工作基本结束，将开始统一审核、对外公示，"责任清单"抓紧编制。在阳光使用权力上，坚持公开为常态、不公开为例外，全面推行政务公开，对土地招拍挂、工程招投标、干部人事任免等事项，及时公开公示，做到阳光透明。在合力监督权力上，通过法律顾问全程参与重大事项议定、大额资金使用引入第三方专业评审机构把关等方式，形成党内监督、法律监督、审计监督的全方位、立体式监督合力。在严惩滥用权力上，坚持"法无授权不可为"的原则，坚决杜绝盲目变通、打擦边球等违规违纪行为发生。通过"六权治本"，加强对权力运行的制约和监督。

3. 强化执纪监督，为建立健全"不敢腐、不能腐、不想腐"的长效机制提供坚强保障。(1)以"转职能"为重点，突出聚焦主业。聚焦纪律建设、查办案件、作风建设的主业，集中力量、集中精力排兵布阵，退出工程招标、土地出让、政府采购等非主业工作和议事机构，从整体上确保精力、人力、财力、物力向主业回归。(2)以"转方式"为关键，提高监管实效。日常监督紧紧盯住重点领域、重点行业、重点岗位，盯住管钱、管物、管人、管项目的单位和干部，牢牢盯住"关键的少数""少数的关键"。通过"签署廉政承诺、接受廉政采访、廉政知识测试"等方式，引导价值取向，挖掘正能量，促使广大党员干部保持清醒的认识和正确的追求。(3)以"转作风"为保障，全力锻造队伍。以"铁军"标准严格要求自身，纪工委制订《纪检干部廉洁自律工作制度》《办案人员工作纪律》等规章制度，做到以身作则，率先垂范。 (郭 微)

【创新监管模式】 2014年，太原不锈钢产业园区质监分局按照"急事急办、特事特办"原则，创新工作方法和举措，以简化办事流程、优化服务质量为抓手，将组织机构代码证审批时限由原来的三个工作日改为当日即可办理，缩减企业办证时间。同时，制订《太原不锈钢产业园区特种设备分类监管实施方案》，逐步将特种设备的监管重点从设备管理转为对生产使用单位、责任人的监管，为全市首创。 (郭 微)

【办税服务一体化】 2014年，太原不锈钢产业园区国、地税分局创新办事流程，优化办事效率，联合出台《太原不锈钢产业园区国、地税共管户一体化征管实施意见》，并围绕"前台事项一厅通办，后台管理联合同办"的总体思路，做到税务服务"四联合"，即联合办理涉税事项，联合开展税收征管，联合开展纳税服务，联合开展权益维护。

国、地税人员依托园区政务服务大厅，实行"面对面"联合办税，"一个窗口受理、事项内部流转、窗口统一出件"，"一个窗口办两家事"的便利，使纳税服务工作收到"一加一大于二"的成效。 (郭 微)

【服务大厅正式试运营】 2014年4月30日，太原不锈钢产业园区政务服务大厅投入试运营。服务大厅位于园区A区北门道路北侧太钢生活区，占地面积1027平方米。大厅设立招商、建设、土地、规划、国税、地税等11个办税、办照服务窗口，实行首问责任制、服务承诺制、限时办理等服务措施，为企业立项、环评、规划、用地、建设等手续的办理提供"一站式""保姆式"服务。同时设立工行、信用社、邮政局、住房公积金管理中心、律师事务所等10个社会服务机构。 (郭 微)

【建立土地批后监管体系】 2014年，太原不锈钢产业园区土地分局创新土地监管模式，建立土地批后监管体系，最大限度地解决土地的供需矛盾。防止出现新的低效闲置用地，确保土地高效合理利用。(1)有保有压安排项目落地。按照"突出重点、有保有压"的原则，对用地需求量大的项目，结合项目投资建设周期，灵活运用分批分期供地的办法，把有限的建设用地指标用好用足。(2)建立动态巡查系统。定期赴项目用地现场检查开发建设情况，对现场检查发现的建设用地问题，进行详细记录。将已办理用地审批的项目逐宗录入系统，定期发布监测报告，提高用地水平。(3)建立日常巡查制度。强化宣传，开展拉网式巡查，划定巡查区域，规定巡查次数，做到巡查区域全覆盖，动态巡查制度化、规范化。(4)清理盘活闲置土地。制订《太原不锈钢产业园区闲置及低效利用土地处置规定》，成立闲置土地清理小组，定期到各个企业进行清查、排查，建立土地利用台账。针对园区土地利用率低，供地后建设进度缓慢，资金不到位的土地，逐一量身制定盘活利用方案，促进节约集约利用土地，盘活可利用闲置土地。 (郭 微)

·晋中经济技术开发区·

【概述】 晋中经济技术开发区(简称晋中开发区)为国家级经济技术开发区。开发区辖区总面积5580公顷，首期建设区规划面积520公顷，区内有17个村，常住人口8.4万人。开发区位于晋中市西北部城乡结合部，太榆路与汇通北路东西两侧，龙湖大街南北两侧，西邻太原经济技术开发区。

2014年，晋中经济开发区地区生产总值完成38.50亿元，同比增长20.62%；工业增加值完成19.56亿元，同比增长24.71%；公共财政预算收入完成51406万元，同比增长16.48%；固定资产投资完成完成49.40亿元，同比增长13.15%；社会消费品零售总额完成70.80亿元，同比增长10.38%；进出口总额完成2099.51万美元，同比增长26.90%。其中，进口110.41万美元，同比下降71.70%；出口1989.09万美元，同比增长57.32%。

截至2014年底，晋中经济开发区基本形成“3+1”主导产业：即以山西振东安特生物制药有限公司、德元堂药业有限公司、“中华老字号”山西双合成工贸有限公司、田森中央厨房项目为代表的医药食品加工业；以中航美运兰田装备制造有限公司、山西鸿基科技股份有限公司、潞安重工、泓鼎装备、晋能艾斯特为代表的装备制造业；以北方自动控制研究所、山西物联谷科技有限公司为代表的电子信息产业；以三晋国际物流城、新华图书物流、和汽贸园为支撑的现代物流产业。另外，正在逐步形成以生产家具、羊绒衫为代表的生活消费品产业，代表企业有福润家具、孟氏家具、日神羊绒衫等。

(赵新政　李　茂　张　峰)

【招商引资】 2014年，晋中经济开发区按照国家级开发区标准要求，瞄准世界500强、国内500强、品牌企业、上市公司投资项目，全年签约项目12项，总投资181亿元。代表项目：山西国际能源集团有限公司投资的科技环保产业园项目，计划总投资15亿元，占地20公顷；苏宁云商集团股份有限公司山西地区管理总部及配送中心项目，计划投资9亿元，占地18.33公顷。重点在谈项目(亿元以上)共10项，总投资额50.85亿元。代表项目有：普洛斯(中国)投资管理有限公司投资建设的普洛斯晋中现代物流服务产业园项目，计划投资4亿元；中国平安保险(集团)股份有限公司投资建设的中国平安(晋中)金融电商综合物流产业园项目，计划投资10亿元；上海浦东软件园股份有限公司晋中开发区高科技产业园项目，计划投资8亿元。

(赵新政　李　茂　张　峰)

【项目建设】 2014年，晋中经济开发区完成储备项目15项，总投资561.6亿元；签约项目6项，计划总投资116亿元；落地项目26项，总投资72.3亿元；新开工项目19项，总投资51.22亿元；2014年度开发区列入晋中市考核重点工程(项目)共4类48项，总投资173.43亿元，2014年计划投资44.4亿元，开工率达到100%，共计完成投资46.16亿元，投资完成率103.96%。其中省级重点工程完成投资11.64亿元，为年度目标任务9.33亿元的124.76%；新投产项目42项，总投资56.31亿元，为晋中市政府下达年度任务55亿元的102.38%。

(赵新政　李　茂　张　峰)

【科技创新】 2014年，晋中经济开发区建设以企业为主体的产学研基地累计20余家，代表性的有：山西华纳机械加工有限公司与太原理工大学合建的博士后工作站实习基地、山西德元堂药业有限公司与沈阳药科大学共建实验室，同时依托鸿基科技建设榆次纺机产业服务平台(省级)；突出企业科技创新主体作用发挥，2014年认定8户高新技术企业，累计达15户，新增省级技术中心1户，市级技术中心1户，企业研发中心达15个。加快技术成果转化，2014年共申报市以上科技计划26项，山西华辉凯德制药有限公司“红花黄色素原料及制剂的制备工艺研究与临床研究”获山西省科技进步二等奖。启动建设科技孵化器，制定管理办法，规范服务流程，开展招商工作，已有入孵企业25户，注册资金总额7000万元，协议孵化面积1.5万平方米。

(赵新政　李　茂　张　峰)

【投资环境】 2014年，晋中经济开发区铺开道路工程建设项目10项，共完成投资6805万元；污水处理、生活垃圾处理全部依托晋中市相关设施进行处理，主要街道全部实现雨污分流；各个园区基本上实现“七通一平”(即：通给水、通排水、通电、通讯、通路、通燃气、通热力以及场地平整)；晋中自来水公司设立开发区服务中心；通信网络实现区域全覆盖；完善政务服务中心，增强政务服务大厅功能，全开发区具有行政审批职能的局室全部进驻大厅或分厅，向社会公开的39项行政审批事项全部进厅到位，采取前厅后室或厅室结合的模式，实行并联审批。全年共接待受理行政许可和非行政许可服务事项等共计约11万件，全部办结；出台《晋中开发区构建金融服务体系、创新投融资机制实施方案》，共有金融机构16家，担保公司6家，中小企业担保公司当年办理担保业务45笔，担保金额达5亿元，累计扶持企业83户，促进中小企业发展。(赵新政　李　茂　张　峰)

【晋中开发区干部任命】 2014年1月3日，晋中市委常委、组织部部长丁文禄一行三人出席晋中经济技术开发区干部大会，宣布经山西省委常委会议2013年8月30日研究决定：任命赵春雷任晋中经济技术开发区党工委书记；经晋中市委常委会议、市委组织部部务会议2013年12月6日研究决定：任命张曲波任晋中经济技术开发区党工委委员、纪工委书记。

(赵新政　李　茂　张　峰)

【山西能源国际入园项目签约】 2014年4月18日，山西能源国际集团有限公司科技环保产业园项目入驻晋中经济技术开发区签约仪式在晋中市政府二楼报告厅举行。晋中市委副书记、市长胡玉亭，常务副市长刘志宏，晋中开发区管委会主任温毓诚出席签约仪式。该项目由科研大楼、综合大楼、生产基地三部分组成，总投资15亿元，计划占地约20公顷。

(赵新政　李　茂　张　峰)

·临汾经济技术开发区·

【概述】 临汾经济技术开发区为山西省省级开发区。开发区下辖1个办事处,11个社区居委会，总人口约4万余人。开发区行政管辖面积986.7公顷,城市规划面积780公顷。核心区位于临汾市鼓楼北大街东西两侧区域。规划功能、定位是:商贸启动、工业兴区,工业及市政用地率达70%以上。管委会作为临汾市政府派出机构，行使部分省级经济管理权限、部分市级行政管理权限和市级综合经济管理职能。临汾开发区为寻求新的工业发展空间和经济增长极,与洪洞县合作共建临汾开发区(洪洞·甘亭)新型工业园。

2014年，临汾开发区按照年初经济工作总体部署，进一步提升老区城市品位和工业园建设品牌,保证辖区的社会稳定和经济持续向好发展。截至2014年底,区内生产总值完成67亿元，同比增长14%;工业总产值完成22亿元，同比增长7%;工业增加值完成6.76亿元,同比增长7%。招商引资合同资金完成240亿元,同比增长103%;固定资产投资完成31.28亿元，同比增长12%。财政总收入完成9.1亿元,同比增长37%；公共财政预算收入完成2.39亿元,同比增长70%。（梁 青）

【招商引资】 2014年,临汾经济技术开发区引进工商类企业174家,注册资金72798万元;签订入区合同及协议6项，合同及协议资金240亿元,占全年任务的184%;引进投资20亿元的海湾国际·王府井步行街项目、投资68亿元的碳纤维新材料项目、投资2.5亿元的新型墙体材料项目、投资7595万元的生物技术系列产品生产项目、投资148.23亿元的临汾梅亿新能源汽车产业园项目、世界500强甲骨文公司、太原煤炭交易中心,以及兴业银行、光大银行、中信银行等一批高新技术企业和金融机构,对全区转型发展发挥推动作用。

（梁 青）

【项目建设】 2014年,临汾经济技术开发区“六位一体”任务全面完成,项目储备达1906.64亿元，占任务的347%；落地项目21项，占任务的100%;开工项目10个,占任务102%;投产项目10个，占任务的108%;重点项目完成投资25.77亿元，占任务的103%。其中投资8亿元的华翔四期工程正式开工,投资5亿元的鸿典新材料项目拟定2015年中期建成投产，引领临汾商业潮流的居然之家、华润万家相继开业，形成以中行、晋商银行、兴业银行、光大银行等10多家银行聚集的临汾金融中心，建成5000平方米的电子商务产业园区。

（梁 青）

【基础设施规划管理】 2014年,临汾经济技术开发区加大规划建设和管理力度,完善基础设施配套,突出道路建设改造、绿化、防汛排污、市政设施维护、民生等重点工程,全年实施9条道路工程,完成投资9058.88万元;完成绿化投资587万元,增加绿化面积3.43万平方米;实施保障性住房建设、垃圾中转站建设和汇丰巷道路及排水改造三项民生工程，开展排水渠、桥头、雨水井等垃圾淤泥清理、窨井盖维护和市政设施维护等活动,保证群众基本生产和生活安全;垃圾中转站投入运营,解决辖区多年垃圾处理难题,改善居民生产生活环境。

（梁 青）

【园区建设】 2014年,临汾经济技术开发区完成第一大道、北外环延伸段等两条道路各项手续的办理工作,实施南段道路工程。全年落地项目4个,拟开工建设项目5个。（梁 青）

【安全生产】 2014年,临汾经济技术开发区加强企业安全生产监管,编制修订安全生产事故灾难应急预案、烟花爆竹安全事故应急预案和危险化学品事故灾难应急预案等10余套预案，开展安全生产大检查、“六打六治”打非治违专项行动以及涉危化学品、烟花爆竹、建筑工地、消防安全、食品药品、特种设备和学校安全等行业专项整治活动。加强工地安全监管,下发整改通知书9份,整改率达100%。（梁 青）

【社会治安综合管理】 2014年,临汾开发区推行社会网格化管理和三级联动建设,发挥公安、综治、信访等部门骨干作用，开展矛盾排查摸底活动,解决突出治安问题和各类矛盾纠纷,基本上做到小事不出社区、大事不出办事处、群体事件不出开发区。组织开展“严打整治”“六项整治”和打击“黄赌毒”行动,排除治安隐患231处,破各类刑事案件167起,抓获犯罪嫌疑人98人,查处行政案件307起,处理违法人员236人,收缴赌博游戏机321台,维护辖区社会稳定。

（梁 青）

【行政效能建设】 2014年,临汾经济技术开发区规范行政审批制度和运行机制,开展工商、质监、土地、商务、物价等各类专项活动。行政审批进驻中心率达100%,平均提效56%以上;查处各类经济违法违规案件39起，下发整改通知书96份；公开挂牌出让土地6宗,面积7.24公顷;受理国土审批事项29件，办结率100%;出动商务执法283人次,完善酒类流通备案登记证157家；审查各类项目134个，核减金额11986.51万元,审减率13.68%;完成采购项目44个,节省资金39.58万元,节省率达10.31%。同时,机关事务、劳动监察和统计工作持续向好。（梁 青）

【社会事业发展】 2014年,临汾经济技术开发区落实各项惠民政策，统筹发展社区文化、教育、卫生、科技、体育、民政、老龄和残联工作,工青妇等工作稳步推进。2014年全区享受失地居民生活补助达5877人，城乡低保277人,新农合10235人,新型城乡居民养老保险5764人;办理城乡医疗救助和临时救助130份,发放粮食补贴7.5万元，大学生奖励112万元，复员军烈属、重点优抚对象优抚款27.18万元;中、小学适龄儿童入学率达100%。同

时,开展访贫问寒活动,不断加大弱势群体扶助力度,让更多的群众享受到经济发展成果。（梁　青）

·侯马经济开发区·

【概述】 侯马经济开发区为山西省省级开发区。园区面积816公顷,位于侯马市区东部文明路南北两侧,北环路以南,108国道以北,浍滨街以东,合欢街以西。

2014年,侯马经济开发区地区生产总值完成46.5亿元,同比增长20.5%;公共财政预算收入完成1.25亿元,同比增长11.6%;企业主营业务收入完成218.6亿元,同比增长17%;工业总产值完成28.9亿元,同比增长20.7%;实际引进到位资金27.2亿元,同比增长34.9%。截至2014年底,累计入区企业总计1004家。其中,工业企业52家,建筑行业企业46家,商贸物流、电子商务、医疗器械、现代金融类等企业906家。（林广源）

【投资环境】 2014年,侯马经济开发区加强城市基础设施建设和管理,完成呈王路、建工路、天河电子城以及旺旺北支路等道路的改造、修复工程,新建道路面积6.5万平方米;完成幸福街、建工路等道路的亮化工程,新装太阳能、钠离子路灯188盏;完成惠达商务中心和东区保障房供电专线建设工程;完成步行街、纺织东巷绿化工程,新增绿化面积7000余平方米。投资1200余万元,支持侯马市对望桥街等道路的改扩建。配合侯马市“四城联创”,开展环境卫生清理和区容区貌整治工作,对步行街农贸市场内360余家商户经营行为进行整治和规范,搭建彩钢顶棚1800平方米、修复破损路面1500平方米、粉刷市场外墙18000平方米。

品牌服务建设。(1)加强行政服务中心管理。对8个驻厅部门的行政许可和非行政许可事项进行二轮清理,做到权力、人员向大厅集中,并充分授权。引深一站式办理,指派专人进行全程引导服务。2014年12月,根据省、市关于“六权治本”的工作部署,初步确定清权、确权、晒权、实施的“四步走”思路,按照行政许可、非行政许可、行政处罚等11个类别,初步统计出部门行政权1714余项,下一步将进入确权阶段。(2)推进孵化中心建设。侯马开发区小微企业创业孵化平台在2012年开始运营,已孵化山西志盛新能源有限公司、山西伟涛食品有限公司、山西聚鑫源针织品有限公司、山西好利阀机械制造有限公司4家工业企业;日思信电子、山西威尔捷太阳能动力车、博海医正医疗器械、日祥壳体科技、大禹供水设备5家企业在孵。筹建锦茂国际高新产业孵化中心和小微电商企业孵化园两个孵化中心。(3)推进投融资平台建设。开发区与建设银行合作开通“助保贷”金融产品,有20多家企业享受到这一服务。发展以小额贷款公司、担保公司为主的非银行金融机构,引进中强、晋昌邦和国际陆港3家小额贷款公司和1家海融担保公司。(4)推动区域发展平台建设。首先建设全省电子商务培训基地,这是山西省商务厅确定的全省首个电商培训基地,已开展培训21期。其次建设医疗器械电子监管信息平台,这是山西省首个医疗器械电子监管信息平台。（林广源）

2014年3月13日,侯马经济开发区与中国农业银行山西分行战略合作签约仪式（林广源供图）

【招商引资】 2014年,侯马经济开发区两委班子成员按照责任分工,组织20余人次的招商团队,分赴以上海、苏杭为中心的长三角地区、以广州、深圳为中心的珠三角地区进行招商推介27场。同时,邀请200余家有意在开发区投资的企业入区实地考察,近距离了解开发区的产业项目和投资环境。与侯马市建立发展电子商务联席会议机制,实现相互促进,共同发展。全年全区共引进各类项目164个。其中工业项目有德迅电梯、好利阀门生产基地、万泉电器等12个;另有商贸物流、电子商务、医疗器械、现代金融等项目152个。重点抓医疗器械和电子商务的招商工作,在医疗器械方面,有52家入区企业。在电子商务方面,新入区米兰多格、晋淘天下、盛大锦程等19家电商企业,开发区电子商务示范基地企业总数达到42家,服务周边实体企业3000余家,实现网络交易总额30亿元。（林广源）

【重点项目】 2014年,侯马经济开发区各重点企业推进下列产业项目。1.铃木电梯生产项目。该项目由山西铃木电梯有限公司开展,产品覆盖中高速电梯、观光电梯、公共交通型自动扶梯、自动人行道等数十个规格品种。项目一期投资5亿元,年生产各类电梯3000台,年产值可达6亿元。

2. 晋航重工齿轮生产项目。该项目由晋航重工公司开展,主要为北方奔驰配套生产精密齿轮,年内建成投产,年产值1亿元。

3. 好利阀生产项目。该项目由山西好利阀机械制造公司开展,主要生产全系列阀门产品,项目现租赁锦茂标准厂房生产。

4. 盛海机电设备生产项目。该项目由盛海机电公司开展,总投资3000万元,占地2公顷。主要从事高碳分子发热油系列电供热设备的研发、生产、安装销售及非标机械加工制作。年内该项目厂房全部建设完成。

5. 威尔捷太阳能动力车生产项目。该项目由山西威尔捷太阳能动力车公司开展,主要功能为太阳能两轮车、太阳能三轮车、四轮车的研发、设计、生产、销售。公司属于无污染,无废弃物排放的纯环保型公司,组建有属行业前锋的研发团队,其多项研发成果获国家专利。公司现有两条变频电动车组装线及多台数控加工设备。

6.聚鑫源针织品生产项目。该项目由山西聚鑫源针织品有限公司开展,公司隶属香港聚能集团,主要功能是开展棉袜开发、生产和经营工作。该公司拥有目前国内最先进的制袜设备86台,员工110余人。

7. "敦煌网山西外贸电商服务平台"项目。该项目由山西敦煌禾光信息技术有限公司开展,主要功能是推动山西企业与国际市场接轨并开展国际间线上交易服务。

8. "山西电商谷"服务平台项目。该项目由山西网库互通信息技术有限公司开展,主要功能是搭建依托山西优势商品的多个单品行业联盟,打造贯穿单品产业链的交易集群,形成山西省规模以上实体企业的电子商务应用洼地。

9. "黄河工业品交易网"平台项目。该项目由山西黄河工业品交易中心有限公司开展,主要功能是依托钢铁龙头企业的优势产品,开展钢材、焦炭、铸件等初级工业产品的线上交易。

2014年3月24日,侯马经济开发区与菲力普电梯签约仪式 (林广源供图)

与中国矿业权交易所合作,形成贯通蒙古国和我国内蒙古和山西的铁矿石通道。核心会员企业达200余家。

10. 米兰多格网上女装销售平台项目。该项目由山西米兰多格电子商务有限公司开展,主要功能是开展网上时尚女装销售。公司现有员工近百人,年销售额7000万元,日发货量两千余单。

11.盛大锦程电子商务项目 。该项目由盛大锦程电子商务有限公司开展,主要功能是推进侯马开发区国家级电子商务示范基地移动端电子商务服务支撑型平台建设,帮助传统企业开展自媒体传播、新营销服务、微电商培训与商业运作工作。年内盛大锦程电子商务成功帮助1400多家实体专卖店转型,建设数量与服务质量排名全国第二。

12. 百思富食品加工配送基地项目。该项目由山西伟涛食品有限公司开展,是侯马开发区"大健康"产业重点项目之一,也是山西省"放心早餐工程"重点项目。项目总投资6000万元,占地3公顷,主要生产可即食的中式快餐。 (林广源)

【科技创新】 2014年,侯马经济开发区加大对企业技术创新的支持扶持力度。(1)强化服务,探索建立科技创新机制。对山西卓锋钛业、山西好利阀等企业落实技术创新奖励资金共33.3万元,组织山西好利阀参加山西省科技厅组织的高新技术企业申报培训,推动山西晋航重工和山西铃木电梯2家企业建立市级企业技术中心(研发和技术中心累计7家)。(2)启动高新产业孵化中心的招商,探索搭建科技孵化平台。(3)加大对企业申请专利宣传和组织,2014年新申请专利12件,取得专利证书19件(专利授权数累计59件)。 (林广源)

【管理与服务】 2014年,侯马经济开发区坚持"小政府、大服务"的基本定位,实行"一局多能、一人多岗、一岗多责"的工作模式。引进企业化管理、数字化考核,解决工作"效率"和"服务"问题,激发团队干事创业的热情和积极性。

2014年,侯马开发区开始实行管委会主任兼任开发区所在地主要领导的改革模式,从领导层面解决好开发区与所在地政府之间的协调问题,实现开发区与当地党委、政府之间在工作上相互支持、产业上相互融通、优势上相互补充的目的。通过一年的实践,这种模式对侯马开发区和侯马市的发展,都发挥出很大的推动作用。

(林广源)

【社会事业】 2014年,侯马经济开发区结合新农村建设，开发区列支专项经费，为所在地乡村修路、打井、建学校，改善农村的生活环境；帮助农民成立运输装卸队，建设商业步行街、自营市场、供水站等项目，解决村民的致富问题；出资与侯马职业中专合作，免费培训区内的劳动者，在区内优先安排农村剩余劳动力就业。开展安全生产监督检查与专项整治活动，全年开展安全生产专项整治大排查、大治理等4次全面性检查活动，检查各类企业166批次，排查安全隐患290项，完成隐患整改286项，隐患整改率达97%以上。加大对矛盾的预防和调解力度，妥善解决10余起信访案件，全年未发生一起越级上访事件。（林广源）

·运城空港经济开发区·

【概述】 运城空港经济开发区（简称空港开发区）为山西省省级开发区。园区总规划面积30平方千米，位于运城市区东郊，邻近运城机场。

2014年，运城空港经济开发区主营业务收入完成206.2亿元，同比增长21.2%；完成区内地区生产总值59.1亿元，同比增长15.2%；第一、二、三产业增加值分别完成3.9亿元、19.8亿元、35.4亿元，分别占生产总值总量的6.5%、33.5%、60.0%。第二产业中工业总产值完成70.4亿元，同比增长20.1%；工业增加值完成14.8亿元，同比增长24.5%；其中规模以上工业总产值完成54.8亿元，同比增长37.2%；规模以上工业增加值完成11.1亿元，同比增长32.8%；规模以上工业主营业务收入52.3亿元，同比增长30.1%；规模以上工业利润总额完成6402.4万元，同比增长1304.7%。

第三产业中限额以上批零住餐企业完成主营业务收入91.2亿元，同比增长26.8%，实现利润总额3.1亿元，同比增长55.0%；规模以上服务业企业完成主营业务收入5.0亿元，同比增长19.0%，实现利润总额8068万元，同比增长26.1%；有资质的房地产、建筑业企业完成主营业务收入26.5亿元，同比下降13.4%，实现利润总额1.5亿元，同比下降21.1%。

2014年，空港经济开发区财政总收入完成26769万元，同比增长61.7%；公共财政收入12165万元，同比增长104.1%；两税收入完成26377万元，同比增长36.2%。其中地税完成17624.3万元，同比增长66.3%；国税完成8752.8万元，同比增长54.6%。外贸进出口额完成2453万美元，同比增长61.9%。外贸出口总额完成2427万美元，同比增长81.1%。截至2014年底，园区形成汽车制造、轻工食品、现代物流三大主导产业。（杨建国）

【招商引资与固定资产投资】 2014年，运城空港经济开发区招商引资到位资金完成28.7亿元；完成签约项目14个，其中主攻产业集群项目10个，非主攻产业集群项目4个，完成签约金额1242.91亿元；在谈项目10个，总投资52.1亿元。2014年，空港经济开发区固定资产投资（不含农户）完成36.9亿元，同比下降5.4%；其中基础设施建设投资完成5.7亿元，同比下降5.5%。（杨建国）

【体制机制理顺】 2014年，运城空港经济开发区贯彻落实运城市委《关于理顺运城、空港、风陵渡、绛县四个省级开发区管理体制的意见》（运发〔2013〕7号），理顺行政、财政体制，对辖区33个村庄的经济社会事务实行统一管理，在开发区建立一级财政、一级金库。在开发区机关人事管理上，实行公司化运作、企业化管理。2014年，空港经济开发区建立政务大厅并正式启用，土地、规划、发改、城建、安监、环保、质监、物价、工商、国税、地税等各相关职能部门，集中在政务大厅办公，统一管理，统一上岗，统一监管，统一评比，工作效率提高，获得园区投资商好评。（杨建国）

【科技创新】 2014年，运城空港经济开发区有高新技术企业3家，分别是山西大运汽车制造有限公司、山西巨安电子有限公司、山西力天世纪刀具有限公司；省级企业研发机构2家，分别是大运汽车企业技术中心、山西省重型卡车工程技术研究中心；市级企业研发中心3家，有山西建华化工、中鑫洋麻、力天刀具等企业。园区企业研发投入总金额11000万元。有6家企业拥有发明专利或软件著作权，2014年入区企业专利申请受理数110项，入区企业专利授权数120项，拥有国家技术发明奖一项，拥有中国驰名商标5个，山西省著名商标4个，铁道部运输局CRCC认证一家，被评为山西省工业转型发展百强潜力企业一家，山西省农业产业化经营省级重点龙头企业一家。建立中小微企业科技孵化基地1个，孵化面积7万多平方米，孵化企业16家。（杨建国）

【基础设施建设】 2014年，运城空港经济开发区以路网建设为中心，建成市政道路七条，立交桥一座，共计投资约5.15亿元，形成覆盖约10平方千米的城市路网框架。其中主干道有两条，一是河东街东延长线在空港开发区达3千米，二是柳河东路延长线。新增供水、污水管道敷设5万米，投资1430万元，使开发区的污水处理全部进入运城市城东污水处理厂进行集中处理；新增集中供热管线7.8千米（康西路热水管线3.5千米、怡鑫苑热水管线1.3千米、云天格调热水管线0.5千米、左岸凰城蒸汽管线1千米、际华蒸汽管线1.5千米），投资2500万元，新增75吨供热锅炉一台，覆盖集中供热面积增加209883平方米；新增天然气燃气管网11.063千米，投资600万元，新建成道路实现燃气管网全部覆盖；新增通讯管道12.3千米，投资490万元。（杨建国）

【公共服务平台建设】 2014年，山西省商务厅在运城空港经济开发区设立空港综合型外贸基地平台，包含国际营销服务平台和公共信息平台。国际营销平台主要从事运城市出口企业的品牌策划、网上办事、公共宣传、售后服务等方面，方便供需双方在站内进行新闻动态查看、企业商机咨询、服务指南参考、进出口报关等。公共服务平台主要为企业提供管理咨询、网上办事、网络销售、技术创新、融资担保、政策扶持、人才培训等服务。承担运城市各企业的展示、宣传，传达市、区政务信息和商务信息，方便企业网上办理各类相关手续，协助中小企业和各类社会中介机构建立互通桥梁与纽带。整个服务平台的建设项目总投资1388.5万元，主要建设内容包括办公场所租赁、展厅布置、设备购置、软件开发、数据库管理、人员培训及网络维护等方面。2014年，服务平台的机房、服务器、交换机及数据库、LED滚动屏，大屏显示器建设完成，办公设备到位，软件开发设计工作完成。 （杨建国）

【企业管理改革】 2014年5月20日，因裴介工地修路受阻，引发“5·20”群体性冲突事件，造成招商引资工作开展困难，空港开发区工作重心转移到旧有企业管理改革方面。一是组建工业局。抽调有企业管理经验的老同志担任主干，配备车辆，配足经费，加强企业调研、企业指导、企业管理、企业服务。二是加快企业改革改组步伐。对市场不景气、企业效益差的华雄纺织，采取与兵娟制衣优势互补、产业重组的办法，使华雄纺织获得重生；对濒临倒闭的中远机械，空港管委会牵线搭桥，由解州永红机械厂出资1.5亿元收购，恢复生产；推动大运重卡转型发展，汽车由燃油改为燃气，年产量突破16000辆。三是强化征管。由税务部门对企业调查摸底，建立台账，强弱共管，大小齐抓，应收尽收。 （杨建国）

【惠民补助发放】 2014年，运城空港经济开发区实行惠民政策，开展农民、学生补助发放工作：小学生每人每年补助300元，初中生500元，高中生1000元，大学生一次性1万元；60岁以上老人每人每月补助200元；失地农民每亩每年反哺1000元，30年一轮，每亩一次性反哺3万元。（杨建国）

【区域内农村“两委”换届】 2014年，运城空港开发区开展并完成33个农村村委农村“两委”换届选举工作：一是在换届选举的五个程序中，做好每一阶段选举前的准备工作。二是由有关部门对换届中支委候选人的任职资料进行严格把关。三是对群众的来访来电进行沟通讲解，完成33个农村党支部的换届工作，支部班子成员共当选101人，其中妇女干部当选10人。 （杨建国）

·绛县经济开发区·

【概述】 绛县经济开发区（原名山西省华信经济技术开发区）为山西省省级开发区。2006年4月，经国家发改委对省级开发区审核，“山西省华信经济技术开发区”更名为“山西绛县经济开发区”（简称绛县开发区）。开发区原规划面积1498公顷，2013年理顺体制机制后，管辖面积达2179.15公顷，位于绛县县城东部的卫庄镇。现拥有注册企业123家，固定资产原始成本28亿余元，企业职工约3万余人。

2014年，绛县经济开发区规模以上企业工业总产值完成36.62亿元，同比增长16.09%；工业增加值完成7.48亿元，同比增长16.87%；销售收入完成34.86亿元，同比增长9.25%；实现利润2.2亿元，同比增长37.73%；固定资产投资完成17.07亿元，同比增长27.39%；财政总收入完成5070万元（注：实际应为6012万元。2013年运城市人民政府理顺开发区体制后，绛县开发区与绛县划分税收比例分成，2014年从亚新科国际铸造有限公司当年税收中划走942万元），同比增长9%；公共财政收入完成1616万元（注：实际应为2754万元，绛县根据分成办法划走1138万元），同比增长4%。进出口完成2453万美元，占全年任务1500万美元的163.53%，同比持平。 （侯伟宏）

【投资环境】 2014年，绛县经济开发区投资1012万元对华信大道、新一级路进行绿化提升改造。总长1020米，总投资1700万元的华晋南路当年建成通车。全年共完成基础设施建设项目17个，总投资5.98亿元，争取上级扶持资金5126万元。（侯伟宏）

【招商引资】 2014年，绛县经济开发区在铸造产业链的上、中、下游包装策划项目20个，全年签约前期项目15个，其中：上报并通过会审签约协议9项，总投资152亿元；在建招商引资项目6项，总投资36.698亿元，

全国人大代表、全国工商联副主席、科创集团董事局主席何俊明（前左三）在绛县经济开发区考察 （侯伟宏供图）

实际到位资金15.184亿元。（侯伟宏）

【环境保护】 2014年，绛县经济开发区通过结构减排，拆除天珠化工有限公司12万吨煤焦油深加工生产线，减排二氧化硫49.3吨、氮氧化物42.3吨、烟尘24吨、工业粉尘0.26吨，完成市政府下达的污染减排指标任务，为新企业入驻开发区预留出总量置换空间。建成区环境空气质量达到国家二级标准；工业固体废物安全处置利用率和综合利用率分别达100%和65%；建成区绿化率达37%，超额完成任务；集中供热普及率达82%；生活污水处理厂环评通过批复；生活垃圾委托绛县生活垃圾处理厂进行无害化处理。全年共检查企业100余次，突击检查7次，处理环境污染纠纷2起，下达限期改正通知书4份，行政处罚3份，处罚数额6万元。建立14家企业的排污许可证档案，实现“一企一档”规范化管理。（侯伟宏）

【社会事业】 2014年元旦、春节期间，绛县经济开发区投入价调基金10万多元，在区辖三个大型企业生活区设立平抑物价供应市场，推出肉、蛋、鱼、面粉、大米、食用油、各类新鲜蔬菜等15个以上品种，以比市场零售价下调10%至30%的价格，为区辖12308户非农业户、6780户农业户提供服务，满足职工群众节日需求。分别于2014年1月、4月和6月针对辖区铸造企业需求组织两场招聘会和两个班次对200余名铸造工进行免费技能培训，并推介150余名求职劳动者实现就业。培植孵化9家生产经营创业户，带动120人实现就业和再就业。为创业户落实9笔小额担保贷款，共计27万元；对积极吸纳就业困难人员就业的企业给予35万余元的岗位补贴；对吸纳73名国有企业下岗职工、21名待业大学生、119名农村富余劳动力的5家小微企业落实一次性就业补助政策，给予20余万元的岗位补贴。2014年4月，开发区接收从绛县移交过来的七个村的民政工作，对低保户、五保户对象进行入户调查、公示，完善低保户、五保户档案管理工作。4月至12月共发放低保161户，271人，发放金额33万元；五保户18户，发放金额55800元。开发区工会为企业困难职工建立电子档案，帮扶管理系统人员394人，筹措帮扶资金60000元，共慰问企业困难职工114户。（侯伟宏）

【重点企业】 2014年，绛县经济开发区经过多年发展，形成以汽车零部件为主的铸造机加工、中药材、新型煤化工、轻工食品等四个产业。各行业重点企业有：(1)亚新科国际铸造（山西）有限公司是区内唯一一家中美合资公司。公司成立于1997年9月，由亚新科工业技术有限公司、美国卡特彼勒公司和中国国际信托投资公司下属中信机电制造公司共同组建。占地面积22.6万平方米，总投资5.5亿元。2014年1月，总投资5.5亿元的亚新科扩建项目5.5万吨大马力发动机铸件项目投入运行。可生产11升至13升重卡缸体缸盖20万套，占国内市场的20%，占国际市场的6%。新增产能5.5万吨（总产能超过10万吨），新增产值7亿元（总产值13亿元），上缴税金5000万元以上（纳税总额超过1亿元），新增就业岗位450个。(2)华晋冶金铸造厂是国内大型铸钢件生产企业之一。占地面积77.23万平方米，总资产4.4亿元。主要经营钢铁件铸造、铁合金冶炼、钢冶炼、工业用设备制造等，最大单个铸件达到10吨。产能4万吨铸件、4万吨铁合金，在国内铸钢业中居领先地位。产品80%出口美国PH JOY、哈里森、卡特彼勒、瑞典山特维克、荷兰欧泰等公司。(3)天龙农科贸有限公司创建于2000年，是一个集中药收购、加工为一体的股份制民营企业。产品主要销往哈药集团中药二厂、山西亚宝集团、天津药业、河南福森药业、山西津华药业、浙江仙居药业等十多个国家大型药业集团。2014年公司新上丕康药业药品GMP生产线建设项目，总投资2.2亿元，可加工中药材2万吨、中药饮片3000吨、中药原料药500吨、年产固体制剂药品6.5亿粒（片）。(4)华盛源生物科技有限公司成立于2012年6月，是一家专业化的基于植物来源的食品及药品原料生产商。公司充分利用山西运城地区及周边省份道地植物药材资源优势，专业加工生产药食同用的植物品种，如无硫化山楂、山药等。现有无硫化加工能力年处理植物原料15000吨，拥有大型无硫化烘烤设备8套及其相配套的各类专用装备。（侯伟宏）

·风陵渡经济开发区·

【概述】 风陵渡经济开发区为山西省省级开发区。开发区总体规划面积5000公顷，近期开发面积2000公顷。开发区位于运城市芮城县风陵渡镇，处于晋、秦、豫三省的交界处。

2014年，风陵渡经济开发区地区生产总值完成16.97亿元，增长9.34%；工业总产值完成48.79亿元，增长3.19%；规模以上工业总产值完成42.53亿元，增长1.8%；工业增加值完成14.04亿元，增长9.82%；规模以上工业增加值完成11.46亿元，增长13.2%；企业主营业务收入完成70.33亿元，增长13.6%；固定资产投资完成19.05亿元，增长39.66%；招商引资到位资金完成21.05亿元，增长1.96%；财政总收入完成2.2339亿元，增长18.34%；公共预算收入完成0.4946亿元，增长63.73%。（姚洪涛）

【基础设施建设】 2014年，风陵渡经济开发区委托山西省城乡规划设计研究院对《风陵渡经济开发区总体规划（2003—2020）》完成修编调整。加大基础设施投资力度，筹措资金9000余万元，铺开7项城建重点工程，分别是总投资3500万元的创业大街建设工程，总投资1200万元的工业北大道改造工程，总投资1000万元的风陵东街主车道改造工程，总投资700万元的新区南北主排水管网工程，总投资2000万元的运风高速通道环境治理工程，总投资500万元的外环路东段生态建设工程，总投资170万元的中心广场改造工程。鼓励民间资本投资城市公共服务。风陵渡经济开发区与市政府及市国资委等有关部门协调沟通，集中供热、集中供水等特许经营项目获得授权。北车集团收购嘉鑫热力公司，推进集中供热工作，污水处理厂试运行，城市集中供水工程开工建设。　（姚洪涛）

【项目建设】 2014年，风陵渡经济开发区坚持园区化发展集群化招商，为企业搭建融资平台，为企业争取贷款2.77亿元，争取国家扶持资金1010.19万元。风陵渡经济开发区在委托中国化学赛鼎工程有限公司（原化学工业第二设计院）编制精细化工产业发展规划的基础上，围绕医药化工、食品添加剂、材料化工、造纸化工等四条产业链进行招商引资。一是推进小分队招商。2014年，开发区成立7支招商小分队，采取定向式招商、小分队招商、走出去招商等方式，推进精细化工产业发展。各小分队先后与北京中科院进行洽谈对接，参加上海涂料染料行业协会年会，赴河北廊坊、陕西西安、江苏南通、无锡、山东、上海、甘肃等地与有关企业进行洽谈对接，与深圳维克多瑞公司、北京中铁轨道交通公司等企业达成合作意向。各小分队共对接企业20余家，8家企业到开发区进行实地考察，4家企业签订投资协议。二是坚持主攻产业“10、30、10”目标不放松，即2014年精细化工产业园新入区项目10个，总投资30.1亿元，到位资金10.19亿元。升佳化工公司对苯二酚、四氯苯胺、碳酸锰项目，银莹顺化工公司年产脱墨剂项目，中科院中试基地项目，德宝药物复配公司农药中间体项目，新核能肥业公司复合肥项目等即将投产。上海麦普化工公司二萘粉项目，山西亚森房地产有限公司2.3—酸项目，湖南湘潭矿产公司磁性锰项目，山西鑫必成电子科技公司石英晶体元件项目等重点项目动工建设。三是同步推进非集群产业项目。风陵渡经济开发区在加大主攻产业招商引资的同时，推进非集群产业项目招商引资工作。2014年引进和对接非集群产业项目18个，总投资101.35亿元。黄河金三角商贸物流园、博睿机械制造有限公司2万件机车配件等9个项目推进建设，深圳维克多瑞公司农业生态观光园、河南禹州凯旋药业年产2000吨中药饮片等5个项目开展前期工作。大唐电厂总投资80亿元的2×100万千瓦机组扩建项目拟列入山西省“十三五”规划。

（姚洪涛）

2014年1月15日，副省长王一新（左二）在风陵渡经济开发区调研

（姚洪涛供图）

【土地管理】 2014年，风陵渡经济开发区严格土地管理，完善土地手续，整改土地违法问题，完善土地管理机制，促进开发建设与土地利用协调发展。一是做好国家土地督察整改工作。4月，风陵渡经济开发区对2013年以来土地管理工作开展自查自纠活动；5月底，针对国家土地督察北京局土地例行督察组下达的土地征收、供应、利用、登记、抵押、资金等12个方面55个问题，制定整改方案，明确时限要求、责任单位和责任人，完成芦王、西柏台、焦芦三处违法建筑拆除复垦工作；10月底，完成国土资源部北京督察局的整改验收各项整改任务。二是做好土地利用规划修编工作。2月，风陵渡经济开发区对土地利用总体规划进行核实摸底，编制（2006—2020年）土地利用总体规划中期《修编方案》，调整建设用地规划问题。三是争取土地利用指标，解决项目建设用地问题。在编制土地利用规划的同时，市政府为风陵渡经济开发区调整新增建设用地规划指标80公顷。针对开发区存在的批而未供，未批先占等问题，风陵渡经济开发区一方面完善已入区项目的用地手续，优先保证其用地指标，另一面对未供土地按照有关规定进行挂牌出让，提高土地利用效率。　（姚洪涛）

【服务环境建设】 2014年，风陵渡经济开发区创新服务方式，拓宽服务领域，创建亲商、爱商、安商、富商的良好环境，使企业招得来、留得住、快发展。一是建立项目协调机制。风陵渡经济开发区定期召开管委会主要领导、有关职能部门负责人和入区项目负责人参加的入区项目手续集中办理协调会议，实行“一站式”服务，2014年5月、6月先后两次召开新入区项目协调推进会议，由职能部门负责人面对面向项目负责人讲解办理项目入区相关手续、流程、时限及需要提供的材料，集中解决项目审批中遇到的困难和

问题。二是规范劳务管理。风陵渡经济开发区成立“风陵渡开发区项目建设劳务协调办公室”,对项目落地、建设期间与占地村的劳务用工实行统一管理、统一结算,使项目单位不与占地村民见面,建设“防火墙”,维持公开、公平、公正的劳务市场。2014年对新开工的项目劳务、运输实行统一管理,项目建设单位普遍反映减少纠纷和成本。三是建立完善政务服务接待中心。风陵渡经济开发区在管委会机关一楼设立政务服务中心,优化服务流程,压缩审批时限,提高办事效能。按照“一门受理、一次性告知、一次性承诺、限时办结”的服务宗旨,12个“窗口”单位确定首席代表,进入中心集中办公,实行“一站式”服务。建立完善政务大厅运行机制,对行政审批和公共服务事项减少前置条件,缩短审批时限，建立部门并联审批、联合会审机制，压缩部门自由裁量空间,提高服务效率。四是开展“三位一体”联动督查。在建立完善纪工委牵头的“三位一体”联动督查机制的基础上,先后组织辖区内“两代表一委员”、两委班子成员、企业代表、政风行风监督员,对开发区重点项目、各窗口服务单位进行全面督查，并及时通报督查结果，提出整改要求和推进措施。2014年,先后组织开展专项督查和联合督查23次,督查单位85家次,督办事项6项,共编发简报32期,通报12期,报社报道39篇,电视台专访报道3次，推动各项工作开展。 （姚洪涛）

【社会安全管理】 2014年,风陵渡经济开发区加大社会管理力度,保持开发区社会稳定。一是做好矛盾排查化解工作。2014年,风陵渡经济开发区健全信访办机构和人员,引导群众依法依规信访,健全及时就地解决群众合理诉求机制，落实领导包案制度,依法依规将群众反映的问题解决到位,化解一批事关群众切身利益的信访突出问题。全年接待受理群众来信来访22件,办结19件。全年没有发生赴省进京上访和重大群体性上访事件。二是完成村“两委”换届选举工作。按照省、市村“两委”换届选举工作安排和部署，从2014年10月31日至12月31日，历时两个月时间,完成辖区11个村党支部和村民委员会换届选举工作。共选举产生村党支部书记11人、支部委员34人;村民委员会主任11人、副主任2人、村委委员40人(其中妇女委员11人)。对村里妇联、民兵、青年团、治保、民调等基层组织进行完善。通过村“两委”班子换届,解决班子年龄偏大、文化水平偏低、职数偏多等突出问题。三是严厉打击拖欠农民工工资行为。风陵渡经济开发区先后多次召开人劳、城建、公安、信访等部门负责人会议，研究开展拖欠农民工工资专项检查行动。在专项检查过程中,实行动态监控,发现一起,查处一起,纠改一起，严厉打击拖欠农民工工资的行为,先后受理投诉案件5起,其中立案3起,涉及劳动者203人,涉及工资额507万元，为劳动者追回拖欠工资411.6万元。四是严格安全生产、环境保护监管。特殊的产业结构客观上决定安监、环保是开发区发展的两个“红线、底线、高压线”。安全委员会成员单位各司其职,职能部门领导多次深夜到厂检查,多次召开安监、环保专题工作会。全年未发生重大安监、环保事故,2014年风陵渡经济开发区被运城市政府评为“安全生产先进单位”。 （姚洪涛）

农业经济

Agricultural Economy

种植业

【惠农政策】 2014年，国务院和山西省政府财政共下拨山西省粮食直补、生产资料综合补贴资金34.5亿元，补贴标准为小麦每亩85元，玉米及马铃薯每亩60元，小杂粮每亩80元，在春播前全部兑付到户。中央财政安排良种补贴资金3.8亿元，对玉米、小麦、棉花、水稻四种作物实施全覆盖。首次实施省级杂粮良种补贴，出台《山西省杂粮良种补贴资金管理办法》，下达《2014年杂粮良种补贴资金使用计划和实施方案》，1.1亿元资金全部下发到杂粮种植户，支持农民选用杂粮优良品种，补贴面积1100万亩。省政府出台10项强农惠农政策，其中涉及粮食生产有两项，对全省1100万亩杂粮（不包括薯类）给予良种补贴，补贴标准10元/亩；安排耕地综合生产能力补助资金5000万元，对耕地实施田、水、沟、渠、林、路综合治理。全省粮食播种面积连续多年增加，其中玉米面积超过2500万亩，占到粮食播种总面积的50%以上。 （武少东）

【抗灾技术措施落实】 2014年，山西省建立较完善的农情调度系统，覆盖11个市、115个农业县，建设农情基点县16个，及时准确了解全省农业生产动态。在8个县开展农情田间定点监测试点。重要农情信息及时专报有关领导和部门，确保信息畅通。与气象部门合作面向新型农业经营主体开展直通式气象服务。开展种植业政策性保险，保护农民利益，减轻灾害损失。落实防灾减灾技术。利用中央现代农业资金和旱作农业技术推广项目资金，对516万亩以玉米为主的粮食作物地膜覆盖技术进行补助，比上年增加50万亩。对15万亩旱地小麦宽窄行探墒沟播技术给予补助。安排资金200万元，在8个县开展地膜回收试点。利用中央资金，对小麦"一喷三防"进行补助，补助面积990万亩。 （武少东）

【种子质量管理】 2014年，山西省组织开展冬季种子企业监督抽查、春季种子市场质量抽查、秋季小麦种子质量监督抽查，共抽检玉米、瓜菜、小麦等作物种子样品561份，经过室内检测、种植鉴定，种子质量合格率达95%。高标准开展田间种植鉴定。2014年，山西省连续第七年承担全国春季玉米种子品种纯度种植鉴定工作，种植鉴定来自全国26个省的677份玉米样品，用地110亩，鉴定田全部实行精细化管理，保证田间出苗率、整齐度和品种特征特性充分表现，于7月下旬配合农业部专家组完成现场鉴定。4月初，山西省首次承担农业部2013年冬季种子企业抽查玉米品种纯度田间种植鉴定任务，在山西省海南南繁工作站完成440个重复的玉米样品鉴定。加快市、县级种子检验机构建设步伐，引导企业建立标准化种子检验室。加强种子检验人员考核管理，强化检验员队伍建设。

（武少东）

【农作物新品种推广】 科学组织品种试验。2014年，山西省承担完成13种作物、630个品种、47个区组、60个试验点的国家区域试验任务，试验全部成功。组织23种作物、768个品种、71个区组、418个试验点的省级区域试验，各项试验任务全部按要求落实。严格品种管理。审（认）定新品种76个，涉及29种作物，审议通过外省审定在山西省同一适宜生态区引种的品种12个，通过田间考察淘汰品种30个。加大不适宜品种淘汰力度，公告退出8种主要农作物品种40个，对7种主要农作物81个品种进行退出公示。加大新品种展示示范力度。选择21个粮棉油主产县，建立省级玉米新品种展示示范基地，选择通过国家或山西省审定的玉米新品种进行集中展示，并对上年试验展示中表现突出的优良新品种进行大面积示范，筛选当地最适宜种植的品种和配套技术，带动全省新品种示范展示工作发展。 （武少东）

【农作物病虫害防治】 2014年，山西省农作物病虫害总体为偏重发生，程度略重于上年。全省农作物病虫草鼠发生面积达1.73亿亩次，比上年增加158万亩次。发生较重的病虫有：一代黏虫、小地老虎、玉米红蜘蛛、玉米大斑病、马铃薯晚疫病、黄瓜霜霉病、苹果褐斑病、苹果炭疽病等。2014年，全省病虫草鼠总体危害损失率控制在5%以下；蔬菜、水果、玉米、小麦主产区病虫绿色防控覆盖率达18%，示范区化学农药用量减少20%以上；开展农作物病虫害专业化统防统治3595.8万亩次；玉米、小麦主产区病虫害统防统治覆盖率达40%，12个粮食主产县覆盖率达50%以上，农作物病虫专业化统防统治示范县区覆盖率达85%以上。全年共防控农作物病虫害1.49亿亩次，挽回粮食损失16.25亿公斤，棉花25万担，蔬菜16.2亿公斤，水果17.25亿公斤，油料1865万公斤，总经济效益50.21亿元。 （武少东）

【病虫绿色防控技术推广】 2014年，山西省各地在建的小麦、玉米、果树、蔬菜、杂粮、马铃薯病虫绿色防控示范区共295个，示范区核心示范面积57.8万亩，示范区建设面积325万亩。全省绿色防控技术推广应用面积2513.2万亩次，减少化学农药使用1926吨。2014年，重点在3个国家级专业化统防统治示范县和4个国家级绿色防控示范区开展小麦、玉米、马铃薯、蔬菜、苹果5种作物专业化统防统治与绿色防控融合示范工作。印发《山西省农作物病虫专业化统防统治与绿色防控融合全程示范实施方案》（晋农业（保）字〔2014〕8号），安排示范目标、任务、示范内容以及工作进度。在万荣县的苹果与盐湖区的梨树上开展果树蜜蜂授粉与绿色防控示范区的建设工作。承担多抗霉素防治苹果斑点落叶病、葡萄绿盲蝽性诱剂试验、苹果园释放胡瓜钝绥螨试验、苹果腐烂病防治等新技术、新产品试验示范任务。完成《苹果树主要病虫绿色防控技术规程》初审工作。

（武少东）

【高标准农田建设】 截至2014年11月底，山西省中低产田改造及高标准农田建设落实面积达200.81万亩，超年初计划0.81万亩。落实资金25.45亿元，其中中央6.36亿元，省级17.81亿元，市县及自筹1.28亿元。涉及229个项目。工程田总增产粮食1.35亿公斤，蔬菜742.19万公斤，经济作物163.46万公斤，总增产值2.98亿元，总节本2419万元，总增纯收益3.22亿元。完成11市57个县中低产田改造项目、耕地综合生产能力建设项目、新增粮食产能建设项目的申报，设计报告和实施方案编制指导工作。全年共落实与中低产田改造相关项目50.98万亩，涉及92个项目（县），落实资金4.0142亿元，其中中央2.2666亿元，省级1.1981亿元，市县及自筹5495万元。资金及批复全部在8月前下达，较以往提前2至3个月。编制《山西省高标准农田建设总体规划（2014—2020年）》和《山西省盐碱地治理总体规划（2016—2020年）》。

（武少东）

【测土配方施肥技术推广】 2014年，山西省所有县全部实施测土配方施肥技术推广工作，实现测土配方施肥工作全覆盖。全省在玉米、小麦、棉花、果树、蔬菜、小杂粮等作物上共推广测土配方施肥面积4803万亩，其中配方肥施用面积2207万亩，免费为650多万户农民提供测土配方施肥技术服务。全省共采集测试土壤样品3.98万个。设立田间肥效试验471个，配方校正试验150个。省级和项目县制定发布主要作物的施肥指导意见。全省建设村级示范方5625个，万亩示范方133个。发放测土配方施肥建议卡163万份，在村民集中活动场所和肥料销售网点张贴测土配方信息、施肥指导方案20086张。完成冬小麦—玉米轮作区耕地地力评价工作。加大农企合作力度，加强配方肥应用，召开全省测土配方施肥现场观摩交流会和区域耕地土壤培肥技术培训暨现场观摩会，提升技术影响力和覆盖面。2014年，山西省作物单产水平明显提高，小麦应用测土配方施肥技术面积达990万亩，亩均增产3.8%左右。玉米应用测土配方施肥技术面积2465万亩，亩均增产4%左右。棉花应用测土配方施肥技术面积45万亩，亩均增产幅度达4.1%左右。马铃薯应用测土配方施肥技术面积265万亩，亩均增产幅度达4.6%左右。谷子应用测土配方施肥技术面积313万亩，亩均增产幅度达4.2%左右。果树、蔬菜应用测土配方施肥技术面积725万亩，亩均增产6%左右。

（武少东）

【旱作节水农业发展】 2014年，山西省推进旱作节水农业发展。（1）开展农田节水示范活动。在全省建设农田节水示范区22个，辐射示范推广农田节水技术面积206.83万亩，其中秸秆覆盖蓄水保墒培肥技术160.68万亩，水肥一体化技术4.75万亩，膜下滴灌技术12.73万亩，“W”型膜盖集水补灌技术18.87万亩，少耕穴灌聚肥节水技术9.8万亩。（2）组织实施膜下滴灌技术示范项目。在阳曲县实施农业部玉米膜下滴灌水肥一体化技术示范面积3500亩，累计节水23.6万吨，节肥15.4吨，节支增收180万元。（3）做好土壤墒情监测工作。全省以完善监测手段、强化人员培训、规范监测技术为突破口，提升土壤墒情监测的准确性和时效性。把土壤墒情监测工作与旱作节水农业示范基地建设项目、节水技术推广紧密结合，共配备远程定位监测仪17台、移动式速测仪20台，取得监测数据1.3万多个。省市县三级累计发布农田土壤墒情简报436期，适时指导抗旱减灾及各项农事活动的开展。 （武少东）

【耕地质量建设与管理】 （1）组织耕地保护及质量提升项目。2014年，在永济、稷山、盐湖、夏县、襄汾、尧都、洪洞、曲沃8个县（市、区）实施夏玉米秸秆粉碎还田腐熟技术补贴项目80万亩；在阳城、长子、昔阳、汾阳、原平、浑源6个县（市、区）实施综合应用地力培肥技术补贴项目7.5万亩。观察点分析统计结果表明，项目示范田较对照田土壤有机质平均每千克增加0.23克，全氮、有效磷、速效钾每千克分别增加0.03克、0.62毫克、8.2毫克；土壤容重每立方厘米平均下降0.1克。示范田平均亩产小麦396公斤，比对照亩增产19.6公斤，增产5%，亩增收39元。80万亩小麦示范田共增产小麦1568万公斤，增收3120万元。(2)推进补充耕地质量验收与评定工作。2014年，山西省农业部门参加补充耕地质量评定的项目达60个，专家实地踏查60人次，现场采集土样241个，分析化验1495项次，组织专家评定次数60次，出具评定意见60份，完成评定面积2.16万亩，其中后期有培肥改良措施的面积为1.06万亩，占到参加评定项目的49.07%。(3)做好耕地保护责任目标考核工作。抽调5名专家与国土等部门组成联合检查组，分别赴全省11市对各市人民政府2011年至2015年市级政府耕地保护目标履行情况进行期中考核，重点对耕地保有量及变化、基本农田保护面积及变化、耕地占补平衡与基本农田占用补划落实、耕地保护责任落实和制度建设、耕地等级与耕地质量建设等几个方面情况展开核查，并总结全省耕地质量状况及建设与保护工作。(4)做好国家级耕地质量监测工作。下发《关于做好2014年国家耕地质量监测工作的通知》，为强化耕地质量保护宣传工作，推进耕地质量监测工作规范化，安排各县按照农业部要求制作全国统一的耕地质量监测标识标牌。

（武少东）

○相关链接：参见“山西省人民政府”类目

农 垦

【概述】 2014年，山西农垦系统有企业29个，分布在全省9个市、26个县(区)境内，其中，省属企业8个，市属企业10个，县属企业11个。垦区总人口33360人，土地总面积22782公顷，其中耕地6752公顷。截至2014年底，以农牧业为主的企业26个，工业企业1个，商业企业2个。全省垦区总资产132868.5万元，比上年增加31662.6万元，比上年增长31.2%。总负债118761.3万元，比上年增加30655.1万元，比上年增长34.7%。所有者权益141072.45万元，比上年增加7.6%。资产负债率为89.38%。

2014年，全省垦区实现国民生产总值5.93亿元，比上年增长1.47%。垦区粮食生产再创历史新高，总产达3.57万吨，增长11.5%；奶牛存栏1.16万头，比上年减少8.66%；职工人均纯收入16193元，比上年增长4.44%。

（许云麒）

【现代农业建设】 2014年，山西省农垦局结合农场实际，创建以“一场一品”为主题、具有农垦特色的现代农业示范园区，初显成效。(1)打造现代畜牧养殖示范园区。山阴农牧场按发展“一场一品”的基本思路，实施“以农载牧，以牧富农”战略，培育优势产业，与当地政府合作引进资金，建设三个标准化千头奶牛牧场，延伸和拓展产业链条，建成万亩优质饲草基地和股份制饲料厂，打造全省发展规模最大、管理水平最好、标准化程度最高的现代畜牧示范区。朔州红旗牧场建设四个现代化奶牛园区，被列为全国农垦系统奶牛高产攻关项目单位。(2)打造万亩优质蔬菜示范园区。忻定农牧场建成的20座日光温室大棚，蔬菜种植示范运行良好；新建成150座钢架拱棚和1400亩光伏发电农业大棚。牧场按国家标准完成土地整理6317亩，实现区内水利设施全部配套，林、田、路标准化建设，列入全国100个农垦现代农业示范园区。朔州市红旗牧场引进资金和技术，建设朔州市现代农业科技示范园区，建成占地1500亩的大棚300栋。(3)打造现代农业科技示范园区。大同云城乳业公司利用城郊优势，建成200个果蔬日光温室，投入生产。朔州红旗牧场实施1万亩膜下滴灌示范工程，建成300栋蔬菜温室大棚、4个现代化奶牛示范场。长治果树场在建成占地500亩共计124座日光温室大棚的基础上，申报农业部农垦局集约化育苗技术项目，计划改建2座日光温室从事蔬菜集约化育苗生产，新增育苗面积1800平方米，新增育苗能力600万株以上。

（许云麒）

【危房改造项目管理和建设】 2011年，山西省垦区危房改造工作开始启动，2012年在全省垦区全面推开，共争取落实项目资金约1.92亿元，其中，中央投资4808万元，省级配套资金4808.29万元，用于配套基础设施建设项目的中央投资9577万元。截至2014年底，全省有22个农场的5527户实施垦区危房改造及配套基础设施建设项目，总投资8亿余元。(1)2014年，山西省农垦局组织农场申报2014年农垦危房改造及配套基础设施建设项目，申请中央投资667万元，并协调有关部门，落实省级配套资金667.29万元。(2)与山西省发改委沟通，帮助767户危房户争取到配套基础设施建设项目中央投资资金。(3)对省直农垦企业进行农垦危房改造项目督查，通过听取汇报、查阅资料、实地查看等方式，加快危房改造项目进行。(4)与省财政、发改、住建、国土等五部门联合下发《关于解决山西垦区特困职工家庭住房困难的意见》，改善农垦特困职工的居住条件。(5)协调督促建设进度，省局以不同形式进行项目督查及跟踪指导，查找问题，分析原因，并与市县主管部门商讨具体措施，省农业厅领导专门与省发改委沟通协调，共同推进。(6)加强项目管理，要求项目实施单位完善项目手续和档案资料，倒排工期，狠抓项目进度和工程质量，执行国家基本建设财务管理制度，确保项目实施。(7)按时通报危改信息，每年省农垦局要定期或不定期向省直有关部门和农业部农垦局报送危房改造建设情况，做到及时准确。

（许云麒）

【农场民生建设】 (1)2014年，山西省农垦局争取国有农场办社会职能改革资金。2013年、2014年共争取国有农场办社会职能改革中央财政奖励资金603万元。(2)组织省直农场开展一事一议筹资酬劳财政奖补项目。2014年争取30万元一事一议财政奖补资金，并开展督导检查和指导工作。(3) 争取特困企业医保补助。2014年，组织省直农场申请特困企业医疗补助94万元。(4)落实税费改革转移支付资金。争取2014年省财政厅国有农场税费改革转移支付资金157万元。(5)招商引资工作突显新亮点。2014年，忻定农牧场与上海太阳能科技有限公司投资合作建设光伏农业大棚项目达成意向。项目主要开展蔬菜大棚建设，同时利用屋顶进行光伏发电。项目地址位于忻定农牧场二分场，占地2000亩。(6)组织申报农场公路建设分批实施计划。2014年，山西省农垦局组织有关农场报送垦区国有农场道路建设投资计划，有3个农场的25.139千米道路纳入山西省2014年农村公路建设计划，项目总投资1088万元。（许云麒）

【扶贫开发】 2014年，山西省农垦局组织制订《山西农垦国有贫困农场财政扶贫项目及资金管理实施细则（试行）》，并以山西省农业厅和省财政厅晋农财发〔2014〕194号文件形式正式印发，明确各级职责，加强项目的申报、可行性论证、资产管理及招投标等工作。由局站领导带队对2011年至2013年所有扶贫项目进行专项检查。结合山西省垦区农场实际，会同山西省财政厅确定山西省垦区"十三五"期间重点贫困农场，报财政部和农业部备案审批，并根据国家扶贫开发政策，结合垦区实际，编制全省垦区"十三五"扶贫开发规划。8月举办全省农垦扶贫项目管理培训班。截至2014年底，上年下达的扶贫开发项目总投资完成632.07万元。分别由忻定农牧场、唐城肉牛场和襄垣农牧场实施，于2014年8月完成招投标工作，9月全部开工建设。2014年下达国有贫困农场中央财政扶贫资金650万元。其中山阴农牧场建设标准化奶牛养殖基地项目430万元，方山肉牛场农田水利建设项目220万元，完成招投标和专家论证。（许云麒）

【和谐农场创建】 2014年，山西省农垦局采取三项措施抓信访工作。(1)建立省局领导干部下访制。局领导每人联系一个场，变上访为下访，深入农场，与来访的群众面对面交谈，对有据可依的用政策化解，对困难群众用扶助化解，对入情入理的用感情化解，对"于法无据、于情有理"的变通化解，使一批涉及群众切身利益的问题得到处理。(2)建立场情民意走访机制。农场不定期地进行民意调查，通过座谈会的形式广泛收集群众的意见和建议，主动掌握上访人员的活动动向和思想动态，对可能上访的重点人员，做好教育疏导，有针对性地采取措施和对策。(3)建立农场领导干部包案制。每次接访后，省农垦局都要求农场对不能当场解决的问题进行归纳梳理，落实包案领导过后解决，要求包案责任人对案件包调查、包处理、包稳控、包息访，实行一包到底。（许云麒）

【安全生产】 2014年，山西省农垦系统落实"安全第一，预防为主、综合治理"的思想方针，确保安全生产无事故。在节假日来临之际，提前下发关于加强安全生产工作的各项通知，加大安全生产宣传力度，各企业组织开展安全生产自查和隐患排查治理，预防安全事故的发生。向全省农垦企业下发"安全生产宣传月"实施方案，要求农垦企业开展"安全生产月"活动，确保垦区生产安全和社会稳定。"安全生产月"和防火特险期间，局领导多次深入农场，重点对农场的森林草地防火、防汛抗旱、矿山安全和农牧业生产安全等进行监督检查，举办山西农垦系统安全生产培训。（许云麒）

畜牧业

【概述】 2014年，据统计，山西省存栏生猪514.7万头、禽9461.8万只、牛100.9万头、肉羊922.7万只，分别比上年同期增长2.5%、1.8%、6.4%、5.1%；出栏生猪837.3万头、禽7592万只、肉牛39.8万头、肉羊469.9万只，分别比上年同期增长6.5%、3.8%、10.3%、5.3%。肉、蛋、奶的总产量分别达到86.1万吨、83.7万吨、96.2万吨，分别比上年同期增长3.5%、4.8%和11.6%。

畜产品市场。2014年，生猪市场行情总体呈现先下滑后抬升再回落的态势。据十五个定点调查县监测数据（下同）显示，活猪和猪肉价格总体为先下滑（1月~4月）、再反弹抬升（4月~9月）、后趋稳（10月~12月），基本符合季节性波动规律。全年活猪、猪肉平均每千克价格分别为13.17元、21.67元，较上年同期分别下跌11.5%和8.8%。生猪养殖效益总体持平或微亏。饲养管理水平高，母猪产仔成活率高的养殖场，头猪可盈利约50余元；饲养管理一般的基本持平；饲养管理水平较差的，处于亏损状态。

2014年，生鲜乳收购价前10个月均处于高位振荡，后两个月开始回落。全年鲜奶收购价格平均每千克4.23元，较上年同期上涨13.9%；年末鲜奶每千克均价达到4.07元，比上年同期下跌6%。上半年，全国进口乳制品大幅增加，同比增长近52%，其中进口奶粉68万余吨，同比增加75%以上，致使本地企业销量下降，生鲜乳收购环节企业压级压价，对我国奶牛养殖造成一定压力。养牛积极性降低，一头成母牛由1.6万元~1.8万元下降到0.8万元~1.3万元。养殖户总体保持盈利效益，少量养殖水平差的已经没有利润。据调查，日产奶20千克以上的奶牛，头均可盈利约3000元，较上年少盈利千元。

2014年，鸡蛋价格年初下跌，3月中旬后强势大幅上涨，创历史新高。全年鸡蛋平均每千克价格9.78元，同比上涨13.6%。据调查，标准化蛋鸡场鸡蛋成本价约7.0元/千克，全年平均每千克利润达到2.78元，饲养蛋鸡一个饲养周期可盈利约40元。肉鸡市场从2季度开始处于攀升趋势。活鸡全年平均每千克价格为12.65元，较上年同期高20.7%。农户出售一只鸡可赚3.5元~4元。

2014年，牛、羊肉价格保持上涨。全年平均每千克牛肉价格为53.37元，同比上涨7.1%；羊肉价格为62.3元，同比上涨9.1%。但肉羊养殖由于受小反刍兽疫阶段性影响，流通不畅，活羊收购价一度较低，饲料成本增加，效益不及上年。据各市调查，出售一头肉牛可获利2000元左右，架子羊育肥可获利100元左右，饲养母羊户出售肉羊只均收益200余元，出售绒山羊收入约300余元。

重大项目建设。2014年，第三届山西特色农产品畜牧招商引资活动成功签约27个畜牧项目，招商引资额84亿元，新西兰恒天然、北京孚尔、河北澜澳等新企业落户山西。其中长治市引进资金25.6亿元，运城市引进资金20.5亿元，两市签约总额达46.1亿元，占全省总招商引资额的55%。天镇县中地生态牧场养殖园区项目、沁县弗莱维赫乳肉兼用牛繁殖基地项目、神池县绿宇肉业百万只肉羊生产线项目、寿阳县金粮农业科技产业园区项目开工建设。其中，太原市立足于建设现代都市农业园区，引进天津宝迪建设的阳曲县食品加工园区项目投资9亿元；九牛牧业循环产业园万头标准化奶牛养殖场建设项目投资4.5亿元。一批带动力强的新项目投产。近几年招商引资的项目基本建成投产，2014年新引进项目部分投产。大象集团在闻喜、壶关、沁水、武乡、孝义的养殖项目投产；新西兰恒天然集团在一年内实现签约、建场、引进1.5万头纯种奶牛的目标；稷山县晋龙集团投资2.2亿元建设的100万只蛋鸡养殖示范园满负荷生产，平定大正伟业300万只蛋鸡养殖项目竣工投产。

区域化布局。2014年，雁门关生态畜牧经济区牛羊草食畜饲养量达到2191万头（只），占山西省的60%；晋东南生猪产业现代化水平提升，存栏量占全省的27%；晋中、晋南家禽业新增家禽3600万只，占全省总量的17%。规模化生产加快发展。全省新增1018个规模养殖场，畜禽养殖规模化比重达58%。晋中市2014年开工畜牧项目248个，完工222个。推行循环化模式。重视发展节粮畜牧业和生态畜牧业，种养加相结合、畜沼果相循环、草畜肥相衔接的发展模式得到推动。吕梁市在全市实施玉米秸秆综合利用项目，为规模养殖场配备秸秆揉碎和打包机械，对秸秆进行微贮利用，解决冬季饲草短缺问题，探索出节粮型畜牧业发展新途径。

畜牧业安全。2014年，山西省重大动物疫病防控工作加强。以免疫为主的动物疫病综合防控措施落实到位，全年没有发生重大动物疫情，成功阻止小反刍兽疫在山西省的蔓延。饲料、兽药生产经营秩序进一步规范，违法添加和非法制售行为得到严厉查处，从生产、流通到使用全过程都加强监测监管，山西省饲料、兽药例行监测合格率全部达到国家要求。畜产品质量安全得到保障。对饲养、收购、贩运等环节实行全方位监管，开展三聚氰胺、瘦肉精等专项整治行动，严厉打击违法添加、私屠乱宰等违法行为，畜禽定点屠宰监管职能由商务部门交转畜牧部门，在全国组织开展的畜产品抽检中山西省全部达标。临汾市实行检疫员"一岗双责"制度，将全市50头以上的养殖场（户）全部纳入监管范围。

（郑晓静　侯晋兰）

【畜牧业科技】 2014年，山西省新建的大型养殖企业、现代化养殖园区普遍采用国内外先进的生产设施设备，90%以上的企业引进国内外先进成熟的生产管理技术，饲喂、拣蛋、挤奶、清粪等基本上实现自动化，设施化、智能化成为现代畜牧业的典型特征。全年新引进荷斯坦奶牛、西门塔尔肉牛等优良种畜1.7万头，杂交改良畜禽2000多万头（只），利用人工授精技术改良猪、羊、牛1500多万头，良种覆盖率首次提高到70%。省级新制定和颁布实施畜禽饲养管理、饲草加工利用、种畜禽改良、粪污综合处理等16项技术，覆盖畜禽养殖的各个环节，并逐步向精细化、深入化、实用化方向发展。山阴县通过在奶牛生产企业中推广玉米带穗青贮加工利用技术，奶牛平均单产奶量由4吨多增加到近8吨。（郑晓静　侯晋兰）

【畜禽繁育改良】 2014年，山西省共推广三元优质生猪715万头，推广蛋鸡标准化养殖650万只；改良绵羊320万只，改良山羊270万只，享受补贴种母猪达23万头。

晋汾白猪繁育。2014年，国家畜禽品种资源委员会审定并核发晋汾白猪品种审定证明。山西晋汾白猪繁育体系建设力度加大，编制《晋汾白猪国家标准》《晋汾白猪产业规划》，建设晋汾白猪核心场1个、测定站1个、扩繁场27个，繁育晋汾白猪5700头。

品种保护。2014年，山西省共实施畜禽保护项目11个，投资金额155万元。太行山羊首次被列入《国家级畜禽遗传资源保护名录》，共有5个品种入选国家级保护品种。开展晋南牛分子血统鉴定，对晋南牛保种场10头种公牛、119头母牛进行抽血，连同27头种公牛的冷冻精液，提取DNA，送北京畜牧兽医研究所进行血统鉴定。开展边鸡的血液补充。组织边鸡保种场到边鸡原产地采集边鸡种蛋287枚，孵化出的种鸡经提纯后将进入保种核心群。

行政审批。2014年，山西省畜牧兽医局落实山西省政府《关于继续取消和下放一批行政审批项目等事项的决定》（晋政发〔2013〕35号），下放二级种畜禽扩繁场和配套系父母代场的生产经营许可审批权。截至2014年底，全省共发放种畜禽生产经营许可证48个。开展全省种畜禽生产经营标准化监督指导工作，监督指导种畜禽场开展种畜禽质量安全管理工作，促进企业建立和完善种畜禽质量生产经营自律机制，全省种畜禽场生产经营市场健康有序发展。开展种畜禽生产经营许可证到期预警工作，提前三个月对即将到期的符合省级原种场和一级扩繁场进行许可证到期警示制度，全年对25个种畜禽生产企业进行许可证到期换证警示。

蜂业管理。2014年，蜂产品安全生产加强。在晋城市的沁水县、阳城县，运城市的临猗县、垣曲县，长治市的武乡县等建立10个标准化蜜蜂产品安全生产示范基地和示范蜂场，辐射蜂群10000余箱。开展规模化蜂场登记备案管理。全省登记备案的规模化养蜂场户共2500家，涉及6个养蜂重点市共160000箱蜜蜂，约占全省蜜蜂饲养总量的70%以上。对符合规定的备案蜂场发放“养蜂证”500余件。对全省的山杏、油菜、柳树、泡桐、紫穗槐、酸枣、党参和连翘等九种辅助蜜源植物分布面积、密度及生长状况进行调查，促进山西蜜源植物综合开发利用。加强蜂业生产培训。依托国家、省蜂业产业技术体系、省蜂业协会和“阳光工程”培训项目，先后在沁水、阳城和盐湖区等县举办4个蜂产品标准化安全生产技术培训班，累计培训人数达800余人次。

冻精生产。2014年，山西省畜牧遗传育种中心共生产冻精90万剂，其中奶牛冻精45万剂、肉牛冻精48万剂。推广奶(肉)冻精约80万剂，其中奶牛46万剂、肉牛34万剂。进行奶牛DHI测定，参测奶牛共24500头，连续测定6次有效数据参测奶牛达16300头，超出农业部16000头奶牛的DHI测定任务。开展荷斯坦青年公牛后裔测定，全年共发放后测冻精5563份，其中六省联盟冻精3125份、本省冻精2438份，符合联盟后测条件的冻精发放率为100%。共鉴定牛近900头，其中山西省遗传中心公牛后代598头。（郑晓静　侯晋兰）

【草地建设】 2014年，山西省完成人工种草130万亩，草原鼠虫害防治315万亩。整合京津风沙源治理、牧草基地建设等项目资源进行草地建设，在草原确权试点县配套实施牧草基地建设项目，在牛羊等草食畜发展大县配套实施退耕种草项目，在草原管护措施得力的县(区)加大草原建设力度。开展草原返青期监测、草原资源与生态监测，编制出台年度草原监测报告。开展火情测报，全年未发生重、特大草原火灾及人员伤亡事故，连续三年实现草原火灾“零火警”。加强草原鼠虫害治理，全年完成草原鼠害防治150万亩，虫害防治面积165万亩，共培训防治人员3158人次，投入劳力18000人次，使用药剂129吨、机械5810台套。

（郑晓静　侯晋兰）

【畜产品质量安全保障】 2014年，山西省畜牧兽医局根据兽药、饲料、畜产品及生鲜乳监测计划，完成畜产品兽药残留监控和例行监测3361批次，抽检合格率达99.9%。其中完成畜产品例行监测2724批，包括猪肉/肝195批、牛羊肉140批、猪尿1073批、牛羊尿562批、鸡肉348批、生鲜乳406批。完成动物产品兽药残留监控637批。完成饲料产品抽检709批次，抽检总合格率为98.7%。其中，完成饲料产品质量安全监测187批次，合格率为95.1%；完成养殖环节饲料中违禁添加物监测245批次，合格率100%；完成反刍动物饲料中牛羊源性成分例行监测177批次，合格率100%；完成省级饲料监督抽检100批次。全年监督抽检兽药产品402批，抽检合格率达97.6%，其中完成国家抽检201批，辖区抽检201批。完成生鲜乳质量安全监测936批，实现生鲜乳监督抽检奶站、运输车抽检全覆盖。检测项目包括8种违禁添加物和重金属及黄曲霉毒素（三聚氰胺、β-内酰胺酶、革皮水解物、碱类物质、硫氰酸钠）。监测总合格率达100%。完成婴幼儿奶源奶检测121批，检测项目包括三聚氰胺、革皮水解物、β-内酰胺酶、黄曲霉毒素M1、铅、汞、硫氰酸钠、碱类物质，监测总合格率为100%。完成省级婴幼儿奶源奶检测40批。

兽药专项整治。2014年，山西省畜牧兽医局查处河南省鑫汇来生物科技有限公司和河南昭阳畜牧科技有限公司在山西省销售假兽药案件。全年出动检查人员1630人次，全省共检查兽药生产经营企业和使用单位3039个次，立案43起，结案40起，罚没款金额16.66万元，捣毁制假售假兽药窝点3个。开展兽药产品标签和说明书规范行动，对发现的问题标签、说明书产品，进行生产、经营和使用全链条追溯检查。各地兽医主管部门重点开展日常巡查、飞行检查、监督抽检、专项整治等，实施“检打”联动，各地兽药执法人员从生产、经营和使用三个环节，对农业部通报中的所有不合格产品、假兽药和非法企业产品进行清查，监督企业清理、销毁库存假劣兽药；清缴查处违禁兽药、过期失效兽药、标签和说明书不规范兽药，并依法给予行政处罚。

畜禽用药监管。2014年，各级畜牧兽医部门重点检查奶牛养殖企业、中型以上养猪、养禽企业，查看药房和用药记录，与饲养业主签订畜产品质量安全承诺书和兽药(饲料)经营者签订禁止生产经营违禁药物承诺书。对养殖场(户)开展宣传培训11期，培训2200人次，发放宣传材料30000份。把科学合理用药知识作为村级防疫员培训内容，把兽药监管网络延伸到基层，把质量安全意识强化到基层，把科学用药技术传授到基层。对饲料生产企业和养殖企业饲料中添加兽药加强监管，监督抽检饲料中违禁药物200批次，全部未检出违禁药物。实施兽药生物制品批签发制度，全年完成山西隆克尔生物制品有限公司、山西海森生物制品有限公司2个兽用生物制品企业14个品种、4亿头份生物制品批签发，实现重大动物疫病疫苗生产安全。

实验室规范管理。按照认证实验室管理要求，2014年山西省开展实验室内审核管理评审，参加全国饲料违禁药物检测、生鲜乳违禁药物检测、兽药残留检测等省级实验室比对试验5次，成绩优异。承担《中国兽药典》中16个化药产品和10个中药制剂标准复核及6个兽医专用药材标准修订工作。承担北京等省(市)所10中药制剂品种及药材的复核工作。多名技术人员参加全国兽药委员会组织的兽药标准修订、新兽药审定、兽药GMP验收等工作。检测技术和服务能力强化，先后派检测人员到省内外学习培训30多人次，邀请大型分析仪器专家到所讲学6次，培训人员60余人次。全年完成委托检验3362批次。其中饲料284批次；兽药3076批次；畜产品2份。

（郑晓静　侯晋兰）

【畜禽屠宰监管】 2014年，山西省完成畜禽屠宰监管职能划转，各级农业畜牧主管部门开展畜禽屠宰监管工作,系统内各部门职责明确,政府属地化管理责任、农业畜牧部门行业监管责任和屠宰企业质量安全主体责任落实,对完成迁建及改扩建的企业及时验收,开展畜禽屠宰专项整治,规范畜禽屠宰企业生产经营行为,打击私屠滥宰、屠宰病死畜禽、宰前使用“瘦肉精”、注水及注入其他物质等违法行为。 (郑晓静 侯晋兰)

【动物疫病防控】 2014年,山西省动物疫情平稳,高致病性禽流感、牲畜口蹄疫等重大动物疫情继续保持无疫,部分外省调入羊引发的小反刍兽疫疫情得到有效控制,全省共排查出14起小反刍兽疫疫情,涉及6个市13个县16个乡20个村54个场(户),发病羊1846只,死亡901只,扑杀发病羊及同群羊9732只。其他动物疫情总体平稳。

强制免疫。全省猪O型口蹄疫共免疫1689.64万头次,高致病性猪蓝耳病共免疫1700.82万头次,猪瘟免疫1700.82万头次,牛O型–亚洲I型口蹄疫免疫290.28万头次,A型口蹄疫免疫73.46万头次,羊O型–亚洲I型口蹄疫免疫2882.93万只次,高致病性禽流感免疫家禽21190.17万羽次,鸡城疫免疫21149.37万羽次,基本上做到应免尽免、不留空当。

疫情监测。全省动物疫病监测数量和频率增加,全省免疫抗体累计监测高致病性禽流感52567份,合格率96.50%;牲畜口蹄疫31170份,合格率90.90%;新城疫33539份,合格率96.17%;猪瘟10588份,合格率91.10%;高致病性猪蓝耳病2101份,合格率89.29%。全部达到农业部要求的免疫合格标准。

应急处置。全省启动小反刍兽防控工作日报告和零报告制度,落实24小时值班和领导带班制度,对每一起疫情,均迅速派出工作组,指导相关处置工作,严格落实扑杀、封锁、消毒、无害化处理等各项扑疫措施。紧急调拨小反刍兽疫疫苗,组织对种羊和疫区、受威胁区紧急免疫接种,并在全省范围开展免疫,共免疫1224万只羊。

动物疫病防控责任体系。全省落实防控责任,建立政府领导、部门监管、养殖场户为主体的责任体系。全省先后组织开展2次防疫工作交叉大检查,采取与养殖者签订承诺书或责任状、下发强制免疫预免告知书、强制免疫回执单、强制免疫补免通知书、加强技术培训和政策宣传等多种形式,强化养殖者防疫主体责任。

(郑晓静 侯晋兰)

【动物卫生监督管理】 2014年,山西省畜牧兽医局规范动物产地检疫申报制度,严格执行到场、进点、入户实施检疫,生猪产地检疫申报受理达到全覆盖,全省规模养殖场(户)产地检疫率达100%,屠宰检疫加强,严把入场、宰前检疫、宰后检疫、出证四个关口,屠宰动物受检率达100%,染疫动物产品未流入市场。

流通监管。公安、商务、质监等部门密切联合,组织专项督查,开展生猪屠宰环节“瘦肉精”监管专项整治,加强省界动物卫生监督检查站监管,省际间联防联控机制得到完善,活畜禽跨省调运监督管理、跨区域案件联防联动机制、检打联动机制以及部门间执法协调协作机制得到强化。

屠宰环节监管。组织各市开展畜禽屠宰管理重大问题调研工作;依据《生猪屠宰管理条例》《山西省畜禽屠宰管理条例》,开展畜禽屠宰执法检查;编制山西省生猪屠宰环节病害猪无害化处理补贴管理办法;开展畜禽定点屠宰换证工作;开展畜禽屠宰专项整治活动。全年共检查屠宰企业640个,出动执法人员4468人次,查处问题80起,涉及金额5.8万元,责令整改69起,取缔无证企业1家,媒体宣传45次,发放宣传资料20244份,指导培训97场次,培训人员7183人次。

病死动物监管。落实生猪规模化养殖场无害化处理补助政策,制定完善《山西省病死动物尸体无害化处理体系建设规划》,不定期对各市县病死动物无害化处理工作进行监督检查,督促规模养殖场进行病死动物无害化处理设施建设。全省共对17.4万头(只)染疫动物进行无害化处理,对有害的35.2吨肉类产品进行无害化处理。 (郑晓静 侯晋兰)

农业机械化

【概述】 2014年,山西省农机总动力达3286.2万千瓦,比上年增加102.9万千瓦,增幅3%。其中,大中型拖拉机保有量达11.9万台,玉米联合收割机达1.82万台,分别比上年增加1.18万台和3799台,增幅分别为11%和26.4%。畜牧、设施农业、林果、农产品加工机械分别达9.56万台、6.03亿平方米、5782台和51.25万台,分别比上年增加2702台、0.35亿平方米、183台和8702台,增幅分别为3.5%、6.2%、3.3%和1.7%,全省农机装备结构得到优化。全省机耕、机播、机收作业面积分别完成268.3万公顷、262.2万公顷、181.1万公顷,机耕、机播、机收水平分别达到73.48%、67.62%和46.69%,与上年相比分别提高2.21个、2.89个和2.88个百分点。全省主要作物机械化综合水平达63.69%,比上年提高2.62个百分点,超出全国平均水平2.7个百分点,提前完成“十二五”任务。全省农机化经营总收入达131.1亿元,比上年增加9.2亿元,增幅7%;农机化经营纯收入达67.2亿元,比上年增加4.15亿元,增幅6%。全省发生3起一般农机安全生产事故,造成3人重伤、经济损失9.8万元。事故起数、伤亡人数和每千台重伤率均低于山西省政府下达的农机安全生产考核指标。 (秦永红)

【综合示范县乡村创建】 2014年,山西省农机局研究制订《率先实现农机化综合示范县实施方案》,指导各市制订《率先实现农机化综合示范乡、示范村实施方案》,组织23个示范县开展农机普查,整合各类农机项目资金2.73亿元,扶持各示范县有序开展和推进创建工作。23个示范县农机总动力达1001.3万千瓦,占全省总动力的30.5%;主要农作物机械化综合水平达76.6%，超出全省平均水平12.9个百分点。其中，翼城、曲沃、襄汾13个县主要农作物机械化综合水平达75%以上。 (秦永红)

【农机购置补贴】 2014年，山西省争取中央农机购置补贴资金5.6亿元，补贴7.4万农户购置9.8万台件农机具。在工作中，实行“自主选择购机、补贴标准定额、县级审核结算、资金直补到卡”的补贴方式，优化补贴品目，分类使用资金，强化宏观调控。按照简政放权要求，减少操作环节，采取“三个自主”办法，农民购机更便捷，补贴工作效率更高；加大补贴信息公开力度，全面接受社会监督。 (秦永红)

【农时季节机械化生产】 2014年，春耕春播期间，山西省投入各种农业机械57.4万台件，完成机械化耕整地183万公顷、机械浇灌地面积49万公顷、机械播种160.3万公顷，其中玉米机播123.4万公顷，马铃薯、豆类等杂粮机播30.9万公顷。“三夏”期间，全省组织40余万台农机具投入农机作业，其中小麦联合收割机1.2万余台，完成机收面积66万公顷，机收水平达98.02%，较上年提高2个百分点；完成机械复播玉米、豆类面积37.3万公顷，机播率达93%。“三秋”期间，投入各类农业机械33.8万台件，并安排玉米机收秸秆还田、马铃薯机收和机械化柠条平茬等作业补贴资金1.085亿元，完成玉米机收秸秆还田面积96.9万公顷、马铃薯全程机械化面积9.2万公顷、柠条平茬作业面积0.9万公顷。 (秦永红)

【机械化保护性耕作】 2014年，山西省新增保护性耕作实施面积7万公顷，累计达105.8万公顷，覆盖11个市100多个县，受益农民近1100万人；争取将农机深松整地纳入山西省政府2014年新实施强农惠农政策，投入4500万元(省财政投入2500万元，利用农机购置补贴资金2000万元)，完成农机深松整地作业补助面积8.9万公顷。 (秦永红)

【科研和技术推广】 2014年，山西省举办各类大型农机化现场展示推介活动200余场、专题技术培训班300多次，培训农机技术骨干2.4万人次、农民8万余人次。开展玉米、马铃薯、高粱、胡麻、莜麦等作物全程机械化技术集成试验示范，建设全程机械化示范区34个；引进无人植保机12台、自走式植保机15台，建设农用航空技术示范中心(无人机)5个；完成机械化农作物秸秆综合利用面积162.9万公顷、转化利用358万吨；新建农产品初加工技术示范点90个、油磨坊115个，更新米面油加工设备163套。“饲料液体组分添加系统”等4个项目通过省级科技成果鉴定，均达国际先进水平；马铃薯垄作栽培机械化装备列入国家农业科技成果转化“新产品中试与示范”项目；山西省首个农机3D打印辅助制造技术实验室建成投入应用，获得2项发明专利和4项实用新型专利。 (秦永红)

【社会化服务体系建设】 2014年，山西省新发展农机合作社185个、农机大户1106个，新增农机维修网点111个；创建农机化示范合作社50个、机械化示范家庭农场50个、农机化示范大户100个；新建设区域性农机维修中心6个；培训新型职业农民5500人；支持山东五征集团和农机合作社成立4个“企社共建”农机示范合作社。 (秦永红)

【安全生产】 2014年，在农机安全监理方面，山西省农机局落实安全生产责任制，集中开展农机安全生产大检查、专项整治、农机安全宣传月和咨询日等活动，排查拖拉机、联合收割机6万多台次，整改隐患8000多项，纠正违章1600多台次；修订7项农机安全管理制度，农机安全生产监督更科学规范；实施拖拉机、联合收割机检验和保险费补贴政策，免除1.8万辆机车检验费和保险费82.32万元；组织11个市13个县开展农机事故应急演练，基层农机监理机构应急救援处置能力提升；新创建全国平安农机示范县4个。2014年，全省新注册登记拖拉机、联合收割机1.81万台，检验7.44万台，新训新考驾驶员1.35万人。在农机产品质量监管和试验鉴定方面，山西省农机局开展“3·15”农机质量维权宣传活动，发放宣传资料27万余份，接受群众咨询1.3万人次。联合工商、质监等部门开展农机市场打假专项治理行动，查处不合格农机产品及配件3749件。受理农机质量投诉案件84起、结案59起，为农民挽回经济损失14.3万元。完成部、省农机鉴定114项，各类农机产品质量检验303项。 (秦永红)

【改革创新】 2014年，山西省农机局起草《关于进一步加快发展农业机械化的实施意见》，确定今后一个时期全省农机化发展目标，提出“加快实施六大工程、全力构建六大体系，推进主要农作物全程机械化”的基本思路。改革农机购置补贴操作程序。取消农民购机前到农机部门领取补贴指标确认书的环节，变“事前审批”为“事后监管”；由补贴产品生产企业确定经销企业，农民自主选择经销企业和补贴产品，按申请时间先后顺序确定补贴对象，把选择权交给市场、农民、时间，补贴程序更公正、公平。改革农机项目管理模式。在安排农机项目时，坚持区域集中、资金捆绑、项目整合、技术串联的原则，完善农机项目资金管理和绩效考核办法，项目资金管理更科学规范。 (秦永红)

农业科技

【概述】 2014年，山西省农业科学院共开展科研课题873项。其中，国家级课题133项，省级课题369项，院级课题361项，横向协作课题10项。新开课题251项，其中国家级课题33项，省级课题132个，院级课题86项。国家级课题主要包括：国家自然基金课题2个，国家支撑计划课题5个，国家农业科技成果转化资金课题8个，国家星火课题1个，科技部科技基础性工作专项1个，农业部948项目1个，农业部产业体系岗位专家11个，农业部产业体系综合试验站27个。2014年共鉴定科研新成果28项，其中1项达到国际领先水平，20项达到国际先进水平。通过国家审(鉴)定农作物新品种6个，省级农作物新品种审(认)定61个。获国家授权专利79件，其中：发明专利16件，实用新型专利60件，外观设计专利3件。发表学术论文399篇，其中国家级论文124篇，SCI收录论文20篇，出版专著12部。经农业部批准发布国家行业标准2项，经山西省质量技术监督局批准发布山西省农业地方标准55项。（杨光宗）

【农业技术推广示范行动】 2014年，山西省农业科学院开展“农业技术推广示范行动”项目，项目首席专家及岗位专家共468人，在全省52个县(市、区)实施49个农技推广项目，推广新品种194个，集成168项先进适用技术，配套31项高产高效技术模式，示范7.91万亩，推广83.67万亩，粮、油、果、菜、畜牧、食用菌、贮藏保鲜、物联网应用等示范推广累计增加社会经济效益3.616亿元。全年开展各类培训722次，培训骨干农民技术员2.7万余名，培训农民12.47万人次，发放技术资料38.89万份。开展“农业技术支撑计划”项目，项目共组织118名科技人员在全省20个县(市)实施13个项目，推广新品种35个，集成31项先进适用技术，配套34项高产高效技术模式。建立高产样板田4666亩，示范3.46万亩，辐射带动31.28万亩，增产粮食6347.8万公斤，增收8640万元。开展“新型农业社会化服务体系”项目，项目共推广示范优质品种143个，集成新技术61项，示范3940亩，辐射57.57万亩。与6个龙头企业，20个中小企业，16个专业合作社，28个家庭农场等新型农业经营主体开展合作。组织各类培训362次，培训农民4.8万人次，发放资料20.6万份。粮食作物总增产7487万公斤，增收7291万元，项目实施示范田平均比对照增幅28%。

2014年列入省农村技术承包计划项目51项。获得2013年度山西省技术承包一等奖6项，二等奖17项，三等奖2项，山西省农业科学院农业技术推广处获得“农村技术承包管理先进集体”称号。（杨光宗）

【获奖成果】 2014年，上一年度科技奖发布，山西省农科院拥有以下成果：2013年度山西省自然科学类一等奖：山西省农业科学院旱地农业研究中心参与完成的“植物抗旱机理的新发现及相关重要基因发掘。

2013年度山西省科技进步类一等奖：(1)山西省农业科学院小麦研究所参与完成的“小麦产量品质同步提高抗逆栽培技术体系”。(2)山西省农业科学院畜牧兽医研究所参与完成的“奶牛健康养殖技术集成与示范”。

2013年度山西省科技进步类二等奖：(1)山西省农业科学院蔬菜研究所主持完成的“优质丰产抗逆西葫芦新品种春萌一号、寒丽的选育与应用”；(2)山西省农业科学院作物科学研究所主持完成的“国鉴优质高产谷子新品种晋谷42号选育与应用”；(3)山西省农业科学院植物保护研究所主持完成的“山西省生态环境恢复区鼠、兔成灾规律及综合调控技术研究”；(4)山西省农业科学院农作物品种资源研究所主持完成的“抗旱、优质燕麦新品种品燕1号的选育及推广应用”；(5)山西省农业科学院农业资源与经济研究所主持完成的“基于土壤养分供应强度和配比的施肥理论方法的研究”；(6)山西省农业科学院农产品质量安全与检测研究所主持完成的“生物农药与芦笋无公害生产技术研究”；(7)山西省农业科学院高寒区作物研究所主持完成的“国审黍子新品种晋黍8号选育与应用”；(8)山西省农业科学院棉花研究所主持完成的“抗虫棉运棉3539选育及应用”；(9)山西红高粱种业有限公司主持完成的“高粱高淀粉杂交种扩繁与推广”；(10)山西省农业科学院高粱研究所主持完成的“甜糯玉米新品种迪糯278的选育与推广”；(11)山西科锋农业科技有限公司和山西省农业科学院植物保护研究所共同完成的“农药水基化制剂新技术的研究创制及应用；(12)山西省农业科学院棉花研究所参与完成的“芦笋木蠹蛾绿色高效防控技术的创新与应用”。

2013年度山西省科技进步类三等奖：(1)山西省农业科学院农业环境与资源研究所主持完成的“设施土壤生态活性调理剂的研制与应用”；(2)山西省农业科学院果树研究所主持完成的“核桃新品种金薄香6号选育及推广应用”；(3)山西腾达种业有限公司和山西省农业科学院作物科学研究所共同完成的“玉米抗旱、增产、节本精播栽培技术开发”；(4)山西省农业科学院园艺研究所主持完成的“北方日光温室观赏凤梨开花调节及产业化关键技术研究”；(5)山西省

2014年山西省农科院起草经农业部批准发布的农业行业标准一览表

名　称	起草单位	起草人
梨小食心虫综合防治技术规程	植物保护研究所	范仁俊、赵中华等
桃小食心虫综合防治技术规程	植物保护研究所	赵　飞、李　萍等

2014年经山西省质监局批准发布的山西省地方标准一览表

名　称	起草单位	起草人
苹果黄蚜综合防治技术规程	植物保护研究所	封云涛、范仁俊等
苹果园桃小食心虫综合防治技术规程	植物保护研究所	刘中芳、封云涛等
山楂叶螨综合防治技术规程	植物保护研究所	封云涛、范仁俊等
甜椒间作玉米控制病害技术规程	植物保护研究所	殷　辉、周建波等
小麦白粉病防治技术规程	植物保护研究所	武英鹏、原宗英等
小麦田金针虫调查方法与防治技术	植物保护研究所	董晋明、仵均祥等
苹果棉蚜综合防治技术规程	植物保护研究所	王菊平、曹天文等
赤眼蜂防治梨小食心虫技术规程	植物保护研究所	李　唐、连梅力等
玉米大斑病防治技术规程	植物保护研究所	张治家、武英鹏等
大仓鼠监测与预报技术规程	植物保护研究所	杨新根、王庭林等
采煤沉陷区新复垦土壤微生物肥料施用技术规程	农业环境与资源研究所	郜春花、张　强等
采煤沉陷区新复垦土壤快速培肥技术规程	农业环境与资源研究所	卢朝东、张　强等
沟坝旱地春播玉米秸秆粉碎还田秋施肥技术规程	农业环境与资源研究所	周怀平、解文艳等
高粱机械化栽培技术规程	农业环境与资源研究所	焦晓燕、丁玉川等
酥梨水肥一体化技术规程	农业环境与资源研究所	闫　敏、李　磊等
土壤中总砷的快速测定方法	农业环境与资源研究所	程　滨、赵瑞芬等
水浇地春播玉米高产土壤培肥技术规程	农业环境与资源研究所	郭彩霞、杨治平等
商品代白羽肉鸡饲养管理规范	畜牧兽医研究所	张伟业、张李俊等
奶公牛育肥技术规程	畜牧兽医研究所	张元庆、徐　芳等
边鸡	畜牧兽医研究所	丁馥香、魏清宇等
边鸡保种场建设管理规范	畜牧兽医研究所	丁馥香、叶红心等
白羽肉鸡立体养殖技术规程	畜牧兽医研究所	申李琰、牛晋国等
饲料原料 醋糟	畜牧兽医研究所	王　芳、任克良等
枣树改接换优技术规程	果树研究所	李登科、王永康等
SH1 矮化中间砧苹果树栽培技术规程	果树研究所	杨廷桢、弓桂花等
早黑宝葡萄露地栽培技术规程	果树研究所	唐晓萍、董志刚等
日光温室甜樱桃栽培技术规程	果树研究所	聂国伟、戴桂林等
红地球葡萄主要病虫害防控技术规程	果树研究所	马小河、周旭凌等

续表

名　称	起草单位	起草人
冬小麦苗情分类及监测技术规范	小麦研究所	裴雪霞、党建友等
冬小麦复播大豆高产栽培技术规程	小麦研究所	杨　峰、鲁晋秀等
水地冬小麦隐性灾害分级与防控技术规程	小麦研究所	党建友、裴雪霞等
春播花生优质高产栽培技术规程	小麦研究所	宁东贤、杨秀丽等
芝麻优质高产栽培技术规程	小麦研究所	杨三维、张明义等
紫花苜蓿草粉生产技术规程	高寒作物研究所	梁秀芝、李荫藩等
旱地春箭筈豌豆栽培技术规程	高寒作物研究所	王雁丽、郑敏娜等
马铃薯膜下滴灌技术规程	高寒作物研究所	杜　珍、白小东等
高光效苹果园建设技术规程	现代农业研究中心	牛自勉、蔚　露等
夏季草莓生产技术规程	现代农业研究中心	蔚　露、杜笑白等
虹鳟鱼颗粒配合饲料	现代农业研究中心	周　全、杨春雷等
鲜食糯玉米栽培技术规程	玉米研究所	陈永欣、翟广谦等
鲜食糯玉米果穗等级划分	玉米研究所	翟广谦、陈永欣等
杂交棉优质高产栽培技术规程	棉花研究所	李朋波、曹彩荣等
甘蓝型杂交油菜优质高产栽培技术规程	棉花研究所	杜春芳、咸拴狮等
燕麦机械栽培技术	农作物品种资源研究所	崔　林、刘龙龙等
燕麦盐碱地栽培技术	农作物品种资源研究所	崔　林、张丽君等
旱地玉米整秆覆盖技术规程	谷子研究所	刘永忠、李万星等
谷子机械精量穴播栽培技术规程	谷子研究所	杜文娟、张喜文等
脱皮用亚麻籽清选技术规程	农产品加工研究所	胡晓军、李　群等
无公害绿芦笋生产技术规程	蔬菜研究所	马蓉丽、毛丽萍等
大久保桃冷链物流技术规程	农产品贮藏保鲜研究所	冯志宏、王春生等

续表

名　称	起草单位	起草人
棉花–绿豆间作技术规程	作物科学研究所	张耀文、赵雪英等
酿造专用高粱栽培技术规程	高粱研究所	董良利、张福耀等
无籽西瓜设施栽培技术规程	农业资源与经济研究所	郝科星、张　涛等
马铃薯高垄宽行机械化种植技术规程	旱地农业研究中心	韩彦龙、王娟玲等
甜瓜设施栽培技术规程	生物技术研究中心	杨晋明、张　涛等

2014 年山西省农业科技创新团队一览表

名　称	依托单位	带头人
酿造专用高粱育种及利用	高粱研究所	平俊爱
大白菜种质资源创新与利用	蔬菜研究所	巫东堂

2014 年山西省农业科学院获国家授权发明专利一览表

名　称	完成单位
远红外电加热直热式滚筒干燥机	农产品加工研究所
一种免煮青稞面条的制备方法	农产品加工研究所
一种对亚麻籽皮进行综合利用的工艺	农产品加工研究所
高纤燕麦鲜食面条的制造技术	农产品加工研究所
用于鉴定哈克尼西棉胞质不育纯合恢复系的标记及方法	棉花研究所
一种油菜壁蜂授粉制种的方法	棉花研究所
一种适合于枣树套袋栽培的树形及其修剪方法	园艺研究所
一种果树化学燃料防霜剂及其制备方法	园艺研究所
利用 IDP 分子标记辅助选育玉米自交系的方法	谷子研究所
枣树 2–半胱氨酸氧化还原酶基因	果树研究所
深松平刀除草整地机	小麦研究所
一种列当种子萌发显微观察辅助装置	植物保护研究所
一种盐碱地玉米专用肥及其应用	农业环境与资源研究所
一种可伸缩气动树木园艺剪	试验研究中心
温室、大棚土壤还原、消毒复合微生物菌剂及土壤消毒方法	生物技术研究中心
一种用于小麦条锈病抗病新基因 Yr50 辅助选择的分子标记及其用法	作物科学研究所

2014年山西省农业科学院获国家授权实用新型专利一览表

名　称	完成单位
一种苹果塑形专用模具	棉花研究所
油菜杂交制种辅助放蜂架	棉花研究所
生物培养皿	棉花研究所
轻简拖行双行棉花涂茎器	棉花研究所
一种轻简双行棉花涂茎器	棉花研究所
双轮双行棉花涂茎器	棉花研究所
一种手动吹吸式风力吸虫器	棉花研究所
一种手动风力吸虫器	棉花研究所
垄床施肥播种机	棉花研究所
棉苗中耕兼农药涂茎的一体机	棉花研究所
营养育苗钵填料速装器	棉花研究所
小麦宽幅撒播一体播种耧	棉花研究所
小麦分层施肥深松犁	棉花研究所
农作物试验隔离网架	棉花研究所
用于PAGE凝胶染色的工具	棉花研究所
手动覆膜机	作物科学研究所
一种甘草挖掘机的烘干装置	作物科学研究所
抓夹式间苗器	作物科学研究所
手推式谷子半精量穴播器	作物科学研究所
玉米果穗考种板	作物科学研究所
水果套袋装置	作物科学研究所
一种甘草挖掘机	作物科学研究所腾达种业
食用菌液体菌种运输接种罐	食用菌研究所
一种新型食用菌栽培袋	食用菌研究所
手动液体菌种接种器	食用菌研究所
食用菌培养料装袋装置	食用菌研究所
负压式机动捕虫器	食用菌研究所
草腐菌培养料装置	食用菌研究所
甘蓝苗床点种器	旱地农业研究中心
膜侧播种行土壤板结破解器	旱地农业研究中心

续表

名　称	完成单位
莱豆专用取种器	旱地农业研究中心
谷子探墒精少量播种机	旱地农业研究中心
一种玉米地膜垄铺侧种播种机	玉米研究所
一种新型玉米膜侧精播机	玉米研究所
一种玉米花粉采集器	玉米研究所
一种大型苗床移苗打孔器	高寒区作物研究所
一种科研用燕麦脱粒机	高寒区作物研究所
一种燕麦播种机	高寒区作物研究所
一种发芽培养箱	高粱研究所
循环节水式快速洗根装置	高粱研究所
一种豆类作物采摘器	高粱研究所
一种草蛉成虫的饲养装置	植物保护研究所
可控湿度昆虫饲养盒	植物保护研究所
树干喷雾装置	植物保护研究所
果蔬冷库冷风机同步加湿系统	农产品贮藏保鲜研究所
插接式周转箱	农产品贮藏保鲜研究所
一种果蔬常温贮运保鲜纸垫	农产品贮藏保鲜研究所
一种循环水养殖系统沉淀池	试验研究中心
一种家庭阳台花盆栽培富硒蔬菜基质模块	试验研究中心
一种家庭阳台小菜园立体栽培架简易滴灌系统	试验研究中心
一种生产基质栽培槽	果树研究所
果树节水环绕滴灌系统	果树研究所
一种小麦播种过程板结疏松装置	小麦研究所
一种玉米复播麦田种子沟秸秆位移装置	小麦研究所
兔用仿生产仔箱	畜牧兽医研究所
兔舍的加温装置	畜牧兽医研究所
果树促成大棚	园艺研究所
果树用遮雨棚	园艺研究所
鲜枣分选装置	农产品加工研究所
一种播种机	经济作物研究所

2014年山西省农业科学院通过国家审(鉴)定新品种目录表

名　称	选育单位	完成人
金谷大枣	果树研究所	李登科等
金昌1号	果树研究所	李　捷等
晋糯3号	高粱研究所	柳青山等
晋杂106	高粱研究所	程庆军等
晋杂107	高粱研究所	张福耀等
晋谷58号	作物科学研究所	马建萍等

2014年山西省农业科学院通过山西省审(认)定新品种目录表

名　称	选育单位	完成人
晋春1号	蔬菜研究所	巫东堂等
晋白5号	蔬菜研究所	王秀英等
晋番茄10号	蔬菜研究所	王永珍等
晋椒401	蔬菜研究所	焦彦生等
晋菜豆3号	蔬菜研究所	郭伟民等
晋薯23号	高寒区作物研究所	王春珍等
晋薯24号	高寒区作物研究所	杜　珍等
晋燕17号	高寒区作物研究所	李　刚等
晋苜1号	高寒区作物研究所	梁秀芝等
晋油12号	高寒区作物研究所	田宏先等
晋豆46号	高寒区作物研究所	邢宝龙等
金玉698	棉花研究所	董喜才等
运豆101	棉花研究所	朱　倩等
晋棉57号	棉花研究所	姜艳丽等
晋油11号	棉花研究所	杜春芳等
东葫5号	棉花研究所	雷逢进等
露玉33	农业资源与经济研究所生物技术研究中心	阎永康等
品燕3号	农作物品种资源研究所	崔　林等
品糜3号	农作物品种资源研究所	乔治军等
品金芸3号	农作物品种资源研究所	畅建武等
品甜荞1号	农作物品种资源研究所	南成虎等
晋豆48号	农作物品种资源研究所	卫保国等
长麦251	谷子研究所	常云龙等
长豆28号	谷子研究所	刘永忠等
蜜龙	园艺研究所	苗如意等
雪脆蜜2号	生物技术研究中心农业资源与经济研究所	杨晋明等
晋糯10号	玉米研究所	翟广谦等

续表

名　称	选育单位	完成人
晋扁豆 2 号	玉米研究所	高克昌等
中地 88	玉米研究所	樊智翔等
晋玉 18	玉米研究所	王文彦等
晋麦 94 号	小麦研究所	姬虎太等
晋麦 95 号	小麦研究所	安林利等
晋麦 96 号	小麦研究所	安林利等
晋麦 97 号	小麦研究所	刘新月等
晋麦 98 号	小麦研究所	卫云宗等
临葵 1 号	小麦研究所	樊云茜等
晋甘薯 10 号	小麦研究所	田希武等
晋绿豆 8 号	作物科学研究所	赵雪英等
龙玉 1 号	作物科学研究所	王创云等
华美 368	作物科学研究所	段运平等
晋太 102	作物科学研究所	温辉芹等
太春 3473	作物科学研究所	马惠英等
晋稻 13 号	作物科学研究所	王广元等
晋稻 14 号	作物科学研究所	王广元等
福红优 3 号	经济作物研究所	康红梅等
晋豆 47 号	经济作物研究所	张小虎等
晋花 9 号	经济作物研究所	王国桐等
晋山药 1 号	经济作物研究所	刘建平等
晋葵 11 号	经济作物研究所	郑洪元等
强盛 103	山西强盛种业有限公司	尚春树等
福盛园 57	山西福盛园科技发展有限公司	尚春树等
大丰 28 号	山西大丰种业有限公司	郭国亮等
运旱 102	棉花研究所	李秀绒等
临黄 1 号	果树研究所	李登科等
满堂红海棠	果树研究所	杨廷桢等
硕果海棠	果树研究所	杨廷桢等
晋薄 1 号	果树研究所	何　勇等
晋榛 1 号	果树研究所	梁锁兴等
晋榛 2 号	果树研究所	梁锁兴等
龙田硕桃	现代农业研究中心	牛自勉等
清香	隰县农业试验站	支虎明等

农业科学院农业资源与经济研究所参与完成的“食用菌液体菌种制种工艺研究及应用”。（杨光宗）

林 业

【省政府林业新政出台】 2014年2月20日，山西省人民政府出台《关于进一步推进全省林业生态建设提质增效再上新台阶的意见》(晋政发〔2014〕5号)。《意见》客观总结近年来林业建设取得的成就，做出“基本遏制和初步扭转了生态环境恶化的趋势”这一科学判断；提出山西省今后一个时期林业建设的指导思想、目标任务、工作重点、政策支持和保障措施。《意见》有三个鲜明特点：(1)明确提出落实省政府“造林绿化的领导力度只加大不减小，资金支持只增加不减少，目标考核只加强不减弱”的工作举措。(2)指明林业转型跨越发展以提质增效为重点的具体路径。(3)为林业事业健康发展制定优惠政策。（冀瑞平）

【核桃经济林技术示范现场培训】 2014年6月27日至28日，山西省核桃经济林综合管理技术示范现场培训会在晋中市左权县召开。10个市林业局、32个核桃重点县林业局负责人参加会议。会议代表参观左权县九龙岗核桃文化园旧寨双调技术示范园、大炉村病虫害防治示范园、秋林滩放任树管理示范园、寺坪村王瑞红精细化管理示范园、九龙岗核桃文化广场、高接换优等现场，集中学习核桃栽培管理技术。会议提出，各级各部门尤其是林业部门要把核桃经济林的提质增效作为一项重要职责，要接地气，发挥当地有经验、有技术的土专家优势，集管理与技术为一体常抓不懈，在行政推动、政策支持、人才培养、队伍建设等方面采取切实有效的办法，做到行政推动、队伍建设、示范带动、专家团队、机制创新“五个到位”，向科技要效益，向管理求质量，真正实现为林业增效、为百姓造福。（冀瑞平）

【全省造林绿化现场会】 2014年8月27日至28日，山西省造林绿化现场推进会在吕梁市召开。该会是山西省政府连续9年召开的造林绿化现场推进会。省长李小鹏与参会代表一起考察造林绿化工程，并在基层林业管护站主持召开座谈会。李小鹏强调，要一手抓生态林建设，一手抓经济林建设，进一步加大造林力度。坚持不懈实施造林绿化“六大工程”，突出抓好吕梁山生态脆弱区林业建设，确保每年完成营造林400万亩以上，全省森林覆盖率每年增加1个百分点；要做大干果经济林、做优种苗产业、做强森林旅游和林下产业，力争林业产值年均增加10%以上。要一手抓制度落实，一手抓制度完善，进一步加强管护工作。健全新造林管护体系，推进重点林业工程项目化管护，探索市场化管护途径，筑牢森林防火、防病虫害、防偷砍滥伐“三防”体系，切实保护好森林资源财富。要一手抓体制改革，一手抓科技创新，进一步增强林业发展活力动力。深化集体林权制度改革，启动国有林场改革试点，加强林业科技推广和关键技术攻关，创新造林绿化机制，强化政策支持机制，以扎实有效的工作，建设美丽山西、推动转型跨越、造福人民群众。（冀瑞平）

【造林绿化先进集体表彰】 2014年8月27日，山西省政府印发《关于表彰全省造林绿化先进集体的决定》(晋政发〔2014〕31号)，授予吕梁市“全省造林绿化先进市”称号，奖励100万元；授予大同市新荣区、交城县、太谷县、潞城市、晋城城区、古县、绛县等7个县(市、区)“山西省林业生态县(市、区)”称号，各奖励30万元。（冀瑞平）

【造林绿化先进集体及个人】 2014年8月25日，山西省绿化委员会、山西省人社厅、山西省林业厅印发《关于表彰2014年造林绿化先进集体和先进个人的决定》(晋人社厅发〔2014〕56号)，决定授予太原市晋源区、广灵县、朔州市朔城区、繁峙县、柳林县、孝义市、平遥县、平顺县、沁水县、临汾市尧都区、吉县、闻喜县为山西省林业生态建设“三加三不减”先进县；授予娄烦县、大同县、天镇县、朔州市平鲁区、偏关县、方山县、灵石县、昔阳县、盂县、黎城县、武乡县、泽州县、乡宁县、翼城县、垣曲县、永济市为山西省林业“六大”工程先进县；授予太原市万柏林区林业局、大同市林业局、朔州市林业局、忻州市林业局、交口县林业局、晋中市林业局、阳泉郊区林业局、长子县林业局、临汾市林业局、襄汾县林业局、运城市林业局、山西省太行山国有林管理局、山西省五台山国有林管理局、山西省黑茶山国有林管理局为山西省林业“六大”工程先进单位；授予太原市绿化委员会、阳泉市绿化委员会、长治市绿化委员会、晋城市绿化委员会为山西省创建森林城市先进单位；授予娄烦县娄烦镇、左云县马道头乡、灵丘县白崖台乡、应县大临河乡、山阴县岱岳镇、忻府区奇村镇、保德县东关镇、临县城庄镇、石楼县龙交乡、岚县梁家庄乡、交口县回龙乡、榆社县社城镇、左权县拐儿镇、襄垣县古韩镇、长治县南宋乡、阳城县北留镇、洪洞县龙马乡、隰县黄土镇、蒲县山中乡、侯马市凤城乡、盐湖区三路里镇、河津市下化乡为山西省绿色生态乡(镇)(22个)；授予清徐县东于镇黑屯村、阳曲县北小店乡六固村、怀仁县何家堡乡楼子口村、宁武县东寨镇东寨村、代县枣林镇鹿蹄涧村、昔阳县大寨镇大寨村、平遥县朱坑乡六和村、平定县冠山镇宋家庄村、沁县杨安乡佛堂岩村、陵川县崇文镇石字岭村、夏县庙前镇西村、新绛县横桥乡支社村为山西省绿色生态村；授予杨文锦(浑源县青瓷窑乡银洞梁林业专业合作社)、高华处(兴县宋家沟造林专业合作社)为山西省绿色生态大户；授予忻州市第一中学校、长治市城区澳瑞特学校、临猗县临晋中学为山西省绿色生态学校；授予太原陆军预备役高炮旅、武警山西总队后勤基地为山西省绿色生态军营；授予山西龙嶺投资公司、大同煤矿集团有限公司、太谷县润月庄园、阳泉煤业(集团)有限责任公司、山西通才工贸有限公司为山西省绿色生态单位;授予太原市杨继承、王金湖、张太生、赵晋文、郭连芝;大同市解先文、路明亮、江训家、王光胜;朔州市刘树兵、郭连兵、马晓;忻州市孔保宝、王刚、董二万、刘飞明;吕梁市王建国、刘凤平、韩永丽、杨景保;晋中市马海军、冯斌、弓建勇;阳泉市苏秀瑞、赵晋卫、韩二锁;长治市李丁夫、王建斌、王建伟、崔三胖;晋城市王晋峰、张云峰、段福顺;临汾市陈纲、曹兴林、马新平、杨玉贵、张峰;运城市杨彦康、张俊庆、邓志义、雷茂端;省直林局高步化、韩钦、章永光、郭瑞卿、李勇、白小东、武福生、李绳庆、霍保全、杨杰、陈光彩、王月东、蔺福祥、张书利、杜小刚;省直单位阎建民、邓晓平、武俊鹏、李军、赵胜奇、郭增江、陈顺、史敏华、李林玉为山西省造林绿化先进个人。（冀瑞平）

○相关链接:参见“山西省人民政府”类目

水　利

【法规建设】 2014年,《山西省实施〈中华人民共和国水土保持法〉办法》修订工作顺利推进。山西省水利厅完成前期研究、条文起草、咨询论证、专题调研、征求意见等工作。9月,根据山西省政府法制办要求,报送《山西省水工程管理条例》(修订)和《山西省实施〈中华人民共和国渔业法〉办法》修订案。根据水利部、山西省人大常委会、山西省政府法制办等要求,完成《山西省电力设施保护条例》《山西省抗震设防条例(征求意见稿)》《山西省政府信息公开规定(草案)》等20余部法规和规章的立法草案意见征集工作。

2014年,山西省水利厅根据国务院副总理汪洋关于山西调研的指示精神和水利部部长陈雷关于将清徐列入全国水权改革试点的批示精神,组织太原市、清徐县启动试点工作,并拿出试点方案大纲。在用水总量控制指标逐级分解的基础上,起草《山西省关于推进水权制度建设的指导意见(初稿)》。（王秀芳）

【水行政执法】 2014年,山西省水利厅按照《水利部关于开展深化河湖专项执法检查活动的通知》安排部署,组织全省各市县开展深化河湖专项执法检查活动,严厉查处非法采砂、非法设障、侵占河湖等案件,加大执法力度,抓好整改落实。全年各地查处各类河湖违法案件150余次,限期整改70余起,调处水事纠纷百余起。（王秀芳）

【水生态系统保护与修复】 1. 组织晋祠泉复流工作。山西省政府于2014年初启动晋祠泉复流工程。4月27日至28日,邀请水利部原副部长索丽生、中国工程院院士王浩、中国科学院院士薛禹群等11位国内知名水利专家组成审查组,对山西省《晋祠泉复流工程实施方案》进行评审。审查组认为,《实施方案》目标任务明确,分析方法基本合理,工程措施适当,方案合理可行,应尽快组织实施。5月16日,省政府召开第43次常务会议,通过《晋祠泉复流工程实施方案》,明确晋祠泉复流“保护优先、自然恢复、综合治理”的修复原则及有关措施。5月,山西省正式启动“三晋第一名泉”——晋祠泉复流工程。按照“保护优先、自然恢复、综合治理”的原则,综合采取增加汾河入渗补给、恢复西山泉域植被和严格泉域水资源管理等措施,逐步提升泉域地下水位,改善生态环境。截至2014年底,晋祠泉水位由年初的距泉口9.03米上升到7.38米,较上年同期上升1.65米。

2. 水资源管理和水生态修复建设。清徐县农村水权交易试点工作取得显著成效,受到国务院副总理汪洋充分肯定,水利部在全国予以推广。太原市清徐太化园区、阳曲转型产业园区,以及大同电厂、煤化工园区等引黄原水直供、分质供水项目顺利推进。汾河连续6年不断流,河水长流常清,流域水生态环境明显改善。（王秀芳）

【地下水管理与保护】 1. 实施地下水压采、关井压采和水源置换。2014年,山西省地下水压采量被列为省目标责任考核办对各市人民政府的目标责任制考核内容。全年完成关井590眼,加上水源置换、中水利用等多项措施,全省压采地下水1.5亿立方米目标责任制任务完成。

2. 完善地下水管理和保护配套制度。(1)起草《山西省地下水凿井管理办法》《关于加强地下水管理和保护的实施意见》《地下水超采区和地表水供水区水源置换和关井压采规定》等规范性文件,严格规范机井建设审批管理,在地下水严重超采区范围内,除生活用水外,严禁审批新建、改建、扩建项目新凿水井以及新增取用地下水;(2)组织研究制定区域地下水水位与水量“双控体系”,编制《山西省岩溶大泉用水总量控制指标方案》《山西省部分岩溶泉域边界重点保护区调整划定报告》;(3)按照水利部《关于开展全国水资源保护规划编制工作的通知》的要求,《山西省水资源保护规划》按照水利部安排加紧编制,同时编制完成《山西省岩溶大泉保护规划》。（王秀芳）

【水资源保护性管理】 2014年,山西省水利厅在受理并审查建设项目水资源论证和泉域水资源影响评价报告工作中,严格执行最严格水资源管理“三条红线”指标要求,对取用水总量达到或超过控制指标的地区,暂停审批新增取水的建设项目。对取用水总量接近控制指标的地区,限制审批新增取水;对晋祠、古堆、洪山等重点岩溶泉域范围内的新、改、扩建设项目实行严格审查。对位于泉域重点保护区和对泉水复流与泉域生态修复有影响的项目一律不予审批。2014年共论证建设项目水资源报告、审批泉域水资源影响评价项目100个。

2014年,山西省城镇工业、生活取水许可证发证率均达90%。全省保有取水许可证达24234户,其中省级新换发证21户。全省取水许可台账建设工作基本完成系统建设。

（王秀芳）

【水资源有偿使用】 2014年，山西省水利厅根据财政部驻山西省财政督察专员办事处对山西省水资源费征收解缴情况的检查结论和处理意见，对县级水资源费征缴过渡户问题进行整改；根据《关于促进节约用水，调整我省水资源费征收标准的通知》和《关于采矿排水水资源费征收事项的补充通知》精神，组织山西省水资源管理中心、省水资源征费稽查队开展市县缴费、征费行为双向稽查和为期一个月的全省水资源征费专项稽查活动，2014年征收取用水资源费6.57亿元、采矿排水水资源费23.01亿元，共29.58亿元，与2013年29.8亿元基本持平。（王秀芳）

【水资源监控工程建设】 1.2014年，山西省水利厅向国家水资源监控项目办申报《国家水资源监控能力建设项目山西省技术方案》并获得批复。省级硬件平台、380个国控取用水监测点、省水环境监测中心及8个分中心巡测、取样、实验室设备均到位。期间，组织30余名专业技术人员，历时2个月，对全省380个国控取用水监测点逐一进行现场勘查，将安装数量扩至504套，不仅节约安装资金，还提高监控覆盖率。水利部、山西省水资源中心、山西省数字水利中心监控点初步实现“互联互通”。省级164个国控取用水监测点、黄河水利委员会颁证并实施监测的17个国控取用水户集成工作启动。

2.按照《山西省水资源实时监控系统建设方案》和《山西省远程监控系统监测站点建设和更新维护方案》有关要求，2014年，山西省水利厅对已建3000余套取水计量监控设备、250余套水位自动监测设备逐一梳理。长治、吕梁、临汾水资源实时监控系统在线率达86%、85%、82%；运城市启动全市、全行业水资源信息化监控试点建设，平陆龙陡集中供水工程信息化管理填补城镇生活用水的监控空白。（王秀芳）

【水利规划编制】 2014年，山西省水利厅编制完成《山西省水利发展“十三五”规划思路报告》《山西省黄河流域（片）水利发展“十三五”规划思路报告》，并分别报山西省发改委和水利部黄河水利委员会。编制完成《汾河流域生态修复规划纲要（2015—2025年）》，12月28日，在北京组织国内知名专家对其进行咨询，按照专家意见，规划编制单位修改完善。编制完成《山西省小型水库更新建设修订规划（2013—2017年）》，并报省发改委批复。根据山西省政府批复的《山西省国家资源型经济转型综合配套改革试验2014年行动计划》，按照省综改办要求，编制完成《2014年转型综改水利任务细化工作方案》。（王秀芳）

【水利工程建设前期工作】 1.黄河古贤水利枢纽工程前期工作取得突破性进展。2014年5月，项目被列入全国172项节水供水重大水利工程予以推进；12月，水利部在京组织召开专家咨询会，与会的18名院士专家一致认为应尽快上报古贤水利枢纽项目建议书，推进前期工作。山西省水利厅根据专家意见，做好与水利部、黄河水利委员会和陕西省的沟通协调，推动项目尽快立项建设。

2.小型水库更新建设前期工作。山西省小型水库更新建设项目可行性研究报告编制完成67座，组织专家评审60座。其中35座水库可行性研究报告出具审查意见并报送山西省发改委，省发改委批复11座，24座水库由所在县（市、区）办理土地预审、环境影响评价等前期立项支撑文件，其余水库可行性研究报告修改完善；初步设计批复10项。（王秀芳）

【大水网建设】 大水网工程是山西省委、省政府确定的“十二五”重大基础设施建设工程，也是水利部“江河湖库水系连通”试点工程。山西省大水网四大骨干工程于2012年正式开工，2013年全面推进，2014年进入建设高峰。截至2014年底，完成隧洞掘进及输水工程202千米，为年度目标任务的101%，超额完成省委、省政府年初确定的“隧洞掘进及输水工程建设200公里”的年度目标任务。湖头水电站、板涧河水库、坪底水库、口上水库4座大水网调蓄水库实现大坝封顶。与大水网骨干工程配套的6市44县县域小水网规划完成市级审查和省级复核，由各县政府或同级人大履行批复程序。工程的启动，力争与大水网工程同步建成、同期受益。

（王秀芳）

【重点水利工程建设】 截至2014年底，昔阳松溪供水工程枢纽和石楼坪底供水工程枢纽工程下闸蓄水；阳泉市娘子关供水二期续建工程主体完工；沁源永和水电站大坝浇筑至1141.5米高程，超计划完成混凝土浇筑1.8万立方米；吕梁柏叶口龙门供水工程9.4千米隧洞贯通，19千米管道铺设基本完成；汾河中下游河道治理工程完成新建和加固堤防36千米，滹沱河河道治理工程完成25千米，按计划完成年度目标任务。

北赵引黄二期工程于2014年4月批复初步设计，6月完成招标工作，完成渠道强夯13千米，土方回填4.5千米、倒虹开挖4.2千米、隧洞开挖0.7千米；涑水河河道治理工程于2014年6月批复初步设计，9月份完成招标工作，完成征地及15千米河道清基工作；浮山供水工程于2014年9月批复初步设计，11月完成招标工作，施工单位进场，三通一平工作完成。（王秀芳）

【水库安全和中小河流治理】 截至2014年底，山西省列入中央专项规划内的75座一般小(2)型病险水库，全部如期完成除险加固任务；山西省自行组织实施的110座应急专项除险加固水库，完成主体工程建设任务，危及水库安全的“三大隐患”问题基本消除。

汾河、桑干河等6条重要河流重点河段推进治理工程建设，列入中央规划内的15条中小河流治理工程全部按期完成。山西省水利厅按期编制完成山西科技城项目《太榆退水渠改扩建工程规划》，2014年6月27日山西省政府组织召开太榆退水渠规划协调会，明确由太原、晋中两市负责组织实施。（王秀芳）

【小水库更新建设】 2014年，山西省百座小型水库推进更新建设工程。截至2014年底，完成项目可研编制67座，通过技术审查35座，经山西省发改委审核批复，11座条件成熟的小型水库开工建设。（王秀芳）

【防汛】 1. 防汛备汛。2014年，山西省对644座水库防汛抢险预案进行修订完善，对山洪防治区115个县、1758个乡、13033个村三级全部制定山洪防御预案，形成省、市、县、乡、村五级上下联动、部门协调的整体预案体系。同时，在2013年乡村大演练的基础上，各地结合山洪灾害群测群防系统建设，开展各项预案演练；落实专群结合的防汛抢险队伍20余万人，储备防汛抢险物资总值达1亿元，为抗洪救灾提供保障；汛前以水库、重点河道、淤地坝、尾矿库、边山峪口、受洪水威胁城乡、企业、学校为重点，开展拉网式检查和整改，重大隐患由山西省防汛抗旱指挥部跟踪督办。

2. 预防预控。2014年，山西省防汛抗旱指挥部办公室在防汛关键时期，多次派出工作组赴临汾、运城、吕梁、晋城等强降雨覆盖区，协助当地指挥防汛抗洪。全省115个县级山洪灾害防治非工程措施建设，设立乡级预警站点1116个、村级预警点10238个，3年间累计发布预警826次，预警人数5.75万人，发布预警短信9.4万条，启动预警广播3729站次，转移3.73万人次，发挥山洪防御“千里眼、顺风耳”作用，给群众安全转移争取时间。2014年全省紧急转移群众1.09万人次，最大程度减少人员伤亡。

3. 水库防洪。近年来新建的35项新水源工程、除险加固后的水库及近年中小河道治理工程发挥显著的防洪减灾效益。水库工程有效蓄滞洪水，减轻下游防洪压力，中小河流治理使工程保护区的防洪安全度大为提高。

4. 山洪灾害防治县级非工程措施建设。2014年汛前，山西省第四批38个县山洪灾害防治县级非工程措施项目建设全部完成。汛期，全省成功应对6次强降雨过程，未发生一起因洪死亡事件，洪灾对经济社会的影响降到最低程度，完成山西省委、省政府提出的“三确保、一减少”的防汛减灾目标。（王秀芳）

【抗旱】 1.抗旱灌溉。2014年，山西省投入抗旱人数75万人，开动各类水利设施5.8万眼（处），出动流动灌溉设备5400多台套，冬、春、夏浇累计完成浇地面积201万公顷次，为粮食丰收打下基础。抗旱期间，山西省投入抗旱资金31700万元，其中中央特大抗旱补助费4000万元，省财政资金2000万元，主要用于全省抗旱工程设施的维修配套、应急水源工程建设补助，抗旱服务队开展抗旱扩浇和应急送水油价电价补贴等。各市县累计投入抗旱资金464万元，群众自筹2.52亿元。全省执行高扬程灌溉电价水价补贴政策，沿黄高扬程泵站灌溉水价每方控制在0.25元以下，调动群众抗旱浇地的积极性。

2. 抗旱服务组织。2014年，山西省各级抗旱服务队投入抗旱服务人员1万多人次，出动各类抗旱灌溉设备2005台（套），维修各类设备3000台（套），新建维修小型水利工程650多眼（处），改善恢复灌溉面积0.55万公顷，完成抗旱扩浇面积1.75万公顷，浇灌果树258万株，拉水5383次，送水3.4万吨，累计解决人饮困难11.7万人，挽回粮食损失165.4万公斤，挽回经济损失149.8万元，减灾效益明显，成功抗御全省性的冬春旱和南北夏伏旱。全年抗旱用水量达44.8亿立方米，为全省粮食生产再获丰收奠定基础。（王秀芳）

【灌溉与节水】 2014年，山西省农田实灌面积再创历史最好水平，完成实灌面积141.66万公顷（其中新增7.73万公顷），超额完成0.32万公顷，为年度目标任务的100.2%，保持连续9年每年新增6.67万公顷以上农田实灌面积的发展势头，为山西省粮食生产“五连增”奠定基础。忻州、吕梁2市8县山老区“一村一井”工程完成打井建设300眼，完成年度建设任务。

2014年，山西省晋北地区1.33万公顷膜下滴灌示范工程建成受益，高效、节水、增产、增收的示范效应显现。工程技术成为山西省晋北高寒地区农业节水与农业增产新的切入点和突破口。2014年11月，省长李小鹏在朔同地区专题调研水利工作时，对工程建设成效给予充分肯定和高度评价。（王秀芳）

【强农惠农政策落实】 2014年，山西省水利厅落实省政府强农惠农政策，下达各类补贴资金8000万元，其中高扬程泵站水价电价补贴资金3000万元，末级渠系配套建设补贴资金5000万元。自2009年各项政策陆续出台以来，累计下达补贴资金近10亿元，实现农田灌溉工程和田间地头的有效衔接。（王秀芳）

【“两权”改革】 2014年，山西省水利厅推进以“工程产权”“农民水权”为核心的农村水利工程管理体制改革工作。清徐、汾阳、稷山、临猗等4个农田水利设施产权制度改革和创新管护试点项目顺利启动；推广清徐节水型社会建设经验，通过农村水权制度改革，开展水权分配和交易，实现区域水资源的高效利用和有序流转。全省地下水位连续6年每年上升1米，生态环境逐步修复；推广夹马口灌区“斗管会”做法，通过受益农户自主管理，弥补农田水利工程“最后一公里”的管理缺位，激发农民投资办水热情和用水积极性。（王秀芳）

【城乡供水】 2014年，山西省水利厅按照“重点攻坚、提质增效”的原则，结合改善农村人居环境工作，对采煤沉陷区农村饮水工作实施重点攻坚，对饮水解决标准低、水源保障率差的山老区实施提质增效，新建和改扩建农村饮水工程1604处，完成66.92万农村居民和学校师生的饮水安全建设任务，超额16.92万人，为年度目标任务的125%，全省农村自来水普及率提高到93%。（王秀芳）

【水土流失治理】 截至2014年底，山西省完成年度水土流失治理面积23.12万公顷，为年初治理任务的115.6%，超额完成年初目标任务。实施国家水土保持重点建设工程、国家水土流失重点治理工程、坡耕地水土流失综合治理工程、京津风沙源治理工程水土保持项目、国家农业综合开发水土保持项目等5个国家重点水土保持项目以及坝滩联合整治工程、沟坝地治理项目、省水土保持生态工程等3个省重点水土保持项目。截至2014年底，山西省累计治理水土流失面积567万公顷，累计治理度达52.5%。（王秀芳）

【水保执法】 截至2014年底，山西省省、市、县三级共开展生产建设项目水土保持监督执法检查2600次，检查项目1251个；省、市、县三级共审批水土保持方案233个，水土保持方案编报率、实施率均达90%以上；水土流失防治责任范围达4万公顷，防治弃土、弃渣上亿立方米；验收各类生产建设项目水土流失防治工程80项；征收水土保持补偿费12225万元。（王秀芳）

【淤地坝运用】 截至2014年底，山西省共建有大中小型各类淤地坝18138座，其中大中型淤地坝2014座。对97座大中型淤地坝进行维修养护，将问题解决在萌芽状态；省、市、县落实淤地坝管护经费400多万元，确保每一座大中型淤地坝管护人员、经费到位；汛前组织8个检查组分赴全省11个市开展防汛安全大检查，及时发现和解决问题。加强淤地坝安全培训，2014年共对478名施工单位负责人、236名项目管理人员及540名安全生产管理人员进行培训，提高关键岗位负责人的安全意识和紧急情况处置能力。加强淤地坝建设管理基础工作，对6市16县的20条坝系进行系统总结和全面评价，编印《山西省黄土高原地区淤地坝坝系工程建设项目后评价》。（王秀芳）

【农村水电项目电气化建设】 2014年，山西省开展水电新农村电气化项目泽州县三姑泉二级水电站建设，电站装机890千瓦，总投资2301万元。截至2014年底，电站完成上坝路、拦河枢纽、引水渠、交通洞、前池开挖与部分衬砌、退水渠开挖及浆砌、压力管道安装、进站道路部分开挖、厂房工程和生活区工程建设，累计完成投资1500万元，占总投资的65%。（王秀芳）

【小水电代燃料项目建设】 2014年，山西省在建小水电代燃料项目共3个，分别为左权县苏公项目、灵丘县上沿河项目和交城县旮旯项目，总装机4410千瓦、总投资7266万元、发展代燃料户3527户。左权县苏公项目二级站完成，准备试运行发电。灵丘县上沿河项目完成下闸蓄水验收，准备机组启动验收。交城县旮旯项目溢流坝、冲砂闸、进水闸、交通桥、引水渠道、引水隧洞和压力前池全部完成；尾水渠完成工程量70%；压力管坡开挖完成80%，混凝土完成60%；水电站厂房及管理房主体结构完成，机电设备安装完毕；累计完成投资2600万元。三项工程共完成投资6730万元，占总投资的93%。（王秀芳）

【绿色小水电评价试点】 2014年，根据水利部水电局《关于选择和培育典型开展绿色小水电评价试点的函》要求，山西省推荐汾河、沁河、海河3个流域的8座典型水电站作为绿色小水电评价试点项目。当年10月，水利部在杭州召开绿色小水电评价专家评审会，对全国申报绿色小水电评价典型电站进行现场评审，山西省汾河二库水电站等7座小水电被列入建议名单。（王秀芳）

【农村水电增效扩容改造】 2014年，山西省推进31个国家农村水电增效扩容改造项目。截至2014年底，6个项目完工验收；6个项目机电设备安装完毕，准备完工验收；13个项目进行机电设备安装。（王秀芳）

【渔业生产】 2014年，山西省水产品总产量5.01万吨，同比增长9.4%；渔业经济总产值实现8.19亿元，同比增长11.58%；渔民人均纯收入7910元，同比增长12.8%。2014年，山西省水利厅推进黄河小北干流滩涂渔业建设项目实施。新创建两家农业部水产健康养殖示范场、15家省级水产健康养殖示范场、全国休闲渔业示范基地1家，改造老旧池塘219.47公顷，新建池塘114.6公顷。与中国水产科学研究院珠江水产研究所合作开展草鱼无规定疫病区建设，注射草鱼疫苗350万尾，草鱼免疫覆盖率达85%以上，基本实现草鱼区域内疫病可控。与黑龙江水产研究所合作开展鲟鱼规模化繁育和养殖技术示范与推广，孵化鲟鱼受精卵100万粒，培育苗种30万尾，解决山西省鲟鱼养殖苗种短缺问题，为冷水鱼养殖的规模化发展奠定基础。（王秀芳）

【水产质量管理】 2014年，山西省水利厅组织开展4批产地水产品质量安全监督抽查，总体合格率为100%，较上年提高0.8%。农业部对山西省的产地水产品质量安全监督抽查合格率继续保持100%，市场水产品质量安全例行监测合格率为94.5%，较上年下降1.1%。集中开展水产品质量安全大检查活动，省、市、县三级渔政执法机构共出动执法人员1195人次，检查水产养殖生产单位（户）509家；新认定无公害水产品产地16个，认定面积143.34公顷，新认证无公害水产品35个，认证产量1805.5吨，无公害水产品产地和产品复查换证率均

达85%以上;组织开展水产品质量安全宣传周活动。 (王秀芳)

【渔政执法】 2014年,山西省水利系统开展渔业执法行动82次,出动执法人员340人次,检查渔船329艘次,检查养殖单位300余家,查封三无渔船18艘,查获电鱼工具2套,非法网具1万余米,有效维护正常渔业生产秩序。山西省船用产品生产企业生产产品4113台,省水利厅渔业局组织相关技术人员对产品进行出厂检验,检验产品205台,产品合格率达100%。严格渔船检验监督,检查已登记注册渔业船舶245艘,对存在安全隐患的8艘渔业船舶下达《渔船安全隐患整改及船用产品质量整治通知书》。开展各类实用知识和技能培训,受训渔民和渔业养殖户累计达1563人次。 (王秀芳)

○相关链接:参见“山西省人民政府”类目

中小(乡镇)企业

【概述】 2014年,山西省有中小企业法人单位15.42万户,比上年同期净增3.76万户;完成增加值6056.8亿元,同比增长5.6%,占生产总值的比重47.4%,比上年的45.3%提高2.1个百分点;2014年末,从业人员378.4万人,比上年同期增加19.4万人。

从山西省中小企业营业收入分月增长速度看,2014年经济增长呈现前高后低的态势。2014年前7个月,经济增长速度呈逐月增高之势,由年初的7.49%,一路走高,7月达9.22%的最高点。8月开始,经济增长出现滑坡,增速逐月回落。8月增速环比回落0.7个百分点,9月增速环比回落0.3个百分点,10月环比回落1.2个百分点。11月,经济增速环比虽出现小幅攀升,但经济下滑之势仍未得到扭转。12月,增速环比继续回落,达0.91个百分点。

2014年,山西省中小企业营业收入增速超过全省平均水平的有太原、大同、长治、晋城、朔州、忻州、运城7个市。其中,运城市营业收入同比增速达两位数,长治和晋城增速在9%以上,忻州为8.86%,太原、大同和朔州均在7%以上。营业收入增幅最高的运城(10.44%)与最低的阳泉(-4.80%)相比,两者高低相差15.24个百分点。 (边 疆)

【政策环境】 1. 推动扶持政策落地。2014年,山西省中小企业局联合发改、财政等部门,及时下拨省级各类扶持资金;联合税务、物价等部门,落实小微企业税费减免政策;联合金融部门,改善对中小微企业的融资服务。指导推动太原、阳泉等市出台扶持中小微企业发展的配套措施,吕梁、运城、朔州、阳泉等市扩大“两金”(中小企业发展专项资金、服务体系建设专项资金)规模,全省促进中小微企业发展的政策支持体系完善。

2. 落实税费优惠政策。2014年,共减免小微企业增值税、营业税、所得税9.37亿元。暂免征收小微企业部分管理类、登记类和证照类行政事业性收费26项,减轻企业负担4697万元。

3. 加强目标责任考核。2014年,省委、省政府首次将“小升规”企业培育纳入全省年度目标责任考核指标体系。制定全省中小企业系统目标责任考核办法,细化分解“1+11”年度任务,基本形成横向到边、纵向到底的责任网络,推动工作任务的落实。

4. 强化政策落实督查。2014年,山西省中小企业局开展“回头看”活动,对中小微企业扶持政策落实情况进行全面梳理、总结评估、推动落实。国务院督查组对支持小微企业健康发展政策落实情况进行督查时,认为山西省重视中小微企业发展工作,落实国发〔2012〕14号文件措施有力、成效明显。立足地方实际,在制度建设、政策设计、机制创新、服务保障等方面,出台一系列务实管用的措施,取得成效。

5. 营造良好发展氛围。全系统以“扶持小微、助力成长”为主题,先后开展“送政策、送专家、送服务”三送活动百余场次,惠及企业1万余户。组织中央和省级主要新闻媒体,通过开展政策解读和集中宣传,中小微企业扶持政策知晓率提高。 (边 疆)

【生产经营】 2014年,山西省中小(乡镇)企业完成营业收入23752.56亿元,同比增长5.92%;上缴税金961亿元,同比下降3.4%;实现利润总额882.82亿元,同比增长1.04%;

从产销情况来看,2014年,山西省纳入统计报表亿元以上民营企业919家,亿元以上民营企业期末从业人员53.74万人,实现营业收入4234.17亿元,完成产值4188.23亿元。

完成营业收入10亿元以上企业83家,100亿元以上企业2家。全年纳税5000万元以上的民营企业94户,1亿元以上民营企业32家。

2014年,山西省规模以上民营中小工业企业3168家,年平均从业人员81.36万人,实现产值4960.65亿元,销售产值4671.72亿元,营业收入4624.57亿元,利润总额300.99亿元,上缴税金259.11亿元,劳动者报酬251.45亿元。

2014年,500万元至2000万元民营中小工业企业3689家,年平均从业人员22.43万人,实现产值571.17亿元,销售产值539.26亿元,营业收入514.22亿元,利润总额34.14亿元,上缴税金24.85亿元,劳动者报酬48.18亿元。

从主要工业产品产量看,在重点监测的44种产品产量中,18种产品产量同比增长,26种产品产量同比下降。产量增幅较大的产品主要有:生铝矾土、成品钢材、电解铝、水泥预制件、杂粮系列产品、中西药等。产量降幅较大的产品主要有煤、焦、铁、粗钢、电石、耐火砖等传统产业产品。近两年,淀粉、罐头食品、酒、饮料等轻工产品出现大幅度下降。

从产品价格看,2014年12月份价格与年初水平相比,重点监测的10种产品价格全部下降。其中,降幅在30%以上的有3种产品,水泥下降37.0%,精矿粉下降34.9%,主焦煤下降

31.0%;降幅在20%至30%的有5种产品,分别是焦炭下降29.8%,配煤下降25.0%,钢坯下降22.1%,电煤下降21.0%,主焦洗精煤下降20.0%;降幅在20%以下的有2种产品,砖下降14.3%,钢材下降13.4%。

从重点监测的10种产品价格环比变化情况看,12月出厂价格环比持平的有主焦煤、主焦洗精煤、配煤、电煤、焦炭和砖等6种产品;钢坯、钢材、精矿粉和水泥价格环比下降。

从产业集群看,山西省重点监测的产业集群22个,涉及企业2365家,其中12月开工生产的企业1577家,总开工率67.4%,较上年下降5.5个百分点。

开工率在80%以上的产业集群10个,分别是大同医药、侯马装备制造、怀仁陶瓷、稷山纸包装、交城铸造机加工、清徐醋业、太谷玛钢、万荣添加剂、闻喜金属镁、榆次液压;开工率在60%至80%的产业集群4个,分别是汾阳白酒、太原不锈钢、屯留农副产品、榆次纺机;开工率不足60%的产业集群有8家,分别是大同县活性炭、定襄法兰、平遥铸造、祁县玻璃器皿、山阴乳制品、阳城陶瓷、阳泉耐火材料、原平皮带机。

重点监测的22个产业集群中,2014年营业收入同比增速为正的产业集群有12家,分别是大同医药、定襄法兰、侯马装备制造、怀仁陶瓷、稷山纸包装、清徐醋业、太谷玛钢、太原不锈钢、万荣添加剂、阳城陶瓷产业、榆次液压、原平皮带机,其中6家企业增速达两位数。全年营业收入增长速度为负的有10家产业集群,分别是大同县活性炭、汾阳白酒、交城铸造机加工、平遥铸造、祁县玻璃器皿、山阴乳制品、屯留农副产品、闻喜金属镁、阳泉耐火材料、榆次纺机,其中7家营业收入降幅达两位数。（边　疆）

【企业素质提升】 1. 推进人才培训。2014年,山西省中小企业局抓好"3个1"经营者素质提升工程,把培训重点放在对100名优秀小微企业家的高端培训上;注重延伸培训效果,参训企业通过产品展示、交流洽谈等达成多个合作意向,涉及金额5300多万元。联合清华大学举办中小企业经营管理领军人才高级研修班,70多名成长型中小微企业负责人参加;开展3期"银河培训",960名企业经营管理人员参加。山西省2014年累计培训各类专业技术人员7000余人次,企业自主培训超过5万人次。

2. 鼓励实施品牌发展战略。2014年,山西省中小企业局筹措2000万元,首次对全省中小微企业中159件新认定的和201件重新认定的山西省著名商标进行奖励,对企业在省级以上主流媒体开展的品牌推广活动进行资金补助。（边　疆）

【转型升级】 1. 推进技术创新。2014年,山西省支持新建省级中小企业技术中心43个,全省省级中小企业技术中心达112个,拥有全国领先技术108项、发明专利105项、实用新型专利151项、外观设计专利75项。

2. 推进专精特新。制订《促进中小微企业"专精特新"发展实施意见》,筛选确定首批1000户专精特新中小微企业进行重点帮扶。组织百家专精特新小微企业与山西传媒学院深度对接,签订合作意向23个,涵盖品牌商标设计和命名、品牌

2014年山西省主要产品分月价格变化情况表

主要产品	1月	2月	3月	4月	5月	6月	7月	8月	9月	10月	11月	12月
主焦煤	580	580	470	440	440	440	440	440	440	440	440	400
主焦洗精煤	900	900	800	790	720	720	720	720	720	720	720	720
配煤	520	500	465	465	450	420	400	400	400	400	400	400
电煤	520	460	460	460	460	460	460	460	410	410	410	410
焦炭	1250	1119	1035	890	900	960	960	860	950	950	890	890
钢坯	2890	2802	2808	2800	2808	2808	2750	2750	停产	2740	2620	2539
钢材	3135	3071	3077	3077	3077	3088	2925	2925	2870	2910	2785	2715
精矿粉	1179	1170	1070	1120	1080	920	880	756	860	820	803	768
水泥	230	230	230	175	200	190	210	200	220	220	170	145
砖	70	70	70	60	50	56	60	60	45	46	60	60

2014年山西省特色产业集群情况表

重点特色产业集群	监测企业个数(个)	开工企业个数(个)	开工率(%)	全年营业收入同比增长(%)	全年产量同比增长(%)
万荣水泥添加剂	96	84	87.5	35.7	−10.7
清徐醋产业	42	42	100.0	28.4	9.7
祁县玻璃器皿	94	36	38.3	13.4	5.9
原平皮带机	115	50	43.5	4.0	—
定襄法兰盘片	620	344	55.5	12.7	6.1
屯留农副产品	17	13	76.5	49	—
山阴乳品加工	8	3	37.50	−9.9	−18.8
稷山纸包装	112	112	100.0	3.0	3.0
交城铸造机加工	170	155	91.2	−12.0	−6.8
闻喜金属镁产业	16	16	100.0	−13.0	−28.0
大同医药产业	9	9	100.0	7.8	—
怀仁陶瓷产业	32	30	93.7	2.3	1.9
侯马装备制造	10	10	100.0	4.1	4.2
榆次液压产业	215	215	100.0	10.6	−2.3
太谷玛钢产业	110	93	84.5	2.9	−1.4
榆次纺机产业	200	120	60.0	−13.4	−13.7
太原不锈钢	85	57	67.1	15.4	25.6
阳城陶瓷产业	14	5	35.7	−1.8	5.0
大同县活性炭	30	4	13.3	−27.7	−16.5
阳泉耐火材料	251	132	52.6	−9.3	−8.1
汾阳白酒	27	19	70.4	−17.0	−40.0
平遥铸造	94	28	29.8	−8.0	−23.0

全套产品包装设计、平面类广告设计等创意产品。

3.推进管理创新。制订《开展管理标杆企业认定和推广活动的实施意见》,在装备制造、特色食品等中小微企业相对集中的行业中,择优选定管理标杆企业145户,先后到晋中、忻州、晋城三市,组织现场观摩交流,开展对标示范,提升管理水平。

(边　疆)

【企业成长培育】 1.实施小微企业创办工程。组织创业大讲堂进高校系列活动,开办银河创业训练营,落实创业扶持政策,开展创业辅导服务。2014年,山西省新创办小微企业数量再创历史新高、达5.4万户,同比增长51.26%,超额完成2万户的年度任务。

2.实施"小升规"企业成长工程。建立"小升规"培育企业数据库,落实奖励引导政策,推动小微工业企业规范升级。2014年,山西省共有361户"小升规"企业通过国家统计局审核,超额完成200户的年度任务。

3.实施"小巨人"企业培育工程。制定梯队培育计划,筛选确定1008户"小巨人"培育目标企业;完善联系企业制度,实行点对点帮扶指导。

(边　疆)

【固定资产投资】 从固定资产投资看,2014年山西省民营中小企业完成固定资产投资1487.96亿元,同比下降16.5%。在完成的固定资产投资中,国家及有关部门扶持资金18.57亿元,占全部投资的1.2%;金融机构贷款21.64亿元,占1.45%;引进资金97.86亿元,占6.6%;自有资金1059.30亿元,占71.2%;其他资金95.81亿元,占6.5%。

在民营中小企业固定资产投资中,第一产业投资55.19亿元,同比增长22.67%,占比3.7%,比重提高1.2个百分点;第二产业投资883.34亿元,同比下降24.8%,占比59.4%,比重下降6.6个百分点;第三产业投资

549.43 亿元，同比下降 2.3%，占比 36.9%，比重提高 5.4 个百分点。在民营中小企业投资中，煤、焦、冶三大传统产业投资 219.87 亿元，较上年减少 35.9%；非传统产业投资 594.41 亿元，较上年减少 15.0%。

2014 年，民营中小企业固定资产投资施工项目 2461 个，其中亿元以上项目 596 个，完成投资 909.86 亿元；5000 万元至 1 亿元的项目 470 个，完成投资 290.20 亿元；1000 万元至 5000 万元的项目 939 个，完成投资 232.88 亿元；500 万元至 1000 万元的项目 456 个，完成投资 55.01 亿元。全年新开工项目 1395 个，其中工业项目 867 个，占 62.2%；第三产业项目 345 个，占 24.7%。全年投产项目 1121 个，其中工业项目 731 个，占 65.2%；第三产业项目 255 个，占 22.7%。（边　疆）

【对外贸易】 从产品出口看，2014 年山西省有产品出口的民营中小企业 264 家，比上年同期减少 23 家，实现出口产品交货值 911480 万元，同比下降 36.5%。

按出口规模分，年出口产品交货值在 500 万元至 1000 万元的企业 52 家，实现交货值 43019 万元；年出口产品交货值在 1000 万元至 3000 万元以上的企业 73 家，实现交货值 159403 万元；年出口产品交货在 3000 万元以上的企业 91 家，实现交货值 678847 万元。

按主要产品分，2014 年出口焦炭企业 3 家，出口焦炭 22 万吨，出口产品交货值 16560 万元；出口金属镁企业 9 家，出口 8670 吨，交货值 16424 万元；出口活性炭企业 4 家，出口 13064 吨，交货值 9431 万元；出口玛钢件企业 18 家，出口81460 吨，交货值 89170 万元；出口铸铁件企业 26 家，出口 168522 吨，交货值 130598 万元；出口汽车配件企业 5 家，出口 107372 吨，交货值 11932 万元；出口法兰企业 34 家，出口 39060 吨，交货值 124312 万元；出口磁性材料企业 1 家，出口 1004 吨，交货值 5950 万元；出口糖醛企业 1 家，出口 513 吨，交货值 417 万元；出口玻璃器皿企业 41 家，出口 74693 万件，交货值 100429 万元；出口陶瓷企业 3 家，出口 954 万件，交货值 2587 万元；出口芦笋企业 5 家，出口 4000 吨，交货值 4500 万元；出口药品企业 5 家，出口 8583 万片（粒/支），交货值 84774 万元。（边　疆）

【服务中小企业】 1. 推进公共服务平台建设。2014 年 5 月，山西省级枢纽平台，长治、晋城等 5 个市级窗口平台，定襄锻造、榆次纺机等 5 个产业集群窗口平台，金融服务、产业信息大数据等 22 个专业应用平台上线运行。自金融服务平台运行以来，注册企业达 8407 家，征集融资需求 66.86 亿，通过线上对接和线下跟进相结合，帮助 274 户中小微企业融资 21.62 亿元。平台网络入驻服务机构 415 家，发布服务项目 832 项，达成线下服务成果 2360 项。

2. 建设小微企业创业基地。2014 年，山西省中小企业局推进晋源区山西省中小企业创业示范基地建设，初步完成第一期 1000 亩用地手续。新认定省级中小企业创业基地 19 个，全省省级中小企业创业基地达 74 个，厂房面积 1924.75 万平方米，带动投资 108.8 亿元，入驻企业 2538 户，吸纳就业 2 万余人。

3. 发挥中小企业发展研究院作用。支持山西省中小企业发展研究院，开展中小微企业信息的收集整理、数据的统计分析、决策咨询服务和战略性、前瞻性的政策研究。继续完善“山西中小微企业用工问题研究”等 5 个课题，重点开展“山西小微企业创业群体构成研究”“山西中小企业融资难、融资贵结构成因研究”等 3 个课题研究。

4. 新建一批小微企业服务站。2014 年，山西省中小企业局制订《加快全省小微企业服务站建设的意见》，指导各市县因地制宜新建小微企业服务站 123 个。山西省小微企业服务站达 243 个，累计接待来访人员 2.3 万人次，帮助解决问题 7500 多个。

5. 帮助中小微企业开拓市场。2014 年，山西省中小企业局先后组织 204 家中小微企业、386 种“专精特新”产品，免费参加第八届 APEC 中小企业技术交流暨展览会、第十一届中国国际中小企业博览会等大型展会，累计签订合同、协议 73 项，资金总额 13.95 亿元。

6. 加强经济运行监测，做好统计监测。2014 年，山西省中小企业局初步建立省市县乡“四级联动”，统计 19 个直报县、22 个产业集群、1500 户重点企业、200 户企业手机快速调查“五位一体”的运行监测体系，及时掌握发展动态，强化预测预警分析，引导中小微企业应对经济下行压力，实现平稳增长。

7. 加强运行分析。2014 年，山西省中小企业局按月开展经济运行分析，掌握发展情况，为各级各部门指导中小微企业发展提供决策依据；定期参加省政府经济形势分析部门联席会议，帮助解决企业生产经营中遇到的困难和问题。

8. 缓解融资困难，完善客户推介机制。累计向金融机构推荐中小

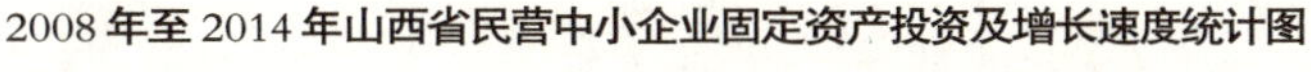
2008 年至 2014 年山西省民营中小企业固定资产投资及增长速度统计图

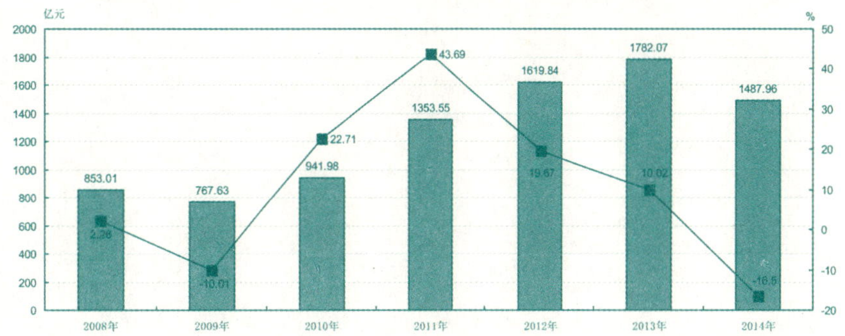

微企业1645户,帮助805户企业落实贷款331亿元。截至2014年底,全省小微企业贷款余额3789.61亿元,较年初增加466.12亿元,增长14.03%,高于全省贷款平均增速3.85个百分点。

9.深化政银企保合作。2014年,山西省中小企业局联合建行山西分行推广“助保贷”融资模式,采取以奖代补形式下达太原市和46个县区2亿元风险补偿金,为236户企业贷款15亿元,省级财政资金放大7.5倍。全省“助保资金池”达62个,累计为936户企业提供贷款45亿元。

10.加强担保体系建设。2014年,山西省中小企业局推荐4家担保机构申请取得减免营业税资格,争取国家资金2315万元、安排省级资金938万元,对24户担保机构小微企业融资担保业务进行补助。安排资金8000万元,扩充省中小企业发展融资担保有限公司国有资本金,增强政策性担保公司的引领作用。截至2014年底,山西省222家担保机构,担保责任余额320亿元,在保企业近万户。

11.拓宽直接融资渠道。山西省中小企业局开展“新三板”扩容政策培训。截至2014年底,山西省有6户企业挂牌,5户企业在审,20余户企业拟上报审批。联合晋中市政府设立天津股权交易所山西运营中心,4户企业通过运营中心挂牌,全省在天交所挂牌的企业达12户。推荐345户中小微企业在山西股权交易中心挂牌展示全省展示企业达1214户。开展中小企业私募债试点,通过山西股权交易中心成功发行5单私募债,融资2.45亿元。 (边 疆)

2014年山西省民营中小企业主要产品出口情况表

	企业个数	计量单位	出口数量	出口产品交货值(万元)
总 计	264	—	—	911480
煤 炭	—	万吨	—	—
焦 炭	3	万吨	22	16560
金属镁	9	吨	8670	16424
活性炭	4	吨	13064	9431
生 铁	—	万吨	—	—
玛钢件	18	吨	81460	89170
铸铁件	26	吨	168522	130598
汽车配件	5	吨	107372	11932
法 兰	34	吨	39060	124312
磁性材料	1	吨	1004	5950
糠 醛	1	吨	513	417
玻璃器皿	41	万件	74693	100429
陶瓷制品	3	万件	954	2587
芦 笋	5	吨	4000	4500
药 品	5	万片(粒/支)	8583	84774
其 他	105	万元	—	312128

住房和城乡建设

【房地产业】 2014年，山西省住建厅加强市场分析研究和运行监测，针对性地采取措施，帮助项目解决推进中的困难和问题；强化房地产企业资质动态考核及信用评价，开展房地产市场全面检查和国有土地上房屋征收与补偿专项检查，切实规范市场秩序，保障房地产市场的稳定发展。房地产开发完成投资1403.6亿元，同比增长7.3%，占固定资产投资比重达11.7%，同比提高0.1个百分点；完成地税收入171.2亿元，占全省地税总收入的17%。 （李国红　米玉婷）

【城镇保障性住房建设】 2014年，国家下达山西省保障性安居工程任务为新开工18万套、基本建成18万套。山西省住建厅自加压力，将任务调整为新开工23万套、基本建成18万套、实现投资500亿元。为确保任务完成，完善工作推进机制，出台实施《山西省棚户区改造工作实施方案》《关于公共租赁住房和廉租住房并轨运行的实施意见》，报省人大初审通过《山西省住房保障条例》，帮助解决项目建设中的立项、用地、资金等困难和问题，2014年新开工城镇保障性住房23.26万套，其中棚户区17.37万套，超出国家下达任务5.26万套；基本建成21.02万套，超出国家下达任务3.02万套；完成投资528.05亿元，超出年度计划28.05亿元。截至2014年底，全省城镇保障性住房覆盖面达21.38%，提前实现国家“十二五”末达20%的要求。 （李国红　米玉婷）

【住房公积金归集】 2014年，山西省住建厅推进住房公积金归集扩面，规范缴存使用行为，新增缴存职工59.10万人，超过年度目标任务5.52万人。截至2014年底，全省住房公积金缴存职工达400.40万人，同比增长10.26%；缴存总额达1492.58亿元，同比增长21.48%；提取总额达467.22亿元，同比增长26.60%；缴存余额达1025.36亿元，同比增长18.57%；发放个人住房贷款总额391.26亿元，同比增长30.90%。为帮助城镇职工解决住房困难发挥积极作用。

（李国红　米玉婷）

【建筑业监督】 2014年，山西省住建厅强化建筑市场监管，开展招投标、勘察设计、打击违法转包分包专项检查和建筑市场执法督查，规范建筑市场秩序；支持建筑业企业做大做强，新培育2家施工总承包特级企业、16家总承包一级企业，山西省企业的市场竞争能力不断提升；加强对建筑业的运行监测和统计分析，帮助企业解决存在的困难和问题，促进建筑业的持续稳定发展。2014年，在固定资产投资增速放缓的情况下，山西省建筑业仍然保持较好的发展态势，全年共完成产值3103.5亿元，同比增长2.3%；实现增加值825.7亿元，同比增长6.6%；增加值占全省生产总值的比重达6.5%，同比提高0.5个百分点；完成地税收入186.49亿元，占全省地税总收入的18.99%。（李国红　米玉婷）

【工程质量安全】 2014年，山西省住建厅加强工程质量安全监管，全面落实工程质量终身负责制，开展工程质量治理两年行动，加大安全生产检查力度，抓好安全隐患整改，建筑工程施工和市政运营安全保持平稳态势，未发生较大以上质量安全事故。

（李国红　米玉婷）

【建筑节能】 2014年，山西省住建厅推进建筑科技创新，提前完成“十二五”2000万平方米既有居住建筑节能改造任务，新增可再生能源建筑应用面积1580万平方米，新增绿色建筑评价标识项目29项、215.61万平方米，均超额完成年度目标任务。太原市、阳泉市、长治市、晋城市、大同城区、平鲁区、怀仁县政府按照各自制定的《国家智慧城市创建实施方案》和住建部、当地政府、山西省住建厅三方签订的《智慧城市创建任务书》要求，完成智慧共享平台、公共数据库、智慧应用等项目的建设。

（李国红　米玉婷）

【新型城镇化建设】 2014年，山西省住建厅贯彻落实全国和全省城镇化工作会议精神，研究破解“人、地、钱”等制约城镇化发展的突出问题，围绕“一核一圈三群”总体布局，加强城镇市政基础设施、公共服务设施和产业园区建设，推进太原都市圈和晋北、晋南、晋东南城镇群建设，圆满完成年初确定的20项指标、30项任务，城镇化的内生动力进一步增强，质量和水平持续提升。全省城镇化率达54%，同比提高1.5个百分点。

（李国红　米玉婷）

【重点工程建设】 2014年，山西省住建厅按照省委、省政府“项目见效年”的工作部署，坚持和完善“六位一体”工作机制，采取逐月调度分析、领导对口联系、进工地解难题等一系列行之有效的工作措施，项目储备、签约、落地、开工、建设、投产均超额完成年度目标任务。2014年，全省项目储备投资额158019.55亿元，完成年度计划的131.68%；项目签约投资额24719.36亿元，完成年度计划的164.80%；项目落地投资额12767.64亿元，完成年度计划的106.40%；项目开工投资额10819.39亿元，完成年度计划的108.19%；省市重点工程建设投资额11244.20亿元，完成年度计划的106.48%。其中，省重点工程建设投资额4824.43亿元，完成年度计划的110.32%，占全省固定资产投资的39%；项目投产投资额10846.24亿元，完成年度计划的108.46%。（李国红　米玉婷）

【乡村清洁工程】 2014年，山西省住建厅围绕实现“人员队伍、清扫保洁、垃圾收集处理、村容整饰、长效管理机制建立”五个全覆盖，推进乡村清洁工程，完成投资11.17亿元，超过年度计划1.17亿元；配备清扫保洁人员7.3万名、配备率达122%，监管人员6850名、配备率达115%；配备垃圾清运车辆3.5万台、配备率达117%，垃圾箱(桶)19.6万个、配备率达73%；建成垃圾中转站213座、垃圾处置点4821处，清运积存垃圾86万吨，整治残垣断壁8.2万处，初步建起较为完备的保洁清运处置体系，农村环境面貌发生明显变化。（李国红　米玉婷）

【农村困难家庭危房改造】 2014年，山西省住建厅推进农村困难家庭危房改造。2014年国家下达山西省改造任务为7.2万户，为确保在本届政府任期内将农村危房全部改造完毕，山西省将任务增加到15万户。在工作推进中，克服任务下达晚、工作量大等困难，落实改造资金，加快工程进度，共完成15.5万户改造任务，超额完成5000户。同时，开工1万户农村住房抗震改建试点，其中9529户竣工。（李国红　米玉婷）

○相关链接：参见“山西省人民政府”类目

重点工程

【概述】 2014年是山西省委、省政府确定的“项目见效年”，全年建成105个项目。大西客运专线等6条铁路项目如期建成，全省铁路新增运营里程1400千米以上。高速公路新增运营里程850千米，新建改建国省干线700千米。电力项目有4个火电项目和10个风电项目建成投产，全年新增发电装机337万千瓦；煤炭项目有7个项目投产，新增产能1400万吨/年；保障房建成21.02万套；输变电线路新增1905.22千米。水利项目110座病险水库除险加固任务基本完成。

全年重点工程目储备投资额158019.55亿元，完成年度计划的131.68%；项目签约投资额24719.36亿元，完成年度计划的164.80%；项目落地投资额12767.64亿元，完成年度计划的106.40%；项目开工投资额10819.39亿元，完成年度计划的108.19%；省市重点工程建设投资额11244.20亿元，完成年度计划的106.48%，其中，省重点工程建设投资

2014年山西省重点工程“六位一体”任务完成情况表

序　号	名　称		年度目标任务(亿元)	完成额(亿元)	完成率(%)
1	项目储备		120000	158019.55	131.68
2	项目签约		15000	24719.36	164.80
3	项目落地		12000	12767.64	106.40
4	项目开工		10000	10819.39	108.19
5	重点工程建设	省重点工程	4373	4824.43	110.32
		市重点工程	6187	6419.77	103.76
		省市合计	10560	11244.20	106.48
6	项目投产		10000	10846.24	108.46

2014 年山西省重点工程分类投资完成情况表

项目类别			项目数量	年度投资计划（亿元）	完成额(亿元)	完成率(%)
重大基础设施类		1. 铁路	28	279.81	188.76	67.46
		2. 公路	20	184.30	152.05	82.50
		3. 机场	2	5.90	7.82	132.46
		4. 水利	14	164.57	176.32	107.14
		小 计	64	634.58	524.94	82.72
产业投资类	传统产业	5. 煤炭	58	238.37	375.97	157.73
		6. 焦化	13	139.89	69.62	49.77
		7. 火电(含电网工程)	53	401.54	431.42	107.44
		8. 冶金	20	122.07	228.53	187.21
		小 计	144	901.87	1105.54	122.58
	新兴产业	9. 化工	47	407.00	477.01	117.20
		10. 装备	68	247.88	232.83	93.93
		11.新能源及“四气”产业	106	321.78	374.09	116.26
		12. 材料工业	42	85.36	158.34	185.50
		13. 其他工业	64	232.46	230.58	99.19
		14. 服务业	165	603.17	654.07	108.44
		15. 现代农业	19	63.76	132.66	208.06
		小 计	511	1961.41	2259.58	115.20
	小 计		655	2863.28	3365.12	117.53
城镇化和生态环保类		16. 城镇化	41	247.88	238.25	96.12
		17. 生态环保	31	72.58	84.30	116.15
		小 计	72	320.46	322.56	100.65
民生社会事业类		18. 保障性住房	1	450.00	528.05	117.34
		19. 文教卫生及其他社会事业	50	104.82	83.77	79.92
		小 计	51	554.82	611.81	109.95
合 计			842	4373	4824.43	110.32

额 4824.43 亿元，完成年度计划的 110.32%；项目投产投资额 10846.24 亿元，完成年度计划的 108.46%。

全年产业类项目完成投资 3365.12 亿元，占省重点工程完成投资的近七成，完成年度计划的 117.53%。重大基础设施类完成投资 524.94 亿元，完成年度计划的 82.72%。城镇化和生态环保类完成投资 322.56 亿元，完成年度计划的 100.65%。民生社会事业类完成投资 611.81 亿元，完成年度计划的 109.95%。省重点工程分类投资完成情况见下表。

全年中央企业和山西省属大型企业投资的省重点工程共 224 项，年度投资计划 1353.23 亿元。全年累计完成投资 1543.87 亿元，完成年度计划 114.09%。其中，12 家中央企业投资 72 项，年度投资计划 443.21 亿元，累计完成投资 510.09 亿元，完成年度计划 115.09%；14 家省属大型企业投资 152 项，年度投资计划 910.02 亿元，累计完成投资 1033.78 亿元，完成年度计划 113.60%。中央企业和省属大型企业投资的重点工程项目累计完成投资占省重点工程完成投资的 32.00%，成为山西省重点工程建设的重要力量。（张运宁）

【全省项目见效年动员大会】 2014 年 2 月 8 日，山西省委、省政府组织召开全省"综改攻坚、创新驱动、项目见效"大会，动员部署全年的重点工程工作。根据会议安排，全省上下迅速行动，一个月内各市全部召开本市的"三合一"动员大会，并将全年重点工程"六位一体"目标任务进行层层分解，逐级建立目标责任制，强化目标管理和过程管理，严格工作责任和工作措施，责任落实到每个环节、每个岗位和每个个人，确保全年任务按期完成。（张运宁）

【领导联系重点工程制度】 为进一步加快推进重点工程建设，2014 年山西省委常委、副省长每人联系两项省级重点工程，各市领导班子成员每人联系所在地域内的省级重点工程，各

2014 年山西省市重点工程储备项目分市情况表

市　别	年度目标任务（亿元）	储备项目投资额（亿元）	储备项目数量	综合得分	排　名
太原市	18778	24415.00	548	74.12	10
大同市	11820	15366.56	345	73.95	11
朔州市	8148	10594.49	251	75.97	5
忻州市	9247	12024.76	355	80.44	1
吕梁市	9495	12445.81	271	74.29	8
晋中市	10785	14024.29	417	74.96	6
阳泉市	6305	8200.59	263	74.13	9
长治市	12225	15892.51	430	76.81	2
晋城市	9427	12258.20	327	74.68	7
临汾市	11558	15897.34	359	76.36	3
运城市	12999	16900.00	619	76.10	4
合　计	120787	158019.55	4185	——	——

2014 年山西省市重点工程签约项目分市情况表

市　别	年度目标任务（亿元）	签约项目数量	签约项目投资额（亿元）	投资额排名	任务完成率（%）	完成率排名
太原市	2499	170	3590.80	1	143.69	5
大同市	1188	159	1412.00	9	118.86	11
朔州市	1116	123	1330.90	10	119.26	10
忻州市	1278	189	1797.60	8	140.66	6
吕梁市	1338	186	3060.24	3	228.72	2
晋中市	1491	129	2018.60	6	135.39	8
阳泉市	514	139	693.14	11	134.85	9
长治市	1425	302	2626.53	5	184.32	4
晋城市	1303	163	1825.57	7	140.11	7
临汾市	1380	193	2942.00	4	213.19	3
运城市	1468	311	3421.98	2	233.10	1
合　计	15000	2064	24719.36	——	164.80	——

2014年山西省市重点工程落地项目分市情况表

市 别	年度目标任务(亿元)	落地投资额(亿元)	完成额排名	完成率(%)	完成率排名
太原市	1264	1596.39	1	126.30	1
大同市	1115	1198.95	5	107.53	5
朔州市	1159	1174.09	6	101.30	8
忻州市	748	866.52	10	115.85	2
吕梁市	1433	1209.24	4	84.39	11
晋中市	1078	1150.11	7	106.69	6
阳泉市	484	490.52	11	101.35	7
长治市	1242	1243.62	3	100.13	10
晋城市	973	1125.86	9	115.71	3
临汾市	1376	1575.95	2	114.53	4
运城市	1128	1136.38	8	100.74	9
合 计	12000	12767.64	——	106.40	——

2014年山西省市重点工程开工项目分市情况表

市 别	年度目标任务(亿元)	开工投资额(亿元)	完成额排名	完成率(%)	完成率排名
太原市	1484	1579.30	1	106.42	7
大同市	717	723.30	10	100.88	10
朔州市	1219	1220.41	4	100.12	11
忻州市	700	770.56	8	110.08	5
吕梁市	856	1001.70	5	117.02	2
晋中市	835	900.37	6	107.83	6
阳泉市	488	504.70	11	103.42	8
长治市	1310	1325.78	2	101.20	9
晋城市	632	749.38	9	118.57	1
临汾市	1054	1223.51	3	116.08	4
运城市	706	820.37	7	116.20	3
合 计	10000	10819.39	——	108.19	——

县领导班子成员也建立相应的领导联系重点工程制度,全省建立并深化“一个项目、一位领导、一套班子、一抓到底”工作机制。8月份,为确保大西客运专线和中南部铁路通道配套设施与主体工程同步建成投运,又将相关项目纳入省领导对口联系范畴,给予重点推进。省领导率先垂范,成为项目推进的强大动力,极大地加快项目进展。 (张运宁)

【创新工作机制】 2014年,山西省重点工程领导组坚持采用科学合理的工作机制,保障全省重点工程顺利推进。(1)坚持“月调度、月考核、月排名”,按月对各市、各大企业重点工程“六位一体”任务完成情况进行研判、调度、考核、排名,并将排名在“两台一报”公布。从9月份开始,领导组对重点工程月排名公布办法进行调整。在公布重点工程“六位一体”排名基础上,重点公布“固定资产投资增速”的第一名和最后一名,形成强烈对比,有效激励各市奋勇争先的工作积极性。(2)进一步强化过程管理,强化分析研究,确保重点工程在受控状态下推进。从2014年下半年开始,省重点办在每月全省重点工程调度会前增开各市重点办主任月度分析会,对重点工程各项工作的进展情况进行通报和分析,对重点工程投资与固定资产投资之间存在的差异逐月进行比对分析,及时发现工作中存在的问题,提出解决措施,为工作决策提供依据和支撑。 (张运宁)

【各市重点工程推进】 2014年,山西各市在落实“项目见效年”总体部署的同时,积极创新思路,在重点工程的调度方式、要素供给机制、保障体系、协调机制等方面勇于探索。太原市定期召开16个行政审批部门联席办公周例会,研究解决重点工程项目手续办理中存在的问题;大同市建立市委市政府主要领导“七包联”责任制,深入实地检查,协调解决问题;朔州市推行重点项目问诊制度,将项目存在困难分类反馈到相关市直部门、

2014 年山西省市重点工程分市投资完成情况表

市　别	省重点工程完成额（亿元）	省重点工程完成额排名	省重点工程完成率（%）	省重点工程完成率排名	市重点工程完成额（亿元）	省市完成额合计（亿元）
太原市	681.78	2	111.04%	7	678.91	1360.69
大同市	328.63	8	92.31%	11	747.25	1075.88
朔州市	427.86	5	115.02%	4	286.65	714.51
忻州市	385.89	7	121.73%	1	414.16	800.05
吕梁市	866.41	1	108.85%	8	353.62	1220.03
晋中市	478.61	3	108.53%	9	523.16	1001.77
阳泉市	152.73	11	117.48%	3	323.44	476.17
长治市	464.35	4	103.65%	10	767.16	1231.51
晋城市	297.07	10	111.26%	6	594.79	891.86
临汾市	324.29	9	112.99%	5	973.15	1297.44
运城市	416.81	6	120.81%	2	757.48	1174.29
合　计	4824.43	——	110.32%	——	6419.77	11244.20

2014 年山西省市重点工程投产项目分市情况表

市　别	年度目标任务(亿元)	投产投资额（亿元）	完成额排名	完成率(%)	完成率排名
太原市	1464	1571.19	1	107.32	6
大同市	769	808.04	8	105.08	8
朔州市	750	815.68	7	108.76	5
忻州市	675	755.88	9	111.98	3
吕梁市	1283	1285.31	2	100.18	10
晋中市	1039	1130.19	4	108.78	4
阳泉市	454	471.39	11	103.83	9
长治市	1111	1111.04	5	100.00	11
晋城市	663	701.75	10	105.84	7
临汾市	1009	1253.74	3	124.26	1
运城市	783	942.03	6	120.31	2
合　计	10000	10846.24	——	108.46	——

县区，集中解决；忻州市开展“项目见效年”服务月活动，对项目前期手续存在问题进行集中办理；吕梁市组织多部门联合进行专项督查，跟踪对照，确保问题解决方案落到实处；晋中市出台《重点项目建设管理指导意见》，建立更加科学规范的全过程管理模式；阳泉市建立重点工程办公自动化系统，完善项目台账；长治市成立项目见效服务办公室，实行“创环境办实事保增长”周报清单制度；晋城市建立重点工程项目问题台账和问题销号台账，开展“百日攻坚战”，推进项目建设；临汾市对重大项目实行重点管理、跟进管理、全程服务，实行“一月一推进会”工作制度；运城市强化项目建设法制宣传和法律服务，组建服务重点项目的律师公证团队等。（张运宁）

【简政放权促进工程推进】 2014 年，山西省加大简政放权力度，6 月底，省政府发布《山西省政府核准的投资项目目录（2014 年本）》，相比 2004 年，省级核准项目减少 16 项，减负达到 45%。省环保厅印发《关于进一步下放建设项目环境影响评价文件审批权限的通知》（晋环发〔2014〕156 号），下放审批权限 15 项。省发改委、省国土厅、省环保厅、省住建厅、省林业厅、省金融办、省重点办等单位均建立“绿色通道”，主动服务重点项目，将服务重点工程工作作为重中之重。省国土厅、省重点办先后组织召开百亿元项目、装车点项目土地问题对接协调会，主动提供服务；省金融办、省重点办多次组织银企对接会，为项目单位提供金融服务；省重点办、省文物局组织天然气（煤层气）项目专题会议，就有关项目建设涉及文物保护方面的工作现场答疑解惑。（张运宁）

【建章立制】 2014 年，山西省发改委、省投促局分别印发《山西省项目储备管理办法（暂行）》和《山西省重点工程“六位一体”项目签约管理办法（暂行）》。省重点办印发《重点工程统计工作规定》《重点工程统计与核

2014年山西省属企业投资项目完成情况表

企业名称	项目数量	年度计划（亿元）	完成投资额（亿元）	完成额排名	完成率(%)	完成率排名
晋能集团	27	137.18	202.30	1	147.47	4
同煤集团	25	164.50	166.89	2	101.45	9
阳煤集团	15	98.53	132.67	3	134.65	5
潞安集团	13	109.50	122.54	4	111.91	6
山西焦煤	17	103.43	105.40	5	101.90	8
晋煤集团	14	57.70	91.34	6	158.30	1
太钢集团	4	38.00	58.70	7	154.47	3
国际能源	8	31.68	49.46	8	156.12	2
能投集团	5	107.00	42.87	9	40.07	13
国新能源	15	28.10	31.25	10	111.21	7
山煤集团	3	20.00	19.87	11	99.35	11
太重集团	4	6.20	5.45	12	87.90	12
经贸集团	1	5.00	5.04	13	100.80	10
汾酒集团	1	3.20	0.00	14	0.00	14
合　计	152	910.02	1033.78	——	113.60	——

2014年山西省内央企投资项目完成情况表

企业名称	项目数量	年度计划（亿元）	完成投资额（亿元）	完成额排名	完成率(%)	完成率排名
山西省电力公司	4	81.54	102.37	1	125.55	7
华润集团	12	60.60	73.90	2	121.95	8
大唐集团	14	51.79	69.42	3	134.04	3
太原铁路局	11	67.64	58.77	4	86.89	11
华电集团	7	29.40	39.43	5	134.12	2
国电集团	9	30.07	37.76	6	125.57	6
大西客专公司	1	25.00	32.00	7	128.00	5
中煤集团	5	38.00	25.78	8	67.84	12
华能集团	3	19.70	25.46	9	129.24	4
晋豫鲁铁路公司	1	23.00	25.06	10	108.96	9
中电投集团	3	11.00	10.20	11	92.73	10
中广核集团	2	5.47	9.94	12	181.72	1
合　计	72	443.21	510.09	——	115.09	——

查工作要点》《重点工程统计核查工作办法》《山西省重点工程2014年考核办法》《省重点工程项目挂牌督办办法》《关于规范重点工程统计上报工作的通知》和《关于推行重点工程项目管理台账的通知》等一系列规范性文件；着手建立统计核查、项目档案、项目台账、挂牌督办、百亿元项目调度会等5项新的工作制度。

（张运宁）

【重点工程督查】 2014年，山西省重点工程办公室先后配合组织专项督查20余次。7月底，省考核办组织11个督查组对各市上半年目标责任完成情况进行督查，重点工程“六位一体”完成情况是督查的重要内容；9月中旬，省政府分为五个组，由省长、副省长带队对11个市“项目见效年”工作进展情况进行督查；11月中旬，省政府督查室组织全省固定资产重点工程重大项目督查调研。为加快推进“两路”配套设施建设，省政府督查室牵头，省监察厅、省重点办配合，9月上旬对“两路”配套设施建设进展情况进行全面督查。10月15日至24日，省重点办对建成投运的大西客专配套设施工程进行复查，对中南铁路配套设施及装车点进行全面督查。2014年底，省政府安排部署的“百日百项”开工工作、“清盘行动”对推进项目开工、竣工发挥重要作用。

（张运宁）

【协调服务重点推进】 2014年，山西省重点工程办公室全年召开协调推进会议100余次，协调解决问题200个以上，重点解决征地拆迁、压覆矿产、供水供电、排水排污、阻工挡工等一系列推进中存在的问题，确保省重点工程高效推进。将直通车制度实施范围扩展到省重点百亿元项目，并对百亿元项目和战略装车点项目建立专项调度会制度，重点研究解决项目在推进中遇到的审批、土地、资金、拆迁等问题。全年分别召开百亿元项目调度会5次、装车点项目调度会20余次，为项目解决困难60多个。对重大问题实行挂牌督办，做到责任单位、责任领导、责任人、解决办法、解决时限“五到位”。定期通报情况，严格问责，及时帮助企业和项目解决重大问题。全年共下发督办通知书5份，涉及4个项目，解决4个问题。

(张运宁)

万家寨引黄入晋工程

【概述】 2014年，围绕年度供水目标，山西省万家寨引黄工程管理局(简称“引黄局”)针对安全生产和经济运行，做好五个加强：(1)加强工作落实。年初对生产系统的40项重点工作细化分类，做到目标、任务、进度和责任人“四落实”，按期进行督查通报。(2)提升人员素质。编制实行《生产人员岗位技能培训及考核管理办法》，开展SCADA系统站控级操作、新扩机组设备、泵站点检系统使用培训等各项教育培训和考核，提升生产人员工作能力和实际操作水平。(3)加强检修维护。健全责权统一的检修维护体系，做到应修必修、修必修好，全年设备消缺率为91.9%，主设备完好率达到100%。(4)加强成本管理，降低生产运行成本。(5)加强安全生产。在全系统开展定期、专项、防汛、节假日前后等多种形式的安全检查，排查安全隐患、堵塞管理漏洞、改善劳动环境、规范作业行为；同时优化工程沿线49个水质监测站点的布设，加大监测力度，提高应对突发事件的快速反应和处置能力。全年安全稳定无事故，供水水质符合国家标准。

1月15日，山西省委确定“要把分质供水上升到综改试验区的高度，作为一项重要内容去抓。”1月18日，省政府《2014年政府工作报告》明确提出：在引黄供水区实施“分质供水、原水直供”办法，加快形成竞争性水市场。8月26日，大同黄河原水直供——配水支线工程开工项目建成，开始向大唐电厂、塔山电厂、煤化工园区等直供黄河原水。11月4日，南干线第一个原水直供工程——清徐原水直供工程开工，该项工程建成后，将为太原市晋源区、小店区和清徐县等地的企业直供黄河原水。

截至2014年底，引黄工程年供水总量完成3.37亿立方米。生态供水完成1.7亿立方米，工业和生活供水完成1.67亿立方米。

(闫淑铮)

【引黄入晋清徐原水直供工程】 2014年2月13日，山西省发改委批复清徐原水直供工程可行性研究报告。工程任务是向太原市清徐县、小店区(科技创新城)、晋源区工业、城镇生活提供原水。建设规模为近期年供水量5000万立方米，远期年供水量1.2亿立方米。2月28日，省发改委批复清徐原水直供工程初步设计。工程经过规划选址、环境评价、水保评估、征地拆迁、用地补偿等前期工作，具备全面进场、全线开工条件。11月4日下午，引黄入晋清徐原水直供工程在位于太原市晋源区姚村镇田村的工地上开始第一根PCCP(预应力钢筒混凝土管)管道安装，标志该工程进入全面建设阶段。清徐原水直供工程是在引黄工程南干线建设的第一个“分质供水、原水直供”工程。

(闫淑铮)

【呼延水厂二期工程】 2014年7月9日，引黄工程呼延水厂二期工程正式开工。呼延水厂二期工程是在建成40万立方米/秒供水能力的基础上，再扩建一倍，形成80万立方米/秒的总供水能力。建设工期预计为3年，将新建部分净水工艺、水处理实验室、水厂模拟综合实验系统、水质监测预警系统等，建筑总面积为34268平方米，附属设施全部利用一期工程建成项目。

(闫淑铮)

【引黄工程扩机工程】 2014年11月3日，山西省发改委批复引黄工程总干线、南干线泵站二期扩机工程初步设计。2014年12月12日，引黄工程总干线、南干线新扩8台机组依次启动运行，工程年供水能力提升到6.4亿立方米。

(闫淑铮)

【李小鹏到引黄工程调研】 2014年11月13日和19日、20日，省长李小鹏到引黄清徐原水直供工程施工现场和引黄工程沿线，就输水沿线水源地生态保护工程、北干线配套工程建设、引黄供水和水质安全等情况进行调研。

(闫淑铮)

【引黄工程呼延调蓄工程蓄水】 2014年12月7日，引黄工程连接段呼延调蓄工程开始蓄水。呼延调蓄工程的主要任务是在引黄工程连接段输水系统因故障或设备检修不能正常供水时，作为备用水源向太原呼延水厂正常供水，以降低引黄工程上游运行压力，为省城太原居民生活用水提供稳定可靠水源。工程采用半挖半填建设而成，主体工程由调蓄池、进水线路和出水线路组成。设计库容为200万立方米，库底面积为5.26万平方米，库底高程为875.50米；正常蓄水位为897.70米。连接调蓄池的上下游输水建筑物的设计流量均为20.5立方米/秒。

(闫淑铮)

环境保护

【“四水”同治】 2014年，山西省环保厅对全省205个城镇和840个乡镇集中式饮用水水源地进行严格保护。完成236个重点流域水污染防治规划项目建设。实施流域水质奖惩考核，全年扣缴生态补偿金3.12亿元，奖励6150万元，推进22个水污染治理项目建设。限期对65家影响地下水水质的排污企业实施整改。全省地表水水质优良断面比例同比上升1.9个百分点，重度污染断面比例同比下降7个百分点。地下水水质总体良好，饮用水源地水质(扣除本底值)全部达标。

(王 颖)

【污染减排】 2014年，山西省环保厅推进国家减排责任书重点项目建设，累计完成4430万千瓦火电脱硝、1575平方米钢铁脱硫、6.87万吨/日规模水泥脱硝任务；新增污水处理配套管网603千方米，新增污水处理能力50万立方米/日；推进865个规模化畜禽养殖污染防治设施建设。推进格盟瑞光、大唐云岗等常规燃煤发电机组超

低排放技术运用。六项主要污染物全部完成年度减排任务。（王 颖）

【监管执法】 2014年，山西省环保厅推动《山西省环境保护条例》进入修订程序。严厉打击环境违法行为"百日会战"和百户重点污染企业环境安全整治专项行动取得实效。开展全省环境保护大检查，重点查处一批违法建设项目和污防设施运行不正常的环境违法行为。妥善应对6起突发环境事件。省厅直接受理的520件各类环境信访案件全部办结。（王 颖）

【转型综改】 2014年，山西省环保厅承担的6项转型综改和7项生态文明体制改革任务全部完成；排污权交易实现"全指标、全行业、全省域"三个全覆盖，并出台排污权抵押贷款管理办法；初步建立总量预算管理体系；成立省环境污染损害司法鉴定中心，开展9起鉴定服务；多元投入机制、环境责任保险、绿色信贷、生态补偿等工作进一步推进；下放15项基础设施类和环境影响小的建设项目环评审批权限；取消环保运营资质认定和上市企业核查非行政许可事项。启动省环境科学研究院环评体制改革，全省共批复规划环评和建设项目环评7821个，同比增加268个。其中省级批复350个，退回、暂缓或不予审批30个。推进低热值煤发电专项规划和项目审批。（王 颖）

阳城电厂绿色发电 （王 颖供图）

【地市环境整治】 2014年，山西省委、省政府和省环保厅高度重视省城太原环境质量改善工作，加强指导协调，帮助解决难题。太原市委市政府和市环保局全力推进"五五工程"建设，太原市区环境空气PM2.5平均浓度同比下降11.1%，达标天数同比增加35天，重污染天数同比减少10天，在全国74个重点城市排名中好于去年水平。大同市着力打造智慧环保综合信息化平台，提升环保能力。朔州市政府领导多次深入县（区）调研环保工作，市局领导包干推进重点项目环评审批。忻州市对所有涉水污染企业全面下达限期治理任务，汾河、滹沱河等重点流域水污染防治工作取得新进展。吕梁市制定环保工作例会、重点项目公示、企业环境监督员三项制度并严格落实，不断强化主体责任。晋中市严格实行环境监管网格化管理制度，实现全市环境监管无缝隙、无遗漏。阳泉市环境执法敢于动真碰硬，取得良好效果。长治市实施"十大"环保攻坚行动，集中解决老大难问题。晋城市科学运用环保约谈和限批机制，强化对企业的环境监管。临汾市委市政府着力构建"大环保"工作格局，全市上下扎实开展环境提升年活动，推动环保工作整体上水平。运城市政府重视环保工作，建立政务督查、行政监察、舆论监督"三位一体"联动督查机制，市长亲自审定市区燃煤锅炉"煤改气"方案。（王 颖）

○相关链接：参见"山西省人民政府"类目

交通运输

Traffic and Transportation

公 路

【道路运输服务能力建设】 2014年，山西省交通运输厅坚持建设与服务并重、公路与运输并重，制定实施《关于改进提升交通运输服务的意见》，交通运输服务保障能力进一步提高。(1)公路交通服务。省交通运输厅重点监测的15条国道适应交通量提高4.2%，重点监测的85条省道适应交通量提高5.4%。全省车辆通行费收入138.3亿元，其中高速公路收入124.6亿元。高速公路不停车收费系统覆盖率达到51%，并实现与国内13个省市联网；全省投入运营的高速公路服务区达到52对，19个交通量较大的服务区完成升级改造；108国道榆次西外环、108国道榆次至祁县段、省道229阳城至济源段3条经营性公路提前撤站停止收费；国家鲜活农产品“绿色通道”和重大节假日小客车免费通行政策进一步落实，全年共减免车辆通行费8.69亿元，较上年增加5400万元。“12328”全国交通运输服务监督热线开通运行。(2)道路水路运输服务。全省营业性道路运输完成货运量8.85亿吨、货物周转量1363.2亿吨/千米，同比分别增长6.8%和6.6%。道路客运完成客运量2.71亿人、旅客周转量181.99亿人/千米，城市客运完成客运量26.62亿人次，水路运输完成客运量128万人次。全省先后开通长途接驳运输线路26条、旅游直通班线19条、农村客运公交化线路385条。山西汽运集团建成覆盖全省11个地级市的异地租还车网络，忻州市在全省率先建成旅游集散中心。山西省物流企业联盟挂牌运行，省级交通运输物流公共信息平台逐步完善并发挥作用，全省集装箱运输企业、甩挂运输企业发展到17户，物流企业达到880户，货运站场达到37个，年吞吐量1715万吨。水路运输企业总数达到40户。(3)城市公共交通服务。2014年全省城市公交投入达到13亿元，其中省财政投入7467万元。新增更新城市公交车1339辆，达到10217辆；新开通连接15个大西高铁站的城市公交线路28条，投入公交车289辆，全省设区市居民公交出行分担率平均达到20.14%。太原市创建国家“公交都市”取得新进展，新增公交车辆627辆，公交出行分担率提高2.8%，达29.8%。临汾市出台《市区公交财政补贴暂行办法》，建立长效稳定的公交财政补贴机制。朔州市政府注资1亿元重组公交公司，加快城市公交发展步伐。与此同时，城市公共自行车系统建设加快。太原市公共自行车系统基本覆盖建成区，自行车总数达到4.1万辆，单日租骑量、单车周转率居全国之首。晋城市公共自行车一期工程建成投入使用，晋中、临汾、阳泉、长治等市分别启动公共自行车服务系统建设。

（师国梁）

【交通运输改革】 2014年，山西省交通运输厅坚持建设与改革并重，开展“转型综改攻坚年”活动。(1)交通企业及高速公路资产债务重组改革取得重大突破。2014年11月，省委、省政府批准印发《交通企业及高速公路资产债务重组方案》，专门成立改革领导小组，并从财政安排20亿元专项资金支持交通企业重组改革。(2)交通债务化解与结构优化取得新成效。2014年筹资总额达883.65亿元，表外融资利率由上年度平均10.46%、最高12.99%控制到8%以下，既保证建设资金不断链，又以项目贷款置换短期贷款、以低利率贷款转换高利率贷款361.87亿元，减少利息支出8.67亿元。(3)违规设立高速公路建设机构问题得到初步整治。省交通运输厅党组明确规定：新建项目原则上采用BOT方式建设；确需政府投资的项目，依托现有公路管理机构建设管理；对建成通车的项目建管处，逐步整合；对在建项目建管处，从严管理。全年共撤销、整合、移交高速公路建管处9个，新开工的3个政府还贷高速公路项目全部由项目所在地高速公路公司组织建设，没有组建新的机构。(4)交通投融资体制改革推进。省交通运输厅开放投资市场，拿出30个高速公路、干线公路项目纳入省政府46个鼓励社会资本投资项目目录，公开招商引资。晋中市专门设立交通投资公司，推进交通建设投资体制改革。阳泉市采取政府投资、招商引资等方式建设改造多条干线公路。省交通投资集团、省路桥集团、省交通投融资集团、省交通设计院、省交通监理总公司采取BOT、BT、受让股权等方式投资建设多条高速公路。

（师国梁）

【交通运输管理】 2014年，山西省交通运输厅重点实施安全生产管理、工程质量管理、招标投标管理、成本与预算管理、服务管理、行政管理六个专项行动，取得成效。(1)公路建设工程质量和养护管理水平稳中有升。在建高速公路工程总合格率94.9%，同比提高1.6%；已运营高速公路、干线公路、农村公路优良路率分别达到99.6%、80.84%、76.41%；全省公路货运超限超载率稳定控制在0.2%以内。全系统成本意识增强，太原高速公路公司在罗城互通匝道安全整治中，通过优化方案节约投资5000多万元。(2)科技进步与创新取得新的成果。制定实施《关于科技创新推动交通运输转型发展的指导意见》，全年省交通运输厅科研经费投入达1450万元。加强重点领域关键共性技术攻关，获得省部科技进步奖9项、国家专利69项。推进群众性科技创新活动，96项QC成果受到省部表彰。组织完成10项地方标准编制工作。完善公众出行服务等行业监管与服务平台。省交通科研院建成省部级重点实验室5个、协同创新平台2个，省交通设计院入选全国高新技术企业。厅属三所院校专业建设与办学水平进一步提高。(3)节能减排进一步加强。在全国率先建成省级交通运输环境监测网络。在高速公路隧道、服务区实施节能照明改造工程，年节能量折合标准煤5500多吨。全省1262辆汽油油罐车油气治理任务完成，2004年底前注册的道路客运黄标车全部淘汰，城市公交、出租汽车清洁能源车型分别达50.8%、71.3%。太原市、晋城市基本实现公交车、出租车动力清洁化。

（师国梁）

【安全生产基层基础管理】 2014年，山西省交通运输厅以1号文件印发《关于加强安全生产推进平安交通建设的意见》。“3·1”事故发生后，汲取教训，部署开展春季安全隐患排查、安全生产大检查、“六打六治”专项行动等一系列活动，共排查出一般隐患9745项，全部整改；排查出重大隐患27项，整改13项，其余14项全部实行挂牌督办。针对“3·1”事故暴露出的突出问题，加强重点领域安全生产建设。加强隧道安全管理，省政府拨出专项资金1.7亿元，启动163座高速公路隧道照明、监控和消防系统升级改造工程，新组建21支隧道应急小分队。加强危货运输监管，严格市场准入管理、车辆运行监控和从业资格审查，规范危货运输车辆标识，全省3661辆危货罐车全部加装罐体紧急切断装置。加强旅客运输、重点工程施工、重点水域、人员密集场所安全生产管理，推进企业安全生产标准化。加强应急管理，组织开展147次应急演练，成功处置忻州高速公路雁门关隧道、省道坪曲线遇仙山隧道货车自燃事故等突发事件。严格责任追究，对“3·1”事故相关责任人进行严格问责。

（师国梁）

【运宝高速公路黄河大桥开工】 2014年11月29日，运城至灵宝高速公路黄河大桥正式开工建设。项目作为山西省高速公路“三纵十二横十二环”规划网中“西纵”的重要组成部分，是全省2014年“百日百项”重点工程之一。投资概算9.65亿元，建设工期30个月。项目由山西路桥建设集团有限公司采用BOT方式投资建设。大桥北接运宝高速公路解陌段，于芮城县陌南镇柳湾村横跨黄河进入河南省界，相邻三门峡至淅川高速公路，衔接连霍高速公路河南段，形成四路互通、纵横交错的分布之势。大桥采用6车道高速公路标准建设，桥梁全长1690米、设计时速80千米，桥宽32米，设计荷载采用公路—I级。其中，北引桥采用预应力T梁，主桥采用波形钢腹板单索面矮塔斜拉桥，副桥采用波形钢腹板刚构——连续组合体系梁桥，设置监控通信分中心、养护工区各一处。

（师国梁）

【阳泉至左权高速公路运营】 2014年7月28日，阳泉至左权高速公路通车运营。阳泉至左权高速公路是山西省高速公路网规划“三纵十二横十二环”中的东纵天黎高速公路的重要组成部分，起点位于阳泉市平定县西郊村，与太旧高速公路和阳盂高速公路相接，途经阳泉市平定县和晋中市昔阳县、和顺县、左权县，终点位于左权县突堤村，与汾阳至邢台高速公路左权枢纽互通相接。路线主线长91.252千米，同步建设昔阳连接线6.292千米、和顺互通连接线2.313千

2014年7月28日，阳泉至左权高速公路正式通车（师国梁供图）

2014 年 9 月 25 日，神池至河曲高速公路正式通车运营　（师国梁供图）

米，批复概算 77.87 亿元，采用双向四车道高速公路标准，2011 年 2 月开工建设。阳泉至左权高速公路的建成通车，对于完善全省高速公路网布局，提高交通运输能力，完善和提高整个国防交通网络的通行能力，加强国防现代化建设，促进区域经济发展和旅游资源开发利用，带动全省经济和社会快速发展，加快实施中部崛起，推进全省转型跨越发展、全面建成小康社会等具有重要的意义。（师国梁）

【太佳高速公路黄河特大桥通车】 2014 年 5 月 31 日，太佳高速公路黄河特大桥正式通车运营。大桥全长为 1611 米，主桥高近 120 米，跨径 150 米，横跨晋陕大峡谷，起点为太佳高速终点的黄河山西岸，终点为黄河陕西岸，与陕西省榆佳高速公路佳县隧道相连，是山西省“三纵十二横十二环”高速公路规划网的重要组成部分。黄河特大桥建成通车，对于完善全省高速公路网，发挥规模效应，构建高效、便捷的综合运输网络，具有非常重要的促进作用。它与已经通车的壶口、禹门口、保德、军渡 4 座黄河大桥一起，构建起连通晋陕两省的快速交通骨架，对于发挥晋陕两省高速公路网整体效益，推动国家西煤东运战略的实施有深远意义。（师国梁）

【塞北两高速项目运营】 2014 年 7 月 25 日上午 10 时 30 分左右，塞北大地两个高速公路项目朔州环城西南段、山阴至平鲁高速公路正式通车运营。朔州环城西南段是山西省高速公路“三纵十二横十二环”规划中西纵和十二环骨架的重要组成部分，全长 64 千米，投资概算 39.45 亿元，2010 年 7 月 30 日开工建设。项目分西段和南段两部分。西段长 36.72 千米，起点位于平鲁区北铺上村南，与山阴至平鲁高速公路平鲁枢纽连接，终点黄儿庄；南段长 27.68 千米，起点位于朔城区西影寺村西北，与大运高速朔州支线连接，终点黄儿庄东北。两段通过张蔡庄枢纽互通连接。山平高速公路是国家高速公路网第四横山东荣（城）至内蒙古乌（海）高速公路在山西境内的一部分，也是全省高速公路“三纵十二横十二环”规划中的第二横，全长 107.74 千米，概算投资 61.76 亿元，2010 年 12 月开工建设。起点位于朔州市山阴县合盛堡乡贺家堡村，接灵丘至山阴高速公路，终点位于平鲁区阻虎乡二道梁村（晋蒙界），与内蒙古自治区将要建成通车的十七沟（蒙晋界）至大饭铺高速公路相接。（师国梁）

【神池至河曲高速公路运营】 2014 年 9 月 25 日上午 10 时，神（池）至河（曲）高速公路正式通车运营。神河高速公路是山西省高速公路规划网“三纵十二横十二环”第三横的重要组成部分。起点神池县东湖乡，设东湖枢纽与在建原平至神池高速公路及西纵高速公路（朔州至岢岚段）十字相接，终点河曲县文笔镇，与规划的晋蒙黄河公路大桥相接，是晋西北革命老区北连内蒙古、西通陕西的重要出省通道。主线全长 99.24 千米，途经神池、五寨、偏关、河曲四县，涉及 11 个乡（镇）。概算总投资 81.55 亿元，2011 年 6 月开工建设。（师国梁）

【岢岚至临县高速公路运营】 2014 年 10 月 16 日，岢岚至临县高速公路正式通车运营。项目是山西省高速公路网规划“三纵十二横十二环”中西纵高速公路的重要组成部分，也是全省西部连接第四横和第五横高速公路的重要路段。路线全长约 124.071 千米，起点位于岢岚县高家会乡，连接忻保高速公路，途经兴县，终点位于临县城庄村镇，与临离高速公路相接并连接太佳高速公路。设计时速 80 千米，按双向 4 车道高速公路标准建设。全线设阳坪、兴县东、兴县南、白文收费站 4 处。（师国梁）

【繁峙至大营高速公路运营】 2014 年 11 月 19 日，繁峙至大营高速公路正式通车运营。项目是山西省高速公路网规划“三纵十二横十二环”中第三横的重要组成部分，路线全长 59.812 千米。起点位于忻州市繁峙县楼岗村南，向东与王庄堡至繁峙高速公路相接，终点设于原平市麻地沟村，设大营枢纽与大运高速公路相连，西与在建的原神高速公路相接。全线采用双向四车道高速公路标准，设计时速 100 千米，设繁峙西和代县北 2 处收费站，设 1 处服务区，概算总投资 32.3 亿元。项目途经繁峙县、代县、原平三县市，将全省东纵高速公路和中纵的大运高速公路连接起来，是忻州地区西通陕西、内蒙古，东抵京津冀地区的重要战略通道。项目通车运营后，改善沿线地区的交通环境,进一步方便繁峙县和代县境内的铁矿石、煤炭等矿产资源向外运输,并使山西省再增一条快速承接东西部的物流和煤运大通道,同时可有效促进雁门关景区、五台山等沿线旅游经济的发展。项目是省交通设计院响应国家引入社会资本进入公路领域的决策,顺应市场形势,实现多元化转型发展投资修建的第一条高速公路,采用BOT模式。 (师国梁)

【忻州环城高速公路运营】 2014年11月25日,忻州环城高速公路正式通车运营。忻州环城高速公路全长31.7千米,概算投资16.9亿元,由省交通开发投资集团公司以BOT方式投资建设。项目途经忻州市忻府区和定襄县两个县区,起点位于定襄县杨芳乡西营村,终点止于忻府区豆罗镇高铺村。全线采用双向四车道高速公路标准,设计时速100千米,路基宽度26米。全线设忻州东、禹王洞、定襄西3处收费站,设紫岩1处服务区。项目东接忻阜高速公路,南接大运高速公路,项目通车后,对完善忻州市高速公路路网布局,拉大忻州市城市框架,推进忻、定、原盆地工业园区建设及五台山旅游具有重要意义。 (师国梁)

【阳泉西环高速公路运营】 2014年12月29日,阳泉西环高速公路正式通车运营,标志着阳泉市境内高速公路环线路网的全线贯通。路线全长22.503千米,采用双向四车道标准设计,是省投市建重点项目。起点位于太阳高速公路,经南娄、鹿峪、保安村至路线终点旧街乡新店村,与太旧高速公路相接,全线设有旧街、南娄两个收费站,是山西省"三纵十二横十二环"高速公路网"环线"的其中一环,与太旧高速公路、太阳高速公路和阳五高速公路形成环线。阳泉西环高速公路的建成通车,对于完善全省高速公路网布局,优化路网结构,进一步拉近省内晋北与晋中、晋东南的距离,凸显阳泉区位优势,促进旅游产业发展,扩大对外开放,促进全省廉洁发展、转型发展、创新发展、绿色发展、安全发展、统筹发展具有十分重要的意义。 (师国梁)

【霍永高速部分运营】 2014年12月30日,霍州至永和关高速公路东段及西段(一期)通车运营。霍州至永和关高速公路东段及西段(一期)是山西省高速公路网规划"三纵十二横十二环"中第九横的重要组成部分,2011年1月开工建设,2014年10月完工,总投资118亿元,全长129.2千米。起点位于临汾市霍州市陶唐峪乡辛庄,途径汾西县、隰县、永和县,终点至永和县王家坪,全程为山岭重丘区高速公路技术标准,双向四车道,路基宽度24.5米,设计时速80千米。全线共有11座隧道,5座特大桥,设霍州西、汾西、佃坪、隰县、永和5个收费站。霍州至永和关高速公路东段及西段(一期)的通车运营,对完善临汾高速公路网布局,促进沿线区域经济持续发展,降低运输成本,提高运输效益,为广大群众提供优惠、舒适、安全、便捷的高速公路出行环境,对临汾区域经济发展,均具有重要意义。 (师国梁)

【平顺至长治二级公路建成通车】 2014年10月19日,平顺至长治二级公路正式建成通车。该路是国家新规划的341国道的一段,起点位于平顺县王庄村,经郭和、赢伏岭、苗庄、小铎和长治郊区老顶山,至南垂村与207国道相接,全长26.98千米,采用二级公路技术标准,设计时速60千米,路基宽度12米,全幅铺装路面。全线共有隧道2座、大桥1座、中桥1座、小桥2座、涵洞68道,路基土石方345万立方米,占地658032.9平方米(987亩),总投资4亿元。2011年8月开工建设。 (师国梁)

内河航运

【《山西省水上搜救应急预案》通过评审】 2014年1月15日,省政府应急办组织召开《山西省水上搜救应急预案》以下简称《预案》评审会,对省地方海事局修订的《山西省水上搜救应急预案》进行评审。《预案》于2009年正式实施,随着时间推移和水运事业发展,《预案》中的部分内容已不能满足全省水上应急工作需要。根据有关规定要求,省地方海事局组织人员对《预案》进行完善和修改。该《预案》适用于全省通航水域发生特别重大、重大水上交通事故及险情的应急处置,并指导全省水上搜救应急工作。按专家意见修改后报省政府应急办审批出台。 (师国梁)

【贺家洼等渡口码头改造可行性研究报告通过评审】 2014年4月11日,《山西省贺家洼等渡口码头改造工程可行性研究报告》评审会在太原召开。专家组在听取编制单位天津市交通建筑设计院介绍以及与会代表的意见和建议后,对报告进行讨论和评审。原则同意报告通过评审。 (师国梁)

【水上交通安全大检查】 2014年8月1日至10日,山西省地方海事局组成5个检查组,对各市和有水运业务的县(市、区)和重点水域开展水上交通安全大检查暨水路运输管理督察工作。此次大检查是贯彻落实省交通运输厅开展新一轮交通运输安全生产大检查和水路运输管理督察工作的统一部署,检查采取暗察暗访、现场检查、听取汇报相结合的方式,重点检查各市县对新一轮水上交通安全生产大检查安排部署、"打非治违"专项行动进展、汛期安全监管、水路运输管理以及企业安全生产标准化建设情况,并对全省水运企业、渡口码头、重点船舶、浮动设施等进行全面排查。针对检查中发现的问题,省地方海事局要求各级海事机构,带着问题抓整改,制定切实可行的措施,确保隐患问题整改到位。

2014年为保证全省"十一"黄金周水上交通安全,山西省地方海事局结合"六打六治"专项行动,组织5个督察组,9月22日至30日,分赴全省各市进行安全工作督察。督察主要内容包括:各水运企业安全生产主体责任落实情况;市、县两级海事机构安全监管责任落实情况；"十一"黄金周安全监管工作安排部署情况；"六打六治"打非治违专项行动部署落实情况；水上交通安全生产大检查专项行动情况；"汛期"安全监管情况、突出问题和重大隐患整改落实情况。同时，省海事局决定，将每年9月23日作为临猗县2004年"9·23"特大沉船事故反思日。（师国梁）

【航运业务知识培训】 2014年11月26日至28日，山西省地方海事局举办全省海事航运业务知识培训班，来自全省80余名海事航运人员参加。培训内容涵盖党建、党风廉政建设、依法行政、安全监管、应急管理、航运管理、水运工程建设以及公文写作等方面，并专门邀请省委党校教授以及省内知名的公文写作专家授课。（师国梁）

○相关链接：参见"山西省人民政府"类目

铁 路

【太原铁路局内线路】 截至2014年底，太原铁路局管辖大西高铁、南同蒲、北同蒲、大秦、侯月、石太、太中等共计80条线路（含控股合资公司），是全路18个铁路局中货运量最大、重载技术最先进的铁路局，也是全路唯一运输主业整体改制上市的铁路局。路网纵贯三晋南北，横跨晋、冀、京、津两省两市，主要担负着山西省的客货运输和冀、京、津、蒙、陕等省市区的部分货运任务，用户群辐射全国26个省市自治区、15个国家和地区。

京包线K225+000处（郭磊庄站）、京原线K234+000处（灵丘站）、石太线K117+000处（赛鱼站）、石太客运专线K222+400处（太原东）与北京铁路局分界；大西高铁K686+048处（永济北）、南同蒲线K849+500处（风陵渡站）、侯西线K76+650处（禹门口站）、太中线K1173+650处（吴堡站）与西安铁路局分界；太焦线K190+700处（夏店站）、侯月线K147+273处（嘉峰站）、瓦日线K501+417处（长子南）与郑州局分界；京包线K380+500处（古店站）与呼和浩特铁路局分界。

2014年，太原铁路局管内线路营业里程4402.58千米，其中客运专线424.05千米，线路总延展长度11065.04千米，其中正线7806.897千米，双线营业里程3278.803千米，电气化营业里程3650.132千米，无缝线路总延长7228.519千米，道岔10238组，道口149处，其中有人看守道口58处，桥梁3726座，731702延长米，其中特大桥193座，507721延长米，隧道502座，654171延长米，其中特长隧道12座，187702延长米，明洞23座，2689延长米。（孙淑环）

【运输经营】 2014年，太原铁路局完成运输总收入805.8亿元，5年内翻一番，占全路运输总收入的12.12%；旅客发送量完成6576.9万人，客票收入完成38.3亿元，货物发送量完成6.06亿吨，大秦线年运量突破4.5亿吨，在世界铁路重载运输领域继续保持领先。太原铁路局以全路3.9%的营业里程完成全路五分之一的货物发送量。年内，上缴税费总额54.5亿元，上调总公司资金余额121亿元，账户归集率达91.19%，多项指标在全路18个铁路局中处于领先地位。（孙淑环）

【货运组织改革】 2014年，太原铁路局落实中国铁路总公司"取消运输立户管理""开办快运业务""108类批量零散货物快运""一口价新管内、新直通"等一系列改革措施，"三晋快运列车"开行，货物快运网络形成，白货运输市场得到拓展。精细运输组织，实施北空南调战略，组织"两高一远"装车，大秦线2.1万吨列车实现常态化开行。全局货物发送量、大秦线运量、运输总收入、装（卸）车等主要运输指标先后36次刷新历史纪录，受到中国铁路总公司表彰嘉奖458次。货运量突破6亿吨、运输收入突破800亿元，货运组织改革取得成效。（孙淑环）

【客运服务】 2014年，太原铁路局围绕"三个出行"，固化"三个十条"长效机制，创新会员制、积分制、升舱制等新型营销方式，培育客运服务"十六大品牌"，开行"晋善晋美""东湖号"等旅游列车，新增自动售取票机105台。大西高铁经受防洪度汛、防寒越冬等考验，平均客座率始终保持在87%以上。太原站连续28年获全路"文明车站"，14对旅客列车获全路"红旗列车"称号，客服中心人工话务接通率10个月排名全路第一。全年

山西省2014年铁路货物运输工作会议暨第131次铁路运输协调例会

（董晨阳供图）

全局旅客发送量完成6576.9万人、客票收入完成38.3亿元,双创新的历史纪录。（孙淑环）

【铁路经营管理】 2014年,太原铁路局连续十年被评为"经营业绩考核优秀企业",逐步形成精细化、规范化的经营管理模式;分层次、大力度实行计件工资，调动职工安全生产积极性；建立以奖为主的正面激励机制，继续向高铁主要行车工种和机车乘务员等关键岗位实行收入倾斜;全年开展专项劳动竞赛9次。推进非运输业结构调整、转型升级,全年非运输业利润突破5亿元。货改后第一批17个重点项目全部投产达效,第二批28个重点项目初步形成创效能力;商贸物流业在市场低迷的情况下利润同比增长8%；局属制造业6项科技和产品创新成果取得重大突破和突出业绩,实现利润同比增长60%;机车车辆租赁业务形成新的经济增长点；大西高铁站车商业、广告开发和卫生保洁实现同步运营。用足用好国发33号等文件政策优势,鸣李高架桥下占地约1.1万平方米的商品汽车中转库项目投入使用，用时45天在许坦高架桥下建成2640平方米物资仓储集散基地,成为全路首批高架桥下土地保护性开发创效的示范性项目。在资本市场上,大秦铁路作为"沪港通"首批试点标的股票,受到国际资本高度关注,首个交易日净买入18亿元,位居"沪港通"股买入金额首位。大秦铁路在上交所交通运输板块名列第一,始终是山西省市值最大的上市公司。（孙淑环）

【路网建设】 2014年,太原铁路局加快新线建设,韩原线、大西高铁(太原南~西安北段)、侯西双线电化正式投入运营,瓦日线、太兴线如期开通,准朔、吕临等工程推进。推进"短平快"工程,延长湖东站Ⅰ场到发线,实施原平至太原北1050站场改造、石太线自闭改造及G网建设、宁岢线牵引供电扩能改造、太原北站所属汾河站及汾皇联络线改造，重建太焦线大平、牛晶坪车站,增加北同蒲等线17处隔离开关,优化太原、侯马枢纽供电方式。创新施工作业组织,在石太客专实施国内首例横向完全不平衡匝道桥转体跨越客运专线的重点施工。全年全局共完成建设施工5313项,新开通车站46个、新增营业里程1177.8千米。（孙淑环）

【科技教育】 2014年,太原铁路局加强科技攻关,大秦线开行3万吨重载组合列车，重载牵引技术取得突破。全年全局评选科技进步奖成果41项、合理化建议和技术改进成果561项,获国家级优秀成果3个。提升职工岗位提素,合理储备调剂人员3537名,满足新线开通所需;在太原职工培训基地建立车、机、工、电等14个专业实训场所;更新改造实训基地37处。太原铁路局10名选手在第四届全国铁道行业职业技能大赛上取得名次,17名选手在全路职业技能竞赛中获得表彰名次。搭建人才成长平台,坚持"不惟学历、不唯资历、不唯职称、不唯身份",实施杰出奖、贡献奖等表彰机制,重奖优秀专业技术人才75名，命名专业技术带头人17名、首席工程师19名、青年科技拔尖人才47名。年度专业技术职称评审创历史新高,高、中级申报人数分别为上年度的2.3倍、2.6倍,50人通过人才快车道专项评审取得专业技术资格。丁巧仁、高兴、郑立春、石勇、周文刚等一大批岗位拔尖人才、劳模先进被命名为技能大师工作室、劳模先进创新工作室、技师小组。全年向中国铁路总公司、国家铁路局输送优秀人才13名。（孙淑环）

【信息技术发展】 2014年,太原铁路局在全路开展30吨轴重道岔试验和时速380千米高速铁路的试验攻关;"高铁动车组救援技术和应用研究"课题，通过总公司结题技术审查,通用型单边复轨器获国家实用新型专利,项目研究开启中国高铁救援研究的先河。机务系统自主研发HXD1型机车LOCOTROL（同步操作系统)培训模拟试验台,填补国内空白。工务系统率先开展重载钢轨延长使用寿命课题攻关,大秦线75千克/米钢轨使用寿命由9亿吨延长至15亿吨。电务系统在世界上首次实现LOCOTROL技术与GSM-R技术的结合,LOCOTROL通信中断同比下降50%以上；研发并在全局44个多方向发车站场推广应用TD-CS3.0系统;在全局69个专用调车机站场安装使用STP(无线调车机车信号和监控系统)。供电系统全方位搭建6C系统平台,设备配置水平、监测能力均处于全路领先水平。车辆系统5T覆盖率、客车九大检修单元及轮轴厂修自动化、机械化、智能化、数字化检修设施均处于全路领先水平;新建成的太原南动车所被有关专家称为"一次建成、配套最完善、设备最先进"的动车所。（孙淑环）

【基础设施建设】 2014年,太原铁路局在移动设备方面，形成HXD1、HXD2型机车第二次"二年检"能力,2014年平均检修停时同比压缩7天,降幅25.9%;建立具备C80型车辆厂修、段修能力的检修基地;新购置和谐型机车75台，和谐机车保有量达到515台，客运机车实现和谐化;新购客车337辆、动车组26组,空调客车占比达94.4%，跨局客车全部实现空调化。在固定设备方面,累计更换钢轨1945.6千米、轨枕191.5万根;GSM-R网络覆盖里程由2013年的1362.6千米增加至2905.4千米,翻一番;ZPW-2000系列自动闭塞达到3530千米,实现管内双线全覆盖;新开通计算机联锁车站122个,计算机联锁站场达301个，占站场总数的91%。在28个主要运输生产站段建设集生产调度、安全监控等功能于一体的调度指挥中心；安装视频摄像头1.4万个，主要干线、较大车站、各运输枢纽实现视频监控全覆盖。（孙淑环）

【集中修和综合施工】 2014年,太原铁路局先后在大秦、侯月、石太三大繁忙干线和南同蒲、侯西等7条干支线开展集中修和综合施工10余次，完成Ⅰ级施工13次、Ⅱ级施工29次、Ⅲ级施工12043次，更换钢轨449.9千米、轨枕20.65万根，新开通微机联锁站场62个，接触网大修69.5条千米。（孙淑环）

【太原路局系统获奖】 2014年，太原铁路局获“山西省模范单位”称号，湖东车辆段获“全国五一劳动奖状”，太原机务段动车运用车间动车队获“全国工人先锋号”荣誉，大秦车务段秦皇岛东站值班站长王健、湖东电力机务段湖东运用车间司机景生启、大同电务段怀仁车间副主任付斌获“全国五一劳动奖章”，太原站售票车间售票员李静获“山西省特级劳动模范”称号，路局总经济师俞蒙、太原机务段动车队副队长任青云、太原车辆段随车机械师周文刚、临汾站站长杨俊获“山西省劳动模范”称号。财富中文网发布的2014年中国500强排行榜中，大秦铁路股份有限公司以营业收入513.43亿元，位列第113名。2014年中国500强最赚钱的40家公司排行榜单中，大秦铁路股份有限公司位列第29名。（孙淑环）

【3万吨组合列车运行成功】 2014年4月2日6时31分，由4台电力机车牵引、编组320辆、总长3971米、牵引总重达3万吨的55001次大秦线3万吨组合试验列车从袁树林站始发，经过12小时25分，行程738.4千米，18时56分准时到达大秦线柳村南站，标志着我国3万吨组合列车试验取得成功，实现我国铁路重载列车牵引重量从2万吨到3万吨的跨越，使我国成为世界上仅有几个掌握3万吨铁路重载技术的国家之一。这是我国铁路重载技术创新的重大突破，是我国铁路重载运输发展的新的里程碑。（孙淑环）

【“三晋货物快运列车”开行】 2014年，太原铁路局以太原西站为支点，分南、北两区每日各开行1对“三晋货物快运列车”。列车等级为快速货运班列，固定班组、固定运行时刻、固定停靠站，在管内共设45个业务办理站，形成覆盖山西南北大部分市区县的铁路货物快运网络通道，成为连接华北、华东铁路货物快运网的重要组成部分，实现零散白货运输方式由“站到站”向“门到门”的转变。9月5日，首趟“三晋货物快运列车”开行。（孙淑环）

【大西高铁开通运营】 2014年7月1日，大西高铁（太原南—西安北）开通运营。8时50分，太原南站开往西安北站的D2011次列车，从太原南站18站台22道启动。大西高铁太原南至西安北段从2010年开工，到2014年竣工。全长570多千米，全线为双线电气化铁路，设计时速每小时250千米，在山西省境内沿线经过的14个县市均设置车站，是全路设站率最高的高铁线。大西高铁开通后，从太原到临汾、运城、西安方向运行时间总体缩短60%，太原到西安的运行时间，由原来的10小时缩短到3小时以内。

7月1日，山西第一高铁站——太原南站正式办理大西高铁客运业务，投入运营。太原南站是山西省内面积最大的车站，是集高速铁路、普通铁路和公交、出租、轨道交通等市政交通设施为一体的区域性综合立体交通枢纽，设计年发送旅客4000万人次，7月1日以后除办理大西高铁客运业务外，还同时办理南同蒲线、北同蒲线、太焦线、石太线、石太客专、太中银铁路及太原西南环线客运业务，是全省最大的旅客出行集聚地。（孙淑环）

【韩原线开通运营】 2014年2月25日，韩原线正式开通运营。韩原线北起大秦铁路韩家岭站，途径怀仁东、应县、山阴、下官院、薛孤站后抵达原平站。全长153千米，为Ⅰ级双线电气化铁路，自动闭塞，设计旅客列车行车速度160千米/小时（预留200千米/小时）。正线采用重型轨道，一次建成跨区间无缝线路，满足重载列车运行要求。该线2007年11月18日开工建设，历时6年，于2013年11月底按设计全部建设完成。主要承担太原至大同旅客列车和普通货物列车运输任务，韩家岭至山阴段还将承担准朔线煤炭重载列车外运任务。全线采用CTC行车调度集中，纳入太原铁路局调度系统统一指挥。3月29日，K7804、K7801次旅客列车分别从太原站和大同站驶出，韩原线正式开行旅客列车，山西最大的两个城市间首开快速城际列车，两地之间列车运行时间缩短至3小时40分。（孙淑环）

【瓦日线、太兴线、侯西双线电化建成通车】 2014年，瓦日线、太兴线、侯西双线电化建成通车。瓦日线为国铁Ⅰ级双线铁路，自动闭塞，起点为山西省吕梁市兴县的瓦塘镇，经山西省、河南省，终至山东省日照市，正线线路长度1269千米，途经三省十三市。其中太原铁路局范围起点为山西省吕梁市的瓦塘站K0+000，终点为山西省长子南站的下行进站信号机K501+417，正线线路长度499.779千米；魏瓦联络线瓦塘站K0+000至魏家滩站K10+312.3，联络线长度10.011千米。太兴线为国铁Ⅰ级铁路，自动闭塞，起点为汾河站，终点接轨至瓦日线的白文北站。途径太原市的尖草坪区、古交市、娄烦县和吕梁市的岚县、兴县、临县，由既有线太岚线汾河至镇城底段增建二线和新建镇城底至静游双线铁路、静游至白文北单线铁路组成。西张至静游段正线全长80.994千米，静游至白文北正线全长76.12千米。侯西双线电化为国铁Ⅰ级双线铁路，自动闭塞，起点为侯西线禹门口车站，终点至侯马车站，主要工程内容为既有侯西线增建二线并电气化改造，正线全长76.2千米。（孙淑环）

【新型80吨级通用敞车投入使用】 2014年6月14日8时58分，一列由27吨轴重的新型80吨级通用敞车组成的万吨重载列车从大秦线湖东二场发车，驶向秦皇岛港口。当前，我国既有线运行的铁路货车近6成是21吨轴重的60吨级通用货车，4成是

23吨轴重的70吨级通用货车和25吨轴重的专用货车。80吨级通用货车的投入使用，使单车载重量比既有货车提高10至20吨，每列增运100吨，大幅度提高运能。按全路每天通用货车装车10万辆计算，可年增运力5.8亿吨。在全路货运总量不变的情况下，全路可以少开行近1/5的货运列车，对于降低线路运营密度、增加线路维修“天窗”时间、提高铁路运行安全可靠性都将产生积极作用。（孙淑环）

【首趟山西境内旅游专列开行】 2014年11月29日，太原铁路局首趟山西境内旅游专列从太原站发车，开启铁路服务山西经济和三晋旅游新篇章。旅游专列由全新空调车组成，全列编组13节，包括7节软卧车、3节硬卧车、2节餐车及1节空调发电车。首趟山西境内旅游专列的开行，以其集“吃、住、行、娱、游”为一体的流动宾馆式独特优势，打造山西旅游特色项目。（孙淑环）

【“婷婷爱心服务区”获全国志愿服务项目大赛银奖】 2014年12月1日至4日，在广州举办的全国志愿服务广州交流会暨首届中国青年志愿服务项目大赛上，太原铁路局客运服务优质品牌“婷婷爱心服务区”项目被共青团中央、民政部、中国志愿服务联合会授予全国银奖，并在广州保利博览馆展出推介。“婷婷爱心服务区”作为太原南站的一个特色品牌，同时也是全局青年志愿服务活动的一个重要平台，由路局团委联合山西省青年志愿者协会联合命名。（孙淑环）

民用航空

【市场开拓】 2014年，山西省民航机场集团公司开拓航空市场，扩大航线网络辐射范围，拓宽营销思路，改进营销策略，推进航线开发工作。

1. 国际(地区)航线实现新突破。太原机场新增江原道—太原、清州—太原、釜山—太原三条国际航线，对曼谷—太原、太原—台北、太原—台中航线进行加密，大同—香港航线实现2014年全年通航。

2. 国内航线再上新台阶。太原机场新增至黄山、满洲里、丽江、海拉尔、珠海等国内航线16条，加密国内航线14条，航线网络实现除石家庄外(受距离较近影响)至全国各省会城市的全覆盖；长治机场新增太原—长治—厦门、青岛—长治—银川、重庆—长治—太原、天津—太原—长治航线；大同机场新增成都—太原—大同、厦门—大同—哈尔滨、天津—大同—呼和浩特、海口—大同—包头及昆明—太原—大同航线；运城机场新增贵阳—运城—沈阳、大连—运城—南宁航线；吕梁机场于2014年1月26日正式通航，目前执飞吕梁—北京、吕梁—上海、吕梁—长沙—海口和吕梁—西安—广州4条航线。

2014年，太原机场完成运输起降72202架次，同比增长-4.17%；旅客吞吐量7931902人次，同比增长1.64%；货邮吞吐量44864.0吨，同比增长1.15%。长治机场完成运输起降7799架次，同比增长7.87%；旅客吞吐量620665人次，同比增长8.11%；货邮吞吐量1253.1吨，同比增长36.28%。运城机场完成运输起降9629架次，同比增长1.28%；旅客吞吐量935895人次，同比增长-7.34%；货邮吞吐量2556.1吨，同比增长-9.32%。大同机场完成运输起降5252架次，同比增长10.90%；旅客吞吐量409137人次，同比增长13.99%；货邮吞吐量2068.6吨，同比增长5.27%。吕梁机场完成运输起降1584架次，旅客吞吐量101729人次，货邮吞吐量6.5吨。（贾卓英）

【安全生产】 2014年，山西民航机场集团公司坚持“系统管理、持续改进”的理念，加强安全运行管理和安全投入，杜绝机场责任原因造成的航空事故征候以上不安全事件，完成全年安全工作目标。

1. 加强安全管理体系建设。理顺安全管理体制机制，明确各机场的安全主体责任。为提高安全保障水平，仅在安全设施方面，累计投入7000余万元，逐步实现对重点工作检查监督的固定化、常态化、规范化。

2. 加强应急管理工作。组建成立山西民航机场安保有限责任公司，组建机场特警队，提高机场反恐、防爆和处置突发事件的能力。春节期间，为确保旅客顺利出行，首次与太原市铁路局进行空铁联运，开创山西历史上的空铁联运先河。

3. 开展各类安全专项活动。各机场开展净空隐患排查工作，牵头建立净空保护工作联动机制，优化机场运行环境；提高净空审批工作效率；加强对大功率激光笔等影响飞行安全事件的安全监管，开展百日安全督查活动、安全生产大检查、“六打六治”打非治违专项行动，在山西省机场范围内开展各类保障设施、设备的检查

太原机场1号航站楼投入运营 （贾卓英供图）

民航华北地区管理局领导到山西民航机场集团调研　(贾卓英供图)

行动。

4. 开展"平安机场"建设工作。加强候机楼、控制区围界等重点区域治安防控力度,完善机场处置突发事件机制,强化各单位内保内防工作措施;开展防爆测爆、应急救援等培训;完善机场辖区治安防控和安保管理工作制度、标准和程序,为提升空防安全管理水平奠定基础。

5. 开展安全教育培训考核工作。开展应急管理的基本策略与方法、应急救援要领和新《安全生产法》的培训及考试;健全省内机场安全监察体系,充实各级安全监察力量,为建立"三员合一"的模式进行有益探索。

(贾卓英)

【管理模式优化】 2014年,山西省民航机场集团公司完善管控模式,细化事权划分,统筹全省民航发展,突出非航资源的开发及管理,开展对外合作。

1. 新管控模式初步建立。集团公司(管理局)管控模式实现由集中管控向战略管控转变;加强子公司经营监管力度,激活经营机制,提升经济效益和管理水平,放宽各子公司自主经营权限,助力集团公司(管理局)实现精细化管理目标。

2. 完善管理体系。编写和修订《固定资产管理办法》《招投标管理办法》《工资总额管理办法》等19个管理办法;重新组织修订质量/环境/职业健康安全管理体系相关手册,为健全企业管理体系、优化岗位工作流程、细化服务标准和目标奠定基础。

非航公司市场化运作。贵宾公司挖掘潜在商务客户市场;停车场公司创新管理,提升服务质量;配餐公司通过丰富外卖品种拓展地面业务,增加收入;广告公司开拓太原机场及运城、长治、大同三个支线机场媒体资源;建设公司探索"项目管理"模式,增加经济收益;科技公司自主完成集团视频会议、太原机场货运系统等项目,建设保障能力提高;贸易公司开通台湾商品候机楼直营店,拓展进口设备代理、对外劳保用品和办公用品的采购业务。

3. 挖掘非航项目。为挖掘非航潜力,山西省民航机场集团公司与晋龙捷泰运输公司就太原机场旅客、货物地面运输签订合作框架协议,与顺丰速运(集团)有限公司就太原机场物流项目达成初步合作意向。与首都空港贵宾服务管理有限公司就合资组建贵宾公司达成初步合作意向,为贵宾服务实现由点到网的延伸奠定基础。

4. 注重培训及人才培养。坚持培训工作的动态化和全覆盖,开展管理能力提升培训、机场非航空业务管理培训、"深化内部改革,理顺管控模式"专项培训、基层班组长管理能力提升专项培训以及各类送外培训,提高相关岗位工作人员的业务能力和专业水平;着重机场人才引进,逐步建立完善人才激励和保障机制,拓宽人才引进渠道。

5. 统筹全省通航发展。经山西省政府授权,启动完成2015-2020年中国通用机场发展论坛申办工作;草拟完成《山西省通用航空发展规划》和《山西省通用航空联席会议制度》,协助民航华北局完成"十三五"通用航空发展规划前期基础调研工作;研究提出关于山西省通用航空发展的意见;推进介休青云、阳泉盂县、运城绛县、忻州繁峙、大同灵丘等通用机场和神飞、玮琪等通航企业筹建工作。　(贾卓英)

【机场建设】 2014年,山西省各民航机场建设项目按发展规划有序推进。长治机场原址改(扩)建方案获省政府批准,由航站区和飞行区改(扩)建工程两部分组成。五台山机场改(扩)建工程进展顺利,飞行区工程建设完成,航站区工程进行飞行区旧道面清除、航站区地基处理等工作。临汾机场复航改造工程飞行区跑道、站坪施工完成,航站楼主体工程、综合业务用房、公安楼、职工宿舍、餐厅主体完成,飞行区配套设施工程基本完工。(贾卓英)

邮政　电信

Post　Telecom

邮　政

·邮政管理·

【概述】 2014年,山西省邮政业务总量完成36.56亿元，同比增长7.19%;业务收入完成38.55亿元，同比增长12.66%。其中，快递业务量完成9130.43万件,同比增长2.95%。山西省邮政管理局机关保持省级“精神文明单位”称号;消费者申诉满意率达94.3%;空白乡镇邮政局所补建运营率达86.06%;山西省快递乡镇网点覆盖率达51%。（张　伟）

【行业发展环境】 2014年,山西省各级邮政管理部门上下联合,借助“世界邮政日”“国家宪法日”，加大法律法规宣贯力度,加强沟通协调,优化行业发展环境。(1)强化邮政法律法规的落实。山西省邮政管理局向省人大财经委、省政府法制办提交《山西省邮政条例》修改意见,与省人大开展《条例》贯彻落实情况执法调研,形成调研报告递交省政府,促使省政府督办地方政府和有关部门，就落实《条例》有关规定提出可行性意见。协调省发改委、省住建厅、省道路运输管理局,就落实《条例》中空白乡镇邮政局所补建、信报箱建设、快递车辆通行等规定出台具体意见。协调工商等部门,督导邮政企业在规定时限内完成市级邮政企业更名工作。(2)行业发展得到广泛关注。山西省政府印发《山西省加快发展生产性服务业促进产业结构调整升级的实施方案》,将发展现代物流和电子商务列为重点内容,明确邮政管理部门为主要负责单位。快递业作为省政府重点督办落实项目每季度进行专项汇报。山西省邮政管理局成为全省跨境贸易电子商务发展联席会议成员单位。快递业首次纳入全省地方邮政志的编撰。各市局向地方党委、人大、政府汇报工作,邀请人大代表及有关部门领导深入行业进行调研,并就快递物流园区建设、快递车辆进城等问题寻求解决途径。(3)服务型政府建设持续加强。推进行政审批改革,按照国家局的部署，及时下放快递备案审批权限,简化行政审批手续,取消集邮票品集中交易市场开办许可审批项目;出台《山西省邮政营业场所备案管理办法（暂行)》《山西省邮政普遍服务营业场所位置变更管理办法（暂行)》。加强统计专项调查,开展全省邮政行业首次统计专项调查,调查企业2550家,其中统计系统内743家,新增企业和营业网点数1807家;调查村邮站4220个,便民服务站7011个,信报箱197643个。统计工作全国排名前列,被评为全省统计工作先进单位。加大政务信息公开力度,开展全省邮政普遍服务营业场所信息公开工作，实现服务信息网上公开;做好省市两级门户网站的维护和更新,有关政策和执行情况公布及时有效;加大新闻宣传报道力度,全年全省共编发政务信息2000余期，联合地方媒体,反映工作动态,邮政管理的社会公信力。2014年内,促成晋陕豫黄河金三角三省四市邮政业达成战略合作。（张　伟）

【普遍服务监督】 2014年,山西省邮政管理局建立邮政普遍服务法规执行通报报告制度,完成国家局下达的140个网点汇兑业务恢复任务，山西省西部和农村基础设施建设有序推进。(1)加强普遍服务日常监管,2014年山西省共监督检查427个市县，1358处营业场所,监督检查3331人次,口头交换意见231次,下发责令整改通知书84份，监督检查邮票发行销售网点140人次。全省备案邮政营业场所1584处，其中普遍服务营业场所1256处,总量稳中有增。(2)完成空白乡镇邮政局所补建任务。山西省邮政管理局贯彻落实国家局会议精神,与省发改委联合发文共同推进,围绕“提高接收率、运营率”,采取“三抓三保”措施,定点、定向、分类督导抓落实,克服时间紧、任务重、协调难度大等困难,全力做好空白乡镇邮政局所补建“冲刺”工作。截至2014年底,全省空白乡镇邮政局所补建计划409个,竣工400个,接收362个,运营352个;竣工率达97.8%,接收率达88.51%,运营率达86.06%,超规定计划六个百分点,补白工作得到国家

邮政局的肯定。（张　伟）

【快递市场监管】 (1)市场监管力度加大。山西省邮政管理局规范和清理快递企业经营范围,完成太原韵达和圆通、吕梁韵达非法经营清理整顿工作,推进百世汇通、申通、天天等品牌直营化工作,并取得实质性成效。开展快递、邮政用品用具、集邮市场检查,“三个市场”共检查1069次,检查单位658个,下达行政处罚决定62份,处罚金额24.8万元。全年受理有效申诉2252件,消费者满意度为94.3%,为用户挽回经济损失21.6万元。截至2014年底,山西省许可备案企业达到916家,其中许可155家、备案761家。(2)快递“三化”建设稳步推进。山西省邮政管理局以快递营业网点标准化建设为突破口,研究出台快递“三化”建设《指导意见》和《标准》,制订“三化”建设评定办法。在8月份召开全省快递“三化”建设现场推进会,加快“三化”建设步伐,提高企业服务水平和能力。(3)“快递下乡”工程成效明显。山西省邮政管理局实施国家局快递“向下”“向西”和“向外”工程,协调规模以上快递企业召开座谈会,鼓励其加快向乡镇、农村布局网络、建设基础设施,提高网络覆盖率和稳定性,全省快递乡镇网点覆盖率由年初的8%提高到51%。（张　伟）

【依法行政】 2014年,山西省邮政管理局将依法行政作为全面履职的关键,抓好、抓实、抓出成效。(1)开展邮政普遍服务专项监督检查。将普遍服务专项监督检查作为全年重点工作之一,多次召开专题会议研究部署,制定检查监督方案、拟订评价考核标准、组织业务专题培训,统一标准、统一程序、统一内容。8月份抽调人员组成四个检查组,“交叉分时梯度推进”开展检查。共检查11市、47个县(区、市)、47个乡镇、88个邮政营业场所,将检查结果通报全省各级邮政企业,对情节严重、影响较大的8个违规企业,依法立案予以行政处罚,共处罚邮政企业13.3万元,执法人员撰写文章总结经验,汇集典型案例,深入思考规范执法程序、提高执法效率等问题,依法行政产生长远影响。(2)做好快递业务旺季服务保障工作。早动手、早安排,贯彻落实国家局旺季服务保障部署。旺季前,省市两级加强督导,各企业扩充场地、增加设备、储备人员,围绕“保畅通、保安全、保平稳”目标,积极备战。旺季期间,山西省邮政管理局组织力量深入快递分拨中心、学校、社区、乡镇,分别对生产运行、安全和快递末端派件情况进行督导。通过视频监控系统,对圆通、申通、韵达、宅急送、优速等企业省级分拨中心进行远程监控,及时了解掌握企业生产运行情况。快递业务旺季,最高日处理量突破130万件,创历史新高。（张　伟）

【邮政业安全生产】 2014年,山西省邮政管理局开展全省邮政业安全生产大检查。9月份,山西省邮政管理局抽调市局相关人员组成四个检查组,分别对市局履行行业安全监管职责和企业落实安全生产主体责任情况进行检查。共检查邮政、快递企业邮件(快件)处理中心110处,营业网点154处,对存在问题的企业下达整改通知,督促其尽快整改;对存在严重安全隐患的10家企业进行处罚。加大安全隐患排查力度,通道式X光安检机等先进设备逐步应用,全省行业安全生产能力整体提高。年内山西省邮政管理局被省政府评为安全生产先进单位。（张　伟）

【邮政管理队伍建设】 2014年,山西省邮政管理局建设高素质的邮政管理队伍。加强青年干部教育,召开全省青年干部座谈会,鼓励其积极投身邮政管理事业,坚定为事业奋斗的信念。创建学习型组织,搭建学习平台,创新学习方式,在工作中学习,在学习中工作。(1)制订具体培训计划。山西省全年培训计划涉及综合办公、行政执法、财务管理、统计调查、人事管理等八大类23项,内容全、覆盖面广、力度大、层次深。(2)形成长效培训机制。制定出台《教育培训管理办法》,用制度将学习固定化、规范化,督促各级结合实际强化落实,提高学习的主动性和积极性。(3)增强培训的实用性。实际培训过程中,力除照本宣科、死搬教条,注重实践操作,结合具体案例,制作专业水平高、业务讲解透、参照执行易的课件,邀请外来专家、内部行家授课,针对性更强、实用性更突出、效果更明显。(4)提高培训的灵活性。变静态为动态,变分割为整体,变表面为本质,采取专项培训、集中轮训、以会代培、执法交叉检查等多种方式,交流学习体会,共享学习成果。全年共组织各类大型培训20余次,参训人员达400余人次,全员百分百参加培训,学习目标明确、学习态度端正、学习氛围浓厚,个人素质、业务水平、执法能力提高。全省还选派人员参加国家局组织的各类培训。

组织好快递职业技能鉴定工作;推进院企合作,加快相关专业或方向的设置,探索多元化人才培养模式;督促企业推行持证上岗,推动企业开展职业道德、安全知识等培训。2014年共组织职鉴考试4批次,累计参加人员2291人,全省快递持证从业人员达6257人,占全部从业人员的28%。

（张　伟）

·邮政业务·

【概述】 2014年,山西省邮政公司在履行普遍服务义务的同时,发挥行业优势,围绕全省转型跨越发展和综改区建设,开辟服务经济社会和民生发展新领域,落实“三个更加突出”和“六个强力推进”的工作要求,推进企业转型发展,取得社会效益和经济效益的双丰收。

2014年,山西省邮政业务总收入实现27.63亿元,同比增长1.68%。其中:报刊收入增长3.06%、电子商务收入增长25.08%、分销收入增长13.78%、代理保险收入增长54.61%。

全年新增代理邮储余额44亿元，余额总规模达到1226.77亿元；代理保险新增保费62.7亿元，市场占有率继续位列各大金融机构之首。

（孙久臣 康燕珍）

【基础建设】 2014年，山西省邮政公司装修改造邮政储蓄服务网点133处、邮政网点42处，更新各类电子化营业终端设备3798台（套）、新增ATM和CRS276台、叫号机171台、补登折机110台、自助填单机/清分机242台。依靠中央和省财政普遍服务、机要通信基础设施项目投资和“三农”配套资金，改造69处机要通信场地，16处“三农”服务场地。新建便民（三农）服务站4651个，总数达到8633个，为城乡居民就近使用邮政业务、缴纳与日常息息相关的各类费用提供便利。推进空白乡镇局所补建运营工作，全省409个空白乡镇局所网点，补建接收354个，接收率86.55%；运营345个，运营率84.35%，为做好邮政普遍服务提供支撑。提升投递能力，全省建成一类节点167个、自提点2250个，配备PDA265部、智能手机3544部。更新各类生产车辆202辆，介休、五台生产楼建设完工投产，邮件运输处理能力得到提升。加大信息技术与传统邮政的融合，配合集团推进ERP、CRM平台建设、储蓄逻辑大集中工程，并自主研发网点经营管理等一批业务系统，提升邮政科技含量。 （孙久臣 康燕珍）

【企业管理】 2014年，山西省邮政公司推行财务对标管理，加大资金归集力度，持续开展清欠盘库活动，着手深化损益核算，抓好ERP试点工作，推进全省会计集中核算，提升企业经营效果。推动全省干线运输方式和邮件内部处理方式改革，强化运营管控，推进流程优化，开展资源整合，提升网运“双效”，支撑寄递业务发展。强化金融案防工作，推行整体“接管式”检查，组织开展金融资金安全检查、安全隐患风险彻查等工作，确保金融资金安全；严格落实邮件收寄验视制度，强化邮件实物和信息管控，确保邮件安全；规范企业法律顾问工作，防范企业法律风险。开展财务收支审计，加大领导人员经济责任审计和工程项目审计力度，开展“小金库”专项治理，围绕用户欠费清理、对外投资清理开展效能监察，制约和监督权力运行；强化重点工作督查督办和部门目标管控，提升工作效能。

（孙久臣 康燕珍）

【邮政服务提质增效】 2014年，山西省邮政公司借助11185客服平台，持续开展用户满意度电话回访工作。继续按季开展邮储窗口神秘人暗查活动。坚持对普通邮件时限完成情况按月通报，并实施经济考核，促进普通邮件全程时限稳定提高。推行省专业“两岗”履职集中检查，专业履职管理加强。履行普遍服务义务和特殊服务任务，140个农村邮政局所恢复开办汇兑业务。开展服务质量提升专项活动，全省挂信、包裹、挂刷局内时限准时率全部超过考核目标；全省客户服务满意度稳步提升，达92.27分；机要通信质量继续保持全红。

（孙久臣 康燕珍）

【企业建设】 2014年，山西省邮政公司持续开展“送温暖”帮扶活动，加强“三家”建设运营管理，开展心理健康文化活动，将收入分配向一线员工倾斜，推进企业民主管理工作，促进员工与企业的共同发展。围绕领导力体系构建，组织高管人员参加党性修养、领导力提升专题培训和中国邮政集团公司党校学习，学习习近平总书记系列重要讲话精神。加大人才队伍建设，开展多种形式的挂职交流锻炼，做好大学生培养工作。推进各类教育培训和技能鉴定工作。不断创优企业发展环境，主动将邮政发展融入党和政府的工作大局，整合行业资源，助力山西转型跨越发展。 （孙久臣 康燕珍）

【“营改增” 上线运行】 2014年1月2日，山西省邮政公司开具“营改增”后的首张增值税发票，标志着山西邮政“营改增”成功上线。这次“营改增”工作是中国税收制的一次重大改革，是促进山西邮政企业转型升级、加快发展的重要契机。

（孙久臣 康燕珍）

【省领导视察调研山西邮政工作】 2014年1月7日，山西省省长李小鹏听取山西省邮政公司2013年工作汇报并指导工作。2014年7月22日，山西省委常委、组织部部长汤涛一行到山西省邮政公司调研指导工作。2014年12月3日，副省长王一新到山西省邮政公司、山西省邮政速递物流公司专题调研电子商务、物流配送、仓储等服务情况。 （孙久臣 康燕珍）

【邮政和农行续约银企对账服务】 2014年6月23日，山西省邮政公司和中国农业银行山西省分行续约银企对账服务项目。这是自2008年12月双方签订该项目合作框架协议以来，首次以招标形式成功续约。续约后，山西邮政将继续为山西省农行提供全省范围内银企对账单的印刷、制作、封装、邮递、回收等服务，对账单依然采用挂号信函、挂号印刷品方式邮寄、回收。

（孙久臣 康燕珍）

【邮政与高速公路管理局合作】 2014年10月23日，山西省邮政公司与山西省高速公路管理局正式签署《山西省高速公路ETC及非现金支付客户服务合作协议》，标志着全省11个市分公司及59个县共70个代理金融网点成为ETC一站式服务点。ETC联网项目是交通运输部落实国务院要求，全面提升高速公路通行效率和服务水平，方便群众出行，促进经济发展而推出的一项重点工程。

（孙久臣 康燕珍）

【两人在“寻找最美邮递员”活动中获奖】 2014年10月9日，由光明日报和中国邮政集团公司共同主办的“寻找最美邮递员”活动评选结果揭晓，颁奖典礼在北京举行。山西共有2名邮递员获奖，其中，山西省邮政公司太原市分公司卫红光获得“特别提名奖”、长治市壶关县

邮政局赵月芳获得“入围奖”。（孙久臣　康燕珍）

电　信

·无线电管理·

【概述】 2014年,山西省无线电管理局按照“三管理三服务一保障”(管资源、管台站、管秩序,服务经济社会发展、服务国防建设、服务党政机关,突出做好重点无线电安全保障工作)的总体要求,坚持“抓规划、打基础、保安全、建队伍”的工作思路,突出重点,关注热点,破解难点,全省无线电管理工作上新台阶。（周军礼）

【无线电频率台站管理】 2014年,山西省市两级无线电管理机构均建立行政审批窗口,服务用户,及时完成执照核发、更换工作,受理办结设台申请112个,指配频率17个,下达整改通知21次。截至2014年底,全省办理台站执照的无线电台站73350个,其中,广播电视366个、基站41873个、无线市话7910个、数传62个、卫星地球站68个、微波177个、集群60个、中继618个、对讲机22216个。为361个业余电台换发执照,指配213个业余电台呼号。完成150兆赫、400兆赫专用对讲频段和800兆赫数字集群频段规划编制工作。（周军礼）

【跨区域无线电管理协调】 2014年,山西省无线电管理局和晋城、长治管理局、郑州铁路局建立协调工作机制,对台站管理、干扰排查和频占费收缴等多项工作达成一致意见;省局与省气象局召开联席会议,通报双方工作,为用户提供服务;长治管理局参加晋冀鲁豫边界区域3省6市无线电管理协调事宜。阳泉、晋城管理局与部队建立工作制度,参加各类军事应急演练、冬季适应性训练,为部队提供服务保障。（周军礼）

【无线电台站核查服务】 2014年,山西省无线电管理局对全省200多家设台单位进行抽样检测,检测广播电视发射机80余部、移动基站1000余座、其他各类电台770余部。省局频管处在广电部门的配合下,核查登记电视发射机34部、调频广播电台40部、微波站发射机140部、中波站29部;晋城、运城管理局分别对5个市县微波链路、7个调频广播设台手续进行完善;朔州、长治、运城、吕梁、临汾等管理局完成准朔、中南、黄韩侯铁路的清频工作。（周军礼）

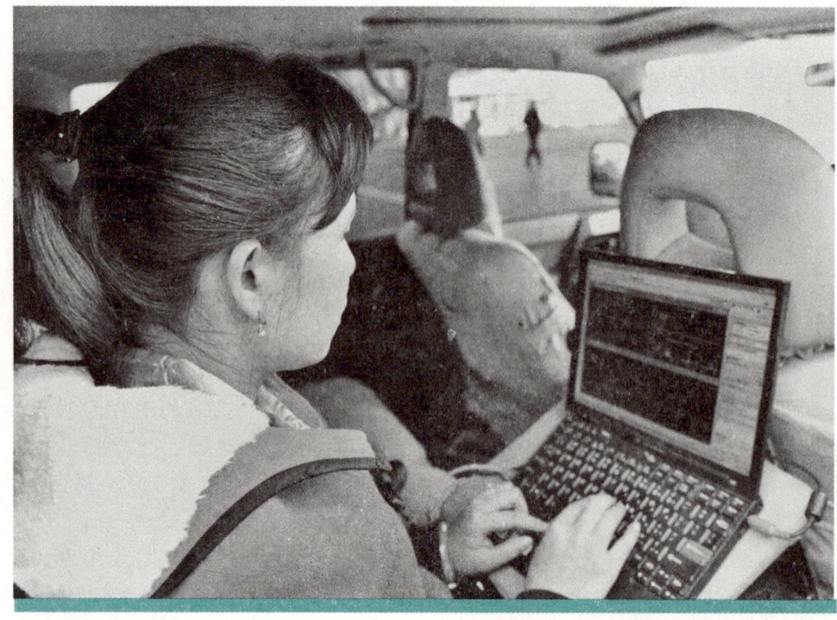

开展无线电干扰排查工作　（周军礼供图）

【考试无线电安全保障】 2014年,山西省无线电管理局完成《高考无线电安全保障能力分析评估报告》,引起省市领导和相关部门高度重视,副省长张复明和多个市的分管领导做重要批复;出台《考试无线电安全保障工作实施细则》,规范各类考试无线电安全工作机制和程序。2014年全省无线电管理部门配合其他部门完成高考、公务员录用、资格考试等无线电安全保障203次,监测作弊信号216个,直接查处111起,实施技术压制86起,查获涉案设备112套,移交组织作弊嫌疑人39名。（周军礼）

【无线电干扰排查】 2014年,山西省无线电管理局共排查无线电干扰73起,任务完成率达100%。11月,省监测站在相关市局和陕西、河北无线电管理机构的配合下,查明并取缔陕西西安非法广播和河北邢台大功率无绳电话对民航华北区管制频率的干扰。在干扰频率不固定、时间不规律的情况下,省监测站排查一起高频热合机干扰武宿机场航空通信频率的典型案例,在山西省尚属首例。临汾管理局对曲沃县出租汽车公司擅自设台问题,在进行行政处罚的同时,帮助该公司申请频率,规范设台手续。晋中管理局针对大学城设置校园广播多且离武宿机场较近的情况,开展校园广播专项清理工作,避免对民航通信导航频率的干扰。吕梁管理局处理离石区广电MMDS干扰4G通信事件,受到国家无线电办公室和移动公司总部的好评。（周军礼）

【无线电监测】 2014年,山西省无线电管理局全年开展日常监测工作29900多小时,起草撰写监测月报132份,落实重要节假日、敏感时期24小时监测值班11000多小时;省监测站克服多种困难,占用休息时间,行程16000多千米,为铁路、民航、广电、气象、企业、部队等开展新建台站电磁环境测试19次,测试设

台站点252个，排查不明信号40个。完成太原国际马拉松赛全程监测保障任务。（周军礼）

【配合打击“伪基站”】 2014年，按照《打击“伪基站”活动工作方案》，山西省无线电管理局成立专项活动领导组，召开两次工作协调会，在“春节”“两会”期间开展集中查处行动。活动开展以来，山西省共出动车辆194台（次），动用监测设备283套，出动检测执法人员682人（次），查获伪基站案件90起、设备89台（套），为公安机关出具设备检测报告40份，遏制利用“伪基站”进行非法营销和商业诈骗的违法行为。栗红星、李小平被中央网络安全和信息化领导小组办公室表彰为“打击整治‘伪基站’专项行动先进个人”。（周军礼）

【应急力量建设】 2014年，山西省无线电管理局按照“平时应急、战时应战”的建设思路，围绕反恐维稳、抢险救援、应急处突等实际工作需要，依托省军事电磁频谱管理大队组建由107人组成的无线电管理应急机动大队，出台《山西省业余无线电志愿者应急保障大队管理办法》，从组织上提高应对突发事件无线电保障的指挥和处置能力。（周军礼）

【专业赛事】 2014年，山西省无线电管理局举办全国无线电测向公开赛（山西站）暨2014年山西省青少年无线电测向锦标赛，8个省份27支代表队共320名运动员参加比赛。在这项活动中，晋中管理局很好地完成交通、医疗等后勤保障任务。山西省无线电管理局还主办全国业余无线电应急通信演练赛，7个省市的11支代表队参加比赛。（周军礼）

·通信行业发展与监管·

【概述】 2014年，山西省通信管理局以服务地方经济社会发展为目标，以落实“宽带中国”战略为中心，以维护电信市场秩序和网络信息安全保障为重点，实现新常态下通信行业平稳健康发展，全省电信业务总量累计完成394.6亿元，同比增长11.8%，全省电信业务收入累计完成263.8亿元，按可比口径计算增长2.2%，均排名全国第18位；全行业固定资产投资完成111.6亿元，同比增长27%；全省电话用户总数累计达3886.6万户，比上年净增196.6万户，普及率为107.6部/百人，全国排名第16位；全省互联网宽带接入端口达997万个，比上年净增115万个；互联网省际出口带宽达3320G，比上年增加1360G；（固定）互联网宽带用户达571.1万，其中，光纤到户（FTTH）用户达220.4万，净增90.9万户；光缆线路长度达67.2万千米，比2013年末增加7.2万千米，普及水平在全国排名第7位；移动通信基站总数达10.5万个，比2013年末净增2.7万个，普及水平在全国排名第8位。（魏程明）

【“宽带中国”战略】 2014年5月，山西省政府办公厅印发《山西省贯彻“宽带中国”战略工作方案的通知》。在省政府发布的《关于加强城市基础设施建设的实施意见》《山西省改善城市人居环境（2014—2020年）规划纲要》《山西省新型城镇化规划（2014—2020年）》等相关文件中，增加宽带网络建设要求。创建“宽带中国”示范城市，协同省内三家基础电信运营企业与运城市政府签署共建“宽带中国”示范城市协议，太原、阳泉、晋城3个城市基本达到宽带城市指标要求。

2014年初，召开“宽带山西”2014专项行动电视电话会议，会同省经信委、发改委、住建厅等部门，建立和完善“政府主导、社会参与、部门协同、行业推动”的宽带发展机制。全省各电信运营企业加大电信基础设施投资建设力度，光纤改造、4G基站建设、骨干城域网扩容等各项工作取得进展。全省FTTH覆盖用户、4G基站数等超额完成全年计划目标。据中国宽带发展联盟发布的2014年测速报告显示：山西省宽带用户忙闲时加权平均视频下载速率为3.85Mbit/s，较2013年同期增长2.43Mbit/s，增长171.1%；忙闲时加权平均可用下载速率为3.6Mbit/s，较2013年同期增长0.73Mbit/s，增长25.4%。（魏程明）

【电信基础设施建设】 2014年，山西省通信管理局会同省住建厅印发加强贯彻落实光纤到户国家标准两个文件的通知，明确审验责任，建立工作体系，理顺工作流程。先后召开6次光纤到户工作推进会，组织对山西省2013年4月1日以后新建的住宅

2014年山西省战备应急通信机动队伍拉动演练（魏程明供图）

山西通信业和运城市共建"宽带中国"示范城市　　（魏程明供图）

小区进行摸底调查并实行名单制管理，新建住宅区和住宅建筑内光纤到户验收备案工作机制初步形成，一批新建住宅区按照光纤到户两项强制性标准进行建设。11月，工信部和住建部在太原召开华北地区光纤到户现场交流会。

山西省通信管理局制订山西省电信基础设施共建共享实施意见，强化对电信运营企业的监督考核，每月坚持召开共建共享例会，并开展通报排名。截至2014年底，大西高铁共建共享工作取得进展，红线内通信设施建设基本完工，大西高铁北线、准朔铁路共建共享工作启动，山西科技创新城、太原地铁2号线等工程有序推进。全省铁塔、管道、杆路、基站、室内分布共建共享率达93%以上，连续五年超额完成工信部的考核指标。

2014年，山西联通、山西移动、山西电信公司实现1000所农村学校通宽带，全省通宽带的中小学校达9232所，通宽带率达65.6%。加快推进三网融合，完成IPTV集中播控平台扩容改造，IPTV用户明显增长，全年新增IPTV16.6万户，累计用户达23.4万户。　（魏程明）

【电信服务质量改善】 2014年，山西省电信行业按照7个方面24项工作部署，开展加强投诉处理、严格申诉率考核专项行动，完成2014年工信部行风纠风考核指标。根据工信部的通报，全国全行业年度百万用户申诉率为32.9人次，山西省27.4人次，排第13位，同比大幅提高。山西省各电信运营企业完成省、部考核指标，用户申诉率大幅下降，在集团公司的排名大幅上升。

山西省电信用户申诉受理中心对用户的申诉、咨询100%受理，100%处理，100%回访。全年山西省通信行业服务质量整体情况良好，在太原等城市大规模改造期间，针对市政修路造成的固定电话和宽带故障问题，各电信运营企业采取措施，制定预案，维护工作管理，处理故障，用户申诉量较去年同期减少552件，降幅达80.12%。经专业机构调查，山西省电信行业2014年度电信用户综合满意度测评结果为89.12分，比2013年87.74分提高1.38分。　（魏程明）

【维护电信市场竞争秩序】 2014年，山西省通信管理局批准山西省增值电信业务许可证ISP企业5家，ICP企业2家。审核年检增值电信业务企业830家，对2723项移动信息服务业务进行集中拨测。截至2014年底，全省增值电信业务经营许可证达166家，其中ISP企业10家，ICP企业147家。省通信管理局多次召开规范校园营销专题会议，组织各电信企业签署规范校园电信市场经营行为自律倡议书，对重点学校开学时段电信市场营销活动进行明察暗访，保障校园电信用户合法权益。为发挥公益短信作用、规范相关行为，省通信管理局下发《关于加强公益类短信息发送工作管理的通知》。

截至2014年底，工业和信息化部先后分五批向42家民营企业发放移动通信转售业务试点批文，其中，批准在山西省开展业务试点企业达15家，开通业务的企业有6家，发展移动电话用户1.3456万户。

《山西省电信设施建设与保护条例》立法工作取得初步进展，条例列入2014年省人大常委会立法项目计划的预备项目，2014年底又被省政府确定为2015年政府规章预备项目。

（魏程明）

【电信网络安全监管】 1. 2014年，山西省通信管理局开展网站备案工作专项行动。定期抽查网站备案信息，采取每周动态跟踪、专业机构定期抽查、整治薄弱企业、开展专项行动、全省通报、行政处罚等措施，不断提高网站备案工作水平。截至2014年底，山西省4.3万个网站备案信息准确率达80%以上，IP地址报备出错率均低于1%，网站备案率99.98%以上。配合有关职能部门开展有害信息专项治理工作，协查违法违规网站84个，关闭63个。完成重大活动网络与信息安全保障工作。在山西省财政厅、省经信委支持下，省通信管理局建设的网络与信息安全管理系统投入试运行。

2. 开展网络安全防护工作。2014年，山西省通信管理局组织基础电信企业从网络安全防护管理、定级备案、符合性评测及风险评估等方面开展自查整改工作，并组织对某些重要网络单元和重要系统进行现场检查和技术检测。加强电话用户实名制和用户个人信息保护工作，重点加大二次流通渠道管理检查力度，对全省各市350多个营业网点电话用户实名制进行暗查暗访，对19起违规行为进行行政处罚。开展治理垃圾短信·净屏2014专项行动，着重治理点对点垃圾短信，并通过省内多家主流媒体对垃圾短信的防范工作进行宣传。加强移动应用程序制作、传播、使用环节的安全管理，依法打击利用恶意程序从事违法犯罪活动，打击网站未经授权大量转载传统媒体作品的侵权行为。制作《3分钟教你远离手机病毒》公益宣传片，获首届国家网络安全宣传周优秀公益短片奖。

3. 通信行业安全生产实现既定目标。建立行业安全生产领导组及办公室例会制度，完成安全生产工作目标责任书的签订，制订考核办法，全年通信行业安全生产继续保持平稳态势，各项指标均控制在要求范围之内，通过山西省年度安全生产工作考核领导组的考核检查。2014年，组织全省200家通信建设企业参加通信建设安全生产应急演练。

4. 应急能信保障能力提高。2014年9月，组织各电信企业战备应急通信机动队伍奔赴清徐县高华村开展雨中战备应急通信演练。修订《山西省通信保障应急预案》，建立省局至各电信运营企业通畅快速的发布机制，实现6小时内向辖区内归属用户发布应急预警短信息。完成全省灾难信息报送演练和地震信息发布流程演练。成立省通信业反恐怖工作领导小组，加强行业反恐维稳工作。

（魏程明）

·中国电信山西分公司·

【概述】 2014年，中国电信山西分公司全业务收入超过25亿元，同比增长9.44%，增幅名列省内运营商首位；用户总数达到491万户，其中移动用户315万户，固网用户176万户；公司总资产达到57亿元。

1. 发挥综合信息服务优势，服务“智慧山西”建设。(1)建设卫星电话通信网络。按照山西省人民政府《关于做好应急卫星电话互联互通工作的通知》(晋政办函〔2014〕126号)要求完成各市人民政府和37家省直有关单位卫星电话的配置和服务工作，为山西经济社会转型跨越发展保驾护航。(2)推进农业信息化。2014年8月28日，中国电信山西分公司与省农业厅签署《全省农业信息化战略合作协议》，试点推广“农技宝”产品，开展信息惠农服务。助推“智慧城市”建设，2014年5月5日中国电信山西分公司与侯马经济开发区签署战略合作协议，为开发区提供基础通信、信息化公众服务平台、园区IDC数据中心和电商物流系统提供优质的网络资源和应用服务，推动经济转型、产业升级，提高企业经济竞争力，推动山西信息产业的发展。推进“智慧社区”建设，中国电信山西分公司与太原市民政局合作建立“居家养老爱心一键通”项目，成立“爱心一键通”服务小分队，共计发放35000余部终端，建立“一键通服务站”，开通12349“全国社区服务热线”，实现“一键拨打手机，全程享受服务”的快捷、便利、贴心的服务，加快太原居家养老服务体系构建，以提高民众生活幸福感。

2. 深化改革，加快企业有效益规模发展。(1)优化组织活力。2014年，中国电信山西分公司推进网格、支局、营业厅、运行维护、建设投资专业等划小核算，建立责权利一体化的经营承包责任体系；打造“倒三角”服务支撑体系，简化服务支撑流程，提升工作效率和产能。(2)激发人员活力。2014年，中国电信山西分公司优化人员结构，销售服务人员占比提升至62%，较2013年底提升22个百分点；提升员工薪酬待遇，收入增幅达到21%以上；创新员工职业通道规划，实施“优秀高校毕业生百人计划”和“优培生千人计划”。(3)改善业务活力。2014年，中国电信山西分公司通过行业应用切入、渠道达量激活、支局能人互促、业务分成拓展、网络民营合作等措施，用户质态提升，运营支撑优化，市场响应加速，市场竞争力提升。其中，驻地网民资合作累计引入民资达6000万元，合作区域宽带月新增占比15%。此外，全省推动实施“渠道深耕”“农村支局”“城市网格”“客户经营”四大计划，有效渠道数提升40%，单店销量提升75%，852人下沉到农村支局和城市网格营销一线，销售能力大幅提升。

3. 提升服务水平，改善用户感知。2014年，中国电信山西分公司将用户维系和价值提升有效结合，省市两步建成客户经营体系，实施客户入网100%回访并挂钩佣金追溯等强管控措施，回访成功率持续提升，入网质量显著改善；组织倾听客户声音活动，推动销售网业务网触点服务感知提升，省公司19个专业部室的114人倾听客户原声，解决46个业务流程短板；搭建全国首家“微服务智能平台”，推行线上线下协同集约管理运营模式，粉丝突破20万，粉丝经营全国排名第8；力促“天翼客服、易信客服”等新媒体服务渠道提升，用户数达到183万户，月均服务量达到366万次。在山西省通信管理局2014年客户满意度测评中，中国电信山西分公司的综合满意度、移动业务、流量业务、固话业务满意度省内同业第一。

4. 加强网络建设，提升社会信息化服务能力。2014年，中国电信山西分公司加快4G网络建设，实现省会城市太原4G业务商用；补强3G网络，围绕重点业务区域固优补弱，做好“大西高铁”等重点项目网络覆盖；提升宽带网络能力，在原有单纯建设的基础上，关注网络能力交付，变网络交付为能力交付，2014年上半年即完成全年宽带端口能力交付目标；开展宽带提速工作，完成PON口流量监控能力部署，实现各类网络上行端口流量100%监控，网络宽带提速能力全部达标，有效支撑宽带业务发展。2014年底10M以上宽带用户占比达到15%，较年初提升13个百分点，占比位居省内通信运营行业第一，提升社会信息化服务能力。

（赵 苇）

【"信息惠农"活动】 2014年，中国电信山西分公司在全省范围内开展"信息惠农"活动，助力农村生活现代化、科技化、智能化。

2014年，山西省约有1116个乡镇中，实现网络覆盖的乡镇有985个，行政村达28242万个，农村市场网络覆盖率仅为88%。农村基站忙时1X资源利用率24%，3G资源利用率6%。中国电信山西分公司服务网点辐射乡镇707个，占比71%，无辐射乡镇278个，占比29%。针对农村市场信息化需求，中国电信山西分公司推进网络资源、服务资源、宣传资源、产品资源、终端资源以及人力资源等机制体制变革创新。(1)按照一镇一支局的原则布局农村市场，健全农村支局的纵向管理体系。省公司组建专业团队，统筹解决农村支局日常工作中出现的问题；市公司建立纵向一体化业务支撑团队。打破用人局限，省、市、县三级营销单元人员下沉，设立乡镇支局(服务站)，推进农村市场乡镇双承包工作，加强一线服务支撑能力。(2)开放合作运营，推进乡镇承包，实行双包运营机制。由省公司建设和监管、市公司运营和督办，县公司落地和执行，层层把关，提升支撑和服务质量。(3)在提质增效的基础上，制定契合农村市场的产品和资费。全省农村市场主打3G智能机，推出9分易通卡，坚持语音低价，订流量送等额语音和短信话费，为农民提供优惠资费；以易信作为农村信息发布平台，发布农资、农产品收购和政策等；加载移动小号和亲情号(尤其针对外出打工者)，以无线通和农村信息化应用等推动天翼镇和天翼村的新增，提高用户在网粘性。(4)2014年8月28日中国电信山西分公司与省农业厅签署《全省农业信息化战略合作协议》，首批在清徐、曲沃、绛县等试点县开展"农技宝"产品推广，为农技人员及农户提供便利的在线农技信息咨询、技能培训等远程服务，提升农技服务质量，推动农业信息化水平。(5)在全公司建立比学赶帮超体系。以服务和支撑为标准，对全省农村市场进行排名，以周、月为频次进行通报，以季、年为频次进行表彰和评优。截至2014年底，全省建设农村支局(服务点)共339个，扩大对农村和农民的业务服务覆盖范围。 （赵 苇）

【"大学生最喜爱的运营商"活动】 2014年，中国电信山西分公司面向山西大学生开展一系列品牌营销和服务活动，重在服务学生，提高学生感知，树电信品牌，打造"山西大学生最喜爱的运营商"。(1)强化基础网络建设。在卓越3G基础上加强校园4G网络覆盖，做好网络测试和优化工作，让学生体验到4G极速网络；加快校园光宽带建设，为学生免费提速宽带至20M，满足学生学习和生活的上网需求。(2)提供就业实习平台。中国电信山西分公司与共青团山西省委签订战略合作框架联合支持在校大学生创建"飞Young学子公司"。作为一种全新的校内创业形式，共扶持成立12家学子公司作为大学生创业就业平台，提供创业场地、资源支持、就业创业指导，鼓励在校大学生自主创建，自主开展企业管理和经营决策。(3)关爱贫困学生。中国电信山西分公司与校方、教育发展基金会共同发起的"飞Young青春，翼起梦想"助学计划，面向山西省19个重点院校2470名贫困新生，免费提供"学子助学礼包"，特别为贫困学子提供学子公司等勤工助学名额。通过为贫困学子免费提供助学礼包、提供就业机会和实习岗位，倡导教育资源公平，让贫困学子平等享受教育信息化成果，让学子感受到社会关爱，把天翼飞young的正能量带到校园的每一个角落。(4)丰富学生生活。开展"我的中国梦"主题教育实践活动，活跃高校校园文化建设，丰富广大青年学生文化生活，提高人文素养，展现奋发向上、奋斗成才的精神风貌，中国电信山西分公司举办4场"与信仰对话，飞Young中国梦"百家精品报告，并在营销上"去电信化"，开启"娱乐营销"新模式，开展12场"天翼飞Young校园好声音"歌手大赛，坚定大学生为实现中国梦而奋斗的理想信念，将天翼飞Young品牌文化和品牌意识植入年轻人心中。

（赵 苇）

2014年山西电信、移动、联通三公司参加战略应急通信拉练活动（魏程明供图）

【消费环境维护优化】 2014年，中国电信山西分公司把维护公平公正消费环境、创建绿色网络生态作为应履行的社会责任，坚持标本兼治、综合治理、惩防并举、注重预防，常抓行风纠风工作。(1)规范服务协议范本。取缔协议中不公平条款，优化用户入网协议、业务受理单内容，规范营销活动宣传解释内容，实现企业与客户权利义务的对等，充分尊重客户的知情权和选择权。新用户入网协议中增加实名制、垃圾短信、合约期、资费政策、活动条件等内容,取缔限制用户选择权、免除或限制经营者的违约责任、经营者单方享有解释权等不公平条款等。(2)公示服务承诺及服务标准、资费套餐。向广大客户进行宣传,对各类营销活动的优惠幅度、期限、适用范围等内容在宣传物料及各类营销渠道中以统一口径及时展示。(3)开展规范代理商经营行为的专项整治。从渠道营销宣传、业务受理规范、人员培训、业务管理稽核等各个方面进行针对性改进。完善合作管理制度及日常管理与考核标准,细化重点风险管控环节,对代理商合作佣金实施追溯机制,优化支付流程,规范其经营行为。(4)加强垃圾短信治理工作。为保证用户个人信息安全,改善通信信息环境,向用户推广垃圾短信过滤软件,引导用户自助进行垃圾短信拦截。加强端口类短信清单级管理,规范商业信息的发送。完善信息过滤条件,安排专人实时跟踪监控,加强平台的拦截工作。落实责任单位和责任人,对出现重大违规、造成不良影响加强监督考核。(5)加强新业务客户感知体验的工作引导。引导用户选择安全可靠的应用软件,主动自查自有软件,整治不良手机应用软件。在实体营业厅设置辅导站,引导用户通过正规途径安装安全软件,提醒下载不明来源软件可能会存在的风险,公示提醒政府相关部门明确指出的不良软件名单。(6)坚决落实用户实名制,保护用户信息安全。狠抓关键环节,在业务受理环节,通过国政通系统实现实名制认证,并严格执行查看、登记、签名、复印四步要求。在归档环节,强调稽核、归档、保密工作。落实厅、店实名制执行情况与代理佣金、押金挂钩考核,强化日常管控。通过优化系统功能、考核等方式,重点加强代理点实名制和异地非实名卡治理管控,加强社会渠道督导检查及通报。 (赵 苇)

【客户满意度获同业排名第一】 2014年,中国电信山西分公司以"客户需求引领服务流程,客户感知引领细节优化"为目标,通过第三方满意度调查、客户座谈座谈、倾听10000号等方式,多方位搜集提炼影响客户感知的TOP问题,优化销售话术,规范服务流程,解决用户反映的各类热点问题。推进"走进10000号,倾听客户声音"的常态化活动,深入剖析10000触点反映出问题,让倾听客户成为习惯、让客户导向成为文化,以客户感知和价值提升倒逼改革深化、业务创新和流程优化。同时收集客户建议,开展服务流程优化再造。以"微信易信吐槽"等形式,收集客户意见建议,提炼出服务优化点,以互联网思维实施迭代优化,从细节入手提升客户的服务感知。(1)创新服务模式,加大互联网服务手段应用推广。推出多种形式的自助服务渠道,提升自助渠道服务能力,通过天翼客服、易信/微信客服、QQ客服、10000知道搜服务、10000/10001客服、网厅、短厅等新媒体客服渠道,让用户随时随地足不出户享受查询、订购、业务办理等服务。(2)优化互联网产品质量和使用体验。通过对翼支付、号码百事通、天翼空间、爱游戏、爱音乐、爱动漫、天翼阅读、天翼视讯等重点新业务全过程的穿越体验,开展客户感知和产品研究。通过对10000号服务热线、新媒体客户服务主要渠道的用户咨询数据的挖掘和分析,了解用户需求,改进服务体验。(3)丰富流量产品,促使手机上网资费合理下降。优化4G套餐套外流量计费模式,降低套外流量资费及总资费;推出个人订制套餐、大流量套餐等,给用户更多自由选择;通过定向流量包、闲时流量包、流量加餐包等,大幅降低套餐外流量支出;流量卡的上市,满足用户跨月流量需求。(4)推出资费使用提醒和查询服务,让用户明明白白消费。推出11种自主订退的提醒服务,实现用户对流量和话费消费情况的实时了解。通过对用户的高额流量预警提示,防止出现高额费用,保障客户的利益。加强日常流量计费的检测,完善优化流量提醒的内容、模式等。宽带装机和报修实现全过程透明化进度查询,客户通过网厅、掌厅、微信、易信和天翼客服等渠道查询宽带装维服务进度。一、二级营业厅100%设置收费项目公示牌,网上营业厅100%设立资费展示专区。(5)为会员用户提供优质尊享服务,使用户享有专属的个性特色服务。针对中国电信VIP客户提供UIM卡升级、补换卡、免保证金开通国际漫游业务、固话/宽带移机服务、紧急开机等免费服务。开展星级客户购机和多种形式的天翼客户俱乐部活动,为钻石卡、金卡、银卡和主题俱乐部普通会员提供差异化服务,丰富客户娱乐生活(手机摄影大赛),使客户更加了解电信"天翼"品牌服务,体验中国电信提供的超值精彩服务。

2014年是中国电信山西分公司客户满意度全面超越领先的一年。山西省客户综合满意度同城同业排名第一,固话业务、移动业务、流量业务三个单项同业排名第一。忻州、吕梁、晋中、阳泉、晋城、运城六个分公司客户综合满意度本地同业第一名。

(赵 苇)

【"宽带山西"专项行动】 2014年,中国电信山西分公司把"宽带山西"2014专项行动作为"一把手"工程,明确责任,细化目标,采取可行的措施予以推进。2014年一季度完成全年宽带端口建设,共计交付29万线。同时,在做好20M宽带业务普及、打造50M以上高带宽龙头产品等关键环节上加大推进力度,加快"光改提速",推进驻地网民资合作,落实改革红利,为全省百姓提供更好的宽带服务,全年交付民资端口4.8万线,累计发展民资用户1.5万户。

在做好固定通信网向宽带化迈进,拓展应用领域的同时,中国电信山西分公司打造"空中+地面"的全方位"宽带山西"网络格局,提升信息化服务水平。2014年通过加强网络深度覆盖建设,完善广度覆盖,加强重点区域的网络建设,打造精品网络等手段,截至2014年底,基站累计达8887

个，覆盖率高速公路99.85%，郊农89.2%，重要旅游景区100%；3G与2G共站率100%。移动通信网在加强2G/3G网络覆盖的同时，重点做好4G网络，提升网络性能；引入光纤通信、软交换、数据及宽带多媒体通信等世界先进技术，加大新技术在通信网络上的应用，使通信网络技术实现与世界先进水平同步。2014年全省开通FDD+TDD的4G混合组网实验网络。省会城市太原开通877个4G基站，全部实现商用。（赵　苇）

·中国联通山西分公司·

【概述】 2014年，中国联通山西分公司（简称山西联通）围绕公司"深化改革创新、加快发展"总体战略，实施"移动宽带领先与一体化创新"战略，在4G牌照发放、营改增、成本压降等市场环境变化下，市场经营工作稳步推进，市场经营转型工作取得阶段成效。截至2014年底，山西联通主营收入同比增长1.53%，完成联通集团预算目标的97.59%。其中，移动宽带收入同比增幅13.19%，固网宽带收入同比增幅15.84%。集团客户主营业务收入同比增幅20.2%，在北方十省（区、市）中排名第三。移动数据及信息业务收入同比增幅9.58%，占收比为47.67%。利润总额完成1.45亿元，完成年度预算目标的100.22%，在北方十省（区、市）中排名第七。（北方十省（区、市）是指北京市、天津市、山东省、黑龙江省、吉林省、辽宁省、河北省、河南省、山西省、内蒙古自治区。）

公司持续优化发展模式，加快重点业务的转型发展，4G用户规模新增占比达24.12%。新增合约用户中购机送费合约计划占比同比增长15.82%，达21.82%；FTTH用户规模呈逐年倍增态势，用户规模占比达41.8%，在北十省（区、市）排名第三。宽带用户结构明显改善，收入稳步增长，增幅15.8%，北十省（区、市）排名第一；用户ARPU值同比增长9.7%，在北十省（区、市）排名第二。10M用户占比较上年末提升8.8个百分点；10M用户在FTTH用户中渗透率达26.1%。建立BCS客户维系系统，实现用户维系全覆盖；移动宽带新增用户和存量用户保有率在北十省（区、市）分别排名第一和第二。建立融合首销制度，融合业务中公众宽带渗透率提升到44.35%，融合用户中3G用户活跃度达92.73%。（黄云霞）

【网络建设升级】 2014年，山西联通加大投入，全年新增移动网3G基站3268个，达14704个；4G基站达4387个，实现对所有市区和97个县城重点区域的覆盖。宽带网完成7371个城市单覆盖小区的光纤化改造，改造比例达69%；完成6625个城市双覆盖小区用户割接转化；宽带能力到达695万线，高速宽带接入能力占比达69.1%。完成67个端局的退网，其中忻州完成14个固网端局退网，建成全省首个全光县（神池）；山西联通以移动网络和宽带网络为重点，以机制体制创新为主线，持续深化移动网"保良争优"，W网问题小区比例和W网移动网业务掉话率居北十省排名第一。实现对移动无线网、本地传输网、宽带接入网、动环系统的集中监控。整改网络安全隐患，全省通信局站安全供电率达100%。

（黄云霞）

【运行管理创新】 2014年，山西联通推行管理创新工作。（1）开展顶层设计，提升管理水平。按照"集中化、扁平化、专业化"要求，围绕八个专业线设计管理优化项目19项，实施完成18项。其中"垂直考核、运维集中监控、电子运维、运维生产调度视频监控、网络建设项目全过程管理"等系统的上线应用，丰富企业管理手段。（2）"激发基层责任单元活力"工作有序推进。实现责任单元明确、"四包一单"体系完备、考核评价模型清晰、工作业绩实时呈现的工作目标。在出台1.0+版本的基础上，进入向标准化和规范化推进的第二阶段。省分公司机关管理人员考评引入积分管理，一部三中心实行"四包一清单"式的承包，另外四个中心的承包工作正式实施。（3）面向基层责任单元的穿透考核体系和"专业化"运营模式初见成效，"5111"战略在全省落地生根。共建立各类基层单元1777个，15670名基层员工工作业绩在线上呈现。后台维护和无线基站的维护承包工程年内计划增加5040人，以积分模式上线推进。资源下沉和人员下沉的"双60"目标基本实现，积分的薪酬应用超过30%。（4）优化用工结构和员工考评体系。实施用工总量目标管理，全年实现减员2081人。在市场、运维、集客专业线员工综合积分考评基础上，搭建职能部门员工综合积分考核模型，为职级薪档动态调整机制的落地奠定考核基础。（黄云霞）

【基础管理】 2014年，山西联通狠抓基础管理工作，在强化市场营销管控方面，落实"营改增"工作部署，完成逾期欠费规则调整和11640条套餐的梳理和优化，完成终端库存清理工作，库存金额下降81.4%。建立市场经营目标管控机制和市场经营综合评价体系，强化欠费管理，落实用户实名制管理要求，开展零预存合约、低效用户、重复优惠等11项专项稽核工作。在系统推进客户服务工作方面，开展申诉治理"春雷行动"和"重点区域服务攻坚战"，建立大服务一体化运营平台和投诉退费系统，组建省客户维系中心，搭建存量维系经营平台。在完善规划管理体系方面，完成2015—2017年规划编制工作，强化全专业投资上限管控，加强投资效益评价体系、名单制项目管理体系、前评估管理体系、后评价和投资责任体系建设。（黄云霞）

【防控运营风险】 2014年，山西联通全面预算精细化管控取得新突破，"营改增"运营情况趋势向好，财务基础管理水平及风险防控能力提升。完成规章制度、重要决策、合同法律审核的"三个100%"；强化合同和诉讼管理工作，年内办结诉讼案件3起，未发生重大诉讼案件和被集团问责案件；形成并实施《山西联通2014版内部控制规范》,保障公司健康运营。开展打击治理移动互联网恶意程序专项行动,建立网站备案工作通报制度。合作业务管理规范,垃圾短信得到有效治理,清理关闭省内端口32个。完成16项内控及专项审计,完成市、县分公司经济责任审计54项,完成工程结算、决算审计3531项,节约建设投资3587万元。通过谈判和公开招标节约各类预算4000余万元,全省库存物资余额较2013年下降29%,内部商城交易额完成2.3亿元,实现全年目标的158%。控制网间结算总体支出,全年网间结算净收入1.4亿元。完善存续企业"预算—分析—考核"体系,做好存续资产管理工作。强化安全生产检查和隐患整改,落实安全生产长效检查机制和安全隐患排查整改机制,推进《安全生产千分量化考评标准》季度检查考评,梳理、优化和完善应急预案,加强反恐安全工作。围绕经营发展重点领域加大新闻宣传力度,强化信访维稳全省联动机制。 (黄云霞)

【中小企业市场拓展比赛】 2014年6月,山西联通举办中小企业市场拓展"双高双炒争霸赛",11个市分公司代表队77人参赛。大赛在太原选择建材、汽配、物流、商务楼宇等有代表性、可复制的11个商圈作为赛点,采取"以赛代训、主攻聚类、团队营销"的方式,通过"一拖N沃看店"、网元和3G交叉优惠及提供一揽子信息化解决方案,拉动高速宽带360户,高套餐3G/4G706户,融合业务137户,行业应用231户,累计拓展商务客户业务548笔,新增年收入107万元,提供一揽子信息化解决方案6个。 (黄云霞)

【交通执法车辆GPS系统运行费项目中标】 2014年8月11日,山西联通中标省交通执法执勤车辆GPS系统运行费项目,该项目预算97.5万元。省公司集团客户部面对时间紧、任务重,且招标资质文件的准备、招标文件的拟定都需要重头做起等诸多困难,利用现有资源,确定应标主体,从系统集成总公司调用"软件企业资质、安防资质"并取得报名后,组织人员,将每本200余页的应标文件装订成册。 (黄云霞)

【助力警用装备博览会】 2014年9月25日至27日,山西联通助力在太原举行的2014年中国·北方社会安全暨国际警用装备博览会,展出公安移动警务通、车务通、公安应急指挥调度、综治委基层社会网格服务平台、人员定位、4G网络、4G终端、移动办公及通信录文件柜、平安城市、视频会议、云计算等通信产品。 (黄云霞)

【启动客服热线即时承诺】 2014年9月11日,山西联通启动第一批客服热线即时承诺工作,根据集团公司"服务攻坚战"对客服热线即时承诺工作的总体要求,山西联通对客户关注的7大类131项问题进行逐条梳理,于9月15日起对第一批4大类43项服务内容(含增值业务、流量争议、宽带/固话装移修机不及时、垃圾短信等)进行即时承诺。可以对无法在线解决的问题向用户承诺解决时限、解决措施和回复时间;将原有的客户问题"先处理,再回复"转变为"先承诺,再处理";对无法按期解决的问题按照承诺兑现补救措施。 (黄云霞)

【"手机钱包"在太原地区上线】 2014年3月,山西联通太原分公司与太原市光大银行合作的"手机钱包"业务试点推广,山西成为全国第七家开通该业务的省份。"手机钱包"是中国联通联合多家银行、各地公交一卡通公司等合作伙伴推出的一项全新的移动电子支付业务。该业务在太原地区的及时推广,能够满足中国联通手机用户原有的通信需求,增加客户到太原地区的唐久便利、金虎便利、好利来蛋糕店等1000多个固定网点进行"刷"手机消费的新功能。 (黄云霞)

【光纤宽带用户突破100万户】 截至2014年底,山西省宽带FTTH用户突破100万户,FTTH网络实占率达51.6%。通过对内提升网络及资源配置优化能力,对外提升客户感知为抓手,结合"光速城市"建设推进,突出加快光纤宽带用户的发展。一是把好入网质量关。发挥资源管理系统作用,新装用户在业务受理环节,通过资源核查,具备条件的优先选择光纤宽带接入。二是改装工作常态化。横向市场、运维、建设、服务、支撑跨部门联动,纵向省、市、县三级互动,以网格为基本单位,聚焦住宅楼宇,实施"成片宣传,整栋改装",成为日常营销发展的一项重要内容。三是提速推动FTTH发展进程。结合光改工作推进,适时制订全省统一的以10M、20M为基准速率的光速宽带系列产品,捆绑IPTV、电脑保姆等带动提速的增值应用产品,宣传、演示、体验,促进宽带用户主动选择FTTH接入,实施规模提速。 (黄云霞)

【高速宽带用户发展】 2014年,山西联通将高速宽带的规模发展作为对内提升宽带品质,对外提升市场竞争力的重要手段,为改善宽带用户结构,树立宽带品牌,促进效益发展起到积极作用。(1)需求作为主导,建设同步跟进。通过小区资料摸底、宽带无条件预受理等工作开展,搜集用户集中需求,实施光纤网络建设和改造。(2)统一产品策略,明确市场定位。全省统一设计以10M、20M为基准速率的光速宽带系列产品,捆绑IPTV、电脑保姆等带动提速的增值应用产品,形成高速宽带+IPTV+3G的融合产品体系,面向FTTH区域用户重点推广。(3)以活动为载体,大力宣传指引。全省统一开展以"光网世界,沃宽天下"为主题的品牌形象宣传,全省范围同步举办"千场光速宽带宣传演示进小区"活动。 (黄云霞)

·中国移动山西省分公司·

【概述】 2014年,中国移动通信集团山西有限公司(简称山西移动)在山西省委、省政府及中国移动集团公司领导下,顺应移动互联网发展趋势,做好“战略转型、改革创新、反腐倡廉”三篇文章，树立“六种意识”，增强“四种能力”，推动从语音经营为主向流量经营为主转变，创造4G发展速度，保持平稳发展

2014年，山西移动完成运营收入146.2亿元，实现净利润17.9亿元，超额完成集团公司下达的预算目标。加快转型步伐，重塑竞争优势，流量业务累计拉动收入增长8.8个百分点，成为公司收入增长的绝对主力。围绕“加快4G发展”的总体要求，山西移动在网络建设上，提前两个月完成“4G基站总数达到2万”的目标，实现全省乡镇以上区域、A级景区及热点村庄的网络覆盖，人口覆盖率达92%。4G网络的基站总量、覆盖水平、流量承载占比均超过3G网络发展6年的总和。4G终端销量呈逐月上升态势，12月当月销售占比达99.6%。12月底，4G客户总数达159.3万户，4G客户渗透率达7.2%。三网手机流量中，4G网络承载其中业务的29.5%，较年初提升27.8个百分点，4G客户的DOU达到581M，是普通用户的3.2倍。公司流量业务量收协同增长，全年完成无线上网收入38.6亿元，收入占比达26.3%，排名全国第五；在流量价格保持稳定的同时，移动流量增长111%，流量收入增长52%。12月当月手机上网户均流量达183M，较年初提升98M，增长一倍多。流量业务实现在线计费，话单产生时间大幅缩短，流量提醒及时性提升20倍，实现分钟到秒级的跨越。产品应用服务增多，数据业务收入同比增长28.6%。完成数据产品的深度梳理，向全省推出涵盖城市、家庭、政企的“智慧”系列产品体系。战略型业务实现规模发展，和包活跃用户达210万，累计交易金额同比增长149%；和生活累计访问用户数达226万，访问量同比增长7.9倍，普及率排名全国第六。

年内，山西移动持续优化企业运营关键领域和重点环节的管理流程，市分公司一体化流程体系在全省得到推广应用。投资项目一体化管理系统建立，构建工程项目管理体系，工程项目管理的规范化水平提升。（贯晋峰）

【营销模式创新】 2014年，山西移动因势利导、创新发展，提高资源使用效率，推动营销模式转型，市场发展保持总体稳定。通过6995营销、圈子营销、高端客户预警、异网客户拓展等措施，保持存量客户稳定，客户离网率保持在2.0%的较低水平。加强与铁通公司的协同发展，累计净增宽带用户7.7万户，实现宽带收入2.4亿元，同比增长75.7%。

增强集客经营能力，集团客户通信及信息化收入份额达33%，实现“三分天下有其一”。行业深耕效果显著，先后实施天网工程、教育三通两平台、京昆高速区间测速、350兆数字集群等一批有影响力的信息化项目。继续实施特殊贡献奖励、首席客户经理制等政策，推动集客业务的快速发展。

加快渠道转型，推进渠道集中，优化渠道布局，在全省建设首批24家体验营销型旗舰店，全省91%的实体渠道实现集中运营。加强核心商圈进驻，核心商圈网点占有率达81%。电子渠道交易总额达43.4亿元，“和淘”活跃用户超过30万户，月均办理业务50万笔，微信营业厅粉丝量达406万，月均销售终端4000台；热线业务申请总量达2735万笔。

持续完善服务质量体系和产品质量体系，客户服务水平继续保持领先。在集团公司组织的最新一期满意度调查中，公司4G客户满意度排名全国第六，集团客户满意度排名全国第四，整体满意度、领先度、热线满意度均在全国名列前茅。（贯晋峰）

【网络建设】 截至2014年底，全省基站总数达6.8万个，其中，3/4G基站占比达54%，3/4G基站流量承载占比达57.6%，3/4G基站总数和流量承载占比实现“双过半”。

整体网络竞争力逐步增强。4G基站总数达2.26万个，4G网络在市区的有效覆盖率达98.4%，排名全国第四。新建2G覆盖基站1035个，保障网络覆盖，提升网络质量，改善客户感知。WLAN网络在流量承载方面的作用更加明显，单AP月均流量由20.4G提升至28G。

基础资源和系统支撑能力持续提升。新增综合业务区104个，总数达425个；新增传输汇聚机房137个，总数达624个；市到县二路由比例由年初的67%提升至90%以上，并全部实现OP保护。加强IDC基础能力储备，新增机架244架，总数达798架，出口带宽由240G提升至480G。持续推进支撑系统向云化方向演进，业务网、支撑网、网管网的云化率分别达100%、76%、70%。

围绕市场需求和客户感知，提升四网协同效果，4G网络驻留比达68.8%，4G网络平均下载速率达37.3Mbps，CSFB全程接通率达98%。开展2/3G网络优化，全省覆盖类投诉同比下降26%，超闲、超忙小区占比均保持在2.5%以下。开展WLAN网络整治，WLAN接入率由64%提升至80%。

加强互联网资源优化，流量本网率达94%，单位流量的综合疏通成本同比下降20%。在全国率先建设互联网综合视图，实现互联网运行情况的实时掌控。建立端到端业务保障体系，浏览类TOP500页面打开时延降至3秒以内，互联网业务感知明显提升。

深化运维体制改革，推进网络集中故障管理、集中性能管理、集中网络优化和集中代维管理。强化对全业务的支撑，推进集中资源管理，集客资源数据合格率达98.4%。实施PON网络改造，规范家客业务开通流程，实现资源端口的精准分配和业务的自动化开通。（贯晋峰）

【企业管理】 截至2014年底，由山西移动公司领导定点督导的37个县分公司/营业部中，有25个实现收入份额提升。执行八项规定，持续改进文风会风，文件数量、会议次数、行政管理费用在2013年分别下降14%、15.6%、19.4%的基础上，继续下降5.2%、16.1%、17.3%。

围绕公司战略，成立电子商务中心、互联网中心、数据分析中心等专业化运营机构，优化数据产品、渠道管理、集客运营、网络运维等机构职能，专业化、集中化运作能力增强。加大竞争性选人用人力度，30人通过竞聘走上二、三级经理岗位，占2014年新提任人员的55.6%。开展多次公开选拔，全年选拔片区经理99名、网络技术人员25名，通过校园招聘选拔应届毕业生179名，向社会公开招聘网络技术人员114名，组织实施面向全体劳务派遣制员工的选优招聘工作，队伍结构和人才梯队更加趋于合理。

推进"营改增"工作，加强进销项管理，增值税综合税负率下降至2.8%，好于集团平均1.3个百分点。深入开展工程应付款清理、库存物资清理、固定资产挖潜及传输管线清查等专项行动，累计清理工程应付款5.1亿元，清理比率达44%；累计清理库存物资1亿元，库存物资总额下降64%，资产管理水平和物资运转效率大幅提升。持续加强采购集中管理，采购集中度达95%，两级集采共节约资金1.4亿元。加强投资项目审计，全年累计审减金额超过1亿元。推进节能减排，"三高"问题有效改善，单位电信业务总量综合能耗、基站每载频年耗电量、整体电费同口径分别下降6.8%、13.2%、8%。

持续优化企业运营关键领域和重点环节的管理流程，市分公司一体化流程体系在全省得到推广应用。建立投资项目一体化管理系统，构建工程项目管理体系，工程项目管理的规范化水平提升。建立数据资产管理架构，规范2980个数据标准，形成综合指数预警体系和关键指标预警体系，大数据运营分析能力有效提升。强化审计问题整改，累计健全制度、优化流程80余项。强化风险管控，化解信息安全、敏感舆情、法律风险等各类风险，企业风险防控能力提高。主动配合财监办检查、集团公司巡视，从另一视角对企业运营的各个环节进行"把脉会诊"和"健康体检"，管理工作更加规范有序。

华北地区光纤到户推进工作交流会在太原召开 （魏程明供图）

山西移动公司围绕面临的新问题、新环境、新趋势，持续推动二次创业与转型发展理念在公司各个层面的落地，累计举办各类培训班500余期，培训人数超过3万人次；开办"每月大讲堂""半月沙龙"等活动50余期。紧扣企业中心工作，组织"百团大战""百日选址"等8项劳动竞赛，激励广大员工建功立业。推动员工素质提升，13000余名员工踊跃参与各类技能竞赛，侯雅丽等7名员工凭借优异表现，在全国决赛的舞台上为公司争得荣誉。

成立101个创新工作室，投入创新费用1800万元，累计实施156个创新孵化项目，1350人次参与各类创新活动，开展省内自立研发项目58项、集团重大联合研发项目4项，申报专利8项，申报集团创新成果47项，先后引入兄弟公司创新成果13项。

加强党建工作和党风廉政建设，落实"两个责任"，开展精神文明创建活动，利用多种形式增强企业活力。推进班组建设和晋善文化建设，3个班组、30名班组长获集团表彰。开展员工关爱活动，关注员工心理健康，保护员工合法权益，努力改善工作环境。实施困难员工帮扶，全年累计帮扶困难员工98人。

履行企业社会责任，保障客户权益，落实实名制，做好网络安全和客户信息保护工作，全年完成重大自然灾害和突发事件等各类应急通信保障任务102次。开展"爱'心'行动"，先后为320名贫困先心病儿童提供免费救助。公司为经济社会发展所做的贡献赢得社会各界的认可，2014年，共15个集体获"全国五一劳动奖状""全国工人先锋号"等省级以上荣誉，17名员工获"山西省劳动模范""山西省信息系统五一劳动奖章"等省级以上荣誉。

客户响应中心获"全国青年文明号示范集体"称号，成为山西省青年文明号创建20周年活动中唯一获此殊荣的青年集体；同时获"中国移动班组建设示范单位"称号，其班组建设项目成果也获集团十佳班组建设理论研究成果。 （贾晋峰）

【4G建设】 2014年，山西移动建成4G基站1.8万个。公司4G基站总数超过2.2万个，实现全省乡镇以上区域、A级景区及发达村庄的网络覆盖。基站总量、覆盖水平、流量承载占比均超过3G网络发展6年的总和。推进核心网4G融合改造和网络集中优化，涌现孝义政府合作选址模式和忻州LTE省际边界优化等宝贵经验。4G建设的快速推进，提高山西省宽带整体普及率，推进"宽带山西"建

设，为山西转型跨越发展搭建“信息高速公路”。（贾晋峰）

【集客市场】 2014年，山西移动集团客户通信及信息化收入份额实现“三分天下有其一”。先后实施天网工程、教育三通两平台、京昆高速、350兆数字集群等一批有影响力的信息化项目。11个市分公司也涌现优秀项目，如大同电子政务外网项目和政府OA项目、朔州市区道路管控项目、阳泉“井下通信”应用、长治“智慧养老”项目、山西师范大学集团WLAN统付项目、临汾人民医院预约挂号项目等。其中，太原“透明厨房”项目被集团公司评为2014年度优秀企业社会责任实践最佳CSR创意奖。（贾晋峰）

【“智慧生活”产品体系发布】 2014年12月16日，山西移动召开新闻发布会，正式推出涵盖城市、家庭、政企的“智慧生活”产品体系。12月19日至23日，各市分公司也先后召开本地新闻发布会。“智慧城市”“智慧家庭”“智慧政企”三驾马车推进公司流量曲线和应用曲线的正向快速增长，并拉动山西省信息消费，促进山西经济发展和民生水平提升。（贾晋峰）

【“营改增”试点完成】 2014年，山西移动按照国务院安排，从2014年6月1日起，电信业纳入营改增试点范围。此前，公司与税务部门进行深入沟通，争取政策支持，同时制定和完善内部管理制度和流程，加强进销项管理，优化收入结构。6月3日，山西省电信业首张增值税专用发票在太原分公司五一广场营业厅顺利开出，山西电信业正式步入增值税时代。（贾晋峰）

【终端创新营销】 2014年，山西移动适应市场发展需要，整合资源，创新终端营销商务模式，与13家终端厂商、4家平台供货商进行合作，对30款畅销终端开展手机“以旧换新”活动，覆盖全省2000多个渠道，掀起全民换机热潮。借iPhone6上市契机，开展线上传播、线下换机，带动中高端流量客户发展，提升4G品牌美誉度。同时通过终端订货会、酬金政策优化等举措，快速提升终端销量，全年销售终端超过300万部。终端销售行业份额超过60%。

“以旧换新”活动使用户价值大幅提升，有力带动2G用户向3/4G网络的加速迁移，带动4G主题的传播，为公司流量经营奠定基础。

（贾晋峰）

【用工结构调整】 2014年，山西移动根据集团公司总体指导意见，选取网络维护、集团客户经理等职位，通过设定绩效、学历、服务年限等条件，面向在岗劳务派遣制人员选优招聘。选优招聘注重工作业绩，遵循“公开、平等、竞争、择优”原则。全省共4153人参与招聘选拔，最终录用人员达2085人，极大地提升员工工作积极性与企业归属感。选优招聘工作对于公司规划用工布局、提高配置效率，支撑公司转型发展起到重要支撑作用。

（贾晋峰）

【“伪基站”整治】 2014年8月8日，阳泉市城区人民法院判处相关被告人有期徒刑三年，缓刑四年，成为全省首例针对“伪基站”犯罪案件做出的刑事判决。2014年，山西移动组建专门机构、充实人员队伍、强化技术支撑、完善治理机制，将网络信息安全工作做深、做广、做优、做精。全年拦截垃圾短信6322万条，处置发送垃圾短信违规号码54万个，封堵淫秽色情网站超过2000个，处置诈骗电话号码2271个，处置“响一声”违规号码95712个，配合执法机关侦破“伪基站”案件94例，缴获设备89套，封堵虚假移动公司网站58个。（贾晋峰）

【公司成立十五周年纪念活动】 2014年9月1日，是山西移动成立十五周年纪念日。公司通过举办形式简朴的纪念活动，多角度展现山西移动从起步、衔接、腾飞到转型发展的15年奋斗历程，以及广大员工践行企业核心价值观和公司“晋善”文化、不懈进取、勇于突破的创业史；激发广大员工热爱企业、甘于奉献的责任感和使命感。（贾晋峰）

财　政

【财政调控】 2014年,山西省财政强化宏观调控,支持推进煤炭领域改革。取消省级设立的专门面向煤炭的所有行政事业性收费,规范保留项目(全部为中央批准设立)的征收行为,取缔各种违规收费项目,遏制乱收费势头,减轻企业负担108亿元;停止提取矿山环境恢复治理保证金和煤矿转产发展资金,为煤炭企业减负145亿元;实施煤炭资源税从价计征改革,税率按8%从低确定,为企业减负70亿元。以上三项措施共减轻企业负担323亿元,吨煤可降低成本40元。支持煤焦公路销售体制改革,拿出20亿元用于企业三年过渡未安置职工生活及社会保障补助,20亿元注入企业资本金用于转岗分流项目建设。

落实结构性减税政策。扩大"营改增"试点,减轻企业税负50多亿元;扩大小型微利企业减半征收企业所得税政策实施范围,暂免征收部分小微企业增值税和营业税,近40万户小微企业得到实惠,减轻企业税负9亿多元。

确保政府重点项目投资到位。下达资金170亿元,重点支持保障性安居工程、山西科技创新城、高校新校区、重点铁路和采煤沉陷区治理等项目建设,发挥政府投资对经济增长的拉动作用。

促进外贸发展。支持全省14个外贸基地公共服务平台建设,对477户外贸企业给予参加出口信用保险补助,支持山西产品走出国门,提升国际竞争力。　(卫忠梅　魏笑甜)

【财政投资】 2014年,山西省财政强化专项投资资金支持,支持经济转型跨越发展。设立战略新兴产业、文化产业和旅游文化体育产业三支投资基金。首期投入政府引导资金12亿元,用于山西省优化产业结构,培育和壮大新的经济增长点。

缓解企业融资难融资贵问题。从国库存款中拿出200亿元,以定存招投的方式激励各商业银行扩大贷款规模,促进经济发展;筹措2亿元资金,采取以奖代补方式,支持47个市县搭建"政银企"融资合作平台,撬动银行贷款10亿元。实施金融富民扶贫工程,为58个贫困县注入风险补偿金2.33亿元,推动特色产业发展。

强化对企业转型升级的扶助。安排专项资金1.73亿元,对全省物流、电子商务、稀土、有色金属、茧丝绸、散装水泥六大产业重点项目和全省节电改造项目给予支持。

实施创新驱动战略。设立低碳创新专项资金和重点科技攻关专项资金,2014年至2016年每年投入5亿元,支持煤炭产业清洁安全、低碳高效发展。

支持节能减排和生态环境保护治理。整合资金,支持电力、钢铁、水泥等行业化解过剩产能,支持高耗能行业和企业实施重点节能工程,支持大气污染防治、省城环境质量改善、重点河流生态环境综合治理和水土保持工程建设。对国家和省级重点生态功能区以及其他生态建设较好的县给予财政奖补,省对县级生态转移支付补助范围扩大到35个县。

(卫忠梅　魏笑甜)

【民生投入】 2014年,山西省强化财政支出,加大民生投入。农林水利完成支出327亿元,支持新出台10项强农惠农富农政策,建设大水网骨干工程;改造中低产田、建设高标准农田53.8万亩;实施精准扶贫、集中连片扶贫攻坚、国有农场办社会职能改革、新型农业社会化服务体系试点;开展村级公益事业建设一事一议财政奖补,惠及1245万农业人口;支持办好农村"五件实事",改造农村困难家庭危房15.5万户,新建改建农村幼儿园312所,易地搬迁农村贫困人口10万人,配备保洁员7.3万名、垃圾收运车3.5万辆,培训新型职业农民10万名。

提高民生政策标准。提高企业退休人员基本养老金,月人均达到2389元;城乡低保标准每人每月分别提高28元、25元,达到379元、206元;城镇居民医保和新农合年人均财政补助标准提高40元,达到320元;基本公共卫生服务经费年人均财政补助标准提高5元,达到35元;农村五保对象集中供养、分散供养省级补助标准每人每年分别提高200元、130元,达到2200元、1430元;再次提高部分优抚对象抚恤和生活补助标准；工伤保险待遇标准平均提高10%；农村小学、初中生均公用经费补助标准提高到695元、895元；特殊教育生均公用经费标准提高到4000元；提高机关事业单位津补贴和绩效工资标准，并向低职务低职级人员倾斜。

解决人民群众急困难题。为5万名参保失业人员每人发放冬季取暖补贴2400元，为9.6万名贫困重度残疾人每人每月发放生活或护理补贴40元，为万余名年满60岁的村医每人每月发放不低于100元的生活补贴。完善城乡居民大病保险制度，推进疾病应急救助制度建设。

促进就业创业。省本级统筹各类资金3.5亿元，落实小微企业吸纳劳动力就业"六补一缓"、高校毕业生自主创业"七补一贷"、政府购买基层公共服务岗位吸纳高校毕业生就业等政策措施。支持困难企业落实"五缓三补"政策，295户困难企业缓交社会保险金19.3亿元，稳定26.4万个就业岗位。

支持教育均衡协调发展。支持全省365万名义务教育阶段学生享受免学杂费和教科书免费政策。20万名农村义务教育阶段家庭经济困难寄宿生享受生活费补助。农村义务教育营养改善计划惠及28万余名贫困地区学生。改善贫困地区义务教育薄弱学校基本办学条件。免除45万名中职学生学费，支持职业教育示范校、重点专业和实训基地建设。支持实施中西部高校提升综合实力计划、高校重点学科建设，出台研究生奖助学金制度，推动研究生教育综合改革。

提高公共文化服务能力。推动公共文化资源整合和统筹利用，推进博物馆、纪念馆以及图书馆、文化馆等公益性文化设施免费向社会开放，建立政府购买公共演出服务机制。支持实施农村文化建设工程，按每个行政村1万元的标准支持开展农村文化信息共享、农村文艺演出等基层群众文化活动。（卫忠梅　魏笑甜）

【财政管理】 2014年，山西省政府加强公共财政管控，狠抓增收节支。每月研究部署收入组织工作；财税部门协调联动、狠抓落实，坚决取缔违规设立的收入过渡户，清缴各类欠税漏税，确保各项收入应收尽收。年初预算对省级一般性支出压缩10%，年内执行中又对省直部门会议费、培训费等行政经费压缩10%。压缩结余的1.36亿元经费用于购买6992个公益性岗位，安排大学生就业。落实《党政机关厉行节约反对浪费条例》，出台《"三公"经费管理和公开规定》以及省直机关会议、差旅、培训经费等管理制度23项。

规范预算编制。各部门经费预算、专项资金使用计划与工作任务紧密衔接，本级实施项目与对市县补助项目彻底分离，压缩省本级支出项目"待分配"规模，提高年初预算到位率。

严格预算执行管理。出台《加强财政支出管理硬化预算约束的意见》，增强预算的严肃性和权威性。属于预算调整范围的支出，按程序报人大审批；属于预算追加范围的支出，由省政府批转财政提出意见报政府审批决定。

盘活财政存量资金。中央专项转移支付安排形成的结转项目，未做具体规定且连续结转两年以上的，以及结转年度超过一年的省本级财政预算结转项目，均收回省财政统筹使用。公共财政预算和政府性基金预算形成的政府采购结余资金，收回省财政统一管理。清理预算单位实有资金账户结余，分三年编入部门预算。

强化预算绩效管理。出台《山西省预算绩效评价管理办法》，开展财政政策、制度、支出等绩效评价工作，根据评价结果取消、压缩10项竞争性领域专项资金8.3亿元。

加强地方政府性债务管理。提出《关于加强和规范政府性债务管理的意见》，开展政府性债务清理甄别工作，摸清全省政府性债务底数；对高风险市县进行预警，防范化解债务风险。

加大财政监督力度。贯彻执行中央八项规定，开展"三公经费""小金库"等专项治理工作，对重大财税政策实施情况进行跟踪检查，对民生政策和资金落实情况进行专门监督。

（卫忠梅　魏笑甜）

〇相关链接：参见"山西省人民政府"类目

税　务

·国家税务·

【税收收入情况】 2014年，山西省国税收入完成1093.22亿元，同比下降5.6%，减收64.89亿元。其中，中央级收入完成772.56亿元，同比下降10.05%，减收86.31亿元；地方级完成320.66亿元，同比增长7.16%，增收21.42亿元。分税种看，增值税完成768.87亿元，同比下降8.64%，减收72.7亿元；企业所得税完成214.72亿元，同比增长3.87%，增收8亿元；消费税完成43.53亿元，同比增长0.14%，增收630万元；车辆购置税完成66.08亿元，同比下降0.24%，减收1596万元；储蓄存款利息个人所得税完成199万元，同比下降82.84%，减收961万元。此外，文化事业建设费收入完成8755万元，同比增长2.3倍，增加6102万元。（董其文）

【税收收入特点】 2014年，山西省国税收入主要有五个特点：(1)各月收入波动较大，最高的月份与最低的月份相差45.14亿元，总体呈现下行态势，月均收入较上年减少5.5亿元。(2)税收增速与相关经济指标走势大致吻合，税收与经济发展基本协调。(3)重点行业格局有所变化，通信与电子设备制造业、软件与信息技术服务和金融保险业等高新技术及新兴产业税收增收21.41亿元，成为拉动国税收入增长的新生力量。(4)落实优惠政策，减免税62.24亿元，有效服务经济社会发展。(5)推进风险管理，纳税评估和税务稽查入库税款46.1亿元，税收贡献率达4.22%，管理增收贡献明显。

2014年山西国税收入下降，主要是受宏观经济持续下行、主要工业品价格大幅下跌、消费市场需求不足等因素影响。(1)因煤炭、炼焦、冶金等主要工业品价格下跌,增值税收入减收较多,初步测算,价格因素影响全年增值税约128亿元。(2)受需求不振和税收政策调整影响,商业增值税有所下降,同比下降4.09%,减收4.08亿元。(3)受高端白酒消费影响,酒类消费税同比下降29.53%,减收3.37亿元。(4)汽车消费进一步萎缩,车辆购置税有所减收,同比下降0.24%,减收1596万元。 (董其文)

【税收法治】 (1)推进税务行政审批制度改革。2014年,山西省国家税务局落实和衔接国家税务总局取消和下放的16项涉税行政审批项目,对保留的行政许可事项7项、非许可审批事项80项分级向社会全面公开,对22项行政审批事项实行当场办结,对保留的进户执法项目进行全面统筹,加强事中事后监管,防止出现“管理真空”。(2)选择1个市局、4个县区局开展规范税务行政处罚裁量权试点工作。(3)采取各市局自查自评、省局重点评查相结合的方式开展税收执法案卷评查工作。(4)在全国启动税务检查权力清单工作,梳理出44类共85项税收检查权力事项。(5)组织开展两起税务案件审理,维护纳税人合法权益。 (董其文)

【税收政策落实】 (1)推进“营改增”试点扩围,抓调查摸底、抓政策服务、抓部门协作、抓政策效应分析,确保铁路、邮政、电信三行业“营改增”试点工作平稳过渡。2014年,山西省纳入“营改增”试点的纳税人共有4.55万户,入库增值税59.89亿元。(2)落实结构性减税政策,减免抵退税260亿元,特别是将落实小微企业税收优惠政策作为政治任务,狠抓督办,全省享受优惠政策的小微企业和个体工商户达24.76万户,免征增值税5.92亿元,减征所得税5992万元。 (董其文)

【税种管理】 (1)完善增值税发票预警系统。2014年山西省国税局实现事前事中预警风险和处置风险;强化消费税管理,对白酒和成品油开展专项评估,入库5696万元;推进车辆购置税专业化管理,在大同市国税局开展改革试点,在山西省推广自助办税项目,对5个市开展车辆购置税专项检查。(2)加强出口退税管理和服务,强化预警分析和监控,防范和打击出口骗税,办理出口货物退(免)税38.27亿元,同比增长22.8%。(3)推进所得税后续管理,加强对资产损失税前扣除、研发费税前加计扣除和金融企业税前扣除项目的后续审核,补缴税款4.4亿元。(4)加强征管质效评价,全省各项指标均达到国家税务总局考核要求。 (董其文)

【纳税服务】 (1)推进便民办税春风行动。2014年,山西省国税系统推行首问责任制,推出规范执法、优化服务“六项清单”,实施“一窗通办”“同城通办”“免填单” 等一系列重大举措,简化办税流程390项,压缩办税时限334项,简并报表资料333项,整合税收检查评估182次。(2)落实纳税服务规范,实现纳税人依申请事项前移办税服务厅、业务流程、操作标准等方面的统一规范,基本明确征纳双方的权利、义务和法律责任,构建起纳税服务网、12366服务热线、纳税人之家“三位一体”的宣传咨询平台。(3)拓展多元化纳税服务渠道,初步形成网上办税为主、窗口办税为辅、自助办税为补的办税服务新格局。开通山西国税12366微博矩阵和微信群,在全省范围推广应用“e税客”手机客户端,实现办税服务、培训辅导、沟通交流、应急处理和权益保护“五统一”。 (董其文)

【税收征管】 (1)实施税源专业化管理。2014年,山西省国税局编制《山西省国家税务局税源专业化管理实施方案》,在芮城县国税局试点开展税收征管改革。(2)编制《山西省国家税务局税收风险分析工作规程(试行)》和《山西省国家税务局税收风险分析监控工作实施方案》,加强风险管理机制建设,开展遵从风险分析监控,2014年推送税收遵从风险应对任务11期,推送疑似风险纳税人13427户,查补税款7亿元。(3)做好纳税评估工作,评估入库26.4亿元,占到当年税收收入的比例为2.41%。(4)做好金税三期试点,实现决策二包风险管理、纳税服务平台和行政管理系统上线。(5)加强普通发票管理。2014年,印制普通发票4.5亿份,使用普通发票机打系统的纳税人达到104663户,比上年增加16803户,开具发票948万份,开票金额1015亿元。 (董其文)

【大企业税收服务与管理】 (1)推进大企业个性化服务。2014年,山西省国税局对8户国家税务总局定点联系企业开展风险内控测试调查工作,帮助企业提高自我防控税务风险的能力。(2)以风险管理为导向,对346户成员企业开展大企业风险识别工作,形成冶金矿产、建筑安装、电子机械和技术服务等四个行业税收风险特征表。(3)探索风险应对新机制,组织落实2户企业分事项全流程风险管理,引导和督促企业建立健全重大事项税务风险防控机制。(4)实施分集团税收风险应对,对8户集团83户山西成员企业开展大企业全流程税收风险管理,入库税款1139万元,加收滞纳金541万元。 (董其文)

【国际税收管理】 (1)加大反避税工作力度。2014年,山西省国税局对全省2008年至2013年上半年发生的非居民企业股权转让进行清理检查,补缴税款3384万元、滞纳金2071万元,对有避税疑点的5户企业开展反避税调查。(2)夯实非居民企业所得税征管基础,从高核定企业利润率。 (董其文)

【税务稽查】 2014年,山西省国税系统各级稽查部门检查纳税人4298户,查补入库19.62亿元。(1)制定《山西省重大税收违法案件信息公布办法(试行)》,建立重大税收违法案件信息公布平台,曝光第一批“黑名单”信息。(2)查办重大税收违法案件,自行筛选督办27户涉嫌虚开增值税专用发票案件，落实国家税务总局交办的129户涉案企业，查补收入4.26亿元。(3)组织重点税源企业税收检查，检查156户，查补收入1.61亿元。(4)开展各类税收专项检查，对房地产及建筑安装业、办理出口退（免）税企业、股权转让交易企业等行业开展税收专项检查，检查企业2378户，查补税款10.27亿元；对虚开、骗税等税收违法行为易发、多发的地区和涉及农产品收购、矿产品和成品油购销企业较为集中的地区及“营改增”试点行业较为集中的地区开展区域税收专项整治，将太原市范围内房地产及建筑安装企业的发票使用情况作为省级区域税收专项整治，检查企业67户，查补税款2548.94万元；对成品油税收专项检查，查补税款3163.31万元；对铁路运输、邮政服务企业“营改增”专项检查，查补税款168.51万元；对石油企业消费税专项检查，查补税款1.31亿元。(5)打击发票违法犯罪活动，检查企业3785户，查处涉票违法企业3441户，查处非法发票33172份，查补税款5.07亿元，加收滞纳金3978.14万元，罚款3480.99万元。（董其文）

【电子税务管理】(1)加强统筹规划。2014年，山西省国税局做好全省税收信息化建设和应用的总体规划，规范信息化项目的立项和开发，制定信息化基础管理相关标准。(2)推进信息共享，完成省级部门信息交换，实现信息情报交换常态化。(3)搭建统一的数据应用平台，建立数据管理机制，开展数据处理和利用，为基层和纳税人提供服务。(4)围绕金税三期升级版，做好纳税服务、行政管理等后续系统上线的技术支持。(5)构筑安全可靠的信息安全防护体系，完成税务系统网络与信息安全防护体系的建设和管理。(6)提高运维效率，搭建高效的运行维护体系，做好各类设备、平台软件和应用系统的管理和维护，提高信息化支撑保障水平。（董其文）

【财务管理】(1)制定公务接待管理、会议费管理等一系列制度办法，促进财务管理工作的制度化、规范化。2014年，山西省国税全系统公车运行及购置费压缩17%，公务接待费支出压缩68.33%，会议费支出压缩74%。(2)加大经费保障力度，争取国家税务总局追加“两证”经费和困难补助3629万元，下拨规范津补贴专项补助5257.75万元，离退休人员补助620万元，经费困难县（区）局专项补助800万元，其他经费补助1445万元。(3)坚持依法理财，强化预算和支出管理，规范基建财务，严格资产管理。(4)加强财务风险管理，组织开展全省国税系统财务风险管理监督检查和政府采购工作检查。(5)开展培训中心清理整顿和办公用房清理整改工作。（董其文）

【国税系统人事管理】(1)建立健全管理机构。2014年，山西省国税系统共有税务机构1999个。按机构类型划分，局机关136个（其中省局1个，市局11个，县市区局124个）、局机关内设机构1286个、直属机构153个、派出机构258个（其中税务分局188个，税务所70个）、事业单位166个。正式职工11900人，共产党员8216人，占69.04%；大学本科及以上学历7230人，占60.76%。(2)加强领导班子建设。组织处级干部集中轮训习近平总书记系列讲话精神政治理论学习，调整部分市局“一把手”，配齐配强市、县局纪检组长，安排部分省局处室负责人到市局挂职。(3)完善干部选拔任用制度。重新修订《山西省国家税务局系统处级干部选拔任用工作暂行办法》和配套的6个实施方案，全省国税系统选拔任用处级干部43人。(4)加强对市局领导班子的考核。按职数配备干部情况和选人用人问题进行自查自纠，对干部选拔任用工作进行“一报告两评议”。(5)做好2014年度277名公务员和13名事业干部的招录工作。（董其文）

【执法督察与内部审计】(1)组织开展综合督察审计。2014年，山西省国税局对3个市局开展综合税收执法督察和财务审计，并延伸督察审计9个县（市、区）局。(2)落实税收执法责任制。发现和追究过错责任2950人次，其中，批评教育899人次，责令书面检查25人次，通报批评457人次，经济惩戒1527人次，取消评先资格4人次，其他38人次，给予经济惩戒7.62万元。(3)实施经济责任审计。对9名领导干部进行离任经济责任审计和任中经济责任审计。(4)开展“三审”专项整治。组织省局机关和全系统自查自纠，对4个市局及所属的8个县（市、区）局进行“三审”重点抽查，推动作风纪律转变。（董其文）

·地方税务·

【地税收入情况】2014年，山西省经济下行压力前所未有，经济走势出现“断崖式”下滑。面对严峻形势，全省地税系统落实“十二五”时期“1436”工作思路，围绕“抓好两个关键点，保障收入促发展”的总体要求，以开展党的群众路线教育实践活动为主线，以“组织收入攻坚年”为抓手，适应政治经济新常态，破解地税发展新难题，各项工作取得新成效。

2014年，山西省地税系统完成各项收入1338.52亿元，同比下降3.09%，减收42.69亿元。其中，各项税收完成982.13亿元，下降7.78%，减收82.87亿元；地方公共财政收入完成801.03亿元，下降2.9%，减收23.88亿元。其他收入完成356.39亿元，增长12.71%，增收40.18亿元。其他收入中煤炭可持续发展基金完成233.3亿元，增长20.49%，增收39.68亿元。经过20年的高速增长，2014年各项收入的规模相当于1994年的33倍，剔除“营改增”和非即期收入两个因素，2014年各项税收完成929亿元，同口径增长3.6%。年初下发《切实做好收入攻坚工作的通知》，明确收入攻坚的基本定位、落实机制和具体路径；

年中连续召开3次紧急会议，细化、量化、硬化收入攻坚措施；四季度出台《省局领导包片联系单位督查收入工作方案》《加强后几个月组织收入工作的紧急通知》和《加强税收政策落实堵漏挖潜增收的若干意见》，开展税费票证和资金情况检查，推动组织收入工作开展。（徐 鸿）

【管理服务】 2014年，伴随着金税三期上线，省地税局深入挖掘科技创新的引领作用，山西省地方税务局加强全方位、多角度改革创新，突破税收工作瓶颈，以改革创新增活力、添动力。全年以完善行政管理机制为核心，建立完善绩效管理与目标责任考核制度框架，初步形成具有山西地税特色的“一张网、全覆盖”的考核机制，地税局在全省目标责任考核中连续四年被评为优秀单位，省局班子连续四年评为“好”等次。2014年，以创新税费征管机制为核心，优化升级金税三期系统，推进后续项目上线运行，建成省级数据中心，完成全省广域网络改造，组建大企业税收专业化管理机构，开展税收风险管理、大企业税收专业化管理、特色软件应用、数据分析应用等试点，为信息技术与税收业务深度融合奠定基础；发挥“大数据”优势强化征收管理，征管状况监控分析、财产行为税税源监控平台应用、车船税管理、土地增值税预征清算、土地使用税“以地控税”试点深入推进，重点税源监控及风险管理工作机制完善，与国税联合办税模式正式启动，“营改增”扩围稳步推进，煤炭资源税从价计征改革推行，契耕“两税”及房地产税收一体化管理全面加强，建筑安装业企业所得税和代扣代缴个人所得税风险管理稳步开展，个人所得税完税证明自助打印试点成功；借鉴税收征管工作经验，推进规费征管现代化，开展涉煤收费清理规范工作，开通规费网上申报和电子缴费功能；特别是2007年代征煤炭可持续发展基金后，完善创新基金征管机制，从2007年3月开征到2014年11月底停征，累计征收基金1396亿元。2014年，以创新纳税服务方式方法为核心，深化行政审批制度改革，下放城镇土地使用税、房产税减免审批权限和契税、耕地占用税减免审核权限；开展免填单等7项试点，选择同城通办、免填单、办税公开、涉税事项办税服务厅集中受理等4项在全省推广；推行《县级税务机关纳税服务规范》1.0版，开展“便民办税春风行动”，实施以减少资料报送、减少表单填写、减少税务检查为重点的“三减少”措施，减轻纳税人负担，方便纳税人办税。2014年底，省地税局召开全系统改革创新推进会，明确“构建七大体系、2020年基本实现地税现代化”的目标，规划设计29个改革创新项目，基本涵盖地税工作的重点领域和核心业务。（徐 鸿）

【法治地税建设】 2014年，山西省地方税务局围绕山西省“转型综改攻坚年”部署，落实地税专项行动方案确定的工作目标，全面完成牵头任务。引深依法治理示范单位创建活动，加强规范性文件管理，强化执法督察，推进行政复议规范化，健全法律顾问制度，开展税收执法案卷评查，地税局工作经验在全省依法行政经验交流会上作典型发言。加强涉税政策把关审核，214条意见建议被省政府及有关部门采纳。全面落实支持小微企业发展等各项结构性减税政策，开展优惠政策执行情况检查，全年为纳税人减免税收146.3亿元。开展企业多缴煤炭可持续发展基金退库，办理多缴基金退库16.81亿元。加强法治宣传教育和税收科研工作，开展税收宣传月和“六五”普法等活动。推进稽查现代化，建立稽查工作联动机制，推行电子查账软件，稽查体制更加完善，稽查质效提高，全年查补收入22.59亿元，同比增长105.3%，查处百万元以上案件45件，曝光涉税违法案件66件，查处违法受票企业1297户，查处非法发票1.01万份，移送发票违法案件8起。（徐 鸿）

【地税系统队伍建设】 2014年，山西省地方税务局强化干部自主选学和在线学习，建立专业人才库，举办各类培训班1134期，培训干部6.77万人次，干部业务技能提升。严肃组织人事纪律，严格机构编制管理，强化离退休人员服务管理工作，凝聚老干部建言献策的正能量。推进干部交流轮岗和公务员招录，调整补充50名处级干部，公开招录283名公务员。（徐 鸿）

金 融

Finance

金融监管

·中国人民银行太原中心支行·

【概述】 2014年,面对错综复杂的国内外形势和经济下行压力,山西省金融机构贯彻执行稳健的货币政策,深化改革创新,优化融资结构,强化风险防控,为经济结构调整和转型升级提供稳定的金融环境。 (张 杰)

【金融运行情况】 1. 各项存款增速放缓,结构性回落和分流明显。2014年,山西省金融机构本外币各项存款余额26942.9亿元,同比增长2.57%,增速较上年回落6.17个百分点,全年新增675.5亿元。受煤炭、钢铁等主导行业下行影响,单位存款增速同比下降2.65个百分点;利率市场化、互联网金融发展对存款分流效应显现,全年个人存款同比少增682.9亿元。各项贷款平稳增长,支持实体经济转型升级力度增强。2014年,山西省金融机构本外币各项贷款余额16559.4亿元,同比增长10.21%,增速较上年下降3.52个百分点,全年新增贷款1487.9亿元。其中,法人金融机构各项贷款余额4794.0亿元,全年新增467.5亿元。贷款投向重点突出,支持经济转型升级。两次"定向降准"释放流动性资金25亿元,累计发放支农、支小再贷款和再贴现资金233.5亿元,增强法人金融机构支农支小实力;加强窗口指导,推动金融支持土地流转、"精准扶贫"和棚户区改造;通过常备借贷便利试点,为三家法人金融机构提供25亿元流动性支持。

2. 金融市场平稳运行,市场融资能力增强。(1)企业融资结构继续优化。2014年,山西省企业间接融资1487.9亿元,占融资总额的50.93%。直接融资1433.8亿元,占融资总额的49.07%,其中在全国银行间市场融资1325亿元,历史上首次突破千亿大关,位居全国第八,中部六省第一位。(2)货币市场参与主体增多,交易量增加。2014年,山西省金融机构在全国银行间同业拆借和债券市场累计成交65238.8亿元,同比上升1.80%。其中,在全国银行间同业拆借市场累计拆出资金为158.9亿元,在全国银行间债券市场质押式回购56133.8亿元,现券交易6390.1亿元,买断式回购2555.9亿元。(3)票据市场交易下降,利率继续下行。2014年,山西省各金融机构累计签发银行承兑汇票4676.8亿元,同比减少3132.5亿元,下降40.11%。累计办理贴现5704.5亿元,同比减少1160.7亿元,降低16.90%。(4)外汇市场运行平稳。山西省跨境外汇收支总额287.3亿美元,同比下降8.8%。其中,跨境外汇收入145.4亿美元,下降6.0%;支出141.9亿美元,下降11.4%;资金净流入3.6亿美元。全年全省银行结售汇总额171.4亿美元,同比微增3.9%。其中,结汇80.8亿美元,同比增长11.0%;售汇90.7亿美元,同比微降1.7%;结售汇逆差9.9亿美元,同比下降49.2%。(5)证券市场稳健发展。截至2014年底,山西省共有A股上市公司35家,比上年增加一家,其中主板30家,中小板3家,创业板2家;总股本562.48亿股,流通股本528.28亿股;总市值5624.09亿元,流通市值5068.13亿元。全年全省实现直接融资1804.24亿元,同比增长27.13%,其中,资本市场实现融资479.24亿元,占融资总规模的26.56%。其中,股权融资22.81亿元,公司债35亿元,企业债51亿元,中小企业私募债10.1亿元,创投基金和私募投资基金规模227.67亿元,证券公司柜台市场融资22.07亿元,股权质押、定向资管计划、约定式回购等证券创新业务实现融资110.59亿元。(6)保险市场运行良好。截至2014年底,山西省共有法人保险公司1家,省级分公司46家。其中,财产保险公司24家,人寿保险公司19家,新增3家,养老保险公司2家,健康保险公司1家。截至2014年底,全省保险业总资产达1083.89亿元,同比增长8.64%;全年累计实现原保险保费收入465.37亿元,同比增长12.85%;全省保险业赔款与给付支出182.47亿元,同比增长7.77%。 (张 杰)

【金融服务与创新】 1. 货币政策执行取得新成效。中国人民银行太原中心支行(简称人行太原支行)结合山西经济发展实际，综合运用窗口指导、存款准备金、再贷款、再贴现和常备借贷便利等货币政策工具,科学调控信贷总量与结构,加强和改善流动性管理,促进货币信贷和融资规模平稳增长。围绕支持山西转型综改试验区建设,出台进一步加大金融支持山西经济转型发展力度的意见,制订实施支持转型综改专项改革任务行动计划,修订完善信贷政策导向效果评估办法;加强与山西省政府、中国银行间交易商协会的沟通与联系,落实《三方战略合作备忘录》,推动债券市场融资快速发展;配合国家新一轮农村土地改革政策,制订农村土地承包经营权抵押贷款试点工作指导意见,推动运城新绛县、长治潞城市开展试点工作,并在全省范围内推广;出台扶贫开发金融服务工作实施意见,加大吕梁山、太行山连片特困地区21县金融服务支持力度,开展金融扶贫示范县创建活动,探索建立金融扶贫信贷政策导向效果评价机制,提升连片特困地区金融服务便捷度；联合6部门制订关于加快山西省跨境人民币业务发展指导意见,促进贸易投资便利化。通过一系列措施,优化金融资源配置,改善融资结构,支持全省经济转型发展。截至2014年底,涉及转型综改领域的贷款、涉农贷款、中小微企业贷款增幅均高于全部贷款增幅。全年全省办理跨境人民币结算金额317.3亿元,同比增长90.5%。

2. 金融稳定工作推进。加强对金融机构特别是地方法人机构日常监测分析与风险评估,制订金融风险分类监测管理指引。创新金融风险监测方式,推广运行山西省金融风险监测系统。关注经济下行背景下重点行业、典型企业经营和债务情况,配合有关部门处置企业债务风险。组织对5家高风险农村信用社开展稳健性现场评估,对辖内银行业金融机构落实同业业务规范性情况进行督查。开展金融稳定再贷款检查,做好金融稳定再贷款损失认定工作。推进“两管理、两综合”工作。加强日常管理,落实金融机构重大事项报告制度和机构设立规划报备制度。严格开业申报管理，做好新设机构首次会谈工作,履行告知义务并进行风险提示。全年办理104家新设机构开业集中申报,完成对2家机构的综合执法检查和对124家机构的综合评价，促进金融机构风险防范水平提升。 （张 杰）

【支付体系建设】 2014年,人行太原支行完成二代支付系统上线和中央银行会计核算数据集中系统接入支付系统工作。开展支付机构银行卡收单业务专项检查和银行结算账户年检工作。制订山西省支付机构综合评价办法、银行卡收单业务外包服务管理办法,促进支付机构规范经营。推动农村支付服务点升级改造为金融综合服务站,全省共建成服务站6232个。农民工银行卡特色服务业务稳步发展，全省办理业务18万笔,1.5亿元。推动太钢集团财务有限公司、大同煤矿集团财务有限公司接入电子商业汇票系统。支付清算系统保持安全稳定运行,支付清算数据挖掘分析工作深化。 （张 杰）

【管理国库水平提升】 2014年,人行太原支行深化国库直补工作,创新开展国库拥军直补。全年累计支付各类政府补助资金456万笔,34亿元。推行县支库跨区整体移位管理、国库主任上岗作业和参与对账制度，全省30%的县支库进行整体移位。 （张 杰）

【反洗钱监管】 2014年,人行太原支行召开山西省金融机构反洗钱监管会议,传达监管政策,组织对149家金融机构进行反洗钱监管评估,对68家金融机构进行现场检查。开展反洗钱调查、洗钱风险提示和洗钱类型研究,对59份重点可疑交易进行甄别和移送，协助破案3起。深化与公安、检察、海关等部门的反洗钱合作。加强反洗钱宣传培训,举办全省人民银行县支行、全省村镇银行暨支付清算机构反洗钱业务培训班，开展“预防洗钱维护金融安全”主题宣传月活动。 （张 杰）

【货币金银管理】 2014年,人行太原支行加强现金收支分析预测,合理摆布、灵活调拨发行基金,保证山西省现金供应。加大残损人民币回收力度,完成残损币清分、复点、销毁任务。改进查库方式,加大查库频率,确保发行库安全。组织对1188个银行网点开展现金收付业务检查,促使金融机构提高现金服务质量。开展人民币净化工程,推进社会化清分业务发展,全省银行业金融机构自助取款机及一体机对外支付现金实现全额清分。加大反假货币工作力度，推进ATM机冠字号码查询,组织对1392个银行网点开展反假货币业务检查。 （张 杰）

【金融生态环境改善】 2014年,人行太原支行深化小微企业和农村信用体系建设，为5.8万户小微企业和402万农户建立信用档案。山西省建立13个农村信用体系示范县,其中7个完成数据库建设。推进农村青年信用示范户工作，支持3.2万名农村创业青年获得贷款29.6亿元。征信系统建设和服务规模扩大，为23万户企业和1503万自然人建立信用档案，商业银行借助系统拒绝有潜在风险的贷款118亿元。加强征信业务监管,完成征信业务专项检查。开展征信和社会信用体系专题宣传活动。 （张 杰）

【外汇管理与服务】 2014年,人行太原支行制订实施《关于支持全省对外经济稳定发展的实施意见》，联合省发改委等部门出台《关于促进我省企业“走出去”开展跨国经营的指导意见》,联合10部门制订《关于促进外贸稳增长调结构的实施意见》，促进山西省对外经济发展。为太原重工等企业核定短期外债指标7000万美元,为太钢集团等单位核定融资性对外担保余额指标3.3亿美元，缓解企业资金困难。推进“重点主体外汇全情通工程”，建立全省重点企业基本信息库和历史数据库,构建双向互动的汇企联系制度,增强重点主体外汇监管的针对性。密切监测跨境资金流动情况，防范异常跨境资金流动。加强外汇监测分析和预警，完成跨境资金流动监测分析系统和服务贸易外汇监测系统的推广上线工作。

（张　杰）

【金融法制环境建设】 2014年，人行太原支行依法行政，加大现场检查和处罚力度。组织反洗钱、支付、征信、外汇管理等具有行政执法职能的部门，加大对金融机构现场检查力度，促进金融机构依法合规经营。2014年内，组织山西省各级人民银行对建设银行、兴业银行进行综合执法检查，对建设银行、邮政储蓄银行进行反洗钱现场检查，对建设银行、中信银行进行支付结算综合检查，对交通银行进行银行卡领域金融消费权益保护专项检查，等等。全年检查机构201家，查出问题127个，提出整改建议73条，对违法违规行为处罚669.5万元。

（张　杰）

【金融消费权益】 2014年，人行太原支行制订实施金融消费权益保护工作管理办法、评估办法、考核实施细则和处置突发性群体投诉事件应急预案。率先开通"12363"金融消费权益保护咨询投诉电话。有序推进金融消费风险预警提示和监管信息公布试点工作。开展"金融消费者权益日""金融知识普及月"等主题宣传活动。做好金融消费者投诉咨询处理工作。山西省受理消费者投诉288件、咨询4369件，投诉人满意度100%。

（张　杰）

·山西省银监局·

【概述】 2014年，山西省银监局贯彻银监会和山西省委、省政府的决策部署，坚持"大局意识、底线思维，依法行政、有效监管"的工作原则，开展教育实践活动，推进银行业改革，服务经济发展，防控金融风险，不断提升监管能力，完成各项工作任务。

（赵未陆）

【实体经济发展支持】 1. 力度不减，支持稳增长作用进一步显现。2014年，山西省银监局贯彻落实国务院"金十条""融十条"有关要求，加大对重点领域、新兴产业、薄弱环节和民生领域的信贷支持，压缩淘汰落后产能贷款，实现信贷稳步增长。2014年新增贷款1488亿元，增长10%，高于GDP增速5个百分点，存贷比达64.5%，较上年提高4.6个百分点，2008年以来累计提高18个百分点，信贷投放与经济发展相适应。协调银行为近3万户企业转贷续贷3561亿元、减息5.2亿元、减费3.6亿元，有效缓解企业融资难、融资贵问题。

2. 抓热点重点，小微企业金融服务水平提升。针对2014年前三季度全省小微企业贷款"两个不低于"目标完成情况差，同时信贷集中度高、大额贷款违约风险持续暴露的问题，山西省银监局采取倾斜信贷资源、单列计划规模，推动不良贷款容忍度和尽职免责政策落地、调动信贷人员积极性，改进信贷管理服务、规范收费行为等多种措施，缓解小微企业融资难融资贵问题。2014年第四季度全省小微企业信贷投放325亿元，占全年增量的70%，全年增长14%，高出各项贷款增幅4个百分点。同时，引导银行业机构着手对小微企业金融服务重新布局，实施战略转型，完善顶层设计。

3. 多措并举，普惠金融服务水平提高。(1)持续提升金融服务覆盖面。2014年新批设小微和社区支行107个；新批设村镇银行23家，累计达58家，覆盖全省一半贫困县；全省持证机构网点6600个，近5年年均增加100个。在2010年服务网点乡镇全覆盖基础上，推进基础金融服务"村村通"工程，84%的行政村布放服务机具，金融服务覆盖面和可获得性提升。(2)加大"三农"信贷支持力度。截至2014年底，全省农户贷款1186.29亿元，其中农户小额信用贷款217.27亿元，占比18.32%。累计支持776个现代农业种养殖基地(园区)、1190个农业龙头企业、1998个农民合作社。临猗农商银行支持当地果业经济发展，推出"果业链信贷金融服务体系"，被中国银行业协会授予2014年度普惠服务奖。截至2014年底，全省银行业涉农贷款余额7285.71亿元，较年初增加691.25亿元，增长10.48%，高于各项贷款平均增速2.40个百分点。(3)加强银行业消费者权益保护。以"进学校、进社区、进商圈、进农村、进工厂、进景区"为抓手，深入开展"金融知识进万家"宣传活动。规范信访投诉处理，巩固信访人、银行、监管部门三方会商机制，协调解决典型案例。2014年，山西银监局共受理处置信访事项2200件，同比减少500件，下降19%，获评中国银监会信访工作先进集体。

（赵未陆）

【银行业改革推进】 1. 分类施策，地方法人机构改革进一步深化。2014年，山西省银监局主要负责人到吕梁、阳泉等地调研，形成《山西银监局关于山西省农村信用社联合社加快推进体制机制改革 切实提升风险防控能力的意见》，促进各方形成共识，推动山西省联社改革转型。提出"以高风险社重组改制农村商业银行为主、以自我发展自救化险为辅"的风险处置思路，实行局领导包片督导，探索"引民资自主改、好帮差挂钩改、强带弱捆绑改、多拖一联助改"等改制模式。2014年改制16家农村商业银行，累计达33家。支持经营发展较好的晋商银行开展信贷资产证券化等新业务。推动阳泉市商业银行增资扩股，加快风险处置，做好董事长及高管换届遴选工作。协调各级政府推动城市商业银行优化股权结构，完善公司治理，改革选人用人机制，改进考核评价制度，激发发展活力。支持民间资本进入银行业，年内山西银监局辖内法人银行业金融机构民间股本突破200亿元，持股达到83%。建言省政府加强指导协调，储备优质民间主体，争取民营银行在山西省试点。

2. 突出重点，银行业务治理进一步完善。2014年，山西省银监局成立改革小组，梳理摸底，选取试点，指导制定方案，组织研讨难点，推动落地实施，全面总结推广。截至2014年9月底，山西省银监局辖内6家城市商业银行和110家基层法人农村合作金融机构基本完成同业专营部制和理财事业部制改革。督促各银行业机构贯彻落实《商业银行内部控制指引》，汲取企业信用违约事件教训，落实贷款“三查”和前中后台“三分离”要求，加强内控管理，改进绩效考核，开展检查评估，特别是加强存款偏离度监管，有效扭转存款“冲时点”问题。（赵未陆）

【防控风险维护稳定】 1. 明晰路线，风险应对工作机制进一步健全。一是有效应对企业信用违约事件。2014年，山西省银监局针对多个地市企业违约相继爆发的情况，梳理分析企业特征、违约原因及深层次问题，坚持按照“大局意识，底线思维”原则妥善处理，争取企业渡过难关、银行保全资产、守住风险底线的多赢效果。实施最大债权行牵头负责制，多次组织召开债权人会议，促进形成共识，统一应对行动，分类采取继续支持、推动重组、退出保全等措施，防止银行简单抽贷、无序维权，有效防止风险蔓延。督促注重现金流和还款能力分析，减少对担保抵押的依赖，积极推广银团贷款，探索建立联合授信管理机制，解决多头授信及担保链问题。健全大额授信及担保链监控体系，重点监控亲周期行业、家族式管理、多元化经营、负债率高、多头授信、互联互保、涉及非法集资和民间高利贷的大中型民营企业。二是建立重大银行业风险应对长效机制。在上年出台《银行业重大信贷风险应急处置预案》基础上，研究制定《银行业重大风险应对机制工作方案》，成立银行业重大风险应对工作组和业务、机构、行业、IT及企业5类风险应对专项工作小组，明确职责分工、机制流程，实现快速反应、有效应对。出台《重大银行业风险处置的指导意见》，明确机构主体、属地监管、分类处置、底线思维的处置原则，按照《应对机制工作方案》，围绕事前预防、事中控制、事后管理3方面提出11条措施以及组织、联动、会商要求，实现路径明确、处置有序。

2. 措施得力，银行业各类风险进一步缓释。2014年，山西省银监局持续开展10大行业、120户企业和钢贸行业融资风险监测，应对企业信用违约事件。防范表外和影子银行业务风险传染，完善8类非信贷业务统计监测制度，开展同业和表外业务现场检查。规范银行与小贷和担保公司合作，提示第三方公司理财风险。建立“双线”风险防控责任制，落实银行业机构的主体责任和监管部门的监督责任；开展“制度执行年”活动，全面排查风险，防控案件和操作风险。指导银行业金融机构持续开展流动性压力测试，加强关键时点应急备付，落实流动性管理新规，加强主动负债管理。完成24家主要法人银行业金融机构信息科技监管评级，开展法人机构灾备建设检查和分支机构快速巡查。加大信息公开力度，建立银行业新闻宣传和舆情监测引导工作协同机制。2014年，山西省银监局公开政务及银行业信息518条，主流媒体宣传报道76篇，应对重大舆情事件15起。（赵未陆）

【监管效能提升】 2014年，山西省银监局围绕监管流程的准入管理、非现场监管、现场检查、纠正措施4个关键环节和县域监管1个薄弱环节，大胆探索，研究改进。一是做实准入管理，制定《改进市场准入工作的意见》，按照应放尽放、能授则授的原则，明晰省局和分局事权划分，由完备性的形式审查转向完备与内涵并重的实质审查。注重加强准入监管联动，将数据质量、IT建设与治理、风险防控、小微金融服务以及消保投诉、信访处理、舆情管理等纳入联动范畴。共召开行政许可会17次，审议许可事项708项。二是做精非现场监管，起草《改进非现场监管的意见》，精选报表，整合功能，深化数据分析和EAST系统应用，强调日常工作高效实用，力求实现精确“制导”。三是做优现场检查，起草《改进现场检查的意见》，突出资源集成、过程控制、结果运用，打造监管精确打击利器，全省共开展现场检查62项，检查机构2551家，下发监管意见2017条，持续跟进整改。四是做严纠正措施，全年实施行政处罚43件。五是做强县域监管，深入调研，制定指导意见，探索监管办事处“站岗放哨+巡查”与分局或省局后援“别动队支持”相结合的县域监管模式。（赵未陆）

·山西省保监局·

【概述】 2014年，山西省保险业累计实现原保险保费收入465.37亿元，同比增长12.85%，增速较上年加快5.64个百分点。财产险公司业务增势平稳，实现保费收入162.81亿元，同比增长8.81%。人身险公司业务增速提升较快，实现保费收入302.56亿元，同比增长15.15%。

截至2014年底，山西省保险业累计承保保额12.55万亿元，同比增长89.58%。其中财产险承保保额7.85万亿元，同比增长62.86%。财产险保障度（财产险保额与生产总值的比值）由2013年的3.82提升至6.15。人身险承保保额4.70万亿元，同比增长159.67%。人身险保障度（人身险保额与总人口的比例）为12.89万元/人，同比提高159.36%。全省保险深度3.65%，位居全国第4位、中部六省第1位。保险密度1275.70元/人，位居全国第12位、中部六省第1位。

2014年，全省赔款与给付支出182.47亿元，同比增长7.77%。其中财产险业务赔款支出83.56亿元，同比增长0.49%。人身险业务赔款与给付支出98.91亿元，同比增长14.80%。“3·1”晋济高速公路特别重大燃爆事故发生后，保险业主动与省、市两级政府及事故处置组沟通协调，研究制订保险理赔方案并及时赔付。

通过保险资金运用，保险业累计

为山西14个基础设施项目提供339.75亿元的建设资金。

截至2014年底，全省保险公司各级机构2343家。其中保险公司总公司1家，保险公司省级分公司46家，中心支公司266家，支公司926家，营业部20家，营销服务部1084家。全省共有保险专业中介机构124家，保险兼业代理机构5879家。

(刘　蓉)

【财险市场业务】 截至2014年底，山西省共有财产险公司省级分公司24家。市场份额位居前5位的公司市场份额之和为80.18%，同比减少2.03个百分点，市场集中度继续降低。

1. 财产保险市场业务结构持续优化。2014年，非车险业务累计实现保费31.95亿元，同比增长9.83%。非车险增速连续四年高于车险，占比达19.62%，较2010年的15.75%有显著提升。车险业务实现保费收入130.87亿元，同比增长8.57%。其中，商业车险累计实现保费收入88.14亿元，同比增长7.78%。交强险累计实现保费收入42.73亿元，同比增长10.22%。

2. 财产保险重点服务领域取得突破。农业保险全面发展。中央政策性森林保险首年开办，为5600多万亩公益林提供近340亿元的保险保障，覆盖全省公益林面积达91%。在地方政府支持下，新增小杂粮、葡萄、羊等特色农险品种，特色农险覆盖全省10个地市。全年农业保险保费收入5.74亿元，为436.34万农户提供415.58亿元风险保障，赔款支出1.96亿元，受益农户28.98万户次。出口信用保险对小微企业的支持保障作用较好发挥。2014年，短期出口贸易信用保险承保保额18.44亿美元，同比增长32.10%；支持企业融资3.03亿美元，同比增长72.40%。出口信用保险一般贸易出口渗透率(出口信用保险保额占同期一般贸易出口额的比率)达55.20%，位居信保系统第一。出口型企业覆盖率54.80%，位居信保系统第一。责任保险服务领域拓宽。全省责任保险累计实现保费收入5.75亿元，为食品、环境、医疗、运输等领域提供风险保障8171.65亿元。食品药品责任保险试点在全国较早启动；环境污染责任保险新增试点企业413家，签单保费3363.89万元，规模位居全国第二；医疗责任保险实现保费收入6305.47万元，赔付支出5137.08万元，覆盖各级医疗机构261家，二级以上医疗机构覆盖率90%。保证保险实现保费收入1.81亿元，同比增长221.77%，增速位居全国第二位。

3. 车险理赔服务质量改善。对2013年底以前形成的积压未决赔案进行集中清理，清理件数18.94万件，涉及赔款金额33.36亿元，积压赔案件数清理率和金额清理率分别达87.25%和83.53%。对新增赔案加快理赔效率，车险已决赔案件数182.24万件，件数结案率为93.22%，较上年同期提高1.53个百分点；车险已决赔款68.53亿元，金额结案率63.75%，较上年同期降低1.88个百分点。2家车险快处中心投入运营，减少因事故导致的拥堵3932次。2014年，车险赔款支出74.00亿元，同比增长1.53%；车险综合赔付率61.53%，较上年同期降低2.27个百分点。 (刘　蓉)

【人身保险业务】 截至2014年底，山西省共有人身险公司省级分公司22家。其中寿险公司19家，养老险公司2家，健康险公司1家。市场份额位居前5位的公司市场份额之和为77.14%，较上年降低8.39个百分点。

人身保险业务发展质量提高。2014年，山西省人身险公司累计实现标准保费57.76亿元，同比增长25.27%。其中10年期及以上新单期缴保费收入28.29亿元，同比增长26.83%；保费收入占比16.85%，较全国平均水平高2.6个百分点；折合标准保费28.29亿元，占比48.97%，高于全国平均水平7.1个百分点。普通寿险、健康保险发展加快。普通寿险累计实现保费收入111.50亿元，同比增长144.89%，在人身险保费中的占比为36.85%，同比提高19.52个百分点。其中普通寿险新单保费收入81.95亿元，较上年增加66.51亿元。健康保险实现保费收入24.76亿元，同比增长42.36%，在人身险保费中的占比为9.28%，同比提高1.75个百分点。

人身保险参与社会保障能力增强。城乡居民大病保险在9个地市开展，为1317.6万城乡居民提供5.27万亿元的大病保险保障，每份医保保额在基本医保5万元至15万元的基础上增加40万元，承办以来累积赔付2.3亿元。医疗保险实现保费收入9.18亿元，同比增长18.71%；疾病保险实现保费收入17.37亿元，同比增长42.89%；失能收入损失保险实现保费收入155.52万元，同比下滑37.63%；护理保险实现保费收入2.13亿元，同比增长777.07%。商业年金保险实现保费收入97.53亿元，同比增长89.34%；养老金保险实现保费收入14.85亿元，同比增长40.82%；农村小额人身保险实现保费收入4488.15万元，同比增长11.63%，累计为220.79万人次提供282.39亿元风险保障。保险公司以受托人身份管理企业年金16.33亿元，以投资管理人身份管理企业年金67.27亿元，累计服务180家企业。

2014年，全国组织开展人身保险失效保单清理专项工作。山西人身险失效保单有效通知件数清理率为84.39%，位居全国第一；有效通知保单现金价值清理率为86.87%，位居全国第二。 (刘　蓉)

【保险消费者权益保护】 1. 综合治理车险理赔难。2014年，山西省保监局出台《分类清理积压未决赔案指导意见》，加强"一对一"督导，推动公司开展长期未决赔案的清理工作。修订《山西省机动车辆保险理赔服务质量评价办法》，开展评价工作并首次通过网站披露信息。联合交管部门在太原建立2家交通事故快处中心，提高理赔效率，促进道路畅通。

2. 持续整治寿险销售误导。山西省保监局出台《关于规范人身保险业务销售行为有关问题的通知》，细化要求，强化售前、售中、售后全过程监管。开展人身险公司销售误导治理效

2014年山西省财产保险市场份额表

单位：万元

序号	财产保险公司名称	保费收入	同比增幅	市场份额	份额变化（个百分点）
1	中国人民财产保险股份有限公司山西省分公司	616481.54	−1.48%	37.86%	−3.96
2	中国人寿财产保险股份有限公司山西省分公司	260620.18	17.10%	16.01%	1.14
3	中国平安财产保险股份有限公司山西分公司	216210.13	16.65%	13.28%	0.89
4	中国太平洋财产保险股份有限公司山西分公司	137299.57	2.42%	8.43%	−0.53
5	中煤财产保险股份有限公司山西分公司	74883.48	57.14%	4.60%	1.42
6	中国大地财产保险股份有限公司山西分公司	62778.69	0.64%	3.86%	−0.31
7	阳光财产保险股份有限公司山西省分公司	36129.68	27.69%	2.22%	0.33
8	太平财产保险有限公司山西分公司	35729.86	20.88%	2.19%	0.21
9	永安财产保险股份有限公司山西分公司	21526.89	−33.64%	1.32%	−0.85
10	安盛天平财产保险股份有限公司山西分公司	21116.94	49.99%	1.30%	0.36
11	天安保险股份有限公司山西省分公司	20485.79	38.95%	1.26%	0.27
12	华泰财产保险有限公司山西省分公司	19352.65	16.50%	1.19%	0.08
13	中华联合财产保险股份有限公司山西分公司	16609.16	367.86%	1.02%	0.78
14	英大泰和财产保险股份有限公司山西分公司	16578.07	−8.85%	1.02%	−0.2
15	华安财产保险股份有限公司山西分公司	15667.59	25.94%	0.96%	0.13
16	永诚财产保险股份有限公司山西分公司	13643.14	−5.34%	0.84%	−0.12
17	信达财产保险股份有限公司山西分公司	10476.45	15.75%	0.64%	0.04
18	紫金财产保险股份有限公司山西分公司	7285.86	55.86%	0.45%	0.14
19	中银保险有限公司山西分公司	6123.38	28.56%	0.38%	0.06
20	都邦财产保险股份有限公司山西分公司	5822.64	5.53%	0.36%	−0.01
21	中国出口信用保险公司山西分公司	4270.36	24.77%	0.26%	0.03
22	安邦财产保险股份有限公司山西分公司	3129.39	52.29%	0.19%	0.05
23	渤海财产保险股份有限公司山西分公司	2736.70	41.73%	0.17%	0.04
24	安诚财产保险股份有限公司山西分公司	2450.13	−12.39%	0.15%	−0.04
25	众安在线财产保险股份有限公司（虚拟）	737.45	6580.51%	0.05%	0.05
合 计		1628145.72	8.81%	100.00%	−

注：1.众安在线财产保险股份有限公司于2013年9月29日获得中国保监会核准开业，注册地为上海，主要通过互联网平台销售保险产品。该公司尚未设立各省分公司，无法按照真实数据机构实现业务统计。为及时反映各省互联网渠道保险业务的情况，保监会统信部要求该公司设置统计信息系统省级虚拟数据机构，按照业务来源分省统计业务财务数据

2.中华联合的财产险保费收入中包括其寿险保费

果评价，建立关键指标定期监测和通报、披露机制，督促公司完善销售误导内控制度，强化治理的主体责任。重点检查投保风险提示短信发送及统计查询功能实现情况，确保相关制度落到实处。通过现场督导、专项检查、典型引路等方式，推进客户信息清查补正工作。

3. 推进保险纠纷调处工作。山西省保监局督促行业协会健全保险纠纷调处机制，加强调处队伍建设。推动行业协会在太原、长治、朔州等市建立“诉调对接”机制。细化保险纠纷调解机构与基层法院对接规程，引导消费者通过调处解决诉求。2014 年共受理调处案件 500 件，调解成功 445 件，分别比上年增加 31.5%和 37%，调解成功率达 89%，同比提高 4%，涉及金额 2955 万元，同比增长 93%。

4. 提升信访投诉举报处理水平。山西省保监局创新转办工作机制，强化督促督办，提高信访投诉转办、处理效率。做好投诉接待和协调，依法依规开展消费者投诉案件查办工作，解决保险消费争议。推进 12378 保险服务热线分中心建设。2014 年，保监局共接收处理信访投诉事项 1548 件次，同比增长 47.6%，其中 1071 件次通过协调或劝导得到解决。

（刘　蓉）

【市场秩序规范】 1. 改进非现场监管。2014 年，山西省保监局完善非现场监管制度，两次对 43 家省级保险分公司进行“全面体检”，形成“体检”报告，有针对性地下发监管提示函，对存在问题进行提示，要求公司重视与改进，改变过去“了解点上情况多、面上情况少”“事后处理多、事前提示少”的状况。

2. 加强基层市场监管巡查。按季深入市县市场进行监管巡查，2014 年对全省 119 个县市区的实现巡查全覆盖。对巡查发现的违规设立机构问题、在交管部门办公场所不规范设置出单点问题，专项研究，集中治理。2014 年，全省共清理不规范网点 66 个，引导 30 多家名存实亡的基层机构退出市场，依法清理 325 家保险兼业代理机构，对 3 家专业代理机构实施市场退出。

3. 加大现场检查力度。山西省保监局集中力量开展农业保险、大病保险、银保业务、客户信息真实性、信息安全等专项检查和中介市场清理整顿，2014 年共派出 84 个检查组 229 人次，对 87 家保险公司分支机构和中介机构进行现场检查，分别比上年增加 58.5%、40.5%和 29.2%，截至 2014 年底，山西省保监局依法对 8 家保险机构、2 家保险中介机构、10 名责任人和 1 名保险销售人员实施行政处罚，下发监管函 10 份，实施监管谈话 21 次。

4. 首次开展监管政策落实情况督导检查。就监管政策落实情况，山西省保监局对 45 家保险公司省级分公司和 10 家保险专业中介机构进行督导检查。（刘　蓉）

【风险防范化解】 1. 完善风险防范制度机制。2014 年，山西省保监局修订风险定期排查报告、突发事件应急管理及防范化解满期给付和非正常集中退保风险等制度。加强与各级政府部门的沟通，形成联合应对和处置风险的工作机制。

2. 突出风险防范重点。山西保监局加强监测，摸清重点公司、重点地区、重点业务的风险底数。制订方案，细化措施，切实防范满期给付和退保风险、案件风险、销售人员借贷和销售非保险类产品的风险。加强中介机构分类评价和外部审计，防范中介市场风险。

3. 及时处置风险隐患。山西省保监局统筹监管、行业协会、公司及政府多方力量，采取现场指导、就地协调等方式，妥善处置大同、晋中、阳泉等地集中退保风险苗头。针对重复上访、缠访等问题，妥善化解矛盾纠纷，消除有关风险隐患。（刘　蓉）

【发展环境优化】 1.贯彻落实“新国十条”。2014 年，山西省保监局加强与保监会、山西省政府沟通协调，促成双方签署合作备忘录。保监会启动贯彻落实“新国十条”的文件起草工作，并推动文件出台。2014 年 11 月 6 日，山西省政府印发《山西省人民政府关于加快发展现代保险服务业的实施意见》（晋政发〔2014〕36 号），成为全国第 2 个出台落实意见的省份。

2.拓宽保险服务领域。山西省保监局与财政、农业、林业、环保、食药监等部门联合出台《关于加快推进政策性农业保险工作有关事项的通知》《关于进一步推进环境污染责任保险试点工作的意见》《山西省食品药品安全责任保险试点工作实施方案》等文件，专题向省政府报告城乡居民大病保险开展情况，相关领域的保险工作取得新进展。会同省金融办开展农业保险调研，加强与保险公司协商，明确将旱灾纳入农业保险责任范围的试点工作计划。协调交管部门印发《关于进一步加强脱保交强险车辆查处工作的通知》，扩大交强险承保面。

（刘　蓉）

·山西省证监局·

【概述】 2014 年，山西省证监局围绕“大力推进监管转型”，创新监管手段，辖区资本市场各类主体机构活力不断激发，围绕服务实体经济积极作为，辖区资本市场各项工作得到推进，监管工作和服务山西经济发展工作取得成效。

2014 年，山西省资本市场保持稳定健康的改革发展态势。各项改革创新工作力度加大，直接融资手段丰富，规模和比重扩大。多层次市场体系建设明显加快，市场广度和深度拓展，资本市场的资源配置功能、投融资功能、财富管理功能和风险管理功能得到发挥。（张　军）

【多层次资本市场体系建设】 2014 年，山西省证监局联合省金融办、中小企业局等相关部门，举办 5 次新三板业务培训，推动中小企业在“新三板”挂牌、融资。支持山西省股权交易中心业务创新，截至 2014 年底，1205

家中小企业在省股权交易中心挂牌。推动山西证券柜台交易市场建设。指导推动长治市、朔州市开展"五位一体"融资服务平台试点建设。

（张 军）

【资本市场直接融资】 2014年，山西省各级资本市场累计获批融资规模604.235亿元，实现融资479.235亿元。实现融资中，股权融资22.805亿元，公司债融资35亿元，企业债融资51亿元，私募债融资10.1亿元，创投基金和私募投资基金规模227.67亿元，证券公司柜台市场融资22.07亿元，证券业务创新实现融资110.59亿元。加上银行间市场实现融资1325亿元，全年山西省宽口径直接融资获批1929.235亿元，同比增长24.05%，实现融资1804.235亿元，同比增长27.13%。（张 军）

【上市公司】 截至2014年底，山西省境内拥有A股上市公司35家，其中主板30家，中小板3家，创业板2家，A股上市公司数在全国排第20位，在中部六省排名第5位；总股本562.48亿股，流通股本528.28亿股；总市值5624.09亿元，流通市值5068.13亿元，总市值在全国排第15位，在中部六省排第5位。（张 军）

【拟上市公司】 2014年拟上市公司培育工作取得进展。山西省证监局支持山西省金融办研究制定激励企业改制上市挂牌相关政策。联合沪深证券交易所、全国股转系统公司专家来晋深入企业进行上市政策解读和现场指导。与省有关部门合作，协同推动企业上市挂牌。与省中小企业局签署合作培育中小企业挂牌上市的战略合作协议；联合太原高新区等推动高新技术企业改组改制，促进创新创业型企业融资发展；协助省金融办开展科达自控、壶化集团确权工作。

截至2014年底，山西省在证监会排队等候IPO审核的企业有申报中小板的普德药业和永东化工、申报创业板的东杰物流3家。进入上市辅导期在山西省证监局备案的企业有12家。同时，山西省4家企业在新三板挂牌，获准挂牌企业有2家，在审企业5家。（张 军）

【证券经营机构】 截至2014年底，山西省有2家证券公司、19家证券分公司和145家证券营业部。年末，辖区投资者资金账户开户总数为173.93万户，同比增长5.61%；全年累计代理证券交易总额为14943.21亿元，同比增长41.29%。2家证券公司注册资本30.19亿元，总资产273.71亿元，同比增长72.99%；净资产82.17亿元，同比增长7.00%；净资本47.32亿元，同比增长3.57%；累计营业收入18.26亿元，同比增长47.67%；累计实现净利润7.10亿元，同比增长95.47%。

2014年，中国经济仍处于结构转型期，经济增速放缓，受降息及房地产投资收益下降等因素影响，沪深综指较大幅度上涨，两家证券公司整体资产规模提升较快。证券公司代理证券交易总额、营业收入也有较大幅度增长。特别是融资融券业务规模增长较大，比上年增长3倍，融资融券业务利息收入也随之大幅增长。同时，两家公司加强流动性风险管理，流动性覆盖率和净稳定资金率指标均超过100%，符合证监会关于流动性风险监管指标的规定要求。

（张 军）

【期货经营机构】 2014年，山西省各期货经营机构规范经营、稳健运行，逐步扩大现货企业套期保值的参与面，促进辖区期货市场稳定发展。

截至2014年底，山西省有4家期货公司和29家期货营业部。4家期货公司注册资本3.03亿元，净资本2.68亿元，资产总额23.20亿元，客户权益19.80亿元，投资者开户数为5.62万户，同比分别增长39.63%、-3.91%、52.87%、67.05%、9.68%。全年累计交易量为6390.65万手，占全国交易量的1.13%，同比增长12.20%；累计交易额为46495.40亿元，占全国交易额的0.69%，同比增长6.41%；累计利润总额为143.04万元，同比利润有所减少。

期货公司资产规模扩大。2014年，中辉期货和晟鑫期货分别增资8100万元和500万元，4家期货公司注册资本达到30300万元，同比增长39.63%，公司资产总额、净资产、投资者人数、客户保证金呈现增长态势。受期货公司手续费率降低因素影响，期货公司盈利能力减弱。（张 军）

【基金管理行业】 2014年，山西证券股份有限公司申请公募基金管理人资格的前期准备工作完成，并通过山西证监局组织的现场验收，下一步将正式向中国证监会提交相关申请材料。同时，有多家具备基金销售资格的银行及独立销售机构在山西省设立分支机构。

全省私募基金产业呈现出快速发展势头。截至2014年底，在山西省工商局注册登记的创投企业95家，注册登记的股权投资企业57家，其他投资咨询等相关企业7家，有39家在中国证券投资基金业协会备案，各类私募基金累计募资227.67亿元。

（张 军）

【并购重组】 2014年，山西省5家上市公司通过并购重组累计获批融资规模122.8亿元。其中，同德化工完成并购重组工作，重组资产涉及金额1.12亿元。百圆裤业发行股份及支付现金购买资产并募集配套资金申请获证监会审核通过，重组资产涉及金额10.32亿元，配套融资1.5亿元。百圆裤业收购跨境电商"环球易购"开创山西板块第一只电商题材概念股。另外，当代东方和永泰能源拟通过定向增发募集资金也将部分用于资产收购，涉及金额51亿元。美锦能源规模约118.69亿元的重组工作推进中。（张 军）

【资本市场改革创新】 2014年，山西省资本市场改革创新举措层出不穷，辖区资本市场创新发展步伐加快。(1)山西省证监局指导成立山西省投资基金业协会，会员达200多个，遍及北京、上海等12个省份。(2)指导省投资基金业协会与太原高新区政府合作，启动专司中小企业综合融资服务平台建设。(3)推进私募股权基金产业发展。截至2014年底，灵石县、武乡县、盐湖区等县区城镇化基金完成土地收储、棚户区改造、高铁广场开发、煤化工、农村合作社和农业龙头企业等十余个项目的首期约7.6亿元投资，并会同省金融办进行推广试点工作；在运城试点组建农业风投基金，首期认购规模1.66亿元，首批完成3000万元的投资；支持山西省政府组建新兴战略产业基金、文化产业基金、旅游文化体育产业基金。证监局指导的武乡县被新华社评选为“全国十佳金融创新示范县”。(4)借力众筹工具探索金融扶贫与产业扶贫有机融合，筹措众筹基金170余万元，为娄烦县白家滩村组建养鸡合作社和养羊合作社各一个，95户贫困户成为合作社股东。(5)支持中国(太原)煤炭交易中心试点开展商品场外衍生品交易。（张　军）

【证券期货经营机构创新发展】(1)2014年，山西省证监局推动证券经营机构发挥融资服务功能，累计为企业融资110.59亿元。(2)举办“商品场外衍生品基础知识培训班”“养殖行业及饲料企业风险管理培训班”“煤炭相关企业套期保值培训班”“期货服务上市公司专题培训”等，提升企业运用套期保值水平。(3)面向全省各类私募基金管理机构、企业和机关干部，联合中国资本学院和山西省投资基金业协会举办为期三个月50余课时的山西首期“私募基金专题培训班”。（张　军）

【培训调研】2014年，山西省证监局为山西省住建厅、物价局、省委党校及地市县做报告20多场，三年累计作报告100多场，受众3万余人次。2014年，编发《山西资本市场信息专刊》7期2800册，《资本》5期杂志15000册，信息专报33期290份。各类新闻媒体围绕山西资本市场改革发展与监管工作报道100余篇次，“资本网”发稿4000多篇次。第三批15名挂职干部和第三批资本市场后备人才班213名学员结业。加强对监管对象的培训，举办各类培训班20余次，3100人次受训。

深化调研指导工作。局领导带队深入市场主体，地市县就拟上市、上市公司发展、新三板、沪港通、证券经营机构转型、股权投资企业登记注册、电力企业套保、金融扶贫等问题实地调研40余次，召开座谈20余次。尤其加强对上市公司控股股东的调研力度，2014年，局长带队赴山西焦煤集团、晋能集团、煤气化集团等调研，提出利用资本市场有效应对煤炭行业“寒冬”，为省属国有企业集团量身打造解困方案。（张　军）

【日常监管】2014年，山西证监局精简证券期货行政审批数量。根据中国证监会统一安排，证监局全年减少证券类行政许可事项3项、期货类行政许可事项5项。2014年受理行政许可申请43件，办结并做出行政许可决定42件。依法依规对市场主体进行现场检查。全年对23家次上市公司进行现场检查，对7家中介机构进行延伸检查，督促6家有退市或潜在退市风险的公司解决问题，改变现状；完成证券期货机构各种现场检查89次；对全省159家在工商局登记注册的私募经营机构进行摸底调查，对基金管理公司开展现场检查17次。强化市场主体规范运作。修订《山西证监局拟上市公司监管条例》。督促和引导中介机构归位尽责，实现借力监管。开展承诺履行专项治理活动。召开辖区证券公司合规总监联席会议。督促期货公司完善法人治理和内部制度建设。加强证券期货经营机构信息系统建设工作。联合山西省发改委、省工商局、省金融办下发《关于规范股权投资企业及股权投资管理企业发展工作的通知》，理顺私募股权基金和创业投资基金注册登记和规范管理。对监管对象采取监管措施42次，其中行政监管措施12次，辖区市场主体运行正常。（张　军）

【证券期货市场净化】2014年，山西省证监局联合山西省金融办、省公安厅、省国资委共同承办为期2天“内幕交易警示教育展”太原站展览，展示内幕交易的相关法规、知识以及近两年发生的典型案例，提醒人们自觉抵制内幕交易等不法行为。组织辖区市场主体开展“非法集资风险排查和宣传教育月”活动，健全网络举报系统，强化举报信息发现机制。2014年依法调查12起案件，其中立案调查案件1起，初步调查案件7起、协查案件4起(涉外协查案件2起)。处理投诉246起。（张　军）

【交易场所现场检查】2014年，山西省证监局根据清理整顿各类交易场所部际联席会议通知要求，联合省金融办、省工商局、省商务厅对省内14家各类交易场所进行现场检查，将现场检查中发现的问题报告省政府和部级联席会议办公室。（张　军）

【政务信息服务】2014年，山西省证监局加大监管信息公开力度，自觉接受社会监督。完善审核监管信息公开规章制度，制订行政许可公示办法，补充信息公开内容，严格工作流程，行政许可审核的透明度和公信力增强。2014年主动公开政府信息128条，其中涉及证监局围绕监管转型、加快多层次资本市场建设等重点工作所推动的改革措施及工作动态29条、证券期货经营机构行政审批事项46条、辖区市场统计信息49条、辖区相关机构名录4条。全年未出现依申请公开以及因监管信息公开申请行政复议、提起行政诉讼的情况。

（张　军）

银　行

·中国工商银行股份有限公司山西省分行·

【概述】2014年，中国工商银行股份有限公司山西省分行(简称工行山西分行)围绕全行转型发展要求，深化改革，强化基础管理，提出“1443”全年工作主线，明确“盈利可持续增长”的核心目标，实施“客户基础夯实、零售业务升级、信贷资管互动、中间业务起飞”四大战略，推进“网点竞争力提升、机构人员梳理、绩效考评优化、团队文化打造”四项工程，开展“信贷管理、运营风险、员工行为”三项重点排查，采取各项工作措施，保持经营工作稳步推进。全年实现拨备前利润64.38亿元；实现净利润37.59亿元。截至2014年底，本外币各项贷款（含银行卡）余额为2115.97亿元，较年初增加147.06亿元。据统计，个人贷款较年初增加31.27亿元，票据贴现较年初增加124.54亿元，银行卡贷款较年初增加4.66亿元。全年实现创新融资580.24亿元，较上年增加34.63亿元。本外币全部存款（含同业）余额为3749.09亿元；日均增加22.7亿元。储蓄存款时点增加39.97亿元，日均增加32.36亿元；机构存款时点增长29.36亿元，日均增长4.91亿元。全年实现中间业务收入18.81亿元。2014年末不良贷款余额为23.73亿元，不良贷款率1.16%；累计清收处置不良贷款29.68亿元；创新不良贷款处置方式，通过打包批量转让，清户79户、清收处置不良贷款18.06亿元，其中现金清收8.74亿元；核销9.32亿元。（闫洁琼）

【信贷业务】 2014年，工行山西分行对11家二级分行开展四轮风险排查汇报，逐户听取对645户企业、1330亿元贷款的汇报，进行41次专题分析，通过多轮排查督促各行盘清自家底数，完善应急对策，狠抓措施落地，推动各行管理人员贷后管理认识的改进和提高，全行对信贷风险的识别和把控能力增强。在加大风险排查、全面了解客户的基础上，分析贷款风险成因，按照“以时间换空间”的工作原则，对107笔、78.3亿元贷款项目进行合同要素重新安排和调整，转化和缓释风险，全年累计化解进入剪刀差框架的风险客户44户，消除剪刀差64.8亿元。在不良贷款清收处置方面，借鉴系统先进经验，创新清收处置手段，通过竞价方式实现一次性批量打包转让处置不良贷款18.06亿元。集中力量推动涉及表外资产业务风险化解工作，全年配合信托公司共完成6笔信托计划，共计57.33亿元资金的按期兑付工作。（闫洁琼）

【客户市场】 2014年，工行山西分行把“强化客户基础”作为一号工程，从公司、机构和个金三个维度夯实客户基础，实现客户的“提质扩容”。开展客户市场再梳理，围绕金融办项目平台、核心企业上下游等领域锁定目标客户2227户，按照“近、中、远”梳理贷款客户营销视图，针对日均5万元以上客户开展链群式、名单制营销，公司客户较年初增加6167户，全年新开有效对公结算账户1.15万户。稳固“财政、社保、公积金”三大核心客户，以归集、征缴、支付、划拨等环节作为切入点，着力拓展核心领域上下游关联客户，以公共资源、民政部门为重点推进集群营销，开展重点机构客户走访活动，对46户军队客户进行集中走访，拉动军队客户存款增长9.18亿元，全年机构客户新增768户。围绕“代发工资、个贷和五级商友”三大客户群，开展新增个人客户回馈、特色积分回馈等专题活动，对接家装、婚介、旅游、出国留学等中介组织，全年净增代发工资客户46.9万户，签约工银信使客户162.96万户。12月末个人四星及以上客户较年初净增12.28万户，增幅7%；私人银行客户较年初净增168户，增幅14%。（闫洁琼）

【存款业务】 2014年，工行山西分行紧抓对公存款主要指标，实行按季以“客户包”为单位打包认领和专项考核，实行1000万元及以上大额资金流出监控机制，建立有贷户存款通报、公司存款日报、旬报及大额变动预测制度，深挖有贷户上下游存款归集，加强“存贷比、受托支付和销售归行”三维管理，控制“裸贷”，强化存款与贷款规模配置挂钩管理，提升客户资金行内留存，疏通资金回流渠道，归集理财、债券承销、租赁资金共计137.7亿元。保持机构核心市场存款份额，开展以“业务合作全覆盖”“账户种类全覆盖”为目标的“社保经办机构全覆盖”活动，争取“五险统征”合作代理及财政社保资金拨补落地，抓住省级国库现金管理试点，加强代理财政收支业务合作，拓展住房维修基金领域，实现社保存款新增51.18亿元，取得19亿元国库资金份额。立足储蓄存款与个人资产的同步增长，组织财富客户增值服务综合推荐活动，开展储蓄存款差别化定价业务，推广理财POS、“节节高”、直销服务等新兴业务，加强理财与储蓄存款的

工行阳泉分行开展假币识别宣传　（闫洁琼供图）

工行运城分行开展“3·15”金融消费者主题宣传教育活动　（闫洁琼供图）

转化，全年依托代发工资业务留存资金 101.94 亿元，拉动金融资产提升 165.63 亿元。抓住私人银行区域专属理财产品首发机遇，发行“山西之星”区域理财产品规模达 21.57 亿元，带动私人银行客户总资产较年初增加 24.49 亿元。发挥全产品综合化服务优势，为富士康集团量身定制外汇存贷组合产品，营销美元定期存款合计 2.2 亿美元。　（闫洁琼）

【贷款业务】 2014 年，工行山西分行持续纵深动态梳理信贷市场，强化与总行政策的衔接，加快具体项目的储备、对接和落地转化，全年共投放各项贷款 1472.56 亿元，同比多投 63.42 亿元。实行公司业务半月滚动和分环节责任推动机制，抓住优质大型项目，及时跟进重点行业、重点工程、重点客户，年末公司贷款余额达 1698.54 亿元。围绕“八大目标市场”和“三大业务板块”，利用“综改区”政策红利，挖掘现代服务业、战略新兴行业、先进制造业等产业优质市场，新兴行业贷款总量达 159.03 亿元，其中向商贸流通、电信运营、装备制造、建筑、教育、医院、文化、现代物流等领域累计投放贷款 110.34 亿元。推动“小贷”业务发展壮大，个人贷款和卡贷款分别增长 19%和 8%；打造逸贷产品成为新的转型支撑，实现前、中、后台全流程、链条式营销服务，年末逸贷融资余额达 2.59 亿元，较年初净增 1.64 亿元。坚持拓展小企业信贷市场，实现美特好超市融资方案的落实、太钢和太重借贷链条的延伸以及同煤、平朔等重点核心企业的链客户拓展。加快融资业务创新，强化信贷与资管良性互动，拓展非信贷融资渠道，全年实现创新融资 580.24 亿元。发挥票据对盈利贡献的作用，票据贴现量累计达 563.52 亿元，实现综合收入 3.83 亿元，同比增加 1.33 亿元，增幅 53%。　（闫洁琼）

【“双擎两翼”工程】 2014 年，工行山西分行推进“双擎两翼”工程，强化绩效合约和预算目标管理，依托“拓户增收”和“产品渗透”两项重点，围绕预算“四分解、四落实”强化目标意识，加快重点业务和重点项目双向发展，坚持传统业务和新兴产品同步推进，突破中间业务收入增长瓶颈。2014 年，零售业务部门实现中间业务收入 10.97 亿元，同比提高 4.89 个百分点；信用卡新增发卡 39.4 万张，发卡规模累计达 195.5 万张。资管业务成为重要发展方向，全年新增资产托管规模 4307.4 亿元；品牌类投行收入实现 1.08 亿元，同比增长 7%；新增债券投资收益 4.52 亿元，同比增长 12.67%；理财产品新增销售 240.5 亿元、日均余额 86 亿元；账户管理、上门收款、现金管理三项基础业务收入同比分别增长 53%、2.41%和 0.4%。互联网金融发展取得新突破，年末全行员工融 e 购注册率达 85%，工银 e 支付体验率达 87%。全行新增企业网银客户 8943 户；电商平台总行审批通过商户 83 户，其中争揽行外商户 32 户，客户交易额 5,149 万元，金融产品交易额 7.18 亿元。　（闫洁琼）

【经营管理】 2014 年，作为工行系统内首批核算印章改革试点，工行山西分行率先启用电子化打印和自动化控制的全新用印模式，全行 458 个营业网点 7066 枚传统实物印章由自动化用印和电子化打印取代，提升用印风险管控水平。推进网点运营标准化管理，确定试点先行、点面结合、分步实施、快速推进的工作原则，以驻点跟踪和分片巡回的方式，强化对二级分行的改革指导和推动，相比改革前，全行实开柜口总数下降 23.4%，网点高低柜配比达 1.31:1，柜员和服务支持岗数量分别下降 25%和 74%，网点运营效能和营销活力逐步释放。围绕人力资源优化配置和实现内部挖潜，按照“数量、质量、作用发挥”三个到位，加强客户经理队伍建设，充实大堂经理和客户经理 1191 人，启动对公客户经理“一周双晚”应急滚动培训，初步完成全行人员结构、营销方式、作业模式、激励模型的优化和转变。推进网点竞争力提升工程，实施存量网点优化，共完成 11 个低效网点的优化改造工作；升级完善网点功能，加快离行式自助网点建设以及新排队叫号机等新自助设备的布放进度，全年新建离行式自助银行 120 个，新投放自动柜员机 585 台、自助设备 383 台。完成柜员身份指纹认证改革任务，综合运用突击轮岗、突击查库、视频监控等手段开展专项检查，加强重点环节风险管控，提高业务规范化管理水平。推进信息化建设，构建起“双百”应用模型，完成 101

项数据分析模型设计，在精准营销、市场拓展、客户定位、业绩提升和风险防范等方面应用效果明显。针对内控案防工作面临的严峻形势，结合总行案件和风险事件专项治理活动要求，开展严肃整治违规违纪行为专项行动和系列检查排查，对三类重点群体和三大重要领域开展全覆盖滚动式风险排查，通过扬正气、树标兵、抓典型、严手段，形成对违规违纪行为的高压态势。推进企业文化建设，开展形式多样的主题教育和宣传活动，加快企业文化体系落地深植。

（闫洁琼）

【社会责任】 2014年，工行山西分行捐赠扶贫点运城垣曲长直乡20万元，用于解决当地部分村民吃水难的问题。利用春节、国庆等重大节日，开展送温暖活动，将总行拨付资金232万元，配套资金168万元用于特困救助。 （闫洁琼）

·中国农业银行山西省分行·

【概述】 2014年，中国农业银行山西省分行（简称山西农行）本外币各项存款日均余额2740亿元，位居同业第二；其中个人存款日均增量份额30%，排名四大行第一。本外币各项贷款余额1197亿元，比年初增加160亿元，增量创历史最高水平，排名山西省全部金融机构第一。 （张鹏鹤）

【实体经济支持】 2014年，山西农行加大对实体经济的支持。(1)支持煤炭行业资源整合后期配套技改。(2)支持市场潜力较大的旅游行业和节能环保的高科技产业。AAAA级以上和列入世界遗产目录和世界地质公园名录的景区以及低碳经济、节能减排、循环经济等环保型企业和项目的建设发展。(3)支持大型超市、物流配送行业；支持山西省大型物流企业，提升物流企业上下游客户。2014年，全省农行累计放投贷款584亿元，净增160亿元，同比增加40亿元；贷款增速15.4%，同比提高2.3个百分点。其中，人民币法人实体贷款净增达117亿元，在全省各家商业性金融机构中排名第一。新增贷款主要投向铁路建设、风电以及五大电力在晋企业和太重集团、七大煤业等山西省属重点企业。同时，发展直接融资业务，拓宽企业融资渠道，办理理财融资14亿元、承销债务融资工具86亿元，直接融资余额合计达650亿元，占到信贷融资的54%，总量位居山西四大行之首。 （张鹏鹤）

【“三农”服务提升】 2014年，山西农行优化“三农”金融服务路径，提高“三农”金融服务品质。(1)开展“‘金穗惠农通’提质增亮”工程。自主开发“惠农通”代缴电费、话费等公用事业收费业务。截至年末，“惠农通”代缴电费业务实现全省96个县和90%的乡镇全覆盖，累计代缴公用事业费746万笔，19亿元；惠农卡有效率、转账电话有效率、卡均存款分别比年初增长22%、15%和9%。依托“惠农通”，共代理59个县的新农保业务、98个县的新农合业务和68个县的其他涉农补贴业务，当年归集代理资金66亿元，发放59亿元。(2)开展“千百工程”和产业链金融服务。“千百工程”达标客户达152户，比年初增加30户，新增贷款12.4亿元。带动农户62.31万户。(3)开展三“百”专项营销。在“百强市场”营销方面，对全省“十一佳农贸市场”金融服务覆盖率达55%；在“旅游百县”营销方面，对全省51个AAAA级以上景区金融服务覆盖率达51%，对平遥、浑源、阳城、五台四个重点县的3星级以上酒店金融服务覆盖率达86.67%；在支持农村商品流通体系建设方面，对全省90家“万村千乡”物流配送企业金融服务覆盖率达83%。 （张鹏鹤）

【小微企业服务扩展】 2014年，山西农行把符合产业政策、环保政策，以及有市场、有技术、有发展前景的小微企业作为重点支持对象。(1)适度扩大二级分行小微企业信贷业务审批权限及单项业务审批的信贷品种范围。(2)创新担保方式。2014年，山西农行推出针对小微企业贷款业务的多种组合担保方式，如存货抵押、企业自有房地产抵押、法人及股东房地产捆绑抵押、担保公司保证担保、优质客户联责联保和信用贷款等多种组合担保方式，解决小微企业担保难难题。(3)创新小微企业信贷模式。针对大型企业上下游的中小微企业经营特点，提出“链金融”的理念。截至2014年年末，全行产业链金融服务共涉及128个产业链、790户企业

农行山西省分行积极支持“万村千乡”市场化信息工程建设 （张鹏鹤供图）

副省长王一新(右一)在农行山西省分行调研“三农”全融服务工作

(张鹏鹤供图)

或经纪人，链上开立网银176户、布放转账电话1405部，带动存款2.14亿元、贷款20.22元，实现结算量77.24亿元,带动农户62.31万户。拓展运城果业、大象农牧、定襄铸造、古城乳业等一批新的产业链。(4)创新小微企业信贷产品。山西农行选定商圈、产业园区、小企业集群、连锁加盟店作为营销突破口，通过实地调研，完成对连锁加盟企业金融产品“加盟贷”的研发,推出小微企业连贷通业务、小微企业工商物业贷款等产品，解决小微企业租赁、购置和经营工商物业困难及融资难、融资贵的问题。截至2014年底，全省农行小微企业贷款余额达77.98亿元(含个体工商户和小微企业主),较年初增加17.11亿元，同比增加7.6亿元，增速为28.11%，高于各项贷款增速12.63个百分点,达到银监部门“两个不低于”的监管要求。 (张鹏鹤)

【主动营销力度加大】 2014年,山西农行一方面立足网点加强阵地营销，另一方面加大“走出去”主动营销力度。(1)增强营销力量。在全行开展压缩后台、充实前台工作,对支行机关重新核编定岗,通过经济手段,引导人员向基层、前台、柜台流动,增强直接营销力量。同时,在二级分行以下推行全员计价、全员营销,营造人人都是客户经理的格局。(2)加大“扩户”力度。实施对公三年“扩户”计划,开展住房公积金、烟草、行政事业等对公系统性客户专项营销,加大个人客户公私联动营销。全年新增对公存款客户5951户,同比增长57%;新增个人有效客户65万户，总量达970万户,位居四行第一;收单商户继续位居同业第一；在线金融客户持续增长。(3)推行“包户”管理。在“扩户”同时,把所有存量客户全面分配到柜员和客户经理,实行“包户到人”管理,一包客户数量增长,二包金融资产增长,三包产品覆盖增长,形成“人人有户管,户户有人管”的格局,深化客户关系管理,强化客户价值挖掘,促成“扩户”与“提质”并进。(4)重点营销存款。狠抓销售货款、结算资金“两个归行”,加大票据池、代发工资、代缴费等源头性引存、稳存业务营销,加强公积金、社保等资金富集单位营销，实现日均存款增长。 (张鹏鹤)

【基础建设强化】 2014年,山西农行增强竞争力,巩固发展基础。(1)加大渠道投放。全年新建离行式自助银行191个,投放现金类自助设备519台、自助服务终端227台、自助签约终端270台，四类渠道总量分别达到406个、2108台、1090台和127台，居同业领先水平。(2)优化柜台流程。自主研发临柜智能系统,实现记账凭证电子化、客户签名电子化、交易用印电子化和交易回单一次打印、交易流程智能控制,提高业务办理效率和交易处理能力。(3)加快推广新产品。推广票据池、法人账户透支、单位结算卡三项对公新产品，在山西全系统第一家办理票据池融资业务；为9户企业开办账户透支;面向商业连锁、批零企业推广单位结算卡。(4)完善激励机制。统一制定支行对网点、网点对个人的绩效考核指引，通过规范基层考评行为，提高考评科学性和战略传导能力。加强对基层单位薪酬分配辅导,完善机制“最后一公里”，提高基层机构薪酬分配能力，增强激励有效性。 (张鹏鹤)

·中国银行山西省分行·

【概述】 2014年,中国银行山西省分行坚持“担当社会责任,做最好银行”的发展战略，以质量效益为中心,以创新驱动为引擎，转方式调结构,固基层强基础，各项业务保持健康发展。2014年末,中国银行山西省分行人民币各项存款余额达2086.45亿元,较年初新增87.13亿元,市场份额提升0.17个百分点，新增额居当地五大行之首；人民币各项贷款余额967.27亿元,较年初新增67.02亿元；国际贸易结算和跨境人民币结算市场份额持续保持同业第一。

(李　鹏)

【山西经济转型发展支持】 2014年，中国银行山西省分行一方面落实《金融支持山西转型跨越发展合作备忘录》，另一方面贯彻山西省转型发展金融服务座谈会和金融支持山西经济结构调整与转型升级座谈会精神，发挥国际化、多元化的优势,创新金融产品和服务,在公路、铁路、煤炭、钢铁等重点行业，以及区域发展、基础设施、中小企业等重点领域,为山西转型综改试验区建设提供商业银行、投资银行、保险、基金、理财、证券等多元化金融支持,满足山西经济转型发展的金融需求,受到山西省政府和三晋企事业单位的一致好评。

1. 支持重点工程和项目。调整煤炭行业授信准入标准,为省内八大煤炭企业和重点民营煤企的发展创造良好条件;实施差异化授信模式,在审批权限、审批流程等方面给予政策倾斜,继续支持山西省交通运输厅、准朔铁路有限责任公司、太原铁路局、太原铁路枢纽西南环线、吕临铁路、侯禹铁路等单位和项目。2014年累计为煤炭行业提供授信支持139.66亿元,为省内交通和基础设施建设提供授信支持217.82亿元。

2. 解决企业融资难题。结合地方经济特色和企业融资需求,主动加强对债券、资本、货币三大市场的研究,利用短融、中票、融资租赁、投行理财等多种新产品,帮助企业优化融资方案,满足企业资金需求,累计为省内八大煤业及重点企业叙做直接融资业务近152亿元,一方面缓解经济下行期企业资金短缺的困难,另一方面通过较低的发行价格,降低企业融资成本。同时,在用足新增贷存比政策的基础上,向山西投放专项信贷规模30亿元,用于支持新材料、新能源、现代交通、现代物流、教育卫生、节能环保、文化旅游等新兴行业发展,以及暂时出现经营困难的大型企业。

3. 服务外向型经济发展。(1)发挥外汇品牌优势、传统优势以及全球网络优势,支持省内企业"走出去"发展,为助推山西外向型经济发展做出应有贡献。2014年,累计办理国际贸易结算业务78.29亿美元,市场份额33.5%;累计叙做跨境人民币结算业务112.22亿元,市场份额37.5%。两项业务比重均占到全省的三分之一。(2)抢抓人民币国际化、省内企业"走出去"、过剩产能转移等机遇,全面对接山西进驻上海自贸区的19家客户,以外向型企业、省内大型国有企业为重点,利用海外市场资金20多亿元,通过叙做跨境银团贷款、海外直贷、出口信贷、境外直接融资等业务,帮助企业拓宽融资渠道。(3)满足省内居民海外投资、置业、留学、移民等金融需求。中国银行在山西省设立70个出国金融服务中心,2014年累计办理个人结售汇34.4万笔、折合15.77亿美元,代理海外开户见证76笔。

4. 助力中小微企业发展。贯彻落实中央支持小微企业发展的金融政策,推出专门适用小微企业融资的"中银信贷工厂"服务模式,满足小微企业"短、小、频、急"的资金需求特点,提高小微企业的服务水平;开发设计专属产品,制定标准化操作规范,重点支持教育、医疗、卫生、养老、农业等民生领域,突破小微融资瓶颈。2014年末,山西分行中小企业授信客户达140多户,累计投放中小微企业贷款117.39亿元。

5. 优化民生金融服务。发展个人住房、个人投资经营、商铺抵质押循环、个人营运汽车、益农贷等综合类贷款,为山西省需要信贷支持的购房、购车、经商、旅游、医疗、教育、务农的居民提供满意的金融服务。全年累计发放个人贷款46.5亿元。其中,住房贷款37.5亿元,非住房贷款9亿元;拓展社会保障服务,在经济欠发达的县域、村落铺设固话POS机,推出"手机取款"业务,满足广大农民的金融需求。同时,发放社保卡、军保卡、武警卡、银医卡、新农合等各类保障卡280万张。　　　　(李　鹏)

【山西金融秩序维护稳定】 1. 2014年,中国银行山西省分行实施全面风险管理。(1)无论表内表外、国有民营、实有或有、本币外币、线上线下、代客自营、本地异地、境内境外的所有业务,均纳入风险管理范畴。(2)实现全流程风险管理,做到统一营销、统一审批、统一授信、统一贷后和存续期管理。(3)重点抓好四类业务管理,表外、类信贷业务风险管理,低风险业务风险管理,大型集团客户集中度风险管理,企业与个人授信的交叉风险管理。(4)强化过程管理。建立客户经理贷后管理现场核查制度。增加客户经理现场检查频次,明确现场检查的重点内容和报告要素,把贷后管理的工作做实,责任落实。(5)加强声誉风险管理。按照"属地管理、条线负责"的原则,做好前期排查、风险缓释、预警防控等基础工作,提高声誉风险的主动管理能力,确保将舆情苗头消灭在萌芽状态。

2. 完善内控管理机制。全面梳理内控职责、流程和制度,制订"内控手册",重点关注授权管理、印章管理、单证审验等案件高发领域,避免内控盲点和控制缺陷。完善和落实案防责任制,严肃案件问责,着力纠正违规。

中国银行山西省分行开展金融知识宣传活动　　　　(李　鹏供图)

中国银行山西省分行与山西省卫计委签署新型农村合作医疗基金归集业务协议 (李　鹏供图)

持续加强反洗钱工作,完成可疑交易集中上收,前移风险控制关口。加强业务授权管理,结合被授权机构、被授权人的具体情况进行转授权,杜绝发生重大合规风险事件。

3. 加强重点人员管控。落实好"网点安全轮值"和"晨会案防一分钟"等制度,严厉打击非法集资、电信网络诈骗等违法犯罪活动,加大内部员工参与民间借贷等违规行为的查处力度。抓好重点人员、重点业务、重点区域、关键环节的拉网式检查工作,加大对直接接触客户、直接接触资金和业务、直接接触系统人员的管控。加强复核制度和各级柜员的履职管理,坚决杜绝人为操作差错和风险事件的发生。倡导案例教学,编写操作风险、声誉风险、内控合规案例100条,以反面教材警示全行,以身边的人和事教育全员。

4. 严格落实案防责任。持续开展"制度执行年""三查三找三提高""两加强、两遏制"等专项活动,彻底摸清业务经营与内部管理中的短板,解决违法违规问题,排除案件风险隐患。落实"组织领导责任、制度建设和执行责任、监督检查责任、问责责任"四项责任,执行"一案四问""双线问责""重大案件上追两级"的基本要求,打击挪用客户资金、挪用银行资金、内外勾结牟利违法行为。 (李　鹏)

【企业管理】 2014年,中国银行山西省分行完善机制,筑牢发展根基。(1)健全机构等级管理、网点专项奖励等制度,优化费用、规模、人员等资源配置,强化争先进位意识,提高全员拓展业务的积极性。(2)坚持基层导向,制订下发新版《职位聘任管理实施细则》,职位竞聘时,同等条件下优先选用具有基层工作经历的员工。(3)自主开发覆盖全员的量化积分考核系统,推行宽带薪酬机制,资源配置重点向前台和基层一线倾斜。

集约高效,提高管理水平。(1)成立运营操作中心,提高运营服务质效,释放基层人力资源。(2)构建集约高效的运营作业模式。持续优化流程,分离前台操作,实现太原地区上门收款现金集中清分、全辖会计档案集中保管、普通凭证集中配送,完成运行监控、内部交易平台(MJE)、贷款核准与信息维护、银企对账等集中上收。

提质增效,深化网点转型。(1)出台《深化网点转型提升网点效能的三十条工作意见》《机构等级管理实施办法》《网点智能化建设试点工作方案》等制度,重点从队伍、流程、模式、管理、考核和文化六个"再造"入手,加快产品下沉,深化网点转型,提升网点的综合效能。(2)实施"赛马"机制,建立综合业绩、业绩成长、惠民工程组成的评价体系,推进30家全功能复合型网点建设。(3)按照"分类管理,风险可控,授权清晰"的原则,实施27项重点产品下沉工作,其中10项产品网点开办率达80%以上。(4)加强岗位梳理和人员配置,专业队伍初具规模。截至2014年底,全辖专业队伍人员增加到2184人,较转型前增幅达239%。(5)加快渠道建设步伐。以网点为依托,开展中银易商E社区业务拓展活动,合作社区298家;突出电子渠道的战略性作用,个人网银、企业网银、手机银行交易客户新增分别达56.94、2.28和25.63万户。

以人为本,提升队伍素质。(1)出台《青年优秀人才培养指导意见》,着重培养打造中层管理人才、高级专业领军人才、技能操作人才、中层继任人才和优秀青年人才等五支队伍。(2)坚持骨干人才重点培训、后备人才提前培训、紧缺人才加快培训,提升干部员工的综合素质与岗位胜任力。(3)综合运用案例教学、现场观摩、实战演练、研讨交流等方式,深化岗位资格认证培训。(4)公开选聘150多名优秀员工为省行级内训师,在经营管理理念传导、业务知识传播方面发挥作用。(5)建立完善巡视工作组、内控合规检查组以及专职评委三支队伍,强化对干部队伍、操作风险和信用风险的管控。 (李　鹏)

【企业文化】 1. 帮扶解困,关心员工。2014年,中国银行山西省分行以"三严三实"为准则,以问题整改为抓手,持续巩固第一批党群教育实践活动成果,推进第二批活动开展,为基层网点帮困解难、传经送宝,实实在在打通服务基层最后"一公里"。针对在教育实践活动中查摆出的慵懒散拖、服务效率低下、审批流程繁琐等问题,深入开展"减负、提速、帮困、解难"四大专项行动,在首问负责制和限时答复制方面提出具体承诺内容,并由基层行监督落实。同时,听取基层意见，从思想上尊重员工，从感情上贴近员工，从行动上深入员工，整治损害员工利益的不正之风。

2. 改进作风，增强服务。以“我承诺、我服务、我奉献”为主题，以“讲规范、讲公正、讲廉洁，提高工作效率、提高工作质量、提高工作业绩”为主要内容，改进机关作风，挖掘机关潜能，持续开展深化机关作风建设活动。针对服务基层整章建制，重点优化授信审批、机构选批建等流程，把作风建设制度化、常态化。

3. 转变理念，创新管理。完善管理机制，提升管理效能，开展管理升级达标活动。2014 年以管理能力提升为突破口，高起点开局，高标准开展，高质量推进，将管理升级达标活动与改进机关工作作风、网点转型、流程优化、队伍建设等工作融为一体，治本和治标相结合，渐进和突破相衔接，填补管理盲区，堵塞管理漏洞，逐步构建起科学化、制度化、精细化、标准化、常态化的管理体系和管理机制。

4. 完善制度，强化执行。开展“制度执行年”活动。活动期间，修订、完善、新增制度 62 项，清理、废止过时失效制度 30 项。

2014 年，中国银行山西省分行先后获得“支持山西经济发展贡献奖”“山西金融行业首选品牌”“省直文明单位”等称号，系统内独家冠名“中国银行号”动车组，《金融时报》、山西新闻联播、《山西日报》《山西经济日报》等主流媒体多次深度报道分行支持地方经济发展、开展普惠金融的情况，品牌美誉度和社会影响力提升。（李 鹏）

·中国建设银行山西省分行·

【概述】 2014 年，中国建设银行山西省分行（以下简称建行山西省分行）实现账面利润 36 亿元，主营业务收入 84.7 亿元。主营业务收入结构呈现良性变化，其中票据业务实现收入 12 亿元，占主营业务收入 14.4%。一般性存款日均余额 2579 亿元，四行占比 23.38%，提升 0.47 个百分点，日均新增 70 亿元，四行第一。其中，企业存款余额 1134 亿元，占比 25%，四行第二；新增 11.1 亿元，是四行唯一正增长的行。个人存款余额 1445 亿元，新增 58.8 亿元，占比 26%，四行第三。信贷结构调整取得成效。各项贷款余额 1437 亿元，新增 146 亿元，四行第二。中间业务收入保持四行第二。实现收入 14 亿元，保持四行第二。其中信用卡收入 2.64 亿元，增幅 42%；资金结算业务收入 1.47 亿元，增速 13%；造价咨询业务收入 1.25 亿元，增速 14.54%，成为新的增长点，贡献度大幅提升。资产质量控制实现预期目标。不良贷款率保持四行最低水平，不良处置取得突破，累计处置不良贷款 14 亿元。同时，不良贷款处置效率和效益大大提升，实现减值回拨 3.13 亿元。（赵建伟）

【信贷业务转型】 2014 年，建行山西省分行通过多种融资渠道，支持服务山西省地方经济发展。一方面，加大对交通、电力、教育、医疗、卫生、文化、旅游、环保、科技等非煤行业客户的贷款投放力度。交通、电力和机构类贷款新增 50.36 亿元，占对公贷款新增总量的 91.36%。另一方面，增加个人消费领域信贷投放规模，刺激民众消费需求，拉动内需增长。在合规经营、风险可控的前提下，适度加快个人贷款业务，发展信用卡分期业务。其中，个人类贷款余额突破 200 亿元，达到 204 亿元；新增 54 亿元，增幅 38%。信用卡分期贷款余额 15 亿元，新增 6 亿元。同时做好专业化、特色化的票据业务，累计办理票据贴现 1029 亿元，首次突破千亿元。（赵建伟）

【投行业务发展推进】 2014 年，建行山西省分行确定“以产品创新推动业务转型”的发展策略，一是加强与建银国际联动，中标山西省战略新兴产业投资基金，打开与政府合作通道，迈出投行向非煤转型的关键一步。按照省财政厅与国投集团要求，建行率先进入项目筛选申报阶段。二是加强与对私业务联动，推进“善融财富山西一号”资产管理计划，开辟投行业务新的增长点，重点解决房贷规模不足的业务发展瓶颈。三是加强内部联动，研究投行业务与养老金业务共赢发展，通过企业年金投资渠道，兜底认购晋煤私募债 1.4 亿元。全年发行产品 63 笔，金额 157 亿元。其中，发行短融、私募债、超短融 7 笔 46.7 亿元。（赵建伟）

【负债业务】 2014 年，建行山西省

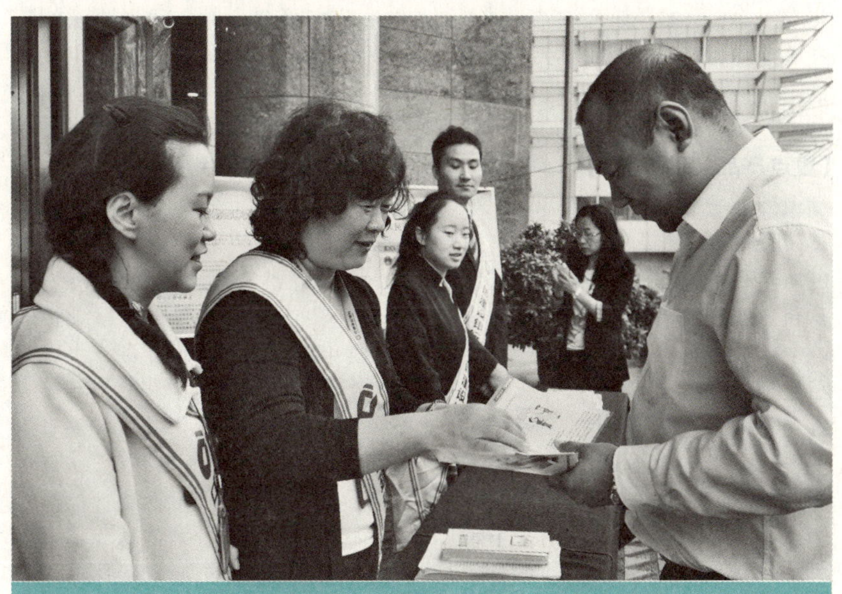

2014 年 9 月 16 日，建行山西省分行开展“反假币宣传”活动　（赵建伟供图）

2014 年 7 月 25 日，建行山西省分行与太原卫星发射基地签署战略合作协议
（赵建伟供图）

分行在全省范围内开展广泛调研，寻找存款下滑的原因，发现和推广好的做法。对私存款提出要"跳出存款抓存款、跳出网点抓存款、跳出零售抓存款"。"三个跳出"的理念成为建行山西省分行零售业务转型的重要内容。对公存款落实关于稳存、增存、主抓机构客户的工作要求，重点抓财政、社保的上游源头和下游承接资金，发挥机构类客户存款稳定器的作用。2014 年末，机构类一般性存款日均余额 493 亿元，占到对公存款余额 43.5%，新增 44 亿元；同业存款余额 36 亿元，新增 9.75 亿元，四行第二；一户通存款沉淀资金 171 亿元，新增 12 亿元。（赵建伟）

【重点产品"助保贷"】 2014 年，建行山西省分行推广重点产品"助保贷"，解决中小企业融资难题。在全省 119 个县级行政区搭建"助保贷"合作平台 70 个，基本实现山西省区域内地市级全覆盖。加大创新力度，推出小微企业"商户贷""产业升级贷""园区贷""续贷宝""助农贷""速融贷"六个产品。全年小企业贷款余额 91 亿元，新增 9 亿元。年内通过顶层设计，配套专项资金，省财政厅出资 2 亿元用于"助保贷"风险补偿金，为业务发展注入资金支持。（赵建伟）

【贸易融资产品创新】 2014 年，建行山西省分行加大国际业务发展，在贸易融资领域另辟蹊径，针对不同客户群体推出并落地三项新产品。一是为大企业量身定做内保内贷和供应链融资两项适用于大型跨国公司的跨境融资产品；二是改良部分贸易融资产品，推出便于出口小企业融资的"速融贷"产品，疏通小企业融资通道，助推山西省中小企业走出去。2014 年，建行山西省分行实现跨境人民币结算量 32 亿元，为历史最好水平。全年新增远期结汇 5.04 亿美元，与法兰克福分行成交远期跨境结汇 5000 万美元，办理代客利率掉期交易 5500 万美元。（赵建伟）

【金融业务融入民生】 2014 年，建行山西省分行金融业务融入民生领域。一是推进造价咨询，服务全省各领域。重点加大与地方政府业务合作，参与省、市重点工程公开招投标工作，提升建行造价咨询业务在主流行业、主流客户和主流区域的市场服务水平。二是代理财政业务。代理省级财政国库集中支付 271 亿元，四行占比第一。代理非税收入收缴业务有 60 个市、县机构与财政部门达成集中收缴意向，有 41 个市、县机构开始办理财政非税收入集中收缴业务。其中，代收交警罚没款 321.90 万笔，金额 6.07 亿元，在四家代理机构中业务量第一；公务卡累计发卡 18 万张，同业第一，新增 24281 张，同业第一。三是推进"银医一卡通"业务，实现社保卡与医院就诊卡合二为一。该项目是全省首家实现一体机实时医保缴费功能，开创银、政、医社保领域成功合作先河。（赵建伟）

【转型创新力度加大】 2014 年，转型创新是建行山西省分行集中精力主抓的、事关全局发展的主要工作。分行坚持"需求驱动创新，创新驱动发展"理念，表彰先进，有效激发员工创新潜能，营造创新文化氛围，实现产品创新 22 项；同时，通过创新带动业务发展，实现新增客户 1 万余户，沉淀存款 5.5 亿元，实现中收 2000 多万元。（赵建伟）

【风险管理强化】 2014 年，建行山西省分行确立"发展控风险、盘活降不良、处置消不良"的工作思路，一是加强贷后管理工作，有效防控、化解信贷风险。出台《公司业务贷后管理指导意见》，下发《进一步加强大中型公司客户基础管理工作的通知》，重点针对煤炭行业、民营、小企业客户，加大贷后管理的督导力度，对 52 户民营企业进行风险排查。二是传导总行信贷政策，跟进重点项目。组织分析和指导用足用好政策，消除 28 个项目、18.8 亿元的逾期贷款和表外业务的潜在风险隐患，组织完成 18 个项目、2.8 亿元不良打包授信责任认定和重检工作，为不良处置提供基础。三是坚持前瞻性主动风险管理，提高预判预控能力。贯彻落实"信贷风险防控年"各项要求，组织对 1123 户、355 亿元信贷风险排查，强化对重要行业、客户、环节的检查排查，摸清担保圈基本状况及风险特征。四是抓住关键点，提升风险管理水平。明确信用风险防控重点和难点，利用 IT 系统工具强化非现场预警分析，及时下发风险提示，实施重点监测、信贷观察名单等制度，对重点区域重点产品

进行重点检查督导，提高风险防控效率和效果。（赵建伟）

·中国邮政储蓄银行山西省分行·

【概述】 2014年，中国邮政储蓄银行山西省分行（简称邮储银行山西分行）坚持合规运营、稳健发展，以提升效益和防控案件为目标，调整业务结构，转变增长方式，基础管理日渐夯实，运营能力提升，总体势头向好。2014年全行实现收入22.39亿元，实现利税5.83亿元。（杜晶莹）

【业务发展】 2014年，邮储银行山西分行信贷业务突出“两小”，发挥14个零售信贷工厂流程优势，响应各级政府服务“三农”工作要求，推进“强县域”战略落地；公司业务以支持转型综改为抓手，以新业务开办、延长产品线为契机，依托非税系统和国库集中支付代理等，强化对“优势行业、重点区域、高端客户”的营销介入，公司负债、资产、中间业务发展；金融市场业务开展组合营销、链式开发，创新发展票据业务、同业业务等；挖潜网络、平台的传统优势，以客户为中心，以网点为抓手，以项目为重点，以产品为突破，注重客户综合价值提升，实现个人业务综合发展。围绕电子银行优先发展的战略要求，应对市场变化，电子银行业务在市场拓展、产品创新、能力建设等方面推进。2014年，累计投放各项贷款179亿元，零售贷款结余113亿元；各项存款余额达1805亿元。电子银行交易替代率71%，同比增长12个百分点，降低边际运营成本4.57亿元。（杜晶莹）

【能力建设】 2014年，邮储银行山西分行为支撑运营发展，完成24个网点装修改造，提升网点服务能力；加速电子银行业务发展，发挥手机银行比较优势以及微信、易信、微博银行领先优势，手机银行新增交易量1107万笔，增长2.7倍；全年对离行机具建设及运营费用全额补贴805万元，建成离行自助银行38处、投产32处，新设离行单机108台、上线66台；储蓄逻辑集中系统上线，省内核心网络架构优化，全部自营网点接入省中心机房，初步建成经营信息发布和运维管理平台；完善客户投诉处理机制，做实服务质量监督。（杜晶莹）

【风险防控】 2014年，邮储银行建设业务自律、风险管控、审计监督、纪检追责、员工举报“五位一体”内控案防体系。落实银监会案件问责及评估要求，加强压力传导和案防考评，层层签订案防目标责任书。发挥专委会风控推进作用，落地“制度执行年”和“合规大行动”。开展违规整肃，强化制度执行，实行外部处罚连带考核，建立问题销号整改机制，整改落实情况与高职高管履职考评挂钩。辖内监控中心实现24小时值守，营业场所、自助银行100%覆盖，软硬并施，风险防控能力提升。（杜晶莹）

【资源配置】 2014年，邮储银行山西分行树立“资源就是效益”意识，发挥资本计划、经济增加值、资本回报率等指标在资源配置中的作用，提高成本利润率，强化头寸管理，节约流动性成本180万元。深化全额资金管理，发挥内部资金转移价格的导向和约束作用，提高资金营运效益。备付金“三率”同比下降0.11%，创效644万元。科学调控用工总量，采取推行集中统一作业、提高电子银行替代率等措施，合理释放人员充实到信贷员、产品经理、客户经理等生产急需和营销一线岗位。优化各类资源，发展能力提升。（杜晶莹）

【企业文化】 2014年，邮储银行山西分行践行“以人为本”理念，始终将企业文化建设纳入企业长远发展战略。明确职工送温暖帮扶的流程，开展工会送温暖活动，全年共走访慰问困难职工235人次，慰问和探望结婚、生育、生病、住院职工312人，慰问金额累计51.55万元，增强企业凝聚力、向心力。开展“职工小家”建设活动，共投入资金333万元，改善基层职工基本生活和工作环境。（杜晶莹）

【科技建设】 2014年，邮储银行山西分行发挥科技的引领和支撑经营管理的作用，随着新业务推广上线，科技承载能力实现同步提升。为适应互联网金融的发展，推动科技引领经营方式和服务理念转变，支撑网络、手机、电视等新型金融服务手段的推陈出新。强化数据分析意识，强化数据分析成果应用，3项数据分析项目见实效，完成2个网点剖析式分析试点，数据分析的价值创造力初步显现。以运维平台为支撑，加强信息系统安全保障，防范信息科技风险，科技支撑能力提高。（杜晶莹）

【队伍建设】 2014年，邮储银行山西分行开展4期“雄鹰计划”专项培训，高职高管队伍在营销模式的创新、团队建设与管理、管理能力、知识技能等方面得到提升。按照“缺什么，引什么”的原则，通过社会招聘、优秀大学生村官招聘、优秀劳务工转聘等方式，人员结构优化。完善干部挂职交流制度，加大干部挂职培养力度，并开展政企合作，与团省委合作开展互派优秀青年干部到县级单位挂职，助力落实“强县域支行”战略。（杜晶莹）

·中国农业发展银行山西省分行·

【概述】 2014年，中国农业发展银行山西省分行（简称农发行山西分行）全年累计发放各项贷款85.8亿元，剔除不良贷款核销因素，年末各项贷款余额为357.3亿元，各项存款余额为93亿元，分别较年初增加14.2亿元、6.5亿元，增幅4.1%、7.5%；贷款综合利息收回率达95.8%，同比上升2.5个百分点；实现账面利润4.63亿元，完成总行下达利润计划的108.8%。（牛晓辉）

【信贷支农】 2014年，农发行山西分行严格执行政策，确保粮棉收储资金供应。(1)支持粮食增储。按照中储区域一体化的要求，配合中储粮山西分公司组建五个中心库，整合7个库点，整合贷款16.2亿元，整合玉米6.15公斤、小麦4.35公斤。做好中储粮跨省移库贷款划转相关工作，2014年累计投放贷款15.1亿元，支持三批次国家储备跨省移库调入粮食。支持省政府充实省级储备粮，与有关部门联合发文下发增储计划，投放贷款3.3亿元，入库粮食1.15公斤，并以此为契机，解决省级储备企业的历史欠息问题，在落实粮食宏观调控政策的同时，促进农发行优质信贷资产的不断增加。(2)择优支持企业购销。注重早安排，提前召开收购工作专题会议，贯彻落实总行收购工作的政策要求；注重收购工作各环节的要求，及早完成调研、资格认定等前期准备工作；注重与政府联系，向省政府提交收购工作情况报告，汇报农发行防控风险的有关要求，争取政府的理解和支持；注重声誉风险防控，召开媒体见面会，引导舆论导向。全年累计发放粮棉收购贷款7.1亿元，共支持企业收购粮食1.55公斤、棉花245万公斤。加大粮棉促销收贷力度，上一年度夏粮和棉花收购贷款均提前实现本息“双结零”。(3)审慎开展自营性业务。克服经济下行困难，坚决落实“两从严”管理要求，做好现有商业性客户的维护工作，全年无新介入商业性客户，无新增商业性客户贷款。全年累计发放各类农业产业化龙头企业贷款18.9亿元，保证老客户的续贷工作；累计发放农业生产资料、农村流通体系建设、化肥储备贷款3.4亿元，重点支持太原市河西农产品有限公司、山西天泽煤化工集团化肥储备、太原市清徐县美特好农产品配送物流等贷款业务。12月底，全行商业性客户贷款余额28.5亿元。

支持农业开发和农村基础设施建设。(1)外部环境明显优化。2014年初，省委、省政府将支持农发行信贷支农工作要求纳入《关于全面深化农村改革加快推进农业现代化的实施意见》和《山西省改善农村人居环境规划纲要(2014—2020年)》，省政府分管副省长专程到省分行机关考察调研并看望员工，这些都为农业开发和农村基础设施建设贷款业务的发展创造良好的外部环境。(2)省级项目营销取得突破。通过积极汇报，反复对接，省政府明确农发行山西分行为山西大水网、人居环境改善、科技创新城3个省级重点项目主办行，并与省水利厅就“大水网”建设项目的四大骨干工程签署《山西大水网建设项目融资意向书》。协调省政府在全省开展“政银项目对接集中推进月”活动，各行相继与当地政府进行沟通对接，了解掌握政府项目的贷款需求，取得很好的效果。(3)公司类客户业务有良好开端。总行公司类客户贷款管理指引下发以后，学习把握总行新政策，及时组织各级行有关信贷人员进行相关政策知识培训。专题召开新闻发布会，及时将农发行重点支持涉农基础设施建设项目信贷政策向各家主流媒体进行宣传推介，使社会及时掌握信贷政策和支持重点，不断引导舆论导向。对全省符合条件的公司类客户进行初步摸底，根据分管省长的批示精神，主动宣传和对接，与省属大型企业建工集团初步达成合作意向。(4)贷款投放不断加快。将提高营销办贷水平贯穿全年工作始终，1月份就召开会议专题研究已审批贷款投放问题，促使全行强化经营核算意识，加快贷款投放。年中又专门召开全省推进会，明确目标，落实责任，加强督导，定期通报，力求项目早落地、早见效。11月专门下发紧急通知，对贷款投放进度进行督促和监测，确保贷款计划按目标实现。全年累计投放农业农村基础设施建设贷款29.9亿元，新营销批复项目33个，涉及贷款金额74.1亿元，同比增加38.1亿元。

优化贷款结构和客户结构。2014年，农发行山西分行调整贷款投向，将支持各级储备和中长期贷款作为业务发展的增长点，对商业性客户有策略的选择退出或缩减额度，贷款结构和客户结构不断优化。截至2014年底，农发行山西分行累计发放各项贷款85.8亿元，其中发放粮油储备贷款17.6亿元，发放中长期贷款30亿元，两项相加占全部贷款投放额的55.5%，同比提高12个百分点，累计发放商业性贷款27.3亿元，同比减少10.2亿元。2014年农发行山西分行共评级客户613户，其中AA级以上优质客户179户，占比29%，同比增加10户、占比提高13个百分点；A级客户342户、占比56%，同比减少194户，占比提高3个百分点，客户结构获得改善。 （牛晓辉）

【存款营销】 2014年，农发行山西分行突出营销重点，加强存款组织工作。开展存款“红五月行动”，提出“向强化贷款管理要存款，向提升服务水平要存款，向拓展营销渠道要存款，向加强同业合作要存款，向全方位一体化营销要存款，向财政代理拨付要存款，向激励机制创新要存款，向推进全员营销要存款”等8个方面、21条存款营销措施，形成全员参与、重点突破、持续推进的存款营销格局。省分行主动与多家省级金融机构联系对接，推动同业存款稳步增长。抓好财政性涉农存款组织，要求市分行每位班子成员至少营销一个支行为代理拨付主办行，力争用三年时间实现县级机构全覆盖，全省67个县支行有15个成为当地财政支农资金代理拨付主办行，并带动财政专项存款的稳定增长。按季对存款组织情况进行考核通报，根据日均余额增长情况，奖励兑现财务资源。截至2014年底，全省存款日均余额99.5亿元，较年初增加1.8亿元，其中财政性存款日均余额40.6亿元，比年初增加1.2亿元，列组内第一，同业存款人均余额4.3亿元，较上年增加2.2亿元。 （牛晓辉）

【信贷资产质量优化】 2014年，农发行山西分行加大不良贷款处置力度。狠抓现金清收不动摇。按照落实清收时间、清收任务、清收资金来源、清收责任人“四落实”要求，定目标、明责任、重督导、抓进度，持续加大清收处置工作力度，多次召开专题汇报会，掌握清收进度，解决存在问题，部署阶段性工作。对不良贷款的重点行，省分行领导多次约谈有关行负责人，带队深入不良贷款清控任务重的市分行及部分县支行，进行重点督导，全年现金清收不良贷款5088万元。针对山西特殊的经济环境，按月对亿元以上商业性企业贷款进行重点分析和监测，及时了解掌握企业的生产经营和风险状况。先后对大额不良贷款或重大风险隐患企业，及时启动风险处置预案，加强与省政府和当地政府沟通协调，运用各种手段保全我行资产。

强化商业性贷款管理。(1)严格管理要求。起草《关于进一步加强商业性贷款管理的通知》，围绕"加强对借款人经营性现金流、贷款归行和存款的有效监管""加强对企业财务数据合理性和真实性的甄别""调整优化担保能力""从严核定抵质押物的价值""规范民营企业个人资产担保管理""加强贷后跟踪监管"等八个方面，提出具体措施和指标性管理要求，严格商业性贷款准入。(2)审慎审批贷款。坚持对存量商业性贷款客户不再增加新的贷款额度，并严控新增商业性贷款客户准入。累计核减19户贷款企业的续贷额度，核减金额1.6亿元，占全行商业性贷款5.6%。稳妥退出22户贷款企业，安全收回贷款5.3亿元，占全行商业性贷款18.6%。(3)强化担保措施。通过采取限期收回商业性客户信用贷款、要求借款人更换担保或追加其他担保、压缩机器设备、厂房、农村集体土地抵押值等措施，补充第二还款来源。全行累计对33户商业性贷款企业的续贷业务加强担保措施，占到全行同类客户的21%，涉及贷款18.43亿元；陆续收回5户企业信用贷款3.4亿元；累计办理18户企业新增存单质押、保证担保等各类担保2.9亿元。（牛晓辉）

【基础管理】 2014年，农发行山西分行推进基础管理年活动。将总行"信贷基础管理年"活动扩展为全行性、全覆盖、全流程的"基础管理年"活动。成立信贷、财会、综合三个领导小组，按条线分别出台工作标准和检查方案，行领导、有关处室分别深入重点行全程督导。对11个市分行、35个县支行的基础管理工作进行验收检查，信贷条线重点排查影响贷款资金安全的各类风险事项，共排查贷款277.8亿元；财会条线采取集中管理行检查和现场检查两种方式，针对薄弱环节，找准内控盲区，挖掘出问题或隐患的深层次原因，及时堵塞风险隐患，杜绝操作风险；综合条线也对发现的问题进行整改，设定整改限期，用整改成效推动基础管理水平的不断提高。

加强内部监督与评价。开展内部控制评价。农发行山西分行按照总行部署，完成辖内机构2013年度信贷、财会、案防、计划4个条线的内部控制评价工作，对全省111个机构进行等级行的分类和确认。对内控评价中发现的问题，及时整改。组织开展序时审计。完成对大同、阳泉等5个市分行及辖内31个县支行的序时审计工作。对发生不良贷款、以前年度隐瞒案件和违反财经纪律行为的有关单位和责任人进行责任追究。

提升经营绩效。修订完善经营绩效考评办法。为发挥考核导向作用，农发行山西分行结合山西实际，将七项考核指标增加到九项，维持不良贷款率和不良贷款余额下降率两项指标分值不变，新增贷款增长率和表外欠息下降率两项指标，提高人均存款指标分值，年终奖与经营绩效考核结果直接挂钩。分别出台项目营销、不良清降、存款组织专项奖励办法，根据全年有关指标完成情况，实行年终一次性奖励。

强化收息管理。农发行山西分行加强对贷款收息率和收息进度的监测，加大与地方财政挂账利息补贴的协调力度，加强企业账户资金监管，将清收历年表外欠息工作作为突破口，分解任务，多方挖潜，全年共清收历年表外欠息1.2亿元，提前超额完成总行下达的全年4500万元任务，仅此一项就贡献利润1.1亿元，为完成全年的利润计划奠定基础。（牛晓辉）

·华夏银行股份有限公司太原分行·

【概述】 2014年，在山西经济下滑与信用风险积聚双重压力下，华夏银行太原分行发扬"艰苦奋斗、乐于奉献、不自满、不服输、永争第一"的精神，迎难而上，举全行之力，创新工作方法，坚持合规经营，加强队伍建设，强化风险管理，推进业务转型，调整业务发展步伐，加强客户拓展、产品创新，实现各项业务平稳发展。截至2014年底，华夏银行太原分行在太原市有同城机构14家，在长治、大同、运城、晋中设立二级分行（异地支行）5家，员工总数761人，资产总额546亿元。（韩　雪）

【业务管理】 2014年，华夏银行太原分行在公司、个人、国际、中小四条线开展客户倍增计划，依托客户资金链、采购链、销售链和关系链，实施对公客户"达万户"计划，提升个人贵宾客户服务竞争力，落实"两个80%"，做大客户群体，加强重点客户关系维护，提升客户忠诚度。截至2014年底，对公客户8065户，较年初增长834户。全行个人贵宾客户累计21150户，较年初新增3829户；个人贷款客户累计7473户，较年初新增2111户；银证三方存管客户累计21079户，较年初新增4377户；个人有效客户累计208722户，较年初新增18428户；信用卡VIP客户累计235980户，较年初新增76889户；代发工资客户累计1313户，较年初新增328户。

2014年，华夏银行股份有限公司太原分行通过推动落实委托贷款、票据池、同业代理、银租通、银证投融通、供应链金融等新产品，有效支撑对公客户开发与资金支持。通过融资租赁投放26.64亿元，银证投融通投放30亿元，供应链金融业务量实现298.97亿元。通过债务融资工具支持企业42亿元，累计达143亿元。资产托管业务当年完成业务量30亿元，累计业务量105.9亿元。机构客户理财2014年完成业务量6.03亿元，累计业务量16.69亿元。通过代发业务、网银业务、手机银行、POS/TPOS、信用卡、自助银行、社区银行等平台类业务发展，搭建市场环境，带动个人储蓄存款、贵宾客户、中间业务收入的有效增加，提高商户综合贡献度；通过个人经营性贷款、年审制贷款、网络贷等重点融资类产品，提升客户服务能力。通过传统产品和新产品运用推动业务发展，累计办理国内信用证+福费廷46.2亿元人民币；成功营销跨境人民币结算10亿元；远证即付业务累计办理金额4517万美元；办理T+N结售汇业务2500万美元。

推进电子银行应用，利用华夏银行先进的电子平台，扩大客户群体，新增POS机具1235台、TPOS机具983台、离行式自助设备30台。个人电子银行动账交易176万笔；公司电子银行动账51.85万笔，达到历史最好水平。 （韩 雪）

【基础管理建设】 2014年，华夏银行太原分行坚持重点规避信用风险和案件风险，加强基础合规管理，规范日常经营行为、持续舆情监测，协调全行以信用风险、市场风险、操作风险、声誉风险以及案件风险为核心的全面风险管理与内部控制工作，夯实内控建设基础。(1)规范内控合规管理。推进风险管理与内部控制委员会正常运转，夯实内控建设基础，全年召开四次风险管理与内部控制会议，按照“三不放过”原则，持续推动问题整改工作，整改率100%。开展“制度执行年”活动，规范各类经营活动，严守“零”案件底线，全行员工合规意识进一步增强。(2)加强信用风险管理。发挥风险统筹管理作用，延伸对各条线新兴业务及表外业务的信用风险管控，预设防线、分类施策，严控平台、房地产和产能过剩行业贷款。持续推进风险预警管理和贷后检查管理，坚持“退、控、清、核”四字原则，毫不放松对不良贷款的清收处置，不良贷款控制在计划之内。(3)案防管理和安保维稳工作井然有序。调整案防工作牵头管理部门，通过建立健全案防管理体系，完善案防管理制度和流程，强化责任追究，推进案防长效机制建设，实现案防关口前移，及早防范和化解案件风险。重视安保维稳工作，落实安保责任制，加强营业场所和办公区域的安全管理。完善突发事件应急处置预案，开展应急演练，确保全年运行安全平稳。(4)操作风险防范能力提升。从制度层面完善和加强操作风险管理，注重源头和过程风险管控，通过员工异常行为排查、创新“温馨工程”、扩展强制轮岗交流等形式，加强源头风险管控，规范业务操作行为。积极推动风险监测，强化分支行联防联控，推行风险联系人“一站式”服务，开展会计制度流程及风险点梳理活动，把握重点环节业务风险，交流学习案防经验，严密柜台把关堵口，全行会计条线共堵截风险事件144起，为零案件目标的实现做出贡献。(5)声誉风险体系完善。建立舆情管理队伍，强化舆情监测，主动搭建有效的媒体沟通渠道，加强第一时间的应对处置，举办舆情培训和演练，提升全行舆情处置能力，全年未出现重大声誉风险事件。

2014年，华夏银行太原分行信息技术部以信息系统安全运行为重心，加强基础设施管理和系统监控，建设完成同城灾备中心，实现分行中心机房到19家机构网点的网络全面灾备。全年信息系统运行平稳，系统运行指标达到总行控制目标，未发生任何信息安全事件。

2014年，实现漪汾街支行、亲贤街支行和体育南路支行三个同城支行开业，辖内网点达19个。朔州分行、太原开发区支行、长治长兴支行、大同惠民西路支行及5个社区支行积极筹建，获得银监局批筹或完成报备。 （韩 雪）

【品牌形象建设】 2014年，华夏银行太原分行以“提升服务质效、推动经营发展”为目标，建立二线为一线服务机制，加强服务联动，提升服务效率，打造“华夏服务”品牌，塑造标杆服务网点。在银协组织的“百、千”佳创建单位检查验收活动中，6个网点获山西省银行业“百佳”服务示范单位称号，长治分行营业部、晋中支行被评为“2014年度中国银行业文明规范服务千佳示范单位”，长治分行营业部、晋中支行、桃南支行被命名为“中国银行业文明规范服务五星级网点”。践行社会责任，加入“爱的小桔灯·儿童关爱行动”，设立爱心捐赠点，倡议广大群众奉献爱心，收到捐赠的儿童读物200多本。南城支行柜员于阳作为山西省金融系统第一个捐献造血干细胞的案例，被新闻媒体广泛报道，进一步提升“华夏服务”品牌形象。 （韩 雪）

【企业文化建设】 2014年，华夏银行股份有限公司太原分行通过开展建功立业劳动竞赛、岗位练兵、“职工之家”创建和职工文化体育活动，推进企业文化建设。坚持落实“五必访”，关爱员工身心健康、营造团结和谐的工作氛围，增强员工的凝聚力和归宿感。以各类兴趣爱好协会为“根据地”，有计划、有目标、有成效地组织开展丰富多彩、健康有益的文体活动。积极选树先进典型，发挥引领作用，2014年分行获“山西省金融系统优质服务先进单位”，营业部获“山西省金融系统优质服务标兵岗”，被山西省金融工委授予“山西省金融系统工人先锋号”；行长王一平被全国总工会授予“山西省特级劳动模范”称号，副行长张礼获“山西省金融系统优质服务标兵个人”称号，被省金融工委授予“山西省金融系统五一劳动奖章”。 （韩 雪）

·晋商银行股份有限公司·

【概述】 截至2014年底，晋商银行股份有限公司（简称晋商银行）资产总额为1431.03亿元，达到挂牌前的

2014 年 8 月 7 日，晋商银行晋城分行正式开业　　（韩晓俊供图）

6.82 倍，累计提供各项融资总额 5500 多亿元，全年上缴税收共计 10.23 亿元。

晋商银行立足“扶持小微企业、支持优势企业、服务城乡居民”的市场定位，履行服务地方经济的职责，为山西省经济发展提供金融支持，实现稳健发展。适应经济发展新常态，晋商银行坚持稳中求进的工作总基调，把全行经营管理向“区域化发展、差异化竞争、综合化经营、网络化服务”四个方向延伸，打造民族品牌银行。位列全球 1000 家银行排名第 559 位，进入银监会监管评级二级行行列，被中国银协推选为全国城商行工作委员会常委单位，先后被评为“中国十大最具影响力商业银行”“中国城商行最具竞争力民族品牌”“第三届中国最佳中小银行——最佳零售业务奖”“山西省金融系统五一劳动奖状”“山西省金融系统优质服务标兵单位”等，得到各级党政、金融同业和社会各界的认可。　（韩晓俊）

【信贷支持】 2014 年，晋商银行坚持不抽贷、不压贷，与企业共渡难关。年内累计向各类企业提供一般贷款 317.46 亿元，其中 168.36 亿元贷款集中投入到煤炭、化工、冶金、电力等山西支柱型产业，81.98 亿元贷款投入到制造业、流通业等中小企业，为山西省主要企业平稳渡过难关提供金融支持。　（韩晓俊）

【小微企业扶持】 2014 年，晋商银行加强与政府、担保机构、商会、协会等平台渠道的合作力度，推动小微金融业务稳健发展。2014 年，全行累计向 1670 户小微企业发放贷款 121.13 亿元，余额达 128.83 亿元，占到全行一般贷款余额的 31.32%。

2014 年，晋商银行晋城分行、晋中分行，以及离石、永济、尧都、侯马、朔城区、山阴、大同御河西路和矿区 10 家分支行及 30 家社区(小微)支行相继开业，使晋商银行的影响力、辐射力和社会信誉度得到提升。截至 2014 年底，全行共有分支机构 108 家。其中，太原地区 69 家(含 1 家小企业金融服务中心和 14 家社区、小微支行)、异地分行 9 家、异地支行 30 家(含 16 家社区、小微支行)。

（韩晓俊）

【业务创新】 2014 年 3 月 27 日，晋商银行成功办理第一笔委托定向投资业务。业务的开展拓宽晋商银行同业合作的渠道、满足客户多样化的投资需求、丰富晋商银行金融产品的种类及对客户的服务手段。

5 月 8 日，晋商银行首发中小企业私募债，为太原市本草农业开发有限公司发行私募债 1500 万元，维真私募债是晋商银行依托省股权交易中心承销发行之第一支私募债券。

6 月 10 日，晋商银行微信银行正式上线。晋商银行微信银行拥有“微金融”“微生活”“微服务”三大服务板块。其中，“微金融”囊括日常账户管理中的“账户信息查询”和投资理财中的“产品购买”等多项服务。而“微生活”和“微服务”是由晋商银行为广大微信用户提供出的，不同阶段的各项活动和日常产品推荐以及实用性的网点查询服务等。

6 月 13 日，晋商银行与银联山西分公司合作，为太原市体育局竞赛管理中心开展第一笔线上收单业务。

6 月 20 日，晋商银行发行首张金融 IC 卡，介质采用芯片磁条复合式、接触非接触双界面，交易时优先通过芯片进行交易，在未改造完成的终端可通过磁条进行交易。　（韩晓俊）

【年度获奖】 2014 年，晋商银行迎泽支行、桥西支行、南寒支行、兴华街支行、龙城支行营业部、南中环支行 6 家单位被评为“2014 年度山西省银行业文明规范服务百佳示范单位”。其中，龙城支行营业部被中国银行业协会评为“2014 年度中国银行业文明规范服务千佳示范单位”。　（韩晓俊）

【社会责任】 2014 年，晋商银行践行社会责任，联合山西省妇女儿童发展基金会，在太原市中西医结合医院发起设立“幸福启航——小儿马蹄内翻足矫正康复”公益慈善项目；携手北京乳腺病防治学会、太原市妇女儿童活动中心，开展扫除乳盲行动，即“关爱母亲 爱乳行动”公益健康讲座；发起参与“一粒一礼”绿色社区公益行活动，进入太原市迎泽区和杏花岭区的 20 个社区，回收废旧电池。　（韩晓俊）

·山西省农村信用社联合社·

【概述】 2014 年，山西省农村信用社联合社在分析研判经济、金融、市场形势的基础上，围绕“四个一”工作思路,抓住“建立现代金融企业集群”主题,贯穿“转型提质”主线,坚持服务“三农”根本宗旨,坚守不发生案件和大的风险底线,应对经济下行压力,以支农服务为宗旨,以风险防控为保障,以“转型提质”为路径,加快经营理念、体制机制、增长方式、内控管理、队伍建设、科技信息、金融服务、风险防控等方面的转型,构建产权明晰、资本充足、治理完善、机制健全、内控严密、财务良好、服务高效、社会认可的现代金融企业集群。截至2014年底,全省农信社资产总额8158.01亿元,比年初增长200.52亿元,增幅2.52%;各项存款余额5268.28亿元,占全省金融机构总额的19.55%,新增存款份额占到全省金融机构的37.5%。各项贷款余额3367.58亿元,占到全省金融机构贷款总额的20.34%。涉农贷款一直占全部贷款的80%以上,余额达2847.74亿元;农信社支持的小微企业贷款户达112579户、余额1832.68亿元,占贷款总额的54.42%。实现各项收入481.71亿元,同比增长10.57%;实现经营利润135.64亿元,同比增长7.02%。上缴地方税金28.86亿元。 (雷鹏锋)

【地方经济支持】 2014年,山西省农村信用社联合社围绕山西省委、省政府战略规划,树立“大三农”理念,拓宽服务范畴,延伸服务链条,丰富服务内涵,改进服务方式,在支持和服务“三农”的基础上,支持小微企业和全省重点工程项目。

1.支持服务“三农”发展。2014年,全省农信社开展“山西农信强农兴社金融普惠工程”,实施阳光信贷、富民惠农金融创新、金融服务进村入社区“三大工程”,解决群众最直接、最关心、最迫切的实际问题,提升服务“三农”、服务客户、服务群众、服务地方经济的能力和水平。截至2014年底,全省农信社农户贷款余额为1186.29亿元,为68.53万户农户发放小额信用贷款230亿元,是全省唯一一家向农民发放无担保抵押贷款的金融机构;累计投放支农贷款2340.33亿元,涉农贷款余额达2847.74亿元;全省农信社累计创建信用村6804个,评定信用农户283万户,巩固和扩大支持农业龙头企业1190个、农民合作社1998个;投放贷款44.97亿元支持设施蔬菜产业;支持686个特色优势种(养)基地(园区),扶持辖内部分区域形成“一村一品”“一县一业”的生产格局;投放贷款34.55亿元,支持38133名农村青年、20137名妇女、773名大学生村官创业、83名残疾人创业。

2.支持小微企业发展。将做好小微企业信贷支持工作作为践行社会责任、支持山西转型综改试验区建设的重要工作来抓,引领全省各级农村信用社转变经营方向,加大小微企业营销力度,实行利率优惠,实现专营机构独立考核,推行流程再造,提高审批效率,完善激励机制,强化小微企业专营机构建设,创新信贷模式。依托山西金融服务平台延伸营销覆盖面,借助全省政银企对接月活动契机,加大对重点工程、小微企业、农业龙头企业等各类项目的营销介入力度,定期向各级农信社发布项目信息,进行对接指导。截至2014年底,农信社支持的小微企业贷款户达112579户、余额1832.68亿元,占贷款总额的54.42%。

3. 支持全省重点工程项目建设。支持转型综改试验区、循环经济园区和生态工业园区建设,鼓励扶持省政府确定的百户销售收入超亿元企业发展,量力支持国家重点和符合产业升级方向的技术改造项目融资,适度支持国家及山西省在建续建重点工程和项目的合理信贷需求,对接支持山西省产业扶贫等工作。截至2014年底,全辖已营销省属企业农业开发公司基本账户24户、达成贷款意向10.93亿元,已发放贷款0.5亿元,对接市属企业16户,对接民营企业23户、开立基本账户16户、投放贷款2.81亿元。根据省政府下发的全省重点工程项目,将信贷资源优先向有政策支持、有产业优势、信用良好的企业(项目)倾斜配置。全辖净增贷款投放232.58亿元,先后支持一批省政府经济转型重点工程项目,推动地方经济转型跨越发展。 (雷鹏锋)

【金融服务创新】 2014年,山西省农村信用社联合社结合本地实际,创新金融服务产品,改进金融服务方式,提升金融服务质量,为广大客户提供优质的普惠金融服务。

1.丰富金融服务产品。围绕“特”字做文章,突出农信特色、打造农信品牌,立足目标市场、发掘强项业务。推出土地收益权抵押贷款、林权抵押贷款、农机具购置贷款、设施农业抵押贷款等品种;开办农村青年创业贷款、复转军人创业贷款、巾帼创业贷款、残疾人小额信用贷款、大学生村官创业贷款等种类丰富的创业助业产品;创立以尧都农商行太原迎泽小微企业专营支行为代表的小微企业专业服务模式,以长治潞城农商行、黎都农商行、运城农商行为代表的小微企业专营机构,设立各类小微专营机构141个,贷款余额476.24亿元,占小微企业贷款的25.98%。

2.改进服务方式。借助信合便利店、社区服务站、农金服务站等服务载体,加大ATM自助机具、助农取款服务点建设力度,升级完善手机银行、网上银行等电子银行服务方式,探索建立“金融超市”新模式,加大电子化建设力度,利用现代化手段提升金融服务水平、满足客户金融需求。截至2014年底,累计发行信合通卡1727.62万张,建设自助网点1624个,安装自助设备共2290台,发展特约商户29807户,拓展助农取款服务点15221个,实现助农取款业务通固话行政村全覆盖,改善农村地区支付结算金融服务环境。

3.提升服务质量。坚持“机关为基层服务,上级为下级服务,全员为客户服务”,将基层和客户满意不满意、高兴不高兴、答应不答应,作为衡量服务到不到位的唯一标准。规范服务礼仪,优化服务流程,精减办事程序,提高工作效率,为广大客户提供便捷、优质、高效的普惠金融服务。全省农信社严格按照《山西省农村信用社服务收费标准》,统一服务收费管理;出台《山西省农村信用社特殊个人客户上门服务业务指引》,优化对特殊个人客户的服务流程;开展“阳光信贷工程”,对“信贷产品、准入条件、操作流程、利率政策、收费标准、办结时限和监督方式”等7项重要信贷内容进行公开,确保每名客户公开透明地接受信贷服务。 (雷鹏锋)

【现代金融企业集群】 2014年,山西省农村信用社联合社提出“抓强带弱,整体推进,能商则商,能股则股”的原则,采取“抓标杆社、抓高风险社、带中间社;大带小、好帮差、强扶弱”的工作措施,加快农商行改制及高风险社处置步伐。截至2014年年底,全省110家县级农信社法人机构向省联社提出改制农商行的有67家,省联社批复同意改制的58家,已挂牌成立农商行的24家。其中,2014年共有7家农商行挂牌开业,5家机构召开创立大会,3家机构获银监会批复。改制后的农商行存贷款总额占到全省的30%左右,股本金占全省的55%左右,账面利润占全省80%左右。在化解处置高风险社方面,坚持“自救式化险和市场化重组”两轮驱动的思路,按照监管引领、政府主导、自身努力、行管支持、多方参与的“五位一体”工作模式,加强组织领导,依靠各级政府,争取监管部门支持,激发内生动力,内化外促尽快化解处置高风险机构,取得实质性进展。2014年,向省联社提出改制农商行申请的高风险机构2家,累计申请31家;获省社筹建批复的2家,累计批复27家;挂牌开业4家,累计开业9家。另有4家高风险机构召开创立大会;3家获银监会批复;2家将筹建资料上报省银监局;其余9家获省社筹建批复高风险机构推进重组改制工作。在工作实践中,探索出“三拖一”(榆次、灵石、寿阳三家农商行投资平遥重组改制)、“引凤凰”(忻府区跨省引投资)、“一帮一”(襄垣帮平顺)、“强并弱”(尧都兼并浮山)等模式。 (雷鹏锋)

【管理水平提升】 2014年,山西省农村信用社联合社加大整章建制力度,加快操作流程优化再造,开展不良贷款听证问责工作,全方位提升精细化、规范化、差异化管理水平。

1. 加强内控制度建设。增强内控制度的适应性和覆盖面,全年废止规范性文件3项,修订11项,订立39项。截至2014年底,累计出台实施制度444项,因修订、废止失效111项,现行有效333项,基本形成覆盖各项业务、各个环节的制度体系。

2. 加快操作流程优化再造。全面整合管理机构设置,优化升级管理系统,加快操作流程再造,实现机构扁平化、业务垂直化、管理集约化、操作流程化,既加强各条线之间的纵向管理,又增进各条线之间的横向配合,提高整体运营管理水平和资源利用效率,解决责任分工不明确、信息传导不畅通、制度执行力低下等问题。目前,完成信贷管理、远程授权、事后监督、风险预警、办公自动化、财税库银、全省非税业务、外汇及保险代理业务、视频会议和综合前置优化、二代支付、IC卡新支付、反洗钱信息、EAST、支付宝接入等系统项目的上线运行。

3. 开展不良贷款听证问责。重视不良贷款听证问责,解决多年来形成的贷款形态不实问题。系统上下累计发动员工1万余名,采取上下结合、远近结合、点面结合、内外结合等方式,借助多方力量,综合采取多种手段,聚焦风险资产,锁定不良贷款,落实清收责任,开展听证问责,摸清底数、新老划断,分析原因、落实责任,全力清收、严肃问责。 (雷鹏锋)

保 险

·中国人寿保险股份有限公司山西省分公司·

【概述】 2014年,中国人寿保险股份有限公司山西省分公司(简称中国人寿山西省分公司)取得一系列成绩。

1. 总体发展呈现“两稳六增长”格局。“两稳”:业务总量稳,持续稳定在100亿元以上(含集团),同比增长1%,实现稳增长;市场份额稳,持续稳定在33%(含集团)以上,坚守“三分天下有其一”。“六增长”,就是首年标保、首年期交、首年5年期、首年10年期、短期险、员工人均收入,在上年至少两位数以上的较高增长基数上,又实现持续较快增长。首年标保收入6.65亿元,同比增长16.64%;首年期交收入12.98亿元,同比增长18.24%;首年5年期收入4.82亿元,同比增长26.88%;首年10年期收入7.45亿元,同比增长18.17%;短期险收入3.7亿元,同比增长9.54%;员工人均薪酬6.07万元,同比增长8.2%。

2. 预算执行创近年最高水平。(1)“早”,个险业务提前3个月完成首年期交和首年10年期全年预算;电销中心提前3个月完成首年期交、首年10年期和首年标保全年预算,并走在全国系统前列,总公司专门致电表扬。(2)“超”,截至2014年年底,个险首年标保、首年期交、首年5年期、首年10年期,银保期交,团体意外险,以及电销首年标保、首年期交、首年10年期,共9项关键指标超额完成全年预算;尤其是个险首年期交和首年10年期,分别超预算7.8个和11.4个百分点,超额完成总公司追加的8000万目标。大同、长治、双塔等3家公司个险首年10年期超预算在15个百分点以上;运城、朔州2家公司银保首年期交分别超预算23个和18个百分点。(3)“高”,经营指标与职能指标评分攀高,绩效考核跻身全国系统A类行列。此外,公司代理财产险保费收入1.61亿元;代理企业年金业务收入1.26亿元。

3. 业务结构持续优化。从总体上看,首年期交占首年保费比重41.28%,在上年占比大幅提升11.07个百分点的较高基数上,又提升5.21个百分点。分渠道看,个险首年5年期及以上业务占个险首年期交比重99.2%,占比提升2.2个百分点；个险10年期及以上业务占个险首年期交比重71.07%，占比提升4.7个百分点。银保首年期交占银保首年保费比重13.61%，占比提升5.14个百分点。团体意外险占团体短期险比重，保持在64.24%的较高水平。从业务单元看，银保新单占寿险新单比重65.69%，较上年下降12.69个百分点，标志着多年来困扰公司的规模包袱得到根本性缓解。

4. 人力发展实现突破。突出表现在个险渠道，历史性地实现业务与人力协同发展，全年新增人力11034人，月均增员率达4.73%，达成全年预算的118%；月均持证人力达24417人，达成全年预算的105.7%；代资考通过率提升到73%；晋组人数773人；主管考核达标率63.41%，同比提升15.6个百分点；月均综合举绩人力达9502人，同比增长10.18%。在个险人力竞争持续升级的情况下，公司的营销人力市场份额达27.8%，高于上年水平。双塔、太原、长治、阳泉、晋城、晋中、朔州、大同8家公司月均增员率在4.7%以上。银保客户经理队伍新增有效人力145人，累计达773人；保险规划师新增有效人力593人，累计达1472人，人力实现翻番。长治公司建设系统首支"百人大学生团队"，举绩率达100%。团险销售队伍新增人力136人，累计达838人。引进17名优秀大学生村官，充实基层团险销售力量。

5. 大病保险确立稳固市场优势。2014年新增忻州城镇居民、忻州新农合、临汾城镇居民、临汾新农合、晋城新农合、晋中新农合大病保险业务，大病保险项目中标率达100%，中标人数504.07万人，新增中标业务规模达1.37亿元。截至2014年底，公司累计中标7个市的10个大病保险项目，服务人群约为757.2万人，业务规模达1.88亿元，在中标项目数和中标规模上均位居市场第一。大同市城镇职工、运城市新农合补充短期险业务，临汾、吕梁小额保险县级统保项目，也成为政保合作业务的亮点。

6. 条线经营效益改善。按照分渠道经营安排，各条线加强纵向管控和单元核算，分险种对标保费，分科目管控费用，提升专业化经营和精细化管理水平。个险紧盯"三创一保、价量平衡"，提升创标、创费、创佣水平，实现价值与量（费用、规模、佣金）配比平衡。全年个险新单创费1.89亿元，增长13.23%；首年直佣增长13.87%。公司整体成本管控较好，费用预算控制率95%，业务推动预算执行率80%，会议费、招待费同比分别下降23%和48%。此外，死亡重疾给付控制率、续期收费率、退保率等效益指标执行良好，考核得分处于全国系统靠前位次。（刘建贞）

【基层建设】 2014年，中国人寿山西省分公司强化资源倾斜政策，加大费用资源倾斜基层、倾斜销售、倾斜队伍力度。在续期资源缺口的情况下，市公司以下资源同比增长7%；销售渠道非人员经营管理费用消耗占比达58.4%、较上年提升6.3个百分点。其中，销售条线业务及管理费支出增长17%；培训费支出同比增长1.3倍，净增1386万元。加大队伍建设投入力度，专项费用支出高达4762万元，占到销售费用的24%。同时，加大薪酬向基层倾斜力度，全年向基层拨付各项绩效奖励1841万元。为提高基层同职级人员收入水平，省公司着力统一市县基本工资基准薪酬，要求县公司平均绩效工资基准薪酬必须高于市本部1.1倍及以上。为落实好基层大学生的薪酬待遇，省公司制订实施三个层级转正直升C档的薪酬倾斜政策。省公司直接承担基层公司清退冗员补偿费用213万元，直接承担16名援朔干部薪酬等费用100余万元。（刘建贞）

【业务发展模式】 2014年，中国人寿山西省分公司按照个险期交与队伍"双领先"的战略要求，坚持业务与队伍并举策略，统筹运作业务发展、队伍建设、基础管理三条生产线，加大队伍"有效扩张、扩量提质"力度。坚持把销售队伍建设作为一把手工程。在经营指标考核中增设队伍指标，加大考核权重，建立省公司部门对口联系以及与对口单位队伍指标挂钩的绩效制度。优先调配销售管理岗位，制订实施"优才计划"，为个险、教培条线集中配置专业岗位人员280人。建立包括气氛、意愿、甄选、新人、追踪五大人力发展工程体系。推广升级版新模班，强化职场日常训练，优化新人签约流程；实施1020举绩工程，开展倦鸟归巢活动，低绩效人力转化；加强个险与教培融合，全年共举办新育营126期，初管营51期，培训1.08万人次，提升队伍生产力。

（刘建贞）

【客户价值挖掘】 2014年，中国人寿山西省分公司升级运营服务体系，挖掘客户的历史价值、现实价值和未来价值。推进展管分离改革，健全客服条线周培训、月考试、季述职制度。提升省级业务处理集中度，股份保全达89.15%，集团保全达76.77%，理赔达到50.71%。全年办理理赔9.55万件，理赔额达6.22亿元。推广保全、理赔立等可取零距离服务。16个柜面实行综合柜员制，64名"全能"柜员成功上岗。学生险电子保单推广率达54.52%。国寿E家用户达2.04万人，出单保费率占比达98.34%。云助理注册数达3.65万，用户数达5539户，发布信息19.1万条。阳泉、运城等公司实现大病保险"一站式"即时结算。组织开展柜面直销，直销保费4085.25万元。组织客户信息完善活动，完善股份客户信息70.9万份，集团客户信息17.54万份，股份客户信息完善率达94.64%。"颗粒归仓"活动成效明显，复效保单6.78万件，复效金额达2.44亿元。开展农村客户集中服务活动，客服与个险条线组织603名人员，深入40多个农村网点，累计办理保全等业务2.92万笔，现场服务农村客户2.17万人次。（刘建贞）

【内控检查】 2014年，中国人寿山西省分公司锁定并严密管控满付与退保、资金、案件、媒体、法律、销售、关键岗位等8大重点风险，力求化解于萌芽，防患于未然。做好应对满期给付、退保风险工作，确保思想不松、措施不软、力度不减。全年共办理满期给付14.88万件，给付38.49亿元，未发生群体性事件。加大现场检查力度，注重突击性和威慑力，由中国人寿山西省公司内控与风险管理委员会牵头，实施不打招呼的突击检查9次，直接深入检查县区公司16个，检查并梳理出违规问题7类118个。针对发现问题严肃问责，撤销1名基层客服中心经理职务，取消8人年度评先资格，扣发12人绩效工资，通报批评16人，对7人进行警示谈话。

（刘建贞）

·中国太平洋财产保险股份有限公司山西分公司·

【概述】 中国太平洋财产保险股份有限公司山西分公司（简称太平洋财险山西分公司）是隶属于中国太平洋财产保险股份有限公司的省级分公司，自1992年成立以来，秉承“诚信天下、稳健一生、追求卓越”的企业核心价值观，为山西经济社会发展、为客户提供全面的风险保障。推进“以客户需求为导向”战略转型，坚持开拓进取，不断创新求变，核心竞争能力和客户服务能力日益提升。

2014年，面对山西经济持续低迷和保险市场竞争日益复杂多变的严峻形势，太平洋财险山西分公司全体干部员工围绕推动和实现可持续价值增长的目标，转变增长方式，优化业务结构，加强内控体系建设，增强客户服务能力，推进各项工作有序开展。截至2014年底，保费收入13.73亿元，同比增长2.42%。其中机车险保费收入11.51亿元，非车险保费收入2.22亿元。赔款支出8.93亿元。截至2014年底，辖内共设11家地市中心支公司，57家县级支公司，服务网络逐渐完善。业务发展和经营水平的提升，为山西经济社会发展做出贡献。

（周苗为）

【业务发展】 1. 车险方面。2014年，太平洋财险山西分公司确立以私家车和本地营运车为重点目标的发展方向。(1)瞄准市场业务增长点，使车险业务增长点与市场发展同步。(2)继续发挥直销业务基础较强的优势，重点扶持优质大客户业务的发展。(3)拓展渠道业务，在车险电网销、交叉销售渠道专业化的转型中，赢得市场先机。(4)发挥区域优势功能。太原借中支组建的东风，整合资源，强化推动，在主战场积极作为，业务发展有所起色。

2. 非车险方面。(1)理清思路，明确重点，确立业务发展方向。太平洋财险山西分公司把业务拓展重点放在企财险、工程险、人意险等传统险种和政府倡导扶持的责任险、健康险等业务上。(2)做好分类指导。太平洋财险山西分公司进行市场细分，优化业务品质；进行区域细分，确定适合不同地域特点的发展策略。(3)逐步加强非车险销售队伍建设。(4)加强非车险项目公关，有计划、有组织的进行拓展。(5)太平洋财险山西分公司非车险部、重客部、渠道部形成三位一体的非车险发展模式，促进非车险业务健康有序发展。

（周苗为）

【客户服务】 2014年，太平洋财险山西分公司客户服务工作把重心主要放在挖掘客户价值、实施细分战略、提升服务品牌。(1)坚持窗口规范化服务督导，全面提升服务形象，对所有临柜人员从着装、行为举止等各方面服务进行提升，坚持窗口服务督导，定期对临柜人员工作状态及运营环境进行检查，全面提升公司服务形象。(2)持续开展“增值服务”工作，提升服务水平。太平洋财险山西分公司设立“增值服务专员”，推进“增值服务”，提升公司客户数量及客户满意度。(3)建立产、寿险共享门店，为客户提供一站式服务。2014年，初步建成产寿共享，客户体验良好的综合保险门店；省会型分公司所在地的三级机构本部门店实现共享，其余三级机构门店100%实现共享；太原、长治、忻州、晋中四家机构参与标准店升级并参与评比，获得鼓励奖。(4)健全客户投诉管理体系，保护消费者权益。2014年，太平洋财险山西分公司实行投诉处理的闭环管理政策，从营销、承保、客服电话95500、理赔查勘等各个服务接触点发生的客户投诉，及时与客户沟通、及时化解矛盾。(5)参与全国保险公众宣传活动，拉进与消费者的距离，加深客户对公司专业服务的信任和认可。

太平洋财险山西分公司理赔工作以细化管理和抓好环节为切入点，实现“赔的快、赔的准”的目标。(1)目标牵引。对照目标，做好数据分析，制定相应的工作措施。(2)集中管理。按照总公司理赔集中的要求，落实理赔集中的各项工作，理赔集中管理工作取得阶段性成果。(3)流程优化。太平洋财险山西分公司认真疏理理赔流程，制定管控措施，规范工作模式，提高工作效率。(4)服务提升。理赔的客户服务关键是理赔速度，太平洋财险山西分公司提高结案率，缩短结案周期。(5)督导落实。组织开展未决赔案的清理工作，促进理赔数据真实性的大幅度提升。(6)纪律约束。理赔条线进一步严明工作纪律，对个别违反纪律的工作人员进行严肃处理。

（周苗为）

【综合管控经营成本】 2014年，太平洋财险山西分公司从几个方面齐抓共管。(1)抓业务品质优化。通过核保政策、销售费用政策、渠道政策的综合运用，确保业务品质的提升。(2)抓理赔减损。通过新技术运用加强理赔质量的管控。(3)抓开源节流。各条线在总量控制下制定科学的费用政策，逐步提高费用的使用效率。(4)合理把控经营费用的投放，制定符合中支、县支业务发展实际的费用政策，促进业务发展，有效控制费用。

（周苗为）

【改革创新】 2014年，太平洋财险山西分公司推进销售团队专业化建设。下半年，在太原中支开展专业销售团队建设的试点工作，促进前端销售组织的转型。推行机构分类管理。太平洋财险山西分公司编制出台《山西分公司县域四级机构分类管理及发展实施细则》，将四级机构的发展纳入制度化的轨道。组织举办四级机构负责人培训班，进一步提升四级机构负责人发展能力、履职能力和执行能力。推进转型项目落地。2014年，太平洋财险山西分公司抓好集团转型项目的落地工作，带动整体业务的转型发展。鼓励和推动管理创新。倡导创新，不断完善制度，优化流程，提高运营效率。（周苗为）

【合规经营】 2014年，太平洋财险山西分公司以“强机制、抓整改、优服务、防风险、促转型”为指导思想，聚焦重点监管领域，从产品、渠道、机构三个维度加强合规管控，夯实整体合规经营基础；以检查督导和整改优化为着力点，持续提升内控自我完善机制。2014年，太平洋财险山西分公司全年内控优化整改完成率达95%以上。以转型发展为落脚点，建立常态化法律合规增值服务机制，经营活动逐步走向规范化、正规化。（周苗为）

【社会责任履行】 2014年，太平洋财险山西分公司坚持“做一家负责任的保险公司”的理念，开展社会公益活动，履行企业的责任。1月，太平洋财险山西分公司与新浪山西开展“爱心顺风车，送你回家看咱妈”爱心活动，为司乘人员赠送保额10万元的保险；在“3·15”“7·8”活动期间，太平洋财险山西分公司在全省内开展“总经理接待日”“客户服务问题大排查”等消费者权益保护活动，利用自身专业力量，主动为客户提供风险管理、防灾防损等方面的咨询与服务；太原中支助力太原首届团车会，为客户赠送交强险；晋城、忻州、大同、晋中等中支公司开展“责任照亮未来”向贫困地区、希望小学等献爱心的活动；吕梁中支开展“太保进社区服务千万家感恩回馈季”活动，为当地居民提供便利的保险服务；运城中支协助当地交管部门开展雪天交通疏通，排除潜在危机；长治中支开设“爱心饮水点”免费为清洁工人提供热水。

太平洋财险山西分公司工会、团委也参与当地工会、共青团组织的各项“献爱心”公益活动，把履行好企业社会责任融入企业的文化建设中。

（周苗为）

·中国太平洋人寿保险股份有限公司山西分公司·

【概述】 2014年，太平洋寿险山西分公司实施“条线化经营、专业化推动、差异化投入、标准化评估”的经营策略，秉持“专业、务实、落地、升级”的工作要求，持续优化和调整业务结构，累计实现原保险保费收入47亿元，以同比增长4.2%的良好成绩继续保持稳固的市场地位，总体规模保费在山西省保险市场位居第二名。2014年，全省11个地市均开设有地市机构，另100余家县区机构。

分公司始终致力于为客户提供全方位、高品质服务的追求，充分发挥保险的经济补偿、资金融通和社会管理功能。2014年，分公司处理各类理赔案件10850件，累计给付理赔金1.32亿元，保障山西人民生命财产安全。截至2014年底，山西分公司共计缴纳各类税费7783.9万元，为山西经济发展做出贡献。

（刘志平）

【组织架构优化】 2014年，太平洋寿险山西分公司落实集团公司试点项目，探索寿险营销新模式，组建金玉兰财富管理部，培育高素质、高标准、高技能的理财规划师队伍，业务员与公司签订劳动合同，面向中高端客户提供理财服务，满足中高端市场需求。

2014年，山西分公司进行架构改革，将银保、团险业务统筹合并为法人业务。在“新国十条”背景下，法人业务作为“多渠道开拓获取客户资源，适应社会管理和养老改革机遇的产品与服务创新的重要实践者”，提出“政保服务最全面、企业员福最专业、渠道经营最领先”的发展目标。公司通过产品结构优化，培养潜力渠道，创新激励机制，寻找新业务增长点，在学驾、燃气、小额保险等方面取得很好进展，增强公司持续稳健经营的能力。（刘志平）

【个险业务】 2014年，太平洋寿险山西分公司个险条线在双轮驱动（人力增长与业务发展）的经营思路指导下，准确把握经营节奏，明确经营重点，在业务、人力方面均取得较快增长。

2014年，山西分公司重点围绕三方面开展工作。(1)基本法持续推动，运用基本法思维，使用基本法语言，达成基本法晋升。(2)新技术普及应用，利用“神行太保”移动智能展业平台、“中国太保”官方微信平台等新技术手段降低业务员销售难度，提升客户体验。(3)客户资源分类经营，通过对客户资源整合分析，迈出探索精确营销的步伐。

截至2014年底，山西分公司个人业务条线完成期缴总量7.55亿元，市场占比22.8%；营销新保规模保费10.57亿元，市场占比19.6%；总保费市场占比15.7%，市场排名第二。11家中支机构，当地市场份额排名第一位的机构有1家，为晋中中支；排名第二位的机构有7家，为大同、晋城、运城、长治、临汾、忻州、朔州中支；排名第三位的机构有2家，为吕梁、阳泉中支；排名第四位的机构有1家，为太原中支；与2013年度排名相比，晋中、运城、忻州市场份额占比排名均上升一位，其他机构无变化。人力发展方面，截至2014年底，山西分公司个人代理人达到24029人，市场占比26.6%，市场排名第一。（刘志平）

【法人渠道业务】 2014年，太平洋寿险山西分公司法人渠道围绕业务发展重点和主攻方向，针对制约业务发展的相关问题制定具体解决措施，加强基本法牵引，完善管理干部考核指标，加大方案落地和督导力度，实现法人渠道业务的可持续增长与经营。截至2014年底，法人渠道业务累计实现保费2.01亿元，其中，团险短险实现保费0.99亿元，市场份额10.7%，市场排名第三位；银保期缴实现保费1.02亿元，市场份额14.9%，市场排名第二位。

团险业务：发挥传统"安贷宝"农信渠道优势，发展延伸业务，借助后台客户资源，逐步深挖客源；借助营销优势，发展交叉业务，并通过设计专属产品，细分客户市场，制定活动方案，逐步培育员福业务市场；利用新技术，生成业务发展的多元化触角，占领市场先机。

银保业务：选定重点银行为突破点，介入个贷中心和小企业部，从对私和对公两个角度切入，从小微部向重点支行渗透，覆盖全行；通过启动会、外训等方式确保业务达成，建立渠道影响力，并逐步建立KPI追踪体系，培养常态化销售习惯；重点追踪总、分公司专业经营动作落地实施情况，在活动量管理、项目运作、专业支持等方面对所辖机构、网点加大力度进行一对一帮扶。 （刘志平）

【创新技术运用】 2014年，太平洋寿险山西分公司利用"神行太保"移动终端，实现客户投保、缴费、保全、理赔等一站式移动服务。截至2014年底，山西分公司通过"神行太保"实时代扣、电子签名等功能实现100%无纸化出单，通过全新回访模式"太平洋好声音"，一站式为客户完成新契约回访服务，刚性约束防止代访。同时公司推广"中国太保"官微，客户可实现保单自助查询、积分兑换，参与公司火热活动，自助进行保单贷款等应用，开启客户自助服务新模式。

1.透明高效的新契约承保。新一代客制化的"神行太保"研发以"把握客户真实需求、重点防范销售误导"为设计宗旨，不断消化、吸收最新监管精神，结合前期研发成功经验，明确以"销售人员资格验证、客制化销售新载体、产品信息真实说明、权利义务一览无遗、客户信息智能校验、数字签名防范代签、支付金额杜绝篡改"作为七大重点防范销售误导的技术举措，2014年山西分公司通过"神行太保"承保保单18.8万件。

2."好声音"回访，有效防范代回访。"太平洋好声音"项目带给客户一种全新的回访体验，在客户签署电子回执后，自动触发回访流程，回访以系统回访替代传统的电话回访，搭载语音识别技术，在业务人员的陪同下，逐个进行回答，一站式的为客户完成新契约回访服务，该模式提升客户满意度，降低营运电话作业成本，提高回访成功率。

3.移动保全：保全随时在您身边。移动保全，是"神行太保"智能移动保险生态系统的整体规划，基于改善客户体验，助力服务营销的理念而开发的移动保全平台。该平台旨在运用移动互联及终端等最新技术，将保全服务作业功能植入移动设备，实现业务员受理、处理、确认三步完成主动服务的模式创新，让保全服务随时随地来到客户身边，2014年山西分公司通过"移动保全"处理的保全业务达5.7万件。 （刘志平）

【基础服务】 2014年，太平洋寿险山西分公司坚持总公司"关注客户需求、改善客户界面、提升客户体验"的经营策略，创新服务模式，优化作业流程，提升服务质量和服务效率，维护保险消费者的合法权益。

1.失效保单清理工作。为加强对失效保单的有效管理，提高客户服务品质，根据《中国保监会关于开展人身保险失效保单清理专项工作的通知》（保监消保〔2014〕123号）和总公司关于落实《关于落实〈中国保监会关于开展人身保险失效保单清理专项工作的通知〉文件要求的通知》的通知（太保寿发〔2014〕234号）的文件要求，山西分公司成立专项工作领导小组和专项工作执行小组，负责失效保单清理专项工作的组织领导和执行落实。并以此为契机，建立失效保单管理常态工作机制，保证件件有通知，件件有落实。结合客户活动，增加和客户的接触面，提升临时失效保单的复效成功率，提升保费继续率，支持服务和营销活动的有效开展。

2."关爱工程"持续推进。7月至8月25日，山西分公司举办"秀出精彩·去卢浮宫观展"绘画摄影大赛。大赛主题为"秀出精彩·去卢浮宫观展"，全省收到绘画作品644幅，摄影作品52幅。分公司特邀山西省美术家协会会员、山西大学美术系史宏芸教授对作品进行认真评选，最终选出一等奖6名、二等奖12名、三等奖18名及鼓励奖40名。其中，太原中支选送作品《地球：我们的家》、吕梁中支选送摄影作品《晾麻》代表分公司参加总公司组织的全国评选。

3.移动调查上线。2014年10月，山西分公司移动调查正式上线。通过移动调查可以随时对调查的影像、音频和视频等资料回传到调查系统，并对调查情况实时进行跟踪、指导和沟通，进一步提高理赔调查时效，提升公司形象。

4.开展"粉红丝带"公益活动。10月18日是国际"粉红丝带"乳腺癌防治宣传日，为传播公益理念，引导大众关注女性健康，探索互联网保险发展模式，山西分公司于10月中下旬期间在全辖开展"中国太保"微信直销产品——"粉红丝带乳腺癌互助保障筹集计划"公益活动。"粉红丝带"是寿险公司开发的一款专注女性乳腺癌保障的保险产品。在10月国际粉红丝带宣传月期间结合外部宣传力量充分挖掘乳腺癌保险需求，传播保险理念，并对成功购买的客户额外赠送1份出行意外保障。

5.开展"感恩有你"客户体验活动。11月22日是太平洋寿险"稳健一生"客户俱乐部活动日。为进一步打造公司服务品牌，推动客户服务体系和服务文化建设，山西分公司根据客户俱乐部年度工作计划，于11月23日在太原客户体验中心举办首届太保客户俱乐部"感恩季·感恩有你"主题创新服务客户体验活动。活动期间，邀约VIP客户参观坐享式客户体验中心、观看《移动应用新技术成果》等宣传短片、现场绑定"中国太保"官微、指导客户参与微信活动等。活动当天，数

百位客户到场并参与公司免费提供的“防癌筛查”体检。（刘志平）

【客户信息真实性清理】 2014年1月,太平洋寿险山西分公司按照监管及总公司工作要求,开展客户信息真实性清理工作,制订下发《关于进一步落实中国保监会关于印发〈人身保险客户信息真实性管理暂行办法〉的通知的通知》(晋太保寿发〔2014〕42号),对专项工作涉及的增量控制、存量清理、配套机制、抽查复核等工作进行安排部署,并编制工作行事历,强化追踪、督导、指导工作力度。

客户信息真实性增量控制工作由集团公司IT中心、在线服务公司及寿险总公司9个部门共同参与,对照保监会文件要求,相关系统均完成增量控制的完整性、真实性逻辑校验的生产验证确认。同时,分公司完成全司范围的单证改版工作。存量清理工作中,截至6月30日,山西分公司监管范畴内的长险保单清理进度率为96.85%,对于尚未清理成功的保单客户公司将纳入长效清理机制。

山西分公司按照总公司各业务条线下发的销售人员品质管理办法要求,完成对品质管理办法宣导和下发工作、销售人员劳动合同(补充协议)签署工作。分公司将该项工作,从系统控制、制度建设、客户服务等方面纳入长效工作机制。（刘志平）

【财务管理】 2014年,太平洋寿险山西分公司以提升素质、管理升级为主,提升团队的业务技能和综合素质,围绕流程化、标准化、精细化开展工作,优化资源配置,夯实会计基础,防范财务风险,使财务各项工作全面升级。

1. 深化全面预算管理,优化资源配置,提升投产效率。在资源配置方面,实施固变分离,发挥费用政策牵引作用,优化资源配置。在预算管控方面,优化预算审批流程,加强费用预算审核,强化费用报销管理。在服务一线方面,加强服务沟通,紧盯管控目标,强化过程管控。通过建立顺畅有效的沟通预警机制,进一步提升预算管理对业务发展的服务能力和工作效率。

2. 夯实会计基础,提高系统应用,加强税务沟通,提高财务运营水平。在会计达标方面,全面推进会计基础工作达标验收工作,夯实会计基础工作。2014年3月至8月,山西分公司从本部及中支抽调骨干力量组成达标验收小组对11家中支会计基础工作进行达标验收,强化基层财务工作。在科目管理方面,加大增量数据的核对管理和存量数据的核对清理,加强重要会计科目管理工作。同时,全面启动、稳步推进“E化”会计核算项目集中工作,按照分公司年度财务工作计划安排,从2014年3月至9月按照准备、试点、推广、验收四个阶段分阶段逐步推进该项工作,“E化”会计核算集中后利用影像系统,提高运行效率、节约了成本、加强了风险管控能力。在税务工作方面,加强税务沟通,推进长险预缴退税工作。

3. 加强资金管理,加强内部控制,建立督导体系,积极防范财务风险。在零现金管理方面,推广零现金管理,进一步推进资金集中收付,防范资金风险。在资金风险控制方面。继续强化资金基础管理和风险管理工作,下发《关于进一步明确现金收付费风险管控加强零现金收付费真实性的通知》(晋太保寿联〔2014〕191号),全面部署和强化收付费环节的风险管理工作,以确保零现金转账业务的真实性。在会计督导体系方面,于2014年6月建立分层督导、各负其责的财务督导体系,明确各层级会计督导工作规范。

4. 开展培训,建立荣誉体系,强化工作考核,提高团队综合素质。开展对中支财务基础工作质量考核,提升中支财务基础工作质量。实施分公司年度培训计划,2014年分公司组织全辖视频会议培训9次,全辖财务骨干人员现场培训2次,推动财务规范化管理,提升财务人员专业技能。

（刘志平）

【合规经营防范风险】 2014年,太平洋寿险山西分公司开展合规工作。

1. 保险中介市场清理整顿工作到位。山西分公司保险中介市场清理整顿工作落实监管要求,工作部署全面,方案措施得力,互动沟通到位,督导形式多样,信息报送及时,问题暴露充分,复查整改有效,报表数据准确,报告内容全面,材料报送按时,获得监管部门肯定。

2. 反洗钱工作监管检查实现“0”处罚。山西分公司反洗钱工作,严格落实人行监管规定,工作能够常抓不懈,宣传活动形式内容丰富多彩,日常大额、可疑交易审核率、客户身份识别与资料留存率达到100%。自查自纠工作定期开展,反洗钱知识和技能培训多次开展,特约人行领导授课增强监管关系,辖内监管检查时有发生,年度监管检查实现“0”处罚。

3. 印章风险工作排查成效明显。为彻底杜绝印章管理风险反复发生,将总公司“秋风行动”印章管理风险排查工作落到实处,分公司制定实施方案,制定自查、现场检查实用有效表格,使检查人员对检查内容、方法一目了然,将多年遗留印章管理的刻制、颁发、领用、保管、电子印章使用不规范行为及风险隐患充分、完全暴露。现场检查6组18人,实现三级机构现场检查100%,四级机构现场检查30%。

4. 廉洁文化宣传教育和创建活动开展。为全面落实集团和总公司纪委2014年党风廉政建设和反腐倡廉工作的部署,分公司组织开展“廉政杯”摄影赛、知识竞赛、微信平台发送廉洁教育名人格言和警句、党委中心组学习、一次党课或廉政教育报告等形式多样廉洁文化宣传教育和创建活动,把廉洁文化宣传教育和企业文化建设有机结合,创新活动载体,突出工作特色,促进业务发展。

（刘志平）

【品牌形象提升】 2014年3月12日,山西省总金融工委授予太平洋寿险山西分公司省金融系统“五一劳动奖状”及“优质服务标兵单位”荣誉称号;太平洋寿险太原客户体验中心被授予“5A级服务柜面”及“五一劳动奖状”。同时，公司晋城中支工会获评“优秀工会工作组织”。

3月14日，太平洋寿险山西分公司全辖举办“3·15”消费者权益日客户服务活动。分公司首次尝试“首席客户服务经理接待日”活动，分公司总经理周晓红在太原客户体验中心以首席客户服务经理身份与消费者进行零距离互动。当天下午，分公司邀请19名客户参观太原客户体验中心并参加高端客户论坛会。

6月12日，“2013中国年度十大保险经理人”颁奖典礼在青岛举行，太平洋寿险山西分公司总经理周晓红获得“2013中国年度十大保险经理人”荣誉称号。

7月8日，太平洋寿险山西分公司开展“爱无疆 责任在行”全国保险公众宣传日主题宣传活动。太原客户体验中心举办“微服务 新体验”客服活动，工作人员邀请客户关注并绑定“中国太保”官微平台，查询保单信息及个人积分，为客户现场讲解如何参与“护身福”“摇身价”“算寿命”等活动，《三晋都市报》《生活晨报》记者参观了太原客户体验中心并亲身参与活动。其余10家中支也在营业大厅开展宣传活动，总经理室成员参与接待，工作人员邀请客户进行“中国太保”官微绑定，并现场为客户演示移动应用平台“神行太保”新技术。

10月23日，第九届“中国保险创新大奖”颁奖盛典在广东举行，太平洋寿险山西分公司副总经理宋文光获得“年度渠道管理成就奖”。

11月，太平洋寿险山西分公司获得太平洋保险集团公司颁发的“品牌建设优秀奖三等奖”，以表彰其品牌管理方面的成绩。 （刘志平）

【社会公益】 2014年1月，太平洋寿险阳泉中支开展春节前扶贫慰问活动。盂县东梁乡石窑村是公司扶贫工作村，公司工作人员赴石窑村进行节前慰问，走访15户孤寡老人和五保户，并送上面、油等春节物品。

9月25日，太平洋寿险忻州中支工作人员赴繁峙大木瓜小学开展第三届“纸飞机”爱心捐资助学活动，为孩子们送去学习、生活用品及体育器材。

10月16日，太平洋寿险山西分公司、晋中中支工作人员赴左权县麻田镇西安村小学开展第四届“纸飞机”捐资助学活动，向孩子们捐赠文具、体育用品和课外读物。左权县电视台现场录制并报道活动。

11月26日，太平洋寿险晋中中支副总经理郭书军一行三人赴定点帮困对象——昔阳县东冶头镇雀鸣村进行慰问，为学龄儿童带去4000余元的学习用品及1000余元的科普书屋建设基金。 （刘志平）

·中国平安人寿保险股份有限公司山西分公司·

【概述】 2014年，中国平安人寿山西分公司以《关于加快发展现代保险服务业的若干意见》（新国十条）、《山西省人民政府关于加快发展现代保险服务业的实施意见》（“省十条”）和山西保监局构建全省现代保险服务业的发展蓝图为指引，认识新常态、适应新常态；以保监会“稳中求进、改革创新”和山西保监局“抓服务、严监管、防风险、促发展”的监管思想为指导，坚守保险行业“守信用、担风险、重服务、合规范”的核心价值理念；秉承总公司“合规经营，专业价值”的经营理念，夯实基础、强化管理、深化服务、追求效益，推动平安人寿山西分公司各项业务稳健发展。

1.内部环境建设。2014年，平安人寿山西分公司拥有个险、银保、电销三大销售渠道，产品体系清晰完整，涵盖从传统的储蓄型、保障型产品，到非传统的分红型、投资型产品，为客户提供“一个账户、多个产品、一站式”服务。山西分公司秉承总公司提出的“简单便捷、友善安心”的服务理念，从队伍销售模式、销售渠道、销售方法等方面进行探索和创新，即：(1)推动和细化以健康人海为核心的发展模式，实现人力跨越式发展。2014年通过细化人力发展线，以晋升为主线，明确增员节奏和策略，推动增员系统化运作；完善留存工程，提高留存率、降低脱落率。(2)推进二元网点铺设。二元市场是未来寿险人力增长的主要来源之一，是实现三级机构大型化、保费新的增长点的重要来源。2014年，山西分公司在山西保监局政策许可范围内，加大对二元网点的铺设力度，提高网点发展的质量和数量，推动二元网点寿险业务的健康

2014年9月，平安人寿山西分公司组织员工志愿者前往左权平安希望小学开展爱心捐助及支教活动 （郭秋芳供图）

2014年4月,平安人寿山西分公司组织员工志愿者在万亩生态园参加"种下低碳树,播洒公益情"活动 (郭秋芳供图)

良性发展。(3)调整产品结构,合理配置保险产品,推动市场健康发展。改善市场保险产品的配置,推动保险机构实施由总、分各级机构共同参与的创新业务流程,开发更多符合经济社会发展需求的保险产品,提供更符合山西市场特点的保险服务。

2.分支机构建设。截至2014年底,山西分公司机构总数为65个,其中省级分公司1个,中心支公司(二级分公司)10个,支公司32个,营销服务部22个。因整体业务增速下降,对职工需求保持稳定,截至2014年底,职工人数874人,较上年同期的766人增加108人。分公司狠抓增员质量,重视业务员的消化与留存,截至2014年底,营销人员数达14360人,较上年同期增长18.18%。

3.业务收入提升。2014年第一季度,山西分公司整体业务节奏以"开门红"为主,主打"尊越人生""智胜人生"和"智慧星"。4月至6月保费收入分别为13850.07万元、14220.52万元和17665.99万元,截至6月底,累计总保费收入147869.36万元。分公司业务节奏围绕"四五连动"展开。5月,向市场重点推出分红型产品"守护星",产品保额充分,保障全面,打破以往少儿险累计最高重疾保额的限制;6月,分公司重点推动"平安福""守护星"等险种进行营销活动。第三季度,山西分公司启动"收获金秋"为主题的营销节奏,总保费收入44328.71万元,"智慧星""智胜人生"作为主打产品,巩固保费平台,加大保障型产品"护身福"的推动力度。第四季度,山西分公司以达成全年业务计划为目标,进行营销规划和开展业务。其中10月保费收入14816.03万元;11月保费收入14114.51万元;12月保费收入22279.77万元,第四季度共收入保费51213.28万元。

(郭秋芳)

【日常服务】 2014年,平安人寿山西分公司推动"蜜蜂计划"系列工作,坚持以"真诚、简单、快捷、标准、体贴"5S服务理念为指导,通过服务微语录、服务案例、窗口服务承诺、服务满意度调查、服务举措检视等方式宣传服务理念、提升服务质效,在分公司上下营造出积极向上的全员服务氛围。

提升客户服务,举办客户服务节活动。2014年5月19日,随着新一届网上客服节在官网及APP上线,分公司第十九届客服节正式启动。5月至10月分公司通过"爱家爱健康"网上活动、儿童平安行动、家庭才艺大赛、专家巡讲及足球加油总动员活动的开展,为客户带去更多精彩体验。

2014年,山西分公司在确保投保后的服务质量方面做出以下工作:分公司开设亲访、电话、信函、网络等多种投诉渠道,并在各营业场所公布投诉处理流程,便于客户咨询、投诉。客户投诉后,公司将通过短信告知客户公司投诉处理人员的联系方式。所有案件均在不到2个工作日内联系客户核实处理,对因案情复杂,调查时间过长,无法短期内结案的案件,公司至多每隔5个工作日都将联系客户反馈处理进展。2014年,处理各类信访投诉案件500余件,自受理之日起至结案,平均案件处理时效6.42个自然日,其中10个自然日内结案案件占比达80.91%,未出现处理时长超过30个自然日案件。 (郭秋芳)

【理赔服务】 2014年,平安人寿山西分公司从服务时效和服务品质两方面入手做好理赔服务。落实平安寿险承诺执行标准案件、资料齐全,2日赔付审查理赔制度。(标准案件指符合保险责任且不需要进行调查的案件)在材料提供齐全后,2个工作日内完成案件审批。对于材料齐全的标准案件,超2日赔付,将根据超期天数,向客户按日支付超期利息。(利息以"人民银行公布的年活期存款利率"再加1个百分点单利进行计算)履行24小时上门理赔服务规定。95511客服热线24小时不间断为客户提供服务,在接到客户致电预约安排服务人员为其办理收取理赔材料等业务需求后,自接到客户服务请求开始,3个工作日内安排服务人员跟进并联系到客户;服务承诺在各岗位积极落实。分公司梳理理赔全流程,理顺各个环节工作职责及服务时效,在各个环节层层把关,恪守时效承诺。依托平安后援集中运营平台,实现案件集中作业。专人进行案件时效追踪工作,每日对案件处理进行通报,并追踪到经办人员,对临超案件与后援作业中心沟通,开通绿色通道,优先处理。

截至2014年底,山西分公司赔款(给付)累计金额29057.74万元,其中赔款903.57万元,满期给付累计达

16916.46万元，死伤医疗给付累计达9332.61万元，年金给付1905.10万元。赔款支出方面，其中意外险为519.63万元，短期健康险为383.94万元。短期健康险简单赔付率为35.86%。

（郭秋芳）

【销售误导治理】 2014年，平安人寿山西分公司落实《销售误导行为责任认定及追究办法》，通过品质宣讲日等主题推广活动，加强对业务员队伍的销售行为管控，及时向业务队伍宣导培训销售行为合规性方面的监管制度，重视追踪及日常管理，推进治理销售误导工作日常化、制度化。

1. 加强保险销售从业人员品质教育。为防范销售误导风险隐患，引导业务员诚信经营、注重服务、稳定发展的经营理念，分公司从9月开始实施《关于山西分公司规范品质宣导流程的通知》。

2. 加强日常检查监督。分公司营销管理部/区拓管理部定期对各营业单位的合规经营进行现场督导和非现场督导，将自纠整改工作常态化，包括是否有营销员销售误导和由此引发退保的情况等。通过督导，加强各营业单位的合规经营意识，发现问题及时整改，及时消除风险隐患。

3. 下发品质宣传手册。为强化业务队伍合规展业的意识，使诚信营销理念深入人心，营销管理部制作下发2015版品质管理手册，手册内容包括荣誉业务员的评选规则、销售误导等方面重点案例、品质管理相关罚则及品质扣分的影响等，促进业务员合规展业，防范销售误导等风险隐患。

（郭秋芳）

【风险防范与合规经营】 2014年，平安人寿山西分公司合规管理工作以合规管理系列活动——猫头鹰计划、内控评估项目及制度执行管理工作的全面开展为契机，取得成效。公司以建立合规经营文化，落实合规经营，实现永续发展为目标，推动全员树立合规操作、合规管理、合规经营意识，全面防范风险，提升经营管理水平，以合规促发展。

“猫头鹰计划”旨在深入推广和践行“守信用、担风险、重服务、合规范”保险行业核心价值理念，提升分公司合规经营管理水平，加强对各流程的合规管控，促进分公司员工履行合规尽职义务。成立以总经理室领导及各部门负责人为成员的领导小组，并将各部门合规联络人组分为前线、后援及共同资源三大工作组，负责各系列工作的推广，开展合规文化推广、自定制度管理、合规自查工作及合规报告四大模块的管理活动。

为提高分公司风险防范及内控管理水平，按照集团及总公司的统一安排，分公司于2014年7月至11月起逐步开展内控自评项目。内控自评工作通过项目式管理的方式，对公司业务经营管理的各流程环节进行风险检视。内控自评项目与制度执行管理工共同运作，打造公司风险管理的双重防线，为公司合法合规经营保驾护航。

（郭秋芳）

【社会责任践行】 2014年，平安人寿山西分公司在全省范围内推广“凤凰计划”系列活动，旨在打造平安人的慈善信仰，传播爱心，善行客户。

5月14日至16日，分公司举行公益义卖活动，筹得义卖款2730.3元。

5月29日，分公司17名志愿者带着由爱心义卖款购买的14袋大米、14袋面粉、13桶油，到太原社会儿童福利院，看望福利院的孩子。

9月9日上午，中国平安山西地区希望小学支教行动在分公司培训教室启动，分公司40余名志愿者参加活动。

（郭秋芳）

商 务

【消费促进活动】 2014年，山西品牌中华行分别在南京、天津、西安、昆明、香港、澳门、南宁、福州、海口举行9站活动，现场销售近1000万元，签订供货合同突破10亿元，分别在广州、天津和五台山建立山西名优特商品展销中心。山西省商务厅组织"骏马迎春、福惠万家"、全国消费促进月山西活动、"幸福暖家"社区行、老区行、矿区行等大型活动，全省开展各类促销活动1043场，销售总额208.3亿元。

（周建东）

【市场营商环境改善】 2014年，山西省商务厅加大商务综合执法力度，拓宽商务执法覆盖面，对全省商务领域14个行业开展综合执法。启动全省"两法衔接"信息共享平台建设。清理废止一批与国家税收法律法规的区域性税收优惠政策内容相违背的文件。整顿和规范电视购物秩序，查处停播40多个违法违规广告。加强单用途商业预付卡管理，推广实施履约保证保险业务，引导备案企业规范经营，在全国绩效考核排名第一。加快推进太原市肉菜流通追溯体系建设，形成完整的追溯信息链条，争取到晋中市肉类蔬菜流通追溯体系建设试点、山西省中药材流通追溯体系建设试点。加强酒类流通管理，建立酒类电子化监管平台，强化酒类流通随附单管理，开展酒类流通专项整治。加强对成品油市场的管理检查，完成省内国四汽油、柴油升级工作。规范二手车交易行为，加大淘汰老旧车和黄标车工作。建立省市县三级市场运行监测和商务预报平台，县级覆盖率超过70%，在全国综合排名第五。

（周建东）

【区域合作】 2014年，山西省商务厅建立省级区域合作联席会议机制，忻州市正式成为环渤海市长联席会议观察员城市。组织开展环渤海暨晋京、晋津产业对接，达成41个合作意向，18个合作协议，总金额超过250亿元。推进黄河金三角产业转移示范区建设，对接丝绸之路经济带。落实山西省与上海、安徽、浙江、湖北等省际合作协议，强化省际间的产业互动和经济互利。加强与山西异地商会、异地山西商会的合作联系，鼓励会员企业投资山西。（周建东）

【招商引资】 2014年，山西省商务厅组织开展"跨国公司进山西"系列专题对接会，美国普莱克斯、新西兰恒天然、德国西门子、新加坡胜科集团等跨国公司项目陆续落地，在山西省投资的世界500强企业累计达到30家，50个项目。举办第五届能源博览会，形式由实体办展转向网上办展，共吸引13个国家和地区230家能源领域的世界500强、中央大型企业、知名民营企业、投资机构和科研院所参展，其中世界500强企业27家，发布招商项目1538个。（周建东）

【对外贸易】 2014年，山西省商务厅出台支持外贸稳定增长实施意见等政策文件，推动各市、各部门出台配套政策。建立商务、海关、国税、检验检疫、外汇、人行"六外合一"跨部门工作协调机制，形成涉外部门促进外贸发展的合力。协调推进通关便利化改革，关检合作"三个一"取得进展，"一次申报"系统正式上线试运行。推动境外展会市场化改革，修订完善广交会展位分配管理办法。推动做大做强外贸经营主体，150户外贸主体企业出口33.3亿美元，增长25.6%。出口示范基地有效促进外贸稳定增长，基地企业出口49.6亿美元，增长11.9%。

（周建东）

【"走出去"战略】 2014年，山西省商务厅搭建国际合作平台，扶持山西省矿业、能源、农业重点企业"走出去"。与南非非国大经济发展论坛、渣打银行签订合作协议，举办"2014山西企业国际金融论坛"，为企业走出去提供金融支持。协调解决企业走出去难题，推动中铁三局、十二局、十七局、省建总公司、省地质勘查院等龙头企业扩大境外承包工程规模。推进山西省援喀麦隆、多哥"光明行"项目。推动晋非合作区建设，引进新的战略投资主体，对山投集团投资晋非合作区予以政策支持。协调晋非合作区公司成立合资公司，同毛里求斯政府合作实现新突破。（周建东）

【开发区管理体制改革】 2014年，山西省商务厅总结推广运城市理顺开发区体制机制的有效做法，在太原、晋中、吕梁、临汾、运城开展创新开发区管理体制改革试点。太原民营开发区实现异地扩区管理；祁县开发区开展管委会主任和党工委书记“一肩挑”试点；孝义开发区、侯马开发区试点管委会主任由当地主要领导兼职；侯马开发区和山西陆港园区整合建设侯马新区纳入临汾百里汾河新型经济带总体规划；运城开发区和空港开发区实施错位发展。（周建东）

【开发区运行机制建设】 2014年，山西省商务厅建立省市两级工作机制和部门联席会议机制，推动各市对开发区下放经济管理权限和派驻机构。11个市除太原、晋城、临汾外，其他8个市理顺商务工作和开发区工作的领导体制。晋中市推动发改委等6部门向全市三个开发区下放15项管理权限，运城市推动7个职能部门向开发区下放管理权限；并在开发区建立一级财政、一级金库。全省开发区制定突发事件应急预案。开发区产业对口援疆工作取得成果。（周建东）

【“飞地经济”新发展】 2014年，山西省商务厅协调解决开发区发展“飞地经济”项目的用地瓶颈，组织开发区在广东、福建、浙江、上海、台湾等省市和地区开展招商引资。阳泉市引进浙江“白色家电”产业园区初具规模。运城空港引进义乌国际商贸城综合工业园一期开始营业，引进浙江高端化纤产业入驻企业200余家，为大运重卡配套建成汽车产业园区，建设奔驰中巴车生产基地。山西安民集团和深圳家具行业协会共同建设“中国北方家居产业园”开工建设。（周建东）

【国际能源产业博览会】 2014年9月16日至18日，第五届中国（太原）国际能源产业博览会与主题为“高碳资源低碳发展、黑色煤炭绿色发展”的2014低碳发展高峰论坛先后举办，其间分别举行“低碳技术发展论坛、低碳经济发展论坛、青少年低碳论坛”三个分论坛，以及低碳技术展示、低碳技术对接合作会、低碳专家咨询委员会成立大会暨委员会第一次会议、产业创新链项目发布、技术成果转移合作签字仪式等相关外围活动。第五届能源博览会的最大亮点和改革创新之举，就是首次由实体办展转向网上办展。展会共吸引来自13个国家和地区的230家能源领域的世界500强、央企、知名民营企业、投资机构和科研院所参展。其中，世界500强企业有27家。网上展览利用语音、图片、视频、云数据技术，为各参展企业搭建个性化的立体虚拟展厅，多维展示能源领域的新技术、新设备、新产品。一批涉及新能源、新材料、节能环保、建筑节能、生态绿化的项目签约，所有协议各方计划投资近20亿元，转移推广预计将带动投融资200多亿元，建设甲醇汽油生产实验基地、固体废弃物综合利用基地、太阳能光伏电站等大型生产示范基地。（周建东）

○相关链接：参见“山西省人民政府”类目

粮　食

【概述】 2014年，山西农作物种植面积384.05万公顷，比上年减少5.78万公顷。其中，粮食种植面积328.64万公顷，增加1.21万公顷；油料种植面积12.97万公顷，减少1.06万公顷；棉花种植面积1.87万公顷，减少0.47万公顷。在粮食种植面积中，玉米种植面积167.65万公顷，增加0.65万公顷；小麦种植面积67.39万公顷，减少0.36万公顷。2014年全省粮食总产量1330.8万吨，比上年增加18.0万吨，增产1.4%。其中，夏粮总产260.3万吨，减产12.3%；秋粮总产1070.5万吨，减产1.0%。其中玉米产量938.1万吨，比上年减少1.8%；小麦产量259.1万吨，比上年增长12.3%；谷子产量38.9万吨，增长5.9%。年消费粮食1385万吨左右，小麦缺口304万吨，稻谷缺口109.4万吨，全部靠调入，玉米需销往省外369万吨。总体上看，总量不足，结构不平衡，产粗吃细，小麦不足，玉米有余。

2014年，全省各类粮食企业收购粮食720万吨，比上年减少57万吨，减少7.3%。其中，国有粮食经营企业收购114.5万吨，占总收购量的15.9%。全年销售粮食838.5万吨，比上年减少1.7%。其中，国有粮食经营企业销售148万吨，占总销售量的17.7%。

2014年末，全省共有国有粮食企业556户，年末职工人数20403人。山西国有粮食企业总仓容730万吨，符合储粮要求的仓房容量510万吨。（祝志光）

【粮油保供稳价】 2014年，山西省粮食局按照山西省委、省政府《关于全面深化农村改革加快推进农业现代化的实施意见》（晋发〔2014〕13号）精神，加强对市场动态的监测、预警，充实储备规模，做好供需平衡，向国家粮食局争取从省外调入中央储备粮计划，健全粮食应急体系。

1. 强化粮油市场监测预警。2014年，省粮食局及时掌握市场粮油动态，重点做好春节、中秋、国庆等节假日期间全省粮食保供稳价工作，开展粮食加工、销售企业、粮油市场供应等情况进行专项检查。全年全省粮源充足，市场基本稳定，未出现粮价暴涨、断供和大范围抢购粮食等现象。截至2014年底，省粮食局对80个省级粮油市场价格直报点进行信息采集和监测预警，全省建立粮食应急供应网点1517个，覆盖11个市、119个县的乡镇、社区。

2. 抓好粮食收购工作。山西省粮食局把做好夏粮和秋粮收购工作作为重中之重，严守“种粮卖得出”的底线，保护农民种粮积极性。落实国家“五要五不准”收购守则和省八项规定，敞开收购农民余粮。夏粮、秋粮收购前，省粮食局领导带队深入小麦和玉米主产县，开展生产、价格、收购准备等情况调研，召开夏粮和秋粮收购工作会议，与省农发行联合下发做好2014年夏粮、秋粮收购工作通知，并组织粮食主产市、县的粮食部门和种粮大户、粮食经纪人同省内粮食轮换和用粮企业开展点对点产销对接。2014年实际完成粮食收购任务720.2万吨。

3. 充实省级粮油储备。根据国家发展改革委、国家粮食局、财政部、中国农业发展银行《关于先期下达部分地方储备粮新增规模的通知》精神，省粮食局会同省发展改革委、省财政厅、农发行山西省分行下达《关于新增地方储备粮规模的通知》，对新增地方储备粮规模做出安排部署，并要求省、市抓紧落实新增地方储备规模，优化粮食储备布局和品种结构，加强地方储备粮管理。同时，对2009年省政府下达的省级储备粮未到位部分进行充实，截至2014年底，省级储备小麦和稻谷完成入库任务，完成省级储备食油入库任务。2014年安排新增地方储备粮和省级储备食油增储计划，政府掌控的地方储备粮食和食油规模分别增长26%和24%。

4. 开展粮食产销衔接工作。2014年11月27日，山西省粮食局和中国粮食行业协会、中华粮网在太原共同举办"2014山西粮食（玉米、小杂粮）产销衔接会"，共达成粮油产销合作协议372份，签约总量855万吨。2014年，实际销售粮食838.5万吨，实际调入269.5万吨。

5. 加强军粮供应工作。2014年，省粮食局重视军粮质量管理，根据《山西省军粮统筹采购暂行办法》，对军粮进行招标采购，并建立供应厂家军粮质量档案，对中标厂家资质、中标价格等信息进行管理。与驻晋部队开展军地联合调研，随机抽取军粮进行检测，并组织力量对承担省级军供应急成品粮代储单位进行抽查，确保全省军粮库存数量真实、质量良好。为提升服务水平，每逢重大节日，省粮食局根据要求对驻晋部队调剂优质粮油，并创新服务方式，实行电话预约、送粮上门等服务，为干休所代购生活用品等。全年军粮送货上门率达96.46%。（祝志光）

【"米袋子"省长负责制考核】 2014年，山西省政府首次将粮食安全目标责任考核纳入各级政府目标责任考核体系，巩固和落实粮食省长责任制。山西省的做法，国家粮食局给予"走在全国前列"的高度评价，在全国推广。（祝志光）

【仓储技术建设】 2014年，山西省财政投资3000万元对承储省级储备粮的34个省、市级粮油储备库配置粮油出入库设施设备、粮油检化验仪器等，提升仓储技术能力。

2014年，山西省粮食局多渠道融资1850万元，引进美国充气模型技术，在太原新城国家粮食储备库建成全国首座"钢筋混凝土整体球形粮仓"2栋，填补国内空白，节能、节地、高效等效果显著。

2014年，山西省粮食局探索石洞仓储粮技术，牵头制定《石洞仓原粮储藏技术规范》作为省级标准颁布实施，填补国内空白。国家粮食局对山西省给予"在科技创新上取得成绩，走在全国前列"的评价。此外，为消除安全隐患，保障储粮安全，全省完成69个"危仓老库"维修改造项目建设任务。

加快仓储物流建设步伐，向国家争取到2014至2015年粮库建设计划40万吨仓容，总投资24亿元，列入国务院重大工程项目清单。中央和省级当年安排投资4889万元，新启动实施一批骨干粮库提升功能项目和危仓老库维修改造项目。启动实施储备粮管理信息化和库存粮食识别代码试点项目。国家投资1500万元，推进5个粮食现代物流项目建设。（祝志光）

2014年11月27日，山西省粮食局在太原举办"2014山西粮食（玉米、小杂粮）产销衔接会"（祝志光供图）

【惠民工程】 1.推进农户科学储粮工程。2014年山西省总投资2150万元，再为全省农户配置5万套标准化储粮装具，累计为23.5万户农户配置标准化储粮装具，每年可减少粮食产后损失700多万公斤，助农减损增收1700余万元。

2.实施"放心主食"工程。为推动主食产业化发展，提高口粮供应保障能力，2014年省级安排1000万元扶持资金，按照重点推进、扶优扶强的原则，重点培育9家主食产业化示范企业。

3.开展"世界粮食日"宣传活动。建立1个省级爱粮节粮教育实践基地。2014年，山西省粮食局会同省农业厅、团省委、省妇联组织参加全国爱粮节粮动漫大赛和征文活动，其中临汾、晋城、阳泉市粮食局和省贸易学校的8件作品获奖，成绩全国领先。

4.开展"粮食科技周"活动。省粮食局与省教育厅、省妇联、省科技厅、省科协等单位联合举办"粮食科技

周”活动，进校园、进社区、进住户，宣传健康、卫生、安全、营养的粮食消费理念。（祝志光）

【体制机制改革】 1. 推进国有粮食企业改革。2014年，省粮食局向各市粮食局下达改革重组的目标任务，并督促各市粮食局落实到改革任务县，截至年底，30个县的“一县一企、一企多点”改革重组任务全面完成，累计完成改革任务的县达76个，占全省县（市、区）的69%。全省国有粮食企业统算盈利1689万元，实现“三连盈”。

2. 推进粮食收购制度改革。省粮食局起草制订《山西省2014年新产玉米省级临时收储预案》；按照中央和山西省提出的鼓励符合条件的多元市场主体参与大宗农产品政策性收储要求，制订《山西省多元市场主体参与政策性粮食收储指导意见》《省级储备粮轮换改革和加强管理工作方案》等。

3. 开展“管理提升年”活动，完善管理机制。2014年，山西省粮食局重点加强对省级储备库经营管理和运行情况监督。在省级储备库建立主要财务指标、自主经营、清欠工作月考核制度，并实行省级储备粮油轮换报告和审核备案制度，推进落实粮食统计制度改革工作。太原市对市级储备粮轮换率先采取市场公开竞价、新粮新价办法，防止承储企业自储自轮，难以监管的弊端，形成保管与轮换分开，交易中心、承储企业、行政管理部门三方制约的新型轮换机制；朔州市政府出台深化国有粮食企业改革文件；临汾市推出财政解决政策性挂账利息和消化本金的做法。（祝志光）

【质量安全】 1. 开展新收获小麦、玉米原粮卫生调查和品质测报工作，2014年，山西省粮食局完成11个市57个县440份样品的扦样、检验和送检工作，扦样率和检验率达100%。

2. 执行省级储备粮油入库质量检查验收制度，开展全省粮食质量抽查和省级储备粮质量普查，共计抽查省级储备粮油储存企业13个，抽查率36%。省级储备粮质量普查中共扦取样品324份。

3. 加强粮食质量检测检验能力建设，新建5个市级粮食质监站，其中晋中市粮油质检站取得计量认证资格。为承储省级储备粮油的34个储备库配置900余万元粮油检化验仪器。协调省财政投资1800万元开工建设省粮食质量监测中心检验大楼，并责成专人协调指导建设工作。（祝志光）

2014年8月26日，山西省粮食局在太原召开粮食仓储技术创新新闻发布会

（祝志光供图）

【市场监管】 1. 强化粮食收购市场监管。2014年，山西省粮食局在夏粮和秋粮收购中，检查粮食收购企业3078个，累计出动检查人员8501人次，依法查处违规行为493例。

2. 抓好政策性粮食购销活动监督检查。为地方企业减少粮食损失763.46吨。开展储备粮油自查自纠专项行动和整改落实及“回头看”工作，自查自纠发现问题84个，整改67个，限期整改17个。

3. 开展粮食库存检查。对537家粮食经营企业的库存进行清查，涉及粮食529.77万吨，检查中发现143个问题，经过督导，截至2014年底完成整改125个，整改率87.4%，是历年库存检查发现问题整改进度最快的一年。

4. 开展联合执法行动。2014年，山西省粮食局在节日期间，组织全省各级粮食行政管理单位，联合工商、质监、卫生等部门，共检查粮油经营企业4471个，查处违规行为237件，重点加强粮油销售市场、超市等群众关注的流通场所的监督检查，减少或杜绝不符合质量标准的粮油流入消费市场。（祝志光）

供销合作

【概述】 2014年，山西省供销合作社联合社（简称山西省供销社）全系统购进总额完成390亿元，同比增长19.7%；销售总额完成424.8亿元，同比增长20.2%；汇总实现利润2.15亿元，同比增长33.7%。完成省委、省政府年度目标责任考核任务，具体指标是：规范提升农村便民连锁商店任务110个，完成251个，完成率为228%；改造基层供销社任务25个，完成40个，完成率为160%；创办农村综合服务社任务5个，完成12个，完成率为240%；建设改造农资配送中心任务13个，完成15个，完成率为115%；开展开库直销和测土配方施肥的农资配送中心任务5个，完成5个，完成率为100%；扶持供销社领办的农民专业合作社项目

7个,完成8个,完成率为114%;碘盐覆盖率、合格碘盐食用率分别达98.77%和97.32%。(司昌平)

【基层组织建设】 2014年,山西省供销社加强基层组织建设。(1)新型基层社建设步伐加快。肖家庄供销社坚持多业并举、多元并重的发展路径,坚持服务"三农"的办社宗旨,坚持合作制办社方向,发展成为全国"基层社标杆社"。在中华全国供销合作总社成立60周年纪念大会上,肖家庄供销社作为全国4个发言代表之一进行典型发言。省供销社于上年9月召开全系统基层工作推进暨肖家庄现场会,对"肖家庄经验"进行总结和推广,把基层社建设推上新的发展阶段,涌现出高平市城市供销社、临猗县孙吉供销社等先进典型。长治市社实施"基层社建设工程",对82个基层社进行全面改造和资产整合。晋中市供销社争取政府支持,市、县两级政府按1:1的比例,每年给予300万元扶持资金,用于基层社的恢复重建工程。(2)专业合作社示范社建设步伐加快。各级社通过领办、参办、协办等方式发展专业合作社,全系统按照规范化管理、标准化生产、品牌化经营要求,专业合作社示范社建设成效明显。忻州市社专业社共注册商标32个、农产品质量认证产品12个,55个专业社与超市、批发市场、学校等建立稳定产销关系。汾阳新合作核桃专业社形成集种植、加工、销售为一体的格局,带动周边上千户农民,销售额超过3500万元。(3)系统内外联合合作步伐加快。各级社通过资产投资、项目合作等方式扩大开放办社,加强联合合作。襄垣县供销社与山西大学对接合作,打造新型农业社会化服务体系,在各乡镇建设服务站15个、示范基地1个,推广集成技术种植面积266.67多公顷。山西农资集团与各市、县供销社及农资公司召开10个座谈会,与88家单位初步达成合作联合和网络对接意向。(司昌平)

【社有企业发展】 2014年,山西省供销社推进社有企业发展。(1)资源整合。省供销社提出"企业要消灭亏损、供销社要消灭亏损企业"的理念,对长期亏损的企业,要求限期实现盈利;对限期不能实现盈利的企业进行大跨度整合、大力度重组、大手笔盘活。在深入调研、审计核查、资产清算的基础上,省供销社对山西工胄商社、机关印刷厂等8家弱小微亏企业进行关停并转。省供销社所属企业全部停止亏损,实现盈利。(2)项目推进。各级社运用网络、品牌、市场、土地等资源优势,建设一批物流园区、批发市场、农产品精深加工企业、再生资源产业园等基础项目,增强企业发展后劲。运城市社招商引资落地4.2亿元,储备各类大型项目16个,临猗县与中国供销农产品批发市场控股有限公司签订总投资15亿元的农副产品批发市场项目。大同、朔州、吕梁、临汾等市社以项目建设为支撑,推进企业转型升级,取得明显成效。(3)开拓新型业务。各级供销社打造新的增长点,经营领域延伸到地产开发、电子商务、金融服务、仓储运输等,提升经济运行质量和可持续发展能力。省供销社筹建融资担保公司及小额贷款公司,房地产开发项目稳步推进。阳泉市供销社天元家电公司的循环经济产业园区开工建设。省果品储运公司升级改建高低温冷库,发展冷链物流,增强企业发展后劲。省茶叶公司恢复茶叶业务,老品牌"晋阳泉"重新投入市场。省盐业公司推进连锁超市项目建设,加快能源项目运作,探索金融资本服务,多元发展的集团公司初见成效。省棉麻公司开始向国储粮、民政物资储备等方向发展,确保空置利用率和效益最大化。省盐务管理局把监管作为发展,突出监管重点,抓好关键节点,保障盐业市场健康运行。山大商务学院合理设置学科专业,打造区域特色专业,电子商务专业获评省高等学校特色专业建设项目。省供销职工医院与社会医疗机构合作,业务范围扩大。(司昌平)

【流通网络体系建设】 2014年,山西省供销社全系统推进"新网工程"建设,各地新建、规范提升一批配送中心、商场、超市、便民店、农家店等,提高网络运转效率,改善农村购物环境,促进购销业务扩大和延伸。省供销社与相关部门签订《战略合作框架协议》,构建商贸物流、金融合作、服务产品、信息网络跨区域融合的大通道,为部门与部门之间的跨行业合作打下良好基础。晋中市社投资2780万元重点改造提升3个县级配送中心;晋城市社建成5个集镇配送中心,解决发展连锁经营的"瓶颈";太原、忻州等市社开展便民连锁店星级评定和店长培训,一批农村便民店开始向集公益性和服务性于一体的综合服务社发展。(司昌平)

【社会服务】 2014年,山西省供销社全系统履行社会责任。加强盐业供销服务,年内晋盐超市一号店在太原市开业,山西省盐业公司开展盐业发展规划研究工作,太原市盐务分局破获假盐大案。强化供销会展工作,太原市供销社举行第四届年货展销会。加强金融合作,省供销社与农信社签订战略合作协议。服务农业生产,山西农资集团开展春播农资供应保障工作。开展扶贫助困工作,省供销社心系困难企业,帮助省果品公司债务回购。(司昌平)

烟草专卖

【概述】 山西省烟草公司成立于1982年4月,山西省烟草专卖局成立于1983年7月。1984年6月,山西省烟草公司上划中国烟草总公司,改制更名为中国烟草总公司山西省公司。山西省烟草专卖局(公司)下辖11个地市级烟草专卖局(公司),局(公司)机关下设15个职能处室、11个专业部门和机构。截至2014年底,拥有总资产160.91亿元,其中,固定资产26.14亿元,流动资产129.02亿元,资产负债率为4.31%。共有从业人员7686人。

(赵 钰)

【经济效益】 2014年,山西省烟草商

业系统实现卷烟销售卷烟758.12亿支(151.62万箱),同比上升2.75%。销售收入321.32亿元,同比增长6.79%。实现税利76.92亿元，同比增长9.89%,其中利润43.59亿元,同比增长14.89%。三项费用率为5.86%,同比下降0.77个百分点。（赵 钰）

【专卖管理】 2014年,山西省烟草专卖局共查处各类非法贩、售、藏假烟案件2141起,查获假烟1141.5万支,标值605.9万元，捣毁贩藏假烟窝点20个,查获5万元以上非法贩、售、藏假烟案件53起，打掉符合国家烟草专卖局标准的制售假烟网络案件19起;向公安机关移送涉烟刑事案件79起,拘留52人,逮捕42人,判刑61人;查处各类真品卷烟案件6065起,查处真烟8123.1万支。长治市局侦破全国首例利用空港监管漏洞实施涉烟违法犯罪的“9·12”部督网络案件。推进“APCD”市场监管工作法落实执行,带着问题上市场,带着目的强监管,构建规范、有序、可控、干净的卷烟市场环境。按照“数据收集、指标监测、预警监测、分析质询、现场检查”五个核心程序要求,推行运用非现场监管模式。市、县级内管部门充分参与卷烟经营决策,各市级局提出意见建议质询251次，整改意见134次,各县级局提出意见建议质询1038次,整改意见120次。在证件管理方面,依法行政,完善制度机制,注重后续监管,强化监督检查。（赵 钰）

【现代物流建设】 2014年,山西省烟草专卖局加强物流配送中心建设,其中,初验吕梁市公司新建配送中心项目；验收大同配送中心改造项目;跟踪晋中市公司建设项目进展；长治、忻州和运城市公司开展前置性审查论证。推进“科技物流、精益物流、人本物流”建设工作。卷烟包装箱循环利用工作稳步推进，回收合格率达93%以上，太原市公司率先在全行业开展高架库存放包装箱探索。基本完成配送中心非法人实体化初期建设任务，工作重点向运行质量提升转移。工商物流一体化建设开展,太原、吕梁、晋中、临汾四家单位与浙江、河南中烟开展整托盘联运。（赵 钰）

【烟叶生产】 2014年,山西省烟草专卖局签订烟叶种植收购合同1287份,同比下降13.2%。收购烟叶670万公斤,其中上等烟292万公斤,占到44%,中等烟378万公斤,占56%。完成支付收购资金15578万元,较上年增加122万元，上缴财政税收合计5360万元，平均每亩收购159.5公斤，亩产值3709元，烟叶公斤均价23.26元,较上年提高2.09元。等级合格率都在80%以上,烟叶等级质量总体好于往年。运城、长治作为吉林中烟清洁型烟叶示范点,围绕工业企业卷烟生产的需求,结合示范点烟叶化学成分化验结果,针对烟碱、总氮、施木克值、总氮/烟碱比偏低,总糖/烟碱比、钾/氯比偏高的问题，重新调整2014年烟叶生产技术方案,从生产技术规范入手，抓好大田生产管理,以满足卷烟工业对原料的质量需求。全省烟叶生产基础设施建设工作主要是完善综合型烟农专业合作社建设和完成烟农专业合作社农业机械配套。在运城、临汾、长治三个市局(公司）为11个烟农专业合作社配置烟草农业机械704台(套),其中通用机械99台(套),专用机械605台(套),烟草行业补贴资金总额1356万元。（赵 钰）

【财务审计】 2014年,山西省烟草专卖局在保证资金安全的前提下,结合市公司货源采购、货款回笼、日常经营资金需要、上缴总公司投资收益等情况,增加资金存量,合理安排定期存款、协定存款、活期存款的比例,调整银行存款期限结构,最大限度地取得银行利息收入。完成审计项目1360项,提出审计意见建议1985条,督促整改落实1514条，取得直接经济收益1426.97万元。（赵 钰）

【企业管理】 2014年,山西省烟草专卖局以课题为载体,以“8个零”为目标,重点从优化企业价值流程,降低成本、提升企业成本费用利润率,提高客户满意度等角度去寻找企业短板,应用价值流程图、6西格玛等管理方法与工具实施精益改善,构建发现浪费—消除浪费—建立标准的精益管理模式。2014年全省系统将精益管理延伸至专卖、人事、机关建设等各个方面,共建立物流、营销、专卖、财务、人事、烟叶6大方面32项省级课题,65项市级课题。开展技术创新活动,运城市局和太原市局QC成果在全国烟草行业第二十五届优秀QC小组成果发布会上分获二、三等奖。5个优秀QC小组优秀成果获山西省

2014年12月4日,国家烟草专卖局领导到大同烟草调研 （赵 钰供图）

2014 年 4 月 14 日，山西省烟草专卖局领导到晋中市局调研指导工作

（赵　钰供图）

2014 年优秀质量小组成果的奖励，其小组分别获 2014 年度山西省优秀质量小组奖励。（赵　钰）

【企业文化建设】 2014 年，山西省烟草专卖局共组织各类培训班 31 期，培训学员 2917 人次；组织 1406 名职工参加职业技能鉴定。在第十二届全国烟草行业职业技能竞赛暨第二届烟草专卖管理岗位技能竞赛中，山西省系统通过省级二类竞赛选拔选送的选手获得个人第一、团体第二的佳绩。修订完善《晋美境界山西烟草企业文化手册》、山西烟草企业文化建设和服务品牌一体化建设成果，并统一组织印制，开展文化宣传。大同市局(公司)推进行为规范基地建设。编辑《员工行为规范指导手册（初稿）》，整理完成的 24 个岗位执行流程和标准，基本覆盖全省系统各个岗位。（赵　钰）

石油供销

【概述】 中国石化销售有限公司山西石油分公司(简称中石化山西石油分公司)本部位于山西省太原市万柏林区大王路 8 号。2014 年按照中国石化混合所有制改革部署，成为中国石化销售有限公司山西石油分公司，是中国石化在山西唯一的、也是最大的成品油销售企业，承担着成品油资源配置、供应的主要任务，主营汽油、柴油、煤油、润滑油、燃料油及非油品业务。公司下辖 11 个市分公司、140 个县(区)公司，实行人、财、物统一管理。截至 2014 年底，公司有在用油库 14 座，在营加油站 1369 座，非油品便利店 844 座，资产总额达 76.7 亿元。

2014 年，中石化山西石油分公司共销售成品油 485.81 万吨，实现非油品销售额 5.88 亿元。营业收入 359.24 亿元，上缴利税 3.84 亿元。新发展加油、加气站 16 座，取得 7 对高速路服务区、停车区，共 14 座加油站的经营权。全省系统油库、加油(气)站安全经营无事故。（刘丽婷）

【经营销售】 2014 年，面对区域经济断崖式下滑、政治生态塌方式腐败的不利局面，中石化山西石油分公司自觉承担国有企业经济责任，立足“以企业的保增长助推地方经济的稳增长”，主动克服市场需求严重不足、竞争态势持续加剧、成品油价格连续大幅下跌等多重不利因素造成的经营困境，全力以赴做强经营。资源方面，加强市场分析预测，实施低库存运作和“多销多采”资源策略，优化资源结构，扩大自采比例，强化物流管理，降低物流成本，挖掘密度价值，开展密度营销，多措并举推进源头创效；零售方面，坚持以市场为导向，以质量和效益为中心，灵活组织营销，优化服务，加强与银行、保险等单位的强强联合，开展“油非互促”“点对点”竞争、积分有礼、充值优惠等系列活动，抓好高标号汽油销售和小额配送，遏制零售销量大幅下滑；直分销方面，践行“以客户为中心”的服务理念，以县域市场为重点，开展市场调研，实行“一地一策，一户一策”的个性化服务和差异化营销，通过人脉关系、情感沟通等手段，开发新客户，维护老客户，培养忠诚客户，拓展直分销市场空间和销售增长点。2014 年，共实现成品油销售 485.81 万吨，同比增幅 0.6%。（刘丽婷）

【非油品销售强化】 2014 年，中石化山西石油分公司立足经济发展新常态，落实国家、中国石化集团公司“深化改革，转型发展”战略部署，以全力做大做强非油业务，打造汽车生活驿站为切入点，突出“专业化、规范化”目标导向，对标先进，整改提升，加快从油品供应商向综合服务商转型发展。(1)落实供应商评价淘汰制及销售公司、省公司、地市公司三级采购制，丰富商品种类，持续优化商品结构，提高易捷品牌吸引力；(2)突出重点商品和地方名优特绿商品销售，推广开口营销、特色营销和全员营销，引导顾客进店消费，推动易捷商品走进社区，走进油品大客户，扩大易捷品牌影响力；(3) 围绕便利店进销存调，加强员工业务培训，规范员工业务操作，堵塞管理漏洞，防控经营风险，提升规范化管理水平。此外，开展新兴业务尝试，推进汽服项目和广告业务开展，选取试点探索燃油宝委托销售，取得显著成效。2014 年，实现非油品销售额 5.88 亿元，同比增幅达 27.01%。（刘丽婷）

【安全生产】 2014 年，中石化山西石油分公司紧盯“建设人民满意、世界一流能源化工公司”的战略目标，紧抓安全、数质量等与公众利益密切相关的关键事项，推行“从严管理”，严

格确保规范经营。一方面,结合危险化学品经营企业的自身特点,紧抓安全管理,吸取“11·22”特别重大事故教训,树立“发展不能以牺牲人的生命为代价”的发展理念,落实安全生产责任制,强化安全检查和隐患治理,加强应急预案演练和安全文化建设,标本兼治确保安全经营,被山西省政府评为“安全生产模范企业”,被中国石化集团公司评为“安全生产先进单位”;另一方面,紧盯油品进销存各环节,强化库存盘点和质量抽检,开展地罐交接试点工作,加强铅封管理和智能化监控,规范开展损耗核销,防治结合强化数质量管理,全年未发生重大数质量事故。(刘丽婷)

2014年夏收时节,山西石油分公司履行国有企业社会责任,在确保油品供应的同时,抽调员工组成“三夏志愿者服务队”,到田间地头,帮助困难户收割小麦

(刘丽婷供图)

【汽油置换升级服务】 2014年,中石化山西石油分公司响应国务院、山西省人民政府大气污染防治行动计划,在中国石化总部的部署下,推动全省系统国IV车柴置换升级和加油站、油库油气回收改造。成立油品质量升级推进领导组,按照油品升级时间和任务要求,明确阶段工作目标,落实相关部门责任,制订具体工作措施,从货源组织、仓储物流、质量监测、销售安排及宣传引导等方面,精心部署、统筹推进,加强与当地商务部门的沟通联络,主动汇报采取措施和置换进度,争取优质优价政策支持,确保国IV车柴置换升级的顺利进行,2014年10月1日,提前完成太原的升级工作,同时,及时制订方案明确油气回收改造范围、步骤、责任及要求,油气回收改造工作得到推进。

(刘丽婷)

【基层建设】 2014年,中石化山西石油分公司落实党的群众路线教育实践活动成果,突出以人为本,强化群众意识,有效凝心聚力,形成上下一心谋发展的和谐稳定良好氛围。(1)开展“四个一”主题实践活动,加强基层走访调研、定点帮扶,落实“八项规定”,倡导勤俭节约,加大违规违纪行为处罚力度,形成“人人知法懂法,人人遵法守法”的廉洁从业氛围;(2)畅通“三支人才”队伍成长通道,紧抓员工培训、比武竞赛和职业技能鉴定,组织中层干部竞聘选拔、基层员工竞聘上岗和应届毕业生招聘引进,形成公平、公开、公正的用人导向,引导全体干部员工岗位成才;(3)开展“家文化”建设,为员工解难题、办实事,为员工工作生活提供良好的条件环境,发挥工青妇的桥梁纽带作用,组织扶贫帮困和矛盾纠纷化解排查;(4)加强职代会建设,开展“青年文明号”创建活动,组织职工运动会、大客户联谊赛,开展摄影、书法、歌咏比赛等内容丰富的文化活动,调动广大干部员工立足本职、干事创业的积极性。2014年,分公司被山西省精神文明建设指导委员会授予“山西省文明单位”称号。(刘丽婷)

【光明号健康快车】 2014年9月中旬,由中国石化捐资建立的光明号健康快车开入山西晋中革命老区,免费为贫困白内障患者实施复明手术。10月20日,中国石化光明号健康快车举行探访活动。中石化山西石油分公司发挥属地单位资源优势,邀请当地媒体前往探访报道,并在中国石化集团公司原党组成员、副总经理张家仁的带领下,出席探访活动,慰问医护人员,现场看望等待手术和已经复明的白内障患者,探访复明的贫困白内障患者家庭,强化中国石化“高度负责任、高度受尊敬”的品牌形象。(刘丽婷)

【主要领导调整】 2014年12月9日,中国石化集团公司在中石化山西石油分公司召开干部大会,宣布对山西石油分公司领导班子进行调整:徐建春保留山西石油分公司总经理职务,不再任山西石油分公司党委书记,山西石油分公司党委书记由陈亚军接任。(刘丽婷)

物 流

【概述】 山西省物资产业集团有限责任公司(简称“山西省物产集团公司”),最初成立于1953年11月,1994年底根据省政府晋政发〔1994〕126号文由“山西省物资厅”成建制转体组建为“山西省物资产业集团公司”。1999年3月,经省政府批准整体改组为现名称,并实行国有资产授权经营。2003年集团公司建立健全现代企业法人治理结构,形成“董事会、经理层、监事会”职责明确、运转协调的现代企业运行机制。2010年12月,根据省政府〔2010〕72次常务会议纪要和省国资委晋国资改革函〔2010〕530号文,集团公司被整合重组为山西能源交通投资有限公司（简称能投公司）的全资子公司。现有注册资本22899.15万元。

山西省物产集团公司现有全资、控股、参股企业17个，三大主业为综合贸易、现代物流和房地产开发，并涉足旧机动车交易、酒店服务等。主要经营范围为：物资贸易、仓储、运输现代物流、生产加工；商品及技术的进出口和委托代理进出口业务、房地产业务、旅游服务投资；国内商业贸易、实业投资与开发、经济技术开发和信息咨询。

2014年，山西省物产集团公司围绕年初制订的工作目标，在维持稳定发展、化解经营风险等方面开展大量工作。由于贸易主业在市场急剧变化下受到重挫，各项经济指标下滑明显。截至2014年底，集团公司实现营业收入33亿元，同比下降60.9%；实现利润1653万元，同比下降77.2%；完成增加值-3966万元，同比下降125.4%。（张 博）

【企业经营发展】1.房地产项目建设。2014年，宝佳房地产公司承建的两个项目共完成投资14486.5万元，实现利润1565万元。其中宝佳胜景项目1#住宅楼主体建至26层，实现五证齐全，2#住宅楼具备四证，达到当年开工建设当年预售回款的目标。截至2014年底，实现销售回款4054万元，住宅销售率达到88%。

2.物流企业转型发展。现代物流公司探索轻资产、输出管理服务，利用自身优势，在清徐北录树外包仓库，引进海尔物流宝、鲁花、新飞冰箱、正大饲料、汾酒等储户入驻。2014年实现营业收入8945万元，完成年计划的263.1%。长风物流公司商品车物流稳步发展，全年配送19550辆，实现收入逾百万元。

3.贸易业务。2014年，面对进出口公司出现的资金链风险有可能导致公司停摆的严峻形势，山西省物产集团公司做出一手抓风险化解、一手保优质业务的决策。2014年向鞍钢发运精煤105列、37.6万吨，实现困难情况下优质业务合作关系的有效维护和发展。国际能源公司运营三个月，完成营业收入7437.9万元。再生公司抓住省市集中报废黄标车和老旧汽车的机遇，克服经营场所不足等困难，全年回收废旧汽车7500余辆，完成目标任务近300%，实现突破。

4.化解债权风险。2014年，针对进出口公司凸显的经营风险，山西省物产集团公司一面向能投公司汇报并取得支持，一面制定《化解风险方案》，提出“良性资产剥离、优质业务平移、债权转移压贷、全员行动清欠、清欠回款保内、法律手段维权”六条原则和措施，推进工作。完善陕西南川一号、宏盛集团等重点客户的债权保全前期法律手续；将南川一号6.8亿元优良债权剥离到集团公司；做到集团公司担保的银行贷款如期归还；按期足额支付能投公司的借款利息1.04亿元；截至2014年底共清收欠款5906万元，使进出口公司的债权风险得到初步遏制。面对物产金属公司与国联管业有限公司合作出现的经营风险，山西省物产集团公司议定解决方案，形成物产金属公司相对控股国联钢管公司、剩余债权用应付国联管业有限公司的加工费抵顶的风险化解方案。针对民丰公司部分库存商品存在严重价格倒挂，山西省物产集团公司一面批准提取存货跌价准备，一面提出剖析原因、落实责任、适时盘库压库、单独考核、规范核算等要求，力求把损失降到最低。物产再生公司紧盯红土镍矿遗留问题，适时采取法律手段，实现资金及收益的安全收回。（张 博）

【企业改革改制】2014年，山西省物产集团公司加快国有资产从非主业企业退出步伐。完成集团公司和现代物流公司在民生期货公司股权转让的进场交易；完善、续签旧车交易中心租赁经营协议，增加年租赁收入；木材公司与开发商沟通，推进整体开发准备工作；财务公司解散清算报告已上报能投公司；达成三晋汽贸公司在部分改制类汽车公司股权变现意向，为后续工作的推进打下基础。

山西省物产集团公司推进破产企业后续工作。破产法律终结企业的物业及离退休职工分别移交物业公司和破产企业离退休服务中心统一管理。截至2014年底，11户破产企业实际分流安置职工736人，占到应分流774人的95%。（张 博）

【企业管理】2014年，山西省物产集团公司强化企业管理。1.开展安全生产工作。物产集团公司与所属企业签订《安全生产工作目标责任书》，制定消防安全管理、岗位安全操作规程等办法，健全完善“一岗双责”制度，开展应急预案培训、应急演练观摩，定期不定期组织安全生产大检查，对排查出的隐患挂牌督查，实行整改“回头看”，实现全年集团安全生产零事故。

2.加强干部及人才队伍建设。2014年，集团及各企业录用本科以上学历毕业生18人；宝佳房地产公司实行“人才+项目”办法，聘用3名高级专业人员进行项目管理；集团选聘1名有经验的高级物业管理人才担任物业公司负责人后，物业公司的内部管理和物业服务水平得到提升。

3.完善招标程序，实现阳光操作。山西省物产集团公司坚持建设项目公开透明、分级审批、降低成本与确保质量相结合等招投标原则，与项目公司成立招投标工作小组，委托具有甲级资质的代理公司，完成龙城壹号和宝佳胜景项目13个分项工程招标，2014年签订合同80余份，金额达2.1亿元。全年通过招标共节约资金2700余万元。

4.加强信访督办，化解矛盾。建立信访包联责任制，明确包联责任人。山西省物产集团公司主要领导通过面对面接访、带案下访，直接与基层职工群众对话，加强信访事项督办，提高信访问题解决率。2014年解决20多起涉及160多人因企业破产而引发的后续遗留问题。（张 博）

旅　游

【概述】 2014年，山西省整合旅游资源，开展景区建设，推动城市乡村旅游产业发展，增强旅游域外宣传能力，共接待旅游者2.99亿人次，同比增长21.73%；实现旅游总收入2846.51亿元，同比增长23.47%。 （王海叶）

【旅游资源整合】 2014年5月1日，太行山大峡谷自然风光旅游区资源整合完成。原有10家景区和3家宾馆经营单位退出，由新组建的壶关太行山大峡谷旅游发展股份有限公司出资4.1亿元接管，门票由原来10张变成1张，门票价格由450元降为125元，形成“一个品牌、一个公司、一张门票”的发展模式。政府聘请西安曲江文化旅游(集团)有限公司对景区实行托管，实现专业化经营。2014年门票收入达到5000万元。

翼城县政府和山西历山旅游投资有限公司就开发翼城历山风景区正式签约，垣曲历山和翼城历山资源整合进入实施阶段。 （王海叶）

【高等级景区创建】 2014年5月16日，大同市华严寺、阳泉市桃林沟、晋城市阳城县天官王府、朔州市崇福寺、忻州市定襄县凤凰山、朔州市怀仁县金沙滩、临汾市汾河公园和东岳庙及侯马市彭真故居被全国旅游景区质量等级评定委员会评定为国家AAAA级景区。截至2014年底，山西省共有国家认定A级以上景区129家，其中AAAAA级景区5家，AAAA级景区73家。洪洞大槐树寻根祭祖园、芦芽山风景名胜区推进AAAAA级景区申报工作。 （王海叶）

【乡村旅游发展】 2014年5月23日，山西省旅游局表示在未来三年内每年从煤炭可持续发展基金中切出1500万元专项资金，重点扶持乡村旅游的停车场、厕所、咨询中心、垃圾污水处理、步道、绿化等配套设施建设。三年期间，每年扶持30余个村，三年扶持100个乡村旅游成为样板景区，使山西省乡村旅游成为继历史文化类、自然景观类之后的第三大旅游品牌。开展建设不少于3个乡村旅游示范县，30个特色镇，10个休闲度假基地，100个示范村活动，形成特色城镇、乡村度假区、特色示范村相结合的发展格局。省旅游局组织开展360个美丽乡村扶贫工程重点名村的申报工作。

截至2014年底，全省有22个休闲农业和乡村旅游示范县，80个休闲农业和乡村旅游示范点，104个农业旅游示范点，6596个农家乐、乡村旅游客栈、农家旅馆、农家宾馆和休闲农业园。 （王海叶）

【旅游宣传活动】 2014年，山西省旅游局在国内开展“晋善·晋美”旅游宣传活动，参与“2014中国国际旅游交易会”，举办“中国山西首届国际旅行商采购大会”，开展国际宣传活动。

1.全方位宣传推广“晋善·晋美”旅游形象。5月8日，“2014美丽中国行——晋善·晋美”大型媒体采风活动从太原起程。6月10日至16日，由中国作协副主席、散文家、书法家廖奔担任团长的“2014晋善·晋美——首届著名作家山西行”活动在太原启动，包括红孩、刘兆林、陈世旭、董立勃、阿成等在内的10位中国当代文化人士，到太原、晋中、临汾等市，观赏人文自然景观、体味三晋文化风俗，记录所思所悟所想。8月20日至29日，由旅游局局长冯建平带队，省内重点旅游景区、旅行社主要负责人组团，参加由国家旅游局组织的“美丽中国、古老长城”英国、北欧宣传推广活动。

2.国际宣传活动。山西省旅游局在“中国山西首届国际旅行商采购大会”中，商请国家旅游局，诚邀来自美国、英国、法国、德国、韩国、日本等31个国家和台湾地区的241名国际旅行商，于17日至20日到晋考察。 （王海叶）

【旅游信息化建设】 2014年，山西省旅游局与中国移动山西分公司联合推进AAAA级以上景区游客流量动态监测系统建设，推广试点景区电子导览系统建设，建设完善景区监控系统，实现试点景区监控设施网络全覆盖。山西景区流量动态监测系统平台实现预期功能，可通过WEB的方式浏览，涵盖用户权限、统计功能、统计报表管理等功能模块，实现景区及旅游管理部门在线查看景区流量信息，并配套相应的应急处理预案。

（王海叶）

【高速公路旅游标识建设】 2014年7月14日，山西省旅游局决定投入1000万元，开工建设6条重点高速公路旅游交通标识牌。旅游交通标识牌为铁红色的国际标准旅游景点指示牌，将醒目地悬挂在高速公路出口处，用中英文标注景区图示、方向及公里数，为游客提供清晰、醒目、易懂的旅游标识服务。长晋、晋焦、运三、运风、太离、晋侯6条高速公路，共计202块旅游交通标识牌的建设完成招标。（王海叶）

【资源型企业投资旅游】 截至2014年底，山西省有215家资源型企业投资开发旅游景区、星级饭店、休闲度假区和娱乐设施等，总投资高达320亿元。其中超过5亿元的项目有14个，超过10亿元的项目有9个。由资源型企业投资或参股开发建设的星级饭店76家，占全省四星级以上酒店的45%。（王海叶）

【山西百佳休闲旅游产品】 2014年9月25日，“2014山西百佳休闲旅游产品”新闻发布会在太原举办。山西省旅游局补充、完善“2014山西百佳休闲旅游产品”方案、名单。名单涵盖十佳旅游休闲度假酒店、十佳工业旅游示范点、十佳旅游文化小镇、十佳文化旅游街区、十佳旅游休闲度假区、十佳乡村旅馆民俗客栈、十佳红色旅游景区、十佳森林旅游景区、十佳旅游休闲食品、十佳文化体育娱乐产品，共10大类，100种旅游产品。（王海叶）

【黄河旅游推广联盟】 2014年10月17日，由山西省旅游局牵头，联合青海、四川、甘肃、宁夏、内蒙古、陕西、河南、山东八个省(区)正式成立“中国黄河旅游推广联盟”。（王海叶）

·旅游住宿·

【概述】 2014年8月至10月，山西省旅游局和山西省统计局面向全省范围内所有有住宿接待能力的企业和个体工商户开展住宿单位调查。调查对象包括星级旅游住宿单位（星级饭店）和非星级旅游住宿单位（未评星级饭店、旅馆、招待所、内部宾馆、

2014年山西省旅游住宿按单位类型分组的单位规模情况表

	单位数(家)	客房数(间)	床位数(张)	从业人员(人)
合计	13879	313177	594160	125843
星级宾馆	327	35553	65311	35219
快捷酒店	860	45631	78506	12569
一般旅馆	8254	156454	301277	51117
招待所	591	11905	23867	4067
农家乐	1285	12543	33598	5948
疗养院	36	1974	4080	644
寺庙	31	945	2490	607
其他	2495	48171	85031	15672

2014年山西省旅游住宿按登记注册类型分组的单位规模情况表

	单位数(家)	客房数(间)	床位数(张)	从业人员(人)
合计	13879	313177	594160	125843
内资企业	1350	69745	135335	49739
港澳台商投资企业	1	59	129	131
外商投资企业	6	622	920	208
个体经营	12522	242751	457776	75765

2014年山西省住宿单位总体情况表

	2014年	2004年	增长幅度	年平均增长率
单位数(家)	13879	4670	197.2%	11.5%
客房数(间)	313177	107381	191.7%	11.3%
床位数(张)	594160	229793	158.6%	10.0%
从业人员数(人)	125843	87603	43.7%	3.7%

2014年山西省住宿单位规模情况表

	单位数(家)	客房数(间)	单位客房数(间/单位)	床位数(张)	单位床位数(张/单位)
山西省	13879	313177	22.6	594160	42.8
太原市	2305	60489	26.2	98094	42.6
大同市	819	22906	28.0	42344	51.7
阳泉市	323	9584	29.7	18435	57.1
长治市	1796	31700	17.7	60537	33.7
晋城市	1154	22211	19.2	47986	41.6
朔州市	759	14367	18.9	33175	43.7
晋中市	1223	30070	24.6	60167	49.2
运城市	1250	35467	28.4	66038	52.8
忻州市	1720	33624	19.5	66213	38.5
临汾市	1288	28660	22.3	54626	42.4
吕梁市	1242	24099	19.4	46545	37.5

2014年山西省旅游住宿按地市分组的单位规模情况表

	单位数(家)	客房数(间)	床位数(张)	从业人员(人)
合　计	13879	313177	594160	125843
太原市	2305	60489	98094	15935
大同市	819	22906	42344	13402
阳泉市	323	9584	18435	4356
长治市	1796	31700	60537	12157
晋城市	1154	22211	47986	13135
朔州市	759	14367	33175	7203
晋中市	1223	30070	60167	12960
运城市	1250	35467	66038	11641
忻州市	1720	33624	66213	13985
临汾市	1288	28880	54626	10201
吕梁市	1242	24099	46545	10868

干休所、疗养院、娱乐中心、洗浴中心、农家乐、民俗客栈、老年公寓、宗教场所等提供有偿住宿服务的企业、个体工商户等单位)。此次调查在全省范围内统一住宿单位数、客房数和床位数口径，为推算全省及各市、旅游重点县旅游接待总人次提供数据支撑，为旅游统计数据核心校核考评指标的建立提供依据。截至2014年6月底,全省拥有住宿单位13879家,客房数31.32万间,床位数59.42万张,从业人员12.58万人。全省住宿单位平均客房出租率为48.7%,床位出租率为44.7%。与2004年相比(2004年山西省旅游局和山西省统计局联合开展旅馆业普查，所得数据是最近的权威资料),山西住宿单位数、床位数、客房数和从业人员数分别增长197.2%、191.7%、158.6%和43.7%，年均增长率为11.5%、11.3%、10.0%和3.7%。

各类型单位中,星级宾馆拥有客房3.56万间,占全部客房数的11.4%;快捷酒店拥有客房4.56万间,占14.6%;一般旅馆拥有客房15.65万间,占50%。星级宾馆拥有床位6.53万张,占全部床位数的11.0%;快捷酒店拥有床位7.85万张，占13.2%;一般旅馆拥有床位30.13万张,占50.7%。星级宾馆拥有从业人员3.52万人，占全部从业人员数的28.0%;快捷酒店拥有从业人员1.26万人,占10.0%;一般旅馆拥有从业人员5.11万人,占40.6%。

全省住宿单位平均客房出租率为48.7%,床位出租率为44.7%。按登记注册类型分,内资企业的客房出租率和床位出租率分别为49.8%和44.3%;港澳台商投资企业的客房出租率和床位出租率分别为60.0%和58.0%;外商投资企业的客房出租率和床位出租率分别为58.8%和58.4%;个体经营户客房出租率和床位出租率分别为48.3%和44.8%。

按单位类型分,星级宾馆的客房出租率和床位出租率分别为50.9%和50.2%;快捷酒店的客房出租率和床位出租率分别为53.7%和50.7%;一般旅馆的客房出租率和床位出租率分别为47.3%和42.1%。(欣　然)

【住宿单位发展特点】 1.内资企业规模大,个体经营数量多。从登记注册类型上看,全省住宿单位包含内资

2014年山西省旅游住宿按单位类型分组的单位经营情况表

	单位数(家)	客房出租率(%)	床位出租率(%)
合　计	13879	48.7	44.7
星级宾馆	327	50.9	50.2
快捷酒店	860	53.7	50.7
一般旅馆	8254	47.3	42.1
招待所	591	50.6	48.6
农家乐	1285	28.7	25.6
疗养院	36	47.9	43.8
寺　庙	31	39.8	35.1
其　他	2495	53.2	52.0

2014年山西省旅游住宿按登记注册类型分组的单位经营情况表

	单位数(家)	客房出租率(%)	床位出租率(%)
合计	13879	48.7	44.7
内资企业	1350	49.8	44.7
港澳台商投资企业	1	60.0	58.0
外商投资企业	6	58.8	58.4
个体经营	12522	48.3	44.8

2014年山西省旅游住宿按地市分组的单位经营情况表

	单位数(家)	客房出租率(%)	床位出租率(%)
合　计	13879	48.7	44.7
太原市	2305	54.4	53.1
大同市	819	53.4	48.5
阳泉市	323	42.4	40.3
长治市	1796	49.1	46.1
晋城市	1154	47.3	31.6
朔州市	759	52.3	50.3
晋中市	1223	37.6	35.8
运城市	1250	54.1	50.8
忻州市	1720	51.4	47.9
临汾市	1288	59.5	59.3
吕梁市	1242	41.7	40.7

企业1350家,占全部单位数的9.7%;个体经营户12522家,占90.2%;港澳台商投资企业和外商投资企业分别为1家和6家,一共占0.1%。内资企业普遍规模较大,个体经营户则是单位数量较多,这两种类型单位在全省住宿单位中占据主导地位。内资企业和个体经营单位的客房数分别为6.97万间和24.28万间,占全省客房数的比重分别为22.3%和77.5%;床位数分别为13.53万张与45.78万张,占全省床位数比重分别为22.8%与77%。内资企业单位数占全省的9.7%,拥有客房数和床位数均占全省的22%以上。平均每单位拥有客房数51.7间,平均每单位拥有床位数100.2张,均是全省平均水平的2.3倍;平均每单位从业人员36.8人,是平均水平的4倍。从经营情况看,内资企业客房出租率和床位出租率分别为49.8%和44.3%,与全省平均水平持平。内资企业的规模在游客接待量上尤其是入境过夜游客接待量上体现得非常明显:内资企业游客接待量占全省游客接待量的22.2%,其中,入境过夜游客接待量占全省入境过夜游客接待量的45.4%。个体经营户在单位数量上占绝对优势,为全省单位数的90.2%,客房数和床位数均占全省的77%以上。个体经营户规模普遍不大,平均每单位拥有客房数19.4间,低于全省平均水平14.2个百分点;平均每单位拥有床位数36.6张,低于全省平均水平14.5个百分点;平均从业人员6.1人,低于全省平均水平33个百分点。从经营情况看,个体经营户客房出租率和床位出租率分别为48.3%和44.8%,均低于全省平均水平。个体经营户游客接待量占全省游客接待量的77.4%,其中,入境过夜游客接待量占全省入境过夜游客接待量的54.4%。

2.小规模旅馆数量多,中高档次单位游客接待量大。全省有星级宾馆327家,发展势头良好,客房数3.56万间,每单位平均客房数为108.7间,床位数6.53万张,每单位平均床位数为199.7张;非星级饭店13552家,客房数27.76万间，每单位平均客房数为20.5间，床位数52.88万张，每单位平均床位数为39张。非星级酒店是星级饭店良好的补充，随着非星级酒店经营理念、经营模式、服务水平上的不断完善，在旅游接待服务中发挥着越来越大的作用。按床位数规模分组来看，50张以下住宿单位10726家，占到全省住宿单位数的77.3%，客房数为12.36万间，占全省提供客房数的39.5%，床位数12.48万张，占全省提供床位数的39.5%，平均每单位拥有客房数和床位数分别为11.5间和21.9张；50张–100张之间住宿单位1842家，占到全省住宿单位数的13.3%，客房数为6.32万间，占全省提供客房数的20.2%，床位数12.16万张，占全省提供床位数的20.5%，平均每单位拥有客房数和床位数分别为34.3间和66张；100张–500张之间的住宿单位1286家，占到全省住宿单位数的9.3%，客房数为11.87万间，占全省提供客房数的37.9%，床位数21.95万张，占全省提供床位数的36.9%，平均每单位拥有客房数和床位数分别为92.3间和170.7张；500张以上的住宿单位25家，占到全省住宿单位数的0.2%，客房数为0.78万间，占全省提供客房数的2.5%，床位数1.82万张，占全省提供床位数的3.1%，平均每单位拥有客房数和床位数分别为310.2间和726.8张。床位数在500张以上的住宿单位多数是高星级宾馆，或者位于山西省的主要旅游景区附近，登记注册类型主要为内资，经营形式均为独立门店，平均客房出租率和床位出租率也较高，分别为50.6%和49.5%。床位数100–500张的住宿接待单位接待游客量较大，该部分单位接待过夜游客占全省过夜游客比重的39.4%，其中接待入境过夜游客占全省接待入境过夜游客的67.4%。

3. 一般旅馆是主力，新业态快速发展。全省的13879家住宿单位包含星级宾馆327家，占全部单位数的2.4%；快捷酒店860家，占6.2%；一般旅馆8254家，占59.5%；招待所591家，占4.3%；农家乐1285家，占9.3%；疗养院36家，占0.3%；有接待能力的寺庙31家，占0.2%；还有其他类型的住宿单位2495家，占比18.0%。山西省的住宿单位中，一般旅馆所占比重较大。8254家一般旅馆占全省单位数的59.5%，15.65万间客房占全省的50%，30.13万张床位占全省的50.7%。单位客房19间，单位床位36.5张，低于平均水平；平均客房出租率为47.3%，平均床位出租率为42.1%，也较全省平均水平偏低。一般旅馆年接待过夜游客占全省接待过夜游客人数的49.1%，基本符合其床位规模。全省共有可提供住宿的农家乐1285家，客房数1.25万间，床位数3.36万张，分别占全省的9.3%、4%和5.7%。平均来看，农家乐每单位平均客房数为9.8间，每单位平均床位数为26.1张，平均从业人员4.6人，每间客房平均床位2.7张，平均客房出租率28.7%，床位出租率25.6%。说明山西省农家乐住宿仍处于起步、探索阶段，单位数量虽然不少，但接待规模、经营情况和拉动就业方面与其他住宿单位相比还有一定差距，未来发展还需更好地结合各地特色的饮食文化、民俗风情和季节性采摘等活动，吸引来自四面八方的游客。快捷酒店是近年兴起的一种经济型酒店，以"住宿和早餐"为主要服务项目，是一种价格低廉、设施简洁、安全、干净和性价比高的酒店模式。全省的860家快捷酒店拥有客房4.56万间，床位7.85万张，占全省客房数和床位数的比重分别是14.6%和13.2%，平均每单位拥有客房数和床位数分别为53.1间和91.3张，均高于全省平均水平，鉴于快捷酒店所处地理位置的优势和价格的实惠，其客房出租率和床位出租率均高于普通住宿单位，分别为53.7%和50.7%。

4. 独立门店为主，缺乏连锁品牌。全省一万多家调查单位中，独立门店11285间，占比81.3%；连锁总店55家，占比0.4%；连锁门店270家，占比1.9%；其他形式2269家，占比16.3%。连锁总店和连锁门店占全省单位总量不足1/40，足见山西省住宿单位尚未建立以总部经济或集团形式经营发展的良好理念，大量都是单打独斗的独立经营者和随开随关的个体经营户。（欣 然）

【地市住宿单位发展情况】 2014年，山西省各市的住宿单位无论从数量、规模还是经营情况看都存在较大的差异。太原作为省会城市，拥有住宿接待单位2305家，占全省单位数的16.7%，高于其他城市；其次是长治市1796家，占全省单位数的13%居第二位；忻州市有单位1720家，占全省单位数的12.5%排第三位。与2004年相比，朔州、晋城、太原单位数量增长较快，年平均增长率分别为31.8%、19.9%和14.8%。

全省星级饭店的分布情况与地区旅游业的接待能力也基本匹配，太原市星级饭店数占全省星级饭店数的23.97%；临汾市、运城市并列第二，占12.62%，紧随其后的分别是忻州市和晋中市，占总数的10%左右；阳泉市和朔州市的总量排在全省第10位、11位。4星级及以上的高等级星级饭店的情况略有不同，排在第一名的仍是太原市，占高等级星级饭店总数的21.51%；排在第二、三位的分别是大同市和晋城市；并列排在全省最后的是朔州市和长治市；临汾市是全省唯一没有五星级酒店的地级市。

从单位规模来看，阳泉、运城和大同住宿单位规模上略大于其他各市：阳泉市平均每单位拥有客房数29.7间，床位57.1张；运城市平均每单位拥有客房数28.4间，床位52.8张；大同市平均每单位拥有客房数28间，床位51.7张。

从接待能力上看，太原、运城和忻州拥有房间数分别为6.05万间、3.55万间和3.36万间，床位数分别为9.81万张、6.60万张和6.62万张，是山西省游客接待能力较强的市。

从吸纳就业能力上看，太原市、忻州市和大同市住宿接待单位分别拥有从业人员1.59万人、1.40万人和

1.34万人,居于全省前列。

从经营情况看,临汾市、太原市和运城市住宿单位经营情况好于其他各市。临汾市平均客房出租率为59.5%,床位出租率为59.3%;太原市平均客房出租率为54.4%,床位出租率为53.1%;运城市平均客房出租率为54.1%,床位出租率为50.8%。

从接待过夜游客数量上看,一方面,全省前三位是太原、运城和临汾三个市,年接待过夜游客分别为1353.53万人、1090.34万人和891.52万人,占全省过夜游客接待量的比重为17.3%、13.9%、11.4%。另一方面,忻州、大同和晋中是山西省旅游资源比较丰富的市,年接待的入境过夜游客人数也最多,分别为12.65万人、9.36万人和6.29万人,占全省入境过夜游客人数的25.7%、19%和12.8%。

(欣　然)

会　展

·山西省展览馆·

【概述】 山西省展览馆始建于1958年,是山西省最早的综合性展览基地,是展览、展示、宣传山西省政治、经济、文化、科技成果的窗口单位,也是山西省最早的综合性展览基地。

2014年,山西省展览馆完成年度展会布置任务,在馆场馆内先后举办24个展览,其中较有影响力的有:第四届山西省节能减排、低碳发展博览会;2014年度山西省LED企业产品推广展示会;2014中国(太原)国际煤炭工业展;山西省第二届工艺美术大师作品暨艺术精品博览会。(原文浩)

【节能减排、低碳发展博览会】 2014年7月25日,由山西省政协经济委员会、省发改委、省经信委、省住建厅、省国资委等单位联合主办的第四届山西省节能减排、低碳发展博览会在山西省展览馆开幕。博览会以"绿色、环保、循环、低碳"为主题。展会设置节能减排与低碳发展成果展、工业节能减排技术及产品展、建筑节能(公共机构、民用)展、清洁能源、新能源与新能源汽车展、交通运输节能减排展、节能服务展、绿色照明展及民用节能展共八大展区,旨在促进山西省节能减排工作的健康发展,加快低碳社会建设进程,推进节能减排全民参与,为节能减排新产品、新技术的推广应用和节能减排经验交流提供平台。展会共达成交易意向约1.2亿元。

(原文浩)

【LED企业产品推广展示会】 2014年9月26日,由山西省经信委主办,山西省信息技术产业协会,山西省LED产业联盟等单位协办的"2014年度山西省LED企业产品推广展示会"在山西省展览馆开幕。开幕式由省经信委副主任朱鹏主持,300余人参加开幕式。省经信委主任张华龙在开幕仪式上致辞,省人大财政经济委员会主任赵建平宣布展会开幕。展会定位于扩大山西省LED企业行业影响力和市场占有率,加强企业间技术交流和市场协作,促进LED产业健康有序发展。展示内容包括LED照明、LED显示、LED背光等终端产品及配套组件和辅助材料;LED光源产品;LED封装及配套材料;外延片、蓝宝石、MO源等LED芯片制造材料;LED制造设备及测试仪器;最新LED技术及应用等。展会汇集全省LED企业的各类优势产品,呈现出"定位准、范围广、种类多"等特点,为社会公众和潜在客户了解LED产品、使用LED产品提供窗口,为企业间洽谈、技术交流和供需对接交流提供平台。

(原文浩)

【国际煤炭工业博览会】 2014年10月16日,中国(太原)国际煤炭工业博览会在山西省展览馆开幕。展会经山西省商务厅批准,由太原市人民政府、中国煤炭城市发展联合促进会主办,中国国际贸易促进委员会太原分会与北京华贸联展览有限责任公司承办。近200家煤炭相关企业参会,20余家海外企业代表机构参加。展会以"绿色发展、循环发展、低碳持续"为主题,通过展览展示、论坛、技术交流会、产品推介会等专题活动,集中展示煤炭矿山技术装备、技术创新、科技兴矿等新技术、新设备;就建设绿色矿山基本原则、矿山环境问题的治理、打造绿色矿山实现矿业可持续发展等相关议题进行研讨,为煤炭矿山行业搭建合作、贸易、交流平台,推动煤炭、矿山行业的健康发展,促进新成果、新技术、新装备、新工艺的推广应用,提升山西煤炭矿山行业科学发展水平,促进煤炭矿山经济和贸易发展,扩大国际交流与合作,使煤炭矿山行业朝着绿色矿山建设的方向发展。

(原文浩)

【工艺美术大师作品暨艺术精品博览会】 2014年11月1日,山西省第二届工艺美术大师作品暨艺术精品博览会在山西省展览馆开幕。博览会共有近200家企业参展,参展的工艺美术品涵盖漆器、雕塑、编织刺绣、书画剪纸、青铜陶瓷玻璃器皿、观赏石宝石玉石、古典家具、陈设艺术制品、工笔花鸟画等工艺美术十一大品类。参展展品涉及省内不同时期的国家级工艺美术大师、省级工艺美术大师、国家级、省级非物质文化遗产手工技艺传承人、工艺美术企业、工艺美术工作者、民间艺人的精品杰作。博览会同期举办山西省第二届工艺品创新设计大赛,评出第二届10位全省优秀工艺美术大师和20位全省优秀民间工艺美术家并颁发荣誉证书。

(原文浩)

·中国煤炭博物馆·

【概述】 2014年,中国煤炭博物馆(简称煤博馆)举办展会23个,会展规模达4800个标准展位;多渠道征集到一些藏品并获得一批重要的文物标本征集信息;学术研究与交流工作继续向前推进;文物认定工作逐步展开;依托基本陈列"煤海探秘游"开展形式多样的煤炭文化宣传活动;以

模拟矿井为载体,申报2015–2019年"全国科普教育基地"。(张红霞)

【藏品征集和捐赠】 2014年,煤博馆通过征集和接受捐赠等途径,征集到煤炭文物标本58件、书画艺术品16件、文献资料83件(套),购买和征集图书502册,还搜集到一批文物标本征集的重要线索。其中,中国煤炭协会煤炭文献工作委员会副主任吴晓煜捐赠的一批煤炭史志类文献及煤炭碑刻拓片等文献资料,有些碑刻拓片因原件无存而具有重要的史料价值。河南理工大学薛世孝教授、中国矿业大学薛毅教授捐赠的煤炭史志图书对丰富煤博馆馆藏、开展学术研究具有较大价值。中国收藏家协会书报刊收藏委员会副秘书长姚嘉康先生无偿捐赠的二十世纪六七十年代煤矿工运史与矿工革命斗争故事连环画,填补煤博馆在这一领域的收藏空白。从潞安集团征集回的《潞安历史大事典(1840—2008)》等煤炭史志文献具有收藏研究价值。(张红霞)

【学术研究】 2014年,煤博馆启动《中国煤炭史志著作总目提要》的编写工作,编写采取目录学的方法,将中国全部煤炭史志著作总括其中并作提要介绍,以便于史志研究者、使用者检索、查找和利用。编写工作在我国煤炭史志领域从未有过系统开展,因而具有开创性意义。

《煤炭博览》是经山西省新闻出版局批准,煤博馆主办的科技型杂志,从"煤博之窗""院士风采""国外煤炭"等十多个板块广泛传播煤炭文化,报道煤炭及相关产业发展的动向,2014年出版四期。(张红霞)

【文物认证】 2014年,煤博馆通过山西省文物局专家组现场核实,初步认定文物500余件,这是建馆以来首次开展藏品的文物认证工作。(张红霞)

【展览展销】 2014年,煤博馆遵循三个月不举办同类题材展会的原则,承接23个展会,其中有举办多年的购物节、珠宝展等展会,有整合资源后的茶博会、建材展,还引进"海宁品牌皮草(太原站)全国巡回展销会"等展会。(张红霞)

【煤炭文化宣传】 2014年,煤博馆依托基本陈列"煤海探秘"与太原市教育局联合举办"太原市第六届学生风采大赛"中国煤炭博物馆公益解说志愿者活动,1000多名学生参加活动。与太原旅游职业学院共同举办以赞颂家乡、推介家乡为主题的"煤海探秘"杯第四届"谁不说俺家乡好"技能大赛。通过100家热门论坛、18家国内著名门户网站,10名旅游爱好者展开宣传,以"矿井挖煤,带孩子当一回矿工"为主线推广"煤海探秘游",活动覆盖人群达五百多万人次。通过组织参加山西省2014年"全国科普日"暨第十一届"科普三晋"主题宣传活动,向科技工作者、科普志愿者、中小学生及观众普及煤炭知识,传播煤炭文化。(张红霞)

【古建筑与文物保护研究项目】 2014年12月15日,山西省科技厅专家组对煤博馆承担的《中英、中美合作山西古建筑与文物保护研究》项目进行验收评审。专家组认为,课题组提交的资料规范、完整,符合验收要求,项目的实施产生良好社会效益,为保护山西古代壁画开辟出一条新途径,同意通过验收。(张红霞)

【《古代挖煤图竖井模型》获银奖】 2014年3月4日,由山西省旅游局主办,省工艺美术协会、《山西晚报》承办的"山西旅游纪念品创意设计大赛"落幕,经过评审,100件或极具创意或富有韵味的旅游纪念品创意作品成为山西礼物的最好代言。煤博馆选送的《〈天工开物〉古代挖煤图竖井模型》煤精工艺品获银奖。《〈天工开物〉古代挖煤图竖井模型》煤精工艺品的原型为记载于明代科学家宋应星《天工开物》中的《南方挖煤图》,记载表明中国在明代已有较高的煤炭开采技术。(张红霞)

【煤炭科普基地联席会议】 2014年,由中国煤炭学会主办、中国煤炭博物馆承办的煤炭行业全国科普教育基地联席会议在煤博馆召开。中国煤炭学会以及来自全国煤炭行业6家全国科普教育基地——中国煤炭博物馆、中国矿业大学博物馆、开滦博物馆、河南理工大学地球科学馆、兖矿集团济三矿、同煤集团晋华宫矿的负责人共20余人参加会议。会议传达首届全国科普教育基地科普能力建设研讨会和2014年煤炭科普工作会议精神。煤博馆党委委员、副馆长胡高伟就煤博馆科普教育工作的主要做法、基本特点和下一步工作设想做详细介绍。会议还就如何进一步提升科普能力建设,更好开展科普教育活动展开讨论。(张红霞)

【煤矿安全科普教育基地】 2014年,以模拟矿井为依托,煤博馆申报中国煤炭博物馆煤矿安全科普教育基地。国家安全生产监督管理总局安全生产科技支撑平台专家评审组就煤博馆安全科普平台——煤矿安全科普教育基地进行现场评审,专家组听取创建安全科普基地情况汇报,现场核查相关材料,并对煤博馆安全科普展示场所及配套设施进行详细考察,给予较高评价。(张红霞)

【"旅游日"惠民活动】 2014年5月19日"中国旅游日"和9月27日"世界旅游日"当天,煤博馆为展示山西煤炭文化的独特魅力,推介太原市优美的自然风光和人文景观,对所有游客实行头道门票免费优惠。为做好旅游日当天接待工作,煤博馆就活动相关事宜进行周密部署,编制安全接待应急预案,详细进行岗位安排,并对电梯等设备进行检修,增加安全提示牌,对工作人员进行安全通道、防毒面罩、消防器材使用培训,志愿者团队制作参观指示牌,景区内外两个医疗点备好应急医疗用品。活动期间,参观秩序井然,没有发生任何安全事

2014年11月26日,匈牙利索尔诺克州州长桑德尔·科瓦奇(左三)一行到中国煤炭博物馆参观 (张红霞供图)

故,也没有接到一例投诉事件,煤博馆工作人员的引导、讲解及其他服务保障工作获得游客好评。 (张红霞)

【美国怀俄明州众议院代表团参观】 2014年6月10日,由美国怀俄明州众议院议长托马斯·卢布诺率领的代表团一行10人到煤博馆参观考察,中国国际贸易促进委员会山西省委员会副主任焦惠生、联络信息部部长吴丽敏陪同考察。托马斯·卢布诺一行参观煤博馆的基本陈列和模拟矿井。 (张红霞)

【匈牙利州长参观】 2014年11月26日下午,到山西省访问的匈牙利索尔诺克州州长桑德尔·科瓦奇一行3人,在山西省外事侨务办公室副主任鞠政与处长靳云艳的陪同下,到煤博馆参观考察。科瓦奇一行参观煤炭科普各展厅,欣赏4D电影《煤炭的生成》,乘坐矿车、操作煤电钻,体验各时期煤炭开采场景。 (张红霞)

【台湾矿业参访团到访】 2014年10月20日,台湾矿业界山西矿业参访团一行20余人到煤博馆参观交流。参访团由台湾煤矿博物馆、台湾矿业经济文化促进会等单位的台湾矿业界领导、专家、退休矿工等人组成。参观过程中,煤博馆馆长李希海向参访团详细介绍大陆煤炭开采技术现状,就两岸煤炭文化发展与团长吴坤进行深入交流。 (张红霞)

【馆际交流】 2014年1月17日,山西省科学技术馆辅导员一行49人到煤博馆参观交流;6月4日,中国航海博物馆一行13人到煤博馆考察并进行工作交流;11月12日,煤博馆组织60余人赴山西省科学技术馆参观学习;12月18日,山西省农业展览馆一行52人到煤博馆参观交流。馆际之间就博物馆运营管理、藏品征集与保管、陈列展示与社会教育、博物馆信息化、机构建制、展览展教、科普活动、人才培养、安全保卫等多方面进行交流与探讨,促进煤博馆文博主业与科普展教等工作发展。 (张红霞)

【付建华到煤博馆调研】 2014年12月11日上午,山西省委常委、副省长付建华到煤博馆进行工作调研。付建华在基本陈列、模拟矿井、壁画馆、展厅等场所对馆区进行全面巡视,有针对性地对煤博馆存在问题进行调查研究,听取意见建议并做出重要指示。 (张红霞)

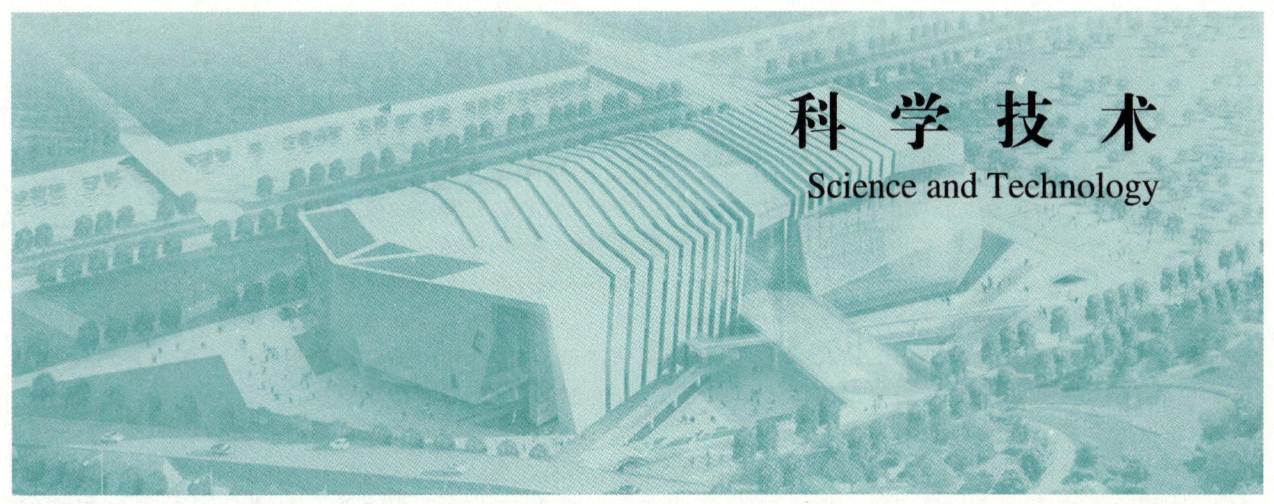

科 技

【科技体制机制改革】 2014年，山西省整合科技计划体系。将原来的15类省级科技计划重组为8类。形成以煤基低碳科技重大专项为重点，软科学、基础研究、科技攻关、成果转化、国际科技合作、科技平台和团队建设等计划配套的新架构。明确各类科技计划边界，突出科技投入重点领域。

创新科技经费投入机制。(1)提高经费使用的集中度。将有限的科研经费集中用于煤基重点科技项目攻关，解决制约山西省产业转型升级的重大问题，50%以上的省级研发经费投入到煤基产业创新链建设上，支持力度由300万元增加到1000万元以上。(2)提升财政科研经费的使用效益。为使政府资金撬动更多的社会资金投入科技创新，研究制订《关于鼓励和发展联合基金的实施意见》。与晋煤集团、振东药业联合成立煤层气联合基金、振东基金，以政府投入400万元撬动企业研发投入2400万元。(3)资金支持方式实现多元化。明确公益性、基础性项目政府无偿资助。科技成果转化、应用开发类项目实行“后补助”。

加强法规制度建设。围绕实施创新驱动发展战略、推进科技体制机制改革、煤基重点科技攻关项目招标、规范工作约束权力等重点工作，加大法规制度建设力度。先后出台《山西省省级财政科研项目和资金管理办法》晋政发〔2014〕32号；印发《山西省煤基重点科技攻关项目管理办法》晋政发〔2014〕54号。按照十八届四中全会全面推进依法治国的总体目标和省委省政府“六权治本”的要求，出台《山西省科学技术厅工作规则》等内控制度，制订完善山西省科技重大专项项目产生办法，科技重大专项招投标办法等制度，规范厅内各类工作程序。按法定程序修订《山西省专利实施和保护条例》。 （陈红科）

【自主创新体系建设】 1. 企业技术创新主体地位增强。2014年山西省新认定拟通过高新技术企业227家，是上年的2.5倍；通过复审54家，年底全省高新技术企业数量突破500家。企业牵头承担或参与的省级应用开发类计划项目占到80%以上，省级财政科研经费80%以上投向企业。2014年全省投入R&D经费155亿元，R&D经费投入强度（与地区生产总值之比）为1.23%。截至2014年底，全省有效发明专利拥有量突破6000件，且多数分布在企业。

2. 创新载体和平台建设取得突破。(1)科技部正式批准潞安集团组建“国家煤基合成工程技术研究中心”，实现山西省在国家工程技术研究中心方面“零”的突破。围绕重点产业、战略性新兴产业、特色优势学科领域，新建智能计算等省级工程技术研究中心15家。(2)向科技部报申报“煤基石油替代燃料及化学品合成省部共建国家重点实验室”。新建省级重点实验室15家。(3)长治省级高新区升级国家级高新区，已进入国务院审批程序。(4)新认定科技创新团队19家，团队总数达到69家。(5)新成立耐火材料等省级产业技术创新联盟3家。

3. 创新创业生态环境优化。(1)推进技术成果转移转化，组织筹备“山西省政府—中科院科技合作与交流会”，落实签约项目47个。(2)培育科技创业孵化体系，发展科技创业孵化基地，促进科技型中小企业的发展和科技成果的转化，2家孵化器被评为A类国家级科技企业孵化器，3家生产力促进中心评为A类国家级生产力促进中心。(3)支持科技型中小微企业发展，61个中小企业项目获国家创新基金支持，支持总额达5193万元。会同省财政厅开展科技型小微企业确认工作，25家企业符合享受政策条件，缓解科技型小微企业资金短缺和融资难状况。 （陈红科）

【国际能源产业博览会暨低碳发展高峰论坛】 2014年9月16日至18日，第五届中国（太原）国际能源产业博览会暨2014低碳发展高峰论坛在太原举办。山西省委书记王儒林宣布开幕，省长李小鹏发表主旨演讲。论坛突出高端化、国际化、专业化，国内外嘉宾云集，弘扬低碳发展理念，展望能源技术前沿，交易低碳技术成果,推动低碳社会建设,树立山西对外开放的良好形象,扩大山西低碳创新发展的影响。论坛首次以“高碳资源低碳发展,黑色煤炭绿色发展”为主题,从演讲内容、技术展示、项目洽谈等,都紧密围绕山西省创新驱动、低碳发展的主题进行。采取“1+3+N”的版块结构,1个主论坛,低碳技术发展论坛、低碳经济发展论坛和青少年低碳论坛等3个分论坛及若干外围活动共同搭建起低碳创新发展的新平台和新窗口。有来自28个国家和地区的外宾,国内清华大学等65所高校、中国科学院等69个科研院所的专家学者,以及低碳研发企业和青少年低碳爱好者等共计2000余人,从低碳技术、低碳经济、低碳生活以及低碳科普教育等角度参与各分论坛活动。联合国环境署前官员劳伦斯·布鲁姆、诺贝尔经济学奖获得者埃里克·马斯金、科技部原副部长刘燕华、中国低碳经济发展促进会执行理事长费维扬院士等在主论坛上发表演讲。论坛期间举行“低碳专家咨询委员会”成立暨第一次全体会议,省长李小鹏为各位委员颁发证书并讲话,54位委员建言献策。发布煤基产业创新链和重点招标项目,组织技术成果转移合作签字仪式等。以电子显示屏形式宣传山西省低碳科技创新的新技术、新产品和新成果。新华社、《科技日报》《山西日报》、山西电视台、中新网等30余家省内外媒体、130余名记者进行采访报道。

(陈红科)

【科技城建设】 2014年10月28日,山西省政府常务会议研究落实科技城总体规划中的核心区起步区5平方千米控制性详细规划及核心区专项规划,完成专家评审和公示,上报省政府审批。首批入驻研发机构分布在10个科研邻里单元,初步确定各单元总平面布局和项目选址意见,开展科研邻里单元修建性详细规划及建筑方案设计招标工作。开展征地拆迁,首期征转地506.2公顷土地组件工作完成。山西省国土厅落实106.67公顷水浇地占补平衡政策,满足两条道路及18家研发机构用地。确定清华大学、中科院过程所、中海油、中煤科工等27家入驻研发机构,入驻机构规划选址工作基本完成,计划引入科研人员1.7万余人,引进院士工作团队20个,“千人计划”等国家级人才88名,对接国家级创新平台26个。委托科技部战略研究院、清华大学公共管理学院牵头,组织省内外专家,完成28项政策制度设计,在政府科技治理和服务能力上探索新路。

(陈红科)

【科技服务】 1. 以科技惠及民生。(1)2014年,山西省在人口健康、公共安全、生态建设、资源环境等领域组织实施一批先进适用民生项目。山西大医院老年骨病防治等2个项目列入国家科技惠民计划,惠及近100万老年人。(2)以“科学生活创新圆梦”为主题,以“两走近”(走近百姓、走近生活)“两开放”(开放重点实验室、开放省级科普基地)为重点,举办山西省科技活动周。全省范围共开展科技成果展览、青少年创新大赛等66项重点科技宣传活动,在全社会弘扬科学精神,培育创新文化,提高全民科技创新意识。

2. 以科技富民强农。(1)推动现代农业发展,依托国家级高粱产业技术创新战略联盟平台,在全国不同高粱主产区建立高产样板田、百亩示范方和千亩示范方,带动形成万亩辐射区,推广应用覆盖全国9个省,建设示范基地32个,示范面积566.67公顷,累计辐射推广8.67万公顷。谷子高产及机械化播种收割、杂交大豆产业化等一批关键技术取得进展。(2)完善12396服务网络,形成涵盖农业科技检索、电话服务、短信服务、气象服务、远程教育的一体化信息平台。(3)开展干部下乡驻村、领导包村增收活动,坚持以科技扶持引导特色产业做大做强,食用菌、扁桃等特色种植业已初具规模,助推汾西县域经济发展,促进农民增收致富。

3. 加强知识产权服务。(1)开展企业贯标推行和辅导工作,50余家企业通过达标认证。(2)组织科研院所、高等院校、企事业单位、专利服务机构等开展专利电子申请实务培训。(3)成立山西省首家知识产权服务联盟,发挥集群优势,创新服务模式,规范执业行为,为企业创新提供知识产权服务保障。

4. 促进国内外科技交流。实施科技开放合作,组织部分企业参加北京科博会、杨凌农博会、深圳高交会等大型展会,为国内外科技合作搭建桥梁。发展海外人才智力优势,支撑山西省创新驱动发展,推荐的4名海外科技型人才入选省第七批“百人计划”,总数达到52名。支持10名国家“千人计划”和省“百人计划”引进人才承担或参与有关项目的合作研究。

(陈红科)

○相关链接:参见“山西省人民政府”类目

测绘地理信息

【概述】 2014年,山西省测绘地理信息局深化改革,推动全省测绘地理信息工作取得新进展。

全省1:10000全要素DLG、高精度DEM、高分辨率DOM三项数据库于4月15日正式向社会发布使用。提升“天地图·山西”地理信息公共服务平台服务水平,完成省级节点架构优化和系统升级。在国家测绘地理信息局组织的地理信息公共服务平台测评中,山西省排名第二。自主开发完成Ipad版“省情电子地图”;向各级各部门提供各种比例尺纸质地形图2948幅4060张,各种比例尺基础地理信息数据总计1429幅,数据量达146GB,专题地图10余个种类近千张。“全景影像数据库建设”“突发地质灾害遥感监测指挥系统”“智慧旅游地理信息服务平台建设”三个重点项目全部通过专家验收。对全省21家甲级和532家乙、丙、丁级资质单位进行复审换证;将11个市分三组开展全省“问题地图”专项治理交叉检查,累计检查220余次,涉及近千家单位,共收缴问题地图产品1200余件;印发《关于进一步加强市县测绘地理信息工作的意见》，从提高思想认识、解决突出问题、加强基础测绘、健全管理体制机制、强化统一监管、提高服务能力水平以及推动产业发展七个方面提出指导意见和要求；完成吕梁市6县（区）测量标志警示牌埋设，建设完成太原万亩生态园景区和朔州应县木塔景区两座景观性测量标志。制订出台《山西省人民政府办公厅关于促进地理信息产业发展的实施意见》；开展全省地理信息产业发展现状调查，对全省500余家地理信息产业单位进行全方位摸底。依托“院士工作站”，开展科技合作，共开展3个项目的研发，其中1个通过验收。落实“两个责任”和“一岗双责”，推进党风廉政建设。全年未发生腐败案件。（任玉荣）

【地理国情普查】 2014年，山西省推进第一次全国地理国情普查工作。山西省测绘地理信息局召开地理国情普查誓师大会，明确普查任务，下达普查责任书。完成朔州市域试生产任务。完成地理国情普查资料收集工作。执行月报制度，适时召开国情普查推进会，加快生产进程，全年完成全省数字影像图制作6440幅，数字高程模型精细化处理6440幅，地表覆盖6307幅、地理国情要素6290幅、样本数据采集6331幅，外业核查6350幅等，完成年度工作目标。

1. 调整完善山西省第一次全国地理国情普查领导组办公室（简称省普办）各工作机构。根据工作需要专门抽调10名专业技术人员充实到省普办协调组、实施组、技术组。依据《第一次全国地理国情普查山西省实施方案》的组织实施原则以及普查工作机制，省普办制定管理办法、月报制度、成果验收制度、普查经费管理办法等制度。为加强地理国情普查质量管理，制订《山西省第一次全国地理国情普查质量管理实施细则》及《山西省第一次全国地理国情普查技术管理规定》。

2. 加强资金管理。根据《国家地理国情监测专项资金管理办法》（财建〔2012〕1090号）要求，山西省测绘地理信息局结合山西省实际情况和地理国情普查项目专项资金管理的需要，印发《山西省地理国情普查专项资金管理办法》，保障普查经费管理规范科学，资金使用合规、安全、节约、高效。2014年，落实地理国情普查经费1亿元，保障全省地理国情普查工作的实施。先后开展11期地理国情普查技术培训和3期地理国情普查质量管理和检验人员培训，参训人数1539人，合格人数为1486人。省级验收人员38人参加国家培训并取得合格证书，5月，组织进行集中强化培训；所有参与的管理、技术、质检人员均通过国普办或省普办组织的培训，取得合格证书，无未持证上岗情况。

3. 强化质量管理。山西省测绘地理信息局制订印发《山西省第一次全国地理国情普查质量管理实施细则》，从质量管理职责、过程质量控制、过程质量监督抽查、成果验收、质量奖惩等方面明确全省省普查质量管理的具体工作要求。培训合格质检人员265人。编制《第一次全国地理国情普查质量管理规定汇编》印发各普查作业单位执行。加强过程质量控制，印发《关于进一步加强地理国情普查过程质量管理的通知》，提出加强质量管理的具体要求。开展普查成果检查验收工作，根据《第一次全国地理国情普查项目管理办法》和《山西省第一次全国地理国情普查质量管理实施细则》规定，对朔州市试生产的6个县（区）进行普查成果预验收。

4. 加强宣传。组建地理国情普查宣传组，2014年安排地理国情普查宣传经费50万元，制订印发《2014年地理国情普查宣传工作方案》，利用广播、电视、报刊、互联网等新闻载体开展宣传活动，共计16次；组织山西多家媒体记者跟踪采访、深入报道共计12次；在省城太原市2000台公交车、1000多台出租车的LED屏连续播发地理国情普查宣传口号3个月；制作普查15秒公益广告片，在2000台公交车内的液晶电视每天16次滚动播放，共播放2个月。（任玉荣）

【地理信息产业】 2014年，山西省测绘地理信息局多渠道学习领会《国务院办公厅关于促进地理信息产业发展的意见》（以下简称《意见》）精神。3月7日，参加国家测绘地理信息局在四川成都举办的中国地理信息产业发展研讨会暨国家测绘地理信息学会发展战略工作委员会全体委员会议，就地理信息产业发展与测绘地理信息事业转型升级进行交流研讨，加强对《意见》精神实质的认识。4月3日，邀请国家测绘地理信息局地理信息与地图司司长赵继成做题为《优化环境，促进地理信息产业发展》的专题讲座，局领导班子全体成员、机关全体干部、局属事业单位中层以上干部130余人参加报告会。9月3日至5日派人参加国家测绘地理信息局在武汉召开的全国地理信息产业促进工作现场会。

依据国务院《意见》，结合山西省实际，起草完成《山西省关于促进地理信息产业发展的实施意见》，从产业发展的重要意义、产业发展的总体要求、产业发展的重点项目、夯实发展基础、加强财税金融支持和优化发展环境六个方面对促进山西省地信产业具体措施做详细规定。经征求省直各相关部门意见并进行反复修改完善后，报经省人民政府审核于9月9日正式以办公厅文件印发公布执行。

立足省情，印制地理信息产业发展调查问卷和产业发展现状调查汇总表，部署开展全省地理信息产业发展现状的调查，从地信产业单位性质、测绘及相关资质情况、从业活动业务方向、规模、近年产值增长幅度、服务对象、业务范围、从业单位发展面临的问题、产业发展建议等17个方面，对全省地理信息产业从业单位、人员进行全方位摸底。（任玉荣）

【重点项目】 2014年，“山西省全景影像数据库建设”项目建设工作全部完成。11月18日，通过山西省测绘地理信息局、山西省财政厅组织的专家验收。项目建立大区域数据采集、处理、质量控制、分布生产全流程生产技术体系；研发完成全景影像数据库管理系统，在国内首次建立大区域高精度全景影像数据库，设计研发面向行业应用的全景影像支撑系统，可服务于城市测绘、交通管理、应急和旅游等应用领域。

“山西省突发地质灾害遥感监测指挥系统”项目建设任务完成。项目首次将无人机遥感技术应用于山西省地质灾害监测工作中，共完成36个测区约2500平方千米的重点地质灾害点1:2000比例尺遥感影像本底数据库建设。建立空地一体化、具备全流程作业能力、现场监测与远程指挥协同的突发地质灾害应急监测技术体系；建立无人机遥感数据获取、数据处理、成果建库及应用服务的技术体系，具备3小时内完成对突发地质灾害点进行无人机航摄影像获取、处理及成果输出的能力；研建具有应急规划设计、飞行监控、应急数据处理、视频监控、GIS分析、三维可视化等功能的监测软件，在三维地理环境下实现对地质灾害点三维地形、无人机飞行轨迹、多时相正射影像、监测视频等监测信息的一体化管理，具备高效灵活的地质灾害监测数据的整合、集成、处理和三维可视化分析能力。

“山西省智慧旅游地理信息服务平台”项目以服务于智慧旅游公众服务和行业管理为目标，以旅游景区精细三维建模、街景线路模拟、景区全方位信息服务、移动端智能应用为重点方向，进行旅游专题空间信息采集、网络化服务发布、三维虚拟旅游、移动智能应用等子系统的研发工作。

（任玉荣）

【地理信息公共服务平台】 截至2014年底，“天地图·山西” 地理信息公共服务平台为社会公众提供地理信息服务达10万次以上。在国家测绘地理信息局对天地图省级节点的测评中蝉联5星评级。

年内完成“天地图·山西”地理信息公共服务平台全面升级改造工作。具体工作包括：数据及服务更新；矢量数据完成对全省高速公路、干线铁路数据更新、完成太原市六城区、榆次区、浑源县、左云县、平鲁区、和顺县、闻喜县等主城区数据更新；影像数据完成全省范围2米影像数据更新，基础测绘成果完成运城测区、晋城测区、左权测区0.5米影像数据更新及服务发布，完成全省POI数据更新。按照国家2014年数据融合技术规范，编制省、市数据融合技术方案，完成晋城市、朔州市、平遥县大比例尺数据与省级平台数据的融合工作；完成导航数据中高速公路及国、省、县道与平台交通数据的融合。

（任玉荣）

【智慧城市试点】 2014年，“智慧太原”时空云平台建设试点项目设计书通过国家测绘地理信息局组织的专家评审，项目进入招标阶段；项目承担单位成立组织机构和技术研究机构，对基础数据进行整理入库，对时空云平台构架进行研究；对五个示范应用系统单位进行调研，确定应用方案；安排专项经费与市工商局联合制作工商法人和个人地理信息库，会同市民政局、发改委、住建委、城建档案馆连同地名地址库制作全市建筑物库，对卫计委进行调研，构架全市人口库。推广全市地下管线普查工作，协助住建委、供电局、城建档案管编制地下管线普查方案。

智慧城市国家863计划科研项目（第二期），选定太原市10平方千米的实验区，对地下管网单位进行调研，完成实施方案。开展“智能公交”示范应用建设，“基于北斗导航技术的物流运输智能感知与位置服务系统”项目，完成2700台北斗卫星定位设备的安装调试工作，完成“智能公交” 服务器端软件平台安装调试，完成“智能公交”手机端APP系统开发。

（任玉荣）

【测绘普法】 2014年，山西省测绘地理信息局制定印发《2014至2016年普法依法治理工作规划》和《2014年普法依法治理工作要点》。开展“8·29”测绘法宣传日宣传活动和2014年度“依法行政宣传月”宣传活动。2014年12月初，开展“12·4”全国法制宣传日（宪法日）宣传活动。山西省测绘地理信息局被评为全国“六五”普法中期先进集体，王和平被评为先进工作者，报送的测绘地理信息法制宣传工作信息被评为第十一届山西法制好新闻报刊消息类三等奖。（任玉荣）

【测绘执法】 2014年，山西省测绘地理信息局开展测绘资质巡查工作，对大同、朔州、忻州、太原、晋中5个市10余个测绘资质单位进行测绘资质巡查和指导。对山西航遥地理信息勘测中心、太原鹏宇文化发展有限公司举报事宜进行调查核实，并及时上报调查结果。完成全省2013年测绘地理信息行政处罚案件报备。开展2014年全省测绘地理信息行政处罚案卷评查工作。开展全省问题地图专项检查，并配合国家测绘地理信息局赴太原市、大同市的各类书店、图书批发市场开展市场检查，检查发现两地地图市场产品品种丰富，都是由正规出版社出版，未发现严重问题地图；10月至11月，山西省测绘地理信息局安排11市分三组（大同、朔州、忻州为一组，太原、晋中、吕梁、阳泉为一组，临汾、运城、长治、晋城为一组）开展交叉检查，每组抽调测绘、工商、文化、新闻出版等部门相关人员组成联合检查组到所在组各市开展检查工作，主要检查新华书店、文化用品市场的地图类图书和教辅资料、报刊和户外广告中的问题地图等。（任玉荣）

【市场信用体系建设】 2014年，山西省测绘地理信息局开展全省测绘资质单位信用等级评价和发布工作。依据《测绘地理信息市场信用信息管理暂行办法》有关规定，在测绘地理信息市场信用信息平台上发布2013—2014年全省乙、丙、丁级测绘资质单位信用评价结果，信用评价等级A级的2家、B级的479家、C级的6家。

（任玉荣）

【国家版图意识宣传教育】 2014年，山西省测绘地理信息局以进学校为重点，开展国家版图意识宣传教育活动。10月29日，举行向阳泉、晋中、长治、忻州四市颁发《版图知识教育读本》活动，协同各市教育部门实现各县(市、区)初二学生《版图知识教育读本》全覆盖。开展全省第二届国家版图知识竞赛网上答题和少儿手绘地图大赛，参加国家测绘地理信息局国家版图知识竞赛网上答题4635人，纸质答题3000余份。全省各市约5200人参加少儿手绘地图比赛，各市选送的作品约3300幅。9月，在阳泉市盂县举办山西省首届国家版图知识竞赛团体赛，15支代表队约90人参加比赛。获全省一等奖的长治市代表一队代表山西省参加全国国家版图知识竞赛团体赛决赛获优胜奖。

(任玉荣)

【测绘资质管理】 2014年，山西省测绘地理信息局开展测绘资质年度注册工作，缓期注册6家，注销测绘资质单位2家。8月1日，修订施行的《测绘资质管理规定》废止测绘资质年度注册制度，修改为测绘资质年度报告制度。开展全省测绘资质复审换证暨《测绘资质管理规定》《注册测绘师执业管理办法(试行)》培训班，全省市、县测绘管理科(股)负责人和乙、丙、丁级测绘资质单位参加培训。组织甲级测绘资质单位参加国家测绘地理信息局举办的《测绘资质管理规定》《注册测绘师执业管理办法(试行)》培训班。

加强对测绘资质单位的教育培训。组织6家甲级测绘资质单位负责人参加国家测绘地理信息局2014年第二期甲级测绘资质单位负责人培训班。 (任玉荣)

【省级基础测绘】 2014年，山西省发改委将基础测绘专项规划纳入政府规划编制序列。完成《省级1:1万基础地理信息数据快速更新技术方案研究》项目的验收工作。依据向省政府和省发改委申报的《省级基础测绘1:10000基础信息数据快速更新实施方案》，编制2014年度1:10000省级基础测绘生产任务和经费预算，并下达任务书。按照1:10000快速更新方案安排阳泉、长治测区1100幅地理信息数据更新任务。

实施国家测绘地理信息局关于1:10000基础地理信息数据库整合升级项目。按照项目计划进度，年内完成4515幅DLG成果的数据处理和整合，DEM和DOM成果坐标基准都转换为CGCS2000国家大地坐标系。完成本省区域1:50000动态更新成果。完成承担的国家现代测绘基准体系基础设施建设一期工程GNSS连续运行基准站浮山、山阴和古交站的建设工作，安排标志保护工作。

(任玉荣)

【数字城市建设】 2014年，"数字运城""数字忻州""数字长治""数字临汾"通过验收，"数字大同"加快推进，"数字吕梁"项目启动；县级市数字城市建设稳步推进，原平、潞城、武乡3个县(市)数字城市项目通过验收。

(任玉荣)

【测绘成果验收】 2014年，山西省测绘地理信息局完成汾河—左权测区1:10000基础地理信息数据更新项目，朔州市怀仁县正射影像数据成果验收，平鲁500千伏输变电等3项地形图测绘，代县金升铁矿区地形测量等各类成果质量监督检验项目74项。 (任玉荣)

【质量管理】 2014年4月3日，山西省测绘地理信息局印发《山西省测绘地理信息质量巩固年活动实施方案》，成立活动领导组织机构，负责全省活动的统一组织实施，各市部署本区域落实。活动分为动员部署、组织实施和总结表彰三个阶段。内容主要包括开展地理国情质量专项监督检查、组织质量管理体系考核、地理国情普查成果展示观摩、落实各级质检员考核持证上岗和基础测绘成果统一委托验收两项制度等。4月8日印发《关于全省测绘地理信息质量管理年活动情况的通报》《关于表彰全省测绘地理信息质量管理年活动组织工作先进单位的通报》，总结质量管理年活动开展的总体情况，对组织工作先进的6个市局进行表彰。 (任玉荣)

【测绘仪器检定】 2014年，山西省测绘地理信息局检定水准仪901台、经纬仪87台、全站仪1339台、GPS接收机1358台、测距仪887台，共计4572台。检定出不合格仪器273台。

(任玉荣)

【地图编制审查】 2014年，山西省测绘地理信息局完成《山西省能源图集》《山西省非物质文化遗产地图集》"临汾市行政区划图""山西省地图""太原市城区图""山西省交通图""山西省政区图""山西省旅游图""山西省交通地图册""山西省市、县地图册"及"数字临汾"网络地图等图集、地图、图册及网络地图审查共35项。

(任玉荣)

【大型地图集编制项目】 2014年，山西省测绘地理信息局完成《山西省非物质文化遗产地图集》编制工作，完成《山西省能源地图集》编制出版工作，开展《广西壮族自治区农业地图集》的编制工作。 (任玉荣)

【服务政府决策】 2014年，山西省测绘地理信息局为山西省委、省政府新一届领导班子提供自主研发的卷图机22套；为中央和国家领导人赴晋视察，省领导外出考察、调研提供紧急用图和省直机关日常公务用图1664幅，便携地图1074幅，纸图629张，图集100余册；为各级领导决策提供《领导工作用图》；为省"两会"代表委员提供《山西省情概览》等2000余份。 (任玉荣)

【基础地理信息数据库成果】 2014年4月15日，山西省政府新闻办组织召开山西省测绘地理信息成果新闻发布会。由省级财政投入，组织实施的山西省1:10000全要素数字线划图(DLG)数据库、高精度数字高程模型(DEM)数据库、高分辨率数字正射影像(DOM)数据库等三项最新测绘地理信息数据成果，正式向社会各界

提供使用。（任玉荣）

【重点项目服务】 2014年，根据山西省科技创新城建设领导小组对山西省测绘地理信息局下达的任务委托书要求，信息局承担山西省科技创新城1:10000、1:2000、1:500地形图电子版数据、0.5米分辨率正射影像图数据提供工作，山西省综合地理信息中心与山西省基础地理信息院、山西省测绘工程院、山西省测绘产品质量监督检验站、太原市勘察测绘研究院等单位密切合作，按进度要求及时提供510平方千米1:1万地形图及电子版数据；910平方千米0.5米数字正射影像数据，100平方千米1:2000地形图及电子版数据；21平方千米1:500地形图及电子版数据等测绘资料。为省政府、太原市政府、晋中市政府及各相关厅局提供山西科技创新城选址方案图、地形晕渲图、山西科技创新城影像图等专题图件共计100余份。（任玉荣）

【应急保障服务】 2014年5月12日山西省测绘地理信息局的"国家地理信息应急监测车"配备到位，搭载的2架无人机参加由省地震局、省国土资源厅、省环保厅和省气象局联合举行的地震应急演练。7月1日，接省政府应急办通知，为落实国务院总理李克强的批示和山西省省长李小鹏的指示，出动"国家地理信息应急监测车"和无人机等先进装备，对山西代县、五台山风景区周边采矿区域疑似私挖滥采隐患点实施无人机航拍工作。共完成120平方千米、30个重点监测点的航拍任务，并现场快速制作正射影像图，第一时间为省政府掌握地质灾害隐患以及打击私挖滥采违法行为提供科学的决策依据。（任玉荣）

【科技奖励】 2014年，山西省测绘地理信息局获得多项科技奖项，山西省基础地理信息院等单位承担的"国家数字城市地理空间框架建设体系"获中国测绘地理信息学会科技进步奖特等奖；山西省基础地理信息院等单位承担的"数字运城地理空间框架建设"项目荣获中国测绘地理信息学会科技进步奖三等奖；山西省遥感中心承担的"国家卫星应用高技术产业化项目——山西省国土资源生态环境地质灾害卫星遥感动态监测系统"项目获中国测绘地理信息学会科技进步奖三等奖；山西省综合地理信息中心等单位承担的"森林资源空间信息共享技术体系构建及山西省示范应用"项目获中国测绘地理信息学会科技进步奖三等奖；山西省测绘资料档案馆完成的《山西省测绘成果档案快速提供》项目获中国测绘地理信息学会2014年全国优秀测绘工程奖铜奖。山西省综合地理信息中心完成的《山西省交通地图集》获中国测绘地理信息学会2014年优秀地图作品裴秀奖铜奖。山西省综合地理信息中心完成的《山西省突发事件地理信息应急服务系统》项目获2013年山西省科技进步奖技术发明类二等奖；山西省测绘工程院完成的《山西省汾河主河道流域生态地理环境影像信息系统建设》荣获2013年山西省科技进步奖科技进步类三等奖。（任玉荣）

【科技创新】 2014年，根据山西省测绘地理信息局测绘地理信息科技"十二五"规划和科技项目管理规定的要求，山西省有6位科技带头人、7个单位申报科技创新项目13项，经组织专家评审，《地面三维激光扫描技术在应急测绘中的应用研究》《大比例尺基础测绘成果在地理国情普查中的应用研究》等9个测绘生产和地理国情普查急需的项目被批准立项，投入科技创新资助经费150万元。（任玉荣）

【测绘行业标准化】 2014年，山西省测绘地理信息局参与国家和行业标准制修订与提案、标准宣传贯彻与执行监督检查。4月，分别对省质量技术监督局《山西省社会管理和公共服务标准化工作实施意见(讨论稿)》和国家基础地理信息中心《测量标志数据库建设规范(征求意见稿)》提出修改意见并进行反馈。5月，按照山西省标准化研究院《关于征集山西省社会管理和公共服务标准化技术委员会委员和智库专家的通知》精神，推荐山西省社会管理和公共服务标准化委员会委员和专家。8月，山西省测绘地理信息局派员参加2014年测绘地理信息国家标准与基础知识培训；向国家测绘地理信息局科技与国际合作司报送《关于对开展2014年测绘地理信息科技创新与标准化调研工作的复函》，结合山西省实际，对相关工作提出意见和建议。10月，对国家测绘地理信息局测绘标准化研究所《关于征求行业标准〈城市政务电子地图技术规范〉(征求意见稿)意见的函》提出修改意见进行反馈。（任玉荣）

煤炭地质

【概述】 2014年，山西省煤炭地质局全体干部职工学习贯彻习近平总书记系列重要讲话精神，围绕省委提出的"净化政治生态、实现弊革风清、重塑山西形象、促进富民强省"目标任务，实施"1558"发展战略及局"十二五"规划，完成年度目标考核任务，深化内部改革，加强科技创新与人才队伍建设，确保安全生产形势稳定和民生改善，推进党建与党风廉政建设各项工作开展。（张素贞）

【重点项目实施】 2014年，山西省煤炭地质局推进煤层气、页岩气项目开发，新签订《山西省沁水煤田榆社–武乡区块煤层气页岩气普查》和《山西省沁水煤田古县区块煤层气页岩气普查》两个综合勘查项目，项目实施对于推动全省煤炭革命、加快建设综合能源基地具有示范意义。省煤炭地质局为全省开展工矿废弃地复垦利用和采空区、沉陷区、水土流失区、煤矸石山的生态环境治理修复等提供技术服务。《山西省煤层自燃地质勘查与治理方法研究》通过省级验收，该研究成果填补全省煤层自燃防治理论研究空白，为山西省下一阶段全面开展煤层自燃火区综合治理、生态环境改善和旅游景区可持续发展奠定基础。省煤炭地质局申报国家发改

委清洁发展机制基金赠款项目《CO_2深部煤层封存及驱替煤层气主要影响因素的研究》。（张素贞）

【内部改革】 2014年，山西省煤炭地质局开展“改革创新年”活动，编制出台全局《深化内部改革实施方案》，内部改革取得初步成效。一是坚持财政供养人员只减不增原则，实行内部机构分类管理，机关人员精简瘦身。按照经费补助方式，将局属单位内部机构进行分类，做到事企分开、按类施策，提高机关、实体、企业等各类机构运行效率。二是推进经营管理创新。组织实施《关于加强地勘项目成本管理的指导意见》，探索推行项目经理负责制、钻机承包制等管理模式。实施过程管理，加强日常考核检查，对“虚假浮夸”进行专项整治。三是推进地勘产业转型发展。全年共安排结构调整资金2600万元，对低空航测信息系统、地下空间管理信息系统、煤层气页岩气实验室等全局重点转型项目进行扶持。（张素贞）

【科技创新】 2014年，山西省煤炭地质局加强科技创新。一是发挥专家、技术和资料优势，加强专业化品牌建设。成立煤炭地质、物探、测绘、煤层气页岩气、水工环等五个专业委员会及地质报告评审委员会，在开展技术研讨交流和地质报告评审把关方面发挥作用。同时编制出台《科技项目与科技成果管理暂行办法》《新技术新工艺应用推广奖励办法》，初步形成具有煤炭地质行业特点的科技创新机制。二是做好科技项目立项、实施研究、成果验收和协调服务工作。全年立项实施5个实用性生产技术创新项目，向省科技厅申报“山西省基础研究计划-煤层气联合研究基金”方面的7个项目，申报两个山西省低碳创新重大专项项目。“煤层气、页岩气资源潜力综合评价及共探共采选区研究”被列为2014年度山西省煤基重点科技攻关项目拟立项支持项目。三是提升科技创新和工艺革新水平。煤层气、页岩气重点实验室

2014年，《山西省煤层自燃地质勘查与治理方法研究》项目通过省级验收

（张素贞供图）

正式投入运行，并与太原理工大学、国新能源合作启动山西省重点实验室的申报工作。局属汇镪公司成功研发新能源汽车用电动助力转向器磁组件，成为国内能替代日本进口生产该产品的三家企业之一。（张素贞）

【思想建设】 2014年，山西省煤炭地质局召开教育实践活动整改落实工作推进会，开展“回头看”等活动，推进整改工作；学习习近平总书记系列重要讲话精神，强化思想政治教育。加强政治理论学习，在基层党组织落实“三会一课”制度。坚持开展党务干部下基层活动，宣讲中央、省委政策方针，答疑释惑，坚定全局广大党员的道路自信、理论自信、制度自信。以“九个一”活动为载体，开展“基层组织提升年”活动，提高基层党组织的影响力和凝聚力。培育党建工作品牌。《地勘讲坛》《水勘学堂》和“微型党课”“党代表工作室”以及“民主恳谈室”微信平台等，均成为相对成熟的党建工作阵地。（张素贞）

【党风廉政建设】 2014年，山西省煤炭地质局贯彻落实“两个责任”，坚持关口前移、预先控制，构建特色惩防体系，筑牢党风廉政建设防线。一是颁发廉政责任状，对下属单位（重点部门）、重点岗位下达廉政建设刚性指标。二是实施精细化管理，先后完善公务接待、会议费用、内部审计、差旅费等相关制度办法，为堵漏降耗提供保障，为“不能腐”夯实基础。三是深化专项整治，2014年先后开展工作纪律、劳动用工、婚丧嫁娶、奢侈浪费等多个领域的专项检查，对职工群众关心关注的公务用车问题开展公车清理专项行动。四是强化过程监督，对干部选任、人才招聘、设备（工程）招标等廉政风险点，局、院纪检监察部门始终坚持参与、跟踪，确保工作规范开展。五是加大廉政宣传力度，除去在日常岗位进行廉政、警示教育，同时建立“廉政教育基地”及“廉政家园”。（张素贞）

【年度获得荣誉】 2014年，山西省煤炭地质局属勘查院“山西数字煤田信息系统”获2014中国地理信息产业优秀工程奖银奖；局属114院、144院被中国煤炭建设协会授予“首届中国煤炭行业优秀地勘单位”称号；局属144院获“山西省模范单位”称号；局属物测院工会委员会获“山西省五星级基层工会”称号（省总工会授予）；局属114院、资环院获省总工会直属基层工会“五一劳动奖状”称号；局属勘查院、矿产地质研究所获省总工会直属基层工会“工人先锋号”称号。

（张素贞）

【安全生产整治】 2014年，山西省煤炭地质局加强安全工作。创新安全监管机制。建立局、院两级党政领导班子成员“党政同责、一岗双责、齐抓共管”的安全生产责任体系。开展安全生产“知责、履责”活动，细化明确各

煤层气野外施工现场　　　　(张素贞供图)

单位、部门、责任人的安全职责。在各院实行钻机安全生产挂牌责任制。推进依法治安工作。组织“安全生产月”和新《安全法》学习活动,开展安全生产知识竞赛。编制《安全生产动态处罚制度》《安全生产巡查制度》,在钻机开展谈心谈话活动。加大隐患整改治理力度。开展两次安全生产大检查,对所查处的安全隐患做到整改措施、责任划分、整改资金、时限和预案全部到位。加强应急救援工作,为车载钻机配备空压机、增压机及各种规格的冲击器、潜孔锤,提升全局应急抢险的装备水平。　　(张素贞)

水文水资源勘测

【雨情】 2014年,山西省年均降水量为487.7毫米,比多年平均473.5毫米多14.2毫米,属正常年份,比2013年539.8毫米少52.1毫米。各市年均降水量与多年平均相比均属正常年份。各县(市、区)年均降水量介于299.3毫米(怀仁县)~716.2毫米(乡宁县)之间。

2014年,全省汛前(1月~5月)降水量106.3毫米、汛期(6月~9月)降水量363.6毫米、汛后(10月~12月)降水量17.8毫米,分别占年降水总量的21.8%、74.6%和3.6%。

(一)汛前降水

汛前(1月~5月),山西省平均降水量106.3毫米,占年降水量的21.8%,比多年平均多22.2毫米,属偏多年份,比上年同期多42.3毫米,各县(市、区)降水量介于48.0毫米(灵丘县)~219.6毫米(乡宁县)之间。汛前降水量评价为:阳泉降水偏少,朔州、吕梁和运城降水偏多,临汾降水显著偏多,其余各市降水正常。

1月,全省无有效降水,排2000年以来同期少水第一位,各市降水均属异常偏少。

2月,全省降水量偏多,各县(市、区)降水量介于0.7毫米(晋中市榆次区)~33.4毫米(新绛县)之间,全省平均降水量10.2毫米,与历年同期相比多2.毫米,比上年同期多6.6毫米。其中,朔州、临汾和运城降水异常偏多,大同降水偏多,吕梁、长治和晋城降水偏少,其余各市降水正常。

3月,全省降水量正常,各县(市、区)降水量介于0毫米~26.8毫米(杏花岭区)之间,全省平均降水量8.9毫米,与历年同期相比少1.5毫米,比上年同期多6.8毫米。其中,太原和临汾降水偏多,晋中和吕梁降水正常,运城和长治降水偏少,其余各市降水显著偏少。

4月,全省降水量异常偏多,排2000年以来同期偏多第二位(第一位2008年43.4毫米),各县(市、区)降水量介于8.9毫米(忻府区)~82.7毫米(浮山县)之间。全省平均降水量41.1毫米,与历年同期相比多19.1毫米,比上年同期多23.6毫米。其中,晋中、临汾、运城、长治和晋城降水异常偏多,吕梁降水显著偏多,大同降水偏少,其余各市降水正常。

5月,全省降水量正常,各县(市、区)降水量介于13.8毫米(阳泉市城区)~98.4毫米(稷山县)之间,全省平均降水量46.1毫米,与历年同期相比多7.2毫米,比上年同期多7.5毫米。其中,朔州降水异常偏多,大同、吕梁和临汾降水显著偏多,运城降水偏多,晋城降水偏少,阳泉和长治降水显著偏少,其余各市降水正常。

(二)汛期降水

汛期(6月~9月),山西省平均降水量363.6毫米,占年降水量的74.6%,比多年平均多16.7毫米,属正常年份,比上年同期少87.4毫米。整体呈现由东北向西南递增趋势,北部汛期降水量基本小于400毫米,南部基本大于400毫米,低值区(小于150毫米)位于吕梁市西北角,峰值区(大于600毫米)位于晋中市东北部。各县(市、区)降水量介于204.4毫米(大

2014年山西省各市降水量统计图

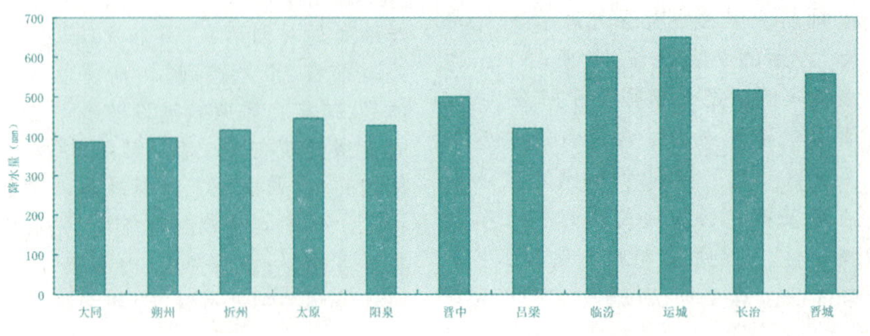

同市矿区)~511.7毫米(闻喜县)之间。汛期降水量评价为:运城市降水偏多,其余各市降水正常。

6月,全省降水量正常,各县(市、区)降水量介于14.6毫米(大同市矿区)~143.6毫米(襄垣县)之间,全省平均降水量55.4毫米,与历年同期相比少7.7毫米,比上年同期少25.6毫米。其中,朔州、忻州、阳泉和晋城降水偏少,其余各市降水正常。月内主要降水过程有6次:4日~6日、13日、15日~16日、18日~22日、23日~25日和27日~30日,其中较大范围的强降水过程有2次:18日~22日和27日~30日。18日~22日,全省大部分地区降中到大雨,局部地区降暴雨到大暴雨。各县(市、区)平均降水量在1.1毫米(朔州市平鲁区)~66.8毫米(晋城城区)之间,全省平均降水量22.3毫米。27日~30日,全省普降小到中雨,中南部部分地区降暴雨,局部降大暴雨,各县(市、区)平均降雨量在0毫米~58.6毫米(垣曲县)之间,全省平均降水量13.0毫米。

7月,全省降水量正常,各县(市、区)降水量介于15.2毫米(大同市矿区)~173.9毫米(左权县)之间,全省平均降雨量85.3毫米,与历年同期相比少9.3毫米,比上年同期少152.0毫米。其中,太原和晋中降水偏多,大同、临汾、运城和晋城降水偏少,其余各市降水正常。月内降水过程有4次:1日~5日、7日~11日、19日~24日和28日~29日,其中较大范围的强降水过程有2次:7日~11日和19日~24日。7日日~11日,全省普降小到大雨,部分地区降暴雨,局部降大暴雨,各县(市、区)平均降水量在1.0毫米(大同市矿区)~90.8毫米(沁县)之间,全省平均降水量30.4毫米。19日~24日,全省普降小到大雨,部分地区降暴雨,局部降大暴雨,各县(市、区)平均降水量在3.1毫米(河津市)~60.4毫米(岢岚县)之间,全省平均降水量20.2毫米。

8月,全省降水正常,各县(市、区)降水量介于39.5毫米(临县)~217.5毫米(河津市)之间,全省平均降水量96.0毫米,与历年同期相比少10.8毫米,比上年同期多33.4毫米。其中,运城降水显著偏多,忻州、太原、阳泉和吕梁降水偏少,其余各市降水正常。月内较大范围的强降水过程有2次:3日~8日和16日~17日。3日~8日,全省普降小到中雨,部分地区降大到暴雨,各县(市、区)平均降水量在2.0毫米(大同市矿区)~160.6毫米(河津市)之间,全省平均降水量41.9毫米。16日~17日,全省普降小到中雨,部分地区降大到暴雨,各县(市、区)平均降雨量在0毫米~35.4毫米(河津市)之间,全省平均降水量11.5毫米。

9月,全省降水显著偏多,排2000年以来同期偏多第一位,各县(市、区)降水量介于70.4毫米(五寨县)~226.0毫米(垣曲县)之间,全省平均降水量126.9毫米,与历年同期相比多44.5毫米,比上年同期多56.7毫米。其中,运城和晋城降水异常偏多,朔州、临汾和长治降水显著偏多,大同、阳泉和晋中降水偏多,其余各市降水正常。月内降水过程有6次:1日~2日、6日~8日、10日~11日、13日~16日、22日~23日和27日~30日,其中较大范围的强降水过程有3次:10日~11日、13日~16日和27日~30日。10日~11日,全省普降小到中雨,部分地区降大到暴雨,各县(市、区)平均降水量在0毫米~82.5毫米(稷山县)之间,全省平均降水量29.2毫米。13日~16日,全省普降小到大雨,部分地区降暴雨,各县(市、区)平均降水量在0毫米~119.5毫米(泽州县)之间,全省平均降水量49.4毫米。27日~30日,全省普降小到中雨,部分地区降大到暴雨,各县(市、区)平均降水量在1.9毫米(天镇县)~44.8毫米(杏花岭区)之间,全省平均降水量14.7毫米。

(三)汛后降水

汛后(10月~12月),山西省平均降水量17.8毫米,占年降水量的3.6%,比多年平均少24.7毫米,属显著偏少年份,比上年同期少6.9毫米(排2000年以来同期偏少第一位)。各县(市、区)降水量介于7.1毫米(灵石县)~40.4毫米(平陆县)之间。汛后降水量评价为:大同正常,朔州和阳泉偏少,其余各市都显著偏少。

10月,全省降水显著偏少,排2000年以来同期偏少第一位,各县(市、区)降水量介于1.9毫米(沁县)~32.3毫米(广灵县)之间,全省平均降水量12.5毫米,与历年同期相比少16.4毫米,比上年同期少6.0毫米。其中,大同、朔州和阳泉降水正常,忻州降水偏少,长治和晋城降水异常偏少,其余各市降水显著偏少。月内主要降水过程有3次,分别为:1日、3日和11日。1日,全省普降小雨,大同降中到大雨,各县(市、区)平均降水量在0毫米~19.9毫米(广灵县)之间,全省平均降水量3.7毫米。3日,全省大部分地区降小雨,部分地区降中雨,各县(市、区)平均降水量在0毫米~12.5毫米(五台县)之间,全省平均降水量3.1毫米。11日,北中部普降小雨,局部降中雨,各县(市、区)平均降水量在0毫米~7.7毫米(左云县)之间,全省平均降水量1.4毫米。

11月,全省降水偏少,各县(市、区)降水量介于0毫米~15.7毫米(平陆县)之间,全省平均降水量5.1毫米,比历年同期少4.5毫米,比上年同期偏多0.4毫米。其中,吕梁、临汾和运城降水偏少,大同和阳泉降水异常偏少,其余各市降水显著偏少。

12月,全省大部分地区无降水,属异常偏少年份,排2000年以来同期偏少第一位,各县(市、区)降水量介于0毫米~2.5毫米(方山县)。全省平均降水量0.2毫米,与历年同期相比少3.8毫米,比上年同期少1.2毫米。其中各市降水均属异常偏少。

(四)暴雨

2014年,山西省在6月~9月期间,发生9次较大范围的强降水过程:6月18日~22日、27日~30日;7月7日~11日、19日~24日;8月3日~8日、16日~17日;9月10日~11日、13日~16日、27日~30日,其中降水历时最长的为8月3日~8日(6天),累计降水量最大的为9月13

日~16 日（全省平均降水量 49.4 毫米）。局部地区还发生近年来十分罕见的大暴雨（日降水量大于 100 毫米）:6 月 18 日长治市平顺县寺头;6 月 28 日运城市夏县七腰耙、陈村和马家庙;7 月 8 日长治市沁县东庄;7 月 22 日运城市闻喜县石硖、北阳;7 月 29 日晋中市寿阳县上龙泉;8 月 5 日运城市河津市西硙口、苍头、瓜峪口和马家堡，临汾市乡宁县西坡、下川;9 月 1 日朔州市怀仁县陈家堡;9 月 11 日运城市稷山县马家沟。

（刘耀峰）

【河道水情】 2014 年,山西省各河流水势总体平稳。汛前,永定河水系牧马河,南运河水系浊漳河、榆社河、清漳东源,沿黄支流东川河、汾河干流及其支流岚河和涧河等河流来水量偏多,其余河流来水量偏少。汛期,受局部暴雨影响，山西省汾河干流、沁河、沁水河和允西河发生洪水。汛后,受持续少雨影响,永定河水系桑干河新桥、南洋河天镇、御河孤山、壶流河广灵，子牙河水系滹沱河上永兴、牧马河豆罗桥、桃河旧街、阳泉,沿黄支流偏关河偏关,汾河水系汾河支流冶峪沟董茹、静升河灵石、洪安涧河东庄和北石河岔上，共 13 站河道出现断流现象。

（一）全年河道水情

2014 年，山西省各水文站年均流量与多年均值相比,除永定河水系桑干河东榆林水库(坝下)、南洋河天镇、壶流河广灵,沿黄支流南川河万年饱、洮水河冷口,汾河水系汾河干流宁化堡、静乐、河岔、汾河二坝(二)、义棠、赵城,汾河支流涧河娄烦和洪安涧河东庄 13 个站偏多以外，其余站点均偏少。

各主要河道水文站年平均流量与多年均值比较：桑干河固定桥站 1.85 立方米每秒,比多年均值 4.59 立方米每秒少 2.74 立方米每秒;唐河南水芦站 0.67 立方米每秒,比多年均值 1.21 立方米每秒少 0.53 立方米每秒;滹沱河界河铺站 2.31 立方米每秒,比多年均值 4.85 立方米每秒少 2.54 立方米每秒；南庄站 5.44 立方米每秒,比多年均值 15.1 立方米每秒少 9.66 立方米每秒；松溪河泉口站 0.661 立方米每秒,比多年均值 1.56 立方米每秒少 0.899 立方米每秒；桃河阳泉站 0.140 立方米每秒，比多年均值 1.20 立方米每秒少 1.06 立方米每秒;浊漳河石梁站 11.7 立方米每秒,比多年均值 13.6 立方米每秒少 1.9 立方米每秒;偏关河偏关站 0.002 立方米每秒，比多年均值 0.987 立方米每秒少 0.985 立方米每秒;鄂河乡宁站 0.092 立方米每秒，比多年均值 0.161 立方米每秒少 0.069 立方米每秒；汾河静乐站 13.7 立方米每秒，比多年均值 7.07 立方米每秒多 6.63 立方米每秒；兰村站 6.30 立方米每秒,比多年均值 12.7 立方米每秒少 6.4 立方米每秒；义棠站 20.5 立方米每秒,比多年均值 14.5 立方米每秒多 6.00 立方米每秒；柴庄站 23.2 立方米每秒,比多年均值 28.1 立方米每秒少 4.9 立方米每秒；潇河芦家庄站 1.12 立方米每秒,比多年均值 3.44 立方米每秒少 2.32 立方米每秒；沁河飞岭站 3.55 立方米每秒，比多年均值 6.24 立方米每秒少 2.69 立方米每秒。

（二)汛前河道水情

2014 年，山西省各站汛前平均流量与多年同期平均相比,除永定河水系桑干河东榆林水库(坝下)、滹沱河界河铺、牧马河豆罗桥,南运河水系浊漳河石梁、榆社河榆社、清漳东源蔡家庄，沿黄支流东川河岢岚,汾河水系汾河干流宁化堡、静乐、河岔、汾河二坝(二)、义棠、赵城、柴庄,汾河支流岚河上静游和涧河娄烦 16 站偏多以外,其余站点均偏少。部分站点出现河流断流的现象:永定河水系桑干河东榆林水库(坝下)、新桥、南洋河天镇、御河孤山、壶流河广灵,子牙河水系滹沱河上永兴、济胜桥、牧马河豆罗桥、桃河旧街、阳泉,南运河水系榆社河榆社、沿黄支流偏关河偏关、鄂河乡宁、洮水河冷口,汾河水系汾河干流兰村，汾河支流冶峪沟董茹、静升河灵石、洪安涧河东庄、续鲁峪大交(续)和北石河岔上,共 20 站。

2014 年，汛前各主要河道水文站平均流量与多年同期平均比较:桑干河固定桥站 1.38 立方米每秒,比多年同期平均少 1.71 立方米每秒;唐河南水芦站 0.616 立方米每秒，比多年同期平均少 0.540 立方米每秒；滹沱河界河铺站 2.91 立方米每秒,比多年同期平均多 0.566 立方米每秒；南庄站 6.92 立方米每秒,比多年同期平均少 2.01 立方米每秒；松溪河泉口站 0.579 立方米每秒，比多年同期平均少 0.094 立方米每秒；浊漳河石梁站 10.8 立方米每秒,比多年同期平均多 5.21 立方米每秒;汾河静乐站 12.1 立方米每秒,比多年同期平均多 8.54 立方米每秒；兰村站 6.23 立方米每秒,比多年同期平均少 5.12 立方米每秒;义棠站 17.0 立方米每秒,比多年同期平均多 11.6 立方米每秒;柴庄站 16.8 立方米每秒,比多年同期平均多 1.95 立方米每秒;潇河芦家庄站 1.05 立方米每秒，比多年同期平均少 0.250 立方米每秒；沁河飞岭站 0.869 立方米每秒,比多年同期平均少 1.55 立方米每秒。

（三)汛期河道水情

1.汛期各主要河流控制站来水量

山西省各主要河流控制站流域总面积为 93768 平方千米，其中,海河流域面积 40443 平方千米,占总控制面积的 43.1%，黄河流域面积 53325 平方千米，占总控制面积的 56.9%。2014 年汛期,全省各控制站径流总量 72734 万立方米;海河流域各控制站汛期径流量 22648 万立方米,占汛期径流总量的 31.1%；黄河流域各控制站汛期径流量 50086 万立方米,占汛期径流总量的 68.9%。

2. 汛期各主要河道水文站平均流量

2014 年，山西省各站汛期平均流量与多年同期平均相比,除永定河水系桑干河东榆林水库(坝下)、南洋河天镇，沿黄支流南川河万年饱、洮水河冷口，汾河水系汾河干流宁化堡、赵城，汾河支流洪安涧河东庄 7 站偏多以外,其余站点均偏少。部分站点出现河流断流的现象:永定河水系桑干河新桥、御河孤山、壶流河广灵，子牙河水系滹沱河上永兴、济胜桥、桃河旧街、阳泉，沿黄支流偏关河偏关、鄂河乡宁，汾河水系冶峪沟董茹、静升河灵石、洪安涧河东庄、续鲁峪大交(续)和北石河岔上，共14站。

汛期各主要河道水文站平均流量与多年同期平均比较：桑干河固定桥站1.95立方米每秒，比多年同期平均少6.18立方米每秒；唐河南水芦站0.725立方米每秒，比多年同期平均少0.603立方米每秒；滹沱河界河铺站1.11立方米每秒，比多年同期平均少7.89立方米每秒；南庄站4.13立方米每秒，比多年同期平均少21.0立方米每秒；松溪河泉口站0.824立方米每秒，比多年同期平均少2.35立方米每秒；桃河阳泉站0.142立方米每秒，比多年同期平均少2.81立方米每秒；浊漳河石梁站13.9立方米每秒，比多年同期平均少11.8立方米每秒；偏关河偏关站0.005立方米每秒，比多年同期平均少2.17立方米每秒；鄂河乡宁站0.134立方米每秒，比多年同期平均少0.264立方米每秒；汾河静乐站11.2立方米每秒，比多年同期平均少1.40立方米每秒；兰村站6.01立方米每秒，比多年同期平均少13.2立方米每秒；义棠站28.1立方米每秒，比多年同期平均少0.978立方米每秒；柴庄站33.7立方米每秒，比多年同期平均少12.7立方米每秒；潇河芦家庄站1.27立方米每秒，比多年同期平均少5.92立方米每秒；沁河飞岭站6.00立方米每秒，比多年同期平均少5.37立方米每秒。

3.洪水

由于受局部暴雨和极端气候的影响，山西省汾河干流、沁河、沁水河和允西河发生洪水。

6月受局部暴雨影响，安泽县飞岭水文站19日6时整洪峰流量88.4立方米每秒。

2014年山西省汛期各主要河流控制站逐月实测来水量情况表

序号	流域	河名	站名	流域面积(平方千米)	月平均流量(立方米每秒)				汛期累计水量(万立方米)
					6月	7月	8月	9月	
1	海河	桑干河	固定桥	15803	2.25	0.058	2.41	3.14	2058
2	海河	滹沱河	南庄	11936	4.25	3.40	4.10	4.80	4355
3	海河	龙华	下社	475	0.089	0.063	0.106	0.345	158
4	海河	松溪河	泉口	1627	0.402	0.637	1.19	1.06	868
5	海河	桃河	阳泉	490	–	0.207	0.089	0.131	113
6	海河	浊漳河	石梁	9652	20.0	16.6	8.62	10.6	14686
7	海河	清漳东支	蔡家庄	460	0.240	0.201	0.255	0.868	409
海河流域累计水量(万立方米)					7058	5669	4492	5429	22648
1	黄河	偏关河	偏关	1896	0	0.002	0	0.019	5.46
2	黄河	东川河	岢岚	476	0.777	0.940	0.775	0.718	847
3	黄河	三川河	后大成	4075	6.74	8.79	6.60	9.69	8381
5	黄河	涑水河	张留庄	5545	0.720	0.680	0.805	1.65	1012
4	黄河	汾河	河津	38650	14.4	23.2	33.5	56.3	33512
6	黄河	沁河	飞岭	2683	2.18	3.80	6.30	11.8	6329
黄河流域累计水量(万立方米)					6433	10020	12851	20782	50086
全省合计					13491	15690	17343	26211	72734

7月受局部暴雨影响,10日至13日汾河干流多处水文站相继发生洪水,介休市义棠水文站10日8时整洪峰流量101立方米每秒,列建站以来第43位;洪洞县赵城水文站11日16时整洪峰流量90.5立方米每秒,列建站以来第55位;襄汾县柴庄水文站11日22时整洪峰流量115立方米每秒;河津市河津水文站13日8时整洪峰流量95.0立方米每秒。

8月受局部暴雨影响,6日至9日汾河干流多处水文站相继发生洪水,洪洞县赵城水文站6日20时整洪峰流量90.0立方米每秒;襄汾县柴庄水文站8日5时整洪峰流量102立方米每秒;河津市河津水文站9日15时12分洪峰流量83.8立方米每秒。

9月受局部暴雨影响,17日至19日多处水文站相继发生洪水,汾河干流洪洞县赵城水文站17日17时42分洪峰流量80.0立方米每秒;襄汾县柴庄水文站18日2时整洪峰流量133立方米每秒,列建站以来第50位;河津市河津水文站19日13时42分洪峰流量145立方米每秒,列建站以来第44位。沁河安泽县飞岭水文站17日10时整洪峰流量100立方米每秒。沁水河沁水县油房水文站17日13时整洪峰流量86.0立方米每秒,列建站以来第27位。允西河垣曲县上圢坂水位站17日4时30分洪峰流量214立方米每秒。

4. 汛后河道水情

2014年,山西省各站汛后平均流量与多年同期平均相比,除永定河水系桑干河东榆林水库(坝下)、新桥、南洋河天镇、清水河五台山,南运河水系绛河北张店,沿黄支流南川河万年饱、鄂河乡宁、洮水河冷口,汾河水系汾河干流宁化堡、静乐、河岔、寨上、兰村、汾河二坝(二)、义棠、赵城,汾河支流昌源河盘陀和洪安涧河东庄18站偏多以外,其余站点均偏少。部分站点出现河流断流的现象:永定河水系桑干河新桥、南洋河天镇、御河孤山、壶流河广灵,子牙河水系滹沱河上永兴、牧马河豆罗桥、桃河旧街、阳泉,沿黄支流偏关河偏关,汾河水系冶峪沟董茹、静升河灵石、洪安涧河东庄和北石河岔上,共13站。

汛后各主要河道水文站平均流量与多年同期平均比较:桑干河固定桥站2.32立方米每秒,比多年同期平均少0.022立方米每秒;唐河南水芦站0.688立方米每秒,比多年同期平均少0.466立方米每秒;滹沱河界河铺站2.91立方米每秒,比多年同期平均少0.563立方米每秒;南庄站4.74立方米每秒,比多年同期平均少7.07立方米每秒;松溪河泉口站0.553立方米每秒,比多年同期平均少0.333立方米每秒;桃河阳泉站0.131立方米每秒,比多年同期平均少0.327立方米每秒;浊漳河石梁站10.1立方米每秒,比多年同期平均少0.513立方米每秒;鄂河乡宁站0.188立方米每秒,比多年同期平均多0.137立方米每秒;汾河静乐站19.6立方米每秒,

2014年山西省汛期部分河流洪峰流量统计表

序号	站名	地址	河名	时间	洪峰流量(立方米每秒)	历史排位
1	义棠	介休市	汾河	2014-07-10 08:00	101	43
2	赵城	洪洞县	汾河	2014-07-11 16:00	90.5	55
3	赵城	洪洞县	汾河	2014-08-06 20:00	90.0	–
4	赵城	洪洞县	汾河	2014-09-17 17:42	80.0	–
5	柴庄	襄汾县	汾河	2014-07-11 22:00	115	–
6	柴庄	襄汾县	汾河	2014-08-08 05:00	102	–
7	柴庄	襄汾县	汾河	2014-09-18 02:00	133	50
8	河津	河津市	汾河	2014-07-13 08:00	95.0	–
9	河津	河津市	汾河	2014-08-09 15:12	83.8	–
10	河津	河津市	汾河	2014-09-19 13:42	145	44
11	飞岭	安泽县	沁河	2014-06-19 06:00	88.4	–
12	飞岭	安泽县	沁河	2014-09-17 10:00	100	–
13	油房	沁水县	沁水河	2014-09-17 13:00	86.0	27
14	上圢坂	垣曲县	允西河	2014-09-17 04:30	214	–

比多年同期平均多14.2立方米每秒；兰村站6.79立方米每秒，比多年同期平均多0.302立方米每秒；义棠站16.2立方米每秒，比多年同期平均多6.14立方米每秒；柴庄站19.7立方米每秒，比多年同期平均少5.69立方米每秒；潇河芦家庄站1.01立方米每秒，比多年同期平均少0.953立方米每秒；沁河飞岭站4.69立方米每秒，比多年同期平均少1.03立方米每秒。

（刘耀峰）

【大中型水库蓄水情况】 2014年，山西省大中型水库蓄水情况分汛初(2014年6月1日)、汛末(2014年10月1日)和年末(2015年1月1日)3个节点进行统计分析。

（一）汛初大中型水库蓄水情况

1. 全省59座大中型水库

据全省59座大中型水库汛初蓄水量统计，汛初蓄水总量为10.47亿立方米，比年初(2014年1月1日)少1.13亿立方米，比上年同期多1.04亿立方米，比多年同期平均多5.75亿立方米。

2. 全省8座大型水库

据全省8座大型水库汛初蓄水量统计，汛初蓄水总量为8.02亿立方米，占所有大中型水库蓄水总量的76.6%；比年初少0.58亿立方米，比上年同期多蓄0.66亿立方米。

（二）汛末大中型水库蓄水情况

1. 全省59座大中型水库

据全省59座大中型水库汛末蓄水量统计，汛末蓄水总量为11.49亿立方米，比汛初多1.02亿立方米，比上年同期多0.47亿立方米，比多年同期平均多5.45亿立方米。

2. 全省8座大型水库

据全省8座大型水库汛末蓄水量统计，汛末蓄水总量为9.05亿立方米，占所有大中型水库蓄水总量的78.8%；比汛初多1.03亿立方米，比上年同期多0.69亿立方米。

（三）年末大中型水库蓄水情况

1. 全省59座大中型水库

据全省59座大中型水库年末蓄水量统计，年末蓄水总量为11.91亿立方米，比汛末多0.42亿立方米，比上年同期多0.31亿立方米，比多年同期平均多5.24亿立方米。

2. 全省8座大型水库

据全省8座大型水库年末蓄水量统计，年末蓄水总量为9.34亿立方米，占所有大中型水库蓄水总量的78.4%；比汛末多0.29亿立方米，比上年同期多0.74亿立方米。（刘耀峰）

【土壤墒情与灾情】 2014年，山西省共有墒情观测站点71个，站点稀少，代表性不是很好，墒情站点观测的土壤含水量可作为各地市土壤墒情情况的参考指标，所以选用各县降水量距平和各站点土壤相对湿度两个指标，分季节逐月进行旱情分析。

（一）春季干旱分析

春季，3月旱情较为严重，由于降水偏少，全省大部分地区发生旱情，其中忻州、运城、晋城旱情较为严重，局部出现特大旱情。4月，受降水影响，全省旱情得到缓解。5月，部分地区受少雨影响，旱情有所加重。

1. 降水量距平计算

3月，大同、朔州、忻州、阳泉、长治和晋城市大部，以及晋中市东部、运城市北部发生旱情。其中，新荣区、天镇县、朔城区、应县，阳泉市城区和黎城县旱情较为严重，出现特大干旱。其余地区均属正常。

4月，忻府区发生中度干旱，左云、定襄和岢岚县发生轻度干旱。其余地区均属正常。

5月，阳泉、长治市大部，以及晋中东部、晋城中部和东部发生旱情。其中，阳泉市城区、昔阳、长治、襄垣、屯留、平顺、壶关和长子县旱情较为严重，出现中度干旱。其余地区均属正常。

2. 土壤相对湿度

3月，运城、忻州、晋城部分地区旱情严重，其余各市出现小范围轻微旱情。其中，轻度干旱站点14个，中度干旱站点8个，严重干旱站点6个（阳城县芹池、寿阳县华泉、盐湖区冯村、稷山县翟店、神池县八角、偏关县偏关），特大干旱站点1个（忻府区豆罗桥）。

4月，忻州大部分地区旱情严重，朔州、晋城出现轻微旱情，其余各市正常。其中，轻度干旱站点8个，中度干旱站点8个，严重干旱站点2个（河曲县曲峪、大同南郊区孤山），特大干旱站点1个（忻府区豆罗桥）。

5月，忻州、太原部分地区旱情严重，其余各市出现小范围轻微旱情。其中，轻度干旱站点14个，中度干旱站点16个，严重干旱站点4个[清徐县汾河二坝（二）、祁县盘陀、五台县济胜桥、河曲县曲峪]，特大干旱站点1个（忻府区豆罗桥）。

（二）夏季干旱分析

夏季，部分地区受少雨影响发生旱情，大同、朔州、忻州、太原、临汾、运城局部地区出现严重旱情。

1. 降水量距平计算

6月，晋城市大部，朔州、吕梁、长治市局部，忻州中东部、临汾东部，以及大同矿区、晋源区、盂县发生旱情。其中，代县旱情较为严重，出现中度干旱。其余地区均属正常。

7月，运城、晋城市大部，大同市中北部，吕梁、临汾市南部，长治市东南部出现旱情。其中，大同市矿区、晋城市城区、曲沃和万荣县旱情较为严重，出现中度干旱。其余地区均属正常。

8月，忻州、吕梁市大部，长治市局部，阳泉市北中部，以及古交市发生旱情。其中，临县和方山县旱情较为严重，出现中度干旱。其余地区均属正常。

2. 土壤相对湿度

6月，全省大部分地区出现旱情，北部部分地区和运城南部旱情严重，其余各地旱情较轻。其中，轻度干旱站点15个，中度干旱站点13个，严重干旱站点3个[绛县大交（续）、忻府区豆罗桥、五台县济胜桥]，特大干旱站点3个[晋源区董茹、广灵县广灵、朔城区东榆林水库（坝下）]。

7月，忻州、运城、长治、大同部分地区旱情严重，其余各市出现轻微旱情。其中，轻度干旱站点12个，中度干旱站点22个，严重干旱站点6个[广灵县广灵、盂县上社、屯留县北张店、绛县大交（续）、夏县大庙、静乐县静乐],特大干旱站点8个(南郊区孤山、大同县册田、应县镇子梁、稷山县翟店、永济市张留庄、忻府区豆罗桥、河曲县曲峪、襄汾县柴庄)。

8月,中部和北部出现旱情,其中大同、吕梁、晋中局部地区,忻州大部分地区旱情严重,其余各市出现小范围轻微旱情。其中,轻度干旱站点9个,中度干旱站点10个,严重干旱站点5个(大同市南郊区孤山、昔阳县泉口、静乐县静乐、原平市界河铺、方山县圪洞),特大干旱站点3个(忻府区豆罗桥、河曲县曲峪、偏关县偏关)。

(三)秋季干旱分析

秋季,9月,受降水影响,全省旱情得到缓解。10月份和11月份受少雨影响,旱情有所加重,大同、忻州局部地区出现严重旱情。

1. 降水量距平计算

9月,全省仅清徐县发生轻度干旱,其余地区均属正常。

10月,除忻州和太原市局部,大同、朔州、阳泉外,其余地区均发生旱情。其中,长治市大部,晋城市局部,吕梁市南部、临汾市东南部、运城市北部,以及汾西县旱情较为严重,出现中度干旱。

11月,大同、忻州、阳泉、晋中市,太原和长治市大部,吕梁市局部,朔州北部和东部,临汾市南部和西部,运城北部,以及晋城市中东部发生旱情。其中,新荣区、灵丘县、左云县、右玉县和河曲县旱情较为严重,出现特大干旱。其余地区均属正常。

2. 土壤相对湿度

9月,大同市北部、忻州市大部分地区和晋城高平市出现旱情,其中轻度干旱站点7个,中度干旱站点3个(左云县张家场、高平市下冯庄和神池县八角),其余各市正常。

10月,大同市广灵县、忻州市忻府区出现严重旱情,其余各地旱情较轻。其中,轻度干旱站点13个,中度干旱站点10个,严重干旱站点1个(广灵县广灵),特大干旱站点1个(忻府区豆罗桥)。

11月,全省中部和南部出现小范围旱情,其中晋源区董茹、城区长治、高平市下冯庄、介休市义棠、盐湖区冯村等5个站点出现中度干旱,襄垣县后湾水库、潞城市石梁、榆社县榆社、绛县大交(续)、襄汾县柴庄、洪洞县赵城6个站点出现轻度干旱。大同、阳泉、朔州和忻州市因冻土停测,其余各地正常。

(四)灾情

据2014年1月1日至9月30日山西省洪涝灾害基本情况统计,山西全省共有7个地市(太原、长治、晋城、运城、忻州、临汾和吕梁)、42个县、185个乡镇发生洪涝灾害,受灾人口总计27.267万人,因灾转移人口1.092万人,倒塌房屋3685间、直接经济总损失5.1686亿元,其中水利设施直接经济损失0.2167亿元。

农林牧渔业损失:农作物受灾面积3.20802万公顷,成灾面积1.57349万公顷,绝收面积0.216万公顷,因灾减产粮食6.64万吨。死亡牲畜1230头,水产养殖损失0.22万吨,农林牧渔业直接经济损失3.4424亿元。

工业交通运输业损失:公路中断16条次,供电中断3条次,工业交通运输业直接经济损失0.4176亿元。

水利设施损失:损坏大中型水库1座,损坏小型水库3座,损坏堤防56处5.19千米,堤防决口16处1.00千米,损坏护岸35处,损坏水闸1座,冲毁塘坝6座,损坏灌溉设施16处,损坏机电井36眼,损坏机电泵站1座,水电站2座。水利设施直接经济损失0.2167亿元。

城市受淹情况:6月16日,长治市壶关县自21时起受淹,淹没历时4小时,累计降雨量81.0毫米,淹没范围1.1平方千米,受灾人口0.800万人,主街道最大水深0.8米,未造成供水、供电、供气和交通等生命线工程中断。受淹房屋0.15万户,受淹地下设施2000平方千米,城区直接经济损失0.07亿元。 (刘耀峰)

【中小河流雨量站建设项目】 2014年1月16日,山西省水文局召开山西省中小河流水文监测系统雨量站建设项目单位工程验收会。该项目于2012年4月开工,当年7月基本完成,2012年12月完成分部工程验收,经两年试运行,各项功能和指标稳定。全省1612处雨量站点的建设,提高山西省雨量站点密度,正式投入运行后可为山西省防汛水情监测和预报发挥重要支撑和保障作用。

山西省中小河流水文监测系统雨量站建设工程主要内容是新建987处(太原分局47处、大同分局165处、阳泉分局40处、长治分局118处、忻州分局142处、吕梁分局147处、晋中分局116处、临汾分局129处、运城分局83处)、改建592处雨量站(太原分局35处、大同分局100处、阳泉分局40处、长治分局82处、忻州分局108处、吕梁分局22处、晋中分局92处、临汾分局67处、运城分局46处)。 (刘耀峰)

【中小河流水情信息查询服务系统】 2014年1月16日,山西省水文局召开会议,验收山西省中小河流水文监测系统水情信息查询服务系统。会议成立的验收小组听取承担单位对项目成果、合同执行情况的全面汇报,审阅技术文档,认为承担单位完成合同规定的全部开发内容和工作任务,达到预期目的,同意通过验收。 (刘耀峰)

【无资料地区水文计算方法与应用研究】 2014年,由山西省水文水资源勘测局承担完成的"无资料地区水文计算方法与应用研究",荣获科技进步奖二等奖。该研究内容全面丰富,包括水文下垫面划分,设计年降水、年径流、泥沙、暴雨、洪水的计算方法、参数、图件等研究成果,其广泛应用于山西省无水文资料地区的工程水文计算。 (刘耀峰)

【《山西洪水研究》】 2014年5月20日,《山西洪水研究》一书公开发行。宋晋华、杨致强任主编,由黄河水利出版社出版。全书分为7章,主要内容包括调查洪水、场次大洪水、实测洪水及频率分析成果、文献记载洪水、洪水时空分布规律研究和特性分析等。可供防洪减灾、工程水文计算、水利规划设计的工程技术人员和管理人员阅读使用。 (刘耀峰)

【两项水文成果专利权】 2014年7月28日，国家知识产权局再次授予山西省两项水文测验设备成果实用新型专利权。此次授权的两项水文测验设备成果名称是:远程雷达波数字化测流系统、俯视水位计。 (刘耀峰)

【水功能区水质监测】 2014年10月8日，为落实全国重要江河湖泊重要水功能区水质达标考核任务，山西省水文局开展水功能区水质监测工作，主要监测氨氮、汞等29个水质参数，其中属于饮用水源区的要加测氯化物等5个参数。主要目标是在“十二五”期间，加快落实最严格水资源管理制度，建立“三条红线”指标体系，完善和严格执行水资源管理各项制度，基本建成国家水资源监控管理信息系统，提高水资源管理法制支撑能力、科技支撑能力和水务一体化管理体制支撑能力。 (刘耀峰)

【国家重要水功能区水质监测工作会议】 2014年12月21日，山西省水文局在太原召开山西省国家重要水功能区水质监测及计量认证复审换证工作会议。会议总结2014年度工作，同时对2015年相关工作进行安排部署。 (刘耀峰)

【中小河流水文预警预报服务项目】 2014年12月25日，山西省水文局验收组通过现场检查审验，同意“中小河流水文监测系统预警预报服务项目”工程通过验收。该项目初步建成覆盖山西全省中小河流的水文监测数据分析处理系统，可为山西省中小流域防灾减灾提供及时的决策依据，为水文预报奠定基础，为水文服务地方防汛部门起到耳目作用，为防汛抗旱、指挥调度、政府决策提供支撑。

(刘耀峰)

气　象

【主要天气气候事件】 2014年，山西省主要天气气候事件有暴雨、冰雹、霜冻、连阴雨、干旱、高温、寒潮等。

1. 暴雨。2014年内暴雨主要集中在5月至9月，7月出现暴雨站次最多(23站次)，其次为8月(18站次)，出现次数最少的为6月(6站次)。暴雨日降水量最大的站为河津，降水量为100.6毫米，出现在8月6日。运城市8月5日至9日出现局地大暴雨，8月30日至31日全市中到大雨，局部地区出现短时暴雨。其中，5日至9日出现局地大暴雨天气过程，全市总雨量平均101.1毫米，新绛县最大，达173.6毫米，河津、稷山、新绛、万荣、绛县、垣曲6县(市)总雨量超过100毫米；区域站有69站总雨量超过100毫米，6站总雨量超过200毫米，河津市下化乡周家湾站达267.8毫米。暴雨导致全市受灾人口约1.81万人，玉米等农作物受灾1290公顷，成灾面积620公顷，农房倒塌14户29间，损坏18户53间，紧急转移安置34人，直接经济损失590万元。

2. 冰雹。2014年共有69站次出现冰雹，明显少于常年，略少于上年。主要出现在夏季6、7、8三个月，一般伴随局地的暴雨和大风天气。6月17日，阳高县东小村镇10个村遭受冰雹、大风袭击，造成1866户、6583人受灾，1640公顷玉米、黍子、谷子、绿豆受灾，减产3到8成，直接经济损失1680万元。7月17日，灵丘县柳科、石家田、赵北三个乡镇持续1小时降雹，最大冰雹直径达5厘米，大部分农房屋瓦被冰雹砸坏破裂漏水，7791人受灾，农田受灾面积2200多公顷，成灾1800公顷，绝收80公顷，经济总损失1200万元。8月17日，岢岚县高家会乡店坪、西会、五里水、草城、高家会、羊圈会六村，遭遇近年来最为严重的冰雹灾害及洪水袭击，冰雹持续30分钟左右，暴雨持续25分钟左右，灾害过后田间地头积聚的未融化的冰雹颗粒一般厚度3厘米至5厘米，最厚处达15厘米至18厘米，截至8月18日上午，田间地头仍有部分冰雹颗粒没有融化。据初步统计，农作物受灾面积为889.2公顷，涉及6个村725户，2496口人，其中红芸豆受灾面积200.87公顷，减产5至6成，玉米受灾面积297.8公顷，减产6成，土豆受灾面积228.33公顷，减产5成左，其他农作物受灾面积为162.2公顷，估计分别减产3至6成，经济损失800万元。8月27日，娄烦出现冰雹，冰雹最大直径为3毫米；杜交曲镇庄儿上村、下石家庄村、杜交曲村、罗家曲村等乡村出现冰雹天气，冰雹直径约10毫米。杜交曲镇境内13个村的农作物等受到不同程度的损失，涉及户数1800多户，人口5000余人，农作物受灾面积约560公顷，经济损失约为834万元。

3. 霜冻。2014年3月至4月，山西省大部分地区气温偏高明显，经济林果和农作物生长时间提前，5月出现的霜冻天气给农业生产造成较为严重的危害。5月1日至5日，大同市出现强降温天气，降温幅度达10℃左右，并伴有4级至6级短时7级以上大风；全市最低气温普遍降至0℃以下，8县区最低气温降到-5.4℃至0℃，地表最低温度达-7.2℃至-4.0℃，大部地区连续出现霜冻、轻霜冻。由于前期平均气温异常偏高2.8℃，经济林果类开花、结果时间均较常年明显提前，部分地区大田玉米提前播种，5月初正值杏树挂果、玉米出苗期，受到持续低温影响，大同县、左云县、广灵县、天镇县、浑源县、灵丘县、阳高县、南郊区玉米、瓜菜、杏果等农作物遭受低温冻害，杏树果实受冻脱落，玉米、蔬菜幼苗等农作物不同程度冻死冻伤。据民政部门初步统计，7个农业县区共造成326047人受灾，农作物受灾面积63774.48公顷(其中杏林受灾面积10635.4公顷，葡萄受灾面积235.95公顷)，直接经济损失6.25亿元。同一时段，太原、忻州、吕梁、长治等市出现一次大范围强降温天气过程，5日凌晨，上属地区出现霜冻，持续时间较长。各站最低气温均创历史同期极值。霜冻过程导致部分春玉米、露天蔬菜和幼果期果树遭受不同程度冻害。

4. 连阴雨。2014年，山西省较大范围的连阴雨天气出现在4月14日至22日和9月6日至19日，出现站数分别有54站和76站。其中9月6日至19日，有28站连续阴雨日数在10天以上，主要集中在南部，其中浮山、沁水、绛县连续日数最多，达13天。9月连续降水天气过程，降水量大、覆盖范围广、持续时间长，对农业、交通、建筑、物流等行业造成不利影响。9月11日至17日，晋城市出现连阴雨天气，全市过程降雨量达147.8毫米至202.9毫米。连续强降水致使土壤含水量饱和，阳城县北留、白桑、西河、驾岭等多个乡镇97个行政村2.7万余人受灾，出现窑房倒塌、房屋裂缝、漏水，道路、涵洞、堤坝被冲毁，农作物受灾、耕地被毁坏等严重灾情，直接经济损失达2176万元；泽州和晋城城区出现个别房屋倒塌、部分路段坍塌等轻微灾害。9月6日至17日，运城出现连阴雨天气，全市平均降水量175.2毫米，最大新绛县降水量为213.8毫米，最小闻喜县降水量为137.8毫米。阴雨过程持续时间12天，阴雨持续时间仅次于1975年的15天(9月19日至10月3日)，雨量为相同阴雨天气(12天)的最大值。持续多日的中到大雨，致使土壤水分饱和，局地出现农田渍涝，玉米、枣等农作物受灾，部分居民房窑倒塌受损。运城市新绛、稷山、河津、绛县、垣曲、闻喜、平陆、万荣、芮城遭受洪涝灾害。据初步统计，受灾人口10.75万人，农作物受灾1.1万余公顷，居民房窑倒塌656间(孔)，紧急转移安置受灾群众1415人，直接经济损失1.6亿元。

5. 干旱。2014年，由于降水时空分布不均，山西省发生区域性、阶段性干旱。3月，平均降水量10.5毫米，较累年同期均值偏少3.7毫米。运城东部、晋城和长治的局部地区以及忻州中北部、朔州中部和大同北部存在中度以上干旱。5月末，由于中、南部出现持续高温少雨天气，中南部大部分地区旱情发展。6月干旱主要发生在晋城市、运城市和忻州市。晋城市降水量除市区较历年偏多7.9毫米外，其余县(市)降水偏少8.1毫米至39.8毫米，大部分县(市)墒情都不足60%，旱象严重，对大秋作物的生长发育极为不利。忻州市原平市、定襄、代县0至20厘米土壤相对湿度<40%，处于严重干旱状态，干旱对农作物的生长造成一定的影响。

6. 高温。2014年，山西省共有516站次出现日最高气温≥35℃的天气，略少于常年。高温天气出现在5月至8月，7月出现站次最多，达279站次。从高温出现区域分布特征来看，北部高寒地区、吕梁山区、晋中市山区和长治市山区未出现≥35℃以上的高温天气；高温区域集中在临汾市和运城市，运城市大部分县市出现在20天以上，平陆、新绛、永济高温日数在30天以上，分别为30、31、32天。

7. 寒潮。2014年，山西省共有5次区域性寒潮出现，时间分别为1月7日至10日、2月2日至4日、2月8日至10日、10月31日至11月4日、11月29日至12月2日。范围最大的一次寒潮过程出现在1月7日至10日，先后有76个县市出现寒潮天气，占统计站数的70%，其中安泽24小时降温幅度达11.7℃，左权48小时降温幅度达16.0℃。年内降温幅度最大的寒潮天气出现在2月27日至28日的右玉县，达14.5℃，日最低气温为−17.2℃。 (李国英)

【特殊天气气候事件】 2014年5月2日至11日，山西北部迎来强冷空气，冷空气带来大风降温天气，4日凌晨，忻州市有7县(市)出现降雪或雨夹雪天气。

据当地气象部门监测资料显示：4月下旬，山西忻州大部气温回升，多地最高气温达26度以上。从5月1日开始，受强冷空气影响，自北向南，风力逐渐加大，忻州各地平均风力达5至6级，温度随之出现明显下降。5月1日至2日，偏关、河曲、保德、宁武、神池、代县等地出现雷雨大风；2日至3日，河曲、偏关、神池、宁武、原平、五台、繁峙和五台山8县(市、区)出现大风天气，瞬时极大风速达8级以上，宁武、五台山等个别地区曾出现10级狂风。大风到4日凌晨逐渐减弱，并随之迎来降雪天气，气温下降到最低值。

据统计，4日凌晨，神池、宁武、五寨、岢岚、代县、原平、五台山7个县(市)气象观测站出现小到中雪(或雨夹雪)天气。最大值出现在宁武，降水量达2.9毫米，雪深1厘米，神池和五寨降水量分别为1.6毫米和1.3毫米，雪深1厘米。而由于内蒙古地区上方堆积的强冷空气南下导致降温幅度也较为明显。4日早晨五寨最低气温下降到−3.9度，宁武为−2.8度，均创下同期历史最低值。5月11日，五台山降雪量达15.5毫米，气温下降到零度以下。 (李国英)

【气候影响评价】 1. 气候对农作物影响。2014年影响农作物生长发育的气象灾害及极端气候事件主要有暴雨、冰雹、干旱、寒潮、霜冻和连阴雨等。冬小麦生育期内积温、降水大部偏多，日照大部偏少。生育期内中南部大部地区降水充沛，冬小麦足墒播种，壮苗入冬；返青后生长迅速，灌浆充分，穗大粒饱。而运城和晋城部分麦区由于播种前后、越冬前期和起身拔节期等关键期降水偏少、旱情持续，造成冬小麦播期推迟、冬前生长不足，但在拔节期后，降水充沛，孕穗抽穗顺利，籽粒灌浆充分，因而千粒重明显增加。总体上冬小麦生育期间热量充足、降水充沛，灾害影响较轻，农业气象条件对其生长发育及产量形成比较有利，其中穗粒数及千粒重明显高于常年平均水平，冬小麦产量属于丰产年景，单产再创历史新高。玉米生育期内水、热条件较好，光照不足。产量形成关键期受干旱、连阴雨等灾害影响，生育期有所延长。总体上，气象条件基本有利玉米产量形成。

2. 气候与水资源。2014年，山西

省降水资源量约为830.1亿立方米，较累年值偏多100.4亿立方米，较上年偏少51.7亿立方米。根据降水资源及丰枯标准，降水资源总量属丰水年份。全省11个地市中有1个市属异常丰水，2个地市为丰水，7个为正常，1个为枯水。与上年同期相比，各市降水资源较上年大部减少。其中，临汾市、晋城市和运城市较上年增加，运城市增加最多，为30.7亿立方米。

（李国英）

【气象防灾减灾】 2014年，山西省、市、县级政府均成立气象防灾减灾领导组和工作机构，42个县政府出台乡镇应急预案。省政府及6个市政府、98个县政府出台《气象灾害防御规划》。95个县开展乡镇气象灾害应急准备认证工作，300个乡镇通过认证。气象信息服务站乡镇覆盖率达97%，服务于“三农”的电子显示屏实现乡镇全覆盖，农村气象大喇叭覆盖44%行政村，全省气象信息员达30849人，实现乡村全覆盖。年度召开多部门气象灾害应急防御和预测预警研判专家联席会议，完善部门联动机制。省级信息发布系统与国家突发事件预警信息发布系统实现对接。全省各级气象部门地方编制机构在发挥政府职能、组织实施防灾减灾等方面发挥重要作用。（李国英）

【气候变化应对】 2014年，山西省气象局参与山西省发改委《山西省应对气候变化规划》《风能资源十三五规划》和《山西省生态保护与建设规划》等规划编制。向山西省政府报送《吕梁植被对气候变化的响应与反馈分析》《山西省温室气体分析评估》等决策咨询报告。完成8项光伏发电和6项电厂空冷项目气候可行性分析报告。完成暴雨强度公式业务平台研发，开展城市暴雨强度公式编制工作。“山西省温室气体观测站网建设与实施”案例首次入选《2014低碳中国行低碳案例评选集》，为全国气象部门唯一入选案例。开展全省雾、霾天气分析评估和环境气象监测预警，全年共发布大气颗粒物和霾评估报告117期。（李国英）

【气象服务】 2014年，山西省气象局按照中国气象局要求，在山西省普遍开展气象服务满意度调查，省直部门对决策气象服务满意、基本满意率达100%。面向新型农业经营主体的“直通式”气象服务对象较上年增长54%。人工影响天气工作，全省3架增雨飞机实施增雨作业164架次，组织实施地面增雨作业164次，地面防雹作业80次。标准化人影作业站点建成率达90%。新媒体优势在提升气象服务覆盖面和影响力发挥重要作用。省气象局新浪、腾讯、人民网官方微博观众数突破百万，被新浪网评为“十大气象微博”，被腾讯网评为“十大政务微博”。山西省天气预报微信公众号和山西气象移动客户端软件上线运行。（李国英）

【现代气象业务】 2014年，山西省气象局强化新技术和新资料研发应用，开展精细到乡镇的气象要素预报、24小时格点化定量降水预报和短时灾害性天气落区预报预警等业务，注重提高预报准确率，24小时晴雨、最高和最低气温预报准确率分别达89.89%、76.83%、76.22%。40个台站实现降雪自动观测，41个台站实现能见度自动观测。共建成区域自动站1680个，平均间距10千米，重点城市（太原、大同）站间距为4千米至5千米；建成高速公路交通气象站10个，温室气体观测站5个，气溶胶观测站13个。吕梁新一代天气雷达、五台山风廓线雷达建设完成，五寨雷达完成前期堪选、测试工作。完成MDOS平台本地化应用，省市传输专线带宽由8兆扩充至14兆。实施省级内外网物理隔离改造，确保业务系统运行安全。（李国英）

【科技创新体系】 2014年，山西省气象局获得国家自然科学基金项目1项，中国气象局项目3项，省科技厅项目3项。3项研究获得省级科技奖励。核心期刊发表论文30篇，被SCI、EI收录论文2篇，出版论著2部。省气象学会被中国气象学会评为“年度先进气象学会”。选派9名干部上挂下派。2014年招录63名本科以上毕业生，其中博士1名，硕士11名。选派1人参加“中国第31次南极考察队”越冬考察。（李国英）

【气象法治建设】 2014年，山西省气象局制订《山西省防雷安全重点单位监管办法》和《山西省气象局关于进一步规范防雷行政审批推进防雷社会管理工作的通知》。山西省气象局连续七年被省政府授予“安全生产先进单位”。（李国英）

地　震

【概述】 2014年，山西地区发生M≥1.0级地震163次，其中1.0–1.9级地震147次，2.0–2.9级地震15次，3.0–3.9级地震1次，最大地震是2014年4月4日太原盆地平遥3.6级地震。2014年共召开会商会58次，年度地震趋势会商会1次，年中会商会1次，周、月会商会53次，临时会商会6次。地震活动具有以下特点：小震活动较上年度明显偏低：从山西地区地震年频度统计结果分析，2014年度M≥1.0级地震次数比上年度偏低；尤其是M≥3.0级地震本年度仅仅发生1次，与上年7次相比，释放能量显著减少。（车海兵）

【震情概况】 2014年，山西地区发生M≥1.0级地震163次，其中1.0–1.9级地震147次，2.0–2.9级地震15次，3.0–3.9级地震1次，无4.0级以上地震发生，最大地震是2014年4月4日平遥3.6级地震。（车海兵）

【会商情况】 2014年共召开年度地震趋势会商会1次，年中会商会1次，周、月会商会53次，临时、紧急、加密、应急会商会6次，现场核实异常20次。（车海兵）

2014年度山西地区 M≥1.0 级地震震中分布图

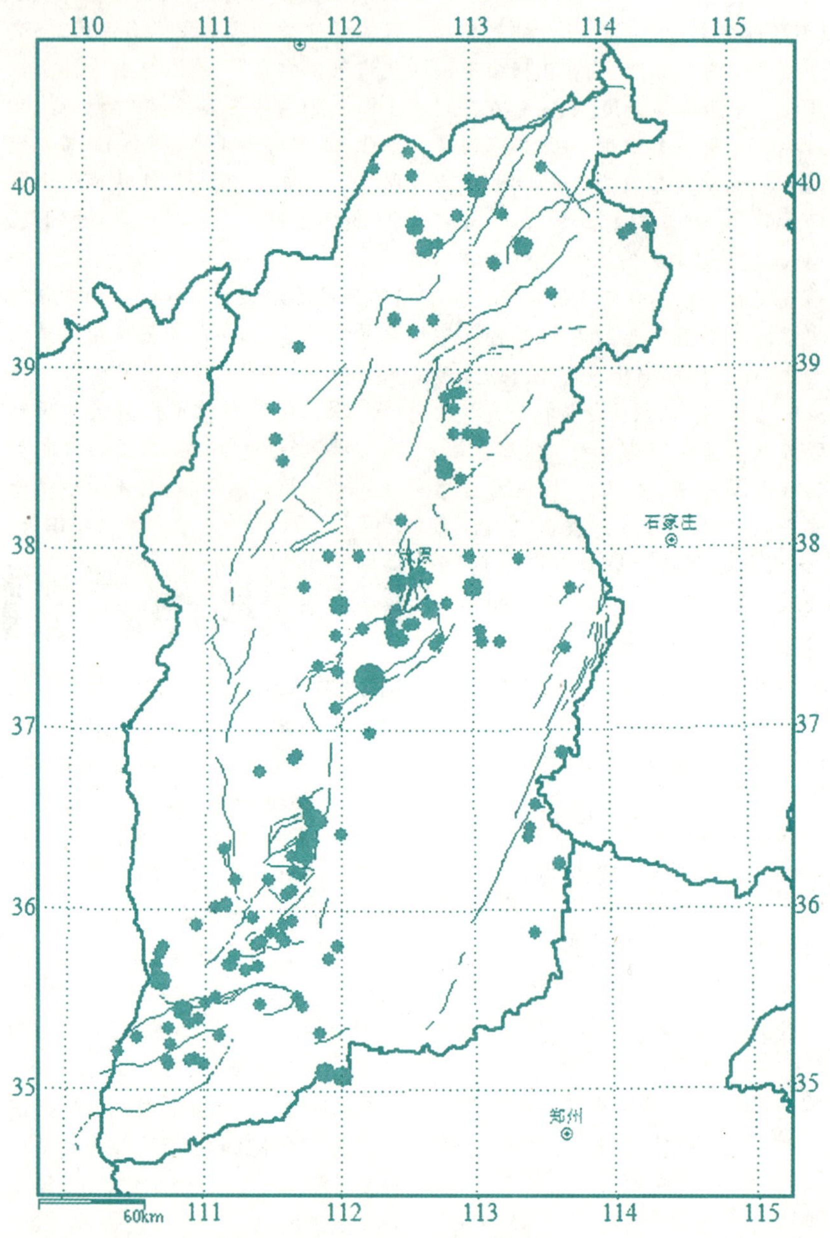

【台网运行】 2014年，山西省测震台网运行台站32个，平均实时运行率98.28%，平均数据完整率98.52%；前兆台网运行仪器95台套，共计268个测项，平均运行率98.95%，连续率98.92%，完整率98.04%；信息服务网络运行信息节点18个，区域中心局域网、区域中心到国家中心骨干网运行率均为99.988%，市县运行率99.198%，台站运行率99.939%。 （车海兵）

【监测预报管理】 2014年，山西省地震局继续牵头组织晋冀蒙三省联防工作，印发工作方案，召开1次联合会商会，制订晋冀蒙联防协作机制实施细则。加快晋冀蒙、中国地震局地球所和北京大学"三省一所一校"合作专项推进力度，形成第一阶段实施方案，完成省内18个测震流动台和5个磁通门、1个总场地磁台阵建设。健全山西省震情跟踪片区协作机制，全省划分为北部、南部两个震情监视跟踪工作协作区，分别由大同市地震局和运城市地震局牵头，片区其他市地震局和专业台站参加，建立有效的联防协作工作机制，并对两个片区的震情跟踪工作开展专项检查。加密全省流动观测，水准加密6期，达到每月1期，地磁加密2期，达到每两个月1期。 （车海兵）

2014年山西省 M≥3.0 级地震目录

序号	发震时间	纬度(°)	经度(°)	震级(M)	深度(km)	地点
	2014-04-04	37.28	112.22	3.6	14	平遥县

【规范制度】 2014年，为健全地震预测预报意见处置，山西省地震局研究制订《山西省地震局地震预测意见管理细则》；修订完善《山西省地震局监测预报质量管理办法》和《山西省地震局防震减灾科技成果评审奖励办法》，完善激励机制，调动广大地震工作者的积极性和创造性；为切实做好前兆观测数据跟踪分析工作，制订《山西省地震前兆台网观测数据跟踪分析工作细则》；组织有关专家完成《测震、前兆、信息网络的月评比实施细则（试行稿）》制订，在地震观测资料质量检查评比中，首次增加月评比环节。 （车海兵）

【市县指导】 2014年，山西省地震局加强市县监测预报工作的指导，推进"一县一台"建设，要求各市新增或改造一项前兆手段；完善市县数据共享项目，接入79台套市县前兆仪器设备；为提高全省一线专业技术人员的业务水平和能力，举办地下水物理、数字地震学、电磁学科观测技术及数据应用、测震前兆信息网络技术4个培训班。 （车海兵）

【项目建设情况】 2014年，前兆台站临汾台地电场仪器升级改造项目完成，代县、定襄、大同（山自皂、阳原）台

的地震台站防雷改造项目完成；省财政市县骨干台站优化改造项目完成；中国地震局背景场项目的单位工程验收工作完成。（车海兵）

【观测环境保护】 2014年，太原基准地震台搬迁完成阳曲泥屯场址和太谷里美庄场址的勘选报告，进入项目初设阶段；大同中心地震台迁建获得中国地震局批复立项；临汾中心地震台应急道路建设完成招标工作。

（车海兵）

【科研工作】 2014年，山西省地震局批准下达2014年度局属科研项目17项，共计9.3万元。与中国地震局地壳应力研究所签署科技交流合作框架协议，合作开展“汾渭断陷带中段地倾斜强震前震信号的确认及其形成机理研究”，与北京大学合作开展地震行业科研专项“汾渭断陷带中段地震危险性研究”。争取到省部级及中国地震局科研项目11项，共计55.97万元。完成2014年度省地震局防震减灾优秀成果奖励评审工作，评出获奖项目11项。邀请国内地震学专家7人次做学术报告。（车海兵）

【学会工作】 2014年，山西省地震学会完成第六届理事会换届选举工作，推选出第七届理事会理事41人、常务理事13人、理事长1人、副理事长3人、秘书长1人，聘任副秘书长2人。经第七届常务理事会商讨，确定第七届《山西地震》编辑委员会人选。

（车海兵）

【有感地震应对处置】 2014年，山西及邻省交界处共发生2次3.0级以上地震，分别为4月4日晋中市平遥县3.6级地震、9月6日河北省张家口市涿鹿县4.3级地震。地震发生后山西省地震局依据《山西省地震局地震应急预案》立即启动五级应急响应，对突发地震事件进行妥善处置。

（车海兵）

【高建民会见赵和平】 2014年5月28日至29日，中国地震局外事工作会议在太原召开，来自全国地震系统的68名代表参加会议。28日，省委常委、常务副省长高建民会见中国地震局赵和平副局长，就加强山西防震减灾工作交换意见。（车海兵）

2014年5月28日至29日，中国地震局外事工作会议在太原召开（车海兵供图）

【应急预案体系】 2014年1月28日，山西省地震局起草的《山西省抗震救灾指挥部一、二级地震应急指挥流程》，经省政府审定后正式印发，该流程明确地震发生后省抗震救灾指挥部不同时段的具体工作任务。

10月28日，再次修订《山西省地震局地震应急预案》，修订后的预案完善省、市地震局应急部署与处置内容，充实邻省和国内其他省区发生地震灾害事件应急处置措施，成立指挥长秘书组，细化现场指挥部工作组，形成多类事件应对文稿，建立门户网站模拟地震专题，注重预案各工作组间的相互衔接沟通、发挥专家组的团队作用，实现信息服务即时推送和12322短信速报服务功能。（车海兵）

【应急演练】 2014年4月20日芦山地震一周年之际，山西省组织省军区、武警山西省总队、省公安消防总队三支省级地震应急救援队伍约300名应急救援骨干开展实战拉动演练，演练开展紧急出动、指挥决策、实施救援、现场培训等四项内容。演练危险品检测、污染源封堵、顶撑救援、支撑固定、障碍物移除破拆、犬搜索、伤员紧急救护转运等科目。

在“5·12”国家防灾减灾日，《山西省地震应急预案》工作组牵头单位省军区、省委宣传部、省发改委、省公安厅、省民政厅、省卫计委、省安监局、省地震局进行桌面推演，54个成员单位约300人参加演练。

8月9日，组织全省地震系统实战应急演练，这是近年来山西地震系统第一次联动实战演练，600余人参演，演练坚持预案规定任务与事件情景相结合、实战拉动与模拟处置相结合的原则，以在不同时间不同地点发生3次地震事件为演练背景，模拟省局应急指挥部、现场指挥部和灾区市、非灾区市地震局的重点应急处置环节，同时设定50个突发事件情景。（车海兵）

【应急准备检查】 2014年5月，山西省政府应急办、省地震局、省政府办公厅督查室组成3个检查组分别对太原、大同、朔州、忻州、临汾、运城等6市19个基层点抗震救灾应急准备工作进行专项检查。检查内容包括地震应急预案的修订情况、工作组联动方案、地震应急演练、基础设施安全隐患排查、次生灾害源的隐患治理、地震专业救援队伍能力建设、救灾物资储备调配、应急避难场所建设等方面。（车海兵）

【应急协作机制】 2014年,山西省地震局与中国地震应急搜救中心正式签署科技合作交流共建框架性协议;与山西省测绘地震信息局签订地理信息数据资源共享与合作协议;与武警山西省总队联合印发《武警地震灾情速报工作暂行办法》。 (车海兵)

【应急保障】 2014年,山西省投入140万元补充更新省地震局现场应急装备。为第一批参加地震现场应急人员共48人提前购买人身意外伤害保险,并与保险公司签订临时入保协议,保障第二批及以后临时出现场应急人员可以及时购买人身意外伤害保险。 (车海兵)

【抗震设防要求管理】 2014年,山西省地震局制定、修订《抗震设防要求管理办法》《地震安全性评价报告评审工作经费管理办法》《山西省地震局地震安全性评价报告评审规定(暂行)》等制度。

推进各市开展抗震设防要求管理工作,2014年全省11个市均将抗震设防要求监管纳入基本建设管理程序,截至2014年底,完成抗震设防要求审批1341项,地震安全性评价523项。朔州市小区划工作完成并验收;临汾市活断层探测项目进入送审阶段;推进阳泉市、忻州市小区划项目,晋中市、大同市震害预测项目建设。 (车海兵)

【建设工程抗震设防条例】 2014年11月28日,山西省第十二届人大常委会第十六次会议表决通过《山西省建设工程抗震设防条例》,这是山西出台的首部专门规范建设工程抗震设防行为的地方性法规。 (车海兵)

【地震地方标准编制】 2014年6月3日,山西省地震局成立行业标准编制工作领导组,组织完成《山西省地震安全性评价范围》编制。 (车海兵)

【地震安全示范社区创建】 2014年,山西省地震局推进省级防震减灾示范社区创建工作,共评定省级示范社区61个,由中国地震局评定4个国家级示范社区。 (车海兵)

【科普示范学校创建】 2014年,山西省地震局与教育厅联合印发《关于进一步加强防震减灾科普示范学校创建工作的通知》(晋震发防〔2014〕47号),在全省推进防震减灾示范学校工作,2014年省地震局和省教育厅联合认定省级科普示范学校83所。(车海兵)

【农村民居地震安全工程】 2014年,山西省地震局与省住建厅、财政厅联合印发《关于下达2014年农村住房抗震改建试点任务的通知》(晋建计字〔2014〕122号),确定大同、朔州、忻州3市改建任务;与住建厅联合印发《关于做好2014年农村住房抗震改建试点工作的通知》(晋建村字〔2014〕133号)。全年大同市改建总户数为7740户,忻州市代县完成750户省级农居改建工程,朔州市山阴县开展3000户农村民居抗震改建试点工作。 (车海兵)

2014年11月13日,山西省地震局召开防震减灾工作通气会暨媒体座谈会

(车海兵供图)

【防震减灾工作通气会】 2014年11月13日,山西省地震局召开2014年山西省防震减灾工作通气会暨媒体座谈会。会议介绍2014年山西省防震减灾工作和防震减灾社会服务产品目录,听取记者们关于地震工作宣传方面的意见和建议。会议邀请新华社山西分社、山西电视台、山西广播电台、《山西日报》《山西晚报》和黄河新闻网有关记者参加。山西省委外宣办综合处处长张丽芳、副处长王康出席会议。 (车海兵)

【防震减灾宣传教育】 2014年,山西省正式将防震减灾知识纳入省行政学院(省委党校)的教学内容,并纳入市县两级行政学院和公务员培训内容。大同、太原、忻州、阳泉、晋中、吕梁、晋城等市明确将防震减灾知识纳入教学大纲。

2014年初,印发《2014年防震减灾社会宣传工作要点》,在"5·12"汶川地震6周年纪念日,开展"山西省'5·12'防震减灾科普知识宣讲比赛"。6月至7月,开展"全省防震减灾宣传作品征集评选活动",全省共参评355份作品,最终评出一等奖3名、二等奖5名、三等奖10名、优秀奖50名、优秀组织奖10名。

"7·28"唐山地震纪念周期间,省地震局联合中共太原市委老干部局、太原市防震减灾局在省城汾河公园联合举办"防震减灾护家园 共筑平安中国梦""7·28"主题晚会,并现场发放防震减灾宣传资料500余份。

在全省范围内开展“平安中国”千城大行动系列公益活动，通过图书、电影、展览、讨论、抗震知识竞答等方式宣传防震减灾知识，增强群众防御自然灾害的意识。太原、晋中、朔州、临汾、阳泉、忻州6个市和介休、大同城区、平定、霍州、代县、运城盐湖区6个县(市、区)组织参加活动。省、市地震局还组成宣讲团分赴机关、企业、学校等进行宣讲。全省累计共开展讲座5000余场，受众人数近15万人次。

年内，在“5·12”国家防灾减灾日和“7·28”唐山地震纪念日，山西省各级防震减灾管理机构通过展板、发放科普宣传资料，设立防震减灾知识咨询点等形式开展防震减灾宣传教育，共计展出展板1500余块，条幅1000余条，发放各种资料近600万份(含书籍、宣传页、宣传单、光碟、挂图、手册等)。 (车海兵)

【市县地震防震减灾任务】 2014年，在全省防震减灾领导组会议上，山西省政府和各市政府签订2014年度防震减灾工作年度目标。8月7日，召开2014年度防震减灾目标推进会。2014年12月，开始对11个市2014年防震减灾目标进行为期2个月的防震减灾任务落实考核，考核结果上报省考核办。 (车海兵)

【防震减灾领导组会议】 2014年1月23日，山西省召开省防震减灾领导组会议，省委常委、常务副省长高建民主持会议。高建民传达中央领导对加强防震减灾工作的重要批示精神和省领导关于贯彻落实中央领导重要批示精神的指导意见并作讲话。省地震局局长樊琦传达国务院防震减灾联席会议精神并提出2014年山西省防震减灾工作措施建议。省地震局预报中心主任就山西震情形势作汇报。省防震减灾领导组部分成员单位及有关部门的负责人参加会议。 (车海兵)

2014年1月23日，山西省召开省防震减灾领导组会议 (车海兵供图)

【省长专题会议听取防震减灾汇报】 2014年1月24日，山西省政府召开省长专题会议，省长李小鹏、常务副省长高建民、秘书长廉毅敏及省政府应急办专职副主任刘德政参加会议。会议听取省地震局局长樊琦关于中央领导、省委书记对地震工作的批示、全国及全省震情形势、国务院防震减灾工作联席会议及全国地震局长会暨党风廉政建设工作会议精神的汇报。樊琦汇报省防震减灾领导组会议研究提出的落实中央及省领导批示的五项建议措施。李小鹏同意建议措施，要求尽快以会议纪要形式印发各市各部门，开展相关工作。 (车海兵)

【地震系统党风廉政视频会】 2014年2月17日，山西省地震局召开2014年全省地震系统工作暨党风廉政建设工作视频会议。会议总结2013年、部署2014年防震减灾和党风廉政建设重点工作；通报2013年全省地震系统各单位及个人获奖情况。局领导为受表彰的单位和个人颁奖。发展与财务处、应急救援处、预报中心、太原市防震减灾局、夏县中心地震台分别代表局机关、下属事业单位、市局和台站进行表态发言。省地震局副处以上干部及研究员、各地震台台长在主会场参加会议。各市地震局科级以上人员在各市地震局分会场参加会议。 (车海兵)

【省人大领导调研基准地震台】 2014年9月15日，山西省人大常委会副主任牛仁亮、安焕晓率省人大相关人员一行10余人到太原基准地震台进行调研，听取台站情况汇报，参观观测山硐及监测中心。 (车海兵)

社科活动

·山西省政府发展研究中心·

【概述】 2014年，山西省人民政府发展研究中心开展有关山西省经济和社会发展的重大问题研究，健全决策机制，增强公共政策制订的透明度和公众参与度，开展实地调研和培训工作，为山西省转型改革提供理论素材与智力支持。多项研究成果获中国发展研究奖、省优秀社科成果奖、省社会科学研究"百部篇工程"奖。

（刘玉岗）

【决策咨询服务】 2014年，山西省人民政府发展研究中心在对改革开放以来中国科学民主决策演进以及国内外理论与实践探索进行汇总梳理的基础上，开展决策咨询实地调研和培训工作。组织人员到中央有关部委、东北三省就智库建设进行调研；组织两次地方政府智库能力建设培训班，培训全省研究中心系统和社科院、省委党校、高校的研究人员300余人次；与兄弟省市就智库建设进行走访交流；向省委、省政府报送政策建议。

参与山西省深化改革领导小组的相关工作。2014年，省深改组确定省政府发展研究中心配合任务有6项。其中2014年度应完成的任务1项，即：出台《我省地方新型智库建设的实施意见》，结合完善科学民主决策机制的研究和践行，多次参与省委宣传部牵头制定实施意见的讨论修改。另外5项是跨年度的任务，配合牵头方推进，取得阶段性进展。提供《保障农民集体经济组织成员权利》《健全农村产权流转交易市场》2篇决策咨询研究建议，完成《国有企业产权制度调研》《混合所有制经济发展思考》2篇调研报告。在宣传综改经验典型方面，和晋中合作研究编制《108廊带区域一体化发展示范区总体规划》，省委、省政府批准设立"晋中108廊带区域一体化发展示范区"。

编辑上报《省长专阅》《决策咨询研究建议》。全年共刊出《省长专阅》15期，获领导批示13件次；《决策咨询研究建议》17期，获领导批示7件次。全年组织省内外专题调研30批次，形成调研报告79期。

组织各类决策咨询活动10多次。主要有：《政府工作报告》征询专家意见，"中德城镇化合作议题""新型城镇化发展中老城区保护与更新""能源革命对我省的影响""我省经济结构调整""中条山有色金属集团公司转型发展思路"座谈会等。就《政府工作报告》、新型城镇化、煤炭清费立税等进行专题解读，刊登在省内主要媒体上。煤炭领域体制改革出台前后，"中心"3次接受山西电视台等媒体采访，在《山西日报》发表评论员文章。主编《山西省情报告(2014)》，在《改革内参》《中国经济时报》《山西日报》《前进》等媒体发表相关文章。

（刘玉岗）

【课题研究】 2014年，山西省人民政府发展研究中心推进六项重大决策咨询课题研究，依程序开展开题咨询和中期检查，取得阶段性成果。山西省政府确定的六项重大决策咨询课题包括黄河"几"字湾战略研究、科技创新城建设和发展配套政策、城镇化瓶颈问题和对策、精准扶贫的政策研究、地方政府智库建设、养老发展战略研究。

（刘玉岗）

【文稿撰写】 2014年，山西省人民政府发展研究中心完成20多项省委、省政府主要领导直接交办的有关文件、背景材料、领导讲话等文稿起草工作。一是组织赴晋中、晋城、朔州等地市，对一季度和上半年经济运行情况进行专题调研，反映各地经济运行中存在的矛盾和问题，提出工作建议。省委主要领导将调研报告批转各位省委常委、副省长、人大常务副主任、政协主席参阅。部分建议获得采纳。二是参加省委组织的2014年上半年督查，对晋城、阳泉、太原进行2次调研督查，并就调研情况在省委常委会上作专题汇报，客观分析经济下行压力，做出年初确定任务难以完成的预判。三是对"提高投资项目审批效率"进行专项研究，对大同、晋中、兴县等地进行调研，综合汇总122家重点工程和项目企业的反映，形成调研情况报告和改进工作建议。四是开展"山西适应全国经济新常态"和"全年经济形势分析研判"专题研究,分别报送研究报告,并在省政府领导集体学习会上作专题报告。五是全程参与省委、省政府"关于深化煤炭管理体制改革的意见"和"煤炭焦炭公路销售体制改革方案"等制定工作,并承担省内外专家意见征询和政策解读任务。省委书记王儒林就山西省煤炭管理体制改革召开座谈会,单位领导和研究人员作为省内专家应邀参会作专题发言。六是赴晋北调研,并汇总历史发展背景和现实调研情况,为省委书记的三市座谈会讲话起草基础文稿。参与省委书记在省委十届六次全会和全省经济工作会议上的讲话等文稿的起草工作。七是根据省委、省政府领导批示,代表山西省参加全国农村集体产权制度改革座谈会,并将会议精神和山西省的贯彻建议向省政府领导作专题汇报。参与起草全省新型城镇化工作会议省委领导讲话,在省政府企业座谈会上作关于宏观形势的专题发言等。 (刘玉岗)

【智库建设】 2014年,山西省人民政府发展研究中心探索中国特色新型智库的组织形式和管理方式,以重大课题为载体,推动职能部门、研究机构和高等院校联合研究,尝试学科知识与政府课题相结合的矩阵研究体制。加强与国内外政策咨询机构的交流合作。以调研报告为抓手锻炼研究队伍,在挂职锻炼、科研项目、经费安排等方面,对中青年学者给予倾斜支持。 (刘玉岗)

·山西省社会科学院·

【概述】 2014年,山西省社会科学院(以下简称省社科院)围绕山西省委、省政府中心工作,展开社会科学研究与政策咨询服务工作。2014年度获准立项和组织开展的各类课题有:山西省经济社会发展重大研究课题10项;山西省哲学社会科学"十二五"规划2014年度课题8项;山西省软科学课题7项;山西省社科联2014–2015年度课题8项;山西省社科院2014年度规划课题30项、后期资助课题17项、青年课题6项。2014年8月,山西省第八次社会科学研究优秀成果评奖揭晓,省社科院共有15项成果获奖,其中一等奖1项,二等奖5项,三等奖4项,优秀奖5项。经山西省社会科学研究系列高级职务评审委员会评审通过,山西省人力资源和社会保障厅批准,山西省社科研究系统工作人员于晓媛、田建春、关建勋、郅润明等4人取得研究员任职资格,苏玉娟等6人取得副研究员任职资格。 (霍春英)

【县域历史与晋商文化研究基地】 2014年4月10日,山西省社科院县域历史与晋商文化研究基地在祁县成立。省社科院、祁县部分领导,院历史所、办公室、人事处、科研处和祁县文物旅游局、昭馀古镇管理处、渠家大院晋商文化博物馆、祁县旅游文化研究会等相关单位和部门的负责人参加成立仪式暨会议。 (霍春英)

【"发现山西"项目启动】 2014年9月15日,山西文化走出去系统工程"发现山西"项目启动。该项目由省社科院国际学术交流中心与山西晚报社联合主办,是省社科院在对山西文化资源进行长期深入调研的基础上,为了重塑山西形象,展示山西魅力,提振山西文化自信,特别策划的一个文化走出去的系统工程。省社科院国际学术交流中心发挥自身优势,与山西日报报业集团旗下《山西晚报》携手,调动资源,整合力量,打造平台,联合所有热爱山西文化人士,推进"发现山西"工程开展实施。 (霍春英)

【"应对经济新常态,谋划十三五"座谈会】 2014年11月13日,"应对经济新常态,谋划十三五"暨新常态下煤炭经济形势分析与应对略座谈会在太原召开,由山西省社会科学院主办。陕西省社科院副院长杨辽,山西省社科院党组成员、经济研究所所长景世民,能源经济研究所所长韩东娥出席会议。来自陕西、河南、内蒙古、湖北、湖南、吉林、江西等社科院的专家学者应邀参加座谈会。与会专家们围绕"正确认识和把握经济新常态""新常态下的新机遇和新挑战""新常态下的新思路""应对新常态、把握十三五"等议题进行研讨与交流。 (霍春英)

2014年11月13日,"应对经济新常态 谋划十三五"座谈会在太原召开

(霍春英供图)

·山西省社会科学界联合会·

【课题研究】 2014年，山西省社科联组织社科专家围绕山西省经济社会发展中亟须破解的理论和实际问题开展重点课题研究，通过深入调研，提出对策建议，破解发展难题，完成17项专项课题、139项重点课题。《山西煤层气产业发展研究》《山西生态环境补偿机制研究》《山西农村土地流转研究》《网络生态环境治理模式及其路径研究》等一批涉及山西资源型经济转型、综改试验区建设、生态环境建设、节能减排、特色城镇化建设、文化产业发展等重大现实问题的重点课题针对性强，应用价值高，并被有关部门采纳。 （杜伟琴）

【人才库建设】 2014年，山西省社科联建立419人正高职称的人才库。推荐宣传山西优秀社科人才，有3名专家、3部作品和4位社科工作者，在全国社科普及工作会议上受到表彰。

（杜伟琴）

○相关链接：参见"群众团体"类目

·三晋文化研究会·

【庆祝新中国成立65周年及纪念邓小平诞辰110周年书画展】 2014年9月15日，为庆祝新中国成立65周年，纪念邓小平同志诞辰110周年，由中华人民共和国国史学会、国家行政学院、山西省政协、山西省军区、《光明日报》、中国红色文化研究会、中国邓小平理论研究会主办，山西省三晋文化研究会、山西省文联、太原市委宣传部、中国楹联学会、中国文化研究院、仁山仁海文化公司承办的"振兴中华，实现中国梦"——百名部长将军与书画家作品展在山西省民俗博物馆举办。

省政协原主席郭裕怀、刘泽民，省军区原司令员董云海，省政协原副主席薛荣哲，省人大原副主任、三晋文化研究会名誉会长李玉明，省人大原副主任、三晋文化研究会会长王雅安，北京山西籍的老将军、海军政治部原副主任张双虎少将、二炮装备部原政委郭晋才少将、国防大学战略研究室原主任马保安少将、空军装备部原副部长申良启少将、武警水电指挥部原副政委范凌少将及省直有关部门负责人等近百人应邀参加画展开幕式。 （王　岳）

【丛书出版】 1.开展《三晋文化研究丛书》出版工作。2014年，《三晋文化研究丛书》出版4种，分别为《晋国通史》《山河关》《郭子仪》（缩写本）、《鲜卑传奇》，总印数8000册，总字数2175万余字。

2014年7月，山西省社科联召开2013年度山西省社科优秀成果"百部（篇）工程"奖，三晋文化研究会获组织奖。李玉明、王晖编著的《山西文化旅游名胜精粹》获荣誉奖；柴泽俊著《山西古建筑文化综论》获一等奖。

2.推进《三晋石刻大全》出版工作。截至2014年底，该丛书完成55县（市、区）57卷的编纂任务，占总计划的46%。正式出版46县（市、区）48卷，9县9卷开展编辑或印刷工作。

3.《近世山西学人文丛》启动收集编辑工作，该书系三晋文化研究会研究决定立项，由三晋文化研究会与三晋出版社合作征稿。截至2014年底，景定成《罪案》等6部著作编辑审定，完成书稿。 （王　岳）

【文化考察】 2014年4月23日至25日，山西省三晋文化研究会和晋中市三晋文化研究会共同组织《美丽山西看晋中》文化考察活动，先后对灵石王家大院、石膏山、介休绵山、张壁古堡、洪山窑、平遥双林寺等进行考察。

2014年6月30日至7月5日，三晋文化研究会、晋绥边区历史文化研究会联合举办"晋绥儿女访问老区红色摄影行"活动，装甲兵工程学院原院长薛清池中将、省人大常委会原副主任李玉明等一行22人先后考察大同煤矿"万人坑"；内蒙古凉城厂汉营烈士陵园、蛮汉山贺龙纪念馆和正在建设的绥蒙革命纪念园、岱海湖泊；集宁市集宁战役纪念馆、集宁市容和老虎山生态园；呼和浩特市内蒙古博物馆、乌兰夫纪念馆；武川县大青山抗日根据地纪念馆；鄂尔多斯市成吉思汗陵；陕西省榆林市镇北台、红石峡石刻等园区。考察团向有关景点和单位赠送锦旗、书籍。

2014年10月15日至16日，山西省三晋文化研究会人员赴曲沃县参观考察"晋国博物馆"，并与临汾市三晋文化研究会会长刘合心、曲沃县委宣传部部长牛春平、曲沃县与侯马

晋绥儿女访问老区红色摄影行 （王　岳供图）

“纪念余秋里同志诞辰100周年”座谈会参会人员合影留念　（王　岳供图）

市三晋文化研究会会长雷涛、景元祥以及晋国博物馆负责人孙丽萍等进行座谈，就该馆的发展、管理等问题相互交换意见。随后，山西省三晋文化研究会向省长李小鹏并省政府递交书面建议，建议该馆归属省里直接领导，以利该馆长期的发展。

考察团参观曲沃县城内的四牌楼、感应寺砖塔；侯马市垤上村彭真故居和《彭真生平陈列馆》、晋国古都博物馆。（王　岳）

【王瑶诞辰100周年学术研讨会】 2014年5月9日，纪念王瑶先生诞辰100周年暨学术研讨会在山西饭店召开。这次活动由山西省作家协会、三晋文化研究会、北京大学中文系、中共平遥县委共同主办。省级老领导、三晋文化研究会名誉会长李玉明、刘江；省委宣传部副部长、省作协主席杜学文，省作协党组书记、副主席张明旺，以及平遥县委、县文联、《映像》杂志社、北京大学、中国人民大学、中国社会科学院、鲁迅博物馆、三晋文化研究会，三晋出版社、北岳文艺出版社等专家、教授和省内著名作家、评论家、各大新闻媒体60余人出席座谈会。（王　岳）

【卫恒诞辰100周年座谈会】 2014年5月28日，由山西省委主办、山西省委党史办公室、三晋文化研究会协办的纪念卫恒同志诞辰100周年座谈会召开。省人大常委会副主任周然，省政协副主席李雁红，省委原书记李立功，省政协原主席郭裕怀，省人大常委会原副主任武正国、范堆相、李玉明、王雅安，省政协原副主席薛荣哲、吴慧琴以及有关部门负责人、卫恒同志生前友好和家乡的代表、亲属等100余人参加。省政府秘书长廉毅敏主持座谈会。

卫恒，1915年5月生，山西省陵川县人，曾任中共山西省委第一书记、中共中央华北局书记处书记。他作为中国共产党久经考验的优秀党员和领导干部，为山西省的社会主义革命和建设做出了显著成绩。（王　岳）

【余秋里诞辰100周年座谈会】 2014年11月16日，由晋绥边区历史文化研究会和三晋文化研究会共同举办的纪念余秋里同志诞辰100周年座谈会在山西娄烦县盖家庄乡举行座谈。

三晋文化研究会名誉会长，山西省人大常委会原副主任李玉明，三晋文化研究会副会长兼秘书长李锐锋，晋绥边区历史文化研究会秘书长郝文俊以及来自全国各地的晋绥儿女100余人参加。（王　岳）

【陈永贵诞辰100周年活动】 2014年12月25日在山西省昔阳县大寨举行陈永贵同志诞辰100周年纪念仪式。山西省三晋文化研究会名誉会长李玉明、刘江，副会长成永春，常务副秘书长谢恺等应邀参加。

参加纪念仪式的有毛泽东主席外孙王效之，周恩来总理侄子周秉和，华国锋主席之子苏斌和夫人（李立功之女）李晓英，陈毅继子王明善，原天津市委书记、著名知青邢燕子，著名知青侯隽，太原市委原第一任书记兼市长韩纯德之子韩凯，省政协原副主席吕日周，省委原秘书长张福元，省委党校原常务副校长蔡醒民，太原铁路局原局长毛维栋，省话剧院原院长彭一，省史志院原副院长郭维明，阳泉市人大常委会主任刘高官，省地方志主任李茂盛，陈永贵遗孀宋玉林及子女等200余人。26日上午10时，在大寨展览馆院内举行纪念仪式。大寨镇党委书记赵继胜主持仪式，全国人大常委、大寨党总支书记郭凤莲讲话。（王　岳）

社科研究

【十八大精神的学习、研究】 2014年，山西省社会科学院研究人员开展“中国共产党第十八次代表大会精神”及相关课题研究，发表论文及评论文章13篇。在《前进》《改革与开放》等期刊上发表文章2篇，文章内容对执政党政治自信的来源、文化强国的哲学底蕴等问题进行重点关注与阐释。年内与《山西日报》合作，在其开设的“党的十八届三中全会精神三人谈”栏目和“法治中国大家谈”专栏中，刊登研究人员撰写的评论性文章11篇，着重关注诸如单独二孩、户口、延迟退休、农民财产权、就业创业、社会公平、依法治国等2014年度社会热点问题及重要社会话题，提出针对性见解与建议。（霍春英）

【反腐倡廉研究】 2014年，山西省社会科学院研究人员开展反腐败课题研究，发表论文及评论文章4篇。其中《邓小平的反腐思想及对当前深化改革的启示》一文被收入上海社会科学出版社编辑出版的《改革再出发 凝聚成共识》论文集。其他论文针对预防腐败的制度进路、党委为主体责任的惩防体系建设、毛泽东

的群众路线反腐思想、邓小平的反腐思想及对当前深化改革的启示等问题进行专题研究与论述。(霍春英)

【转型跨越发展研究】 2014年,山西省社会科学院研究人员开展山西省转型跨越问题研究,发表论文及评论性文章6篇。《综改试验区"先行先试"与法治的协调》《"综改"背景下山西城镇化与农村剩余劳动力转移研究》二文为山西省软科学研究项目阶段性成果;《资本市场:资源型经济转型的战略选择》一文为2013年度山西经济社会发展重大研究课题"资源型地区资本市场建设与发展研究"的成果。其他文章内容针对山西转型综改2014年行动计划及试验成效、山西资源与非资源型产业协调发展新机制、山西资源型与非资源型产业协调均衡发展等问题进行专题探讨及论述。

(霍春英)

【哲学研究】 2014年,山西省社会科学院研究人员开展哲学研究,出版专著、译著、译注类书籍各1部,发表论文13篇。著作方面,专著有高专诚著的《凡人孔子》(漓江出版社2014年版),译著有(美)顾立雅著,高专诚翻译的《孔子与中国之道》(大象出版社2014年版),译注书籍有耿振东译注的《管子译注》(上海三联书店2014年版)。论文方面,部分论文入选《文化自觉与中国道路论文集》《世界普世对话学会第十届世界大会论文集》等多个论文集或研究辑刊。《汉孝文帝的晋地情结》一文被收入《晋阳文化研究〈第八辑〉》(三晋出版社2014年版)。《晋法家的政治伦理》一文为山西省哲学社会科学规划课题"晋法家思想与晋学的确立与特质"研究成果。其他论文内容针对《自然辩证法》中的生态整体主义意蕴、控制自然的伦理困惑及其出路、中国现代思想启蒙、文化自觉与中国道路、意向性的理论功能与实践功能、阴阳学说视角下的人性探讨、圣经的整体正义思想及其当代意义等问题进行专题研究与探讨。 (霍春英)

【经济学研究】 2014年,山西省社会科学院研究人员开展经济领域研究及著述。分为经济学研究、能源经济研究、旅游经济研究三大领域。

1. 经济学研究方面,研究人员出版编著1部、专著2部,发表论文及评论性文章27篇。著作方面,李中元主编的《山西经济社会蓝皮书(2015)》(山西经济出版社2014年出版)为山西省社科院编撰出版的第14本"蓝皮书"。韩克勇、李繁荣出版专著《经济思想批评史——从生态学角度的审视》(山西经济出版社2014年出版),郭婕、王华梅出版专著《福利经济学派伦理思想评价——从生态正义角度的探析》(山西经济出版社2014年出版)。论文及评论性文章方面,在《山西日报》《山西经济日报》等报纸发表有关经济建设、非公有制企业、现代财政等方面评论性文章5篇;论文中,《转型发展阶段的农业综合开发建设》《城镇化进程与农民收入增长的动态相关性——基于山西数据的分析与考量》《清理规范涉煤收费项目 推进资源税改革》3篇为山西省软科学研究项目阶段性成果;其他论文针对山西"四气"产业一体化、产业结构升级、城乡建设、企业软实力建设、中小企业、经济政策、土地流转、煤炭管理体制改革、财政股权等经济领域热点问题展开专题探讨及论述。

2. 能源经济研究方面,研究人员出版专著1部,发表论文及评论性文章16篇。著作方面,曹海霞出版专著《矿产资源的产权残缺及租值耗散问题研究》(经济科学出版社2014年)。文章方面,《城市高碳消费现象剖析——以山西为例》为山西省社科联2013年度重点课题获奖成果;其他论文及评论性文章内容围绕低碳经济视角下煤炭清洁高效利用问题、城市高碳消费现象、山西生态文明格局建设、低碳经济、产业运行状况、资源型地区工业新型化与城镇化进等问题展开论述与研究。

3. 旅游经济研究方面,研究人员发表论文及评论性文章5篇。《关于华北五省市区旅游协同合作的思考与建议》一文被收入《民盟华北五省市区促进京津冀协同发展座谈会论文集》(2014年9月),《关于河东盐文化旅游资源保护与开发利用的思考》一文被收入《首届河东盐文化历史与开发研讨会论文集》(2014年6月)。其他论文及评论性文章内容围绕山西旅游新业态、文化产业与旅游产业发展互动研究、山西资源型企业投资旅游业现象等方面展开论述与讨论。

(霍春英)

【社会学、妇女与性别、人口学研究】 2014年,山西省社会科学院研究人员开展社会学、妇女与性别、人口学领域专题研究和著述。

1. 社会学方面,研究人员出版专著1部,论文3篇。谭克俭、王卫东、侯天慧出版专著《贫困山区农村卫生服务缺失问题研究》(中国社会出版社2014年版)。《统筹城乡医疗保障制度的政策构想——以山西为例》一文为2013年山西省回国留学人员科研资助项目"'全民医保'视角下的山西省城乡医疗保障制度统筹发展研究"和山西省人力资源和社会保障厅2013年留学人员科技活动项目"发达国家社会保障制度:比较与借鉴——医疗保障制度统筹发展"研究成果。其他论文围绕农村公办敬老院的发展困境及对策研究、山西省城乡医疗保障制度统筹衔接机制等问题展开研究与论述。

2.妇女与性别研究方面,研究人员出版专著1部,论文3篇。刘晓丽出版专著《1950年的中国妇女》(山西教育出版社2014年版)。《山西妇女对健康新理念的感性认知及其地位的提升》和《山西妇女社会地位研究》二文被收入《中国妇女社会地位调查研讨会》论文集(2014年)。其他论文针对山西女性社会保障状况及对策问题展开研究。

3. 人口学研究方面,研究人员发表论文6篇。论文内容围绕中国人口老龄化背景下的家庭养老问题、现阶段中国人口结构变迁问题、山西流动人口问题、加拿大外来移民工权益保护政策中国人口城市化与资源禀赋问题、人口迁移与新型城镇化发展等领域展开研究。 （霍春英）

【管理学、人才学研究】 2014年，山西省社会科学院研究人员开展管理学、人才学领域研究及著述。

1. 管理学方面，研究人员出版专著1部。杨必仪、晔枫出版专著《管理思想批评史——从外部性结构缺失看西方管理学理论短板》(山西经济出版社2014年版)。

2. 人才学方面，研究人员发表论文1篇。文章针对中部地区人才资源状况和存在的问题，对中部地区深化人才制度改革的对策展开探讨。

（霍春英）

【政治学、法学研究】 2014年，山西省社会科学院研究人员开展政治学、法学等领域研究与著述。

1. 政治学方面，研究人员出版专著1部，发表论文及评论性文章11篇。著作方面，杨茂林、王云出版专著《地方政府治理的创新——基于资源型省域的探索与思考》(山西经济出版社2014年版)，为山西省年度重点选题出版项目《经济社会可持续发展思想文库》之一。论文及评论性文章方面，《邓小平作风建设理论在山西的生动实践——以"右玉精神"为镜鉴，加强党的作风建设》《从当代中国发展看世界社会主义运动发展趋势》《浅议现阶段我国在实现共同富裕过程中的问题及对策》3篇文章被收入《改革再出发 凝聚成共识》论文集(2014年7月)。此外，针对习近平同志关于历史问题的系列讲话形成论文和评论性文章2篇。其他文章针对党群关系、民生公平、爱国主义、山西精神、等方面展开论述。

2. 法学方面，研究人员发表论文及评论性文章2篇。文章内容围绕运用法治思维、法治方式推进依法治国，煤炭资源型地区生态环境保护问题展开法律法规建设方面的探讨。

（霍春英）

【图书馆学、教育学研究】 2014年，山西省社会科学院研究人员开展图书馆学、教育学等领域研究，完成论文4篇。

1. 图书馆学方面，研究人员发表论文1篇。《大数据时代数字图书馆建设刍议》一文被收入《全国图书情报学术会议论文集》(2014年11月)。

2. 教育学方面，研究人员发表论文3篇。《"中国梦"视野下的未来教育改革与发展》一文被收入《文化自觉与中国道路论文集》(江西人民出版社2014年版)。其他论文内容围绕中国基础教育效率及其影响因素、中学生成就动机对其学业成绩影响展开论述。

（霍春英）

【智库建设、互联网科学研究】 2014年，山西省社会科学院研究人员开展智库建设、互联网科学等领域研究，完成论文及评论性文章4篇。

1. 智库建设方面，研究人员发表论文2篇，《"智库"转型：地方社科院发展的新理念》与《地方社会科学院智库转型方略研究》均为2013年山西省软科学研究计划资助项目研究成果。两篇文章围绕地方社科院在转型时期的智库建设理念、方略等方面展开探讨和论述。

2. 互联网科学研究方面，研究人员发表论文2篇。《互联网金融 第三方金融力量》一文指出互联网金融技术进入银行传统的存、贷、汇、理业务之后，崛起成为第三方金融力量，显示出科学技术对产业经济的革命性推动。《2014年1-11月网络舆情热点分析》一文针对网络舆情问题，展开相关研究与探讨。 （霍春英）

【文化、语言学、文学研究】 2014年，山西省社会科学院研究人员开展文化、语言学、文学等领域研究及著述。

1. 文化方面，研究人员出版文化专题研究专著1部。李中元出版专著《文化是什么》(商务印书馆2014年版)。

2. 语言学方面，研究人员出版编著1部，专著3部，发表论文13篇。编著有温端政任主编，商务印书馆和山西省社会科学院合编的《新华语典》(商务印书馆2014年出版)。专著有温端政、温朔彬著《语典编纂的理论与实践》(商务印书馆2014年出版)；温朔彬著《俗语辞书编纂史》(上海辞书出版社2014年版)，属于"语汇研究与语典编纂研究丛书"之一；温端政、温朔彬著《惯用语》(商务印书馆2014年版)，属于"汉语知识丛书"之一。论文方面，《时间名词"上"辞书释义辨析》和《"肚(dǔ)"的辞书释义辨析》二文为山西省哲学社会科学"十二五"规划2013年度课题"汉语语文类权威辞书误释研究"成果。《现代汉语"有A无B"格式的语义类型》和《"有A无B"格式的历时演变及其动因》二文为山西省社会科学院2013年青年课题资助项目研究成果。《语典分释的影响因素与释义方法》《语义分析与语典释义》等4篇论文被收入《中国辞书理论研究》(语文出版社2014年版)。其他论文针对汉语电子语典生成系统、汉语语汇语形的历时演变、谚语辞书编纂问题、语文辞书中字典、词典、语典三分的问题、国际汉语推广视野下的汉语学习词典编纂等问题展开研究和论述。

3. 文学方面，研究人员出版研究专著1部，完成论文、散文及评论性文章12篇。著作方面，王青峰出版专著《贬谪与唐诗》(三晋出版社2014年版)。论文及评论性文章方面，《明初文学传播研究》被收入《2014年中国文学传播与接受国际学术研讨会论文集》(2014年9月)。年内研究人员向世界华文文学国际学术研讨会和首届世界华文文学大会分别提交论文1篇。其他论文或评论性文章针对沈艾娣《梦醒子》、阮章竞文学思想、孙犁研究、任建国《石云诗草》等领域问题或作品进行研究或评介。散文方面，乔林晓发表文章3篇，分别为《放羊儿》《乡里旧事(二题)》《乡里旧事(三题)》。年内，研究人员对国家社科基金、教育部人文社会科学课题中自20世纪90年代以来有关世界华文文学的立项课题进行研究和总结并发表相关文章。 （霍春英）

2014 年 4 月 10 日，山西省社科院县域历史与晋商文化基地在祁县揭牌

（霍春英供图）

【历史学研究】 2014 年，山西省社会科学院研究人员开展历史学领域研究及著述，完成专著 1 部，论文及评论性文章 9 篇。著作方面，李卫民出版专著《本土化视域下的口述历史理论研究》（上海人民出版社 2014 年版）。论文方面，研究人员针对仇由国君接受智伯大钟原因、明代盐政中的政商互动现象、晚清官员对教案问题的认知、近代阳泉兴起、八路军驻晋办事处、克里米亚汗国与俄罗斯的关系等问题进行研究。评论性文章方面，研究人员针对古文名篇中的战略思维、左权名将事迹、书评与学术积累的关系等问题，在《山西日报》《学习时报》等报纸刊物上发表相关文章。（霍春英）

【地方历史文化专题研究】 2014 年，山西省社会科学院研究人员开展晋商、五台山等山西地方历史文化领域研究，完成专著 1 部，论文 21 篇。

1. 晋商研究方面，研究人员完成专著 1 部，论文 14 篇。著作方面，王勇红出版专著《晋商与京杭大运河》（中国社会科学出版社 2014 年版）。论文方面，《历史上的丝绸之路与山西》一文被收入由韩建保、杨继东主编的《丝绸之路经济带与古州雁门》（山西人民出版社 2014 年出版）一书；《早期河东盐商与晋商精神》《河东盐文化传播浅论》《“未治盐，先治水”——略论河东盐池的防洪措施》3 篇论文被收入《首届河东盐文化研究与开发研讨会》（2014 年 6 月）论文集；《河东盐文化与山西区域发展》一文被收入《盐文化研究论丛〈第七辑〉》（巴蜀书社 2014 年出版）。《清代晋中的中小商人》《晋商大院的历史文化内涵审视》《晋商家族中的女性探究》《明清晋商与社会公益事业》4 篇论文入选《晋商大院博物馆志·渠家大院》（山西人民出版社 2014 年出版）一书。其他论文针对秦汉时期晋文化形态研究、介子推与绵山、清代晋商的人力顶身股、中国商会与山西商会历史、徐继畬论山西盐政等问题进行研究与探讨。

2. 五台山研究方面，研究人员发表论文或叙述性文章 7 篇。论文方面，研究人员针对北齐东安王娄睿墓佛教文化因素、五台山与《杨家将演义》、证严法师的《静思语》文集、五台山佛教文化的人文价值、五台山净土宗现状、佛教文化与当代道德建设等问题或著作进行研究与探索。叙述及评论性文章方面，《平顺金灯寺》一文对山西省平顺县的金灯寺进行专题介绍。（霍春英）

获奖论著选介

【《非公有制企业劳资合作研究》】 专著。山西大学邸敏学撰，中国社会科学出版社 2012 年出版。2014 年，该书获山西省第八次社会科学研究优秀成果一等奖。

该书包括 4 篇，12 章，围绕我国现阶段的非公有制企业能不能实行劳资合作，要不要实行劳资合作，有没有条件实行劳资合作，如何实行劳资合作等问题展开论述。该论著首先提出并系统论证了劳资合作是中国特色社会主义劳动关系的存在形态；其次提出并论证了非公企业劳资合作现实基础。其内容为政府处理非公企业处理劳资矛盾提供了具有中国特色的理论参考，为学界开拓了劳资合作研究的新领域，为构建和谐劳动关系打开了新路径。（杜伟琴）

【《山西资源型经济转型国家综合配套改革试验区发展报告 2012：历史选择与改革探索》】 编著。山西财经大学郭泽光、李海生、景普秋编，教育部哲学社会科学系列发展报告之一。2014 年，该报告获山西省第八次社会科学研究优秀成果一等奖。

该报告为山西综改试验区年度发展报告的第 1 本，内容以“历史选择和改革探索”为题，对山西多年来资源型经济发展中面临的困惑与难题进行系统分析，提出转型发展的内涵、目标与重点任务；对综改试验区批复以来的举措和进展进行评价。报告认为山西省资源型经济面临六大难题，指出山西在矿产品价格、资源产业，科技创新，矿产开发、矿（区）城（市）、收入分配等领域的问题与不足。针对山西省资源型经济转型的现实需求，发展报告提出多项解决办法与建议。其内容获得学术界认可，论点被多家研究机构采纳。（杜伟琴）

【《农民收入持续较快增长的困难与期盼——山西七县区农村调查》】 论

文。山西省委党校刘兆征撰，《国家行政学院学报》2012年第6期刊发。2014年，该论文获山西省第八次社会科学研究优秀成果一等奖。

该论文在实地调研、走访的基础上，围绕农民的困难、农民的期盼、"三农"问题对策建议三部分开展研究。在土地房屋确权颁证和流转工程、农业龙头企业覆盖工程、大学生科技员驻村工程等方面为山西省加强"三农"工作，推动农民增收提供了决策参考意见与建议。（杜伟琴）

【《人力资本与收入分配差距》】 专著。山西省人民政府发展研究中心研究人员焦斌龙等著，商务印书馆出版，国家社科基金项目(06CJY010)的最终研究成果。2014年，该书获山西省第八次社会科学研究优秀成果一等奖。

该书从人力资本与我国居民收入差距的关系、人力资本与收入分配的作用机制、基于人力资本的收入差距模型、我国人力资本存量和居民人力资本结构考察、人力资本对我国居民收入差距影响的实证研究、人力资本对我国居民城乡、地区、行业收入差距影响的实证研究、政策建议7个方面对人力资本在我国居民收入差距中的作用及其治理建议进行了研究。（杜伟琴）

【《准确把握与着力提升低收入群体稳定度》】 应用性研究报告。山西省委党校潘峰撰，《理论探索》2012年第6期刊发。2014年，该论文获山西省第八次社会科学研究优秀成果一等奖。

该研究以已有两项国家课题成果为基础，立足当前实际深入调研，依据新的事实和数据对低收入群体的稳定度作出客观、精细分析，揭示影响其稳定的突出问题和因素，提出提升其稳定度的对策思路。其内容注重对该群体的思想引导和心理疏导、相关问题的领导能力、相关的政策措施、社会管理的针对性、有效性、富裕群体的道德取向与社会行为5个方面进行研究与阐述。（杜伟琴）

【《中国共产党山西历史》】 专著。山西省委党史办公室编，中共党史出版社2012年出版。2014年，该书获山西省第八次社会科学研究优秀成果一等奖。

该书共3卷，213.7万字，第一卷以中共中央《关于若干历史问题的决议》为指导，论证了中国共产党山西党组织创立的历史必然、社会条件和党在山西早期的主要活动。第二卷贯彻中共中央《关于建国以来党的若干历史问题的决议》和中央领导人近年来的一系列有关重要讲话精神，展现了党和山西人民在各个历史阶段取得的重大成就。第三卷以邓小平理论、"三个代表"重要思想、科学发展观为指导，记述了十一届三中全会以来中国共产党山西党组织带领山西人民在经济、政治、文化、社会、生态文明建设等各个领域的实践探索经过和取得的突出成就。（杜伟琴）

【《时代文化论要》】 专著。山西省社科院艾斐著，山西经济出版社2012年12月出版。2014年，该书获山西省第八次社会科学研究优秀成果一等奖。

该书分为10个学术单元，共60章，围绕文化在时代发展中对精神建构和社会文明的驱动与提升作用，提出由其学术性、理论性和实践性所形成的精神质点与思想亮点。该书创造性地提出"时代文化"这一概念，并赋予其以相应的精神内涵，拥有现实服务的实践性与应用性。全书对各种优秀文化的基本条件和主要特征进行了高度提炼与全面升华，体现和彰显了文化的特有价值与特殊功能。（杜伟琴）

【《农村土地流转制度下的农民社会保障》】 专著。山西师范大学吕世辰著，社会科学文献出版社2012年出版。2014年，该书获山西省第八次社会科学研究优秀成果一等奖。

该书围绕农地流转和农民社保这一主题，从农地流转的理论和实践、农民的社会保险、社会救助和社会福利，农村特殊群体和特殊产业保障制度的构建、关于中国城乡居民社保一体化的对策建议5个方面展开研究工作。在农地流转与农民社保制度构建方面，研究了农民、农民工、五保户、低保户农地流转问题，指出实现农地流转中农民利益诉求的两个基本前提和两个基本保障建议。在农民社会医疗卫生保障研究方面阐述了新农合的创新之处，提出了新农合向社会医疗保险发展的思想与对策。在农民社会救助方面，指出社会救助近期主要是反贫困问题。在分群体分行业的涉农社保研究方面，提出以土地租金为切入点，

2014年山西省社科联"百部(篇)工程"评审会（杜伟琴供图）

建立相对独立、以纳入城镇社会保障体系为最终目标的农民工社保体系的思想。在城乡居民社保一体化方面，提出了大社保的思想，在社保一体化方面提出先实现社保制度的统一，逐步实现社保待遇的统一。（杜伟琴）

【《制定“新型农村合作医疗管理条例”的建议》】 研究报告。孙淑云撰，国家社会科学基金《成果要报》汇编2012年刊发。2014年，该报告获山西省第八次社会科学研究优秀成果一等奖。

该报告指出了新型农村合作医疗制度的初级保险性，提出《新型农村合作医疗管理条例》的制定应当借势整合城乡基本医疗保险的良机，打破人社部门和卫生部门部门立法分割的局面，在国务院直接领导下研究“新型农村合作医疗管理条例”和“基本医疗保险条例”的协调和具体规定。认为“新型农村合作医疗管理条例”应当在新农合参保人制度的细化、新农合筹资制度的规范化、新农合待遇支付制度的完善化等七个方面进行设计与建构，为城镇居民医疗保险政策的制定论证和新型农村合作医疗立法的论证工作提供良好的借鉴作用。（杜伟琴）

【《汾阳东龙观宋金壁画墓》】 考古学报告，编著。山西省考古研究所等编，文物出版社2012年出版。2014年，该报告获山西省第八次社会科学研究优秀成果一等奖。

该报告约70万字，对山西省汾阳市东龙观村附近发现的宋至金元时期的家族墓地进行了系统、全面的阐述，揭示了山西晋中地区以汾阳、孝义等为中心宋金时期的社会生活面貌，为研究这一时期考古学文化面貌提供了翔实的资料。报告以墓葬为单位，详细记述考古发现细节，对墓葬出土器物进行多方位展示。其发现与记载有助于揭示山西晋中宋代民众的生活细节，丰富人们对宋金时期山西富裕家庭真实的生活状态的了解。（杜伟琴）

【《区域节能潜力理论与实证研究》】 专著。太原理工大学李玮著，经济管理出版社2012年出版。2014年，该书获山西省第八次社会科学研究优秀成果一等奖。

该书基于国家自然科学基金面上项目和省软科学研究项目，收集改革开放30多年以来的山西省的能源管理、统计部门和企业国民经济与环境能源数据上万个，将能源问题置于区域经济社会发展的总体框架之下，运用管理科学和系统科学的理论和方法，综合经济理论与能源理论的研究成果，对节能潜力的相关理论和方法进行了系统的梳理和创新，建立了从概念、理论到方法的区域节能潜力研究体系。

全书采用阐明问题、建模与预测、评价比较、决策分析的系统分析思路，在众多领域进行了理论分析与建构，最后根据节能利益相关者的博弈分析，判别节能主体的行为走向，构建了体现公平与效率的节能激励约束机制，提出了节能的战略思路、战略目标、实现路径与保障措施。其中对山西省“十二五”节能约束性指标可达性进行了细致分析，对于解决山西乃至全国能源富集区的经济发展与节能减排的深刻矛盾具有一定的示范借鉴作用和重要参考价值。（杜伟琴）

【《结构调整中的行业创新效率研究——基于DEA和SFA方法的分析》】 论文。山西大学张信东等著，《经济管理》2012年第6期刊发。2014年，该论文获山西省第八次社会科学研究优秀成果一等奖。

该论文以山西省数据为切入点，以2004—2008年间大中型工业企业为样本对象，依照有关政策区分传统行业(煤炭、冶金、焦化)和新兴行业(煤化工、装备制造、新材料、食品、医药)来探讨行业间的创新效率差异及其对结构调整和经济转型的指导意义。研究提出基于行业创新效率的结构转型思路，给出新兴行业相对于传统行业具有较高创新效率的经验证据，倡导致力于推进结构调整的自主创新，指出山西省经济结构的转型调整成功与否在一定意义上决定了中国经济结构的转型成败。研究针对山西省工业行业数据分析结论并提出政策建议，对山西省乃至全国经济结构的调整，具有重要的现实指导意义。（杜伟琴）

【《中国古戏台调查研究》】 专著。山西师范大学车文明著，中华书局2011年出版。2014年，该书获山西省第八次社会科学研究优秀成果一等奖。

该书按照戏台建造年代、所属性质、建筑样式、建筑装饰、剧场规模与戏曲特征等角度对中国现存数百座戏台进行深入考察，涉及全国20多个省以及直辖市，覆盖了重要戏曲大省如山西、陕西、河北、河南、安徽、江西、江苏、浙江、福建、四川、云南、湖南、湖北、广东、广西、甘肃以及北京、天津、上海等，提供了432幅图片，包括戏台照片、建筑测绘图、平面示意图等，共41万字。全书分“金元戏台”“明代戏台”“清代戏台”“会馆剧场”“宗祠剧场”五章，分小节撰述。此外，在相关章节后面又附录介绍日本古代剧场，展示国内对日本古代剧场的研究成果。由于古代戏台绝大多数遗存于广大乡村，地方文物保护意识、实力、措施都不太完善，本项研究对增强文物保护意识、加大文物保护力度、抢救文化遗产、弘扬传统文化、建设社会主义核心价值体系都有积极的推动作用与突出的现实意义。（杜伟琴）

【《中国戏曲文物通论》】 专著。黄竹三、延保全撰，2009年以《戏曲文物通论》之名由台湾“国家出版社”出版简行本，2010年定名《中国戏曲文物通论》，由山西教育出版社和三晋出版社联合出版增补本，英文版列入北京出版集团文津出版社“经典中国国际出版工程”赞助出版计划。2014年，该书获山西省第八次社会科学研究优秀成果一等奖。

该书阐述了戏曲文物的定义、类型和研究意义，概括了戏曲文物研究的分期和各阶段的成就、特点，详述了戏曲孕育期演艺文物、形成期演剧文物、成熟期戏曲文物的性质、种类、数量、形态和价值,并在此基础上揭示了戏曲发展不同时期演出场所、角色行当、服饰、化妆、道具、乐器的衍变,并放置于历史发展和文化层面上来认识。该书具有较高资料价值,收集的文物资料有助于戏曲研究者对戏曲发展历史产生深入认识,重新审视戏曲史的很多重要问题。（杜伟琴）

【《当代中国妇女史研究的价值取向》】 论文。山西师范大学畅引婷撰,《光明日报》2010年12月28日刊发。2014年,该文获山西省第八次社会科学研究优秀成果一等奖。

该文将妇女史研究期价值取向概括为四个方面,在一定程度上反映当代中国妇女史研究的基本状况,为人们从多个不同的角度认识妇女史研究提供了基本参照。该论文阐述了在妇女史研究中持有"反映历史存在"论、"建构妇女主体"论、"服务现实社会"论、"充当使用工具"论等不同论点的研究者的价值取向表现问题,指出不同的价值取向反映研究者不同的内容侧重或矛盾的研究立场。而妇女史研究者在具有一定价值取向的话语背景和言说场域下对妇女史所进行的探讨,对未来两性历史、乃至人类历史的重构都将产生重要的影响。（杜伟琴）

【《城市化、城市边缘群体与伊朗伊斯兰革命》】 论文。山西师范大学车效梅、王泽壮撰,《历史研究》2011年第5期刊发。2014年,该论文获山西省第八次社会科学研究优秀成果一等奖。

该论文在大量使用中外文献的基础上,采用社会学、历史学的基本方法,结合具体统计数字,对伊朗快速城市化导致的四大边缘群体(宗教人士、巴扎商人、知识分子和农村移民)的产生过程及其在1979年伊朗伊斯兰革命中的作用进行全面系统的梳理和论证,对伊朗巴列维时期的"过度城市化"进行深入细致的定量分析。论文在综合和利用世界学术界关于导致伊朗伊斯兰革命诸因素的探讨和成果的基础上,从城市化的视角对伊斯兰革命爆发的历史根源进行"社会学式解读",考察了伊朗城市化、社会结构嬗变与社会稳定之间的关联性,论证了城市化高速发展的同时,必须对其带来的负面影响保持充分的警惕,警示政治发展与经济发展的不同步所蕴含的巨大危险,对我国正在行进中的城市化与社会稳定关系有借鉴意义。

（杜伟琴）

【《早期中华帝国的贵族家庭——博陵崔氏个案研究》中译本】 译著。美国学者Patricia Ebrey(伊沛霞)著,山西大学范兆飞译,上海古籍出版社2011年出版,《剑桥中华文史丛刊》之一。2014年,该书获山西省第八次社会科学研究优秀成果一等奖。

1978年,该书英文原版在剑桥大学出版社出版。伊沛霞通过利用大量丰富的原始资料,考察中国魏晋南北朝时期崔氏家族作为贵族宗族组织的演变过程,描述了贵族影响力的消长起伏以及贵族家庭声望和权力之基础的变动。这类研究对于扩充中国中世社会和政治以及家族和宗族体系的认知十分必要。该书研究范式引发国内国外学者进行中古士族个案研究的高潮。近三十年间,国内学人在该书的范式影响下,对中古时期的家族进行"地毯式"的追踪和考察,具有在该领域堪称"典范"的学术史意义。（杜伟琴）

【《英国新能源法律与政策研究》】 专著。山西大学吕江著,武汉大学出版社2012年出版。国家社会科学基金重大项目"发达国家新能源法律与政策研究及中国的战略选择"和山西省回国留学人员科研项目"中英低碳能源法律政策比较研究"的重大成果。2014年,该书获山西省第八次社会科学研究优秀成果一等奖。

该书从能源安全与可持续发展的悖论入手,提出能源变革原则是二者得以构建的语境范式观点。以英国新能源法律与政策的演变轨迹为明线,探讨了英国可再生能源义务制度、碳预算法律制度、碳捕获与封存法律制度及智能电网法律制度,阐述了英国新能源立法与欧盟、联合国气候变化谈判之间的关系,以及全球视野下英国新能源立法的特色,并最终提出中英新能源合作的法律制度构想。在山西省国家资源型经济转型综合配套改革逐渐走向深化之际,该书研究内容有助于满足山西新能源产业的健康发展和有效应对气候变化的现实需要,为山西低碳经济发展和能源跨越转型提供新的认识和思路。

（杜伟琴）

【《道德推脱对青少年攻击行为的影响:有调节的中介效应》】 论文。山西大学杨继平、王兴超撰,《心理学报》2012年第8期刊发。2014年,该论文获山西省第八次社会科学研究优秀成果一等奖。

该论文内容从道德推脱理论出发,探讨青少年自身的道德推脱和道德判断在父母冲突影响青少年攻击行为中的作用机制。研究中采用问卷法调查了756名初一至高三的青少年,通过结构方程模型探讨了青少年攻击行为与父母冲突、道德推脱、道德判断之间的关系。其研究结果首先揭示了我国青少年道德推脱发展的特点,明确了我国青少年的道德推脱水平会随着年龄的增长而呈现出逐渐升高的趋势,并且15岁和19岁是青少年道德推脱产生明显变化的关键期,其次明确了道德推脱在影响青少年攻击行为的过程中起着有调节的中介效应,从道德认知的角度揭示了青少年攻击行为形成的原因。这一问题指出了在学校道德教育实践中,必须充分关注青少年产生攻击行为时所运用的道德推脱机制,并对青少年产生攻击行为时的各种道德推脱机制进行有针对性的教育,这样才能高效地预防和干预青少年的攻击行为。（杜伟琴）

【《合作研究共同体:教师专业发展共赢模式的实践探索》】 论文。山西师范大学张海珠撰,《课程·教材·教法》2012年第1期刊发。2014年,该论文获山西省第八次社会科学研究优秀成果一等奖。

该论文围绕"顶岗支教实习"教育实践基地建立中由课程与教学论专家、基地学校在职教师、实习教师组成的合作研究团队"合作研究共同体"的命题开展研究。指出"合作研究共同体"的建立不仅解决了"顶岗支教实习"活动中教师对实习学生指导不到位的困难,还解决了"顶岗支教实习"活动中置换培训教师的可持续发展问题,以及利用"合作研究共同体"延长回校的置换培训教师接受大学课程与教学论专家指导的持续性。

此外,"合作研究共同体"的建立还为教师专业发展管理机构和研究机构提供了数据资料和理论依据。相关建议被山西省教育厅与部分高等院校采纳,部分研究内容获得学界认同与表彰。 (杜伟琴)

山西省第八次社会科学研究优秀成果获奖名单选介

荣誉奖(1项)

编号	成果名称	成果形式	申报人	工作单位
1	坚定不移地贯彻落实依靠方针 努力做好新形势下职工群众工作	论文	郭海亮	山西工人运动研究会

一等奖(20项)

序号	成果名称	成果形式	申报人	工作单位
1	非公有制企业劳资合作研究	专著	邸敏学	山西大学
2	山西资源型经济转型国家综合配套改革试验区发展报告2012:历史选择与改革探索	专著	郭泽光等	山西财经大学
3	农民收入持续较快增长的困难与期盼——山西七县区农村调查	论文	刘兆征	山西省委党校(山西行政学院)
4	人力资本差异与收入分配差距	专著	焦斌龙等	山西省人民政府发展研究中心
5	农村土地流转制度下的农民社会保障	专著	吕世辰	山西师范大学
6	准确把握与努力提升低收入群体稳定度	论文	潘　峰	山西省委党校
7	中国共产党山西历史	专著	省委党史办	山西省委党史办
8	时代文化论要	专著	艾　斐	山西省社科院
9	制定"新型农村合作医疗管理条例"的建议	研究报告	孙淑云	山西大学
10	汾阳东龙观宋金壁画墓	编著	王　俊	山西省考古研究所
11	区域节能潜力理论与实证研究	专著	李　玮	太原理工大学
12	结构调整中的行业创新效率研究——基于DEA和SFA方法的分析	论文	张信东等	山西大学
13	中国古戏台调查研究	专著	车文明	山西师范大学
14	中国戏曲文物通论	专著	黄竹三 延保全	山西师范大学
15	当代中国妇女史研究的价值取向	论文	畅引婷	山西师范大学
16	城市化、城市边缘群体与伊朗伊斯兰革命	论文	车效梅	山西师范大学
17	《早期中华帝国的贵族家庭——博陵崔氏个案研究》中译本	译著	范兆飞	山西大学
18	英国新能源法律与政策研究	专著	吕　江	山西大学
19	道德推脱对青少年攻击行为的影响:有调节的中介效应	论文	杨继平 王兴超	山西大学
20	合作研究共同体:教师专业发展共赢模式的实践探索	论文	张海珠	山西师范大学

二等奖(75项)

编号	成果名称	成果形式	申报人	工作单位
1	邓小平“南方谈话”的价值内涵与深刻启迪	论文	张志芳	山西省委党校
2	中国特色社会主义制度的价值取向	论文	朱颖原	太原理工大学
3	大学生政治信仰教育路径探析	论文	林雪原	太原理工大学
4	时代精神:历史解读与当代阐释	专著	邢云文	山西大学
5	高校德育原理	专著	顾昭明	山西医科大学
6	量子力学多世界解释的哲学审视	论文	贺天平	山西大学
7	走向晋商文化的深处——晋商伦理的当代阐释	专著	邓　蕊	山西医科大学
8	科研伦理审查在中国——历史、现状与反思	论文	艾　斐	山西省社科院
9	发展与责任的考量:和谐社会视阈中的企业伦理研究	专著	张汉静	山西大学
10	玻耳兹曼的科学哲学思想研究	专著	钟海琴	太原师范学院
11	易学科学思想——宋代易学六十四卦自然观	专著	辛　翀	山西大学
12	约翰·比克尔的元科学还原论	论文	邢如萍	太原师范学院
13	我国均衡性转移支付资金分配机制研究	论文	贾晓俊	山西财经大学
14	基于可流动性资产负债表的我国政府债务风险研究	论文	沈沛龙	山西财经大学
15	明清晋商与徽商之比较研究	专著	刘建生	山西大学
16	转型期山西经济发展问题研究	编著	张改枝	太原师范学院
17	商业银行风险规避——基于资本结构的理论框架和中国证据	专著	赵　瑞	山西财经大学
18	资源型经济转型——山西省发展的根本路径	编著	贾明建	山西省财政税务专科学校
19	金融发展中的货币控制:货币均衡的理论争议与历史变迁	专著	王书华	山西财经大学
20	中国社会核算矩阵编制方法研究	论文	李宝瑜	山西财经大学
21	我国水利投资对粮食生产的影响研究	论文	郭卫东	省社科院
22	中国生态环境可承载的煤炭产能研究	论文	王宏英	山西省发展和改革委员会宏观研究院
23	关于中小企业信用治理问题探讨	论文	郭　亮	山西大学商务学院
24	《资本论》经营智慧	专著	梅建军	山西大学
25	文物警察学	专著	靳平川	山西警官高等专科学校
26	如何认识我国的社会组织	论文	白平则	山西师范大学
27	国际非政府组织的角色分析——全球化时代INGO在国际机制发展中的作用	专著	霍淑红	山西大学

续表

编号	成果名称	成果形式	申报人	工作单位
28	当代社会化语境下矿业权法律属性考辨	论文	郗伟明	山西财经大学
29	中国优秀女子三级跳远运动员核心竞技能力特征及训练内容体系研究	专著	曹景川	山西师范大学
30	社会学视域下的课堂空间意蕴及其价值再审视	论文	徐冰鸥	山西大学
31	教师的劳动价值与素养论	专著	张　晔	太原师范学院
32	独立学院可持续发展理论与实践	专著	苗玉宁	山西大学商务学院
33	中西部工科院校学科建设绩效评价研究	专著	吴俊清	太原理工大学
34	广义教学论	专著	刘庆昌	山西大学
35	职业教育的逻辑	专著	南　海	山西大学
36	我国高校教学科研人员绩效考评研究	专著	李志河	山西师范大学
37	教师教育重心后移:动因与走向	论文	孟　旭	太原师范学院
38	劳动:开启德育回归生活世界之门	论文	韩红升	山西师范大学
39	焦循戏剧学研究	专著	范春义	山西师范大学
40	元好问诗编年校注	专著	狄宝心	忻州师范学院
41	金代文学编年史	专著	牛贵琥	山西大学
42	李白精神与诗歌艺术新探	专著	张瑞君	太原师范学院
43	诗经研究六十年	论文	郭万金	山西大学
44	中国文气论批评美学	专著	侯文宜	山西大学
45	网络语言的多角度研究	专著	安志伟	山西省社科院
46	侯马白店铸铜遗址	研究报告	谢尧亭	山西省考古研究所
47	河湖变迁与健康评价——以汾河中游为例	专著	孟万忠	太原师范学院
48	《新编事文类聚翰墨全书》研究	专著	仝建平	山西师范大学
49	流动的土地——明清以来黄河小北干流区域社会研究	专著	胡英泽	山西大学
50	试析朝鲜战俘遣返谈判中的苏联因素	论文	宋晓芹	山西大学
51	山西柿子滩旧石器遗址蚌制品制作工艺研究	论文	宋艳花	山西大学
52	阅档读史——北方农村的集体化时代	专著	行　龙 马维强 常利兵	山西大学
53	关于构建五台山学的思考	论文	崔玉卿	山西省社科院
54	农业学大寨运动史	专著	李静萍	太原大学外语师范学院

续表

编号	成果名称	成果形式	申报人	工作单位
55	我国生物医学领域科研合作网络分析——以肿瘤学为例	论文	于　琦	山西医科大学
56	生态建设补偿机制研究	专著	韩东娥	山西省社科院
57	产品内分工下的加工贸易价值链提升研究	专著	丁　蕾	山西财经大学
58	新兴技术产业化研究	专著	卢文光	太原科技大学
59	基于信息技术的房地产评价方法与应用研究	专著	赵华平	山西省风险管理研究会（山西财经大学）
60	政府内部控制研究	专著	范文萍	山西财经大学
61	诸宫调与中国戏曲形成	专著	吕文丽	山西师范大学
62	音乐伦理学	专著	王小琴	中北大学
63	山西戏曲剧目总揽	编著	李文虎	山西省戏剧研究所
64	西方现代艺术批评的起源——18世纪法国沙龙批评研究	专著	董虹霞	太原理工大学
65	晋之风——山西民歌研究	专著	韩　军	山西省音乐舞蹈曲艺研究所
66	山西民间舞	编著	赵林春	山西大学
67	我国区域知识竞争力研究	专著	相丽玲	山西大学
68	民族利益协调:国家的抉择	论文	常开霞	中北大学
69	关键要在“化”字上下功夫	论文	胡　羽 王早霞	山西日报理论部
70	农民工社会网络结构	专著	任义科	山西师范大学
71	资源型区域高新产业特色选择研究——以太原高新区产业发展为例	论文	凌日平	太原师范学院
72	应对人口老龄化战略研究	编著	秦谱德　谭克俭 王进龙　丁润萍	山西省社科院
73	医患交际的会话分析研究	专著	于国栋	山西大学
74	明喻和暗喻的认知动态研究	专著	郭爱萍	太原理工大学
75	语性理论与文学翻译	专著	秦建华	运城学院

2013年度山西省“百部(篇)工程”获奖成果

荣誉奖(1项)

序号	题　目	成果形式	作　者
1	山西文化旅游名胜精粹	编著	李玉明　王　晖

一等奖（21 项）

序号	题　目	成果形式	作　者
1	英国的新马克思主义	专著	乔瑞金
2	农村居民幸福感影响因素的实证分析——基于四川省震后灾区与非灾区的对比	论文	徐仲安　靳共元 张晓林　耿宇宁
3	中国食品安全监管体制运行现状和对策研究	专著	程景民
4	1979—1991 年中国工业技术引进及其绩效分析——以技术创新为视角	论文	林　柏
5	山西古建筑文化综论	专著	柴泽俊
6	马克思主义大众化理论视野的新扩展——党的十八大对推进马克思主义大众化认识的新贡献	论文	张志芳
7	山西票号商事习惯法的兴衰——以熟人社会为视角	论文	薛建兰　赵　亮
8	基于不同开发主体的古村落旅游发展模式比较研究	论文	邵秀英　李　青　贾雪冰
9	清代华北乡村社首初探——以山西泽州碑刻资料为中心	论文	姚春敏
10	近代华北乡村地权分配再研究——基于晋冀鲁三省的分析	论文	胡英泽
11	中国临床运动心理学理论体系的建构	专著	刘　丽
12	球场观众暴力研究	专著	石　岩
13	我国延长义务教育年限的合理性研究——基于制度伦理的视角	专著	闫建璋
14	零售商提前支付与贷款担保下的供应商融资策略	论文	王文利　骆建文
15	基于前沿分析方法的中国工业部门广义碳生产率指数测算及变化分解	论文	赵国浩　高文静
16	《艺苑卮言》研究	专著	李燕青
17	走西口移民运动中的蒙汉民族民俗融合研究	专著	段友文
18	南社文人与日本	专著	陈春香
19	山西传统工艺史纲要	编著	《山西传统工艺史》编写组
20	中西部地区农村女性人口流动问题研究	专著	刘　宁　崔　燕
21	雁北明清剧场及其演剧研究	专著	王鹏龙

二等奖（39 项）

序号	题　目	成果形式	作　者
1	论马克思人的解放理论及其中国化的历史进程和实践创新	论文	赵笑蕾
2	哲学视野下的“山西精神”	论文	王早霞
3	中国特色社会主义公平正义的本质内涵和认识误区	论文	张二芳
4	“以人为本”的诚信观与社会信任发展机制的重建	论文	王素萍

续表

序号	题　目	成果形式	作　者
5	法律与君王	译著	李　勇
6	诠释学视野下的科学多元理解特征	论文	杨秀菊　殷　杰
7	马克思社会冲突思想研究	专著	邢　媛
8	董仲舒的儒家政治哲学	专著	崔　涛
9	马克思主义哲学在当代语境中的解读	论文	毛建儒　王颖斌
10	合作社立法模式问题研究	专著	孙晓红
11	浅谈领导者素质	论文	郝志远
12	试论民族主义与新加坡的政治发展	论文	胡若雨
13	我国开征遗产税的意义及制度安排	论文	单顺安
14	房地产价格高涨的政治经济学解释	论文	王柏杰　何炼成
15	经济学视野下的山西精神	论文	武小惠
16	国际产品内分工下我国加工贸易转型升级问题研究	专著	杜晓英
17	作为世界遗产的五台山及五台山学的构建	论文	崔玉卿
18	也论社会史与新文化史的关系:新文化史及其在中国的发展	论文	张俊峰
19	冷战的新边疆:美国第四点计划研究	专著	谢　华
20	黄河蒲津渡遗址	编著	刘永生
21	同伴互动小组结构对小学生创造性问题提出的影响	论文	韩　琴　胡卫平　贾小娟
22	论大学语文课程的定位与内容构建	论文	秦朝晖　傅书华
23	竞技武术是一项现代体育运动项目吗?	论文	赵　岷　李金龙
24	知识内容:基本蕴涵、教育价值与教学策略	论文	徐冰鸥　潘洪建
25	现代高校新型餐饮服务体系——理论与实证研究	专著	黄永胜　武原红
26	XBRL 技术体系结构的语言学分析与改进研究	论文	孙　凡　杨周南
27	技术联盟网络与知识管理动机的匹配性——基于 1995—2011 年索尼公司的案例研究	论文	宋志红　李常洪　李冬梅
28	制造过程不确定质量异常诊断的 Stateflow 方法	论文	侯世旺
29	管理决策理论、技术与方法	编著	张所地　吉迎东　胡琳娜
30	“赋诗言志”与“诗言志”的理论内涵和职能演变——兼论“诗可以群”诗学作用的历史变迁	论文	郭　鹏
31	作为想象的底层:当代乡下人进城小说研究	专著	令狐兆鹏
32	晋方言与官话非同步发展(三)——见组细音字的超前演变	论文	乔全生　崔　容

续表

序号	题　目	成果形式	作　者
33	从今晋南、关中一带汉语方言看宋西北方音通摄阳声韵的层次	论文	张惠叶　于银如
34	人文太原(综合卷)	编著	马竣敏
35	失独家庭的精神抚慰与制度保障	论文	王小平
36	社会变迁的民俗记忆——以近代山西移入民村落为中心的考察	专著	卫才华
37	论《美国在心中》的殖民者与被殖民者的双向模拟策略	论文	张亚丽　陈世丹
38	神祇众相——山西水陆寺观壁画中的艺术与科技价值	专著	史宏蕾
39	对晋剧艺术经营模式与方法的反思	论文	邱怀生　郭　宾

三等奖(49项)

序号	题　目	成果形式	作　者
1	和谐视域下的妇女社会地位提升	论文	徐晓琴
2	论文化冲突对社会主义和谐文化建设的影响	论文	尹俊芳
3	关于思想政治教育研究方法发展的思考	论文	王霞娟　赵宗凌
4	建设美丽中国 实现永续发展	论文	郭建平
5	人民警察核心价值观的基本内涵探究	论文	樊爱霞
6	论责任意识——我国警察文化的伦理基础	论文	刘克华　潘秀丽
7	系统科学视野下的科学整体演化图景	论文	卫郭敏　武　杰
8	中美军事安全体制比较及启示	论文	胡文秀　刘振霞
9	论我国宪法对“体育运动”保障之具体化	论文	韩永红
10	美国等同原则的“消亡”对我国专利侵权诉讼的启示	论文	张继宏
11	中国城市新移民的公民权研究	专著	苏　昕
12	中国城镇家庭收入增长益贫性形成机制研究	论文	韩秀兰
13	中国农村消费市场和农户消费行为的现状研究	专著	郇秀军
14	山西城乡统筹与乡村旅游发展研究	论文	省社科联课题组
15	山西资源型经济转型发展报告(2013)	研究报告	李志强　梁红岩等
16	企业内控管理对行政事业单位财务管理的借鉴意义	论文	郭　洁
17	山西综改区先行先试相关问题研究	论文	闫爱青　邵　勇
18	耍孩儿剧种源流考	专著	韩　府
19	《禹贡》中“贡”与“赋”的关系	论文	郭永琴
20	太原:历史深处走来的城	编著	吴国荣

续表

序号	题　目	成果形式	作　者
21	民国时期皖南永佃田交易及租佃考察	论文	张　明
22	二十世纪前期中国基层政权代理人的“差役化”——兼与清代华北乡村社会比较	论文	渠桂萍
23	论农村幼师国培计划的意图、理念与模式	论文	张琴秀
24	关于设定全国中小学教师教育技术水平考试合格标准的思考	论文	汪存友
25	城镇化进程中的心理学研究	专著	刘丽红
26	“凯洛夫访华”的历史、关注的教育问题及影响	论文	郑玉飞
27	资源型城市可持续发展教育——以山西省临汾市为例	专著	张旭如
28	基础教育探微	专著	牛　泉
29	太原市高校女教师参与体育健身活动现状的调查	论文	王成军　李小利
30	双因素影响回收下再制造闭环供应链契约协调研究	专著	高文军
31	中国控烟政策产出乏力的政策网络分析	论文	刘海燕
32	网络组织负效应研究	专著	孙国强
33	Research collaboration in health management research communities	论文	张持晨　于　琦 樊清华　段志光
34	现代管理学	编著	何云峰　弓永华 赵　欣　丁丽芳
35	管理学基础	编著	牛三平　杨　斌　杨金凤等
36	基础写作引论	专著	白丽萍
37	山西民歌研究	专著	彭栓红
38	“滴溜”词义考索	论文	张小平
39	20世纪新故事文体的衍变及其特征研究	专著	侯姝慧
40	《儒林外史》新说	专著	薛　莲
41	扩大非物质文化的对外传播——以山西省为例	论文	张艳丰　王　璺
42	山西壶关树掌方言古次浊入今声调	论文	李　晰
43	云图书馆理论与实践	专著	王　红
44	中国武术理论丛书	专著	张泽正
45	晋城市农药污染土壤问题及对策	论文	张慧艳
46	体育舞蹈赋予社会体育指导员特有的职业魅力研究	论文	苏凤娥
47	The Impact of Cooperative Learning on English as a Foreign Language Tertiary Learners´ Social Skills	论文	宁惠萍
48	田仲一成中国戏曲史研究的成就与局限	论文	王苏生
49	妙手“偶”得——中国定格动画	专著	曹　迪

教育管理

【教育改革】 2014年，山西省教育厅印发《关于做好2014年全面深化教育改革工作的通知》，完成完善教育经费投入保障机制、推进义务教育均衡发展、健全支持民办教育发展的管理体制机制、完善促进就业创业工作机制等4项改革目标。印发《关于开展省级教育体制改革试点项目阶段总结工作的通知》，对改革试点项目进行跟踪管理。总结11个社会体制改革教育重点项目阶段成果，并提出下一步工作目标和进度计划。

（白云飞）

【教育法制建设】 2014年5月，山西省教育厅举办教育法制专题培训班，各县（市、区）140余名教育法制干部参加专题培训和研讨。组织开展以"强化法治思维，注重法治方式，坚持依法行政，保障服务转型跨越"为主题的"依法行政宣传月"活动。全面清理行政审批事项，取消"利用互联网实施远程高等学历教育的教育网校审批"，承接教育部下放的"高等教育自学考试专科专业审批"，将"自费出国留学中介服务机构资格认定审批"由前置审批变更为后置审批，14类审批事项于11月向社会公布。申报审批规范性文件1份，宣布废止、失效规范性文件16份，对6部地方性教育法规、4部地方政府教育规章和23部涉教育的规范性文件进行清理。组织市、县两级教育行政部门开展法制建设情况专项督查。中北大学、山西中医学院获评山西省依法治校示范单位。

（白云飞）

【法制宣传进校园活动】 2014年，山西省实施"六五"普法规划，组织开展"法律进学校主题班会"活动，收到优秀活动案例58个，共评出一等奖5个、二等奖10个、三等奖15个、优秀奖13个。"世界读书日"期间，组织开展中小学生法制故事网上阅读活动。与团省委等部门联合开展高校大学生模拟法庭活动。与省委依法治省办联合举办全省青少年法制漫画动画微电影作品创作评选活动。6月在全省教育系统开展"全民禁毒宣传月"禁毒宣传教育活动，各地、各校组织在校学生开展禁毒知识竞赛、禁毒手抄报、模拟法庭、自护教育等多种形式的禁毒教育；22个山西省毒品预防教育示范学校组织全体学生集体佩戴"禁毒蓝丝带"，促进社会禁毒意识进一步提高。

（白云飞）

【教育督导】 2014年，山西省级和国家级督导组分别抽查55个和8个县对农村义务教育学校基本教学条件和生活条件进行专项督导。对县级教研室标准化建设和县级职教中心达标建设情况进行督导评估验收。对119个县（市、区）开展财政教育投入和使用管理专项督导，公共财政预算拨款实际执行数占调整后预算数的比例为64.3%，政府性基金预算拨款达到14.68亿元，其他财政性教育经费实际执行数占调整后预算数的比例为65.7%。开展中小学冬季取暖专项督导，12月接受国务院教育督导委员会办公室的专项督导，共抽查晋中市左权县、阳泉市盂县的12所中小学校。对义务教育学校标准化建设进行督查，左权等27个县（市、区）达到义务教育学校标准化建设要求。

（白云飞）

【毕业生就业创业】 2014年，山西省组织各高校举办招聘会三千余场，提供就业岗位信息13万余条。继续实施基层就业项目，其中"三支一扶计划"招募585人，"农村义务教育特岗计划"招聘1748人，"西部志愿者计划"招募303人。加大入伍政策宣传力度，共招募毕业生2275人。首次通过政府购买基层公共服务岗位吸纳就业，11个市共招聘毕业生6982人。将创业培训补贴政策从毕业年度调整为毕业学年，组织496名教师进行创业师资培训，29所高校申请认定SYB创业培训定点机构，下拨230万元专项经费支持23所本科高校开展就业服务和创业讲座活动，为1488名毕业生核发《高校毕业生自主创业证》。与晋中市政府联合举办首届"晋商杯"大学生创业大赛，1616支创业团队、8800余名大学生参赛。指导高校开展就业援助活动，5300余名低保家庭毕业生享受到政府一次性1000元的求职补贴。对就业困难毕业生开展免费求职登记、优先推荐就业等活动,16720名毕业生进行求职登记,向用人单位推荐就业8891人。推行学校打印《就业报到证》等措施,简化毕业生就业手续。组织本科院校完成首次毕业生就业质量年度报告发布工作。（白云飞）

【办学规范管理】 2014年,山西省下发《关于严禁中小学校占用节假日组织学生集体补课的通知》《关于进一步落实中小学规范办学“十二条规定”的意见》《关于加强中小学生节假日活动指导的意见》等文件,加大规范办学力度。小升初实行“划片就近入学、鼓励对口直升、学生填报志愿、随机派位录取、家长社会监督”的工作方式。上半年,对11个市、31个县(市、区)中小学落实小升初、普通高中招生、禁止教育乱收费、禁补令等情况进行专项督查;10月份,对全省10个市、39个县(市、区)的583所学校进行专项督查。（白云飞）

【语言文字类管理活动】 2014年,运城市实验中学代表山西省参加“中国汉字听写大会”全国总决赛并荣获团体第一名。举办山西省“书法名家进校园”启动仪式暨首场活动。举办第17届全国推广普通话宣传周。启动小学师生《规范汉字通用字表》培训竞赛活动。调整充实山西省语委专家咨询组成员,人数由9名增至21名。选派2名高校校长、8名中小学校长、近80名一线教师和部分山西省语委干部参加教育部和国家语委举办的语言文字类培训。完成最后一个二类城市语言文字评估工作任务,三类城市语言文字评估达标率达到60%。36所中小学通过省级语言文字规范化示范校评估验收。（白云飞）

【教师队伍管理】 2014年,山西省教育继续实施农村义务教育学校教师特设岗位计划和农村学校教育硕士师资培养计划,共招聘特岗教师1701人(其中国贫县1209人,省贫县492人),签约农村学校教育硕士29人。落实教育部属6所师范大学2014届332名免费师范毕业生的就业岗位。继续实施“两区”人才支持计划,58个县共选派支教教师1270人。推进中小学和幼儿教师全员培训工作,共培训校长、教师5.5万余人。出台集中连片特困地区乡村教师生活补贴政策,鼓励更多优秀人才到农村任教。印发《山西省中小学教师违反职业道德行为处理实施意见》。继续实施职业院校教师素质提高计划,中职完成国家级培训232人,出国培训4人,企业实践38人;高职完成国家级培训134人,出国培训13人,企业实践60人;完成省级骨干教师培训和专项培训1489人。委托山西省外9所高校对126名省级教学名师进行培训,并遴选出97名新的省级教学名师培养对象。评选、推荐阳高县罗文皂镇中心校、岢岚县神堂坪联合学区等全国教育系统先进集体17个,太原市第二外国语学校、灵丘县第一中学校等省先进集体63个;山西省康乐幼儿园高级教师韩苏玲、临汾市曲沃县曲村中心校(曲村小学)一级教师孙小荣等全国模范教师20名,太原市盲童学校荀凤燕、天镇县第一小学学校霍建英等省模范教师414名;晋中市祁县实验小学校长冯广长、临汾第一中学校校长、党委副书记许江敏等全国教育系统先进工作者2名,太原市第二十九中学校校长林玮、北京师范大学大同附属中学校副校长陈建平等山西省教育系统先进工作者39名。表彰晋绥老区优秀教师220名。（白云飞）

【学校体育管理】 2014年,山西省教育厅组织参加第十二届全国学生运动会,山西省代表团共获得2枚金牌、1枚银牌、1枚铜牌,总分134.5分,奖牌、总分分列第11、12位,取得参加历届全国中学生运动会的最好成绩。参加首届全国学校体育工作“优胜杯”评选,综合排名全国第十。遴选120篇论文参加第十二届全国学生运动会科学论文报告会,共获得一等奖1名,二等奖17名,三等奖46名,团体成绩列全国第8名。组织第十二届全国学生运动会“阳光·梦想”中小学生书画作品征集评比系列活动,共征集作品543幅,10幅作品获奖并入选作品集,其中一等奖2个,二等奖2个,三等奖6个。评选上报2名全国“阳光少年”候选人和3名全国“活力园丁”候选人,2名学生分别荣获全国“银牌阳光少年”和全国“阳光少年”提名奖;1名教师获得十佳“活力园丁”(初中组)荣誉称号,其他2名教师获得“活力园丁”提名奖。2014年7月,印发《〈学生体质健康监测评价办法〉实施方案》《〈中小学校体育工作评估办法〉细则》《〈学校体育工作年度报告办法〉细则》和《山西省学生体育竞赛管理办法(试行)》等一系列规范性文件,规范学生体育管理工作。举办山西省国家学生体质健康标准培训班。完成《国家学生体质健康标准(2014年修订)》测试和数据上报工作。完成全省150所“学校体育工作评估检测点校”和100所“学校体育工作示范学校”的遴选上报工作。举办2014年大、中、小学生篮球、排球、足球、游泳、武术、健美操、定向越野等体育赛事。（白云飞）

【教育国际交流合作】 2014年,山西省教育厅和各本科高校共接待82批代表团481人次来访;3所高校举办国际学术会议6个,境外参会人员为127人;派出445名教师及管理人员赴国外及港澳台地区进行访问和培训。与美国爱达荷州就教育交流合作进行洽谈,与美国西弗吉尼亚州签署教育合作备忘录草案。组织申报2014年度国家留学基金委项目和省筹资金资助出国留学项目,分别录取14人、111人(含教育系统86人)。首次举办“国家公派出国留学人员外语培训班”,71人参加培训,其中66人获得申报资格。与教育部留学服务中心联合举办出国留学行前培训班,共计430余人参加培训。招收外国留学生188人,其中中国政府奖学金生73人(含孔子学院奖学金学生28人)。山西工程职业技术学院与加拿大北方理工学院合作举办的高等专科教育项目获得教育部备案,太原市外国语学校与美国詹尼斯中学合作举办高中课程教育项目已报教育部备案。批准太原市第二外国语学校和太原市第五中学校举办高中国际课程班。批准太原工业学院、山西电力职业技术学院3个中外合作办学项目延期。批准山西电力职业技术学院中外合作办学项目招生人数由50人/年增加到150人/年。指导山西财经大学中德学院接受教育部中外合作办学项目评估。简化外国专家、教师延聘手续，聘请外国文教专家、外籍教师112人次。（白云飞）

【卫生管理】 2014年2月，山西省教育厅对全省各级各类学校和托幼机构传染病防控及食品卫生安全管理工作进行安排部署。4月，在全省幼儿园及中小学开展健康服务管理排查工作，并要求全省学校开展结核病防控自查。6月与省卫计委就做好学校结核病筛查工作进行部署，进一步扩大结核病筛查范围。对《中小学校传染病预防控制工作管理规范》执行情况进行专项检查，开展适龄人群免疫规划疫苗的查漏补种工作。9月，对学校进一步加强秋季学期卫生防疫、食品卫生安全管理、健康教育工作完成安排部署。12月，召开全省学校卫生工作会议，并举办山西省校医、保健教师院前急救能力培训班。牵头开展学生体质调研，对各地市、高校共计15999名7至22岁学生进行检测。开展全省无烟校园创建和防艾教育工作。（白云飞）

【学校安全稳定】 2014年，山西省落实维护高校政治安全责任，加强重要保障期和敏感期的形势研判与专题调研工作，妥善应对和果断处置突发事端。3、4月分别召开全省高校安全工作会议和中小学安全工作会议，对深化平安校园创建活动进行部署。印发《山西省中小学校安全隐患排查指南》，启动全省学校安全隐患大排查专项行动。邀请有关专家对高校后勤管理人员进行食品安全、治安维稳和消防等方面培训，组织全省2000名初中校长进行专题安全培训。组织全省2760所中小学校、170余万名师生和家长参加2014年全国中小学生安全知识网络竞赛公益活动。《安全》教材于秋季学期开始在义务教育阶段3至8年级中使用。全省平安校园覆盖率提高至60%。（白云飞）

【教育援疆】 2014年，山西省教育援疆项目——102团、103团、105团、红旗农场所属4所学校的塑胶运动场建设项目，土墩子农场幼儿园新建教学楼项目，新湖农场幼儿园新建项目全部建成并交付使用。与新疆农六师五家渠市教育局建立教育人才援助、教师和校长培养培训、校际间“一对一”结对发展等长效工作机制。组织11个单位30余名优秀骨干校长教师赴新疆对口学校进行教育教学示范指导，新疆对口学校选派100余名教师到山西进行观摩学习。举办两期教育管理干部培训班，共安排专项培训经费31万元，培训校长40名。启动职业教育对口支援工作，组织山西职业技术学院、山西机电职业技术学院等10所学校对口支援五家渠市职业技术学校，五家渠市职业技术学校共选派15名专业教师分赴上述学校进行学习培训。（白云飞）

基础教育

【学前教育】 2014年，山西省新建、改扩建公办标准化幼儿园206所，改造农村幼儿园312所。学前教育三年毛入园率达86%。5月，对2012年农村小学附属幼儿园采购设备进行省级验收。（白云飞）

【义务教育】 2014年，山西省教育厅指导督促大同市新荣区，阳泉市矿区、郊区、盂县，晋城市城区、高平市、阳城县，朔州市平鲁区，晋中市榆次区、介休市、榆社县、左权县、寿阳县、太谷县、灵石县，运城市永济市、临猗县、垣曲县，临汾市安泽县、浮山县，吕梁市孝义市等21个县（市、区）通过国家级义务教育均衡发展督导评估认定。制订义务教育均衡发展分县区年度规划。全面改善农村义务教育学校办学条件，投入3亿元在全省剩余的17个县（市、区）实施农村义务教育薄弱学校改造计划，实现“薄改项目”全覆盖。制订《关于全面改善贫困地区义务教育薄弱学校基本办学条件的实施意见》，启动“全面改薄”工作。提高了农村中小学生均公用经费标准，小学为600元/生年，初中为800元/生年（寄宿生为小学700元/生年，初中900元/生年），同时按95元/生年拨付取暖费。（白云飞）

【普通高中教育】 2014年，山西省教育厅出台《山西省普通高级中学办学基本标准（试行）》。对53所省级示范高中进行专项复评。（白云飞）

【特殊教育】 2014年，山西省教育厅出台《山西省特殊教育提升计划（2014—2016年）》。建设残疾儿童少年数据库。特殊教育学校生均公用经费标准提高到4000元/生年，教师补贴标准提高到本人基本工资的50%。组织50%的特殊教育学校校长、教师参加省级培训。（白云飞）

【中小学德育和心理健康教育】 2014年，山西省教育厅在太原市和晋中市开展中小学序列化德育改革和德育考评新机制改革试点工作。起草《推进社会主义核心价值观进校园进一步加强中小学德育工作实施意见》。开展“提倡科学、反对迷信”“爱学习、爱劳动、爱祖国”和“节水、节粮、节电”等宣传教育活动。组织拍摄“最美班主任”系列宣传电视片。编写中小学心理健康教育教材。印发《中小学心理健康教育工作指导纲要实施意见》和《山西省中小学心理健康辅导室建设标准》。召开全省中小学心理健康教育经验交流会。加强全省心理健康教育网站建设和运行管理，聘请专家开展网上辅导咨询活动。组织开展中小学骨

干班主任心理健康教育专题培训和专职心理健康教师培训。（白云飞）

高等教育

【高校章程建设】 2014年，山西省教育厅成立高校章程核准委员会，制定核准工作规程。核准山西农业大学、山西师范大学、中北大学、山西大同大学、太原工业学院、晋中学院、山西财政税务专科学校、太原理工大学、山西医科大学、长治医学院、忻州师范学院、山西传媒学院、山西经贸职业学院、山西职业技术学院、山西旅游职业学院、山西青年职业学院共16所高校章程。（白云飞）

【招生规模扩大】 2014年，山西省研究生和普通本、专科招生计划分别比上年增长4%和8%。实行自主招生的高职院校增至34所，招生规模增至1.4万人。五年制高职招生计划比上年增加0.15万人。专升本和对口升学本科招生计划分别比2013年增长25%和242%。贫困地区农村专项招生计划增加到400人。组织实施地方农村专项计划，安排8所本科院校面向22个省级贫困县定向招生计划220人。高等教育毛入学率为37%。（白云飞）

【高校党建】 2014年，山西省教育厅与山西省委组织部、省委宣传部联合召开全省高校党建工作会议。在全省高校开展“基层组织提升年”活动，初步建立党委书记、院（系）级党组织负责人抓基层党建专项述职制度，通过“六抓六促”实现高校基层党建工作的“六个提升”。印发《关于进一步加强和改进高校干部教育培训工作的意见》和《2014-2017年全省高校系统干部教育培训计划》，选派高校领导干部和中青年后备干部参加组织调训，对中国教育干部网络学院的优质教育资源进行推广。对山西应用科技学院党委书记、督导专员和山西同文职业技术学院督导专员进行调整补充。组织开展高校学习贯彻《中国共产党发展党员工作细则》培训，编写《发展党员工作手册》，规范高校党员管理工作。举办高校统战干部培训班，推荐报送高校山西欧美同学会、山西留学人员联谊会理事会理事和理事预备人选，报送41名高校系统山西统一战线“高端人才计划”人选、12名无党派人士先进典型人选和15名党外知识分子先进典型人选。配合省委统战部举办第二届晋商大会民营企业与高校科研院所项目对接恳谈会。（白云飞）

【大学生思想政治教育】 2014年，山西省教育厅开展全省高校师生思想状况调研。开展高校大学生思想政治工作测评，对全省44所学校进行实地检查，编制省级自评报告。编制《山西省高等职业学校学生心理健康教育工作指导意见》；编写本科院校、职业院校心理健康教育教材。开展高校辅导员年度人物评选、第二届山西省辅导员职业能力大赛和“2014年辅导员精品项目建设”评选等活动，承办2期“全国高校辅导员骨干专题培训班”。开展校园主题教育文化活动和百佳思政主题网站评选、高校网络校园好声音大赛、优秀辅导员博客评选、第二届大学生微电影大赛等网络文化活动，促进校园文化建设。山西农业大学学生江利斌和山西大学学生郭佩祥分别荣获第九届“中国大学生年度人物”和提名奖。在“5·25”大学生心理健康节组织开展心理健康教育美文、美图大赛。（白云飞）

【高校新校区建设】 2014年，山西省高校新校区建设工程竣工面积253.31万平方米，竣工单体建筑295个；累计完成投资129亿元，累计完成投资率为98.51%。近11万名师生入住新校区。9所高校老校区处置土地99.412公顷，除晋中学院外，其他高校全部完成移交任务。第一批老校区国有土地处置收入资金114324万元，全部下达至有关高校。（白云飞）

【高等学校布局和专业结构调整】 2014年，山西省新增山西工程技术学院和山西应用科技学院2所本科院校，太原电力高等专科学校实质性并入山西大学。山西能源学院筹建取得重要进展，首次与太原理工大学联合招收本科生，招生计划420人。新增44个本科专业。太原理工大学等3所高校设置煤层气专业方向。（白云飞）

【重点学科建设】 2014年，山西省教育厅开展山西省高校重点学科建设现状调研。与省财政厅联合委托华强会计师事务所和晋和会计师事务所，对2011年立项的17个工学类，14个理、农、医学类省优势、特色重点学科建设项目进行绩效考评和中期检查，根据检查结果调整资助额度。开展《适应煤层气产业创新链的学科专业配置与人才培养体系构建研究》。12月底，组织召开山西省高校重点学科建设座谈会。推荐山西大学李少钦等101人申报2014年度山西省“百人计划”。下达“三晋学者”特聘教授岗位津贴和科研项目经费，调研并启动修订“三晋学者”评选办法。（白云飞）

【高等教育质量工程】 2014年，山西省教育厅举办“推动内涵发展 提升‘三个能力’建设”主题研讨会，23所本科学校的党委书记、校长参加研讨。省教育厅与11个市人民政府签订合作共建本科院校协议。山西医科大学、山西师范大学和长治医学院各有1项成果获2014年国家级教学成果二等奖。16种教材成为第二批“十二五”普通高等教育本科国家级规划教材。获批112个国家级大学生创新创业训练项目。山西农业大学被列为第一批卓越农林人才教育培养计划试点高校，涉及8个专业的2种人才培养模式改革项目列入试点项目。向教育部申报8门精品视频公开课，其中5门课程通过第一轮评审。向教育部推荐4个国家级实验教学中心和3个国家级虚拟仿真实验教学中心，中北大学入选2014年国家级虚拟仿真实验教学中心。完成2014年度省级质量水平提升工程3个教学项目的评审工作，评审出特色专业19个；教学改革项目152项，其中重点项目26项；大学生创新创业训练项目576项，其中重点项目124项。完成2013年度本科教学质量报告分析工作。配合教育部对山西大同大学本科教学工作进行合格评估，组织专家对长治学院评估整改情况进行验收。

（白云飞）

【高层次人才队伍建设】 2014年，山西省教育厅遴选2014年度山西省高等学校优秀创新团队2个，中青年拔尖创新人才4人，优秀青年学术带头人36人，资助经费共435万元。继续实施高等学校"131"领军人才工程，各高校共引进院士10名，知名学者和学术技术带头人81名，培养优秀中青年拔尖创新人才156名。推荐48人入选山西省学术技术带头人，11人入选享受政府特殊津贴人选，25人申报2014年度"留学人员科技活动项目择优资助经费申报"项目。报送国家百千万人才工程人选20人，山西省新兴产业领军人才候选人11人，第二批山西省青年拔尖人才7人。太原理工大学教授许并社、山西大学教授张靖获"全国杰出专业技术人才"称号，中北大学微纳光机电惯性传感器件及集成测量系统创新团队和太原科技大学重型机械教育部工程研究中心获"专业技术人才先进集体"荣誉称号。省教育厅直属高校和事业单位共安排招聘计划1633名，实际招聘1191名，其中在全国重点科研院所招聘优秀紧缺人才438人(114人拥有博士研究生学历)。（白云飞）

【高校科技创新】 2014年，山西高校共承担国家社会科学基金项目40项，获得项目经费830万元，分别占山西省承担项目总量和经费的95.2%、98.8%。承担国家自然科学基金项目321项，获得项目经费1.56亿元，项目数量和经费分别比上年增长16.3%和17.6%，其中国家杰出青年基金项目1项，国家优秀青年基金项目3项，重点项目5项，重大研究计划项目2项。遴选山西省科技创新项目75项、人文社科重点研究基地项目50项和哲学社会科学研究一般项目81项，投入专项经费555万元。新增3个高校人文社会科学重点研究基地：山西财经大学"金融研究院"、中北大学"创新研究中心"和山西传媒学院"文化创意与设计研究中心"。

（白云飞）

【重大成果奖励】 2014年，山西省高校获得国家级科技奖励2项，其中科技进步二等奖1项(太原理工大学许并社)和技术发明二等奖1项(太原理工大学赵阳升)；获得教育部高等学校科学研究优秀成果奖2项，其中自然科学二等奖1项（山西大学靳祯)、科技进步二等奖1项(山西农业大学李步高)；获得山西省第八次社会科学研究优秀成果奖221项，其中一等奖14项；获得山西省科学研究优秀成果一等奖4项，其中自然科学奖一等奖1项（山西农业大学吕丽华)、技术发明一等奖2项(太原理工大学张永发、中北大学薛晨阳)、科技进步一等奖1项（太原理工大学寇子明)。（白云飞）

【高等教育信息化建设】 2014年，山西省教育厅加强CERNET主干网太原核心节点建设，教育网主节点线路带宽升级为10Gbps，实现高校新校区与主节点间的连接。山西大学、太原理工大学等高校建成覆盖全校主要教学科研区域的无线校园网。数字化校园建设取得新进展，构建起统一数据库平台、统一数据门户、统一身份认证平台的数字化校园信息标准。9月召开山西省教育科研计算机网和高校信息化建设会议，围绕"共享·服务——促进高校资源共享，助推教育事业发展"主题，就网络信息安全、智慧校园建设等方面进行交流研讨，举办11场技术报告、1场圆桌讨论，58个单位300余人参加会议。（白云飞）

【研究生教育】 2014年，山西省教育厅与省经信委共同认定8个山西省研究生教育创新中心(基地)，遴选支持108项研究生创新项目，其中博士生项目56项，硕士生项目52项，投入专项经费119万元；支持62项研究生教育改革课题，投入专项经费132万元；改革项目评审办法，引入第三方评审、专家会议复审等方式；表彰奖励22名优秀导师42名优秀企业导师；高校经批准增列22个专业硕士学位授权点，自主调整6个专业硕士学位授权点，2015年开始招生；印发《山西省研究生学位论文抽检办法》《山西省优秀研究生学位论文评选办法》，建立研究生教育质量保障体系，对学位授予单位开展学位论文作假行为专项检查。（白云飞）

【创新人才培养】 2014年，山西省教育厅继续在本科院校实施省级精品资源共享课转型升级工作。评选31个省级实验教学示范中心和13个省级虚拟仿真实验教学中心。组织开展全国大学生数学建模竞赛、英语演讲大赛、广告艺术大赛、机械创新设计大赛、工业设计大赛和华北五省(市、自治区)大学生人文知识竞赛、计算机应用大赛和机器人大赛山西赛区比赛，共获得一等奖8项，二等奖69项，三等奖10项。其中太原理工大学机器人团队在国际水中机器人大赛中获金奖、铜奖各1项；超算团队在ASC世界大学生超级计算机竞赛决赛中夺得一等奖，并与上海交通大学、清华大学、北京航空航天大学共同获得应用创新奖，实现山西省高校在国际性大学生课外学术科技竞赛中的突破。（白云飞）

【高校教师教育联盟】 2014年，山西省教育厅为整合高校教师教育资源，组织山西师范大学、山西大同大学、太原师范学院、忻州师范学院、运城学院、晋中学院、长治学院、吕梁学院8所高校成立"山西高校教师教育联盟"，签订《山西高校教师教育联盟合作框架协议》。

（白云飞）

【科技园孵化基地】 2014年，山西省教育厅与太原市政府就科技园建设

空间拓展问题达成意向，拟在高新区新建区（汾东物联网园区）建设科技园孵化基地，深化高校与高新区的全面战略合作。（白云飞）

职业教育和成人教育

【职业教育招生规模扩大】 2014年，山西省共有中等职业学校543所，比上年增加36所；招生170977人，比上年增加6324人，其中普通中专学校47936人，成人中专学校2823人，职业高中69008人，技工学校39134人，其他机构、附设中职班12076人。高等职业学校共48所，招生76980人。成人高等教育招生48305人，其中本科21692人，专科26613人。（白云飞）

【职业教育基础能力建设】 2014年，山西省共有14个县级职教中心通过省级验收，建成合格县级职教中心的县（市、区）达76个。山西建筑职业技术学院通过国家示范高职学校项目验收，3所省级示范性高等职业院校建设项目院校通过省级验收。建设高职实训基地20个、重点专业19个、特色专业12个，建设中职实训基地90个、重点专业26个。（白云飞）

【职业学校管理】 2014年，山西省教育厅完成第三轮中职学校管理星级评估认定工作，被认定为管理五、四、三和二星级的学校数量分别为22所、20所、18所和12所。清查387所中职学校办学资质，其中346所学校通过检查，30所限期整改，11所取消办学资质。印发《关于建立山西省高等职业教育生均拨款制度的实施意见》，制定普通高等职业学校生均拨款标准。（白云飞）

【"百校千企"工程】 2014年，山西省教育厅印发《山西省教育厅关于实施职业教育"百校千企"工程的通知》，遴选100所骨干职业院校与1000家大中型企业的深度合作项目。与山西省煤炭厅联合召开职业教育提升服务煤炭产业发展能力推进会，11个市煤炭工业局、9大煤矿集团、所有涉煤职业院校负责人参加会议，出台《关于进一步做好我省煤炭专业人才培养工作的实施意见》。组织70多家企业和行业协会参加全省第八届职业院校技能大赛。（白云飞）

【成人高等教育】 2014年，山西省成人高等教育新增备案函授站2个，新增备案专业11个；推动成人高等学历教育网络辅助教学试点工作，共提供16门课程、446个在线课件，注册学生用户7.1万余人，访问次数超332万人次；印发《关于调整全省成人高等学校计算机和英语课程考试工作的通知》，从2014年起取消成人高校计算机应用能力统一考核，暂停专科（非英语专业）学生英语统考，由各校自行组织考试；对164个备案函授站进行2013年年检，合格151个，不合格13个；对省外高校在晋68个函授站进行专项检查。（白云飞）

【民办教育】 2014年，山西省教育厅印发《山西省教育厅关于加强成人高等学校和民办培训机构安全工作的通知》《关于进一步加强民办培训机构管理的几点意见》《山西省教育厅关于民办非学历高等教育机构设置的几点意见》等文件，支持民办教育发展；加强对民办学校的年度检查，确定首批合格学校14所，限期整改28所，其中经整改合格24所；2所民办学校因违规办学停止2014年招生，撤销11所未换发办学许可证或连续2年年检不合格的省属民办学校；对18所在晋招生的民办学校进行招生简章（广告）备案；建立民办教育台账。（白云飞）

【农民、职工技术培训】 2014年，山西省教育厅完成农村实用技术培训351.8万人次，其中妇女103.2万人次，残疾人8.2万人次；完成煤炭产业人才培训12673人次。晋中市平遥县入围第一批国家级农村职业教育和成人教育示范县创建名单。（白云飞）

【社区教育】 2014年，山西省教育厅组织开展省级社区教育实验区和全国社区教育示范区申报工作，确定大同市城区、晋中市和顺县、运城市永济市为第二批省级社区教育实验区。各市成立"全民终身学习活动周"指导协调机构，共推荐8位"百姓学习之星"和5个"终身学习活动品牌"，其中太原市的董林、晋中市的苗世明被评为"百姓学习之星"，"太原市全民终身学习大讲堂""新型女农民培训工程""虎啸诗情"等项目被评为"终身学习活动品牌"。完成社区教育培训1158.8万人次，其中新市民239.5万人次、职业农民307.8万人次、妇女388万人次；创建学习型组织9748个。（白云飞）

○相关链接：参见"山西省人民政府"类目

新闻出版

【概述】 2014年1月，山西省新闻出版广电局（山西省版权局）正式挂牌，并组建新的领导班子。

截至2014年底，山西省共有大型新闻出版集团组织8家，包括山西日报报业集团、山西出版传媒集团两大龙头集团，山西新华书店集团以及非时政类报刊改革中组建成立的5大报刊传媒集团；图书出版社8家（其中副牌社1家），音像（电子）出版社3家，报纸出版单位77家，期刊出版单位200家，获得互联网出版资质单位20家；共有新闻出版单位6500余家，从业人员6.7万人。2014年山西省新闻出版业总资产234.14亿元，主营业务收入206.93亿元。

2014年，山西出版传媒集团全年实现营业总收入117亿元，利润总额3.6亿元，净资产收益率7.7%。其中，山西新华书店集团完成销售64亿元，比上年增长2.7亿元；利润完成1.68亿元，比上年增长4000多万元。

（丁耿彪）

【主流媒体主导作用】 2014年，面对多元多样多变的社会思潮，山西日报报业集团所属11报2刊1网站严守政治纪律，坚持以正面宣传为主，弘扬主旋律、传播正能量，亮点迭出，在山西省特殊的政经形势下，发挥党报主流媒体新闻宣传的主渠道、主阵地作用。

2014年1月15日，山西省新闻出版广电局（版权局）正式挂牌　（丁耿彪供图）

《山西日报》在2014年山西省发生系统性、塌方式严重腐败问题之后，围绕贯彻落实全省领导干部大会精神和深入推进学习讨论落实活动，连续刊发6篇社论、20篇系列评论，打出一套廓清迷雾、凝聚共识的“组合拳”，在省内外引起强烈反响。

《山西晚报》先后推出教育实践活动“镜鉴”、学习讨论落实活动“正气”两个系列特刊，与山西电影制片厂联合拍摄电影《村官段爱平》，主办“山西最美乡镇干部”评选活动。牵头举办2014年度“感动山西十大人物”的评选活动，影响较大。2014年2月10日，2013“感动山西”十大人物之一的晋城夫妇李继林、刘平贵“诚信还粮”的事迹，成为央视《新闻联播》“践行核心价值观”专栏的第一位“践行者”。2013“感动山西”十大人物之一段爱平入选全国“最美村官”“感动中国”2013年度人物。《山西晚报》推选的“山西最美村官”马怀兰入选2014年全国十大“最美村官”。

《山西农民报》在第二批教育实践活动开展之时策划《拜群众为师》新闻专题。

《三晋都市报》新媒体走在全省报业前列，连续3年跨入移动报纸“百强”行列。三晋都市网获工信部、省网信办备案。

《人民摄影》在原有门户网站和官方微博的基础上，开通微信平台，订阅人数及转发阅读人数在全国50

余家摄影微信公众平台中位居前列。

《山西经济日报》发挥经济报道专长，围绕山西主导产业、百姓关心的市场热点，对第二届晋商大会、能博会、山西品牌中华行、三晋环保行进行报道。

《山西法制报》加强山西法制网和法治山西网建设，网站自开通以来，点击量超过40万人次。

《山西市场导报》以"3·15"及其他重大活动为抓手，拓展市场，强化与工商系统、工商业主的联系，报纸质量形成自身特色。

《对联·民间对联故事》《青少年日记》进一步提高办刊质量，探索可行的盈利模式。（孙　峰　丁　婕）

2014年2月17日，全省新闻出版广播影视工作会议在太原召开（丁耿彪供图）

【媒体融合发展】 2014年，山西日报报业集团成立集团媒体融合领导小组，设立山西日报新媒体部，制定下发《山西日报报业集团加快推进媒体融合发展的指导意见》，提出集团推进报网融合的短期和中期目标、实现途径及保障措施；规划设计集团新媒体五大建设项目和重点产品。

2014年4月26日是《山西日报》65周年报庆日，《山西日报》移动客户端上线运行，标志着集团在新媒体建设上迈出实质性的步伐，为打造新型主流媒体奠定基础；11月28日，《山西日报》手机网站、移动客户端新版上线，进一步提升党报在移动互联网上的传播能力。

《山西晚报》在省内率先推出全媒体集群，探索市场化报纸新的赢利模式。

"山西新闻网"发挥在手机端的编辑优势，推动"一省一报"发展，发展手机报业务，完善访谈直播室，打造山西省移动互联网领域发行量最大、覆盖面最广的重点新闻媒体。

截至2014年底，山西日报报业集团拥有报纸、网站、微博、微信、客户端、手机网站6种传播方式，在全省推动主流媒体融合发展之路上走在前列，《山西日报》移动客户端被评为中国报业新媒体项目创新50强。

2014年，山西日报传媒（集团）有限责任公司按照现代企业制度要求，通过清产核资、审计评估、工商变更等程序，理顺传媒集团公司产权关系，完成人员、财务等移交，推动传媒集团公司运作步入正轨。传媒集团公司调整公司架构、建章立制；实施竞聘上岗；成立物流公司、传媒教育培训中心、物业有限公司，拓展多元发展产业。在创新报刊运作机制上迈出坚实一步。批准设立山西日报新媒体公司、山西晚报公司、良友周报公司，确立市场主体。（孙　峰　丁　婕）

【数字媒体发展】 非纸质出版业，根据备案情况统计，截至2014年底，山西省拥有互联网出版单位20家。另据不完全统计，全省100余家书报刊出版单位拥有自己的网站，其中67家网站涉及互联网出版。《八路军》等优秀音像电子出版物屡获国家级出版奖项，《语文报》社有限责任公司和《新课程》杂志社有限责任公司入选全国数字出版转型示范单位。语文报社全球汉语教育全媒体平台和英语周报全媒体数字平台等项目的建设运营，为深层次开发山西出版内容资源提供信息服务和技术支撑。

2014年2月19日，在人民网演播厅举行的《2013中国报刊移动传播指数报告》发布会上，《三晋都市报》《山西晚报》凭借优势的新媒体传播平台和广泛的社会影响力，荣登"全国报纸移动传播百强榜"。《三晋都市报》排名第63位，《山西晚报》排名第70位。

2014年10月30日，中国报业协会联合第三方权威监测机构北京世纪华文国际传媒咨询有限公司共同发布报纸媒体网络跨界传播监测系统（MBR）及监测数据，其中《2014年各类报纸媒体网络传播影响力数据报告》显示，《山西日报》通过报网融合、创新发展，综合网络影响力全国领先。

2014年11月24日，山西新闻网"《七日报》周刊"获中国互联网协会组织评选的2013年度中国互联网站品牌栏目（频道）。2011年，同样由该网编辑部推出的原创品牌栏目"最关注"也曾入榜。山西新闻网由此成为全省唯一两次获得该奖项的网络媒体。（丁耿彪　孙　峰　丁　婕）

【图书出版】 2014年，山西省出版图书5306种，总印数1.19亿册（张），总印张9.93亿印张，定价总金额18.48亿元。2014年全省8个图书出版社主营业务收入7.73亿元，实现利润总额2.38亿元。

2014年，山西出版传媒集团在重要奖项、重大项目评选上再创佳绩,呈现出数量多、规格高、分量重的特点。其中《少年的荣耀》获中宣部第十三届精神文明建设“五个一工程”奖,实现“五个一”三连冠,为集团乃至山西省争得荣誉。《中国古代手工业工程技术史》《最新中药材真伪图鉴》《“中国模式”经济发展论》《中国风·儿童文学名作绘本书系》4种图书分别获第五届中华优秀出版物奖和提名奖,获奖规格和数量在地方出版传媒集团中处于前列。此外,集团还有多种图书获优秀古籍图书奖、冰心散文奖等在全国有重大影响力的奖项。在重大项目评选方面,《近代名家散佚学术著作丛刊》等3个项目获得国家出版基金270万元资金支持;绿色印刷升级改造项目获得中央财政800万元资金支持。《中国门类美学史》增补入选“十二五”国家重点出版规划,《花间一壶酒》入选“经典中国国际出版工程”,“山西历史文化资源数字转化服务系统”等2个项目入选新闻出版改革发展项目库。

2014年,山西出版传媒集团全年共出版各类出版物4856种,启动推进“一十百千万”工程和集团产品线规划,明确集团的出版战略;策划实施《山西文华》、“双百”工程、“三个文化”丛书等一批省重点项目;打造集团成立以来的第一套国标教材《书法练习指导》和省内唯一的“三核心”期刊《编辑之友》,晋版图书的市场影响力加强。全年共有80余种(次)图书登上全国各类排行榜。其中,《王开岭作品中学生典藏版》累计发行达10万余套,《少年的荣耀》多次入选《中国新闻出版报》月度好书、中国图书评论学会“大众好书榜”等榜单。集团中医、武术、生活类图书长期位列网上书店细分市场前十名。全年共实现版权输出38种,其中,《圣诞雪人》等5种儿童绘本输出到英国,《武当方药精华》等18种中医武术类图书、《五台山佛乐》系列9种电子出版物输出到台湾地区。在“中国图书世界影响力出版100强”评选中,集团所属山西人民出版社和山西科学技术出版社双双入选。

(丁耿彪　张　茂)

【期刊出版】　2014年,山西省各类公开发行期刊共有200种,期刊主管收入1.44亿元,实现利润总额1457万元。2014年,全省出版期刊0.32亿份,总印张2.11亿印张,定价总金额3.19亿元。《新型炭材料》入选世界最著名的科技文献数据库——美国科学引文索引(SGL-E),《编辑之友》被评为“新中国60年最有影响力的期刊”,《新型炭材料》《日用化学品科学》被评为全国“百强期刊”,《山西大学学报(哲学社会科学版)》《科学技术哲学研究》等7种学术期刊入选南京大学“中文社会科学引文索引”(CSSCI)来源期刊,《燃料化学学报》《煤炭转化》等24种学术期刊入选北京大学中文核心期刊目录。

(丁耿彪)

【报纸出版】　截至2014年底,山西省以省级和地市党报为主发展到77家。其中省级及地市党报共12种,行业专业报含人大、政协、工青妇报纸共26种,晚报都市类报纸8种,生活服务类4种,其他27种。2014年,山西77种报纸主营收入89576万元,实现利润总额5351万元。2014年,全省年出版报纸20.54亿份,总印张27.27亿张,定价总金额17.75亿元。

山西省是全国教学教辅报刊出版大省,《中国报业发展报告(2005)》称其为“中国第一教辅报刊群”。《英语周报》位列全国首位,《语文报》和《英语周报》为国内最早被认定为“中国驰名商标”的媒体。

2014年9月18日,在中国(武汉)期刊交易博览会上,山西《良友周报》入围“中国邮政发行报刊百强排行榜”报纸50强,是山西省唯一入选报刊。　(孙　峰　丁　婕)

【出版产业转型】　2014年,山西出版传媒集团推进产业转型升级。其中,集团所属山西新华书店“美丽书店”建设初见成效,建成汾阳新华文化广场、朔州文化创意中心等“文化地标”;打造太原首家24小时书店等省城重要文化品牌;运营太谷幼儿园,临汾快捷酒店,武乡、定襄生活超市,太原、朔州、忻州教育培训中心等一批转型项目。山西教育出版社参与“中国教育30人论坛”。希望出版社两个幼儿园全部实现盈利,成为出版社转型发展中的新亮点。集团所属5家单位被评为山西省首批数字出版转型示范单位,数字转型之路愈加清晰。集团利用电商平台转变营销模式,多家出版社涉足网店销售,其中山西教育出版社天猫旗舰店每天销售实洋平均在5000元以上,最高日销售达3万余元。

(张　茂)

【印刷复制】　2014年,山西省共有印刷复制企业1494家(不含打字复印店),印刷复制业实现营业利润2.60亿元,利润总额2.76亿元。截至2014年底,全省年产值超1000万元、技术含量高、产品结构合理、有特色的印刷企业85家,其中产值上亿元的企业9家;产值在5000万元以上企业19家。太原市经济开发区、稷山县、运城市开发区三地的印刷功能园区年产值分别达到6亿元、5亿元、3亿元;包装装潢印刷业呈现良好发展态势,总产出突破20亿元。

2014年,山西出版传媒集团所属三大印刷厂坚持“精、强、好”的发展方向,向内精细管理,向外拓展市场,投入运行山西省第一条精装生产线,全部获得绿色印刷资质。　(张　茂)

【出版物发行】　2014年,山西省出版物发行业实现主营业务收入89.36亿元,利润总额2.62亿元。其中,山西省新华书店系统实现年营业收入42亿元,年利润1.45亿元。全省共建农家书屋28339家,覆盖全省所有行政村。山西省以省会太原为龙头,以中心城市的大型书店为中心,以区县、乡镇、社区网点为依托,各类连锁书店、专业书店、社区书店、书报亭和“农家书屋”“职工书屋”齐头并进,网点设置合理、类型齐全、总量适度、结构优化的出版物发行网络初步形成。

2014年,山西出版传媒集团所

属新华书店在建和建成校园书店近百家,发行能力增强。新华书店与北岳社战略合作，两家单位共同研发的《经典诵读》—季发行近37万册。集团发联委开展出版社物流整合、业务培训、宣传营销、信息平台建设等工作,社办发行能力得到提升。集团各出版社纷纷开设微信公众号,营销方式更加多样,销售手段更加贴近市场。

2014年5月18日,全国报纸自办发行协会2014年度会员大会在沈阳召开，全国100多家自办发行报社参会。晋万家发行总公司被评为2013年度先进集体。晋万家发行总公司获“中国报业发行工作创新奖”。6月25日,在杭州召开的2014年中国报业发行工作会议上，晋万家发行总公司省城部获得“2013—2014年度中国报业发行工作创新奖”。

(丁耿彪　张　茂　孙　峰　丁　婕)

【版权管理】 2014年,山西省版权局加强版权行政执法和市场监管,共查办各类侵权盗版案件33起，查处网络侵权盗版案件4起。同时,注重将查办案件与宣传教育有机结合,围绕“保护·运用·发展”的宣传主题,全省大范围、多角度、创新性地开展版权宣传活动。

政府机关使用正版软件工作长效机制建设加强。2014年,组织召开“山西省市、县级政府机关使用正版软件工作新闻发布会”，向社会全面展示山西省政府机关使用正版软件工作成果。

完善版权服务体系。2014年,全省完成版权登记509件，同比增幅达100%；完成版权贸易合同备案35件；调解各类侵权纠纷，答复著作权方面的社会咨询近300余人次。

各出版单位推进版权贸易,北京国际图书博览会共签订版权输出协议26项，达成版贸意向61项108册。

(丁耿彪)

【出版物市场监管】 2014年,山西省共出动执法人员10万余人次、检查出版物市场店档摊点34000余个、收缴非法出版物51万余件，比上年有较大增长,尤其是检查市场摊点数量增长51%,市场清查力度加大,效果突出;共删除、屏蔽各类有害网络信息147000余条，比上年多9500余条,网上“扫黄打非”能力增强;共查办各类案件180起,比上年增长4%,其中刑事案件21起，判决13起21人,案件查办力度较大,依法惩处能力增强。忻州、晋城等地一批全国重点督办的“三假”案件的成功查办,受到全国“扫黄打非”办公室的充分肯定，央视等主流媒体给予广泛关注。

(丁耿彪)

2014年,山西省政府机关软件正版化工作培训会　(丁耿彪供图)

【全民阅读活动】 2014年,山西省新闻出版广电局和省文明办联合下发《关于开展全民阅读活动·促进文化山西建设的意见》,明确领导机构、服务体系、活动方式、运行机制、评价标准,全民阅读列入省精神文明建设考核体系。全民阅读活动与图书馆、书店、农家书屋的联动机制不断增强,围绕“书香三晋·文化山西”的主题,以“全民阅读月”为龙头,“书香漫晋”读书日公益活动、“特价书市”等创新性工作持续推进,市县乡村各级读书活动兴起。全年在山西新闻网、黄河新闻网等网站向社会联合发布《少年的荣耀》等四期313种优秀晋版新书书目，读者随时可上线点击查阅,加大公众参与度。

(丁耿彪)

广播影视

【概述】 截至2014年底，山西省共有广播电视播出机构112个,其中省级1个（山西广播电视台），市级11个(各市广播电视台),县级96个,教育电视台4个;共开办223套广播电视节目(广播108套、电视115套)。全省共有广播电视发射(转播)台280座。开办223套广播电视节目,广播电视发射(转播)台280座,从业人员2万余人。全省广播综合覆盖率为98.04%；电视综合覆盖率为98.95%。广播电视村村通、农村公益电影放映全覆盖、城市数字影院建设等公共服务体系不断完善。全省广播电视台内数字化、网络化逐步推进,有线电视网络数字化、双向化改造迅猛发展,新媒体、新业态、新服务不断涌现,一张集有线、无线、卫星、网络于一体的传输覆盖网络连接起节目源和人民群众。

(丁耿彪)

【广播电视从业人员】 截至2014年年底，山西省广播电视从业人员21558人，其中省级从业人员4029人。按人员结构分类:管理人员2856

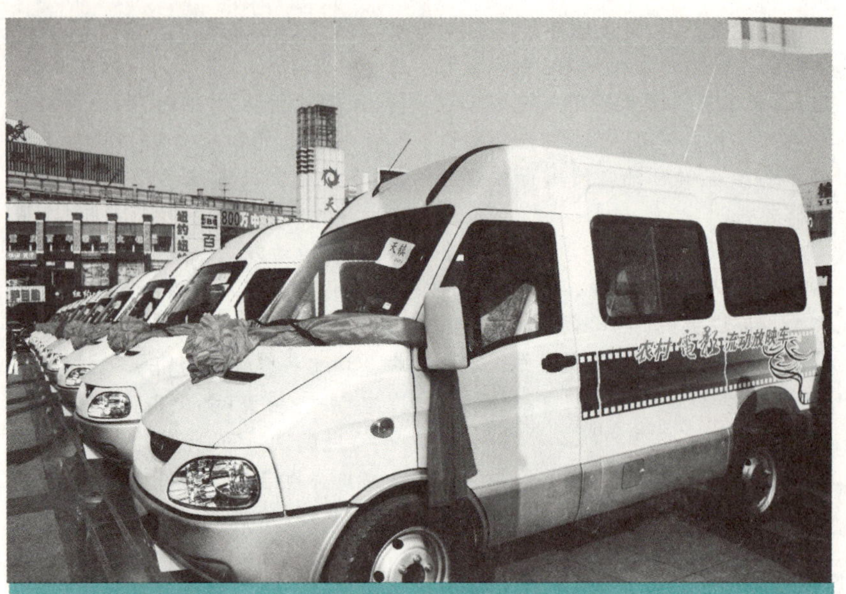

农村公益电影放映—流动放映车　（丁耿彪供图）

人，专业人员 10757 人，编辑记者 5247 人，播音员、主持人 737 人，工程技术人员3288 人，艺术人员 121 人，经营人员 190 人，其他人员 7945 人。按学历构成分类：研究生 283 人，本科及大专 15083 人，高中及以下 6192 人。（丁耿彪）

【广播电视覆盖】 截至 2014 年底，山西省广播覆盖人口 3558.53 万人，广播人口综合覆盖率为 98.04%，同比增长 1.28%；电视覆盖人口 3591.79 万人，电视人口综合覆盖率为 98.95%，同比增长 0.5%。

全省有线广播电视用户5148491户，有线广播电视用户中数字电视用户 3675973 户；全省地面数字电视用户接近 30 万户；CMMB 移动电视覆盖人口 2100 多万；山西移动电视覆盖 2000 多辆公交车，覆盖省城太原及部分城市。山西卫视全国覆盖人口超过 7.9 亿；山西广播电视台外宣形成长城平台国际卫视、SCOLA 台、国际电视孔子学院和国际广播“四轮驱动”的大格局，收视率、影响力位列国家长城平台前列。（丁耿彪）

【广播电视节目制作播出】 2014 年，山西省广播节目播出时间 398437 小时，平均每日播音时间 1091 小时；全年制作广播节目 176120 小时，其中省级 7 套节目全年共制作广播节目 38865 小时。

2014 年，全省电视节目播出时间 477807 小时，平均每日电视播出时间 1313 小时；全年制作电视节目 88764 小时，其中省级全年制作电视节目 18636 小时。（丁耿彪）

【广播影视公共服务体系建设】 2014 年，山西省实现广播电视村村通。自 1998 年实施广播电视村村通工程以来，截至 2014 年，累计完成 7707 个通电行政村、11277 个 20 户以上通电自然村、13400 个 20 户以下通电自然村和新通电“盲村”的村村通建设，解决 640 多万农民群众听广播、看电视难的问题。2014 年底，山西省启动50 万户广播电视直播卫星户户通工程，将打通服务群众“最后一公里”，从根本上解决广播电视“入村不入户”问题。

农村公益电影放映。全省共有 11 条农村数字电影院线公司，县级放映机构 119 个，放映队 1300 余个，从业人员 2300 余人，2014 年在全省 28199 个行政村年均放映 33.8 万余场公益电影，实现“一村一月放映一场电影”的目标。2014 年秋季学期开始，山西省创新开展全省农村寄宿制学校爱国主义影片放映工作，为全省 2445 所农村寄宿制学校放映优秀影片 2.2 万场，并建立长效保障机制，受到师生欢迎和赞扬。

县级以上城市数字影院。截至 2014 年底，全省共有城市数字影院 96 家，银幕 448 块，实现地级以上城市数字影院全覆盖。2014 年，全省城市影院票房收入 3.91 亿元。（丁耿彪）

【广播影视创作交流】 2014 年，山西省完成电影 11 部、电视剧 10 部、电视动画片 4 部。《幸福生活万年长》（电视剧）、《种树人》（广播剧）、《终极大冒险》（动画片）获中宣部第十三届精神文明“五个一工程奖”。《皮影人》等 4 部电视剧入围全国“中国梦”推荐播映名单。大型高清航拍纪录片《飞越山西》为美丽山西做全息影像存档，荣获“人文中国第三季——传承中国”全国纪录片最佳作品（一等）奖和第二十届中国电视纪录片“最佳形象宣传作品”。

2014 年，山西省新闻出版广电局与韩国光州国际电影节组委会联合举办“中国山西·韩国光州互办电影周”，5 部山西优秀影片参展韩国光州国际电影节，山西省影片《黄河喜事》获得韩国光州国际电影节颁发的最受观众喜欢影片奖。（丁耿彪）

【广播电视收入】 截至 2014 年底，山西省广播电视总收入为 30.29 亿元，其中行政事业单位总收入为 23.42 亿元，企业单位总收入 6.87 亿元。全省广播电视实际创收收入 22.35 亿元，广告收入 10.23 亿元，网络收入 10.12 亿元，其他创收收入 2 亿元。（丁耿彪）

【广播电视节目改革创新】 山西广播电视台电视节目于 2014 年 1 月 1 日全新改版。7 套电视频道定位更加准确、服务更加到位、制作更加精细。共开播新创栏目 9 档，改版提质栏目 34 档，包装编辑栏目 4 档，引进栏目 17 档。重点文化类节目《美的故事》《歌从黄河来》《汉字三人行》《新唐风》等，多方位、多角度宣传山西精神和山西优秀传统文化，弘扬社会主义核心价值体系。（丁耿彪）

文 化

Culture

文化建设

【全省文化局长会议】 2014年1月24日，全省文化局长会议在太原召开。山西省文化厅党组书记、厅长张瑞鹏在会上作工作报告，各市文广新局局长、厅直属单位主要负责人、厅机关干部和省演艺集团院团长参加会议。各市文广新局局长作交流发言。 （陈燕萍）

【晋陕豫黄河金三角区域文化合作】 2014年5月23日，山西、陕西、河南三省文化厅在西安签署《晋陕豫黄河金三角区域文化发展战略联盟合作框架协议》。山西省文化厅厅长张瑞鹏、陕西省文化厅厅长刘宽忍、河南省文化厅厅长杨丽萍出席签字仪式。协议确定三省将在艺术创作、精品展演、文化产业、公共文化服务体系建设等方面开展交流合作。具体内容有：建立舞台精品剧目交流演出机制，推动地方特色优质剧目进行互访演出，互为优秀剧目巡演提供帮助和支持；提升区域文化产业创作水平，共同打造文化产品综合展示交易平台，举办美术联展或巡展，推动美术作品、非遗产品展览展销；推进公共文化服务体系建设，搭建公共图书馆等资源共享平台；发展文化产业，建立跨区域的文化产业交流合作平台，在文化项目和园区发展上互相支持、协作；探索交流非物质文化遗产保护利用的机制和经验，推进区域内非遗资源共享和协同保护；打造一批特色文化品牌，提升区域文化影响力，共同打造黄河金三角文化名区，联合组织对外（对港澳台）文化交流活动；建立文化市场综合管理和执法联防合作机制；加强文艺人才的交流与互动，加强艺术教育领域的交流合作；加强文化政策交流，提升区域文化管理水平，加强文化领域信息资源和改革创新成果的交流共享。 （陈燕萍）

·公共文化服务·

【“群星奖”创作培训班】 2014年4月8日，由山西省文化厅主办、省群众艺术馆承办的山西省“群星奖”创作培训班在太原举办。全省各市文化局、文化馆相关负责人及群众文化艺术创作人员共200余人参加培训。 （陈燕萍）

【省级购买公共演出服务方案】 2014年4月9日，经山西省政府同意，山西省文化厅、省财政厅联合下发《山西省省级购买公共演出服务方案（试行）》。6月5日，省级购买公共演出服务联席会议召开第一次全体会议，会议研究通过《山西省省级购买公共演出服务联席会议制度（试行）》，明确联席会议的人员构成、联席会议办公室职能，成员单位职责等；对《山西省省级购买公共演出服务实施细则（试行）》进行讨论，对组织管理、实施程序、监督管理等相关内容逐条提出修改完善意见；对《2014年度省级购买公共演出服务购买计划》进行讨论，原则通过的基础上进一步明确2014年购买公共演出计划和重点服务领域。 （陈燕萍）

【公共文化示范区创建】 2014年5月16日，山西省文化厅在长治召开公共文化服务体系示范区（项目）创建工作推进暨经验交流会，副厅长张健出席并作重要讲话。第一批、第二批国家公共文化服务体系示范区（项目）创建城市文广新局负责进行交流发言和情况汇报，其他各市探讨、交流推广国家级公共文化服务体系示范区（项目）创建工作的思路、建议。 （陈燕萍）

【“群星奖”获奖作品巡演】 2014年6月11日，山西省文化厅主办，山西省群众艺术馆、山西省戏剧职业学院、山西华夏之根艺术团等承办的“大地情深——群星奖”获奖作品巡演在长治文体宫拉开帷幕。活动历时半个月，覆盖全省11市的军营、学校、厂矿、企业、乡镇、社区，为广大基层群众送去11场演出。活动获文化部“群星奖”巡演“优秀组织奖”。 （陈燕萍）

【山西文化志愿者宁夏行】 2014年7月15日，由文化部公共文化司、山西省文化厅主办，山西省群众艺术馆承办的“‘春雨工程’——山西文化志愿者宁夏行”文化交流活动在宁夏回

族自治区银川市举行。山西省摄影家王铁根的作品“我们的中国梦·戏剧艺术摄影展”在银川展出。（陈燕萍）

【文化馆(站)骨干培训班】 2014年8月18日，由山西省文化厅主办、山西省群众艺术馆、山西戏剧职业学院承办的“山西省文化馆(站)业务骨干技能培训班”在山西戏剧职业学院举办。来自山西省各市群艺馆、文化馆、文化站的80名业务骨干，分舞蹈专业和声乐专业进行为期一周的系统培训。（陈燕萍）

【文化市场执法岗位练兵技能比武】 2014年9月22日，由山西省文化厅主办，山西省文化市场稽查总队、山西省扫黄打非稽查队承办的全省文化市场综合行政执法岗位练兵技能比武活动在山西省邮电职工培训中心举办。全省11个地市的代表队参加比赛。（陈燕萍）

【12个县乡入选“中国民间文化艺术之乡”】 2014年12月16日，山西省12个县(县级市)和乡镇被文化部命名为2014–2016年度“中国民间文化艺术之乡”。涵盖表演艺术、造型艺术、手工技艺、民俗活动等艺术门类。（陈燕萍）

【省级公共文化服务标准化试点】 2014年11月27日，山西省文化厅公布省级公共文化服务标准化试点地区等名单。确定长治市、朔州市为省级公共文化服务标准化试点地区，长治市、朔州市为省级基层综合性文化服务中心建设试点地区，山西省图书馆、山西省群众艺术馆、太原市图书馆、长治市图书馆、晋城市群众艺术馆、朔州市图书馆、沁水县赵树理图书馆、祁县图书馆、古县图书馆等9个单位为省级公共文化机构法人治理结构试点单位，其中朔州市图书馆被确定为国家级公共文化机构法人治理结构试点单位。（陈燕萍）

○相关链接：参见“山西省人民政府”类目

文学艺术

·文　学·

【作家研修班及影视文学评论高研班】 2014年11月12日至14日，山西作家协会创研部与影视部联合举办影视文学评论高级研修班。研修班学员由来自山西省各高校、各市文联，由有一定创作成绩的50名中青年评论家组成，以影视文学专业教师、在读硕士研究生为主。研修班是山西省作家协会培养青年评论家，完善山西批评家梯队的重要举措之一。这届研修班邀请评论家张德祥、丁亚平、杜学文、杨占平、薛晋文做为期三天的讲座。

2014年12月，山西省作家协会举办山西作家研修班，邀请著名专家和作家为学员授课，丰富山西省青年作家的知识储备和创作技巧。（吕轶芳）

2014–2016年度山西省“中国民间文化艺术之乡”名录

山西省太原市尖草坪区西墕乡	太原锣鼓
山西省长治市黎城县	黎侯虎
山西省长治市长治县	潞安大鼓
山西省长治市长子县	长子鼓书　长子八音会
山西省朔州市怀仁县	旺火习俗
山西省忻州市定襄县	定襄面塑
山西省忻州市原平市	炕围画
山西省吕梁市汾阳市	地秧歌
山西省吕梁市中阳县	中阳剪纸
山西省晋中市左权县	左权民歌　小花戏
山西省临汾市汾西县	威风锣鼓
山西省临汾市霍州市	威风锣鼓三、艺术分目

【山西文学年度报告】 2014年，山西省作家协会编辑出版《2013山西文学年度报告》。该报告内容包括山西省2013年度长篇小说、中短篇小说、散文、诗歌、报告文学、文学评论、影视文学等七大文学门类，对各门类文学的整体创作情况进行梳理总结，并做出客观评价。（吕轶芳）

【山西文学年度作品选】 2014年，山西省作家协会编辑出版4卷本《2013山西文学年度作品选》，每卷20万字至30万字，是对年度创作成果的一次汇总与史料性积累。（吕轶芳）

【山西作家自述】 2014年10月，《山西作家自述(第一辑)》由北岳文艺出版社出版。该书列入的作家以当年“晋军崛起”的骨干作家为主，文章的排列以作家年龄长幼为序。该书内容全面回顾和集中展示是山西作家们的创作历程、心路历程、人生历程，反映山西文学生的人文生态。（吕轶芳）

【《山西文坛“风景线”(1949—2013)》出版】 2014年12月，山西文学评论委员会编辑出版《山西文坛“风景线”(1949—2013)》。该书梳理山西当代文学60余年的历程。从山西文学的现象、思潮、事件等切入，形成一道既相对独立又有内在联系的文学“风景线”，具有较强的可读性、史料性、思想性。（吕轶芳）

○相关链接：参见“群众团体”类目

·社会文化·

【“新春大拜年”文化惠民演出】 2014年1月24日，由山西省文化厅、山西大剧院主办的“新春大拜年”文化惠民演出在山西大剧院拉开帷幕。

共推出13场专场慰问演出，慰问山西省各个战线的劳动者们，门票全部免费赠送，赠送对象涉及社区、医院、学校、环卫、煤矿、建筑、电力、公安、武警、驻晋部队等十多个领域和群体，惠及观众2万余人。（陈燕萍）

【总政歌舞团山西老区行】 2014年4月21日，由山西省委宣传部、省文化厅主办，山西大剧院承办，中国人民解放军总政歌舞团演出的“军民共筑中国梦·总政歌舞团山西老区行”演出周活动在山西省举办。在山西大剧院演出大型情景合唱《列兵》、交响音乐会《军旗下的歌声》、舞剧《铁道游击队》、交响合唱《我们的岁月》4个剧目共7场次。其间，总政治部歌舞团还前往省武警总队、省军区、左权县、武乡县等地进行慰问演出。（陈燕萍）

【艺术创作工作会议】 2014年6月12日，山西省文化厅召开全省艺术创作工作会议，会议学习总书记习近平关于文化工作的重要论述，传达贯彻全国艺术创作工作会议上的重要精神，就抓好以“中国梦”为主题的艺术创作进行交流部署。（陈燕萍）

【音舞诗《晋善晋美中国梦》】 2014年6月30日，由山西省委宣传部、省文化厅主办，山西演艺集团承办的音舞诗《晋善晋美中国梦》在山西大剧院首演。省委副书记楼阳生、省人大常委会副主任李政文、副省长张建欣、省政协副主席李悦娥、省军区政治部主任李竞、武警山西总队政委刘振所等领导及省城观众观看演出。（陈燕萍）

【“三晋之春”合唱比赛】 2014年5月29日，由山西省文化厅、省教育厅联合主办的第九届“三晋之春”合唱比赛在太原落下帷幕。大赛围绕“合唱三晋美·同圆中国梦”主题，创新比赛形式，鼓励原创。报名参赛的合唱团队达500余支，39支入围决赛。（陈燕萍）

【山西艺术精品新疆行】 2014年9月11日，国家舞台艺术精品《解放》在新疆昌吉州文化馆大剧场上演，“山西省非物质文化遗产精品展”同日开展。两项活动标志着“山西艺术精品新疆行”正式启动。（陈燕萍）

【舞剧《粉墨春秋》获中宣部“五个一工程”奖】 2014年9月13日，山西艺术职业学院舞剧《粉墨春秋》获中宣部第十三届精神文明建设“五个一工程”奖。（陈燕萍）

【话剧《那山那村那女人》上演】 2014年9月14日，由山西省话剧院创作的话剧《那山那村那女人》在太原市青年宫演艺中心连演3场。话剧以山西省长治市襄垣县王桥镇返底村党支部书记兼村委会主任、“感动中国”2013年度人物、“感动山西”十大人物之一的段爱平为原型而创作演出。9月16日晚，山西省委常委、宣传部部长胡苏平，省委常委、组织部部长盛茂林观看演出，并接见段爱平及《那山那村那女人》剧组全体演职人员。（陈燕萍）

【廉政文化剧目创作推进】 2014年9月26日，山西省文化厅举办“推进廉政文化建设、创作廉政文化剧目”座谈会，山西省部分文化工作者、艺术家和省直院团长参加座谈，会议传达学习王儒林在吕梁市调研时的重要讲话精神，围绕弘扬老区精神、传承廉政文化抓好重点剧目创作进行座谈交流。（陈燕萍）

【大型太行山采风写生】 2014年10月17日，由文化部艺术司、中国美术家协会、山西省文化厅主办，山西画院、山西省美术家协会、山西省艺术创作中心承办，长治、晋城、晋中市文广新局协办的“中国梦·太行魂”大型太行山采风写生活动在山西省举行。中国美协副主席、国家画院院长杨晓阳，国家画院名誉院长、中国美协中国画艺委会主任龙瑞，以及来自北京、山东、广东、云南和江西等地的40余位画家参加采风写生活动。（陈燕萍）

【送戏百场进老区】 2014年11月9日，由山西省文化厅组织举办的省直院团“送戏百场进老区”活动在晋中市左权县麻田镇八路军总部纪念馆启动，数千名老区群众观看首场演出。活动赴全省11市60余乡镇演出105场，近2000名演职人员与老区群众面对面、零距离接触，密切与老区群众的感情，展示山西省近年来舞台艺术的新作品、新成就。（陈燕萍）

【农民工歌手大赛】 2014年12月15日，由中共山西省委宣传部、山西省人民政府农民工办公室、山西省文化厅、山西省总工会联合主办，山西省群众艺术馆承办的山西省第三届农民工歌手大赛决赛在省京剧院梅兰居剧场举办，来自全省11个市的96名选手参加决赛。（陈燕萍）

·艺 术·

【美术】 2014年1月17日，山西省美术家协会组织省城美术家赴六二二部队大本营仓库储备部参加“山西省文联送欢乐进军营”活动。

1月26日，山西省美术家协会组织省美协主席团委员12人赴山西省安科院参加“山西省书画名家送文化下基层”活动。

2月12日，由山西省美术家协会版画艺委会承办的“山西省第十届版画暨藏书票作品展——大美柳林巡回展”在柳林县文化馆开幕。这次展览共展出作品236件。展览涵盖山西老中青三代画家的风采，展示新时期山西版画的新风貌、新发展。

3月8日，由山西省美术家协会、太原市美术家协会、山西女书画家协会主办，碑林公园承办的“‘真水无香’——三八妇女节省城女书画家作品展”在碑林画廊开幕。展出60余幅绘画作品。

5月6日，由山西省美术家协会漫画艺委会组织的“山信杯”第六届山西漫画展在太原市晋商博物馆举办。展览在传统漫画的基础上又分离出动漫和水墨漫画。

由中国文联主办、中国美术家协会和山西省文联协办、山西省产业（企业）文联工作委员会承办的“情系中国梦——庆祝新中国成立65周年全国产（行）业文联美术精品展览”于2014年10月27日在山西美术馆开幕　　（李陈华供图）

7月2日至8日，由山西省委宣传部、山西省文化厅、山西省文联共同主办，山西省美术家协会承办，第十六届山西省美术作品展在太原美术馆举行。作品展共展出山西省美术工作者精心创作的697件作品，包括国画、油画、版画、水彩、水粉、漆画、雕塑、综合材料等。

9月20日，由山西省美术家协会、大同市委宣传部、大同市广播电视台、省工笔花鸟画会联合主办的“中国梦·大同情”第十一届工笔花鸟画展在大同市开幕。这次画展共展出作品181件。

9月24日，由山西省文联、山西名人联合会主办，省美术家协会承办的“我们的中国梦——山西省美术作品展”在山西美术馆举行。展览共展出200多件美术作品，包括中国画、油画、水彩画、版画等。

9月25日，由国家文化部、中国文联、中国美术家协会共同主办，太原市人民政府承办，山西省文联、山西省美术家协会等单位共同协办的“第十二届全国美术作品展雕塑作品展览”在太原美术馆开幕。雕塑展区采用由雕塑家直接报送作品的方式，共收到全国各地2689件作品，评选出参展作品350件。展览主办方还邀请有关评委和理论家召开“第十二届全国美术作品展雕塑作品展”理论研讨会，就雕塑展创作情况，以及中国当代雕塑创作的现状及未来趋势进行研讨。

11月5日，由山西省美术家协会油画艺委会主办的“形象对话——山西省第十届油画写生展”在山西大学美术学院开展。共展出100多幅油画作品。

11月17日，由山西省美术家协会水彩画艺委会主办的“山西省第三届小幅水彩画展”在晋中师专举行开幕式。画展共展出小幅水彩作品300余件，评选出一、二、三等奖作品80余件。

11月27日，由山西省美术家协会山水画艺委会主办的“山西省第四届山水画大展”在太原美术馆开幕。这次展览共展出172件优秀作品。

12月5日，山西省文联组织省美协、省摄协等文艺工作者赴阳煤集团和顺新大地煤矿开展“深入生活 扎根人民”主题活动并举行启动仪式。

（冯海涛　张　原　李陈华）

【摄影】 2014年，山西省摄影家协会组织举办第三届中国科普摄影大赛。大赛组委会共收到全国各地作品4261幅，其中组照343组（1774幅）。评出一等奖《2014年公众科学日活动（组照4张）》等5个；二等奖《奶奶怎么会这样》等11个；三等奖《梦开始的地方（组照6张）》等15个；优秀奖《科技的种子撒在太原人心中（组照6张）》等100个；入围奖《日以继夜》等400个；优秀组织单位重庆市科协等10个。评出的优秀作品在9月19日至25日举办的平遥国际摄影大展上展出。

1月8日，由山西省文联主办，山西东辉集团协办，山西省摄影家协会承办的“我们的中国梦·五台山杯”山西省第20届摄影艺术展览启动仪式在山西晋中双合成工业园区举行。展览分为纪录、艺术、商业三个艺术门类，共展出作品188幅（组）。其中，金质收藏奖作品12幅（组）；银质收藏奖作品24幅（组）；铜质收藏奖作品46幅（组）；优秀奖作品91幅（组）；评委作品15幅。9月21日，“我们的中国梦·五台山杯”山西省第20届摄影艺术展在山西美术馆开幕。同时举行颁奖典礼和《山西省第20届摄影艺术展览》画册首发式。

2月3日，2014“共圆中国梦”大型摄影公益活动启动，300多名山西摄影人在阳曲县泥屯镇东青善村为村民拍摄全家福。

5月23日，由山西省文联、山西省摄影家协会举办的“摄影走进寻常百姓家”活动在五台山清水河东边洞子沟村正式启动。活动以“惠民 为民 乐民”“送欢乐 下基层”为主题。

6月15日，第二届大美山西系列文化活动拉开帷幕。活动由山西省摄影家协会、山西日报社、山西科技新闻出版传媒集团主办，山西科技新闻网络传播公司承办。

6月26日，第十一届五台山国际摄影大展在普化寺开展。

2014年，山西省摄影家协会会员先后获多项大奖。协会张国田获第十届中国摄影金像奖；赵淞鹏《女王美甲》获第12届上海国际摄影节英国皇家摄影学会金奖；胡远嘉《送战友》、武强《洁艺——不锈钢》获第12届上海国际摄影节银奖；李伟光《关公》获第一届全球华人摄影传媒大奖赛优秀作品奖；樊丽勇《田间的快乐》获2014第23届奥地利超级摄影巡回展（奥赛）金奖等。

山西省摄影家协会建立五台山、雁门关、霍山、文峰塔景区4个摄影创作基地。兴县被中国摄影家协会确定为摄影创作基地，这是中国摄影家协会首批10个摄影创作基地之一，也是在山西设立的第一个摄影创作基地。（冯海涛 张 原 李陈华）

【民间文艺】 2014年3月1日至2日，由山西省民间文艺家协会主办的彩家庄艺术采风基地座谈研讨会在吕梁召开。

3月16日，山西民间艺术研发中心在太原成立。

4月3日至6日，中国民间文艺家协会、河南省委宣传部等单位在河南省开封市清明上河园举办“全国木偶大赛”，山西省民间文艺家协会推荐的吴春安表演的木偶唢呐独奏《喜庆》获银奖。

5月15日，山西省剪纸艺术家作品研讨会在太原大东关“山西省民协剪纸艺术基地”召开。来自全省各地的23位剪纸艺术家参加会议。

5月23日，山西省民间艺术界“5.23”座谈会在太原召开，协会主席团成员、艺术家代表共计20余人参加会议。

6月21日，山西省民间文艺家协会联合七彩云南有限公司举办“七彩云南民间文化艺术节”。

6月27日至28日，中国文联、中国民间文艺家协会、江苏省文联和苏州市人民政府联合主办的“全国舞龙展演暨第十二届中国民间文艺山花奖舞龙评奖活动”在江苏苏州举行，山西省民间文艺家协会推荐东蒲舞龙队表演的《遥远的东方有一条龙》获金奖。

9月2日，为迎接柬埔寨国王一行到并参观，山西省民间文艺家协会在太原美术馆组织数十件艺术精品展出。33位艺术家表演精彩节目。

9月19日，由中国文学艺术界联合会、中国民间文艺家协会、陕西省委宣传部、陕西文联、陕西民协共同主办的“中国梦·情之乡土”——中国农民画、剪纸艺术大赛在西安落幕，山西省民间文艺家协会推荐优秀剪纸艺术家参赛，共获金奖1名，铜奖1名，优秀奖6名，山西省民协获优秀组织奖。

10月，在中国文联、中国民协、内蒙古文联、内蒙古民协联合主办的“全国二人台大赛”上，山西省民协获优秀组织奖。

（冯海涛 张 原 李陈华）

【书法】 2014年1月17日到26日，山西省书法家协会先后组织百余名书法家赴太原市66211部队、北京军区部队、山西省第一附属医院、岢岚卫星发射基地、浑源县文家庄村等地开展“书法进万家”活动，共书写春联、创作书法作品1500余幅。

5月21日，由山西省文联主办，省美协、省书协、山西大众书画院、格盟国际山西瑞光热电有限责任公司承办的“纪念毛泽东同志《在延安文艺座谈会上的讲话》发表72周年”山西省文联书画名家“送文化下基层”活动在格盟国际山西瑞光热电有限责任公司举行。省文联50多位书画家参加活动。其中省书协14位书法家参加这次活动。

5月22日上午，山西省“书法名家进校园”活动启动仪式在太原幼儿师范学校举行，该活动由山西省文联、山西省教育厅、山西省语言文字工作委员会、山西省书协等单位联合主办，太原幼儿师范学校、小学生拼音报社承办。21位书法家与太原幼儿师范学校、太原并东小学、太原九一小学等15所汉字书写特色校签订长期结对子合作协议，并接受聘书。

9月11日，由山西省文联主办，山西省书协、山西省晋艺嘉和文化艺术基金会承办的“追梦兰亭——中国书法兰亭奖历届山西作者精品展”在山西美术馆开幕。这次展览是山西省首次举办中国书法“兰亭奖”历届山西作者精品展。

9月29日至10月6日，由山西省文联、山西省名人联合会共同主办，山西省书协承办的“我们的中国梦——山西省书法作品展”在山西美术馆开展。这次展览共展出226件作品。

11月23日，“晋通达杯”山西省第十二届书法临摹展在山西省民俗博物馆开幕。这次展览由山西省文化厅、山西省书法家协会主办，山西书法院承办，共收到来自全国30个省、市、区的投稿作品1000余件。评出入展作品105件，其中一等奖5件，二

2014年1月15日，由中国书法家协会、山西省文联主办的全国第三届草书作品展在太原美术馆开幕

（李陈华供图）

等奖10件，三等奖14件，优秀奖76件。展览展出评委作品9件，获奖作者的临摹和创作作品210件。

12月8日，山西省第三届群众书法篆刻作品展在山西美术馆开幕。展览共展出作品672件，其中获奖作品21件。（冯海涛　张　原　李陈华）

【曲艺】 2014年，山西省曲艺家协会组织节目参加在河南举办的马街书会，李彦生、刘娟表演的小品《生日》获一等奖。

5月31日，由山西省曲艺家协会、沁县县委宣传部主办的山西沁州书会鼓曲唱曲优秀曲目展演活动在沁县举行启动仪式。6月2日，组织召开沁洲三弦书(老州调)传承与发展研讨会。

7月16日，由山西省委宣传部、省文明办、省文联主办，省曲协、太原市文联、太原市群众艺术馆承办的“我们的价值观——曲艺走基层全国百场巡演山西专场”首场演出在太原举行。

8月2日，中国文联、中国曲协、山西省文联、长治市人民政府主办的第八届中国曲艺牡丹奖全国曲艺大赛长治分赛区比赛结果揭晓。山西省曲协选送潞安大鼓《中国梦》《奇巧》《三鞠躬》《秋兰探夫》，襄垣鼓书《果蔬理事会》《最美的诉说》，长子鼓书《腊月天儿》、武乡琴书《白安排》和沁州三弦书《笑声飞出刘家坪》9个节目参赛。沁州三弦书《笑声飞出刘家坪》、潞安大鼓《奇巧》《中国梦》获节目提名奖。暴玉喜创作的长子鼓书《腊月天儿》和韩宏喜创作的襄垣鼓书《果蔬理事会》获创作提名奖。常惠斌、刘引红获表演提名奖，刘新丽获新人提名奖。长治赛区参赛节目主要是来自北京、天津、辽宁、吉林、河北、河南、山东、山西等地报送的北方鼓曲唱曲类节目，包括京韵大鼓、东北二人转、河南坠子、潞安大鼓等多个曲种。

在第八届中国曲艺牡丹奖大赛(2014年)评比中，山西柴京云、柴京海兄弟创作表演的大同数来宝《你幸福吗》获节目奖，马小平、李彦生、弓瑞创作的相声《我爱山西》和暴玉喜创作的长子鼓书《腊月天儿》获创作奖。

8月12日至14日，由中国曲艺家协会主办的第六届全国少儿曲艺大赛在成都举行。山西省曲艺家协会选送的两个作品分获一、二等奖。杜德济、刘培安创作并指导，刘宸旭、解关一表演的对口快板《我的梦》获一等奖；刘松林作词，李鸿民作曲，郭秀凤、刘金星指导，童钰洁等表演的山东快书《美丽祖国我的梦》获二等奖。省曲艺家协会获组织奖。

8月18日至20日，由中国曲协主办的首届“高元钧杯”全国山东快书大赛在北京举行。山西长治市的小选手们表演的群口山东快书《美丽祖国我的梦》获少儿组金奖。

9月20日，“向人民报告——庆祝新中国成立65周年暨说唱中国梦优秀曲艺节目展演”之“晋情快乐——山西曲艺专场”在北京民族文化宫大剧院上演。活动由中国文联、中国文学艺术基金会、中国曲协、山西省文联、中共长治市委宣传部主办，山西省曲协、中共翼城县委、县政府承办。演出以翼城说唱《鼓舞中华》、潞安大鼓《秋兰探夫》《奇巧》、沁州三弦书《笑声飞出刘家坪》、数来宝《理所当然》、长子鼓书《腊月天儿》、相声《我爱山西》、大同数来宝《你幸福吗》等8个节目组成。

10月27日至29日，“中国曲艺之乡”创建20周年系列活动在长治县举行。10月27日举行长治地区曲艺专场演出，上党八音会、潞安大鼓、沁州三弦书、长子鼓书等长治地方曲种得到充分展示。28日举办表彰颁奖大会，长治县被评为“创建中国曲艺之乡工作标兵单位”，沁县文化中心主任、县曲艺家协会主席魏应忠和长治县文广局张慧霞获“中国曲艺之乡创建工作先进个人”，沁县文化馆长陈志伟和长治县文化馆长贾庆燕获“中国曲艺之乡创建优秀曲艺工作者”荣誉。当日，在县文化艺术中心演艺厅举行南方片曲艺展演和北方片曲艺展演。29日，全体曲艺家代表赴武乡八路军太行纪念馆进行现场采风教学。

（冯海涛　张　原　李陈华）

“向人民报告——庆祝新中国成立65周年暨说唱中国梦优秀曲艺节目展演”之“晋情快乐——山西曲艺专场”于2014年9月20日在北京民族文化宫大剧院上演

（李陈华供图）

【戏剧】 2014年8月12日，由中国戏剧家协会和江苏省泰州市人民政府共同主办的第十八届“中国少儿戏曲小梅花荟萃”活动在江苏省泰州市落下帷幕。这次活动共有来自全国各地33家报送单位的139名少儿选手参加。山西何滢慧、居子曜、要菁屿、黄泽玉、李姝琪、田杨红、康诗悦7名小选手荣获“小梅花”称号。

11月3日至12日，以“中国梦·青春梦”为主题，由中国文学艺术界联合会、教育部、上海市人民政府主办，中国戏剧家协会、上海市文学艺术界联合会、上海市戏剧家协会承办的第四届中国校园戏剧节在上海举办。来自全国22个省市区的33所高校的剧目，在为期10天的比赛中，分为普通组和专业组角逐“中国戏剧奖·校园戏剧奖”的各个奖项。忻州师范学院选送的短剧《把希望带上》是山西省唯一入选的剧目，受到现场众多嘉宾、评委、观众的好评。演员韩宇凭借在该剧中的出色表演，荣获普通组“校园戏剧之星”称号。该剧以学院扶贫顶岗实习支教过程中发生的真实事例为原型，体现山区留守儿童对知识的渴望及当代大学生献身教育事业的理想信念。

（冯海涛　张　原　李陈华）

【电视】 2014年，山西省电视艺术家协会组织山西省“第二十届电视艺术评奖”和“第六届全省德艺双馨电视艺术工作者”评选活动。第二十届电视艺术评奖评选出电视剧作品奖、电视文艺节目奖、纪录片奖、美术动画作品奖、公益广告片作品奖共五大类奖项，79个获奖作品；第六届全省德艺双馨电视艺术工作者共评出11名获奖者。

在2014年全国电视专题片、纪录片奖评奖中，山西广播电视台《飞越山西 晋善晋美》获一等奖；太原广播电视台《好一座古城》获二等奖；阳泉广播电视台《大宋》、吕梁广播电视台《大山里的擀毡人》、长治广播电视台《根在太行》获三等奖。

在第二十七届中国电视金鹰奖评奖中，山西广播电视台《正午阳光》获电视剧三等奖；太原广播电视台《幸福城市梦家家快乐年——2014美丽之冠中国城市春晚》获电视文艺节目三等奖；太原广播电视台《龙城八叙》获电视纪录片三等奖。

在第七届旅游电视周活动中，长治电视台选送的《八路军的故乡——武乡》获第七届旅游电视周优秀奖。

（冯海涛　张　原　李陈华）

【电影】 2014年4月26至30日，“中国山西·韩国电影周”在太原举办。活动由中国电影家协会、山西省新闻出版广电局、韩国光州国际电影节组委会主办，山西省电影家协会、山西传媒学院、山西电影制片厂、太原华邦影城承办。其间，放映《随风而逝》《抓住那家伙》等4部韩国影片，并就电影类型化创作、文化表达、市场开拓等进行交流。

5月16日晚，由省文联、省电影家协会、山西黄土地文化艺术研究院等单位联合主办的“纪念毛泽东同志《在延安文艺座谈会上的讲话》发表72周年‘春之约’经典作品朗诵音乐会”，在山西天一宫名人会馆举行。

6月15日至9月10日，由山西省文联、省电影家协会举办的“山西省首届微电影大赛共收到来自全国各地的90余部作品和50余个剧本。经过专家评选和网友投票，10月评选结果揭晓，《重生》《中国式警察》《约定在那个时候》获一等奖；《零元招租》《77公路》《永远的玫瑰》《雪乡》《倾听者》《太原太山》获二等奖；《一杯承诺》《龙城爱》《金沙清风》《粮食印记》《鱼》《最美那一天》《片警侯哥》《家》《金喜》获三等奖；《礼服》获最具创意奖，《爱无界》获最具人气奖。刘卡达被评为最佳编剧，林烨被评为最佳导演，王勇被评为最佳摄影，刘子甄被评为最佳女演员，吴嵩被评为最佳男演员。阳泉市文联、阳泉市电影家协会被授予优秀组织奖，山西梦羽博翔文化传媒有限公司、太原解放之光影业传媒有限公司被授予特别贡献奖。颁奖典礼于12月25日在太原煤炭交易中心举行。

9月30日至10月6日，由山西省电影家协会和省新闻出版广电局主办的“向祖国汇报 请人民观看——山西优秀影片公益展映周”在太原举行。公益放映《尉迟恭》《情归陶然亭》《黄河喜事》《决战太原》《韩妈妈和她的儿女们》《落经山》《风雨日升昌》等山西“造”优秀影片，邀请老党员、环卫工人、农民工、退休职工、少年儿童免费观看。

（冯海涛　张　原　李陈华）

【杂技】 2014年，山西省杂技家协会组织论文参加由中国文联、中国杂技家协会主办的“第九届中国杂技金菊奖第八次理论评奖”，山西省杂协副主席、秘书长聂翠青撰写的论文《中国文化思维至于杂技》获唯一金奖。

2月11日，山西省文联、省杂技家协会在太原市迎泽公园、劲松社区组织2014年“抖空竹闹元宵”杂技慰问演出；2月13日，赴太原市老军营社区为居民奉献“欢乐空竹喜迎春”“马年春来早”“空竹赞歌”“空竹缘结夫妻情”等表演。

3月21日至23日，由山西省文联、山西省杂技家协会与北京市、天津市、河北省、内蒙古自治区共同主办的“炫技华北·筑梦启航——华北五省区市杂技新人新作展演”在北京举行。来自华北五省市区杂技家协会的20余家单位团体会员共计200余名演职人员参与展演活动。山西省选送的杂技《软钢丝》《柔术》《独臂畅想》和魔术《魔术师的约会》4个节目，参加开闭幕式、魔术专场、新人新作展演等6场演出。《软钢丝》和《柔术》在2014年华北五省区市杂技新人新作展演研讨会上，受到专家称赞。

4月29日，第二届山西杂技金菊奖·空竹大赛颁奖仪式暨闭幕式在太原举行。大赛吸引来自全省各地的400多名空竹爱好者报名参加，决出技能组、健身组、表演组一、二、三等奖。颁奖仪式暨闭幕式上，优秀选手们表演《叠罗汉》、双人空竹《梁山伯与祝英台》《独轮车空竹》《长杆、长绳空竹》等精彩的空竹节目。《山西晚报》《太原日报》《杂技与魔术》等媒体对大赛进行图文报道。

（冯海涛　张　原　李陈华）

【音乐】 2014年，山西省音乐家协会

选定山西大学音乐学院、中北大学艺术学院等为音乐创作基地。山西省音乐家协会先后组织参加5项比赛活动。组织参加"中国梦"全国原创歌曲征集活动。组织30位山西省有实力、有影响力的优秀曲作家参加中国音协举办的"中国梦"全国原创歌曲征集活动,上报中国音协原创歌曲18首。6月,省音协与山西大学音乐学院声乐系合作举办第六届"神州唱响"全国高校声乐比赛山西选拔赛;举办中国音乐"钢琴小金钟"奖山西选拔赛;推荐山西优秀选手参加中国音乐"琵琶小金钟"奖;组织参加第九届中国音乐金钟奖合唱比赛。经山西省音乐家协会合唱联盟选拔和推荐,阳泉爱乐合唱团和长治学院爱乐合唱团两支参赛队参加第九届中国音乐金钟奖合唱比赛。

8月6日至9日,第三届"陆野杯"晋陕蒙冀民歌二人台大赛在河曲县举办。来自山西省、陕西省、内蒙古自治区、河北省4个省区的53名民歌手一展歌喉。大赛共产生1个一等奖、2个二等奖、5个三等奖、9个优秀奖、6个优秀组织奖、3个舞台风采奖、3个新秀奖。河曲县的参赛选手胡秀珍夺冠。

8月6日至15日,由文化部、哈尔滨市人民政府主办的第十一届全国声乐比赛在哈尔滨举行。美声组共约400余名选手报名,入选者142人,进入决赛25人。最终,山西选手郑斌凭借《秘密的邀请》《沁园春·雪》《星光灿烂》三首曲目获得美声组第一名,捧得"文华奖",这是山西选手首次在全国声乐比赛中摘得最高奖。

8月29日,祝贺山西大学音乐学院青年教师郑斌喜获"第十一届全国声乐比赛"金奖座谈会在太原召开。座谈会由省音乐家协会、省电影家协会、山西大学音乐学院等单位联合主办。

(冯海涛　张　原　李陈华)

【舞蹈】 2014年4月19日至21日,山西省舞蹈家协会与太原市教委在山西艺术职业学院星光剧院共同举办太原市第二十四届学校艺术教育活动月学生舞蹈比赛。共有616个节目参加比赛,组别涉及幼儿园、小学、中学、大中专院校。

4月30日至5月3日,第七届华北五省市区舞蹈大赛选拔赛在山西艺术职业学院拉开帷幕,来自全省各市县的中老年、青年专业、非专业,少年专业、非专业以及少儿、幼儿选手参加山西赛区选拔赛。评审推荐获得创作一等奖和表演一等奖的39个节目参加天津总决赛。7月10日至15日,"梦想中国·华彩天津——第七届华北五省市区舞蹈大赛"在天津海河剧院举行。山西参赛的39支代表队有中老年组、青年专业组、青年业余组、少儿组和幼儿组共887名演员。共获得一等奖14个,二等奖11个,三等奖13个,评委会特别奖1个。山西获奖节目少儿组《那一片田野》、幼儿组《五彩童话梦》和青年专业组《老有所依》参加颁奖晚会录制演出。

7月20日至23日,由中国舞蹈家协会主办的"荷花少年·星光灿烂——第二届'荷花少年'全国(中学)校园舞蹈展演"在北京大学举行,山西省舞协选送的太原市少年官原创群舞《那一片田野》获"荷花少年"一等奖,省舞协获优秀组织奖。

7月24日至26日,由中国文联、中国舞蹈家协会主办的"第五届中国舞蹈节暨第九届中国舞蹈'荷花奖'当代舞、现代舞评奖"在北京举行。省舞协会选送的太原师范学院舞蹈系编创的双人舞《老夫老妻》获十佳作品称号,省舞协获优秀组织奖。

8月28日晚,由山东省文联主办,山东、江西、福建、山西、宁夏、海南六省区舞蹈家协会承办的"第七届山东国际大众艺术节——青春中国梦·山东、江西、福建、山西、宁夏、海南六省区青年舞蹈精英展演"在山东剧院举行。山西省舞协选送的太原市群众艺术馆女子独舞《鹊仙桥》荣获精英奖(金奖),省舞协获优秀组织奖。

(冯海涛　张　原　李陈华)

○相关链接:参见"群众团体"类目

·文化产业·

【文化旅游产业战略合作】 2014年4月11日,山西省文化厅、山西省投资集团、山西省文化旅游产业投资促进会战略合作签字仪式在山西大剧院举行。省文化厅党组书记、厅长张瑞鹏和山西省投资集团总经理兼山西省文化旅游产业投资促进会副会长赵书槐讲话并致辞。双方表示要精诚合作,共同发展,将山西省文化旅游产业推向市场、走向世界,推动文化产业成为山西省支柱型产业。(陈燕萍)

【深入推进文化金融合作】 2014年7月17日,山西省文化厅、中国人民银行太原中心支行、省财政厅制定出台《关于深入推进文化金融合作的实施意见》。意见共14项内容,在完善文化金融中介服务体系、加大财政对文化金融的扶持力度、创新文化金融服务组织形式、建立合作会商机制等方面提出一揽子意见。(陈燕萍)

【省政府支持文化产业加快发展】 2014年8月23日,《山西省人民政府关于支持文化产业加快发展的若干措施》正式印发。措施共13条48项内容,涵盖市场准入、企业培育、财政税收、金融保险、对外贸易、土地利用、人才培养等内容。(陈燕萍)

【晋商大会文化产业项目对接恳谈会】 2014年9月3日,第二届晋商大会文化产业项目对接恳谈会在太原举行。山西省文化厅厅长张瑞鹏出席恳谈会并致辞,会上推介全省文化产业项目120多个,重点介绍山西省文化产业政策及全省文化产业工作概况,并对省级重点文化产业项目进行现场推介。(陈燕萍)

【促进文化与旅游融合发展】 2014年12月19日,山西省文化厅与省旅游局签订《促进文化与旅游融合发展合作意向书》。双方将共同在规划布局、市场营销、商品开发、人才培育、市场监管、组织领导等方面加强沟通与合作，深入推进文化与旅游融合发展，加快文化强省与旅游强省建设，为山西省实现创新发展、转型发展和综改试验区建设做出贡献。（陈燕萍）

·文化科教·

【太原高新区入选国家文化和科技融合示范基地】 2014年2月11日，太原高新区入选第二批国家文化和科技融合示范基地，这是山西省唯一一个国家级文化和科技融合的示范基地。（陈燕萍）

【晋剧本科班毕业汇演】 由山西省文化厅和中国戏曲学院联合培养的晋剧本科班分别于2014年5月24日至26日、6月6日至8日进行毕业汇报演出，学员们在北京梅兰芳大剧院和太原各演出两场折子戏和一台经典传统晋剧《打金枝》，受到北京、山西戏曲观众和专家、领导的好评。晋剧本科班是山西省第一批整建制的本科层次晋剧人才，行当齐全、阵容整齐。（陈燕萍）

【在全国职业院校技能大赛中获奖】 2014年6月2日，在全国职业院校技能大赛中，山西省艺术院校分别获舞蹈专业中职组一、二、三等奖各1名，高职组一、二、三等奖各1名；键盘专业获中职组二、三等奖各1名、高职组获二等奖两名。（陈燕萍）

【高级舞蹈编导研修班毕业】 2014年7月2日，由山西省文化厅与北京舞蹈学院合办的高级舞蹈编导研修班毕业汇报演出在北京舞蹈学院举行。研修班是文化厅为解决舞蹈编导人才短缺问题，在全省范围内选拔9名具有一定艺术成就和舞蹈编导能力的人员到北京舞蹈学院进行为期一年的进修学习。学员们学习编导课程、素材课程、训练课程、剧目实践课程，观摩多场国内外高水平的演出，毕业汇报的作品既有山西民间舞元素，也有古典舞元素，还融入现代舞的创作手法和理念。他们编导演出的双人舞《父亲》、男子群舞《茅古斯印象》、女子群舞《兰花花》、双人舞《释怀》等作品在结业汇报时得到众多专家的认可。男子群舞《茅古斯印象》代表北京舞蹈学院参加华北五省市舞蹈大赛，获得群舞一等奖。（陈燕萍）

【第二届全国青少年戏曲比赛奖】 2014年8月5日，在文化部组织的“文华艺术院校奖—第二届全国青少年戏曲比赛”中，山西省戏剧职业学院学生获地方戏组银奖和表演奖，晋城职业技术学院学生获地方戏组表演奖。（陈燕萍）

【7名选手获全国少儿戏曲小梅花奖】 2014年8月8日，第十八届“中国少儿戏曲小梅花荟萃”比赛在江苏泰州举行。山西省共7名选手入围。最终，晋中艺校居子曜、何滢慧、要菁屿三名同学跻身地方戏金花“十佳”，运城艺校李姝琪、田扬红、黄泽玉和业余组选手康诗悦获金花奖。（陈燕萍）

【戏曲教学剧目汇演】 2014年12月4日，山西省文化厅、省教育厅共同举办全省第九届戏曲教学剧目汇演，汇演分三部分，一是戏曲教学基本功展示，二是教学折子戏演出，三是各校新创作的大型剧目。参加汇演的剧目是从全省12个艺术院校的96台剧目中经评委会评选出来的，除组台演出外，还有5台优秀剧目展演，长治市文化艺术学校演出上党梆子《江姐》、晋中市文化艺术学校演出晋中秧歌《好女丫丫》、晋城职业技术学院演出上党梆子《悟因楼》、太原市文化艺术学校演出晋剧《守护夕阳》、山西戏剧职业学院演出晋剧《托起太阳的人》。这些剧目都是各院校以教学为中心创作的新剧目，大多为现实题材，情节动人，唱腔优美，体现各艺术院校出人才出精品的教学理念和教育成果。（陈燕萍）

·非物质文化遗产保护·

【文化遗产日】 2014年6月11日，山西省文化厅会同省文明办、省民政厅组织开展第九个“文化遗产日”暨晋中文化生态保护区传统剧目展演周活动。（陈燕萍）

【山西省非物质文化遗产地图集】 2014年11月18日，《山西省非物质文化遗产地图集》通过专家审定。图集运用直观的地图形式，以区域地理学的观点和地图研究手段，科学展示山西省非物质文化遗产产生的自然、社会和文化背景及分布状况，全面反映山西省非物质文化遗产的基本内容、现状及其保护和传承情况。（陈燕萍）

【“晋中文化生态保护实验区”建设】 2014年12月24日，山西省副省长张复明主持召开“晋中文化生态保护实验区”建设领导组会议并作重要讲话。会议讨论通过《关于建设晋中文化生态保护实验区的意见》和领导组工作制度。（陈燕萍）

·对外文化交流·

【两岸文化联谊行】 2014年7月6日至15日，由文化部和国务院台办作指导，中华文化联谊会与山西省政府共同主办，山西省文化厅与省政府台湾事务办公室承办的“情系三晋——两岸文化联谊行”大型文化交流活动在山西太原拉开帷幕。文化部副部长、中华文化联谊会会长丁伟，山西省副省长张复明，台湾嘉宾团团长周蓉生，与98位台湾嘉宾、50余位大陆文化界人士出席开幕式。活动跨度大，内容安排多，从南到北，经过6个市。台湾嘉宾参观山西知名历史文化古迹，参与关帝庙祭拜、洪洞大槐树祭祖等活动，参加文化发展研讨会等活动。各项活动使台湾同胞充分了解山西源远流长的历史文化和丰富多彩的文化形态，感受山西转型跨越和文化建设成就，同时山西文化界对台湾文化事业发展有了初步了解。通过三晋文化发展研讨会、两岸文化联谊座谈会等深度交流活动，两岸专家学者对进一步深化晋台文化交流达成共识，对双方开展更深入的文化合作充满信心。在文化创意与相关产业融合、戏剧人才培养、山西非遗产品赴台展示推广等方面达成初步合作意向。（陈燕萍）

【华晋舞剧团赴法国交流】 受文化部委派，应法中文化艺术交流中心邀请，山西艺术职业学院华晋舞剧团一行44人，于2014年7月9日至22日赴法国参加庆祝中法建交50周年系列纪念活动，分别于7月10日在巴黎"枫丹白露"剧场，7月15日、18日在戛纳电影节宫德彪西剧院演出三场，特别是在法国戛纳参加为庆祝中法建交50周年而举办的首届"戛纳中国艺术周"的开幕式演出，戛纳市第一副市长希克利先生，联合国教科文助理总干事埃利克·法尔特先生，中国驻马赛副总领事张伟等出席开幕式并致辞。演出受到法国观众的热烈欢迎。（陈燕萍）

【柬埔寨国王西哈莫尼观看舞剧《粉墨春秋》】 2014年9月2日晚，在山西访问的柬埔寨国王西哈莫尼在山西大剧院观看由山西艺术职业学院华晋舞剧团演出的国家舞台艺术精品舞剧《粉墨春秋》。山西省省长李小鹏陪同观看。演出结束后，西哈莫尼走上舞台看望全体演职人员，与大家合影留念。观看演出的还有柬埔寨副首相兼王宫事务部大臣贡桑奥，驻华大使凯·西索达，国务大臣、国王秘书厅主任斯雷诺利，中国外交部副部长刘振民，山西省副省长王一新，省政府秘书长廉毅敏，副秘书长盛佃清，省文化厅厅长张瑞鹏等。（陈燕萍）

【太原舞蹈团《千手观音》赴台演出】 2014年9月23日晚，太原舞蹈团《千手观音》剧组应台湾佛光山星云大师之邀赴台湾进行巡演。在高雄佛光山佛陀纪念馆大觉堂连演3场，在台中中兴大学礼堂、台北中山纪念堂各演1场。演出还邀请台南应用科技大学舞蹈系168位学生参与，开创大陆艺术院团与台湾艺术院校合作巡演的先河。（陈燕萍）

【墨西哥普埃布拉州来宾到晋参观访问】 2014年9月24日，山西省文化厅厅长张瑞鹏在山西大剧院会见墨西哥普埃布拉州文化艺术厅厅长豪尔赫·阿尔伯托·洛索亚。张瑞鹏向洛索亚介绍山西的历史文化和近年来文化建设成果，听取对墨西哥普埃布拉州州情和历史文化旅游资源的介绍。双方希望开展文化合作交流，搭建两省州人民友好往来的桥梁。随后洛索亚参观省工艺美术大厦，对山西省丰富多彩的非遗艺术和工艺美术深为赞叹。（陈燕萍）

【山西省艺术团赴哈萨克斯坦交流】 2014年9月25日，山西艺术职业学院华晋舞剧团参加由中国文化部、哈萨克斯坦文化和体育部、中国驻哈萨克斯坦大使馆联合举办的2014年哈萨克斯坦"中国文化日"活动，活动在哈首都阿斯塔纳拉开帷幕。受文化部委派，由山西省山西艺术职业学院华晋舞剧团为班底的包括中央民族歌舞团和太原市歌舞杂技团等院团组成的中国艺术家代表团参加"中国文化日"的开幕式演出活动，分别在哈萨克斯坦的首都阿斯塔纳和第二大城市阿拉木图进行演出。舞剧《一把酸枣》中的《团扇舞》，《粉墨春秋》中的《水袖舞》和《髯口舞》，杂技《花盘》《抖空竹》等晋味十足的节目登台亮相。（陈燕萍）

方志 档案

·地方志·

【概述】 2014年，山西省地方志办公室（简称省志办）完成年度任务，编纂成果数量和质量提高，总计编纂完成史志书刊35部（册），字数达3200多万字；开展创新工作，编辑出版《山西省情报告（2014）》蓝皮书；推进期刊改革创新，期刊《沧桑》获国家新闻广电总局批准改版为《史志学刊》；开展方志信息化建设，完成首轮省志和大部分市志的数字化工作；开展山西省情（方志）馆建设，争取到建设用地2公顷，完成前期规划论证工作。年内山西省地方志办公室主持召开省市志办主任会议与省地方志工作会议，落实习近平总书记关于高度重视修史修志的重要讲话，传达学习李克强总理对地方志工作的重要批示和刘延东副总理在接见地方志工作者座谈会上的讲话，贯彻全国第五次地方志工作会议精神。年内获评全国先进集体1个（长治市地方志办公室），先进工作者1名（省志办任小燕）。（高文宏）

【志书编纂】 2014年，山西省地方志办公室开展志书编纂出版工作。

1. 推动省志整理出版。编纂出版《审计志》《物价志》《电力工业志》《外事侨务志》《体育志》《化工志》6部，共计800多万字，送审稿完成《陈永贵志》《农业学大寨志》《农业统计志》3部，共计800多万字。

2. 开展专志编纂出版工作。出版《2013重点工程大事志》（48万字）、《中镇霍山志》（96万字）、《山西省乡镇简志》（450万字）3部专志，约600万字。

3. 开展古志整理出版工作。出版清康熙《山西通志》（1–3卷，368万余字），启动明嘉靖《山西通志》的点校，影印明万历《潞安府志》、清乾隆《汾州府志》、清雍正《朔平府志》3部。

4. 推动市县两级地方志整理出版工作。（1）开展二轮市志编纂，《临汾市志》出版，《长治市志》完成送审稿，运城、忻州、吕梁、太原、阳泉、大同、朔州8市市志加快编纂进度，《晋东南地区志》进行初审，《雁北地区志》完成初稿。（2）推进二轮县市区志编纂工作，先后评审《屯留县志》《寿阳县志》《灵石县志》《盐湖区志》《永济市志》《隰县志》《长治县志》《长治市城区志》《定襄县志》《阳泉矿区志》10部县志；终审《左权县志》《和顺县志》《大同新荣区志》《繁峙县志》《阳泉矿区志》5部县志；出版《泽州县志》《夏县志》《蒲县志》《新绛县志》《霍州市志》《河曲县志》《宁武县志》《阳泉郊区志》《应县志》《原平市志》10部县志。截至2014年底，全省二轮市县志编纂评审、出版60多部，达到规划出版总数的46%。(3)推进专志编纂。吕梁、临汾、忻州、晋中、阳泉、太原、大同7市市县两级专志编纂工作顺利开展。

5. 开展村志编纂。全省村志编纂出版40多部，省地方志办公室直接指导编审5部。（高文宏）

【年鉴期刊编纂】 2014年，山西省地方志办公室年鉴期刊处完成年度编纂任务。11月，《山西年鉴(2014)》完成编纂157万字，由方志出版社出版；地方市县年鉴审校指导工作完成，审校《太原年鉴》《临县年鉴》《朔州年鉴》多部；期刊《沧桑》改版为《史志学刊》，开展改版宣传、组稿、发行等前期工作，打造学术期刊精品。推动市县综合年鉴编纂工作，市级年鉴编纂评审工作实现全覆盖，其中太原、大同、朔州、阳泉、临汾、长治、运城7市2014年度年鉴通过评审并出版；县市区年鉴编纂工作覆盖面扩大，覆盖率达60%以上。（高文宏）

【历史研究著作】 2014年，山西省地方志办公室开展历史著作编修工作。多卷本《山西通史》(1—22)完成初稿；民国系列图书编辑出版《民国山西村政建设》《民国山西政权组织机构》《石评梅全集》《山西革命根据地丛书》4部200多万字。（高文宏）

【创新资政项目《山西省情报告》蓝皮书】 2014年，山西省地方志办公室创新资政服务，研创出版《山西省情报告(2014)》蓝皮书。全书总计23万余字，入选全国皮书系列，由社会科学文献出版社出版，填补山西省动态研究省情的空白。（高文宏）

【决策咨询服务】 2014年，山西省地方志办公室为山西省委、省政府领导提供决策咨询服务，为省委领导提供关于三晋变法、晋商精神、关公文化、尧舜禹史迹、山西与丝绸之路、山西与匈牙利的历史交往等重要咨询报告。（高文宏）

·档　案·

【概述】 2014年，山西省档案局开展档案管理、收集、查阅服务、宣传、编纂活动。年内指导110多个机关单位实现档案规范化管理，参与15个重大建设项目档案验收，完成对18家省属企业《文件材料归档范围和档案保管期限表》的审核、备案工作。

2014年，省档案局开展馆藏档案的划控鉴定工作，制订《关于开展档案数字化划控鉴定工作的方案》，共计划控5451卷，约618000页档案，并在对各市的重点任务考核中加入档案鉴定划控和馆藏涉密档案处理相关内容。年内接收山西牺牲救国同盟会的档案进馆，其中包括牺盟会活动情况、总结报告以及何应钦、白崇禧同阎锡山的往来电报等珍贵资料，共接收5个全宗3352卷、1545件档案，541册资料。

2014年，省档案馆接待单位和个人查阅档案1680人次，利用档案16551卷(册)。推进档案数字化建设，制定100万页馆藏档案数字化的任务，并纳入到2014年度重点目标责任考核任务中。全年共完成6个全宗1.1万卷，约170万页的数字化加工任务。省档案局与各市档案局围绕党的群众路线教育实践活动均举办主题档案展览；《山西档案志》启动编纂工作，完成50万字的送审稿；利用馆藏革命历史档案资源，为国家保密局拍摄纪录片《胜利之盾》提供原始素材；以"6·9"国际档案日为契机，围绕"档案在你身边"主题，开展图片展览、知识讲座、赠阅书籍等系列宣传活动。（卫敬飞）

【档案工作示范县创建】 2014年4月22日至24日，交口县、交城县成功创建山西省社会主义新农村档案工作示范县。按照《山西省社会主义新农村建设档案工作示范县实施办法》的规定，山西省档案局与省民政厅、省农业厅共同组成示范县验收组对交口县、交城县社会主义新农村建设档案工作示范县创建工作进行验收。验收组通过听汇报、查验实证材料和实地抽查县档案馆、国土局以及乡(镇)、村、学校、卫生院等方式，对照《山西省社会主义新农村建设档案工作示范县测评标准》逐条逐项进行考评，经综合评议，两县验收合格。（卫敬飞）

【太原市档案馆公布山西抗战档案资料】 2014年，太原市档案馆首次向社会公布一批反映山西抗战的珍贵档案。资料主要包括日军徒手官兵集中编制名册、遣送人员一览表、陆军骑兵领取抗战胜利资金花名册、关于送山西日侨管理所规定的函等14件珍贵档案；第二战区受降及解除日军武装情形、抗战图画手册、晋绥守土抗战等21件馆藏珍贵资料；解放灵丘庆祝会、大反攻中八路军攻城夺堡痛歼敌寇等8张照片。首次面世的43件抗战档案资料，真实记录和反映山西人民取得抗战胜利的历史过程，对于批驳和反击日本极右翼势力肆意歪曲、篡改历史的言行，具有重大的现实意义。（卫敬飞）

【晋商珍贵档案入藏太原市档案馆】 2014年，太原市档案馆从民间收藏家手中征集70余件晋商珍贵档案。这批档案中最早的是明末清初的晋商商铺开张的甘结(字据)，多数为清代道光年间至民国初期的原始合同，包括商铺开张契约、房屋继承文书、商铺歇业甘结、商号股份分割、财产分割协议等，涵盖太原、徐沟、晋中、张家口等地的多家著名商铺。这批档案对研究清末民初晋商的沿袭和衰落、山西民风民俗具有重要价值。其中的商铺股份认购清单，是研究晋商股份制的创设和经济管理制度的可靠凭证。（卫敬飞）

【政府投资项目档案工作】 2014年10月1日，《山西省政府投资项目竣工验收管理办法》（山西省人民政府令第238号）施行。省档案局向各市档案局、省直各单位、各省属企业下发《关于进一步做好全省政府投资项目档案工作的意见》，主要内容包括：充分认识政府投资项目档案工作的重要意义；加强领导，明确责任，切实做好政府投资项目档案工作；通力合作，齐抓共管，强化政府投资项目档案工作的监管。 （卫敬飞）

【阳泉市档案馆微信公众账号开通】 2014年，阳泉市档案馆开通官方微信服务账号，是改进档案查阅利用方式，强化社会公共服务功能，促进档案信息资源社会共享的新途径。社会公众通过此微信公众账号，可及时了解阳泉档案信息。微信服务账号同时开通档案利用预约查询服务，社会公众如有查阅利用需求时，可通过"YQ_dangan"与档案馆工作人员交流，说明需要查阅档案的具体内容，工作人员将根据查阅需求提前进行查找，并及时回复查找结果。

（卫敬飞）

【太原抗战珍贵档案专刊】 2014年，太原市档案馆编辑出版《档案参考——太原抗战珍贵档案专刊》三期。该刊物是为纪念中国人民抗日战争胜利暨世界反法西斯战争胜利69周年而发行的特刊。太原市档案馆依托馆藏抗战档案资料，挖掘馆藏、征集史料、梳理文献，精选近百件珍贵档案制作而成，以无可辩驳的历史凭证，从太原沦陷、太原抗战、太原受降三个方面，揭示日本军国主义对太原的野蛮侵略和疯狂掠夺，重现当年太原人民可歌可泣、浴血奋战的历史壮举。 （卫敬飞）

文物 博物馆 图书馆

·文　物·

【概述】 2014年，山西省文物局完成各项工作任务。山西博物院被评为"2014年度山西省模范单位"和"全省廉政文化建设示范联系点"，山西省考古研究所主持发掘的忻州九原岗北朝壁画墓入选"2014年度中国考古新发现"。山西省古建筑保护研究所实施的二郎庙维修工程荣获首届"全国十佳文物保护工程"称号。山西省民俗博物馆举办的山西国学大讲堂，被评为"省直机关优秀学习品牌"。修改完善《山西省文物局领导干部任期经济责任审计暂行规定》。邀请山西大学党委副书记鲍善冰做专题理论学习报告；安排局处两级干部70多人到省委党校进行培训；选送27名县级文物行政主管部门负责人参加国家文物局举办的培训；举办全省博物馆馆长培训班、片区文物安全工作培训班和讲解员培训班；与意大利合作举办山西省古建筑保护高级培训班；组织机关全体公务员和直属单位班子成员赴上海交大参加干部自主选学。

年内各级文物部门开展第一次全国可移动文物山西境内普查工作，举办第二轮普查骨干业务培训班，制定档案、钱币、图书等专项收录范围和计量规范，完成全省各级各类国有单位文物收藏情况调查和认定工作，共登录文物信息92万余件（套），普查进度和质量控制水平排在全国前列。在长治市等地开展抗战文化遗存保护利用工作，在平遥等地开展古城文物保护、文物安全调研工作。

组织局机关全体党员干部开展"七一党日活动"、观看6部正面宣传和反面警示片，丰富党内政治生活。组队参加省直机关第四届职工运动会、"五项全能"比赛和全国部分省市文博系统职工乒乓球邀请赛；开展"慰问困难党员""联企帮困""帮扶困难职工""博爱一日捐"和"首个扶贫日募捐"等爱心捐助活动。（王振华）

【文物保护】 2014年，山西省文物局配合全省重点工程建设涉及文物保护的项目共有26项，其中12项完成考古发掘等保护工作，14项完成文物调查或出具文物保护意见书，钻探总面积约180余万平方米，发现各时期古墓葬30座，既确保重点工程建设，又保护一批出土文物。 （王振华）

【世界文化遗产保护】 2014年，山西省文物局对平遥古城组织实施城墙内墙重点险情段抢险加固工程、岩土监测工程和双林寺抢险加固工程，其中：内墙抢险加固工程4处完工，2处正在实施；双林寺抢险加固完成工程量75%。云冈石窟主要实施的是五华洞的窟檐建设、岩体加固和彩塑壁画修复工程，其中：第9至13窟的窟檐建设和岩体加固完工；第9窟和第10窟的彩塑壁画修复完工并对外开放、第11、12、13窟正在实施。五台山重点寺庙一期6座寺庙抢险维修工程竣工，二期6座寺庙抢险维修工程组织实施。其中：金阁寺完工，罗睺寺完成50%，菩萨顶完成35%，殊像寺、南山寺和龙泉寺开始施工。 （王振华）

【文物保护重点工程项目】 2014年，山西省文物局对应县木塔加固维修工程正式开工，结束长期研究探索的局面，首次进入工程实施阶段。山西南部早期建筑保护工程进入结尾阶段，105处元代以前的国宝级木结构建筑维修工程完工73处，剩余32处施工。太原西山文化带上的窦大夫祠、净因寺、多福寺等全面维修工程完工，天龙山石窟、龙山石窟维修工程以及晋阳古城西城墙抢险加固工程实施。山西省13个村落列入国家集中成片传统村落整体保护利用试点，保护利用总体方案已编制完成，首批3个村落的试点工作已经启动。全省古建筑及彩塑壁画数字化保护工程启动。濒危文物建筑抢险安排的105处项目基本完成。 （王振华）

【考古发掘】 2014年，山西省文物局共调查遗址面积约1430万平方米，钻探面积约16万平方米；发掘面积近13400平方米，出土文物19000余件套（组）。其中：忻州九原岗北朝壁画墓地考古发掘工作基本结束，有关墓葬和壁画将采取回填保护或整体搬迁到室内进行保护。翼城大河口墓地揭露面积5000平方米，发现墓葬238座，灰坑47座，出土器物近300件。蒲津渡与蒲州故城遗址发掘面积850平方米，出土器物459件。丁村遗址群进行旧石器时代中期调查和试掘，试掘面积约280平方米，出土文物2100余件。翼城苇沟—北寿城遗址发现遗迹、遗物点372处，遗址北部以新石器、夏、西周时期遗存为主，遗址南部以东周至汉代的遗存为主。绛州署衙遗址考古发掘面积2600平方米，从出土的近万件文物基本可以断定，绛州衙署大堂遗址是一处自唐至明清时期的古代官式建筑遗址。晋阳古城遗址一号建筑基址全部发掘完毕，发掘面积2800平方米，平均深度3米，出土文物500余件。襄汾陶寺北两周墓地钻探面积达12万平方米，发现墓葬513座，墓向基本分东西向和南北向，探出宽度在3米以上的大型墓葬和2.5米以上的大中型墓40余座。（王振华）

2014年5月26日至27日，山西省文物局领导在长治调研抗战文化遗存保护利用工作（王振华供图）

【不可移动文物管理】 2014年，山西省文物局第七批181处全国重点文物保护单位的保护范围和建设控制地带划定并报经省政府公布；第五批省级文物保护单位申报核查工作展开；大批第三次全国不可移动文物普查登记在册的文物已被有关市、县政府依法公布为文物保护单位。（王振华）

【博物馆建设】 2014年，山西省文物局加强博物馆建设和服务质量提升。一是起草《山西市县博物馆建设导则》，完成2013年度全省124家博物馆年检备案和部分民办博物馆资格审核工作，开展全省国家二、三级博物馆运行评估和文物库房建设经费使用、中央财政支持博物馆免费开放专项资金使用绩效评估工作。完成晋城、大同、朔州市博物馆和介休市博物馆主题陈列并对外开放。第一座大型遗址类博物馆晋国博物馆和第一座生态博物馆平顺太行三村豆口认知中心正式对外开放，填补山西博物馆品类和形态的空白。二是山西博物院策划举办《印度的世界——美国洛杉矶郡艺术博物馆藏印度文物精品展》等12个展览，向外推出《呦呦鹿鸣——燕国公主眼里的霸国》等6个展览，有关展品荣获第六届“博博会”最佳展示奖；山西省民俗博物馆推出“山西印象”主题陈列；八路军太行纪念馆主题展览提升改造项目正式启动。2014年，全省各级各类博物馆共举办展览398个，接待观众2001万人次，获得良好的社会效益。（王振华）

【博物馆教育功能】 2014年，山西博物院采取多种形式，发挥博物馆教育功能。一是组织开展的“小小讲解员团队”活动已经形成暑期、寒假、常规三位一体的系统化活动菜单，为孩子们提供多样化、多重感官的博物馆体验和成长平台。二是组织开展的“时光飞船”进校园系列活动，以古建、瓷器等为主题在太原市8所中小学校园实施275个课时，受益学生人数1230人。三是以临时展览、传统节日为主题，开展系列主题教育活动，其中“金石拓文”和“感受古建·同筑未来”2个教育项目入选首届“中国博物馆教育项目示范案例”评选优秀案例。（王振华）

【文物安全督查】 2014年，山西省文物局配合消防部门进行文物系统火灾隐患集中整治活动；配合国家文物局开展“古城保护中文物违法行为与消防安全专项督察”和“村落古建筑文物安全”专题调研活动；组织开展7次较大规模安全检查，涉及全省11个市30多个县区190余个文博单位，下达隐患通知书22份，整改隐患600余处。2014年全省市县两级文物部门共实施安全检查14858次，发现并整改隐患22937处。（王振华）

【文物行政执法】 2014年，山西省文物局组织参与2014年度全国文物行政处罚案卷评查活动，妥善处理太谷县武家花园被拆、榆次区古城墙遭破坏、交城县玄中寺保护范围内违法施工、太原市晋绥铁路银行旧址和王靖国公馆旧址被作为私人会馆等文物行政违法案件13起；按照中央领导和省级领导批示精神，调查处理部分地区文物建筑构件盗卖情况，推动《山西省文物建筑构件保护管理办法》列入2015年山西省政府规章出台计划。（王振华）

【文物违法犯罪处置】 2014年，山西省文物局督导处置阳泉市郊区大乐山楞伽寺塔基地宫被盗、曲沃县曲村

天马遗址盗墓等文物犯罪案件5起；配合公检法开展文物犯罪司法鉴定43起，涉案文物985件。（王振华）

【博物院法人治理结构建设】 2014年，山西博物院相继制订理事会组建方案、起草《山西博物院章程（草案）》、完成理事人选推荐等工作。12月31日，山西博物院理事会成立大会和第一届理事会第一次会议正式召开，按照理事会章程规定，理事由政府有关部门、举办单位、事业单位、服务对象和其他有关方面的代表组成。山西博物院理事会的成立，标志着在管理体制机制的创新上取得重大突破，为山西探索文化事业单位建立法人治理结构模式积累有益经验。（王振华）

【完善博物馆青少年教育功能试点】 2014年3月，国家文物局通过优选，在全国确定15个省作为开展“完善博物馆青少年教育功能”的试点，其中包括山西省。试点的主要工作内容是积极探索如何利用博物馆为中小学生搭建各种社会实践活动平台。为完成试点任务，山西省文物局选择在山西博物院启动试点工作。经过与太原市相关中小学校的共同努力和探索，山西博物院完成博物馆青少年教育需求调查，撰写《青少年博物馆教育需求调查统计分析报告》；完成博物馆青少年教育资源分析任务，形成《博物馆青少年教育资源分析研究报告》；完成博物馆青少年教育课程项目开发、配套教材教具研发和教师培训工作；完成博物馆青少年教育网络课堂(视频教学)的开发与应用等，为博物馆资源与中小学校教育的有机结合搭建平台。（王振华）

·博物馆·

【娄东画派书画精品展】 2014年3月28日，该展在山西博物院开展。展览由山西博物院与上海博物馆共同举办，精选上海博物馆珍藏的王时敏、王原祁及其传派画家作品共计43组(86件)，涵盖娄东画派的代表人物王时敏、王原祁以及该画派部分主要画家的重要创作，向观众展示娄东画派的艺术成就。（田若微）

【山西出土周代文物展】 2014年4月20日，该展在安徽博物院开展。展览由安徽博物院、山西博物院、山西省考古研究所主办，共展出山西出土的两周时期珍贵文物99套，共计148件精品文物，再现从“桐叶封弟”到“三家分晋”的八百年间晋国从一个弱小的诸侯国发展成为称霸中原的霸主的辉煌历程，让观众领略到晋文化雄浑大气的独特魅力。

（田若微）

【美国洛杉矶郡艺术博物馆藏印度文物精品展】 2014年4月29日，该展在山西博物院开展。展览由山西博物院、深圳博物馆、湖北省博物馆与美国洛杉矶郡艺术博物馆共同举办，共计展出该馆藏石雕像、铜造像和水粉绘画等各类展品127件(组)，展品时间跨度从公元初一直到19世纪末20世纪初，包括印度教、佛教、耆那教以及诸神人物等，充分体现印度历史中宗教、神话的思想文化和艺术魅力，构成一个精彩绝伦的印度艺术史的展览。该展览是山西博物院举办的首个反映印度文化的特展，也是首次引进美国主流博物馆的重量级展览，同时也是首次来华的古代和前现代印度艺术大型国际文化展览。

（田若微）

【中国少数民族文化特展】 2014年6月14日，该展在山西博物院会展中心开展。展览由中国人类学民族学研究会、中国民族博物馆、山西博物院共同举办。共展出中国56个民族近500件组展品和大量资料图片，展示各民族平等、团结、互助、和谐的新型民族关系以及中国少数民族在政治、经济、文化、教育等各个领域的进步和少数民族创造并保存下来的多彩文化。（田若微）

【新安画派书画精品展】 2014年7月11日，该展在山西博物院开展。展览由山西博物院、安徽博物院共同举办，展出安徽博物院藏珍藏的新安画派书画精品共计90件组，展品涵盖程嘉燧、渐江、查士标、程邃、戴本孝、郑旼等新安画派代表人物的重要创作，展示新安画派的艺术成就。

（田若微）

【燕国公主眼里的霸国展】 2014年7月29日，该展在首都博物馆开展。展览由首都博物馆、山西博物院、山西省考古研究所共同主办。展览展出文物190组件，包括青铜器、漆器、原始瓷器、玉器等，丰富的文物展示霸国独具特色的文化。展览以燕国公主的视角，以其在霸国所经历的主要礼仪：婚礼、祭礼、丧礼、燕礼为框架，依托霸国墓葬出土的文物，展示霸国的礼仪文明，同时揭示霸国与燕国的交流历史。（田若微）

【清代广东外销工艺品展】 2014年9月5日，该展在山西博物院开展。展览由山西博物院、广东省博物馆共同举办，共展出广东省博物馆收藏的广绣、广彩、广雕、装饰画、银器、漆器、折扇、名片盒8大类89件套清代外销工艺品。展品融汇东西文化，精美绝伦，曾引领欧美社会时尚，展现中西方文化的相遇与碰撞以及中国古代海上丝绸之路的精彩与辉煌。

（田若微）

【金代山西戏曲砖雕艺术展】 2014年9月17日，该展在北京辽金城垣博物馆正式开展。展览由北京市文物局和山西省文物局主办，北京辽金城垣博物馆和山西博物院共同承办。这次展览遴选78件(组)戏曲砖雕，其中一级文物8件，以展示出土文物、复原场景以及播放视频资料等手段还原历史，再现金代戏曲艺术在山西地区的繁盛景象。（田若微）

【于非闇书画展】 2014年9月28日，该展在山西博物院开展。展览由山西博物院与北京画院共同举办，精选北京画院收藏的于非闇及其学生俞致贞、田世光的代表作品71幅，全

面展示于非闇和以他为代表的北派工笔花鸟画家的水平和高度。（田若微）

【苏高礼油画艺术展】 2014 年 9 月 30 日，该展在山西博物院会展中心开展。展览共展出当代著名油画家、艺术教育家、中央美术学院教授苏高礼先生的作品 315 幅。展示苏高礼先生不凡的艺术探索之路，弘扬苏先生真挚的故乡情怀。苏高礼先生向山西博物院捐赠油画作品 170 幅，素描和速写作品 534 幅。（田若微）

【北美洲原住民艺术展】 2014 年 12 月 12 日，该展在山西博物院开展。展览由山西博物院与美国宝尔博物馆(Bowers Museum)共同举办，通过 133 件组美洲原住民的生活用具展示给观众一个真实而鲜活的美洲原住民的世界，北美洲大陆原住民各不相同的语言、信仰、社会结构、生活习俗，以及他们创造出的各具特色的传统艺术。（田若微）

【居巢、居廉绘画精品展】 2014 年 12 月 19 日，该展在山西博物院开展。展览由山西博物院与广州艺术博物院共同举办，精选广州艺术博物院珍藏的居巢、居廉作品百余幅，展示二人鲜明的艺术特色和绘画艺术的传承发展。（田若微）

·图书馆·

【概述】 2014 年，山西省图书馆总流通 240 余万人次，书刊文献借还 1439608 册次，解答咨询 20 余万人次，办证 28196 个，接待团体参观 60 批 2000 余人。为流通站和分馆借还图书 23767 册次，接送新书 50276 册;2014 年新增业务分馆 14 个、新建流通分馆(图书流通站)4 个;组织业务骨干赴柳林、静乐、曲沃开展业务培训，共计培训人员 273 人，提供业务咨询 64 次。举办大型读者活动 20 余次，举办“文源讲坛”系列讲座 120 期，公益电影 12 期，公益展览 28 期，累计参加人次达 130 万人次。关爱特殊群体服务活动丰富多彩。面向基层少儿和进城务工家庭儿童，举办少儿系列活动 115 场，参与人数达 8325 人次。面向视障读者，为盲人读者上门送书服务近 100 人次、送书近 1000 册，提供数字资源近 100G;开展盲文读物循环借阅工作，组织“读书演讲诵读会”等各种视障读者活动，播放无障碍优秀电影 26 场。（李德胜）

【信息咨询服务两会】 2014 年 1 月 17 日至 22 日，山西省人大第十二届二次会议及政协十一届二次会议召开，山西省图书馆为两会提供信息咨询服务。两会期间，山西省图书馆编制“两会”资料，发放 700 余套 4200 余册;为“两会”代表、委员整理资料、打印提案;填写咨询单，与代表、委员们建立联系;听取意见和建议，解答相关咨询;为代表、委员现场提供“晋图数字资源服务平台”。（李德胜）

【“4·23”世界读书日系列活动】 在第 19 个“世界读书日”之际，山西省图书馆举办系列活动。“阅读接力 爱心传递”少儿图书交流大型互动活动的开展，包括图书漂流交换、跳蚤买卖、爱心捐赠等，实现爱心传递和阅读接力;“文源讲坛”推出第 53 期山西省领导干部讲座，林华主讲“独自愉悦——迷人的读书生活”;“一个人 一支笔 一座城”肖刚古建民居作品展在馆内展出，再现老城太原的古街古巷，唤醒更多人对古建的保护意识；举行“2014 年读者座谈会暨 2013 年度优秀读者表彰大会”，评选出 19 名个人优秀读者和 2 个团体优秀读者。（李德胜）

【“中华古籍保护计划”成果宣传推广】 2014 年 6 月 12 日，为推动“中华古籍保护计划”在山西省的实施，宣传古籍保护工作取得的成果，在全省普及古籍知识，提高全民保护意识，由国家图书馆(国家古籍保护中心)、中国图书馆学会和省文化厅主办，山西省图书馆、山西省图书馆学会承办的“中华古籍保护计划”成果宣传推广活动在山西省图书馆拉开帷幕。活动以“中华古籍保护计划”成果展为重点，开展专题讲座、现场拓碑展示体验等系列活动，使活动的知识性和趣味性相结合，增加多层面的受众者。这次活动以省图书馆为主阵地，太原市图书馆、长治市图书馆、阳泉市图书馆、大同市图书馆、朔州市图书馆、吕梁市图书馆、榆次区图书馆及山西省古籍重点保护单位祁县图书馆、曲沃县图书馆共同配合，在全省范围内宣传中华古籍保护工作开展以来所取得的主要成果。（李德胜）

【省图书馆长风新馆成立一周年】 2014 年 7 月 1 日，山西省图书馆长风新馆迎来开馆一周年。举办“书香长风 精神家园”山西省图书馆长风馆开馆一周年成果回顾展;组织“书香长风 文化三晋”征文活动和“人文泽晋 共筑梦想——寻找最美读者”活动;“文源讲坛”邀请韩石山、金汝平等知名专家学者做讲座，让读者享受一场场文化盛宴;“文源视界”举办“山西省图书馆首届优秀高校毕业生艺术作品联展”让读者们驻足流连;利用图书专架进行阅读推荐，具体包括:“辉煌历史 难忘岁月”山西根据地解放区特种文献展、马振东先生捐赠图书馆展、“书香消夏”馆藏图书专架展、“传递正能量 呵护心灵成长”图书专架展等活动。同时，通过“图书下基层”系列活动为全省 20 个基层图书馆和图书室赠送图书 10000 册，为 4 个流通分馆更换图书 3586 册。（李德胜）

【暑期文化志愿者活动】 2014 年 7 月，山西省图书馆开展“书香长风 情牵你我”暑期文化志愿者服务活动，共招募 180 余名成人志愿者，参加服务 3000 余次，招募小志愿者 501 名，参加小义务图书馆员社会实践活动。志愿者组织通过座谈会、志愿者馆史讲解比赛等活动对志愿者进行定期培训与考核，并首次开展“中外文化志愿者交流服务周”活动，来自加纳和美国的 15 名外国友人参与省图文化志愿者服务。山西省图书馆文化志愿服务活动荣获文化部“文化志愿者基层服务年”示范项目称号。

（李德胜）

【全国科普日主题活动】 2014年9月21日，以“创新发展，全民行动”为主题的2014年全国科普日活动拉开帷幕。科普日活动现场，摆放《山西省图书馆简介》《山西省图书馆五大特色》等10余张展板，向读者发放《读者手册》《晋图指南》等宣传资料千余份，现场解答读者咨询，带领读者体验多媒体影音一体机全新数字阅读。活动让读者在开阔视野的同时，关心科普、热爱科普。此外，通过长风馆大厅大屏幕全天滚动播出科普宣传片，在馆内不同展区举办4个展览，为科普宣传营造氛围。（李德胜）

【省图书馆获“全国古籍保护工作先进单位”】 2014年10月，在全国古籍保护工作会议上，山西省图书馆（山西省古籍保护中心）被文化部授予“全国古籍保护工作先进单位”称号。（李德胜）

【“‘国际盲人节’读书演讲诵读会”】 2014年10月15日，国际盲人节，为展示盲人朋友出彩人生、展现自强不息风貌，山西省图书馆与山西省残联在长风馆报告厅联合举办“与书香为伴 共享出彩人生”的读书演讲诵读会。诵读会评选出“最佳风采奖”“最佳诵读奖”“最佳创意奖”“最佳作品奖”各六名，“最佳组织奖”两名。山西省残联为山西省图书馆赠送优秀盲文图书。馆长魏存庆为读者李盛伟、齐桂亭颁发“2014年全国盲人阅读推广优秀盲人读者”荣誉证书。

（李德胜）

【省少儿图书馆、省古籍保护中心改建改造工程】 2014年11月26日上午，山西省图书馆文源馆改建改造工程正式启动，改造后的文源馆主楼和东楼将分别建成山西省少年儿童图书馆和山西省古籍保护中心。该工程被列入山西省政府“百日百项”工程，是山西省加强公共文化服务体系建设和完善省级文化设施的重大文化惠民工程。工程总投资7800多万元，建筑面积13000余平方米，设计藏书100万册、阅览座位500座，建设工期3年。改造后的文源馆将与长风馆功能互补、相得益彰，形成省城新老城区公共文化设施的合理均衡布局，对山西全省的古籍保护和少儿图书馆服务工作起到示范引领作用。

（李德胜）

【匈牙利索尔诺克州代表团到晋参观】 2014年11月26日，匈牙利索尔诺克州州长桑德尔·科瓦奇一行，在副省长王一新的陪同下参观山西省图书馆。代表团参观展厅、报告厅、社科图书阅览室、数字文化体验中心、专题阅览室等长风馆主要功能区域，了解山西省图书馆的特色资源与多元化服务。在参观中，桑德尔·科瓦奇对山西省图书馆浓烈厚重的文化氛围，温馨舒适的读书环境和智能便捷的服务方式给予高度赞赏。（李德胜）

【《山西公共图书馆文献资源建设体系的构建》结项】 2014年12月，山西省图书馆承担的2013年度山西省艺术科学规划课题《山西公共图书馆文献资源建设体系的构建》结项。该项目借鉴国内外各种不同类型的图书馆文献资源建设体系的理论与方法，结合对山西省127个公共图书馆文献资源建设现状进行的问卷调查，分析山西省公共图书馆文献资源建设的现状，以全省的业务总分馆建设为依托，以文化共享工程、数字图书馆推广工程、电子阅览室建设计划为抓手，提出山西省文献资源建设的原则、目标，重点提出实施文献资源建设的对策，即从文献资源的“建”“藏”“用”三个方面，研究与探索省、市、县馆各有侧重的文献资源布局，发挥三级馆藏文献互补优势，实现资源共建共享机制，从而构建山西公共图书馆文献资源建设体系。

（李德胜）

【省图书馆廉政文献阅读专区】 2014年12月，山西省图书馆党委组织借阅部、报刊部、资源建设部、地方文献部等多个部门拓展建设廉政文献阅读专区。专区通过精选馆藏和扩大订购等方式，扩充廉政图书、刊物、报纸，并结合山西地方特色，搜集以于成龙、狄仁杰、司马光、陈廷敬等为代表的山西历代著名廉吏的典型事迹和启示，方便读者学习借鉴山西历史上的廉政思想和廉政举措。专区细化廉政图书分类，悬挂廉政字画、标识，营造浓厚的读书思廉氛围。此外，山西省图书馆还协助省文化厅推进在全省各级公共图书馆设立廉政文化阅读专区、专架的工作，推进全省各级领导干部的廉政阅读服务。（李德胜）

卫　生

【医药卫生体制改革】 2014年，山西省深化医药卫生体制改革，加快破解体制机制障碍。新农合参合率达99.4%，人均筹资标准达390元，均创历年新高；新农合大病保险全面展开，支付方式改革覆盖所有统筹地区；疾病应急救助制度基本建立，群众看病就医有更好保障。在269个非政府办基层医疗卫生机构开展基本药物制度试点，建立常态短缺药品报告制度，基层医疗卫生机构可适度按需使用非基本药物，群众用药需求得到保障。在70%的县（市、区）推进县级公立医院综合改革，超过国家50%的要求，补偿机制逐步完善，落实各类补偿资金9.74亿元，取消药品加成，将医疗服务价格调整权限下放到县级，提高手术、治疗、护理等医疗技术服务价格，降低检查检验费，首批试点医院药占比下降3.6个百分点，诊疗和住院总人次分别增长34.5%、23.5%，医疗机构公益性质得到发挥。

2014年，山西省推进优质医疗资源下沉，构建分级诊疗格局。加大对基层医疗卫生机构经费投入力度，较上年提高29个百分点。专项安排2190万元资金，建设省市级医疗联合体20个，县级临床重点专科30个，省市共建学科14个，远程会诊项目7个。放宽基层专业技术人员参加公开招聘条件，降低晋升高级职称门槛，为县乡医疗卫生机构补充人员3381名，82名乡镇和社区卫生服务机构人员晋升高级职称。实施基层中医药服务能力提升工程，90%以上的社区和乡镇医疗卫生服务机构掌握6项以上适宜技术，60%以上的村卫生室能提供中医药服务。探索建立适合山西省实际的基层首诊、分级诊疗、双向转诊就医新秩序，选择诊断明确、治疗路径明晰、并发症较少的病种，在18个县开展新农合按病种分级诊疗试点，提高试点地区县域内就诊率。

（刘　翔）

【医疗服务能力建设】 2014年，山西省卫生和计划生育委员会加快健康服务业发展步伐，提升医疗服务能力。全年落实中央和省级财政投入28.6亿元，较上年增长11%，筹资12.58亿元支持1354个卫生计生机构基础设施建设，投资8亿元启动省儿童医院新院区建设项目。新设置社区卫生服务机构71所，基层签约服务覆盖城乡居民560余万人。新增社会办医疗机构397所、床位4976张，其中，千张以上床位机构2所，床位数较上年度增长28.3%。以国内访问学者形式培养高端人才70余名，开展岗位技能培训30余万人次，住院医师规范化培训项目启动，支持897名医师开展多点执业；申报获批国家级和省级卫生科研项目194项，其中获得千万元以上资助1项。强化医疗

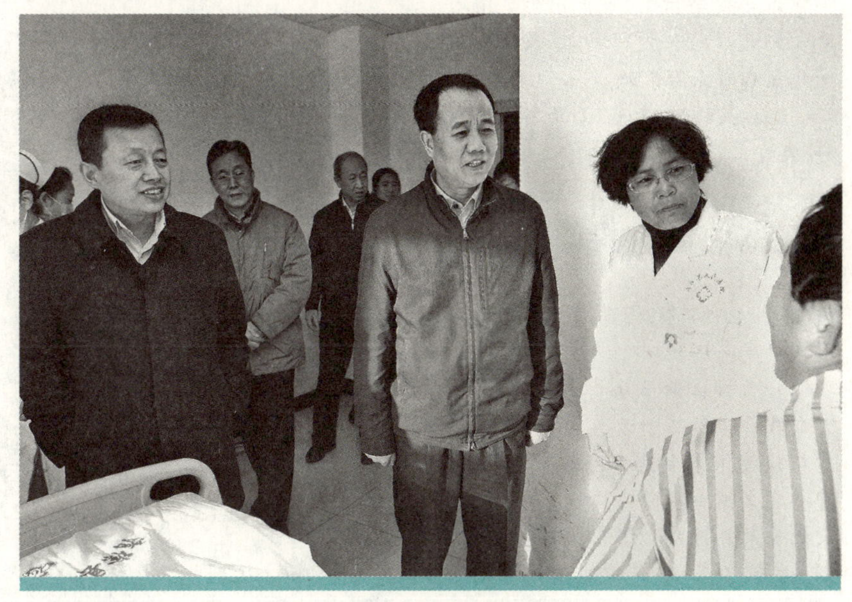
2014年11月20日至22日，国务院医改办县级公立医院综合改革现场督查评估组组长、国家计生委副主任王培安（右三）一行在山西督查　（刘　翔供图）

质量管理,217所二级以上医院开展临床路径管理,三级医院优质护理服务病区"全覆盖",二级医院覆盖80%以上的病区,组织开展抗菌药物临床应用专项整治,受检医院各项指标均高于国家标准。 (刘 翔)

【公共卫生服务】 2014年,山西省卫生计生系统提升公共卫生服务水平,筑牢疾病防控屏障。人均基本公共卫生服务经费由上年的30元提高到35元;免疫规划疫苗报告接种率以乡为单位达到98%,埃博拉出血热、结核病、艾滋病等重大传染病防控扎实有效,没有发生甲类传染病疫情;创建省级慢病综合示范区14个,平遥、稷山和蒲县创建成为国家级示范区;地方病防治成果进一步巩固;开展各类卫生应急培训演练38次,妥善处置突发公共卫生事件15起,协调组织突发事件医疗卫生救援8起,未发生重大和特别重大突发公共卫生事件。国家卫生城镇创建取得新突破,长治市和繁峙县等6个卫生城市、县城(镇)通过复审,孝义市等4个市通过国家评审并进入命名公示期,岢岚县等5县3镇通过省级暗访和评估。食源性疾病病例信息监测、食品污染物和有害因素监测范围均超过国家要求。开展妇幼健康服务年活动,综合实施母婴安全行动、降低出生缺陷行动和妇儿健康关爱行动,惠及全省妇女儿童600余万人次。 (刘 翔)

○相关链接:参见"山西省人民政府"类目

体 育

【概述】 2014年,山西省体育工作取得新发展新进步。

1. 公共体育服务体系完善。(1)群众健身条件不断改善。2014年山西省新建371个乡镇全民健身广场,实现全省乡镇全民健身广场全覆盖。国家体育总局援建"雪炭工程"项目3个,命名资助"全民健身活动中心"1个。将全省"一村一品"活动开展、群众体育队伍骨干情况纳入农民体育健身工程电子档案,形成覆盖村–乡(镇)–县–市的电子档案网络化管理模式。(2)群众体育组织日益健全。推动市、县社会体育指导员协会建设,加强社会体育指导员队伍、全民健身站点建设,全省社会体育指导员总人数达到53000余名,全省城乡基层全民健身站点达到10000余个。(3)全民健身活动广泛开展。各级各类社会体育组织开展贴近百姓生活的全民健身活动。全省开展"强健体魄·阳光生活"全民健身系列活动。举办省直机关第四届职工运动会、山西省第十届残疾人运动会和山西省第十四届运动会职工组、老年人组和大专院校组15个项目的比赛。

2. 竞技体育竞争实力增强。(1)举办第十四届山西省运动会。4000余名运动员、1500余名裁判员及工作人员参加竞技体育16个大项的比赛。3人3次创2项山西省最高纪录。(2)亚运会取得历史最好成绩。第十七届亚运会,山西10名体育健儿参加14个小项的角逐,获得5枚金牌、4枚银牌、3枚铜牌和一个第7名,金牌数、奖牌数均创山西省亚运参赛历史最好成绩。(3)射击运动员王智伟入选2014"感动山西"十大人物。(4)申办第二届全国青年运动会。省政府正式提交申办报告,经国家体育总局审核,被公布为第二届全国青年运动会唯一承办候选单位。(5)发展职业体育。山西兴瑞女子篮球俱乐部夺得中国女子篮球联赛2013–2014赛季冠军,实现两连冠;山西汾酒男子篮球俱乐部完成俱乐部名称变更、注册工作。(6)加强运动员文化教育和保障工作。开展运动员职业指导培训和退役运动员职业技能培训,参培在役和退役运动员100多人次。(7)完成全省42所体校、传统校、俱乐部申报"山西省体育后备人才基地"的统评工作。初步认定20所"高水平后备人才基地"和14所"初级后备人才基地",新周期体育后备人才体系建设初步形成。

3. 体育产业质量效益提升。(1)推进组建山西体育产业集团。完成组建集团企业的清产核资工作及前期各项准备工作,山西体育产业集团已在省工商局正式注册。(2)完成全省体育场地普查,为掌握全省体育场地数量、分布和使用情况及其发展变化新特点,科学配置体育场地设施资源提供依据。山西获得体育产业发展突出贡献奖和第六次全国体育场地普查工作突出贡献奖。(3)全省体育彩票销量快速提升,全省销售体育彩票18.97亿元,较上年增长21.48%。(4)航空体育产业继续服务社会。山西省三所航空运动学校充分发挥航空资源优势,发展通用航空事业,在抓好航空体育项目的同时,开展飞播造林、防火灭虫、人工增雨等通航服务,不

山西省第十四届运动会开幕式 (王宏德供图)

断扩大服务领域和范围。　（王宏德）

【全民健身依法推进】 2014年，山西省政协副主席李悦娥带领省体育界政协委员组成的调研组，围绕“加强群众体育运动，提高公共服务水平”专题，对基层乡镇、社区进行调研。省人大工作组围绕全省体育工作调研，完成山西省《全民健身实施计划（2011—2015年）》效果评估和“社会体育指导员工作”“公共体育设施建设与运营管理”等专项工作调研评估。省体育局参与省政府关于《山西省改善农村人居环境（2014—2020年）规划纲要》编制工作。会同有关部门研究制定资助开展全民健身活动、推进全省健康服务业发展、开展志愿服务活动、提高公共文化服务水平、博物馆纪念馆和体育场馆免费开放办法等。全省开展“强健体魄·阳光生活”全民健身系列活动，从2014年12月1日起开展，为期一年。　（王宏德）

【公共体育设施建设】 2014年，山西省体育局推进公共体育设施建设，全省完成地方投资543.68万元，更新维护1317个行政村健身器材。体育总局资助山西省3个县级“雪炭工程”项目，命名资助全民健身活动中心1个、全民健身户外活动基地2个、县级体育场3个，共扶持资金2290万元。截至2014年年底，全省9个市建有体育场和体育馆、8个市建有游泳馆；76个县建有体育场、64个县建有体育馆、13个县建有游泳馆、49个县（区、市）成立全民健身活动中心。

（王宏德）

【群众体育组织网络建设】 2014年，山西省体育局加强群众体育组织体系建设，全省11个市、76个县成立体育总会，市、县两级单项体育协会1199个；老年人群体育组织由城市到农村，实现“横向到边、纵向到底”的网络化格局；农民体育协会构成省、市网络体系。注册社会体育指导员53089人，全省建立注册登记的城乡基层全民健身站点10646个，17492个行政村成立体育组织队伍、24250个村配置社会体育指导员，覆盖率分别为62%、86%。　（王宏德）

山西省领导参加全民健身启动仪式　（王宏德供图）

【全民健身系列活动】 2014年，山西省开展全民健身活动，以组织举办“十四届省运会”为平台，掀起全民健身活动热潮。省运会设职工、老年人、大学生组等群众体育15个竞赛项目，全省农民、职工、大学生、老年人等人群247支代表队、4000余名群众体育爱好者参与，赛事长达3个月，赛事地点设在县（区、市），贴近基层，体现“体育的盛会，人民的节日”的办会宗旨。　（王宏德）

【群众体育科研和宣传】 2014年，山西省体育局指导全省13支监测队参加全国第四次国民体质监测工作，上报国家抽样样本7560人，各市录入样本总量45253人。在全省开展《锻炼标准》测试活动，引导各市加强宣传，普及推广落实。　（王宏德）

【2014年山西体育十大新闻】 1.山西运动员亚运会取得重大突破。2014年10月4日，第17届亚运会在韩国仁川结束。山西10名运动员参加9个大项14个小项的比赛，获得金牌5枚、银牌4枚、铜牌3枚，金牌数和奖牌数全面超越上届广州亚运会，创历史最好成绩。

2. 山西兴瑞女篮蝉联中国女子篮球联赛（WCBA）总冠军。2014年3月4日，山西兴瑞女子篮球俱乐部夺得联赛2013—2014赛季总冠军，成为联赛历史上第三支成功卫冕的球队。球员张瑜捧走总决赛最有价值球员奖杯，三个赛季两次获此殊荣。

3. 山西首次申办全国综合性运动会。2014年8月29日，山西省人民政府正式提交申办第二届全国青年运动会报告。12月15日，国家体育总局正式公布山西省人民政府为第二届全国青年运动会承办候选单位。这是山西首次申办全国综合性运动会。

4. 举办第十四届省运会。2014年8月8日，山西省第十四届运动会在太原开幕。该届省运会是一届“全民参与、文明节俭、快乐祥和”的体育盛会，设竞技体育和群众体育项目两部分。竞技体育项目设16个大项20个分项，4000余名运动员、1500余名裁判员及工作人员参与，决出金牌818枚，总分25781分，太原、大同、长治列金牌榜和总分榜前三位，3人3次打破2项全省纪录；群众体育项目设职工组、老年人组、大专院校组三个组别15个项目，3000余名运动员、1000余名裁判员和工作人员参与。

5. 山西运动员扬威国际体坛。郝佳露、曹玥、王智伟、董栋、涂潇等在2014年的国际比赛中分别夺得击剑、游泳、射击、蹦床项目的多项冠军。郝佳露为山西击剑项目夺得首枚世界大赛金牌。王智伟、裴蕊娇、涂潇入选第 11 届 CCTV 体坛风云人物年度评选初评大名单；王智伟被评为 2014 年“感动山西”十大人物之一。

6. 太原国际马拉松赛再获金牌赛事称号。2014 年 9 月 13 日，太原国际马拉松赛暨全国马拉松锦标赛（第四站）鸣枪开跑，包括 39 名外籍运动员在内的 13 个国家和地区及国内 20 多个省（市区）、行业体协的 3 万多名运动员参赛。2014 年太原国际马拉松赛被中国田径协会授予金牌赛事称号。

7.“强健体魄·阳光生活”全民健身系列活动启幕。2014 年 11 月 23 日，山西省“强健体魄·阳光生活”全民健身系列活动启动。活动包括：一是常规性全民健身赛事活动，突出行业特点和地方特色；二是季节性全民健身赛事活动，围绕“冬跑”“春舞”“夏泳”“秋赛”四个板块，突出时令特点；三是业余性全民健身赛事活动，突出互动性、草根性、娱乐性。活动时间从 2014 年 12 月 1 日始至 2015 年 11 月 30 日止。

8. 体彩销量突破 18 亿元。2014 年山西体彩销售达 18.97 亿元，筹集的体彩公益金用于社会公益事业，为全民健身和奥运争光计划提供支持。连续两年举行“公益体彩·快乐操场”捐助活动，每年向 30 所贫困、偏远及体育器材匮乏的中小学校捐赠价值 30 万元的体育器材。

9. 千万资金补助大型场馆开放。2014 年 10 月 17 日，山西省财政划拨资金 1850 万元，对山西体育中心体育场、体育馆、游泳馆等 20 个大型体育场馆进行免费或低收费开放补助。全年国家法定节假日和全民健身日省级体育场馆设施免费向群众开放。

10. 山西乡镇全民健身广场实现全覆盖。2014 年全省再建 371 个乡镇全民健身广场，加上 2013 年建成的 825 个乡镇全民健身广场，实现所有 1196 个乡镇全民健身广场全覆盖。

（王宏德）

【全民健身迎新年】 2014 年 1 月 1 日，山西省群众迎新年登高健身行活动和群众冬泳活动在太原展开。省人大常委会副主任周然、副省长张复明、省政协副主席卫小春分别参加活动，2600 余人登高迎新。全省各市冬泳协会及俱乐部的 300 余名冬泳爱好者破冰入水。（王宏德）

【体育场馆春节期间免费开放】 2014 年 2 月 2 日（正月初三）至 2 月 5 日（正月初六）春节期间，山西省体育局所属省级体育场馆向群众免费开放，为省城人民提供体育健身活动场所。据初步统计，5 天活动约 1.5 万人次参加体育活动和观摩场馆。（王宏德）

【三晋体育健儿思想家园微信开通】 2014 年 3 月 25 日，由山西省体育局机关党委主办的“三晋体育健儿思想家园”微信公众号正式开通。该平台以“传播正能量，提升软实力”为目标，助力运动员思想健康成长。

（王宏德）

【全国群众登山健身大会五老峰登山节】 2014 年 4 月 25 日至 5 月 25 日，全国群众登山健身大会暨永济第十四届五老峰登山节开幕。500 余人冒雨攀登五老峰，在全长 7.2 千米赛道上竞速。运城市体育运动学校获团体第一名。该届登山节以“全民健身、你我同行、美丽中国、健康你我”为主题，开展登山竞速赛、五老峰道情文艺表演、鹳雀楼盛唐乐舞表演、普救寺千人游园相亲大会、五老峰登山寻宝等系列活动。（王宏德）

全国棋牌项目万人同下一盘棋山西分会场（王宏德供图）

【大学生柔力球志愿活动】 2014 年 7 月 3 日，山西省首批大学生暑期柔力球“进农村、进社区”志愿者行动启动。活动主要在晋中市 11 个县市区进行，志愿者以在校的晋中籍大学生为主，每县 20 人至 30 人从 5 月下旬到 6 月参加柔力球文化、健身常识及运动技能培训。（王宏德）

【国际名校学子汾河赛艇】 2014 年 7 月 27 日，中国·临汾国际名校赛艇挑战赛开赛，阿姆斯特丹大学、上海交通大学、剑桥大学获男子组冠亚季军，奥塔哥大学，巴黎第二大学、耶鲁大学夺得女子组前三名。（王宏德）

【省政协委员调研群体体育运动】 2014 年 7 月 30 日至 31 日，体育界山西省政协委员组成调研组前往介休市、汾阳市、汾酒集团、清徐县和山西体育中心就加强群众体育运动、提高公共服务水平等问题开展专题调研活动。省政协副主席李悦娥参加汾阳市、汾酒集团、清徐县和山西体育中心调研活动。（王宏德）

【全国棋牌项目万人同赛山西分会场活动】 2014 年 8 月 8 日，体育彩票公益金 2014“全民健身日”全国棋牌项目万人同赛山西分会场活动举行，围棋、象棋、国际象棋、国际跳棋各 10 名专业棋手与 400 名小棋手进行车轮战，400 盘棋同时对弈。（王宏德）

【全省体育产业统计公报发布】 2014 年 8 月 13 日，山西省体育产业统计公报新闻发布会在太原召开，发布《2011、2012 年山西体育及相关产业专项调查统计公报》。公报数据表明：2011年，山西省体育及相关产业单位4790个，实现增加值27.20亿元，占当年地区生产总值的0.24%；2012年全省体育及相关产业单位5354个，实现增加值34.10亿元，占当年地区生产总值的0.28%。 （王宏德）

【山西运动员参加第二届青年奥运会】 2014年8月16日至28日，第二届青奥会在南京举行，山西运动员裴蕊娇、刘昌鑫、裴星茹3名运动员分别参加女子射击、男子蹦床、女子摔跤比赛。刘昌鑫以56.935分夺得银牌，裴星茹取得女子自由式摔跤60公斤级银牌。 （王宏德）

【第十届山西省残运会】 2014年8月25日至30日，山西省第十届残疾人运动会在太原举行。该届残运会由山西省残疾人联合会、山西省体育局主办，以“挑战自我、追逐梦想”为主题。比赛设11个大项212个小项。全省11个市405名运动员参加，产生189枚金牌，团体总分太原排第一，奖牌总数长治名列榜首。11市代表团、125名残疾人运动员、24名教练员和39名裁判员获体育道德风尚奖。 （王宏德）

【中国晋中国际柔力球交流大会】 2014年9月14日至17日，第二届中国国际柔力球交流大会在晋中市榆次区举行。8个国家和14个省(市)及香港、澳门、台湾50支代表队427人参赛。同时举办国际柔力球发展论坛，邀请专家研讨柔力球运动的发展及其文化与世界文化的融合交流。 （王宏德）

【太行红山国际自行车骑游】 2014年9月26日到30日，第二届中国·黎城太行红山国际自行车骑游文化活动周举行。来自美国、英国、德国、俄罗斯、瑞士、挪威、西班牙、韩国、哥伦比亚、拉脱维亚、斯洛伐克等11个国家及台湾地区的20多名骑游爱好者，以及省内外10多支骑游队参加这次活动。 （王宏德）

【中国体育文化旅游博览会】 2014年11月22日，2014中国体育文化旅游博览会暨奥运冠军、体育明星全民健身基层行活动在芜湖启动。山西11家单位参展，5家分获精品赛事和精品景区奖。灵石石膏山风景区、屯留巍山国际体育园区获得精品景区奖，中国晋中柔力球交流大会、河东(运城)风筝赛事、太谷形意拳交流大会获得精品赛事奖。此外，山西还参加集邮精品展、全民健身优秀论文报告会、美术书法作品展览。11月23日，山西与河南、湖北、安徽、湖南、江西签署《中部六省体育产业战略合作协议》。六省本着互利互惠、优势互补、产业集聚的原则，共同推动中部地区体育产业发展。 （王宏德）

第十七届亚运会山西运动员成绩

项目	小项	成绩	名次	运动员
射击	男子50米手枪团体	1692环	1	王智伟
游泳	女子自由泳4×200米接力	7′55″17	1	曹玥
击剑	女子重剑团体		1	郝佳露
蹦床	男子网上个人	62.480分	1	董栋
乒乓球	女子团体		1	武杨
乒乓球	女子双打		2	武杨
射击	男子10米气手枪团体		2	王智伟
蹦床	男子网上个人	60.435分	2	涂潇
篮球	中国女篮		2	马雪雅
射击	男子50米手枪	561/165.6环	3	王智伟
空手道	男子−55公斤级		3	孙敬超
散打	男子65公斤级		3	陈红兴
自行车	男子BMX个人		7	赵志阳

2014太原国际马拉松赛成绩

一、男子全程

名次	参赛号码	姓　名	国家或居住地	成　绩
1	0009	Lemi Berhanu Hayle	埃塞俄比亚	2:13:10
2	0015	Marius Kikutai	肯尼亚	2:13:16
3	0013	Seboka Negusse Erre	埃塞俄比亚	2:13:25
4	0004	Yusuf Chango Chebii Songoka	肯尼亚	2:13:37
5	0008	Edeo Mamo Telo	埃塞俄比亚	2:13:43
6	0005	Julius Kiplimo Maisei	肯尼亚	2:14:24
7	0016	Charles Kimutai Kigen	肯尼亚	2:25:09
8	0020	刘　强	中国	2:31:37
9	0026	王　涛	中国	2:39:56
10	0030	周斌进	中国	2:45:09
11	0019	雷　博	中国	2:49:10
12	0658	宋晶晶	中国	2:51:36
13	0022	韩思名	中国	2:52:55
14	0209	陶　冲	中国	2:54:18
15	0493	张腾飞	中国	2:55:02
16	0032	乔建国	中国	2:56:05

二、女子全程

名次	参赛号码	姓　名	国家或居住地	成　绩
1	0001	Alice Chelang´at Ngerechi	肯尼亚	2:32:14
2	0002	Ruth Wanjiru Kuria	肯尼亚	2:34:05
3	0007	Azalech Masresha Woldeselasse	埃塞俄比亚	2:35:12
4	0008	Alem Fikre Kifle	埃塞俄比亚	2:35:48
5	0009	Abeba Tekulu Gebremeskel	埃塞俄比亚	2:37:32
6	0004	Makida Abdela Wordofa	埃塞俄比亚	2:38:15
7	0019	耿少卿	中国	2:40:45
8	0020	罗　川	中国	2:45:41
9	0006	Ecler Chelimo Loywapei	肯尼亚	2:47:48
10	0018	王倩雯	中国	3:04:36
11	0232	贾茜雯	中国	3:05:58
12	0252	谢佩华	中国	3:17:08
13	0225	刘玉珍	中国	3:23:20
14	0294	赵　苹	中国	3:27:10
15	0223	凌鸿英	中国	3:30:24
16	0094	翟　莹	中国	3:32:57

2014年山西省运动员参加世界比赛录取名次

比 赛 名 称	姓名	性别	项 目	成绩	名次	时间	地 点
第30届世界蹦床锦标赛	涂 潇	男	网上个人	61.875	1	11月	美国
第30届世界蹦床锦标赛	涂 潇 董 栋	男	双人同步	51.7	1	11月	美国
蹦床世界杯葡萄牙站	董 栋 涂 潇	男	双人同步		1	9.7	洛莱
蹦床世界杯瑞士站	涂 潇	男	网上个人	61.125	1	6月	瑞士
蹦床世界杯瑞士站	涂 潇 董 栋	男	双人同步	61.5	1	6月	瑞士
泛太平洋蹦床锦标赛	廉时栋 刘昌鑫	男	网上团体	319.255	1	4月	加拿大
泛太平洋蹦床锦标赛	廉时栋	男	网上个人	57.38	1	4月	加拿大
泛太平洋蹦床锦标赛	廉时栋 刘昌鑫	男	双人同步		1	4月	加拿大
泛太平洋蹦床锦标赛	贾宇洁	女	网上团体	299.095	1	4月	加拿大
泛太平洋艺术体操锦标赛	赵雅婷	女	个人全能	54.4	1	4月	加拿大
泛太平洋艺术体操锦标赛	赵雅婷	女	球操	14	1	4月	加拿大
泛太平洋艺术体操锦标赛	赵雅婷	女	圈操	14	1	4月	加拿大
泛太平洋艺术体操锦标赛	赵雅婷	女	团体		1	4月	加拿大
国际射联世界杯总决赛	王智伟	男	50米手枪	556/195.8	1	10.25	阿塞拜疆
国际游联短池世界杯北京站	曹 玥	女	400米自由泳	4′00″76	1	10.24–25	北京
世界杯射击系列赛北京站	王智伟	男	50米手枪	570/196.5	1	7.10	北京
亚洲蹦床锦标赛	刘昌鑫	男	网上个人		1	6月	日本
亚洲少年摔跤锦标赛暨青奥会选拔赛	裴星茹	女	自由跤60公斤级		1	5.5–12	泰国
亚洲摔跤锦标赛	张 兰	女	自由跤60公斤级		1	4.21–29	哈萨克斯坦
第十七届亚运会击剑比赛	郝佳露	女	重剑团体赛		1	9.25	韩国
第20届世界青年跳水锦标赛俄罗斯站	宋安馨	女	单人10米跳台		1	9.9–14	奔萨
第20届世界青年跳水锦标赛俄罗斯站	宋安馨	女	双人3米跳板		1	9.9–14	奔萨
第51届世界射击锦标赛	王智伟	男	50米手枪团体	1677	1	9.18	西班牙
第51届世界射击锦标赛	王智伟	男	10米气手枪团体	1750	1	9.18	西班牙

续表

比赛名称	姓名	性别	项目	成绩	名次	时间	地点
第51届世界射击锦标赛(青年组)	裴蕊娇	女	50米步枪三姿	582/455.8	1	9.18	西班牙
第七届亚洲气枪锦标赛	王智伟	男	10米气手枪团体	1759	1	3.14	科威特
第七届亚洲气枪锦标赛(青年组)	胡　杨	男	10米气步枪团体	1854.8	1	3.14	科威特
第十七届亚运会射击比赛	王智伟	男	50米手枪团体	1692	1	10.4	韩国
射箭项目世界杯第一站(上海)	方玉婷	女	团体淘汰赛		1	4月	上海
射箭项目世界杯第三站(土耳其)	方玉婷	女	团体淘汰赛		1	6月	土耳其
射箭项目世界杯第三站(土耳其)	方玉婷	女	混合团体淘汰赛		1	6月	土耳其
第十七届亚运会蹦床比赛	董　栋	男	网上个人	62.48	1	9月.	仁川
第十七届亚运会游泳比赛	曹　玥	女	4×200米自由泳接力	7′55″17	1	9.23	仁川
第十七届亚运会乒乓球比赛	武　杨	女	女子团体		1	10.4	韩国
女重世界杯大奖赛	郝佳露	女	重剑个人赛		1	5.22–23	古巴
第五届世界青少年武术锦标赛	钟　旭	女	48公斤级		1	3.1–3.18	土耳其
亚洲杯及亚洲举重锦标赛	周　悦	女	63公斤级	抓举100公斤	1	11月	乌兹别克斯坦
亚洲杯及亚洲举重锦标赛	周　悦	女	63公斤级	挺举120公斤	1	11月	乌兹别克斯坦
亚洲杯及亚洲举重锦标赛	周　悦	女	63公斤级	总成绩220公斤	1	11月	乌兹别克斯坦
亚洲青少年举重锦标赛	张　倩	女	69公斤级	抓举100公斤	1	3.1–3.13	泰国
亚洲青少年举重锦标赛	张　倩	女	69公斤级	挺举135公斤	1	3.1–3.13	泰国
亚洲青少年举重锦标赛	张　倩	女	69公斤级	总成绩235公斤	1	3.1–3.13	泰国
中国空手道国际公开赛	孙敬超	男	–55公斤级		1	5.21–22	宜昌
中日韩举重邀请赛	周　悦	女	63公斤级	抓举103公斤	1	10月	日本
中日韩举重邀请赛	周　悦	女	63公斤级	挺举120公斤	1	10月	日本
中日韩举重邀请赛	周　悦	女	63公斤级	总成绩223公斤	1	10月	日本

续表

比赛名称	姓名	性别	项目	成绩	名次	时间	地点
第十七届亚运会乒乓球比赛	武　杨	女	女子双打		2	10.4	韩国
蹦床世界杯葡萄牙站	涂　潇	男	网上个人		2	9.7	洛莱
第33届跳伞世界锦标赛	贺亚楠	男	青年组个人定点		2	8.18	波黑
第5届国际跳伞锦标赛	郭晓东	男	青年组个人定点		2		迪拜
第二届青奥会摔跤比赛	裴星茹	女	自由跤60公斤级		2	8.25–28	南京
泛太平洋蹦床锦标赛	刘昌鑫	男	网上个人	57.06	2	4月	加拿大
泛太平洋蹦床锦标赛	贾宇洁	女	网上个人	51.325	2	4月	加拿大
世界杯射击系列赛德国站	王智伟	男	50米手枪	571/192.4	2	6.13	德国
世界游泳短池锦标赛	曹　玥	女	4×200米自由泳接力	7′37″02	2	12.3	卡塔尔多哈
亚洲蹦床锦标赛	廉时栋	男	网上个人		2	6月	日本
亚洲蹦床锦标赛	贾宇洁	女	网上个人		2	6月	日本
第20届世界青年跳水锦标赛俄罗斯站	宋安馨	女	单人3米跳板		2	9.9–14	奔萨
第30届世界蹦床锦标赛	董　栋	男	网上个人	60.89	2	11月	美国
第51届世界射击锦标赛(青年组)	裴蕊娇	女	50米步枪卧射	623.7	2	9.18	西班牙
第二届青年奥运会蹦床比赛	刘昌鑫	男	网上个人	56.935	2	8.22	南京
第七届亚洲气枪锦标赛	王智伟	男	10米气手枪	591/201.9	2	3.14	科威特
第十七届亚运会蹦床比赛	涂　潇	男	网上个人	60.435	2	9月	仁川
第十七届亚运会射击比赛	王智伟	男	10米气手枪团体	1743	2	10.4	韩国
蹦床世界杯瑞士站	董　栋	男	网上个人	60.105	3	6月	瑞士
泛太平洋艺术体操锦标赛	赵雅婷	女	棒操	13.05	3	4月	加拿大
泛太平洋艺术体操锦标赛	赵雅婷	女	带操	13.3	3	4月	加拿大
第20届世界青年跳水锦标赛俄罗斯站	李　政	男	单人3米跳板		3	9.9–14	奔萨

续表

比赛名称	姓名	性别	项目	成绩	名次	时间	地点
第十七届亚运会空手道比赛	孙敬超	男	-55公斤级		3	9.19-10.4	韩国
第十七届亚运会射击比赛	王智伟	男	50米手枪	561/165.6	3	10.4	韩国
第十七届亚运会武术散打比赛	陈红兴	男	65公斤级		3	9.24	韩国
中国空手道国际公开赛	师建玲	女	-55公斤级		3	5.21-22	宜昌
第5届国际跳伞锦标赛	孟　彤	男	青年组个人定点		4		迪拜
第20届世界青年跳水锦标赛俄罗斯站	李　政	男	单人10米跳台		4	9.9-14	奔萨
射箭项目世界杯第三站（土耳其）	方玉婷	女	个人排名赛		5	6月	土耳其
第5届国际跳伞锦标赛	李昊达	男	青年组个人定点		5		迪拜
世界杯射击系列赛（斯洛文尼亚站）	王智伟	男	50米手枪	572/133.3	5	6.21	斯洛文尼亚
第七届亚洲气枪锦标赛（青年组）	胡　杨	男	10米气步枪	615.2/143.7	5	3.14	科威特
中国空手道国际公开赛	寇　赢	男	-67公斤级		5	5.21-22	宜昌
国际游联短池世界杯北京站	刘海雲	女	200米仰泳	2′11″55	6	10.24-25	北京
国际游联短池世界杯北京站	杨　畅	女	800米自由泳	8′36″81	6	10.24-25	北京
南京青年奥林匹克运动会	裴蕊娇	女	10米气步枪	412.8/121.2	6	8.20	南京
世界举重大奖赛	张盛国	男	94公斤级	总成绩345公斤	6	9.4-10	俄罗斯
第十七届亚运会自行车比赛	赵志阳	男	BMX个人		7	10.1	韩国
女子重剑世界杯A级赛	郝佳露	女	重剑个人		7	5.16-18	巴西
世界击剑锦标赛	郝佳露	女	重剑团体		7	7.15-23	俄罗斯
世界杯射击系列赛美国站	王智伟	男	50米手枪	572/71.6	8	4.4	美国
世界杯射击系列赛斯洛文尼亚站	王智伟	男	10米气手枪	586/77.1	8	6.21	斯洛文尼亚
世界摔跤锦标赛	王路敏	男	古典跤59公斤级		8	9.5-16	乌兹别克斯坦
射箭项目世界杯第一站（上海）	方玉婷	女	个人淘汰赛		8	4月	上海

2014 年山西运动员参加全国锦标赛和冠军赛录取名次(前三名)

比赛名称	姓名	性别	项目	成绩	名次	时间	地点
全国男子自由式摔跤冠军赛	陈亮	男	自由跤 65 公斤级		1	10.21–24	乌兰察布
全国跳伞冠军赛	孟彤 贺亚楠 郭晓东 李昊达 亢丽平		集体定点	0.34	1	10.15–20	安阳
全国蹦床锦标赛	刘昌鑫 廉时栋	男	双人同步	49.6	1	10 月	上海
全国蹦床锦标赛	董钰 胡译乘	女	双人同步	45.98	1	10 月	上海
全国 BMX 自行车冠军赛第二站	赵志阳	男	BMX 个人赛		1	5.10–12	甘肃
全国 BMX 自行车冠军赛第四站	赵志阳	男	BMX 个人赛		1	8.1–3	太原
全国 BMX 自行车冠军赛第四站	赵志阳 王宝玉 郜文彬	男	BMX 团体		1	8.1–3	太原
全国 BMX 自行车冠军赛第五站	赵志阳 王宝玉 郜文彬	男	BMX 团体		1	8.1–3	太原
全国 BMX 自行车冠军赛第一站	赵志阳	男	BMX 个人赛		1	5.10–12	甘肃
全国 BMX 自行车锦标赛	赵志阳	男	BMX 个人赛		1	8.1–3	太原
全国 BMX 自行车锦标赛	赵志阳 王宝玉 郜文彬	男	BMX 团体		1	8.1–3	太原
全国击剑冠军赛第二站	田雪	女	重剑个人		1	4.16–23	福建
全国击剑冠军赛第三站	田雪	女	重剑个人		1	4.28–29	江苏
全国击剑冠军总决赛	刘娜娜 郝佳露 田雪 崔怡青	女	重剑团体		1	6.11–18	沈阳
全国拳击锦标赛	符海娇	女	57 公斤级		1	5.7–5.11	迁安
全国空手道锦标赛	孙敬超	男	–55 公斤级		1	5.19–25	宜昌

续表

比赛名称	姓名	性别	项目	成绩	名次	时间	地点
全国马拉松锦标赛系列赛(4)太原国际马拉松	刘　强	男	马拉松	2:31′37″	1	9.13	太原
全国女子举重冠军赛	周　悦	女	63 公斤级	抓举 106 公斤级	1	10.27	淄博
全国射箭冠军赛	方玉婷	女	70 米排名	333 环	1	3.7	莆田
全国室外锦标赛	方玉婷 于少卿 张萌萌	女	团体淘汰赛	5 分	1	10.30	德清
沙滩排球总积分	陈春霞 魏兆辰	女	沙滩排球		1	2014 年	
全国沙滩排球锦标赛	陈春霞 魏兆辰	女	沙滩排球		1	9.11–14	厦门
全国田径链球单项赛	刘斌斌	男	男子链球	65.60 米	1	6.28	八一体工队
全国滑翔锦标赛	吴向荣		升高		1	5 月	大同
全国滑翔锦标赛	吴向荣		留空		1	5 月	大同
全国盲人柔道锦标赛	李小东	男	–60 公斤级		1	5.19	福州
全国盲人柔道锦标赛	周　倩	女	–70 公斤级		1	5.19	福州
全国盲人柔道锦标赛	吴璞琦	男	–73 公斤级		1	5.19	福州
全国盲人柔道锦标赛	吴璞琦	男	73 以上无差别		1	5.19	福州
全国男子武术散打锦标赛	陈红兴	男	65 公斤级		2	4.21–27	山东
全国蹦床冠军赛	胡译乘 董　钰 贾宇洁 梁曦文	女	网上团体	154.705	2	5.16	天津

续表

比赛名称	姓名	性别	项目	成绩	名次	时间	地点
全国蹦床冠军赛	董　栋	男	网上个人	59.255	2	5.16	天津
全国蹦床冠军赛	刘昌鑫 廉时栋	男	双人同步	44.8	2	5.16	天津
全国古典式摔跤锦标赛	王路敏	男	古典跤 59 公斤级		2	5.27–30	合肥
全国古典式摔跤锦标赛	张　冰	男	古典跤 66 公斤级		2	5.27–30	合肥
全国古典式摔跤锦标赛	张祥龙	男	古典跤 85 公斤级		2	5.27–30	合肥
全国男子自由式摔跤冠军赛	侯智川	男	自由跤 65 公斤级		2	10.21–24	乌兰察布
全国女子自由式摔跤锦标赛	王春英	女	自由跤 69 公斤级		2	5.13–16	金乡
全国射击个人团体锦标赛	胡　杨 王闰生 肖亚楠	男	50 米步枪 三姿团体	3493	2	10.23	郑州
全国体操冠军赛	魏　鑫	男	自由操	15.067	2	10.28	上海
全国武术散打冠军赛	陈红兴	男	65 公斤级		2	11.8–12	吉林
全国武术套路冠军赛	高晓彬	男	棍术		2	9.4–9.7	云南
全国武术套路冠军赛(传统项目)	乔　杰	男	形意拳		2	3.24–3.27	广州
全国武术套路锦标赛(太极拳)	崔碧晖	男	自选太极拳		2	11.9–12	浙江
全国蹦床锦标赛	董　栋 涂　潇 符　冰 穆　童 张　雒 金仁泽	男	团体	209.72	2	10 月	上海

续表

比　赛　名　称	姓名	性别	项　目	成绩	名次	时间	地　点
全国蹦床锦标赛	董　栋 涂　潇	男	双人同步	49.1	2	10月	上海
全国BMX自行车冠军赛第二站	赵志阳 韦江斌 王宝玉	男	BMX团体		2	5.10–12	甘肃
全国BMX自行车冠军赛第五站	赵志阳	男	BMX个人赛		2	8.1–3	太原
全国BMX自行车冠军赛第一站	赵志阳 韦江斌 陈　斌	男	BMX团体		2	5.10–12	甘肃
全国BMX自行车锦标赛	荆　静	女	BMX个人赛		2	8.1–3	太原
全国公路自行车冠军赛第二站	白　月	女	绕圈赛		2	4.26–29	山东
全国拳击冠军赛	符海娇	女	57公斤级		2	10.12—17	包头
全国击剑冠军赛第一站	郝佳露	女	个人赛		2	2.26–3.6	云南
全国女子举重冠军赛	周　悦	女	63公斤级	总成绩231公斤	2	2014.10.27	淄博
全国女子举重冠军赛	张　倩	女	69公斤级	抓举108公斤	2	10.10–13	淄博
全国女子举重冠军赛	张　倩	女	69公斤级	挺举136公斤	2	10.10–13	淄博
全国女子举重锦标赛	周　悦	女	63公斤级	抓举105公斤	2	4.18	唐山
全国女子举重锦标赛	周　悦	女	63公斤级	总成绩233公斤	2	4.18	唐山
全国女子柔道锦标赛	张　雯	女	63公斤级		2	4.17–20	云南
全国山地自行车冠军赛第四站	白　月	女	计时赛	0:21:15	2	4.19–20	安徽
全国山地自行车冠军赛第一站	白　月	女	计时赛	0:14:09	2	3.8–9	海南

续表

比 赛 名 称	姓名	性别	项 目	成绩	名次	时间	地 点
全国射箭冠军赛	方玉婷	女	个人单轮全能	1351 环	2	3.7	莆田
全国沙滩排球大满贯赛	陈春霞 魏兆辰	女	沙滩排球		2	8.7–10	苏州
全国沙滩排球巡回赛	陈春霞 魏兆辰	女	沙滩排球		2	6.26–29	敦煌
全国皮划艇(静水)锦标赛	俞鹏越	男	单人划艇 200 米	00:48	2	10.9–12	江西瑶湖
全国田径大奖赛(1)	庚石锁	男	跳高	2.20 米	2	4.19–20	肇庆
全国田径大奖赛(1)	张哲瑶	女	跳高	1.80 米	2	4.19–20	肇庆
全国田径冠军赛暨大奖总决赛	杨红光	女	4×100 接力	45″10	2	7.11–13	济南
全国田径链球单项赛	吴万鑫	男	链球	58.38 米	2	6.28	八一体工队
全国田径锦标赛	杨红光	女	4×100 米接力	44″98	2	10.9–12	苏州
全国盲人柔道锦标赛	马涛丽	女	+78 公斤级		2	5.19	福州
全国盲人柔道锦标赛	周 倩	女	63–78 公斤级		2	5.19	福州
全国盲人柔道锦标赛	贺妙棋	男	–90 公斤级		2	5.19	福州
全国艺术体操锦标赛	张豆豆	女	成年个人球操	15.05	3	9.2–10	福建大田
全国艺术体操锦标赛	张豆豆	女	成年个人棒操	15.1	3	9.2–10	福建大田
全国蹦床冠军赛	廉时栋	男	网上个人	57.345	3	5.16	天津
全国古典式摔跤锦标赛	钱海涛	男	古典跤 75 公斤级		3	5.27–30	合肥
全国航空航天模型锦标赛	米波光	男	带降火箭(S6A)	+2	3	7.2–10	烟台
全国男子自由式摔跤冠军赛	王明昌	男	自由跤 70 公斤级		3	10.21–24	乌兰察布

续表

比　赛　名　称	姓名	性别	项　目	成绩	名次	时间	地　点
全国男子自由式摔跤冠军赛	阮文龙	男	自由跤 61 公斤级		3	10.21–24	乌兰察布
全国跳伞锦标赛	孟　彤 贺亚楠 郭晓东 李　莹 裴　瑶 亢丽平 郭　静 赵晓君 任　伟 李昊达		自选花样动作	8.65	3	10.2–12	保定
全国武术套路冠军赛	高晓彬	男	刀术		3	9.4–9.7	云南
全国艺术体操集体锦标赛和个人冠军赛	张豆豆	女	成年个人棒操	13.4	3	5.10	南充
全国游泳锦标赛	曹　玥	女	400 米自由泳	4′08″60	3	10.14–18	黄山
全国蹦床锦标赛	张　雒	男	单跳个人	71.9	3	10 月	上海
全国蹦床锦标赛	董　钰 贾宇洁 胡译乘 段豪媚 方璐鹭	女	女子团体	189.185	3	10 月	上海
全国拳击冠军赛	徐晨涛	男	+91 公斤级		3	11.3—7	武汉
全国击剑冠军赛第一站	郝佳露 田　雪 崔怡青 梁凤仪	女	重剑团体		3	2.26–3.6	云南
全国击剑冠军赛总决赛	刘娜娜	女	重剑个人赛		3	6.11–18	沈阳
全国拳击锦标赛	黄　鑫	男	49 公斤级		3	3.25–4.1	迁安
全国拳击锦标赛	徐晨涛	男	+91 公斤级		3	3.25–4.1	迁安
全国拳击锦标赛	葛亚萌	女	51 公斤级		3	5.7–5.11	迁安
全国男子柔道冠军赛	原绍童	男	100 公斤级		3	10.16–19	河北

续表

比赛名称	姓名	性别	项目	成绩	名次	时间	地点
全国男子柔道锦标赛	赵小龙	男	60 公斤级		3	4.10—13	淄博
全国女子举重冠军赛	张倩	女	69 公斤级	总成绩 244 公斤	3	10.10—13	淄博
全国女子柔道冠军赛	张雯	女	63 公斤级		3	10.23—26	太原
全国乒乓球锦标赛	武杨	女	女子单打		3	11.7	黄石
全国乒乓球锦标赛	李晓丹	女	女子单打		3	11.7	黄石
全国乒乓球锦标赛	武杨	女	女子双打		3	11.7	黄石
全国射箭奥项锦标赛	祝珊珊	女	个人淘汰赛	6 分	3	6.6	内蒙古
全国射箭冠军赛	方玉婷	女	60 米排名	346 环	3	3.7	莆田
全国射箭冠军赛	郭凯强	男	90 米排名	316 环	3	3.7	莆田
全国室内田径锦标赛	庚石锁	男	跳高	2.15 米	3	3.21—22	北体大
全国室内田径锦标赛	乔月峰	男	跳高	2.15 米	3	3.21—22	北体大
全国田径大奖赛(1)	刘斌斌	男	链球	65.82 米	3	4.19—20	肇庆
全国田径冠军赛大奖赛暨总决赛	庚石锁	男	跳高	2.20 米	3	7.11—13	济南
全国田径冠军赛大奖赛暨总决赛	辛雅茹	女	链球团体	57.57 米	3	7.11—13	济南
全国田径冠军赛暨大奖总决赛	王晓赟	女	铅球团体	16.20 米	3	7.11—13	济南
全国田径投掷项目公开赛	辛雅茹	女	少年组链球（3 公斤）	60.78 米	3	3.29—30	成都
全国盲人柔道锦标赛	贺妙棋	男	81 以上无差		3	5.19	福州
全国马术三项赛锦标赛	贾俊成 那音台 李志广 敖其尔	男	团体		3	5 月	右玉

2014年山西运动员参加全国协作区青少年比赛录取名次

比赛名称	姓名	性别	项目	成绩	名次	时间	地点
全国青少年蹦床锦标赛	王 毅	男	15岁单跳	66.4	1	10月	上海
全国少年体操比赛(第二赛区)	邹 杰	男	甲组(12岁)自由体操	13.81	1	7.15–20	合肥
全国少年体操比赛(第二赛区)	邹 杰	男	甲组(12岁)单杠	13.355	1	7.15–20	合肥
全国少年体操比赛(第二赛区)	杜宇良	男	乙组(10岁)自由体操	13.73	1	7.15–20	合肥
全国蹦床年龄组比赛	许晴晴	女	13–14岁网上个人	35.8	1	5.18	天津
全国蹦床年龄组比赛	杨颜苇	男	15岁网上个人	53.58	1	5.18	天津
全国蹦床年龄组比赛	张慧荣 许晴晴 杨宇诗	女	网上团体	100.9	1	5.18	天津
全国蹦床年龄组比赛	郭家伦 王志涛 周子龙 彭 银	男	网上团体	101.1	1	5.18	天津
全国艺术体操冠军赛	赵雅婷	女	少年单项棒操	14.3	1	6.12	满洲里
全国艺术体操冠军赛	赵雅婷	女	少年单项绳操	14.5	1	6.12	满洲里
全国艺术体操集体锦标赛和个人冠军赛	赵雅婷	女	少年个人全能	69.8	1	5.10	南充
全国艺术体操冠军赛	赵雅婷	女	少年单项圈操	13.4	2	6.12	满洲里
全国青年古典式摔跤锦标赛	张 涛	男	古典跤120公斤级		1	7.22–25	潍坊
全国青少年航空航天模型锦标赛	米波光	男	遥控电动滑翔机(P5B)		1	7.24–28	吴忠
全国青少年武术套路锦标赛	乔 杰	男	A组刀术		1	7.6–7.8	福建
全国少年体操比赛总决赛	杜宇良	男	乙组(10岁)鞍马	13.956	1	8.2–8.10	佛山
全国青少年蹦床锦标赛	王志涛 郭佳伦 彭 银 周子龙	男	13–14岁网上团体	106.5	1	10月	上海
全国少年(16–17岁)田径锦标赛暨青奥会选拔赛	白佳旭	男	跳高	2.20米	1	4.2–4	重庆
全国跆拳道青少年锦标赛	许凯鹏	男	73公斤级	青年组	1	7.16–19	廊坊
全国跆拳道青少年锦标赛	时国富	男	63公斤级	少年组	1	7.16–19	廊坊

续表

比　赛　名　称	姓名	性别	项　目	成绩	名次	时间	地　点
全国田径链球单项赛	辛雅茹	女	青年组链球	59.90 米	1	6.28	八一体工队
全国投掷项目分区赛(1)	沈锦麟	男	成年组标枪	63.81 米	1	4.10–11	西安
全国投掷项目分区赛(1)	王培培	女	少年组铅球（3 公斤）	15.49 米	1	4.10–11	西安
全国中西部举重锦标赛	刘　哗	女	58 公斤级	抓举 85 公斤	1	10.26	西安
全国中西部举重锦标赛	刘　哗	女	58 公斤级	总成绩 185 公斤	1	10.26	西安
全国青少年蹦床锦标赛	夏琳娜	女	13–14 岁单跳	59	2	10 月	上海
全国青少年蹦床锦标赛	郭佳伦	男	13–14 岁网上个人	36.4	2	10 月	上海
全国青少年蹦床锦标赛	余正文	女	15 岁网上个人	50.285	2	10 月	上海
全国少年体操比赛(第二赛区)	邹　杰	男	甲组(12 岁)全能	60.267	2	7.15–20	合肥
全国少年体操比赛(第二赛区)	邹　杰	男	甲组(12 岁)跳马	13.25	2	7.15–20	合肥
全国少年体操比赛(第二赛区)	吴承澴	男	甲组(12 岁)自由体操	13.58	2	7.15–20	合肥
全国少年体操比赛(第二赛区)	杜宇良	男	乙组(10 岁)跳马	13.73	2	7.15–20	合肥
全国青少年艺术体操锦标赛	杜涵茜	女	B 组球操	10.65	2	7.18–28	千岛湖
全国蹦床年龄组比赛	夏琳娜	女	13–14 岁单跳	59.1	2	5.18	天津
全国蹦床年龄组比赛	王　毅	男	15 岁单跳	60.6	2	5.18	天津
全国青年古典式摔跤锦标赛	张庆深	男	古典跤 120 公斤级		2	7.22–25	潍坊
全国青年男子自由式摔跤锦标赛	侯智川	男	自由跤 66 公斤级		2	7.15–18	荣昌
全国青少年武术套路锦标赛	庞佳琪	女	A 组长拳		2	7.6–8	福建
全国少年体操比赛总决赛	杜宇良	男	乙组(10 岁)自由体操	13.842	2	8.2–10	佛山
全国少年体操比赛总决赛	杜宇良	男	乙组(10 岁)跳马	13.935	2	8.2–10	佛山
全国青少年蹦床锦标赛	郭佳伦 王志涛	男	13–14 岁同步	38.8	2	10 月	上海

续表

比赛名称	姓名	性别	项目	成绩	名次	时间	地点
全国青少年蹦床锦标赛	许晴晴 张慧荣 杨宇诗	女	13–14 岁网上团体	99.8	2	10 月	上海
全国男子举重冠军赛(青年组)	罗　成	男	69 公斤级	抓举 140公斤	2	10.17	江山
全国男子举重青年锦标赛	罗　成	男	69 公斤级	抓举 136 公斤	2	3.29	新余
全国男子青年柔道锦标赛	任晓齐	男	–81 公斤级		2	7.10–14	多巴
全国男子青年柔道锦标赛	邓中华	男	–73 公斤级		2	7.10–14	多巴
全国男子青年柔道锦标赛	原绍童	男	100 公斤级		2	7.10–14	多巴
全国男子青年柔道锦标赛	宗　杭	男	无差级		2	7.10–14	多巴
全国男子青年柔道锦标赛	胡四楞 赵　军 邓中华 任晓齐 姚　成 陈　宁 原绍童 宗　杭	男	团体		2	7.10–14	多巴
全国男子青年柔道锦标赛	孙　聪	女	–78 公斤级		2	7.10–14	多巴
全国女子青年举重锦标赛	童诗宇	女	63 公斤级	抓举 88 公斤	2	3.29	新余
全国女子青年举重锦标赛	童诗宇	女	63 公斤级	总成绩 197 公斤	2	3.29	新余
全国拳击青年锦标赛	林伟禄	男	56 公斤级		2	6.3—10	秦皇岛
全国拳击青年锦标赛	聂泽龙	男	60 公斤级		2	6.3—10	秦皇岛
全国青年田径锦标赛	岑鹏飞	男	青年组 1500 米	3′54″39	2	6.20–22	丽水
全国拳击少年锦标赛	周　颢	男	70 公斤级		2	7.28—8.5	朝阳
全国投掷项目分区赛(2)	王　娣	女	青年组标枪	35.23 米	2	5.10–11	济南
全国中西部举重锦标赛	刘　晔	女	58 公斤级	挺举 100 公斤	2	10.26	西安
全国青少年蹦床锦标赛	张慧荣	女	13–14 岁网上个人	35	3	10 月	上海
全国青少年蹦床锦标赛	刘　新	男	15 岁网上个人	51.77	3	10 月	上海

续表

比赛名称	姓名	性别	项目	成绩	名次	时间	地点
全国少年体操比赛(第二赛区)	邹　杰 吴安杰 吴承澴	男	甲组(12岁)团体	158.53	3	7.15–20	合肥
全国少年体操比赛(第二赛区)	邹　杰	男	甲组(12岁)鞍马	12.865	3	7.15–20	合肥
全国少年体操比赛(第二赛区)	邹　杰	男	甲组(12岁)双杠	13.32	3	7.15–20	合肥
全国少年体操比赛(第二赛区)	杜宇良	男	乙组(10岁)全能	61.42	3	7.15–20	合肥
全国少年体操比赛(第二赛区)	杜宇良	男	乙组(10岁)双杠	13.45	3	7.15–20	合肥
全国少年体操比赛(第二赛区)	邓龙妍 樊雨欣 杨泽宇	女	甲组(11岁)团体	107.8	3	7.15–20	合肥
全国青少年艺术体操锦标赛	杜涵茜	女	棒操	10.2	3	7.18–28	千岛湖
全国青少年艺术体操锦标赛	杜涵茜	女	全能	49.8	3	7.18–28	千岛湖
全国青少年艺术体操锦标赛	王小亚	女	C组全能	24.15	3	7.18–28	千岛湖
全国艺术体操冠军赛	赵雅婷	女	少年个人全能	66.95	3	6.12	满洲里
全国艺术体操集体锦标赛和个人冠军赛	赵雅婷	女	少年个人棒操	12.65	3	5.10	南充
全国艺术体操集体锦标赛和个人冠军赛	赵雅婷	女	少年个人绳操	11.3	3	5.10	南充
全国蹦床年龄组比赛	张慧荣	女	13–14岁网上个人	34.9	3	5.18	天津
全国蹦床年龄组比赛	余正文	女	15岁网上个人	49.2	3	.5.18	天津
全国蹦床年龄组比赛	张慧荣 许晴晴	女	双人同步	38.1	3	5.18	天津
全国蹦床年龄组比赛	郭家伦 王志涛	男	双人同步	38.6	3	5.18	天津
全国女子自由式摔跤青年锦标赛	裴星茹	女	自由跤59公斤级		3	7.8–11	淄博
全国青年男子自由式摔跤锦标赛	续嘉珅	男	自由跤96公斤级		3	7.15–18	荣昌
全国青年男子自由式摔跤锦标赛	胡展翔	男	自由跤120公斤级		3	7.15–18	荣昌
全国青少年武术套路锦标赛	乔　杰	男	A组长拳		3	7.6–7.8	福建
全国少年体操比赛总决赛	杜宇良	男	乙组(10岁)全能	62.06	3	8.2–8.10	佛山

续表

比赛名称	姓名	性别	项目	成绩	名次	时间	地点
全国男子青年柔道锦标赛	梁飘飘	女	无差		3	7.10–14	多巴
全国女子青年举重锦标赛	童诗宇	女	63 公斤级	挺举 109 公斤	3	3.29	新余
全国拳击青年锦标赛	莫中蒲	男	49 公斤级		3	6.3—10	秦皇岛
全国拳击青年锦标赛	车相男	男	69 公斤级		3	6.3—10	秦皇岛
全国跆拳道青少年锦标赛	王　飞	男	63 公斤级		3	7.16–19	廊坊
全国跆拳道青少年锦标赛	郝亚旭	男	+78 公斤级		3	7.16–19	廊坊
全国山地自行车青年锦标赛	杨　冰	男	越野赛	1:29:59	3	7.12–13	沈阳
全国少年(16–17 岁)田径锦标赛暨青奥会选拔赛	辛雅茹	女	链球(3 公斤)	59.94 米	3	4.2–4	重庆
全国拳击少年锦标赛	张　洁	女	57 公斤级		3	7.28—8.5	朝阳
全国投掷项目分区赛(1)	叶章轩	男	成年组标枪	62.07 米	3	4.10–11	西安
全国投掷项目分区赛(2)	崔仲霞	女	青年组标枪	29.84 米	3	5.10–11	济南

2014 年山西省第十四届运动会奖牌榜

代表团	金　牌	银　牌	铜　牌	总　分
太　原	265.5	203	158	6205.75
大　同	140	127.5	130	4193.5
长　治	109.5	109.5	130	3998.25
阳　泉	73.75	54.75	59.25	2094.25
晋　城	65.5	59.5	51	2032.75
运　城	63.5	55.5	73.5	2274.5
晋　中	35	56	80	2350.25
忻　州	34.5	20.5	17.5	753.5
临　汾	20.75	39.25	40.25	1269.75
朔　州	10	8.5	13.5	357.75
吕　梁		4.5	10.5	251

(王宏德)

人口　计生

【计划生育】 2014 年，山西省开展计划生育工作，有序实施“单独两孩”(即夫妻双方一人为独生子女，即可生二胎的人口政策。)政策。人口计生目标管理责任制考核以县为单位实现全覆盖，指导基层加快卫生计生机构改革和资源整合，及时纠正偏差，加大对党员领导干部违法生育问题的查处力度，计划生育基层基础工作保持稳定。启动实施单独两孩政策，惠及 5500 个家庭，没有出现“生育堆积”现象，人口增长控制在 6.5‰的目标以内。落实计生家庭奖励扶助资金 6.8 亿元，将独生子女伤残、死亡家庭特别扶助金标准提高到每人每月 270 元、340 元，并在就医、养老、医保等方面享受优惠和优先服务。为 2256 名失独家庭夫妻办理爱心综合保险，帮助 1116 户计生家庭申领小额贷款 4360 万元。在 11 个市的 20 个县(市、区)推进流动人口基本公共卫生计生服务均等化试点：加大出生人口性别比控制力度，严厉打击非法鉴定胎儿性别和选择性中止妊娠等违法行为，查处一批“两非”案件。

(刘　翔)

○相关链接：参见“山西省人民政府”类目

婚姻　家庭

【婚姻登记】 2014 年，山西省共有婚姻登记机构 137 个。全省婚姻登记信息系统网络平台运行平稳。年内全省登记结婚 34.89 万对，离婚 4.88 万对：办理中国公民和外国公民结婚 123 对，离婚 14 对。　(王文广)

【户口人数】 据山西省统计局公布数据，截至 2014 年底，全省共有 1166.40 万户，常住人口 3647.96 万人。

(省统计局)

妇女　儿童

【三晋巾帼成才行动】 2014 年，山西省妇联推动开展女性文化学堂走进机关、高校、农村、社区，组织各类专题讲座 763 场，引导广大妇女树立“四自”精神、培育社会主义核心价值观，深受妇女群众欢迎，被评为“省直机关十大学习品牌”。出台《2014—2018 年省妇联干部教育培训规划》，举办妇联干部能力提升、妇联维权、新闻宣传、家庭教育骨干等培训班，妇联干部的履职能力和综合素质明显提高。加强妇女理论研究，出版《聚焦山西妇女社会地位》，完成老区妇女生存发展状况调研。　(郃三亲)

【三晋幸福家庭活动】 2014 年，山西省妇联以开展“寻找三晋最美家庭”为抓手，先后组织开展“弘扬家庭美德、传承德孝文化”、感恩母亲“六个一”、首届全省百名好军嫂、优秀兵妈妈评选表彰和“平安家庭”创建等活

“6·15”绿丝带儿童保护日活动　(郃三亲供图)

动，引导妇女和家庭成员说自己家风、谈身边"最美"，在参与中接受教育。全省3万个基层"妇女之家"共晒出幸福家庭照10635幅，举办最美家庭故事会18400次、家风家训家规评议会16000次，评选出省级最美家庭110户，创建省级平安示范家庭100户。实施家庭教育五年规划，推进网上家长学校工作，开展"春蕾桥—爱心家庭派对""好妈妈好爸爸好家风"推荐征集等活动，组织金秋家庭教育大篷车巡回公益讲座726场。 （郃三亲）

【青少年生态环保行动】 2014年，山西省少先队工作委员会组织开展增绿减霾行动。大同自建共青团绿化带708亩，忻州自建41亩，朔州自建56亩，举办环保绿化宣讲活动220场：动员青少年植树护绿。全省绿色树木种植达到27860棵，护绿面积481亩，参与人数70320人，发放宣传资料22000份，建设青年林10个，媒体报道50次。打造绿色青年组织。成立山西省青少年生态环保社团联盟，开展大型环保活动6次，各类宣传活动80余次。 （陈志刚 师慧蓉）

○相关链接：参见"群众团体"类目

青 年

【青年就业创业】 2014年，山西省共青团帮助8061名青年和22741名大学生上岗见习。有6549名城市青年、41426名农村青年参加就业创业培训。开展首届"山西青年创业奖"评选活动和"2014年山西省青年涉农产业创业创富项目评选"活动，对获奖青年给予政策扶持、资金支持等帮扶，并将其纳入山西省农村青年创业致富领头雁"人才库，发挥示范带动作用。开展金融知识培训234期，培训农村青年29313人，实现就业10081人。为31725名创业青年发放小额贷款43.62亿元。青创中心结合实际、创新发展、突破常规，根据青年的不同需求加强创业园区的建设工作。"山西青年创业孵化基地"入驻企业29家，经营涵盖电子商务、广告设计、企业培训等多个行业。"山西青年创业示范园区"入驻企业41家。通过就业导航、信息提供、技能培训、资源储备、资金支持、专家咨询、项目评估、基地孵化、权益维护等服务，推动青年创业基地建设，被团中央命名为首批"全国青年创业示范园区"。

（陈志刚 师慧蓉）

【山西青年大讲堂】 2014年，山西省各级青联组织开展"山西青年大讲堂"283场，覆盖团员青年63804人：与山西大学文学院共同举办"山西国学大讲堂"20场，邀请北京大学、北京语言大学、山西大学等知名学者、教授解读中华传统文化及古代文学，参与人次1500左右。 （陈志刚 师慧蓉）

2014年9月，青年踊跃参加"我为核心价值观代言"活动 （陈志刚供图）

【大中专学生暑期社会实践活动】 2014年，山西省共有34所高校，488支大学生志愿服务队参加大中专学生暑期"三下乡"社会实践活动，参加学生51517人，媒体宣传数量258条。

（陈志刚 师慧蓉）

○相关链接：参见"群众团体"类目

老年人

【概述】 2014年，山西省老龄工作委员会及全省各级老龄部门和广大老龄工作者围绕全省"六大发展"工作大局，贯彻落实《中华人民共和国老年人权益保障法》，完成《山西省老龄事业发展"十二五"规划》阶段性目标任务，加强基层老龄工作，开展"敬老文明号""敬老月""银龄行动"等活动，全省老龄工作取得新成绩。

（闫 鹏）

【老龄事业"十二五"规划实施情况】 2014年，山西省各级老龄部门从人口老龄化的重要国情、省情出发，贯彻实施《山西省老龄事业发展"十二五"规划》，推动《规划》目标任务的完成。截至2014年底，全省建立统一的城乡居民基本养老保险制度；城镇职工医保、城镇居民医保和新农合三项基本医保实现应保尽保；连续10年提高企业退休人员基本养老金，月人均达到2389元；全省老年人意外伤害保险承保人数达24.8万人，同比增长85.56%，老年民生得到改善和保障。养老服务业、老龄产业推进发展，老年文化、教育、体育事业协调发展。 （闫 鹏）

【老年人合法权益保障】 2014年，山西省各级老龄办和涉老部门完善老年人来信来访制度，建立健全老年人诉求表达机制、利益协调机制、矛盾调处机制，保障老年人合法权益。省老龄办调整省老年法律援助站工作人员，规范服务流程，提升服务水平，并与山西电视台《小郭跑腿》栏目建立合作关系，参与协调处理侵犯老年人合法权益的案例。太原市建立老年维权组织 2000 个，专兼职律师近 5000 名，为做好老年人法律援助和服务工作提供保证。晋中市老龄办联合市人大开展“一法一办法”执法检查，促进老年法律法规的贯彻落实。做好老年人法律法规的宣传普及工作。12 月 4 日全国宪法日，省老龄办参加省政法委在太原市南宫广场举行的宣传活动。权益部干部职工、省老年法律援助站工作人员及老年志愿者代表在太原市府东街开展街头法律宣传活动，发放《老年法》单行本、《老龄政策法律知识问答》近万份，接待咨询近百人。太原、阳泉、临汾等市在火车站、市中心广场举办老年法律法规宣传活动，促进全社会尊老敬老风尚的形成。（闫　鹏）

2014 年 8 月 5 日，全省老龄工作会议在太原召开　（闫　鹏供图）

【老年人优待】 2014 年，山西省各级老龄办贯彻全国老龄办等 24 个部门联合下发的《关于进一步加强老年人优待工作的意见》精神，推动老年优待政策落实，在卫生保健、交通出行、商业服务、文体休闲等方面对老年人实行不同程度的优待、优先、优惠。省老龄办结合山西省实际，会同省老龄委各成员单位修订《山西省关于进一步加强老年人优待工作的实施意见》，推进全省老年优待工作。（闫　鹏）

【基层老龄工作】 2014 年，山西省各级老龄办坚持“抓基层、打基础、树品牌、创一流”的指导思想，巩固老龄工作示范县（市、区）、乡（镇）、村（社区）创建成果，总结推广创建经验。截至 2014 年底，全省树立 30 个全省老龄工作示范县（市、区）、270 个老龄工作示范乡（镇）和 1745 个示范村。加强老年群众组织规范化建设。截至 2014 年底，全省城市社区和农村老年协会覆盖率分别达到 88%和 78%。省老龄办印发《村（社区）老年协会章程（示范文本）》，对规范基层老年协会管理，提升协会工作水平具有重要作用。按照全国老龄办部署，省老龄办开展“基层老年协会建设乐龄工程”，先后分两批，扶持全省 464 个规范化老年协会，每个协会赠送一台电视机和一部音箱，丰富基层老年群众的精神文化生活，调动基层老年协会建设的积极性。（闫　鹏）

【“爱心护理工程”建设】 2014 年 9 月，山西省老龄办与全国老龄事业发展基金会联合在太谷县举办“第七届全国老年心理关爱研讨会”，为全国爱心护理院间相互学习交流提供良好平台。截至 2014 年底，全省有“爱心护理工程建设基地”23 家，“爱心护理工程示范基地”5 家，床位 6150 张。（闫　鹏）

【“敬老文明号”创建】 2014 年，山西省老龄办发动全省各窗口服务行业、为老服务组织，开展“敬老文明号”创建活动。2014 年 8 月，省老龄办对第二届全省“敬老文明号”单位进行命名表彰，并对第三届创建活动做出安排部署。各地引深“敬老文明号”创建活动。以宣传扩大创建影响力。忻州市在公共场所、为老服务窗口单位等醒目位置张贴“敬老文明号”宣传画，各地利用报纸、广播、电视、街头 LED 屏等形式进行宣传，营造浓厚的创建氛围。以会议推动创建上水平。晋城市召开市直单位创建活动现场会，交流好做法、好经验，太原、大同、朔州等市召开“敬老文明号”表彰会，推动创建活动提高水平、提升质量。以检查促进创建出成效。太原市对创建单位开展专项检查，指导创建单位引深创建活动。省直机关老龄办对已挂牌单位进行复查，推进创建活动持久开展。长治市组织创建单位进行交叉检查，互相评议，互相监督，成效显著。（闫　鹏）

【“敬老月”活动】 2014 年，山西省老龄办启动全省“敬老月”活动，邀请民政部原副部长、全国老年福利基金会理事长李宝库作孝道文化专题讲座。组织省城老年人代表观看敬老题材大型晋剧现代戏《守护夕阳》，为老年人奉上精美的文化大餐。为新进百岁老人颁发“寿比南山、福如东海”长寿匾，对 2000 名农村特困老年人进行救助，共发放救助金 100 万元。9 月 27 日，省老龄办组织 40 多名志愿者组成的服务队伍，赴“源缘圆”养老院，与入住老人一起欢度节日。省老龄办组织老年文艺队，赴忻州、晋中、吕梁 3 个市 6 个县的敬老院、养老院、老年协会等进行慰问演出，为老年人送关怀、送欢乐。组织老劳模、老干部、省城各界老同志代表开展“寻访山西老企业、追忆艰苦奋斗史、畅谈创新发展路”活动，走进太重集团、

2014年8月12日，《山西老龄工作》创刊500期座谈会在太原召开（闫　鹏供图）

山西老陈醋集团、太原双合成食品公司等单位，感悟企业创新发展巨大变化，进行艰苦奋斗精神和创新发展励志教育。（闫　鹏）

【老龄宣传】 2014年，山西省各级各地老龄办编印工作刊物、出版书籍、开办网站、开辟专栏，丰富宣传工作形式，拓展宣传工作内容。省老龄办编发《山西老龄工作》，办好“山西老龄网”，编印《全省老龄工作政策法规选编》，与晋中老龄办、太谷老龄办联合编印《老年与健康》，与省老龄人才资源开发协会联合编印《山西老龄人才资源开发基本经验选编》。太原、晋中、长治等市在日报、晚报、电台、电视台开辟老年专版专栏，发挥媒体的宣传平台和载体作用。全省老龄宣传队伍建设加强。2014年8月12日，省老龄办举办《山西老龄工作》创刊500期座谈会，并为全省首批40名特约通讯员颁发通讯员证，建立起一支贯通全省老龄系统的通讯员队伍，为做好全省老龄宣传工作提供人力资源保障。（闫　鹏）

【老龄调查研究】 2014年，山西省各级老龄办围绕老龄工作发展中的热点、重点和难点问题，加强调查研究，为老龄工作科学决策提供服务。省老龄办参加全国老龄办2014年主题政策调研活动，选送8篇调研报告，并获优秀组织奖。组织开展“老年人权益保障、尊严与责任”主题调研活动，各市和全省老龄工作示范县（市、区）老龄办积极参与，共撰写调研报告40多篇。8月14日，2010–2012年开展的“山西省应对人口老龄化战略研究”获“山西省第八次社会科学研究优秀成果二等奖”。10月21日，在全国老龄政务信息工作会议上，省老龄办副主任续爱峰作题为《构建全方位老龄政务信息系统，推进全省老龄事业健康快速发展》的大会发言。太原、晋城、晋中、朔州、忻州、运城等市，围绕老年人权益保障、基层老年协会建设、社会养老服务体系建设、农村老年人生活状况等工作开展调研，撰写调研报告87篇，为党委政府加强老龄工作、研究制定老龄政策提供依据。（闫　鹏）

【“银龄行动”】 2014年，山西省各级老龄办发挥“银龄行动”的引领作用，组织引导老年人参与社会发展、发挥社会作用、体现社会价值。5月8日至14日，省老龄办组织山西医科大学第二附属医院的老专家、老名医组成“银龄行动”医疗服务队，先后赴柳林县和临县开展义诊活动，接诊老年患者1200多人，免费发放价值8000元的老年人专用药品，并举办讲座对当地医护人员进行诊疗技术培训。晋城市“开发式扶贫助老”活动开展第六期，并召开全市“银龄助农、扶贫助老”观摩会，提升活动质量和水平。太原、晋中、朔州、忻州等市开展医疗、农、林、养殖、文艺等援助活动。（闫　鹏）

【老龄系统内部建设】 2014年，山西省各级老龄部门加强老龄办机关建设和干部队伍建设。以建设学习型、研究型、创新型、服务型机关为重点，建立健全各项规章制度，完善老龄工作数据统计制度。2014年初，省老龄办编印《山西省2013年老年人口与老龄事业发展基本情况》小册子，并形成每年年初发布上年数据的长效机制。8月中旬，举办全省老龄宣传干部培训班，提高基层干部的业务水平以坚持和发扬“敬业、奋进、和谐、卓越”的山西老龄精神为重点，提高老龄干部的综合素质。省老龄办以考核、督查为抓手，推进各项工作任务完成，制定科学的考评办法，下发《2014年度全省老龄工作考核评估的通知》及考核项目表，对各市老龄办完成工作任务和重点工作进行严格考评。（闫　鹏）

民族　宗教

【概述】 2014年，山西省宗教事务局民族委员会（简称山西省宗教局、山西省民委）班子围绕中心，服务大局，坚持强基固本、狠抓工作落实，推进各项工作完成。(1)开展学习讨论落实活动。按照省委要求，党组把开展学习讨论落实活动作为重大政治任务、政治责任、政治考验高度重视，深刻查找思想作风根源和体制机制漏洞，形成党组反思剖析报告。巩固群众路线教育实践活动成果，重点抓好列为整改的突出问题，狠抓整改落实。坚持法治思维和法治方式，按照“六权治本”思路，编制权力清单、责任清单。落实党组党风廉政建设主体责任,坚决执行八项规定。(2)推动少数民族经济社会各项工作发展。贯彻中央民族工作会议精神,提出山西省贯彻意见,筹备山西省民族工作会议暨第六次民族团结进步表彰大会。加大对少数民族贫困村的扶持力度,召开全省少数民族聚居村经济发展现场会。省宗教局与省民政厅联合下发《山西省关于加强新形势下社区民族工作的意见》,举办社区民族工作示范经验推进会暨城市民族工作座谈会。(3)依法管理民族宗教事务。总结《条例》在山西省的实施情况。实施宗教活动场所主要教职任职备案办法,做好换发宗教活动场所登记证工作。落实宗教活动场所安全、财务监管责任制。加强敏感节点和节日期间宗教活动安全工作,推动开展宗教领域专项工作,维护社会稳定。(4)加强宗教团体建设。坚持宗教团体领导班子成员双月政治学习例会,指导省级宗教团体负责人开展述职评议活动。指导宗教界开展培育和践行社会主义核心价值观活动,开展法制宣传月活动和教风年建设活动。指导和支持举办开展宗教界讲经讲道交流活动。(5)服务少数民族群众和信教群众。加大对少数民族贫困村的扶持力度,落实国家扶持少数民族特需商品定点生产企业的优惠政策。支持宗教界规范化开展公益慈善活动。落实国家关于宗教活动场所用水、用电、用气价格执行居民生活价格的优惠政策。开展慰问联系宗教界代表人士活动,继续做好教职人员社保工作。(6)加强宗教工作"三支队伍"培训。开展"大调研、接地气"调研,利用民族宗教知识系列讲座平台、邀请省纪委和省直单位领导授课辅导等形式,开展学习教育培训。强化教职人员教育,举办全省佛教教职人员培训班、基督教义工培训班、伊斯兰教骨干培训班、新认定道教教职人员培训班、推选天主教部分教区负责人到国宗局培训等。全年开展各类培训 20 余次。 (王 静)

【清真食品供应平稳运行】 2014 年,山西省宗教事务局(省民委)为保障"两节"期间对具有清真饮食习惯少数民族群众牛羊肉供应,采取有效措施,保障供应。长治市专题安排部署"两节"期间的清真食品供应和市场监管工作。太原市连续 18 年对有清真饮食习俗的少数民族群众,在春节期间发放一次性清真肉食补贴。运城市协调物价部门,以盐湖区为试点,对清真牛羊肉价格上涨进行补贴。忻州市民委及时下发文件给 14 个县(市、区)民族宗教局,要求做好扩大清真食品供应工作。 (王 静)

【庆祝藏历新年】 山西大学附属中学是山西省唯一承办内地西藏班办学任务的学校。2014 年 3 月 2 日,山大附中召开庆祝藏历木马新年大会,西藏班师生身着节日盛装,欢聚一堂,共庆佳节。省政协副主席李悦娥出席并向藏班师生表达节日的祝贺和慰问,勉励同学们要珍惜大好机会,坚定维护祖国统一,争当民族团结进步的模范,早日学成建设美丽新西藏。省委统战部、民委、教育厅、发改委、财政厅、省政协民宗委等单位领导也参加庆祝活动。 (王 静)

【《宗教事务条例》颁布十周年座谈会】 2014 年 3 月 6 日,中国伊斯兰教协会、省伊斯兰教协会和晋城市伊斯兰教协会,在晋城市城区南寺共同组织召开《宗教事务条例》颁布十周年座谈会。会议认为《宗教事务条例》颁布十年来,在贯彻党的宗教工作基本方针、维护宗教界合法权益、规范宗教活动、抵御宗教渗透、维护社会稳定等方面发挥重要作用。会议要求继续深入学习《宗教事务条例》,依法开展宗教活动,完善和规范宗教场所的管理制度,促进宗教的健康发展。 (王 静)

【和谐寺观教堂创建活动】 2014 年为推动宗教界教风建设,山西省宗教局下发通知,继续在全省开展创建活动。(1)宣传发动。在全省各宗教活动场所搞好宣传,动员信教群众积极参与,开展创建活动。(2)督促检查。要求各市制定实施方案。定期检查,找出存在的问题并及时纠正。(3)总结推广。在活动中发现好的典型和做法在宗教界推广,发挥示范带动作用。 (王 静)

【管培俊调研民族工作】 2014 年 6 月 13 日至 14 日,国家民委专职委员管培俊到山西就城市民族工作和贯彻中央新疆工作座谈会精神情况进行调研。调研期间,调研组听取山西省民委有关工作情况的汇报,并与省民委机关处室,部分市、县民族工作部门负责同志进行座谈。管培俊对山西民族工作取得的成绩给予肯定,并对做好新时期民族工作提出希望和要求。调研组一行还实地考察山西大学附中西藏班办学情况并与学校领导和部分教师进行座谈。 (王 静)

【丹珠昂奔调研指导民族工作】 2014 年 7 月 29 日至 31 日,国家民委副主任丹珠昂奔到山西调研指导民族工作。丹珠昂奔主持召开民族工作座谈会,听取山西省民委工作情况汇报,对山西民族工作取得的成绩给予肯定,并提出希望和要求。丹珠昂奔还就当前民族工作形势与任务作专题报告会。 (王 静)

【少数民族聚居村经济发展现场会】 2014 年 9 月 24 日,山西省少数民族聚居村经济发展现场会在临汾市吉县召开。6 个民族工作重点地市的宗教局分管副局长、民族科科长及 26 个少数民族贫困聚居村的书记、村主任参加会议。与会人员观摩辛村的道路硬化、亮化、绿化及排水工程、体育文化休闲广场、节水灌溉工程等。同时还参观新建的清真寺和回民群众家庭。吉县宗教局和临汾市宗教局分别从政策扶持、项目扶持、科技扶持、典型培养做经验介绍。 (王 静)

【6 个集体、8 名个人获全国民族团结进步模范称号】 在 2014 年中央民族工作会议暨国务院第六次全国民族团结进步表彰大会上,山西省有 6

个集体、8名个人被国务院授予全国民族团结进步模范称号。 (王 静)

【"责任与美德"讲道交流会】 2014年10月20日至21日，山西省基督教"两会"在太原桥头街基督教堂举办以"责任与美德"为主题的讲道交流活动，来自山西省的24名选手参加比赛。经过两天的紧张比赛，最终评选出一等奖3名，二等奖6名，三等奖15名。 (王 静)

【宗教活动场所用电价格执行新标准】 2014年10月，山西省物价局下发《关于全省宗教活动场所生活用电价格的通知》(晋价商字〔2014〕299号)，要求各市物价局、省电力公司、省国际电力集团公司等部门，对山西省经县级以上人民政府宗教事务部门登记的寺院、宫观、清真寺、教堂等宗教活动场所常住人员和外来暂住人员的生活用电价格按照居民生活用电价格执行，自2014年11月1日起执行。 (王 静)

【山西穆斯林群众赴沙特麦加朝觐】 2014年9月14日，山西省穆斯林朝觐团一行80人，赴沙特麦加朝觐，历时一个半月，于10月27日上午回国。朝觐团出发前，成立组织领导机构，并进行国际形势、安全、卫生、防疫、礼仪等知识培训。在沙特的41天时间里，全团人员精诚团结，互帮互助，学习参观，严格履行纪律要求，认真遵守宗教操守，完成宗教功课。 (王 静)

【道教培训班暨道教论坛】 2014年10月20日至22日，山西省道教教职人员培训班暨道教论坛在吕梁市举办。全省道教教职人员116人参加培训班。培训班进行宗教政策法律法规培训，还举办道教论坛，有6名道长结合实现"中国梦"与道德经"上善若水"和道教"济世利人"之理念进行深刻的论述。 (王 静)

【伊斯兰教制度建设暨清真寺民主管理经验交流会议】 2014年12月2日至4日，山西省伊斯兰教制度建设暨清真寺民主管理经验交流会议在晋城举行。山西省伊协副会长及各地伊协会长、清真寺负责人100余人参加会议。会议学习中央领导同志有关宗教方面的讲话，总结近三年来伊协和清真寺民主管理工作、交流8个清真寺工作经验、研究讨论在新形势新情况下做好伊斯兰教工作措施。 (王 静)

【2014年佛教讲经交流会】 2014年11月21日至22日，以"庄严国土·利乐有情"为主题的"2014山西省佛教讲经交流会"在太原龙泉寺举行。佛教界代表人士和部分居士代表共300余人参加讲经交流会。经过现场评比，最终选出一等奖3名，二等奖5名，三等奖7名，优秀奖8名。 (王 静)

【王作安到山西调研】 2014年12月13日，中共中央委员、国家宗教事务局局长王作安带领中央宗教工作调研组到山西调研宗教工作。省委书记王儒林、省长李小鹏在太原会见王作安一行。省委常委、统战部部长孙绍骋，省委常委、秘书长王伟中，副省长郭迎光参加会见。

王作安表示，山西作为宗教工作的重要省份，省委、省政府一直高度重视宗教工作，在加强宗教事务管理、维护宗教领域团结稳定等方面取得明显成效，积累了重要经验，需要认真总结。希望山西省进一步加强对宗教工作的领导，积极探索解决宗教领域热点难点问题，促进宗教为中心工作服务，把广大信教群众凝聚到促进经济社会发展中来。 (王 静)

【社区民族工作推进会】 2014年12月4日至5日，山西省召开全省社区民族工作推进会暨城市民族工作座谈会。会议学习习近平总书记关于民族工作的重要指示精神，总结开展全省城市民族工作特别是社区民族工作的情况，分析城市民族工作面临的新形势、新情况、新问题，获全国民族团结进步模范集体太原市南海一社区交流工作做法和经验。 (王 静)

【天主教工作重点村(社区)书记、主任培训班】 2014年12月30日，山西省宗教局在长治市举办全省天主教工作重点村(社区)支部书记、主任培训班。参加培训人员主要有教徒聚居村的党支部书记、村委会主任约200人。 (王 静)

社会保障

【全民参保与城乡统一】 2014年，山西省人力资源和社会保障厅合并实施新农保和城居保，出台《关于建立统一的城乡居民基本养老保险制度的实施意见》，形成统一的城乡居民基本养老保险制度。出台城乡养老保险制度转移衔接办法。启动居民大病保险。实施"全民参保登记计划"，开发网上申报管理软件，省级实现了社保业务的远程办理。推进社保卡应用，协调发卡银行取消省内跨行业务办理手续费，朔州市实现行政村社保卡配套银行网点全覆盖。 (张 琼)

【人才人事】 2014年，山西省在山西科技创新城设立人才管理改革试验区，进行人才集聚体制机制创新探索。推进重大人才工程实施，选拔新兴产业领军人才64名、省级学术技术带头人193名，新设立院士工作站16个、博士后科研流动站5个。开展"千人百县"高层次人才服务基层计划，省市共下派高层次人才1091名，助推县域经济发展。全省首次统一组织党群系统和行政机关公务员考试录用3270名，在35个国家扶贫开发重点县实行定向招录试点，解决贫困地区"招人难、留人难"问题，完善公务员录用制度。实施机关事业单位新进人员计划管理，确保财政供养人员只减不增。安置667名军转干部。 (张 琼)

【劳动关系】 2014年，山西省企业劳动合同签订率98.9%，劳动保障监察"两网化"覆盖全省所有地级市，投诉案件结案率达99.9%。高度重视信访维稳工作，妥善处理上万件次来信来访，劳动人事争议仲裁结案率达

90.7%，劳动者合法权益得到切实保障，劳动关系总体上保持和谐稳定。（张 琼）

【自身建设】 2014年，山西省人力资源和社会保障厅巩固党的群众路线教育实践活动成果，狠抓"四风"问题整改落实。推进行政审批制度改革，全厅行政审批事项由20项减少为8项，包括省属企业综合计算工时工作制和不定时工作制审批、人力资源服务机构资格认定、外国人来晋工作许可、设立技工学校审批、职业技能鉴定机构审批、职业资格证书核发、民办职业培训学校办学资格认定、劳务派遣行政许可，并在厅门户网站向全社会公布，接受社会监督。在全省公共就业、社保经办等民生服务窗口单位开展改进作风专项行动，窗口服务标准化、规范化水平明显提高，工作纪律更加严明，人社服务品牌深入人心。2014年上半年，开展"下基层、访民生、解民事、转作风"活动，32个小组深入64个县区、130个乡镇(街道)人社服务窗口单位和69户特困家庭走访服务对象，发放慰问金34500元，检查基层人社服务窗口64个，召开座谈会62次，收集意见建议282条，活动期间现场解决问题90余个，形成调研报告32份。下半年开展劳动关系和社会保障领域矛盾排查调研，梳理出7大类群众反映的突出问题，在深入分析的基础上提出切实可行的建议，推动问题解决。通过两次调研，体察民情，倾听民意，联系群众，宣讲政策，解决部分问题。（张 琼）

○相关链接：参见"山西省人民政府"类目

减灾救助

【城乡困难群众救助】 2014年，山西省民政厅(简称山西省民政厅)推动出台《山西省人民政府关于贯彻落实〈社会救助暂行办法〉的实施意见》。省级和9市低收入家庭核对工作机构成立并开展工作。全省所有乡镇(街道)都设立救助申请一门受理窗口。完成城乡低保和农村五保供养提标任务，城乡低保标准每人每月分别提高28元、25元，达379元、206元；农村五保对象集中、分散供养省级补助标准每人每年分别提高200元、130元，达2200元、1430元。下拨救助资金54.1亿元，230余万困难群众的基本生活得到保障。县(市、区)全部实行医疗救助一站式即时结算，救助对象政策范围内住院自付医疗费用救助比例达到60%；重特大疾病医疗救助病种增加到20种，试点县增加16个，全省共有223.1万名城乡困难群众得到不同形式的医疗救助。临时救助制度全部建立，大同、阳泉、长治、晋城、晋中、临汾6市财政安排临时救助资金，实施临时救助9.8万户次。（王文广）

【防灾减灾】 2014年，山西省各级民政部门组织冬春受灾群众生活救助，做好灾害应对工作，特别是针对2014年9月份发生的雨涝灾害，及时启动自然灾害应急四级响应，迅速开展查灾核灾，下拨救灾资金用于倒塌房屋恢复重建及解决吃饭、穿衣等基本生活困难。全年下拨自然灾害救助资金3.1亿元，救助受灾群众310多万人次。在临猗县开展精准化救灾试点工作，推动自然灾害救助向规范化、科学化、高效化方向发展。开展"国家防灾减灾日活动"，20个社区被命名为"全国综合减灾示范社区"，创建山西省综合减灾示范社区229个。省级救灾物资储备库完成工程设计招标工作，市级储备库建成3个，县级储备库主体完工的有5个，其他市县根据本地实际情况以新建、共建、改建、租赁等方式推进储备库建设。（王文广）

【向云南鲁甸地震捐款】 2014年8月3日，云南省昭通市鲁甸县发生强烈地震。8月4日，山西省委、省政府向灾区发出慰问电。为支持云南省抗震救灾工作，山西省委、省政府决定先期捐助人民币500万元。（王文广）

○相关链接：参见"山西省人民政府"类目

优抚 养老

【山西省举行烈士公祭大会】 2014年4月4日，山西省委、省政府在太原牛驼寨烈士陵园举行烈士公祭大会。社会各界在革命烈士纪念碑前齐聚，共同缅怀长眠于此、为解放太原而献身的烈士，追忆先烈的丰功伟绩，表达心中的崇高敬意与无限哀思。省委常委、常务副省长高建民宣读祭文，省军区参谋长吴国志出席，省民政厅厅长薛维栋主持公祭仪式。活动结束后，省领导与社会各界一同瞻仰解放太原纪念碑，参观纪念馆。（王文广）

全国人大重点建议办理调研养老服务业座谈会 （王文广供图）

【首个"烈士纪念日"活动】 2014年9月30日，在庆祝中华人民共和国成立65周年之际，我国迎来首个"烈士纪念日"。山西省委书记、省人大常委会主任王儒林，省委副书记、省长李小鹏，省政协主席薛延忠，省委副书记楼阳生等省党政军领导与省城各界代表一起，向太原革命烈士纪念碑敬献花篮，深切缅怀革命烈士的不朽功绩，表达继承先烈遗志，致力富民强省的坚定信心。仪式结束后，省党政军领导参观太原解放纪念馆。纪念馆用400多幅历史照片和120多件实物反映太原战役的全过程。（王文广）

【社会福利服务】 2014年，山西省民政厅推动出台《山西省人民政府关于加快发展养老服务业的意见》，协调有关部门制定下发关于养老服务机构用水用电用气用热价格、加强养老服务设施规划建设、推进医疗机构与养老服务融合发展等政策文件。山西省政府专题会议通过《关于实施财政贴息扶持养老服务业发展的意见》，决定自2015年起，连续3年省、市财政每年安排2000万元财政贴息，拉动社会资本6.5亿元的投入。新建农村老年人日间照料中心1012个，实施农村老年人日间照料"十县百村"示范工程。在4个市开展专业化、连锁化的社会力量介入城市社区养老服务业试点。支持市县级养老服务项目建设，10个县级福利服务中心全部完工，全省市级公办养老机构覆盖率超50%，县级养老机构覆盖率达60%。全省销售各类福利彩票40.84亿元，比上年增加39%，筹集公益金12亿元。（王文广）

【优抚安置双拥工作】 截至2014年底，山西省民政厅连续七年提高1~4级残疾军人护理费标准，并较大幅度提高部分优抚对象等人员抚恤和生活补助标准，优抚对象生活水平不断提高。完成散葬烈士墓27158座、纪念设施1769座，分别占总量的92.7%、96.82%。举办清明节烈士公祭大会和烈士纪念日敬献花篮仪式。深化退役士兵安置改革，落实符合安排工作条件退役士兵工作岗位，集中力量解决安置遗留问题，提高教育培训质量，扶持自主就业退役士兵就业创业，全年共安置退役士兵9554人，参加职业教育和技能培训6678人。省民政厅开展各种形式的双拥宣传教育活动。完成省双拥模范城(县)、模范单位和先进个人考评验收工作。（王文广）

〇相关链接：参见"山西省人民政府"类目

基层政权和社区建设

【社区治理试点】 2014年，以争创全国"社区治理和服务创新试验区"为平台，以协同善治为目标，以养老服务为切入点，选择100个社区开展探索构建社区、社团、社工"三社联动"基层社会治理机制试点工作，省级层面先后出台《关于加快推进社区社会工作服务的实施意见》《关于政府购买社会工作服务实施暂行办法》《关于开展政府购买社会组织服务工作的指导意见》和《关于加快发展社会工作服务机构的通知》，阳泉城区、长治城区等地试点工作初见成效。规范社区党组织和居委会换届选举工作，统一全省社区居委会届期，加强城镇社区网格化服务管理。在10个县开展农村社区建设实验全覆盖试点，探索农村社区治理新模式。（王文广）

【村"两委"换届】 2014年，山西省民政厅推动出台省委省政府《关于认真做好第十届村民委员会换届选举工作的意见》，创新性推行"先定事、后定人、揭榜竞选"模式、"十种不宜做候选人"情形，明确"九种贿选表现形式"，制定严厉打击贿选、严肃选纪的具体办法。10月16日，山西省召开村"两委"换届工作动员会，安排部署全省村党组织和第十届村民委员会换届选举工作。省委常委、组织部长、省村"两委"换届选举工作领导小组组长盛茂林出席会议并作重要讲话。会议由省委组织部常务副部长、省村"两委"换届选举工作领导小组副组长张高宏主持。省纪委、省委省政府信访局、省委政法委、省农业厅主要负责人就各自职责进行工作安排。省民政厅党组书记、厅长、省村"两委"换届选举工作领导小组副组长兼办公室主任薛维栋就村委会换届工作提出具体要求。截至2014年底，全省28074个换届村，除82个村依法延期换届外，27992个村全部完成选举任务，全省村委会换届选举工作全部完成。（王文广）

〇相关链接：参见"山西省人民政府"类目

2014年10月16日，山西省召开村"两委"换届工作动员会（王文广供图）

社会组织管理

【社会团体清理整顿】 2014年,山西省民政厅开展的社会团体清理整顿工作成效显著,省级注册登记的946个社团中,清理在社团兼职的超龄处级以上领导和在职处级以上领导干部544人,对694家全省性社团予以保留、85家提出整改要求、52家社团经履行法律程序后将予以注销和撤销。《人民日报》在“政治”版面头条位置对山西省社会团体清理整顿工作做深度报道。将非公募基金会的登记管理下延到市、县民政部门,推进社会组织直接登记和社区社会组织备案登记,全年直接登记社会组织341家,新增社区社会组织备案197家。山西省民政厅推动出台《关于政府购买基层公共服务岗位吸纳高校毕业生就业的意见》和《关于开展政府购买社会组织服务工作的指导意见》,引导社会组织参与承接政府购买服务。（王文广）

【专项社会事务管理】 2014年,山西省民政厅报请省委、省政府印发《关于充分发挥党员干部带头作用大力推进殡葬改革的意见》。落实惠民殡葬政策,加强殡葬基础设施建设,加大殡葬服务市场监管力度,开展清明节文明低碳祭扫和“行风建设月”活动。加强对流浪乞讨人员的主动救助和专项救助,全年救助达8万多人次。依法规范办理婚姻登记34.89万对、涉外婚姻登记123对、涉外收养登记174件。（王文广）

【非公募基金会登记管理权限下延】 为贯彻落实十八届三中全会关于重点培育和优先发展公益慈善类等社会组织的精神,促进公益事业发展,鼓励社会力量举办非公募基金会,创新社会管理,2014年1月2日,山西省民政厅决定下放非公募基金会登记管理权限。（王文广）

【志愿服务】 2014年3月1日,《山西省志愿服务条例》正式施行,标志着山西省志愿服务纳入法治化轨道。山西省正式启用“山西省注册志愿者标识”,制定出台推广“菜单式”志愿服务、加强平安志愿服务、开展社区志愿服务活动等政策文件。搭建志愿者队伍建设管理信息平台,推进志愿者注册和志愿服务记录工作。全年发展志愿服务组织、站点3200多个,注册志愿者30多万人,开展志愿服务活动289万多人次。（王文广）

○相关链接:参见“山西省人民政府”类目

慈　善

【概述】 2014年,山西省慈善总会在筹款募捐、项目运作、扶危济困、慈善宣传、组织建设等各方面工作中都有新进展。

4月29日,山西省慈善总会召开第二届理事会第四次会议。会后,省慈善总会与各市慈善总会领导举行座谈,就省总会和各市县共同合作的几个慈善项目进行沟通和部署安排。

2014年,山西省慈善总会共接收社会各界捐赠款物合计3.45亿元,与上年相比增长50%,其中,善款3478.94万元。“10·17”扶贫日,省慈善总会和省扶贫办设立山西省扶贫助困基金开展募捐活动,截至2014年底共接收善款228.56万元;8月3日云南鲁甸发生地震,省慈善总会总计接收善款164.68万元,物资折价3.1亿元。救助支出款物总计3.2亿元,其中货币资金支出2695.88万元,发放捐赠物资折合人民币29960.17万元。其中,澳大利亚华人慈善家魏基成先生发起的“天籁列车”项目再次惠及山西省听障患者,魏先生捐赠助听器2万多台,价值人民币4600万元,服务2万名听障患者。2014年,省慈善总会拓展筹款渠道,与省福利彩票中心合作,筹到福彩大奖得主1200万元的善款捐赠,该笔善款按捐赠人意愿,一部分用于云南地震灾区,另一部分作为基金,用于救助山西省的困难弱势群众。

2014年,山西省慈善总会在继续开展好微笑列车、格列卫、达希纳、易瑞沙、特罗凯、多吉美、拜科奇等助医项目的同时,又新增倍泰龙、安维汀两项目。“微笑列车”项目全年救助贫困唇腭裂患者604人,减免费手术金额220.43万元;“格列卫”项目全年共救助贫困慢性粒细胞白血病、胃肠道间质瘤患者3901人次,救助药品价值1.02亿元;“达希纳”项目共救助慢性粒细胞患者中对格列卫耐药或

2014年5月12至16日,“天籁列车”项目再次进入山西,澳大利亚华人慈善家魏基成夫妇(右一、二)向山西省慈善总会捐赠价值4600万元的助听器（武学亮供图）

2014 年 2 月 28 日，书法家石毅先生（中）向山西省慈善总会捐赠 10 多幅书法作品（武学亮供图）

不能耐受的患者 686 人次，救助药品价值 2671.76 万元；“易瑞沙” 全年共救助非小细胞肺癌患者 2327 人次，救助药品价值 3839.55 万元；“特罗凯”全年共救助原发性非小细胞肺癌患者 1640 人次，药品援助价值 3215.85 万元；“多吉美” 全年共救助肾癌、肝癌患者 812 人次，救助药品价值 4539.60 万元；“拜科奇” 全年救助血友病儿童 67 人次，药品援助价值 107.71 万元；“倍泰龙”全年救助中枢神经系统脱髓鞘疾病患者 171 人次，药品援助价值 218.03 万元；“安维汀” 全年救助转移性结直肠癌患者 330 人次，药品援助价值 598.67 万元；“全可利”是中华慈善总会对贫困及中低收入家庭的肺动脉高压患者开展的医疗救助项目，全年资助患者 207 人，药品援助价值 357.14 万元。2014 年，共对 10141 人次大病患者援助中华慈善总会药品，价值总计 2.57 亿元。2014 年，省慈善总会还分别与山西省荣军精神康宁医院、西安高新医院开展“亲情工程”和“心新工程” 等医疗救助项目，“亲情工程”全年共救助贫困精神病患者 600 人，减免医疗费 149.8 万元；“心新工程”“神华爱心行动”“中国移动‘爱’心行动”这三个项目，全年共救助贫困心脏病患者 411 人，现金资助 842.39 万元。2014 年，省慈善总会与山西龙城医院签署协议创办“龙城慈善医疗救助基金”，为困难的患者提供减免医疗费用的帮助，全年共救助患者 652 名，减免金额达 182.05 万元。

2014 年，全省共有 12 个“慈爱阳光班”“衣恋慈善阳光班”的学生得到资助，资助金额达 199.2 万元。2014 年，陈海珠女士在海外多方筹集助学款 357.38 万元，用于冯村博爱学校的发展。2014 年，省慈善总会与山东德州皇明太阳能工程技术学院合作，在全省招收 34 名“太阳生”，减免学费 60 万元。

“慈善情暖万家”活动是中华慈善总会在全国开展的一个品牌项目，在每年的元旦、春节前夕对生活特困群众进行慰问，使他们和全国人民一起度过欢乐祥和的两节。2014 年 10 月 17 日，是我国首个“扶贫日”，省慈善总会与省扶贫办联合开展筹捐活动，截至 2014 年底，共筹集善款 228.56 万元，为山西省统计局、山西省法制办等单位的扶贫点支出善款共计 29.38 万元。春节期间，省慈善总会共接待求助困难群众 200 多名，资助金额达 46 万多元。

2014 年，省慈善总会改版自己的网站，及时更新和发布省慈善总会和各市县慈善组织的慈善信息；向《慈善》杂志社及时提供全省慈善组织的重要新闻稿件；联合省城各大新闻媒体报道慈善活动，全年报道新闻达 70 篇以上；整顿和加强《山西慈善》宣传阵地，提高刊物质量，扩大赠发范围，全年共发行 6 期，发放 15000 余册。

截至 2014 年底，全省 11 个市全部成立慈善总会，65 个县（市、区）成立慈善组织，全省三级慈善网络初具规模。（武学亮）

【“天籁列车”项目】 2014 年 5 月 12 日至 16 日，大型慈善项目“天籁列车”山西站活动在太原市慈善职业技术学校举办，该活动为来自全省各地的听障患者免费配发助听器。活动前期报名人数达 2 万人。这次“天籁列车”山西站活动是该项目在国内最大规模的一次，捐赠的助听器总价值达 4600 万元。“天籁列车”由著名华人慈善家、澳大利亚杰出华商、澳洲 ABC 纸业总裁魏基成先生发起创办，项目宗旨是帮助无力购买昂贵助听器的听障群众免费获得助听器，以解决其就学、就业及生活中的听力困难。（武学亮）

【北京爱心人士捐赠图书】 2014 年 6 月 13 日，山西省慈善总会向沁水县柿庄中学、平顺县二中捐赠图书，总价值 60 万元，每所学校接收捐赠价值 30 万元。该项图书由北京一爱心人士捐赠给山西省慈善总会，内容为中学生课外学习用书，旨在帮助学生提高阅读能力，了解百科知识。（武学亮）

【筹募救灾善款】 2014 年 8 月 3 日，山西省慈善总会向社会公布省总会的捐赠银行账号和热线电话，组织向云南地震灾区的社会捐款。20 多天时间，省慈善总会接收社会捐款总计 164.68 万元，并将这笔爱心款全部汇往地震灾区。（武学亮）

【“中华慈善突出贡献奖” 山西获 19 个】 2014 年，第二届“中华慈善突出贡献奖”评选表彰活动揭晓，山西省获得 4 项 19 个 “中华慈善突出贡献奖”。经过为期4个月的会员单位组织申报、材料整理、初选、复评及终审等环节，中华慈善总会决定，授予郭有勤、赵学梅、郭迎庆、韩长安、李建明、杨建新、张清尧等人“中华慈善突出贡献(个人)奖”；授予山西晋城钢铁控股集团有限公司、山西振东实业集团有限公司、大同市华林有限责任公司、晋城银行股份有限公司等单位“中华慈善突出贡献(单位)奖”；授予山西省慈善总会、太原市慈善总会、晋城市慈善总会、吕梁市慈善总会等组织“中华慈善突出贡献(组织)奖”；授予太原市慈善职业技术学校、“亲情工程”、长治市慈善总会“朝阳助学”项目、晋城市“慈爱阳光班”慈善救助项目“中华慈善突出贡献(项目)奖”。 (武学亮)

【福彩巨奖得主捐赠1200万元】 2014年10月13日，一名山西籍男子获中国福利彩票双色球游戏第14115期5.25亿元大奖。在新闻发布会场，该得主在介绍完自己的买彩票经历后，当众承诺向山西省慈善总会捐赠1200万元，用于山西省的慈善事业，其中200万元定向捐赠云南省普洱市景谷地震灾区。新闻发布现场，山西省慈善总会会长郭有勤接受捐赠并与大奖得主合影。 (武学亮)

【香港智行基金助学项目】 2014年11月25日，山西省慈善总会和香港智行基金会联合主办的受艾滋病影响儿童和青少年救助项目在省城正式启动。该项目救助对象为山西省及所辖地区受艾滋病影响家庭，父亲或母亲任何一方有感染HIV病毒或本身感染HIV病毒的正在就读小学、中学、高中、中专、技校、大学的学生。救助标准为小学生200元/学年；初中生400元/学年；高中、中专生、技校生最高3200元/学年；大学生3000元-5000元/学年。从11月25日起，山西符合条件的救助对象可就近到各市县慈善总会报名，按照项目有关标准认定后，报省慈善总会批准后实施发放。 (武学亮)

【房地产企业捐赠】 2014年12月6日，2014(第七届)山西地产年度盛典暨山西省房地产商会年会暨山西企业家名仕慈善晚宴在太原举办。慈善拍品有：“中国胡杨王”冀有泉现场作画捐赠的珍贵画作、热腾第十五世·江才普俊仁波切活佛与华谊·启明东方共同捐赠的琉璃药师佛和绿度母菩萨造像、山西广誉远国药堂有限公司捐赠的1993年安宫牛黄丸和正和岛新晋商部落捐赠的关公造像。拍前筹集善款共计12万元，山西省慈善总会又配套12万元，总计24万元。善款用于资助山西沁水、武乡、方山三县贫困山区的失学儿童。 (武学亮)

扶贫开发

【概述】 2014年，山西省扶贫开发工作以吕梁、太行两大连片特困地区为主战场，以精准扶贫为要义，按照产业扶持、技能扶持、资本扶持和改善贫困群众生产生活条件“三加一”的工作思路，创新扶贫开发机制，抓好完善扶贫对象建档立卡和干部驻村帮扶工作，推进各项扶贫重点工作，36个国定贫困县农民人均纯收入达到5309元，比上年同期增长18%，高出全省农民人均纯收入同期增幅7.2个百分点，有47万贫困人口实现脱贫。 (刘世锋)

【资金投入】 2014年，中央和省级财政专项扶贫资金共计19.83亿元，其中中央财政扶贫资金13.57亿元，省财政扶贫资金6.26亿元。重点项目安排情况：易地扶贫搬迁工程5亿元，新增易地扶贫搬迁移民后续奖补资金8400万元（其中新增省级财政资金6000万元)；百企千村产业扶贫开发项目贷款贴息、贫困地区产业支撑项目贷款贴息及国家扶贫龙头企业贷款贴息资金8877万元；千村万人就业培训和新型职业农民培育5000万元；金融扶贫风险补偿金2.33亿元；连片特困地区扶贫攻坚试点资金2亿元；整村推进项目资金2.73亿元；教育扶贫资金5444.02万元；建档立卡、信息化管理系统工作经费1504.2万元等。 (刘世锋)

【扶贫对象建档立卡】 2014年，扶贫办完善扶贫对象建档立卡工作是2014年扶贫工作的头号工程，按照中央创新机制实施精准扶贫的要求，全省采取本人申请、群众评议、张榜公示、审核确认的办法，共识别贫困人口329万人，贫困村8060个，并将这些扶贫对象基本信息全部录入建档立卡信息管理平台。一是成立机构开展试点工作。省扶贫办成立主任任组长，副主任任副组长，职能处室负责人为成员的山西省精准扶贫领导组，设立精准扶贫办公室。3月，组织力量分别在吉县、和顺县和阳曲县选择9个贫困村开展扶贫对象识别试点工作，为指导全省做好建档立卡工作进行方法步骤上的准备。二是启动建档立卡工作。4月22日，举办市、县扶贫办主任、市干部下乡住村活动联席办主任、市委下乡办主任参加的全省扶贫开发建档立卡工作培训班，正式启动扶贫对象建档立卡工作。三是及时跟进，发现并解决建档立卡工作过程中出现的问题。为保障建档立卡工作顺利进行，省级财政扶贫资金安排1504.2万元，专门用于建档立卡、信息化管理和相关培训工作；安排5000万元，支持建档立卡工作好的贫困村实施精准扶贫试点项目，探索积累到村到户精准扶贫经验。 (刘世锋)

【干部驻村帮扶】 2014年，山西省1.6万名领导干部和省、市、县三级抽调的3.1万名干部组成9688支农村工作队开展驻村帮扶。其中省直机关单位抽调864名干部组成190支工作队在39个县进行帮扶，涉及174个乡3900个村的223.7万人。全年共投入帮扶资金11.7亿元，帮助新上项目7384个。新打机井846眼、旱井1408眼，旧井配套9233眼，新修渠(管)道879千米，新解决2433个村的吃水难题,涉及30余万人;新修道路11480千米,新建医疗站(所)289个。新增经济林31万亩,新建蔬菜大棚19002个,优种推广面积达536万亩。新建学校170所,改建校舍22561间,资助贫困学生25949名,科技培训18016期,帮助劳务输出26.8万人。驻村工作队还协助当地乡(镇)、村开展贫困人口建档立卡工作,建立完善"工作到村,帮扶到户"的精准扶贫组织保障体系。帮助帮扶村村支"两委"完成换届,加强基层组织班子建设。 (刘世锋)

【百企千村产业工程】 按照示范带动、项目支撑、政策支持、考核激励和精准管理"五位一体"的思路,坚持以项目为抓手,加大招商引资力度,加快项目落地和开工建设进度。截至2014年底,山西省贫困地区开工建设项目达233个,涉及总投资799.23亿元,其中2014年完成投资201.67亿元。整个工程实施呈现出以下特点:一是省外知名品牌企业和农业产业化领军企业竞相进驻山西省贫困地区参与产业扶贫开发。已有全国畜牧养殖加工知名企业天津宝迪集团,内蒙古科尔沁集团、新西兰奶牛养殖加工企业恒天然集团等20多家省外企业,采取独立投资、参股投资和技术、品牌、市场合作等方式参与山西省产业扶贫,开工建设项目达18个,2014年完成投资31.86亿元;二是以资源型企业和农业龙头企业为主的省内民营骨干企业成为企业产业扶贫的主力军。截至2014年底,以资源型企业和农业龙头企业为主的省内民营骨干企业开工建设产业扶贫项目157个,2014年完成投资93.78亿元;三是省属国企加大工作力度加强项目合作。省属国企开工建设项目达58个,完成投资76.03亿元。在已开工建设的233个项目中,涉及农产品和畜禽养殖加工项目121个、设施农业项目49个、特色农业项目14个,中药材项目5个,土地整理移民搬迁项目16个,生态旅游开发和物流项目28个。项目共带动贫困村1768个、30.7万基地农户发展生产,吸纳6.9万个农村贫困劳动力就业增收,成为促进贫困群众增收脱贫的重要力量。

(刘世锋)

【千村万人就业培训行动计划】 2014年1月,山西省启动实施千村万人就业培训行动计划,提出要以稳定就业为核心,依托百企千村产业扶贫开发工程创造的就业岗位及其他就业岗位,瞄准建档立卡贫困村劳动力特别是妇女劳动力开展就业培训,支持他们通过培训实现稳定就业增收。具体措施一是提高补助标准,省级将以往每培训1人补助500元,提高到就业培训1名男性劳动力补助1000元,女性劳动力补助1200元。二是创新就业培训工作机制。实行培训资金补助与稳定就业相挂钩,能不能享受就业培训补助,主要看是不是真正稳定就业。全年共有5万名农村建档立卡贫困户劳动力参加就业培训,培训就业后月均务工收入达2000元以上。

2014年继续实施"雨露计划"改革试点项目,争取国家支持,扩大试点工作范围,帮助22个国家扶贫开发重点县的3.61万贫困村新生代劳动力接受职业技术教育,提高就业创业能力。 (刘世锋)

【教育扶贫】 2014年,山西省教育扶贫工作共扶助19805名农村贫困学生,其中贫困大学生7475名,贫困高中生6329名,贫困中职生6001名。特别是按照精准扶贫的要求,对建档立卡贫困户考入二本B类以上大学生做到应助尽助。 (刘世锋)

【扶贫小额信贷】 2014年9月,由山西省扶贫办、省财政厅和省金融办联合下发《山西省金融支持特色产业发展富民扶贫工程2014—2018年实施方案》和《山西省金融支持特色产业发展富民扶贫工程贷款风险补偿资金管理暂行办法》,启动金融富民扶贫工程。全省分两批安排2.33亿元扶贫资金,为58个贫困县分别安排300万元—500万元的财政扶贫资金作为扶贫贷款风险补偿金,金融合作机构按照注入扶贫资金总额8倍以上放大贷款额度,支持贫困地区实施特色优势产业开发。 (刘世锋)

【易地扶贫搬迁】 2014年按照山西省政府易地扶贫搬迁年度目标责任落实任务要求,移民任务当年主体工程完工率要达40%;第二年主体工程完工率达80%;两年滚动入住6万人。截至2014年底,全省易地扶贫搬迁年度目标任务完成进展情况是:上年下达的易地扶贫搬迁任务10万人,年内主体工程完工29596户、93887人,完工率93.8%,完成年度目标任务的117%,已入住17678户、55477人。2014年,山西省新安排10万人口的移民任务,主体工程完工22011户、69398人,完工率69.3%,完成年度目标任务的173%,已入住3132户、10214人。

2013至2014年两年滚动入住20954户、65691人,完成2014年度目标任务的109%。 (刘世锋)

【连片特困地区产业攻坚】 2014年,山西省按照到村到户精准扶贫要求,进一步整合调动行业部门资源,在吕梁山片区南部的大宁、永和、汾西、隰县、吉县、石楼等6县启动实施人均三亩以上优质干鲜果的果畜结合产业开发项目,在吕梁山片区北部的兴县、临县、岚县、静乐、神池、五寨、岢岚等7县启动实施畜禽规模养殖和小杂粮为主的产业开发项目,在太行山片区的天镇县、阳高县、大同县等启动实施人均达1亩蔬菜的面向京津地区畜蔬结合产业开发项目,在太行山片区的五台、繁峙、广灵、灵丘、浑源等5县启动实施设施蔬菜和牛羊规模养殖为主的产业开发项目。

(刘世锋)

【财政扶贫整村推进】 2014年,山西省共安排290个村实施整村推进,投入财政扶贫资金27300万元,涉及24个县,覆盖2.4万贫困户,受益贫困人口达6.9万。在项目选择上:一是发展具有区域优势的特色产业,如牛羊规模养殖、设施蔬菜、干鲜果经济林等。二是建设以田间道路、小型水利工程、土地整理为主的基础设施项目。

在区域布局上：在吕梁山南片吉县、大宁、永和、石楼等以发展优质干鲜果经济林为主；在吕梁山北片神池、岢岚、岚县、兴县等以规模养殖和小杂粮种植为主；在太行山片区天镇、阳高等以设施蔬菜和规模养殖为主。针对太行山片区耕地资源相对短缺，有一部分项目以土地治理为主。

在项目进度上：种植核桃57714亩，苹果、山楂、梨等经济林56231亩，种植中药材12135亩；养牛11744头、养羊17181只、养猪8192头、养鸡316036只、养兔732只、养蚕131张；建温室大棚809座；发展小杂粮5620亩。基础设施建设方面，共建设基本农田12471亩、改造低产田1023亩、土地整理5200亩；筑坝26526米、修渠18738米；打旱井157眼、打机井33眼；建设人畜饮水提水工程20处；建青贮池314个。修田间路150千米，铺设管道12382米，架线32000米。（刘世锋）

【彩票公益金项目建设】 截至2014年底，山西省实施彩票公益金项目县达31个，彩票公益金投入3.85亿元。覆盖项目县贫困村323个，农村人口251491人。其中贫困户39295户，115653个贫困人口。（刘世锋）

【产业扶贫】 2014年，山西省根据企业自身发展和带动贫困户的能力，按照“总量控制、动态管理、有进有出”的原则，将“右玉县图远实业有限责任公司”确定为国家扶贫龙头企业。对上报的19个国家扶贫龙头企业的72笔总金额8.48亿元的贷款，与省金融办及相关金融机构审核，最终确定符合贷款贴息条件的67笔共计7.96亿元贷款，给予1621万元财政贴息资金，支持企业发展。（刘世锋）

【亚行贷款河川农业综合开发】 2014年是山西省亚行贷款河川农业综合开发项目的收官年。按照中期调整后的计划，继续加强三类产业（良种养殖、特色干鲜果、高效节水设施）基地建设，抓好示范小区基础设施配套工程和农产品“三品”认证，加强三项体系（支持农户与市场联结、能力建设与培训、项目管理）建设，强化管理措施。全年项目工程完成投资2.39亿元；累计完成投资12.16亿元，占中期调整后总投资14.06亿元的86.86%，直接受益户38647个，占计划的83.54%。（刘世锋）

【亚行赠款山西项目】 2014年，通过地下水管理适应气候变化项目和（G0189-PRC）山西省农村妇女经济赋权试点项目如期完成工程建设、能力建设共计69.5万美元的提款报账任务，报账率100%。其中地下水管理项目完成总投资379.77万元：妇女经济赋权试点项目完成总投资161.78万元。项目的示范效应明显。节水技术在贷款项目的高效设施项目中广泛推广，节水率30%；妇女项目被亚行选为《亚行农村生计项目》的范例在亚行其他地区执行的项目中推广。（刘世锋）

【“10·17全国扶贫日”山西活动】 2014年是国务院批准设立全国扶贫日第一年。山西省委书记王儒林、省长李小鹏分别对山西省开展扶贫日活动做出重要批示。按照国务院扶贫开发领导小组安排部署和王儒林、李小鹏批示精神，省扶贫开发领导组制订山西省开展“10·17”全国扶贫日活动方案，开展“太行、吕梁老区记者行”活动、组织省有关部门联合发出“‘10·17’，邀你一起来扶贫”倡议书、召开全省扶贫工作电视电话会议并举行全国扶贫日活动山西启动仪式、组织新闻媒体以多种形式开展扶贫开发系列报道、发布社会扶贫公益广告、设立山西省扶贫助困基金账号开展社会募捐，结合扶贫重点工作与相关部门共同举办推进连片特困地区特色产业开发、百企千村产业扶贫开发暨农民工就业促进、贫困地区妇女就业推进、贫困地区农副产品电子商务促销、企业家资助贫困大学生和金融富民扶贫工程贫困户贷款发放七项社会扶贫专题活动等一系列宣传报道和扶贫济困活动。全国扶贫日活动期间，通过中央电视台、人民网、新华网等中央媒体和山西日报、山西电视台等省内媒体播发山西扶贫开发宣传稿件100余篇，通过中国移动、联通、电信三大电信运营商山西分公司，向全省手机用户发送4000万条扶贫日宣传信息，扶贫助困基金账号收到社会各界捐赠扶贫善款240多万元。（刘世锋）

残疾人

【残疾人社会保障】 2014年，山西省人民政府决定在全省范围内实施重度残疾人“两项补贴”制度，对未纳入城乡低保的一级重度残疾人每人每年发放护理补贴480元，对纳入城乡低保的贫困一级重度残疾人在享受低保的基础上每人每年再给予生活补贴480元。省残联会同省财政厅、省人社厅出台《山西省重度残疾人护理补贴和贫困残疾人生活补贴实施办法》，明确补贴对象、补贴标准和资金的筹集、管理、发放等相关内容。协调省财政厅向11个市、74个省直管县拨付省级补贴资金1956.44万元。各市、县（市、区）落实配套经费，核实补贴对象信息，将“两项补贴”发放到位。全省30.5万名残疾人纳入城乡低保；10.2万名残疾人参加城镇职工社会保险；20.1万名残疾人参加城镇居民社会养老保险，22.7万名残疾人参加城镇居民医疗保险；74.1万名残疾人参加新农保，142万名残疾人参加新农合。省内寄宿制、日间照料托养机构共托养1000名残疾人，13801名残疾人享受居家托养补贴。（邹淑芳）

【残疾人康复】 2014年，山西省共对75544名贫困残疾人实施康复救助。为143名贫困聋儿免费实施人工耳蜗植入手术并进行康复训练；对6岁

2014年5月17日，在第24次“全国助残日”到来之际，山西省委副书记、省长李小鹏(右一)等领导专程到太原刘超盲人按摩院看望慰问残疾人 (邹淑芳供图)

以下的150名聋儿适配助听器，对395名聋儿实施康复语言训练，对1175名脑瘫儿童、10名智力残疾儿童和346名孤独症儿童实施康复训练；为305名17岁以下肢体残疾人实施矫治手术，为以就业就学年龄段为主的1069名贫困残疾人装配假肢矫形器，为1228名贫困成年听力残疾人免费验配助听器；对5940名贫困白内障患者免费实施复明手术；对8607名贫困精神病患者服药、810名重性精神病患者住院给予救助；为49366名残疾人配发辅助器具，为6000名盲人适配盲人用品进行定向行走训练，完成率达151%，得到广大残疾人及其亲友好评。 (邹淑芳)

【残疾人教育】 2014年，山西省残联联合省教育厅在全省范围内开展残疾幼儿、残疾青少年状况调查统计登记。实施交通银行助学项目（高中阶段）资助190名残疾高中生，每人1000元。对22个特殊教育机构的260名学龄前儿童资助共计78万元。配合教育部门落实《特殊教育提升计划(2014—2016年)》。省彩票公益金助学项目资助478名残疾人家庭子女大学生、残疾大学生和残疾研究生。 (邹淑芳)

【残疾人就业】 2014年，山西省残疾人就业工作超额完成任务，创造“一店三基地”经验。(1)加强管理，推进盲人按摩示范店建设。在盲人按摩示范店建设中，试行“五统一”即统一标识、统一承诺，统一规范、统一管理、统一培训。对建设达标、管理规范、验收合格的盲人按摩示范店，省残联根据安排就业人数予以补贴。各地残联将盲人按摩培训和盲人按摩示范店建设工作有机结合。国家级、省级盲人医疗按摩人员年度继续教育培训完成178人，累计有366名盲人领取医疗按摩从业资格证书。(2)试点先行，推进“三个基地”建设。编制残疾人职业技能实训基地、就业创业基地和扶贫基地名录。市县两级残联在资金、技术等方面对列入名录的基地给予重点扶持。截至2014年底，全省51个残疾人就业创业基地，共有从业人员2176人，安置1066名残疾人就业；30个残疾人实训基地，共培训残疾人8229人；57个残疾人扶贫基地，安置740名残疾人就业，培训残疾人3358人，辐射带动17182名残疾人就业。(3)多措并举，推进残疾人多渠道就业。全省各级残联走访登记失业残疾人家庭3627户，登记失业残疾人12454人，组织残疾人专场招聘会62次，实名制纳入年度培训计划5323人，帮助1462名残疾人实现就业(其中社会用人单位按比例吸纳734名)，1128名残疾人落实专项扶持政策：根据省委组织部等七部门联合出台的《山西省关于促进残疾人按比例就业的实施意见》，推进残疾人按比例就业工作，按比例就业新增2300人，超年初计划300人；做好残疾人就业保障金的征收、使用和管理工作，省本级残保金地税代征任务由上年的4300万元提高到5300万元。(4)注重效果，推进职业技能培训工作。推进残疾人就业和职业培训状况实名制统计管理工作。新增残疾人集中就业950人、个体就业和自主创业1400人、灵活就业和居家就业1200人；城镇残疾人职业技能培训4500人，其中省本级培训12期842人。300名基层残疾人就业指导员参加远程培训。举办山西省第五届残疾人职业技能竞赛，展示残疾人职业技能培训水平。 (邹淑芳)

【残疾人扶贫】 2014年，山西省残联贯彻落实中央《关于创新机制扎实推进农村扶贫开发工作的意见》，对残疾人建档立卡、精准扶贫。联合组织部门推进“农村基层党组织助残扶贫工程”。开展农村残疾人实用技术培训，做好后续技术服务，按照500元/人的标准下拨省级培训补助。残疾人康复扶贫贷款贴息292万元。组织申报财政扶贫资金项目。各地协调当地住建部门，优先对农村贫困残疾人家庭进行危房改造。 (邹淑芳)

【残疾人维权】 2014年，山西省残联系统接待残疾人来信来访8922人(件)次，其中省本级353人(件)次。妥善处置残疾人机动轮椅车车主集体上访事件，劝返上访者140余人次，协调有关部门处理后续事项。559名残疾人领到汽车驾照，发放2014年度残疾人机动轮椅车燃油补贴资金178.34万元。开展创建无障碍环境市县工作。实施贫困残疾人家庭无障碍改造项目，并会同省财政厅对项目进行督查。 (邹淑芳)

○相关链接：参见“群众团体”类目

劳动模范

山西省特级劳动模范人物名单

李茂林　西山煤电(集团)有限责任公司杜儿坪矿一采区副区长

尹连珍　太原煤炭气化(集团)有限责任公司嘉乐泉煤矿掘进队生产甲班班长

温中慧(女)　太原公交公司第一汽车分公司855路驾驶员

王润梅(女)　太原市市政公共设施管理处第二道排养护所水道三组组长

米子军　太原钢铁(集团)有限公司岚县矿业有限公司经理

王天明　太原市迎泽区郝庄社区居委会主任

张继红　太原市万柏林区杜儿坪街道小虎峪村村委会主任

郑翠生　太原市晋源区晋源街道东关村养殖大户

上官安星　太原市建筑设计研究院副院长

史春元　太原大学外语师范学院第二附属小学校长

王海霞(女)　太原市小店区第三中学校教师

韩利平　大同煤矿集团有限责任公司燕子山矿综采三队队长

张胜利　中国重汽集团大同齿轮有限公司总成装配部工人

李　彬　中国北车集团大同电力机车有限责任公司车体车间铆工

苟兴权　大同市永安出租汽车有限责任公司雷锋车队队长

郭丽荣(女)　大同市城区环卫处机扫二公司分队长

卢若波　大同市雁北宾馆有限责任公司行政总厨(农民工)

史　峰　大同市南郊区新旺乡新泉村党支部书记

关艳霞(女)　大同市煤矿第一中学校数学教研组组长

赵德清　大同县林业局局长

宋青红　阳泉煤业(集团)有限责任公司一矿采煤工区综四队检修班工人

靳海军　国网山西省电力公司阳泉供电公司检修公司电气试验班班长

荆素俭(女)　阳泉市矿区平潭街东山社区主任

刘建平　平定县岔口乡甘泉井村党支部书记

张志生　山西华北奕丰生态园有限公司董事长

白增有　长治市城区市容环境卫生管理处清运公司清运司机

赵月芳　壶关县邮政局乡邮员

刘炎红　沁源县森林消防大队大队长

仇国芳　长治市殡葬改革管理处处长

段爱平(女)　襄垣县王桥镇返底村党支部书记

李晓东　长治市二院骨科主任

陈芝兰(女)　长治市城区第一中学校教师

贾大庆　晋城市镇源污水处理厂二期工程项目部副经理

乔香平(女)　阳城县凯悦养鸡农民专业合作社理事

申永乐　晋城市泽地苹绿农开发有限公司董事长

张建国　晋城一中教师

司麦虎　山西兰花煤炭实业集团有限公司副总经理

孙　杰　中国联合网络通信有限公司朔州市分公司维护站站长

高存博　国网山西省电力公司朔州供电公司检修公司主任

高建军　中煤平朔集团有限公司董事长

蔡懿霞(女)　应县天美蔬菜种植专业合作社理事长

张宗彩　朔州职业技术学院教师

和元溪　山西焦煤汾西矿业集团公司曙光煤业综掘一队队长

张玉柱　晋中瑞达公交有限公司901路司机

智　强　山西太谷县恒达煤气化有限公司余热发电车间主司炉

朱福连　山西介休鑫峪沟煤业集团、路鑫能源集团董事长

王锁明　祁县锁明养殖专业合作社理事长

郭金花(女)　灵石县南关镇杏卜村党支部书记

范妹锁　晋中市榆次区长凝镇东长凝寄宿制学校主任教师

杨艳华(女)　晋中市中医院脑病一

科主任
邱文军　永济新时速电机电器有限责任公司第三机械车间机加工段技术段段长
常炎龙　运城市夹马口引黄管理局夹马口泵站站长
贾菊兰（女）　运城市蒲剧团演员
宋平胜　运城市公安局技术侦察支队支队长
刘显哲　国网运城供电公司经理
王云峰　河津市下化乡陈家岭村党支部书记
程俊怀　临猗县孙吉镇薛公村农民
雷茂端　运城市盐湖区三路里镇沟东村党支部书记
肖希娟（女）　运城市口腔卫生学校附属口腔医院院长
冯树英　运城市蓝红杂交小麦研究中心主任
安银珍（女）　忻州市容环境卫生管理处市容管理二所一组保洁工
徐引全　山西申华电站设备有限公司技术部部长
卢戌亮　忻州市忻府区长征街办事处卢野村党支部书记
冯育青　神池县东湖乡裕来温室种植专业合作社理事长
梁振光　河曲县文笔镇北元村党总支书记
宋小燕（女）　忻州市环境监测站站长
段学武　霍州煤电集团汾河焦煤公司三交河煤矿综采一队队长
席　云　山西焦化股份有限公司甲醇厂第二净化车间值班长
齐建国　临汾市环境卫生管理局清运司机
郭　伟　山西省邮政公司临汾市分公司城郊区局投递员
焦亚东　山煤国际能源集团临汾有限公司总经理
张建国　临汾市尧都区贺家庄乡东下庄村党支部书记
巩彩平　霍州市南环办东湾村农民
杨俊萍（女）　曲沃县西南街村党支部书记
马　健　襄汾县邓庄镇政府镇长
孟长江　中国北方发动机研究所研究员
张红宇　山西新华化工有限责任公司过滤吸收器厂装配组组长
陈宝林　石楼县邮政局投递员
郭利兵　柳林县孟门镇溢万源养殖专业合作社农民
俞翠萍（女）　汾州裕源土特产品有限公司董事长
刘学义　山西省农业科学院经济作物研究所副所长
乔晓红　吕梁市人民医院副院长
张立政　山西省孝义中学校教师
贺丕瑞　山西省汾阳医院心胸外科主任
赵　斌　山西省高级人民法院民事庭副庭长
苏亚勇　山西省新闻出版纸张公司总经理
冯兵美（女）　山西省女子监狱副书记
寇子明　太原理工大学机械工程学院教师
阎会平　山西省农产品质量安全检验监测中心主任
杨　波　国网长治供电公司营销部主任
赵美林（女）　大同市邮政局平旺分局综合柜员
张俊升　中化二建山西安装公司施工队长
王一平　华夏银行股份有限公司太原分行行长

（省总工会）

山西省劳动模范人物名单

杨仁兴　太钢不锈钢股份有限公司自动化公司班组长
孟庆亮　太原钢铁（集团）有限公司矿业分公司尖山铁矿大车司机
刘彦生　西山煤电股份有限公司马兰矿工程一区掘进四队副队长
王旭东　山西西山晋兴能源有限责任公司斜沟煤矿综采一队队长
宋　义　山西昆明烟草有限责任公司制丝车间主任
罗　烜（女）　山西省邮政公司太原市分公司万柏林区局义井支局班组长
李瑞香（女）　山西新富升机器制造有限公司销售员
牛建峰　太原东山煤矿有限责任公司202队副队长
李先卫　太原市市政工程总公司第二工程公司钢筋工
刘冬鱼（女）　山西电机制造有限公司单槽冲工
孙　翘　太原双合成梅森凯瑟食品有限公司经理
于荣改（女）　太原市晋源区环卫清运队司机
黄瑞霞（女）　山西清徐农村商业银行股份有限公司主任
杨建峰　国电太原第一热电厂燃料分场主任
蔡世晋　山西太原河西国家粮食储备库储运科科长
苏俭华（女）　太重煤机有限公司设计所所长
康　权　太原化学工业集团工程建设有限公司第二安装公司经理
朱秀琴（女）　太原轨道交通装备有限责任公司高级工程师
梁素芳（女）　中国人民解放军第6904工厂设计一所主任设计师
施福富　赛鼎工程有限公司副总工程师
王晓东　山西国营大众机械厂第一研究所研究室主任
赵惠泽　中国移动通信集团山西有限公司太原分公司工程部主任
焦小春　山西晋缘电力化学清洗中心有限公司总工程师
李小忠　太原市热力公司总会计师
刘丽娟（女）　太原市市政工程设计研究院副总工程师
赵　钢　山西金鼎担保有限公司财务资产部部长
郝建军　国网山西省电力公司娄烦供电公司经理
贾康泰　太原日报报业集团处长
孟繁龙　太原市医疗保险管理服务中心居民医保科副科长

杨小民 太原市中级人民法院执行局执行一庭副庭长
王 铮 太原市人民检察院反贪局副局长
杜海旺 太原市迎泽区拆迁办组长
祁春青 太原市杏花岭区机关服务中心主任
杨 瑛(女) 中共太原市委组织部党代表联络处处长
张太生 太原市杏花岭区林业局主任科员
王定刚 清徐县水务局水保科科员
高建光 太原煤炭气化(集团)有限公司总经理
张建林 中国电信太原分公司总经理
阎继忠 太原供水集团有限公司董事长
杨旭东 山西百一机械设备制造有限公司总经理
赵芙蓉(女) 山西芙蓉餐饮有限公司总裁
魏满福 太原市万柏林区小井峪社区居委会主任
孙玉进 太原市小店区龙城街道新庄社区居委会主任
郑瑞华 太原市尖草坪区阳曲镇阳曲村村委会主任
岳进喜 太原市尖草坪区柴村街道三给村村委会主任
贾永明 清徐县东于镇东高白村村委会主任
刘红全 阳曲县大盂镇北家庄村村委会主任
郭 飞 古交市龙城向新种植专业合作社农民
贾 嵘(女) 太原市杏花岭区新建路小学校校长
朱春英(女) 太原市迎泽区桃园南路小学校校长
阎林凤(女) 太原市第三十九中学校校长
王一瑛(女) 太原市第五中学校校长
闫文并 太原市尖草坪区妇幼保健站站长
刘 冬(女) 阳曲县人民医院院长
李玉兰(女) 太原市中医医院副主任医师
曹 玥(女) 太原市业余游泳运动学校运动员
张 明 太原生态工程学校校长
白 宏 太原市万柏林区规划局局长
牛增泉 阳曲县交通运输局局长
贾国保 古交市财政局局长
徐光远 娄烦县国家税务局局长
王三狗 娄烦县地方税务局局长
郭福忠 西山煤电(集团)有限责任公司安监局局长
李世雄 太原市第一建筑工程集团有限公司副经理
贺启华 富士康(太原)科技工业园资深协理
李俊星 太原市地方税务局民营经济开发区分局局长
武汝慧(女) 太原市地方税务局不锈钢产业园区分局局长
康培华 山西兴能发电有限责任公司工会主席
朱海月 大同煤矿集团有限责任公司机电管理处处长
李卓楠 大同煤矿集团宏泰矿山工程建设有限责任公司塔山机掘项目部副经理
马红立 大同煤矿集团有限责任公司矿山救护大队副大队长
李海鸣 大同煤矿集团有限责任公司总医院超声科主任
孟庆斌 中国能源建设集团山西电力建设一公司汽机专业分公司经理
庞继平 大同冀东水泥有限责任公司生产运行部工艺责任工程师
杨永刚 国网山西省电力公司大同供电公司检修公司输电运检室主管
李林国 国投大同能源有限责任公司塔山煤矿综采区生产一班班长
王建忠 中国工商银行大同矿务局支行行长
要 菊(女) 中国农业银行大同市分行营业部主任
刘继军 大同市供水排水集团有限责任公司北城营业处处长
薛秀峰 山西省公路路政管理总队大同支队稽查队队长
马淑芳(女) 大同市南郊区十里店家怡敬老院院长
杨 平 大同华润燃气有限公司管网运行部经理
常林生 山西大唐国际云冈热电有限责任公司设备部环保专业工程师
杜福生 国电电力大同第二发电厂班压滤机班班长
宋 波 中共大同市直属机关工作委员会工会主席
苏红印 大同市公安局综合警务支队一中队一分队分队长
徐金喜 广灵县地方税务局新建东街税务所所长
孟建梅(女) 大同市城区开源街办事处民和社区主任
裴桂梅(女) 大同市矿区平泉街道司法助理员
尉俊锋 大同经济技术开发区地方税务局管理二科科长
张效春 大同煤矿集团大同煤业股份有限公司忻州窑矿矿长
李 军 大同煤矿集团同发东周窑煤业有限公司矿长
李 桦 大同市商业银行董事长
齐培孝 大同市变压器总厂厂长
冯 琦 大同市房地产开发公司经理
蔚富强 大同煤矿通泰橡胶有限公司董事长
王向东 大同机场有限责任公司总经理
白秀兵 大同煤矿集团电力能源公司党委书记
张俊波 国药集团大同威奇达中抗制药有限公司总经理
白继跃 大同县峰峪乡徐家堡村党支部书记
李明生 大同市阳高县长城乡罗岭村党支部书记
宋海旺 天镇县赵家沟乡夭沟村村主任
安 斌 左云县云兴镇任官堡村党支部书记
张成斗 灵丘县独峪乡张家湾村村主任
王玉江 广灵县壶泉镇三庄村党支部书记

边忠平　大同市新荣区破鲁堡乡高向台村村主任
赵志军　浑源县泰丰农业开发有限责任公司经理
陈日忠　大同市第三中学校数学组教师
刘佩秀(女)　大同市第一人民医院妇科主任
王雅丽(女)　大同市第三人民医院消化科副主任
乔治国　大同县第一中学校政教处主任
范九潇(女)　浑源县人民医院内科护士长
刘跃坤　灵丘县人民医院急诊科主任
王志勇　广灵县中医院医师
李凤山　左云县高级中学校数学教研组组长
杨　杰　大同市城区南关东后场社区卫生服务站站长
尚振胜　大同市矿区恒安一中校长
韩世英　大同市南郊区实验中学校校长
郝江华(女)　大同市新荣区青少年活动中心主任
夏跃武　大同市第一中学校高一年级组长
彭东祥　大同市第十一中学校教师
任玉珍(女)　大同市城区四十七小学校校长
高志远　大同市煤矿设计研究所所长
白志宇　大同市古建筑文物保管所所长
张立新　天镇县土壤肥料工作站站长
解利国　大同市工人文化活动中心业务主管
陈　宏(女)　山西广播电视台大同记者站站长
麻树田　大同市农业委员会主任
王宏忠　大同市新城机械化清扫有限公司负责人
朱立新　大唐山西恒山风电有限公司工会主席
赵雪冰　山西省邮政公司大同分公司副经理
温文文　山西新景矿煤业有限责任公司机电工区检修队副队长
付书俊　阳泉煤业(集团)有限责任公司生产技术部部长
李维昌　阳泉市燕龛煤炭有限责任公司程庄煤矿综采队队长
王润成　山西省阳泉固庄煤矿机电科维运中队副队长
荆红军　山西煤炭运销集团阳泉郊区有限公司经理
王军红　山西宏厦建筑工程第三有限公司第一项目部钢筋组组长
刘开科　阳泉市自来水公司第二水厂二级泵站检修工
杜传传　中国联合网络通信有限公司阳泉分公司城南维护中心网络维护主管
郑高魁　阳泉市城区环境卫生管理处清运中心装卸工
韩明明　盂县中信焦化有限公司炼焦车间主任
张桃贵　阳泉市法律援助中心主任
李志强　阳泉市上社二景煤炭有限责任公司董事长
安　立　日昱投资发展集团有限公司董事长
王桂林　中国建设银行股份有限公司阳泉分行行长
张宝科　平定县柏井镇里牌岭村养殖户
裴海平　平定县东回镇前黄安村党支部书记
李富义　盂县北下庄乡东木口村生态建设大户
郭建兰(女)　盂县东梁乡温家山村养殖户
王焕娥(女)　盂县路家村镇路家村村委主任
王　雪(女)　阳泉市郊区旧街乡测石村种植户
胡培明　阳泉天隆工程材料有限公司董事长
郭丽萍(女)　阳泉市第十一中学校教师
王跃贤　阳泉市体育运动学校射击队主教练
崔彦明　阳泉市第三人民医院手外科主任
张喜明　阳泉日报社政文部主任
张喜才　阳泉煤业(集团)有限责任公司总医院骨一科主任
刘贵平　平定县巨城镇卫生院院长
任和平　平定县畜牧业发展中心主任
尹向华(女)　阳泉市北大街小学校年级组长
陈明泽　阳泉市地方税务局局长
李润萍(女)　阳泉市审计局局长
梁　庆　阳泉市矿区人民法院院长
石棋章　阳泉阀门股份有限公司工会主席
平红文　长治公交公司驾驶员
黄炜伟　山西潞安集团漳村煤矿综采队队长
肖晋川　山西黎城青春玻璃有限公司总工程师
郭贵伟　长治贝克电气有限公司经理
毕天富　沁新集团煤业公司经理
李晓平　长治市中级人民法院审监庭副庭长
张　奇　山西漳山发电有限责任公司总工程师
张　娟(女)　长治国家粮食储备库主任
张　蕾(女)　长治市宏达针纺有限公司副经理
付　虎　长治液压有限公司工人
师润平　天脊集团分厂厂长
王　伟　长治市科技局知识产权办公室主任
张海花(女)　长治市人力资源和社会保障局工伤保险服务中心主任
张　静(女)　长治市地税局规费科科长
韩　毅　长治市公安局刑警支队支队长
闫长锁　长治县煤炭运销公司总经理
崔贵锁　山西煤炭运销集团长治沁源有限公司经理
李海青　山西长子农村商业银行股份有限公司董事长
李俊虎　山西煤炭运销集团长治有限公司经理
崔惠文　长治华润燃气公司董事长
赵保明　山西易通环能科技集团有限公司董事长
张韶忠　黎城县黎侯镇下村农民
毕永刚　长治县南宋乡东掌村党支

部书记
贾永平　平顺县龙溪镇龙镇村党支部书记
王三忠　潞城市成家川办事处神泉村党支部书记
关树立　长治市郊区大辛庄镇关杜庄村党支部书记
魏永平　壶关县龙泉镇南关村党支部书记
连全中　武乡县蟠龙镇庄底村党支部书记
龚来文　山西省沁县杨安乡佛堂岩村党支部书记
张连虎　屯留县路村乡王村党支部书记
潘潞彪　山西长信工业有限公司董事长
赵桃林　长治县黎都农商银行股份有限公司董事长
王玉芬(女)　长治医学院附属和平医院主任
赵伟平(女)　长子县人民医院心内科主任
王景盛　山西省农业广播电视学校长治市分校校长
宋献惠(女)　长治市第九中学校高中教务处主任
郭思嘉(女)　长治日报社深度报道组组长
段中凤(女)　平顺县民政局局长
任建喜　屯留县林业局局长
杨卫星　山西省公路局长治分局纪检书记
徐建国　首钢长治钢铁有限公司工会主席
平　伟　长治市金威商城有限公司副总经理
曲爱民　长治市市政管理处处长
王青山　长治市青山助残被服有限公司经理
毕雨刚　晋煤集团长平公司通风队机动班班长
张丽丽(女)　晋煤集团总医院内分泌科主任
崔建峰　沁和能源集团有限公司永安煤矿检修组长
杨　青(女)　中国工商银行股份有限公司晋城开发区支行客户部经理
苗锦霞(女)　山西绿洲纺织有限责任公司挡车工
焦德祥　晋城市公共自行车管理中心副主任
李建军　沁水县国新能源运销公司业务科科长
崔文峰　山西兰花集团莒山煤矿有限公司副矿长
王新根　晋城市民营企业协会秘书长
贾天会　晋城市地方税务局五分局副局长
杜　琳　晋城市委组织部市直干部科科长
明科栋　山西高平科兴南阳煤业有限公司矿长
谭国林　山西阳城阳泰集团竹林山煤业有限公司董事长
宋保胜　山西古县兰花宝欣煤业有限公司董事长
张晋洪　晋城市城区北石店镇北石店村党总支书记
张跃进　泽州县绿成林果专业合作社理事长
李丑和　高平市米山镇米西村党支部书记
卫建军　阳城县润城镇王村农民
秦三胜　陵川县附城镇附城村党总支书记
韩小抗　沁水县郑村镇侯村村委主任
闫军顿　泽州县南村镇东常村村委主任
李立华　晋城市鸿生生物科技有限公司董事长
葛宝顺　浙江商贸城有限公司董事长
原学军　晋城市凤鸣中学校长
薛琴芹(女)　晋城市城区钟家庄社区卫生服务中心主任
孟红英(女)　高平市人民医院检验科主任
秦中胜　晋城市人民医院院长
王瑞生　晋城市骨伤专科医院骨一科主任
李小元　晋城市林业调查规划院院长
王富明　晋城市国家税务局局长
马月生　山西天泽煤化工集团股份公司副董事长
杨建军　阳城国际发电有限责任公司副总经理
翟玮平(女)　泽州县财政局局长
安永生　晋城市城区农村信用合作联社理事长
丁　强　中煤平朔集团有限公司劣质煤项目部经理
付文刚　中煤集团山西金海洋能源有限公司处长
金　祥　大同煤矿集团铁峰煤业有限公司工人
朱文平　中国能源建设集团山西省电力建设二公司同煤大唐热电二期项目部副经理
王永军　中国工商银行股份有限公司朔州振华支行行长
刘学功　山西怀仁中能芦子沟煤业有限责任公司总工程师
张　尤　应县公安消防大队教导员
刘　梅(女)　朔州市平鲁区儿童福利院院长
王迎新　山西葫芦堂煤业有限公司董事长
康日霞　大同煤矿集团朔州朔煤王坪煤电有限责任公司董事长
王子龙　朔州市朔城区南城街道办事处南街村党支部书记
李宝发　山阴县马营庄乡故驿村养殖专业户
张宏祥　右玉县张千户岭养殖专业合作社理事长
安　满　朔州市平鲁区白堂乡曹庄村党支部书记
胡仁文　应县仁文淡水鱼养殖专业合作社理事长
袁建军　怀仁县金沙滩羔羊肉业有限公司董事长
李淑兰(女)　朔州市朔城区农业技术推广中心主任
李玉兰(女)　朔州市朔城区人民医院护理部主任
倪　瑞　怀仁县云东中学校负责人
陈　钊　朔州市朔城区北旺庄街道办事处党工委书记
贾培录　山西应县明禾设施农业专业合作社理事长
李贵元　平遥华兴电机铸造有限公司铸造车间主任
安振胜　山西介休义棠城峰煤业有

限公司综采一队队长
郝秀花(女) 介休市环境卫生管理处清洁工
曹丽生 山西省华瀛荡荡岭煤业有限公司机电科副科长
毛守红 寿阳县海鑫驾校校长
程春萍 昔阳县洁城清运有限公司保洁队队长
刘维青 阳煤集团和顺化工有限责任公司合成车间主任
赵玉辉 寿阳县东辉农机合作社理事长
朱　宁 山西德元堂药业有限公司提取车间主任
张惠民 山西省公路局晋中分局总工、董榆线董坪沟至郜家庄一级公路改建工程项目负责人
温海清 山西灵石石膏山风景旅游区经理
赵驾建 平遥县昌旺洗煤有限公司经理
刘秀荣(女) 榆次区安宁街道电力社区主任
周晓彬 灵石县人民政府安全助理
王清亮 山西焦煤汾西矿业(集团)水峪煤业有限责任公司经理
王全锁 山西斯普瑞机械制造股份有限公司总经理
冯春光 晋中市永晨腾飞房地产开发有限公司董事长
赵效青 山西榆社化工股份有限公司董事长
田玉成 兰田集团董事长
吴旭东 经纬集团公司、经纬股份榆次分公司董事长
李　进 晋中供电公司经理
张爱茂 晋中市榆次区北田镇张胡村党支部书记
边旭东 晋中市榆次区东赵乡石羊坂村党支部书记
张隆德 太谷县小白乡白燕村党支部书记
乔光明 平遥县古陶镇南城村党支部书记
李润杰 介休市城关乡罗王庄村村委主任
赵尚庭 介休市义棠镇温家沟村党支部书记
孔桃林 昔阳县沾尚镇口上村党支部书记
邓雁春 左权县芹泉镇小南庄村党支部书记
郭晋刚 榆社县西马乡更修村党支部书记
张　勇 祁县古县镇东城村农民
刘成心 晋中市榆次区什贴镇杨头村农民
郭兴金 平遥县晋源泰小额贷款有限责任公司总经理
霍润宝 寿阳县田益农业科技有限公司董事长
张学文 灵石县红杏农牧科技有限责任公司董事长
李勇铁 晋中市广播电视台新闻综合频道总监
冯广长 祁县实验小学校长
耿云生 平遥县人民医院院长
赵广明 寿阳县中医院院长
蔡建华(女) 和顺县北关示范小学校长
段彩平(女) 左权县人民医院内科主任
李　平 晋中市地方税务局党组副书记
张拥军 晋中市住房保障和城乡建设管理局总工程师
李　军 中国移动通信集团山西有限公司晋中分公司工会主席
王全忠 中国农业银行晋中分行党委副书记
史琴芬(女) 晋中市开发区农村信用合作联社理事长
胡晋忠 昔阳县农村信用合作联社理事长
李　崇 太谷县地方税务局局长
李建民 祁县地方税务局局长
李立纲 山西焦煤汾西矿业(集团)公司矿山设备有限责任公司董事长
刘　颖(女) 运城市公证处主任
马建峰 山西丰喜化工设备有限公司总工程师
李耀进 山西晋能佳韵服饰有限公司副经理
邵国泰 运城市关公书画院经营部主任
王飞龙 山西运城市建筑工程有限公司第五分公司经理
梁　军 运城市公安局交通警察支队民警
张春红(女) 运城市医药公司河东药店店长
杨高峰 河津市供电公司经理
尉晓东 临猗县公安局牛杜派出所教导员
邵景福 运城经济开发区财政局会计管理科科员
何　达 绛县供电公司经理
樊俊红 平陆复晟铝业有限公司项目经理
梁　伟 稷山县公安局刑侦大队重案队队长
吴红萍(女) 稷山县农村信用合作联社理事长
杨振宁 闻喜县农村信用合作联社理事长
樊天兵 盐湖博鸣木业有限公司经理
刘　颖 运城移动通信分公司经理
李家祥 山西鑫源兄弟实业集团有限公司经理
薛安民 空港山西安民木业集团有限公司董事长
董康典 垣曲五龙投资集团有限公司董事长
张晨武 中国建设银行股份有限公司运城分行行长
陈新安 运城市城市建设投资开发有限公司董事长
蔡民红 空港山西鸿德房地产开发有限公司董事长
薛泽科 山西星河房产有限公司董事长
代和平 夏县水头镇兴南村党支部书记
原新力 河津市清涧镇龙门村党委副书记
王少斌 万荣县贾村乡贾村农民
郭秀琴(女) 垣曲县长直乡寺里沟村农民
马堂宽 鑫马房产开发有限公司董事长
范红星 运城市荣星汽车销售服务有限公司董事长
李幼杰 龙行天下铝业有限公司董

事长
杨锐礼　凯迪建材有限公司董事长
杨文娟(女)　运城幼儿师范高等专科学校附属幼儿园园长
卫晶仙(女)　运城市眼科医院院长
王玉霞(女)　运城市群众艺术馆馆长
郭能瑞　运城市急救中心红十字医院副院长
李学信　运城市中心医院心血管内科主任
张哲晔(女)　中共运城市委党校教师
袁　贞(女)　运城师范高等专科学校教师
杨　洁(女)　运城市康杰中学教师
张　丽(女)　运城市糖尿病防治中心医生
樊俊峰　运城市广播电视台《第一时间》制片人
张文正　运城市中心医院肿瘤放射治疗科主任
邵明水　运城市农业委员会主任
郭健平　运城市体育局局长
魏　钢　运城市地方税务局副局长
张保安　运城市农村信用合作社联合社理事长
郭起旺　山西漳泽电力股份有限公司河津发电分公司经理
薛国飞　山西阳光焦化集团副总经理
姚三义　芮城县交通局局长
谭平川　芮城县财政局局长
闫栓宝　新绛县统计局局长
张智云　新绛县教育局局长
张铁栓　夏县农业委员会主任
黄新苏　绛县住房保障和城乡建设管理局局长
石转绸(女)　平陆县总工会主席
任泽民　稷山县水利局局长
温国辉　闻喜山西天王台建材集团有限公司副董事长
王培林　忻州市忻府区云砂建材经销有限公司大运片片长
郝晓华(女)　中国联合网络通信有限公司五台县分公司综合部主任
赵福林　山西宁武大运华盛庄旺煤业有限公司通风科瓦检员
李生茂　五寨汇丰贸易有限公司销售科业务经理
李　莉(女)　保德神东发电有限责任公司副主任政工师
王兰宁　忻州唯众汽车销售服务有限公司销售经理
孙宏旺　忻州市北路梆子戏剧研究院一团副团长
王吉渊　山西焦煤霍州煤电集团晋北煤业有限公司山浪矿矿长
纪宝平　山西鲁能河曲发电有限公司设备维护部副主任
王　浩　偏关县晋电化工有限责任公司总工程师
王丽丽(女)　忻州市城乡建设开发有限公司工程部部长
王志义　山西省忻州高速公路有限责任公司董事长
燕争上　国网山西省电力公司忻州供电公司经理
杨东红　忻州市农村信用合作社联合社理事长
马　新　山西压缩天然气集团忻州有限公司董事长
李进文　忻州市忻府区新建路办事处匡村村委主任
樊玉楼　定襄县河边镇河边第四村党支部书记
张满义　五台县台城镇西关村村委主任
刘永恒　代县新高乡口子村党支部书记
宫金柱　繁峙县繁城镇北城街村党总支副书记
亢战胜　宁武县西马坊乡细腰村党支部书记
李改田　静乐县鹅城镇西大树村党支部书记
范建中　岢岚县高家会乡西会村党支部书记
张巨柱　河曲县文笔镇沙畔村党支部书记
岳根全　保德县义门镇小赵家沟村党支部书记
尤金莲(女)　河曲县昌农农产品产销专业合作社社长
张祥寿　山西龙典建筑工程有限公司总经理
黄卫东　繁峙县矿产品有限责任公司董事长
樊峻强　原平市第一人民医院影像科副主任医师
张志荣　定襄一波中学语文教研组组长
赵东江　忻州市人民医院急诊医学室主任
袁小波　忻州市公安局副局长
范建民　忻州市煤炭工业局局长
张金强　忻州市地方税务局局长
袁旺水　忻州市治理非法超限超载车辆工作办公室主任
刘建国　忻州市人民政府办公厅信息科科长
孙芝荣　五台县住房保障和城乡建设管理局局长
李玉牛　忻州市委办公厅会务科科长
王永春　繁峙县丰泽大酒店有限公司经理
李全清　原平市循环经济示范区管委会主任
程　强　侯马热电分公司总工程师
张定旺　洪洞县热力供应有限公司技术员
上官继德　翼城县富华养殖有限公司技术员
徐北斗　临汾市开发区森德荣工程劳动服务有限公司工程监理员
郑云萍(女)　山西卓锋钛业有限公司技术中心副主任
彭文明　太钢集团临汾钢铁有限公司技术员
周宝贵　侯马市公安局交警大队一中队民警
张锋亮　临汾市公安局交警支队民警
申继红(女)　山西三维集团公司丁二醇分厂四车间主任
常沁军　中国移动通信集团山西有限公司临汾分公司副总经理
李向阳　中国农业银行临汾分行高级客户经理
苏军霞(女)　山西煤炭运销集团临汾有限公司化验员
郝斌元　临汾公共交通有限公司驾驶员
张春保　山西玉和泰煤业有限公司掘进班长
张晓丽(女)　中国建设银行临汾分

行机构部经理
张安平　临汾市农委农业经营管理站站长
邓文平　临汾市动物疫病预防控制中心主任
边小虎　临汾市尧都区农业局果桑站站长
冯春英（女）　临汾市中级人民法院刑二庭副庭长
王闫红　临汾市交通路政支队支队长
赵桂兰（女）　曲沃县非公经济组织工作委员会书记
杨令平　霍州市煤炭工业局总工程师
王军良　山西省农村信用社联合社临汾办事处主任
郭　斌　山西乡宁焦煤集团神角煤业有限公司董事长
李　庆　山西宝乡矿业有限公司董事长
杨　杰　国网临汾供电公司经理
赵建军　山西大唐国际临汾热电有限责任公司总经理
顾福民　洪洞县大槐树镇秦堡村党支部书记
苗文娟（女）　山西省翼城县汇丰中心幼儿园园长
李学武　浮山县东张乡蛟头河村农民
刘玉学　乡宁县牛塔村农民
强占东　吉县中垛乡中垛村农民
刘国虎　古县古阳镇白素村党支部书记
李元生　隰县午城镇习礼村农民
李玉平　永和县坡头乡呼家庄村农民
单保明　大宁县昕水镇麦留村农民
刘秋喜　襄汾县蘑菇种植大户农民
陈长水　洪昌养殖有限责任公司董事长
闫志明　蒲县正茂核桃综合加工有限公司董事长
刘彦青　襄汾高级中学高级教师
郭　簃　曲沃中学教师
陈顺龙　乡宁县第三中学教师
弓桂英（女）　山西省蒲县高级中学教师
景文记　临汾市人民医院神经外科主任
孙正平（女）　中共临汾市委党校教师
岳　琴（女）　浮山县寨圪塔乡初级中学校教师
窦兴华　吉县果树科技研究所农艺师
史全喜　临汾市安全生产监督管理局局长
章玉晋　中国国电集团公司霍州发电厂副厂长
张　谦　农行临汾尧都支行营销委员会主任
赵云瑞　山西焦煤霍州煤电集团公司工会主席
杨　俊　临汾火车站站长
杨培才　临汾市土地收购储备中心主任
温学良　临汾市公共事业发展投资公司新医院项目部经理
解武强　临汾市尧都区交通运输局战备办公室主任
韩宏平　临汾市广播电视台总编辑
贾鹏程　山西丰盛塑料制品有限公司销售员
杨　勇　吕梁市烟草公司文水营销部经理
刘玉萍（女）　孝义市东兴帝豪酒店有限公司营销部主任
赵云韦　山西楼东俊安煤气化公司楼东物业管理公司物业管理员
王瑾明　交城县农村信用联合社主任
任丕杰　山西地方电力股份有限公司中阳分公司经理
张进兵　吕梁柳林高新技术产业开发区管理委员会组长
张小勤（女）　方山县邮政局储蓄营业员
王钢平　太钢集团岚县矿业有限公司副经理
安江平　山西兴县金地煤业有限公司综采区区长
李　岗　霍州煤电集团吕临能化有限公司工人
陈　斌　吕梁市烟草公司营销中心科员
李东平　吕梁市水利局水利工程建筑总队队长
刘振安　吕梁市住建局供热公司城北供热站站长
袁子捷　柳林县公安局留誉派出所指导员
李新民　吕梁永宁煤焦有限公司董事长
杨增越　霍州煤电吕梁山煤电公司总经理
岳永进　吕梁市国有资产投资集团公司经理
王　琛　离柳焦煤集团公司党委书记
张子玉　吕梁市泰化石油有限责任公司总经理
陈二维　文水县凤城镇南街村党支部书记
邢万里　汾阳市贾家庄村村委副主任
马有锁　吕梁市离石区西属巴街道留子局村党支部书记
冯成虎　石楼县龙交乡麻庄村党支部书记
赵水考　中阳县下枣林乡郝家圪塔村党支部书记
张拉生　交口县双池镇枣林村村委主任
靳小平　兴县交楼申乡张家岔村农民
张福明　临县三交镇后陡泉村党支部书记
贺虎平　兴县圪垯上乡白家山村农民
袁忠明　吕梁市离石区信义镇永红村农民
梁世俊　吕梁市汇丰源食品有限公司经理
李秋娥（女）　山西山宝食用菌生物有限公司董事长
马金莲（女）　孝义市文化馆教师
王海霞（女）　交口县第二中学班主任
贾俊彬　岚县人民医院内科主任
张春连（女）　临县人民医院眼科副主任
赵淑丽（女）　吕梁学院附属高级中学教师
赵亚勋　吕梁市教育体育局电教馆副馆长
梁雅玲（女）　交城县南街幼儿园园长
续澎涛　孝义市地方税务局局长
陈国斌　临县重点项目发展管理办公室主任
尹忠长　汾阳市杏花村镇白酒企业工会联合会主席
杨　涛（女）　民生银行吕梁分行副行长
程　平　晋西工业集团晋西车轴股

份有限公司教授级高级工程师

杜智强　中信机电制造公司高级工程师

刘成波　山西北方兴安化学工业有限公司五分厂机修组工人

王建平　晋西集团山西利民工业有限责任公司铣刨组组长

卢　昕　山西汾西重工有限责任公司装备制造公司大件机加车间铣车工段工段长

李建波　山西平阳重工机械有限责任公司高级工程师

齐宝岭　山西北方晋东化工有限公司机械制造厂高级技师

耿莹晶　山西江淮重工有限责任公司高级工程师

姚日君　国营第六一六厂油泵油嘴厂工人

杨红思　侯马普天通信电缆有限责任公司综合保障部部长

田忠强　太原太航科技有限公司总经理

张朝辉　中国兵器工业集团第二〇七研究所研究员级高级工程师

王志林　山西北方机械制造有限责任公司永磁电机研究所研究员级高级工程师

常学奇　中国辐射防护研究院院长

王成禹　中共山西省委办公厅综合一处处长

王增信　山西省人民政府办公厅督查室主任

梁晓军　山西省住房和城乡建设厅住房保障处处长

白振兴　山西省环境保护厅机关党委专职副书记

乔瑞生　山西省国家税务局党办副主任

张宇星　山西省人力资源和社会保障厅规划统计处主任科员

王丽峰（女）　山西省妇女联合会妇儿发展中心主任

朱忠良　山西经济管理干部学院经理学院院长

陈弘奕　山西省测绘工程院副院长

刘砺平　新华社山西分社新闻信息中心副主任

王五一　山西省计量科学研究院院长

温玉玲（女）　中国冶金地质总局三局第三地质勘查院副总工程师

张元欣　山西广播电视台主任记者

高春平　山西省社会科学院历史研究所副所长

尹建国　山西省煤炭厅煤炭资源地质局工人

逯云兵　山西灵石华瀛天星集广煤业有限公司总经理

乔卫平　山西省公路局忻州分局代县公路管理段雁门关道班班长

李延军　山西省临汾监狱教导员

尹　奇　山西大学老干部处退休科科长

马铁华　中北大学计算机与控制工程学院副院长

赵建国　大同大学炭材料研究所所长

李荣山　山西省人民医院党委书记、博导

武文彩　山西省第二人民医院院长

丁泽兴　山西影视(集团)有限责任公司党委副书记

赵文华　山西广电信息网络集团副总经理

田文生　山西新华书店集团党委书记

李燎红（女）　山西省财政厅会计处调研员

徐建春　中石化山西石油分公司总经理

马占勇　山西省地方税务局规费管理处处长

王旭斌　太原经济技术开发区国家税务局局长

冯守瑞（女）　山西省烹饪餐饮饭店行业协会秘书长

侯新慧　山西省中条林局北坛林场场长

张玉峰　山西省农业机械化技术推广总站站长

马建萍（女）　山西省农科院作物科学所主任

武海玉（女）　山西省农业厅后勤服务中心副主任

苏贵定　山西省世行贷款扶贫开发项目办公室主任

赵建平　国网山西送变电工程公司变电施工一分公司经理

李平陆　山西燃气产业集团有限公司PMT项目经理部项目经理

穆建丽（女）　中国移动通信集团山西有限公司呼叫中心太原话务室话务员

张　辉（女）　中国电信股份有限公司运城分公司主管

张连荣　铁通太原分公司工程师

王宏业（女）　山西八建集团有限公司总工程师

周　辉　中建三局山西分公司经理

杜　锐　山西四建集团有限公司董事长

周文刚　大秦铁路股份有限公司太原车辆段高级技师

任青云　大秦铁路股份有限公司太原机务段动车队副队长

俞　蒙　太原铁路局总经济师

王晋元　中铁三局集团线桥工程有限公司总工程师

温元平　中铁三局桥隧公司杭州地铁武林广场项目部经理

侯　伟　中铁十七局集团建筑工程有限公司安哥拉RED项目部技术副经理

刘会迎　中铁十七局集团第二工程有限公司西藏甲玛铜矿项目部经理

刘庆龙　中铁城建集团第一工程有限公司第一项目部经理

高荣峰　中铁六局太原铁路建设有限公司太原南中环工程项目指挥长

董建林　中国铁建电气化局集团北方工程有限公司郑西、西宝项目部经理

樊　颖（女）　山西省民航机场集团公司工会主席

刘宇光　民航山西空管分局管制运行部主任

张　威　中铁三局集团天津建设工程有限公司总经理

杨永宏　中铁十七局集团第五工程有限公司执行董事

武　艺　山西汽车运输集团有限公

司总经理
杨永兴　吕梁市离石区农村信用合作联社高级客户经理
杨晓丽（女）　中国工商银行长治县支行行长
李晓鸣　中国人民银行太原中心支行工会办公室主任
武卫兵　太原轨道交通装备有限责任公司技师
张拉忠　十二冶华北分公司项目部经理
赵　明　山西大禾实业集团有限公司董事长

（省总工会）

山西省三八红旗手名单

刘晓黎　太原市杏花岭区人民政府副区长
朱　蓉　太原市尖草坪区副区长
杜　娟　清徐县清源镇大峪村党支部书记
李　慧　山西省侨联副主席、太原市侨联主席
李　波　太原市万柏林区教育局局长
李　红　太原市妇联城市部部长
冯　彬　山西省眼科医院图书室负责人
王润梅　太原市市政公共设施管理处第二养护所水道三组组长
魏　清　大同市城区妇联主席
王树琴　灵丘县东河南镇下野窝村委会主任
刘晔亭　大同市振华幼儿园园长
沈均明　大同市委党校市情与发展研究室副主任
贺彩云　大同市政务大厅管理中心工商管理分中心主任
赵玉茹　大同教育电视台广告部主任
冯　莉　大同煤矿集团宏远工程建设有限责任公司工会主席
张晓花　怀仁县金沙滩镇一间房村党支部书记
梁国英　大同煤矿集团朔州煤电王坪煤电公司机修厂副厂长
任永丽　山阴县民政局副局长
何翠珍　朔州市东部区域发展服务局副局长、党支部书记
刘纪梅　忻州市农委会科员
孙秀春　忻州市忻府区妇联主席
高凤兰　代县雁绣坊文化艺术有限公司经理
辛慧军　宁武县实验小学教师
樊　丽　原平市广播电视台职工
刘春梅　保德县计生服务站副站长
殷一丹　五寨县供电公司职工
解爱英　交城县旺英堆锦艺术制作有限公司董事长兼艺术总监
邢海华　汾阳市妇联主席
李源春　吕梁市离石区区委常委、统战部长
王秋莲　交口县人民检察院纪检组长
武候花　柳林县柳林镇东街居委居民
张四改　岚县四姐编艺合作社负责人
刘洁婕　吕梁市政府办公厅妇工委副主任
王　辉　和顺县妇联副主席
李建平　介休市妇联副主席
王志琴　灵石县段纯镇人民政府镇长
乔丽云　平遥县火神庙街乔丽云漆器艺术馆馆长
张晨花　寿阳县羊头崖乡下庄村党支部书记兼村委主任
刘秀荣　晋中市榆次区安宁街道电力社区党总支书记、社区主任
冯素英　榆社县第二中学教师
郭爱虹　阳泉市再乐实业有限公司总经理
朱　卉　阳泉市口腔医院副主任医师
刘林娣　山西吉天利循环经济科技产业园管委会主任
罗艳春　阳泉市妇联发展部部长
崔丽霞　潞安集团常村煤矿通风科维修工
李　媛　长治市委组织部副部长
张爱霞　长治市委党校领导科学教研室主任
刘　红　长治市妇联副主席
王淑英　武乡县人民政府副县长
樊玉珍　沁源县沁河镇城北村妇代会主任
李秀花　黎城县黎侯镇南关村支委委员、妇联干部
张　宏　晋城市城区北石店镇党委书记
贺国梅　高平市卫生监督所所长
李晋滨　晋煤集团古书院矿工会副主席、女工委主任、女工部长
郭明明　晋城市妇联科员
梁秀娟　浮山县人民政府县长
张　玲　临汾市妇联组宣部部长
刘　晶　临汾市教育局监察室主任
尤爱萍　临汾市妇幼保健院、儿童医院副院长
赵志琴　山西尧城律师事务所主任律师
郭素勤　临汾市剪纸艺术家协会会长
李　霞　临汾市尧都区子益经典培训学校校长
郭艳香　临汾市平阳花艺术团团长
王　芳　侯马市上马办事处张少村村民
李　楠　中国农业银行股份有限公司运城分行公司业务部科员
王凤婷　运城市康杰中学党委书记
潘焕丽　运城市急救中心烧伤整形科主任
吴丽霞　运城市口腔医院副院长
荆聪敏　闻喜县人民法院党组书记、院长
淮冰会　运城中学数学学科组长
付晓霞　运城市妇联副主席
陈　娜　临猗县第一幼儿园园长
徐凌霄花　省委办公厅计财处正处级副处长
曹淑辉　省人大常委会信访局副处长
温小瑞　省政协办公厅办公室副主任
赵芳芳　省公安厅科技处处长、主任法医师
杨　平　省公安厅政治部宣传处调研员
韩海峰　省财政厅企业处处长
王　岫　省商务厅对外投资和经济合作处处长
刘晓丽　省社科院妇女与社会发展研究中心主任
王云珠　省社科院能源经济研究所副所长
安变英　省国税局主任科员
李　敏　省科学技术情报研究所干部
焦永萍　省地方志办公室省志一处处长
杨　宏　省扶贫办社会扶贫工作站

	副站长
张丽珍	省广电局大同中波转播台机房主任
郭兆平	山西经济日报社社长
赵治萍	省植物保护植物检疫总站二级推广研究员
张莉芸	山西大医院风湿免疫科主任
王晓敏	太原理工大学“211 工程”建设与发展规划办公室副主任
郭云霞	中北大学材料科学与工程学院学生科科长
张荣秀	山西旅游职业学院教务处处长
管　洁	省民航机场集团公司(管理局)贵宾服务有限公司要客服务部副主管
王巧兰	山西省投资集团有限公司委书记、副董事长
刘　洁	山西迎泽宾馆财务部前台收银员

（省妇联）

新闻人物

郭宿根　山西省高级人民法院信访局调研员。在信访接待岗位工作8年,负责窗口涉诉信访案件材料的接受、初审。到省城上访的群众都服他信他,口口相传:到法院,找老郭。他靠着钻劲和韧劲,啃下一个又一个法律知识的“硬骨头”,由法律的外行变成内行;带着感情讲法律,迎难而上,啃下一个又一个信访积案的“硬骨头”。因患病,胃被切掉2/3,但他在手术出院后半天就重返岗位。那次住院,是他到法院后唯一一次请假。领导建议他换个岗位,也被拒绝。他说:“做人要看自己能吃几碗干饭,更要明白自己在哪个岗位上更能为群众多做点事。”

吕景山　1934年出生,山西名医、山西中医学院教授、省针灸研究所原所长,当选第二届“国医大师”,是山西省中医界第一次获此荣誉。吕景山从医已60年,救治万千患者,获得广泛赞誉。在学术方面,他系统总结和发扬施今墨先生的学术思想和临床经验所得,填补宋朝以来药对配伍专辑的空白,成为中医方剂学研究的典范。同时在对药理论的启发下,将其运用于针灸腧穴,首次提出对穴理论,为针灸学和针灸处方学的研究和发展创新了思路,树立了标杆。针刺手法是针灸学的核心技术,是临床疗效的保证。吕景山通过不断总结前人经验,结合自身临床体会,采用“无痛进针,同步行针”手法,获得了独特的临床疗效。

张亮孩　保德县人。40多年中从滔滔黄河水中先后打捞溺水者19人,其中13人幸免于难。张亮孩家离黄河不到20米。他清楚地记得,第一次救人是1968年的农历四月十五这天,因为当天是他14岁生日。这一救,张亮孩的好水性得到公认,他也从中摸到了救人的诀窍,就是已经沉到了水中就得下潜到人身下才好救。从此,他开始有意识地天天练憋气,就地取材举门口的石墩练体力。随着年龄的增长,他开始试举铁匠用的铁砧,150多公斤重的铁砧,他后来也能双手轻易举起。此后40多年,张亮孩在保德玻璃厂当工人,娶妻生子,过着平常人的生活。但只要听到“快去救人啊,有人掉黄河里了”,他二话不说就去救人。救上人后,他径直回家,饭桌上大碗喝酒,逗儿子哄闺女,其乐融融。

蔡秀梅　新疆伽师县“双语”教育团队带头人。2005年岁末,蔡秀梅和丈夫李义海赴新疆伽师县考察。有感于当地教育的状况,时任运城市盐湖区招考中心副主任的她接受伽师县的邀请,说服丈夫一起奔赴4000千米外的边疆。2006年,他们关掉生意,带着600万元,在伽师县建起友好中心“双语”幼儿园。之后,她还担任了该县双语小学校长、书记,兼任伽师第二中学的校长,并将这个学校改为“双语”中学,使伽师县的“双语”教育形成链条,建立团队。她先后从山西引进200多名教师,留下来100多名。面对种种质疑,她有过困惑、动摇,但总会用自己的实际行动坚持、再坚持。2014年4月30日,国务院调研团到伽师县考察“双语”教育,临行前对蔡秀梅的工作予以肯定与支持。

王志强　吕梁市临县木瓜坪乡张家沟村的农民电商,1978年出生,因为热心肠,经常为别人提供小小的帮助,而成为大家心中的“小帮”。2014年9月19日,阿里巴巴正式在纽交所上市,他作为敲钟嘉宾摁下电子按钮,敲响阿里上市的开市钟。他曾经是一名“北漂”,2008年回到张家沟村,试着开了淘宝店。6年间,年销售额已经达到了五六百万元。在美国的数天中,他考察了当地市场,希望在天猫新开一家店铺,将山西的特色农产品卖到美国去。

周永全　稷山县稷峰镇杨赵村第五居民组人。多年来,他坚持探究腐殖酸的开发与利用,取得丰硕成果。2007年以来,他先后发明5项专利,其中包括:沙漠与荒漠化治理专用肥及其制备方法、腐殖酸及其制备方法和应用、除草剂复合体、除草剂复合肥、制备饲料添加剂的方法等。同时他还有两项科研成果:腐殖酸铵枣树专用系列肥应用技术研究、腐殖酸铵和除草剂复合体研制,两个项目分别达到了“国内领先水平”和“国际先进水平”,是远近闻名的“农民发明家”。而他的这些发明专利和科研成果,有不少已应用于农作物生产中,给当地的农民朋友带来了丰收丰产的可喜成果。2007年,他拿出自己多年打拼的积蓄,卖掉在村里和城里置办的所有房产,创建了一个生产含腐殖酸肥料的企业。

马怀兰　昔阳县三都乡井沟村村委会主任。2014年10月16日,在央视2014年“寻找最美村官”大型公益活动颁奖晚会中,马怀兰入选全国十大“最美村官”。组委会授予她的颁奖词是:“穷了自己,富了乡亲,倾情桑梓的拼命村官。”马怀兰曾和丈夫周银柱在昔阳县经营装饰广告公司。2004年初夏,夫妇俩因身患癌症做完手术后回到老家井沟村养病。有感于家乡的贫穷,他们出资35万多元,为村里打通了3.5千米的出山路。之后,又拿出30多万元,修建了8千米的"户户通"。2005年6月,马怀兰当选井沟村村委会主任。在夫妇俩的带领下,村里不但发展起养殖业,还成为远近闻名的"花灯之乡",全村人均年收入达到5000多元,荒山秃岭上也植树30多万株。马怀兰夫妇为村子的建设花光全部积蓄近500万元,不惜卖掉城里的房子。几年来,他俩没有吃过任何营养品,也没有时间休息养病。然而,面对他们的无私和无畏,死神也望而却步,夫妇俩生命出现奇迹:马怀兰癌细胞彻底消除,周银柱的体质也越来越好。

李安平 山西振东集团总裁。全国医药行业"中华慈善奖"唯一获得者。振东是全国民营企业500强,山西省第一个登陆创业板,第一个在国外著名综合大学冠名成立研究机构的企业。李安平总是说,是爱心浇灌了企业,是爱心成就了事业。21年中,李安平将超亿元的资金捐献给社会上的弱势群体,资助上万人,其中受助困难学生超过7000人次。他代表公司将"敬老日""扶贫济困日""冬助日"以规定的形式固定下来,历经10多年。以三个企业法定节日和"孝敬金""中华仁爱天使"基金为内容的"三日一金一天使",已成为中国民营企业独创的爱心模式。

刘俊江 山西省临汾人。2014年11月初,在阿里公益"天天正能量"发起的公益活动——寻找全国十大 "江河卫士"评选结果中,获得全国十大"江河卫士" 称号。刘俊江2006年5月从青岛出发,用两年多时间进行母亲河——"长江、黄河公益环保宣传行",总行程5万多千米,骑着单车一路进行环保宣传,得到百万人签名。此后,他用几个月时间完成了山西母亲河——"汾河公益环保行"。他在公益宣传环保的同时,也非常关注山区儿童健康和教育。他还通过学习观察进行发明创造,如"城市自来水管网发电装置""太阳能车载电动空调",获得国家颁发的许多发明证书,有发明专利,有实用新型专利。

于荣改 赵泉祥 张文燕 山西省清洁工人。2014年12月1日上午,在中国中小商业企业协会清洁行业分会等十余家行业协会共同发起的大型公益活动"寻找最美清洁工"活动中,3名环卫清洁工人获得"最美清洁工"称号。他们分别是太原市晋源区清运队清运女司机于荣改、阳泉市矿区环境卫生管理处清掏组赵泉祥、吕梁市柳林县城乡环境卫生管理中心环卫工张文燕。于荣改现年49岁,是太原市环卫系统唯一的清运女司机,三十年如一日始终坚守在清运第一线,多年来没有一起投诉事件,创下了安全行驶万里无事故的纪录,成为清运队的安全标兵。赵泉祥,男,58岁,中共党员,阳泉市矿区环境卫生管理处清掏组组长。从1979年参加工作至今,在环卫一线一干就是35年。身为组长的他和大家一起劳动,毫无怨言。每年春节,他让工友们轮流休息,自己坚持在岗。张文燕,女,37岁,埋头在道路清扫一线6年的时间里,扫遍了县城的大街小巷,工作一贯任劳任怨,认真负责。除了每天的清扫工作之外,她还义务投身于宣传工作,被誉为柳林"环卫一枝花"。

(山西日报社)

革命烈士

刘 海 男,汉族,中共党员,1966年9月25日生,山西寿阳县平舒乡太安村人,生前为寿阳县尹灵芝镇人民政府副镇长。2013年4月2日15时许在组织扑救当地森林火灾时,被山火夺去生命。2014年2月7日,被追认为烈士。

赵 飞 男,汉族,1986年12月生,山西长治市武乡县故县乡故县村人,生前为武乡县森林消防专业队队员。2014年1月26日12时40分许,在奉命组织扑救当地山火中,被大火夺去生命。2014年9月11日,被追认为烈士。

刘建红 男,汉族,1972年出生,生前为山西省太原市尖草坪区向阳镇西村村民。2013年9月1日14时许,在尖草坪区汾河老龙头段因抢救溺水青年时不幸一同遇难。2014年6月9日,被追认为烈士。

徐来蕖 男,汉族,1965年10月25日生,太原市迎泽区文庙街办双塔寺铁路宿舍二社区居民,生前系太原市万柏林区城乡管理行政执法局工人(公益岗位)。2011年6月9日11时许,因抢救保护失火邻居的生命和财产,吸入大量有毒气体不幸遇难。2014年6月5日,被追认为烈士。

史昌发 男,1922年出生,吕梁市岚县河口乡后子坪村人,1939年春参加八路军,解放战争时期系榆次驻军七二部队二营五连炊事员,随军解放太原时不幸牺牲。2014年6月23日,被追认为革命烈士。

申德选 男,1913年出生,吕梁市交城县岭底乡圪洞村人,1938年加入中国共产党,曾担任120师特务团参谋,交城敌后抗日平川工作团团长,因汉奸告密,于1940年9月在交城下庙被日军杀害。2014年9月15日,被追认为革命烈士。

李德胜 男,1907年出生,吕梁市交城县东坡乡逮家岩村人。1941年8月加入中国共产党,1941年11月在敌人扫荡时被杀害,时任晋绥四区民政助理员。2014年9月15日,被追认为革命烈士。

(省民政厅)

太原市

中共市委书记	陈川平*
	吴政隆
副书记	耿彦波
	荣　彤
市人大常委会主任	郭振中
副主任	郝小军
	傅建荣
	刘　剑(女)
	王建勋
	冯晋生
	梁争平
	李文清
市　长	耿彦波
副市长	任在刚　张金旺*
	王建生　薛忠晋*
	寿伟光　王爱琴(女)
	魏　民　毋青松*
	张齐山
市政协主席	张贵元
副主席	任书文　张　政
	陈远新　王爱萍(女)
	张文旺　薛维梁
	毛志鸣　冯　霞(女)
	任晓峰

【概述】 太原市位于北纬37°27′~38°25′,东经111°30′~113°09′,总面积1460平方千米,下辖6区3县,1个县级市。

2014年,太原市地区生产总值完成2531.09亿元，增长3.3%。分产业看,第一产业实现增加值38.93亿元,增长4.3%；第二产业实现增加值1012.31亿元，增长1.0%；第三产业(服务业）实现增加值1479.85亿元,增长5.1%。第一产业、第二产业、第三产业对经济增长的贡献率分别为1.8%、14.2%和84.0%。三次产业增加值占生产总值比例由上年的1.5:41.7:56.8演变为1.5:40.0:58.5。一般公共预算收入258.85亿元,增长4.7%;城镇常住居民人均可支配收入达25768元,增长7.9%;农村常住居民人均可支配收入达12616元,增长10.4%。居民消费价格总指数（CPI）平均上涨2.2%,涨幅比上年(3.1%)回落0.9个百分点。八大类商品及服务项目价格全面上涨。家庭设备用品及维修服务类上涨4.4%,食品类上涨3.2%,衣着类上涨2.5%,娱乐教育文化用品及服务类上涨2.2%,居住类上涨1.4%,医疗保健和个人用品类上涨0.7%,交通和通信类上涨0.5%,烟酒类上涨0.4%。

转型综改　2014年，太原市深化行政体制改革,探索“六权治本”模式,推行权力清单制度,加强对权力运行的制约和监督。简政放权,取消、调整、下放行政审批事项119项,审批时间压缩21.6%；全年受理审批事项近10万件,办结率99.6%。实行全口径预算管理和预决算公开，市级117个部门全部公开部门预算和“三公经费”预算。深化工商登记制度和农村土地制度等各项改革。完善扶持中小微企业发展政策,深化政银企助保贷制度,为企业发展“施肥增养”。推进开发区基础建设和开放招商引资工作,清华大学创业园、润恒农产品冷链物流等重点项目建设进展顺利。

农业　2014年，太原市农林牧渔业总产值完成76.07亿元，比上年增长4.9%,增速比上年(3.3%)加快1.6个百分点。全年粮食总产量达33.90万吨,比上年增加1.12万吨。肉类总产量5.34万吨,增长6.5%;禽蛋产量2.90万吨,增长6.1%;牛奶产量9.94万吨,增长4.2%。

工业建筑业　2014年，太原市规模以上工业增加值647.24亿元,比上年增长0.4%,增速比上年(10.1%)减缓9.7个百分点。从隶属关系看,中央企业增加值72.53亿元,下降8.2%;省属企业增加值259.65亿元，下降4.8%；市属及以下企业增加值315.06亿元,增长7.4%。从经济类型看,国有控股企业增加值351.23亿元，下降5.6%;非公有制企业增加值291.17亿元,增长9.2%。从十大行业看,通信及计算机设备制造业增加值198.80亿元,增长22.5%;黑色金属冶炼和压延加工业增加值122.13亿元，下降10.0%；煤炭开采和洗选业增加值96.46亿元,下降7.4%;烟草制品业增加值35.56亿元,增长5.2%;燃气生产和供应业增加值20.61亿元，增长1.3%;电力、热力生产和供应业增加值17.34亿元,下降18.9%;通用设备制造业增加值16.69亿元,增长3.6%;专用设备制造业增加值16.06亿元,下降14.8%；交通运输设备制造业增加值15.00亿元，增长11.4%；石油加工、炼焦业增加值13.75亿元，下降9.8%。装备制造业实现较快增长。装备制造业增加值268.96亿元，增长15.1%，增速比上年(14.9%)加快0.2个百分点，拉动全市规模以上工业增加值增长7.3个百分点。规模以上工业企业实现主营业务收入3279.40亿元，比上年下降0.5%；在太原市涉及的36个工业行业大类中，亏损的行业有16个；亏损企业152个，比上年增加29家；亏损企业亏损额49.82亿元，增长1.2%；实现利税108.30亿元，增长3.0%。

2014年，太原市建筑业总产值2041.10亿元，比上年增长2.1%，增速比上年(22.5%)减缓20.4个百分点。从隶属关系看，中央企业产值940.58亿元，增长5.6%；省属企业产值479.63亿元，下降9.5%；市属及以下企业产值620.89亿元，增长7.5%。

项目建设 2014年，太原市省市级重点工程完成投资1360.69亿元，为年度目标任务的108.5%。新兴接替产业增加值、服务业增加值、非煤产业增加值占比分别提高到59.8%、58.5%、85.1%。推进江铃重汽、阳煤化机、北车太原铁路装备园等重大项目建设，部分企业投产见效。富士康太原园区投资32亿元新开工苹果智能手机装配线，完成工业总产值482.56亿元，增长21.4%。高新技术企业数量增长35.8%。

投资贸易 2014年，太原市固定资产投资1746.09亿元，比上年增长4.5%，增速比上年(26.5%)减缓22.0个百分点。从产业看，第一产业投资25.50亿元，增长4.1%；第二产业投资441.99亿元，下降15.9%，其中，工业投资438.02亿元，下降15.9%；第三产业投资1278.60亿元，增长14.1%，其中，房地产开发投资483.23亿元，增长12.4%。从隶属关系看，中央项目投资184.45亿元，增长65.3%；省属项目投资235.08亿元，下降32.6%；市属及以下项目投资1326.56亿元，增长9.6%。从经济类型看，国有投资878.97亿元，下降5.7%；非国有投资867.12亿元，增长17.4%，其中民间投资822.87亿元，增长15.3%。

2014年，太原市社会消费品零售总额1411.13亿元，比上年增长10.1%，增速比上年(13.5%)减缓3.4个百分点。从地域看，城镇消费品零售额完成1382.58亿元，增长10.0%；乡村消费品零售额28.55亿元，增长14.7%。从行业看，批发零售业零售额完成1336.19亿元，增长10.8%；住宿餐饮业零售额74.94亿元，下降1.3%。外贸进出口总额106.71亿美元，比上年增长16.5%，增速比上年(8.2%)加快8.3个百分点。其中出口总额65.70亿美元，增长24.1%；进口总额41.01亿美元，增长6.0%。实际利用外资较快增长。2014年，全市新批准设立外商及港澳台商投资企业20户，实际利用外资额10.77亿美元，增长14.0%。

文化旅游 2014年，太原市共接待入境游客20.07万人次，增长5.0%；国内游客4176.44万人次，增长14.6%。实现旅游总收入500.01亿元，增长16.0%。实施钟楼街历史街区保护工程，推进明太原县城复原工程建设。发展太化工业遗址创意产业，组织国际大学生“废旧金属材料雕塑创作月”活动。

财政金融 2014年，太原市公共财政预算收入258.85亿元，增长4.7%，增速比上年(14.7%)减缓10.0个百分点。全市执行公共财政预算支出322.70亿元，增长1.1%，增速比上年减缓13.9个百分点。在公共财政预算支出中，节能环保支出增长59.4%，文化体育传媒支出增长41.0%，科学技术支出增长25.2%，城乡社区事务支出增长14.9%，医疗卫生与计划生育支出增长6.4%，社会保障和就业支出增长6.1%，交通运输支出增长2.7%。

2014年，太原市各级金融机构人民币存款余额10011.26亿元，比年初增加191.49亿元，增长2.0%。人民币贷款余额7945.33亿元，增加787.38亿元，增长11.0%。

城乡建设 2014年，太原市推进城市快速交通体系建设。年内实施建设路、长风街、南沙河路快速化改造建设，完善快速路网体系。完成全长21千米阳兴大道快速路建设，缩短阳曲县与太原市区连接的时空距离。改造长治路、太榆路等25条道路，改造小街小巷27条，总长139千米。铺设供水、排水、雨水、电力、通讯、供热、燃气地下管线745千米。城南20万吨污水处理厂建成投运。创建国家“公交都市”，更新公交车1200台，其中清洁能源公交车600辆，启动新能源汽车试运行工作。新增公交专用道20千米，新开通公交线路5条，公共自行车达到4.1万辆。太原南站候车楼及地下停车场、西广场、主要路网全面竣工，并投入使用。推进轨道交通2号线建设，启动滨河西路南延工程前期准备工作。

环境建设 2014年，太原市推进“五大工程、五项整治”，改善省城环境质量。以城郊森林公园建设为重点，加大东西两山生态建设力度，完成营造林27.91万亩。建成区绿化覆盖率达到40.5%，绿地率达到35.57%，人均公园绿地面积达到11.26平方米。集中供热扩网完成2500余万平方米，拆除燃煤锅炉465台。拆除城中村279万平方米，拔掉黑烟囱6000根。拆除棚户区113万平方米，取缔小火炉12465台。启动40个城边村气化改造工程，24个村实现通气。推进常年运行燃煤锅炉关停或改造。关停东山电厂等污染企业30个。强制报废黄标车和老旧机动车38229辆。6项主要污染物减排指标超额完成省定任务。集中式饮用水源地水质达标率稳定保持100%。开展城乡清洁工程，省城主要街道全部实现机扫。全年市区空气质量优良天数达197天，较上年增加35天；空气质量综合指数下降11.5%。

社会保障 2014年，太原市提升托底保障能力，民生支出270.66亿元，占全市一般公共预算支出的83.9%，比上年提高1个百分点。城镇新增就业10.55万人，城镇登记失业率控制在3.4%。36.8万企业退休人员月平均增资238元，全市最低工资标准平均增幅达13%以上。完善社会救助体系建设，加强社区惠民服务。

社会事业 2014年，太原市推进教育医疗资源标准化、均衡化、优质化建设，太原幼儿师范学校和市人民医院等开工建设。新建保障性住房48270套、基本建成25375套，改造农村危房6500户。发展文化事业，县级文化馆、图书馆和乡镇（街道）文化站实现全覆盖。成功承办省第十四届运动会。

安全生产 2014年，太原市落实安全生产责任制度，全市未发生重特大安全生产事故。完成第三次经济普查工作。加强社会综合治理，保持和谐稳定社会局面。（邢春连）

·小店区·

中共区委书记 车建华
区人大常委会主任 陈其武
区长 杨继承
区政协主席 王健

【简述】 太原市小店区位于北纬37°36′~37°49′，东经112°24′~112°43′，总面积295平方千米，建成区50平方千米，下辖1镇2乡，7个街道办事处，92个社区，64个行政村。常住户籍人口80万人，外来人口75万人。

2014年，小店区地区生产总值完成321.4亿元，同比下降1.9%；服务业增加值完成233.4亿元，同比下降0.4%；规模以上工业增加值完成10.4亿元，同比下降18.7%；固定资产投资完成190.9亿元，同比下降40.9%。农民人均纯收入增长10.6%；城镇居民可支配收入增长8.0%。

“三农”工作 2014年，小店区以园区建设引领农业现代化进程。加大强农惠农资金投入，扶持青玉等14家重点农业产业园区和20个重点推进园区建设，青玉油脂等“513”农产品加工龙头企业年销售收入完成40亿元，实现农业提效增产、农民创业增收。培育新型职业农民，助推高效农业发展。全区蔬菜播种面积发展到7.4万余亩，总产稳定在2.7亿公斤以上，占到全市总产量的近1/5。粮食产量6.8万吨。开展土地确权登记试点工作。实施农村电网和灌溉机井供电设施升级改造。完成农村公路建养改造39.1千米。实施太榆、北张退水渠清淤疏浚36.1千米，完成农村末级渠道防渗改造38.6千米，受益农田8755亩。实施农村安全饮水工程，改善北格等4个村庄的饮水设施，受益群众8700余人。

项目建设 2014年，小店区开展“项目见效年”活动。统筹推进60项重点项目建设进度，提升服务效能。全年完成项目征地2672亩，落实征地补偿款6.48亿元。太原南站等5个项目建成达效，华宇商业中心等34个项目顺利推进。项目储备、签约、落地、开工、建设和投产“六位一体”多项指标名列全市前列。组织各类企业参加厦洽会、能博会、晋商大会等招商引资活动。累计备案洽谈项目32个，促进投资落地，超额完成市下达的引进外来资金任务。

中小企业 2014年，小店区助力中小企业发展。财政增资1000万元风险补偿金，通过“助保贷”平台，为企业发放贷款1.82亿元，缓解中小企业融资难、融资贵问题。实施中小企业成长工程，新培育太原聚海龙电力电器等6户“小巨人”企业。加大科技服务力度，山西国宗科技等16户民营企业获山西省第一批“专精特新”称号。全区新增各类企业和个体工商户10129户。

第三产业 2014年，小店区支持电子商务发展，为170余家企业搭建电子商务应用平台，形成涉及社区服务、农产品配送、旅游推广、移动互联网综合应用多个领域的电子商务发展格局。推进城市商贸中心、特色商业街和“15分钟便民商圈”建设，商业百货、电子数码、餐饮服务、汽车销售维修等6个特色街区建设。

转型综改 2014年，小店区开展“转型综改攻坚年”活动，编制全区39项重大改革、重大事项、重大项目和重大课题。推行政府权力清单制度。实施煤焦公路销售体制改革，清理规范涉煤收费项目。开展“营改增”试点改革。服务山西科技创新城、太原综合保税区、经济区、高新区等功能区建设，做好征地拆迁和社会服务工作。改革食品药品监督管理体制。深化行政审批制度改革，承接下放审批项目60项、服务项目17项；清理区级审批项目16项，187项审批服务事项纳入政务服务中心办理。区、街（乡镇）、社区（农村）三级政务服务体系建成投运，办理时限较上年度平均缩短25%。深化商事制度改革，推行注册资本认缴制和企业登记先照后证制，试行商务秘书企业服务模式。

城乡建设 2014年，小店区承担20余项市政道桥征地拆迁任务，完成征地1770亩，拆迁58.2万平方米。投资1.2亿元，自主实施富康街东延、汾东北路西一巷等11条、8.4千米市政道路建设改造工程。投资3597万元，推进城中村改造。北营、许东、龙保、小吴、北畔先后与万科等企业签订改造合作框架协议。北营整村拆除28.2万平方米，拆除90%。许东社区完成整村拆除任务，安置房开始建设。新庄安置房建设工程主体基本完工。抓好城中村改制工作，23个城中村完成撤村建居，26个城中村集体经济组织改制成立公司。实施益丰西街等10个老旧片区改造，实施城乡精细化管理，7580个门店实现生活垃圾上门收集全覆盖，打造乡村清洁省级示范村40个。打击违法建设、违法占地，维护城乡规划建设秩序。

生态建设 2014年，小店区完成改善省城环境质量各项任务，集中供热替代分散燃煤采暖锅炉233台，占到全市工作量的一半以上。11个城边村5557户农户实现“炊事气化、供热气化”，超额完成“气化小店城边村”任务。建成区常年运行燃煤锅炉和城中村小洗浴常年运行燃煤设施完成清洁能源改造76台。关停搬迁5家商品混凝土搅拌企业。13万亩农田全部实现秸秆综合利用。全区空气质量二级以上优良天气177天，较上年增加33天，PM10、PM2.5、二氧化硫分别下降4.6%、6.4%、12.1%。推进“五龙城郊森林公园”建设，新增高标准绿化2000余亩。实施平原绿化工程，完成县乡路、通村路绿化及通道绿化补植77.2千米，栽植苗木6万余株。升级改造10个绿地游园，启动嘉节、李家庄等5个小游园建设。

社会事业 2014年，小店区新建八一小学投用，改扩建4所公办幼儿园，新增幼儿学位720个。探索集团化办学模式，八一小学平阳景苑校区开始招录新生。实施65所学校综合整治，创建“美丽校园”。加大科技投入，出台《关于进一步加强产学研协同创新的实施意见》，全年新增高新技术企业5个，有效发明专利达到651件。实施文化惠民工程，汾东文体中心主体及其配套设施完工并投入使用，农村文体活动中心和农民体育健身广场实现全覆盖。取缔无证营运小巴，增开三贤、同过等南部公交线路。山大社区、滨东社区、并西二社区“15分钟便民服务圈”开始运营并初具规模。

社会保障 2014年，小店区财政总支出80%用于改善民生，居全省首位。完善社会救助体系，全年共发放保障金1021.4万元，救助金725.3万元。城镇新增就业人数19260人，城镇登记失业率控制在3.39%以内。新农合区级配套人均达70元。全区新型农村合作医疗参合率达99.8%。城乡居民养老保险金每人每月由110元提高到120元。最低工资标准由1290元增长至1450元。企业退休人员基本养老金人均月增资220元。免费发放暖心煤38646吨。提高区直机关、事业单位津补贴和绩效工资标准，并向低职务职级人员倾斜。开工建设保障性住房3577套，建成2960套。建成50家平价菜店。创新养老服务模式，30个村（居）建立老年人日间照料中心。（吕少华）

·迎泽区·

中共区委书记	刘文华
区人大常委会主任	阴国平
区长	冯原平
区政协主席	宋国庆

【简述】 太原市迎泽区位于北纬37°48′~37°56′，东经112°31′~112°45′，总面积117平方千米，下辖1个镇，6个街道办事处。

2014年，迎泽区地区生产总值完成498.6亿元，增长6.4%；服务业增加值完成425.46亿元，增长6.6%；社会消费品零售总额完成349.54亿元，增长13.7%；规模以上工业增加值完成39.19亿元，增长4.3%；固定资产投资完成153.05亿元，增长10.3%；公共财政预算收入完成15.04亿元，增长0.35%。

项目建设 2014年，迎泽区加快服务业转型升级，服装城小商品批发市场和“柳巷智慧生活圈”基本建成；启动楼宇总部经济三年行动计划，实施集信息、招商、物业等服务于一体的信息化平台建设，引入北京天富金投资山西公司、平安银行太原分行等区域总部；启动高新区迎泽电子商务园项目，建成迎泽区电子商务双北产业园。扶持中小企业发展，深化商事登记制度改革，推行商务秘书企业服务模式，新增各类企业1491户，增长62.3%。强化招商引资和项目引领，引进资金196.3亿元，完成重点项目建设投资93.48亿元。

城乡建设 2014年，迎泽区实施建设路等4条道路和相关棚户区房屋征收，累计征收1.3万余户、110余万平方米。加快城中村改造和环境治理，枣园、赵北峰整村拆除分别完成73%和76%，整治郝家沟、东太堡等10个村。加强农村基础设施建设，完成孟家井至小山岩森防通道建设、南沙河小山岩段河道整治和3个村的饮水安全工程。推进城乡清洁，整治东陵里、水系、碑林公园、桃园路二社区、南内环二社区、南内环三社区等6个片区，创建星级单元29个、省级示范村5个，主城区垃圾中转站实现标准化建设全覆盖，车行道和便道机扫冲洗率分别达80%和40%。深化城管体制改革，清扫保洁招标权全部下放街镇，组建两级城管应急队伍。

环境建设 2014年，迎泽区改善生态环境，拆除、替代燃煤锅炉43台，关停、搬迁污染企业4家，实施松庄、港道、观家峪、孟家井4个城边村气化改造，小山沟城郊森林公园一期工程竣工，红山休闲度假区启动建设，全年造林3100亩。打击违法建设，辖区内在建违法建设全部叫停。

社会事业 2014年，迎泽区实施7所学校和3所公办幼儿园改扩建，建设数字校园19所，中小学生人均公用经费标准分别提高1000元和840元；探索建立社区卫生服务中心与大型公立医院联动机制；新建30个社区图书阅览室和30个社区全民健身场所，举办首届太原汽车场地越野赛并筹划汽车主题公园项目。

社会保障 2014年，迎泽区投入2.1亿元，完成20件惠民实事。城镇新增就业1.9万人；开工建设保障性住房10899套；各类社保参保人数达30.28万人；新型农村合作医疗保险受益2.5万余人次；“一站式”医疗救助比例提高到70%，累计救助6750人次；全额补助城镇低保对象和残疾人基本医保，惠及3418人；为符合条件的环卫工人办理社会保险；帮助62名残疾学生和残疾人家庭子女圆上学梦；残疾人低保家庭无障碍设施实现全覆盖。推进流动人口计生服务均等化，符合政策生育率达89.77%；实施老军营小区一社区、上马街二社区等22个社区提档升级改造，建成2个社区老年餐桌和4个农村日间照料室，惠民项目资金覆盖所有社区（村）。

安全建设 2014年，迎泽区开展大接访15次，化解信访积案92件，调处各类矛盾纠纷3215起；深化“平安迎泽”创建，布设天网工程监控点3万余个。树立安全发展理念，实施安全生产“四个全覆盖”，2600余家餐饮门店全部安装燃气漏气自动切断报警装置，区属需维护人防工程全部进行灌浆处理，森林防火实现视频全监控，政府出资在各街镇全部组建消防站；开展安全生产大检查，全年累计检查企业1.9万余户（次），整改消除隐患4000余处。

政府建设 2014年，迎泽区办理人大代表建议、政协提案213件；启动权力清单梳理，推进审批服务流程再造。完成集政务大厅、社保大厅和便民服务平台于一体的区综合服务中心改造，在7个街镇、114个社区（村）设立便民服务中心和代办点，基本形成三级政务服务体系；强化责任，建立覆盖政府工作全领域的目标管理和绩效考核制度体系。

（张国文）

【2014年慈善定向助学金集中发放活动】 2014年8月27日，迎泽区举行“慈善·阳光·希望”定向助学金集中发放活动，28家爱心单位和个人现场为48名品学兼优的贫困家庭学生发放助学金10.1万元。慈善定向助学活动自2010年开展以来，共计资助332名贫困学子，其中大学生79名，高中生43名，初中生32名，小学生157名，孤儿21名。（张国文）

【太原汽车场地越野赛】 2014年10月25日至26日，由太原市体育局、太原市体育总会、迎泽区人民政府、山西汽车运输集团共同组织的首届“2014太原汽车场地越野赛”在山西省太原市迎泽区东山城郊森林公园举办。来自北京、陕西、内蒙古、山东、河南、河北、山西等七个省份城市10余支车队200余名赛车手参加比赛。山西汽运的王朝辉以1分43秒的成绩摘得专业组冠军；在巾帼组的较量中，同样来自山西汽运的王利敏夺取冠军；刘耀文夺UTV组冠军；王斌摘量产组桂冠。（张国文）

·杏花岭区·

中共区委书记	魏　民*
	李　浓（女）
区人大常委会主任	李树结
区　　　　长	李　浓（女）
区政协主席	施国立

【简述】 太原市杏花岭区位于北纬37°30′~37°34′，东经112°18′~112°27′，总面积170.20平方千米，其中建成区面积32.2平方千米，农村面积138平方千米。下辖2乡，10个街道办事处，107个社区居民委员会，40个村民委员会。总人口656962人，人口自然增长率为4.54‰。

2014年，杏花岭区地区生产总值完成429.6亿元，比上年增长1.4%；服务业增加值完成345.8亿元，增长3.2%；社会消费品零售总额完成163.32亿元，增长16.9%；公共财政预算收入完成15.73亿元，同口径增长13.6%；城镇居民人均可支配收入达26312元，增长8.5%；农村居民人均可支配收入达14644元，增长9.5%。

项目建设 2014年，杏花岭区万达商业综合体项目封顶，北京华联购物中心加快建设，五龙口海鲜市场、顶好海鲜市场、华北电动车市场等项目建成营业。发展现代物流业，丈子头农产品物流园一期工程建成并投入运营，山西汽运集团冷链物流项目部分建成并投入运营，华远现代物流园项目开工建设。推进工业转型，华能太原东山燃机热电项目主厂房建筑封闭，进行设备安装和配套建设。

农业 2014年，杏花岭区发展都市农业，集约化育苗初见规模，全年培育各类花卉、蔬菜苗135万株。

环境建设 2014年，杏花岭区推进东山生态建设。实施低效林改造，完成造林提档绿化10585亩。创建杨家峪至大窑头和谷旦至牛驼2条市级文明示范路，完善全区县乡公路安保设施。推进建成区绿化，创建省市级园林化单位（居住区）6个，新增居住区绿地1.3公顷，新增单位附属绿地0.5公顷。改善环境质量，完成分散采暖燃煤锅炉替代改造101台，常年运行燃煤锅炉清洁能源替代8台，关停污染企业2家，拔掉黑烟囱187根，减少燃煤14.6万吨，消减二氧化硫1518吨。推进管道液化气置换天然气改造工作，完成城边村气化改造任务。

城乡建设 2014年，杏花岭区实施建设路快速化改造等5项城市道桥建设房屋征收工作，完成动迁1039户、9.56万平方米，建设路快速化改造建成通车。加快推进棚户区、城中村改造和保障房建设。启动五龙口、小东门、新建巷等10个棚户区改造项目，完成动迁3163户、16.15万平方米。实施道场沟、小枣沟城中村整村改造。全年新开工保障房8140套，基本建成13596套。推进环境卫生整治活动，创建星级单元122个，占总数87%。完成金刚里、西缉虎营、七府园3个片区综合整治工程，整治小街巷23条，整治楼院46个，整修建筑立面积11万平方米，惠及居民3.45万人。新建东中环压缩式垃圾中转站，改造升级北河湾垃圾中转站，新建改建公厕10座。破解无人管理楼院难题，对全区729个无人管理楼院实施环境卫生管护。

社会事业 2014年，杏花岭区开展就业再就业工作，年新增就业人数19398人；城镇登记失业率3.4%。加大社区建设力度，解决38个100平方米以下社区服务用房问题，完成社区惠民项目358个，推进社区服务品牌化、特色化。发展教育事业，完成14所学校塑胶化操场改造，为全区51所中小学配备全套标准化教学设备。新改扩建胜利东街、杏东小学附属和三桥街小学附属3所幼儿园，增加公办园学位700个。发展科技事业，投入科技经费2342万元，扶持科技发展项目9个。实施城乡居民健康促进项目，为全区108个基层医疗机构配备医疗设备。开展群众文化活动和全民健身活动，完善公共体育基础设施，新增、更新健身路径114套，实现健身路径全覆盖。

文物旅游 2014年，杏花岭区有国家AAAA级景区2家，全国百家红色旅游基地2家，太原市农业旅游示范点2家，城郊森林公园4处。有文物保护单位106处，其中国家级文物保护单位2处，省级文物保护单位5处，市级文物保护单位22处，挂牌保护文物单位77处。

社会保障 2014年，杏花岭区城镇居民医疗保险、养老保险、新型农村养老保险参保人数均超额完成太原市下达任务。提高城乡低保标准，发放最低生活保障资金5337万元。改善农村困难群众居住条件，完成农村危房改造200户。理顺食品药品监督体制机制，强化食品药品安全监管。

政府建设 2014年，杏花岭区深化“两集中、两到位”行政审批制度改革，精简审批环节30%，压缩审批时限32.5%，受理各类审批服务事项19571项，办结19490项，承诺时限内办结率100%。推进政务服务向基层延伸，街（乡）便民服务中心和社区（村）便民服务代办点实现全覆盖，方便群众办事。接受人大法律监督、工作监督和政协民主监督，办理人大代表建议68件、政协委员提案56件，办复率100%。开展16个方面29项“四风”突出问题专项整治。清退超标办公用房55间，1526平方米，清理纠正违规公务用车9辆，关停会所2个，“三公”经费下降21%；梳理权力清单10类3159项。全区378个窗口单位查找“四风”问题和涉及群众生产生活的突出问题3250个，制定整改措施3923条，明确整改时限、整改要求、责任人，向社会公示，全部完成整改。加强和创新社会管理。杏花岭区社会服务管理信息平台初步建成，“三级平台、四级管理”的网格化体系逐步探索运行。做好社会稳定风险评估工作。

安全建设 2014年，杏花岭区完善安全生产监管责任体系。开展安全生产专项整治，狠抓重点行业、领域安全管理，辖区内8955个生产经营单位全部实行挂牌监管，排查整改各类隐患1682条，安全生产形势总体平稳。

和谐建设 2014年，杏花岭区推进平安创建活动，加强社会治安综合治理，打击各类违法犯罪。加大信访维稳工作力度，坚持区领导每日接访和领导干部带案下访等制度，全年解决重点信访案件67件。（刘彩秀）

·尖草坪区·

中共区委书记　郭建发
区人大常委会主任　王国卿
区长　李贵增
区政协主席　张银喜

【简述】 太原市尖草坪区位于北纬37°48′~38°06′，东经112°15′~112°46′，总面积285.6平方千米，下辖3乡2镇，9个街道办事处，90个行政村，53个社区。总人口41.6万人，人口自然增长率4.67‰。

2014年，尖草坪区地区生产总值完成255.63亿元，下降4.1%。人均地区生产总值7.4万元。一般预算收入完成6.29亿元，增长6.8%。社会消费品零售总额完成74.16亿元，增长17.2%。城镇居民人均可支配收入达26035元，增长8.5%；农村常住居民人均可支配收入达11994元，增长10.9%。项目投产额完成205亿元，投产完成率达119%。

农业 2014年，尖草坪区农林牧渔业总产值完成5.66亿元；粮食总产量为7200吨。推进特色农业基地建设，总投资2.4亿元的九牛岗北标准化奶牛养殖场主体工程完工，新引进新西兰优种奶牛3000头，养殖规模扩大。美丽湾花卉摄影基地栽培种植园面积扩至400亩，栖贤谷等特色休闲观光园初具规模。壮大农业龙头企业，九牛奶制品加工项目建成投产，鲜奶进社区工程初设直销店近百家。金大豆食品加工搬迁改造工程建成投产，产销量占到全省同类产品份额的50%以上。全区农产品加工企业销售收入完成7.19亿元，同比增长20%。标准化养猪户达到110户，全年存栏3.2万头，出栏6万余头，产品远销港澳地区。畜产品总产值达到2.7亿元，同比增长20%。推动农村改革，东墕、中墕、陈家窑等3村农村土地承包经营权确权登记工作进入验收阶段。农民专业合作社全年新增24个，达到180个。推进农村土地流转工作，全年流转土地2000亩，累计达9万亩。

工业 2014年，尖草坪区工业总产值完成2045亿元。推动工业向园区集中，为不锈钢园区新征地900亩，新引进项目14个，入园企业达到103个，规模以上工业增加值完成4.74亿元，增长19.6%，园区公共财政给区财政分成达到4921万元。推动区属工业转型升级，关停11个黏土砖生产企业。投资8.7亿元，实施胜创储煤场异地改（扩）建等7个技改转型项目。培育华纳方盛科技有限公司等3家具有自主知识产权的创新型企业。

民营经济 2014年，尖草坪区化解民营企业用地、融资、审批难题，为12家企业争取助保金贷款4000万元。东杰物流、冶金机械厂等一批民营企业发展壮大。民营企业全年完成税收9.99亿元，增长11.4%，占全区税收的80%。

第三产业 2014年，尖草坪区加快升级专业市场，晋东小商品批发市场改造项目完成15万平方米的商铺招商工作；总投资35亿元的滨西商务中心二期商业建筑主体工程全部完工；润恒农副产品（冷链）物流产业园项目启动；颐阳泰瑞石材城完成2万平方米生产车间建设；总投资70亿元的（义乌）太原万商国际商贸城项目签约。滨河东（西）路、和平北路两侧的恒大御景湾、三千渡、辰兴优山美郡、龙湾写意和滨河果岭5个大型房地产项目完成投资14亿元，实现税收1.7亿元。全年开工建设保障性住房3225套，基本建成1835套。发展旅游业，西山城郊森林公园生态旅游基地建设初具规模，崛嵎山登山便道、庄头村周边旅游设施和环境进行提档升级和综合整治。庄头村入选全省“最美旅游村”。全区年接待游客43万人（次），增长4.1%；实现旅游收入4500余万元，增长12.5%。

城乡建设 2014年，尖草坪区推进重点工程建设，阳兴大道工程建成通车；汾西路南段3.4千米竣工通车，剩余1.4千米铺设路基；森园路完成拆迁摸底工作，全区各类重点工程共完成拆迁30万平方米。推进城中村改造，柴村、小东流等6个重点村启动安置工作。对滨河新村社区储备用地实施清表，恒大御景湾滨河新村城中村改造项目开工建设20万平方米。新村、大东流共拆除271个院落、11.26万平方米。开展城中村违法建设专项整治，叫停3万余平方米违建项目。开展城乡清洁工程，投入3000余万元，完成上兰怡丁苑、二电等老旧片区改造；62个单元完成星级创建；兴华街、金桥街、迎宾路实现“24小时全天候”清扫保洁，迎新路、兴华街、滨河西路等7条街道实现垃圾上门收集。购置环卫收运车50台，完善4座垃圾中转站配套设施，建设完成30个地坑式垃圾中转站，实现道路沿线生活垃圾全进站、村庄生活垃圾日产日清。气化草坪工程完成10千米主管线敷设、8村2100户气化改造任务。投资1446万元，完成上水峪—柴化线、上阳线—岗北、上阳线—西高庄等3条乡村公路改造。

环境建设 2014年，尖草坪区实施省城环境质量五大工程和五项整治，13家混凝土搅拌企业搬迁出主城区范围。北部退水渠综合治理工程完成投资9622万元。推进生态建设，6个西山城郊森林公园全年累计投资1.4亿元，完成绿化2883亩；退耕还林巩固、林网绿化等工程共完成造林6000亩。高标准实施呼大线、太佳线、康西路等道路沿线提档增绿、补植补种和鲜花扮靓工程，全区城市绿化覆盖率、绿地率和人均公共绿地面积分别达到47.9%、41.1%和15.8平方米。城区空气质量二级以上优良天数达到251天。

社会事业 2014年，尖草坪区财政下拨科技经费1000万元。全区高新技术企业达到18家，增长50%；拥有专利的企业达到61家，同比增长70%。投资1700余万元，实施教育标准化配套、信息化和教育质量提升3项工程，新(改、扩)建3所公办幼儿园，对36所学校实施维修改造，实现宽带网络校校通、优质资源班班通，区一中实现网络学习空间人人通，72所学校开展各类特色课改活动。投资450万元，完成15所偏远学校标准化配套工程；投资970万元，完成教育信息化工程。完成区国民体质监测中心建设。发展医疗卫生事业，投入600余万元，完成区属公立医院改革。新型农村合作医疗保险参合率继续保持100%。加强卫生机构建设，创建市级示范村卫生室6所，在14家乡镇卫生院(社区卫生服务中心)安装健康传播卫星网络终端设备，覆盖群众20余万人。扩展公共文体服务，新建5个乡(镇)健身广场，举办首届"汾水杯"晋剧票友大赛等40余场文体活动，为偏远农村群众送戏送电影1200余场。

社会保障 2014年，尖草坪区新增就业人数1.01万人，按时足额发放各项社会保险金6.22亿元。城、乡低保每人每月分别提高50元和22元，发放低保金2695万元、救助金789万元、"爱心煤"37550户。补发全区机关事业单位工作人员两年津贴补贴、绩效工资4313万元。清理拖欠农民工工资2079万元。落实每个社区20万元的惠民资金；农村老年人日间照料中心运行经费补贴标准由年2万元提高到5万元。对患有大病的城乡低保对象个人住院自费部分另外给予10%的救助。完成14个乡(镇)、街办便民服务中心和146个村（社区）便民服务站建设。投资110余万元，为3000余名一、二级重度残疾人发放护理补贴和生活救助。新建25个平价蔬菜进社区直销点投入350余万元，为城乡居民每人每月提高社会保险基础养老金15元，为符合条件的环卫工人办理各类社会保险。

（王雪琴）

·万柏林区·

中共区委书记	张齐山*
	王静恩
区人大常委会主任	侯　安
区长	杨俊民
区政协主席	陈绍卿

【简述】 太原市万柏林区位于北纬37°44′~37°55′，东经112°21′~112°31′，总面积304.8平方千米，下辖1个乡，14个街道办事处，44个行政村，113个社区。年末户籍人口568953人，非农业人口524263人。

2014年，万柏林区地区生产总值完成331.2亿元，比上年增长0.6%；公共财政预算收入12.00亿元，增长13.1%；农林牧渔业总产值151.8亿元，按可比价计算比上年增长5.6%；社会消费品零售总额207.4亿元，比上年增长7.3%。固定资产投资完成312.5亿元，增长26.7%。

项目建设 2014年，万柏林区开展"项目成效年"活动，坚持"六位一体"推进重点工程项目建设，推动新兴商业商务圈建设，推进华润中心、绿地中央广场、中海寰宇天下、信达国际金融中心等城市综合体项目建设。推动高端装备制造业集群发展，中车铁路装备基地项目投产运行。加快传统产业改造升级，狮头水泥、东峰煤业等工业项目改造基本完成，西山煤电、太重等大型企业实施技改项目建设。抓住城区老工业区搬迁改造政策机遇，实施和平老工业区搬迁改造方案，争取中央资金、项目等支持。

城乡建设 2014年，万柏林区推进城中村改造，完成东社、红沟、黄坡3个村的整村拆除任务，加快下元、南寒、小王等10个村的改造手续办理和回迁楼等项目建设，下元成为太原市首个五证齐全的城中村改造项目。加快完善城市基础设施，新建改造金阳路等6条小街巷，综合整治虎峪河五九桥段1.5千米河道。强化城市管理，45条城市主次干道实现机扫全覆盖，打造西渠路等8个精品片区，环卫保洁覆盖108个无人管理楼院，城乡清洁工程考核排名前移。在全市率先试行"政府购买服务"方式，对游园绿地养护、城市道路保洁等事务引入竞争机制，专业化管理水平提高。

第三产业 2014年，万柏林区扩大西山生态旅游影响力，举办首届"春之约"樱花节等活动，完善特色生态景区功能，文化娱乐、休闲度假、现代都市农业等新兴业态形成。

环境建设 2014年，万柏林区加大西山生态绿化投入力度，高标准造林3.17万亩，实施桃花沟生态景区和"蛇盘兔"采矿遗址生态修复保护区建设。新建中唐游园、西中环9万平方米游园，新增城市园林绿地面积41.7万平方米。强化节能减排和大气污染防治，空气质量综合指数排名全市城六区第二位。

民生事业 2014年，万柏林区用于民生领域支出12.6亿元，占公共财政预算支出的83.5%。推动教育系统改革创新，探索幼儿园管理备案体制改革，实施教育质量提升工程，公开招聘167名青年教师充实教学一线。突出教育优先发展战略，新改扩建6所学校、幼儿园，5所学校塑胶操场投入使用，实施义务教育学校标准化建设工程。推进医疗卫生事业发展，3个社区卫生服务中心投入使用，建成10个高标准门诊社区延伸室。

社会保障 2014年，万柏林区加强保障性住房建设，开工新建15546套。提高城乡居民医疗、养老保险等服务统筹层次和保障水平，扩大新型农村合作医疗保险覆盖病种范围，提高报销额度上限。巩固大病商业保险制度，城乡居民最低生活保障等各项制度落实到位。创新对困难群众的综合救助机制，惠及1050户低保边缘困难群众。落实"单独两孩"计生政策。完成食品药品监督管理体制改革，初步构建起全覆盖的三级监管网络体系。繁荣文化事业，社区文体设施实现全覆盖。新建改造7个标准化社区，加强社区"网格化管理"和服务。做好就业创业工作，城镇新增就业2万人。

安全生产 2014年，万柏林区贯彻执行《安全生产法》，落实安全生产党政同责制度，开展安全生产大检查、隐患排查和"打非治超"等专项整治行动，强化对煤矿、非煤矿山、危化品、交通运输、食品药品等重点领域和重点环节的监管工作，打击非法生产和私挖滥采等违法活动，抓好护林防火、消防安全、防汛等工作，抓好重大安全隐患举报工作，加强应急快速反应处置能力，全区事故起数、死亡人数保持"双下降"。做好信访工作，加强和创新社会治理，做好反恐维稳工作，保持"打黑除恶"高压态势。

政府建设 2014年，万柏林区加强民主法制建设，接受区人大及其常委会依法监督和区政协民主监督，办理人大代表建议208件、政协委员提案106件。落实"六权治本"要求，完善政府决策、执行、监督有关规章制度，加大政务公开力度，加大行政考核、行政效能监察和审计监督力度。严格预算管理，全区"三公"经费同比下降39%。落实中央"八项规定"精神，坚决反对"四风"，解决联系服务群众"最后一公里"等方面存在的突出问题。开展党风廉政建设和反腐败斗争，严肃查处党员干部违法违纪和城中村等重点领域腐败案件。

（武超龙）

【太原西山"春之约"活动周】 2014年4月16日至23日，"太原首届西山'春之约'活动周"举行，由太原市西山办、太原市旅游局、万柏林区政府联合举办，玉泉山城郊森林公园承办。玉泉山城郊森林公园位于太原市西山圪僚沟，占地面积七千余亩。公园内种植有106种植物，其中占地一千多亩的樱花园，有三万五千多株晚樱、四千余株早樱供游人观赏，用于展示西山生态修复、环境治理、绿化美化的阶段性成果，并以这次活动为契机，向太原周边地区宣传"唐风晋韵、锦绣龙城、清凉太原"的省城旅游资源。游园人数超过30万人次。

（武超龙）

·晋源区·

中共区委书记	王立刚
区人大常委会主任	张连生
区　　长	尤天拴
区政协主席	董云飞

【简述】 太原市晋源区位于北纬37°36′~37°55′，东经112°99′~112°46′，总面积287平方千米，下辖3个镇，3个街道，90个行政村，18个居委会。

2014年，晋源区地区生产总值完成48.11亿元，同比增长2.7%。规模以上工业增加值完成4.43亿元，同比下降13.3%；固定资产投资完成135.4亿元，同比增长53.4%；服务业增加值完成27.02亿元，同比增长3.2%；社会消费品零售总额完成25.46亿元，同比增长4.4%；财政总收入完成10.78亿元，同比增长25%；公共财政预算收入完成6.91亿元，同比增长42.8%。农村居民人均可支配收入达11591元，同比增长10.2%。

农业 2014年，晋源区农林牧渔业总产值完成7.1亿元，同比增长2.1%。实施畜牧产业翻番工程，肉、蛋、奶总产量分别达3946吨、4592吨、1.13万吨。农产品加工"513"工程销售收入6.2亿元，同比增长19.2%。完善园区配套功能，加快基础设施建设，推进康培现代农业科技产业园、梅芝园艺花卉产业园、晋农之窗农业文化博览园3家现代农业园区建设，开展北河下设施蔬菜标准园、大寺荷风农业观光园建设。开展"晋祠大米"品牌恢复保护工作，新发展种植面积400亩。推进"一村一品"建设，南城角村草莓采摘、梁家寨村肉鸭养殖、晋阳堡村肉鸡养殖、王家坟村果树种植实现规模化生产。加快新型农业经营体系建设步伐，培训新型职业农民1210人，创建省级农民专业合作社3个、市级6个。

产业建设 2014年，晋源区工业投资完成21亿元，投资结构进一步优化，新兴产业投资占比达70%以上。投资6000万元的太原药业GMP改造项目、投资2800万元的中士达彩印包装等新型产业项目迅速发展，新的经济增长点逐步形成。省中小企业创业示范基地首期1003亩报转建设用地全部批复，入驻企业前进变压器厂建成投产。落实中小微企业扶持政策，破解发展难题，全年新登记设立民营企业288户。

第三产业 2014年，晋源区长风国贸第六馆、万水机电、新九州家具城等生活类服务企业效益提升，成为经济转型新的增长点。开展和合国际中心、怡佳天一城建设。全年新增太原轩哲互联科技等网络服务维护类企业4户、东方宝贝文化传播等教育类企业7户、尚润华明等信息咨询类企业24户、电商112户、其他服务类企业148户。蒙山大佛景区全年接待游客71万人次，知名度提升。建成晋源新城、金胜2个"15分钟便民商圈"，提档升级20个农村便民连锁店。第三产业在经济产值中比重达56.2%。

项目建设 2014年，晋源区签约项目总投资完成250亿元，实际利用外来资金68.3亿元，储备太化温泉城等85个招商引资项目，三项指标均超额完成年初目标任务。阳光城国际广场等4项省重点项目、鸿升时代广场等15项市重点项目、新城片区综合整治等11项区重点项目全部开工，推进重点项目建设工作。

城乡建设 2014年，晋源区累计签订城中村宅院拆除协议3540份，拆除城中村宅院3254处、124.5

万平方米,公建458处、71.63万平方米。9个重点推进的城中村中,南阜、北阜、武家庄、义井、吴家堡整村拆除工作基本完成,推进木厂头、西寨、南堰、北堰整村拆除工作。城中村改造安置房建设步伐加快,北阜村7栋安置楼主体工程全部完工,推进南阜、西寨、武家庄、木厂头、吴家堡5村安置房建设。加大基础设施建设力度,管道液化气改天然气工程、热源扩容工程启动。古寨集中供水工程、晋阳集中供水站提质增容改造工程实施,为10余万群众用水安全提供保障。开工建设2座大型垃圾转运站,新购置垃圾密闭收集车61台、电动三轮保洁车100台、大型洗地车2台、垃圾桶3000个,环境卫生保洁能力提高。实施村庄环境卫生整治,创建星级单元66个,打造省级达标村20个。保持打击"两违""四抢"高压态势,制止违建34宗、保护耕地350余亩,拆除违建20余处、恢复耕地450余亩。

生态建设 2014年,晋源区以大面积增绿、小面积增景、多景观体现、多效益发挥为思路,推进生态建设。实施综合治理林业工程,完成绿化面积9900亩。实施矿区破坏面植被恢复工程,完成治理面积500亩。实施太汾路通道绿化工程,完成绿化面积11.5万平方米。5家城郊森林公园投资1.44亿元,植树53万余株,完成绿化2661亩。完成柳子沙河牛家口段治理700余米。实施水土流失治理面积5000亩,生态管护面积1万亩。

社会保障 2014年,晋源区城乡居民基础养老金待遇标准提高到每人每月80元。城镇居民社会养老保险累计参保4811人,新型农村养老保险累计参保77960人。发放城市低保救助金803.18万元、农村低保救助金938.81万元。救助临时困难群众381人。改造农村特困户危房288户,1000余名群众住房安全问题得到有效解决。全区城镇新增就业4115人,安置下岗失业人员2099人。为3140名农民工解决拖欠工资5401万元。保质保量完成4万余吨"爱心煤"的发放。保障性住房新建开工5159套。

安全建设 2014年,晋源区以交通运输、消防、建筑施工、矿山、危险化学品等行业(领域)为重点,开展"安全生产大检查"和"六打六治"行动,累计检查企业5321家次,排查治理各类隐患7565条,检查覆盖率和隐患整改率均达100%。全区114个村(社区)全部完成安全乡村达标验收工作。开展食品安全大检查、校园食品安全检查等专项整治行动14次,对全区食品企业进行摸底建档。做好节假日旅游市场综合治理协调工作。保持打击私挖盗采高压态势,矿业秩序持续向好。完善应急预案,强化综合演练,应急管理水平提升。坚持区级领导干部轮流接访制度,强化社会治安综合治理,解决一批影响基层稳定的矛盾和问题。 (方慧敏)

·清徐县·

中共县委书记	韩良会
县人大常委会主任	张启亮
县长	王琳玉
县政协主席	张晋涛

【简述】 清徐县位于北纬37°28′~37°47′,东经112°10′~112°38′,总面积609平方千米,下辖4镇5乡。

2014年,清徐县地区生产总值完成113.1亿元,同比增长2.2%。服务业增加值完成37.2亿元,同比增长1.9%;固定资产投资完成73.1亿元,同比增长4.4%;社会消费品零售总额完成44.5亿元,同比增长17.3%;公共财政预算收入完成5.9亿元,同比下降5.6%。城镇常住居民人均可支配收入达24886元,同比增长8.2%;农村常住居民人均可支配收入达14529元,同比增长11%。

"三农"工作 2014年,清徐县推广应用测土配方施肥45万亩,新增高效节水灌溉面积2.7万亩,推进5万亩基本农田整理项目建设,完成中低产田改造2.5万亩。主要农作物机械化水平达77%,成为全省率先实现农业机械化示范县。清徐县开展粮食高产、果蔬标准园、畜禽标准化规模健康养殖等创建活动,建成15万亩优质粮食生产基地,10个高标准现代农业示范园区,30个规模健康养殖基地。全县新建完善3.5万平方米育苗基地和15个设施蔬菜园区,设立4个园区博士工作站和1个农作物品种展示场,新发展设施蔬菜8300亩。农民专业合作社新增112个,农产品加工企业发展到83个。葡峰山庄、清泉山庄、通和农场、绿源农庄、新苗农庄入选太原市休闲农业与乡村旅游十佳农庄。举办葡萄采摘月活动。将农村居民和部分企业外来务工人员纳入保障房申购范围。完成农村危房改造1050户。落实粮食、良种、农机补贴等政策,惠及农户9.4万户次。解决0.26万人农村饮水安全问题。完成新型职业农民培训1350人。110个村安装气象大喇叭,为群众提供防灾减灾气象信息服务。建立葡果农业保险,葡萄投保9237亩,梨投保3019亩,2014年保险理赔支出140余万元,惠及果农2780户。

工业 2014年,清徐县规模以上工业增加值完成23.2亿元,同比下降1.6%。南岭、东于、李家楼等煤矿推进现代化建设,进入联合试运转阶段。洗选业向汽车配件、电线电缆、无机纤维、墙体材料等装备制造和新材料行业加快转型。铸铁暖气片企业完成工艺设备升级改造,机械化程度提升,产能达到3600万片。以阳煤化工新材料为龙头,发展焦炉煤气合成天然气、煤焦油加工、精苯提取等项目,形成煤焦化循环经济基础框架。投资2310万元,建立省级中小企业创业基地,入驻小型企业10家。搭建校企合作平台,引进中北大学博士服务团。食醋等传统优势产业和装备制造等新型产业的科技创新和研发能力提高。

项目建设 2014年,清徐县以经济开发区为工业经济发展的主战场,突出新型煤化工、精细化工、装备制造等产业导向,引进中科国通生物质热电联产、山西大学精细化学品研发基地、正德嵘装备制造3个项目落户,总投资11.12亿元。规划建设开南路西延工程,完成清泉南路以及开南路路基。启动引黄入清原水直供工程,加快建设输电专线,完成天然气管网入区工程。园区固定资产投资完成40.8亿元,占全县投资的55.8%。全县重点项目完成投资65.05亿元,晋药物流基地、山西省警官学校、太原幼儿师范学校、宁化府醋工业园等项目落地开工。提升物流产业安全运营水平,1189辆中型以上货车安装北斗卫星定位系统。六味斋、林阳仓储、好朋友商贸等物流配送企业发展壮大,华北最大的晋药第三方物流产业园落地开工。

城乡建设 2014年,清徐县307国道改线工程基本形成线形,太祁高速南互通工程具备通车条件,防洪泵站建成投用,东湖北岸公园完成年度建设任务。供水管网改造工程完成。220千伏马峪变电站、110千伏高花变电站投运,110千伏王答变电站完工。以河东、河西执法队为执法主体,以乡镇(街道办)为巡查监管主体,健全完善打击"双违"管理执法机制。完成0.22平方千米老旧片区改造任务,整治道路5739平方米、便道4365平方米。铺设天然气管网304千米,50个村1.58万户农村居民完成气化改造。新增30个小区、42个村信息化用户,城乡3G/4G网络和光速宽带覆盖面扩大。

旅游 2014年,清徐县接待游客156万人次,同比增长30%,旅游总收入完成1.6亿元,同比增长41%。

生态建设 2014年,清徐县日处理污水1万吨的白石河流域综合治理项目启动建设,完成都沟河小北村段堤防加固等15处河渠治理工程,治理水土流失面积0.75万亩。葡峰森林公园、四纵五横通道等六大工程实施,加快山区荒山造林、平川速丰林建设,完成造林任务2.81万亩。推进城乡清洁工程,重点开展星级单元创建、清洁设施建设、道路清洁管理等工作,达标单元197个,达标率为92.9%。投资6907万元,实施13个大气、水、固体污染防治和环境综合整治项目。开展重污染企业整组关停行动,限期治理美锦钢铁烧结系统脱硫、水泥粉磨站除尘设施,焦化行业全部建成地面除尘站,酿酒行业实现废水回用。705个排污单位中,48家企业责令停产、21家企业限产,36家土小企业取缔。6项工业污染物总量下降2635吨,同比削减17.5%。

社会事业 2014年,清徐县财政用于保障民生方面的支出为9.8亿元,同比提高10.2个百分点。7所幼儿园、4所小学D级校舍改扩建工程完成,3所小学与属地初中合并为九年一贯制学校。新型农村合作医疗保险参保率达99.3%,门诊统筹、重大慢性病、住院补偿封顶线分别提高到120元、6万元、15万元,受益群众27.3万人次,补偿金额9792万元。10个乡镇便民服务中心建立,拥有80个村级便民服务代办点,搭建起15分钟便民服务圈。完成24个社区84个惠民项目,新建12个农村老年日间照料中心。城乡低保标准分别提高到476元、353元。

政府建设 2014年,清徐县查纠违规违纪问题88个,给予党政纪处分59人,辞退7人;查纠"慵懒散拖"问题29项、36人。与上年相比,三公经费压缩26.4%,清理清退违规用车47辆,公务用车运行维护费降低26.5%,公务接待支出降低40.3%;清理清退"吃空饷"人员29人;清理腾退办公用房9000平方米。 (杨晓霆)

·阳曲县·

中共县委书记	吕 荣
县人大常委会主任	侯拴龙
县 长	刘晋萍(女)
县政协主席	白海林

【简述】 阳曲县位于北纬37°56′~38°25′,东经112°12′~113°09′,总面积2070.67平方千米,下辖4镇6乡,4个社区居委会,123个村民委员会,359个自然村。

2014年,阳曲县地区生产总值完成37.37亿元,同比负增长8%。固定资产投资额45.72亿元,同比增长28%;服务业增加值8.85亿元,同比增长3.6%;社会消费品零售额10.29亿元,同比增长18.9%;公共财政预算收入3.97亿元,同比负增长10.9%。城镇居民人均可支配收入达18786元,同比增长8.3%;农村居民人均可支配收入达6512元,同比增长11.3%。

工业 2014年,阳曲县规模以上工业增加值17.79亿元,同比负增长18.9%。工业总部园区集聚企业24家,东铝片区集聚企业22家,食品工业园集聚企业12家。全县规模以上工业企业达20家。宝迪食品、新型炉业、苑军管件、禄纬堡耐火材料等60个项目落地建设和如期投产。新储备项目45个。

农业 2014年,阳曲县完成思西、文庙梁、神堂沟、官庄、上善姑小流域综合治理,河道清洁清淤288.5千米。农田灌溉0.21万公顷,实施农业节水灌溉工程3处,改造小型节水灌站2处。全县农机总动力达19.90万千瓦,机耕机播2.4万公顷,秸秆还田0.9万公顷,地膜覆盖1.2万公顷,农业机械化综合水平达77.7%。土地确权0.23万公顷,流转0.68万公顷。推广全膜双垄沟播玉米0.33万公顷,农民人均增收100元。粮食总产2.35亿斤。设施蔬菜新增337.7公顷。建成桦桂、汇鑫源、新旭、常顺达4个万只羊场;千只羊场建成29个,在建41个。全县羊饲养量达54万只。精准扶贫1.5万人,完成三年稳定扶贫4万人的目标。在21个村推进实施29个农业产业项目。

招商引资 2014年,阳曲县储备项目投资536.94亿元;签约项目投资额383.2亿元;落地项目投资额116.13亿元;开工项目投资额74.4亿元;投产项目投资额49.54亿元;省市重点工程建设完成投资32.48亿元。

交通建设 2014年,阳曲县完善城东新区路网建设,新区一路840米,投资2041万元;中社八路763.3米,投资2259.11万元。完成24.1千米黄东线公路建设,改造农村公路15条,总里程20.5千米,投资1094万元。总投资30亿元、全长20.99千米的阳兴快速通道,在年内建成通车。

环境建设 2014年,阳曲县22家石料企业治理矿山10座,植树8万余棵,修建道路33千米。打造0.2万公顷泥屯生态示范区,绿化108国道、食品园区道路和太阳高速三条通道44千米，绿化荒山0.23万公顷，森林覆盖率达20.36%，林木覆盖率达41.92%。开展城乡清洁工程，累计创建星级单位114个。

社会事业 2014年，阳曲县定点医疗机构开始实行按床日付费方式，参保农民住院费用平均减少155元，新型农村合作医疗保险参保率达99.34%。泥屯中心幼儿园建成投用，阳兴小学、幼儿园主体工程完工。21所学校义务教育标准化率达100%，寄宿制学校实现校级澡堂全覆盖。全县教师实现免费体检和山区教师免费乘坐公交车。水、天然气、煤气缴费等公共服务事项纳入政务中心办理。

文化生活 2014年，阳曲县完成117个行政村文化信息资源共享网点和10个乡镇全民健身广场建设，实现全县文化信息资源共享工程全覆盖和乡镇全民健身广场全覆盖。完成惠民文艺演出100场，文化精品演出40场。农家乐建成81家，运营64家。

社会保障 2014年，阳曲县各家县级医院对五保户、低保户、重点优抚对象实施医疗救助"一站式"网络即时结算服务。实现城乡居民养老保险待遇发放全覆盖。阳曲县就业和社会保障服务中心主体工程完工。城乡低保资金累计支出4048万元。解决11个自然村、3803人，812头大牲畜的饮水问题，为全县饮用旱井水的2300余人安装饮水净化器。新开工建设保障性安居工程100套，发放廉租住房租赁补贴117户42万元，改造农村危旧房2642户。全年民生支出累计达7.45亿元，占公共财政预算支出的84.68%。

政府建设 2014年，阳曲县投资230万元，改扩建政务中心800平方米，用以改善服务环境。全县10个乡镇和社区办建立便民服务中心，117个村(社区)建立便民服务代办点，形成县、乡镇、村(社区)三级服务体系。全县37个部门进驻服务中心办公，全年受理审批服务事项13800件，按时办结率达98%，群众满意率97%以上。筹建公平资源交易平台，政府集中采购平台开始运行。 (崔振刚)

【青龙古镇入选第三批中国传统村落名录】 2014年11月，阳曲县青龙古镇入选第三批中国传统村落名录。阳曲县政府为该项目先后投资1.14亿元，完成主景区、次景区38座院落、功能区3个停车场建设，修缮、建设总面积4.5万平方米，景区绿化7500平方米，征集展品1.3万件，布展3座庙宇、4座院落。同年10月对外试运营，接待游客6万余人(次)。 (崔振刚)

·娄烦县·

中共县委书记	薛东晓
县人大常委会主任	段生贵
县长	张磊
县政协主席	康变兰(女)

【简述】 娄烦县位于北纬37°51′~38°13′，东经111°31′~112°02′，总面积1289平方千米，下辖3镇5乡，6个居委会，142个行政村。人口自然增长率4.9‰。

2014年，娄烦县固定资产投资完成19.49亿元，同比增长43%；服务业增加值完成8.17亿元，增长6.5%；社会消费品零售总额完成3.89亿元，增长16.5%；一般公共预算收入完成3.86亿元，同比下降36.2%。农村人均可支配收入达5082元，增长10.1%。

"三农"工作 2014年，娄烦县惠农马铃薯科技产业园区建成智能温室5600平方米、苗床5000平方米，年繁育微型薯400万粒。深加工项目实现试生产，年加工马铃薯1万吨。全县马铃薯种植面积达10万亩，青薯九号等新品种达到3万亩，种薯达1万亩，直接带动农民人均增收1958元；9个产业扶贫开发工程全部开工，流转土地3.5万亩，完成投资3.2亿元，政府配套建设道路12千米，配套水、电设施资金1.82亿元。通过"龙头建基地、基地带农户"，受益贫困户近6500户，带动贫困人口就业7200余人。扶贫开发加快推进，形成龙头企业带动农户、库区后期扶持、白家滩金融扶贫等扶贫模式，全县6000名贫困人口脱贫任务完成；围绕苗木蔬菜、生态养殖等特色产业，新发展"一村一品"村22个。新建和扩建12个规模养殖小区，羊饲养量达到10万只。"513"龙头企业销售收入达到3.6亿元。各乡镇推进一批特色富农项目，葡萄、草莓、瓜果等种植项目和羊驼、鹌鹑、肉驴等养殖项目全面开展。油料牡丹、种桑养蚕、食用菌等项目开展前期工作。建成日光温室261栋、蔬菜大棚394栋，14种无公害农产品通过市级认证。加强农业基础设施建设，实施11个村2.2万亩基本农田建设，启动3733亩的土地开发，新增8500亩水浇地。

项目建设 2014年，娄烦县项目建设完成16亿元，完成率全市排名第一；项目开工完成34.44亿元、项目落地完成41.95亿元、项目投产完成37.25亿元，全部超额完成任务。两项省重点工程完成投资7亿元，完成任务的234.7%，完成率全市第一。总投资186亿元的38个县重点项目完工11个，在建27个。

工业 2014年，娄烦县17个规模以上企业停工停产14个，煤炭、焦化、铁矿企业纳税额同比下降。总投资4.32亿元的国能风电项目相关手续获得批复，总投资30亿元的振发光伏发电项目启动实施，马家岩、天池店、三聚盛煤业技改升级累计完成投资10亿元。龙泉循环工业园矿井和选煤厂投入试运行。

城乡建设 2014年，娄烦县滨河南路西延、童子崖大桥、拥军大道竣工通车，文体中心投入使用，国防动员指挥中心和民兵训练基地建成。推进城乡清洁工程，40个村通过省级达标验收，创建119个星级单元、星级达标率达90%。实施老旧片区整治工程，歇马店等3个片区、16条小街小巷人居环境得到改善，惠及群众1.58万人；投资1亿元，实施涧河景区西延工程，完成蓄水工作。娄家庄片区改造工程全面开工，35栋住宅楼全部封顶。推进乡村建设，杜交曲镇被省政府评为山西省园林乡镇，5个整村推进项目全部完成，4个村5217人饮水安全问题得到解决；实施县城集中供热扩容提质工程，供热面积新增20万平方米，供热普及率达到86%。

生态建设 2014年，娄烦县实施“一山两线三出口”绿化工程，栽植各类苗木213万株，完成造林7.2万亩，公路绿化45千米，绿化率提高到56%。挖掘生态资源优势，依托“一山一水一伟人”，初步建成东山生态园、天池生态园等10个生态园区。县城绿化覆盖率达43%、绿地率41%，被省政府命名为山西省园林县城。

环境建设 2014年，娄烦县环库危化品车辆监控系统和19千米水源地防护网工程投入使用，涧河人工湿地水质改善工程全部竣工，入库水质达到三类标准。城镇生活污水处理达到一级A类标准，中水回用率100%。空气质量二级以上天气达323天，六项污染指数平均值达到国家二级新标准。县城自来水实现全覆盖，污水收集率达到96%，垃圾无害化处理场投入使用。万元生产总值能耗下降3.6%，万元工业增加值用水量下降10.7%。总投资超百亿元的3个国家级试点项目全部获批。国家江河湖泊生态环境保护汾河水库试点项目批复6大类24个项目完成9个。

社会事业 2014年，娄烦县财政用于民生的比例达73.27%。实施教育提档工程，62所中小学通过市级标准化验收，完成13所学校教学设施更新升级，新建3所小学2所幼儿园。实施卫生提质工程，13所标准化村级卫生室投入使用，县城综合医院一期工程全部完工，二期工程主体封顶。实施文体惠民工程，承办十四届省运会自行车和摔跤赛事，开展电影惠民基层行、基层文艺巡演等群众性文化活动。实施平价市场工程，推进“平价商店”建设和“每日四种一元菜”活动，提高物价调控能力。

社会保障 2014年，娄烦县实施安居保障工程，新开工建设保障性住房184套，建成630套，完成农村危房改造408户。“瑞泽苑”和“尖山二期移民”两个小区基本建成。启动采煤沉陷区综合治理，完成调查摸底、方案编制等前期工作。实施幸福养老工程，农村日间照料中心达到16所，370名农村空巢老人安享幸福晚年。实施就业促进工程，新增就业岗位2030个，城镇登记失业率为1.79%，农村低保覆盖率10%，城镇低保覆盖率11%。实施五全普惠工程，新型农村合作医疗保险累计补偿资金1.02亿元，全县10万农民连续五年参保全免费全覆盖、990名五保老人全部集中供养、60岁以上老人养老全部得到保障、义务教育阶段寄宿生交通费全部给予补贴、农村孕妇全部进行补助和育龄妇女健康普查全部免费。

和谐建设 2014年，娄烦县开展“平安娄烦”建设，6个乡镇139个行政村通过市级安全乡村验收，全县93%以上村庄（社区）实现“零发案”，各类警情同比下降134%。推进食品药品监督管理体制改革，建立县乡村三级监管体系。落实信访责任制，省市交办信访案件全部办结，进京非正常访下降50%，赴省集体访下降60%，赴市集体访下降40%。（张宪平）

·古交市·

中共市委书记 常　青
市人大常委会主任 阎亮娥（女）
市　　长 贾慕权
市政协主席 褚宇平

【简述】 古交市位于北纬37°40′～38°08′，东经111°43′～112°21′，总面积1551平方千米，下辖7乡3镇，4个街道办事处。总人口22.48万人。

2014年，古交市地区生产总值完成23.59亿元，下降13.9%。规模以上工业增加值4.77亿元，下降31.5%；服务业增加值14.2亿元，下降2.6%；固定资产投资51.28亿元，下降26.1%；公共财政预算收入5.86亿元，下降30.7%；社会消费品零售总额40.12亿元，增长4.2%。城镇居民人均可支配收入达24093元，增长7.6%；农民人均纯收入达12233元，增长9.8%。农村经济总收入完成110亿元，增长1.85%；农村居民人均可支配收入达12498元，同比增长12.5%；其中20%低收入农村居民人均纯收入达5055元，增幅13.6%。

农业 2014年，古交市新发展农民专业合作社24个，累计526个（联合社1个）；新增古交市级示范社8个，太原市级示范社5个，省级示范社1个；规范20个农民专业合作社；扶持4个合作社，落实补助资金20万元。引导农业经营大户创办家庭农场。登记家庭农场21个，涉及农作物种植、林果、猪、鸡养殖等行业。利用多种形式、多渠道推动农村土地流转。农村土地流转面积25725亩，涉及农户357户。新发展农民专业合作社5个，新增“一村一品”专业村12个，岔口老农现代农业生态园和龙城向新红豆山庄建成运营，推进福福山生态旅游项目建设，20个现代农业园累计完成投资4.5亿元。落实城乡建设用地增减挂钩指标500亩，引导农村土地流转2.6万亩。

项目建设 2014年，古交市推进传统产业提升改造，煤炭行业1座复产、14座复工、2座实现联合试运转；焦化行业编制华润循环经济园区产业发展规划；铸造行业万方公司形成3万吨精密铸造和精加工能力。发展新兴产业，蓝焰煤层气开发、盛华能源光伏发电、泡沫彩釉玻璃等项目建成投产，中联煤层气开发、中广核风力发电等项目开工建设，兴能电厂三期、华润低热值煤发电等项目进行前期工作。与华润、中联煤层气等企业集团签订合作协议，与森旭长安锂电池、卓达新型建材初步达成意向，完成签约资金95.4亿元，实际引进资金5亿元。

城乡建设 2014年，古交市编制《城市集中供热专项规划》和《城市道路系统专项规划》，重新修编《土地利用总体规划》和3镇2乡的总体规划。推动东部新城御景华府、幸福花城等8个新城项目建设，推进凤凰苑小区、金牛大厦等10个旧城改造项目，实施北园小区、汾水苑小区等3个小城镇住宅小区项目，新增城镇住宅面积29.5万平方米。建成生活垃圾无害化卫生填埋场，启动国新能源天然气置换焦炉煤气项目，完成兴能电厂一、二期机组供热改造。新建维修农村饮水安全工程38处，完成古岔线武家庄至西沟三级公路改建和古离线至龙庄沟村村通改建。完成城区道路交通单循环改造，新增停车位786个。创建村庄、社区星级单元168个，规划建设的6座移动式生活垃圾收集站设备到位。

金融 2014年，古交市创新金融服务，利用助保贷为29家中小企业融资2.58亿元，新引进兴业银行落户古交。

环境建设 2014年，古交市实施集中供热全覆盖、中心城区燃料结构调整、淘汰落后焦化产能等"五大工程"和扬尘污染治理、机动车污染防治等"五项整治"，改造燃煤锅炉22家34台，整治发运站台12个，关停洗配煤场72家，取缔非法土小企业10余家。启动实施水泉寨公园改造一期和汾河城区段蓄水美化一期工程，疏浚河道1.8千米，铺设污水管道2000米。实施太克线通道绿化增景、金牛森林公园南山景区提档升级和林业"六大工程"，全年完成造林7.8万亩。

社会事业 2014年，古交市在科技领域运用5项信息化技术成果，引进2项高新技术和6名科技创新人才。教育方面，改造2所学校C级危房，完成37所学校标准化和26所寄宿制学校宿舍标准化建设，新改扩建6所幼儿园。卫生方面，启动居民"安康卡"工程，新建20个村级卫生所，通过省级慢性非传染性疾病防控示范县验收。落实"单独二孩"政策，推行56项奖励扶持政策。

社会保障 2014年，古交市民生支出10亿元，占到财政总支出的80%以上。新增城镇就业岗位6140个，新型农村合作医疗保险参保率达99.8%，城乡居民低保标准每人每月提高到476元和298元，共发放城乡低保金2509万元、医疗救助金756万元。基本完成上年启动的国统矿采煤沉陷区安置房屋分配，实施嘉乐泉乡5个村、2000户综合治理试点项目，牛角上路段危岩潜在崩塌治理一期工程完工。

政府建设 2014年，古交市对接省和太原市下放审批权限191项，工商登记变"先证后照"为"先照后证"。深化行政审批制度改革，39家涉及审批服务的部门进驻政务中心，合计再压缩审批时限408个工作日，中介机构目录库组建投入使用，市乡村三级便民服务体系基本形成。调减压缩项目资金和公用经费2.6亿元。

安全生产 2014年，古交市开展煤矿、非煤矿山、道路交通、消防、护林防火等领域安全大检查和隐患排查治理，累计排查整改各类隐患2660条。排查各类非法采矿隐患点391处，取缔封堵私开坑口3处，执行罚没款67万元。强化食品药品安全监管，率先建成食品药品市乡村三级监管网络，食品药品检验检测中心成为首批国家级区域性检验检测中心试点之一。 (赵志英)

大同市

中共市委书记 丰立祥*
副书记 李俊明
刘国庆
市人大常委会主任 梁凤书
副主任 董斌
刘美
邵奎
张志伟
杨人毅
曹世平
张翠萍(女)
市长 李俊明
副市长 李世杰(女) 王克建
操学诚 曹惠斌
靳瑞林* 张韬
刘振国 杨勤荣
市政协主席 柴树彬
副主席 马维平 刘俊雍
陈昌辉 武保洲
程廷龙 许进娥(女)
郭俊岗 张小立
杨硕平

【概述】 大同市位于北纬39°02′~40°44′，东经112°34′~114°32′，总面积1.41万平方千米，下辖4区7县。常住人口339.19万人。2014年出生人口3.72万人，死亡人口2.01万人，自然增长率5.04‰。

2014年，大同市地区生产总值完成1001.5亿元，比上年增长7.4%。人均地区生产总值29595元，比上年增长6.8%。居民消费价格比上年上涨1.7%。全年商品零售价格比上年上涨0.8%。居民人均可支配收入达16122元，增长8.6%。按常住地分，城镇居民人均可支配收入达23043元；城镇居民人均消费支出达10494元。农村居民人均可支配收入达7137元；农村居民人均消费支出达5454元。

农业 2014年，大同市粮食总产量达104.02万吨，比上年增加1.48万吨，增长1.4%。其中夏粮产量0.05万吨，比上年降低59.0%；秋粮产量103.97万吨，比上年增长1.5%。农作物总播种面积320.82千公顷。其中粮食作物播种面积279.36千公顷。在粮食作物播种面积中，夏粮播种面积0.50千公顷；秋粮播种面积278.86千公顷。全市油料作物种植面积15.25千公顷；蔬菜种植面积18.73千公顷；饲草作物种植面积2.04千公顷。全市肉类总产量13.64万吨，比上年增长4.13%。

2014年，大同市农业扶持资金1.75亿元，增幅25.2%。百园立农工程完成投资59.38亿元，建设各类园区102个。养羊"五个一计划"完成投资12.7亿元，建成核心养羊场38家、辐射场22家。设施农业连续5年以每年3万亩的速度推进，2014年新发展3.36万亩。省级农业产业化龙头企业由9户增加到22户，规模以上龙头企业发展到158户，全年农产品加工龙头企业实现销售收入69亿元，同比增长23%。全市土地流转面积67.72万亩，比上年增加7.92万亩。全市农民专业合作社发展到4472个，比上年新增314个。家庭农场发展到500个，带动农业规模经营。现代农业示范区项目年内建设温棚3.9万栋，建成养殖园区61个，百园立农项目38个，完成投资22.54亿元；总投资

3.8亿元绿苑饮品循环经济试点项目进行生产车间和研发办公楼的内装修、水电暖配套等工程建设；灵丘县有机农业园区建设项目年内完成投资2.08亿元。

工业建筑业 2014年，大同市规模以上工业企业工业增加值比上年增长10.3%；实现主营业务收入2220.0亿元，比上年增长30.3%；实现利税66.3亿元，其中实现利润11.0亿元。国有控股工业企业实现利税55.4亿元，其中利润7.1亿元。50个省市重大项目年内完成投资209亿元。其中协和新能源多晶硅及光伏产业循环经济项目完成三期100兆瓦光伏发电项目建设任务。

2014年，大同市建筑业增加值67.4亿元，比上年增长14.6%。全市具有建筑业资质等级总承包和专业承包建筑业企业完成建筑业总产值135.4亿元，比上年增长11.5%。

投资贸易 2014年，大同市全社会固定资产投资10724亿元，比上年增长35%。其中非煤产业投资752.5亿元，增长6.9%；传统产业投资193.9亿元，增长33.3%。海关进出口总额48172万美元。其中出口30235万美元；进口17937万美元。新批外商投资企业1家。外资实际到位18159万美元。

2014年，大同市社会消费品零售总额525.9亿元，比上年增长11.6%。按经营地域分，城镇消费品零售额438.2亿元，增长11.3%；乡村消费品零售额87.7亿元，增长13.4%。

交通邮电 2014年，大同市公路通车里程12541.1千米。其中高速公路549.3千米。大同市民用汽车保有量达45.33万辆，比上年增长10.6%。载客小型车保有量29.67万辆。轿车保有量20.51万辆。

2014年，大同市完成邮电业务总量31.80亿元，比上年增长3.6%。其中电信业务总量29.21亿元，增长3.6%；邮政业务总量2.59亿元，增长3.6%。全市固定及移动电话用户总数444.02万户，比上年增长12.7%。其中固定电话用户43.8万户；移动电话用户400.22万户；计算机互联网络用户51.76万户；3G用户92.6万户。

旅游 2014年，大同市旅游总收入238.7亿元，比上年增长19.2%。其中国内旅游收入236.5亿元，增长22.6%。接待国内游客2751.8万人次；接待入境海外游客6.18万人次，旅游外汇收入3519.8万美元。

财政金融保险 2014年，大同市公共财政预算收入104.94亿元，比上年增长11.0%。税收收入80.09亿元，增长4.1%。公共财政预算支出222.11亿元，比上年下降4.6%。全市金融机构各项存款余额2277.82亿元，比年初增加23.03亿元；各项贷款余额1032.75亿元，比年初增加81.85亿元。注册保险机构31家。2014年，全市保费收入40.72亿元，比上年增长9.4%。全年全市累计支付各类保险赔款及给付16.92亿元，同比下降2.3%。

城乡建设 2014年，大同市完成农村危房改造4万户、农村住房抗震改建试点7740户，扶贫易地搬迁住房全部开工，完成主体建设3749户。涉及6个村农村地质灾害治理搬迁试点和南郊区口泉乡7个村、2405户采煤沉陷区推进治理工程建设。连片特困地区县乡公路改造完成154千米；城乡清洁工程完成投资9581万元。32个行政村展开省市级美丽宜居示范村建设，完成投资12.34亿元。2014年，大同市保障性住房建设项目累计开工46621套，基本建成34260套，完成投资94.12亿元。

科教文卫 2014年，大同市申请专利760件。其中发明专利207件、实用新型专利378件、外观设计专利175件。全市授权专利419件。其中发明59件、实用新型321件、外观设计39件。

2014年，大同市中等职业教育招生人数1.08万人，在校人数2.56万人。其中职业高中招生5973人，在校人数1.39万人。全市基础教育招生人数12.85万人，在校人数44.79万人。其中初级中学招生人数3.34万人，在校人数10.51万人；普通高中招生数2.10万人，在校人数6.98万人。

2014年，大同市公共文化服务投入资金7300万元。举办新年音乐会、古城灯会、第四届春节文化庙会等展会活动，春节期间开展首届百姓春晚。举办2014中国·大同雪花啤酒节、大同理想·先锋音乐节、2014中国（大同）国际汽车文化节、第二届城市户外文化艺术大集等活动。东汉古墓葬、北魏、明清古墓葬群出土，发现发掘古代墓葬70座。明代北小城“玄冬门”匾额石与城墙地基出土。

2014年，大同市有卫生机构（含诊所、村卫生室）3099个，床位17368张。其中医院110个，卫生院146个，社区卫生服务中心（站）116个；疾病预防控制中心13个；妇幼保健机构13个；专科疾病防治机构1个。截至2014年底，全市卫生机构有卫生技术人员20089人。其中执业医师和执业助理医师8992人，注册护士7391人；疾病预防中心卫生技术人员362人；妇幼保健卫生技术人员233人；农村乡镇卫生院卫生技术人员1143人。市新型农村合作医疗保险参保率98.33%，9个农业县区均保持在95%以上。

环境建设 2014年，大同市空气质量二级以上良好天数达300天。年内主城区新增供热面积200万平方米，实际集中供热面积5150万平方米，燃煤锅炉集中供热面积85万平方米，城市集中供热率99.7%。现有燃气中低压管网1582千米，日供气能力37万立方米，天然气用户57.3万户，液化气用户5.2万户，城市气化率98.6%。城市供水管网826千米，城市日供水能力28万立方米，城市供水普及率99.7%，水质合格率100%；市本级污水处理厂处理生活污水2592万立方米，污水处理率88.9%；中水回用1543万立方米，中水回用率59.5%。市区日处理生活垃圾1010吨，城市生活垃圾无害化处理率96.3%。全市风电装机容量125.35万千瓦，光伏发电装机容量22万千瓦，生物质能、燃气等发电装机容量8.765万千瓦。全市完成电力行业1300兆瓦脱硫设施改造，水泥行业新型干法5500吨/日水泥窑脱硝设施建设。7家机动车尾气检测站建成并运行，加快淘汰老旧和黄标车。全年拆除10蒸吨以下燃煤锅炉15家28台；拆除大塘路两侧和平旺、口泉地区的燃煤锅炉62家71台，各县区淘汰燃煤锅炉157台。全市新增集中供热面积200万平方米，总面积5000万平方米。2014年，大同市建成区新增绿化面积119.3万平方米。城市建成区绿化覆盖率、绿地率、人均公共绿地分别达38.3%、34.18%和14.65平方米/人。2014年，大同市完成造林面积30.36千公顷。其中人工造林完成22.56千公顷。年末实有封山(沙)育林面积33.8千公顷。

社会保障 2014年，大同市城镇新增就业人员5.63万人；下岗失业人员再就业2.41万人；就业困难群体就业0.68万人；转移农村劳动力3.06万人；创业带动就业1.23万人。年末城镇登记失业率3.0%。企业养老保险参保职工35.8万人。农村养老保险参保96.0万人。城镇居民养老保险参保12.2万人。城镇基本医疗保险参保132.8万人。失业保险参保45.0万人。工伤保险参保41.3万人。生育保险参保43.7万人。纳入城市最低生活保障的居民7.09万户，15.67万人，发放城市低保资金5.62亿元；纳入农村最低生活保障的居民13.39万户，16.25万人，发放农村低保资金2.9亿元。（冯晋慧）

【2014中国(大同)国际汽车文化节】 2014年8月22日至27日，2014中国(大同)国际汽车文化节在大同市南城墙瓮城举行。近8万人入场参观。该届车展主题"名车名城·大美大同"。该届汽车文化节有30多家厂商携多个品牌参展。各大主流进口、合资、自主品牌全系到场。汽车现场成交量超过900台。（冯晋慧）

【大张铁路客运专线项目获批】 2014年10月31日，国家发改委批复同意新建大同至张家口铁路客运专线。大同至张家口铁路客运线路新建段起自大同，经阳高、天镇至张家口怀安，是一条连接北同蒲铁路和呼和浩特至张家口铁路的客运专线，新建线路长度137千米，投资总额179.9亿元。（冯晋慧）

·城　区·

中共区委书记	祁学峰
区人大常委会主任	马　力
区　　长	薛明耀*
区政协主席	崔建中

【简述】 大同市城区位于北纬40°01′~40°08′，东经113°11′~113°19′，总面积46.13平方千米，下辖15个街道办事处，136个社区居民委员会。常住人口739398人，无农业人口。

2014年，大同市城区地区生产总值完成140亿元，同比增长2.5%。其中第二产业增加值56.1亿元，同比增长0.8%，第三产业增加值84亿元，同比增长4%。公共财政预算收入完成4.2亿元，同比增长2.12%；公共财政预算支出12.1亿元，比上年同期下降2.81%。城镇居民人均可支配收入达26230元，同比增长10%。

工业建筑业 2014年，大同市城区规模以上工业企业实现增加值19.5亿元，增长5.8%。规模以上工业企业完成销售产值97亿元，增长17.3%。规模以上工业企业实现产品销售收入104.6亿元，增长9.9%。实现利税7.58亿元，增长21.91%；实现利润4.7亿元，增长66.21%，其中国有控股工业企业实现利润1.8亿元，增长46.8%。

2014年，大同市城区完成建筑业总产值73.73亿元。全区具有建筑业资质等级的总承包和专业承包建筑业企业完成建筑业总产值73.29亿元。房屋建筑施工面积311.52万平方米；房屋竣工面积158.31万平方米。

项目建设 2014年，大同市城区完成签约项目30个，签约总额91.39亿元。新增小微企业318户，中小企业产业基地1个。培育1家营业收入过亿元企业及10家营业收入过千万企业。民营经济税收增长7.06%。

投资贸易 2014年，大同市城区固定资产投资完成151.2亿元，比上年下降30.4%。房地产业开发投资完成100亿元，比上年下降35.5%，其中住宅投资69亿元，下降40.7%。房地产开发投资占固定资产投资的比重为66.1%。房地产开发施工面积942万平方米，比上年下降25.5%。其中住宅施工面积662万平方米。竣工面积305万平方米。其中住宅竣工面积224万平方米。商品房屋销售面积50万平方米，比上年下降42.5%。

2014年，大同市城区社会消费品零售总额完成209.1亿元，增速为11.3%。其中批发业完成零售额2.72亿元，比上年增长35.88%；零售业完成零售额180亿元，比上年增长12.26%；住宿业完成零售额5.68亿元，比上年增长1.8%；餐饮业完成零售额20.74亿元，比上年增长4.01%。

城乡建设 2014年，大同市城区加快创建卫生城区，完成158座公厕的选址工作，其中市规划局批准74处。13座公厕、15座垃圾站、30个环卫休息屋、7个封闭便民市场完成建设。探索公厕和垃圾站建设的社会捐建和市场化运作的模式，40座公厕开展市场化运作。创建省保洁示范街3条、省容貌示范街3条。全年共征收房屋建设项目涉及户4761户，安置各类房屋2595套。对25118户符合廉租住房保障条件的家庭进行复核，取消资格5018户，实物配租100套。

环境建设 2014年，大同市城区重点对514个住宅小区、109条小街巷、46处工地施工围挡后、32条主干道两侧土堆和广告牌边、13个城中村及部分城乡结合部周边环境卫生进行全面清理。开展城市环境大整治行动，清理古城内无责任人的建筑垃圾、施工废土13万立方米；清运清理暴露垃圾77处，整治71个中低端小区的环境卫生问题。开展露天烧烤集中整治行动，处理违规摊点541家、清理流动摊点700余处；新接收管养绿地面积达100余万平方米；对辖区477万平方米的绿地进行集中清理整治；实行校园清洁工程，完成10所学校的绿化工程；开展环保型煤置换原煤、环保型煤专用炉具发放和环保型煤销售等工作，共取缔原煤销售点120个，发放环保型煤专用炉具3000余台，推广环保型煤5590吨。

科教文卫 2014年，大同市城区专利申请量301件，科学技术支出544万元。城区有39所小学校，其中有2所民办小学、1所特殊教育小学，在校学生49905人，专任教师2530人。为11所学校装备10个、改装3个学生计算机教室；为3所试点校建设校园安防系统；完成2个校区信息技术装备工程；完成13所学校操场改造工程；完成2所幼儿园装修改造工程；开发商投资兴建的5所学校陆续完工，其中3所正式投入使用。组织187场“百队百场”文化惠民直通车进社区文艺演出，27场群众性体育活动。群众活动队伍达到129个站队，人数1.3万人。建成15个街道文化中心、59个社区文化活动室。现有文化馆1个，图书馆1个，文化市场综合执法队1个，少儿体校1所，少儿业余艺校1所。全区有医院1所，床位50张，卫生技术人员共224人，其中医师150人。有直属社区卫生服务站10所，妇幼保健站1所，疾病预防控制中心1所，卫生监督所1所。

民生事业 2014年，大同市城区加大社会保险扩面征缴力度，健全基本医疗保险制度，提升社保基金保障能力。截至2014年底，共有低保对象22051户、53422人，较上年减少4291户、12428人；累计发放低保金1.9亿元；为低保对象每人每月增加81元，城市低保标准达422元/月。医疗救助封顶限额由10000元提高到20000元，共发放救助金235.9万元，救助1140人次。国家抚恤、补助各类优抚对象747人，发放各类优抚对象抚恤金1023.13万元，发放义务兵家庭优待金1257.8万元。建立居民健康档案57.86万份，其中规范档案52.58万份；60岁以上老年人登记57662人，健康管理43403人。城区有50361人得到政府最低生活保障救济，发放低保资金1.5亿元。城镇新增就业人数3457人；城镇登记失业率控制在4.2%以内。城镇职工基本养老保险参保2.08万人，城镇居民社会养老保险参保2.58万人，城镇职工基本医疗保险参保1.9万人。 （徐雅丽）

·矿　区·

中共区委书记 门开发*
刘勇军

区人大常委会主任 王宝林

区　　长 刘勇军

区政协主席 李　钢

【概述】 大同市矿区位于北纬39°55′~40°08′，东经112°53′~113°12′，总面积90平方千米，下辖24个街道办事处。城镇人口509830人，城镇化率100%。2014年出生人口5245人，人口出生率10.31‰；死亡人口2930人，死亡率5.76‰；自然增长率4.55‰。男性259503人；女性250327人，男女性别比为103:100。

2014年，大同市矿区地区生产总值完成224629万元，同比增长4.8%；社会消费品零售总额完成81.8亿元，同比增长12.4%；公共预算收入完成11642万元，完成年度计划的69.9%。区本级税收增长42%。

工业 2014年，大同市矿区规模以上工业增加值完成7622万元，同比增长（可比价）14%。投资2550万元卓立机化项目、投资2100万元云冈机械防爆胶轮车项目、投资2000万元天泰万通矿渣粉项目完工并投入生产；投资6800万元盛隆LED照明项目、投资1580万元多宝机电制造项目形成生产能力；煤机企业全年实现产值4亿元，上缴税收3000万元。

项目建设 2014年，大同市城区储备项目投资额425.19亿元；签约项目投资额27.31亿元；落地项目投资额24.98亿元；开工项目投资额28.7亿元；建设项目完成投资43.79亿元；项目投产投资额29.08亿元。全年项目签约完成30亿元，项目投产完成29亿元。矿区招商引资签约项目16个，投资30亿元。完成投资13.9亿元，实施恒安帝景城、京都国际广场等6个商住两用项目。

城乡建设 2014年，大同市矿区以“五乱”整治为重点，开展环境卫生大整治，全年城乡清洁工程投入经费2800万元，全区机械化清扫率达50.5%。推进智慧城市建设，建成城市管理数字化监管系统，通过太阳能云端定点监控、移动监控等技术手段，实现对路面、电缆、路灯、环卫车辆的实时监控和工况定位，初步建立环卫、市容管理“及时发现、迅速上报、有效处置、督促反馈”监管机制。新增绿化面积20万平方米，完成大庆路、南环西延、绕城高速矿区段绿化任务；开展APEC会议期间环境集中整治，二氧化硫排放量等各项约束性指标均控制在计划目标内；加大黄标车和老旧车报废力度，淘汰党政机关、事业单位及国有企业各类车辆83辆。

科教文化 2014年，大同市矿区支持企业推进科技创新，组织申报省、市科技项目10项，获得科技研发资金30万元；百易通公司通过全省高新技术企业认定。2014年，大同市矿区总投资3772万元，新建新泉中学教学楼，完成10所学校信息化建设，为新胜一小、和瑞二小等6所学校新建运动场；在恒安新区新开办3所小学。与山西文瀛教育咨询有限公司签订合作办学协议，全年完成招生500余名。矿区为全区19个街道发放价值17万元的文体器材。新成立“梦乐苑合唱团”和“太阳花艺术团”两支民间文化组织；开展文化体育进社区系列活动，全年组织各类大型文体活动10场。聘任12名文物监督员管护全区31处重点文物保护单位，拨款5万元为华严禅寺、黄箓观划定保护范围。

社会保障 2014年，大同市矿区公共财政用于民生支出达8.49亿元，占到总支出的82.6%。启动事业单位职工失业、工伤、生育保险（生育保险含党政机关、社会团体和参公事业单位）；政府出资近8000万元，一次性解决区属困难企业职工医疗保险历年欠费；出台《大同市矿区公益性岗位安置方案》，解决2014年底前符合“4555”条件人员再就业和社会保障问题。最低生活保障标准由年初341元/人提高至422元/人。全年发放低保金15643万元，医疗救助金258.6万元，教育资助金25.4万元，21308户47645人享受最低生活保障待遇，基本实现动态管理下应保尽保。新增社区老年人日间照料中心4处，全区累计达到9处。机关事业单位津贴补贴全部足额发放到位，累计补发6650万元；企业退休职工养老保险平均每月提标220元，社会化发放率达100%。新建社区卫生服务机构4家，全区社区卫生服务机构达49家，实现社区卫生服务全覆盖。投资1200万元，为区中医院购置CT机等大型医疗设备。新建保障性住房4306套，完成投资4亿元。新增就业岗位3550个，城镇下岗失业人员再就业504人，创业就业353人，城镇登记失业率3.9%。

安全生产 2014年，大同市矿区破获各类刑事案件665起，打击处理刑事犯罪人员311人，打掉各类犯罪团伙17个。查处治安案件1978起，行政拘留345人。清剿传销窝点306处，查获传销人员2247人，刑事拘留92人，行政拘案件留96人，遣散2073人。矿区受理中央省市交办案件50件，化解38件，结案6件，甄别5件。进京非正常上访20批26人次，分别同比下降17%和7.1%。

政府建设 2014年，大同市矿区承接省市下放行政审批项目7项、投资项目审批权限9项，取消行政权力事项1项，取消行政事业性收费项目2项，减少对微观经济事务干预。开通12345政府服务热线通道。取消最低注册资本限制，推行“先照后证”，降低中小微企业投资创业门槛。放开落户条件，引导人口聚集，促进人口合理流动。对卫生、工商、质监、商务等部门食药安全监管职能进行调整整合。探索建立权责统一、服务高效的行政执法体制。 （武新田）

·南郊区·

中共区委书记	薛明耀
区人大常委会主任	李　杰
区　　　长	李广林
区政协主席	陈凤兰

【简述】 大同市南郊区位于北纬39°53′~40°17′，东经112°53′~113°24′，总面积1068平方千米，下辖3镇7乡，190个村民委员会。常住人口41.57万人，其中城镇人口17.89万人。户籍人口中，男性21.19万人；女性20.37万人。人口出生率10.61‰，死亡率5.23‰，自然增长率5.38‰。

2014年，南郊区地区生产总值完成420.55亿元，增长10.8%。社会消费品零售总额完成92.11亿元，同比增长11.2%；固定资产投资完成210.11亿元，同比增长32%；公共财政预算收入完成9.43亿元，同比增长13.0%。城镇居民人均可支配收入达20688元，同比增长7.8%；农村常住居民人均可支配收入达11687元，同比增长11%。

“三农”工作 2014年，南郊区农作物播种面积28.16万亩。粮食作物22.97万亩；经济作物5.19万亩。粮食总产量6.36万吨；经济作物产量13.83万吨。肉类总产量2.03万吨，蛋类总产量1.56万吨，奶类总产量9.4万吨。融资4.4亿元，新建、改扩建、提档升级现代农业示范园区34个。新建日光温室595栋，塑料大棚1273栋，新发展设施农业面积2428.4亩，新建蔬菜冷库900平方米，新增食用菌484.4万袋。设施农业面积发展到1.82万亩，温室大棚总栋数10458栋，蔬菜播种总面积3.17万亩，产量12.89万吨。百企千村产业扶贫工程完成种植玫瑰7000亩，400余万株，总投资1.59亿元。农业龙头企业达15家，年销售收入20.3亿元，创造利税7000万元，带动农户6万户，安排就业1.3万人。农民人均畜牧业纯收入1900元。新建22个肉羊养殖园区，其中15个投产运营。扩建8个肉羊养殖园区，6个奶牛养殖园区，带动全区8000多养殖场户发展。

工业 2014年，南郊区规模以上工业增加值完成305.73亿元，增长11.6%；规模以上工业企业现价总产值完成771.17亿元(含同煤)；工业增加值完成305.73亿元(含同煤)；销售收入完成129.22亿元；利税完成33.36亿元；利润完成22.26亿元。规模以上工业企业31个，从业人员11226人。规模以上企业综合能源消耗量612万吨标准煤；规模以上企业工业生产电力消耗量为29.4亿千瓦时。总排放量668万吨，总利用量422万吨，总利用率达63.2%。

项目建设 2014年，南郊区拟签约项目共计22项，总投资308.0836亿元。投资10亿元的正德广场建成。百企强区工程实施，完成“六位一体”任务。新上、续建各类重点项目100项，完成投资250亿元。17座整合煤矿，有6座煤矿正式生产，3座实现试生产。10万吨煤基活性炭项目建成，60万吨烯烃、2×66万千瓦塔山坑口电厂二期扩建工程等项目建设推进。亿丰世贸中心、和泰物流园区、东信国际家居广场等项目建设推进。

城乡建设 2014年，南郊区口泉中心区推进基础工程建设，投资2.12亿元，完成6条道路5.6千米工程建设，水、电、气、暖等配套工程全部与大同市管网连接；总建筑面积26万平方米的时庄棚户区安置工程、总建筑面积5500平方米的国防动员指挥中心主体工程完工。采煤沉陷区治理总投资9亿元，总建筑面积58万平方米的西韩岭集中安置区主体工程竣工，安置15个村、5604户，12600名受灾村民。7个以资源换搬迁村安置工程主体建设完成，口泉乡7个村实施搬迁安置工程。城市棚户区改造时庄、下皇庄等续建工程，口泉、平旺、东河河等8个城市棚户区改造项目开工建设。完成农村危房改造1500户，扶贫移民搬迁280人。完成云佛新村北侧廉租房主体工程，完成土地房屋征收4697户，57.15万平方米。

民生事业 2014年，南郊区有幼儿园63所，在园幼儿5859人，专任教师65人；小学84所，在校生14038人，专任教师1831人，小学适龄儿童入学率100%；初中14所，在校生6502人，专任教师820人，初中适龄儿童入学率、小升初升学率、九年义务教育覆盖率均达100%；普通高中5所，在校生5825人，专任教师303人；中等职业学校1所，各级各类民办学校和教育机构9所。

年末各级各类医疗卫生机构291个，其中二级甲等医院1所，疾病控制中心1个，卫生院10所；病床1070张，固定资产总值0.56亿元。专业卫生人员1767人，其中执业（助理）医师1258人，注册护士455人。各乡（镇）卫生院、190个村卫生室实行国家基本药物制度。基本药物使用率达100%。新型农村合作医疗保险参保率为99.2%，人均筹资标准390元，157469人获得补偿8615.03万元。

环境建设 2014年，南郊区实施生态建设工程，完成生态造林绿化7.6万亩。推进污染减排和节能降耗、燃煤锅炉整治。关闭40多家土小企业。完成大路辛庄湿地治理二期工程。实施城乡清洁工程，投资4000万元清理各类垃圾20.76万吨。创建云冈路、五一路2条省级容貌示范街，柳莺路、御东新路2条省级保洁示范街，新泉、北宋庄等10个省级明星村。创建国家新能源示范城市，同煤2万千瓦光伏发电项目建成。云冈镇2万千瓦光伏发电项目开工建设。山西和正粉煤灰综合利用项目一期工程投产，二期扩建开工，达产可消化400万吨粉煤灰。

社会保障 2014年，南郊区城乡低保户共12756户，18628人，上级下拨低保资金4008万元，区配套499万元。其中向城市低保对象2551户，4913人发放城市低保金1414万元；向农村低保对象10205户，13715人发放农村低保金2855.88万元。向322户，331人发放五保供养补助50.68万元。拨放冬春生活救助款62万元，区配套20万元，其中购救灾粮52万元，下拨乡镇10万元，使10472人获得救助。为661名重点优抚对象发放抚恤补助金208.4万元，为284名义务兵家属发放优待金900.5万元，为226名优抚对象办理医疗保险，代缴医保费4.3万元。市、区两级财政为老年人日间照料中心下拨改造资金60万元。全年发放孤儿基本生活保障补助资金279720元，每人每月630元。城镇新增就业2500人，创业带动就业500人，失业人员再就业400人，转移农村劳动力800人，城镇登记失业率2.0%。

（石有团）

【《三晋石刻大全·南郊区分卷》出版】 2014年，《三晋石刻大全·南郊区分卷》由山西出版传媒集团三晋出版社出版。该书由南郊区三晋文化研究会编纂，汇集大同市南郊区历代碑碣石刻精品。该书收录碑刻289通，其中收录北魏至现当代现存石刻269通，包括北魏41通，唐19通，辽8通，金4通，元2通，明20通，清61通，中华民国14通，中华人民共和国95通，纪年不详5通；辑录佚失石刻20通，包括金1通，元3通，明4通，清12通，为研究南郊地域文化提供珍贵史料。（周立娟）

·新荣区·

中共区委书记　董志刚
区人大常委会主任　刘　俊
区　　　　　长　解廷师
区政协主席　李　成

【简述】 大同市新荣区位于北纬37°07′~40°24′，东经112°52′~113°31′，总面积1018平方千米，下辖1镇6乡，140个村民委员会，173个自然村，5个居民委员会。总人口11.04万人，其中城镇人口33893人，乡村人口76521人，城镇化率为30.70%。男女性别比为108:100。

2014年，新荣区地区生产总值完成28.14亿元，同比增长4.7%；固定资产投资总额完成59.62亿元，同比增长19.9%；社会消费品零售总额完成8.71亿元，同比增长11.5%。全区财政总收入36281万元；公共财政预算收入完成15033万元；农村居民人均可支配收入达7063元。城镇常住居民人均可支配收入达19889元；农村常住居民人均可支配收入达7296元。

农业 2014年，新荣区农林牧渔业总产值完成7.5亿元，同比增长12.0%。全区播种面积达到36.79万亩。粮食总产量完成5047万公斤，同比增长7%；全区粮食直补和农资综合补贴面积达到27.2万亩，补贴资金共计1996.13万元。农产品"5.13"龙头企业销售收入完成1.58亿元。伊磊牧业奶牛养殖园区、华进薯业马铃薯加工园区续建工程完成。投资8000万元新建花园美休闲观光采摘园区、平荣肉羊养殖园区和啤斯食品加工3个园区。在堡子湾乡拒墙、马厂两村实施5610亩旱作农业示范基地项目；投资90万元，建设5个基层农技推广体系改革农业基地；破鲁乡黄土口村、堡子湾乡马厂村等10个村申报"一村一品"专业村。2014年，新荣区肉类总产量达5230吨，禽蛋产量达0.38万吨，奶产量达1.1万吨。开展畜牧"千园万场"工作，新建与改扩建畜禽标准化养殖小区17个，其中京津风沙源治理项目7个，巩固退耕还林成果棚圈建设项目10个；开展养羊产业"五个一"工作，建设1个10万只的养羊园区；建设2个5万只的养羊扩繁场。培育牧业龙头企业。伊磊牧业有限责任公司、绿野农林牧业基地有限责任公司等龙头公司推进养殖场建设。

工业 2014年，新荣区规模以上工业现价总产值完成203941万元，同比下降10.0%；完成工业增加值152461万元，同比增长14.24%，其中规模以上工业增加值完成75951万元，同比下降19.4%；规模以上工业实现利税12925万元，同比下降42.0%。累计完成储备项目104项，完成储备投资1350亿元；签约项目1项，完成签约投资97亿元；落地项目64项，完成落地投资54.06亿元；开工项目52项，完成开工投资27.97亿元；重点工程建设项目完成投资22.49亿元；投产项目36项，完成投资34.55亿元。稳定煤炭产业发展，5座主体煤矿兼并重组后技改建设工程全部完成通过省、市验收。3座煤矿实现正常生产，年内共生产原煤284万吨，同比提高21%。发展非煤产业，宇林德炭材料公司节能型高效石墨设备生产线项目建成；山东东昀石墨深加工项目开工建设。山西国际能源小窑山风电场二期项目、小窑山风电场1万千瓦光伏发电项目完成光伏组件和厂区电气设备的安装。大同市新康泽机械矿用设备项目、百川精煤有限公司精洗煤项目建成投产。

城乡建设 2014年，新荣区交付使用的商品房项目有4项（景海丽园、康乐佳园、外贸小区5号楼、都市田园),1453套,115906平方米,投资16123万元。新建2项(欣荣花园、惠泽园三期),624套,45599平方米,投资3766万元。新荣村惠民小区完成160套,17321平方米,投资4219万元;农村危房改造完成3800户,投资5320万元。新建迎宾路南出口、长城西街西出口道路智能监控系统,完成滨河南北路污水管网建设工程,区卫生综合业务大楼续建工程主体完工,镇川大桥危桥改造工程完成并通车。新增星级绿色建筑面积0.55万平方米。地热能建筑面积达到5.05万平方米。开展城乡清洁工程,全区投资3200万元,开展城市“五乱”、农村“四堆”治理工作,共清洁各类垃圾17.5万立方米。完成行道树补植及人行道板、路沿石更换、整修;在乡村申报城乡清洁达标村61个。

教育 2014年,新荣区实施“百校兴教”工程,累计投资270万元,对21所学校进行校园基础设施建设及校园文化建设;投资200万元完成第五小学校教学楼的建设任务,建设面积1065平方米;投资750万元,建设新荣中学、新荣二中运动场两项工程;投资20万元,建设碳素厂学校小型运动场。投资203万元,加强教育技术装备,其中教学仪器、音体美器材投入35万元,计算机网络教室投入68万元,校园网建设投入69万元,班班通投入31万元,接通大同市教育城域网,使全区义务教育阶段学校教学仪器、音体美器材配备达到国家标准,实现“校校通”“班班通”,生均图书36册。

社会保障 2014年,新荣区在“5·12”防灾减灾任务中,及时为受灾群众发放救灾白面9375袋和衣裤12495套,截至年底,全区有78986名农村特困对象得到政府救灾救助,总金额达100万元。全区共有城市低保户1740户、4210人,全年发放低保金1389.3万元;全区共有农村低保户10233户、11602人,全年发放低保金2777.5万元;全年为80户农村低保家庭子女发放“春蕾助学”救助金16万元。全区共有乡(镇)敬老院6所,农村五保户1427人,集中供养五保户420户、420人,年人均享受五保供养金2200元;分散供养五保户1007户、1007人,年人均享受五保供养金1430元,全年发放五保供养金236.4万元。推进医疗救助,全年共救助医疗救助对象601人,发放救助金322万元。企业养老保险参保11641人,其中在职8192人,退休3449人,基金征收4963万元,基金结余2939万元。机关事业养老保险参保2364人,基金征收371.37万元,结余25万元;推行工伤保险统筹工作,年内参保人数达到11565人,征收保费438万元,享受工伤保险待遇156人次,待遇支出520万元,基金结余336.13万元;城乡居民养老保险参保54381人,征收基金5892.0万元,基金结余3985.48万元;年内征缴被征地农民养老保险预存款154.3万元;失业保险参保7650人,征收359万元,结余1263万元;生育保险参保13372人,征收57万元,结余39万元;参加城镇职工医疗保险和居民医疗保险统筹人数分别为19343人和7242人,医疗保险征收1360万元。职工医疗基金结余为698万元,其中统筹基金为323万元,个人账户基金为375万元。城镇居民医疗保险基金结余2.50万元,社保一卡通登记发放69665张。(贺雨顺)

【《大同市新荣区志》出版】 2014年,《大同市新荣区志》编纂完成。全志采用述、记、志、传、图、表、录7种体裁,记载大同市新荣区从1970年成立到2012年共43年的发展历程,共30编,122章,456节,达150万字。(贺雨顺)

·阳高县·

中共县委书记	解先文
县人大常委会主任	张 江
县长	邢 斌
县政协主席	王秀清

【简述】 阳高县位于北纬39°49′~40°31′,东经113°28′~114°06′,总面积1704.6平方千米,下辖7镇6乡,262个行政村,15个居委会。总人口286548人,其中农业人口219631人,非农业人口66917人;男性146078人,女性140470人,男女性别比例为104:100。

2014年,阳高县地区生产总值完成270460万元,增长4.2%。第一产业增加值为105290万元,增长3.8%;第二产业增加值为47655万元,增长6.3%;第三产业增加值为117515万元,增长3.5%。固定资产投资完成715798万元,增长24.15%。社会消费品零售总额完成97800万元,增长12.0%。公共财政收入完成14217万元,增长50.89%。公共财政支出125993万元,下降17.36%。金融机构各项存款余额667171万元,增长11.51%;各项贷款余额248706万元,下降15.34%。城乡居民储蓄存款余额为492692万元,增长13.86%。全县人均储蓄存款余额为17194元,增长15.14%。农村常住居民人均可支配收入达5748元,增长10.3%。

“三农”工作 2014年,阳高县农作物种植面积88.5万亩,其中粮食作物76.75万亩,油料作物2.2万亩,蔬菜8.9万亩。粮食产量4.92亿斤,较上年减少0.25亿斤。农林牧渔业总产值完成216846万元,增长3.82%。推进9家农业产业园区建设,6家在建园区完成投资38875.08万元,年内开工建设3家,完成投资9685.37万元。落实惠农补贴政策,粮食直补面积达733848.68亩。全县合作社累计发展到741家,增加124家。各乡镇申报各类家庭农场78家。实施五大造林工程,新造林面积达4.83万亩,完成投资7800万元。全县水果产量为5763吨,下降45.69%,其中杏3448吨,下降60.89%;葡萄2019吨,增长65.02%。年末果园面积4万亩,下降12.22%。全县猪饲养量为650130头,年饲养量为369293只。畜牧业产值完成99006.4万元,增长10.28%。全县农机总动力267071千瓦,增长6.53%。农业机械产值45710万元,农机化经营总收入14810万元,成本与费用6520万元,利润总额8290万元。完成小型农业水利设施重点工程投资2869万元。建成农村饮水安全工程9处,完成总投资149万元,解决4个村庄和5所农村学校的饮水安全问题。实施下马涧、尉家小堡等4座病险水库除险加固建设任务,总投资885万元。

工业建筑业 2014年,阳高县规模以上工业完成现价工业总产值161211万元,下降1.30%,工业销售产值162525万元,比上年增长2.56%,产销率为100.82%。完成工业增加值27642万元,增长4.5%,工业增加值率为17.15%。

全县具有建筑业资质等级的总承包和专业承包建筑业企业完成建筑业总产值8754万元,下降19.81%。

城乡建设 2014年,阳高县开展县城基础设施建设。投资1967万元,长1387米、宽22米的辕门西街道路工程改造完成。投资2234万元,完成义和路新建工程。完成旧县衙广场与县衙西侧小游园新建工程。投资4800万元,推进保障性住房工程建设。投资1400万元,完成农村危房改造任务1000户,涉及10个乡镇45个村。完成农村抗震改建600户,每户投入资金3万元。在和富新村实施移民搬迁工程。投资320万元,硬化县城小街小巷91条面积3万平方米。投资140万元,在县城维护旱厕5座,新建旱厕2座,水冲式厕所3座。开展集中连片特困地区县乡公路改造项目和百公里生态旅游走廊道路建设工程。

卫生教育 2014年,阳高县扩大农村重大疾病医疗保障范围,乡镇卫生院基本药物使用量和销售额均达100%。为城乡居民建立健康档案21.47万份,建档率77.9%。新型农村合作医疗参保农民21.28万人,参合率达97.6%,年人均筹资标准提高到390元。中小学校104所(含民营学校1所),其中小学87所,初中11所,九年一贯制学校3所,普通高中2所,职业技术学校1所,在校学生27680人,教职工2991人。投资110万元,完成8所中小学的改造维修工程。投资650万元,开展县职业技术学校和南关小学搬迁工程。投资30万元,解决5所农村学校饮水安全问题。投资450万元,协调县公交公司新购15辆校车,县政府年均出资200万元用于学生乘车补贴。

文化旅游 2014年,阳高县开展"一寺一塔一堡"建设,云林寺主体修缮工程完成投资200万元;投资50万元的杨塔村塔修缮项目完工;总投资1900万元的镇边堡古堡、堡门修复和明代一条街建设工程竣工。县文化馆、图书馆、13个乡镇综合文化站及259个行政村的农家书屋开展读书活动。开展"送戏下乡"26场,农村放映电影2800场。晋剧团、二人台剧团演出场次完成380场。

社会保障 2014年,阳高县全县城镇基本养老保险参保20581人,征缴企业职工养老保险金3642万元;新型农村养老保险参保161320人,征缴保险金1457.8万元;城镇基本医疗保险参保39969人,征缴保险金2844万元;失业保险参保8858人,征缴保险金171万元;工伤保险参保12520人,征缴保险金105万元;生育保险参保14985人,征缴保险金45万元。为537名劳动者追回拖欠工资402.55万元。农村低保户18117户20937人,累计发放资金3600万元,保障标准为年/人2394元。城市低保户3056户6397人,发放低保资金1990万元,保障标准为月/人311元。开展灾民救助工作,全年下拨救济款450万元,其中下拨乡镇390万元,救济困难群众6万余人。开展社会养老工作,大泉山中心敬老院与侯官屯敬老院投入使用,投资70万元的北徐屯敬老院维修扩建工程全部完工。全年建设19家农村老年日间照料中心。举办专项招聘会5场,开展就业培训,免费培训各类人员7414人。输出劳务5116人次。实现创业就业355人。城镇新增就业1310人,城镇登记失业率为2.2%。

(张守武)

·天镇县·

中共县委书记 姚振华
县人大常委会主任 刘世清
县长 刘川楠
县政协主席 原振武

【简述】 天镇县位于北纬40°09′~40°44′,东经113°53′~114°32′,总面积1636平方千米,下辖5镇6乡,222个建制村。总户数96614户,人口215904人,其中农业人口176124人。

2014年,天镇县地区生产总值完成20.6亿元,比上年增长5.3%。社会消费品零售总额8.24亿元,增长11.6%;固定资产投资62.1亿元,增长27.4%;规模以上工业企业增加值3.44亿元,增长7.4%;财政总收入1.64亿元,增长17.1%;公共财政预算收入1.03亿元,增长46.5%。城镇居民人均可支配收入达1.74万元,增长8.2%,农村居民人均可支配收入达5235元,增长10%。

农业 2014年,天镇县农林牧渔业总产值完成10.53万元,粮食总产量达1.61亿公斤。发展现代农业,提升产业化水平。同煤宏丰现代农业园区完成投资3亿元,单体土墙日光温室425栋、砖墙日光温室14栋、智能化玻璃温室6栋,投入使用20栋;北京中地万头奶牛科技园完成投资2.45亿元,建成牛舍6栋2万平方米、草料区6.8万平方米、铺设地砖运动场14.6万平方米,累计购进新西兰繁育母牛5650头,并与内蒙古蒙牛集团签订乳制品加工合作协议;县通航粮贸有限公司谷物、豆类加工出口创汇149万元,位居全省首位。在平川区新增3个县级"百园立农"园区,实施3.4万亩玉米丰产方项目,1.5万农民受益;有11家农副产品加工企业列入全省"513"工程,年销售收入4亿元。发展订单农业3.12万亩;专业合作社838个;各类规模养殖小区189个;培育蔬菜、小杂粮、玉米等作物7大产业区。北京东城区17家天镇绿泽园农副产品直营店营销水平提升,全年销售蔬菜2.38万吨、其他农副产品7140吨,营业收入9680万元。绿泽园公司建立960平方米大型首家农副产品直营店。6个村、8100人实施整村推进扶贫开发移民工程;

120个村、4.66万贫困人口建档立卡工作完成。

新兴产业 2014年，天镇县晋能水磨口、榆林口70兆瓦光电和华润神头山100兆瓦风电续建项目并网发电；华能武家山20兆瓦光电项目建成并网，与先期建成的100兆瓦风电项目形成县内首个风光互补项目，全年新增并网发电装机容量190兆瓦，并网装机总容量达到420兆瓦。晋能二期230兆瓦光伏发电、神华国华100推进风光互补等项目开展前期工作；弘百发公司新技术系列加工总投资3.5亿元。

城乡建设 2014年，天镇县投资1.1亿元，县城旧区东西大街实施高标准改造，广电、供热、供水、通讯等六大管网整合1.13万米，铺设沥青路面1.8千米。新城南一道街、西一路启动建设；投资2760万元，新建滨河南街1.6千米及带状公园；投资870万元，实施旧城26条小街小巷排水、路面硬化；投资830万元，实施东门外泥河(百丈河)的改造，拓宽清淤6.2万立方米，并硬化、绿化河道两侧；投资2800万元，改造供水主管网17.7千米；投资5000万元，对旧城新华街等3条道路进行建设改造；投资1.13亿元，完成二期集中供热工程，供热面积达285万平方米；华润天然气汽车加气站规范运营，实现县内出租车全覆盖，具备供气条件4300户，新发展1500户。建设瑞新花园、滨江花园、幸福时光等8个高档小区，建筑面积68万平方米；保障性住房工程投资1.6亿元，1000套5万平方米廉住房建设、800套5万平方米棚户区改造的主体工程完工；市场贸易建设完成投资2亿元，新建天元商贸和惠民集贸“两大市场”等12项公共服务建筑；7300平方米的京都购物广场建成。县城新建公厕6所、新建垃圾转运站一座；乡(镇)村的基础性建设中，总投资1200万元，重点对新平堡环堡道路、绿化、污水管道以及新区建设；农村土窑洞改造投资1.68亿元，改造建设4066户，新建住房8915间。整合38个村，重点建设27个村。天(镇)大(同)高速大梁山总长6.15千米隧道工程完工全线通车。

生态建设 2014年，天镇县投资8300万元，绿化盘山至汉墓群环城绿化2万亩、天大高速通道绿化9.27千米、县城新区主要道路景观绿化13.76千米、乡村绿化、机关企事业单位绿化67家8.5万平方米，工程总面积6.1万亩，成活率95%以上。投资2145万元，实施逯家湾镇7村生态修复工程，治理面积8000亩，回填土方3.7亿立方米，造地8000亩，治理河道4.4千米。

社会事业 2014年，天镇县举办6期“道德大讲堂”弘德教育公益讲座。教育事业上，投资1.5亿元的实验中学原天镇三中迁入投入使用。恢复水桶寺村和上吾其2所初中学校。投资4200万元，新建1所新区小学、2所幼儿园，改扩建3个农村幼儿园。招聘特岗教师100名、两所高中招聘具有研究生学历的教师17名。全县高考二本以上达线462名，达线率21.9%。2所乡镇卫生院、21个村卫生室完成建设。

社会保障 2014年，天镇县发放城镇居民、新型农村基本养老保险金2150万元。新型农村合作医疗保险参保率达99.18%，重大疾病保障范围扩大到20种，补偿比例提高到70%。县政府筹资1700万元，为2094名退休职工返还抵垫单位部分养老金和自收自支事业单位人员养老问题；全县农村低保1.5万户2.3万人，城市低保3800户5543人；发放低收入家庭冬季取暖用煤9万吨。发展劳务输出，设立天镇县劳务输出驻京办事处，通过培训、市场运作，强化“天镇保姆”品牌，有1500名农村妇女在京津等地就业，人均年收入3.5万元。

(高志英)

·广灵县·

中共县委书记 郭占宝
县人大常委会主任 李满
县长 李立平(女)*
县政协主席 苑在雨

【简述】 广灵县位于北纬39°38′~39°55′，东经113°51′~114°24′，总面积1283平方千米，下辖2镇7乡，180个行政村。总人口18.4万人，其中农业人口15万人。

2014年，广灵县地区生产总值完成20.75亿元，同比增长5.1%；财政总收入完成1.808亿元，同比增长1.85%；公共财政预算收入累计完成1.030亿元，同比增长17.84%；全社会固定资产投资完成59.23亿元，同比增长21.3%；；社会消费品零售额完成8.53亿元，同比增长11.9%；农民人均纯收入达5648元，同比增长19.85%；城镇居民人均可支配收入达17354元，同比增长16.08%。

项目建设 2014年，广灵县完成项目储备1039.8亿元，为年度任务的5.53%；完成项目签约70.98亿元，为任务的101.4%；完成项目落地65.52亿元，为任务的103.88%；完成项目开工38.69亿元，为任务的102.19%；完成项目建设45.42亿元，为任务的125.30%；完成项目投产44.80亿元，为任务的111.55%。

农业 2014年，广灵县粮食总产量1.505亿公斤，超任务5350万公斤。8个百园立农工程园区项目完成投资18965万元，申报现代农业示范园区项目2个，15个现代农业园区建设项目完成投资5898.5万元。新增“一村一品”专业村12个。全县“三品一标”认证达到14个。培育农业产业化重点龙头企业省级7家、市级14家。“513”农产品加工龙头企业实现销售收入12.6亿元。发展设施农业12896亩，超任务3396亩。设施农业占农业增加值比重28.25%，超任务0.75%。小型农田水利重点县建设项目、虹桥沟水库除险加固工程、规模化节水灌溉增效示范项目全部完工，涉及6乡镇11村的农村饮水安全工程全部完成。全县大牲畜饲养量40465头，存栏33000头，分别同比增长2.2%和0.3%。

工业 2014年，广灵县9户规模以上工业总产值完成11.46亿元，同比下降27.9%；工业增加值完成3.34亿元，同比增长5.6%。销售收入完成9.36亿元，同比下降3.45%；实现利税

770万元,同比下降94.64%。总投资12.7亿元涉及风电、生物质发电供热管网、有色金属、民爆炸药、水泥等方面的8个工业调产项目推进,完成投资10.32亿元。

城乡建设 2014年,广灵县实施城镇提质工程和城乡清洁工程,城乡环境面貌和管理水平得到提升。县城涧东新区道路交通设施建设、道路供水排水工程全部完工,实施燃气项目、污水处理厂升级改造和县城垃圾收运站建设等工程。秀水佳苑、舒惠佳园、东方丽都、盛世华庭、水乡月亮湾等住宅小区项目工程取得新进展。开展园林县城建设,实施新老城区行道树、道路两侧林带、公园绿地提升改造等绿化工程,新增绿化面积5万多平方米,被省政府命名为山西省园林县城。滨河公园被省住建厅命名为山西省县城三星级公园。推进达标示范村、保洁文明户、容貌示范街和保洁示范街创建活动,加大城乡垃圾集中处理力度,农村环境面貌改善。推进城乡安居工程,廉租住房、农村危房改造和农村住房抗震改建等工程全部完工。

社会事业 2014年,广灵县完成3所标准化公办幼儿园、2所村级幼儿园、二中及斗泉九年制学校教师周转宿舍、二中及壶泉小学塑胶体育场等百校兴教工程建设任务。加强师资队伍建设,公开招聘农村中小学教师45名。2014年高考考生达二本线以上人数309人,61名学生被"985""211"工程高校录取,有三名学生分别被北大、清华录取。实施收入倍增工程,增加城乡居民收入。

社会保障 2014年,广灵县城镇新增就业、创业带动就业、转移农村劳动力人数均超额完成年度目标任务。城镇失业率控制为3.8‰。养老保险、医疗保险、工伤保险、生育保险、失业保险、城乡居民保险均完成年度任务,城市低保、农村低保、城乡大病救助均提高标准,完善社会救助体系。总投资630万元,新建完成5所老年人日间照料中心、作疃乡敬老院和作疃东堡惠民敬老院。新型农村合作医疗保险保障水平提高,参保率达到99.68%。推进医药卫生体制改革,实施平安创建工程,强化食品药品安全监管。开展广灵县家庭剪纸创业基地建设,扶持妇女就业创业。

文化产业 2014年,广灵县实施文化惠民工程,丰富基层群众的精神文化生活。广灵八角地木偶戏列入大同市非物质文化遗产保护名录。以广灵剪纸产业为重点的文化产业健康发展,文化产业增加值占全县地区生产总值的比重提高0.31%。多层套色剪纸作品《毛主席东渡》获2014年深圳文博会组委会金奖。建筑面积9560平方米的广灵剪纸新产品生产研发基地建设推进。中国广灵剪纸艺术博物馆被国家旅游局授予AAA级旅游景区认证牌匾。

生态旅游 2014年,广灵县围绕"旅游兴县"发展战略,继续推进以水神堂、祥合谷和白羊峪景区建设为重点的"名城复兴"工程。广灵县六棱山风景名胜区的总体规划通过省建设厅评审,机构设置报省编办审批,风景区功能逐步提升。加强文化旅游宣传推介,举办"广灵县首届导游大赛",申报全省旅游扶贫重点村16家。坚持对外联合、挂靠战略,联合打造浑源、灵丘等周边县区旅游圈,启动与北京市、保定市、张家口等3市11县区的区域旅游合作。全年旅游经济总收入完成9.57亿元,增幅19.77%。广灵剪纸艺术博物馆成为国家AAA级景区。 (张治国)

·灵丘县·

中共县委书记	张 强
县人大常委会主任	张 枢
县长	罗永山
县政协主席	冀连成

【简述】 灵丘县位于北纬39°03′~39°38′,东经113°53′~114°32′,总面积2732平方千米,下辖3镇9乡,254个行政村,12个社区居委会。全县常住人口23.9万人,人口自然增长率5.29‰。城镇人口为6.7万人,乡村人口为17.2万人,城镇化率28.06%。

2014年,灵丘县地区生产总值完成31.72亿元。公共财政预算收入完成1.87亿元;财政收入完成169959万元,财政支出完成169953万元。固定资产投资完成82.22亿元,同比增长17.8%;社会消费品零售总额达25.7亿元,同比增长12.1%;城镇居民人均可支配收入达21046元,同比增长7.6%;农村居民人均可支配收入达5804元,同比增长11.2%。

"三农"工作 2014年,灵丘县粮食播种面积50.2万亩,粮食总产量达8.18万吨。实施武灵镇集中连片1万亩玉米高产创建工程,完成落水河等5个乡镇8万亩玉米丰产方地膜覆盖项目。车河有机农业综合开发项目完成有机种植500亩,有机鸡养殖1万只;启动白崖台乡古路河有机农业开发项目;绿海金秋公司有机蔬菜生产基地建成鸟巢式智能温室3栋。开工建设门头峪水库和小农水重点县建设项目;实施北跃灌区改扩建工程;实施农村饮水安全工程,解决6个村3076人、1030头大牲畜的饮水安全问题。规模化养殖业和设施农业发展加快,羊饲养量达83.2万只,牛饲养量达9.24万头,建成标准化养羊小区28个、养牛小区8个。开展大青背山羊保护工作,建设完成13个标准化扩繁场。推进农村土地流转工作,推动土地变股本、股本变资金和农业产业化,实现农民就地城镇化。

工业 2014年,灵丘县24家规模以上工业企业中,9家停产,12家半停产,仅有建投风能、晋银、环宇3家企业正常生产。现价工业总产值完成20.94亿元,降低10.2%;规模以上工业增加值完成7.39亿元,降低3.9%;实现利税-0.36亿元;实现利润-1.36亿元;销售收入完成18.45亿元,降低24.25%。

项目建设 2014年,灵丘县产业转型项目占项目总数的68%,提高11个百分点。全年实施重点工程48项,其中省级重点工程2项,市级重点工程46项,完成投资95.6亿元,占年任务的100.6%。山煤灵丘比星公司100兆瓦光伏发电站一期工程北区30兆瓦光伏组件安装基本完工,实施土地治理1800亩;总投资4.9亿元的太原润生公司生物材料基地工程建成投产；新材料产业园完成规划编制，与北京建工集团达成一级开发合作意向。灵丘建投公司南甸子梁49.5兆瓦风电场项目完成进场道路建设和风机基础浇筑工作。石工公司锰渣循环再生利用项目一期建成投产，二期土建工程完工并安装部分设备；马头关砖厂年产1亿块尾矿砂砖技改项目完成土建工程，建成厂房1500平方米。组团参加晋商大会、"厦洽会""中博会"等招商洽谈会11次，成功签约项目12个，签约资金61.3亿元。

城乡建设 2014年，灵丘县围绕建设"宜居宜业宜游山水特色城镇"的目标，实施"大县城"战略，学府路北延、古城街改造和高速公路庄头出口引线改造工程基本完工，高速公路平型关出口改线取直工程完成路基工程。唐生线唐之洼至108国道公路改造工程和锅帽山生态园区公路建设工程全部完成。实施城乡清洁工程，在县城新配备洒水车、垃圾收集车、清扫车等环卫设备22台，在主干道配备果皮箱210个；在农村建成简易垃圾填埋场183个，配备垃圾清运车390辆，乡村清洁人员716人。

社会事业 2014年，灵丘县民生支出占公共财政预算支出的81.4%，增长5.2%。教育方面，围绕"百校兴教"工程，完成东河南镇中心幼儿园和3所农村幼儿园改造工程，完成城镇二小、落水河小学体育场建设和20所乡镇学校信息化建设。高考本科达线率24.33%。卫生方面，完成下关乡卫生院和26个村卫生室改扩建工程。新型农村合作医疗保险人均筹资标准提高到390元，参保率达到99.3%，住院封顶线达15万元。实施基本药物制度，为20.3万人建立居民健康档案，规范化电子建档率达82%以上。

社会保障 2014年，灵丘县开工建设公租房5万平方米1000套；完成农村危房改造7000户。城镇职工养老保险参保1.08万人；城乡居民养老保险参保12.28万人；城镇基本医疗保险参保3.32万人；工伤保险参保1.38万人；生育保险参保1.39万人；失业保险参保0.88万人。围绕"收入倍增"工程，城市和农村低保每人每月分别提高30元和27.5元；农村五保集中供养和分散供养每人每年分别提高200元和130元。推进就业创业，新增城镇就业1372人，转移农村劳动力3590人。新建10个农村老年日间照料中心，全县农村老年日间照料中心数量达到23个。

环境建设 2014年，灵丘县推进矿山生态环境治理机制，重点实施独峪乡废弃矿区生态环境治理项目，一期治理1万亩。推进污染减排，淘汰落后产能，完成9家企业烧结机脱硫除尘设施升级改造；淘汰黄标车、老旧车等报废车辆295辆。实施锅帽山10万亩生态园区绿化工程、平型关"六三"线20万亩生态林建设工程、史庄乡龙凤山万亩集中连片工程和上下车河有机农业示范区生态绿化工程，全年共完成营造林48820亩。全年县城空气质量二级以上天数达340天。

文化旅游 2014年，灵丘县完成农村电影放映3065场，送戏下乡200场；铺设改造有线电视线路2.42万米，新增有线电视用户240户，达5455户。平型关大捷遗址入选国务院公布的第一批80处国家级抗战纪念设施、遗址名录。中国——加拿大"重走白求恩路"活动举行，在灵丘县下关乡开展参观纪念及捐赠义诊活动。

转型综改 2014年，灵丘县推进土地管理制度改革。探索尾矿库用地管理新模式，制订《灵丘县尾矿库用地审核办法(试行)》，解决选矿企业的用地难题。推进金融改革。创新金融服务产品，搭建金融服务平台，出台金融支持中小企业发展、农业产业化和城镇化建设等一系列政策，解决融资难题。建行的"助保金"贷款业务、工行的"银行+保险"的贷款业务和各金融机构"一对一"帮扶活动，为中小微企业办理贷款超过7亿元。

（高晓彬 刘甫花）

·浑源县·

中共县委书记 张清河
县人大常委会主任 王维平
县　　　　　长 赵亚雄
县政协主席 张振虎

【简述】 浑源县位于北纬39°27′~39°52′，东经113°23′~113°58′，总面积1966平方千米，下辖6镇12乡，315个行政村和11个社区居民委员会。总人口134739户，351449人，其中男性178986人，女性172463人；非农业人口65274人。2014年出生人口3295人，出生率为9.23‰，自然增长人口1679人，自然增长率4.7‰。

2014年，浑源县地区生产总值完成38.9亿元；公共财政预算收入完成2.84亿元，同比增长29.4%；社会固定资产投资完成98.17亿元，同比增长22.1%；社会消费品零售总额完成27.3亿元，同比增长12.6%；城镇居民人均可支配收入达17774元，增长8.6%；农民常住居民人均可支配收入达5758元，增长11.4%。

农业 2014年，浑源县农作物总播种面积41181公顷，粮食总产量达3.175亿斤。推进农业园区建设，新建道地药材交易中心园区、政通肉羊标准化养殖园区和万生黄芪生产加工销售园区，累计完成投资1.7亿元。10万只肉羊基地建成标准化羊舍2.1万平方米。政府扶持肉羊产业发展专项资金1300万元，改建和扩建标准化养殖小区15个，全县羊饲养量突破100万只，牛、猪饲养量分别达6.78万头、46.3万头。总投资1亿多元的王千庄水库开工建设，年内完成投资459万元；完成高标准农田建设9000亩、玉米丰产方项目1万亩，新增设施农业1000亩，恢复改善灌溉面积3.5万亩，改良草地12万亩新增黄芪种植面积2.126万亩，恒山黄芪获批国家地理标志保护产品。

项目建设 2014年，浑源县实施重点推进项目6个，在建项目6个，新建项目10个，前期项目12个。在中博会、农博会上签约项目8个，完成招商引资177亿元。重点项目完成项目储备1204亿元；项目签约178.6亿元；项目落地81.91亿元；项目开工85.53亿元；项目建设41.97

亿元；项目投产55.79亿元。建立土地储备中心；完成增减挂钩项目复垦面积500亩；盘活闲置低效土地及厂房用地面积234亩；完成农村土地开发整理项目约900亩。

工业 2014年，浑源县规模以上工业增加值完成78872元，同比降低27.6%。落实煤炭企业减负政策，推进百川煤业公司复工复产，加快阳光、瑞风、金岷、东邦煤业公司办证步伐，同煤浑源低热值煤热电联产项目开展前期工作，全年完成原煤产量200万吨，上缴税费4382万元；锦华能源花岗岩人造板生产线厂房建设完成投资1.3亿元，北岳日月扩建工程完成投资9000万元，生产建筑用花岗岩整形石料11011立方米，上缴税费2955万元；恒山瓷业工艺陶瓷生产线建设完成投资9500万元，恒山酿酒厂扩建项目完成投资5400万元。新兴工业产业投资比重达44%，大唐密马鬃、泽清岭一期、凌云口一期200兆瓦风电项目发电量达2.77亿度；国电大仁庄一期、二期风电项目完成投资9亿元；恒东商贸汽配物流城完成投资8000万元；道地药材交易中心建设项目完成投资1亿元。

小微企业 民营企业达957家，民营经济税收完成2.8亿元。万众传媒、大唐风电检修基地项目完成，具备开工条件；培育高新技术企业1家（万生黄芪），认定省级民营科技企业1家，创建中小企业产业基地1个，培育小升规企业户数1户，农产品加工销售收入增幅达32%。

城乡建设 2014年，浑源县洗朔线改线工程完成投资8963万元；国际绿洲和园、隆懋苑两个小区新建工程主体完工；人武部办公楼及民兵训练基地具备使用条件；天峰路北延工程完成投资1250万元，新城区两纵两横的道路框架开始形成。旧城区七大片区综合改造项目推进，商业街区改造工程完成投资3.5亿元；投资2600万元，完成兴源街、恒翠路、育才路等道路新建工程；投资875万元，完成永安西街、新华街、西顺街、木市街等道路改造工程，硬化小街小巷14条2950米；新铺设排水管网1100米，新增供热面积21万平方米。智慧县城监控系统可实时监控标清点45个、高清监控点230个。新增星级绿色建筑面积5000平方米。实施5万平方米廉租房、10万平方米公租房和10万平方米棚户区改造工程，推进云阁园廉租房、龙泉园公租房续建工程；投资1.13亿元，完成恒悦嘉园棚户区改造项目5万平方米，351套住房交付使用；总投资3500万元，完成2500户农村危房改造工程；投资3300万元，改建抗震房1100户。县财政拿出600万元资金推进城乡清洁工程，保洁面积增加35万平方米。投资3000余万元，完成6条县乡公路改造任务43.6千米。

环境建设 2014年，浑源县万元地区生产总值能耗降幅为3.7%，工业固体废弃物综合利用率达64%，万元工业增加值用水量降幅达6.9%，PM10浓度同比下降2%，污水处理率达80%。投资1619万元，启动农村环境连片整治示范项目；取缔土小炉窑201个，二氧化硫、氮氧化物、化学需氧量、氨氮主要污染物的削减比例分别为3.48%、7.1%、7.04%、3.3%。投资260余万元，完成北岳西街、迎宾街、天峰路、柳河公园等区域的绿化改造工程，县城建成区绿化覆盖面积6380亩，绿化覆盖率达37.64%。投资1.1亿元，启动实施浑源西高速口至悬空寺景区7.5千米通道绿化工程；推进京津风沙源治理、退耕还林成果巩固、荒山造林等绿化工程，全县完成造林绿化4.313万亩。

教育 2014年，浑源县投资2385万元完善5所学校基础建设；投资2114万元，新建下韩和麻庄两所村级幼儿园，改建李峪和许村两所农村幼儿园，新建浑源五中学生宿舍楼，购置安装高考屏蔽仪90套、监控设备10套；投资7900万元，实施浑源七中扩建工程，完成育栋学校、北岳英才学校建设工程。

文化旅游 2014年，浑源县对73处明清四合院进行挂牌保护，第一批14处历史建筑的认定、公告工作结束。神溪村被列入第三批中国传统村落名录。完成可移动文物普查工作，共普查文物268件（套）；投资524万元，国保单位栗毓美陵园等新建消防水源工程完成，推进历史文化街区修复工程，完成新升格3处国保单位的“四有档案”工作，实施市县级文物保护单位的保护工作。全年投资5483万元，推进岳门湾景区修建工程，实施恒山景区三元宫绿化工程和岳门湾古建筑群消防工程。举办“六届四次五岳年会”、恒山传统庙会和系列节庆活动。年内恒山景区门票收入完成6301万元，接待游客110万人次，旅游综合收入4.41亿元。新建11个乡镇体育健身广场，创办2个省级非遗传习所。

社会保障 2014年，浑源县财政民生支出5.1亿元，占财政总支出的82.36%。投资800万元，建成7100平方米的社会福利中心；为全县优抚对象解决医疗费30万元，发放救助金32万元。完成创业培训180人，城镇失业人员再就业培训315人，扶持小额贷款推进创业就业资金570万元，创业带动就业353人，城镇新增就业人数1208人，转移农村劳动力5016人。为全县机关事业单位在职和离退休人员调整补发工资，每月人均增加工资53元，补发工资8400万元；为企业离退休人员调整养老金标准，人均增加超过10%。全年城镇职工基本养老保险、城镇基本医疗保险、城乡居民社会养老保险、城镇失业保险、工伤保险、职工生育保险等“六险”参保人数分别为30140人、54978人、183307人、15136人、15249人、24881人。城乡低保标准分别提高9%和16%，分别达每人每月332元和199.5元，全年为45882名城乡低保对象发放低保金8508万元；为受灾群众发放救灾资金113万元。新型农村合作医疗保险人均筹资标准提高到390元，住院封顶线提高到15万元，全年发放保险补偿资金9581万元。（范颖莲）

·左云县·

中共县委书记 徐尚红（女）*

县人大常委会主任 王 璞
县 长 王东升
县政协主席 闫 荣

【简述】 左云县位于北纬39°44′~40°14′，东经112°32′~112°59′，总面积1307平方千米，下辖3镇6乡。总人口145783人，其中女性人口为71814人。非农业人口42310人；农业人口103473人。常住人口为159935人。人口出生率为11.12‰，死亡率为5.70‰，人口自然增长率为5.42‰。城镇化率为46.96%。

2014年，左云县地区生产总值完成38.54亿元，增长5.4%。其中第一产业增加值27606万元，增长8.2%；第二产业增加值161103万元，增长6.9%；第三产业增加值196670万元，增长3.5%。人均地区生产总值24096元。财政总收入104362万元，增长0.79%。公共财政预算收入53339万元，增长8.87%。税收收入27440万元，增长7.85%。一般公共服务支出110807万元，增长21.97%。固定资产投资1228367万元，增长3.46%。社会消费品零售总额199803万元，增长11.09%。金融机构各项存款余额836885万元，下降4.5%。各项贷款余额212308万元，增长10.3%。保险公司保费收入5044万元，支付各类赔款及给付2241万元。城镇常住居民人均可支配收入达21117元，增长8.7%；农村常住居民人均可支配收入达9343元，增长10.5%。

农业 2014年，左云县农作物种植面积27763公顷，比上年减少500公顷。其中粮食种植面积22061公顷，减少243公顷；油料种植面积3553公顷，减少544公顷。粮食产量33859吨，减少1348吨，下降3.8%；油料产量2207吨，减少880吨，下降28.5%。全年造林面积2771公顷，四旁植树65万株，中幼林抚育333公顷，育苗400公顷。猪牛羊肉总产量7086吨，增长59.95%。其中猪肉产量1958吨，增长23.92%；牛肉产量555吨，增长41.22%；羊肉产量4573吨，增长97.11%。农业机械总动力12.4万千瓦，增长4.2%，使用化肥6100吨，地膜118吨。发展以马铃薯、小杂粮种植和生态畜牧业为重点的特色现代农业；投资4391.595万元，完善百园立农续建工程；投资1.07亿元，新实施雁门清高有机苦荞生产加工园区等4项百园立农工程。新建13个标准化养殖小区，新增棚圈30150平方米，全县标准化养殖小区总数达99个，棚圈总面积达到30多万平方米，其中标准化养羊小区总数达79个。注重农业基础设施建设，实施十里河河道治理和京津风沙源治理工程，新建水源工程和节水灌溉工程26处，解决17个村庄6890人的饮水安全问题，实施6500亩的膜下滴灌工程。落实粮食直补和农资综合直补面积27.5349万亩，发放国家农机购机补贴资金208.71万元，新增各类农机具164台(套)。

工业建筑业 2014年，左云县规模以上工业企业8家，全年规模以上工业增加值68586万元，增长6.8%。全社会原煤产量446万吨，下降15%。其中规模以上工业原煤产量315万吨，增长9.56%。发电量24688万千瓦时，下降16.47%。规模以上工业企业实现主营业务收入98101万元，增长23.40%。其中煤炭工业实现主营业务收入82158万元，下降36.37%；电力工业实现主营业务收入12650万元，下降20.48%；食品工业实现主营业务收入3281万元。规模以上工业实现利税-12542万元，实现利润22626万元。

2014年，左云县建筑业实现增加值14231万元，比上年增长8.5%。

项目建设 2014年，左云县推进现代化矿井建设，兼并重组矿井26座，其中4座煤矿试运转，9座实现正式生产。省级转型标杆项目中海油煤制气项目核准涉及的25个大项完成项目主场区土地征收工作；黄北干线左云供水工程开展前期工作。规划申报25平方千米的左云煤化工产业开发区，成立武州经济建设投资有限公司服务园区建设。全县民营经济增加值完成25亿元，同比增长6.1%。累计完成招商签约项目6个，投资总额达169亿元。

城乡建设 2014年，左云县投入5773万元，完成云川路亮化美化工程、十里河南岸土地综合开发项目建设，实施农贸市场综合建设工程等一批重点工程，配套完善建成区的供水管网、服务设施标识等基础设施。推进中心镇建设，鹊儿山镇镇区“五项建设”完工，马道头乡完成河道整治和环乡及滨河区绿化工程。全县城镇化率提高2个百分点，达46.83%，县城建成区面积达7.2平方千米。实施城乡清洁工程，累计投入城乡清洁工程资金3887.852万元。

环境建设 2014年，左云县推进国家级生态县建设，完成造林任务4.1573万亩，实施造林绿化工程，新增造林面积15246亩，完成村庄绿化10个，对林业重点工程全部实现围网管护。马道头乡完成创建国家级生态乡镇验收，张家场乡建成省级生态文明乡镇。县城空气质量二级以上天数达到357天。

科教文卫 2014年，左云县在科技方面组织申报市级项目4项，争取资金110万元。发明专利申报完成3件，培育高新技术企业1家，申报科技民营技术企业2家。普通中小学校34所，专任教师1908人，在校学生数15452人，其中小学生7422人，初中生3910人，普通高中生3926人，职业高中生194人。幼儿园(不包括学前小学校)7所，在园幼儿4663人。投资2776.5万元，完成信息化建设项目校20所，新建体育场项目校4所，新建标准化幼儿园2所，改造农村幼儿园3所。文化馆1个，综合公共体育场一处，公共图书馆1个，藏书11.4万册。有线电视用户6048户，电视综合覆盖率达90%以上。卫生机构(含诊所、村卫生室)255个，床位395张。妇幼保健院(所、站)1个，卫生技术人员557人。

社会保障 2014年，左云县城镇基本养老保险参保13889人，其中城镇职工基本养老保险参保10794人；新型农村养老保险参保62006人；城镇基本医疗保险参保43680人；失业保险参保8529人；工伤保险参保20479人；生育保险参保11863

人。城市最低生活保障对象3011人，发放低保金1439万元；农村最低生活保障对象10773人，发放低保金1657万元。五保供养976人，集中供养78名，孤儿81名，教育救助98人，优抚对象486名。为全县54168户低收入农户每户发放1吨煤。开工建设2万平方米廉租住房项目，开展“云和园”经济适用房分配工作。完成抗震加固农村住房1000户，完成农村危房改造2500户。推进木代村、柳树湾400人的易地移民扶贫搬迁工程。全年城镇新增就业1382人，转移农村劳动力2337人，年末城镇登记失业率为3.8%。从业人员平均工资34774元。（邵明仁）

·大同县·

中共县委书记 王凤瑞
县人大常委会主任 武 明
县 长 周聚德
县政协主席 薛守清

【简述】 大同县位于北纬39°43′~40°16′，东经113°20′~113°55′，总面积1503平方千米，下辖7乡3镇，3个街道办事处，175个行政村。总人口190229人，其中男性98807人，女性91422人，自然增长率为5.13‰。

2014年，大同县地区生产总值完成24.97亿元，增长6.2%。第一产业增加值完成76239万元，增长5.8%；第二产业增加值完成56034万元，增长8.3%；第三产业（服务业）增加值完成117394万元，增长5.2%。城镇居民人均可支配收入达15763元，增长7.5%；农村居民人均可支配收入达7081元，增长10.7%。在岗职工平均工资为38299元，增长0.39%，城乡居民储蓄存款余额为334772万元，增长7.90%。

农业 2014年，大同县农林牧渔业总产值完成136477万元，比上年增长4.6%。农作物播种面积达43774公顷，增长1.73%。粮食总产量达93234吨，增长5.61%。奶类产量达31414吨，增长2.94%，禽蛋产量达13589吨，增长8.5%，肉类产量达12094吨，增长8.87%，绵羊毛产量达345吨，增长16.9%。新造林面积3333公顷，增长24.5%。

工业 2014年，大同县共有规模以上工业企业17家，实现增加值35660万元，同比增长7.2%；实现销售产值138546万元，同比增长12.2%；实现销售收入137624万元，同比增长11.7%；实现利税9027万元，同比增长26.3%；实现利润4649万元，同比增长88%。规模以上工业企业实现总产值145024万元，同比增长15.5%。民营企业销售收入完成23.5亿元，上缴税金1.45亿元。

建筑业 2014年，大同县共有资质以上建筑业企业8家，共完成建筑业产值20828万元，同比增长161.6%，资质以上房地产开发企业4家，共完成开发投资37940万元，同比下降18.5%。

旅游业 2014年，大同县火山群国家地质公园正式揭碑、授牌。政府投资450万元，完成数字电影院基础设施建设及配套工程。举办2014年“中国旅游日”、第二届大同音乐帐篷节和“2014首届大同国际自行车骑游大会火山群自行车挑战赛”，省级乡村游示范点倍加造镇营坊沟村正式授牌。旅游总收入5.77亿元。

投资贸易 2014年，大同县完成固定资产投资750397万元，同比增长8.3%，其中，第一产业完成投资53600万元，占全部投资的7.1%；第二产业完成投资268986万元，占全部投资的35.8%；第三产业完成投资427811万元，占全部投资的57.1%。全年共有固定资产投资项目69个，其中2014年新开工项目55个。

2014年，大同县社会消费品零售额完成138207万元，同比增长11.1%。其中城镇零售额55053万元；农村零售额83154万元。餐饮业消费零售额20449万元；商品消费零售额117758万元。

交通邮电 2014年，大同县境内公路通车里程达到1544千米。投资2498万元改造巨乐—许堡的公路。全县10个乡镇175个行政村全部通水泥（油）路。全县拥有固定电话用户5123户，比上年下降12.6%，拥有移动电话用户117291户，比上年下降18.0%，拥有互联网宽带用户12405户，比上年下降21.1%。

财政金融 2014年，大同县公共财政预算收入完成22727万元，同比增长41.2%。财政总收入完成42656万元，同比增长24.21%。公共财政支出103670万元，同比下降10.19%。金融机构存款余额506460万元，同比增长5.13%。

文教卫生 2014年，大同县有幼儿园36所（不含无证园），小学32所，小学办学点29所，初中14所，高中1所；共有专任教师2014人。政府投资2984.5万元，实施完成18所学校信息化建设工程、2所体育场建设工程、1所标准化幼儿园建设工程、1所学校土建工程、3所农村幼儿园改造工程主体工程。有县级文化馆，图书馆各1个，乡镇文化站10个，村级文化（图书）室175个，拥有各类图书38625册。拥有篮球场113个，门球场1个，健身广场332个，健身路径1388件套。有县级医疗卫生机构6个，乡镇卫生院10个，卫生院分院6个，农村卫生室（点）159个，个体诊所11个。有卫生技术人员602人。

生态建设 2014年，大同县政府投资4479万元，完成造林面积0.3万公顷，森林覆盖率达31.8%。完成燃煤锅炉脱硫除尘技改5台，实施节能减排技术改造1家，农业源减排工程4家。万元生产总值综合能耗下降4%。空气质量二级以上良好天气达329天。

社会保障 2014年，大同县拥有光荣院1所，敬老院6所，床位412张，集中供养349人，全年政府为集中供养的老人支付养老费用74.4万元；分散供养五保户1463人，支付养老费用209.3万元；为优抚对象支付抚恤金785.8万元。全县为2954户5893人城镇低保对象支付低保金2089万元，为14781户16837人农村低保对象支付低保金2715万元，新型农村合作医疗保险参保126252人，全年共为农村参保患者报销医药费 4795 万元。

2014 年，大同县城镇登记失业率控制在 4.0%以内，年内城镇新增就业人数 1563 人，创业带动就业人数 392 人，失业人员再就业 257 人，其中就业困难人员就业 141 人，转移农村剩余劳动力 2752 人。参加职业技能培训 100 人，城镇失业人员再就业培训 200 人，农村劳动力技能培训 500 人，新成长劳动力培训 300 人，创业培训 60 人。

城乡建设 2014 年，大同县编制完成《大同县县城总体规划》《大同县智慧城市规划》等 10 个规划。投资 3000 多万元，完成永业东街、永业西街和益民路三条道路改造，11 月底建成通车。投资 2498 万元，完成聚乐—许堡县乡公路改造工程。投资 5400 万元，实施县城供水改扩建工程。新开工建设公租房 1000 套，实施完成农村危房改造和抗震加固工程 4000 户，完成移民搬迁 2000 人。 （吉广仁）

【第二届晋商大会暨大同县招商项目推介会】 2014 年 8 月 29 日，第二届晋商大会在大同县举行招商项目推介会。33 个市县两级项目成功签约，总金额 193.07 亿元。其中大同县现场签约儿童医院项目、农副产品深加工项目、国家爱晚养老基地项目等 15 个项目，总投资 108 亿元。（吉广仁）

阳泉市

中共市委书记 洪发科
副书记 陈永奇
王旭明
市人大常委会主任 刘高官
副主任 王振国
刘兆林
吴丽萍(女)
孙金明
吕昌政
刘志强
市长 陈永奇
副市长 李利生
郝培亮
任衍钢 董仙桃(女)
赵峰
徐芃(挂职)
市政协主席 郃爱国
副主席 曹凯民 许文珍
赵永红(女) 李天祥
任美福 李顺宽
赵平有

【概述】 阳泉市位于北纬 37°40′~38°31′，东经 112°54′~114°04′，总面积 4558.93 平方千米，下辖城、矿、郊三区和平定、盂县两县。常住人口 139.27 万人，人口密度 305 人/平方千米，城镇化率 64.96%。

2014 年，阳泉市地区生产总值完成 616.6 亿元，比上年增长 3.2%。第一产业增加值 11.0 亿元，增长 4.2%；第二产业增加值 336.9 亿元，增长 3.5%；第三产业增加值 268.7 亿元，增长 2.7%。财政总收入 98.1 亿元，下降 6.3%。公共财政预算收入 47.0 亿元，增长 0.5%；税收收入 35.5 亿元，增长 2.4%。全社会固定资产投资完成 517.4 亿元，增长 6.6%。国有及国有控股投资 231.3 亿元，增长 1.2%；民间投资 279.4 亿元，增长 12.6%。社会消费品零售总额 271.2 亿元，增长 9.9%。海关进出口总额 19567 万美元，下降 8.3%。城镇居民人均可支配收入达 24825 元，增长 7.4%；农村居民人均可支配收入达 10742 元，增长 10.1%。

农业 2014 年，阳泉市农作物种植面积 5.92 万公顷，比上年增加 0.02 万公顷。粮食种植面积 56786.5 公顷，减少 70.5 公顷；油料种植面积 110.6 公顷，减少 55.5 公顷。粮食产量 29.4 万吨，增加 0.3 万吨，增产 0.9%。夏粮 810 吨，下降 50.6%；秋粮 29.3 万吨，增产 1.2%。肉类总产量 19924.3 吨，增长 5.6%。猪肉产量 15276 吨，增长 0.3%；禽肉产量 3513 吨，增长 31.1%。年末生猪存栏 142524 头，生猪出栏 203665 头。牛奶产量 6518 吨，下降 0.7%。禽蛋产量 27800 吨，增长 8.0%。水产品产量 810 吨，增长 7.1%。造林 8400 公顷，增长 12.7%。人工造林面积 6800 公顷，增长 0.9%。全年木材产量 2780 立方米。农业机械总动力 136.5 万千瓦，增长 2.2%。机械耕地面积 4.6 万公顷，增长 3.0%；机械播种面积 4.2 万公顷，机械收获面积 0.8 万公顷，分别增长 3.0%和 29.1%。全市农机化经营总收入 8.0 亿元，增长 8.4%。农业产业化龙头企业 55 家，农民专业合作社 2076 家。

工业建筑业 2014 年，阳泉市规模以上工业企业 140 家，比上年减少 21 家。全年规模以上工业增加值增长 4.2%，实现主营业务收入 559.7 亿元，下降 32.3%。煤炭、焦炭、冶金和电力工业分别实现主营业务收入 349.5 亿元、5.3 亿元、43.7 亿元和 38.7 亿元，煤炭、冶金、电力工业分别下降 35.5%、32.6%、22.9%，焦炭增长 4.0%；化学、建材、装备制造、食品工业分别实现主营业务收入 10.2 亿元、39.4 亿元、53.9 亿元、3.5 亿元，建材、食品工业分别增长 2.9%、58.3%，化学、装备制造工业分别下降 41.6%、40.7%。规模以上工业实现利税 21.4 亿元，下降 58.7%；实现利润−20.7 亿元，下降 432.9%。

2014 年，阳泉市建筑业实现增加值 43.5 亿元，按可比价计算，比上年下降 0.7%。具有建筑业资质等级的总承包和专业承包建筑业企业实现利润 3.8 亿元，下降 17.4%。

项目建设 2014 年，阳泉市程庄、上社、汇能 3 座矿井通过省级验收，冠裕、富鑫、常顺 3 座改造矿井竣工投产。阳煤远盛、盂县鑫磊、南煤西上庄和国际能源裕光煤电 4 个发电项目取得“路条”，总装机达到 472 万千瓦。中广核风电一期 49.5 兆瓦、晋阳新能源一期 50 兆瓦光伏发电项目并网发电。阳煤乙二醇项目土建基本完工。平定煜昌机械 3 万吨大型铸件项目达产达效，阳煤华越机械高端液压支架项目推进。兆丰铝业二期 70 万吨氧化铝、兆丰天成 20 万吨高精铝板带一期 12.5 万吨项目投产。梁家寨大米温泉国际度假区一期投入运营，桃林沟景区新建配套项目完工，水神山佛教文化区主体完工。百度云计算中心一期 3 万台服务器模组建成并投入运行。

能源 2014 年，阳泉市一次能源生产折标准煤 4437.5 万吨，下降 3.8%；二次能源生产折标准煤 2522 万吨，增长10.1%。规模以上工业总能耗折标准煤613.1万吨,下降6.3%。全社会用电总量68.6亿千瓦小时,下降13.7%。

交通邮电 2014年,阳泉市公路线路里程5370.6千米。民用汽车保有量17.4万辆(包括三轮汽车和低速货车1168辆),增长4.4%。邮电业务总量16.3亿元,增长11.6%。邮政业务总量1.2亿元,下降2.5%;电信业务总量15.1亿元,增长13.3%。移动电话用户143.5万户,宽带接入用户30.5万户。

旅游 2014年,阳泉市接待海外旅游者3995人次,接待国内旅游者1816.8万人次,分别增长4.5%、22.5%;旅游外汇收入87.3万美元,国内旅游收入149.2亿元,旅游总收入149.4亿元,分别增长4.3%、24.5%和23.8%。

金融保险 2014年,阳泉市金融机构本外币各项存款余额1154.2亿元,比年初增加3.2亿元,比年初增长0.3%。各项贷款余额649.4亿元,比年初增加30.7亿元,增长5.0%。保费收入23.9亿元,增长7.6%。人身险保费收入16.1亿元,增长7.1%,其中寿险保费收入15.6亿元;财产险保费收入7.8亿元,增长8.2%,其中机动车辆险保费收入6.2亿元。支付各类赔款及给付9.4亿元,增长11.9%。

教育科技 2014年,阳泉市普通高等学校招生4580人,在校生12817人;中等职业学校招生3739人,在校生14213人;普通高中招生9779人,在校生30085人;初中招生17683人,在校生42472人;小学招生13458人,在校生83680人。专利申请量与授权量分别为1078件、483件,其中发明专利申请量与授权量分别为361件、23件。签订各类技术合同20项,技术合同成交总额5299.7万元,增长15.7%。全年新登记科技成果28项。市级企业技术中心29家。高新技术企业17家。

文体卫生 2014年,阳泉市有群众艺术馆、文化馆6个,艺术表演团体6个,公共图书馆6个。有线电视用户33.2万户。《阳泉日报》发行730万份。阳泉籍运动员在国内外重大比赛中获金、银、铜牌分别为74枚、54枚和59枚(包括非奥运项目比赛)。全年销售中国体育彩票4652万元,增长4.8%。卫生机构(含诊所、村卫生室)1440个,床位7428张。妇幼保健院(所、站)6个。卫生技术人员9283人。3个农业县(市、区)全部开展新型农村合作医疗保险试点工作,57.2万农民参加。

环境建设 2014年,阳泉市空气质量二级以上天数为178天,优良天数比例为48.8%,综合污染指数为8.62,环境空气质量稳定达到国家二级标准。化学需氧量、氨氮、二氧化硫、氮氧化物、烟尘和工业粉尘分别减排2.12%、0.05%、5.16%、9.23%、0.33%、0.45%。林地面积11.8万公顷,森林覆盖率25.9%。

社会保障 2014年,阳泉市参加城镇职工基本养老保险31.45万人,参加农村养老保险37.02万人,参加城镇医疗保险63.04万人,参加失业保险25.05万人,参加工伤保险24.84万人,参加生育保险24.58万人。城区、矿区、郊区最低工资标准为1450元,平定县、盂县为1250元,比上年提高160元。城市最低生活保障对象4.06万人,农村最低生活保障对象4.29万人,农村"五保"供养0.74万人,全年发放最低保障资金2.35亿元。各类提供住宿的社会服务机构36个,养老服务机构床位数3881张,各类福利院床位数350张,收养122人。全年销售福利彩票2.11亿元,筹集社会福利资金1401万元,接收社会捐赠款27.3万元。（任佟苏）

【西环高速公路竣工】 2014年12月29日,阳泉市西环高速公路正式通车运营,标志着阳泉市境内高速公路环线路网全线贯通。西环高速公路与太旧、太阳、五阳高速公路相关部分形成阳泉环线,是全省高速公路网规划"三纵十二横十二环"其中一环,是连接国家主干线京昆与青银高速的重要通道,属省投市建项目。该项目北起太阳高速公路盂县枢纽互通处,往南经盂县南娄、鹿峪、郊区保安,至终点郊区旧街乡新店村,与太旧高速公路相交,并设置旧街枢纽互通。全线设旧街、南娄2个收费站,批复概算22.27亿元,主线全长22.5千米,桥隧比例49.37%,设计时速80千米,双向4车道。（杨 文）

【青少年权益工作创新】 2014年,中国共产主义青年团阳泉市委员会开展青少年权益创新试点工作。在全省创建首家未成年人定向关护中心,中心面积600余平方米,15名阳光关护员持证上岗,与检察院有关干警一道对全市不捕不诉涉案未成年人实施"1对1""N对1"定向关护。在全省创建首家流浪未成年人爱心驿站,8名爱心辅导员对市流浪未成年人救助保护中心内的流浪乞讨未成年人进行心理疏导和人性化关爱。在全省创建首家青少年社会工作站"亲&青FAMILY",聘请山西铸仁社会工作服务中心的专业青少年社会工作者做技术指导,市"心知旅"心理辅导站等6家社会公益组织提供心理辅导、法律援助、成长关爱、社会融入等专业服务。（杨 文）

【山西工程技术学院成立】 2014年5月27日,山西工程技术学院在阳泉市成立。教育部下发《教育部关于同意建立山西工程技术学院的函》(教发函〔2014〕147号),"同意在太原理工大学阳泉学院(资源)基础上建立山西工程技术学院,学校标识码为4114014527"。太原理工大学阳泉学院正式更名为山西工程技术学院,是阳泉市第1所本科院校,同时也是山西省第5所工科类本科院校。

山西工程技术学院首批设置与全省产业紧密相关的采矿工程、测绘工程、机械设计制造及其自动化、土木工程、电气工程及其自动化、计算机科学与技术6个本科专业。2014年,首次在全省招生3646人,其中本科1432人、专科2214人。学校有全日制在校生10303人,教学仪器设备总值10570万元,占地面积73.7公顷,校舍建筑总面积25.7万平方米,设8个系、2个教学部、1个继续教育培训部、6个本科专业、30个专科专业。（杨 文）

【刘慈欣作品《三体》英文版在美发行】 2014年11月,中国科幻作家、阳泉市作家协会副主席刘慈欣的畅销科幻作品《三体》三部曲的第一部英文版在美国出版发行。 (杨 文)

【《最后的铸造厂》在央视播出】 2014年,由阳泉广播电视台制作的三集纪录片《最后的铸造厂》入选国家广电总局推荐的2014年第二批优秀国产纪录片,与央视制作的《百年潮·中国梦》《舌尖上的中国Ⅱ》《客从何来(第一季)》等28个纪录片一同成为推荐展播片目。该片由阳泉广播电视台资深导演郭东升独立导演制作。记录有60年历史的阳泉阀门厂铸造车间在关停前后,工人们的命运和前途的故事。获阳泉市10大文化亮点工程奖、第20届中国电视纪录片系列片优秀作品奖以及"金熊猫"国际纪录片节社会类最佳摄影提名奖、第二届中国镇江西津渡国际纪录片盛典评选活动提名作品。 (杨 文)

·城 区·

中共区委书记	康晓剑
区人大常委会主任	李忠祥
区长	武 雪
区政协主席	杨柱英

【简述】 阳泉市城区位于北纬37°50′~37°52′,东经113°30′~113°33′,总面积16.19平方千米,下辖6个街道办事处,46个社区居民委员会。总人口1962419,人口自然增长率4.99‰。

2014年,阳泉市城区地区生产总值完成148亿元,同比增长3.1%。服务业增加值完成125.9亿元,同比增长4.6%;全社会消费品零售总额完成148.1亿元,同比增长9.7%;全社会固定资产投资完成31.7亿元,同比下降52.7%;规模以上工业增加值完成6.6亿元,同比下降10.1%;公共财政收入完成28377万元,同比下降4.6%。城镇常住居民人均可支配收入达25840元,同比增长7.7%。

项目建设 2014年,阳泉市城区推进重点工程、重大项目建设,滨河世纪城、沃尔玛地下商业街等一批重点工程全部竣工。全年项目储备353个,总投资2061亿元,为年度任务的166.21%;项目签约21个,总投资62亿元,为年度任务的124%;项目落地21个,总投资56.41亿元,为年度任务的115.12%;项目开工24个,总投资46.44亿元,为年度任务的105.55%;项目建设49个,完成投资53.9亿元,为年度任务的105.69%;项目投产9个,累计完成投资57.3亿元,为年度任务的108.11%。全年协议利用外来投资62.18亿元,为年度任务的124.36%,实际到位资金30.71亿元,为年度任务的109.6%。

第三产业 2014年,阳泉市城区发展现代服务业和新兴服务业,实施电子商务引领发展战略,与厦门市电子商务协会签约合作。培育壮大健康服务业和养老服务业,在城区人民医院成立老年护理中心,在全省率先开展医养融合发展工作。打造晋东地区最大的智慧物流中心,投资10亿元的"广货(山西)分拨交易中心项目"(广州的货物拉到北方,阳泉作为分拨交易点,通过物流向周边辐射)前期规划初步完成。发展"飞地经济",天元循环经济项目开工建设,金星激光项目落地开工,地源热泵项目、蒙牛乳业物流项目、国药物流项目、LED项目开展选址工作。发展民营经济,出台《关于扶持中小微企业发展的实施办法》,推进中小微企业助保贷工作,解决企业融资难问题,全年为24户企业提供增信贷款额度达到2940万元。推进服务业实体经济项目申报、市场认证工作,建立中小微企业台账、总部及楼宇经济台账以及物流企业、专业市场、大型商业网点等专项服务业台账。

城乡建设 2014年,阳泉市城区推进"清洁城区"创建工作,取缔北大街、青年路、新建街等9条主要街道的露天烧烤活动,对下站中医院周边区域环境进行整治,开展南山片区集中治理工作,启动南外环路及阳泉三中以东至矿业公司沿街门店整治整饰,建成北大东街等省级容貌示范街5条,泉东路等省级保洁示范街3条,新建、改建8个便民市场,完成15个清洁社区、15个清洁示范小区创建任务申报。

环境建设 2014年,阳泉市城区推进城市绿化工作,加强绿地养护管理,新增绿化面积2.9万平方米,全区林木绿化率、森林覆盖率、绿化覆盖率和绿地率分别达32.83%、29.49%、37.08%和33.51%,人均公共绿地面积16.68平方米。落实大气污染防治行动计划,开展整治违法排污企业保障群众健康环保专项行动、环境保护大检查行动、餐饮业环境污染整治等8个专项行动,辖区燃煤锅炉全部淘汰,餐饮服务经营场所油烟净化设施全面普及,高污染燃料禁燃区、烟尘控制区覆盖率均达100%。加快信息化建设,高标准建成"智慧城区"指挥平台,城市管理的信息化、科学化、精细化水平提升。

文化 2014年,阳泉市城区加强文化基础设施建设,在阳泉市老干部活动中心建设彩面塑、根雕、布艺、剪纸、葫芦、黑陶六个民间工艺创研、传承、展示工作室。新建6个社区图书流动站。开展戏剧表演、创作培训等15大类、23个具体项目的免费培训,组织开展"幸福社区"大家唱比赛等形式多样的群众性文体活动。

社会事业 2014年,阳泉市城区建成青少年活动中心和国防教育基地。新建改建幼儿园2所,学前三年入学率达90.1%。2014年,城区获得"山西省学前教育三年行动计划先进县(区)"称号。开展"优秀传统文化进校园"活动,组织3所中小学校的校长赴山东省泗水县参加国家教育行政学院举办的"国学经典教育"专题研修班。免费为各中小学校配置国学经典教育读本《蒙以养正》200套。开展"中华魂"主题教育读书活动。提高基本医保覆盖面和待遇水平,开通医疗保险异地就医结算网络。推进公租房和廉租房并轨运行,以代建回购方式推进200套续建廉租房、公租房建设。深化医药卫生体制改革,完成城区人民医院病房楼改扩建工程。

社会保障 2014年,阳泉市城

区压缩一般性支出和“三公经费”，加大民生领域投入，全年民生支出36650万元，占到全区公共财政支出的80.07%。新增就业岗位2505个，城镇登记失业率为3.5%。提高低保标准，建立“救急难”工作机制，保障困难群众的基本生活。提高计划生育优质服务水平，阳泉市城区金三角社区被列为山西省唯一承接国家卫计委实施的“新家庭计划——家庭发展能力建设”项目的城市社区；启动并实施一方是独生子女的夫妇可生育两个孩子的政策。为1185名二级以上残疾人发放特殊救助142.2万元，为485名一级重度残疾人发放护理补贴或生活补贴11.64万元。城区失能老人护理型养老机构老年护理中心投入使用。（王世钧）

【“幸福社区”创建】 2014年，阳泉市城区深化社区建设发展，创建“幸福社区”，推动社区治理和社区服务工作提高。细化完善“幸福社区”千分制考核测评体系，引入第三方评估，强化群众参与，成功创建命名18个“幸福社区”。累计投入370余万元，保障街道社区创建工作经费、项目资助经费和培训经费，新建和改建10个社区办公场所，34个社区建成“一站式”服务平台，建设19个社区老年人日间照料中心，社区冬季取暖问题获得解决。制订《关于推进“三社联动”创新基层社会治理试点工作实施方案》。探索建立“一委一居一站”（一委即党委，一居即居委会、一站即管理服务站）的社区治理架构。推广社区服务项目化管理，策划实施70余个服务项目，加快“智慧社区”项目建设，开展社区居家及各类养老服务项目，提升养老服务水平。小阳泉南社区被评为全国和谐社区建设示范社区；兴隆街社区“农民工温馨家园”项目被民政部《社区》杂志选登；城区义井街道南边堰社区的“爱心手工坊”项目参加中国第三届慈善会，并入围百强。打造“艳荣工作室”“冬花精神”“老田帮忙中心”“双服务”等一批社区服务品牌。《阳泉市城区社区建设志》编纂工作进入总纂阶段。组织街道、社区工作骨干分赴全国19个省55个先进社区考察学习，邀请全国社区建设专家对社区干部进行培训，专业社工达到22人。（王世钧）

·矿 区·

中共区委书记　刘德跃*
区人大常委会主任　苏满晓
区长　刘乙佑
区政协主席　王贵平

【简述】 阳泉市矿区位于北纬37°51′~37°55′，东经113°29′~113°33′，总面积19.15平方千米，下辖6个街道办事处，40个社区居民委员会。截至2014年底，矿区总人口为247848人。

2014年，阳泉市矿区地区生产总值完成137.1亿元。规模以上工业增加值完成104.23亿元；全社会固定资产投资完成94.1亿元；公共财政预算收入完成3.12亿元；社会消费品零售总额完成20.9亿元。第三产业增加值完成25.2亿元，增长2.6%。

项目建设 2014年，阳泉市矿区推进总部经济建设。围绕阳煤集团经营的总部类企业达550多户，全年上缴税收3.24亿元，占到财政总收入的49%。对企业实行精准帮扶，实现存量总部企业对地方财政贡献率同比增长6%。引进30户企业入驻矿区。发挥“政、银、企”担保平台作用，累计帮助企业融资近4000万元。推进飞地经济建设，与毗邻县区融合式发展。以“飞地”模式引进项目12个，其中5个项目落地，涉及资金4.3亿元，双隆办公设备制造项目开工建设，鑫利达游乐园对外营业；石头造纸等7个项目完成签约并确定选址，涉及资金58亿元。4个项目达成初步合作意向，涉及资金19.2亿元。推进招商引资，签约矿区城市文化综合体、乏风及低浓度瓦斯氧化利用、振发新能源阳泉光伏发电等项目。全年招商引资、协议利用外来资金77.8亿元，实际到位资金28.8亿元。完成中小企业培训基地建设。对企业商户进行帮扶、培育，为中小企业拨付发展扶持资金、争取省级补助资金272万元。

第三产业 2014年，阳泉市矿区新增内资、私营企业161户，个体工商户547户。新泉物流公司电子物流平台与海南八百里物流公司签订合作框架协议。新建、改造标准化放心早餐店12家，新开华龙之星连锁店3家。北京易盟矿区分公司新增两个服务网点，服务覆盖阳泉“四区两县”全境及周边城市。洪城河文化产品一条街基本建成，煤雕、剪纸等特色文化产品实现规模化经营。举办全国艺术文化产品交流展销会。

民生建设 2014年，阳泉市矿区民生投入4.37亿元，占财政支出72.1%。新增就业人员2500人；城镇基本医疗保险参保8.59万人，城镇居民社会养老保险参保1.85万人；发放低保金2299.7万元、医疗救助金264万元等。对教育投入达2.75亿元，占全年财政支出的45.4%。投资2200多万元，为各中小学师生配备1153台电脑等各类教学设备。实施药品零差率销售，对药品差价给予100%补偿；全区社区卫生服务中心和服务站全部开展家庭签约式服务，组建全科医生团队63个，签约家庭2万余户，签约人口近9万人；完善食品安全三级监管网络，对225家餐饮单位实行量化分级管理。

文化 2014年，阳泉市矿区建成国家级文明单位1个，省级文明单位6个，市级文明单位29个，区级文明单位72个，区级以上文明社区覆盖率达32%。“道德讲堂”在全区16个市级以上文明单位开讲。中国工业版画阳泉研究院落户矿区，承办首届中国工业版画新秀展。实施“文化惠民”工程，举办社区文体艺术节、矿区非物质文化遗产进校园等公益活动。矿区基层文化园区国家级服务业标准化试点项目通过国家验收。

平安建设 2014年，阳泉市矿区解决信访问题401个，办结率达96%。刑事案件比上年减少112起，下降18.8%，万人发案率低于全市4.86个点。矿区获得省级平安区和“全国和谐社区建设示范单位”称号。投资40万元升级改造管理系统，新建电视电话会议系统、舆情监测系统、政法信息系统和手机报平台。将"天网"系统和无人值守监测系统进行有效整合。开通互动平台系统,实现老年证办理、养老保险认证、再生育审批服务、残疾人低保办理四个服务功能。开展安全大检查,查处安全隐患354条并全部整改。(张 嘉)

【首届中国工业版画新秀展】2014年7月23日,首届中国工业版画新秀展在阳泉市展览馆开展。来自北京、黑龙江、湖北、湖南、大连等全国19个省市地区的工业版画学者及爱好者的360余幅作品参展。矿区抓住阳泉市打造"中国版画城"的发展机遇,出台矿区版画发展规划,成立矿区版画学会,多次举办版画创作培训班,形成版画创作队伍,打造具有鲜明煤矿特色的地区文化品牌。中国工业版画新秀作品展确定每两年在阳泉举办一次。(孙燕平)

【全市"优秀兵妈妈""十佳好军嫂"表彰会召开】2014年7月25日,阳泉市"优秀兵妈妈""十佳好军嫂"表彰会暨微电影《绒花》首映式在矿区举办,10位"优秀兵妈妈"和10位"好军嫂"受到表彰。评选经过层层推荐、审核,会上受表彰的好军嫂、兵妈妈都是阳泉市广大官兵妻子和母亲的优秀代表。她们中有从兵姐姐、兵嫂嫂一直到兵妈妈,把一生的爱都奉献给驻地子弟兵的芦存林;有竭尽全力支持孩子献身国防事业的兵妈妈魏爱荣、赵素芳;有为丈夫安心服役,一人挑起全家重担的好军嫂李晓雨、郄春平、吕素英等。(孙燕平)

【矿区青少年社会工作站成立】2014年10月16日,亲&青Family——阳泉市矿区青少年社会工作站在矿区段南沟社区成立。这是全省首家共青团组织开办的青少年社会工作站。"亲&青Family"矿区青少年社会工作站具体工作由矿区团委实施,聘请山西铸仁社会工作服务中心的专业青少年社会工作者做技术指导,阳泉市"心知旅"心理辅导站等6家社会公益组织为矿区桥头5个社区的1.4万名青少年提供专业服务,重点关注辖区内的闲散青少年和城市留守青少年。围绕隔代教育、青年创业就业、青春期教育等青少年较为集中的问题,6家社会公益组织的工作人员与社区居民以及部分青少年家长进行沟通交流。(孙燕平)

【《中国共产党阳泉市矿区历史》出版】2014年12月10日,矿区首部党史资料文籍——《中国共产党阳泉市矿区历史》由山西人民出版社出版发行。该书设12编31章约44万字,采用编年纪事与本末纪事相结合的体例编纂,记载自1926年4月至2011年12月的矿区党史,主要包括矿区工人阶级的产生和活动,矿区地方党组织的建立及其领导的斗争,抗日救亡运动和牺盟会的成立等内容。(孙燕平)

·郊 区·

中共区委书记 苏秀瑞
区人大常委会主任 王梦贺
区长 韩加政
区政协主席 王如生

【简述】阳泉市郊区位于北纬37°47′~38°05′,东经113°19′~113°43′,总面积616.89平方千米(含开发区为625.62平方千米),下辖4乡4镇,184个村民委员会,2个居民委员会。全区常住人口23.8万人,其中城镇人口17.05万人,乡村人口6.8万人。

2014年,阳泉市郊区地区生产总值完成81.12亿元,增长8.1%。公共财政收入完成4.79亿元,同比下降7.99%;固定资产投资完成76.54亿元,增长8.3%;社会消费品零售总额完成13.98亿元,增长8.7%。城镇居民人均可支配收入达20860元,增长8.1%;农村常住居民人均可支配收入达11320元,增长9.9%。

农业 2014年,阳泉市郊区财政投入1000万元扶持农业发展。粮食产量达2900万公斤;生猪、蛋鸡、奶牛存栏分别达6.3万头、200万只和1032头;温室大棚、果园、中药材面积分别累计达到380公顷、0.12万公顷、346.7公顷。年初确定的12个农业项目完工8项。新增省级"一村一品"专业村11个、市级6个。

工业 2014年,阳泉市郊区规模以上工业增加值完成21.06亿元,增长12.6%。实施项目81项,完工40项。旧街煤业60万吨标准化矿井完成转产验收。89家企业进入"山西省重点企业项目库",金隅通达等3家企业完成"小升规",立博线缆获省级"专精特新项目"企业称号。"助保金贷款"业务融资规模达2.3亿元,为12家企业发放贷款7360万元。307小微企业集聚区形成平台186.67余公顷,河底京昆高速商贸物流园打造平台20公顷,西南舁耐火产业集聚区1.6千米平台公路建成通车。全年新签约百万元以上经济技术合作项目31项,实际到位资金74.1亿元。总占地面积3.33公顷,计划总投资1.2亿元,其中一期项目完成投资7000万元的LNG汽车物流园——山西通宝鑫能物流有限公司LNG汽车物流园一期项目竣工投产。由阳泉市明华科技(集团)有限公司投资5000万元创办的真金耐火材料交易网(平台)启动并举行"漾泉耐材"推广会,建成的"耐耐网"电子交易平台发展线下客户1200余家。

旅游服务 2014年,阳泉市郊区桃林沟成功申报国家AAAA级景区;上千、小河、咀子上三村入选"山西最美旅游村";桃林沟鑫利达游乐园建成运营。全年全区接待游客87.5万人次,比上年翻两番。阳泉智慧生态医养敬老工程产业园项目和金翰福阳泉颐养中心项目落户

城乡建设 2014年,阳泉市郊区漾泉大道二期拆迁扫障基本完成,新城大道供热供水管网改造工程完工。重点实施荫营东西大街集中整治工程,完善水、电、气、暖、污水处理等管网改造,翻修拓宽路面,美化绿化街道,安装红绿灯,新增公厕3所。完成水质净化工程。推进城乡建设用地增减挂钩,获批周转指标33.33公顷,报批各类建设用地107.8公顷。累计

流转土地0.1万公顷。

生态建设 2014年，阳泉市郊区阳五高速、西环高速、刘备山旅游公路通道绿化完成45.7千米，新增造林面积0.17万公顷，全区森林覆盖率达25.8%。取缔关停107座土竖窑，淘汰近1300辆黄标车和老旧车。郊区荫营城区空气质量二级以上天气达336天。

民生事业 2014年，阳泉市郊区建成各类保障性住房3542套，改造农村危房1165户；新建农村老年人日间照料中心36个，乡村和城市低保标准分别由202元、355元提高到225元和410元。受理劳动争议案件233件，为农民工清理欠薪5079万元。实现行政村通公交全覆盖、边远山村任职教师岗位津贴全覆盖、新型农村合作医疗保险参保农民大病保险全覆盖。新招录公务员20名、事业单位人员68名，安置退伍军人和高校毕业见习生130人，新增就业岗位3070个，城镇登记失业率稳定在4%以内。

社会事业 2014年，阳泉市郊区4所省级农村幼儿园新改扩建和110所中小学(幼儿园)饮用水净化工程完成。推进《阳泉市郊区志》编修工作。乡村开展“文化惠民”演出92场，小河村入选央视4套百集大型纪录片《记住乡愁》。小河村、官沟村、大阳泉村、辛庄村四个古村落相继入选中国传统村落保护项目名录。全年申请专利342件，向上争取扶持资金505万元。低保对象免费享受新型农村合作医疗保险医保和村级卫生所免收一般诊疗费实现全覆盖，落实“单独两孩”政策。

政府建设 2014年，阳泉市郊区政府推进行政改革，联合审批项目80余项，承接省、市下放的21项行政审批事项，开始办理17项。

安全生产 2014年，阳泉市郊区开展安全大检查和“六打六治”打非治违专项行动，煤矿百万吨死亡率连续6年为零。查扣非法采矿设备92台，立案查处案件23起，追究刑事责任7人，行政拘留9人，党纪政纪处分17人。 (侯晋元 高志宏)

·平定县·

中共县委书记	王银旺*
	杨自明
县人大常委会主任	李建恩
县长	任晓华
县政协主席	赵珍珠

【简述】 平定县位于北纬37°39′~38°07′，东经113°25′~114°02′，总面积1395平方千米，下辖8镇2乡，318个村民委员会和17个社区居委会。常住人口339662人。

2014年，平定县地区生产总值完成85.79亿元，同比增长11.53%。服务业增加值完成34.46亿元，占地区生产总值比重40.16%，比上年提高32.2个百分点。居民消费价格上涨1.3%。全社会固定资产投资完成136.08亿元，同比增长21.1%。城镇新增就业人数4000人，城镇登记失业率低于4%。城镇和农村居民人均可支配收入分别达22845元、10212元，分别增长7.4%、10.4%。

农业 2014年，平定县粮食产量12.66万吨。生猪、蛋鸡饲养总量分别达到22.5万头、161万只，肉鸡出栏量212万只。推进“513”农产品加工业发展，实现销售收入7.95亿元，同比增长14%。

工业 2014年，平定县规模以上工业企业实现增加值31.03亿元，同比增长14.09%；实现利税3.5亿元，同比增长1.8亿元。新增煤炭产能180万吨，全县煤炭产能达450万吨，实现煤炭产量250.84万吨。煤炭洗选率达80%以上。推进阳煤乙二醇、晋煤漾泉蓝焰煤层开发利用等煤炭延伸项目建设。非煤产业增加值占规模以上工业增加值的比重达39.14%。2014年，平定县完成发电量66.51亿度，实现利润总额2.98亿元，上缴税金2.88亿元，同比增长99.6%，占到财政总收入的30.63%；阳煤远胜2×350兆瓦热电联产项目前期工作基本完成；全省第一座35千伏智能变电站投入运行。

项目建设 2014年，平定县陶粒砂、特重石墨、金刚石纯化粉等新材料产业扩张生产规模。全县陶瓷生产规模达到2000万件。龙川工业园区经山西省经信委立项批复，被确定为省新型工业产业示范基地，其中王家庄特色产业园累计投资3.5亿元，平整土地1200亩，6.27千米入园道路基本完成。小微企业孵化基地在园内落地开工。

第三产业 2014年，平定县“中国刻花瓷文化园”建设项目列为山西省唯一入选国家级重点文化产业的特色示范项目。里釉刻花陶瓷制作技艺和砂器制作技艺申报为国家级非遗保护项目，平定砂器旅游文化产业园区一期工程建成运行。形成以七亘大捷、南庄地道战为代表的红色旅游，以西锁簧、瓦岭、娘子关、上董寨等“中国传统村落”为代表的绿色旅游文化。晋东商贸物流园冠亚建材投入运行。晋东商贸物流园二期工程2.3万平方米建筑封顶，晋东华美物流园区项目推进主体工程建设。150家便民连锁店在线管理、移动业务、金融服务等“一店多能”的信息化改造完成，新建20个连锁早餐经营网点。创新金融工作，与建设银行合作开展中小企业“助保贷”业务，累计为62户小微企业发放助保贷款13842万元；与阳泉市商业银行合作开展“农保贷”项目，为10家企业发放贷款1620万元。

城乡建设 2014年，平定县编制完成县城总体规划、县域体系规划完成报批，县城绿地系统规划。完成东关、姜家沟片区改造，西部新城控制性规划和区域内3平方千米修建性详细规划。嘉山第三、四期在建保障性住房846套，其中780套主体完成。原坪水库应急专项除险加固工程和白杨沟、杜家峪、新村、夏庄、岳家庄5座小二型水库的除险加固工程完工。实施农村饮水安全工程17处，解决9个乡(镇)、15个行政村、2所学校、53000人的饮水安全问题。岔河、将军峪两个流域12.7平方千米水保工程完工，南川河县域段8.5千米河道治理主体工程基本完成；实施县域及周边2个乡(镇)、17个村、12万人的自来水管网改造工程。全县99.78%的农网变电台区供电控制在500米半径以内。药林寺旅游公路、平赵线、冠山舍利文化园旅游公路主体完工，阳泉市汽车客运南站推进主体建设工程。县城评梅西街延伸段、自强路全段通车。天然气新增用户3585户，总户数47328户，县城供气覆盖率84%。供热面积新增21.4万平方米，新增供热用户2800余户；供热总面积516.6万平方米，总用户45206户，县城供热覆盖率79.3%。

环境建设 2014年，平定县开展石灰石、铝矾土开采及加工企业整治，淘汰黄标车和老旧车2883车辆。万元生产总值能耗降幅4.34%，超额完成0.34个百分点；工业固体废弃物综合利用率73.5%；万元工业增加值耗水量81.8立方米，降幅为6.1%。二氧化硫、氮氧化物、烟尘、工业粉尘、化学需氧量、氨氮六项污染物超额完成减排任务。营林造林5万亩。开展城乡环境卫生综合整治活动，投入1114万元，新增100名环卫工人，总数400名，配备小挖机、小铲车、洒水车等100余辆。

民生建设 2014年，平定县财政用于民生支出约12.37亿元，占到财政支出的79.11%。提高城乡低保、五保供养等特困人员生活保障标准，发放救助资金8462万元。提升重点优抚对象保障水平，发放抚恤补助、安置资金1740万元。建成49个农村老年人日间照料中心。离退休职工养老金实现“十连增”，全县养老金按时足额发放。实施公立医院试点改革，平定县人民医院、县中医医院分别与山西省肿瘤医院、省中医学院附属医院建成医疗联合体医院。张庄镇卫生院、娘子关镇卫生院改扩建工程完工。城镇居民基本医疗保险工作实现全覆盖，新型农村合作医疗保险参保率达99%。6所农村幼儿园改扩建工程完工。投入73辆公交车，免费接送9个乡(镇)220多个村庄的义务教育阶段寄宿生上下学。

政府建设 2014年，平定县推进行政审批制度改革，行政审批总时限从2071天压缩到716天；企业注册登记办理时限从183个工作日压缩到37个工作日；投资项目并联审批时限从297个工作日压缩到38个工作日。

安全生产 2014年，平定县累计发生各类生产经营类事故16起，死亡7人，同比起数减少1起、死亡人数减少3人。打击各类非法采矿行为80余起，立案查处17起，11个涉煤涉矿工程点停工。 (洪晓琴 贾徐阳)

·盂 县·

中共县委书记 张玉斌
县人大常委会主任 张存福
县　　长 杜平华
县政协主席 史和斌

【简述】 盂县位于北纬37°57′～38°31′，东经112°55′～113°49′，总面积2514.38平方千米，下辖8镇6乡，1个城镇办事处，453个村民委员会和10个社区居民委员会。常住人口30.68万人，人口自然增长率5.19‰。

2014年，盂县地区生产总值完成135亿元，降低1.3%。财政总收入12.5亿元，下降10.6%；公共财政收入6.92亿元，增长0.06%；全社会固定资产投资142.1亿元，增长30.3%；规模以上企业工业增加值71.68亿元，降低13.3%；社会消费品零售总额45.14亿元，增长9.4%。农民人均纯收入达10801元，增长10.1%；城镇居民人均可支配收入达24677元，增长7.2%。

项目建设 2014年，盂县新建、续建重点项目87项，投产项目75项，完成投资113.92亿元。阳光电源光伏发电项目、中广核风力发电一期项目分别建成后并网发电；兴峪煤业和圣天宝地煤业2个煤层气发电项目建成投产；格盟国际盂县2×100万千瓦燃煤发电项目、鑫磊2×35万千瓦低热值煤发电项目开展前期工作。东坪、石店、跃进达到省级安全质量化标准矿井要求，大贤、常顺煤业转产，秀南煤业完成竣工验收。清理规范涉煤收费，取消煤炭可持续发展基金、价格调节基金和煤焦收费站，实施煤炭资源税从价计征改革，为企业减负5000万元。阳煤盂县化工完成安全拆迁工作，具备试产条件；恒耀化工4A沸石项目土建工程完工；吉天利铅酸蓄电池环保指标全部达标，废旧电池无害化处理再生系统环保改造基本完成；西小坪20万吨新型复合材料项目建成投产；铝矾土开发形成规模，全年新增税收7000万元。深化与中煤、太钢、晋能等大企业、大集团合作，全年达成投资意向20家，签订投资协议11家。

第三产业 2014年，盂县金融机构为实体经济、中小微企业和农业发展融资贷款21.8亿元。二轻系统11家企业改制工作完成。

“三农”工作 2014年，盂县粮食总产量达1.35亿公斤。全年新增核桃树种植基地2万亩、日光温室250亩，蔬菜、中药材、食用菌种植面积分别达2.59万亩、1.33万亩、26万平方米；肉牛、肉羊、生猪、蛋鸡饲养量分别达1万头、16万只、18.7万头和50万只。康泰来、鑫源伟业等农业产业化龙头企业发展壮大，康泰来香菇菌包打开美国市场。全县各类农业专业合作社发展到1146个，农产品加工企业发展到32家，“一村一品”专业村达到248个。全县农产品龙头加工企业实现销售收入7.84亿元，增长10%。农村集体经济组织产权制度改革试点和农村土地流转制度改革展开，全年流转土地4.73万亩。“百企千村”重点产业扶贫开发工程累计完成投资3500万元。

城乡建设 2014年，盂县秀水西街、香河南路、桃园路和孙交线改造完成。开工建设和推进迎宾大道、西白外环公路建设工程及完成西坡底、红崖头等4条县城小街小巷改造工程。改造县城候车亭20个，新开通公交线路2条，调整线路7条，新增公交车25辆。县国防动员指挥中心、县文化中心、中医院等完成主体建设。25个“政府早餐”工程建设完工，并投入试运行。秀水东街和西街2所星级公厕建成使用。第4代移动通信基础设施建设延伸提质，光纤覆盖区域具备三网融合能力，县城160个住宅小区光纤覆盖全部到户。跃进煤业矿井水处理项目完成主体建设，东坪煤业矿井水处理项目启动实施。香河和秀水河西崖底段河道综合治理完成可研初设。龙华口水库建设展开，乌河水库建设启动。青崖头、苗家庄等采煤沉陷区治理试点工作开展。推进以完善提质、农民安居、环境整治、宜居示范为主要内容的农村人居环境建设“四大工程”。为全县农村配备垃圾桶1200个、保洁车772辆、垃圾清运车188辆、小型装载机13台，实现清运设备、保洁人员全覆盖。改造农村危房1200户，改造农村厕所1000座；完成2个乡镇18个建制村环境集中连片整治工程，10个美丽乡村推进试点村建设。脉坡村、车谷村易地搬迁工作完成。

环境建设 2014年，盂县完成各类造林5万亩，县城建成区绿地面积达45万平方米，绿化覆盖率达38.4%。实施蓝天碧水工程，开展净空行动和打击违法排污专项行动，拆除燃煤矾石窑106座、石灰窑57座；淘汰黄标车、老旧车816辆；对11家非法排污企业依法实施断电关停，县城空气质量二级以上天气达348天。开展盂县正阳污水处理厂提标改造及再生水回用工程。县城生活垃圾填埋场正式运营。南村垃圾中转站建成完工。县城主要街道新增果皮箱300个，垃圾桶300个，规范经营摊位85处，规范刷新各类广告35600处，主要街道保洁率达100%。

教科卫生 2014年，盂县被国家教育督导委员会认定为“全国义务教育发展基本均衡县”。全年高考本科二批以上达线人数达989人。全年申请各项专利85件，高锰耐磨件厂等21家企业被确定为“省级民营科技企业”。推进医药卫生体制改革，在全县公立医院实现药品零差率销售。新型农村合作医疗保险参合率达99.8%，人均筹资标准达390元。

文化旅游 2014年，盂县被中国楹联学会命名为“中国楹联文化县”。“三馆一院”建设走在阳泉市前列。梁家寨乡文化站、牛村镇文化站被评为全省一级文化站。发展旅游项目，提高旅游景区档次，被确定为全省重点旅游县。

社会保障 2014年，盂县新增就业人员4000人，城镇登记失业率控制在3.97%。全县城镇基本养老保险、医疗生育保险、失业保险、工伤保险、农村新型养老保险实现全覆盖，县老年颐养中心及34个“老年人日间照料中心”基本完工。

政府建设 2014年，盂县改革行政审批制度，审批项目由232项减少到88项。县直23个部门和金融机构进驻行政审批服务中心，全年共办理行政审批事项和民生服务事项75万余件。推进三级政务服务体系建设，初步形成县有行政审批服务中心、乡（镇）有便民服务中心、村有便民服务代办站的三级政务服务体系。推进省级电子政务平台试点县建设，县直46个部门和14个乡镇的网络接入完成，政务公开和政务服务的项目梳理工作完成。 （郭　玲）

长治市

中共市委书记　马天荣
副书记　席小军　董　岩*　卢建明
市人大常委会主任　李年善
副主任　申纪兰（女）　李国峰　张振芳　李进军　张书庆　桂正平　崔建泰
市长　席小军
副市长　潘贤掌*　董　岩*　许　霞　王玉圣　王贵平　马四清　陈鹏飞
市政协主席　王云亭
副主席　秦跃晋　闫建国　魏　武（女）　俞长生　赵　坚　关小平　郭健福　刘鹏飞

【概述】 长治市位于北纬35°49′~37°08′，东经111°58′~113°44′，总面积13955平方千米，下辖1市2区10县，1个省级开发区，132个乡镇，14个街道，124个社区，3454个行政村。全市总人口340.44万人，比上年增加1.67万人。出生人口3.79万人，人口出生率为11.16‰；死亡人口2.12万人，死亡率为6.24‰。男女性别比为105:100。城镇人口比重为48.46%。

2014年，长治市地区生产总值完成1331.2亿元，比上年增长5.1%。第一产业增加值58.3亿元，增长4.3%；第二产业增加值776.5亿元，增长5.4%；第三产业增加值496.4亿元，增长4.8%。第三产业中，金融保险业增加值68.3亿元，增长5.7%；交通运输、仓储和邮政业增加值73.0亿元，增长8.1%；房地产业增加值75.7亿元，增长7.7%。人均地区生产总值39199元（按2014年平均汇率计算为6381美元）。全年居民消费价格比上年上涨1.5%，其中食品价格上涨2.2%。商品零售价格上涨0.5%。工业生产者出厂价格下降10.4%；工业生产者购进价格下降7.6%。全年全市城镇新增就业4.34万人。转移农村劳动力3.75万人。年末城镇登记失业率18%。农村居民人均纯收入达10311元，城镇居民人均可支配收入达24565元。

农业 2014年，长治市粮食种植面积24.78万公顷，比上年减少2500公顷；油料种植面积1200公顷，比上年减少300公顷；棉花种植面积40公顷，增加10公顷。在粮食种植面积中，玉米种植面积20.63万公顷，增加300公顷；小麦种植面积9200公顷，减少2300公顷。全年粮食总产量162.2万吨，比上年增加1.3万吨。猪牛羊肉总产量7.8万吨，其中猪肉产量6.9万吨，牛肉产量0.3万吨，羊肉产量0.5万吨。年末生猪存栏69.7万头，生猪出栏89.9万头。牛奶产量1.67万吨。禽蛋产量12.5万吨。年末全市农业机械总动力217.1万千瓦，增长4.0%。机械耕地面积24.29万公顷，增长1.0%；机械播种面积22.64万公顷，机械收获面积10.78万公顷，分别增长0.5%和4.6%。全市农机化经营总收入12.1

亿元，增长7.0%。

工业建筑业 2014年，长治市规模以上工业企业340家。全年规模以上工业增加值完成737.3亿元。主要工业产品产量中，全社会原煤产量1.2亿吨，规模以上工业企业焦炭产量1523.3万吨，发电量335.9亿千瓦时，钢材产量698.2万吨。规模以上工业企业实现主营业务收入1490.2亿元。其中，煤炭、焦炭、冶金和电力工业分别实现主营业务收入684.0亿元、169.5亿元、196.4亿元和99.2亿元，化学、建材、装备制造、医药和食品工业分别实现主营业务收入87.6亿元、22.6亿元、78.5亿元、22.7亿元和59.9亿元。规模以上工业实现利税124.7亿元，实现利润43.1亿元。2014年，长治市建筑业实现增加值44.1亿元。

财政金融保险 2014年，长治市公共财政预算收入136.3亿元，下降8.3%。税收收入71.0亿元，下降12.0%。公共财政预算支出240.7亿元，下降2.0%。其中农林水事务支出增长11.4%，社会保障和就业支出增长8.4%，医疗卫生支出增长23.6%，文化体育与传媒支出增长8.2%，节能环保支出增长15.9%。金融机构本外币各项存款余额1945.9亿元，比年初增加98.0亿元。各项贷款余额1016.9亿元，增加98.1亿元。全市保费收入38.4亿元。其中寿险业务保费收入22.3亿元，健康和意外险业务保费收入3.4亿元，财产险业务保费收入2.2亿元，车险业务保费收入10.5亿元。全年支付各类赔款及给付12.6亿元。其中，寿险业务保费赔付6.0亿元，健康和意外险业务保费赔付0.7亿元，财产险业务保费赔付0.7亿元，车险业务保费赔付5.2亿元。

投资贸易 2014年，长治市固定资产投资完成1245.6亿元，增长14.6%，其中国有及国有控股投资456.1亿元。分产业看，第一产业投资130.6亿元；第二产业投资579.3亿元；第三产业投资535.7亿元。在第二产业中，工业投资579.3亿元，其中煤炭工业投资85.7亿元。在建固定资产投资项目1334个，其中，5亿元以上项目118个，计划总投资2464.0亿元，完成投资599.8亿元。房地产开发投资75.2亿元，其中住宅投资58.2亿元，办公楼投资1.3亿元，商业营业用房投资8.4亿元。

2014年，长治市社会消费品零售总额实现476.9亿元。其中城镇消费品零售额412.1亿元，乡村消费品零售额64.8亿元。全年进出口总额68297万美元，其中进口额31847万美元，出口额36449万美元。

交通邮电 2014年，长治市公路线路里程11346.0千米，其中高速公路299.8千米。全市民用汽车保有量38.6万辆(包括三轮汽车和低速货车1.26万辆)，比上年末增长12.9%，其中私人汽车33.1万辆。当年新注册汽车4.6万辆。年末轿车保有量22.2万辆，其中私人轿车20.1万辆。年末城市交通运营车辆742辆，其中市区公共汽车442辆。出租汽车3121辆，其中市区出租车1801辆。

2014年，长治市完成邮电业务总量31.4亿元。其中邮政快递业务总量2.3亿元，电信业务总量29.1亿元。年末移动电话用户达到304.3万户，其中，3G移动电话用户达到102.1万户，4G移动电话用户达到23.5万户。全市互联网接入用户51.4万户，新增互联网用户4.3万户。

旅游 2014年，长治市商业住宿设施接待入境过夜游客2.3万人次，接待国内旅游者2691.2万人次，分别增长4.2%和25.3%；旅游外汇收入1475.2万美元，国内旅游收入263.8亿元，旅游总收入264.7亿元，分别增长5.4%、26.0%和25.1%。

城乡建设 2014年，长治市市区建成区面积5930万平方米，市区有公园4座，总面积127公顷。市区供水总量7517.1万吨，人均日生活用水量162.7升。全年液化气供气总量3774吨，天然气供应量5490.6万立方米，其中生活用天然气2004.2万立方米。燃气普及率92%。市区集中供热面积3104万平方米，其中住宅供热面积2382万平方米。

教育 2014年，长治市有普通高等学校5所，全年招收普通高等教育学生9704人，在校大学生33536人，毕业学生8352人。全市有中等职业教育学校45所，全年招生11627人，在校学生33356人，毕业学生11254人。全市普通高中47所，全年招生23942人，在校学生80983人，毕业学生25464人。初中171所，全年招生35291人，在校学生115388人，毕业学生43405人。全市小学659所，全年招生26890人，在校学生204937人，毕业学生36086人。特殊教育在校学生509人。幼儿园在园幼儿94657人。3万余名农村义务教育寄宿制学校学生由财政出资，每人每天增加3元伙食补助。

科技 2014年，长治市专利申请量与授权量分别为1585件和739件。科学技术成果108项，其中有36项技术获得省部级以上科学技术成果奖。签订各类技术合同83项，技术合同成交总额2.4亿元。年末全市共有产品质量检验机构2个，全年对60户企业实施产品认证，对15种产品进行监督抽查。全市法定计量技术机构12个，全年完成强制检定计量器具23.25万台件。

文体卫生 2014年，长治市有艺术表演团体20个，文化馆14个，公共图书馆14个，公共图书馆藏书量162万册，档案馆15个，开放各类档案163305卷和32484件。全市广播电台13座，电视台18座，广播、电视综合人口覆盖率分别达到98.46%和98.98%，年末全市有线电视用户达到42.77万户。2014年，全市运动员在各类体育比赛中获得全国冠军6个，全省冠军77个。

2014年，长治市有医疗卫生机构5106个，其中医院、卫生院307个，妇幼保健机构15个，疾病预防控制中心(防疫站)15个，卫生监督机构15个。病床位15474张，其中医院、卫生院15364张。卫生技术人员18342人，其中执业医师和执业助理医师7853人，注册护士7348人，药剂人员946人。乡镇卫生院140个，床位3020张，卫生技术人员2348人。全市新型农村合作医疗保险覆盖率100%。

社会保障 2014年，长治市参

加基本养老保险196.05万人，其中企业职工43.65万人，参加新型农村社会养老保险137.53万人；参加城镇基本医疗保险99.10万人，其中参加城镇职工基本医疗保险55.43万人，参加城镇居民基本医疗保险43.67万人；参加失业保险40.57万人；参加工伤保险52.71万人，其中农民工23.37万人；参加生育保险43.42万人。全市纳入城市最低生活保障的居民3.9万人，发放城市低保资金1.5亿元；纳入农村最低生活保障的居民11.5万人，发放农村低保资金2.0亿元。全市各类福利院床位数1.1万张，收养6104人。城镇各种社区服务设施294个，其中综合性社区服务中心23个。全年销售社会福利彩票2.7亿元，筹集社会福利资金2341.9万元，接收社会捐赠款39.4万元。

资源能源 2014年，长治市森林面积42.96万公顷，森林覆盖率30.9%。检查验收合格造林面积2.75万公顷。全市有自然保护区2个，面积4.69万公顷，占全市总面积的3.4%。大中型水库蓄水总量2.7亿立方米。全年总用水量4.95亿立方米，其中生活用水1.03亿立方米。

环境建设 2014年，长治市空气质量二级以上天数达235天。全市达Ⅲ类水质标准的断面比例70.6%。城市集中式饮用水源地辛安泉水质达标率100%。建成区绿化覆盖率45.86%。市区污水处理能力17.8万吨/日，全年污水处理量5832万吨。生活垃圾年清运量15.7万吨，无害化处理率100%。

安全生产 2014年，长治市亿元国内生产总值生产安全事故死亡率为88‰。煤炭百万吨死亡率为35‰。

（尚竹英）

【首届中国长治微电影国际大赛】 2014年5月21日，首届中国长治微电影国际大赛在长治市体育馆举行。由北京电影学院团队拍摄的反映煤矿工人生存状态的微电影《机器人》，获"金小米"最佳影片金奖，56网队的《大城小路》、爱奇艺队的《鸟语》分别获得"金小米"优秀影片银奖和铜奖。颁奖典礼授予长治"央视微电影频道·中国长治微电影拍摄基地"和"国际大赛组委会"称号。

（尚竹英）

·城　区·

中共区委书记 孙刘琳(女)
区人大常委会主任 杨黎峰
区　　长 李国强
区政协主席 杨栖莺(女)

【简述】 长治市城区位于北纬36°08′~36°12′，东经113°04′~113°08′，总面积55.6平方千米，下辖10个办事处，28个行政村。总户数120929户，人口416161人，其中男性人口206027人，女性人口210134人，人口自然增长率3.62‰。

2014年，长治市城区地区生产总值完成177.1亿元，同比增长7.4%。其中，第一产业增加值0.58亿元，下降8.1%；第二产业增加值36.7亿元，同比增长16.3%；第三产业增加值139.9亿元，同比增长4.1%。财政收入12.2亿元，同比增长6.9%。公共财政预算收入5.2亿元，同比增长9.3%。税收收入4.7亿元，同比增长8.2%。城镇居民人均可支配收入达26416元，同比增长8.0%。

农业 2014年，长治市城区农作物播种面积486.7公顷，同比下降4.7%。全年粮食总产量1756吨，同比下降0.5%。蔬菜产量26231吨，同比降低4.5%。生猪出栏10639头，下降13.4%，存栏10837头，增长2.3%。牛出栏302头，下降12.3%；存栏1435头，增长8.5%。羊出栏1593只，下降9.6%；存栏2475只，增长10.6%。家禽出栏12.7万只，增长24%，存栏9.9万只，下降34.4%。肉类总产量1093吨，下降15%，禽蛋产量1009吨，增长29.1%；牛奶产量2668吨，下降0.8%。果园面积127.1公顷，同比增长5.1公顷；水果生产487吨，同比增长32.6%。

工业 2014年，长治市城区规模以上工业总产值57.2亿元，同比下降0.5%，其中国有企业2.5亿元，同比增长6.8%；股份制企业50.5亿元，同比下降0.22%；外资及港澳台企业4.2亿元，同比增长7.0%。按轻重工业分，轻工业31.8亿元，同比增长0.4%；重工业25.4亿元，同比下降1.5%。规模以上工业增加值13.1亿元，同比增长5.6%。其中轻工业8.1亿元，同比增长1.6%；重工业5.1亿元，同比增长12.4%。规模以上工业企业产品销售率89.9%，同比增长0.9%。全年主营业务收入47.5亿元，同比下降2.7%。长治市城区企业华光光电科技集团参展第十九届广州国际照明展览会。

能源消耗 2014年，长治市规模以上工业综合能耗6.33万吨标准煤。规模以上工业万元增加值能耗0.48吨标准煤，同比下降20.1%。规模以上工业万元增加值电耗0.17万千瓦时，增长40%。城市供水量4892万吨，同比下降0.67%。

投资贸易 2014年，长治市城区城镇以上固定资产投资155.1亿元，同比增长15.3%，其中房地产开发投资完成38.8亿元，同比下降20.8%。国有投资437135万元，同比增长7.2%，非国有投资1113650万元，同比增长56.6%。分产业看，第二产业投资38834万元；第三产业投资1511951万元。房地产开发投资完成38.8亿元，同比下降20.8%。2014年全区社会消费品零售总额274.4亿元，同比增长11.6%。

教育科技 2014年，长治市城区有普通中小学32所，其中小学28所，普通中学4所。全年高中招生356人，在校学生1179人。全年初中招生1354人，在校学生5442人。全年小学招生3796人，在校学生26662人。全区幼儿园71所，在园幼儿13000余人。全年全区申报专利622项，同比增长25.1%。

文体卫生 2014年，长治市城区有艺术表演团3个，文化馆1个，档案馆1个。广播、电视综合人口覆盖率均达100%。乡镇文化站2个，农民书屋28个。"刘伯承工厂"旧址成为国家级中国国防科技工业军工文化教育基地。人均体育场地面积达1.4平方米。医疗卫生机构302个，其中医院、卫生院22个，妇幼保健院1个，疾病预防控制中心1个。有床位

1032张，卫生技术人员1856人。

社会保障 2014年，长治市城区政府按照每户一吨的标准在柏后村、长治市城区景家庄村完成1021户“暖心煤”发放任务。全区新型农村合作医疗保险参保人数58440人，覆盖率达100%。

和谐建设 2014年，长治市城区获“全国和谐社区建设示范城区”称号，东街街道被评为“全国和谐社区建设示范街道”，太东街道电力社区被评为“全国和谐社区建设示范社区”。长治市城区人民政府被国务院表彰为全国民族团结进步模范先进集体。 （张少蓉）

【《炎帝文化系列丛书》】 2014年5月21日，长治市城区出版由炎帝文化研究会编辑《炎帝文化系列丛书》。该丛书一套六册，分为《上党炎帝》《上党尧帝》《上党舜帝》《上党禹帝》《上党名人》《五帝断代》。 （张少蓉）

【社区矫正教育管理中心】 2014年“七一”前夕，长治市城区成立社区矫正教育管理中心，该中心是山西省首家区级社区矫正教育管理中心。该机构的建立对解决街道司法所对社区矫正人员管理中出现的不规范、档案不健全等问题有积极作用。（张少蓉）

·郊　区·

中共区委书记	王辅刚*
	潘贤掌
区人大常委会主任	陈世和
区　　　长	金所军
区政协主席	崔子庆

【简述】 长治市郊区位于北纬36°07′~36°26′，东经112°59′~113°12′，总面积290.84平方千米，下辖1乡5镇，2个办事处，1个开发区，122个行政村。总人口28.60万人，比上年增加0.15万人，男性人口14.21万人，女性人口13.89万人，男女性别比为105:100。全年人口出生率11.37‰，死亡率6.08‰，自然增长率5.29‰。城镇人口比重达66.6%。

2014年，长治市郊区地区生产总值完成187.2亿元，比上年增长6.4%。其中第一产业增加值2.93亿元，第二产业增加值137.48亿元，第三产业增加值46.80亿元。全年全区财政收入23.11亿元，比上年下降25.3%，减收7.81亿元。全区一般预算支出7.19亿元，比上年增长15.3%。全区金融机构各项存款余额89.01亿元，比年初下降7.1%，全区金融机构各项贷款余额55.44亿元，比年初增长4.1%。2014年，农村居民人均纯收入达14008元，比上年增长11.7%；城镇居民人均可支配收入达30752元，比上年增长7.6%。全年全区在岗职工平均工资43604元，比上年增长11.3%。

“三农”工作 2014年，长治市郊区农林牧渔业总产值完成5.40亿元，比上年增长2.3%。其中农业总产值2.68亿元，增长5.3%；林业总产值0.12亿元，下降3.3%；牧业总产值2.27亿元，下降2.3%；渔业总产值0.06亿元，增长101.1%；全年粮食种植面积8189公顷，比上年降低0.52%，蔬菜种植面积614公顷，增长14.3%。粮食总产量54053吨，比上年增长0.04%，平均亩产440公斤。蔬菜总产量46638吨。肉类总产量5796吨，增长9.03%，其中猪牛羊肉4989吨，增长9.3%；禽蛋产量9360吨，下降18.26%；奶产量4820吨，增长9.79%。郊区畜牧业协会被省人力资源和社会保障厅、省民政厅授予“全省先进社会组织”称号。

工业建筑业 2014年，长治市郊区规模以上工业增加值135.39亿元，比上年增长7.2%，其中轻工业增加值下降1.6%，重工业增长7.3%，产品销售率94.8%。主要工业产品产量中，原煤比上年降低5.5%，发电量下降4.9%，生铁下降11.1%，焦炭下降4.6%，钢材下降11.2%。规模以上工业企业主营业务收入完成404.09亿元，比上年下降19.1%。实现利税14.89亿元，下降46.6%，其中利润2.29亿元。

2014年，长治市郊区全社会建筑业实现产值4.76亿元，比上年增长22.7%。全区具有资质等级总承包和专业承包的建筑企业17家，实现利润0.35亿元，上缴税金0.12亿元。全区城市建成区面积637.7公顷。

项目建设 2014年，长治市郊区完成东明太阳能二期、星海名城商业综合体、百草堂档次提升及改扩建、甜添福保健食品等10个项目签约工作。在漳泽新型工业园区，山西布劳恩电梯有限公司年产9000台电梯项目，山西潞安创力机械设备有限公司分布式光纤在线测温系统生产项目，山西建捷机械设备有限公司矿用机械设备生产制造项目等10个项目集中开工。瑞达工业园焦化项目一期工程开工。中节能山西潞安50兆瓦光伏农业科技大棚项目正在建设。晨洋光伏、海森生物制药、南垂飞虹煤机、华望电子等11家企业入选2014年全省首批“专精特新”中小企业名单。

投资贸易 2014年，长治市郊区全社会固定资产投资160.1亿元，比上年增长6.6%，其中国有投资25.28亿元，下降41.4%，非国有投资134.8亿元，增长15.1%。分产业看，第一产业投资35.4亿元，增长26.0%；第二产业投资49.6亿元，下降12.1%；第三产业投资75.1亿元，增长14.3%。全年房地产开发投资3.85亿元。2014年全区社会消费品零售总额40.4亿元，比上年增长12.6%。

城乡建设 2014年，长治市郊区主城区建设改造重点工程工作开展，涉及郊区的包括社会福利设施、城中村改造和城市重点片区改造项目，具体项目包括新建山门敬老院，梁家庄、北寨、大辛庄等15个城中村改造项目和炎帝苑、新区重点片区、城北建材装潢市场等。

教育科技 2014年，长治市郊区普通中小学73所，其中小学54所，普通中学19所，招生数2762人，在校学生7710人。全年小学招生2309人，在校学生14891人。全区幼儿园57所，在园幼儿7706人。全年全区申报专利178项，比上年下降9.2%。

文化卫生 2014年，长治市郊区有艺术表演团1个，文化馆10个，博物馆1个，公共图书馆1个，公共图书馆藏书量7.00万册，档案馆1个。全区广播电台1座，电视台1座，广播、电视综合人口覆盖率均达100%。全区有医疗卫生机构235个，其中医院、卫生院26个，妇幼保健院1个，疾病预防控制中心1个。床位1658张，卫生技术人员1662人。全区新型农村合作医疗保险覆盖率99.81%。

社会保障 2014年，长治市郊区参加城镇基本养老保险25467人。参加基本医疗保险职工13200人。参加失业保险职工4333人。全区各类收养性社会福利单位6所，床位438张。城镇最低生活保障人数3803人，农村最低生活保障人数1878人。

（李俊叶）

【《抗大女兵在太行》】 2014年3月28日晚，长治市郊区新编大型现代戏在潞安剧院上演。1936年5月，中共中央决定以中国工农红军大学为基础，创办中国人民抗日军政大学。抗战爆发后，抗大一分校在校长何长工的率领下，随八路军总部转战太行山区。《抗大女兵在太行》是以当年抗大女生队在太行老区和群众共同生活为背景，以抗大女兵沉淀下来的感人故事为素材创作的现代戏。（李俊叶）

【西白兔乡中村入选第三批中国传统村落名录】 2014年，长治市郊区西白兔乡中村入选中国第三批传统村落名录。中村位于西白兔乡最北端，是一个历史悠久的古村落。北朝时曾是当地佛教信仰的圣地，隋唐时成为唐代王室墓地，现存唐代墓志铭两方，明清时成为潞商的重要基地之一，现存珍珠倒卷帘棋盘二十四院，又称申家二十四院，是明清时期上党商人申氏家族留存下来的一处院落建筑群，现存六座院落。宏伟的建筑、精美的雕刻和独具匠心的布局充分显示明清时期上党工匠们的完美构思和精湛技艺，历经四百年的风雨沧桑，是潞泽商帮悠久历史的物质记录载体。（李俊叶）

·长治县·

中共县委书记 裴少飞
县人大常委会主任 崔惠斌
县长 李文兵
县政协主席 杜玉岗

【简述】 长治县位于北纬35°51′~36°10′，东经112°57′~113°11′，总面积484平方千米，下辖6镇5乡2区，254个行政村。总人口348449人，常住人口348415人。

2014年，长治县地区生产总值完成151.13亿元，增长4.7%。人均地区生产总值达43500元，增长4.1%。第一产业增加值达55801万元；第二产业增加值达到969068万元；第三产业增加值达到486381万元。财政总收入完成369965万元，其中地方财政收入172328万元。公共财政预算支出232451万元。城镇常住居民人均可支配收入达24921元，农村常住居民人均可支配收入达13100元。

农业 2014年，长治县农林牧渔业总产值完成113139万元，增长10%；实现农业增加值57373万元，增长5%。粮食作物播种面积19526公顷。粮食总产量135404吨，其中夏粮产量达3615吨，粮食亩产462公斤，油料作物总产量为137吨，蔬菜总产量为132654吨。肉类总产量达19760.02吨。以山西太行山农产品物流园区为平台，投资12亿元打造蔬菜水果、禽蛋肉奶、粮食油品、花卉农资等四大贸易物流板块，形成长治县大型蔬菜集散基地。蔬菜种植面积达6.5万亩，总产量达25万吨，其中设施蔬菜种植2万亩。

工业建筑业 2014年，长治县规模以上工业总产值完成1562843万元，同比下降12.21%。规模以上工业增加值完成954640万元，增长6.68%，其中煤炭开采和洗选业实现增加值912222.5万元。规模以上工业企业主营业务收入1327269.7万元。实现利税254921.9万元，实现利润101243.5万元。亏损企业亏损额64678万元。规模以上工业企业产品销售率达91.59%。

2014年，长治县具备资质以上建筑企业实现建筑业总产值30132.4万元，全社会建筑业增加值实现14428万元。

金融保险 2014年，长治县金融机构各项存款余额1280322万元，其中居民储蓄898766万元。各项贷款余额438506万元。金融保险业增加值39850万元。保险机构10家，保费收入24712.85万元。

投资贸易 2014年，长治县固定资产投资完成1255060万元，增长15.6%。第二产业投资622185万元，第三产业投资628321万元。社会消费品零售总额完成245015.9万元，增长12.9%。批发零售贸易业实现商品销售总额1976210.9万元，增加值109752万元。住宿餐饮业完成营业额1993.2万元，实现增加值35493万元。

项目建设 2014年，长治县共实施市级以上重点项目66个，总投资466.6亿元，完成投资132.9亿元。实施省级以上重点项目6个，总投资65.6亿元。其中欣隆煤矸石电厂年产2×300兆瓦发电项目累计完成投资13.3亿元，成功集团新建CTV无极变速器生产线项目完成投资2.88亿元，易通集团300兆瓦双循环低温余热发电成套设备制造项目完成投资2.3亿元，长治经坊煤业有限公司年产200万盏无极荧光灯项目完成投资3.3亿元，振东制药股份有限公司药品及家庭护理用品生产项目完成投资4亿元，中德集团年产20万吨铝型材建设项目完成投资5.3亿元。

交通邮电 2014年，长治县交通运输和仓储业增加值实现71029万元。公路营运汽车共5949辆，其中大型载货车2550辆，中型货车74辆，小型货车3278辆，总计62006.32吨位；载客汽车47辆，为中型客运车辆，总计1726客位。

2014年，长治县邮电通信业务总量完成26751.47万元，其中邮政业务量完成1460.77万元；移动公司完成18635万元；联通公司完成5637.63万元；电信公司完成1018.06万元。固定电话用户26377部。移动电话用户232707户，其中联通公司72607户，移动公司144000户，电信公司16100户。电话普及率达74部/百人，互联网用户达41317户。

中小微企业 2014年,长治县各类中小微企业1184家,新增中小微企业147家,从业人员达46983人,新增就业人员1100人。中小企业民营经济完成增加值44.5962亿元;完成营业收入116.1146亿元;税金完成9.2812亿元。

城乡建设 2014年,长治县北起县城连接线王庄铁路,南至县城南环路的光明路改扩建工程完成。路段全长2965米,总宽度38米。长治市至荫城镇的城际快速通道实现南北一体畅通。

文化教育 2014年,长治县加强城乡文化阵地建设,先后建成大型综合文体场馆3处、文化公园1处、大型文化广场4处,建设11所高标准乡镇综合文化站,村村建有农家书屋,实现全县村级宣传文化阵地全覆盖。教育方面,2014年全县有163所学校,其中普通中学18所,职业中学1所,小学47所,幼儿园96所,特殊教育学校1所。招生数14203人,毕业学生14569人。在校学生53458人。其中普通中学在校学生18363人,职业中学在校学生2129人,小学在校学生21074人,幼儿园在校学生11814人,特殊教育在校学生78人。专任职教师3569人,其中具有研究生学历8人,本科学历1694人,大专学历1648人,高中及以下219人;在全部专任职教师中,具有高级教师职务的168人,中级教师职务的967人,初级及以下2334人。

社会保障 2014年,长治县实有城镇登记失业人员320人,城镇登记失业率1.8%,新型农村合作医疗保险覆盖率达100%,城镇基本养老保险覆盖率达100%。

(付小波 武俊英)

·襄垣县·

中共县委书记 田志明
县人大常委会主任 刘春雷
县长 张志刚
县政协主席 杨飞华

【简述】 襄垣县位于北纬36°23′~36°44′,东经112°42′~113°14′,总面积1178平方千米,下辖8镇3乡,1个园区,8个居委会,323个行政村。全县总人口27.6273万人,男性人口14.3474万人,女性人口13.28万人,男女性别比为108:100,城镇人口12.36万人,乡村人口15.26万人,城镇人口比重达44.75%。

2014年,襄垣县地区生产总值完成173.51亿元,比上年下降7.1%。其中,第一产业增加值6.73亿元;第二产业增加值122.03亿元;第三产业增加值44.76亿元。城镇常住居民人均可支配收入达27521元;农村常住居民人均可支配收入达11900元。

农业 2014年,襄垣县耕地保有量64.03万亩。农林牧渔业总产值完成12.303亿元。农业产值9.84627亿元,增长5.18%;林业产值0.17746亿元,增长20.45%;牧业产值1.59204亿元,下降0.37%;渔业产值0.0343亿元,与上年持平。全年粮食作物播种面积30092公顷,与上年持平。油料作物播种面积168.20公顷,增长13%;蔬菜总播种面积1989.9公顷,下降2.5%。粮食总产量194151吨,比上年增长5.51%。蔬菜总产量124052吨。肉类总产量5209.17吨,其中猪牛羊肉3938吨,禽蛋产量4994吨;牛奶产量43吨。

工业建筑业 2014年,襄垣县规模以上工业企业完成工业总产值266.44亿元,比上年下降21.45%;工业产品销售率92.2%。全年完成工业增加值120.66亿元,比上年下降9.32%,其中煤炭开采和洗选行业109.32亿元,下降10.68%;炼焦行业0.24亿元,增长2.05%。规模以上工业企业主营业务收入244.20亿元,比上年下降17.13%;实现利税18.26亿元,下降66.29%,其中实现利润3.86亿元,下降87.98%。具有资质等级总承包和专业承包的建筑企业4家,实现总产值0.4720亿元,实现利税0.0247亿元,其中利润总额为0.0105亿元。

财政金融 2014年,襄垣县公共财政预算收入完成23.19亿元,比上年增长3.69%。公共财政预算支出28.5亿元,比上年下降0.2%。金融机构各项存款余额189.53亿元,比年初下降1.4%;金融机构各项贷款余额150.23亿元,比上年增长11.9%。

投资贸易 2014年,襄垣县全社会固定资产投资175.6亿元,比上年增长16%,分产业看:第一产业投资3.8亿元,下降42%;第二产业投资140.9亿元,增长20.9%;第三产业投资30.9亿元,增长9.4%。全年房地产开发投资5.9亿元,商品房销售面积20.4万平方米,销售额6.8亿元。2014年全县社会消费品零售总额22.6亿元,比上年增长12.2%。

交通邮电 2014年,襄垣县公路通车总里程达到1066.17千米。全年新建和改造61个村105.7千米的村村通水泥路工程,并对100人以上自然村进村道路、村与村连接路进行硬化或翻修。2014年全县完成邮电业务总量14112.4万元,其中邮政业务总量1695万元;电信业务总量1.24714亿元。固定电话用户达到25009户,移动电话用户达到194626户。互联网用户累计28704户。

教科文卫 2014年,襄垣县各类学校共119所,其中中等职业学校2所、普通中学16所、小学40所、特殊教育学校1所、幼儿园60所。在校学生37097人,教职工2548人。在园幼儿8493人。全县申报国家级科技项目4项,申报并认定省级民营科技企业1家,申报省级科技项目5项。全县完成专利153件,其中发明专利达63件,职务发明142件,企业发明142件。襄垣县有文化馆1个,文博馆1个,公共图书馆1个,全县馆藏图书达到7.3万册,档案馆1个。全县广播电台1座,电视台1座,广播、电视综合人口覆盖率均达100%。电视台自主播出固定栏目8个,播出时间5840小时。第十四届山西省“杏花奖”评比赛活动结果中,襄垣县获7项大奖,其中襄垣秧歌新编历史剧《豫让与襄子》获“杏花新剧目奖”,襄垣县文化馆跻身“2014年全国十佳优秀文化馆”,档案馆成功创建省二级综合档案馆。截至2014年底,全县共有医疗卫生机构445个,其中医院、卫生院17个,妇幼保健院1个,疾病预防控制中心1个。床位1298张。卫生技术人员

1390 人，全县新型农村合作医疗保险覆盖率 99.27%。

环境建设 2014 年，襄垣县建成区绿地面积 546.01 万平方米，新增绿地面积 1.76 万平方米；建成区绿化覆盖率达 46.26%。全年城市供水总量 421 万立方米。全县集中供热面积 420 万平方米。煤气供气总量 2000 万立方米。处理污水 253 万立方米。县城建成区空气质量二级以上天数达到 345 天。襄垣县首座天然气加气站新港华压缩天然气加气站建成并投入运营。

社会保障 2014 年，襄垣县企业职工参加基本养老保险 19900 人。城镇职工和城镇居民参加城镇基本医疗保险职工 51694 人。参加失业保险职工 15600 人，参加工伤保险 44138 人，参加生育保险 31714 人。全年城市低保对象 1505 人，共计发放低保资金 694 万元。农村低保对象 6546 人，共计发放低保金 1379 万元。襄垣县首个“关爱留守流动儿童之家”示范点在返底村成立。 （万瑞星）

【段爱平荣膺 2013“感动中国”年度人物】 2014 年 2 月 10 日，“感动中国”2013 年度人物颁奖典礼在央视一套播出，段爱平荣获“感动中国”2013 年度人物。“感动中国”推选委员会给予段爱平高度评价。 （万瑞星）

【襄垣农村商业银行股份有限公司创立】 2014 年 5 月25 日，襄垣农村商业银行股份有限公司创立，第一次股东大会召开。7 月 19日，公司正式开业。襄垣农村商业银行股份有限公司下辖 1 个营业部，15 个支行，9 个分理处，25 个营业网点遍布城乡，形成覆盖全县的网店布局。陈隽恩为襄垣农商银行第一届董事会董事长，李峰为第一届监事会监事长。 （万瑞星）

·屯留县·

中共县委书记	郭泽兵
县人大常委会主任	倪建中
县长	段树新
县政协主席	赵旭光

【简述】 屯留县位于北纬 36°13′~36°30′，东经 112°28′~113°03′，总面积 1142 平方千米，下辖 4 乡 7 镇，3 个开发区，295 个行政村。总人口 26.9 万人，人口出生率 12.17‰，死亡率 6.62‰，自然增长率 5.55‰，城镇人口比重达 36.42%。

2014 年，屯留县地区生产总值完成 115.2 亿元，比上年增长 4.9%。其中，第一产业增加值 6.4 亿元，增长 6.7%；第二产业增加值 87.4 亿元，增长 5.6%；第三产业增加值 21.4 亿元，增长 1.4%。财政收入 19 亿元，比上年下降 5.13%。公共财政预算收入 6.7 亿元，比上年增长 1.43%；支出 13.5 亿元，比上年下降 3.15%。农村居民人均纯收入达 12041 元，比上年增长 11.3%；城镇居民人均可支配收入达 21068 元，比上年增长 7.7%。

农业 2014 年，屯留县农作物种植面积 34.6 千公顷，粮食种植面积 34.4 千公顷。其中，玉米种植面积 30.59 千公顷，小麦种植面积 1.13 千公顷。粮食总产量 250173.7 吨，其中夏粮 4216 吨，增产 1.39%；秋粮 245957.7 吨，增产 3.08%。蔬菜产量 81999.2 吨，增产 9.8%。肉类总产量 7894 吨。其中猪牛羊肉 6934 吨。禽蛋产量 10749 吨。生猪存栏 63991 头，出栏 78212 头；牛存栏 5831 头，出栏 2388 头；羊存栏 99701 只，出栏 32812 只。

工业建筑业 2014 年，屯留县规模以上工业企业 23 家，增加值 80.65 亿元，比上年增长 6.37%，其中轻工业比上年降低 57.31%，重工业增长 33.61%。主要工业产品产量中，原煤产量 1264.77 万吨，比上年增长 29.47%，发电量 14.59 万千瓦时，增长 5.01%，焦炭产量 325.8 万吨，增长 12.24%；洗精煤产量 664.61 万吨，增长 9.7%；水泥产量 62.32 万吨，增长 11.55%。规模以上工业企业主营业务收入 147.7 亿元，比上年下降 20.96%。实现利税 124.7 亿元，降低 35.9%，实现利润 4.31 亿元，降低 56.6%。

2014 年，屯留县全社会建筑业实现产值 320358 万元，比上年下降 26.4%。具有建筑业资质等级的总承包和专业承包建筑业企业实现利润 9361.1 万元，下降 20.9%。

交通邮电 2014 年，屯留县公路线路里程 867.33 千米，其中国道 104.1 千米，省道 48.8 千米，县级以下 714.49 千米。完成邮电业务总量 726 万元。

投资贸易 2014 年，屯留县全社会固定资产投资 1150371 万元，比上年增长 15.94%，其中国有及国有控股投资 622008 万元，增长 38.75%。分产业看，第一产业投资 66022 万元，下降 9.9%；第二产业投资 689028 万元，增长 32.9%；第三产业投资 395321 万元，增长 4.1%。房地产开发投资 145239 万元，增长 56.7%。社会消费品零售总额 131309.8 万元，比上年增长 12.8%。屯留县政府与长治银行举行战略合作。

城乡建设 2014 年，屯留县公安消防大队新建消防站建成，位于麟绛镇刘家坪村，占地 3308.2 平方米，建筑面积 3150.8 平方米。屯留县渔泽镇入选“全国重点镇”。

文化 2014 年，屯留县高标准完成国家公共文化服务体系示范区创建工作，被长治市政府命名为“创建全国公共文化服务体系先进县”。举办“禹王金街”2014 年新春音乐会。大型神话剧《羿神传奇》正式上演。

教育科技 2014 年，屯留县有中等职业学校 1 所，普通高中 1 所，普通初中 13 所，小学学校 102 所，学前教育学校 81 所。在校学生 32516 人，教职工 2633 人。2562 名考生参加高考，3489 名考生参加中考。在乐乐小学成立屯留县第一个民间教育论坛。全年受理专利申请 132 件，省级鉴定 1 项。

文体卫生 2014 年，屯留县共有文化馆 1 个，艺术表演团体 3 个，博物馆 1 个；公共图书馆 1 个，藏书量 76000 册；档案馆 1 个。广播电视台 1 座，有线电视用户达到 56000 户。医疗卫生机构 406 个，妇幼保健机构 1 个，疾病预防控制中心 1 个，县直公立医院 2 个，卫生监督机构 1 个，卫生技术人员 926 人。212183 人参加新型农村合作医疗保险。

社会保障 2014年，屯留县城镇职工参加基本养老保险16963人；参加城镇基本医疗保险21645人。参加生育保险职工24887人。纳入城市最低生活保障的居民2326人，纳入农村最低生活保障11092人，发放农村低保资金1805.7万元。

（段蓓蓓 秦 博）

·平顺县·

中共县委书记 吴小华
县人大常委会主任 苏和平
县 长 秦 军
县政协主席 赵小平

【简述】 平顺县位于北纬35°56′~36°27′，东经113°11′~113°44′，总面积1550平方千米，下辖7乡5镇，262个行政村。2014年总人口15.39万人，比上年增加0.03万人。

2014年，平顺县地区生产总值完成21.93亿元，比上年增长8.9%。其中，第一产业增加值完成2.10亿元；第二产业增加值完成10.10亿元；第三产业增加值完成9.72亿元。农村居民人均可支配收入达4678元；城镇常住居民人均可支配收入达18023元。

农业 2014年，平顺县农林牧渔业总产值完成4.81亿元，比上年增长4.11%。粮食种植面积10244.17公顷，油料种植面积41.4公顷，蔬菜种植面积589.9公顷。粮食总产量51760吨。肉类总产量4320吨，其中猪牛羊肉3910吨；禽蛋产量3445吨。

工业建筑业 2014年，平顺县规模以上工业企业增加值9.64亿元，比上年增长17.83%，规模以上工业总产值26.74亿元，规模以上工业实现工业销售产值23.36亿元，工业产品销售率87.36%。规模以上企业实现利税1.70亿元。

2014年，平顺县全社会建筑业实现产值0.23亿元，比上年增长41.63%。具有资质等级总承包和专业承包的建筑企业1家。城市建成区面积1050万平方米，城市房屋建筑面积120万平方米。

财政金融 2014年，平顺县财政收入完成0.86亿元，一般预算支出完成11.30亿元。金融机构各项存款余额36.18亿元，各项贷款余额18.32亿元。

投资贸易 2014年，平顺县全社会固定资产投资完成31.39亿元，比上年增长16.5%。其中国有及国有控股投资9.69亿元。第一产业投资9.08亿元；第二产业投资11.83亿元；第三产业投资10.48亿元。社会消费品零售总额7.32亿元，比上年增长11.94%。

交通邮电 2014年，平顺县有出租汽车86辆。民用汽车8091辆，其中私人汽车7741辆。民用轿车880辆，其中私人轿车665辆。城市公交车投入运营。邮电业务总量完成5324万元，比上年增长18.31%。其中邮政业务总量990万元；电信业务总量4334亿元。固定电话用户9187户，移动电话用户65000户。电话普及率达到48部/百人，宽带上网人数0.94万人，互联网普及率达6%。

城乡建设 2014年，平顺县国道平顺至长治二级公路通车运营，自此平顺县可半小时直达市区。紫东家园小区廉租房、公租房申领户签订租赁合同，252套廉租房和109套公租房供应城镇低收入群众。开展街巷道环境秩序集中整治活动。

环境建设 2014年，平顺县建成区绿化覆盖率45.7%。共有公园2座，总面积75万平方米。城市供水总量126万吨，人均生活用水量每日每人72.94升。集中供热面积104.4万平方米。污水处理率为98%，生活垃圾无害化处理率为100%。空气质量二级以上天数为362天，达到国家二级标准。其中一级天数达到81天，二级天数达281天。主城区环境空气综合污染指数137%，其中二氧化硫占60%，二氧化氮占14%，可吸入颗粒物占74%。

教育科技 2014年，平顺县有普通中小学136所，其中小学123所，普通高中1所，普通初中12所。年内高中招生1003人，在校学生2912人。初中招生1131人，在校学生3755人。小学招生1030人，在校学生6480人。幼儿园27所，在园幼儿2429人。申报专利20项。医疗卫生机构295个，其中医院、卫生院14个，妇幼保健院1个，疾病预防控制中心1个。床位557张，卫生技术人员417人。新型农村合作医疗保险覆盖率99.99%。共青团长治市委、长治市青年志愿者协会在虹梯关乡虹霓小学开展“暖冬行动”，为22名山区儿童捐赠羽绒服、棉帽、围巾、手套及文体用品。

文化 2014年，平顺县有艺术表演团1个，文化馆1个，博物馆1个，公共图书馆1个，公共图书馆藏书量5万册，档案馆1个，电视台1座。有线电视用户达到11610户，有线数字电视用户7610户。乡镇文化站12个，农民书屋262个。东庄、岳家寨、虹霓、奥治、白羊坡、上马、神龙湾、西社等8个村庄被列入“全国传统村落保护名录”，西社、奥治、白杨坡3村被列入第四批山西省历史文化名镇名村名单，神龙湾被命名为“国家特色景观旅游名村”。截至2014年底，平顺县总计有8个中国传统村落，数量居长治首位。

社会保障 2014年，平顺县城镇基本养老保险参保6783人。基本医疗保险职工参保17616人。参加失业保险职工参保7435人。各类收养性社会福利单位5所，床位600张。全年城镇最低生活保障人数2479人，农村最低生活保障人数8042人。19300名60岁以上的老人按月领取养老金。

（王建斌）

·黎城县·

中共县委书记 郜双庆
县人大常委会主任 杨和贵
县 长 郝献民
县政协主席 路小玲

【简述】 黎城县位于北纬36°23′~36°53′，东经113°15′~113°35′，总面积1101平方千米，下辖4乡5镇，13个居委会，250个行政村。总人口16.10万人，比上年增加0.05万人，男性人口8.26万人，女性人口7.84万人。全年人口出生率10.76‰，死亡率

7.62‰,城镇人口比重达39.19%,比上年提高1.76个百分点。人口密度每平方千米146人。

2014年,黎城县地区生产总值完成36.63亿元,比上年增长11.85%。财政收入完成3.68亿元,比上年增长4.83%,增收0.17亿元。一般预算支出8.64亿元。年末金融机构各项存款余额51.32亿元,比年初增长9.7%,金融机构各项贷款余额19.62亿元,比年初增长15.28%。农村居民人均可支配收入达6868元,比上年增长12.66%;城镇居民人均可支配收入达1.47万元,比上年增长5.76%。

农业 2014年,黎城县农林牧渔业总产值完成5.51亿元,比上年增长30.9%。粮食种植面积15243.7公顷,比上年降低5.95%,油料种植面积103.5公顷,降低33.78%,蔬菜种植面积640.5公顷,降低22.23%。粮食总产量75408.84吨,比上年降低0.6%,平均每公顷产4946.89公斤。蔬菜总产量10982.2吨。肉类总产量5352.54吨,降低16.08%。禽蛋产量4288吨,降低15%。奶产量1300吨,增长48.11%。

工业建筑业 2014年,黎城县规模以上工业增加值15.98亿元,比上年降低2.98%,其中轻工业增加值1161.3万元,降低62.41%,重工业增加值15.86亿元,降低1.86%,产品销售率98.3%。规模以上工业企业实现主营业务收入62.79亿元,比上年降低27.51%。实现利税1688.7万元。中技金谷新型建材一期硅酸钙板生产线及HQL一轻钢轻混凝土绿色建筑体系项目建成投产。

2014年,黎城县建筑业实现产值0.39亿元,比上年增长85.71%,重点建设项目74个。具有资质等级总承包和专业承包的建筑企业1家,实现利润0.07亿元,上缴税170万元。

投资贸易 2014年,黎城县固定资产投资完成48.10亿元,比上年增长20.1%。房地产开发投资2.89亿元。社会消费品零售总额11.40亿元,比上年增长11.54%。

城乡建设 2014年,黎城县年末城市建成区面积5.34平方千米,房屋建筑竣工面积5100平方米,住房居住面积184.32万平方米。北坊城中村改造工程推进,黎城印象、宏远、隆祥名邸等住宅小区交付使用。全县集中供热工程正式运行,首期供暖46个单位(小区)、39万平方米。全年硬化改造背街小巷700条。207国道改线项目竣工,新区框架路、古城西环路、南外环路等10多条城市主次道路(街道)建成通车。

环境建设 2014年,黎城县建成区绿化覆盖率40.99%,比上年提高0.09个百分点,县城人均公共绿地面积为11.56平方米。全县有公园2座,总面积1250平方米。城市供水总量5485.6万立方米,人均生活用水量24立方米。污水处理率为90%。生活垃圾无害化处理率为100%。全县空气质量二级以上天数达330天,比上年增加25天。

交通邮电 2014年,黎城县公路客运量240万人次;旅客周转量2000万人千米;货运量360万吨。年末民用汽车保有量达到1.4万余辆,比上年末增长7.69%,其中私人汽车保有量1.15辆,增长4.55%。民用轿车保有量8500辆,增长6.25%,其中私人轿车8000辆。采取市场运作、政府补贴的免费公交车试运行。全年完成邮电业务总量7848万元,比上年增长2.28%。年末固定电话用户达到15792户,移动电话用户达到134647户。电话普及率达到92部/百人,互联网用户累计达18193户。

教育科技 2014年,黎城县有中小学校111所,高中(1所)招生888人,在校学生2909人,初中(8所)招生2069人,在校学生6669人,小学(101所)招生1808人,在校学生11476人,职中(1所)招生187人,在校学生445人;幼儿园91所,在园幼儿4718人。申报专利20项,比上年降低28.57%。

文体卫生 2014年,黎城县共有艺术表演团35个,文化馆1个,博物馆1个,公共图书馆1个,公共图书馆藏书量4万册,档案馆1个。广播电台1座,电视台1座,广播、电视综合人口覆盖率均达100%。有线电视用户达到1万户。农民文化广场250个,群众舞台250个,乡镇文化站9个,农民书屋250个。人均体育场地面积达到1.4平方米。医疗卫生机构339个,床位616张。卫生技术人员539人。新型农村合作医疗保险覆盖率99.9%,参合人数116673人。

社会保障 2014年,黎城县城镇居民参加基本养老保险4490人。参加基本医疗保险职工3614人。参加失业保险职工12858人。各类收养性社会福利单位8所,床位1216张。全年城镇最低生活保障人数2871人,农村最低生活保障人数8891人。全县19961名60岁以上的老人按月领取养老金。在岗职工平均工资34504元,比上年增长10%。年末城镇居民人均住宅面积达到33.5平方米,农村居民人均住宅面积达到35平方米。 (王利芳)

·壶关县·

中共县委书记	李全心
县人大常委会主任	张占雄
县长	崔江华
县政协主席	王明德

【简述】 壶关县位于北纬35°50′~36°12′,东经113°10′~113°40′,总面积1007.7平方千米,下辖7乡5镇,1个开发区,390个行政村。总人口29.61万人,比上年增加0.12万人,男性人口15.05万人,女性人口14.56万人。

2014年,壶关县地区生产总值完成49.62亿元,同比增长11.5%。其中,第一产业增加值4.86亿元;第二产业增加值26.08亿元;第三产业增加值18.68亿元。农村居民人均可支配收入达4462元;城镇居民人均可支配收入达17904元。

农业 2014年,壶关县农林牧渔业总产值8.73亿元,同比增长9.1%。其中,农业总产值5.55亿元,增长12.3%;林业总产值0.26亿元;牧业总产值2.84亿元;渔业总产值0.01亿元。粮食种植面积15844.67公顷,油料种植面积40.5公顷,蔬菜种植面积1196.6公顷。粮食总产量124117.7吨,蔬菜总产量110210吨。肉类总产量10319吨;禽蛋产量10235吨;奶产量529吨。

工业建筑业 2014年，壶关县规模以上工业增加值25.36亿元，同比增长14.17%，主要工业产品产量中，原煤同比下降70.9%，生铁下降2.7%，焦炭下降8.2%，钢材增长25.2%。规模以上工业企业主营业务收入99.13亿元，同比增长11.5%。实现利税4.27亿元，下降35.4%，其中实现利润2.92亿元，下降18.3%。

2014年，壶关县全社会建筑业增加值0.72亿元，同比增长20.6%。全县具有资质等级总承包和专业承包的建筑企业实现总产值1.13亿元，同比增长13.4%；建筑业企业实现利润317.9万元，同比下降38.3%。

财政金融 2014年，壶关县财政收入4.05亿元，同比下降13.0%。全县一般预算支出14.37亿元，同比增长6.7%。全县金融机构各项存款余额68.76亿元，同比增长5.0%；全县金融机构各项贷款余额27.24亿元，同比下降9.6%。

投资贸易 2014年，壶关县全社会固定资产投资45.82亿元，同比增长19.9%，其中国有投资12.38亿元，非国有投资33.44亿元。分产业看，第一产业投资8亿元；第二产业投资19.25亿元；第三产业投资18.57亿元。全年房地产开发投资5.19亿元。全县社会消费品零售总额15.49亿元，同比增长11.4%。

文化旅游 2014年，壶关县总投资3.5亿元完成八泉峡景区前期征地拆迁工作，启用大峡谷东西两个游客中心，开通旅游巴士，实现专车专线。投资1500多万元用于对外宣传。2014年，山西省旅游资源整合管理体制创新推进会在壶关县召开。全年接待海内外游客220.19万人次，旅游总收入28.38亿元，同比增长27.7%。

城乡建设 2014年，壶关县公路通车里程达1164.2千米，其中高等级公路121.1千米。西外环二级路总投资1.7亿元，途经壶关县龙泉镇、黄山乡和长治县贾掌村3个乡镇14个行政村，全长16.9千米，完成路基土石方80余立方米，涵洞14道588米，沥青混凝土铺筑800米。

环境建设 2014年，壶关县城市建成区面积达1300万平方米，建成区绿化覆盖率达48.47%，县城人均公共绿地面积72.2平方米。全县集中供热面积160万平方米。污水处理率86%。生活垃圾无害化处理率100%。全年空气质量二级以上天数347天。

教育科技 2014年，壶关县有普通中小学48所，其中小学26所，普通高中3所，普通初中22所。全年高中招生1763人，在校学生5659人；初中招生2811人，在校学生9793人；小学招生1512人，在校学生14408人；幼儿园69所，在园幼儿7396人。全年申报专利45项。

文体卫生 2014年，壶关县共有艺术表演团5个，文化馆1个，博物馆1个，公共图书馆1个，公共图书馆藏书量11.5万册。广播、电视综合人口覆盖率分别达93%和98%。有线电视用户达45521户，其中数字信号用户16000户。有体育场馆数2个。全县有医疗卫生机构422个，其中医院、卫生院14个，妇幼保健院1个，疾病预防控制中心1个；床位669张，卫生技术人员803人。新型农村合作医疗保险覆盖率99.98%。

社会生活 2014年，壶关县城镇参加基本养老保险18783人。参加基本医疗保险职工28003人。参加失业保险职工18671人；参加农村社会养老保险145843人。各类收养性社会福利单位8所，床位1154张。全年城镇最低生活保障人数2792人，发放城市低保资金1115万元。农村最低生活保障人数15797人，发放农村低保资金2613.4万元。农村五保供养人数1735人。（秦慧艳）

【中南铁路经壶关县路段建成通车】 2014年12月30日，中南铁路正式通车，途经壶关县黄山、龙泉、集店3个乡镇18个行政村，全长约19千米，结束壶关县无铁路历史。（秦慧艳）

【警察申飞飞获好评】 2014年6月，壶关县鹅屋乡派出所指导员兼内勤警察申飞飞被评为“山西最美乡镇干部”；2014年10月，申飞飞被评为“全国公安机关爱民模范”；2014年11月，获全国“我最喜爱的人民警察”“全国特级优秀人民警察”称号，先后受到总书记习近平、总理李克强等党和国家领导人接见并给予高度评价。

（秦慧艳）

·长子县·

中共县委书记　张　圣
县人大常委会主任　花俊富
县　　长　马先明
县政协主席　崔万英

【简述】 长子县位于北纬35°53′~36°15′，东经112°27′~113°00′，总面积1029平方千米，下辖5乡7镇，2个办事处，399个行政村。总人口364827人，其中男性人口185117人；女性人口179710人。人口自然增长率4.98‰。

2014年，长子县地区生产总值完成100.94亿元，比上年增长4.6%。其中，第一产业增加值11.05亿元，同比增长0.5%；第二产业增加值63.96亿元，同比增长6.2%；第三产业增加值25.94亿元，同比增长2.9%。农村居民人均纯收入达10963元，比上年增长11.7%；城镇居民人均可支配收入达22635元，同比增长8.9%。全县城镇居民人均住宅建筑面积达28.03平方米，农村居民人均住宅面积达31.08平方米。

农业 2014年，长子县农林牧渔业总产值完成18.98亿元，比上年增长1.9%。其中，农业总产值12.43亿元，增长−2.8%；林业总产值0.31亿元，增长14.9%，完成营造林0.246万公顷。牧业总产值5.96亿元，增长11.3%，各类畜禽养殖达到1487万头（只）；渔业总产值0.09亿元，增长20.2%。粮食种植面积3.06万公顷，比上年降低1.53%。经济作物播种面积7310公顷，增长10.22%。粮食总产量23.8亿公斤，同比降低0.6%；蔬菜总产量3.86亿公斤，同比降低1.6%。全年农村用电量1735.18万千瓦时，增长14.5%。

工业 2014年，长子县工业总

产值完成109.42亿元，同比降低12.22%。全县规模以上工业增加值62.45亿元，比上年增长5.59%。其中轻工业增加值1.54亿元，同比降低11.26%；重工业增加值60.91亿元，增长6%。主要工业产品产量中，原煤产量2014万吨，同比增长4.08%。全年全县用电量80711.66万千瓦时，其中工业用电量63424.75万千瓦时，同比增长6.9%。年内完成农村中低电网改造43个村。

财政金融 2014年，长子县财政收入25.10亿元，同比降低17.36%。全县金融机构各项存款余额103.52亿元，比年初增长16%；全县金融机构各项贷款余额47.77亿元，比年初增长4.4%，城乡居民储蓄存款余额73.25亿元，比年初增长12.2%。

投资贸易 2014年，长子县固定资产投资105.38亿元，同比增长19.28%。重点工程开工项目42个，完成投资120亿元。全县社会消费品零售总额15.44亿元，同比增长13.2%。

环境建设 2014年，长子县建成区绿化覆盖面积352.76万平方米，增长0.5%，建成区绿化覆盖率48.41%，县城人均公共绿地面积12.83平方米。全县污水处理能力为5011吨/日，全年污水处理量183.84万吨。生活垃圾无害化处理率100%。全年空气质量二级以上天数为364天。

交通邮电 2014年，长子县公路客运量达184万人，货运量达413万吨。全县民用汽车保有量达17122辆（包括三轮汽车和低速货车2881辆），同比增长3.2%。其中，私人汽车保有量16112辆，比上年增长3.0%。全年邮电业务总量完成17578万元，同比增长28.8%。其中，邮政业务总量完成1357万元，降低2.72%；电信业务总量完成942万元，增长21%。联通业务总量完成4400万元，增长8.87%；移动业务总量完成10879.13万元，增长20.57%。年末全县互联网用户累计达24328户，增长3.1%。

教育科技 2014年，长子县中小学共有109所，其中，小学86所，普通高中3所，初中14所，九年一贯制学校6所。全年高中招生1993人，在校学生6857人；初中招生2931人，在校学生9725人；小学招生2157人，在校学生17389人；幼儿园102所，在园幼儿11377人。共实施科技项目67项，拥有有效发明专利4件。

文体卫生 2014年，长子县共有艺术表演团体2个，文化馆1个，博物馆1个，公共图书馆1个，公共图书馆藏书量13.92万册，档案馆1个。有广播电台1座，广播、电视综合人口覆盖率分别达98.4%和99.3%。有线电视用户达5.7万户。有农民文化广场150余个，群众舞台308个，乡镇文化站12个。有医疗卫生机构588个，其中医院、卫生院22个，妇幼保健机构1个，疾病预防控制中心1个，卫生监督机构1个。有病床位841张，卫生技术人员1451人，其中，执业医师和执业助理医师423人，注册护士194人，药剂人员39人。

社会保障 2014年，长子县城镇参加基本养老保险21867人；参加基本医疗保险职工38144人；新型农村合作医疗保险参保296794人，参保率99.04%；参加新型农村社会养老保险189364人；有各类收养性社会福利单位18所，床位1220张，收养824人。城镇最低生活保障人数2290人，发放城市低保资金853.2万元；农村最低生活保障人数15858人，发放农村低保资金235.5万元。全年共支出救助金额300余万元。（王卫星）

【山西省首届蔬菜产业大会】 2014年8月20日，山西省蔬菜产业大会在长子县方兴现代农业科技园区开幕，由山西省农业厅、省蔬菜产业协会主办，长治市农委协办。山西省农业厅巡视员、省蔬菜产业协会会长王高勇，长治市委副书记、市长席小军，副市长马四清出席开幕式。省蔬菜产业管理站站长、协会副会长、秘书长双树林主持开幕式。（王卫星）

·武乡县·

中共县委书记 胡　坚
县人大常委会主任 袁俊山
县　　长 阎新平
县政协主席 王建华

【简述】 武乡县位于北纬36°39′～37°08′，东经112°26′～113°22′，总面积1610平方千米，下辖9乡5镇，1个开发区，377个行政村。总人口20.89万人，男女性别比为105:100。全年人口出生率8.72‰，死亡率5.01‰，自然增长率3.71‰。

2014年，武乡县地区生产总值完成61.2亿元，比上年增长2.2%。其中，第一产业增加值3.1亿元，第二产业增加值37.6亿元，第三产业增加20.5亿元。农村居民人均纯收入达5052元，比上年增长12.2%；城镇居民人均可支配收入达18473元，增长8.5%。

农业 2014年，武乡县农林牧渔业总产值完成5.76亿元，比上年增长6.09%。其中，农业总产值4.23亿元，增长7.8%；林业总产值0.22亿元，增长17.8%；牧业总产值1.09亿元，增长0.68%；渔业总产值0.04亿元，增长14.6%。粮食种植面积27276.4公顷，增长0.5%；油料种植面积315.4公顷，降低5.1%；蔬菜种植面积1044.5公顷，降低12.8%。粮食总产量达124009.8吨，增长9.4%；蔬菜总产量21705吨；肉类总产量5306.3吨，增长1%；禽蛋产量1206吨，增长7.67%；奶产量604吨，增长15.07%。

工业建筑业 2014年，武乡县规模以上工业增加值完成36.9亿元，比上年增长1.06%。其中，重工业增长1.06%，产品销售率99.14%。主要工业产品产量中，原煤比上年增长−12.94%，发电量增长6.17%。规模以上工业企业主营业务收入59.54亿元，比上年增长−15.49%。实现利税8.81亿元，增长37%，其中实现利润5.06亿元，增长20%。

2014年，武乡县建筑业实现产值0.03亿元，比上年增长0.1%。全县具有资质等级总承包和专业承包的建筑企业1家。全年房地产开发投资2.6亿元。

财政金融 2014年，武乡县财政收入完成8.6亿元，比上年降低28.8%，减收3.5亿元。全县一般预算支出15.8亿元，比上年增长19.4%。全县金融机构各项存款余额65亿元，比年初增长0.5%，全县金融机构各项贷款余额65亿元，比年初增长0.5%。

投资贸易 2014年，武乡县全社会固定资产投资25.2亿元，比上年增长26%。其中，国有投资5.7亿元，降低52.9%，非国有投资19.5亿元，增长143.8%。分产业看，第一产业投资9.1亿元，增长495.5%；第二产业投资5.8亿元，降低26.6%；第三产业投资10.3亿元，降低2.9%。全县社会消费品零售总额11.1亿元，比上年增长13.3%。

文化旅游 2014年，武乡县举行八路军文化旅游节，举办太行影视文化创意规划展、红色武乡招商引资项目集中签约仪式、"美丽武乡"摄影赛启动仪式等一系列活动。"八路军文化旅游节"被列为中共山西省委宣传部主办的七个重大节庆活动之一。全年接待游客20.4万人次，同比增长19.7%；旅游总收入达11178万元，同比增长24.3%。

生态建设 2014年，武乡县建成区绿化覆盖率44%，比上年提高0.6个百分点，县城人均公共绿地面积为17.6平方米。全年城市供水总量152万吨，人均生活用水量25.9吨。全县集中供热面积180万平方米。全县污水处理率为100%，生活垃圾无害化处理率为100%。

教育 2014年，武乡县有普通中小学96所，其中小学47所，56个教学点，普通高中1所，普通初中15所。全年高中招生979人，在校学生3371人；初中招生2028人，在校学生6725人；小学招生1100人，在校学生11207人；幼儿园32所，在园幼儿4716人；特殊教育学校1所，在校生37人。

文体卫生 2014年，武乡县有专业艺术表演团2个，文化馆1个，公共图书馆1个，公共图书馆藏书量10.8万册，档案馆1个；有广播电台1座，电视台1座，有线电视用户达1万户；有乡镇文化站14个，农民书屋377个。全县有医疗卫生机构412个，其中医院、卫生院19个，妇幼保健院1个，疾病预防控制中心1个；有床位3821张，卫生技术人员1035人。

社会保障 2014年，武乡县新型农村合作医疗保险覆盖率达99.5%。城镇参加基本养老保险23101人，参加基本医疗保险职工29525人，参加失业保险职工12894人。在岗职工平均工资44757元，比上年增长4.1%。 （魏春洲 曹小莉）

【第四届八路军文化旅游节】 2014年6月17日，第四届八路军文化旅游节在武乡县八路军太行纪念馆举行。八路军文化旅游节被列为中共山西省委宣传部主办的七个重大节庆活动之一。 （魏春洲 曹小莉）

·沁 县·

中共县委书记 卢展明
县人大常委会主任 杜汉如
县 长 王现敏
县政协主席 王元英(女)

【简述】 沁县位于北纬36°26′~36°59′，东经112°28′~112°54′，总面积1319平方千米，下辖6镇7乡，6个社区居民委员会，306个行政村。总人口17.7万人。

2014年，沁县地区生产总值完成19.5亿元，比上年增长7.7%。第一产业增加值4.9亿元，第二产业增加值2.6亿元，第三产业增加值12亿元。农村居民人均纯收入达4865元，比上年增长11.8%；城镇居民人均可支配收入达15149元，比上年增长9%。全县在岗职工平均工资41892元，比上年增长21.27%。城镇居民人均住宅建筑面积达31.9平方米，农村居民人均住宅面积达25平方米。

农业 2014年，沁县农林牧渔业总产值完成8.19亿元，比上年增长16.7%。其中农业总产值5.76亿元；林业总产值0.30亿元；牧业总产值1.87亿元；渔业总产值0.092亿元。耕地3.4万公顷。粮食种植面积28000公顷，比上年增长11%，有机农产品认证面积达到6067公顷，油料种植面18公顷，蔬菜种植面积2000公顷。粮食总产量185000吨，平均亩产440.5公斤。蔬菜总产量150000吨。肉类总产量14216吨，猪牛羊肉8145吨；禽蛋产量3990吨；奶产量864吨。

工业建筑业 2014年，沁县规模以上工业增加值1.77亿元，比上年增长20.1%。其中，轻工业增加值增长69.2%，重工业增长10.2%，产品销售率88.3%。主要工业产品产量中，焦炭增长4.7%。主营业务收入5.07亿元，比上年下降37.3%。实现利税−0.99亿元，其中实现利润−1.01亿元。

2014年，沁县全社会建筑业实现产值2.48亿元，比上年增长24.9%，重点建设项目有80个。具有资质等级总承包和专业承包的建筑企业1家，实现利润0.03亿元。城市建成区面积591万平方米，城市房屋建筑面积216万平方米，比上年增长1.04%，其中住宅建筑面积181万平方米。建成区绿化覆盖率40.6%。

财政金融 2014年，沁县财政收入完成1.23亿元，下降15.95%。一般预算支出10.15亿元，增长2%。金融机构各项存款余额40亿元，增长13.42%；各项贷款余额17亿元，增长21%。

投资贸易 2014年，沁县全社会固定资产投资32.98亿元，比上年下降15%。分产业看，第一产业投资15.78亿元，下降8.5%；第二产业投资14.28亿元，增长4.5%；第三产业投资2.92亿元，下降63.3%。社会消费品零售总额8.4亿元。

城乡建设 2014年，沁县硬化改造背街小巷11条。城市供水总量196万吨，集中供热面积102万平方米。污水处理率为84%。县城人均公共绿地面积为9.6平方米。公园6座，其中3座省级公园，1座国家级湿地公园，总面积500500平方米。

交通邮电 2014年，沁县公路客运量190.7万人，比上年增长13.5%；旅客周转量11615万人/千米，比上年增长10.5%；货运量547.6万吨，比上年增长5.3%；货运周转量42606万吨/千米，比上年增长5.2%。民用汽车保有量达到4944辆，私人汽车保有量4576辆。民用轿车保有量2388辆，私人轿车2243辆。交通运营车辆832辆，出租汽车113辆。完成邮电业务总量14024万元。其中邮政业务总量11074万元;电信业务总量295万元。固定电话用户达9600户,其中城市电话用户6000户,农村电话用户3600户,移动电话用户达101800户。电话普及率达到63部/百人,互联网用户累计达9607户。

教育科技 2014年,沁县有普通中小学96所,其中小学85所,普通高中3所,普通初中11所。高中招生1480人,在校学生486人。初中招生2136人,在校学生7266人。小学招生988人,在校学生8860人。幼儿园35所,其中公办28所,民办7所,在园幼儿4113人。申报专利42项,比上年降低6.6%。

文体卫生 2014年,沁县共有艺术表演团55个,文化馆1个,博物馆1个,公共图书馆1个,公共图书馆藏书5.5万册,档案馆1个。有广播电台1座,电视台1座,广播、电视综合人口覆盖率分别达95%和98%。有线电视用户达31254户,其中城内用户11254户。建成农民文化广场306个,群众舞台198个,乡镇文化站13个,农民书屋306个。人均体育场地面积达2.0平方米。有医疗卫生机构336个,其中医院、卫生院14个,妇幼保健院1个,疾病预防控制中心1个。有床位410张,卫生技术人员684人,新型农村合作医疗覆盖率达100%。

社会保障 2014年,沁县城镇基本养老保险参保12471人。基本医疗保险职工参保25730人;失业保险职工参保5967人。有各类收养性社会福利单位11所,床位958张。城镇最低生活保障人数4476人,农村最低生活保障人数11930人。19320名60岁以上的老人按月领取养老金。

(王淑红 苗 壮)

·沁源县·

中共县委书记	李丁夫
县人大常委会主任	赵海军
县长	杨红旗
县政协主席	杜天云

【简述】 沁源县位于北纬39°22′~39°52′,东经113°23′~113°58′。总面积2548.8平方千米,下辖5镇9乡,6个社区,254个行政村。总人口16.1万人,男性人口8.54万人,女性人口7.58万人,男女性别比为112:100。全年人口出生率5.48‰,死亡率5.74‰,自然增长率5.48‰。

2014年,沁源县地区生产总值完成94.97亿元,比上年下降7.5%。其中,第一产业增加值2.42亿元,第二产业增加值67.5亿元,第三产业增加值25.05亿元。农村居民人均纯收入达10952元,比上年增长12.5%;城镇居民人均可支配收入达26691元,比上年增长8.4%。

"三农"工作 2014年,沁源县耕地2.29万公顷。农林牧渔业总产值4.49亿元,比上年增长6.5%。其中农业总产值3亿元,增长14%;林业总产值0.78亿元,增长13%;畜牧业总产值0.71亿元,增长7%;渔业总产值0.012亿元,增长11%;全年粮食种植面积14795.53公顷,比上年增长0.28%。粮食总产量78570吨,比上年增长2.98%,平均亩产354公斤。全县肉类总产量1473吨,其中猪牛羊肉1053吨,禽蛋产量1470吨,奶产量1860吨。沁源县财政出资,县职业高级中学开展农村青年创业者专业培训以及农村实用技术实践培训。

工业建筑业 2014年,沁源县规模以上工业增加值142.59亿元,工业产品销售率84.91%。主要工业产品产量中,原煤比上年增长31.06%,发电量增长46.49%,焦炭增长1.31%。规模以上工业企业主营业务收入61.3亿元,比上年下降9.5%。实现利税9.2亿元,下降14%,其中实现利润3.39亿元,下降35.3%。全社会建筑业实现产值3200万元,比上年下降11%。全县具有资质等级总承包和专业承包的建筑企业1家。全县城市建成区面积5.41平方千米,城市房屋建筑面积120万平方米。

财政金融 2014年,沁源县财政收入20.4亿元,比上年下降26.5%。公共财政预算支出15.56亿元。全县金融机构各项存款余额55.03亿元,同比下降8.5%;金融机构各项贷款余额27.82亿元,同比增长2.87%。

投资贸易 2014年,沁源县全社会固定资产投资90.93亿元,比上年增长17.9%。分产业看,第一产业投资20.9亿元,增长78.55%;第二产业投资44.1亿元,下降16.23%;第三产业投资25.93亿元,增长102.43%。全县社会消费品零售总额19.69亿元,比上年增长12.3%。

环境建设 2014年,沁源县建成区绿化覆盖率44.08%。全县有公园11座,总面积109.45平方米。全年城市供水总量148万吨。全县集中供热面积220万平方米。全县污水处理率为94%。生活垃圾无害化处理率为90%。全年全县空气质量二级以上天数为364天。

交通邮电 2014年,沁源县公路客运量282740人,全县民用汽车保有量达到13160辆,比上年增长10%,其中私人汽车保有量11100辆,增长11%。民用轿车保有量9150辆,增长12%。全县交通运营车辆6辆,出租汽车95辆。全县移动电话用户达到12.66万户。电话普及率达到19部/百人,全县互联网用户累计达2.21万户。

教育科技 2014年,沁源县普通中小学82所,其中小学72所,普通高中1所,普通初中5所。全年高中招生879人,在校学生3113人。全年初中招生1250人,在校学生4068人。全年小学招生971人,在校学生9528人。全县幼儿园20所,在园幼儿5308人。全年全县申报专利76项,比上年增长8%。

文体卫生 2014年,沁源县有艺术表演团6个,文化馆1个,文物馆1个,公共图书馆1个,公共图书馆藏书量12.3万册,档案馆1个。电视台1座,电视综合人口覆盖率分别达到93%。全县有线电视用户达到3.5万户,其中数字信号用户1.2万户。全县共建成农民文化广场254个,群众舞台86个,乡镇文化站14个,农民书屋254个。全县人均体育场地面积达到1.83平方米。全县共有医疗卫生机构19个,其中医院、卫生院17个,妇幼保健院1个,疾病预防控制中心

1个。卫生技术人员1152人。全县新型农村合作医疗保险覆盖率100%。

社会保障 2014年，沁源县城乡居民养老保险参保82921人。基本医疗保险职工参保30718人。参加城镇失业保险参保19650人。全县各类收养性社会福利单位15所，床位500张。全年城镇最低生活保障人数1944人，农村最低生活保障人数1529人。全县19089名60岁以上的老人按月领取养老金。（宋江华 雷 婧）

【岳北烈士陵园奠基】 2014年9月18日，沁源县新建岳北烈士陵园在沁河镇闫寨村奠基。新建的岳北烈士陵园占地5295亩，投资1888.71万元。根据烈士陵园的分布特点，将建设5个功能区，分别为：纪念广场，英雄纪念碑，纪念堂区，献殿、英烈墙区、烈士墓区。（宋江华 雷 婧）

【大型电视纪录片《英雄的人民 英雄的城》暨同名书首发】 2014年11月23日，沁源县大型电视纪录片《英雄的人民 英雄的城》暨同名书在北京发行，由北京沁源同乡联谊会与北京万木同春影视文化有限公司联合制作。《英雄的人民 英雄的城》——沁源围困展大型文献纪录片及同名书，以访谈录形式记录和再现抗日战争进入战略相持阶段，在日军采取"三光"政策疯狂扫荡，敌后抗日根据地出现空前困难的形势下，沁源军民在中国共产党的领导下，历经艰难困苦，开展游击战争，坚持长期围困，最终战胜日寇的英勇斗争历史。期间，沁源县没有一个人当汉奸，没有出现一个维持会。中国共产党中央机关报延安《解放日报》特地于1944年1月17日发表题为《向沁源军民致敬》的社论，称赞"模范的沁源，坚强不屈的沁源，是太岳抗日民主根据地的一面旗帜，是敌后抗战中的模范典型之一。"毛主席给予沁源"英雄的人民 英雄的城"的高度评价。（宋江华 雷 婧）

【沁源县入选"2014中国深呼吸小城榜100佳"】 2014年，沁源县以"翠玲迭彩 灵空寄梦"的美誉入选中国深呼吸小城100佳榜单，位居第33位，名列山西省入选五县之首。所谓"深呼吸小城"，是指空气比较新鲜、适于"避霾旅游"的县域、县级市，亦有少部分大中城市城区、郊区及重视生态环境建设的功能与产业片区。这次评选指标包括"五高一低"，指森林与植被覆盖率高、历史年度空气质量优良天数比率高、旅居活动区域空气负氧离子含量高、主要景观区绿色度舒适度美观度高、生态文明建设与低碳发展推动力度高、全境范围灰霾灾害天气影响低。沁源县位于太岳山东麓，全县森林面积达220万亩，森林覆盖率达57%，为华北地区森林覆盖面积最大的县份，是全国天然林保护示范区、全国绿化模范县。全县四季山清水秀、地绿天蓝，城市水域功能区水质达3级以上标准，有以灵空山为代表的多处风景名胜，灵空山山峰叠翠，壁立如削，水清林密，云霞缭绕，花坡绵延数里，山花烂漫，牧歌悠扬，被誉为"天然氧吧"和"养生圣地"。（宋江华 雷 婧）

·潞城市·

中共市委书记 唐立浩
市人大常委会主任 王新政
市长 张斌
市政协主席 张书平

【简述】 潞城市位于北纬36°14′~36°29′，东经112°59′~113°25′，总面积615平方千米。下辖4镇3乡，2个办事处，202个行政村。全市总人口22.9万人，比上年减少1921人。男性人口11.7万人，女性人口11.2万人，男女性别比为104:100。

2014年，潞城市地区生产总值完成98.5亿元，比上年增长12.9%。其中，第一产业增加值4.39亿元，第二产业增加值68.9亿元，第三产业增加值25.2亿元。农村居民人均纯收入达10753元，比上年增长11.3%；城镇居民人均可支配收入达22503元，比上年增长9.2%。

农业 2014年，潞城市粮食种植面积19315公顷，比上年增长2.8%。粮食总产量112460吨，比上年降低10.3%。蔬菜总产量68729吨。畜牧业：肉类总产量9010吨，增长8.0%，其中猪肉7562吨，增长6.7%；禽蛋产量3970吨，增长9.0%；奶产量2155吨，增长9.9%。

工业 2014年，潞城市规模以上工业增加值完成68.0亿元，比上年增长20.6%。主要工业产品产量中，原煤比上年增长0.8%，发电量增长-7.0%，焦炭增长17.3%，钢材增长0.3%。潞宝集团6.3米大型捣固焦炉二期工程10号焦炉投产。2014年11月6日，由省企业联合会，省企业家协会、山西财经大学联合发布的《山西企业100强发展报告》中，潞城市潞宝集团位列山西企业百强第15名。

财政金融 2014年，潞城市财政收入完成11.5368亿元，比上年增长15.3%。全市一般预算支出11.1874亿元，比上年增长10.8%。全市金融机构各项存款余额8.1亿元，比年初增长5.6%，全市金融机构各项贷款余额32.4亿元，比年初降低1.3%。

投资贸易 2014年，潞城市全社会固定资产投资完成128.8亿元，比上年增长18.6%，第一产业投资10.8亿元，增长300%；第二产业投资69.6亿元，降低4.3%；第三产业投资48.9亿元，增长51.4%。全年房地产开发投资0.176亿元。社会消费品零售总额完成13亿元，比上年增长13%。在举行的长治市"津京粤"协同发展座谈会暨签约仪式上，潞城市成功签约7个项目，总投资达13.9亿元。

环境建设 2014年，潞城市城市建成区面积8平方千米，全市建成区绿化覆盖率40.5%，人均公共绿地面积为9平方米。全年城市供水总量289万吨，人均日生活用水量100升。全市集中供热面积243万平方米。全市污水处理能力10000吨/日。生活垃圾无害化处理率为100%。全年全市空气质量二级以上天数为325天，比上年增加9天。

交通邮电 2014年，潞城市公路通车里程1057.5千米。全年全市完成邮电业务总量11083.5万元，比上年增长8.9%。其中邮政业务总量872万元，增长37.3%；电信业务总量1.02亿元，增长2.3%。固定电话用户达到1.93万户，全市移动电话用户达到17.8万户。全市互联网用户累计达2.7万户。

教育科技 2014年，潞城市拥有普通中小学98所，其中小学83所，普通高中3所，职业高中1所，普通初中11所。高中在校学生4855人，职业高中学生1021人，初中在校学生7075人，小学在校学生14867人。全市幼儿园59所，在园幼儿5556人。全年全市申报专利124项，比上年增加4件。

文体卫生 2014年，潞城市共有文化事业机构8个，文化馆1个，博物馆1个，公共图书馆1个，公共图书馆藏书量5.6万册，档案馆1个。全市有线电视台1座，电视台1座，电视综合人口覆盖率达到85%。全市数字信号用户3.5万户。全市人均体育场地面积达到1.59平方米。全市共有医疗卫生机构324个，其中医院、卫生院10个，妇幼保健院1个，疾病预防控制中心1个。床位667张，卫生技术人员753人。全市新型农村合作医疗保险覆盖率99.61%。

社会保障 2014年，潞城市在岗职工平均工资36043元，比上年增加3209元。全市城镇居民人均住宅建筑面积达33.9平方米，农村居民人均住宅面积达27.7平方米。参加城镇基本养老保险33125人。参加基本医疗保险职工41987人。参加失业保险职工25558人。全年城镇最低生活保障人数1890人，农村最低生活保障人数6854人。年内潞城市城乡70岁以上老人通过办理《潞城市老年人乘车免费证》可免费乘坐农村公交车。

（申俊良 吴少波）

晋城市

中共市委书记 张九萍
副书记 刘润民
李俊敏
市人大常委会主任 孟福贵
副主任 任建宏
李章宏
廖军
孔庆鹏
李国继
韩淑君（女）
市长 刘润民
副市长 王树新* 赵沂旸
焦光善* 王维平
茹栋梅（女） 冯志亮
市政协主席 师建平
副主席 郭一峰 金德祥
马德和 陈改玲（女）
王克平 郭跃峰
陈建国

【概述】 晋城市位于北纬35°11′～36°13′，东经111°56′～113°37′，总面积9424.9平方千米，下辖1区1市4县，48个镇，26个乡，10个办事处。常住人口为230.89万人，比上年末增加0.84万人。出生人口2.03万人，人口出生率8.80‰；死亡人口1.19万人，死亡率5.16‰；自然增长率3.64‰。出生人口男女性别比101:100。

2014年，晋城市地区生产总值完成1035.8亿元，增长4.7%。其中，第一产业增加值43.8亿元，增长0.6%；第二产业增加值608.6亿元，增长5.2%；第三产业增加值383.4亿元，增长4.0%。人均地区生产总值44943元。财政总收入207.3亿元，下降7.1%，其中增值税完成73.5亿元；企业所得税46.3亿元；个人所得税10.0亿元；营业税23.7亿元；资源税3.4亿元。公共财政预算收入98.0亿元，增长3.7%，其中税收收入68.6亿元，下降0.5%。公共财政预算支出160.6亿元，增长2.1%。城镇新增就业3.57万人，城镇登记失业率1.3%。全年居民人均可支配收入达17905元，增长8.4%。按常住地分，城镇居民人均可支配收入达24907元，增长7.7%；农村居民人均可支配收入达10087元，增长10.4%。

农业 2014年，晋城市农作物种植面积19.0万公顷，减少1.8万公顷。其中粮食种植面积17.8万公顷，减少1.9万公顷；油料种植面积0.2万公顷，下降19.2%；棉花种植面积0.02万公顷，下降15.3%。在粮食种植面积中，玉米种植面积9.4万公顷，增加0.4万公顷；小麦种植面积4.4万公顷，减少1.4万公顷。全年粮食产量73.0万吨，减少17.5万吨，减产19.3%。其中夏粮16.7万吨，减产5.1%；秋粮56.3万吨，减产22.8%。全年完成造林面积0.85万公顷，其中经济林面积0.1万公顷。全年木材产量6017立方米，增长50.1%。全年全市肉类总产量15.8万吨，增长13.0%。全年猪牛羊肉总产量14.6万吨，增长12.6%。其中猪肉产量13.9万吨；牛肉产量1422.3吨；羊肉产量5860.0吨。年末全市农业机械总动力248.4万千瓦。机械耕地面积15.6万公顷；机械播种面积13.1万公顷；机械收获面积11.3万公顷。全市农机化经营总收入13.5亿元。

工业建筑业 2014年，晋城市规模以上工业企业221家，工业增加值比上年增长5.0%。全年全社会原煤产量8612万吨，增长5.7%；规模以上工业发电233亿千瓦时，增长0.2%；水泥253万吨，增长7.0%；农用化肥（折纯）261万吨，下降3.4%；焦炭54万吨，下降42.4%；钢材产量299万吨，增长9.3%；生铁372万吨，增长7.6%。全年规模以上工业企业实现主营业务收入1095.3亿元，下降8.4%。其中煤炭、炼焦、冶铸和电力工业分别实现主营业务收入535.4亿元、5.5亿元、123.4亿元和85.6亿元；煤层气开采、化工、建材、装备制造、医药和食品工业分别实现主营业务收入54.2亿元、110.9亿元、11.0亿元、132.1亿元、5.3亿元和1.3亿元。规模以上工业实现利税127.4亿元，下降29.2%；实现利润55.6亿元，下降44.7%。

2014年，晋城市具有资质等级的总承包和专业承包建筑业企业106家，完成总产值73.4亿元，增长3.3%；房屋施工面积354.4万平方米，下降6.7%；签订合同额为130.5亿元，增长7.8%。

投资贸易 2014年，晋城市固定资产投资完成974.8亿元，增长16.4%。其中国有及国有控股投资449.2亿元，增长29.4%；港澳台及外商投资53.4亿元，增长37.3%；民间投资472.2亿元,增长4.6%。在固定资产投资中,第一产业投资55.9亿元;第二产业投资441.7亿元;第三产业投资477.2亿元。在第二产业中,工业投资441.6亿元,增长12.9%。其中煤炭工业投资172.8亿元,增长21.4%;非煤产业投资269.2亿元,增长8.5%。传统产业(煤炭、炼焦、冶金、电力)投资合计186.2亿元,增长22.3%;新兴接替产业投资合计255.8亿元,增长7.4%。全年全市在建固定资产施工项目1286个。其中5亿元以上项目84个,计划总投资1457.6亿元,完成投资286.4亿元,占全市固定资产投资的比重为29.4%。全年房地产开发投资58.2亿元,增长14.5%。

2014年,晋城市社会消费品零售总额332.8亿元,增长12.0%。按经营地统计,城镇消费品零售额305.6亿元,增长11.6%;乡村消费品零售额27.2亿元,增长17.0%。

2014年,晋城市海关进出口总额11.0亿美元,增长19.5%。其中进口额8.1亿美元,增长22.7%;出口额2.9亿美元,增长11.6%。全年全市新设立外商直接投资企业3家;实际使用外商直接投资金额28425万美元。

能源 2014年,晋城市一次能源生产折标准煤6016.0万吨,增长0.1%;二次能源生产折标准煤2562.3万吨,下降5.6%。向省外运输煤炭3270万吨,增长1.3%,外运煤炭占原煤产量60.4%。向省外输送电力175.5亿千瓦小时,下降2.0%,外输电量占发电量的75.3%。固定资产投资中,能源工业投资完成262.2亿元,增长19.6%。其中煤炭工业投资172.8亿元,增长21.4%;石油和天然气开采业投资41.3亿元,增长7.0%;石油加工、炼焦及核燃料加工业投资2.8亿元,下降34.8%;电力、热力的生产和供应业投资36.7亿元,增长77.7%。全社会用电总量172.6亿千瓦小时。其中第一产业用电1.5亿千瓦小时;第二产业用电154.7亿千瓦小时,其中工业用电153.5亿千瓦小时;第三产业用电8.9亿千瓦小时;城乡居民生活用电7.5亿千瓦小时。

交通邮电 2014年,晋城市公路线路里程8960.5千米。其中高速公路318.6千米。年末全市民用汽车保有量30.1万辆(包括三轮汽车和低速货车2.0万辆),比上年末增长12.9%。其中,私人汽车25.9万辆,增长16.5%。本年新注册汽车4.2万辆,下降2.4%。年末轿车保有量19.1万辆,增长16.5%。其中私人轿车17.7万辆,增长18.7%。

2014年,晋城市完成邮电业务总量22.2亿元,增长13.8%。其中邮政业务总量1.2亿元,下降7.7%;电信业务总量21.0亿元,增长15.4%。新增移动电话用户18.6万户,年末达到242.7万户。全市宽带接入用户37.5万户,增长7.4%。

旅游 2014年,晋城市规模化旅游景区(点)增至43处。其中AAAAA级景区1个,AAAA级景区7个,AAA级景区5个,AA级景区4个,国家级工农业旅游示范点7个。共有星级饭店23家。其中,五星级1家、四星级10家、三星级7家、二星级5家。全年全市接待海外旅游者11552人次,接待国内旅游者2715.0万人次,分别增长4.5%和25.3%;旅游外汇收入633.7万美元,国内旅游收入242.0亿元,旅游总收入242.4亿元。

金融保险 2014年,晋城市金融机构本外币各项存款余额1812.6亿元,比年初增加53.1亿元,增长3.0%。各项贷款余额922.1亿元,比年初增加57.3亿元,增长6.6%。年末全市农村金融合作机构(农村信用社、农村合作银行、农村商业银行)人民币贷款余额203.8亿元,比年初减少2.6亿元,下降1.3%;人民币存款余额391.3亿元,比年初增加30.2亿元,比年初增长8.4%。

2014年,晋城市共有证券营业部4家,从业人员81人。累计资金开户数65483户,银证转入资金35.8亿元,增长79.2%,新增资产总额15.7亿元,增长4.6倍。全年营业收入7020.3万元,长39.8%;利润总额4353.4万元,增长48.9%。

2014年,晋城市保费收入34亿元,增长6.6%。其中寿险业务保费收入22.2亿元,增长6.2%;财产险业务保费收入11.8亿元,增长7.3%。

教育科技 2014年,晋城市有普通高等学校1所,独立设置的成人高等学校1所。高中阶段毛入学率94.78%。全年全市组织实施各类科技项目70项。全年全市专利申请量823件。其中发明专利申请量246件。有效发明专利拥有量185件。全年完成省级科技成果鉴定6项。全年新认定国家高新技术企业8家,省级创新试点企业2家,省级工程技术研究中心1家。截至2014年底,全市共有高新技术企业25家,国家级企业技术中心1家,省级企业技术中心12家,省级工程技术研究中心4家,省级重点实验室3个。

文化卫生 2014年,晋城市共有群众艺术馆1个,文化馆6个,博物馆1个。全市文化系统共有艺术表演团体11个,新创作首演剧目4个;演出场次3120场,演出收入2088万元;全市共有艺术表演场馆3个,群众艺术馆1个,文化馆6个,公共图书馆6个,总藏书46万册。

2014年,晋城市共有各级医疗卫生机构3069个,其中妇幼保健院(所、站)7个。医院和卫生院床位9.5千张,卫生专业技术人员1.3万人,每千人拥有病床4.4张,每千人拥有医生数3.8人。全市6县(市、区)全部开展新型农村合作医疗保险试点工作,149.02万农民参加,参保率99.25%。

社会保障 2014年,晋城市参加城镇职工基本养老保险36.9万人;参加新型农村社会养老保险106.5万人;参加城镇基本医疗保险60.5万人;参加失业保险29.7万人;参加工伤保险47.4万人,其中农民工22.1万人;参加生育保险30.9万人。年末城镇低保人数23598人,减少3798人;农村低保人数76388人,减少52人;农村集中供养五保户1867人;民政部门资助参加合作医疗81490人。优抚对象16007人,享受定期抚恤1493人,享受定期补助12161人。全年共发放最低保障资金2.8亿元。全市提供住宿的社会服务机构68个,床位数4660张,年收养救助人数2579人。全市社区服务站51个。全市福利企业26个，残疾职工449人。福利彩票销售收入3.3亿元。全年直接接收捐赠款204.7万元，受益960人次。

环境建设 2014年，晋城市有自然保护区5个，自然保护区面积达到15.6万公顷；全市国家级生态示范区2个。全年市区环境空气质量二级以上天数达到209天。空气综合污染指数为7.76，较上年下降19.3%。城市污水处理率达91%；城市生活垃圾无害化处理率达100%；全市集中供热普及率达85%。（牛晋军）

【李克强回信李寨中学师生】 2014年6月13日，泽州县李寨中学师生收到国务院总理李克强的回信。李克强总理在信中回忆三十年前到李寨中学时的场景，对李寨中学的办学实践活动予以高度评价，希望李寨中学“秉承优良传统、继续探索山区办学新路，科学实施课程改革，求实创新，持之以恒，为社会培养更多有用人才，为中西部和农村教育发展积累宝贵经验。”（牛晋军）

【晋城市首次发行城投债券】 2014年11月，晋城市首次发行14亿元城投债券，将用于民生事业和城市建设等项目。本期债券发行总额14亿元，为7年期固定利率债券，票面利率4.99%，是近三年来山西省地方债券发行招标的最低利率，低于同期中国人民银行基准贷款利率1.56%。这次债券由广发证券股份有限公司作为簿记管理人，自2014年11月10日起采用簿记建档、集中配售的方式组织发行。这次债券发行设置本金提前偿还条款，在本期债券存续期第3年至第7年，每年分别偿还的本金为本期债券发行总额的20%。（牛晋军）

·城 区·

中共区委书记 张利锋
区人大常委会主任 宋春生
区长 王学忠
区政协主席 刘秋海

【简述】 晋城市城区位于北纬35°25′~35°25′，东经112°44′~112°55′，总面积149.6平方千米，下辖7个街道，1个镇，1个经济开发区。

2014年，晋城市城区地区生产总值完成229.9亿元，同比增长5.9%。全社会固定资产投资完成280.8亿元，增长24.1%；公共财政预算收入首次突破10亿元大关，完成10.5亿元，增长7.8%；社会消费品零售总额完成175.5亿元，同比增长12.5%。城镇常住居民人均可支配收入达26695.7元，增长7.7%。

“三农”工作 2014年，晋城市城区粮食总产量完成916.9万公斤。扶持十大现代农业园区建设，吸引社会资金投入1.9亿元。引导13家龙头企业、22个合作社、18家种养大户扩大生产规模。新发展19个农民专业合作社，新增10个省、市级“一村一品”专业村。开展农村土地承包经营权确权登记，完成东掩、夏匠、小白水3个村试点任务。以司徒农业园、牛山黑龙潭、摩登大地等“十大园区”为重点，推进“一村一品”，加快城郊型农业发展。研究制订村(社区)集体经济组织产权制度改革的实施意见，推动农业社区转型转制。开展农村土地承包经营权确权登记颁证试点工作，单列1200万元专项资金，用于对农村教育、卫生、文化等事业和基础设施建设。

工业 2014年，城区规模以上工业增加值完成11.5亿元，同比增长9.0%。工业完成投资238亿元。24家规模以上工业企业销售收入、利税额同比明显增长。北石店工业园区建设取得进展，投资3.7亿元的海斯药业入驻园区，动工兴建。

项目建设 2014年，晋城市城区引进紫薇新天地、太行野生动物园等一批重点项目；签约项目16个，合同引资额292亿元，外来资金到位116亿元，签约项目落地投资额95.5亿元。

第三产业 2014年，城区政府投入近6000万元扶持各类企业，推进新型工业和服务业发展，三次产业比例调整为0.5:3.7:62.8。服务业增加值完成144.3亿元，拉动经济增长3.1个百分点。推进兰花国际购物广场、红星美凯龙等六大城市商业综合体建设，15个商贸物流业项目进展顺利。以晋城购、淘晋城为代表的电子商务发展初具规模。

城乡建设 2014年，城区政府铺开以路网为主的基础设施建设，依法依规征收居民户323户、企业91家，征收面积约20万平方米。百灵街动工建设。富鑫广场综合服务楼主体完工，北石店商务中心即将投入运营。晋城大医院、集中供热站、污水处理厂基本建成。启动编制全区城中村改造总体规划纲要，21个在建项目完成投资25.6亿元，回迁安置5.8万平方米。

环境建设 2014年，晋城市城区推进“三山三河一场”七大生态治理工程。吴王山森林公园一期工程全面建成，向市民开放。白水河治理一期工程、苇匠生活垃圾填埋场封场整治工程基本完成，白马寺山采煤沉陷区治理取得阶段性成效。启动“国家低碳城市试点”建设，整治市区及周边环境污染。推进造林绿化，晋城市城区“山西省林业生态区”称号。

民生事业 2014年，晋城市城区政府用于民生方面的支出18.64亿元，占公共财政支出的87.47%。9件为民实事全部兑现。特别设立750万元社区专项惠民基金、600万元农村专项解困基金。全年新增就业8330人，创业带动就业1490人。城乡居民基础养老金标准由月人均80元提高到100元。城乡低保标准分别提高到451元、218元，共保障城乡低保居民3962户、9487人。开展城乡低保专项整治，共清理不符合低保条件的居民115户、328人。开工建设保障性住房3244套，930户住房困难家庭领到廉租住房补贴。

社会事业 2014年，晋城市城区通过全国义务教育发展基本均衡区验收。推进11所学校建设，3所投入使用。对12所学校基础设施进行提升改造。凤鸣中学高考达线257人，同比增长42%。城区二院住院楼基本完成工程建设，120急救中心项目主体完工，卫生监督所项目完成地面附着物拆迁和手续办理。

文化建设 2014年，晋城市城区政府设立500万元文化发展基金，扶持文化事业和文化产业发展。开展文化低保和文化惠民工程，推进20个文化活动场所建设。举办第三届全民运动会。开工建设“三馆三中心”项目。推进水陆院庙会文化广场建设。加强怀覃会馆等重点文物古迹保护。完成程颢书院保护与开发一期修缮工程。

政府建设 2014年，晋城市城区政府统筹推进覆盖全区530个基层党组织、8366名党员的教育实践活动。全区6586人作出会员卡零持有承诺，清理腾退超标办公用房2503.11平方米，行政事业单位64名借用人员全部返回原单位工作，“三公”经费支出同比下降53.95%。

（赵同善　杨　盼）

·沁水县·

中共县委书记	秦建孝*
	范兆森
县人大常委会主任	柴守瑛
县　　长	范兆森*
	原光辉
县政协主席	张桂春

【简述】 沁水县位于北纬35°23′~36°04′，东经111°56′~112°47′，总面积2676.6平方千米，下辖7镇7乡，242个建制村，9个社区。年末常住人口215091人，其中城镇人口85692人，乡村人口129399人。户籍人口204490人，其中农业人口159710人，非农业人口44781人。

2014年，沁水县地区生产总值完成172.3亿元，同比增长5.1%。固定资产投资完成136.3亿元，增长24.5%；社会消费品零售总额完成19.3亿元，增长12.4%；公共财政预算收入完成11.5亿元，增长10.4%。城镇居民人均可支配收入达21939元，增长7.9%；农村居民人均可支配收入达8816元，增长10.5%。

“三农”工作 2014年，沁水县实施十大农民增收项目，初步形成以苗木、蔬菜、畜牧、食用菌、蜂蜜等特色产业为依托、“一村一品”为主导的现代农业产业体系。全年用于农业产业发展的资金4.8亿元，同比增长5.1%。新增苗木花卉4000亩，累计2.9万亩；新增肉鸡养殖大棚13栋，累计68栋，单批饲养能力157.5万只；新增设施蔬菜1040亩，累计3840亩；食用菌产量5000吨，特色农业产业体系形成一定规模。开展扶贫攻坚，实施易地搬迁、整村推进、产业扶持、科技培训四大扶贫增收工程，完成扶贫移民150户500人，实现脱贫4000人。推进全国第三批小型农田水利重点县、国家水土保持重点县等项目。

工业 2014年，沁水县规模以上工业增加值完成58.9亿元，增长7.4%。落实省市“一揽子”稳煤保价政策措施，累计为煤炭企业减负1.8亿元，化解资金困难12.9亿元。推动山煤集团鹿台山煤业、保利集团平山煤矿投入运行，年新增产能210万吨，县管煤矿原煤产量达776万吨。改进融资方式，搭建企业与银行的共赢平台。与县煤运公司合作组建天燃能源公司，与晋煤集团宏圣公司合作组建煤炭物流贸易公司，变“单兵作战”为“兵团作战”。引导企业通过加强内部管理，降低销售成本。集中打造煤层气产业总部基地，煤层气液化调峰储备中心、力宇燃气动力装备制造、浩坤煤层气液化、物流园区、集输管网等项目进展顺利，完成抽采25.6亿立方米，增长11.2%；液化33.8万吨，增长44.5%；规模以上煤层气企业完成增加值28.8亿元，增长33.3%；上缴税金5.4亿元，增长42.1%，占财政总收入的17.7%，成为继煤炭产业之后沁水县又一主导产业。非煤产业完成增加值86.3亿元，占生产总值的比重比上年提高6.4个百分点。

项目建设 2014年，沁水县完成省市下达的“六位一体”任务，其中项目签约、项目落地、项目开工、省市重点工程建设、项目投产五项指标超额完成。实施的“六个十大项目”，完成投资85.2亿元，占年度投资的104.8%。招商引资签约项目24个，签约金额340.2亿元，资金到位100.34亿元，落地项目投资总额113.27亿元，开工项目投资总额57.57亿元。

城乡建设 2014年，沁水县投资17.1亿元推进县城建设。城市综合展馆试开馆，梅园二期城中村改造接近尾声，全民健身中心、沁水大酒店主体完工，中心环路、沁园路、滨河北路改造顺利完成，新建的梅芬桥和县河3号、4号桥建成通车，开展龙岗公园、石楼公园建设。投资7.4亿元改善乡村环境。推进端氏、嘉峰、郑村、中村等特色城镇建设。由县财政参股启动历山舜王坪景区建设，实施迎白旅游公路、沁东线升级改造、景区接待服务中心等基础设施工程，国庆节期间舜王坪景区对外开放。各旅游景点接待游客突破20万人次。

环境建设 2014年，沁水县完成30个新农村建设示范村、90个城乡环境清洁工程重点村以及22项农村人居环境改善任务，在山西省率先建成的以化制方式为主的病死畜禽无害化处理中心投入运营。全年空气质量二级以上天数达到338天。

民生事业 2014年，沁水县财政用于改善民生的资金15.4亿元。推动十大惠民工程。每年投入3000万元，实施“9+3+3”免费教育。农村数字电视转换完成5120户，超额完成任务。新建嘉峰镇中心幼儿园完成主体，教育园区完成扫尾工程。沁河入境张峰水质自动监测站、污水处理厂升级改造项目完成主体。农村危房改造完成1064户。县城新增供气450户、供暖17.3万平方米。更新医疗设备，实施参合农民大病二次补偿制度。张村、土沃、樊村河、必底、下川、永安等乡村恢复开通客运班车。完成农村饮水安全工程59处，建设保障性住房1436套，新建和改扩建道路56千米，新增城镇就业5342人，转移农村劳动力8120人。

政府建设 2014年，沁水县组织办理人大代表建议、批评和意见94件，满意和基本满意率100%；办理政协提案140件，满意和基本满意率100%。重视精神文明建设。推行“德行校园”“德行家庭”“德行乡村（单位）”创建，涵养良好的家风、村风、民风、县风,对涌现出的邵双龙、潘海波等10名"沁水好人"进行表彰。

(张丽霞)

·阳城县·

中共县委书记　王晋峰
县人大常委会主任　申永山
县长　窦三马
县政协主席　张星社

【简述】 阳城县位于北纬35°12′~35°41′,东经112°01′~112°37′,总面积1914.51平方千米,下辖10镇7乡,1个办事处。户籍总户数175397户,总人口383648人,非农业人口80039人。常住人口390796人,其中城镇人口174059人,村人口216737人;男性196434人,女性194362人,男女性别比为101:100。城镇人口比重44.54%。人口出生率7.96‰,人口死亡率5.59‰,人口自然增长率2.37‰。

2014年,阳城县地区生产总值完成1668931万元,增长2.1%。其中,第一产业实现增加值93262万元,下降0.1%;第二产业实现增加值999269万元,增长2.7%;第三产业实现增加值576400万元,增长0.9%。人均地区生产总值42757元。居民人均可支配收入达15429元,增长9.1%。其中,城镇居民人均可支配收入达22968元,增长8.2%;农村居民人均可支配收入达9978元,增长10.1%。

农业 2014年,阳城县粮食播种面积33555公顷,减少2703公顷。其中,夏粮面积8492公顷,减少4176公顷;秋粮面积25063公顷,减少1528公顷。油料播种面积405公顷,减少84公顷;蔬菜播种面积952.4公顷,增加86.2公顷;棉花播种面积47.4公顷,减少15.8公顷。全年粮食总产量140715吨,下降18.9%。粮食单产每公顷4200公斤,下降5.0%。油料产量535吨,下降26.5%;蔬菜产量53083吨,下降5.8%;棉花产量31.2吨,下降25.5%;水果产量7363吨,增长2.5%;坚果产量2481吨,增长1.5倍。全县有效灌溉面积9095公顷。全年肉类总产量23291吨,禽蛋产量28359吨。全年蚕茧产量3686.4吨,增长0.8%。蚕茧收入15543万元,增长3.8%。耕地保有量58.2万亩,造林面积1.7万亩。

工业建筑业 2014年,阳城县规模以上工业企业44家。全年规模以上工业企业实现主营业务收入1377479万元,下降5.2%。其中,煤炭企业实现主营业务收入573030万元,下降10.9%;实现利税122580万元,下降51.2%,其中实现利润53250万元,下降68.5%。全年全县生产原煤1124.6万吨,增长10%;洗煤423.6万吨,下降15.7%;

2014年,阳城县建筑业完成增长值53859万元,下降6.5%。年末全县具有资质等级的总承包和专业承包建筑业企业14家,完成总产值23649万元,下降9.3%;房屋建筑施工面积23.9万平方米,下降3.5%。

财政金融保险 2014年,阳城县完成财政总收入336449万元,增长2.5%。完成公共财产预算收入110885万元,增长10.5%;地方公共财产预算支出207400万元,增长4.6%。金融机构各项人民币存款余额1794133万元,比年初增加4458万元。其中单位存款余额617675万元,比年初减少50138万元;居民储蓄存款余额1111058万元,比年初增加61653万元。金融机构各项贷款余额549685万元,比年初减少159145万元。保费收入19376万元,其中财产险保费收入4221万元,人身保险费收入15155万元。全年支付各类赔款及给付9584万元,其中财产险赔款2004万元,人身险赔款及给付7580万元。

投资贸易 2014年,阳城县完成固定资产投资1406627万元,增长18.2%。按产业分:第一产业投资108047万元,下降7.3%;第二产业投资639138万元,下降2.5%;第三产业投资659442万元,增长57.6%。在第二产业中,工业投资638988万元,下降2.1%。其中,煤炭工业投资218236万元,增长24.3%,非煤产业投资420752万元,增长2.9%;传统产业(煤炭、焦炭、冶金、电力)投资330182万元,增长25.4%,非传统产业投资308806万元,下降20.7%。全县计划总投资500万元以上的在建施工项目248个。其中亿元以上项目76个,计划总投资3180575万元,完成投资751841万元。全年房地产开发投资9517万元,下降28.3%。其中住宅投资9167万元,下降14.4%。

2014年,阳城县社会消费品零售总额374534万元,增长12.1%。按地区划分,城镇零售额291383万元,增长12.5%;乡村零售额83151万元,增长10.8%。全年外贸进出口总额1539万美元,下降6.0%。其中进口额111万美元,下降60.8%;出口额1428万美元,增长5.5%。

交通邮电 2014年,阳城县公路货运量2211万吨,增长4.8%。公路货物周转量79760万吨/千米,增长3.9%。公路客运量1310万人,增长6.5%。公路旅客周转量45954万人/千米,增长5.5%。

完成邮政业务总量2139万元,增长3.2%。订销报纸768万份,订销杂志16万份,收寄特快专递1.6万件,发送信件1.8万件。年末全县固定电话用户57777户,移动电话用户325446部,计算机互联网用户62915户。

旅游 2014年,阳城县有成规模旅游景区(点)5处,其中有国家级AAAAA景区1处,国家级AAAA景区2处,国家级AAA景区2处。接待游客690.4万人次,增长15.3%,实现直接门票收入22185万元,增长5.8%,旅游总收入实现46.7亿元,增长20.1%。

科教文卫 2014年,阳城县有普通中学26所,在校学生25786人,教职工2315人;职业高级中学3所,在校学生2852人,教职工180人;小学73所,在校学生18179人,教职工1850人;幼儿园165所,幼儿园教职工1850人;成人中等专业学校1所,教职工17人。6至11周岁适龄儿童入学率、巩固率100%。高考二本以上达线2167人。

2014年,阳城县投入科学技术研究与开发专项资金1320万元,组织实施市级科技计划项目1项,组织实施县级科技计划项目40项。新增高新技术企业1家，全年有效发明专利拥有量27件。完成农村公益电影放映5616场。举办阳城县“民间手工剪纸廉政奇石”艺术展。组织农民爱好者参加“晋城市首届农民美术书法作品展”。成立阳城县国民体质监测小组。组织486名运动员和教练员参加晋城市第五届全民运动会。举办第六个“全民健康日”启动仪式、全县第十一届门球赛、全民健身篮球赛、有氧健身操展示活动等赛事13项。广电网络公司升级改造、数字电视转播推进，“户户通”广播电视摸底工作启动，申报第四批国家级非物质文化遗产项目和专项资金。年内全县有医疗卫生机构611个，卫生技术人员2357人；拥有床位1720张。村级卫生所达标率99%。完善新型农村合作医疗保险制度，参合率为99.08%。

环境建设 2014年，阳城县二氧化硫排放量32126吨，比上年下降7.9%；化学需氧量排放量5258万吨，比上年下降2.2%。县城空气质量二级以上天数331天。城市燃气普及率96%，城市居民用户集中供热率70%，城市垃圾收集率75%，城市生活污水处理率98%。省级生态自然保护区1个。森林覆盖率51.15%，林木绿化率56.9%，城市建成区绿化覆盖率45.6%。

社会保障 2014年，阳城县城镇基本养老保险、新型农村养老保险、城镇基本医疗保险、失业保险、工伤保险、生育保险参保人数分别达50102人、206728人、73355人、23808人、64770人、34962人。完成创业培训750人，城镇失业人员再就业培训750人，新成长劳动力培训完成839人，农村劳动力技能培训5901人，技能人才培养1272人，新增高技能人才85人。（王家胜）

·陵川县·

中共县委书记 石云峰
县人大常委会主任 张江龙
县长 胡晓刚
县政协主席 郎在陵

【简述】 陵川县位于北纬35°25′~35°54′，东经113°01′~113°37′，总面积1751平方千米，下辖7镇5乡，371个行政村，7个居民社区。截至2014年底，全县常住人口为234337人，比上年末增加618人，其中城镇人口89941人，乡村人口144396人。出生人口2025人，人口出生率为8.65‰；死亡人口1406人，死亡率为6.01‰；自然增长率为2.64‰。出生人口男女性别比为105:100。

2014年，陵川县地区生产总值完成33.5亿元，同比增长2.7%。其中第一产业增加值完成4.71亿元；第二产业增加值完成10.67亿元；第三产业增加值完成18.15亿元。第三产业中，金融业增加值完成2.21亿元，增长3.4%；交通运输、仓储和邮政业增加值完成3.36亿元，增长12%；批发和零售业增加值完成1.69亿元，增长7.3%；住宿和餐饮业增加值完成0.68亿元，增长3.3%；营利性服务业增加值完成2.74亿元，下降5.9%。人均地区生产总值完成14326元。县财政总收入完成37086万元，下降12.21%。公共预算财政收入完成19381万元，增长10.44%。公共预算财政支出144888万元，增长11.9%。乡村从业人员110609人，减少5637人；城镇登记失业率控制在2.8%以内。城乡居民人均可支配收入达9836元，增长9.2%。其中，城镇居民人均可支配收入达15260元，增长7.2%；农村居民人均可支配收入达6824元，增长11.1%。

农业 2014年，陵川县耕地保有量为45.75万亩，增长0.2%。完成造林合格面积1.98万亩。自然保护区面积21440公顷。农作物播种总面积22509公顷。粮食种植面积20367公顷，其中玉米种植面积17316公顷，小麦种植面积162公顷。全年粮食总产量达9.16万吨，减产22.6%；其中夏粮产量642吨，减产18.8%；秋粮9.1万吨，减产22.5%。油料产量765吨，减产24.3%；药材产量4398吨，增产33.7%；水果产量2940吨，增产37.6%；干果870吨，蔬菜产量38875吨，增产23.5%。肉类总产量达到14351吨，增长20.4%。其中猪肉产量12618吨，增长22%；牛肉产量29吨，下降33%；羊肉产量495吨，下降74%。农业机械总动力32万千瓦。机械耕地面积16118公顷；机械播种面积13143公顷；机械收获面积9858公顷。全县农机化经营总收入达10800万元。

工业建筑业 2014年，陵川县有规模以上工业企业13个。全年规模以上工业总产值完成96559.3万元，同比下降17.6%；规模以上工业增加值增长7.12%，其中国有控股企业增长26.3%，非公有制企业下降31.4%。轻工业下降48.8%，重工业增长18.7%。规模以上工业实现主营业务收入98179.4万元，下降22.8%。其中，煤炭行业24223.1万元，下降34.4%；农副食品加工业9652.8万元；增长38.2%；冶炼行业24841.5万元，下降30.7%。规模以上工业企业实现利税298.6万元，下降95.7%；实现利润−6668.5万元；亏损企业亏损额7613.7万元，增长9.8%。全县乡镇及民营经济增加值23.4亿元，增长4.5%；总产值71.39亿元，增长5.2%；营业收入60.62亿元，增长4.3%。

2014年，陵川县建筑业实现增加值3.1亿元，下降1.9%。具有资质等级的总承包和专业承包建筑业企业共有2家，完成总产值8400.8万元，完成竣工产值10420.1万元。

投资贸易 2014年，陵川县固定资产投资完成33亿元，比上年增长10.1%。其中，第一产业63510万元；第二产业78148万元；第三产业188310万元。全年在建固定资产投资项目137个。其中亿元以上项目17个，年内完成投资11.56亿元。

2014年，陵川县社会消费品零售总额153296.2万元，增长9.7%。城镇零售总额102369万元，增长10.1%；乡村零售总额50927.2万元，增长9%。

交通邮电 2014年，陵川县公路通车里程1555.3千米，全年交通运输、仓储和邮政业增加值3.36亿元，增长12%。全县邮电业务总量11620万元，下降9.9%。其中，邮政业务总量1458万元；电信业务总量10162万元；新增移动电话用户1.23万户，年末达到20.1万户;全县宽带接入用户达到2.66万户,增加0.19万户。

旅游 2014年,陵川县旅游企业个数为16个,共接待旅游人数323.5万人次,增长17.7%,实现旅游总收入7.72亿元,增长23.5%。

金融保险 2014年,陵川县金融机构各项存款余额694808万元,比年初增加1702万元,增长0.25%。其中,城乡居民储蓄存款余额497271万元,增长10.88%。各项贷款余额269212万元,增长3.07%。

2014年,陵川县保险费收入10483万元,增长14.1%。其中财产险保费收入3424万元,增长34.6%;人身险保费收入7059万元,增长11.1%。全年支付各类赔款1592万元,增长11.9%。其中,人身险给付支出458万元,增长0.4%;财产险赔款支出1134万元,增长34%。

科教文卫 2014年,陵川县科技三项经费支出700万元,比上年增长16.7%。全年完成各类科技项目61项。全县共有各级各类学校175所,其中各级中学17所,小学121所,幼儿园和其他37所。全县共有各级各类在校学生人数33294人,全年高中招生1602人;初中招生2469人;职业高中招生数117人;小学招生1583人;在园幼儿5295人。年末全县教职工人数3112人,其中专任教师2674人;社会办学教师452人。

2014年,陵川县共有文化馆1个,公共图书馆1个,总藏书量3.2万册。博物馆1个。各级医疗卫生机构456个,床位651张,卫生专业技术人员897人,每千人拥有病床2.6张,每千人拥有医生数0.8人。新型农村合作医疗保险参保率99.19%。村卫生室覆盖率100%,县、乡、村三级医疗机构达标率78%。

民生保障 2014年,陵川县企业养老保险参保11310人,其中城镇职工参保7605人,基金征收完成4286万元;城镇居民养老保险参保2662人,基金征收完成26.1万元。机关事业养老保险参保8008人,基金征收完成7400万元;全年为2311名机关事业离退休人员发放养老金7969万元,按时足额发放率达100%。城镇职工医疗保险参保17802人,城镇居民医疗保险参保13925人,基金征收完成2689万元。失业保险参保9060人,基金征收完成230万元;全年为484名失业人员发放失业保险金298.6万元。工伤保险参保22577人,基金征收完成434万元,全年为137名工伤职工支付工伤保险待遇789万元。生育保险参保14016人,基金征收完成173万元。新型农村养老保险参保132613人,基金征收完成1201.2万元。年末城镇低保人数4244人;农村低保人数16181人;农村集中供养五保户348人;分散供养五保户1479人,减少159人;农村定期救济59人,减少4人。各类收养性社会福利单位6个,床位450张,收养各类人员348人。享受伤残抚恤金人数309人;享受定期补助人数1856人。优待对象户数314户,优待总金额454.8万元。

环境建设 2014年,陵川县城市集中供热普及率达75%;建成区绿化覆盖率达到40.6%。全年县区环境空气质量二级以上天数达303天,大气环境综合污染指数2.24。化学需氧量控制在3493吨,下降2.18%。二氧化硫排放量5452吨,增长1%。氨氮排放量450吨,下降1.21%。氮氧化物排放控制在3478吨,烟尘排放量6118吨,增长0.87%。粉尘排放5100吨,下降0.49%。森林面积133万亩,森林覆盖率达52.07%。全年木材产量3041立方米。全年完成造林面积1634公顷;四旁植树65万株,育苗面积380公顷。

(焦国锋)

·泽州县·

中共县委书记	崔守安*
	秦建孝*
	刘爱军
县人大常委会主任	陈晋勇
县长	常广智*
	高喜全
县政协主席	樊秋宝

【简述】 泽州县位于北纬35°12′~35°42′,东经112°31′~113°14′,总面积2023平方千米,下辖14镇3乡,629个行政村,1088个自然村。年末总人口489898人,其中农业人口273775人;非农业人口216123人,城乡人口比为78:100。

2014年,泽州县地区生产总值完成218.5亿元,同比增长5.5%。其中,第一产业增加值11.6亿元,增长2.3%;第二产业增加值147.0亿元,增长6.5%;第三产业增加值59.9亿元,增长3.2%。人均地区生产总值44678元。公共财政预算收入12.4亿元,下降6.9%。税收收入7.6亿元,下降3.1%,公共财政预算支出23.3亿元,增长2.6%。城镇常住居民人均可支配收入达25662元,增长7.7%;农村常住居民人均可支配收入达11257元,增长10.5%。

农业 2014年,泽州县粮食总产量20.7万吨,比上年减产2.1万吨,同比降低9.25%。农作物种植面积66041.1公顷,比上年降低3954.3公顷。其中,粮食种植面积62932.0公顷,油料种植面积1036.1公顷,棉花种植面积6.7公顷。在粮食种植面积中,玉米种植面积8707公顷,小麦种植面积28490公顷。全年棉花产量3.8吨;油料产量1571.5吨;药材产量1495吨;蔬菜产量72306吨;水果产量16938吨。全年全县农业机械总动力75.6万千瓦。机械耕地面积53080公顷;机械播种面积45055公顷;机械收获面积40500公顷。全县农机化经营总收入4.5亿元。肉类总产量48175.1吨,比上年增长12.6%。奶类总产量484吨;禽蛋总产量26540吨;蚕茧产量84.5吨;水产品产量600吨。

工业 2014年,泽州县规模以上工业增加值完成56.4亿元,增长11.4%。规模以上工业企业46家。原煤产量643.5万吨,增长24.0%;化肥折纯量117.1万吨,增长11.4%;生铁产量322.0万吨,增长7.6%;粗钢产量303.7万吨,增长9.3%;钢材产量299.0万吨,增长9.3%;水泥产量108.8万吨,增长770.1%;铸件产量148.5万吨,下降6.0%;发电量完成272609.2

万度。全年规模以上工业实现主营业务收入213.4亿元,比上年下降6.1%;工业企业实现利润4.4亿元,比上年增长8.2%;实现利税14.7亿元,同比增长6.3%。

2014年,泽州县全社会建筑业实现增加值50030万元,增长15.0%;年末全县具有资质等级总承包和专业承包建筑业企业7家,完成总产值53264万元,同比增长20.6%。

项目建设 2014年,泽州县改造提升传统产业,筹建铸造集团,推进晋煤华昱清洁能源一体化、天泽4060二期、南村铸造园区建设,天溪煤制油二期、兰花己内酰胺、纳米新型材料等项目进入调试阶段,山水水泥等项目投入运营。发展高新产业,引进20兆光伏发电项目。强化要素保障稳增长,为煤企减负5933万元,稳定煤炭产业。

贸易金融保险 2014年,泽州县社会消费品零售总额33.4亿元,增长10.1%。全年全县海关进出口总额43930万美元,下降9.7%。金融机构各项存款余额180.8亿元,比年初增加8.5亿元,增长4.9%;各项贷款余额85.6亿元,比年初增加1.2亿元,增长1.4%。保费收入17240.5万元,同比增长6.9%。全年支付各类赔款及给付4879.8万元。

环境建设 2014年,泽州县有省级自然保护区1个,自然保护区面积93775.1公顷,全县林木绿化覆盖率达50.2%。森林覆盖率达36.5%。年末城镇绿化覆盖率达33.3%。环境空气质量二级以上天数达到209天。空气综合污染指数为7.76,较上年下降19.3%。

科教文卫 2014年,泽州县申报省级科技项目5项。其中列入省级国际合作项目1项,火炬计划1项,星火计划1项,工业攻关计划1项,创新计划1项。申报市级科技项目3项。全年共申请各类专利26件,其中发明专利申请量20件,有效发明专利拥有量16件。各级各类学校216所,比上年降低16所。其中有高中2所,完全中学3所,高职中学2所,初中中学32所,九年一贯制学校3所,小学173所,教师进修学校1所。年末全县共有各级各类在校学生48965人;全年各级各类学校招生15265人;毕业生16782人;年末全县教职工4945人。小学学龄儿童入学率100%;小学和初中升学率均达100%。泽州县在全市实现15年教育全免费,李寨中学实践教育的做法和经验受到总理李克强的肯定。艺术表演团体5个,新创作首演剧目1个,全年上演剧目50余个,演出场次3000余场,收入300余万元。卫生机构(含诊所)731个。其中县医院1个,县妇幼保健院1个,疾病预防控制中心(防疫站)1个,卫生监督所1个,乡镇卫生院26个,村级卫生所632个,个体诊所69个。全县共有床位数1775张,卫生技术人员1856人,其中执业医师和执业助理医师850人,注册护士553人。乡村三级医疗机构达标率为100%,新型农村合作医疗保险参保率达99.5%,兑付1.62亿元。县乡医防卫生院推进基础设施建设。

交通邮电 2014年,泽州县公路线路里程2303千米,其中高速公路134千米。公路密度113.2千米/百平方千米。邮电业务总量完成14090万元。其中,邮政业务总量1050万元;电信业务总量13040万元,农村固定电话用户4.6万户。移动电话用户年末达到25.9万户。全县互联网用户数达4.6万户。

旅游 2014年,泽州县有旅游景区(点)9处。其中有1个AAAA级景区,1个AA级景区。共有星级饭店5家,其中四星级2家、三星3家。共有农家乐74家。全年共接待游客532.5万人次,其中直接接待游客127.6万人次,间接接待游客404.7万人次,海外旅游接待游客0.2万人次。实现旅游总收入46.2亿元,其中,直接接待游客收入10.0亿元,间接接待游客收入36.1亿元,海外旅游创汇139.7万美元。

社会保障 2014年,泽州县城镇新增就业7100人,下岗再就业人数达866人。其中安置就业困难对象再就业200人。年末城镇登记失业率为0.2%。2014年,参加城镇基本养老保险28001人,比上年末增加5382人;参加新型农村社会养老保险290500人,降低1200人;参加城镇医疗保险49614人,增加1812人,其中城镇职工医疗保险参保35009人,增加1784人;城镇居民医疗保险参保14605人,增加28人;参加失业保险23200人;参加工伤保险65500人,增加4526人,其中农民工参保44350人;参加生育保险27020人,增加1000人。全县共有403931农民参加合作医疗。全年全县城镇基本社会保障覆盖率达99.1%。全年城镇低保人数2066人,保障户数1548户;农村低保人数17870人,保障户数11992户。 (张 静)

【郭三堆入选中国种业十大功勋人物】 2014年5月,泽州籍科学家郭三堆获改革开放以来“中国种业十大功勋人物”称号。郭三堆是泽州县巴公镇渠头村人,中国农业科学院生物技术研究所研究员,棉花转基因分子育种专家,被誉为“中国抗虫棉之父”。郭三堆在《自然》和《科学》和国内多家杂志上发表论文60余篇,获国家级科技成果奖9次,取得6项国家专利,合著书4部。 (张 静)

·高平市·

中共市委书记 张玉宏
市人大常委会主任 张志刚
市　　　　长 杨晓波(女)*
　　　　　　 邹树琦(代)
市政协主席 梁沁高

【简述】 高平市位于北纬35°39′~35°59′,东经112°42′~113°09′,总面积946平方千米,下辖9镇4乡,3个街道办事处。

2014年,高平市地区生产总值完成214.7亿元。固定资产投资完成126.2亿元;社会消费品零售总额完成52.1亿元;一般公共预算收入12.1亿元。城镇居民人均可支配收入达25379元;农村居民人均可支配收入达10575元。

项目建设 2014年，高平市开工建设10项城市重点工程，推进44项省市重点项目；扩大对外开放，赴上海嘉定、广东东莞进行招商推介，主动对接晋煤、晋能、恒天、美特好等大企业集团，促进西部沟底煤田、美特好农产品加工配送中心等项目落地。改造建设路、长平西街等市区主要街道人行道3.1万平方米；为乡村配备保洁员和监管人员3633人、垃圾收运车948辆，全市实现城乡环境清洁全覆盖。推进融资创新，三甲兴龙工贸、晋兴龙物贸公司在上海Q板挂牌；与太行村镇银行合作，开展中小微企业“助企贷”“创业贷”业务，发放贷款4500万元；兴业银行在高平市设立支行。盛业广场、泫氏家装、长平建材投入运营，兰花时代广场、盛通商业综合体主体完工。

工业 2014年，高平市规模以上工业增加值完成65.9亿元。保障煤矿资金链，完成建设投资23亿元，5座矿井验收转产，5座矿井进入三期，全市生产原煤2039万吨，稳定煤炭生产；开展清理规范涉煤收费，累计退还煤矿资金5.4亿元，减轻企业负担；理顺西部沟底煤田管理体制，加快开发建设进度。推进重点企业技术改造，全国建筑排水管道系统技术中心和山西省铸铁排水管工程技术研究中心落户泫氏集团，科兴光电与华中科技大学达成LED项目合作协议，并与广东志成华科合作生产LED芯片高速检测分选一体机。

“三农”工作 2014年，高平市粮食总产量达1.68亿公斤、蔬菜2.6亿公斤。启动生猪生产风险基金，指导养殖户降低管理成本，全年生猪出栏150万头，保持生猪产业稳定。加强农业水利设施建设，张峰供水东延一期工程基本完工，釜山、东仓、西仓3座水库完成除险加固。提升农业产业发展水平，新、扩建农业园区10个，农产品加工龙头企业销售收入突破20亿元；实施黄梨振兴工程，“高平大黄梨”申请注册国家地理标志保护产品，神农炎帝农耕文化园规划设计方案通过专家评审；开展石末乡农村土地承包经营权确权登记颁证试点，完成全市农村宅基地使用权和集体建设用地使用权地籍调查测量。实施扶贫攻坚和城乡人居环境改善工程，加快美丽乡村建设，良户村被推荐为全省美丽宜居示范村，边家沟村被评为“山西最美旅游村”。

城乡建设 2014年，高平市推进城建重点工程攻坚，七佛山绿化一期工程基本完工，西山绿化初具景观效应，牛山绿化景点基础工程基本完成，韩王山绿化完成地形整理；丹河景观绿化工程开工建设，迎宾桥、友谊桥等处园建工程基本完工；长平桥改造和盛世佳苑道路、国税局东侧支路等6条断头路改造全部完成，硬化小街小巷5万多平方米；完成体育场周边环境提升，新增绿化、硬化面积7600平方米。开展节能减排和污染防治行动，完成荒山造林1.8万亩，实现主要污染物减排目标。推进城乡统筹发展，开工建设小城镇“五建设两整治”项目29个，改造村村通破损路22条。采用BOT模式建成南部热源厂，理顺北部热源厂运营机制，新增供热面积80万平方米；加快集中供气步伐，新增供气5200户；

社会事业 2014年，高平市投资3.2亿元的高平一中新校区投入使用，高考二本B类以上达线1603人；市直天怡和米山幼儿园投入使用，其他7所乡村幼儿园完成主体建设；为80岁以上老人发放尊老金，建成养老服务机构14所；为市区近400名环卫工人提供免费早餐。深化医药卫生体制改革，加强村卫生室和村医队伍建设，2014年，高平市被评为全省医改工作先进单位；完成食品安全体制改革，充实基层安全监管队伍；安排社会保障和就业支出3.2亿元，企业退休人员养老金、城乡低保补助等标准提高10%以上。开工建设2500套保障房，完成300户农村危房改造和23个村、1.8万人的吃水提升工程。为教育、卫生系统招聘人员163名，新增大学生基层公共服务和公益性岗位325个。

第三产业 2014年，高平市推动旅游产业发展，出台《加快旅游产业发展的实施意见》，召开全市文化旅游发展研讨会、推进会，明确发展思路和目标任务，在全市营造发展旅游的良好氛围。加快旅游景区景点建设，组建神农炎帝文化旅游公司和农耕文化园开发公司等建设主体，建成长平之战纪念馆和以坩埚炼铁为主题的冶铸历史展览馆，加快推进炎帝陵修复保护、羊头山景区提升、良户村开发等旅游项目建设，形成“三日游”旅游线路。山西省炎帝文化研究会落户高平，神农客运中心站投入运营。发展文化产业，新编大型古装戏《长平绣娘》首演成功，高平潞绸织造技艺入选第四批国家级非物质文化遗产项目，举办全国百市《乙未年》羊年生肖邮票首发式。推进文化惠民工程，开展戏曲、电影下乡和全民健身活动，新庄、伯方村入选第三批中国传统村落。

政府建设 2014年，高平市开展“转型综改攻坚年”活动，实施“1218”行动计划。加快行政审批制度改革，衔接上级下放审批事项127项，取消行政事业收费7项。开展行政提速工程，直接上报项目13个，自行办理项目433个。完成全市463个村（社区）“两委”换届任务。（秦皓宇）

朔州市

中共市委书记	王安庞
副书记	李海渊
	郑 红
市人大常委会主任	王安庞
	李 彪*
副主任	白俊禄*
	温日平
	李玉兰
	刘海清*
	张丁成
	牛志忠
	白 明
	侯 元
市长	李海渊
副市长	雷健坤 韩文让
	侯新生 王志刚
	王智杰
	薄志平（挂职）

市政协主席　高　厚
副主席　李　翠* 谭建国
韩文让* 闫美珍
支立新　左中伟
赵景春

【概述】 朔州市位于北纬39°05′~40°17′，东经111°53′~113°34′，总面积1.06万平方千米，下辖2区4县，73个乡镇，1684个行政村。

2014年，朔州市地区生产总值完成1003.4亿元，增长4.5%。固定资产投资完成815.3亿元，增长5.2%；社会消费品零售总额完成258.3亿元，增长12.4%；公共财政收入完成86.6亿元，下降9.1%。城镇常住居民人均可支配收入达25725元，增长7.7%；农村常住居民人均可支配收入达10137元，增长10.8%。

工业 2014年，朔州市工业增加值完成443亿元，增长4.5%。生产原煤2.03亿吨；发电310亿度，增长10.6%；全社会用电105.3亿度，增长2.8%。省市重点工程完成投资714.5亿元。出台《关于帮扶非煤电工业企业发展六条措施》。建成标准化矿井40座。发展低热值煤发电、风力发电、光伏发电、生物质能发电项目，电力装机容量达786.6万千瓦。在建发电项目26个，装机容量258万千瓦。平朔粉煤灰综合利用项目首批白炭黑产品调试成功，工业固废年消化量达到3000万吨，综合利用率达到61%，被国家发改委确定为资源综合利用"双百工程"示范基地，被工信部确定为工业绿色转型试点城市。引进建设投资5亿元以上转型项目。

新兴产业 2014年，朔州市新兴产业完成投资130亿元，同比增长25%，占全市工业投资的31%。设立企业技术研发创新项目专项资金，成功申报煤电污染控制及废弃物资源化利用山西省重点实验室。加大日用陶瓷等行业研发投入，新增企业技术中心23家，各类技术中心达70家；新增高新技术企业7家，高新技术企业达11家。旅游业总收入109.3亿元，增长29.9%。

"三农"工作 2014年，朔州市各级财政投入"三农"资金19.96亿元，农民收入突破万元大关。治理水土流失面积2.13万公顷，新增节水面积0.4万公顷，农田实灌面积达13.65万公顷。全年粮食产量达12.8亿公斤，比上年增长8.9%，增幅居全省第一。制定实施《雁门关生态畜牧经济区领头雁工程和核心区建设规划》，应县恒天然奶牛牧场群两个大牧场投入使用，奶牛存栏量达18.1万头，鲜奶产量达51.9万吨。肉羊年出栏量达350万只。人均畜产品年占有量达147公斤，农民人均畜牧业纯收入达1400元。农产品加工企业完成销售收入160亿元，增长22%。推进农机社会化服务，农作物综合机械化水平达68.2%。投资2.5亿元，推进完善提质、农民安居、环境整治、宜居示范四大工程。办好农村"五件实事"，改造农村困难家庭危房7100户，改造农村幼儿园14所，易地搬迁农村贫困人口3692人，推进乡村清洁工程，培训新型职业农民1万人，为全市农户免费发放冬季取暖用煤43.85万吨。全年降低贫困人口20046人。

城乡建设 2014年，朔州市完成城中村拆迁47.5万平方米。关停27台区域燃煤锅炉，热电联供供热面积新增500万平方米，达1800万平方米，占供热总面积的81%。全市开工建设各类保障性住房12866套，完成投资43.6亿元。全市城镇化率达52.1%，比上年提高1个百分点。营造林2.21万公顷。万元生产总值综合能耗同比下降3.65%，主要污染物减排任务全部完成。投入5000多万元，推进采煤沉陷区治理试点工作。

民生建设 2014年，朔州市财政在民生领域投入111.9亿元，占公共财政预算支出的78.9%。新增城镇就业人数2.41万人。朔州市被国家人社部列为全民参保登记计划试点城市、社会保障卡综合应用试点城市和持卡人基础数据库建设试点城市。人均基本公共卫生服务经费由每人30元提高到35元。在全市新型农村合作医疗保险定点医疗机构实行"先住院后付费"。新改扩建公办标准化幼儿园12所；实施学生饮用奶全覆盖工程，10.6万寄宿学生喝上饮用奶；为高校毕业生提供1012个就业岗位，组织3100名毕业生参加就业实习；实施新型农村养老保险和城市居民养老保险两项制度并轨，城乡居民基础养老金月标准由65元提高到95元；农村五保户供养标准平均每人每年由原先的分散供养2119元和集中供养2802元，分别提高到2708元和3791元；实现太原、大同两个朔州市转外就医最集中地区异地就医即时结算报销；提供玉米、奶牛、森林等农业政策性保险；实施饮水解困工程，解决24个村、8300人的饮水困难；建成100个副食品生产基地惠民直销店；送戏下乡1231场。举办朔州市第二届全民运动会。

转型综改 2014年，朔州市取消或部分取消行政审批事项13项，下放行政审批事项24项，市本级保留行政审批事项222项。启动农村信用社改革，山阴县农信社改制方案获国家银监会批准。加快发展资本市场，两家企业在上海股权托管中心挂牌。加强融资服务平台建设，每季度组织一次银企对接会。加强招商引资，到位外来资金714.56亿元。

安全建设 2014年，全市共发生各类生产经营性事故198起，同比降低57起，下降22.35%，未发生较大及以上事故；死亡35人，同比减少4人，下降10.26%，安全生产工作考核位居全省第一。（元雷花）

【亚洲粉煤灰综合利用技术国际交流大会】 2014年9月25日至27日，由国家建筑材料工业技术情报研究所和亚洲粉煤灰协会主办的"2014年亚洲粉煤灰及副产石膏处理与利用技术国际交流大会"在山西省朔州市召开。（元雷花）

·朔城区·

中共区委书记　郭连厚*
区人大常委会主任　高富国
区　长　刘　彪
区政协主席　齐翠英

【简述】 朔州市朔城区位于北纬39°05′~39°28′,东经112°01′~112°46′,总面积1788.75平方千米，下辖2镇9乡,4个街道,299个行政村,29个居委会。

2014年，朔城区地区生产总值完成276.04亿元,比上年增长7.1%;公共财政收入完成13.03亿元;规模以上工业增加值完成83.91亿元,增长6.3%;社会消费品零售总额完成83.8亿元,增长11.6%;全社会固定资产投资总额完成222.36亿元,增长2.12%;居民可支配收入达20763元,增长8.2%;城市常住居民可支配收入达26824元,增长7%;农村常住居民可支配收入达11543元,增长10.5%。

“三农”工作 2014年,朔城区粮食总产量达32.9万吨，增长8.1%。城郊农业推动发展,实施5万亩玉米高产连片创建项目,完成高标准农田建设8700亩、盐碱地改造3150亩。小农水等34项水利工程实施，粮食直补等强农惠农政策惠及4.79万农户，农机总动力达到49.2万千瓦,综合机械化作业水平达73.3%。农业经营机制创新,累计流转土地8.8万亩,完成21个村6万亩土地承包经营确权颁证工作,新注册农民专业合作社100个,累计申报家庭农场231家,新增省级“一村一品”示范村23个,累计达到67个。设施蔬菜面积累计达4.2万亩,规模养殖小区总量245个,设施农业纯收入14亿元，占农业总收入50%。

项目建设 2014年，朔城区推动传统产业转型升级,强化煤矿综合改造,峪沟、恒宝源、石碣峪3座改造矿井完成基础建设,西沙河、葫芦堂2座煤矿年产能扩大为150万吨,中煤担水沟等5座生产矿井推进煤层配采项目建设。东方长宏、长宏新杰、三阳煤业、国兴煤业4个洗煤厂建成运营。山水水泥及余热发电项目投产。富甲工业园区推进上档升级,中煤平朔年处理20万吨粉煤灰综合利用、丰泰纳米金属深加工、绿源粮油等5个项目待投产。开展北京电子城·朔州数码港、普国商业中心、企业总部基地、浙江新农集团农产品物流等现代物流和商贸服务业项目建设,准朔铁路子公司在区内注册,准池铁路总部投入运营。

城乡建设 2014年，朔城区南泉、雒儿庄等6个城中村和七里河沿线上下庄头等14个村实施房产改造工程,累计投资近40亿元;推进保障性住房建设项目建设,西关片区改造工程主体工程全部封顶;开展老城环城马道、南城门、文庙恢复建设工程,铺开紫金街、育新街等5个城市路桥改造项目;供热、供水、供气管网展开改造工程。改造东关居民区小巷等5条小巷,新建改造城市公厕9座。加快推进朔沙路北延、广梵线二级公路等4条公路升级改造。投资1100万元，铺开100个村庄的清洁工程,整治村容村貌40万平方米。鄯阳街等6条主要街道推行“门前三包”卫生管理,鄯阳街、开发南路等17条街道完成绿化工作。

生态建设 2014年，朔城区七里河水保治理工程完成征地6500亩、征收拆迁面积47.5万平方米,完成引水、清淤工程总量的85%。推进恢河综合治理六、七期和西山生态建设七期、同城化绿化以及国家、省、市级绿化等十大工程建设，治理面积7.92万亩，栽植各类苗木800多万株,新育苗3000亩,通道绿化170千米,村庄绿化20个,市区新增绿地2.3万平方米,城市绿化覆盖率43.8%。大气污染防治活动展开,拆除燃煤供热锅炉9台114吨，取缔燃煤炉灶13个、燃煤锅炉5台,实施加油站、油罐车、储油库油气回收综合治理。

民生建设 2014年,朔城区职业中学、二中、三中、五中、九中新建和改造完成并投入使用。改造青钟等7所农村公办幼儿园和小学附设幼儿园,新建厚德园等城镇公办标准化幼儿园。朔城区人民医院和山西省心血管医院签订对口支援协议,建设重点专科8个,优质护理床位100张。中医院启动建设,进行设备安装调试和人员培训。改建维修小平易、下团堡等7所乡镇卫生院。发明专利申请总量位居全市第一,成功申报“国家知识产权强县试点区”。全区九大类保险参保人数达36万人次，征缴各项保险基金2.3亿多元，结余3.7亿多元。投资690万元，解决27个村、9200人的安全饮水问题,设立5所中心敬老院。干部职工增资补发8448万元全部兑现。

社会管理 2014年，朔城区投资700万元新建和装修社区服务中心办公场所6个，优化43个社区设置,选拔20名社区主任,增加社区服务人员86人,实施社区网格化管理。开展“六场硬仗”“六项整治”“百日安全大检查”“六打六治”等活动。开展食品药品安全排查整治,检查各类生产经营单位421家，排查隐患915条,落实整改892条。打击非法买卖土地、乱搭乱建、私挖滥采等行为。开展“信访积案集中化解”活动,强化初信初访、领导接访等工作,规范信访秩序，全年依法依规按政策解决20多批次重点集体访,办结省、市交办案件95件。 (常凤霞)

·平鲁区·

中共区委书记	吴晓斌
区人大常委会主任	焦　文
区　　长	马占文
区政协主席	孟　占

【简述】 朔州市平鲁区位于北纬39°22′~39°58′,东经111°52′~112°41′,总面积2314.45平方千米,下辖11乡2镇,352个行政村。

2014年，平鲁区地区生产总值完成220亿元,同比增长2%。公共财政预算收入完成15.15亿元;固定资产投资完成172亿元，同比增长13.8%。城市居民人均可支配收入增长8.8%;农村居民人均可支配收入增长11.2%。

“三农”工作 2014年,平鲁区壮大三个优种肉羊繁育大户,提升三个集约化规模养殖企业,连片种植5万亩人工草场,重点实施中煤平朔复垦区4万亩设施农业、国际电力3万只优种山羊屠宰加工、茂华能源1万吨荞麦精深加工和鑫满园1万头生猪养殖四大产业扶贫项目。农业综合开发园区一期工程完成投资2000万元,8家农产品加工企业入园。西易工业园区5家入园企业年产值实现8.3亿元。双万亩种苗基地投资2.6亿元,年内完成5000亩,累计完成1.5万亩。治理水土流失7.5万亩;巩固延伸百万亩樟子松造林基地和环城生态新区,实施"一乡一条路、一村一片林、人均一棵树"工程,年内完成大片造林8.8万亩,通道绿化160千米。

工业 2014年,平鲁区规模以上工业增加值同比增长1.5%。23座煤矿达到标准化,年产原煤1860万吨,产销平衡。安全生产责任落实,保持百万吨零死亡率。电力项目建成255.5万千瓦,其中煤电190万千瓦、风电65万千瓦、光电0.5万千瓦。

项目建设 2014年,平鲁区北坪、东露天、广电信息产业、农业综合开发、西易工业五大园区建设投资规模达520亿元。其中北坪园区累计完成投资80多亿元,晋坤矿产品、轮胎翻新、胶管胶带等8个投产项目,年产值实现16.83亿元;平安化工、劣质煤综合利用、煤矸石发电3个项目完成投资12.76亿元。东露天园区累计完成投资200多亿元,东露天煤矿建成投产,超细粉煤灰等项目加紧建设,晋能40亿立方煤制天然气项目推进前期工作。广电信息产业园区完成工商税务注册登记、土地预选址、手续核准等前期工作。开展北坪循环经济园区建设,总投资800亿元,建成后年产值达400亿元,利税100亿元,安置就业近万人,有8个项目投产。

城乡建设 2014年,平鲁区推进总投资21亿元的12项城建重点工程。平阳小区、文鑫源小区等五项工程如期竣工。政府储粮和粮油交易中心、向阳堡粮站改扩建完工。推进井西小区、善学小区建设。保障性住房建设完成,启动新一轮棚户区改造工程。截至2014年底,完成区乡公路改造18千米;完成30个村人畜饮水安全工程。中煤平朔用地搬迁3个村3000人的安居任务完成;采煤塌陷区治理试点工作启动。投资3024万元,完成1080户农村危房改造。启动凤凰城、安太堡、杏园三个省级美丽宜居示范村建设,陶村乡歇马关新型农村社区开工建设,推进采煤塌陷区搬迁农民就近聚居。

教育文化 2014年,平鲁区实施义务教育阶段寄宿制学生"营养奶"工程,"振兴平鲁教育三年行动计划"成效显著,教育均衡发展通过国务院评估验收。以弘扬李林"爱国、奉献、自强、进取"精神为主题,举办烈士纪念日活动和开展百部影片展演。央视第一频道以"门神故里、开放平鲁"为题滚动播出平鲁旅游文化专题片,为平鲁做宣传。

生态建设 2014年,平鲁区实施生态旅游景观工程,投资3亿元,造林10万亩。生态涵养景观水系工程:完成一库(大梁水库)、一厂(净化水厂,投资29亿元,日供水9万吨)、三湖(如意湖、元宝湖、安太堡矿景观湖,湖面285亩,湿地600亩)建设。2014年完成两大水系(溪泉河、七里河)和南山湖建设工程,在大梁水库下游新开工建设湿地公园。开展水土流失治理工程建设,治理面积5万亩,完成治理4万亩。退耕还林工程完成4万亩。开展矿区生态恢复治理工程建设,总面积41000亩,完成治理23100亩,年内治理1万亩。开展煤矿塌陷修复治理工程建设,开展治理2万亩,完成1万亩。 (郭文亮)

·山阴县·

中共县委书记	侯 元
县人大常委会主任	相 成
县长	南志中
县政协主席	袁林生

【简述】 山阴县位于北纬39°11′~39°47′,东经112°25′~113°04′,总面积1657平方千米,下辖4镇10乡。

2014年,山阴县地区生产总值完成150.9亿元,同比下降1.5%。固定资产投资完成83.4亿元,同比下降31.2%;公共财政预算收入完成8.9亿元,同比下降29.1%;社会消费品零售总额完成31.7亿元,同比增长12.7%。城镇常住居民人均可支配收入达27069元,同比增长8.1%;农村常住居民人均可支配收入达12565元,同比增长9.9%。

工业 2014年,山阴县工业增加值完成54.4亿元,同比下降5.2%。累计投资58.07亿元,完成12座煤矿标准化建设任务,全县原煤产量达2097万吨。在煤炭洗运方面,中煤华昱洗煤厂2200万吨改扩建项目、华夏煤业2000万吨远程皮带输煤专线和600万吨洁净煤洗选加工、海之源180万吨洗煤项目、中煤华昱元南五支线输送系统全部正常运行,全县煤炭洗运实现原煤洗选全部实现配餐制、原煤运输全部皮带传输"两个全部"的能力。在发展电力产业方面,以"500万千瓦"装机容量总目标,推进昱光二期2×35万千瓦、华能山阴2×100万千瓦两个煤电项目、三个5万千瓦光伏发电项目和三个5万千瓦风电项目,煤电、风电装机容量达到75万千瓦,全年发电31.2亿度,实现利润0.93亿元。

农业 2014年,山阴县粮食总产量达2.78亿公斤,同比增长9%。实施十个超亿元龙头加工企业、十万头奶牛、十万亩以有机燕麦为主的优质小杂粮基地、十万亩以大接杏为主的经济林"四个十"工程,以白色乳品为特征的特色循环农业,延伸粮–牛–奶、畜–沼–菜产业循环链条。实施万头奶牛养殖基地扩建项目和品种改良工程,全县规模标准化奶牛养殖小区达到123个,奶牛存栏8.68万头,同比增长4%;生鲜奶产量28.06万吨,同比增长5%;奶牛养殖产值达9.6亿元,占农业产值的23.6%,占农民人均纯收入的三分之一以上。古城集团现代奶牛乳品产业标准化生产体系9大建设项目累计完成投资9.22亿元,古城集团推进5000头奶牛标准化牛场、年产20万吨的饲料加工厂、二期扩建年产15万吨液态奶生产车间等重点工程项目建设,全年完成销售收入突破9.38亿元,实现利税6500万元。

城乡建设 2014年，山阴县在县城规划面积达到24平方千米、形成大县城框架的基础上，铺开紫光湖大桥、桑干河生态新区“五路一桥”建设工程；完成河阳大道南延北拓5千米道路建设；完成府东街延长线、府东街跨线立交桥、站前街等道路、桥梁的立项手续；实施引黄工程泥河供水项目，继续完善县城供水工程建设，铺设输水管线1869米、入户管网12万米，改造扩建用户4090户。

生态建设 2014年，山阴县继续实施“两山一河”生态治理工程，全年植树造林0.326万公顷，植树445万株，全县造林绿化面积达到6.13万公顷，林木覆盖率达38%。重点实施水保生态建设的一、二期京津风沙源治理工程等水利水保项目，加大主要污染物减排工作力度，六项指标全部符合要求。

社会保障 2014年，山阴县民生支出5.47亿元。全县新型农村合作医疗保险参保率达99.9%，充实各类卫生专业人员50人，完成古城等7个乡镇卫生院的改造建设；占地6.67公顷的新建县人民医院即将投入使用。完成3304户农村住房抗震加固、789户农村危房改造和2623套保障房建设项目。推进扶贫开发工程，对全县39个村30966口贫困人口进行精准识别和建档立卡；6家企业参与“百企千村”产业扶贫，带动3560名贫困劳动力人均增收近3000元。9项社会保险保障率达100%。

教育 2014年，山阴县第一幼儿园和两所农村幼儿园投入使用，并对27所学校进行维修、配套。全县高考二本以上达线605人。

转型综改 2014年，山阴县以成功申报国家工矿废弃地复垦利用试点县，全省首家通过省国土厅验收为契机，继续推进工矿用地方式改革和工矿废弃地复垦利用，继续探索重度盐碱地直接转换为工业用地模式，为晋北煤化工基地建设和阳煤40亿立方米煤制天然气、200万吨煤制烯烃、晋煤40亿立方米煤制天然气项目等大型煤化工项目落地建设提供保障。

社会治安 2014年，山阴县开展社会治安重点整治“三项战役”，实施“智慧山阴平安建设”等四大工程，完成平安城市一期工程六大系统建设，在县城街面共安装高清摄像头434路、智能卡口77个。开展打黑除恶、“平安利剑”“雷霆扫毒”“追逃会战”等一系列专项斗争。开展“一村（社区）一警”联系走访活动，抽调330名政法干警到农村社区，走访群众5021次，征求意见1780多条，排查化解各类矛盾纠纷120多起，为群众办好事实事600多起。全年共受理群众来信来访327件次、1315人次，实现集体进京非访和极端个人事件“零”目标。

（李　霞）

·应　县·

中共县委书记　兰成国
县人大常委会主任　赵　杰
县　　　　　长　边润文
县政协主席　宋天仁

【简述】 应县位于北纬39°20′～39°42′，东经112°58′～113°28′，总面积1708平方千米，下辖3镇9乡，298个行政村。总人口33万人。

2014年，应县地区生产总值完成64.01亿元，同比增长7.4%。规模以上工业增加值完成18.53亿元，同比增长7.2%；固定资产投资完成55.14亿元，同比增长14.4%；社会消费品零售总额完成24.9亿元，同比增长12.9%；服务业增加值完成28.5亿元，同比增长7.9%；公共财政预算收入完成1.9亿元，同比增长11.11%。城镇居民可支配收入达19360元，同比增长7.3%；农民人均纯收入达8190元，同比增长10.1%。

项目建设 2014年，应县推进新型工业发展，总投资393.6亿元的35个涉及新能源、陶瓷、新型建材化工、装备制造、农产品加工等方面的工业项目完成投资27.3亿元，占年度计划的104.78%。推进以天津港经纬通散货物流园项目为重点的商贸物流园区建设。

农业 2014年，应县耕地77372公顷，基本农田53360公顷。推进“南菜北牧”战略，30万亩蔬菜亩均增产8%，产量达11亿公斤，实现收入13亿元；粮食总产量达3.46亿公斤，“513”龙头企业完成销售收入44亿元；新发展农民专业合作社850个，累计达1907个；全县奶牛存栏4.58万头，肉羊饲养量120.36万只，畜牧业产值达9.2亿元。

第三产业 2014年，应县发展文化旅游和商贸物流产业，铺开木塔北20多万平方米的绿化工程，启动塔北生态环境整治、塔西环境整治保护建设工程和木塔严重倾斜部位及严重残损构件加固工程。在第三批“中国传统建筑文化旅游目的地”评选中，应县木塔成功入选。

城乡建设 2014年，应县推进南部新城开发、建成区改造提升和“五城”联创三大工程，被评为“省级卫生县城”和“省级园林县城”。实施农村危房改造工程1100户，铺开总投资2660万元的乡村清洁工程，实施涉及3乡7村985人的异地扶贫搬迁工程和涉及22个试点村的美丽乡村建设。推进交通路网建设，完成部分道路改造、公交客运站建设等工程，应县火车站货运、客运列车投入运行。

生态建设 2014年，应县启动实施城东七干沟水系二期、小石口水库建设两项工程。完成造林任务3.75万亩，完成村庄绿化18个、园区绿化12个。县城绿地率达39.6%，绿化覆盖率达41.8%，人均公园绿地面积达9.2平方米。完成7家企业煤改气工程，实施农村环境连片整治、农村饮用水源地保护、生活污水收集处理等工程。全县空气质量二级以上天数达349天。

社会事业 2014年，应县高考二本B类以上达线人数1311人，达线率34.03%，比上年净增159人。图书馆、文化馆完成装修配套，正式投入运营，免费向公众开放。落实医改重点目标任务，规范实施基本药物制度，城乡医保实现“即医即报”和刷卡结算。计生服务水平提高，被评为“国家级计划生育优质服务先进单位”。推进社会保障和社会救助工作，发放各类民政资金1.05亿元，受益群众达9.7万余人；各类社会保险参保人数达31.16万人，征缴基金1.46亿元，发放资金2.2亿元，建立城乡低保良性进退机制。

政府建设 2014年，应县开展“五进双包”活动，2500名县乡干部进村组社区、进困难群体、进田间地头、进信访群众、进产业一线，包扶合作社176个、贫困户5600户。开展“十送”服务活动，为群众办好事实事1300多件。以“党委会进村开”和“村民说事”为抓手，解决群众反映强烈的突出问题47个，关系群众切身利益的问题1800多个。完善《建立健全惩治和预防腐败体系2013—2017年工作规划的实施细则》《预防腐败联席会议制度》《落实党风廉政建设责任制工作考核（试行）办法》和《落实党风廉政建设责任制责任追究办法》等制度，夯实落实“两个责任”的工作基础。建立实施“一把手”约谈机制。开展廉政风险防范管理工作。推进权力公开运行监督平台建设。落实《干部任用条例》，健全干部选拔任用监督和责任追究机制。组建“三山”合作社联合党支部试点。完成296个村的“两委”班子换届工作，250名支部书记、209名村委主任实现连任，连选连任率分别达84.5%、71%。 （安培兴）

·右玉县·

中共县委书记 苏连根
县人大常委会主任 李月明
县长 苏斌如
县政协主席 李峰

【简述】 右玉县位于北纬39°41′~40°17′，东经112°07′~112°38′，总面积1969平方千米，下辖4镇6乡，1个旅游区，321个行政村。总人口11.4万人。

2014年，右玉县地区生产总值完成52.7亿元，同比增长6.5%。固定资产投资完成85.3亿元，增长15.5%；公共财政预算收入完成4.3亿元，增长2.9%；社会消费品零售总额完成13.3亿元，增长13%。城镇常住居民人均可支配收入达18608元，增长7.9%；农村常住居民人均可支配收入达5809元，增长10.9%。

工业 2014年，右玉县工业增加值完成25.7亿元，增长6.8%。推进8项省级、18项市级重点工程建设，大唐丁家窑风电、福光总了山风电和县城热电联供3个5亿元项目完工。地方四座矿井全部转入生产矿井，永昌煤炭物流园基本完工，东洼北500万吨煤炭集运站及铁路运煤专线建成，全县煤炭产、洗、运一体化发展能力提升。诚达、大唐、玉龙、福光风电、英利光电5家企业并网发电，新增装机容量30万千瓦，总容量达到75万千瓦。梁威工业园完善基础设施建设，农副产品展销中心投入运营。永昌科技LED光电产业园、同煤朔煤电无线通讯系统、矿用安全监测设备，以及图远脱水蔬菜加工、西口洋洋羊肉加工等农副产品项目加快产业链条建设。全年通过“三堂会审”签约项目18个，合同资金近166亿元。

“三农”工作 2014年，右玉县推进5个万亩种植园区、2个5千亩种植园区和10个千亩种植园区建设。种植当年生牧草11万亩、多年生牧草1.2万亩，平茬补植灌木草地7.6万亩。3个1万平方米、5个5000平方米肉羊养殖小区主体工程完工。“玉都肉羊”良种繁育项目建成1个核心场和5个种羊扩繁场。完成京津风沙源小流域治理1万亩、草原节水灌溉1.9万亩。实施自来水户户通工程，解决17个村、1.53万人的饮水安全问题。新培育“一村一品”示范村19个，新发展注册农民专业合作社30家，臣丰、图远、晋西口三家公司入选省级“513”加工龙头企业。

生态旅游 2014年，右玉县以“一山六路两景三十村”为重点，投资3亿元，实施七大类造林绿化工程，完成荒山大片造林5.7万亩，通道绿化7.8千米、提升132千米，村庄绿化30个。新增育苗面积1万亩，全县苗木种植面积突破7万亩。编制完成《杀虎口旅游区开发实施策划方案》《杀虎口旅游区控制规划》等规划和方案。杀虎口景区开发项目启动实施，完善提升南山公园等其他景区景点。加大旅游宣传营销推广力度，全年接待游客156万人次，旅游收入完成15亿元，同比分别增长19%、32%。

城乡建设 2014年，右玉县《右玉县城总体规划（2012—2030）》获市政府批复，《县城控制性规划》《县城河道治理规划》《县城园林绿化设计》完成初步方案编制。县城热电联供工程、二水厂投入运行。学府南路、滨河东街东延工程完工。油坊大桥拓宽改造工程主体完工。硬化县城6条主巷道7300平方米。县城主要街路完成命名，配套安装街路指示牌。紫林苑至体育广场排污管涵建设工程完工。推进民福路、玉羊街绿化工程建设。天然气入户工程铺设中压管道4千米、低压管道10千米。县城500套保障性住房建设任务、670户农村危房改造工程全部完工。准池运煤铁路通车，109国道绕城改线工程完成招投标，右平高速公路获省发改委批复立项，梁家店至右卫古城生态旅游路完成初期设计工作。中碾头到高家堡道路、杨村梁路、杨千河—后所堡道路改建工程完工。

社会事业 2014年，右玉县广播剧《种树人》获中共中央宣传部主办的第十三届精神文明建设“五个一工程”优秀作品奖。新一中搬迁启用。新城镇明德小学食堂、宿舍建设工程，白头里幼儿园，右卫镇明德小学体育场和幼儿园活动场所改造工程全部完工投入使用。补充部分专任教师，启动基础教育质量提升工程。全县高考本科达线112人。农村急救中心、乡镇卫生院、村卫生室改造工程全部完工。推进国家可持续发展实验区建设，申报有效发明专利8件，永昌和中大公司申报高新技术企业通过省级初审。县图书馆完成搬迁，大南山发射台站基建工程、市县节目到乡村通达工程完工。

社会保障 2014年，右玉县社保覆盖面扩大，各项社会保险金足额发放。县乡村公立医疗机构药品全部实现零差价销售。新型农村合作医疗保险定点医院启动“先住院后付费”诊疗模式。3.8万多户低收入农户免费供应一吨煤政策落实到位。城市低保、农村低保、五保供养标准全部上调。残疾人护理、生活补贴资金完成发放工作。

安全生产 2014年,右玉县落实安全生产责任制,加强安全隐患排查,强化安全生产措施,做好煤矿、道路交通、非煤矿山、森林防火、食品安全等领域的安全工作,全县安全生产工作形势总体平稳。落实领导干部下访、接访、包案工作,集中解决群众反映强烈的热点难点问题和信访突出问题。推进治安防控体系建设,开展扫毒、铲赌、破案、社会治安整治等专项行动。 (李志国 杨健慧)

·怀仁县·

中共县委书记 王智杰*
县人大常委会主任 韩效华
县长 吴秀玲
县政协主席 周志强

【简述】 怀仁县位于北纬39°37′~39°57′,东经112°46′~113°26′,总面积1232平方千米,下辖4镇6乡,162个行政村。人口自然增长率4.86‰。

2014年,怀仁县地区生产总值完成191亿元,同比增长7.1%。规模以上工业增加值99.8亿元,增长7.3%;服务业增加值73.9亿元,增长6.6%;公共财政预算收入8.6亿元,完成调整预算的99.7%。固定资产投资136.6亿元,增长21.4%;社会消费品零售总额56.6亿元,增长14.1%。城镇常住居民人均可支配收入达28016元,增长10%;农村常住居民人均可支配收入达12313元,增长11%。

项目建设 2014年,怀仁县开展“项目见效年”活动,实施重点工程123项,完成投资120.9亿元。加大招商引资力度,签约项目18个,引资额达218.2亿元,完成年度任务的143.3%。推进煤炭产业“六型转变”。开展涉煤收费清理规范工作,退还企业涉煤收费3328万元,减轻煤炭企业负担。加快现代化矿井建设,柴沟、峙峰山、砂石矿3座矿井全部达到省级标准化矿井验收要求。全年原煤产量达到1213万吨,发运煤炭2590万吨。推进“以煤扶瓷、瓷成精品”战略。金沙滩陶瓷工业园区初具规模,入园企业达到7家,宏腾彩瓦、东方、东兴、佳美乐4家企业投产运行,全县陶瓷企业达到45家、90条生产线,年产陶瓷产品13亿件。加快发展循环经济。扶持循环经济企业和高端项目,粉煤灰综合利用企业达到5家,煤矸石综合利用企业达到4家,年消化粉煤灰和煤矸石305万吨,固废综合利用率达76%。培育壮大新兴产业。铺开陶瓷建材、医药化工、现代商贸、农产品加工等新兴产业项目41项,完成投资78.95亿元,其中华联商贸第一城、东海购物中心、尊屹瓷业、国世源药业医药生产线等4个投资5亿元以上项目,完成投资28.18亿元。服务业完成投资76亿元,增长24%,第三产业投资增速超过第二产业投资增速。发展旅游业,获得中国最具特色生态旅游名县、中国·最佳旅游目的地荣誉称号,金沙滩生态旅游区晋级国家4A级景区。

“三农”工作 2014年,怀仁县财政投入“三农”资金达6.1亿元。粮食产量达2.165亿公斤,增长8%。推进全省“一县一业”羔羊养殖示范基地建设,全年新建养殖小区50个,新增棚圈面积10万平方米。全县标准化养殖小区累计达到638个,棚圈面积达到127.6万平方米,羔羊饲养量达到406万只。全县养殖专业合作社达到421家,羔羊定点屠宰企业增加到10家,屠宰加工能力达到600万只。建成朔州市一流的农产品质量安全检验检测中心。在第十二届中国畜牧业博览会暨2014中国国际畜牧业博览会上,怀仁县养羊模式获得2014中国畜牧行业优秀模式。开展农村土地承包经营权确权登记颁证试点工作。推进改善农村人居环境清洁工程,全县162个行政村实现全覆盖,50个村达到省考核验收标准。改善农民生产生活条件,解决5个村5760人的饮水安全问题。

城镇建设 2014年,怀仁县投资28.6亿元,实施城建重点工程24项。体育馆、图书馆主体工程及内外装修全部完工。同至人商城、红星美凯龙建材市场、金沙滩、怀贤商业街等一批商贸工程主体完工并相继开始招商。怀贤、仁福商业街回迁安置工作基本完成。仁华路、仁福路、怀善街3条城市主干道和15条背街小巷改造工程、热源厂三期续建工程竣工。启动污水处理厂升级改造工程。整合城市监督管理指挥中心和“12345”“12319”便民服务热线,城市智能化管理水平提高。推进重点镇建设,金沙滩镇被确立为全国重点镇,全县城镇化率达60.5%。

环境建设 2014年,怀仁县实施林业“六大工程”,全年营造林3.1万亩,森林覆盖率达28%。加快美丽乡村建设,高标准打造美丽乡村示范村22个。推进重点行业、企业节能降耗和主要污染物减排,全县万元生产总值能耗降幅在4%以上。全县化学需氧量、二氧化硫、氨氮、氮氧化物、烟尘、工业粉尘排放量6项环保约束性指标全部完成,县城空气质量二级以上天数达到355天。

民生建设 2014年,怀仁县高考二本B类以上达线6230人,达线率46.8%,连续23年蝉联全市第一。加强学校标准化建设,云东学校教学楼、怀仁一中学生餐厅和公寓楼、三小、七小等学校的标准化操场投入使用,全县寄宿制学校和城镇学校改造建设任务基本完成。制订实施《校车安全运行管理办法》,保障校车安全运营。保障性住房建设继续推进。全年新开工建设各类保障性住房1056套,占年度目标任务的117.6%。基本建成保障性住房3224套,占年度目标任务的103.8%。推进公共租赁房建设,开工建设144套。医疗卫生体制改革全面展开。乡村两级实施基本药物制度。县乡村三级医疗卫生服务体系达标率100%。新型农村合作医疗保险参保人数17.2万人,参合率达99.8%。

社会保障 2014年,怀仁县扩大养老、医疗、失业、工伤、生育保险覆盖面,五大社会保险基金收入1.99亿元,支出2.5亿元,累计结余3.78亿元。实施惠民工程,为县城居民免费延长一个月的供暖期。开通跨市异地就医平台,与太原、大同两市23所医院实现转外就医联网结算。开通城镇职工和城镇居民医疗保险本地直接结算系统,群众就医报销更加方便快捷。提高城乡居民养老金标准,为全县2.9万名60周岁以上城乡居民调整养老金待遇,由原来的65元上调为95元。为全县干部职工提高津补贴。扩大就业创业,依托怀仁·海宁皮革城大学生创业孵化基地,建立全省首家大学生创业园,扶持创业实体518个,带动就业712人,大学生创业园被评为省级创业园区。开展省级创业型城市创建活动,全年累计新增就业3400人,城镇登记失业率2.6%。

安全建设 2014年,怀仁县加强安全生产,落实安全生产责任制和目标责任考核,开展"六打六治"打非治违专项行动和重点行业领域安全专项整治,推进全县安全生产形势持续好转。全县煤炭百万吨死亡率为零,2014年未发生一起重大安全生产事故。以群众工作统揽信访工作,完善信访工作机制,推动信访积案和矛盾纠纷化解。开展平安怀仁建设,实施"六六创安"工程,健全立体化治安防控体系。加大社会治理力度,严厉打击黑恶势力犯罪,形成打黑除恶高压态势。2014年,全县刑事犯罪立案数同比下降24.6%,社会治安公众安全感满意度提高。

(杨志雁 晁立宇)

晋中市

中共市委书记 张 璞
副书记 胡玉亭
张秀萍*
刘志宏*
市人大常委会主任 张文科
副主任 郭绍华
史景怡*
王纪萍(女)
杨建林*
高增光
尚金华
杨建平*
市长 胡玉亭*(代)
副市长 胡玉亭
刘志宏* 畅志仁
王盛章 辛 琰(女)
王建林
市政协主席 张春生
副主席 郭光明* 郑琪文
邓 明 杨定旺
王书红 秦太明
李非忠 陈定堂*

【概述】 晋中市位于北纬36°40′~38°06′,东经110°56′~114°05′,总面积1.64万平方千米,下辖1市1区9县及晋中经济开发区,59个乡,59个镇,2744个村民委员会,17个街道办事处,199个社区。年末全市常住人口3320308人,比上年增加33515人。年内出生人口36935人,人口出生率为11.15‰;死亡人口21532人,死亡率为6.50‰;自然增长率为4.65‰。

2014年,晋中市地区生产总值完成1041.3亿元,增长6.8%。其中第一产业增加值完成103.3亿元;第二产业增加值完成103.3亿元;第三产业增加值完成443.9亿元。公共财政预算收入完成117.5亿元,同比增长2.1%;全社会固定资产投资完成1106亿元,同比增长16.9%;社会消费品零售总额完成484.3亿元,同比增长12.8%。城镇常住居民人均可支配收入达25652元,同比增长8.7%;农村常住居民人均可支配收入达10100元,同比增长11%。城区居民消费价格总水平上涨1.6%;城镇新增就业人数3.83万人,城镇登记失业率1.94%;万元生产总值综合能耗同比下降3.89%。

农业 2014年,晋中市粮食播种面积398.5万亩,粮食总产量达19.2亿公斤;蔬菜种植面积达62.4万亩,总产量达304.2万吨;肉蛋奶总产量达到44万吨。100个"一村一品"示范村和精品片区完善提质工程启动建设,初步形成以1000余个"一村一品"专业村为主要支撑点、7个"一县一业"基地县和榆、太、祁蔬菜片区、太谷红枣、花卉片区等11个精品片区为重点发展区域的"三区三带"布局。全市新增设施蔬菜面积7.2万亩,总面积达44.7万亩。打造国家级晋中农产品现代流通和农村市场体系建设综合示范区。启动实施市校战略合作,与山西农大合作建设农业科技创新园区,成立山西金谷现代农业投资有限公司、农业技术推广公司;发起成立全市第一支募集5亿元的现代农业产业基金;62项新技术完成推广。发展网上交易平台,入驻淘宝晋中馆的天猫旗舰店、集市店分别达到23家、167家。农业科技创新基地建成农业科技成果转化中心3个、农业科技示范园15个、农业科技龙头企业8个、院士工作站2个、村级服务点350个;组建规范111个乡镇(区域)农技推广站;农产品质量安全监管站覆盖118个乡镇;全市共培训农民15.8万人,完成新型职业农民培训2万人。

工业 2014年,晋中市规模以上工业增加值增速达7.2%。清费减负、收储包销、代料洗选等"煤炭十条"出台,促进煤矿企业稳产增效。全市规模以上工业企业生产原煤8979万吨,同比增长6.6%,煤炭工业增加值完成276亿元,同比增长7.9%,占全市工业增加值的65.6%,拉动全市工业增长5.5个百分点。

项目建设 2014年,晋中市766项重点项目完成投资1056亿元,投资完成率105.6%;全年招商引资2018.6亿元;"六位一体"目标超额完成。全市煤炭行业推进现代化矿井建设,48座生产矿井全部达到安全质量标准化建设标准。焦化行业推进兼并重组工作,介休、灵石分别成为全省4个千万吨级、14个五百万吨焦化集聚区之一。淘汰落后产能任务完成68.8万吨。完成新材料、煤化工、装备制造、食品、医药等新兴产业投资221.9亿元,占全市工业投资的43.9%。推进新能源产业发展,寿阳煤层气工业园区建成投产;建成汽车加气站48座;全市11个县(市、区)城市供气管网基本建成。平遥煤化液化天然气项目投产,寿阳兰凯博(一期)80万吨醚基燃料项目推进建设。现代装备制造业推进发展,吉利山西新能源汽车总装线设备到位,北达新能源汽车项目、青云直升机项目、榆次银河电子车载方舱、灵石北斗导航智慧云计算等电子信息产业项目展开建设。新材料工业、生物医药产业推进企业建设。

城乡建设 2014年,晋中市实施“一体两翼”发展战略,城镇化率提高1.58个百分点,达到50.45%。市城区8大类85项“百亿城建重点工程”完成投资127.2亿元。北部新区推进集中连片开发建设,大学城商业配套初具规模,规划展示馆建成开放,博物馆、图书馆、科技馆等全面开工。大西铁路晋中站站前广场和通站路建成投用。旧城区改造推进,羊毫街、迎宾广场、晋华片区和迎宾东区4大片区以及5个城市棚户区、14个城中村改造完成投资65.6亿元,征迁面积31万平方米,一批安置小区主体接近完工;锦纶路拓宽改造建成通车,中都路北延工程推进建设,汇通路、龙湖街、锦纶路、迎宾街、顺城街等5条城市主干道综合整治完成;完成小街巷维修改造19条。市城区新建、改造供水管网18千米;新建、改造供气管网164.7千米,完成天然气置换4万户。新建、改造供热管网59千米,新增集中供热面积332万平方米。重点城镇组群建设加快。“108综合发展廊带”和“介平灵”城镇组群建设推进。12个省级示范镇镇区公共基础设施建设完成投资2.8亿元。榆次东阳、介休张兰、和顺李阳等6个镇新列入全国重点镇,总数达15个。汾邢高速公路汾阳至左权段通车运营,左权至和顺段建设顺利。阳黎高速阳泉至左权段通车,实现高速“县县通”目标。县乡公路改造工程完成224千米;自然村通水泥(油)路建设完成102千米。全市新增公路通车里程278千米。晋中市汽车客运总站主站楼基本建成,昔阳、祁县汽车客运站主体工程完工。全市农村客运企业发展到17家,共开通营运线路256条,实现具备条件的建制村通客车“全覆盖”。大水网受水区县域供水规划编制完成。开展高校新区防洪体系工程建设,完成涧河河道治理。城区排退水渠改造工程启动,改善和提高5万农村人口和1万学校师生的饮水安全标准。

生态建设 2014年,晋中市完成重点减排计划项目379个。开展大气、水污染防治行动,完成大气污染防治项目1542个,实施重点水污染防治项目47项。完成淘汰黄标车及老旧车1.51万辆。实施新能源替代,更新新能源公交车、出租车551辆;清洁能源替代燃煤锅炉、工业窑炉完成30项。规模化畜禽养殖污染治理完成192家,完成率122.8%。推进污水处理工作,完善污水处理中水回用价格补贴机制。整合提升太谷、平遥等污水处理厂,正阳二厂(二期)提前投入运行。全市城镇污水处理率达94.6%。实施城乡绿化工程,平川现代林业展示区和东山生态经济林业示范区推进格局建设。太谷成为省级林业生态县,新增寿阳鹿泉山、昔阳石马寺2处省级森林公园。启动中幼林抚育财政补贴试点,探索试点购买式合作造林机制,建立大型企业参与生态治理模式。全市新修森林防火道路1100千米;33项市级重点造林绿化工程基本完成;高速公路、旅游公路及河道沿线绿化90千米。完成造林50万亩,植树1000万株;完成育苗8.8万亩,林木绿化率增加1.1个百分点。推进节能减耗工作,推进“双百户”重点能耗企业节能行动、高耗能行业能效对标活动,单位生产总值综合能耗同比下降3.98%。甲醇汽车推进试点,投入运营试点车辆150辆。

文化旅游 2014年,晋中市推进文化“大晋中”发展,举办第二届中国晋中国际柔力球交流大会。启动实施全民文化行动,组织各类活动1800余场。晋中文化生态保护区推进建设,铺开总投资189.8亿元的文化产业项目54项,完成投资18亿元。《王家大院》《兴隆门客栈》《太行奶娘》等5部新作品搬上舞台。晋华工业遗产保护开发、国际柔力球交流中心等项目推进建设。与国旅集团签署战略合作协议,开通从太原和周边地市直达平遥古城、祁县古城、王家大院等景区的10条直通车线路。实施重点旅游项目35项,完成投资23.2亿元。实施景区提升工程,全市A级以上景区达到24处,乔家大院达到5A级景区标准,平遥古城通过5A级景区评审。平遥襄垣梨园、左权麻田莲菜基地入选“中国美丽田园”十大梨花、荷花景观。《又见平遥》全年观演人数35.8万人次,实现收入4800余万元。全市旅游总收入突破400亿元,达408.1亿元,跨入中国旅游城市六十强。全年全市商业住宿设施接待游客4031.7万人次。

金融 2014年,晋中市承接天津股交所山西运营中心落户,8户企业挂牌;平遥农信社、介休农信社改制成立农村商业银行;寿阳农商行具备发起设立村镇银行资格;在全国首家试点企业“升级贷”;平遥日升隆成功发行全省首支小贷私募债;加强与驻地银行的战略合作,全市新增贷款同比增长12.9%,增幅全省第一。

教育 2014年,晋中市统筹推进教育改革。联盟制、集团化办学,全市建立78个教育联盟、22个教育集团。国家级心理健康教育示范区建设启动。教育信息化推进试点工作,建成数字化校园示范校71所。实施改善贫困地区义务教育薄弱学校基本办学条件工作,落实资金6.5亿元。农村义务教育阶段中小学公用经费补助标准每人提高40元/年,全市近30万名农村中小学生享受免费入学政策,6.4万余名幼、小、初、高、职学生得到贫困补助。启动第二期“学前教育三年行动计划”,35所农村幼儿园和建设17所公办标准化幼儿园全部完工,全市学前适龄儿童入园率达95%。北部新城高中、经纬中学等6所学校推进改扩建工程建设。

医疗卫生 2014年,晋中市推进医药卫生体制改革。5个试点县的公立医院和全市公办基层医疗卫生机构全面实施基本药物制度。探索建立现代管理制度,加强医院内部运行管理,绩效工资比例优化调整为40%。12项基本公共卫生服务项目开展工作;市中医院的法人治理、收入分配制度和护理岗位管理等改革试点均取得阶段性成效。全市城镇职工(居民)保险参保率和新型农村合作医疗保险参合率分别提高到98.7%和

99.5%;新型农村合作医疗保险筹资标准由340元提高到390元;城乡居民大病保险和新型农村合作医疗保险支付方式改革实现全覆盖。

文化 2014年,晋中市实施文化惠民工程,利用1000万元文化事业发展专项资金设立文艺特殊贡献人才奖励基金。50%农家书屋达到40平方米以上。新建社区健身场地100块,乡镇健身广场37块、实现全市118个乡镇健身广场和198个社区“500米健身圈”体育场地全覆盖。完成农村电影公益放映3.3万场。

社会保障 2014年,晋中市推动社保信息化建设,全市12个县(区、市)五险统征信息化系统上线运行。全市城镇基本养老、失业、医疗、工伤和生育保险分别参保55.7万人、32.3万人、88.8万人、39.2万人和34.1万人,新型农村社会养老保险参保143.9万人。城乡低保标准分别提高到每人每月389元、203元。农村五保集中供养标准提高到4300元。养老服务业综合改革试点各项工作启动,公办养老机构建设推进改革,灵石、昔阳(一期)投入使用,太谷、介休、平遥、榆社完工,晋中市本级、左权和昔阳(二期)开工。保障性安居工程中,新开工13529套,基本建成17603套,完成投资40.1亿元,10200套农村危房改造工程全部完工。

全市新增就业38258人,完成全年省定任务的100.7%;城镇登记失业率为1.94%,下岗失业人员实现再就业11606人,困难人员实现再就业2684人,创业带动就业10103人,转移农村劳动力38965人。

(刘改英　赵保平)

·榆次区·

中共区委书记　贡　琦
区人大常委会主任　王永平
区　　长　张祖祁
区政协主席　张增翔

【简述】 晋中市榆次区位于北纬37°23′~37°53′,东经112°34′~113°07′,总面积1328平方千米,下辖6镇4乡,12个街道办事处。

2014年,榆次区地区生产总值完成224.2亿元,增长8%。固定资产投资总额229.8亿元,增长182%;公共财政预算收入11.3亿元,增长4.1%;社会消费品零售总额153.1亿元,增长12.6%。城镇居民人均可支配收入、农民人均纯收入分别达26866元和13528元,分别增长9.2%和11%。

“三农”工作 2014年,榆次区粮食总产量达21.5万吨;新建设施蔬菜1万亩,总面积达12.6万亩,蔬菜总产量达17.4亿公斤;农产品加工业销售收入突破40亿元,增长41%。完善“三横两纵”六万亩水果走廊带,新栽水果1万亩、干果5000亩,发展中药材5500亩;投资1.5亿元建设10个标准化养殖园区,肉、蛋、奶总产达8.9万吨;新发展苗木5000亩,潇河沿线苗木产业带基本形成;实施2.5万亩小型农田水利重点县、2万亩农综开发、1.5万亩土地整理、1.5万亩水土流失治理项目。张胡、牛村,明乐、丰润泽“两村两园”试点顺利推进,乌金山、庄子——北田两大观光带启动,都市观光休闲农业“一带两片区”架构基本成型。以金粮、汇隆、省粮食物流为代表的农产品交易龙头企业运营良好;以“万村千乡”“放心粮油”“十五分钟便民商圈”为代表的便民网络优化。加速农村产权制度改革,演武、山头、南蔺郊3个试点村土地确权试点顺利推进;全年流转土地6863亩;培训新型职业农民2000人。

项目建设 2014年,榆次区总投资940亿元的56项重点工程,53项列入省市重点,完成投资163.8亿元,完成率101.7%,项目储备、签约、落地、开工、建设、投产分别完成1680亿元、225.5亿元、188.8亿元、137.4亿元、163.8亿元、114.8亿元。国新和盛新能源、康师傅饮品、中储物流、恒天经纬铸造、云智慧卫星信息技术应用等签约项目开展前期工作,全年签约17项。以太铁、中储为代表的现代物流项目落地开工;以沃尔玛、红星美凯龙为代表的新型城市综合体推进基础设施建设。高新技术企业数量增长25%,加快科技创新体制改革,全年申报科技项目76项,全区获发明专利115项,占全市42.4%。

工业 2014年,榆次区规模以上工业增加值完成70.6亿元,增长10.1%。114户规模企业实现产值257.1亿元,工业企业完成税收6.46亿元,增长8.4%。投资3.6亿元铺开园区二期扩区建设,完成园区道路铺设、供水供电供气增容等基础设施配套工程,园区入园企业302户,规模以上企业达到45户,实现产值146.4亿元,上缴税金5.2亿元。非煤产业增加值比重达到82%,工业新型产业投资比重超过75%。举办液压产业发展及液压技术交流研讨会、中国液气密专家委员会议,组织参加亚洲国际动力传动与控制技术展览会,液压研究院和院士工作站技术支撑效果显现,全年提供技术服务166次,液压产业在机械行业整体低迷态势下保持12.6%的增长,装备制造业固定资产投资超过工业7.4个百分点;冶金行业太钢万邦30万吨镍铬合金项目实现试生产。

文化旅游 2014年,榆次区旅游收入增长32.5%。老醯醋博园、宏艺珠宝文化产业园等项目推进,榆次老城永动机音乐节成功举办,乌金山狂欢谷门票收入突破3600万元,全区旅游综合收入达到88亿元;榆次区企业谊融公司投拍动漫电影《终极大冒险》获全国“五个一工程奖”等多项殊荣,现代晋剧《长大后我就成了你》成功展演;南庄架火列入国家非物质文化遗产保护名录。

城乡建设 2014年,榆次区完成征地6727亩、拆迁房屋32.6万平方米,保障锦纶路改造、大西高铁通站路及站前广场等37项市政重点工程推进任务;加大统筹力度,推动9个城中村和4个棚户区改造项目。完成102千米天然气输气管网建设,辐射6乡镇57村,“气化榆次”取得实质性进展。依法拆除“两违”建筑83处2.3万平方米。改善城乡人居环境,完成造林5.17万亩;改造农村危房601户;完成张庆至修文、源东线等100千米农村公路。

社会事业 2014年，榆次区民生支出占比达70%以上。投入1.6亿元发展均衡教育，11所幼儿园建成完工，高标准通过国家义务教育均衡发展县评审验收；高考应届二本以上达线人数达1150人。榆次区人民医院外科楼投入使用，新型农村合作医疗保险参合率达99.7%，人均筹资标准提高到390元，基本药物覆盖率100%，获全国基层中医药工作先进单位。榆次区计生依法行政工作经验在全省推广，被授予山西省唯一的全国计生基层群众自治示范县。食品安全专项整治力度加强，完成日常监管1.74万次。开展文化惠民，为3个办事处、14个社区配备文化活动设备。新增健身场地50处，"500米健身圈"全覆盖。城镇新增就业8580人，转移农村劳动力4738人，城镇职工基本养老保险、医疗保险、城乡居民养老保险参保人数分别达13.4万人、18.7万人、18.6万人。

安全生产 2014年，榆次区工商贸各类生产安全死亡人数、亿元生产总值死亡人数、煤矿百万吨死亡率三项控制指标均为零。电力、潇河湾社区获"全国和谐社区建设示范单位"称号。

环境建设 2014年，榆次区万元生产总值综合能耗、二氧化碳排放、用水量分别下降3.4%、3.7%、5.0%。

（薛丽瑾）

【榆次区纳入国家级重点开发区域】 2014年4月11日，山西省政府历时7年编制的《山西省主体功能区规划》正式发布，榆次区被纳入国家级重点开发区域。（薛丽瑾）

【"万里茶道"文化研究】 2014年11月15日，榆次区作为"万里茶道"上的重要节点城市受邀参加在武夷山举办的第三届"万里茶道"与城市发展中蒙俄市长峰会。榆次常家是首个去武夷山采办茶叶、完整经历万里茶道初萌期、鼎盛期、衰落期的晋商商号。榆次区"万里茶道"课题组撰写的《振兴"万里茶道"晋商故里怎么办？》一文引起较大反响。12月27日，"万里茶道（中国）协作体文化研究交流中心"在榆次挂牌成立。（薛丽瑾）

·榆社县·

中共县委书记 梁路阳
县人大常委会主任 赵向平
县长 贾尚明
县政协主席 王建华

【简述】 榆社县位于北纬36°51′~37°24′，东经112°38′~113°12′，总面积1699平方千米，下辖4镇5乡。年末总人口144562人，非农业人口29387人，人口自然增长率4.56‰。

2014年，榆社县地区生产总值完成25.1亿元，增长3.8%；公共财政收入完成2.08亿元，增长21.4%；固定资产投资完成12.4亿元，增长25.5%；社会消费品零售总额完成10.4亿元，增长13.1%。城镇常住居民人均可支配收入达17836元，同比增长7.9%；农村常住居民人均可支配收入达4171元，增长10%。

"三农"工作 2014年，榆社县粮食产量达7500万公斤。实施"1311"工程，全年新增设施蔬菜5043亩，总量达到1.3万亩，新增核桃经济林5000亩，累计达到11.5万亩，新增笨鸡54.3万只，年饲养量达到250万只以上，笨鸡覆盖9个乡镇200余个村，小杂粮种植面积达8.5万亩。全县种植药材5000余亩，累计达到11.5万亩，发展双孢菇7.2万平方米，培育综合产业园25个。以社城、西马、箕城、郝北、云竹为重点，形成牛羊育肥生猪繁育基地。林业营造任务完成6.83万亩，其中生态林3.66万亩，经济林3.17万亩。

工业 2014年，榆社县规模以上工业增加值完成9.6亿元，增长1.2%。华能电厂脱离脱硝技改项目完工，榆化公司精四化工项目投产运营，广生公司100亿粒植物胶囊项目新增8条生产线开始试产，天生公司6000吨中成药技改项目进入设备调试阶段。阿胶、五福小杂粮加工等项目投产达效。

项目建设 2014年，榆社县工程总投资28.1亿元。项目投产完成4.53亿元，完成率113.13%。市、县重点工程45项，全部开工建设，其中市级重点工程22项，总投资15.1亿元；县级重点工程23项，总投资13亿元。

旅游业 2014年，榆社县推进云竹湖开发工程建设，环湖路一期工程竣工通车，垂钓中心、旅游文化中心、土林公园主体完工。举办第八届云竹湖休闲旅游垂钓节、第六届云竹湖全国山地自行车赛等活动。截至2014年底，全县接待游客57.3553万人次，同比增长24.1%；旅游收入完成3.65亿元，同比增长26%。

城乡建设 2014年，榆社县实施城乡安居工程，新建、续建各类保障性住房1486套，改造农村危房3099户，全年投资1.2亿元新建改造农村道路10条，总里程60千米。平（遥）榆（社）高速公路鱼头出口前庄公路竣工通车。对新增公共建筑用户和住宅小区供热系统进行扩容改造。推进拆迁户、居民小楼供热系统升级改造，全年新增供热面积15.4万平方米。截至2014年底，全县建筑物集中供热总面积达146万平方米。

科教文卫 2014年，榆社县申报国家专利41项，授权15项。高考二本以上达线808人。新建村卫生室、城区卫生服务中心65所。开展人口计划生育政策落实工作。全国劳动模范张志全纪念馆"廉政教育基地"揭牌仪式在西马乡大寨村落成。榆社县古生物化石地质公园成功申报国家地质公园。

社会保障 2014年，榆社县新增城镇就业1707人，下岗失业再就业270人，转移农村劳动力2112人，发放各类救助资金4202.65万元。

（常彩萍）

【感动榆社道德模范】 2014年6月，榆社县"道德人物"评选结果揭晓，经群众推荐、社会公众投标、组委会评议、媒体公示，最终评选出10人：无私奉献孝老爱亲典范李志香；见义勇为舍己救人任润生；永不退伍的兵周建峰；不离不弃好妻子孟菊芬；无私奉献乡村医生田怀文；最美乡镇干部白卫平；敬业奉献支书郭晋刚；路见不平勇斗歹徒杨飞；优秀政法干警宁利峰；孝敬公婆好儿媳常利。

（常彩萍）

·左权县·

中共县委书记 王　兵
县人大常委会主任 巨树民
县　　　　长 赵宏钟
县政协主席 韩卫平

【简述】 左权县位于北纬 36°45′~37°97′，东经 113°06′~113°48′，总面积 2028.1 平方千米，下辖 5 镇 5 乡，1 个城区管理委员会，203 个行政村，8 个社区居民委员会。年末总人口 164565 人，其中男性 84362 人，女性 80203 人；城镇人口 68935 人，乡村人口 95630 人。

2014 年，左权县地区生产总值完成 407706 万元，比上年增长 8.1%。其中第一产业增加值 32848 万元，增长 7.3%；第二产业增加值 199226 万元，增长 9.8%；第三产业增加值 175632 万元，增长 6.2%。财政总收入完成 104020 万元，同比增长 9.48%。一般预算支出执行 133419 万元，同比增长 11.57%；教育支出 28982 万元，同比增长 45.54%；社会保障与就业支出 13771 万元，同比下降 8.68%；医疗卫生支出 11947 万元，同比增长 16.39%；节能环保支出 6534 万元，同比下降 19.38%；农林水事务支出 16832 万元，同比下降 5.99%。人均生产总值 24815 元。

农业 2014 年，左权县农作物播种面积为 12601.5 公顷，比上年增加 36 公顷。粮食总产量 59643 吨，同比增长 6.03%。农林牧渔总产值完成 56611 万元，同比增长 6.04%。肉类总产量 4329.6 吨。禽蛋产量 4315 吨。植树造林 3552.7 公顷，新增育苗 200 公顷，四旁植树 68.5 万株。

工业 2014 年，左权县规模以上工业企业总产值完成 381331 万元，同比增长 0.27%；工业增加值完成 143462 万元，同比增长 10.3%。全县规模以上工业企业主营业务收入 328390 万元，同比下降 9.5%；实现利税 29242 万元；利润总额为 2113 万元；亏损企业亏损 36270 万元，同比增长 265%。

投资贸易 2014 年，左权县固定资产投资完成 800634 万元，同比增长 4%。房地产开发投资 37265 万元，同比下降 54.3%。全部固定资产投资施工项目个数 73 个，同比下降 7.6%，当年新开工项目 27 个，同比增长 35%；新增固定资产 1483710 万元，同比增长 555%。全县社会消费品零售总额实现 123000 万元，比上年增长 13%。

交通邮电 2014 年，左权县境内公路通车里程达 1255.546 千米，农村新增道路通车里程 26.86 千米。全县民用汽车拥有量为 16375 辆，比上年增加 721 辆。新增高速通车里程 15.2 千米、农村公路通车里程 26.86 千米。新增城市公交线路 4 条、公交客车 10 辆。全年邮电业务总量完成 8751.04 万元，同比下降 12.24%，其中邮政业务总量 1249.04 万元，同比下降 0.9%，电信业务总量 7502 万元。电话用户总数 145325 户，其中固定电话用户 113344 户；移动电话用户 31981 户；宽带接入用户 20433 户。

金融保险 2014 年，左权县金融机构各项存款余额累计 846679 万元，增长 5.3%。年末金融机构各项贷款余额 435827 万元，增长 27.3%。全年保费收入 713758 万元，下降 14.7%。

环境建设 2014 年，左权县建成县城绿地 11.3 万平方米，33 项创模指标 28 项达标，全县空气质量二级以上天气达 360 天。二氧化硫排放量 3691 吨，同比下降 1.87%；化学需氧量排放量 1624 吨，同比下降 4.48%；氨氮排放量 193 吨，同比下降 2.75%；氮氧化物排放量 3526 吨，粉尘排放量 208 吨，同比下降 0.04%；烟尘排放量 2341 吨，同比下降 0.11%；清漳河麻田出境口断面水质稳定在三类。

社会事业 2014 年，左权县各类学校在校学生人数 25973 人（包括幼儿），其中普通高中在校学生 2401 人；职业高中在校学生 1952 人；初中在校学生 4545 人；小学在校学生 11603 人；幼儿 5472 人。幼儿园 36 所，小学适龄儿童入学率 100%，高考达线 513 人。建成石匣、寒王、粟城学校教师周转房 3 座，改造西关、中店、云头底村级幼儿园 3 所。招聘高中教师 6 名。科技项目经费支出 778 万元，科技引资 46 万元，申请专利 31 件。县级医疗卫生机构 6 个，乡镇卫生院 10 个，农村卫生所达到 207 个。有病床位 423 张，卫生技术人员 490 人。参加新型农村合作医疗保险 124031 人，参保率 99.21%；参加农村社会养老保险 85500 人。启动晋中二院“团队帮扶”县医院工作，新招聘医务人员 19 名。

文化旅游 2014 年，左权县小花戏入选国家非物质文化遗产保护名录；太行龙泉风景区、民歌基地等推进建设完成投资 1.4 亿元；麻田荷花景观入围“2014 年中国最美休闲乡村和中国最美田园”；莲花岩景区、晋冀鲁豫临参会旧址纪念馆被评为国家 3A 级景区。启动“百处红色景点”修复工程，十字岭左权将军殉难处入选首批国家级抗战纪念设施名录。全年共接待旅客达 153 万人次，旅游综合收入 12.2 亿元。

社会保障 2014 年，左权县企业参加基本养老保险 14000 人，参加失业保险 14900 人，新型农村合作医疗保险参合率 99.3%。全县共有城镇居民 1708 人和农村居民 4276 人得到政府最低社会保障。建成保障性住房 660 套，完成农村危房改造 450 户。帮助 9020 口人脱贫。扶持个体工商户 498 户、农民专业合作社 30 户，带动新增就业 1719 人。

城乡建设 2014 年，左权县 21 项城建重点工程完成投资 12.5 亿元，超计划 1.3 个百分点。完成县乡公路升级改造 28.3 千米。沙河综合治理、示范西路等 4 个项目完工，宏远城市综合体、综合档案文化馆等项目完成主体工程。市政基础建设项目完工 10 项，硬化小街巷 15 条，新增供热面积 6 万平方米、燃气用户 1200 户，30 个重点村、45 个“一事一议”项目村工程全部完成。东沟村被确定为省级农村人居环境改善示范村。

(宋　丽　高　敏)

【《太行奶娘》获"杏花奖"特别奖】2014年6月,由左权县开花调艺术团排演的左权小花戏《太行奶娘》在第十四届山西省"杏花奖"评比中获特别奖,并被文化部列为国家舞台艺术基金重点支持项目。

(宋　丽　高　敏)

·和顺县·

中共县委书记　孙永胜
县人大常委会主任　宋有林
县　　　　长　马海军
县政协主席　杨治国*
　　　　　　刘素英

【简述】和顺县位于北纬37°03′~37°36′,东经113°05′~113°56′,总面积2250平方千米,下辖5镇5乡,294个行政村,总人口142103人。

2014年,和顺县地区生产总值完成43.5亿元,同比增长9.5%。规模以上工业增加值完成19.3亿元,同比增长14.7%;固定资产投资53.98亿元,同比增长5.6%;公共财政预算收入6.36亿元,同比增长1%;社会消费品零售总额完成12.17亿元,同比增长12.7%。城镇居民人均可支配收入达19159元,同比增长9.3%;农民人均纯收入达4875元,同比增长11.6%。

农业　2014年,和顺县农作物总播种面积达1.84万公顷,同比增长2.2%,其中粮食作物1.49万公顷,经济作物0.35万公顷。粮食总产量6826万公斤,同比增长12.7%。培育家庭农场、专业大户39个。新发展生态牧场、家庭牧场、母牛养殖场20个。农民人均养牛收入达1625元。建设"一村一品"专业村73个。新发展农民专业合作社77个,培育省、市、县三级示范合作社17个。全年完成造林0.346万公顷,通道绿化44.1千米,幼林管护0.267万公顷。

工业　2014年,和顺县原煤产量达1578万吨,同比增长19%。煤销集团鸿润煤业、正邦集团良顺煤业竣工投产。新光资源综合利用项目实现试生产。正邦煤业瓦斯电站并网发电。煤销公司海能煤业煤炭物流基地投入运营。工业园区完成基础设施投资5500万元。新型空气净化设备项目、新型保鲜包装材料项目、远红外可穿戴设备项目入驻园区并开工建设,完成投资3.3亿元。

商业　2014年,和顺县实现社会消费零售总额121747.8万元,比上年增长12.7%。按销售单位所在地分,城镇消费品零售额79006.7万元,增长12.5%;乡村消费品零售额42741.1万元,增长13%。按消费形态分,餐饮业零售额21154.8万元,增长6.6%;商品零售额100593万元,增长14.1%。

项目建设　2014年,和顺县确定重点项目71个,61个开工建设,竣工项目39个,完成投资32.7亿元;储备项目73个,概算投资940亿元。签约项目20个,其中5亿元以上项目5个,签约资金126.3亿元。

旅游业　2014年,和顺县与河北邢台市邢州集团正式签约,建设太行鹊桥生态文化园项目;举办"清凉和顺避暑二日游"推介会,100余家旅行社对云龙山、合山、太行龙口、天凯农业科技观光园等景区(点)进行实地踩线,并签订合作意向书。全年共接待游客81万人次,实现旅游综合收入6.65亿元。

城乡建设　2014年,和顺县投资25亿元,实施"绿化一座山、新建一座城、治理两条河、配套三设施、开通四条路"城建重点工程。投资18.6亿元,实施32项城建重点工程。和顺新城完成投资6.15亿元。投资1亿元新建凤台热源厂,新增供热面积60万平方米。投资1700万元实施县城交通组织及安全管理设施工程。投资2733万元实施城乡清洁工程。村镇建设完成投资1.24亿元。农村人居环境改善工程完成投资2.7亿元。改造农村危房780户。建设示范村10个。阳左高速、董榆线一级路改建一期工程竣工通车。投资473万元解决75个村、4343口人、3108头大牲畜的饮水安全和吃水困难问题。新增耕地面积331.7公顷。投资1.7亿元,新造林0.346公顷。县城环境空气质量二级以上天数315天。

平安建设　2014年,和顺县共破获各类刑事案件297起,比上年上升28%;受理治安案件714起,比上年下降3.25%;查处治安案件519起,比上年上升31%。投资2923万元在交通道口、公共场所、重点区域安装高清探头940套,标清探头3009套,社会面视频监控高清探头25148套,标清探头6969个;投资2059万元,重新施划城区交通标线1.8万平方米,渠化交通隔离设施5589米,增设各类标志标牌557块,安装道路信号指示灯24组89套,道路监控24套。组建11支工作服务队,抽调178名干警,入驻11个乡镇(城区)、294个行政村,共排查矛盾206件,化解184件,化解率89%。

民生事业　2014年,和顺县用于民生事业资金达6.08亿元,占财政总支出的56%。其中,投资1900万元,实施8所中小学校和3所幼儿园标准化建设;投资3860万元,完成和顺一中地下车库、综合楼续建工程。与省中医学院合作成立山西中医学院附属医院和顺分院。新建20所标准化村卫生室。全县1万人领取计划生育奖励扶助金644万元。和顺县被国家卫计委确定为中国计划生育家庭发展追踪调查县。新增城镇就业1705人,转移农村劳动力2131人。9000贫困人口实现脱贫。新增保障房1182套。城乡居民养老保险覆盖率达98%。发放低收入农户冬季取暖用煤4.18万吨。县城免费公交投入运营。

(王　燕　张　燕)

【《坚定的政治信仰》专题片】2014年,和顺县组织部利用两个月时间对身体康健的149名老党员进行访谈。并联合县史志办、广电中心对149名老党员的访谈进行整理,摘出部分老党员的访谈和一些老党员的生活情况进行编辑,制作专题片《坚定的政治信仰》。

(王　燕　张　燕)

·昔阳县·

中共县委书记 丁雪钦
县人大常委会主任 郭爱生
县长 王根元
县政协主席 王录文

【简述】 昔阳县位于北纬37°20′~37°43′，东经113°20′~114°08′，总面积1954平方千米，下辖5镇7乡1社区，335个行政村。总人口23.8万人，其中农业人口19.8万人。

2014年，昔阳县地区生产总值完成51.9亿元，同比增长5.6%。固定资产投资完成94亿元，同比增长14.8%；社会消费品零售总额完成21.3亿元，同比增长13.2%；公共财政收入完成6.47亿元，同比增长19.5%。城镇常住居民人均可支配收入达19966元，同比增长8.8%；农村常住居民人均可支配收入达6776元，同比增长11.2%。

项目建设 2014年，昔阳县规模以上工业增加值完成21.8亿元，同比增长4.7%。年内全县实施53项重点项目，总投资157.98亿元。加快新型工业升级，改造提升传统产业，晋美、晋龙、天豪、黄岩汇坑口四个洗选煤项目完成改造，上马恒泰储煤中心300万吨/年重介质洗选煤项目，实施丰汇铁炭窑沟、大寨煤业露天煤矿建设和阳煤寺家庄矿技改项目。培育壮大新兴产业，"煤电气化"四大支柱产业形成。阳煤昔阳化工园区、上海斯能风力发电、煤层气热电联产等一批标杆项目实施。推进巴洲气化和赵壁煤电化两大工业园区建设，阳煤昔阳化工园区氯碱项目投产。

农业 2014年，昔阳县围绕四大特色农业产业，做强优势产业。扩大"菜果猪菇"产业规模，全县生猪饲养量突破56万头，出栏31.6万头；小全县双孢菇种植年内发展52.2万平方米，蘑菇产业化种植面积达到102万平方米，覆盖全县9个乡镇87个村1000多农户，年产量1500多万公斤，实现产值1.3亿元，农民人均增收640元，与临沂康发公司合资建设金谷阳光食品加工厂，完善蘑菇产业发展链条。发展林下经济，与安徽华源医药集团合作种植板蓝根、桔梗、柴胡等"订单药材"4000亩，每亩平均收入1800元。桃干果经济林种植面积达到16.8万亩，年产核桃1750万公斤；新发展果树3000亩，全县果树种植面积达到3万亩；蔬菜种植规模达到2.3万亩，总产量8.95万吨，产值1.7亿元。

旅游 2014年，昔阳县财政出资300万元作为旅游宣传经费，利用各种媒介、平台进行宣传推介，举办"红叶作请柬、金秋到昔阳""省内作家昔阳采风""本土作家看昔阳"等大型文化旅游宣传系列活动，扩大昔阳旅游知名度。全年全县接待游客108.7万人（次），同比增长38.5%，综合收入9.3亿元，同比增长28.9%。

城乡建设 2014年，昔阳县立足"三城同建、四城联创、五化同步"，投资12.43亿元，实施72项城建工程。林荫路、公安路、朝阳街和317省道完成拓宽改造通车，迎宾西街打通工程完工；县城供水、供气、供热普及率分别达100%、88.7%和84%。县城沿街立面整体改造、环城河道治理工程完工，观音堂、三义阁、白马阁、崇教寺等文物古迹得到修缮；新增12处绿地、12个停车场和10个公厕；开工建设留庄、晨熙顺景、领秀国际等住房安居工程14项。巴洲城镇化示范园区加快建设，累计完成投资3.5亿元。总投资20多亿元的大水网、大路网、大电网工程实施，开展土地整理、街巷亮化工程，巩固农村两轮"五覆盖"，夯实农村发展基础。口上水库、"引漳入松""西水东调"等水网工程；虹桥关至三都、西寨至三烈、小西外环、化工园区路等路网工程；上海斯能风力发电、煤层气热电联产、大唐风力发电等电网工程项目开展建设。土地整理开发和增减挂活动推进，新增耕地3700余亩，完成增减挂土地500亩。

环境建设 2014年，昔阳县化学需氧量、氮氧化物、烟尘、粉尘等四项污染物分别削减6.44%、1.49%、1.95%和44.53%。

社会事业 2014年，昔阳县投资4300余万元新建改造中小学校14所，为71所学校配备标准化教学设备和生活用具。卫生医疗领域完成121个村级卫生室标准化建设，铺开县城新中医院、卫生监督所建设工程；高规格完成晋祥养老院一期工程，建设老年人日间照料中心90个；开通2条免费公交线路，8辆车辆正常运营；集中建设小吃城、步行小吃街、美食广场、烧烤市场和农贸市场，实现统一经营，集中监管；实施"六个一"工程，涉及207国道、317省道沿线73个村222个项目展开工程建设，财政配套补助资金713万元，完工并投入使用155个，建成幼儿园4所，大众食堂20个，大众澡堂5个，村民活动室26个，红白议事大厅24个，街心公园13个。

社会保障 2014年，昔阳县新增城镇就业2180人，新转移农村劳动力3880人；15946名城乡低保人员得到救助，农村五保供养人员2373人，城乡医疗救助2400人，发放救助资金4980万元；落实社保补贴313万元；投资1亿元建成保障性住房763套；200名视力残疾人获得免费配发助视器，50名白内障患者获得实施免费复明手术；十大免费工程实施，县城无线数据上网工程、农田水利工程、文化设施工程开展基础设施建设，环境卫生综合整治开展活动。

和谐建设 2014年，昔阳县查处各类治安案件483起，减少49起，下降9%。道路安全事故起数和受伤人数下降25%和60%。 （刘利国）

【"昔阳好人"评选活动】 2014年，昔阳县好人事业促进会连续两年开展系列民风教化活动，引领广大群众学好人，做好事。年内，昔阳县先后有8人被评为晋中好人，3人被评为山西好人，2人荣登中国好人榜。360多个善行义举好人榜建立，成功召开全省善行义举现场会，第二届"昔阳好人"完成评选，马怀兰、周银柱夫妇被评为"2014年度全国最美村官"和"感动山西十大人物"。 （刘利国）

·寿阳县·

中共县委书记　杨建平*
　　　　　　　郝鹏鸿
县人大常委会主任　郭培纲
县　　　　长　郝鹏鸿
县政协主席　成建文*
　　　　　　　傅贵亨

【简述】 寿阳县位于北纬 37°32′~38°05′,东经 112°46′~113°28′,总面积 2100 平方千米,下辖 7 镇 7 乡,2 个城区管理委员会,206 个行政村。总人口 213386 人。

2014 年,寿阳县地区生产总值完成 95.1 亿元。规模以上工业增加值完成 46.1 亿元,同比增长 2.1%;固定资产投资完成97.5 亿元,同比增长 15.4%;公共财政收入完成 7.2 亿元,同比下降 5.9%;社会消费品零售总额完成 24 亿元,同比增长 19.5%。城镇居民人均可支配收入达 26763 元,同比增长 6%;农民人均可支配收入达 10666 元,同比增长 13%。

农业 2014 年,寿阳县实施现代园区示范工程、特色种养基地工程、加快企业培育工程。推进金谷光伏农业科技生态庄园、寿星佳园生态农业园、华瑞源现代农业示范园等现代农业园区建设。推进红太阳、华瑞、润田、光明、金辉 5 个集"科技种养示范、农副产品加工、农业观光旅游、休闲采摘、新型农民培训、社会化服务"为一体的家庭农场建设,种植面积达 8400 余亩,形成公司制、大户制、"公司+农户"制、"公司+合作社(协会)+会员"制的主要运行管理机制,促进农业产业转型升级。

项目建设 2014 年,寿阳县提升煤炭产业,培育壮大新煤电化、新能源、新材料、新装备制造产业,发展现代服务业。推进阳煤、潞安等 4 座矿井技改提升工程和七元矿井建设。国家能源煤层气热电联产、阳煤扬德煤层气发电、强伟造纸二期、鑫世泰秸秆发电、江苏鸿典纳米复合膜等 9 个新产业项目投产。宜多果蔬冷链物流加工园区、武汉晋和医药、钢铁物流和印刷包装加工园区等现代服务业项目实现高端化建设。

城乡建设 2014 年,寿阳县打造宜居新城,建设特色村镇,优化生态环境。北部新区第一批项目通过规划,中心城区 7 栋安置楼主体封顶。推进宗艾省级文化名镇、4 个矿区移民新村建设,完成 10 个宜居示范村建设。县城新增供热面积 30 万平方米、天然气用户 700 户。硬化大街小巷 3.3 万平方米,县城区新增绿地面积 3.6 万平方米,绿地率达 41%。朝温公路、韩纂公路、松塔水电站库区公路等城乡道路建设完工。白马河综合治理工程完工,东梁河、曹家河污水收集工程启动。

民生建设 2014 年,寿阳县民生支出同比增长 7.3%,占公共财政预算支出的 82.5%。县财政投资 3.5 亿元,推进 18 项民生共享工程建设。妇幼院、卫生监督所、急救中心和六个乡镇卫生院主体工程完工,率先推行住院费实时结报。新建 3 所幼儿园投入使用。广播电视村村通覆盖工程新增无线电视用户 3700 户。完成 17 个自然村村通水泥路工程 49 千米。改造农村危房 789 户,建成保障房 840 套。新增城镇就业 2600 人,农村五保户集中供养保障标准提高 500 元,新型农村合作医疗保险筹资标准提高 50 元,1000 名一级残疾人员护理补贴资金落实到位。 (张　琪)

【华瑞源现代农业示范园】 2014 年 3 月,华瑞源现代农业示范园开展施工,项目位于寿阳县松塔镇里思村,年底完成投资 4932 万元。园区规划占地面积约 635 亩,总投资约 9800 万元,建设 7 个功能区,即大田作物栽培区、设施果蔬栽培区、特色作物栽培区、苗木种植区和设施花卉种植区、高新品种试种示范区、生态养殖区、办公生活区。建成日光温室智能大棚、生态水产养殖区、大棚水产区和主干道路、人工湖配套景观、环湖道路等基础设施。开展土豆、红芸豆和各类蔬菜种植,收入 18.47 万元。与中国农业科学院、北京市农林科学院、青海省农科院建立战略合作关系,作为实验基地,组织开展高、新、特农产品试种实验,发展多种形式的农业规模化种植、养殖和经营。 (张　琪)

【白马河综合治理工程】 2014 年,寿阳县推进白马河综合治理工程建设,完成投资 2.4 亿元。该项目位于寿阳县城南部,工程起点滨河公园蓄水东坝,终点马首乡郭村北口,总长 8.1 千米。规划总占地约 176 公顷,计划总投资 3.4 亿元。工程分河道治理、道路桥梁、景观绿化三部分。全年完成滨河东路、华润街、规划路沥青混凝土路面;区中路管线、砂砾水稳层铺设;景观大道路基成型,天然砂砾层铺设;河道蓄水工程;截污涵工程;荣家垴桥铺油通车;东梁河主体工程。滨河东路南延道路路基土方完成 50%。园林绿化工程的寿之源雕塑、喷泉基础浇筑完成,广场铺装完成,棋之魂、艺之痕、童之趣的园路、广场的垫层铺筑完成,园路路沿石完成。

(张　琪)

【寿阳汇都村镇银行】 2014 年,寿阳汇都村镇银行受理咨询 680 多户,调查近 470 户。该银行是经晋中银监局批准设立的地方性股份制商业银行。地址位于寿阳县朝阳东街 36 号,营业面积 1358 平方米。2012 年 8 月筹建,2013 年 11 月 1 日开业。内设综合办公室、财务部、风险管理部、营业部、客户部等部门,员工 40 人。银行定位于服务"三农"、服务小微、服务寿阳广大人民为目标,以存款贷款业务为主要工作。对小微企业、涉农贷款实行优先受理,快速审批。

(张　琪)

·太谷县·

中共县委书记　郝向明
县人大常委会主任　游大庆
县　　　　长　武晓花(女)
县政协主席　李德仁*
　　　　　　　弓俊林

【简述】 太谷县位于北纬 37°12′~

37°32′，东经 112°28′~113°01′，总面积1050平方千米，下辖3镇6乡，198个行政村。

2014年，太谷县地区生产总值完成73亿元，增长9.3%。公共财政收入完成4.3亿元，增长22%；固定资产投资65亿元，增长34%；社会消费品零售总额30.6亿元，增长13%；外贸出口总额3504万美元，增长23%。农村常住居民人均可支配收入达14027元，增长12%；城镇常住居民人均可支配收入达23720元，增长9%。

"三农"工作 2014年，太谷县新发展设施蔬菜、干鲜果、苗木花卉各1万亩，总面积分别达到10.4万亩、30.7万亩、12万亩，新建成10个现代养殖园区，畜产品综合产量达到28.9万吨，农民家庭经营性收入增长40%，人均达到8357元。太谷县成立全省首家农村产权交易中心，全县新增土地流转面积1.6万亩；新增涉农贷款8亿元，重点支持12户龙头企业和36个专业合作社发展；组建金谷农业投资公司，与巨鑫、山西农大联手打造现代农业科技创新园区；11户龙头企业入驻淘宝晋中馆，4个月销售额达到582万元，占晋中馆销售的37%；禅坊农业合作社、衡荣科技开启社区直供模式，海宏牧业在一线城市专柜销售，附加值成倍增加；龙头企业累计达到48家，合作社725个，家庭农场229个，培育新型职业农民2000名，农产品销售收入达36.6亿元。胡村镇投资640万元，改造3条乡村道路。范村镇启动3个整村开发。水秀乡北郭村成为省级宜居示范村，侯城村、三台村入选全省最美乡村，范家庄、枣涧村成为市级生态村。

工业 2014年，太谷县规模以上工业增加值完成16.5亿元，增长14%。四大工业园区全年完成投资20亿元，实现产值54亿元，占工业税收的48%。恒达循环经济园，高碳铬铁、水泥、热电项目推进发展，精密铸造项目总产值增长8.7%。胡村玛钢铸造园，研发展示中心主体完工，核心区入驻的12家企业中有7家投产，产业增加值增长10%。南山医药食品园，黄河中药率先通过GMP认证，中远威销售同比增长56%，科谷制药获得市场准入资格，广誉远税收实现翻番，完成3300万元，园区产值、税收同比增长10%以上。水秀新型产业园，盛德有色金属、三晋碳素完成基础设施建设。

城乡建设 2014年，太谷县总投资180亿元的31项城镇化工程完成投资33亿元，城镇化率提高2个百分点，达到52.6%。引进东方园林、森禾种业两大国内知名园林景观绿化公司，聘请西安建筑科技大学、中国雕塑院等国内知名设计团队，对孟母文化园、金谷南广场及中轴线景观工程等市政项目进行精心设计，城市品位提升。凤仪街建成通车，大西高铁站前广场投入使用，滨河公园北路通行，南岸景观及道路工程顺利推进；正式启动古城修复，北门遗址恢复工程主体完工，旧城改造平稳实施。组建园林局，加强城市公园、绿地的建设和管理；建立联合执法机制，开展"两违"行为（指违法占地和违法建设）专项整治，规范农村住房建设行为。

环境建设 2014年，太谷县实施"美丽太谷·清洁城乡"环境综合整治行动，推行"门前三包"责任制，古城大街、汽修市场等10处重点地段的脏乱现象得到初步整治；开展环保综合治理，六大减排任务超额完成，空气质量稳定达到国家二级标准。

旅游 2014年，太谷县以"谷色古香、养生太谷"旅游品牌为引领，实施凤仪街、滨河公园绿化，完成南山二期生态恢复工程，建成集运动休闲于一体的凤凰山森林公园文化步道。全年完成造林5.44万亩，林木绿化率、森林覆盖率分别达34%、22.1%。完善旅游标识、标牌，开设微信、微博平台，与省城多家媒体互动合作，宣传片登上和谐号动车和晋中—太原城际公交，太谷知名度得到提升。旅游发展上，举办全省乡村旅游现场会，按照"三有五统一"（有组织，改变自发为主的现状，成立合作社，设立接待中心，专人负责；有设施，配套布局合理标准的遮阳亭、衣帽钩、卫生间等；有醒目的标识标牌。统一标识、统一标准、统一流程、统一价格、统一用品）的标准，打造"一线六乡旅游点"（"一线"即沿南山百里林果带一线，"六乡"即南山一线涉及的北洸乡、侯城乡、阳邑乡、小白乡、范村镇、任村乡），三台民俗文化村等景点成为全省乡村旅游典型代表，北洸乡成为全省首家以乡镇命名的"休闲旅游度假区"，古城东西大街、梅苑山庄、润月山庄和太谷饼入选"全省百佳休闲旅游产品"，高端游、大众游两条线路初步成型，全年旅游接待人数超过300万人次。

民生事业 2014年，太谷县民生支出11.5亿元，占公共财政预算支出85.5%。新增就业2510人，登记失业率控制在2%以内，为2.49万人发放各类保险3.52亿元，社会救济达2万人次。通过"全国义务教育发展基本均衡县"验收，3所幼儿园完成改扩建，职中实训中心投入使用，太谷二中与同济大学实施"苗圃计划"（以同济大学为依托，每年推荐10名左右优秀学生纳入同济大学"苗圃计划"，同济大学将对这些学生集中开展能力训练，引导他们的兴趣进一步发展，最终择优选择3~5名学生，确定为同济大学自主招生对象）。创建18个健康村，完成700户农村危房改造，解决3100人饮水安全，8个农村日间照料中心全部建成，959名特困群众迁入新居；举办"孟母文化节""中远威"杯国际形意拳交流大会。此外，安全生产持续稳定，"三位一体"大调解（即人民调解、司法调解、行政调解）格局基本形成。

改革创新 2014年，太谷县实施"促增15条"措施，应对经济下行压力。行政审批制度改革、工商登记制度改革、用地制度改革、融资创新、专业技术人员帮扶企业等政策稳步实施。晒出三项涉企权力清单，实行权力"挂起"（除行政许可、非行政许可审批及清理中属于其他类别的和直接关系公共安全、人身健康、生命财产安全以及省以上垂直管理部门行使的权力事项外，对清单中一年内未行使的行政处罚、行政强制、行政征收等行政权力项目实施"挂起"处理,如需使用,须报政府批准)、"首违不罚"和"容期整改"制度;新登记市场主体数量增长16%,达到1.18万户;采取旧有企业用地租转征、建设用地增减挂钩等措施,用地瓶颈得到缓解;为21个重点项目融资11.8亿元,全县金融机构存贷比提高4个百分点,达34%;派出45名专业技术人员服务14户重点企业。

(杨　扬　王少静)

·祁　县·

中共县委书记	吴文胜
县人大常委会主任	张俊慧
县　　　　长	张　鹏
县政协主席	孔襄中

【简述】 祁县位于北纬37°04′~37°28′,东经112°12′~112°39′,总面积854平方千米,下辖6镇2乡,3个城区,1个经济开发区,160个行政村。年末总人口27万人。

2014年,祁县地区生产总值完成62.85亿元,同比增长8.3%。规模以上工业增加值完成13.19亿元,同比增长12.6%;固定资产投资完成56.3亿元,同比增长26.1%;公共财政预算收入完成2.97亿元,同比增长16.2%;社会消费品零售总额完成35.56亿元,同比增长12.8%。城镇常住居民人均可支配收入达24998元,同比增长8.4%;农村常住居民人均可支配收入达12926元,同比增长11.9%。

农业　2014年,祁县争取农业项目资金超过6000万元,吸引民间资本投资现代农业2.5亿元。粮食总产量达22.4万吨;新增果园5000亩,改造果园10000亩;新增设施蔬菜7500亩;肉牛出栏量名列全省第一,奶牛存栏量名列全市第一。"一村一品"专业村达137个。2014年11月20日,祁县被确定为中国第二批农村改革试验区。

项目建设　2014年,祁县完成项目储备28个,总投资1030.8亿元;新签约项目11个,总投资100.4亿元;落地项目60个,总投资77.9亿元;开工项目15个,总投资55.2亿元;项目建设完成投资43.7亿元;投产项目41个,总投资62亿元。加大招商引资力度,发挥4个招商分局作用,开展"走出去、请进来"活动,签约九牛万头牛场、LNG产业链、大运汽车等重点项目。推进玻璃器皿业发展,"全国玻璃器皿知名品牌创建示范区"建设推进,国家玻检中心投入使用,美国营销中心自主品牌销售额突破千万美元。推进酒类饮品业发展,红星新厂、统一饮品项目进展良好,伊利乳业投产,行业上缴税金过亿元。以水泵为代表的机械制造业,晋海制泵成为"省级高新技术企业";天波制泵立足"特""精"技术优势,研发新产品,提高市场占有率。发展以碳素为代表的材料加工业,全县阴极碳块年产能达15万吨,占全市总产量35%,成为全国重要的铝用阴极碳块生产基地。

旅游　2014年,祁县乔家大院文化园区获评国家5A级旅游景区,祁县古城被评为山西省历史文化街区,谷恋村被评为国家历史文化名村。昌源河国家湿地公园项目推进。千朝农谷实现年度投资5.75亿元,完成景观温室、水上乐园、房车营地等6个项目主体工程。梨花苑新建游客中心、梨形大门和广场,举办全国山地自行车邀请赛等系列活动。闫漫、谷恋、东城等乡村旅游启动。全年全县旅游景点实现门票收入5233万元,同比增长8.87%。

城乡建设　2014年,祁县完成总投资4.3亿元的旧208国道来远段、省道祁方线、县道祁子线、祁任线等道路改造工程和新开路、大雅街、紫金路等城区道路建设工程。汽车客运站完成建设,大西客专祁县东站投入使用,城市公交开始运营。开展爱国卫生运动,"省级卫生县城"通过验收。实施乡村清洁工程,城乡环境面貌改善。完成东环路、昭馀文化广场等10座雕塑工程,完成人民公园提标升级改造和大运高速出口等绿化亮化工程,新增绿地面积20.5万平方米,绿地率达34.4%,获"省级园林县城"称号。实施"四线"沿线综合整治,开展打击"两违"专项行动,排查出157户违法占地建设违章建筑,年内拆除42户家庭违法建筑。

改革创新　2014年,祁县全国小型水利工程管理体制改革试点县建设通过省级验收。第一轮土地增减挂钩500亩全部完成,争取到第二轮土地增减挂钩指标1500亩。农村土地承包经营权、农村宅基地确权登记颁证试点推进。理顺国有资产管理体制,全县行政事业单位和所有国有公司经营性资产、非经营性资产,全部纳入国有资产经营公司统一管理。推进政银企联动,全县贷款余额达到35.1亿元。利用多层次资本市场,破解中小企业融资难题,三益强磁和天波制泵在天津股权交易所挂牌,春光太阳能和鸿宇市政在上海股权交易托管中心挂牌,50户企业在山西股权交易中心挂牌。

社会事业　2014年,祁县民生支出占公共财政预算支出的66.1%。山西省政府部署的农村"五件实事"、改善农村人居环境"四大工程"全面完成年度任务。县政府承诺实事除108国道新建北路口人行天桥、殡仪馆因安全和选址问题未启动,10座桥、21条道路工程推进工程建设外,其余实事全部完成。全年教育投入达5100万元,新录用教师119名,新建3所标准化幼儿园、1所10轨制标准化小学,新成立第四中学,高考达线率提高,4人被清华、北大、港大录取。解决农村4468人的饮水安全问题。新增日间照料中心30个,新建农村养老院1所,城赵敬老院投入使用。建设各类保障性住房3592套,改造农村危房900余户。新增供热面积54万平方米。新增就业人数3518人,转移农村劳动力3130人,城镇登记失业率控制在0.9%以内。协调增设酥梨种植险,发放农业救灾款360万元。开展农村基层文化建设,晓义村荣获"全国文明村"称号。县城区空气质量二级以上天数达318天,PM2.5监测实现全覆盖。祁县获"省级平安县"称号。全县8300余户企业安全生产普查摸底备案,取缔非法加气站14座,全年各类安全生产事故和死亡人数同比分别下降 37.25%和 11.76%。

政府建设 2014 年，祁县开展围绕“四风”问题开展专项整治，县政府发文同比降低 10%，组织召开各类会议同比降低 11%，清理违规办公用房 6200 余平方米，清收超标车 54 辆，压缩“三公”经费 1725 万元。接受人大监督和政协民主监督，执行重大决策人大审议和政协沟通制度，共承办人大代表建议 115 件、政协委员提案 188 件。深化行政审批制度改革，确定县本级行政审批事项 119 项，管理服务事项 87 项；县直 25 个部门均组建行政审批股并进驻政务大厅；建立权力清单，清理涉企行政权力 4180 项，对 2042 项实行“挂起”处理。推进政府机构改革，新组建市场和质量监督管理局、卫生和计划生育局、教育科技局，政府组成部门精简到 24 个。

（岳丽霞）

·平遥县·

中共县委书记	卫明喜
县人大常委会主任	杨登文
县长	曹治胜
县政协主席	张文渊

【简述】 平遥县位于北纬 36°56′~37°21′，东经 111°56′~112°33′，总面积 1260 平方千米，下辖 5 镇9 乡，3 个街道办事处，16 个居民委员会，273 个行政村。总人口 528364 人，其中农业人口 442808 人，非农业人口 85556 人；男性 270782 人，女性 257582 人。

2014 年，平遥县地区生产总值完成 95.1 亿元，同比增长 8.2%。公共财政预算收入 4.89 亿元，同比下降 21.13%；固定资产投资 86.1 亿元，同比增长 26%；社会消费品零售总额 50.2 亿元，同比增长 12.8%。城镇常住居民人均可支配收入达 23778 元，同比增长 9%；农村常住居民人均可支配收入达 9706 元，同比增长 10.8%。

“三农”工作 2014 年，平遥县耕地总面积 76.39 万亩，粮食总产量达 28 万吨，单产 511 公斤，实现“十一连增”；新发展设施农业 2020 亩，其中百亩以上园区 12 个；新发展水果 1.3 万亩，干果 1 万亩，干鲜果总产 15.5 万吨。启动建设健康规模养殖小区（场）22 个，完工 20 个。全县畜禽饲养量、肉蛋奶总产分别为 2119 万头（只）、18.7 万吨。农业龙头企业实现销售收入 37.5 亿元，进驻中国特色农产品淘宝晋中馆企业 4 户，其中冠云跻身全国电子商务食品营销 500 强。推进农村土地承包经营权确权登记颁证试点、农村宅基地及集体建设用地确权发证工作。

工业企业 2014 年，平遥县规模以上工业增加值 29 亿元，增长 10.8%。引进新型工业项目，培育规模企业，关停高耗、低能亏损企业。全县有工业重点项目 20 个，投产运行 9 个，进入试产阶段 4 个，加紧建设 5 个。新培育“小升规”企业 6 户，“小巨人”企业 2 户；42 户规模以上企业实现营业收入 93.2 亿元，税金 3.2 亿元，亏损企业同比减亏 6%。取消、降低、规范一批涉煤收费项目，煤炭企业负担减轻，煤炭产量 287 万吨，增长 38.4%。推进传统企业环保改造，整改焦化企业 3 户、涉水企业 4 户、铸造企业 32 户、橡胶企业 5 户，关闭土小企业 36 户。落实小微企业帮扶政策，新登记注册企业 307 户，同比增长 96%。药材公司、外贸总公司改制完成前期工作。

金融 2014 年，平遥县金融机构累计发放贷款 62.5 亿元，发放“助保贷”贷款 5000 万元。深化银企改革，落实政银企对接和金融机构支持县域经济激励机制，农村信用联社改制为股份制农村商业银行。

文化旅游 2014 年，平遥县财政提供专项资金，采取贷款贴息、配套补助等形式，扶持特色文化产业发展。2014 年，平遥县创建成为“全国旅游标准化示范县”，推进 5A 级旅游景区建设。举办平遥中国年等文化活动。举办第 14 届平遥国际摄影大展系列活动，主题为“影像生活 梦想世界”，来自全球 32 个国家和地区的 2100 多名摄影师参展，同时举办第九届平遥古城洽谈会，签约项目 11 个，投资总额 125.5 亿元。启动总投资 100 亿元的平遥古城生态旅游文化产业园项目（南良温泉），初步建成平遥牛肉博物馆。完成拍摄电影《风雨日升昌》。“又见平遥”情景剧全年演出 671 场，门票收入 4838 万元。平遥梨花景观被评为“2014 年中国美丽田园”，郝开被评为“省级休闲农业与乡村旅游示范点”，横坡、六河被评为“山西最美旅游村”；唐都推光漆器文化产业创意园被评为“国家级文化产业示范基地”。执行“美丽山西休闲游”政策，全县接待游客 695 万人次，增长 26.3%；综合收入 68.6 亿元，增长 33.8%；门票收入 1.16 亿元，下降 1.4%。

城乡建设 2014 年，平遥县投资 125 亿元，实施城建项目 70 项，包括惠济河综合治理、惠济公园建设、城墙内墙抢险、古民居修缮、护城河复原、迎薰公园建设及双林大道、文景大道、站前广场、循环路等双林新城骨干道路建设。新改建城市道路 8 条，新增集中供热面积 36 万平方米；新增绿化面积 59.6 万平方米，创建成为省级园林县城；推进古城电力主管网及居民院落线路改造，完成消防加压泵站及蓄水池主体建设。投资 6 亿元，实施农村基础设施建设项目 31 项，其中新改扩建林泉至南西泉、喜村至黄仓、偏城至水磨头、孟山出境线等道路 10 条，全长 72 千米；实施汾河区排退水复通工程，完成 38.6 千米。城镇化率 41.43%。途经平遥县的大西高铁太原至西安北正式通车，平遥至西安、平遥至北京的旅客列车运行时间由原先近 10 个小时缩短为 3 小时左右，日均旅客 2600 余人次。

生态建设 2014 年，平遥县完成造林绿化 5.2 万亩，被评为山西省级林业生态建设“三加三不减”先进县；完成 115 个村电网设施升级改造；治理水土流失 1 万亩；新改建末级渠道 120 千米；完成省柴节煤炕连灶工程 730 户；普洞、横坡被评为晋中市首批市级美丽宜居示范村。

社会事业 2014 年，平遥县投资 2 亿元新建青少年活动中心和城区学校 3 所、改造农村学校及幼儿园 13 所。4 所乡镇敬老院建成并规范运营，入住144人，予以财政补贴800元/月/人；新建4所乡镇敬老院和县福利中心主体工程完工；建成日间照料中心13个；新建村级卫生室9所，改扩建乡镇卫生院3所。转移农村富余劳动力5050人，新增城镇就业4540人，其中就业困难群体再就业430人。为古城居民免费配发灭火器9088具。完成5个村、7所学校、4560人的饮水安全工程。建成保障性住房2508套，改造农村危房600户。按时发放低保对象低保金、五保人员供养金、60周岁以上城乡居民基础养老金、80岁以上老人高龄补贴以及一级残疾人护理、生活补贴。

社会管理 2014年，平遥县整顿规范店外经营、乱停乱放、露天烧烤等；拆除城市违章建筑17处、3700平方米。启动运行古城门票网上预订系统，升级改造票检系统；落实车辆进入古城管控措施，划定禁停禁驶和单向行驶路段，规范古城管理。综合整治燃煤锅炉、餐饮单位、黄标车辆和建筑工地。加快"法治平遥""平安平遥"建设，推进"阳光政法"工程，创新"平安建设"体系，强化社会治安综合治理。开展"革除封建陋习、遏制大操大办、倡导文明新风"等活动。

（温小琴）

【电影《风雨日升昌》完成拍摄】 2014年，电影《风雨日升昌》在平遥县完成拍摄，由山西晋能集团美伦美韵文化公司、平遥唐都推光漆器有限公司、山西世纪博奥影视文化公司共同出资拍摄，由八一电影制片厂、山西电影制片厂联合承制。该片以平遥商人雷履泰一手打造日升昌票号并忠心辅佐三代东家为主线，塑造雷履泰、李大全、毛鸿翙等著名晋商历史人物，赞扬晋商"诚信为本、创新为魂"的理念和锐意改革的精神，推动世界了解晋商文化。 （温小琴）

·灵石县·

中共县委书记 段燕翔
县人大常委会主任 何发荣
县　　　　长 刘　旋
县政协主席 张玉立

【简述】 灵石县位于北纬36°40′～37°01′，东经110°20′～112°02′，总面积1206平方千米，下辖6镇6乡3城区，291个行政村，533个自然村，31个居委会。总人口268664人。

2014年，灵石县地区生产总值完成185.6亿元，同比增长6.2%。规模以上工业增加值113.1亿元，增长6.1%；全社会固定资产投资158.4亿元，增长19.1%；社会消费品零售总额60.3亿元，增长13.6%；公共财政预算收入13.62亿元，下降14.3%。城镇常住居民人均可支配收入达29556元，增长8.4%；农村常住居民人均可支配收入达13222元，增长10.5%。

农业 2014年，灵石县第一产业实现增加值4.5亿元，同比增长7.5%。全县粮食总产量达6343万公斤；农产品龙头企业销售收入2.8亿元，农产品加工企业销售收入1.7亿元；新增15个"一村一品"省级专业村，获取补贴资金121万元；培训农民9300人，提高农民专业技术。实施13个0.14万公顷的核桃示范园建设，累计投资360万元。新备案养殖企业22个，新增养猪规模1.7万头、养羊规模7340只、家禽规模83.5万只，肉、蛋、奶产量分别达15169吨、4624吨、360吨。

工业 2014年，灵石县工业增加值完成113.1亿元，同比增长6.1%。生产原煤2090.72万吨。梗阳坑口选煤厂及延兴煤业、永春洗煤、鸿远煤化洗煤技改项目完工投产。聚源焦炉煤气制天然气、亨泰荣和金属压铸件、广宇通腐植酸、聚义煤矸石制纤维、北斗导航智慧应用云计算、永泰装备等重大产业转型项目累计完成投资41.42亿元。杰泰、灵鹤、长兴机械制造等制造业项目陆续投产。

旅游业 2014年，灵石县石膏山、红崖沟景区通过4A级景区终审验收。投入1400余万元，完成静升古镇核心区域内县保单位三官庙、八腊庙、文昌宫保护修缮工程。山西金山森林休闲度假区内特色养殖、马术俱乐部对外开放。全县旅游景点全年共接待国内外游客586.5万人次，综合收入49.09亿元，同比增长34%。

城乡建设 2014年，灵石县畅青苑、旺苑、两渡和仁义新村移民安置工程投入使用。大西高铁站前广场、集中供热扩面工程、新热源厂等城市配套工程全部完工。启动21个村、7000余人的搬迁工作。新增供热面积58万平方米，供热普及率97%，燃气普及率97%，污水处理率93.2%，城镇化率50%。农村公路建设完成投资6286.27万元，新增公路通车里程17.883千米。全县公路通车总里程达1499.332千米。完成石膏山水库水保验收及静升河、交口河河道治理和两渡镇后庄村水利配套工程。新建农村饮水安全工程10处，解决5600人的饮水安全问题。投入3.07亿元完成永吉220千伏变电站和中低压农网改造工程，并投入使用。

生态建设 2014年，灵石县万元生产总值综合能耗下降3.47%。完成3家焦化企业的脱硫升级改造和31座加油站油气回收治理工作；共淘汰10台燃煤锅炉，完成8台锅炉脱硫除尘改造和100户餐饮业油烟治理；淘汰1375辆黄标车及老旧车；完成30户储煤（焦）厂、15户储沙（石）厂扬尘整治工作。新造生态林0.17万公顷，经济林0.2万公顷，建设森林防火通道24.5千米，村庄绿化10个。全县街心绿地、公园达19处，城区绿化覆盖率达43.06%。环境空气质量二级以上天数达295天。建成区绿地总面积308.45万平方米，绿化覆盖面积339.75万平方米，绿化覆盖率43%，绿地率39%，人均公园绿地面积10平方米。

民生事业 2014年，灵石县财政民生投入12.6亿元，占公共财政预算支出的61.6%。完成全国义务教育发展基本均衡县创建工作；新建4所农村幼儿园，24所中小学操场改造和57所校舍维修改造工程完工；被山西省教育厅确定为晋中市唯一的"全省教育信息化试点县"；投入科技研发资金1566万元，申请专利70件。完成乡镇卫生院人事制度改革工作；两所乡镇卫生院投入使用；全县人均基本公共卫生服务经费达35元。600户农村危房改造任务完成；开工建设保障性住房864套，完成投资9708万元。全县城镇新增就业岗位2623人，安置703名下岗失业人员和130名就业困难人员实现再就业。新型农村合作医疗保险参保率达99.9%，城镇职工“五项保险”参保率达98%以上。（景志勇）

【资寿寺文化产业合作项目】 2014年8月21日，灵石县与嵩山少林寺签订资寿寺文化产业合作项目。这次合作，灵石县将全权委托少林寺对资寿寺进行管理，同时由少林寺投资2亿元，用于发展文化产业项目，期限为30年。（景志勇）

·介休市·

中共市委书记　王继堂
市人大常委会主任　李怀珠
市　长　王怀民
市政协主席　吴定元

【简述】 介休市位于北纬36°50′~37°11′，东经111°44′~112°10′，总面积744平方千米，下辖7镇3乡，5个街道办事处，231个行政村，35个社区。常住总人口415583人，其中男209134人，女206449人。

2014年，介休市地区生产总值完成140.1亿元，同比增长5.4%。公共财政收入12.3亿元，同比增长4.6%，社会消费品零售总额79.7亿元，同比增长16%；居民消费价格指数102.6，同比上涨2.6%。城镇常住居民人均可支配收入达26974元，同比增长8.2%，农村常住居民人均可支配收入达10921元，同比增长10.8%。

项目建设　2014年，介休市实施项目92个，完成固定资产投资119.2亿元，同比增长19.2%。项目建设投资结构体现“三个上升”：工业项目投资上升，完成投资73.4亿元，占固定资产投资总额的61.6%，上升2.3个百分点；文化旅游项目投资上升，完成投资2.7亿元，占固定资产投资总额的2.3%，上升0.8个百分点；民间投资占比上升，完成投资80.7亿元，占固定资产投资总额的67.7%，上升4.6个百分点。

工业　2014年，介休市规模以上工业增加值69.8亿元，同比增长4.4%。传统的煤炭、焦炭、钢铁、洗煤四大产业占全市规模以上工业增加值比重下降到85%，装备制造、电力、碳素、建材实现工业增加值分别增长79.1%、36%、47.7%、11.3%。

金融贸易　2014年，介休市销售收入亿元以上企业40户，其中20亿元以上3户，10至20亿元4户。全市金融机构、非金融机构37家，存款余额235.18亿元、占晋中市的12.3%，贷款余额163.05亿元、占晋中市的15.9%，存贷比69.26%；凯嘉集团获准发行5亿元企业债券，属于全省民营企业首次发行企业债券；金核仁公司在天津股权交易所挂牌交易；信用联社改制农村商业银行。提升外向度水平，全市完成进出口总额1.3亿美元，占晋中市的36%，其中出口3099万美元，H型钢、日用陶瓷、碳素打进韩国、越南、中东市场。

第三产业　2014年，介休市发展电子商务，开通银益、大地综合性网上商城，吸引乐视、京东、苏宁易购等国内知名电商设立体验店，核桃仁、杂粮等特色农产品实现淘宝网销售。发展城市商业经济，铺开家家利影视广场、上康城养老基地、西海峰大型汽贸城等十大服务业工程，政府广场地下空间综合利用工程完工，新引进标志、日产等一线汽车品牌4S店，如家、汉庭等知名连锁酒店落户市区。

文化旅游　2014年，介休市发展文化旅游产业，绵山风景区接待游客突破200万人次，张壁古堡通过4A级景区初评，历史文化街区一期工程和张兰古玩城完工。段家巷被命名为省级历史文化街区，义安、张兰被确定为全国重点镇，张壁新村入选全国美丽乡村试点，南庄被确定为全国传统古村落。介休市博物馆开馆，并举行“博物馆藏品架起沟通的桥梁”主题活动。

城乡建设　2014年，介休市确立“一城两区五镇三十中心村”新型城镇化体系，城镇化率达到63.26%，成为山西唯一的国家新型城镇化综合试点。开展城区小街巷改造、便民市场建设、马路市场取缔等创卫攻坚任务，城乡清洁工程建立“三级政府、四级网络”责任体系和垃圾清扫、保洁、转运、处理长效机制，建成义安、张兰示范镇和76个示范村，开展创建国家卫生城市活动。

环境建设　2014年，介休市空气质量二级以上优良天数达315天，其中一级天数99天。落实新《环保法》，省级环保模范城创建规划获省环保厅批复；实施减排项目34个，完成主要污染物减排任务；推进大气污染治理，淘汰黄标车、老旧车1810辆，取缔燃煤锅炉24台，完成主要工业厂区、建筑工地、道路扬尘综合治理工程。万元生产总值综合能耗下降完成省市下达任务。新造林8700亩，新育苗2050亩，完成6000亩省级核桃林综合管理示范工程。

社会事业　2014年，介休市组织开展创业培训班8期，新增城镇就业人数5508人；建设保障房1.3万套，建成3206套，完成配租配售1207套，改造农村危房360套；城乡居民养老保险参保率和新型农村合作医疗保险参合率分别达98.8%、99.8%。学校标准化建设、学前教育三年行动计划、义务教育薄弱校改造全面完成，五年累计投入教育11亿元，成为全国义务教育基本均衡标准县。高考二本B及以上达线人数1257人。开展安全生产“党政同责”试点，生产经营事故起数、伤亡人数双下降，安全生产形势稳定。创新社会治理，做好信访和人民调解工作，排查化解社会矛盾，巩固平安稳定和谐局面。

政府建设　2014年，介休市开展群众路线教育实践活动和学习讨论落实活动，分别完成政府牵头的专项整治事项14项和30项，改进文风会风，遏制公款吃喝，“三公”经费下降25%。推进综合性政务服务和公共资源交易“两个平台”建设，优化行政资源配置，理顺行业监管职能。承接下放行政审批事项39项、取消40项、调整82项，取消行政事业性收费

4项。公布政府“权力清单”11大类、4947项，其中涉企3443项。新电子信息政务中心投入使用，实现电子审批、全程监控，完成“两集中、两到位”行政审批制度改革。推进法治介休建设和党风廉政建设，强化行政监察、审计监督，提升政府行政效能、服务水平和依法办事能力。接受人大法律监督和政协民主监督，办理人大代表建议86件、政协委员提案91件，办结率100%，满意率95%。（王亚丽）

运城市

中共市委书记 王茂设*
副书记 王清宪
董鹏翔
陈振亮
市人大常委会主任 张建合
副主任 刘冠生
王正风
史海涌
李景发
苏安乐*
卫儒牛
裴良杰
市长 王清宪
副市长 王殿民 常建忠
王健康 王俊飚
陈竹琴
市政协主席 柴林山
副主席 杨泽生 王七庚
薛靛民 潘和平
谢爱玲 张冠
闫义勇 孙涛锁

【概述】 运城市位于北纬34°35′~35°50′，东经110°15′~112°04′，总面积13968平方千米，下辖1区2市10县，133个乡镇。

2014年，运城市地区生产总值完成1201.6亿元，比上年增长5.0%。其中第一产业增加值197.2亿元；第二产业增加值496.7亿元；第三产业增加值507.7亿元。第三产业中，交通运输、仓储和邮政业85.4亿元，增长10.9%；批发和零售业93.6亿元，增长5.0%；金融业59.3亿元，增长4.7%；房地产业40.6亿元，下降2.0%。人均地区生产总值22940.7元，比上年增长4.4%。全年居民消费价格比上年上涨2.0%。其中食品价格上涨4.3%，非食品价格上涨1.1%。商品零售价格上涨1.2%。居民人均可支配收入13697元，同比增长9.8%。居民人均消费支出9003.9元，同比增长11.1%。

农业 2014年，运城市耕地保有量550253.3公顷。农林牧渔服务业总产值为394.8亿元，按可比价计算同比增长5.0%。其中农业产值302.9亿元，增长4.5%；林业产值7.0亿元，增长21.7%；牧业产值56.5亿元，增长4.9%；渔业产值2.9亿元，增长22.4%；农林牧渔服务业产值25.5亿元，增长4.6%。全年农作物种植面积773.0千公顷，比上年下降3.6%。全年粮食总产量31.6亿公斤，比上年增加0.5亿公斤，增长1.6%。其中小麦14.6亿公斤，增产1.5亿公斤，增长11.5%；秋粮16.9亿公斤，减产1.0亿公斤，下降5.6%。全年肉类总产量16.9万吨，增长6.3%。其中猪肉产量12.1万吨；牛肉产量0.3万吨；羊肉产量0.77万吨。

工业建筑业 2014年，运城市全部工业增加值408.6亿元，比上年增长4.3%。其中规模以上工业企业477户，完成工业增加值386.9亿元，比上年增长3.8%。规模以上工业总产值1605.8亿元，同比下降2.6%；销售产值1510.6亿元，下降5.0%；工业产品产销率为94.1%,。全市规模以上工业中，五大支柱行业增加值205.2亿元，比上年下降0.9%。新型替代产业增加值170.1亿元，增长16.8%，其中汽车制造业增长35.5%。全年规模以上工业主营业务收入1540.9亿元，比上年下降4.6%；实现利税60.4亿元，比上年下降38.8%；实现利润27.3亿元，下降50.3%。

2014年，运城市具有资质等级的总承包和专业承包建筑企业165个，其中有工作量的157个，实现增加值90.9亿元，比上年增长15.0%。上缴税金4.4亿元，增长18.3%；实现利润3.8亿元，下降3.2%。

财政金融 2014年，运城市财政总收入完成101.7亿元，增长11.4%。公共财政收入完成52.8亿元，增长16.2%。公共财政预算支出238.8亿元，增长4.1%。全部金融机构本外币各项存款余额1595.0亿元，比年初增长5.6%，其中人民币各项存款余额1592.9亿元，比年初增长5.7%。全部金融机构本外币各项贷款余额895.3亿元，比年初增长6.8%，其中人民币各项贷款余额888.1亿元，比年初增长7.1%。年末农村金融机构（农村信用社、农商银行、村镇银行）人民币贷款余额352.2亿元，比年初增长5.1%。

证券保险 2014年，运城市辖区证券市场各类证券成交额487.7亿元，比上年增长46.0%。其中股票成交额401.7亿元，基金成交额52.3亿元，债券成交额26.0亿元。年末投资者资金账户开户总数11.4万户。

2014年，运城市共有保险公司33家，全年保费收入52.8亿元，比上年增长16.1%。其中，财产险保费收入15.6亿元，增长8.9%；人身险保费收入5.4亿元，增长71.9%；寿险保费收入31.8亿元，增长13.6%。全年支付各类赔款及给付17.7亿元，增长16.2%。

投资贸易 2014年，运城市固定资产投资1202.7亿元，比上年增长19.2%。其中房地产开发完成117.7亿元，增长26.5%。在固定资产投资中，第一产业投资130.2亿元，比上年增长68.9%；第二产业606.7亿元，增长4.3%；第三产业465.8亿元，增长33.1%。在固定资产投资中，非国有投资完成1032.3亿元，同比增长21.8%，其中民间投资999.6亿元，增长23.0%；国有投资完成170.4亿元，同比增长5.5%。房地产开发投资117.7亿元，比上年增长26.5%。其中住宅投资86.7亿元，增长21.6%；商业营业用房投资17.5亿元，增长20.9%。

2014年，运城市社会消费品零售总额620.3亿元，比上年增长12.3%。按规模统计，限额以上消费品零售额320.4亿元，增长11.6%；限额以下消费品零售额299.9亿元，增长13.2%。按经营地统计，城镇消费品零售额507.7亿元，增长11.2%；乡村消费品零售额112.6亿元，增长17.9%。

2014年，运城市货物进出口总额149813万美元，比上年下降14.2%。

其中进口101775万美元,下降19.4%。出口48038万美元,下降0.4%。全年合同利用外资总额2948.2万美元,实际利用外资1658.4万美元。新设立外商直接投资企业3家。

交通邮电 2014年,运城市公路线路里程15984千米,其中高速公路596千米。公路客运量3784万人;公路货运量8857万吨。公路旅客运输周转量16.0亿人千米;公路货物运输周转量233.6亿吨千米。年末运城机场共开通18条航线。全年民航旅客吞吐量93.6万人,比上年下降7.3%;货运吞吐量2556吨,比上年下降9.1%。年末全市民用车辆保有量92.4万辆,比上年末增长1.9%。民用汽车保有量达到49.7万辆(包括三轮汽车和低速货车0.6万辆),比上年末增长13.9%。其中,私人汽车43.4万辆,增长17.3%。本年新注册汽车9.3万辆,下降1.9%。年末轿车保有量29.5万辆,比上年末增长21.8%。

2014年,运城市邮电业务总量43.8亿元,比上年增长22.0%。其中,邮政业务总量3.5亿元,增长18.5%;电信业务总量40.3亿元,增长22.7%。年末固定及移动电话用户总数达到483.3万户,比上年末增加2.0万户。其中,固定电话57.6万户;移动电话425.7万户。在移动电话用户中,3G用户137.5万户,4G用户27.7万户。全市宽带接入用户达到72.4万户,增长7.1%。

旅游 2014年,运城市旅游总收入268.8亿元,增长26.4%。其中,国内旅游收入268.3亿元,增长28.0%;旅游外汇收入773.6万美元,增长4.6%。全年全市接待国内游客3464.8万人次,增长19.9%;接待入境旅游者2.9万人次,增长4.1%。

教科文卫 2014年,运城市高等院校招生15477人,在校生50207人;各类中等职业学校招生16006人,在校生40036人;普通高中招生35491人,在校生126958人;初中招生52448人,在校生172926人;普通小学招生39495人,在校生287453人;特殊教育招生108人,在校生914人;在园幼儿数157567人。

2014年,运城市受理专利申请1208件,比上年增长2.6%。其中,受理发明专利申请372件。全市授予专利权867件,其中授予发明专利权82件。全年有70个项目列入国家、省各类科技计划,获得项目研究资金3172万元。

2014年,运城市共有艺术表演团体16个,群众艺术馆1个,文化馆13个。公共图书馆13个,馆藏图书149.9万册。博物馆20个,档案馆14个。市级以上重点文物保护单位178处,其中国家级90处,省级57处,市级31处。拥有广播电视台13座,有线电视用户58.5万户。广播人口覆盖率98.4%,电视人口覆盖率98.2%。2014年全市送戏下乡演出1828场。“群文风采优秀节目大展演”活动演出15场。群星合唱团在山西省“三晋之春”合唱比赛中荣获金奖。全年为农民放映电影38232场。

2014年,运城市有医疗卫生机构5570个。其中医院240个,卫生院200个,社区卫生服务中心(站)83个,诊所(卫生所、医务室)1401个,村卫生室3561个,疾病预防控制中心14个,卫生监督所(中心)14个。卫生技术人员26793人,其中执业医师和执业助理医师11970人,注册护士9053人。医疗卫生机构床位26734张,其中医院18332张,卫生院6848张。

社会保障 2014年,运城市7.4万人纳入城市居民最低生活保障,发放资金28082万元;17.5万人纳入农村居民最低生活保障,发放资金30145万元;1.4万人纳入农村五保供养。全年城市临时救济850户,农村临时救济5274户。城乡居民社会养老保险参保282.4万人。城镇基本养老保险参保58.5万人,其中城镇职工基本养老保险参保50.5万人,城镇居民基本养老保险参保8.0万人。城镇基本医疗保险参保87.2万人,失业保险参保33.9万人。工伤保险参保65.9万人。生育保险参保40.1万人。各类提供住宿的社会服务机构108个,床位6788张。其中老年人与残疾人服务机构95个,床位6475张。社区服务中心80个,社区服务站224个。全年城镇新增就业人员58100人,转移农村劳动力72828人,城镇下岗失业人员再就业13300人,就业困难人员实现就业3830人。城镇登记失业率2.57%。

资源 2014年,运城市国有建设用地供应总量1073.3公顷。其中工矿仓储用地371.2公顷,房地产用地319.7公顷,商业服务用地123.8公顷,基础设施等其他用地258.6公顷。全年全市水资源总量104252万立方米,同比增长28.4%。总用水量138922万立方米,同比降低8.5%,其中生活用水14486万立方米,工业用水11892万立方米,农业用水112544万立方米。

环境建设 2014年,运城市拥有省级自然保护区1个,自然保护区面积达到86862公顷。年末全市公园面积达到1453.0公顷。绿地面积达到6033.6公顷,同比增长5.7%。城市建成区绿化覆盖率达到38.3%。全年中心城市污水处理率达到91.0%;城市生活垃圾无害化处理率达到95.5%;集中供热普及率达到89.1%。

安全生产 2014年,运城市安全生产事故死亡90人,同比增长20%。其中道路交通事故造成74人死亡,91人受伤,直接经济损失40.0万元。煤矿、危险化学品、道路交通、消防等行业未发生一次死亡10人以上的事故。全年未发生较大及以上食品安全事故。 (张 涛)

·盐湖区·

中共区委书记 王志峰
区人大常委会主任 李 治
区长 王吉敏
区政协主席 严惠琴

【简述】 运城市盐湖区位于北纬34°48′~35°22′,东经110°41′~111°12′,总面积1237平方千米,下辖7镇6乡,9个办事处,279个行政村,88个社区。

2014年,盐湖区地区生产总值完成202亿元,增长7.5%;固定资产投资完成248亿元,增长12.8%;社会消费品零售总额完成198.6亿元,增长

10.7%;财政总收入完成27.98亿元,增长11.2%;公共财政预算收入完成10.91亿元,增长27.5%;外贸进出口总额完成3.65亿美元,增长13.3%;城镇居民人均可支配收入完成24136元,增长10%;农村居民人均可支配收入完成9464元,增长13%。

农业 2014年,盐湖区粮食种植面积达到86万亩,粮食产量达到2.4亿公斤。200个村达到"一村一品"专业村标准,其中119个被省农业厅确定为"一村一品"行政村。新增加农业专业合作社157家,加快农业产业化进程。实施"6626"绿化工程,完成造林绿化3.01万亩。以农村产权交易服务中心为平台,全年流转土地6.6万亩,总流转面积达到16.8万亩,发展设施农业13万亩,百亩以上的规模化园区达到90余个,千亩以上的园区达到8个。推进果业间伐改形工作,完成标准化果园建设1000亩。在10个乡镇办打造16个休闲观光农业景点,推出3条精品旅游线路。按照"土地规模化、组织企业化、技术现代化、经营市场化"的推进路径,注重引导工商企业投资农业、支持农业、反哺农业。迎太塑料、颐源乳业、海升果汁、仁核山谷等20余家工商企业通过"公司+农户"的模式,促进农民致富增收。

工业 2014年,盐湖区规模以上工业增加值完成42.3亿元,增长13%。新增区属规模以上工业企业6家,总数达到57家,累计完成工业总产值108亿元,增长10%。盐湖工业园区和城西机电化工产业集聚区的生物医药、新型材料、盐化工、高效节能电机和家居产业集群新上项目50个,落地资金175.2亿元,完成投资52.03亿元。扶持传统产业转型升级,投资2.33亿元对印刷包装、建材、环保、家纺、休闲食品等8个领域进行技改。推动企业与科研院所联姻,山东高端科技工程研究院运城分院入驻盐湖工业园区,寰烁电子智慧教育技术中心、格瑞特建筑混凝土外加剂技术中心,被认定为省级工程技术研究中心。

中小微企业 2014年,盐湖区帮助80家中小微企业融资5.5亿元,帮助企业开始走出困境。培育和扶持小微企业成长,全年孵化小微企业310家,新登记民营企业1486户。工商部门变注册资本实缴登记制为认缴登记制,年内新登记个体工商户达4503户。天海泵业获"中国驰名商标"称号,浩腾科技、路露红合作社等6家企业获"山西省著名商标"称号。发展文化产业,水墨河东、德孝古镇、欢乐嘉年华、清华清尚、龙腾文化等项目推进主体工程建设。加大金融创新力度,建立城镇化、大舜兴农和中小企业股权投资三支基金,资金总规模达13.15亿元,对高铁商务区等项目和企业累计投资4.35亿元。推进运城农村商业银行在金融产品强化创新和服务能力,资产总额达到133亿元,全年贷款净增加额达51亿元,共为157家中小微企业贷款44.8亿元。培育和发展融资性担保机构,全区亿元以上担保机构达到4家,全年为100余家企业担保融资15.6亿元。

旅游 2014年,盐湖区加快文化旅游业开发,全年接待游客1509万人次,旅游收入116.98亿元。

城乡建设 2014年,盐湖区振兴大道北延线、机电园纵一路、复旦大街西延线、站前路等11条路竣工通车;关公街、春秋路仿古街立面改造工程基本完成。扩充小城镇承载功能,推进解州、北相、三路里等小城镇完善道路设施,实施绿化、亮化工程。推进城中村、城郊村改造,盛世陶苑安置小区住宅楼及配套设施建设完工;舜德佳园新建6栋回迁楼,回迁160户。开展国家卫生城市创建活动,投资2300万元,改造旱厕2505个,清运垃圾9.3万立方米,粉刷墙体37.5万平方米。开展农村环境连片整治工程,在8个乡镇24个村创建生态示范样板村。

民生建设 2014年,盐湖区民生累计投入达到19.5亿元,占到财政总支出的85%,其中农村民生投入达13.2亿元,占到总投入的67.7%。北赵引黄二期工程按进度要求开工建设;城区东部、北部新建学校工程完成建设任务;席张、金井、泓芝驿、陶村、车盘的5所卫生院工程主体建设完工;为群众送戏下乡180场,放映电影3700场,举办"送欢乐下基层"和消夏文艺晚会各12场;社会福利中心颐养大楼主体建筑封顶完工;城区建设53家平价蔬菜商店;为农村日间照料中心配发100台无线数字电视机顶盒;为全区16个乡镇办102个村安装社会治安视频监控。

社会事业 2014年,盐湖区建成2所省级标准化幼儿园、4所村级幼儿园和30所"梦想中心"。全区高考两大类达线人数2103人。在省第十四届运动会上,盐湖区获得3金、2银、2铜的优异成绩。关心群众身体健康,对10万名老年人和糖尿病人进行健康体检。关注农村困难群众住房条件改善,完成危房改造1793户。全面建立失地农民动态管理台账。开展农村劳动力和城镇失业人员培训,达2746人次。集中开展环境专项整治,依法取缔土石灰窑31家73孔,完成172家单位"煤改气"工程。

政府建设 2014年,盐湖区办理人大代表建议77件,政协委员提案97件,满意率均达100%。盐湖区本级保留行政审批项目143项,非行政审批项目16项,分别比过去减少67项和10项。发挥农村"和事佬"、乡镇调解办、区信访联席办三级民调网络作用,畅通群众诉求渠道,通过盐湖热线、领导接访、法律援助等方式解决基层矛盾。 (何桂兰)

·临猗县·

中共县委书记	赵惠民
县人大常委会主任	路香芳
县长	李建刚
县政协主席	孙正来

【简述】 临猗县位于北纬34°58′~35°18′,东经110°17′~110°54′,总面积1339.32平方千米,下辖8镇5乡,3个工贸区。年末总人口为585026人,其中男性人口296850人,女性人口288176人,城镇化率达39.02%。人口出生率11.19‰,人口死亡率6.29‰,人口自然增长率为4.9‰。

2014年，临猗县地区生产总值完成1290015万元，增长7.3%。其中，第一产业完成增加值444968万元，增长5%,；第二产业完成增加值377297万元，增长12.6%，其中工业增加值完成306212万元，增长13.1%点；第三产业完成增加值467750万元增长5.1%。全县人均生产总值达22104元，增长6.7%。城镇居民人均可支配收入22062元，比上年增长8.4%；农村居民人均可支配收入9908元，增长11.4%。

农业 2014年，临猗县农林牧渔服务业总产值为873408万元，增长6.7%。其中农业产值761331万元，增长6.6%；林业产值5735万元，增长11.0%；牧业产值33276万元，增长8.2%；渔业产值65万元，增长9.0%；农林牧渔服务业产值73000万元，增长7.0%。粮食种植面积60466公顷，下降1%(小麦27547公顷，增长2.9%；秋粮32919公顷，下降4%；玉米26363公顷，增长4%)；棉花种植面积7872公顷，下降4%；油料种植面积1396公顷，下降9.4%；蔬菜种植面积3401公顷，增长56.8%；果园面积58918公顷，增长9.9%(苹果园面积40761公顷，增长5.3%)。畜禽及水产品产量：全年肉类总产量14328吨，增长23.2%。其中猪肉产量11486吨，增长27%；牛肉产量39吨，下降69.6%；羊肉产量625吨，增长16.5%；禽肉产量2178吨，增长7.3%。禽蛋产量8369吨，下降28.2%；奶类产量4329吨，下降45%。水产品产量35吨，增长9.4%。农业机械总动力100.78万千瓦，比上年增长2%。机械耕地面积55050公顷，机械播种面积63109公顷，机械收获面积53776公顷。全年农机化经营总收入13465万元，同比下降1.7%。

工业建筑业 2014年，临猗县工业总产值完成1313073.5万元，增长12.7%。其中，规模以上工业完成总产值1091073.5万元，增长12.3%；规模以下工业完成总产值222000万元，同比增长11%。全县规模以上工业企业累计完成销售产值984896万元，同比增长12.9%。工业产品销售率为90.3%，比上年同期增加0.5个百分点。全年规模以上工业企业45户，累计完成工业增加值243562万元，增长14.3%，在第二产业中所占比重为64.6%。2014年全县规模以上工业企业累计实现利税57016万元，同比下降30.8%。实现利润44518万元，同比下降34.8%。具有资质等级的建筑业有10家。全年全社会建筑业实现增加值71085万元，比上年增长10.7%；共实现利润总额2882万元，上升11.8%；上缴税金5206万元，增长9%。

投资贸易 2014年，临猗县固定资产投资完成940202万元，比上年增长21.3%。其中投资项目完成896595万元，比上年增长24.8%；房地产完成投资43607万元，下降23.7%。在固定资产投资中，第一产业投资343798万元，同比增长299.5%；第二产业投资352803万元，同比下降15.1%；第三产业投资199994万元，同比下降27%。在固定资产投资中，非国有投资完成824512万元，同比增长22.3%；国有投资完成72083万元，同比下降29%。2014年固定资产投资项目共有147个：其中本年新开工123个，亿元以上项目2个，投产项目123个。

2014年，临猗县实现社会消费品零售总额551181万元，同比增长14.8%。其中县级市场实现消费品零售额424744万元，比上年同期增长14.5%；农村市场实现消费品零售额126437万元，同比增长16%，按行业分，批发业完成97167万元，同比增长12.4%；零售业完成425452万元，同比增长17%；住宿业完成3740万元，同比增长8.7%；餐饮业完成24822万元，同比下降6.7%。按规模统计，限额以上消费品零售额完成326504万元，同比增长15.6%；限额以下消费品零售额完成224677万元，同比增长13.7%。零售业占社会消费品零售总额的77.2%。社会进出口总额16402万美元，同比下降0.05%。其中进口1001万美元，下降17.3%；出口15401万美元，增长1.3%。

交通邮电 2014年，临猗县拥有机动车71818辆。其中汽车45498辆；摩托车19386辆；拖拉机6100辆；挂车694辆；其他类型车140辆。

2014年，临猗县邮电业务总量2521万元，比上年增长10.0%。其中邮政业务总量1806万元，增长5.7%；电信业务总量715万元，增长10.3%。固定电话139665户；移动电话249879户；联通电话70000户。

财政金融保险 2014年，临猗县财政总收入完成40199万元，比上年下降1.6%，其中公共财政预算收入完成20109万元，比上年增长0.2%。在总收入中，税收收入完成14581万元，增长3.8%；非税收入完成5528万元，同比下降8.2%。全年公共财政预算支出207309万元，增长12.6%。其中，农林水务支出31389万元，增长5.5%；教育支出48002万元，增长10.7%；社会保障和就业支出37049万元，增长32.6%；医疗卫生支出30663万元，增长47.9%；环境保护支出4870万元，增长1.5%。金融机构各项存款余额1152332万元，同比增长14.1%，其中城乡居民储蓄存款905520万元，同比增长17.1%；单位企业存款191071万元，同比下降0.7%。年末金融机构各项贷款余额784587万元，同比增长16.4%。其中短期贷款518119万元，同比增长23.3%；中长期贷款138742万元，同比下降2.8%。中国人寿保险股份有限公司临猗支公司保费收入完成10237万元，同比增长2.4%；中国财产保险股份有限公司临猗支公司保费收入完成1930万元，同比下降12.3%

科教文化 2014年，临猗县实施科学技术项目38项，其中国家级1项，省级10项，市级10项，县级17项。专利申请共90项。各类学校210所，其中民办学校23所。在校学生达到73055人，其中小学在校学生26876人，初中17066人，高中12937人，职中2456人，幼儿园在园儿童数13720人。全县公办教职员工人数达到5070人。适龄幼儿学前三年毛入园率达100%；高中阶段教育毛入学率达97.6%；职业教育当年毕业生就业率达98.8%。送戏下乡161场，送影下乡 4612 场,在运城市"关圣杯"折子戏表演中,《打碗记》《探槽》《情投意合》分别获得二银一金。八集眉户音乐剧《峨嵋岭》上映,纪实性眉户现代戏《守望》在山西省第十四届"杏花奖新剧目奖"评比中获得五项大奖。

卫生体育 2014 年,临猗县各级医疗卫生机构 594 个。其中国家办医 25 个,社会办医11 个,村卫生所 418 个,个体行医 140 个。国家卫生技术人员共 1172 人,其中拥有高级职称 65 人,中级职称 357 人,初级职称 750 人。全县拥有病床位数 2380 张,门诊人数达 130 万人次。举办县级运动会 8 次,参加比赛的运动员有 3500 人次。在各项体育比赛中,取得市级团体名次 5 次,取得市级个人名次 30 人次。 (程明清)

·万荣县·

中共县委书记 李尧林
县人大常委会主任 王崇智
县长 (空缺)
县政协主席 孙典孝

【简述】 万荣县位于北纬 35°13′~35°31′,东经 110°25′~110°59′,总面积 1080.5 平方千米,下辖 4 镇 10 乡,281 个行政村。

2014 年,万荣县地区生产总值完成 61.7 亿元,增长 8.7%。财政总收入完成 32039 万元,增长 17.1%;规模以上工业总产值完成 46.3 亿元,同比增长 8.5%; 增加值完成 9.88 亿元,增长 15.7%。社会消费品零售总额完成 27.3 亿元,增长 14.9%。城镇居民人均可支配收入完成 19528 元,增长 8.3%;农民人均纯收入 7098 元,增长 10.8%。金融机构存款余额 80.45 亿元,贷款余额 35.91 亿元。

农业 2014 年,万荣县粮食总产量 1.92 亿公斤。有机农业产品认证完成 700 亩,有机转换产品认证达到 5 万亩。新增"一村一品"产业村 29 个,扶持专业合作社 22 家,培育科技示范户 900 户;万荣苹果首次进入美国市场,连续 4 年出口澳大利亚,苹果总产量 7.66 亿公斤,总产值 19.4 亿元,新建果库 41 个,全县果库达到 101 个,部分水果种植户收入达到十万元以上;里望蓝天、高村牧香地、光华鸿农等养殖企业获得政策扶持。建设高标准农田 9200 亩,北赵、西范两大灌区完成投资 9036 万元,新增水田 10 万亩,全县水浇地面积达 58 万亩。建成"天天香"香菇深加工项目,带动全县食用菌产业发展。为失地农民建市场,搞培训,上保险,发补贴,扶持南张户、新城、西贾、南解、七庄等村,建成生态农庄、采摘园、香菇种植园和农贸市场等农产品新型经营基地。

项目建设 2014 年,万荣县新上 13 个项目,实现产值 11.6 亿元,同比增长 45.2%。对外招商引资,举办成都恳谈会、兰州项目推介会等活动。引进投资 18.8 亿元纺织服装产业园项目,建成 1 个培训基地、3 个生产车间。开工建设投资 2.3 亿元的华康中药产业园、投资 1 亿元的朗致双人药业项目,促进医药产业集群化发展。汇源扩建、金盾苑、坤盛、晋骏新材料等招商项目全部投产。全县投放企业贷款 2.8 亿元,利用财政融资担保平台,为企业争取贷款 9800 万元,在全省首家设立"互惠贷"基金,为小微企业融资 3045 万元。华康固体制剂生产线改造完成,朗致小容量注射剂生产线通过 GMP 认证,两个医药产业园推进建设,全年医药产值完成 8.2 亿元,同比增长 31.9%。引导防水建材产业 13 家企业入股组建万泰建材有限公司,集中采购原材料 7500 吨,节约成本 300 万元;帮助建材企业清收拖欠货款 1350 万元,黄腾、凯迪等龙头企业中标国家重点项目 300 个标段,合同金额 8.5 亿元;防水建材产业产值完成 20 亿元,同比增长 14.7%。

城乡建设 2014 年,万荣县加大对城乡建设投资,推进"两渠、六街十四路、一站两院八小区"项目工程建设,其中"两渠"项目投资 3500 万元,实施县城防洪一期工程;其中两条排洪渠投资 2080 万元建成。"六街"项目投资 4480 万元,新开通西内环路、荣河北路、王勃街、张仪东街、海鸥街、宝鼎南路延伸段 6 条街路;投资 1075 万元,新增绿化面积 11 万平方米;县城新建路口、南张十字路口新安装红绿灯。"十四路"项目投资 1.2 亿元,2 条县道、12 条乡道实施翻修改造,清偿农村街巷硬化债务。"一站"项目投资 7000 多万元,新建城市集中供热热源站。"两园" 项目投资 2500 万元建成城北公园,投资 4100 万元建成城市生态公园。"八小区"项目完成 8 个住宅小区开工任务。

旅游 2014 年,万荣县接待游客 160 万人次,门票收入 1542 万元,旅游综合收入突破 4000 万元。万荣旅游官网和微信公众平台完成创建和开通,旅游专项宣传片在央视一套、凤凰卫视播出。飞云楼和万泉文庙修缮完成;孤峰山景区新建民俗体验园,重建金顶庙;扩展发展空间,后土祠新建东回廊 25 间,新征土地 40 亩;李家大院景区与唐风晋韵公司合作,建成全市首个"智慧旅游"平台,打造综合性民俗文化产业园。

社会事业 2014 年,万荣县高考文理达线 786 人,为 5729 名贫困大学生办理助学贷款 3123 万元。投资 4615 万元,新建实验小学和幼儿园,完善实验中学附属设施。投资 3800 万元,建成智慧城乡服务中心。投资 3720 万元,建成中医院门诊大楼和 4 个乡镇卫生院综合楼;选址重建万荣县蒲剧团。7 个乡镇 148 个村开展集体建设用地和宅基地确权登记任务,争取用地指标 2131 亩,为重点工程项目建设提供土地保障。人民武装、公安、法院、卫生、档案等业务用房投入使用。

社会保障 2014 年,万荣县为 8230 名农民代缴养老保险 107 万元;为 1481 名 60 岁以上农民发放补贴 139 万元;为 82 名失地家庭大学生发放补助 24.6 万元;为 726 名中小学生和幼儿发放补贴 72 万元。新录用公务员 30 人,招聘教师 125 人,招聘医护人员 49 人,开发公益岗位 124 个,城镇新增就业 4221 人,转移农村劳动力 5610 人,推行"五险统征"全覆盖,"五险"发放金额 2.24 亿元,企业退休养老金人均年增 2652 元。农村和城市低保金额,每人每月提高 22 元和 25

元。新型农村合作医疗保险参合率达99.5%，为看病群众报销医药费1.48亿元。为符合条件60岁以上乡村医生每月发放退养补助100元。皇甫、西村、贾村、高村新建中心敬老院，建成27家农村老年人日间照料中心。县城公墓建成。新开工保障房428套，改造农村危房1027户。（薛勇勤　张东宏）

·闻喜县·

中共县委书记　张汪尤
县人大常委会主任　张英生
县　　　　长　张建元
县政协主席　王延平

【简述】 闻喜县位于北纬35°09′~35°34′，东经110°39′~111°37′，总面积1167.1平方千米，下辖7镇6乡。

2014年，闻喜县地区生产总值完成640898万元，同比降低33.7%。其中第一产业增加值完成98031万元，同比增长4.9%；第二产业增加值完成230091万元，同比降低51.1%；第三产业增加值完成312776万元，同比降低17.0%。财政收入完成39105万元，同比降低35.2%。固定资产投资完成730199万元，同比降低19.2%。社会消费品零售总额完成36.7亿元，比上年增长14.2%；金融机构各项存款余额1076000万元，同比降低0.4%。城镇居民人均可支配收入达22053元，同比增长8%；农民人均纯收入达7451元，增长10.2%。

项目建设　2014年，闻喜县实施重点项目51个，总投资223.2亿元，其中象丰农牧自养场等9个项目完成建设任务，晋鑫玻璃扩建等31个项目尚未完工。26家园区企业启动集群项目20个，其中7个镁铝集群项目和7个玻璃集群项目开工实施；对接项目76个，其中天津大昌、恒达金属制品、西安紫光等26个项目成功签约，总投资256亿元。

工业　2014年，闻喜县规模以上工业总产值812612万元，同比降低62.4%；规模以上工业企业实现增加值208803万元，同比降低59.2%。规模以上工业企业实现利税20295万元，同比降低88.4%；实现利润11272万元，同比降低88.0%；应交增值税8105万元，同比降低89.9%。从各行业来看，生产服装370.51万件，同比增长7.8%；生产焦炭94407吨，同比降低79.3%；生产水泥2599775吨，同比降低10.5%；生产日用玻璃177136吨，同比增长31.7%；生产钢材3097331吨，同比降低82.9%；生产金属镁101713吨，同比增长2.5%；生产镁合金58666吨，同比增长1.3%。

农业　2014年，闻喜县农林牧渔业总产值完成232289万元，同比增长12.3%。其中农业产值173867万元；林业产值9760万元；牧业产值40181万元；渔业产值81万元；农林牧渔服务业产值8000万元。农作物播种面积1042374亩。其中粮食播种面积1029848亩，小麦播种面积655894亩，秋粮播种面积373954亩，烤烟播种面积50亩，油料播种面积745亩。粮食总产量289191吨，同比增长6.8%；油料总产量1344吨，同比增长1.9%；烤烟总产量120吨，同比降低40.9%；水果总产量19824吨，同比增长26.4%。主要牲畜猪存栏119051头，同比增长5.9%；牛存栏2334头，同比降低4.2%；羊存栏74419只，同比降低0.9%；家禽存栏425.8万只，同比降低18.4%。

城乡建设　2014年，闻喜县实施龙海南苑保障性住房、城市道路和桥梁等基础设施重点工程10项，总投资约6.5亿元。其中龙海南苑保障房总投资1.3亿元，城市道路和桥梁工程总投资1.2亿元，县城安全供水工程总投资8804万元，一级路和东镇外环绿化工程总投资6600万元，高效节水建设工程总投资8154万元，新美新天地商场室内装修总投资5500万元，大西高铁闻喜西站站前广场和进站道路总投资5300万元，后宫现代农业示范区总投资447万元，环境连片及卫生清洁工程总投资3800万元，综治平安网络建设总投资1000万元。

交通邮电　2014年，闻喜县公路通车里程1311千米。年末民用汽车拥有量40334辆。旅客运输量109.5万人次，货物运输量109.5万吨。邮路总长度1530千米，邮电局、所17处，市话交换机总容量9328门。

文化事业　2014年，闻喜县实施农村数字电视整体转换工作，开放文化馆、图书馆、乡镇综合文化站，开展送戏下乡、电影惠民等活动。创作报告文学《为善的涑水》、眉户说唱《看花馍》等一批文化作品。完成裴氏宗祠凌烟阁、后稷庙修复等工程，发展东方新闻纸业等文化企业，闻喜花馍在北京、西安等地发展旗舰店100多家，扩大本命年、谭氏布艺等文化创意产业规模。闻喜县被评为运城市文化创新工作先进县。年末有艺术表演团体1个，图书馆1个，青少年校外活动中心1个，剧场、影剧院1个，体育场馆1个。

教育卫生　2014年，闻喜县共有高级中学4所、初级中学18所、普通小学133所、幼儿园133所、职业高中4所，专任教师5569人，在校生59415人。公立卫生机构26个，其中乡(镇)卫生院20个。公立医院和卫生院床位1259张(医院床位张)，卫生技术人员743人，其中执业医师249人。

社会保障　2014年，闻喜县城镇基本养老保险参保53544人，城乡养老保险参保227135人，45435名适龄人员每人每月领到65元的基础养老金。失业保险职工参保27593人；工伤保险参保55344人；生育保险参保38198人；城镇基本医疗保险参保68684人。实行大额医疗报销制度，最高报销额度达40万元。

（樊香叶　孟令燕）

·稷山县·

中共县委书记　乔登州
县人大常委会主任　郭崇学
县　　　　长　李亚丽
县政协主席　高吉华

【简述】 稷山县位于北纬35°22′~35°48′，东经110°48′~111°05′，总面积686平方千米，下辖5镇2乡，1个社区办事处。总人口35.58万人,其中城镇人口12.70万人,乡村人口22.88万人;男性18.18万人,女性17.40万人。人口出生率12.31‰,人口死亡率6.74‰,人口自然增长率5.57‰。

2014年,稷山县地区生产总值完成72.92亿元,增长8.3%。第一产业实现增加值11.86亿元;第二产业实现增加值29.99亿元;第三产业实现增加值31.06亿元。人均地区生产总值达2.05万元。居民消费价格指数(CPI)比上年上涨1.8%。全县居民人均可支配收入达12471元,增长10.8%。按常住地分,城镇居民人均可支配收入达20564元,增长9.0%;农村居民人均可支配收入达8488元,增长11.3%。

农业 2014年,稷山县粮食种植面积79.24万亩,比上年增加4247亩。其中秋粮种植面积37.97万亩,减少6173亩;夏粮种植面积41.27万亩,增加1.04万亩。粮食产量25.96万吨,比上年增加2.36万吨,增产10%。其中夏粮13.14万吨,增产21.26%;秋粮12.82万吨,增产0.46%。农田灌溉面积完成44.1万亩,水土流失治理面积完成2万亩。新增有效灌溉面积4.1万亩,新增节水灌溉面积0.69万亩。修建支斗渠89千米。农业机械总动力54.84万千瓦,增长3.77%。机械耕地面积52.95万亩,增长1.52%;机械播种面积58.71万亩,机械收获面积57.75万亩,分别增长8.1%。

工业建筑业 2014年,稷山县24家规模以上工业企业增加值完成17.19亿元,增长12.6%。分类别看,重工业实现增加值15.33亿元,增长18.07%;轻工业实现增加值1.85亿元,下降19.38%。规模以上工业企业实现利税1.96亿元。其中实现利润8598元,下降3.1%;缴纳税金1.10万元,下降40.74%。

2014年,稷山县建筑业增加值完成4.76亿元,增长10.2%。

财政金融保险 2014年,稷山县财政总收入完成3.35亿元,下降17.41%。其中国税完成1.75亿元,下降23.9%;地税完成1.10亿元,下降13.3%;财政完成5335万元,增长0.3%。公共财政预算收入完成1.50亿元,下降10.1%。公共财政支出13.30亿元,增长3.8%,用于民生相关投入达到9.68亿元,增长6.8%,占总支出的72.9%。

2014年,稷山县金融机构存款余额69.50亿元,比年初增长13.5%。其中城乡居民储蓄存款余额55.26亿元,比年初增长14.3%。金融机构贷款余额24.15亿元,比年初下降0.1%。全县农村金融合作机构人民币贷款余额18.10亿元,比年初增加853万元,增长0.48%;人民币存款余额30.55亿元,比年初增加4.26亿元,增长16.2%。人寿保险业务保费收入7419.3万元,增长9.3%;支付赔款及给付335.6万元,增长0.6%。财产险业务保费收入2200.9万元,增长1.6%;支付赔款及给付1127万元,降低2.0%。

投资贸易 2014年,稷山县完成固定资产投资65.10亿元,同比增长22.4%。其中项目投资完成62.75亿元,增长24.8%。在固定资产投资中,国有投资6.70亿元,增长6.2%;非国有投资56.05亿元,增长19.5%。房地产开发投资完成2.35亿元,下降18.9%。其中住宅投资2.23亿元,下降7.1%;商业营业用房投资1086万元,下降73.4%。

2014年,稷山县社会消费品零售总额24.85亿元,增长15.0%。按经营地统计,城镇消费品零售额16.13亿元,增长18.7%;乡村消费品零售额8.72亿元,增长8.8%。外贸进出口总额完成1.14亿美元,下降23.4%。其中进口额8278万美元,下降28.7%;出口额3081万美元,下降4.0%。

项目建设 2014年,稷山县引进各类项目14个,到位资金43.2亿元,签约项目17个,签约资金145.47亿元。施工项目81个,新开工项目69个,全年竣工项目65个。其中亿元以上项目5个,计划总投资46.79亿元,完成投资32.05亿元。山西阳煤丰喜泉稷能源有限公司"3052"项目完成投资24.8亿元;稷山中能达光伏发电有限公司50兆瓦太阳能光伏发电项目完成投资5.1亿元。

交通邮电 2014年,稷山县公路总里程达1990.64千米。全县民用车辆拥有量62209辆。其中汽车22626辆,摩托车39583辆。全县营运性公路运输客运量累计完成204万人;公路货运量累计完成178万吨。货物周转量累计完成3.13亿吨千米;旅客周转量累计完成9200万人千米。邮政业务总量完成1573万元,业务收入完成2043.7万元,增长13.4%。年末移动电话用户24.8万户,宽带接入用户达到3.8万户。

社会事业 2014年,稷山县有幼儿园119所,小学98所,普通初中19所,普通高中5所,特殊教育学校1所。全年普通高中招生2289人,在校生7229人。初中招生3691人,在校生11627人。普通小学招生3357人,在校生21124人。幼儿园招生4512人,在园幼儿13297人。全县中等职业学校在校学生实现免费全覆盖,惠及学生1553人。年末全县学前三年教育毛入园率达97.21%,初中三年保留率达100%,高中阶段毛入学率达97.20%。高考全县文理两大类二本B类达线834人。专利申请量10件。申报成功科技计划项目6项。其中市级4项,县级2项。医疗卫生机构276个。医院7个,乡镇卫生院7个,分院4个,诊所(医务室)58个,村卫生室200个。全县卫生技术人员1526人。其中执业医师和执业助理医师724人,注册护士762人。医疗卫生机构床位2136张。其中公立医院933张,乡镇卫生院390张,民营医院813张。新型农村合作医疗参保29.28万人,参合率达99%,受益51.56万人次。其中乡村门诊受益44.67万人次,住院受益3.54万人次。累计拨付补偿款1.04亿元。

文化旅游 2014年,稷山县有文化馆1个,文化站7个,农村文化活动场所200个,专业艺术表演团体2个,公共图书馆1个,广播电视台1座,电视台1座,调频转播发射台1座,一百瓦以上电视转播发射台1座。有线电视用户12440户,电视人口覆盖率达95%。2014年共计放映电影2484场。其中农村电影2400场,农村寄宿制学校电影84场,观众人数达 30 多万人次。全县旅游总收入 7.04 亿元,增长 26.2%。接待国内外旅游者 95.6 万人次,增长 14.0%。戏曲《哭祖庙》获运城市“关圣杯”折子戏大赛金奖。拳板舞《庆丰收》获运城市“菊花奖”金奖。创作大型歌舞剧《枣儿谣》《农祖稷风》、戏曲《后稷故里唱稷王》。螺钿漆器、鎏金工艺成功申报国家级非物质文化遗产。新编古装戏《大清义民》开展剧本研讨会。

社会保障 2014 年,稷山县城镇基本养老保险参保 2.39 万人;城镇职工基本养老保险参保 2.32 万人;企业职工基本养老保险参保 9930 人;城镇居民养老保险参保 656 人;新型农村社会养老保险参保 1.71 万人;城镇居民基本医疗保险参保 3.42 万人;失业保险参保 1.54 万人;工伤保险参保 5.00 万人;生育保险参保 19070 人。审定城市低保对象 1090 户 2369 人,发放城市低保金 1572.1 万元。审定农村低保对象 7400 户 11013 人,发放农村低保金 1925.2 万元。全年发放五保供养经费 224.4 万元。城镇新增就业人数 4664 人,转移农村劳动力 5582 人,创业就业人数 680 人,技能人才培养 363 人。

灾害 2014 年,稷山县各类自然灾害造成直接经济损失 1.02 亿元,农作物受灾面积 24.9 万亩。其中板枣遭受数十年未遇的连阴雨,发生大面积裂果,受灾面积 13.5 万亩,直接经济损失 5.5 亿元左右。 (段美云)

·新绛县·

中共县委书记 邓雁平
县人大常委会主任 李铁路
县长 田艺彬
县政协主席 卫保平

【简述】 新绛县位于北纬 35°28′~35°47′,东经 111°01′~111°18′,总面积 593.39 平方千米,下辖8 镇 1 乡,1 个开发区,220 个村级单位。总人口 340786 人,比上年增加 1937 人。

2014 年,新绛县地区生产总值完成 760641 万元,同比增长 8.6%。其中,第一产业增加值 159941 万元,增长 1.5%;第二产业增加值 359768 万元,增长 13.1%;第三产业增加值 240932 万元,增长 5.0%。人均地区生产总值 22384 元。居民人均可支配收入达 13672 元,比上年增长 11.3%。

农业 2014 年,新绛县农林牧渔服务业总产值为 342775 万元,同比增长 1.7%。其中,农业产值 249225 万元,增长 1.1%;林业产值 3599.5 万元,增长 17.4%;牧业产值 72185 万元,增长 3.2%;渔业产值 166.8 万元,增长 0.01%;农林牧渔服务业产值 17600 万元,增长 1.0%。农作物种植面积 58926.3 公顷,下降 4.4%。粮食总产量 234306 吨,下降 4.9%;肉类总产量 17204 吨,同比增长 10.9%。完成造林 1233 公顷,完成乡村道路绿化 100 余千米,四旁植树 100 万株。

工业建筑业 2014 年,新绛县规模以上工业企业完成总产值 1401630 万元,增长 7.9%。增加值 353305 万元,增长 15.0%。销售产值 1357168 万元,增长 6.7%。产品销售率 96.83%,下降 1.13 个百分点。规模以上工业主营业务收入 1337750 万元;实现利税 80784 万元,其中实现利润 61290 万元;亏损 6370 万元。全县具有资质等级的建筑企业 3 个,全年完成总产值 29652 万元,同比下降 32.5%。

财政金融 2014 年,新绛县财政总收入 46608 万元,下降 2.0%。公共财政预算收入 20039 万元,增长 7.3%。其中四大税种共完成税收 34964 万元,占财政总收入的 75.0%。公共财政预算支出 137112 万元,比上年下降 1.4%。其中粮油物资储备支出增长 189.4%,文化体育与传媒支出增长 85.0%,医疗卫生支出增长 83.0%,交通运输支出增长 55.3%,国债还本付息支出增长 51.7%,公共安全支出 25.6%,城乡社区支出增长 18.8%,社会保障和就业支出增长 1.2%。全县金融机构各项存款余额 756991 万元。年末金融机构各项贷款余额 290442 万元,比年初减少 2093 万元。其中短期贷款 186652 万元,中长期贷款 84461 万元。

保险 2014 年,新绛县财险、人寿险两大公司保费收入 8697.5 万元,比上年下降 25.9%。其中,财险业务保费收入 2697.5 万元,下降 46.2%;人寿险业务保费收入 6000 万元,下降 10.9%。全年支付各类赔款及给付 4877 万元。其中,财险业务赔款 2461.4 万元,人寿险业务给付 2415.6 万元。

投资贸易 2014 年,新绛县固定资产投资 720481 万元,比上年增长 23.8%。其中,第一产业投资 127185 万元,增长 113.5%;第二产业投资 249038 万元,下降 27.0%;第三产业投资 344258 万元,增长 90.1%。房地产开发投资 61673 万元,比上年增长 101.6%。全年社会消费品零售总额 368869 万元,同比增长 14.8%。按区域统计,城镇消费品零售额 226367 万元,增长 10.4%;农村消费品零售额 142502 万元,增长 22.5%。按行业统计,商品批发业零售额 286413 万元,增长 12.4%;商品零售业零售额 257880 万元,增长 13.1%;住宿业零售额 33315 万元,增长 8.8;餐饮业零售额 42361 万元,增长 28.5%。

交通邮电 2014 年,新绛县境内铁路营运里程 18.3 千米。公路线路里程 799.7 千米(含村道)。其中,高速公路 18.8 千米,国道、省道 72.9 千米,县道、乡道、村道及专用道 708 千米。公路客运量 271 万人,同比增长 34.8%;公路货运量 305 万/吨,增长 7.8%。公路旅客周转量 20030 万人/千米,增长 70.7%。

全年邮电业务总量 13185.3 万元,同比增长 7.5%。其中,邮政业务总量 1174.3 万元(不含快递),下降 2.5%;电信业务总量 12011 万元,增长 14.0%。电话用户 236848 户,其中,固定电话 17500 户,移动电话 219348 户。电话普及率达 69.7 部/百人。宽带接入用户达 43395 户,增长 46.3%。

能源消费 2014 年,新绛县能源消费总量 142.33 万吨标准煤,同比增长 9.95%。规模以上工业原煤消费量 162.86 万吨,下降 7.6%;洗精煤消费量为 280.86 万吨,增长 29.73%;焦炭消费量为 49.52 万吨,下降 18.7%。

民生事业 2014 年,新绛县有各类学校在校学生47391人，专任教师4419人。小学学龄儿童入学率达100%。全年专利申请7件。全县共有艺术表演团体6个，文化馆1个，公共图书馆1个，博物馆1个，馆藏文物1072套，县级以上重点文物保护单位693处。新绛县获"全国最佳楹联文化县"称号。完成"文化惠民 欢乐百姓新春走基层"活动5场，"幸福新绛欢乐行"文化下乡10场，农村公益电影放映2640场，戏曲惠民100场。有电视台1座，有线电视用户达2.7万户，数字电视用户达1.1万户。有医疗机构24个，各类医疗卫生技术人员1626人；病床床位数1395张。县乡村三级医疗卫生机构达标率100%。新型农村合作医疗覆盖率100%，参合率为99.9%。

社会保障 2014年，新绛县新增就业人数4113人，转移农村劳动力5611人，下岗再就业931人，城镇登记失业率控制在2.49%。城市和农村低保人数分别为3868人和10803人。全县参加失业保险职工19620人，参加城镇基本医疗保险职工18111人，居民17892人，参加工伤保险职工35887人，参加城镇基本养老保险40425人，参加农村基本养老保险168665人。 （许 隽）

·绛 县·

中共县委书记 卫再学
县人大常委会主任 韩廷海
县 长 卫再学
县政协主席 李服役

【简述】 绛县位于北纬35°20′~35°38′，东经110°24′~110°48′，总面积993.49平方千米，下辖8镇2乡。

2014年，绛县地区生产总值完成62.26亿元，同比增长9.5%。全社会固定资产投资完成79.1亿元，同比增长25.4%；社会消费品零售总额完成20.92亿元，同比增长14.8%；外贸进出口总额达2362万美元，同比增长125.81%；与开发区分家后，财政总收入1.998亿元，同比增长18.4%；公共财政预算收入完成9448万元，同比增长24.3%。城镇居民人均可支配收入达20189元，同比增长8.9%；农村居民人均可支配收入达7339元，同比增长10.4%。

工业 2014年，绛县规模以上工业增加值29.33亿元，同比增长14.83%。安峪工业园区冶金发电集群共实施明迈特年产70万吨镍铬铁合金、天润风电、大唐安峪热电厂等11个集群项目，总投资96.8亿元，产业集群成为绛县工业发展的主要引擎。绛侯机场场址通过民航华北管理局、省市发改委等部门的联合评审，空域批复报送至北空司令部和总参。新增规模以上工业企业1家，亿元以上"小巨人"企业1家，孵化小微企业145户。

农业 2014年，绛县流转土地0.65万公顷，占家庭承包总面积的24.5%。各类专业合作社累计达730个。新增市级以上龙头企业3家，达15家。家庭农场发展到19个。"一村一品"专业村和示范村达65个。培植山楂0.667万公顷，大樱桃0.11万公顷，苗木0.33万公顷，中药材0.33万公顷，新发展干果经济林0.11万公顷。实施"小农水"重点县工程，水浇地面积达1.54万公顷。粮食总产量1.76亿公斤。

城乡建设 2014年，绛县启动绛山东街、环城南路、健康南路、广场西路北段、和平路中段5条市政道路以及一批商业综合体建设。建成9处小游园、10块绿地、6座高标准公厕。完成绿化面积4.5万平方米。建成人武部新办公楼和消防站。完成卫庄镇斜曲旅游风景区总体规划。投资524万元，完成故绛、横水两个乡镇10个村的连片示范区建设。

生态建设 2014年，绛县完成造林0.26万公顷、通道绿化132千米，森林覆盖率达34.8%。取缔废旧塑料加工厂42家，拆除土炼油、炼铅、炼镁厂4家，关停小化工、小水泥厂2家。加大涑水河监管整治力度，清理垃圾3.61万立方米。完成10个村的农村环境连片综合整治。加强水源地保护，城镇集中式饮用水水源地水质达标率100%。建成并启动PM2.5监测。全县空气质量二级以上天数达343天。

文化旅游 2014年，绛县举办第三届消夏文化周、樱桃采摘节等一批群众性文化活动。民俗舞蹈《闹花灯》获运城市第二届"菊花奖"金奖，被山西省文化厅推荐角逐国家"群星奖"。全年送戏、送电影下乡3065场。在太原举办民间书画展。完成10处国保单位的文物修缮编制工作，对2个碑亭和22通石碑进行集中保护，完成太阴寺修缮工作。建成绛北大峡谷一期、东华山滑雪滑草场两个标杆性项目。全年实现旅游总收入4.12亿元，同比增长26%。

教育科技 2014年，绛县各单位共退回17名借调教师；高中教育和一线教师奖励"两个一百万"专项扶持资金全部兑现；县人大教育基金会拿出30万元对60名农村一线优秀教师进行奖励；126名教师和校长进行轮岗交流。启动文教园区前期准备工作。申报发明专利2件。

医疗卫生 2014年，绛县完成原国营541电厂职工医院整体移交地方工作。为全县11名先天性心脏病患者实施免费手术。绛县获市"人口计生工作先进县""食品药品工作先进县"称号。

社会保障 2014年，绛县城镇居民基本医保和新型农村合作医疗保险年人均财政补助标准由280元提高到320元。城乡最低生活保障标准，每人每月分别提高到370元、197元。企业退休人员养老金提高10%。为123名残疾人开展康复救助。开工建设各类保障性住房301套，建成179套。实施农村劳动力技能培训2966人，城镇失业人员再培训1562人，转移农村劳动力6870人。改造农村危房1543户；新改建农村幼儿园3所；异地搬迁农村贫困人口1081人；实施53个村的乡村清洁工程，发放65辆垃圾清运车；培育新型职业农民528人。对全县101名参加过抗日战争、解放战争和抗美援朝的老兵，县财政给予补助。

平安建设 2014年，绛县城区新增、更换1220个天眼工程监控探头。解决房地产企业拖欠农民工工资1223万元。对1358家工矿商贸企业开展集中整治,关闭取缔非法经营企业16家。绛县获运城市"社会治安综合整治先进县"称号。（刘 超）

·垣曲县·

中共县委书记　史　凯
县人大常委会主任　刘社院
县　　长　杨彦康
县政协主席　赵恒坚

【简述】 垣曲县位于北纬34°59′~35°26′,东经111°30′~112°05′,总面积1620平方千米,下辖5镇6乡,188个行政村。年末常住人口为236619人,比上年末增加1485人。其中,城镇人口110222人,乡村人口126397人。全年全县出生人口2864人,人口出生率为12.14‰,出生人口男女性别比为103:100;死亡人口1379人,死亡率为5.85‰,自然增长率为6.3‰。城镇化率为46.58%。

2014年,垣曲县地区生产总值完成477443万元,增长11.2%。其中,第一产业完成增加值39262万元,增长5.0%;第二产业完成增加值249448万元,同比增长16.3%;第三产业完成增加值188733万元,增长7.1%。人均地区生产总值达20241元。财政总收入完成46801万元,增长39.39%,公共财政预算收入20697万元,增长44.38%。公共财政预算支出142495万元,增长13.87%。城镇居民人均可支配收入达20266元,同比增长8.7%;全县农村居民人均可支配收入达5342元,同比增长10.8%。城镇居民人均消费支出11721元,同比增长19.26%;农民人均生活消费支出5199元,同比增长10.78%。

农业 2014年,垣曲县农林牧渔业总产值完成87403.6万元,增长6.1%。其中农业产值完成46403万元,同比增长7.33%;林业产值完成7877.9万元,同比增长11.77%;牧业产值完成25297.9万元,同比增长3.02%;渔业产值完成1924.8万元,同比增长0.21%;农林牧渔服务业完成产值5900万元,同比增长5.17%。农作物总播种面积456540亩,下降3.21%。其中粮食作物面积406581亩,下降3.16%。在粮食作物种植面积中,小麦种植面积237945亩,增长1.05%,秋粮播种面积153231亩,下降16.9%。秋粮中高产作物玉米的种植面积达到143691亩,下降11.95%。粮食总产量91769.8吨,比上年增长4.19%。其中,夏粮产量47633.8吨,增长15.29%,秋粮产量44136吨,同比下降5.61%。秋粮中,玉米产量36943吨,下降15.72%。肉类总产量8292吨,下降23.9%,其中猪肉产量5865吨,奶类产量236吨,禽蛋产量2670吨。

2014年,垣曲县完成造林面积2500公顷,下降38.32%。其中人工造林面积2033.3公顷,折3.05万亩,下降39.97%;封山育林466.7公顷,折7000亩,下降29.92%。全县农用耕地面积18670.7万顷,折28.01万亩,与上年持平。

工业 2014年,垣曲县规模以上工业企业14家,完成工业总产值630988.91万元,增长34.77%;完成工业增加值227658.2万元,增长20.24%;实现销售产值337592.55万元,增长34.16%。工业产品销售率53.5%。全县规模以上工业企业实现主营业务收入448821.5万元,增长10.78%,实现利润-382.5万元,下降104.48%,实现利税14241万元,下降43.11%。

投资贸易 2014年,垣曲县固定资产投资完成520300万元,增长27.9%。其中,项目投资477004万元,增长26.9%;房地产投资43296万元,增长39.2%。全年推进项目共92个,其中上年结转项目26个,新开工项目66个。年底完工81个。在全社会固定资产投资中,第一产业投资130221万元,增长147.5%;第二产业投资152762万元,下降16.7%;第三产业投资237317万元,增长38.9%。

社会消费品零售额完成207234.3万元,增长15.5%。其中,城镇消费品零售额162777.7万元,增长15.92%;乡村消费品零售额44456.6万元,增长13.98%。居民消费价格上涨1.9%。

交通邮电旅游 2014年,垣曲县各种运输方式完成客运量116.2万人,下降4.75%,货运量271.6万吨,增长22.07%。全社会旅客周转量6000万人千米,下降20.11%,货物周转量33864万吨千米,增长23.32%。截至2014年底,全县公路通车里程999.43千米,增长1.24%。公路密度61.69千米/百平方千米,增长2.82%。

全年全县邮政业务总量完成11873万元,增长5.26%。其中邮政业务总量1501.6万元,增长4.82%;电信业务总量10371万元,增长5.32%。全县移动电话用户171134户,同比增长0.03%。固定电话用户20520户,同比下降23.72%。互联网用户达29941户,同比增长6.7%,全县邮政所13所,邮路总长度169千米。

2014年,垣曲县旅游景区、景点共接待外地游客16.7万人次,同比增长22.79%。直接收入680万元,同比增长63.46%;相关产业收入9900余万元,同比增长7.61%。2014年,垣曲县成功举办第三届"山西垣曲梅花石推介会",获"山西省梅花石之乡"称号。历山景区入围2014年"美丽中国"十佳度假区和全国首批优选旅游项目库。

金融保险 2014年,垣曲县金融机构各项存款余额达到741768万元,增长5.65%。其中,单位存款181071万元,下降0.82%;个人存款548757万元,增长10.47%;财政性存款11641万元,下降48.68%;临时性存款300万元,增长150%。在个人贷款中,城乡居民储蓄存款545914万元,增长10.31%。各项贷款余额274399万元,同比增长0.5%。其中短期贷款154051万元,下降6.44%;中长期贷款105562万元,同比增长17.9%。票据融资14785万元,同比下降21.56%。保费收入22721.06万元,下降6.01%。其中,财产险保费收入6204.27万元;车险收入3448.82万元;人寿险保费收入13067.97万元,增长0.19%。支付各类赔款及给付4114.72万元,下降23.11%,其中财产险赔款3006.22万元,增长34.94%,人寿险赔款及给付1108.5万元,下降64.51%。

社会事业 2014年,垣曲县各

级各类学校共93所，其中幼儿园32所，小学48所，初级中学9所，高级中学3所，聋哑人学校1所。各级学校中，在校学生数23793人，下降6.39%，毕业生数6661人，下降27.57%，教师数3003人，下降5.27%。普通中学在校学生数12898人，普通中学教师数1305人；小学在校学生数10826人，小学教师数1431人。

全县共有卫生机构(含村卫生所和个体诊所)354个，每千人拥有医生6.77人，每千人拥有床位6.47张。新型农村合作医疗参合率99.7%。

2014年10月，电视连续剧《我的土地我的家》获第十三届全国精神文明建设"五个一工程"优秀作品奖，同时获中国电视金鹰奖优秀电视剧二等奖。

社会保障 2014年，垣曲县城镇基本社会保险参保率达98.98%，城镇登记失业率1.84%，农村劳动力转移就业人数占乡村劳动力比重的6.56%，城镇新增就业人数为4749人。

(王建民)

·夏 县·

中共县委书记	葛作民
县人大常委会主任	黄保龙
县长	葛作民
县政协主席	田成贵

【简述】 夏县位于北纬34°35′~35°59′，东经110°02′~110°41′，总面积1352.6平方千米，下辖6镇5乡。

2014年，夏县地区生产总值完成44.9亿元，增长6.7%。规模以上工业增加值达5.2亿元，增长14.7%；固定资产投资54.4亿元，增长29.6%；财政总收入完成2.2亿元，增长17.1%；公共财政预算收入1.2亿元，增长18.7%；社会消费品零售总额23亿元，增长14.8%。城镇居民人均可支配收入达20104元，增长8.1%；农村居民人均可支配收入达5979元，增长11.9%。

"三农"工作 2014年，夏县粮食总产28.6万吨，蔬菜种植面积20.8万亩，水果10.9万亩，中药材7.1万亩，干果经济林13.5万亩；拥有"一村一品"专业村87个，各类农民专业合作社751家，家庭农场419家；新增流转土地5.3万亩，累计达到14万亩；扶持农副产品加工龙头企业19家，全年销售收入8.9亿元，其中5家企业参与"百企千村产业扶贫工程"，21个贫困村1500户贫困群众受益。完成两林富民工程1.42万亩，两山造林工程9000亩，两网绿化工程4600亩。寨里河小流域综合治理工程、坡底小流域综合治理工程、农业综合开发水保项目和南郭坝滩联合整治工程全面完工；农村饮水工程完工，解决5个乡镇，4个自然村，2390人和800名师生的饮水安全问题；高效节水重点县年度建设工程完成面积2.1万亩。完成农田灌溉面积35.3万亩，水土流失治理面积3万亩。

项目建设 2014年，夏县对水头工业园区范围内实施道路、供电、供水、排水、天然气、网络、有线电视等实施"七通一平"，发展农副产品加工和装备制造产业集群。园区入驻企业25家，总资产35亿元，从业人员2200余人。威龙机车一期、晋星牧业颗粒饲料等项目建成投产。引进润恒冷链物流、彩虹汽贸、安瑞风机、味益食品、常运动力柴油机生产线、翔天钢铁公司复产改造、佳能达华禹新版GMP异地改造、格瑞特酒业现代农业生态园、天润风电场等13个项目。

城乡建设 2014年，夏县完成东风街改造、解放路改造工程、新建路改造、育英巷、六门巷、火神庙巷道路硬化工程、禹王大道改造工程、西南环路基建设工程、滨河西路二期绿化亮化工程、五里桥至庙前亮化工程、康杰路道路北延段亮化工程。康杰路南延段道路建设工程主机动车道和西侧非机动车道沥青路完工。西北环北延直通晋新药厂道路工程完成电力管沟工程。林荫路东延至康杰路道路工程完成前期准备工作，开工建设。完成大辛益民村道路建设工程征地拆迁补偿工作。完成小吕、李家峪、李家坪、沙岭、马蹄古垛、牛家凹、祁家河、尉郭及环乡路、泗交循环路、埝掌至崔家河、大庙至沙岭、周村至李家坪等72千米农村公路改建工程。林区棚户区5套主体完成。安居小区102套公共租赁房主体完成；城市棚户区安置房建成125套，其中祥瑞佳苑89套，涑水佳苑36套。实施农村危房改造1500户。小吕、司马、东张、胡张幼儿园4所幼儿园改造工程竣工。新增埝掌、庙前张郭店、胡张上晁、禹王郭里等4所附设幼儿园。在易地搬迁上，北坡、枣庙村2个行政村9个自然村共计49户198人易地搬迁至埝掌镇埝掌村；祁家河乡祁家坡、七泉、庙坪等9个行政村20个自然村80户308人易地搬迁至瑶峰镇赤峪村。

生态建设 2014年，夏县淘汰关闭夏县尉郭庆海造纸厂、夏县格非玻纤有限公司、山西冠宇化学有限公司和山西麦格镁制品有限公司落后产能。实施大气污染防治行动计划，淘汰燃煤锅炉10台，整治扬尘污染企业2家，更新出租车68辆，其中使用天然气的9辆、使用甲醇的59辆。

文化旅游 2014年，夏县完成文庙大成殿修缮保护工程。完成珍禽养殖区、垂钓休闲区、食用菌大棚、农家采摘区建设任务；泗交青松岭滑雪、滑草项目完成投资1500余万元，新建雪具大厅、接待大厅及停车场。全年共接待游客128万人次，旅游总收入9.65亿元。

民生事业 2014年，夏县完成职业中学综合实训楼建设工程，特殊教育学校新建工程完工并投入使用。推进校长和教师交流工作，全年共交流校长21人次、教师158人次。裴介、尉郭、埝掌3所卫生院业务楼和28个行政村卫生室建设工程全部竣工。推进乡村清洁工程，发放垃圾清运车90辆。

社会保障 2014年，夏县有城市低保2921户4435人，保障线为家庭月人均收入低于390元；共有农村低保9126户12595人，保障线为家庭年人均收入低于2364元。城市低保标准每人每月提高25元，达到人月均268元；农村低保标准每人每月提高22元，达到人月均156元。新型农村合作医疗保险参保299624人。

全县共有农村五保对象806户809人，其中，集中供养45人，分散供养764人。集中供养由每人每年3000元提高到4200元；分散供养由每人每年2100元提高到2800元。以城镇新增就业工作为重点，全县全年城镇新增就业3807人，城镇失业人员再就业801人，成建制转移农村劳动力5261人。创业就业820人，帮助困难群体就业291人。实行新型职业农民培训，完成各类农民培训9700人。

（任巧杰　古艳梅）

·平陆县·

中共县委书记　郭　宏
县人大常委会主任　禹桂香
县　　　长　李　旸
县政协主席　赵旭光

【简述】 平陆县位于北纬34°41′~35°00′，东经110°52′~111°37′，总面积1173.5平方千米，下辖6镇4乡，1个茅津经济开发区，228个村民委员会，4个居民委员会。总户数98373户，248263人，其中男127036人，女121227人；非农业人口34229人。年内全县出生2885人，死亡1973人。人口自然增长率4.8‰。

2014年，平陆县地区生产总值完成34.5亿元，增长7%。规模以上工业增加值完成7.7亿元，增长14.2%；社会消费品零售总额完成23.7亿元，增长14.6%；外贸进出口总额完成6787万美元，增长11.9%。财政总收入完成31245万元，增长43.4%，首次突破3亿元大关；公共财政预算收入完成18194万元，增长59.5%；固定资产投资完成57.5亿元，增长39.6%。城镇居民人均可支配收入达18352元，增长9.4%；农村居民人均可支配收入达5365元，增长12.4%。

“三农”工作　2014年，平陆县粮食总产量达1.15亿公斤。开展土地流转工作，设立县、乡两级土地流转服务大厅，建立县、乡、村三级土地承包纠纷调解仲裁机构。引导农民依法、自愿、有偿流转土地11.9万亩，50亩以上规模经营户66户。规范经纪人和农民专业合作社管理，全县合作社累计达654个。改善农业基础设施，推进土地整理和水利设施建设等项目，整理土地4098亩，建设各类水利工程35处，新增灌溉面积4000亩、改善水地3万亩，治理水土流失面积2万亩，完成坡改梯7500亩。完成移民后期扶持项目94处，改善移民群众的生产生活条件。开展农业产业项目建设，年产5000吨果酱果汁生产线项目建成投产；整村推进项目完成投资1819万元，铺设管道1.7万米，建设蔬菜大棚40座，栽植双季槐4931亩；“一县一业”基地县建设项目通过验收；县财政投入600万元扶持果业产业发展，间伐改造老果园5.4万亩，建成优质果品基地2万亩，出口苹果1.6万吨，创汇1800万美元；；新建人畜分离养殖示范小区10个；烟叶总产量3.04万担，产值2959万元。

项目建设　2014年，平陆县金融支持重点项目建设和小微企业发展资金达2.6亿元。35个重点项目中，6个项目投产或投入使用，24个项目完成年度计划，5个储备项目开展前期准备工作。全年共完成投资55.9亿元，占市下达任务43.2亿元的129.4%。

城乡建设　2014年，平陆县城镇化率提高1.63个百分点。依托复晟氧化铝项目和黄河金三角平陆大天鹅生态经济示范区项目，完成“一城两集群”的总体规划及县城排涝、部官总体规划，建设“锦江社区”和“白天鹅社区”。锦江社区完成社区场地平整140亩。黄河金三角平陆大天鹅生态经济示范区项目完成投资3.1亿元，流转土地和水域面积5000亩，修筑栈道2000米，景区大门、广场铺装、二号观景台、防洪大堤等工程基本建成。城市道路建设项目开工4条，N号路东扩和向阳街西扩（太阳路至古虞路段）等建成通车。保障性住房完成投资1.7亿元，实际开工1055套，建成963套，向阳小区安置房建成并分配。

环境建设　2014年，平陆县天然气加气站、圣人市场、垃圾填埋场投入运营。造林绿化4.5万亩，发展干果经济林7000亩。开展节能减排，投入大气污染治理资金9705万元。空气质量二级以上优良天数达332天。

社会事业　2014年，平陆县改扩建农村幼儿园5所，开展易地扶贫搬迁项目建设，建成移民住宅楼5栋，移民搬迁房44座，1639户农村困难群众享受农村危房改造补助资金2000余万元，培育新型职业农民650名。招聘特岗教师78名；投资700余万元，实现中小学多媒体教学系统“班班通”。推进公立医疗机构改革，完善基本药物制度，全县新型农村合作医疗保险参合20.5万人，参合率达99.95%。

社会保障　2014年，平陆县养老、医疗、失业、工伤、生育等各项社会保险参保总人数达24.7万人，基金征缴1.2亿元，支付待遇1.8亿元，发放社会保障卡16.6万张，就业和社会保障服务中心项目基本建成。公开招聘事业单位工作人员89人。足额发放城乡低保金7073.3万元。提高五保供养标准，为1645名五保对象发放供养金545.7万元。新建老年日间照料中心30个，全县累计建成162个，保障4600多名老年人的生活。职业技能培训完成4060人，转移农村劳动力5612人，城镇新增就业3962人，城镇登记失业率为1.95%。　（杨卯翠）

【影片《一片树叶的情义》开拍】 2014年10月21日，故事片《一片树叶的情义》（暂定名），在平陆县张店镇开机拍摄，由山西电影制片厂等多家单位联名摄制，张乔珍制片，梁斌执导，王韦智主演。电影主人公的生活原型为平陆县国营林场云盖寺瞭望台护林员荆保山。荆保山，1970年参军入伍，在海拔5000米的唐古拉山哨所值守岗位17年，其间两次荣立个人三等功，多次受到嘉奖。1987年转业后，主动放弃到县城工作的机会，到海拔在1460米的国营林场云盖寺瞭望台工作，独自守望10万亩油松林，连续工作27年。荆保山的精神和事迹引起全国各地的关注。2010年、2011年荣获“全国五一劳动奖

章”,2011年被授予全国优秀共产党员荣誉称号,2013年获全国道德模范提名奖。 (杨卯翠)

·芮城县·

中共县委书记 董旭光
县人大常委会主任 胡金虎
县 长 贾国平
县政协主席 余妙珍

【简述】 芮城县位于北纬34°35′~34°50′,东经110°14′~110°57′,总面积1175.55平方千米,下辖7镇3乡,1个城镇居民管理委员会,1个省级经济开发区。172个建制村(其中风陵渡经济开发区辖11个建制村),721个自然村(其中风陵渡经济开发区辖21个自然村),8个城镇社区(其中县城7个,风陵渡镇1个)。全县总人口404402人,其中城镇人口183259人,乡村人口221143人。

2014年,芮城县地区生产总值完成76.19亿元,增长6.9%。财政总收入(含风陵渡经济开发区)完成6.68亿元,增长30.3%。公共财政预算收入(含风陵渡经济开发区)完成2.36亿元,增长26.8%;固定资产投资总额(含风陵渡经济开发区)完成69.79亿元,增长35.4%。社会消费品零售总额完成27.97亿元,增长15.6%;外贸进出口总额完成351万美元。城镇居民人均可支配收入达22807元,增长8.8%;农村居民人均可支配收入达8605元,增长11.6%。

“三农”工作 2014年,芮城县引黄灌溉面积完成2.91万公顷。粮食总产量达3.286亿公斤。全年流转土地0.93万公顷。发展“一村一品”专业村22个,发展设施蔬菜226公顷、核桃经济林0.104万公顷、红枣丰产管理示范园200公顷,发展苹果标准化示范园200公顷、核心示范园20公顷。“芮城苹果”商标获批;“芮城芦笋”获得国家农产品地理标志登记;芮城花椒品质提升,芮城县被命名为“中国花椒之乡”。推进温氏百万头生猪养殖一体化项目建设,全县规模农产品加工企业达23家。“芮城在线”“芮城农特产网”正式上线,农产品网上交易达30万公斤,芮城县获全省“农产品电子商务示范推进重点县”称号。编制完成《芮城县现代化发展与项目规划》。

工业 2014年,芮城县规模以上工业增加值完成14.8亿元,同比增长11.1%。实施医药产业集群项目12个,总投资30.3亿元,完成投资10.1亿元。经济开发区园区入驻企业30家,其中现代医药产业相关企业18家;园区工业总产值30亿元,增长74.7%;产业集群工业总产值20.2亿元,增长124%,占园区工业总产值的67%。

中小微企业 2014年,芮城县启动中小微企业创业孵化基地建设,全年培育规模以上企业3家、小巨人企业1个、孵化小微企业156个。全年招商引资落地项目24个,到位资金32.4亿元。“双十工程”和38个重点项目完成37个,21个跨年度项目推进后续工程建设。

城乡建设 2014年,芮城县编制完成《芮城县县城控制性详细规划》《芮城县县域排水专项规划》等6个规划;实施总投资29.4亿元的9项市政重点工程;完成9条城市道路改造、给排水和量化工程。城隍庙、寿圣寺周边拆迁工作40天完成586户拆迁任务。改造县乡道路17.7千米,硬化村级道路30千米。完成一级路连接线通道绿化工程,中条山隧道工程全线贯通,运宝黄河大桥开工建设。

生态建设 2014年,芮城县新增造林面积2146.67公顷,林木覆盖率由上年的43%提升到44.8%,增加1.8个百分点。完成县城北环路、新建街、工业北街等7条道路绿化工程,城市新增绿化面积38.27万平方米,人均公园绿地面积10.52平方米,绿化覆盖率达39.1%。新发展燃气用户5000户,城市天然气普及率达60%。完成134个园林村绿化任务。风陵渡、大王、阳城、南卫、陌南5个乡镇通过国家级生态乡镇验收,10个乡镇全部建成省级生态乡镇。建成1个省级生态村;2个市级生态村。古魏镇汉渡村获“山西省最美旅游村”称号。全县176家燃煤锅炉中169家整治到位。空气质量二级以上天数达349天,其中一级天数44天,综合污染指数1.62。

文化旅游 2014年,芮城县在北京召开“山西芮城永乐宫壁画临摹研究基地筹备座谈会”。举办山西(芮城)永乐宫第七届书画艺术节、“生态旅游,美食芮城”特色小吃展和导游大赛。完成清凉寺、文庙、文博馆文物保护工程;线腔和永乐桃木雕刻获批国家非物质文化遗产。全年接待游客274.4万人,增长14%;文化旅游相关收入达20.2亿元,增长18%。

民生建设 2014年,芮城县财政用于民生方面的支出达16.04亿元,占财政总支出的78.8%,比上年提高8.6个百分点。十件民生实事完成5件,5件跨年度项目持续推进。建成各类保障房962套,改造家庭危房1778户,改造农村幼儿园3所,异地搬迁困难群众256户1000人,培育新型职业农民880人;城镇登记失业率为2.16%。建成农村社区日间照料中心30个。全年送戏下乡72村212场,放映电影2216场。 (董莹芳)

·永济市·

中共市委书记 陈 杰
市人大常委会主任 杨文宇
市 长 廉广锋
市政协主席 袁宏轩

【简述】 永济市位于北纬34°44′~35°04′,东经110°15′~110°45′,总面积1208平方千米,下辖7镇,3个街道,265个行政村,23个社区,400个自然村。年末全市总户数144097户,总人口454407人。总人口中,男性230572人,女性223835人;城镇人口216337人,乡村人口238070人,城镇化率为47.61%。出生人口5397人,死亡人口3544人,出生率11.90‰,死亡率7.82‰,人口自增率4.08‰。

2014年,永济市地区生产总值完成134亿元,增长9.8%。规模以上工业增加值44.8亿元,增长20.1%;固定资产投资101.6亿元,增长24.4%;财政总收入8.49亿元,增长24.2%,绝对额增加1.65亿元;公共财政预算收入3.28亿元,增长9.6%;社会消费品零售总额50.4亿元,增长14.2%。城镇居民人均可支配收入达23135元,增长9.3%;农村居民人均可支配收入达10205元,增长11.8%。

“三农”工作 2014年,永济市农作物种植面积123.1万亩,下降6.9%。其中粮食面积110万亩,下降7.8%;棉花面积4.7万亩,下降7.8%;蔬菜面积4.2万亩,基本持平;瓜类面积3.1万亩,增长19%。粮食总产量4.48亿公斤,减少584.2万公斤,下降1.3%;其中夏粮总产量2.08亿公斤,比上年增加1240.7万公斤,增长6.3%;秋粮总产量2.4亿公斤,比上年减少1824.8万公斤,下降7.1%;粮食作物亩产408公斤,增长7.1%。棉花总产量370万公斤,下降9.8%;亩产77.6公斤,下降3%。蔬菜总产量8800万公斤,增长8.6%。肉类总产量2123.8万公斤,比上年增长1.6%。其中猪牛羊肉产量1291.4万公斤,比上年增长6.8%,禽肉产量932.4万公斤,比上年增长5.7%,禽蛋产量916.7万公斤,比上年增长15.4%。年末牛存栏4682头,猪存栏105069头,羊存栏59238只,家禽存栏296万只。鱼类总产量1452.2万公斤,同比增长6.7%。流转土地6.5万亩;新增蔬菜1.47万亩、水果1.98万亩、干果2.8万亩、片林2000余亩,新增肉鸡出栏1500万只;新源农业、农晟果品等现代农业、长荣现代循环农业基地、城西城东大葱基地、开张卿头大棚红枣基地、虞乡绿凤花卉苗木基地等特色规模种养殖基地发展壮大;长荣公司小麦种植、生猪养殖被确定为国家级农业标准化示范区;新通源花卉饮料加工、粟海集团生物有机肥等16个农产品加工项目实施。长荣农业科技开发有限公司开展股份改制及新三板上市工作。推进农村电子商务系统建设。

项目建设 2014年,永济市铝深加工、机电制造、农副产品加工三大产业集群企业达121个,实施项目36个,实现工业总产值236.71亿元,同比增长15.23%。三大集群中,铝深加工产业集群实施项目11个,落地资金61.73亿元,完成投资12.36亿元。全市76个重点项目,25个项目竣工。外出招商80余次,签约项目40个。东方华贸3万吨铝型材、海丰铝业3000吨工业型材、粟海集团30万吨中式营养快餐一期、康意制药8亿支注射剂、莘丰鹿业鹿茸加工等项目建成投产,2×35万千瓦电厂项目推进基础设施建设,阳煤化工集团重型装备制造项目启动前期准备工作。

城乡建设 2014年,永济市实施文化中心、名吃步行街、中山街加气站、舜帝山健身馆、上跨南同蒲公铁立交桥、高铁通站路、高铁永济北站站房及站前广场等基础设施建设项目。舜帝山森林公园完成西扩及园区内的道路、古建、小广场等后续工程建设。涑水河滨河公园建设工程竣工,滨河街建成通车,大小园路实现贯通,污水引入地下导流管网。

环境建设 2014年,永济市实施舜帝山荒山治理等六大造林工程,全年完成各类造林面积2.38万亩,林木覆盖率35.3%,森林覆盖率24.4%。二级以上天数达345天。启动实施乡村清洁工程,全市所有农村均设有垃圾场,配备保洁人员,建立常态化机制。

文化旅游 2014年,永济市共接待游客508万人次,同比增长20.1%;门票收入4300万元,同比增长23%。举办五老峰登山节、普救寺爱情文化节、鹳雀楼诗歌文化节等旅游文化节庆活动。雪花山水上大世界、五老峰滑雪场一期、五老峰游客服务区一期等项目建成投入运营。扁鹊庙、董村戏台等文物抢救性维修工程全面竣工。蒲州故城北城墙东段修复等项目推进基建工程建设。神潭大峡谷水峪口古村建成运城地区特色小吃规模集聚区。“永济号”(永济到北京、永济到太原)高速列车开通。舜帝山森林公园西扩工程完工,舜帝山森林公园与神潭大峡谷景区连为一体。

社会事业 2014年,永济市完成城乡卫生服务能力提升、计生家庭奖励扶助、农村饮水安全、乡镇农技推广站、农业保险等“十件民生实事”。高考达线率居运城市第一,通过国家义务教育发展基本均衡县认定,争取补助资金8888万元;完成基层医改和县级公立医院改革,达到乡镇卫生院人员工资100%发放,县级公立医院人员基本工资财政承担70%;推行基药配送和药品零差率销售,改变以药养医局面。

社会保障 2014年,永济市各项社会保险参保人数达到49.8万人次。新增城市集中供热面积60万平方米,低收入农户“户均一吨煤”及时发放。全市“天眼工程”监控探头总数达到13530个,实现视频监控无盲点,在农村地区新安装1118个高清探头。

灾害 2014年7月2日20时45分至21时,永济市栲栳镇北苏村突遭暴风雨和冰雹侵袭,造成粮食作物受灾面积1900亩,直接经济损失89万元;核桃、苹果等经济作物受灾面积900亩,直接经济损失27万元;树木损失150棵,直接经济损失3万元。7月19日14时10分至15时,永济市出现大风、暴雨、冰雹天气。瞬时最大风速达到10级,小时降水量达37.3毫米,冰雹持续10分钟。全市5个镇(街道)不同程度受灾,受灾人口达1.5万人,农作物受灾面积7360亩,成灾面积2100亩,损坏房屋308间,刮倒电线杆11根,倒塌院墙315米。 (牛玉芳)

【大西高铁永济北站运行】 2014年7月1日,永济北站投入运营。北站总占地88亩,位于永济市张营镇丰乐庄村,2010年3月开工建设,站内主要建有站房、站前广场、高铁商贸区等。年内开往太原方向的车次达8列,开往西安方向的车次达7列。

(牛玉芳)

·河津市·

中共市委书记　胡　宝
市人大常委会主任　崔会民
市　　长　杜中伟

市政协主席　王锡义

【简述】 河津市位于北纬35°28′~35°47′,东经110°32′~110°50′,总面积593平方千米,下辖2镇5乡,2个街道办事处,148个行政村。年末常住人口40.53万人,城镇化率51.8%。

2014年,河津市地区生产总值完成188.8亿元。公共财政预算收入完成7.15亿元;固定资产投资完成148.6亿元;社会消费品零售总额完成73亿元。城镇居民人均可支配收入达22737元,农村居民人均可支配收入达10686元。

工业　2014年,河津市工业增加值完成98.7亿元,以铝深加工和煤化工两大产业集群为重点,开展集群化招商,促成西航铝业山西分公司、津华晖星与西南医院脑伤泰新药、中大海圣矿用品等项目落地,其中铝深加工产业集群引进项目14个,总投资36.6亿元,完成投资11.2亿元;煤化工产业集群引进项目13个,总投资50.35亿元,完成投资10.4亿元。推进百万吨铝循环产业基地建设,省发改委核准下发华泽铝电低热值煤发电项目路条。发展新兴产业,全年完成投资47亿元,同比增长30%。推进集群园区化发展,投资1.2亿元,完成两大园区天然气管网、骨干道路绿化、变电站等工程。引导金融机构加大实体经济和项目建设支持力度,全年新增贷款17.63亿元,解决项目用地1250亩,完成西庄110千伏输变电工程,促成河津电厂和华泽铝电、中铝山西分公司、宏达集团开展电力直供和多边交易。全市建成远东5万吨薄水铝石等28个项目;推进华泽35万吨电解铝节能技改等32个项目;在建汾河防洪二期等20个前期项目。

“三农”工作　2014年,河津市按照“土地规模化、组织企业化、技术现代化、经营市场化”的理念,实施农业产业化推进工程,流转土地6.2万亩,发展农民专业合作社93家、一村一品专业村15个、现代农业示范园3个、运城市级以上龙头企业3家,建设干果经济林1万亩、高标准农田1万亩,全年粮食总产1.81亿公斤,增长1.2%。加强农田水利建设,城区阳村高效管灌、瓜峪河道治理等项目建成投用。推进农村人居环境改善,完成2900人饮水安全、1520人易地搬迁、赵家庄环境连片整治等民生工程。

城乡建设　2014年,河津市按照“大城区、小城镇、中心村”三位一体发展理念,编制《城市总体规划》《中心城市控制性详规》等6个专项规划,建成九龙大街、紫金街北延、耿都大道、莲池南路、馨苑东街、城市客运站等工程。围绕“产业集聚区、城镇新区、特色风貌整治街、宜居新社区”等重点,加快僧楼、樊村小城镇建设。引导城郊型、厂郊型农村发展楼宇式住宅,共建成214栋、总面积103万平方米。加快宜居城市建设,完善公共设施,加强城市绿化,倡导文明新风,引领运城市大县城建设就地城镇化发展新模式。

环境建设　2014年,河津市推进“5133”大城镇绿化工程,完成九龙大街、汾滨南街、高禖庙和薛仁贵景区绿化,提升改造108国道城区段等12条主干道路,绿化村庄40个、企业5个,植树造林3.4万亩。落实国务院关于大气污染防治10条措施要求,开展集中整治环境违法行为专项行动,减排二氧化硫3150吨、氮氧化物9860吨、烟粉尘3020吨。全市空气质量二级以上天数达304天。城市建成区面积24.6平方千米,城区清洁燃料使用率94%,垃圾无害化处理率90%,城市污水处理率91%,城市绿化覆盖率35.8%。

社会事业　2014年,河津市投资3000余万元,为农村中小学配备教学仪器和高标准信息技术教室,完成3所农村幼儿园改扩建工程。推进医药卫生体制改革,5家市直医疗机构、17家基层医疗机构、157家村级卫生室全部实行基本药物制度,所有药品实行零差率销售。城镇失业人员再就业培训1200人,农村劳动力技能培训2000人。推进保障性住房建设,开工建设限价商品房450套,改造农村困难群众危房800余户。推进山区群众安居工程,完成大小丁家湾新村、下院新村二期、半坡和上岭移民扶贫工程。

社会管理　2014年,河津市开展“一月一行业”专项整治、安全生产大检查和“六打六治”等专项行动,推进平安乡村和企业安全生产标准化建设,全市安全生产形势好转。加强社会治安综合治理,开展侦破命案、打黑除恶、严打整治等专项行动,推进城乡网格化管理,实现“天眼”工程全覆盖。完成第十届村委会换届选举。加大信访矛盾排查化解力度,接待群众来信来访183批,办结132批,案件到期办结率96.5%。组织法院、信访、人社等部门,及时介入民间借贷、劳资纠纷等突出问题,利用法律手段化解矛盾,维护和谐稳定。

(高创奇　柴　欣)

忻州市

中共市委书记　董洪运
副书记　郑连生
　　　　张晓峰
市人大常委会主任　秦新年
副主任　刘银和
　　　　樊惠杰(女)
　　　　李树东
　　　　王炳升
　　　　张志哲
　　　　罗荣华
市长　郑连生
副市长　董一兵　王士桦
　　　　王月娥(女)　张建平
　　　　武宪堂
市政协主席　张明成
副主席　李永胜　谌长瑞*
　　　　王庆荣　高志伟
　　　　李效玲(女)　贾玉文
　　　　杜永进　张高栋

【概述】 忻州市位于北纬38°09′~39°40′,111°09′~113°58′,总面积25472平方千米,下辖1区12县,1个县级市,126个乡,59个镇,6个街道办事处,4888个行政村。常住人口为312.85万人,其中农村173.13万人,城镇139.72万人;男性161.80万人,女性151.04万人。

2014年,忻州市地区生产总值完成680.3亿元,同比增长5.4%,新兴产业投资占工业投资比重达到56.57%。全社会固定资产投资965.4亿元，同比增长18.4%；社会消费品零售总额275.1亿元，同比增长11.8%；外贸进出口总额20799万美元，同比增长5.3%；公共财政预算收入80.8亿元，同比增长9.6%。城镇居民人均可支配收入达21735元，同比增长8.6%，农村居民人均可支配收入达6104元，同比增长11.2%；居民消费价格涨幅1.9%，城镇登记失业率3.29%。

“三农”工作 2014年，忻州市粮食总产量达17.7亿公斤。实施“四化五进”。坚持特色化、品牌化、规模化、市场化理念和主食化、副食化、礼品化、原料化方向，推动农副产品进城镇超市、进旅游景区、进贸易物流、进电商网购、进工业领域，全市农产品加工销售收入增长15%。忻州市获“中国杂粮之都”称号，神池县获“中国亚麻油籽之乡”称号，全市新增“三品一标”认证产品84个，全年羊饲养量达到700万只以上。农业综合生产能力增强，14座中小型病险水库除险加固工程完工，实灌面积达到212万亩，农业综合机械化水平达到60%，增长5个百分点。推进产业扶贫，8户省属企业落实扶贫项目13个，38户市域民营企业投入产业扶贫资金14.78亿元。全年减贫9.26万人。

工业 2014年，忻州市规模以上工业增加值308.4亿元，同比增长6.7%。加快煤炭现代化矿井改造建设，推进煤电一体化，争取到3个总装机272万千瓦的“1920”低热值煤发电项目落户，一批风电、生物质能发电、煤层气发电、光伏发电项目取得进展，推进新型综合能源基地建设。铝工业循环经济园区纳入全省布局。煤机装备制造基地形成轮廓，法兰产业推进整合提升。

项目建设 2014年，忻州市开展“项目见效年”活动，项目储备、签约、落地、开工、建设、投产年度任务全面完成。实行产业项目分类考核，119个重大产业项目成为项目建设的主力军。完善基础设施，保德至兴县瓦塘等铁路项目推进顺利，原神、繁五高速公路等交通设施项目建设加快。加大产业集聚区建设力度，提升“一园六企”水平。

文体旅游 2014年，忻州市开展“周末大戏台”“送戏下乡”、农村公益电影放映等文化惠民工程，第四届“梨花奖”舞台艺术大赛举办。芦芽山、雁门关开展创建国家5A级景区工作，情景表演剧“又见五台山”成功上演。承办全国中国式摔跤搏克挠羊冠军赛等一批赛事，忻州市体育健儿在第14届省运会上取得好成绩。服务业占地区生产总值比重同比提高1.3个百分点。

转型综改 2014年，忻州市坚持问题导向，通过改革释放发展红利，通过创新破解发展难题。开展“转型综改攻坚年”活动，推进20项重大改革、30项重大事项、32个重大项目和3项重大课题等年度行动计划。转变政府职能，市政府机构改革全部完成，县级政府机构改革基本完成。深化行政审批制度改革，取消审批4项，调整审批53项，下放县级审批36项、承接省级下放审批33项。坚持一厂一策，运用“人资分离”等办法，实施市钨丝厂等7户市属国企改革，解困职工2323人，其中置换身份1784人。落实煤焦公路销售体制改革部署，全部取消对相关企业的21项行政授权，全部取消煤焦公路运销9种票据，全市31个煤焦公路检查站点全部撤销。推进商事制度改革，实施“先照后证”，将工商登记113项前置审批改为后置，全面实行公司注册资本认缴登记制度，简化住所（经营场所）登记手续，改革市场主体年检验照制度，新登记注册私营企业同比增长66.18%。

企业建设 2014年，忻州市设立第一支私募股权投资基金，首期募集资金2.3亿元；忻州市鼓励民间资本进入金融领域，设立110家小额贷款公司，4家村镇银行、2家农商行共吸收民间资本17.1亿元。强化企业技术创新主体地位，年内忻州市累计培育国家级企业技术中心1家、省级企业技术中心15家、市级企业技术中心77家，认定高新技术企业20家，同脉冲式旋流澄清净水装置、环保型煤粉锅炉、无模密封件等一批技术创新成果成功实现产业化，成为忻州自己的科技品牌。

城乡建设 2014年，忻州市开展第三个“大干城建年”活动，总长57.44千米的城区“8+22”道路建设与改造工程竣工通车，云中河景区开园，3年新建改造道路总长116.21千米，城区建成区面积由28平方千米增加到71平方千米。岢岚等5个无管道燃气县具备通气条件。保障性住房超额完成任务，建成一批便民市场。全市城镇化率提高1.62个百分点，达44.66%。实施改善农村人居环境4大工程，完成投资14.81亿元，改造县乡公路275千米，解决224个村8.8万农村人口和55所农村学校2.46万师生饮水安全问题，建成老年人日间照料中心100个，实施涉及2.95万人的采煤沉陷治理搬迁。办好农村“五件实事”，改造农村困难家庭危房11200户，新建改建农村幼儿园30所，易地搬迁农村贫困人口3万人，乡村清洁工程覆盖到行政村，培训新型职业农民8000名。

社会保障 2014年，忻州市建立统一的城乡居民基本养老保险制度，把进城落户农民纳入社会保障体系。城镇居民医保和新型农村合作医疗保险年人均财政补助标准由280元提高到320元，工伤保险待遇标准提高10%，城乡低保标准每人每月分别提高25元、22元，农村五保对象集中供养、分散供养补助标准每人每年分别提高200元、130元。对7231名重度残疾人和贫困残疾人进行补贴，对5000名贫困残疾人进行康复救助，为23051名困难家庭学前幼儿提供生活补助。实行失业保险市级统筹，重视破产改制企业职工安置工作，保障失业人员基本生活。全市城镇新增就业3.72万人，转移农村劳动力3.84万人，创业就业5400人，公益性岗位安置就业困难高校毕业生1148人。增加居民收入，提高最低工资标准和企业工资增长指导线，为全市8.2万名企业退休人员提高基本养老金，月人均增加221元；提高市直机关津补贴标准和事业单位绩效工资水平，并向低职务职称人员倾斜；为领取失业保险金人员发放冬季取暖补贴，月人均480元；为全市农户免费发放98万吨取暖用煤；建立健全治理农民工欠薪工作机制，为5518名农民工追讨工资4858万元。开展“一元菜店、平价商店”活动。

社会事业 2014年，忻州市新改扩建公办标准化幼儿园15所，改造农村幼儿园30所；推进义务教育学校标准化建设和均衡发展，启动二期农村义务教育“全面改薄”，义务教育招生及均衡编班得到规范；落实边远贫困地区教师待遇，招聘269名农村义务教育特岗教师，选派130名教师到贫困县支教，建立校长教师交流制度，共交流教师2731名、校长106名；中职教育免收学费全覆盖惠及29414名学生，普通高中学生助学金受助学生12001人。深化医药卫生体制改革，在8个县实施县级公立医院综合改革，开展非政府办基层医疗卫生机构实施基本药物制度试点工作，人均基本公共卫生服务经费财政补助标准提高到35元，开展城乡居民大病保险报销结算，参合农民住院按病种分级诊疗试点起步。273户家庭享受到“单独两孩”政策。新建市人民医院竣工。

环境建设 2014年，忻州市16座污水处理厂正常运行，12座生活垃圾卫生填埋场全部建成，城市(含县城)建成区绿化覆盖率增加4.5个百分点。万元生产总值能耗降幅超额完成任务，提前2个月完成淘汰20万吨水泥、0.13万吨硅钙落后产能年度任务。排污权交易平台建设稳步推进。重点行业脱硫脱硝加快实施。淘汰黄标车和老旧车11757辆。忻州城区空气质量二级以上天数达304天，同比增加17天。PM2.5和PM10年均浓度分别同比下降25.77%、13.68%。完成APEC峰会空气质量保障任务。开展“林业生态建设年”活动，落实“三加三不减”要求，完成营造林68.79万亩，财政林业投资同比增长66%。

安全生产 2014年，忻州市坚持党政同责、一岗双责、齐抓共管。实施“443”工作机制，落实两个“主体责任”，推动各级各部门各企业“知责、履责、尽责”。抓好煤矿、非煤矿山、危险化学品、油气管道、交通运输、隧道交通等重点行业领域安全生产，开展“六打六治”打非治违行动，引深安全生产大检查，夯实安全生产基层基础，消除安全生产隐患和薄弱环节。全年未发生较大以上安全生产事故，煤矿百万吨死亡率5.3%，安全生产形势持续稳定好转。 (赵 芳)

·忻府区·

中共区委书记 张钰祥
区人大常委会主任 李晋华
区长 赵志伟
区政协主席 张家祥

【简述】 忻府区位于北纬38°12′~38°40′，东经112°17′~112°57′，总面积1972平方千米，下辖11乡6镇，南城、新建路、长征街3个办事处。

2014年，忻府区地区生产总值完成111.2亿元，增长5.3%；第三产业产值70.9亿元，占地区生产总值总量的63.8%。财政总收入14.7亿元，增长19.9%；公共财政预算收入5.1亿元，增长16.4%；全社会固定资产投资97亿元，增长17.5%。工业增加值25.4亿元，增长6.8%；社会消费品零售总额108亿元，增长11.4%；城镇居民人均可支配收入23341元，增长8.3%；农民人均可支配收入7821元，增长11.4%。

“三农”工作 2014年，忻府区粮食产量达3.25亿公斤。发展特色农业，香瓜种植面积突破2万亩，根据成熟期分别举办暖棚瓜、温室瓜、露地瓜3次忻州香瓜推介活动，推动香瓜产业的发展。推广种植藜麦500亩，树莓200亩。推进规模养殖，新建36个标准化养羊小区。推进农产品“三品一标”认证，通过新品种认证4个，认定无公害农产品19500亩。培育新型农业经营主体，新发展农业合作社148个，累计达1117个。

项目建设 2014年，忻府区实现规模工业产值93.6亿元，其中新材料、节能环保、装备制造等新兴产业占比达54.1%，保持稳定增长。开展招商引资工作，总投资5.98亿元的上海航天光伏发电、总投资3.16亿元的特瑞环保等一批新兴能源、环保产业项目落地。全年新上重大产业项目9个，其中10亿元以上3个，5亿元以上1个，3亿元以上5个。中通管业、四建钢结构、晨辉锻压等5个重点项目接受省市观摩。在整合原有5个工业园区的基础上，新启动规划建设龙岗生物科技园区。

中小微企业 2014年，忻府区新发展各类企业461家、个体工商户2113户。扶持小微企业创办，新增加“小升规”企业3户，新培育“小巨人”企业1户。与建设银行忻州支行合作，先后组建3个重点中小企业池，为30户企业提供贷款2亿元。发展电子商务，成立电子商务建设工作领导组。组织29家商家参加2014年夏秋季农产品网上购销对接会，发布供求信息23条，实现交易1733万元。

城乡建设 2014年，忻府区完成征地3446户2745.6亩，征迁1514户30万平方米。保质保量完成垃圾清运、征迁户回访、定性补偿和服务保障等工作。实施城乡道路改造，完成忻金线37千米、忻宏线16千米改造、城南段旧京原线改造3千米。启动顿村等6个城中村棚户区改造项目，累计完成投资2.9亿元。

环境建设 2014年，忻府区加快推进城乡绿化造林，全年营造林3.47万亩。加大环境监测力度，主要污染物总量减排目标完成。加大大气污染治理力度，集中进行城区大气环境综合治理，城区空气质量二级以上天数保持持续稳定。

民生建设 2014年，忻府区完成省政府安排的农村危房改造、特困群众异地搬迁工程、新型职业农民培训、改扩建村级幼儿园、乡村清洁工程等5件实事，区级承诺为民兴办的“二十件惠民实事”完成16件。扩大社会保险、工伤保险、医疗保险和城乡居民养老保险覆盖范围。新型农村合作医疗人均筹资标准由上年的340元提高到390元。重大疾病救助范围扩大,列入大额门诊补偿的病种达35种,农民医疗保障水平提高。低保制度完善,对城乡低保进行全面规范清理,2014年累计发放低保金5081.67万元。城镇新增就业3880人,帮扶就业困难高校毕业生310人,安置就业困难高校毕业生67人。新、改扩建幼儿园5所、寄宿制小学19所,改善农村办学条件。安排12个非政府办基础医疗卫生机构,实行基本药物零差率销售。启动总投资3070万元的中医院和妇幼保健院项目。为全区34020名60岁以上农村老年人和191名环卫工人进行免费体检。

政府建设 2014年,忻府区推进行政审批制度改革,39个部门确认行政权力5286项,编制完成权力清单,政府组成部门全部进驻行政权力运行公共服务平台。推进工商登记制度改革,全面实行注册资本认缴制,放宽经营场所登记管理,落实"先照后证"改革。农村土地承包经营权确权登记颁发证3个试点村657户5084亩承包地完成测量、公示。申报省级低碳试点区,编制《忻府区省级低碳试点区初步实施方案》。启动民营经济发展、人才培养引进、城乡一体化发展和公共服务供给4项改革。在土地利用、建设资金、审批手续、低碳城市试点、园区机制等方面进行有益探索。

社会治理 2014年,忻府区落实安全生产"433"工作机制,提高安全生产水平,安全生产实现"零事故、零死亡",完成市级下达的安全生产指标任务。推进"平安忻府"建设,严厉打击各类违法犯罪活动。转变社会治理方式,推动三级执行和网络化管理规范运行。开展"两平四访"主题活动和社会力量参与信访工作、化解信访积案"双百"专项行动。 (张新华)

·定襄县·

中共县委书记	张文斌
县人大常委会主任	张德星
县长	刘亮
县政协主席	兰继升

【简述】 定襄县位于北纬38°20′~38°39′,东经112°45′~113°17′,总面积865平方千米,下辖3镇6乡。

2014年,定襄县地区生产总值完成38.1亿元,同比增长5.4%。第三产业增加值完成15.4亿元,增长2.5%。固定资产投资完成35.6亿元,增长20.3%;社会消费品零售总额完成15.8亿元,增长10.9%;公共财政预算收入完成1.54亿元,下降23.2%。居民人均可支配收入达14087元,增长9.3%。其中,城镇居民人均可支配收入达23440元,增长8.2%;农村居民人均可支配收入达9948元,增长9.5%。

农业 2014年,定襄县粮食总产量达1.68亿公斤。新建规模高效示范园区7个,新增设施农业1700亩,总数达8700亩,大棚亩均收入3万元、温室6万元。发放各种涉农补贴2700多万元。推广张杂谷3万亩,玉米高产万亩示范片19个。新增"一村一品"村17个,总数达92个。发展羊产业,推进以华巍牧业年产2万只肉羊养殖为龙头的新项目建设,羊饲养量达到21万只。年内新增农民专业合作社634户。

工业 2014年,定襄县规模以上工业增加值增长11.1%。发展法兰锻造业,组建法兰锻造协会,新成立管家营、天宝、冠力、昊坤4个集团公司,兼并企业18户,总资产达15亿元,产能达21万吨。在艾斯特耐茨和宝恒等企业推广模锻工艺和高速数控设备。天宝集团风电塔筒项目投产,实现由单一法兰向部件产品的转型,为县中小企业信用担保中心注资1000万元。组织政银企座谈会4次,为企业解决贷款3.23亿元,协调15户企业利用"助保贷"融资4250万元,争取节能减排和中小企业发展等专项资金3878万元。协调天然气每立方米降价0.3元,为企业节约成本600多万元。新增"小升规"企业6户,新培育"小巨人"企业5户。新增私营企业846户,增长42%,企业总数达2011户,个体工商户5684户。锻造企业出口创汇1.62亿美元,增长7.9%,占忻州市的80.6%;上缴税金1.31亿元,增长1.9%,占全县税收的47.2%。

项目建设 2014年,定襄县与忻州开发区合作,共同出资建设庄力"飞地经济"园区,规划面积3636亩,完成投资1.1亿元,初步实现"五通一平",有6户企业入驻定襄县。申华公司引资项目、格尔德贝克公司技改项目推进,吉隆能源公司2×15兆瓦生物质发电项目并网发电。投资风力和太阳能发电的企业达10家,推进舟山风电项目建设,顺风光电等6户企业完成项目协议的签订,建设总规模670兆瓦。

城乡建设 2014年,定襄县西大街延伸工程顺利通车。城区新增人口4200人,城镇化率达44.4%,提高1.72个百分点,绿化面积20万平方米,绿化覆盖率达29%,新增集中供热面积10万平方米。推进河边、宏道百镇建设工程。开展乡村清洁整治工程,累计投入资金4500万元,9条干线公路沿线的97个村达省级标准。凤凰山景区入选4A级景区。

环境建设 2014年,定襄县通道绿化、苗木补植等工程实施,完成营造林合格面积1.88万亩。推广清洁能源,淘汰落后产能,51户锻造企业改造使用天然气加热炉152台,关停4户产能落后企业,淘汰城区11台10蒸吨以下的燃煤锅炉,断电关停61户违法排污企业,淘汰黄标车、老旧车899辆。落实秸秆禁烧工作,制定奖惩办法,县财政出资450万元,奖励扶持秸秆的黄贮、还田、发电等综合利用。

教育 2014年,定襄县整顿教育秩序,解决学生择校难题;出台城乡校长教师交流实施意见,交流校长4人,教师177人。投资1640万元改造农村薄弱学校,通过省级验收。改扩建农村幼儿园,季庄、海虹和河边四村3所幼儿园投入使用。

社会保障 2014年,定襄县城区7个村的居民养老金由每人每月65元增加到130元。做好城乡低保核查工作,为全县17369户21490名城乡低保对象,发放低保金2549.6万元,发放临时困难和大病医疗救助金279.5万元,实现应保尽保。财政投入2000万元,为全县干部职工统一建立医疗保险金制度。补发机关事业单位人员的津补贴、绩效工资7200万元，发放烤火费1108万元。实施农村安全饮水工程，解决11个村、4900人的安全饮水问题，特困群众异地搬迁150人。新建公租房330套，续建廉租房214套、公租房54套，改造农村危旧房400户。成立劳动纠纷协调领导组，解决76件农民工欠薪问题，追回拖欠工资1611万元。全县新型农村合作医疗保险参合率达99.99%，全年为18000多人报销医疗费5978万元。城镇新增就业岗位2981人，消化农村剩余劳动力3053人，培训新型农民300人，安置未就业高校毕业生30人走上基层公益性岗位、79人实现见习就业。

社会安全 2014年，定襄县落实“443”安全生产工作机制，开展“六打六治”打非治违行动。全县各类事故同比下降60%，未发生3人以上较大安全生产事故。投资1398万元，在县城主要街道和各村主要路口安装监控设备，推行PTU新型巡逻防控模式，完善社会治安防控体系。2014年，公安机关刑事案件立案351起，侦破339起，治安案件受理697起，查处627起，案件数同比下降539起，抓获网上逃犯52名。（薄振宇）

·五台县·

中共县委书记 王继明
县人大常委会主任 孙子清
县长 武新亮
县政协主席 吕更美

【简述】 五台县位于北纬38°28′~39°04′，东经112°57′~113°50′，总面积2865平方千米，下辖6镇13乡。

2014年，五台县地区生产总值1–9月完成24.1亿元，增长4.8%；规模以上工业增加值1–11月完成41.7亿元，增长31.5%，全市排名第2；社会消费品零售总额1–9月完成14.2亿元，增长13.4%，全市排名第4；财政总收入全年完成7.77亿元，增长18.26%，全市排名第2；公共财政收入全年完成3.73亿元，增长28.39%，全市排名第1；城镇居民人均可支配收入1–9月完成14860元，增长9.9%，全市排名第3；农村居民人均可支配收入1–9月完成3315元，增长9.9%，全市排名第3；1–9月全体居民人均可支配收入6792元，增长9.9%，全市排名第4。

“三农”工作 2014年，五台县财政拿出1000万元用于“三农”补贴。北京中扶惠邦投资有限公司，在高洪口乡实施生态农业科技和新农村建设相结合的新型扶贫示范项目，建成年产10万吨的饲料加工厂、3500亩籽粒苋种植基地、7000平方米种羊场，引进优质进口种养1200余只，成为全县羊产业龙头企业，全县羊发展到51万只。县财政每亩补贴100元，引导集中连片规模发展，忻阜高速公路沿线8个乡镇和豆村镇、阳白乡，共10个乡镇、68个村、735户农民种植万寿菊6604亩。

项目建设 2014年，五台县储备项目64个，累计投资额570.64亿元；签约项目19个，签约金额68.83亿元；落地项目28个，投资45.35亿元；开工项目27个，投资额27.64亿元，完成率98.71%；省市重点工程项目41个，累计投资额45.9亿元；投产项目33个，投资36.2亿元；2014年实施10亿元以上项目1个，5亿以上项目3个，2亿元以上项目6个。

工业 2014年，五台县规模以上工业产值达26.78亿元，实现产品销售收入21.77亿元，同比增长7.5%。天和、同华煤业产能分别扩大到100万吨和160万吨。全年生产原煤249.1万吨，完成销售产值4.31亿元。推进华能五台风力发电有限公司10万千瓦黄花梁风电项目建设。

文化旅游 2014年，五台县接待中外游客468.855万人次，同比增加1.02%，旅游经济总收入51.225亿元，同比增加10.02%。“又见五台山”大型情境体验剧项目演出37场。

城乡建设 2014年，五台县整治环境卫生，清除各类小广告2万余条，美化粉刷墙体2000平方米，整改广告牌匾1200平方米，新建湖滨大街东延等10条道路，实施文昌路两旁约2万平方米的喷涂工程。乡村清洁工程配套资金全部落实，573个行政村清扫保洁、垃圾统一清运。启动建设东业商贸区，实施长580米、宽28米的商业街和建筑面积9.8万平方米的商贸区工程，完成投资2.8亿元，推进道路东西两侧商住楼建设。改造农村幼儿园1所；改造农村危房300套；培训新型职业农民240人；易地扶贫搬迁工作建设住房144套。2014年房产续建项目建成216套，其中经济适用住房108套，公租房36套，廉租房72套。年度计划新开工保障性住房180套，实际开工198套。东雷扶贫移民新区规划占地251亩，建设26栋。

环境建设 2014年，五台县完成造林绿化任务3万亩。全年空气质量二级以上天数365天，一级天数142天，氨氮、二氧化硫、氮氧化物、工业粉尘、烟尘五项指标均在控制范围内。

社会保障 2014年，五台县办理民生实事316件，帮扶困难群众466人，帮助建立健全相关制度283个。完成全县城镇新增就业3325人，完成率110%，城镇登记失业率控制在4.02%。

政府建设 2014年，五台县接待群众来访217批728人次，领导批办群众来信39件，信访大厅受理上访事项51件，结案率100%，息诉罢访率90.7%，办理上级交办案96件，全部按期结案。开展42项专项整治，整改问题6700余条，改进文风会风，严格“三公”经费管理，县委、县政府下发文件及召开全县性会议均下降25%，“三公”经费支出预算减少298.39万元。2014年，县级领导、县直单位和乡镇主要负责人帮扶村庄达233个，累计进村次数1504次，召开座谈会466场，走访农户3621户，公开承诺条数1141条，帮助落实资金2330万元，化解信访积案69起。（闫丽）

·代县·

中共县委书记 霍富荣*
县人大常委会主任 籍美田

县　　　　长　郝江陵（女）
县政协主席　程耀邦

【简述】 代县位于北纬 38°50′~39°21′，东经 112°44′~113°22′，总面积 1721.5 平方千米，下辖 6 镇 5 乡，377 个行政村，1 个居民办事处，8 个社区居民委员会。全县总户数 6.3 万户，总人口为 21.88 万人。其中农村人口 12.82 万人，城镇人口 9.06 万人；男性 11.24 万人，女性 10.64 万人。

2014 年，代县地区生产总值完成 52.8 亿元，同比增长 5.1%；固定资产投资 45.7 亿元，同比增长 35.9%；社会消费品零售总额 8.4 亿元，同比增长 11.7%；财政总收入 12.6 亿元，同比降低 4.9%；一般预算收入 6.1 亿元，同比增加 8.9%；城镇居民人均可支配收入 20726 元，同比增长 7.7%；农民人均纯收入 4562 元，同比增长 10.7%。全县城镇新增就业 3148 人，城镇登记失业率为 3.5%。

项目建设　2014 年，代县规模以上工业增加值完成 29.3 万元，同比增长 3.5%。28 项省、市重点项目全部完成，投资 42.25 亿元。加快传统产业优化升级，13 家重点企业实施 15 个铁精粉技改升级项目。推进矿山企业标准化建设，久力尾矿砂制砖项目效益初现，微晶玻璃和磁化复合肥项目研发成功，200 万吨水泥技改扩建项目进入试生产，6000 吨混炼胶绿色循环经济项目填补华北地区产业空白，推进雁门关风电项目建设。培育各类文化企业 66 家，“助保贷”项目为 6 户企业贷款 2000 万元，政银企对接为 20 余户企业贷款 6 亿多元，“速贷通”为 6 户企业抵押贷款 2200 万元。

“三农”工作　2014 年，代县农作物种植面积 22851.55 公顷，粮食总产 8062 万公斤，同比增长 8.9%。新发展“一村一品”示范村 18 个，“一村一品”专业村发展到 72 个。各类农民专业合作社累计发展到 730 个，肉鸡饲养量 300 万只，羊饲养量 30 万只。农业产业化龙头企业有 10 多家，农产品销售收入 3.7 亿元，转型农业项目投入 4.43 亿元。完成贫困人口易地扶贫搬迁 1500 人，实现 1 万人减贫。全县 236 个贫困村、5.83 万贫困人口的精准扶贫建档立卡工作完成。培训新型职业农民 350 人。年累计投放支农贷款 14.78 亿元。按照“一河一城、两路两山、百企百村”的造林绿化思路，完成造林 4 万亩，山杏改接仁用杏 6000 亩。3 个村的土地承包经营权确权登记试点工作完成。

文化旅游　2014 年，代县推进“一心四线”文化旅游发展格局，雁门关景区旅游循环公路建成通车；赵杲观景区完成洪福寺、旅游接待中心、长寿宫等基础配套设施工程；古城边塞旅游文化体验中心完成主体工程和配套设施建设；文庙修缮、广场建设完成；发行形象宣传片套装、旅游形象画册和《雁门旅游文化丛书》；培育各类文化企业 66 家，天顺昌、杨氏古建、雁门刺绣、华亭环艺等龙头企业壮大。

社会事业　2014 年，代县加快教育、卫生、社会保障等民生事业发展，完善基本民生保障“安全网”。县直第二幼儿园投入使用，第三幼儿园基本完工，5 所农村幼儿园新建、改扩建任务全部完成，幼儿入学率达 80.3%。新型农村合作医疗保险参保率达 99.97%；全县 11 个乡镇卫生院、120 个村卫生室实现基本药物网上采购。全年新增就业人数 3148 人，城镇登记失业率为 3.5%；解决 16 个村、8 所学校、8726 人的饮水安全问题；建成 15 个农村社区老年人日间照料中心；开工建设棚户区改造 538 套，完成保障性住房 990 套，分配保障性住房 357 套，执行绿色建筑设计标准 1.1 万平方米。城镇居民医保补贴标准提高 40 元。为 16068 名城乡低保和 1716 人五保供养对象提高保障标准，实现应保尽保。对鳏寡孤独等困难群众采取特殊帮扶措施，守住“保基本”的底线，有针对性地解决群众实际困难，实施五件惠民工程。

环境建设　2014 年，代县加强环境保护和生态治理，加大造林绿化工作力度。重点抓企业节能降耗，51 户重点能耗企业进行能源审计和节能监控，兴旺、宝来等企业安装自动化节能系统 40 套，节能率达 100%。实施烟气脱硫工程，太钢峨口铁矿集中取缔 14 台燃煤锅炉及 545 台分散小采暖炉，推广天然气锅炉 11 台，关停选厂 5 家。万元地区生产总值能耗下降 3.9%。化学需氧量、氨氮、二氧化硫、工业粉尘排放分别完成全年任务的 101%、105%、106%、307%，氮氧化物、烟尘排放和上年持平。实施 6 条道路、7 个景观节点的绿化；108、208 国道和繁五线沿线开展路域环境综合治理，两侧实施绿化、硬化、美化工程；淘汰黄标车、老旧车 988 辆；有效降低二氧化硫等废弃物的排放，空气质量稳定。6 项减排约束性指标基本完成目标任务。

城乡建设　2014 年，代县实施湿地公园（二期）、市容改造整治、县城主次干道改造、管线入地、城中村改造、垃圾填埋场、市场、公厕、供热站、汽车站等城建重点工程。对总长 20.43 千米的 23 条主次干道进行立体化改造；新铺设给排水管、供热、强弱电、天然气管线 106 千米，更换和安装路灯 577 盏，新增绿化面积 6.4 万平方米；新建供热规模约 120 万平方米的集中供热站 1 座，对城东两座供热站管网进行扩容改造；建成 4 座集贸市场、14 个公共卫生间。新城体育场馆主体工程全部完工，供热站投入运营，新建 4 条道路基本完工。在市容整治和规范市场秩序上取缔占道商贩，规范店外经营。

政府建设　2014 年，代县编制完成《代县国家资源型经济转型综合配套改革试验 2014 年行动计划》，确定 18 项重大改革、26 项重大事件、3 项重大课题以及 2 项市级重大项目。开展行政审批制度改革，推进项目审批权限承接、清理和下发工作，县级审批项目由 53 项调整为 153 项，全县首批 45 个单位晒出权力清单，网上公布权力 5652 项，全部进入权力规范化网上运行平台。工商注册登记工作前置审批改为后置审批。推进政务公开，开通“代县发布”政务微博，规范政务微博、县长信箱、网络舆情、“随手拍”等工作。严格执行中央“八项规定”、国务院“约法三章”，严控“三公”经费支出，全面清理处置超标办公用房、违规公务用车、“吃空饷”人员。落实党风廉政建设责任制，加强廉政风险防控管理，加快惩防体系信息网“一网六平台”建设，强化行政监察和审计监督，严肃查处违纪案件，全年政纪处分26人。（高继东）

·繁峙县·

中共县委书记	范波涛
县人大常委会主任	李慧英
县长	孔保宝
县政协主席	赵琦

【简述】 繁峙县位于北纬38°58′~39°27′，东经113°09′~113°58′，总面积2368平方千米，下辖3镇10乡，1个居民办事处，402个行政村。总人口271662人，增长1524人。

2014年，繁峙县地区生产总值完成63亿元，同比增长5%。工业总产值完成126.64亿元，同比增长6.8%；固定资产投资完成74.71亿元，同比增长22.4%；社会消费品零售总额完成10.38亿元，同比增长14.5%；财政总收入完成10.11亿元，同比增长13.1%；公共财政预算收入完成4.25亿元，同比增长17.4%。城镇常住居民可支配收入达24076元，同比增长14.8%；农村常住居民可支配收入达6989.5元，同比增长29.9%。

农业 2014年，繁峙县新发展设施农业900亩，总面积达6819亩，培育设施农业示范园区7个。集义庄现代有机农业示范区三期产业配套工程完成投资3400万元。举办全省设施蔬菜现场会。笔峰农副产品加工园区实施三大重点项目，宝山鼎盛科技有限公司投资9000万元实施亚麻酸及亚麻油深化开发三期工程，宏钜大磨坊小杂粮加工基地建设项目完成投资3460万元，绿源亨通食品有限公司农产品精深加工项目完成投资4763万元。全县农业产业化龙头企业发展到25家，“513”龙头企业完成销售收入2.9亿元。出资2000万元对牛羊产业进行“四补一贴”。全县新建标准化养殖小区11个，新建各类规模养殖场36个，发展规模养殖户2857户。天洋农牧、天河牧业等建成投产，富云牧业、万锦肉牛等扩建，推进全县规模化养殖进程。猪、牛、羊、鸡饲养量分别达32万头、3.3万头、72万只、100万只。推进土地流转，发展多种形式规模经营，共流转土地3000亩，全县规范流转土地64300亩。新登记注册农民专业合作社61个，全县农民专业合作社达567个。培育“一村一品”专业村22个，全县“一村一品”专业村达86个。抓住繁峙县被列入燕山——太行山集中连片特困地区的政策机遇，以移民搬迁、产业开发、劳动力转移培训等为重点，加大扶贫攻坚力度。第一批确定的16户重点企业，落实11家企业，上马9个项目，总投资8.2亿元。全县67家矿产企业转产第一、第三产业，投资总额达52亿元，其中转型发展现代农业53家。太重集团建设的现代化标准化肉羊养殖项目完成投资1亿元。改进扶贫方式，实施精准扶贫，全县共识别出贫困村213个，贫困人口75140人，录入精准扶贫建档立卡信息平台进行动态管理，并落实帮扶单位。推进易地扶贫搬迁工程，实施砂河利民小区扶贫移民房建设工程；出台繁城片、大营片、东山片移民房分配办法，共分配移民房1019套，安置移民3567人。开展13个乡镇的15个美丽宜居示范村建设。完善提质工程完成投资4.25亿元，农民安居工程完成投资0.52亿元，环境整治工程完成投资0.63亿元，美丽宜居示范村建设完成投资1.76亿元。

项目建设 2014年，繁峙县实施重点项目135个，计划投资79.8亿元，完成投资64.6亿元。“六位一体”项目建设考核中，储备项目78个，总投资1088亿元，完成率147%；签约项目85.88亿元，完成率101%；项目落地完成49.66亿元，落地率108%；项目开工完成47.96亿元，开工率102%；38个省市重点项目建设完成投资59.94亿元；项目投产完成74.97亿元，完成率131.5%。中兴实业有限公司年产5万吨卡盘铸件项目于2014年8月投产。华茂公司淘汰落后减量置换技改升级特种钢建设项目全年累计完成投资5亿元，后峪铜钼矿项目全年累计完成投资10.62亿元。依托繁峙县风力资源优势，引进中电投、华能风电等国内大型企业开发风电产业。华能上浪涧、小庄风电项目和云雾峪风电场二期项目实现投产，分别完成投资4.39亿元、3.8亿元和4.5亿元。发展通用航空产业，滹源通用机场建设项目飞行程序设计、机场选址报告编制完成。

城乡建设 2014年，繁峙县滹沱河源头环境综合治理县城段东延伸项目实施防洪抢险道路工程，完成投资5033万元，占总投资的97%。总投资2974万元的南关大桥完工。完成东循环工程绿化收尾工作，总投资8456万元的南循环工程基本完工。县城道路维修工程(一期)完成投资988万元。东牌楼环境整治绿化建设项目完成投资650万元。实施光华街西延伸工程，完成投资840万元。城区公厕新建改造项目完成投资169万元，新建3座、改建2座。砂河镇共实施市政项目6个，镇区供水、供热、污水处理管网和天然气二期工程及镇区宾馆升级改造工程；北坡森林公园建设二期工程完成绿化面积1.3万亩。

教育卫生 2014年，繁峙县安排教育支出3.93亿元。从2014年春季开始，对就读的中小学特困学生1129人发放助学金；从秋季学期开始，繁峙县率先在忻州市启动普通高中教育免学费工程，县财政每年投入资金360余万元，有4600多名普通高中在校生受益。整合各类帮扶资金对大学生进行集中统一救助。投入5100多万元，改善实验小学、东城中学、农村中小学和农村幼儿园的办学条件。全县高考二本B类以上达线351人。医疗卫生事业支出1.71亿元。新型农村合作医疗保险筹资标准由340元提高到390元；12类国家基本公共卫生服务项目和6类重大公共卫生项目实施。深化医药卫生体制改革，完善国家基本药物制度，全县13个乡镇卫生院和8个分院网上集中采购药品933.5万元。投资83万元新建县急救中心，县中医院建设完成投资3600万元。

社会保障 2014年，繁峙县机关事业单位养老保险参保单位202家，参保职工7669人。企业养老保险参保单位达到150户，覆盖率100%，参保职工8720人。推进医疗保障由应保尽保到提质增效转变，城镇职工医疗保险参保19719人，城镇居民医疗保险参保12365人。年内新农保参保14.63万人，新型农村合作医疗保险参合农民达20.90万人，参合率99.94%。关心低收入群体生活，对2629户、4949名城市低保对象发放低保金1632.3万元；对13788户、14010名农村低保对象发放低保金2469.5万元。加快保障性住房建设，共新开工675套。城镇新增就业3165人，下岗失业再就业1064人，创业带动就业407人，转移农村劳动力3405人，就业困难群体就业302人，公益性岗位安置高校毕业生50人。

环境建设 2014年，繁峙县实施乡村清洁工程，全县13个乡镇、402个行政村共配备保洁人员1297名，配备卫生监督人员58名，建设无害化垃圾处理场2座、简易垃圾填埋场11座，建垃圾池1341个，集中清理乡村“四堆”“四乱”4679处，建立健全城乡卫生保洁的长效管理机制。推进污染减排工作。二氧化硫、化学需氧量、氨氮、氮氧化物、烟尘、工业粉尘六项主要污染物分别减排74.5吨、205.9吨、37.8吨、12.7吨、145.6吨、128吨，2014年空气质量二级以上天数362天。抓好造林绿化工作，完成投资1.2亿元，荒山造林6万亩，干果经济林建设1.5万亩，通道绿化35.58千米，山地公园提升工程2处，全县森林覆盖率达20.59%，北部浅山区30千米形成绿色林道与景观廊道。

文化旅游 2014年，繁峙县加大“村村通”无线覆盖工作力度，在农村新建43个农村文体活动室，组建17支文艺队伍。县文化馆、图书馆继续对全社会免费开放，共免费培训、接待学员和群众2万余人。举办繁峙县第三届“大杏奖”“三民”舞台艺术大赛，获奖作品巡演26场。完成4824场农村公益数字电影的免费放映任务。完成市、县免费“送戏下乡”演出任务，惠民大戏台免费演出24场。对国家级非物质文化遗产“繁峙秧歌”进行抢救保护。平型关关城东门修缮保护工程主体完工。完成文化旅游重点项目投资1.5亿元，实施大明烟生态旅游、生态农业旅游度假区、伯强红色景区毛主席路居地开发等项目；完成省美丽乡村旅游扶贫重点村的申报工作，将全县10个旅游重点村上报到省旅游局，争取旅游扶贫项目。全县旅游总收入13.8亿元。

（冯占军）

·宁武县·

中共县委书记	任宁虎
县人大常委会主任	陈润明
县长	王卓
县政协主席	李应成

【简述】 宁武县位于北纬38°31′~39°08′，东经111°50′~112°40′，总面积1987.7平方千米，下辖4镇10乡。

2014年，宁武县地区生产总值完成40.5亿元，同比增长0.8%。固定资产投资完成72.3亿元，同比增长30.5%；公共预算收入完成5.6亿元，同比下降1.4%；社会消费品零售总额完成7.7亿元，同比增长13.2%。农村居民人均可支配收入4205元，同比增长10.7%；城镇居民人均可支配收入18949元，同比增长8.8%。

农业 2014年，宁武县粮食总产达到2972.5万公斤。春耕生产调运各类优种105.5万斤，其中马铃薯70万斤，莜麦20万斤，胡麻8万斤，红芸豆7.5万斤。设立农业专项基金，对规模化产业和龙头企业进行扶持奖补，对羊产业、食用菌、小杂粮三大主导产业重点倾斜支持。推进四大产业园区建设，引导三大龙头养殖企业和七个农副产品加工企业发展。引导农民以多种形式参与土地流转，发展适度规模经营。依托优质杂粮、马铃薯、芥菜、中药材等优势主导产业，培育并形成一批基地成规模效益的专业村和种养大户。扶持五谷园、芦芽农夫、星星、紫云、永锦等七大农副产品加工企业发展，培育龙头企业。化北屯循环农业、怀道千亩食用菌、余庄高源脱毒马铃薯和西马坊农业集约化经营四大农业科技示范园区强化后续建设和体制运营。8家农牧业龙头企业和10家农民专业合作社入驻宁武县农产品电子商务平台。西马坊、新堡、余庄等十几个乡镇的40个农村合作社累计建设食用菌大棚1200个，有360个大棚连续两三年种植香菇、木耳、平菇，累计参与菇农达1000余人。部分合作社试种成功北虫草、灵芝等珍稀品种，年内推广种植。华盛农贸实业有限责任公司食用菌园区食用菌研发中心、香菇菌棒自动生产线、无菌接种车间、标准化育菌大棚全部投入使用，香菇生产大棚启用100多座。争取省、市、县各类羊产业建设资金1581万元，规划扶持1个龙头企业、100个规模养殖场、100各重点养殖村和1000个养殖大户，人工种草6万亩。2014年羊饲养量预计达50万只。薛家洼乡仝家沟村5位农民投资100万元注册成立宏利养殖合作社，建起面积6000多平方米的养殖场，建成标准化羊舍50多座，存栏肉羊达1100多只。宁武县规定，凡新引进能繁母羊200只以上且新建圈舍200平方米以上的农户，政府每平方米奖补100元，每存栏百只羊奖补公羊1只或母羊3只。引进脱毒马铃薯新品种“克新一号”，在东寨镇二马营村开展农业新品种推广活动。

工业 2014年，宁武县规模以上工业增加值完成16.7亿元，同比下降5.3%；9座煤矿建成投产，原煤年产量达到1513万吨，同比增长14.3%；小庄地下气化、余庄光热发电等项目获准建设。潞宁公司地面久瓦斯抽放泵站试运行成功。北辛窑煤矿项目开展二期工程。总投资近30亿元的华润宁武2×350兆瓦低热值煤发电项目开展社会稳定风险分析工作。

项目建设 2014年，宁武县完成项目储备974亿元，完成率101.56%；项目签约71.23亿元，完成率 101.75%；项目落地 52.57 亿元，完成率 154.62%；项目开工 35.3 亿元，完成率 121.72%；项目建设 66.97 亿元，完成率 103.03%；项目投产 66.41 亿元，完成率 108.87%。签约引进 4 个光伏项目，新开工 4 个风电项目，4 个风电项目并网运行。争取城乡建设用地增减挂钩试点周转指标 1000 亩，29 座煤矿和 1 座铝土矿土地复垦设计报告通过评审，1 座露天采矿用地试点方案获批；多渠道壮大融资平台，县财政注资 500 万元实行“助保贷”，组建成立瑞都村镇银行，缓解中小微企业融资问题。宝捷物流园区建成投产，豪德商贸物流园区、晋西北冷链物流园区加快建设，阳方口千万吨煤炭物流园区推进前期工作。中国电力国际发展有限公司开展光伏电站和风光互补电站前期工作。

城乡建设 2014 年，宁武县推进四大片区开发，完善城建后续工程，加强基础设施建设，对县城主要街道进行整体提升改造，新建改建集中供热管网 20.6 千米，集中供热率达 82%。“四馆”基本建成，体育馆率先投入使用。开工建设各类保障性住房 917 套、公共租赁住房 122 套，改造棚户区 188 套，改造农村危房 600 户。开展以汾河流域为重点的环境综合治理。村村亮”工程如期完工。投资 2.8 亿元开工建设刘家园移民四期工程。第二热源厂建成并投入使用。推进南外环路建设。

文化旅游 2014 年，宁武县以打造芦芽山国家级 5A 景区为目标，实施“一心三道”工程，全年接待游客 75 万人次，实现旅游综合收入近 6 亿元。戏曲节目《义仆忠魂》在忻州市第四届“梨花杯”舞台艺术大赛上荣获二等奖。强化文艺作品创作，出版文学作品《宁武风》，挖掘整理宁武民间故事 100 多篇、民间歌谣 236 首。开展“三下乡”活动，放映电影 4000 多场、演出戏曲 80 多场，举办“汾源讲坛”知识讲座 5 期。加强文物遗产保护，对宁化古城瓮城进行保护性修缮，开展可移动文物普查，编辑整理《宁武县文物图志》一书。开展《汾河公益行》、“中国梦·大美宁武”等主题的采风活动。宁武县芦芽山风景区入选山西省休闲旅游度假区。

民生建设 2014 年，宁武县投入 3000 万元为 27 所义务教育阶段中小学校全部配齐专用教学设备和生活设施，完成 13 所学校的标准化建设，落实“三免”政策和“营养餐”工程，高中教育实施“三免一助”，招聘 86 名幼儿教师充实乡镇幼教队伍。举行“圆梦行动·天源助学”活动，发放“天源助学金”107000 元。中医院、妇幼院、新型农村合作医疗保险管理中心完成搬迁工作，14 个乡镇卫生院、8 个社区卫生服务站以及 441 个村卫生室实现基本药物制度全覆盖，基本药物全部实行零差率销售。新型农村合作医疗保险参合率达 99.77%。全年城镇新增就业 2012 人，创业带动就业 343 人，转移农村劳动力 2412 人，安置困难高校生 290 人，城镇登记失业率为 2.95%。养老保险、医疗保险和城乡低保做到应保尽保。宁武公交车增加客车数量，并发行 IC 卡，运行公交刷卡系统。

环境建设 2014 年，宁武县关闭汾河源头周边的煤矿、砖瓦石灰窑等企业，清除污染物 1 万余吨，减少污水排放 223 万吨，植被建设 24914 公顷，消除汾河宁武段的主要污染源。先后投资 3.36 亿元，对汾河流域进行一系列的综合治理。投资 2.36 亿元，连续三年重点对汾河源头进行“保护母亲河、治理生态源”为主题的生态建设工程。全县天然林保护工程恢复造林 3.6 万亩，封山育林 5.05 万亩，天然次生林管护 57.9 万亩。

（白瑞萍　任振华）

·静乐县·

中共县委书记	李德新
县人大常委会主任	李如意*
县长	王昕
县政协主席	王润

【简述】 静乐县位于北纬 38°09′～38°41′，东经 110°39′～112°02′，总面积 2058 平方千米，下辖 4 镇 10 乡。人口自然增长率为 4‰。

2014 年，静乐县地区生产总值完成 22.8 亿元，增长 7.5%。规模以上工业增加值 6.1 亿元，增长 12.4%。固定资产投资完成 65.25 亿元，增长 23.5%；一般预算收入完成 2.79 亿元，增长 19%；社会消费品零售总额 6.04 亿元，增长 13.6%。城镇居民人均可支配收入达 18060 元，增长 10%；农民人均纯收入达 5068 元，增长 11%。

农业 2014 年，静乐县推进藜麦、玫瑰、养羊、小杂粮、玛咖等特色产业发展，农业产业规模化、产业化进程加快。全年种植藜麦 1.5 万亩，成为全球第三大种植基地；玫瑰推广到 5300 亩，加工厂建成投入运行；发展小杂粮示范区 20 万亩，全县粮食总产量达 5500 万公斤。编制小杂粮种植示范区规划，聘请中国农大教授编制完成静乐县生态农业发展总体规划，组织企业参加 APEC 中小企业展览会、中国国际中小企业博览会以及“五台山”名优特产展销会等活动。推广种植籽粒苋 2200 亩，羊饲养量达 50.73 万只，规模养殖场达 98 个。突出扶贫开发，与潞安集团合作，种植油用牡丹 3500 亩；完成 500 人的搬迁移民任务，精准扶贫建档立卡工作全部结束，培训新型职业农民 500 人。加快土地流转步伐，完成农村土地流转面积 6 万亩，完成 3 个村、187 户、3450 亩的农村土地确权登记颁证试点工作。农民从云南引进玛咖试种，在堂尔上乡种植推广 40 余亩，亩产达 400 斤，亩均收入达 8 万元。

项目建设 2014 年，静乐县大远煤业筹备复工复产验收准备工作，汾源煤业申请验收，阳煤集团天安煤矿开工建设。龙源风电项目一期 5 万千瓦并网发电、10 万千瓦完工，县电厂生物质能发电项目实施，双路 110 千瓦变电站待投入运营，静静铁路开工建设。与平定新能源有限公司签订投资 8 亿元的 50 兆农光互补项目，与安华集团签订 18 亿元的年产 50 万吨的环保耐火高温材料项目。

城乡环境建设 2014 年，静乐县启动实施国家级卫生县城、省级园林县城、省级环保模范县城“三城同创”工作，完成各项创建任务，改善人居环境。以“三山两河”为重点，加大生态环境综合治理力度，狠抓节能减排工作和乡村清洁工程，强化造林绿化工作全县森林覆盖率达19%，水土流失治理率提高到43.5%，汾河水质稳定在三类标准以内，城区空气质量二级以上天数达361天。

社会事业 2014年，静乐县高考达线248人，比上年增加74人。推进文化体制改革和文化产业开发，静乐剪纸纳入国家级“非物质文化遗产”保护范畴，赤泥洼乡龙家庄村入选第三批中国传统村落名录，组织参加全市第四届“梨花杯”乐器大赛和广场舞大赛，分别获二等奖和优秀奖。启用体育中心篮球馆，承办贺龙中国业余篮球公开赛全国总决赛骥翼组比赛。完成《静乐县旅游发展总体规划》的编制和初评，组织参加山西最美乡村评选活动，鹅城镇西大树村被评为“山西最美乡村”。城乡医疗卫生水平提高，新型农村合作医疗参合率达99.7%，健全基本药物制度。落实就业扶持政策，全县城镇新增就业1745人，城镇登记失业率控制在3.9%左右。城乡低保和五保户供养标准提高，城镇居民基本医疗保险、农村养老保险和农民工工伤保险覆盖面扩大。

社会安全 2014年，静乐县开展安全隐患排查治理，重视群众来信来访，化解社会矛盾。开展“平安静乐”创建活动，社会治安形势好转，社会满意度全市排名第一。（李青春）

·神池县·

中共县委书记 曹爱民
县人大常委会主任 贺新平
县　　长 冯晓雷
县政协主席 刘国强

【简述】 神池县位于北纬38°56′~39°24′，东经111°00′~112°18′，总面积1472平方千米，下辖3镇7乡，254个行政村。总人口10.1万人，其中农业人口8.2万人。

2014年，神池县地区生产总值完成17.8亿元，增长9%。规模以上工业增加值完成2.4亿元，增长16.4%。社会消费品零售总额完成5.9亿元，增长13.5%；固定资产投资完成31.5亿元，增长15.5%；财政总收入完成3.7亿元，下降0.9%；公共财政预算收入完成2亿元，增长2.1%。城镇常住居民人均可支配收入达18190元，增长8.6%；农村常住居民人均可支配收入达5893元，增长9.5%。

“三农”工作 2014年，神池县耕地面积62000公顷，人均0.61公顷。粮食产量1.63亿公斤。神池县胡麻申报地标产品质量安全可追溯体系建设项目，“中国亚麻油籽之乡”通过国家粮食行业协会验收并授牌。以东湖现代农业园区为核心，围绕西长线和阳河线，建设“一核两线”高产高效示范带，带动全县农民实施农业机械化集中连片作业，巩固胡麻等六大特色种植基地。完成23万亩旱作农业地膜覆盖技术推广和6000亩渗水地膜、6000亩膜下滴灌高产示范片区种植任务。建立渗水地膜谷子精量播种模式，在全省高寒冷凉谷子种植区推广。开展畜牧产业建设，投资5000万元，新建晋神高繁种羊基地，投入各类涉农资金1000万元发展养羊业，新建和完善标准化养殖小区10个，羊只总数发展到100万只，牧业总产值5.1亿元，农民人均牧业纯收入3610元。在88个行政村实施牧羊业整村推进项目，引进优种羊18026只，新建羊栏羊舍16110平方米，种植优质牧草58400亩，购置小型铡草机2000余台。开展“百企千村”产业扶贫活动，推动产业转型升级，华珍食品有限公司在精淀粉加工生产线3万吨扩建项目上获得同煤集团转型投资1000余万元，建成3000亩马铃薯种植基地。绿健食品有限公司在燕麦系列产品生产项目上与晋煤集团达成合作协议。创新金融扶贫，向全县有劳动能力、有致富愿望的贫困户开展“富民贷”，即每个贫困户可贷款1000元至50000元，由政府给予贴息，解决贫困户发展生产启动资金不足的困难；对带动作用强的能人、大户、专业合作组织给予“强农贷”，即每个专业合作组织中满足长期雇佣2至3名贫困人口工作的条件，即可贷款20万元，并获得政府给予贴息的优惠政策。培训新型职业农民250人。推进土地管理制度改革及治理工作。配套资金36.06万元，完成农村土地承包经营权确权登记颁证试点的准备、摸底、清查工作。全县流转土地15.5万亩，形成100亩以上种植大户485户，500~1000亩以上种植户或农民专业合作社3个。投资1250万元，推进水土保持综合治理、坡地梯田改造综合治理7500亩；投资959.4万元实施京津风沙源小流域综合治理24000亩，完成水源工程54处、节水工程15处。完成井儿上引黄工程750万立方米调蓄水库项目地质勘测。全县造林5.7万亩，投资1667万元，完成坡地梯田改造综合治理工程7502亩，农村生产道路新建补建32千米；水土流失综合治理面积完成6.7万亩。

项目建设 2014年，神池县建成投产的风电总量达70万千瓦，与北京瑞宏伟业投资有限公司等6家集团公司签订93万千瓦光电开发协议，其中5个企业获批开展一期工程建设，总计18万千瓦。5个建成运营的煤台发运量达到417.14万吨，上缴税金7257.69万元。引进16个项目，总投资101.6亿元。实施省市重点工程项目29项，完成投资51.12亿元。

城乡建设 2014年，神池县推进第三个“大干城建年”活动，投资2.3亿元创建国家卫生县城，新建改建休闲广场3座，硬化小街小巷1007条39.28万平方米，新修6条大街，铺设下水管网31.46千米，拆除违章建筑2120处，总面积51000平方米。投资485.3万元，实施城区自来水管网改扩建工程，日供水能力达6000立方米。投资8000万元对原供热公司进行迁址，新铺设热力管网7.2千米，供热面积达50万平方米。投资1.66亿元的馨乐苑移民小区建成并交付使用。县城移民小区完成贫困山区农村易地移民搬迁任务，入住3000人。

社会事业 2014年，神池县投资40万元改造店儿上村级幼儿园600平方米。完成500户农村困难家庭危房改造任务。全县配备乡村清洁工管理人员46人，保洁员395人，50多个村庄达省定清洁乡村标准。投资720万元在烈堡乡等六所乡镇新建卫生院。健全基本药物制度，取消药品加成，改革以药补医，实行药品零差价销售政策。实施药品网络电子监管，增强公共卫生保障能力。实施文化惠民工程，送戏下乡106场。神池县硬架子秧歌成功申报省级非物质文化遗产。

社会保障 2014年，神池县新型农村合作医疗保险参保率达99%，人均筹资标准由340元提高到390元。城乡居民最低生活保障制度获得落实。事业单位自收自支人员养老保险工作启动，实现养老保险全覆盖。全县新增就业人数1600人，失业率控制在4%以内。完成县粮食局体制改革，安置下岗职工348人。为全县34871户农民及时足额发放冬季取暖用煤。年内贫困人口仍有3.04万人。

环境建设 2014年，神池县氨氮排放量削减完成8.3吨；二氧化硫削减完成30.72吨；化学需氧量削减完成28.22吨；氮氧化物削减完成4.28吨；烟尘、粉尘削减完成30.52吨。空气质量二级以上天数达到365天，其中一级天数达到221天。

（杨向东）

·五寨县·

中共县委书记	张　春
县人大常委会主任	张志军
县　　　长	张宇光
县政协主席	李映明

【简述】 五寨县位于北纬38°47′~39°15′，东经111°32′~111°57′，总面积1379平方千米，下辖3镇9乡，249个行政村。总人口11.6万人，其中农业人口9.2万人。

2014年，五寨县地区生产总值完成19.2亿元，同比增长5.8%；规模以上工业增加值完成2亿元，同比增长14.1%；固定资产投资完成27亿元，同比增长15.7%；社会消费品零售总额完成6亿元，同比增长13.9%；公共财政预算收入完成1.9亿元，同比增长0.4%。城镇居民人均可支配收入达18820元，同比增长7.7%；农民人均纯收入达5752元，同比增长11.8%。

“三农”工作 2014年，五寨县耕地面积74万亩，粮食总产量2亿公斤。落实种植面积74.4万亩，其中玉米32.4万亩、马铃薯23万亩、小杂粮17.5万亩、中药材、蔬菜等1.5万亩。落实各项强农惠农政策，农林水等事务支出约2.5亿元，占财政总支出的25%，增幅达13%。其中直接用于农民的粮食、良种补贴3903万元、退耕还林补贴1161万元、畜牧养殖补贴510万元、农机补贴663万元，受惠农户达3.5万户。围绕玉米、马铃薯、小杂粮三大主导产业，实施粮食高产创建、特色杂粮振兴、规模化种植基地建设等一系列粮食增产工程。支持羊产业发展，在全县12个乡镇规划2个养羊示范区和10个肉羊优势产区，新建2个大型种羊场、32个标准化养殖场、9个乡镇人工授精站，羊养殖总量达73万只、存栏49.7万只，农民人均牧业收入达3289元。完成土地流转7.5万亩，发展家庭农场580个、专业合作社402个、“一村一品”专业村50个、规模农产品购销组织25个、农产品营销经纪人大户60个。新增“三品”认证15个，无公害产地认证34万亩，农业机械化综合作业水平达60%以上。康宇公司、甚喜茶园、科园实业、绿野牧业、金达实业5个企业的新建、扩建项目建成投产，全县16个龙头加工企业年加工转化各类农产品16万吨，完成销售收入6.92亿元。实施16个村的人畜饮水工程、45个村的“一村一井”工程；完成全长20千米的末节渠系工程、全长5064千米的膜下滴灌工程；新建清涟河3座跌水堰，加固韩家楼乡、东秀庄乡2座骨干坝。改造坡耕地7500亩，治理水土流失面积6万亩，治理小流域面积1.8万亩。农田实灌面积超过5.8万亩。实施精准扶贫，完成3.34万人的建档立卡任务，特困群众易地搬迁3300人。

项目建设 2014年，五寨县落实12个重大产业项目和38个省市重点项目，总投资109.7亿元。项目储备、签约、落地、开工、建设、投产“六项”考核任务超额完成。绿野牧业公司百万只蛋鸡养殖、羊产业基地建设、煤层气液化调峰储气设施建设、脱毒马铃薯种薯繁育体系建设、6000万穗甜糯玉米加工、迷迭香种植基地建设及新产品开发等一批重大产业项目建成投产；潞安集团煤炭清洁利用油电热一体化园区建设项目开展前期工作；推进现代煤化工园区、石材工业园区、商贸物流园区、农副产品加工园区、畜牧养殖园区“五大产业园区”建设。落实清费立税、“煤炭20条”等政策措施，服务煤炭运销企业发展经营。2014年，全县发运煤炭3400万吨，同比增长700万吨。

城乡建设 2014年，五寨县对县城276条主次干道、小街小巷进行管网改造和硬化踏铺，购置太阳能路灯5352盏，对县城街巷全部亮化；在主街道铺设隔离带11千米、安装指示牌381套。完成新村大路、清涟路、迎宾东西大街、广场、公园和东城区等地的补绿植绿、行道树和绿化带建设，新增绿化面积45万平方米；完成拆迁2.4万平方米，建成农贸市场4个，新建改建公厕21座，改造居民旱厕3700余座；集中治理清涟河、西河堰、南山排洪渠3条河道，绿化美化沿河景观；完成沿街广告牌匾的清理更换和沿街墙面粉刷，修补残墙破壁，在部分路段设置文化宣传墙2100米。实施县城东移北扩战略，改造旧城，建设新区。颐峰公园广场、清涟河沿岸景观、东城区滨河南路、开发街、中央路建设、东环路建设、五阳线改造、迎宾大街路面及排水网管改造等一批基础建设工程竣工。

环境建设 2014年，五寨县按照“一山、一城、一河、两园、四路”布局，实施市政绿化、清涟河护岸景观林等9项造林绿化工程，完成造林绿化4.6万亩。落实各项节能减排措施，推进大气污染防治工作，对全县范围内煤炭发运站、储售煤场、洗煤厂进行煤尘污染集中整治，严控污染超标;全县6家淀粉加工厂安装污水处理设备,达标排放。生活垃圾处理场、污水处理厂正常运营,城区集中供热覆盖面积扩大。全年空气质量保持在二级以上,其中一级达93天。

社会事业 2014年,五寨县实施名校、名师、名生战略,公开招聘特岗教师40名。高考达线109人。总投资829万元、建筑面积4500平方米的东城区第五小学教学楼竣工并投入使用。总投资1000万元的一中图书楼(效军图书馆)建成并投入使用。李家坪、韩家楼教师周转房建成并投入使用。梁家坪标准化幼儿园完成改扩建工程,启动实施南关幼儿园新建工程。推进义务教育薄弱学校改造项目建设,全县9所初中配备计算机房和理、化、生实验室,19所小学配备教学实验仪器、音体美器材、电子白板和图书。实施“三通两平台”网络建设,所有学校接入校园宽带网,实现“校校通”,部分学校实现“班班通”。

2014年,五寨县城乡居民健康档案建档率达86.5%;乡镇预防接种率达98%以上;全县4372名儿童、780名孕产妇、13077名老年人、8505名慢性病患者、384名精神病患者实现健康管理。县急救中心和前所、东秀庄、小河头中心卫生院业务用房建设项目完工;孙家坪、李家坪、杏岭子3个卫生院和14所村卫生室业务用房完成立项审批并开工建设。东城区中医康复医院推进基础设施建设,筹建标准化县医院。国家级慢性病综合防控示范县创建工程通过省级验收。开展出生缺陷干预工程。

2014年,五寨县12个乡镇文化站投入使用,每站每年2.5万元的保障资金足额到位。全县重点乡镇农村添置图书、报刊,为开展文体活动表现突出的农村提供不低于5000元的活动资金。开展文化“三下乡”活动,完成文化下乡28场,为乡镇农村送戏79场,放映公益电影2988场,举办广场文化活动、文艺晚会等公益演出12场。

社会保障 2014年,五寨县新增城镇就业岗位1731个,转移农村劳动力4723人,城镇登记失业率控制在3.7%以内。加强低保对象复核排查,3586名城市低保对象、11985名农村低保对象、1189名农村五保对象应保尽保。城镇居民医疗保险参保率达83%以上;新型农村合作医疗保险参合率达100%,人均筹资标准提高到390元。企业离、退休人员养老金、城乡低保金、优抚金、救助金按政策足额发放。劳动就业和社会保障服务中心竣工,社会福利大楼、农村社区老年日间照料中心投入使用,清涟移民新村敬老院配套设施完善。落实保障性住房相关政策,在完成民福小区、漪涟苑小区共1404套保障性住房建设的基础上,新开工建设神朔铁路分公司河东运输段公共租赁住房104套、政府剧院东侧棚户区改造100套、林场棚户区改造54套,缓减企业困难职工的住房需求。 (朱和森)

·岢岚县·

中共县委书记	王志东
县人大常委会主任	任川中
县长	侯俊生
县政协主席	曾桂花(女)

【简述】 岢岚县位于北纬38°30′~38°58′,东经111°13′~111°53′,总面积1984平方千米,下辖2镇10乡,202个行政村。总人口86124人,其中城镇人口39462人。

2014年,岢岚县地区生产总值完成187357万元,增长9.2%。其中,第一产业增加值37336万元,增长5.4%;第二产业增加值43317万元,增长13.4%;第三产业增加值106704万元,增长8.4%。全县人均地区生产总值达21754元。固定资产投资39.8亿元,增长19.6%;社会消费品零售总额6.7亿元,增长13.8%。海关出口总额600.4万美元,增长12.4%。公共预算收入完成1.4亿元,增长6.0%。城镇居民人均可支配收入达20775元,增长8.6%;农村居民人均可支配收入达5073元,增长11.2%。

“三农”工作 2014年,岢岚县农作物种植面积30809公顷,比上年增加725公顷。其中粮食种植面积25718公顷,增加608公顷;油料种植面积4506公顷,增加102公顷。在粮食种植面积中,玉米种植面积6488公顷,增加522公顷。粮油总产量68182吨,增加15622吨,增产29.7%。其中粮食产量58541吨,增产31.9%;油料9641吨,增产17.6%。完成增减挂钩复垦508亩、造地1000亩。实施农田水利建设,投资300万元,解决5个乡镇5000人,1340头牲畜的饮水安全问题;投资1680万元,新建机井42眼,完成土地整治与培肥、岚漪河河道治理二期等工程项目。发展现代高效农业,以北川灌区为依托建设高效农业科技示范园区1万亩、膜下滴灌园区5000亩,实施地膜覆盖工程10万亩。与省农科院合作建立西会小杂粮种植试验站。引进藜麦、薰衣草、玛咖等农作物新品种推广种植。实施强农惠农工程,兑现粮食综合直补、良种补贴资金2584万元。启动森林保险工作,全县符合条件的48.5万亩生态公益林全部纳入保险范围,林业专业合作社发展到26个。116.8万亩集体林地全部明晰产权,签订承包合同13679份。实施绒山羊品系培育工程,组建550只“晋岚绒山羊”核心群,新建5个晋岚绒山羊扩繁场,遴选6个晋岚绒山羊改良点。发展规模养殖,推广高产饲草籽粒苋2000亩,种植人工草地10万亩,补贴饲草加工机具300台,新建500只以上规模养殖场20个,全县羊饲养量61.2万只,畜牧业总产值2.4亿元。5万只羔羊育肥园区18套标准化羊舍投入运营。在岚漪镇、大涧等4个乡镇养殖绒山羊1万只、生态绿化6000亩。推进农业产业化,扶持以山羊药业、周通农业、芦芽春等龙头企业,全县18家“513”农业龙头企业完成销售收入6.4亿元。

工业 2014年,岢岚县规模以上工业增加值4.8亿元,增长20.7%;规模以上工业企业实现主营业务收入145304万元,增长19.7%。规模以上工业实现利税20456万元,增长17.6%;实现利润9939万元,增长15.6%。全年规划212个项目,总投资

213亿元,其中44个省市重点项目总投资106亿元,9个市级重大产业项目总投资64.7亿元。晋兴奥隆、道生鑫宇、龙源风电、益达运销、山阳药业等一批重点项目推进设施建设。

交通邮电 2014年,途经岢岚县的岢保线43千米三级改造、忻保高速岢岚互通连接线5千米完善工程全部完工,岢大线—中寨10千米通村公路竣工通车。年末全县公路线路里程937.8千米。其中高速公路107千米,国道47.4千米,省道39千米,县乡村公路744.4千米。年末全县民用汽车保有量6298辆,比上年末增长40%。本年新注册汽车438辆,下降33.8%。年末轿车保有量3551辆,增长14.5%。

2014年,岢岚县完成邮电业务总量5417万元,增长1.3%。其中邮政业务总量960万元,增长60.1%;电信业务总量4457万元,下降4.5%。年末移动电话用户67939户,其中3G移动电话用户28293户。全县宽带接入用户7838户。

城乡建设 2014年,岢岚县"8横6纵5支线3外环"共28.5千米城区骨干路网展开建设,硬化街巷14万平方米。新建4个集贸市场、5个广场、9个停车场、15座公共卫生间。二级汽车站、第二水厂、第二热源厂、建筑垃圾处理厂全部建成运营。完成22条主次街道、72个小区立面改造和鼓楼街仿古建设,对沿街门店和广告牌匾进行统一规划,装饰亮化2河4街9路和20栋建筑物,完成城区绿化71万平方米。建成111套公租房,开工153户棚户区改造项目。

生态建设 2014年,岢岚县加强环境保护,开展大气环境、农业污染源和扬尘治理工程,拆除燃煤锅炉(灶)84个,更换环保锅炉12台,安装油烟净化设备52台,整治企业39户。推进城镇污水、垃圾处理设施建设,城区污水处理率82%,生活垃圾日处理120吨。推进水土流失区生态环境治理修复,治理岚漪河9千米、北川河3千米,实施3乡18村的农村环境连片整治工程。全县空气质量二级以上天数达到365天,二氧化硫、化学需氧量、氨氮、氮氧化物、烟尘、工业粉尘等污染物排放保持"零增长"。加快造林绿化步伐,城区绿化2000亩,忻保高速、岢会线两条公路沿线荒山绿化4万亩,城周南山、东山、北山绿化8000亩。

民生建设 2014年,岢岚县发展教育事业。新岢岚中学基本完工,落实贫困幼儿资助、营养改善等惠民政策。文化馆、图书馆、体育馆、博物馆免费开放,举办消夏文艺演出15场,送戏下乡40场,放映公益电影2424场,打造标准化农家书屋18个、先进乡镇综合文化站3个。

社会保障 2014年,岢岚县新型农村社会养老保险参保47218人,参合率达到99.98%,人均筹资标准由340元提高到390元;城镇新增就业1936人,城镇登记失业率3.23%,城乡就业创业、劳动技能培训2642人,转移农村劳动力1868人;城乡低保每人每月分别提高200元、130元。乡镇卫生院住院保险比例提高到90%,县级医院住院报销比例提高到80%,住院最高支付限额提高到15万元;将意外伤害和重大疾病纳入保障救助范畴。 (贾润高)

·河曲县·

中共县委书记	边东圣
县人大常委会主任	李志伟
县长	李旭清
县政协主席	李挨恒

【简述】 河曲县位于北纬38°55′~39°25′,东经111°09′~111°37′,总面积1328平方千米,下辖4镇9乡,340个行政村。总人口147668人,其中非农业人口33475人。人口出生率7.02‰,符合政策出生率85.2%,自然增长率为2.13‰。

2014年,河曲县地区生产总值完成70.25亿元,同比增长10%。财政总收入完成16.71亿元,同比增长6.54%;公共财政预算收入完成6.06亿元,同比增长3.84%;固定资产投资完成116.32亿元,同比增长43%;社会消费品零售总额完成10.47亿元,同比增长13%。城镇居民人均可支配收入达21837元,同比增长12%;农民居民人均纯收入达5125元,同比增长13%。

"三农"工作 2014年,河曲县农作物播种面积42.8万亩,粮食总产量6550万公斤。推进示范园建设、羊产业发展、扶贫开发和农业基础设施建设,建成3个农业经济带:平川区建成南元、唐家会两个高效设施农业示范园700亩;半山区建成以土沟为中心的富硒功能性农业生态示范园5600亩;高山区建成以赵家沟为中心的脱毒马铃薯示范园,推广种植脱毒商品马铃薯8万亩。整合京津风沙源项目资金,以企业自繁型、农企合作型、大户聚焦型、合作社整村推进型四种方式,利用以奖代补政策扶持养羊业,同步发展种羊和肉羊。新发展养殖场50个、规模养羊小区10个、人工授精站3个。新增羊饲养量11万只,总量达33万只。推进扶贫开发建设。年内减贫7004人,帮助4家百企千村项目和产业支撑项目申请贷款贴息528万元。启动保障性住房分配工作,完成5个村的整村移民搬迁推进任务,改造农村危房300户,棚户区改造132户,发放住房补贴1292户,特困群众易地搬迁1080人。完成农村饮水安全工程28处,解决32村6831人的饮水安全问题。推进农业基础建设,引黄灌溉一期工程通过省水利厅验收,推进5号隧道工程建设。构建灌溉"小水网",实现水地灌溉8600亩,发展膜下灌溉1000亩,实灌面积达3.66万亩。完成京津风沙源治理水源工程7处,节水工程3处,水土流失治理8.09万亩;完成2座淤地坝除险加固和县川河二期治理工程。完成土地整理开发11528亩,新增耕地3313亩,复垦复绿3500亩。农机具补贴343台(件),新增农机大户10户。

工业 2014年,河曲县规模以上工业增加值完成46.1亿元,同比增长15.9%;工业总产值完成93亿元,同比增长9.5%。煤炭产量1349.5万吨,同比增长12.4%;发电111.81亿度,同比下降3.7%。非煤产业增加值比重达53%,新兴产业投资比重达25%。实施45个省市重点项目,总投资298.44亿元,完成投资67亿元,其中省重点项目12个,市重点项目33个。复工开工率达93%以上,重大产业项目A类考核超额完成任务,总投资101亿元的10个项目全部开工。神华河曲电厂二期建成投产,神华国能上榆泉、晋神磁尧沟、晋神沙坪、神达惠安、神达麻地沟5座井工煤矿实现产能提升,神华神东低热值煤发电一期项目、神达选煤厂及输煤地道和煤运猫儿沟、山煤旧县、神达梁家碛3座露天煤矿加快建设。

中小企业 2014年,河曲县中小企业发展到4210个,其中企业940家,个体工商3270家,从业人员30050人,民营经济完成增加值222350万元,比上年增长7.5%。

城乡建设 2014年,河曲县完善城乡基础设施,实施“65332”城镇化建设工程。长8.58千米,宽33米的赏涛路以及益民北路、陶新街、康乐路、汇源路5条街道建成通车。5馆3院主体工程完工,临隩公园、白朴公园的景观和园林工程基本完成;东山森林公园完成设计规划,热电联供管网、集中供气管网均完成年度建设任务。楼子营镇“创卫”工程通过国家专家组评估验收。巡镇向荣街改造完成。全县城镇化率达到48.37%。

环境建设 2014年,河曲县建成生活垃圾收集点830个,简易填埋场71座,73行政村达到省考核验收标准。启动省级林业生态县创建活动,完成“三点三线”绿化工程7.45万亩、通道绿化55千米,森林覆盖率达到24.6%,城市建成区绿化面积增加33万平方米,覆盖率达到34%。推进节能降耗、治污减排工作,加强大气污染防治,淘汰黄标车533辆,全年城区空气质量二级以上天数354天,建成区环境空气质量全部达到国家二级标准。

交通运输 2014年,河曲县配合神河高速公路、准朔铁路、五沙铁路等重点项目建设,做好协调和服务工作。加强对全县8条县道169千米、63条396千米乡道、247条500千米村道进行日常养护,对10个乡镇29条乡村公路127处水毁段和安全隐患较大地段进行处治;在串村较多的路线起点处安装30套路线指示牌,在安全隐患严重地段设置100套安全警示标志。启用新汽车客运站,引入国有大型企业阳方口运输公司,兼营城乡公交客运。对物流企业标识进行统一规范,全县物流企业备案率达100%。

社会事业 2014年,河曲县启动实施全面改造义务教育薄弱学校项目,改善贫困地区义务教育薄弱学校基本办学条件,提高农村学校办学水平,促进义务教育均衡发展。继续实施营养改善工程、寄宿制学校免住宿费制度。学前三年毛入园率82.8%,义务教育入学率100%,巩固率100%,初中毛入学率98.6%以上。高中阶段毛入学率达89%。高考二本以上达线367人。完成全国第六次体育场地普查工作,建成楼子营等6个乡镇健身广场。完成市县“送戏下乡”文化惠民工程演出任务90场次、农村公益电影放映4068场次。为210村发放图书17000余册,为333个行政村每村订阅报刊7份,24个文化站(村)接入文化资源共享宽带服务工程。河曲县民歌二人台节目《保利情·西口风》正式在山西大剧院上演。深化医药卫生体制改革,基层医疗机构服务能力增强。河曲县建立城乡居民规范化电子健康档案131277人,规范化建档率达90.5%,65岁以上健康建档人数11447人。实施免费为全县65岁以上老年人在县级医院健康体检项目。新型农村合作医疗保险参保101281人,参保率达99%以上。确定定点医疗机构205家,基本满足群众就医需要。全面启用新型农村合作医疗保险“一卡通”,实现就医刷卡补偿管理。

社会保障 2014年,河曲县城镇登记失业率控制在4.1%。城镇新增就业2133人,创业劳动就业313人,城镇失业人员再就业674人,其中就业困难对象再就业217人,转移农村劳动力2453人。完成农民就业培训3.5万人次,“零就业家庭”进入动态管理阶段。社会保险覆盖面扩大,参保人员达到108585人。2014年共发放城乡医疗救助金588万元,保障因病返贫家庭的基本生活。发放临时救助金88748万元、发放五保资金184.8万元、发放各项救灾救济资金以及救灾物资(折合现金)249万元,救助灾民12200余人,为灾民提供基本生活保障。对全县孤儿基本生活费实行按时足额社会化发放。文笔敬老院启动运行。

社会治理 2014年,河曲县组织实施“平安河曲”六大体系40个项目建设。部署开展以“六场硬仗”为主的“利剑”系列专项行动和社会治安“六项整治”“两清三净”行动以及反恐维稳工作,对涉黑、涉爆、涉赌犯罪和严重暴力犯罪、“两抢一盗”犯罪、电信诈骗、非法集资等涉众型经济犯罪实施集中打击。全年侦破各类刑事案件218起,办结治安案件782起。查处道路交通违法行为43262例,道路交通事故“一站式”处理模式在忻州市推广。新建改建4900个视频监控点和9个高清智能卡口视频监控。组建各类社会力量化解信访矛盾机构60多个,化解各类矛盾纠纷。

(王巧英)

·保德县·

中共县委书记 段新
县人大常委会主任 张智前
县长 郭新生
县政协主席 高定存

【简述】 保德县位于北纬38°39′~39°06′,东经111°56′~111°19′,总面积997.5平方千米,下辖4镇9乡,341个行政村。总人口16.8万人。

2014年,保德县地区生产总值完成62.8亿元,同比增长0.5%;固定资产投资完成104亿元,同比增长30.6%;社会消费品零售总额实现12.7亿元,同比增长10.8%;公共财政预算收入6.3亿元,同比降低6.9%。城镇常住居民人均可支配收入达23018元,同比增长9.2%;农村常住居民人均可支配收入达5644元,同比增长9.9%。

“三农”工作 2014年,保德县农作物播种面积达35万亩,粮食总产量达到4756万公斤。新建和扩建规模化养殖场区13个，发展科技养殖示范户30户；推广矮化密植枣园80亩，老园改造45亩，红枣产量达到4200万斤；设施农业面积稳定在4000亩左右。完成机井18眼，新增节水灌溉面积1000亩，15个村5所学校8075口人的饮水安全工程完成主体工程建设。发展“一村一品”专业村16个、农民专业合作社30个，认定家庭农场15个，培育15个科技示范园区、10个农产品购销组织，农业产业化销售收入达到3.53亿元。推广油用牡丹2800亩。改造农村危房300户，易地搬迁贫困人口800人，配备保洁员541名、垃圾清运车54辆，培训新型职业农民200名。

项目建设 2014年，保德县项目储备1378.6亿元、签约80.1亿元、落地91.34亿元、开工32.2亿元、建设77.84亿元、投产70.48亿元。王家岭、金山2座矿井进入联合试运转，王家岭500万吨选煤厂、康熙枣园等8个产业项目完成年度计划，兴保铁路及3000万吨煤炭集运站、中石油煤层气、东恒煤业物流园区、神华33兆瓦瓦斯发电等转型项目进展顺利，山西汽运集团、海通公司、国新能源3个煤层气液化项目加快建设。县域内煤检站点全部撤销。中国银行保德支行、慧融村镇银行落户保德，“助保贷”为5户中小微企业发放贷款840万元。

城乡建设 2014年，保德县新城区挖山造地工程、水厂、同舟广场地下停车场基本完工，文化活动中心、党校教学大楼完成主体工程，东城农贸市场、体育馆、职工培训中心进入装修阶段，河滨市场投入使用，王家滩、张家圪坨、里贤墑排洪工程完成总工程量的80%，府前街东延工程、新城区水系推进。城镇建设方面，义门镇创建国家卫生镇通过初验，王家岭煤业“以矿建镇”试点工作启动，杨家湾镇跻身“全国重点镇”行列。梁家村新农村建设完工，15个村被命名为省级卫生村。

生态建设 2014年，保德县实施造林绿化、污染治理、节能减排三大工程。全年绿化造林6.25万亩，森林覆盖率达到10.05%，城区绿化率达到38.6%。省级园林县城通过验收。桥头镇污水处理厂主体工程基本完工，梅花沟泥石流综合治理（三期）工程竣工。淘汰黄标车及老旧车248辆。城区垃圾无害化处理率达95%以上，污水处理率达85%以上，气化率达43%以上，热化率达76%以上，城区空气质量二级以上天数达320天。

民生建设 2014年，保德县涉及民生的财政支出达10.3亿元，占公共财政预算总支出的84.9%。公开招考公益性岗位人员150名，安置城镇义务兵和转业士官18人，城镇新增就业2169人，农村劳动力转移2724人，城镇登记失业率3.4%。社会救助力度加大，发放城乡低保金4341万元、五保供养金182万元、医疗救助金239万元、临时救助资金90万元，下拨受灾群众和困难群众救济款62.5万元，建成1处社区日间照料中心、5处农村老年人日间照料中心。新改扩建9所幼儿园，职业中学通过省四星级验收，保德中学高考二本以上达线人数创新高。2所乡镇卫生院投入使用，新型农村合作医疗保险参保率达99.3%。启动“单独二孩”政策，为1289对夫妇实施免费孕前检查，发放计划生育家庭奖扶金138万元。送戏下乡62场，举办广场文化周46场。

和谐建设 2014年，保德县组织开展道德模范巡回演讲14场、道德讲堂46场，建成省级文明单位4个、市级文明单位27个、市级文明村2个，评选44个县级文明单位、88个文明示范窗口、9个文明社区、32个文明卫生示范村。保德县见义勇为模范张亮孩被评为2014年度“山西好人”“最美忻州人”。在县、乡、村（社区）及100人以上的企业设立矛盾纠纷调解中心，全年排查各类矛盾纠纷446件，成功调解434件。1个社区、4个乡镇分别通过省级平安社区和市级平安乡镇考核验收。深化行政管理体制改革，完成工商登记制度改革。加大行政审批制度改革力度，45家单位进驻政务大厅，实现网上审批。

（武延飞）

·偏关县·

中共县委书记 王　源
县人大常委会主任 李枝贵
县　　　　长 曲俊安
县政协主席 贾献忠

【简述】 偏关县位于北纬39°12′~39°40′，东经111°22′~112°01′，总面积1682平方千米，下辖4镇6乡。年末全县总户数45687户，常住人口114518人，其中农村63073人；城镇51445人。男性58818人；女性55700人。人口出生率7.2‰，人口自然增长率1.16‰。

2014年，偏关县地区生产总值完成26亿元，增长0.3%。全社会固定资产投资完成22.6亿元，增长16.7%；社会消费品零售总额完成7.1亿元，增长10.2%；财政总收入完成4.6亿元，增长11.5%；公共财政预算收入完成2.2亿元，增长4.15%。金融机构本外币各项存款余额413200万元，增加11903万元，增长2.97%。各项贷款余额93158万元，减少4902万元，下降5%。保费收入完成5298万元，增长21.43%。居民人均可支配收入10365元，增长9.7%。其中，城镇居民人均可支配收入17473元，增长8.2%；农民人均纯收入5275元，增长10.4%。

“三农”工作 2014年，偏关县农作物种植面积28731.9公顷，增加40.53公顷。其中，粮食种植面积25059公顷，增加206.14公顷；油料种植面积3182.8公顷，减少1.9公顷。在粮食种植面积中，玉米种植面积5357公顷，减少3063.93公顷。全年粮食产量51776吨，减少1491.82吨，减产2.8%。其中秋粮51776吨，减产2.8%。猪牛羊肉总产量8830吨，下降2.83%。其中猪肉产量3002吨；牛肉产量450吨；羊肉产量5378吨。农机化经营总收入3835万元，增长15.23%。农作物受灾面积435公顷，其中绝收面积107公顷。全县杂粮种植25万亩，其中“张杂谷子”15万亩，经济林发展到4万余亩。新发展农民专业合作社24个，全县累计注册284个。偏关羊肉、小米两种农产品申报国家地理标志产品认证。出台羊产业"三补一贴"政策，规模化养羊户发展到3800户，全年养羊数量达73万只。发放国家农机补贴221.1万元，发放种粮直补2990.5万元。落实耕地保护55.73万亩，完成土地增减挂1000亩，推进农村土地承包经营权确权颁证试点工作。

工业 2014年，偏关县规模以上工业增加值完成63339万元，下降14.3%。规模以上工业企业6家。发电量222151.44万千瓦时，下降26.3%。规模以上工业企业实现主营业务收入125323万元，下降18.2%。其中冶金、电力工业分别实现主营业务收入17647万元、104179万元，分别下降19.96%、18.46%。规模以上工业实现利税21851万元，下降58.08%；实现利润20323万元，下降44.65%。

项目建设 2014年，偏关县项目总投资额度达38.14亿元，9个项目完成实体投资6.9亿元。推进20个煤炭物流项目建设，其中3个煤炭集运站开工建设；3个洗选煤项目投产运行；6个配煤中心投入运营，总计上缴税收1017万元。大唐5万千瓦、龙源5万千瓦风电项目开工建设。

城乡建设 2014年，途经偏关县的准朔铁路全线复工，高速路、县城外环路、长城大街、老牛湾旅游路建成通车。投资1700万元实施黄河大街供热、排水管网建设项目；县城二级汽车站、垃圾处理场投入运行，垃圾中转站完成主体建设。新建的200套公租房完成投资864万元；1264套保障房续建任务完成。城区滨河东西市场改造完工并投入使用。新增供暖面积30多万平方米；县城5处残垣断壁得到整治，20条小街小巷实现硬化；组建偏关县市容环卫综合服务中心。3个村的整村推进和1800套农村危房改造任务完成。

社会事业 2014年，偏关县有幼儿园27所，增加4所；小学66所，减少27所；普通初中12所；普通高中1所；中等职业学校1所。全县学前三年毛入园率为83.8%，小学学龄儿童净入学率为100%，高中阶段毛入学率为86.2%。移民新区配套的幼儿园和九年一贯制学校全面完工；新建文华街幼儿园项目完成土地、设计等前期工作；2所农村幼儿园改扩建任务完成。偏关中学体育场塑胶改造、偏关二中厕所改建工程完工并投入使用。高考二本B类以上达线110人。卫生机构有（含诊所、村卫生室）277个，床位275张。全县新型农村合作医疗保险参保73578人，参合率达99.58%。县人民医院综合楼竣工，5个乡镇卫生院周转宿舍全部开工建设。乡、村医疗机构全部实行药品零差率销售。全年累计完成送戏下乡65场，3000套"村村通"电视设备全部安装到户。第三届"全民健身"体育比赛和"唱响偏关"舞台艺术大赛举办。

生态建设 2014年，偏关县完成造林5153.3公顷，增长33.16%。抚育提档4000公顷，其中新栽植仁用杏746.7公顷。森林面积2.24万公顷，森林覆盖率14.75%。推进"四大环保"工程，6项约束性指标均超额完成减排任务，城区空气质量二级以上天数达355天，PM2.5下降15%。

旅游 2014年，偏关县旅游业商业住宿设施接待入境过夜游客6813人次，接待国内旅游者87.65万人次，分别增长8%和17%；旅游外汇收入352.62美元，国内旅游收入9.32亿元，旅游总收入9.53亿元，分别增长8%、19%和18%。围绕黄河、长城、古堡、地道等特色，打造老牛湾—乾坤湾—黄河水利枢纽—护宁寺—红门口"五大景区"，整合偏关县域旅游资源。护城楼博物馆向市民开放。投资176万元完成中大街鼓楼修缮工作。老牛湾申报3A级景区完成初评工作。窑寨至大咀旅游公路建成通车。寺沟西口水路码头和长城修复一期工程基本完工。乾坤湾景区向游客开放。红门口"地下长城"开发项目完成主体工程建设。

社会保障 2014年，偏关县城镇职工基本养老保险参保5890人；城乡居民社会养老保险参保49500人；城镇基本医疗保险参保17309人；失业保险参保7400人；工伤保险参保5247人；生育保险参保8210人。全年得到城市最低生活保障救济人数2020人，全年共发放城市最低保障资金824万元。发放低保、五保等救助资金2800多万元。26人纳入农村五保供养。住房公积金县财政缴存比例达8%。综合性社区服务中心5个，各类收养性单位床位数72张，收养人数46人，国家抚恤、补助各类优抚对象556人。完成36487户低收入农户冬季取暖用煤发放工作。开展帮扶增收活动，为帮扶村整合各类资金1000多万元。全年参加就业培训和技能培训人数达到900余人。全年各类自然灾害造成直接经济损失487万元。

（卢银柱）

·原平市·

中共市委书记	薛根生
市人大常委会主任	闫前元
市长	温建军
市政协主席	尚茂生

【简述】 原平市位于北纬38°35′~39°09′，东经112°17′~113°35′，总面积2571平方千米，下辖7镇11乡，3个街道办事处，520个行政村。常住人口500076人，其中男257626人，女242450人。

2014年，原平市地区生产总值完成109.8亿元，同比增长5.5%。公共财政预算收入7.7亿元，下降9%；社会消费品零售总额50.7亿元，增长11.4%；固定资产投资完成140.1亿元，增长4.1%。城镇居民人均可支配收入达23661元，增长8.2%；农村居民人均可支配收入达8123元，增长10.4%。

"三农"工作 2014年，原平市耕地面积为111万亩，完成机耕75.3万亩，机械化收获面积28.8万亩。粮食总产量达3.65亿公斤。落实强农惠农富农政策，各类补贴资金6655万元通过"一卡通"发放到农户。大牛店镇、子干乡中低产田改造项目完成，崞阳镇推进高标准农田建设项目。粮食安全生产的购销、储备、应急、生产、粮安工程、粮企改革、监督检查七大体系完善。实施酥梨提质换优工程，总面积发展到

2000亩。发展标准化规模化养殖，新建500只以上规模养殖场83户；完成籽粒苋种植7000亩，发展规模舍饲羊20万只，全市饲养羊总量达53万只。启动实施农村土地承包经营确权登记颁证试点工作，涉及家庭承包面积3500亩。茹岳、班桥等6座小型水库除险加固、经色小流域综合治理项目，以及涉及8372人的31处饮水安全工程全部完工。

项目建设 2014年，原平市实施省、忻州市重点项目33个，总投资1685.5亿元；开工31个，完成投资77.3亿元。循环经济示范区建设全面提速，形成"三纵三横"道路网络，10千伏供电开闭所建成投用，22万伏变电站开工建设，部分主次干道两侧排水管网完工，基础设施累计完成投资4.5亿元。新入园企业3个，其中总投资3亿元的同力环保脱硝催化剂项目试生产，总投资4.9亿元的天瑞铝业石油支撑剂、铝酸钙、聚合氯化铝项目有部分车间具备投产条件，总投资3亿元的恒一公司冶金石灰生产线设备到位；新增运营、投产项目2个；具备投资条件项目4个。入驻园区企业总数达29个，总投资164.3亿元，打交道项目15个，累计完成投资71亿元、总产值达23亿元。加快煤炭企业复工复产和现代化矿井改造建设步伐，盘道、龙宫煤业投入生产，花沟煤业联合试运转。发展商贸物流产业，中远新能源汽车产业园区具备吸纳汽贸、汽配、汽修企业入驻条件，盛美农贸城、德金商贸城和爱尚西街地下商城（人防工程）建成投用。缓解企业融资难、融资贵的问题，"助保贷"项目受益企业16户。加强科技创新，申报双惠种业玉米抗增产增效集成示范、山西海洁星脱硫脱水除尘装置等4项国家级星火科技项目。

城乡建设 2014年，原平市完成利民西街、日昇北路、体育南路等道路改造，启动实施城北给排水收集系统和供水管网升级改造工程；城区集中供热面积新增32.7万平方米，总面积达512.7万平方米，普及率达89%。屠宰厂新址主体工程完工；城区天然气主管网实现市域全覆盖。一期总投资7700万元的大西高铁客运站配套设施工程，完成站前广场的场地平整和地下基础工程。子干至南白段县乡公路发行竣工通车。

环境建设 2014年，原平市新增绿化面积50万平方米，绿化覆盖率达36%。推进生态环境保护，治理水土流失面积4万亩，新增营造林面积5.4万亩；在重点工业企业和餐饮企业安装脱硫除尘设备和油烟净化装置，淘汰小型燃煤锅炉、黄标车，城区空气质量二级以上天数达364天。启动改善农村人居环境工作；宜居示范工程以点带面，打造以张村、大狼沟村为代表的10个美丽宜居示范村。启动实施采煤沉陷区治理轩岗镇试点工程。

社会事业 2014年，原平市优先发展教育事业，建设第六幼儿园、4个村级幼儿园，第三中学主体工程基本完工；解决中小学择校、城镇学校大班额、幼儿"入园难"等突出问题，中、高考达线率比往年均大幅提升。深化卫生体制改革，市妇幼保健、疾病中心综合业务大楼完成三层主体建筑施工建设，市卫校业务用房主体工程完工。

文化旅游 2014年，原平市加强文化遗产保护，开展第一次全国可移动文物普查，完成《原平文化大系》整理编撰和《原平市志》修编。开展群众文化活动，原平市太极拳协会在"2014国际太极拳邀请赛"上获一等奖；创建"全国文化先进市"，同时获"中国民间文化艺术之乡"称号。原平市天牙山风景区列入省级风景名胜区，滹沱河水利风景区列入国家级风景名胜区。

社会保障 2014年，原平市提高城乡低保标准，城市低保标准由每人每年3720元上调到4056元，农村低保由1828元上调到2128元。简化医保报销程序，城镇居民医保和新型农村合作医疗保险人均财政补助标准由280元提高到320元。城镇新增就业3701人。登记失业率控制在3.7%以内。为全市1.3万名企业退休人员月人均提高养老金220元。新开工各类保障性住房1322套，扶贫移民搬迁1232套住房分配到户，轩煤公司棚户区改造项目旧区14栋楼房封顶。为14.4万户低收入农户发放冬季取暖用煤。

和谐建设 2014年，原平市创新城市网格化管理机制，市、乡、村和社区"三级平台、四级网络"全面运行，通过采取"网格化管理、精细化服务"的模式，做到全面掌握实情、及时反映民情、迅速解决问题、有效化解矛盾。扩权强县工作承接省发改委下放的审批权限28项，并对办事流程进行科学固化，为办理项目审批、核准、备案等事项提供便利。创建市、乡村三级双拥服务组织网络。重视安全稳定工作，落实"443"安全生产机制，开展"六打六治"打非治违专项行动，全年未发生大的安全事故；加强和创新社会管理综合治理，深化"平安原平"建设，受理群众来信来访，妥善处理一批信访积案。（武会文）

临汾市

中共市委书记 罗清宇
副书记 岳普煜
王文英
市人大常委会主任 徐树荣
副主任 梁天运
柴高潮
原胜利
仇振刚
王醒安
原学义
王金珍
市长 岳普煜
副市长 赵建民 李东洪
谢碧玲* 王振宇
杨治平
市政协主席 乔成家
副主席 赵建国* 成继东*
梁若玉 谢碧玲（女）
杨益民 刘淑芬（女）
陈玉士 张成梁
杨忠华 杨安虎

【概述】 临汾市位于北纬35°23′～36°57′，东经110°22′～112°34′，总面积2.03万平方千米，下辖1区2市

14县,2个省级经济技术开发区,151个乡镇,20个街道办事处,2968个行政村。全市常住人口441.46万人。人口自然增长率为5.52‰。

2014年,临汾市地区生产总值完成1213.2亿元,比上年增长4.6%。固定资产投资完成1229.4亿元,增长18.6%。公共财政收入完成118.3亿元,增长0.1%。人均地区生产总值达27557元。居民人均可支配收入达15052元,增长9.2%。其中,城镇居民人均可支配收入达23610元,增长8.2%;农村居民人均可支配收入达8755元,增长11.4%。城镇居民人均消费支出10522元,增长0.16%;农村居民人均消费支出6009元,增长17.5%。居民消费价格比上年上涨1.7%。

农业 2014年,临汾市农作物种植面积56.55万公顷,比上年增加4720公顷,增长0.8%。全年粮食产量275.7万吨,比上年增长6.8%。改造中低产田2.17万公顷。全年造林3.52万公顷。其中荒山荒地造林面积3.34万公顷。经济林面积1.45万公顷。木材产量25588立方米,增长19.6%。全市猪牛羊肉总产量11.3万吨,比上年增长8.1%。年末全市农业机械总动力473.1万千瓦,增长3.2%。机械耕地面积36.7万公顷,比上年增长1.1%;机械播种面积40.75万公顷,比上年增长3.5%;机械收获面积34.30万公顷,比上年增长7.6%。全市农机化经营总收入13.45亿元,增长4.7%。推进"一村一品""一县一业"和"四个百万亩"建设,新发展设施蔬菜3.9万亩、水果11万亩、干果10万亩、中药材26万亩,市级以上标准化规模健康养殖企业达79个,农业机械化率70.5%。10大现代农业园区规模发展。全市认定家庭农场950个,新注册农民专业合作社8728家,农业产业化龙头企业394家,农产品加工销售收入70亿元。

工业 2014年,临汾市规模以上工业企业355家。全年规模以上工业增加值增长3.0%。规模以上工业企业原煤产量5011.1万吨,增长2.6%;发电量206.3亿千瓦时,增长7.8%;焦炭产量1892.42万吨,下降6.4%;钢材产量1312.87万吨,下降0.6%。规模以上工业企业实现主营业务收入1594.33亿元,下降15.6%。规模以上工业企业实现利税70.21亿元,下降32.5%;实现利润0.08亿元,下降99.7%。加快煤矿基本建设步伐,新竣工矿井21座,全年原煤产量5069万吨。实施焦化、冶金、电力等传统产业改造项目13个,投资40亿元。实施装备制造、新能源、新材料等新兴产业项目74个,投资262.7亿元,非煤产业增加值比重50.4%。化解过剩产能,淘汰落后焦化产能408万吨、炼钢产能260万吨、炼铁产能33万吨。

项目建设 2014年,临汾市开展"项目见效年"活动,实施省市县重点工程903项,完成投资1304亿元,推进"百里汾河生态经济带"建设,经济带总体规划纳入《晋陕豫"黄河金三角"区域合作发展规划》,上升到国家战略层面,6个专项规划通过国家级专家评审。实施产业扶贫开发项目35个,投资28.2亿元.

第三产业 2014年,临汾市推进商贸服务、电子商务、现代物流、文化创意、旅游休闲等产业发展,奥特莱斯芭蕾雨、新百汇、生龙国际等城市商业综合体项目加快实施。侯马开发区国家电子商务示范基地入驻电商企业42家;临汾开发区电子商务产业孵化园入驻企业20家。推进山西国际陆港等物流园区建设。实施曲沃晋国青铜玉器文化产业园、侯马晋园文化城等一批重点文化产业项目。汾河公园、侯马彭真故居、蒲县东岳庙等3个景区创建国家4A级旅游景区,开展2014临汾金秋游(北京)推介会等旅游宣传活动,全市旅游总收入242亿元,增长24%。

投资 2014年,临汾市固定资产投资完成1229.4亿元,增长18.6%。其中,国有及国有控股投资596.9亿元,增长11%。全年全市在建固定资产投资项目1806个。其中亿元以上项目389个,计划总投资1486.6亿元,完成投资725.6亿元,占全市固定资产投资的比重为59%。全年全市房地产开发投资84.2亿元,增长28.4%。全年市级重点建设工程383项,计划总投资3681亿元,其中当年计划投资915亿元。

城乡建设 2014年,临汾市建设高速公路182千米,大西高铁、中南铁路、霍永高速东段和西段一期建成通车,吉河高速完成路基工程,长临高速和霍永高速西段二期启动建设。临汾机场进入通航前的验收阶段。城西客运站基本建成。新改建农村公路270千米。城市建设步伐加快,编制《市区地下空间利用规划》《南部机场片区控制性详细规划》等重点规划。总投资43亿元汾河河道生态治理工程竣工,总投资42亿元滨河东路贯通工程基本竣工,投资32亿元尧都尧庙片区、投资10亿元洪洞甘亭"六村连片"等11个"两区同建"工程推进基础设施建设。采取PPP模式、"334"延期付款方式,投资16亿元,新建改造市区道路11条,其中五一路贯通、秦蜀路南延拓宽改造、景观大道连接高铁西站、滨河西路北延等市政道路竣工通车,二中路、规划三街南段、中大街南段等工程加快建设。市规划展览馆建成投用,市博物馆、图书馆推进基础设施建设,市奥体中心、临汾学院、山西师大搬迁等项目开展前期工作。市区新建公交站点42个,新增公交车78辆、线路里程54千米。推进改善农村人居环境"四大工程",投资17.8亿元。开展住村联户、片区开发、易地扶贫搬迁等工作,实现脱贫6.1万人。推进"大水网"涉临工程,完成洪洞曲亭水库修复和11座中小型病险水库治理,市区和各县市新改建城市供水网97千米。

社会事业 2014年,临汾市强化教育、卫生、计生、文化等社会事业投入。完成5个县薄弱学校改造,安泽、浮山通过义务教育均衡发展县认定;全市高考二本达线率提高4.6个百分点。新改扩建幼儿园63所,取缔不达标幼儿园336所。市人民医院新院区开诊;县级公立医院改革实现全覆盖。实现"单独二孩"政策稳妥运行。实施曲沃晋国青铜玉器文化产业园、侯马晋园文化城等一批重点文化产业项目;完成第四批国家级非遗项目申报工作,3个项目申报国家级名录;有线电视村村通覆盖率达81%。

改善和提高5万人饮水安全标准。

社会保障 2014年，临汾市新型农村合作医疗保险人均筹资标准由340元提高到390元，参合率达99.3%，重大疾病医疗保障范围增加到23种。7项社保参保总人数达473万人。保障性住房新开工18682套。规范机关事业单位津、补贴，最低工资标准月人均增加160元，企业工资基准线增长13%。全市城镇新增就业5.19万人，转移农村劳动力5.26万人，年末城镇登记失业率为2.48%。

环境建设 2014年，临汾市狠抓能耗强度控制、重点企业节能监管和污染减排，年内万元地区生产总值综合能耗下降3.5%，化学需氧量、氨氮等6项约束性减排指标超额完成省定任务。跻身国家30个节能减排财政政策综合示范城市，成为全省唯一入选城市。尧都区城东老工业区搬迁改造纳入国家试点，浮山县入选国家资源综合利用"双百工程"示范基地，古县入选首批省级低碳市县试点，西山7县成为国家主体功能区建设试点。实施大气环境、水体质量、城乡清洁、生态治理和交通秩序五大提升工程，淘汰黄标车及老旧车3.4万辆；市区改造天然气5万户，空气综合质量指数下降12.7%，PM2.5浓度下降14.9%，空气质量二级以上天数达240天，增加73天。各县市空气质量二级以上天数均达到306天以上。市污水处理厂改扩建一期进入调试阶段。全市主要河流地表水水质持续改善。饮用水源地水质达标率100%。全市营造林3.07万公顷。市区新增绿化面积25.3万平方米，获"山西省园林城市"称号。（李艳洁）

【《临汾市志》出版】 2014年6月30日，《临汾市志》正式出版，同时开展读志用志活动动员会。市委常委、副市长李东洪，省地方志办副主任刘益龄，市人大副主任王金珍，市政协副主席杨益民等出席。市政府副秘书长、市志办主任尉俊主持。市委、市政府对参与编纂的先进集体和个人进行表彰，向参会单位发放《临汾市志》350余套。《临汾市志》编纂工作于2004年12月启动，2013年10月通过省地方志办公室终审，2013年12月由中华书局出版，结束临汾作为府（地、市）级建制276年没有志书的历史。《临汾市志》全书41卷，上溯事物发端，下迄2010年年底，总字数530余万，图、表、照片1200余幅（张），客观地记述临汾自然、经济、政治、社会、文化发展的历史和现状，是中华人民共和国成立后临汾市第一部市本级统志体大型资料工具书。（李艳洁）

【国际名校赛艇挑战赛】 2014年7月27日，"尧都农商银行杯"2014中国·临汾国际名校赛艇挑战赛在汾河生态公园开赛，来自美国、英国、法国、意大利、荷兰、丹麦、新西兰、中国等8个国家、12支国际名校赛艇队伍同场角逐，荷兰阿姆斯特丹大学队获男子组冠军，新西兰奥塔哥大学队获得女子组冠军。（李艳洁）

【晋国博物馆开馆】 2014年10月1日，晋国博物馆正式开馆，填补山西省没有遗址类博物馆空白。晋国博物馆建设周期历经4年、占地220余亩、总投资1.98亿元，拥有300余件珍贵文物。晋国博物馆是依托"曲村—天马遗址"兴建的全省第一座专题性遗址类博物馆，是中国唯一一座完整展示晋文化平台。博物馆于2008年9月经省发改委批准立项，2009年8月31日动工。馆内主要包括晋国历史展厅、遗址发掘史展厅、遗址保护展厅、多功能厅等。（李艳洁）

【人民医院新院区运营】 2014年10月29日，临汾市人民医院新院区投入运营。建成的临汾市人民医院新院区占地25公顷，总建筑面积17.2万平方米，就医床位1500张，绿化率55%，集医疗、教学、科研、防保、康复和急救功能于一体，配备急诊、门诊、医技、住院、120指挥中心、后勤保障、行政科研及供水、供气、供热、供电等保障系统，总投资10.5亿元。（李艳洁）

【"脸谱大桥"通车】 2014年10月31日，临汾市"脸谱大桥"竣工通车。该座桥梁是中国首座展现戏曲文化桥梁，全长647米，横跨同蒲铁路。在桥四周分别设4组高7.2米，长、宽各3.3米巨型脸谱雕塑，花池边和小挡墙上雕刻不同脸谱860个和620个小型花岗岩栏杆，在1号、2号桥涵两侧装饰大型戏剧脸谱，在两桥隔离带有24个脸谱雕塑，雕刻镶装3500多个戏曲脸谱。（李艳洁）

·尧都区·

中共区委书记	赵志坚
区人大常委会主任	任招振
区长	王震
区政协主席	许百龙

【简述】 临汾市尧都区位于北纬35°54′~36°19′，东经111°05′~111°49′，总面积1304平方千米，下辖10镇6乡，9个街道办事处，372个行政村，50个社区。总人口96万人。

2014年，尧都区地区生产总值完成249.5亿元，增长3.7%。固定资产投资完成267.5亿元，增长11.9%；社会消费品零售总额完成208亿元，增长11.1%；公共财政预算收入完成15.96亿元，增长1.5%。城镇居民人均可支配收入达26258元，增长9.1%；农村居民人均可支配收入达11306元，增长11.8%。

"三农"工作 2014年，尧都区新栽植核桃7万亩，总面积达到27万亩。55千米核桃园区循环道路和380眼集雨旱井工程全部完工。新增设施蔬菜1.06万亩、优质水果1.1万亩。粮食总产量达到28.1万吨。投资1.9亿元，实施小型农田水利重点县工程、高标准农田建设等13项基础设施项目。投资5100万元，改造三级联网公路29千米，维护农村公路395千米。农村人居环境改善工程启动。农村"五件实事"年度目标任务完成。澳坤量子挂牌上市，中德农牧、唐明园加工、彦畅春养殖等龙头企业效益提升。新发展农民专业合作社126个。

工业 2014年，尧都区贾得工业园区具备入园条件。投资4.6亿元的15千米园区主干道路、18千米引水工程和展示大厅三项工程全部竣工。太原煤气化300万吨焦化项目产能置换完成；东方恒略（志强钢铁）精密铸件二期项目、永中晟特种水泥粉磨站项目投产运营；宝珠制药易地改扩建项目主体工程完工；北斗导航、中石油昆仑燃气、云鹏药业等项目确定入园。煤矿基建完成投资11.6亿元，原煤产量达到628万吨。

项目建设 2014年，尧都区开展“项目见效年”活动，项目建设“六位一体”指标位居全市前列。年内项目储备完成2500亿元，签约完成165亿元，落地完成196亿元，开工完成193亿元，投产完成163亿元。56个省、市重点项目完成投资153亿元，完成年度任务的113%。恒安新东城美特好超市开业运营。奥特莱斯芭蕾雨嘉励商城、上东世纪CBD晋商大厦及颐高数码广场、生龙国际商贸城、新百汇商业广场、工贸大楼改扩建项目主体工程完工。红星美凯龙家居购物广场、临汾建材家居博览城项目具备开工条件。百汇市场启动搬迁工作。中信空港物流园项目400亩用地指标落实。兴荣物流园改扩建项目启动实施。1000万元小微企业助保贷平台投入运转。国家发改委批复二期12亿元企业债券。

城乡建设 2014年，尧都区涝洰河生态建设工程累计完成投资18.7亿元。龙湾园景观工程建成并向市民开放，福胜园绿化园建工程基本完成。洰河段主园路完成7.8千米，规划北环路东段完成3.6千米。尧贤街北延道路工程启动实施。跨河桥梁工程开工条件基本具备。解放路学校、职业技术学校投入使用。东城医院主体工程完工。全民健身活动中心项目拆迁工作基本完成。开展总投资112亿元、总里程80余千米的16条城市道路工程建设。在东城区，五一东路、枣林街北段、临浮路拓宽改造工程通车；北外环拓宽改造工程路面工程完成；二中路拓宽改造工程地下管网工程基本完成；108国道改建城市道路和华州路东延工程启动实施。在主城区，滨河东路南北延、秦蜀路南延道路工程完工；中大街南延拓宽改造工程开工条件具备；迎春街南延拓宽改造工程批复。在河西区，景观大道工程竣工通车；滨河西路北延、站前北路东段道路工程完工。滨西佳园二期工程竣工。漪汾花园和站北春苑还迁小区主体工程完成。城乡建设用地增减挂钩取得成效，新增建设用地2700余亩。

环境建设 2014年，尧都区开展乡村清洁工程，累计投入4700万元，配置各类保洁清运车1500余辆，建设垃圾收集池600余座，清理垃圾74万立方米。投资7970万元，治理各类燃煤锅炉2100余台。东城新增集中供热面积54万平方米，总面积达到240万平方米。全年植树115万株，绿化景点25处，绿化道路80余千米。创建“环保达标工地”85家。全区空气质量二级以上天数达240天，同比增加73天。

社会事业 2014年，尧都区投资3247万元，新建改建幼儿园9所，维修改造校舍134所；投资1300万元，完成216所中小学教育信息化工程；解放路学校和五一路学校调整补充教师155名，招聘136名高校毕业生充实教育一线。公立医院综合改革完成。投资1170万元，实施吴村、大阳等5个乡镇卫生院改建工程；2014年支出新型农村合作医疗保险参保人员医药费1.6亿元；招聘81名临床医务人员，划转、调整、招聘80名食品药品监管人员。文化体育方面，完成4个乡镇、街道体育健身广场和8个街道、20个社区文化设施配套建设。

社会保障 2014年，尧都区就业和社会保障服务中心大楼与4个乡镇服务站项目主体工程完工；新开工建设保障性住房4700套；投资5287万元，提高城乡居民医疗财政补助标准；发放低供煤13.7万吨。

社会治理 2014年，尧都区推进食品药品监管体制改革。行政审批事项由原来的121项精减到115项，平均办理时限由20个工作日压缩到7个工作日。落实安全生产责任，排查整治安全隐患8200余条。打击私挖盗采，矿业秩序持续稳定，年内未发生重大安全生产责任事故。加强和创新社会治理，街道社区办公活动场所条件改善，提升网格化管理水平。重视信访维稳工作，开展“打黑除恶”专项斗争。

（尉晨光　许小梅）

·曲沃县·

中共县委书记	朱晓东
县人大常委会主任	刘　伟
县　　长	郭惠勇
县政协主席	薛经纬

【简述】 曲沃县位于北纬35°33′~35°51′，东经111°24′~111°37′，总面积437.9平方千米，下辖5镇2乡，158个行政村。

2014年，曲沃县地区生产总值完成87.3亿元，同比增长7.1%。固定资产投资完成72.8亿元，增长27.6%；公共财政预算收入完成3.02亿元，增长0.91%。城镇居民人均可支配收入达24287元，增长8.3%；农村居民人均可支配收入达11361元，增长11.4%。

工业 2014年，曲沃县规模以上工业增加值达45.6亿元，增长10%。建设千万吨级钢铁工业园区，支持园区企业实施煤气发电、钢渣综合处理、酸性球团竖炉等循环配套改造项目，重点推进全县钢铁产业重组壮大工作，采用“联合发展、抱团取暖”的手段，以立恒公司为主导，联合通才和周边县市5家钢铁企业组建成立晋南钢铁贸易公司，增强企业的区域市场话语权和抗风险能力。马庄新型装备制造园区内亚华年产5000万只彩喷盖生产线建成并投入使用。三星精密铸造园区内三星公司与北京好利阀业公司合作兴建的5万吨阀门阀体项目基本建成并即将投入运营。推进山西国际陆港曲沃项目园区和紫金山黄金产业开发园区基础设施、手续办理等前期工作。分别与江苏正信集团和能新集团签署光伏发电新型产业合作项目，为曲沃县工业经济转型奠定基础、拓展空间。

农业 2014年，曲沃县实施晋

之源系列农业园区扩容提质工程，完成晋之源高显汾河滩涂循环农业园区、里村红提葡萄园区和杨谈精品水果园区的产业配套以及核心区建设，重点推进晋之源太子滩现代农业示范园区建设，高标准建成高科技智能温室、特种水产养殖、双千亩莲鱼共养、晋国历史文化游览等六大区域，成为曲沃县集示范引领、科研推广、市场销售、有机循环和旅游观光为一体的现代农业综合园区。新发展设施果蔬1200亩、露地果蔬3800亩。2014年，山西省共确定县一级的国家级现代农业示范区3个，曲沃县成为临汾市唯一一家。推进立天万只羊场、泽宇万头猪场、坤旺百万只肉鸡等一批规模养殖小区建设，实施汾河生态治理、水库除险加固、土地复垦整理等一批农田水利基础设施建设工程。

文化旅游 2014年，曲沃县推进以弘扬"晋文化"为主题的"六区一线"精品文化旅游带建设。其中浍河自然风景区内的晋都民俗风情园实施仿晋建筑群、明清四合院等工程，浍贤庄园以晋文化和浍河精神为主要内容的提质升级改建工程基本完工，通浍大道全线铺油通车。桥山黄帝文化风景区完成1000亩山体绿化、祭祀平台加固和游客接待服务中心建设，旅游路项目获得山西省交通厅批复立项。太子滩温泉休闲度假区主干道路拓宽改造和17栋仿晋庭院建成。晋国文化旅游区建设取得重大进展，历时5年的晋国博物馆建设工程竣工，10月1日开馆，并举办中国文化遗产日山西省主会场活动。全县六大景区全年接待游客80万人次，旅游创收超亿元。

城乡建设 2014年，曲沃县新东城商业广场和幼儿园建成并投入使用，晋都文化中心、国际酒店、党校党员培训中心和法院审判大楼等工程进入内外装修阶段。推进晋韵华府、晋都御苑、兰乔圣菲等大型住宅小区和吉祥南路、韵都步行街、110千伏变电站以及广电、人社、移动等单位的便民服务中心建设。高标准完成晋园的绿化、美化、亮化和循环水域、大型音乐喷泉等各项配套工程，5月1日对外开放。东关紫金苑住宅小区一期工程封顶。曲村镇被列入全国重点镇建设行列，完成部分主干道路绿化亮化和公共卫生间建设。西海村被评为"省级美丽宜居示范村"。开展城乡环境卫生综合整治活动，临汾市"环境提升年"现场会在曲沃县召开。

社会事业 2014年，曲沃县落实"五项惠民工程"。开展曲沃中学生活区附属配套工程建设，曲沃二中食堂、宿舍楼和15所中小学维修改造以及6个村级幼儿园改扩建工程竣工。完成600户农村困难家庭危房改造任务，公开公平分配234套廉租房，新建102套廉租房和100套经济适用房。翻修改造47千米县乡循环道路和5.1千米城南循环道路并全线至通车。生活垃圾无害化填埋场和中水回用基础建设基本完工。有线电视数字化整体转换入户工程实现县城全覆盖。高考二本B类以上达线人数达1002人；公开招录30名高校毕业生充实中小学教师队伍。县人民医院附属工程竣工，并被国家卫计委确定为全国重点扶持的500家县级医院之一，达到90%以上患者不出县的医改目标。城镇新增就业4385人，转移农村劳动力4617人，安置失业人员再就业926人。（张淑霞）

·翼城县·

中共县委书记	郭行杰
县人大常委会主任	李殿粱
县长	杨春权
县政协主席	李伦

【简述】 翼城县位于北纬35°23′~35°52′，东经111°34′~112°03′，总面积1168平方千米，下辖6镇4乡，212个行政村，878个自然村，6个社区。户籍人口31.8万人。

2014年，翼城县地区生产总值完成68.8亿元，同比下降3.5%。固定资产投资完成68.9亿元，同比增长26.4%；社会消费品零售总额完成35.8亿元，同比增长11.3%。财政总收入完成6.9亿元，同比下降28.6%。其中，公共财政预算收入完成4.5亿元，同比下降18.3%。

农业 2014年，翼城县粮食播种面积68.2万亩，同比增长4.9%；粮食总产24.7万吨，同比增长26%；农业增加值完成8.7亿元，同比增长5.8%。新发展干鲜果经济林4500亩，苹果产量近15万吨，产值达6亿元。

工业 2014年，翼城县规模以上工业增加值完成19.6亿元，同比下降22.4%。从主要工业品生产情况看，除铸件产量同比增长29.1%以外，其他产品产量均下降。帮扶实体经济，酒钢集团山西翼城钢铁有限公司推进复产重组工作，促进19家企业达成贷款意向2.1亿元，晋源、永益、振丰等企业生产经营基本稳定，飞翔、福旺、励鑫等企业先后复产，首旺采区搬迁工程按期竣工并投入生产。建立地方与整合煤矿合作发展联席会议制度，为煤炭企业减负3300余万元，达成销售意向合同200余万吨。加快产业转型，培育新的经济增长点，与阳煤集团、京能集团就煤电化园区建设达成三方合作协议。

文物旅游 2014年，翼城县里曹公四圣宫、武池乔泽庙和南撖东岳庙三处国家级文物保护单位完成保护规划，上报国家文物局审批。投资118万元，进行乔泽庙、四圣宫全国重点文物保护单位消防安全工程项目建设。乔泽庙进行步道铺设、舞楼前小广场、献殿、月台绿化展示设计和厕所修建工程建设。由省考古研究所、临汾市文物局、县文物旅游局组成的联合考古队，投资400万元进行大河口霸国墓地二次考古发掘工作。投资130万元，完成"苇沟—北寿城"遗址省级重点文物保护单位的考古调查、勘探、试掘工作。总投资3.1亿元的历山景区开发项目正式签约，投资150万元完成历山风景区详细规划。聘请山西河岳环境景观规划设计有限公司编制2013—2025年古绵山旅游景区、佛爷山旅游景区总体规划。推进城内南十字历史文化街区保护、开发建设项目修缮工程，按照原样恢复西城门楼和部分民国商铺。

社会事业 2014年，翼城县涉及民生的财政支出达到3.2亿元，同比增长19.19%，占公共财政预算总支出的21.43%。教育教学质量提升，中考、高考成绩位居全市前列。县、乡、村三级医疗卫生服务网络完善。全额兑现事业单位人员绩效工资，实现工资提标、烤火费上涨，住房公积金、城乡居民养老保险、农村合作医疗等民生项目财政补贴标准提升。县城背街小巷硬化工程全部完成，三座高标准公厕投入使用。县公共文化活动室完成建设，开展送戏、电影、文艺节目下乡活动。加强县城规划管理，严厉打击非法占地和违法建设行为。开展“环境提升年”活动，农村环境连片整治工程基本完成。

政府建设 2014年，翼城县县委、县政府开展“改革创新年”活动，实施各项重点改革，推进行政审批制度改革，简政放权。翼城县行政服务中心投入使用，“一网多平台”开始试运行。实施工商注册登记制度改革。加快财税体制改革，完成煤炭行业“清费立税”任务，多措并举化解政府性债务2.9亿元，“三公”经费同比下降53%。实现申报国家级科技项目和民营企业技术中心建设两个“零的突破”。启动政府机构改革，完成工商、质监管理体制调整工作。全县两委换届选举工作完成。

安全生产 2014年，翼城县开展以“强化红线意识、促进安全发展”为主题的“安全生产月”活动和应急预案演练活动。全县开展以“六打六治”工作为重点的安全生产整治活动，夯实安全生产基层基础。在“六打六治”工作中，对施工图纸、施工方案不规范或无施工图纸的6家建设矿井责令限期整改，对未办理安全设施“三同时”手续的2家铁矿采取强制措施查封绞车，对其他7家长期处于停工状态的铁矿进行现场告知。对存在操作不规范行为的5家气瓶充装单位，下达特种设备安全检查指令书；填埋非法采矿点1处，销毁生产设备2台；对手续不全或过期的1家砖厂、1家玩具厂、1家搅拌站、1家电子厂、2家加油站、7家沙场进行查封；取缔非法加油点8家、非法采砂点4个。（程铭泰）

·襄汾县·

中共县委书记	王国平
县人大常委会主任	张拽牛
县长	张宏志
县政协主席	王建中

【简述】 襄汾县位于北纬35°40′~36°03′，东经110°06′~111°40′，总面积1034平方千米，下辖7镇6乡，348个行政村。总人口498113人。

2014年，襄汾县地区生产总值完成122.24亿元，增长6.9%。财政总收入完成13.29亿元，公共财政收入完成74660万元。固定资产投资总额完成105.18亿元，同比增长26.2%。粮食总产量51.73万吨，增加23%。社会消费品零售总额37.02亿元。城镇常住居民年人均可支配收入达24190元，农村居民年人均可支配收入达10391元。

农业 2014年，襄汾县整合捆绑使用涉农资金3630万元，扶持襄陵现代农业、新城万亩官滩红枣、汾城万亩核桃经济林、南贾君源肉羊养殖加工4个精品园区发展。实施碧云天、大自然两个年产10万吨饲料等项目，年产值超500万元的农业企业达28家，实现销售收入6.7亿元。无公害产品认证总量达48个、无公害产地认定总量76万亩。实施标准化规模健康养殖，基本形成以生猪和蛋鸡饲养为主，羊、兔等草食家畜全面发展的养殖格局。肉类总产量4.2万吨，蛋类总产量1.98万吨，奶类总产量0.23万吨. 各类规模养殖场达340个，新建扩建标准化养殖场、养殖小区20多个。

项目建设 2014年，襄汾县实施新金山100万吨高速线材、中升100万吨高速线材等项目。新增圣瑞合煤矿支护产品、欣嵘铸造汽车制动器铸件等6个新兴项目。推进工业园区建设，河东冶金焦化工业园区获市政府批准；河西煤化工园区规划、环评获得批复；辉瑞制药一期、二期工程竣工。县内9家金融机构与21个企业达成6亿元合作意向，为10家中小企业担保贷款1.8亿元。碧云天、大自然两个10万吨饲料项目投产运营，昌祥建材粉煤灰加气砼砌块、东雄保温材料玻璃棉等项目完工，推进晋润现代农产品冷链物流项目建设。

项目建设 2014年，襄汾县开展“项目见效年”活动，实施省、市、县重点项目75项，其中省市重点项目中5个完成建设、11个按计划推进，县级重点工程项目中有39个达到进度或投产投用。在临汾市“六位一体”考核中，襄汾县全部超额完成市定目标任务。组织参加各类招商洽谈活动，引深“回归工程”，先后签约或引进江苏振发、常州正信光伏发电等20个项目。

城乡建设 2014年，襄汾县实施府前街、东风商贸城道路改造等路网改造工程和石油公司等棚户区改造工程。实施人社、供电等业务办公用房工程和二级汽车站等4项功能性工程，开工建设仁河新城、御景紫苑等16个商住小区，完成琨海建材城等市场工程和第三小学路等西扩路网建设工程。完成汾河治理与生态修复工程、滨河东路5个标段和台襄线改线路基涵洞工程，获批赵福线和108国道县城过境公路改线项目。采取市场化运作办法经营县城，对县城集中供热、环卫作业等进行托管运营。开展市政设施、市容市貌等7个专项整治。古城镇、汾城镇获全国重点镇称号。投资1400万元实施汾城鼓楼南北街及周边道路改造等基础设施建设工程。推进完善提质、农民安居、环境整治和宜居示范四大工程，打造9个县级、21个乡镇级美丽宜居示范村。

文化旅游 2014年，襄汾县投资2080万元，实施汾城古建筑群、赵康普净寺修缮工程。引进广东中惠源公司对丁村、汾城等六大景区进行开发，龙澍峪景区开园营业，全年共接待游客40万人次。东岭滑雪场二期投入运营，东岭全民健身户外活动中心成为全市十大体育休闲健身园区之一。发展观光农业，推进荷花公园主体工程建设。开展荷花文化旅游节、尉村跑鼓车节、赵氏孤儿忠义文化节、龙澍峪祈福节和陶寺龙文化节等活动。平阳麻笺和小米醋酿造制作技艺入选第四批国家级非遗保护项目目录，5人被评选为省级项目代表性传承人。唐人居四合院展厅、大美古韵生产基地二期工程完工，天圆古玩城、圣尧古玩市场和美畅数字影院投入使用。创作历史剧《赵氏孤儿》、现代剧《骨髓情》等作品。动漫《大能人解士美》在央视教育频道和山西卫视少儿频道播出。为乡镇文化站配送电脑，开展送书、送戏、送电影活动。

环境建设　2014年，襄汾县开展"环境提升年"活动，开展农业面源污染、扬尘治理和工业减排工作，推进宏源、腾达等5家企业环保设施升级改造，关停淘汰新金山转炉、成功焦化等落后产能，取缔锅炉120蒸吨。5家铁路发运站台建成防风抑尘墙和喷淋设施，45家加油站完成油气回收改造，12个建筑工地全部设立防尘设施。10家畜禽养殖场粪污治理工程投入使用，农村连片整治示范项目16个行政村通过验收。二氧化硫、氮氧化物等六项污染物约束性指标全部低于控制目标。完成营造林2.75万亩，植树200万株，绿化覆盖率达39.94%，县城环境空气质量二级以上天数348天。

社会事业　2014年，襄汾县第三幼儿园、特殊教育学校建成并投入使用，10所农村幼儿园改扩建和48所农村寄宿制中小学校食堂改造工程完工。普通高考1本达线1468人。新建农村老年人日间照料中心9个，改造农村困难家庭危房416户，分配廉租房496套，发售限价房400套。五大保险参保人数42.8万人次，征缴社保基金2.2亿元，发放社会救助资金429万元。新增城镇就业6530人，转移农村富余劳动力7490人，为教育、卫生等系统招聘公职人员70人。

安全生产　2014年，襄汾县开展"知责、履责"谈心谈话、安全生产大检查和"六打六治"打非治违专项行动，排查整改隐患3377条。开展"百日双百案"和"大排查、大调解"专项活动，处理来信来访1131件次，排查调处矛盾纠纷104起，上级交办的52案全部办结。推进打黑除恶、"丁陶净土"、缉枪治爆等专项行动，强化公共场所和街面巡逻防控工作力度，社会大局保持稳定。　（王建刚）

·洪洞县·

中共县委书记　王黎明
县人大常委会主任　李世杰
县长　郑步电
县政协主席　魏金顺

【简述】　洪洞县位于北纬36°14′~36°32′，东经111°22′~111°52′，总面积1493.8平方千米，下辖9镇7乡，463个村委会。

2014年，洪洞县地区生产总值完成165.60亿元，增长6.3%。公共财政预算收入完成11.47亿元，增长0.1%；固定资产投资完成141.1亿元，增长1.6%；社会消费品零售总额完成48.9亿元，增长11.4%。城镇居民人均可支配收入达21615元，增长7.7%；农民人均纯收入达9294元，增长12%。

农业　2014年，洪洞县粮食总产量达4.7亿公斤。天泽现代农业示范园发展色叶苗木400公顷，薰衣草100万株，智能温室19座；全县新增设施蔬菜413公顷，药材400公顷，核桃307公顷，果树233公顷；"洪洞莲菜""曹家庄蔬菜"等一批地标性农产品成功认证，29个"一村一品"建设任务全部完成。

工业　2014年，洪洞县限额以上工业增加值完成76.85亿元，增长9%；下属恒泰南庄、基安达、陆成煤业3座煤矿实现联合试运转；恒古煤矸石空心砖、舜风洗煤改扩建、鼎盛达活性钙等项目建成投产；山焦焦炉技术改造完成并投入使用；四大工业园区完善基础设施，服务水平逐步提升，全年完成产值150亿元，实现利税10.3亿元。

旅游业　2014年，洪洞县获"中国最具价值文化(遗产)旅游目的地"称号；大槐树景区5A级景区创建工作、兴唐寺造父纪念堂建设进展顺利；明代县衙文化旅游景区建设工程启动建设；筹资3800万元，对广胜寺、净石宫、关帝庙进行保护修缮。丰富旅游产业内涵，举办第24届大槐树文化节、三月三走亲习俗等民间传统活动，开发元代壁画宣纸画、《赵城金藏》竹简卷轴等旅游商品。全年接待游客470万人次，门票收入6200万元。

城乡建设　2014年，洪洞县完成汾河48千米的城区段深度治理、城郊段中度治理和远郊段一般治理工作，城区蓄水量达600万立方米，绿化面积85万平方米；全长14千米的滨河东路贯通工程基本竣工。大槐树文化中心广场向市民开放，涧南东街、白杜公路建成通车，大西高铁客运站投入使用。解决3500口人的饮水安全问题，改造农村电网30千米、铺设天然气管网100千米，修复残垣断壁315处，粉刷面积2.2万平方米，清理垃圾19.8万吨。关闭取缔29家非法洗选煤和土石灰窑企业；城区新增集中供热26万平方米，新增天然气用户1万户；全年造林0.19万公顷，植树297万株；城区空气质量二级以上天数达339天，一级天数达86天。

民生建设　2014年，洪洞县投资1.5亿元的职业中学投入使用，完成3所农村幼儿园改造、171所薄弱学校建设和高中教师的补充招录工作，为3000余名五类特殊家庭学生发放补助400万元。推进县级公立医院改革，新型农村合作医疗保险参合率达99.6%。通过文化部"全国文化先进单位"复查验收；举办全省秧歌大赛、"魅力百村欢乐行"和"百村书屋话德孝"等群众喜闻乐见的活动，获"山西省农家书屋工作先进集体"称号。各类保险参保人数达63.3万人；全年新增就业岗位5840人，转移农村劳动力6515人，培育新型职业农民1200人。发放低保和救助金9000万元、低供煤21万吨；建成3所老年人日间照料中心，完成3468套保障性住房建设和1800户农村危房改造任务。

安全生产 2014年，洪洞县落实安全生产“一岗双责”，开展“风雷二号”和“六打六治”等专项整治行动，关闭取缔一批非法违法生产经营企业。推进“六六创安”工程，打击各种违法犯罪行为，创建“省级平安县城”，获中国城市管理进步奖和社会治理创新范例50佳荣誉。开展双拥优抚工作，通过“省级双拥模范县”验收。

政府建设 2014年，洪洞县政府办理各类审批事项10252件，取消行政审批项目5项，合并6项；编制完成《洪洞县人民政府职能转变和机构改革方案》；完成食品药品监督管理职能划转和工商、质监部门管理体制调整。开展涉煤收费清理规范工作，暂停2项基金征收，取消7项涉煤收费，撤销8个县属煤焦收费站。争取落实城乡建设用地增减挂钩指标100公顷，完成3个村土地确权颁证试点工作。 （王俊平 张甜甜）

·古 县·

中共县委书记 李 菲*
县人大常委会主任 辛普选
县 长 李 强
县政协主席 李朱锁

【简述】 古县位于北纬36°02′~36°03′，东经111°27′~112°11′，总面积1206平方千米，下辖4镇3乡。年末总人口9.26万人，人口出生率8.12‰，人口自然增长率4.53‰。

2014年，古县地区生产总值完成44.75亿元，增长8.6%。公共财政预算收入完成4.78亿元；固定资产投资完成50.23亿元，增长27.3%；社会消费品零售总额完成8.38亿元，增长13.3%。城镇居民人均可支配收入达24450元，增长7.3%；农民人均纯收入达7991元，增长10.7%。

农业 2014年，古县种植粮食面积稳定在1.6万公顷以上，总产量达到7142万公斤，增长21.7%，依托省市核桃经济林发展项目，栽植核桃0.087万公顷，36万余株，综合管护300万株。全年核桃产量达到500余万公斤，产值1.2亿元，农民人均增收1700余元。实施中低产田改造，机械化保护性耕作，小流域治理、山洪灾害防治非工程措施等农田水利项目，农业发展基础进一步夯实。古县成为国家级农业综合开发县、山西省十大养牛重点县之一。巩固7大农业示范园区，调整农业产业结构，中药材、小杂粮、特色种养殖等规模不断扩大。抓住国家发展木本油料作物的政策机遇，发展油用牡丹333余公顷。

工业 2014年，古县工业增加值完成25.6亿元，增长13.6%。新增1座生产矿井，全县煤炭投产产能达到495万吨。瓦斯治理全覆盖工程深入推进，东瑞煤业瓦斯发电项目前期工作进展顺利。国新正泰焦炉煤气制备天然气项目联动试车，利达焦化6万吨合成氨进入试运行。加大招商引资力度，森润白鸽4万吨刚玉不定型耐火材料项目开工建设，全市规模最大的佳盛能源60兆瓦光伏发电一期工程并网发电，铝土矿资源合作开发项目前期工作取得进展。

旅游开发 2014年，古县举办第七届牡丹文化旅游节。对接“美丽山西休闲游”活动，在霍山景区举办首届“阖家登高、暖意重阳”登高节。党家山生态农业观光园成型，为古县旅游业发展增添新力量。

城乡建设 2014年，古县编制完成总体城市设计，县城规划范围延伸至岳阳镇偏涧村。文昌新区二期工程完工。投资3300余万元，完成相如路、丹凤路、平阳街、康庄街四条主要街道地下管网和路面改造工程。启动古县旅游出境公路建设工程。协调国省项目，长临高速如期开工。309国道旧县段红卫桥和三堤桥拓宽加固工程主体完工。霍泉旅游通道通车运行。乡村道路危险路段安保工程实现全覆盖。完成4个乡镇11.1千米农村公路硬化改造任务。农村电网改造、岳阳变电站增容工程按期完成。

环境建设 2014年，古县推进“环境提升年”活动，实施大气环境、水体质量、城乡清洁、生态治理和交通秩序五大提升工程。推进节能减排，全县万元国民生产总值综合能耗及化学需氧量、氨氮、二氧化硫等指标完成市定任务。城区环境空气质量二级以上天数达308天，其中一级天数17天。古县被确定为临汾市唯一省级低碳试点县。实施生态林业工程，古县被山西省政府授予“山西省林业生态县”。

社会事业 2014年，古县优化教育资源配置，将北平中学、南垣中学撤并纳入古县三中。为全县中小学生及幼儿缴纳意外伤害保险。投资100万元进行校舍维修改造，投资184万元对24所学校安全隐患进行整治。出资170万元，对优秀教育工作者进行表彰和奖励。公开招聘高中教师13名。新建古县人民医院装修完工，进入设备安装阶段。投资100万元，完成35个村卫生室提升工程。深化医药卫生体制改革，十一项基本公共卫生服务项目标准提升。农村妇女“两癌”筛查任务全部完成。新开工建设保障房300套，基本建成337套。老年人日间照料中心初步建成。实施残疾人阳光家园托养服务工程，为全县二级以上残疾人发放生活补助资金160余万元。 （毛华丽）

·安泽县·

中共县委书记 任秀红（女）
县人大常委会主任 韩建辉
县 长 毛跟云
县政协主席 王孝恩

【简述】 安泽县位于北纬35°53′~36°32′，东经112°05′~112°34′，总面积1967.3平方千米，下辖4镇3乡，103个行政村，513个自然村。总人口8.3万人。

2014年，安泽县地区生产总值完成46.27亿元，增长4.7%。规模以上工业增加值26.76亿元，增长5.2%。固定资产投资5278亿元，增长26.7%。社会消费品零售总额7.91亿元，增长13.5%。公共财政预算收入48827万元，增长0.45%。城镇居民人均可支配收入达22050元，增长9%。农村居民人均可支配收入达 7300 元，增长 11.1%。

项目建设 2014 年，安泽县加大结构调整力度，推进转型综改。工业：唐城煤焦化深加工工业园区总体规划、产业规划获批复；园区外环路、园区管理中心展厅等工程推进基础设施；园区移民工作支付资金 3400 余万元，签订协议 127 户。玉和泰 120 万吨坑口洗煤项目实现试运行；安鑫煤业 120 万吨、登茂通 90 万吨煤矿基建工程全部完成。6×100 万千瓦煤电一体化项目进入可研阶段。

农业 2014 年，安泽县实施 0.04 万公顷中低产田改造、0.47 万公顷秸秆还田、和川小流域治理等工程。开展“核桃管理年”活动，打造 8 个千亩示范园区；引进广州香雪制药，进行连翘收购和初加工；以无害化处理设施建设为重点发展规模健康养殖，全县规模大户达到 214 户，畜禽总量达到 164 万头（只）。与省农科院多次对接，为农业产业发展引入科技元素；发展设施农业，新发展蔬菜日光温室 72 座、春秋棚 245 座。

第三产业 2014 年，安泽县发展文化旅游业，重点实施荀子文化园内涵提升、月亮湾公园对面山系亮化等工程。社区服务、商贸服务及现代物流业发展步伐加快，三产水平得到提升。

城乡建设 2014 年，安泽县重点实施“一纵一横”旧城改造提升、保障性住房、县城绿化改造等城建工程。在“一纵一横”工程建设上，“一纵”市政及还迁楼工程全部完成。中南铁路全线贯通；推进安泽火车站站前广场建设。完成畅源街、育英街路面铺装、人行道及下水道改造，改善县城居民出行条件。完成 1300 余盏太阳能路灯的维修工作和 370 套农村危房改造任务，完成镇村通道绿化工程。重点实施城乡公交项目、杜村河阳至马壁石槽的乡镇连通路、唐城工业园区外环路等交通工程，基本实现镇通公路大循环。加快和川移民搬迁安置工作，搬迁安置 208 户，达到规划数的 70%。完成“两山两林两区”造林任务 0.28 万公顷。

民生事业 2014 年，安泽县实施“十二年教育全免费”等惠民工程，加强校长、教师“两支队伍”建设，提升教育教学水平。投资 2 亿余元，以全省第三的优异成绩通过“全国义务教育均衡县”验收，实现标准校舍、标准装备、信息技术、优师配备、免补政策“五个全覆盖”。投资 225 万元，实施冀氏、和川 2 个乡镇卫生院医疗服务能力提升工程。启动县医院门诊医技综合楼项目；执行零差价销售，实施新型农村合作医疗保险制度，实现“三免一降”，缓解群众看病难、看病贵问题。奥体中心网球馆建成投用；举办第二届“感动安泽”系列人物评选活动、“文明、和谐、健康、快乐”主题运动会和消夏月群众文化活动；开展“乐在周五”“农民健身舞”活动，文化进村实现全覆盖。新增就业岗位 908 个，城镇失业人员再就业 158 人，转移农村富余劳动力 1789 人。加强养老、医疗、工伤、失业等保险工作。强化农民工工资保障工作，为劳动者追讨工资 522 万元。

安全生产 2014 年，安泽县落实安全生产责任制，以“零容忍、严执法、重实效”的要求，开展安全生产大检查和“六打六治”打非治违专项行动。狠抓隐患排查治理，处置 5 起过境危化品运输车辆泄漏险情；协助古县处理脱硫液泄漏。强化县森防大队、乡应急分队、村瞭望监控的森林防火体系建设，全年未发生森林火灾。加强和完善“三级中心、一网一格”社会服务管理体系，统筹建立三级矛盾纠纷调解中心，强化社会管理和服务。建成县级公安机关 350 兆数字集群通信系统建设，完善打防管控一体化的防控体系，打击各种犯罪。

政府建设 2014 年，安泽县完成全县 103 个村的“两委”换届工作。完善农村支部书记递进激励机制，提高离任干部生活补贴发放标准，制定农村现任“两委”班子成员岗位报酬发放办法，保障农村干部的工作和生活待遇。开展“双引领双服务”活动，新增“双引领”示范村 7 个，创业党员比例和每个村集体经济收入比上年增长 10%以上。实行“一案三报告”，受理案件线索 39 起，查结 14 件，开展打黑除恶，打击处理涉案犯罪人员 4 人，破获各类涉恶案件 10 起。

（尚晓玲）

·浮山县·

中共县委书记	孙京民
县人大常委会主任	李　凡
县　　　　长	梁秀娟
县政协主席	段玉明

【简述】 浮山县位于北纬 35°49′~36°06′，东经 111°41′~113°13′，总面积 946 平方千米，下辖 2 镇 7 乡，2 个居民委员会，185 个村民居委会，总人口 130057 人，其中男 66699 人，女 63358 人。

2014 年，浮山县地区生产总值完成 46.96 亿元，增长 5.9%。规模以上工业增加值完成 29.54 亿元，增长 7.6%；固定资产投资完成 38.02 亿元，增长 26.8%；社会消费品零售总额完成 7.4 亿元，增长 11%；公共财政收入完成 1.98 亿元，与上年持平。城镇居民人均可支配收入达 23063 元，增长 9.3%；农村居民人均可支配收入达 6993 元，增长 11.7%。

项目建设 2014 年，浮山县 30 个重点项目、20 项重点工程、10 件惠民实事累计完成投资 31.4 亿元。项目储备 910 亿元，签约 110.5 亿元，落地 48.72 亿元，开工 37.76 亿元；省市重点项目建设 31.3 亿元，投产 33.27 亿元。中强煤焦电化材一体化园区完成投资 6.2 亿元；引沁入汾浮山供水工程落地并开工；临浮一级路建设纳入全省高速路网建设规划，启动前期工作；中南铁路浮山客运站建成投用。中强煤焦电化材一体化园区累计投资 8 亿元，完成焦化、热电项目的桩基、厂前区和园区路网建设，矿用聚氨酯和节能板材项目开工建设；福山煤业完成升级改造，通过竣工验收。

“三农”工作 2014 年，浮山县“印象田园”生态农业示范区完成漫道系统、环水库道路和水库加固工程，设施农业体验区、锦绣园林观赏区和休闲养生度假区三大板块形成；

新建春秋大棚550座；玉杰循环农业形成“玉米种植–食用菌生产–饲料加工–生猪养殖–沼气和肥料利用”全封闭循环产业链条。

城乡建设 2014年，浮山县城区供热面积达71万平方米；集中供气中压管线覆盖率达95%；全年造林0.28万公顷；累计拆除燃煤锅炉281台，淘汰黄标车、老旧车530辆，县城空气质量二级以上天数保持在300天以上；实施18个村的环境连片整治示范工程；开展农村环境卫生整治工作，聘用农村保洁员272名；投资130万元，配备城乡三轮保洁车、垃圾收集清运车等现代化设施；投资800万元，解决9个乡镇58个自然村12000口人的饮水困难问题；完成5个村的“通返不通”道路建设。

民生事业 2014年，浮山县用于民生事业的支出4.67亿元，占公共财政预算支出的54.2%。县第三幼儿园按期建成并投入使用；通过政府购买公益性岗位，公开招聘50名大中专毕业生；为考入大学的新生发放助学金100万元。启动县级公立医院改革工作；新型农村合作医疗保险参合率达99.4%。完成清微观、老君洞修缮工程；县文体中心美术馆、文化馆和职工活动中心、老年活动中心、青少年活动中心竣工并投入使用。全年新增就业3241人，城镇登记失业率控制在4%以内；各类社会保险累计参保13.13万人次；为432名大学生办理生源地信用贷款278万元；发放各类民政救助资金4184万元。

安全生产 2014年，浮山县排查治理各类安全隐患3523条；全县5家非煤矿山企业、19座尾矿库达到安全标准化三级，1座尾矿库达到安全标准化二级；加快非煤矿山办证进度，全县12家企业领取《采矿许可证》，5家新领取采矿证的铁矿企业进入安全设施“三同时”；清理非煤矿山收费项目，取消收费项目5项，降低收费标准6项，每吨铁矿石减免规费24元，每吨炸药下调价格1200元。

政府建设 2014年，浮山县清理处置违规配备公务用车47辆，清退超标办公用房1288平方米，节约“三公”经费426.56万元。实施主要领导“五不直接分管”制度，建立“正职监管、副职分管、集体领导、民主决策”的工作机制；将原浮山宾馆改建为县政务服务中心，整合行政审批、便民服务、公共资源交易、行政监察、电子政务、党建服务和社会管理等七项职能，形成功能齐全、服务便捷、监督有效、公开透明的政务服务体系。

（李彤新 陈聪聪）

·吉 县·

中共县委书记 郝忠祥
县人大常委会主任 孔繁新
县 长 刘 浩
县政协主席 吴忠民

【简述】 吉县位于北纬35°53′~36°21′，东经110°27′~111°07′，总面积1777.26平方千米，下辖3镇5乡，75个村民委员会，567个自然村。总人口108947人。

2014年，吉县地区生产总值完成18.71亿元，同比增长5.1%。规模以上工业增加值完成6亿元，同比增长5%；全社会固定资产投资完成29.1亿元，同比增长29.2%；社会消费品零售总额完成6.1亿元，同比增长13.1%；财政总收入完成2.6亿元，同比增长5.9%；公共财政预算收入完成1.2亿元，同比增长1.2%。城镇居民人均可支配收入达15842元，同比增长8.4%；农村居民人均可支配收入达3978元，同比增长11%。

项目建设 2014年，吉县开展“项目见效年”活动，实行县级领导包联重点项目责任制，落实项目工程手续办理、资金管理、服务承诺、调度推进等一系列措施办法，项目“六位一体”目标任务完成。完成投资22.23亿元，实施苹果、旅游、工业、城乡建设、民生改善等项目工程。

农业 2014年，吉县新发展果园1.5万亩，打造东城垣7000亩农业生态观光示范园区；创建技术革新示范园80座、新技术应用果园2.3万亩，完成减密间伐1万亩；试点开发有机转换果园2.5万亩；顶吉食品、达明一派、富开源等龙头企业建成投产，澳坤量子冷藏库、有机肥生产基地启动实施。全年苹果总产量16万吨，总产值8亿元，果农人均果品收入6000元；出口苹果400余吨，创汇32.4万美元。

第三产业 2014年，吉县推进壶口瀑布国家5A级景区创建工作，启动壶口古窑洞群修复、展示中心建设等项目；加快推进人祖山开发建设，完成人祖山景区遗址发掘修复、祭祀广场布局、旅游循环公路建设、人祖文化国际大厦装修等工程；推进品牌建设，中央电视台连续三年在国庆假期对壶口瀑布进行直播，壶口的知名度和影响力扩大，接待游客人数、旅游综合效益再创新高。落实省、市、县推进煤炭经济发展的政策措施，为煤炭企业减负松绑解困；加强安全监管和运行监测，组织企业参加煤博会、煤炭订货会等活动。把握国家“能源革命”的政策机遇，推进新能源开发利用，中石油、中石化钻探煤层气井962口，产气6460万立方米；中油中泰集中供气用户达3148户。

城乡建设 2014年，吉县推进新城区建设，实施老城区改造。吉河高速公路路基工程基本完成，县乡道路改造东城—狮子河、狮子河—东石泉、管头山—文城段建成投入使用，中垛—三堠、大庄—南光段推进工程实施。开展“环境提升年”活动，整治市容市貌，取缔私搭乱建，改造燃煤锅炉，淘汰黄标车及老旧车，城乡环境得到改善。编制《改善农村人居环境规划纲要》，开展土地确权试点工作，加大农村基础设施建设投入力度，完成农村危房改造1534户、移民搬迁664户，实施农村饮水提高、黄土高原综合治理、造林绿化等工程，新建“一村一品”专业村7个，新增设施蔬菜面积123亩，农业生产条件和农村人居环境得到改善。

民生建设 2014年，吉县财政支出近七成用于民生事业。重点实施五大民生工程、十件民生实事和农村“五件实事”。建设农村学校教师周转宿舍,免除高中学生的教材费和住宿费,实现全县行政村有线电视全覆盖,创建省级计划生育优质服务县,建设23个标准化村卫生室,提高城乡80岁以上老年人敬老金标准,为城乡2149户发放低保金1000余万元,县图书馆免费为社会开放。按照精准扶贫要求,完成61个贫困村、3.9万贫困人口的建档立卡工作,开展产业扶贫开发、住村联户、易地扶贫搬迁、教育扶贫、金融扶贫等工作,壶口镇留村和屯里镇窑渠村光伏发电项目并网运行,全县7000口人实现稳定脱贫。

政府建设 2014年,吉县开展"法治吉县"建设,推进依法行政。推进"六权治本"工作,深化行政审批制度改革,简化审批程序,压缩审批时限,创建"绿色通道"。严明组织人事纪律和工作纪律,完善干部日常管理、财务管理、政府采购、农村合同等一系列制度办法,严格责任追究,查处违规违纪行为,规范行政行为。开展法律宣传教育,增强全民法治观念,营造"讲法治、重程序、守规矩"的社会氛围。

安全生产 2014年,吉县按照"全覆盖、零容忍、严执法、重实效"的总要求,落实安全生产主体责任和监管责任,开展安全生产大检查、"六打六治"打非治违专项行动,排查整治各类安全隐患400余个。推行社会网格化管理,健全县、乡、村三级联动排查调处机制;保持打黑除恶高压态势,严厉打击"赌、毒、盗、抢"等各类违法犯罪行为。开展"百日双百案"群众信访诉求化解专项行动。

(强培家)

·乡宁县·

中共县委书记	杨安虎
县人大常委会主任	张春龙
县长	樊洪平
县政协主席	张欢虎

【简述】 乡宁县位于北纬35°41′~36°09′,东经110°30′~111°16′,总面积2029平方千米,下辖5镇5乡,182个村委会,1113个自然村。总人口为24万人,新增人口2737人。

2014年,乡宁县地区生产总值完成83.42亿元,增长6%。财政总收入完成23.28亿元,增长5.5%;公共财政预算收入完成12.92亿元,增长0.01%;规模以上工业增加值完成49.03亿元,增长8.9%;固定资产投资完成60.74亿元,增长19.1%;社会消费品零售总额完成17.05亿元,增长12.22%。城镇居民人均可支配收入达23440元,增长10.8%;农民人均纯收入达7730元,增长13.2%。

农业 2014年,乡宁县坚持"核桃产业主导、若干特色并进"产业化思路,新发展核桃1.2万亩,总量达15万亩;扩大葡萄、翅果油树、苹果、双季米槐、花椒栽植面积,县经济林果总量达30万亩,农民人均1.5亩;千亩以上"一村一品"专业村达53个。粮食生产和农民收入实现"五连增",粮食总产达到9.1万吨。实施土地开发整理、片区扶贫开发,新增耕地1885亩,水土保持综合治理4.5万亩,清峪水库试运行蓄水,易地扶贫搬迁工程主体完工,解决4950人饮水安全,培训农民8000余人次。投资4.5亿元,改善农村人居环境,实施农民安居、完善提质、环境整治、宜居示范四大工程,西坡镇作为全省采煤沉陷区治理试点,完成年度目标。

项目建设 2014年,乡宁县煤矿中,有2座转产、6座联合试运转,新增产能180万吨,生产原煤1000万吨。延伸产业链条,平兴精煤180万吨洗煤项目投产达效,宏盛、凯达洗煤项目竣工试运行。

中小微企业 2014年,乡宁县参加各类招商引资会议,"六位一体"重点项目建设超额完成年度任务。实施《中小微企业"惠商贷"管理办法》优惠政策,为25家中小微企业发放贷款2175万元,新增小微企业129户。戎子酒庄、琪尔康销售收入突破4亿元,云丘山旅游、双凤祥百万株核桃园规模发展壮大。

城乡建设 2014年,乡宁县吉河高速引线、热源厂扩建、东城健康公园、县城供水引黄等后续工程推进基础工程建设,启动环卫业务用房、县城街道硬化美化亮化以及新华书店、移动公司办公楼、劳动服务大楼等市政建设。加快实施南环路、滨河路、鄂河河道等路段人行道修补铺装,城区部分街巷硬化、桥梁栏杆粉刷等基础工作。西城交通路网加快推进,吉河高速引线建设、绿化和房屋拆迁如期进行,推进老一中至冯家沟滨河北路、结义庙道路等改扩建工程、下园子棚户区改造工程。结义庙、柏山寺、七星坡、千佛洞、文笔塔等文物古迹修缮维护相继实施。东城高标准规划、高标准建设,新医院主体封顶。樊家坪转盘、明珠广场、迎旭广场雕塑等地标性工程完成。以管头镇全省"百镇建设"首批示范镇为龙头,加快推动全县小城镇建设提质上档。实施209国道安保工程,补充完善隧道安全设施,养护农村公路864千米。

环境建设 2014年,乡宁县东城健康公园、营里大桥四角景观和临吉高速引线绿化等工程实施。造林4.03万亩,新增供热面积30万平方米、供气用户1000户,淘汰黄标车、报废车车辆2021辆。

民生事业 2014年,乡宁县第二中学推进食宿楼建设工程。城区改建幼儿园3所;新招聘高中教师21人,聘用职中及幼儿园教师95人;免除全县中小学学生教辅资料费;高考二本B类达线人数达702人。工商、质监管理体制完成调整。深化医药卫生体制改革,县级公立医院全部实行药品零差率销售,财政补偿343.9万元。城乡居民人均基础养老金提高到80元,新型农村合作医疗保险医疗补偿6628万元,城镇新增就业2115人,购买公共服务岗位34个。开工建设各类保障性住房500套,改造农村危房1100户、改厕2000个。免费供应冬季取暖用煤16.8万吨。

安全生产 2014年,乡宁县全面贯彻新《安全生产法》,落实党政同责要求,开展安全生产大检查、打非治违、"风雷二号"等专项行动,加强煤矿、非煤矿山、道路交通、食品药品、消防、学校等行业领域常态化监管，安全生产形势平稳向好。全年发生各类生产安全事故21起、死亡11人。加强社会治安综合治理，“天眼工程”投入使用，打击“黄赌毒”违法犯罪行为，开展“百日双百案”群众信访诉求化解专项行动，推进“平安乡宁”建设。（闫涛 陈娟）

·大宁县·

中共县委书记　刘奎生
县人大常委会主任　贺寅生
县　　　　长　樊宇
县政协主席　姚如意

【简述】 大宁县位于北纬36°16′~36°36′，东经110°27′~111°01′，总面积967平方千米，下辖2镇4乡，84个行政村。总人口66526人，其中农村人口44432人。

2014年，大宁县地区生产总值完成4.78亿元，增长4.3%。财政总收入完成6228万元，增长15.5%；公共财政预算收入完成3518万元，增长12.5%；社会消费品零售总额完成2.74亿元，增长11%；固定资产投资完成10.4亿元，增长29.1%。城镇居民人均可支配收入达15466元，增长8.1%；农民人均纯收入达2541元，增长12.3%。

“三农”工作 2014年，大宁县粮食总产量达5.3万吨，增长35.9%。坚持区域布局、连片开发、规模发展原则，先后实施连片扶贫开发、一县一业、一村一品等项目，加快推进“优质苹果、设施蔬菜、高效养殖”三大基地建设。新增苹果经济林30678亩，新建精品示范园3个，新增果园节水灌溉5800亩。建成吉宁果蔬物流交易市场，储藏苹果80多万斤。推进设施蔬菜提质增效，生产各类瓜菜1.21万吨，产值达1934万元，带动全县农民人均增收370多元；政拓公司依托蔬菜示范园区，建设食用菌生产基地，自制菌棒20万个，生产香菇20万公斤。完成丰冠源万头猪场等10家养猪合作社设施、圈舍建设，饲养量达5万头。改造完善规模健康养殖小区1个，全县有机肥原料达3万吨。实施坡耕地水土流失综合治理、土地整理、农业综合开发等工程，新增梯田8000亩，整理基本农田1.48万亩，机耕路38.5千米。实施三北防护林、天然林保护和巩固退耕还林成果工程，新增造林面积3.72万亩。建设农村饮水安全工程7处，解决7个自然村2000口人的饮水安全问题，并对全县27处破损的农村饮水设施进行维护。启动易地扶贫搬迁工程；改造农村危房500户，新建2所村级幼儿园；培训新型职业农民700人。

工业 2014年，大宁县规模以上工业增加值完成1505万元，同比增长13.8%。与中石油达成战略合作框架协议，启动煤层气产能建设。宁扬能源30万立方煤层气液化调峰项目获省发改委批准开展前期工作。江苏远景能源15万千瓦风力发电项目开展前期基础工作，加密测风塔建成并进入测风阶段。轻工业园区一期工程竣工，新建5000平方米标准厂房两座，引进鑫辉电子、治诚科技两家企业试投产。其中鑫辉电子被认定为省级高新技术企业。同德化工、辰康公司均完成计划生产任务，实现预期经济效益。

城乡建设 2014年，大宁县实施城西路改造、保障性住房、城南路旧城改造等城建重点工程，拆除破旧建筑2.4万平方米，新增建筑面积13.6万平方米。完成10万平方米供热站建设工程。新建农行业务用房、标准化体育场、全民健身活动中心和步行桥建设工程。结合环境提升年活动，开展市容市貌环境、交通道路秩序综合整治。新建110千伏变电站，改造农村电网10千伏架空线路42.5千米，低压线路46.3千米。完成“马北线”公路改造一期、“宁大线”路面改造二期、山头至仁义公路建设一期工程等县乡公路40.6千米。

环境建设 2014年，大宁县加强空气质量、水环境质量监测工作，全年空气质量二级天数稳定在300天以上，饮用水源地水质达标率100%。实施节能减排，单位生产总值能耗同比下降3%，淘汰黄标车和老旧车349辆。实施乡村清洁工程，配备垃圾桶7420个、垃圾清运车辆28台，清运乡村垃圾2450吨。

社会事业 2014年，大宁县发展教育事业，继续推行十五年免费教育，招聘19名特岗教师，学前三年入园率达到78.6%，全县共有50名学生达到国家二本以上录取分数线。深化医药卫生体制改革，完成公立医院改革，为县医院招聘18名专业技术人员，配备CT、DR等医疗设备。全县新型农村合作医疗保险参合率为99.18%。第二轮修志工作，完成初审工作。

社会保障 2014年，大宁县城镇职工基本养老保险、医疗保险和城乡居民社会养老保险参保人数分别达8217人、14041人和23353人。全年共发放各类救助资金2900多万元。增加城镇就业597人，公开招聘事业单位人员20名，失业率控制在3.8%以内。加强社区矫正和安置帮教工作，社会安全感满意度达90%。

（李宏伟）

·隰　县·

中共县委书记　王天郎
县人大常委会主任　贺崇伟
县　　　　长　王晓斌
县政协主席　张瑞燕

【简述】 隰县位于北纬36°30′~36°55′，东经110°55′~111°15′，总面积1413.1平方千米，下辖3镇5乡，97个村民委员会，351个自然村。常住人口106151人，比上年增加690人。出生人口1256人，人口出生率为11.87‰；死亡人口632人，死亡率为5.97‰；自然增长率为5.9‰。

2014年，隰县地区生产总值完成12.65亿元，比上年增长3.7%。人均地区生产总值11929元。城镇居民人均可支配收入达18368元，比上年增长7.9%；农村居民人均纯收入达4432元，增长12.5%。农村居民家庭食品消费支出占消费总支出的比重为40.2%，城镇为21.8%。

农业 2014年，隰县粮食总产

量达102882吨，比上年增加21832吨，增产23.5%。全县生猪存栏17077头，牛存栏1436头，羊存栏28586只，家禽存栏19.97万只。猪肉产量1597吨，牛肉产量91吨，羊肉产量215吨，禽肉产量173吨，牛奶产量322吨，禽蛋产量2754吨。农作物总播种面积22106公顷，比上年减少35公顷。其中，粮食作物种植面积21146公顷；油料种植面积312.4公顷；蔬菜(含菜用瓜)种植面积263.5公顷。完成造林1920公顷，比上年下降42.6%。人工造林1453公顷，封山育林467公顷。农业机械总动力112027千瓦，比上年增长13.7%；化肥施用量(实物量)22022吨，增长0.8%；农村用电量690万千瓦时。新栽玉露香梨0.26万公顷，高接换优0.07万公顷，面积达1万公顷，果品储藏能力达到4万吨，果水配套覆盖面积0.67万公顷。梨果规模、质量效益大幅提升，通过国家质量安全示范认证。

工业建筑业 2014年，隰县工业企业仍全部为规模以下企业。工业增加值7404万元，比上年增长6.0%。软饮料产量2756吨。建筑业实现增加值12691万元，比上年增长0.1%。

城乡建设 2014年，隰县城镇化水平提高1.6个百分点。新建成一批功能完备住宅小区，铺设供水管网3千米、供热管网10.5千米、供气管网11千米、污水处理配套管网8.33千米，改造供电线路40千米。县城生活垃圾无害化处理率达100%，污水处理率84%，供水普及率99%，集中供热普及率66%，供电可靠率99.9%。

交通邮电 2014年，途经隰县的中南铁路和霍永高速建成通车。南屏路、洪永线东段、车索线改造完成，太和路、均庄至桑湾、回珠至黑桑段公路推进工程实施。全年全县交通运输、仓储和邮政业增加值达14892万元，比上年增长5.0%。公路通车里程858.3千米。其中国道49.7千米，省道115.9千米，县道160.74千米，乡道274.6千米，村道257.34千米。邮政电信业务量完成5592万元，增长14.6%。市内交换机总容量8105门，增长9.5%；固定电话9300部，增加4500部，增长93.8%；移动电话85742部，增长30.3%；宽带用户10950户，增长30.8%；已通电话的行政村达83个，固定电话和移动电话普及率每百人分别达9.17部和61.45部。

财政金融保险 2014年，隰县财政总收入完成15863万元，比上年增长29.3%。一般预算收入完成9300万元，增长21.2%；一般预算支出104396万元，比上年增长20.8%。金融机构各项存款余额267085万元，比年初增加14971万元，增长5.6%。其中，城乡居民储蓄存款余额188103万元，增长11.3%；人均存款17728元，增长24.8%。各项贷款余额105748万元，增长35.4%。

2014年，隰县保险行业实现保费收入2780万元，其中财险1081万元。共支付各类赔款872万元。结案率为95%。

贸易 2014年，隰县社会消费品零售总额82526万元，比上年增长11.3%。城镇消费品零售额70073万元，增长15.9%；乡村消费品零售额10135万元，增长53.8%。乡镇企业实现增加值2309万元，同比增长6.7%。

教育 2014年，隰县新建龙泉小学，完成主体工程；改建2所幼儿园，改造6所学校宿舍、餐厅、厕所，新招聘56名教师，培训教师1400余人次。推进课程改革，开展特色学校创建和精细化管理，教育条件和教学质量得到提升。

文体卫生 2014年，隰县奥体中心、文化馆、图书馆等一批文化基础设施建成并投入使用。隰州大剧院改造完成。所有行政村实现文化站、农家书屋、文化活动场所和体育设施全覆盖。出版发行《隰州寻胜》《隰州梨人》《中国第一梨隰县玉露香》和《山西省委驻隰县上庄》等作品。《隰县志》(1990—2010)通过评审，编辑出版《隰县年鉴(2013)》。开展送文艺、送电影、送图书"三下乡"活动，涌现出一批模范人物，"崇德包容、智慧勤劳、自信坚韧、创新图强"的隰县精神得到弘扬。举办"中国·隰县第四届梨花节"。加快医疗卫生基础设施建设，推进新医院建设，城南卫生院改造完成，计生服务大楼投入使用，县乡村三级医疗卫生服务体系得到完善。

社会保障 2014年，隰县各类保险参保人数达12.23万人；全面落实机关事业单位人员津贴政策，城镇居民基本医保和新型农村合作医疗保险年人均财政补助标准由280元提高到320元，企业退休人员基本养老金提高10%，发放社会救助救灾、优抚安置资金1197.4万元，建成日间照料中心4个、保障性住房2230套，改造农村危房1600户。全县城镇登记失业率控制在4%以内。（张克强）

·永和县·

中共县委书记	加天山
县人大常委会主任	韩忠秀
县长	范洋平
县政协主席	郭永平

【简述】 永和县位于北纬36°31′~36°56′，东经110°22′~110°49′，总面积1212.89平方千米，下辖5乡2镇，79个行政村，306个自然村。

2014年，永和县地区生产总值完成6.55亿元，同比增长3.9%。固定资产投资完成10.9亿元，同比增长55.2%；财政总收入完成10008万元，同比增长67.3%。其中，公共财政收入同比增长46.15%，达4405万元；社会消费品零售总额完成39706万元，同比增长10%。城镇居民人均可支配收入达16589元，同比增长7.2%；农民人均可支配收入达2761元，同比增长11.5%。

项目建设 2014年，永和县储备项目总计520亿元，签约35亿元，落地16.33亿元，开工11.6亿元，建设10.93亿元，投产9.59亿元。3个市重点监测考核项目，完成投资2.53亿元，占目标任务的105%。60个重点项目的实施，改善全县基础设施，提升产业发展水平。

"三农"工作 2014年，永和县粮食总产量达7.5万吨。以经济林科技管护为切入点，发展以红枣、核桃、苹果为主的经济林1.4万亩。与山西省农科院建立“院县科技战略合作”，通过建立基地、专家挂牌、示范推广、现场培训等方式，完成1.49万亩经济林集中示范管护。管护模式得到省政府肯定，并在本县召开全省红枣管理现场会。开展以中低产田改造、试验示范基地建设、农业技术推广为主的科技富民行动。完成8个新农村重点村和14个“一村一品”专业村建设任务；改造人畜饮水工程73处，解决1万余口人的安全饮水问题；1500户的农村危房改造完成；改善农村人居环境，开展“乡村清洁工程”。

工业 2014年，永和县以煤层气勘探开发为抓手，培育能源工业。投资6.43亿元，完成4口水平井钻探、10层直井压裂试气及集气站一期工程建设，日产气量达到50万立方米。铺设永和至大宁40千米煤层气管道连接线。制订出台《永和县促进中小微企业发展办法》，扶持中小微企业发展。新天能源公司、美博经贸公司升级为规模以上企业。

第三产业 2014年，永和县发展旅游产业，以文化宣传推介为引领，完善景区基础设施，推进“百里黄河湾旅游经济园区”建设。完成乾坤湾旅游路通道和景区绿化、亮化工程，高标准实施阁底至乾坤湾旅游路和楼山旅游路，发展农家乐20家。重新布展“红军东征永和纪念馆”，编撰《红军东征永和纪念馆志》和《乾坤湾志》，举办“黄河蛇曲国家地质公园”开园揭碑仪式、山西作协永和乾坤湾创作基地授牌仪式和新天能源杯《天下永和·大美乾坤》全国摄影大展启动仪式。在北京举办旅游和农特产品推介会。中央7台《乡约》栏目、香港卫视、央视《发行之旅》栏目组和《星光大道》优秀歌手相继走进永和、宣传永和；制作3部文化旅游宣传专题片，在临汾电视台全天候播放。组织创作舞蹈《我家住在乾坤湾》，获全国青少年才艺展演金奖。

环境建设 2014年，永和县按照“环境提升年”活动要求，开展城乡环境四大综合整治行动。完成县城河道重点区域治理工作；新增燃气用户500户，燃气供热面积4万平方米；启动实施东门巷棚户区改造项目。霍永高速公路建成通车。高标准实施三北防护林工程、小流域综合治理工程，完成荒山造林1.5万亩、机修梯田7500亩，坝滩联治780亩。

社会事业 2014年，永和县实施教育提质工程，提高教育教学质量，高考成绩实现“六连升”。推进“三名”工程，城关小学老师常爱红被评为“全国模范老师”，10名老师获省市荣誉称号。药家湾幼小一体化学校完成主体工程，二中餐厅宿舍楼建成并投入使用。实施“文明素质提升工程”，举办纪念孔子诞辰读书教育展示活动。开展全民健身活动，在全县范围内普及第六套全国健身秧歌。开播《永和日历》，4个乡镇实现有线电视全覆盖。招聘专业人才24名，充实医疗队伍。新型农村合作医疗保险参合率达99.6%以上，为参合农民报销医疗费用1604万元。完成食品药品监管体制改革。

社会保障 2014年，永和县加大社会救助力度，城市低保每人提高384元，农村低保每人提高336元。发放城乡医疗救助金324.4万元，各类救灾资金315万元。成立“永和县慈善总会”，举行“情暖万家”救助活动，为200户困难群众发放救助金6万元。实施四大“暖心工程”，为全县80岁以上老人发放生活补助72.6万元；资助80名高考达二本线以上学生43.8万元；免除高中生学费、住宿费82.56万元；赔付小额人身意外险、自然灾害人身意外伤害险、见义勇为人身意外伤害险28人168万元，超出所缴保费16万元。 （樊永兴）

·蒲 县·

中共县委书记	闫建国
县人大常委会主任	王安保
县　　长	赵志慧
县政协主席	史虎喜

【简述】 蒲县位于北纬36°11′~36°38′，东经110°51′~111°23′，总面积1510.6平方千米，下辖4镇5乡，93个村民委员会，501个村民小组，557个自然村。总人口109928人，人口自然增长率4.79‰。

2014年，蒲县地区生产总值完成52.49亿元，同比增长8.1%。固定资产投资完成50.4亿元，增长37.1%；社会消费品零售总额完成6.6亿元，增长12.4%；财政总收入完成18.3亿元，增长22.98%；公共财政预算收入完成10亿元，增长10.98%。城镇居民人均可支配收入达22039元，增长9%；农村居民人均可支配收入达7093元，增长13%。

农业 2014年，蒲县核桃树高接换优133.33公顷，千亩核桃示范基地发展到20个，采收核桃200万公斤；推广种植黑美人、红宝石、紫玫瑰特色有机薯133.33公顷，亩均收入3000元以上。全县以转包、出租、入股等形式流转土地1686.67公顷，种植中药材、山楂、优质烟叶等高效经济作物566.67公顷，蔬菜大棚发展到300个（共计53.33公顷）；河西村生态农业示范园栽植流苏、白蜡等名贵树种5万株；治理小流域326.67公顷、坡耕地480公顷，新增灌溉面积520公顷。各类农业专业合作社发展到497个，入股社员3211人。全年农作物播种面积14695公顷，增长4.8%。其中，粮食作物播种面积13667公顷，比上年增长4.9%；油料种植面积491公顷，下降5.8%。全县全年粮食总产量达73602吨，增加22.4%。其中，玉米63222吨，增长23.1%；小麦132吨，增长146.2%。夏粮总产量132吨，增长146.2%；秋粮总产量为73470吨，增长22.3%；薯类总产量6447吨，增长12.5%；油料总产量591吨，降低3.4%；蔬菜总产量16321吨，增长136.7%，烟叶总产量697吨，增长66%。猪牛羊肉总产量3289吨，增长19.13%。其中，猪肉产量2229吨，增长27.6%；牛肉产量721吨，增长4.17%；羊肉产量120吨，增长13.14%。年末生猪存栏20829头，生猪出栏26553头，牛奶产量37吨，禽蛋产量768吨，增长11.06%。水果产品产量1653吨，下降18.79%。完成造林面积1794公顷，植树50万株，全县森林覆盖率达33.05%,林木覆盖率达51.84%。

工业 2014年,蒲县规模以上工业增加值完成36.69亿元,增长12%。规模以上工业实现产值82.76亿元,降低6.55%;规模以上工业主营业务收入实现68.40亿元;利税总额7.27亿元;实现利润-1.38亿元。年末全县规模以上工业企业达25家,规模以上工业增加值占全部工业的比重达92.4%。全县全部工业增加值396879万元,增长8.4%。规模以上工业企业原煤产量841.24万吨,增长69.47%;发电量24279.8万千瓦时,增长5.3%;洗精煤产量576.3万吨,增长21.71%;铸件铁产量88055吨,增长42.02%;饮料酒产量3010千升,增长39.22%。标准化矿井建设完成年度投资9.72亿元,累计完成102.4亿元,11座正式投产,5座进入联合式运转,全县煤矿形成1380万吨产能,年产原煤1202万吨,销售煤炭1229万吨;山煤300万吨选煤项目土建完成,华正煤机维修制造一期项目试运行;大唐10万千瓦风电项目开工建设,龙祥干法水泥二期完成90%工程量,4万吨饮用山泉水项目完成厂房建设,马铃薯综合加工项目获省发改委批复;赢晟园铸造、鑫永鑫铸造推进系列产品开发工作。

城乡建设 2014年,蒲县城镇化率达44.28%,提高1.76个百分点。县城污水处理率达89%;县城建成区面积为8平方千米;锦绣小区一期、鹿城山水小区部分楼层主体完成,河道蓄水二期、西关农贸市场、平安公园、锦绣公园、河西村桥梁等工程竣工,北街公园完成基础工程;集中供暖新增供热面积10万平方米,累计达133万平方米。全县街道、巷道硬化573平方米。古午线曹村至薛关段、蒲红线县城段竣工通车;滨河大道西延工程路基完成;霍永高速连接线控制性工程开工建设;途经蒲县42千米的山西中南铁路试车通行。

环境建设 2014年,蒲县人均公园绿地面积10.08平方米。空气质量二级以上天数达356天,达标率为100%。全县化学需氧量(COD)降幅1.2%,氨氮排放量降幅1.55%,二氧化硫排放量降幅1.5%,氮氧化物排放量降幅1.0%,烟尘排放量降幅1.0%,工业粉尘排放量降幅1.5%。“乡村清洁工程”覆盖所有行政村,临午沿线农村实现垃圾“村收集、乡转运、县处理”。改善农村人居环境,县东4个乡镇、35个村的采煤沉陷区纳入治理范围,山中村被列入省级美丽宜居示范村。四沟水库开工建设,刁口水库纳入全省100座规划建设“盘子”。全县淘汰黄标车及老旧车1545辆,取缔改造营业性燃烧炉灶230家,17座煤矿污水处理系统投入运行,万元地区生产总值综合能耗下降3.5%。黑龙关农村环境连片整治项目竣工投用,城乡环境综合整治清除垃圾300万立方米。

交通邮电 2014年,蒲县交通运输和邮政业增加值10997万元,比上年增长14.4%。公路线路年末里程943.701千米,其中按行政等级分,干线公路68.509千米,县公路137.715千米,乡道366.681千米,村公路370.796千米。按技术等级分,一级34.230千米,二级188.171千米,三级110.935千米,四级527.062千米,等外83.303千米。城区、城乡、城际8条公交线路开通运营;公交车路数3路,实有公共汽车营运车7辆,出租汽车50辆。邮政业务总量完成821.7万元,比上年上升2.48%。电信业务总收入4561.7万元。有固定电话6833部,移动电话80680部,93个行政村全部通电话,覆盖率100%,全县宽带接入用户达11229户。

教育科技 2014年,蒲县小学在校学生7781人,小学适龄儿童入学率100%;初中在校学生3077人,适龄人口入学率100%。中等职业教育在校学生236人,普通高中在校学生1669人,增长19.13%。高考达二本线B类及以上人数达129人,比上年增加47人,达线率25.1%,比上年提高3.5个百分点,大文大理达线人数79人,比上年增加46人。全年申请专利43项,专利授权43人,其中实用型专利1项,发明专利8项,财政科技投入1837万元,增长3.43%。

文化卫生 2014年,蒲县文化展览交易中心建成投用;柏山东岳庙创建国家4A级旅游景区,“蒲县朝山会”被列入国家非物质文化遗产,化乐村入选第三批中国传统古村落;以农村教师吕艳芳为原型的蒲县首部电视剧《坚守》拍摄完成;县剧团青年演员刘飞飞获山西省戏曲“杏花奖”。72个行政村数字电视改造全部完成。放映农村公益电影1180场。各类卫生机构24个,其中医院1个,妇幼保健院1个,疾病预防控制中心1个。医院、卫生院共计床位465张。

社会保障 2014年,蒲县城乡居民基本养老保险参保44937人,城镇基本医疗保险参保为22912人,农村合作医疗保险参保77496人,失业保险参保7500人,工伤保险参保33500人,生育保险参保11504人。全县建立县乡两级农村居民生活保障制度,全县城市最低生活保障的居民1751户,4777人,累计发放城市低保资金1379.67万元;农村居民得到政府最低生活保障的居民5518户,5874人;农村医疗救助741人,发放资金166590元。 (曹立华)

【《蒲县志》出版】 2014年8月,《蒲县志》出版。新编《蒲县志》由方志出版社出版,主编王建宏,副主编曹立华。全书分上、下两卷,采用通志体,上溯事物发端,下迄2010年底。全志共33编、152章、544节,180万字,记载蒲县自然、经济、政治、社会、文化等方面的历史现状,着重记载蒲县改革开放以来全县各行各业发生的变化。 (曹立华)

·汾西县·

中共县委书记 任天顺
县人大常委会主任 樊国俊
县长 张安文
县政协主席 郭炎林

【简述】 汾西县位于北纬36°27′~36°48′,东经111°13′~111°40′,总面积870平方千米,下辖5镇3乡1社区,120个行政村,6个居委会。常住人口147851人。全年人口出生率控制在11.08‰以下，自然增长率控制在4.3‰以下。

2014年，汾西县地区生产总值完成18.9亿元，比上年增长5.7%。规模以上工业增加值完成3.76亿元，增长7%；固定资产投资完成27亿元，增长28.9%；社会消费品零售总额完成9.8亿元，增长11.6%。城镇居民人均可支配收入完成20219元，增长8.7%；农村居民人均可支配收入完成2952元，增长9.9%。

“三农”工作 2014年，汾西县粮食总产量90695吨，增产8.9%，其中夏粮34968吨，秋粮55729吨。肉鸡养殖大棚达287个，年出栏2300万只。新建核桃经济林0.1万公顷，面积达1.06万公顷，挂果面积0.3万公顷；发展玉露香梨200公顷，扁桃栽植0.067万公顷，苦荞种植0.167万公顷，养蚕栽桑333.33公顷，中药材种植0.133万公顷，食用菌栽培8公顷。造林0.156万公顷。

财政金融 2014年，汾西县公共财政收入完成1.41亿元，增长12.2%；金融机构各项存款余额239689万元，增长3.26%，金融机构各项贷款余额17618万元，增长21.5%。全年全县保费收入4070.6万元，支付各类赔款548.98万元。

交通邮电 2014年，汾西县境内省、县、乡、村公路总里程733.5千米，其中高速公路一条40千米，省道一条46千米，县道6条164.4千米，乡(镇)道36条23.8千米，村道69条245.1千米。全年邮政业务总量844万元，同比下降12.4%；联通业务总量910万元，同比下降47.64%；移动业务总量3735万元，增长1.49%；电信业务总量29万元。拥有固定电话3876部；移动电话用户83130户，宽带接入用户10295户。

城乡建设 2014年，汾西县投资5.5亿元，实施平安大桥建设、高速引线城区拆迁和桃临公路改造。投资1.2亿元，在古郡新区开工建设法院、检察院等8座大楼，建筑总面积39600平方米。融资近两亿元，在新区建设长6.3千米、宽60米、双向6车道的汾西大道。投资500余万元，改造阳光标准化体育场；投资980万元，拓宽改造北外环路；投资3890万元，新建城内北环路；投资1300万元，建设可容纳1000人的综合体育馆；投资5000万元，在府底新区规划建设汾西客运站和望客隆仓储物流配送中心；投资8789万元，在古郡新区续建档案馆、审判法庭项目、民政福利中心、检察办案技侦大楼，人武部基础建设项目，新建廉租房和卫生、消防、引黄服务等设施，建成集行政办公、宜居休闲、商贸物流于一体的城市新区。建设“户用沼气”120户，实施行政村街道亮化89个。完成佃坪至邢家要公路改造，解决2500人的饮水安全问题。

环境建设 2014年，汾西县加强市容环境卫生整治力度，垃圾填埋场投入运行。空气质量二级以上天数达358天。开展造林绿化工程。

社会事业 2014年，汾西县图书馆馆藏图书达1万册；完成有线电视数字化整体平移8886户，新建、扩建乡镇文化站3个。快板剧《奋飞吧，煤气化》、眉户表演唱《老两口赶集》入选临汾市小戏、曲艺《征集汇编》；县非物质文化遗产代表性项目“要瑞昌手歌”和“要瑞昌口技”被选为临汾市2014年春节联欢晚会曲艺类表演节目。凭借“威风锣鼓”等项目，汾西县获2014—2016年度“中国民间文化艺术之乡”称号。开展文化下乡活动，送电影下乡1240余场，送戏下乡112场，送图书下乡3500册，举办广场消夏文艺晚会9场。职教中心1所，教师进修校1所，单办高中1所，完全中学1所，初中6所，九年一贯制学校4所(其中民办1所)，小学17所，有证幼儿园(班)50所。投入15056万元，完成学校的校舍改造、学前幼儿资助、寄宿生生活补助、学生营养餐及职业教育免学费等教育工程。落实义务教育“两免一补”政策，发放大学生助学贷款，推行学生营养餐改善计划。卫生机构190个，其中县级10个，乡镇卫生院8个，乡镇卫生院分院3个，民营康复医院1所，城镇卫生服务中心1个，村卫生所152个，个体诊所15个。共有床位428张，卫生技术人员525人。全县新型农村合作医疗保险参保农民110365人，参保率达98.47%。

社会保障 2014年，汾西县扩大低保覆盖面，城市低保施保3658人，农村低保施保5306人。企业养老保险参保人数达5242人，基金征缴收入1402万元。全县城镇新增就业1017人，劳务输出2427人，劳动技能培训740人，举办SYB培训班4期共培训120人，城镇登记失业率控制在4.29%以下。

(牛记明 赵鸿虎)

·侯马市·

中共县委书记	李朝旗
县人大常委会主任	尉合怀
县长	王煦杰
县政协主席	陈毅林

【简述】 侯马市位于北纬35°34′~35°52′，东经111°23′~111°41′，总面积220.1平方千米，下辖3个乡，5个街道办事处。

2014年，侯马市地区生产总值完成85.25亿元，增长8.5%。财政总收入完成8.75亿元；一般预算收入完成4.38亿元；规模以上工业增加值完成14.46亿元，排临汾市第3位；固定资产投资完成68.98亿元，增幅49.7%，排临汾市第2位；社会消费品零售总额完成74.35亿元，同比增长10.1%。城镇居民人均可支配收入达2.28万元，增长9.4%；农村居民人均可支配收入达1.18万元，增长12.5%。

项目建设 2014年，侯马市续建和新开工项目75个。其中，竣工投产项目47个，累计完成投资34.3亿元。国家小农水重点项目工程启动，农村土地确权登记工作展开，3个村的试点任务基本完成。新流转土地5400余亩。新培育农民专业合作社23个，家庭农场16个，推进得力食品、济斌酱菜、中条林源等农副产品加工龙头企业经营扩张，行业总产值达到4.5亿元。

城乡建设 2014年,侯马市新铺设集中供热管网21.3千米、天然气管网5.5千米,全市集中供热面积突破400万平方米,天然气用户突破6万户,普及率超过90%。程王西路、望桥北街等8条市区主次干道和建成区人行道完成改造铺装,硬化总面积超过20万平方米。更新路灯7700余盏,新建公厕5个、改造达标24个。制订《2014—2020年总体规划及2014年行动计划》,农民安居、完善提质、环境整治、宜居示范四大工程推进,完成危房改造450户、异地搬迁298户、乡村道路硬化2.3千米、水土流失治理4000亩,全市23个村通上天燃气,33个村铺设排水管网,46个村用上城市自来水。

环境建设 2014年,侯马市紫金山灭荒完成一期5000亩,城市绿化覆盖率、森林覆盖率分别达到43%和22.3%。全年空气质量二级以上天数达到270天,比上年增加52天。侯马市程王公园建成投入使用。

社会事业 2014年,侯马市南上官学校的改造加固和3所农村幼儿园的改扩建完成。新招聘26名农村小学教师。全市学前教育毛入园率达82%,中、高考成绩在临汾市保持领先。推进国家基本药物制度改革,全市三级医疗机构共为城乡居民减轻用药负担170余万元;完善公共医疗普惠服务体系,全市90%以上的居民建拥有个人电子健康档案。全年开展送戏下乡、电影下乡、进校园等活动1200余场次,节庆文化、消夏文化活动30余场。

社会保障 2014年,侯马市各类保险参保人员范围扩大,社保覆盖率达97%。全年提供就业岗位16300个,新增就业人员7456人,城镇登记失业率控制在2%。全年发放医疗救助资金560余万元、城市低保救助金1100余万元、农村低保救助金660余万元,全市1万多名困难群众获得帮扶。

(耿文静)

【漳泽电力热电联产工程】 2014年11月14日,漳泽电力侯马2×300兆热电联产工程实现1号、2号双机组锅炉水压试验、汽机扣盖、厂用电受电、锅炉点火吹管、汽轮机冲转、首次并网、168试运等7个重大节点的一次成功,实现双机投产发电目标,是山西省内2014年首台实施投产目标的火电机组。工程位于浍南工业园区,项目总投资30.6亿元,厂区占地330亩。一期建设两台300兆空冷供热燃煤发电机组,同步建设污水处理、全烟气脱硫脱硝、封闭煤场、电袋除尘、灰渣综合利用等配套设施。

(赵香琴)

·霍州市·

中共市委书记	陈 纲
市人大常委会主任	张建军
市长	崔山原
市政协主席	王国平

【简述】 霍州市位于北纬36°26′~36°42′,东经111°38′~112°03′,总面积765.39平方千米,下辖4镇3乡,5个街道,199个村(居)民委员会,308个自然村。全市总人口306460人,其中男159706人,女146754人。

2014年,霍州市地区生产总值完成89.03亿元,增长1.8%。其中,第一产业增加值3.7亿元,第二产业增加值64.5亿元,第三产业增加值20.8亿元。财政总收入156019万元,下降0.38%。全市居民人均可支配收入达18312元,增长8.8%。其中,城镇常住居民人均可支配收入达23594元,增长7.8%;农村常住居民人均可支配收入达10868元,增长9.8%。

农业 2014年,霍州市粮食总产量达7368万公斤。新增无公害蔬菜种植面积2000亩,特色经济林新栽植优质核桃2000余亩,优质苹果3000余亩,新建、续建规模养殖场20个,达到280余个,西张垣现代农业生态循环示范园区配套水肥一体化系统,万隆蔬菜,兴龙芦笋分别成功创建部级和省级蔬菜标准园,园区科技水平和生产能力提升,农田水利基础设施建设加强,农业综合生产能力提高。霍山兔业、同兴种鸡、壮瀚养殖、绿源农牧、聚盛牧业等龙头企业引领发展,农业产业化水平提升。

工业 2014年,霍州市霍东新产业聚集区基础设施配套工程开展建设,推进道路工程建设,霍煤机电设备制造一期9个公司陆续投产,液化天然气调峰储气项目设备调试完成并试运营。华润霍州七里峪10万千瓦风能发电项目启动基础建设和设备订购等工作。中冶公司实施煤泥再选项目,国电、兆光等企业提升生产效益。

项目建设 2014年,霍州市州里商业文化街完成配套设施工程建设,启动招商;美华购物中心开业运营,万家福超市,中影国际影城等商业企业入驻。组织企业团队参加"临汾商会招商引资推介会""世界浙商华北峰会""临汾(深圳)招商引资推介会"等商贸洽谈活动,签约项目24个,签约资金达141.35亿元。

城乡建设 2014年,霍州市经三路北段大部高标准建成,纬三路开工建设。山西橡胶厂棚户区改造和霍开元小区项目基本完工。大西客专、霍永高速相继通车,霍州车站站前广场和客专公路建成并投入使用。鼓楼东街人防地下商业街建成并开始招商。推进州署文化产业示范园、诚瑞源、中镇国际花园、东关城中村改造、星河蓝湾等开发项目建设。新建南路一期及南涧河桥建设基本完工。投资2亿元,实施"8+2"道路改造工程,完成对前进街、北环路、大众路、南环路、鼓楼北街等10条主干道路的升级改造。热电联产新建换垫站6座,新增供热面积90万平方米,全市热电联产供热总面积达420万平方米。天然气完成扩户1.7万余户。启动农村人居环境改善工程,完成霍冯线、义邢线等市乡公路建设。建成各类保障性住房1200余套。

交通 2014年,霍州市民用汽车保有量15295辆,增长10.9%,旅客运输量1022万人每千米,增长6.5%。

旅游 2014年,霍州市接待游客13万人次,增长62.5%,门票收入180万元,增长38.5%。七里峪景区引导区,上霍线尉侯段改线、商务服务中心,镇山文化博物馆等工程推进基础设施建设,人工湿地、滨水游憩区、入口换乘区等项目开展实施,林溪晋茶精品酒店具备营业条件。陶唐峪景区综合开发进入实质性阶段。霍州署保护修缮二期工程完成前期准备工作。

金融贸易 2014年,霍州市金融机构本外币各项存款余额1158148万元,比年初增加46370万元,增长4.2%,各项贷款余额760701万元,比年初减少22258万元,下降2.8%。

2014年,霍州市社会消费品零售总额286322万元,增长11.8%,其中城镇消费品零售总额完成253923万元,增长11.8%;乡村消费品零售额32399万元,增长11.8%;商品批发零售额226529万元,增长33.3%;住宿餐饮收入额59793万元,下降15.8%。居民消费价格比上年上涨2%,其中食品价格上涨1.8%,商品零售价格上涨1.2%。

环境建设 2014年,霍州市推进汾河生态综合治理、南涧河治理,对竹河治理等项目建设,永和采摘园三期基本完工。兆光、霍煤矸石电厂4台电发机组开展环保改造,霍煤2座矿井水深度治理站建设、兆光卸煤沟封闭改造等工程全面完成,开展"百日会战"环境执法专项行动,取缔9个非法洗煤加工点。完成2228辆黄标车及老旧车治理淘汰任务。投资2000余万元为霍州市各级乡镇、街道购置垃圾清运设备,配备保洁人员,修建环保设施。全市空气质量二级以上天数达330天。

教育卫生文化 2014年,霍州市推进教育基础工程建设,市三中运动场改造完工。市职教中心、公办幼儿园、基础教育信息化工程推进建设。2014年,高考二本达线847人。新医院启动建设,推进医疗卫生综合改革。开展电影下乡月,戏曲演出,霍州书汇演等群众文化活动。道德模范评选活动、建国65周年暨人大成立60周年书画展等大型活动举办。霍州书、霍州莺歌、威风锣鼓等传统技艺开展申遗工作。强化年馍、粗布、小吃、剪纸等传统文化产业发展。《霍州市志》出版,填补霍州市133年史志记录空白。退沙街道许村获得"山西省文化名村"称号,入选全国传统村落名录。

社会保障 2014年,霍州市基本养老保险参保118942人,比上年增长1815人;城镇基本医疗保险参保117460人,比上年增加4182人;失业保险参保12700人,比上年减少15人。执行城乡低保、医疗救助、困难家庭、大学生救助、"四类"困难家庭学生救助,农村80岁以上老人救助等制度,城乡养老保险、医疗保险、失业保险、工伤保险等社会保险的覆盖面扩大。连续6年开展爱心助学活动,累计筹资1200余万元,1万余名贫困学生获得到资助,高度重视创业就业,全年新增就业岗位5800个。

(郭秀东)

吕梁市

中共市委书记 高卫东
副书记 丁雪峰* 董岩 雷建国
市人大常委会主任 刘明勇
副主任 张保福 张翠兰 张国彪 徐德 郑明珠* 郭颖
市长 董岩
副市长 张效彪 郝月生 成锡峰 李润林 秦怀金* 刘永平 王海东 竟晖
市政协主席 朱锦平
副主席 王侯党 刘本旺 梁来旺 李俊平 刘广龙 王志强 闫孝敏 刘继龙

【概述】 吕梁市位于北纬36°43′~38°43′,东经110°22′~112°19′,总面积21140平方千米,下辖1个市辖区,10个县,2个县级市。

2014年,吕梁市地区生产总值完成1101.3亿元,同比下降2%。固定资产投资总额1017亿元,增长16.5%;社会消费品零售总额完成376.8亿元,增长9.5%;公共财政预算收入完成130.6亿元,下降20.35%。城镇居民人均可支配收入达21485元,增长7.4%;农民人均可支配收入达6754元,增长10%。居民消费价格上涨1.7%,城镇登记失业率为2.54%。

"三农"工作 2014年,吕梁市加大"三农"投入,全市农林水支出达28.5亿元。粮食总产量达12.6亿公斤。实施精准扶贫,全市1439个贫困村、74万贫困人口建档立卡信息采集系统初步建成;推进产业扶贫,55个项目完成投资22.9亿元;开展机关定点扶贫和干部驻村帮扶工作,12.7万贫困人口脱贫,贫困发生率下降3.5个百分点。新增市级以上专业合作示范社85家。完成生态建设63.3万亩,举办山西省造林绿化现场会。推进"8+2"农业产业化和"一村一品""一县一业"工程,种植面积增加25.8万亩,扩大2.8倍,带动25万农民人均增收2300元,建成9个特色产业基地县,建成234个专业村。通过龙头企业和专业合作社适度规模流转土地、种植大户牵头带动,八大产业实施面积由上年的14.3万亩增加到40.3万亩,扩大2.8倍,可带动2.6万农户,10万农户均增收8000元左右、人均增收2300元以上。累计建成核桃和红枣标准化管理示范园区3.5万亩、绿色谷子生产基地2万亩,新发展中药材1万亩、设施蔬菜2.5万亩,建成1000万粒马铃薯原种繁育中心及配套繁育基地。参与"8+2"农业产业化的龙头企业达到100余户,山宝食用菌生物有限公司获得国家级龙头企业称号,临县成为全国最大的红枣生产加工和集散基地,农产品龙头加工企业全年销售收入达100亿元以上。

项目建设 2014年,吕梁市推进转型综改试验区建设,"1231"年度目标任务基本完成。288个省市重点工程完成投资1223亿元,其中省重点工程完成投资866.4亿元。推进银企合作,协调金融机构为365户企业(项目)贷款160亿元。在第十八届中国国际投资贸易博览会上,吕梁市代表团现场签约项目达5个,总投资

27.3 亿元；达成合作意向 12 个，总投资 152.2 亿元。强化招商引资力度，签约项目 186 个，到位资金 713 亿元。完成转型技术改造项目投资 341 亿元，建成试产或部分投产项目 62 个。淘汰水泥、炼铁、焦化等落后产能 473 万吨，停建违规项目 9 个、产能 625 万吨。兴县肖家洼煤矿铁路专用线等 30 个重大项目全部开工，完成投资 369 亿元，11 个建成投产。编制完成燃煤电厂规划，8 个低热值煤电厂获准开展基础设施建设，总装机容量达 540 万千瓦，交城国锦 2×30 万千瓦 1 号机组并网发电。全市首座光伏发电项目在汾阳并网发电，3 个风电项目在岚县、方山基本建成，发电量达 112.6 亿千瓦时；交口道尔、兴华等一批铝基新材料项目落地开工，铝系产品产量达 959 万吨。完成新兴产业固定资产投资 242.4 亿元。

工业 2014 年，吕梁市清理规范涉煤收费，取缔涉煤收费 15 项，为企业减负 4.29 亿元。市级财政投入 300 万元培训煤炭企业职工；加强煤炭监测调度；推行煤电联营，煤焦互保措施。市内基本使用本地煤，达到 560 万吨；焦化企业 80%的原煤（达 3200 万吨）由吕梁。加强煤矿分类监管，推进矿井改造升级和达标建设，完成投资 33 亿元，竣工验收煤矿 15 座，新增产能 2590 万吨，实际生产 1.16 亿吨。煤炭开采及洗选业增加值达 396 亿元。加快焦化行业兼并重组，企业（项目）数减少 28 个，户均产能增加 86 万吨，孝义金州煤系针状焦项目竣工投产，推进一批产业延伸项目建设。

新兴产业 2014 年，吕梁市出台扶持政策，减免高新技术企业税费 1000 万元。全市自行研究课题 50 项，引进消化吸收科技成果 110 项。新增有效发明专利 31 件，新培育高新技术企业 7 户，新增税收 2 亿元。旅游业新增 4A 级景区 5 家，旅游总收入达到 182 亿元。

中小微企业 2014 年，吕梁市中小微企业专项扶持资金由 300 万元增加到 2000 万元，减免税收 1060 万元，发放助保贷资金 1.2 亿元，扶持中小微项目 138 个，创办中小微企业 2267 户，培育销售收入超亿元“小巨人”企业 11 户。中小微企业财税贡献占到全市公共财政预算收入的 49%。

环境建设 2014 年，吕梁市万元地区生产总值综合能耗下降 2.28%；完成六项污染物减排工作和万元工业增加值用水量降幅年度任务。

城乡建设 2014 年，途经吕梁地区的太佳高速黄河大桥和西纵高速岢临、临离段建成通车，环城高速具备通车条件。瓦日铁路、太兴铁路通车试运行，吕临支线主体完工，除交口县外，实现 12 个县（市、区）通铁路。新改建农村公路 304.7 千米，新增通车里程 175 千米，农村公路通车里程突破 1.5 万千米。中部引黄工程及配套小水网、重点病险水库除险加固工程推进工程建设，龙门供水工程输水隧道全线贯通。解决 15 万人的饮水安全问题，完成水土流失治理 45.4 万亩。兴县 500 千伏和瓦日铁路配套的 4 个 220 千伏、3 个 110 千伏输变电工程及 6 个牵引站建成投运。建设输气管网 221 千米，城市人口气化率达到 77%。《吕梁市区控制性详细规划》编制完成并获得批复，交城县等 4 县市总体规划和孝义、汾阳两市城镇体系规划以及全市城市燃气等 12 个专项规划编制完成。完成主城区凤山公园循环路改造和滨河东路、呈祥路南延一期工程建设，城区学校附近新建 4 座人行天桥。新开工保障性安居工程 20568 套，建成 20459 套。新城区开工建设 13 个重点项目，吕梁大道一期工程 11.47 千米主线贯通，7 座大桥基本建成。新增城市绿化面积 145.5 公顷。岚县获得省级园林县城称号，孝义市获得国家卫生城市称号。城镇化率达 44.67%。

民生建设 2014 年，吕梁市民生投入达 221.65 亿元，占市公共财政支出的 84%。孝义市通过国家义务教育均衡发展评估认定。全市高考二本以上达线 1.23 万人。落实助学资金 5.93 亿元，资助贫困学生 9 万人。推进交城县等 8 个县级公立医院改革试点工作。新型农村合作医疗保险筹资标准提高，补偿参保农民 10.7 亿元。完善城乡居民大病保险制度，补助大额门诊特殊病种增加 5 种，重大疾病医保病种增加 4 种。人均基本公共卫生服务经费财政补助标准提高到 35 元。269 户家庭享受“单独两孩”政策。改造农村危房 2.1 万户；培训新型职业农民 4526 人。新建城镇标准幼儿园 21 所，改造农村幼儿园 45 所；易地扶贫搬迁工程入住 1409 人；清运农村垃圾 129.5 万吨，清理农村“四堆”1.9 万处。城镇职工和城乡居民养老、生育、工伤、失业、医保覆盖率均达到 96%以上。农村五保户集中供养、分散供养标准每人每年分别提高 1900 元和 500 元；城乡低保标准每人每月分别提高 25 元和 22 元。农村低保对象达到 30.52 万人。康复救助贫困残疾人 5592 名。为 117.8 万低收入农户供煤 119.5 万吨。解决民生诉求 4.3 万件。

文化建设 2014 年，吕梁市音乐歌舞剧《山里娃》在国家大剧院上演；晋剧《廉吏于成龙》在吕梁市开展巡演工作；红色题材电影《密战黑茶山》获第 23 届中国金鸡百花电影节新片入围奖；戏剧《刘胡兰》、电视剧《红军东征》、电视动画片《乐在其中》、广播剧《村官梁宝》、歌曲《再唱交城山》获山西省第十届精神文明建设“五个一工程”优秀作品奖；革命题材电影《军渡》上映；微电影《枣儿红了》《抱养奇缘》《蘑菇香了》《土豆熟了》等新片开展发行及创作工作。占地 580 亩，建筑面积 2 万平方米的于成龙廉政文化园区启动建设；山西省晋绥文化教育发展基金会在兴县挂牌。文化事业和文化产业，开展面向基层的公共文化服务，落实政府购买公共文化服务等文化惠民政策，市本级落实各项扶持资金 800 余万元。进行文化项目招商和文化产品销售，在山西省首届文化博览交易会上签约 10 个文化产业项目。新增 3 个国家级、10 个省级非物质文化遗产项目。（刘翠翠）

【吕梁云计算中心】 2014 年 6 月，吕梁云计算中心“一号工程”投入运行，在运算速度、储存能力、资源管理监控能力等方面表现突出，综合实力位居全国第三，仅次于国家超级计算广州中心和天津中心。年内吕梁云计算中心凭借“天河二号”高性能计算机，搭建中西部地区最大的动漫渲染平台，为现代农业、防灾减灾、资源环境等领域提供数据服务、数据加工以及解决发案等技术支持，为国家安全部门和全国120多家科研院所提供高性能计算服务。其云服务模式，可以满足吕梁、山西甚至华北及周边地区日益增长的云计算、存储需求，同时为电子政务、电子商务、智慧城市等多项建设提供后台技术支撑。

（刘翠翠）

【吕梁市民航机场通航】 2014年1月26日，吕梁市民航机场实现通航。吕梁机场是国家“十一五”规划建设的重要支线机场，位于方山县大武镇西北，距吕梁市区约20.5千米。项目于2006年9月启动，2008年12月30日国务院、中央军委联合下文批复同意建设，2009年奠基开工。工程总投资达9.5亿元，占地2671亩，设计旅客年吞吐量20万人，货运吞吐量900吨。机场委托山西民航机场集团公司管理。开通吕梁—北京、吕梁—上海、吕梁—广州、吕梁—西安、吕梁—长沙—海南等六条航线。运营机型包括空客320、CRJ—200、波音737—800等。截至2014年底，旅客吞吐量突破10万人。 （刘翠翠）

·离石区·

中共区委书记	闫刚平*
区人大常委会主任	乔拯民
区长	吕文平
区政协主席	冯晋平

【简述】 吕梁市离石区位于北纬37°21′~37°42′，东经110°55′~111°35′，总面积1324平方千米，下辖2镇3乡，7个街道办事处。

2014年，离石区地区生产总值完成69.9亿元，同比下降1.8%。固定资产投资完成87.1亿元，同比增长31.01%；公共财政预算收入完成13.02亿元，同比增长7.07%；社会消费品零售总额完成60.2亿元，同比增长7.1%。城镇居民人均可支配收入达23539元，同比增长7.2%；农民人均纯收入达4842元，同比增长10%。

项目建设 2014年，离石区工业经济基本资金运转保障工作完成，为煤焦企业减负6800万元，帮助中小微企业融资7000余万元。开展“项目见效年”活动，按照“六位一体”项目机制，推进43个重点项目建设，累计完成投资56亿元，新增产值10亿元，新增税收近1亿元，新增就业岗位4000余个。居然之家等项目建成投运，天源物流、热电联产等项目推进建设。

农业 2014年，离石区农林牧总产值达4.27亿元，同比增长31.7%，农民人均增收1500元。落实各项惠农政策，“5115”产业富民工程获得财政投入资金1.8亿元。以设施蔬菜生产、猪鸡牛规模养殖为重点的餐桌农业加强发展，核桃、小杂粮、食用菌等特色农产品推进规模化种植，核桃林精细化管护完成2万亩，政府发放养殖业奖补资金400万元，投资160多万元为全区森林、能繁母猪、设施蔬菜购买保险，1300万元规模的农业助贷基金建立。百企千村和精准扶贫工程实施，东江、康家岭等扶贫模式形成，全年新增脱贫人口6000人。

城乡建设 2014年，离石区完成《数字生态科技城总体规划》编制。智慧城市建设启动，离石被确定为国家智慧城市试点。支持参与吕梁新区建设，拆除违章建筑3.5万平方米，完成安置房主体建设工程2.53万平方米，吕梁大道、站前广场、便民服务中心等重点市政工程推进建设。推进城乡基础设施建设，泰怡生态公园和滨河东路、呈祥路南延及4座校园人行天桥工程完成建设。县乡公路改造完成投资3649万元。开工新建各类保障性住房4480套；新增供热面积50万平方米；13个村、4870人的安全饮水工程完成建设；3个110千伏输变电工程续建完成。推进生态建设，高标准完成通道绿化1.34万亩。

民生事业 2014年，离石区民生领域支出增长10%，占到公共财政总支出的83%。财政资金调度加强，筹措资金近1亿元，兑现机关事业人员政策性工资提标政策，干部职工工资不拖不欠。教育振兴工程推进建设，新建改扩建幼儿园4所。开展教师交流活动，选派部分优秀校长后备干部到江阴跟班学习，强化对校长和教师队伍的培养管理。公共医疗卫生体系推进发展，提高合作医疗补偿标准，全区近16万人次参加医保的居民得到补偿6950万元。社会保障体系完善，五大保险、城镇医保、城乡低保和五保供养征缴提质扩面工作完成，全年拨付各类保障救助资金8000余万元。第三次经济普查任务完成。《离石弹唱》列入国家级非物质文化遗产目录，填补离石区国家级非遗项目空白。

和谐建设 2014年，离石区推行群众诉求三级评审机制，初信初访规范办理，集体访、越级访活动数量下降。严格把握政策，分类指导，精心组织，187个村级“两委”完成选举换届工作，农村基层基础更加稳固。安全生产责任制落实，开展安全生产大检查和重点行业领域隐患排查专项治理，安全生产形势好转。深化“平安离石”建设，持续推进“六五”普法和依法行政，开展“打黑除恶”专项整治，整合智能视频和社会视频，强化对社会面的控制，可防案件发案率下降，人民群众安全感提升。

政府建设 2014年，离石区坚持依法行政，接受人大及其常委会的监督，接受人民政协的民主监督以及社会各界的监督，执行人大决议，吸纳政协意见，73件人大代表议案建议、93件政协委员提案全部办结。推进行政审批制度改革，落实“两集中、两到位”，提升服务水平。党的群众路线教育实践活动和学习讨论落实活动开展，聚焦整治“四风”顽疾，治理庸懒散奢和不作为乱作为现象，工作作风改进，行政效能提升。执行中央“八项规定”，制定出台公务接待、会议费、差旅费、培训费等管理办法，“三公经费”支出同比下降49.97%，公务用车费用下降34%、公务接待费用下降65.14%，政府系统党风廉政建设加强。 （孙银爱）

·文水县·

中共县委书记　孙善文
县人大常委会主任　张九聪
县　　长　王成军
县政协主席　胡学英

【简述】 文水县位于北纬 37°15′~37°55′，东经 111°29′~112°19′，总面积 1064.4 平方千米，下辖 7 镇 5 乡，1 个办事处，199 个行政村。

2014 年，文水县地区生产总值完成 56.02 亿元，下降 4.8%。固定资产投资完成 43.98 亿元，增速 120.1%；社会消费品零售总额完成 17.71 亿元，增速 14.2%；规模以上企业工业增加值完成 35.5 亿元，下降 9.9%，比吕梁市市平均水平低 4.3 个百分点；外贸进出口总额完成 2839 万美元，下降 41.35%。全县公共财政预算收入完成 3.08 亿元，增速 17%，占全县可用财力 30.7%；人均财力 2300 元，人均支出 3600 元，财政供养人员人均财力 6.51 万元。城镇常住居民可支配收入达 17159 元，增速 7.7%；农村常住居民可支配收入达 7886 元，增速 10.3%。居民消费价格指数 101.7。

项目建设 2014 年，文水县推进综改攻坚“237”行动计划，21 个省、市重点工程项目“六位一体”考核全市排名第四。推进国金公司低热值煤发电项目和固废综合利用项目建设；太中银铁路海威钢铁货场基本建成；晋能清洁能源公司太阳能电池及组件项目建成投产；金地煤焦赤峪煤矿获准开工建设；光华铸管与中央企业新兴铸管成功合作，组建新光华铸管公司，开展清洁化生产。筹建南安工业园区，纳入文水经济开发区“一区三园”规划项目。水美锦恒盛能源有限公司开展 30 万吨不锈钢原料生产项目前期工作。

“三农”工作 2014 年，文水县粮食总产达到 2.91 亿公斤。实施“5+4”农业产业化农民增收工程，县财政出资 1250 万元扶持农业产业化项目 26 个，完成农业示范基地、示范园区建设 22 个，扶持发展“一村一品”专业村 10 个、农民专业合作社 17 个，形成“项目牵动、产业引领、财政扶持、农民致富”的产业化新模式，牛家垣核桃园开展示范化种植；实施农村人居环境五大工程建设和新农村建设。加快农田水利基础设施建设。

城乡建设 2014 年，文水县医院推进新建项目二期工程建设。城区集中供热工程建成 10 千米主管网，开展集中供热范围内燃煤锅炉的拆除改造前期准备工作。开展狄青大街县城兴华北路、幸福街、新建街、东南街幼儿园主线与周边道路改造工作，部分工程完工。完成胡兰大街西延韩村段建设及文东新区主干道绿化、亮化等附属工程。完成县城道路绿化及北城区供水、排水管网建设，实施城区老旧供水管网改造和燃气管网改造等工程。交通建设上，完成国防战备路改造工程，启动南安工业园区美锦大道建设工程。

生态建设 2014 年，文水县推进生态修复，启动文峪河综合整治项目和开栅镇 2 座小水库建设前期工作。实施夏汾高速沿线绿化、通道绿化、荒山绿化、村庄绿化等工程。

民生建设 2014 年，文水县 6 所城乡标准化幼儿园投入使用。南武、北张等乡镇卫生院改扩建工程竣工。优先保障和逐步提高财政供养人员待遇，工资水平与周边县市基本持平。启动住房公积金缴存工作，完善职工保障体系。开展城乡低保、五保及扶老、助残等社会福利和社会救助工作，养老、医疗、失业、工伤、生育等社保覆盖面扩大。推进保障性住房建设，开展棚户区改造、限价商品房、经济适用房建设和农村危房改造任务，2.6 万平方米经济适用房建成并分配到户。开展村社区文化活动场所建设，推进 1300 户山区居民户户通工程和非物质文化遗产综合展览中心开展前期建设。

文化 2014 年，文水县保和堂杜氏复原药、玻璃绘画加工技艺、烙压葫芦加工技艺、保贤锣鼓、开栅村三月十五庙会传说、梵安寺素饼加工技艺入选第 6 批县级非物质文化遗产项目。灯山王母殿成为县级重点文物保护单位。

安全建设 2014 年，文水县开展安全生产大检查活动和“十打十治”打非治违专项行动，严厉打击私挖滥采、私屠滥宰、私制滥造、制假售假等行为，完成市政府下达的安全生产控制指标。加大节能减排和环保攻坚力度，六项主要污染物削减量和万元生产总值能耗降幅达到控制指标。引深“平安文水”建设，开展“亮剑”行动、打黑除恶、命案侦破和打击经济犯罪等专项行动，查处汇丰、汇通种植合作社非法集资案。

政府建设 2014 年，文水县政府共办理县人大代表议案 99 件、县政协委员提案 109 件、市人大议案和市政协提案各 1 件；开展群众路线教育实践活动和学习讨论落实活动。“三公”经费下降 25%，接待费用下降 40%。推行依法行政，开展政府系统党风廉政建设，落实“两个责任”、中央“八项规定”，共查处各类违规违纪案件 147 件，168 名党员干部受到党纪政纪处分。行政事业性收费项目保留 29 类 108 项。（郭　强）

·交城县·

中共县委书记　李志安
县人大常委会主任　刘文海
县　　长　薛凤奎
县政协主席　桑小平

【简述】 交城县位于北纬 37°28′~37°49′，东经 111°29′~112°16′，下辖 6 镇 4 乡，142 个行政村，254 个自然村。

2014 年，交城县地区生产总值完成 59.78 亿元，同比下降 11.1%。公共财政预算收入完成 3.79 亿元；规模以上工业增加值完成 41.5 亿元，同比下降 17.5%。全社会固定资产投资总额完成 53.16 亿元，同比增长 33.1%；社会消费品零售总额完成 18.2 亿元，同比增长 6.1%。城镇居民人均可支配收入达 17625 元，同比增长 7.4%；农民人均纯收入达 7654 元，同比增长 10.4%。

项目建设 2014 年，交城县实施省市重点项目27个，总投资363亿元，完成立项26个、选址26个、环评20个、土地15个。完成项目签约12个，引进投资266亿元。

“三农”工作 2014年，交城县新发展设施蔬菜70亩、中药材1000亩、核桃经济林1万亩，种植设施蔬菜3000亩，瑞景苑500亩花卉产业园推进建设。全县畜牧业人均纯收入达到598元。城西农业示范园路网建成通车，农村土地确权颁证工作正式启动，以群众房屋改造为重点的山水村美丽乡村试点工作稳步推进。完成农村基础设施项目61个。完成新型职业农民培训170人，农村贫困劳动力新增就业1500人。全年共发放粮食直补、农资综合补贴、良种补贴、农机具购置补贴等补助资金1600万元。

城乡建设 2014年，交城县完成庆华东街和五条小街小巷路面改造工程，推进供水改扩建及配水管网改造工程建设，东环路供热应急连接线贯通；廉租房热力站、下关热力站建成投运，新增供热面积30万平方米；天然气供气许可通过审批，入户安装8032户，实现供气2000户；南环路、高速引线绿化基本完工，城区清洁型公交开通运行。东坡底村至鱼儿村、柏西线柏叶口村至王家庄村完成道路改造工程，火车站连接线建成通车，站前广场全面改造。小型农田水利重点县项目年度任务、旮旯水电站主体工程基本完成；汾河灌区西干一二支总退全部清理疏通；13处农村安全饮水工程建成投用，解决1万余人的安全饮水问题。4条10千伏农网供电线路和低压线路完成改造。龙门供水工程二期管线铺设完成93%，山医大一院交城分院、体育馆前期手续全部办结。林业、青村棚户区改造主体完工；天元小区经济适用房、南环路棚户区续建项目基本完工；新开路中段开展回迁安置工作，68户拆迁户领到安置房钥匙。县级土地整理开发项目补充水浇地2200亩，达到供地要求。省级补充耕地项目1050亩任务完成。

环境建设 2014年，交城县推进生态治理，完成8户企业节能技术改造项目，淘汰黄标车、老旧车620辆；推进净空、净水、减排三大攻坚行动，全年空气质量优良天数达到311天。完成造林绿化2.77万亩，栽植各类苗木320余万株，被省政府确定为全省林业生态县。县城垃圾处理厂完工，具备填埋条件。

民生建设 2014年，交城县城北小学、久鑫幼儿园投入使用，机关幼儿园主体完工，职业中学新校区进入扫尾阶段，交城二中图书实验楼、农村教师周转房建设进展顺利；高考工作再创佳绩，开展家庭困难学生资助工作，共发放助学贷款1867万元、助学金314万元。非物质文化遗产保护传习中心具备对外开放条件。县级公立医院推进改革，通过国家卫计委考核验收；新型农村合作医疗保险开展工作，全年补偿人数达13.5万人次，受益金额6518万元。全年新发展数字电视用户3000户，完成乡镇全民健身广场6个。完成就业引导性培训1.1万人次。

社会保障 2014年，交城县低保重新审核完成，城乡低保标准每人每月分别提高30元、44元；养老、医疗、失业等社会保险扩大覆盖面。6.6万户低收入农户冬季供煤工作、1300户特困群众危房改造全部完成。

旅游 2014年，交城县旅游开发方面，全县国家4A级旅游景区增至3处。卦山景区配套设施完善。千年古县正式命名授匾，“千年古县、山水交城”品牌知名度提高。

政府建设 2014年，交城县推进金融创新，民生银行挂牌营业，信用联社改制组建农商行通过国家银监会批复，建行、工行成功争取到外汇结算业务办理权；开展风险控制担保和助保贷工作，为15户农业企业担保贷款1.5亿元。开展政府建设，政务大厅投入运行，29个审批服务窗口单位进驻大厅。依法保障农民工合法权益，解决拖欠农民工工资案件51起，为农民工追讨工资1137万元。修订《政府工作规则》，出台财政专项资金管理、财政投资项目报批和审计等制度，全县机关事业单位干部实行年休假制度。办理人大代表意见42件、政协委员提案93件。

安全生产 2014年，交城县推进安全稳定工作，开展安全生产大整治和打非治违专项行动，排查整治各类安全隐患，全县安全形势总体平稳。加大信访调处力度，妥善处理各类信访案件432件。开展“打黑除恶”专项行动。

（李大斌　燕保平　张俊峰）

·兴　县·

中共县委书记	郭　颖*
	梁志锋
县人大常委会主任	史建春
县　　　长	梁志锋
县政协主席	刘五娥(女)

【简述】 兴县位于北纬38°05′～38°43′，东经110°33′～111°28′，总面积3165.3平方千米，下辖7镇10乡，372个行政村，822个自然村。年末总人口30万人，其中农业人口22.83万人。

2014年，兴县地区生产总值完成62.3亿元，增长13.6%。规模以上工业增加值完成46.74亿元，增长15.65%；服务业增加值完成11.79亿元，增长9.9%。固定资产投资完成62.01亿元，增长28.0%；社会消费品零售总额完成6.33亿元，增长10.8%。财政总收入完成21.85亿元，降低19.23%；一般预算收入完成8.02亿元，增长0.65%。城镇居民可支配收入达16997元，增长6.7%；农民人均纯收入达3546元，增长9.8%。

项目建设 2014年，兴县有省市重点工程项目19个，其中省重点工程项目16个，市重点工程项目3个。重点项目完成投资102.4亿元。兴县“六位一体”目标任务完成195亿元，完成率108.3%；项目落地完成71.33亿元，完成率62.02%；项目开工完成48.6亿元，完成率33.5%；项目建设完成102.4亿元，完成率97.1%；项目投产完成112亿元，完成率101%。

“三农”工作 2014年，兴县按照精准扶贫的要求，以农民增收为目标，以推进农业产业化发展为路径，围绕园区引领、基地推动、典型示范、全面提升的思路，建设1个特色农业产业园区（在康宁镇规划建设一个占地1000亩的农业种、养、加综合园区）、推进5大绿色产业基地（杂粮产业基地、红枣产业基地、核桃产业基地、马铃薯产业基地、畜牧养殖基地）、打造50个精品示范村、推进100个“一村一品”专业村。完成核桃经济林工程5.83万亩，其中巩固退耕还林成果工程完成1.43万亩，省级干果经济林工程完成0.4万亩，扶贫项目投资完成2.41万亩，发改项目以及县财政投资完成1.59万亩；完成天保、三北等生态脆弱区荒山造林以及封山育林1.95万亩。

扶贫移民 2014年，兴县实施整村推进、片区试点、百企千村产业扶贫、千村万人就业培训、教育扶贫等扶贫项目，减少贫困人口19000人。全年全县完成易地扶贫搬迁599人，其中完成省、市下达计划指标100人，超额完成499人。2014年，全县通过培训就业和就业后岗位培训等方式，完成千村万人就业培训888人，超额完成山西省扶贫办下达790人的培训任务。

城乡建设 2014年，兴县完成农村困难群众住房解困800户改造任务；基本建成保障性住房1200套。新增绿化面积5万平方米。城镇居民人均住宅建筑面积达31平方米；农村居民人均住宅建筑面积达34.5平方米。供水普及率97%，燃气普及率64%，集中供热普及率40%，县城污水处理率90%，人均道路面积13.31平方米，建城区绿化覆盖率达23.1%；城市棚户区改造完成1200套，城市旧城区和老旧基础设施改造完成投资25550万元；兴县垃圾无害化处理场建设完工并投入试运行。

交通运输 2014年，兴县在配合中南部出海大通道、西纵高速等重点项目的基础上，加快交通基础设施建设。完成曹罗线改造曹家坡至枣林坡段；启动枣圪线公路改造工程，项目进入拆迁征地阶段；建立农村公路实行县道县养、乡道乡养、村道乡村共养的管养制度，全县农村公路全年好路率达100%，无差等路。查处非法营运违法违章车辆128辆，审批货运公司8家。

教育体育 2014年，兴县完成4所村级幼儿园建设任务并投入使用。完成2所标准化幼儿园建设任务并投入使用。建设完成8块乡（镇）全民健身活动广场，完成5套社区体育健身路径。配齐配强校长队伍，加强教师队伍建设和管理。

文物旅游 2014年，兴县总投资8073万元的中共中央晋绥分局旧址（北坡村）历史风貌修复工程一期工程、二期工程开展工程施工；完成“四八”烈士纪念馆辅助设施的维修、文物征集和陈列布展；完成投资50万元的中共中央晋绥分局旧址（碧村）修复工程，并配合山西省考古研究所开展碧村遗址的调查工作；投资80万元的胡家沟明代砖塔的保护性修缮工程竣工；对县境内的四处古长城遗址进行保护性巡查；对15处重要红色革命旧址进行调研；配合县住建局完成野狐寺保护修缮规划的编制；完成第一次可移动文物普查行外收藏单位文物认定清单的登记工作，登记11788件，行内文物信息登录上传数据375条，完成行内登录任务。

环境建设 2014年，兴县建成北湾国际、金帝花园、福临嘉苑、120师4个集中供热点，新增集中供热面积27万平方米；完成银海大酒店、金江大酒店、月亮浴池、龙泉洗浴中心等9户单位燃气锅炉改造任务和教体局、晋绥纪念馆等16台（30吨）燃煤锅炉改造工作；中压输气管线4.8千米安装完成。完成2000户的天然气入户任务。加大治污减排力度，按规定对全县机动车辆进行环保尾气检测，尾气检测合格后方可办理机动车年检手续。空气质量二级以上天数达309天，空气质量优良率达到84.65%，综合污染指数为1.96，稳定达国家二级标准。

社会保障 2014年，兴县新型农村合作医疗保险人均筹资标准从340元提高到390元；乡级定点医疗机构住院补偿比例提高到90%；县级以上直报定点医院住院费用中目录内中药费用补偿比例提高到100%。全年企业职工养老参保人数完成率100%，基本医疗参保完成率100%，失业保险参保完成率101%，工伤保险参保完成率104%，机关事业养老保险参保完成率100%，新农保参保人数完成率100%。提高低保标准，新建的兴县综合社会福利院投入使用，先期接收21位生活不能自理的五保老人入住。

安全生产 2014年，兴县按季度开展隐患排查治理4次，随机性检查和重点时段预防性安全检查100余次，排查隐患432条，其中非煤矿山198条，危险化学品及烟花爆竹196条，相关行业38条，整改432条，整改率达100%。组织所有企业开展安全生产标准化达标创建工作。35户非煤矿山企业完成达标创建工作，28户加油站全部完成达标创建工作，1户烟花爆竹批发企业完成达标创建工作，2户建材企业完成达标创建工作，基本完成全年达标创建任务。组织办理52户企业的工作场所职业危害现状评价。对接触职业危害的230余人进行专业体检，并建立健康档案，对44户企业进行作业场所职业危害申报备案。组织企业负责人和员工进行安全生产业务培训。培训企业法人（主要负责人）、安全管理员、特种作业人员、安全副矿长、技术副矿长共486人，培训一线从业人员350余人次。开展安全生产宣传教育活动。全年开展集中宣传教育3次，发放各类宣传书籍2000余册，宣传材料15000余份。（牛小兵）

·临县·

中共县委书记	张建国
县人大常委会主任	闫金英（女）
县长	李双会
县政协主席	薛全清

【简述】 临县位于北纬37°35′~38°14′，东经110°39′~111°18′，总

面积2979平方千米，下辖13镇10乡,631个行政村。总人口65.0684万人,其中非农业人口6.2659万人。人口出生率为12.1‰,死亡率为6.29‰,自然增长率为5.81‰。

2014年，临县地区生产总值完成44.5亿元,同比下降4.5%。第一产业增加值10.25亿元；第二产业增加值14.14亿元；第三产业完成增加值20.1亿元。人均地区生产总值达7523元。规模以上工业增加值完成12.6亿元；社会固定资产投资完成55.66亿元；公共财政收入完成5.97亿元;社会消费品零售总额完成35.96亿元。城镇居民人均可支配收入达14216元;农民人均可支配收入达3885元。

“三农”工作 2014年,临县农作物种植面积86431.8公顷，其中粮食种植面积76338.6公顷；油料种植面积6435.3公顷。粮食作物主要以玉米为主,种植面积33550公顷。粮食产量达135160吨，其中秋粮产量135160吨,玉米产量91969吨。猪牛羊肉总产量12463吨，奶牛产量3588吨,禽蛋产量13227吨。发放粮食直补、良种补贴、农机具购置补贴等8526万元，完成精准扶贫建档立卡75452户，落实金融扶贫贷款4000万元，扶贫到户贷款贴息资金300万元，完成劳动力就业培训1.2万人,减少贫困人口4.2万人。完成造林5580公顷，其中三北防护林工程完成1093公顷；天然林保护工程完成133公顷;退耕还林巩固成果完成1487公顷；省级干果经济林完成1733公顷；企业绿化完成533公顷。农业机械总动力194744千瓦。机械耕地面积38500公顷;机械播种面积15860公顷，机械收获面积9200公顷。农机化经营总收入3500万元。开展“8+2”农业产业化建设,建成红枣标准化管理示范基地2.19万亩。新发展优质核桃林0.4万公顷，优质马铃薯0.14万公顷，绿色谷子493公顷，绿色大豆1.4万公顷。发展食用菌120万棒;林下种植中药材147公顷，林下种植黄花菜0.07万公顷。

项目建设 2014年，临县完成项目储备3119亿元，项目签约192亿元,项目落地121亿元,项目开工120亿元,省市重点工程投资135亿元，项目投产136亿元。霍州煤电1000万吨洗煤厂试运行,开工建设铁路专用线;推进晋煤太钢、美锦锦源矿井项目建设;华烨、胜利、黄家沟等煤炭提升项目实现联合试运转,原煤产量达849万吨。建成众资林牧肉羊基地;农艺白豆腐、碧原梅花鹿养殖基地投产。

工业建筑业 2014年，临县规模以上工业企业15户，实现利税1.59亿元,利润-3.61亿元。增加值完成12.6亿元。原煤产量849.3万吨;洗煤产量252.22万吨；焦炭产量14.03万吨。规模以上工业企业实现主营业务收入16.6亿元。建筑业实现增加值17924万元;具有建筑业资质等级的总承包和专业承包建筑业企业实现建筑业总产值28286万元,实现利润1089万元。

交通邮电 2014年，临县公路线路里程达2805.583千米,新注册登记车辆1504辆。完成沿黄路、林招线、青正线等安保配套工程。投入300余万元购置5辆公交车,开通城庄至安业火车站的第3路公交线路。晋中南铁路、太兴铁路、岢岚高速建成通车,推进太佳高速连接线和南城凤凰路建设工程,完成218省道、三碛线路面改造,郝丛线建成通车。完成邮电业务总量19295.3万元，其中邮政业务总量1713万元；电信业务总量17582.3万元。移动电话用户247979户,共完成4G基站建设120余座,移动4G终端客户达13000余户,宽带接入用户达29460户。

城乡建设 2014年，临县开工建设公共租赁住房144套,限价商品房1216套，城市棚户区改造1392套。建成限价商品房1216套,棚户区改造336套。完成17个乡镇,2500户危房改造任务。实施乡村清洁工程,创建省级示范达标村115个。完成老城区河渠街、北门街自来水管网改造,实施农村安全饮水工程26处,解决1.7万人的饮水安全问题。完成黄白塔至城庄、黄白塔至兔坂天然气输气管道的铺设,大禹、安业、城庄等乡镇部分村庄具备供气条件,1.1万户居民用上天然气。钟底110千伏升压输变电工程建成投运,城南110千伏升压输变电工程立项,改造高压线路142千米、低压线路260千米。

文化教育 2014年，临县有文化馆1个,艺术表演团体42家,电影放映队25家,公共图书馆1个,馆内藏书4.9万册。各类杂志出版4种,3万册,《临县之窗》报刊1种。有广播电视台1座,有线电视用户4.3万户，入户率17.7%，电视人口覆盖率达98.3%。临县高级中学、兔坂九年制学校投入使用;改造农村薄弱学校校舍53所;新建食堂4所,教师周转房2所;新建幼儿园7所;落实教育补贴资金6100万元。有职业中学3所,普通高中2所,初级中学33所,小学66所,幼儿园23所。适龄儿童入学率达99.8%,小学六年巩固率92.3%,初中三年保留率91.1%，高中阶段毛入学率86.2%,高考达线487人。

医疗卫生 2014年，临县共有卫生机构(含诊所)696个,其中医院3个,妇幼保健院1个,卫生院23个,城区社区卫生服务中心1个,疾病预防控制中心1个，卫生监督所1个,新型农村合作医疗保险医办1个,健康教育中心1个,卫校1个,村级卫生所及个人诊所663所。有专用病床1224张,卫生技术人员1350人。新型农村合作医疗保险参保人数为533362人,参保率达99.25%。

社会保障 2014年，临县城镇职工基本医疗养老保险参保30038人；新型农村社会养老保险参保338564人;城镇基本医疗保险59181人;失业保险参保19339人;工伤保险参保19562人；生育保险参保23300人。城市最低生活保障对象10089人，农村最低生活保障对象68324人,5265人纳入农村五保供养。各类提供住宿的生活服务机构达5个,养老服务机构4个,各类福利院床位数100张,收养75人,共接收生活捐赠款4万元。新增就业人数1.3万人,8.86万人享受到保障性救助;发放廉租房租赁补贴114万元。新增就业人数4220人，创业就业人数

2505人，失业人员再就业人数925人，就业困难人员就业人数110人，转移农村劳动力人数8259人。

（张海红）

·柳林县·

中共县委书记	王　宁*
县人大常委会主任	陈繁昌
县　　长	武跃飞
县政协主席	杨登生

【简述】 柳林县位于北纬37°08′~37°37′，东经110°39′~110°05′，总面积1287.29平方千米，下辖8镇7乡，257个行政村。年内总人口34.2万人，其中农业人口28.3万人。

2014年，柳林县地区生产总值完成170.3亿元。财政总收入完成47.08亿元；地方公共财政预算收入完成21.02亿元。固定资产投资完成148.4亿元，增长27.2%；外贸出口额完成53万美元，下降0.61%；社会消费品零售总额完成34.9亿元，增长17.4%。居民储蓄存款总额达86.5亿元，较年初增加7.5亿元；各项贷款余额达68.6亿元，较年初增加1.7亿元。城镇居民人均可支配收入达25600元，增长8.5%；农民人均现金收入达9400元，增长11%。

农业 2014年，柳林县粮食总产量达4772.9万公斤。发放粮食直补、农资综合补贴、良种补贴资金2500万元。实施“8+2”农业产业化，巩固已建成的3000亩设施蔬菜基地，实施设施蔬菜新品种示范推广510亩；新发展规模养殖20户；发展林下经济4.4万亩，亩均产值达到1034元；共发展食用菌25万棒，种植林下中药材3000亩。县财政出资为全县玉米种植户和红枣种植户办理农业保险，理赔保险金完成550余万元。累计为“8+2”农业龙头企业发放贷款6760万元。实施3万亩红枣标准化管护示范区，并新上马5万亩核桃林精品管护工程，县财政总计投入3000万元。

工业 2014年，柳林县有矿井26对，投产21对；联合试运转1对。全县原煤产量达到3435.8万吨，同比下降8.4%；精煤产量1956.9万吨，同比增长0.8%；焦炭产量79.7万吨，同比下降33.5%。凌志华泰、宏盛聚德等一批坑口洗煤项目进入试生产，洗精煤能力达6220万吨。全年共确定重点工程项目81项，开工建设55项，开工率68%，完成投资157.32亿元，其中28项省、市重点项目开工26项，完成投资146.8亿元。高红循环经济产业示范园区进驻项目建成投产5个、在建3个、规划入园1个。全县8个煤炭主体企业和2个驻柳国有大型企业上马12个非煤转型项目，完成投资22.55亿元。其中柳电二期脱硝改造、年生产碗团7.5万吨、芝麻饼4.5万吨的食品自动生产线一期技改、柳林县型煤厂等3个项目建成投产。总投资13.7亿元的中南铁路孟门集运站主体完工，一期工程具备装运条件；总投资2.4亿元的王家会铁路货物集运站主体完工；柳林铁路货物集运站、汾西留誉集运站推进工程建设。福龙360万吨熟料干法水泥生产线、磐龙日产5000吨建筑碎石及2×800吨活性石灰生产线项目达产达效。李家湾光电子园一期工程完成投资6.35亿元，建筑面积7.5万平方米，入驻园区项目9个。王家沟煤矸石综合利用产业示范园区累计完成投资60.9亿元，凌志华泰洗煤、森泽阻燃新材料项目建成投产。与泓润翔（北京）新能源投资管理有限公司签订300兆瓦光伏发电项目。年内柳林县新增中小微企业221户，中小微企业和民营企业达到747户，完成总产值98.4亿元、营业收入86.7亿元，上缴税金12亿元。物资再生、混凝土搅拌、无烟型煤等5个项目入驻润山创业基地，完成投资9000余万元。

城乡建设 2014年，柳林县城镇化率达到43.3%，较上年增加2个百分点。总建筑面积123万平方米的20个棚户区改造项目建成57万平方米。总投资33.8亿元的北大街片区改造项目基础设施全部完备。总投资2.4亿元的柳林南站附属道路桥梁建设全部完成，广场建设加快推进。总投资6500万元的联盛教育园区入园道路竣工通车。总投资5.6亿元的聚雅公路、总投资1.9亿元的248省道柳林城区段拓宽改造工程全面完工。总投资1.4亿元的八石公路完成通道绿化工程。高红工业园区110千伏变电站、穆村110千伏变电站2号主变增容工程投用。

社会事业 2014年，柳林县青龙、鑫飞、庙湾、锄沟和西街幼儿园投入使用，完成4所农村幼儿园改造任务。2014年高考二本以上达线1131人。总投资3亿元的柳林新医院进行前期准备工作。柳林县所有公立医院全部实施基本药物制度。建立大病医疗救助“一站式”服务，政策范围内住院费用报销比例达80%，住院补偿封顶线保持在15万元。开展“爱国卫生月”城乡环境卫生集中清理活动。

社会保障 2014年，柳林县社会保障和就业支出达3.1亿元，比上年增加6%。全县新型农村合作医疗保险参保率为99.98%。在集中供热补贴方面，县财政补贴资金比上年多支出3000万元，总补贴资金达6000万元。农村五保供养对象有893户993人，其中集中供养对象339人，分散供养对象654人。农村五保供养标准提高为集中供养对象每人每年6100元、分散供养对象每人每年4300元。柳林县财政对集中供养对象每人每年补助1800元、对分散供养对象每人每年补助2400元，年内县财政配套支付五保供养金217万余元。柳林镇、金家庄乡、高家沟乡、王家沟乡四个乡（镇）的四所高标准中心敬老院设床位500余张。

文化文物 2014年，柳林县推动文化，“元宵节·柳林盘子会”申报国家级非物质文化遗产保护项目；创作现代晋剧《村官李步福》，巡回演出20场；木刻版画《古镇》获全省第16届美展一等奖；抗战题材电影《军渡》上映；长篇历史小说《下柳林》出版；柳林弹唱艺人应邀参加第六届北京传统音乐节、全国首届民间俗曲展演暨专家研讨会等演出活动。开展文物保护，柳林县累计有各级文物保护单位172处，其中全国重点1处，省级6处，市级5处，县级160处。投资1000余万元对南山寺和县级文物保护单位圆明寺进行维修。在第三次全国文物普查活动后，柳林县的不可移动文物总量由“第二次文物普查活动”时期的170处上升至750处，其中复查162处，新发现588处，消失25处。新发现量占总量的78.4%。 （张景尧）

·石楼县·

中共县委书记 油晓峰
县人大常委会主任 孙卫东
县长 程晓春
县政协主席 郑连弟

【简述】 石楼县位于北纬36°51′~37°16′，东经110°22′~111°06′，总面积1808平方千米，下辖6乡4镇。年末总人口11.3万人。

2014年，石楼县地区生产总值完成72亿元，同比降低5.3%。固定资产投资完成82亿元，增长12.9%；社会消费品零售总额完成2.25亿元，同比增长16.5%。城镇居民可支配收入达12530元，同比增长14.1%；农民人均可支配收入达2750元，同比增长16.3%。

农业 2014年，石楼县把打造10万亩红枣、核桃精品科技示范园作为市级重点工程，以示范园建设引领干果经济林产业的健康发展。筹资1000万元用于10万亩红枣核桃精品科技示范园建设和管护。累计投工15.9万个。在强化管护上，与省林科院和山西农大合作，提高全县科研管护水平；红枣协会和老促会给枣区送信息、送技术、送服务；县红枣中心和县科技局开展红枣核桃管护技术培训，每个乡镇都组建一支40人左右的技术服务团队。2014年指导农民完成耕地、修剪和病虫害防治10万亩，整坑3.18万亩，施肥2490吨，涂白6.5万亩，拉枝2.48万亩，缠胶带2万亩，放置灭虫灯300盏。核桃产量2000万斤，产值3亿元。整合12类20个涉农项目，总投资9256万元，集中投放在100多个项目专业行政村。重点扶持食用菌产业。以专业合作社为龙头，采用“合作社+农户”模式，生产菌棒100万棒。种植绿色谷子、绿色荞麦1.1万亩。发展中药材6500亩。实施一村一品和一县一业项目。完成农机具库棚建设1500平方米和农机具购置补贴项目。解决饮水困难人口3000人。完成一村一井40眼。新建退耕还林棚圈1.5万平方米。实施土地整治项目，新增耕地4000多亩。实施坡耕地项目，新增梯田1500亩。完成核桃林补栽补植2.2万亩。实施农机深松作业1万亩。实施扶贫移民1000口人。完成1.5万平方米的饲舍圈养补助项目。县财政投入100万元以奖代补支持中小微企业。培育绿康红枣，龙兴源核桃，谷丰、龙源谷子，长荣食用菌，益民中药材，石楼好牛、利通、民生、彦红、留村养牛，晋能、齐发、鸿利联、祥达养猪，富民、绿丰、建伟养羊，恒昌渔业，阳光药缮山野猪，佳誉狐狸等一批专业合作社。扶持树德、黄河、东瑞、农夫山庄、有旺蔬菜和沁园物流有限公司等龙头企业和示范企业，采用“公司+合作社+基地+农户”的发展模式，提升农业产业化水平。

项目建设 2014年，石楼县涉及省、市重点项目共9个，其中省级重项目8个，市级重点项目1个，总投资68.8亿元，完成投资14.86亿元，投资完成率49.5%。省市重点项目办结立项手续8个，办结率89%；办结土地手续和环评手续各7个，办结率78%；开工项目7个，开工率78%。1个市级重点项目完成建设任务。在山西中南铁路项目建设上，完成临时征占地635亩、红线内征地868.3亩、林地369.9亩，拆迁148户，安置85户，处理各类矛盾纠纷476起。

城乡建设 2014年，石楼县以提质扩容为手段，实施市政建设和管护工程。投资2.6亿元推进古楼街棚户区改造工程。完善王村、塔底、西河湾3个城中村改造项目和汇鑫苑、龙湾国际和石楼一中宿舍楼等3个住宅小区的配套工程。启动介板沟棚户区改造工程。新建占地36亩的龙马公园一期工程开工。投资450万元用于宣传文化大楼门庭装饰和广场周边硬化工程。完成西门坡、遵义街道路铺油工程。建设垃圾无害化处理厂。实施污水处理厂技改工程和污水管网铺设工程。建设南城区农贸市场。建成并投用四个标准化星级公厕。开展灵泉镇马村桥至城关村的环境专项清理。完成东征大街延伸项目的路基工程。开展城区“五乱”专项整治行动。支持坪底水库工程建设，完成库底清理验收工作，具备竣工蓄水条件；配合引黄工程建设，2014年完成隧洞开挖及一次性支护2.36千米，完成投资4545万元。实施新国道孝辛线（石清线）路面改造工程和石柳线公路沉陷养护工程，建设西东线和罗曹线农村公路升级改造工程，完成留和线、裴乔线道路工程和小蒜桥建设工程。

民生事业 2014年，石楼县新建王村、西河湾两所幼儿园，完成石楼中学科技楼配套工程项目，新建职教中心投用。投入450万元奖励各级先进学校和优秀教师。石楼县高考成绩连续八年位居吕梁市前列，职中对口升学考试多年位居全市前三。完成县医院综合住院大楼配套设施工程，启动县医院公立医院改革，建设中医院新建项目，实施一个乡镇中心卫生院医护人员周转住房和100个行政村卫生室建设。建设134个行政村村文化活动室，31个农家书屋，配备图书及设备。新建县图书馆、9个乡镇综合文化站，维修文化馆。新招聘8名硕士生教师，14名公务员，录用30名大学生村官；通过政府采购公共服务，招录44名公益岗位人员，并从本地农技乡土人才以及外地专业技术人才中，择优选聘12名农业适用型技术人才服务“8+2”农业产业化建设。

（郑凤斌）

·岚　县·

中共县委书记 薄宇新
县人大常委会主任 丁清泉
县长 油晓峰*
县政协主席 李拴珍

【简述】 岚县位于北纬38°05′~38°36′，东经111°21′~111°50′，总面积1508.9平方千米，下辖4镇7乡。

2014年，岚县地区生产总值完成32亿元,同比增长14.8%。规模以上工业增加值完成25.8亿元，增幅34.8%；财政总收入完成8.7亿元,降低6.5%。社会消费品零售总额完成9.45亿元,增幅12.6%;固定资产投资28.47亿元,降低46.39%;公共财政预算收入完成5.24亿元,降低5.8%。居民人均可支配收入达7442元，增幅9.1%;农民人均纯收入完成4100元，同比增长9.24%,

农业 2014年，岚县马铃薯种植总面积在25万亩，总产量达到40万吨。建成全省一流、吕梁最大的脱毒马铃薯繁育基地,20万亩无公害马铃薯通过省农业厅产地认定和30万吨无公害马铃薯通过国家农业部专家产品认证,“岚县马铃薯”地理标志认证通过国家农业部专家评审,马铃薯产业品牌化发展。油松育苗、生态养殖、小杂粮加工等辅助产业。

项目建设 2014年，岚县总投资179.57亿元，续建、新建项目47个,完成建设投资48亿元。太钢袁家村铁矿运行良好。正利煤业150万吨矿井、昌恒煤焦90万吨矿井正式投产。同安、龙达两座煤矿项目开工建设。大象生猪产业化项目完成“三通一平”工作,进行基建施工。城南热源厂展开建设,完成投资7900万元;绿缘景环境科技有限公司全国规模最大的2万吨生物基复合材料生产线具备生产条件;中磁浩源有限公司年产1200万只软磁芯生产线进入批量生产阶段,填补山西在软磁材料生产和国内智能化软磁材料生产线的空白;中电投山西中盛达新能源投资有限公司岚县河口、王狮48兆瓦风电项目累计完成投资4.52亿元;大唐山西新能源公司阎家背48兆瓦风电项目推进基建工程建设，完成投资2.1亿元；推进京岚清洁能源有限公司2×15兆瓦生物质发电项目建设。全年招商引资额完成277.5亿元。

中小微企业 2014年，岚县中小微企业总数达到320户,从业人员2万余人。

城乡建设 2014年，岚县城市规划馆、儿童游乐场投入使用。完善市政公共设施建设,市政供水管网改造完成，城区集中供水实现全覆盖;10千伏城网Ⅲ、Ⅳ回线新建工程完工,城区电网稳定性提高;天然气长输管网建设项目推进管线建设,新增天然气用户2000户。加快太佳高速两条连接线项目建设,完成209国道和河口—李衬会、岚马线—翟家沟、东村—下马铺、古黑线县乡公路拓宽改造工程;白龙山、饮马池、茅龙山三条旅游公路推进升级改造。

环境建设 2014年，岚县获得“省级园林县城”称号,城区新增绿化面积3.5万平方米，绿化覆盖率达39.9%,绿地覆盖率达33.8%,人均公园绿地面积达11.7平方米。懿荷、裕丰等九大公园改造完成并投入使用。

民生事业 2014年，岚县各学校开展标准化建设,王狮、普明中学等学校体育场建设项目开工，岚县中学新建项目投入使用。职教中学基础设施建设工程完工。东村、东阳涧、高崖湾等幼儿园改善学前教育环境,新建成幼儿园投入使用。加强教师人才队伍建设；夯实三级卫生服务网络，岚县人民医院新建项目投入使用。部分乡镇卫生院的改扩建工程标准化率达50%,94所村级卫生室建设公有化率达100%。

文化旅游 2014年，岚县实施非物质文化遗产包户工程,建立文化遗产名录，修复120师师部遗址,启动120师抗日纪念馆建设。实施广播电视“村村通”和“三送工程”,丰富活跃农村文化生活。白龙山省级风景名胜区创建工作通过省级专家审评,举办第十四届旅游文化节暨白龙山庙会。第八届岚城民间面塑艺术节举办,“岚城面塑”入选第四批国家级非物质文化遗产代表性项目名录。

社会管理 2014年，岚县县级领导接待来访群众538批次1846人次,现场受理、解决信访事项493件,交办信访事项357件,带案下访115件次。集中化解省、市交办的73件信访积案,办结率达到100%,息诉罢访率达到85%。安全生产加强构建“一岗双责,齐抓共管”的安全生产责任体系，执行安全生产网格化管理,开展安全大检查和“六打六治”打非专项行动，排查整改各项安全隐患256件。开展安全演练,强化安全教育。县乡三级社会服务管理中心完成建设。保持打黑除恶高压态势,开展社会治安“六项整治”、中小学幼儿园“护校安园”专项行动,“天眼工程”出入境电子围栏工程改造完成,城区视频监控系统改造完成工程量的62%。强化政法队伍建设，警风警纪教育加强，政法队伍整体素质提升。 （赵 丽）

·方山县·

中共县委书记 李少杰
县人大常委会主任 任年有
县长 田安平
县政协主席 林祥

【简述】 方山县位于北纬37°36′~38°18′,东经111°02′~111°34′,总面积1434.1平方千米，下辖5镇2乡，169个行政村。总人口14.6万人。

2014年，方山县地区生产总值完成27.52亿元,增长4.6%。规模以上工业增加值完成16.43亿元，增长5.8%;固定资产投资完成16.75亿元，增长17.8%；财政总收入完成9.71亿元,增长3.28%;公共财政预算收入完成3.76亿元,增长3.95%;社会消费品零售总额完成8.03亿元，增长9.3%。城市居民人均可支配收入达17011元,增长7%;农村居民人均可支配收入达3673元,增长9.3%。

农业 2014年，方山县耕地面积33万亩,粮食总产量达4140万公斤。推进“8+2”产业化建设,重点发展食用菌和林下中药材两大产业:推广香菇、木耳等新品种,开展羊肚菌、猪苓等药食两用菌的培育和产业化加工，支持专业合作社发展生产线,惠仁菌业合作社平菇、香菇、木耳菌棒生产线,以及鲜菇真空包装、一口香蘑菇、烘干加工厂投产,联顺科技合作社香菇菌棒生产线建成;开工建设总投资10亿元的方山鑫禾农副产品（药材）国际交易城中药材集散基地。吕梁市祥浓食品有限公司以番茄加工为主导产业,采取“公司+基地+农户”的合作方式与农户签订种植协议，派遣技术员指导农户进行种植，提供技术支持，发展小包装番茄酱产业，年内签订订单番茄总面积1600亩，涉及农户500余户。启动精准扶贫，全县169个行政村、6万贫困户的建档立卡信息采集系统初步建成，全年有1.1万贫困人口脱贫。

项目建设 2014年，方山县组织和参加各种招商引资洽谈会及重点项目推介会，全年引进各类资金131亿元。推进50个省市县重点工程项目建设工作，金晖瑞隆、金晖凯川、汇丰新星三个煤矿建成投运；国电马坊风电、庞泉工贸矿山机械扩建、鑫禾方山国际中药城等优势产业项目推进基础设施建设。

文化旅游 2014年，方山县北武当山景区停车场、游客中心建设工程全部完工，开展北武当镇来堡村于成龙廉政教育基地、故居及陵墓的建设和保护工作，开发廉政文化旅游品牌。境内可开发的旅游景点达24处。在文物普查中，发现一册清朝中后期《于清端公政书》的木刻刊印本。开展“善行天下”徒步旅行活动。

城乡建设 2014年，方山县配合吕梁新城建设工程，推进大武镇安置房建设，开工建设6个安置区、25栋，竣工24栋。实施县城街巷改造“八大市政工程”，推进县城集中供热、供气扩面工作，全县集中供热面积达到50万平方米，天然气入户新增700余户。开展申报采煤沉陷区搬迁治理项目前期工作。完成保障性住房续建800套。推进太中银铁路吕临支线、吕梁环城高速建设，吕梁机场开始运营。太佳高速连接线建设、县城外环路改造工作完成，峪松线路工程建设完工，维修改造危桥8座。新建店坪35千伏变电站，启动广播电视、宽带、电话“三网合一”工程建设。

环境建设 2014年，方山县林地面积165万亩，森林覆盖率为41%。实施环城高速沿线荒山、村庄绿化和厂矿企业绿化工作，高标准绿化大武镇武家塌等8个村庄，每村补助30—50万元；推进吕梁机场周边绿化工作，完成1360亩；开展义务植树和育苗工作；开展核桃林产业建设，完成以核桃为主的2万亩经济林建设。把省重点工程吕梁山生态脆弱区建设与国家重点工程建设相结合，建设“三北”防护林1.79万亩、退耕还林封山育林0.3万亩、巩固退耕还林成果0.9万亩、天然林保护工程人工造林0.5万亩、造林补贴0.3万亩。县城北川河综合治理照明绿化工程完工，瓦窑河治理工程启动。吕梁机场周边、吕梁环城高速通道两侧荒山绿化和沿线村庄绿化工程完成。

社会事业 2014年，方山县城镇职工五大保险覆盖率达90%以上，城乡低保基本实现应保尽保。推进义务教育标准化建设，提升高中办学水平，高考二本B类以上达线82人，2名学生考入清华大学。“爱的小桔灯”爱心助学活动在积翠小学、马坊王家湾村小学开展爱心捐助活动。巩固扩大新型农村合作医疗保险参保人群覆盖面，参保农民10万人，参合率达98%。促成县中医院与山西中医学院附属医院建立医疗联合体。县级公立医院综合改革启动，开展集体林权制度改革工作。

安全生产 2014年，方山县出台《方山县安全生产党政同责实施意见》，开展安全生产大检查、“六打六治”打非治违专项行动和重点行业领域专项整治。全县169个行政村和4个乡镇通过安全乡村验收命名，安全保障能力提升。加强社会治安防控体系建设；完善公共应急管理体系，处置突发性公共事件能力提高。推进政府机构改革，推进简政放权，承接上级取消和下放的行政审批项目26项，减少政府工作部门3个。

（陈 胜）

·中阳县·

中共县委书记	郭保平
县人大常委会主任	高升平
县长	乔晓峰
县政协主席	郭润保

【简述】 中阳县位于北纬37°03′~37°27′，东经110°50′~111°29′，总面积1441.4平方千米，下辖5镇2乡，100个行政村（居）委会。总户数56569户，总人口数156498人，农业人口102086人，非农业人口54412人，人口自然增长率为5.83‰。

2014年，中阳县地区生产总值完成61.13亿元，同比下降5%。财政总收入完成13.2亿元，为上年同期的76.42%。公共财政预算收入完成7.04亿元，同比下降2.06%。全社会固定资产投资完成52.91亿元，同比增长40.77%。金融机构各项贷款余额达518241万元，下降10.98%；各项存款余额达692780万元，增长12%。全社会消费品零售总额完成13.4亿元，同比增长14.1%。城镇居民人均可支配收入达17732元；农民人均纯收入达5422元。

农业 2014年，中阳县粮食播种面积13.9万亩，粮食产量达2508.5万公斤，油料面积为5352亩，产量47.84万斤，马铃薯面积23085亩，产量585.8万斤；畜禽饲养总量达336836头(只)。肉类总产量达2655吨，禽蛋产量2050吨，奶产量45吨。畜牧总产值7279万元。粮食直补资金925.1万元。县财政投入1000万元，推进核桃产业发展，建成优质核桃示范园6万亩；启动政策性核桃商业保险；兴源钙果厂建成投运。厚通30万头猪、紫云10万只羊两个亿元以上的标杆项目一期工程建成，5个投资千万以上的养殖场开展新建、改建和扩建工程；暖泉1300万元中央彩票公益金项目启动实施，地方配套1000余万元实施10个贫困村推进项目；启动吕梁山生态脆弱区治理和城区东西两山绿化提升工程，植树造林5.5万亩。

工业 2014年，中阳县规模以上工业总产值完成1396583.5万元，同比降低12.6%；增加值完成470896万元，同比降低4.44%；销售总产值累计完成1391271.4万元。全县规模以上工业企业实现销售收入1304981.2万元。利税完成76775.8万元，实现利润25684.9万元。累计亏损企业22户，亏损48008.6万元。主要工业产品产量:煤炭完成666.64万吨;洗煤完成385.89万吨;钢材完成311.07万吨;生铁完成12.96万吨;水泥完成49.7万吨;焦炭完成2.77万吨。

项目建设 2014年,中阳县东旭光伏发电项目一期2万千瓦分布式发电取得省发改委"路条";梗阳、鑫隆、苏村对矿井建成投产,沈家峁煤矿竣工验收,暖泉120万吨和荣欣一期120万吨联合试运转,煤炭产量突破600万吨;钢产量达到310万吨,新研发的45#钢、焊丝钢进入交易市场;中澳生态铝项目完成可研报告和发展规划编制,晋能桃园2×35万千瓦低热值煤发电取得省发改委"路条"。

交通邮电 2014年,中阳县新增通车里程13.2千米,完成农村路网改造13.5千米;公路建设投资1亿余元,完成养护投资500万元。邮政业务收入完成946.3万元;邮政储蓄收入完成628.41万元。联通主营业务收入2568万元;移动中阳分公司营业额6351万元;中阳电信完成收入814.7万元。移动业务收入393.69万元,出账用户达到8473户,固网业务收入278.02万元,出账用户达到6392户。

文化教育 2014年,中阳县图书馆、文化馆图书借阅、阅览、讲座、展览、各类艺术培训、音乐舞蹈室、书法室等所有项目向社会免费开放。培训青少年艺术人才1000余人次,妇女干部艺术素养培训200余人次。全县有中小学、幼儿园59所,其中高中和职业中学各1所,初中5所,小学28所,幼儿园24所。政府投入22450万元,完成3个幼儿园新改扩建工程。实施总投资270万元的18所中小学校校舍维修工程。完成1个体育场建设。实行普通高中困难学生资助及职业中学免学费全覆盖;实施"圆梦工程",250名贫困学生受到资助,资助资金达50余万元。生源地助学贷款共有2696名学生受益,受助资金总计1523.1483万元。2014年,高考二本(B)类以上达线532人。

卫生 2014年,中阳县共有卫生机构117个,其中县级4个,乡镇卫生院、社区卫生服务站11个,村卫生所100个,疾病预防控制中心、卫生监督所各1所;共有放射诊疗单位16个。新型农村合作医疗保险参保农民达92028人,参保率达99.7%,各级财政补助标准由每人每年340元提高到390元。中阳县第一人民医院主体基本竣工;投资30余万元,改建车鸣峪卫生院;投入26万余元,充实枝柯卫生院医疗器械。

城乡建设 2014年,中阳县滨河西路和中钢大道南延建成通车,府南片区完成主体工程8万平方米建设,启动建设桥坡底片区30万平方米。金罗、枝柯等中心集镇铺开公园街道、集贸市场等一批建设项目;开展张子山乡三期移民工程建设,梗阳煤业一期移民工程主体完工。万吴运煤专线形成路基,县财政补助100万元完成农村街巷硬化和核桃园区道路管护1200千米,师峪沟500万方调蓄水库、段家庄—车鸣峪9千米河道整治完成前期工作,城区净水场投入试运,实施农村安全饮水工程21处,投资2500万元完成农网改造。

社会保障 2014年,中阳县城镇居民人均住宅建筑面积26.5平方米,农村居民人均住宅建筑面积29.44平方米,人均公共体育场地面积0.93平方米;农村自来水普及率50.38%,城市集中供热普及率60%。新增城镇就业2300人,创业就业人数500人,就业困难人员再就业人数105人,农村劳动力转移3500人,城镇登记失业率为4.2%。发放城市低保金1225.392万元;发放低保金741.3336万元;发放五保金110.4585万元。发放医疗救助资金共计294.5万元,救助人次794人;为城市低保对象3659人交纳参保(医保)资金40.282万元。城镇基本医疗保险参保48000人;基金征缴3960万元。城镇职工基本养老保险参保20775人,基本养老保险基金征缴收入4708万元,新型农村社会养老保险参保57355人,保费收入439.24万元,城镇居民社会养老保险参保10000人,保费收入156.76万元。 (李晓中)

·交口县·

中共县委书记 徐宇平
县人大常委会主任 王飚平
县长 刘应刚
县政协主席 周来有

【简述】 交口县位于北纬36°43′~37°12′,东经111°03′~111°34′,总面积1257.6平方千米,下辖3乡4镇,93个行政村,2个居委会。总人口122713人,其中农业人口为75263人。

2014年,交口县地区生产总值完成32亿元,同比下降24%。规模以上工业增加值完成26亿元,同比下降23%;服务业增加值完成6亿元,同比下降5.3%。全社会固定资产投资完成44.3亿元,同比增长37.55%;公共财政收入完成6.87亿元,同比下降12.15%;社会消费品零售总额完成4.7亿元,同比增长14.5%。城镇居民人均可支配收入达17360元,同比增长12%;农村居民人均可支配收入达6716元,同比增长15%。

项目建设 2014年,交口县推进总投资564亿元的7大类57个重点工程项目,概算总投资344.04亿元。完成立项10个,土地5个,环评8个,选址规划7个,开复工9个。"六位一体"任务指标分别完成项目储备1520亿元,项目落地70亿元,项目签约207亿元,项目开工51亿元,项目投资70.1亿元,项目投产37亿元。完成信发240万吨氧化铝项目配套设施建设;道尔200万吨铝系高温材料产业园项目一期工程完工,二期工程全面开工;兴华科技铝基新材料项目一期工程完工。桃园水泥60万吨/年矿渣超细粉建设项目建成试车;兴新公司60万吨陶粒砂项目、永胜辉煌生物科技公司120万吨腐殖酸尿素项目具备开工条件。

"三农"工作 2014年,交口县农作物播种面积达20.5万亩,粮食总产量达3073.5万公斤。新栽植核桃2万亩,综合管护2万亩,实施推进新裕村万亩核桃林基地建设;种植绿色谷子5850亩,种植红芸豆、红小豆4000亩;新建设施蔬菜棚室320亩,栽培总面积达到720亩;扶持发展各类规模放养养殖户30户;以香菇、平菇为重点,建设5个菌棒加工基地和10个专业合作社,带动全县农民发展菌类种植420万棒。建设8880亩林下中药材种植基地,种植面积达到1.2万亩。推广冷凉区农作物地膜覆盖5.36万亩;推广测土配方施肥16万亩,施用配方肥面积7万亩,建立村级示范方10个,千亩示范方10个,万亩示范方3个,完成机械化保护性耕作1.5万亩。完成水保治理2万亩,新建基本农田3000亩。新建一个杂粮加工企业,农业龙头企业全年销售收入完成1.65亿元。新开发出水蜜桃汁、香菇808等产品,全县农副加工产品增加至9大类20余种。扶持发展专业合作示范社19户,实施7个"一村一品"专业村项目建设。完成引导性培训8000人,科技培训500人,新型职业农民培训任务250人。实施改善农村人居环境"四大工程",实施开展7项任务20个项目,新建红白理事厅6个,安装太阳能路灯410盏。推进"百企千村"产业扶贫。完成888套廉租住房续建项目主体工程,新实施1080套。实施农村危房改造工程1434户,移民搬迁4个村、371人。对玉米、马铃薯、设施蔬菜等11项"三农"保险予以补贴。

城乡建设 2014年,交口县实施扩容提质,中心城区建成区面积达6.8平方千米,全县城镇人口达4.2万人,城镇化率达42.1%,增长2%。实施县城区"一纵三横"路网和县城西环路建设工程,县城八大标志性项目主体全部完工。完成市政固定资产投资6亿元,同比增加5.9亿元。加快双池镇百镇重点集镇建设,实施4大类14个工程项目,总投资达1.928亿元。实施生态脆弱区、通道、环城、村庄、矿区等重点地段、重点区域造林工程,完成营造林面积2.63万亩。推进"一铁两高七线"交通项目建设,温泉铝工业园区公路、孙圪垛至柏掌三级公路基本建成并部分投运,康石线改造、红回线维修、桃临线栾子头段改线工程开工建设。配合支持中部引黄工程建设,解决4200口农村人口和1102名师生安全饮水问题。新建温泉110千伏输变电站完成基础工程。新建供水管网5.5千米,城市供气管网4千米,集中供热管网5千米,污水处理配套管网6千米,新增集中供热面积20.23万平方米,天然气用户达1000余户。

环境建设 2014年,交口县开展大气污染防治、重点区域环境综合治理和城乡环境友好创建活动,加强重点企业环境和能耗监测,落实能耗限额、污染物排放标准,淘汰能耗高、污染重的企业,建成投运PM2.5、臭氧、一氧化碳"新三项"环境空气污染物自动监测系统,污染减排六项指标全部控制在市政府规定范围内。

民生建设 2014年,交口县实施农村薄弱学校改造,新建改扩建标准化幼儿园3所。加大教育投入力度,全县中、小学生均公用经费补助标准提高60元,分别达到760元和560元,初高中升学率均创历史新高。实施水头、温泉、坛索3个乡镇卫生院改扩建,人均基本公共卫生服务经费提高到35元/人。

社会保障 2014年,交口县推进城乡低保扩面提质,每人每月分别提高25元和22元,达到315元和165元;企业退休人员基本养老金提高10%,全县最低工资标准提高为1250元/月;城镇新增就业人数3000人,城镇职工基本养老保险参保0.882万人,城镇基本医疗保险参保2.32万人,城乡居民社会养老保险参保5.645万人,工伤保险参保1.382万人。为全县适龄群众购买意外伤害保险、地质灾害保险。

政府建设 2014年,交口县重新审核认定1120卷干部人事档案,消化超职数配备干部9名,清退机关事业单位借用人员33名。成立县乡党代表工作室14个。对30个单位61个不在岗人员和17名上班不在岗等违反工作纪律的工作人员进行通报批评,对2起违规大操大办人员给予党政纪处分。截至2014年底,共受理群众来信来访来电148件(次),立案查处违纪违法案件123件151人,涉及科级干部39件46人。 (武允明)

·孝义市·

中共市委书记 张旭光
市人大常委会主任 焦张生
市长 王建国
市政协主席 李安

【简述】 孝义市位于北纬36°56′~37°18′,东经111°21′~111°55′,总面积945.8平方千米,下辖7镇5乡,5个街道办事处。总户数184267户,总人口481903人。

2014年,孝义市地区生产总值完成382.9亿元,同比增长7.8%。财政总收入完成49.5亿元,同比下降11.5%;公共财政预算收入实现21.7亿元,同比下降13.7%;规模以上工业增加值完成267.7亿元,同比增长12%;固定资产投资完成323亿元,同比增长15.3%;社会消费品零售总额完成115亿元,同比增长8.1%;外贸进出口总额完成4165万美元,同比增长361.7%。城镇常住居民人均可支配收入达27465元,同比增长7.4%;农村常住居民人均可支配收入达13495元,同比增长9.6%。

"三农"工作 2014年,孝义市依托铭信、大象两大龙头企业,建成福顺、旺兴、果家原、东窑野4个单批出栏量20万只的标准化养殖小区,截至2014年底全部实现投产,年新增肉禽近600万只,年肉禽饲养总量达到4200万只。展开金土地5万头高科技生猪养殖项目建设,并与山西农业大学联合成立吕梁市首个畜禽产业博士工作站。推进2个部级标准化生产示范园和6个省级标准化生产示范园创建工作。全市300亩以上高标准园区达到10个,森明生态园入选部级蔬菜标准园。全年新增省级龙头企业4家、吕梁市级龙头企业8家,现代农业园区入园企业达到33家,年实现产值19.8亿元,带动就业4000余人。孝义市被授予农业标准化综合体示范市称号。完成驿马乡省级农村土地承包经营权确权登记试点工作,确权土地面积3.43万亩。培育新型职业农民341人,新成立家庭农场24个,经营土地面积达7051亩。

中小微企业 2014年,孝义市出台《孝义市扶持中小微企业健康发展的若干措施》,明确7方面36条措施。设立300万元扶持中小微企业发展专项基金。建立6个中小微企业服务站。建成市经济开发区中小微企业创业基地、高新科技产业园区科技孵化基地。新增中小微企业440户,同比增幅达16%;搭建政银企对接平台。定期组织金融联席会、银企对接会,协调11家银行与23户企业达成27.7亿元合作意向。开展农业"助保贷",为4户农业企业贷款1740万元。争取到山西省唯一的"汇农通"业务试点政策,第一批为15家合作社发放贷款2260万元。

项目建设 2014年,孝义市新开工25个亿元以上转型项目,累计实施亿元以上项目达96个。8户新型焦化项目完成产能整合1664万吨,鹏飞500万吨一期、东义120万吨建成投产。金晖兆隆10万吨生物可降解聚酯(PBS)一期、晋茂20万吨粗苯加氢精制一期投产,金州10万吨针状焦一期试生产,鹏飞60万吨甲醇项目加快建设,初步形成"焦化并举、以化为主"的现代煤化工产业格局。山西信发100万吨液碱具备投产条件。宏天源铝系深加工项目投产。信发、兴安铝系项目列入省中部铝工业产业集群重点项目。申沃华夏新能源客车研制生产基地纯电动大巴投产下线,形成500台生产能力。西辛庄100兆瓦太阳能光伏发电项目首期30兆瓦、晋能清洁能源LNG汽车改装综合利用项目开工建设。义乌商品交易国际博览城一期投入运营,天福广场示范街启动运营,红星美凯龙城市综合体基本建成。

城乡建设 2014年,孝义市申报国家"三规合一"试点,《孝义市城乡总体规划(2013—2030)》通过省级评审,完成古城和贾家庄历史文化街区保护性规划编制,下堡、兑镇、高阳、大孝堡4个中心镇总体规划,城市规划体系基本成型。新建改建13.3千米城区道路,城市道路总里程达到185.8千米。外部成环、内部成网、街路贯通的"开放型"区域性中心城市框架初步成型。建成移动4G网络基站406座,城区、矿区覆盖率达100%,城市供水水质合格率保持100%,城市供热、燃气普及率分别达到95%、96%。太原理工大学现代科技学院入驻,首批3600余名新生及200余名教师入校。柱濮镇被列为山西省首批采煤沉陷区治理搬迁8个试点之一,南湖安置区具备900户入住条件。棚户区改造人民医院周边片区回迁安置房分配到户。市域城镇化率达71%。30个城中村、城郊村垃圾定点回收常态化管理,城市污水日处理能力达5.4万立方米,城市生活垃圾无害化处理率达100%。新增便民服务点20个、便民摊点378个,流动商贩规范管理率达到80%。加快梧桐下栅"一镇一乡"、下堡河流域"一镇两乡"一体化综改试点,梧桐安置区2万人搬迁入住,下栅新型社区完成年度规划,下堡一期安置房分配到户,二期主体基本完工。

环境建设 2014年,孝义市统筹推进国家环保模范城市、国家生态园林城市、国家卫生城市创建,列入首批21个国家循环经济示范县级城市创建试点名单。PM2.5、臭氧、一氧化碳自动监测系统投入运行。城区空气质量二级以上天数329天,一级天数86天,空气质量优良率达90.1%,达到国家空气质量二级标准。完成曹溪河、金晖湖、金龙山景观绿化和高贤垣、角盘垣荒山绿化工程,城区新增绿地面积27.14公顷,新造林5.18万亩。全市森林覆盖率达32.2%,绿化覆盖率达43.8%,人均公园绿地面积达12.51平方米。

文化旅游 2014年,孝义市金龙山文化旅游景区开园,孝河湿地公园入选国家级湿地公园(试点),被认定为省级休闲旅游度假区。胜溪湖森林公园获评山西省首家五星级公园,被评为国家4A级景区。建成非遗体验馆,免费向社会公众开放。碗碗腔木偶剧《义虎千秋》荣获首届中国南充国际木偶艺术周优秀剧目奖。实施古城保护修建项目,三皇庙通过国家4A级旅游景区验收。

社会事业 2014年,孝义市以优质学校为龙头,发展9个集团化办学共同体。被教育部确定为"义务教育学校管理标准"实验区。高考二本B类以上达线2882人,实现连续十年以百人以上速度递增。深化市级公立医院托管或协同管理乡镇卫生院改革,全域医疗资源一体化管理体系初步形成。市级公立医院与山西大医院、省肿瘤医院、省中医院"联体"挂牌,市人民医院成为国家卫计委重点扶持500家县医院之一。8位"孝义好人"入选中国好人榜。迎宾北社区成为全省首家国家级社区服务标准化试点单位。

社会保障 2014年,孝义市完成1100户农村困难群众危房改造。建成24所农村老年人日间照料中心、4754套公廉租房,2506套分配到户。拨付2800余万元用于城乡困难群众临时救助、医疗救助以及现役士兵、80岁以上老龄津贴、孤残儿童生活补助。低保实现应退尽退,应保尽保。城乡医保补助标准提至320元,城镇居民医保参保人数达18.48万人,新型农村合作医疗保险参保率达99.63%。

政府建设 2014年,孝义市开展行政事业性收费专项清理整顿工作,推行注册资本登记制度改革,推进"营改增"政策落实,确认"营改增"试点纳税人440户,认定增值税一般纳税人970户。清理29个部门137项本级行政审批项目,保留项目全部进入行政审批中心集中办理。集中整改"四风"突出问题,政风建设取得成效,"三公"经费下降12.83%。

(张彩琴)

·汾阳市·

中共市委书记	李建国
市人大常委会主任	马林巨
市长	李玉林
市政协主席	任海铭

【简述】 汾阳市位于北纬 37°08′~37°29′，东经 111°20′~112°00′，总面积 1178.91 平方千米，下辖 9 镇 2 乡，5 个街道办事处，262 个行政村，37 个社区居委会。常住人口 42.45 万人。

2014 年，汾阳市地区生产总值完成 91.3 亿元，同比下降 12.3%。规模以上工业增加值完成 42.5 亿元，同比下降 30%；公共财政预算收入完成 7.38 亿元，同比下降 18%；固定资产投资完成 64.03 亿元，同比增长 20.75%；社会消费品零售总额完成 53.7 亿元，同比增长 11.5%。城镇居民人均可支配收入达 18730 元，同比增长 7.5%；农民人均纯收入达 10863 元，同比增长 8.7%。

“三农”工作 2014 年，汾阳市粮食总产量 2.3 亿公斤，粮食播种面积 59.21 万亩。其中，玉米 46.65 万亩；谷子 5.06 万亩；高粱 0.5 万亩；豆类 5.03 万亩；薯类 0.98 万亩；其他粮食作物 0.99 万亩。发展林下经济 10 万亩，其中，林下套种豆类 5 万亩、林下套种谷子 4 万亩、林下套种花生及薯类 3000 亩、林下套种中药材 7000 亩。全市肉类总产量 31924 吨，增长 53.1%。其中猪肉产量 14534 吨，增长 6.2%；牛肉产量 1241 吨，增长 22.1%；羊肉产量 887 吨，增长 49.4%；禽肉产量 9120 吨，增长 64.4%。牛奶产量 9202 吨，增长 25%；禽蛋产量 17386 吨，增长 10.5%。新发展核桃经济林 5 万亩，被命名为“出口核桃质量安全示范区”。食用菌、绿色谷子等特色产业实现产值 1.29 亿元，龙头企业实现销售收入 25 亿元。全年新发展肉羊养殖基地 10 个、完成中低产田改造 4 万亩、建设滴灌示范园区 2 个；新发展农业专业合作社 105 个；全市家庭承包耕地流转 2976 亩，流转总面积 2.96 万亩。

城乡建设 2014 年，汾阳市城市总体规划获省政府批准，八大专项规划完成讨论稿，城区排水防涝综合规划编制基本完成，杏花村镇、阳城商贸物流园区总规、控规具备评审条件。全市推进城中村改造，西关、北门、北关园、籽城坊等村完成入户调查摸底。西北环道路建成并通车，英雄南路打通，东湖路改造等 5 项道排工程完工，汾孝大道续建基本完工，火车站道路除下穿夏汾高速部分外，路基、管网完成建设。天然气管网基本覆盖城区主干街区，城区集中供热面积新增 95 万平方米，总面积 425 万平方米。杏花新区 7 条路网工程完成，污水处理厂一期工程完工，幼儿园、小区完成前期准备工作，杏花村水库可研报告编制完成。阳城商贸物流园区一期道路工程完工。杏花新区 7 条防洪渠系、禹门河二期扫尾等 11 项重点水利工程基本完成。

教育科技 2014 年，汾阳市普通高等学校 2 所（山西医科大学汾阳学院和吕梁学院汾阳师范分校）共有在校学生 10930 人；职业高中 2 所，共有在校学生 2256 人；普通高中 4 所，共有在校学生 9291 人；初级中学 25 所，共有在校学生 15007 人；小学 143 所，共有在校学生 26900 人；幼儿园 170 所，共有在园幼儿 15753 人；特殊教育学校 1 所，在校学生 78 人。2014 年普通高中达二本 B 类以上 1562 人，占参考人数的 45.3%。全年全市改造升级 95 所学校，新建改扩建幼儿园 5 所。市青少年活动中心建设工程启动，高职中搬迁至新校址办学。截至 2014 年底，全市申报各类专利 28 项，无任何侵犯知识产权的案件。全年组织申报各级各类科技项目共 25 项。其中，国家级中小企业技术创新基金项目 2 项、省农村技术承包项目（标杆）1 项、2015 年度省级项目 4 项、吕梁市级项目 5 项（项目库）。

社会保障 2014 年，汾阳市新增城市公益性就业岗位 39 个，安置下岗失业人员再就业 1311 人，转移农村劳动力 3911 人。年末城镇登记失业率 1.59%。城镇基本社会保障覆盖率 97.16%。基本养老保险参保 35930 人，工伤保险参保 44132 人，生育保险 40756 人，机关事业养老保险参保 11983 人，医疗保险参保 38683 人，失业保险参保 31215 人，新型农村社会养老保险参保 191206 人。年末全市共有医疗卫生机构 392 个，其中医院 4 个（含汾阳医院），乡镇卫生院 13 个，社区卫生服务中心（站）5 个，诊所（卫生所、医务室）67 个，村卫生室 302 个，疾病预防控制中心 1 个，卫生监督所（中心）1 个。卫生技术人员 3579 人，其中执业医师和执业助理医师 826 人，注册护士 1446 人。医疗卫生机构床位 1785 张，其中医院 1360 张，乡镇卫生院 310 张。全市 2638 套保障房基本建成，2072 户农村困难家庭危房改造工程完工；全市新建和改造 5 个乡镇、街道综合文化站。

环境建设 2014 年，汾阳市空气质量二级以上天数达 222 天；城市污水处理率 93.8%。全年完成营造林 2.7 万亩，城市建成区绿化覆盖面积 615.57 万平方米，绿化覆盖率 38.47%；绿地面积 531.36 万平方米，绿地率 33.21%；建成区公园绿地面积 109.9 万平方米，城区人均绿地面积为 9.16 平方米。全年重点开展省级环保模范城市创建工作；打击环境污染违法犯罪专项行动；开展黄标车、老旧车淘汰工作；完成青银高速通道、汾平高速沿线、石盘山、杏花村北部山区等绿化工作；开展乡村清洁工作，配备清扫保洁人员 1075 名，清运垃圾 16 万吨，全市 90 个村庄达到示范村庄标准。

安全建设 2014 年，汾阳市安全事故死亡 15 人。其中交通事故死亡 15 人，发生较大事故 1 起。全市开展安全大检查和“十打十治”打非治违专项行动，整改安全隐患 3065 条，关闭非法企业 9 户，拆除取缔冀村等乡镇的非法化工企业 34 户，查处无证开采行为 5 起，关闭非煤矿山企业 4 户。推进安全乡镇和企业安全标准化建设，全市共有 4 个乡镇、202 个村、72 户企业完成创建工作。完成视频监控系统建设任务，引深侦查破案“亮剑行动”，全年破获命案 8 起、“两抢一盗”和诈骗案件 503 起、其他刑事案件 690 起。汾阳市通过政府购买公共服务，由保安公司组织 60 名巡逻员在城区开展 24 小时不间断巡逻。 （郭宇霞）

经济和社会发展统计资料

山西省主要年份人口年龄构成和抚养比

单位:%

年　份	年龄构成			抚养比		
	0岁—14岁	15岁—64岁	65岁及以上	总抚养比	少儿抚养比	老年抚养比
1953	33.89	61.37	4.74	62.95	55.22	7.72
1964	40.43	55.22	4.35	81.09	73.22	7.88
1982	33.36	61.65	4.99	62.21	54.11	8.09
1990	28.15	66.46	5.39	50.47	42.36	8.11
2000	25.73	67.94	6.33	47.19	37.87	9.32
2005	21.30	71.55	7.15	39.76	29.77	9.99
2006	20.20	72.60	7.20	37.74	27.82	9.92
2007	19.64	73.02	7.34	36.95	26.90	10.05
2008	18.35	73.75	7.90	35.59	24.88	10.71
2009	17.32	74.60	8.08	34.05	23.22	10.83
2010	17.10	75.33	7.58	32.75	22.70	10.06
2011	16.47	75.62	7.91	32.24	21.78	10.46
2012	16.44	75.59	7.97	32.29	21.75	10.54
2013	15.83	75.80	8.37	31.93	20.88	11.04
2014	15.67	75.65	8.68	32.19	20.71	11.47

注:1953、1964、1982、1990、2000、2010年为六次人口普查数据,其余年份为人口抽样调查推算数。

2014 年山西省固定资产投资价格指数

指　　标	2005	2010	2014
固定资产投资	103.0	103.7	99.6
建筑安装、装饰工程	102.7	105.5	99.5
人工费	106.9	109.1	102.9
工程管理人员	105.8	109.6	102.6
工程技术人员	106.4	107.2	104.1
普通工人	107.2	109.4	102.7
材料费	101.7	104.5	97.5
钢　材	100.1	105.0	95.6
木　材	101.4	102.4	101.3
水　泥	102.3	104.9	96.9
地方建筑材料	104.8	104.1	99.0
化工材料	106.5	104.4	99.9
电　料	98.7	104.4	99.8
其他材料	103.7	104.4	101.1
机械费	102.9	104.9	101.6
土石方及筑路机械	103.6	104.4	102.1
打桩机械	100.2	103.1	104.9
起重机械	104.1	102.9	100.6
运输机械	103.0	107.7	101.4
混凝土及砂浆机械	102.4	104.2	101.3
加工机械	100.8	102.7	101.6
泵类机械	100.6	102.3	101.4
船舶机械	95.2		100.0
其他机械	101.6	105.6	99.6
设备、工器具购置	104.3	100.3	99.7
其他费用	102.5	100.9	100.2
土地取得费	101.5	100.3	100.1
前期工程费	102.2	100.1	99.9
施工工作费	103.7	101.8	100.1
建设单位其他费用	102.6	101.3	100.7

2014年山西省科学研究机构及人员

项　　目	机构(个)	职工人数(人)	从事科技活动人员(人)	#大学本科及以上学历
总　　计	159	10354	8452	6410
一、自然科学	128	9115	7383	5543
中　央	1	565	558	406
地　方	127	8550	6825	5137
在自然科学研究机构中农、林、牧、渔业	50	3187	2619	2030
采矿业	2	137	44	44
制造业	19	899	581	394
建筑业	1	727	645	601
信息传输、软件和信息技术服务业	1	115	101	89
科学研究和技术服务业	16	1089	921	572
水利、环境和公共设施管理业	17	854	748	550
卫生和社会工作	16	1401	1069	804
文化、体育和娱乐业	5	141	97	53
公共管理、社会保障和社会组织				
二、社会科学	19	920	762	631
管理学	1	14	14	13
艺术学	4	113	101	59
考古学	2	188	134	97
经济学	8	431	352	312
社会学	1	20	20	18
教育学	2	145	132	125
统计学	1	9	9	7
三、情报科学	12	319	307	236

2013–2014 年山西省农户固定资产投资主要指标

单位：万元

指 标	2013	2014
一、本年新增固定资产原值	2789439	3047017
二、本年固定资产投资完成额	2865426	3190738
按投资来源分		
国内贷款	319361	348506
自筹资金	2520217	2813633
其他资金	25847	28600
按投资构成分		
建筑工程	1993251	2230968
#水 利	1656	1938
房 屋	1983926	2189912
#住 宅	1906858	2135592
安装工程		
设备工器具购置	727639	805335
#生产设备	727639	805335
其 他	144535	154435
按具体投资项目分		
房 屋	1983926	2189912
#住 宅	1906858	2135592
道 路		
桥 梁		
设 备	727639	805335
水 利	1656	1938
其 他	152205	193554
三、本年施工房屋面积（万平方米）	2700	2873
#住 宅	2531	2756
#当年新开工	2628	2559
四、本年竣工房屋面积（万平方米）	2365	2588
#住 宅	2264	2505
五、本年竣工房屋投资额	1907906	2061461
#住 宅	1832392	2019725

2014年山西省地区生产总值构成项目

单位：万元

指　　标	总　计	劳动者报酬	生产税净额	固定资产折旧	营业盈余
地区生产总值	127614900	59912200	21538600	22611200	23552900
第一产业	7888900	6137900	−585200	700300	1635900
农、林、牧、渔业	8282000	6433300	−582200	742100	1688800
第二产业	62939100	27494600	15547400	12830200	7066900
工业	54710100	23231600	13772000	12282400	5424100
建筑业	8269500	4291600	1782300	550000	1645600
第三产业	56786900	26279700	6576400	9080700	14850100
农、林、牧、渔服务业	393100	295400	3000	41800	52900
金属制品、机械和设备修理业	40500	28600	6900	2200	2800
批发和零售业	9900400	2613400	2930800	880500	3475700
交通运输、仓储和邮政业	7971300	3670400	452700	1209100	2639100
住宿和餐饮业	2991600	1015700	289000	250800	1436100
信息传输、软件和信息技术服务业	3402200	1382500	205800	905200	908700
金融业	8972600	3758200	1116800	386900	3710700
房地产业	5980700	756300	1189900	3718200	316300
租赁和商务服务业	1678800	688900	129700	318500	541700
科学研究和技术服务业	873100	542500	71200	106100	153300
水利、环境和公共设施管理业	349900	253400	8600	87100	800
居民服务、修理和其他服务业	2309800	1161100	76100	82100	990500
教育	3459300	3031400	9300	300700	117900
卫生和社会工作	1516200	1079500	13600	131200	291900
文化、体育和娱乐业	1056600	670500	56500	145600	184000
公共管理、社会保障和社会组织	5890800	5331900	16500	514700	27700

2014年村卫生室情况

单位：人

市　名	机构数(个)	执业(助理)医师	注册护士	乡村医生	卫生员
全　省	28248	3825	412	36543	2907
太原市	950	220	13	1323	65
大同市	1817	218	3	2374	115
阳泉市	906	113	12	1328	135
长治市	3909	325	21	4085	318
晋城市	2251	485	15	2670	259
朔州市	1681	46	5	1738	64
晋中市	2613	300	46	4064	209
运城市	3561	628	59	5182	494
忻州市	4321	369	45	5478	421
临汾市	3127	672	63	4132	386
吕梁市	3112	449	130	4169	441

法规选登

山西省人民代表大会常务委员会关于修改部分地方性法规的决定

（2014年11月28日山西省第十二届人民代表大会常务委员会第十六次会议通过）

山西省第十二届人民代表大会常务委员会第十六次会议决定：

一、对《山西省职工劳动权益保障条例》作出修改：

（一）将条例中的“劳动和社会保障”修改为“劳动”。

（二）将第二十五条修改为：“职工与用人单位发生劳动争议的，可以依法申请调解或者申请仲裁、提起诉讼。”

（三）将第二十九条第一款修改为：“用人单位收取职工抵押金、抵押物、保证金、集资款等财物，或者扣押其居民身份证等个人证件的，依照《中华人民共和国劳动合同法》《中华人民共和国居民身份证法》等法律、法规的规定给予处罚。”

（四）将第三十条修改为：“用人单位有下列情形之一的，由劳动行政部门责令限期支付劳动报酬、加班费或者经济补偿；劳动报酬低于当地最低工资标准的，应当支付其差额部分；逾期不支付的，责令用人单位按应付金额百分之五十以上百分之一百以下的标准向劳动者加付赔偿金：

（一）未按照劳动合同的约定或者国家规定及时足额支付劳动者劳动报酬的；

（二）低于当地最低工资标准支付劳动者工资的；

（三）安排加班不支付加班费的；

（四）解除或者终止劳动合同，未依法向劳动者支付经济补偿的。”

（五）删去第三十一条。

（六）将第三十四条修改为：“用人单位安排女职工、未成年工从事法律、法规规定的禁忌作业的，依照《劳动保障监察条例》《女职工劳动保护特别规定》等法律、法规的规定给予处罚；造成人身伤害的，依法予以赔偿。”

二、对《山西省农民工权益保护条例》作出修改：

（一）将第十一条修改为：“用人单位应当依法与招用的农民工签订书面劳动合同，如实告知并在劳动合同中明确劳动合同期限、工作内容、劳动保护和劳动条件、工作地点、职业危害、安全生产状况、职业技能培训、劳动报酬、社会保险、合同终止条件、违反合同的责任等内容。

劳动合同约定试用期的，劳动合同期限三个月以上不满一年的，试用期不得超过一个月；劳动合同期限一年以上不满三年的，试用期不得超过二个月；三年以上固定期限和无固定期限的劳动合同，试用期不得超过六个月。

用人单位与招用的农民工未以书面形式签订劳动合同的，劳动关系自用人单位用工之日起确立；用人单位自用工之日起满一年不与劳动者订立书面劳动合同的，视为用人单位与劳动者已订立无固定期限劳动合同。”

（二）将第三十九条修改为：“用人单位未向农民工提供符合国家标

准或者行业标准的劳动防护用品、未对从事接触职业病危害作业的农民工组织职业健康检查以及其他违反安全生产规定损害农民工权益行为的，依照《中华人民共和国安全生产法》《中华人民共和国职业病防治法》等法律、法规的规定给予处罚。”

（三）将第四十三条修改为：“用人单位收取农民工抵押金、抵押物、保证金、集资款等财物，或者扣押其居民身份证等个人证件的，依照《中华人民共和国劳动合同法》《中华人民共和国居民身份证法》等法律、法规的规定给予处罚。”

三、对《山西省废旧金属收购业治安监督管理暂行条例》作出修改：

（一）将第六条第二款中的“暂住户口”修改为“居住证”。

（二）将第七条中的“三十日”修改为“十五日”。

四、对《山西省安全技术防范条例》作出修改：

（一）删去第十一条。

（二）删去第三十二条。

五、对《山西省涉及国家安全事项建设项目管理条例》作出修改：

将第五条第一款修改为：“下列涉及国家安全事项的建设项目，建设单位应当报国家安全机关审查批准：

（一）重要国家机关、重点科研单位、军事设施和军工单位及其周边安全控制区域内的建设项目；

（二）机场、车站、海关、重要邮件处理场所和通信枢纽的建设项目；

（三）境外组织、机构、个人及外商投资企业投资（含独资、合资及股权投资、并购，债权收购等投资行为）、参与的建设项目；

（四）国家规定的其他涉及国家安全事项的建设项目。”

六、对《山西省水路交通管理条例》作出修改：

（一）将第七条第一款中的“单船载客十二人以下的客船运输经营”修改为“封闭水域水路旅客运输经营”。删去第二款。

（二）将第八条中的“申请单船载客十二人以下水路运输经营许可的企业”修改为“申请封闭水域水路旅客运输经营许可的企业”。

（三）将第十三条第一款中的“海事管理机构”修改为“设区的市海事管理机构”。

七、对《山西省爱国卫生管理条例》作出修改：

（一）将第七条第五项修改为：“协调开展重大疾病防治和突发公共卫生事件的群防群控、重大自然灾害的卫生防疫工作”。

（二）删去第二十九条。

（三）删去第三十条。

（四）将第三十一条中的“《中华人民共和国治安管理处罚条例》”修改为“《中华人民共和国治安管理处罚法》”。

八、对《山西省公民献血条例》作出修改：

（一）将第十九条中的“《献血者健康检查标准》”修改为“献血者健康检查有关标准”。

（二）将第三十四条中的“《中华人民共和国治安管理处罚条例》”修改为“《中华人民共和国治安管理处罚法》”。

九、对《山西省农业投资条例》作出修改：

（一）将第三条、第五条第四项、第十六条、第二十条中的“国营”修改为“国有”。

（二）删去第六条中的“地区行政公署和”。

（三）将第十二条修改为：“鼓励农民和各类新型农业经营主体在承包或流转的土地上不断增加资金、物资和劳务投入。”

（四）将第十九条中的“计划部门”修改为“发展和改革部门”。

（五）将第二十一条第一项中的“计划”修改为“发展和改革”。

（六）将第二十七条中的“各地区的人大工作机构，对本地区行政公署”修改为“各设区的市人大常委会对本市人民政府”。

（七）删去第二十八条第一款中的“及地区人大工作机构”。

十、对《山西省基本农田保护条例》作出修改：

（一）将第十八条修改为：“因生产建设活动损毁基本农田的，责任单位和责任人应当依法负责复垦；土地复垦义务人不复垦，或者复垦验收中经整改仍不合格的，应当缴纳土地复垦费，由有关土地行政主管部门代为组织复垦。

确定土地复垦费的数额，应当综合考虑损毁前的土地类型、实际损毁面积、损毁程度、复垦标准、复垦用途和完成复垦任务所需的工程量等因素。”

（二）将第二十八条中的“《中华人民共和国治安管理处罚条例》”修改为“《中华人民共和国治安管理处罚法》”。

十一、对《山西省燃气管理条例》作出修改：

（一）将第十三条修改为：“对燃气经营实行许可证制度。从事燃气经营活动的企业，应当具备下列条件：

（一）符合燃气发展规划要求；

（二）有符合国家标准的燃气气源和燃气设施；

（三）有固定的经营场所、完善的安全管理制度和健全的经营方案；

（四）企业的主要负责人、安全生产管理人员以及运行、维护和抢修人员经专业培训并考核合格；

（五）法律、法规规定的其他条件。

符合前款规定条件的，由设区的市人民政府燃气管理部门核发燃气经营许可证。”

（二）将第十四条、第四十条中的“燃气企业资质”修改为“燃气企业经营许可”。

（三）将第二十一条第一款、第二十二条、第四十条第二款、第四十一条中的“资质证书”修改为“经营许可证书”。

（四）将第四十四条中的“《中华人民共和国治安管理处罚条例》”修改为“《中华人民共和国治安管理处罚法》”。

本决定自公布之日起施行。

以上法规根据本决定作相应修

改,重新公布。

山西省人民代表大会常务委员会关于修改《山西省人口和计划生育条例》的决定

(2014年5月29日山西省第十二届人民代表大会常务委员会第十次会议通过)

山西省第十二届人民代表大会常务委员会第十次会议决定对《山西省人口和计划生育条例》作如下修改:将第十一条第一款第二项“夫妻双方均为独生子女的”修改为:“夫妻一方为独生子女的”。本决定自公布之日起施行。

《山西省人口和计划生育条例》根据本决定作相应修改后,重新公布。

山西省人口和计划生育条例

(1999年4月6日山西省第九届人民代表大会第二次会议通过)

根据2002年9月28日山西省第九届人民代表大会常务委员会第三十一次会议关于修改《山西省计划生育条例》的决定修正

2008年11月28日山西省第十一届人民代表大会常务委员会第七次会议修订

根据2014年5月29日山西省第十二届人民代表大会常务委员会第十次会议关于修改《山西省人口和计划生育条例》的决定修正)

第一章 总 则

第一条 为控制人口数量,提高人口素质,改善人口结构,促进人口与经济、社会、资源、环境协调和可持续发展,根据《中华人民共和国人口与计划生育法》等有关法律、行政法规,结合本省实际,制定本条例。

第二条 本条例适用于户籍在本省的公民。

本省行政区域内流动人口的计划生育服务和管理,执行国家和本省的有关规定。

第三条 实施计划生育基本国策是全社会的共同责任。

开展人口和计划生育工作,应当坚持人口与发展综合决策,坚持国家指导与群众自愿、宣传教育与利益导向、依法管理与优质服务相结合,实行综合治理。

第四条 公民有依法实行计划生育的义务。公民实行计划生育享有的合法权益受法律保护。

提倡晚婚、晚育、少生、优生、优育。

第五条 县级以上人民政府应当将人口发展规划纳入国民经济和社会发展规划,制定和完善有利于统筹解决人口数量、素质、结构等问题的政策,组织、协调有关部门共同做好人口和计划生育工作,保证人口控制在预定目标以内。

第六条 人口和计划生育工作实行目标管理责任制和一票否决制。

各级人民政府的主要负责人是本行政区域人口和计划生育工作的第一责任人。

人口和计划生育工作目标管理责任制的实施情况,应当作为考核各级人民政府及其主要负责人政绩的重要内容。

第七条 县级以上人民政府应当将人口和计划生育工作所需经费列入本级财政预算,并根据国民经济和社会发展状况逐年增加,保障人口和计划生育工作的正常开展。

机关、社会团体、企业事业单位和其他组织应当安排必要的人口和计划生育工作经费。

第八条 县级以上人民政府人口和计划生育行政部门主管本行政区域的人口和计划生育工作,负责人口和计划生育工作的指导、协调、监督和管理。

县级以上人民政府其他部门应当根据职责分工,做好有关的人口和计划生育工作。

工会、共青团、妇联和计划生育协会等社会团体、企业事业单位、其他组织以及公民,应当协助人口和计划生育行政部门开展工作。

广播、电视、报刊、网络等大众传播媒体应当开展人口和计划生育的宣传工作。

第二章 生育调节

第九条 男满25周岁、女满23周岁初婚为晚婚。已婚妇女满24周岁生育第一个子女为晚育。

提倡一对夫妻生育一个子女。夫妻要求再生育子女的,应当符合本条例规定。

第十条 收养子女应当遵守《中华人民共和国收养法》等法律、法规。

禁止借收养、代养名义违反本条例规定生育子女。

禁止以送养、寄养方式违反本条例规定再生育子女。

第十一条 符合下列情形之一的,经批准可以生育第二个子女:

(一)第一个子女经设区的市以上独生子女病残儿童医学鉴定机构鉴定,患有非遗传性残疾不能成长为正常劳动力的;

(二)夫妻一方为独生子女的;

(三)夫妻双方均为少数民族或者归国华侨的。

夫妻一方经设区的市以上医疗机构或者计划生育技术服务机构鉴定患不育(孕)症,依法收养子女后怀孕的,经批准可以生育一个子女。

符合本条第一款第一项规定的情形要求生育的,由设区的市人民政府人口和计划生育行政部门批准。符合本条第一款第二项、第三项和第二款规定的情形要求生育,夫妻双方均为农业人口的,由县(市、区)人民政府人口和计划生育行政部门批准;夫妻一方或双方为非农业人口的,由设区的市人民政府人口和计划生育行政部门批准。

第十二条 夫妻双方均为农业人口,符合下列情形之一的,经县(市、区)人民政府人口和计划生育行政部门批准可以生育第二个子女:

(一)只有一个女孩的;

(二)在未列入移民规划并由省人民政府确定的山区贫困自然村居

住7年以上，只有一个子女的；

（三）男方到只有女孩的家庭落户并赡养扶助女方父母的；

（四）男方的同胞兄弟或者同胞兄弟的配偶，年龄超过30周岁，经县级以上医疗机构或者计划生育技术服务机构鉴定没有生育能力，且未收养子女的。

符合前款第三项、第四项规定，女方姐妹多人或者男方兄弟多人，二人以上要求生育第二个子女的，只批准其中一人。

第十三条 再婚夫妻符合下列情形之一的，经县（市、区）人民政府人口和计划生育行政部门批准可以再生育一个子女：

（一）一方生育过一个子女，另一方未生育的；

（二）一方丧偶且生育过两个子女，另一方未生育的；

（三）双方再婚前各生育过一个子女，子女均依法随原配偶生活的；

（四）一方丧偶且生育过一个子女，另一方生育过一个子女但子女依法随原配偶生活的。

第十四条 因计划生育政策试点、科学研究和其他特殊情况的需要，根据夫妻双方的意愿，省人民政府人口和计划生育行政部门可以批准其再生育一个子女。

第十五条 夫妻生育第一个子女的，应当在子女出生前到女方户籍所在地乡（镇）人民政府或者街道办事处办理生育登记；乡（镇）人民政府或者街道办事处应当同时免费发放《生育服务证》。

符合本条例规定申请再生育子女的，由女方户籍所在地乡（镇）人民政府或者街道办事处核实后，报具有管理权限的批准机关。批准机关应当严格按照本条例的规定进行审查，符合批准条件的，应当自受理申请之日起30日内予以批准并免费发放《再生育服务证》；不符合批准条件的，应当自受理申请之日起30日内以书面形式向申请人说明理由。需要进行独生子女病残儿童医学鉴定的，不得超过180日。

符合本条例第十一条第二款规定的情形生育子女的，视为再生育子女。

第十六条 夫妻申请再生育的，应当向批准机关提供真实、有效的证明材料。

任何组织和个人不得为申请再生育子女的夫妻出具虚假证明。

弄虚作假骗取计划生育批准文件的，批准机关应当收回批准文件或者宣告批准文件无效。

第三章 技术服务

第十七条 省、设区的市、县（市、区）、乡（镇）人民政府应当建立健全由计划生育技术服务机构和从事计划生育技术服务的医疗保健机构组成的计划生育技术服务网络，改善技术服务条件，为公民提供生育、节育、不育等计划生育服务和生殖保健服务。

鼓励计划生育新技术、新药具的研究、应用和推广。

第十八条 实行计划生育的育龄夫妻免费享受国家规定的基本项目的计划生育技术服务。

第十九条 计划生育技术服务机构依法取得执业许可证或者医疗保健机构的执业许可证登记计划生育服务诊疗科目的，方可从事计划生育技术服务。

各级计划生育技术服务机构是具有医疗保健性质、从事计划生育技术服务的非营利的公益性事业组织，其设置、执业许可、变更、注销，应当严格执行国家《计划生育技术服务管理条例》；其医疗技术人员应当取得执业资格和计划生育技术服务合格证。

各级各类医疗保健机构开展计划生育技术服务，应当接受人口和计划生育行政部门的监督和指导。

第二十条 计划生育技术服务机构和从事计划生育技术服务的医疗保健机构必须严格按照国家《节育手术常规》的规定施行计划生育手术，保障受术者的安全和健康。

禁止个体行医者和未取得执业资格的人员施行计划生育手术。

第二十一条 各级人民政府应当建立健全婚前保健、孕产期保健和出生缺陷干预制度，组织开展优生筛查、优生检测等工作，提高妇女和出生婴儿的健康水平。

鼓励有条件的地方逐步推行免费婚前医学检查。

第二十二条 结婚和生育应当接受优生优育指导。

计划生育技术服务机构和从事计划生育技术服务的医疗保健机构应当普及避孕、节育、优生、优育和生殖保健知识，定期为已婚育龄妇女提供孕情检查、节育和生殖保健等方面的技术服务，育龄夫妻应当予以配合。

第二十三条 计划生育技术服务机构和从事计划生育技术服务的医疗保健机构及其技术服务人员，应当指导公民知情选择安全、有效、适宜的避孕、节育措施，预防和减少非意愿妊娠。

夫妻一方患有医学上认为不宜生育的遗传性疾病的，医师应当告知，并指导其采取安全、有效的避孕、节育措施；已经怀孕的，应当告知其终止妊娠。

对产前诊断其胎儿患有严重遗传性疾病或者严重缺陷的孕妇，医师应当提出终止妊娠的医学建议。

育龄夫妻应当接受计划生育技术服务指导，自觉落实避孕、节育措施。已有一个子女的，提倡一方采取长效节育措施；已有两个子女的，提倡一方采取绝育措施；不符合本条例规定怀孕的，应当采取补救措施。

第二十四条 夫妻一方接受绝育手术后，符合再生育条件要求生育的，由受术者提出申请，经县（市、区）人民政府人口和计划生育行政部门批准，可以施行复通手术，费用从计划生育手术费中支付。

第二十五条 经依法鉴定确因计划生育手术引起并发症的，给予免费治疗，治疗费用由人民政府承担，具体办法由省人民政府制定。经治疗不能从事重体力劳动的，所在单位或者乡（镇）人民政府、街道办事处应当在工作和生活上予以照顾；丧失劳动能力、生活确有困难的，民政部门应当给予社会救济。

第二十六条 禁止非医学需要的胎儿性别鉴定和选择性别的人工终止妊娠，具体办法按照国家和本省有关规定执行。

第二十七条 县级以上人民政府人口和计划生育行政部门负责避孕药具发放、供应的管理，并会同食品药品监督、物价等部门对避孕药具经营活动进行检查、监督。

第四章 优待和奖励

第二十八条 符合晚婚规定的，享受婚假1个月；一方晚婚的一方享受，双方晚婚的双方享受。符合晚育规定的，女方享受产假4个月，男方享受护理假15日；产假期间采取长效节育措施的，女方享受产假6个月。婚假、产假、护理假期间，享受与在岗人员同等的待遇。

对实行晚婚、晚育的农业人口，村民委员会可以给予一定的奖励。

第二十九条 夫妻自愿终身只生育或者依法只收养一个子女的，在育龄期内可以向乡（镇）人民政府或者街道办事处申请免费领取《独生子女父母光荣证》，但一胎生育两个以上子女的除外。

领取《独生子女父母光荣证》的，享受下列奖励和优待：

（一）农业人口从领取《独生子女父母光荣证》起到60周岁止，非农业人口从领取《独生子女父母光荣证》起到独生子女16周岁止，按月各给予夫妻双方不低于50元的独生子女父母奖励费；

（二）子女入园、接受教育、就医时，双方所在单位可以给予一定补贴；

（三）退休时所在单位可以按照其上年度职工平均工资收入的30%给予一次性奖励。

第三十条 夫妻一方或者双方为农业人口，领取《独生子女父母光荣证》的，除享受本条例第二十九条规定的奖励和优待外，还享受下列优待：

（一）优先列为脱贫或者致富对象，在项目、资金、技术等方面予以扶持；

（二）农业、林业、水利、科技、供销等部门在技术服务、提供信息、农业生产资料供应等方面予以优待；

（三）在劳务输出或者招工时，同等条件下优先安排其家庭劳动力；

（四）在实施新型农村合作医疗制度时，县（市、区）人民政府可以对独生子女家庭个人筹资部分给予资助；

（五）优先批给宅基地；

（六）集体收益以人均分配的，增加1人份的份额，以户计发的应当高出户均标准20%以上的额度；

（七）夫妻双方均为农业人口，其子女在接受义务教育期间寄宿的，由当地人民政府给予寄宿和生活补助；

（八）当地人民政府规定的其他优待。

第三十一条 夫妻符合本条例规定可以生育第二个子女，但自愿领取《独生子女父母光荣证》不再生育，且子女满10周岁的，由人民政府给予1000元至3000元的一次性奖励金；夫妻双方均为农业人口的，由人民政府给予不低于5000元的一次性奖励金。但符合本条例第十二条第一款第二项和第十四条规定的除外。

第三十二条 独生子女死亡或者被依法鉴定为二级以上残疾的，由人民政府按照不低于5000元的标准给予其父母一次性补助。独生子女死亡或者被依法鉴定为三级以上残疾，其父母不再生育和收养子女的，从女方满49周岁起，由人民政府给予每人每月不低于200元的特别扶助金。独生子女康复或者扶助对象再生育、收养子女的，终止发放特别扶助金。

夫妻双方均为农业人口，其独生子女死亡或者因伤（病）残丧失劳动能力的，可以优先享受农村五保供养待遇，并优先进入农村五保供养服务机构。

第三十三条 夫妻双方均为农业人口，符合计划生育法律、法规和政策规定生育，并符合下列情形之一的，从60周岁起由人民政府给予每人每月不低于50元的奖励扶助金：

（一）只有一个子女的；

（二）只有两个女孩的；

（三）国家和省规定的其他情形。

第三十四条 独生子女父母奖励费、一次性奖励金、特别扶助金以及奖励扶助金的具体发放办法由省人民政府制定。

第三十五条 夫妻领取《独生子女父母光荣证》，享受各项优待和奖励后生育或者收养第二个子女的，收回证件，并追回全部优待和奖励所得。

第三十六条 夫妻一方接受绝育手术的，术后享受休假2至3周；需要另一方护理的，经施术机构证明，给予护理假2周。休假和护理假期间，享受与在岗人员同等的待遇。

夫妻双方均为农业人口，已有两个女孩，一方接受绝育手术的，参照本条例第三十条的规定给予优待，并由人民政府给予一次性节育奖励，具体奖励标准和发放办法由设区的市人民政府制定。

第三十七条 对从事人口和计划生育工作的人员，当地人民政府或者所在单位可以给予一定的补助。

第三十八条 完成人口和计划生育工作目标管理责任指标的人民政府及其主要负责人，以及在人口和计划生育工作中做出显著成绩的单位和个人，由上级人民政府给予表彰和奖励。

第三十九条 对违法生育或者在人口和计划生育工作中弄虚作假、徇私舞弊等行为如实举报的，应当给予奖励。

第五章 综合管理

第四十条 县级以上人民政府应当根据人口发展规划和本条例规定，制定人口和计划生育实施方案并组织实施。

县级以上人民政府及其部门制定与人口有关的规范性文件时，应当统筹考虑人口和计划生育工作。

第四十一条 县级以上人民政府人口和计划生育行政部门主要履行下列职责：

(一) 组织开展人口和计划生育宣传教育；

(二)研究人口发展战略，拟订人口发展规划和年度计划并组织实施；

(三) 承办人口和计划生育工作目标管理责任制实施和考核的具体工作；

(四) 负责育龄人群的生育服务和管理；

(五)协同有关部门做好提高出生人口素质、改善出生人口结构等工作；

(六) 综合管理计划生育技术服务工作；

(七)法律、法规规定的其他职责。

第四十二条 建立人口信息资源共享制度。

县级以上人民政府人口和计划生育、公安、民政、卫生等部门应当互相通报人口出生、死亡、新生儿户籍登记、暂住人口登记、人口迁入迁出、婚姻登记、收养登记、出生证明办理和计划生育手术情况等方面的信息。

第四十三条 乡(镇)人民政府、街道办事处应当按照人口比例配备人口和计划生育工作专职人员，负责人口和计划生育的具体工作。

城市建立属地管理、单位负责、居民自治、社区服务的人口和计划生育服务和管理机制。

第四十四条 各级人民政府及其工作人员应当按照法律、法规规定的职责和程序开展人口和计划生育工作，不得侵犯公民的合法权益。

依法执行人口和计划生育公务受法律保护，任何组织和个人不得阻碍。

第四十五条 村(居)民委员会应当宣传人口和计划生育法律、法规，将人口和计划生育工作纳入村(居)民自治内容，教育和督促村(居)民履行计划生育义务，并按照人口比例确定人口和计划生育服务员，承办人口和计划生育的具体工作。

村民委员会人口和计划生育服务员的报酬应当不低于所在村民委员会的主要负责人报酬的80%。居民委员会人口和计划生育服务员应当享受国家和省规定的社会保障待遇，其报酬不得低于所在县(市、区)的最低工资标准。

村(居)民委员会和育龄人员在双方自愿的基础上，可以签订计划生育合同，明确各自的权利和义务，但不得违反有关法律、法规的规定。

第四十六条 机关、社会团体、企业事业单位和其他组织的人口和计划生育工作，由其法定代表人或者主要负责人负责。

机关、社会团体、企业事业单位和其他组织应当教育和督促本单位人员履行计划生育义务，执行本条例规定的优待、奖励或者限制措施，确定人口和计划生育工作机构和专(兼)职人员，承办人口和计划生育的具体工作。

第四十七条 失业人员的计划生育服务和管理由现居住地、户籍所在地乡(镇)人民政府或者街道办事处共同负责，以现居住地为主。

第四十八条 机关、社会团体、企业事业单位和其他组织以及村(居)民委员会应当定期公布《生育服务证》和《再生育服务证》发放、人口出生、社会抚养费征收、违法生育处理等情况，接受群众监督。

第四十九条 涉嫌违法生育的，人口和计划生育行政部门应当组织调查。调查时，当事人应当予以配合，必要时提供有关证明材料。

人口和计划生育行政部门调查涉嫌违法生育当事人的有关情况时，当事人所在单位和公安、税务、工商等有关部门应当予以协助和配合。

第五十条 婴儿死亡的，其亲属应当及时报告乡(镇)人民政府或者街道办事处，并提交医疗保健机构或者计划生育技术服务机构出具的证明；医疗保健机构或者计划生育技术服务机构不能出具证明的，由乡(镇)人民政府或者街道办事处核实。

第五十一条 人口和计划生育统计应当及时、准确。任何组织和个人不得虚报、瞒报、伪造、篡改人口和计划生育统计数据。

第六章 法律责任

第五十二条 违反本条例规定生育子女的，应当缴纳社会抚养费。社会抚养费由县(市、区)人民政府人口和计划生育行政部门或者其委托的乡(镇)人民政府、街道办事处征收，并专户储存，专款专用，接受财政、审计部门的监督。

第五十三条 不符合本条例第十一条至第十三条规定的情形和第十四条规定生育第二个子女的，按照夫妻双方上年总收入的20%，合计征收7年的社会抚养费，其总额不得低于7000元；生育第三个子女的，按照夫妻双方上年总收入的40%，合计征收14年的社会抚养费，其总额不得低于3万元；再多生育子女的，加重征收社会抚养费。

符合本条例第十一条至第十三条规定的情形，但未经批准生育的，征收500元至1000元的社会抚养费。

未办理结婚登记生育第一个子女的，征收1000元至3000元的社会抚养费；再生育子女的，按照本条第一款规定征收社会抚养费。有配偶的一方与他人非婚生育的，按照违法生育加重征收社会抚养费。

第五十四条 借收养、代养名义违反本条例规定生育子女的，按照违法生育加重征收社会抚养费。

违反本条例规定收养、送养、寄养子女的，按照违法生育征收社会抚养费。

第五十五条 违反本条例规定再生育子女的，除缴纳社会抚养费外，在限制期间还应当按照下列规定处理：

(一)国家工作人员不得晋职、晋级、评模、评奖，并给予降级或者撤职处分，情节严重的给予开除处分；

（二）不得录用、聘用为国家工作人员；

（三）在村民委员会任职的，依法予以罢免；

（四）农业人口不再增加宅基地使用面积；

（五）集体收益以人均分配的，减发违法生育户1人份的份额，以户计发的减发户均标准20%以上的额度。

违反本条例规定生育第二个子女的限制7年，生育第三个以上子女的限制14年，但国家另有规定的除外。限制期间从社会抚养费征收决定书送达之日起计算。

第五十六条 违反本条例规定，有下列行为之一的，由县级以上人民政府人口和计划生育行政部门或者卫生行政部门按照职责权限责令改正，给予警告，没收违法所得；违法所得1万元以上的，处违法所得2倍以上6倍以下的罚款；没有违法所得或者违法所得不足1万元的，处1万元以上3万元以下的罚款；情节严重的，由发证机关吊销执业证书；构成犯罪的，依法追究刑事责任：

（一）非法进行胎儿性别鉴定或者选择性别的人工终止妊娠的；

（二）做假节育手术、进行假医学鉴定、出具假计划生育证明的；

（三）非法施行计划生育手术的。

有前款所列行为之一的，由所在单位或者上级主管部门对直接负责的主管人员和其他直接责任人员给予记大过以上的处分。

第五十七条 伪造、变造、买卖计划生育证明的，由县级以上人民政府人口和计划生育行政部门没收违法所得，违法所得5000元以上的，处违法所得2倍以上10倍以下的罚款；没有违法所得或者违法所得不足5000元的，处5000元以上2万元以下的罚款；构成犯罪的，依法追究刑事责任。

第五十八条 对当事人的再生育申请和相关证明材料不予审查或者不严格审查，批准其生育的，依法给予直接负责的主管人员和其他直接责任人员处分。徇私舞弊批准他人生育的，给予直接负责的主管人员和其他直接责任人员降级以上直至开除的处分。

第五十九条 国家机关工作人员在人口和计划生育工作中有下列行为之一的，给予降级以上直至开除的处分；有违法所得的，没收违法所得；构成犯罪的，依法追究刑事责任：

（一）侵犯公民人身权、财产权和其他合法权益的；

（二）虚报、瞒报、拒报、伪造或者篡改人口和计划生育统计数据的；

（三）截留、克扣、挪用、贪污社会抚养费或者人口和计划生育经费的；

（四）索取、收受贿赂的；

（五）其他滥用职权、玩忽职守、徇私舞弊的。

第六十条 有下列行为之一的，对直接负责的主管人员和其他直接责任人员给予降级以下的处分；情节严重的，给予撤职的处分；构成犯罪的，依法追究刑事责任：

（一）对直接管辖范围内违反本条例规定的行为不制止、不查处或者隐瞒不报的；

（二）授意弄虚作假，造成人口和计划生育统计数据严重失实的；

（三）提拔任用违法生育限制期未满人员的；

（四）为申请再生育子女的夫妻提供虚假证明，或者在调查涉嫌违法生育行为时提供虚假证明的；

（五）在人口和计划生育工作中有其他失职、渎职行为的。

第六十一条 未完成人口和计划生育工作目标管理责任指标的机关、社会团体、企业事业单位和其他组织，不得评为先进单位和文明单位；对主要负责人依法给予处分或者通报批评。

未完成人口和计划生育工作目标管理责任指标的各级人民政府，当年不得评为先进，主要负责人不得晋职、晋级；连续两年没有完成上述指标的，对主要负责人依法给予处分。

第六十二条 违反本条例规定，不履行职责或者不履行协助人口和计划生育管理义务的部门、单位和个人，由县级以上人民政府责令改正，并给予通报批评；对直接负责的主管人员和其他直接责任人员依法给予处分。

第六十三条 有下列行为之一的，由公安机关依照《中华人民共和国治安管理处罚法》的有关规定处罚；构成犯罪的，依法追究刑事责任：

（一）阻碍人口和计划生育工作人员依法执行公务的；

（二）侮辱、伤害人口和计划生育工作人员或者故意损害其财物的。

第六十四条 对按照本条例规定作出的具体行政行为不服的，可以依法申请复议或者向人民法院起诉。

当事人对征收社会抚养费的决定或者处罚决定不申请复议、不起诉又不履行的，由作出征收或者处罚决定的机关申请人民法院强制执行。

第七章 附 则

第六十五条 本条例所称国家工作人员，是指在国家机关中从事公务的人员，国有公司、企业、事业单位和人民团体中从事公务的人员，国家机关和国有公司、企业、事业单位委派到非国有公司、企业、事业单位、社会团体从事公务的人员，以及其他依照法律从事公务的人员。

第六十六条 本条例自2009年6月1日起施行。

山西省土地整治条例

（2014年5月29日山西省第十二届人民代表大会常务委员会第十次会议通过）

第一章 总 则

第一条 为了规范和促进土地整治工作，增加有效耕地面积，提高耕地质量，实现耕地占补平衡和总量动态平衡，保障土地资源的可持续利用，根据《中华人民共和国土地管理法》和有关法律、行政法规的规定，结合本省实际，制定本条例。

第二条 在本省行政区域内从事土地整治及其相关活动，应当遵守本条例。

本条例所称土地整治，是指对田、水、路、林、村进行综合整理，对宜农未利用土地进行开发，对历史遗留损毁和自然灾害损毁土地进行复垦的活动。

第三条 土地整治应当坚持统筹规划、因地制宜、数量和质量并重、优化土地利用结构、提高土地利用率、保护和改善生态环境的原则。

第四条 县级以上人民政府组织领导本行政区域内的土地整治工作，其所属的国土资源主管部门具体负责本行政区域内土地整治的统筹工作。

县级以上人民政府发展和改革、财政、国土资源、环境保护、交通运输、水利、农业、林业等部门按照各自的职责，做好土地整治的相关工作。

乡（镇）人民政府协调做好土地整治的相关工作。

村民委员会支持和配合有关部门做好土地整治工作。

第五条 鼓励土地权利人自筹资金和其他民间资本参与土地整治活动。

第二章 规划与计划

第六条 县级以上人民政府根据国民经济和社会发展规划、土地利用总体规划，组织编制本行政区域的土地整治规划。

土地整治规划的主要指标及重点工程布局应当与上一级土地整治规划相衔接。

土地整治规划应当明确土地整治目标，进行土地整治分区，安排土地整治任务，落实土地整治项目，提出土地整治保障措施。

编制土地整治规划，应当采取论证、听证或者其他方式公开征求意见。

第七条 县（市、区）人民政府根据土地整治规划，组织编制本行政区域的土地整治年度计划。

县（市、区）人民政府组织发展和改革、财政、国土资源、环境保护、水利、农业、林业等部门根据土地整治年度计划，划定土地整治项目区。

第三章 项目立项与设计

第八条 县（市、区）人民政府发展和改革、财政、国土资源、水利、农业等部门根据土地整治年度计划，按照资金渠道和管理权限在划定的土地整治项目区进行立项申报。

使用自筹资金和其他民间资本进行土地整治的，由县（市、区）人民政府国土资源主管部门立项。

开发未确定土地使用权的国有未利用土地的，依法由县级以上人民政府批准。

第九条 除土地权利人自筹资金以外，使用其他民间资本进行土地整治的，县（市、区）人民政府国土资源主管部门应当公告土地整治项目要求、双方权利义务等事项，通过公开、竞争等方式确定项目实施人，并签订合同。

第十条 申报土地整治项目，应当符合下列条件：

（一）符合土地整治年度计划；

（二）土地相对集中连片，具备基本农业生产条件；

（三）经项目涉及地村民会议三分之二以上成员或者三分之二以上村民代表同意；

（四）土地权属明晰，无土地权属纠纷。

第十一条 使用政府资金进行土地整治的规模，执行国家和省规定的标准。

使用自筹资金和其他民间资本进行土地整治的规模，由县（市、区）人民政府确定标准。

第十二条 土地整治项目在立项前应当由确定项目的主管部门进行可行性论证。

第十三条 使用政府资金的土地整治项目经立项后，项目申报单位应当依法通过招标投标方式确定设计单位。

第十四条 编制土地整治项目设计，应当坚持耕地质量标准，兼顾原有耕地优质耕作层的剥离、保护与利用，并听取项目所在地乡（镇）人民政府、土地权利人的意见。

第十五条 使用政府资金的项目设计和预算，由确定项目的主管部门会同同级财政部门组织有关专家论证后批准实施。

土地整治项目设计一经确定，不得擅自变更；确需变更的，应当由确定项目的主管部门批准。

第四章 项目实施与管护

第十六条 土地整治按项目实施管理。

使用政府资金的土地整治项目，实行项目法人、招标投标、工程监理、合同管理和公告等制度。

土地权利人自筹资金和其他民间资本参与土地整治的项目，可以参照本条第二款的规定执行。

第十七条 项目法人根据项目设计和投资计划，组织编制土地整治项目实施方案，实施方案应当包括下列内容：

（一）土地整治的概况、目标和任务；

（二）项目区土地利用现状及权属；

（三）拟采用的土地整治标准和措施；

（四）土地整治实施计划、资金与进度安排。

土地整治项目实施方案在项目所在地进行公告，公告时间不得少于十日。

第十八条 项目法人应当依法通过招标投标方式，确定项目施工和监理单位并签订合同。

第十九条 土地整治后的耕地耕作层厚度、田面平整度、灌排条件、土壤养分、道路通达条件、土壤环境质量以及生态保护措施等，应当达到项目设计要求。

第二十条 土地整治项目竣工后，由确定项目的主管部门按照项目设计要求组织验收。

土地整治项目竣工验收合格的，项目法人应当将整治后的土地及形成的田间道路、农业基础设施、林木等在六十日内交付土地权利人。

土地整治项目竣工验收不合格的，确定项目的主管部门应当向项目法人出具书面整改意见，项目法人应当在限期内完成整改后重新申请验收。

第二十一条 土地权利人对整治后的土地及形成的田间道路、农业基础设施、林木等，应当制定管护措施，明确管护责任和义务。

第二十二条 土地整治后形成的耕地应当用于农业生产，符合条件的，优先划入基本农田保护范围，不得随意改变用途。

第二十三条 整治国有土地或者集体所有土地，原土地所有权不变。

土地整治项目竣工验收后，土地权属确需调整的，由土地所有权人协商解决，并依法办理土地权属变更登记手续；协商不成的，由县（市、区）人民政府依法处理。

第二十四条 不得以土地整治的名义开采矿产资源。

第五章 资金管理与补贴

第二十五条 县（市、区）人民政府应当按照统一规划、分别实施的原则，保证政府土地整治资金集中投向土地整治项目区，提高资金使用效率。

政府土地整治资金包括由国土资源主管部门管理的土地整治资金和其他主管部门管理的涉及土地整治的资金。

第二十六条 县级以上人民政府财政部门负责对使用同级政府土地整治资金的土地整治项目预算的审核和批复，监督项目预算的执行。

县级以上人民政府国土资源主管部门和其他主管部门根据各自的职责，负责监督检查项目工程进度和投资计划的执行。

县级以上人民政府审计部门依法对政府土地整治项目资金的管理和使用进行审计。

第二十七条 项目法人应当按照确定的投资计划，管理和使用政府土地整治项目资金。

政府土地整治项目资金应当专款专用，单独核算，任何单位和个人不得截留、挤占、挪用。

第二十八条 使用自筹资金参与土地整治的，县（市、区）人民政府应当予以补贴。补贴所需费用从土地整治相关经费中列支。

使用其他民间资本参与土地整治的，按照合同约定执行。

第六章 新增耕地指标的管理与使用

第二十九条 土地整治形成的新增耕地指标，由国土资源主管部门纳入新增耕地指标储备库，并按照国家有关规定管理。

对农村集体建设用地复垦形成的新增耕地指标，优先用于农村发展和建设。

第三十条 使用省耕地开发项目专项资金整治土地形成的新增耕地指标，由省人民政府国土资源主管部门统一管理，在本省行政区域内通过有偿方式流转，主要用于保障省级重点建设项目或者重点建设区域用地的占补平衡。

第三十一条 使用设区的市、县（市、区）耕地开垦费整治土地形成的新增耕地指标，经设区的市人民政府国土资源主管部门同意，可以通过有偿方式流转。

第三十二条 使用其他政府资金整治土地形成的新增耕地指标，由县（市、区）人民政府管理，可以通过有偿方式流转。

使用自筹资金整治土地形成的新增耕地指标，由县（市、区）人民政府管理。

使用其他民间资本整治土地形成的新增耕地指标，按照合同约定执行。

第七章 法律责任

第三十三条 违反本条例规定，法律、行政法规已有法律责任规定的，从其规定。

第三十四条 违反本条例规定，擅自变更土地整治项目设计的，由确定项目的主管部门责令限期改正；对直接负责的主管人员和其他直接责任人员，依法给予处分。

第三十五条 违反本条例规定，截留、挤占、挪用政府土地整治项目资金的，由县级以上人民政府财政、审计等部门责令改正；对直接负责的主管人员和其他直接责任人员，依法给予处分；构成犯罪的，依法追究刑事责任。

第三十六条 在土地整治工作中，有关主管部门及其工作人员徇私舞弊、滥用职权、玩忽职守的，对直接负责的主管人员和其他直接责任人员依法给予处分；构成犯罪的，依法追究刑事责任。

第八章 附 则

第三十七条 本条例自2014年10月1日起施行。

山西省电力设施保护条例

（2014年7月25日山西省第十二届人民代表大会常务委员会第十二次会议通过）

第一条 为了加强电力设施保护，保障电力安全有序运行，维护社会公共利益和公共安全，根据《中华人民共和国电力法》、《电力设施保护条例》等有关法律、行政法规的规定，结合本省实际，制定本条例。

第二条 本省行政区域内在建和已建的电力设施保护，适用本条例。

本条例所称电力设施是指火力、水力、风力、光伏等发电设施，变电设施，电力线路设施，电力交易设施和有关辅助设施。

第三条 县级以上人民政府应

当加强本行政区域内电力设施保护工作的领导，协调解决电力设施保护的重大问题；组织编制本行政区域的电力发展规划，使其与土地利用总体规划和城乡规划相协调，并按照规划统筹安排电力设施用地、电力线路走廊和电缆通道。

第四条 县级以上人民政府经济和信息化行政主管部门（以下统称电力管理部门）负责本行政区域内电力设施保护的监督管理工作，具体履行以下职责：

（一）组织开展保护电力设施的宣传教育工作；

（二）会同有关部门以及沿电力线路各单位，建立群众护线组织并健全责任制；

（三）会同当地公安部门，加强所辖地区电力设施的安全保卫工作；

（四）受理违反电力设施保护相关法律、法规行为的举报和投诉，查处破坏电力设施违法行为；

（五）法律、法规规定的其他职责。

电力管理部门可以委托符合法定条件的组织实施监督管理。

第五条 县级以上人民政府发展和改革、公安、国土资源、住房与城乡建设等行政主管部门和能源监管机构按照各自职责，做好电力设施保护的相关工作。

乡（镇）人民政府、街道办事处、村（居）民委员会应当协助县级以上人民政府有关部门做好电力设施保护工作。

第六条 电力设施所有权人应当建立健全安全管理和保卫制度，开展电力设施治安风险等级评估，保证相关资金投入，落实技术、设备、人员等防范措施，按照有关规范对电力设施进行巡视、维护、检修，消除隐患，保障电力设施安全运行。

第七条 电力设施所有权人应当制定本单位电力设施突发事件应急预案，报所在地电力管理部门备案，并按照应急预案的要求，保障应急设施、设备、物资的储备和完好，定期开展应急演练。

第八条 电力设施突发事件发生后，电力设施所有权人应当按照有关规定立即向当地人民政府和上级单位报告，启动应急预案，并采取下列措施：

（一）消除危险源，控制事故扩大；

（二）对遭受破坏的电力设施进行抢修、排除障碍；

（三）其他应急措施。

第九条 任何单位和个人都有保护电力设施的义务，对危害电力设施的行为，有权制止并及时向电力管理部门或者公安机关报告。

第十条 风力发电设施的保护范围包括风力发电使用的发电机、变压器、升压站以及其他有关附属设施。

光伏发电设施的保护范围包括太阳能光能发电使用的控制器、蓄电池、逆变器以及其他有关附属设施，太阳能热能发电系统以及其他有关附属设施。

电力交易设施的保护范围包括电力交易场所和计量、报价、信息发布等有关设施。

第十一条 电力线路保护区包括下列区域：

（一）架空电力线路保护区是指导线边线向外侧水平延伸并垂直于地面所形成的两平行面内的区域。在一般地区各级电压导线的边线延伸距离如下：

交流 1-10 千伏 5 米
交流 35-110 千伏 10 米
交流 220 千伏 15 米
交流 500 千伏 20 米
交流 1000 千伏 30 米
直流 660 千伏 25 米
直流 800 千伏 30 米

在厂矿、城镇等人口密集地区，架空电力线路保护区的区域可以略小于上述规定。但各级电压导线边线延伸的距离，不应小于导线边线在最大计算弧垂及最大计算风偏后的水平距离和风偏后距建筑物的安全距离之和。

（二）地下电力电缆线路保护区是指电力电缆线路地面标桩两侧各 0.75 米所形成的两平行线内的区域。

（三）发电设施附属的输水、输油、输气、输灰、供热管线的保护区是指管线边缘两侧各 0.75 米所形成的两平行线内的区域。

第十二条 电力管理部门应当按照有关规定设立统一的电力设施安全标志和电力线路保护区标志，并保持标志的完好有效，电力设施所有权人应当予以配合。

任何单位或者个人不得损毁、擅自移动电力设施安全标志和电力线路保护区标志。

第十三条 电力设施建设项目规划确定后，电力设施建设单位应当及时通知电力管理部门，电力管理部门应当对依法确定的电力线路保护区进行公告。公告应当包括电力设施基本情况、电力线路保护区的宽度、导线距穿越物体之间的安全距离和保护措施等相关内容。

公告前依法拥有的房屋、易燃易爆物品仓库等建筑物、构筑物、植物以及其他设施，在电力设施建设时需要拆除、迁移、修剪、砍伐的，电力设施建设单位应当按照国家有关规定给予一次性补偿，并依法办理相关手续。

公告后，任何单位或者个人不得在划定的电力线路保护区内，新建、改建、扩建危及电力设施安全的建筑物、构筑物或者新种植危及电力设施安全的植物；新建、改建、扩建危及电力设施安全的建筑物、构筑物或者新种植危及电力设施安全的植物，应当依法拆除或者砍伐，不予补偿。

第十四条 依法取得的电力设施用地和依法划定的电力线路走廊以及电缆通道，任何单位或者个人不得擅自占用或者改变其用途。

因建设需要，调整已规划的电力设施用地、电力线路走廊和电缆通道位置的，应当依法办理手续；因修改城乡规划给电力设施建设单位造成损失的，应当依法给予补偿。

电力线路保护区内的杆塔、拉线基础用地不实行征地，由电力设施建设单位按照国家有关标准给予一次性补偿。

第十五条 电力设施的建设应当符合国家行业标准和技术规范，与周围的建筑物、构筑物以及其他设施保持安全距离，需要拆除、迁移或者采取防护措施的，电力设施建设单位应当与建筑物、构筑物以及其他设施所有权人达成协议后方可施工，所需费用由电力设施建设单位承担。

第十六条 铁路、道路、桥梁、管线等设施和建筑物、构筑物的建设，不得危及电力设施安全；确实需要对电力设施予以迁移或者采取防护措施的，建设单位应当与电力设施所有权人达成协议后方可施工，所需费用由建设单位承担。

第十七条 通信、广播等线路设施需要交叉跨越电力线路设施的，建设单位应当征得电力线路设施所有权人同意，并采取安全措施，保证电力线路安全。

第十八条 发电厂、变电站、换流站等电力设施的建设需要压覆重要矿床的，建设单位应当依法办理压覆矿产资源申报登记手续；已办理压覆矿产资源申报登记手续的，开采企业不得开采压覆区内的矿产资源。

第十九条 开采电力线路保护区地下煤炭等矿产资源的，开采企业应当提前与电力设施所有权人商定保护措施，保障电力设施安全。

因开采矿产资源造成电力线路杆塔倾斜、基础不稳定，危及电力线路安全，确需迁移、改造、加固杆塔拉线等设施的，所需费用由开采企业承担；造成电力线路设施损毁的，开采企业应当赔偿损失。

第二十条 露天开采煤炭等矿产资源，确需对电力线路设施进行迁移的，开采企业应当提前与电力设施所有权人协商，迁移所需费用由开采企业承担。

第二十一条 在电力线路保护区内从事下列活动，施工单位应当采取相应的安全作业措施，保证电力设施安全，并提前三个工作日，书面通知电力设施所有权人：

（一）驾驶吊车、水泥泵车等大型施工机械进入保护区作业；

（二）驾驶高度超过四米的车辆、机械通过保护区或者其他与架空电力导线的垂直距离小于安全距离的穿越行为；

（三）建筑工程建设、铺设管线等施工作业可能危害电力设施安全的；

（四）其他可能影响电力设施安全的活动。

电力设施所有权人接到通知后，应当根据电力设施保护要求，在施工作业前提出书面建议，或者派员到现场实施安全监护。

第二十二条 电力线路保护区内树木的所有权人应当保证树木的高度与架空电力线路之间的距离符合安全要求。

电力设施所有权人发现树木与架空电力线路的间距小于安全距离的，应当及时通知树木所有权人；树木所有权人应当在接到通知后十日内予以修剪；逾期未修剪的，电力设施所有权人可以修剪影响安全距离的部分，不补偿相关损失；修剪重点保护野生植物、古树名木应当依法办理有关手续。

第二十三条 有下列情形之一的，电力设施所有权人可以对树木先行采取修剪、砍伐或者其他处理措施，事后应当通知树木所有权人，并依法补办相关手续：

（一）生产作业、交通事故等外力因素致使树木倾斜或者倒伏，危及电力设施安全的；

（二）因不可抗力造成树木危及电力设施安全的；

（三）自然生长树木已造成放电、碰线、电力供应中断或森林火灾的；

（四）处置电力设施突发事件，需要采取相应应急措施的；

（五）其他严重危害电力设施安全的情形。

第二十四条 任何单位或者个人不得从事下列危害电力线路设施的行为：

（一）在杆塔上悬挂广告牌；

（二）擅自在杆塔上搭挂通信、广播等缆线；

（三）擅自攀爬变压器台架、杆塔或者拉线；

（四）破坏、损毁、擅自移动电力线路上的电气设备及电力通信设施；

（五）在架空电力线路导线两侧各三百米的区域内升放飞行器、风筝、气球；

（六）其他危害电力线路设施安全的行为。

第二十五条 在架空电力线路保护区，不得从事下列影响电力设施安全的行为：

（一）堆放或者焚烧秸秆、草料、木材、油料、塑料地膜等物品；

（二）取土、开挖、采石、打桩、钻探、爆破、垂钓、燃放烟花爆竹；

（三）损坏或者擅自封堵检修专用道路、在建电力设施施工道路，截断施工水源或者电源；

（四）涂改、移动、损坏、拔除电力设施建设的测量标桩或者标记；

（五）其他影响电力设施安全的行为。

第二十六条 在电力电缆保护区，不得从事下列影响电力设施安全的行为：

（一）堆放杂物或者倾倒垃圾；

（二）使用机械掘土、种植树木，新建、改建、扩建建筑物和构筑物；

（三）在封闭式电缆通道内布置热力管道、易燃气（液）管道；

（四）擅自在电缆通（管）道敷设其他缆线，堵塞电缆管沟、排管通道；

（五）其他影响电力设施安全的行为。

第二十七条 在电力线路保护区外进行可能危及架空电力线路、杆塔、拉线安全的取土、打桩、钻探、开挖等作业的，应当遵守下列规定：

（一）预留电力设施维护、检修和事故抢修人员、车辆通行道路；

（二）可能导致杆塔、拉线基础不稳定的，应当修建符合技术标准或者安全要求的防护加固设施；

（三）不得损害电力设施接地装置或者改变其埋设深度。

第二十八条 任何单位或者个

人不得擅自从事下列行为：

（一）改变用电类别；

（二）超过供用电合同约定的容量用电；

（三）使用已经办理暂停手续的电力设备；

（四）迁移、更动、操作供电企业的用电计量装置、电力负荷控制装置、供电设施以及约定由供电企业调度的用户受电设备或者加装其他影响计量的装置；

（五）引入、供出电源或者并网自备电源。

第二十九条 从事收购电力设施器材设备的单位和个人，应当依法申领营业执照，并向公安机关备案。收购单位和个人应当如实登记出售者基本信息和电力设施器材设备的来源、规格、数量等情况，登记记录保存期限不得少于两年。

任何单位和个人不得非法出售、收购电力设施器材设备。

收购单位和个人发现有赃物嫌疑的，应当及时向所在地公安机关报告。

第三十条 违反本条例第十二条第二款规定的，由电力管理部门责令改正；拒不改正的，处二百元以上五百元以下罚款。

第三十一条 违反本条例第十三条第三款规定的，由当地人民政府责令强制拆除、砍伐或者清除。

违反本条例第十四条第一款规定的，由县级以上地方人民政府责令限期改正；逾期不改正的，强制清除障碍。

第三十二条 违反本条例第二十一条规定，未采取相应的安全作业措施，造成电力设施损坏的，由电力管理部门责令停止作业并赔偿损失；造成人身、其他财产损害的，由施工单位依法承担民事责任。

第三十三条 违反本条例第二十四条、第二十五条、第二十六规定，有危害电力设施行为之一的，由电力管理部门责令改正；拒不改正的，对单位处五千元以上一万元以下罚款，对个人处二百元以上一千元以下罚款；造成损害的，依法承担民事责任。

第三十四条 违反本条例第二十八条规定，严重影响电力设施安全的，由电力管理部门责令改正；逾期不改正的，通知供电企业停止受理用电报装申请，或者按国家规定程序停止供电，直至危害行为消除。

第三十五条 违反本条例第二十九条第二款规定的，由公安机关依法处理。

第三十六条 电力管理部门和其他有关行政主管部门的工作人员在电力设施保护工作中玩忽职守、滥用职权、徇私舞弊，尚不构成犯罪的，依法给予处分；构成犯罪的，依法追究刑事责任。

第三十七条 本条例自2014年9月1日起施行。

山西省企业工资集体协商条例

（2014年9月20日山西省第十二届人民代表大会常务委员会第十四次会议通过）

第一章 总 则

第一条 为了规范企业工资集体协商行为，保护劳动者的合法权益，促进劳动关系的和谐稳定，根据《中华人民共和国劳动法》、《中华人民共和国劳动合同法》、《中华人民共和国工会法》和有关法律、行政法规的规定，结合本省实际，制定本条例。

第二条 本省行政区域内企业工资集体协商的开展及其监督管理适用本条例。

第三条 本省行政区域内的企业应当与职工方开展工资集体协商。开展工资集体协商应当遵循合法、公平、平等、诚实信用、协商一致的原则。

第四条 县级以上人民政府应当加强对工资集体协商工作的领导，建立健全考核激励机制，将企业签订、履行工资集体合同情况列入企业社会信用体系。

县级以上人民政府劳动行政部门依法对工资集体协商工作进行指导、监督和检查。

县级以上地方工会依法对职工方开展工资集体协商进行指导，对工资集体合同的签订和履行进行监督，并建立工资集体协商指导员制度。

企业联合会等企业代表组织应当加强区域性、行业性组织建设工作，指导和帮助企业开展工资集体协商。

第五条 县级以上人民政府劳动行政部门、工会和企业代表组织应当加强协调劳动关系三方机制建设，建立健全各级劳动关系协调委员会，研究处理工资集体协商中的重大问题，协调解决工资集体协商及工资集体合同履行中的争议。

第六条 工资集体合同中本企业或者本区域、本行业的最低工资标准不得低于省人民政府规定的最低标准。

企业与职工订立的劳动合同中工资标准不得低于工资集体合同规定的标准。

区域或者行业已订立工资集体合同的，区域或者行业内各企业的职工方，可以与本企业协商签订补充协议。跨地区或者跨行业的企业已签订工资集体合同的，企业下属各单位的职工方，可以与本企业协商签订补充协议。补充协议中工资标准不得低于本企业或者本区域、本行业工资集体合同规定的标准。

第二章 协商代表

第七条 协商双方代表人数应当对等，每方至少三人，并各确定一名首席代表。

首席代表应当从本企业或者本区域、本行业内产生。

第八条 职工方协商代表由企业工会推荐，并经职工（代表）大会或者全体职工讨论通过；企业尚未建立工会的，由上级工会指导企业职工推举，并经企业过半数职工同意通过。

区域或者行业集体协商的职工方协商代表，由区域工会或者行业工会选派；尚未建立区域、行业工会的，由上级工会指导区域、行业内的企业职工推举。

企业或者区域、行业的职工方协商代表产生后应当公示。

职工方首席代表一般由企业或者区域、行业工会的主席(负责人)担任;尚未建立工会的,职工方首席代表从职工方协商代表中推举产生。

第九条 企业方协商代表由企业法定代表人确定,并确定首席代表。

区域、行业集体协商的企业方协商代表,由区域、行业企业代表组织确定;尚未建立企业代表组织的,由该区域、行业内的企业推举产生。首席代表从协商代表中推举产生。

第十条 协商双方首席代表可以委托本企业或者本区域、本行业之外的专业人员担任本方的协商代表,但人数不得超过本方代表人数的三分之一。委托应当采取书面形式。

第十一条 协商代表应当履行下列职责:

(一)收集并提供与工资集体协商有关的情况和资料;

(二)参加工资集体协商;

(三)接受本方人员询问,及时向本方人员公布协商情况并征求意见;

(四)监督工资集体合同的履行;

(五)参加工资集体合同争议的处理;

(六)法律、法规规定的其他职责。

第十二条 双方协商代表在担任代表期间劳动合同期满的,劳动合同期限自动延长至协商代表履行职责结束之时。非法定理由,企业不得单方解除劳动合同。

双方协商代表的任期自产生之日起至工资集体合同履行期限届满之日止。

第十三条 企业不得因职工方协商代表参加工资集体协商调整其工作岗位;确需调整的,应当征得本人和企业工会的同意。

第十四条 企业应当为协商代表参加工资集体协商提供必要的工作时间和工作条件。

本企业或者本区域、本行业产生的双方协商代表,参加工资集体协商及其相关会议、培训等,视为正常劳动,其工资及福利等待遇不受影响。

第十五条 协商代表应当保守在工资集体协商中知悉的企业商业秘密,不得有影响企业正常生产经营秩序的行为。

第十六条 工会应当对职工方协商代表进行法律法规、经济社会发展状况、劳动力市场情况、企业管理、财务管理、协商技巧等业务培训。

第三章 协商内容和协商程序

第十七条 工资集体协商双方就下列内容进行协商:

(一)工资分配办法,包括岗位工资、绩效工资、辅助工资、奖励性工资等工资标准及津贴补贴标准、工资支付方式和支付时间等;

(二)本企业或者本区域、本行业协商确定的最低工资标准;

(三)职工年度平均工资水平及调整幅度;

(四)计时工资、计件单价、劳动定额等标准;

(五)试用期和病事假以及女职工孕期、产期、哺乳期的工资待遇;

(六)拖欠工资的清偿办法;

(七)离岗职工的生活费;

(八)双方认为应当协商的其他内容。

第十八条 协商确定工资水平应当参考下列因素:

(一)地区、行业、企业的人工成本水平和职工工资水平;

(二)企业劳动生产率、经济效益和上年度职工工资总额;

(三)省人民政府发布的企业工资指导线和当地人民政府发布的劳动力市场工资指导价位;

(四)当地城市居民消费价格指数;

(五)当地劳动力市场供求状况;

(六)其他与工资集体协商有关的因素。

第十九条 工资集体协商应当采取协商会议的形式进行。

第二十条 企业方和职工方均可以提出工资集体协商要约。要约应当采取书面形式,明确协商的时间、地点、议题等内容。另一方应当在接到要约书后二十日内予以书面回复。

地方工会和产业工会可以接受职工方的委托,代其向企业方提出协商要约。

第二十一条 协商双方应当按照对方要求,在召开协商会议的五日前,提供与协商有关的情况与资料,并保证其真实性。

第二十二条 协商会议应当由协商双方首席代表轮流主持,并由专人记录。会议记录由全体参会协商代表签字确认。

记录人员由协商双方从协商代表之外的人员中共同确定。记录人员应当如实记录,不得泄露协商内容和企业商业秘密。

第二十三条 协商未达成一致意见或者出现不可预见情形,经协商双方同意,可以中止协商。恢复工资集体协商的时间、地点、内容等由双方商定。

第四章 工资集体合同签订与生效

第二十四条 协商达成一致意见后,由双方共同或者委托一方起草工资集体合同草案,并在职工(代表)大会召开的七日前将工资集体合同草案提交职工代表或者全体职工。

协商双方对工资集体合同草案内容提出咨询请求的,当地劳动关系协调委员会或者成员单位根据请求,免费提供咨询。

第二十五条 工资集体合同草案应当提交职工(代表)大会或者全体职工讨论通过。

召开职工(代表)大会应当有三分之二以上职工(代表)出席。通过工资集体合同草案须经全体职工(代表)过半数同意。

讨论通过的工资集体合同由双方首席代表签字确认。

第二十六条 企业方应当在工

资集体合同签订后十日内,将合同文本及相关资料按照有关规定报送劳动行政部门。

企业方报送的资料包括:合同文本、双方协商代表名单、双方首席代表名单、要约书、职工(代表)大会讨论通过的决议。

第二十七条 劳动行政部门自收到工资集体合同文本之日起十五日内未提出异议的,工资集体合同即行生效;提出异议的,应当将明确的修改意见书面告知企业方。经双方再次协商修改的工资集体合同文本,按规定重新报送。

第二十八条 协商双方应当在工资集体合同生效后五日内,将合同内容向本方全体人员公布。

第二十九条 工资集体合同期限一般为一年。协商双方应当在合同期满前六十日内,按照本条例规定的程序协商续签或者重新签订工资集体合同。

第三十条 工资集体合同履行情况应当每年向职工(代表)大会报告,接受职工监督。

第五章 工资集体合同变更、解除与终止

第三十一条 在合同有效期内,经双方协商一致,可以变更或者解除工资集体合同。

工资集体合同变更的,按照本条例规定的工资集体协商程序办理。

第三十二条 有下列情形之一的,企业方或者职工方均可以解除工资集体合同,同时应当以书面形式说明理由,并提供相关证明材料:

(一)订立工资集体合同时所依据的法律、法规修改或者废止,致使工资集体合同无法履行的;

(二)企业依照企业破产法进行重整的;

(三)企业因转产等致使工资集体合同无法履行的;

(四)因其他原因致使工资集体合同无法履行的。

第三十三条 有下列情形之一的,工资集体合同终止:

(一)工资集体合同期满的;

(二)企业被依法宣告破产的;

(三)企业被吊销营业执照、责令关闭、撤销或者企业决定提前解散的;

(四)法律、法规规定的其他情形。

第六章 争议处理

第三十四条 工资集体协商中出现争议,不能通过协商解决的,一方或者双方可以请求劳动关系协调委员会或者成员单位进行协调。劳动关系协调委员会或者成员单位应当接受请求,进行协调处理。

第三十五条 因履行集体合同发生争议,经协商无法解决的,当事人可以依法申请仲裁、提起诉讼。申请仲裁或者提起诉讼的,工会依法给予职工方支持和帮助。

第七章 法律责任

第三十六条 违反本条例规定,企业有下列行为之一的,由县级以上人民政府劳动行政部门给予警告,并责令限期改正;逾期不改的,依法予以处罚:

(一)职工方提出协商要约,无正当理由拒绝协商或者逾期不答复的;

(二)拒绝提供或者不如实提供工资集体协商所需资料的;

(三)拒绝为协商代表开展协商提供必要工作时间和工作条件的;

(四)不当变更或者不当解除职工方协商代表劳动合同的;

(五)劳动合同中的工资标准低于工资集体合同规定的;

(六)阻碍开展工资集体协商的;

(七)不履行工资集体合同的。

企业有前款规定的行为,经县级以上人民政府劳动行政部门责令改正逾期不改的,记入劳动保障守法诚信档案;情节严重的,应当向社会公布。

第三十七条 企业因职工方协商代表参与工资集体协商,降低其工资及福利待遇的,由县级以上人民政府劳动行政部门责令限期支付,并依法支付赔偿金。

企业因职工方协商代表参与工资集体协商,解除与其订立的劳动合同的,由县级以上人民政府劳动行政部门责令企业恢复协商代表的工作,补发协商代表在劳动合同解除期间的工资及福利待遇,并依法支付赔偿金。

第三十八条 企业违反工资集体合同规定的,县级以上地方工会可以向企业提出《劳动法律监督意见书》,要求企业改正,企业应当及时改正;拒不改正的,县级以上地方工会可以向同级人民政府劳动行政部门提出《劳动法律监督建议书》,劳动行政部门应当在七日内受理,并在处理完毕之日起十五日内将结果书面通知工会。

第三十九条 采取威胁、暴力等手段干扰协商代表进行工资集体协商,违反治安管理规定的,由公安机关依法给予治安处罚;构成犯罪的,依法追究刑事责任。

第四十条 违反本条例规定,协商代表泄漏企业商业秘密,给企业造成损失的,或者以其他行为影响企业正常生产经营的,依法承担法律责任。

第四十一条 县级以上人民政府劳动行政部门及其他有关部门工作人员在工资集体合同的监督管理过程中,滥用职权、玩忽职守、徇私舞弊的,对直接负责的主管人员和其他直接责任人员,依法给予行政处分;构成犯罪的,依法追究刑事责任。

第四十二条 县级以上地方工会工作人员在工资集体协商工作中不依法履行职责损害职工权益的,依照工会法的有关规定予以处分。

第八章 附 则

第四十三条 个体经济组织、民办非企业单位、实行企业化管理的事业单位开展工资集体协商,参照本条例执行。

第四十四条 本条例自2015年1月1日起施行。

山西省专利实施和保护条例

（2001年11月25日山西省第九届人民代表大会常务委员会第二十六次会议通过。2014年11月28日山西省第十二届人民代表大会常务委员会第十六次会议修订）

第一条 为了保护专利权人的合法权益，鼓励发明创造，推动专利的实施和运用，提升创新能力，促进经济社会发展，根据《中华人民共和国专利法》、《中华人民共和国专利法实施细则》等法律、行政法规，结合本省实际，制定本条例。

第二条 县级以上人民政府应当加强专利工作的领导，将其纳入国民经济和社会发展规划，建立专利工作协调机制和考核制度，制定和实施专利发展战略，将专利有关信息纳入统计指标。

县级以上人民政府应当将专利事业发展资金纳入财政预算，用于专利战略实施、专利申请、专利转化运用、专利奖励、专利维权援助、专利服务等事项。

第三条 县级以上人民政府专利行政主管部门负责本行政区域内的专利工作，其他有关部门在其职责范围内做好相关工作。

第四条 省人民政府应当设立专利奖，对在技术创新与专利实施中为经济社会发展做出突出贡献的专利项目给予奖励。

设区的市、县（市、区）人民政府应当建立健全专利激励机制，对在本行政区域内产生明显经济效益和社会效益的优秀专利项目或者专利工作成绩突出的单位和个人给予奖励。

第五条 县级以上人民政府及其有关部门应当加强专利知识的宣传、培训和普及，把专利相关法律、法规的宣传教育纳入法制宣传教育计划。

广播、电视、报纸、网络等媒体应当开展专利相关法律、法规和专利知识的宣传，增强全社会的创新和专利保护意识。

鼓励企业事业单位和其他组织宣传、培训和普及专利知识，加强专利人才队伍建设，支持引进和聘用国内外高层次专利人才。

第六条 县级以上人民政府及其有关部门可以通过资金资助、贷款贴息以及引进风险投资等方式支持专利的运用，促进专利技术产业化。

第七条 省、设区的市人民政府专利行政主管部门应当制定专利项目实施计划，重点支持符合国家产业政策、市场前景好或者具有本省优势的专利项目。

对政府扶持的研发类项目，有关部门应当支持专利的申报；对政府扶持的科技产业化类、成果推广类及军民融合类项目，有关部门应当优先支持拥有发明专利权的项目立项。

第八条 省、设区的市人民政府支持建立专利评估、交易机构，完善专利交易平台，发展和规范专利交易市场，推进专利交易服务，促进专利技术商品化和产业化。

第九条 鼓励企业、科研院所、高等学校等单位建立和完善专利管理制度和专利技术转化激励机制，增加专利工作经费和专利技术转化投入，将发明专利的拥有量及运用情况纳入绩效考核内容。

鼓励个人进行发明创造，申请和实施专利。

第十条 专利权转让合同、专利实施许可合同经依法认定登记后，符合条件的，享受国家规定的税收优惠政策。

第十一条 鼓励金融机构开展专利权质押贷款业务，增加对专利技术产业化项目的信贷投入。鼓励担保机构优先为专利产业化项目提供融资担保。

第十二条 支持企业事业单位制定或者参与制定基于专利的技术标准。

第十三条 获得专利权的单位拟放弃专利权的，应当提前告知发明人或者设计人，发明人或者设计人享有优先受让的权利；涉及国有资产的，应当按照国有资产管理的有关规定办理。

第十四条 获得专利权的单位应当对职务发明创造的发明人或者设计人给予奖励；专利实施后，应当对发明人或者设计人给予相应报酬。

奖励或者报酬给付的方式和数量，当事人双方有约定的，从其约定；没有约定的，应当按照下列规定执行：

（一）自专利权公告之日起三个月内发给发明人或者设计人奖金，所发奖金不得低于《中华人民共和国专利法实施细则》规定的最低标准；

（二）在专利权有效期内，实施该项专利后，每年应当从实施该项发明或者实用新型专利的营业利润中提取不低于百分之五，从实施该项外观设计专利的营业利润中提取不低于百分之一，作为报酬给予发明人或者设计人，或者给予发明人、设计人相应的一次性报酬；

（三）专利权转让或者许可他人实施的，应当在获得转让、许可收益后三个月内从收取的转让费、使用费中提取不低于百分之二十，作为报酬给予发明人或者设计人。

奖金和报酬可以现金、股份、股权收益或者当事人双方约定的其他形式给予。

第十五条 县级以上人民政府应当建立以专利为主要内容的知识产权评议制度，防范重大经济、科技活动中的专利风险。

第十六条 企业发生重组、清算等涉及专利的，应当按照国家规定进行专利资产评估。

第十七条 有下列情形之一的，有关单位或者个人应当提供专利权有效证明：

（一）以专利产品或者专利技术为项目主要内容，申请政府财政资金支持或者政府奖励的；

（二）参展方在展会活动中，在产品、展板或者宣传资料上标注专利标记的；

（三）组织标注专利标记的商品进入商场、超市等销售的；

（四）委托有关单位或者个人设

计、制作、发布广告,内容标注专利标记的;

(五)申请登记的技术合同,其标的涉及专利权的;

(六)进行专利资产评估的;

(七)办理专利权质押的;

(八)请求海关保护专利产品进出口的;

(九)其他需要提供专利权有效证明的。

第十八条 省、设区的市人民政府专利行政主管部门应当加强对专利中介服务机构的指导与监督,建立专利中介服务机构及专利代理人服务评价体系,引导和支持专利中介服务机构发展。

第十九条 专利应当作为专业技术人员职称评审的依据之一。

第二十条 省、设区的市人民政府应当组织开展专利维权援助工作,为企业事业单位和个人专利维权事务提供必要的援助。

第二十一条 专利行政主管部门及其他有关部门应当建立专利信息数据库、专利信息服务平台,促进专利信息的共享、开发和利用。

第二十二条 县级以上人民政府有关部门应当开展专利预警工作,针对重点行业、重点企业和重点技术领域的国内外专利状况、发展趋势、竞争态势等信息进行收集、分析、发布、反馈。

支持行业组织、专利中介服务机构在专利预警方面为政府决策和企业提供服务,维护产业安全,提高企业应对专利纠纷的能力。

第二十三条 任何单位或者个人不得非法实施他人专利,不得假冒专利,不得为非法实施他人专利和假冒专利提供便利。

第二十四条 省人民政府专利行政主管部门应当建立假冒专利以及故意实施专利侵权行为档案,纳入本省社会信用体系,向社会公告。

第二十五条 展览会、展销会、博览会、交易会、展示会等展会组织者,应当依法维护专利权人的合法权益,协助专利行政主管部门做好展会期间专利保护工作,与参展方在参展协议中约定不得侵犯他人专利权,不得假冒专利。

第二十六条 省、设区的市人民政府专利行政主管部门应当建立假冒专利举报制度,公布举报方式,并为举报人保密。

第二十七条 省人民政府专利行政主管部门负责全省范围内有重大影响的专利案件,以及设区的市人民政府专利行政主管部门申请协调处理和查处的专利案件。

设区的市人民政府专利行政主管部门负责处理和查处本行政区域内的专利案件。

县(市、区)人民政府专利行政主管部门受上一级专利行政主管部门委托,调解专利纠纷,查处假冒专利案件。

第二十八条 专利行政主管部门处理专利侵权纠纷案件,应当有三名以上持有行政执法证件的人员。

第二十九条 请求专利行政主管部门处理专利侵权纠纷的,应当符合下列条件:

(一)请求人是专利权人或者利害关系人;

(二)有明确的被请求人;

(三)有明确的请求事项和具体事实、理由;

(四)属于专利行政主管部门的受理案件和管辖范围;

(五)当事人没有就该专利侵权纠纷向人民法院起诉。

第三十条 专利行政主管部门处理专利侵权纠纷案件,可以根据当事人的申请或者案情需要,组织专家进行咨询论证或者委托有关单位进行技术鉴定。

第三十一条 单位或者个人弄虚作假,骗取政府专利资助或者奖励的,由县级以上人民政府或者有关部门撤销奖励,收回资助或者奖励资金,不得再申报政府专利资助、奖励,并将其纳入社会信用体系,向社会公告;构成犯罪的,依法追究刑事责任。

第三十二条 违反本条例规定,假冒专利的,除依法承担民事责任外,由专利行政主管部门责令改正并公告,没收违法所得,可以并处违法所得四倍以下的罚款;没有违法所得,情节轻微的,处一万元以下的罚款,情节较重的,处一万元以上十万元以下的罚款,情节严重的,处十万元以上二十万元以下的罚款;构成犯罪的,依法追究刑事责任。

第三十三条 违反本条例规定,为假冒专利行为提供便利的,由专利行政主管部门责令改正,没收违法所得,并处一万元以下的罚款;情节严重的,并处一万元以上五万元以下的罚款。

第三十四条 专利行政主管部门以及其他有关部门的工作人员玩忽职守、滥用职权、徇私舞弊的,依法给予处分;构成犯罪的,依法追究刑事责任。

第三十五条 拒绝或者阻碍专利行政主管部门依法执行公务的,由公安机关根据《中华人民共和国治安管理处罚法》的规定给予处罚;构成犯罪的,依法追究刑事责任。

第三十六条 本条例自2015年1月1日起施行。

山西省建设工程抗震设防条例

(2014年11月28日山西省第十二届人民代表大会常务委员会第十六次会议通过)

第一章 总 则

第一条 为了规范建设工程抗震设防行为,提高建设工程抗御地震灾害能力,减轻地震灾害损失,保护人民生命和财产安全,根据《中华人民共和国防震减灾法》等有关法律、行政法规,结合本省实际,制定本条例。

第二条 在本省行政区域内从事建设工程抗震设防活动及其监督管理,适用本条例。

第三条 建设工程抗震设防工作应当坚持以人为本、预防为主、政府统筹、社会参与、城乡并重、分类推进的原则。

第四条　县级以上人民政府应当加强对建设工程抗震设防工作的领导，将其纳入本级国民经济和社会发展规划，制定相关政策，建立健全建设工程抗震设防工作联席会议制度，协调解决建设工程抗震设防工作中的重大问题。

第五条　地震工作主管部门负责建设工程抗震设防要求和地震安全性评价的监督管理。

住房和城乡建设主管部门负责房屋建筑和市政基础设施建设工程抗震设计、施工和监理的监督管理。

交通运输、水利、煤炭、教育、文化、卫生、电力、铁路、民航等有关管理部门按照各自职责，负责本行业有关建设工程抗震设计、施工和监理的监督管理。

第六条　县级以上人民政府应当加强对建设工程抗震设防知识的宣传普及，增强全社会的抗震设防意识，提高抗御地震灾害的能力。

第七条　鼓励和支持建设工程抗震设防的科学研究和技术开发，推广隔震、减震等新技术和新材料的应用。

第二章　抗震设防要求

第八条　建设工程应当按照抗震设防要求进行抗震设防。

第九条　建设工程选址应当避让活动断层、滑坡、崩塌、地裂缝、采空区和沉陷区等地震地质灾害危险区；线路管道等建设工程确实无法避让的，应当进行地震地质灾害评估，并采取预防和保护措施。

第十条　重大建设工程和可能产生严重次生灾害的建设工程，建设单位应当在项目申请前，委托地震安全性评价单位进行地震安全性评价，并将地震安全性评价报告报送省地震工作主管部门审定。省地震工作主管部门应当自收到地震安全性评价报告之日起十五日内进行审定，确定抗震设防要求。

第十一条　本条例第十条规定以外的建设工程，建设单位应当在项目申请前，按照有关规定报设区的市或者县(市、区)地震工作主管部门确定抗震设防要求。设区的市或者县(市、区)地震工作主管部门应当按照职责权限，在十日内依据下列规定，确定抗震设防要求：

(一）已经完成地震小区划工作的，按照地震小区划图确定抗震设防要求；未进行地震小区划工作的，按照中国地震动参数区划图确定抗震设防要求；

(二）位于中国地震动参数区划图分界线两侧各四公里区域或者地震小区划图分界线的，应当按照较高一侧的参数值确定抗震设防要求；

(三)学校、幼儿园、文化馆、博物馆、图书馆、展览馆、体育(场)馆、影剧院、医院、商场、候车室等人员密集场所的建设工程，应当根据地震小区划图或者中国地震动参数区划图提高一档确定抗震设防要求。

第十二条　建设工程的项目申请报告或者可行性研究报告应当包含抗震设防要求的内容；未包含经确定的抗震设防要求内容的，项目审批部门不予批复。

第十三条　承担地震安全性评价的单位，应当取得国家或者省地震工作主管部门核发的地震安全性评价资质证书，并对地震安全性评价报告的质量负责。

第十四条　设区的市人民政府应当组织开展地震活动断层探测与评价，其结果应当作为本行政区域建设工程抗震设防和编制土地利用总体规划、城乡建设总体规划的依据。

第三章　抗震设计与施工

第十五条　建设工程的抗震设计，应当符合抗震设防要求，执行工程建设强制性标准。

第十六条　建设工程的初步设计报告应当有抗震设防的内容。

住房和城乡建设、交通运输、水利、煤炭、教育、文化、卫生、电力、铁路、民航等有关管理部门应当对本行业建设工程初步设计报告的抗震设防内容进行审查；审查不合格的，不予通过。

第十七条　省住房和城乡建设主管部门应当组织抗震设防专家委员会对下列建设工程在初步设计阶段进行抗震设防专项审查：

(一)超限高层建筑工程；

(二)《建筑抗震设计规范》规定以外结构形式的建筑工程；

(三）采用国家标准以外的新技术、新材料的建筑工程；

(四）国家建筑工程抗震设防分类标准中特殊设防类建筑工程。

第十八条　建设工程施工图审查机构对施工图审查时，应当将抗震设防列为重要审查内容；施工图未经抗震设防审查或者审查不合格的，不得使用。

第十九条　施工、监理单位应当按照施工图设计文件和工程建设强制性标准进行施工、监理。

施工单位对施工质量负责，监理单位对施工质量承担监理责任。

第二十条　建设单位应当委托具有资质的工程检测机构，对建设工程主体结构的隐蔽工程或者需要进行质量检测的工程部位的抗震质量进行检测；未经检测或者检测不合格的，不得进入工程建设的下一道工序。

第二十一条　建设单位在组织建设工程竣工验收时，应当将建设工程抗震设防要求和抗震设计标准的执行情况纳入竣工验收内容；验收合格的，应当向社会公布建设工程的抗震设防情况。

用于销售的住宅、写字楼、商铺等建设工程，出卖人应当向买受人提供建设工程抗震设防要求的有关信息。

第四章　抗震加固改造

第二十二条　县级以上人民政府应当组织有关部门对已建的建设工程进行抗震性能普查，根据普查结果制定建设工程抗震加固改造计划，并将计划实施情况定期向社会公布。

县级以上人民政府应当根据建设工程抗震加固改造计划，采取有效措施，推进城市危房和预制板房的改造。

第二十三条 县级以上人民政府应当组织有关部门对人员密集场所、重要基础设施、可能产生严重次生灾害的建设工程的地震安全隐患进行排查，及时消除隐患。

第二十四条 对未采取抗震设防措施或者抗震设防措施未达到抗震设防要求的下列建设工程，产权人应当委托具有资质的单位进行抗震鉴定，并根据鉴定结论采取抗震加固等措施：

(一)重大建设工程和可能产生严重次生灾害的建设工程；

(二)学校、幼儿园、文化馆、博物馆、图书馆、展览馆、体育(场)馆、影剧院、医院、商场、候车室等建设工程；

(三)具有重大历史、文化、科学、艺术价值或者重要纪念意义的建设工程；

(四)地震重点监视防御区内的建设工程。

鼓励和支持对前款规定以外的未达到抗震设防要求的其他已建建设工程，采取必要的抗震加固措施。

第二十五条 抗震加固工程应当纳入固定资产投资管理程序，按照规定办理相关手续，保证加固质量。

第二十六条 对建筑物进行装修改造时，不得拆除或者破坏梁、柱、承重墙等构件，不得影响建筑结构的抗震性能。

第五章 农村抗震设防

第二十七条 县级以上人民政府应当将抗震设防纳入新农村建设、新村镇发展规划，制定扶持政策，重点推进农村危房抗震改建，提高农村住宅和农村公共设施的抗震设防水平。

乡(镇)人民政府应当配合住房和城乡建设、地震等有关部门，做好农村抗震设防的管理和指导工作。

第二十八条 农村住宅应当采取抗震措施。

住房和城乡建设、地震等有关部门应当为农村抗震设防建设抗震样板房、推广抗震建筑材料，免费提供抗震房屋设计图集、技术指导和培训。

村民委员会应当配合住房和城乡建设、地震等有关部门，做好农村住宅的抗震设防工作。

第二十九条 县级以上人民政府及有关部门应当制定计划和政策，分期分类推进不符合抗震设防要求农村住宅的加固改造。

第三十条 农村公共设施和有公共投资的移民搬迁、抗震改建、危房改造等工程，应当按照抗震设防要求和建筑抗震设计规范进行抗震设计和施工。

第六章 监督检查

第三十一条 县级以上人民政府应当组织有关部门对下列抗震设防情况进行监督检查：

(一)新建、扩建、改建建设工程的抗震设防情况；

(二)未达到抗震设防要求的建设工程的抗震加固或者改造情况；

(三)农村住宅和农村公共设施的抗震设防情况。

第三十二条 地震工作主管部门应当对下列抗震设防情况进行监督检查：

(一)重大建设工程和可能产生严重次生灾害的建设工程的地震安全性评价情况；

(二)建设工程选址避让活动断层和其他地震地质灾害危险区情况；

(三)建设工程的抗震设计与抗震设防要求相衔接的情况；

(四)已竣工验收的建设工程抗震设防要求的执行情况；

(五)依法应当进行监督检查的其他情况。

第三十三条 住房和城乡建设、交通运输、水利、煤炭、教育、文化、卫生、电力、铁路、民航等有关管理部门，应当按照职责分工对下列抗震设防情况进行监督检查：

(一)设计单位按照工程建设强制性标准进行抗震设计的情况；

(二)超限工程专项审查的情况；

(三)施工图抗震设防审查的情况；

(四)施工单位按照抗震设计施工的情况；

(五)监理单位对抗震措施进行监理的情况；

(六)依法应当进行监督检查的其他情况。

第三十四条 监督检查建设工程抗震设防情况时，可以采取下列措施：

(一)要求被检查单位提供建设工程抗震设防的资料；

(二)进入被检查单位的现场进行检查；

(三)发现有违反本条例行为的，责令停止违法行为，并采取整改补救措施。

第三十五条 被检查单位及其工作人员在有关管理部门进行监督检查时，应当予以配合，不得拒绝和阻碍，不得提供虚假材料。

第七章 法律责任

第三十六条 违反本条例规定，建设单位未依法进行地震安全性评价或者未按照确定的抗震设防要求进行抗震设防的，由地震工作主管部门责令限期改正；逾期不改正的，处十万元以上三十万元以下的罚款。

第三十七条 违反本条例规定，未取得地震安全性评价资质证书的单位承揽地震安全性评价业务的，由地震工作主管部门责令改正，没收违法所得，并处一万元以上五万元以下的罚款。

第三十八条 违反本条例规定，有下列行为之一的，由住房和城乡建设等部门按照《中华人民共和国建筑法》和《建设工程质量管理条例》等有关法律、行政法规的规定予以处罚：

(一)设计单位未按照工程建设强制性标准进行设计的；

（二）施工图审查机构未将抗震设防作为审查内容的；

（三）施工、监理单位未按照施工图设计文件和工程建设强制性标准进行施工、监理的。

第三十九条 违反本条例规定，对建筑物进行装修改造时，擅自拆除或者破坏梁、柱、承重墙，影响建筑物抗震性能的，由住房和城乡建设主管部门责令改正，并处五万元以上十万元以下的罚款。

第四十条 地震、住房和城乡建设、交通运输、水利、煤炭、教育、文化、卫生、电力、铁路、民航等有关管理部门的工作人员，在建设工程抗震设防工作中滥用职权、玩忽职守、徇私舞弊的，依法给予处分；构成犯罪的，依法追究刑事责任。

第四十一条 对在地震中造成严重破坏的建设工程，根据鉴定和责任认定结果，由县级以上人民政府有关部门依法对责任单位和直接责任人员追究责任；构成犯罪的，依法追究刑事责任。

第八章 附 则

第四十二条 本条例自2015年1月1日起施行。

山西省职工劳动权益保障条例

（2004年6月5日山西省第十届人民代表大会常务委员会第十一次会议通过。根据2014年11月28日山西省第十二届人民代表大会常务委员会第十六次会议关于修改部分地方性法规的决定修正）

第一条 为保障职工的劳动权益，调整劳动关系，促进经济发展和社会进步，根据劳动法、工会法等有关法律、法规，结合本省实际，制定本条例。

第二条 本条例所称职工，是指与企业、个体经济组织、民办非企业单位以及国家机关、社会团体、事业单位形成劳动关系的劳动者（含农民工）。

国家公务员和参照国家公务员制度管理的人员，不适用本条例。

第三条 各级人民政府应当加强领导，采取措施，协调有关部门做好职工劳动权益保障工作。劳动行政部门负责职工劳动权益保障工作。安全生产监督、卫生、公安等部门，应当在各自的职责范围内做好职工劳动权益保障工作。

第四条 各级工会应当听取和反映职工的意见和要求，配合劳动等行政部门依法维护职工的劳动权益。第五条劳动行政部门及地方工会应当根据职工劳动权益保障工作的需要，对用人单位的主要负责人进行劳动法律、法规的教育和培训。

第五条 劳动行政部门及地方工会应当根据职工劳动权益保障工作的需要，对用人单位的主要负责人进行劳动法律、法规的教育和培训。

用人单位应当依照法律、法规和国家有关规定，保障职工的劳动权益。

第六条 任何组织和个人都有权检举和控告侵犯职工劳动权益的行为。

第七条 职工依法享有取得劳动报酬、休息休假、获得劳动安全卫生保护、接受职业技能培训、享受社会保险和福利、提请劳动争议处理的权利以及法律、法规规定的其他劳动权利。

第八条 用人单位自用工之日起即与职工形成劳动关系。

用人单位应当自用工之日起10日内与职工订立书面劳动合同；劳动合同一式三份，用人单位和职工各执一份，存职工档案一份。

劳动合同应当明确合同期限、工作内容、劳动保护和劳动条件、劳动报酬、社会保险、职业技能培训、劳动纪律、合同终止条件、违反合同的责任以及双方约定的其他内容。劳动合同的内容不得违反法律、法规的规定。

第九条 用人单位录用、接收职工，不得向其收取抵押金、抵押物、保证金、集资款等款物，不得扣留其居民身份证、暂住证、毕业证等证件。

用人单位不得因职工不集资或者不缴纳抵押性款物而拒绝与其订立劳动合同或者解除劳动关系。

除国家规定不适合妇女工作的岗位外，用人单位不得以性别为由拒绝录用、接收女职工，或者提高对女职工的录用标准。

除法律另有规定外，用人单位不得解除与残疾职工的劳动关系。

第十条 用人单位不得采用加大劳动强度、延长工作时间等手段迫使职工提出解除劳动合同，以逃避承担经济补偿责任。

第十一条 用人单位应当与工会或者职工代表建立集体协商制度，订立集体合同。

第十二条 用人单位应当结合本单位生产经营状况和经济效益，建立职工工资正常增长机制。

用人单位每年应当与工会或者职工代表就工资分配制度、工资分配形式、工资收入水平等进行平等协商，订立工资协议。

用人单位与职工在劳动合同中约定的工资标准，不得低于该单位所在地的最低工资标准，也不得低于工资协议约定的最低标准。

第十三条 用人单位应当以法定货币按月向职工足额支付工资，不得克扣和无故拖欠，也不得以实物或者有价证券等代替货币支付。

第十四条 用人单位确因特殊情况拖欠职工工资的，应当自欠薪满1个月之日起7日内与工会或者职工代表订立偿还协议，并向劳动行政部门及同级地方工会报告欠薪情况，报送偿还协议副本。劳动行政部门及同级地方工会应当及时核实欠薪单位的欠薪情况，并对其履行偿还协议的情况实施监督。

用人单位拖欠职工工资超过3个月的，县级以上人民政府应当采取有效措施，督促其偿还职工工资。

第十五条 用人单位不得随意延长工作时间。确需延长工作时间的，应当与工会或者职工代表协商；协商一致后，用人单位可以在劳动法许可的范围内延长工作时间，并依法向职工支付劳动报酬。

用人单位未与工会或者职工代表协商，或者协商未达成一致的，职工有权拒绝延长工作时间；用人单位不得以此为由扣发职工工资或者解除劳动关系。

第十六条 对从事有职业危害作业的职工，用人单位负有告知义务，并应当按照国家有关规定定期给职工进行健康检查，将检查结果如实告知职工本人。

用人单位应当为职工提供符合国家标准的安全生产设施、劳动卫生条件和必要的劳动防护用品；对重大事故隐患、危险源和严重的职业危害应当制定应急预案，并及时进行整改；对职工生产伤亡事故或职业病危害事故按照规定及时报告和处理，不得拖延不报或者瞒报、谎报。

第十七条 用人单位管理人员违章指挥、强令冒险作业的，职工有权拒绝执行；劳动保护条件不完备、安全生产条件不具备、事故隐患未排除，危及职工人身安全的，职工有权拒绝进入生产作业场所。

职工遇有直接危及人身安全的紧急情况时，有权停止作业或者在采取可能的应急措施后撤离危险场所；用人单位不得以此为由扣发职工工资或者解除劳动关系。

第十八条 用人单位应当依法为职工办理基本养老、基本医疗、失业、工伤、生育等社会保险登记，并按时足额缴纳社会保险费。

鼓励用人单位为职工建立补充保险。

第十九条 用人单位不得安排女职工从事法律、法规规定的禁忌作业，对女职工在经期、孕期、产期、哺乳期应当给予特殊保护，至少每年给女职工进行1次身体检查，并向女职工每人每月发放不低于10元的卫生费。

用人单位不得安排未成年工从事法律、法规规定的禁忌作业，应当每年给未成年工进行1次健康检查。

第二十条 用人单位不得以下列方式侵犯职工的人身权利：

（一）以拘禁或者变相拘禁的方式剥夺、限制职工的人身自由；

（二）以暴力、威胁或者其他手段强迫职工劳动；

（三）强迫职工在危险区域或者危险条件下冒险作业；

（四）殴打、侮辱、体罚职工；

（五）搜查职工的身体；

（六）以其他方式侵犯职工的人身权利。

第二十一条 用人单位应当根据本单位生产经营的需要，有计划地对职工实施职业技能培训。

用人单位每年应当按照不低于职工工资总额百分之一点五的比例提取培训经费，用于职工的职业技能培训。

用人单位未对职工进行职业技能培训的，不得以职工不能胜任工作为由解除劳动关系。

第二十二条 劳动行政部门与同级工会应当协作、配合，对用人单位执行有关劳动法律、法规的情况进行监察和监督。

第二十三条 对用人单位侵犯职工劳动权益的行为，职工有权向工会及劳动等有关行政部门投诉或者举报。

基层工会对所在用人单位侵犯职工劳动权益的行为，有权予以制止；必要时，应当向上级工会及劳动等有关行政部门及时报告。

县级以上地方工会或者产业工会接到投诉、举报、报告，或者通过其他途径发现用人单位有侵犯职工劳动权益行为的，应当及时进行调查，必要时可以向用人单位发出工会劳动保障监督整改意见书，用人单位应当在15日内以书面形式答复；用人单位对工会提出的监督意见拒不答复又不改正的，县级以上地方工会或者产业工会应当向劳动等有关行政部门提交工会劳动保障监督处罚建议书和有关证据，提请其依法处理。

第二十四条 劳动等有关行政部门接到工会、其他组织或者个人对用人单位侵犯职工劳动权益的投诉、举报、报告，应当在7日内决定是否受理；决定受理的，应当在30日内处理，情况复杂的，不得超过60日，同时应当将延长处理时间的情况告知投诉人、举报人、报告人。

劳动等有关行政部门对同级地方工会或者产业工会提请处理的违法行为依法处理后，应当在7日内将处理结果告知工会。

第二十五条 职工与用人单位发生劳动争议的，可以依法申请调解或者申请仲裁、提起诉讼。

第二十六条 法律援助机构和各级工会设立的职工法律服务机构，应当依法向职工提供法律帮助。

第二十七条 用人单位制定的规章制度违反劳动法律、法规规定的，由劳动行政部门给予警告，并责令其限期改正。

第二十八条 用人单位不与职工订立或者故意拖延订立书面劳动合同的，由劳动行政部门责令改正；拒不改正的，由劳动行政部门提请同级人民政府决定予以通报批评或者责令停产、停业整顿。

第二十九条 用人单位收取职工抵押金、抵押物、保证金、集资款等财物，或者扣押其居民身份证等个人证件的，依照《中华人民共和国劳动合同法》、《中华人民共和国居民身份证法》等法律、法规的规定给予处罚。

用人单位因职工不集资、不缴纳抵押性款物或者拒绝延长工作时间而拒绝与职工订立劳动合同或者解除劳动关系的，由劳动行政部门责令改正，并可以按照每涉及1人处以300元以上500元以下罚款的标准进行处罚。

第三十条 用人单位有下列情形之一的，由劳动行政部门责令限期支付劳动报酬、加班费或者经济补偿；劳动报酬低于当地最低工资标准的，应当支付其差额部分；逾期不支付的，责令用人单位按应付金额百分之五十以上百分之一百以下的标准向劳动者加付赔偿金：

（一）未按照劳动合同的约定或者国家规定及时足额支付劳动者劳动报酬的；

（二）低于当地最低工资标准支

付劳动者工资的；

（三）安排加班不支付加班费的；

（四）解除或者终止劳动合同，未依法向劳动者支付经济补偿的。

第三十一条　用人单位未按照规定为职工办理社会保险登记或者未足额为职工缴纳社会保险费的，由劳动行政部门按照有关社会保险费收缴的行政法规的规定予以处罚。

第三十二条　用人单位未与工会或者职工代表协商，强迫职工延长工作时间的，由劳动行政部门按照《山西省劳动监察条例》的有关规定进行处罚。

第三十三条　用人单位安排女职工、未成年工从事法律、法规规定的禁忌作业的，依照《劳动保障监察条例》、《女职工劳动保护特别规定》等法律、法规的规定给予处罚；造成人身伤害的，依法予以赔偿。

第三十四条　用人单位未按照本条例规定对职工实施职业技能培训的，由劳动行政部门责令改正。用人单位未对职工进行职业技能培训而以职工不胜任工作为由解除劳动关系的，解除行为无效；劳动行政部门应当责令其改正。

第三十五条　用人单位违反本条例第十六条、第十七条有关规定的，由安全生产监督、卫生、劳动行政部门分别按照安全生产法、职业病防治法、劳动法等法律、法规的规定进行处罚；构成犯罪的，依法追究刑事责任。

第三十六条　用人单位及其工作人员侵犯职工人身权利的，由公安机关依法处罚；构成犯罪的，依法追究刑事责任；给职工造成人身伤害或者经济损失的，还应当依法予以赔偿。

第三十七条　各级人民政府、劳动等有关行政部门及其工作人员在职工劳动权益保障工作中不履行职责的，对直接负责的主管人员和其他直接责任人员依法给予行政处分；滥用职权、玩忽职守、徇私舞弊构成犯罪的，依法追究刑事责任。

第三十八条　工会工作人员对侵犯职工劳动权益的行为，不履行监督、报告职责的，由所在工会或者上级工会责令改正；情节严重的，依照工会法和中国工会章程的规定予以处分。

第三十九条　本条例自2004年7月1日起施行。

山西省农民工权益保护条例

（2007年6月1日山西省第十届人民代表大会常务委员会第三十次会议通过。根据2014年11月28日山西省第十二届人民代表大会常务委员会第十六次会议关于修改部分地方性法规的决定修正）

第一章　总　则

第一条　为了加强对农民工的公共服务，改善农民工的就业环境，保护农民工的合法权益，维护社会公平正义，促进社会和谐，根据有关法律、法规的规定，结合本省实际，制定本条例。

第二条　本条例所称农民工，是指到城市务工或者在乡镇企业就业的户籍在农村的劳动者。

第三条　各级人民政府应当按照公平对待、强化服务、完善管理的原则，将农民工及其随带配偶、子女的劳动就业、义务教育、卫生防疫、妇幼保健、计划生育、法律服务和治安管理等工作纳入当地公共服务和管理范围，并将相应的经费列入财政预算。

劳动和社会保障、安全生产监督、教育、卫生、财政、人口与计划生育、农业、司法行政、公安等部门，应当在各自职责范围内做好农民工权益保护工作。

第四条　农民工可以依法参加工会。工会依法代表农民工的利益，依法维护农民工的合法权益。

第五条　任何组织和个人不得侵犯农民工的人身自由和人格尊严。

农民工应当遵守法律、法规，尊重社会公德，履行法律、法规规定的义务。

第六条　农民工认为其合法权益受到侵害时，有权向政府有关部门投诉或者依法向人民法院起诉。

政府有关部门对农民工的投诉，应当依法及时处理，不得拖延、推诿；不属于本部门职责范围的，应当告知农民工具体受理部门。

第二章　就业与劳动合同

第七条　各级人民政府应当建立公平竞争的就业制度和城乡统一的劳动力市场，使农民工与城市职工享有同等的权利和义务。

除国家另有规定外，不得对农民工就业设置专门的登记项目和职业工种限制，不得对用人单位使用农民工设置行政审批，不得干涉用人单位自主合法使用农民工，不得擅自向农民工和用人单位设置收费项目。

第八条　各级人民政府应当建立公共就业服务网络，发展各类就业服务组织，为农民工就业提供服务。

各级人民政府应当依法规范职业中介、劳务派遣单位和用人单位的招工、用工行为。

城市公共职业介绍机构应当免费为农民工提供政策咨询、就业信息、就业指导和职业介绍。

禁止以职业介绍或者招工为名损害农民工的利益。

第九条　用人单位招用农民工，不得向其收取或者变相收取抵押金、抵押物、保证金及其他不合理费用和物品，不得扣押居民身份证、暂住证、驾驶证、资格证等证件。

第十条　国家机关、事业单位、社会团体、企业、民办非企业单位和个体经济组织招用农民工，应当公开、公正。

前款规定的单位将工程（业务）发（转）包给不具备用工主体资格的组织或者个人，对该组织或者个人招用的农民工，视为发包单位招用。

第十一条　用人单位应当依法与招用的农民工签订书面劳动合同，如实告知并在劳动合同中明确劳动合同期限、工作内容、劳动保护和劳动条件、工作地点、职业危害、安全生产状况、职业技能培训、劳动报酬、社会保险、合同终止条件、违反合同的责任等内容。

劳动合同约定试用期的，劳动合同期限三个月以上不满一年的,试用期不得超过一个月；劳动合同期限一年以上不满三年的,试用期不得超过二个月；三年以上固定期限和无固定期限的劳动合同,试用期不得超过六个月。

用人单位与招用的农民工未以书面形式签订劳动合同的，劳动关系自用人单位用工之日起确立;用人单位自用工之日起满一年不与劳动者订立书面劳动合同的，视为用人单位与劳动者已订立无固定期限劳动合同。

第十二条 劳动和社会保障部门应当对农民工劳动合同的签订和履行进行指导和监督。

劳动和社会保障部门对用人单位与农民工签订的劳动合同进行鉴证时,不得收取任何费用。

第十三条 用人单位解除与农民工签订的劳动合同，应当符合法律、法规规定的条件和程序。

对未进行职业技能培训的农民工,用人单位不得以农民工不能胜任工作为由解除劳动合同。

用人单位对从事接触职业病危害作业的农民工,离岗前未进行职业健康检查的,不得解除劳动合同。

用人单位单方面解除或者终止与农民工签订的劳动合同，应当事先通知工会,工会认为不适当的,有权提出意见。用人单位违反法律、法规或者劳动合同约定的，工会有权要求用人单位纠正。用人单位应当研究工会的意见，并将处理结果书面通知工会。

第十四条 用人单位与工会或者职工代表签订集体合同的,农民工享有集体合同规定的权利,履行集体合同规定的义务。

第十五条 用人单位应当依法建立和完善有关农民工的劳动用工、工资发放、考核奖惩等内容的规章制度;建立职工(代表)大会的,应当经职工(代表)大会审议通过。

前款规定的规章制度应当符合法律、法规的规定,并在本单位公示。

第三章 工资、工作时间和社会保险

第十六条 农民工与本单位其他职工实行同工同酬。农民工工资的确定和增长与本单位其他职工同等对待。

农民工提供正常劳动后,当月收入除延长工作时间工资，在中班、夜班、高温、低温、井下、有毒有害等特殊工作环境、条件下的津贴,法律、法规和国家规定的福利待遇之外,不得低于当地同行业最低工资标准。

农民工试用期工资不得低于当地最低工资标准。

第十七条 用人单位应当以法定货币按月足额将工资直接支付给农民工本人,不得克扣、拖欠农民工工资。

第十八条 用人单位应当严格执行律、法规有关工作时间和休息休假的规定。

用人单位因生产经营需要,经与工会或者农民工协商同意后可以延长工作时间,并依法支付加班工资。

第十九条 各级人民政府应当建立农民工工资支付保障制度。

建设单位不得拖欠建筑施工企业工程款。

建筑施工企业和曾有拖欠农民工工资行为的用人单位,必须在开户银行开设专用账户,按期预存工资保证金,实行专户管理。

劳动和社会保障部门应当定期监控建筑、加工、制造、居民服务等农民工集中的行业的工资支付情况。

第二十条 用人单位应当为与其形成劳动关系的农民工办理工伤保险手续,按时足额缴纳保险费。

用人单位未为农民工办理工伤保险的,农民工发生工伤时,由用人单位按照工伤保险条例所规定的工伤保险待遇项目、标准支付费用。

鼓励用人单位为与其形成劳动关系的农民工办理基本养老、基本医疗等社会保险。

第二十一条 用人单位不得与农民工约定免除或者减轻其对农民工因工伤亡或者患职业病所应承担的责任，约定免除或者减轻责任的，约定无效。

第四章 职业培训与劳动安全卫生

第二十二条 县级以上人民政府应当制定农民工培训规划,建立由政府、用人单位和个人共同负担的农民工培训投入机制,将政府承担的培训资金列入财政预算，专款专用;对参加由政府组织培训的农民工应当给予适当的补贴,具体使用和管理办法由省人民政府制定。

各级人民政府应当对农民工进行基本权益保护、法律知识、城市生活常识、职业技能等方面的培训,提高农民工遵守法律法规和依法维护权益的意识。

农民工培训工作应当委托具备一定资格条件的职业培训机构承担。财政、农业等有关部门应当加强对政府投入的培训资金使用情况的监督检查。

第二十三条 用人单位应当按照先培训、后上岗的原则,对招用的农民工进行劳动技能、安全卫生知识培训。

用人单位应当对从事矿山生产、建筑施工以及从事易燃易爆、有毒有害物品生产、经营作业的农民工,进行专业安全生产知识培训,经考核合格后方可上岗。

第二十四条 用人单位应当严格执行国家劳动安全卫生规程和标准,为农民工提供符合国家规定的劳动安全卫生条件和必要的劳动防护用品。

用人单位对从事接触职业病危害作业的农民工,应当按照国家规定组织上岗前、在岗期间和离岗时的职业健康检查。

用人单位为农民工提供的饮食、居住场所应当符合基本的卫生安全条件。

第二十五条 农民工应当严格遵守劳动安全卫生规程和操作规程。

用人单位管理人员违章指挥、强令冒险作业的，农民工有权拒绝执行。

第二十六条　工会依法对用人单位执行国家劳动安全卫生法律、法规的情况进行监督，对发现的问题，有权要求其改正，并可以向劳动和社会保障、安全生产监督等有关部门提出处罚建议书，有关部门应当将处理结果书面回复工会。

第五章　其他权益

第二十七条　禁止侮辱、体罚、殴打、非法搜查和非法拘禁农民工。

第二十八条　用人单位应当依法保障农民工参加工会的权利。

农民工参加工会后，享有会员的权利，履行会员的义务。

第二十九条　招用农民工的用人单位，职工代表大会或者集体协商代表中应当有适当比例的农民工代表。

第三十条　农民工与城市职工在评定技术等级、晋升职务、评选劳动模范或者先进生产者等方面享有同等权利。

第三十一条　县级以上人民政府应当将农民工随带子女义务教育工作纳入当地教育发展规划，并将相关费用列入教育经费预算，保障农民工随带子女平等接受义务教育。农民工随带子女接受义务教育的具体办法由省人民政府制定。

第三十二条　各级人民政府应当加强农民工疾病预防控制工作，将农民工随带子女免疫工作纳入当地免疫规划，建立农民工集中居住地的环境卫生和食物安全检查制度。

第三十三条　法律援助机构应当为符合条件的农民工提供法律援助。对申请支付劳动报酬和工伤赔偿法律援助的，不再审查其经济困难条件。

第六章　法律责任

第三十四条　用人单位解除或者终止与农民工签订的劳动合同，符合经济补偿条件的，应当依照国家有关规定给予相应的经济补偿。

用人单位违反劳动法律、法规的规定解除或者终止与农民工签订的劳动合同或者故意拖延不签订劳动合同的，由县级以上人民政府劳动和社会保障部门责令改正；对农民工造成损害的，应当承担赔偿责任。

第三十五条　用人单位与农民工建立劳动关系未依法签订劳动合同，或者劳动合同期满后存在劳动关系而未续订劳动合同的，由县级以上人民政府劳动和社会保障部门给予警告，责令限期改正；逾期不改正的，对用人单位按照未签订或者未续订劳动合同人数，每涉及1人500元的标准处以罚款。

第三十六条　用人单位有下列情形之一的，由县级以上人民政府劳动和保障部门责令限期支付农民工的工资报酬、农民工工资低于当地最低工资标准的差额或者解除劳动合同的经济补偿金；逾期不支付的，并可责令其按照相当于支付农民工工资报酬、经济补偿金总和的50%以上1倍以下的标准，向农民工支付赔偿金：

（一）克扣或者拖欠农民工工资的；

（二）延长工作时间不按规定支付加班工资的；

（三）农民工工资低于当地最低工资标准的；

（四）解除劳动合同后未依法给予农民工经济补偿的。

用人单位未以劳动合同等形式与农民工明确劳动报酬的，处理劳动争议时应当以务工所在地同行业职工上年度平均工资为标准确定劳动报酬。

用人单位支付农民工的经济补偿金按照国家有关规定执行。

第三十七条　用人单位违反劳动法律、法规，延长农民工工作时间的，或者延长工作时间超过规定标准的，由县级以上人民政府劳动和社会保障部门给予警告，责令限期改正，并可以按照受侵害的农民工每涉及1人100元以上500元以下的标准处以罚款。

第三十八条　建筑施工企业和曾有拖欠农民工工资行为的用人单位，未在开户银行开设专用账户，按期预存工资保证金的，由县级以上人民政府劳动和社会保障部门责令限期改正；逾期不改正的，依法提请县级以上人民政府责令停业整顿。

第三十九条　用人单位未向农民工提供符合国家标准或者行业标准的劳动防护用品、未对从事接触职业病危害作业的农民工组织职业健康检查以及其他违反安全生产规定损害农民工权益行为的，依照《中华人民共和国安全生产法》、《中华人民共和国职业病防治法》等法律、法规的规定给予处罚。

第四十条　用人单位有下列情形之一的，由公安机关对责任人员依法给予处罚；构成犯罪的，依法追究刑事责任：

（一）以暴力、威胁或者限制人身自由等手段强迫农民工劳动的；

（二）侮辱、体罚、殴打、非法搜查或者非法拘禁农民工的。

第四十一条　未按规定为农民工办理工伤保险或者不按时足额缴纳保险费的，由县级以上人民政府劳动和社会保障部门依法处罚。

第四十二条　阻挠农民工依法参加工会的，由县级以上人民政府劳动和社会保障部门责令改正；拒不改正的，提请县级以上人民政府处理；以暴力、威胁等手段阻挠造成严重后果，构成犯罪的，依法追究刑事责任。

第四十三条　用人单位收取农民工抵押金、抵押物、保证金、集资款等财物，或者扣押其居民身份证等个人证件的，依照《中华人民共和国劳动合同法》、《中华人民共和国居民身份证法》等法律、法规的规定给予处罚。

第四十四条　用人单位无理阻挠国家机关及其工作人员行使监督检查权的，由县级以上人民政府劳动和社会保障部门或者有关部门处以

2000元以上2万元以下罚款；打击报复举报人员的，依照治安管理处罚法的有关规定处罚；构成犯罪的，依法追究刑事责任。

第四十五条 劳动和社会保障、安全生产监督、教育、卫生等国家机关及其工作人员在维护农民工合法权益工作中滥用职权、玩忽职守、徇私舞弊，构成犯罪的，依法追究刑事责任；尚未构成犯罪的，依法给予行政处分。

第七章 附 则

第四十六条 女性农民工、未成年农民工的权益保护，除执行本条例外，有关法律、法规另有规定的，从其规定。

第四十七条 本条例自2007年7月1日起施行。

山西省废旧金属收购业治安监督管理暂行条例

（1995年11月25日山西省第八届人民代表大会常务委员会第十八次会议通过。根据2006年8月4日山西省第十届人民代表大会常务委员会第二十五次会议关于修改《山西省废旧金属收购业治安监督管理暂行条例》的决定第一次修正。根据2014年11月28日山西省第十二届人民代表大会常务委员会第十六次会议关于修改部分地方性法规的决定第二次修正）

第一条 为加强废旧金属收购业的治安监督管理，保护国家和集体财产安全，预防和打击违法犯罪活动，根据本省实际，制定本条例。

第二条 本条例适用于本省行政区域内从事废旧金属收购、销售活动的单位和个人。

第三条 本条例所称废旧金属，包括生产性废旧金属和非生产性废旧金属。

生产性废旧金属，是指用于建筑、铁路、公路、通信、电力、水利、矿山、国防及其他生产领域中已失去原有使用价值的金属材料和金属制品。

非生产性废旧金属，是指城乡居民及企业事业等单位使用的生活资料和农村居民用于农业生产的小型农具中已失去原有使用价值的金属制品。

第四条 县级以上公安机关负责废旧金属收购业的治安监督管理，其主要职责是：

（一）监督、检查废旧金属收购业的治安秩序；

（二）指导废旧金属收购业的治安防范工作；

（三）负责废旧金属收购企业和个人的备案；

（四）组织废旧金属收购从业人员的治安培训和教育；

（五）依法查处废旧金属收购、销售活动中的违法犯罪行为。

第五条 县级以上物资、供销、工商等有关部门，应按各自职责配合公安机关做好废旧金属收购业的治安监督管理工作。

企业应对其产生的废旧金属加强治安防范管理。

第六条 收购生产性废旧金属的企业，必须有固定的经营场所，其法定代表人或企业负责人必须有经营所在地常住户口。

收购非生产性废旧金属的从业人员，必须有所在地常住户口或居住证。

第七条 设立收购生产性废旧金属的企业和收购非生产性废旧金属的企业和个人，应向县级以上工商行政管理部门领取营业执照，并须在十五日内向同级公安机关备案。

第八条 在铁路、高速公路、飞机场、军事禁区、金属冶炼加工企业、大型工矿企业和地市级以上重点工程工地附近不得设立废旧金属收购站、点。确需设立的，须经县级以上公安机关批准。

第九条 收购废旧金属的企业和个人关闭、合并、迁移、改变名称、变更经营范围或变更法定代表人、企业负责人的，应向工商行政管理部门办理注销、变更登记，并到原备案的公安机关办理备案手续。

第十条 收购废旧金属的企业，必须悬挂企业名称牌。

流动收购生产性废旧金属的，应有明显的识别标志。

第十一条 公安机关应加强对收购废旧金属从业人员的治安宣传和遵章守法教育。

第十二条 收购非生产性废旧金属的企业，不得收购生产性废旧金属。

严禁个人收购生产性废旧金属。

第十三条 收购生产性废旧金属须查验出售单位开具的证明，并应对出售单位的名称、地址和经办人的姓名、住所、身份证号码以及物品的名称、数量、规格、新旧程度等如实进行登记。

第十四条 收购废旧金属的企业和个人不得收购下列金属物品：

（一）枪支、弹药和爆炸物品；

（二）剧毒、放射性物品及其容器；

（三）铁路、公路、通信、电力、水利、矿山、测量等专用器材和城市公用设施；

（四）公安机关通报寻查的赃物或者有赃物嫌疑的物品；

（五）国家明令禁止收购的其他金属物品。

前款第（三）项所列金属物品报废后，由本系统回收利用，在本系统失去回收利用价值的，可持单位证明，向收购生产性废旧金属的企业销售。

第十五条 禁止收购废旧金属的从业人员唆使、串通他人进行违法收购活动。

第十六条 收购废旧金属的企业和个人，应建立健全治安防范责任制。

收购废旧金属的企业和个人发现有出售本条例第十四条第一款所列物品的，应当立即报告公安机关，不得隐瞒包庇。

第十七条 对执行本条例作出突出贡献的单位和个人，由县级以上人民政府或公安机关给予表彰、奖励。

第十八条 违反本条例规定，有

下列行为之一的，由公安机关给予警告，可并处500元以下的罚款：

（一）未建立治安防范制度的；

（二）收购废旧金属的企业未悬挂企业名称牌的。

第十九条 违反本条例规定，有下列行为之一的，由县级以上公安机关视情节轻重，处以2000元以上5000元以下的罚款；对企业负责人和直接责任者处以500元以上1000元以下的罚款：

（一）收购生产性废旧金属不查验出售单位证明、不登记或不如实登记出售单位、经办人及物品情况的；

（二）发现有出售本条例第十四条第一款所列物品不向公安机关报告的。

第二十条 违反本条例规定，有下列行为之一的，由县级以上公安机关给予处罚：

（一）违反本条例第八条规定擅自设点收购废旧金属的，予以取缔、没收其收购物及非法所得，可并处5000元以上1万元以下的罚款；

（二）违反本条例第十二条规定非法收购生产性废旧金属的，没收其收购物及非法所得，可并处5000元以上1万元以下的罚款；

（三）违反本条例第十四条第一款规定收购禁止收购的金属物品的，扣留、没收其收购物并没收非法所得、处以5000元以上1万元以下的罚款，对企业负责人和直接责任者处以1000元以上2000元以下的罚款；

（四）违反本条例第十五条规定唆使、串通他人实施违法收购行为的，没收其收购物及非法所得。对收购废旧金属的企业处以1万元以上2万元以下的罚款、对企业负责人和直接责任者处以2000元以上5000元以下的罚款；对收购非生产性废旧金属的个人，处以2000元以上5000元以下的罚款。

第二十一条 违反本条例规定，属于违反治安管理的，由公安机关依照《中华人民共和国治安管理处罚法》的规定处罚；构成犯罪的，依法追究刑事责任。

第二十二条 当事人对公安机关作出的行政处罚决定不服的，可在接到处罚决定通知之日起15日内向上一级公安机关申请复议；复议机关应在收到复议申请之日起30日内作出复议决定；当事人对复议决定不服的，可在接到复议决定通知之日起15日内向人民法院起诉。当事人也可以直接向人民法院起诉。逾期不申请复议、不起诉又不履行处罚决定的，由作出处罚决定的机关申请人民法院强制执行。

对治安管理处罚不服的，依照《中华人民共和国治安管理处罚法》规定的程序办理。

第二十三条 公安机关工作人员在执行本条例过程中，玩忽职守、滥用职权、徇私舞弊的，由其所在单位或上级主管机关给予行政处分；构成犯罪的，依法追究刑事责任。

第二十四条 本条例具体应用中的问题，由省公安厅负责解释。

第二十五条 本条例自1996年1月1日起施行。

山西省安全技术防范条例

（2012年7月26日山西省第十一届人民代表大会常务委员会第三十次会议通过。根据2014年11月28日山西省第十二届人民代表大会常务委员会第十六次会议关于修改部分地方性法规的决定修正）

第一章 总 则

第一条 为了维护公共安全和社会治安秩序，保障国家、集体财产和公民人身、财产安全，加强安全技术防范管理，根据国家有关法律、行政法规的规定，结合本省实际，制定本条例。

第二条 本省行政区域内安全技术防范产品（以下简称技防产品）的生产、销售，安全技术防范系统（以下简称技防系统）的设计、安装、验收、监理、运营和信息使用等活动，以及对上述活动的管理，适用本条例。

技防产品，是指用于防抢劫、防盗窃、防爆炸等防止国家、集体、个人财产以及人身安全受到侵害并列入《安全技术防范产品目录》的专用产品。

技防系统，是指由技防产品和其他相关产品所构成的探测与报警、视频探测与监控、出入口目标识别与控制、防爆安全检查等系统，或者由这些系统为子系统组合、集成的系统或者网络。

第三条 县级以上人民政府应当加强对安全技术防范工作的领导，将其纳入国民经济和社会发展规划，列入社会管理综合治理和突发事件应急管理体系，保障安全技术防范工作所需经费。

县级以上人民政府应当采取多种措施，鼓励开展安全技术防范科学研究，开发和推广使用先进技术，促进安全技术防范工作健康发展。

第四条 县级以上公安机关主管本行政区域内的安全技术防范工作，主要履行下列职责：

（一）制定安全技术防范发展规划；

（二）指导安全技术防范工作；

（三）宣传普及安全技术防范知识；

（四）对安全技术防范活动实施监督管理。

发展和改革、住房和城乡建设、工商行政管理、质量技术监督、安全生产监督等部门应当在各自职责范围内，做好相应的安全技术防范监督管理工作。

第五条 国家机关、社会团体、企业事业单位和其他组织应当做好本系统、本单位的安全技术防范工作。

第六条 安全技术防范行业组织应当开展行业自律，提供技术咨询和评价服务，配合公安机关等部门做好安全技术防范管理相关工作。

第七条 任何单位和个人不得利用技防产品或者技防系统非法获取和泄露国家秘密、商业秘密、个人隐私，侵害国家、集体、公民、法人和其他组织的合法权益。

第二章　技防产品

第八条　对国家工业产品生产许可证制度、强制性认证制度管理范围以外的技防产品，实行生产登记制度。

第九条　从事实行生产登记制度的技防产品生产的，应当向所在地设区的市公安机关提出申请并提交下列材料：

（一）法定代表人身份证明、营业执照和组织机构代码证；

（二）专业技术人员的资格证书；

（三）符合国家规定产品标准的相关资料；

（四）产品质量保证体系、售后服务措施等相关文件；

（五）具备相应资质的检验机构出具的符合国家规定的检验报告。

第十条　设区的市公安机关应当自收到技防产品生产登记申请之日起十个工作日内进行初步审核。初审合格的，报省公安机关批准。省公安机关应当自收到初审意见之日起七个工作日内进行审查。审查合格的，核发《安全技术防范产品生产登记批准书》；审查不合格的，书面通知申请人并说明理由。

第十一条　销售技防产品的，应当建立进货验收制度。不得销售无产品质量检验合格证明、工业产品生产许可证证书、强制性产品认证证书或者生产登记批准证书的技防产品。

第三章　技防系统

第十二条　公共区域技防系统由设区的市、县（市、区）人民政府负责组织建设，并设置标识；其他场所和部位的技防系统，由所在单位负责建设。

第十三条　下列场所和部位应当按照有关技术标准安装技防产品或者技防系统：

（一）广场、公园、城市主要道路和路口、地下通道、过街天桥、隧道、大型桥梁等公共区域（以下所称公共区域均指这一范围）；

（二）机场、车站、码头、大型商贸中心、宾馆、网吧、居民小区、停车场等人员密集的公共场所；

（三）国家机关涉及国家秘密的场所或者部位，国家重点建设工程的重要部位，国防科技工业重要产品的研制、生产场所；

（四）广播、电视、电信、邮政等单位的重要部位；

（五）货币、有价证券、票据的制造或者集中存放的场所，金融机构的营业场所等重要部位；

（六）研制、生产、销售、存储易燃易爆物品或者危险化学品等危险物品的场所；

（七）大型物资储备单位、能源动力设施、水利设施，城市水、电、燃气、油、热力供应设施；

（八）城镇学校、幼儿园、医院，大型文化、体育场所；

（九）博物馆、档案馆、纪念馆、展览馆和重点文物保护单位；

（十）公共交通工具和专用运输工具；

（十一）法律、法规规定的其他场所和部位。

第十四条　应当安装技防系统的新建、改建、扩建建设工程，建设单位应当将技防系统与建设工程综合设计、同步施工、独立验收。

技防系统应当具备同公安机关联网的条件，预留接口。因安全技术防范工作需要，有关单位应当配合公安机关做好技防系统链接的相关工作。

第十五条　从事技防系统的设计、安装、监理、运营的，应当向所在地设区的市公安机关提出申请并提交下列材料：

（一）法定代表人身份证明、营业执照和组织机构代码证；

（二）施工装备、调试检测仪器设备的检验证书；

（三）专业技术人员的资质证书；

（四）质量保证体系文件。

取得相应资质从事技防系统的设计、安装、监理、运营的，不再提出申请和提交前款规定的材料。

第十六条　设区的市公安机关应当自收到技防系统的设计、安装、监理、运营申请之日起十个工作日内进行初步审核。初审合格的，报省公安机关批准。省公安机关应当自收到初审意见之日起七个工作日内进行审查。审查合格的，核发批准书；审查不合格的，书面通知申请人并说明理由。

第十七条　技防系统的设计方案应当通过可行性论证。公共区域的设计方案由公安机关组织论证；其他场所和部位的设计方案由建设单位组织论证。

技防系统竣工后，应当先由具有资质的专业检测机构进行检验。经检验后，建设单位会同公安机关根据专业检测机构提供的检测报告组织竣工验收。

第十八条　技防系统使用的产品，应当符合法律、法规的规定，符合产品质量标准的要求。

技防系统的功能、性能指标应当符合国家标准或者行业标准，保证系统运行安全、有效。

第十九条　任何单位和个人不得擅自在公共区域安装技防系统。

禁止在宾馆客房、集体宿舍以及公共场所的卫生间、更衣室、浴室等涉及他人隐私的场所安装视频、音频等技防产品。

第二十条　技防系统的使用单位和运营单位，应当建立健全安全管理制度和岗位责任制度，规范系统操作规程，制定应急处置预案，保证系统安全有效。

技防系统的使用单位和运营单位接到报警信息并确认后，应当立即报告公安机关。

第二十一条　有关单位应当按照保密法律、法规的规定妥善保管技防系统的设计图纸和相关资料，相关工作人员对工作中涉及到的资料、信息、技术应当依法保守秘密。

第二十二条　技防系统按照风险等级和投资额实行分级管理。国家已发布风险等级和防护级别的，按照有关规定执行。

第二十三条 任何单位和个人不得有下列行为：

（一）损毁、擅自拆除技防系统的设备、设施；

（二）擅自关闭技防系统或者妨碍技防系统的正常使用；

（三）擅自改变技防系统的用途和使用范围；

（四）擅自删除、修改技防系统的运行程序和记录等。

第二十四条 公安机关及其工作人员不得指定技防产品或者技防系统，不得指定技防系统的设计、安装、监理和运营单位。

第四章 信息使用

第二十五条 公安机关等有关部门工作人员在履行法定职责时，可以查阅、复制或者调取技防系统的相关信息资料，技防系统的使用单位和运营单位应当予以配合。

第二十六条 公安机关等有关部门工作人员查阅、复制或者调取技防系统信息资料时，除法律、法规另有规定外，应当遵守下列规定：

（一）调查取证不得少于二人；

（二）出示工作证件和单位证明文件；

（三）履行登记手续。

第二十七条 技防系统的使用单位和运营单位应当建立健全录制、调取信息资料的登记管理制度。保存资料时限不得少于三十日，法律、行政法规另有规定的除外。

第二十八条 禁止任何单位和个人买卖、传播、隐匿技防系统信息资料。

第二十九条 县级以上公安机关应当建立健全信息公开制度，每年至少向社会公布一次技防产品、技防系统的监督检查情况。

省公安机关每年至少向社会公布一次技防产品生产、销售和技防系统的设计、安装、监理、运营单位名录。

第五章 法律责任

第三十条 违反本条例规定，未取得生产登记批准书，从事技防产品生产的，由县级以上公安机关责令限期改正；逾期不改正的，没收违法所得，并处三万元以上五万元以下罚款。

第三十一条 违反本条例规定，公共区域未安装技防系统的，由省人民政府或者设区的市人民政府责令下一级人民政府限期改正；逾期不改正的，对有关责任人员给予处分。

违反本条例规定，其他区域应当安装技防系统而未安装的，由县级以上公安机关责令限期改正；逾期不改正的，对单位处以三千元以上一万元以下罚款，并对直接负责的主管人员和其他责任人员处以一千元以上三千元以下罚款。

第三十二条 违反本条例规定，技防系统未经验收或者验收不合格投入使用的，由县级以上公安机关责令建设单位限期改正；逾期不改正的，对单位处以三千元以上一万元以下罚款，并对直接负责的主管人员和其他责任人员处以一千元以上三千元以下罚款。

第三十三条 违反本条例规定，未经批准从事技防系统设计、安装、监理、运营的，由县级以上公安机关责令限期改正；逾期不改正的，处以三万元以上五万元以下罚款。

第三十四条 违反本条例规定，有下列行为之一的，由县级以上公安机关责令限期改正；逾期不改正的，对单位处以一万元以上五万元以下罚款，对个人处以一千元以上五千元以下罚款：

（一）在涉及他人隐私的场所安装技防产品的；

（二）擅自拆除技防系统设备、设施的；

（三）擅自关闭技防系统或者妨碍技防系统正常使用的；

（四）擅自改变技防系统的用途和使用范围的；

（五）擅自删除、修改技防系统的运行程序和记录的；

（六）买卖、传播、隐匿技防系统信息资料的。

第三十五条 公安机关及其工作人员在安全技术防范工作中滥用职权、玩忽职守、徇私舞弊的，依法给予处分；构成犯罪的，依法追究刑事责任。

第三十六条 违反本条例规定，法律、行政法规已有法律责任规定的，从其规定。

第六章 附 则

第三十七条 本条例自2012年10月1日起施行。

山西省涉及国家安全事项建设项目管理条例

（2010年9月29日山西省第十一届人民代表大会常务委员会第十九次会议通过。根据2014年11月28日山西省第十二届人民代表大会常务委员会第十六次会议关于修改部分地方性法规的决定修正）

第一条 为规范涉及国家安全事项的建设项目管理活动，维护国家安全和利益，根据《中华人民共和国国家安全法》等有关法律法规，结合本省实际，制定本条例。

第二条 本条例所称涉及国家安全事项的建设项目，是指可能影响或者危及重要国家机关、重点科研单位、军事设施、军工单位和其他重要场所安全的新建、改建、扩建的建设项目。

第三条 省、设区的市国家安全机关应当按照各自职责，依法负责涉及国家安全事项的建设项目管理工作。

住房和城乡建设、规划、房产管理、国土资源、发展和改革、公安、商务、工商行政管理、环境保护、经济和信息化、旅游、保密等部门，在各自的职责范围内配合国家安全机关做好涉及国家安全事项的建设项目相关管理工作。

第四条 公民、法人和其他组织应当支持、协助国家安全机关做好涉及国家安全事项的建设项目管理工作。

第五条 下列涉及国家安全事项的建设项目，建设单位应当报国家安全机关审查批准：

（一）重要国家机关、重点科研单位、军事设施和军工单位及其周边安全控制区域内的建设项目；

（二）机场、车站、海关、重要邮件处理场所和通信枢纽的建设项目；

（三）境外组织、机构、个人及外商投资企业投资（含独资、合资及股权投资、并购，债权收购等投资行为）、参与的建设项目；

（四）国家规定的其他涉及国家安全事项的建设项目。

重要国家机关、重点科研单位、军事设施和军工单位周边安全控制区域的范围由省人民政府划定。

第六条 住房和城乡建设、规划、房产管理、国土资源、发展和改革、商务、环境保护、经济和信息化等部门对属于本条例第五条规定的建设项目，应当书面告知建设单位先行进行涉及国家安全事项审批。经国家安全机关审查批准后，相关部门方可受理建设单位申请。

第七条 国家安全机关应当对涉及国家安全事项的建设项目的下列内容进行审查：

（一）选址和用途；

（二）国家安全技术防范设施的规划设计；

（三）智能化集成系统和境外卫星地面接收设施的设计方案；

（四）国家规定的应当进行涉及国家安全事项审查的其他内容。

第八条 国家安全机关应当在收到申请材料之日起七日内作出批准或者不批准的决定。符合国家安全事项要求的，出具批准意见书；不符合国家安全事项要求的，不予批准，书面通知申请人，并说明理由。因特殊情况，不能在规定时间内作出审查决定的，经同级国家安全机关主要负责人批准，可以延长十日，并告知申请人。

第九条 国家安全机关对涉及国家安全事项的建设项目提出采取技术防范措施的，建设单位应当将国家安全技术防范设施作为建设项目的组成部分，统一设计、施工，所需费用纳入建设项目预算。

建设单位或者使用单位应当保障国家安全技术防范设施的正常运行，不得损毁、擅自拆除或者停止使用。

第十条 涉及国家安全事项的建设项目竣工后，建设单位应当向国家安全机关申报验收，经验收不合格的不得投入使用。

第十一条 单位或者个人将建（构）筑物出租、出售、赠与或者以其他方式提供给境外组织、机构、个人及外商投资企业使用，在省人民政府划定的安全控制区域内的，应当经国家安全机关审查批准后，方可办理相关手续；在省人民政府划定的安全控制区域外的，应当报国家安全机关备案。

第十二条 涉及国家安全事项的建设项目投入使用后，使用单位应当与国家安全机关签订维护国家安全责任书，协助、配合国家安全机关开展工作。

第十三条 违反本条例规定，未经国家安全机关审批，擅自施工或者未按国家安全机关批准意见书建设的，由国家安全机关责令限期改正；拒不改正的，责令停止建设，并处以工程直接造价百分之四以下的罚款；对国家安全构成严重威胁的，责令改变用途或者限期拆除。

第十四条 违反本条例规定，有下列行为之一的，由国家安全机关责令限期改正；拒不改正的，处以一万元以上五万元以下的罚款：

（一）损毁、擅自拆除或者停止使用国家安全技术防范设施的；

（二）涉及国家安全事项的建设项目竣工后，未向国家安全机关申报验收或者经验收不合格，擅自投入使用的；

（三）未经国家安全机关批准，将省人民政府划定的安全控制区域内的建（构）筑物出租、出售、赠与或者以其他方式提供给境外组织、机构、个人及外商投资企业使用的；

（四）将省人民政府划定的安全控制区域外的建（构）筑物出租、出售、赠与或者以其他方式提供给境外组织、机构、个人及外商投资企业使用，未报国家安全机关备案的。

第十五条 违反本条例规定，拒不履行维护国家安全义务或者妨碍、阻挠国家安全机关依法进行监督管理活动的，由国家安全机关依照《中华人民共和国国家安全法》等法律法规的规定予以处罚。

第十六条 国家安全机关工作人员在涉及国家安全事项建设项目的监督管理工作中，滥用职权、玩忽职守、徇私舞弊或者有其他违法行为的，依法给予行政处分；构成犯罪的，依法追究刑事责任。

其他国家机关工作人员违反本条例规定，未履行告知义务的，对其直接负责的主管人员和其他直接责任人员依法给予行政处分；构成犯罪的，依法追究刑事责任。

第十七条 本条例自2011年1月1日起施行。

山西省水路交通管理条例

（2011年7月28日山西省第十一届人民代表大会常务委员会第二十四次会议通过。根据2014年11月28日山西省第十二届人民代表大会常务委员会第十六次会议关于修改部分地方性法规的决定修正）

第一章 总 则

第一条 为加强水路交通管理，维护水路交通秩序，保障水路运输安全，促进水路交通事业发展，根据有关法律、法规，结合本省实际，制定本条例。

第二条 本条例适用于本省行政区域内水路交通及其管理活动。

第三条 各级人民政府应当加强对水路交通管理工作的领导，建立健全水上交通安全管理制度，落实水上交通安全管理责任。

第四条 省、设区的市及有关县(市、区)人民政府应当将水路交通事业纳入国民经济和社会发展规划，将水路交通管理经费列入本级财政预算。

第五条 县级以上人民政府交通运输主管部门主管本行政区域内水路交通工作，其所属的航运管理机构具体负责港口、渡口、航道、水路运输管理工作；海事管理机构具体负责船舶、浮动设施的检验与水上交通安全监督管理工作。

县级以上人民政府其他有关部门应当按照各自职责，做好水路交通管理相关工作。

第二章 水路运输

第六条 水路运输经营实行行政许可制度。任何单位和个人未经许可不得从事水路运输经营活动。

第七条 封闭水域水路旅客运输经营，应当取得企业法人资格并具备下列条件：

(一) 有与经营活动相适应的组织机构、生产经营管理制度、安全生产制度和应急救援预案；

(二) 安全生产管理人员应当持有船员适任证书，并与企业签订一年以上全日制劳动合同；

(三) 总运力达到二十四客位以上；

(四) 办理旅客意外伤害强制险等国家规定的险种；

(五)有船舶停靠、乘客上下船所必需的安全设施；

(六)国家和省规定的其他条件。

第八条 申请封闭水域水路旅客运输经营许可的企业，应当向设区的市航运管理机构提交下列材料：

(一)申请书；

(二)可行性研究报告；

(三)企业法人、营业执照副本及其复印件；

(四)船舶检验证书、船舶所有权登记证书、船舶国籍证书；

(五)安全生产管理人员身份证、船员适任证书、劳动合同；

(六) 组织机构设置、生产经营管理制度、安全生产制度和应急救援预案；

(七) 旅客意外伤害强制险证明文件；

(八)船舶停靠、旅客上下船所必需的安全设施的证明文件。

设区的市航运管理机构应当自受理申请之日起二十日内进行审核，对符合本条例第七条规定条件的，作出许可决定并且颁发水路运输许可证、船舶营业运输证；不符合条件的，书面向申请人说明理由。

第九条 水路运输经营者应当按照经营资质条件开展经营活动，并保持经营资质条件。

船舶营运时，应当随船携带船舶营业运输证。

第十条 水路运输经营者要求停业或者歇业的，应当向许可机关提出申请，并办理相关手续。

第三章 船舶、浮动设施与船员

第十一条 船舶、浮动设施所有人应当持所有权的证明文件和技术资料，到设区的市海事管理机构依法进行登记，但长度小于五米的非机动船除外。

船舶、浮动设施登记事项发生变更时，其所有人应当持登记的有关证明文件和变更证明文件，到登记机构办理变更登记。

船舶、浮动设施灭失、失踪的，其所有人应当到登记机构办理注销登记。

第十二条 依法登记或者即将登记的船舶、浮动设施的当事人应当按照国家和省有关规定向海事管理机构申请检验。

第十三条 长度小于五米的机动船和电瓶船申请检验的，应当向设区的市海事管理机构提出申请，并提交下列材料：

(一)检验申请书；

(二) 船舶出厂合格证或者质量证明书。

海事管理机构应当自受理申请之日起二十日内进行检验，检验合格的，向申请人颁发船舶检验证书；经检验不合格的，书面向申请人说明理由。

第十四条 长度小于五米的非机动船舶、水上摩托艇所有人应当持购船发票和合格证到经营地县（市、区)海事管理机构备案。

备案船舶发生转籍、注销、租赁和抵押的应当到备案机关重新办理备案手续。

第十五条 水上摩托艇应当在海事管理机构划定的专门水域进行活动。

第十六条 船员、水上摩托艇驾驶人员应当经有资质的培训机构进行安全和技能培训，依法取得有效证书，方可驾驶签注范围内的船舶或者水上摩托艇。

禁止未取得适任证书或者其他适任证件的船员上岗。

第四章 港口、渡口与航道

第十七条 港口、航道及其设施的建设应当依法办理有关审批手续。用于环境保护和安全生产的设施应当与主体工程同时设计、施工和投入使用。

第十八条 公益性渡口和经营性渡口的设置、撤销，分别由渡口所在地乡(镇)人民政府或者渡口经营者向县(市、区)人民政府交通运输主管部门提出申请，由渡口所在地县(市、区)人民政府审批。

禁止任何单位和个人擅自设置、撤销渡口。

第十九条 公益性渡口的建设、养护和管理由渡口所在地县(市、区)人民政府负责；经营性渡口的建设、养护和管理由经营者负责。

渡口的管理者或者经营者应当在渡口设置明显标志并保持标志完好。

禁止任何单位和个人擅自移动、损毁渡口安全设施及其标志。

第二十条 禁止在港口、渡口、航道水域内从事下列活动：

(一)养殖、种植；

(二)排放超过国家标准的有毒、有害物质；

(三)倾倒泥土、砂石、废弃物；

(四)法律法规禁止的其他活动。

第二十一条 未经批准，任何单位和个人不得擅自在通航水域内挖砂、取石、堆存材料、设置永久性固定设施。

第二十二条 航运管理机构应当加强航道及其设施的监测、养护，保障航道的安全、畅通。

航运管理机构组织实施勘测、疏浚、抛泥、吹填、清障以及维修航道和设置航标等施工作业，任何单位和个人不得非法阻挠、干涉或者索取费用。

第五章 应急与安全

第二十三条 省、设区的市、有关县（市、区）人民政府应当加强水上应急救援工作的领导，根据本地实际，建立应急救援体系，组织制定水上应急救援预案，保障应急救援经费。

第二十四条 省人民政府应当建立水上应急救援指挥机构。

重点水域所在地设区的市人民政府应当建立水上应急救援队伍，并配备相应的装备、器材，提高水上应急救援能力。

重点水域的范围由省人民政府确定。

第二十五条 水上应急救援预案应当包括下列内容：

(一) 应急救援组织指挥机构与职责；

(二)预防与预警机制；

(三)应急救援响应；

(四)后期处置；

(五)应急救援保障。

水上应急救援预案应当抄送上一级人民政府交通运输主管部门、安全生产监督管理部门。

第二十六条 乡（镇）人民政府负责本辖区内农村生产、生活使用船舶及渡口的安全管理工作，明确水上交通安全管理人员，落实安全管理责任，接受县级以上海事管理机构的监督检查和业务指导。

乡（镇）人民政府与村民委员会、村民委员会与船舶所有人应当分别签订安全管理责任书，明确各自的安全责任。

第二十七条 在河流、湖泊、水库等通航水域从事水上旅游、经营性漂流、水上体育运动以及群众性活动，其组织者、经营者应当依法办理审批手续，落实安全责任。

第二十八条 船舶和浮动设施的所有人或者经营人对其水路运输或者其他经营活动承担安全生产责任，建立安全生产责任制和安全应急救援预案，保证必需的安全投入，配备必要的安全救护、救生设备，并对其所属的管理人员、船员、水手及其他从业人员进行安全培训。

第二十九条 有下列情形之一的，禁止船舶航行：

(一)超载运输旅客或者超载、超限运输货物的；

(二)跨航线作业的；

(三)遇洪水、冰雪或者大风、大雨、大雾等恶劣天气不适航的；

(四)乘客与大牲畜、危险货物混载以及装载不当影响安全的；

(五)酒后驾船的；

(六)船舶的救生设备不齐全的；

(七)法律法规禁止的其他情形。

第三十条 船舶、浮动设施遇险时，船员及其他工作人员应当采取有效措施实施自救，并及时报告当地人民政府及海事管理机构。

县级以上人民政府接到报告后，应当根据预案响应级别启动应急救援预案，并对救助工作进行领导和协调。海事管理机构接到报告后，应当立即组织实施救援。

遇险现场和附近的船舶、船员，应当服从当地人民政府以及海事管理机构的统一调度指挥。

第三十一条 海事管理机构调查处理水上交通事故，当事人应当积极配合，未经海事管理机构同意，肇事船舶不得驶离指定的停泊地点。

水上交通事故的报告、调查和处理，按照国家和省有关规定执行。

第三十二条 用于海事、航运监督管理的执法车辆、船舶应当使用统一的标志、标识，配备示警灯。

第六章 法律责任

第三十三条 违反本条例规定，未经许可擅自从事水路运输经营活动的，由航运管理机构没收其违法所得，并处违法所得一倍以上二倍以下罚款；没有违法所得的，处三万元罚款。

第三十四条 违反本条例规定，船舶、浮动设施未经登记、检验航行或者作业的，由海事管理机构责令停止航行或者作业，限期登记、检验；拒不停止航行或者作业的，暂扣船舶、浮动设施；情节严重的，处五百元以上二千元以下罚款。

第三十五条 违反本条例规定，船员未取得适任证书或者其他适任证件上岗的，由海事管理机构责令其立即离岗，对直接责任人员处二千元以上五千元以下罚款，并对聘用单位处一万元以上二万元以下罚款。

第三十六条 违反本条例规定，擅自移动、损毁渡口安全设施或者标志的，由海事管理机构责令改正，并处五百元以上二千元以下罚款。

第三十七条 违反本条例规定，未经批准擅自在通航水域内挖砂、取石、堆存材料、设置永久性固定设施的，由海事管理机构责令改正；逾期不改正的，可以申请人民法院强制执行。

第三十八条 违反本条例规定，乡（镇）人民政府不履行船舶及渡口管理职责，造成安全事故的，对直接负责的主管人员和其他直接责任人员依法给予行政处分；构成犯罪的，依法追究刑事责任。

第三十九条 违反本条例规定，未经海事管理机构同意，肇事船舶驶离指定停泊地点的，由海事管理机构责令改正；拒不改正的，海事管理机构可以暂扣船舶及其相关器具，并处二千元以上五千元以下罚款。

第四十条　违反本条例规定，交通运输主管部门、海事、航运管理机构工作人员以及其他行政机关工作人员玩忽职守、滥用职权、徇私舞弊的，依法给予行政处分；构成犯罪的，依法追究刑事责任。

第七章　附　则

第四十一条　本条例自2011年10月1日起施行。

山西省爱国卫生管理条例

（1994年9月29日山西省第八届人民代表大会常务委员会第十一次会议通过。根据1997年9月28日山西省第八届人民代表大会常务委员会第三十次会议关于修改《山西省爱国卫生管理条例》的决定第一次修正。根据2014年11月28日山西省第十二届人民代表大会常务委员会第十六次会议关于修改部分地方性法规的决定第二次修正）

第一章　总　则

第一条　为加强爱国卫生工作，提高管理水平，促进经济发展和社会进步，根据国家有关法律、法规的规定，结合本省实际情况，制定本条例。

第二条　爱国卫生工作是全民参与，强化社会卫生意识，改善城乡卫生面貌，除害防病，提高环境质量、生活质量和人民健康水平的群众性卫生活动。

第三条　爱国卫生工作实行政府组织、地方负责、部门协调、群众动手、科学管理、社会监督的方针。

第四条　本省境内的一切单位和个人均应遵守本条例。

参加爱国卫生活动是每个公民应尽的义务。

第二章　职　责

第五条　爱国卫生管理是各级人民政府的职责。各级政府必须把爱国卫生工作纳入国民经济和社会发展总体规划，统筹安排，使卫生状况的改善与经济建设协调发展。

第六条　各级人民政府及其派出机关的爱国卫生运动委员会（以下简称爱卫会）统一管理、统筹协调本行政区域内的爱国卫生工作。

县级以上爱卫会办公室是同级爱卫会的办事机构，负责本行政区域内爱国卫生日常管理工作。

第七条　爱卫会的主要职责是：

（一）组织实施有关爱国卫生工作的法律、法规、规章和方针、政策；

（二）统一规划、部署和协调本行政区域内的爱国卫生工作；

（三）指导本行政区域内各单位履行其承担的爱国卫生工作职责，对社会卫生状况进行监督、检查和评价；

（四）组织动员社会全体成员参加爱国卫生工作的各项社会卫生活动；

（五）协调开展重大疾病防治和突发公共卫生事件的群防群控、重大自然灾害的卫生防疫工作；

（六）组织开展全民健康教育活动。

第八条　各级爱卫会吸收同级政府的有关部门组成，实行委员部门分工负责制：

（一）卫生部门应加强食品卫生、公共场所卫生等方面的卫生监督工作，负责除害防病和农村改水、改厕的技术指导、监督监测工作，开展卫生科学知识的宣传、普及和科学研究工作，监督管理医疗卫生单位的垃圾、污水、粪便的无害化处理；

（二）城建部门负责城市环境卫生管理，把城市环境卫生纳入城市建设规划，有计划地进行城市环境基础设施建设，解决好城市垃圾、粪便、污水的封闭储存、及时清运和无害化处理，严格管理城市工程施工现场的卫生和建筑垃圾；

（三）环保部门负责对环境保护工作实施统一监督管理，监督产生环境污染的企业、事业单位治理废气、废水、废渣、噪声和做好各种职业性危害的防治工作；

（四）交通、旅游等部门负责所属的车站、机场、宾馆、旅游景点的卫生管理；

（五）工商行政管理部门和贸易行政管理部门分别负责集贸市场和饮食服务业的卫生管理；

（六）公安部门要根据国家法律，对在爱国卫生管理、监督中发生的妨碍公务的行为进行查处；

（七）教育部门负责学校卫生管理，加强对学生的卫生知识教育，改善学校环境，监督各类学校按国家规定，开设卫生教育课；

（八）宣传、文化、新闻、广播电视等部门应采取多种形式，搞好卫生宣传和健康知识普及教育。

其他各部门应按照职责分工，完成各自的爱国卫生工作任务。

第九条　机关、团体、学校、企业、事业单位、部队等均应设立爱国卫生组织，指定人员负责本单位的爱国卫生日常管理工作。

第三章　管　理

第十条　爱国卫生工作依据“条块结合，以块为主”的管理原则，实行目标管理责任制。

第十一条　城市、城镇人民政府应按照国家卫生城市建设标准，制订建设卫生城市规划，加强卫生基础设施建设，提高社会卫生管理和总体卫生水平，按期达到卫生城市的目标。

第十二条　乡（镇）人民政府要结合村镇建设规划，组织开展以改善农村饮水卫生条件、修建卫生厕所和搞好环境卫生为重点的卫生乡（镇）、村建设，逐步使饮用水和厕所达到国家规定的标准。

第十三条　一切单位和个人均须按照国家和省规定的标准，搞好室内卫生和规定范围的室外环境卫生，禁止在非指定地点随意倾倒垃圾、废物和粪便。

任何个人都应自觉维护公共卫生，不得随地吐痰、便溺，不得污损公共设施。

第十四条　医疗卫生机构、生物制品厂、屠宰场等单位生产的有毒、有害废弃物，须由本单位集中进行无害化处理，不得混入居民生活垃圾。

第十五条 居民委员会、村民委员会应定期组织所属辖区内的单位和个人进行杀灭老鼠、苍蝇、蚊子、蟑螂等病媒生物活动，消除孳生场所，使病媒生物的密度控制在国家和省规定的标准之内。

一切单位和个人都应参加杀灭各种病媒生物的活动。

第十六条 城市城区内养犬，应严格限制。养犬者须到政府指定的部门登记，领取养犬许可证，缴纳管理费；对犬定期进行检疫、免疫，并实行圈养。

农村养犬，也应加强管理。

城乡养犬具体管理办法由省人民政府另行规定。

城市城区内除经批准的科研、教学等单位外，禁止饲养家禽和家畜。

第十七条 要积极宣传吸烟有害健康，提倡禁烟。在医院、影剧院、车站、机场、商场、会场等公共场所室内及公共交通工具内，除指定地点外，禁止吸烟。

学校、托幼机构等未成年人集中活动的场所，禁止吸烟。

禁止吸烟的场所应有明显的禁烟标志。

第十八条 严格管理灭鼠药物和杀灭病媒生物药品、器械。生产和经营单位必须经国家和省级指定机构检验合格，方可生产、销售。未经检验或检验不合格者，不得生产、销售。杀灭病媒生物的药品、器械应当标明批准文号、使用说明及厂名、厂址。使用商标应当标明注册标记。灭鼠毒饵须有剧毒标志和明显的警戒色。

第十九条 本省实行以下爱国卫生制度：

（一）每年四月为全省爱国卫生活动月；

（二）城镇以上驻地单位均实行包卫生、包绿化、包管理的门前三包制度；

（三）省内一切单位均实行周末卫生日制度。

第二十条 各级卫生行政部门应建立和完善健康教育网络，有计划地开展社会健康教育，普及卫生和健康知识，提高全民的卫生和保健意识，树立良好的社会卫生公德。

一切单位应结合本单位实际，有针对性地进行健康教育。

一切组织和个人都应接受健康教育。

第四章　监　督

第二十一条 爱国卫生工作实行专业监督和群众监督相结合的社会监督制度。

县级以上爱卫会有权对有关卫生法律、法规的执法情况进行监督。

第二十二条 县级以上爱卫会可聘任专、兼职爱国卫生监督员；乡（镇）、街道爱卫会和各部门、各单位爱国卫生组织可聘任兼职爱国卫生检查员。

爱国卫生监督员、检查员分别由县级以上爱卫会发给监督、检查证书和证章，执行任务时必须佩戴标志和出示证件，被检查的单位和个人应主动提供有关资料，接受检查，不得隐瞒和拒绝。

第二十三条 一切单位和个人对于违反本条例的行为，均有权制止和举报。县级以上爱卫会对于单位和个人的举报应及时受理。

第二十四条 各级爱卫会通过定期或不定期的监督检查和评比活动，督促各地、各部门开展爱国卫生工作。

第五章　奖　罚

第二十五条 各级人民政府或爱卫会对在开展爱国卫生工作中取得下列成绩之一的单位和个人授予荣誉称号、证书或其他形式的表彰、奖励：

（一）在爱国卫生工作中作出显著成绩的；

（二）在爱国卫生科学研究中作出突出贡献并取得显著效益的；

（三）在爱国卫生管理工作中成绩显著的。

第二十六条 具有下列情形之一，曾被授予爱国卫生荣誉称号的单位和个人，由授予荣誉称号的机关或上一级机关取消其爱国卫生荣誉称号：

（一）弄虚作假取得爱国卫生荣誉称号的；

（二）卫生质量下降已不符合爱国卫生荣誉称号标准的。

第二十七条 违反本条例的行为，国家已有法律、法规规定的，应由其规定的执法部门进行处罚；规定的执法部门未予依法处理的，县级以上爱卫会有权督促该部门依法处理；对拒不依法处理的部门，爱卫会有权给予通报批评，建议上级机关对直接责任人给予相应的行政处分。

对同一违法行为，不得给予两次以上罚款的行政处罚。

第二十八条 违反本条例第十五条规定的单位和个人，由县级以上爱卫会给予批评教育，限期改正；逾期不改或拒不执行国家和省有关卫生标准规定的，对环境和人体健康造成危害者，给予通报批评。

第二十九条 侮辱、威胁、殴打爱国卫生执法人员或举报人员的，由公安机关依照《中华人民共和国治安管理处罚法》进行处罚；构成犯罪的，依法追究刑事责任。

第三十条 爱国卫生执法人员滥用职权、徇私舞弊的，由县级以上爱卫会给予批评教育或取消监督检查员资格；情节严重的，可建议其所在单位给予行政处分；构成犯罪的，依法追究刑事责任。

第六章　附　则

第三十一条 本条例具体应用中的问题由省爱国卫生运动委员会负责解释。

第三十二条 本条例自1995年1月1日起施行。1980年7月10日山西省第五届人民代表大会常务委员会第四次会议批准的《山西省城乡爱国卫生管理试行条例》同时废止。

山西省公民献血条例

（1999年11月30日山西省第九届人民代表大会常务委员会第十三次会议通过。根据2014年11月28日山西省第十二届人民代表大会常务委员会第十六次会议关于修改部分地方性法规的决定修正）

第一章 总 则

第一条 为保证本省医疗临床用血需要和安全，保障献血者和用血者的身体健康，发扬人道主义精神，促进社会主义物质文明和精神文明建设，根据《中华人民共和国献血法》，结合本省实际，制定本条例。

第二条 在本省行政区域内献血、采血、供血、用血适用本条例。

第三条 提倡和鼓励18周岁至55周岁的健康公民自愿无偿献血。

第四条 各级人民政府领导本行政区域内的献血工作，主要职责是：

（一）在本行政区域内组织实施《中华人民共和国献血法》和本条例；

（二）制定并下达在本行政区域内的献血工作计划；

（三）统一规划和组织、协调有关部门共同做好献血工作。

县级以上人民政府献血办公室负责本行政区域内的献血日常工作。

第五条 县级以上卫生行政部门对本行政区域内的献血工作实施监督管理，主要职责是：

（一）开展献血的宣传教育；

（二）拟定年度献血计划并督促实施；

（三）制定献血、采血、供血、用血的管理制度；

（四）制定本行政区域内血站的设置规划，负责血站的建设，对血站的业务、财务等情况实施监督；

（五）监督管理医疗机构临床用血和应急采血；

（六）监督血液质量；

（七）依法实施处罚。

第六条 县级以上人民政府其他有关部门应当按照各自职责做好献血工作。

第七条 各级红十字会应当依法参与、推动献血工作，配合人民政府进行献血的宣传、动员和组织。

第八条 国家机关、军队、社会团体、企业、事业组织应当动员组织本单位适龄健康公民献血。

乡（镇）人民政府、街道办事处、居民委员会、村民委员会，应当动员、组织本行政区域内或者居住区内的适龄健康公民献血。

第九条 教育行政部门及学校应当对学生普及血液生理常识和献血的科学知识，并鼓励高等院校、中等学校的适龄学生参加无偿献血。

第十条 广播、电视、报刊等新闻媒介应当采取多种形式，开展献血的公益性宣传，普及献血的法律、法规和血液的科学知识。

第十一条 本省行政区域内实行统一规划设置血站、统一管理采供血和统一管理临床用血。

第二章 血 站

第十二条 血站是采集、制备、储存血液并提供临床用血的机构，是不以营利为目的的公益性组织。

各级人民政府应当将血站工作经费纳入财政预算，保证其正常、健康运转。

第十三条 血站采供血必须严格遵守国家及省卫生行政部门制定的各项技术操作规程和制度。

第十四条 血站的组织机构、建筑设施、技术设备必须符合国家规定的标准和要求。

第十五条 血站的技术人员必须进行业务培训，经考试取得合格证后方可上岗。

第十六条 设置血站必须向当地卫生行政部门提出申请，报省卫生行政部门审批。符合执业规定的，由省卫生行政部门发给《血站执业许可证》或者《中心血库采供血许可证》。

省卫生行政部门应当对血站的执业资格进行年度审验。

第十七条 《血站执业许可证》《中心血库采供血许可证》注册登记有效期为三年，注册期满前三个月内，重新申请注册登记。

《血站执业许可证》《中心血库采供血许可证》不得伪造、出卖、出借、转让。

第十八条 省卫生行政部门对医疗机构实行采血资格认定；经认定符合采血要求的，准许采集应急用血和患者亲友血液。

第三章 献血与采血

第十九条 公民献血时，血站或者医疗机构应当按照献血者健康检查有关标准免费为其进行健康检查，合格者方可采血，不合格者不得采集血液。

第二十条 公民献血量每次一般为200毫升，最多不得超过400毫升，两次献血间隔期不少于6个月。禁止血站或者医疗机构对献血者超量、频繁采集血液。

第二十一条 公民无偿献血后，卫生行政部门应当发给无偿献血证书。无偿献血证书是献血公民享受本条例规定的优惠和奖励的凭据，不得伪造、涂改、出租、买卖、转借。

公民无偿献血后，所在单位或者血站可以采取适当形式予以鼓励。

第二十二条 血站或者医疗机构对所采集的血液应当按规定进行全项检测，不得向医疗机构或者患者提供质量不符合标准的血液及成分血。

第二十三条 血站对临床用血的检测、分离、包装、储存、运输应当符合国家规定的卫生标准和要求，发出的血液或者成分血必须标明献血者姓名、血型、品种、采血日期、有效期、血袋编号、保存温度、来供血机构的名称等。

第二十四条 无偿献血的血液必须用于临床，严禁买卖。

禁止非法采集血液、组织他人非法出卖血液。

第四章　供血与用血

第二十五条　血站应当做好血液的储备、管理工作,做好有关血源和血液的统计、分析、报告工作,确保供血的质量。

第二十六条　公民临床用血时,只交付用于血液的采集、储存、分离、检验等费用;收费标准根据国家有关规定执行。

无偿献血的公民临床需要用血时,免交前款规定费用;无偿献血者的配偶和直系亲属临床需要用血时,可以免交前款规定费用使用与其献血量等量的医疗用血。

第二十七条　医疗机构临床用血应当执行输血技术规范,遵循合理、科学的原则,推行按血液成分输血,不得浪费和滥用血液。

医疗机构应当负责临床用血的规范管理和技术指导,开展临床合理用血、科学用血的教育和培训,对临床用血制度执行情况进行检查。

第二十八条　医疗机构应当制定本单位临床用血计划,并定期向血站申报。

医疗机构必须认真核验血袋包装、血站名称、献血者姓名、血型、血液品种、采血日期、有效期、血袋编号等,对不符合国家规定的卫生标准和要求的血液或者成分血拒领拒收。

第二十九条　医疗机构的储血设施应当符合要求,储血环境应当符合卫生标准,对验收合格的血液或者成分血按规定入库;严禁不合格血液入库。血库发血时,应当核查领血单项目,合格后方可发血。

第三十条　医疗机构的医务人员给患者输血前,应当核验血袋包装标签和患者用血要求无误后,方可输血,并将输血情况详细记入患者病历。

医疗机构的医务人员给患者输血前,应当告知患者或者其家属输血可能出现的情况。

第三十一条　医疗机构因应急用血,需要临时采集血液的,必须符合以下情况:

(一)边远地区的医疗机构和所在地无血站;

(二)危及病人生命,急需输血,而其他医疗措施所不能替代;

(三)具备交叉配血及快速诊断方法检验乙型肝炎病毒表面抗原、丙型肝炎病毒抗体、艾滋病病毒抗体的条件。

医疗机构临时采集血液,必须严格遵守采血操作规程,确保采血、用血安全。

医疗机构应当在临时采集血液后十日内,将有关情况报告同级卫生行政部门。

第三十二条　医疗机构对择期手术患者,应当动员患者自身储血、自体输血,或者动员患者亲友献血。

自身储血、自体输血由医疗机构按定对患者进行检测合格后采集血液。

第五章　奖励与处罚

第三十三条　县级以上人民政府和红十字会对有下列情形之一的,给予表彰或者奖励:

(一)个人无偿献血累计1000毫升以上的;

(二)为抢救危重病人主动献血,表现突出的;

(三)单位组织献血,事迹突出的;

(四)研究和推广医疗临床用血新技术,取得良好社会效益的;

(五)献血、采血、供血或者用血管理成效显著的;

(六)血液监督、管理成绩突出的;

(七)在献血的社会公益性宣传中做出显著成绩的;

(八)为献血捐赠资金、物资、设备的。

第三十四条　伪造、涂改、出租、买卖、转借无偿献血证书的,县级以上卫生行政部门没收该证件,并可以由公安机关依据《中华人民共和国治安管理处罚法》进行处罚;构成犯罪的,依法追究刑事责任。

第三十五条　医疗机构的医务人员在患者医疗临床用血前未核查血袋标志的,依法给予行政处分;构成犯罪的,依法追究刑事责任。

第三十六条　有下列行为之一的,由县级以上卫生行政部门予以取缔,没收违法所得,可以并处一万元以上五万元以下的罚款;情节严重的,可以并处五万元以上十万元以下的罚款;构成犯罪的,依法追究刑事责任:

(一)非法采集血液的;

(二)血站、医疗机构出售无偿献血的血液的;

(三)非法组织他人出卖血液的。

第三十七条　血站违反操作规程和制度采集血液,由县级以上卫生行政部门责令改正;对直接负责的主管人员和其他直接责任人员,依法给予行政处分;构成犯罪的,依法追究刑事责任。

第三十八条　医疗临床用血的包装、储存、运输,不符合国家规定的卫生标准和要求的,由县级以上卫生行政部门责令改正,给予警告,可以并处一千元以上一万元以下的罚款。

第三十九条　血站向医疗机构提供不符合国家规定标准的血液的,由县级以上卫生行政部门责令改正;情节严重造成经血液途径传播疾病或者有传播严重危险的,限期整顿,对直接负责的主管人员和其他直接责任人员,依法给予行政处分;构成犯罪的,依法追究刑事责任。

第四十条　医疗机构的医务人员将不符合国家规定标准的血液用于患者的,对直接负责的主管人员和其他直接责任人员,依法给予行政处分;构成犯罪的,依法追究刑事责任。

第四十一条　血站、医疗机构违反本条例规定采血、供血、用血、给献血者或者患者身体造成损害的,依法予以赔偿。

第四十二条　卫生行政部门及其工作人员在对献血、采血、供血、用血的监督管理中,玩忽职守,造成严重后果的，对有关责任人员依法给予行政处分；构成犯罪的，依法追究刑事责任。

第六章 附 则

第四十三条 本条例具体应用中的问题，由省人民政府负责解释。

第四十四条 本条例自2000年1月1日起施行。1993年9月29日山西省第八届人民代表大会常务委员会第五次会议通过的《山西省医用血液管理条例》同时废止。

山西省农业投资条例

（1992年1月20日山西省第七届人民代表大会常务委员会第二十六次会议通过。根据1996年12月3日山西省第八届人民代表大会常务委员会第二十五次会议《关于修改〈山西省农业投资条例〉的决定》第一次修正。根据2014年11月28日山西省第十二届人民代表大会常务委员会第十六次会议关于修改部分地方性法规的决定第二次修正）

第一章 总 则

第一条 为保证农业投资的稳定增长和合理使用，以改善农业生产条件，提高农业的综合生产能力，巩固和加强国民经济基础，推进农业现代化，制定本条例。

第二条 县级以上人民政府应逐步提高农业投入的总体水平。各级财政每年对农业总投入的增长幅度应当高于同级财政经常性收入的增长幅度。逐步建立健全国家、集体和农民个人相结合的投资体系。

第三条 本条例所称农业投资是指各级人民政府安排的除农用工业投资以外的农业基本建设资金，支援农村生产支出，农业的科技费用，国有农业企业技术改造资金和其他用于农业的资金。

第四条 农业投资的安排和使用，实行统筹安排，保证重点，科学决策，严格管理，提高效益的方针。

第二章 农业投资的来源

第五条 省级农业投资在国家现行财政体制下，根据当年财政状况，按下列比例确定：

（一）农业基本建设投资占计划内省筹基本建设投资总额的17%以上；

（二）支援农村生产支出应在上一年度农业投资总额的基数上，按高于财政经常性收入增长的幅度增加农业投资；

（三）农业的科技费用占科技三项费用总支出的40%以上；

（四）国有农业企业技术改造资金支出占财政拨款技术改造资金支出的10%以上。

第六条 设区的市人民政府、县级人民政府应逐年增加农业投资。每年对农业投资的增长幅度不得低于同级财政经常性收入的增长幅度。

第七条 各级人民政府掌握的预算外资金，规定用于农业的必须用于农业，不得挪作他用；其他的预算外资金和机动财力，也必须确定一定比例用于发展农业生产。

第八条 县级以上人民政府设立农业发展基金。

农业发展基金按照规定的资金来源渠道和比例足额提取，做到专款专用，不得挪作他用。

农业发展基金的提取办法由省人民政府制定。

第九条 涉及农业的金融机构安排信贷计划时，应当优先安排农业生产贷款，保证逐年增加，做到及时发放，足额到位，并为农业贷款提供方便。

第十条 各级人民政府应根据国家和省人民政府有关规定积极引进外资，发展农业生产。

第十一条 乡（镇）和村办企业有支援农业的义务，应按税后利润的5%上缴乡（镇）和村集体经济组织，用于以工建农、以工补农，发展农业生产。

经营个体工商业、私营企业和运输业的农民，应按税后年纯收入的3%上缴村集体经济组织，按规定用于发展农业生产。

村集体经济组织要按承包合同的规定，将应收取的承包金收足，主要用于发展农业生产。

第十二条 鼓励农民和各类新型农业经营主体在承包或流转的土地上不断增加资金、物资和劳务投入。

第三章 农业资金的使用

第十三条 农业基本建设投资，主要用于农业的物质技术基础设施建设，改善农业生产条件和国家在本省农业基本建设项目的配套资金。

主要为城市和工矿区生产、生活服务的大中型水利工程建设资金，由省人民政府列专项安排，不挤占当年农业基本建设投资比例。

第十四条 支援农村生产支出，主要用于小型农田水利、水土保持、改造中低产田等设施建设，推广应用农业科学技术和农业技术培训，建立健全农业社会化服务体系。

第十五条 农业科技三项费用，主要用于农业科学研究、农业科技开发、农业技术的示范推广和服务。

第十六条 国有农业企业技术改造资金，主要用于农业、畜牧、林业、水利、农机等国营企业技术设备的更新改造。

第十七条 依据土地管理法律、法规规定征收的各种费用，必须专款专用，不得挪用。

第四章 农业资金的管理

第十八条 对农业投资应加强宏观协调，实行计划管理，统筹安排，保证重点，讲求实效。

第十九条 各级发展和改革部门负责对农业基本建设投资的管理：

（一）编制农业基本建设投资规划和提出年度农业投资计划；

（二）提出农业基本建设投资的

经营性项目和非经营性项目;

(三)制定预算外资金投向农业的工程项目;

(四)对政府农业资金投向进行宏观调控;

(五)组织检查农业基本建设资金的使用情况、工程项目的落实情况及工程效益。

第二十条 各级财政部门负责对支援农村生产支出,用于农业的科技费用和国有农业企业技术改造资金的预算管理:

(一)根据本级人民政府制定的农业发展规划,确定财政用于农业的投资范围和重点项目,合理安排农业投资;

(二)编制年度农业支出预算和决算;

(三)负责农业资金支出的及时拨款、按时到位和周转资金的发放、回收和管理;

(四)利用税收、财政补贴等手段,引导社会资金投向农业;

(五)检查监督农业资金的使用情况、工程项目的进展情况及经济效益。

第二十一条 各级农业、林业、水利、农机以及科技等部门负责管理和使用各项农业资金:

(一)编制本系统年度发展计划,提出本系统农业发展项目,并会同发展和改革、财政部门确定;

(二)安排和使用好农业专项资金;

(三)检查所属企事业单位专项资金的使用情况和使用效益。

第二十二条 农业投资实行项目管理。农业投资的安排和使用必须严格执行国家规定的投资审批程序。确定农业投资项目,应经过科学论证,认真做好前期工作。

第二十三条 农业投资项目主管部门及使用农业投资的单位和个人,应明确责任,讲求效益。农业投资项目可以实行承包责任制。

农业投资项目主管部门和使用部门,都应建立健全农业投资管理、核算、监督及报告制度。

第二十四条 乡(镇)村集体经济组织要办好农村合作基金会并使用好基金。

乡(镇)人民政府应加强本乡(镇)农业投资项目及其资金使用的管理,防止浪费和滥用。

第五章 农业投资的监督

第二十五条 各级人民政府每年编制国民经济和社会发展计划及财政预算时,应执行本条例的有关规定。在向本级人民代表大会作报告时应将农业投资情况作专项说明。

第二十六条 各级人民政府对农业投资计划、预算作部分调整变更时,应提请本级人民代表大会常务委员会审查批准。

第二十七条 各设区的市人大常委会对本市人民政府在农业投资中不执行本条例的行为,应及时提出意见,并向省人民代表大会常务委员会报告。

第二十八条 各级人民代表大会常务委员会,乡(镇)人民代表大会主席团,可根据需要组织人民代表对当地的农业投资情况进行视察、调查。

各级人民政府对人民代表关于农业投资方面的意见、建议,应及时作出认真答复。

第二十九条 各级审计部门应对本级或下级农业投资部门和资金使用部门的资金进行审计。有违反政纪行为的由监察部门进行监察。

第六章 法律责任

第三十条 违反本条例有关规定,挤占农业投资,造成农业投资损失浪费及严重影响经济效益的,由其上级主管机关或监察机关对其主要责任者给予行政处分。

第三十一条 违反本条例有关规定,挪用、贪污农业投资的,由其所在单位或者上级主管机关视情节给予行政处分;构成犯罪的,由司法机关依法追究刑事责任。

第七章 附 则

第三十二条 本条例自公布之日起施行。

山西省基本农田保护条例

(1999年11月30日山西省第九届人民代表大会常务委员会第十三次会议通过。根据2014年11月28日山西省第十二届人民代表大会常务委员会第十六次会议关于修改部分地方性法规的决定修正)

第一条 为了对基本农田实行特殊保护,促进农业生产和社会经济的可持续发展,根据《中华人民共和国土地管理法》(以下简称《土地管理法》)、国务院《基本农田保护条例》和有关法律、法规,结合本省实际,制定本条例。

第二条 严格实行基本农田保护制度。

本条例所称基本农田,是指按照一定时期人口和社会经济发展对农产品的需求,依据土地利用总体规划确定的不得占用的耕地。

本条例所称基本农田保护区,是指为对基本农田实行特殊保护而依据土地利用总体规划和依照法定程序确定的特定保护区域。

第三条 各级人民政府应当将基本农田保护工作作为政府领导任期目标责任制的一项重要内容,确保土地利用总体规划确定的本行政区域内的基本农田数量不减少,并按照法定内容层层签订基本农田保护责任书,认真组织实施。

乡(镇)人民政府应当根据与县级人民政府签订的基本农田保护责任书的要求,与农村集体经济组织或者村民委员会签订基本农田保护责任书,并认真组织落实。

农村集体经济组织或者村民委员会应当根据与乡(镇)人民政府签订的基本农田保护责任书的要求,与承包经营户签订基本农田保护责任书。

第四条 任何单位和个人都有保护基本农田的义务，并有权检举、控告侵占、破坏基本农田和其他有关的违法行为。

基本农田所有者、使用者的合法权益受法律保护，对非法占用基本农田的，有权拒绝。

第五条 各级人民政府对在基本农田保护工作中成绩显著和检举揭发侵占、破坏基本农田有功的单位和个人，给予奖励。

第六条 县级以上人民政府土地行政主管部门和农业行政主管部门按照本级人民政府规定的职责分工，负责本行政区域内的基本农田保护管理工作。

乡（镇）人民政府负责本行政区域内的基本农田保护管理工作。

乡（镇）土地管理所（站）应当严格履行职责，依法保护基本农田。

第七条 各级人民政府编制的土地利用总体规划，应当明确基本农田保护的布局安排、数量指标和质量要求。

县级和乡（镇）土地利用总体规划应当确定基本农田保护区，并在规划文本和图件中明确显示基本农田保护的数量和位置。

第八条 全省划定的基本农田应当占耕地总面积的80%以上。

各设区的市（地）划定的基本农田占本行政区域内耕地总面积的比例，由省人民政府确定。

各设区的市（地）应当按照省人民政府确定的基本农田数量指标，逐级分解下达。

第九条 国家规定应当依法划入基本农田保护区的耕地，必须划入基本农田保护区。

省人民政府可以根据实际情况将其他农业生产用地划入基本农田保护区。

第十条 县级以上人民政府应当保证按期完成基本农田保护区的划定工作。

基本农田保护区的划定工作由县级人民政府土地行政主管部门会同同级农业行政主管部门组织实施，由乡（镇）人民政府以乡（镇）为单位划区定界，并将基本农田落实到地块，测绘成图。

划定的基本农田保护区依法验收确认后，由县级人民政府设立保护标志，并在保护区所在地的乡（镇）、村予以公告，由县级人民政府土地行政主管部门建立档案，并抄送同级农业行政主管部门。

任何单位和个人不得破坏或者擅自改变基本农田保护区的保护标志。

第十一条 占用基本农田，必须经国务院批准。经国务院批准占用基本农田的，当地人民政府应当按照国务院的批准文件修改土地利用总体规划，并补充划入数量和质量相当的基本农田。占用单位应当负责开垦与所占基本农田的数量与质量相当的耕地；没有条件开垦或者开垦的耕地不符合要求的，应当按照该幅基本农田被占用前三年平均年产值的8至12倍向被占用基本农田所在地的市、县人民政府缴纳耕地开垦费，专项用于开垦新的耕地。

新开垦的耕地，需要补充划为基本农田的，必须经省人民政府土地行政主管部门会同农业行政主管部门验收确认。

第十二条 经国务院批准的重点建设项目占用基本农田的，满一年不使用而又可以耕种并收获的，应当由原耕种该幅基本农田的集体或者个人恢复耕种，也可以由用地单位组织耕种；一年以上未动工建设的，应当依法按照该幅基本农田被占用前三年平均年产值的2至4倍，向该幅基本农田所在地的市、县人民政府缴纳闲置费；连续二年未使用的，经国务院批准，由县级以上人民政府无偿收回用地单位的土地使用权；该幅土地原为农民集体所有的，应当交由原农村集体经济组织恢复耕种，重新划入基本农田保护区。

第十三条 各级人民政府应当采取措施，鼓励农业生产者对其经营的基本农田兴修水利，预防和治理水土流失，施用有机肥料，合理施用化肥和农药，防止耕地沙化、盐渍化、荒漠化。

利用基本农田从事农业生产的单位和个人应当逐年增加基本农田的投入，改良土壤，保持和培肥地力。因投入不足或者掠夺性经营造成地力下降的，由乡（镇）人民政府和村民委员会责令限期恢复地力。

第十四条 县级以上人民政府农业行政主管部门应当逐步建立基本农田地力与施肥效益长期定位监测网点，按照国家有关规定，完善基本农田地力监测体系，建立监测发布制度，每年向本级人民政府提出基本农田地力变化状况以及相应的地力保护措施等书面报告，并为农业生产者提供服务。

第十五条 县级以上人民政府农业行政主管部门应当会同同级环境保护行政主管部门对基本农田环境污染进行监测和评价，每年向本级人民政府提出环境质量与发展趋势的报告。

第十六条 凡占用基本农田对农业环境有直接影响的建设项目，建设单位必须遵守国家有关建设项目环境保护管理的规定。在提交的环境影响报告书中，应当有基本农田保护方案。

环境保护行政主管部门在审批环境影响报告书前，应当征求同级农业行政主管部门的意见。该项目在竣工验收时，应当有同级农业行政主管部门参加。

第十七条 因发生事故或者其他突然性事件，造成或者可能造成基本农田环境污染事故的，当事人必须立即采取应急措施处理，避免造成严重损失，并及时通报可能受到污染危害的单位和个人，同时向当地环境保护行政主管部门和农业行政主管部门报告，接受调查处理。

因排放污染物致使基本农田遭受污染损害的，造成污染的单位或者个人有责任排除危害，在限期内治理，并对直接受到损害的单位或者个人依法赔偿损失。

第十八条 因生产建设活动损

毁基本农田的，责任单位和责任人应当依法负责复垦；土地复垦义务人不复垦，或者复垦验收中经整改仍不合格的，应当缴纳土地复垦费，由有关土地行政主管部门代为组织复垦。

确定土地复垦费的数额，应当综合考虑损毁前的土地类型、实际损毁面积、损毁程度、复垦标准、复垦用途和完成复垦任务所需的工程量等因素。

第十九条 各级人民政府每年应当对基本农田保护目标责任制的执行情况和基本农田保护责任书的实施情况进行检查，并将检查情况报告上一级人民政府。

第二十条 买卖或者以其他形式非法转让基本农田的，由县级以上人民政府土地行政主管部门依照《山西省实施〈土地管理法〉办法》第四十六条的规定，从重予以处罚。

第二十一条 违反本条例规定，拒不履行复垦义务的，由县级以上人民政府土地行政主管部门依照《山西省实施〈土地管理法〉办法》第五十四条的规定，从重予以处罚。

第二十二条 有下列行为之一的，由县级以上人民政府土地行政主管部门依照《土地管理法》第七十六条的规定，从重予以处罚；处以罚款的，罚款额为每平方米10元以上30元以下：

（一）未经批准，擅自占用基本农田的；

（二）采取各种欺骗手段骗取批准，非法占用基本农田的；

（三）超过批准的用地数量，多占基本农田的；

（四）擅自改变批准用地位置或者四至范围，非法占用基本农田的。

第二十三条 非法批准占用基本农田的，依照国务院《基本农田保护条例》第三十条的规定，从重给予处罚。

对政府领导人违法批占基本农田的，土地行政主管部门有权抵制，并应当及时报告同级人民代表大会常务委员会和上级行政主管部门。

第二十四条 违反本条例规定，破坏或者擅自改变基本农田保护区标志的，由县级以上人民政府土地行政主管部门责令恢复原状，可以处500元以上1000元以下罚款。

第二十五条 违反本条例规定，逾期不缴纳耕地开垦费、复垦费和土地闲置费的，从滞纳之日起每日加收1‰至3‰的滞纳金。拒不缴纳的，由土地行政主管部门申请人民法院强制执行。

第二十六条 侵占、挪用基本农田的耕地开垦费、复垦费和其他费用，构成犯罪的，依法追究刑事责任；尚不构成犯罪的，依法从重给予行政处分。

第二十七条 违反本条例规定，造成本行政区域内基本农田数量减少或者未按照基本农田保护责任书完成任务的，由上一级人民政府责令限期改正；拒不改正的，对政府直接负责的主管人员和其他直接责任人员依法给予行政处分。

第二十八条 对拒绝、妨碍基本农田保护管理人员执行职务的，依照《中华人民共和国治安管理处罚法》的有关规定给予处罚；构成犯罪的，依法追究刑事责任。

第二十九条 国家工作人员在基本农田保护工作中玩忽职守、滥用职权、徇私舞弊，构成犯罪的，依法追究刑事责任；尚不构成犯罪的，依法从重给予行政处分。

第三十条 本条例由山西省人民代表大会常务委员会负责解释。

第三十一条 本条例自公布之日起施行。1990年1月19日山西省第七届人民代表大会常务委员会第十四次会议通过的《山西省基本农田保护条例》同时废止。

山西省燃气管理条例

（2000年9月27日山西省第九届人民代表大会常务委员会第十八次会议通过。根据2014年11月28日山西省第十二届人民代表大会常务委员会第十六次会议关于修改部分地方性法规的决定修正）

第一章 总 则

第一条 为加强燃气管理工作，规范燃气市场行为，维护燃气消费者、经营者的合法权益，保障社会公共安全，促进燃气事业的发展，制定本条例。

第二条 本条例适用于本省行政区域内燃气发展规划的制定和实施，燃气工程的建设，燃气的生产、销售、使用，燃气设施的保护，燃气器具的生产、销售、安装、维修，以及相关的管理活动。

第三条 县级以上人民政府建设行政主管部门负责本行政区域内燃气行业的监督管理工作。具体管理工作可以委托符合行政处罚法规定条件的燃气管理机构实施。

县级以上人民政府经贸、公安、工商、质量技术监督、交通、价格等有关行政主管部门按照各自的职责，依法负责燃气的安全、质量、价格等相关的监督管理工作。

第四条 燃气事业的发展坚持统筹规划、优化气源结构、实行市场准入、鼓励公平竞争和保障安全用气的原则。

第五条 县级以上人民政府应当鼓励和支持燃气科学技术研究，积极推广使用安全、节能、高效的燃气新技术、新工艺、新产品。

第六条 燃气管理坚持"安全第一，预防为主"的方针。燃气管理部门及燃气生产、销售企业应当对用户安全和节约用气进行指导和宣传，用户应当按照规定正确使用燃气。

第二章 规划和建设

第七条 县级以上人民政府应当将燃气事业的发展纳入国民经济和社会发展计划。

城市的燃气发展规划应当纳入城市总体规划。

乡级人民政府应当将村庄和集镇的燃气建设逐步纳入村庄和集镇总体规划。

编制燃气发展规划应当符合消防、防爆、抗震、防洪等安全要求。

第八条 县级以上人民政府应当将燃气汽车加气站的建设纳入燃气发展规划。

第九条 城市在新区开发和旧区改造时，应当按照燃气发展规划，配套建设燃气设施。

居民住宅和其他需要使用燃气的建筑物，在建设和改造时应配套建设室内燃气设施。

按照燃气发展规划预留的燃气设施建设用地，任何单位和个人不得占用或改变其用途。

第十条 新建、改建、扩建燃气工程项目应当符合燃气发展规划和环境保护要求，经建设行政主管部门审核同意，按照国家和本省规定的建设项目审批程序报有关部门批准后实施。

第十一条 燃气工程的建设，应当依法实行工程项目招标投标、建设监理和质量监督制度。

建设单位应当委托有相应资质的单位进行燃气工程的设计、施工和监理。

禁止无资质证书或者超越资质证书许可的范围从事燃气工程的设计、施工和监理。

第十二条 燃气工程竣工后，应当进行竣工验收。未经验收或者验收不合格的，不得交付使用。

第三章 燃气经营

第十三条 对燃气经营实行许可证制度。从事燃气经营活动的企业，应当具备下列条件：

(一)符合燃气发展规划要求；

(二) 有符合国家标准的燃气气源和燃气设施；

(三)有固定的经营场所、完善的安全管理制度和健全的经营方案；

(四)企业的主要负责人、安全生产管理人员以及运行、维护和抢修人员经专业培训并考核合格；

(五) 法律、法规规定的其他条件。

符合前款规定条件的，由设区的市人民政府燃气管理部门核发燃气经营许可证。

第十四条 燃气生产、销售企业合并、分立，应当办理燃气企业经营许可变更登记手续。

燃气生产、销售企业歇业的，应当在歇业的九十日前，书面向当地建设行政主管部门申请办理燃气企业经营许可注销手续。当地建设行政主管部门应当在九十日内解决好用户供气。

第十五条 燃气销售企业应当与燃气生产企业依法订立合同，保证正常供气。

燃气生产、销售企业应当建立健全质量保证体系和质量检验制度，保证生产和销售的燃气质量符合国家规定的标准。

第十六条 燃气的价格实行政府定价和政府指导价。

政府定价，由燃气经营企业或建设行政主管部门提出申请，报政府价格主管部门，按照定价权限和程序确定燃气价格。

政府指导价，由燃气经营企业或建设行政主管部门提出申请，报政府价格主管部门，按照定价权限和程序确定基准价和调整幅度，指导经营者制定燃气价格。

制定和调整燃气价格，应当举行听证会。

第十七条 燃气销售企业不得有下列收费行为：

(一) 不按照规定的价格标准收取费用；

(二)未受用户委托，自行提供服务的收费。

第十八条 燃气销售企业应当按照燃气质量、压力和计量标准，向用户不间断供气；燃气销售企业与单位用户订立的供用气合同另有约定的，从其约定。

因燃气工程施工或者燃气设施维修，确需暂停供气或者降低燃气压力的，燃气销售企业应当于四十八小时前予以公告，并对用户做出安排；需在较大范围内暂停供气或者降低燃气压力的，燃气销售企业应当事先向建设行政主管部门报告。

因不可抗力、突发性事故等紧急情况，确需暂停供气或者降低燃气压力的，燃气销售企业应当立即通知用户，同时向建设行政主管部门报告，并采取不间断抢修措施，直至恢复正常供气。

第十九条 燃气销售企业应当设置用户联系电话和抢险抢修电话，并向社会公布。抢险抢修电话应当有专人每天二十四小时值班。

第二十条 燃气销售企业接到用户报修后，应当在规定的期限或者与用户约定的时间内派人到现场维修；对燃气泄漏的，应立即派人到现场抢修。

第二十一条 燃气供气站点必须由具有燃气销售企业经营许可证书的企业设立。

燃气供气站点的设立应当具备下列条件，并取得由建设行政主管部门核发的许可证，方可供气：

(一) 有与经营规模相适应的营业场所；

(二) 有符合国家燃气质量标准的稳定气源；

(三)有与经营规模相适应的，符合国家有关标准和规定的燃气设施、计量器具和消防器材；

(四) 有相应数量的经过专业培训合格的管理人员和技术人员；

(五) 有健全的规章制度和安全责任制度。

第二十二条 燃气生产、销售企业和燃气供气站点不得向无燃气企业经营许可证书、无供气许可证的单位和个人提供用于销售的燃气。

第二十三条 从事瓶装燃气生产和销售的企业，应当遵守下列规定：

(一) 钢瓶的灌装量和残液量应当符合国家规定，并按规定抽取残液；

(二) 燃气销售企业应当按照规定送检燃气钢瓶，禁止使用超过检验期限或者检验不合格的燃气钢瓶；

(三) 禁止用槽车直接向燃气钢瓶灌装液化石油气；

(四) 禁止擅自改换燃气钢瓶检

验标记；

（五）禁止转灌瓶装燃气、倾倒残液和对燃气钢瓶加热。

第二十四条 新型燃气应当达到国家和省规定的产品质量标准和安全标准。

新型燃气应当经省建设行政主管部门和公安消防部门组织鉴定。经鉴定合格后方可经营。

第四章 燃气使用和燃气器具

第二十五条 用户需要使用燃气，应当向燃气销售企业提出。具备供气条件的，燃气销售企业应当及时组织供气。

燃气销售企业不得限定用户购买本企业或者其指定的燃气器具和相关产品，不得限定用户委托本企业或者其指定的安装单位安装燃气器具。

第二十六条 燃气的计量应当使用符合国家计量标准的燃气计量装置。燃气计量装置应当由法定检测机构定期进行检验。

第二十七条 燃气用户应当依据燃气流量表计量数据按规定期限缴纳燃气使用费，不得拖欠或拒缴。

第二十八条 燃气销售企业对燃气用户进行检修或查表收费时，燃气销售企业应当提前通知用户，检修和查表收费人员应当佩戴证件，为用户搞好服务。燃气用户应当予以配合。

第二十九条 用户应当按使用规则安全用气、节约用气。

任何单位和个人不得有下列行为：

（一）擅自改装、迁移或者拆除燃气设施；

（二）擅自变更燃气用途；

（三）在燃气输配管网上直接安装燃气器具或者采用其他方式盗用燃气；

（四）在设有燃气管道设施的房间内放置炉火或者存放易燃、易爆物品；

（五）将燃气管道作为负重支架或者电器设备的接地导体。

第三十条 用户有权就燃气经营的收费和服务向燃气经营企业查询，可以向有关部门或组织投诉；有关部门、组织应当自接到投诉之日起十五日内予以答复。

第三十一条 在本省销售的燃气器具，符合下列条件后，方可列入销售目录：

（一）燃气器具生产企业依法取得了生产许可证；

（二）具有产品质量合格证；

（三）经省质量技术监督部门和省建设行政主管部门认定的检测机构进行气源适配性检测合格；

（四）在本省设立或者指定布局合理、方便用户的产品维修站点。

建设行政主管部门应当定期向社会公布燃气器具销售目录。

第三十二条 燃气器具的安装、维修单位应当取得建设行政主管部门核发的燃气器具安装维修资质证书后，方可从事安装、维修业务；从事燃气器具安装维修的人员，应当经培训合格后持证上岗。

用户应当委托具有资质的安装单位安装燃气器具。

燃气器具的安装单位对未列入销售目录的燃气器具应当拒绝安装。

第五章 燃气设施保护和燃气事故处理

第三十三条 燃气生产、销售企业应当在燃气的调压站、气化站、汽车加气站、液化石油气瓶库等重要燃气设施建筑物上设置醒目的、统一的安全识别标志，并采取相应的安全保障措施。

任何单位和个人都有维护燃气设施安全的义务，发现燃气设施损坏和燃气泄漏应当立即报告燃气销售企业和有关部门。

任何单位和个人不得擅自移动、覆盖、拆除或者损坏燃气设施的安全识别标志。

第三十四条 在《城镇燃气设计规范》和《建筑设计防火规范》规定的燃气设施安全保护范围内，不得从事下列活动：

（一）建造建筑物或者构筑物；

（二）堆放物品或者排放腐蚀性液体、气体；

（三）开挖沟渠、挖坑取土或者种植深根植物；

（四）进行打桩或者顶进作业；

（五）其他损坏燃气设施或者危害燃气设施安全的行为。

第三十五条 在燃气输配管道的安全保护范围内确需进行施工或其他作业的，建设单位或施工单位必须与燃气生产、销售企业协商采取相应的安全保护措施。

第三十六条 燃气生产、销售企业选用的燃气贮罐、气瓶和调压器应当符合规定的标准，并按照压力容器管理的有关规定定期检修和更新。

燃气运输应当执行危险品运输的规定。

第三十七条 燃气生产、销售企业应当建立燃气设施巡查制度，定期对燃气设施进行检修，并制定燃气事故的应急处理方案。

发生燃气事故，对燃气设施抢修时，有关单位和个人应当给予配合，不得以任何理由阻挠或者干扰抢修工作的进行。

燃气设施的管理和维修由燃气生产和销售企业负责组织实施，所发生的费用由产权所有者负担。

第三十八条 燃气事故造成人员伤亡、财产损失的，由建设、经贸、公安、质量技术监督等行政主管部门按照各自职责，相互配合，进行事故现场勘查，调查取证，并确定事故原因和责任。

有关当事人对燃气事故原因和责任的认定有争议的，可以提请县级以上人民政府确定的事故鉴定机构鉴定。

第六章 法律责任

第三十九条 燃气事故的有关当事人按照下列规定依法承担责任：

（一）因燃气器具产品质量或者安装质量不符合国家标准和安全要求造成燃气事故的，燃气器具生产、销售企业或（一）者安装单位应当依法承担赔偿责任；

（二）因燃气生产、销售作业造成人员伤亡、财产损失的，燃气生产、销售企业应当依法承担赔偿责任。工伤事故按照国家有关规定处理；

（三）因施工或者其他作业造成燃气设施及其他财物损坏、人身伤亡的，应当由责任单位依法承担赔偿责任；

（四）燃气用户因自身过错造成燃气事故的自行承担损害责任，造成他人伤亡、财产损失的应当依法承担赔偿责任；

（五）因第三人的过错造成燃气事故的，第三人应当依法承担赔偿责任；

（六）除不可抗力外，燃气事故责任人一时无法查清的，燃气生产、销售企业应当依法承担赔偿责任。燃气生产、销售企业可以保留依法向燃气事故责任人追偿的权利。

前款规定的燃气事故的赔偿，由有关当事人协商处理或申请调解处理，有关当事人也可以直接向人民法院提起民事诉讼；燃气事故责任人构成犯罪的，依法追究刑事责任。

第四十条　违反本条例规定，有下列行为之一的，由县级以上人民政府建设行政主管部门责令停止违法行为，并可根据情节处以五千元以上三万元以下罚款：

（一）未取得燃气企业经营许可从事燃气生产和销售活动的；

（二）燃气生产、销售企业的合并、分立、歇业未办理燃气企业经营许可变更登记或注销登记的；

（三）燃气供气站点未取得供气许可证供气的；

（四）向无供气许可证的单位和个人提供用于销售的燃气的；

（五）未按规定期限对用户燃气设施进行检修的。

前款第（三）、（四）、（五）项行为，情节严重的，由县级以上人民政府建设行政主管部门吊销其经营许可证书。

第四十一条　燃气生产、销售企业违反本条例规定有下列行为之一的，由县级以上人民政府建设行政主管部门责令改正，并可根据情节处以一千元以上一万元以下罚款；情节严重的，吊销其经营许可证书：

（一）未建立燃气设施巡查制度和制定燃气事故的应急处理方案的；

（二）未在燃气调压站、气化站、汽车加气站、液化石油气瓶库等重要设施的建筑物上设置安全识别标志的；

（三）限定用户购买本企业或者其指定的相关产品以及指定安装单位为用户安装燃气器具的。

第四十二条　违反本条例规定，擅自中断供气或降低燃气压力的，由县级以上人民政府建设行政主管部门责令改正，并处以一万元以上三万元以下罚款，给用户造成损失的，应当依法承担赔偿责任；供用气双方有合同约定的，依照合同法有关规定处理。

燃气质量不符合国家规定标准的，由县级以上人民政府质量技术监督行政主管部门依照产品质量法的有关规定予以处罚。

第四十三条　违反本条例第十一条、第十二条规定的，由县级以上人民政府建设行政主管部门依照有关法律法规的规定予以处罚。

第四十四条　有违反本条例第二十九条第二款规定行为之一的，由县级以上人民政府建设行政主管部门责令改正，并可根据情节处以一百元以上五百元以下罚款；涉及违反《中华人民共和国治安管理处罚法》的，依照该条例的有关规定予以处罚；构成犯罪的，依法追究刑事责任。

第四十五条　县级以上人民政府建设行政主管部门及其他有关行政主管部门的工作人员在燃气管理工作中玩忽职守、滥用职权、徇私舞弊尚不构成犯罪的，应当给予行政处分；构成犯罪的，依法追究刑事责任。

第七章　附　则

第四十六条　本条例中下列用语的含义是：

（一）燃气是指人工煤气、天然气、液化石油气等气体燃料的总称。

（二）燃气设施是指燃气生产、储运、输配、供应的各种设备及其附属设施。

（三）燃气供气站点包括液化石油气瓶装供气站点、汽车加气站和各类燃气气化站。

第四十七条　本条例具体应用中的问题，由省人民政府负责解释。

第四十八条　本条例自2001年1月1日起施行。

主要缩略语解释

说　明　缩略语，即通常所说的简称，是把比较复杂的名称经过压缩和简略之后形成的词或词组。缩略语在日常生活中被大量使用，有简单明了的特点。《山西年鉴（2015）》使用了不少缩略语，为了方便读者使用年鉴，现将《山西年鉴（2015）》内文中出现的主要缩略语作了辑录，并按其首字的汉语拼音字母顺序排列（数字开头缩略语另排序）。

“八个要求”　指2014年10月8日，习近平总书记在党的群众路线教育实践活动总结大会上发表重要讲话。会上，习总书记就从严治党提出八点要求：第一，落实从严治党责任；第二，坚持思想建党和制度治党紧密结合；第三，严肃党内政治生活；第四，坚持从严管理干部；第五，持续深入改进作风；第六，严明党的纪律；第七，发挥人民监督作用；第八，深入把握从严治党规律。

“百企千村产业工程”　2013年7月18日开始，山西省委、省政府决定，在全省贫困地区实施百企千村产业扶贫开发工程。该工程是以吕梁山、太行山两大连片特困地区为主战场,以促进农民收入翻番为核心,发挥组织、政策和资源优势,支持引导百家以上大中型企业,带动数千个贫困村实现区域化、规模化产业扶贫开发,促进农民增收和企业转型,加快改变贫困地区面貌,推动全省经济实现可持续发展的重大工程。

"百日百项工程" 山西省委、省政府提出,是稳定经济增长、优化产业发展的一项重要举措。从2014年11月底到2015年3月底前,在交通、电力、装备制造、流通、服务业、民生社会事业等领域,选定总投资约1416亿元、前期工作基本完成的100个项目,利用有效施工时间,创造开工条件,组织实施项目建设,促进全省经济持续稳定增长。

单独两孩 指中国政府制定的计划生育政策,只要夫妻双方一人为独生子女,即可生二胎(如果前一胎为多胞胎,则不适于此政策)。

"飞地经济"发展模式 两个相互独立、经济发展存在落差的行政地区打破原有行政区划限制,通过跨空间的行政管理和经济开发,实现两地资源互补、经济协调发展的一种区域经济合作模式。

"红线意识" 由习近平提出的重视安全生产的重要指示。主要内容为,人命关天,发展决不能以牺牲人命为代价,这必须作为一条不可逾越的红线。

"黄丝带帮教计划" 即由中国民盟开展的一项为服刑人员提供心理健康教育、法律援助、实用技能培训和就业咨询等多种形式帮教活动。

"金十条" 即国务院办公厅日前发布《关于金融支持经济结构调整和转型升级的指导意见》,具体内容为,继续执行稳健的货币政策,合理保持货币信贷总量;引导、推动重点领域与行业转型和调整;整合金融资源支持小微企业发展;加大对"三农"领域的信贷支持力度;进一步发展消费金融促进消费升级;支持企业"走出去";加快发展多层次资本市场;进一步发挥保险的保障作用;扩大民间资本进入金融业;严密防范金融风险。

"两个责任" 党的十八届中央纪委三次全会明确提出,落实党风廉政建设责任制,党委负主体责任,纪委负监督责任,制定实施切实可行的责任追究制度。

"两化三型" 指食品工业产业发展的模式。"两化"即食品工业发展"功能化、绿色化";"三型"即"链式竞争性、集约协调型和文化底蕴型"。

"两违"行为专项整治 指违法占地和违法建设专项整治,用于规范农村住房建设行为。

"临汾模式" 2014年4月10日,全军医疗保障社会化试点现场观摩会在临汾召开,四总部、各大军区和各军兵种有关领导对临汾军分区医疗保障社会化试点进行现场观摩指导,给予高度评价,并将试点结果总结为"临汾模式"。

"六大发展" 在中共山西省委十届六次全会上,山西省委书记王儒林提出的发展山西经济的方式。着力从廉洁发展、转型发展、创新发展、绿色发展、安全发展、统筹发展六个方面推进经济发展。

"六个统一" 山西省食品药品监督管理局实行的监督检验措施。主要指统一制定计划、统一组织实施、统一数据汇总、统一结果利用、统一核查处置、统一考核评价。

"六六创安"工程 即着力打好打黑除恶、打击"两抢一盗"等"六场硬仗",开展对社会治安重点地区"六项整治",推进社会治安防控体系"六网覆盖",化解征地拆迁、村矿村企矛盾等"六类纠纷",抓好刑释解教、社区矫正人员等"六类特殊人群"管控帮教,深化以"平安社区""平安县市"等为主要内容的"六安联创"活动。

"六权治本" 即依法确定权力、科学配置权力、制度约束权力、阳光行使权力、合力监督权力、严惩滥用权力。六权治本"更是一场权力革命,需要各级各部门特别是主要领导干部亲自抓、勇于革自己的命。"六权治本"涉及面比较广、牵扯点也比较多,要从实际出发,以问题为导向,针对掌握权力的重点对象、腐败现象易发多发的重点领域、权力运行的重点环节先行突破,以重点突破带动整体推进。

"六网覆盖" 即山西省社会治安防控体系工程。具体做法为,一是警情主导,建设街面巡逻防控网;二是因地制宜,建设社区防控网;三是分级负责,建设内部单位防控网;四是就近结盟,建设区域警务协作网;五是综合管理,建设虚拟社会防控网;六是科学规划、分布推进,全面构建以"城区全覆盖、农村基本覆盖"为目标的视频监控网。通过"六网覆盖"工程提升社会治安防控能力、遏制违法犯罪、维护社会稳定

"六项工作" 山西省委和省政府提出,主要有六点,分别是:一是在统一战线形成落实"净化政治生态、促进富民强省"的浓厚氛围,引导统战干部和统一战线成员坚决把省委的决策部署贯彻到底、落实到位;二是在全省非公有制经济人士中开展"强信心、促转型、树形象"活动;三是搭建服务全省扩大开放、改革发展的平台,发挥工商联、侨联、台联、海联会、欧美同学会和各类商会等组织的作用,为引进资金、项目、人才提供服务,推动以商招商、以才引才、以智聚智;四是畅通党外人士发挥民主监督作用的渠道;五是出台从严加强党外代表人士培养、教育、选拔、使用、管理的具体规定;六是在全省统战系统开展"强素质、转作风、重实干、树形

象”主题实践活动，全面加强统战干部思想建设、作风建设、制度建设。

“六型转变” 根据“四个革命”理念提出的推动山西煤炭产业发展模式。“六型转变”主要是指将煤炭产业向“市场主导型”转变、向“清洁低碳型”转变、向“集约高效型”转变、向“延伸循环型”转变、向“生态环保型”转变和向“安全保障型”转变，以此推动山西煤炭产业转型发展。

“煤炭20条” 又称“山西省煤炭经济二十条”，全称《进一步促进全省煤炭经济转变发展方式实现可持续增长的措施》。其中20条措施，分近期、中期、长期三个类别同时实施，主要目标在于促进全省煤炭经济健康发展。

“苗圃计划” 即指以同济大学为依托，每年推荐10名左右优秀学生纳入同济大学“苗圃计划”，同济大学将对这些学生集中开展能力训练，引导他们的兴趣进一步发展，最终择优选择3—5名学生，确定为同济大学自主招生对象。

农产品质量安全“一法一条例” 指《中华人民共和国农产品质量安全法》和《山西省农产品质量安全条例》，简称“一法一条例”。

农村“五件实事” 是指2013年初，李小鹏省长在《政府工作报告》中提出的为农民群众再办五件实事，即“全面完成农村困难家庭危房改造、特困群众易地搬迁、行政村街道亮化、村级幼儿园改扩建和乡村清洁工程。”五项工程，预计总投资达400亿元。

权力“挂起” 即指除行政许可、非行政许可审批及清理中属于其他类别的和直接关系公共安全、人身健康、生命财产安全以及省以上垂直管理部门行使门的权力事项外，对清单中一年内未行使的行政处罚、行政强制、行政征收等行政权力项目实施“挂起”处理，如需使用，须报政府批准。

“三个必须” 是中华人民共和国国家主席习近平在2013年03月17日十二届全国人大一次会议闭幕会上详细阐释的一个观点。即实现中国梦必须走中国道路”，“实现中国梦必须弘扬中国精神”，“实现中国梦必须凝聚中国力量”。

“三个决不能过高估计”和“三个敬畏” 是李小鹏在2014年四届三次职工代表大会上对做好安全管理工作提出的总要求。“三个不能过高估计”，即决不能过高估计安全生产形势，决不能过高估计大家对安全生产重要性的认识，决不能过高估计当前安全生产的能力和水平；“三个敬畏”，即敬畏生命、敬畏责任、敬畏制度。

“三个一” 山西省关检工作。“三个一”指一次申报、一次查验、一次放行。

“三个一批” 中共山西省委提出的教育管理干部的一项制度。即甄别处理一批不廉洁、乱作为的干部，调整退出一批不胜任、不作为的干部，掌握使用一批敢担当、善作为的好干部，旨在整治“为官不廉、为官不为”问题。

“三项调研” 山西省委和省政府提出，主要有三条，分别是：一是组织开展民营中小微企业发展大调研，二是围绕“六大发展”开展专题调研，三是围绕“净化政治生态、重塑山西形象”建言献策，向省委和省政府提出一些针对性、能落地、起作用的意见建议。

“三项清理规范” 中共山西省委开展的整治干部不正之风的活动。即清理干部中存在的档案造假、违规破格提拔、“吃空饷”、超职数配备干部、空转手续进入等不正之风。

“三严三实” 2014年3月9日，习近平总书记在中华人民共和国第十二届全国人民代表大会第二次会议安徽代表团参加审议时，关于推进作风建设的讲话。主要内容为，“三严”指严以修身、严以用权、严以律己；“三实”指谋事要实、创业要实、做人要实。

“三重一大” 即重大问题决策、重要干部任免、重大项目投资决策、大额资金使用。“重大事项决策、重要干部任免、重要项目安排、大额资金的使用，必须经集体讨论做出决定”的制度，简称“三重一大”制度。

“三抓三保” 山西省邮政管理局为推动的空白乡镇邮政局所补建工作实行的措施。即抓接收率保运营率；抓大户保全省；抓困难保全面。

“三转变三服务三提升” 民生警务实践活动。“三转变”即“转变观念、转变作风、转变态度”；“三服务”即“送服务到企业、送服务到社区、送服务到农村”；“三提升”即“提升打防管控能力、提升服务质量和效率、提升公安机关形象”。

“三纵十二横十二环” 年内省政府对全省高速公路网规划进行调整，路网布局调整为“三纵十二横十二环”，较上一规划增加一横一环，总规模将增加到7258千米，新增高速公路938千米。新增10条高速公路，分别是太原二环高速公路、朔州东北环高速公路、昔阳龙坡至榆次东阳高速公路、祁县城赵至离石高速公路、阳城至运城高速公路、应县至繁峙高速公路、静乐丰润至兴县黑峪口高速公路、汾阳至石楼高速公路、洪洞至大宁高速公路、古县至翼城高速公路。

“四车一隧道” 指营运客车、校车、危险化学品运输车、大型货车、公路隧道。

“四大工程” 指山西省2014年初启动的改善农村人居环境“四大工程”。具体内容为，完善提质工程稳步推进，农民安居工程重点突破，环境整治工程全面开展，宜居示范工程启动创建。

“四个革命” 2014年，习近平在主持召开的中央财经领导小组第六次会议上提出的能源发展理念。主要推动能源消费、能源供给、能源技术和能源体制四方面的工革命。

“四化”监管模式 指2014年山西省食品药品监督管理局在全系统内实施的监管模式。具体内容为，责任网络化、检查格式化、管理痕迹化、监管信息化。

“四性一度”原则 评估重大项目的原则，即重要性、紧迫性、创新性、成熟性及贡献度原则。

“文化惠民在三晋”活动 是由2014年1月24日山西省文化局长会议提出发展文化的一系列活动，主要包括基层文化活动、弘扬中国梦、美丽三晋等十项文化惠民的主要活动。

“五缓三补两协商一报备”政策 是一项帮扶困难企业稳定就业岗位的政策。“五缓”指经认定的困难企业可以缓缴2014年基本养老、基本医疗、工伤、失业、生育五项社会保险费。“三补”指在确保失业人员失业保险待遇按时足额支付、失业保险基金不出现缺口的前提下，可以使用失业保险基金对困难企业给予社会保险补贴和岗位补贴。两协商”推动各类企业建立健全工资集体协商制度。国有和国有控股困难企业，要重点围绕工资按时支付以及稳岗增效措施等内容开展集体协商，做到不裁员，不降低一线职工收入。“一报备”企业一次性裁员20人以上或者裁减不足20人但占企业职工总数10%以上的，要提前三十日向工会或者全体职工说明情况，听取工会或者职工的意见，制定裁减人员方案并向人社行政部门报备。

“五送一满意”活动 2014年公安交管部开展的联系走访活动。其内容为，送服务到单位、送平安到单位、送和谐到单位、送法律到单位、送温暖到单位。

“五五工程” 即发动农牧民群众进行改房、改水、改厕、改圈、改路的“五改工程”。

“乡村文化记忆工程”实施方案 即以传承弘扬传统文化为核心，推进非物质文化遗产保护工作的实施方案。具体内容为，对各类物质和非物质的乡村文化资源进行普查、建档、展示、利用，进行“晋中文化生态保护实验区”建设，提高全省非物质文化遗产保护水平，加大对传统音乐、舞蹈、戏剧、曲艺类项目的保护力度，加强传承人才培养，着力培育扎根基层的乡土文化能人。还将以文化遗产日、传统节日等为契机开展形式多样的宣传展示活动。

“一村一警” 指从市县级治安、刑侦、交警等部门挑选适合和熟悉当地情况的民警进驻每一个行政村，实现“村村有警、月月见警”，把警力下沉到基层一线。

“一村一律师” 即法律援助咨询服务。通过“法进社区、送法下乡”等形式，让普法教育、法律咨询、法律服务进乡村、进校园、进企业、进社区，为村民和居委会提供法律服务。

“一村一品” 即在一定区域范围内，以村为基本单位，按照国内外市场需求，充分发挥本地资源优势、传统优势和区位优势，通过大力推进规模化、标准化、品牌化和市场化建设，使一个村（或几个村）拥有一个（或几个）市场潜力大、区域特色明显、附加值高的主导产品和产业，从而大幅度提升农村经济整体实力和综合竞争力的农村经济发展模式。

“一带一路”实施规划 是丝绸之路经济带和21世纪海上丝绸之路的简称，2013年9月和10月由中国国家主席习近平分别提出建设“新丝绸之路经济带”和“21世纪海上丝绸之路”的战略构想。“一带一路”是合作发展的理念和倡议，是依靠中国与有关国家既有的双多边机制，借助既有的、行之有效的区域合作平台，旨在借用古代“丝绸之路”的历史符号，高举和平发展的旗帜，主动地发展与沿线国家的经济合作伙伴关系，共同打造政治互信、经济融合、文化包容的利益共同体、命运共同体和责任共同体。

一倒查六整治 即坚决整治违反干部任用标准、程序问题，坚决整治跑官要官、买官卖官问题，坚决整治“三超两乱”问题，坚决整治干部档案造假问题，坚决整治领导干部违规兼职问题，坚决整治“裸官”问题。

一岗双责制度 “一岗”就是一个领导干部的职务所对应的岗位；“双责”就是一个领导干部既要对所在岗位应当承担的具体业务工作负责，又要对所在岗位应当承担的党风廉政建设责任制负责；也就是一个单位的领导干部应当对这个单位的业务工作和党风廉政建设负双重责任。

“一核一圈三群” 2010年7月29日召开的山西省领导干部大会上，省委书记袁纯清提出，“山西省将以太原都市区为核心、区域性中心城市为节点、大县城和中心镇为基础，构建“一核一圈三群”城镇体系框架。

“一企一策” 是指地方政府为实现一定的经济和社会发展目标，采用个体谈判的方式，对一个个企业采用差异化的特定政策。从地域上看，执行“一企一策”的范围不仅是中西部地区，东部沿海及主要经济圈也都有类似政策；从政策支持方式上看，“一企一策”政策主要体现在用地、税收减免、地方财政补贴等方面；从时间上看，该政策以前多用于企业改制、地方政府招商，目前正向企业创新、市场开拓、落后产能淘汰、用工等相关政策蔓延。我国要建立社会主义市场经济体制，要让市场在资源配置中发挥决定性作用，如果对“一企一策”的蔓延趋势不加以警惕，以简政放权释放市场活力的改革目标就难以落实。

“一区多园”建设 指扩大高新区原有的地理空间，通过增加新园区或将已经具备一定发展基础的园区整合并入高新区，实施区位优势、资源优势、基础优势、政策优势和服务优势共享的政策，对核心园区与非核心园区、综合性创新孵化园区与专业性功能产业园区，进行模块化分布、集中化管理、平等化待遇、层次化扩散，形成大高新区发展格局。

“一市两县”“一市两园” 根据省委、省政府领导的指示和省转型综改领导组的安排，省发展改革委、省转型综改办牵头开展的促进经济发展的优惠政策。“一市两县”即每市一个省级转型综改试点县和一个市级转型综改试点县，“一市两园”即每市一个产业转型园和一个科技创新园。

“一县一业” 即要求以县为基础，在一定区域范围内，按照国内外市场需求，依托当地比较优势，培植至少一个区域型主导产业发展壮大。

“一线六乡旅游点” 由太谷县提出。“三有”是指有组织，改变自发为主的现状，成立合作社，设立接待中心，专人负责；有设施，配套布局合理标准的遮阳亭、衣帽钩、卫生间等；有醒目的标识标牌。“五统一”是指建立“统一标识、统一标准、统一流程、统一价格、统一用品”的标准。“一线六乡旅游点”，“一线” 即沿南山百里林果带一线，“六乡”即南山一线涉及的北□乡、侯城乡、阳邑乡、小白乡、范村镇、任村乡。“三有五统一”服务于“一线六乡旅游点”任务。

“1135 工程” 即市县两级公安机关要采取多种措施，确保为全省派出所充实 1000 名警力；省、市、县公安机关，要筹资 1 亿元加强派出所基础建设，改善派出所和社区民警装备；进一步推动警力下沉、警务保障、机制建设“三到位”；制定和落实民警补助足额到位、经费充分保障、提高表彰奖励比例、优先提拔解决职级待遇和强化民警培训五项制度。

索 引

说 明 (1)本索引以人名、地名、机构名称、活动名称、事件(事物)名称等为主题词。(2)本索引按主题词汉语拼音字母顺序排列(数字开头主题词另排序)，主题词后面的数字和字母分别表示所在页码和分栏位置(abc 表示本页码左中右三栏)，如《沧桑》112c，表示《沧桑》在第 112 页 c 栏。(3)本索引主题词主要选自本年鉴正文部分，特载、大事记、附录以及图表、照片不在索引范围内。

D

K

L

M

N

P

Q

R

S

T

W

X

Z